SÆCULUM XII

# DECRETUM
# GRATIANI

EMENDATUM ET NOTATIONIBUS ILLUSTRATUM

## GREGORII XIII PONT. MAX.

JUSSU EDITUM

POST

### JUSTI HENNINGII BOEHMERI

CURAS

BREVI ADNOTATIONE CRITICA INSTRUCTUM AD EXEMPLAR ROMANUM

DENUO EDIDIT

### ÆMILIUS LUDOVICUS RICHTER

JURIS UTRIUSQUE DOCTOR ET IN ACADEMIA MARBURGENSI PROFESSOR PUBLICUS ORDINARIUS

S. REVERENDI CONSISTORII CATHOLICI PER REGNUM SAXONIÆ APPROBATIONE
EDITUM

ACCURANTE J.-P. MIGNE
**BIBLIOTHECÆ CLERI UNIVERSÆ**
SIVE
CURSUUM COMPLETORUM IN SINGULOS SCIENTIÆ ECCLESIASTICÆ RAMOS EDITORE

---

**TOMUS UNICUS**

---

VENIT : 8 FRANCIS GALLICIS

---

EXCUDEBATUR ET VENIT APUD J.-P. MIGNE EDITOREM
IN VIA DICTA *D'AMBOISE*, PROPE PORTAM LUTETIÆ PARISIORUM VULGO *D'ENFER* NOMINATAM
SEU PETIT-MONTROUGE

1855

# NOTITIA IN GRATIANUM.

(FABRIC. *Bibliotheca mediæ et infimæ Latinitatis*, t. III, p. 82.)

Gratianus de Clusio (1), Tusciæ civitate, monachus S. Felicis Bononiensis, ordinis S. Benedicti, A. C. 1151, tempore Eugenii III papæ in illo monasterio absolvit opus, jam ab anno 1127 cœptum, quod Innocentius III *Corpus Decretorum* vocat, auctor ipse *Concordantiam discordantium canonum* inscripsit. Dividitur illud in *Distinctiones* 101, quarum singulæ suis iterum distinguuntur capitulis, et *Causas* 36, quæ suis iterum *quæstionibus*, quæstiones capitulis subdividuntur, et tractationem *De consecratione*, quinque distinctionibus absolutam. In causa XXXIII amplius *De pœnitentia* tractatus occurrit, septem absolutus distinctionibus. Privatis auspiciis hoc opus est compositum a Gratiano, Burchardi, Anselmi atque Ivonis collectionibus strenue uso, quorum omnium luminibus obstruxit, atque ut notat Pancirollus, *tantæ postea auctoritatis fuit, ut vulgo* MAGISTER *vocatus, maximum in decidendis causis pondus habuerit, etsi velut privati hominis ejus dicta vim legis non obtinent*. Confer quæ in ejus laudem et apologiam Joan. Chifletius De juris utriusque architectis, cap. quinto, Ant. 1651, 4°, et tom. I. Thesauri Juris Everh. Othonis, pag. 186 sq. Quam sæpius errasse Gratianum multi jam notarunt, vel dum Burchardi et aliorum errores sequitur, vel dum ipse non accurate lecta excerpit, vel dum interpretibus errantibus præbet aurem, ipse ne summos quidem Græcæ linguæ apices callens, ut monuit Baluzius ad Anton. Augustinum De emendatione Gratiani, p. 536.

Huic Gratiani Collectioni *Cotta Palea*, ejus discipulus, dicitur aliquot addidisse capita, quæ in antiquioribus MSS. non leguntur. His *Paleæ* nomen est ascriptum, quod alii putant esse παλαιόν pro veteri interprete, alii paleam, velut levioris rem momenti, minus bene utrique.

Prima Gratiani editio Argentinensis, charta maxima, an. 1471, fol., per Henricum Eggestein, memoratur Joanni Caillio in Historia typographiæ, Gallice edita Paris. 1689, 4°, pag. 19, atque inde Michaeli Maittaire in Annalibus typograph., t. I, p. 92, qui pag. 94 etiam affert auctoritates Decretorum per Joannem Caldrini, ex editione Coloniensi an. 1471 fol., apud Petrum de Olpe.

(1) Circa idem tempus Petrus Lombardus Novariensis, Petrus Comestor Gallus Trecensis : et falluntur qui fratres eos germanos fuisse aiunt. Vide

Baluzius pro prima habuit Moguntinam, in cujus calce leguntur hæc verba : *Anno Incarnationis Dominicæ* 1472, *Idibus Augustis, Sanctissimo in Christo Patre ac Domino* Sixto *papa quarto Pontifice Maximo, Illustrissimo Nobilissimæ domus Austriæ* Friderico *Romanorum Rege Gloriosissimo rerum Dominis : Nobili nec non generoso* Adolpho de Nassau *Archiepiscopatum gerente Moguntinensem, in nobili urbe Moguncia, quæ nostros apud majores* Aurea *dicta, quam divina etiam clementia dono gratuito præ cæteris terrarum nationibus arte pressoria dignata est illustrare, hoc præsens Gratiani Decretum suis cum rubricis, non atramentali penna cannave, sed arte quadam ingeniosa imprimendi, cunctipotente adspirante Deo,* Petrus Schoiffer de Gernserheym *suis consignando scutis feliciter consummavit*. Scutum sive insigne sequitur duplex, in quorum altero crux S. Andreæ cum quatuor fastigiis ansatis cuspidatisque, in altero figura Græcum lambda majusculum referens inter tres stellas.

Hanc insecutæ sunt Venetæ 1474 et 1479, fol., cum præfatione Petri Albignant Trecii, et 1480, 4°, per Adamum de Rotil. et cum glossa, Venet. 1478 et 1486, fol., et 1493, fol., Basil. 1476, fol. cum glossis. Paris. 1500, 4° ; 1508, 1517, 8° ; 1522, 1528, 4°.

Gratiani Decretum emendatum et notis auctum a Paulo Constabili ord. Præd. jussu Gregorii XIII. Venet., 1584, 8°, etc. [Quæ sunt in Gratiano *Palea*, vel potius quid indicet nomen illud canonibus quibusdam præfixum definit Fabricius, auctorem illorum canonum *Cottam Paleam*, qui hæc addenda Gratiani Decreto censuerit, designari arbitratus. Id vero ut admittam vetat auctoritas vetustiorum manuscriptorum, in quibus Palea ista ita absunt, ut nomen *Palea* nunquam, canones vero interdum legantur. Non sunt ergo Palea Cottæ additamentum ; alioquin in vetustis hisce codicibus et nomen, et canones desiderarentur. Ita e. g. in vetustis codicibus legitur : *Palea* canonis *Magnus episcopus* Dist. LIV, et Palea cap. *De servorum ordinatione* Ibid. can. 6. MANSI.]

Pagium ad A. C. 1164, n. 19, et de Gratiano adde ad A. 1151, n. 10.

# PATROLOGIÆ
## CURSUS COMPLETUS

### SIVE

BIBLIOTHECA UNIVERSALIS, INTEGRA, UNIFORMIS, COMMODA, OECONOMICA,

OMNIUM SS. PATRUM, DOCTORUM SCRIPTORUMQUE ECCLESIASTICORUM

QUI

AB ÆVO APOSTOLICO AD INNOCENTII III TEMPORA

FLORUERUNT;

### RECUSIO CHRONOLOGICA

OMNIUM QUÆ EXSTITERE MONUMENTORUM CATHOLICÆ TRADITIONIS PER DUODECIM PRIORA ECCLESIÆ SÆCULA,

JUXTA EDITIONES ACCURATISSIMAS, INTER SE CUMQUE NONNULLIS CODICIBUS MANUSCRIPTIS COLLATAS, PERQUAM DILIGENTER CASTIGATA;
DISSERTATIONIBUS, COMMENTARIIS LECTIONIBUSQUE VARIANTIBUS CONTINENTER ILLUSTRATA;
OMNIBUS OPERIBUS POST AMPLISSIMAS EDITIONES QUÆ TRIBUS NOVISSIMIS SÆCULIS DEBENTUR ABSOLUTAS DETECTIS, AUCTA;
INDICIBUS PARTICULARIBUS ANALYTICIS, SINGULOS SIVE TOMOS, SIVE AUCTORES ALICUJUS MOMENTI SUBSEQUENTIBUS, DONATA;
CAPITULIS INTRA IPSUM TEXTUM RITE DISPOSITIS, NECNON ET TITULIS SINGULARUM PAGINARUM MARGINEM SUPERIOREM DISTINGUENTIBUS SUBJECTAMQUE MATERIAM SIGNIFICANTIBUS, ADORNATA;
OPERIBUS CUM DUBIIS TUM APOCRYPHIS, ALIQUA VERO AUCTORITATE IN ORDINE AD TRADITIONEM ECCLESIASTICAM POLLENTIBUS, AMPLIFICATA;
DUOBUS INDICIBUS GENERALIBUS LOCUPLETATA : ALTERO SCILICET RERUM, QUO CONSULTO, QUIDQUID UNUSQUISQUE PATRUM IN QUODLIBET THEMA SCRIPSERIT UNO INTUITU CONSPICIATUR; ALTERO
SCRIPTURÆ SACRÆ, EX QUO LECTORI COMPERIRE SIT OBVIUM QUINAM PATRES ET IN QUIBUS OPERUM SUORUM LOCIS SINGULOS SINGULORUM LIBRORUM SCRIPTURÆ TEXTUS COMMENTATI SINT.
EDITIO ACCURATISSIMA, CÆTERISQUE OMNIBUS FACILE ANTEPONENDA, SI PERPENDANTUR : CHARACTERUM NITIDITAS, CHARTÆ QUALITAS, INTEGRITAS TEXTUS, PERFECTIO CORRECTIONIS, OPERUM RECUSORUM TUM VARIETAS, TUM NUMERUS, FORMA VOLUMINUM PERQUAM COMMODA SIBIQUE IN TOTO OPERIS DECURSU CONSTANTER SIMILIS, PRETII EXIGUITAS, PRÆSERTIMQUE ISTA COLLECTIO, UNA, METHODICA ET CHRONOLOGICA, SEXCENTORUM FRAGMENTORUM OPUSCULORUMQUE HACTENUS HIC ILLIC SPARSORUM, PRIMUM AUTEM IN NOSTRA BIBLIOTHECA, EX OPERIBUS AD OMNES ÆTATES, LOCOS, LINGUAS FORMASQUE PERTINENTIBUS, COADUNATORUM.

### SERIES SECUNDA,

IN QUA PRODEUNT PATRES, DOCTORES SCRIPTORESQUE ECCLESIÆ LATINÆ
A GREGORIO MAGNO AD INNOCENTIUM III.

### ACCURANTE J.-P. MIGNE,

**BIBLIOTHECÆ CLERI UNIVERSÆ,**

SIVE

CURSUUM COMPLETORUM IN SINGULOS SCIENTIÆ ECCLESIASTICÆ RAMOS EDITORE.

PATROLOGIA BINA EDITIONE TYPIS MANDATA EST, ALIA NEMPE LATINA, ALIA GRÆCO-LATINA. — VENEUNT MILLE ET TRECENTIS FRANCIS SEXAGINTA ET DUCENTA VOLUMINA EDITIONIS LATINÆ; OCTINGENTIS ET MILLE TRECENTA GRÆCO-LATINÆ. — MERE LATINA UNIVERSOS AUCTORES TUM OCCIDENTALES, TUM ORIENTALES EQUIDEM AMPLECTITUR; HI AUTEM, IN EA, SOLA VERSIONE LATINA DONANTUR.

---

## PATROLOGIÆ TOMUS CLXXXVII.

### GRATIANUS.

---

EXCUDEBATUR ET VENIT APUD J.-P. MIGNE EDITOREM,
IN VIA DICTA *D'AMBOISE*, PROPE PORTAM LUTETIÆ PARISIORUM VULGO *D'ENFER* NOMINATAM,
SEU PETIT-MONTROUGE.

1855

# GREGORIUS PAPA XIII

UNIVERSIS CHRISTI FIDELIBUS PRÆSENTES LITERAS INSPECTURIS SALUTEM ET APOSTOLICAM BENEDICTIONEM.

Emendationem decretorum locorumque a Gratiano collectorum (erat enim is liber mendis et testimoniorum depravationibus plenissimus), a nonnullis Romanis Pontificibus prædecessoribus nostris optimo consilio susceptam, selectisque ad id negocium sanctæ Romanæ Ecclesiæ cardinalibus et aliis eruditissimis viris adhibitis commissam, multis autem variisque impedimentis hactenus retardatam, nunc tandem, vetustissimis codicibus ubique conquisitis, auctoribusque ipsis quorum testimoniis usus erat Gratianus perlectis, quæque perperam posita erant suis locis restitutis, magna cum diligentia absolutam atque perfectam edi mandavimus. In quo magna ratio habita est operis ipsius dignitatis et publicæ, eorum præsertim, qui in hoc studio versantur, utilitatis. Jubemus igitur ut quæ emendata et reposita sunt, omnia quam diligentissime retineantur, ita ut nihil addatur, mutetur aut imminuatur.

Datum Romæ apud sanctum Petrum sub annulo Piscatoris, die secunda Junii, M. D. LXXXII. Pontificatus nostri anno undecimo.

Ant. Buccapadulius.

# GREGORIUS PAPA XIII

AD FUTURAM REI MEMORIAM.

Quum pro munere pastorali humeris nostris injuncto id præcipue nobis propositum habeamus, ut omni studio diligentiaque omnes Christi fideles his præsertim tam gravibus calamitosisque temporibus, in recta et catholica fide continere curemus, ac propterea id in primis nobis agendum et providendum sit ut omnem omnibus aberrandi ab ea occasionem subtrahamus : dudum ob hujus rei exsecutionem, adhibitis nonnullis ex fratribus nostris sanctæ Romanæ Ecclesiæ Cardinalibus, adjuncto etiam aliquorum doctrina et pietate insignium virorum studio, Decretum Gratiani nuncupatum absque glossis, nec non idem Gratiani Decretum cum Decretalibus Gregorii Papæ IX prædecessoris nostri, Sexto, Clementinis et Extravagantibus, non modo cum veteribus glossarum auctoribus, (quibus, quum viri pii et catholici fuerint, ignoscendum videtur, si quid vel ob errorem in illis, vel quia nondum pleraque a sacris conciliis diffinita fuerant, liberius locuti sunt,) verum etiam cum his, quæ ab impiis scriptoribus, tam extra in marginibus quam etiam intra aspersa fuerant catholicæ veritati contraria, revidendi, corrigendi et expurgandi curam demandavimus. Quum autem ipsum Decretum absque glossis a præfatis a nobis deputatis jam totum emendatum et correctum ac nonnullis annotationibus illustratum exsistat, ipsiusque major pars a dilecto filio Paulo Constabili, tunc sacri nostri Palatii Apostolici Magistro, una cum dictis Decretalibus felicis recordationis Gregorii IX prædecessoris nostri jam impressis, recognita et approbata sit, reliquum vero ejusdem Decreti una cum annotationibus prædictis, tam absque glossis quam ipsum totum cum glossis, Sextumque et Clementinas simul et Extravagantes a dilecto filio Sixto Fabri, ejusdem Palatii nostri Apostolici Magistro, recognoscenda omnia et approbanda in officina populi Romani, quæ ad hoc potissimum, ut libri sacri in ea fideliter et incorrupte imprimantur, erecta fuit, imprimi et impressa divulgari jusserimus, ac ut ad majorem Christi fidelium ubique tam intra quam extra Italiam, citra et ultra Montes commorantium commoditatem hoc juris Canonici Corpus fideliter et incorrupte juxta exemplar hic Romæ impressum a catholicis typographis, a Romano populo, sive ab eo deputatis vel pro tempore deputandis electis, imprimi possit : Nos opportune providere volentes, ut hoc Jus Canonicum sic expurgatum ad omnes ubique Christi fideles sartum tectum perveniat, ac ne cuiquam liceat eidem Operi quicquam addere, vel immutare, aut invertere, nullave interpretamenta adjungere, sed, prout in hac nostra Urbe Roma nunc impressum fuit, semper et perpetuo integrum et incorruptum conservetur : Motu proprio et ex certa nostra scientia, ac de Apostolicæ potestatis plenitudine omnibus et singulis in nostro et sanctæ Romanæ Ecclesiæ dominio nobis et eidem Romanæ Ecclesiæ mediate vel immediate subjecto commorantibus, vel ad illud quovis prætextu advenientibus, ac etiam extra dictum dominium ubilibet exsistentibus typographis et librorum impressoribus ac bibliopolis, et quibuscunque aliis personis utriusque sexus, cujuscunque dignitatis, status, gradus, ordinis vel conditionis existant, in virtute sanctæ obedientiæ ac sub excommunicationis majoris latæ sententiæ, et quoad nunc et pro tempore in dicto nostro et Romanæ Ecclesiæ dominio mediate vel immediate subjecto commorantes, etiam ultra præmissa sub amissionum librorum, ac mille ducatorum auri de Camera, pro una videlicet officio Inquisitionis hæreticæ pravitatis, et pro alia accusatori, et pro reliqua tertiis partibus judici exsecutori irremissibiliter applicandorum, aliisque arbitrii nostri pœnis eo ipso si et quoties contrafactum fuerit, et per quemlibet contravenientem incurrendis, Apostolica auctoritate tenore præsentium inhibemus et interdicimus, ne ipsius Gratiani Decretum cum annotationibus, et idem cum glossis, Decretalibus Gregorii IX prædecessoris nostri, Sexto, Clementinis et Extravagantibus, ut præfertur, de cetero per decennium a data præsentium sub quovis titulo alibi quam in Urbe nostra, et in eadem officina impressoria dicti populi Romani, et iis, quibus ab eodem populo Romano et ab eo ad hoc pro ipso populo deputatis, tam in Italia quam extra Italiam ubilibet facultas et licentia per dictum tempus desuper concessa fuerit, prout nos eidem populo Romano et eisdem ab eo deputatis, ut hujusmodi licentiam et facultatem tam in Italia quam extra Italiam ubilibet cuicunque et quibuscunque ipsi populo Romano seu ejus pro eo deputatis pro tempore videbitur et placebit, ac pro tempore eidem populo et ejus deputatis visum fuerit, significata prius nobis et approbata persona, concedere, illamque sic concessam, prout et quando sibi placuerit, revocare libere et licite valeant, indulgemus, impressum et imprimendum tenere, vendere, dare, donare, vel alias quomodolibet habere vel transferre; neque etiam ipsi absque expressa etiam in scriptis licentia ejusdem populi Romani et ab eo deputatorum dictum Gratiani Decretum cum ipsis annotationibus, et idem cum glossis, Gregorii IX prædecessoris nostri Decretalibus, Sexto, Clementinis et Extravagantibus, ut dictum est, imprimere, nec per dictum decennium ab eis vel aliis, præterquam a dicto populo Romano et ab eo deputatis, vel de eorum licentia, ut præfertur, impressum et imprimendum alias habere seu tenere, aut etiam vendere vel donare, seu imprimi, teneri, vendi, donari, aut alias transferri facere per se vel alium seu alios, publice vel occulte, directe seu indirecte quovis quæsito colore vel ingenio audeant seu præsumant : ita quod etiam nulli omnino hominum tam in Urbe et tota Italia, quam extra ubivis terrarum, regnorum, regionum, et provinciarum totius orbis liceat hujusmodi libris dicti Juris Canonici sic, ut præfertur, de mandato nostro recognitis, correctis et expurgatis quidquam addere, detrahere vel immutare aut invertere, nullave interpretamenta adjungere, sed prout opus hujusmodi nunc Romæ impressum fuit, semper et perpetuo integrum et incorruptum conservetur, statuimus, sancimus et ordinamus : mandantes universis et singulis venerabilibus fratribus Patriarchis, Archiepiscopis et Episcopis ceterisque locorum Ordinariis et eorum Vicariis in spiritualibus et temporalibus, et in statu temporali sanctæ Romanæ Ecclesiæ etiam Legatis, Vice-legatis Sedis Apostolicæ, ac ipsius status Gubernatoribus, Potestatibus et Locumtenentibus, ut quoties pro parte dicti populi Romani et ab eo deputatorum, seu licentiam et facultatem ab ipsis, ut præfertur, pro tempore habentium, fuerint requisiti, vel eorum aliquis fuerit requisitus, eisdem populo et deputatis, ac ab ipsis licentiam et facultatem habentibus efficacis defensionis præsidio assistentes, præmissa ad omnem populi Romani et ab eo deputatorum prædictorum licentiam seu facultatem habentibus requisitionem contra inobedientes ut rebelles, etiam per censuras ecclesiasticas, etiam sæpius aggravandas et per alia juris remedia auctoritate Apostolica exsequantur, invocato etiam ad hoc, si opus fuerit, auxilio brachii secularis.

Et insuper, quia difficile admodum esset præsentes literas ad quælibet loca deferri : Volumus et eadem Apostolica auctoritate decernimus, illarum transsumptis et exemplis manu Notarii publici subscriptis, et sigillo curiæ vel personæ in dignitate ecclesiastica constitutæ munitis, et etiam in ipsis operibus impressis plenariam et eamdem prorsus fidem ubique tam in judicio quam extra judicium haberi, quæ præsentibus haberetur : non obstantibus constitutionibus et ordinationibus Apostolicis, ac quorumcunque locorum, gymnasiorum et universitatum, etiam studiorum generalium juramento, confirmatione Apostolica vel quamvis firmitate alia roboratis statutis et consuetudinibus, privilegiis quoque indultis, et literis Apostolicis etiam illis, et illorum, ac quibusvis aliis personis, sub quibuscunque tenoribus et formis, etiam motu, scientia et potestatis plenitudine similibus, ac alias in contrarium quomodolibet concessis et approbatis, ac in posterum concedendis et approbandis. Quibus omnibus, etiam si de illis specialis mentio habenda esset, eorum tenores præsentibus pro expressis habentes, illis alias in suo robore permansuris, hac vice duntaxat specialiter et expresse derogamus, contrariis quibuscunque. Aut si aliquibus communiter vel divisim ab eadem sit sede indultum, quod interdici, suspendi vel excommunicari non possint per literas Apostolicas non facientes plenam et expressam ac de verbo ad verbum de indulto hujusmodi mentionem. Datum Romae apud S. Petrum sub annulo Piscatoris, die 1 Julii, M. D. LXXX. Pontificatus nostri anno nono.

Cæs. Gloriercius.

## Ea, de quibus lectorem principio visum est admonere, haec sunt.

In Ecclesia Romana, omnium Ecclesiarum magistra, solitos esse asservari conciliorum canones et Pontificum decreta, ac ceteris Ecclesiis communicari plane compertum est.

Atque in usu praecipue videtur fuisse collectio illa, quam Nicolaus Pupa *in c. si Romanorum, dist.* 19. Codicem canonum nominat, in quo continebantur canones et regulae illae, quae recensentur a Leone IV, *cap. De libellis, dist.* 20. Hujus codicis tria manuscripta exemplaria Romae habentur in Vaticana Bibliotheca. Exstat etiam impressus Maguntiae anno salutis M. D. XXV. Repertus est autem in vetustissimo Cardinalis Vercellensis codice Cresconii ad Episcopum Liberinum quidam quasi nomocanon, in quo, quum pluribus causarum titulis propositis exponatur deinde, quibus synodorum ac decretalium epistolarum locis causae illae tractentur, capita capitibus Maguntini codicis et numeri numeris optime respondent. Quae quidem a Cresconio adhibita diligentia satis indicat frequentissimum fuisse hujus collectionis usum: et haec ea est, quae in notationibus quae nunc eduntur, absolute Codex canonum vocatur.

Ceterum inter privatos collectores, qui multo plura congerere studuerunt, perantiquus est *Isidorus*, cujus collectio protenditur a canonibus apostolorum usque ad concilium Hispalense secundum, habeturque in duobus codicibus Vaticanae bibliothecae, et uno monasterii Dominicani Sanctae Mariae supra Minervam; exstat autem impressa in editionibus conciliorum, in antiquioribus quidem purior, in recentioribus autem multis aliis conciliis scriptisque admista. Isidorum hunc Igmarus archiepiscopus Remensis in libro De synodis celeberrimum illum Hispalensem fuisse affirmat, a quo testatur etiam Tritemius librum decretorum esse conscriptum; ac certe multa verba, quae in praefatione hujus collectionis leguntur, sunt in libro quinto Etymologiarum. In codice autem Dominicanae bibliothecae initio praefationis ita legitur: *Isidorus mercator servus Christi lectori conservo suo*, etc. nec multo secus in Vaticanis, quo loco in impressis est: *Isidorus peccator servus Christi*, etc.

Secutus deinde est (ut de iis primum, quorum opera typis excusa sunt, loquamur) Burchardus, Wormaciensis episcopus, Othonis III et Henrici II Bavari imperatorum aetate, qui non ordinem temporum et provinciarum, ut Isidorus, sed rerum et causarum sibi sequendum putavit.

Iisdem vestigiis institit in multo post Ivo, Carnotensis episcopus, sed exorta interim Berengarii haeresi multa ad illam confutandam pertinentia addidit, ac multa etiam praeterea ex Pandectis et codice, dum de laicorum quoque officiis sibi agendum putat, quod Burchardo minus necessarium visum fuerat.

Exstant autem duo volumina, Ivonis nomine inscripta eamdemque habentia praefationem, quorum unum, quod *Pannormia*, alterius, quod absolute *Decretum* inscribitur, quasi epitome quaedam est. Verum in hoc eodem campo alii etiam gravissimi viri (quorum libri partim in publicis, partim in privatis bibliothecis manuscripti habentur) *Cresconius, Anselmus, Deusdedit Cardinalis, Gregorius Presbyter*, qui volumen suum *Polycarpus* inscripsit aliique nonnulli praeclare se exercuerunt suamque operam probaverunt. Novissimus istorum omnium, praeter

A auctorem Pannormiae (nam is recentior fortasse est) *Gratianus*, monachus Benedictinus, non tantum decretis colligendis (quod superiores fecerant) operam dedit, sed Ivonis fortasse praefatione excitatus eo potissimum incubuit, ut certis quaestionibus propositis, quid in utramque partem ex canonibus, qui inter se nonnunquam pugnare videbantur dici posset, ipse et afferret et explicaret, omninoque eorum varietatem, quae speciem dissensionis habebat, ad concordiam revocaret. Ceterum in longo ac perdifficili opere multa a parum aequis hominibus exagitabantur, nonnulla pii etiam et verecundi interdum desiderabant.

Quamobrem ne hujusce utilissimi et gravissimi codicis vacillaret auctoritas, placuit primum Pio IV, ac subinde Pio V et Gregorio XIII (apud quem etiam hujus perfecti Operis, quemadmodum et aliarum maximarum rerum laus fuit) ut illi corrigendo summa opera daretur, menda librariorum
B tollerentur, si qua etiam in re Gratianus ut homo minus vidisset, modeste notaretur, ipsaque omnino capita suis auctoribus quam diligentissime restituerentur. Itaque et Romae Vaticana Bibliotheca et monasterii Dominicani supra Minervam aliaeque non paucae excussae sunt, et ex aliis urbibus atque regionibus invitati doctissimi homines, qui idem facerent, et si quid invenissent, quod ad hanc rem pertineret, pro sua pietate libenter communicarent atque ad pontificem mitterent. Qua diligentia illud factum est, ut quum jam magnam partem suum unicuique tributum sit, ac propterea intelligi plerumque possit, quae synodorum generalium, quae summorum pontificum, quae provincialium conciliorum, quae Patrum decreta ac sententiae, atque inter haec, quae sanctae Romanae sedi probata sint, quae minime, vix quisquam errare, atque incerta pro certis sequi, certa vero pro incertis suspecta habere posthac queat.

C *De citationibus.* — Quod ad citationes auctorum pertinet, ubi error evidens erat, aut nonnulla Gratiani exemplaria cum veriore atque ab aliis collectoribus allata citatione consentiebant, sublatis falsis inscriptionibus verae sunt restitutae; ubi vero, quamvis caput apud alium auctorem esset inventum, fieri tamen poterat, ut illius quoque esset quem Gratianus citaret (sunt enim haud raro decreta tralatitia et sententiae similes in bonis auctoribus), retenta Gratiani citatione, satis visum est locum ubi hodie habeatur indicare. Et quoniam interdum aut capitis aliqua quidem pars illius auctoris est qui citatur, aliqua vero minime, aut verba valde sunt mutata, id quoque est indicatum ascriptumque praeterea in margine, quo loco idem caput in glossa Bibliorum ordinaria, in libris Sententiarum et apud ceteros collectores habeatur, eos praesertim, qui in hujus Operis emendatione magno usui fuerunt. Animadversum vero est multa olim fuisse (quorum nonnulla hodie etiam
D habentur) homiliarium ex variis auctoribus collectarum volumina, quibus homiliis nomen auctoris aut non esset praepositum aut etiam mutatum, quod decretorum collectoribus, qui fontes adire in illa librorum penuria plerumque non poterant, errandi interdum dederit occasionem. Saepe etiam Gratianus multas Patrum sententias simul colligit atque in unum caput concludit (quamvis in vulgatis codicibus plerumque in diversa capita sint distractae, sed fere sine rubrica), idque, quum facit, non ipsa pror-

sus auctorum verba affert, sed arbitratu suo mutat, addit, imminuit, summatim complectitur, quod etiam Burchardus et Ivo faciunt, quum citant hoc modo : *ex dictis Augustini, ex dictis Hieronymi.*

*De emendationibus.* — In emendando textu primum initia capitum ob usitatas doctorum citationes non sunt mutata, sed ubi ab originali discrepabant, in margine aut in notatione est indicata germana lectio. Deinde hæc glossæ ipsius habita ratio est, ut-nihil in textu sit mutatum, ubi mutatio ipsa impeditura erat, quo minus quid sibi auctor glossæ voluisset animadverti posset; sed eodem modo aut in margine, aut in notatione mendum est indicatum. Ubi vero hæc non obstabant, hæc fere servata corrigendi ratio est, ut, si videretur voluisse Gratianus auctorum quos citaret ipsa prorsus verba referre, ea ex ipso originali emendarentur, et interdum etiam, non levi proposita utilitate, aliqua adderentur; nisi sicubi vulgata lectio visa est melior : nam tunc illa retenta notatum est quomodo originale ipsum habeat. Sin autem Gratianus non eadem prorsus verba afferre voluerat, sed aut in summam quamdam ipse redigere, aut ab aliis redacta, ut ab auctore glossæ ordinariæ, ab Ivone et aliis collectoribus referre, tunc nihil fere emendatum vel additum est, nisi forte Patris illius, unde collector acceperat, restituta lectio magnam afferre visa esset utilitatem, multisque locis id notatum est, et verba ipsius originalis allata, ut lector identidem in memoriam hujus adhibitæ cautionis revocaretur, et labore ad originalia adeundi levaretur. Quod si idem caput ex pluribus vicinis alicujus Patris locis confectum est (nam quæ multum distabant, satis plerumque fuit in margine indicare), adjectæ sunt in textu particulæ illæ et *supra* et *infra*, scilicet ubi seriem et nexum collectionis impeditura non erant; ubi vero Gratianus ipse loquitur, ex manuscriptis hujus libri exemplaribus pura germanaque lectio est restituta.

*De versionibus.* — In Codice canonum capita, quæ ex Græcis synodis recitantur, sunt a Dionysio Exiguo in linguam Latinam conversa, cujus præfatio manuscriptis ipsius codicis exemplaribus præposita legitur. Isidorus autem partim hac ipsa Dionysii versione, quanquam raro, partim fortasse prisca illa, cujus mentionem in præfatione sua Dionysius facit, usus est aut integris, aut aliquantulum immutatis; partim etiam aliis, quæ tunc, ut ipsemet Isidorus testatur, exstabant, hodie præterquam apud istos decretorum collectores non exstant. Quocirca mirandum magnopere non est, si ceteri collectores et omnium fere postremus Gratianus, qui et codicem illum canonum et Isidori collectionem et alias etiam habebant, eundem canonem non semper ex eadem versione recitent. Qua de re sæpe in notationibus lector est admonitus, et ubi necessarium visum est, Græca canonis verba cum versione nova sunt allata, idemque in ceteris Patrum græcorum sententiis factum est.

*De paleis.* — De nomine *Paleæ* sunt variæ doctorum hominum sententiæ. Multi ea capita, in quibus res inanes ac leves continerentur, hoc nomine appellari censuerunt; alii quasi τὰ παλαιά, id est antiqua; alii quasi additiones quasdam, derivata aut potius depravata voce ab adverbio πάλιν, id est rursum quo scriptores etiam latini tempore Gratiani uterentur. Verum Joannes Andreæ in additionibus ad Speculatorem, titulo de Disputationibus et allegationibus prope finem (quem Imola in rubrica de verborum obligationibus, Alexandrinus in prœmio decretalium, Iason in rubrica tituli De actionibus, et alii sunt secuti) putat, quemdam Protopaleam, quem Iason addit Cardinalem fuisse, collectioni Gratiani capita hæc adjunxisse. Atque, ut in re tam incerta aliquid elici conjectura possit, exponetur quid in collatis exemplaribus observatum fuerit In tribus, quæ sunt antiquissima et videntur scripta paulo post Gratiani ætatem, paucissima ex hujusmodi capitibus habentur. In uno valde emendato sunt apposita in margine sine ulla nota, sed non omnia, quæ in impressis, quamvis vicissim in illo additiones aliquæ sint, quæ in his non habentur. In alio, literis perantiquis descripto, Paleæ ipsæ reventiori scriptura toti volumini præponuntur. In ceteris habentur aut omnes, aut pleræque, et partim quidem cum Paleæ nomine, partim vero sine ullo a ceteris capitibus discrimine. Ex qua observatione illud videtur posse colligi, has Paleas esse additiones, non eodem tempore factas, ad primam collectionem Gratiani in margine primum adscriptas, ac nonnullas fortasse ab ipsomet Gratiano ut fit inter componendum aut relegendum, quas deinde librariorum quidam omiserint, quidam in contextu posuerint, interdum conjuncte cum prioribus capitibus, interdum cum aliquo discrimine. Falsam vero esse illorum opinionem, qui eas contemnendas putant, ex eo constat quod multæ et in Decretalibus, et apud vetustiores Gratiani collectores habentur, quod suis locis indicabitur.

*De titulo.* — In plerisque vetustis hujus collectionis exemplaribus hæc tanquam inscriptio rubris literis posita est : *Concordantia discordantium canonum,* addita in quibusdam dictione, *Incipit,* sine ulla Gratiani mentione. Verum in Vaticano illo vetustissimo, cui voluminis ipsius initio recentiori scriptura Paleas esse præpositas dictum est, ante ipsas Paleas est hic titulus : *Decretum Gratiani Monachi Sancti Felicis Bononiensis, ordinis sancti Benedicti, compilatum in dicto monasterio Anno Domini millesimo centesimo quinquagesimo primo, tempore Eugenii Papæ tertii;* in aliis vero duobus codicibus in extremo est : *Explicit Decretum compilatum a Gratiano Monacho monasterii sancti Felicis de Bononia.* In Chronico, quod inscribitur *Pomœrium Ecclesiæ Ravennatis,* qui liber in Bibliotheca Vaticana servatur, hæc de Gratiano leguntur : *Anno Christi millesimo centesimo quinquagesimo primo Gratianus monachus, de Classa\* civitate Tusciæ natus, Decretum composuit apud Bononiam in monasterio sancti Felicis.* Idem testatur Hugutio, vetustissimus hujus codicis interpres, secunda, quæstione sexta, cap. *post appellationem;* — et Vincentius in libro Historiarum bis, semel libro vigesimo tertio, capit. trigesimo primo, loquens de Isidoro, et iterum libro vigesimo quinto, cap octuagesimo quarto, agens de Ivone, et aliis decretorum collectoribus; — et sanctus Antoninus part. tertia hist. tit. decimo octavo, cap. sexto. Trithemius vero in libro de Scriptorib. ecclesiasticis Gratianum agnoscit hujus collectionis auctorem, itemque in libro secundo de Viris illustribus ordinis sancti Benedicti: quo tamen loco addit (ipsam fortasse Operis inceptionem spectans) fuisse ab eo compositum anno Domini millesimo centesimo vigesimo septimo. Hanc collectionem Innocentius tertius in epistola ad Archiepiscopum Compostellanum vocat corpus decretorum. Ob has igitur auctoritates et receptam apud omnes opinionem in prima hujus voluminis pagina præpositus est titulus nomine Gratiani.

*De notationibus in Glossa.* — Quod ad glossas pertinet, quæ ponis et catholicos auctores habuerunt, quæ in illis errata paulo majoris ponderis pro humani ingenii infirmitate obrepserunt, ea in margine sunt notata, et quid catholice sentiendum sit ostensum est. Hæ autem notæ, quibus asteriscus affixus est, necessario posthac in omnibus impressionibus apponendæ erunt.

---

\* al. *Clusio*; al. *Ginsa.*

# INDEX

## LIBRORUM, QUI VARIIS EX LOCIS SUNT HABITI.

### A

**Ambrosii** Sermones aliquot, qui adhuc non exstant impressi, ex bibliothecis Vaticana et monasterii Mediolanensis S. Ambrosii.

**Anselmi** Collectio canonum, ex Vaticana et Hieronymi Parisetti.

**Alexandri** II Epistolæ aliquot, partim missæ ab Antonio Augustino Archiepiscopo Tarraconensi, partim ex bibliothecis Vaticana, Nicolai Ormanetti Episcopi Patavini, Michaelis Thomasii Episcopi Ilerdensis.

**Anastasii** Bibliothecarii Chronicon et versio septimæ synodi, et octavæ sub Hadriano, ex Vaticana et Cardinalis Sirleti.

### B

**Bonifacii** Papæ Concilium, ex Hispania, ex vetusto codice monasterii Populeti.

**Bonifacii** Martyris Epistola, ex bibliotheca monasterii B. Mariæ supra Minervam.

### C

**Cresconii** Nomocanon, ex bibliotheca Cardinalis Vercellensis.

Capitula aliquot Pontificum, ex eodem codice monasterii Populeti.

Capitularium Liber VII et Capitularia adjecta, missa a Jacobo Amioto Episcopo Antissiodorensi, ex bibliotheca ecclesiæ Belvacensis.

Collectio decretorum Romanorum Pontificum, ab Augustino Archiepiscopo Tarraconensi.

Codex canonum, qui apud veteres Pontifices in usu fuit, ex Vaticana, Dominicana et Cardinalis Sirleti.

Collectio canonum incerti auctoris, ex Vaticana.

Collectio canonum, ex bibliotheca ecclesiæ Mutinensis.

Collectio canonum pœnitentialium incerti auctoris, ex bibliotheca Michaelis Thomasii Episcopi Ilerdensis.

Conciliorum Hispaniensium et Carthaginensium varietates lectionis, ex bibliotheca Regis Catholici Lucensi, et Soriensi a Cardinali Quiroga.

**Cencii Camerarii** Liber de formis juramentorum, ex bibliotheca Achillis Stathii.

Concilii alicujus fragmenta quædam post Anselmi collectionem, in codice Hieronymi Parisetti.

**Cypriani** operum exemplaria, ex Vaticana et monasterio S. Salvatoris Bononiensi.

### D

Decreti hujus undeviginti exemplaria manuscripta, partim sine glossis, partim cum glossis, duodecim quidem ex Vaticana, reliqua vero ex bibliothecis Marcelli Papæ II, Cardinalium Vercellensis et Sirleti, Michaelis Thomasii Ilerdensis, Achillis Stathii.

Decretorum excerpta, ex bibliotheca S. Trudonis, ab Alberto Leonino nomine universitatis Lovaniensis.

**Deusdedit** cardinalis Collectio canonum et libri IV de rebus ecclesiasticis, ex Vaticana.

### E

**Eugenii** II Concilium, ex Vaticana, et III ex Vaticana et ex Gallia.

Emeritense Concilium, a Cardinali Quiroga.

Ephesini Concilii I antiqua versio, ex Vaticana.

### F

**Fulberti** Episcopi Epistola, ex vetusto codice ecclesiæ Belvacensis, a Jacobo Amioto Episcopo Antissiodorensi.

### G

**Gregorii** III Epistola, ex bibliotheca monasterii supra Minervam.

**Gelasii** Scripta quædam et aliorum Pontificum epistolæ, ex Vaticana.

**Gelasii** Epistola, ab Antonio Augustino Archiepiscopo Tarraconensi.

**Gregorii** I Epistolæ manuscriptæ, ex Vaticana et Episcopi Ilerdensis.

**Gregorii** VII Regestum, ex Vaticana et multis privatis.

**Gregorii** IV Epistola ad universos Episcopos per Galliam, etc., ex bibliotheca monasterii supra Minervam.

**Gregorii** X Epistola ad Regem Armeniorum, ex bibliotheca Cardinalis Sirleti.

Græcorum Patrum Commentarii in S. Scripturam, aliaque eorundem scripta et concilia ex Vaticana.

### H

**Humberti** legati Leonis IX ad libellum Nicetæ contra Latinos responsio, ex monasterio S. Mariæ Novæ.

### I

**Isidori** Hispalensis operum codex, ex monasterio Neapolitano S. Augustini in Carbonaria.

**Isidori** Collectio canonum, ex Vaticana et Dominicana supra Minervam.

**Isidori** Collectionis canonum præfatio alia a vulgata, missa ab Archiepiscopo Tarraconensi et Alvaro Gomez ex bibliotheca ecclesiæ Toletanæ.

**Isidori** Epistola ad Lanfredum, ex bibliotheca supra Minervam.

**Innocentii** II Concilium, ex Vaticana.

**Isidori** Hispalensis Regula monachorum, ex Hispania.

### J

**Joannis** VIII Epistolæ, ex Vaticana.

### L

**Leonis** IV Epistolæ duæ, una ex bibliotheca M. Antonii Mureti, altera ex bibliotheca Francisci Turriani.

**Leonis** II Epistolæ, a Cardinali Quiroga, ex vetusto codice Regiæ bibliothecæ.

**Leonis** IV Concilium, ex Vaticana.

### N

**Nicolai** I plures epistolæ, ex bibliotheca supra Minervam.

**Nicolai** Concilium adversus Joannem Ravennæ Archiepiscopum, ex bibliotheca ecclesiæ Mutinensis.

**Nicolaus** ad consulta Bulgarorum, ex Vaticana.

### P

Pontificalia manuscripta, ex Vaticana et Cardinalis Sirleti.

**Polycarpus**, i. e. Collectio canonum Gregorii Presbyteri, ex Vaticana.

**Petri Damiani** Oratio de privilegio sedis apostolicæ, et disceptatio inter Regium advocatum et Romanæ ecclesiæ defensorem, ex bibliotheca Cardinalis Sirleti.

**Paschalis** I Epistolæ et decreta, ex bibliotheca Ormanetti Episcopi Patavini, et fragmentum concilii apud Guardastallum, ex Vaticana.

### R

Remense Concilium in pago Troslejano habitum, missum ab Episcopo Antissiodorensi.

## S

Scriptum de moribus, vita et morte Agapiti, ex Vaticana.
STEPHANI V Epistola in collectione canonum incerti auctoris, ex Vaticana.
Sanctorum vitæ, ex bibliotheca S. Mariæ Majoris.
STEPHANI IV Concilium in collectione Deusdedit Cardinalis, ex Vaticana.
Synodus VIII ex bibliotheca Cardinalis Sirleti et Vaticana.

## T

Ticinense Concilium, a Jacobo Amioto Episcopo Antissiodorensi.
THEODULPHI Capitula, ex bibliotheca M. Antonii Mureti.
THEOPHANIS Chronicon, ex Vaticana.
Toletanæ ecclesiæ privilegiorum liber ex Hispania.

Toletana Concilia XIV, XV, XVI, XVII a Cardinali Quiroga, et XVI etiam a Petro Pontio Episcopo Placentino.

## U

URBANI II Concilium Placentinum et fragmentum alterius concilii, et epistola L Præposito S. Iventii, ex Vaticana; Synodus apud Melphiam, ex Vaticana, et a Jacobo Pammelio Canonico Brugensi; et concilii Claræmontensis apud Alverniam summæ capitum, a Francisco Riccardotto Episcopo Atrebatensi ex vetusto codice Lamberti Episcopi Atrebatensis, ejusdemque concilii fragmentum, a Jacobo Pammelio.

## Z

ZOSIMI et Episcoporum Africanorum ad ipsum epistolæ, ex Vaticana.
ZACHARIÆ Decreta, ex bibliotheca Ormanétti Episcopi Patavini; Synodus Romana, ex Vaticana; Francica, ex Dominicana supra Minervam.

Hæc sunt, quorum nunc memoria suppetit. Cæterum et alia habita, et omnium fere librorum, quorum in hoc opere mentio fit, editiones cum manuscriptis codicibus Vaticanæ et aliarum bibliothecarum diligenter collatæ sunt.

# NOMINA CORRECTORUM

ex præfatione Justi Fontanini præmissa operi Joannis a Turrecremata : Gratiani Decretorum libri V, secundum Gregorianos decretalium libros titulosque distincti. Romæ MDCCXXVII.

### VIRI

*a Pontificibus Maximis Pio IV et V, et Gregorio XIII, emendationi Gratiani præfecti.*

#### S. R. E. Cardinales.

I. — M. Antonius Columna, Romanus.
II. — Hugo Boncampagnus (postea Gregorius XIII, P. M.)
III. — Alexander Sfortia, Romanus.
IV. — Guilielmus Sirletus, Calaber.
V. — Franciscus Alciatus, Mediolanensis.

*Additi a Pio V.*

VI. — Guido Ferrerius, Vercellensis.
VII. — Antonius Carafa, Neapolitanus.

*Doctores.*

VIII. — Franciscus Montaltus, Gen. O. S. Franc., dein Card. et postea Sixtus V. P. M.
IX. — Christophorus Patavinus, Gen. O. S. Augustini Erem.
X. — Thomas Manricus Hispanus, O. S. Domin., Mag. S. Pal.
XI — Eustachius Lucatellus, Bononiensis, postea Regii Lepidi Ep.
XII. — Josephus Pamphilus, Veronensis, postea Sacristæ Palatii et Ep. Signinus in Latio.
XIII. — Franciscus Turrianus, Hispanus, postea Soc. es.
XIV. — Marianus Victorius, Reatinus, postea Ep. Amerinus.
XV. — Michael Thomasius, Majoricensis, postea Ep. Ilerdensis.
XVI. — Hieronymus Parisettus Regiensis.
XVII. — Antoninus Cuccus, Mediolanensis.
XVIII. — Joannes Marsa, Hispanus.
XIX. — Franciscus Leo, Hispanus, postea Soc. Jes

*Additi.*

XX. — Melchior Cornelius, Lusitanus.
XXI. — Latinus Latinius, Viterbiensis.
XXII. — Arnaldus Pontacus, Gallus, postea Ep. Vasatensis.
XXIII. — Petrus Ciaconius, Hispanus.
XXIV. — Franciscus Pegna, Hispanus.
XXV. — Flaminius Nobilis, Lucensis, adnotationum curator.
XXVI. — Joannes Marsa.
XXVII. — Joannes Bapt. Fontana de Comitibus, Mediolanensis.
XXVIII. — Petrus Morinus, Gallus, Card.
XXIX. — Gabriel Palæotus, Bononiensis, Card.
XXX. — Carolus Borromæus, Mediolanensis, Card.
XXXI. — Philippus Boncampagnus, Bononiensis, Card
XXXII. — Paulus Constabilis, Ferrariensis, Mag. S. P post Manricum.
XXXIII. — Joannes Rodericus, Hispanus.
XXXIV. — Joannes Molinæus, Gandavensis.
XXXV. — Simon Majolus Astensis, Ep. Vulturariensis.
XXXVI. — Achilles Stathius, Lusitanus

# ÆMILII LUDOVICI RICHTER
## PRÆFATIO AD LECTOREM.

Ex quo jus canonicum, contemtum diu et quasi inutile rejectum, diligentius iterum tractari cœpit, nova eaque emendatior corporis canonum editio in dies magis flagitabatur, quoniam et priorum editionum exempla non nisi rarius prostabant, et in ipsis melioribus abunde erant, quæ emendatione etiamnum indigere viderentur. Quod quum ita esset, rem hoc consilio sumus aggressi, ut editionem pararemus ab operarum vitiis quam maxime liberam, et quæ complecteretur quidquid de singulis canonibus emendandis ex variis VV. DD. scriptis colligi posset. In quo quomodo rem nostram egerimus, jam nunc benevolum lectorem paucis monere placet.

Ut de textu, quem sumus secuti, primum agamus, de editione, Romæ quondam jussu Gregorii XIII M. publici juris facta, recedendum non esse, ipsa ratio suadebat, et videbatur quidem ab initio Boehmerianæ editionis textus sufficere posse, quippe quæ et ipsa Gregorii nomen præ se ferret, et ab omnibus tanquam præstantissima merito collaudaretur. Re tamen accuratius perspecta utrumque textum non semel inter se differre cognovimus [1], etenim Boehmerus, vir immortalis memoriæ, codicum et Turrecrematæ auctoritate fretus, textui nonnunquam manum adhibuit, neque ipsa Romana editione usus est, unde evenit, ut quæ in editionibus vulgatis operarum vitio minus recte se haberent, ipse non satis evitaret. Quare fausto die contigit, ut Vir Celeberrimus *Gustavus Hænel* ipsum illud Romanum exemplar benevole nobiscum communicaret, cujus ope textum pristino statui, quem illæsum semper manere voluit Gregorius, nunc demum reddere licuit. — De ejus natura atque indole non est quod dicamus, quum inter omnes constet, Correctores Romanos non jam ad veteres Gratiani codices, sed ad fontes ipsos et locos scriptorum, nonnunquam etiam, licet rarius, ad canonum collectiones Ivonis, Burchardi et Anselmi textum ita emendasse, ut fere novus factus videri posset. Quoniam vero indicare quæ mutaverant plerumque supersederunt, in eo potissimum elaboravimus, ut ostenderetur, quæ ab ipsis mutata, quæ vel detracta vel adjecta essent. Contulimus ergo editiones Decreti antiquissimas [2] Argentinensem, Basileensem, Venetas duas, Norimbergensem, Parisinam et Lugdunenses tres, inter quas basileensis illa proptera præstantissima apparuit, quod a lectionibus Ivonis, Anselmi et reliquorum, quos in Decreto compaginando Gratianus secutus est, haud raro proxime abesset, unde eam ad antiquissimos Gratiani codices impressam esse non

---

[1] Exempla hæc sunto: D. I., c. 5, § 1, *quoniam*: Boehm. = *quando*: Ed. Rom. — c. 6. *susceptio*: Boehm. = *successio*: Ed. Rom. — *commodatæ*: Boehm. = *commendatæ*: Ed. Rom. — D. IV, c. 1 *refrenetur audacia et nocendi facultas*: Boehm. = *refrenetur nocendi facultas*: Ed. Rom. — D. V, c. 4, § 1, *debet*: Boehm. = *valet*: Ed. Rom. — § *fine*: *esuriamus*: Boehm. = *esurerimus*: Ed. Rom. — Dist. VI, c. 1, § 3, *etsi dormienti*: Boehm. = *etsi dormienti corpore*: Ed. Rom. — Dist. VII, c. 5, *quantumvis vulgata, quantumvis vetusta*: Ed Rom. — Dist. X, c, 1, § 2, *quibus ecclesia*: Boehm. = *quibus sæpe ecclesia*: Ed. Rom. — Dist. XI, c. 5, *successores*: Boehm. — *successiones*: Ed. Rom. — c. 11, § 1, *convenisse non dubium est*: Boehm. — *convenisse*: Ed. Rom. — *arbitrarer*: Boehm. = *arbitraremur*: Ed. Rom. — Dist. XIII, c. 2, § 4, *declinaret*: Boehm. = *declinarent*: Ed. Rom. — D. XV, c. 6, *alia concilia*: Boehm. — *concilia*: Ed. Rom. — D. XVI, c. 4, *Primus*: Boehm. = *Primo*: Ed. Rom. — *canones*: Boehm. = *canonum*: Ed. Rom. — *est interpolatum*: Boehm. — *interpolatur*: Ed. Rom. — c. 6, *utpote*: Boehm. = *ut*: Ed. Rom. — c. 7, *suo*: Boehm. = *tuo*: Ed. Rom. — Dist. XVII, 2 pars, § 3, *subscripsit*: Boehm. = *subscripsi*: Ed. Rom. — *episcopum*: Boehm. = *episcopus*: Ed. Rom. — D. XIX, c. 17, *agitur*: Boehm. = *agitatur*: Ed. Rom. — *referet*: Boehm. = *reseret*: Ed. Rom. — *ad resistendum potius, quam ad obediendum*: Boehm. — *non ad obediendum potius, quam ad resistendum*: Ed. Rom. — D. XX, c. 1, *judicant*: Boehm. = *judicantur*: Ed Rom. — Dist XXI, c. 1, § 15, *tam clara*: Boehm. = *tam clara erit*: Ed. Rom. — c. 6, in fine: *judicandi coercendique sunt, si his*: Boehm. = *judicandis coercendi sunt, si his*: Ed. Rom. — D. XXII, c. 5, in fine: *qui*: Boehm. — *quæ*: Ed. Rom. — D. XXIII, c. 3, in pr.: *Hic igitur*: Boehm. = *His igitur*: Ed. Rom. — c. 10, *Sed qui ita*: Boehm. = *Sed quia ita*: Ed. Rom. — c. 13, 14, *presbyterum quendam*: Boehm. = *presbyter quidam*: Ed. Rom. — D. XXIV, c. 3, *supradicta*: Boehm. = *supradictæ*: Ed. Rom. — Dist. XXV, c. 1, § 7, *aures habere*: Boehm. = *aures haberi*: Ed. Rom. — § 11, *epistolam*: Boehm. = *Apostolum*: Ed. Rom. — Hæc hactenus. Reliqua bene multa in notis sunt indicata. Præterea in Ed. Boehm. in Correctorum admonitione, p. LI, Dist. XLVII, p. 3, p. 139, Dist. L, c. 41, C. 1, q. 1, c. 41, integri fere versus incuria typothetarum exciderunt.

[2] 1. Decretum per venerabilem virum *Henricum Eggestein*. Argent. 1471. — 2, Decretum per *Michaelem Wenssler*. Bas. 1481. — 3, Decret. arte *Io. Herbort de Siligenstadt Alamani*. Ven. 1482. — 4, Decret. per *Georg. Arivabens*. 1490. — 5, Decret. per *Coberger*. Nov. 1493. — 6, Decret. per *Joannem Chappuis*. Paris 1506, 4. — 7, Decret. Lugd. 1515. 8, Decr. Lugd. ap. *Hug. a Porta*. 1559. — 9, Decr. Lugd. 1554, 4.

sine nostro jure suspicamur. Itaque variam lectionem in adnotationibus textui subjectis recensuimus; quæ vero addita comprehendebantur, quod sæpissime accidit, asteriscorum signo diligenter signavimus. Verum enim vero Correctores, quantacunque eorum diligentia fuit, non pauca tamen reliquerunt, quibus emendatione etiamnum opus esset, cujus rei hæc potissimum causa exstitit, quod et glossæ nimis inhæserunt, et in conciliorum canonibus recensendis sola fere Merlini conciliorum collectione usi sunt, quam Pseudoisidorianas merces exhibere nemo est qui ignoret. Quoniam vero res ipsa vetuit, ne textus a nobis emendaretur, e republica esse visum est in adnotationibus veram et canonum et reliquorum fragmentorum lectionem indicare, quare optimas quasque fontium editiones adhibuimus, in conciliorum canonibus collectionem Hispanam Gonzalezii [1], quam Celeberrimus *Hænel* pariter nobis exhibuit, codicem Dionysianum Justelli [2] et Eusebii Amort, codicem Quesnelli Balleriniorum [3], adjunctis ab his editis statuis ecclesiæ antiquæ, quæ conc. Carthag. IV. nomine circumferri solent, collectionem conciliorum Galliæ, editam a Dom Labat [4], et collectionem Mansianam. In recensendis decretalium fragmentis ad manus fuerunt egregia Constantii editio epistolarum RR. PP. [5], Gregorii M. Maurinorum [6], Leonis M. Balleriniorum editio, Mabillonii Vetera Analecta [7], Baluzii Miscellanea [8]. Spicilegium d'Acherianum [9], Lucæ Holstenii Romana collectio [10], et collectiones Ivonis [11] et Anselmi, quippe in quibus haud raro vera lectio lateret. Anselmi, qui nonnisi scriptus exstat, copiam fecit Celeberrimus *Hænel*, qui inter cætera κειμήλια exemplar etiam Anselmi, descriptum ad codicem Parisinum (Cod. Chart. fol. Bibl. Reg. Suppl. Lat. N. 1665, Bibl. S. Germani a Pratis congreg. S. Mauri N. 939, 2. 3) domum retulit [12]. Ipsi variæ lectioni, quæ in reliquis etiam capitibus præter conciliorum canones et decretalium fragmenta indicata est, numerum librorum et capitum, quo singuli canones a collectoribus proferuntur, adjunximus, mentione simul facta Reginonis [13] et trium partium collectionis, cujus descriptionem Theinerus [14] nuper in medium protulit. — Singularem deinde operam dedimus, ut veræ capitum inscriptiones, quas mirum quantum depravatas esse omnes norunt, indicarentur, et suppleretur quidquid Correctores vel non, vel minus vidissent, in qua re insigne adjumentum præstiterunt Pithœorum et Boehmeri editiones, immortale Augustini opus [15], doctissimis Baluzii animadversionibus illustratum, et præclarus Berardi liber [16], in quo utrum doctrinam magis an diligentiam admireris fere nescias. Aliquando etiam nobis ipsis, Anselmi potissimum et librorum pœnitentialium ope, aut capitum origines investigare, aut certe ad verum propius accedere licuit, quapropter capita nonnulla auctoribus restituta sunt, a quibus ea abdicaverat Berardus, quem in his rebus justo leviorem nonnunquam fuisse cognovimus. — Nonnulla

---

[1]. *Collectio canonum ecclesiæ Hispanæ* ex probatissimis ac pervetustis codicibus nunc primum in lucem edita a publica Matritensi bibliotheca. Matriti ex typographia regia A. D. 1808. Continet: 1, Præfationem editoris *Francisci Antonii Gonzalezii*, foliis IX. — 2, Indiculum canonum, quem dicunt, decem libris comprehensum, p. LX. — 3, Præfationem collectoris, fol. I. — 4, Conciliorum canones, col. DCLXXX. — II. *Epistolæ decretales ac rescripta RR. PP.* Matriti ex typographia hæredum D. Joachimi de Ibarra. A. D. 1821, fol., pag. CLXVII, index rerum et argumentorum. p. 169 — 196.

[2] *Bibliotheca juris canonici veteris* opera et studio *G. Voelli* et *H. Justelli*. Lut. Par. 1661. 2 vol. fol. — *Eus. Amort* Jus canon. vetus ac modernum. Tom. II. Ulm 1757. 4.

[3] In Appendice ad S. Leonis M. opera. Venet. 1757. fol.

[4] Conciliorum Galliæ tam editorum, quam ineditorum collectio. Opera et studio monach. Congr. S. Mauri. Tom. 1. fol. Ipsi exemplari, quod servat bibliotheca Paulina Lips., *Henricus Gregorius*, Episc. quondam Blesensis, hæc ad marginem adscripsit: Dom *Labat* Bénédictin de la congrégation de S. Maur a publié un premier volume d'une nouvelle édition des conciles de France. On avait commencé l'impression du second volume, les événements de la révolution interrompirent ce travail, mais l'ouvrage entier manuscrit qui formerait environ 8 volumes in-fol. existe entre les mains de Dom *Brial*, membre de l'institut national et confrère Bénédictin de Dom *Labat*, celui-ci est mort il y a environ trois ans et Dom *Brial* a imprimé la notice biographique. *H. Gregoire*. a Helmst. m. Août 1803.

[5] Tom. 1. Par. 1721, fol.

[6] Operum omnium Gregorii M. tomus II. Paris 1705, fol

[7] Paris 1723, fol.

[8] Paris 1678—1715. Tom. 7, 8.

[9] Paris. Ed. Nov. 1723, fol. 3, tom.

[10] Romæ 1662.

[11] Opera Ivonis, Paris 1647, 2 vol. fol. Panormiæ editionem Brandtianam (Bas. 1499) adhibuimus. Editionem Lovaniensem (1557) nihil esse, nisi repetitam Brandtii editionem, nuper monuit *Theinerus*. (*Ueber Ivo's vermeintl. Decret, Maynz* 1832.) — Burchardi magnum decretorum volumen nondum sumus adepti, quare librorum et capitum numeros ex Ed. Rom., quæ correctissima est, mutuati sumus; neque ea referre negleximus, quæ ex Burchardo descripsit Berardus.

[12] Videsis, quæ Ballerinii fratres (Opp. Leon. M. t. 3, p. CCXCVII) de Anselmi Lucensis collectione monuerunt. Exemplar, quod recens contulimus, decretales non paucas continet, quæ ad posterius tempus spectant, additas, ut cum Augustino loquamur, post Anselmi mortem ab aliquo viro studioso. Exinde vero factum est, ut numeri, quos ex suis codicibus ut videtur antiquioribus protulerunt Correctores, nostris non satis responderent, quare utrosque proferre visum est.

[13] Cujus collectio prostat apud *Harzhemium*, tomo secundo collectionis conciliorum Germaniæ, qui prodiit Colon. A. 1760.

[14] *Ueber Ivo's vermeintl. Decret, Maynz* 1832

[15] *Antonii Augustini* de emend. Gratiani l. 2. — Duisburg. ad Rhen. 1677, 8.

[16] Gratiani canones genuini ab apocryphis discreti, opera et studio *Car. Seb. Berardi*, Presb. Unelienesis. Ed. Veneta II, T. 4. Venet. 1783, 4

Gratiano ipsi (cf. D. 45. c. 4), alia Palearum auctori reddidimus [19], vocem Paleæ, ubi primum capiti imponeretur, uncis circumcludentes. — In fragmentis ex Pseudoisidoro desumtis fontes, ex quibus hausit quisquis illarum epistolarum auctor est, sedulo indicavimus, usi in primis libello Knustii [20], quem nuper venerabilis ordo Theologorum academiæ Georgiæ Augustæ præmio ornavit. — In conciliorum canonibus denique notavimus, quæ ex Dionysio, quæ ex prisca, quam dicunt, interpretatione desumta essent, ita ut errores in hac re a Correctoribus commissi nunc demum eliminati esse videantur. Capita vero, in quibus interpretis mentio facta non est, ad Isidorum memineris pertinere.

Quod ad temporum rationes attinet, quidquid certi vel ex ipsis capitum inscriptionibus vel ex VV. DD., Balleriniorum potissimum scriptis elici potuit, in notas retulimus, nec tamen Pithœis, quorum vestigia Boehmerus pressit, inhærendum esse putavimus, qui ubivis fere, etiamsi caput quam minime certum esset, ingenio nimis indulgentes temporum rationes adjecerunt. Quod quum ita sit, ut nunc demum temporum illæ rationes incertissimæ nec nisi conjecturis nisæ exploderentur, in omnibus fere locis ex Patribus desumtis temporum rationes omisimus, aliquando in indice capitum ad omnia hæcce capita ipsum annum, quo auctores vita defuncti sunt, descripturi. Interpunctiones, quæ quam maxime emendatione indigebant, novas per omnia fecimus; notationes vero Correctorum hoc proposito ad textus marginem rejecimus, ut ille tanquam purissimus neque alienis mercibus, quibus sæpissime implicantur lectores, intermixtus exhiberetur [21]. Quæ si tibi, benevole lector, non plane displicuerint, fortunati admodum nobis videbimur; si quæ vero minus recte a nobis acta sunt, te monentem ægre non feremus, neque enim ii sumus, qui in opere tam difficili humani aliquid a nobis alienum putemus.

Ceterum erga viros doctissimos, quibus quidquid præstitimus referimus acceptum, Illustrem *Biener* et Illustrem *Bichell*, qui suadendo et dissuadendo auxilium nobis præbere non dedignati sunt, et Celeberrimum *Hænel*, qui libros pretiosissimos bene multos nobis largiendo eximie de nobis meritus est, gratum animum nobis antiquissimum est proliteri. Plura præfabimur, ubi Deo adjutore Decreti editionem ad finem perduxerimus.

Dat. Lipsiæ ipso die S. Joannis Baptistæ A. MDCCCXXXIII.

---

[19] Secuti sumus Palearum recensionem, quam Ill. *Bickell* (De Paleis, quæ in Gratiani decreto inveniuntur disquisitio. Marburgi 1827, 4) in medium protulit. Adjicere nobis liceat, c. 3, D. XV, inde a § 17, et ipsum pro Palea habendum esse, cf. not. Corr. ad h. l. et quæ ex tribus Gratiani codicibus Lipss. (Num. 956. Cod. Lips. A., N. 957. Cod. Lips. B., Num. 958. Cod. Lips. C.) monuimus.

[20] De fontibus et consilio Pseudoisidorianæ collectionis. Gottingæ 1852. — Merlinianæ conciliorum collectionis exemplar, quo usi sumus, prodiit Coloniæ 1530.

[21] Accidit hoc Pelleterio, qui Pithoeorum editionem promulgavit, ut particulæ cuidam notationis Corr. (ad c. 4. D. 91) Gratiani nomen imponeretur, quod nec Boehmerus vidit.

# LIBRI

*Quos in adnotationibus laudavimus et quorum in præfatione mentio facta est, hi sunt:*

*Ans.:* Collectio Anselmi Lucensis
*Baller.:* Opp. Leonis M. ed. Balleriniorum.
*Burch.:* Burchardi Wormatiensis magnum decretorum volumen.
*Boehm.:* Corporis juris canonici editio a Boehmero adornata. Halæ 1747.
*Capit.:* Capitularia Regum Francorum.
*Cap. Mart. Brac.:* Capitula Martini Bracarensis, quæ prostant apud Gonzalezium.
*Cap. Theodori.:* Capitula Theodori Cantuariensis, ed. Petit, Paris 1676, 4
*Coll. tr. p.:* Collectio trium partium.
*Coll. Hisp.:* Collectio Hispana Gonzalezii.
*Cap. Mart. Brac.:* Capitula Martini Bracarensis.
*Coustant:* Epistolæ Rom. Pont. ex ed. Coustant.
*Deusd.:* Collectio Cardinalis Deusdedit a Correctoribus laudata.
*Ed. Ant.:* Ed. Antwerpiensis Contii.
*Ed. Arg.:* Ed. Argentina A. 1471.
*Ed. Bas.:* Ed. Basileensis A. 1481.
*Ed. Lugd.* I: Ed. Lugdunensis A 1515.
*Ed. Lugd.* II: Ed. Lugdunensis A. 1548.
*Ed. Lugd.* III: Ed. Lugdunensis A. 1564.
*Ed. Nor.:* Ed. Norimberg. A. 1493.
*Ed. Par.:* Ed. Parisina A. 1506.
*Ed. Ven.* I: Ed. Veneta A. 1482.
*Ed. Ven.* II: Ed. Veneta A. 1490.
*Interpr. Dionys.:* Græcorum canonum Latina interpretatio, a Dionysio Exiguo facta.
*Iv. Pan.:* Ivonis Panormia.
*Iv. Decr.:* Ivonis Decretum.
*Isid. Merl.:* Collectio conciliorum Merlini
*Ed. Maur.:* Editio operum Greg. M. studio monach. ex congreg. S. Mauri
*Pœn. Rom.:* Pœnitentiale Romanum.
*Mansi:* Mansi Maxima et amplissima conciliorum collectio.
*Polyc.:* Collectio canonum Gregorii presbyteri, quæ Polycarpus vocatur.
*Rab. pœn.:* Rabani Mauri pœnitentiale.
*Reg.:* Reginonis de discipl. eccl. libri II.
*Statutt. eccl. ant.:* Statuta ecclesiæ antiquæ, quæ Conc. Carth. IV nomine laudari solent

# CONCORDIA DISCORDANTIUM CANONUM,

## AC PRIMUM *

## DE JURE DIVINÆ ET HUMANÆ CONSTITUTIONIS.

### DISTINCTIO PRIMA.

**GRATIANUS.**

*Humanum genus duobus regitur, naturali videlicet iure et moribus. Jus naturale est quod in lege et Evangelio continetur, quo quisque jubetur alii facere quod sibi vult fieri, et prohibetur alii inferre quod sibi nolit fieri. Unde Christus in Evangelio*[1]*: Omnia quæcunque vultis ut faciant vobis homines, et vos eadem facite illis. Hæc est enim lex et prophetæ.*

*Hinc Isidorus in libro V Etymologiarum, c. 2, ait:*

C. I. *Divinæ leges natura, humanæ moribus constant.*

Omnes leges aut divinæ sunt, aut humanæ. Divinæ natura, humanæ moribus constant, ideoque hæ discrepant, quoniam aliæ aliis gentibus placent. § 1. Fas lex divina est: jus lex humana. Transire per agrum [2] alienum, fas est, jus non est.

*Gratianus. Ex verbis hujus auctoritatis evidenter datur intelligi, in quo differant inter se lex divina et humana, cum omne quod fas est, nomine divinæ vel naturalis legis accipiatur, nomine vero legis humanæ mores jure conscripti et traditi intelligantur. § 1. Est autem jus generale nomen, multas sub se continens species.*

A *Unde in eodem lib. Etymolog. c. 3. Isidorus ait:*

C. II. *Jus genus, lex autem species est.*

Jus generale nomen est; lex autem juris est species. Jus autem est dictum, quia justum est. Omne autem jus legibus et moribus constat.

C. III. *Quid sit lex.*

[Isidor. eod. cap. 3.]

Lex est constitutio scripta.

C. IV. *Quid sit mos.*

[Isidor. eod. cap. 3, et lib. II, c. 10.]

Mos [b] est longa consuetudo, de moribus tantummodo [a] tracta.

C. V. *Quid sit consuetudo.*

[Isidor. [c] eod. cap. 3, et lib. II, c. 10.]

Consuetudo autem est jus quoddam moribus institutum, quod pro lege suscipitur, cum deficit lex.
B § 1. Nec differt, an scriptura, an ratione consistat, quando [3] et legem ratio commendat. § 2. Porro si ratione lex constat, lex erit omne jam, quod ratione constiterit, duntaxat quod religioni conveniat quod disciplinæ congruat, quod saluti proficiat. § 3. Vocatur autem consuetudo, quia in communi est usu.

### NOTATIONES CORRECTORUM.

[a] *Ac primum:* Hoc loco in manuscriptis codicibus magna est varietas. Nam, partim nulla est hoc loco inscriptio, partim vero legitur: *De jure scripto et non scripto, et quod cui præponatur, et legum auctoribus et duorum malorum electione, sive dispensatione.* Aut: *Ac primum de jure constitutionis naturæ divinæ* C *et humanæ* [b]. Aut: *De jure naturæ et humanæ constitutionis,* quam Dominicus de Geminiano agnoscit, et exstat in nonnullis antiquioribus editionibus. Aut: *De jure naturæ et constitutionis,* quæ inscriptio maxime videtur convenire tractationi Gratiani, qui sæpe ad hæc capita revertitur, ut initio distinct. 5,

7, 8, 13, et 11, q. 1, c. Si quæ causæ hunc totum locum indicans scribit: *Require in principio, ubi differentia signatur inter jus naturale et jus constitutionis.* Verumtamen in hac tanta varietate, quæ, ut aliæ conjecturæ mittantur, argumento esse potest nullam hic a Gratiano ipso positam esse rubricam, satis visum est retenta vulgata lectione cæteras indicare.

DIST. I. C. IV. [b] *Mos est:* Apud Isidorum hæc antecedunt: *Mos est vetustate probata consuetudo, sive lex non scripta. Non lex a legendo vocata est quia scripta est. Mos autem longa consuetudo est* etc.

---

DIST. I. [1] Ed. Bas. — *de jure constit. nat. et hum.*: Edd. Ven. I. II. Nor. — *de jure const. nat. hum.*: Ed. Arg. [1] Matth. c. 7. v. 12. == C. I. [2] *transire per alienum:* Isidor. == C. IV. [3] *tantundem:* Isidor. == C. V. [4] Secundum Fr. 32. D. *de legibus* et Tertullianum in libr. *de corona militis.*—Ivo Pan. I. 2. c. 161 Decr. p. 2. c. 200 [5] *quoniam:* Bohm. == C. VI.

Gratianus. *Quum itaque dicitur:* non differt, utrum consuetudo scriptura, vel ratione consistat, *apparet, quod consuetudo est partim redacta in scriptis, partim moribus tantum utentium est reservata. Quae in scriptis redacta est, constitutio sive jus vocatur; quae vero in scriptis redacta non est, generali nomine, consuetudo videlicet, appellatur.*

§ 1. *Est autem et alia divisio juris, ut in eodem libro V, c. 4, testatur Isidorus ita dicens:*

### C. VI. *Quae sint species juris.*
[Isidor. eod. c. 4.]

Jus [a] autem aut naturale est, aut civile, aut gentium.

### C. VII. *Quid sit jus naturale.*
[Isidor. eod. c. 4.]

Jus naturale est commune omnium nationum, eo quod ubique instinctu naturae, non constitutione aliqua habetur, ut viri et feminae conjunctio, liberorum successio [c] [7] et educatio, communis omnium possessio et omnium una libertas, acquisitio eorum, quae coelo, terra marique capiuntur; item depositae rei vel commendatae [8] pecuniae restitutio, violentiae per vim repulsio. § 1. Nam hoc, aut si quid huic simile est, nunquam injustum, sed naturale aequumque habetur.

### C. VIII. *Quid sit jus civile.*
[Isidor. eod. c. 5.]

Jus [9] civile, quod quisque populus vel quaeque civitas sibi proprium divina humanaque [10] causa constituit.

### C. IX. *Quid sit jus gentium.*
[Isidor. eod. c. 6.]

Jus gentium est sedium occupatio, aedificatio, munitio, bella, captivitates, servitutes, postliminia, foedera, paces, [11] induciae, legatorum non violandorum religio, connubia inter alienigenas prohibita. § 1. Hoc inde [12] jus gentium appellatur, quia eo jure omnes fere gentes utuntur.

### C. X. *Quid sit jus militare*
[Isidor. eod. c. 7.]

Jus militare est belli inferendi solennitas, foederis faciendi nexus, signo dato egressio in hostem vel pugnae commissio; item signo dato receptio; item flagitii militaris disciplina, si locus deseratur; item stipendiorum modus, dignitatum gradus, praemiorum honor, veluti quum corona vel torques donantur; item praedae decisio, et pro personarum qualitatibus et laboribus justa divisio, ac principis portio.

### C. XI. *Quid sit jus publicum.*
[Isidor. eod. c. 8.]

Jus [13] publicum est in sacris et in sacerdotibus et in magistratibus.

### C. XII. *Quid sit jus Quiritum.*
[Isidor. eod. c. 9.]

Jus Quiritum est proprie Romanorum, quod nulli tenent, nisi Quirites, id est Romani. § 1. In quo agitur de legitimis hereditatibus, de cretionibus [d], de tutelis, de usucapionibus, quae jura apud nullum alium populum reperiuntur, sed propria sunt Romanorum, et in eosdem solos constituta.

---

## DISTINCTIO II.

### GRATIANUS.

I. Pars. *Constat autem jus Quiritum ex legibus et plebiscitis et senatusconsultis et constitutionibus principum, et edictis* [1] *sive responsis prudentum.*

### C. I. *Quid sit lex.*
[Isidor. Etym. lib. V, c. 10 et l. II, c. 10.]

Lex est constitutio populi, qua majores natu simul cum plebibus aliquid sanxerunt.

### C. II. *Quid sit plebiscitum.*
[Isidor. eod. c. 11.]

Plebiscita [2] sunt, quae plebes tantum constituunt: et vocantur [3] plebiscita, quod ea plebs sciat, vel quod sciscitatur et rogat, ut fiant [4].

### C. III. *Quid sit senatusconsultum.*
[Isidor. eod. c. 12.]

Senatusconsultum est, quod tantum senatores populis consulendo decernunt.

### C. IV. *Quid sit constitutio vel edictum.*
[Isidor. eod. c. 13.]

Constitutio vel edictum est, quod rex [5] vel Imperator constituit vel edicit [6].

### C. V. *Quae sint responsa prudentum.*
[Isidor. eod. c. 14.]

Responsa prudentum sunt, quae jurisconsulti respondere dicuntur consulentibus: unde et responsa Pauli dicta. Fuerunt enim quidam prudentes et arbi-

### NOTATIONES CORRECTORUM

C. VII. [c] *Successio:* In tribus codicibus manuscriptis Isidori et aliquot Gratiani legitur: *liberorum susceptio et educatio,* quae lectio convenit cum l. 1. D. de justit. et jure, versic. *hinc descendit.*

C. XII. [d] *Cretionibus:* Antea legebatur: *vel cura-* tionibus, *vel de contractibus.* Emendatum est ex codicibus Isidori tam impressis quam manuscriptis. Quid autem sit cretio, declarat Ulpianus in suis titulis c. 22. et ipsemet Isidorus eod. lib. V Etymol. cap. 24

---

Dist. I. C. VIII. [5] *Jus aut naturale:* Isidor. = C. VII. [7] *Susceptio:* Isidor. Edd. Grial. Madrit. 1591, et Areval. Rom. 1797. — Bohm. [8] *Commodat:* Isidor. Edd. citt. — Bohm. = C. VIII. [9] cf. Fr. 9 D. de just. et jure [10] d. h. inspecta causa: Bhom. C. IX. [11] *foedera pacis:* Edd. ant. coll. omn. [12] *et inde i. g. a., quia:* Isidor. = C. XI. [13] ex Fr. 1, 2. D. de just. et jure.

Dist. II. [1] *edictis senatorum:* Edd. ante correctionem decreti editae excepta ed. Basil. = C. II. [2] *Scita sunt:* Isidor. [3] *vocata scita:* ib. [4] *vel quod sciscit, uti rogata fuit:* ib. = C. IV. [5] *quod tantum rex:* Edd. Romanae priores praeter Basil. — Bohm. [6] *ante correctionem legebatur: edidit.* = C. V.

tri æquitatis, qui Institutiones *civilis juris compositas ediderunt, quibus dissidentium lites contentionesque sopirent.

C. VI. *Quæ sint tribuniciæ vel consulares leges.*
[Isidor. eod. c. 15.]

II. Pars. Quædam etiam leges dicuntur ab iis, qui condiderunt, ut consulares, tribuniciæ, Juliæ, Corneliæ. Nam et sub Octaviano Cæsare suffecti consules Papius [a] et Poppæus legem tulerunt, quæ a nominibus eorum appellatur Papia Poppæa, continens patrum præmia pro suscipiendis liberis. Sub eodem quoque imperatore Falcidius tribunus plebis legem fecit, ne quis plus extraneis [b] [a] in testamento legaret, quam ut quarta pars superesset heredibus, ex cujus nomine lex Falcidia nuncupata est.

C. VII. *Quæ sit lex satira.*
[Isidor. eod. c. 16.]

Satira [c] vero lex est, quæ de pluribus simul rebus loquitur [a], dicta a copia rerum et quasi a saturitate : unde et satiram scribere est poemata varia condere, ut Horatii, Juvenalis et Persii.

C. VIII. *Quæ sint Rhodiæ leges.*
[Isidor. eod. c. 17.]

Rhodiæ leges navalium commerciorum sunt, ab insula Rhodo cognominatæ, in qua antiquitus mercatorum usus fuit.

## DISTINCTIO III.

### GRATIANUS.

I. Pars. *Omnes hæ species sæcularium legum partes sunt. Sed quia constitutio alia est civilis, alia ecclesiastica : civilis vero forense vel civile jus appellatur, quo nomine ecclesiastica constitutio appelletur, videamus.* § 1. *Ecclesiastica constitutio canonis nomine censetur. Quid autem sit canon* Isidorus [1] *in lib VI Etym. c. 16 declarat dicens :*

C. I. *Quid sit canon.*

Canon græce, latine regula nuncupatur.

C. II. *Unde dicatur regula.*
[Isidor. [2] eod. c. 16.]

Regula dicta est eo quod recte ducit, nec aliquando [3] aliorsum trahit. Alii vero dixerunt regulam dictam, vel quod regat, vel quod normam recte vivendi præbeat, vel quod distortum pravumque [4] corrigat.

II. Pars. Gratian. *Porro canonum alii sunt decreta Pontificum, alii statuta conciliorum. Conciliorum vero alii sunt universalia, alia provincialia. Provincialium alia celebrantur auctoritate Pontificis Romani, præsente videlicet legato sanctæ Romanæ ecclesiæ; alia vero auctoritate patriarcharum, vel primatum, vel metropolitanorum ejusdem provinciæ. Hæc quidem de generalibus regulis intelligenda sunt.*

§ 1. *Sunt autem quædam privatæ leges, tam ecclesiasticæ quam sæculares, quæ privilegia appellantur. De quibus in lib. V Etym., cap. 18 Isidorus ait :*

C. III. *Quid sit privilegium.*

Privilegia sunt leges privatorum, quasi privatæ leges. Nam privilegium inde [a] dictum est, quod in privato feratur.

III. Pars. Gratianus. *Officium vero sæcularium, sive ecclesiasticarum legum est, præcipere quod necesse est fieri [b], aut prohibere quod malum est fieri; vel permittere licita, ut præmium petere, vel etiam quædam illicita, ut dare libellum repudii, ne fiant graviora. Unde in eod. lib. c. 19 Isidorus scribit dicens:*

C. IV. *Quod sit officium legis.*

Omnis autem lex aut permittit aliquid, ut : vir fortis petat præmium ; aut vetat, ut : sacrarum virginum nuptias nulli petere liceat ; aut punit, ut : qui cædem fecerit, capite plectatur ; ejus enim præmio aut pœna vita moderatur humana ; divina [c] autem præcipit [d], ut : *Diliges Dominum Deum tuum.*

### NOTATIONES CORRECTORUM.

Dist. II. C. VI. [a] *Papius* : Ante legebatur : *Papius et Pompeius* et paulo post : *Papia et Pompeia.* Emendatum est ex manuscriptis exemplaribus Isidori. Nam in impressis notaverat errorem Alciatus lib. III, dispunct. c. 3. In tabulis autem Capitolinis anno urbis DCCLXI. ex Calend. Jul. suffecti consules numerantur M. Papius et Q. Popæus.

[b] *Extraneis* : Hæc dictio non est in Chronico Eusebii a D. Hieronymo latinitate donato ac locupletato (unde hæc videtur sumpsisse Isidorus) neque in leg. 1. § 2. ad leg. Falc. ubi referuntur propria verba ipsius legis. Est tamen apud Isidorum etiam in codicibus manuscriptis.

C. VII. [c] *Satira* : In aliquot Gratiani manuscriptis codicibus et uno Isidori legitur : *Satura*, de qua ita Festus : *Satura est cibi genus ex variis rebus conditum ; et est lex multis aliis conferta legibus. Itaque in sanctione legum adscribitur : neve per saturam abrogato aut derogato, et alia quædam in hanc sententiam.*

Dist. III. C. III. [a] *Privilegium* : Cicero l. 3 de legib. hæc habet : *Majores nostri in privatos homines leges ferri noluerunt, id est enim privilegium.* Verum non semper eadem natione hanc vocem usurpari solitam fuisse, Budæus et alii notarunt.

[b] *Fieri* : Quæ sequuntur, in aliquot vetustis codicibus sic habentur : *Prohibere quod malum est fieri; permittere vel licita, ut præmium petere, vel etiam quædam*, etc.

C. IV. [c] *Divina* : Hinc usque ad finem non sunt in codicibus Isidori, neque in aliquot exemplaribus Vaticanis Gratiani. In aliis vero, omissa voce *divina*, legitur : *aut præcipit ut : diliges Dominum Deum tuum.*

---

Dist. II. C. V. [1] *constitutiones* : Ed. Bas. Bohm. — vulgatam servat ipse Isidorus. == C. VI. [a] *Dictio extraneis* abest ab Isidor. ed. Areval. — *in extremo testamento* : Ed. Ven. I. == C. VII. [a] *eloquitur* : Isid. et Ed. Bas.
Dist. III. C. I. [1] Anselm. in proœm. == C. II. [2] Anselm. ib. [3] *aliquem* : Edd. Lugl. I. II. Paris. Antwerp. [4] *pravumque quid* : Isid. — p. *quidquid* : Anselm. == C. IV. [a] Deuteron. c. 6. v. 5.

## DISTINCTIO IV.

### GRATIANUS.

I. Pars. *Causa vero constitutionis legum est humanam coercere audaciam et nocendi facultatem refrenare, sicut in eod. lib. V, c. 20* Isidorus[1] *testatur dicens*:

C. I. *Quare leges factae sint.*

Factae sunt autem leges, ut earum metu humana coerceatur audacia, tutaque sit inter improbos innocentia, et in ipsis improbis formidato supplicio refrenetur nocendi[2] facultas.

II. Pars. Gratianus. *Praeterea in ipsa constitutione legum maxime qualitas constituendarum est observanda, ut contineat in se honestatem, justitiam, possibilitatem, convenientiam, cetera, quae in eod. lib.* Isidorus [c. 21] *enumerat, dicens*:

C. II. *Qualis debeat esse lex.*

Erit autem lex honesta, justa, possibilis, secundum naturam, secundum patriae consuetudinem, loco temporique conveniens, necessaria, utilis, manifesta quoque, ne aliquid per obscuritatem in captionem[a][3] contineat, nullo privato commodo, sed pro communi civium utilitate conscripta.

III. Pars. Gratian. *Ideo autem in ipsa constitutione ista consideranda sunt, quia cum leges institutae fuerint, non erit liberum judicare de ipsis, sed oportebit judicare secundum ipsas. Unde Augustinus ait in libro de vera religione, c. 31*[4]:

III. *De legibus tunc est judicandum, quum instituuntur, non quum institutae sunt.*

In istis temporalibus legibus, quamquam de his homines judicent, quum eas instituunt, tamen quum fuerint institutae et firmatae, non licebit judici de ipsis judicare, sed secundum ipsas.

Gratianus. *Leges instituuntur, quum promulgantur; firmantur, quum moribus utentium approbantur.* Sicut enim moribus utentivm in contrarium nonnullae leges hodie abrogatae sunt, ita moribus utentium ipsae leges confirmantur. Unde illud Telesphori Papae (qui decrevit, ut generaliter clerici a quinquagesima[b] a carnibus et deliciis jejunent) quia moribus utentium approbatum non est, aliter agentes transgressionis reos non arguit.

C. IV. *Septem hebdomadibus a carne et deliciis ante pascha clerici abstineant.*

Telesphorus[5] *urbis Romae Episcopus omnibus episcopis, epist. un.*

Statuimus, ut septem[6] hebdomadas plenas ante sanctum pascha omnes clerici in sortem Domini vocati a carne jejunent: quia sicut discreta debet esse vita clericorum a laicorum conversatione, ita et in jejunio debet esse discretio. *Et infra*: Has ergo septem hebdomadas omnes clerici a carne et deliciis jejunent, et hymnis et vigiliis atque orationibus 'Domino' inhaerere die noctuque studeant.

C. V. *Septimam hebdomadam Telesphorus quadragesimae addit.*

Item Ambrosius *in libro sermonum*[c]

Quadragesima sex septimanas habet, cui addidit Telesphorus Pontifex septimam hebdomadam, et vocatum est hoc tempus quinquagesima.

Gratian. *Quod similiter de eo capitulo est intelligendum, quod B. Gregorius* [l.][7] *Augustino Anglorum Episcopo scribit dicens*:

C. VI. *A quinquagesima jejunandi propositum sumant, quos ecclesiastici gradus dignitas exornat.*

Denique sacerdotes et diaconi et reliqui omnes, quos dignitas ecclesiastici gradus exornat, a quinquagesima proposito jejunandi suscipiant, quo et aliquid ad pensum sanctae institutionis adjiciant, et eorum, qui in laicali ordine consistunt, observantiam sicut loco, ita religione praecellant. § 1. De ipsa vero die dominica haesitamus, quidnam dicendum sit, quum omnes laici et saeculares illa die plus solito ceteris diebus accuratius cibos carnium appetant, et nisi nova quadam aviditate usque ad medias noctes se ingurgitent, non aliter se hujus sacri temporis observationem suscipere putant; quod utique non rationi, sed voluptati, imo cuidam mentis caecitati adscribendum est, unde nec a tali consuetudine averti possunt; et ideo cum venia suo ingenio relinquendi sunt, ne forte pejores existant, si a tali consuetudine prohibeantur. Ut enim ait Salomon[8]: *Qui multum emungit, elicit sanguinem.* — *Et post pauca*: § 2. Par autem est, ut quibus diebus a carne animalium abstinemus, ab omnibus quoque, quae se-

susciperent et a carnibus et deliciis abstinerent; sed omnes fere manuscripti habent eo modo, quo restitutum est.

C. V. [c] *Sermonum*: Inventi sunt Romae in bibliotheca Vaticana et Mediolani in bibliotheca monasterii S. Ambrosii sermones aliquot manuscripti, Ambrosii nomen praeferentes, inter quos est sermo de Sexagesima, cujus initium est: *Adest tempus*, unde hoc caput sumptum est.

### NOTATIONES CORRECTORUM.

Dist. IV. C. II. [a] *In captionem*: Ante ea legebatur: *in cautum captione.* Restituta est vera lectio ex codicibus Isidori manuscriptis lib. 5, cap. 21 et ex impressis etiam lib. 2, c. 10 ubi eadem scribuntur, partimque ex antiquis Gratiani exemplaribus, a quibus abest dictio, *cautum.* Simili vero locutione utitur Paulus 1. 5 sentent. tit. 33. c. 2. *Ne quis*, inquit, *in captionem verborum in cavendo incidat.*

C. III. [b] *Quinquagesima*: Post hoc verbum in codicibus impressis sequebatur: *jejunandi propositum*

---

Dist. IV C. I. [1] Ivo Pan. l. 2. c. 142. Decr. p. 4, c. 168. *audacia et nocendi facultas*: ex Turrecremata Ed. Fontanini, Böhm. = C. II. [2] *in captione*: Ed. Bas.— *in cautione* l. l. l. = C. III. [3] Ivo Pan. l. 2, c. 143. Decr. p. 4, c. 169. = C. IV. [5] Epist. Pseudoisidor. — Anselm. l. 7, c. 183. Ivo Pan. l. 2, c. 174. Decr. p. 4, c. 25. [6] *ex libr. Pont.* = C. V. [6] *Abjudicant hunc can.* ab Ambros. Opp. hujus Edd. Fr. Benedictini ex congr. S. Mauri. Paris 1686. — Anselm. l. 7, c. 184. = C. VI. [7] S. Gregorium hujus canonis auctorem non esse contendunt Fratres ex congr. S. Mauri. Ed. Paris 1705. — Ivo Decr. p. 4, c. 29. [8] Proverb. c. 30. v. 33.

mentinam carnis trahunt originem, jejunemus, a lacte videlicet, caseo et ovis. *Et post pauca* : § 3. Cæterum piscium esus ita Christiano relinquitur, ut hoc ei infirmitatis solatium, non luxuriæ pariat incendium. Denique qui a carne abstinet, nequaquam sumptuosiora marinarum belluarum convivia præparet. § 4. Vinum quoque ita bibere permittitur ⁹, ut ebrietatem omnino fugiamus; alioqui restat, ut omnia, quæ corpori libent, similiter faciamus.

IV. Pars. Gratianus. *Hæc, etsi legibus constituta sunt, tamen quia, communi usu approbatamon sunt, se non observantes transgressionis reos non arguunt; alioquin* ¹⁰ *his non obedientes proprio privarentur honore, quum illi, qui sacris nesciunt obedire canonibus, penitus officio jubeantur carere suscepto; nisi forte quis dicat, hæc non decernendo esse statuta, sed exhortando conscripta. Decretum vero necessitatem facit, exhortatio autem liberam voluntatem excitat.*

## DISTINCTIO V.

### GRATIANUS.

I. Pars. *Hæc, quæ de privilegiis et ceteris infra positis scripta sunt, tam sæcularibus quam ecclesiasticis legibus conveniunt. Nunc* ᵃ *ad differentiam naturalis juris et ceterorum revertamur.* § 1. *Naturale jus inter omnia primatum obtinet tempore et dignitate. Cœpit enim ab exordio rationalis creaturæ, nec variatur tempore, sed immutabile permanet.* § 2. *Sed quum naturale jus in lege et Evangelio supra dicatur esse comprehensum, quædam autem contraria his, quæ in lege statuta sunt, nunc inveniantur concessa, non videtur jus naturale immutabile permanere. In lege* ¹ *namque præcipiebatur ut mulier, si masculum pareret, quadraginta, si vero feminam, octuaginta diebus a templi cessaret ingressu; nunc autem statim post partum ecclesiam ingredi non prohibetur. Item* ² *mulier, quæ menstrua patitur, ex lege immunda esse reputabatur; nunc autem nec statim intrare ecclesiam, nec sacræ communionis mysteria percipere, sicut nec illa, quæ parit, vel illud, quod gignitur, statim post partum baptizari prohibetur.*

*Unde eidem Augustino Anglorum Episcopo Gregorius* [I.] ³ *scribit, dicens:*

### C. I. PALEA ᵇ.

«Quum enixa fuerit mulier, post quot dies intrare ecclesiam debeat, Testamenti Veteris præceptione didicisti: quia pro masculo XXXIII, pro femina vero LXVI diebus debet abstinere; quod tamen sciendum, quia in mysterio accipitur.»

C. II. *Mulier enixa gratias actura ecclesiam intrare hora eadem non prohibetur.*

[Gregorius ibidem continenter. *]

Si mulier eadem hora, qua genuerit, actura gratias intrat ecclesiam, nullo pondere peccati gravatur; voluptas etenim carnis, non dolor in culpa est. In carnis autem commixtione voluptas est, in ⁴ prolis vero partu dolor et gemitus. Unde ipsi primæ matri omnium dicitur ⁵ : *In doloribus paries.* Si itaque enixam mulierem prohibemus intrare ecclesiam, ipsam ei pœnam suam in culpam deputamus ⁶.

C. III. *Mulierem enixam, vel quod ab ea genitum fuerit, eadem hora nihil prohibet baptizari.*

Idem ad eundem. "

Baptizari autem vel enixam mulierem, vel hoc, quod genuerit, si periculo mortis urgetur, vel ipsa hora eadem, qua gignit, vel hoc, quod gignitur, eadem, qua natum est, nullo modo prohibetur: *quia, ᶜ sicut sancti mysterii gratia viventibus atque discernentibus cum magna discretione providenda est, ita quibus mors imminet, sine ulla dilatione offerenda est, ne, dum adhuc tempus ad præbendum redemptionis mysterium quæritur, interveniente paululum mora, inveniri non valeat, qui redimatur.*

C. IV. *Antequam puer ablactetur, vel mater purificetur, ad ejus concubitum vir non accedat.*

Item. † [Gregor. ibid. continenter.]

Ad ejus vero concubitum vir suus accedere non debet, quousque qui gignitur ablactetur.

[PALEA.]

«Prava autem in conjugatorum moribus consuetudo surrexit, ut mulieres filios quos gignunt, nutrire contemnant, eosque aliis mulieribus ad nutriendum tradant; quod videlicet ex sola causa ⁷ incontinentiæ videtur inventum, quia dum se continere nolunt, despiciunt lactare quos gignunt.»

Hæ itaque, quæ filios suos ex prava consuetudine aliis ad nutriendum tradunt, nisi purgationis tempus prius transierit, viris suis non debent admisceri:

### NOTATIONES CORRECTORUM.

Dɪsᴛ. V. I. Pars. ᵃ *Nunc ad differentiam* : In vulgatis legebatur : *Nunc autem ad doctrinam*. Emendatum est ex vetustis codicibus et ex principio dist. 15 ubi hoc reperitur.

ᵇ C. I. ᵇ *Palea* : De Paleis universe in præfatione dictum est. Hæc vero, cui primum præponitur nomen Paleæ, habetur etiam in manuscriptis exemplaribus (exceptis duobus Vaticanis) et in quatuor conjunctum est cum sequenti capite : *Si mulier*, addita ad illius initium voce : *Nam*, quemadmodum est apud Gregorium.

C. III. ᶜ *Quia sicut* : Hinc usque ad verba : *Ne dum*, addita sunt ex B. Gregorio.

---

Dɪsᴛ. IV. C. VI. ⁹ *permittimur* : Ivo. = IV. Pars Grat. ¹⁰ verba S. Gregorii infr. C. 25. q. 1, c. 13.
Dɪsᴛ. V. I. Pars. ¹ Levit. c. 12. v. 5. ² ibid. c. 15. v. 20. ³ Ep. 64, lib. 11 Indict. IV. (Ao. 601.) (ad interrog. Augustini 10.) Ed. Paris 1705. Epistola, admodum dubiæ fidei, integra habetur apud Bedam Hist. Angl. l. 1, c. 22. = C. II. * Nicolaus P. ad consulta Bulgarorum (Coll. conc. Mansi T. XV.) c. 65. Beda, ib. Gratianus tamen sumsit can. ex Coll. tr. p. p. 1, t. 55, c. 70. ᵇ *nam in prolis prolatione gemitus* : Codd. Gregor. consentiente Beda. ⁵ Genes. c. 3. v. 6. ⁶ *vertimus* : Edd. priores omnes. = C. III. ** Coll. tr. p. p. 1, t. 55, c. 71. Burch. l. 4, c. 32. Ivo Decr. p. 1, c. 62. = C. IV. † Nicolaus P. l. .. Beda l. l.—Coll. tr. p. p. 1, t. 55, c. 72. Ivo Decr. p. 8, c. 88. ⁷ *carnis incontinentia* : Edd. coll. o.

quippe quum et sine partus causa, quum in consuetis menstruis detinentur, viris suis misceri prohibeantur, ita ut morte lex [a] sacra feriat, si quis vir ad menstruatam mulierem accedat. § 1. Quæ tamen mulier, dum ex consuetudine menstrua patitur, prohiberi ecclesiam intrare non debet, quia ei naturæ superfluitas in culpam non valet imputari, et per hoc, quod invita patitur, justum non est, ut ecclesiæ ingressu privetur. Novimus [9] namque, quod mulier, quæ sanguinis fluxum patiebatur, post tergum Domini veniens [10] vestimenti ejus fimbriam tetigit, atque statim ab ea sua infirmitas recessit. Si ergo in fluxu sanguinis posita laudabiliter potuit Domini vestimentum tangere, cur, quæ menstruum sanguinis patitur, ei non liceat Domini ecclesiam intrare? *Et infra.* Si igitur bene præsumsit, quæ vestimentum Domini in languore posita tetigit, quod uni personæ infirmanti conceditur, cur non concedatur cunctis mulieribus, quæ naturæ suæ vitio infirmantur? § 2. Sanctæ autem communionis mysterium in eisdem diebus percipere non debet prohiberi. Si autem ex veneratione magna percipere non præsumit, laudanda est; sed si percipiat, non judicanda. Bonarum quippe mentium est, ibi etiam "aliquo modo" culpas suas agnoscere, ubi culpa non est; quia sæpe sine culpa agitur, quod venit ex culpa. Unde etiam quum esurimus, sine culpa comedimus, quibus ex culpa primi hominis factum est, ut esuriremus [11].

## DISTINCTIO VI.

### GRATIANUS.

*Quia vero de naturæ superfluitate sermo cœpit haberi, quæritur an post illusionem, quæ per somnium solet accidere, vel corpus Domini quilibet accipere valeat, vel si sacerdos sit, sacra mysteria celebrare.*

De his ita scribit B. Gregorius [I.] *Augustino Anglorum episcopo, resp.* 11. [1]

### C. I. *De multiplici genere illusionis.*

Testamentum veteris legis hunc pollutum Domino dicit, et nisi lotum aqua, etiam usque ad vesperam intrare ecclesiam non concedit. Quod [1] tamen aliter intelligens populus spiritualis quasi per somnium eum illudi reputat, qui tentatus immunditia veris [a] imaginibus [2] in cogitatione inquinatur. Sed lavandus est aqua, ut culpam cogitationis lacrymis abluat, et nisi prius ignis tentationis recesserit, reum se quasi usque ad vesperam cognoscat. § 1. Sed est in eadem illusione valde necessaria discretio, qua subtiliter pensari debet, ex qua re accidat menti dormientis. Aliquando [3] enim ex crapula, aliquando ex naturæ superfluitate vel infirmitate, aliquando ex cogitatione contingit. § 2. Et quidem quum ex naturæ superfluitate vel infirmitate evenerit, omnimodo hæc illusio non est timenda, quia hanc animus nesciens pertulisse magis dolendus est, quam fecisse. § 3. Quum vero ultra modum appetitus gulæ in sumendis alimentis rapitur, atque idcirco humorum receptacula gravantur, habet exinde animus aliquem reatum, non tamen usque ad prohibitionem percipiendi sacri mysterii, vel missarum solennia celebrandi, quum fortasse aut festus dies exigit, aut exhibere [4] mysterium pro eo, quod sacerdos alius in loco deest, ipsa necessitas compellit. Nam, si adsunt alii, qui implere mysterium valeant illusio per crapulam facta a perceptione sacri mysterii prohibere non debet, sed ab immolatione sacri mysterii abstinere [5], ut arbitror, humiliter debet, si [b] tamen dormientem turpi imaginatione illusio non concusserit. Nam sunt, quibus ita plerumque illusio nascitur, ut eorum animus etiam in somno corporis positus non fœdetur turpibus imaginationibus. Qua in re unum ibi ostenditur, quod ipsa mens rea non sit tunc [c], sed suo judicio penitus libera [6], quum se, etsi dormienti corpore [7] nihil meminit vidisse, tamen in vigiliis corporis meminit in ingluviem cecidisse. § 4.

### NOTATIONES CORRECTORUM.

Dist. VI. C. I. [a] *Veris:* In plerisque codicibus B. Gregorii et apud Bedam et in collectione conciliorum Coloniæ 1530 impressa legitur: *vanis*, in aliquibus vero B. Gregorii codicibus: *variis*; sed ob glossam non est mutatum.

[b] *Si tamen:* In codicibus B. Gregorii et apud Bedam est: *si tamen dormientis mentem turpis imaginatio non concusserit*. In collectione vero Isidori etiam manuscripta: *si tamen animum dormientis turpes imaginationes concusserunt*; quem sensum retinet etiam lectio Panormiæ: nam Burchardus et Ivo parum ab originali discrepant.

[c] *Non sit tunc, sed suo:* Omnia fere Gratiani manuscripta exemplaria habent: *vel suo* [*]. Ceterum magna hoc loco est inter ceteros collectores et Bedam et B. Gregorii codices varietas. In collectione Isidori etiam manuscripta est: *qua in re unum ibi ostenditur, ipsa mens non rea, nec tamen suo judicio libera*. Verum ob codicum varietatem nihil est in contextu mutatum

---

Dist. V. Palea. [8] *Levit.* c. 15. [9] *Matth.* c. 9. [10] *humiliter veniens:* Gregor.—Edd. Arg. Venet. 1. [11] *esuriamus:* Böhm.

Dist. VI. C. I. [1] ad interrog. Augustini 11. (Ao. 601.)—Beda Hist. Angl. l. 1, c. 27.—Coll. tr. p. p. 1, t. 35, c. 76. Burch. l. 5, c. 43. Ivo Pan. l. 1, c. 160. Decr., p. 2, c. 52 Polycarp. l. 3. t. 16. [2] In his, quæ a Gregorio paululum recedunt, magis videntur collect. tr. p. auctor et post illum Gratianus Bedam secuti. [3] lectionem *veris* in plerisque Gregorii et Bedæ cod. mss. haberi, dissentientes a Corr. Rom. asserunt editores Gregorii Fr. Maurini. [3] Ivo Decr. p. 9, c. 111. [4] *exhiberi:* Gregor. [5] *abstineri:* Gregor. [6] *ostenditur ipsa mens rea, non tunc vel suo judicio libera:* Ed. Greg. Maur. sec. Bedam. [*] Nihilo tamen minus In Edd. antiquioribus collatis omnibus legitur *sed suo*. [7] abest a Boehm.

Si vero ex turpi cogitatione vigilantis oritur illusio in mente dormientis, patet animo suus reatus. Videt enim, a qua radice inquinatio illa processerit, quia ⁸ quod cogitavit sciens, hoc pertulit nesciens; et ᵈ propter talem pollutionem a sacro mysterio ea die abstinere oportet.

PALEA ᵉ *.
C. II. *Peccatum non dicitur perpetratum cogitatione solum, sed delectatione et consensu.*

« Sed pensandum est, ipsa cogitatio utrum in suggestione, an delectatione, vel (quod majus est) peccati consensu acciderit. Tribus enim modis impletur omne peccatum, videlicet suggestione, delectatione, consensu : suggestio quippe fit per diabolum, delectatio per carnem, consensus per spiritum; quia et ⁹ primo culpam serpens suggessit, Eva velut caro delectata est, Adam velut spiritus consensit. § 1. Et necessaria est magna discretio, ut inter suggestionem ᶠ ¹⁰, delectationem et consensum judex sui animus praesideat. Quum enim malignus spiritus peccatum suggerit in mente, si nulla peccati delectatio sequatur, peccatum omnimodo perpetratum non est; quum vero caro delectari coeperit, tunc peccatum incipit nasci; si autem etiam ad consensionem ex deliberatione descendit, tunc peccatum cognoscitur perfici. In suggestione igitur peccati semen est, in delectatione fit nutrimentum, in consensu perfectio. § 2. Et saepe contingit ut hoc, quod malignus spiritus seminat in cogitatione, caro in delectationem trahat, nec tamen animus eidem delectationi consentiat. Et quum caro sine anima delectari nequeat, ipse tamen animus carnis voluptatibus reluctans in delectatione carnali aliquo modo ligatur invitus, ut ei ex ratione contradicat, nec consentiat, et tamen delectatione ligatus sit, sed ligatum se vehementer ingemiscat. Unde et ille coelestis exercitus praecipuus miles gemebat dicens ¹¹ : *Video aliam legem in membris meis repugnantem legi mentis meae, et captivum me ducentem in lege ¹² peccati, quae est in membris meis. Si autem* ᵍ *captivus erat, minime repugnabat : quapropter et captivus erat, et repugnabat* ¹³. Igitur legi mentis ejus lex; quae in membris est, repugnabat; si autem repugnabat, captivus non erat. Ecce itaque homo est (ut ita dixerim) captivus, et liber : liber ex justitia quam diligit, captivus ex delectatione quam portat invitus. »

C. III. *Quando sit peccatum nocturnis imaginibus illudi.* Item Isidorus *libro III Sententiarum, de summo bono, cap.* 6 *.

Non est peccatum, quando nolentes imaginibus nocturnis illudimur; sed tunc est peccatum, si, antequam illudamur, cogitationis affectibus praevenimur. Luxuriae quippe imagines, quas in veritate gessimus, saepe dormientibus in animo apparent, sed innoxiae, si non concupiscendo occurrunt. § 1. Qui nocturna illusione polluitur, quamvis extra memoriam turpium cogitationum sese persentiat inquinatum, tamen hoc, ut tentaretur, culpae suae tribuat, suamque immunditiam statim fletibus tergat.

Gratian. His itaque respondetur. *In lege et in evangelio naturale jus continetur; non tamen quaecunque in lege et evangelio inveniuntur, naturali juri cohaerere probantur. Sunt enim in lege quaedam moralia praecepta, ut : non occides, quaedam mystica utpote sacrificiorum praecepta, ut de agno, et alia similia his. Moralia mandata ad naturale jus spectant, atque ideo nullam mutabilitatem recepisse monstrantur. Mystica vero, quantum ad superficiem, a naturali jure probantur aliena, quantum ad moralem intelligentiam, inveniuntur sibi annexa; ac per hoc, et si secundum superficiem videantur esse mutata, tamen secundum moralem intelligentiam mutabilitatem nescire probantur.* § 1. *Naturale ergo jus ab exordio rationalis creaturae incipiens, ut supra dictum est, manet immobile. Jus vero consuetudinis post naturalem legem exordium habuit, ex quo homines convenientes in unum coeperunt simul habitare; quod ex eo tempore factum creditur, ex quo Cain* ¹⁴ *civitatem aedificasse legitur, quod quum diluvio* ¹⁵ *propter hominum raritatem fere videatur exstinctum, postea a tempore Nemroth reparatum sive potius immutatum existimatur, quum ipse simul cum aliis alios coepit opprimere; alii sua imbecillitate ejus ditioni coeperunt esse subjecti,*

NOTATIONES CORRECTORUM.

ᵈ *Et propter* : Haec usque ad finem neque in codicibus B. Gregorii, neque apud Bedam, neque in tribus vetustis Gratiani exemplaribus habentur. Sunt tamen apud Burchardum et Ivonem et Panormiam et Polycarpum.

C. II. ᵉ *Palea* : Abest haec Palea non solum a primo et decimo Vaticanis, verum et ab aliis, quae aliquot Paleas habent. Rubrica autem abest ab omnibus. In quibus enim caput hoc reperitur, conjuncte ponitur cum superiore, quemadmodum etiam apud Burchardum et Ivonem.

ᶠ *Suggestionem* : Sic emendatum est ex originali, a quo parum discrepat Ivo; antea legebatur : *et necessaria est magna discretio inter suggestionem et delectationem, et inter delectationem atque consensum; judicem sui faciat animum praesidem.* Burchardus *judicem sui praesidere animum.* Reliqua fere ut Gratianus. Apud Bedam vero : *et inter suggestionem atque delectationem, inter delectationem et consensum judex sui animus praesideat.* In collectione Isidori *, et necessarium est magna discretione inter suggestionem et delectationem atque consensum judicem sui prodere animum.*

ᵍ *Si autem* : Magna etiam hoc loco codicum varietas est. Brevissima et satis integra lectio est in codice epistolarum B. Gregorii olim Lutetiae impresso: *Si autem captivus erat, minime pugnabat, sed pugnabat, quapropter captivus non erat. Ecce itaque, etc.*

Dist. VI. C. I. ⁸ *qui, quod* : Gregor. = C. II. * Greg. ib. Beda l. I. Burch. l. 3, c. 43. Ivo Decr. p. 2, c. 12. ⁹ *quia primam* : Gregor. *qui quum primam* : Ivo. ¹⁰ lectionem a Corr. ex Beda laudatam servat Ed. Opp. Greg. Maur. ¹¹ Rom. c. 7, v. 25. ¹² *in legem* : Edd. Arg. Venet. I. ¹³ lectionem a Corr. indicatam sequitur Edd. Opp. Greg. Maur. — in Chiffletiana est ut apud Gratianum. = C. III. * Ivo Decr. l. 9, c. 112. ¹⁴ Genes. c. 4, v. 17. ¹⁵ Genes. c. 7.

unde in *Genesi* [a] *legitur de eo* : Cœpit Nemroth robustus venator esse coram Domino, *id est* [b] *hominum oppressor et exstinctor; quos etiam ad turrim ædificandam allexit.*

## DISTINCTIO VII.

### GRATIANUS.

**I Pars.** *Jus autem constitutionis cœpit a justificationibus, quas Dominus tradidit Mousi* [1] *dicens:* Si emeris servum Hebræum, etc.

*Unde Isidorus in libro V Etym. c.* 1 *ait :*

#### C. I. De conditoribus legum.

Moyses genti Hebrææ primus omnium divinas leges sacris literis explicavit. Phoroneus rex Græcis primus leges judiciaque constituit. Mercurius Trismegistus primus leges Ægyptiis tradidit. Solon primus leges Atheniensibus dedit. Lycurgus primus Lacedæmoniis jura ex Apollinis auctoritate confinxit. Numa Pompilius, qui Romulo successit in regno, primus leges Romanas edidit. Deinde quum populus seditiosos [2] magistratus ferre non posset, decemviros legibus scribendis creavit, qui leges ex libris Solonis in Latinum sermonem translatas XII tabulis exposuerunt.

#### C. II. *Nomina eorum, qui leges XII tabularum exposuerunt.*
[Isidor ibidem continenter.]

Fuerunt autem hi App. Claudius, T. Genucius, P. Sextius, Sp. Veturius, C. Julius, A. Manlius, Ser. Sulpicius, P. Curiatius, T. Romilius, Sp. Posthumius. Hi decemviri legum conscribendarum electi sunt. Leges autem redigere in libris primus consul Pompeius instituere voluit, sed non perseveravit obtrectatorum metu. Deinde Cæsar cœpit id facere, sed ante interfectus est. Paulatim autem antiquæ leges vetustate atque incuria obsoleverunt [3], quarum etsi nullus jam usus est, notitia tamen necessaria videtur. Novæ leges a Constantino Cæsare cœperunt et reliquis succedentibus, erantque permixtæ et inordinatæ. Postea [4] Theodosius minor Augustus ad similitudinem Gregoriani et Hermogeniani codicem factum corstitutionum a Constantini temporibus sub proprio cujusque imperatoris titulo disposuit, quem a suo nomine Theodosianum vocavit.

## DISTINCTIO VIII.

### GRATIANUS.

**I Pars.** *Differt autem jus naturale* [1] *a consuetudine et constitutione. Nam jure naturali omnia sunt communia omnibus, quod non solum inter eos servatum creditur, de quibus legitur* [2] : *Multitudinis autem credentium erat cor unum et anima una, etc., verum etiam præcedenti tempore a philosophis traditum invenitur. Unde apud Platonem illa civitas justissime ordinata traditur, in qua quisque proprios nescit affectus. Jure vero consuetudinis vel constitutionis hoc meum est, illud alterius.*

*Unde Augustinus* [3] *ait tract. VI ad c.* 1 *[§ 25. Joannis :*

#### C. I. *Jure divino omnia sunt communia omnibus :* jure vero constitutionis hoc meum, illud alterius est.

Quo jure defendis villas ecclesiæ [a] [3], divino, an humano ? Divinum jus in scripturis habemus, humanum jus in legibus regum. Unde quisque possidet, quod possidet ? Nonne jure humano ? Nam jure divino *Domini* [4] *est terra et plenitudo ejus.* Pauperes et divites Deus de [5] uno limo fecit, et pauperes et divites una terra supportat. Jure tamen humano dicitur : hæc villa mea est, hæc domus mea, hic servus meus est. Jura [6] autem humana jura imperatorum sunt : quare ? Quia ipsa jura humana per imperatores et reges sæculi Deus distribuit generi humano. *Item ibidem paulo inferius.* § 1. Tolle [b] jura impe-

### NOTATIONES CORRECTORUM.

C. III. [b] *Id est :* Glossa ordinaria ad istum locum ex Alcuino ita habet : *id est hominum oppressor et exstinctor; quos allexit, ut turrim contra Deum construerent.*

Dist. VIII. C. I. [a] *Ecclesiæ :* Hæc dictio non est apud B. Augustinum. Nam ibi agit contra Donatistas, qui legibus imperatorum villas sibi ademptas et ecclesiæ catholicæ attributas esse querebantur. Quare, quum Donatistæ dicerent : *villas nostras tulerunt, fundos nostros tulerunt;* ut eos ipse convincat, nullam jus in illis habuisse, aut habere, quibusdam præpositis, addit ista : *Quo jure defendis villas? divino,* etc. Et infra 11. q. 1. c. *Si quæ causæ,* ubi Gratianus citat initium hujus capitis, ista dictio, *ecclesiæ,* non habetur. Est tamen apud Anselmum, Ivonem et in Panormia locis indicatis.

[b] *Tolle :* Quoniam glossa obstitit, ne omnia emendarentur, aut adderentur, quæcunque addenda videbantur, placuit integrum apponere locum B. Augustini. Apud ipsum igitur post verb. *humano,* antecedentis paragraphi, hæc sequuntur : *Vultis legamus leges jurisperitorum* [7], *et secundum ipsas agamus de villis? Si jure humano vultis possidere, recitemus leges imperatorum; videamus, si aliquid voluerint ab hæreticis possideri. Sed quid mihi est imperator ? Secundum jus ipsius possides terram. Aut tolle jura imperatorum, et quis audet dicere: mea est illa villa, aut meus est ille servus, aut domus hæc mea est ? Si autem ut teneantur ista ab hominibus, jura acceperunt regum, vultis recitemus leges, ut gaudeatis, quia vel unum horum habeatis, et non imputetis, nisi mansuetudini columbæ, quia vel ibi vobis permittitu permanere? Leguntur enim leges manifestæ, ubi præceverunt imperatores.* etc.

Dist. VI. C. III. [a] Genes. c. 10, v. 9.
Dist. VII. Pars. I. [1] Exod. c. 21, v. 1. = C. I. [2] ita legitur etiam apud Aurel. Victorem de viris illustr. quem Isidorus est secutus. = C. II. [3] *exoleverunt :* Isidor. [4] Ivo Pan. l. 2, c. 144. Decr. p. 4, c. 170.
Dist. VIII. Pars I. [1] *jus naturæ :* Ed. Bas. [2] Act. c. 4, v. 32. = C. I. [3] Anselm. l. 12, c. 62. (56). Ivo Pan. l. 2, c. 63. Decr. p. 3, c. 194. [a] vox *ecclesiæ,* quam apud Anselmum prostare asserunt correctores, in codice Ans. coll. certe non est inventa [4] Psalm. 23, v. 1. [5] Genes. c. 2. [6] *jure ergo humano, jure imperatorum, quare ?* Augustin. Anselm.

ratorum, et quis audet dicere : mea est illa villa, aut meus est ille servus, aut domus hæc mea est? Si autem, ut teneantur ista ab hominibus, regum jura fecerunt, vultis ut reticeamus [7] leges, ut gaudeatis? etc. *Item ibidem paucis interjectis*. § 2. Legantur [8] leges [9], ubi manifeste præceperunt imperatores, eos, qui præter ecclesiæ catholicæ communionem usurpant sibi nomen Christianum, nec volunt in pace colere pacis auctorem, nihil nomine ecclesiæ audeant possidere. § 3. Sed quid nobis et imperatori? Sed jam dixi, de jure humano agitur. Et tamen Apostolus [10] voluit serviri regibus, voluit honorari reges, et dixit : *Regem reveremini*. Nolite dicere, quid mihi et regi? Quid tibi ergo et possessioni? Per jura regum possidentur possessiones. Dixisti, quid mihi et regi? Noli dicere possessiones tuas, quia ipsa [11] jura humana renunciasti, quibus possidentur possessiones.

II Pars. *Gratianus. Dignitate vero jus naturale simpliciter prævalet consuetudini et constitutioni. Quæcunque enim vel moribus recepta sunt, vel rescriptis comprehensa, si naturali juri fuerint adversa, vana et irrita habenda sunt.*

Unde Augustinus † ait, *lib. III Confessionum*, c. 8:

**C. II.** *Adversus naturale jus nulli quicquam agere licet.*

Quæ contra mores hominum sunt flagitia, pro morum diversitate vitanda sunt, ut pactum inter se civitatis aut gentis consuetudine, vel lege firmatum, nulla civis aut peregrini libidine violetur. Turpis enim omnis pars est suo universo non congruens. § 1. Quum autem Deus aliquid contra morem aut pactum quorumlibet jubet, etsi nunquam ibi factum est, faciendum est; et si omissum, instaurandum est; et si institutum non erat, instituendum est. § 2. Si enim regi licet in civitate, cui regnat, jubere aliquid, quod neque ante illum quisquam, nec ipse unquam jusserat, et non contra societatem civitatis ejus obtemperatur, imo contra societatem est non obtemperatur (generale quippe pactum est societatis humanæ, obedire regibus suis), quanto magis Deo regnatori universæ creaturæ suæ, ad ea, quæ jusserit, sine dubitatione serviendum est? Sicut enim in potestatibus societatis humanæ major potestas minori ad obediendum præponitur, ita Deus omnibus.

**C. III.** *Radicitus est evellenda perniciosa consuetudo.*

*Item* Nicolaus [c] " *Papæ Hincmaro Remensi Archiepiscopo.*

Mala consuetudo, quæ non minus quam perniciosa corruptela vitanda [12] est, nisi citius radicitus evellatur, in privilegiorum jus ab improbis [13] assumitur, et incipiunt prævaricationes et variæ præsumtiones, celerrime non compressæ, pro legibus venerari et privilegiorum more perpetuo celebrari.

**C. IV.** *Veritati et rationi consuetudo est postponenda.*

*Item* Augustinus *** *lib. III de Baptismo, contra Donatistas, c.* 6.

« Veritate manifestata cedat consuetudo veritati [14] » : plane respondeo, quis dubitet veritati manifestatæ debere consuetudinem cedere? *Item* « Nemo consuetudinem rationi et veritati præponat, quia consuetudinem ratio et veritas semper excludit [15]. »

**C. V.** *Quælibet consuetudo veritati est postponenda.*

*Item* Gregorius [d] [16] *Wimundo Aversano Episcopo.*

Si consuetudinem fortassis opponas, advertendum est, quod Dominus dicit [17] : « *Ego sum veritas et vita.* Non dixit : Ego sum consuetudo, sed veritas [18]. » § 1. Et certe, ut B. Cypriani [19] utamur sententia, quælibet consuetudo, quantumvis vetusta, quantumvis vulgata, veritati omnino est postponenda, et usus, qui veritati est contrarius, abolendus.

**C. VI.** *Veritate revelata, consuetudinem sibi cedere oportet.*

*Item* Augustinus *lib. III de Baptismo, contra Donatistas, cap.* 5.

Qui [20] contempta veritate præsumit consuetudinem sequi, aut circa fratres invidus est et malignus, quibus veritas revelatur, aut circa Deum ingratus est, cujus inspiratione ecclesia ejus instruitur *et infra*. In evangelio [21] Dominus : *Ego sum*, inquit,

## NOTATIONES CORRECTORUM.

**C. III.** [c] Caput hoc est ex epistola Nicolai, quæ incipit : *Epistolam Beatitudinis tuæ*; exstatque una cum aliis ejusdem et aliorum Pontificum epistolis manuscriptis Romæ in bibliotheca monasterii Dominicanorum, ex qua hoc caput emendatum est.

**C. V.** [d] *Guitmundo* : In aliquot manuscriptis, et apud Ivonem est : *Gregorius VII*. In hujus pontificatu Guitmundus Aversanus episcopus scripsit de corpore et sanguine Domini contra Berengarium, qui liber exstat.

---

Dist. VIII. C. I. [7] *recitemus* : Augustin. Ivo. [8] *relegantur* : edd. ant. collatæ omnes. [9] Theod. Cod. l. 16, t. 5, const. 43, 51, 54. — Just. Cod. l. 1, t. 5, const. 4. [10] 1. Petr. c. 2, v. 17. [11] *ad ipsa* : August. Ivo. * *imperatorum* : August. Anselm. Boehm. = P. II. † Ivo Decr. p. 4, c. 178. = C. III. ** Dat. A. 868, inter acta synodi Suessionensis. Mansi Coll. Conc. Tom. 15, p. 752. — Ivo Pan. 1. 2, c. 165. Decr. p. 4, c. 203. [12] *abjicienda et vitanda* : Edd. Venett. I. II. Paris. Lugd. I. II. [13] *impiis* : Edd. ant. coll. omnes. — Ivo. = C. IV. *** Ivo Pan. 1. 2. c. 165. Decr. p. 4, c. 208. — inf. ead. c. 6. [14] verba Libosi a Vagis in Conc. Carth. Cypriani c. 30. A. 256. [15] verba Felicis a Buslaceni, ib. c. 63. = C. V. [16] canon. incerti plane temporis. — Ivo Pan. 1, 2, c. 166. Decr. p. 4, c. 213. — *Gregor. VII Wimundo Av. E.* : Ivo. — *Greg. VII. Guillimundo Av. E.* : Ed Basil. — *Greg. Guillimundo Av. E.* : Edd. ant. coll. omnes cum Panorm. Ed. Basil. — *Gregor. VII. Gilmundo adversario Ep.* : Durand in præf., lib. 2, de modo gen. conc. celebr. — *Gregorium IV* in vet. cod. Pan. laudari monuit Baluz. ad Ant. August. de emend. Grat. [17] Joann. c. 14, v. 6. [18] verba Libosi a Vagis in Conc. Carth., c. 30. [19] in Conc. Carth. modo laudato. C. VI. [20] Ivo Decr., p. 4, c. 234, ab init. sunt verba Casti a Sicca l. 1, e. 28. [21] cf. supr. not. 15, 16.

*veritas*: non dixit: ego sum consuetudo. Itaque veritate manifestata cedat consuetudo veritati, *et infra.* Revelatione [22] facta veritatis cedat consuetudo e veritati, quia et Petrus [23], qui prius circumcidebat, cessit Paulo veritatem praedicanti, *et infra.* Quum Christus [24] veritas sit, magis veritatem, quam consuetudinem sequi debemus, quia f consuetudinem ratio et veritas semper excludit [25].

### C. VII. *Consuetudo rationi frustra opponitur.*

Idem in lib. IV † de Baptismo, contra Donatistas, cap. 5.

« Frustra [26], » inquit, « quidam, qui ratione vincuntur, consuetudinem nobis objiciunt, quasi consuetudo major sit veritate, aut non id sit in spiritualibus sequendum, quod in melius fuerit a Spiritu sancto revelatum. » Hoc [27] plane verum est, quia ratio et veritas consuetudini praeponenda est. Sed quum consuetudini veritas suffragatur, nihil oportet firmius retineri.

### C. VIII. *Rationem consuetudo, impedire non debet.*

*Item* Cyprianus *in epistola* [28] *ad Pompeium, contra epistolam Stephani.*

Consuetudo, quae apud quosdam obrepserat, impedire non debet, quo minus veritas praevaleat et vincat. Nam consuetudo sine veritate vetustas erroris est: propter quod relicto errore sequamur veritatem, scientes, quia et apud Esdram [29] veritas vicit, sicut scriptum est: *Veritas mane et invalescit in aeternum, et vivit et obtinet in saecula saeculorum.*

Idem *in epistola* [30] *ad Jubaianum, circa med.*

Ignosci g potest simpliciter erranti, sicut de seipso dicit apostolus Paulus [31]: *Qui primo,* inquit, *fui blasphemus, et persecutor et injuriosus; sed misericordiam merui, quia ignorans feci.* Post inspirationem vero et revelationem factam, qui in eo, quod erraverat, perseverat, prudens et sciens sine venia ignorantiae peccat: praesumptione enim atque obstinatione quadam nititur, quum ratione superetur.

### C. IX. *Dei veritatem, non hominum consuetudinem sequi oportet.*

Idem *lib. II, ep. 5, ad Caecilium* [32].

Si solus Christus audiendus est, non debemus attendere, quid aliquis ante nos faciendum putaverit, sed quid, qui ante omnes est, Christus prior fecerit. Neque enim hominis consuetudinem sequi oportet, sed Dei veritatem, quum per Esaiam [33] prophetam Deus loquatur et dicat: *Sine causa autem colunt me, mandata et doctrinas hominum docentes.*

Gratianus. *Liquido igitur apparet, quod consuetudo naturali juri postponitur.*

## DISTINCTIO IX.

### GRATIANUS.

I Pars. *Quod autem et constitutio naturali juri cedat, multiplici auctoritate probatur.*

Ait enim Augustinus *ad Bonifacium Comitem, epist* 1 *L.:*

### C. I. *Leges principum naturali juri praevalere non debent.*

### PALEA a.

« Imperatores, quando pro falsitate contra veritatem constituunt malas leges, probantur bene credentes et coronantur perseverantes; quando autem pro veritate contra falsitatem constituunt bonas leges, terrentur saevientes et corriguntur intelligentes. »

§ 1. Quicunque b [2] ergo legibus imperatorum, quae pro Dei veritate feruntur, obtemperare non vult, acquirit grande supplicium. Quicunque vero legibus imperatorum, quae contra veritatem Dei feruntur, obtemperare non vult, acquirit grande praemium.

« § 2. Nam et temporibus prophetarum omnes re-

### NOTATIONES CORRECTORUM.

C. VI. c *Cedat consuetudo:* Apud B. Augustinum et Ivonem et in Panormia legitur: *cedat error.* Sed vere B. Augustinus ex ipsiusmet Zosimi verbis colligit, quod ille errorem appellabat, fuisse consuetudinem. Ita enim respondet: *Noluit quidem iste dicere consuetudinem, sed errorem. Verumtamen, cum dicit: quia et Petrus, qui prius circumcidebat, cessit Paulo veritatem praedicanti, satis indicat, quod aliud etiam de baptismo fieri solebat.*

f *Quia consuetudinem:* Verba haec usque ad finem apud Ivonem et Gratianum satis commode hic adnectuntur, repetita ex verbis Felicis, quae referuntur supra, c. *veritate.*

C. VIII. g *Ignosci:* Apud B. Cyprianum legitur:

*ignosci enim potest,* et his antecedunt ea, quae leguntur supra c. *frustra,* usque ad verb. *revelatum.*

Dist. IX. C. I. a *Palea*: In exemplaribus antiquis Gratiani, in quibus aut nullae, aut paucae sunt Paleae, hoc loco habetur tantum a versic. *Quicunque,* usque ad vers. *Nam et temporibus.* In aliis autem, in quibus sunt, habetur integrum hoc caput et sine nota Paleae. Est autem totum in eodem B. Augustini loco.

b *Quicunque:* Commutatus etiam apud Ivonem et in Panormia est ordo verborum B. Augustini, apud quem, qui meretur praemium, priore, qui supplicium, posteriore loco ponitur.

---

Dist. VIII. C. VI. [22] verba Zosimi a Tharassa l. l. [23] Gal. c. 2, v. 7. [24] verba Honorati a Tucca l. l, c. 77. [25] sup. ead., c. 4. = C. VII. † Ivo Decr., p. 2, c. 94 cf. p. 4, c. 255. [26] Verba Cypriani in Ep. ad Jubaianum. [27] verba ipsius Augustini. = C. VIII. [28] Ep. 74. (sc. c. A. 256) in Ed. Opp. Oxon. [29] 3 Esdr. c. 4, v. 38. [30] Ep. 73, ibid. [31] 1 Tim. c. 1, v. 13. = C. IX. [32] Ep. 63 (A. 253) Ed. Ox. — Ansel. l. 9, c. 8 (5). [33] Esa., c. 29, v. 13.

Dist. IX. P. I. a Ep. 185 (scr. c. A. 417) in Ed. Maurin. = C. I. b Ivo Pan. l. 2, c. 145. Decr., p. 4, c. 148.

ges, qui in populo Dei non prohibuerunt, nec everterunt, quæ contra Dei præcepta fuerant instituta, culpantur, et qui prohibuerunt et everterunt, super aliorum merita laudantur. Et rex Nabuchodonosor, quum servus esset idolorum, constituit sacrilegam legem, ut simulacrum adoraretur; sed ejus impiæ constitutioni qui obedire noluerunt, pie fideliterque fecerunt. Idem tamen rex, divino correctus miraculo, piam et laudabilem legem pro veritate constituit, ut quicunque diceret blasphemiam in Deum Sidrac, Missac et Abdenago, cum domo sua penitus interiret. »

## PALEA.

**C. II.** *Principes tenentur et ipsi vivere legibus suis.*
*Item ex verbis Isidori lib. III Sententiarum, de summo bono, c. 55.*

« Justum est, principem legibus obtemperare suis. Tunc enim jura sua ab omnibus custodienda existimet, quando et ipse illis reverentiam præbet. Principes legibus teneri suis, nec in se convenit, posse damnare jura, quæ in subjectis constituunt. Justa est enim vocis eorum auctoritas, si quod populis prohibent, sibi licere non patiantur. »

**C. III.** *Scripturis canonicis tractatorum literæ deserviunt.*

Item Augustinus † *in Prologo libri III de Trinitate.*

II Pars. Noli meis literis quasi canonicis scripturis deservire. Sed in illis et quod non credebas quum inveneris, incunctanter crede: in istis autem, quod certum non habebas, nisi certum intellexeris, noli firmum tenere.

**C. IV.** *In tractatorum opusculis multa corrigenda inveniuntur.*

Idem ad Vincentium Victorem, lib. IV de anima et ejus origine, cap. 1.

Negare non possum, nec debeo, sicut in ipsis majoribus, ita multa esse in tam multis opusculis meis, quæ possunt justo judicio et nulla temeritate damnari.

**C. V.** *In scriptis canonicis mendacia non admittuntur.*

Idem ad Hieronymum epist. XIX.

Ego solis eis scriptorum, qui jam canonici appellantur, didici hunc timorem honoremque deferre, ut nullum eorum scribendo errasse audeam credere, ac si aliquid in eis offendero, quod videatur contrarium veritati, nihil aliud quam vel mendosum esse codicem, vel interpretem non assecutum esse, quod dictum est, vel me minime intellexisse, non ambigam. Alios autem ita lego, ut quantalibet sanctitate doctrinaque polleant, non ideo verum putem, quia ipsi ita senserunt, sed quia mihi per alios auctores, vel canonicas vel probabiles rationes, quod a vero non abhorreat, persuadere potuerunt.

**C. VI.** *Libris veterum Hebræa volumina, novis Græca auctoritatem impendunt.*

Idem.

Ut veterum librorum fides de hebræis voluminibus examinanda est, ita novorum græci sermonis normam desiderat.

**C. VII.** *Nihil auctoritatis canonicis remanebit scripturis, si ad eas mendacia fuerint admissa.*

Item Augustinus ad Hieronymum, epist. IX.

Si ad scripturas sanctas admissa fuerint vel officiosa mendacia, quid in eis remanebit auctoritatis? Quæ tandem de scripturis illis sententia proferetur, cujus pondere contentiosæ falsitatis obteratur improbitas?

**C. VIII.** *Literis omnium episcoporum sacra præponitur scriptura.*

Item de Baptismo contra Donatistas, lib II, c. 3.

Quis nesciat sanctam scripturam canonicam, tam veteris quam novi testamenti, certis suis terminis contineri, eamque omnibus posterioribus episcoporum literis ita præponi, ut de illa omnino dubitari et disceptari non possit, utrum verum vel utrum rectum sit, quicquid in ea scriptum esse constiterit? Episcoporum autem literas, quæ post confirmatum canonem vel scriptæ sunt vel scribuntur, et per sermonem forte sapientiorem cujuslibet in ea re peritioris, et per aliorum episcoporum graviorem auctoritatem doctioremque prudentiam, et per concilia licere reprehendi, si quid in eis forte a veritate deviatum est?

## NOTATIONES CORRECTORUM.

**C. II.** *In aliquot vetustis exemplaribus caput hoc non habetur: in aliis vero conjunctum est superiori, et non habet rubricam.*

**C. V.** *Mihi per alios*: Sic etiam in manuscriptis, et in glossa. Apud B. Augustinum est: *mihi vel per illos auctores canonicos, vel probabili ratione*: nec multo secus apud Ivonem. Alias vero nonnullas varietates satis visum est in margine indicare.

**C. VI.** *Idem*: Verba hujus capitis sunt B. Hieronymi ad Lucinium Bæticum epist. 28, sed mutata non est inscriptio ob glossam in vers. Græci.

---

DIST. IX. C. II. Dan., c. 3, ⁊. 5. *Deum verum*: Augustin. Burch. l. 15, c. 42. Ivo Decr., p. 16, c. 43. C. II. *convenit frustrari jura*: Isid. Ed. Areval., textum Gratiani servat Isidori Ed. Breuliana. = C. III † Ivo Pan., l. 2, c. 120. Decr., p. 4, c. 71. *certum habebas*: Edd. Arg. Bas. Venet. I. *firmiter retinere*: Augustin. *firme tenere*. Ed. Bas. Ivo. = C. IV. Ivo Decr., p. 4, c. 73. *moribus* Augustin. Ivo. = C. V. Ep. 82, § 3. (scr. A. 405.) Ed. Maurin. — Ivo Pan. l. 2, c. 119. Decr. p. 4, c. 74. *Scripturarum libris*: Augustin. Ivo Pan. *eorum auctorem in scribendo aliquid errasse, firmissime credam*: Ibid. *præpolleant*: Augustin. = C. VII. Ep. 40, c. 3 (scr. A. 397.) Ed. Maur.—Ivo Decr., p. 4, c. 215. *velut officiosa*: August. — *fuerint officiosa*: Ed. Lugd. I. *obseretur*: Edd. Arg. Venett. I, II. Norimb. Ludg. I, II. = C. VIII. Ivo Decr., p. 4, c. 227. Polyc. l. 3, t. 21.

C. IX. *Ex dictis quorumlibet episcoporum contra divina mandata calumniæ non colligantur.*
Idem *ad Vincentium epist. XLVIII* [16] *contra Donatistas.*

Noli frater contra divina tam multa, tam clara, am indubitata testimonia colligere velle calumnias ex episcoporum scriptis, sive nostrorum, sicut Hilarii, sive [17] (antequam pars Donati separaretur), ipsius unitatis, sicut Cypriani et Agrippini; primo, quia hoc genus literarum ab auctoritate [18] canonis distinguendum est: non enim sic leguntur, tanquam ita ex eis testimonium proferatur, ut contra sentire non liceat, sicubi forte aliter sapuerint, quam veritas postulat. In eo quippe numero sumus, ut non dedignemur etiam nobis dictum ab Apostolo accipere [19] : *Et si quid aliter sapitis, id quoque Deus vobis revelavit* [20].

C. X. *Non debetur par auctoritas canonicis scripturis et expositionibus earum.*
Item *ad Fortunatianum, epist. III* [21].

Neque quorumlibet disputationes, quamvis catholicorum et laudatorum hominum, velut scripturas canonicas habere debemus, ut nobis non liceat salva honorificentia, quæ illis debetur hominibus, aliquid in eorum scriptis improbare atque respuere,

si forte invenerimus, quod aliter senserint quam veritas habet, divino adjutorio vel ab aliis intellecta vel a nobis. Talis ego sum in scriptis aliorum, quales [22] volo esse intellectores meorum.

C. XI. *Exemplis ratio sana præfertur.*
Idem *ad Marcellinum de civitate Dei, lib. I, c.* 23 [23]
[c. 22, § 2].

Sana quippe ratio etiam exemplis anteponenda est: cui quidem et exempla concordant, sed illa, quæ tanto digniora sunt imitatione, quanto excellentiora pietate.

Gratianus. *Quum ergo in naturali jure nihil aliud præcipiatur, quam quod Deus vult fieri, nihilque vetetur quam quod Deus prohibet fieri; denique quum in canonica scriptura nihil aliud, quam in divinis legibus inveniatur, divinæ vero leges natura consistant: patet, quod quæcunque divinæ voluntati, seu canonicæ scripturæ contraria probantur, eadem et naturali juri inveniuntur adversa. Unde quæcunque divinæ voluntati, seu canonicæ scripturæ seu divinis legibus postponenda censentur, eisdem naturale jus præferri oportet. Constitutiones ergo vel ecclesiasticæ vel sæculares, si naturali juri contrariæ probantur, penitus sunt excludendæ.*

## DISTINCTIO X.

### GRATIANUS.

*Constitutiones vero principum ecclesiasticis constitutionibus non præeminent, sed obsequuntur.*

*Unde* Nicolaus Papa *scribit episcopis in Concilio apud convicinum congregatis* [1] :

C. I. *Lex imperatorum ecclesiastica jura dissolvere non potest.*

Lege [a] imperatorum non omnibus ecclesiasticis controversiis utendum est, præsertim quum inveniantur evangelicæ ac canonicæ sanctioni aliquoties

obviare [b]. Item [2] : Lex imperatorum non est supra legem Dei, sed subtus. Imperiali judicio non possunt ecclesiastica jura dissolvi § 1. Ad quod ostendendum, duorum horum [3], scilicet Innocentii et Gregorii, satis sufficiunt testimonia. Sanctus [4] quidem Innocentius in decretali epistola sua ad Alexandrum Antiochenum episcopum ait: « Nam quod sciscitaris, utrum divisis imperiali judicio provinciis, ut duæ metropoles fiant, sic duo metropolitani episcopi debeant nominari: non visum [5] est ad mobilitatem

### NOTATIONES CORRECTORUM.

C. IX. [1] *Sive antequam :* Antea legebatur : *sive Cypriani et Agrippini, antequam pars Donati separetur.* Restituta est vera lectio ex B. Augustino et aliquot exemplaribus Gratiani et Ivone. Cyprianus enim et Agrippinus multo ante Donati schisma in ecclesiæ unitate decesserant : qua in re erravit auctor glossæ.

[2] *Revelavit :* Ita enim originale et Ivo et aliquot editiones novi testamenti. Sed idem B. Augustinus in Joannem tract. 5, 45, 53 et 98, et alibi fere semper legit : *revelabit,* et explanat. Græce est ἀποκαλύψει.

Dist. X. C. I. [a] *Lege:* Caput hoc sumptum est ex epistola Nicolai quæ exstat in codice bibliothecæ Dominicanæ, de quo dictum est supra distinct. 8, c. *mala.* Titulus autem epistolæ hic est : *Nicolaus*

*servus servorum Dei Reverendissimis ac sanctissimis confratribus nostris Metropolitanis, Episcopis et ceteris diversarum provinciarum ac urbium Præsulibus, qui in Convicinum villam publicam secus civitatem Silvanectis convenistis.* Eadem epistola nuper impressa est in appendice Bibliothecæ sanctorum Patrum.

[b] *Obviare :* Apud Nicolaum sequitur continenter : *ad quod ostendendum,* etc. Quæ autem apud Gratianum sunt interjecta, non sunt hoc loco in epistola, neque in Polycarpo, neque apud Anselmum; sed verba illa : *Lex imperatorum non est supra legem Dei, sed subtus,* a Burchardo et Ivone citantur ex decretis Pii Papæ c. 3, habentur autem in capitulis adjectis c. 17, reliqua autem habentur infra in hoc eodem capite. § *Ecce quemadmodum.*

Dist. IX. C. IX. [16] Epist. 93, c. 10 (A. 408). — Anselm., l. 4, c. 56 (59). Deusdedit, p. 2. Ivo Decr., p. 4, c. 236. [17] *apud* Anselmum legitur ut restitutum est a Corr. R. [18] *a canonicis auctoritate :* Codd. August. [19] Philipp., c. 3, v. 15. [20] *revelabit :* Ed. Arg. Bas. ⸺ C. X. [21] Ep. 148, § 15. (scr. ante A. 413.) Ivo Decr., p. 4, c. 237. [22] *tales :* Augustin. ⸺ C. XI. [23] Coll tr. p. p. 2, t. 50, c. 27. Polyc., l. 1, t. 26.

Dist. X. C. I. [1] Ep. 32. scr. A. 863. — Anselm. l. 12. c. 34. Ivo Pan. l. 2. c. 138. Decr. p. 4. c. 86. Polyc. l. 1, t. 27. [2] *idem :* Ed. Bas. [3] *heroum :* orig. et Anselm. — *hominum :* Ed. Bas. [4] Innoc. Ep. 24. (scr. c. a. 415). Ed. Constant. — Burch. l. 15, c. 10. Ivo Pan. l. 2, c. 139. Decr. p. 16, c. 11. [5] *non esse e re visum :* Innoc.

necessitatum mundanarum Dei ecclesiam commutari, honoresque aut divisiones perpeti, quas pro suis causis faciendas duxerit imperator. » Beatus autem Gregorius scribens ad Theoctistam patriciam inter cætera : « Si, inquit, religionis causa conjugia debere dissolvi dicantur, sciendum est quia, etsi hoc lex humana concessit, lex tamen divina prohibuit. » Ecce quemadmodum imperiali judicio non possunt ecclesiastica jura dissolvi. Ecce qualiter, quod lex humana concessit, divina lex prohibuit § 2. Non quod imperatorum leges (quibus sæpe ecclesia utitur contra hæreticos, sæpe contra tyrannos atque contra pravos quosque defenditur) dicamus penitus renuendas, sed quod eas evangelicis, apostolicis atque canonicis decretis (quibus postponendæ sunt) nullum posse inferre præjudicium asseramus.

C. II. *Nihil quod evangelicis regulis obviet, imperatori agere licet.*

*Item* Symmachus *Papa in sexta Synodo Romana, tempore Theoderici regis.*

Non licet imperatori, vel cuiquam pietatem custodienti aliquid contra divina mandata præsumere, nec quicquam, quod evangelicis, propheticis aut apostolicis regulis obviet, agere.

C. III. *In ecclesiasticis causis regia voluntas sacerdotibus est postponenda.*

*Item* Felix [III] *Papa.*

Certum est, hoc rebus vestris esse salutare, ut quum de causis Dei agitur, juxta ipsius constitutionem regiam voluntatem sacerdotibus Christi studeatis subdere, non præferre, et sacrosancta per eorum præsules potius discere, quam docere; ecclesiasticam formam sequi, non huic humanitus sequenda jura præfigere, neque ejus sanctionibus velle dominari, cujus clementiæ Deus voluit tuæ piæ devotionis colla submittere, ne, dum mensura cœlestis dispositionis excedatur, eatur in contumeliam disponentis.

C. IV. *Bonis moribus et decretis Romanorum pontificum constitutiones contraire non possunt.*

Item.

Constitutiones contra canones et decreta præsulum Romanorum, vel bonos mores, nullius sunt momenti.

C. V. *Quæ sacerdotum sunt, regibus usurpare non licet.*

*Item* Nicolaus Papa I *in epistola ad Michaelem imperatorem, cujus initium est :* « Proposueramus. »

Imperium vestrum suis publicæ rei quotidianis administrationibus debet esse contentum non usurpare quæ sacerdotibus Domini solum conveniunt.

C. VI. *Tribunalia regum sacerdotali sunt potestati subjecta.*

*Item* Gregorius Nazianzenus *in oratione ad cives Nazianzenos angoris plenos et magistratum iratum*.

Suscipitisne libertatem verbi? Libenter accipitis, quod lex Christi sacerdotali vos subjicit potestati atque istis tribunalibus subdit? Dedit enim et nobis potestatem, dedit et principatum multo perfectiorem principatibus vestris. Aut numquid justum vobis videtur, si cedat spiritus carni, si a terrenis cœlestia superentur, si divinis præferantur humana?

II Pars. Gratianus. *Ecce quod constitutiones principum ecclesiasticis legibus postponendæ sunt. Ubi autem evangelicis atque canonicis decretis non obviaverint, omni reverentia dignæ habeantur.*

Unde Augustinus *ait in Dialogo, id est lib. II contra litteras Petiliani, c. 58.*

C. VII. *Leges imperatorum in adjutorium ecclesiæ licet assumere.*

Si in adjutorium vestrum etiam terreni imperii leges assumendas putatis, non reprehendimus. Fecit hoc Paulus, quum adversus injuriosos civem Romanum se esse testatus est.

C. VIII. *Reges pontificibus pro æternis, et pontifices regibus pro temporalibus indigent.*

*Item* Nicolaus Papa I *in epist. VII ad Michaelem Imperatorem.*

Quoniam idem mediator Dei et hominum, homo

### NOTATIONES CORRECTORUM.

C. VII. *Ecclesiæ*: Auctor hujus rubricæ caput hoc ita accepit, quasi hic agatur de legibus imperatorum in favorem ecclesiæ latis, quum ibi B. Augustinus Petiliano et Donatistis hæreticis concedat, legibus imperatorum ipsos in adjutorium suum uti posse, modo id fallaciter non facerent, quod eos fecisse convincit.

C. VIII. Huic capiti in codicibus impressis erat præpositus hic titulus: *Cyprianus Juliano imperatori*; quod est contra omnem temporum rationem.

In manuscriptis omnibus, excepto undecimo Vaticano, abest dictio : *Imperatori*; quemadmodum et apud Ivonem. Nonum autem habet : *Juliano Episcopo.* Aliud pervetustum : *Jubiano*. Ceterum integrum hoc caput est in epistola Nicolai ad Michaelem imperatorem, quæ incipit : « Proposueramus. » ex quo refertur infra distinct. 96, c. *quum ad verum*, una cum aliis verbis ejusdem epistolæ, ex quibus hæc pendent. Et sumptum est ex Gelasio in tomo de anathematis vinculo.

---

Dist. X. C. I. Ep. 44, l. 1, 1 cf. infr. C. 27, q. 2. c. 1. Ivo P. an. l. 2, c. 140 Decr. p. 4, c. 187. = C. II. Synodus, quam A. 502, habitam esse vulgo ferunt, suppositilia est. Ipsa canonis verba leguntur in Epp. Pseudoisidd. Calixt. I, et Marcellin. II. — Ex capitulis Hadriani citantur apud Burch. l. 15, c. 8, Anselm. in fine l. 3, Deusdedit p. 4, c. 3. Ivo Pan. l. 2, c. 141. Decr. p. 4, c. 231, p. 16, c. 9. = C. III. Ex Ep. ad Zenonem Aug. scr. A. 484. Anselm. l. 4, c. 11, Polyc. l. 1, t. 18. *dispensationis*: Anselm. C. IV. *idem*: Edd. coll. o. Desumtus canon est ex Capit. Hadriani c. 39, atque hinc citant Anselm. ad fin. l. 3, cum Deusdedit p. 4, c. 3, Ivone Decr. p, 5, c. 38, Polyc., l. 1, c. fin. — Burchardus contra l. 15, c. 9, laudat Concilii Triburiensis cap. 1, et in hoc Ivonem p. 16, c. 11, nactus est imitatorem. Ceterum ipsa verba habebis l. 7, c. 346. Capitul. Ed. Baluz. = C.V. Ep. VIII. ap. Mans. scr. A. 865. — Coll. tr. p. p. 1, t. 62, c. 70. = C. VI. Coll. tr. p. p. 2, t. 14, c. 6, Greg. Naz. Impp. Constantinopp. : Edd. Coll. o. = C. VII. Ivo Pan. l. 2, c. 153. Decr. p. 4, c. 153. Act. c. 22. = C. VIII. Ep. scr. A. 865, infr. D. 96, c. 6. — Ivo Decr. p. 4, c. 188. — *Juliano Episc.* caput tribuitur : Edd. Arg. Ven. I. Nor. — *Juliano Imp.* : Venet. II, Lugdd. I. II. Antw. — *Juliano* : Ed. Bas.

Christus Jesus, sic artibus propriis et dignitatibus distinctis officia potestatis utriusque discrevit propria °, volens medicinali humilitate hominum corda sursum efferri [16], non humana superbia rursus in inferna demergi : ut et Christiani imperatores pro æterna vita pontificibus indigerent, et pontifices pro cursu temporalium tantummodo rerum imperialibus legibus uterentur, quatenus spiritualis actio a carnalibus distaret incursibus, et ideo [17] « militans Deo minime se negotiis secularibus implicaret [18]; » ac vicissim non [19] ille rebus divinis præsidere videretur, qui esset negotiis sæcularibus implicatus.

C. IX. *Leges imperatorum custodiri oportet.*

Item Leo IV *Lothario Augusto* [20].

De capitulis vel præceptis imperialibus vestris vestrorumque ¹ pontificum prædecessorum irrefragabiliter custodiendis et conservandis, quantum valuimus et valemus Christo propitio et nunc et in ævum nos conservaturos modis omnibus profitemur. Et si fortasse quilibet aliter vobis dixerit vel dicturus fuerit, sciatis eum pro certo mendacem.

C. X. *Legis auctoritate dissolvitur quod contra eam fit.*

Item Joannes VIII [21] *Ludovico Imperatori.*

Vides, fili carissime, quia quod contra leges accipitur, per leges dissolvi meretur.

C. XI. *Leges principum, aut regulas patrum contemni non licet.*

Item Gelasius *Rufino et Aprili episcopis* [22].

Quis autem [23] leges principum, aut regulas patrum, aut admonitiones paternas [24] dicat debere contemni, nisi qui impunitum sibi tantum æstimet transire commissum?

C. XII. *Leges Romanorum principum servandæ sunt ab omnibus.*

Item *Theodorico regi* [25].

Certum est magnificentiam vestram leges Romanorum principum, quas in negotiis hominum custodiendas esse præcepit, multo magis circa reverentiam beati Petri apostoli pro suæ felicitatis augmento velle servari.

C. XIII. *Romana lex nullius temeritate debet corrumpi.*

Item Leo IV *Lothario Augusto* [26].

Vestram ⁵ flagitamus clementiam, ut sicut hactenus Romana lex viguit absque universis procellis, et pro nullius persona hominis reminiscitur esse corrupta, ita nunc suum robur propriumque vigorem obtineat.

### NOTATIONES CORRECTORUM.

ᵉ *Propria:* In originali est: *propriam volens medicinali humilitate sursum efferri.* Ivo habet ut Gratianus hic in plerisque codicibus. In nonnullis tamen est : *propria volens medicinali humilitate sursum efferri*: quemadmodum etiam infra, dist. 96, c. *quum ad verum.* Apud Gelasium loco indicato legitur : *sic actionibus propriis dignitatibusque distinctis, officia potestatis utriusque discrevit, suos volens medicinali humilitate salvari, non humana superbia rursus intercipi, ut et Christiani*, etc.

C. IX. ᶠ *Vestrorumque:* Epistola hæc non est inventa : et in istis verbis videtur subesse mendum, ex quo auctor glossæ errandi occasionem sumserit, qui Christianis imperatoribus, cujusmodi fuerant prædecessores Lotharii, attribuat illud, quod Isidorus de ethnicis dicit : nimirum imperatores solitos fuisse appellari pontifices : de qua re optime Gelasius in tomo de anathematis vinculo, et infra distinct. 21, c. *cleros.* Apud Ivonem legitur : *vestris, nostrorumque etiam pontificem prædecessorum*; in Panormia : *nostris nostrorumque pontificum et prædecessorum.* Sed fortasse cetera quidem recte apud Gratianum habent: tantummodo ante dictionem : *prædecessorum*, est addenda conjunctio *et*, quemadmodum est in Panormia. Nam hoc significabitur, imperatores illos solitos fuisse edere capitula, adhibitis in consilium pontificibus regni, quod verissimum est. Omnino hæc, quæ a Leone scribuntur, spectare videntur ad capitula Caroli et Ludovici, quæ Lotharius in universa Italia servari mandaverat. Nam in legibus Longobardicis, lib. III, tit. 53 Lotharius ita constituisse traditur : *Placuit nobis, ut capitula, quæ excerpsimus de capitulari bon. mem. gloriosissimi Domini nostri Caroli, et genitoris nostri Ludovici, imperat. invictissimi, his omnibus, et fidelibus nostris, et sanctæ ecclesiæ in regno Italiæ consistentibus, per legem teneantur et serventur : et quicunque horum capitulorum contemtor exstiterit, sexaginta solidis componatur.* Id populo Romano, qui jure antiquo Romanorum uti prohiberetur, valde displicuit, sicut ex c. fin. infra ead. dist. colligi potest, disseminatusque etiam rumor fuit, eamdem esse Pontificis ac populi sententiam. De qua re Leo hac. se epistola videtur purgare voluisse; et tamen postea, pro conservando jure civili Romanorum, cum eodem Lothario iterum diligentius egit, quod apparet ex dicto c. finali.

C. XIII. ᵍ *Vestram:* Videtur Lotharius populo Romano, quod hic Leo petiit, concessisse. Nam in legibus Longobardicis lib. II, tit. 57, sic habetur : *ut interrogetur populus Romanus, qua lege vult vivere,* et sequitur constitutio ᵗ :

Lotharius Imperator.

Volumus ut cunctus populus Romanus interrogetur qua lege vult vivere : ut tali lege, quali vivere professi sunt, vivant. Illisque denuncietur, ut hoc unusquisque, tam judices quam duces, vel reliquus populus sciat. Quod si offensionem contra eamdem legem fecerint, eidem legi, qua profitentur vivere per dispensationem [*al.* dispositionem], Pontificis et nostram, subjacebunt.

---

Dist. X. C. VIII. [16] *humilitate sursum efferri:* Ed. Arg. — [17] *et Deo militans:* Ed. coll. o. — [18] 2 Tim. c. 2, v. 4. — [19] *ne.* Ed. coll. o. — C. IX. [20] Fragm. epistol. deperditæ, scr. c. A. 847. — Ivo Pan. l. 2, c. 149. Decr. p. 4, c. 176. — C. X. [21] *Joannes VII*; Ed. coll. o. præter Bas. — caput incerti temporis. — Ivo Decr. p. 4, c. 230, cf. p. 6, c. 115. — C. XI. [22] Fragm. Epist. scr. exeunte sæc. V. infr. D. 54, c. 11. — Ivo Pan. l. 2, c. 150. Decr. p. 4, c. 179. — [23] *quis aut:* Ivo. — C. XII. [25] Fragm. epistolæ incerti temporis. — Ivo Decr. p. 4, c. 180. — C. XIII. [26] Fragm. epistolæ deperditæ, quam c. A. 847, scriptam esse suspicantur VV. DD.—Ivo Pan. l. 2, c. 154. Decr. p. 4, c. 181. *Capitulare cujus hic recensio Langobard. refertur (exstat enim Romana etiam, edita ex Coll. Card. Deusdedit a Holstenio. Coll. Rom. monum. Rom. 1662) ante Leonis tempora (A. 824) scriptum esse, dudum observavit Baluzius, Capit. præf. § 24.

## DISTINCTIO XI.

**GRATIANUS.**

I Pars. *Quod vero legibus consuetudo cedat,* Isidorus *testatur, dicens in Synonymis, lib. II* [c. 16.]\* :

C. I. *Pravus usus ratione superatur et lege.*

Usus auctoritati cedat; pravum usum lex et ratio vincat.

C. II. *Non potest statutis pontificum consuetudo cujusquam refragari.*

*Item* Nicolaus Papa I *Michaeli Imperatori* ¹.

Consequens est, ut quod ab hujus sedis rectoribus plena auctoritate sancitur, nullius consuetudinis praepediente occasione, proprias tantum sequendo voluntates removeatur, sed firmiter atque inconcusse teneatur.

C. III. *A consuetudine Romanae ecclesiae membris dissentire non licet.*

*Item* Julius Papa I *ad Episcopos orientales, epistola I* ².

Nolite errare, fratres mei carissimi, doctrinis ³ variis et extraneis ⁴ nolite abduci. En instituta apostolorum et apostolicorum virorum canonesque habetis : his fruimini, \* his circumdamini ᵃ , his delectamini, his armamini, \* ut his freti, \* circumdati, delectati, armati, \* contra cuncta inimicorum jacula persistere valeatis. Satis ⁵ enim indignum est, quemquam vel pontificum vel ordinum subsequentium hanc regulam refutare, quam beati Petri sedem et sequi videat, et docere. Multum enim convenit, ut totum corpus ecclesiae in hac sibimet observatione concordet, quae inde auctoritatem habet, ubi Dominus ecclesiae totius posuit principatum.

C. IV. *Non potest usus et consuetudo legem et rationem vincere.*

*Item* Imp. Constantinus A. *ad Proculum lib. VIII Cod. tit.* Quae sit longa consuetudo [t. 53, const. 2] \*\*.

Consuetudinis ususque longaevi non vilis auctoritas est : verum non usque adeo sui valitura momento, ut aut rationem vincat, aut legem.

II Pars. *Gratianus.* Quum vero nec sacris canonibus, nec humanis legibus consuetudo obviare monstratur, inconcussa servanda est.

*Unde ex dictis* ᵇ Basilii †:

C. V. *Inviolabilis est consuetudo, quae nec humanis legibus nec sacris canonibus obviare monstratur.*

Ecclesiasticarum institutionum quaedam scriptu-

---

### NOTATIONES CORRECTORUM

Dist. XI. C. III. ᵃ *His circumdabimini* : Locupictatus est hic locus ex originali et Anselmo. †
C. V. ᵇ *Ex dictis* : Hoc caput antea citabatur ex Augustino in lib. ex dictis Basilii. In codice Vercellensi est : *unde Augustinus ait, vel ex dictis Basilii* : et retenta est posterior pars hujus disjuncti, quoniam ita citant Burchardus et auctor Panormiae. Ivo autem citat ex lib. Basilii de Spiritu sancto, c. 27 quomodo in margine est indicatum. Ceterum, quoniam multis locis glossa obstitit, ne emendaretur, necessarium visum est integrum B. Basilii locum et graece et latine afferre : Τῶν ἐν τῇ Ἐκκλησίᾳ πεφυλαγμένων δογμάτων καὶ κηρυγμάτων, τὰ μὲν ἐκ τῆς ἐγγράφου διδασκαλίας ἔχομεν, τὰ δὲ ἐκ τῆς τῶν ἀποστόλων παραδόσεως διαδοθέντα ἡμῖν ἐν μυστηρίῳ παρεδεξάμεθα, ἅπερ ἀμφότερα τὴν αὐτὴν ἰσχὺν ἔχει πρὸς τὴν εὐσέβειαν, καὶ τούτοις οὐδεὶς ἀντερεῖ, ὅστις γε κἂν κατὰ μικρὸν γοῦν θεσμῶν ἐκκλησιαστικῶν πεπείραται. Εἰ γὰρ ἐπιχειρήσαιμεν τὰ ἄγραφα τῶν ἐθῶν ὡς οὐ μεγάλην ἔχοντα τὴν δύναμιν παραιτεῖσθαι, λάθοιμεν ἂν εἰς αὐτὰ τὰ καίρια ζημιοῦντες τὸ εὐαγγέλιον, μᾶλλον δὲ εἰς ὄνομα ψιλὸν περιιστῶντες τὸ κήρυγμα. Οἷον, ἵνα τοῦ πρώτου καὶ κοινοτάτου πρῶτον μνησθῶ τῷ τύπῳ τοῦ σταυροῦ τοὺς εἰς τὸ ὄνομα τοῦ Κυρίου ἡμῶν Ἰησοῦ Χριστοῦ ἠλπικότας κατασημαίνεσθαι, τίς ὁ διὰ γράμματος διδάξας; τὸ πρὸς ἀνατολὰς τετράφθαι κατὰ τὴν προσευχήν, ποῖον ἐδίδαξεν ἡμᾶς γράμμα; τὰ τῆς ἐπικλήσεως ῥήματα ἐπὶ τῇ ἀναδείξει τοῦ ἄρτου τῆς εὐχαριστίας καὶ τοῦ ποτηρίου τῆς εὐλογίας τίς τῶν ἁγίων ἐγγράφως ἡμῖν καταλέλοιπεν; οὐ γὰρ δὴ τούτοις ἀρκούμεθα, ὧν ὁ ἀπόστολος ἢ τὸ εὐαγγέλιον ἐπεμνήσθη, ἀλλὰ δὲ προλέγομεν καὶ ἐπιλεγομεν ἕτερα, ὡς μεγάλην ἔχοντα πρὸς τὸ μυστήριον τὴν ἰσχύν, ἐκ τῆς ἀγράφου διδασκαλίας παραλαβόντες. Εὐλογοῦμεν δὲ τό τε ὕδωρ τοῦ βαπτίσματος καὶ τὸ ἔλαιον τῆς χρίσεως, καὶ προσέτι αὐτὸν τὸν βαπτιζόμενον, ἀπὸ ποίων ἐγγράφων, οὐκ ἀπὸ τῆς σιωπωμένης καὶ μυστικῆς παραδόσεως; τί δὲ αὐτὴν τοῦ ἐλαίου τὴν χρίσιν τίς λόγος γεγραμμένος ἐδίδαξε; τὸ δὲ τρὶς βαπτίζεσθαι τὸν ἄνθρωπον πόθεν; ἀλλὰ δὲ ὅσα περὶ τὸ βάπτισμα, ἀποτάσσεσθαι τῷ σατανᾷ καὶ τοῖς ἀγγέλοις αὐτοῦ ἐκ ποίας ἐστὶ γραφῆς; οὐκ ἐκ τοῦ ἀδημοσιεύτου ταύτης καὶ ἀπορρήτου διδασκαλίας, ἣν ἐν ἀπολυπραγμονήτῳ καὶ ἀπεριεργάστῳ σιγῇ οἱ πατέρες ἡμῶν ἐφύλαξαν; καλῶς ἐκεῖνοι δεδιδαγμένοι τῶν μυστηρίων τὰ σεμνὰ σιωπῇ διασῴζεσθαι. *Id est* : Dogmatum et institutorum, quae in ecclesia servata sunt, alia quidem habemus ex doctrina, quae litteris consignata est, alia vero ex apostolorum traditione ad nos transmissa in mysterio recepimus. Quae utraque eamdem vim ad pietatem habent, atque his nemo sane contradixerit, qui vel exigua legum ecclesiasticarum peritia sit praeditus. Nam si aggrediamur ea, quae non scripto, sed tantum consuetudine constant, [tanquam non magnam habentia vim] repudiare, imprudentes evangelio, et quidem in praecipuis ipsius partibus, officiemus, vel potius ipsamet instituta ad inane quoddam nomen redigemus. Exempli causa (ut, quod primum maximeque commune est, primo loco commemorem) eos, qui in Domini nostri Jesu Christi nomine spem posuerunt, figura crucis signari ecquis scripto docuit? Dum oramus, ad orientem solem converti ecquae nos litterae docuerunt? Verba invocationis, quum panis eucharistiae et calix benedi-

---

Dist. XI. C. I. ⁎ Ivo Pan. l. 2, c. 165. Decr. p. 4, c. 207. = C. II. ¹ Verba capitis exstant in ep. Nicolai I ad Photium scr. A. 862. Mansi T. 15, p. 175. — Ivo Decr. p. 4, c. 211. Coll. tr. p. p. 1, c. 62, c. 14. = C. III. ² Ep. Pseudoisidoriana. Anselm. l. 1, c. 8. Polyc. l. 1, t. 17. ³ Hebr. c. 13, v. 9. ⁴ *peregrinis* : Vulg. † attamen verba asteriscis inclusa desunt in Cod. Anselm. coll. ⁵ Verbo Gelasii in Ep. ad Epp. Lucaniae c. 9. — Polyc. l. 8, c. 3. = C. IV. \*\* Ivo Pan. l. 2, c. 165. Decr. p. 4, c. 202. C. V. † Regino in App. l. 1, c. 53. Burch. l. 3, c. 127. Ivo Pan. l. 2, c. 159. Decr. p. 4, c. 69.

ris ⁶, quasdam vero apostolica traditione per successiones ⁷ in ministerio confirmatas accepimus; quasdam vero consuetudine roboratas approbavit usus, quibus par ritus et idem utrisque pietatis debetur affectus; unde quis vel aliquantulum sacrarum expertus scripturarum hæsitaverit? Si enim attentaverimus ⁸ consuetudines ecclesiæ non per scripturas a Patribus traditas nihil æstimare, quantum religio detrimenti sit latura, intente ⁹ inspicientibus liquido constabit. § 1. Quæ enim (ut inde ordiamur) scriptura salutiferæ crucis signaculo fideles docuit insigniri? vel quæ trifariam digesta super panem et calicem prolixæ orationis vel consecrationis verba commendavit? Nam non modo, quod in evangelio continetur vel ab Apostolo ¹⁰ insertum est, in secretis dicimus, sed et alia plura adjicimus, magnam quasi vim commendantia ¹¹ mysteriis. Quæ orientem versus nos orare litterarum forma docuit? Benedicimus fontem baptismatis oleo ¹² unctionis. Huc accedit, quod ter oleo inungimus ¹³ quos baptizamus, verbis abrenunciare satanæ et angelis ejus informamus. Unde hæc et alia in hunc modum non pauca, nisi quia tacita et mystica traditione a Patribus ecclesiastico more reverentiori diligentia sunt in mysteriis ¹⁴ observata silentio, quam publicata scripto?

**C. VI.** *Laudabilis est consuetudo, quæ nihil fidei contrarium usurpat.*

*Item* Pius Papa I. ᶜ *in decretis, decreto VII* ¹⁵.

Consuetudinem laudamus, quæ tamen contra fidem catholicam nihil usurpare dignoscitur.

**C. VII.** *Ubi auctoritas deficit, mos populi et majorum instituta pro lege servantur.*

*Item* B. Augustinus *ad Casulanum, epist. LXXXVI* ¹⁶.

In his rebus, de quibus nihil certi statuit divina scriptura, mos populi Dei et instituta majorum pro lege tenenda sunt. Et sicut ᵈ prævaricatores divinarum legum, ita contemptores ecclesiasticarum consuetudinum coercendi sunt.

**C. VIII.** *Auctoritate et traditione generali vel speciali ecclesia regitur.*

Idem *in libro de fide christiana* ᵉ.

Catholica ecclesia, per orbem terrarum diffusa, tribus modis probatur exsistere. Quidquid enim in ea tenetur, aut auctoritas est scripturarum, aut traditio universalis, aut certe propria et particularis institutio. Sed auctoritate tota constringitur, universali traditione majorum nihilominus tota; privatis vero constitutionibus et propriis informationibus unaquæque pro locorum varietate, prout cuique visum est, subsistit et regitur.

**C. IX.** *Valet ad fidem catholicæ auctoritas ecclesiæ.*

Idem *in libro contra Manichæos* ᶠ ¹⁷.

Palam est, quod in re dubia ad fidem valeat auctoritas ecclesiæ catholicæ, quæ ab ipsis fundatissimis sedibus apostolorum usque ad hodiernum diem succedentium sibimet episcoporum serie et tot populorum consensione firmatur.

**C. X.** *Ab apostolicis institutis non licet recedere.*

*Item* Leo Papa *ad episcopos per Siciliam constitutos, epist. IV. c. 6* ¹⁸.

Hoc vestræ indicimus caritati, ut ab apostolicis institutis nullo ulterius recedatur excessu, quia inultum post hoc esse non poterit, si quisquam apostolicas regulas in aliquo crediderit negligendas.

**C. XI.** *Ab omnibus servari debet, quod Romana servat Ecclesia.*

*Item* Innocentius I *ad Decentium Episcopum Eugubinum, epist. I* ¹⁹.

Quis nesciat aut non advertat, id quod a principe apostolorum Petro Romanæ ecclesiæ traditum est,

---

**NOTATIONES CORRECTORUM.**

ctionis offertur, quis ex sanctis Patribus scripta nobis reliquit? Non enim iis contenti sumus, quorum Apostolus et evangelium mentionem fecerunt; sed alia quoque cum antea, tum post, dicimus, utpote quæ magnum momentum ad ipsum mysterium habeant, doctrina non scripta, sed tradita eruditi. Benedicimus aquam baptismatis et oleum unctionis, atque illum ipsum præterea, qui baptizatur, ex qua scriptura? nonne ex occulta et mystica traditione? Quid? ipsum olei unctionem quis sermo scriptus docuit? Quod homo ter mergendus sit, unde accepimus? Abrenunciare satanæ atque angelis ejus, et reliqua omnia, quæcumque in baptismo observamus, quæ scriptura jussit? Annon hæc ipsa minime vulgata, sed secreta doctrina, quam quieto minimeque curioso silentio patres nostri custodierunt? probe quidem illi intelligentes, mysteriorum majestatem taciturnitate servari.

**C. VI.** ᶜ *Verba* hujus capitis, quod antea tribuebatur B. Augustino, leguntur in editione conciliorum Coloniensi tribus tomis inter decreta Pii I ᵈ decreto septimo, et in epistola ejusdem Pii ex codice sexdecim librorum, lib. 3, c. 19, quam etiam citant Burchardus, Ivo et auctor Panormiæ: cujus tamen epistolæ omnia fere verba habentur lib. 1, regist. B. Gregorii (qui citatur in Polycarpo) epist. 75, et ea, quæ ad hoc caput pertinent, referuntur infra dist. 12 c. *nos consuetudinem*.

**C. VII.** ᵈ *Et sicut*: Hinc usque ad finem non sunt in epistola indicata, sed a Burchardo etiam et Ivone et in Panormia ᵉ referuntur.

**C. VIII.** ᵉ Hodie inter opera B. Augustini nullum exstat hoc titulo. In epistola vero ad Sannarium, quæ est 118, c. 1 et 2, hæc eadem sententia copiose exponitur.

**C. IX.** ᶠ Apud B. Augustinum lib. 11, contra Fau-

---

DIST. XI. C. V. ⁶ *in scriptis*: Edd. ant. coll. omnes. ⁷ *successores*: ædem. — Bohm. ⁸ *attenderimus*: Edd. cod. o. ⁹ deest ap. Ivonem. — *intentivum*: Ed. Bas. *intentive*: Edd. coll. rel. ¹⁰ *Ap. quolibet*: Edd. Arg. Venet. l. Norimb. — *Ap. quod*: Edd. rel. ¹¹ *consummandis accommodantia*: Burch. ¹² *oleum*: Idem. ¹³ *ter immergimus q. b.*, *oleo ungimus*: id. ¹⁴ *in ministeriis* (Ivo) *observata magis*: id. — Edd. coll. o. — Bohm. = C. VI. ¹⁵ Canonis Pio male adscripti verba desumta sunt ex ep. Greg. M. ad Epp. Numidiæ scr. indict. IX. (Ep. 77. l. I, Ed. Maurin.) Edd. ant. coll. auctorem laudant Augustinum ad Casulanum Presb. — Burch. l. 3, c. 124. Anselm. l. 4, c. 42. Ivo Pan. l. 2, c. 157. Decr. p. 4, c. 66. Polyc. l. 3, c. 27. = C. VII. ¹⁶ Ep. 36 (scr. A. 396). Ed. Maurin. — Anselm. l. 4, c. 43. Burch. l. 3, c. 126. Ivo Pan. l. 2, c. 158. Decr. p. 4, c. 68. Polyc. l. 3, t. 23, c. fin. * Leguntur ea verba etiam apud Anselm. l. c. — C. IX. ¹⁷ contra Faustum Manich. l. 11, c. 2. = C. X. ¹⁸ Ep. 16, c. 6. (scr. A. 447.) Ed. Baller. — Anselm. l. 1, c. 45. Polyc. l. 1, t. 17. = C. XI. ¹⁹ Ep. 25. (scr. A. 416) ap. Constant. — Burch. l. 3, c. 125. Anselm. l. 1, c. 41. Ivo Decr. p. 4, c. 67. Polyc. l. 1, t. 17. l. 3, t. 24.

ac nunc usque custoditur, ab omnibus debere servari? nec superinduci aut introduci aliquid, quod aut auctoritatem [20] non habeat, aut aliunde accipere videatur exemplum? præsertim quum sit manifestum, in omnem Italiam, Gallias, Hispanias, Africam atque Siciliam insulasque interjacentes nullum instituisse ecclesias, nisi eos, quos venerabilis apostolus Petrus aut ejus successores constituerunt sacerdotes; aut legant, si in istis provinciis alius apostolorum [21] invenitur, aut legitur docuisse. Quod si non legunt, quia nusquam invenitur, oportet eos hoc sequi, quod ecclesia Romana custodit, a qua eos principium accepisse non dubium est : ne dum peregrinis sermonibus [22] student, caput institutionum videantur omittere [23]. 1. Sæpe dilectionem tuam ad Urbem venisse ad nobiscum in ecclesia convenisse, et quem morem vel in considerandis mysteriis, vel in ceteris agendis arcanis teneat, cognovisse [24]. Quod sufficere arbitraremur [25] ad informationem ecclesiæ tuæ vel reformationem, si 'prædecessores tui minus aliquid aut aliter tenuerint, et satis certum haberemus [26], nisi de aliquibus consulendos nos esse duxisset [27]; quibus idcirco respondemus, non quod te 'aliqua' ignorare credamus, sed ut majori auctoritate tuos [28] instituas, vel si qui a Romanæ ecclesiæ institutionibus errant, aut commoneas, aut nobis [29] indicare non differas, ut scire valeamus, qui sint, qui aut novitates inducunt, aut alterius ecclesiæ quam Romanæ existimant consuedinem esse servandam.

## DISTINCTIO XII.

### GRATIANUS.

I Pars. *Quod absque discretione justitiæ nulli agere licet.*

Unde Calixtus Papa I omnibus Episcopis ait in Epistola I [1] ad Benedictum Episcopum :

C. I. *Nulli agere licet sine discretione justitiæ contra disciplinam Romanæ ecclesiæ.*

Non [2] decet [3] a capite membra discedere , sed juxta sacræ scripturæ testimonium omnia membra caput sequantur. Nulli vero dubium est, quod apostolica ecclesia est mater omnium ecclesiarum, a cujus vos regulis nullatenus convenit deviare. Et sicut Dei filius venit facere voluntatem patris, sic et vos voluntatem vestræ impleatis matris, quæ est ecclesia, cujus caput, ut prædictum est, Romana exsistit [4] ecclesia. Quidquid [5] ergo sine discretione justitiæ contra hujus disciplinam actum fuerit, ratum haberi ratio nulla permittit.

B C. II. *Apostolicis præceptis nullus superbe resistat.*
Item Gregorius [a] Papa IV [7].

Præceptis apostolicis non dura superbia resistatur, sed per obedientiam, quæ a sancta Romana ecclesia [8] et apostolica auctoritate jussa sunt, salutifere impleantur, si ejusdem sanctæ Dei ecclesiæ, quæ est caput vestrum, communionem habere desideratis. *Et post multa :* § 1. Non novum aliquid præsenti jussione præcipimus, sed illa, quæ olim videntur indulta, firmamus : quum nulli dubium sit, quod non solum pontificalis causatio, sed omnis sanctæ [b] religionis relatio [9] ad sedem apostolicam quasi ad caput ecclesiarum debeat referri, et inde normam sumere [10], unde sumpsit exordium, ne caput institutionis videatur omittere [11]. Cujus auctoritatis sanctionem omnes teneant sacerdotes, qui nolunt ab apostolicæ petræ, super quam Christus universalem

### NOTATIONES CORRECTORUM.

stum Manichæum c. 2, legitur : *Et vides in hac re (de fide exemplarium loquitur) quid ecclesiæ catholicæ valeat auctoritas, quæ ab ipsis,* etc. Hanc vero episcoporum successionem potissimum in sede Petri, et in libro contra epistolam Fundamenti, et in epist. 165, de schismate Donatistarum, merito certissimum putavit ecclesiæ catholicæ indicium.

C. XI. [5] *Cognovisse :* Locus hic in originali conciliis quatuor tomorum inserto sic habet : *cognovisse non dubium est. Quod sufficere ad informationem ecclesiæ tuæ vel reformationem (si prædecessores tui minus aliquid , aut aliter tenuerunt) , satis certum haberem , nisi de aliquibus consulendos nos esse* D *duxisses.* Sed ob glossam, præcipue in ver. *morem,* non est mutatum.

Dist. XII. C. II. [a] *Gregorius :* Integrum hoc caput invenitur in epistola Gregorii quarti : « Universis Episcopis per Galliam, Germaniam, Europam et universas provincias constitutis, » quæ est in codice supra citato bibliothecæ monasterii Dominicanorum. Iuitium vero est etiam in epistola Anastasii II ad Anastasium Augustum, c. 6.

[b] *Sanctæ religionis :* Sic emendatum est ex ipsa epistola et aliquot manuscriptis Gratiani codicibus; inductis his vocibus : *spei Romanæ ecclesiæ.*

Dist. XI. C. XI. [20] *auctoritatem generalem debeat aliunae accipere ve. exemplum?* Edd. coll. omnes, Bas. omissa voce : *generalem.* Apud Ivonem legitur, ut a Correct. ex ipso Innocentio est restitutum. [21] *apostolus :* Edd. coll. omn. [22] *assertionibus :* Coll. Dionys. et Hisp. — Ivo. [23] *amittere :* Edd. ant. omnes. [24] *agnovisse :* eædem. [25] *arbitrarer :* Coll. Hisp. — Ivo. — Bohm. [26] *haberem :* Coll. Hisp. — Ivo. — Ed. Bas. [27] *duxisses :* ibid. — Ivo. — Edd. Arg. Bas. Ven. l. II. [28] *vel tuos :* Coll. Dionys. et Hisp. — Ivo. — Bohm. [29] deest in Coll. Dionys. et Hisp. et apud Ivonem.
Dist. XII. P. I. [1] Epist. Pseudoisidoriana. = C. I. [2] Anselm. l. 1, c. 12 (13). Polyc. l. 1, t. 17 [3] *licet :* Edd. Lugdd. II. III. [4] in his et sequentibus auctor canonis imitatus est Leonem M. Ep. 14, c. 6 et 16, c. 1. Ed. Baller. [5] *consistit :* Edd. coll. omn. præter Bas. [6] cl. Cap. Hadriani (apud Harzhem. Coll. Conc. Germ. t. 1), c. 3. = C. II. [7] Epistola non inoffensæ fidei integra leg. apud Mabillon. Vet. Anal. p. 298, adjecta subscr. : *Dat. VIII. Id. Jul. Ind. XI. A. 852.* — Anselm. l. 1, c. 20 (21). Polyc. l. 1, t. 17. [8] abest ab originali. [9] *lectionem a Corr. indicatam servant :* Edd. Venett. I. II. Norimb. Lugdd. I. II. — S. R. E. et religionis : Edd. Arg. Lugd. III.; in sola Basil. legitur ut est restitutum. [10] *assumere* et paulo post : *assumsit :* Edd. coll. o. exc. Bas. [11] *omitti :* Edd. coll. o.

fundavit ecclesiam, soliditate divelli ¹³. Si quis hæc apostolicæ sedis præcepta non observaverit, percepti honoris esse hostis non dubitetur.

**C. III.** *Non est resistendum consuetudini, cui canonica non obstat auctoritas.*

*Item* Leo IX º *Michaeli Episcopo* ¹³ *Constantinopolitano, epist. I, c. 29, et Nicolaus I evist. II ad Photium.*

Scit sancta Romana ecclesia, quod nihil obsunt saluti credentium diversæ pro loco et tempore consuetudines, si illis canonica non obsistat auctoritas, pro qua eis obviare debeamus; unde nil judicamus eis debere vel posse resistere ¹⁴.

**C. IV.** *Consuetudines, quæ fidei non officiunt, ut a majoribus traditæ sunt, observentur.*

*Item* Hieronymus *ad Lucinium, epist. XXXVIII* †.

Illud breviter te admonendum puto, traditiones ecclesiasticas, præsertim quæ fidei non officiunt, ita observandas, ut a majoribus traditæ sunt, nec aliorum consuetudinem aliorum contrario more subverti.

**C. V.** *Traditiones a patribus institutæ, non sunt infrigendæ.*

*Item* Nicolaus Hincmaro ᵈ *Archiepiscopo* ¹⁵.

Ridiculum est, et satis abominabile dedecus, ut temporibus nostris vel falso insimulari sanctam Dei ecclesiam permittamus, vel eas traditiones, quas antiquitus a patribus suscepimus, pro libitu semper errantium infringi patiamur.

**C. VI.** *Diuturni mores pro lege sunt habendi.*

*Item* Justinianus *Instiutionum lib. I, tit. 2 [ de jure nat. § 9. ]*.

Diuturni mores consensu utentium approbati legem imitantur.

**C. VII.** *Quidquid contra longam consuetudinem fit, revocari oportet.*

*Item Cod. lib. VIII, tit.* [35.] *quæ sit longa consuetudo, l. 1*.

Consuetudo præcedens et ratio, quæ consuetudinem suasit, tenenda est. Et quidquid contra longam consuetudinem fiet, ad sollicitudinem suam revocabit præses provinciæ.

**C. VIII.** *Immota permanent consuetudo, quæ contra fidem catholicam nihil usurpare dignoscitur.*

*Item* Gregorius *universis Episcopis Numidiæ, lib. I, epist. LXXV* ¹⁶.

Nos consuetudinem, quæ tamen contra fidem catholicam nihil usurpare dignoscitur, immotam permanere concedimus, sive de primatibus constituendis, sive de ceteris capitulis, exceptis iis, qui ex Donatistis ad episcopatum perveniunt, quos provehi ad primatus dignitatem (etiam quum ordo clericorum ᶠ eos ad locum eundem deferat) modis omnibus prohibemus. Sufficiat autem illis commissæ sibi plebis curam gerere, non autem etiam illos antistites, quos catholica fides in ecclesiæ sinu et edocuit, et genuit, ad obtinendum culmen primatus anteire.

**C. IX.** *Non negantur quæ consuetuedinis sunt.*

*Item* Gregorius *ad Maximum Salonitanum Eviscopum, lib. VII Regest., epist. 81* ¹⁷.

Quemadmodum illicita perpetrari non patimur, sic quæ sunt consuetudinis non negamus.

**C. X.** *Non locus consuetudinem, sed consuetudo locum commendat.*

*Item* Gregorius *ad Augustinum Anglorum Episcoporum, resp. [ad interreg.] 3* ¹⁸.

Novit fraternitas tua Romanæ ecclesiæ consuetudinem, in qua se meminit enutritam. Sed mihi placet, ut sive in Romana, sive in Gallicorum ¹⁹, sive in qualibet ecclesia aliquid invenisti, quod plus omni-

## NOTATIONES CORRECTORUM.

**C. III** ᶜ Caput hoc confectum est ex duobus longe diversis locis. Nam usque ad verb.: *si illis*, sumtum est ex prima epistola seu libello Leonis IX, adversus inauditas præsumtiones Michaelis Constantinopolitani et Leonis Acridani episcoporum, cap. 29, ubi loquens de Romana ecclesia ait : *Scit namque, quia nihil obsint saluti credentium diversæ pro loco et tempore consuetudines ; quando una fides per dilectionem operans bona, quæ potest, uni Deo commendat omnes ; et hæc fere ab Ivone et in Panormia referuntur.* Altera vero pars accepta est ex epistola secunda Nicolai ad Photium, quæ incipit : *Postquam beato Petro.* Ibi enim habentur hæc : *De consuetudinibus, quas nobis opponere visi estis, scribentes, per diversas ecclesias diversas esse consuetudines, ei illis canonica non obsistat auctoritas, pro qua obviare debeamus, nihil judicamus vel eis resistimus.*

**C. V.** ᵈ Habetur in epistola scripta Hincmaro et cæteris archiepiscopis et episcopis in regno Caroli ecclesias regentibus, quæ exstat in codice jam memorato bibliothecæ Dominicanorum, et ex ea caput hoc locupletatum est. Nam antea brevius erat, ut etiam apud Ivonem et in Panormia.

**C. VII.** ᵉ *Quidquid* : In originali est : *et ne quis contra longam consuetudinem fiat*; sed quoniam rubrica videtur magis convenire lectioni Gratiani, quæ est etiam apud Ivonem et in Panormia, non est mutatum.

**C. VIII.** ᶠ *Ordo clericorum* : Sic etiam legitur in aliquot vetustis Gratiani et in aliquibus B. Gregorii codicibus ; sed auctor glossæ non videtur habuisse verbum : *clericorum*, quemadmodum neque Ivo. neque pleraque Gratiani manuscripta exemplaria, neque aliquæ etiam B. Gregorii operum editiones.

---

Dist. XII. C. I. ª *convelli* : eædem, præter Bas. = C. III. ¹³ *Michaeli Imperatori* : Edd. coll. o. cum Ivone. — Ep. 2 in Coll. Conc. Mans. (A. 862.) — Ivo Pan. l. 2, c. 155. Decr. p. 4, c. 223, et p. 5, c. 44. ¹⁴ *resisti*. Edd. coll. o. = C. IV: † Anselm. l. 4, c. 44. — Ivo Pan. l. 2, c. 156. Decr. p. 4, c. 212. = C. V. ¹⁵ Ep. 70, scr. A. 867. = C. VI. Coll. can. Ans. ded. l. 7, 2. Ivo Pan. l. 2, c. 160. Decr. p. 4, c. 194. = C. VII ¹⁶ Coll. Ans. ded. l. 7, 68. Ivo Pan. l. 2, c. 162. Decr. p. 4, c. 201. = C. VIII. ¹⁶ l. 1, ep. 77, (scr. A. 594.) Ed. Maur. cf. supr. D. 11, c. 6. — Ivo Decr. p. 4, c. 204 = C. IX. ¹⁷ Ep. 81, l. 9, (scr. A. 599.) Ed. Maur. = C. X. ¹⁸ Ep. 64, l. 11, (scr. A. 601, cf. ad Dist. 5, c. 1.) Ed. Maur. ¹⁹ *Galliarum* : Greg. *Gallicana* : Ivo.

potenti Deo possit placere, sollicite eligas, et in Anglorum ecclesia, quæ adhuc in fide nova est institutione præcipua, quæ de multis ecclesiis colligere poteris [20], infundas. Non enim pro locis res, sed pro rebus [21] loca amanda sunt. Ex singulis ergo quibusque ecclesiis quæ pia, quæ religiosa, quæ recta sunt, elige, et hæc quasi in fasciculum collecta apud Anglorum mentes in consuetudinem depone.

C. XI. *Quod neque contra fidem, neque contra bonos mores esse convincitur, indifferenter est habendum.* Item Augustinus *ad Januarium*, epist. *CXVIII* cap. 1 [et 2] [22].

Illa autem, quæ non scripta, sed tradita custodimus, quæ quidem toto terrarum orbe observantur, datur intelligi vel ab ipsis apostolis, vel plenariis conciliis (quorum est in ecclesia saluberrima auctoritas), commendata atque statuta retinere: sicuti quod Domini passio et resurrectio et ascensio in cœlum et adventus *de cœlo* Spiritus sancti anniversaria solemnitate celebrantur: et si quid aliud tale occurrerit, quod servatur ab universa, quacumque se diffundit, ecclesia. § 1. Alia vero, quæ per loca terrarum regionesque variantur, sicuti est quod alii jejunant sabbato, alii vero non: alii quotidie communicant corpori et sanguini dominico, alii certis diebus accipiunt: *alibi nullus dies intermittitur, quo non offeratur, alibi sabbato tantum et dominico,* et si quid aliud hujusmodi animadverti potest, totum genus rerum liberas habet observationes; *nec disciplina ulla est in his melior gravi prudentique Christiano, quam ut eo modo agat, quo agere viderit ecclesiam, ad quamcumque forte devenerit.* Quod enim neque contra fidem, neque contra bonos mores injungitur [23], indifferenter est habendum, et pro eorum, inter quos vivitur, societate servandum est. Mater mea [5] Mediolanum me consecuta [24] invenit ecclesiam sabbato non jejunantem; cœperat fluctuare quid ageret. Tunc ego consului de hac re beatissimæ memoriæ virum Ambrosium; at ille ait: quum Romam venio, jejuno sabbato, quum Mediolani sum, non jejuno. Sic etiam tu, ad quam forte ecclesiam veneris, ejus morem serva, si cuiquam non vis esse scandalo, nec quemquam tibi. Hoc quum matri renuntiassem, libenter amplexa est.

II Pars. Gratianus. *Hoc autem de consuetudine illa intelligendum est, quæ vel universalis ecclesiæ usu, vel temporis proxilitate roboratur. Cæterum, si pro varietate temporum vel animorum vel locorum variæ consuetudines introducantur, inventa opportunitate, resecandæ sunt potius, quam observandæ.*

Unde Augustinus *scribit ad inquisitiones Januarii* epist. *CXIX, c.* 19 [25].

C. XII. *Resecanda sunt, quæ neque auctoritate, neque moribus universitatis comprobantur.*

Omnia talia, quæ neque sanctarum scripturarum auctoritatibus continentur, nec in conciliis episcoporum statuta inveniuntur, nec consuetudine universalis [25] ecclesiæ roborata sunt, sed diversorum locorum diversis moribus innumerabiliter variantur, ita ut vix, aut omnino nunquam inveniri possint causæ, quas in eis instituendis homines secuti sunt, ubi facultas tribuitur, sine ulla dubitatione resecanda existimo. Quamvis enim neque hoc inveniri possit, quomodo contra fidem sint, ipsam tamen religionem, quam paucissimis et manifestissimis celebrationum sacramentis misericordia Dei esse liberam voluit, servilibus oneribus premunt [27], ut tolerabilior sit conditio Judæorum qui, etiam si tempus libertatis non agnoverint, legalibus tamen sacramentis [28], non humanis præsumtionibus subjiciuntur.

C. XIII. *Omnes provinciæ* [29] *eundem in psallendo modum teneant, quem metropolitanam sedem habere cognoverint.*

Item ex Concilio Toletano XI [30], *c.* 3.

III Pars. *De iis, qui contra Apostoli* [31] *voluntatem circumferuntur omni vento doctrinæ,* placuit *huic* sancto concilio, ut metropolitanæ sedis auctoritate coacti uniuscujusque provinciæ cives, rectoresque ecclesiarum unum eundemque in psallendo teneant modum, quem in [32] metropolitana sede cognoverint institutum, nec aliqua diversitate cujusque ordinis vel officii a metropolitana se patiantur sede disjungi. Sic enim justum est ut inde unusquisque sumat regulas magisterii, unde honoris consecrationem accipit [33], ut juxta majorum decreta sedes quæ unicuique sacerdotalis dignitatis est mater, sit ecclesiasticæ [34] magistra rationis. Abbatibus sane indultis officiis, quæ juxta voluntatem sui episcopi

## NOTATIONES CORRECTORUM.

C. XI. [5] *Mater mea* : in hoc capite, quemadmodum et in sequenti, multa sunt emendata ex B. Augustino, ac nonnulla etiam addita. Ab hoc tamen loco usque in finem, quoniam verba B. Augustini apte erant in epitomen redacta, nihil additum est.

P. III. [h] *Provinciæ cives* : In codice Lucensi pervetusto bibliothecæ Regis Catholici et in conciliis impressis in margine legitur : *provinciæ pontifices :* quæ dictio, in fine hujus capitis repetita, ostendit hanc esse veram lectionem. Verum in omnibus conciliorum editionibus in textu, et duobus codicibus Vaticanis legitur *cives*

Dist. XII. C. X. [20] *potuisse* : Greg. [21] *rebus nobis* : id. = C. XI. [22] Lib. 1, ad inquis. Januarii, s. Ep. 54 (scr. c. A, 400.), Ed. Maur. [23] *esse convincitur* : Edd. coll. o. et Aug. Ed. Maur [24] ante correctionem legebatur : *secuta*. = P. II. [25] Ep. 55 (scr. proxime ineunte sæc. V.) Ed. Maur. — Ivo Pan. l. 2, c. 168. Decr. p. 4, c. 206. C. XII. [26] *universæ* : Ivo C. XII, [27] *premunt adeo* : Edd. coll. o. [28] *sarcinis* August. = C. XIII. [29] *provinciales* : Edd. coll. o. [30] hab. A. 675. — Coll. tr. p. p. 2, t. 42, c. 2. [31] Ephes. c. 4, v. 14 — *apostolicam* : Edd. ant. coll. omn. pr. Bas. [32] *a* : eæd. exc. Bas [33] *accipit* : Coll. Hispp. — præterito etiam Edd. coll. ant. omnes utuntur [34] *eccl. dignitatis vel rat. mag.* : Edd. coll. o. præter Bas.

regulariter illis implenda sunt, cetera officia publica, id est vesperas, matutinum, sive missam, aliter quam in principali ecclesia celebrare non liceat. § 1. Quisquis autem horum decretorum violator exstiterit, sex mensibus communione privatus apud metropolitanum sub pœnitentiæ censura permaneat corrigendus: quatenus apud illum et præteritæ transgressionis culpam lacrimis diluat, et necessariam officiorum doctrinam studiose addiscat § 2. Sub ista ergo regula disciplinæ non solum metropolitanus totius suæ provinciæ pontifices vel sacerdotes adstringat, sed etiam ceteri episcopi subjectos sibi ecclesiarum rectores obtemperare his [35] institutionibus cogant.

C. XIV. *Ordo servetur in matutinis et vespertinis officiis unus et idem.*

Item ex Concilio Bracarensi 1 [36], *cap.* 1.

Placuit [37] omnibus communi consensu, ut unus atque idem psallendi ordo in matutinis vel vespertinis officiis teneatur, et non diversæ ac privatæ [38], neque [1] monasteriorum consuetudines cum ecclesiastica regula sint permixtæ.

## DISTINCTIO XIII.

### GRATIANUS.

I. Pars. *Item adversus naturale jus nulla dispensatio admittitur; nisi forte duo mala ita urgeant, ut alterum eorum necesse sit eligi.*

Unde in Concilio Toletano VIII [1], *c.* 2 *legitur.*

C. I. *Minus malum de duobus eligendum est.*

Duo [a] mala, licet sint omnino cautissime præcavenda, tamen si pericula necessitas ex his unum perpetrare [2] compulerit, id debemus resolvere, quod minori nexu noscitur obligare [3]. Quid autem ex his levius, quidve sit gravius, puræ [4] rationis acumine investigemus. Etenim dum pejerare compellimur, creatorem quidem offendimus, sed nos tantummodo maculamus. Quum vero noxia promissa complemus et Dei jussa [5] superbe [6] contemnimus, et proximis impia crudelitate nocemus, et nos ipsos crudeliori gladio [7] trucidamus. Illic [8] enim duplici culparum telo perimimur [9], hic tripliciter jugulamur.

C. II. *De eodem.*

*Item Gregorius in Moralibus, in c.* 40 *Job l.* XXXII, c. 17, 18, 19 et 20.

Nervi testiculorum Leviathan [8] perplexi sunt, quia suggestionum illius argumenta implicatis inventis [9] illigantur [10], ut plerosque ita peccare faciant, quatenus si fortasse fugere peccatum appetant, hoc sine aliquo [11] peccati laqueo non evadant, et culpam faciant, dum vitant [12], ac nequaquam se ab una valeant solvere [13], nisi in alia consentiant se ligari. Quod melius ostendimus, si qua ex conversatione hominum illigationis hujus exempla proferamus [14]. *Et nonnullis interjectis :* § 1. Ecce quidam, dum mundi hujus amicitias appetit, cuilibet alteri similem sibi vitam ducenti, quod secreta [15] illius omni silentio contegat, se jurejurando constringit. Sed is, cui juratum est, adulterium perpetrare cognoscitur, ita ut etiam maritum adulteræ occidere conetur. Is autem, qui jusjurandum præbuit, ad mentem revertitur et diversis hinc inde cogitationibus impugnatur, atque hoc silere formidat, ne silentio [16] adulterii simul et homicidii particeps fiat, et prodere trepidat, ne reatu se perjurii obstringat. Perplexis ergo testiculorum nervis ligatus est, quia in quamlibet partem declinet, metuit, ne a transgressionis contagione liber non sit. § 2. Alius cuncta, quæ mundi sunt, deserens, atque per omnia frangere proprias voluntates quærens, alieno se subdere regimini appetit, sed eum, qui sibi apud [17] Deum præesse debeat, minus cauta inquisitione discernit : cui fortasse is, qui sine judicio eligitur, quum præesse jam cœperit, agere [18] quæ Dei sunt prohibet, quæ mundi sunt jubet. Pensans itaque subditus, vel quæ sit culpa inobedientiæ, vel quod contagium sæcularis vitæ, et obedire trepidat, et non obedire formidat, ne aut obediens Deum in suis præceptis deserat, aut rursus non obediens Deum in electo priore contemnat. *Et infra :* § 3. Alius pensare pondus honoris [19] ecclesiastici negligens ad locum regiminis præmiis

### NOTATIONES CORRECTORUM.

C. XIV. [i] *Neque Monasterium :* In concilio ipso, postremo Coloniæ excuso, abest vox : *neque*. In ceteris autem editionibus sic legitur : *privatæ monasteriorum consuetudines contra ecclesiasticas regulas sint permixtæ.*

Dist. XIII. C. I. [a] In ipso concilii capite multa antecedunt et sequuntur, quæ perlegenda sunt.

Dist. XII. C. XIII. [35] deest in Ed. Bas.— *suis :* Edd. coll. o. = C. XIV. [36] Conc. Brac. I, (II, ap. Mansi T. 9. p. 774.) hab. A. 561 [37] cf. Conc. Tolet. 4, c. 2. [38] *diverse ac privatæ :* Coll. Hisp.— Dist. XIII. P. I. [1] Conc. Tol. VIII. hab. A. 653. Burch. l. 12, c. 29, et 84. — Ivo Pan. l. 8, c. 119. Decr. p. 12, c. 16. C. I. [2] *remeare :* in Conc. ap. Mansi. — *temerare :* Coll. Hisp. — *temperare :* Ivo Decr. [3] *obligari :* Edd. ant. coll. omn. cum Panorm. [4] *pio :* Coll. Hisp. — *pro :* in Conc. ap. Mansi. [5] *mortis gladio :* Coll. Hisp. — Conc. ap. Mansi. — Ivo. — Edd. ant. coll. omn. [6] *illinc :* Edd. coll. omn. exc. Bas. [7] *percutimur :* Coll. Hisp. — in Conc. ap. Mansi. — *perimus hinc :* Edd. coll. omn. exc. Bas. = C. II. [8] *Et in c.* 40. Job. et ap. Greg. hæc de Behemoth prædicantur. [9] *inventionibus :* Greg. : — [10] *alligantur,* et paulo post *alligationis :* Edd. coll. o. exc. Lugd. II, III. Antw. [11] *alio :* Greg. — Edd. coll. omn. præter Bas. — [12] *c. etiam f. d. aliqua vitant :* Edd. Coll. o. pr. Bas. II, III. Antw. [13] *absolvere :* Edd. Arg. Ven. II. Paris. Lugd. I. [14] *conferamus :* Greg. [15] *secreta scelera :* Edd. coll. omn. [16] *silendo :* Edd. Lugdd. II, III. Antw. [17] *ad Deum :* Edd. omnes præt. citt. [18] *agi :* Greg. [19] *oneris :* Ed. Bas.

ascendit. Sed quia omne, quod hic eminet, plus mœroribus afficitur quam honoribus gaudet, dum cor tribulationibus [20] premitur, ad memoriam culpa [21] revocatur, doletque se ad laborem cum culpa pervenisse, et quam sit iniquum, quod admiserit, ex ipsa fractus [22] difficultate cognoscit. Reum igitur se cum impensis præmiis agnoscens, vult adeptæ sublimitatis locum deserere, sed timet, ne gravius delictum sit suscepti gregis custodian reliquisse; vult suscepti gregis curam gerere, sed formidat, ne deterior culpa sit, regimina pastoralis gratiæ [23] empta possidere [24]. Per honoris ergo ambitum ligatum culpa hinc inde se conspicit. Esse quippe sine reatu criminis neutrum videt, si aut susceptus semel grex relinquatur, aut rursum sacra actio sæculariter empta teneatur. Undique metuit et suspectus latus omne pertimescit, ne aut stans in empto regimine non digne, lugeat quod non etiam deserens emendat [b], aut certe regimen deserens, dum aliud flere nititur, rursus aliud de ipsa gregis destitutione committat. *Et infra:*

II Pars. § 4. Est tamen, quod ad destruendas Behemoth versutias subtiliter [25] fiat, ut, dum mens inter minora et maxima peccata constringitur, si omnino nullus sine peccato * evadendi * aditus patet, minora semper eligantur; quia et qui murorum undique ambitu, ne fugiat, clauditur, ibi se in fugam præcipitat, ubi brevior murus invenitur [16]. Hinc Paulus [27], quum quosdam in ecclesia incontinentes adspiceret, concessit minima, ut majora declinarent, dicens: *Propter fornicationem autem unusquisque uxorem suam habeat.* Et quia tunc solum conjuges in admixtione sine culpa sunt, quum non pro explenda libidine, sed pro suscipienda prole miscentur, ut hoc etiam, quod concesserat, sine culpa (quamvis minima) non esse monstraret, illico adjunxit: *Hoc [28] autem dico secundum indulgentiam [29], non secundum imperium.* Non enim est sine vitio, quod ignoscitur, non præcipitur. Peccatum profecto vidit, quod posse [30] indulgeri prævidit. Sed quum in dubiis constringimur, utiliter minimis subdimur, ne in magnis sine venia peccemus. § 5. Itaque plerumque nervorum Behemoth istius perplexitas solvitur, dum ad virtutes maximas per commissa minora transitur.

## DISTINCTIO XIV.

### GRATIANUS.

I Pars. *Verum hoc in una eademque persona intelligitur. Ceterum an in diversis eadem dispensatio locum habeat, videlicet, ut committamus minora, ne alii gravioribus implicentur, merito quæritur.*

*De his ita scribit* Augustinus *in lib. Quæst. super Genes., cap.* 42*.

C. I. *Non sunt a nobis aliqua committenda delicta, ne alii graviora committant.*

Quod ait Sodomitis Lot [1]: *Sunt mihi duæ filiæ, quæ nondum noverunt viros; producam illas ad vos, utimini illis, quomodo placuerit vobis: tantum in viros istos ne faciatis iniquum:* quoniam prostituere volebat filias suas hac compensatione, ut viri hospites ejus nihil a Sodomitis tale paterentur, utrum admittenda sit compensatio flagitiorum vel quorumcunque peccatorum, ut nos faciamus mali aliquid, ne alius gravius malum faciat; an potius perturbationi Lot, non consilio tribuendum sit, quia hoc dixerit, merito quæritur. Et nimirum periculosissime admittitur hæc compensatio. Si autem perturbationi humanæ tribuitur et menti tanto malo permotæ, nullo modo imitanda est.

II Pars. Gratianus. *Consuetudinis autem vel constitutionis rigor nonnunquam relaxatur.*

*Unde Leo Papa ait ad Rusticum Narbonensem Episc. epist. XC ante cap.* 1 [2].

C. II. *Quæ constitutiones valeant temperari, vel quæ non.*

Sicut quædam sunt, quæ nulla possunt ratione convelli, ita multa sunt, quæ aut pro necessitate temporum [3], aut pro consideratione ætatum oporteat temperari; illa consideratione [4] semper servata, ut in iis, quæ vel dubia fuerint aut obscura, id noverimus sequendum, quod nec præceptis evangelicis contrarium, nec decretis sanctorum Patrum inveniatur adversum.

### NOTATIONES CORRECTORUM.

C. II. [b] *Emendat:* Hoc loco in originali videtur constructio verborum perturbata et restituenda ex Gratiano.

---

Dist. XIII. C. II. [20] *tribulatione:* Edd. coll. omn. præter Lugd. II, III. Antw. [21] *culpæ:* Edd. Venett. I, II. Nov. Paris. Lugd. I. [22] *f. sine dubio diff.:* Ed. Bas. [23] *gregis:* Edd. coll. omnes. [24] *dimittere, quam empta poss.:* Edd. coll. omn. præter Bas. P. II. [25] *utiliter:* Greg. [26] *ingeritur:* Edd. coll. omn. exc. Lugd. II, III. Antw. [27] 1 Coc. 7, v. 2. [28] *ib.* v. 6. [29] *intelligentiam:* Ed. Bas. [30] *possit:* Lugd. II, III. Bas. *posset:* Edd. coll. rel.
Dist. XIV. C. I. [1] Ivo Decr. p. 9, c. 117. [1] Genes. c. 19, v. 7. = C. II. [2] Ep. 167 (scr. A. 458, vel 459). Ed Ball. Coll. tr. p. 1, t. 43, c. 46. Anselm. l. 2, c. 73. Ivo in prol. c. 12. [3] *rerum:* Leo. Ans. [4] *conditione:* Leo.

## DISTINCTIO XV.

### GRATIANUS.

I Pars. *Quoniam de jure naturali et constitutione vel consuetudine hactenus disseruimus, differentiam, quæ invicem discernuntur, assignantes : nunc ad ecclesiasticas constitutiones stylum vertamus, earum originem et auctoritatem, prout ex libris sanctorum Patrum colligere possumus, breviter assignantes.*

C. I. *Quo tempore cœperint canones generalium conciliorum.*

Canones † generalium conciliorum (*ut Isidorus ait lib.* 6 *Etymol., c.* 16 ·) a temporibus Constantini cœperunt. In præcedentibus namque annis persecutione fervente docendarum plebium minime dabatur facultas. Inde Christianitas in diversas hæreses scissa est, quia non erat licentia episcopis in unum conveniendi[1], nisi tempore supradicti imperatoris. Ipse enim dedit facultatem Christianis libere congregari. Sub hoc etiam sancti Patres in concilio Nicæno de omni orbe terrarum convenientes juxta fidem evangelicam et apostolicam secundum post apostolos symbolum tradiderunt. § 1. Inter cetera autem concilia quatuor esse scimus venerabiles synodos[2], quæ totam principaliter fidem complectuntur, quasi quatuor evangelia, vel totidem paradisi flumina. § 2. Harum prima[3] Nicæna synodus CCCXVIII episcoporum Constantino Augusto imperante peracta est ; in qua Arianæ perfidiæ condemnata blasphemia, quam de inæqualitate sanctæ Trinitatis, idem Arius asserebat, consubstantialem Deo Patri Deum[4] Filium eadem sancta synodus per symbolum definivit. § 3. Secunda synodus CL. Patrum sub Theodosio seniore Constantinopoli congregata est, quæ Macedonium, Spiritum sanctum Deum esse negantem, condemnans, consubstantialem Patri et Filio Spiritum sanctum demonstravit, dans symboli formam, quam tota Græcorum et Latinorum confessio in ecclesiis prædicat. § 4. Tertia synodus Ephesina prima CC. episcoporum sub juniore A Theodosio Augusto edita est, quæ Nestorium, duas personas in Christo asserentem, justo anathemate condemnavit, ostendens manere[b] in duabus naturis unam Domini nostri Jesu Christi personam. § 5. Quarta synodus Chalcedonensis DCXXX sacerdotum sub Marciano principe habita est, in qua Eutychem Constantinopolitanum abbatem verbi Dei et carnis unam naturam pronunciantem, et ejus defensorem Dioscorum, quondam Alexandrinum episcopum, et ipsum rursus Nestorium cum reliquis hæreticis, una Patrum sententia damnavit ; prædicans eadem synodus Christum Dominum de Virgine sic natum, ut in eo substantiam divinæ et humanæ confiteamur naturæ. § 6. Hæ sunt quatuor synodi principales, fidei doctrinam plenissime prædicantes. Sed et si qua[5] sunt concilia, quæ sancti Patres spiritu Dei pleni sanxerunt, post istorum quatuor auctoritatem omni manent stabilita vigore : quorum gesta in hoc opere condita continentur[6].

§ 7. Synodus autem ex Græco interpretatur comitatus vel cœtus. Concilii[c] vero nomen tractum est ex more Romano. Tempore enim, quo causæ agebantur, conveniebant omnes in unum, communique intentione tractabant. Unde concilium a communi intentione dictum quasi consilium ; consilium quasi considium, *d* in *l* literam transeunte : vel concilium dictum est a communi intentione, eo quod in unum dirigant omnem mentis obtutum : cilia[7] enim oculorum sunt ; unde qui sibimet dissentiunt, non agunt concilium, quia non consentiunt in unum. Cœtus vero conventus est vel congregatio, a coeundo, id est a conveniendo in unum. Hinc etiam conventus est nuncupatus, eo quod ibi homines conveniunt in unum ; sicut a conventu cœtus dicitur, sic et concilium a societate multorum in unum[8].

*De quatuor vero conciliis scribit B. Gregorius, ita dicens, lib. I Regesti, Epist.* 24[9] *:*

C. II. *De auctoritate quatuor conciliorum.*

Sicut sancti evangelii quatuor libros, sic quatuor

---

### NOTATIONES CORRECTORUM.

DIST. XV. C. I. [a] Caput hoc habetur etiam in conciliorum collectione Isidori ante ipsius præfationem, non autem in codice bibliothecæ Dominicanæ : in quo tamen usque ad versiculum, *inter cetera*, ponitur etiam (quemadmodum et in aliis) ante initium, concilii Nicæni.

[b] *Manere :* In plerisque antiquis Gratiani exemplaribus et Isidori codice impresso legitur ut est emendatum. Sed in aliis eorundem manuscriptis et impressis Gratiani legitur ; *manere in Christo duas naturas, et unam Domini nostri Jesu Christi personam*.

[c] *Concilii vero :* Apud Isidorum in lib. Etymol. locus hic mendose legitur. Verum in præfatione ejusdem Isidori, editioni Parisiensi conciliorum præposita, quæ cum aliquot vetustis codicibus collata est, sic legitur : *Concilii vero nomen tractum ex communi intentione, eo quod in unum dirigant omnes mentis obtutum. Cilia enim oculorum sunt : unde et qui sibimet dissentiunt, non agunt concilium, quia non sentiunt unum. Cœtus vero conventus est vel congregatio, a coeundo, id est conveniendo in unum : unde et conventus est nuncupatus, quod ibi homines conveniunt. Sicut conventus, cœtus vel concilium a societate dicitur multorum in unum.* In Gratiani codicibus sunt multæ varietates, ex quibus ea lectio retenta est, quæ visa est melior, quamvis adhuc aliquid fortasse desideretur.

---

DIST. XV. C. I. † Anselm. in pr. Ivo Pan. 1, 2, cap. 104. Apud Boehm. contra codd. et edd. fidem legitur inscriptio : *Leo Papa*. [1] *convenire :* Isid. [2] *quatuor sunt venerabiles synodi :* Edd. ant. coll. omn. [3] *prior :* eædem cum exc. [4] *Dei :* Edd. coll. omn. — in Bas. tamen legitur, ut a Corr. ex Isid. est restitutum. [5] *si qua sunt alia :* Edd. coll. omn. Bohm. [6] *verba ; quorum,* etc., desumpta ex præf. Isid. in coll. can., absunt ab Anselmo. [7] *supercilia :* Edd. coll. omn. exc. Lugdd. II, III. Antw. [8] *sicut conventus in unum dicitur cœtus, sic et concilium.*—*appellatur :* Bas. *sicut conv. vel cœtus dicitur, sic et apellatur :* Arg. Venett. I, II. Norimb. Paris. Lugd. 1.—in Lugdd. II, III, et Antw. legitur ut in textu.—*sicut conventus cœtus,* etc. Aus. [9] *l.* 1, ep. 25. (ser. ad Joannem Ep. Const. et cett. Patr. A. 591.) Ed. Maur. — prior canonis

concilia suscipere et venerari me fateor. Nicænum scilicet, in quo perversum Arii dogma destruitur : Constantinopolitanum quoque, in quo Eunomii et Macedonii error convincitur : Ephesinum etiam primum, in quo Nestorii impietas judicatur : Chalcedonense vero, in quo Eutychis Dioscorique pravitas reprobatur, tota devotione complector, integerrima approbatione custodio, quia in his velut in quadrato lapide sanctæ fidei structura consurgit, et cujuslibet [d] vitæ [10] atque actionis norma consistit. § 1. Quintum quoque concilium *pariter* veneror, in quo epistola, quæ Ibæ [11] dicitur, erroris plena reprobatur; in quo Theodorus personam mediatoris Dei et hominum in duabus substantiis separans, ad impietatis perfidiam cecidisse convincitur, et in quo scripta quoque Theodoriti, per quæ beati Cyrilli fides reprehenditur, ausu dementiæ prolata, refutantur. Cunctas vero quas præfata veneranda concilia personas respuunt, respuo; quas venerantur, amplector : quia dum universalis sunt consensu constituta, se et non illa destruit, quisquis præsumit aut solvere [12] quos religant [13], aut ligare [14] quos solvunt [15].

*De iisdem etiam Gelasius [16] in concilio habito Romæ cum LXX episcopis scribit dicens :*

C. III. *Quæ concilia sancta Romana ecclesia suscipiat.*

Sancta Romana ecclesia post illas veteris testamenti et novi scripturas, quas regulariter suscipimus, etiam has suscipi non prohibet : Sanctam synodum Nycænam CCCXVIII Patrum, mediante Constantino Maximo Augusto, in qua Arius hæreticus condemnatus est; sanctam synodum Constantinopolitanam, mediante Theodosio seniore Augusto, in qua Macedonius hæreticus debitam damnationem excepit; sanctam synodum Ephesinam [17], in qua Nestorius damnatus est consensu beatissimi Papæ Cœlestini, mediante Cyrillo Alexandrinæ sedis antistite, et Arcadio episcopo ab Italia destinato ; sanctam synodum Chalcedonensem, mediante Marciano Augusto et Anatolio Constantinopolitano episcopo, in qua Nestoriana et Eutychiana hæreses simul cum Dioscoro ejusque complicibus damnatæ sunt; sed et si qua sunt concilia a sanctis Patribus hactenus instituta, post istorum quatuor auctoritatem et custodienda, et recipienda decernimus et mandamus [e].

§ 1. Jam nunc subjiciendum est de opusculis sanctorum Patrum, quæ in ecclesia catholica recipiuntur. § 2. Opuscula B. Cypriani martyris et Carthaginensis episcopi. § 3. Item opuscula B. Athanasii Alexandrini episcopi. § 4. Item opuscula B. Gregorii Nazianzeni episcopi. § 5. Item opuscula B. Basilii Cappadociæ episcopi. § 6. Item opuscula B. Joannis Constantinopolitani episcopi. *§ 7. Item opuscula Theophili Alexandrini episcopi. § 8. Item opuscula B. Cyrilli Alexandrini episcopi. *§ 9. Item opuscula B. Hilarii Pictaviensis episcopi. § 10. Item opuscula B. Ambrosii Mediolanensis episcopi. § 11. Item opuscula B. Augustini Hipponensis episcopi. § 12. Item opuscula B. Hieronymi presbyteri. § 13. Item opuscula Prosperi viri religiosissimi. § 14. Item epistolam B. Leonis Papæ ad Flavianum Constantinopolitanum episcopum destinatam, cujus textum [18] quispiam, si usque ad unum iota disputaverit, et non

NOTATIONES CORRECTORUM.

C. II. [d] *Cujuslibet* : Apud B. Gregorium legitur : *Et cujuslibet vitæ atque actionis exsistat, quisquis eorum soliditatem non tenet, etiamsi lapis esse cernitur, tamen extra ædificium jacet.* Quintum, etc., et in sequentibus significantur tria illa capitula, quorum occasione nonnulli quintam synodum non recipiebant.

C. III. • *Mandamus* : Post hoc verbum in decreto Gelasii sequitur continenter : *Item opuscula B. Cypriani, etc.* Sed Burchardus et Ivo et Panormia habent ut Gratianus. Ac certe in toto hoc capite tot modis discrepant collectiones ab originali, ut satis certo statui non possit, quæ vera et pura sit Gelasii lectio : nec magnopere sit mirandum : nonnulla sint, quæ difficultatem faciunt. Quamobrem, quæ auxilio codicum tuto emendari poterant, ea sunt emendata : ceteris locis partim indicatæ varietates, partim, quoniam omnes indicare infinitum fuisset, labor hic ad libros adeundi accurato lectori est relictus.

Dist. XV. C. II. [10] *vitæ communis* : Edd. coll. omn. exc. Bas. [11] *ibi* : eædem exc. Lugd. I, II, III, Antw. [12] *absolvere* : Edd. coll. o. [13] *ligant* : eæd. [14] *religare* : eæd. pr. Bas. [15] *absolverunt* : Edd. coll. o. — C. III. [16] Hoc decretum, quod Gelasio præsidenti Conc. Rom. (A. 494, vel 496) vulgo tribuunt (non desunt enim, qui apocryphum totum putent) legitur ap. Burch. l. 3, c. 220. seq. Ivonem Pan. l. 2, c. 94 et 123. Decr. p. 4, c. 64 seq., in capitul. Attonis Vercell. ap. D'Acherium, c. 100 et ex parte (§ 15–18.) apud Anselm. l. 2. c. 195 (208). In coll. Hisp. Gonzalezii (ad fin. tom. 2) hæc inscriptio est : *Decretale in urbe Roma ab Hormisda P. editum de scripturis divinis, quid universaliter catholica recipiat ecclesia, vel posthæc quid ritare debeat,* atque hæc certe, quæ apud Gratianum prostat, recensio, sane Hormisdæ esse videtur. (Cf. Baller. Ed. Opp. Leon. M. t. 3, p. CLI.) Tres recensiones leguntur in Coll. conc. Mansianæ, quarum ultima, prolata ex Cod. Jurensi Chiffletii, cum collect. Hispana fere concordat, nisi quod in hac nonnulla sunt emendata, quod infra notabitur. — In Edd. coll. nonnullis (Venet. I, II. Bas. Nor.) ita profertur, ut post vers. *subdenda* (qui est finis cap. ap. Ivonem) sequatur : *Quidam in septuagesima decreto de libris apocryphis novo procemio præmisso : (item) Quæ vero opuscula vel qui libri sint inter apocryphos computandi, idem Gelasius ostendit dicens*. Eodem plane modo (mutata tamen voce : *subdenda in* : *damnanda*) habetur in Cod. Lips. A. — In Ed. Arg. eodem procemio servato, verba : *e quibus pauca cet,* ad calcem totius decreti rejecta, et sequitur vers. : *Quinquagesima*. — In Cod. Lips. C. non leguntur ea verba, retentum tamen est procemium; in cod. denique æque Lips. B. omnia cesum inde a § 17. [17] *Eph. primam* : Edd. coll. o. [18] *cujus textum aut unum iota si quis idiota* : eæd. exc. Bas.

eam in omnibus venerabiliter receperit, anathema sit. § 15. Item opuscula atque tractatus omnium Patrum orthodoxorum, qui in nullo a sanctæ Romanæ ecclesiæ consortio deviaverunt, nec ab ejus fideli[19] prædicatione sejuncti sunt, sed communionis ipsius gratia Dei usque ad ultimum diem vitæ suæ participes fuerunt, legenda[20] decernimus. § 16. Item decretales epistolæ, quas beatissimi Papæ diversis temporibus ab urbe Romana pro diversorum Patrum consulatione dederunt, venerabiliter suscipiendæ sunt. § 17. Item gesta † sanctorum martyrum, qui multiplicibus tormentorum cruciatibus et mirabilibus confessionum triumphis irradiant. Quis ita[21] esse catholicorum dubitet, et majora eos in agonibus fuisse perpessos, nec suis viribus, sed gratia Dei B adjutorio universa tolerasse? Sed ideo secundum antiquam consuetudinem[22] singulari cautela in sancta Romana ecclesia non leguntur, quia et eorum, qui conscripsere, nomina penitus ignorantur, et ab infidelibus aut idiotis[23] superflua, aut minus apta, quam rei ordo fuerit, scripta esse putantur: sicut cujusdam Quirici et Julitæ[24], sicut Gregorii[25] aliorumque hujusmodi passiones, quæ ab hæreticis perhibentur[26] conscriptæ. Propter quod, ut dictum est, ne vel levis[27] subsannandi oriretur occasio, in sancta Romana ecclesia non leguntur. Nos tamen cum prædicta ecclesia omnes martyres et eorum gloriosos agones, qui Deo magis quam hominibus noti sunt, omni devotione veneramur. § 18. Item vitas Patrum, Pauli, Antonii, Hilarionis et omnium eremitarum, quas tamen vir beatissimus scripsit Hieronymus, cum omni honore suscipimus. § 19. Item actus B. Silvestri, apostolicæ sedis præsulis, licet ejus, qui conscripsit, nomen ignoremus, a multis tamen in urbe Roma catholicis legi cognovimus, et pro antiquo usu multæ hoc imitantur ecclesiæ. § 20. Item scripta de inventione S. crucis dominicæ, et alia scripta de inventione capitis B. Joannis Baptistæ, novellæ quidem revelationes[28] sunt, et nonnulli eas catholici legunt, sed quum hæc ad catholicorum manus pervenerint[29], B. Pauli[30] apostoli sententia præcedat: *Omnia probate, quod bonum est tenete.*

A § 21. Item Rufinus vir religiosus plurimos ecclesiastici operis edidit libros, nonnullas etiam scripturas interpretatus est; sed quoniam B. Hieronymus in aliquibus eum de arbitrii libertate notavit, illa sentimus, quæ prædictum B. Hieronymum sentire cognoscimus: et non solum de Rufino, sed etiam de universis, quos vir sæpius memoratus zelo Dei et fidei religione reprehendit. § 22. Item Origenis nonnulla opuscula, quæ vir beatissimus Hieronymus non repudiat, legenda suscipimus, reliqua autem omnia cum auctore suo dicimus esse renuenda. § 23. Item chronicon Eusebii Cæsariensis atque ejusdem historiæ ecclesiasticæ libros, quamvis in primo narrationis suæ libro tepuerit, et postea[31] in laudibus atque excusatione Origenis schismatici unum conscripserit librum: propter rerum tamen notitiam singularem, quæ ad instructionem pertinent, usquequaque non dicimus renuendos. § 24. Item Orosium virum eruditissimum collaudamus, quia valde nobis necessariam[32] adversus paganorum calumnias ordinavit * historiam,* miraque brevitate contexuit. § 25. Item venerabilis viri Sedulii paschale opus, quod heroicis[33] descripsit versibus, insigni laude proferimus[34]. § 26. Item Juvenci[§] nihilominus laboriosum opus non spernimus, sed miramur[35]. § 27. Ceterum[36], quæ ab hæreticis, sive schismaticis conscripta vel prædicata sunt, nullatenus recipit catholica et apostolica ecclesia Romana. E quibus pauca, quæ ad memoriam venerunt, et a catholicis vitanda sunt, credimus[37] esse C subdenda. § 28. Imprimis[38] Ariminensem synodum, a Constantio Cæsare Constantini filio congregatam mediante Tauro præfecto, ex tunc et *nunc et usque* in æternum confitemur esse damnatam. § 29. Item itinerarium nomine Petri apostoli, quod appellatur sancti Clementis lib. VIII[39], apocryphum. § 30. Actus nomine Andreæ apostoli, apocryphi. § 31. Actus nomine Philippi apostoli, apocryphi. § 32. Actus nomine Petri apostoli, apocryphi. § 33. Actus nomine Thomæ apostoli, apocryphi[40]. § 34. Evangelium nomine Thaddæi, apocryphum. § 35. Evangelium nomine Thomæ apostoli, quo utuntur Manichæi, apocryphum. § 36. Evangelium nomine

## NOTATIONES CORRECTORUM.

† *Item gesta:* Hinc usque ad finem capitis omnia absunt a plerisque vetustis Gratiani codicibus: quod etiam Archidiaconus adnotavit. Sunt tamen ejusdem Gelasii usque ad vers. *Ceterum qui libri,* et apud Burchardum et Ivonem referuntur proxime post superiora.

§ *Juvenci:* Antea legebatur: *Item Vincentii:* restituta est vera lectio ex Gelasio, Burchardo et Ivone. De quo Juvenco meminit B. Hieronymus in catalogo.

---

Dist. XV. C. III. [19] *fide vel:* Coll. Hisp. — Burch. [20] *eligenda:* Ed. Lugd. III. [21] *ista:* Ans. [22] *auctoritatem et cons.:* Edd. coll. o. [23] *dictis:* eæd. cum Ans. et Iv. [24] *Julitæ, matris ejus:* Edd. Venett. I, II, III. Antw. [25] *Georgii:* Edd. coll. o. præt. Antw. [26] *probantur:* Edd. Par. Lugdd. I, II, III, Antw. [27] *levius:* Edd. coll. o. [28] *relationes:* Coll. Hisp. [29] *advenerint:* Coll. Hisp. — Ed. Bas. [30] 1 Thess., c. 5. [31] deest in Ven. I, II; Lugdd. I, II, III Par. Antw. [32] *necessaria:* Edd. coll. o. [33] *hæreticis:* Venett. I, II. [34] *præferimus:* orig. [35] *imitamur:* Edd. coll. o. [36] *cetera:* Coll. Hisp. [37] antea legebatur: *decrevimus — decernimus:* Ed. Bas. [38] Burch., l. 3, c. 121, Ivo Pan., l. 2, c. 123; Decr., p. 4, c. 65. [39] *novem:* Coll. Hisp. [40] In coll. Hisp. add.: *Ev. nom. Mathiæ,* ap., *Ev. nom. Barnabæ,* ap., *Ev. nom. Jacobi minoris,* ap. (et cum Bas.): *Ev. nom. Petri,* ap.

Barnabæ, apocryphum. § 37. Evangelium nomine Bartholomæi apostoli, apocryphum. § 38. Evangelium nomine Andreæ apostoli, apocryphum. § 39. Evangelia, quæ falsavit Lucianus, apocrypha. § 40. Evangelia, quæ falsavit Hyrcius[41], apocrypha. § 41. Liber de infantia Salvatoris, apocryphus. § 42. Liber de nativitate Salvatoris, et de S. [h] Maria, et[42] de obstetrice Salvatoris, apocryphus. § 43. Liber, qui appellatur Pastoris, apocryphus. § 44. Libri omnes, quos fecit Leuticius[43], discipulus diaboli, apocryphi. § 45. Liber, qui appellatur Fundamentum, apocryphus. § 46. Liber, qui appellatur Thesaurus, apocryphus. § 47. Liber, qui appellatur de filiabus Adæ, vel[44] Geneseos, apocryphus. § 48. Centimetrum[45] de Christo Virgilianis compaginatum versibus, apocryphum. § 49. Liber, qui appellatur Actus Theclæ et Pauli apostoli, apocryphus. § 50. Liber, qui appellatur Nepotis[46], apocryphus. § 51. Liber Proverbiorum, qui ab hæreticis conscriptus[47] et S. Xisti nomine signatus est, apocryphus. § 52. Revelatio, quæ appellatur Pauli apostoli, apocrypha. § 53. Revelatio, quæ appellatur Thomæ apostoli, apocrypha. § 54. Revelatio, quæ appellatur Stephani, apocrypha. § 55. Liber, qui appellatur Transitus[48] S. Mariæ, apocryphus. § 56. Liber, qui appellatur Pœnitentia Adæ, apocryphus. § 57. Liber Ogiæ[49] nomine Gigantis, qui ab hæreticis cum dracone post diluvium pugnasse perhibetur, apocryphus. § 58. Liber, qui appellatur Testamentum Jacob[50], apocryphus. § 59. Liber, qui appellatur Pœnitentia Origenis, apocryphus. § 60. Liber, qui *appellatur* Pœnitentia *S.* Cypriani, apocryphus. § 61. Liber, qui appellatur Pœnitentia Jamnis[51] et Mambræ, apocryphus. § 62. Liber, qui appellatur Sortes[52] apostolorum, apocryphus. § 63. Liber Lusanæ[53], apocryphus. § 64. Liber canonum Apostolorum, apocryphus. § 65. Liber Physiologus, *qui* ab hæreticis conscriptus *est* et B. Ambrosii nomine præsignatus, apocryphus. § 66. Historia Eusebii Pamphili, apocrypha. § 67. Opuscula Tertulliani[54] sive Africani, apocrypha. § 68. Opuscula Postumiani[55] et Galli, apocrypha. § 69. Opuscula Montani, Pris illæ et Maximillæ, apocrypha. § 70. Opuscula omnia Fausti Manichæi, apocrypha[56]. § 71. Opuscula alterius Clementis Alexandrini, apocrypha. § 72. Opuscula Cassiani presbyteri Galliarum, apocrypha. § 73. Opuscula Victorini[57] Pictaviensis, apocrypha. § 74. Opuscula Fausti Regiensis Galliarum, apocrypha. § 75. Opuscula Frumentii[58], apocrypha. § 76. Epistola Jesu ad Agbarum[59] *regem*, apocrypha[60]. § 77. Passio Georgii[61], apocrypha. § 78. Passio Cyrici et Julitæ[62], apocrypha. § 79. Scriptura, quæ appellatur Contradictio[63] Salomonis, apocrypha. § 80. Phylacteria omnia, quæ non angelorum[64], ut confingunt, sed dæmonum magis arte conscripta sunt, apocrypha. § 81. Hæc et *omnia* his similia, quæ Simon Magus, Nicolaus, Cerinthus[65], Marcion, Basilides, Ebion, Paulus etiam Samosatenus, *Photinus* et Bonosus et qui simili errore defecerunt, Montanus quoque cum suis obscœnissimis sequacibus, Apollinaris[66], Valentinus sive Manichæus, Faustus[67], Sabellius, Arius, Macedonius, Eunomius, Novatus, Sabbatius, Cœlestinus[68], Donatus, Eustathius, Jovinianus, Pelagius, Julianus et[69] Latiensis, Cœlestinus, Maximinus, Priscianus[70] ab Hispania, Lampedius, Dioscorus, Eutyches, Petrus, et alius Petrus, e quibus unus Alexandriam, alius Antiochiam maculavit, Acacius Constantinopolitanus, cum consortibus suis, nec non et omnes hæreses[71], quas

---

NOTATIONES CORRECTORUM.

[h] *De S. Maria :* In collectione Isidori legitur : *et de Maria et obstetrice.* Apud Burchardum : *et de Maria, vel obstetrice.* Apud Ivonem vero : *et de S. Maria, vel de obstetrice Salvatoris.*

DIST. XV. C. III. [41] *Hesychius :* Coll. Hisp. — *Ysicius :* Burch. — *Ysius :* Ivo. — *Ylius* et postea § per errorem repetita : *Ithicius :* Bas. *Iricius :* Arg. [42] *vel :* Coll. Hisp.— Edd. coll. o. præter Lugdd. — [43] *Leucius :* Coll. Hisp. Burch. Ivo. — *Lucius :* Mansi. — *Euticius :* Ed. Bas. [44] *leptogenesis :* Mansi. — *adjectus genesis :* Coll. Hisp. — *Adæ genesis :* Burch. — *vel genesis :* Edd. coll. o. [45] *Cento :* Coll. H. — *Pentametrum :* Ed. coll. o. [46] antea legebatur : *Lepotius.* — *Netipous :* Bas. [47] *transcriptus :* Edd. Coll. o. [48] *Transitus :* i. e. *assumtio :* Coll. Hisp. — Ed. Antw. [49] *Ugiæ :* Col. H. — Edd. ant. et Burch. *Diogenis* nomen laudant. — *Diogiæ :* Bas. — *Dyogiæ :* Ivo. [50] *Job :* Coll. H. — Burch. Ivo. — Edd. coll. o. Par. Antw. add. ex glossa : *alias est Jacob.* [51] *Jamnæ :* Edd. coll. o. — [52] *Sors :* eæd. [53] *Lausa apostolorum :* Mansi. — *Lusa ap. :* Burch. — *jus apostolorum :* Coll. Hisp. ita ut de constitutionibus apostolorum, apocryphis et ipsis, canonis auctores sensisse videantur. [54] *Opp. Tertulliani apocrypha. Opp. Lactantii sive Africani apocrypha.* Coll. Hisp. [55] *Geminiani :* Ed. Arg. — *Joviniani :* Ed. rell. pr. Bas. [56] in Coll. Hisp. add. : *Op. Comoziani apocrypha;* et post § 71 *opuscula Tasc. Cypriani, Arnovi et Ticonii apocrypha.* [57] antea legebatur *Victoris,* et postea § 74 : *Faustini Reginensis.* Attamen de Victorino Pictaviensi non satis constat, et videtur legendum esse : *Pitabiensis* (s. *Petabionensis*) quod Mansio etiam placuit. Et ita legitur etiam in aucta illa Dionys. collect., ap. Amort. Elem., tom. 2. Petavium vero ad Dravium flumen in Moravia situm est. [58] *Frumenti cæci :* Coll. Hisp. — *Frumentici :* Edd. coll. o., pr. Bas. [59] *Abagarum :* Edd. coll. o. — vox *regem* deest etiam in Hisp., est tamen ap. Ivonem et Burch. [60] in Hisp. sequ. : *Ep. Abgari ad Jesum apocr.* [61] *Gregorii :* Ed. Par. [62] *Vilictæ :* Ed. Bas. [63] *interdictio :* Coll. Hisp. [64] *ab angelo, ut illi conf. sed a dæmone.* Ed. coll. o. [65] *Cherindus :* Ed. Bas. — *Thervidus :* Edd. rel. Nomen *Photini,* quod ab Edd. coll. o. abest, prostat apud Burch. [66] *Apollinaris Valentinus :* Coll. Hisp. [67] *Faustus Africanus :* ead. [68] *Callixtus :* ead. — Edd. coll. o. in quibus paucis post : *Eustachius et Jubianus* laudantur. [69] *Julianus Edanensis :* Burch. — *Celanensis :* Coll. Hisp. [70] *Priscillianus :* ead. et Edd. coll. o. in quibus paulo post leg. : *Lapedius.* — in illa sequitur : *Nestorius Constantinopolitanus, Maximus Cynicus*, etc. [71] *hæresiarchæ :* Coll. Hisp.

ipsi eorumque discipuli, sive schismatici docuerunt vel conscripserunt, quorum nomina minime retinentur[72], non solum repudiata, verum etiam ab omni Romana et apostolica ecclesia eliminata, atque cum suis auctoribus auctorumque sequacibus sub anathematis indissolubili vinculo, in æternum confitemur esse damnata.

§ 82. *Ceterum*[i], *qui libri in ecclesiasticis officiis per anni*[73] *circulum a nonnullis leguntur (quod ritum illum apostolica non reprobat, sed sequitur ecclesia) pro fidelium œdificatione adnotandum censuimus.*

Quidam[74], quod in septuagesima ponunt pentateuchum[k] usque in XV[75] diem ante Pascha, XV die ponunt Hieremiam usque in cœnam Domini. In cœna Domini legunt tres lectiones de lamentatione Hieremiæ[76]: *Quomodo sedet sola civitas*, etc., et tres de tractatu S. Augustini in psalm. LIV: *Exaudi Deus orationem meam*[77] *et ne despexeris*, et tres de Apostolo, ubi ait in epistola ad Corinthios[78]: *Convenientibus vobis in unum.* Secunda lectio sic incipit[79]: *Similiter et calicem postquam cœnavit,* etc. Tertia[80]: *De spiritualibus autem nolumus*[81] *vos ignorare fratres.* In parasceve tres lectiones de lamentatione Hieremiæ, et tres de tractatu S. Augustini in psalmum LXIII: *Exaudi Deus orationem*[82] *meam, quum deprecor,* et tres de Apostolo, ubi ait in epistola ad Hebræos[83]: *Festinemus ingredi in illam requiem,* etc. Secunda lectio[84]: *Omnis namque pontifex.* Tertia[85]: *De quo grandis nobis sermo.* In sabbato sancto tres lectiones de lamentatione Hieremiæ prophetæ, et tres de tractatu S. Augustini in eumdem psalmum LXIII: *Exaudi Deus orationem meam, quum deprecor,* et tres de Apostolo, ubi ait in epistola ad Hebræos[86]: *Christus assistens pontifex futurorum bonorum.* Secunda lectio[87]: *Ubi enim Testamentum est.* Tertia[88]: *Umbram enim habens lex futurorum bonorum.* In pascha Domini homilias ad ipsum diem pertinentes, infra hebdomadam homilias. In octavis[m] paschæ ponunt actus apostolorum et epistolas canonicas et apocalypsin, usque in octavas pentecostes. In octavis pentecostes ponunt libros regum et paralipomenon usque in calendas augusti. In dominica prima mensis augusti ponunt Salomonem usque in calendas septembris. In dominica prima septembris ponunt Job, Tobiam[89], Hester, Esdram usque in calendas octobris. In dominica prima mensis octobris ponunt librum[90] Machabæorum usque in calendas novembris. In dominica prima mensis novembris ponunt Ezechielem et Danielem et minores prophetas usque in calendas decembris. In dominica prima mensis decembris ponunt Esaiam prophetam usque ad nativitatem Domini. In natali[n] Domini legunt primum de Esaia tres lectiones. Prima lectio[91]: *Primo tempore alleviata est terra Zabulon,* etc. Secunda[92]: *Consolamini, consolamini.* Tertia[93]: *Consurge, consurge*[94]. Deinde leguntur sermones vel homiliæ ad ipsum diem pertinentes. In natali S. Stephani homilia de ipso die. In natali S. Joannis similiter. In natali innocentium similiter. In natali S. Silvestri similiter. In octava natalis Domini homilia de ipso die. In dominica prima post nativitatem Domini ponunt epistolas Pauli usque in septuagesimam. In epiphania lectiones tres de Esaia. Prima lectio incipit: *Omnes*[95] *sitientes.* Secunda[96]: *Surge, illuminare Hierusalem.* Tertia[97]: *Gaudens gaudebo in Domino.* Deinde leguntur sermones vel homiliæ ad ipsum diem pertinentes.

## NOTATIONES CORRECTORUM.

[i] *Ceterum:* Hinc usque ad finem neque in collectione Isidori, neque in ullo veteri codice Gratiani eorum, quæ collata sunt inveniuntur. A verbo tamen: *in Septuagesima ponunt*, referuntur a Burchardo et Ivone sine auctoris nomine, in Panormia ex Gelasio ipso cum LXX Episcopis. Fere autem omnia habentur sparsim in libro, qui Ordo Romanus nuncupatur.

[k] *Pentateuchum:* Apud Ivonem legitur: *Heptateuchum*, ut ultra quinque libros comprehendat librum Josuæ et Judicum, qua voce ac librorum conjunctione B. Hieronymus ad Lucinium scribens utitur. Alii vero Heptaticum appellant, ut S. Gregorius libro 7, indict. 2, epist. 48 et lib. 10, epist. 22, et alibi, et Rabanus in præfatione in Hieremiam, et Ordo Romanus cap. de septuagesima.

[l] *In Psalmum LIV:* Sic etiam apud Ivonem. In Ordine Romano, cap. *de officiis divinis a cœna Domini usque in octavas pentecostes*, et apud Burchardum legitur: *in psalmum 63*, id est: *Exaudi Deus orationem meam, quum deprecor.* Itemque in cap. *de ordine in nocte parasceves:* Tres de tractatu S. Augustini de psalmo 63.

[m] *In Octavis:* Ipsam diem octavam solitam fuisse proferri nomine multitudinis, id est, octavas, notabitur infra *de consecratione, dist.* 3, *c pronunciandum.*

[n] *In natali Domini:* Burchardus et Ivo habent: *in vigilia natalis Domini*, et ita in Ordine Romano, cap. quod inscribitur: *In Christi nomine, incipit ordo catholicorum librorum, qui in ecclesia Romana vonuntur.* Panormia autem habet ut Gratianus.

---

Dist. XV. C. III. [72] *retinuimus:* Coll. Hisp. — *reveremur:* Arg. — *retinemus:* Edd. coll. rel. [73] tota § 82 abest, ut a Burchardo et Ivone, ita ab Edd. Arg. Venett. I, II Nor. et codd. Lips. A. B. C. — De auctore hujus canonis particulæ non constat, licet Ant. Augustinus eam in libro Amlarii se invenisse testatus sit. Leguntur tamen similia in Micrologo de officio missæ, quem manuscriptum servat bibl. Paul. Lips. (n. 608), et tractatus quidam, inventus ad calcem codicis decreti abbrev. Ivonis: *Ordo legendorum per circulum in matutinali officio, et causis eorum* (bibl. Paul. 955) excerptus ex micrologo, ut videtur, a Gratiani verbis proxime abest. [74] Burch. l. 3, c. 222; Ivo Pan. l. 2, c. 90; Decr., p. 4, c. 63. [75] *X:* Bas. — *XI:* Edd. coll. rel. [76] Thren., c. 1. [77] *deprecationem:* Edd. coll. o. pr. Bas. Lugd. I. [78] Corinth., c. 11, v. 10. [79] Luc., c. 22, v. 20. [80] I Cor., c. 12, v. 1. [81] *nolo:* Edd. coll. o. cum Vulg. — pr. Bas. [82] *deprecationem:* Edd. coll. o. [83] Hebr., c. 4, v. 1. [84] Hebr., c. 5, v. 1. [85] ib., v. 11. [86] ib., c. 9, v. 11. [87] ib., v. 16. [88] ib., c. 10, v. 1. [89] ad *Judith:* Ivo. [90] *libros:* id. [91] Es., c. 9, v. 1. [92] ib., c. 40, v. 1. [93] ib., c. 52, v. 1. [94] add. *Hierusalem:* Ven. I Par. Lugdd. I, II, III, Antw. [95] Es., c. 55, v. 1. [96] ib., c. 60, v. 1. [97] ib., c. 61, v. 10.

## DISTINCTIO XVI.

**GRATIANUS.**

**I Pars.** *Apostolorum vero canones*[1], *qui per Clementem Pontificem Romanum, sicut quidam asserunt, dicuntur esse translati*[a], *sunt quinquaginta.*

*Hos non recipiendos, sed inter apocrypha deputatos, Isidorus*[2] *scribit dicens :*

**C. I.** *Apostolorum canones apostolica rejiciuntur auctoritate.*

Canones[b], qui dicuntur apostolorum, seu quia eosdem nec sedes apostolica recepit, nec sancti Patres illis assensum[3] præbuerunt, pro eo quod ab hæreticis sub nomine apostolorum compositi dignoscuntur, quamvis in eis utilia inveniantur, tamen ab[4] auctoritate canonica atque apostolica eorum gesta constat esse remota atque inter apocrypha deputata[5].

Zephyrinus *autem contra scribit Episcopis per Siciliam constitutis, epist. I*[6].

**C. II.** *Apostolorum canones sunt recipiendi.*

Sexaginta[c] sententias apostoli præscripserunt[7] cum aliis[8] plurimis episcopis, et servandas censuerunt.

**C. III.** *Exceptis quinquaginta capitulis canones apostolorum inter apocrypha deputantur.*

*Item* Leo[d] *papa IX contra epistolam Nicetæ abbatis*[*].

Clementis librum, id est Petri apostoli itinerarium, et apostolorum canones numerant Patres inter apocrypha, exceptis quinquaginta capitulis, quæ decreverunt orthodoxæ[9] fidei[10] adjungenda.

**C. IV.** *Item VI. Synodus*[11], *cap. 2.*

Placuit huic sanctæ synodo, ut amodo confirmata et rata sint canonum apostolorum LXXXV capitula.

*Epistola*[e] *Isidori in capite canonum*[14].

Isidorus[f] servus Christi lectori suo conservo[13], § 1. Propter eorum auctoritatem ceteris conciliis præponimus canones, qui dicuntur apostolorum, licet a quibusdam apocryphi dicantur, quoniam plures[14] eos recipiunt[15], et sancti Patres eorum sententias synodali auctoritate roboraverunt et inter canonicas posuerunt constitutiones. *Item infra* § 2. Primo[16] quidem ordo, ut prædictum est, de celebrando concilio insertus habetur, et postmodum canonum apostolorum, ac primorum[17] apostolicorum (id est a S. Clemente usque ad S. Sylvestrum) decretorum atque diversorum conciliorum breviarium interpolatur[18], sequens ordinem suum.

Gratianus. *Item quum Hadrianus papa sextam synodum recipiat cum omnibus canonibus suis, cum etiam sancta octo universalia concilia professione Romani Pontificis sint roborata, in sexta*[19] *autem synodo, sive in septimo concilio, apostolorum canones sint recepti et approbati: patet, quod non sint inter apocrypha deputandi.*

---

### NOTATIONES CORRECTORUM.

Dist. XVI. I Pars. [a] *Translati*: In titulo qui præponitur canonibus Apostolorum in collectione Isidori et in concilio Stephani Papæ IV (cujus magnam partem Deusdedit Cardinalis in sua canonum collectione refert) pro voce: *translati*, habetur *prolati*. Dionysius certe Exiguus nullam hujus versionis mentionem facit, et aliqui scriptores solent epistolas Clementis hoc modo citare: *Ex dictis Petri Apostoli per Clementem prolatis*, ut auctor Polycarpi et alii.

C. I. [b] Caput hoc est in præfatione Isidori ad collectionem conciliorum, quæ ex bibliotheca ecclesiæ Toletanæ descripta Romam missa est. Nam in illa, quæ vulgatæ Isidori collectioni, de qua initio dictum est, præponitur, contrarium potius videtur dici et refertur infra, c. *Placuit*, hac ead. dist., si modo idem est Isidorus.

C. II. [c] *Sexaginta*: Ivo etiam et auctor Panormiæ habent: *Sexaginta*. Itemque originale in margine. Sed in textu: *Septuaginta*. Polycarpus: *Quinquaginta*.

C. III. [d] *Item Leo*: Hoc caput sumtum est ex responsione Humberti, Legati Leonis IX, ad libellum Nicetæ presbyteri et monachi contra Latinos editum, quæ Romæ in monasterio sanctæ Mariæ novæ et in multis privatis bibliothecis exstat manuscripta. Merito autem potuit citari Leo IX, quod ejus auctoritate et jussione Humbertus legatus sedis apostolicæ ea scripserit.

C. IV. [e] *Epistola*: Hæc epistola ab Ivone vocatur præfatio in opus canonum, et est ea, quæ Isidori nomine est præposita tomis conciliorum, licet in vetustiore editione, in qua prior est Isidori collectio, nonnulla verba desiderentur. Est autem confectum hoc caput ex duobus locis illius præfationis. Nam verba illa: *Propter eorum auctoritatem, etc.*, usque ad verb. *constitutiones*, non longe absunt ab initio; reliqua vero sunt in extremo.

[f] *Isidorus servus*: In Panormia est eodem modo atque apud Gratianum. Apud Ivonem et in manuscriptis collectionis illius codicibus est: *Isidorus Mercator servus Christi conservo suo et parenti fidei* [al., *fideli*] *in Domino salutem*. In vulgatis autem conciliorum editionibus: *Isidorus peccator, servus, etc.*

---

Dist. XVI. Pars I. [1] *Eadem leguntur in procemio Coll. Anselm.*—similia etiam habebis in Bertholdi Constant. tract. de canonum auctoritate §28 (Ed. 1792).—C. I. [2] *in præfatione in can. Coll. Hisp.* [3] *consensum*: Coll. Hisp. [4] *deest*: ib. et in Ed. Bas. [5] *reputata*: Coll. Hisp.—C. II. [6] *Ep. Pseudoisidor.*—Ivo Pan. l. 2, c. 105; Decr., p. 4, c. 107; Polyc., l. 5, t. 10. [7] *præfixerunt*: orig.—Ivo. [8] *quam plurimis*: orig.—Ivo. — Edd. coll. o. [*] Ivo Pan. l. 2, c. 124. Decr. p. 4, c. 105. [10] *dat*. A. 1054. [9] *regulis orthodoxis*: Ivo. [10] add. *tractores*: Ed. Lugdd. I; *tractatores*: II, III.—C. IV. [11] *ex can. 2 synod. Quinisext. Trull. A.* 692 (mutata tamen in nonnullis sententia).—(cf. infr. ead. c. 7.) Ivo Pan. l. 2, c. 125. Decr. p. 4, c. 106. [12] *ex præfatione collect. Pseudoisidori, cujus verba auctor ex præfationibus et Dionysii et Isidori* Hisp. mutatus est.—Ivo Pan. l. 2, c. 125. Decr. p. 4, c. 107. [13] *consortio*: Ivo Pan. [14] *potiores*: Ivo. [15] *receperunt*: Ed. Bas. [16] *Item. Primus*: Ed. coll. o, cum Ivone. [17] *deest in Edd. o. pr. Bas.* [18] *est interpolatum*: Edd. coll. o.—Bohm. [19] *sept. synodo sive in sexto conc.*: Ed. Arg.

*Unde scribit* Hadrianus papa *Tharasio Patriarchæ* [10]:

## C. V. *Sexta synodus auctoritate Hadriani corroboratur.*

Sextam [g] synodum sanctam recipio cum omnibus canonibus suis.

*Gratianus. Sed dubitatur de ea, an canones conscripserit, quod ex quarta actione sextæ* [h] [11] *synodi facile absolvitur.*

Ait enim Petrus [i] *episcopus* [12] *Nicomediæ:*

## C. VI. *Sexta synodus canones conscripsit.*

Habeo [i] librum continentem canones sanctæ sextæ synodi. Patriarcha dixit: § 1. Quidam scandalizantur per ignorantiam pro canonibus istis, dicentes: Nunquid sexta synodus canones fecit? Sciant ergo, quoniam sancta synodus sexta sub Constantino congregata est contra eos, qui dicebant unam operationem et unam voluntatem esse in Christo, in qua sancti Patres illos ut hæreticos [13] anathematizaverunt, et orthodoxam fidem explanaverunt.

II Pars, § 2. Et soluta synodus est Constantini XIV anno. Post quatuor vero aut quinque annos iidem sancti Patres congregati sunt sub Justiniano, filio Constantini, et prædictos canones promulgaverunt, de quibus nullus dubitet. Qui enim sub Constantino in synodo fuerunt, iidem ipsi episcopi sub Justiniano istis canonibus subscripserunt. Oportebat enim, ut synodus universalis canones ecclesiasticos promulgaret. Item [14]: § 3. Sancta sexta synodus post promulgatam ab ea diffinitionem contra Monothelitas, Constantino imperatore, qui eam congregaverat, non multo post defuncto, et Justiniano ejus filio regnante pro eo, § 4. Eadem sancta synodus divinitus inspirata iterum Constantinopoli quarto aut quinto anno congregata est, et canones numero CII [15] ad correctionem ecclesiæ promulgavit.

*Gratian. Ex his ergo colligitur, quod sexta synodus bis congregata est: primo sub Constantino et nullos canones constituit; secundo sub Justiniano filio ejus, et præfatos canones promulgavit.*

### NOTATIONES CORRECTORUM.

C. V. [g] *Sextam*: Hoc habetur in secunda actione septimæ synodi in epistola Hadriani ad Tharasium. Sed eo in loco Hadrianus refert verba synodicæ epistolæ a Tharasio ad se missæ. Et hic Gratianus non refert propria ejus epistolæ verba, in versione enim Anastasii Bibliothecarii sic legitur: *Invenimus autem in prædicta synodica epistola sanctitatis vestræ post plenitudinem fidei et confessionis sacri symboli, et omnium sanctarum sex synodorum, et de sacris et venerabilibus characteribus miraculum laude ac veneratione dignissimum contineri. Quare et easdem sanctas sex synodos suscipio cum omnibus regulis, quæ jure ac divinitus ab ipsis promulgatæ sunt. Et hæc quidem postrema verba sunt etiam in illa ipsa Tharasii epistola, quod ex concilio græco et nova interpretatione clare apparet.*

[h] *Sextæ*: In secundo et tertio Vaticanis est: *sextæ, alias septimæ.* Et vere septima est, sed ob glossam nihil est mutatum.

C. VI. [i] *Habeo librum*: Verba sunt Petri episcopi Nicomediæ, ac Tharasii patriarchæ Constantinopolitani, actione quarta VII synodi: quod quidem ipsi de centum ac duobus canonibus dixerunt, qui in Trullo tempore Justiniani Rhinotmeti secundo anno suæ revocationis ad imperium editi sunt. Verum ex his ipsis verbis Tharasii apparet, eos canones non esse proprios sextæ synodi, quia fatetur, post annos quatuor aut quinque, quam ea synodus fuerat absoluta, canones illos fuisse editos: quo tempore certissimum est, neque eumdem Romanum Pontificem, neque eosdem episcopos fuisse. Quanquam in hac ratione temporis potius credendum est diligentissimis chronologis, Theophani (cujus etiam verba, quæ ad hunc locum pertinent, ex originali græco, quod in bibliotheca Vaticana exstat, satis fideliter translata reperiuntur apud Franciscum Turrianum lib. de VI, VII et VIII synodo), et Anastasio, et Georgio Cedreno, quam Tharasio. Illi enim non quatuor aut quinque, ut Tharasius, sed viginti septem annos a fine sextæ synodi tempore Agathonis habitæ usque ad hanc hujusmodi decretorum editionem asserunt intercessisse. Episcopos vero, qui hos ediderunt noluisse ipsos edere tanquam canones sextæ synodi, sed voluisse supplere, quod videbatur in V ac VI synodo deesse, ipsamet illorum ad imperatorem allocutio testatur. Itaque nova dicenda est hæc episcoporum coitio: ideoque Græci illam, ut scribit Balsamon, πενθ' ἕκτην, id est quintam sextam synodum appellant. Ceterum non fuisse omnes illos canones a Romana ecclesia receptos, duo viri rerum ecclesiasticarum peritissimi, Anastasius Bibliothecarius et Humbertus Leonis IX legatus aperte testantur. Humbertus quidem his verbis: *Non autem miror, si Agathoni Papæ et sanctis Patribus VI synodi vestra imputetis deliramenta, et quæ aut corrupistis aut finxistis capitula, quum et ipsi Domino Jesu et apostolis ejus imputetis figmenta. Unde nos scientes VI synodum ad destruendam hæresin græcorum Monothelitarum, non autem ad tradendam Romanis novas constitutiones congregatam, capitula, quæ nobis sub ejus auctoritate apponitis, omnino refutamus, quia prima et apostolica sedes nec aliquando ea accepit, nec observat hactenus.* Anastasius vero in præfatione in septimam synodum ad Joannem VIII Romanum Pontificem ita scripsit: *Ergo regulas, quas Græci in VI synodo perhibent editas, ita in hac VII synodo principalis sedes admittit, ut nullatenus ex his illæ recipiantur, quæ prioribus canonibus, vel decretis sanctorum sedis hujus pontificum, aut certe bonis moribus inveniuntur adversæ, quamvis omnes hactenus ex toto maneant apud Latinos incognitæ, quia nec interpretatæ. Sed nec in cæterarum patriarchalium sedium, licet græca utantur lingua, reperiuntur archivis: nimirum quia nulla earum, quum ederentur, aut promulgans, aut consentiens, aut saltem præsens inventa est, quanquam eosdem Patres illas Græci promulgasse perhibeant, qui in VI synodo sunt inventi; sed nullis certe probare possunt indiciis.*

---

Dist. XVI, C. V. [10] Ep. Tharasii, ex qua canon desumtus est, et Hadriani, in qua ipsa canonis verba laudantur, prostant act. 3 conc. Nic. II hab. A. 787. — Ivo Decr. p. 4, c. 122. [11] Ed. Bas. add. ex glossa: *alias est septimæ.* = C. VI. [i] Ivo Decr. p. 4, c. 121. [12] Edd. ant. coll. (exc. Bas.): *episcopo*, [13] *μύοτε*: Edd. coll. o. — Boehm. [14] Ex act. 6 conc. Nic. II. [15] CCII Edd. col. o.

*Unde sancti Patres in eadem synodo secundo congregati dixerunt:*

### C. VII. *Constitutiones synodi sextæ* [16].

Quoniam [k] sanctæ et universales [17] synodi, quinta sub Justiniano Augusto, sexta sub Constantino patre tuo [18] Augusto, de mysterio [l] fidei plenissime disputantes, canones non fecerunt, sicut ceteræ quatuor universales synodi : propterea nos convenientes in hanc imperialem urbem sacros canones conscripsimus. *Item* [29] : § 1. Placuit huic sanctæ synodo, ut amodo confirmata et rata sint canonum apostolorum LXXXV capitula. *Item* : § 2. Confirmamus [m] [30] et ceteros sanctorum canones et synodos, id est, Nicænam [31], Ancyranam, Neocæsariensem, Gangrensem, Antiochenam, Laodicensem, Constantinopolitanam, Ephesinam primam, Chalcedonensem, Sardicensem et Carthaginensem [n], et opuscula Theophili Alexandrini episcopi, et Dionysii [o] Alexandrini episcopi [32], et Petri Alexandrini episcopi et martyris, [*] Gregorii Thaumaturgi [33] Neocæsariensis episcopi, Athanasii episcopi Alexandrini, Basilii Cæsareæ Cappadociæ episcopi, Gregorii Nyseni [34] episcopi, Gregorii Theologi, Amphilochii Iconiensis episcopi, Timothei Alexandrini episcopi, Gennadii [35] Constantinopolitani episcopi, Cyrilli Alexandrini episcopi, Cypriani Carthaginensis episcopi et synodum [p] suam.

### A C. VIII. *Auctoritate Romani Pontificis sancta octo concilia roborantur.*

*Item ex Diurno* [q] [36] *Libro professio Romani Pontificis.*

Sancta octo universalia [37] concilia, id est primum Nicænum, secundum Constantinopolitanum, tertium Ephesinum, quartum Chalcedonense, item quintum Constantinopolitanum et sextum; item Nicænum septimum; octavum quoque Constantinopolitanum usque ad unum apicem immutilata servare, et pari honore et veneratione digna habere, et quæ prædicaverunt et statuerunt modis [38] omnibus sequi et prædicare, quæque condemnaverunt ore et corde condemnare profiteor.

*Quo autem tempore sexta synodus et prima, secunda, tertia, quarta et quinta congregatæ sunt,* Beda in libro De temporibus, c. 65 [39], *scripsit, dicens :*

### C. IX. *De temporibus conciliorum.*

Sexta synodus universalis Constantinopoli celebrata est, et græco sermone conscripta, temporibus Papæ Agathonis, exsequente 'ac residente' piissimo principe Constantino intra palatium suum, simulque legatis apostolicæ sedis, et episcopis CL residentibus. § 1. Prima enim universalis [40] synodus in Nicæa congregata est contra Arium CCCXVIII Patrum, temporibus Julii [41] [r] Papæ, sub Constantino principe. § 2. Secunda in Constantinopoli CL Parum, contra Macedonium et Eudoxium, temporibus Nectario, imperialis hujus civitatis præside, et Theophilo, qui Alexandriæ fuit archiepiscopus.

### NOTATIONES CORRECTORUM.

C VII. [k] *Quoniam :* Emendata sunt multa in hoc capite ex canone secundo eorum, qui sextæ synodo tribuuntur, in quo indicantur concilia et auctores canonum, quibus Græci utebantur. Sunt autem verba illius canonis apud Gratianum et Ivonem in summam redacta.

[l] *De mysterio :* Græce est : Τὸ περὶ τῆς πίστεως πατρικῶς διατρανώσασαι μυστήριον, id est : *fidei mysterium paterne declarantes.*

[m] *Confirmamus :* Ivo habet : *Confirmamus sanctorum Patrum canones et synodos, etc.* Græce est : Ἐπισφραγίζομεν δὲ καὶ τοὺς λοιποὺς πάντας ἱεροὺς κανόνας τοὺς ὑπὸ τῶν ἁγίων καὶ μακαρίων πατέρων ἡμῶν ἐκτεθέντας, τοῦτ' ἔστιν τῶν ἐν Νικαίᾳ συναθροισθέντων, etc., id est : *obsignando autem confirmamus et ceteros omnes sacros canones, qui a sanctis et beatis Patribus nostris sunt editi, id est ab iis qui Nicææ convenerunt, etc.*

[n] *Carthaginensem :* Apud Ivonem sequitur : *Constantinopolitanam sub Nectario, et opuscula Theodosii* (al., *Theophili*), *etc.* Græce autem est : Καὶ τῶν αὖθις ἐν ταύτῃ τῇ θεοφυλάκτῳ καὶ βασιλίδι πόλει συνελθόντων ἐπὶ Νεκταρίου τοῦ τῆς βασιλίδος ταύτης πόλεως προέδρου, καὶ Θεοφίλου τοῦ γενομένου Ἀλεξανδρείας ἀρχιεπισκόπου, id est : *et eorum, qui rursus in hac a Deo custodita et imperiali urbe convenerunt sub*

*Nectario, imperialis hujus civitatis præside, et Theophilo, qui Alexandriæ fuit archiepiscopus.*

[o] *Et Dionysii :* In canone græco vulgato fere est, quemadmodum antea apud Gratianum : *Dionysii Alexandrini episcopi et martyris.* Sed apud Balsamonem et Ivonem legitur, quemadmodum restitutum est : *Dionysii archiepiscopi Alexandrinorum megalopolis, et Petri Alexandriæ archiepiscopi et martyris.* Reliquas varietates per se accuratus lector notabit.

[p] *Et synodum :* In isto canonis loco est error, quia illa synodus Cypriani probatur, in qua ipse cum multis aliis Africæ episcopis putavit, baptizatos ab hæreticis verum baptisma non recepisse : cum tamen B. Augustinus asserat, aliam exstitisse traditionem apostolorum, et ipsam Cypriani sententiam plenario totius orbis concilio exclusam fuisse testetur.

C. VIII. [q] *Item ex diurno :* Integram professionem fidei, quando quis in Romanum Pontificem promovebatur, refert Deusdedit Cardinalis in collectione canonum, quæ servatur in bibliotheca Vaticana.

C. IX. [r] *Julii :* Certum est, synodum Nicænam primam celebratam esse tempore Silvestri. Sed in illa temporum obscuritate mirandum non est, Bedam et alios errasse.

---

Dist. XIV. C. VII. [16] ex conc. Trull. hab. A. 692, et prior quidem pars : *Quoniam*, etc., ex oratione episc. in Trullo congregatorum ad Justinianum. ( Ivo Decr. p. 4 , c. 123 : *ex epist. VII syn. ad Justinian. Constant. fit.*) [17] *verisimiles :* Edd. Lugd. II , III. [18] *suo :* Edd. coll. , Ed. Rom. et posteriores omnes. Sed in Rom. in indice erratorum ex Ivone est emendatum. [29] cf. supr. eod. c. 4. [30] Ivo Pan. l. 2, c. 117. Decr. p. 4, c. 134. [31] *Nicæn. I* : Edd. coll. o. [32] add. : *et martyris :* exd. [33] *Trismegisti :* exd. [34] *Niceni :* Ed. Bas. *Miseni :* Lugd. l. *Miseni :* Edd. coll. rel. [35] *Germani :* Edd. coll. o. — Ivo. = C. VIII. [36] canon ipse legitur tit. 9 Libri diurni, confecti haud multo post A. 714. — Ivo Pan. l. 2, c. 103. Decr. p. 4, c. 132. — In Edd. coll. o. (pr. Bas.) ipsa concilia sic enumerantur : Chalced. IV et V. Item Constantinop. VI. Item Nicæn. VII, VIII. [37] *verisimilia.* Edd. Lugdd. II, III. [38] *omnimodis :* Ivo. = C. IX. [39] imo libro *de sex mundi ætatibus* ad A. 4039. — Ivo Pan. l. 2, c. 113. Decr. p. 4, c. 125. [40] *verisimilis :* Edd. Lugdd. I, II. [41] *Silverii :* Ed. Bas.

Damasi Papæ et Gratiani principis, quando Nectarius eidem urbi [42] est ordinatus episcopus. § 3. Tertia [43] in Epheso CC Patrum, contra Nestorium augustæ urbis episcopum, sub Theodosio magno principe et Papa Cœlestino. § 4. Quarta in Chalcedone DCXXX Patrum, sub Leone Papa, temporibus Marciani principis, contra Eutychem nefandissimorum præsulem monachorum. § 5. Quinta [44] 'item' Constantinopoli [45] temporibus Vigilii [46] Papæ, sub Justiniano principe, contra Theodorum et omnes hæreticos.

### C. X. [47]

Prima [s] autem synodus in Nicæa, CCCXVIII. Patrum, contra Arium Alexandrinum presbyterum [48], qui tres gradus [49] in trinitate asserebat, Patrem scilicet majorem, Filium minorem, Spiritum sanctum creaturam [50], temporibus Constantini principis et Silvestri Papæ Romani, Macarii Hierosolymitani, Alexandri [t] Alexandrini, qui condemnata eadem hæresi statuerunt canones XX, quorum auctor maxime præfatus [51] Alexander episcopus fuit. § 1. Secunda in Constantinopoli [52], contra Macedonium Constantinopolitanum episcopum, qui negabat Spiritum sanctum Deum esse, temporibus Gratiani et Theodosii principum, Damasi Papæ Romani, Cyrilli Hierosolymitani, Nectarii [u] [53] Constantinopolitani, qui condemnata præfata [54] hæresi statuerunt canones III, quorum maxime auctor Nectarius Constantinopolitanus [55] fuit. § 2. Tertia in Epheso CC [56]. Patrum, contra Nestorium Constantinopolitanum episcopum, qui dicebat, beatam Virginem Mariam non Dei, sed hominis tantummodo genitricem, ut aliam personam carnis, aliam faceret Deitatis, temporibus Theodosii principis [57] junioris, Cœlestini Papæ Romani, Juvenalis Constantinopolitani episcopi, Cyrilli episcopi Alexandrini; qui XII [58] capitula contra Nestorii blasphemiarum totidem capitula, auctore eodem sancto Cyrillo, anathematizando conscripserunt. § 3. Quarta in Chalcedone DCXXX Patrum, contra Eutychem Constantinopolitanum abbatem, qui asserebat, Christum post humanam assumtionem non ex duabus naturis exsistere, sed solam in eo divinam naturam permanere, temporibus Marciani principis, Leonis Papæ Romani, Juvenalis Hierosolymitani, Anatolii Constantinopolitani, qui condemnata præscripta hæresi statuerunt canones XXVII [59], quorum auctor maxime idem sanctus Anatolius Constantinopolitanus episcopus fuit. § 4. Quinta in Constantinopoli, contra Theodorum Mopsuestenum [60] et omnes hæreticos, qui Theodorus dicebat aliud esse Dei verbum, et aliud Christum, et sacram Virginem Mariam negabat Dei genitricem fuisse, temporibus Justiniani principis, Vigilii [61] Papæ Romani, Domnini Antiocheni, Eutychii Constantinopolitani; qui XIV [62] capitula anathematizando scripserunt contra Theodori et sociorum ejus blasphemias. § 5. Sexta in Constantinopoli CL Patrum, contra Macarium Antiochenum episcopum et socios ejus, qui unam voluntatem et operationem in Christo falsa suspicione asserebant [63], temporibus Constantini principis, Agathonis Papæ Romani, Georgii Constantinopolitani; qui condemnata hæresi præfata anathematizando scripserunt novem [v] capitula inferius [64] annexa.

### NOTATIONES CORRECTORUM.

C. X. [s] *Prima*: Caput hoc invenitur et in recentioribus editionibus conciliorum, et in vetustiore Coloniensi, anno MDXXX, et in manuscripta collectione, quam dictum est asservari in bibliotheca Vaticana; sed non in collectione, quæ est in bibliotheca monasterii Dominicanorum. Ponitur autem ante præfationem, quæ nomen Isidori *mercatoris* quidem in manuscriptis, *peccatoris* autem in impressis præfert. Et sane in illa præfatione tantum quatuor generalium synodorum mentio fit, sexta vero post Isidori Hispalensis ætatem est habita.

[t] *Alexandri*: Apud Anselmum est, ut apud Gratianum. In originali: *Alexandri Constantinopolitani*. Sed integra videtur lectio, si utraque conjungatur. Nam et episcopus Constantinopolis, et episcopus Alexandriæ tempore illius synodi Alexandri nomine vocabantur.

[u] *Nectarii*: Antea legebatur quemadmodum etiam apud Anselmum: *Nectarii Alexandrini*. Emendatum est ex originali. Sed fortasse et hoc loco integra lectio hæc est: *Nectarii Constantinopolitani et Timothei Alexandrini*.

[v] *Novem*: In loco citato ex collectione Isidori legitur: *scripserunt octo capitula*, et verba illa: *inferius annexa*, ibi non habentur. In conciliis deinde Coloniæ impressis post actionem sextæ synodi ex vetusto codice monasterii S. Bavonis referuntur novem capitula, et ante primum capitulum sunt hæc verba: *scripserunt novem capitula inferius annexa*, quæ apud Anselmum quoque habentur.

---

Dist. XVI. C. IX. [42] *ejusdem urbis*: Edd. coll. o. [43] in Ed. Bas. tota § hæc est: *Tertia in Epheso contra Nestorium*. [44] Pan. l. 2, c. 111. [45] *in Constantinopolitana*: Ed. Arg.—*in Const. civitate*: Edd. coll. rel. [46] *Julii*: Edd. coll. o. — Panorm. = C. X. [47] Huic capiti in Merlini coll. conc., quæ aucta Pseudoisidori collect. recensio est, sic inscribitur: « De synodis principalibus, quibus in locis, quibus pro causis, quibus temporibus, quibus auctoribus celebratæ sint. — In proœmio Anselmi legitur post verba: « Apostolorum, etc. (quæ Gratiani nomine prostant in hujus dist. fronte), præposito titulo: *Item ratio de canonibus app. et de VI synodis princ*. [48] *episcopum*: Edd. Bas. Arg. [49] in Edd. coll. o. (pr. Bas.) add: *inæquales*. [50] add: *vel servum*: exd. pr. Bas. [51] in coll. conc. Merlin. add: *Sanctus*. [52] ib. et in Edd. coll. o. add: *CL patrum*. [53] *Nec. Alexandrini*: Edd. coll. o. — Anselm. [54] deest in orig. [55] add. *episcopus*: Edd. coll. o. [56] *CCC*: exd. [57] *Magni principis*: Orig. [58] *XV*: Edd. coll. o. [59] *XXVI*: Ed. Nor. *XXVIII*. Edd. coll. rel. [60] *Mosophenum*: Ed. Bas. *Mesochenum*: Edd. coll. rel. [61] *Vigilii*, et paucis post cum orig: *Domini*: Edd. coll. o. [62] *XXIV*: Ed. Nor. *XXVII*. Edd. Lugdd. I, II, *XXVI*: Lugd. III. [63] *adstruebant*: Ed. Bas. [64] *interius*: Edd. coll. o.

## C. XI. [65].

Prima [v] adnotatio Ancyranæ synodi, quæ ante Nicænam fertur fuisse, sed propter auctoritatem majorem postponitur ; in qua Patres XVIII statuerunt canones XXIV [66] quorum auctor maxime Vitalis Antiochenus episcopus exstitit. § 1. Secunda Neocæsariensis, quæ post Ancyranam, et ante Nicænam [x] legitur fuisse ; in qua Patres XVI [67] statuerunt canones XIV quorum auctor maxime Vitalis episcopus Salaminius [68] exstitit. § 2. Tertia Gangrensis, quæ post Nicænam legitur fuisse, in qua Patres XVI statuerunt canones XX propter quasdam necessitates ecclesiasticas, maxime contra Eustathium [69], qui dicebat, quod nullus in conjugali ordine positus, nec ullus fidelis, qui non omnibus renunciaret quæ possideret, spem [70] apud Dominum haberet, et multa alia venenosa, quæ enumerare longum est. § 3. Quarta Sardicensis, in qua Patres LX [y] [71] statuerunt canones XXI quorum auctor maxime Osius Cordubensis episcopus, et Vincentius Capuanus episcopus, et Januarius [z] Beneventanus, et Calepodius Neapolitanus sanctæ Romanæ ecclesiæ legati exstiterunt † § 4. Quinta Antiochena, in A qua Patres XXIX [72] statuerunt canones XXV quorum auctor maxime Eusebius Palæstinensis episcopus exstitit. § 5. Sexta Laodicensis, in qua Patres XXXII [73] statuerunt canones LIX [74], quorum auctor maxime Theodosius episcopus exstitit. § 6. Septima [a] Carthaginensis, in qua Patres CCXVII statuerunt canones XXXIII, quorum auctor maxime Aurelius Carthaginensis episcopus exstitit. Etiam S. Augustinus Hipponensis episcopus in eadem synodo legitur fuisse, temporibus Honorii Augusti. § 7. Octava Africana sub Theodosio minore Augusto, in qua Patres CCXVII [75] recitaverunt et firmaverunt canones CV, qui per diversa concilia Africanæ provinciæ temporibus Aurelii Carthaginensis episcopi leguntur esse conscripti. § 8. Nona Arelatensis, in B qua Patres CC [76] statuerunt canones IV, quorum auctores maxime Silvester urbis Romæ episcopus, et S. Marinus [77] Arelatensis episcopus exstiterunt, temporibus Constantini Augusti, sicut quidam asserunt. § 9. Decima item Arelatensis, in qua Patres XIX statuerunt canones, quorum auctor maxime S. Cæsarius Arelatensis episcopus exstitit [78]. § 10. Undecima item Arelatensis, in qua Patres

## NOTATIONES CORRECTORUM.

C. XI [v] *Prima* : Major pars hujus capitis, id est usque ad finem vers. *Nonadecima*, habetur in collectione Isidori impressa, ante præfationem ipsius Isidori ; in Vaticana autem usque ad finem vers. : *Vigesima prima*. Deusdedit et Anselmus integrum ante suas collectiones habent. Neque vero summula hæc ejusdem Isidori esse potest : nam neque C præfationi ipsius, neque collectioni respondet, in qua, ut ceteræ mittantur varietates, multa referuntur concilia Hispaniæ, quorum hic nulla mentio.

[x] *Ante Nicænam* : Sic est emendatum ex Anselmo et Deusdedit et Vaticana collectione. Nam ante legebatur: *Antiochenam*. In collectione autem Isidori impressa legitur quidem : *Nicænam*, sed deest vox : *ante*. Sic autem legendum esse, quemadmodum est emendatum, ostendunt verba, quæ ipsum Neocæsariense concilium antecedunt : Οἵτινες δεύτεροι μέν εἰσι τῶν ἐν Ἀγκύρα, τῶν δὲ ἐν Νικαίᾳ προγενέστεροι, id est : *qui canones posteriores quidem Ancyranis, anteriores autem Nicænis sunt*, quo loco in collectione Isidori impressa mendose est : *Et hi quidem canones secundi sunt eorum, qui in Ancyra et Cæsarea expositi sunt*. Redundat enim illud *et Cæsarea* , quare in recentioribus editionibus conciliorum D omissum est. Similis error est in codice canonum Moguntino.

[y] *Sexaginta* : In codice canonum LX episcopi reperiuntur subscripsisse : sed postea additur : *et ceteri, et subscripserunt omnes episcopi diversarum provinciarum vel civitatum, num. CXXI.* Socrates lib. 2, cap. 16 in eo concilio ex occidentis partibus episcopos circiter CCC convenisse dicit, ex orientis vero LXXVI, qui etiam secessionem fecerunt. Idem Nicephorus lib. 9 cap. 12 et Tripertita. Theodoretus autem lib. 2 cap. 7 docet ex antiquis narrationibus, episcopos CCL convenisse. Omnino et in his et Patrum, et canonum numeris multa sunt emendata. Sed in multis etiam satis visum est indicare varietates ; nonnulla autem lectoris diligentiæ sunt reservata.

[z] *Et Januarius* : Anselmus habet, ut Gratianus. In collectione indicata est : *Vincentius Capuanus episcopus, et S. R, E. legatus exstiterunt.* In concilio ipso cap. 18 nominatur Januarius episcopus. In subscriptione vero in codice canonum non nominatur, sed tantum Vincentius Capuanus S. R. E. legatus, et Calipodius Depolitanus legatus S. R. E.

[a] *Septima* : Hic numeratur tantummodo unica synodus Carthaginensis, quæ habetur in codice canonum, de qua inferius XX dist. c. *de libellis* dicetur.

---

Dist. XVI. C. XI. [65] Apud Anselmum l. c. capitis hujus titulus est : *Item annotatio de reliquis synodis.*—In collect. Pseudoisidori ex ed. Merlini XIX tantum concilia exhibentur ; in ejusd. codd. manuscr. nonnullis, collatis a V. C. *Camus* (cf. Notices et extraits, etc. Paris. an IX. t. VI), tota series conc. Matic. II. non excedit, quod corr. Rom. dudum observaverunt. — Ceterum integrum prostat in collectione ed. a. Petit. (Par. A. 1677) et apud D'Acherium, Spicil. T. I. p. 587, et plurima id genus excerpta, « *ex Isidori Collectario de canonibus* » leguntur in Berthold. Constant. opusc. *de auctoritate canonum* supra citato. — In numeris canonum et patrum in impressis magna varietas est, orta plerumque ex operarum vitiis. [66] in græco vulg. et apud Balsamonem sunt XXVI. cujus numeri varietas exinde venit, quod in Dyonis. Ex. collectione ex 4 et 5 canone unus factus est. — Propter eandem Dionys. computandi rationem Neocæs. concilii apud Latinos XIV, apud Græcos XV canones numerantur. [67] *XIII* : D'Ach. — *XVIII* : Bert. [68] *Salonitanus* : Edd. col. o. [69] *Eustachium* : Merlin. — Edd. coll. o. — *Eustasium* : D'Ach. Berth. [70] *spem ullam ad Deum* : Edd. coll. o. [71] *XL* : Merlin. †. *Januarii et Calepodii* nomina apud Merlinum non leguntur ; apud D'Acherium et Berth. unius *Osii* mentio fit. [72] *XXX* : Merl., D'Ach. Berth. [73] *XX* : ib. [74] *LVIII* : D'Ach. *XLIX* : Merl. *LX* : Bohm. [75] *CCXIV* : D'Ach. Merl. [76] uterque numerus abest ab Isidoro Merlini. [77] *Maurinus* : Edd. coll. o. [78] add. : *temp. Constant. Aug.* : ib.

XVI [79] statuerunt canones. § 11. Duodecima item Arelatensis in Vico Hortensii [80], in qua Patres XI statuerunt canones, quorum maxime auctor S. Cæsarius Arelatensis episcopus exstitit. § 12. Tertiadecima item Arelatensis, in qua Patres XIX statuerunt canones, quorum auctor maxime Sarpidius [81] Arelatensis episcopus exstitit. § 13. Quartadecima Arausicensis, in qua Patres XVI [82] statuerunt canones, quorum auctor maxime Hilarius episcopus exstitit. § 14. Quintadecima Epaunensis [b] [83], in qua Patres XXVI [84] statuerunt canones XXXIX, quorum auctor maxime Cæsarius Episcopus exstitit.

§ 15. Sextadecima Agathensis, in qua Patres XXIX [85] statuerunt canones, quorum auctor maxime Cæsarius [86] episcopus exstitit. § 16. Septimadecima [c] Aurelianensis, in qua Patres LXXII statuerunt canones, quorum auctor maxime Aurelius [87] Arelatensis episcopus exstitit, [*] temporibus Clodovei regis. [*] § 17. Octavadecima item Aurelianensis, in qua Patres XXXI statuerunt canones, quorum auctor maxime Melanius [88] Redonensis episcopus exstitit. § 18. Nonadecima item Aurelianensis, in qua Patres XXX [89] statuerunt canones, quorum auctor maxime S. Albinus Andegavensis episcopus exstitit. § 19. Vigesima Arvernensis, in qua Patres XV statuerunt canones, quorum auctor maxime Honoratus Breutensis [90] episcopus exstitit. § 20. Vigesima prima Maticensis, in qua Patres XXI statuerunt canones, quorum auctor maxime Priscus Lugdunensis episcopus exstitit. § 21. Vigesima secunda item Maticensis, in qua Patres LXXXVI [91] statuerunt canones, quorum auctor maxime idem Priscus Lugdunensis episcopus, exstitit. § 22. Vigesima tertia Lugdunensis, in qua Patres XVIII [92] statuerunt canones, quorum auctor maxime Philippus Viennensis [93] episcopus exstitit. § 23. Vigesima quarta item Lugdunensis, in qua Patres XX constituerunt canones, quorum auctor maxime idem Priscus Lugdunensis episcopus exstitit.

*Sed quod Nicæna synodus XX canones supra statuisse dicitur, contrarium videtur ei, quod in epistola Athanasii invenitur. Scribit enim* Athanasius [94] *Alexandrinus episcopus Marco Papæ, ita dicens:*

C. XII. *Epistola Athanasii postulantis capitula Nicæni concilii.*

Septuaginta [d] Nicæni concilii capitula, quæ de præfata synodo, jubente domino meo Alexandro, decreto [95] omnium episcoporum attuli, quæ sunt igne combusta, optamus, ut a vestræ sanctæ sedis auctoritate percipere per præsentes legatos mereamur. Item: § 1. Præsentibus nobis octoginta [96] capitula memorata synodo tractata sunt: quadraginta a Græcis, græca edita lingua; et quadraginta a Latinis, similiter latina edita lingua. Sed visum est CCCXVIII episcopis [97] Spiritu sancto repletis, et maxime jam dicto Alexandro, et apostolicæ sedis apocrisiariis, ut decem capitula adunarentur, aliis atque [98] congruis locis insererentur, et ad formam LXX discipulorum, vel totius orbis terræ linguarum, septuaginta tanti et tam excellentis concilii fierent capitula, quæ omnem Christianorum informarent orbem.

*Gratian. Quomodo ergo viginti tantum capitula in Nicæna synodo statuta dicuntur, quum septuaginta capitula (ut Athanasius scribit) in ea statuta monstrentur? His ita respondetur: Capitulorum Nicænæ synodi quædam in desuetudinem abierunt: viginti tantum in Romana ecclesia habentur.*

## NOTATIONES CORRECTORUM.

[b] *Epaunensis :* Ita emendatum est ex aliquot manuscriptis et collectione Isidori Vaticana. Nam antea legebatur : *Empanensis.* Verumtamen in concilio Epaunensi impresso nullus Cæsarius nominatur, sed Aviti primum est mentio.

[c] *Septimadecima :* Hic numerantur tria concilia Aurelianensia, quorum hæc in conciliis impressis indicia inveniuntur. In quinto Aurelianensi subscribit primo loco Aurelius Arelatensis. In primo inter alios legitur nomen Melanii Redonensis. In tertio subscribit quarto loco Albinus Episcopus Andegavensis.

C. XII. [d] *Septuaginta :* Ex his Athanasii verbis constat, non omnes Nicænæ synodi canones aut græce, aut latine nunc haberi. Et Julius Papa ad orientales, et Innocentius Victricio, et alii multos ex illa canones citant, qui non sunt in his viginti, qui in manibus omnium versantur. De qua re scribit Isidorus in præfatione conciliorum tomis inserta. Et ex epistola quadam Gregorii X ad regem Armeniorum, quum concilium Lugdunense indixisset, (quam manuscriptam habet Cardinalis Sirletus) intelligitur integrum Nicænum concilium in lingua Armeniorum eo tempore exstitisse. Sic enim scribit : *Quia vero multipliciter expedit, ut in ejusdem celebratione concilii antiquorum conciliorum copiam habeamus, celsitudinem regiam rogamus et hortamur attente, quatenus integrum Nicænum concilium et alia concilia, quæ habere diceris, in Armenica litera, eum aliquibus peritis interpretibus, nobis cum ea qua poteris celeritate transmittas.* Tuneti quoque et Alexandriæ inventi sunt octoginta canones Arabice scripti, sub nomine hujus concilii, qui Romæ in Arabica et Armenica lingua scripti penes eumdem Cardinalem Sirletum sunt ; et nuper etiam in latinam linguam conversi sunt et impressi.

Dist. XVI. C. I. [79] *XVIII :* D'Ach. [80] *Hortensico :* Ed. Bas. *Hortensio :* Edd. coll. rel. [81] *Sapardus :* Merl. D'Ach. *Larpedius :* Ed. Arg. — *Lapidius :* Ed. Nor. [82] *XVII :* Berth. [83] *Hyponensis :* Ed. Bas. *Empanensis :* Edd. rel. — tota § abest a Merlino. [84] *XXVII.* et postea LX : D'Ach. [85] *XXXIV :* Merl. D'Ach. *XXIV :* Berth. [86] *Arelatensis :* Edd. coll. o. — *Gozasius :* Berth. [87] *Aurelianus :* Edd. coll. o. — Ed. Arg. : *Melanius* Ronen., al. *Aurel. Arel.* [88] *Melianus :* exd. [89] *XXV :* D'Ach. [90] *Brevitensis :* D'Ach. — *Brelitensis.* Edd. coll. pr. Par. [91] *LXIV :* D'Ach. [92] *XIV :* ib. [93] *Menensis :* Edd. Arg. Par. == C. XII. [94] Ep. Pseudoisidoriana Anastasii et Episc. Ægypti ad Marcum P. — Ivo Pan. l. 2 c. 106. Decr. p. 4 c. 108. Ans. l. 1 c. 59, 60. Polyc. l. 3, t. 20. [95] *Decreta :* Edd. coll. o. [96] *septuaginta*, et paucis post, *triginta :* eæd. [97] *Patribus :* orig. [8] add : *aliis :* Edd. col. o. pr. Bas. — C. XIII.

*Unde* Stephanus Papa *scribit, dicens Luythobio Episcopo Moguntino* [99] *:*

**C. XIII.** *Nicæni concilii viginti tantum capitula habentur.*

Viginti • tantum capitula Nicænæ synodi in sancta Romana ecclesia habentur; sed quo neglectu alia defecerint, ambiguum est. Plurimi arbitrantur ea Antiocheno concilio esse inserta [100].

*Sardicense quoque concilium auctoritate Nicolai Papæ recipitur. Unde idem scribit clero* [101] *Constantinopolitano :*

**A C. XIV.** *Auctoritate apostolica Sardicense concilium recipitur.*

Quod dicitis, neque Sardicense concilium, neque decreta [102] alia vos habere sanctorum Pontificum [103], non facile nobis facultas credendi tribuitur, maxime quum Sardicense concilium, quod penes vos in vestris regionibus actum est, et omnis ecclesia recipit, qua ratione convenerit [104], ut hoc sancta Constantinopolitana ecclesia abjiceret et ut dignum est non retineret [106]?

## DISTINCTIO XVII.

**GRATIANUS.**

I. Pars. *Generalia concilia quorum tempore celebrata sint, vel quorum auctoritas ceteris præemineat sanctorum auctoritatibus, supra monstratum est. Auctoritas vero congregandorum conciliorum penes apostolicam sedem est.*

*Unde* Marcellus papa *scribit Maxentio* [a] [1] :

**C. I.** *Absque Romani Pontificis auctoritate synodus congregari non debet.*

Synodum episcoporum absque hujus sanctæ sedis auctoritate (quanquam quosdam episcopos possitis congregare) non potestis regulariter facere.

[PALEA.]

« Neque [b] ullum episcopum, qui hanc appellaverit apostolicam sedem, damnare, antequam hinc sententia definitiva procedat. Nam si sæculares in publicis judiciis [2] libellis utuntur appellatoriis, quanto magis sacerdotibus hæc eadem agere licet, qui super illos sunt? de quibus dictum est : *Ego dixi* [3]*, Dii estis?* »

**C. II.** *Non est ratum concilium, quod auctoritate Romanæ ecclesiæ fultum non fuerit.*

*Item* Julius Papa I *in rescripto contra orientales pro Athanasio.* C. XXIX [4].

B Regula vestra nullas habet vires, nec habere poterit, quoniam nec ab orthodoxis episcopis hoc concilium actum est, nec Romanæ ecclesiæ legatus [5] interfuit ; canonibus præcipientibus, sine ejus auctoritate concilia fieri non debere. Nec ullum [6] ratum est, aut erit unquam concilium, quod non fultum fuerit ejus auctoritate.

**C. III.** *Nullus usurpet concessa Romanæ ecclesiæ.*

*Item* Damasus Papa I *ad Stephanum epist. IV* [7].

Huic soli [8] sedi concessa nullus usurpare sine ejus consultu præsumat, qui non vult honore ecclesiastico indignus ut [9] contemptor judicari.

**C. IV.** *Absque apostolicæ sedis auctoritate synodum particularem contra universalem* [c] *aliquibus congregare non licet.*

*Item* Gregorius [c] [10],

Nec licuit alicui aliquando, nec licebit particula-

---

**NOTATIONES CORRECTORUM.**

**C. XIII.** [a] Apud Ivonem p. 4 cap. 232 habetur magis integrum hoc caput : *Capitula Nicæni concilii, testimonio Athanasii septuaginta, in figuram septuaginta discipulorum scripta non dubitamus, e quibus viginti tantum in ecclesia sancta Romana, et quæ sequuntur.*

Dist. XVII. C. I. [a] *Maxentio* : Antea legebatur, *Maxentio Episcopo :* in tomis autem conciliorum in epistolæ inscriptione est : *ad Maxentium tyrannum*, sed in principio epistolæ ipsius est : *Marcellus Maxentio*, quæ lectio visa est retinenda.

[b] *Neque* : Hinc usque ad finem non habentur in aliquot manuscriptis Gratiani exemplaribus

C. IV. [c] *Gregorius* : Hoc proculdubio est Pelagii, sicut ab Anselmo et Ivone citatur. Sunt autem apud Gratianum multa capita ex Pelagio hujus argumenti, ad apostolicas sedes recurrendum esse, quum inferiores episcopi, aut quivis alii cognoscere desiderant, quid in aliqua universali synodo esset constitutum, et valde illos condemnandos, qui apostolicis sedibus non communicant, ut C. 23, q. 5, c. *non vos*, et cap. *de Liguribus*. Ex hoc autem capite : *nec licuit*, et capite, *istud*. C. 11 q. 1. habetur integra epistola Pelagii, quemadmodum ab Anselmo refertur.

---

Dist. XVI. C. XI. [99] Auctor capitis (quod frustra cum Bohm. inter acta conc. Rom. A. 765. quæsiveris), Stephanus V esse videtur ; ejus tempore enim *Luitbertus* Mog. (sic enim pro *Humberti* nomine, quod in codd. est, videtur legendum esse) præfuit Conc. Mog. A. 888. — Ivo Pan. l. 2, c. 107. Decr. p. 4 c. 232. — [100] *incerta* : Lugd. l. — C. XIV. [101] Imo *Photio Constant.* (A. 862) quem recte laudat Ivo Pan. l. 2 c. 117. Decr. p. 4 c. 135. [102] *decretalia* : Ivo. [103] SS. *Patrum vel recipere* : Edd. coll. o. — *Pontificum sacerdotum vel rec.* : Pan. — *Pontif. sacrorum vel rec.* : Decr. [104] *conveniat* ; Edd. coll. o. [105] *dictum* : Edd. coll. o., cum Panorm. [106] *reciperet* : Edd. coll. o.

Dist. XVII. C. I. [1] Ep. Pseudoisidoriana (II) ad Maxentium tyrannum, cujus fons hoc quidem capite est Historia tripart. l. 4, c. 9; l. 5, c. 34. — cf. Conc. Sardic. c. 5. — Ans. l. 2. c. 60. Ivo Decr. p. 4. c. 240. Polyc. l. 1. t. 13. [2] deest in Edd. Arg. et Bas. [3] Psalm. 81. — C. II. [4] Ep. Pseudoisidoriana. cf. Ennodii ep. 20. l. 1. Histor. trip. l. 10, c. 17; l. 4, c. 9 et 19. — Ans. l. 2, c. 47 (46). Polyc. l. 1. t. 13. [5] *legatio* : orig. — Ans. — Ed. Bas. [6] *illum* : Ed. Nor. = C. III. [7] Ep. suppositia, confecta tamen ante tempore Pseudoisidori. — Ans. l. 1, c. 55. Polyc. l. 1, t. 17. [8] deest in coll. Anselm. et Edd. Arg. Bas. [9] *aut* : Edd. coll. o., exc. Bas. — C. IV. [10] Imo *Pelagius I* Ep. *ad Narsen* ; eadem habentur in fragm. ep. Pelagii *ad Valerianum Patricium*, (ex collect. Holstenii ed. apud Mansi T. IX, p. 732), atque hæc capitis inscriptio apud Ivonem est. Decr. p. 4, c. 239. — Ap. Ans. l. 12, c. 43. laudatur *Pelagii*, ap. Polyc. contra l. 1, t. 14. *Gregorii* nomen. — In Ed. Bas. legitur : *Gregorius P. Constantinopolim*.

rem synodum ᵈ congregare; sed quoties aliqua de universali synodo aliquibus dubitatio nascitur, ad recipiendam de eo, quod non intelligunt, rationem, aut sponte ii, qui salutem animæ suæ desiderant, ad apostolicam ¹¹ sedem pro recipienda ratione conveniant, aut si forte (sicut de talibus scriptum est : *Peccator* ¹² *quum venerit in profundum malorum, contemnit,* ita obstinati et contumaces exstiterint, ut doceri non velint, eos ab eisdem apostolicis sedibus aut attrahi ad salutem quoquomodo necesse est, aut (ne aliorum perditio esse possint) secundum canones per sæculares comprimi ¹³ potestates.

C. V. *Non est concilium, sed conventiculum, quod sine sedis apostolicæ auctoritate celebratur.*

*Item* Pelagius Papa II *Episcopis, qui convenerant ad illicitam vocationem Joannis Constantinopolitani, epist. I, cap.* 1 ¹⁴.

Multis ¹⁵ denuo apostolicis et canonicis atque ecclesiasticis instruimur regulis, non ¡debere absque sententia Romani Pontificis concilia celebrari ¹⁶.

§ 1. Quapropter, ut jam dictum est, recte non concilium, sed vestrum conventiculum vel conciliabulum cassatur ¹⁷, et quidquid in eo actum est, irritum habetur et vacuum. Vos quoque deinceps videte, ut nullius hortatu talia præsumatis, si apostolicæ sedis communione carere non vultis. *Et infra* ¹⁸ : § 2. Si vero in qualibet provincia ortæ fuerint quæstiones, et inter ipsius provinciæ episcopos discrepare cœperit ratio, atque inter ipsos dissidentes non conveniat, ad majorem tunc sedem referantur. Et si illic facile et juste non discernuntur, ubi fuerit synodus regulariter congregata, canonice et juste judicentur. Majores vero et difficiliores quæstiones (ut sancta synodus statuit, et beata consuetudo exigit), ad sedem apostolicam semper referantur.

C. VI. *Provincialia concilia sine Romani Pontificis præsentia pondere carent* ¹⁹.

*Item* Symmachus Papa ²⁰.

Concilia sacerdotum ecclesiasticis legibus quotannis decreta per provincias, quia præsentiam Papæ non habent, valetudinem perdiderunt ᵉ. Legistis ²¹ insanissimi, aliquando in illis præter apostolici apicis sanctionem aliquid constitutum, et non de majoribus negotiis ad consultationem ²², si quid occurrerit, præfatæ sedis arbitrio fuisse servatum?

II Pars. Gratianus. *Hinc* ²³ *etiam quum auctoritas Theodorici regis ex diversis provinciis ad urbem Romam sacerdotes convenire præcepisset, ut sanctum concilium judicaret de iis, quæ venerabili Papæ Symmacho, præsuli apostolicæ sedis, ab adversariis ipsius dicebantur impingi, Liguriæ et Æmiliæ, seu Venetiarum episcopi suggesserunt, ipsum, qui dicebatur* ²⁴ *impetitus, debere synodum convocare : scientes, quia ejus sedi primum Petri apostoli meritum, deinde secuta jussione* ²⁵ *Domini conciliorum venerandorum auctoritas singularem in ecclesiis tradidit potestatem, nec antedictæ sedis antistitem minorum subjacuisse judicio. Et infra :* § 1. *Ad hæc serenissimus rex Deo adspirante respondit : Synodalis esse arbitrii in tanto negotio sequenda præscribere, nec aliquid ad se præter reverentiam de ecclesiasticis negotiis pertinere, committens etiam potestati pontificum, ut sive propositum vellent audire negotium, sive nollent, quod magis putarent utile, deliberarent, dummodo venerandi provisione concilii pax in civitate Romana* ²⁶ *daretur. Episcovi vero in synodo residentes congregata auctoritate ejusdem Symmachi dixerunt :* ‹ *Symmachus Papa sedis apostolicæ præsul ab hujusmodi oppositionibus* ²⁷ *impetitus quantum ad homines respicit, sit immunis et liber, cujus causam totam Dei judicio reservamus.* › *Et infra :* § 2. ‹ *De clericis vero memorati Papæ, qui ab episcopo suo ante tempus contra regulas discesserunt, et schisma fecerunt, hoc fieri decernimus, ut* ²⁸ *illi satisfacientes episcopo suo misericordiam consequantur et officiis ecclesiasticis se gaudeant restitui.* › Ibidem *infra :* § 3. ‹ *Lauren-*

**NOTATIONES CORRECTORUM.**

Verum in Polycarpo citatur ex Gregorio, et in margine est additum : *ad Episcopos Mauritaniæ.* Atque in summariis capitum dictatus ipsius Papæ, qui habetur lib. 2 Reg. Gregorii septimi, inter cetera hoc est : *quod nulla synodus absque præcepto summi Pontificis debet generalis vocari.*

ᵈ *Synodum :* Apud Anselmum, Ivonem et in Polycarpo adduntur hæc : *ad judicandum universalem synodum.* Hoc enim est, quod prohibetur hic a Pelagio. Multi enim eo tempore aut ignorantia, aut animi perversitate adducti, nolebant quintum concilium recipere (qua de re B. Gregorius, lib. 7, epist. 53 et alibi sæpe), et particularem synodum universali, ac sedium apostolicarum auctoritati præferebant. Itaque hoc capite non prohibet Pelagius, sive Gregorius, ne episcopi possint diœcesanas, et metropolitæ provinciales synodos convocare, sed ne ipsas ad judicandum universalem synodum congregent; atque ita est in rubrica emendatum.

C. VI. ᵉ *Perdiderunt :* Hic in libello Ennodii in recentioribus editionibus erat nota interrogationis. Sunt enim verba inimicorum Symmachi, hoc tanquam absurdum quidpiam objicientium. Quibus Ennodius in sequentibus verbis respondet : *Legite,* etc.

Dist. XVII. C. IV. ¹¹ *apostolicas sedes :* Ivo. — Hoisten. ¹² Prov. c. 12. v. 2. ¹³ *opprimi :* Ans. — *opprimi oportet :* Edd. coll. o. = C. V. ¹⁴ Ep. Pseudoisidoriana. — Ans. l. 2, c. 36. Polyc. l. 1, t. 14. ¹⁵ add. *modis :* Ed. Bas. ¹⁶ eadem verba leguntur in decretis Julii, c. 9, C. 3, q. 6, atque secutus in iis auctor videtur quæ in Histor. tripart. l. 4, c. 9, 19, ex Socratis Græco translata leguntur. ¹⁷ *cassabitur :* ead. ¹⁸ cap. 3. cf. conc. Antioch. c. 14, Chalc. c. 9 et 17. — et Innoc. I ep. 2. = C. VI. ¹⁹ *carebunt :* Edd. coll. o. ²⁰ Imo ex Ennodii libello apolog. pro Synod. Rom. IV hab. A. 501. — Ans. l. 2, c. 56(55). — Ivo Decr. p. 4, c. 242. Polyc. l. 1, t. 7. ²¹ *legite :* orig. — Ivo. — Ed. Bas. — *legitis :* Edd. Ven. 1, II. ²² *collationem :* orig. ²³ Hæc quæ inter acta Synodi Rom. IV exhibet Isidorus Merlini (syn. III est, hab A. 501) integra leguntur in coll. Anselm. l. 5, c. 105. ²⁴ *judicabatur :* Merlin. ²⁵ *jussionem :* orig. ap Mansi. ²⁶ add. : *Christianis omnibus* ap. Merl et Mans. ²⁷ *uropositionibus :* iid. ²⁸ *eos satisfacientes a. s. misericordia consequantur :* iid.

ttus ecclesiæ Mediolanensis episcopus huic statuto nostro, in quo totam causam Dei judicio commisimus, subscripsi ¹⁹. › Petrus Ecclesiæ Ravennatis Episcopus sub eisdem verbis subscripsit, et post eum LXXV, episcopi. Illud de clericis pro pace in Urbe reformanda misericorditer et dispensative factum dignoscitur. § 4. Hoc quoque notandum est, quod in hoc concilio et in alia synodo Symmachi Papæ ante Ravennatem episcopum Mediolanensis subscripsisse et respondisse legitur : ex quo et sedis prærogativam ante eum habere colligitur.

A C. VII. Ait enim Gregorius I, lib. VII reg. epist. 112. ³⁰ Syagrio Episcopo Augustodunensi :

Episcopos secundum ordinationis suæ tempus sive ad considerandum in concilio, sive ad subscribendum, vel in qualibet alia re, sua attendere loca decernimus, et suorum sibi prærogativam ordinum vindicare.

Gratianus. Verum tempus ordinationis non ad ecclesias, sed ad personas refertur, sicut ex consuetudine Cardinalium sanctæ Romanæ ecclesiæ, et episcoporum uniuscujusque provinciæ evidenter apparet.

## DISTINCTIO XVIII.

### GRATIANUS.

I Pars. *Episcoporum igitur concilia, ut ex præmissis apparet, sunt invalida ad definiendum et constituendum, non autem ad corrigendum. Sunt enim necessaria episcoporum concilia ad exhortationem et correctionem, quæ etsi non habent vim constitutionis, habent tamen auctoritatem imponendi et indicendi, quod alias statutum est et generaliter seu specialiter observari præceptum.*

### C. I. PALEA ᵃ.
*Ex Cabilonensi Concilio, cap. 6 ¹.*

« Placuit, ut conservato metropolitani primatu ceteri episcopi, secundum suæ ordinationis tempus, alius alii deferat ² locum. »

*Unde Leo I, epist. LXXXII, c. 7,³ Anastasio Thessalonicensi Episcopo ᵃ:*

### C. II. *Bini conventus per singulos annos ab episcopo celebrentur.*

De conciliis autem episcopalibus non aliud indicimus, quam sancti Patres salubriter ordinarunt : ut scilicet bini conventus per annos singulos habeantur, in quibus de omnibus querelis, quæ inter diversos ecclesiæ ordines nasci assolent, judicetur. At ᵇ si forte inter ipsos, qui præsunt, de majoribus B (quod absit) peccatis causa nascatur, quæ provinciali nequeat examine definiri, fraternitatem tuam de totius negotii qualitate metropolitanus curabit instruere, et si coram positis partibus nec tuo ⁵ fuerit res sopita judicio, ad nostram cognitionem, quidquid illud est, transferatur.

### C. III. *Quo tempore concilia episcoporum sint celebranda.*

*Item ex Nicæno Concilio ⁶, cap. 5*

Habeatur semel concilium ante dies quadragesimæ, ut omnibus, si quæ sunt, simultatibus amputatis, mundum ᵇ jejunium et solenne Deo possit offerri ; secundum vero agatur circa tempora autumni.

### C. IV. *Ad morum correctionem et controversiarum dissolutionem bis in anno episcopale concilium fiat.*

*Item ex Antiocheno Concilio 7, cap. 20.*

Propter ecclesiasticas causas et quæ exsistunt controversias dissolvendas, sufficere visum est, bis in anno per singulas provincias episcoporum concilium fieri ; semel quidem post tertiam hebdomadam paschalis festivitatis ⁸, ita ut in quarta hebdomada, quæ consequitur, id est media ᶜ pentecoste, concilium compleatur ᵈ. Admoneant autem compro-

## NOTATIONES CORRECTORUM.

Dist. XVIII. C. I. ᵃ In pervetusto Gratiani codice Palea hæc est in extremo præcedentis distinctionis, convenitque cum ultimo illius capite : *Episcopos*. Ex Cabilonensi autem citant etiam ceteri collectores ; exstat vero in Bracarensi I, c. 24, et concordat cum cap. 13 concilii Milevitani, et cap. 53 concilii Africani.

C. III. ᵇ *Mundum :* Caput hoc est ex versione, qua usus est Isidorus. In ea tamen hoc loco est : *mundum solemne Deo munus*, quemadmodum et in Polycarpo, et aliquibus Gratiani codicibus est : *mundum et solemne Deo munus*. Græce est : Ἵνα πάσης μικροψυχίας ἀναιρουμένης τὸ δῶρον καθαρὸν προσφέρηται τῷ θεῷ, id est, *ut omni sublata animi angustia munus purum Deo offeratur*.

C. IV. ᶜ *Id est media :* Antea legebatur : *et in medio temporis inter pascha et pentecosten*, nec multo aliter apud Ivonem : *id est, medio temporis, etc.* Sed reposita est hæc lectio ex plerisque Gratiani exemplaribus et collectione Isidori, in qua est hæc eadem versio. Nam ceteri collectores secuti potius videntur versionem Dionysii, quæ est in codice canonum : quamvis et Burchardus et Panormia hoc loco habeant : *id est, medio pentecostes*, vel : *in medio pentecoste*, ubi in versione Dionysii est : *ita ut quarta septimana pentecostes*, verbum plane e verbo. Græce enim est : Ὥστε τῇ τετάρτῃ ἑβδομάδι τῆς πεντηκοστῆς.

ᵈ *Compleatur :* Vocem ἐπιτελεῖσθαι Dionysius vertit : *conveniat*.

---

Dist. XVII. — C. VI. ¹⁹ *subscripsit :* Bohm. = C. VII. Ep. 108, l. 9 (scr. A. 599) Ed. Maur. — Anselm. l. 6, c. 134 (131).

Dist. XVIII. C. I. ¹ Imo ex conc. Bracar. I, (A. 561) c. 6. — Burch. l. 1, c. 55. Ivo Pan. l. 4, c. 20. Decr. p. 5, c. 165. ² add. *sedendi :* Coll. Hisp. — Ivo. — *sedenti :* Ed. Bas., in qua, quod rectius esse videtur, hoc caput in fine præcedentis dist. positum est. = C. II. ³ Ep. 14, c. 7 (scr. A. 446.) Ed. Baller. — Burch. l. 1, c. 43. Ivo Pan. l. 4, c. 13. Decr. p. 4, c. 241. Polyc. l. 3, t. 15. ⁴ *ac :* Coll. Hisp. — Ivo. — Edd. coll. o. ⁵ *tua* et haud multo post : *agnitionem :* Ed. Bas. = C. III. ⁶ hab. A. 325. — Polyc. l. 3, t. 19. = C IV. ⁷ hab. A. 332, (vulg. 341). — Burch. l. 1, c. 44. — Ivo (ex vers. Dionys.) Pan. l. 4, c. 15. Decr. p. 5, c. 154. — Polyc. l. 3, t. 19. ⁸ *solemnitatis :* Edd. coll. o. ⋆ in Ed. Bas. tamen legitur, ut est restitutum.

vinciales episcopos ii, qui in amplioribus, id est in metropolitanis civitatibus degunt. § 1. Secundum vero concilium Ibid. octobris habeatur, qui dies apud Græcos hyperberetæi [9] mensis decimus [e] invenitur. In ipsis autem conciliis et presbyteros et diaconos præsentes esse oportet, et omnes, quotquot se læsos existimant, et synodicam exspectare sententiam. Nec liceat aliquibus apud semetipsos concilia sine metropolitanorum episcoporum conscientia [10] facere, quibus de omnibus causis constat permissum esse judicium.

### C. V. *Semetipsos accusant, qui vocati ad synodum venire contemnunt.*

*Item* ex Concilio Laodiceno [11], *cap.* 40.

Non oportet vocatos episcopos ad synodum contemnere [12], sed adire [13] debere, et aut docere, aut doceri, quæ sunt ad ecclesiæ ceterorumque correctionem utilia; quod si contemserint, se ipsos videntur accusare, nisi forte [*] pro infirmitate [*] ire non possint.

### C. VI. *Corripiantur episcopi, qui ad concilium vocati venire contemnunt.*

*Item* ex Concilio Chalcedonensi [14], *cap.* 19.

Pervenit ad nostras aures, quod in provinciis constituta [15] episcoporum concilia minime celebrentur. Hoc [f] ex eo probatur, quod multæ, quæ correctione opus habent, ecclesiasticæ res negligantur. Statuit ergo hæc sancta synodus, secundum regulas Patrum bis in anno in unum convenire per singulas provincias episcopos, ubi singula [g], quæ emerserint, corrigantur. § 1. Qui vero noluerint convenire episcopi constituti in suis civitatibus, et hoc maxime, quum sui corporis sanitate consistentes [16] etiam ab omnibus aliis urgentibus necessitatibus [17] et inexcusabilibus negotiis liberi sunt, licere eos fraternæ caritatis admonitionibus corripi.

### C. VII. *Canonicis subjaceat pœnis metropolitanus, qui saltem semel in anno celebrare concilium negligit.*

*Item* ex Septima Synodo, *cap.* 6 [18].

II Pars. Quoniam quidem regula est, quæ dicit bis in anno per singulas provincias oportere fieri per conventum episcoporum regulares inquisitiones [19], propter fatigationem [20] et ut opportune [h] habeantur ad iter agendum hi, qui congregandi sunt, definierunt sextæ synodi sancti Patres, omni excusatione remota, omnibus modis semel in anno fieri, et depravata corrigi. Hunc ergo canonem et nos renovamus, et si quisquam princeps inventus fuerit hoc prohibere, communione privetur. Si quis vero metropolitanorum hoc neglexerit agere absque necessitate, vel vi, seu aliqua rationabili occasione, canonicis pœnis subjaceat. Dum autem synodus agitur super canonicis et evangelicis negotiis, oportet congregatos episcopos in meditatione et sollicitudine fieri custodiendorum divinorum et vivificorum Domini mandatorum. *Et post pauca:* § 1. Porro non habeat metropolitanus licentiam ex his, quæ defert episcopus secum, sive jumentum sive aliam [21] speciem expetendi. Quod [22] si hoc egisse convictus fuerit, solvat quadruplum.

### C. VIII. *Non cogantur presbyteri ad sacra concilia eulogias deferre.*

*Item* Leo IV *ad Episcopos Britanniæ* [i] [23], *c.* 3.

De eulogiis ad sacra concilia deferendis nihil invenimus a majoribus terminatum: sed sicut unicuique presbytero placuerit. Nam si constitutum fuerit, illo [24] in tempore benedictiones afferri, forsitan minus libenter ad synodos occurrent, et magis venire obtrectabunt. Quæ, ut arbitror, non sunt rationabiliter quærendæ, nec ultro delatæ respuendæ.

## NOTATIONES CORRECTORUM.

[e] *Decimus:* Prorsus ex Græco. Dionysius autem, quem Burchardus et Ivo sequuntur, habet: *Idibus octobris, id est, quintodecimo die mensis octobris, quem hyperberetæum Græci cognominant.* In canone autem apostolorum 37 legitur, secundam anni synodum celebrandam esse ὑπερβερεταίου δωδεκάτῃ, id est: *duodecimo die hyperberetæi.* Non convenire autem omnino Latinorum menses cum Græcorum, satis constat. Suidas quidem scribit, apud Macedonas hyperberetæum eumdem esse, qui october, Galenus autem Pergami eumdem, qui september.

C. VI. [f] *Hoc ex eo:* In collectione Isidori, ubi alioquin eadem videtur esse versio, legitur: *ex hoc probatur, quod multæ* [*], etc. Itemque apud Ivonem, addita tamen particula, *et.* Græce est: Καὶ ἐκ τούτου πολλὰ παραμελεῖται τῶν διορθώσεως δεομένων ἐκκλησιαστικῶν πραγμάτων; id est, *et propterea multæ ex rebus ecclesiasticis, quæ correctionis egent, negliguntur.*

[g] *Ubi singula:* Ita in collectione Isidori [*] et apud Ivonem et Anselmum. Græce est: Ἔνθα ἂν ὁ τῆς μητροπόλεως ἐπίσκοπος δοκιμάσῃ, καὶ διορθοῦν ἕκαστα τὰ ἀνακύπτοντα, quæ Dionysius sic vertit: *Quo metropolitanus antistes probaverit, et corrigere singula, si qua fortassis emerserint.*

C. VII. [h] *Et ut opportune:* Græce est: καὶ τὸ ἐνδόσιμως ἔχειν πρὸς ὁδοιπορίαν, id est: *Et quod non bene parati sunt ad iter faciendum.*

C. VIII. [i] Habetur hæc epistola Romæ manuscripta, ut in indice dictum est.

Dist. XVIII. C. IV. [9] *hyperberici:* Ed. Bas., *hyperberiti:* Ven., II, II, *hyperberiti:* Nor. [10] add.: *et consensu:* Edd. coll. o. pr. Bas. — Bohm. = C. V. [11] Conc. Laod. hab. inter ann. 547, et 381. — Burch. l. 1, c. 47. Ivo Decr. p. 5, c. 157, ex vers. Dionys. [12] add.: *venire:* Edd. coll. o. pr. Bas. [13] *abire:* Coll. Hisp. = C. VI. [14] Conc. Chalc. hab. A. 451. — Anselm. l. 6, c. 199. Ivo Decr. p. 4, c. 243. [15] *statuta:* Coll. Hisp. [*] *hoc modo sane legitur in Isidoro Merlini; in Coll. Hisp. tamen est: *celebrentur, et quod.* [*] Collect. Hisp. ad verba Dionysii in his proxime accedit. [16] *consistant:* Coll. Hisp. — *consistentes est:* Edd. coll. o. [17] *abest a Coll. Hisp., Isid. Merl., et Ivone. = C. VII. [18] Conc. Nic. II, (hab. A. 787.) — versio Anastasii Bibl. est. — Ivo Decr. p. 5, c. 373. [19] cf. supr. eæd. c. 4, infr. c. 15. [20] *fatigationes:* Edd. coll. o. [21] *aliquam:* eæd. [22] *Qui:* Ed. Bas. = C. VIII. [23] Ep. scr. c. A. 850. — Coll. tr. p. p. 1, t. 60, c. 5. [24] *illi aliquid in temp. benedictionis afferre:* Edd. coll. o. pr. Bas.

C. IX. *Sine gravi necessitate episcopus ad synodum ire non tardet.*

*Item* ex Concilio Carthaginensi IV [25], c. 21.

Episcopus ad synodum ire non tardet [26], nisi satis gravi necessitate inhibeatur : sic tamen, ut in persona sua legatum mittat, suscepturus salva fidei veritate quidquid synodus statuerit k.

C. X. *Excusatorias literas dirigant, qui gravati ad synodum ire non possunt.*

*Item* ex Concilio Carthaginensi V [27], c. 10.

Placuit, ut quotiescunque congregandum est concilium, episcopi, qui neque ætate [28], neque ægritudine, neque alia graviori necessitate impediuntur, competenter occurrant. *Et infra* : § 1. Quod si non potuerint occurrere, excusationes suas literatorie [l] conscribant ; nisi autem [m] rationem impedimenti sui apud primatem suum reddiderint, ecclesiæ suæ communione debent esse contenti.

C. XI.   PALEA [n].

*Item* ex Concilio Turonensi [29], cap. 2.

« Episcopus non debet abbatem cogere ad synodum ire, nisi aliqua rationabilis causa exsistat. »

C. XII. *A communione sit alienus, qui synodo adesse contemserit.*

*Item* ex Concilio Arelatensi, c. 19 [30].

Si quis autem synodo [31] adesse neglexerit, vel cœtum fratrum, antequam dissolvatur concilium, crediderit deserendum, alienum [32] se a fratrum communione cognoscat ; nec eum recipi liceat, nisi in sequenti synodo fuerit absolutus.

C. XIII. *Usque ad proximam synodum a communione abstineat, qui a metropolitano vocatus absque gravi necessitate synodo adesse neglexerit.*

*Item* ex Concilio Agathensi [33], cap. 35.

Si episcopus metropolitanus ad comprovinciales episcopos epistolas direxerit, in quibus eos aut ad ordinationem summi pontificis, ut ad synodum invitet, postpositis omnibus (excepta gravi infirmitate corporis, aut præceptione regia) ad constitutum diem adesse non differant. Quod si defuerint (sicut prisca canonum præcepit auctoritas) [34] usque ad proximam synodum a caritate fratrum et ecclesiæ communione priventur.

## NOTATIONES CORRECTORUM.

C. IX. [k] Similem sententiam, et pæne eadem verba referunt Burch. l. 1, c. 51, et Polyc. l. 2, tit. 16, ex Felice.

C. X. [l] *Literatorie* : In conciliis impressis legitur : *in tractatoria* '. Dubitatum fuit, an legendum esset : *in tractoria*. Nam epistolæ, quibus imperatores vel reges suos præsides vocabant, vel evectionem aliquam concedebant, tractoriæ dicebantur. Sic in codice Theodosiano lib. 8, titulus 6, est : *de tractoriis et stativis*, et sic videtur emendandum in lib. Cod. 12, quamvis in impressis legatur : *de tractoriis*, quam vocem, *tractoriam*, eadem significatione Carolus Magnus in suis capitularibus usurpavit, lib. 4, c. 30 et 69, et eadem notione est in concilio Meldensi, cap. 71. Sanctus quoque Augustinus in libro post collationem contra Donatistas c. 24, tractoriam pro epistola vocatoria usurpat, his verbis : *Sic autem a primate suo per tractoriam fuerunt evocati*. Atque in hoc canone, ubi de vocandis episcopis ad concilium agitur, vox ista esset aptissima. Nam in concilio Africano, inserto in codice canonum c. 43, ubi hoc idem reperitur, et c. 57, § Lucianus, et § Alypius in vetustis codicibus semper legitur : *tractoria*, ubi in impressis est : *tractatoria*, et in Carthaginensi græco c. 91, est : ἡ συνοδική. Verum idem B. Augustinus utitur dictione : *tractatoria*, in eam quæ nunc subjicietur sententiam. Loquens enim de episcopis, si vocati noluissent venire ad concilium et ibi objecta crimina purgare, epist. 162, ait : *Quod si non fecerint, ibi etiam eorum pravitas et perversitas innotescet: missaque tractatoria super eorum nomine per totum orbem terrarum, quacunque jam Christi ecclesia dilatata est, ab omnibus ecclesiis, eorum communio præcidetur*. In concione quoque secunda in Psalm. 36, eadem vox quater invenitur : et epistola Syricii, quæ recitatur, in concilio Teleptensi, ibi vocatur *tractatoria*. Cujus mentionem faciens Innocentius in epistola ad Exsuperium Tolosanum, cap. 1, ait : *De his et beatæ recordationis viri Syricii episcopi monita evidentia commearunt:* quibus verbis videtur indicare, non ad solos Africæ episcopos, sed ad omnes provincias missam fuisse illam Syricii tractatoriam. Ita Leo Papa II, postquam sextum universale concilium finem habuerat, brevem ejus concilii summam ad Hispaniæ episcopos, ut ei subscriberent, misit, quam *tractatoriam* vocat, quæ Leonis II epistolæ manuscriptæ ex Hispania Romam sunt missæ.

[m] *Nisi autem* : In originali est : *vel si post adventum tractatoriæ aliquæ necessitates repente forsitan ortæ fuerint, nisi rationem impedimenti sui apud suum primatem reddiderint, ab ecclesiæ communione debere esse contemtos* [*]. In Africano c. 43, reliqua eodem modo. Sed in extremo est fere ut apud Gratianum : *Ecclesiæ suæ communione debere esse contentos*. Itemque in Carthaginensi græco : Ὀφείλειν τοὺς τοιούτους τῇ κοινωνίᾳ τῆς ἰδίας αὐτῶν ἀρκεῖσθαι ἐκκλησίας. Similis quoque pœna imponitur in eodem concilio infra dist. 58, c. fin.

C. XI. [n] Hæc Palea abest ab illis tantum exemplaribus, in quibus paucissimæ reperiuntur, et refertur infra 18, quæst. 2, post can. fin. a Gratiano ex eodem Turonico : quemadmodum et a Burchardo et Ivone.

---

Dist. XVIII. C. IX. [25] Canones, qui Conc. Carth. IV, hab. A. 398, nomine Isidori collectione continentur, huic conc. nullo modo adscribi posse, imo nihil esse, nisi canonum antiqu. summas quasdam, monuerunt Ballerinii. Inter statuta eccl. antiqua, ab his edita, caput nostrum legitur num. 9. — Coll. tr. p. p. 2, t. 18, c. 70. Ans. l. 7, c. 170. [26] verba : *non tardet, nisi absunt* a Coll. Hisp. et Statutt. eccl. ant. — in Isid. Merlin. legitur : *ire non sine satis*, etc. — C. X. [27] Conc. Carth. V. hab. A. 401. — Coll. tr. p. p. 2, t. 19, c. 10. Ans. l. 7, c. 188. [28] *neque ætate* : desunt in Coll. Hisp., leguntur tamen in Isid. Merl. ' in Coll. Hisp. tamen *tractoria* est in varietate lectionis. [*] *contentos* : Coll. H. = C. XI. [29] Burch. l. 8, c. 73. Ivo Decr. p. 7, c. 91. Inter conciliorum Turon. canones hoc caput non exstat, et videtur Burch., cujus hic mos est, ex Pœnitentiali Theodori c. 2 illud esse mutuatus. — C. XII. [30] hab. non serius A. 460, nisi sit privata quædam ant. canonum collectio, quod Ballerinii contendant. — Coll. tr. p. p. 1, t. 47, c. 1, 2. Burch. l. 1, c. 50. Ivo Decr. p. 5, c. 160 (ex conc. Hispal. c. 10). Polyc. l. 2, t. 15. [31] abest ab orig. et Ed. Bas. [32] *alienatum* : orig. — Ed. Bas. = C. XIII. [33] hab. A. 506. — Burch. l. 1, c. 49. Ivo Pan. l. 4, c. 17. Decr. p. 5, c. 159. [34] cf. can. 12, ead.

**C. XIV.** *A communione privetur episcopus, qui a metropolitano vocatus ad synodum venire contemnit.*

Item ex Concilio Tarraconensi [35], cap. 6.

Si quis episcoporum commonitus a metropolitano ad synodum, nulla gravi intercedente necessitate corporali, venire contemserit, sicut statuta Patrum sanxerunt, usque ad futurum concilium cunctorum episcoporum caritatis communione privetur.

**C. XV.** *Presbyteri et diaconi, et cuncti, qui se laesos existimant, ad metropolitanam synodum conveniant.*

Item ex Concilio Martini • Papae [36].

Propter ecclesiasticas causas et altercationum solutiones bene placuit per singulas provincias bis in anno concilium fieri, convocante metropolitano episcopo omnes provinciales episcopos, ita ut ad concilium veniant [37] omnes presbyteri et diaconi, vel hi p [38], qui se laesos existimant, ut in concilio causae examinatae ad justum judicium perducantur. Et si qui manifeste episcopi, vel presbyteri, aut diaconi inventi fuerint in offensa, secundum rationem excommunicentur, quamdiu communi consensu de his placuerit dare sententiam. Nulli autem episcopo liceat propria apud semetipsum concilia facere, praeter eos, quibus metropoles sunt creditae.

**C. XVI.** PALEA q.
[*Item ex Concilio Bylon* [39].

«Annis singulis episcopus in sua dioecesi synodum faciat de suis clericis, nec non abbatibus, et discutiat alteros clericos et monachos. »

Gratian. *Singuli vero episcoporum suis ecclesiis notificare studeant, quae in conciliis statuuntur.*

Unde in Concilio Toletano XVI, cap. 6 [40].

**C. XVII.** *Quae in conciliis statuuntur, singuli episcoporum suis ecclesiis notificent.*

Decernimus ut, dum in qualibet provincia concilium agitatur [41], unusquisque episcoporum admonitionibus suis intra sex mensium spatia omnes abbates, presbyteros, diaconos atque clericos, seu etiam omnem conventum civitatis ipsius, ubi praeesse dignoscitur, nec non et cunctam dioecesis suae plebem aggregare nequaquam moretur: quatenus coram eis plenissime omnia reseret [42], quae eodem anno in concilio acta vel definita esse noscuntur. Et *infra*: § 1. Quod si quispiam haec parvipendenda crediderit, sententia excommunicationis duorum mensium curriculo persistat usquequaque mulctatus.

## DISTINCTIO XIX.

**GRATIANUS.**

I Pars. *De epistolis vero decretalibus quaeritur, an vim auctoritatis obtineant, quum in corpore canonum non inveniantur.*

*De his ita scribit* Nicolaus Papa *archiepiscopis et episcopis per Gallias constitutis* [1].

**C. I.** *Decretales epistolae vim auctoritatis habent.*

Si Romanorum Pontificum decreto ceterorum opuscula tractatorum approbantur vel reprobantur, ita ut, quod sedes apostolica [2] probavit, hodie teneatur acceptum, et quod illa repulit, hactenus inefficax habeatur: quanto potius, quae ipsa pro catholica fide, pro sanis dogmatibus, pro variis et multifariis ecclesiae necessitatibus et fidelium moribus diverso tempore scripsit, omni debent honore praeferri, et ab omnibus prorsus in quibuslibet opportunitatibus discretione vel dispensatione magistra reverenter assumi? Quanquam quidam vestrum scripserint, haud illa decretalia priscorum Pontificum in toto canonum codicis corpore contineri descripta [3], quum a ipsi, ubi haec suae intentioni suffragari conspiciunt, illis indifferenter utantur, et

### NOTATIONES CORRECTORUM,

**C. XV.** • *Martini*: Gratianus hoc primum citat nomine Martini Papae, deinceps eodem nomine multa citaturus, quae omnia sumta sunt ex libro capitulorum graecarum synodorum Martini episcopi Bracarensis. (Antiquitus enim episcopi Papae dicebantur.) Hic enim quum esset Graecus, ad utilitatem ecclesiarum Hispaniae, ubi episcopatum obtinebat, ea capitula latina fecit, et in nonnullis quaedam addidit, in aliis vero aliqua detraxit, quemadmodum in hoc capite, quod sumsit ex concilio Antiocheno, c. 20, sup. eod. c. *propter*. Aliqua etiam ex Toletanis conciliis in eum libellum retulit.

p *Vel hi*: In aliquot conciliorum editionibus legitur. *ut eorum, qui se laesos existimant, in concilio causae*, etc.

**C. XVI.** q *Palea*: In nullo collatorum exemplarium habetur, sed versiculus, *singuli*, conjunctus est praecedenti capiti: *Propter ecclesiasticas*. Suntque verba Gratiani.

**C. XVII.** r *Quatenus*: In duobus exemplaribus hujus decimi sexti concilii Toletani locus hic ita legitur: *quatenus coram eis publice omnia reserata, de his, quae eodem anno in concilio acta vel definita exstiterint, plenissime notiores efficiantur.*

Dist. XIX. C. I. a *Quum ipsi*: Locus fuit emendatus ex ipsa epistola Nicolai, quae Romae manuscripta habetur, et jampr impressa est in appendice Bibliothecae SS. Patrum, ut dictum est supra dist. 10 c. *leges*. In qua epistola multa alia habentur, ad epistolas decretales etiam antiquissimas pertinentia.

---

Dist. XVIII. C. XIV. [35] hab. A. 516. = C. XV. [36] Cap. Martini Brac. c. 18 (ex synod. Antioch.). — Polyc. l. 3, t. 17. [37] *in his procedant*: Coll. Hisp. [38] *vel hi, qui in concilio eorum causae*, etc.: mendose, ut videtur, Coll. Hisp. = C. XVI. [39] Bylonense concilium plane non exstat; imo suspicatur Berardus, canonem ad Conc. Hipponense (hab. A. 393), pertinere, cujus summa quaedam legitur in codice canonum Quesnelli (Opp. *Leon.* M. ex ed. Baller. t. 3). — Ceterum in Ed. Bas. haec palea non est. = C. XVII. [40] c. 7 (hab. A. 691). [41] *agitur*: Bohm. [42] *referet*: id. * *et* Coll. Hisp.

Dist. XIX. C. I. [1] Ep. haec legitur inter acta Conc. Rom. hab. A. 865. — Ivo Decr. p. 5, c. 53. a add.: *vere*: Edd. coll. o. [3] add.: *et ideo inter canones non esse assumenda*: Edd. coll. o.; desunt tamen in orig.

solum nunc ad imminutionem sedis apostolicae potestatis, et ad suorum augmentum privilegiorum minus accepta esse perhibeant. *Item infra :* § 1. Si ideo non esse decretales epistolas priscorum Pontificum Romanorum admittendas dicunt, quia in codice canonum non habentur adscriptae, ergo nec S. Gregorii, nec ullius alterius, qui ante vel post ipsum fuit, est aliquod institutum vel scriptum recipiendum, eo quod in codice canonum non habeatur adscriptum. Ergo doctrinam eorum et sanctiones, quae ab omni lingua venerantur, quia in codice canonum non habentur adscriptae, de codicibus suis eradant. Ut quid vel membranas occupant, postquam non habentur acceptae ? Sed quare multum immoramur, quum nec ipsas divinas scripturas veteris et novi testamenti jam recipiemus, si istos duxerimus audiendos ? Etenim neutrum horum in codice canonum ecclesiasticorum habetur insertum. Sed responsuri sunt isti, qui non ad obediendum potius, quam ad resistendum [4] semper sunt parati, dicentes [5], quod inter canones inveniatur capitulum. S. Papae Innocentii [6], cujus auctoritate doceatur, a nobis utrumque testamentum esse recipiendum, quanquam in ipsis paternis canonibus nullum eorum ex toto contineatur insertum. Quibus ad haec asserendum [7] est, quoniam si vetus novumque testamentum recipienda sunt, non quod codici canonum ex toto habeantur annexa, sed quod de his recipiendis S. Papae Innocentii prolata videatur esse sententia, restat nimirum, quod decretales epistolae Romanorum Pontificum sunt recipiendae, etiamsi non sint codici canonum compaginatae, quoniam inter ipsos canones unum B. Leonis capitulum constat esse permixtum, quo ita omnia decretalia constituta sedis apostolicae custodiri mandantur, ut si quis in illa commiserit, noverit sibi veniam denegari.

[PALEA [8].]

« Ait enim c. 10 [9] suarum decretalium : « *Ne quid vero sit quod praetermissum a nobis forte credatur, omnia decretalia constituta, tam beatae recordationis Innocentii, quam omnium decessorum nostrorum, quae de ecclesiasticis ordinibus et canonum promulgata sunt disciplinis, ita a vestra dilectione custodiri mandamus, ut si quis in illa commiserit, veniam sibi deinceps noverit denegari.* »

Dicendo vero : *omnia decretalia constituta,* nullum de decretalibus constitutis praetermisit, quod non mandaverit esse custodiendum. Et rursus asserendo : *omnium decessorum nostrorum,* nullum Pontificum Romanorum, qui ante se fuerunt, excepit, cujus ita non praeceperit decretalia constituta ab omnibus custodiri, ut si quis in illa commiserit, veniam sibi deinceps noverit denegari. Itaque nihil refert [10], utrum sint omnia necne decretalia sedis apostolicae constituta inter canones conciliorum immixta, quum omnia in uno corpore compaginari non possint, et illa eis intersint, quae firmitatem his quae desunt, et vigorem suum assignent, praesertim quum synodalia gesta, inter quae ipsi canones statuti [11] sunt, in codice canonum non habeantur, sed a nobis omni cultu debito venerentur. Consonat autem huic beatissimo Papae Leoni sanctus et facundissimus in decretis suis Papa Gelasius [12], ita inquiens : *Decretales epistolas, quas beatissimi Papae diversis temporibus ab urbe Roma pro diversorum Patrum consultatione dederunt, venerabiliter suscipiendas decernimus.* In quo notandum est, quia non dixit : *Decretales epistolas, quae inter canones habentur,* nec tantum [13] : *quas moderni Pontifices ediderunt;* sed : *quas beatissimi Papae diversis temporibus ab urbe Roma dederunt.* Dictis autem [14] : *diversis temporibus* etiam illa tempora vir sanctus comprehendit, quae crebrescentibus paganorum persecutionibus ad sedem apostolicam deferri causas episcoporum difficillime permittebant. His ita divina favente gratia praelibatis ostendimus, nullam differentiam esse inter illa decreta, quae in codice canonum habentur, sedis apostolicae praesulum, et ea, quae prae multitudine vix per singula voluminum corpora reperiuntur; quum omnia et omnium decessorum suorum decretalia constituta atque decretales epistolas, quas beatissimi Papae diversis temporibus ab urbe Roma dederunt, venerabiliter fore suscipiendas et custodiendas, eximios praesules, Leonem scilicet et Gelasium, mandasse probavimus.

C. II. *Omnes sanctiones apostolicae sedis irrefragabiliter sunt observandae.*

Item Agatho Papa *omnibus Episcopis* [15]

Sic omnes apostolicae sedis sanctiones accipiendae sunt, tanquam ipsius divini Petri voce firmatae sint.

C. III. *Tolerandum est jugum, quod a sancta sede imponitur, licet importabile videatur.*

Item ex Capitulis [b] Caroli Imperatoris [16].

In memoriam B. Petri apostoli honoremus san-

NOTATIONES CORRECTORUM.

C. III. [b] *Capitulis :* Sic emendatum est ex aliquot manuscriptis et Ivone. At Nauclerus vol. 2 gen. 28 narrat, hoc esse unum ex viginti tribus legum capitulis, quae Carolus Magnus ad omnes suas provincias misit. Burchardus autem citat ex concilio Triburicensi c. 50 ubi etiam exstat.

DIST. XIX. I. P. [4] *ad resist. potius, quam ad obed. :* Edd. coll. o. — Bohm. [5] *asserentes :* Ed. Bas. — *agentes :* Ivo. [6] *in epist. ad Exsuper. Tolos. c. ult.* [7] *respondendum :* Edd. coll. o. *referendum :* Ivo. [8] *abest ab Ed. Bas.* [9] *quinto :* orig.—Ivo. (sumtus hic locus est ex ep. ad Epp. Campaniae (secr. A. 443 ep. 4. Ed. Baller.) [10] *interest :* orig.—Ivo.—Edd. coll. o. [11] *constituti :* Ivo.—*instituti :* Edd. Bas. [12] cf. supr. dist. 15 c. 3. [13] *vel :* Edd. coll. o. [14] *diceris a :* Ed. Arg. — *dicens :* Ed. col. rel. = C. II. [15] Videntur haec excerpta esse ex allocutoria Agathonis ad episc. in conc. Rom. A. 680 congregatos. — Deusdedit p. 3. Ivo Decr. p. 4 c. 238. Polyc. I t. 17 = C. III [16] cf. Baluz. Capit. Reg. Franc. ad A. 801. T. 1 p. 367) et conc. Tribur. hab. A. 895 c. 50. — Burch. l. 1 c. 220. Ivo p. 5 c. 50.

etiam Romanam et apostolicam sedem, ut quæ nobis sacerdotalis mater est dignitatis, esse debeat ecclesiasticæ magistra rationis. Quare servanda est cum mansuetudine humilitas [17], ut [18] licet vix ferendum ab illa sancta sede imponatur jugum, tamen feramus et pia devotione toleremus. § 1. Si vero (quod non decet) quilibet, sive sit presbyter sive diaconus aliquam perturbationem machinando et nostro ministerio insidiando redarguatur falsam ab apostolica [19] sede detulisse epistolam, vel aliud quid, quod inde non venerit [20], salva fide e et integra circa Apostolicum humilitate penes episcopum sit potestas, utrum eum in carcerem, aut aliam detrudat custodiam, usquequo per epistolam, aut per idoneos suæ partis legatos apostolicam interpellet sublimitatem; ut potissimum sua sancta legatione dignetur decernere, quid de talibus justo ordine lex Romana statuat definire, ut et is corrigatur, et ceteris modus imponatur.

C. IV. *Quidquid Romana ecclesia statuit vel ordinat, ab omnibus observandum est.*

*Item* Stephanus Papa [21].

Enimvero, quia in speculum et exemplum sancta Romana ecclesia, cui nos Christus præesse voluit, proposita [22] est, ab omnibus, quidquid statuit, quidquid ordinat, perpetuo [23] et irrefragabiliter observandum est.

C. V. *A pontificalibus sit alienus officiis, qui apostolicis non vult obedire præceptis.*

*Item* Gregorius IV d [24].

Nulli fas est vel velle, vel posse transgredi apostolicæ sedis præcepta nec nostræ dispositionis ministerium, quod vestram sequi oportet caritatem.

II. Pars. § 1. Sit [25] ergo ruinæ suæ dolore prostratus, quisquis apostolicis voluerit contraire decretis, nec locum deinceps inter sacerdotes habeat, sed extorris [26] a sancto ministerio fiat; nec de ejus judicio quisquam postea curam habeat, quoniam jam damnatus a sancta et apostolica ecclesia 'ac auctoritate' sua de [27] inobedientia atque præsumptione a quoquam esse non dubitatur : quia majoris excommunicationis dejectione est abjiciendus [28], cui sanctæ ecclesiæ commissa fuerit disciplina, qui [29] non solum præfatæ sanctæ ecclesiæ jussionibus parere debuit, sed etiam aliis ne præterirent insinuare. Sitque alienus a divinis et pontificalibus officiis, qui noluit præceptis apostolicis obtemperare [30].

C. VI. *Inter canonicas scripturas decretales epistolæ connumerantur.*

*Item* Augustinus *de doctrina Christiana, lib. II, cap. 8* [31].

In canonibus scripturis ecclesiarum catholicarum quamplurimum divinarum scripturarum solertissimus indagator auctoritatem sequatur, inter quas sane illæ sint, quas apostolicas sedes habere et ab eis alii [32] meruerunt accipere epistolas. § 1. Tenebit [33] igitur hunc modum in scripturis canonicis [34], ut eas, quæ ab omnibus recipiuntur ecclesiis [35], præponat eis, quas quædam non accipiunt. In eis vero, quæ non accipiuntur ab omnibus, præponat eas, quas plures gravioresque accipiunt, eis, quas pauciores minorisque auctoritatis ecclesiæ tenent. § 2. Si autem alias invenerit a pluribus, alias a gravioribus haberi (quanquam [36] hoc [37] inveniri vix possit) æqualis tamen auctoritatis eas habendas puto.

C. VII. *Ministerii [38] divini se exsortem intelligat, qui a soliditate Petri recedit.*

*Item* Leo papa I. *ad Episcopos Viennenses, epist.* LXXXVII. [39]

Ita Dominus noster Jesus Christus humani generis salvator instituit , ut veritas, quæ antea legis et prophetarum præconio continebatur, per apostolicam tubam in salutem universitatis exiret, sicut scriptum est [40] : *In omnem terram exivit sonus eorum, et in fines orbis terræ verba eorum.* Sed hujus muneris sacramentum ita Dominus ad omnium apostolorum

## NOTATIONES CORRECTORUM.

C. III. e *Salva fide* : Apud Burchardum est : *falsa fide et non integra.*

C. V. d Caput hoc est in eadem epistola Gregorii IV. ex qua sumptum est c. *Decreto nostro.* Infra 2 q. 6. Exstat autem in codice sæpe memorato bibliothecæ Dominicanæ.

C. VI. e Caput hoc apud B. Augustinum loco indicato sic habet : *In canonicis autem scripturis ecclesiarum catholicarum quamplurimum auctoritatem sequatur: inter quas sane illæ sunt, quæ apostolicas sedes habere et epistolas accipere meruerunt. Tenebit igitur hunc modum in scripturis canonicis, ut eas,* quæ ab omnibus accipiuntur ecclesiis [ catholicis ]. *præponat eis, quas quædam non accipiunt. In eis vero, quæ non accipiuntur ab omnibus, præponat eas, quas plures gravioresque accipiunt, eis, quas pauciores minorisque auctoritatis ecclesiæ tenent. Si autem alias invenerit a pluribus, alias a gravioribus haberi (quanquam hoc* [facile] *inveniri non possit), æqualis tamen auctoritatis eas habendas puto.* Quæ quidem B. Augustini sententia non ad decretales Romanorum Pontificum, sed ad canonicas et sacras scripturas referenda est.

DIST. XIX. C. IV. [17] *humanitas* : Ivo [18] *et* : Edd. coll. o. [19] *ab Apostolico* : conc. Trib. [20] *convenerit* : ib et in Cap. Baluz. = C. IV. [21] Leguntur hæc in fine ep. Stephani V *ad episc. orient.*, quæ ad calcem conc. Constant. IV (gener. XII) a Mansio edita est tom. 16. — *Stephanum V* laudant etiam Edd. Arg. Bas. Ven. I Nor. [22] *posita est omnibus* : Ed. Bas. — *præposita* : Edd. Nor. Ven. I. II. Par. Lugd. I [23] add. *quidem* : Edd. coll. o. pr. Bas. = C. V. [24] *ex ep.*, dat. A. 832 (cf. ad c. 2 dist. 12.) Ans. I 2 c. 21. Ivo p. 5 c. 11 et 349. Polyc. l. 1 t. 17 [25] *sic* : Ed. Bas. [26] *exsors* : Edd. coll. o. pr. Bas. [27] deest in Edd. coll. o. — *hac auctoritate suaque* (pro *sua* : Ivo) *inobed.* : orig. [28] *exigendus* : orig. — Ans. Ivo [29] *quia* : Edd. coll. o. *obedire* : Ans. = C. VI * Ans. I 5 c. ult. (c. 123.) Polyc. I 1 t. 25 [31] *ab ea alii* : desunt ap. Ans. [32] Ans. [33] I 6 c. 212. (c. 209.) *Teneat* : etc. [34] add *indagator* : Edd. Bas. Lugdd. II, III. Antw. [35] add. *canonicis* : Ans. [36] *quum* : Ed. Arg. [37] *hæc* : Edd. Ven, I, II. = C. VII. [38] *mysterii*, et postea : *extorrem* : Ed. Bas. [39] Ep. 10. (Ed. Ball.) scr. c. A. 445. — Ivo Decr. p. 5 c. 6 [40] Psalm. 18 v. 5

officium pertinere voluit, ut in beatissimo Petro apostolorum omnium summo principaliter collocaret [46], ut ab ipso quasi quodam capite dona sua velut in corpus omne diffunderet [41], ut exsortem [42] se mysterii [43] intelligeret esse divini, qui ausus fuisset a Petri soliditate recedere. Hunc enim in consortium individuæ unitatis assumptum, id quod ipse [44] erat, voluit nominari, dicendo : *Tu* [45] *es Petrus, et super hanc petram ædificabo ecclesiam meam* : ut æterni ædificatio templi mirabili munere gratiæ Dei in Petri soliditate consisteret; hac [46] ecclesiam suam firmitate corroborans, ut illam nec humana temeritas posset appetere, nec portæ contra illam inferi prævalerent. Verum hanc petræ istius sacratissimam firmitatem, Domino, ut diximus, ædificante constructam, nimis impia vult præsumptione violare, quisquis ejus potestatem tentat infringere, favendo cupiditatibus suis, et id, quod accepit a veteribus, non sequendo.

Gratian. *Hoc autem intelligendum est de illis sanctionibus vel decretalibus epistolis, in quibus nec præcedentium Patrum decretis, nec evangelicis præceptis aliquid contrarium invenitur. Anastasius* [1] *enim secundus favore Anastasii imperatoris, quos Acacius post sententiam in se prolatam sacerdotes vel Levitas ordinaverat, rite fungi acceptis officiis debere decrevit; ita inquiens :*

C. VIII. *Nulla læsionis portio attingit eum, qui ab hæreticis jam damnatis ordinatur.*

Anastasius II. *ad Anastasium Augustum, epist. I c. 7 et 8* [47].

Secundum ecclesiæ catholicæ consuetudinem sacratissimum serenitatis tuæ pectus agnoscat, quod nullum de his, quos baptizavit Acacius, vel quos sacerdotes sive Levitas secundum canones ordinavit, ulla ex nomine Acacii portio læsionis attingat, quo forsitan per iniquum tradita sacramenti gratia minus firma videatur. § 1. Nam et baptisma (quod procul sit [48] ab ecclesia) sive ab adultero vel a fure datum fuerit, ad percipientem munus pervenit illibatum, quia vox illa, quæ sonuit per columbam, omnem maculam humanæ pollutionis exclusit, qua [49] declaratur ac dicitur : *Hic est* [50], *qui baptizat in Spiritu sancto et igne.* Nam si visibilis solis istius radii, quum per loca fœtidissima transeunt, nulla contactus inquinatione maculantur, multo magis illius qui istum visibilem fecit, virtus nulla ministri indignitate constringitur [51]. Nam et Judas, quum fuerit sacrilegus atque fur, quidquid egit inter apostolos pro dignitate commissa, beneficia per indignum data nulla ex hoc detrimenta senserunt, declarante hoc ipsum Domino manifestissima voce : *Scribæ* [52], inquit, *et Pharisæi super cathedram Moysi sedent; quæ dicunt, facite; quæ autem faciunt, facere nolite; dicunt enim et non faciunt.* § 2. Quidquid ergo ad hominum profectum quilibet in ecclesia minister pro officio suo videtur [53] operari, hoc totum contineri implente divinitatis effectu. Ita ille, per quem loquitur Christus, Paulus affirmat [54] : *Ego plantavi, Apollo rigavit : sed Deus incrementum dedit. Itaque neque qui plantat est aliquid neque qui rigat; sed qui incrementum dat, Deus.* § 3. Adeo [55] autem non quæritur, quis, vel qualis prædicet, sed quid [56] prædicet, ut invidos etiam bene Christum prædicare affirmet [57]; quo malo ipse diabolus dejectus [58] est, et hoc ipse prædicare non desinit. Ideo ergo et hic [59], cujus nomen dicimus reticendum [60], male bona ministrando sibi tantum nocuit. Nam inviolabile sacramentum, quod per illum datum est aliis [61], perfectionem suæ virtutis obtinuit. § 4. Quod [62] quidem generaliter verum est, nisi aliquorum in tantum se extenderet [63] curiosa suspicio, ut imaginentur, prolato a Felice Papa judicio, postea inefficaciter in sacramentis quæ Acacius usurpavit, egisse; ac proinde eos metuere, qui vel in consecrationibus, vel in baptismate mysteria [64] tradita susceperunt, ne irrita beneficia divina [65] videantur.

Gratian. *Quia ergo illicite et non canonice, sed contra decreta prædecessorum et successorum suorum hæc rescripta dedit (ut probat Felix et Gelasius, qui Acacium ante Anastasium excommunicaverunt, et Hormisda, qui ab ipso Anastasio tertius eumdem Aca-*

NOTATIONES CORRECTORUM.

C. VII. † *Anastasius* : Minime verum est sensisse Anastasium ordinatos ab Acacio post latam in ipsum sententiam, rite fungi acceptis officiis potuisse. Hoc enim duntaxat, inquit, in capite sequenti, firmum esse sacramenti gratiam ab Acacio traditam. Quod verissimum est, sicut et aliæ omnes sententiæ, quas in ea epistola ex B. Augustino Anastasius accipit, veræ sunt. Habetur autem hæc eadem Anastasii Papæ II epistola in corpore canonum, quod Romana ecclesia semper approbavit, ut infra distinct 20 can. *de libellis*, est adnotatum. Itaque sine causa reprehenditur hoc loco Anastasius a Gratiano.

DIST. XIX. C. VII. [40] *collocavit* : orig. [41] *vellet in corp. omne manare* : Coll. Hisp. [42] *extorrem* : Ed. Bas. [43] *ministerii* : Edd. coll. o. pr. Bas. et Nor. [44] *dominus* : Edd. Bas. Nor.—*ipse dominus* : Edd. coll. rel. [45] Matth. c. 16, v. 18; [46] *hanc* : Ed. Bas.—*hanc etiam* : Edd. coll. rel.=C. VIII. [47] Ep. 1, scr. c. A. 497.—Coll. tr. p. p. 1 t. 47, c. 1, 2. Ans. 19, c. 62; 143, c. 31. Ivo Decr. p. 1, c. 151. Polyc. l. 3, t. 10 [48] *fil* : orig. — Edd. coll. o. pr. Ven. II. Lugdd. II, III. [49] *quod decl. quum dicitur* : Edd. coll. o. [50] Luc. c. 3, v 16 [51] *contingitur* : Coll. Hisp. [52] Matth. c. 25, v. 2 [53] *videntur* : Edd. coll. o. [54] 1 Cor. c. 2, v. 6 [55] *A Deo* : orig. — Edd. coll. o. Ven. II — cf. Philip. c. 1, v. 15 [56] *quæ* : Ed. Bas. [57] *confirmet* : orig. — Edd. coll. o. [58] *deceptus est, et hoc ipso præcipiuee* : Coll. Hisp. [59] Ed. Bas. add. ex glossa : sc. *Acacius*. [60] *dicitur rejiciendum* : Ed. Bas. — *dicitur retic.*: Edd. coll. rel. [61] *in aliis* : Edd. coll. o., pr. Bas. et Ven. I. — *in perfectionem* : Ed. Bas. [62] *Quod quum ita sit, aliquorum in tantum se extendit, etc.* : orig. ap. Mansi. — *Quod si est aliquorum in tantum se extendens, etc.*: Coll. Hisp. [63] *extendit* : Ed. Bas. [64] *mysteria* ; orig. — Ed. Bas. [65] deest in Ed. Bas.

*cium postea damnavit*), *ideo ab ecclesia Romana repudiatur, et a Deo percussus legitur fuisse hoc modo:*

### C. IX. *Anastasius a Deo reprobatus, nutu divino percussus est.*

Anastasius [g] [66] ll., natione Romanus, fuit temporibus Theodorici regis. Eodem tempore multi clerici et presbyteri se a communione ipsius abegerunt [67], eo quod communicasset sine concilio episcoporum vel presbyterorum et cleri [68] cunctae ecclesiae catholicae diacono Thessalonicensi, nomine Photino, qui communicaverat Acacio; et quia voluit occulte revocare Acacium, et non potuit, nutu divino percussus est.

Hinc etiam *de Maximo* [h] Episcopo in Constantinopolitana Synodo *statutum est, sub Damaso Papa,* c. 6. [69]:

### C. X. *Quae circa indisciplinatos praelatos, vel ab eis geruntur, in irritum revocentur.*

Propter totius indisciplinationis ejus doctrinam, quae Constantinopoli orta est, statum est, ne Maximus fuisse aut esse jam putetur episcopus, neque hi, qui ab eo sunt ordinati, qualemcunque gradum clericatus obtineant; omnibus scilicet, quae circa eum, vel ab eo gesta sunt, in irritum revocatis.

## DISTINCTIO XX.

### GRATIANUS.

I. Pars. *Decretales itaque epistolae canonibus conciliorum pari jure exaequantur. Nunc autem quaeritur de expositionibus* [1] *sacrae scripturae, an exaequentur, an subjiciantur eis? Quo enim quisque magis ratione nititur, eo majoris auctoritatis ejus verba esse videntur. Plurimi autem tractatorum, sicut pleniori gratia sancti Spiritus, ita ampliori scientia aliis praecellentes, rationi magis adhaesisse probantur. Unde nonnullorum Pontificum constitutis Augustini,* [c] *Hieronymi atque aliorum tractatorum dicta videntur esse praeferenda.*

II. Pars. § 1. *Sed aliud est causis terminum imponere, aliud sacras scripturas diligenter exponere. In negotiis definiendis non solum est necessaria scientia, sed etiam potestas. Unde Christus dicturus Petro* [2]: *Quodcunque ligaveris super terram, erit ligatum et in coelis, etc., prius dedit sibi claves regni coelorum: in altera dans ei scientiam discernendi inter lepram et lepram, in altera dans sibi potestatem ejiciendi aliquos ab ecclesia, vel recipiendi. Quum ergo quaelibet negotia finem accipiant vel in absolutione innocentium, vel in condemnatione delinquentium, absolutio vero vel condemnatio non scientiam tantum, sed etiam potestatem praesidentium desideret; apparet, quod divinarum tractatores scripturarum, etsi scientia Pontificibus praemineant, tamen, quia dignitatis eorum apicem non sunt adepti, in sacrarum quidem scripturarum expositionibus eis praeponuntur, in causis vero definiendis secundum post eos locum merentur.*

*Unde Leo Papa* IV. *scribit Episcopis Britanniae* [3]:

### C. I. *Aliorum scripturae Romanorum Pontificum decretis non sunt praeponendae.*

*De libellis et commentariis aliorum non convenit*

## NOTATIONES CORRECTORUM.

C. IX. [g] *Anastasius*: Caput hoc habetur quidem tomo secundo conciliorum in vita Anastasii: sed esse omnino confictum, cum ex multis aliis argumentis, tum ex hoc manifeste ostenditur, quod Acacius (sicut Nicephorus lib. 16. c. 12. et Evagrius lib. 3. cap. 18. et seqq., et clarissime Anastasius Bibliothecarius in Chronologia testantur) tempore Felicis III. obiit, cui successit Gelasius, et Gelasio Anastasius, qui initio epistolae suae et c. 1. ad Anastasium imperatorem, Acacium mortuum jam et ante judicem Christum una cum Felice adstare scripsit, ut Gelasius quoque ante ipsum scripserat, et habetur infra 24. q. 2. c. *nec quisquam.* Quomodo ergo potuit Anastasius de eo revocando tractare, qui jam obierat?

[h] *De Maximo*: ex verbis hujus canonis, praesertim graecis et interpretatione Balsamonis, ac vita Gregorii Theologi per Gregorium Presbyterum descripta, et aliis ex locis (tametsi Theodoretus videtur parum diligenter hoc tractasse) apparet, hunc Maximum nunquam fuisse episcopum, ac propterea recte statui, nullum ab eo potuisse imprimi ordinis characterem, quod non erat de Acacio asserendum. Verba graeca hujus canonis haec sunt: Περὶ Μαξίμου τοῦ κυνικοῦ καὶ τῆς κατ' αὐτὸν ἀταξίας τῆς ἐν Κωνσταντινουπόλει γενομένης. Ὥστε μήτε Μάξιμον ἐπίσκοπον ἢ γενέσθαι, ἢ εἶναι, μήτε τοὺς παρ' αὐτοῦ χειροτονηθέντας ἐν οἱῳδήποτε βαθμῷ κλήρου, πάντων καὶ τῶν περὶ αὐτὸν καὶ τῶν παρ' αὐτοῦ γενομένων ἀκυρωθέντων, Id est: *De Maximo Cynico, deque iis rebus, quae nullo ordine circa ipsum Constantinopoli gestae sunt.* « *Neque Maximum aut fuisse aut esse episcopum, neque eos, qui ab ipso sunt ordinati, in ullo cleri gradu censendos; omnibus, quae in ipso et ab ipso facta sunt, infirmatis.* » Ac de eodem Maximo, quod nunquam fuerit episcopus, est locupletissimum testimonium in epistola Hadriani Papae, scripta Basilio imperatori, quae habetur actione prima VIII. synodi manuscriptae, quae est penes Cardinalem Sirletum. Citans enim Leonem primum ait: *Vicit enim altisona tuba, sanctus videlicet sedis apostolicae Papa Leo, cujus sententiam quicquid ubique catholicum est velut caeleste miraculum celebrat et veneratur oraculum: Quum saepe quaestio de male accepto honore nascatur, quis ambigat nequaquam istis esse tribuendum, quod non doceatur fuisse collatum? Neque enim inter Photium moechum, et Maximum Cynicum a synodo II damnatum, vel inter ordinationes hujus et illius, distinctionis aliquid esse convincimus.*

---

Dist. XIX. C. IX. [66] Ex Pontificali Romano recte laudatur ab Ivone Decr. p. 14, c. 40. [67] *ejecerunt*. Ivo. — *erexerunt*: orig. [68] *clericorum*: Edd. coll. o. — ap. Ivonem est: *sive eorum.* [69] Conc. Constant. I. hab. A. 381. — in Coll. Hisp. capitis initium hoc est: *De Maximo Cynico philosopho et totius,* etc.

Dist. XX. Pars I. [1] *expositoribus*: Ed. Bas. Pars II. [2] Matth. c. 16, v. 18. | [3] Ep. ll. s, 6, scr. A. 850. — Anselm. 1, 3, c. 123. Ivo Pan. l. 2, c. 118. Decr. p. 4, c. 72. Deusdedit p. 2. Polyc. p. 3, t. 20.

aliquem ⁴ indicare, et sanctorum conciliorum canones relinquere vel decretalium regulas, id est, quæ habentur apud nos simul cum canonibus ⁵: Quibus *autem* in omnibus ecclesiasticis utimur judiciis, *sunt canones* ⁶ ⁷ apostolorum, Nicænorum, Ancyranorum, Neocæsariensium, Gangrensium, *Antiochensium, Laodicensium, Constantinopolitanorum, Ephesinorum, Chalcedonensium,* Sardicensium, Africanensium, Carthaginensium ᵇ ⁷, et cum illis regulæ præsulum Romanorum, Silvestri, Syricii, Innocentii, Zosimi, Cœlestini, Leonis, Gelasii, Hilarii, *Symmachi,* Hormisdæ, *Simplicii* et Gregorii ⁸ junioris. Isti omnino sunt, et per quos judicant episcopi, et per quos episcopi simul judicantur ⁹ et clerici. Nam si tale emerserit vel contigerit inusitatum negotium, quod minime possit per istos definiri, tunc si,illorum quorum meministis dicta Hieronymi, Augustini, Isidori vel ceterorum similiter sanctorum doctorum similium reperta fuerint, magnanimiter sunt retinenda ac promulganda, vel ad apostolicam sedem referendum ¹⁰ de talibus. § 1. Quam ob causam luculentius et magna voce pronunciare non timeo: quia, qui illa, quæ diximus sanctorum Patrum statuta, quæ apud nos canonum ¹¹ nomine prætitulantur (sive sit *ille* episcopus, sive clericus, sive laicus), non ᶜ indifferenter recipere convincitur, nec catholicam et apostolicam fidem, nec sancta

A quatuor evangelia utiliter et efficaciter ad effectum suum retinere vel credere probatur.

C. II. *Corripiendi sunt, qui decreta Romanorum Pontificum non habent, vel non observant.*

*Item* Nicolaus I. *Photio, in epistola, cujus initium est:* « Postquam B. Petro ¹² . »

Si decreta Romanorum Pontificum non habetis, de neglectu atque incuria estis arguendi. Si vero habetis et non observatis, de temeritate estis corripiendi et increpandi.

C. III. *Ad quos sit recurrendum, quum sacræ Scripturæ auctoritas non occurrit.*

*Item* Innocentius ᵈ Papa ¹³.

B De quibus causis nulla solvendi ligandique auctoritas in libris veteris testamenti, quatuor evangeliorum cum totis scriptis apostolorum appareat, ad divina recurre ¹⁴ scripta græca. *Si neque in illis, canones* ᵉ *apostolicæ sedis intuere.* Si nec in illis, ad catholicæ ecclesiæ historias catholicas, a doctoribus catholicis scriptas, manum mitte. Si nec in illis, sanctorum exempla perspicaciter recordare. Quod si omnibus his inspectis hujus quæstionis qualitas non lucide investigatur, seniores provinciæ congrega et eos interroga. Facilius namque invenitur, quod a pluribus senioribus quæritur. Verus enim ¹⁵ repromissor Dominus ait ¹⁶ : *Si duo ex vobis vel tres conveniunt super terram in nomine meo, de omni re quamcunque petierint, fiet illis a patre meo.*

## DISTINCTIO XXI.

**GRATIANUS.**

I. Pars. *Decretis ergo Romanorum Pontificum et sacris canonibus conciliorum ecclesiastica negotia, ut supra monstratum est, terminantur. Ministri vero*

C *sacrorum canonum et decretorum Pontificum sunt summi Pontifices et infra præsules ac reliqui sacerdotes, quorum institutio in veteri testamento est inchoata, et in novo plenius consummata.* § 1. *Summi enim Pon-*

### NOTATIONES CORRECTORUM.

ᵃ Dist. XX. C. I. ᵃ *Sunt canones*: Indicat canones et regulas, ex quibus constat corpus vel codex canonum, de quo in præfatione dictum est, quo Romani Pontifices præsertim in judiciis utebantur; in quo codice sunt canones tantum, non synodalia gesta, ut superius Nicolaus in c. *Romanorum,* 19. distinct. scripsit.

ᵇ *Carthaginensium* : In codice canonum unica est synodus Carthaginensis, continens canones triginta tres, qui ex variis conciliis Carthagini habitis collecti fuerunt. Eos canones sedes apostolica videtur probasse, et usa eis esse, quando in codicem canonum referendos curavit. Eosdem etiam Græci, quo ordine apud Latinos habentur, cum aliis præterea multis Africanarum synodorum conjunctos in linguam suam verterunt: et hi ipsi sunt, quos iisdem numeris Anselmus, Burchardus et Ivo citant: quamvis Gratianus interdum quidem his utatur, interdum vero ex singulis Carthaginensibus conciliis canones

accipiat, quod suis locis indicabitur. Et de hac unica Carthaginensi synodo intelligendum est, quod habetur supra dist. 10. c. *prima adnotatio*, vers. septima, quod hic declarandum dilatum fuit.

ᶜ *Non indifferenter*: Anselmus, Deusdedit et Gregorius Presbyter in Polycarpo habent: *qui eadem indifferenter non recipit, ipse se convincit, minime catholicam et apostolicam fidem ad effectum sua retinere salutis.*

D C. III. ᵈ *Innocentius*: Caput hoc non est inter epistolas Innocentii primi, quæ multæ exstant: neque vero Innocentii secundi esse potest, quum ante ipsum scripserint Burchardus et Ivo, a quibus hoc ipsum citatur.

ᵉ *Canones*: Verba hæc, quæ apud Gratianum deerant, sunt apud Burchardum et Ivonem et Polycarpum, in quo Polycarpo habentur hoc ipso loco, in quem sunt restituta.

---

Dist. XX. C. I. ¹ *aliquos*: Edd. coll. o. ² *cum illis in canone*: orig. ap. Mansi. t. 14, p. 884. — Ans. Ivo. ³ *id est*: Edd. coll. o., cum Ivone et orig. — *canones, qui dicuntur,* app.: Ans. ⁴ Concilia *Constant., Eph., Chalc., Afr.* absunt ab Anselmo, neque pontificum quæ sequuntur nomina apud illum leguntur. ⁵ *ab est ab* orig.; leguntur tamen de Gregorii decretalibus epp. nonnulla ead epist. c., 5 ex quo ipsum nomen huc videtur esse translatum. ⁹ *judicant* : Bohm. ¹⁰ *referatur* : Ivo.—Edd. coll. o. ¹¹ *canones*: Ivo. — Ed. Bas. ═ C. II. ¹² scr. A. 862. In Edd. coll. inscribitur capiti: *Clero Constantinopol.* — Coll. tr. p. p. 1, t. 62, c. 16. ═ C. III. ¹³ Fragmentum incerti auctoris et temporis. — Burch. l. 3, c. 128. Ivo Decr. p. 4, c. 70. Polyc. 1, 7, t. 3. ¹⁴ *recurratur* : Ed. Bas. ¹⁵ *etiam* : Edd. coll. o. ¹⁶ Matth. c. 18, v. 19.

*tifices et minores sacerdotes a Deo sunt instituti per Moysem* [1], *qui ex præcepto Domini Aaron in summum pontificem, filios vero ejus unxit in minores sacerdotes. Postea vero David, quum ministeria domus Domini ampliaret, janitores et cantores instituit. Porro Salomon quemdam modum exorcizandi invenit, quo dæmones adjurati ex obsessis corporibus pellebantur; huic officio mancipati exorcistæ vocati sunt, de quibus Dominus in evangelio* [2] : *Si ego in Beelzebub ejicio dæmonia, filii vestri (videlicet exorcistæ) in quo ejiciunt? Hæc omnia in novo testamento ecclesia imitata habet janitores suos, quos ostiarios appellamus. Pro cantoribus lectores et simul cantores instituit. Exorcistas autem nomine antiquo et officio permanente recepit. Pro filiis vero Aaron omnes infra summum pontificem sacerdotium administrantes sunt consecrati.* § 2. *Inter eos quædam discretio servata est, ut alii appellentur simpliciter sacerdotes, alii archipresbyteri, alii chorepiscopi, alii episcopi, alii archiepiscopi seu metropolitæ, alii primates, alii patriarchæ, alii summi Pontifices.* § 3. *Horum discretio a gentilibus maxime introducta est, qui suos flamines alios simpliciter flamines, alios archiflamines, alios protoflamines appellabant. Simpliciter vero majorum et minorum sacerdotum discretio in novo testamento ab ipso Christo sumpsit exordium, qui XII. apostolos tanquam majores sacerdotes, et LXXII. discipulos quasi minores sacerdotes instituit. Petrum vero quasi in summum sacerdotem elegit, dum ei præ omnibus et pro omnibus claves regni cœlorum tribuit, et a se petra Petri sibi nomen imposuit, atque pro ejus fide se specialiter rogasse testatus est, et ut ceteros confirmaret sibi injunxit dicens* [3] : *Ego rogavi pro te, Petre, ut non deficiat fides tua, et tu aliquando conversus confirma fratres tuos. Hanc eamdem formam apostoli secuti in singulis civitatibus episcopos et presbyteros ordinaverunt. Levitas autem ab apostolis ordinatos legimus, quorum maximus fuit B. Stephanus* [4]; *subdiaconos et acolythos procedente tempore ecclesiæ sibi constituit.*

*De his ita scribit B.* Isidorus *lib. VII. Etymol* [5]. *cap. 12. nomina illorum et nominum causas exponens, ita inquiens.*

C. I. *Unde nomina ecclesiasticorum graduum sumantur.*

Cleros [6] et clericos hinc appelatos credimus, quia Matthias [7] sorte electus est, quem primum per apostolos legimus ordinatum. Κλῆρος enim græce, sors latine [8] vel hereditas dicitur. Propterea ergo dicti sunt clerici, quia de sorte Domini sunt, vel quia Domini [9] partem habent. Generaliter autem clerici nuncupantur omnes, qui in ecclesia Christi deserviunt, quorum gradus et nomina sunt hæc: Ostiarius, psalmista, lector, exorcista, acolythus, subdiaconus, diaconus, presbyter, episcopus. § 1. Ordo episcoporum quadripartitus [10] est, id est in patriarchis, archiepiscopis, metropolitanis atque episcopis. § 2. Patriarcha græca lingua summus Patrum interpretatur: quia primum, id est apostolicum [a] retinet locum, et ideo, quia summo honore fungitur, tali nomine censetur, sicut Romanus, Antiochenus et Alexandrinus. § 3. Archiepiscopus græco dicitur [11] vocabulo, quod sit summus episcoporum, tenet enim vicem apostolicam, et præsidet tam metropolitanis quam ceteris episcopis. § 4. Metropolitani autem a mensura civitatum vocantur, singulis enim provinciis præeminent, quorum auctoritati et doctrinæ ceteri sacerdotes subjecti sunt, sine quibus nihil reliquos agere licet episcopos; sollicitudo enim totius provinciæ ipsis commissa est. § 5. Omnes autem superius designati ordines uno codemque vocabulo episcopi nominantur; sed ideo privato nomine quidam utuntur, propter distinctionem potestatum, quam singulariter acceperunt. § 6. Patriarcha Patrum princeps: " Ἄρχων [19] enim princeps: inde [13] archiepiscopus princeps episcoporum, ' sicut ' metropolitanus a mensura civitatum. § 7. Episcopatus autem vocabulum inde ductum [14], quod ille, qui efficitur [15] episcopus, superintendat [16], scilicet curam gerens subditorum: σκοπεῖν enim græce, latine intendere dicitur. Episcopi autem græce, latine speculatores interpretantur; nam speculator est præpositus in ecclesia dictus, eo quod speculetur, et perspiciat populorum infra se positorum mores et vitam. § 8. Pontifex princeps sacerdotum est, quasi via sequentium. Ipse et summus sacerdos, ipse et pontifex maximus nuncupatur. Ipse enim efficit sacerdotes atque Levitas: ipse omnes ordines ecclesiasticos disponit: ipse quid unusquisque facere debeat ostendit. Antea autem qui reges erant [17] et pontifices erant. Nam majorum [18] hæc erat consuetudo, ut rex esset etiam sacerdos et

**NOTATIONES CORRECTORUM.**

Dist. XXI. C. l. [a] *Apostolicum*: Antea legebatur: *post apostolicum*. Restituta est vera lectio non modo ex Isidori et veterum exemplariorum Gratiani fide, sed ex ipsa ab Isidoro allata ratione, qui Romanum, Antiochenum et Alexandrinum patriarchas propterea vocat, quia apostolicum locum tenent. Hoc idem B. Gregorius lib. 6, epist. 37. scribens Eulogio Alexandrino declarat his verbis: *Itaque quum multi sunt apostoli, pro ipso tamen principatu sola apostolorum principis sedes in auctoritate convaluit, quæ in tribus locis unius est. Ipse enim sublimavit sedem, in qua etiam quiescere et præsentem vitam finire dignatus est. Ipse decoravit sedem, in qua evangelistam discipulum misit. Ipse firmavit sedem, in qua septem annis, quamvis discessurus, sedit.* Atque hoc idem ait Anacletus, c. *sacrosancta*. Infra dist. 22.

---

Dist. XXI. Pars I. [1] Exod. c. 28, 1 Paral. c. 25, et 2, c. 23. [2] Luc. c. 11, v. 19. [3] Luc. c. 22, v. 32. [4] Act. c. 6. [5] cf. Isid. de offic. l. 2. = C. I. Raban. de instit. cler. l. 1, c. 2. [6] ex Augustin. in Psalm. 67. [7] Act. c. 1. [8] abest ab Isid. [9] *Dominum*: ib. [10] *tripertitus*: Raban. [11] *interpretatur*: Edd. coll. o. [12] ἄρχων *enim græce, latine, princeps*: exd. [13] abest ab Isid. et Ed. Bas. [14] *dictum*: Edd. coll. o. [15] *superefficitur*: Isid. [16] ex August. De Civ. Dei 19, c. 19. [17] *pontifices et reges erant*: Edd. coll. o. [18] e Serv. ad Æn. 1, 3. v. *Rex Anius*.

pontifex. Unde et Romani imperatores pontifices dicebantur. § 9. Vates a vi mentis appellatus '' est; cujus significatio multiplex est: nam modo sacerdotem, modo prophetam significat, modo poetam. § 10. Antistes sacerdos dictus est [26], quod ante stat: primus est enim in ordine Ecclesiæ; supra se nullum habet [21]. § 11. Sacerdos autem nomen habet compositum ex græco et latino, quasi sacrum dans; sicut enim rex a regendo, ita sacerdos a sacrificando [22] vocatus est: consecrat enim et sacrificat [23]. Sacerdotes autem gentilium flamines dicebantur. Ili in capite habebant pileum, in quo erat brevis virga, desuper habens lanæ aliquid, quod, quum propter æstum ferre non possent, filo [24] tantum capita religare cœperunt; nam nudis penitus eos capitibus incedere nefas erat. Unde a filo, quo utebantur, flamines dicti sunt, quasi filamines. Verum festis diebus, filo deposito, pileum imponebant pro sacerdotii eminentia. § 12. Presbyter græce, latine senior interpretatur; non modo pro ætate vel decrepita senectute, sed etiam propter honorem et dignitatem quam acceperunt, presbyteri nominantur: unde [b] [25] et apud veteres iidem episcopi et presbyteri fuerunt, quia illud nomen dignitatis est, et non [c] ætatis. Ideo autem et presbyteri sacerdotes vocantur, quia sacrum dant, sicut et episcopi; qui licet sint sacerdotes [26], tamen pontificatus apicem non habent, quia nec chrismate frontem signant, nec Paracletum Spiritum dant, quod solis deberi episcopis lectio Actuum [27] apostolorum demonstrat. § 13. Levitæ ex nomine auctoris vocati. De Levi enim Levitæ exorti sunt, a quibus in templo Dei mystici sacramenti ministeria explebantur. Hi græce diaconi, latine ministri dicuntur, quia sicut [28] in sacerdote consecratio, ita in diacono ministerii [29] dispensatio habetur. § 14. Hypodiaconos græce, quos nos subdiaconos dicimus, qui ideo sic appellantur, quia subjacent præceptis et officiis levitarum. Oblationes enim in templo Dei a fidelibus ipsi suscipiunt, et levitis superponendas altaribus defuerunt; hi apud Hebræos Nathinæi [30] vocantur. § 15. Lectores a legendo, psalmistæ a psalmis canendis vocati: illi enim prædicant populis quid sequantur; isti canunt, ut excitent ad compunctionem animos audientium; licet et

A quidam lectores ita miserabiliter pronuncient, ut quosdam ad luctum lamentationemque compellant. Iidem etiam et pronunciatores vocantur, quod porro [31] annuncient. Tanta enim et tam clara erit [32] eorum vox, ut quamvis longe positorum aures adimpleant. § 16. Cantor autem vocatus, quia vocem modulatur in cantu. Hujus duo genera [33] dicuntur in arte musica, sicut ea docti homines latine dicere potuerunt, præcentor et succentor: præcentor scilicet, qui vocem præmittit in cantu, succentor autem, qui subsequenter canendo respondet. Concentor autem dicitur, quia consonat; qui autem non consonat nec concinit, nec cantor nec concentor erit. § 17. Acolythi [34] græce, latine ceroferarii dicuntur a deportandis cereis, quando [35] legendum est evangelium, aut sacrificium offerendum; tunc enim accenduntur luminaria ab eis, et deportantur, non ad effugandas tenebras, dum sol eodem tempore rutilet, sed ad signum lætitiæ demonstrandum, ut sub typo luminis corporalis illa lux ostendatur, de qua in Evangelio [36] legitur [37]: *Erat lux vera quæ illuminat omnem hominem venientem in hunc mundum*. § 18. Exorcistæ ex græco in latinum adjurantes sive increpantes vocantur, invocant enim super catechumenos, vel super eos qui habent spiritum immundum, nomen Domini Jesu, adjurantes per eum ut egrediatur ab eis. § 19. Ostiarii, idem et janitores, qui in Veteri Testamento electi sunt ad custodiam templi, ut non ingrederetur in illud immundum [38] in omni re. Dicti [39] autem ostiarii, quod præsint ostiis templi. Ipsi [40] enim tenentes clavem omnia intus extraque custodiunt, atque inter bonos et malos habentes judicium, fideles recipiunt et respuunt infideles.

C. II. *Romana Ecclesia a Christo primatum accepit.*
Item Anacletus *ad episcopos Italiæ, epist. II* [41].

In Novo Testamento post Christum Dominum a Petro sacerdotalis cœpit ordo, quia ipsi primo pontificatus in Ecclesia Christi datus est, Domino dicente ad eum [42]: *Tu es Petrus, et super hunc petram ædificabo Ecclesiam meam, et portæ inferi non prævalebunt adversus eam: et tibi dabo claves regni cœlorum*. Hic ergo ligandi atque solvendi potestatem primus accepit a Domino, primusque ad fidem popu-

### NOTATIONES CORRECTORUM.

[b] *Unde et apud*: Restituta hæc sunt in locum suum, quo loco habentur apud Isidorum.

[c] *Et non ætatis*. In originali est: *hoc ætatis*, et ita apud Hieronymum in epist. 83 ad Oceanum; sed ob glossam non est mutatum.

---

DIST. XXI. C. I. [19] *dictus*: Ed. Bas., [20] *ab eo quod*: Edd. coll. o.—Isid. [21] Ed. Bas. add. ex glossa: *sive latine sacer dux*. [22] *sanctificando*: Isid, [23] *sanctificat*: id. [24] *filum in capite*: Edd. coll. o. [25] in fine § *leguntur*. [26] *ex epist. Innoc. I ad Decentium*, c. 3. [27] *ib. c. 8*. [28] ex Hieronymi epist. ad Rusticum Narb. de septem gradibus. [29] *mysterii*: Isid. [30] *Anathanei*: Ed. Bas.—*Nathanei*: Edd. rel. [31] *populo*: Edd. col. o. pr. Arg. Bas., Nor. [32] abest a Boehm. [33] ex Aug. in psalm. 87. [34] Ivo Decr., p. 6, c. 8. [35] ex Hieron. ep. adv. Vigilantium [36] add.: *Christi*: Ed. Bas. [37] Joan. c. 1, v. 9. [38] add.: *spiritus*: Ed. Bas. [39] add. *sunt*: missa voce: *autem*: Edd. coll. o. [40] ex dicta ep. Ilieron. ad Rusticum. = C. II. [41] Ep. Pseudoisidori, et in hoc cap. quidem auctor potissimum imitatus est Isidorum in lib. 2 de offic., c. 5. — Ans. l. 1, c. 4 et 7. Burch. l. 1, c. 1. Ivo Pan. l. 3, c. 82 Decr., p. 5, c. 1. [42] Matth., c. 16, v. 18.

lum virtute suæ prædicationis adduxit. Ceteri vero apostoli cum eodem pari consortio honorem et potestatem acceperunt, ipsumque principem eorum esse voluerunt, qui etiam, jubente Domino, in toto orbe dispersi Evangelium prædicaverunt. § 1. Ipsis quoque decedentibus in locum eorum successerunt episcopi, quorum ordinatio prætaxato [43] debet fieri ordine et modo, quos qui recipit et verba eorum, Deum recipit: qui autem spernit [44] eos, eum, a quo missi sunt et cujus legatione funguntur, spernit, et ipse indubitanter spernetur a Domino. § 2. Videntes [45] autem ipsi apostoli messem esse multam et operarios paucos, rogaverunt dominum messis, ut mitteret operarios in messem suam; inde ab eis electi sunt LXXII [46] discipuli, quorum typum gerunt presbyteri atque in eorum locum sunt constituti in ecclesia.

C. III. *Primatum Romanæ Ecclesiæ non aliqua synodus, sed Christus instituit.*

*Idem* Gelasius urbis Romæ episcopus *omnibus orthodoxis* [47].

Quamvis universæ per orbem Catholicæ Ecclesiæ unus thalamus Christi sint, sancta tamen Romana, catholica et apostolica Ecclesia nullis synodicis constitutis ceteris ecclesiis prælata est, sed evangelica voce Domini et salvatoris nostri primatum obtinuit. *Tu es Petrus* (inquiens) *et super hanc petram ædificabo Ecclesiam meam,* ' *et portæ inferi non prævalebunt adversus eam. Et tibi dabo claves regni cœlorum: et quodcunque solveris super terram, erit solutum et in cœlis* '. Cui data est etiam societas beatissimi Pauli, vasis electionis, qui non diverso (sicut hæretici garriunt) sed uno tempore, uno eodemque die, gloriosa morte cum Petro in urbe Roma sub Cæsare Nerone agonizans coronatus est, et pariter supradictam sanctam Romanam Ecclesiam Christo Domino consecrarunt, eamque omnibus urbibus in universo mundo sua præsentia atque venerando triumpho prætulerunt. Est ergo prima Petri apostoli sedes Romana Ecclesia, non habens maculam neque rugam, nec aliquid hujusmodi.

III Pars. Gratianus. *In his omnibus, quanto gradus celsior, tanto major auctoritas invenitur. In majoribus siquidem est regendi et jubendi potestas, in minoribus obsequendi necessitas.*

Unde Nicolaus papa I *ad Michaelem imperatorem, in epistola cujus initium est: « Proposueramus* [48]. »

C. IV. *Inferiorum facta superiorum sententiis obnoxia sunt.*

Inferior sedes superiorem [49] absolvere non potest.

Sola ergo [50] potior inferiorem convenienter absolvit. Hinc liquido providetur, quia quem non potest absolvere, nec potest judicio inferior potiorem ligare. *Et infra:* Unde Propheta [51] ait: *Nunquid gloriabitur securis contra eum qui secat in ea? aut exaltabitur serra contra eum qui trahit eam?* His ita ex divina Scriptura ' et probabilium Patrum doctrina ' commemoratis, sole clarius exhibuimus, non posse quemquam, qui minoris auctoritatis est, eum qui majoris potestatis est, judiciis suis addicere, aut propriis definitionibus subjugare.

C. V. *De eodem.*

Idem *eadem epistola* [52].

Nolite nos existimare facta cujuscunque proximorum nostrorum, quæ sunt digna reprehensione, velle defendere, sed quod ita velimus filios circa spiritualem patrem, et discipulos erga magistrum devotos ac sobrios esse, ut nulla penitus temeritate ad eorum vitam, ut non dicam [53] dijudicandam, sed nec saltem tenuiter reprehendendam prosiliant.

C. VI. *Inferiores majoribus nec benedicere, nec maledicere possunt.*

Idem Nicolaus papa *eadem epistola* [54].

Denique si in epistola legimus ad Hebræos, quod minor a majore benedicitur, restat profecto, ut exigente ratione etiam maledicatur. Siquidem hæc ' utique ' prænoscentes periculosa tempora illi qui ante nos fuerunt, providam in ecclesiis consuetudinem tradiderunt, hodieque in Romana Ecclesia, quæ magistra est omnium ecclesiarum, imprætermissa [55] servatur, ita ut nullus sacerdos, majore suo non innuente consacerdote, cuilibet rei benedictionem [56] dare nitatur; sed et anterior stans ad pronunciandam aliquam lectionem, benedictionem quidem postulat, sed ei quilibet inferior non audet penitus benedicere. Cur hoc? nunquid benedicere peccatum est? absit. De maledicis enim, non de benedicis dicit Apostolus [57], *quia regnum Dei non possidebunt;* sed per hoc innuitur, quantæ censuræ freno inferiores quique a [58] suis præpositis judicandis [59] coercendi sunt, si his nec etiam benedicendi jus ullum penitus obtineant.

C. VII. *De eodem.*

Idem. *eadem epistola* [60].

Nunc autem divina inspiratione non nos pigebit. nec nobis impossibile erit ostendere vobis (si tamen audire velitis), non posse quemquam rite ab iis qui inferioris dignitatis vel ordinis sunt, judicialibus submitti definitionibus. Siquidem tempore Diocle-

---

DIST. XXI. C. II. [43] *prætacto:* orig. [44] *respuerit:* Edd. coll. o. pr. Bas. Lugdd. II, III. [45] Luc., c. 10. Matth., c. 9. [46] *LXX:* Ivo. =C. III. [47] Pertinet hoc cap. decr. Gelasii (in Edd. coll. laudatur *Pelagius*) (dat. A. 494 vel 496) de quo supra ad c. 2, dist. 15, nonnulla sunt notata. — Anselm., l. 1, c. 69. Burch., l. 3, c. 220. Ivo Pan., l. 4, c. 8, Polyc., l. 1, t. 2. Ceterum verba: *cui data,* etc., in rem suam vertit Pseudoisidor. — infr. D. 22, c. 2 (Anaclet.) = II P. [48] dat. A. 865. — In Edd. col. o. inscribitur: *Nicolaus episcopo Constant.* — Coll. tr. p. p. 1, t. 62, c. 68. =C. IV. [49] *potiorem:* Edd. coll. o. [50] *enim:* exd. [51] Esa., c. 10, =C. V. [52] Coll. tr. p. p. 1, t. 62, c. 69. [53] *dicamus:* Edd. coll. o, = C. VI. [54] Ans., l. 7, c. 154. Ivo Decr., p. 5, c. 17, p. 6, c. 355. [55] *imprætermisse,* orig. — Ans. vol. Ed. Bas, [56] *benedicere:* orig. — Ans. Ivo. [57] Gal., c. 5. [58] *ad suos judicandos præpositos:* orig. — Ans. Ivo. [59] *judicandi coercendique:* Edd. coll. o. — Bohm. =C. VII. [60] Ans., l. 2, c. 65. — [70] Pan., l. 4, c. 6, Decr. p. 5, c. 8. Polyc., l. 1, t. 20. — (In Edd. col. o. nunc demum inscribitur: *Michaeli imp.*).

tiani et Maximiani Augustorum Marcellinus episcopus urbis Romæ, qui postea insignis martyr effectus est, adeo compulsus est a paganis, ut in templum eorum ingressus grana thuris super prunas imponeret : cujus rei gratia collecto numerosorum concilio episcoporum, et inquisitione facta hoc idem pontifex se egisse confessus est. Nullus tamen eorum proferre sententiam in eum ausus est, dum ei sæpissime omnes perhiberent [61] : *Tuo ore judica causam tuam, non nostro judicio*. Et iterum : *Noli*, aiunt, *audiri in nostro judicio, sed collige in sinu tuo causam tuam*, Et rursus : *Quoniam ex te*, inquiunt, *justificaberis, aut ex ore tuo condemnaberis*. Et iterum dicunt : *Prima sedes non judicabitur* [62] *a quoquam*. Idem in eadem. § 1. Sed et quum quidam tempore quodam contra Xistum papam tentassent quædam mali [63] rumoris objicere, et in concilio, cui et Valentinianus Augustus intererat, dictum fuisset, non licere adversus Pontificem dare sententiam, surrexit idem protinus imperator, et in arbitrio præfati Pontificis tribuit judicare judicium suum. Etenim nullus pontificum minorum vel inferiorum urbium subactus judiciis [64] invenitur.

C. VIII. *Majores a minoribus judicari non possunt.*
Idem Nicolaus *eadem epistola* [65].

Submittitur Ignatius minorum, inferiorum et subjectorum deliberationibus, quum sacris canonibus præcipientibus et exemplis sanctorum Patrum, semper, ubi est major auctoritas, sit eundum [66], et in omnibus controversiis ad potioris sedis judicia actio [67] dirigitur. Quod non solum a catholicis, verum etiam ab ipsis constat observatum hæreticis.

A Alioquin acephalum liquet esse concilium, ubi de tanta persona agitur, et majorum non exspectatur. sententia, quum nec in causa clericorum inferioris gradus solius episcopi sui judicium tantummodo postulandum [68] sit.

C. IX. *Minorum sententiæ majores damnare non valent.*
Idem Nicolaus *eadem epistola* [69].

In tantum hanc præsumtionem sancti Patres apud Chalcedonem detestati sunt, ut Dioscorum Alexandrinum antistitem inter cetera idcirco potissimum sine ulla restitutione damnaverint, quia in contumacia.[d] *permanens erga primæ sedis Romanæ privilegium, resipiscere a suis superstitionibus, ut servaretur a prima sede apostolica, noluit : et ponens* B in cœlo os suum, et lingua ejus transeunte super terram, excommunicationem in S. Leonem papam dictavit ; ita ut in sententia contra ipsum prolata hoc videantur memorare præcipue, dicentes : *Quoniam secundis excessibus* [70] *priorem iniquitatem valde transcendit: præsumpsit enim et excommunicationem dictare adversus sanctissimum et beatissimum archiepiscopum magnæ* [71] *Romæ Leonem*. Numquid ibi legitur inquisitionem fuisse factam, utrum juste an injuste ipsam [72] Dioscorus excommunicationem dictasset ? Non plane ; sed absque omni controversia hoc in eo ulti sunt, quia quum esset inferior, potiorem quibuslibet conatus est lacessere contumeliis, teste Anatolio Constantinopolitano præsule, qui dicit [73] : *Propter fidem non est damnatus Dioscorus, sed* C *quia excommunicationem fecit domino archiepiscopo Leoni.*

---

## DISTINCTIO XXII.

GRATIANUS.

I. Pars. *Quia ergo major a minori judicari non debet, videndum est, quæ inter ceteras ecclesias primum locum ; quæ secundum, vel tertium obtineat. Romana ecclesia (sicut supra dictum est) primum locum inter ceteras obtinet, Alexandrina secundum, Antiochena* D *ecclesia tertium ab ea locum accepit.*

Unde Nicolaus Papa II. *scribit Mediolanensibus 'per Petrum Damianum legatum suum'* [1] :

C. I. *Romana ecclesia ceterarum primatum tenet.*

Omnes sive patriarchii cujuslibet apices, sive metropoleon primatus, aut episcopatuum cathedras, vel ecclesiarum cujuslibet ordinis dignitates instituit Romana ecclesia. Illam vero solus ille fundavit, et super petram fidei mox nascentis erexit, qui beato [a] æternæ vitæ clavigero terreni simul et cœlestis imperii jura commisit. Non ergo quælibet terrena sententia, sed illud verbum, per quod [2] constructum est cœlum et terra, per quod denique omnia condita sunt elementa, Romanam fundavit ecclesiam. Illius certe privilegio fungitur, illius auctoritate fulcitur. Unde non dubium, quia, quisquis cuilibet ecclesiæ

---

NOTATIONES CORRECTORUM.

C. IX. [d] *In contumacia*. Hinc usque ad verbum *ponens* addita sunt ex originali *.

---

Dist. XXI. C. VII. [61] *dicerent* : Edd. coll. o. [62] *justificabitur* : Edd. Bas. Nor. [63] *non boni* : orig. Ans. [64] *judicio* : Ed. Bas. = C. VIII. [65] Coll. tr. p., p. 1, t. 62, c. 72. ¼ [66] *eundum esse* : Edd. coll. o. pr. Arg. Par. et Antw., in quibus est : *eundem*. [67] *abest ab* orig., pr. Edd. coll. o, pr. Arg. et Lugdd. II, III Antw. [68] *præstolandum* : Ed. Bas. = C. IX. [69] Ans., l. 2, c. 65. Ivo Pan., l. 4, c. 6, 7. Decr. p. 5, c. 8. Polyc., l. 1, t. 20. * absunt etiam ab Ans. et Ivone.— Verba : *ponens*, etc., sumpta sunt ex psal. 72, v. 9. [70] *secundus excessus* : Ivo. [71] add. : *ecclesiæ* : Ed. Bas. [72] *in ipsum* : ead. [73] act. V Conc Chalc.

Dist. XXII. I. P. [1] *Hæc, quæ apud Anselmum* (l. 1, c. 64). *Nicolai junioris* nomen præ se ferunt, habentur in epist. Petri Damiani ad Hildebrandum, quæ inter acta conventus Mediolanensis (h. a. 1058.) exstat ap. Mansi tom. 19. = C. I. [2] add. : *Petro* : Edd. coll. o. [3] *quo* : Ans.

jus suum detrahit, injustitiam facit. § 1. Qui autem Romanæ ecclesiæ privilegium ab ipso summo omnium ecclesiarum capite traditum auferre conatur, hic proculdubio in hæresim labitur; et quum ille vocetur [4] injustus, hic est [*] procul dubio [*] dicendus hæreticus. Fidem quippe violat, qui adversus illam agit, quæ mater est fidei : et illi contumax invenitur, qui eam cunctis ecclesiis prætulisse cognoscitur. *Et infra* : § 2. Unde et ipse S. Ambrosius se in omnibus sequi magistram sanctam Romanam profitetur ecclesiam.

C. II. *Non ab apostolis, sed ab ipso Domino Romana ecclesia primatum accepit.*

Item Anacletus *Servus Christi Jesu ad omnes episcopos, epistola III, c. 3* [5].

Sacrosancta Romana et apostolica ecclesia non ab apostolis, sed ab ipso Domino salvatore nostro primatum obtinuit, [*] et eminentiam potestatis super universas ecclesias ac totum Christiani populi gregem assecuta est, [*] sicut [*]ipse[*] B. Petro apostolo dixit : *Tu es Petrus, et super hanc petram ædificabo ecclesiam meam, et portæ inferi non prævalebunt adversus eam; et tibi dabo claves regni cœlorum, et quodcunque ligaveris super terram, erit ligatum et in cœlis; et quodcunque solveris super terram, erit solutum et in cœlis.* § 1. Adhibita [6] est etiam societas in eadem Romana urbe beatissimi apostoli Pauli, vasis electionis, qui uno die unoque tempore gloriosa morte cum Petro [*] sub principe Nerone agonisans [*] coronatus est, et ambo sanctam ecclesiam Romanam consecraverunt, aliisque omnibus urbibus in universo mundo sua præsentia atque venerando triumpho prætulerunt. Et licet pro omnibus assidua apud Deum omnium sanctorum effundatur oratio, his tamen verbis Paulus beatissimus apostolus Romanis proprio chirographo pollicetur, dicens [7] : *Testis enim mihi est Deus, cui servio spiritu meo in evangelio Filii ejus, quod sine intermissione memoriam vestri facio semper in orationibus meis.* § 2. Prima [8] ergo sedes est cœlesti beneficio Romanæ ecclesiæ [*], quam (ut memoratum est) beatissimi Petrus et Paulus suo martyrio consecrarunt. § 3. Secunda autem sedes apud Alexandriam B. Petri nomine a Marco, ejus discipulo atque evangelista, consecrata est [*]quia [*] et ipse in Ægypto primum verbum veritatis, directus a Petro, prædicavit, et gloriosum suscepit martyrium cui venerabilis successit Abilius.[*] § 4. Tertia vero sedes apud Antiochiam ejusdem, [*]id est [*] B. Petri apostoli nomine habetur honorabilis : quia [10] illic, priusquam Romam veniret, habitavit, et Ignatium episcopum constituit; et illic primum nomen Christianorum [*] novellæ gentis [*] exortum est. *Et post pauca :* [11] § 5. Inter beatos apostolos quædam fuit discretio potestatis [12], et licet omnes essent apostoli, Petro tamen a Domino concessum est (et ipsi inter se idipsum voluerunt), ut reliquis omnibus præesset apostolis, et Cephas [b], id est caput et principium teneret apostolatus; qui et eamdem formam suis successoribus et reliquis [c] episcopis tenendam tradiderunt. Et non solum hoc in novo testamento est constitutum, sed etiam in veteri fuit; unde scriptum [13] est : *Moyses et Aaron in sacerdotibus ejus*, id est primi inter eos fuerunt. *Et post pauca :* § 6. Hæc [14] vero apostolica sedes cardo et caput (ut præfatum est) [*]omnium [15] ecclesiarum [*] a Domino, et non ab alio est constituta; et sicut cardine ostium regitur, sic hujus sanctæ sedis auctoritate omnes Ecclesiæ (Domino disponente) reguntur.

Gratian. *Hac auctoritate Alexandrina ecclesia secundum a prima locum habere censetur. Sed postea in Constantinopolitana synodo ecclesia Constantinopol. secundum a sede apostolica locum accepit.*

*Unde* in eadem Synodo , [id est Constantinop. 1.] [16] c. 5. *ita constitutum est :*

C. III. *Secundum a Romano Pontifice Constantinopolitanus obtinet locum.*

Constantinopolitanæ [d] civitatis episcopum habere

## NOTATIONES CORRECTORUM.

Dist. XXII. C. II. [a] *Quia :* Hinc usque ad verb. *Tertia* addita sunt ex originali : quemadmodum et alia nonnulla.

[b] *Cephas :* In evangelio Joannis c. 1. Cephas (quæ vox syriaca est) exponitur πέτρος, quod græce petram significat : idque docet etiam B. Hieronymus in comm. epist. ad Galatas cap. 2 ; neque credendum est ignorasse Anacletum, sed voluisse eam dictionem ad græcam linguam eo tempore notissimam referre. Quod fecit Cyrillus Hierosolymitanus, catechesi 10, in nomine Jesus, non modo hebraicam, sed etiam græcam illi etymologiam tribuens. Atqui hoc ipsum nomen Cephas Optatus Afer, antiquus et probatus auctor, quem Hieronymus et Augustinus magni faciunt, libro 2. eodem modo quo Anacletus accepit, his utens verbis : *Igitur negare non potes, scire te in urbe Roma Petro primo cathedram episcopalem esse collatam, in qua sederit omnium apostolorum caput Petrus; unde et Cephas appellatus est.* Et Isidorus lib. 7. Etym. cap. 9. sic de Petro loquitur : *Cephas dictus, eo quod in capite sit constitutus apostolorum.* Κεφαλή enim græce caput dicitur. Verum apud Burchardum et Ivonem sic habetur : *ut reliquis omnibus præesset apostolis Cephas, id est, ut Petrus principatum teneret apostolatus.*

[c] *Et reliquis :* In originali est : *et reliquis apostoli episcopis.*

C. III. [d] Canon hic ex iis est, quos apostolica Ro-

oportet primatus honorem post Romanum episcopum, propterea [17] quod sit nova Roma.

### C. IV. *Apostolicae sedi Constantinopolitanam constat esse subjectam.*

*Item* Gregorius Joanni episcopo Syracusano, lib. VII epist. 63 [18].

De Constantinopolitana ecclesia quod dicunt, quis eam dubitet sedi apostolicae esse subjectam? quod et dominus piissimus imperator, et frater noster Eusebius [19] ejusdem civitatis episcopus assidue profitentur. Tamen si quid boni vel ipsa, vel altera ecclesia habet, ego et minores meos, quos ab illicitis prohibeo, in bono imitari paratus sum. Stultus est enim, qui in eo se primum existimat, ut bona, quae viderit, discere contemnat. Idem *eidem epist.* 64.[19] : Nam quod primas Byzanzenus sedi apostolicae dicit se subjici, si qua culpa in episcopis invenitur, nescio quis [21] ei subjectus non sit; quum vero culpa non exigit [22], omnes secundum rationem humilitatis aequales sumus.

### C. V. *Constantinopolitanus episcopus auctoritate Romani Pontificis deponitur.*

*Item* Gelasius Papa I. *ad Faustum magistrum legationis* [23].

Qua traditione majorum apostolicam sedem in judicium vocant? An secundae sedis antistites et tertiae, ceterique bene sibi conscii sacerdotes depelli debuerunt, et qui religionis exstitit inimicus, depelli non debuit? Viderint [24] ergo, si alios habent canones, quibus suas ineptias exsequantur. Ceterum isti, qui sacri, qui ecclesiastici, qui legitimi celebrantur, sedem apostolicam ad judicium vocare non possunt,

A et [25] Constantinopolitanae civitatis episcopus, qui [26] utique per canones inter sedes nullum nomen accepit, in communionem recidens perfidorum non debuit submoveri?

### C. VI. *Constantinopolitana ecclesia secundum a Romana obtinet locum.*

*Item ex* VI. Synodo *sub Justiniano congregata, cap.* 36 [27]

Renovantes sancti Constantinopolitani decreta concilii, petimus [28], ut Constantinopolitana sedes similia privilegia, quae superior Roma habet, accipiat, nec non in ecclesiasticis rebus magnificetur, ut illa; sed haec [29] secunda post illam exsistens, prius quam Alexandrina sedes numeretur; deinde Antiochena, et post eam Hierosolymitana.

B Gratian. *Hinc datur intelligi, quod Alexandrina ecclesia de secunda facta sit tertia, et Antiochena de tertia sit quarta: nisi forte quis duas contendat esse secundas, ut Constantinopolitanam et Alexandrinam parem suae dignitatis velit locum obtinere.*

Unde in VIII. Synodo, *habito sub Hadriano Papa II, can.* 21 [30].

### C. VII. *Quae patriarchalium sedium primum vel deinceps teneat locum.*

Diffinimus neminem prorsus mundi potentum quenquam eorum, qui patriarchalibus praesunt sedibus, inhonorare, aut movere a proprio throno tentare; sed omni reverentia et honore dignos judicare; praecipue quidem sanctissimum Papam senioris Romae, deinceps autem Constantinopoleos patriarcham, deinde vero Alexandriae, ac Antiochiae, ac Hierosolymorum.

## NOTATIONES CORRECTORUM.

mana sedes a principio et longo post tempore non recepit: quod ex epistola 54. alias 53. Leonis Papae I. ad Anatolium Constantinopolitanum, et aliis ejusdem epistolis facile est cuivis cognoscere; itemque ex duabus epistolis Leonis IX, una adversus praesumptiones Michaelis et Leonis, cap. 28, altera ad eumdem Michaelem, Sed multo clarius ex B. Gregorii epistola 54. lib. 6. ad Eulogium Alexandrinum et Anastasium Antiochenum, atque ex epistola Nicolai I. ad Michaelem Imp., quae incipit: « *Proposueramus.* » 'Quanquam Constantinopolitani episcopi, imperatorum potentia freti, secundum locum patriarchalium sedium sibi usurparunt, idque tandem pacis et tranquillitatis causa ipsis concessum, sicut in cap. antiqua *de privileg.* Innocentius P. III. declaravit.

C. IV. e Hoc caput sumptum est ex duabus epistolis eidem Joanni episcopo Syracusano scriptis: sed in epist. 63., ex qua posterior est prior pars, agitur de Constantinopolitana ecclesia; in sequenti vero 64. agitur primate Byzazeno provinciae Africae, non autem Constantinopolitano, quod videntur et Gratianus et Anselmus, apud quem eodem modo legitur, voluisse, adducti fortasse summula illa, quae praeposita est epistolae Gregorii. Auctor quidem glossae, quod Gratianum putavit sensisse, aperte exposuit.

C. VI. f *Renovantes*: Hic agitur de 5. illo canone l. synodi Constantinopolitanae, de quo supra eod. c. *Constantinopolitanae* dictum fuit. Et quod attinet ad omnes hos canones, qui synodo VI. tribuuntur, videnda est notatio ad c. *sextam* supra 16. dist.

g *Superior*: Ita habetur in aliquot vetustis exemplaribus: nam in vulgatis erat *inferior*. Graece est: τῆς πρεσβυτέρας Ῥώμης, id est, *antiquioris vel senioris Romae*, ut infra c. proximo. Omnino autem caput hoc longe brevius est in hac versione, quam in graeco exemplari, uno tantum loco copiosius, quod Antiochenam numerat sedem, cujus in graeco vulgato nulla mentio.

h *Nec non*: Sic emendatum est ex aliquot manuscriptis, et graeco; antea enim legebatur: *non tamen*

## DISTINCTIO XXIII.

**GRATIANUS.**

1. Pars. Breviter quæ inter ecclesiastica officia sit differentia monstravimus. Nunc a summo incipientes, et usque ad ultimum gradum descendentes, qualiter quisque eorum debeat ordinari, sanctorum auctoritatibus ostendamus.

Unde Nicolaus Papa II [1] in Concilio Lateranensi [a].

**C. I. Decretum Nicolai Papæ de electione summi Pontificis.**

In nomine Domini nostri et salvatoris Jesu Christi. Anno ab incarnatione eiusdem MLIX. mense Aprili, indictione XII propositis sacrosanctis evangeliis, præsidente quoque reverendissimo ac beatissimo Nicolao [2] apostolico Papa, in basilica Lateranensi patriarchii, quæ cognominatur Constantiniana, considentibus etiam reverendissimis episcopis, abbatibus, presbyteris, diaconis, idem venerabilis Pontifex auctoritate apostolica decernens de electione summi Pontificis, inquit: § 1. Novit beatitudo vestra, dilectissimi fratres et coepiscopi, inferiora [3] quoque membra Christi non latuit, defuncto piæ memoriæ domino Stephano prædecessore nostro hæc apostolica sedes, cui auctore Deo deservio, quot adversa pertulerit, quod denique per simoniacæ hæresis trapezitas repetitis malleis crebrisque tunsionibus [4] subjacuerit [4], adeo ut columna Dei viventis jamiam [5] pene videretur concussa [6] nutare, et sagena summi piscatoris procellis intumescentibus cogeretur in naufragii profunda submergi [6]. Unde, si placet fraternitati vestræ, debemus auxiliante Deo futuris casibus prudenter occurrere, et ecclesiastico statui, ne recidiva [7] (quod absit) mala prævaleant [8], præcavere. § 2. Quapropter instructi prædecessorum nostrorum aliorumque sanctorum Patrum auctoritate, decernimus atque statuimus, ut, obeunte hujus Romanæ universalis ecclesiæ Pontifice, imprimis cardinales episcopi diligentissime [9] simul de electione tractantes, mox Christi [10] clericos cardinales adhibeant: sicque reliquus clerus et populus ad consensum novæ electionis accedat, nimirum præcaventes, ne venalitatis morbus aliqua occasione subrepat. Et ideo [11], religiosissimi viri præduces sint in promovenda Pontificis electione, reliqui autem sequaces. § 3. Certus vero atque legitimus hic [12] electionis ordo perpenditur, si, perspectis diversorum Patrum regulis sive gestis, etiam illa B. Leonis prædecessoris nostri sententia recolatur.» Nulla [13], inquit, ratio sinit, ut inter episcopos, habeantur, qui nec a clericis sunt electi, nec a plebibus expetiti, nec a comprovincialibus episcopis cum metropolitani judicio consecrati. « Quia vero [14] sedes apostolica cunctis in orbe terrarum præfertur ecclesiis atque ideo super se metropolitanum habere non potest, cardinales episcopi proculdubio metropolitani vice funguntur, qui videlicet electum episcopum ad apostolici culminis apicem provehant. § 4. Eligatur autem de ipsius ecclesiæ gremio, si reperitur idoneus; vel si de ipsa non invenitur, ex alia assumatur; salvo debito honore et reverentia dilecti filii nostri Henrici, qui in præsentiarum rex habetur, et futurus imperator Deo concedente speratur, sicut jam sibi concessimus et successoribus illius, qui ab hac apostolica sede personaliter hoc jus impetraverint. § 5. Quod si pravorum atque iniquorum hominum ita perversitas invaluerit, ut pura, sincera atque gratuita fieri in Urbe non possit electio, cardinales episcopi cum religiosis clericis catholicisque laicis, licet paucis, jus potestatis obtineant, eligere [15] apostolicæ sedis Pontificem, ubi congruere viderint [16]. § 6. Plane, postquam electio fuerit facta, si bellica tempestas vel qualiscunque hominum conatus malignitatis studio restiterit, ut is, qui electus est, in apostolica sede juxta consuetudinem inthronizari [17] non valeat, electus tamen, sicut verus Papa, obtineat auctoritatem regendi Romanam ecclesiam, et disponendi omnes facultates illius, quod beatum Gregorium ante suam consecrationem fecisse cognovimus. § 7. Quod si quis contra hoc nostrum decretum synodali sententia promulgatum per seditionem, vel præsumtionem, aut quolibet ingenio electus, aut etiam ordinatus seu inthronizatus fuerit, auctoritate divina et sanctorum apostolorum Petri et Pauli, perpetuo anathemate cum suis auctoribus, fautoribus et sequacibus a liminibus sanctæ Dei ecclesiæ separatus abjiciatur sicut antichristus, invasor et destructor totius Christianitatis; nec aliqua super hoc ei

---

**NOTATIONES CORRECTORUM.**

Dist. XXIII. 1. P. [a] Hujus decreti integrum exemplum est in vetustissimo libro abbatiæ monasterii Farfensis, literis Longobardicis ante annos pene quingentos scripto, et alibi.

---

Dist. XXIII. 1. P. [1] in conc. Rom. h. A. 1059. Nec tamen desunt, qui hoc decretum, quale apud Gratianum est, corruptum putent, de qua re vid. Baron. ad A. 1059.—Chronicon Farfense, in quo illud deprehenderunt Corr. Rom., legitur in Muratorii Rer. Ital. T. II, p. 2. p. 645. C. 1. [2] *anteriora*. Pan. l. 3, c. 1. [3] *tonsionibus*: Edd Ven. I. Lugd. I. [4] *subjacuit*: Edd. coll. o. [5] *jam*: Edd. coll. o., et Pan., in qua et ipsa sequens vox *concussa* deest. [6] *demergi*: orig. ap. Mansi. [7] *rediviva*: Chron. Farf. [8] add.: *in posterum*: ib. [9] *diligentissima*: Ed. Bas. [10] *ipsi*: orig. [11] *abest ab eod.* [12] *desunt in* Ed: Bas. [13] cf. inf. D. 62. c. 1. [14] *sed quia*: Edd coll. o., pr. Bas., in qua non leguntur. [15] *eligendi*: Edd. coll. o. [16] *congruentius judicaverint*: Pan. — Chron. Farf.— *congruerit*: Edd. coll. o., pr. Bas. — Hæc, licet aliis verbis, leguntur in Decreto Ivonis p. 5.c. 80. [17] *auctorizari*: orig. ap. Mansi.

audientia [18] reservetur; sed ab omni ecclesiastico gradu, in quocunque fuerat prius, sine retractatione deponatur: cui quisquis adhæserit, vel qualemcunque tanquam Pontifici reverentiam exhibuerit, aut in aliquo eum defendere præsumpserit, pari sententia [19] sit mancipatus. § 8. Quisquis [20] autem hujus nostræ [21] decretalis sententiæ temerator exstiterit, et Romanam ecclesiam sua præsumtione confundere et conturbare contra hoc statutum [22] tentaverit, perpetuo anathemate atque excommunicatione damnetur, *et cum impiis, qui non resurgent in judicio* [23], reputetur, omnipotentis iram contra se sentiat, et sanctorum apostolorum Petri et Pauli (quorum ecclesiam præsumit confundere), in hac vita et in futura furorem sentiat, *fiat* [24] *habitatio ejus deserta, et in tabernaculis ejus non sit qui inhabitet, fiant* [25] *filii ejus orphani et uxor ejus vidua, commotus amoveatur ipse et filii ejus, et mendicent, et ejiciantur de habitationibus suis, scrutetur fœnerator omnem substantiam ejus, et diripiant alieni labores* [26] *ejus, orbis* [27] *terrarum pugnet contra eum, et cuncta elementa sint ei contraria*, et omnium sanctorum quiescentium merita illum confundant, et in hac vita super eum apertam vindictam ostendant. § 9. Observatores autem hujus nostri decreti omnipotentis Dei gratia protegat, et auctoritas beatorum apostolorum Petri et Pauli ab omnium peccatorum vinculis absolvat.

II. Pars. Gratian. *Episcopi vero et ceteri ordines infra constituti qualiter ordinari debeant, ex auctoritate Carthaginensis concilii IV, cap. 1, cui interfuit Augustinus tempore Honorii Augusti, ostendamus, ab eorum examinatione incipientes.*

C. II. *Quando sit examinandus, qui in episcopum eligitur.*

Qui [28] episcopus ordinandus est, antea examinetur, si natura sit prudens, si docibilis [29], si moribus temperatus, si vita castus, si sobrius, si semper suis negotiis cavens [30], si humilis, si affabilis, si misericors, si litteratus, si in lege Domini instructus, si in scripturarum sensibus cautus [31],

si in dogmatibus ecclesiasticis exercitatus; et ante omnia, si fidei documenta verbis simplicibus asserat, id est Patrem et Filium et Spiritum sanctum unum Deum esse confirmans, totamque trinitatis [32] deitatem coessentialem et consubstantialem et coæternalem [33] et coomnipotentem prædicans; si singulas [34] quasque in trinitate personas plenum Deum, et totas tres personas unum Deum, si incarnationem divinam [35] non in Patre, neque in Spiritu sancto factam, sed in Filio tantum credat, ut, qui erat in divinitate Dei Patris Filius, ipse fieret in homine hominis matris filius, Deus verus ex Patre, homo verus ex matre, carnem ex matris visceribus habens, et animam humanam rationalem, simulque in eo veritas utriusque [36] naturæ, idem Deus et homo, una persona, unus Filius, unus Christus, unus Dominus [37], creator [38] omnium quæ sunt et auctor, Dominus et rector cum Patre et Spiritu sancto omnium creaturarum; qui passus sit vera carnis passione [39], mortuus vera corporis sui morte, resurrexit vera carnis suæ resurrectione [40] et vera animæ resumptione, in qua veniet judicare vivos et mortuos. § 1 Quærendum etiam ab eo, si novi et veteris testamenti, id est legis et prophetarum et apostolorum unum eumdemque credat auctorem et Deum [41], si diabolus non per conditionem, sed per arbitrium [42] factus sit malus. § 2. Quærendum etiam ab eo, si credat hujus [43], quam gestamus, et non alterius carnis resurrectionem, si credat judicium futurum, et recepturos singulos pro his, quæ in carne gesserint, vel pœnas, vel præmia [44], si nuptias non prohibeat [45], si secunda matrimonia non damnet, si carnium perceptionem non culpet, si pœnitentibus reconciliatis communicet, si in baptismate omnia peccata, id est tam illud originale contractum [46], quam illa, quæ voluntarie admissa sunt, dimittantur, si extra ecclesiam catholicam nullus salvetur. § 3. Quum [47] in his omnibus examinatus fuerit inventus plene instructus, tunc cum consensu clericorum et laicorum et [48] conventu totius provinciæ episcoporum, maximeque metropo-

### NOTATIONES CORRECTORUM.

C. II. ¹ Caput hoc integrum exstat in Ordine Romano, additis ad initium his vocibus: *Statuta ecclesiastica*: cui similem titulum toti Carthaginensi quarto concilio esse præpositum in aliquot vetustis· codicibus, testantur illi, qui tomos conciliorum ediderunt.

Dist. XXIII. C. I. [18] add: *aliquando*: ib.—Pan. et Ed. Bas. [19] *sententiæ*: Edd. Bas. Lugdd. II. III. Antw. [20] *quod si quis*: Edd. coll. o., pr. Bas. [21] add.: *sanctæ*: Edd. coll. o., exc. Bas. [22] *decretum*: Edd. Bas. Nor. [23] Psalm. A. v. 5. [24] Psalm. 68. v. 26. [25] Psalm. 108. v. 9. [26] add.: *omnes*: Ed. Bas. [27] Sap. c. 5. v. 21. = C. II. [28] cap. 1. Statutorum eccl. ant. ap. Baller., de quibus vide supr. ad. c. 9. D. 18. — Regino l. 1. c. 448. Burch. l. 1 c. 8. Ivo Decr, p. 5. c. 62. Polyc. l. 2. l. 9. [29] *docilis*: Ed. Bas. — Ivo. — In Edd. coll. o. add.: *si pervigil*. [30] *vacans*: Statuta eccl. ant. — *si semper suis negotiis, si hominibus affabilis*: Coll. Hisp. [31] *cautus vel acutus*: Edd. coll. ó. [32] *in trinitate*: Ivo. — Baller. — add.: *unitatem*: Edd. coll. o. [33] *coæternam*: Ivo. — Edd. coll. o. exc. Bas. [34] *singulam quamque pers*: Reg. — Ivo secundum Statuta eccl. ant. et Coll. Hisp. [35] *divinitatis*: Ed. Bas. [36] *ambæ*: Baller. [37] *Deus*: Edd. coll. o. [38] *creaturarum*: Coll. Hisp. — Regino. [39] *pro salute nostra*: Edd. Coll. o. [40] *receptione*: Ed. Bas. [41] In Edd. o. pr. Bas. add.: *et Deum* (demum: Edd. Lugd. II. III.) *vivos ac mortuos judicaturum*. [42] add.: *suum*: Ivo. [43] *hujusmodi*: Edd. [44] *gloriam*: Baller. [45] *improbet*: Regino, Ivo, (apud quem deest vox: *non*), Statuta eccl. ant., Coll. Hisp. [46] *peccatum*: Ed. Bas. — orig. pecc. *contractum*: Edd. coll. rel. [47] Apud Reg., Burch. et Ivonem hæc § in epitomen est redacta. [48] *ex*: Coll. Hisp. —

litani vel auctoritate, vel præsentia ordinetur episcopus. Suscepto in nomine Christi episcopatu, non suæ delectationi, nec suis motibus [49], sed his Patrum definitionibus acquiescat [e].

**C. III.** *Qualis esse debeat clericorum conversatio.*
*Item Isidorus de ecclesiasticis officiis lib. 2. c. 2* [50].

III. Pars. His [51] igitur lege Patrum cavetur, ut a vulgari vita seclusi a mundi voluptatibus sese abstineant; non spectaculis, non pompis intersint; convivia publica fugiant, privata non tantum pudica, sed et sobria colant; usuris nequaquam incumbant, neque turpium occupationes lucrorum, fraudisque [52] cujusquam studium appetant; amorem pecuniæ quasi materiam cunctorum criminum fugiant, et sæcularia officia negotiaque abjiciant [53]; honoris gradus per ambitiones non subeant [54]; pro beneficiis medicinæ Dei munera non accipiant; dolos et conjurationes caveant; odium, æmulationem, obtrectationem atque invidiam fugiant; non vagis [55] oculis, non effreni lingua, aut petulanti [56] fluidoque [57] gestu incedant, sed pudorem et verecundiam mentis simplici habitu incessuque ostendant; obscœnitatem etiam [58] verborum, sicut et operum, penitus exsecrentur; viduarum et virginum frequentationem [59] fugiant; contubernia extranearum feminarum nullatenus appetant; castimoniam quoque inviolati corporis perpetuo conservare studeant, aut certe unius matrimonii vinculo fœderentur; senioribus quoque debitam obedientiam præbeant, neque ullo jactantiæ studio semetipsos attollant; postremo doctrinæ lectionibus, psalmis, hymnis, canticis, exercitio jugiter [60] incumbant. Tales enim debent esse, qui divinis cultibus se mancipandos student ' exhibere, ' scilicet ut, dum scientiæ operam dant, doctrinæ gratiam populis administrent.

**C. IV.** *Qui digne sacramenta tractare non possunt, ad ministerium non eligantur divinum.*
*Item Clemens ad Jacobum fratrem Domini epist. II* [61].

Tales ad ministerium eligantur clerici, qui digne possint dominica sacramenta tractare. Melius est enim Domini sacerdoti paucos habere ministros, qui possint digne opus Dei exercere, quam multos inutiles, qui onus grave ordinatori adducant.

**C. V.** *Si electo in episcopum aliqua objiciuntur, quinque vel sex episcopi ad ejus purgationem conveniant.*
*Item ex Concilio Carthaginensi III. c. 40* [62].

Illud statuendum est, ut, quando ad eligendum episcopum convenerimus, si qua contradictio fuerit oborta [63] (quia sæpe talia facta sunt apud nos),] non præsumant ad purgandum eum, qui ordinandus est, tres tantum [64], sed postulentur ad numerum supradictorum [65] duo vel tres, et in eadem plebe, cui ordinandus est, discutiantur primo personæ contradicentium, postremo illa etiam, quæ objiciuntur, pertractentur, et quum purgatus fuerit sub conspectu publico, ita demum ordinetur. Si hoc cum vestræ sanctitatis animo concordat, roboretur vestræ dignitatis responsione. Ab universis episcopis dictum est : *Satis placet.*

**C. VI.** *Vota suæ promissionis spondeant, quos ecclesiastica promovet disciplina.*
*Item ex Concilio Toletano XI.* [66] *c. 10.*

Quanquam omnes, qui sacris mancipantur ordinibus, canonicis regulis teneantur adstricti, expedibile tamen est, ut promissionis suæ vota sub cautione spondeant, quos ad promotionis gradus ecclesiastica probat [67] disciplina. Solet enim plus timeri, quod singulariter pollicetur, quam quod generali sponsione [68] concluditur. § 1. Et ideo placuit huic sancto concilio [69], ut unusquisque, qui ad ecclesiasticos gradus est ascensurus [70], non ante honoris consecrationem accipiat, quam placiti sui adnotatione [71] promittat, ut fidem catholicam sincera cordis devotione custodiens juste et pie vivere debeat, et in nullis operibus suis canonicis regulis contradicat, atque ut debitum per omnia honorem atque obsequii reverentiam præeminenti sibi unusquisque dependat, juxta illud B. Leonis [72] Papæ edictum : « Qui se scit aliquibus esse præpositum, non moleste ferat aliquem sibi esse prælatum, sed obedientiam, quam exigit, etiam ipse dependat. » Pœna etiam [73] juxta ecclesiasticæ consuetudinis morem et placitis talium inferenda [74], et ab iis, qui transgressores fuerint, persolvenda est.

### NOTATIONES CORRECTORUM.

[e] *Acquiescat :* Post hoc verbum tam in concilio, quam in Ordine sequitur ' : *In cujus ordinatione* etiam ætas requiratur, quam sancti Patres in præligendis episcopis constituerunt.

---

DIST. XXIII. C. II. [49] *moribus :* Coll. Hisp. — Edd. coll. o. ' *extrinsecus tamen adjectum, ut videtur.* = C. III. [50] *eadem leguntur in conc. Mogunt. l. c.* 10. — in Edd. coll. o. illis inscribitur : *Isid. de vita clericorum.* = III P. [51] *Hic :* Boehn. [52] *fraudibus :* Edd. Coll. o. [53]*abnuant :* Edd. Bas. Lugdd. l. II. III. Antw. Par. [b] *suscipiant :* Edd. coll. o. [54] *vagi :* eæd. [55] *petulantia :* Ed. Bas. [57] *tumidoque gressu :* orig. [58] *add. : memb. o. rum :* Edd. coll. o. [59] *visitationes frequentissimas :* Edd. coll. o. [60] *jugi :* orig. — Ed. Bas. = C. IV. [61] Epist. supposititia, quam et ipsam Rufinum jam latinitate donasse contenderunt quidem, nec tamen probaverunt Ballerinii. — Polyc. l. 4. t. 31. = C. V. [62] hab. A. 397. — in Edd. coll. o., pr. Arg., citatur Conc. Carth. IV. — Coll. tr. p. p. 2. t. 17. c. 28. Ans. l. 6. c. 65, Burch. l. 1, c. 8. Ivo Decr. p. 5. c. 60. — Polyc. l. 2. t. 8. [63] *suborta :* Edd. coll. o., pr. Bas. [64] *add. : accedere :* Edd. coll. o. tres jam : Coll. Hisp. [65] *supradictum :* Ed. Bas. = C. VI. [66] hab. A. 675. — Coll. tr. p. p. 2, t. 42, c. 5, — Ans. l. 7, c. 88. [67] *provehit :* Coll. Hisp. [68] *innexione :* Coll. Hisp. [69] *s. synodo :* Ed. Bas. [70] *accessurus :* ib. — Coll. Hisp. [71] *innodatione :* Coll. Hisp. [72] Ep. ad Anastasium Thessal. [73] *tamen :* Edd. coll. o. [74] *inserenda :* Coll. Hisp.

Dehinc disponitur, qualiter ecclesiastica officia ordinantur, in Concilio Carthagin. IV. c. 2 [75].

### C. VII. Qualiter ordinetur episcopus.

Episcopus quum ordinatur, duo episcopi ponant et teneant evangeliorum codicem super caput et cervicem ejus, et uno super eum fundendo [76] benedictionem, reliqui omnes episcopi, qui adsunt, manibus suis caput ejus tangant.

### C. VIII. Qualiter ordinetur presbyter. [Ex eodem c. 3. [77]]

Presbyter quum ordinatur, episcopo eum benedicente et manum super caput ejus tenente, etiam omnes presbyteri, qui praesentes sunt, manus suas juxta manum [78] episcopi super caput illius teneant.

Sicut [79] autem in die suae ordinationis sacerdos orario utroque humero ambitur, ita tempore consecrationis eodem orario debet uti instanter.

Unde in Concilio Bracarensi III. c. 3. [80] legitur:

### C. IX. Quod quisque accepit tempore consecrationis, ferat tempore oblationis.

Ecclesiastica * et antiqua * institutione praefixum novimus, ut omnis sacerdos, quum ordinatur, orario utroque humero ambiatur: scilicet, ut qui imperturbatus praecipitur consistere inter prospera et adversa virtutum semper ornamento, utroque [81] circumseptus appareat humero [82]. Qua ergo ratione tempore sacrificii non assumit, quod se in sacramento accepisse non dubitat? Proinde modis omnibus convenit, ut, quod quisque percepit in consecratione honoris, hoc retineat et in oblatione vel perceptione suae salutis: scilicet, ut, quum sacerdos ad solemnia missarum accedit, aut per se Deo sacrificium oblaturus, aut sacramentum corporis et sanguinis Domini nostri Jesu Christi sumturus, non aliter * accedat, * quam orario utroque humero circumseptus, sicut et tempore ordinationis suae dignoscitur consecratus, ita ut de uno eodemque orario cervicem pariter et utrumque humerum premens signum in suo pectore praeparet crucis. § 1. Si quis autem aliter egerit, excommunicationi debitae subjaceat [83].

V. Pars. Gratianus. Dalmaticis autem nec episcopis, nec diaconis absque apostolica licentia uti permittitur.

Unde Gregorius Aregio Episcopo Francorum, lib. VII. epist. 114 [84].

### C. X. Absque apostolica licentia dalmaticis nec episcopis nec diaconis uti licet.

Communis filius Petrus diaconus nobis innotuit, quod fraternitas vestra tempore, quo hic fuit, poposcerit, ut sibi et archidiacono suo utendi dalmaticis licentiam praeberemus. Sed quia * ita * hominum suorum infirmitate compulsus festinanter abscessit, ut nec ipse moeror incumbens diutius (ut dignum erat et res desiderata poscebat) sineret permanere [85], et nos in multis implicitos ecclesiasticae [86] rationis consideratio novum hoc inconsulte et subito non permitteret indulgere, idcirco postulatae rei prolongatus effectus est. Nunc vero, caritatis tuae bona revocantes ad animum, hujus auctoritatis nostrae serie petita [87] concedimus, atque te et archidiaconum tuum dalmaticarum usu decorandos esse concessimus, easdemque dalmaticas dilectissimo filio nostro Cyriaco abbate deferente transmisimus.

### C. XI. Qualiter ordinetur diaconus [Ex Conc. Carth. IV. c. 4] [88].

Diaconus dum [89] ordinatur, solus episcopus, qui eum benedicit, manum super caput illius ponat, qui non ad sacerdotium, sed ad ministerium consecratur.

V. Pars. Gratianus. Quaeritur autem an post benedictionem manus presbyterorum et diaconorum chrismatis liquore debeant perungi.

De his ita scribit Nicolaus Papa [I.] Radulpho Archiepiscopo Bituricensi [90]:

### C. XII. Nec presbyteris, nec diaconis in consecratione chrismate manus perungere licet.

Praeterea sciscitaris, utrum solis presbyteris, an et diaconis debeant, quum ordinantur, manus chrismatis liquore perungi. Quod in sancta hac Romana ecclesia, cui Deo auctore deservimus, neutris [91] agitur. Sed et quia sit a novae legis ministris actum, nusquam (nisi nos fallat oblivio) legimus. Ergo ad B. Innocentii Papae canonica decreta sanctitatem tuam transmittimus, et quae tibi sint in consecrationibus et ordinibus [92] observanda, principia paginae ad Decentium Eugubinum episcopum missae te affatim edocebunt.

---

Dist. XXIII. C. VI. [75] Haec et seqq. titulo: Recapitulatio ordinationis officialium eccl., leguntur inde a cr 90. inte Statuta eccl. ant., de quibus vide supr. dist. 18 c. 9. — Prostant etiam ex parte in sacramentario. Gelasii l. 1. n. 95. — Ans. l. 6, c. 55. Ivo Pan. l. 3, c. 18. Decr. p. 5, c. 124. Polyc. l. 2, t. 9. = C. VII. [76] fundente: Coll. Hisp. — Statuta eccl. ant. — Ans. Ivo. = C. VIII. [77] c. 91. Statutorum eccl. ant. — Ans. l. 7. c. 53 (98). Ivo Pan. l. 3. c. 33. Decr. p. 6. c. 12. Polyc. l. 2. t. 32. [78] manus: Edd. coll. o. = Statuta eccl. ant. [79] Haec a Statutis eccl. ant. et Ans. et Ivone absunt, quare videntur Gratiani verba esse, cui sententiae Edd. coll. fere omnes suffragantur. [80] hab. A. 675. — Coll. tr. p. p. 1. t. 48. c. 4. = C. IX. [81] utroque: Coll. Hisp. [82] abest ab ead. [83] subjacebit: Edd. coll. o. = IV. P. [84] Ep. 107, l. 9, (scr. A. 599.) Ed. Maur. — Ans. l. 6, c. 95. = C. X. [85] imminere: Ans. [86] ut e. r. dest c.: Ans. — Edd. coll. o. — Bohm. [87] rem petitam: Edd. Bas. = C. XI. [88] c. 92. Statutor. eccl. ant. — Ans. l. 7, c. 52 (60). Ivo Pan. l. 3, c. 31. Decr. p. 6, c. 13. Polyc. l. 2, t. 32. [89] quum: Stat. eccl. a. — Coll. Hisp. — Ed. Bas. = C. XII. [90] scr. A. 864. Coll. tr. p. p. 1, t. 62. c. 51. Ivo Decr. p. 6, c. 121. [91] de neutris: Edd. coll. o. [92] ordinationibus: orig. ap. Mansi.

## C. XIII. PALEA [93].
[Ex Conc. Hispal. II. c. 5. [94]].

« Ex [d] epistola *Simplicii Papæ Severo et Florentino Episcopis directa*. Ad cognitionem nostri examinis Gabrenensis [95] diaconi relatu pervenit de quibusdam ipsius ecclesiæ clericis, quorum quum unus ad presbyterium, duo ad Levitarum ministerium consecrarentur [96], episcopus eorum, oculorum dolore detentus, fertur manum suam super eos tantum posuisse, et presbyter [97] quidam illis contra ecclesiasticum ordinem benedictionem dedisse; qui propter tantam præsumtionis audaciam poterat accusatus judicio præsenti damnari, si adhuc in corpore positus, non fuisset mortis vocatione præventus. Sed quia jam ille examini divino relictus humano judicio accusari non potest, ii, qui supersunt, et ab eo non consecrationis titulum, sed ignominiæ potius elogium [98] acceperunt, ne sibi licentiam talis ' ultra ' usurpatio faciat, decrevimus, ut a gradu sacerdotalis vel levitici ordinis, quem perversi adepti sunt, depositi æquo judicio abjiciantur [99]. Tales enim merito judicati sunt removendi, quia prave inventi sunt constituti.

Gratian. *Item quæritur, an eorum ordinatio sit rata habenda, quibus episcopus, oculorum languore detentus, manus imponit, et presbyter super eos orationem dicit*.

*De his ita statutum est* in Concilio Toletano :

## C. XIV. *Et ordinator, et ordinatus damnationis subeat pœnam, quum episcopus manum imponit, et alius orationem dicit*.

Quorumdam clericorum, dum unus ad presbyterium, duo ad levitarum ministerium sacrarentur, episcopus, oculorum dolore detentus, fertur manum suam super eos imposuisse [100] tantum, et presbyter quidam illis contra ecclesiasticum ordinem benedictionem dedisse. Sed quia jam ille examini divino relictus humano judicio accusari non potest, ii, qui supersunt, gradum sacerdotii vel levitici ordinis, quem perverse adepti sunt, amittant.

## C. XV. *Qualiter subdiaconus ordinetur*.
*Item ex Concilio Carthagin*. IV. c. 5 [101].

VI. Pars. Subdiaconus quum ordinatur, quia manus impositionem non accipit, patenam de manu episcopi accipiat vacuam et calicem vacuum; de manu vero archidiaconi accipiat urceolum cum aqua [102], manile [103] et manutergium.

## C. XVI. *Qualiter acolythus ordinetur*.
*Item ex eodem Concilio*, c. 6 [104].

Acolythus quum ordinatur, ab episcopo quidem doceatur, qualiter in officio suo agere debeat: sed ab archidiacono accipiat ceroferarium [105] cum cereo [106], ut sciat se ad accendenda ecclesiæ luminaria mancipari; accipiat et urceolum vacuum ad suggerendum vinum in eucharistiam sanguinis Christi.

## C. XVII. *Qualiter exorcista ordinetur*.
*Item ex eodem*, c. 7 [107].

Exorcista quum ordinatur, accipiat de manu episcopi libellum, in quo scripti sunt exorcismi, dicente sibi episcopo : « Accipe, et commenda memoriæ [108], et habeto potestatem imponendi manus super energumenum, sive baptizatum, sive catechumenum. »

## C. XVIII. *Qualiter lector ordinetur*.
*Item ex eodem Concilio*, c. 8 [109].

Lector quum ordinatur, faciat de illo episcopus verbum ad plebem, indicans ejus fidem ac vitam atque ingenium; post hæc [110] spectante plebe tradat ei codicem, de quo lecturus est, dicens ' ad eum ' : « Accipe, et esto relator [111] verbi Dei, habiturus, si fideliter et utiliter impleveris officium [112], partem cum eis qui verbum Dei ministraverint [113]. »

## C. XIX. *Qualiter ostiarius ordinetur*.
*Item ex eodem*, c. 9 [114].

Ostiarius quum ordinatur, postquam ab archidiacono instructus fuerit, qualiter in domo Dei debeat conversari, ad suggestionem archidiaconi tradat ei episcopus claves ecclesiæ de altario dicens [115]: *Sic age, quasi redditurus Deo rationem pro his rebus, quæ his clavibus recluduntur*.

---

### NOTATIONES CORRECTORUM

C. XIII. ª *Ex epistola* : Hæc Palea in nullo manuscripto exemplari est inventa. Burchardus et Ivo ante hoc caput, quod incipit : *Ad cognitionem*, referunt aliud quoddam caput, quod incipit : *Relatio*, ex epistola Simplicii missa Equitio Florentio (sive Florentino) et Severo episcopis. Quamobrem inde potest huc esse translatus titulus. Ceterum caput hoc a Burchardo citatur ex concilio Bracar. ab Ivone in 5 quidem part. c. 213 ex Carthaginensi, in 6 vero c. 102 ex Hispalensi 2 cap. 5 quo etiam loco exstat ; et sequens canon : *Quorundam*, est quasi hujus summa.

---

Dist. XXIII. C. XIII. [93] abest hæc Palea ab Ed. Bas. [94] hab. A 619.—Burch. l. 3, c. 3. Ivo Decr. p. 5, c. 213, et 6, c. 102. [95] *Egabrensis* : Coll. Hisp. [96] *sacrarentur* ib. [97] *presbyterum quendam* :) Edd. coll. o. — Bohm. [98] *eulogium* : Edd · coll. o. — *eloquium perceperunt* : Coll. Hisp. [99] *admittantur* : Edd. Lugdd. *gradus — arbitrantur* : Edd. rel. = C. XIV. [100] *posuisse* : Ed. Bas. = C. XV. [101] c. 93. Statutor. eccl. ant. ap. Baller. — Ans. l. 7. c. 59. Ivo Pan. l. 3, c. 3. Decr. p. 6, c. 14. Polyc. 1, 2, t. 32. [102] *aqua et aquamanili* : Coll. Hisp. et Sacramentarium Gelasii. [103] *manili* : Edd. coll. o. pr. Bas., Lugdd. = C. XVI. [104] c. 94. Statutor. eccl. ant. — Ans. 1, 10, c. 58. Ivo Pan. ib. Decr. ib. c. 15. Polyc. ib. [105] *cereoforalium* : Statuta eccl. ant. [106] *cereis* : Coll. Hisp. = C. XVII. [107] c. 95. Statutor. eccl. ant. — Ans. l. 7, c. 57. Ivo Pan. l. 3, c. 57. Decr. p. 6, c. 16. Polyc. l. 2, t. 32. [108] deest in sacram. Gelasii. = C. XVIII. [109] c. 96. Statutor. eccl. ant. — Ans. ib. c. 55. Ivo Pan. ib. c. 58. Decr. ib. c. 17. — Polyc. ib. [110] *hoc* : Edd. coll. o. [111] *lector* : Ed. Bas. [112] add. : *tuum* : Edd. col. o. [113] add. : *bene* : Ord. Rom. = C. XIX. [114] c. 97. Statutor. eccl. ant. — Ans. ib. c. 54. Ivo Pan ib. c. 39. Decr. ib. c. 18. Polyc. ib. [115] add. : *ita* : Ed. Bas., *ei* : Edd rel.

C. XX. *Qualiter psalmista ordinetur.*

*Item* ex eodem Concilio, c. 10 [116].

Psalmista, id est cantor, potest absque licentia episcopi, sola jussione presbyteri officium suscipere cantandi, dicente sibi presbytero : *Vide ut, quod ore cantas, corde credas, et quod corde credis, operibus comprobes.*

Gratian. *Clerici comam nutrire prohibentur, quorum caput desuper in modum sphæræ rasum esse debet.*

Unde Anicetus Papa *Episcopis Galliæ* [117] :

C. XXI. *Clerici comam nutrire prohibentur.*

Prohibete [118], fratres, per universas regionum vestrarum ecclesias, ut clerici, juxta apostolum, comam non nutriant, sed desuper caput in modum sphæræ radant.

C. XXII. *De eodem.*

*Item* ex Concilio Agathensi, c. 20 [119].

Clerici, qui comam nutriunt, ab archidiacono, etiamsi noluerint, inviti detondeantur [120]. Vestimenta etiam [121] vel calceamenta eis, nisi quæ religionem deceant, uti aut habere non liceat.

C. XXIII. *De eodem.*

*Item* Gregorius II *in Concilio Romæ habito in Basilica S. Petri,* c. 17 [122].

Si quis ex clericis relaxaverit [123] comam, sit anathema.

C. XXIV. *Quibus vestibus monialis sit induenda, quum consecratur.*

*Item* ex Concilio Carthagin. IV, c. 11 [124].

Sanctimonialis virgo, quum ad consecrationem suo [125] episcopo offertur, in talibus vestibus applicetur, qualibus semper usura est, professioni et sanctimoniæ aptis.

Gratian. *Vasa quoque sacrata et vestimenta altaris mulieres Deo dedicatæ contingere, et incensum circa altaria deferre prohibentur.*

Unde Soter Papa *omnibus Episcopis Italiæ, epistola II* [126].

C. XXV. *Vestimenta altaris et vasa sacrata mulieres tangere prohibentur.*

Sacratas Deo feminas vel monachas sacra vasa vel sacratas pallas penes vos contingere, et incensum circa altaria deferre, perlatum est ad apostolicam sedem ; quæ omnia reprehensione plena esse et vituperatione, nulli recte sapientium dubium est. Quamobrem hujus sanctæ sedis auctoritate hæc omnia vobis resecare funditus, quando citius poteritis, censemus. Et ne pestis hæc [127] latius divulgetur, per omnes provincias abstergi citissime mandamus.

C. XXVI. *Sacrarium subdiaconis ingredi non licet.*

*Item* ex Concilio Laodicensi, c. 21 [128].

Non oportet, subdiaconos [129] licentiam habere in sacrarium sive secretarium (quod Græci diaconium appellant) ingredi, et contingere vasa dominica.

C. XXVII. *De eodem.*

*Item* ex eodem, c. 22 [130].

Ministrum non oportet uti orariis, nec hostias [131] derelinquere.

C. XXVIII. *De eodem.*

*Item* ex eodem, c. 23 [132].

Non oportet lectores aut psalmistas orariis uti, et sic legere aut psallere.

C. XXIX. *Mulier in conventu viros docere no permittitur.*

*Item* ex Concilio Carthagin. IV, c. 99 et 98 [133].

Mulier, quamvis docta et sancta, viros in conventu docere non præsumat. Laicus autem præsentibus clericis (nisi ipsis rogantibus) [134] docere non audeat.

C. XXX. *Ministris non sacratis vasa dominica contingere non licet.*

*Item* ex Concilio Agathensi, c. 66 [135].

Non oportet insacratos ministros licentiam habere in sacrarium (quod Græci diaconium appellant) ingredi, et contingere vasa dominica.

C. XXXI. *Cuilibet ex lectoribus vasa sacra altaris portare non licet.*

*Item* ex Concilio Bracarensi I, c. 10 [136].

Non liceat cuilibet ex lectoribus sacra altaris vasa portare, nec aliis [137], nisi iis qui ab episcopo subdiaconi fuerint ordinati.

## NOTATIONES CORRECTORUM.

C. XXVII. *Hostias* : Vera lectio, quæ habetur etiam in aliquot manuscriptis, est *ostia*, sed ob glossam non est restituta.

---

Dist. XXIII. C. XX. [116] Ans. l. 7, c. 55. Ivo Pan. l. 3, c. 40. Decr. p. 6, c. 19. Polyc. ib. = C. XXI. [117] Ep. Pseudoisidoriana. Ipsum caput derivatum est ex libro pontif. — Ivo Decr. p. 6, c. 46. [118] add. : *vos* : Ed. Bas. = C. XXII. [119] hab. A. 506. — Coll. tr. p. p. 2, t. 28, c. 18. [120] *tondantur* : Ed. Arg. [121] *v. autem, vel etiam calc.* : Ed. Bas. = C. XXIII. [122] hab. A. 731. — Ans. l. 10, c. 53. — cf. comp. l. Decr. tit. *de vita et hon. cler.* c. 3, et X. h. t. c. 4. Eadem fere leguntur in conc. Rom. hab. A. 743, c. 8. [123] *laxaverit* : Ed. Bas. = C. XXIV. [124] c. 99. Statut. eccl. ant. — Burch. l. 8, c. 25. Ivo p. 7, c. 45. Polyc. l. 4, t. 55. [125] *sui* : Statut eccl. ant. = C. XXV. [126] Ep. Pseudoisidoriana, cujus fons hoc quidem capite liber pontif. est. — Ans. l. 7, c. 240. Burch. l. 3, c. 215. Ivo Decr. p. 2, c. 72, et 3, c. 263. Polyc. l. 5, t. 9. [127] *hujusmodi* : Ed Bas. = C. XXVI. [128] hab. inter A. 347 et 381. — Ans. l. 7, c. 89. (ex Dionys. vers.). Ivo Decr. p. 3, c. 105. [129] *ministros* : Coll. Hisp. = C. XXVII. [130] Ans. ib. c. 88. [131] *ostia* : Coll. Hisp. — *ostias* : Edd. Lugdd. II, III, = C. XXVIII. [132] Ans. ibid. [133] c. 36 et 57. Statt. eccl. ant. — Burch. l. 8. c. 83. Ivo Decr. p. 7, c. 101 et p. 8, c. 324. — infr. de cons. D. 4, c. 20. [134] *probantibus* : Statt. eccl. a. = C. XXX. [135] hoc caput, quod sane c. 25 et 26. Statutt. eccl. ant. simillimum est, ad conc. Agath. non pertinet, et pariter additititium est atque omnes illius canones post quadrag. septimum. — Coll. tr. p. p. 2, t. 28, c. 64. = C. XXXI. [136] hab. A. 561. — Coll. tr. v. p. 2, t. 45 c. 1. [137] desunt in coll. Hisp.

C. XXXII. *De eodem, ut clerici comam non nutriant.*
*Item* ex Concilio Martini Papæ, c. 41 [138].

Non liceat cuilibet ministeria tangere, nisi subdiacono aut acolytho, in secretario [139] vasa dominica. § 1. Nec [140] oportet clericos comam nutrire, et [141] ministrare : sed attonso capite, patentibus auribus, et secundum [142] Aaron talarem vestem induere, ut sint in habitu ornato.

C. XXXIII. *Qualiter sponsus et sponsa sint benedicendi.*
*Item* ex Concilio Carthagin. IV, c. 13 [143].

Sponsus et sponsa quum benedicendi sunt a sacerdote, a parentibus suis vel a paranymphis offerantur, qui, quum benedictionem acceperint, eadem nocte pro reverentia ipsius benedictionis in virginitate permaneant.

## DISTINCTIO XXIV.

### GRATIANUS.

**I. Pars.** *Qualiter episcopus sit examinandus, et qualiter ipse simul cum reliquis infra ipsum constitutis sit ordinandus, breviter monstratum est. Nunc autem videndum est de sacerdotibus et reliquis, an sine examinatione sint promovendi. De his ita scribit Paulus ad Timotheum* [1] : Manus nemini cito imposueris, et nihil sine præjudicio facias in alteram partem declinando.

#### C. I. *De eodem.*
[PALEA.]
*Ex decretis* Silvestri Papæ *in Synodo Rom. c. 9* [2].

« Nullus acolythorum vel subdiaconorum [a] rem consecratam a presbytero aliis [3] porrigat ( quia aliud est minister, aliud assistens), nisi tantum supportet quod ei sacerdos imposuerit suo ore benedictum. »

#### C. II. *Ante probationem nullus ordinetur clericus.*
*Item* ex Concilio Carthagin. III [4], c. 22.

Nullus ordinetur clericus, nisi probatus fuerit vel episcoporum examine, vel populi [5] testimonio.

#### C. III. *Ad ministerium alicujus ecclesiæ clerici ejusdem promoveantur.*

.*tem* Gelasius Papa *Cœlestino episcopo* [6].

Presbyteri, diaconi et universi clerici Stomensis [7] civitatis petitorio nobis suggessere porrecto, in ecclesia beati martyris Eleutherii episcopi (quæ in supradictæ civitatis parochia [b] probatur esse constructa) presbyterum, qui constitutus fuerat, defecisse, atque in ejus locum Julianum, diaconum ipsius ecclesiæ [8], pro celebritate ipsius loci quantocius debere ordinari. Et ideo, frater carissime, si de ejus vita vel moribus nihil est quod contra canonum veniat statuta, suprascriptum [9] presbyterii honore decorabis, sciturus eum visitatoris te nomine, non cardinalis creasse pontificis. Pariter etiam et Felicissimum diaconum in ejus ecclesiæ ministerio, si conversatio ejus patitur, subrogabis, ut locus processionis celeberrimus ad mysteriorum [10] consecrationem nec sacerdote indigeat, nec ministro.

#### C. IV. *Metropolitanorum et episcoporum examine promoveantur episcopi.*

*Item* ex Concilio Laodicensi [11] c. 12.

Episcopi judicio metropolitanorum et eorum episcoporum, qui circumcirca sunt, provehantur ad ecclesiasticam dignitatem, ii videlicet, qui plurimo tempore probantur tam verbo fidei quam rectæ conversationis exemplo.

**II. Pars. Gratianus.** *Quum itaque sine examinatione nullus sit ordinandus, quemadmodum, et quo tempore sacerdotum et ceterorum infra positorum examinatio debeat fieri, considerandum est.*

*De his in Concilio Nannetensi* [12], *c. 11 ita legitur :*

#### C. V. *Qui ordinandi sunt, feria quarta ad examinationem conveniant.*

Quando episcopus ordinationes facere disponit, omnes, qui ad sacrum ministerium accedere volunt, feria quarta ante ipsam ordinationem evocandi sunt

### NOTATIONES CORRECTORUM.

Dist. XXIV. C. I. [a] *Vel subdiaconorum :* Verba hæc non sunt in synodo Romana sub Silvestro; sed habentur apud Burchardum et Ivonem, et in iis Vaticanis Gratiani exemplaribus, in quibus est hoc caput. Nam in antiquioribus non est, sed post versiculum : *declinando,* sequitur continenter : *Nullus ordinetur.*

C. III. [b] *Parochia :* In omnibus antiquis codicibus, tam impressis quam manuscriptis, sic legitur ; cujus vocis loco in recens impressis erat positum *parœcia.* Sed visum est antiquam lectionem esse retinendam, præsertim quum dictio hæc etiam græce aptissimam habeat etymologiam.

---

Dist. XXIII. C. XXXII. [138] c. 41. inter capitula Martini Brac. — cf. can. 31. h. D. — Ivo Decr. p. 6, c. 377. [139] *sacrarium :* Ed. Bas. [140] cc. 66. Martini. — Ivo p. 6, c. 378. — cf. c. 25 et 26. Statutt. eccl. ant., s. Conc. Carth. IV. c. 44, 45. [141] add. : *sic :* Edd. coll. o. [142] Exod. c. 41.=C. XXXIII. [143] c. 104. Statutt. eccl. ant. — Coll. tr. p. p. 2, t. 18, c. 12. Burch. l. 9. c. 5. Ivo Pan. l. 6, c. 20. Decr. p. 8. c. 6, et 143. (et hoc loco quidem ex conc. Valentino.) — cf. infr. c. 5. C. 30. q. 5.
Dist. XXIV. I Pars. [1] Ep. c. 5. — C. I. [2] ex apocrypho constituto Silvestri. — Ans. l. 7, c. 56. Burch. l. 5, c. 34. Ivo Decr. p. 2, c. 43. [3] add. : *jam :* Ed. Bas. = C. II. [4] hab. A. 397. — Coll. tr. p.p. 2. t. 17, c. 14. Ans. l, 7, c. 88. [5] *populari :* Edd. coll. o. pr. Bas.=C. III. [6] De anno hujus Gelasii epistolæ non constat. Legitur ap. Anselm. l. 7, c. 92, et, licet abbreviata, in coll. Deusdedit. l, 1. c. 141, ex qua edidit Holstenius. [7] *Stoniensis :* Ans. — *Histoniensis :* Deusd. [8] *basilicæ :* Ans. [9] *supradictum :* Ed. Bas. [10] *ministeriorum :* Edd. coll. o.=C. IV, [11] hab. inter A. 347 et 381. — Versio Dionysiana est. — Burch. l. 1, c. 9. Ivo Decr. p. 5, c. 63. = P. II. [12] Epocha hujus concilii (quod in Ed. Bas. : *Manetense,* in reliquis *Navatense* dicitur, incerta est; vulgo quidem A. 895. tempore Formosi Papæ habitum esse ferunt, quum vero c. 5 et 11, in lib. 7. Capit. legantur, antiquius esse Benedicto Levita contendendum erit. Nec desunt inter historiographos, qui de concilio quodam Nannetensi, hab. c. A. 660, loquantur. — Regin. l. 1, c. 441. Burch. l. 2. c. 1. Ivo Pan. l. 3, c. 21. Decr. p. 6, c. 21. Polyc. l. 2, t. 29.

ad civitatem, una cum archipresbyteris [13], qui eos repraesentare debent; et tunc episcopus a latere suo eligere [14] debet sacerdotes et alios prudentes viros, gnaros divinae legis et exercitatos in ecclesiasticis sanctionibus, qui ordinandorum vitam, genus, patriam, aetatem, institutionem, locum, ubi educati sunt, si sint bene literati [15], si instructi in lege Domini, diligenter investigent; ante omnia, si fidem catholicam firmiter teneant et verbis simplicibus asserere queant. § 1. Ipsi autem, quibus hoc committitur, cavere debent, ne aut favoris gratia, aut cujuscunque muneris cupiditate illecti a vero devient, ut indignum et minus idoneum ad sacros gradus suscipiendos episcopi manibus applicent. Quod si fecerint, et ille, qui indigne accessit, ab altari removebitur, et illi, qui donum sancti Spiritus vendere conati sunt, coram Deo jam condemnati, ecclesiastica dignitate carebunt. § 2. Igitur per tres continuos dies diligenter examinentur, et sic sabbato qui probati ' inventi ' sunt episcopo repraesententur.

Gratian. *Alias autem, sine clericorum videlicet concilio et populi testimonio, nullum episcopus ordinare praesumat.*

Unde in Concilio Carthagin. IV, c. 22, legitur [16]

C. VI. *Sine clericorum suorum concilio episcopus clericos non ordinet.*

Episcopus sine concilio [17] clericorum suorum clericos non ordinet, ita ut civium conniventiam et testimonium quaerat.

III. Pars. Gratian. *Quaeritur quid fieri debeat de his qui sine examinatione provecti sunt.*

De his ita legitur in Concilio Martini papae [18]:

C. VII. *De iis, qui sine examinatione ordinantur, et postea peccata sua confitentur.*

Si quis presbyter aut diaconus sine aliqua examinatione ordinati sunt, aut certe, quum discuterentur, criminosa peccata sua confessi [19] sunt ᶜ, aut post ordinationem ab aliis detecti sunt, abjiciantur ex clero. § 1. Similiter vero et de universo ordine clericorum servetur; nam hoc sibi, quod irreprehensibile est, sancta catholica defendit [20] ecclesia.

## DISTINCTIO XXV.

### GRATIANUS.

I. Pars. *Quod nullus sine examinatione ordinandus sit, breviter demonstratum est. Quid autem ad episcopum, quid ad unumquemque inferiorem pertineat,* Isidorus *Hispalensis episcopus in epistola ad Ludifredum* ᵃ ¹ *scribit, ita dicens:*

C. I. *Quod episcopi et ceterorum sit officium in ecclesia.*

Perlectis sanctitatis tuae literis gavisus sum, quod optatam salutem tuam earum relatu cognovi. De his autem, quae in sequentibus insinuare eloquii tui sermo studuit, gratias ago Deo ², quod sollicitudinem officii pastoralis impendis, qualiterque ecclesiastica officia ordinentur, perquiris; et licet omnia prudentiae tuae sint cognita, tamen, quia affectu fraterno me consulis, ex parte qua valeo expediam, et de omnibus ecclesiae gradibus quid ad quemque pertineat eloquar. § 1. Ad ostiarium namque pertinent claves ecclesiae, ut claudat et aperiat templum Dei, et omnia quae sunt intus extraque custodiat; fideles recipiat, excommunicatos et infideles excipiat ³. § 2. Ad exorcistam pertinet exorcismos memoriter retinere, manusque super energumenos et catechumenos in exorcizando imponere. § 3. Ad acolythum pertinet praeparatio luminariorum in sacrario; ipse cereum portat, ipse suggesta pro eucharistia, calices ⁴ subdiaconis praeparat. § 4. Ad psalmistam pertinet officium canendi, dicere benedictiones, laudes, sacrificium ⁵, responsoria, et quicquid pertinet ad canendi peritiam. § 5. Ad lectorem pertinet lectiones pronunciare, et ea quae prophetae vati

### NOTATIONES CORRECTORUM.

C. VII. ᶜ *Confessi sunt:* In originali est *confessi non sunt, et post ordinationem*, etc. Verum in concilio Nicaeno, c. 9, unde hoc caput videtur sumptum, habetur sine negatione, quemadmodum hic, et infra dist. 81, c. *si quis sine.*

Dist. XXV, I. Pars. ᵃ Integra haec epistola habetur in codice bibliothecae monasterii Dominicanorum.

---

Dist. XXIV, C. V. [13] *presbyteris*: Edd. coll. o. [14] *dirigere*: orig. [15] ipsa verba can. 2, D. 23. = C. VI. [16] c. 10. Statutor. eccl. antiqu. — Coll. tr. p. p. 2, t. 18, c. 21. [17] *consilio* (Edd. Bas. Lugdd. II, III) *compresbyterorum*: Baller. = C. VII. [18] apud Mart. Brac. inter capitula c. 24. — c. 9, conc. Nic. (nam hunc transtulit Martinus) legitur infr. D. 81, c. 4, et ex Dionys. vers. ap. Anselm. l. 8, c. 13. [19] *celaverint*: Coll. Hisp. [20] *defendet*: ib.—*defendat* Edd. coll. o.

Dist. XXV. Pars I. ¹ Epistola haec ad Ludifredum (s. *Leofredum* s. *Leudefredum* s. *Laudefredum*) ab Isidoro potissimum ex eo adjudicatur, quod et in codicibus *Pseudoisidor.* plerumque circumfertur et exemplaria admodum inter se differunt. Sane Leudefredus (al. sed male, *Leudeficus*) subscripsit conc. Tolet. IV. — Ipsa ep., sed posteriori manu addita, ut videtur, legitur in fine lib. 7. Anselm. tit. *Isid.* Spal. ad *Laudefredum* *Ep. Cordub. de omnibus eccl. gradibus*, deinde ap. Burch. l. 5, c. 50. Ivo Pan. l. 3, c. 41. Decr. p. 6, c. 20, et mutila in Gregorii Polycarpo. = C. I. ² add.: *meo*: Ed. Bas. ³ *vrojiciat*: Ans. ⁴ *calicis*: Ans. Ivo. ⁵ *sacrificium*: iid.

cinarunt, populis prædicare. § 6. Ad subdiaconum pertinet calicem et patenam ad altare Christi deferre et levitis tradere, eisque ministrare; urceolum quoque et ⁶ aquam, manile et manutergium tenere, episcopoque et presbytero et levitis pro lavandis ante altare manibus aquam præbere. § 7. Ad diaconum pertinet assistere sacerdotibus, et ministrare in omnibus quæ aguntur in sacramentis Christi : in baptismo scilicet, in chrismate et patena et calice; oblationes quoque inferre et disponere in altario; componere etiam mensam Domini atque vestire, crucem ferre, et prædicare evangelium et Apostolum ⁷. Nam sicut lectoribus vetus testamentum, ita diaconis novum prædicare præceptum est. Ad ipsum quoque pertinet officium precum et recitatio nominum; ipse præmonet ⁸ aures haberi ad Deum, ipse hortatur clamare ᵇ, ipse donat pacem et ipse annunciat ⁹. § 8. Ad presbyterum pertinet sacramentum corporis et sanguinis Domini in altario Dei conficere, orationes dicere, et benedicere dona Dei. § 9. Ad episcopum pertinet basilicarum consecratio, unctio altaris et confectio chrismatis. Ipse prædicta officia et ordines ecclesiasticos distribuit, ipse sacras virgines benedicit, et, dum præcessit ¹⁰ unusquisque in singulis, ipse tamen est præordinator in cunctis. § 10. In sunt ordines et ministeria clericorum, quæ tamen auctoritate pontificali in archidiaconi cura et primicerii ac thesaurarii ¹¹ sollicitudine dividuntur. § 11. Archidiaconus enim imperat subdiaconis et Levitis; ad quem ista ministeria pertinent : ordinatio vestiendi altaris a Levitis, cura incensi ¹² et sacrificii necessaria sollicitudo, quis Levitarum Apostolum et evangelium legat, quis preces dicat, seu responsoria ¹³ in dominicis diebus aut solemnitatibus decantet. Solicitudo quoque parochiarum ᵉ ¹⁴ et ordinatio et jurgia ad ejus pertinent curam, pro reparandis diœcesanis basilicis ipse suggerit sacerdoti; ipse inquirit parochias cum jussione episcopi et ornamenta vel ¹⁵ res basilicarum parochiarum, gesta libertatum ecclesiarum episcopo idem refert, collectam pecuniam de communione ipse accipit et episcopo defert, et clericis proprias partes idem distribuit. Ab archidiacono nunciantur episcopo excessus diaconorum, ipse denunciat sacerdoti in sacrario jejuniorum dies atque solennitatum, et ab ipso publice in ecclesia prædicatur ᵈ; quando vero archidiaconus absens est, vicem ejus diaconus sequens adimplet. § 12. Archipresbyter ᵉ vero se esse sub archidiacono, ejusque præceptis, sicut episcopi sui, sciat ¹⁶ obedire, et (quod specialiter ad ejus ministerium pertinet) supra omnes presbyteros in ordine positos curam agere, et assidue in ecclesia stare, et, quando episcopi sui absentia contigerit, ipse vice ejus missarum solennia celebret et collectas dicat, vel cui ipse ¹⁷ injunxerit. § 13. Ad primicerium pertinent acolythi, exorcistæ, psalmistæ atque lectores; signum quoque dandum pro officio clericorum, pro vitæ honestate, et officii meditandi ¹⁸ et peragendi sollicite, lectiones, benedictiones, psalmum, laudes offertorium ¹⁹ et responsoria quis clericorum dicere debeat. Ordo quoque et modus psallendi ²⁰ in choro pro solennitate temporum ²¹, ordinatio quoque pro luminaribus deportandis. Si quid etiam necessarium est ²² pro reparatione basilicarum quæ sunt in urbe, ipse denunciat ²³ sacerdoti; epistolas episcopi pro diebus jejuniorum parochitanis ²⁴ per ostiarios ipse dirigat; clericos ᶠ, quos delinquere cognoscit, ipse distringat, quos vero emendare non valet eorum excessus ad agnitionem episcopi deferat; basilicanos ²⁵ ipse constituat, et matriculam ²⁶ ipse disponat. (Quando autem primicerius absens est, ea quæ predicta ²⁷) sunt, ipse exquirat ²⁸), qui ei aut lege proximus est aut eruditione ᵍ. § 14. Ad thesaurarium pertinet basilicarum et ²⁹ ostiarii ordinatio, incensi præparatio, cura chrismatis conficiendi, curá baptisterii ordinandi, præparatio luminariorum in sacrario et in sacrificiis ³⁰.

## NOTATIONES CORRECTORUM

C. I. ᵇ *Clamare* : In epistola B. Isidori et apud Ivonem legitur : *ipse hortatur orare, ipse clamat et pacem ipse annunciat.*

ᶜ *Parochiarum* : In epistola legitur : *parochitanorum,* quemadmodum et paulo inferius : et vox ista frequens est in antiquis exemplaribus conciliorum Toletanorum.

ᵈ *Prædicatur* : Sic emendatum est ex manuscript. Grat. et originali. Antea legebatur : *prædicantur.*

ᵉ *Archipresbyter* : Hinc usque ad vers. : *Ad primicerium* non sunt in ipsa epistola Isidori, neque in Panormia, neque apud Burch. et X, cap. 1, *de offic. archipresbyt.* citatur ex concilio Toletano.

ᶠ *Clericos* : In primo Vaticano est : *clericos urbis,* et post verbum : *deferat,* additur : *ceteri enim, qui sunt extra urbem, ad archidiaconi curam pertinent,* quemadmodum et in nonnullis aliis exemplaribus.

ᵍ *Eruditione* : In originali † est : *eruditione his explendis certus.*

---

DIST. XXV. C. V. ⁶ *cum aqua* : Ivo. —vers. sequ. : *presbyteris* : Edd. coll. o. ⁷ add. : *ad populum* : Edd. coll. o. pr. Bas. ⁸ *ipse præparat aures ad Deum,* et cet. ut ap. Ivonem ( cf. Corr.) : Ans. — *clare* : Ed. Rom. operarum vitio. ⁹ *festivitates* : add. Ed. Bas. — *annunciet* : Edd. Arg. Ven. I. ¹⁰ *præcesserit* : Edd. coll. o. ¹¹ *Thesaurisarii* : Ed Bas. ¹² Ans. add. : *et sacrificii deferendi ad altare; cura subdiaconorum de subinferendis ad altare.* ¹³ *responsorium* et postea : *solennitatem* : Ivo. ¹⁴ *parochianorum* : Ans. ¹⁵ *et* : Edd. coll. o. ᵃ *neque ap.* Anselm. ¹⁶ add. *se* : eæd. ¹⁷ Ed. Bas. : *ille.* ¹⁸ *cantandi* : Ivo. — Edd. coll. o. ¹⁹ *vox* : *offertorium* : deest in Edd. o. p. Bas. In Edd. Ven. I, II. Lugdd. Par. legitur : *resp. officiorum.* ²⁰ *canendi* : Edd. o. exc. Bas. ²¹ *et tempore* : Ans. Ivo. — Edd. coll. o. ²²*fuerit* : Edd. coll. o. pr. Bas. ²³ *denunciet* : Ed. Bas. — Ivo. ²⁴ *parochianis* : Edd. coll. o. et in Ed. Bas. ²⁵ *basilicarios* : Ans. Ivo. — Ed. Bas. ²⁶ *matriculas* : Ivo. — Ed. Bas. ²⁷ *dictæ* : Edd. coll. o. ²⁸ *exequatur* : Ed. Bas. † et ap. Ans. ²⁹ *et* : deest in Edd. coll. o. ³⁰ *præparatio sacrificii* : Ans.

II Pars. Gratian. Ex hac epistola liquet quid cujusque officii sit. Est etiam alia distinctio episcoporum, presbyterorum, diaconorum, quam fecit Clemens in epistola sua III [31] ita dicens:

C. II. *Quid ab episcopis, quid a presbyteris, quid a diaconis audire oportet.*

Audire episcopum attentius oportet, et ab ipso suscipere doctrinam fidei; monita autem vitæ a presbyteris inquirere, a diaconis vero ordinem disciplinæ.

Gratian. Sacerdos quoque utrumque humerum orario ambit; diaconus vero sinistrum tantum, ut ad ministerium expeditius discurrat.

Unde in Concilio Toletano IV, c. 40 [32].

C. III. *Quare Levita unum tantum humerum orario ambit.*

Unum orarium oportet Levitam gestare in sinistro humero, propter quod orat, id est prædicat; dexteram autem partem oportet habere liberam, ut expeditius [33] ad ministerium sacerdotale discurrat.

III. Pars. Gratian. *Nunc autem per singulos gradus ordine recurrentes, qui, ex quibus ordinibus, in quem gradum conscendere possint; qui post lapsum valeant reparari, vel qui non; quibus culpis a proprio gradu mereantur dejici; quo accusante, quibus testificantibus possint convinci; cujus sententia sint absolvendi vel condemnandi, breviter consideremus.* § 1. Ac primum a pontificali gradu incipientes, qualem oporteat eum esse, qui in episcopum est ordinandus, diligenter investigemus, Apostoli regulam secuti, quam in hujusmodi re Timotheo et Tito scribit dicens: Oportet [34] episcopum irreprehensibilem esse: *id [35] est, non obnoxium reprehensioni. Hoc ad Timotheum.* Ad Titum [36] autem: Oportet episcopum sine crimine esse: *quod (ut Hieronymus scribit ad Oceanum [37]) idem est.* § 2. Nomine autem criminis quodlibet peccatum intelligitur; unde in eadem epistola Hieronymus dicit: Res [h] contra naturam pæne est, ut sine peccato aliquis sit: sed talis eligatur, cujus comparatione ceteri grex dicantur. In epistola vero ad Titum [38] crimen vocatur criminale peccatum vel criminalis infamia: unde ibi [i] legitur: Crimen est querela, id est peccatum accusatione et damnatione dignum. § 3. Quod autem sine criminatione [39] jubetur esse qui in episcopum eligitur, non ante baptisma, sed post baptismum intelligendum est: ut a tempore videlicet baptismatis nullius criminis conscientia mentem ejus remordeat [k]. § 4. Criminis autem appellatio alias late patet, complectens omne peccatum, quod ex deliberatione procedit. Unde Beda [l] super epistolam Jacobi: Peccata, quæ ex ignorantia vel infirmitate humana committuntur, dicit et præcipit alterutrum confiteri, quia facile dimittuntur: quæcunque vero fiunt ex deliberatione, non nisi per pœnitentiam. Hinc etiam Augustinus ait: Nullum peccatum [m] est adeo veniale, quod non fiat criminale, dum placet. Alias *autem* ea demum significat, quæ semel commissa ad damnationem sufficiunt. § 5. Multa enim ex deliberatione procedunt, quæ nisi sæpius iterata et in consuetudinem fuerint deducta, quamvis gravent post mortem, non tamen æternaliter perdunt: quia etsi quadam ratione crimina appellentur, tamen mortifera, et capitalia non sunt. Unde Augustinus in homilia [40] de igne purgatorio, exponens verba Apostoli: Si quis super hoc fundamentum ædificaverit, ligna, fœnum et stipulam, etc., ait: Multi sunt, qui lectionem istam male intelligentes falsa securitate decipiuntur, dum credunt; quod si supra fundamentum Christi capitalia crimina ædificent, peccata ipsa per ignem transitorium possint purgari, et ipsi postea ad vitam perpetuam pervenire. Intellectus iste, fratres carissimi, corrigendus est, quia ipsi se seducunt, qui taliter [41] sibi blandiuntur.

## NOTATIONES CORRECTORUM.

P. III. [h] *Res contra*: Sic fere in glossa ordinaria ad vocem illam: *irreprehensibilem*; et est epitome quædam verborum B. Hieronymi in epistola ad Oceanum, explanantis locum Apostoli ad Timotheum et ad Titum.

[i] *Unde*: Id est non apud B. Paulum, sed in glossa ordinaria ad locum B. Pauli. Sumpta autem sententia est ex B. Augustino, ex tractatu 41, ad c. 8 Joannis; ejusque verba habentur et apud Bedam ad eumdem B. Pauli locum et infra D. 81, c. *Apostolus* 1.

[k] *Remordeat*: Sequebatur in vulgatis: *Unde Hieronymus scribit in eadem epistola ad Titum*: quæ verba sunt inducta, quoniam in nullo manuscripto sunt inventa: habentur autem infra ead. ante cap. 1.

[l] *Unde Beda*: In commentariis ipsius ad c. 5, epistolæ Jacobi, ad illa verba: *confitemini alterutrum*, sic legitur: *In hac autem sententia illa debet esse discretio, ut quotidiana leviaque peccata alterutrum coæqualibus confiteamur, eorumque quotidiana credamus oratione salvari; porro gravioris lepræ immunditiam juxta legem sacerdoti pandamus, atque ad ejus arbitrium, qualiter et quanto tempore jusserit, purificari curemus.*

[m] *Nullum peccatum*: In glossa ordinaria in cap. 11. 1. Corinth. ad ea verba: *reus erit corporis et sanguinis Domini*, citatur hæc sententia ex B. August. homilia 24, in Joannem, in hæc verba: *Nullum peccatum veniale est, dum placet, quantumcunque parvum: sicut mortale, si vere displicet, nullum judicatur.*

---

Dist. XXV. Pars II. [31] Ep. apocrypha; (Ans. l. 7, c. 81.) Capitis hujus verba ex Recognitionibus Clementis, et ipsis suppositiis, deprompta sunt. — C. III. [32] hab. A. 633. — Ans. l. 7, c. 86. [33] *expeditus*: Coll. Hisp. — Ans. = Pars III. [34] 1 Tim. c. 3, v. 2. [35] ex gloss. interlin. ad hunc locum. [36] cap. 1, v. 7. [37] et infr. ead. c. 6. [38] et in gloss. ordin. ad loc. c. epist. ad Tim. [39] *crimine* · Edd. coll. o. — Bohm. [40] Serm. 41. de sanctis, sive de anim. defunctorum. [41] *sic*: Edd. coll. o.

Illo enim transitorio igne, de quo dicit Apostolus [41]: *Ipse autem salvus erit, sic tamen quasi per ignem*, non capitalia, sed [43] minuta peccata purgantur: de quibus, etsi non omnia, vel aliqua commemoranda sunt, ne aliquis se inaniter excusare conetur, et dicat se nescire quæ sunt minora [44] peccata, vel quæ crimina capitalia. § 6. Et quamvis Apostolus capitalia plura commemoraverit, nos tamen (ne desperationem facere videamur) breviter dicimus, quæ sunt illa: sacrilegium, homicidium, adulterium, fornicatio [45], falsum testimonium, furtum, rapina, superbia, invidia, avaritia; et si longo tempore teneatur, iracundia, et ebrietas, si assidua sit, in eorum numerum computantur [46]. Quicunque enim aliquod [47] de istis peccatis in se dominari cognoverit, nisi digne se emendaverit, et si habuerit spatium, longo tempore pœnitentiam egerit, et largas eleemosynas [48] erogaverit, et a peccatis ipsis abstinuerit, illo transitorio igne, de quo ait Apostolus, purgari non poterit, sed æterna illum flamma sine ullo remedio cruciabit [49]. § 7. Quæ autem sint minuta peccata, licet omnibus nota sint, tamen quia longum est, ut omnia replicentur, opus est, ut ex eis vel aliqua nominemus. Quoties aliquis in cibo aut [50] potu plus accipit, quam necesse sit [51], ad minuta peccata noverit pertinere; quoties plus loquitur, quam oportet, aut [52] plus tacet, quam expedit; quoties pauperes importune petentes [53] exasperat; quoties quum sit sanus corpore, aliis jejunantibus prandere voluerit, aut somno deditus tardius ad ecclesiam surgit; quoties, excepto desiderio filiorum, uxorem suam cognoverit; quoties in carcere clausos, aut in vinculis positos tardius requisierit; quoties [54] infirmos tardius visitaverit; si discordes ad concordiam revocare neglexerit; si plus aut proximum, aut uxorem, aut filium, aut servum exasperaverit, quam oportet; si amplius fuerit blanditus, quam expedit [55]; si cuicunque majori personæ aut ex voluntate, aut ex necessitate adulari voluerit; si pauperibus esurientibus, nimium deliciosa vel sumptuosa convivia sibi præparaverit; si se in ecclesia aut extra ecclesiam fabulis otiosis (de quibus in die judicii ratio reddenda est) occupaverit; si dum incaute juramus, et quum hoc per aliquam necessitatem [56] implere non poterimus, utique perjuramus, et cum omni facilitate vel temeritate maledicimus, quum scriptum [57] sit: *Neque maledici regnum Dei possidebunt*

C. IV. *Quæ sunt venalia peccata, quæ post hanc vitam purgantur.*

*Item* Gregorius *Dialog. lib. IV.* [58] *c.* 39.

Qualis hinc quisque egreditur, talis in judicio præsentatur; sed tamen de quibusdam levibus culpis esse ante judicium purgatorius ignis credendus est, pro eo quod veritas dicit [59]: *Quia si quis in Spiritum sanctum blasphemiam* [60] *dixerit, neque in hoc sæculo remittetur ei, neque in futuro*. In qua sententia datur intelligi quasdam culpas in hoc sæculo, quasdam vero in futuro posse laxari. Quod enim de uno negatur, consequens intellectus patet, quia de quibusdam conceditur. Sed tamen, ut prædixi, hoc de parvis minimisque peccatis fieri posse credendum est, sicut est assiduus otiosus sermo, immoderatus risus, vel peccatum curæ [61] familiaris, (quæ vix sine culpa vel ab ipsis agitur, qui culpam qualiter declinare debeant sciunt,) aut in non gravibus rebus error ignorantiæ, quæ cuncta etiam post mortem gravant, si [62] adhuc in hac vita positis minime [63] fuerint relaxata.

C. V. *De eodem.* PALEA.

[*Item* Augustinus [64] *in libro de vera et falsa pœnitentia c.* 18.]

Qui in aliud sæculum distulit fructum conversionis, prius purgabitur [65] igne purgationis. Hic autem ignis, etsi æternus non sit, miro tamen modo gravis est. Excellit [66] enim omnem pœnam, quam unquam aliquis passus est in hac vita, vel pati n potest [67].

Gratian. *Alias autem ea tantum delicta significat, quorum est perpetua infamia.*

Unde Hieronymus [68] *scribit in eadem epistola ad Titum, cap.* 1:

C. VI. *A die baptismi sine crimine debet inveniri, qui in episcopum est ordinandus.*

Primum itaque sine crimine jubetur esse episcopus, quod puto alio verbo ad Timotheum irreprehensibilem nominatum: non quod eo tantum tempore, quo ordinandus est, sine ullo sit crimine, et præteritas maculas nova conversatione [69] diluerit, sed quod ex eo tempore, quo in Christum renatus est, nulla peccati conscientia remordeatur [70]. Quomodo enim potest præses ecclesiæ auferre malum de medio ejus, qui in dilecto simili [71] corruerit? aut qua

---

NOTATIONES CORRECTORUM.

C. V. n *Vel pati potest:* Hæc verba non sunt in originali, neque infra de pœn. dist. 7. c. ult. §. fin. ubi hoc idem recitatur.

---

Dist. XXV. P. III. [41] 1 Cor. c. 3. [43] add.: *quasi:* Ed. Bas. [44] *minuta:* Edd. coll. o. [45] abest ab orig. [46] *computabitur:* Ed. Bas.—*computatur:* Edd. coll. o. orig. [47] *aliqua:* orig. [48] add.: *non:* coll. o. [49] *trucidabit:* Ed. Bas. [50] *et:* Ed. Bas. [51] *est:* Edd. coll. o. [52] deest. ib. [53] *paup. petentem:* Ed. Bas. — Bohm. [54] *et:* Edd. coll. o. [55] *oportet:* eæd. [56] *pro aliqu. nec:* Bas. [57] 1 Cor. c. 6. v. 10. = C. IV. [58] *Opus non inoffensæ fidei.* — Ans. l. 11. c. 159. [59] Matth. c. 12. v. 32. [50] *blasphemias:* Edd. coll. o. [61] add.: *rei:* Ed. Bas. — Bohm. [62] *etsi:* Ed. Arg. [63] add.: *in morte:* Edd. coll. o. pr. Bas. = C. V. [64] *Librum de vera et falsa pœn.* Augustini non esse, dudum monuerunt VV. DD. — in Ed. Bas. hujus Paleæ nulla inscriptio est. [65] *purgandus est:* Bohm. [66] *superat:* eæd. [67] abest ab Ed. Bas. = C. VI. [68] *in comment. ad v. 6. c. 1. Ep. Pauli ad Titum.* [69] *conversione:* Ed Bas. [70] *mordeatur:* Edd. coll. o. [71] *delictum simile:* Edd. coll. o.

libertate corripere peccantem potest quum tacitus sibi ipse respondeat eadem admisisse quae corripit?

Gratian. *Ecce, qui ordinandus est in episcopum,* A *non solum tempore suae ordinationis, sed etiam omni tempore post baptisma a crimine immunis esse debet.*

## DISTINCTIO XXVI.

### GRATIANUS.

**I. Pars.** *Sequitur in utraque epistola* [unius [1] *uxoris virum*] *post baptisma videlicet, non ante baptismum.*

*Unde* HIERONYMUS [a] *scribit ad Oceanum, epist.* 83:

**C. I.** *Post baptismum debet esse monogamus, qui in episcopum est ordinandus.*

Unius uxoris virum, id est monogamum, post baptismum. Si enim et ante conjugem habuit, quae obierit, non ei imputatur [2], cui prorsus novo homini [3] nec stupra, nec alia, quae ante fuerunt, jam obsunt.

**C. II.** *Qui ante baptismum habuerit unam, et post baptismum aliam, ordinandus non est.*

AUGUSTINUS *vero* [4] *contra testatur, scribens in epistolam ad Titum.*

Acutius intelligunt, qui nec eum, qui catechumenus vel paganus [5] habuit alteram, ordinandum censuerunt, quia de sacramento agitur, non de peccato [b]. [6] Nam in baptismo peccata omnia dimittuntur, et qui dixit: *Si* [6] *nupserit virgo, non peccat,* satis declaravit, nuptias non esse peccatum [\*]. Propter sanctitatem autem sacramenti sicut femina, si catechumena vitiata est, non potest post baptismum inter Dei virgines consecrari, ita non absurde visum est bigamum non peccasse, sed normam sacramenti amisisse non ad vitae meritum, sed ad ordinationis ecclesiasticae signaculum necessariam. Et sicut plures antiquorum Patrum uxores significaverunt futuras ex omnibus gentibus ecclesias, uni viro subditas, id est Christo, ita noster antistes, id est [7] episcopus unius uxoris vir, significat ex omnibus gentibus unitatem uni viro Christo subditam.

**II. Pars. § 1.** Itaque sicut duobus dominis servire [8], sic ab uno Deo apostatare, et in alterius superstitionem ire non licet.

**C. III.** *Bigamus* [c] *probatur qui ante baptismum habuerit unam, et post baptismum alteram.*

*Item.* INNOCENTIUS [1.] *Rufo et Eusebio, et ceteris episcopis Macedoniae, epistol. XXII. c.* 2[9].

Deinde[10] ponitur, non dici oportere bigamum eum qui catechumenus habuerit atque amiserit uxorem [11], si post baptismum fuerit aliam sortitus, eamque primam videri, quae novo homini copulata sit, quia illud conjugium per [12] baptismi sacramentum cum ceteris criminibus sit ablutum [13]. Quod quum de una utique dicitur, certe, si tres habuerit in vetere positus homine uxores [d], erit ei quae post baptismum quarta est, sic interpretantibus prima, et virginis [14] aeque nomen accipiet, quae quarto ducta est loco. Quis (oro) istud non videat contra apostoli [15] esse praeceptum, qui ait, *unius uxoris virum oportere fieri sacerdotem?* Sed obiicitur, quod in baptismo totum [16], quicquid in veteri homine gestum est, sit solutum [17]. Dicite mihi (cum [18] pace vestra loquor), crimina tantum dimittuntur in baptismo, an et illa, quae secundum Domini [19] praecepta ac Dei instituta complentur? Uxorem ducere crimen est, an non est crimen? Si crimen est, ergo [20] (praefata venia dixerim) erit auctor in culpa, qui, ut crimina committerentur, in [21] paradiso praecepit [e], quum ipse eos benedixit. Si vero non est crimen, quia quod Deus instituit [22] nefas sit [23] crimen appel-

### NOTATIONES CORRECTORUM.

DIST. XXVI. C. I. [a] *Hieronymus*: Sententiae quidem hujus et sequentis capitis sunt Patrum, qui citantur, id est Hieronymi et Augustini: verba tamen ipsa potius videntur sumpta ex collectaneis Bedae, et ex glossa ordinaria, hujus quidem capitis in primam ad Timoth. c. 3, sequentis vero in epistolam ad Titum, cap. 1.

C. II. [b] *Peccato*: Sequebatur, *propter sanctitatem sacramenti, sicut si femina,* etc. Restitutus est totus hic locus ex glossa ordinaria. Nam apud B. Augustinum et reliquos collectores copiosior etiam est.

C. III. [c] *Bigamus*: Rubrica hujus capitis et sequentis, quae in codicibus impressis erant transposita, in suum locum ex aliquot manuscriptis sunt restituta.

[d] *Homine uxores*: Sic in omnibus manuscriptis et apud Burchardum et Ivonem part. 1, c. 292. quamvis in originali et apud eundem Ivonem part. 8, cap. 303, paulo aliter et obscurius legatur.

[e] *Praecepit*: In orig. et apud ceteros collect. legitur: *in paradiso auum ipse eos jungeret, benedixit.*

---

DIST. XXVI. Pars 1. [1] 1 Tim. c. 3. v. 2. et Tit. c. 1. v. 6. = C. I. [2] *imputabitur*: Edd. Bas. *imputetur*. Edd. coll. rel. [3] abest a glossa ord. ad loc. c. Tim. et ab Ed. Bas. = C. II. [4] ex gloss. ord. ad c. 1. Ep. ad Titum, sumpta tamen sententia ex Aug. libro de bono conjugali c. 18. — Ans. l. 9. c. 59 Ivo Pan. l. 6. c. 66. Decr. p. 8. c. 294. Polyc. l. 2. t. 31 — infr. C. 28. q. 3. c. 2. [5] *paganus ante baptismum habuerat unam, et post bapt. alteram*: Edd. coll. o. [6] 1 Cor. c. 7. v. 32. [7] *Sicut episc.*: exd. = P. II. [8] Matth. c. 6. v. 24. = C. III [9] scr. A. 414. Burch. l. 4 c. 98. Ivo Decr. p. 1. c. 292. et p. 8. c. 303. Polyc. l. 6. t. 4. [10] *opponitur*: Edd. coll. o [11] add.: *unam*: Ed. Bas. [12] *per*: Isid. Merlini. [13] *ablatum*: Edd. coll. o. [14] *virginisque*: orig. ap. Coustant. [15] Tit. c. 1. v. 6. [16] abest a coll. Hisp. [17] *lotum*: ib. et Isid. Merl. [18] *ut loquar*: Edd. coll. o. — *loquar*: Ivo — ap Bohm. sequ.: *an, quod abest ab orig.* [19] *legis*: orig. ap. Coustant. [20] add.: *ut cum*: Edd. coll. o. [21] Gen. c. 1. v. 28. [22] *junxit*: orig. [23] *est*: Edd. coll. o.

lari, et Salomon [14] addidit: *Etenim a Deo præparatur viro uxor, quomodo creditur inter crimina esse dimissum* [15], *quod auctore Deo legitur consummatum?* Quid de talium filiis percensetur? Numquid [16] non erunt admittendi in hereditatis consortio, quia ex ea suscepti sunt, quæ ante baptismum fuit [17] uxor, eruntque appellandi vel naturales, vel spurii, quia non est legitimum matrimonium, nisi illud (ut vobis videtur), quod post baptismum assumitur? Ipse Dominus, quum interrogaretur a Judæis, si liceret dimittere uxorem, atque exponeret fieri non debere, addidit [18]: *Quod ergo Deus junxit, homo non separet.* Ac [19] ne de his locutus esse credatur, qui f [20] post baptismum sortiuntur, meminerit hoc et a Judæis interrogatum, et Judæis esse responsum. §. 2. Quæro, et sollicitus quæro, si una eademque sit uxor ejus, qui ante catechumenus, postea sit fidelis, filiosque ex ea, quum esset catechumenus, susceperit, ac postea alios [21], quum fidelis: utrum sint appellandi fratres, an non habeant postea defuncto patre erciscundæ hæreditatis consortium, quibus filiorum nomen regeneratio spiritualis creditur abstulisse? Quod quum ita sentire atque judicare absurdum est, quæ ('malum') ratio est [22] hoc defendi, et vacua magis opinione iactari, quam aliqua auctoritate roborari, quum non possit inter peccata deputari, quod lex præcepit et Deus junxit [23]? §. 3. Numquid si [24] quis catechumenus virtutibus studuerit, humilitatem secutus fuerit, patientiam tenuerit, eleemosynas fecerit, morti destinatos qualibet ratione eripuerit, adulteria exhorruerit, castitatem tenuerit, quæro, si hæc, quum fuerit factus fidelis, amittit, quia per baptismum totum, quod vetus homo gesserat, putatur auferri? Aspiciamus gentilem hominem Cornelium [25] orationibus atque eleemosynis vacantem, angelum audientem per revelationem, ipsumque g Petrum videntem; numquid per baptismum hæc illi [26] ablata sunt, propter quæ ei baptismus videtur esse concessus? Si ita creditur, mihi credite, non modicum erratur, quia quicquid bene gestum fuerit et secundum præcepta legalia custoditum, non potest facientibus deperire. §. 4. Nuptiarum ergo copula, quia Dei mandato perficitur, non potest dici peccatum, et quod peccatum non est, solvi inter peccata credi [27] omnino non debet [28], eritque, integrum æstimare aboleri [29] non posse prioris nomen uxoris, quum non dimissum sit pro peccato, quod [30] ex Dei sit voluntate completum.

C. IV. *In baptismate culpa dimittitur, non lex conjugii aboletur.*

*Item* Ambrosius *lib. I de officiis, c. ult.* [31] [c. 80].

Una tantum, nec repetita nobis copula permittitur, et in ipso conjugio lex est, non iterare conjugium, nec secundæ conjugia sortiri conjunctionem. Quod plerisque [mirum videtur, cur [32] etiam ante baptismum iterata h conjugia electioni [33] muneris et prærogativæ ordinationis impedimenta generent, quum etiam delicta obesse non soleant, si lavacri remissa fuerint sacramento. Sed intelligere debemus, quia in baptismo culpa dimitti potest, lex [34] aboleri non potest. In conjugio non culpa, sed lex est. Quod culpæ est igitur, in baptismo relaxatur: quod legis est, in conjugio non solvitur. Quomodo autem potest hortator esse viduitatis, qui ipse conjugia frequentaverit?

Gratian. *Joannes etiam Baptista, dum Herodem ab incestu prohiberet dicens: Non* [35] *licet tibi habere uxorem fratris tui, evidenter ostendit inter infideles conjugia esse. Unde datur intelligi quod bigami dicuntur non solum qui post baptisma conjugia frequentant, sed etiam qui ante baptismum unam, et post baptismum alteram habuisse probantur.* §. 1. *Bigamus vero in sacerdotem ordinari non debet, non quia deliquerit secundam accipiendo uxorem, sed quia prærogativa exutus est sacerdotis.*

## NOTATIONES CORRECTORUM.

f *Qui post baptismum*: Apud Burchardum et Ivonem in 1. parte legitur: *quæ post baptismum sortiuntur*. Sed in originali et apud Ivonem part. 8, et in Panormia, et infra 28, q. 1. c. *numquid*, hoc modo: *qui post baptismum uxores sortiuntur*. Verum ob glossam nihil est mutatum.

g *Ipsumque Petrum*: Apud Innocentium in cod. can. et Burchardum est: *atque eleemosynis revelationem Petrumque ipsum vidisse*. Apud ipsum Innocentium in tomis conciliorum: *per revelationem angelum Petrumque ipsum vidisse*. Apud Ivonem: *Petrum ipsum revelatione vidisse*.

C. IV. h *Iterata*: Apud B. Ambrosium locus hic varie legitur. Nam in antiquis impressionibus habetur: *iterato conjugio*; in recentioribus vero: *iterati conjugii*. Itemque in Panormia et apud Ivonem. In his tamen, quæ sequuntur, concordant, sic legendo: *ad electionem muneris, et prærogativam ordinationis impedimenta generentur*.

*Unde* Ambrosius *ad Vercellenses, lib. X, epist.* 82 *ait:*

**C. V.** *Non peccat bigamus, sed praerogativa sacerdotis exuitur.*

Qui sine crimine est unius uxoris vir, tenetur ad legem sacerdotii suscipiendi. Qui autem iteraverit conjugium, culpam quidem non habet coinquinati, sed praerogativa exuitur sacerdotis.

## DISTINCTIO XXVII.

### GRATIANUS.

I. Pars. *Quod autem unius uxoris vir episcopus esse jubetur, quaeritur an de tempore ordinationis hoc sit accipiendum, ut tempore suae administrationis ejus possit copula fungi, quam unicam et virginem sibi desponsavit.*

*Hoc* Martinus Papa *prohibet dicens* [1]:

**C. I.** *Non ordinetur diaconus, nisi castitatem fuerit professus.*

Diaconus qui eligitur, si contestatus fuerit pro accipiendo matrimonio, et dixerit [2] non posse in castitate permanere, hic non ordinetur. Quod si in ordinatione tacuerit et ordinatus fuerit, et postea matrimonium desideraverit, alienus sit a ministerio et vacet a clero.

*Gratian. Hac auctoritate datur intelligi, quod illi, qui uxores habent vel accipere volunt, nec diaconi, nec sacerdotes fieri possunt, nisi continentiam profiteantur:* § 1. *Si vero diaconus a ministerio cessare voluerit, et contracto matrimonio licite potest uti. Nam etsi in ordinatione sua castitatis votum obtulerit, tamen tanta est vis in sacramento conjugii, quod nec ex violatione voti potest dissolvi ipsum conjugium.*

*Unde* Augustinus [a] *in libro De bono viduitatis ad Julianam viduam, cap.* 10 [3]:

**C. II.** *Nubentes post votum non sunt adinvicem separandi.*

II. Pars. Quidam nubentes post votum asserunt adulteros esse. Ego autem dico, quod graviter peccant, qui tales dividunt.

**C. III.** *De eodem.*

*Item* Theodorus *in Poenitentiali* [4].

Si vir simplex [b] [5] votum virginitatis habens adjungitur uxori, postea non dimittat uxorem, sed tribus annis poeniteat.

Hieronymus [c] *vero econtra scribit* [6]:

**C. IV.** *Damnabile est voventibus virginitatem, velle nubere.*

Voventibus virginitatem non solum nubere, sed etiam velle damnabile est.

**C. V.** *Damnationem habebit, si nupserit, quae virginitatem vovit.*

Idem *contra Jovinianum, lib. I* [7].

Si nupserit virgo, non peccat [8]: non illa virgo, quae semel [9] Dei [10] cultui dedicavit. Harum enim si qua nupserit, habebit damnationem, quia [11] primam fidem irritam fecit.

**C. VI.** *Quae sanctimonialem se esse finxerat, nubere non valet.*

*Item* Nicolaus Papa [I] *ad Albinum Viennens. Ecclesiae archiepiscopum* [12].

Quod interrogasti de femina, quae post obitum [13] mariti sui sacrum velamen super caput suum imposuit, et finxit se sub eodem velamine sanctimonialem [14] esse, postea vero ad nuptias rediit: bonum mihi [15] videtur, quia per hypocrisim ecclesiasticam regulam conturbare voluit, et non legitime in voto suo permansit, ut poenitentiam agat de illusione

### NOTATIONES CORRECTORUM.

Dist. XXVII. C. II. [a] *Augustinus*: Verba propria hujus capitis non sunt inventa apud B. Augustinum. Sententia tamen habetur in libello de bono viduitatis. Omnino autem intelligendum hoc est de voto simplici, ut Gratianus in fine hujus distinctionis exponit.

C. III. [b] *Simplex*: Abest vox ista ab omnibus manuscriptis, et infra 27. q. 1. c. *si quis votum* etiam ab impressis. In aliquot tamen pervetustis est glossa interlinearis.

*Hieronymus*: Gratianus hic, et infra 17. q. 1. c. *voventibus*. et [Magister sententiarum hoc tribuunt Hieronymo, apud quem non est inventum. In glossa ordinaria 1. Tim. cap. 5. ad ea verba: *habentes damnationem*, refertur ex B. Augustino, cujus propria verba habentur infra c. *nuptiarum*. 27. q. 1. [D] post principium.

---

Dist. XXVI. C. V. [46] scr. post obitum ⸺menii Ep. Vercell., A. 371. — in Edd. col. o. in inscr. add.: *in epistola*. — Ivo Pan. l. 6. c. 63. Decr. p. 8, c. 290.

Dist. XXVII. P.l. — [1] c. 10. Conc Anc. ex vers. Martin. Brac., inter cap. c. 59.—cf. D. 28, c. 8.—Ivo Pan. l. 3, c. 97. Decr. p. 6, c. 376. = C. I. [2] add. : *se* : Ivo. = C. II. [3] Non desunt, qui lib. de bon. vid. ab Augustino abjudicent. Ipsa canonis verba in eo non sunt reperta; legitur tamen simile aliquid, quod relatum est infr. C. 27, q. 1, c. 41. — Augustini nomine canon legitur etiam in *Poenitentiali* Ant. Aug. t. 8, c. 11. = C. III. [4] cap. 32. ap. D'Acherium. — Poenit. Rom. t. 8, c. 11. — cf. infr. C. 27, q 1. c. fin. — *Theodosius* : Ed. Bas. [5] abest a Theodoro et Ed. Bas. = C. IV. [6] Haec, quae in Poen. Rom. t. 8, apud Petrum Lombardum Sentent. lib. 4. D. 38., et infr. C. 17. q. 1. c. 2. Hieronymi nomen ferunt, magis videntur ad libri de bon. vid., Augustino vulgo tributi, c. 9. pertinere. = C. V. [7] Ivo Pan. l. 3, c. 192. Decr. p. 7, c. 124. — Poen. Rom. t. 8, c. 10. — *contra Lucianum* : Edd. Arg. Nor. Ven. l. [8] *peccavit* : orig. — Ivo. [9] *se semel* : ib. [10] *divino* : Edd. coll. o. [11] 1 Tim. c. 5, v. 12. = C. VI. [12] In hac inscriptione admodum inter se differunt collectores. Burch. l. 8, c. 47. et Ivo Decr. p. 7, c. 65. tribuunt Nicolao scr. *Adalwino Vienn. Archiep.* — Pan. : *Adalwino Vivacensis eccl. Ep.* Contra ap. eumdem Ivonem p. ead. c. 152. legitur : *Alumino Junariensi Ep.* — In Ed. Bas. est : *Ep. Alduinomonensi.* Cum Reginone tamen in app. l, c. 57. legendum erit : *Adalwino Juvaviensi* (i. e. Salisburgensi) *Archiep.*, qui interfuit conc. Colon. h. A. 870. [13] *mortem* : Ed. Bas. [14] add : *feminam* : Regino. [15] abest ab eod.

nefanda, et revertatur ad id, quod spopondit, et in sacro ministerio [16] permaneat, quod inchoavit.

### C. VII. PALEA [17]. [Idem ibid.]

« Nam [d] si consenserimus, quod omnia sacramenta ecclesiastica quisque prout vult fingat et non vere faciat [18], omnis ordo ecclesiasticus turbabitur [19], nec catholicae fidei jura consistunt, nec canones sacri rite observantur. Quid enim profuit Simoni Mago baptismum sacrum ficte suscipere, et in Christianitate permansurum se finxisse, quum per Apostolum, fraude [20] ejus detecta, quod sibi futurum esset pronunciatum [21] fuit ? Ait enim [22] : *Pecunia tua tecum sit in perditionem : cor enim tuum non est rectum coram* [23] *Deo. Pœnitentiam itaque age ab hac nequitia tua* [24], *et roga Deum, si forte remittatur* [25] *tibi hæc cogitatio cordis tui : in felle enim amaritudinis et obligatione iniquitatis video te esse.* Ideo tales, nisi resipiscant, spirituali gladio percutere censemus. Non [26] enim fas est Spiritui sancto mentiri, sicut Ananias et Saphira mentiti sunt, et statim perierunt. »

A C. VIII. *In sacris ordinibus constituti, non ducant uxores : et si duxerint, separentur.*

*Item* Calixtus Papa II [27].

Presbyteris [e], diaconis, subdiaconis et monachis concubinas habere, seu matrimonia contrahere penitus interdicimus; contracta quoque matrimonia ab hujusmodi personis disjungi, et personas ad pœnitentiam redigi debere, juxta sacrorum canonum diffinitiones judicamus.

*Gratian. Hic distinguendum est, quod voventium alii sunt, simpliciter voventes, de quibus Augustinus et Theodorus locuti sunt, alii sunt, quibus post votum benedictio accedit consecrationis, vel propositum religionis, de quibus Hieronymus et Nicolaus et Calixtus scripserunt.*

B *Unde* idem Hieronymus [28] *contra eumdem Jovinianum lib. I scribens, ait :*

C. IX. *Incestæ sunt virgines, quæ post consecrationem nubunt.*

Virgines, quæ post consecrationem nupserunt, non tam adlteruæ sunt, quam incestæ.

## DISTINCTIO XXVIIII.

### GRATIANUS.

I. Pars. *Ecce ostensum est, quod nolentes vovere continentiam, nec ad subdiaconatum, nec ad superiores possunt gradus conscendere. Unde ad subdiaconatum accedentes, non sine voto castitatis jubentur admitti, auctoritate B. Gregorii, qui scribens Petro subdiacono* [lib. I, epistola 42 [1] in fine] *ait :*

C. I. *Non fiat subdiaconus, qui se caste victurum non promiserit.*

Nullum facere subdiaconum praesumant episcopi, nisi qui se victurum caste promiserit : (*Et nonnullis interjectis*) quia nullus ad ministerium altaris accedere debet, nisi cujus castitas ante susceptum ministerium fuerit approbata.

C. II. *Subdiaconus et supra constituti incontinentes, uxorem aut concubinam ducentes, ecclesiastico beneficio et officio vareant.*

*Item* Innocentius II *in Concilio Romano* [2] c. 6.

Decernimus ut ii, qui in ordine subdiaconatus [3]

### NOTATIONES CORRECTORUM.

C. VII. [d] Caput hoc in multis Gratiani codicibus (in quibus habetur sine nomine Paleae), est conjunctum superiori, quemadmodum et apud Burchardum et Ivonem. In Panormia autem est sejunctum.

C. VIII. [e] *Presbyteris :* Hic canon inventus est in

C et supra uxores duxerint aut concubinas habuerint, officio atque ecclesiastico beneficio careant. Quum enim ipsi templum, vasa Domini et sacrarium Spiritus sancti debeant esse et dici, indignum est, eos cubilibus et immunditiis deservire.

C. III. *Caste se victuros promittant in diaconos vel presbyteros ordinandi.*

*Item ex Concilio Toletano IV* [4], c. 27

II Pars. Quando presbyteri aut [5] diaconi per parochias constituuntur, oportet eos [6] primum [7] professionem episcopo suo facere; ut, caste et pure vivant sub Dei timore, ut, dum eos talis professio obligaverit [7], vitae sanctae disciplinam [8] retineant.

C. IV. *Qui longam corporis sui continentiam non habet, in episcopum eligi non debet.*

*Item* Gregorius [9] *clero et* [9] *nobilibus civibus Neapolitanis, lib. VIII epist.* 40 [9].

III Pars. Priusquam ad nos scripta vestra discurD rent, Joannem diaconum, qui ab altera parte electus

cod. Vatic. biblioth. in fragmento cujusdam concilii ab Urbano II. habiti, c. 2. Ex eodem vero concilio sunt canones, *Alienationes*, 12. q. 2. et *Paternarum*, 24. q. 3.

---

Dist. XXVII. C. VI. [16] *ministerio inchoavit* : Reg. Ivo. = C. VII. [17] Burch. et Ivo. Decr. ib. Pan. ib. c. 206. — Paleae nomen abest ab Ed. Bas. [18] *fiat* : Reg. [19] *conturbatur* : Reg.— *conturbabitur*, et postea : *consistent—observabuntur* : Ivo. [20] *fraus* : Reg. [21] *praenunciatum est* : Ivo. [22] Act. Ap. c. 8. [23] absunt ab Ed. Bas. [24] *ab hac iniquitate tua* : Edd. o. pr. Bas., in qua omissa sunt. [25] *ut, remittantur cogitatio* : Ed. Bas. — *cogitationes* : Edd. coll. rel. [26] Act. Ap. c. 5, v. 3. = C. VIII. [27] In conc. Remens. h. A. 1119. c. 5, et Lateran. I. h. A. 1123, c. 21. C. IX. [28] Ivo Pan. l. 3, c. 193. Decr. p. 7, c. 124.

Dist. XXVIII. P. I. [1] Ep. 44. (scr. A. 591.) l. 1. Ed. Maur. — cf. infr. D. 31, c. 1. Coll. tr. p p. 1. t. 53, c. 60. = C. II. [2] hab. A. 1139. Eadem fere habebis in Conc. Remens. h. A. 1131. c. 4. — Ivo Pan. l. 8, c. 142. [3] *diaconatus*. Ivo. = C. III. [4] hab. A. 633. — Ans. l. 7, c. 143. Burch. l. 2, c. 133. Ivo Pan. l. 3, c. 22. Decr. p. 3, c. 130. p. 6, c. 248. [5] *et* : Edd. coll. o. [6] abest a Coll. Hisp. et Ivone. [7] *alligat* : Coll. Hisp. — *obligat* : Edd. coll. o. [8] *disciplina retineat* : Coll. Hisp. = C. IV. [9] Ep. 62. scr. A. 600,) l. 10. Ed. Maur. — Ans. l. 6, c. 13.

est, parvulam habere filiam, * ex * quorundam relatione cognovimus; unde, si rationem voluissent attendere, nec alii [10] eum eligere, nec ipse debuerat consentire. Nam qua praesumptione ad episcopatum audet [11] accedere, qui adhuc longam corporis sui continentiam, filiola [a] teste, convincitur non habere?

C. V. *Ad subdiaconatum accessuri continentiam profiteantur.*

Item ex Concilio Toletano II c. 1 [12].

IV. Pars. De iis, quos voluntas parentum a primis infantiae annis clericatus [b] officio mancipavit [13], statuimus observandum, ut mox detonsi, vel ministerio [c] lectorum [14] traditi [15], in domo ecclesiae sub episcopali praesentia a praeposito sibi debeant erudiri. At ubi octavum decimum aetatis suae compleverint annum, coram totius cleri plebisque conspectu voluntas eorum de expetendo conjugio ab episcopo perscrutetur: quibus si gratia castitatis (Deo inspirante) placuerit, et promissionem [16] castimoniae suae absque conjugali necessitate spoponderint [17] servaturos, hi tanquam appetitores arctissimae viae [18] levissimo Domini jugo subdantur, ac primo subdiaconatus [19] ministerium, habita probatione professionis suae, a vigesimo anno suscipiant. Quod si inculpabiliter ac inoffense vigesimum quintum annum [20] * aetatis suae * peregerint, ad diaconatus [21] officium, (si [22]) * scienter * implere posse ab episcopo comprobantur, promoveri debent [23]. Cavendum tamen est his, ne quando suae sponsionis immemores ad [24] terrenas nuptias aut ad furtivos concubitus ultra [25] recurrant. Quod si forte fecerint, ut sacrilegii rei [26] ab ecclesia habeantur extranei. Quibus autem voluntas propria interrogationis tempore desiderium nubendi persuaserit, concessam ab Apostolo licentiam auferre non possumus, ita ut, quum provectae aetatis [27] in conjugio positi, renunciaturos se pari consensu operibus carnis spoponderint, ad sacros ordines adspirent.

C. VI. *In conjugio constitutus ad sacerdotium assumi non debet.*

Item ex Concilio Arelatensi II [28] c. 2.

V. Pars. Assumi aliquem ad sacerdotium in conjugii vinculo constitutum non oportet [29], nisi fuerit promissa [30] conversio.

C. VII. *Non ordinentur Diaconi, qui castitatem non profitentur.*

Item ex eodem III [31].

Praeterea [d] placuit, ut deinceps non ordinentur diaconi [32], nisi qui prius conversionis proposito professi fuerint castitatem.

Gratian. Verum illa priori auctoritate diaconis videtur permitti conjugium, quum ad sacerdotium tantum conjugati prohibeantur assumi. Porro sequenti auctoritate videtur permitti subdiaconis, quum de diaconis specialiter praecipitur, ut *sine probatione castitatis non ordinentur.*

Hoc idem in Ancyrana Synodo [33] *videtur esse permissum, in qua c. 10 sic statutum est :*

C. VIII. *Diaconi non prohibeantur a ministerio, si in ordinatione dicunt se continere non posse.*

Diaconi quicunque, quum ordinantur, si in ipsa ordinatione protestati sunt, dicentes velle se habere uxores, nec posse se continere, hi, si postea ad nuptias venerint [34], maneant in ministerio, propterea quod his episcopus licentiam dederit. Quicunque sane tacuerunt, et susceperunt manus impositionem professi continentiam, si postea ad nuptias venerint [35], a ministerio [36] cessare debebunt.

## NOTATIONES CORRECTORUM.

Dist. XXVIII. C. IV. [a] *Filiola :* Sic emendatum est ex originali, Anselmo et Polycarpo, quum antea legeretur : *filia.* Superius etiam dixerat : *parvulam filiam,* quibus vocibus recens incontinentia manifeste exprimitur.

C. V. [b] *Clericatus :* In omnibus editionibus et duobus codicibus Vaticanis conciliorum legitur : *in clericatus officio, vel monachali* [al. *monachi*] posuit. Sed in codice Lucensi·regio habetur eodem modo atque apud Gratianum.

[c] *Ministerio lectorum :* In omnibus codicibus conciliorum ante citatis (etiam Lucensi) legitur : *ministerio electorum.* Verum in epistola 1. Siricii ad Himerium c. 9. et Innocentii 24, c. 5. (ubi de eadem fere re agitur) est : *Lectorum ministerio seu officio.*

C. VII. [d] *Praeterea :* In Arelatensibus, quae exstant, hic ipse penitus canon non invenitur. Sed sententia habetur in tertio c. 2. in fine.

Dist. XXVIII. C. IV. [10] *illi.* : Ed. Bas. [11] *audeat* : ead. *auderet* : Edd. coll. rel. = C. V. [12] hab. A. 527. — Ans. l. 7, c. 42. (50.) = P. IV. [13] *mancipaverit, id.* : Edd. coll. o. [14] *electorum* : Coll. Hisp. [15] *quum t. fuerint* : ib. — Ans. [16] *promissione* : Edd. coll. o. [17] add. : *se* : Coll. Hisp. [18] *vitae*, *lenioris* : Coll. Hisp. [19] *subdiaconii* : Ed. Bas. — *subdiaconi* : Edd. coll. rel. [20] *XXV. annos* : Ed. Bas. [21] *diaconii* : Edd. Arg. Bas. Nor. — *diaconi* : Edd. coll. rel. [22] add. : *id* : Edd. coll. o. [23] abest a Coll. Hisp. [24] *aut ad* : Edd. coll. o. [25] *ultro* : Edd. coll. o. [26] *rei damnentur et ab* : Coll. Hisp. [27] add. : *suae* : Ed. Bas. = C. VI. [28] hab. non serius A. 460. cf. tamen quae monuimus ad c. 12. D. 18. — Coll. tr. p. p. 2. t. 24, c. 2. In Edd. coll. o. pr. Bas. laud. Conc. Arel. III., et in sequenti capite IV. = P. V. [29] *non posse* : Coll. Hisp. [30] *praemissa* : ib. = C. VII. [31] Pertinet hoc cap. ad c. 43. conc. Arel. II, ex quo can. praecedens desumptus est, et plane respondet c. 22. conc. Arausic. I. [32] add. : *conjugati* : orig. — Edd. coll. o. — *conjurati* : Ed. Bas. = C. VIII. [33] hab. 314. — Pan. l. 3, c. 87. Polyc. l. 4, t. 31. [34] *convenerint* : Coll. Hisp. — *pervenerint* : Edd. coll. o. exc. Bas. — Proxime sequentia, quae cum Coll. Hisp. plane consonant, in cod. can. Quesnelli a Baller. in hunc modum sunt emendata : *maneant in clero tantum, et a ministerio abjiciantur.* [35] *convenerint* : orig. — Ed. Bas. — *pervenerint* : Edd. coll. rel. [36] ap. Quesnell. add. : *vel clero.*

### C. IX. *Presbyter ducens uxorem, ab ordine deponatur.*

Item ex Concilio Neocæsariensi [37], c. 1.

**VI. Pars.** Presbyter si uxorem duxerit, ab ordine suo illum deponi debere. Quod si fornicatus fuerit, vel adulterium commiserit, extra ecclesiam abjici et ad pœnitentiam inter laicos [e] redigi oportet.

### C. X. *De eo, qui relictam cujusdam diaconi duxit uxorem.*

Item Gregorius lib. XI, epist. 59 [38].

**VII. Pars.** Quia sunt culpæ, in quibus culpa est relaxare vindictam, quærenda semper est veritas, ut inquiri debeat utrum accusatum noxa [39] condemnet, an a pœna [40] innocentia patefacta subducat. Itaque pervenit ad nos, Fantinum [41] defensorem ultionem exercere in Petrum latorem præsentium voluisse, pro eo, quod [42] (quantum dicitur) relictam cujusdam diaconi, tempore quo conductor fuit, marito tradiderit. Sed quoniam iste conjugem diaconi asserit non fuisse, dicens, nec eam [43] virginem ad eum venisse, denique [44] nec religiosam mutasse vestem, postquam ille in sacro ordine promotus est, adjiciens etiam, priusquam ad diaconum perveniret [45] et postea, prava illam opinione vixisse : Ideo fraternitatem tuam his hortamur affatibus, ut cum Dei, sicut decet, timore causam hanc subtili omnino [46] investigatione perquirat [47], ut, si in conjugio diaconi mulierem, de qua agitur, fuisse constiterit, et suprascriptus lator memorato defensori et rectori patrimonii ad vindictam modis omnibus tradatur, et cum competenti emendatione ii, qui male sociati sunt, disjungantur. Si vero in ejus conjugio non fuit, memoratum Fantinum ex nostro mandato commonere te volumus, ut ei facere nil præsumat, nec falsa [48] illum accusatio apud eum in aliquo prægravet.

### C. XI. *De uxore presbyteri vel diaconi, si aliis se conjunxerit.*

Item ex concilio Aurelianensi 1, [49] c. 13.

Si se cuiquam [50] mulier duplici conjugio presbyteri vel diaconi relicta conjunxerit, aut [51] separentur, aut certe, si in criminis [52] intentione perstiterint, pari excommunicatione plectantur.

### C. XII. *De eodem.*

Item ex concilio Martini Papæ [53].

Si qua vidua episcopi vel presbyteri aut diaconi maritum acceperit, nullus clericus, nulla religiosa persona [54] cum ea convivium sumat, nunquam communicet; morienti tamen [55] ei sacramenta subveniant [56].

### C. XIII. *Cujusdam episcopi ordinatio differtur, quia uxorem habet et filios.*

Item Pelagius [f] Cethego Patricio [57].

**VIII. Pars.** De Syracusanæ urbis antistite optaveramus in ipso initio gloriæ vestræ desideriis obedire, nisi nos multiplex ratio ipsius non paucis temporibus ordinationem differre sacerdotii coegisset, ob hoc, quod vel personæ qualitas (sicut et vos melius nostis), vel superstes uxor aut filii (per quos ecclesiastica solet periclitari substantia) [58] nostros animos diutius ab ejus ordinatione suspenderent [59]. Et quantum ad cautelam humanam pertinet, integro pæne anno distulimus, opinantes, quod in melius Syracusanorum provenire posset electio. Sed quia in voluntatis suæ proposito irrevocabiliter perstiterunt, et nullus est alius in eadem repertus ecclesia, nisi longioribus adhuc temporum differretur spatiis; ne paulo amplius insanirent (sicut filii nostri magnifici viri prætoris testificatione didicimus), inter hujusmodi ambiguitates illud consultius judicavimus faciendum, ut congrua providentia causam, propter quam principalis constitutio habentem filios et

---

### NOTATIONES CORRECTORUM.

C. IX. [e] *Inter laicos* : Græce legitur : Ἐξωθεῖσθαι τέλεον, καὶ ἄγεσθαι αὐτὸν εἰς μετάνοιαν : quæ Dionysius Exiguus vertit : *amplius pelli debet et ad pœnitentiam redigi*. Ubi nulla mentio fit pœnitentiæ inter laicos agendæ, de qua fœ copiosius dicetur infra 50. dist. c. fin.

C. XIII. [f] *Item Pelagius* : Anselmus et auctor Polycarpi ex eadem epistola referunt hæc, quæ caput istud antecedunt : *Quod de ordinando ecclesiæ Catinensis episcopo salubris electione judicii fieri desiderastis, agnovimus, confestim sequenti die eum juxta morem discutientes, tertio, quo venit, die episcopum consecravimus* : simili quidem modo de Syracusanæ, et quæ sequuntur. In Polycarpo tamen inscriptio est : *Gelasius Papa Ceto*. Ivo autem in epistola ad Hugonem archiepiscopum Lugdunensem, quæ incipit : *Causam Belvacensis*, etc. ita scribit : *Si enim Papa Gelasius quondam Syracusanæ urbis electum, uxorem habentem et filios, interveniente Cethego patricio, etc.*

---

Dist. XXVIII. C. IX. [37] hab. A. 314. Regin. l. 1, c. 84. Burch. l. 2, c. 108. Ivo Pan. l. 5, c. 91. Decr. p. 6, c. 185. (ex vers. Dionys.) — C. X. [38] Ep. 5. (scr. A. 604.) lib. 14. — Ed. Maur. — Coll. tr. p. p. 1, t. 55, c. 68. — Ivo Dec. p. 9, c. 126, p. 6, c. 184. = P. VII. [39] add. : *debita* : Ed. Bas. [40] *pœnæ* : ib. [41] *Fantinum* : Edd. coll. c. [42] add. : *in* : ib. [43] *illam* : orig. — Ivo. [44] *denique ut nec religiosam mutare vestem præsumeret* : orig. [45] *venisset* : Ed. Bas. — *pervenisset* : Edd. coll. rel. [46] *animo* : Ed Nor. [47] *perquirere* : Edd. Arg. Ven. l. Nor. — *perquiras* : Edd. coll. rel. — in omn. pro sequ. *ut* leg. : *et*. [48] *aoest ab* Edd. Greg. Maurin prioribus. — C. XI. [49] hab. A 511. — in Coll. Hisp. hic est can. 9. — Coll. tr. p. p. 2, t. 29, c. 12. [50] *cuicunque* : orig. [51] *aut castitate fruantur, aut sep.* : Edd. coll. o. — *castigati separentur* : orig. [52] *criminum* : orig. — C. XII. [53] Cap. Martini Brac. c. 29, desumptum ex conc. Tolet. 1, c. 18, ex quo descriptum est ap. Ans. l. 10, c. 6. [54] *abest a* Coll. Hisp. et Ans. [55] *tantum* : Coll. Hisp. [56] *sacramento subveniatur* : Ans. — C. XIII. [57] Fragm. ep. Pelagii I, ex collect. Deusdedit in monumentis edidit Holstenius. — Coll. tr. p. p. 1, t. 54, c. 12. — Ans. l. 6, c. 46. Polyc. l. 2, t. 1. [58] cf. Novell. Justin. 6, c. 1, § 3 et Nov. 123, c 1. [59] *susvenderet* : Edd. coll. o., pr. Ven. 1.

uxorem ad episcopatus ordinem promoveri prohibet, salva dispositione consilii⁶⁰ muniremus. Qua de re summo studio ab eodem Syracusanæ urbis episcopo, priusquam a nobis contingeret ordinari, hujusmodi exegimus cautionem, per quam et suam fateretur, quantula esset, præsentis temporis habita rerum descriptione substantiam, et nihil unquam per se, aut per filios et uxorem, sive quamlibet propinquam aut domesticam vel extraneam forte personam de rebus usu paret ecclesiæ, et universa sui episcopatus quæsita tempore ecclesiæ suæ dominio sociaret, nihil ultra id, quod modo descriptum est, filiis suis vel heredibus relicturus.

Gratian. Ecce hac auctoritate electus in episcopatum n.. prohibetur ᵍ habere uxorem et filios. Eligi autem ad episcopatum non debet, nisi aut sacerdos aut diaconus; subdiaconus vero non, nisi necessitate cogente. Sive ergo presbyter, sive diaconus, sive subdiaconus fuerit, apparet, quod in præfatis ordinibus constituti licite matrimonio uti possunt. § 1. Quia ergo auctoritate Gregorii, qui relictam diaconi marito tradidit, puniendus est; item in Neocæsariensi concilio presbyter ducens uxorem, non diaconus, jubetur deponi; item in Ancyrana synodo diaconi, qui in ordinatione sua dicunt se velle habere uxores, si postea venerint ad nuptias, non prohibentur a ministerio: patet, quod nec diaconi, nec subdiaconi sunt prohibendi a conjugio. Sed quod de electione objicitur, verum quidem est in episcopatum non eligendum, nisi in sacris ordinibus constitutum; sed ipsum uxorem habere et filios, non repugnat præmissis auctoritatibus de continentia clericorum. § 2. In laicali enim habitu, vel in minoribus ordinibus constitutus potuit habere uxorem et filios: et si postea ex consensu uxoris continentiam professus subdiaconatum vel diaconatum vel presbyterii gradum adeptus fuerat, attamen uxori et filiis ipsum necessaria subministrare oportebat. § 3. Illud autem Gregorii duobus modis solvitur: vel quia ecclesia illa, cui diaconus ille ministraverat⁶¹, nondum continentiæ votum susceperat in diaconis et reliquis ministris; vel quia (sicut de electo in episcopum antea scriptum est) ante subdiaconatum memoratus diaconus eam in uxorem duxerat.
§ 4. Illud autem Neocæsariensis et Ancyranæ synodi rei ex tempore, vel ex loco intelligitur: ex tempore, quia nondum erat introducta continentia ministrorum altaris; ex loco, quia utraque synodus orientalis est, et orientalis ecclesia non suscipit generale votum castitatis. Hoc tamen diligenti observatione custodit, ut post adeptum sacerdotium, defuncta priore uxore, cum qua sacerdos factus fuerat, si alteram duxerit, deponatur.

Item opponitur illud quod legitur in canone Apostolorum⁶², c. 6. al. 5.

C. XIV. *Presbyter causa religionis non contemnat propriam uxorem.*

IX. Pars. Si ʰ quis docuerit, sacerdotem sub obtentu religionis propriam uxorem contemnere, anathema sit.

C. XV. *Anathema sit, qui presbyterum conjugatum discernit a communione nuptiarum occasione.*

Item ex Concilio Gangrensi ⁶³, c. 4.

Si ⁱ quis discernit presbyterum conjugatum, tanquam occasione nuptiarum quod offerre non debeat, et ab ejus oblatione ideo se ⁶⁴ abstinet, anathema sit.

C. XVI. *Ab officio obstineat presbyter non legalibus nuptiis detentus.*

Item ex VI. Synodo in Trullo ⁶⁵, c. 26.

X. Pars. Presbyterum, ᵏ per ignorantiam ᵏ non legalibus nuptiis detentum, cathedram quidem habere, sed ab officio ᵏ abstinere præcipimus. Sufficit enim hujusmodi indulgentia ei, quia benedicere aliis eum, qui vulnera sua debet curare, consequens non est. Benedictio enim sanctificationis traditio est. Qui vero hanc non habet propter delictum ignorantiæ, quomodo aliis tradet? Non igitur ⁶⁶ publice neque private benedicat, nec corpus Domini dispenset aliis, nec alio modo ministret; sed sufficiat ei, quod præsidet, et imploret a Deo, ut dimittatur ei iniquitas ignorantiæ suæ. Manifestum est autem, quod ⁶⁷ hujusmodi non legitimæ nuptiæ solventur, et

---

## NOTATIONES CORRECTORUM.

ᵍ *Non prohibetur*: A plerisque vetustis exemplaribus abest dictio: *non*; retenta tamen est, quoniam hic Gratianus in alteram partem disputando ex canonibus prius citatis præ se fert hoc probare, subdiaconis, diaconis atque etiam presbyteris non fuisse prohibitum usum conjugii. Quod tamen qualiter accipiendum sit, ipse postea declarat a vers.: *Sed quod,* usque ad vers. *illud autem.* Hac de re agetur etiam infra in notatione ad principium dist. 31.

P. IX. ʰ Gratianus refert sensum canonis, ceteri collectores ipsa etiam fere verba.

C. XV. ⁱ Græce est: Εἴ τις διακρίνοιτο παρὰ πρεσβυτέρου γεγαμηκότος, ὡς μὴ χρῆναι, λειτουργήσαντος αὐτοῦ, προσφορᾶς μεταλαμβάνειν, ἀνάθεμα ἔστω. Id est: *Si quis secernat se a presbytero, qui uxorem duxit, tanquam non oporteat illo liturgiam peragente de oblatione percipere, anathema sit,* quæ versio non multum discrepat a versione Dionysii Exigui.

C. XVI. ᵏ *Ab officio*: Græce est: Τῶν δὲ λοιπῶν ἐνεργειῶν, id est, *a ceteris officiis*

---

Dist. XXVIII. C. XIII. ⁶⁰ *concilii*: Holst. ex Deusded. — Ans. — Edd. coll. o. pr. Bas. ⁕ Arg. Ven. I, II. Nor. Par. Lugd. I. ⁶¹ *militaverat*: Edd. coll. o. exc. Bas. et Nor. ═ P. VIII. ⁶² Burch. l. 1, c. 78. — Ivo Pan. l. 3. c. 113. Decr. p. 5, c. 184. ═ C. XV. ⁶³ hab. c. A. 355. — Burch. l. 5, c. 75. — Ivo Dec. p. 2, c. 128, p. 3, c. 158. ⁶⁴ *abest ab Edd. coll. o.* ═ C. XVI. ⁶⁵ hab. A. 692. — Verba canonis patres mutuati sunt ex canonibus S. Basilii ad Amphiloch. c. 27. ═ P. X ⁶⁶ *enim*: Edd. coll. o. ⁶⁷ add. *i ab*: Ed. Bas.

nullatenus [68] vir accessum habebit ad eam, propter quam sacro ministerio privatus est.

**C. XVII.** *De presbyteris non est laicis judicandum.*

*Item* Nicolaus *ad consulta Bulgarorum* [69], *c.* 70.

**XI. Pars.** Consulendum decernitis, utrum presbyterum [1] habentem uxorem debeatis sustentare et honorare, an a vobis projicere. Ad quod respondemus: Quoniam licet ipsi valde sint reprehensibiles, vos tamen Deum convenit imitari, qui [70] solem suum A oriri facit super bonos et malos. Dejicere vero [71] eum a vobis ideo non debetis, quoniam nec Judam Dominus, quum esset mendax discipulus, de [72] numero apostolorum ejecit. Verum [73] de presbyteris vobis, qui laici estis, nec judicandum est, nec de eorum vita quidpiam [74] investigandum; sed episcoporum judicio, quidquid [75] est, per omnia reservandum.

## DISTINCTIO XXIX.

**GRATIANUS.**

*Sed notandum est, quod secundum Isidorum pleraque capitula ex causa, ex loco, ex tempore, ex persona consideranda sunt.*

*Ait enim* Isidorus [1] :

**C. I.** *Ex tempore, loco et persona et causa regulæ canonum intelliguntur.*

Sciendum est, quod pleraque capitula ex causa, ex persona, ex loco, ex tempore consideranda sunt, quorum modi, quia medullitus non indagantur, in erroris labyrinthum nonnulli intricando impinguntur, quum ante judicant, quam intelligant; ante inculpant, quam iterando lecta perquirant.

*Hinc etiam* Gregorius *ait* [2] :

**C. II.** *Pro diversitate rerum temperantur regulæ sanctorum.*

Regulæ sanctorum Patrum pro tempore, loco et persona et negotio instante necessitate traditæ sunt.

**C. III.** *Pro diversitate locorum, temporum et hominum scripturæ intelligendæ sunt.*

B *Item* Hieronymus *in proœmio epistolæ ad Ephesios.*

Necesse est, ut juxta diversitates locorum et temporum et hominum, quibus [a] scriptæ sunt, diversas et causas et argumenta et origines habeant. Et quomodo B. Joannes in Apocalypsi sua ad septem [3] scribens ecclesias in unaquaque earum specialia vel vitia reprehendit, vel virtutes probat, ita et S. Apostolus [4] per singulas ecclesias vulneribus medetur illatis, nec ad instar imperiti medici uno collyrio omnium oculos vult curare.

## DISTINCTIO XXX.

**GRATIANUS.**

**Pars.** *Illud autem, quod in canone apostolorum, et in Gangrensi concilio, et in VI synodo* [*] *legitur, ex causa consideratur et ex tempore. Causa fuit hæresis Manichæorum* [a], *quia conjugium detestabantur, sicut etiam quorundam superstitio multa in Catholicorum detestationem introduxisse invenitur, contra quos* in Gangrensi [b] *Concilio capitibus sexdecim statutum legitur:*

C **C. I.** *De multimoda superstitione hæreticorum, quos Gangrense concilium anathematizavit.*

Conc. Gangr. c. 16 [1].]

Si qui filii parentes, maxime fideles, deseruerint occasione Dei cultus, hoc istum esse indicantes, et non potius debitum honorem parentibus reddiderint, ut hoc ipsum [c] in eis venerentur, quod fideles sunt, anathema sint [2].

## NOTATIONES CORRECTORUM.

**C. XVII.** [1] *Presbyterum :* In ultimo cap. harum responsionum referuntur Bulgarorum verba, dicentium : multos apud se esse Græcos et Armenos et alios, qui diversa docerent. Nondum enim a Romana D sede episcopum aut presbyterum acceperunt. Quamobrem nihil mirandum, si presbyter, de quo in hoc capite agitur, conjugatus erat.

**Dist. XXIX. C. III.** [a] Quibus scriptæ : Antea legebatur : *quibus diversæ scripturæ factæ sunt.* Emendatum hoc est ex manuscriptis et originali, quemadmodum et nonnulla alia.

**Dist. XXX. Pars I.** [a] Manichæorum : Proprie Gangrensis synodus statuit contra Eustathianos, ut supra dist. 16, c. *prima adnotatio.* Sed hunc errorem Eustathiani hauserant a Manichæis.

[b] In aliquot vetustis exemplaribus hæc omnia, quæ hic citantur ex concilio Gangrensi, unico capite et conjuncta oratione leguntur. Sunt autem ex prisca versione [*]. Sed ea, quæ est Dionysii Exigui, longe magis respondet originali græco, quamvis neque ipsa usquequaque.

**C. I.** [c] *Ut hoc ipsum :* Græce est : Προτιμωμενας

---

**Dist. XXVIII. C. XVI.** [68] *nullo modo :* ib. = **C. XVII.** [69] Epist. scr. A. 866. — Ivo Pan. l. 5, c. 12. Decr. p. 2, c. 82. [70] Matth. c. 5, v. 15. [71] *enim :* Edd. coll. o. [72] *a :* eæd. [73] add. : *et :* eæd. — *sic et :* Ed. Bas. [74] *quidquam :* Edd. coll. o. [75] add. : *id :* eæd. — *illud :* Ed. Bas.
**Dist. XXIX. C. I.** [1] De hujus canonis auctore non satis constat; apud Isid. Hisp. enim libro e D norma vivendi (quem supposititium nonnulli putant) similia tantum leguntur. Notatio Corr., quæ in ipsa Ed. Rom., et ex ea in Ed. Pelleterii et Bœhm. legitur, inducta est, nam id ipsi in indice erratorum voluerunt Correctores. = **C. II.** [2] canon æque incertus. Ans. l. 4, c. 52. = **C. III.** [3] *septem ecclesiis :* Edd. coll. o. [4] add. *Paulus* Bohm.
**Dist. XXX. Pars I.** [*] imo ex versione Hisp. = **C. I.** [1] hab. c. A. 355. Ivo Decr. p. 8, c. 319. [2] *sit.* orig.

C. II. *De eodem.* — *Item* ex eodem, c. 17³.

Quæcunque mulier, religioni ᵈ judicans convenire, comam sibi amputaverit, quam Deus ad velamen ejus ᵉ et ad memoriam subjectionis illi dedit, tanquam resolvens jus subjectionis, anathema sit.

C. III. *De eodem.* — *Item* ex eodem, c. 14⁴.

Si qua mulier, derelicto⁵ viro, discedere voluerit, soluto vinculo conjugali, nuptias condemnando⁶, anathema sit.

C. IV. *De eodem.* — *Item* ex eodem, c. 10⁷.

Si quis propter Deum virginitatem⁸ professus in conjugio positos per arrogantiam vituperavit⁹, anathema sit.

C. V. *De eodem.* — *Item* ex eodem, c. 9¹⁰.

Si quis vel¹¹ virginitatem, vel continentiam professus ᶠ, tanquam abominabiles nuptias judicat, et non propter hoc solum, quod continentiæ¹² et virginitatis bonum sanctum propositum est, anathema sit.

C. VI. *De eodem.* — *Item* ex eodem, c. 13¹³.

Si qua mulier suo¹⁴ proposito utile judicans, ut¹⁵ virili veste utatur, propter¹⁶ hoc virilem habitum imitetur ᵏ, anathema sit.

C. VII. *De eodem.* — *Item* ex eodem, c. 18¹⁷.

Si quis, tanquam hoc continentiæ convenire judicans, die dominico jejunaverit in ejusdem ʰ diei contemptum, anathema sit.

C. VIII. *De eodem.*

*Item* ex eodem Conc. Gangrensi, c. 19¹⁸.

Si quis eorum, qui in proposito sunt continentiæ, propter necessitatem ⁱ corporalem superbiat, et jejunia communia putaverit contemnenda, totius ecclesiæ perfectam in sua conscientia judicans rationem, anathema sit.

C. IX. *De eodem.* — *Item* ex eodem, c. 20¹⁹.

Si quis per superbiam, tanquam perfectum se existimans²⁰, conventus, qui per loca et basilicas sanctorum martyrum fiunt, vel accusaverit, vel etiam oblationes, quæ ibidem celebrantur, spernendas esse crediderit, memoriasque Sanctorum contemnendas, anathema sit.

C. X. *De eodem.* — *Item* ex eodem, c. 5²¹.

Si quis docet, domum Dei contemptibilem esse debere, et congregationes, quæ in ea fiunt²², anathema sit.

C. XI. *De eodem.* — *Item* ex eodem, c. 6²³.

Si quis extra ecclesiam privatim populos congre-

## NOTATIONES CORRECTORUM.

δηλονότι παρ' αὐτοῖς τῆς θεοσεβείας. Id est : *quod scilicet divinus cultus apud ipsos omnibus rebus præferatur.*

C. II. ᵈ *Religioni :* Græce est : Διὰ νομιζομένην ἄσκησιν, id est : *Ob eam, quæ existimatur pietatis exercitatio :* quod Dionysius vertit : *propter divinum cultum, ut existimat.* Græci enim religiosorum, quos nos dicimus, vitam proprie ἄσκησιν nominabant. Burchardus et Ivo in part. 6. secuti sunt versionem Dionysii, in octava autem Ivo priscam.

ᵉ *Ad velamen ejus :* Hæc non sunt in græco originali, neque in versione Dionysii. Videntur autem sumpta ex epist. 1. ad Corinth. c. 11.

C. V. ᶠ *Professus :* Hic erat additum : *in conjugio*, quod neque est in canone græco, neque etiam in latino, qui citatur infra dist. 31. c. *quicunque*. neque in multis manuscriptis Gratiani codicibus.

C. VI. ᵍ *Imitetur :* Græce legitur : καὶ ἀντὶ τοῦ εἰωθότος γυναικείου ἀμφιάσματος ἀνδρεῖον ἀναλάβοι, quæ Dionysius Exiguus apte vertit : *et pro solito muliebri amictu virilem sumit ;* sicque habet Burchardus et fere etiam Ivo.

C. VII. ʰ *In ejusdem :* In originali hujus priscæ versionis est, *aut in ejusdem diei contemptum :* quod in versione Dionysii, quam attulerunt Burchardus et Ivo, istis vocibus videtur exprimi : *aut contumaciam* (al. *propter contumaciam*, sed in græco vulgato nihil est, quod istis respondeat.

C. VIII. ⁱ *Propter necessitatem :* Nihil mutatum est ob glossas ; ceterum multis modis discrepat a prisca versione et a Dionysiana, quam secuti Burchardus et Ivo. Prisca sic habet : *Si quis eorum, qui in proposito sunt continentiæ, præter necessitatem corporalem, et superbiens jejunia communia totius ecclesiæ putaverit contemnenda, perfectam in sua scientia vindicans rationem, anathema sit.* Dionysiana autem hoc modo : *Si quis eorum, qui continentiæ student, absque necessitate corporea, tradita in commune jejunia et ab ecclesia custodita superbiendo dissolvit, stimulo suæ cogitationis impulsus, anathema sit.* Quæ versio in ceteris quidem partibus originali græco, etiam in vulgato satis respondet: sed in postrema insignis est varietas. Nam ubi Dionysius habet : *stimulo suæ cogitationis impulsus*, in græco vulgato est : ἀποκυροῦντος ἐν αὐτῷ τελείου λογισμοῦ, id est : *nimirum perfecta, quæ in ipso est, ratiocinatione, illa abrogante.* In manuscriptis autem hujus canonis exemplaribus partim est : ὑποικυροῦντος, id est : *perfecta in eo residente ratione ;* partim: ἐπικυροῦντος, id est : *perfecta, quæ in ipso est, ratione sibi auxilium ferente.* Notantur vero Eustathiani (quos postea Bogomilici sectati sunt), qui ita statuebant, peracto certo quodam jejunio ad eam se perfectæ vitæ rationem pervenisse, ut postea omnia sibi essent indifferentia, nullisque præceptis obligarentur, sed soluti omnino essent, ac nec peccare quidem possent ; qua de re Balsamon in capitis hujus interpretatione.

---

Dist. XXX. C. II. ³ Burch. l. 8, c. 62. Ivo Decr. p. 8, c. 520. et (ex vers. Dionys.) p. 7, c. 80. = C. III. ⁴ Ivo Decr. p. 8, c. 229. (ex vers. Dionys.) et ead. 317 ⁵ *relicto :* Ed. Bas. ⁶ *contemnendo :* Ivo l. c. 517. — Edd. coll. o., pr. Bas. = C. IV. ⁷ Burch. l. 8, c. 64. Ivo Decr. p. 8, c. 316. et p. 7, c. 82, et hoc loco quidem ex vers. Dionys., quæ legitur D. 31, c. 9. — ⁸ *virg. propriam vel continentiam fuerit professus et tanquam abominabiles, etc.* Ed. Bas. ⁹ *vituperaverit :* Coll. Hisp. — Ivo. = C. V. ¹⁰ Burch. l. 8, c. 61. Ivo Decr. p. 7 c. 79, (ex vers. Dion.) ¹¹ abest ab Ed. Bas. ¹² *continentia et virginitas bonum sanctumque, etc.* Coll. Hisp. — *bonum et sanctum* · Ed. Bas. = C. VI. ¹³ Burch. l. 8, c. 60. Ivo Decr. p. 7, c. 78, (ex vers. Dion.) ¹⁴ *hoc :* Coll Hisp. ¹⁵ abest ibi. ¹⁶ *ad hoc ut :* ib. — *et propter :* Edd. coll. o. = C. VII. ¹⁷ Burch. l. 13, c. 219. Ivo Decr. p. 4, c. 51, (vers. Dion.) * hæc, ut monuimus, Hisp. versio est, in qua tamen vox *aut* pariter atque in prisca vers. non legitur. = C. VIII. ¹⁸ Regin. l. 1, c. 280. Burch. l. 13. c. 5. Ivo Decr. p. 4, c. 58, (vers. Dion.) — Ceterum vers. Hisp. a Gratiani canone in nonnullis discrepat, quod ex notatione Correctorum (quibus illa priscæ vers. nomine venit) apparet. = C. IX. ¹⁹ Ivo Pan. l. 2. c. 8. ²⁰ *æstimans :* Coll. Hisp. — Ed. Par. = C. X. ²¹ Burch. l. 3, c. 94. Ivo Decr. p. 5, c. 84, (vers. Dion.) ²² *fuerint :* Ed. Arg. — C. XI. ²³ Burch. l. 3, c. 95.

gans contemnat [26] ecclesiasticas sanctiones [k], ipsamque ecclesiam apud se sine concilio [25] episcopi cum presbytero agat, anathema sit.

**C. XII.** *De eodem. — Item* ex eodem, c. 1 [26].

Si quis nuptias in accusationem duxerit [27], et mulierem fidelem ac religiosam cum viro suo dormientem abominandam crediderit aut etiam accusandam, tanquam non posse conjugatos in regnum Dei ingredi, anathema sit.

**C. XIII.** *De eodem. — Item* ex eodem, c. 2 [28].

Si quis carnem [29] manducantem ex fide cum religione, præter sanguinem et idolo [30] immolatum et suffocatum, crediderit condemnandum, tanquam spem non habentem, qui [31] eam manducat, anathema sit.

**C. XIV.** *De eodem. — Item* ex eodem, c. 15 [32].

Si quis dereliquerit [33] proprios filios *suos* [34], et non eos aluerit et [35], quod pietatis est, [1] necessaria non præbuerit, sed sub [36] occasione continentiæ negligendos putaverit, anathema sit.

**C. XV.** *De eodem. — Item* ex eodem, c. 12 [37].

Si quis virorum putaverit sancto proposito (id est continentiæ) convenire, ut pallio utatur, tanquam ex eo justitiam habiturus, et reprehendat vel judicet alios qui cum reverentia birris utuntur et alia veste communi, quæ in usu est, anathema sit.

## NOTATIONES CORRECTORUM

**C. XI.** [k] *Sanctiones*: Post hoc verbum in prisca versione ista sunt interjecta: *aliterque ea, quæ sunt ecclesiæ, voluerit usurpare, non conveniente presbytero juxta decretum episcopi, ipsamque et cætera quæ hic sequuntur.* Dionysii autem versio, quæ optime respondet verbis græcis, et refertur a Burchardo, hæc est: *Si quis extra ecclesiam seorsum conventus celebrat, et despiciens ecclesiam, ea quæ sunt ecclesiæ voluerit usurpare, non conveniente presbytero, juxta decretum episcopi, anathema sit.*

**C. XIV.** [l] *Quod pietatis est*: Longe fidelius Dionysius: *et quod ad se pertinet, non ad pietatem divini cultus informat.* Græce est enim: καὶ τὸ ὅσον ἐπ᾽ αὐτῷ; al. ἑαυτῷ πρὸς θεοσέβειαν τὴν προσήκουσαν ἀνάγη. Subintelligitur autem particula negans, id est, in, ex superiore membro.

P. II. [m] *Eos, qui*: Græce est: Τοὺς λαμβάνοντας τὴν ὑπόθεσιν τῆς ἀσκήσεως εἰς ὑπερηφάνειαν κατὰ τῶν ἀφελέστερον βιούντων ἐπαιρουμένους τε καὶ παρὰ τὰς γραφὰς καὶ τοὺς ἐκκλησιαστικοὺς κανόνας καινισμοὺς εἰσάγοντας; id est: *qui ex instituto exercitationis hujusmodi capiunt occasionem sese efferendi, seque extollunt adversus eos qui simplicius vivunt, et adversus scripturas et ecclesiasticos canones introducunt novitates.*

[n] *Et nuptiarum vinculum*: Græce: καὶ γάμου συνοίκησιν σεμνήν, quæ Dionysius vertit: *et nuptiarum casum vinculum.*

**C. XVI.** *De eodem. — Item* ex eodem, c. ultimo [38].

II. **Pars.** Hæc autem scripsimus, non abscindentes eos qui in ecclesia Dei secundum scripturas sanctum propositum continentiæ eligunt, sed eos qui suscipiunt habitum [m] ejus, et in superbiam efferuntur adversus eos, qui simplicius vivunt [39]. Sed et hos condemnamus, qui se extollunt adversus scripturas et ecclesiasticos canones, et nova introducunt [40] præcepta. Nos autem et virginitatem cum humilitate admiramur, et continentiam cum castitate et religione [41] Deo acceptissimam dicimus, et renunciationem sæcularium negotiorum atque actuum cum humilitate [42] approbando laudamus, et nuptiarum vinculum [n], quod secundum castitatem [43] perdurat, honoramus, et divites cum justitia et operibus bonis non abjicimus [o].

**C. XVII.** *Anathematizatur, qui Manichæorum superstitiones sequitur.*

*Item* ex Concilio Martini Papæ [44].

Si quis presbyter [p] [45] propter publicam pœnitentiam a sacerdote acceptam absque [46] aliqua necessitate die dominica pro quadam religione jejunaverit, sicut Manichæi, anathema sit. § 1. Similiter quia [q] [47] quod ab apostolis traditum est canon tenet antiquus, placuit, ut [48] per omnes dominicas et [49] per omnes dies paschæ usque ad pentecosten non pro-

[o] *Non abjicimus*: Post hæc verba in concilio ipso proxime sequuntur, quæ habentur infra cap. *parcimoniam*, dist, 41.

**C. XVII.** [p] *Presbyter*: Sequebatur: *vel diaconus*. Quæ sublata sunt, quoniam absunt a plerisque manuscriptis et originali. Ceterum Burchardus et Ivo similem canonem citant ex concilio Turonensi, atque ita habet: *Si quis propter publicam pœnitentiam a sacerdote acceptam, aut pro aliqua necessitate, etc.* In aliquot Gratiani manuscriptis est: *si quis præter publicam pœnitentiam a sacerdote acceptam, absque aliqua necessitate, etc.*, quæ optima videtur lectio. Nam in c. 18. concilii Gangrensis, unde hoc videtur Martinus sumpsisse, nulla presbyteri fit mentio, sed universe pronunciatur, ut sup. ead. c. *si quis tanquam*: *Si quis ob pietatis, quemadmodum putatur, exercitationem, die dominico jejunet, anathema sit*: et verba illa, *absque aliqua necessitate*, videntur huc importata ex cap. 19. ejusdem concilii. Neque vero presbyteris hujusmodi pœnitentiæ more laicorum imponebantur, c. *illud*, cum sequent. dist. 50. et c. fin. vers. *nec enim*. 82. dist. Sed quando in gravissima crimina publice incurrebant, depositi peregrinari jubebantur, c. *si quis sacerdos*, 59. q. 1., c. *sacerdos*. de pœn. dist. 6.

[q] *Similiter quia*: Hoc sumptum est ex canone ultimo concilii Nicæni.

---

Dist XXX. C. XI. [24] *condemnat*: Ed. Bas. [25] *consilio*: orig. — Edd. Bas. Ven. II. Lugd. I. — Græce est: μὴ συναινοῦντος τοῦ πρεσβυτέρου κατὰ γνώμην τοῦ ἐπισκόπου. — C. XII. [26] Burch. l. 8. c. 61. Ivo Decr. p. 7, c. 79. — infr. D. 31. c. 8, (ex vers. Dionys.) [27] *deduxerit*: Coll. Hisp. = C. XIII. [28] Ivo Decr. p. 4, c. 30. [29] *carnes*: Coll. Hisp. [30] *idolis*: Ivo. — *immolatam et suffocatam*: Ed. Bas. [31] *quod eos manducet*: Coll. Hisp. = C. XIV. [32] Ivo Decr. p. 8, c. 318. [33] *reliquerit*: Edd. coll. o. pr. Bas. [34] *abest a* Coll. Hisp. [35] *et secundum quod*: ib. [36] *deest* ib = C. XV. [37] Burch. l. 8, c. 65. Ivo Decr. p. 7, c. 81. (ex vers. Dion.) = C. XVI. [38] Ivo Decr. p. 8, c. 521 = P. II [39] *simpliciter*: Ed. Bas. [40] *introducant*: Edd. coll. o. [41] *religionem*: eæd. [42] *add.*: *discessam*: Coll. Hisp. [43] *add.*: *secum*: ib. — C. XVII. [44] Cap. Mart. Brac. c. 57. et 58. — Burch. l. 13. c. 20. Ivo Decr. p. 4, c. 52. (ex conc. Turonico c. 57.) [45] *vel diaconus*: add. in Edd. coll. o., pr. Bas. [46] *aut*: Coll. Hisp. [47] *et quod — traditum, canon*: Coll. Hisp. — Edd. coll. o. — *traditus*: Ed. Bas. [48] *tam*: Coll. Hisp. [49] *quam*: ib.

sternant * ** se in oratione causa humilitatis, sed recto vultu ad Dominum fungantur orationis officio, quia in his diebus gaudium resurrectionis Domini ** celebramus. Si quis etiam * non pro abstinentia **, sed pro exsecratione escarum ** a carne abstineat ** placuit sancto concilio, ut praegustet, et sic, si vult abstinere, abstineat. Si autem spernit, ita ut olera cocta cum carnibus non degustet **, iste non obediens, nec suspicionem haeresis a se removens, deponatur de ordine clericatus.

## DISTINCTIO XXXI.

### GRATIANUS.

I Pars. *Tempus quoque, quia nondum* * *erat institutum, ut sacerdotes continentiam servarent.*
Unde Gregorius scribit Petro subdiacono Siciliae, lib. I, epist. 42 ¹.

**C. I.** *Qui castitatem non promisit, ab uxore sua separari non cogatur.*

Ante triennium subdiaconi omnium ecclesiarum Siciliae prohibiti fuerant ², ut more Romanae ecclesiae nullatenus suis uxoribus miscerentur ³. Quod mihi durum atque incompetens videtur, ut, qui usum 'ejusdem' continentiae non invenit, neque castitatem 'ante' promisit, compellatur a sua uxore separari, atque per hoc (quod absit) ⁴ deterius cadat. Unde videtur mihi, ut a praesenti die episcopis omnibus dicatur, ut nullum subdiaconum facere praesumant, nisi qui se victurum caste promiserit, quatenus et praeterita mala ᵇ, quae ⁵ per propositum mentis appetita non sunt, violenter non exigantur et futura caute caveantur. § 1. Qui vero post eandem prohibitionem, quae ante triennium facta est, continenter cum suis uxoribus vixerunt, laudandi atque remunerandi sunt, et ut in bono suo ⁶ permaneant exhortandi. § 2. Eos autem, qui post prohibitionem factam se a suis uxoribus continere noluerint, ad sacrum ordinem nolumus promoveri, quia nullus debet ad ministerium altaris accedere, nisi cujus castitas ante susceptum ministerium fuerit approbata.

II Pars. Gratian. *Causa vero hujus institutionis munditia sacerdotalis fuit, ut libere cunctis diebus orationi possint vacare. Si enim (ut Paulus ⁷ ait) ab uxoribus est cessandum, ut expeditius orationi vacemus, ministris utique altaris, quibus quotidiana necessitas orandi incumbit, nunquam conjugali officio vacare permittitur.*
Unde Beda *in comment. super Lucam, ad cap.* 1 *ait* ᵇ :

**C. II.** *Sacerdotibus semper castitas observanda praecipitur.*

Sacerdotibus, ut semper altari queant ⁹ assistere, semper ab uxoribus continendum, semper ¹⁰ castitas observanda praecipitur.

**C. III.** *Qui divinis sacramentis inserviunt, continentes esse oportet.*

Item in Concilio Carthaginensi II ¹¹, cap. 2.
Episcopos, presbyteros et diaconos ita ¹² placuit, ut decet sacros antistites ac Dei sacerdotes, nec non et Levitas, vel qui sacramentis divinis inserviunt, continentes esse ¹³ in omnibus.

**C. IV.** *Sacerdotes et Levitae cum uxoribus suis misceri non debent.*

Item Innocentius I *Victricio Rothomag. Episcopo, epist. II, cap.* 9 ¹⁴.
Tenere debet * omnino ᶜ ecclesia, ut ¹⁵ sacerdotes

---

### NOTATIONES CORRECTORUM.

ᶜ *Non prosternant* : In codice Lucensi regio legitur: *non prostrati, sed erecto vultu ad Dominum fungantur orationis officio.*

* *Si quis etiam* : Hoc sumtum est ex concilio Ancyrano, c. 13 [al. 14], et in eo mentio fit presbyteri ac diaconi.

Dist. XXXI. Pars I. * *Nondum* : Quod ait hic Gratianus, fuisse tempus, quo nondum erat institutum, ut sacerdotes continentiam servarent, in subdiaconis (nam et hi sacerdotum nomine interdum comprehenduntur, valetque idem sacerdotis nomen, atque in sacris constitutus, ut infra ad initium dist. 53, notaturque in gl. c. 1, q. 1. Qui ver pecuniam) locum habere potest. Fuit enim tempus, quum subdiaconi in aliquibus provinciis, ut in Sicilia, continentiae legibus non adstringebantur: quod Gregorii locus, qui solus ad hanc rem confirmandam proxime a Gratiano citabitur, manifeste probat, Diaconis autem et presbyteris in latina ecclesia nunquam licuisse uxoribus, quas ante sacros ordines duxerant, uti, ex canonibus, qui post primum in hac eadem dist. citantur, et aliis multis, praesertim ep. 2 Siricii ad Himerium Tarraconensem, clare demonstratur.

C. I. ᵇ *Mala* : Vox ista abest a Polycarpo et aliquot vetustis Gratiani codicibus.

---

Dist. XXX. C. XVII. ⁴⁰ *non prostrati, neque humiliati, sed erecto vultu ad Dom. fungamur orationum off.* : ib. ⁵¹ *dominicae* : Edd. coll. o. ⁵² *abstinentiae disciplina* : Coll. Hisp. ⁵³ *ab esca carnium* : ib. ⁵⁴ *se abstinet* : ib. — *abstinet* : Edd. coll. o. ⁵⁵ *gustet* : Ed. Bas.
Dist. XXXI. P. I. ¹ Ep. 44. (scr. A. 591.) l. 1. Ed. Maur. — Pan. l. 3, c. 89. Polyc. l. 4, t. 51. = C. I. ² *fuerunt* : Ed. Bas. ³ *misceantur* : Ivo. — Edd. coll. o. exc. Bas. ⁴ add. : *in* : Ivo,—Edd. coll. o. ⁵ verba : *quae—exigantur* absunt ab Ed. Bas.—cf. D. 28, c. 1, ⁶ abest ab Ivone.—P. 1. ⁷ 1 Cor. c. 7=C. II. ⁸ Pan. l. 3, c. 92. = C. II. ⁹ *valeant* : Edd. coll. o. ¹⁰ *non legitur* ap. IV. = C. III. ¹¹ hab. A. 390. cf. infr. D. 84, c. 4. — Pan. l. 3, c. 95. Raban. poenit. c. 29. ¹² abest a Bohm. — In Edd. coll. o. hoc modo haec leguntur : *ita ut placuit et decet, sacrosancti antistites aut sacerdotes, aut Levitae*. ¹³ add : *decet* : Ivo. — Edd. Bas. Lugdd. II. III. Antw. — in Edd. rel. : *debent* = C. IV. ¹⁴ scr. A. 404. — Reg. l. 1, c. 88. — Ans. l. 7, c. 154 (144) Burch. l. 2, c. 118. Ivo Pan. l. 3, c. 94. Decr. p. 6, c. 94, et c. 194. Eadem fere leguntur in Ep. Innoc. ad Exsuperium c. 1. — cf. infr. D. 82, c. 2. ¹⁵ add. : *omnimodo* : Edd. coll. o.

et Levitæ cum uxoribus suis non misceantur [14], quia ministerii quotidiani necessitatibus occupantur. Scriptum est enim [17]: *Sancti estote, quoniam et ego sanctus sum, Dominus Deus vester.* Nam si [18] priscis temporibus anno vicis suæ de templo Dei sacerdotes non discedebant (sicut de Zacharia legimus) [19], nec domum suam omnino tangebant, quibus utique propter sobolis successionem uxoris [20] usus fuerat relaxatus, quia [21] ex alia tribu et præterquam [22] ex semine Aaron ad sacerdotium nullus accedere præcipiebatur [23]: quanto magis hi sacerdotes vel Levitæ pudicitiam ex die ordinationis suæ servare [24] debent, quibus vel sacerdotium, vel ministerium sine successione est, nec præterit dies, qua vel a sacrificiis divinis, vel a baptismatis officio vacent?

### C. V. PALEA.
[*Idem ibidem.*]

« Nam » sicut [25] Paulus ad Corinthios [26] scribit, dicens: *Abstinete vos ad tempus, ut vacetis orationi,* et hoc utique laicis præcepit: multo magis sacerdotes, quibus orandi et sacrificandi juge sacrificium [27] est, semper debebunt ab hujusmodi consortio abstinere. »

### C. VI. *Qui ab uxoribus suis abstinent, ad sacrificia admittantur.*

Idem *Exsuperio Tolosano Episcopo, epist. III* [28], c. 1.

Eos [d] ad sacrificia fas sit [29] admitti, qui vel cum uxore non exercent [30] carnale officium.

### C. VII. *Sacerdoti, cui est semper orandum, matrimonio semper est carendum.*

Item *Hieronymus contra Jovinianum, lib. I* [31].

Si laicus et quicunque fidelis orare non potest, nisi careat officio conjugali, sacerdoti [32], cui semper « pro populo » offerenda sunt sacrificia, semper orandum est; si semper orandum est, ergo [33] semper matrimonio carendum.

Gratian. *Quod autem Manichæorum causa de conjugio* [e] *sacerdotum illud supra dictum sit,* ex Gangrensi Concilio [35] *apparet, in quo cap.* 1 *sic statutum legitur:*

### C. VIII. *Anathema sit, qui nuptias vituperat.*

Si quis vituperat nuptias, et dormientem cum viro suo fideli ac religiosam detestatur aut culpabilem æstimat, velut quæ regnum Dei introire non possit, anathema sit.

### C. IX. *De eodem.*

Item ex eodem, *cap.* 9 [36].

Quicunque virginitatem custodiens aut continentiæ studens, velut horrescens nuptias [37], nec propter hoc, quod bonum et sanctum est, nomen virginitatis assumit, anathema sit.

III Pars. Gratian. *Potest et aliter intelligi illud, quod in canone apostolorum legitur, ut iste sit sensus capituli: Si quis docet sacerdotem uxorem suam contemnere, non quam uxorem in sacerdotio accepit, sed quam, dum adhuc esset laicus vel in minoribus ordinibus constitutus, sibi copulavit, cum qua continentiam professus est, quum ad sacros ordines ascenderet, quam nullus debet contemnere, hoc est, ab anima et cura sua abjicere, quin ei necessaria provideat.* Probatur autem hæc interpretatio auctoritate Leonis Papæ [38], *qui epist. XC, cap.* 3, *scribens Rustico Narbonensi Episcopo ait:*

### C. X. *Ministris altaris cum episcopis et presbyteris eadem est lex continentiæ.*

Lex continentiæ eadem est altaris ministris, quæ episcopis atque presbyteris, qui quum essent laici sive lectores, licite et uxores ducere, et filios procreare potuerunt; sed quum ad prædictos pervenerunt [39] gradus, cœpit eis non licere quod licuit. Unde, ut [40] de carnali fiat spirituale conjugium,

---

**NOTATIONES CORRECTORUM.**

C. V [c]. Hæc Palea in duobus Vaticanis * (in quibus solis reperitur) est conjuncta cum superiori capite, quemadmodum etiam in epistola Innocentii, et legitur: *Nam si Paulus.* Sed non est mutatum, quoniam est initium capitis.

C. VI. [d] *Eos:* Apud Innocentium, et infr. dist. 82, cap. *Proposuisti,* ubi hoc idem est repetitum, legitur: *neque eos ad sacrificia fas sit admitti, qui exercent vel cum uxore carnale consortium.*

C. VII. * *De conjugio:* Sequentem canonem Gratianus restringit ad conjugia sacerdotum, quum tamen in eo damnentur illi, qui omnino nuptias vituperabant, nec volebant aliquem Christianum, etiam laicum, liberis operam dare. Nec fuit editus proprie contra Manichæos, sed contra quendam Eustathium, qui hunc errorem cum aliis multis in Armenia disseminaverat. Est autem caput hoc idem cum capite: *si quis nuptias,* sup. dist. 30, sed ex alia versione.

oportet eos nec dimittere uxores, et [41] quasi non habeant sic habere, quo et salva sit caritas [42], et cessent opera nuptiarum.

C. XI. *Episcopus vel presbyter uxorem propriam a cura sua non abjiciat.*

Item Leo IX [f.] *contra epistolam Nicetæ Abbatis.* Omnino confitemur, non licere episcopo, presbytero, diacono, [*] subdiacono [*] propriam uxorem causa religionis abjicere a cura sua, scilicet [43] ut ei victum et vestitum largiatur [44], non ut cum illa ex more carnaliter jaceat. Sic [45] et sanctos apostolos legimus egisse, B. Paulo apostolo [46] dicente : *Numquid non habemus* [g] *potestatem mulierem sororem circumducendi, sicut* [47] *fratres Domini et Cephas ?* Vide insipiens, quia non dixit : numquid non habemus potestatem sororem mulierem [48] *amplectendi ?* sed : *circumducendi,* scilicet ut de mercede prædicationis sustentaretur ab eis, nec tamen foret deinceps inter eos carnale conjugium.

Gratian. *Hinc et illud Gregorii :* Presbyter quidam quod require infr. dist. seq. cap. penult. § 1. Ut igitur ex his auctoritatibus apparet, sacerdotes uxoribus, quas in laicali habitu vel in minoribus ordinibus constituti sibi legitime copularunt, necessaria ministrare, debita vero reddere non valent.

IV Pars. § 2. Sed objicitur illud Tripartitæ historiæ [49] libro 11, capite 14.

C. XII. *Dissuasu Paphnutii Nicæna synodus non constituit, quod presbyteri cum suis uxoribus non dormirent.*

Nicæna synodus corrigere volens hominum vitam in ecclesiis commorantium, posuit leges, quas canones vocamus, in quorum tractatu videbatur aliquibus introducere legem, ut episcopi, presbyteri, diaconi et subdiaconi [h] cum conjugibus, quas ante consecrationem duxerant, non dormirent. Surgens autem [*] in medio [*] Paphnutius [50] confessor contradixit, honorabiles confessus [51] nuptias, et castitatem esse dicens cum propria conjuge concubitum, suasitque [52] concilio, ne talem poneret legem, gravem esse asserens causam [53], quæ in ipsis [54] aut eorum conjugibus occasio fornicationis exsisteret. Et hæc [55] quidem Paphnutius (licet nuptiarum esset inexpertus) exposuit, synodusque laudavit sententiam ejus, et nihil ex hac parte sancivit, sed hoc in uniuscujusque voluntate, non in necessitate dimisit.

C. XIII. *Non in perpetuum, sed tempore oblationis a complexu suarum uxorum sacerdotes abstineant.*

Item Synodus VI, cap. 13 [56].

Quoniam [i] in Romani ordine canonis esse cognovimus traditum, eos, qui ordinati [57] sunt diaconi vel presbyteri, [*] debere [*] confiteri, quod jam suis [58] non copulentur uxoribus ; nos antiquum sequentes canonem apostolicæ diligentiæ et constitutiones [59], sacrorum virorum legales nuptias amodo valere volumus, nullo modo cum uxoribus suis eorum connubia dissolventes, aut privantes eos familiaritate ad invicem in tempore opportuno. Quicunque ergo diligens [60] inventus fuerit in subdiaconali ordinatione, aut diaconali, aut sacerdotali, hic [61] nullo modo prohibeatur ad talem ascendere gradum pro uxoris suæ [*] legitimæ [*] cohabitatione ; nec etiam [62] tempore ordinationis suæ profiteri [63] cogatur, quod abstinere debeat a legalis [64] [*] propriæ [*] uxoris familiaritate. *Item infra :* § 1. Oportet eos, qui altari ministrant, in tempore oblationis sanctorum continentes esse in omnibus, ut a Deo possint consequi quæ simpliciter [65] postulant. § 2. Si quis

---

### NOTATIONES CORRECTORUM.

C. XI. [f] *Leo IX :* Habetur in responsione Humberti [*] ad libellum Nicetæ presbyteri et monachi adversus Latinos editum : quam responsionem quum nomine Leonis IX, cujus erat legatus, scripserit, potest recte nomine ipsius citari, sicut multa ex Ennodii libro nomine Symmachi citata inveniuntur, sup. dist. 17, c. *concilia.* et infr. 40, dist. c. *non nos,* et 81 dist. c. *nemo recte* 8, quæst. 4 c. *nonne.* et 9 q. 3. c. *aliorum.* Ac supra dist. 22 nomine Nicolai citatur caput : *omnes,* quod habetur in oratione Petri Damiani.

[g] *Numquid non habemus :* Variæ sunt hujus loci interpretationes, quod inter alios B. Hieronymus in 1 libro contra Jovinianum ostendit.

C. XII. [h] *Et subdiaconi :* In aliquot vetustis codicibus et in originali Socratis non sunt duæ istæ voces. Sozomenus tamen lib. 1. cap. 22 habet tam græce, quam in latina vetere et nova versione, ut etiam Nicephorus.

C. XIII. [i] *Quoniam :* Græce sic habetur : Ἐπειδὴ ἐν τῇ ῥωμαίων ἐκκλησίᾳ ἐν τάξει κανόνος παραδεδόσθαι διέγνωμεν id est : *Quoniam in Romana ecclesia loco canonis traditum esse cognovimus, etc.* Hanc vero ecclesiæ Romanæ traditionem non solum B. Hieronymus contra Jovinianum, Humbertus supra citatus, et alii latini scriptores defendunt, sed etiam Balsamon in explanatione hujus canonis satis aperte probat. Verum de omnibus hujusmodi canonibus, qui VI synodo adscribuntur, quid sit sentiendum, ad c. *habeo librum,* dist. 16, satis explicatum fuit.

---

Dist. XXXI. C. X. [41] *sed qui habent, sic habere videantur :* Edd. Arg. Bas. Ven. I. II. Nor. — *licet qui, etc.* : Edd. rel. [42] *caritas pro sequ. : cessent leg. : cesset.* = C. XI. [*] *scr.* A. 1054. — Ivo Pan, l. 3, c. 115. [43] *sed :* Edd. coll. o. [44] *add. : sed :* ib. [45] *sicut et :* ib. — *sicut :* Ed. Bas. [46] 1. Cor, c. 9. [47] *frater Domini Jacobus :* Ed. Bas. — *sicut et frater Domini :* Edd. coll. rel. [48] *mulieris :* Ed. Arg = P. IV. [49] cf. Socr. l. 1, c. 11. Sozom. l. 1, c. 23. — Ivo Pan. l. 3, c. 85. = C. XII. [50] *Pannutius :* Edd. coll. o. pr. Bas., quæ habet : *Phanutius.* [51] *add. : est :* Ed. Bas. [52] *suasit itaque :* Edd. coll. o. exc. Bas. [53] *legem :* Ed. Bas. [54] *aut ipsis* — *conjugalibus :* Edd. coll. o. — *jugalibus :* orig. [55] *hoc :* Edd. coll. o. = C. XIII. [56] Imo c. 13. synod. quinisext. hab. A. 692. — Ivo Pan. l. 3, c. 86. [57] *ordinandi :* (μέλλοντας ἀξιοῦσθαι) : orig. [58] abest ab Ed. Bas. [59] *constitutiones :* Ivo. [*] *dignus* (ἄξιος) : orig. — Ivo [61] *hi* — *prohibentur :* Edd. coll. o. pr. Bas. Lugdd. II. III. Antw. [62] abest ab Ed. Bas. [63] *add. : castitatem.* ib. Lugdd. II. III. Antw. [64] *legali :* Ed. Bas. — Bohn. [65] *suppliciter :* Edd. coll. o. pr. Arg. Bas. *connubiorum :* orig. — Ans. Ivo Decr. — Ed. Bas. — *castitas connub.* : Edd. rel. — Ivo Pan. in o. iq.

igitur [66] præsumpserit contra apostolicos canones aliquos presbyterorum et diaconorum privare contactu [67] et communione legalis uxoris [68], deponatur. §. 3. Similiter et presbyter aut diaconus, qui religionis causa uxorem suam expellit, excommunicetur; si vero in hoc permanserit, deponatur.

Gratian. *Hoc autem ex loco intelligendum est. Orientalis enim ecclesia, cui VI. synodus regulam vivendi præscripsit, votum castitatis in ministris altaris non suscepit.*

Unde Stephanus Papa IV [69] ait in *I actione Synodi, ab ipso in basilica Lateranensi congregatæ:*

C. XIV. *Occidentalis, non orientalis ecclesia castitatis obtulit votum.*

V Pars. Aliter se orientalium traditio habet ecclesiarum, aliter hujus sanctæ Romanæ ecclesiæ. Nam earum sacerdotes, diaconi atque [70] subdiaconi matrimonio [k] copulantur; istius autem ecclesiæ vel occidentalium nullus sacerdotum a subdiacono usque ad episcopum licentiam habet conjugium sortiendi.

VI Pars. Gratian. *Similiter et capitulum Nicolai ex loco consideratur, quia gens Bulgarorum noviter ad fidem conversa propositum sacræ religionis ex integro assumere nondum didicerat.* § 1. *Quod autem in c. VI synodi* [71] *presbyter non legitimis nuptiis detentus punitur, non legales nuptiæ secundæ intelligendæ sunt, a quibus auctoritate canonica sacerdos quilibet debet esse immunis. Illud autem Gangrensis concilii* [72] : *Si quis discernit presbyterum conjugatum, etc., similiter intelligendum est vel localiter traditum, vel conjugatum ab ea appellatum, quam ante tempus ordinationis suæ duxerat.* § 2. *Illud quoque Martini Papæ* [73] : *Si subdiaconus secundam duxerit uxorem, non dissimiliter intelligendum est. Primam enim uxorem ante subdiaconatum habere permittitur, qua defuncta vel castitatem professa promovetur iste ad subdiaconatum. Promotus autem, si secundas desideraverit nuptias, sententiæ Martini Papæ subjacebit.*

## DISTINCTIO XXXII.

### GRATIANUS.

I Pars. *Servanda est ergo continentia ab omnibus in sacris ordinibus constitutis.*

Unde Leo Papa [1] *ad Anastasium epist. LXXXII, cap. 3 et 4, ait:*

C. I. *Neque etiam subdiaconis connubium conceditur.*

Omnium [2] sacerdotum tam excellens est electio, ut hæc, quæ in aliis membris ecclesiæ vacant a culpa, in illis tamen habeantur illicita. Nam quum [3] extra clericorum ordinem constitutis nuptiarum societati et procreationi filiorum studere sit liberum [4], ad exhibendam tamen perfectæ continentiæ puritatem nec subdiaconis quidem connubium carnale conceditur, ut et qui habent sint tanquam non habentes, et qui non habent permaneant singulares [5]. Quod si in hoc ordine, qui quartus est [6] a capite, dignum est custodiri, quanto magis in primo, vel in secundo tertiove servandum est, ne aut levitico ministerio [7], aut presbyterali honore, aut episcopali excellentia quisquam idoneus æstimetur [8], qui se a voluptate uxoria [a] nec dum frenasse [9] detegitur.

### C. II. PALEA.

*Item Gregorius Leoni episcopo Catinensi, lib. III. epist. 34,* [10].

« Multorum relatione comperimus [11], hanc apud vos olim consuetudinem tenuisse, ut subdiaconi suis licite miscerentur [12] uxoribus [13]. Quod ne denuo quisquam præsumeret [14], a Servodei sedis nostræ diacono ex auctoritate nostri decessoris est isto modo prohibitum, ut eodem tempore ii, qui jam uxoribus fuerant copulati, unum e duobus eligerent, id est, aut a suis uxoribus abstinerent, aut certe

### NOTATIONES CORRECTORUM.

C. XIV. [k] *Matrimonio :* Id est, possunt simul esse in sacris ordinibus et matrimonio juncti. Nam neque illis, postquam ad sacros ordines ascendissent, licebat contrahere matrimonium.

Dist. XXXII. C. I. [a] *Uxoria.* Sic emendatum est ex epistola Leonis et ceteris collectoribus, præterquam Ivone in p. 6, c. 98, nam ibi est, ut antea apud Gratianum : *luxuriæ.* Ex isto autem epistolæ loco ostenditur, eo quoque tempore in multis ecclesiis eam fuisse consuetudinem ut subdiaconi a propriis uxoribus abstinerent. Quod tamen ante B. Gregorium non erat generatim omnibus ecclesiis præceptum, quippe quum in Sicilia aliter observaretur, c. *nullum*, sup. dist. 28, et c. *ante triennium*, dist. 31.

---

Dist. XXXI. C. XIII. [66] *ergo :* Ed. Bas. [67] *contractu :* Edd. Arg. Bas. Ven. l. II. [68] add. : *suæ :* Edd. coll. o. [69] In conc. Lat., hab. A. 769, hæc non leguntur, licet etiam ab Ivone Pan. l. 3, c. 84. ex cap. 4. act. 1. allegentur. Nobis quidem de Stephano IX sentiendum videtur, quem de cœlibatu sacerdotum Rom. eccl. (fortassis in conc. Rom. h. A. 1058, cujus fragm. est apud Mansium (nonnulla sanxisse, testatur Petrus Damiani et post illum in chron. Bertholdus Const. = C. XIV. [70] *aut :* Edd. coll. o. pr. Bas. = P. VI. [71] supr. D. 28, c. 16. [72] ib. c. 15. [73] infr. D. 34, c. 17.

Dist. XXXII. P. I. [1] Ep. 14 (scr. 446). Ed. Baller. — Ans. l. 7, c. 147. Burch. l. 1, c. 5, l. 2, c. 148. Ivo Pan. l. 3, c. 100. Decr. p. 5, c. 59, p. 6, c. 98 et 221. = C. I. [2] abest ab orig. [3] *quum enim :* Edd. coll. o. [4] add. : *arbitrium :* Coll. Hisp. — Ans. Ivo. [5] add. : *et (vel :* Ed. Bas.) *nunpii :* Edd. coll. o. exc. Nor. [6] *exstat :* Edd. coll. o. [7] abest ab orig. et Ans. et Iv. [8] *existimetur*, Edd. coll. o. [9] *refrenasse*, eæd. = C. II. [10] Ep. 36, (scr. A, 594) l. 4, Ed. Maur. — Ans. l. 7, c. 148. Polyc. l. 4, t. 31. — cf. infr. C. 27, q. 2, c. 20. [11] *cognovimus*, Ed. Bas. [12] *misceantur*, Ed. coll. o. [13] *conjugibus*, orig. — Ans. [14] *præsumat*, Ed. Bas.

ministrare nulla ratione praesumerent. Et quantum dicitur, Speciosus tunc subdiaconus pro hac re ab administrationis se suspendit officio, et usque in obitus sui tempus [15] notarii quidem gessit officium, et a ministerio, quod subdiaconum oportuerat exhibere, cessavit. *Et post aliqua:* § 1. De cetero vero fraternitas tua sit omnino solicita, ut quos ad hoc [16] jam officium contigerit promoveri, hoc quam maxime diligenter inspiciat, ne si uxores habent [17], miscendi se cum eis licentia potiantur, sed ad similitudinem sedis apostolicae eos cuncta observare sua nihilominus districtione [18] constituat. »

C. III. *Extra sacros ordines constituti ducant uxores et ab ecclesia stipendia accipiant.*

*Item* Gregorius *Augustino Anglorum episcopo, cap. 2, ad secundam interrogationem* [19].

Si qui vero sunt clerici extra sacros ordines constituti qui se continere non possunt, sortiri uxores debent, et stipendia sua exterius accipere, quia et de eisdem Patribus, de quibus praefati sumus, novimus scriptum [20], quod dividebatur [21] singulis, prout cuique opus erat. De eorum ergo [22] stipendio cogitandum atque providendum est, et sub ecclesiastica regula sunt tenendi, ut bonis moribus vivant, et canendis psalmis invigilent, et ab omnibus illicitis [23] cor et linguam et corpus Deo auctore conservent.

C. IV. *Subdiacono uxorem ducere non licet.*

*Item* Nicolaus papa | I | *Odoni Viennensi archiepiscopo* [24].

De illo clerico Alverico [25] nomine, quem per ordines ecclesiasticos usque ad subdiaconatum caste vixisse dicitis, cur vestra auctoritate uxorem duxerit, miramur, eo quod nulli unquam (exceptis illis, quibus ecclesiastica regula habere permittit) uxorem ducendi [26] licentiam damus.

C. V. *Non audiatur missa presbyteri concubinam habentis.*

*Item* Nicolaus Papa [II] *omnibus Episcopis* [27].

II Pars. Nullus missam audiat presbyteri, quem scit concubinam indubitanter habere aut subintroductam mulierem. Unde etiam ipsa sancta synodus hoc capitulum sub excommunicatione statuit, dicens: Quicunque sacerdotum et diaconorum, etc., *sicut in subsequenti* [b] *cap. Alexandri II continetur* [28].

C. VI. *Non est audienda missa presbyteri, qui concubinam habet.*

*Item* Alexander II [29].

Praeter' hoc autem praecipiendo mandamus, ut nullus missam audiat presbyteri, quem scit concubinam habere indubitanter vel subintroductam mulierem. Unde etiam sancta synodus hoc [30] capitulum sub excommunicatione statuit [31], dicens: § 1. Quicunque sacerdos [32], diaconus, subdiaconus [33] post constitutum beatae memoriae praedecessoris nostri sanctissimi [34] Papae Leonis ac [35] Nicolai de castitate clericorum, concubinam palam duxerit, vel ductam non reliquerit, ex parte omnipotentis Dei et auctoritate beatorum [36] apostolorum Petri et Pauli praecipimus et omnino contradicimus, ut missas non cantet, nec evangelium [37] aut epistolam ad missam legat [38], neque in presbyterio ad divina officia cum iis, qui praefatae constitutioni obedientes fuerint, maneat, neque partem ab ecclesia suscipiat. § 2. Praecipientes etiam statuimus, ut hi praedictorum ordinum, qui eisdem praedecessoribus nostris obedientes castitatem servaverint, juxta ecclesias, ' quibus ordinati sunt, ' (sicut oportet religiosos clericos) simul manducent et dormiant, et quicquid eis ab ecclesiis competit [39], communiter habeant. ' Et rogantes [e] monemus, ut ad apostolicam, communem scilicet [40], vitam summopere pervenire studeant, quatenus perfectionem cum his consecuti, qui centesimo [41] fructu ditantur, in coelesti patria mereantur adscribi. ' Deinde, ut decimae et primitiae seu oblationes vivorum et mortuorum ecclesiis Dei fideliter reddantur a laicis, et ut [42] in dispositione episcoporum sint, quas qui [43] retinuerint, a sancta ecclesiae communione separentur

III Pars. Gratian. *Verum principia harum aucto-*

## NOTATIONES CORRECTORUM.

C. V. [b] *Sicut in subsequenti.* Haec clausula est Gratiani omittentis referre ex capite Nicolai ea, quae proxime ex Alexandro relaturus erat. Sunt enim eadem verba. Nam Nicolaus II in epist. quae exstat, omnibus episcopis catholicis scripsit, se in concilio, quod Romae habuit CXIII episcoporum; hunc canonem edidisse, quem postea Alexander II (ut ipse etiam testatur in epist. manuscripta) in concilio a se habito iisdem verbis repetivit. Quare in Panormia appellatur decretum Nicolai junioris et Alexandri.

C. VI. [e] *Et rogantes.* Haec usque ad vers. *deinde,* addita sunt ex epistola manuscripta Alexandri, quorum aliqua etiam sunt in concilio Nicolai, in quo est praeterea sequens versic. *deinde,* qui in epist. Alexandri non est.

DIST. XXXII. C. II. [15] *obitum sui temporis,* Edd. coll. o. exc. Bas., in qua tamen pro: *tempus,* leg. *tempora.* [16] *Ab hoc off. removere,* Ed. Bas. [17] *habeant,* ib. [18] *distinctione,* ib. — C. III. [19] Ep. 64 (scr. A, 601), l. 11, Ed. Maur. cf. not. ad c. 1, D. 5. — Ivo Pan. l. 3, c. 108. Decr. p, 6, c. 86. [20] Act. Ap. c. 2. [21] *[dividebant singulis,* Edd. coll. o. [22] *quoque,* Ivo. [23] *add., et,* Edd. coll. o. = C. IV. [24] Ep. 4, ad Adonem Vienn. (scr. A. 864). — Ivo p. 6, c. 119. [25] *Alvico,* orig. ap. Mansi T. 15. — Ivo. — Edd. Arg. Ven. I, II, Nor. — *Alvero,* Bohm. [26] *habendi,* Edd. coll. o, pr. Bas. = C. V. [27] in conc. Rom. (h. A. 1059) c. 3. — Ans. l. 8, c. 40. — Ap. Ivonem Pan. l. 3, c. 155, huic cap. inscr.: *Decreta Nicolai junioris et Alexandri.*= P. II. [28] *add., dicentis omnibus Epp.,* Ed. Bas. = C. VI. [29] in conc.Rom. h. A. 1063, c. 3, 4, 5. — Ivo Pan. 1, 3, c. 155, l. 8, c. 142. [30] *a capite,* orig. ap. Mansi. [31] *constituit,* Ed. Bas. [32] *sacerdotum,* Edd. coll. o. [33] abest ab orig. [34] *sancti,* Edd. coll. o. — Innuit canonis auctor constituta Leonis IX, in conc. Rom. [35] *aut* orig.— Ed. Bas. [36] abest ab orig.— *principium* App. Edd. coll. o. [37] *add.: legat,* Ed. Bas. [38] *dicat* ib. [39] *add.: hoc,* Edd. coll. o. [40] abest ab orig. [41] Matth. c. 13. [42] *add.: ipsae,* Edd. coll. o. [43] ni, Ed. Bas.

ritate contraire videntur Hieronymo et Augustino et ceteris, qui Christi sacramenta neque in bono, neque in malo homine fugienda ostendunt [44], sicut subsequens causa simoniacorum plenius demonstrat. Sed Urbanus II in epist. [45] destinata praeposito S. Iventii [46] hanc contrarietatem determinat dicens:

§ 1. Ad hoc [d] vero, quod subjungitur in eadem epistola, id est, utrum sit utendum ordinationibus et reliquis sacramentis a criminosis exhibitis, ut ab adulteris vel sanctimonialium violatoribus vel hujusmodi? ad hoc, inquam, ita respondemus: Si schismate vel haeresi ab ecclesia non separantur, eorundem ordinationes et reliqua sacramenta sancta et veneranda non negamus, sequentes B. Augustinum [47], qui super Joannem de hujusmodi tam copiose quam veraciter disserit. Ait enim: *Baptizat servus bonus, sive servus malus: non sciat se ille, qui baptizatur, baptizari, nisi ab illo, qui sibi tenuit baptizandi potestatem.* Et paulo post: *Non horreat columba ministerium malorum, respiciat Domini potestatem.* Et infra: § 2. Attamen decessores nostri Nicolaus et Gregorius a missis sacerdotum, quos tales revera esse constiterit, fideles abstinere decreverunt, ut et peccandi licentiam ceteris auferrent, et hujusmodi ad dignae poenitentiae lamenta revocarent. Scribit hoc praedecessor noster Gregorius [48] Rudolpho *duci Sueviae* et Bertulpho duci *Carentanorum* inter cetera: *Officium simoniacorum et in fornicatione jacentium scienter nullo modo recipiatis, et quantum potestis tales a sanctis ministeriis [49], ut [50] oportuerit, prohibeatis,* etc. § 4. Porro ad haec, quae tibi syllogistice in eadem epistola objiciuntur, id est, si corpus et sanguis Christi non sunt, et alia, quae praediximus, proprias [51] non habent virtutis dignitates, quid agentibus obsunt? quod si habent, cur spernuntur, si [52] ab indigno praesumuntur? Ad haec, inquam, ita respondemus: proprias quidem habent virtutis [53] dignitates, ut praefatus Augustinus ait super Joannem contra Donatistas; sed agentibus vel suscipientibus eadem sacramenta contra praefatorum Pontificum instituta (nisi forte sola morte interveniente, utpote ne sine baptismate vel communione quilibet humanis rebus excedat), eis, inquam, in tantum obsunt, ut vere [54] idololatrae sint, quum talibus et ordinationum, et sacramentorum confectio, et aliter quam praemissum est scienter suscepti vehementer a sanctis canonibus prohibeantur. Ait enim Samuel [55] propheta: *Quoniam quasi peccatum ariolandi est repugnare, et quasi scelus idololatriae nolle acquiescere.* Haec de malis catholicis, qui intra ecclesiam sunt. § 3. Ceterum schismaticorum et haereticorum sacramenta, quoniam extra ecclesiam sunt, juxta sanctorum Patrum traditiones, scilicet Pelagii, Gregorii, Cypriani, Augustini et Hieronymi, formam quidem sacramentorum, non autem virtutis effectum habere profitemur, nisi quum ipsi vel eorum sacramentis initiati per manus impositionem ad catholicam redierint unitatem. Sciendum vero, quod canones apostolorum [56] (quorum auctoritate orientalis et ex parte Romana utitur ecclesia), et insignis Cyprianus martyr, et LXXX episcopi cum eodem baptisma haereticorum lavacrum diaboli appellant. Stephanus vero et Cornelius martyres et Pontifices Romani, et venerabilis Augustinus in libro De baptismo, eumdem Cyprianum et praefatos episcopos ob hanc causam vehementer redarguunt, affirmantes baptisma sive ab haeretico sive schismatico ecclesiastico more celebratum ratum esse; et merito, quia alia in baptismo, et alia in reliquis sacramentis consideratio est, quippe quum et ordine prior, et necessarior sit. Subito enim morituro prius baptismate, quam dominici corporis communione vel aliis sacramentis consulitur, et dum forte catholicus non invenitur, satius [57] est ab haeretico baptismi sacramentum sumere, quam in aeternum perire. Et hanc sententiam praescriptorum Pontificum Cornelii, Stephani et Augustini, secuti sunt Innocentius [58], Siricius [59], Leo [60], Anastasius [61], et M. Gregorius [62] et omnis catholica ecclesia.

IV Pars. § 5. *Prohibentur ergo de manibus talium sacerdotum sacramenta suscipi, non quin sint vera quantum ad formam et effectum, sed quia, dum hujusmodi sacerdotes se a populo contemtos viderint, rubore verecundiae facilius ad poenitentiam provocentur.*

C. VII. *Qui uxorem ducere voluerit, ante ordinem subdiaconatus hoc faciat.*

Item ex VI Synodo [63], cap. 6.

Si quis eorum, qui ad clerum accedunt, voluerit

---

NOTATIONES CORRECTORUM.

Pars. III. [d] *Ad hoc.* Hinc usque ad finem capitis omnia accepta sunt ex epistola Urbani II, L. [Lucio] praeposito S. Iventii apud Ticinum, quae habetur in vetusto codice bibliothecae Vaticanae, cujus epistolae initium et magna pars habetur, infra, c. *salvator* 1, q. 3, atque in aliquot vetustis Gratiani codicibus est caput distinctum cum rubrica: *De eodem.*

---

DIST. XXXII. C. VI. [44] *demonstrant.* Edd. coll. o. — [45] Ep. Urbani (17 ap. Mansi) ad Lucium Praep. S. Juventii ap. Tricinum. [46] *Vincentii,* Edd. Bas. Arg. Lugdd. — *Innocentii,* Edd. coll. o. [47] Tract. 5, ad c. 1. [48] Lib. 2, Reg. ep. 45 — verba asteriscis inclusa absunt ab orig. ap. Mansi. [49] *mysteriis,* orig. [50] *ubi,* Edd. coll. o. — *vi, si,* orig. [51] *suae virtutis effectum non habeant,* Edd. coll. o. [52] *sicubi,* orig. [53] *virtutes et.* Edd. coll. o. [54] *veri,* orig. — Ed. Bas. [55] 1 Reg. c. 15. [56] can. 45, 46, 47. [57] *sanctis,* Edd. coll. o. [58] Ep. ad Victricium c. 15. [59] Ep. ad Himerium c. 4. [60] Ep. ad Rusticum Narb. c. 16. [61] Ep. ad Anast. Aug. c. 7 et 8. [62] Dialog. l, 2. c. 15 = C. VII. [63] Ex syn. quinisext. h. A. 692, Pan. l. 3, c. 102. — cf. l. X, t. 14, c. 9 (Innoc. III).

nuptiali jure mulieri copulari, hoc ante ordinem subdiaconatus faciat.

**C. VIII.** *Lectores aut uxores ducant, aut continentiam profiteantur.*

*Item,* ex Concil. Carthag. III, cap. 19.

Lectores quum ad annos pubertatis venerint, cogantur aut uxores ducere, aut continentiam profiteri.

**C. IX.** *Subdiaconos continentiam servare oportet.*

*Item* Gregorius *Bonifacio Episcopo Regino, lib. III, epist* 5.

Subdiaconis tuis hoc, quod de Siculis statuimus, decernimus observari, nec illam definitionem nostram cujusquam sinas contumacia aut temeritate corrumpi.

**C. X.** *Beneficio et officio careant, qui post diaconatum uxoribus vacant.*

*Item* Urbanus II, *in Synodo apud Melvhiam, cap.* 12.

Eos, qui post subdiaconatum uxoribus vacare volunt, ab omni sacro ordine removemus, officioque atque beneficio ecclesiae carere decernimus. Quod si ab episcopo commoniti non se correxerint, principibus indulgemus licentiam, ut eorum feminas mancipent servituti. Si vero episcopi consenserint eorum pravitatibus, ipsi officii interdictione mulctentur.

**C. XI.** *Excludendi sunt a suorum graduum dignitate subdiaconi, et deinceps, si continentes esse nolunt.*

*Item* Dominico *Patriarchae Gradensi.*

Erubescant impii, et aperte intelligant judicio Spiritus sancti eos, qui in sacris ordinibus, presbyteratu, diaconatu, subdiaconatu sunt positi, nisi mulieres abjecerint et caste vixerint, excludendos ab omni eorundem graduum dignitate. De manifestis quidem loquimur: secretorum autem et cognitor Deus, et judex est.

*Idem in Melvhiensi Synodo praesidens dixit, cap.* 5.

**C. XII.** *Ad sacros ordines non accedat, nisi virgo aut probatae castitatis.*

Nemo ad sacrum ordinem permittatur accedere, nisi aut virgo, aut probatae sit castitatis, et qui usque ad subdiaconatum unicam et virginem uxorem habuerit.

**C. XIII.** *In tribus gradibus constituti etiam ab uxoribus abstineant.*

*Item* in Concilio Carthaginensi V, c. 3.

Placuit episcopos, presbyteros, diaconos secundum priora statuta etiam ab uxoribus abstinere: quod nisi fecerint, ab ecclesiastico removeantur officio, ceteros vero clericos ad hoc non cogi, sed secundum uniuscujusque ecclesiae consuetudinem observari debere.

**C. XIV.** *In minoribus ordinibus constituti uxorem ducant, nisi voto aut religioso habitu prohibeantur.*

*Item* Leo IX *contra epistolam Nicetae Abbatis.*

Seriatim et aperte prosequemur, quid sancta Romana ecclesia in gradibus clericorum agat. Clericos tantum ostiarios, lectores, exorcistas, acolythos, si extra votum et habitum monachi inveniantur et continentiam profiteri noluerint, uxorem ducere virginem cum benedictione sacerdotali permittit, non autem viduam aut repudiatam, quapropter hoc deinceps nec ad subdiaconatum provehi poterunt, quia nec laicus non virginem sortitus uxorem aut bigamus ad clericatum potest ascendere. Quod si quis ex praefatis ordinibus desiderat ad subdiaconatum ascendere, nequibit hoc sine consensu uxoris suae, ut fiat de carnali deinceps spirituale conjugium, nemine eos ad hoc cogente. Neque permittitur postea uxor jungi eidem marito suo carnaliter, nec cuiquam nubere in vita aut post mortem illius.

## NOTATIONES CORRECTORUM.

C. X. *Subdiaconatum*: Antea legebatur: *diaconatum*. Sed emendatum est ex aliquot vetustis Gratiani exemplaribus, et ex ipso concilio, cujus unum exemplar est in bibliotheca Vaticana, et alterum missum est e Gallia. Diaconis enim nunquam in latina ecclesia legitur permissum fuisse conjugium, aut usum ipsius, quos Siricius et Innocentius semper eadem continentiae lege cum episcopis et presbyteris conjunxerunt. Subdiaconis quoque post B. Gregorium et prohibitionem illam, quae continetur in c. *ante triennium*, sup. dist. 31, eadem lex fuit constituta, quam Urbanus II hic innovandam statuit.

C. XIII. *Diaconos*: Sequebatur: *subdiaconos*, quae vox sublata est, quoniam abest ab originali, et ab Africano, cap. 37, et a Carthaginensi graeco, cap. 74, et dist. 84, c. *quum de quorundam*; quamvis habeatur in Carthaginensi, codicis canonum c. 5.

*Secundum priora statuta*: Graece est: Κατὰ τοὺς ἰδίους ὅρους et Balsamon interpretatur: *tempore vicis suae*, quod ab originali sententia alienum est.

**C. XV.** *Non liceat clericis alterius sectæ uxorem accipere.*

Item ex Concilio Chalcedonensi, cap. 14.

Quoniam in quibusdam provinciis concessum est lectoribus et psalmistis uxores ducere, statuit sancta synodus, non licere cuiquam ex his accipere sectæ alterius uxorem.

**C. XVI.** *Non habitent cum clericis mulieres, nisi quæ naturali fœdere omnem suspicionem excludunt.*

Item in Nicæno concilio, c. 3.

V. Pars interdixit per omnia sancta synodus, non episcopo, non presbytero, non diacono, vel alicui omnino, qui in clero est, licere subintroductam habere mulierem, nisi forte aut matrem, aut sororem, aut amitam, aut etiam eas idoneas personas, quæ fugiant suspiciones.

**C. XVII. PALEA.**

*Item Hieronymus ad Nepotianum de vita clericorum, et alibi.*

« Hospitiolum tuum aut raro, aut nunquam mulierum pedes terant, § 1. Quia non potest toto corde cum Deo habitare, qui feminarum accessibus copulatur, § 2. Femina conscientiam secum pariter habitantis exuriit, § 3. Nunquam de formis mulierum disputes, § 4. Feminæ nomen tuum *noverint*, vultum nesciant, § 5. Feminam, quam bene videris conversantem, mente dilige, non corporali frequentia. § 6. Si bonum est mulierem non tangere, malum est ergo tangere. »

**C. XVIII.** *Presbyter uxorem suam quasi sororem diligat et quasi hostem fugiat.*

Item Gregorius in Dialog., lib. IV, cap. 2.

Presbyter quidam sibi commissam regebat ecclesiam cum magno timore Domini, qui ex tempore accepti ordinis præsbyteram suam ut sororem diligens, sed quasi hostem cavens, ad se propius accedere non sinebat, eamque sibi appropinquare nulla occasione permittens, ab ea sibi communionem funditus familiaritatis abscidit.

Gratianus. Presbyteram vero quam debeamus accipere, Laodicense Concilium, c. 11 ostendit, dicens:

**C. XIX.** *Viduæ vel seniores presbyteræ appellantur.*

Mulieres, quæ apud Græcos presbyteræ appellantur, apud nos viduæ, seniores, univiræ et matricuriæ appellantur, in ecclesia tanquam ordinatas constitui non debere.

---

## DISTINCTIO XXXIII.

**GRATIANUS.**

I Pars. *Ecce, quod in sacris ordinibus constituti uxores habere non possunt, vel si bigami aliqui fuerint inventi, ad sacros ordines ascendere non valent. Sed quæritur, si quis præter uxorem concubinam habuerit, utrum in sacerdotem promoveri valeat? Talis a sacris ordinibus auctoritate canonum Apostolorum prohibetur, in quibus cap. 17 sic statutum legitur:*

C. I. *Secundis nuptiis post baptisma copulatus, aut concubinam habens, ad sacrum ordinem conscendere non valet.*

Si quis post acceptum baptisma secundis nuptiis fuerit copulatus aut concubinam habuerit, non potest fieri episcopus, non presbyter, aut diaconus, aut prorsus eorum, qui ministerio sacro deserviunt.

Gratian. *Deservientes sacro ministerio intelliguntur subdiaconi, qui calicem diacono offerunt, et acolythi,*

---

**NOTATIONES CORRECTORUM.**

C. XVI. *Aut etiam*: Græce est: Ἡ ἃ μόνα πρόσωπα πᾶσαν ὑποψίαν διαπέφυγεν, id est: *vel eas tantum personas, quæ omnem fugerint suspicionem.*

C. XVII. *Hospitiolum*: Caput hoc habetur in multis manuscriptis, et sine Paleæ nomine. Est autem collectum ex variis B. Hieronymi locis, in quibus de vitanda mulierum consuetudine agitur.

*Non potest*: In epistola ad Oceanum, quæ non putatur esse B. Hieronymi, legitur: *Mihi crede, non toto corde cum Domino habitare, etc.*

*Femina*: Ibidem paulo superius: *Flammigero igne percutit femina conscientiam pariter habitantis exuritque fundamenta mentium.*

*Noverint*: Antea legebatur: *Feminæ nomen tuum nesciant.* Emendatum est ex aliquot manuscriptis, et ex epistola Hieronymi ad Rusticum monachum.

*Frequentia*: In epistola ad Oceanum est: *frequentes ornatu.*

C. XIX. *Mulieres*: Sic habet prisca versio. Græce: Περὶ τοῦ μὴ δεῖν τὰς λεγομένας πρεσβύτιδας, ἤτοι προκαθημένας ἐν ἐκκλησίᾳ καθίστασθαι. Id est: *Quod non oporteat eas, quæ presbyteræ vel præsidentes dicuntur, in ecclesia collocari*, quæ est Dionysii versio, præterquam in ultimis verbis. Ille enim habet: *ecclesiis ordinari*. Et videndus est Balsamon ad eum locum.

Dist. XXXIII. C. I. *Ministerio*: Græce: Τοῦ καταλόγου τοῦ ἱερατικοῦ, id est: *qui sunt in catalogo sacerdotali.*

qui cum cereis diaconos præcedunt, unde et ceroferarii dicuntur, qui etiam vinum et aquam præparando calici subministrant. Concubina intelligenda est præter uxorem, ut iste sit sensus capituli: Si quis post acceptum sacrum baptisma secundis nuptiis fuerit copulatus, aut concubinam duxerit: *distinguendum est, anteaquam uxorem duxerit, sive post mortem uxoris.*

Unde B. Gregorius [b] ait [a]:

### C. II. *Duarum matronarum maritus post baptismum clericus non ordinetur.*

Maritum duarum post baptismum matronarum clericum non ordinandum [6]; neque eum [7], qui unam quidem, sed concubinam, * non matronam habuit; nec illum, qui viduam aut repudiatam * vel meretricem in matrimonium assumserit; nec eum, qui semetipsum [8] quolibet * corporis sui * membro indignatione aliqua vel justo, vel injusto timore superatus truncaverit; nec illum [9], qui usuras accepisse convincitur, aut in scena lusisse dignoscitur; nec eum, qui publica pœnitentia mortalia crimina deflevit [10]; neque illum, qui in furiam aliquando versus insanivit, vel afflictione diaboli vexatus est; neque eum, qui per ambitionem [11] ad [12] imitationem Simonis Magi pecuniam obtulerit [13].

### C. III. *Arreptitii vel epileptici sacris altaribus non ministrent.*

Item Pius papa [14].

Il Pars. Communiter diffinimus, ut nullus de iis, qui aut in terram [15] arrepti a dæmonibus eliduntur, aut quolibet modo [16] vexationis incursibus efferuntur, vel sacris audeant [17] altaribus ministrare, vel indiscusse se ingerant sacramentis divinis, exceptis illis, qui corporis incommoditatibus [18] dediti sine hujusmodi passionibus in terram [19] probantur elisi: qui tamen et ipsi tamdiu erunt ab officii [20] sui ordine et loco suspensi, quousque unius anni spatio per discretionem episcopi inveniantur ab incursu dæmonum liberati [21].

### C. IV. *De eodem.*

Item Nicolaus papa [c] [22].

Clerici, qui in adolescentia a dæmonibus cognoscuntur obsessi, ad superiorem sacri regiminis gradum ascendere [23] non possunt.

### C. V. *De eodem.*

Item Gelasius papa [1] *epist. ad universos Episcopos per Lucaniam constitutos, c.* 19 [24].

Usque adeo sane comperimus [25] illicita quæque prorumpere, ut dæmonibus [26] similibusque passionibus irretitis ministeria sacrosancta tractare tribuatur [27]. Quibus si in hoc opere positis aliquid propriæ necessitatis occurrat, quis fidelium [28] de sua salute confidat, ubi ministros ipsos curationis humanæ tanta prospexerit calamitate vexari? Atque ideo necessario removendi sunt, ne quibuslibet, pro quibus Christus est mortuus, scandalum generetur infirmis. Postremo, si corpore sauciatum fortassis aut debilem nequaquam sancta contingere lex [29] divina permisit, quanto magis doni cœlestis dispensatores esse non convenit (quod est deterius) mente perculsos?

### C. VI. *Qui tempore baptismi uxores habent, si postea religiose vixerint, clerici fieri non prohibentur.*

Item Innocentius papa I. *Felici Episcopo Nucerino, epist. IV, c.* 4 [30].

III Pars. Laici, qui habentes uxores baptizati sunt, ac sic se instituerint, ut opinio eorum in nullo vacillet, * ut * aut clericis juncti sint [31], aut monasteriis, ex quo baptizati sunt, adhæserint [32], si non concubinam, non [33] pellicem noverint, si in omnibus bonis operibus vigilaverint, non prohibentur hujusmodi ad clericatus sortem assumi.

---

### NOTATIONES CORRECTORUM.

C. II [b]. *Gregorius:* Hoc caput sumtum est ex cap. 72, libelli de ecclesiasticis dogmatibus, qui inter opera B. Augustini editus est, atque ex eo alibi sæpissime ab ipso Gratiano citatur. A Trithemio autem adscribitur Alcuino, ab aliis Isidoro. Sed plures et majoris auctoritatis Gennadio tribuunt, ut Valfridus Strabo, lib. de reg. eccl. cap. 20. Petrus Lombardus, sent. 2, dist. 8, S. Thomas quodlib. 12, art. 10, Platina in Symmacho, et alii.

C. IV [c]. Simile quiddam habetur in concilio Arausico 1, c. 16. Ivo citat Nicolaum Aluvino Jovanensi archiepiscopo, ad quem etiam fortasse scribitur c. *quorundam*, infr. dist. 34.

---

Dist. XXXIII. C. I. [a] Augustini nomine hæc ap. Ans. l. 7, 26. Ivon. Decr. p. 8, c. 295. Polyc. l. 2, c. 31, proferuntur. = C. II. [6] add.: *censuimus:* Ed. Bas.—*censemus:* Edd. coll. rel. [7] *eum quidem, qui unam concub. vel meretr. in matrimonium assumserit (assumsit:* Ed. Bas). Edd. coll. o. [8] *abscidens quodlibet membrum:* ex Anselm. eæd. [9] *illos,* et eodem numero plurali deinceps: Edd. coll. o. [10] *deflet:* orig. —Ans. Ivo. [11] *emtionem:* Edd. coll. o. [12] *ac:* Ed. Bas. [13] *offert:* orig. — Ans. Ivo, apud quem in fine add.: *expetendo honorem.* == C. III. [14] add.: *Felici Ep.* c. 3: Ed. Bas. Desumtum tamen caput ex conc. Tolet. XI, c. 13, qui error debetur Burchardo, l. 3, c. 72. — Ivo Decr. p. 2, c. 125. Polyc. l. 4, t. 31. [15] *terra:* Coll. citt. — Edd. coll. o. [16] *quibuslibet vex.:* Edd. Bas. [17] *audeat — ingerat:* ib. [18] *incommoditati:* Edd. coll. o. — add.: *variis:* Coll. Hisp. [19] *terra:* Edd. coll. o. [20] *officio suo:* Ed. Bas. [21] *alieni:* orig. — Ivo. Burch. == C. IV. [22] Ivo Decr. p. 41. c. 104. [23] *accedere:* Ed. Bas. * fortassis legendum est: *Adalwino Juvav. Ep.,* cujus supra mentio facta est ad c. 8; D. 27. =C. V. [24] scr. A. 494. — Burch. l. 2 c. 20. Ivo Decr. p. 2, c. 88. p. 6, c. 40. Polyc. l. 3, t. 9. [25] *in ill.:* Ed. Bas. [26] *dæmoniacis:* orig. ap Mansi. [27] *tribuantur:* Edd. Bas. Par. [28] *de sua ac fidelium:* Ivo.— *d. s. fideliumque:* Edd. coll. o. [29] Levit., c. 21. == C. VI. [30] Ep. incerti temp. — Ans. l. 7, c. 54. Ivo Pan. l. 5, c. 45. Decr. p. 6, c. 95. — In Edd. Bas. Lugdd. Mari. inser. *Felici Ep. Capuano,* quod ex eo venisse videtur, quod in codd. Grat. manuscr. et Panorm. legitur: *Felici Ep. cap. IV.* In Ivonis Dec. profertur ex ep. *ad Exsuperium.* [31] *sunt — adhæserunt:* Edd. coll. o. [32] *hæserint:* Coll. Hisp. — Ivo Pan.

IV Pars. Gratian. *Ceterum ante susceptum sacrum ordinem quosdam legimus concubinam habuisse, quos tamen sacri canones non rejiciunt, si post sacrum ordinem ab ejus commixtione sese immaculatos custodiunt.*

Unde Gregorius *Andreæ Tarentino Episcopo, lib. II, epist. 44*.

C. VII. *De quodam episcopo, qui ante sui episcopatus apicem concubinam habuit.*

Habuisse te concubinam manifesta veritate comperimus d de qua etiam contraria est quibusdam nata suspicio. Sed quia in rebus ambiguis absolutum non debet esse judicium, hoc tuæ conscientiæ eligimus committendum. Qua de re, si in sacro ordine constitutus ejus te permixtione esse recolis maculatam, sacerdotii honore deposito ad ministrandum nullo modo præsumas accedere: sciturus in animæ tuæ periculo te ministrare, et Deo nostro te sine dubio reddere rationem, si hujus sceleris conscius in eo quo es ordine celans veritatem permanere volueris.

## DISTINCTIO XXXIV.

### GRATIANUS.

I Pars. *Domesticarum quoque personarum immoderatam familiaritatem episcopum vitare oportet.*

Unde Nicolaus papa *ad Albinum archiepiscopum:*

C. I. *Etiam consanguinearum immoderatam familiaritatem episcopum vitare oportet.*

Quorundam relatione fidelium nostris auribus intimatum est, quod Lanfredus episcopus, qui et juvenis esse dicitur, venationi sit deditus, quod vitium plurimos etiam de clericali catalogo, genere duntaxat Germanos et Gallos, irreverenter implicat. Verum iste (si ita est, ut audivimus) merito juvenis dicitur, qui juvenilibus desideriis occupatus nulla gravitate constringitur. Et infra: Nam (ut B. dicit Hieronymus), venatorem nunquam legimus sanctum. Et infra: Nihilominus autem de hoc episcopo relatum est apostolatui nostro quod cum quadam filia sua immoderatam teneat familiaritatem, et ob id mala fama ei orta sit, pro qua re a sanctitate tua ceterisque coepiscopis suis commonitus atque correptus est, sed nullatenus emendatus; quæ res in hoc maxime displicet, et magis ac magis deteriorem de se reddit opinionem, in quo beatitudinis tuæ et ceterorum coepiscoporum suorum rationibus non obedit, et per inobedientiam in culpam protoplasti relabitur, §1. Oportet ergo fraternitatem tuam synodale cum episcopis et suffraganeis tuis convocare concilium, et hunc salutaribus eloquiis episcopum convenire, atque illi pastorali auctoritate præcipere, quatenus ab omnium bestiarum vel volucrum venatione penitus alienus exsistat, atque ab immoderata filiæ suæ familiaritate semet omnino coerceat. Quod si parere contemserit, et tam pro venationis declinatione quam pro immoderata filiæ suæ conversatione vitanda vobis admonentibus obedire distulerit, a vestro collegio excommunicatus abscedat. Quod si in hoc contumax adhuc apparuerit a ministerio cessare debebit.

### C. II. PALEA.
[Ex concilio Aurelianensi IV.]

« Episcopum, presbyterum aut diaconum canes ad venandum, aut accipitres, aut hujusmodi res habere non licet. Quod si quis talium personarum in hac voluptate sæpius detentus fuerit, si episcopus est, tribus mensibus a communione b suspendatur; diaconus vero ab omni officio et communione suspendatur. »

### NOTATIONES CORRECTORUM.

C. VII. d *Comperimus:* Sequebatur: *et te illius criminis participationem habere*, quæ verba sunt etiam in editione operum B. Gregorii Frobeniana. Verum sublata sunt, quoniam absunt et ab aliis editionibus, et a ceteris collectoribus, et a Joanne Diacono, lib. 3, num. 43, vitæ ejusdem Gregorii, omninoque sententiam perturbant.

Dist. XXXIV. C. II. a *Aurelianensi:* Hæc Palea etiam in decretalibus tit. *de cleric. ven*, cap. 4, citatur ex concilio Aurelianensi, et in Panormia ex cap. 8. Sed in Aurelianensibus, quæ exstant, non est inventa. Burchardus et Ivo part. 6, cap. 288, citant ex Meldensi. Eadem vero sententia est in Agathensi, cap. 55 (quod etiam citat Ivo p. 5, c. 366, et p. 13, c. 30, et in Epannensi, cap. 3.)

b *A communione:* In decretalibus legitur: *a communione, si presbyter. diobus, si diaconus, ab omni officio suspendatur.* Apud Burchardum est: *se a communione suspendat presbyter duobus, diaconus vero ab omni officio et communione suspendatur:* neque

---

Dist. XXXIII. C. VI. si non : Edd. coll. o. sacris : Bohm. = C. VII. Ep. 45 (scr. A. 593), l. 3, Ed. Maur. — Burch. l. 1, c. 195. Ans. l. 8, c. 12. Ivo Decr. p. 5, 310. Polyc. l. 4, t. 39. add. : cognovimus : Ed. Bas. eligimus : Bohm. hujusmodi : Ed. Bas.

Dist. XXXIV. C. I. ¹ *Alduinum*: Ed. Bas. — *Alrinum*: Edd. coll. rel. — Ivo. — Videtur tamen legendum esse: *Adalwino Juvav. Ep.*, cf. ad c. 6, D. 27. — Ivo Decr. p. 5, 353. ² *Leufredus*: Ed. Bas. ³ abest ab Edd. coll. o. pr. Bas. ⁴ abest ab Ed. Bas. ⁵ add. : *vel* : ib. ⁶ *irreverentes*: Edd. coll. exc. Bas. ⁷ add. : *senum* : Ivo ⁸ *ad c. 5. Macheæ et in Ps.* 90. ⁹ add : *esse*: Ed. Bas. ¹⁰ *admonitus*: Edd. coll. o. ¹¹ *beatitudini*: Ed. Bas. ¹² *suis*: ib. ¹³ add. : *dignitate vel*: ib. = C. II ¹⁴ ex conc. Epaon. h. A. 517. — Reg. l. 1, c. 176. Burch. l. 2, c. 213 — Ivo Pan. l. 5, c. 167. Decr. p. 5, c. 366, p. 6, c. 288, p. 13, c. 50. c. 4, Comp. I, *de cler. ven.*, c. 4. X. h. t. ¹⁵ *voluntate* : orig. — Ivo. ¹⁶ *detectus*: ib. — Comp. I, l. 1. — Ivo, apud quem tamen, p. 5, c. 366, est : *repertus*. ¹⁷ add. : *si presbyter, duobus* : Ed. Bas.

## C. III. PALEA.

« Omnibus servis Dei venationes et silvaticas vagationes cum canibus, et ut accipitres aut falcones habeant interdicimus. »

II. Pars. Gratian. *Concubina autem hic ea intelligitur, quæ cessantibus legalibus instrumentis unita est, et conjugali affectu adscitur; hanc conjugem facit affectus, concubinam vero lex nominat. De hac dicitur* in concilio Toletano I, c. 17.

### C. IV. Qui non habet uxorem, sed loco illius concubinam, a communione non repellitur.

Is, qui non habet uxorem, et pro uxore concubinam habet, a communione non repellatur : tamen ut unius mulieris, aut uxoris aut concubinæ, sit conjunctione contentus.

### C. V. De eodem.

*Item Isidorus de distantia novi et veteris testamenti.*

Christiano non dicam plurimas, sed nec duas simul habere licitum est, nisi unam tantum aut uxorem, aut certe loco uxoris (si conjux deest) concubinam.

### C. VI. PALEA.

[*Ex dictis* Augustini *in lib. VII homiliarum, hom. 49.*]

« Audite carissimi, membra Christi et matris catholicæ ecclesiæ filii ! Quod dico competentibus et fidelibus, audiant pœnitentes. Quod dico fidelibus, dico et competentibus, et pœnitentibus. Audiant catechumeni, audiant omnes, omnes timeant, nemo contemnat; sit mihi in consolationem vester auditus, ne vobis sit in testimonium dolor meus. Competentibus dico, fornicari vobis non licet, sufficiant vobis uxores ; audiat Deus, si vos surdi estis, audiant angeli, si vos contemnitis. Concubinas vobis habere non licet; et si non habetis uxores, ta-

### NOTATIONES CORRECTORUM.

multo aliter apud Ivonem part. 6, et in concilio Epaunensi. In Agathensi autem et apud Ivonem part. 5: *Se a communione suspendat; presbyter duobus mensibus se abstineat: diaconus vero ab omni officio et communione cessabit.* Verum apud eumdem Ivonem, part. 13, ex concilio item Agathensi hoc modo legitur : *se a communione abstineat, presbyter duobus mensibus se abstineat, diaconus uno ab omni officio vel communione cesset.*

C. III. ᶜ Hæc etiam Palea habetur eod. tit. *de cleric. ven.*, c. 2, ubi ex eodem concilio Aurelianensi citatur, quemadmodum et apud Burchardum et Ivonem. Sententia iisdem pæne verbis est in synodo Francica sub Zacharia papa, quæ et conciliorum tomis est inserta et habetur lib. 5 Capit. cap. 2, et manuscripta etiam inter epistolas Zachariæ, in codice sæpe memorato monasterii Dominicanorum.

C. IV. ᵈ *Is, qui non* : Integer concilii canon, qui apud Ivonem quoque et in Panormia refertur, est hic: *Si quis, habens uxorem fidelis, concubinam habeat, non communicet. Ceterum is, qui non habet uxorem, et pro uxore concubinam habet †, a communione non repellatur: tamen ut unius mulieris, aut uxoris aut concubinæ (ut ei placuerit), sit conjunctione contentus. Alias †† vivens abjiciatur, donec desinat et ad pœnitentiam revertatur.* Neque vero omne concubinarum genus eo etiam tempore permittebatur. De quibus quid in legibus gentilium imperatorum legatur, nihil opus est referre. Certe Justinianus nov. 18, c. 5 (ut est apud Julianum antecessorem), quasdam concubinas comparat quodammodo uxoribus, quæ sine dotalium tabularum solemnitate ductæ fuerant. Ad quod concubinarum genus referendum est, quod scripsit B. Augustinus in lib. de bono conjugali, et refertur infra 32, q 2, c. *solet.* In quibus hæc tria erant necessaria : primum, ut uterque esset solutus; deinde fides mutua, quod alteri non jungerentur, neque a procreatione filiorum abhorrerent ; tertium, ut usque ad mortem in ea vitæ conjunctione manendum sibi proponerent. Et in his quidem scribit B. Augustinus posse aliquo modo dici nuptias esse et connubium, quamvis sic habitam non audeat appellare uxorem, quia non intervenerant instrumenta dotalia et alia, quæ jure civili et canonico requirebantur, ut esset legitima uxor: quod habet rm prædicta nov. 18, et infra 30, q. 5, c. *aliter.* Itaque hujusmodi mulieres, quum non essent uxores, vocabantur concubinæ; sed ob illa tria, ac præcipue, quod in affectu maritali permanere statuerant, permittebatur ipsis communicare, habebanturque tanquam uxores minus solemniter ductæ. Et hoc est, quod hic et in sequenti capite dicitur pro uxore et loco uxoris habere concubinam; idque Gratianus ipse ad finem capitis antecedentis, § *concubino*, indicavit. Nam concubinarum ad tempus adinstarum, etiamsi filiorum procreandorum causa haberentur, plane illicitus erat concubinatus, quod asserit idem B. Augustinus c. *audi* e, infra ead. et in eodem lib. De bono conjugali, cap. *concubina*, infra 32, quæst. 2.

C. VI. ᵉ *Competentibus*: Hoc loco verba sunt ex originali in suum ordinem restituta. Qui autem vocarentur competentes, declarat B Augustinus in sermone ad competentes, atque intelligi etiam potest ex eodem B. Augustino alibi, et ex aliis.

ᶠ *Uxores*: In hac præcipue parte non sunt relata propria verba B. Augustini ; sed nonnulla omissa ac mutata. Nam ipse † ita scribit: *sufficiant vobis uxores, aut nec uxores, concubinas vobis habere non licet. Audiat Deus, si vos surdi estis; audiant angeli ejus, si vos contemnitis : concubinas vobis habere non licet ; si audiant competentes, quod dico fidelibus, non habetis uxores, non licet vobis habere concubinas, quas postea [dimittatis, ut] ducatis uxores; quanto magis damnatio vobis erit, si habere volueritis et concubinas et uxores dimittatis ?*

Dist. XXXIV. C. II. *Not. Corr.* ᵃ *uno.* ᵇ *abstineatur,* et in fine, *cessabit* : Coll. Hisp. *vero:* Bohm. = C. III. ¹⁸ Ex Syn. sub Bonifac. h. A. 742. — Burch. l. 2, c. 214. Ivo Decr. p. 6, c. 289. — c. 2, Comp. I, *de cler. ven.*, c. 2, X. h. t. ¹⁹ hab. A. 400. — Ivo Pan. l. 6, c. 49. Decr. p. 8, c. 64. = C. IV. ²⁰ add. : *scilicet* : Ed. Bas. † *habeat* ; Coll. Hisp. †† add. : *vero* : ib. = C. V. ²¹ Ivo Pan. l. 6, c. 50. Decr. p. 8, c. 66. (ex libr. *de consonantia nov. et vet. test.*) Ceterum liber istiusmodi inter opera Isidori non exstat; similia tamen sunt, l. 2, de differentiis spir., n. 28; de offic. eccl., l. 2, c. 19, et lib. I. Sentent., c. 20, cujus titulus est : *de differentia testamentorum.* =C. VI. ²² Serm. 592. Ed. Maur., compaginatus ex variis August. locis, et suppositius, ut videtur, — Burch. l. 9, c. 45. Ivo Pan. l. 6, c. 43. Decr. p. 8, c. 153. Polyc. l. 6, l. 8. ²³ *quod dico competentibus, audiant fideles, quod dico fidelibus, audiant et competentes, quod dico fidelibus et competentibus et pœnitentibus* (hæc duo verba absunt ab Edd. Bas.) *audiant catechumini, et omnes, etc.* : Edd. coll. o. ²⁴ *habentis* : Ed. Bas.

men non l'cebit vobis habere concubinas, quas postea [25] dimittatis, et ducatis uxores, tanto magis damnatio [26] vobis erit, si volueritis, habere uxores et concubinas. »

III Pars. Gratian. *Ceterum, si non talis concubina fuerit, et aetas illius, de quo agitur, futurae incontinentiae, suspicionem auferre dignoscitur, apostolica concessione ad ordinem diaconatus provehi potest.*

*Unde* Pelagius Papa *scribit Florentino Episcopo* [27] :

C. VII. *Qui post mortem uxoris habuerit de ancilla filios diaconus fieri permittitur.*

Fraternitatis tuae relatione suscepta, ejus latorem secundas quidem nuptias expertum non fuisse didicimus, castitatem tamen eum [28] priori non servasse conjugio designasti. Et quamvis multa sint, quae in hujusmodi casibus observari canonicae jubeat sublimitatis [29] auctoritas : tamen quia defectus nostrorum [30] temporum, quibus non solum merita, sed corpora ipsa hominum defecerunt, districtionis illius non patitur * in omnibus * manere censuram, et aetas istius, de quo agitur, futurae incontinentiae suspicionem auferre dignoscitur, ut ad diaconatum [31] possit provehi, * temporum, ut dictum est, condescendentes defectui, * concessisse nos noveris. *Et infra*: § 1. Nicenam [32] vero ancillam ejus, de qua se post transitum uxoris filios habere confessus est, jubemus, ut tua dispositione cuiquam [33] monasterio continentiam professura tradatur §.

Gratian. *Hoc ex dispensatione misericordiae; ceterum ex rigore disciplinae intelligitur illud* Aurelianensis [h] *Concilii* :

C VIII. *Non admittatur ad clerum, qui praeter uxorem aliam cognoverit.*

Si quis de laicis post uxorem aliam cujuscunque conditionis cognoverit mulierem, in clericum [34] nullatenus admittatur.

IV Pars. Gratian. *Quod ergo de pellice et meretrice apud Gregorium et Innocentium scribitur, propter spem futurae incontinentiae constitutum creditur, quia difficile continentiam servat, qui se illicito concubitu maculare non metuit. Vel prohibetur ordinari,* qui pellicem vel meretricem cognoverit maritali affectu vel quia corrupta florem virginitatis amiserit, vel quia meretricari non desinit, licet in uxorem ducatur. Utrumque enim impedimentum cuilibet praestat, quo minus ad sacros ordines pertingere valeat.

*Unde* Hilarius Papa *in Synodo Romana, cap. 2, scribit, dicens* [35] :

C. IX. *Qui virginem non duxit uxorem, ad sacros ordines non accedat.*

Curandum [36] ergo imprimis est, ne ad sacros ordines [37] sicut gestis prioribus ante praescriptum est quisquam [38], qui uxorem non virginem duxit [39], aspiret.

C. X. *Bigamus, vel poenitens, corpore vitiatus, litteras ignorans, curiae vel conditioni obnoxius, clericus non fiat.*

*Item* Gregorius [40] urbis Romanae Praesul *Squillatino* [41] *Episc., lib. II, epist.* 25.

Praecipimus, ne unquam illicitas ordinationes facias, nec bigamum aut qui virginem non est sortitus uxorem, aut ignorantem litteras, vel in qualibet parte corporis vitiatum, vel poenitentiae [42], vel curiae aut cuilibet conditioni obnoxium, ad sacros ordines permittas accedere : sed si quos hujusmodi repereris [43], non audeas promovere.

C. XI. *Non fiat sacerdos, cujus uxorem evidenter constat adulterium admisisse.*

*Item in Neocaesariensi Concilio* [44], *cap* 8.

Si cujus uxor adulterium commisisse, quum esset laicus, evidenter fuerit comprobatum, hic ad ministerium ecclesiasticum admitti non potest. Quod si in clericatu jam eo constituto adulteravit, dato repudio dimittere eam debet. Si vero retinere ejus consortium velit, non potest suscepto ministerio perfrui.

C. XII. *De eodem.*

*Item ex concilio Martini Papae* [45].

Si laici [46] uxor in adulterio fuerit deprehensa, hic talis ad ministerium ecclesiasticum nullo modo adducatur. Si autem post ordinationem alicujus clerici uxor adulterata fuerit, dimittat eam [47]. Si autem cum ipsa voluerit permanere, a ministerio alienus sit.

### NOTATIONES CORRECTORUM.

C. VII. § *Tradatur:* Apud Anselmum sequitur: *ut meliori sorte ad quod promoveatur officium sub bonae possit famae merito ministrare, nec aliqua opinionis ejus maculandae relinquatur occasio:* neque multo aliter in Polycarpo.

h *Aurelianensis:* Haec ad verbum habentur in concil. Gerundensi ', cap. 8.

---

Dist. XXXIV. C. VI. [25] *propterea:* ib. [26] *damnum:* ib. † Verba asteriscis inclusa in Edd. Maurinorum non leguntur. [27] Haec Pelagii II, ut videtur, epistola integra legitur ap. Anselm; eisdem plane verbis eam ex msc. Colbertino, l. 5. Miscellaneorum protulit Baluzius. — Polyc. l. 2, t. 4. = C. VII. [28] *cum:* Edd. Par. Lugdd. Antw. — Bohm. [29] *subtilitatis:* Ans. [30] *nostri temp.:* Edd. coll. o. [31] *diaconatus ordinem:* ead. [32] *Nicenam:* Ed. Bas. [33] *cujuscunque:* ib. = C. VIII. * hab. A. 517. — Burch. l 2, c. 58. Ivo Decr. p. 6, c. 139. [34] *clero:* orig. — *clerum:* Edd. coll. o. [35] hab. A. 465. — Ans. l. 7, c. 15. Ivo Pan. l. 5, c. 50. = C. IX. [36] *cavendum:* orig. — Ivo. [37] *gradus:* orig. — Ans. Ivo. [38] *quisquis:* orig. [39] *duxerit:* Ed. Bas. = C. X. [40] Ep. 37. (scr. A. 592.) l. 2, Ed. Maur. — Ans. l. 7, c. 55 (42). Ivo Decr., p. 8, c. 288. — Polyc. l. 2, t. 31. [41] *Salernitano:* Ed. Bas. — *Silitano:* Edd. coll. rel. [42] *poenitentem:* Greg. — Ans. Ivo, a quibus verba duo proxime sequentia pariter absunt. [43] *repereris:* Ed. Par. = C. XI. [44] hab. A. 314. — Interpretatio hujus cap. in coll. Ans. l. 7, c. 49, nec priscae, neque Hisp., nec Dion. vers. respondet. = C. XII. [45] c. 28. Cap. Mart. Brac. ex c. 8. Conc. Neocaes. [46] *alicujus:* Coll. Hisp. [47] add. : *a cura:* Ed. Bas.

Gratian. *Præmissis auctoritatibus bigami et qui virgines non sunt sortiti uxores a sacris ordinibus prohibentur. Sed quæritur, si quis ante baptisma viduam duxit uxorem, an propterea sit prohibendus a sacris ordinibus?*

De his ita scribit Innocentius [58] Papa Victricio [49] Rothomagensi Episcopo, epist. II, cap. 5 [et 6.].

C. XIII. *Qui ante baptisma, seu post baptisma viduam duxit uxorem, non admittatur ad clerum.*

Si quis viduam (licet laicus) duxerit uxorem, sive ante baptismum [50], sive post baptismum, non admittatur ad clerum, quia eodem vitio videtur exclusus. In baptismo enim crimina dimittuntur, non acceptæ uxoris consortium relaxatur. *Et infra* : § 1. Quod si non putatur uxor esse computanda, quæ ante baptismum ducta est, ergo nec filii, qui ante baptismum geniti sunt, pro filiis habeantur.

Gratian. *Prohibentur etiam bigami a quolibet ordine clericatus, juxta illud* Ambrosii, epist. LXXXII, [51] *ad Vercellensem* [52] *ecclesiam:*

C. XIV. *Qui secunda conjugia sortitur, clericus non fiat.*

Cognoscamus [53], non solum ' hoc ' de episcopo et presbytero Apostolum statuisse, sed etiam Patres in concilii Nicæni tractatu [54] addidisse, neque clericum quenquam debere esse, qui secunda conjugia sortitus sit.

V Pars. Gratian. *Similiter etiam viduarum mariti, vel ancillarum, vel meretricum, clerici fieri non possunt.*

Unde in canonibus Apostolorum, c. 18, legitur [55]:

C. XV. *Spectaculis publicis mancipatam, vel ejectam, vel ancillam ducens uxorem, diaconus non fiat.*

Si quis viduam aut [56] ejectam acceperit, aut meretricem, aut ancillam, vel aliquam de iis, quæ publicis spectaculis mancipantur, non potest esse episcopus, aut presbyter, aut diaconus, aut ex eorum numero, qui ministerio sacro deserviunt.

VI Pars. Gratian. *Quæ autem sit vidua, quæ ejecta, vel meretrix,* Hieronymus epist. CXXVIII, ad Fabiolam de veste sacerdotali, ostendit dicens:

C. XVI. *Quæ sit vidua, vel ejecta, vel meretrix.*

Vidua est, cujus maritus est mortuus. Ejecta est, quæ a marito vivente projicitur. Meretrix, quæ multorum libidini patet.

VII Pars. Gratian. *Sed postea temporum defectui condescendens Papa* Martinus *in minoribus ordinibus eos constitui permisit, non regulam* [57] *præfigendo, dicens:*

C. XVII. *Inter lectores vel ostiarios deputetur subdiaconus, secundam ducens uxorem.*

Si [58] subdiaconus secundam uxorem duxerit, inter lectores vel ostiarios habeatur, ita ut Apostolum [59] non legat.

Gratian. *Necessitate tamen exigente bigamus usque ad subdiaconatum potest promoveri.*

Unde Martinus Papa ait [60]:

C. XVIII. *Viduam ducens uxorem, subdiaconus, si necessitas exigat, fieri potest.*

Lector, si viduam alterius uxorem acceperit, in lectoratu permaneat, aut si forte necessitas sit [61], subdiaconus fiat, nihil autem supra. Similiter et si bigamus fuerit.

VIII Pars. Gratian. *Quibus autem propria conjugia prohibentur, interdicitur etiam nuptialibus conviviis interesse.*

Unde in Agathensi Concilio, cap. 39 legitur [62]:

C. XIX. *Nuptiarum conviviis presbyteri interesse non debent.*

Presbyteri, diaconi, subdiaconi vel deinceps, quibus ducendi uxores licentia [63] non est :, etiam alienarum nuptiarum evitent convivia, nec his cœtibus misceantur [64], ubi amatoria cantantur et turpia, aut obscœni motus corporum choreis [65] et saltationibus efferuntur [66], ne auditus aut [67] obtutus sacris mysteriis [68] deputati [69] turpium spectaculorum atque verborum contagione polluantur.

IX Pars. Gratian. *Vidua vero intelligenda est, si post solenne fœdus nuptiarum morte interveniente a viro suo divisa fuerit. Ceterum si antequam conveniant fatali necessitate ab alterutro divisi fuerint, licet ex sponsalibus uxor sit appellata, non tamen post mortem sponsi, etiamsi in propria sit ducta, et cum eo velata, vidua appellatur, nec ex ejus copula a sacris ordinibus aliquis prohibetur.*

Unde Pelagius Papa scribit [70]:

C. XX. *Qui cum alio relatam, non tamen illi nuptam, uxorem duxit, sacerdos fieri non prohibetur.*

Valentino clerico, cui mulier cum alio ante velata,

### NOTATIONES CORRECTORUM.

C. XIX. ¹ *Licentia non est :* In codicibus impressis' legebatur : *licentia modo non est.* Expuncta est dictio, *modo,* quæ neque in originali, neque in vetustis exemplaribus Gratiani, aut Burch., Ivone, concilio Venetico, c. 11 (ubi hoc idem repetitur) habetur. Ac presbyteris quidem nunquam, ne apud Græcos quidem, licuit ducere uxores.

---

Dist. XXXIV. C. XIII. [48] scr. A. 404. — Ans. l. 7, c. 41. Ivo Decr., p. 6, c. 55. [49] *Victori* : Edd. coll. o. = C. XIV. [50] abest ab Ed. Bas. [51] c. A. 396. — Ivo Pan. p. 6, c. 63. Decr., p. 8, c. 290. [52] *ad Vercellenses* : Edd. coll. o. [53] *cognoscimus* : Ed. Bas. [54] *concilio Nic. tractatus* : orig. [55] Ivo Pan. l. 6, c. 68. Decr., p. 8, c. 297. = C. XV. [56] *vel abjectam* : Ed. Bas. — *et ei* : Edd. coll. rel. = C. XVI. [57] hæc tria verba absunt ab Edd. Arg. Nor. = C. XVII. [58] c. 44. Cap. Mart. Brac., ex conc. Tolet. 1, c. 4. [59] *epistolam* : Edd. Lugdd. II, III. [60] c. 43. Cap. Mart. Brac., ex eod. conc. Tol. c. 3. = C. XVIII. [61] *fuerit* : Edd. coll. o. [62] hab. A. 506. — Reg. l. 4, c. 325. Burch. l. 2. c. 134. Ivo Decr. p. 6, c. 208. Polyc. l. 4, c. 31. = C. XIX. [63] *licitum* : Ivo. [64] *admisceantur* : Coll. Hisp. — Ivo. [65] *choris* : ib. [66] *offeruntur* : Ed. Bas. [67] Et : Edd. coll. o. — Ivo. [68] *ministeriis* : Edd. coll. o. pr. Bas. Arg. [69] *deputatus — polluatur* : Coll. Hisp. — ' *excepta tamen.* Ed. Bas. [70] Hanc ep. Ivo Decr. p. 6. c. 115. Pelagii nomine profert, scribentis ad *Marcellum Atoniensem Ep. (Senoniens. Ep. : Baluz. in Misc. l. 5.)* Nec tamen desunt inter VV. DD., quibus supposititia esse videatur.

non tamen ei nupta, sed virgo permanens, post mortem ejus, cum quo velata erat sponsa [71], conjugali est copula sociata, quia iterum [72] velamen accepit, nullum in promovendo generetur [73] obstaculum, quia nihil est (quantum ad hunc articulum pertinet) quod ei de canonicis obviet institutis [74].

## DISTINCTIO XXXV.

### GRATIANUS.

**I. Pars.** *A quibus ordinibus bigami prohibeantur, et utrum reputentur bigami, qui ante baptismum habuerunt unam, et post baptismum alteram, et an liceat sortiri uxores in sacris ordinibus constitutis, multorum auctoritatibus breviter monstratum est.* § 1. Sequitur autem in descriptione illa apostolica [1]: ut sit sobrius, qui ordinandus est, non vinolentus, *quod ex auctoritate veteris testamenti introductum est.* Ministri [2] enim templi prohibentur vinum et siceram bibere, ne ebrietate graventur corda eorum et ut sensus eorum vigeat semper, et tenuis sit, vel quia venter mero æstuans facile despumat in libidinem. Unde Noe in ebrietate nudavit femora; Loth autem, quem Sodoma non vicit, vina vicerunt. § 2. *Quod [3] tamen [4] vinolentus esse prohibetur, non semel, sed frequenter vino repletus debet intelligi.*
Hinc etiam in canonibus Apostolorum, can. 43 et 42 legitur [5]:

**C. I.** *Diaconus, presbyter et episcopus ebrietati et aleæ deservientes, nisi desierint, deponantur* †.

Episcopus, aut presbyter, aut diaconus, aleæ atque [6] ebrietati deserviens, aut desinat, aut certe damnetur [7]. Subdiaconus, aut lector, aut cantor similia faciens, aut desinat, aut communione privetur. Similiter etiam laicus.

**C. II.** *Esus carnium et vini potus post diluvium concessus legitur, post Christi adventum inhibitus.*

Item Hieronymus *lib. I contra Jovinianum.*

Ab exordio conditionis humanæ nec carnibus vescebamur, nec dabamus repudium, nec præputia nobis eripiebantur in signum. Hoc cursu ad diluvium usque pervenimus. Post diluvium autem cum datione legis, quam implere nullus potuit, carnes ingestæ sunt ad vescendum, et repudia [8] concessa duritiæ, et cultellus circumcisionis appositus, quasi Dei manus [9] plus in nobis creaverit quam necesse est. Postquam autem Christus venit in fine temporum [10], et Ω revolvit [11] ad A, et [12] extremitatem retraxit ad principium, nec repudium nobis dare permittitur, nec circumcidimur, nec comedimus carnes, dicente Apostolo [13]: *Bonum est vinum non bibere, et carnes non comedere.* Et vinum enim cum carnibus post diluvium dedicatum est.

**C. III.** *Alienum est a sapiente potationibus et ebrietatibus vacare.*

Idem *lib. II contra Jovinianum.*

Luxuriosa [14] res vinum, et tumultuosa [15] ebrietas; omnis [16], qui cum his miscetur, non erit sapiens.

**C. IV.** *Ignominiosum est sacerdoti affluere deliciis, epulis atque lasciviis.*

Idem *in Michæam ad c. 2.*

Ecclesiæ principes, qui deliciis affluunt, et inter epulas atque lascivias pudicitiam servare se credunt, propheticus [17] sermo describit, *quod ejiciendi sint de spatiosis domibus lautisque conviviis et multo labore epulis conquisitis, et ejiciendi propter [18] malas cogitationes et opera sua. Et si vis scire, quo ejiciendi sunt, evangelium [19] lege: in tenebras scilicet exteriores, ubi erit fletus et stridor dentium.* Annon confusio et ignominia est Jesum crucifixum, magistrum pauperem atque esurientem, fartis prædicare corporibus? jejuniorumque doctrinam rubentes [20] buccas tumentiaque ora proferre? Si in apostolorum loco sumus, non solum sermonem eorum imitemur, sed conversationem quoque [21] et abstinentiam amplectamur.

**C. V.** *De eodem.* PALEA.
Idem *ad Oceanum, epist. 83.*

« Venter mero æstuans cito despumat [22] in libidines. Ubi ebrietas, ibi libido dominatur et furor. »

**C. VI.** *De eodem.* PALEA.
[Idem *ad Nepotianum, de vita clericorum.*]

« Vinolentum sacerdotem et Apostolus damnat, et vetus [23] lex prohibet. Sacerdotes, qui ministrant [24] in templo Dei, prohibentur vinum et siceram bibere, ne in [25] crapula et ebrietate aggraventur [26] corda eorum. Sicera hebraeo [27] sermone omnis potio nuncupatur, quæ [28] inebriare potest. *Et infra*: Quidquid inebriat et [29] statum mentis evertit, fuge similiter ut [30] vinum. *Nolite* [31], ait Apostolus, *inebriari*

---

DIST. XXXIV. C. XX. [71] *sponso*: Baluz. l. 1. — Ed. Bas. — *fuera. sponsa*: Edd. coll. o. [72] *interim*: Ivo. — Baluz. [73] *generatur*: Bohm. [74] *constitutis*: Baluz. l. 1. — Edd. coll. o. pr. Bas. Lugd. Antw.
DIST. XXXV. Pars I. [1] 1 Tim. c. 3, v. 2. [2] infr. ead. c. 6. [3] gloss. interlin. ad Tim. l. c. [4] *autem*: Edd. coll. o. [5] Reg. 4 c. 144. Burch. l. 14, c. 5. Ivo Pan. l. 3, c. 179. Decr. p. 13, c. 73. Polyc. l. 6, t. 17 Raban. de pœn. c. 28. — † *communione priventur*: Edd. coll. o. = C. I. [6] *aut*: Ed. Bas. [7] *deponatur*: orig. = C. II. [8] *repudii — duritia*: Edd. coll. o. [9] *munus*: ead. [10] *sæculorum*: Ed. Bas. [11] *revolat etiam*: Edd. coll. o. pr. Bas. [12] *id est*: Edd. coll. o. [13] Rom. c. 14, v. 21. = C. III. [14] Prov. c. 20, v. 1. [15] *contumeliosa*: Edd. coll. o. [16] *add.: enim*: Ed. Bas. = C. IV. [17] Michææ. c. 2. [18] In Edd. coll. o. hæc verba leguntur vers. seq. post verb.: *ejiciendi sunt*. [19] Matth. c. 22, v. 13. [20] *add. genus et*: Ed. Bas. [21] *abest ab Ed. Bas.* = C. V. [22] *spumat*: Edd. coll. o. exc. Bas. = C. VI. [23] Levit. c. 10, v. 9. Num. c. 6, v. 3. [24] *deserviunt altario*: orig. [25] *a*: Ed. Bas. [26] *graventur*: ib. [27] *græco*: ib. [28] *qua quis inebriari*: Edd. coll. o. [29] *abest ab Edd. coll. o.* [30] *et virum, in quo est lux.*: ib. [31] *Non licet*: Ed. Bas. — Ephes. c.5, v. 18.

*vino, in quo est luxuria. Et supra :* Qui altario deserviunt, vinum et siceram non bibant. Sponsa Christi « vinum fugiat ut venenum. Vinum et ebrietas incendium est. »

C. VII. *De eodem.* [PALEA.]

*Item* Prosper *de vita contemplativa, lib. II, c.* 22.

« Luxuriam facit et nutrit vini perceptio nimia, non natura. »

C. VIII. *In paradiso abstinentia, post paradisum edendi lasciuia incepit.*

*Item* Ambrosius *in lib. de Elia et jejunio, cap.* 4 *et* 5.

Sexto die bestiæ sunt creatæ, et cum bestiis orta edendi potestas est et usus escarum. Ubi cibus cœpit, ibi finis factus est mundi : ibi cœpit sua incrementa nescire, ubi cœperunt divina opera circa eum feriari. Quo indicio declaratum est, quod per cibos mundus haberet inuminui, per quos desiit augeri. *Et infra :* § 1. Et ut sciamus, non esse novum jejunium, primam illic legem constituit de jejunio. *Et infra :* Eousque nemo prævaricari noverat, ut adhuc orta non esset, quæ prima est prævaricatio. Indictum jejunium, abstinentiæ lex a Domino Deo : prævaricatio legis a diabolo; culpa per cibum, latebra post cibum; cognitio infirmitatis in cibo, virtus firmitatis in jejunio. *Et infra :* Serpens gulæ persuadet, Dominus jejunare decernit. Itaque gula de paradiso regnantem expulit, abstinentia ad paradisum revocavit errantem. *Et infra :* § 2. In principio generis humani ignorabatur ebrietas; primus Noe vineam plantavit, dedit naturam, sed ignoravit potentiam. Itaque vinum nec suo pepercit auctori. *Et infra :* Sed illius ebrietas nobis suadet sobrietatem. Semel enim inebriatus est Noe.

Ubi *enim* malum ebrietatis agnovit, juventum suum ad remedium temperavit, non effudit ad vitium. § 3. Manebat, antequam vinum inveniretur, omnibus inconcussa libertas; nemo solebat a consorte naturæ suæ obsequia servitutis exigere. Non esset hodie servitus, si ebrietas non fuisset. Obrepserat quidem jam fraternæ prælationis invidia, manebat tamen adhuc paternæ pietatis reverentia. Læsa pietas est, dum ridetur ebrietas. Non illis itaque solis nocent vina, quos tentant; sed et illis amplius, quorum oculis tenulenta ebriorum membra nudantur. § 4. Legimus etiam quod patrem Loth in ebriaverint filiæ in monte, ad quem timeates incendium Sodomitarum confugerant, et habitabant in spelunca. *Et infra :* § 5. Fuit itaque ebrietas origo incesti, pessimæ regenerationis partus deterior. § 6. At non Abraham vina in suo convivio ministrabat, sed immolabat vitulum; butyrum et lac etiam angelis hospitibus exhibebat. *Cœli dominum mundi agnoscebat auctorem. Vinum ergo exhibere non poterat.* Sed recte illic deerat materia peccati, ubi erat remissio peccatorum. Denique annuntiav't eum Joannes, *non manducans panem, neque bibens vinum.* Qui enim Christum annuntiat, ab omni vitiorum incentivo præstare se debet alienum.

C. IX. *Triginta diebus a communione abstineat clericus, quem ebrium fuisse constiterit.*

*Item ex* Concilio Agathensi, *cap.* 41.

Ante omnia clericis vitetur ebrietas, quæ omnium vitiorum fomes ac nutrix est. Itaque eum, quem ebrium fuisse constiterit (ut ordo patitur), aut triginta dierum spatio a communione statuimus submovendum, aut corporali subdendum supplicio.

---

## DISTINCTIO XXXVI.

### GRATIANUS.

I Pars. *Oportet etiam ordinandum esse prudentem, Quod contra eos notandum, qui sub nomine simplicitatis excusant stultitiam sacerdotum.* Prudentem autem episcopum oportet intelligi non solum litterarum peritia, verum etiam sæcularium negotiorum dispositione.

Unde in epistola Gelasii Papæ *ad Episcopos per Lucaniam, cap.* 18 :

C. I. *Illitterati et corpore vitiati non promoveantur ad clerum.*

Illitteratos, aut aliqua parte corporis vitiatos vel imminutos, nullus præsumat ad clericatus ordinem promovere, quia litteris carens sacris non potest

---

### NOTATIONES CORRECTORUM.

Dist. XXXV. C. VI. *a Sponsa Christi :* In epistola ad Eustochium sic habetur : *Hoc primum moneo, hoc obtestor, ut sponsa Christi vinum fugiat pro veneno. Et paulo post, vinum et adolescentia duplex est incendium voluptatis.*

Dist. XXXVI. C. I. *Vitiatos, vel :* Istæ duæ voces absunt a plerisque vetustis exemplaribus Gratiani et originali, cujus expressa est potius sententia, quam verba relata.

Dist. XXXV. C. VI. cf. Hieron. comm. ad Gal. c. 5, et ep. ad Eustochium. = C. VII. Imo Julianus Pomerius, cujus hic liber est. = C. VIII. *ubi—ibi :* orig. *tempora :* Ed. Bas. *judicio :* Edd. coll. o. *novellum :* exd. *quum :* ead. pr. Arg. add. : *scilicet :* Ed. Bas. *sumsit :* Edd. coll. o. *a :* ead. *inventum :* orig. add. : *autem :* Edd. coll. o. *derideretur :* Ed. Bas. — *irridetur :* Edd. coll. rel. *concubitus :* Edd. coll. o. exc. Arg. Nor. *regeneratricis :* Edd coll. o, pr. Bas. *Recte enim :* Edd. coll. o. *Dominum :* exd. — cf. Matth. c. 11, v. 18. *annuntiavit :* Ed. Bas. = C. IX. hab. A. 506. — Burch. l. 14, c. 11. Ivo Decr. p. 13, c. 79. *vetetur :* Coll. Hisp. — Edd. coll. o. — In coll. conc. Gall. ed. a Dom Labat : *a clericis vitetur.* *submoveatur — subdatur :* Edd. coll. o.

Dist. XXXVI. Pars I. *Gloss. interlin. ad* 1 Tim. c. 3, v. 2. *dispensatione :* Edd. coll. o. *ser. A.* 494. — Numerus can. Merlini est; in coll. conc. rel. est c. 16. — Reg. l. 1, c. 411. Burch. l. 2, c. 18. Ivo Pan. l. 3, c. 46. Decr. p. 6, cap. 37. — *et* Regin. et Ivone. = C. I. *clericorum :* Ed. Bas. *provehere :* Reg. — Ivo.

esse aptus officiis, et vitiosum nihil Deo prorsus offerri ⁶ legalia ⁷ præcepta sanxerunt. § 1. Similiter ⁸ qui se ipsos abscindunt.

C. II. *Ad summum sacerdotium non aspiret, qui divinis stipendiis vel disciplinis non est eruditus.*

*Item* Zosimus Papa *epist. ad Hesychium Episcopum Salonitanum* ⁹.

Qui ecclesiasticis disciplinis per ordinem non est imbutus, et temporum approbatione divinis stipendiis eruditus, nequaquam ad summum ecclesiæ sacerdotium aspirare præsumat; et non solum in eo ambitio inefficax habeatur, verum etiam ordinatores ejus careant eo ordine, quem 'sine ordine' ¹⁰ contra præcepta Patrum crediderant præsumendum.

Gratian. *Ecce, quod sacrarum litterarum oportet episcopum habere peritiam : unde in veteri testamento* ¹¹ *inter cetera ornamenta pontifex rationale ferebat in pectore, in quo scribebatur manifestatio et veritas, quia in pectore pontificis manifesta debet esse cognitio veritatis.* § 1. *Hinc etiam vectes* ¹², *quibus arca portabatur, jugiter annulis erant inserti, ut, quum arca esset portanda, nulla fieret mora de intromittendis vectibus, quia prædicatores, per quos ecclesia circumfertur, sacris litteris semper debent insistere, ne tunc quærant discere, quum ex officio alios debeant docere.* § 2. *Hinc etiam David* ¹³ *prius ex gratia Spiritus sancti donum scientiæ percepit, et postea administrationem regni assecutus est.* § 3. *Salomon* ¹⁴ *quoque non divitias, non longa tempora hujus vitæ, sed sapientiam a Deo petiit et impetravit.* § 4. *Hinc etiam Dominus prius ponit verba sua in ore prophetæ, et postea constituit eum super gentes et regna, dicens ad Hieremiam* ¹⁵ : *Ecce, dedi verba mea in ore tuo. Ecce, constitui te hodie super gentes et super regna.* § 5. *Hinc etiam Malachias* ¹⁶ *ait* : *Labia sacerdotis custodient scientiam, et legem requirent de ore ejus, quia angelus Domini exercituum est.* § 6. *Hinc etiam Salvator* ¹⁷ *noster prius in medio doctorum sedit, audiens illos et interrogans, et postea prædicare cœpit, quia prius quisque discere, et postea prædicandi officium usurpare debet.* § 7. *Hinc etiam Salomon prius* ¹⁸ *ait* : tempus tacendi, et postea : tempus loquendi, *quia veritas prius tacendo discitur, et postea loquendo prædicatur.* § 8. *Hinc idem Dominus ait* ¹⁹ : Qui audit, dicat, veni. § 9. *Hinc etiam prius apostolos docuit, deinde eos ad prædicandum misit, dicens* ²⁰ : Estote ergo prudentes sicut serpentes, et simplices sicut columbæ. *Sic etiam post resurrectionem prius illis sensum aperuit et scripturas explanavit, et postea dixit* ²¹ *eis* : Euntes in mundum universum, etc. *Unde quum* ²² *de quinque panibus quinque millia hominum vellet reficere, prius panes accipiens fregit, et postea discipulis dedit, et per eos demum turbis apposuit, quia sacramenta legis et prophetarum prius disserendo exposuit, et postea eorum scientiam discipulis dedit, et per eos tandem illam fidelibus dispensavit.* § 10. *Hinc et Petrus, quum rectoribus ecclesiæ scriberet, ait* ²³ : Parati esse debetis reddere rationem omni poscenti vos satisfactionem de ea fide et spe, quæ in vobis est. § 11. *Hinc etiam Paulus* ²⁴ *scribens ad Timotheum ait* : Attende lectioni, exhortationi et doctrinæ. § 12. *Ex quibus omnibus liquido colligitur, quod non sufficit prælatis bona conversatio et morum honestas, nisi addatur scientia doctrinæ.* § 13. *Unde sacerdotes* ²⁵ *ingressuri tabernaculum prius lavabantur in labro æneo, quod fecerat Moyses ex speculis mulierum.* § 14. *Hinc etiam in Canticis canticorum* ²⁶ *oculi, per quos prælati ecclesiæ intelliguntur, assimilantur columbis, quæ resident juxta fluenta plenissima.*

*Hinc etiam* Hieronymus ᵇ *in Leviticum* [c. 8.] ²⁷ :
C. III. *Sacerdotis est legis scientiam habere, non bellis, sed orationibus vacare.*

Si quis vult pontifex non tam vocabulo esse quam merito, imitetur Moysen, imitetur Aaron. Quid enim dicitur de eis? quod non discedunt de tabernaculo Domini ²⁸. Erat ²⁹ ergo Moyses indesinenter in tabernaculo Domini. Quod ³⁰ autem opus ejus erat? ut aut a Deo aliquid disceret, aut ipse populum doceret. Hæc duo sunt pontificis opera, ut aut ³¹ a Deo discat legendo scripturas divinas et sæpius meditando, aut populum doceat. Sed illa doceat, quæ a Deo ipse ³² didicerit ³³, non ex proprio corde vel humano sensu, sed quæ Spiritus sanctus docet. § 1. Est et aliud opus, quod facit Moyses : ad bella non vadit, non pugnat contra inimicos. Sed quid facit? orat, et

NOTATIONES CORRECTORUM.

C. II. ᵇ *Hieronymus* : Citatur ex B. Hieronymo, et exstat in homilia 6 Origenis in Leviticum, quas quidem homilias cum aliis multis B. Hieronymus latinas fecit, sed ita, ut noxia quæque detruncarit, utilia transtulerit. Quod ipsemet ad Theophilum epist. 62, ad Vigilantium epist. 75, et in prologo lib. 2, in Michæam professus est. Ac frequenter Gratianus ea, quæ sunt Origenis, Hieronymi nomine citat, vel quia præcipui ecclesiæ doctoris auctoritas majus pondus habet, vel quia Hieronymus eo quo dictum est modo illa vertendo pœne sua fecerat.

Dist. XXXVI. C. I. ⁶ *offerre* : Ed. Bas. ⁷ Levit. c. 22. ⁸ hæc capitis 17 (19 : Merl.) ap. Gelas. summa est. = C. II. ⁹ scr. A. 418. — Ans. l. 6, c. 28. Ivo Decr. p. 5, c. 102. ¹⁰ absunt etiam ab Ans. et Ivone; leguntur tamen in orig. In hoc et ap. Ans. præcedentia hoc modo habentur : *verum etiam in ord. ejus, ut carerent,* etc. ¹¹ Exod. c. 28, ex interpr. LXX. ¹² Exod. c. 25. ¹³ 2 Reg. c. 5. ¹⁴ 2 Reg. c. 3 — Paral. c. 1. ¹⁵ Hierem. c. 1, v. 9. ¹⁶ Malach. c. 2, v. 7. ¹⁷ Luc. c. 2. ¹⁸ Eccles. c. 3, v. 7. ¹⁹ Apoc. c. 22, v. 17. ²⁰ Matth. c. 10, v. 16. ²¹ Marci. c. 16, v. 15. ²² Matth. c. 14. ²³ 1 Petr. c. 3, v. 15. ²⁴ 1 Tim. c. 4, v. 13. ²⁵ Exod. c. 38. ²⁶ c. 5, v. 12. ²⁷ Imo ex homil. 6. Origenis in Levit., interprete Rufino. = C. III. ²⁸ abest ab Ed. Bas. ²⁹ *orat* : Ed. Avg. ³⁰ *quid — ei* : Edd. coll. o. ³¹ abest ab Edd. coll. o. pr. Lugdd. II, III. Antw. ³² abest ab Ed. Bas. ³³ *didicerat* : Edd. o. pr. Bas. Lugdd. II, III. Antw.

donec 'ille' orat, vincit populus ejus; si relaxaverit et demiserit manus, populus ejus vincitur et fugatur. Oret ergo et sacerdos ecclesiæ indesinenter, ut A vincat populus, qui suo ipso est, hostes invisibiles Amalechitas, qui sunt dæmones impugnantes eos, qui volunt pie vivere in Christo.

## DISTINCTIO XXXVII.

### GRATIANUS.

1. Pars. *Sed quæritur, an sæcularibus literis oporteat eos esse eruditos? De his ita scribitur* in Concilio Carthagin. IV, cap. 16.:

C. I. *Libros gentilium non legat episcopus.*

Episcopus gentilium libros non legat, hæreticorum autem pro necessitate aut tempore.

C. II. *Reprehenduntur sacerdotes, qui omissis evangeliis comœdias legunt.*

*Item* Hieronymus *ad Damasum Papam de filio prodigo, epist. CXLVI.*

Sacerdotes Dei omissis evangeliis et prophetis videmus comœdias legere, amatoria bucolicorum versuum verba canere, Virgilium tenere, et id, quod in pueris necessitatis est, crimen in se facere voluptatis.

C. III. *In vanitate et obscuritate sensus ambulant, qui sæcularibus disciplinis occupantur.*

Idem *ad cap. 4. epist. ad Ephesios, lib. II. comment.*

Nonne vobis videtur in vanitate sensus et obscuritate mentis ingredi, qui diebus ac noctibus in dialectica arte torquetur? qui physicus perscrutator oculos trans cœlum levat, et ultra profundum terrarum et abyssi in quoddam inane demergitur? qui iambum ferit? qui tantam metrorum silvam in suo studiosus corde distinguit et congerit? et (ut ad alteram partem transeam) qui divitias per fas et nefas quærit? qui adulatur regibus, hereditates captat alienas, et opes congregat, quas in momento cui sit relicturus ignorat?

C. IV. *Qui scripturas sacras male intelligit, vel sæculari sapientia abutitur, vino inebriatur et sicera.*

Idem Hieronymus *lib. IX. ad cap. 28. Esaiæ.*

B Vino inebriantur, quando scripturas sanctas male intelligunt atque pervertunt: sicera, quando sæculari abutuntur sapientia et dialecticorum tendiculis quæ non tam vincula sunt appellanda quam phasmata, id est umbræ quædam et imagines, quæ cito pereunt atque solvuntur. Idem: § 1. Secundum tropologiam pseudoprophetas eos debemus accipere, qui aliter scripturarum verba accipiunt, quam Spiritus sanctus sonat, et divinos eos, qui conjectura mentis suæ incerta futurorum quasi vera pronunciant absque divinorum auctoritate verborum. Idem: § 2. Quicunque scripturas non ita intelligit, ut rei veritas habet, uvam acerbam comedit.

C. V. *Reprehenduntur episcopi, qui filios suos sæcularibus erudiunt literis.*

Idem *lib. III. ad cap. 6. epist. ad Ephes.*

Legant episcopi atque presbyteri, qui filios suos sæcularibus literis erudiunt, et faciunt illos comœdias legere et mimorum turpia scripta cantare, de ecclesiasticis forsitan sumtibus eruditos. Et quod in corbonam pro peccato virgo vel vidua, vel totam substantiam suam effundens quilibet pauper obtulerat, hoc in calendariam strenam, et saturnalitiam sportulam, et minervale munus grammaticus et orator, aut in sumtus domesticos templi stipes, aut in sordida scorta convertit. Heli sacerdos ipse sanctus fuit; sed quia filios suos non erudivit in omni disciplina et correptione, supinus cecidit et mortuus est.

C. VI. PALEA.

[*Item ex responsione* Hadriani *Papæ ad Carolum, cap. 49*].

« Omnem vim venenorum suorum in dialectica

### NOTATIONES CORRECTORUM.

DIST. XXXVII. C. III. *Ferit:* Antea legebatur: *iambum fervet.* In originali autem impresso est: *iambum struit.* Emendatum vero est ex antiquo Gratiani exemplari. Nam Terentianus de iambo sic scribit:

*Iambus ipse sex enim locis manet,*
*Et inde nomen inditum est senario;*
*Sed ter feritur, hinc trimetrus dicitur,*
*Scandendo binos quod pedes conjungimus.*

D Ac de iisdem senariis Isidorus lib. 1. Etymolog. cap. 38, ait: *hos Græci, quia geminos feriunt, trimetros dicunt.*

C. VI. *Hadriani:* Hoc caput antea tribuebatur Urbano. Sed est in scripto Hadriani de imaginibus ad Carolum M. c. 49, et inde emendatum est. Eadem vero habentur apud B. Ambrosium lib. 1, de fide ad Gratianum Imp. cap. 5.

---

DIST. XXXVI. C. III. *dimiserit:* Edd. coll. o. add.: *et:* Ed. Bas. add.: *Jesu:* ib.
DIST. XXXVII. P. I. cap. 5. Statuti. eccl. ant. ap. Baller. cf. supra ad c. 9. D. 18.—Burch. l. 1, c. 95. Ivo Pan. l. 2, c. 130. Decr. p. 4, c. 160, et p. 5, c. 197. Polyc. l. 4, t. 7.=C. I. add. *perlegat:* Edd. coll. o. *necess. temporis:* orig. ap. Baller.=C. II. scr. c. A. 398.—Ivo Pan. l. 2, c. 131. Decr. p. 4, c. 162. add.: *in manibus:* Iyo. — Edd. coll. o, exc. Bas. *causa est:* Edd. Bas. Arg. — *causa estat:* Edd. coll. rel.: =C. III. add.: *illum:* Ed. Bas. abest ab Edd. coll. o. pr. Bas. Par. == C. IV. *qui:* Edd. coll. o. *phantasmata:* Edd. coll. o. — Böhm *resolvuntur:* Edd. coll. o. ex. l. 5, comm. Hier. ad Hierem. c. 29, vol. 8. ib. l. 6, ad c. 51, v. 29. *intelligunt — comedunt:* Edd. coll. o. == C. V. Ivo Decr. p. 4, c. 166. *calendarum — saturnalium:* Ivo. Edd. coll. o. *aut in templi:* Ivo. — Edd. coll. o. *sordidum lucrum:* ead. 1 Reg. c. 2. *correctione:* Böhm. — Edd. coll. o. pr. Arg. == C. VI. scr. A. 787. — Ivo p. 4, c. 229. — in Edd. coll. o. citatur ex: *responsalibus* Urbani P. *inventorum:* Ivo. — Edd. coll. o.

PATROL. CLXXXVII.

disputatione [31] constituunt [32] hæretici, quæ philosophorum sententia definitur non adstruendi vim habere, sed studium destruendi. Sed non in dialectica complacuit Deo [33] salvum facere populum suum. Regnum enim [34] Dei in simplicitate fidei est, non in contentione sermonis. »

C. VII. *B. Hieronymus ab angelo verberatur, quia Ciceronis libros legebat.*

Item Rabanus *de pressuris ecclesiasticis* [35].

Legimus de B. Hieronymo, quod, quum libros [36] legeret Ciceronis, ab angelo est correptus, eo quod vir [37] Christianus paganorum figmentis intenderet.

Gratian. Hinc etiam filius ille prodigus in evangelio [38] reprehenditur, qui de siliquis, quas porci manducabant, *ventrem suum replere cupiebat*. § 1. Hinc etiam Origenes [c] *cyniphes et ranas, quibus Ægyptii sunt percussi, vanam dialecticorum garrulitatem et sophistica argumenta intelligit. Ex quibus omnibus colligitur, quod non est ab ecclesiasticis sæcularium literarum quærenda peritia*. § 2. Sed contra legitur, quod Moyses et Daniel [39] omni scientia Ægyptiorum et Chaldæorum eruditi fuerunt. Legitur [40] etiam, quod præcepit Dominus filiis Israel, ut exspoliarent Ægyptios auro et argento, moraliter instruens, ut sive aurum sapientiæ, sive argentum eloquentiæ apud poetas invenerimus, in usum salutiferæ eruditionis vertamus. § 3. In Levitico [41] etiam primitias [d] mellis, id est dulcedinem humanæ eloquentiæ Domino jubemur offerre. § 4. Magi [42] quoque tria munera obtulerunt Domino, in quibus nonnulli tres partes philosophiæ volunt intelligi. § 5. Denique, ut in expositione Psalterii Cassiodorus [e] testatur, omnis splendor rhetoricæ eloquentiæ, omnis modus poeticæ locutionis, quælibet varietas decoræ pronunciationis a divinis scripturis sumsit exordium. § 6. Hinc et Ambrosius [f] ait super epistol. Colossensium : *Omnis ratio scientiæ supernæ vel terrenæ creaturæ in eo est, qui est caput earum et auctor, ut, qui hunc novit, nihil ultra quærat, quia hic est perfecta virtus et sapientia; quidquid* alibi quæritur, hic perfecte invenitur. In Daniele et Salomone ostendit infidelibus se totius auctorem sapientiæ. Quod infideles non putant, quia non legunt in evangeliis et prophetis astrologiam, geometriam et alia hujusmodi, quæ ideo despecta sunt a nostris, quia nihil valent ad salutem, sed mittunt in errorem, et, dum his student, curam animæ non habent. Qui vero Christum novit, thesaurum sapientiæ et scientiæ invenit, quia id novit, quod utile est. Hinc etiam Beda *lib. II. Regum, c. 9, in Samuelis allegoricis expositionibus* [43] :

C. VIII. *Non prohibeantur clerici sæculares literas legere.*

Turbat acumen egentium et deficere cogit, qui eos a legendis sæcularibus literis [44] omnimodo æstimat prohibendos, in quibus si qua inventa [45] sunt utilia, quasi sua sumere licet. Alioquin nec Moyses et Daniel sapientia vel literis Ægyptiorum [46] paterentur erudiri, quorum tamen superstitiones simul et delicias horrebant. Nec ipse magister gentium aliquot versus poetarum suis vel scriptis [47] indidisset, vel dictis.

II. Pars. Gratian. *Cur ergo legi prohibentur, quæ tam rationabiliter legenda probantur? Sed sæculares literas quidam legunt ad voluptatem, poetarum figmentis et verborum ornatu delectati; quidam vero ad eruditionem eas addiscunt, ut errores gentilium legendo detestentur, et utilia, quæ in eis invenerint, ad usum sacræ eruditionis devote convertant. Tales laudabiliter sæculares literas addiscunt. Unde B. Gregorius* [48] *quendam episcopum non reprehendit, quia eas didicerat, sed quia contra episcopale officium pro lectione evangelica grammaticam populo exponebat.*

Hinc etiam Ambrosius *scribit super Lucam, in explanatione procemii* [49] :

C. IX. *Sæculares literæ legendæ sunt, ne ignorentur*

Legimus aliqua, ne negligantur [g]; legimus, ne ignoremus; legimus, non ut teneamus, sed ut repudiemus.

---

NOTATIONES CORRECTORUM.

C. VII. [c] *Origenes* : In homil. 4. ad cap. 7. Exodi ranas quidem comparat poetis, cyniphes autem dialecticis.

[d] *Primitias* : Levitici c. 2, prohibetur fermentum ac mel adoleri in sacrificio Domini; primitiæ tamen eorum jubentur offerri, sed non super altare imponi. Ubi in glossa ordinaria mel exponitur *gentilis eloquentia*, ab Isychio autem *paganorum doctrina*, cujus primitiæ ad imitationem B. apostoli Pauli possunt Deo offerri.

[e] *Cassiodorus* : In prologo Psalterii c. 15, et seq. multis verbis Cassiodorus divinæ scripturæ eloquentiam explicat et commendat. Sed quæ affert in principio explanationis Psal. 6, valde videntur his, quæ nunc referuntur, convenire.

[f] *Ambrosius* : Ex B. Ambrosii principio expositionis c. 2, epist. ad Coloss. hæc summatim collecta sunt, referunturque in glossa ordinaria, et ab Anselmo ad idem caput 2, cujus Anselmi verbis Gratiani verba magnopere sunt similia.

C. IX. [g] *Negligantur* : Sic etiam in Panormia sed in originali, et in uno Gratiani manuscr. : *ne legantur*. Ibi enim agitur de pseudoevangeliis. Sed non est mutatum ob glossam.

---

Dist. XXXVII. C. VI. [31] *disputantes* : eæd. exc. Bas. — Ivo. [32] *ponunt* : Ivo. — Edd. coll. o. [33] *missis sequentibus* in Edd. coll. o. exc. Bas. legitur : *placuit Deo Patri, Filio et Spiritui S.* [34] *abest ab* Ed. Bas. = C. VII. [35] In libro de press. eccles. Attonis Vercell. (nam Rabani non est) ed. a D'Acherio in Spicilegio. — Ivo Pan. l. 2, c. 132. Decr. p. 4, c. 164. (ex parte II. Rab. de eccl. press. [36] *librum* : Ivo. [37] *vix* : Ed Bas. [38] Luc. c. 15. [39] Dan. c. 1. [40] Exod. c. 3, v. 22. [41] Levit. c. 2, v. 14. [42] Matth. c. 2. Raban. ad h. l. [43] Ivo Pan. l. 1, c. 133. Decr. p. 4, c. 85. = C. VIII. [44] *libris* : Edd. coll. o. [45] *inveniuntur* : Ed. Bas. — *quibus ubilibet inventa utilia* : Ivo. [46] add. : *Chaldæorumque* : Edd. coll. o. [47] *scripturis* : eæd. [48] infr. D. 86, c. 5. [49] Ivo Pan. l. 2, c. 134.

## C. X. *Grammatica legenda est, ut per eam sacræ scripturæ intelligantur.*

**Item** Hieronymus *ad cap. 1, epistolæ ad Titum* [44].

Si quis artem grammaticam noverit vel dialecticam, ut rationem recte loquendi habeat, et inter falsa et vera dijudicet [45], non improbamus [b]. § 1. Geometria quoque [46] et arithmetica et musica habent in sua scientia veritatem, sed non est scientia illa scientia pietatis. Scientia pietatis est nosse legem [46], intelligere prophetas, evangelio credere, apostolos non ignorare. § 2. Grammaticorum [i] autem doctrina etiam potest proficere ad vitam, dum fuerit in meliores usus assumta.

## C. XI. *Exemplo Danielis probatur, non esse peccatum sæcularibus literis erudiri.*

**Item** Hieronymus *in cap. 1. Danielis* [47].

Qui de mensa regis et de vino ⁕ potus ⁕ ejus nolunt ⁕ comedere, ne polluantur, utique si ⁕ ipsam ⁕ sapientiam atque doctrinam Babyloniorum scirent esse peccatum, nunquam acquiescerent discere quod non licebat. Discunt autem, non ut sequantur, sed ut judicent atque convincant, quomodo si quispiam adversus mathematicos velit scribere [49] imperitus mathematis [50], risui [51] pateat, et adversus philosophos disputans, si ignoret dogmata philosophorum. Discunt [52] ergo ea mente [53] doctrinam Chaldæorum, qua et Moyses omnem sapientiam Ægyptiorum didicerat. Idem [54] : § 1. Si quando cogimur literarum sæcularium recordari, et aliqua ex his discere [55], quæ olim omisimus, non nostræ est voluntatis, sed, ut ita dicam, gravissimæ necessitatis, ut probemus ea, quæ a sanctis prophetis ante sæcula multa prædicta sunt, tam Græcorum, quam Latinorum et aliarum gentium literis contineri [56].

## C. XII. *Magistros et doctores episcopi congruit locis constituant.*

**Item** ex Synodo Eugenii [k] Papæ II. [c. 54.] [57]

De quibusdam locis ad nos refertur, neque magistros, neque curam inveniri pro studio literarum. Idcirco in [58] universis episcopiis subjectisque plebibus, et aliis locis, in quibus necessitas occurrerit, omnino cura et diligentia adhibeatur [59], ut magistri et doctores constituantur [60], qui studia literarum liberaliumque artium dogmata assidue doceant, quia in his maxime divina manifestantur atque declarantur mandata.

## C. XIII. *Auctoritatibus gentilium eorum vanitas retunditur atque convincitur.*

**Item** Augustinus *contra Faustum Manichæum. lib. XIII, cap. 15* [61].

Si quid veri de Deo Sibylla, vel Orpheus, aliive gentium vates aut philosophi prædixisse perhibentur, valet quidem aliquid ad paganorum vanitatem revincendam, non tamen ad istorum auctoritatem amplectendam. Quantum [62] enim distat de Christi adventu inter prædicationem angelorum, et confessionem dæmoniorum [63], tantum inter auctoritatem prophetarum, et curiositatem sacrilegorum.

## C. XIV. *Ad intelligentiam sacrarum Scripturarum sæcularium peritia necessaria ostenditur.*

**Item** Clemens papa I, *epist. V, ad suos discipulos* [64].

III. Pars. Relatum est nobis, quod quidam in vestris partibus commorantes adversantur sacris [65] doctrinis, et prout eis videtur non secundum traditionem patris [66], sed juxta sensum suum docere videntur. Multas enim quidam, ut audivimus, vestrarum partium ingeniosi [67] homines ex iis quæ legunt, verisimilitudines capiunt. Et ideo diligenter observandum est, ut lex Dei quum legitur, non secundum propriam ingenii [68] intelligentiam legatur vel doceatur. Sunt enim multa verba in scripturis divinis, quæ possunt trahi [69] ad eum sensum quem sibi unusquisque sponte præsumsit [70]; sed fieri non oportet. Non enim sensum quem extrinsecus adulteretis [71], alienum et extraneum debetis quærere, aut [72] quoquo modo ipsum scripturarum auctoritate confirmare, sed ex ipsis scripturis [73] sensum capere

## NOTATIONES CORRECTORUM.

C. X. [h] *Non improbamus* : Absunt istæ duæ voces ab originali. Exponens enim B. Hieronymus verba illa ex principio epistolæ ad Titum : *Et cognitionem veritatis, quæ est juxta pietatem*, ita scripsit : *Est plane veritas, quæ non habet pietatem, si quis grammaticam, etc.*

[i] *Grammaticorum* : Hæc non sunt B. Hieronymi, sed Isidori lib. 3, de summo bono, c. 13, ex quo citat Ivo ⁕.

C. XII. [k] *Eugenii* : Apud Anselmum citatur : *Ex synodo habita Romæ in consist. Lateran. a Beato* ⁕⁕⁕. In Polycarpo eodem modo, et additur nomen Eugenii, ex quo etiam citat Ivo. Inventum vero est in synodo Eugenii Papæ II, et in synodo Leonis IV, quarum synodorum, ut alibi dictum est, exemplaria sunt in Vaticana bibliotheca. In indice etiam synodi a Gregorio VII. Romæ habitæ talis cujusdam capitis hæc ponitur summa : *Ut omnes episcopi artes literarum in suis ecclesiis docere faciant.*

---

Dist. XXXVII. C. X. [43] Ivo Pan. l. 2, c. 135. [44] *judicet* : Bohm. [45] abest ab Edd. coll. o. pr. Bas., in qua leg. : *autem* [46] *legere scripturas* : Edd. coll. o. pr. Lugdd. II. III. Antw. — ⁕ Pan. l. 2, c. 135. Decr. p. 4, c. 167. = C. XI. [47] Polyc. l. 4, t. 7. [48] *non vult*, et sic num. sing. deinceps : orig. — Polyc. [49] *des cribere*: Ed. Bas. [50] *matheseos*: Edd. coll. o. [51] add. : *non* : Edd. Lugdd. II. III. [52] *discant* : Edd. coll. o. pr. Bas. Par. [53] add. : *dogmata et* : Ed. Bas. [54] *in procem.* in Daniel. [55] *dicere* : Ed. Rom. operarum vitio. [56] *continere* : Ed. Bas. = C. XII. [57] hab. A. 826. — Ans. l. 7, c. 2. Ivo Decr. p. 4, c. 214. Polyc. l. 4, t. 32. [58] *ab univ. episcopis subjectis*: Edd. coll. o. — Bohm. [59] *habeatur* : orig. —Ans.— Edd. coll. o. [60] *instituantur* : Ed. Bas. = C. XIII. [61] sed ibi fusius. [62] ib. post pauca. [63] *dæmonum* : Edd. coll. o. = C. XIV. [64] Ep. Pseudoisidoriana. Eadem fere, Petro Ap. tributa, leguntur in l. 10. Recogn. Clementis. — Coll. tr. p. p. 1, t. 4, c. 25. [65] *sanis* : Isid. Merl. [66] *patrum*: Edd. coll. o. [67] *secundum hominum ingenium*: Isid. Merl. [68] add. : *virtutem vel*: Edd. coll. o. [69] *retrahi* : Ed. Bas. [70] *præsumserit* : Edd. coll. o. [71] *attuleritis* : Isid. Merl. — *sens. extrinsecus alienum* : Edd coll. o. [72] *ut—confirmetis*: Edd. coll. o. — Bohm. [73] *scriptis* : Ed. Bas.

veritatis [74]. Et ideo oportet ab eo intelligentiam [75] discere scripturarum, qui eam a majoribus secundum veritatem sibi traditam servavit [76], ut ipse possit ea quæ recte susceperit, competenter asserere. Quum enim ex divinis scripturis integram quis [77] et firmam regulam veritatis susceperit, absurdum non erit, si aliquid etiam ex eruditione communi ac liberalibus studiis, quæ forte in pueritia attigit, ad assertionem veri dogmatis conferat, ita tamen ut, ubi vera didicerit [78], falsa et simulata declinet.

C. XV. *Quare prohibeatur Christianis poetica figmenta legere.*

*Item* Isidorus in *lib. III Sententiarum, de summo bono, cap. 13* [79].

IV. Pars. Ideo prohibetur Christianus [80] figmenta legere poetarum, quia per oblectamenta inanium [81] fabularum mentem excitant ad incentiva libidinum. Non enim solum thura offerendo dæmonibus immolatur, sed etiam eorum dicta libentius capiendo.

V. Pars. Gratian. *Ut itaque ex præmissis apparet, imperitia sacerdotibus semper esse debet adversa, quia quum per ignorantiam cæcati aliis ducatum præstare cœperint, ambo in foveam cadunt; unde dicitur in Psalmo* [82] *:* Obscurentur oculi eorum ne videant, et dorsum eorum semper incurva. *Quum enim obscurantur illi qui præeunt, ad ferenda onera peccatorum facile sequentes inclinantur. Elaborandum est itaque sacerdotibus, ut ignorantiam a se quasi quandam pestem abjiciant. Licet enim servus* [83] *nesciens voluntatem domini sui, et non faciens, dicatur vapulare paucis, non tamen hoc de omnibus generaliter intelligitur. Ait enim Apostolus* [84] *.* Qui ignorat, ignorabitur. *Quod de eo intelligendum est, qui noluit intelligere, ut bene ageret* [85].

Unde Augustinus *ait in libro Quæst. veteris ac novi testamenti, quæst. 67* [86].

C. XVI.

Non [1] omnis ignorans immunis est a pœna. Ille enim ignorans potest excusari a pœna, qui a quo [87] disceret non invenit. Istis [88] autem hoc ignosci petit qui, habentes a quo discerent, operam non dederunt. *Hujusmodi non licet ignorare; accipient ergo veniam, si convertantur*.

## DISTINCTIO XXXVIII.

GRATIANUS.

I. Pars. *Quum itaque voluntaria ignorantia omnibus noxia sit, sacerdotibus est periculosa.*

*Unde* in Concilio Toletano IV, *cap.* 24 *legitur* [1]:

C. I. *Sacerdotibus maxime ignorantia vitanda est.*

Ignorantia mater cunctorum errorum maxime in sacerdotibus Dei vitanda est, qui docendi officium in populis [2] susceperunt. Sacerdotes enim legere sanctas scripturas *frequenter* admonet [3] Paulus apostolus [4], dicens ad Timotheum : *Attende lectioni, exhortationi et doctrinæ*, et *: semper permane in his.* Sciant igitur sacerdotes scripturas sanctas et canones [5], ut omne opus eorum in prædicatione et doctrina consistat, atque ædificent cunctos tam fidei scientia quam operum disciplina.

C. II. *Officialem libellum ab episcopo accipiant presbyteri, quum ordinantur.*

*Item* ex eodem Toletano IV, c. 25 [6].

Quando presbyteri in parochiis ordinantur, libellum officialem a suo sacerdote accipiant, ut ad ecclesias sibi deputatas instructi succedant [7], ne per ignorantiam etiam in ipsis divinis sacramentis [8] offendant [9]. Quum vero ad litanias vel ad concilium venerint, rationem episcopo suo reddant, qualiter susceptum officium celebrent [10], vel baptizent.

C. III. *Inscitia sacerdotum nec excusatione digna est, nec venia.*

*Item* Leo *Episcopus ad Clerum et plebem Constantinopolitanæ urbis, epist. XXII* [11].

Si in laicis vix [12] tolerabilis videtur inscitia, quanto

## NOTATIONES CORRECTORUM

C. XVI. Caput hoc in plerisque vetustis Gratiani exemplaribus conjunctum est superiori. Est autem responsio ad quæstionem quam præmisit B. Augustinus his verbis: *Quid est quod in cruce positus salvator* [*] *ait* : Pater, ignosce illis, non enim sciunt quid faciunt. *Si enim nesciunt, quid est quod ignoscitur? maxime quum dicat* [**] *rex Abimelech ad Deum:* Numquid gentem ignorantem perdes? *Non omnis ignorans immunis est*, etc. In extremo autem addita sunt nonnulla ex ipso B. Augustino, quo sententia sit integrior.

Dist. XXXVII. C. XIV. [74] add.: oportet : Edd. coll. o. [75] scientiam : Edd. coll. o. — s. addiscere : Ed. Bas. [76] servat : Isid. Merl. — Edd. coll. o. [77] quisque : Edd. coll. o. [78] didicit : Isid. Merl. = C. XV. [79] Ivo Pan. l. 2, c. 137. Decr. p. 4, c. 167. [80] Christianis : Ed. Bohm. [81] nimium : Edd. coll. o.= P. V. [82] Ps. 68, v. 24. [83] ex Greg. M. pastor. l. 1, c. 1. [84] 1 Cor. c. 14, v. 38. [85] Ps. 35, v. 4. [86] Liber apocryphus. — Ans l. 8, cap. fin. = C. XVI. [87] quod disc.: Edd. coll. o. [88] istis non poterit ignosci : Edd. coll. o. [*] Luc. c. 23, v. 34. [**] Gen. c. 20, v. 4.

Dist. XXXVIII. P. I. [1] hab. A. 633. — Coll. tr. p. p. 2, t. 37, c. 6 Burch. l. 1, c. 100. Ans. l. 7, c. 114 (118). Ivo Decr. p. 5, c. 202. = C. I. [2] populo Dei : Edd. coll. o. [3] sancta scriptura admonet : Coll. Hisp. — Ivo. — admonentur : Ans. — Edd. coll. o. [4] Paulo Ap. dicente : Coll. Hisp. — Ans. Ivo. — Edd. coll. o. — cf. 1 Tim. c. 4, v. 13. [5] cf. Conc. Arel. IV, c. 3. = C. II. [6] Coll. Hisp. c. 26. — Coll. tr. p. p. 2, t. 37, c. 7. — Burch. l. 2, c. 157. Ans. l. 7, c. 113 (117). Ivo Pan. l. 3, c. 23. Decr. p. 3, c. 129. [7] accedant : Ans. — Ed Bohm. [8] add.: Christum : Bohm. — Edd. coll. o. (pr. Bas., in qua legitur : scriptis offendant). [9] offendant, ita ut quando : Coll. Hisp. — Ans., et missa voce : ita : Ivo. [10] celebrant — baptizant : Coll. Hisp. = C. III. [11] Ep. 59. (scr. A. 450.) Ed. Baller. — Ans. l. 7, c. 119. Polyc. l, 4, t. 4. [12] intolerabilis : Ans. — Edd. coll. o.

magis in iis qui præsunt, nec excusatione digna est, nec venia?

**C. IV.** *Canones non licet sacerdotibus ignorare.*

**Item** Cœlestinus *universis episcopis per Apuliam et Calabriam constitutis, epist. III* [13].

Nulli sacerdotum liceat canones [14] ignorare, nec quicquam facere quod Patrum possit regulis obviare. Quæ enim a nobis res digne [15] servabitur, si decretalium norma constitutorum pro aliquorum libitu licentia populis permissa frangatur?

**C. V.** *Quæ sint sacerdotibus necessaria ad discendum.*

**Item ex dictis Augustini** [16].

Quæ [a] ipsis sacerdotibus necessaria sunt ad discendum, id est liber sacramentorum [17], lectionarius, antiphonarius, baptisterium, computus, canon pœnitentialis, psalterium, homiliæ per circulum [18] anni dominicis [19] diebus et singulis festivitatibus aptæ. Ex quibus omnibus si unum defuerit, sacerdotis nomen [20] vix in eo constabit [21], quia valde periculosæ sunt evangelicæ minæ, quibus dicitur [22]: *Si cœcus cœco ducatum præstet, ambo in foveam cadunt.*

**C. VI.** *Quæ oportet scire eum, qui episcopus est ordinandus.*

**Item ex VII. Synodo, cap. 2.** [*]

Omnes psallentes repromittimus Deo: *In* [24] *justificationibus tuis meditabor, non obliviscar sermones tuos.* Quod omnes quidem Christianos observare saluberrimum est, sed præcipue hos qui hierarchicam [25] consecuti sunt dignitatem. Unde definimus omnem qui ad episcopatus provehendus est gradum, modis omnibus psalterium nosse, ut ex hoc et omnis clerus, qui sub ipso fuerit, ita moneatur et imbuatur. Inquiratur autem diligenter a metropolitano, si in promtu habeat [26] legere scrutabiliter et non transitorie tam sacros canones et sanctum evangelium, quam divini Apostoli librum et omnem divinam scripturam, atque secundum mandata Dei [27] conversari [28], et docere populum sibi commissum. Substantia enim summi sacerdotii nostri sunt eloquia divinitus tradita, id est vera divinarum scriptura-

rum disciplina, quemadmodum magnus perhibet Dionysius [29]. Quod si disceptaverit, et ita libenter facere et docere minime spoponderit, nullatenus consecretur. Ait enim prophetice [30] Deus: *Tu scientiam repulisti, et ego repellam te, ne sacerdotio fungaris mihi.*

**C. VII.** *De eodem.*

**Item ex concilio Carthaginensi III, c. 3** [31].

Placuit, ut ordinandis episcopis vel clericis prius ab ordinatoribus suis decreta conciliorum auribus [32] eorum inculcentur, ne se aliquid contra statuta concilii fecisse pœniteat [33].

**C. VIII.** *Sacræ scripturæ inhærentes non obscuratur iniquitate mundana.*

**Item** Zephirinus papa, *epist. I ad episcopos Siciliæ* [34].

Sicut stellas cœli non exstinguit nox, sic mentes fidelium firmamento [35] inhærentes sanctæ scripturæ non obscurat mundana iniquitas.

**C. IX.** *Ignorantia scripturarum est ignorantia Christi.*

**Item** Hieronymus *ad Eustochium in proœmio comment. in Esaiam.*

Si juxta apostolum Paulum [36] Christus Dei virtus est Deique sapientia, et qui nescit scripturas, nescit Dei virtutem ejusque sapientiam, ignoratio [37] scripturarum ignoratio Christi est.

**C. X.** *A Domino sciuntur, vel ignorantur qui ea, quæ Dei sunt, sapiunt, vel ignorant.*

**Item** Gregorius in *Pastorali* [38], *part. I, cap. 1.*

Qui ea, quæ Dei sunt [b], sapiunt, a Domino sapiuntur, et qui ea, quæ Dei sunt, nesciunt a Deo [39] nesciuntur, Paulo attestante, qui ait [40]: *Si quis ignorat, ignorabitur.* Idem [41]. Quicunque stultus est in culpa, erit sapiens in pœna.

**C. XI.** *Non qui aliquid nescit, sed qui putat se scire quod nescit, errare probatur.*

**Item** Augustinus *in Enchiridio ad Laurentium, cap. 17* [42].

II. Pars. Quamvis errare [43] quanta possumus cura cavendum sit, non solum in majoribus, verum etiam in minoribus rebus, nec nisi rerum ignorantia possit errari, non tamen est consequens, ut continuo erret

---

## NOTATIONES CORRECTORUM.

Dist. XXXVIII. C. V. [a] Ceteri etiam collectores Augustinum citant. Fere autem omnia hæc habentur in pœnitentiali Bedæ, et in libro de officiis ecclesiasticis et alibi.

C. X. [b] *Dei sunt:* In loco indicato legitur: *Qui ea quæ sunt Domini, nesciunt, a Domino nesciuntur, Paulo attestante,* etc.

Dist. XXXVIII. C. IV. [13] ser. A. 429. — Burch. l. 2, c. 160. Ans. l. 7, c. 108 (120). Ivo. Decr. p. 6, c. 251. Polyc. l. 4, t. 4. [14] add.: *suos*: orig. — Ivo. [15] *digna*: orig. — Edd. Bas = C. V. [16] apud Bedam, quem canonis auctorem esse voluerunt Corr. Rom., similia tantum leguntur. Integer canon prostat in Capitulari Ahytonis Basil., ed. in Coll. conc. Mansiana. — Burch. l. 2, c. 2, l. 19, c. 8. Ans. l. 7, c. 109 (121). Ivo Pan. l. 3, c. 24. Decr. p. 6, c. 22. Polyc. l. 4, t. 51. [17] *sacrorum*: Edd. Bas. Nor. Ven. l. [18] add.: *totius*: Ed. Bas. [19] *in dom.*: Bohm. — Edd. coll. o. pr, Arg. Bas. [20] *nomine*: Edd. Arg. Bas. [21] *stare poterit*: Ed. Bas. [22] Matth. c. 15, v. 14. =C. VI. [23] hab. A. 787. — interpretatio Anastasii Bibliothecarii. — Ivo Decr. p. 5, c. 372. [24] Psal. 118, v. 16. [25] *ecclesiasticam*: Ivo. — Edd. coll. o. [26] *hanc legem*: Ed. Bas. — *habeat legem*: Ivo. [27] *abest ab* Edd. coll. o. — *mund. eorum*: Ed. Bas. [28] *conservari*: Ed. Bas. — *conversari vel conservare*: Ed. Arg. — *conservare*: Edd. coll. rel. [29] Dionys. Areop. libr. (suppos.) de eccl. hierarch. c. 1. [30] Osee, c. 4, v. 6.=C. VII. [31] hab. A. 397. — Ans. l. 7, c. 61. Coll. r. p. p. 2, t. 17, c. 1. [32] *in auribus*: Ed. Bas. [33] *pœniteant*: Coll. Hisp. — Edd. coll. o. = C. VIII. [34] Ep. Pseudoisidoriana, cf. Prosper Aquit. Sent. 220, ex qua caput mutuatus est impostor. [35] *et firm.*: Edd. coll. o, exc. Bas.= C. IX. [36] 1 Cor. c. 1, v. 18. [37] *ignorantia*: Edd. coll. o =C. X. [38] *in Moralibus* Edd. coll. o. [39] *Domino*: Edd. coll. o. [40] 1 Cor. c. 14, v. 38. [41] ex Moral. l. 15, c. 23, in cap. 21 Jobi =C. XI. [42] Petr. Lomb. Sentent. l. 3, dist. 58. [43] *error — cavendus*: orig.

quisquis aliquid nescit, sed quisquis [44] se existimat scire quod nescit. Pro vero quippe approbat falsum, quod est erroris proprium. Veruntamen in qua re quisque erret, interest plurimum. Nam in una eademque re et nescienti sciens, et erranti non errans recta ratione præponitur. In diversis autem rebus, id est quum iste scit alia, ille alia, et iste utiliora, ille minus utilia vel etiam noxia : quis non in eis, quæ ille scit, ei præferat nescientem? Sunt enim quædam, quæ nescire quam scire sit melius.

III. Pars. Gratian. *Sed licet per ignorantiam grammaticæ artis aliquid vitiosum proferant episcopi vel presbyteri, non tamen ideo a scholasticis sunt despiciendi, quia morum vitia magis quam verborum sunt præcavenda.*

Unde Augustinus *in libro De catechizandis rudibus, cap. 9* [45].

C. XII. *Non contemnant scholastici ecclesiasticam simplicitatem.*

Sedulo monendi sunt scholastici [e], ut, humilitate induti [46] Christiana, discant non contemnere quos cognoverint morum vitia quam verborum amplius [47] devitare, et cordi [48] casto linguam exercitatam nec conferre audeant, quam etiam præferre consueverant. Et infra : Ilis etiam [49] maxime utile est nosse, ita esse præponendas verbis sententias, ut præponitur animus corpori. Ex quo fit, ut ita malle debeant veriores quam disertiores [50] audire sermones, sicut malle debent prudentiores quam formosiores habere amicos. Noverint etiam non esse vocem ad aures Dei, nisi animi affectum. Ita enim non irridebunt, si aliquos antistites et ministros ecclesiæ forte animadverterint vel cum barbarismis et soloecismis Deum invocare, vel eadem verba, quæ pronunciant, non intelligere, perturbateque distinguere, non quia ista minime corrigenda sunt, ut populus ad id quod plane intelligit, dicat Amen; sed quia [51] pie toleranda sunt ab eis qui didicerunt [52] ut sono in foro, sic volo in ecclesia benedici. Itaque forensis illa nonnunquam forte bona dictio nunquam tamen benedictio dici potest.

C. XIII. *De eodem.* [PALEA.]

Item Gregorius *ad Leandrum* [53] *Episcopum Hispalensem, in præfat. Moral. ad fin.* [d].

« Indignum vehementer existimo, ut verba cœlestis oraculi restringam sub regulis Donati. »

C. XIV. PALEA.

[*Item* Augustinus *de vera religione, cap.* 49. *et* 50.]

« Locutio divinarum scripturarum secundum cujusque linguæ proprietatem accipienda est. Habet enim omnis lingua "sua" quædam propria genera locutionum, quæ quum in aliam [54] "linguam" transferuntur, videntur absurda. »

C. XV. PALEA.

[*Item* Hieronymus *ad Pammachium*, *epist. LII. cujus initium est :* Christiani interdum pudoris est.]

« Ecclesiastica interpretatio etiamsi habet eloquii venustatem, dissimulare eam debet [55] et fugere [56], ut non otiosis philosophorum scholis paucisque discipulis [57], sed universo [58] loquatur hominum generi. »

C. XVI. *Propter opprobrium senectutis a parvulis et a minimis non erubescat discere episcopus.*

Item Clemens Papa, *epist. III* [59]:

Nullus episcopus [60] propter opprobrium senectutis vel nobilitatem generis a parvulis vel minimis erudiatis, si quid forte est utilitatis aut salutis, inquirere negligat. Qui enim rebelliter vivit, et discere atque [61] agere bona recusat, magis diaboli quam Christi membrum esse ostenditur, et potius infidelis quam fidelis monstratur.

## DISTINCTIO XXXIX.

GRATIANUS.

*Ecce plenarie monstratum est, quoa sacerdotes oportet literarum tam sacrarum quam sæcularium esse peritos. Nunc quæritur, an sæcularium negotiorum oporteat eos habere peritiam? Hanc prælatis esse necessariam, multis rationibus probatur. Debent namque prælati subditis non solum spiritualia, sed etiam carnalia subsidia ministrare, exemplo Christi, qui turbas sequentes non solum verbo docebat, sed etiam virtute sanabat et corporalibus alimentis reficiebat. Ut autem prælati hæc omnia plene possint perficere, sæcularium*

## NOTATIONES CORRECTORUM.

C. XII. [e] *Scholastici :* Vox ista abest ab originali. Sed in eo hæc præcedunt : *Sunt item quidam de scholis usitatissimis grammaticorum oratorumque venientes, quos neque inter idiotas numerare audeas, neque inter illos doctissimos, quorum mens magnarum rerum est exercitata quæstionibus. His ergo, qui loquendi arte ceteris hominibus excellere videntur, quum veniunt, ut Christiani fiant, hoc amplius quam illis illiteratis impertire debemus, quod sedulo admonendi sunt, ut humilitate,* etc.

C. XIII. [d] Hoc et duo sequentia capita absunt a multis antiquis exemplaribus, neque glossam habent.

DIST. XXXVIII. C. XI. [44] *si quis* : Edd. coll. o. = P. III. [45] Ivo Decr. p. 6, c. 383. = C. XII. [46] *inducti* : Ed. Bas. [47] *magis* : Edd. coll. o. [48] *corde* : Ed. Par. [49] abest ab Edd. coll. o. — *his enim* : Ed. Bas. [50] *discretiores* : Ed. Bas. [51] *tamen* : orig. [52] *didicerint* : Ed. Bas. = C. XIII. [53] *Item ad Alexandrum Ep.* : Ed. Nor. — *Alexandrinum* : Edd. coll. rel. = C. XIV. [54] *in alia* : Edd. coll. o. exc. Lugdd. II. III. Antw. = C. XV. [55] *debetis* : Ed. Bas. — *debes* : Edd. coll. rel. [56] *non fugere* : Edd. coll. o. pr. Arg. Bas. [57] *disciplinis* : eæd. [58] *universa loqu. hom. genera* : Edd. coll. o. = C. XVI. [59] Ep. Pseudoisidori, qui h. l. secutus est l. 1. Recogn. Clem. c. 67. [60] abest ab orig. [61] *aut* : Ed. Bas

negotiorum oportet eos habere solertiam, ut eorum cautela et ecclesiæ serventur indemnes, et cuique necessaria pro suo modo ministrentur. *Unde quidam in episcopum electus a B. Gregorio pro sua simplicitate repellitur, ne ejus occasione res ecclesiæ dilavidarentur.*

Sic enim scribit Gregorius *Clero et nobilibus Neapol. lib. VIII. epist.* 40[1].

A C. I. *Sæcularium negotiorum imperiti non sunt in episcopos ordinandi.*

Petrus diaconus, quem a vobis [2] electum asseritis, omnino (ut dicitur) simplex est, et nostis, quia talis hoc tempore in regiminis debet arce constitui, qui non solum de salute animarum, verum etiam de extrinseca "subjectorum" utilitate et cautela sciat esse solicitus.

## DISTINCTIO XL.

**GRATIANUS.**

I. Pars. *Oportet* [1] *quoque episcopum esse ornatum et hospitalem. Ornamenta episcopalia virtutes debent intelligi, quæ a Domino eis repromittuntur, quum dicitur* : Sacerdotes [2] *ejus induam salutari. Unde in veteri* [3] *testamento variis vestibus ex præcepto Domini sacerdotes ornati leguntur, quia multimodis virtutibus debet splendere vita pontificis, ut gradui conferat decorem, quem ab eo non accepit. Non enim loca, sed vita et mores sanctum faciunt sacerdotem. Unde ex suscepto officio non licentiam peccandi, sed necessitatem bene vivendi se noverint assecutos.*

Unde Symmachus [a] Papa ait [4].

C. I. *Officium sacerdotii non confert, sed adimit peccandi licentiam.*

Non nos beatum Petrum (sicut dicitis) a Domino cum sedis privilegiis, vel successores ejus, peccandi judicamus licentiam suscepisse. Ille perennem meritorum dotem cum hereditate innocentiæ misit [5] ad posteros. Quod illi concessum est pro [6] actuum luce, ad illos pertinet, quos par conversationis splendor illuminat. Quis enim sanctum dubitet esse, quem apex tantæ dignitatis attollit? In quo si desunt bona acquisita per meritum, sufficiunt, quæ a loci decessore [7] præstantur [8]. Aut enim claros ad hæc fastigia erigit, aut qui eriguntur, illustrat.

C. II. *Filii sanctorum sunt, qui exercent opera eorum.*

Item Hieronymus *ad Heliodorum, epist. I* [9].

Non est facile stare loco Pauli [10] et tenere gradum

B Petri jam cum Christo regnantium, quia hinc [b] dicitur : non sanctorum filii sunt, qui tenent loca sanctorum, sed qui exercent opera eorum.

C. III. *Morum nobilitas, non loci vel generis, sacerdotes notificet.*

Item Gregorius [11].

Nos, qui præsumus, non ex locorum vel generis dignitate, sed morum nobilitate innotescere debemus, nec urbium claritate, sed fidei puritate.

C. IV. *Non loca vel ordines, sed merita nos Deo jungunt.*

Item Gregorius *ad Anastasium Presbyterum, lib. VI. epist.* 29. [12]

Non loca vel ordines creatori nostro nos proximos faciunt, sed ei [13] nos merita bona jungunt [14], aut mala disjungunt.

C. V. *Magnitudo peccati vel dignitatis quemque fortiter dejicit.*

Item Joannes Chrysostomus, [*id est, auctor operis imperfecti in Matthæum*, homilia 40. *ad c.* 21.] [15]

II. Pars. Homo Christianus fortiter cadit in peccato [16] propter duas causas, aut propter magnitudinem peccati, aut propter altitudinem dignitatis.

VI. *Damnatur Apostolicus, qui suæ et fraternæ salutis est negligens,*

Item ex dictis Bonifacii [c] Martyris [17].

III. Pars. Si Papa suæ et fraternæ salutis negligens deprehenditur inutilis et remissus in operibus suis, et insuper a bono taciturnus, quod magis

## NOTATIONES CORRECTORUM.

DIST. XL. C. I. [a] Caput hoc, quod citatur ex Symmacho, est in libro, quem pro Symmacho Ennodius diaconus scripsit ; jureque Symmachi nomine citatur, quod eum librum Symmachus et universa V. synodus pro causa Symmachi habita sic approbarunt, ut parem ei cum synodis et apostolicis decretis auctoritatem tribuerint.

C. II. [b] *Quia hinc* : Hæc usque ad finem non sunt inventa apud B. Hieronymum, ex quo tamen, aut ex ejus dictis, citant etiam ceteri collectores.

D C. VI [c]. *Dictis Bonifacii* : Nauclerus Gen. 26. testatur hoc fuisse dictum Bonifacii Martyris. Verum Deusdedit presbyter cardinalis tit. Apostolorum in Eudoxia, tempore Victoris Papæ III. libros IV. de rebus ecclesiasticis composuit, qui in bibliotheca Vaticana servantur. Et in libro I. cap. 231. ex gestis ( sic habent etiam multi Gratiani codices, et Ivo ) Bonifacii martyris et archiepiscopi Mogontini, sed ap. legati, hæc sanctissimi illius viri de Romano Pontifice ac sede apostolica verba refert, in quibus-

---

DIST. XXXIX. P. I. [1] Ep. 62. (scr. A. 600.) I, 10. Ed. Maur.—Ans. I, 6, c. 13. (*Nobilibus civibus Neapolim*). Polyc. 1, 2, t. 1. = C I. [2] *omnibus* : Ed. Bas.

Dist. XL. Pars I. [1] 1 Tim. c. 3, v. 2.— [2] Psal. 131, v. 16. [3] Exod. c. 28. [4] ex lib. apolog. Ennodii pro Syn. IV. (hab. A. 501.)—Polyc. I, 3, t. 7. = C. I. [5] *transmisit* : Edd. coll. o. — [6] *per lucem* : eæd. [7] *prædecessore* : eæd. [8] *testantur* : eæd. pr. Lugd. II, III. Antw. = C. II. [9] Burch. I, 1, c. 207. Ivo Decr. p. 5, c. 321. Polyc. I, 3, t. 8. — Infr. C. 2, q. 7. c. 29. [10] *Pauli et Petri*, *et* ( *scilicet*, Edd. Bas. Lugd. Antw.) *tenere cathedram* : Edd. coll. o. — Ivo = C. III. [11] *caput incerti auctoris* — Burch. I, 1, c. 208. Ivo Decr. p. 5, c. 322. Polyc. I, 3, t. 7. = C. IV. [12] Ep. 32. (scr. A. 597.) I, 7. Ed. Maur.—Coll. tr. p. p. 1, t. 55, c. 109. [13] *abest ab* Edd. coll. o. pr. Bas. Lugd. II. III. Antw. [14] *conjungunt* : Edd. coll. o. exc. Bas. = C. V. [15] Polyc. ib. [16] *peccatum* : Edd. coll. o. = C. VI. [17] Caput non inoffensæ fidei — Deusdedit *de rebus eccles.* l, 1, c. 231. Ivo Decr. p. 5, c. 23. *ex gestis Bonifacii*. Eodem modo inscr. in Ed. Bas.

officit sibi et omnibus', nihilominus innumerabiles populos catervatim secum ducit, primo mancipio gehennæ cum ipso plagis multis in æternum vapulaturus [18]. Hujus [19] culpas istic redarguere præsumit mortalium nullus, quia cunctos ipse judicaturus a nemine est judicandus, nisi deprehendatur a fide devius [20]; pro cujus perpetuo statu universitas fidelium tanto instantius orat, quanto suam salutem post Deum ex illius incolumitate animadvertit [21] propensius pendere.

C. VII. *Non ordines, sed vitæ merita nos Deo commendant.*

Item Augustinus ad *Valerium*, epist. CXLVIII. [22]

IV. Pars. Ante omnia peto, ut cogitet religiosa prudentia tua, nihil esse in hac vita et maxime hoc tempore facilius et lætius [23] et hominibus acceptabilius episcopi, aut presbyteri, aut diaconi officio, si perfunctorie atque adulatorie res agatur, sed nihil apud Deum miserius et tristius et damnabilius. §. 1. Item [24] nihil esse [25] in hac vita et [26] maxime hoc tempore difficilius, laboriosius, periculosius episcopi, aut presbyteri, aut diaconi officio, sed apud Deum nihil beatius, si eo modo militetur, quo noster imperator jubet. Quis autem 'iste' sit modus, nec a pueritia, nec ab adolescentia mea didici, et ec tempore, quo [27] discere cœperam, vis mihi facta est merito peccatorum meorum. Nam quid aliud existimem nescio, ut secundus locus gubernaculorum mihi traderetur [28], qui remum [29] tenere non noveram.

C. VIII. *Corrumpitur et ad terram sacerdotium trahitur, nisi legaliter et juste servetur.*

Item Isidorus [30].

Sicut viri et mulieris digna conjunctio unum facit matrimonium, et sicut duorum copulatio unum perficit [31] corpus, ita clericatus et sacerdotium unum faciunt presbyterum, et electio et consecratio unum faciunt episcopum: quæ omnia unum efficiunt corpus, quod citius corrumpitur et ad terram trahitur, nisi legaliter servetur, nisi juste vivendo laudetur.

C. IX. *Gratia, non locus salvat animam.*

Item Ambrosius, lib. *de paradiso*, c. 4.

V. Pars. Illud autem animadverte [32], quia extra paradisum, vir factus est, et mulier intra paradisum ut advertas, quod non loci, non generis nobilitate, sed virtute unusquisque gratias sibi comparat. Denique extra paradisum factus, hoc est in inferiore loco, vir melior invenitur, et illa, quæ in meliore loco, hoc est in paradiso, facta est, inferior reperitur [33].

## NOTATIONES CORRECTORUM.

est hoc caput, et quidem ex antecedentibus et sequentibus valde illustratur. Sancta Romana ecclesia, privilegio specialis auctoritatis divinitus et humanitus caput omnium ecclesiarum post Christum Jesum effecta, secundum antistitis vel rectoris sui qualitatem et valetudinem afficit totius Christianitatis membra, ut illius incolumitati sua respondeant incolumitate et congaudeant, et nihilominus ejus languoribus suo languore consentiant, et sicut ejus gloria juxta Apostolum conglorificantur, sic ejus dejectione dejiciuntur, ut illud propheticum in eo præcipue compleri deprehendatur: Omne caput languidum, et omne cor mœrens, a planta pedis usque ad verticem non est in eo sanitas. Et revera tanta reverentia apicem præfatæ apostolicæ sedis omnes suscipiunt, ut nonnullam sanctorum canonum disciplinam et antiquam Christianæ religionis institutionem magis ab ore præcessoris ejus, quam a sacris paginis et paternis traditionibus expetant; illius velle, illius nolle tantum explorant; ut ad ejus arbitrium suam conversationem et ipsi remittant, aut intendant. Quod si, ut summopere sibi et omnibus expedit, zelo domus Dei sine intermissione tabescens, fidelis dispensator et prudens existens, Deo et hominibus opere et sermone irreprehensibilem sese conservare studuerit, ut vere fatear, universum pœne mundum secum attonitum et sollicitum post Deum currere facit, ex utroque sexu populos diversæ professionis, conditionis et ætatis catervatim Domino suo super omnia bona ipsius constituendus ducit. Si vero suæ et fraternæ salutis negligens deprehenditur, inutilis et remissus in operibus suis, et insuper a bono taciturnus (quod magis officit sibi et omnibus), nihilominus innumerabiles populos catervatim secum ducit, primo mancipio gehennæ cum ipso plagis multis in æternum vapulaturus; cujus culpas istic redarguere præsumit mortalium nullus, quia cunctos ipse judicaturus a nemine est judicandus, nisi forte deprehendatur a fide devius; pro cujus perpetuo statu universitas fidelium tanto instantius orat, quanto suam salutem post Deum ex illius incolumitate animadvertit propensius pendere. Salvo enim divinæ omnipotentiæ mysterio, ut dignum est, loco ab ipsa secundo, illud R. Job. † non incongrue aptari S. Romanæ ecclesiæ potest: Si destruxerit, nemo est, qui ædificet, et si incluserit hominem, nullus est, qui aperiat ei; si continuerit aquas, omnia siccabuntur, et si emiserit eas, subvertent terram; nec immerito, quum ipsa specialius in Petro cæli terræque retentet habenas. Hæc quum omnium fidelium in Christo spiritalis sit mater, nemo debet renuere illius seriei disciplina vel emendari censura, juxta illa proverbia ‡‡ Salomonis: Ne dimittas legem matris tuæ, liga eam in corde tuo jugiter; qui enim abjicit disciplinam, infelix est, et stultus homo despicit matrem suam; et rursus*: Est maledictus a Deo, qui exasperat matrem, et maledictio matris eradicat fundamenta; illa utique quæ arrogant*, divisa a sede illius, cui dictum est: Tu** es Petrus, et super hanc petram ædificabo ecclesiam meam; et super arenam concupiscentiæ carnalis seu humanæ præsumptionis probantur posita; cursus rivi minime prosperatur, si a suo fonte dividatur.

---

Dist. XL. C. VI. [18] *vapulaturos:* Ivo. — [19] *hujusmodi:* Ed. Bas. — [20] In ep. Clem. I. ad Jac. eadem formula legitur, cf. etiam Isid. Hisp. sent. 1, 3, c. 39. — [21] *animadvertunt:* Ivo. *2 Cor. c. 1. **Esa. c. 1, v. 5. †Job c. 12, v. 14. ††Prov. c. 1, v. 8. et 9, v. 21. *Deut. c. 29, v. 16. **vel fortassis leg. est: *arroganter divisa.* ***Matth. c. 46, v. 18.= C. VII. [22] Ep. 21. (scr. A. 594.) Ed. Maur.— Ivo Decr. p. 6, c. 589 [23] *levius:* Ivo.— Edd. coll. o. [24] *Idem:* Edd. coll. o. pr. Bas.—Ans. l. 6, c. 193. [25] *est:* Edd. coll. o. ex Ans. — [26] *etiam hoc:* Ed. Bas. [27] *add.: tempore:* Ed. Bas. [28] *traditus est:* Edd. coll. o. pr. Bas. Lugdd. II,III. Antw. — [29] *postremum:* Ans.— C. VIII.— [30] Fragmentum omnino incertum. [31] *facit:* Ed.Bas. = P. V. [32] *advertas:* Ed. Bas. [33] *invenitur:* Edd. coll. o.

### C. X. *De eodem.*
*Item Gregorius lib. VI. Reg. epist. 5* [34].

Quælibet occulta loca sine gratia Dei animam salvare non possunt, quod aliquando in ipsis quoque conspicimus erratibus electorum. Nam Loth [35] in ipsa perversa civitate fuit justus : in monte peccavit. Sed ista cur dicimus, quum majora noverimus ? Quid enim paradiso jucundius ? quid cœlo securius ? et tamen homo ex paradiso, et angelus de [36] cœlo peccando cecidit.

### C. XI. *De eodem,*
Idem [37].

Adam [d] primus homo pro peccato de paradiso ejectus est : hoc est, quia Dei nobilitatem a se dejecit [38], nobilitate loci privatus est [39].

### C. XII. *Non est verus sacerdos omnis, qui nominatur sacerdos.*
*Item Joannes Chrysostomus, [id est, auctor operis imperfecti in Matth. hom. 43. ad c. 23.]* [40].

VI. Pars. Multi sacerdotes, et pauci sacerdotes ; multi nomine, pauci opere. Videte ergo [41] quomodo sedetis [42] super cathedram, quia non cathedra facit sacerdotem, sed sacerdos cathedram ; non locus sanctificat hominem, sed homo locum ; non omnis sacerdos sanctus, sed omnis sanctus sacerdos. Qui bene sederit super cathedram, honorem accipit ab illa [43] ; qni male sederit, injuriam facit cathedræ ; ideoque malus sacerdos de sacerdotio suo crimen acquirit, non dignitatem. In judicio enim sedens, si quidem bene vixeris et bene docueris [44], omnium judex es ; si autem bene docueris et male vixeris, tui solius condemnator eris. Nam bene vivendo et et bene docendo populum instruis, quomodo debeat vivere : bene autem docendo et male vivendo Deum instruis, quomodo te debeat condemnare. *Idem* [45] :
§. 1. Quicunque desideraverit primatum in terra, inveniet confusionem in cœlo, nec [e] inter servos Christi computabitur, qui de primatu tractaverit, nec unusquisque eorum festinet, quomodo aliis major appareat, sed quomodo omnibus inferior videatur, quoniam non qui major fuerit in honore, ille est justior, sed qui fuerit justior, ille major. 'Conversatio ergo melior est desideranda, non dignior gradus.'

---

## DISTINCTIO XLI.

### GRATIANUS.

I. Pars. *Ecce, quibus oporteat sacerdotem esse ornatum moribus. Sed præterea oportet illum esse ornatum in exterioribus, habitu videlicet et incessu : habitu, ut nec fulgidis, nec sordidis se vestibus ornet. Ut enim ait Hieronymus* [a], *nec affectatæ sordes, nec exquisitæ deliciæ laudem pariunt, quod tam de vestibus, quam de cibis intelligendum est.*

Unde Augustinus ait *lib. III. de doctrina Christiana, cap. 12.* [1] :

### C. I. *Pro moribus eorum, cum quibus vivimus, etiam uti debemus alimentis.*

Quisquis rebus prætereuntibus restrictius utitur, quam sese habent [a] mores eorum, cum quibus vivit, aut intemperans [b], aut superstitiosus est. Quisquis [2] vero sic eis utitur, ut metas consuetudinis bonorum, inter quos versatur, excedat, aut aliquid significat, aut flagitiosus est. In omnibus enim talibus non usus rerum, sed libido utentis in culpa est. *Et infra* :
§. 1. Quid igitur locis, et temporibus, et personis conveniat, diligenter attendendum est, ne temere flagitia reprehendamus. Fieri enim potest, ut sine aliquo vitio cupidinis [c] vel voracitatis pretiosissimo cibo sapiens utatur, insipiens autem fœdissima gulæ flamma in vilissimum olus [3] ardescat, et sanius [4] quisque maluerit more Domini [7] pisce vesci, quam lenticula more Esau [8], nepotis Abrahæ, aut hordeo more jumentorum. Non enim propterea continentiores nobis sunt plerœque bestiæ, quia vilioribus aluntur escis. Nam in omnibus hujuscemodi rebus non ex earum natura, quibus utimur, sed ex causa utendi et modo appetendi vel probandum est, vel improbandum quod facimus.

---

### NOTATIONES CORRECTORUM.

C. XI. [d] Primo libro B. Gregorii in *Ezechielem*, homil. 9. leguntur hæc verba, quæ nonnihil ad hanc rem facere videntur : *Quia autem loca mentem non muniunt, ipse humani generis primus testatur parens, qui et in paradiso cecidit.*
C. XII. [e] *Nec inter* : In loco indicato legitur : *ut inter servos Christi non sit de primatu certamen, nec unusquisque etc.* Sed obstitit glossa, ne mutaretur.
Dist. XLI. Pars 1. [a] Hieronymus : Ad Eustochium de custodia virg. sic scribit : *nec affectatæ sordes, nec exquisitæ munditiæ conveniunt Christiano.* Ad Nepotianum quoque in eandem fere sententiam : *vestes pullas æque devita ut candidas, ornatus ut sordes pari modo fugiendæ sunt, quia alterum delicias, alterum gloriam redolet.*
C. I. [b] *Intemperans* : Apud S. August. et Ivonem legitur : *temperans*. Sed ob glossam non est mutatum.

---

Dist. XL. C. X. [34] *Ep. ad Cyriacum Ep. Const.*, ep. 4, (scr. A. 597.) 1, 7. — Coll. tr. p. p. 1, t. 55, c. 4. — [35] Genes. c. 19. — [36] *ex* : Ed. Bas. = C. XI. [37] Burch. I, 1, c. 206. Ivo Decr. p. 5, c. 320. [38] *ejecit* : Ed. Bas. [39] *privetur* : Ivo. — *privatur* : Edd. Arg. Bas. = C. XII. [40] Fragm. apocryphum. [41] *add.* : *fratres* : Edd. coll. o. pr. Bas. [42] *sedeatis* : orig. — Edd. Arg. Bas. Nor. — Böhm. = C. XII. [43] *cathedræ* : Edd. coll. o. [44] *docueris, populum instruis* : Edd. coll. o. [45] Ibid. hom. 55, ad c. 20.

Dist. XLI. P. I. [1] Ivo Pan. l. 2, c. 195. Decr. p. 4, c. 24. == C. I. [a] *habeant* : Ed. Bas. [2] *Si quis* : ib. — [c] *cupediæ* : August. [3] *abest ab August. et Ivone*. — *cibum* : Ed. Bas. [4] *sanus* : August. [7] Luc. c. 24. [8] Gen. c. 25.

**C. II.** *Non cibus, sed appetitus in culpa est.*
Idem *super epistolam Joannis.*

Deliciae quaelibet, si absque desiderio percipiantur, non officiunt, et viles cibi appetenter accepti impediunt profectum abstinentiae. David ⁹ enim aquam male concupitam effudit, et Helias ¹⁰ carnes comedit ᶜ.

**C. III.** *Contra suae infirmitatis consuetudinem aliquibus cibis, divites uti non cogantur.*
Idem *de verbis Domini secundum Matthaeum,* [c. 7.] *serm.* V ¹¹.

Non cogantur divites pauperum cibis vesci, utantur consuetudine infirmitatis suae; sed doleant aliter se non posse ¹²: si consuetudinem mutant, aegrotant. Utantur superfluis, dent inopibus necessaria; utantur pretiosis, dent pauperibus vilia.

**C. IV.** *Æquanimitas tolerandi, non usus, vel abstinentia cibi justitiam facit.*
Idem *lib. II quaest. evang. c.* 11 ¹³.

Quod dicit Dominus in evangelio ¹⁴: *Justificata est sapientia ab omnibus filiis suis,* ostendit filios sapientiae intelligere, nec in abstinendo, nec in manducando esse justitiam, sed in aequanimitate tolerandi inopiam, et in temperantia per abundantiam non se corrumpendi, atque opportune sumendi vel non sumendi ea, quorum non usus, sed concupiscentia reprehendenda est. Non enim interest omnino, quid alimentorum sumas, ut succurras necessitati corporis, dummodo congruas ¹⁵ in generibus alimentorum his, cum quibus tibi vivendum est. Neque quantum sumas interest multum, quum videamus aliorum stomachum citius saturari ¹⁶, et eos tamen illi ipsi parvo, quo satiantur, ardenter et intolerabiliter et omnino turpiter inhiare; alios autem plusculo ¹⁷ quidem satiari, sed tolerabilius ¹⁸ inopiam perpeti, et vel ante ora ¹⁹ positas epulas, si id in tempore opus sit, cum tranquillitate aspicere, neque tangere. Magis ergo interest, non quid vel quantum alimentorum pro congruentia hominum atque personae suae, et pro suae valetudinis necessitate quis capiat, sed quanta facilitate atque serenitate animi careat, quum his vel oportet ²⁰, vel ²¹ necesse est carere; ut illud in animo Christiani compleatur, quod Apostolus ²² dicit: *Scio et minus habere, scio et abundare; ubique ²³ et in omnibus imbutus sum: et satiari, et esurire, et abundare, et penuriam pati, omnia possum in eo, qui me confortat.*

**C. V.** *Temperantia ciborum et vestium, non dissolutio eorum laudatur.*
Item *ex Concilio Gangrensi* ²⁴, *c. ultimo.*

Parsimoniam cum veste humili non reprobamus, sicut etiam ornatum praeter corporis ᵈ diligentiam infucatum laudamus. Dissolutos autem et fractos in vestibus incessus ²⁵ non recipimus ᵉ; et domos Dei honoramus, et conventus, qui in his fiunt, tanquam sanctos et utiles recipimus, ᵉ pietatem in privatis domibus non concludentes, sed omnem locum in nomine Dei aedificatum honorantes ²⁶; et congregationem in ecclesia factam ad utilitatem communem recipimus, et bona opera, quae supra vires ᵉ ²⁷ in fratres pauperes exercentur, secundum ecclesiasticas traditiones beatificamus, et omnia, quae conveniunt traditionibus apostolicis et sanctarum scripturarum praeceptis, in ecclesia fieri exoptamus.

**C. VI.** *Sub specie virtutis saepe se vitia ingerunt.*
Item Gregorius *Joanni Constantinopolitano, lib. I. Reg. epist.* 24 ²⁸.

Saepe se vitia ²⁹ esse virtutes mentiuntur, ut tenacitas ³⁰, parsimonia effusio largitas, crudelitas zelus justitiae, remissio pietas velit videri.

---

### NOTATIONES CORECTORUM.

**C. II.** ᶜ In operibus beati Augustini aut impressis, aut manuscriptis, quae hactenus ad manus venerunt, haec non sunt inventa. Ceterum apud Prosperum *de vita contemplativa,* l. 2. cap. 22. eadem fere leguntur: *Nec deliciae qualibet, si absque desiderio percipiantur, officiunt, et viles cibi plerumque abstinentiae profectum, si appetenter accipiantur, impediunt. Hinc est, quod sanctus David aquae in se concupiscentiam castigavit, atque eam sibi a suis oblatam, ne desiderio suo ex ea satisfacere videretur, effudit, et sancto Heliae perceptio carnium non concupita non nocuit.*

**C. V.** ᵈ *Praeter corporis:* Est ex prisca ᵉ versione. Graece est: Δι᾽ ἐπιμέλειαν μόνου τοῦ σώματος ἀπερίεργον. id est: *propter corporis tantum curam minime supervacaneam atque operosam;* sed ob glossam non est mutatum.
ᵉ *Supra vires:* In prisca illa versione est: *juxta vires.* Dionysius habet, ut Gratianus. Graece autem: Τὰς καθ᾽ ὑπερβολὴν εὐποιίας τῶν ἀδελφῶν τὰς κατὰ τὰς παραδόσεις διὰ τῆς ἐκκλησίας εἰς τοὺς πτωχοὺς γινομένας. id est: *eximias atque excellentes fratrum beneficentias, quae secundum traditiones per ecclesiam in pauperes fiunt.*

---

Dist. XLI. C. II. ⁹ 2 Reg. c. 23. ¹⁰ ib. c. 17. = C. III. ¹¹ Serm. 61. Ed. Maur. ¹² add.; *sustentari:* Edd. Bas. Lugdd. II. III. Antw. — *sustentare:* Edd. coll. rel. = C. IV. ¹³ Ivo. Decr. p. 4, c. 23. ¹⁴ Matth. c. 11, Luc. c. 7. ¹⁵ *congruat:* Edd. coll. o. ¹⁶ add.: *cibis:* Edd. coll. o, exc. Arg. — ¹⁷ *paulo plus poculo:* Edd. coll. o. ¹⁸ *tolerabiliter:* — Ed. coll. o. ¹⁹ *horam:* Cod.J. Aug. — Ivo. — Edd coll. o. ²⁰ *oporteat:* Ed. Bas. ²¹ add.: *etiam:* Bohm. ²² Philipp. c. 4, v. 12. ²³ add.: *inaequalitate:* Ed. B is. = C. V ²⁴ hab. c. A. 355. — Ivo Decr. p. 8, c. 321. ²⁵ *et incessu:* Ivo. — Edd. coll. o. ²⁶ *honoramus:* Edd. coll. o. — Coll. Hisp. ᵉ Imo ex versione, quae apud Isid. Merl. est. In Coll. Hisp. et in cod. Quesnelli, quem Ballerinii ediderunt, legitur: *propter.* In notatione sequenti major etiam confusio apparuit. Etenim etiam hoc loco Gratianus post Ivonem vulgato Isidori textu usus est. Dionysii vero interpretatio longe diversa est; legitur quippe in ea: *incredibili liberalitate:* (καθ᾽ ὑπερβολήν). Contra in Coll. Hisp. legitur: *juxta,* ut a Corr. est indicatum. C. V. ²⁷ abest ab Ed. Bas. = C. VI ²⁸ Ep. 25, (scr. A. 591.) l. 4. Ed. Maur. — Coll. tr. p. p. 4, t. 55, c. 3. ²⁹ ad.: *ingerunt et:* Edd. coll. o. ³⁰ *tenacia:* caed. — orig.

C. VII. *Meritis fidei et vitæ, non divitiis episcopalis auctoritas quæritur.*

Item ex Concilio Carthagin. IV. c. 15. [21]

Episcopus vilem supellectilem, et mensam ac victum pauperem habeat, et dignitatis suæ auctoritatem fide et vitæ meritis quærat. § 1. Hospitium [22] quoque non longe ab ecclesia habeat.

C. VIII. *De eodem.*

Item ex eodem, c. 45 [23].

Clericus professionem suam et habitu et incessu probet, et ideo nec vestibus, nec calceamentis decorem quærat.

Gratian. *Sicut ergo in cibis, mores eorum, cum quibus vivimus, observare monemur, sic et de indumentis intelligendum est. Ut enim alibi* [24] *dicitur:* Quisquis contemtis his cum quibus vivit, lautiora sibi vel austeriora præ cæteris indumenta vel alimenta quærit, aut intemperans sui, aut superstitiosus est. *In incessu autem debet esse sacerdos ornatus, ut gravitate itineris mentis maturitatem ostendat. Incompositio enim corporis (ut Augustinus* [25] *ait) inæqualitatem indicat mentis. Unde historiographus* [26] *ille, quum ejus mutabilitatem describeret, cujus conscientia excita* [27] *curis mentem vastabat, inter cetera hoc etiam notabile judicavit, dicens :* Citus modo, et tardo modus incessus.

## DISTINCTIO XLII.

### GRATIANUS.

1. Pars. *Hospitalem vero sacerdotem esse oportet, ne sit in numero eorum quibus in judicio dicetur:* Hospes [1] *eram, et non suscepistis me. Qui enim Apostolum secutus alios ad hospitalitatem debet invitare, quomodo hospitalitatis exhortator poterit esse, qui domum propriam hospitibus claudit? Si enim sacerdos primum a se ipso et a domestica ecclesia sua debet exigere quod postea populus imperet; si primum, imitando Christum, ipse debet facere quæ postea populum doceat: necesse est, ut pauperes hospitio recipiat, quo ad hospitalitatem facilius suo exemplo subditos attrahat.* § 1. *Ordinandus itaque sacerdos ad memoriam revocet quomodo Abraham* [2] *et Loth per hospitalitatis opera Deo placuere, et angelos hospitio meruerunt recipere; quomodo angeli, Sodomis hospitalem domum ingressi, Loth cum familia sua liberaverunt; quomodo clausas domos cum hospitibus ignis ingressus perdiderit; quomodo etiam secundum Hieronymum* [3] *aliena rapere convincitur, qui ultra necessaria sibi retinere probatur; ac sic per opera pietatis se instruat, ut et præsentis vitæ subsidia, et æternæ claritatis præmia a Deo percipiat: utrumque enim pietati promittitur.* § 2. *Unde Apostolus scribens ad Timotheum* [4] *ait:* Exerce te ipsum ad pietatem. Nam corporalis quidem exercitatio ad modicum utilis est; pietas autem est utilis ad omnia, habens promissionem vitæ, quæ nunc est, et futuræ. *Ab hac quisquis alienus fuerit, in sacerdotem ordinari non poterit.* § 3. *Si enim vidua* [5] *in ecclesia recipi prohibetur, quæ pauperes non recepit hospitio, quæ pedes sanctorum non lavit, quæ omne opus bonum non est exsecuta: multo magis sunt prohibendi a sacerdotio, qui ab opere pietatis probantur alieni.* § 4. *Unde* [6] *hospitalitatis opera despicientes in Gangrensi* [7] *Concilio excommunicantur. Sic enim in eo statutum est.* c 11.

C. I. *Non sunt despiciendi, qui convivia pauperibus exhibent.*

Si quis despicit eos, qui fideliter agapas, id est convivia, pauperibus exhibent et propter honorem Dei [8] convocant fratres, et noluerit communicare hujuscemodi vocationibus, parvipendens quod geritur, anathema sit.

Gratian. *Hinc etiam Joannes Evangelista in epistola sua quendam Diotrephem excommunicat, qui nec pauperes recipiebat, et recipientes de ecclesia ejiciebat. In hospitalitate autem non est habendus delectus personarum, sed indifferenter quibuscunque sufficimus hospitales nos exhibere debemus.*

Unde Joannes Chrysostomus in epist. ad Hebræos, hom. XI. ad c. 6. [circ. fin.]

C. II. *In recipiendis hospitibus nulla debet esse distinctio.*

II. Pars. Quiescamus ab hac absurda curiositate, et diabolica, et peremtoria [9]. Si enim in clero se electum esse dicat, si sacerdotem se nominet, scrutare: non enim sine periculo in talibus indiscussa communicatio est; circa majora periculum vertitur: non enim das, sed accipis. Si vero pro nutrimento postulat, nihil [10] in his examines. 'Inquire,' quomodo Abraham hospitalem se circa omnes ostendebat. Si scrutator fuisset [11] circa refugientes ad se, nunquam angelos hospitio recepisset. Fortassis enim non putans [12] eos angelos esse, cum [13] reliquis et hos repulisset; sed quoniam omnes recipiebat, suscepit et angelos. Non enim ex vita eorum, quos accipis mercedem tibi retributurus est Deus, sed ex voluntate [*] tua, ex liberalitate, [*] ex honorificentia multa, ex misericordia, ex bonitate.

III. Pars. Gratian. *Sed licet ipsa convivia despicienda non sint, non tamen in ecclesiis celebrari, nec clericos ad ea convocatos ex eis partes sibi tollere oportet.*

Unde in Laodicensi Concilio [14], c. 27 :

C. III. *Clerici ad agapem vocati partes sibi non tollant.*

Non oportet ministros altaris vel quoslibet clericos [a] ad agapem vocatos partes tollere, propter injuriam [b], quæ ex hac occasione ecclesiastico ordini possit [15] deputari.

C. IV. *In locis Deo sacratis nec comedere, nec accubitus sternere liceat.*

Item ex eodem, c. 28 [16].

IV. Pars. Non oportet in basilicis [17] seu in ecclesiis agapem facere et intus [c] manducare, vel accubitus sternere.

A C. V. *Nisi necessitate coacti clerici in ecclesia non conviventur.*

Item ex Concilio Carthaginensi III, c. 30 [18].

Nulli episcopi vel clerici in ecclesia conviventur, nisi forte transeuntes hospitiorum necessitate illic reficiantur [19]. Populi etiam ab hujusmodi conviviis quantum potest fieri prohibeantur. »

C. VI. *De eodem.* PALEA [20].

Item ex dictis B. Benedicti abbatis.

Oratorium hoc sit, quod dicitur; nec ibi quicquam aliud geratur vel condatur, quam [21] quod divinis [22] ministeriis [23] conveniat.

C. VII. *De eodem* [PALEA].

Item Augustinus epist. CIX *de regula monachorum* [24].

B In oratorio præter orandi et psallendi cultum penitus nihil agatur, ut nomini huic et opera jugiter impensa concordent.

## DISTINCTIO XLIII.

### GRATIANUS.

I. Pars. *Pudicus quoque debet esse sacerdos, ut et moribus, et verbis pudorem indesinenter exhibeat.* Unde in Canticis Canticorum [1] genæ sponsæ, id est prædicatores, turturi comparantur. § 1. *Debet etiam gratiam docendi habere, quia ut Hieronymus [2] ait :* Innocens et absque sermone conversatio, quantum exemplo prodest, tantum silentio nocet. Nam latratu canum et baculo [a] pastorum lupi sunt arcendi. *In ipsa autem doctrina discretum oportet esse rectorem, ne aut tacenda proferat, aut proferenda taceat.* Unde Gregorius part. II sui Pastoralis, c. 4, ait :

C. I. *De discretione prædicationis et silentii.*

Sit rector discretus in silentio, utilis [3] in verbo, ne aut tacenda proferat, aut proferenda reticescat. Nam sicut incauta locutio in errorem pertrahit, ita indiscretum silentium eos, qui erudiri poterant, in errore derelinquit. Sæpe namque rectores improvidi, humanam amittere gratiam formidantes, loqui libere recta pertimescunt, et juxta veritatis vocem [4] nequaquam jam [5] gregis custodiæ pastorum studio, C sed mercenariorum vice deserviunt, quia veniente lupo fugiunt, dum se sub silentio abscondunt. Hinc namque eos per Prophetam [6] Dominus increpat [7] dicens : *Canes muti, non valentes latrare.* Hinc rursus [8] queritur dicens [9] : *Non ascendistis ex adverso, neque opposuistis [10] murum pro domo Israel, ut staretis in prælio in die Domini.* Ex adverso quippe ascendere est pro defensione gregis voce libera hujus [11] mundi potestatibus contraire. Et in die Domini in prælio stare est pravis decertantibus [12] ex justitiæ amore resistere. Pastorem [13] enim recta timuisse dicere, quid est aliud quam tacendo terga præbuisse? qui nimirum, si pro grege se objicit,

### NOTATIONES CORRECTORUM

Dist. XLII. C. III. [a] *Clericos* : In concilio græco D θεοῦ, quod Dionysius vertit : *nec intra aomum Dei, sed apud Balsamonem abest vox, Dei.*
et prisca etiam versione additur : *vel laicos.*
[b] *Propter injuriam* : Græce est : Διὰ τὸ τὴν ὕβριν τῇ τάξει προστρίβεσθαι τῇ ἐκκλησιαστικῇ; id est : *eo quod ecclesiastico ordini inuratur contumelia.*
C. IV. [c] *Et intus* : Græce est Καὶ ἐν τῷ οἴκῳ τοῦ

Dist. XLIII. Pars I. [a] *Baculo* : In epistola B. Hieronymi legitur : *baculoque pastoris luporum rabies deterrenda est.* Sed glossa ordinaria cum Gratiano concordat.

Dist. XLII. P. III. [14] hab. inter A. 347 et 381. — Ivo Decr. p. 3, c. 128, et ex translat. Dionys. Ans. l. 5, c. 77.=C. III. [15] *poterit.* Coll. Hisp. — Edd. coll. o. — Ivo. = C. IV. [16] Reg. l. 4, c. 57. — ex interpr. Dionys : Burch. l. 3, c. 82. Ans. l. 5, c. 77. Ivo Decr. p. 3, c. 75. [17] *in dominicis eccles.* : Coll. Hisp. — *dominicus div. sive eccl.* : Reg = C. V. [18] hab. A. 397. — Reg. l. 4, c. 56, Burch. l. 3, c. 83. Coll. tr. p. p. 2, t. 17, c. 20. Ivo Decr. p. 3, c. 74. [19] *reficiant* : Coll. Hisp. — *resideant* : Reg = C. VI. [20] Regula S. Bened. (A. 515.) c. 52. — Reg. 1, 4, c. 55. Burch. 1, 3, c. 81. Ivo Decr. p. 3, c. 71. [21] hæc ultima verba absunt ab orig. et R g. [22] *abest ab Ivone.* [23] *laudibus* : Edd. Arg. — *mysteriis* : Edd. Ven. I, II, Nor. Lugd. I Par. = C. VII. [24] In Augustini Ep. 211 *ad sanctimoniales* (scr. A. 413) similia quædam leguntur. Eadem in regula Tarnatensis monast. se invenisse testatus est Baluzius. — Reg. l. 4, c. 54. Burch. l. 3, c. 80. Ivo Decr. p. 3, c. 72.

Dist. XLIII. Pars I. [1] Cant. c. 5, gloss. interl. ib. [2] Ep. ad Oceanum, et gloss. ord. in 4 Tim. c. 3. = C. I. [3] add. *et cautus* : Edd. Ven. I, II. Bas. Lugdd. Antw. [4] Joann. c. 10. [5] *abest ab Edd. coll. o. exc.* Bas. [6] Esa. c. 56, v. 10. [7] *increpans ait* : Ed. Bas. [8] add. *dominus*, missa voce seq. : Edd. coll. o. pr. Bas. Lugdd. II, III. Antw. [9] Ezech. c. 13, v. 5. [10] *posuistis* : Edd. coll. o. pr. Bas.; in omn. add.: *vos.* [11] *hujusmodi* : Edd. coll. o. exc. Bas. [12] *decertatoribus* : Ed. Bas. [13] *pastori* : orig.

murum pro domo Israel hostibus opponit. Hinc rursus delinquenti populo dicitur [14] : *Prophetæ tui* [15] *viderunt tibi falsa et stulta, nec aperiebant* [16] *iniquitatem tuam, ut te ad pœnitentiam provocarent.* Prophetæ quippe in sacro eloquio nonnunquam doctores vocantur, qui dum fugitiva esse præsentia indicant [17] quæ sunt ventura manifestant; quos divinus sermo falsa videre redarguit, quia, dum culpas corripere metuunt, incassum delinquentibus promissa securitate blandiuntur, qui iniquitatem peccantium nequaquam aperiunt, quia ab increpationis voce conticescunt. Clavis quippe apertionis est sermo correctionis [18] quia increpatio culpam detegit, quam sæpe nescit ipse etiam qui perpetravit. Hinc Paulus ait [19] : *Ut potens sit in doctrina sana exhortari, et eos, qui contradicunt, redarguere.* Hinc per Malachiam [20] dicitur : *Labia sacerdotis custodiunt scientiam, et legem requirunt ex ore ejus, quia angelus Domini exercituum est.* Hinc per Esaiam [21] Dominus admonet dicens : *Clama, ne cesses, quasi* [22] *tuba exalta vocem tuam.* Præconis quippe officium suscipit [23], quisquis ad sacerdotium accedit, ut ante adventum judicis, qui terribiliter sequitur, ipse scilicet clamando [24] gradiatur. Sacerdos ergo, si prædicationis est nescius, quam [25] clamoris vocem daturus est præco mutus? Hinc est enim [25], 'quod super pastores primos in' linguarum specie Spiritus sanctus insedit, quia nimirum, quos repleverit, de se protinus loquentes facit. Hinc Moysi præcipitur [27], ut tabernaculum sacerdos ingrediens tintinnabulis ambiatur, ut videlicet voces prædicationis habeat, ne superni inspectoris judicium ex silentio offendat. Scriptum quippe est : *Ut audiatur sonitus, quando ingreditur* [28] *vel egreditur sanctuarium in conspectu Domini, et non moriatur.* Sacerdos namque ingrediens vel egrediens moritur [29], si de eo sonitus non auditur, quia iram contra se occulti judicis exigit [30], si sine prædicationis sonitu incedit. Apte autem tintinnabula vestimentis illius describuntur inserta. Vestimenta etenim sacerdotis quid aliud quam recta opera debemus accipere? Propheta testante, qui ait [31] : *Sacerdotes tui induantur justitia.* Vestimentis itaque illius tintinnabula inhærent, ut vitæ viam cum linguæ sonitu ipsa quoque 'bona' opera sacerdotis clament. Sed quum rector se ad loquendum præparat, sub quanto cautelæ studio loquatur, attendat, ne, si inordinate ad loquendum rapitur, erroris vulnere audientium corda feriantur, et quum fortasse sapiens [32] videri desiderat, unitatis compagem insipienter abscindat. Hinc namque veritas dicit [33] : *Habete sal* [34] *in vobis, et pacem habete inter vos.* Per sal quippe verbi sapientia designatur. Qui ergo loqui sapienter nititur, magnopere metuat, ne ejus eloquio audientium unitas confundatur. Hinc Paulus [35] ait : *Non plus sapere, quam oportet sapere, sed sapere ad sobrietatem.* Hinc in sacerdotis veste juxta divinam [36] vocem tintinnabulis mala Punica conjunguntur. Quid enim per mala Punica nisi fidei unitas designatur? Nam sicut in malo Punico uno exterius cortice multa interius grana muniuntur [37], sic innumeros sanctæ ecclesiæ populos unitas fidei contegit, quos intus diversitas meritorum tenet. Ne igitur rector incautus ad loquendum proruat, hoc, quod jam præmisimus, per semetipsam veritas discipulis clamat [38] : *Habete sal in vobis, et pacem habete inter vos.* : ac si figurate per habitum sacerdotis dicat : Mala Punica tintinnabulis jungite, ut per omne, quod dicitis, unitatem fidei cauta observatione teneatis. § 1. Providendum quoque est solicita intentione rectoribus, ut ab eis non solum prava nullo modo, sed ne recta quidem nimie et inordinate proferantur, quia sæpe dictorum virtus perditur, quum apud corda audientium loquacitatis [39] incauta importunitate levigatur, et auctorem suum hæc eadem loquacitas inquinat, quæ servire auditoribus ad usum profectus ignorat. Unde bene per Moysen dicitur [40] : *Vir, qui fluxum seminis patitur, immundus est.* In mente quippe audientium semen secuturæ cogitationis est qualitas [41] auditæ locutionis, quia, dum per aurem sermo concipitur, cogitatio in mente generatur. Unde et ab hujus [42] mundi sapientibus prædicator egregius seminiverbius [43] est vocatus. Qui ergo fluxum seminis patitur [44], immundus asseritur, quia multiloquio subditus ex eo se inquinat; quod si ordinate prometeret, prolem rectæ cogitationis edere in audientium corda [45] potuisset, dumque incautus per loquacitatem defluit, non ad usum generis [46], sed ad immunditiam semen effundit. Unde Paulus quoque, quum discipulum de instantia prædicationis admoneret, dixit [47] : *Testificor coram Deo et Christo Jesu, qui judicaturus est vivos et mortuos per adventum ipsius et regnum ejus, prædica verbum, insta opportune, importune.* Dicturus : *importune*, præmisit, *opportune*, quia scilicet apud auditoris mentem ipsa sua utilitate [48] se destruit, si habere importunitas opportunitatem nescit.

---

Dist. XLIII. C. I. [14] Hierem. c. 2, v. 8. [15] add. : *quippe* : Ed. Bas. [16] add. : *tibi* : Edd. coll. o. [17] *judicant* : Ed. Bas. [18] *correptionis* . Ed. Bohm. [19] ad. Tit. c. 1, v. 9. — *hinc etiam* : Edd. coll. o. [20] Mal. c. 2, v. 7. [21] Esa. c. 53, v. 1. [22] *sicut* : Ed. Bas. [23] *suscepit* : Bohm. [24] *declamando* : eæd. exc. Bas. [25] add. : *tibi* : Edd. coll. o. [26] add : *quod in act. App. legitur* : eæd. [27] Exod. c. 28, v. 35. [28] desunt in Ed. Bas. — *et egr.* : Edd. coll. rel. [29] *moriatur* : Ed. Nor. [30] *erigit* : Edd. Nor. Par. [31] Psalm. 131, v. 9. [32] *sapientem se virtutis* : Edd. coll. o. [33] Marc. c. 9, v. 50. [34] *salem* : Edd. coll. o. exc. Arg. [35] Rom. c. 12, v. 3. [36] Exod. c. 28. [37] *uniuntur* Ed. Bas. [38] Marc. c. 9, v. 50. [39] *loquacitas* : Edd. coll. o. [40] Levit. c. 15, v. 2. [41] *æqualitas* : Edd. coll. o. [42] *hujusmodi* : Edd. coll. o. (exc. Arg.) [43] Act. c. 17, v. 18. — *semiverbius* : Edd. coll. o. exc. Par. Lugdd. Antw. [44] *sustinet* : Edd. coll. o. [45] *corde* : eæd. [46] *generationis* : Ed. Bas. [47] 2 Tim. c. 4, v. 1. [48] *senilitate* : Ed. Bas. — *vilitate* : Edd. Arg. Ven. I, II. — orig.

C. II. *Porcis et canibus sacra non sunt committenda.*
*Item* Clemens *epist. III in extremo* [49].

II Pars. In mandatis habemus, ut venientes ad civitatem discamus prius, quis in ea dignus sit, ut apud eum cibum sumamus [50]; quanto magis nosse convenit [51], quis qualisve sit is, cui immortalitatis verba credenda sunt? Soliciti enim ' et valde soliciti ' esse debemus, ne margaritas nostras mittamus ante porcos [52]. Sed et ob alias causas utile est viri hujus [53] habere ' me' notitiam. Si enim sciam [54], quia in his `de quibus non potest dubitari quod bona sint, emendatus est et inculpabilis (hoc est, si sobrius, si misericors, si justus, si mitis, et humanus, quæ utique bona esse nullus ambigit), tunc consequens videbitur, ut ei, qui obtinet bona virtutum, etiam quod deest fidei et scientiæ conferatur, et in quibus maculari ejus vita videtur [55], quæ est in reliquis probabilis, emendetur. Si vero in iis, quæ palam sunt, peccatis involutus permanet et inquinatus, non me oportet 'ei' aliquid de secretioribus [56] et remotis divinæ sententiæ proloqui, sed magis protestari, et convenire eum, ut peccare desinat et actus suos a vitiis emendet. Quod si ingesserit se, et provocaverit [57], nos dicere, quæ eum minus recte agentem non oportet [58] audire, prudenter cum debemus eludere. Nam nihil omnino respondere auditorum causa utile non videtur, ne forte existiment, nos responsionis penuria declinare certamen, et fides eorum lædatur non intelligentium propositum nostrum.

C. III. *Verba prædicationis persecutoribus suis prælati non subtrahant.*
*Item* Anacletus, *epist., I omnibus Episcopis* [59].

III. Pars. Scimus autem, multos ob id infestare doctores [60], ut eos perdant, ut placita propriæ voluntatis adimpleant. Non propterea tamen doctores (in quantum vires suppetunt) a recta æmulatione et bona intentione [61] recedere debent, scientes, quia beati [62], qui persecutionem patiuntur propter justitiam.

C. IV. *Non est mundus a sanguine subjectorum, qui Dei consilium illis non annunciat.*
*Item* Gregorius Venantio, *lib. I, epist.* 33 [63].

Ephesiis Paulus dicit [64] : *Mundæ sunt manus meæ a sanguine omnium vestrum ; non enim subterfugi, quominus annunciarem omne consilium Dei vobis.* Mundus ergo a sanguine eorum non esset, si eis Dei concilium annunciare [65] noluisset, quia, quum increpare delinquentes noluerit, eos procul dubio tacendo pastor occidit.

C. V. *Æternæ damnationis pœnam incurrit prædicator, qui semen divini verbi non spargit.*
*Item* Nicolaus *ad Michaelem Imperatorem in epistola, cujus initium est* : « *Proposueramus* [66]. »

Dispensatio est nobis cœlestis seminis injuncta; væ [67] *si non sparserimus, væ si tacuerimus.* Quod quum electionis vas formidet et clamet, quanto magis cuilibet exiguo metuendum est? Proinde, sicut non leve discrimen incumbit pontificibus, siluisse `pro divinitatis cultu et ecclesiæ correctione` quod congruit, ita his (quod absit) non mediocre periculum est, qui, quum debeant parere, despiciunt.

IV. Pars. Gratian. *Pariter quoque observare debet sacerdos, ne indignis et non intelligentibus secreta mysteria sua prædicatione reserare incipiat. Qui enim ea docet, quæ ab auditoribus non valent intelligi, non ad eorum utilitatem, sed ad sui ostentationem facit. Unde in expositione* : Beati immaculati, *dicitur* [68] : Vitium est, secreta mysteria vulgare indignis, quod fit vel loquacitate incauta, dum sine judicio volat irrevocabile verbum, vel adulatione, ut ei placeat, cui secreta revelat, vel jactatione scientiæ, ut plura scire videatur. *In quibus omnibus profecto datur intelligi, quanta debeat esse discretio in prædicatione sacerdotis, qua si forte caruerit, tanquam torto naso, sacerdotalis officii judicatur indignus.*

---

## DISTINCTIO XLIV.

### GRATIANUS.

I. Pars. *Quum autem vinolentus esse prohibetur, gulæ intemperantiam nequaquam habere permittitur; neque enim ebrietas prohibetur, et voracitas permittitur. Utrumque enim inter opera tenebrarum Apostolus connumerat, scribens Romanis* [1] : Non in comessationibus et ebrietatibus. *Ventris namque ingluvies ad luxuriam provocat facile, et omne opus bonum dissolvit.* Unde [2] *venter et genitalia sibimetipsis vicina sunt, ut ex vicinitate membrorum confœderatio intelligatur vitiorum. Hinc etiam Nabuzardam* [3] *princeps coquorum muros Hierusalem destruxisse legitur, quia venter, cui multitudo coquorum deservit, ædificia virtutum ad solum redigit. Sacerdos itaque de altari vivere, non luxuriari quærat, ut ait Hieronymus* [4] : Tibi, o sacerdos, de altario vivere, non luxuriari

---

Dist. XLIII. C. II. [49] Ep. Pseudoisidori. Eadem fere leg . in 1, 2. Recognit. Clementis. In Edd. coll. o. nomine Origenis proferuntur. [50] Matth. c. 10, v. 11. [51] *oportet :* Edd. coll. o. [52] Matth. c. 7, v. 6. [53] *hujusmodi* : Edd. coll. o. [54] *scientia :* Ed. Bas. [55] *videbatur :* Edd. coll. o. [56] add. *mysteriis :* Ed. Bas. [57] *provocabit :* Edd. Arg. Bas. Nor. Ven. I, II. [58] *oportet :* Edd. coll. o. = C. III. [59] Ep. Pseudoisidori. — Coll. tr. p. p. 2, t. 11, c. 4. Ivo Decr. p. 5, c. 237. [60] add. *suos :* Edd. coll. o. [61] hæc tria verba absunt ab Ed. Bas. [62] Matth. c. 5, v. 10. = C. IV. [63] Ep. 34. (scr. A. 591.) l. 1. Ed. Maur. Coll. tr. p. p. 4, t. 55, c. 59. [64] Act. c. 20, v. 26. [65] *pronunciare :* Ed. Bas. = C. V. [66] dat. A. 865. — Ans. l. 1, c. 75. Imitatus in his est Nicolaus Gelasium ep. ad Anastas. Aug. [67] 1 Cor. c. 9, v. 16. = P. IV. [68] Gloss. ord. ex Ambros. Serm. 2, in Ps. 118, versu 7: *Absconde eloquia tua.*

Dist. XLIV. Pars I. [1] Rom. c. 13, v. 13. [2] cf. Hieron. in ep. ad. Amandum, August. Serm. *de temp.* 65, et Gregor. Pastor. p. 3, c. 20. [3] Reg. c. 25, sec. LXX. [4] in Michæam c. 3 in fine.

permittitur. § 1. *Sunt autem comessationes non solum sacerdotibus, sed etiam laicis noxiae, qui festivos et solennes dies non aliter se digne celebrare putant*[5], *nisi comessationibus deserviant.*

Unde Augustinus *scribit ad Aurelium Episcopum, epist. LXIV* [6] :

C. I. *Non est vacandum comessationibus et ebrietatibus.*

Comessationes et ebrietates ita concessae et licitae putantur, ut in honorem *etiam* beatissimorum martyrum non solum per dies solennes (quod[7] ipsum quis non lugendum videat, qui haec non carneis oculis inspicit?), sed etiam quotidie celebrentur. *Et post pauca :* Non ergo aspere, quantum existimo[8], non duriter, non modo imperioso[9] ista tolluntur : magis docendo quam jubendo, magis monendo quam minando. Sic enim agendum est cum multitudine peccantium[10]. Severitas autem[11] exercenda est in peccata paucorum. Et si quid minamur, cum dolore fiat, de scripturis comminando vindictam futuram, ne nos ipsi in nostra potestate[12], sed Deus in nostro sermone timeatur. Ita, prius movebuntur spiritales aut spiritalibus proximi, quorum auctoritate et lenissimis[13] quidem, sed instantissimis admonitionibus cetera multitudo frangatur.

C. II. *Nulli clericorum aut continentium licet tabernas intrare.*

Item ex Concilio Laodicensi, c. 24 [14].

Non oportet clericos[15] servientes a [16] a presbyteris usque ad diaconos[17] et deinceps ordinis ecclesiastici omnes usque ad ministros, aut lectores, aut exorcistas, aut ostiarios, aut psalmistas, aut etiam eos, qui in proposito continentiae sunt, tabernas b intrare.

C. III. *Deponatur clericus, qui tabernam aut ergasterium habere voluerit.*

Item ex VI. Synodo, cap 9 [18].

Nulli clerico licet tabernam c aut ergasterium habere. Si enim hujusmodi tabernam ingredi prohibetur, quanto magis aliis ministrare in ea? Si quis vero tale quid fecerit, aut cesset, aut deponatur.

C. IV. *Nisi necessitate compulsi clerici tabernas non ingrediantur.*

Item ex Concilio Carthag. III. c. 27 [19].

Clerici edendi vel bibendi causa tabernas non ingrediantur, nisi peregrinationis necessitate compulsi.

C. V. *Corripiendus est episcopus qui conviviis occupatur.*

Item Gregorius *Natali episcopo, lib. II. Reg. Indict. X. epist.* 14 [20].

II Pars. Multis ab urbe tua venientibus, frater carissime, didici, pastorali cura derelicta solis te conviviis occupatum. Quae audita non crederem, nisi haec actionum tuarum experimentis approbarem. Nam quia nequaquam lectioni studeas, nequaquam exhortationi invigiles, sed ipsum quoque usum ecclesiastici ordinis ignores, hoc est in testimonium, quod eis, sub quibus es positus, reverentiam servare nescis.

C. VI. *De eodem.*

Idem *ad eundem lib. II. epist.* 37 [21].

Convivia[22], quae ex intentione impendendae caritatis fiunt, recte vestra fraternitas[23] in suis epistolis laudat. Sed tamen sciendum est, quia tunc ex caritate veraciter prodeunt, quum in eis nulla absentium vita mordetur, nullus ex irrisione reprehenditur, nec in eis inanes saecularium negotiorum fabulae, sed verba sacrae lectionis audiuntur; quum non plus, quam necesse est, servitur corpori, sed sola ejus infirmitas reficitur, ut ad usum[24] exercendae virtutis habeatur. Haec itaque si vos in vestris conviviis agitis, abstinentium, fateor, magistri estis.

C. VII. PALEA [25].

[ *Item ex Concilio Nanetensi.* ]

c Nullus presbyterorum, quando ad anniversarium diem, trigesimum, aut septimum, vel tertium alicu-

NOTATIONES CORRECTORUM.

Dist. XLIV. C. II. a *Clericos servientes :* Graece est . ἱερατικοὺς, quod Dionysius vertit : *sacro ministerio deditos ;* quam versionem concilium Aquisgranense, Burchardus et Ivo attulerunt.

b *Tabernas :* Sequebatur in impressis : *nisi causa necessitatis,* quae sunt expuncta, quia neque in plerisque manuscriptis, neque in Buchardo et Ivone, neque in ipso consilio Laodicensi aut Aquisgranensi (ubi c. 60. hoc idem repetitur) leguntur; videntur tamen accepta ex can. apost. 54.

C. III. c *Tabernam aut ergasterium :* Graece est : Καπηλικὸν ἐργαστάριον, id est : *cauponariam tabernam.*

Dist. XLIV. P. I. 5 cf. Gregor. ad Augustin. supr. D, 4, c. 6. 6 Ep. 22 (scr. A. 591.) Ed. Maur. Ivo Decr. p. 13, c. 68. = C. I. 7 *quod unusquisque lugendum :* Edd. coll. o. — add. *non :* Ed. Bas. 8 *aestimo :* Edd. Ven. I, II. Nor. Lugd. I. — Pro seqq. operarum vitio in Ed Arg. leg. : *non duxit.* 9 *imperiose :* Edd. Arg. Bas. 10 abest ab orig. et Ivone. 11 *quoque :* Ed. Bas. 12 add. : *timeamur :* Ed. Bas. 13 *levissimis :* Ed. coll. o. = C. II. 14 hab. inter A. 347 et 381. = Reg. l. 4, c. 178. Burch. l. 2, t. 131. Ans. l. 7, c. 91. Ivo Decr. p. 6, c. 205. referunt ex vers. Dionys. — cf. Conc. Aquisgr. c. 60. 15 abest a Coll. Hisp. 16 add. : *altario :* ib. 17 *subdiaconos :* conc. Aquisgr. = C. III, 18 Imo ex syn. quinisexta hab. A. 698. — Vers. Anast. Bibl. = C. IV. 19 hab. A. 397. = Reg. l. 4. c. 177. — Coll. tr. p. 2, t. 17, c. 17. Burch. l. 2. c. 130. Ivo Decr. p. 6, c. 204. = C. V. 20 Ep. 18, (scr. A. 592.) l. 2. Ed. Maur. — Coll. tr. p. p. 1, l. 55, c. 97. = C. VI. 21 Ep. 52, (scr. A. eod.) l. 2. — Coll. tr. p. p. 1. t. 55, c. 98. 22 add. : *communia* contra Mscrpt. fidem : Edd. Greg. recentiores, exc. Maur. — eodem modo leg. in Edd. coll. o. (pr. Bas.) et apud Bohm. 23 *sanctitas.* orig. 24 *usus :* Edd. col o. = C. VII. 25 Ad conc. Nannetense (*Maticense* Ed. Bas.), de cujus epocha supra ad c. 5. D. 24, nonnulla sunt notata, haec non pertinent. Imo desumta sunt ex *Capitul. Hincmari Remensis* (A. 852.) c. 14., quorum nomine apud Reg. l. 1. c. 215, prostant. Erroris auctorem etiam hoc loco cognosces, Burch. l. 2. c. 161. — Ivo Decr. p. c. 252. cf. infr. de cons. D. 5. c. 35.

jus defuncti, aut quacunque vocatione ad collectam presbyteri convenerit, se inebriare [26] ullatenus præsumat, nec precatus amore [27] sanctorum vel ipsius animæ bibere, aut alios ad bibendum cogere vel se aliena precatione [28] ingurgitare; nec plausus et risus inconditos, et fabulas inanes ibi referre, aut cantare præsumat, aut turpia joca vel urso [29], vel tornatricibus ante se fieri [30] patiatur; nec larvas dæmonum d ante se ferri consentiat, quia hoc diabolicum est et a sacris canonibus prohibitum. »

### C. VIII. De eodem. PALEA.
*Item ex codem [31].*]

« Quando autem convenerint [32] presbyteri ad aliquod convivium, aliquis [33] prior illorum versum ante mensam incipiat et cibum benedicat. Et tunc secundum ordinem sedeant alter alteri [34] honorem præbentes; et per vices [35] cibum et potum benedicant, et aliquis de illorum clericis aliquid de sancta scriptura legat. Et post refectionem similiter sanctum hymnum dicant ' ad exemplum ' Domini, sicut in coena fecisse legitur, et ' sic ' se contineant omnes presbyteri, maxime in talibus locis, ut non vituperetur ministerium illorum [36].) »

### C. IX. De eodem PALEA.
*Item ex codem [37].*

« Quando presbyteri per calendas simul [38] conveniunt post peractum divinum mysterium [39] ad [40] necessariam collationem [41], non [42] quasi ad plenam refectionem, sed quasi ad prandium ibi ab tabulas [43] resideant, ne per talia inhonesta convivia se invicem gravent, quia indecens est et onerosum. Sæpe etiam tarde ad ecclesiam redeuntes majus damnum de reprehensione consequuntur, quod [44] de gravedine mutua contrahunt, quam lucrum ibi [45] faciant. Nam de hujusmodi conventu Paulus [46] Corinthios reprehendit, qui inconvenienter coenam dominicam manducare conveniebant. Sic et qui ad coenam dominicam, id est ad collationem [47] verbi, sub occasione conveniunt, et ex veritate [48] ventris causa conjunguntur, reprehensibiles coram Deo et hominibus habentur. Et ideo peractis omnibus, qui voluerint, panem cum caritate in domo fratris sui simul cum fratribus frangant, et singuli singulos bibere faciant, et maxime ultra tertiam vicem poculum non contingant [49], et sic ad ecclesias redeant. »

### C. X. Christiani ex symbolis convivia non celebrent.
*Item. ex Concilio Laodicensi, c. 55 [50].*

III. Pars. Non oportet ministros altaris vel quoslibet clericos, aut etiam laicos Christianos ex symbolis, quæ vulgus comessalia [51] appellat, convivia celebrare.

### C. XI. Sacrarum scripturarum lectio sacerdotalibus semper conviviis misceatur.
*Item ex Concilio Toletano III. c. 7 [52].*

Pro reverentia Dei et [53] sacerdotum id universa sancta constituit synodus, ut ( quia solent crebro mensis [54] otiosæ fabulæ interponi) in omni sacerdotali convivio lectio divinarum Scripturarum misceatur. Per hoc enim et animæ ædificantur ad bonum, et fabulæ non necessariæ prohibentur.

### C. XII. De confertis nec convivia facere, nec ante horam diei tertiam, clericis comedere licet.
*Item ex Concilio Martini Papæ, c. 61. et 66 [55].*

Non liceat sacerdotes vel clericos, sed nec religiosos laicos convivia facere de confertis. § 1. Nec oportet clericos vel laicos religiosos ante sacram horam diei tertiam inire convivia, nec aliquando clericos, nisi hymno dicto, comedere [56] panem, et post cibos gratias auctori Deo referre.

Gratiam. Si ergo laicis comessationes damnabiles sunt, multo magis sacerdotibus imputantur ad gehennam. Venter enim pinguis (ut Hieronymus [57], ait crassum sensum general, quum sacerdotalis sensus contra vigil esse debeat et tenuis; atque ideo edacitatis vitio obnoxii in sacerdotes ungi non debent. Hi enim (ut ait Gregorius in Moralibus) [58], qui adhuc vitiorum bello subjacent, nequaquam per prædicationis usum præesse magisterio ceterorum debent.

---

## NOTATIONES CORRECTORUM.

C. VII. d *Dæmonum*: Burchardus ' addit : *quas vulgo talamascas dicunt.*

---

DIST. XLIV. C. VII. [26] *inebriari*: Ed. Bas. — *nullatenus*: Ivo. — Edd. coll. o. exc. Par. Lugdd. Antw. [27] *in amore*: orig. — Reg. Ivo. — *prævaricari amore*: Ed. Bas. [28] *prædicatione*: Ed. Bas. [29] *riso*: Ed. Bas. [30] *facere præsumat*: orig. — f. *permittat*: Reg. Ivo — ' cum orig. et Reg. = C. VIII. [31] Cap. Hincmari ibid. — Reg. l. 1, c. 215. Burch. l. 2, c. 162. Ivo Decr. p. 6, 253. [32] *conveniunt*. Ed. Lugd. II, III. Antw. — *veniunt*: Edd. Arg. Nor. Par. Ven. I. II. [33] *æcanns aut aliquis*: orig. — Reg. Burch. [34] *alterius* — *portantes*: orig. — *portantes* — Reg. [35] *vicissitudines*: orig. [36] *nostrum*: orig. — Reg. = C. IX, [37] Hincmar. c. 15. — Reg. l. 1, c. 216. Burch. l. 2, c. 164. Ivo Decr. p. 6 255. [38] *in unum*: Ed. Bas. [39] *ministerium* ' Reg. Ivo. — Edd. coll. o. [40] *et*: Ed. Bas. [41] *collectionem*: Edd. coll. o. [42] *verba*: *non* — *sed* non leg. ap. Reg. [43] add. *sibi*: Ed. Bas. [44] *et* Reg. — *ut*: Ed. Bas. [45] *cibi*: ib. [46] 1 Cor. c. 11. [47] *collectionem*: Edd. Arg. Bas. Nor. Ven. I. II [48] *ætate*: Reg. *ingluvietate*: Ivo. — Edd. coll. o. exc. Bas. in quo legitur: *gurgitate*. [49] *contingat*: Ed. Bas. = C X. [50] hab. inter A. 547 et 581. — Eadem leguntur in Conc. Aquisgr. c. 83. — Rab. Pœn. c. 27. [51] *Commissalia*: Coll. Hisp. = C. XI. [52] hab. A. 589. — Burch. l. 2, c. 169. Ivo Decr. p. 6, c. 260. Rab. Pœn. c. 28. [53] *Dei sacerdotum*: Coll. Hisp. [54] *in mensis*: Ed. Bas. C. XII. Cap. Mart. Brac. c. 61, et 65. Burch. l. 1, 2, c. 165. — Prior cap. pars interpretatio est c. 55, conc. Laod.; posterior ap. Ivonem Decr. p. 6, c. 256, *ex conc. Carthag. c. 12*, depromta esse dicitur, ubi frustra, quantum scimus, eam quæsieris. Inventa etiam est in coll. Regin. l. 1, c. 187, et Burch. l. 2, c. 185. [56] *edere*: Coll. Hisp. [57] ep. ad Nepotianum. [58] l. 23, c. 12.

## DISTINCTIO XLV.

**GRATIANUS.**

I. Pars. *Sequitur : non percussorem* [1]. *Non enim oportet episcopum ita esse irascibilem et perturbati sensus, ut percutiat, qui debet esse patiens : sed sequatur eum, qui dorsum posuit ad flagella.*
Unde Gregorius *scribit Joanni Episcopo Constantinopol. lib. I, epist.* 52 [2].

C. I. *Verborum correptione, non verberibus timeri debet episcopus.*

Quid autem de episcopis, qui verberibus timeri volunt, canones dicant, bene fraternitas vestra novit. Pastores etenim facti sumus, non percussores [3], et egregius praedicator [4] dicit : Argue, obsecra [5], increpa in [6] *omni patientia et doctrina.* Nova vero atque inaudita est ista praedicatio, quae verberibus exigit fidem.

C. II. *De eodem.*

Item in Concilio Romano sub Silvestro, c. 17 [7].

Neminem [8] quisquam peccantem clericum caede [9] attingat, non presbyter [10], non diaconus, non episcopus clericum vel servitorem ecclesiae ad caedem perducat. Sed si ita causa exigit clerici triduo privetur honore, ut poenitens redeat ad matrem ecclesiam.

C. III. *Non asperis, sed blandis verbis ad fidem sunt aliqui provocandi.*

Item Gregorius *Paschasio Episcopo Neapol. lib. XI, epist.* 15 [11].

Qui sincera intentione extraneos a Christiana religione ad fidem cupiunt rectam perducere [12], blandimentis, non asperitatibus debent studere, ne quorum mentem reddita ad [13] planum ratio poterat revocare [14], pellat procul adversitas. Nam quicunque aliter agunt, et eos sub hoc velamine a consueta ritus sui volunt cultura suspendere [15], suas illi [16] magis, quam Dei causas probantur attendere.

§ 1. Judaei [17] siquidem Neapoli consistentes [18] questi nobis sunt asserentes, quod quidam eos a quibusdam feriarum suarum solennitatibus irrationabiliter nitantur arcere, ne illis sit licitum festivitatum suarum solennia colere sicut eis nunc usque et parentibus eorum longis retro temporibus licuit observare. Quod si ita se veritas habet, supervacuae rei videntur operam dare [19]. Nam quid utilitatis est, quando, etsi contra longum usum fuerint vetiti, ad fidem illis [20] et conversionem nihil proficit ? Aut cur Judaeis qualiter ceremonias suas colere debeant regulas ponimus, si per hoc eos lucrari non possumus? Agendum ergo est, ut ratione potius et mansuetudine provocati sequi nos velint, non fugere, ut eos, ex eorum codicibus ostendentes quae dicimus, ad sinum matris ecclesiae Deo possimus adjuvante convertere. Itaque fraternitas tua eos monitis quidem, prout potuerit, Deo adjuvante ad convertendum accendat, et de suis illos solemnitatibus inquietari denuo non permittat, sed omnes festivitates feriasque suas, sicut hactenus tam ipsi quam parentes eorum per longa colentes retro tempora tenuerunt, liberam habeant observandi celebrandique licentiam.

C. IV. *Non severitate, sed benevolentia subditos praelati corripiant.*

Item Gregorius IV [21] *in epistola Episcopis per Galliam* [22] *et Germaniam constitutis.*

Licet plerumque accidat in sacerdotibus, quae sunt reprehendenda, plus tamen erga corrigendos agat benevolentia quam severitas, plus cohortatio quam comminatio [23], plus caritas quam potestas, quum nemo nostrum sine reprehensione aut sine peccato vivat. Nam si Dominus [24] statim post trinam negationem B. Petrum apostolum praeceptorem nostrum judicasset, non tantum ex eo fructum, sicut fecit, recepisset. Exspectandi ergo atque corrigendi magis sunt rectores ecclesiae, quam statim judicandi [25], quum majora negotia et difficiliores causarum exitus sanctorum Patrum canones spiritu Dei conditi et totius mundi reverentia consecrati jubeant sub nostrae sententiae exspectatione suspendi nostroque moderamine finiri. Unde necesse est haec et alia ecclesiastica quaeque negotia post multarum experimenta causarum sollicitius perspici [26], et diligentius praecaveri, quatenus per spiritum caritatis et pacis omnis materies scandalorum et praesumptio invidorum atque oppressio simplicium fratrum de ecclesiis Domini auferantur. Et sicut non vult quisquam fratrum se aliorum judicio praegravari, ita non audeat alii inferre quod sibi non vult fieri.

---

**NOTATIONES CORRECTORUM.**

Dist. XLV. C. IV. *Invidorum :* In epistola Gregorii IV (quae est in saepe memorato codice bibliothecae Dominicanae), et aliquot vetustis exemplaribus Gratiani legitur : *Judaeorum :*

---

Dist. XLV. P. I. [1] Tim. c. 5, v. 2. [2] Ep. 53. (scr. A: 594) l. 3 Ed. Maur. Polyc. l. 4, t. 9. = C. I. [3] *persecutores :* Greg. [4] 2 Tim. c. 4, v. 2. [5] *obscura :* Ed. Bas. [6] *cum :* ib. = C. II. [7] Ex aprocrypho constituto Silvestri. Edd. coll. o. : *Item in quodam concilio.* [8] *nemo :* orig. [9] *verberibus :* Ed. Bas. [10] *presbyter diaconum :* Edd. coll. o. = C. III. [11] Ep. 12 (scr. A. 603.) l. 13, Ed. Maur. — Coll. tr. p. p. 1, t. 55, c. 46. [12] *adducere :* orig. — Ed. Bas. [13] *a plano :* Edd. coll. o., exc. Lugdd. II. III. Antw. [14] *provocare :* Ed. Bas. [15] *removere :* Edd. coll. o. [16] *illis :* ead. [17] Ivo Decr. p. 13, c. 105. [18] *Neap. habitantes :* Edd. coll. o. ex Iv. [19] *adhibere :* orig. — Ivo. [20] *fidei illius conversionem :* Edd. coll. o. = C. IV. [21] A. 852. cf. ad. c. 2, D. 12 — Ivo Decr. p. 5, c. 368. — Pleraque capitis verba sunt Leonis M., infr. ead. c. 6. [22] add. : *et Europam :* Edd. coll. o. ex Ivone. [23] *commotio :* Ivo. — Ed. Bas. [24] Matth. c. 26. [25] add. : *absque nostro consulto :* Ivo. [26] *prospici :* orig. — In orig. ap. Mabillon Anal. p. 298, recte, ut videtur, legitur : *invidorum.*

Judæi [17] *non sunt cogendi ad fidem, quam tamen si inviti susceperint, cogendi sunt retinere.*

Unde in Concilio Toletano IV. c. 56. *statutum est* [18].

C. V. *Sicut non sunt Judæi ad fidem cogendi, ita nec conversi ab ea recedere permittuntur.*

De Judæis autem præcipit [19] sancta synodus, nemini deinceps ad credendum vim inferri [20]. *Cui* [21] *enim vult Deus misereri, et quem vult indurat.* Non enim tales inviti salvandi sunt, sed volentes, ut integra sit forma justitiæ. Sicut enim homo proprii arbitrii voluntate serpenti obediens periit, sic vocante se [22] gratia Dei propriæ mentis conversione 'homo' quisque credendo salvatur. Ergo non vi, sed liberi arbitrii facultate [23] ut convertantur suadendi sunt, non potius impellendi. Qui autem jampridem ad Christianitatem coacti sunt 'venire' (sicut factum est temporibus religiosissimi principis Sisebuti), quia jam constat eos sacramentis divinis sociatos [24] baptismi gratiam suscepisse, et chrismate unctos esse, et corporis 'et sanguinis' Domini exstitisse participes, oportet, ut fidem, quam etiam vi vel necessitate susceperunt, tenere cogantur, ne nomen Domini blasphemetur, et fides, quam susceperunt, vilis et contemtibilis habeatur.

C. VI. *Benevolentia plus quam severitas erga corrigendos agat.*

*Item* Leo Papa, epist. LXXXII, ad *Anastasium Episcopum Thessalonicensem*, c. 1 [25].

Licet nonnunquam accidant, quæ in sacerdotalibus sunt reprehendenda personis, plus tamen erga corrigendos agat benevolentia quam severitas, plus cohortatio [26] quam comminatio [27], plus caritas quam potestas. Sed hi [28], qui quæ sua sunt quærunt, non quæ Jesu Christi, facile ab hac lege discernuntur; et dum dominari magis quam consulere subditis ' quærunt, ' placet honor [29], inflat superbia, et quod provisum est ad concordiam, tendit ad noxam.

C. VII. *Dejiciatur ab officio presbyter et diaconus et episcopus verberibus timeri quærens.*

*Item* ex canone Apostolorum, can. 28 *(juxta priscam versionem)* [30].

Episcopum, aut presbyterum, aut diaconum percutientem fideles delinquentes aut infideles inique agentes, et per hujusmodi volentem [31] timeri, dejici ab officio suo præcipimus, quia nusquam [32] nos docuit hoc Dominus. E contrario vero ipse [33], *quum percuteretur, non repercutiebat, quum malediceretur, non remaledicebat* [34], *quum pateretur, non comminabatur.*

C. VIII. *Non verberibus, sed verbis subditos episcopi corripiant.*

*Item* ex Concilio Bracarensi III. c. 7 [35].

Quum beatus Apostolus [36] arguere, obsecrare vel increpare in omni patientia [37] præcipiat, extra hanc doctrinam novimus quosdam ex fratribus tantis cædibus in honoratos [38] 'subditos' effervescere, quantas [39] poterant latrocinantium promereri personæ. Et ideo, qui gradus jam ecclesiasticos meruerunt, id est presbyteri, abbates et [40] levitæ, qui, exceptis gravioribus et mortalibus culpis, nullis debent verberibus subjacere, non est dignum, ut passim unusquisque prælatus honorabiliora [41] membra sua prout voluerit et ei placuerit verberibus subjiciat et dolori, ne dum incaute subdita percutit [42] membra, ipse [43] quoque debitam sibi subditorum reverentiam subtrahat, juxta illud, quod quidam sapiens dixit : *Leviter castigatus reverentiam exhibet castiganti, asperitatis* [44] *autem nimiæ increpatio nec correctionem* [45] *recipit, nec salutem.* Et ideo, si quis aliter, quam dictum est, prædictos honorabiles subditos, licentia perceptæ potestatis elatus, malitia animi [46] tantum crediderit verberandos, juxta modum verberum, quæ intulerit, excommunicationis pariter et exsilii sententiam sustinebit.

II. Pars. Gratian. *Salomon* [47] *vero contra admonet, dicens* : Percute filium tuum virga, et liberabis animam ejus a morte. Hinc etiam B. Gregorius [48] *scribit in dialogo*, B. Benedictum quemdam monachum virga percutiendo sanasse, quem crebra admonitione curare non poterat. Hinc etiam Dominus [49] *flagello facto de funiculis male versantes in templo flagellavit et de orationis domo ejecit.* Hinc etiam Apostolus [50] fornicatorem illum satanæ corporaliter vexandum tradidit, et magum [51] illum corporali cæcitate damnavit. Hinc etiam in canonibus [52] pueri, qui ante rationales annos irrationabiliter versantur, verberibus castigari jubentur. Virgines quoque, si religionis veste deposita aliis se copulaverint, ergastulis retrudi præcipiuntur.

---

Dist. XLV. C. IV. [17] Hæc sunt verba Gratiani, quare litterarum characteribus a reliquis sunt distincta [18] hab. A. 653. — Burch l. 4, c. 89. Ivo Pan. l. 1, c. 72. Decr. p. 1. c. 276, et p. 13, c. 94 = C. V. [19] *hoc præcepit* : Coll. Hisp. [20] *inferre* : ib.—Edd. coll. o pr. Lugd. II. III. [21] Rom. c. 9, v. 18 [22] abest a Coll. Hisp. [23] add. : *et voluntate* : Edd coll. o. [24] *associatos* : cæd. cum Coll. Hisp. C. VI. [25] Ep. 14. (scr. A. 446.) Ed. Baller. — Polyc. l. 4, t. 29. [26] *exhortatio* : Edd. coll. o. exc. Bas. [27] *commotio* : orig. [28] *ab his* — *disceditur* : orig. — Edd. coll. o. [29] *honor inflat superbiam* : orig. — Edd. coll. o., addito tamen (exc. Bas.) : *in*. = C. VII. [30] Imo ex interpretatione Dionysii Ex. — Ans. l. 6, c. 159. Polyc. l. 4, c. 9. [31] *volentes* : Ed. Par. [32] *nunquam* : Edd. coll. o. [33] 1 Petr. c. 2, v. 23. [34] *maledicebat* : Edd. coll. o. = C. VIII. [35] hab. A. 675. — Coll. tr. p. p. 2, t. 48, c. 2. [36] add. : *Paulus* (2 Tim. c. 4, v. 2.) Edd. coll. o. [37] add. : *et bonitate* : Edd. Par. Nor. Lugdd. II. III. Antw. — *patientia* — *et doctrina* : Coll. Hisp. [38] *inhonoratores* : Ed. Bas. — *inhonoratos* : Edd. coll. rel. [39] *quanto* : Ed. Bas. [40] *sive* : Coll. Hisp. — Edd. coll. o. [41] *honorabilia* : Coll. Hisp. [42] *percutiant* : Edd. coll. exc. Bas. [43] *ipsi* eæd. exc. Bas. Lugdd. II. III. Antw. [44] *asperitate autem ni miæ increpationis* : Coll. Hisp. [45] *increpationem* : Coll. Hisp.—Edd. Coll. o. [46] abest a Coll. Hisp. = P. II. [47] Prov. c. 23, v. 14. [48] Lib. 2 Dial. c. 4. [49] Joan. c. 2. [50] 1 Cor. c. 5. [51] Act. c. 13. [52] Siricius P. ep. 1 c. 6.

Hinc etiam Gregorius in *Moralibus lib. XX. p. 4, c. 6* [63]:

**C. IX.** *Disciplina non est servanda sine misericordia, nec misericordia sine disciplina.*

Disciplina vel misericordia multum destituitur, si una sine altera teneatur. Sed circa subditos suos inesse rectoribus debet et juste consolans [64] misericordia, et pie sæviens [65] disciplina. Hinc est, quod semivivi illius vulneribus, qui a Samaritano [66] in stabulum ductus est, et vinum adhibetur et [67] oleum, ut per vinum mordeantur [68] vulnera, per oleum foveantur: quatenus unusquisque, qui sanandis vulneribus præest, in vino morsum districtionis adhibeat, in oleo mollitiem pietatis; per vinum mundentur [69] putrida, per oleum sananda foveantur. Miscenda est ergo lenitas cum severitate, faciendumque [70] quoddam ex utraque temperamentum, ut neque multa asperitate exulcerentur subditi, neque nimia benignitate solvantur. Hoc nimirum illa tabernaculi [71] arca significat, in qua cum tabulis virga simul et manna est, quia cum scripturæ sacræ scientia in boni rectoris pectore [72] si est virga districtionis, sit et manna dulcedinis. Hinc etiam David [73] ait: *Virga tua et baculus tuus ipsa me consolata sunt.* Virga etenim [74] percutimur, et baculo sustentamur. Si [75] ergo est districtio virgæ, quæ feriat, sit et consolatio baculi, quæ sustentet. Sit itaque amor, sed non emolliens; sit rigor, sed non exasperans; sit zelus, sed non immoderate sæviens; sit pietas, sed non plus quam expediat parcens. Intueri libet in Moysi pectore misericordiam [76] cum severitate sociatam. Videamus amantem pie et districte sævientem. § 1. Certe quum Israeliticus populus ante Dei oculos pæne inveniabilem contraxisset offensam, ita ut ejus rector audiret [77]: *Descende, peccavit populus tuus*, ac si ei divina vox diceret: qui in tali peccato lapsus est, jam meus non est, atque subjungeret: *Dimitte me, ut irascatur furor meus contra eos, et deleam eos, faciamque te in gentem magnam*, ille semel et iterum pro [78] populo, cui præerat, obicem se ad impetum Dei irascentis opponens ait: *Aut dimitte eis hanc noxam, aut si non facis, dele me de libro tuo, quem scripsisti.* Pensemus ergo, quibus visceribus eumdem populum amavit, pro cujus vita de libro vitæ deleri se petiit.

Sed tamen iste, qui tanto ejus populi amore constringitur, contra ejus culpas pensemus quanto zelo rectitudinis accendatur. Mox enim, ut [79] petitione prima, ne delerentur, culpæ veniam obtinuit, ad eumdem populum veniens, ait [80]: *Ponat vir gladium suum super femur suum, ite et redite de porta usque ad portam per medium castrorum, et occidat unusquisque fratrem [81] et amicum et proximum suum; cecideruntque in die illo quasi viginti* [b] *tria millia hominum.* Ecce, qui vitam omnium [82] etiam cum sua morte petiit, paucorum vitam gladio exstinxit. Intus arsit ignibus [83] amoris: foris accensus est zelo severitatis. Tanta fuit pietas, ut se pro illis coram Domino morti offerre non dubitaret; tanta severitas, ut eos, quos divinitus [84] feriri timuerat [85], ipse judicii gladio feriret. Sic amavit eos, quibus præfuit, ut pro eis nec sibi parceret, et tamen delinquentes sic persecutus est, quos amavit, ut eos etiam Domino parcente prosterneret. Utrobique legatus fortis, utrobique mediator admirabilis, causam populi apud Deum precibus, causam Dei apud populum gladiis allegavit. Intus amans divinæ iræ supplicando obstitit: foris sæviens culpam feriendo consumpsit. Succurrit citius omnibus, ostensa morte paucorum. Et idcirco omnipotens Deus fidelem famulum suum citius exaudivit agentem pro populo, quia vidit, quid super populum acturus esset ipse pro Deo. In regimine ergo populi utrumque Moyses miscuit, ut nec disciplina deesset misericordiæ, nec misericordia disciplinæ. Unde hic [86] quoque juxta utramque virtutem dicitur: *Quumque sederem quasi rex circumstante exercitu, eram tamen mœrentium consolator.* Sedere quippe circumstante exercitu vigor [87] est ac disciplina regiminis; mœrentium vero corda consolari ministerium pietatis.

**C. X.** *Juste judicans misericordiam cum justitia servat.*

Item Isidorus *lib. III. Sententiarum, de summo bono, c. 54* [88].

Omnis, qui juste judicat, stateram in manu gestat, et in utroque penso justitiam et misericordiam portat; sed per justitiam reddit peccanti [89] sententiam, per misericordiam peccati [90] temperat pœnam, ut justo libramine quædam per æquitatem corrigat,

---

**NOTATIONES CORRECTORUM.**

C. IX. [b] *Viginti tria*: Sic etiam legitur in codicibus B. Gregorii; sed in hebræis, paraphrasi chaldaica, versione Septuaginta, et vulgata est: *tria millia*.

---

Dist. XLV. = P. II. [63] ad c. 29 Job. — cf. Pastor. p. 2, c. 6. C. IX. [64] *consulens*: Edd. coll. o. [65] *serviens*: Ed. Antw. [66] Luc. c. 10. [67] *ad*: Ed. Bohm. [68] *moderentur — foverentur*: Ed. Bas. [69] *mundantur — foventur*: Edd. Coll. o. [70] *fac igitur*: eæd. pr. Lugdd. II. III. Antw. [71] Hebr. c. 9. [72] *add.: est*: Edd. coll. o. [73] Psal. c. 22, v. 4. [74] abest ap Ed. Bas. [75] *sit ergo districtio (discretio* Ed. Nor.) *justitiæ*: Edd. coll. o. [76] *add.: simul*: eæd. [77] *audisset*: eæd. — cf. Exod. c. 32, v. 7. [78] abest ab Edd. Ven. I. II. Par. [79] *ut culpæ veniam, ne delerentur (damnarentur*: Ed. Bas.) *obtinuit, zelo rectitudinis successus inquit (ait*: Ed. Bas.): Edd. coll. o. [80] *ibidem*: eæd. [81] *add.: uxorem*: Edd. Ven. I. II. Par. Lugdd. II. III. Antw. [82] *hominum*: Edd. coll. o. [83] *igne*: eæd. cum orig. [84] *divinitas*: Ed. Bas. [85] *timuerit*: Ed. Arg. C. IX. [86] *Unde in Job* (c. 29, v. 25.) *juxta*: Edd. coll. o. [87] *vigor disciplinæ* (add.: *majoris*: Ed. Bas.): Edd. coll. o. = C. X. [88] Burch. l. 16, c. 25. [89] *peccatis*: Ed. Bas. — *peccati*: Ed. rel. [90] *peccanti*: Bohm.

quædam vero per miserationem [91] indulgeat. Qui Dei judicia [92] oculis suis proponit [93], semper timens et tremens in omni negotio formidat, ne de justitiæ tramite devians cadat, et unde non justificatur, inde potius condemnetur.

C. XI. *Qui remittit, et qui corripit, uterque miseretur.*

Item Augustinus *in Enchiridio, c.* 72 [94].

Et qui emendat verbere, in quem potestas datur, vel coercet aliqua disciplina, et tamen peccatum ejus, quo ab illo læsus aut offensus est, dimittit ex corde, vel orat ut ei dimittatur, non solum in eo, quod dimittit atque orat, verum etiam in eo, quod corripit et aliqua emendatoria [95] pœna plectit, eleemosynam dat, quia misericordiam præstat. Multa enim bona præstantur invitis, quando eorum consulitur utilitati, non voluntati, quia ipsi sibi inveniuntur esse inimici.

Gratian. Sunt enim multa genera eleemosynarum, de quibus Albinus [96] ait:

C. XII. *De multiplici genere eleemosynarum.*

Tria sunt genera eleemosynarum : una corporalis : egenti dare quidquid poteris : altera spiritualis, dimittere a quo læsus fueris : tertia, delinquentes [97] corrigere, et errantes in viam reducere veritatis.

C. XIII. *Eleemosynæ pecuniæ præfertur eleemosyna cordis.*

Item Augustinus, *lib. L. homiliarum, hom.* 6 [98].

Duæ sunt eleemosynæ, una cordis, altera [99] pecuniæ. Eleemosyna cordis est dimittere ei, a quo læsus es. Nam dare aliquid indigenti aliquando quæris, et non habes; indulgere peccanti quantum volueris redundat tibi. *Et infra* : § 1. Eleemosyna cordis multo major est quam eleemosyna corporis. *Et infra* : § 2. Charitatis eleemosyna sine substantia terrena sufficit sibi : illa vero, quæ corporaliter datur, si non benigno corde tribuitur, omnino non sufficit.

III. Pars. Gratian. *Ex his omnibus apparet, quod nec lenitas mansuetudinis sine rectitudine severitatis, nec zelus rectitudinis sine mansuetudine in prælatis debet inveniri. Percussores ergo, qui præmissis auctoritatibus ab episcopali officio removentur, non quilibet corporaliter flagellantes, sed prætermissa mansuetudine ad verbera semper parati intelligendi sunt, qui per flagella non vitia corrigere, sed timeri appetunt ; quibus Petrus scribit* [100] *: Ne sitis dominantes in clero, sed forma facti gregis ex animo.*

*Hinc etiam* Gregorius *scribit in Moralibus, lib. XIX. p.* 4, *c.* 23 [101].

C. XIV. *Mansuetudo et districtio ad invicem non separentur.*

Sunt namque nonnulli ita districti, ut omnem etiam mansuetudinem benignitatis amittant; et sunt nonnulli ita mansueti, ut perdant districti jura regiminis. Unde cunctis rectoribus utraque summopere sunt tenenda, ut nec in disciplinæ vigore benignitatem mansuetudinis, nec rursum mansuetudo districtionem deserant disciplinæ, quatenus nec a [102] compassione pietatis obdurescant, quum contumaces corrigunt, nec disciplinæ vigorem molliant, quum infirmorum animos consolantur. Regat ergo disciplinæ vigor mansuetudinem, et mansuetudo ornet [103] vigorem, et sic alterum commendetur ex altero, ut nec vigor sit rigidus, nec mansuetudo dissoluta.

C. XV. *Vera justitia miseris compatitur, delinquentibus indignatur.*

Idem *homil. XXXIV, in evangel.* (circa init.) [104].

Vera justitia compassionem habet, falsa vero dedignationem, quamvis et justi soleant recte peccatoribus dedignari [105]. Sed aliud est, quod agitur typho [106] superbiæ, aliud, quod zelo [107] disciplinæ. Dedignantur [108] etenim, sed non dedignantes [109]. *Et post pauca* : § 1. At contra hi, qui de falsa justitia superbire solent, ceteros quosque despiciunt, nulla infirmantibus misericordia condescendunt, et quo se peccatores esse non credunt, eo [110] deterius peccatores fiunt.

C. XVI. *Peccantes mansuetudine provocentur, non austeritate abjiciantur.*

Item Hieronymus, *ad c.* 4, *Threnorum* [111].

Recedite (inquiunt) polluti, recedite, abite, nolite nos tangere, nolite ' in aliquo ' nobis [112] communicare. Talis [113] loquela non illuminat cæcum, non sanat ægrotum, non curat infirmum, sed magis occidit, atque in desperationem periclitantem mittit [114]. Boni etenim rectores ex sua infirmitate aliorum infirmitates pensantes magis per humilitatis et mansuetudinis levamentum student peccantes ab erroris laqueo eruere, quam per austeritatem in foveam perditionis nutantes propellere. Unde doctor gentium [115] : *Factus sum,* inquit, *infirmus infirmis.*

C. XVII. *In populum ira Dei desævit, quum prædicator delinquentes palpat, non corripit.*

Item ex Origene, *homilia VII, in Josua* [116].

Sed illud non otiose transmittendum [117] est, quod uno peccante ira Dei super omnem populum venit.

---

Dist. XLV. C. X. [91] *misericordiam* : Bohm. [92] *justitiam* : Edd. coll. o. exc. Arg. Bas. [93] *præponit* : Ed. Bas. == C. XI. [94] Petr. Lomb. Sent. l. 4, D. 15. [95] *emendatiora* : Ed. Bas. [96] Apud Alcuinum in libro de virtutibus ac vitiis, c. 17. == C. XII. [97] *delinquentem* : Ed. Bas. == C. XIII. [98] Sermo apocryphus. — Pan. l. 2, c. 193. == C. XIV. [99] *alia* : orig. — Edd. coll. o. == P. III. [100] 1 Petr. c. 5, v. 3. [101] c. 12, n. 16 in c. 29 Job. == C. XIV. [102] *ad compassionem* : Ed. Bas. [103] *add.: sermonem* : Ed. coll. o. == C. XV. [104] in ev. Luc. c. 13. [105] *indignari* : orig. [106] *typo* : Edd. coll. o. [107] *add. : geritur* : Ed. Bas. [108] *indignantur* : Edd. coll. o. [109] *add. : sunt* : cæd. exc. Bas. [110] *add. : quidem* Ed. Bas. == C. XVI. [111] Rabani potius esse videntur, inter cujus opera circumferuntur. [112] *nobiscum* : Edd. coll. o. [113] *Sed talis* : Ed. Bas. [114] *cadere permittit* : ibid. [115] *add. : ait* : Ed. Bas. — cf. 1 Cor. c. 9, v. 22. == C. XVII. [116] ex interpretatione Rufini. [117] *transcurrendum* : orig. — Edd. coll. o.

Hoc quando accidit? quando sacerdotes, qui populo praesunt, erga delinquentes benigni [118] videri volunt, et verentes [119] peccantium linguas, ne forte male de eis loquantur, sacerdotalis severitatis immemores nolunt complere quod scriptum [120] est: *Peccantem coram omnibus argue, ut [121] et caeteri timorem habeant;* et iterum [122] : *Auferte malum ex vobis ipsis.* Nec zelo Dei succensi imitantur Apostolum dicentem [123] : *Tradidi hujusmodi hominem Satanae in interitum carnis, ut spiritus salvus fiat.* Neque illud evangelii [124] implere student, ut si viderint peccantem, primo secrete [125] conveniant, post etiam duobus vel tribus adhibitis [126]; quod si contempserit, et post [127] haec ecclesiae correctioni non fuerit emendatus, de ecclesia expulsum velut gentilem habeant ac publicanum; et dum uni parcunt, universae ecclesiae moliuntur interitum. Quae ista bonitas, quae ista misericordia [128], uni parcere, et omnes in discrimen adducere? Polluitur enim ex uno peccatore populus.

A *Sicut ex una morbida universus grex inficitur, sic etiam uno [129] fornicante vel aliud quodcunque scelus committente plebs universa polluitur.*

Gratian. *Hinc etiam alibi [130] dicitur* : Rectorem subditis pietas matrem, disciplina vero patrem exhibeat.

IV. Pars. *Percussor quoque dicitur, qui sermone inutili infirmorum conscientiam vulnerat.*

Unde Anacletus papa epist. *II ad Episcopos Italiae* [131].

C. XVIII. *Qui sermone incauto conscientiam percutit infirmorum, percussor vocatur.*

Sane percussor ille dicitur doctor, qui sermone [132] inutili conscientiam percutit infirmorum. Ideo tenere vos et omnes fideles oportet eum, qui secundum doctrinam est, fidelem [133] sermonem, ut potens sit consolari [134] in doctrina sancta [135], et contradicentes redarguere, et recte viventes atque rectam fidem tuentes [136] consolidare.

## DISTINCTIO XLVI.

### GRATIANUS.

I. Pars. *Sequitur* [1] : *Non litigiosum. Nihil est enim impudentius arrogantia rusticorum, qui garrulitatem auctoritatem putant, et parati ad lites in subjectos tumidi intonant, quod ex arrogantia et superbia provenire manifestum est.*

Unde Gregorius *scribit in Moralibus, lib. XXIII, p. 5, cap. 12, [c. 13, § 23 et 24] ad c. 33, Job.* :

C. I. *Arrogantes nesciunt inferre humiliter quae docent.*

Hoc habet proprium doctrina arrogantium [2], ut humiliter nesciant inferre quod [3] docent, et recta, quae sapiunt, recte [4] ministrare non possint. In verbis enim eorum proditur, quod, quum docent, quasi in quodam sibi videntur sublimitatis [5] culmine residere, eosque, quos docent, ut longe infra se positos veluti in imo respiciunt, quibus non consulendo loqui, sed vix dominando dignantur. Recte autem his per prophetam Dominus dicit [6] : *Vos autem cum austeritate imperabatis eis et cum potentia.* Cum austeritate enim et potentia imperant, qui subditos suos non tranquille [7] ratiocinando corrigere, sed aspere inflectere dominando festinant. At contra vera doctrina tanto vehementius hoc elationis vitium fugit per cogitationem [8], quanto ardentius verborum suorum jaculis ipsum magistrum elationis insequitur. Cavet enim, ne eum 'magis' elatis moribus praedicet, quem in corde audientium sacris sermonibus insectatur.

II. Pars. Gratian. *Ecce, quare litigiosi prohibentur in episcopos ordinari. Est et alia causa hujus prohibitionis. Litigiosi namque vel adulationibus animos principum sibi conciliant, vel fratribus suis detrahendo infamiae notam ingerunt, vel inter fratres discordiam seminando seditionem nunquam facere cessant; quae omnia in praelatis damnabilia esse probantur.*

Unde Gregorius *scribit in Moralibus, lib. XVIII, p. 4, c. 3, ad cap. 27 Job*

C. II. *De iis, qui peccatoribus adulantur.*

Sunt nonnulli, qui, dum malefacta hominum laudibus efferunt, augent quae increpare debuerant [9]. Hinc enim per Prophetam [10] dicitur : *Vae* [11] *qui consuunt pulvillos sub omni cubito manus, et faciunt cervicalia sub capite universae aetatis.* Ad hoc quippe [12] pulvillus ponitur, ut mollius quiescatur [13]. Quisquis ergo male agentibus adulator, pulvillum [14] sub capite vel cubito jacentis ponit, ut qui corripi ex culpa debuerat, in ea fultus laudibus molliter quiescat. § 1. Hinc rursum scriptum est [15] : *Ipse*

---

Dist. XLV. C. XVII. [118] *benevoli* : eaed. [119] *vertentes* : Ed. Bas. [120] I Tim. c. 5, v. 20. [121] *ut ceteri metum* : orig. — Edd. coll. o. [122] I Cor. c. 5, v. 13. [123] *ibidem.* [124] *evangelicum* : Ed. Bas. cum orig. [125] add. : *eum* : Edd. coll. o. [126] add. : *arbitris* : orig. — *testibus;* : Edd. coll. o. [127] *post eccl. correctionem* : Edd. coll. o. — *correptionem* : orig. [128] add. : *est* : Edd. coll. o. [129] add. : *vel* : Ed. Bas. [130] Greg. Past. p. 2, c. 9. = P. IV. [131] *Ep. Pseudoisidoriana.* — Coll. tr. p. p. 1, t. 2, c. 18. = C. XVIII. [132] *ex Hieronymo ad c. 1. Tit.* [133] *fidelis sermone* : Edd. Par. Ven. I, II. — *fidelis et sermonem* : Ed. Nor. — *eum. serm., qui sec. doctrinam est* : Ed. Arg. [134] *exhortari* : Ed. Bas. [135] *sacra* : ib. — *sana* : Ed. Bohm. [136] *tenentes* : Ed. Bas.

Dist. XLVI. Pars I. [1] ad Tim. c. 3, v. 3. = C. I. [2] *arrogantiam* : Ed. Bas. [3] *quae* : Edd. coll. o. pr. Bas. Nor. [4] *etiam recte* : eaed. exc. Bas. [5] *summitatis* : orig. — Edd. coll. o. [6] Ezech. c. 34, v. 4. [7] *cum tranquillitate* : Edd. coll. o. exc. Bas. [8] *cognitionem* : Edd. coll. o. = C. II. [9] *debuerant* : Edd. coll. o. [10] Ezech. c. 13, v. 18. [11] *vae his* : Edd. coll. o. exc. Bas. [12] *sub cubito pulvillus, vel cervicalia sub capite jacentis ponitur, ut molliter* : Edd. coll. o. [13] *quiescat* : Edd. coll. o. exc. Arg. [14] add. : *vel cervical* : Ed. Bas. — *pulvillum sub cubito, vel cervical sub capite* : Edd. coll. rel. [15] Ezech. c. 13, v. 10.

*ædificabat parietem, illi autem liniebant eum.* Parietis quippe nomine peccati duritia designatur. Ædificare ergo parietem est contra se quempiam obstacula peccati construere. Sed parietem liniunt, qui peccata perpetrantibus adulantur, ut, quod illi perverse agentes ædificant, ipsi adulantes quasi nitidum reddant. § 2. Sed sanctus vir sicut mala de bonis non æstimat, ita judicare bona de malis recusat, dicens [16] : *Absit* [17] *a me, ut justos vos judicem; donec deficiam, non recedam ab innocentia mea.*

Hinc etiam in Concilio Carthaginensi IV, c. 56, legitur [18] :

**C. III.** *Adulator vel proditer clericus ab officio degradetur.*

Clericus, qui adulationibus et proditionibus vacare deprehenditur, ab officio degradetur.

**C. IV.** *Excommunicentur ab episcopo, qui fratribus non probanda objiciunt.*

Item ex eodem Concilio, c. 55, [19].

Accusatores fratrum episcopus excommunicet, qui non probanda fratribus objiciunt [a]; et si emendaverint vitium, recipiat eos ad communionem, non ad clerum.

**C. V.** *Removeatur* [b] *ab officio clericus maledicus; scurra et fratrum profectibus invidens non promoveatur.*

Item ex eodem Concilio, c. 57, [20].

Clericus maledicus (maxime [21] in sacerdotibus) cogatur ad postulandam veniam. Si noluerit, degradetur, nec unquam ad officium absque satisfactione revocetur.

**C. VI.** *De eodem.*

Item ex eodem Concilio, c. 60, [22].

Clericum scurrilem et verbis turpibus joculatorem [23] ab officio retrahendum censemus [24]

**C. VII.** *De eodem.*

Item ex eodem, c. 54, [25].

Clericus invidens fratrum profectibus [26], donec in vitio est, non promoveatur.

**C. VIII.** *Non sunt ordinandi, qui seditionibus vacant.*

Item ex eodem, c. 67, [27].

Seditionarios statuimus nunquam ordinandos clericos, sicut nec usurarios, nec [28] injuriarum suarum ultores.

**C. IX.** *Usuras exigere clericis minime licet.*

Item ex Concilio Laodicensi, c. 5, [29].

III. Pars. Non licet foenerari ministris altaris, vel in sacerdotali ordine constitutis vel usuras, vel lucra, quæ sescupla dicuntur, accipere.

**C. X.** *Nec suo nomine, nec alieno clericus fœnerator exsistat.*

Item Leo Papa *Episcopis per Campaniam, epist. I, c. 4,* [30].

Sicut non suo, ita nec alieno nomine aliquis clericorum exercere fœnus attentet. Indecens est enim crimen suum commodis alienis impendere [31]. Fœnus autem hoc solum aspicere et exercere debemus, ut quod hic misericorditer tribuimus, ab 'eo' Domino, (qui multipliciter et in perpetuum mansura tribuit), recipere valeamus.

## DISTINCTIO XLVII.

### GRATIANUS.

I. Pars. Quod autem in fine hujus capituli usurarii ordinari prohibentur, inde est, quod usuram exercentes cupiditati deservire probantur; cupidi autem ab Apostolo [1] ordinari prohibentur, quia tales facile a justo deviarent.

Unde in canonibus Apostolorum, c. 44 legitur [2] :

**C. I.** *Diaconus, presbyter et episcopus exigens usuras, nisi desierit, deponatur.*

Episcopus aut presbyter aut diaconus usuras a debitoribus exigens, aut desinat, aut certe deponatur [3].

### NOTATIONES CORRECTORUM.

Dist. XLVI. C. IV. [a] *Qui non probanda fratribus objiciunt :* Verba ista neque in originali, neque in multis Gratiani antiquis codicibus habentur.

C. V. [b] *Removeatur :* Rubrica hæc pertinet simul ad hoc caput, et ad duo sequentia.

---

Dist. XLVI. C. II. [16] Job c. 27, v. 5. [17] add. : *hoc* : Edd. coll. o. exc. Bas. [18] Statutt. eccl. ant. c. 43, (cf. ad c. 9, D. 18). Burch. l. 2, c. 176. Ivo Pan. l. 3, c. 173. Decr. p. 6, c. 267. = C. IV. [19] Ib. c. 17. = C. V. [20] Ib. c. 44. — Reg. l. 1, c. 153. Burch. l. 10, c. 66. Ivo Decr. p. 11, c. 11 et p. 13, c. 66. [21] *maximeque* : Coll. Hisp. Ed Bas. = C. VI. [22] Ib. c. 73, (cf. conc. Tolet. IV, c. 23. Agath. c. 70.) — Reg. l. 1, c. 152. Burch. l. 2, c. 172. Ans. l. 7, c. 163 (177, ex Agath. c. 70). Ivo Pan. l. 3, c. 172. Decr. p. 6, c. 265, p. 11, c. 79. [23] *jocularem* : Coll. Hisp. [24] abest ab Edd. Coll. o. exc. Bas. Lugdd. II, III. Antw. = C. VII. [25] Ib. c. 42.—Burch. l. 2, c. 16. Ivo Decr. p. 6, c. 35. [26] *provectionibus* : Ivo. = C. VIII. [27] Ib. c. 55.—Agath. conc. c. 69.—Reg. l. 1, c. 171. Burch. l. 2, c. 17. Ivo Decr. p. 6, c. 36. [28] *vel* : Coll. Hisp. = C. IX. [29] hab. inter A. 347 et 381.—Cap. Abytonis Bas, c. 17.—Reg. l. 1, c. 223 ex, interpr. Dionys. = C. X. [30] scr. A. 443. — Burch. l. 2, c. 121. Ans. l. 7, c. 150 (160). Ivo Decr. p. 6, c. 66. [31] add. : *impendere* : Edd. coll. o. exc. Arg.

Dist. XLVII. Pars I. [1] 1 Tim. c. 3, v. 3. = C. I. [2] Reg. l. 1, c. 221. Burch. l. 2, c. 119. Ivo Pan. l. 3, c. 157. Decr. p. 6, c. 195 et p. 13, c. 15. = C. I. [3] *damnetur :* orig. et coll. citt.

## C. II. *Usuras exigens sive clericus, sive subjectus regulae dejiciatur.*

Item ex Concilio Nicaeno, c. 17 [b].

Quoniam multi sub regula constituti avaritiam et turpia lucra sectantur, oblitique divinae scripturae, dicentis [5] : *Qui pecuniam suam non dedit ad usuram, mutuum dantes centesimas [6] exigunt* : juste censuit sancta et magna synodus, ut, si quis inventus fuerit post hanc definitionem usuras accipiens, aut ex adinventione [7] aliqua vel quolibet modo negotium transigens, aut hemiolia, id est sescupla [a] exigens, vel aliquid tale prorsus excogitans turpis lucri gratia, dejiciatur a clero et alienus exsistat a regula.

Hinc etiam Gregorius *in lib. XIX, Moralium,* c. [16, n.] 25, *in* 29 *cap. Job. scribit,* dicens :

## C. III. *Temporalibus lucris deservientes Deo nequaquam militare probantur.*

Omnes hujus saeculi dilectores in terrenis rebus fortes sunt, in coelestibus debiles. Nam pro temporali gloria usque ad mortem desudare appetunt, et pro spe perpetua ne parum quidem in labore subsistunt; pro terrenis lucris quaslibet injurias tolerant, et pro coelesti mercede vel tenuissimi verbi ferre contumelias recusant; terreno judici [8] toto etiam die assistere fortes sunt, in oratione vero coram Domino vel unius horae momento lassantur; saepe nuditatem, dejectionem, famem pro acquirendis divitiis atque honoribus tolerant, et earum rerum [9] se abstinentia [10] cruciant, ad quas adipiscendas festinant; superna autem laboriose quaerere tanto magis dissimulant, quanto [11] ea retribui tardius putant. § 1. Hi itaque quasi aliarum [12] arborum more deorsum vasti sunt, sursum angusti, quia fortes in inferiora subsistunt, sed ad superiora deficiunt. At contra ex qualitate palmarum designatur proficiens vita justorum, qui nequaquam sunt in terrenis studiis [13] fortes et in coelestibus debiles, sed longius atque distantius studiosos se Deo exhibent, quam saeculo fuisse meminerunt [14]. § 2. Nam quum quibusdam per praedicatorem nostrum dicitur [15] : *Humanum dico propter infirmitatem carnis vestrae. Sicut enim exhibuistis membra vestra servire immunditiae et iniquitati ad iniquitatem, ita nunc exhibete membra vestra servire justitiae in sanctificationem,* eorum procul dubio infirmitati [16] condescenditur, ac si eis apertius diceretur : Si nequaquam amplius potestis, saltem tales estote in fructu bonorum operum, quales fuistis dudum in actione vitiorum, ne debiliores vos habeat sancta libertas aeris [b], quos in carne validos habuit usus terrenae voluptatis.

## C. IV. *Ad sacros ordines usurarii promoveri non debent.*

Item Gregorius *Clero et civibus Neapolitanis lib. VIII, epist.* 40, [17].

De Petro insuper ad nos pervenisse cognoscite, quod solidos dedit ad usuram. Quod vos oportet cum omni subtilitate perquirere, et si ita constiterit, alium eligite, et ab hujus vos persona sine mora suspendite. Nam nos amatoribus usurarum nulla ratione manus imponimus. Si vero subtili habita inquisitione hoc falsum esse patuerit [18], (quia persona ejus nobis ignota est, et utrum ita sit de simplicitate ejus, quod ad nos perlatum est, ignoramus), cum decreto a vobis facto ad nos eum venire necesse est, ut vitam moresque illius sollicitius inquirentes [19] sensum quoque pariter agnoscamus, ut, si huic judicio aptus exstiterit, vestra in eo [20] (adjuvante Domino) desideria compleamus.

## C. V. *Degradetur clericus, qui usuras accipere detegitur.*

Item ex Concilio Eliberitano, c. 20, [21].

Si quis clericorum detectus fuerit usuras accipere, placuit [22] degradari et abstinere.

## NOTATIONES CORRECTORUM.

Dist. XLVII. C. II. [a] *Sescupla* : Hoc sesquialterarum usurarum genus, quamvis gravissimum, in frugibus humidis vel arentibus Constantinus lege permiserat, quae nunc exstat in codice Theod. lib. 2, tit. ult. *de usur.* l. 1. Eodem pertinet, quod scribit B. Hieronymus in commentariis in Ezech. lib. 6, c. 18, his verbis : *Solent in agris frumenti et milii, vini et olei ceterarumque specierum usurae exigi, sive, ut appellat sermo divinus, superabundantiae : verbi gratia, ut hiemis tempore demus decem modios, et in messe recipiamus quindecim, hoc est amplius partem mediam.* Quamobrem hoc canone, quo Patres illi omnes pecuniarias usuras clericis interdicunt, voluerunt etiam sescuplam frugum expresse iisdem interdicere. Postea vero in aliis conciliis et a Romanis Pontificibus genus omne usurarum, tanquam juri naturali ac divino contrarium, tam clericis quam laicis fuit interdictum, quemadmodum apparet in Decretalibus, tit. *de usur.*

C. III. [b] *Aeris* : Apud B. Gregorium legitur : *sancta libertas heredes,* vel : *sancta libertas caritatis, quam in carne.* In uno autem exemplari Gratiani Vaticano : *coelestis conversationis,* quod in glossa ad explanandam dictionem : *aeris,* affertur.

---

Dist. XLVII. C. II. [b] hab. A. 525. — interpretatio Dionys. — Reg. l. 1, c. 222. Burch. . 2, c. 120. Ans. l. 7, c. 165. Ivo Decr. p. 6, c. 196, p. 13, c. 8. Rab. poenit. c. 32, — inf. C. 14, q. 4, c. 8, ex vers. Hisp. [5] Psalm. 14, v. 5. [6] add. : *usuras* : Edd. coll. o. [7] *aliquam adinventionem* : Edd. coll. o. — add. : *faciens* : exd. pr. Arg., Bas. Verba : *aut — transigens* absunt a coll. Reg. == C. III. [8] *judicio* : Ed. Bas. [9] add. : spe : Edd. coll. o. exc. Bas. [10] *per abstinentiam* : Edd. coll. o. [11] add. : *magis* : exd. [12] *malarum*': exd. exc. Lugdd II, III. Antw. [13] *desideriis* : exd. [14] *meminerint* : exd. [15] Rom. c. 6, v. 19. [16] add. *cordis* : Ed. Bas. == C. IV. [17] Ep. 62 (scr. A. 600), l. 10., Ed. Maur. — Ans. l. 6, c. 9 (13: *Nobil. civibus Neapolim,* quod et ipsum in Edd. coll. legitur). Polyc. l. 2, t. 1. [18] *putaveritis* : Ans. — Edd. coll. o. [19] *requirentes* : Ed. Bas. [20] *eum* : Ed. Bas. == C. V. [21] hab. non serius A. 310. — Ivo Pan. l. 3, c. 156. Decr. p. 15, c. 12. [22] add. : *eum* : orig.

C. VI. *Neo implicari errore, nec cupiditate violari sacerdotem oportet.*

*Item* Leo Anatolio Episcopo Constantinopol., epist. LI [22].

II. Pars. Virum catholicum et præcipue Domini sacerdotem sicut nullo errore implicari, ita nulla oportet cupiditate violari, dicente sancta scriptura [24]. *Post concupiscentias tuas non eas.* Mens enim potentiæ avida nec abstinere novit a vetitis, nec gaudere concessis, nec ᶜ pietati adhibere consensum.

C. VII. *Qui cupiditatem a se non abscindit, bonorum auctori inhærere non valet.*

*Item* Gregorius, *l. VII, epist.* 100 [25].

Bonorum auctori inhærere aliter non valemus, nisi cupiditatem [26] a nobis (quæ [27] omnium malorum radix est) abscindamus.

C. VIII. *Avari est hominum bona invadere, quorum necessitatibus subvenire valet.*

*Item* Ambrosius *Serm. LXXXI, de eo, quod scriptum est in evangelio*: Hominis cujusdam divitis fructus uberes ager attulit [28].

Sicut ii, qui per insaniam mente translati sunt, non jam res ipsas, sed passionis suæ phantasias vident, ita etiam mens avari semel vinculis cupiditatis adstricta semper aurum, semper argentum videt, semper reditus computat, gratius aurum intuetur quam solem [29]; ipsa ejus oratio et supplicatio ad Dominum [30] aurum quærit. *Et post pauca*:

§ 1. Interdum etiam usuræ arte nequissima ex ipso auro aurum nascitur. Sed 'quid agis?' nec satietas unquam, nec finis aderit cupiditati. *Et infra*:

§ 2. Sed ais [31]: quid injustum est, si quum aliena non invadam, propria diligentius servo? O impudens dictum [32]! Propria [33] dicis? quæ? ex quibus reconditis in hunc mundum detulisti? Quando in hanc ingressus es lucem, quando de ventre matris exiisti, quibus quæso facultatibus quibusque subsidiis stipatus ingressus es? *Et post pauca*: § 3. Proprium nemo dicat, quod est commune ᵈ, quod plus quam sufficeret sumptum [34] etiam violenter obtentum est. *Et infra*: § 4. Numquid iniquus est Deus, ut nobis non æqualiter distribuat vitæ subsidia, ut tu quidem esses affluens et abundans, aliis vero deesset et egerent? an idcirco magis, quia et tibi voluit benignitatis suæ experimenta conferre, et alium per virtutem patientiæ coronare? Tu vero susceptis Dei muneribus, etsi [35] in sinum tuum redactis, nihil te putas [36] agere iniquum, si tam multorum vitæ subsidia solus obtineas? Quis enim tam injustus, ᵃ tam avidus, ᵇ tam avarus, quam qui [37] multorum alimenta suum non usum, sed abundantiam et delicias facit? Neque enim minus est criminis habenti tollere, quam, quum possis et abundes [38], indigentibus denegare. Esurientium panis est, quem tu detines; nudorum indumentum est, quod tu recludis; et miserorum redemtio est et absolutio pecunia, quam tu in terram [39] defodis. Tot [40] te ergo scias invadere bona, quod possis præstare quod velis.

III. Pars. Gratian. *Necesse* [41] *est etiam, ut ille, qui ordinandus est, suæ domui sit bene præpositus, id est, si in laicali habitu uxorem habuit vel filios, a vitiis ad virtutum studia et verbo et exemplo provocet, ut quod postea præcepturus est populis, prius exigat a domesticiis. Unde Apostolus Ephesiis* [42] *scribit, ut uxores suas sicut sua corpora diligant, et filios suos non ad iracundiam provocent, sed enutriant illos in omni disciplina et correctione Domini. Unde quum Paulus ad Timotheum* [43] *scribens, dixisset: suæ domui bene præpositum, statim subjunxit: habentem filios sibi subditos in omni castitate, non* [44] *in accusatione luxuriæ. Non enim talium cohabitator frontem habet alios redarguendi. Unde de B. Job* [45] *legitur, quod pro filiis suis quotidiana offerebat Deo sacrificia, offerens holocausta per singulos, quos tanta caritatis perfectione in unum constrinxit, ut quisque eorum in suo die convivium fratribus pararet, et ad epulandum secum tres sorores suas pariter invitaret. Quod quia Heli facere dissimulavit, ac falsa pietate superatus delinquentes filios ferire noluit (sicut in libro Regum legitur), apud districtum judicem semetipsum cum filiis crudeli damnatione percussit, unde ei divina voce dicitur* [46]: *Honorasti filios tuos magis, quam me. Hinc etiam David erga filios benignitatem, non disciplinæ severitatem exercens, eorum juventutem experimento didicit perniciosam quorum* [47] *pueritiam vaga licentia permisit esse voluptuosam. Unus quippe eorum sororem suam stupro corrumpens a fratre ejus, Absalone* [48] *videlicet, inter epulas, quas*

---

NOTATIONES CORRECTORUM.

C. VI. ᶜ *Nec pietati*: Hoc postremum orationis membrum abest ab originali; sed habetur etiam apud Anselmum.

C. VIII. ᵈ *Commune*: Apud B. Ambrosium legitur: *Proprium nemo dicat quod e communi p.us quam sufficeret sumtum et violenter obtentum est.* Sed ob glossam non est mutatam.

---

DIST. XLVII. C. VI. [22] Ep. 106 (scr. A. 452). Ed. Baller. — Ans. l. 7, c. 140 (159). = P. II. [24] Eccl. c. 18, v. 30. = C. VII. [25] Ep. 106 (scr. A. 599, ad Syagrium, etc.), l. 9. Ed. Maur. — Coll. tr. p. p. 1, t. 55, c. 5. [26] add. : *rerum* : Ed. Bas. [27] 1 Tim. c. 6, v. 10. = C. VIII. [28] ex Basilii homilia ad ey. Luc. c. 12, v. 16. [29] add. : *videt* : orig. [30] *Deum* : Edd. coll. o. [31] *ait avarus* : Ed. Bas. — *ait aliquis* : Edd. coll. rel. [32] *dictu* : Edd. coll. o. pr. Lugd. III. [33] *Quid propria* : eæd. exc. Bas. [34] *sumtui* : Edd. coll. o. pr. Lugd. III. [35] *et* : eæd. [36] *reputas* : eæd. [37] add. : *tam* : eæd. exc. Bas. [38] *abundans sis* : eæd. exc. Bas. [39] *terra* : Edd. coll. o. [40] *tantorum — quantis* : eæd. pr. Lugd. III. = P. III. [41] Hier. ad Ocean. 1 Tim. c. 3, v. 2, et ibi gloss. [42] Ephes. c. 5, v. 28. [43] 1 Tim. c. 3, v. 2. [44] Tit. c. 1, v. 6. [45] Job, c. 1. [46] 1 Reg. c. 2, v. 29. [47] abest hæc ultima pars periodi ab Ed. Bohm. [48] 2 Reg. c. 13-18.

fratribus suis fraudulenter paraverat, obtruncatus est. Absalon vero, postquam veniam a'patre obtinuit, de regno illum expulit, et ad concubinas ejus ingressus est; demum per invia deserti patrem persequens, quercui inhæsit, atque ita suspensus interiit. Hinc etiam Paulus ad Timotheum [49] scribit dicens: Qui suorum et maxime domesticorum curam non habet, fidem negavit et est infideli deterior: Jure ergo, qui domui suæ nescit præesse, in episcopum ordinari prohibetur, quia qui in re minima, de qua sibi familiarior debet cura inesse, fidelis non est quomodo in ecclesia Dei (ubi tot sunt et alieni) sollicitam diligentiam adhibebit? Unde Hieronymus [50]: Non enim [51] justus polluitur ex vitiis filiorum, sed libertas ab Apostolo ecclesiæ principi reservatur, ut talis fiat, qui non timeat propter vitia liberorum extraneos reprehendere.

IV. Pars. § 1. *Quod tunc fiet, si non erit quod sibi imputetur.* Quum enim gressus hominis a Domino dirigantur [52] nec sint [53] in homine ejus viæ, corripere quidem potest, corrigere autem non valet; pulsare potest, non aperire, manus comprimere, non animum mutare.

Unde Augustinus *Clero et populo Hipponensi, epist. CXXXVII* [54].

C. IX. *Bonorum hominum disciplina mores immutare non valet.*

Quantumlibet vigilet disciplina domus meæ, homo sum et inter homines vivo; nec mihi arrogare au-

deo, ut domus mea melior sit quam arca Noe, ubi tamen [55] inter octo homines unus reprobus, inventus est, aut melior sit quam domus Abrahæ, ubi [56] dictum est: *Ejice ancillam et filium ejus,* aut melior sit quam domus Isaac, cui [57] de duobus geminis dictum est [58]: *Jacob dilexi, Esau autem odio habui. Et infra:* § 1. Simpliciter autem fateor caritati vestræ coram Domino Deo nostro, qui testis [59] est super animam meam, ex quo Deo servire cœpi, quo [60] modo difficile sum expertus meliores quam qui in monasteriis [61] profecerunt, ita non sum expertus pejores [62] quam qui in monasteriis ceciderunt [63], ita [64] ut hinc arbitrer in Apocalypsi [65] scriptum: *Justus justior [66], fiat et sordidus sordescat adhuc.*

C. X. *Convicia perditorum a via rectitudinis nos movere non debent.*

Item Cyprianus, *lib. I epist.* 3. *Cornelio Papæ* [67].

Quod ad nos attinet, conscientiæ nostræ convenit, frater [68], dare operam, ne quis culpa nostra de ecclesia pereat; si quis autem ultro et crimine suo perierit, et pœnitentiam agere atque ad ecclesiam redire noluerit nos in die judicii inculpatos futuros credimus, qui consulimus [69] sanitati; illos solos in pœnis remansuros, qui noluerint consilii nostri salubritate sanari [70]. Nec movere nos debent convicia perditorum, quo minus a via recta, et a certa regula non recedamus, quando [71] et Apostolus instruat [72], dicens [73]: *Si hominibus placerem, Christi servus non essem.*

---

## DISTINCTIO XLVIII.

### GRATIANUS

1. Pars. *Prohibentur etiam* neophyti [1] *in episcopos ordinari, ut qui* heri [2] *erat catechumenus, hodie non fiat episcopus, qui heri erat in theatro, hodie non sedeat in ecclesia, qui vespere erat in circo, hodie non ministret altario, qui dudum fuerat fautor histrionum, hodie non sit conservator virginum.* Causa autem hujus prohibitionis est secundum Apostolum, ne elatus in superbiam, tanquam religio Christiana plurimum eo egeret, incidat in ruinam diaboli. Momentaneus namque sacerdos nescit habere humilitatem, observare modos personarum, vel se contemnere; non jejunavit, non flevit, non se correxit, non pauperibus

erogavit. In arrogantiam (quæ est ruina diaboli) incidunt, qui puncto horæ necdum discipuli fiunt magistri, et sicut *Innocentius* [3] ait, miserum est, eum fieri magistrum, qui necdum didicit esse discipulus.

Unde in Nicæno Concilio, *c.* 2, *legitur* [4]:

C. 1. *Neophytus in episcopum non est ordinandus.*

Quoniam multa sive per necessitatem, sive ex quacunque [a] causa, contra regulam gesta sunt, ita ut homines ex vita gentili [5] nuper adhuc catechizati vel instructi [6] statim ad spiritualem baptismum venissent, et continuo, quum baptizati [7], etiam ad episcopatum vel presbyterium provecti sunt: recte

---

### NOTATIONES CORRECTORUM.

DIST. XLVIII. C. I. [a] *Quacunque causa:* Græce est: Ἢ ἄλλως ἐπειγομένων τῶν ἀνθρώπων: quod Dionysius vertit; *aut alias cogentibus hominibus.*

---

DIST. XLVII. PARS III. [49] 1 Tim. c. 5, v. 8. [50] In comm. ad. c. 1, Tit. [51] itaque : orig. = P. IV. [52] Psalm. 56, v. 5. [53] Hierem. c. 10, v. 23. [54] scr. A. 404. — Coll. tr. p. p. 2, t. 53, c. 37, 38. = C. IX. [55] tantum : Edd. coll. o. [56] cui : Edd. coll. o. pr. Bas. — cf. Genes. c. 21. [57] cujus : orig. — ubi : Ed. Bas. [58] add. : in Malachia primo : Edd. coll. o. [59] add. : mihi : exd. pr. Bas. [60] quoniam : Edd. coll. o. add. : sicut : exd. exc. Bas. [61] monasterio, et infr. eod. modo : Edd. coll. o. [62] deteriores : exd. exc. Bas. [63] defecerunt : Edd. coll. o. [64] unde : Ed. Bas. [65] Apocal. c. 22, v. 11. [66] justificetur, et qui sordidus est : Edd. coll. o. C. X. [67] scr. c. A. 252. [68] add. : eorum : exd. [69] add. : aut consolari : Ed. Bas. [70] quam : Edd. coll. o. — Sequ. : et : abest ab Edd. Bas. Ven. I, II. Lugdd. II, III. Antw. [71] instituit : Edd. coll. o. exc. Bas. [72] Galat. c. 1.

DIST. XLVIII. Pars I. [1] Tim. c. 3, v. 2, glossa ord. ib. et Hieron. ad Oceanum. [2] Ex Leone Ans. l. 6, c. 54 (35). [3] Ep. ad Aurelium. [4] hab. A. 325. = C. I. [5] gentilium : Edd. coll. o. pr. Bas. [6] instituti : Coll. Hisp. [7] add. : sunt : Edd. coll. o.

igitur visum est, de cetero nihil tale 'debere' fieri. Nam et tempore opus'est, ut sit ⁸ catechumenus, et post baptismum multa probatione indiget. Evidens namque est apostolicum præceptum, dicens⁹: *Non neophytum, ne forte elatus* [10] *in judicium incidat et laqueum diaboli.* Si vero præcedente [b] tempore aliquod mortale [c] peccatum admiserit, et convictus duobus vel tribus testibus fuerit, cesset [11] a clero qui hujusmodi est. Si quis vero præter hæc [12] fecerit [13], tanquam contraria [14] statutis sancti concilii gerens, ipse præcipitabitur [15] de statu sui cleri.

*Gratian.* Neophyti vero hodie appellantur propositum sacræ religionis noviter assumentes.

*Unde B. Gregorius scribit Syagrio Episcopo et aliis Episcopis, lib. VII, epist.* 110 [16]:

### C. II. *Quis dicatur neophytus.*

Sicut neophytus ¹ tunc ² dicebatur, qui initio [d] [17] sanctæ fidei erat eruditione plantatus, sic modo neophytus habendus est, qui repente in religionis habitu plantatus ad ambiendos [18] honores sacros irrepserit. § 1. Ordinate ergo ad ordines accedendum est [19]. Nam casum appetit, qui ad summi [20] loci fastigia postpositis gradibus per abrupta quærit ascensum. Scimus autem, quod ædificati parietes non prius tignorum pondus accipiunt, nisi a [21] novitatis suæ humore siccentur, ne, si ante pondera, quam solidentur, accipiant, cunctam simul fabricam ad terram deponant.

## DISTINCTIO XLIX.

### GRATIANUS.

*Ecce, a quibus vitiis debeant esse immunes, qui in episcopum sunt ordinandi. Qui enim intercessores pro populo ad Deum parantur, necesse est ut ejus gratiam bene vivendo mereantur. Unde Gregorius ait in Pastorali* ¹ : § 1. *Sollicite formidandum, ne, qui placare posse iram Dei creditur, hanc ipse ex proprio reatu mereatur. Cuncti enim liquido novimus, quia, quum is, qui displicet, ad intercedendum mittitur, irati animus ad deteriora provocatur. Qui ergo adhuc desideriis terrenis adstringitur, caveat, ne districti iram judicis gravius accendens, dum loco delectatur gloriæ, fiat subditis auctor ruinæ. Solerter* ² *ergo se quisque metiatur, nec locum regiminis assumere audeat, si in se adhuc vitium damnabiliter regnat; nec is, quem crimen depravat proprium, intercessor fieri appetat pro culpis aliorum.*

### C. I. *Sacrificium Deo non offerat qui vitiis est maculatus.*

Idem in eod. Pastorali eod. c. 11 continenter.

Hinc etenim superna voce ad Moysen dicitur ³ : *Loquere ad Aaron : homo de semine tuo per familias, qui habuerit maculam, non offerat panes* ⁴ *Domino* ⁵ *Deo suo, nec accedat ad ministerium ejus.* Ubi et repente subjungitur : *Si cæcus fuerit, si claudus, si vel parvo, vel grandi et* ⁶ *torto naso, si fracto pede vel manu* ⁷, *si gibbus, si lippus, si albuginem habens in oculo, si jugem scabiem, si* ⁸ *impetiginem in corpore, vel ponderosus.* § 1. Cæcus quippe est, qui supernæ contemplationis lumen ignorat, qui præsentis vitæ tenebris pressus, dum venturam lucem nequaquam diligendo conspicit, quo gressus operis porrigat ⁷ nescit. Hinc etenim prophetante Anna ⁸ dicitur: *Pedes sanctorum suorum servabit, et impii in tenebris conticescent.* § 2. Claudus vero est, qui quidem quo pergere debent aspicit, sed per infirmitatem mentis vitæ viam perfectæ ⁹ non valet tenere quam videt; quia [10] ad virtutis statum dum fluxa consuetudine non erigitur, quo ⁴ per ⁵ [11] desiderium innititur [12], illuc gressus operis efficaciter non sequuntur. Hinc etenim Paulus [13] dicit : *Remissas manus et dissoluta genua erigite, et gressus* [14] *rectos facite pedibus vestris, ut non claudicans quis erret, sed magis* [15] *sanetur.* § 3. Parvo autem naso est, qui ad tenendam mensuram discretionis idoneus non est. Naso quippe odores fœtoresque discernimus. Recte ergo per nasum discretio exprimitur, per quam virtutes eligimus, delicta reprobamus. Unde et in laude [16]

### NOTATIONES CORRECTORUM.

[b] *Præcedente:* προϊόντος, id est, *procedente.* sed o⁵ glossam non est mutatum.

[c] *Mortale* - Abest vox ista a prisca ⁴ versione. Græce est : Ψυχικόν τι ἁμάρτημα : quod Dionysius vertit, *delictum animæ.*

C. II. [d] *Initio sanctæ*: In lib. 7, epist. 110, ubi habetur prior pars hujus capitis usque ad vers. *Scimus autem,* legitur, *in sanctæ fidei erat conversatione plantatus.* Lib. autem 5, ep. 51, sive c. 95 (ubi et eadem fere iisdem verbis habentur, ac præterea sequens pars usque ad finem) legitur hoc loco : *qui* D *adhuc noviter erat eruditione plantatus in fide.*

---

Dist. XLVIII. C. I. ⁸ sic : Ed. Bas. ⁹ 1 Tim. c. 3, v. 6. [10] add. : *in superbiam:* Edd. coll. o. — ⁵ imo Hisp. [11] *cessabit :* Coll. Hisp. [12] *hoc :* Edd. coll. o. [13] *facit :* Coll. Hisp. [14] *contra statuta :* Edd. coll. o. [15] *etiam ipse periclitabitur :* Coll. Hisp. [16] Ep. 106. (scr. A. 599.) l. 9. Ed. Maur. — cf. ep. ad Virgilium Arelat. l. 5, ep. 53. — Aus. l. 6, c. 26 (30). Ivo Decr. p. 5, c. 131 (ex epist. ad Virgilium). Polyc. l. 2; t. 1. == C. II. [17] *in initio :* orig. — Edd. coll. o. [18] *ambigendos :* Ed. Bas. [19] *ascendendum :* orig. — Aus. — Edd. coll. o. [20] *summa :* orig. [21] abest ab orig.

Dist. XLIX. ¹ Parte 1. c. 10. ² ib. c. 11. == C. I. ³ Levit, c. 21, v. 1. — In Edd. coll. o. exc. Lugdd. II, III, Antw. et hic et in seqq. SS. libri in ipso textu laudantur. ⁴ *vel :* Edd. coll. o. ⁵ *Si mancus, si gibbosus :* eædd. ⁶ *si etiam :* Ed. Bas. ⁷ *dirigat :* Edd. Lugdd. II, III, Antw. ⁸ 1 Reg. c. 2, v. 9. ⁹ *perfecte :* orig. — Edd. coll. o. [10] *quia videlicet quis :* eædd. [11] abest etiam ab orig. [12] *nititur :* Edd. coll. o. exc. Bas. [13] Hebr. c. 12, v. 12. [14] *egressus :* Ed. Bas. [15] *magis autem :* orig. — Edd. coll. o. [16] *laudibus :* eædd. exc. Bas.

sponsæ dicitur [17] : *Nasus tuus sicut turris, quæ est in Libano*, quia nimirum sancta ecclesia quæ ex causis singulis tentamenta prodeant per discretionem conspicit, et ventura vitiorum bella ex alto deprehendit. Sed sunt nonnulli, qui dum æstimari [18] hebetes nolunt sæpe se [19] quibusdam exquisitionis plus quam necesse est exercentes ex nimia subtilitate falluntur. Unde hic quoque subditur: *vel grandi et [20] torto naso*. Nasus enim grandis et tortus est discretionis subtilitas immoderata, quæ, dum plus quam decet excreverit, actionis suæ rectitudinem ipsa confundit. § 4. Fracto autem pede vel manu est, qui viam Dei [21] pergere omnino [22] non valet, atque a bonis actibus funditus exors vacat, quatenus hæc non ut claudus saltem cum infirmitate teneat, sed ab his omnimodo alienus existat. § 5. Gibbus [23] vero est, quem terrenæ sollicitudinis pondus deprimit, ne unquam ad superna respiciat, sed solis his, quæ in infimis calcantur, intendat, qui et si quando aliquid ex bono patriæ cœlestis audierit, ad hoc [24], nimirum perversæ consuetudinis pondere prægravatus, cordis faciem non attollit, quia cogitationis [25] statum erigere non valet quem terrenæ sollicitudinis usus curvum tenet. Ex horum quippe specie Psalmista [26] dicit : *Incurvatus sum et humiliatus usquequaque*. Quorum culpam quoque per semetipsam veritas reprobans ait : *Semen autem, quod in spinis [28] cecidit, hi sunt, qui audiunt [29] verbum et a sollicitudinibus et divitiis et voluptatibus vitæ euntes suffocantur, et non referunt fructum*. § 6. Lippus vero [30] est, cujus quidem ingenium ad cognitionem veritatis emicat, sed tamen hoc [31] carnalia opera obscurant. In lippis quippe oculis pupillæ sanæ sunt, sed humore defluente infirmatæ [32] palpebræ grossescunt [33], quæ [34] quia infusione crebra atteruntur, etiam acies pupillæ vitiatur. Et sunt nonnulli, quorum sensum carnalis vitæ operatio sauciat, qui videre [35] recta subtiliter per ingenium poterant, sed usu pravorum actuum caligant [36]. Lippus itaque est, cujus sensum natura exacuit, sed conversationis pravitas confundit, cui bene per Angelum dicitur [37] : *Collyrio inunge [38] oculos tuos, ut [39] videas*. Collyrio quippe oculos ut videamus inungimus [40], cum ad cognoscendam veri luminis claritatem intellectus nostri aciem medicamine bonæ operationis adjuvamus. § 7. Albuginem vero habet in oculo, qui veritatis lucem videre non sinitur, quia arrogantia sapientiæ seu justitiæ cæcatur. Pupilla namque oculi nigra videt, albuginem tolerans nihil videt, quia videlicet sensus humanæ cogitationis, si stultum se peccatoremque intelligit, cognitionem intimæ claritatis apprehendit. Si autem candorem sibi justitiæ sive sapientiæ tribuit, a luce se supernæ cognitionis excludit, et eo claritatem veri luminis nequaquam penetrat, quo se apud se per arrogantiam exaltat, sicut de quibusdam dicitur [41] : *Dicentes enim se esse sapientes stulti facti sunt*. § 8. Jugem vero habet scabiem, cui carnis petulantia sine cessatione dominatur. In scabie etenim fervor viscerum ad cutem trahitur, per quam recte luxuria designatur, quia [42] si cordis tentatio usque ad operationem prosilit, nimium fervor intimus usque ad cutis scabiem prorumpit, et foris jam corpus sauciat, quia eum in cogitatione voluptas non reprimitur, etiam in actione dominatur. Quasi enim cutis pruriginem Paulus curabat abstergere, cum dicebat [43] : *Tentatio vos non apprehendat, nisi humana*, ac si aperte diceret : Humanum quidem est tentationem in corde perpeti, dæmoniacum vero est in [44] tentationis certamine in [45] operatione superari. § 9. Impetiginem quoque habet in corpore quisquis avaritia vastatur in mente, quæ si in parvis non compescitur, nimirum [46] sine mensura dilatatur. Impetigo quippe sine dolore corpus occupat, et absque occupati tædio excrescens membrorum decorem fœdat, quia et avaritia captivam animam, dum quasi delectat, exulcerat, dum adipiscenda [47] quæque [48] cogitationi objicit, ad inimicitias accendit, et dolorem in vulnere non facit, quia æstuanti animo ex culpa abundantiam promittit. Sed decor membrorum perditur, quia aliarum quoque virtutum per hanc pulchritudo depravatur, et quasi totum corpus exasperat, quia per universa vitia animum supplantat. Paulo attestante, qui ait [49] : *Radix omnium malorum est cupiditas*. § 10. Ponderosus vero est, qui turpitudinem non exercet opere, sed tamen ab hac cogitatione continua sine moderamine gravatur in mente; qui nequaquam quidem usque ad opus nefarium rapitur, sed ejus animus voluptate luxuriæ sine ullo repugnationis obstaculo [50] delectatur. Vitium quippe est ponderis, cum humor viscerum ad virilia labitur, quæ profecto cum modestia dedecoris intumescunt. Ponderosus ergo est, qui totis cogitationibus ad lasciviam defluens, pondus turpitudinis

---

DIST. XLIX. C. I. [17] Cant. c. 7, v. 4. [18] *existimari* : Edd. coll. o. — add. : *se* ; eæd. exc. Bas. [19] abest ab Edd. coll. o. exc. Lugdd. II, III. Antw. [20] *vel* : Ed. Bas. [21] *Domini* : eæd. [22] *omnimodo* : Ed. Bas. [23] *Gibbosus* : Edd. coll. o. pr. Bas. [24] *hæc* : Ed. Bas. [25] *cognitionis* : Edd. coll. o. exc. Bas. [26] Psalm. 118, v. 107. — Luc. c. 8, v. 14. [28] *spinas* : Ed. Bas. [29] *audierunt* ; orig. — Edd. coll. o. [30] *quippe* : Ed. Bas. [31] *hæc* : Ed. Bas. — Ed. Nor. Ven. I, II. Par. [32] *infirmitate* : Edd. Arg. Bohm. *infirmantes* : Edd. coll. rel. [33] *ægrotescunt* : Ed. Arg. [34] *quorum quia* : orig. — Ed. Bas. — *quorum quidem* (*quidam* : Ed. Bas.) *quia* : Edd. coll. rel. exc. Lugdd. II, III. Antw. [35] add. : *et studere* : Ed. Bas. [36] *caligantur* : Edd. coll. o. [37] Apocal. c. 3, v. 18. [38] *junge* : Ed. Bas. [39] *et* : ib. [40] *jungimus* : Edd. Arg. Nor. Ven. I, II. — *injungimus* : Ed. Bas. [41] Rom. c. 1, v. 22. [42] *quia etsi* : eæd. exc. Bas. Lugdd. II, III. Antw. [43] 1 Cor. c. 10, v. 13. [44] abest ab Edd. coll. o. [45] *et* : eæd. — orig. [46] *nimium* : Edd Arg. Ven. I, II. [47] add. : *negotia* : Edd. coll. o. exc. Lugdd. II, III Antw. [48] *quisque* : Edd. Arg. Nor. Ven. I II Par. [49] 1 Tim. c. 6, v. 10. [50] *stimulo* : Edd. coll. o. exc. Lugdd. II, III Antw.

gestat in corde; et quamvis prava non exerceat opere, ab his tamen non evellitur mente, nec ad usum boni operis in aperto valet assurgere, quia gravat hunc in abditis pondus turpe. § 11. Quisquis ergo quolibet horum vitio subigitur, panes Domino offerre prohibetur, ne profecto a diluere aliena delicta non valeat is, quem adhuc propria devastant. § 12. Quia igitur paucis ad magisterium pastorale dignus qualiter veniat, atque hoc indignus qualiter pertimescat, ostendimus, nunc is, qui ad illud digne pervenerit, in eo qualiter vivere debeat, demonstremus.

C. II. *Indoctus, terrena lucra sectans, vitiosus ordinari non debet.*

*Item* Hieronymus *super Malachiam, ad c. 1.* [v. 7, 8.]

Sacerdotes nomen Domini despiciunt, et, quantum ad se, panem pollutum offerunt, qui ad altare indigne accedunt, quique dato munere sacerdotium praesumunt. Panem quoque polluit, qui doctrinam Domini in populo male dispergit, et qui honorat potentem et despicit pauperem. *Et infra:* § 1. *Si offeratis caecum ad immolandum, nonne malum est?* etc. Superius accusati de panibus nunc accusantur de victimis. Caecum animal offert, qui ordinat indoctum loco docti, magistrumque facit, qui vix discipulus esse poterat. Claudum offert, qui lucra terrena quaerentem locat, utpote pedem in diversa ponentem, unum in divinis, alterum in carnalibus, cui potest inferri illud de libro Regum: *Usquequo claudicatis in duas partes?* Languidum offert, qui vitiosum habet pro religioso, quique tardum et pigrum probat b patientem, dicens illum negligentiae redarguendum. Indignum est enim dare Deo quod dedignatur homo.

## DISTINCTIO L.

### GRATIANUS.

I Pars. *Ex praemissis auctoritatibus liquido monstratum est, quod variis criminibus irretiti in sacerdotes ordinari non possunt. Nunc autem de eisdem quaeritur, utrum post peractam poenitentiam, vel in propriis ordinibus remanere, aut ad majores gradus conscendere valeant? Multorum auctoritatibus variis criminibus irretiti a propriis ordinibus dejiciuntur, et ab accessu majorum prohibentur.*

Unde Gregorius *ait Constantio Mediolanensi episcopo, lib. IV, epist. 17:*

C. I. *Lapsi in suum ordinem reparari non possunt.*

Si lapsis ad suum ordinem revertendi licentia concedatur, vigor canonicae procul dubio frangitur disciplinae, dum pro reversionis spe gravae actionis desideria quisque concipere non formidat. *Et post pauca:* § 1. Illud igitur prae omnibus studete, ut lapsos in sacrum ordinem nullius vobis supplicatio aliquo modo revocare studeat, ne hujusmodi non statuta, sed temporaliter dilata credatur eis esse vindicta.

C. II. *Qui post suam ordinationem labitur, depositus permanebit.*

*Item* Martius papa I, *Amando episcopo.*

Qui semel post suam ordinationem in lapsum ceciderit, deinceps jam depositus erit, nullumque gradum sacerdotii poterit adipisci.

C. III. *Presbyter post lapsum nulla ratione in sacro ordine reparari valet.*

*Item* Gregorius papa *Sabiniano episcopo, lib. VII, epist.* 25.

Presbyterum, de quo nos fraternitas tua latoris praesentium legatione consuluit, nulla ratione in sacro ordine post lapsum aut permanere, aut revocari posse cognoscas. Circa quem tamen mitius agendum est, quia commissum facinus facili dicitur professione confessus.

C. IV. *Post perpetratum homicidium sacerdotale officium ministrari non potest.*

*Item* Joannes VIII, *Cenomantico Uticensi episcopo.*

Miror minus doctam scientiam tuam sacerdotem putare post perpetratum homicidium posse in sacerdotio ministrare, imo (quod est ineptius) nobis suadere velle, ut ipsi tali praesumptioni praeberemus assensum. Quis enim tam demens tamque perversi sensus tale quid aestimaret vel post quantumcunque poenitentiam concedendum, cum omnino sit canonicae disciplinae contrarium? Debet ergo sacerdotio privatus lacrymarum fonte flagitium tam im-

## NOTATIONES CORRECTORUM.

Dist. XLIX. C. I. a *Ne profecto*: Sic etiam in originali impresso. In aliquot Gratiani manuscriptis legitur: *Nec profecto diluere aliena delicta valet is, quem adhuc propria devastant.*

C. II. b *Probat patientem*: Sic interpungitur etiam in manuscriptis et in glossa, cum tamen ita posset etiam distingui, *et pigrum probat, patientem dicens illum*, etc.

---

Dist. XLIX. C. I. [51] *opera*: Edd. coll. o. — [52] *elevatur*: Ed. Bas. — *avellitur*, Edd. rel. [53] *cuilibet* (*quolibet*: Ed. Bas.) h. *vitiorum subjicitur*: Edd. coll. o. — a *et* Edd. coll. o. exc. Bas. [54] *his*: Ed. Arg. = C. II. [55] *Apud Hier.* multo latius haec habentur. [56] *add.*: *animal*: Edd. coll. o. [57] *add.*: *autem*: Ed. Bas. [58] *add.*: *in*: Edd. coll. o. [59] 3 Reg., c. 18, v. 21. [60] *claudicas*: Edd. coll. o. ex Bas. [61] *pro patiente*: Ed. Bas.

Dist. L. P. 1. [1] Ep. 4 (scr. A. 595). l. 5, Ed Maur.—Ans. l. 8, c. 25 (35. Ivo Pan. l. 3, c. 145. Decr. p 6, c. 80.—*Constantino*: Edd. coll. o. = C. I. [2] *per-spem*: orig. [3] *quis*: Edd. coll. o. [4] *autem*: exd. [5] *studeat*: exd. = C. II. [6] Ep. ad Amandum Trajectinum, scr. A, 649. — Ivo Pan. l. 3, c. 141. = C. III. [7] Ep. ad Sabinianum (*Sabinum*: Ed. Bas. — *Fabianum*: Edd. coll. rel.) Jadertinum. Ep. 24 (scr. A. 598), l. 8 Ed. Maur. —Ans. l. 8, c. 26. Pan. l. 3, c. 146. [8] *relatione*: orig. Ans. [9] *cognoscet*: Edd. coll. o. = C. IV. [10] Fragm. epist. deperditae. — Ivo Pan. l. 3, c. 153. Decr. p. 6, c. 114; p. 10, c. 51: *Caenomoco Venet. ep.* [11] *sententiam*: Ed. Bas. — Ivo p. 10, c. 51. [12] *omni*: Ivo.

mane diluere, ut talibus saltem remediis curatus salutis possit invenire suffragium.

**C. V.** *Ad majorem gradum clericus provehi non potest, qui paganum occidit.*

*Item* Nicolaus papa [13].

Clericum, qui paganum occiderit, non oportet ad gradum majorem provehi, qui carere etiam debet acquisito, homicida enim est. Nam cum discreti sint milites sæculi a militibus Ecclesiæ, non convenit militibus Ecclesiæ militare sæculo, per quod ad effusionem sanguinis necesse sit pervenire.

**C. VI.** *Qui defendendo se paganum occiderit, sacerdotali careat officio.*

Idem *Osbaldo chorepiscopo Quadrantino* [14].

De his clericis, pro quibus consuluisti, scilicet, qui se defendendo paganum occiderunt, si postea per pœnitentiam emendati possint ad gradum pristinum redire, aut ad altiorem conscendere, scito, nos nullam occasionem dare nec ullam tribuere eis licentiam quemlibet hominem quolibet modo occidendi. Verum si contigerit, ut clericus sacerdotalis ordinis saltem paganum occiderit, multum sibi consulit, si ab officio sacerdotali recesserit; satiusque est illi in hac vita Domino sub inferiori habitu irreprehensibiliter famulari, quam alta indebite appetendo damnabiliter in profundum [15] demergi.

**C. VII.** *Cadat ab officio episcopus, presbyter, aut diaconus capitale committens crimen.*

*Item* ex concilio Agathensi, c. 50 [16].

Si episcopus, presbyter, aut diaconus capitale crimen commiserit, aut chartam falsaverit [17], aut falsum testimonium dixerit, ab officii honore depositus in monasterium [18] retrudatur [19], et ibi quamdiu vixerit laicam tantummodo communionem accipiat.

**C. VIII.** *Qui homicidii facto aut præcepto, aut consilio post baptismum conscius fuerit, clericus non ordinetur.*

*Item* ex concilio Martini papæ, c. 26 [20].

Si quis viduam aut ab alio dimissam [21] duxerit, non admittatur ad clericatum [22]. Quod si irrepserit [23], dejiciatur. Similiter si homicidii aut facto, aut præcepto, aut consilio, aut defensione a posſ baptismum conscius fuerit, et per aliquam subreptionem ad clericatum venerit, dejiciatur, et in fine vitæ suæ laicam [24] communionem tantummodo recipiat [25].

**C. IX.** *De sacris ordinibus lapsi reparari non possunt.*

*Item* Gregorius *Januario episcopo Caralitano, lib. III, epist.* 26 [26].

Pervenit ad nos, quosdam de sacris ordinibus lapsos vel post pœnitentiam, vel ante ad ministerii sui officium revocari; quod omnino prohibemus, et in hac re sacratissimi quoque canones contradicunt. Qui igitur post acceptum sacrum ordinem lapsus in peccatum carnis fuerit, sacro ordine 'ita' careat, ut ad altaris ministerium 'ulterius' non accedat.

**C. X.** *De eodem.*

Idem *Venantio Lunensi episcopo, lib. IV, epist.* 5. [27]

Accedens ad Gorgonam insulam fraternitas vestra discutiat id, quod ad nos de Saturnino presbytero b perlatum est [28]. Pervenit namque ad nos, quia postquam pro crimine lapsus sui a sacerdotii ordine est dejectus, ad explendum ministerium sacerdotii [29] præsumpsit accedere, et omnipotenti Deo hostias immolare. Quod si ita factum fraternitas vestra repererit, eum sacri corporis et sanguinis dominici [30] participatione privatum in pœnitentiam redigat, ita ut usque ad diem [31] obitus sui in eadem excommunicatione permaneat et viaticum tantummodo exitus sui tempore recipiat. Sin autem eum fraternitas tua talem pœnitentiam agere cognoverit, ut ei juste ad recipiendam inter laicos communionem etiam ante exitum debeat misereri, hoc in tuæ fraternitatis ponimus potestate. *Et infra* : § 1.

Præterea [32] ad fraternitatis tuæ consulta respondentes statuimus, diaconum et abbatem de portu Veneris, quem indicas cecidisse [33], ad sacrum or-

## NOTATIONES CORRECTORUM.

Dist. L. C. VIII. a *Defensione* : In codice Lucensi regio (in quo sunt etiam hæc capitula a Martino Bracarensi episcopo collecta) et apud Anselmum et in editione conciliorum tribus tomis, in margine legitur : *assensione* ; cui lectioni convenit, quod legitur in concilio Triburiensi, c. 11 circa finem.

C. X. b *Presbytero* : In vetusto codice epistolarum B. Gregorii, et aliquot antiquis exemplaribus Gratiani' legitur : *expresbytero*, itemque inferius in hoc eodem capite : *Saturninum vero expresbyterum*, sive ut in impressis B. Gregorii, *expresbytero*. Depositos enim presbyteros expresbyteros, et eos, qui monasteria deseruerant, exmonachos appellabant; sicut illi, qui consulatum aut quæsturam gesserant, exconsules aut exquæstores vocari soliti fuerant.

Dist. L. C. V. [13] Fragm. epist. deperd. ad Wilfredum (s. *Humifredum*, s. *Hunifredum*, s. *Guifredum*) Morinensem episc. — Ivo Decr. p. 6, c. 120. ═ C. VI. [14] Fragm. epist. deperditæ. — Coll. tr. p. p. 1, t. 62, c. 64. [15] add. : *inferni* : Edd. coll. o. ═ C. VII. [16] hab. A. 506, cf. tamen, quæ monita sunt ad c. 30, D. 23. — Coll. tr. p. p. 2, t. 28, c. 48. [17] *falsaverint*, et sic numero plurali deinceps : Coll. Hisp. [18] *monasterio* : Edd. coll. o. exc. Lugdd. II, III Antw. [19] *detrudatur* : Edd. coll. o. — Bohm. ═ C. VIII. [20] Martini Brac. interpretatio can. Apost. 17, et can. 21 conc. Ancyr. [21] *relictam* : Edd. coll. o. [22] *ita apud* Merlin. — *clerum* : Coll. Hisp. [23] *aut si obrepsit* : Coll. Hisp. ▿ ' eamdem lectionem servat Coll. Hisp. [24] abest a Coll. Hisp. et Isid. Merl. pariter ac sequens : *tantummodo*. [25] *accipiat* : Edd. coll. o. ═ C. IX. [26] Ep. 26 (scr. A. 594), l. 4 Ed. Maur. — Ans. l. 8, c. 20. Ivo Pan. l. 3, c. 133. Decr. p. 6, c. 78. Polyc. l. 4, t. 59. ═ C. X. [27] Ep. 7 (scr. A. 595), l. 5 Ed. Maur. — Ans. l. 8, c. 21. Ivo Decr. p. 6, c. 85. Polyc. ib. — et apud Anselm. [28] *relatum* : Edd. coll. o. [29] *presbyteri* orig. — Ans. Ivo. — Edd. coll. o. [30] *Domini* : Edd. coll. o. [31] *diem ultimum* : exd. [32] ex ep. 3 ad eundum Venantium, scr. A. eod. — Ans. l. 8, c. 22. Ivo Pan. l. 3, c. 132. [33] add. : *in crimen* : Edd. coll. o.

dinem non debere vel posse ullo modo revocari. Quem quidem sacro ordine privatum in pœnitentiam deputare te convenit; cujus si postea actus conversatioque meruerit, priorem inter alios monachos, ubi tu tamen decreveris, stanti locum obtineat. Subdiaconi quoque, quo similis culpa constringit, ab officio suo irrevocabiliter depositi, inter laicos communionem accipiant. In portu autem Veneris loco lapsi diaconi alium, qui hoc officium implere debeat, ordinabis: Saturninum vero presbyterum, ut nunquam ad sacri ordinis ministerium præsumat accedere, scriptis cavere decrevimus; sed eum in insula Gorgona atque Capraria sollicitudinem de monasteriis gerere, et in eo in quo est statu sine cujusquam adversitate manere permittimus.

C. XI. *Loco lapsi alius ordinanaus est.*

Idem *Mariniano episcopo Ravennæ, lib. VI, epist.* 39.

Postquam quemquam criminaliter abscedentem in locum, 'de' quo lapsus est, nulla permittit ratio revocari, et ultra tres menses Ecclesiam vacare pontifice statuta sacrorum canonum non permittunt, ne cadente pastore dominicum gregem antiquus (quod absit!) hostis insidiando dilaniet, fraternitas vestra deprecationi eorum consentire et in loco lapsi debet episcopum ordinare.

C. XII. *Qui post ordinationem suam in lapsum ceciderit, sacra mysteria non debet tractare.*

*Item Martinus papa I in epistola ad Amandum.*

Si post ordinationem suam quispiam in lapsum ceciderit, et prævaricationis peccato fuerit deprehensus obnoxius, omnimodo prohibendum est, eum manibus lutulentis atque pollutis mysteria nostræ salutis tractare.

II Pars. Gratian. *Econtra exemplis et auctoritatibus probatur, post actam pœnitentiam proprios gradus licite posse administrare, et ad majores conscendere.* Maria enim soror Aaron, postquam lepra percussa est, quia in Moysen murmuraverat, acta pœnitentia a peccato mundata et sanata est, et pristinam gratiam prophetandi recepit. Aaron autem post conflatum vitulum etiam in summum sacerdotem consecratus est. David post adulterium et homicidium spiritum prophetiæ recepit, et in proprio gradu permansit. Achab quoque post mortem Nabuthæ viri sanctissimi per pœnitentiam humiliatus in regia sede remansit. Et ut prætereamus multa exempla Veteris Testamenti, Petrus negavit Christum, et tamen postea princeps apostolorum factus est; Paulus Stephanum lapidavit, et tamen a Deo in apostolum electus est. Multi quoque ab hæresi ad unitatem catholicæ fidei revertentes in suis ordinibus sunt recepti, alii vero ad episcopalem etiam gradum sunt promoti, utpote Augustinus et alii complures.

C. XIII. *De eodem,* PALEA

« Joannes Chrysostomus 'a' duabus synodis orthodoxorum episcoporum fuit dijudicatus, sed iterum fuit restitutus. Marcellus episcopus Ancyræ Galatiæ depositus fuit, sed postmodum proprium recepit episcopatum. Asclepius dijudicatus a synodo ecclesiam suam postea recepit. Lucius episcopus Adrianopolites damnatus a Papa Julio recepit ecclesiam sui episcopatus. Cyrillus episcopus Hierosolymitanus depositus fuit, postea reconciliatus est ecclesiæ suæ. Simili modo Polychronium ejusdem ecclesiæ Hierosolymitanæ pontificem Sixtus Papa damnavit et iterum ipse eum reconciliavit. Innocentius Papa Photinum episcopum damnavit, sed postea eum in proprium locum restituit ecclesiæ suæ. Misenum episcopum a Felice Papa damnatum Gelasius Papa successor illius reconciliavit et ecclesiæ suæ restituit. Leontius, dum esset presbyter, depositus fuit, sed postea in Antiochia patriarcha exstitit. Gregorius vero quartus Papa Theodosium, quem Eugenius ejus antecessor presbyterii honore privaverat, sanctæ ecclesiæ Signi-

---

**NOTATIONES CORRECTORUM.**

C. XIII. *Palea*: Caput hoc a vetustioribus codicibus abest; in vulgatis inscribebatur: *Item ex epistola Cyrilli ad Joannem Antiochenum*: quæ inscriptio sublata est, quoniam quæ in hoc capite tractantur, ex variis historiis sunt collecta, et aliqua longe post Cyrillum et Hierosolymitanum et Alexandrinum contigerunt. Neque apud Burchardum et Ivonem ulla talis inscriptio est sed tantum in Panormia.

*Misenum*: Antea legebatur '; *Nicænum*. Emendatum est ex Burchardo, Ivone et c. *Gregorius* 35, quæst. 9. Atque in Pontificali Romano manuscripto in vita Nicolai I, hæc leguntur: *Sicut B. Papa Felix Vitalem et Misenum episcopos, qui in Petro Alexandrino hæretica fæce coinquinato coacti consenserant, sacerdotali gradu, ecclesiastica imo communione privavit.*

---

Dist. L. C. X. *aliquo*: cæd. add.: *non ordinem*: eæd. *expresbyterum*: orig. — Ans. *permisimus*: Ed. Bas. = C. XI. Ep. 42 (scr. A. 597), l. 7 Ed. Maur. — *Mariano*: Ed. Bohm. — In Edd. coll. o. inscriptionis loco est: *Idem*. — Anselm. l. 8, c. 25. *cadentem*: Ans. — Edd. coll. o. = C. XII. scr. A. 649 ad Amandum Ep. Traject. — *in concilii Martini P.*: Ed. Bas. *prohibendum* — cum. = P. II. Edd. coll. o. *Num.* c. 12, — cf. C. 33, q. 2, c. 11. *Exod.* c. 32. 2 *Reg.* c. 1, et 12. 3 *Reg.* c. 21. *Matth.* c. 26. *Joann.* c. 21, *Act. Ap.* 7, et 9. — C. XIII. Inter fontes hujus capitis Pontificale Romanum primarium locum tenere videtur; quid quod infr. C. 35, q. 9, c. 8, verba: *Misenum*, etc. ex Pontific. dicuntur excerpta, licet ipsa verba ibidem non exstent. — Burch. l. 1, c. 253. Ivo in prologo Panormiæ et Decreti. *Marcianus*: Edd. coll. o. *Andronopolites*: Edd. Lugdd. II, III Antw. — *Andrinopolitæ*: Edd. coll. rel. *Polocronium*: Edd. Bas. Lugdd. II, III. — *Polycromium*: Ed. Antw. — *Polocromium*: Edd. coll. rel. *Fortunatum*: Edd. coll. o. * ita in Edd. Par. Lugdd. Antw. *et communicavit*: Ivo. *Leucius*: Edd. Arg. Ven. I. — *Leuncius*: Edd. Nor. Ven. II. Lugd. I.

iæ [55] consecravit episcopum. Ibas [56] namque episcopus dijudicatus fuit, sed sancta synodus canonica suam illi restituit ecclesiam. Rothadum [57] vero episcopum sanctæ Suessionensis [58] ecclesiæ, a synodo, cui Carolus interfuit, condemnatum, et Sophronium † Placentinum episcopum merito reprobatum, Nicolaus Papa ambos reconciliavit. »

*Præterea Calixtus Papa I, de hujusmodi scribit ita, epist. II, ad Episcopos Galliarum* [59] :

C. XIV. *Clerici post lapsum in suis ordinibus reparari possunt.*

Ponderet unusquisque sermones suos, et quod sibi loqui non vult alteri non loquatur. Unde bene sacra ait scriptura [60] : *Quod tibi non vis fieri, alteri ne facias*. Nos [61] enim tempore indigemus, ut aliquimaturius agamus, nec [62] præcipitemus consilia [63] et opera nostra, neque ordinem [64] corrumpamus. § 1. Sed [65] si aliquis lapsus quocunque [66] modo fuerit, portemus [67] eum et fraterno corripiamus affectu, sicut ait B. Apostolus [68] : *Si præoccupatus fuerit homo in aliquo delicto, vos, qui spiritales estis, instruite hujusmodi in spiritu lenitatis, considerans te ipsum, ne et ut tenteris. Alter alterius onera portate, et sic adimplebitis legem Christi*. § 2. Porro S. [69] David de criminibus mortiferis egit pœnitentiam, et tamen in honore permansit. § 3. B. quoque Petrus amarissimas lacrimas fudit, quando Dominum negasse pœnituit, sed tamen apostolus permansit. Et Dominus per Prophetam [70] 'peccantibus' pollicetur, dicens : *Peccator in quacunque die* [71] *conversus ingemuerit, omnium iniquitatum illius non recordabor amplius*. Errant [72] enim [73], qui putant, 'Domini' sacerdotes post lapsum, si condignam egerint pœnitentiam, Domino ministrare non posse, et suis honoribus frui, si bonam deinceps vitam duxerint, et suum sacerdotium condigne [74] custodierint. Et ipsi, qui hoc putant, non solum errant, sed etiam contra traditas ecclesiæ claves disputare [75] et agere videntur, de quibus dictum est [76] : *Quæcunque solveritis in terra, erunt soluta et in cœlo*. Alioquin hæc sententia aut Domini non est, aut vera est. § 4. Nos [77] vero indubitanter, tam Domini sacerdotes quam reliquos fideles post dignam satisfactionem posse redire ad honores credimus, testante Domino per Prophetam [78] : *Numquid* 'qui dormit, non adjiciet, ut resurgat*? Et propheta [79] David pœnitentiam agens dixit : *Redde mihi lætitiam salutaris tui, et spiritu principali confirma me*. Ipse namque post pœnitentiam et alios docuit, et sacrificium Deo obtulit, dans exemplum doctoribus sanctæ ecclesiæ, si lapsi fuerint et condignam pœnitentiam Deo gesserint, utrumque facere posse. Docuit enim, quando dixit: *Docebo iniquos vias tuas, et impii ad te convertentur*. 'Et' sacrificium Deo 'pro se' obtulit, dum dicebat: *Sacrificium Deo spiritus contribulatus*. Videns enim Propheta scelera sua mundata per pœnitentiam, non dubitavit prædicando et Domino libando curare [80] aliena. Et infra : § 5. Mundatur ergo homo a peccato et resurgit gratia Dei lapsus [81], et in pristino manet officio juxta prædictas auctoritates. Videat, ne amplius peccet [82], ut [83] sententia evangelii maneat in eo : *Vade et amplius noli peccare*. Unde ait Apostolus [84] : *Non ergo regnet peccatum in vestro mortali corpore, ut obediatis concupiscentiis ejus*. Et *infra* : § 6. Sententiam, fratres, quæ misericordiam vetat, non solum tenere, sed et audire refugite [85], quia potior est misericordia omnibus holocaustomatibus et sacrificiis.

C. XV. *In pristinum gradum post pœnitentiam revocari possunt sacerdotes.*

*Item* Hieronymus *ad cap. 3 Malachiæ.*

Et [86] *purgabit filios Levi; tempus* [87] *est enim, ut judicium incipiat a domo Dei*, et alibi scribitur [88] : *A sanctis meis incipite*. In filiis autem Levi omnem sacerdotalem intellige [89] dignitatem. Si autem sacerdotes purgandi sunt et colandi, ut purum aurum remaneat et argentum, quid de ceteris est dicendum? Qui quum emundati fuerint et colati, tunc offerent Domino [90] justa [91] sacrificia, et placebit sacrificium eorum; quod offerunt [92] pro Juda et

NOTATIONES CORRECTORUM.

C. XIV. *Numquid* : In epistola Calixti et apud collectores indicatos legitur : *Numquid, qui cadit, non adjiciet, ut resurgat, et qui aversus est, non revertetur?* et alibi : *Nolo, inquit Dominus, mortem peccatoris, sed ut convertatur et vivat*. Quæ duæ sententiæ habentur Hierem. 8. et Ezech. 33. Sed ob glossam nihil est mutatum

DIST. L. C. XIII. [55] *Seguinæ* : Edd. coll. o. exc. Bas. — [56] *Abbas* : Edd. coll. o. — [57] *Bocardum* : Ed. Nor. — *Rocardum*. Edd. Arg. Ven. I, II. Lugd. I. — [58] *Suesviensis* : Ed. Nor. — *Suesoviensis* : Edd. Arg. Ven. II, II. Par. Lugd. I. † *Sofrenum* : Ivo. — *Sophidinum* : Edd. coll. o. exc. Bas. = C. XIV. [59] Ep. Pseudoisidoriana. [60] Tob. c. 4, v. 46. [61] ex Ambros. ep. 39. [62] *ne* : Ed. Bas. — *non* : Edd. coll. rel. [63] *concilia* : Edd. coll. o. exc. Nor. Ven. I, II. Lugd. II, III. Antw. [64] add. : *eorum* : Edd. coll. o. [65] Burch. l. 19, c. 42. Ivo Decr. p. 6, c. 48. [66] *quoquo* : Ivo. — Edd. coll. o. [67] *non perdamus — sed* : orig. [68] Gal. c 6, v. 1. [69] ex August. ep. 50. [70] Ezech. c. 18. v. 22. [71] *hora conversus fuerit et ing.* : Edd. coll. o. [72] Ivo Pan. l. 3, c. 148. Polyc. l. 4, t. 38. [73] *itaque* : Edd. coll. o. [74] *digne* : eæd. [75] *traditas eccl. cl. despicere* : Ivo. — Edd. coll. o. — ex Augustin. ep. 50. [76] Matth. c. 16, v. 19. [77] cf. Gregor. l. 9, ep. 52, fragm. supposititium *de lapsis* ep. ad Secundinum insertum. [78] Psalm. 40, v. 9. [79] Psalm. 50, v. 14. [80] add. : *etiam* : Edd. coll. o. [81] *a lapsu* : eæd. [82] *jaceat* : Edd. Arg. Ven. I, II. Nor. — *cadat* : Edd. coll. rel. [83] *sed sent. evangelica — quæ ait* : Edd. coll. o. — cf. Joann. c. 8, v. 11. [84] Rom. c. 6, v. 12. [85] *fugite* : Edd. coll. o. = C. XV. [86] Malach. c. 3, v. 3. [87] 1 Petr. c. 4, v. 17. [88] Ezech. c. 9, v. 6. [89] *intelligens* : Edd. coll. o. (exc. Lugdd. II. III. Antw. in quibus est : *intelligit*) add. : *esse*, exc. Bas. — [90] *Deo* : Edd. coll. o. [91] *juxta* : Ed Lugd. II. [92] *offerent* : Ed. Bas. — *offertur* : Edd. coll. rel.

Hierusalem, (hoc est, pro iis, qui Dominum confitentur et pacem ejus mente *² conspiciunt *⁴ sicut dies sæculi et sicut *⁵ anni antiqui *⁶,) ut quomodo in principio placuerunt Deo, sic post peccatum et pœnitentiam placere incipiant, quum omni *⁷ fuerint peccatorum sorde purgati.

C. XVI. *Lapsi reparari possunt.*

*Item* Gregorius *Secundino lib. VII, epist* 53, *⁸.

Quia sanctitas tua ʼhoc a nobisʼ requisivit, ut sibi *⁹ de sacerdotali officio post lapsum resurgendi auctoritates ¹⁰⁰ scriberemus, dum se dicit ¹⁰¹ de hoc canones diversos legisse et diversas sententias invenisse ¹⁰², alias resurgendi, alias nequaquam posse: ideo nos ᶠ generales ¹⁰³ synodos, a Nicæna incipientes, hanc ¹⁰⁴ cum reliquis quatuor ¹⁰⁵ veneramur, quia ipsam sequentes ceteræ in cunctis canonicis sententiis unanimiter concordant. Nos vero præcedentes Patres sequi debemus ¹⁰⁶, qui (auctore Deo) a sacra doctrina illorum non discordamus. A capite itaque incipientes usque ad ¹⁰⁷ quartum altaris ministrum ¹⁰⁸, hanc formam servandam cognoscimus ¹⁰⁹, ut sicut minorem major præcedit in honore, ita et ʼinʼ crimine, et quem major sequitur culpa, majore plectatur ¹¹⁰ vindicta, et sic postea pœnitentia credatur esse fructuosa. § 1. Quid enim prodest triticum seminare, et fructum illius ¹¹¹ non colligere? aut domum construere, et non illic habitare? Post dignam igitur ¹¹² satisfactionem credimus posse rediri ¹¹³ ad honorem. *Et infra*: § 2. Ad fontem misericordiæ recurrentes evangelii ¹¹⁴ proferamus sententiam : *Gaudeo,* inquit, *super uno peccatore pœnitentiam agente magis quam super nonaginta novem justis, qui non indigent pœnitentia.* Et ovem perditam, nonaginta novem non errantibus relictis in ¹¹⁵ deserto, humero pii pastoris ad ovile reportatam ¹¹⁶ Dominus ipse testatur. Si ovis perdita errans post inventionem ad ovile humero reportatur ¹¹⁷, cur ¹¹⁸

A post pœnitentiam ad ecclesiæ ministerium lapsus non revocetur? Sicut ᵍ in Apocalypsi ¹¹⁹ dicitur de ministro ¹²⁰ ecclesiæ : *Memento unde excideris, et age pœnitentiam, et prima opera fac.* Quid enim est gravius, aut carnale delictum admittere, sine quo pauci inveniuntur, aut Dei filium jurejurando negare? In quo ¹²¹ ʼtamenʼ hunc ipsum B. Petrum apostolorum principem, ad cujus sacrum corpus indigni sedemus, lapsum esse cognoscimus. Sed post negationem pœnitentia secuta est, et post pœnitentiam misericordia data est, quia ʼposteaʼ ab apostolatu eum non expulit ¹²², qui ¹²³ ante quidem ¹²⁴ ipsum se negare prædixit.

C. XVII. *Post acerrimam pœnitentiam lapsi reparantur.*

Idem *super Ezechielem, hom. IX, ad c.* 2.

Quid est hoc, quod Prophetæ jacenti dicitur : *Sta supra pedes tuos, et loquar tecum*? Qui enim jacenti loquebatur, cur ʼnon se nisiʼ stanti ¹²⁵ promittit esse locuturum? sed sciendum, quia alia sunt, quæ jacentes, alia quæ stantes audire debeamus ¹²⁶. Jacenti enim dicitur, ut surgat; stanti autem præcipitur, ut ad prædicationem proficisci debeat. Adhuc enim nobis in infirmitatis confusione jacentibus præberi non debet auctoritas prædicationis. Sed quum jam in bono opere surgimus, quum jam recti stare cœperimus, dignum est, ut ad lucrandos alios in prædicationem mitti debeamus. Stans ergo Propheta visionem spiritalem vidit, et cecidit; cadens vero ʼjamʼ monitionis ¹²⁷ verbum suscepit, ut surgeret; surgens autem præceptum audivit, ut prædicaret. Nam qui adhuc ex superbiæ vertice stamus, quum jam de æternitatis timore aliquid sentire cœperimus, dignum est, ut ad ¹²⁸ pœnitentiam cadamus ¹²⁹. Et quum ¹³⁰ infirmitatem nostram subtiliter cognoscentes ¹³¹ humiliter jacemus, per divini verbi consolationem surgere ¹³² ad fortiora opera ʼjubemur.ʼ

## NOTATIONES CORRECTORUM.

C. XVI. ᶠ *Ideo nos :* In duabus editionibus epistolarum B. Gregorii legitur : *ideo generalissima, quæ a Nicæno concilio incipiunt, cum reliquis quatuor invenimus concordantia. Nam et nos præcedentes,* etc. In uno manuscripto codice est, *generalissime;* reliqua eodem modo. Apud Burchardum, Ivonem, Panormiam : *Nam nos generaliter;* ceteroqui parum a Gratiano discordant.

ᵍ *Sicut :* Hinc usque ad versic. : *Quid enim.* in aliquot codicibus epistolarum excusis et duabus manuscriptis, Burchardo, Ivone et Rabano non habentur.

---

Dist. L. C. XV. *² *recte* : Ed. Bas. *⁴ *concipiunt* : Edd. Lugda. II, III. *⁵ *sic* : Ed. Bas. *⁶ add.: *hoc est* : Edd. coll.o. *⁷ *omnium* : exc. exc. Bas.=C. XVI. *⁸ Hoc fragmentum, insertum ep. Gregorii ad Secundinum inclusum (ep. 52, scr. A. 599, l. 9), apocryphum esse, dudum judicaverunt VV. DD.; videtur tamen ante tempora Pseudoisidori esse confectum. — Raban. pœnit. c. 1. Burch. l. 19, c. 43. Ivo Pan. l. 5, c. 147. Decr. p. 6, c. 85. *⁹ *tibi* : Ivo. — Edd. coll. o. ¹⁰⁰ *auctoritatem* : Ed. Bas. — abest ab Ivone. ¹⁰¹ *dicis* : Ivo. — Edd. coll. o. ¹⁰² abest ab Ivone ; in Edd. coll. o. legitur : *canonum diversorum te legisse diversas sententias.* ¹⁰³ add. : *sanctas* : orig. ¹⁰⁴ abest ab orig. ¹⁰⁵ add. : *post factis* : orig. ¹⁰⁶ *sequimur, quia* : Ivo. — Edd. coll. o. ¹⁰⁷ *in* : ib. ¹⁰⁸ *ministerium* : orig. — Ed. Bas. ¹⁰⁹ *cognovimus* : Edd. coll. o. ¹¹⁰ *implicetur* : Coll. Pauli Diaconi. — Edd. Arg. Bas. ¹¹¹ *ejus* (*illius* : Ed. Bas.) *non tollere* : Edd. coll. o. ¹¹² *enim* : Ivo ¹¹³ *redire* : Edd. coll. o. — Ivo. — add. : *lapsum* : Ivo. ¹¹⁴ *evangelicam* : Ivo. — Edd. coll. o. — cf. Luc. 15, v. 7. ¹¹⁵ hæc duo verba ap. Ivonem et Ed. Bas. non leguntur. ¹¹⁶ *reportandam* : Edd. coll. o. ¹¹⁷ *deportatur, prædictis IXC. non errantibus in deserto relictis* : Edd. coll. o. ¹¹⁸ add. : *iste* : orig. — Edd. coll. o. exc. Arg. ¹¹⁹ Apocal. c. 2, v. 4. ¹²⁰ *ministerio* : Ed. Bas. ¹²¹ add. : *verbo* : orig. — *Edd. coll. o.* ¹²² *distulit* : Ed. Bas. — *dejecit* : Ivo. ¹²³ *quem — negaturum esse* : Ivo. ¹²⁴ abest ab Ed. Bas. =C. XVII. ¹²⁵ *statim* : Edd. Arg. Ven. I. II. Nor. Lugd. II. ¹²⁶ *debemus* : Edd. coll. o. ¹²⁷ *admonitionis verba* : eæd. ¹²⁸ *per* : Edd. Bas. Lugdd. II. III. Antw. ¹²⁹ *accedamus* : Edd. coll. o. exc. Arg. Lugdd. II. III. Antw. ¹³⁰ *dum infirmitates nostras* : Edd. coll. o. ¹³¹ *agnoscentes* : Ed. Bas. ¹³² *surgamus* : Edd. Arg. Bas. — *resurgamus* : Edd. coll. rel.

C. XVIII. *De eodem.*

Idem *lib. XVIII Moral. c.* 16, *ad cap.* 28 *Job.*

Ferrum de terra tollitur, quum fortis propugnator ecclesiæ a terrena, quam prius tenuit, actione separatur. Non ergo in eo debet despici, quod fuit, quia [133] jam incipit esse, quod non fuit.

C. XIX. *Post condignam pœnitentiam pristina recipiantur officia.*

*Item* Hieronymus *ad cap.* 3 *Michææ* [134].

Quum exaudiero eos, dabo eis virtutem spiritus mei, et implebo eos judicio meo et fortitudine. Animadverte [135], in præsenti loco posse docere aliquem post peccatum, si tamen vitia pristina pœnitentia digna diluerit. Unde David post adulterium et homicidium loquitur in Psalmo [136]: *Asperges me hyssopo, et mundabor; lavabis me, et super nivem dealbabor.* Nec sua tantum puritate contentus est, sed infert: *Redde mihi lætitiam salutaris tui, et spiritu principali confirma me,* quumque hoc feceris, *docebo,* ait, *iniquos vias tuas, et impii ad te convertentur.*

C. XX. *De eodem.*

*Item* Hieronymus *lib. II contra Jovinianum.*

Jesus [137] filius Josedech sacerdos magnus quanquam in typo [138] præcesserit salvatoris, qui nostra peccata portavit et alienigenam sibi ex gentibus copulavit ecclesiam, tamen secundum literam post sacerdotium sordidatus inducitur, et stat [139] diabolus a dextris ejus, et candida illi deinceps vestimenta redduntur.

C. XXI. *Per pœnitentiam clerici correcti gradum suum et dignitatem recipiunt.*

*Item ex Concilio Agathensi, cap.* 2 [140].

Contumaces clerici, prout dignitatis ordo permiserit, ab episcopis [141] corrigantur [142], et si qui prioris gradus elati superbia communionem fortasse contemserint [143], aut ecclesiam frequentare vel officium suum implere neglexerint, peregrina eis communio tribuatur; ita, ut quum eos pœnitentia correxerit, rescripti in matricula gradum suum dignitatemque recipiant.

C. XXII. *De eodem.*

*Item ex Concilio Martini Papæ, c.* 17 [144].

Si quis presbyter aut diaconus [h] inventus fuerit aliquid de ministeriis ecclesiæ venundasse, quia sacrilegium commisit, placuit eum in ordinatione ecclesiastica non haberi. In judicio tamen episcopi dimittendum [145] est, sive [146] dignus sit, sive indignus in suo recipi ut debeat gradu, quia multoties hoc [147] ipsum, quod de sacrosancto altario contaminatum est, in episcopi potestate dimissum est.

C. XXIII. PALEA i [148].

*Item* Augustinus *ad Bonifacium.*

« Bene valet sacerdos restitui ad honorem suum post peractam pœnitentiam, licet in hoc diversi diversa sentiant, dicentes, non posse restitui ad honorem. Sed sic dictum est propter simulatas pœnitentias quorundam, et propter affectatas honorum dignitates. »

C. XXIV. PALEA [149].

« Sacerdos quidem si cadit, valet, et habet restitutionis locum post dignam [150] peractam pœnitentiam in honorem suum, Propheta attestante [151], qui ait: *Numquid qui cadit* [152] *non adjiciet, ut resurgat?* Et B. Gregorius hoc dicit ad Secundinum inclusum, amicum suum: Etiam ab ipso Propheta in hoc argumentum habemus, qui, quum post peractum adulterium et homicidium perpetravit [153], tamen postea peracta digna pœnitentia per Dei gratiam ad pristinum officium restituitur. »

III Pars. Gratian. *Quomodo igitur hujusmodi auctoritatum dissonantia ad concordiam revocari valeat, breviter inspiciamus. Sunt quidam, quos non odium criminis, sed timor vilitatis et amissio proprii gradus et ambitio celsioris ad pœnitentiam cogit. Hos sacri canones irrecuperabiliter* [154] *dejiciunt, quia qui simulatione pœnitentiæ vel affectatione honoris a Deo non consequitur veniam, nec ab ecclesia reparationem meretur.*

### NOTATIONES CORRECTORUM.

C. XXII. [h] *Diaconus:* Sequebatur * : *aut subdiaconus,* quæ duæ dictiones expunctæ sunt, quia neque apud Martinum aut Burchardum aut Ivonem, neque in antiquis Gratiani codicibus habentur.

C. XXIII. [i] *Palea:* In aliquot vetustis exemplaribus Gratiani hæ duæ Paleæ non habentur, sed post finem capitis *si quis presbyter,* sequitur continenter:

*Quomodo igitur;* sunt tamen in multis, atque in iis quidem, a quibus plerumque Paleæ absunt. Ac videntur summæ quædam partim præcedentium capitum: *Ponderet,* et: *Quia sanctitas,* partim sequentis: *Ut constitueretur,* quod refertur ex Augustino ad Bonifacium. Atque inde potuit in has Paleas hæc eadem irrepere citatio.

---

Dist. L. C. XVIII. [133] *qui*: orig. = C. XIX. [134] In coll. Anselmi tribuitur *Augustino,* quod Edd. coll. o. sunt imitatæ. [135] *Animadvertite*: Edd. coll. o. [136] Psalm. 50, v. 9. = C. XX. [137] Zach. c. 3. — cf. infr. D. 2, de pœn. c. 40. [138] add.: *adventum*: Edd. coll. o. [139] *astat*: Edd. coll. o. exc. Bas. = C. XXI. [140] hab. A. 506. — Ivo Decr. p. 6, c. 366. — Capit. l. 7, c. 311. [141] *episcopo*: Edd. coll. o. pr. Bas. et Arg. [142] *corripiantur*: Ed. Bas. [143] *contemserit,* et sic num. sing. deinceps: Ed. Bas. = C. XXII. [144] c. 21, conc. Ancyr. ex interpr. Martini Brac., Cap. c. 17. — Regino l. 1, c. 342. Burch. l. 3, c. 179. Ivo Decr. p. 3, c. 240, *ex conc. Bracar. II.* — Ivo ead. c. 173: *ex Martino.* * nec tamen Edd. Arg. et Bas. [145] *dimittendus est*: Ivo. — Edd. coll. o. [146] *si in suo recipi debeat gradu, quia,* etc.: Edd. coll. o. ex Ivone. — verba: *ut debeat*: a Coll. Hisp. absunt. [147] *in hoc ipso, quod de sacr. alt. intaminaverint,* id cum episcopi: Coll. Hisp. = C. XXIII. [148] Ep. 185 (scr. A. 417) Ed. Maur. = C. XXIV. [149] cf. Ep. Pseudo-Callist. I. et spurium fragm. *de lapsis* apud Greg. *ad Secund.* (super. c. 16) unde hæc sunt excerpta. — In Edd. coll. o. nomine *Augustini* circumferuntur. [150] add.: *et*: Ed. Bas. [151] Hieron. c. 8. [152] *dormit*: Ed. Bas. [153] *perpetrat*: ib. — P. III. — [154] *irreparabiliter*: Ed. Bas.

*Unde* Augustinus *scribit ad Bonifacium, epist. L* [155].

## C. XXV. *Quare constitutum est in ecclesia, ne post pœnitentiam quis ad clericatum redeat.*

Ut constitueretur in ecclesia ne quisquam post alicujus criminis pœnitentiam clericatum accipiat, vel ad clericatum redeat, vel in clericatu maneat, non desperatione indulgentiæ, sed rigore factum est disciplinæ. Alioquin contra claves datas ecclesiæ disputabitur, de quibus dictum est : *Quæ solveritis in terra, soluta erunt et in cœlo.* Sed ne forte etiam de cæteris [156] criminibus spe honoris ecclesiastici animus intumescens superbe ageret pœnitentiam, severissime placuit, ut post actam de crimine damnabili pœnitentiam nemo sit clericus, ut desperatione temporalis altitudinis medicina major et verior esset humilitatis [157]. Nam et S. David de criminibus mortiferis pœnitentiam egit, et tamen in honore suo perstitit, et B. Petrum [158], quando amarissimas lacrimas fudit, utique Dominum negasse pœnituit, et tamen apostolus mansit. Sed non ideo supervacua putanda [159] est posteriorum diligentia, qui [160], ubi saluti nihil detrahebatur, humilitati aliquid addiderunt, quo salus totius [161] muniretur, experti [162], credo, aliquorum fictas pœnitentias per affectatas honorum potentias. Cogunt enim multas invenire medicinas multorum experimenta morborum. Verum [163] in hujusmodi causis, ubi per graves dissensionum scissuras non hujus aut illius hominis 'est' periculum, sed populorum [164] strages jacent [165], detrahendum est aliquid severitati, ut majoribus malis sanandis caritas sincera subveniat.

## C. XXVI. *Reparationis beneficium non nisi post pœnitentiam potest concedi.*

*Item ex epistola Cleri Romani, missa Papæ Cypriano* k [166].

Absit a Romana ecclesia vigorem suum tam profana facilitate dimittere, et nervos severitatis eversa fidei majestate dissolvere, ut, quum adhuc non tantum jaceant, sed et cadant eversorum fratrum ruinæ, properata nimis remedia communicationum A utique non profutura præstentur, 'et nova per misericordiam falsam vulnera veteribus transgressionis vulneribus imprimantur, ut miseris ad eversionem majorem eripiatur et pœnitentia.' Ubi enim poterit indulgentiæ [167] medicina proficere [168], si etiam ipse medicus intercepta pœnitentia indulget periculis?' si tantummodo operit vulnus, nec sinit necessaria temporis remedia conducere cicatricem?' Hoc non est curare, sed (si verum dicere volumus) occidere.

## C. XXVII. *Impœnitentibus venia concedi non potest.*

*Item* Cyprianus *in sermone de lapsis* [169].

Si quis præpropera [170] festinatione temerarius remissionem peccatorum dare se cunctis putat posse, aut audet Domini præcepta rescindere, non B tantum nihil prodest, sed obest lapsis. Provocasse est iram, non servasse sententiam, nec misericordiam prius [171] Dei deprecandam putare, sed contemto Domino de sua facilitate præsumere. *Et infra* :

§ 1. Mandant [172] aliqua martyres fieri, si justa, si licita, si non contra ipsum Dominum a [173] Dei sacerdote facienda; sit [174] obtemperantis facilis et prona consensio, si petentis fuerit religiosa moderatio. Mandant aliquid [175] martyres fieri; sed si scripta non sunt in Domini lege, quæ mandant, ante est, ut sciamus illos de Deo impetrasse quod postulant, et tunc facere quod mandant. Neque enim statim videri potest de [176] divina majestate concessum, quod fuerit [177] humana pollicitatione promissum. Nam et Moyses pro peccatis populi petiit, nec tamen peccantibus veniam [178], quum petiisset, accepit.

## C. XXVIII. *Qui sunt reparandi post lapsum, vel qui non.*

*Item* Isidorus *ad Massanum Episcopum* [179].

Domino sancto meritisque beato fratri Massano episcopo salutem [180]. Quod in epistolis venerabilis fraternitas tua innotuit [181], videlicet quod in canone Ancyrano l, cap. XIX legitur, post lapsum corporalem restaurandum honoris gradum post pœnitentiam, alibi vero legitur, post hujusmodi delictum nequaquam reparandum antiqui ordinis meritum :

### NOTATIONES CORRECTORUM.

C. XXVI. k Locupletatum est caput hoc ex originali.

C. XXVIII. l *Ancyrano :* Sic habet hoc caput in epistola, quæ nuper una cum aliis Isidori operibus est impressa Parisiis, et ita inscribitur : *Isidori Hispalensis archiepiscopi epistola ad Massanum episcopum. Domino sancto, meritisque beato,* etc. In epistola autem longiore, eodem argumento et iisdem pæne verbis, (quæ et ibidem, et antea Antverpiæ, cum libris de summo bono impressa est) non fit hoc loco mentio concilii Ancyrani; sed tamen in editione Parisiensi titulus hic est : *Isidori Hispalensis*

---

DIST. L. C. XXIV. [155] Ep. 185. scr. (A. 417) Ed. Maur.—Ans. l. 8, c. 3. Ivo Decr. p. 6, c. 386, et in prologo. Polyc. l. 6, t. 20.—Cap. adi. c. 132. C. XXV. [156] *detectis* : orig. [157] *humilitas* : Bohm. [158] *Petrus* : Ed. Bas. [159] *opinanda* : Edd. coll. o. pr. Bas. [160] *quia sicut in depositione, ubi* : Ed. Bas. [161] *tutius* : Edd. coll. o. [162] *inveniretur, expertus* : eæd. exc. Bas. [163] cf. infr. C. 23, q. 4, c. 24. [164] *plurimorum* : Ed. Bas.—*plurim.* pop. : Edd. coll. rel. [165] *jacet* : Edd. coll. o. = C. XXVI. [166] Ep. 30. (scr. A. 250.) Ed. Fell. —Ans. l. 8, c. 20 (30). [167] *pœnitentiæ* : Ans. [168] *præcedere* : Edd. Lugdd. II. III. *procedere* : Edd. coll. rel. = C. XXVII. [169] Ans. l. 8, c. 32. [170] *præpostera* : Edd. coll. o. [171] *piissimi Dei deprecari* : Edd. coll. o. [172] add. : *enim* : Edd. coll. o. pr. Bas. [173] *ac Dei sacerdotes sunt, facienda sunt* : Edd. coll. o. [174] *si* : eæd. [175] *aliqua* : eæd. [176] *abest ab* Edd. coll. o. pr. Arg. [177] *fuit* : Ed. Bas. —*fuerat* : Edd. coll. rel. [178] add. : *a Deo* : Edd. coll. o. = C. XXVIII. [179] Non desunt qui hanc Isidori ep., scriptam *Massonæ* (hæc enim vera lectio est) Ep. Tolet. pro supposititia habeant; contra eos ejus fidei defensor exstitit operum Isidori editor postremus Arevalus. Codd. mss. plerique eam Ao. 606, assignant. — Rab. pœn. l. 1, c. 1. Burch. l. 19, c. 43 et 73. Ans. l. 8, c. 37. Ivo Pan. l. 3, c. 149. Decr. p. 6, c. 397, p. 15, c. 57 et 86. — cf. etiam Algeri præf. in libr. *de miseric. et just.* in Mabillonii Analectis. [180] add. : *Isid. Ep.* : Edd. coll. o. [181] *innuit* : Bohm.

DECRETI PARS PRIMA. DIST. L.

hæc diversitas hoc modo solvitur [182]. Illos enim ad pristinos [183] gradus redire canones præcipiunt, quos pœnitentiæ præcessit satisfactio vel condigna peccatorum confessio. At contra hi, qui neque a vitio corruptionis [184] emendantur, atque hoc ipsum carnale delictum, quod admittunt, vendicare quaquam superstitiosa temeritate nituntur, nec gradum utique honoris, nec gratiam communionis recipiunt. Ergo ita est determinanda sententia, ut necesse sit illos restaurari in locum honoris, qui per pœnitentiam reconciliationem recepisse [185] merentur divinæ pietatis. Hi enim non immerito consequuntur ademtæ [186] dignitatis statum, qui per emendationem pœnitentiæ recepisse noscuntur remedium vitæ. Id autem, ne forte magis sit ambiguum, divinæ auctoritatis sententia confirmetur [187]. Ezechiel [188] quidem propheta sub typo prævaricatricis Hierusalem ostendit, post pœnitentiæ satisfactionem pristinum posse [189] restaurari honorem : *Confundere*, inquit, *o Juda, et porta ignominiam tuam.* Et post paululum : *Et tu*, inquit, *et filiæ tuæ, revertimini ad antiquitatem tuam.* § 1. Quod dixit, *confundere*, ostendit, post [190] peccati opus debere quemque erubescere, et post confessionem pro admissis sceleribus [191] verecundam frontem humi [192] prostratam demergere, pro eo quod dignum confusione perpetraverit [193] opus. Deinde præcepit, ut post ignominiam et [194] dejectionem nominis sui sive dignitatis revertatur ad suam antiquitatem. Ergo dum quisque post opus confessionis suæ confunditur, atque ignominiam portans depositionem suam cum humilitate luget, revocari secundum Prophetam ad priorem statum poterit. Item Joannes [195] evangelista Angelo Ephesi ecclesiæ inter cetera quædam similia scribit : *Memor esto unde cecideris, et age pœnitentiam, et prima opera* A *fac; alioqui veniam tibi, et movebo candelabrum tuum de loco ejus* [196]. § 2. Ecce ᵐ in quantum valui concilii Ancyrani antiquam plane et plenam auctoritatem [197] sacris testimoniis explanavi, ostendens eum posse restaurari in proprio gradu, qui per pœnitentiæ satisfactionem noverit propria delicta deflere. Qui vero negligit, nec luget quæ gessit, et lugenda sine ullo pudore religionis vel timore judicii divini committit, eum nullo modo posse ad pristinum gradum restaurari cognoscas. § 3. In fine ⁿ [198] autem hujus epistolæ hoc adjiciendum putavi, ut quotiescunque in gestis conciliorum discors sententia invenitur, illius concilii magis teneatur sententia, cujus aut antiquior, aut potior exstat [199] auctoritas.

*Gratian.* Quicunque igitur pro criminibus suis digne B Deo pœnitentiam obtulerint, auctoritate Gregorii et Augustini et Hieronymi et Isidori gradum pristinæ dignitatis recipere possunt. Qui autem non odio criminis, sed timore utilitatis vel ambitione honoris falsas Deo pœnitentias offerunt, in pristini honoris gradum reparari minime poterunt.

Sed objicitur illud Hormisdæ Papæ [200], qui scribit omnibus Episcopis per universas provincias :

C. XXIX. *Diaconus aut presbyter in adulterio deprehensi reparari non possunt.*

Si quis ᵒ diaconus aut presbyter post acceptam benedictionem Leviticam cum uxore sua incontinens invenitur [201], ab officio suo dejiciatur [202]. § 1. Ecce manifeste constat, quia secundum titulos antiquorum Patrum sancto Spiritu ᵖ suggerente conscriptos, et C secundum sententias CCCXVIII episcoporum (quas etiam Gallicani canones continere videntur), clerici in adulterio deprehensi, aut ipsi confessi, aut ab aliis convicti [203], ad honorem redire non possunt. Sed quia forte non desunt [204], quibus pro nimia pietate

NOTATIONES CORRECTORUM.

*archiepiscopi epistola de restituendis in pristinam dignitatem clericis pœnitentibus.* seu : *Explanatio canonum aliquot Ancyrani concilii.* Veruntamen in canone illo 19 versionis Dionysii (qui apud Græcos et in aliis versionibus XX est) ubi legitur, *perfectionem consequi secundum pristinos gradus*, Græce est : κατὰ τοὺς βαθμοὺς τοὺς προσέχοντας, id est : *secundum gradus, qui eo deducunt.* Et Balsamon longe aliam sen- D tentiam elicit, quam Isidorus.

C. XXVIII. ᵐ *Ecce* : Hic in epistola longiore multa interjiciuntur.

ⁿ *In fine* : Hæc nunc leguntur in longiore epistola, non autem in alia, quam ceteroqui Gratianus videtur secutus.

C. XXIX. ᵒ *Si quis* : Hinc usque ad versic. : *Ecce*, sunt ex cap. 25 concilii Arausici, quod videtur citatum fuisse ab Hormisda, sive alio quisquis fuerit hujus capitis auctor. Anselmus quidem et ipse Hormisdam citat.

ᵖ *Sancto Spiritu* : Apud Anselmum legitur : *a S. Joanne Papa transmissos, et CCCXVIII, episcoporum sententias*, quod videtur convenire cum his, quæ paulo inferius habentur : *Major est in illis misericordia, quam in S. Joanne apostolico Papa?*

---

DIST. L. C. XXVIII. [182] *distinguitur* : orig. — Ans. Ivo.— *loquitur* : Ed. Bas. [183] add. : *officii* : Ivo. — *pristinum statum* : Ed. Bas. [184] *correpti* : orig. — *corporis* : Ivo p. 15. [185] abest ab orig. Ivone et Ed. Bas. [186] *adeptæ* : Ivo. — Edd. coll. o. exc. Lugdd. II, III Antw. [187] *confirmatur* : Ed. Bas. [188] Ezech. c. 16, v. 52. [189] abest ab orig. et Ed. Bas. [190] *confusionis, id est* : Ivo. [191] *sordibus* : Ed. Bas. [192] *humo* : Edd. col. o. [193] *perpetravit* : Ed. Bas. [194] *id est* : ibid. [195] Apoc. c. 2, v. 4. [196] add. : *nisi pœnitentiam egeris* : Ed. Bas. [197] add. : *sententiam* : Ed. Bas., in qua pro *gradu* (vers. seq.) leg. : *ordine*. [198] cf. infr. c. 33, q. 2, c. 11. [199] *exsistat* : Ed. Bas. = C. XXIX. [200] Prior canonis pars ad conc. Araus. I. (hab. A. 441) c. 25 pertinet; de alterius vero ejusque longioris auctore haud sane constat; ab Hormisda certe ex eo adjudicanda erit, quod tum in Gratiano, tum apud Anselm. et in canon. collect. Jacobi Petit (Paris 1677) mentio fit Joannis P. II. Sirmondus, conciliorum Gall. editor, Cæsarium Arelatensem canonis auctorem esse, non sine suo jure suspicatus est, quod Balleriniis etiam placuit. — Ans. l. 11, c. 87. Ivo Pan. l. 3, c. 98. [201] *inveniatur* : Edd. coll. o. exc. Bas. [202] *abjiciatur* : Edd. coll. o. [203] *revicti* : orig. [204] *deerunt* : ib.

suprascripta sanctorum Patrum severitas minime placeat, sciant, se CCCXVIII episcoporum, qui [205] fuerunt congregati in concilio Nicæno et reliquos statuerunt canones, sententias reprehendere vel damnare. Sed forte major est in illis pietas, quam in suprascriptis CCCXVIII, episcopis? major est in illis misericordia, quam in S. Joanne apostolico, Papa? major caritas, quam in reliquis sanctis sacerdotibus, qui hoc [206] exemplo remedia ecclesiarum suis definitionibus deliberaverunt? Et ideo aut prom[?]a [207] voluntate præceptis illorum consentiant, aut si non fecerint, omnibus illis contrarios se et inimicos esse cognoscant. Quæ est ista justitiæ inimica benignitas [208], palpare criminosos, et vulnera eorum usque in diem judicii incurata servare? § 2. Quod si eos durissimam pœnitentiam per plures annos videremus agere, tunc nos et saluti eorum possemus consulere, et statuta canonum deberemus temperare [209]. Quum vero in aliquibus nec compunctio humilitatis, nec instantia orandi vel plangendi appareat, nec beatum David imitentur, qui dicit: *Lavabo* [210] *per singulas noctes lectum meum; lacrimis meis stratum meum rigabo;* et illud: *Cinerem* [211] *tanquam panem manducabam, et potum meum cum fletu miscebam;* nec eos jejuniis vel [212] lectionibus [213] vacare videamus, possumus agnoscere, si ad pristinos [214] honores redirent, cum quanta negligentia et cum quanto torpore [215] et animæ suæ inimica securitate permanerent, credentes, quod sic eis non acta pœnitentia digna [216] dimiserit Deus, quomodo sacerdotes indulsisse videntur. Vere dico, quia illi ipsi, de quibus cum periculosa et falsa misericordia indulgere videmur, quum ante tribunal Christi pro tantis peccatis damnandi advenerint, contra nos causam dicturi sunt, dicentes quod, dum aut asperitatem linguæ eorum expavimus, aut falsa blandimenta et periculosas adulationes ipsorum libenter accepimus, in eisdem permanere peccatis eis inutiliter indulgemus, aut ipsa peccata augere permittimus, non recolentes [217] illud, quod in Veteri Testamento scriptum est [218]: quia uno peccante contra omnes ira Dei desæviit †.

C. XXX. *Difficile est post lapsum ad pristinum gradum redire.*

*Item* Hieronymus q [219].

Quicunque dignitatem divini gradus non custodiunt, contenti fiant animam salvare. Reverti enim in pristinum gradum post [220] lapsum difficile est.

C. XXXI. *Lapsus post pœnitentiam altario tantum ministret.*

*Item* Basilius r [221].

Qui sub gradu ceciderit post pœnitentiam, contentus fiat baptizare, communionem infirmis dare, et altario tantummodo ministrare.

C. XXXII. *De sacerdotibus, diaconis et laicis, qui idolis thurificant.*

*Item* ex Consilio Ancyrano, c. 1 et seqq. [222].

Presbyteros, qui immolaverunt, et postea certamen iterum inierunt, si ex fide s luctati sunt, et non ex compacto [223] ad ostentationem ut caperentur [224] ipsi fecerunt, hos placuit honorem quidem sedis propriæ retinere, offerre autem illis et sermonem ad populum facere, aut aliquibus sacerdotalibus officiis fungi non liceat. § 1. Diaconi similiter, qui immolaverunt, postea vero iterum reluctati sunt, alias quidem honorem habere oportet; cessare autem debent ab omni sacro ministerio, ita ut nec panem, nec calicem offerant, nec evangelium pronuncient t, nisi forte aliqui episcoporum conscii 'sint' laboris eorum et humilitatis et mansuetudinis, 'et' voluerint eis

NOTATIONES CORRECTORUM.

C. XXX. q Simile quiddam priori parti hujus capitis habetur in can. 27 *Basilii* ad Amphilochium, et in can. 26 synodi in Trullo.

C. XXXI. r *Basilius:* Ivo citat ex dictis Augustini. Habetur nonnihil ad hanc rem faciens in epist. Basilii ad Amphilochium, c. 27. Sed proprius etiam ad hanc sententiam accedit c. 14 conc. Aurelianensis I, et c. 9 conc. Neocæsariensis (qui habetur infr. 15, quæst. 8, c. *qui admisit*) præcipue si hic legatur, quemadmodum in plerisque Gratiani codicibus: *communionem infirmis dare, non autem sacrificare et altario ministrare.* Similem quandam sententiam refert ex novella Leonis Balsamon ad c. 21 synodi in Trullo.

C. XXXII. s *Si ex fide:* Hic verba concilii sunt in compendium redacta; omnino autem versio Dionysii, quam attulerunt Burchardus et Ivo, propius accedit ad verba græca. Sunt tamen nonnulla in hoc capite emendata et locupletata ex versionibus, quas Gratianus videtur secutus.

t *Nec evangelium pronunciet:* In versione antiquiore est: *nec pronunciet;* in alia, quam Burchardus attulit: *vel prædicando,* græce κηρύττειν, quod proprie signifiat evangelium et fidei doctrinam prædicare.

---

Dist. L. C. XXIX. [205] In orig. legitur: *episc. præcepta, et S. Papæ* (i. e. Joannis II) *auctoritatem, et illorum Pontificum qui ordinantibus* 318 *epp. reliquos,* etc. [206] *pro exemplo et remedio:* orig. [207] *plena:* orig. — *bona:* Ed. Lugd. II. — *prona:* Edd. coll. rel. [208] *bonitas:* Edd. coll. o. [209] *servare:* orig. [210] Psalm. 6, v. 7. [211] Psalm. 101, v. 10. [212] *nec:* Ed. Bas. [213] *lectioni:* orig. [214] *add.: gradus et:* Edd. coll. o. [215] *tepore:* orig. — *corpore:* Ed. Arg. [216] *digne:* orig. [217] *recordantes:* orig. — Edd. coll. o. [218] Num. c. 16, v. 22. — † *desævit:* orig. — Edd. coll. exc. Lugdd. II. III. Antw. = C. XXX. [219] Caput incerti auctoris. — Burch. l. 19, c. 78. Ivo Decr. p. 15, c. 91: *ex dictis Hieronymi.* — Polyc. l. 4, t. 39. — [220] *ap. Ivonem et* Edd. Arg. Bas. Nor. hæc duo verba non leguntur. = C. XXXI. [221] Burch. l. 19, c. 80. Ivo Decr. p. 15, c. 19. — Ed. Arg. et Bas. =C. XXXII. [222] hab. A. 314. — Prior capitis pars (usque ad § 2.) Hispanicæ, altera Dionysii versionis est. — § 6 est c. 11 conc. Nic. eodem Dionysio interprete. — Burch. l. 5, c. 40, 41. Ivo Decr. p. 2, c. 49, 50. Polyc. l. 6, t. 12, c. 2, et ipsa priori parte eadem translatione usi sunt. [223] *pacto:* Ed. Bas. [224] *offerrentur:* orig. — *offerrent:* Edd. coll. o. *i. e. apud Merlinum;* in Coll. Hisp. vero hæc tria verba omissa sunt, licet etiam in hac sit varietas lectionis.

aliquid amplius tribuere vel adimere [225]. Penes ipsos ergo erit de his potestas. § 2. Qui [226] autem fugientes comprehensi sunt, vel a domesticis tradiri, vel ademtis facultatibus sustinuere tormenta, aut in custodiam trusi proclamaverunt se Christianos esse, et eousque adstricti sunt, ut manus eorum comprehendentes violenter attraherent et funestis sacrificiis admoverent, aut aliquid polluti cibi per necessitatem sumere cogerentur, 'confitentes jugiter se Christianos esse, et luctum rei, quæ contigit, incessabiliter ostendentes' omni dejectione et habitu et humilitate vitæ [227], hos [228] velut extra delictum constitutos a communionis gratia non prohiberi [229] decernimus. § 3. Si vero prohibiti sunt ab aliquibus propter ampliorem cautelam, vel propter quorundam ignorantiam, statim recipiantur. § 4. Hoc autem similiter et de clericis et de laicis ceteris observari [230] convenit. § 5. Perquisitum est autem et illud, si possunt etiam laici [231], qui in has necessitatis angustias inciderunt, ad clericatus ordinem promoveri. Placuit ergo et hos tanquam qui nihil peccaverunt, si et præcedens eorum vita probabilis sit [232], ad hoc officium provehi. § 6. De [233] his autem, qui [234] negaverunt præter necessitatem, aut præter ablationem facultatum, aut præter periculum, vel aliquid hujuscemodi (quod factum est sub tyrannide Licinii), placuit sanctæ synodo, quamvis humanitate probentur indigni, tamen eis benevolentiam commodari.

Gratian. *Sed illud Hormisdæ Papæ desidiosos et negligentes, non vere pœnitentes reparari prohibet.* § 1. *Illud autem Hieronymi fatetur hoc esse difficile, non impossibile.* § 2. *Basilius autem circa delinquentes rigorem justitiæ servandum ostendit, quem circa pœnitentes alii relaxandum misericorditer affirmant.* § 3. *Possunt et aliter distingui præmissæ auctoritates. Quorum enim* [235] *crimina manifesta sunt ante vel post ordinationem, a sacris ordinibus dejiciendi sunt; quorum autem peccata occulta sunt et satisfactione secreta secundum sacerdotis edictum purgata, in propriis ordinibus remanere possunt.*

*Unde* Nicolaus Papa Carolo Archiepiscopo, et ejus suffraganeis [236] :

C. XXXIII. *Non potest restitui in sacerdotem, cujus crimen fuerit manifestum.*

Sacerdotes, si in fornicationis laqueum ceciderint, et criminis manifestus sive ostensus fuerit actus, sacerdotis non possunt habere honorem secundum canonicæ institutionis auctoritatem.

*Item* Rabanus Archiepiscopus *scribit ad Heribaldum* [237] :

C. XXXIV. *Qui valeant reparari post lapsum, vel non.*

De his vero visum est nobis scribendum, qui sacros ordines habentes [238] ante vel post ordinationem contaminatos se esse in capitalibus criminibus confitentur [239]. In quibus, ut mihi videtur, hæc distantia esse debet, ut hi, qui deprehensi vel capti fuerint publice in perjurio, furto atque fornicatione et ceteris hujusmodi criminibus, secundum canonum sacrorum instituta a proprio gradu decidant, quia scandalum est populo Dei tales personas supra [240] se positas habere, quas ultra modum vitiosas esse constat. Nempe inde retrahuntur homines a sacrificio Dei (sicut quondam, Heli filiis peccantibus [241], fecisse leguntur), et rebelles hinc atque contrarii exsistentes eorum pravis exemplis quotidie pejores fiunt. Qui autem de prædictis peccatis absconditæ [242] a se admissis per occultam confessionem coram oculis [243] Dei, præsente etiam sacerdote, qui eis indicturus est pœnitentiam, confitentur [244], et semetipsos graviter deliquisse queruntur [245], si se per jejunia " et eleemosynas vigiliasque et sacras orationes purgare certaverint, his etiam gradu servato spes veniæ de misericordia Dei promittenda est.

IV Pars. Gratian. *De lapsis etiam in hæresin hoc observandum est, ut ante sententiam concilii nullus eis communicet.*

*Unde* Cyprianus Papa *Antoniano ait inter cetera, lib. IV, epist. 2* [246] :

C. XXXV. *A communione abstineant, qui lapsis ante restitutionem communicant.*

De eo autem [247], quod statuendum esset circa causam lapsorum, distuli, ut quum quies et tranquillitas data esset, et episcopis [248] in unum convenire

---

NOTATIONES CORRECTORUM.

C. XXXIV. " *Si se per jejunia* : Sic etiam in manuscriptis, et apud Ivonem et Panormiam. In originali autem legitur : *si veraciter pœnituerint, et se per jejunia.* Itemque Burchardus, qui cap. hoc citat ex concilio Ilerdensi.

---

DIST. L. C. XXXII. [225] *adhibere* : Coll. Hisp. — Edd. coll. o. — vocem : *adimere* invenies apud Dionys. et Isid. Merlini. In prisca versione leg. : *minuere.* [226] Ans. l. 8, c. 31. [227] add. : *confidentes* : Ed. Bas. — *vitæ fidem confitentes* : Edd. coll. rel. [228] add. *vero* : Edd. coll. o. pr. Bas. Lugdd. II, III Antw. [229] *vetari*, missa voce : *decernimus* : orig. — Ans. [230] *observare conveniat* : Edd. coll. o. [231] add. : *illi* : Ed. Bas. [232] *probabitur* : Ed. Bas. — *probaverit* : Edd. coll. rel. [233] Ans. l. 11, c. 134. [234] add. : *sponte* : Ed. Bas. [235] Raban. pœn., c. 1. = C. XXXIII. [236] Imo c. 11, conc. Wormat. h. A. 868. — Ivo Pan. l. 3, c. 136. Decr. p. 10, c. 180. = CXXXIV. [237] Ep. ad Heribald. Ep. Autissiodorensem scr. A. 853, — cf. Rab. pœnit., c. 10. — Ipsa verba leguntur in cap. 49 Theodori Cant., unde sunt deprompta. — Burch., l. 19, c. 150. Ivo Pan. l. 3, c. 152. Decr. p. 6, c. 400. [238] *habent et* : orig. — Ivo. — Ed. Bas. — *habentes et* : Edd. coll. rel. — [239] *profitentur* : Ed. Bas cum orig. et Ivone. [240] *superpositas* : Ivo. — [241] 1 Reg. c. 2. [242] *absconse* : Edd. coll. o. [243] *angelis* : Edd. coll. o. [244] add. : *peccata* : exd. [245] *accusant* : orig. — P. IV. — [246] scr. c. A. 254. — Ans. l. 8, c. 28. [247] abest ab Ed. Arg. — *tamen* : Edd. Bas. Ven. I, II Nor. [248] *episcopos* : Edd. coll. o.

indulgentia divina permitteret, tunc communicato et librato $^{249}$ de omnium collatione consilio $^{250}$ statueremus $^{251}$ quid fieri oporteret. Si quis vero ante consilium $^{252}$ nostrum et ante sententiam de omnium consilio $^{253}$ statutam lapsis temere communicare voluisset, ipse a communicatione abstineretur $^{254}$.

V Pars. Gratian. *Quod vero supra de homicidis statutum legitur, intelligendum est, quando facultas effugiendi datur, nec necessitate clauduntur obsidionis. Ceterum, quum necessitate angustati effugere non possunt, si tunc homicidium admiserint, purgati per pœnitentiam et officio, et communioni reddentur.*

Unde in Concilio Ilerdensi, cap. 1, legitur $^{255}$:

C. XXXVI. *Post duorum annorum pœnitentiam officio et communioni restituantur clerici, qui in obsidionis positi necessitate sanguinem fuderunt.*

De his clericis, qui in obsessionis $^{256}$ necessitate positi fuerint, id statutum est, ut qui altario ministrant et Christi corpus et $^{257}$ sanguinem tradunt, vel vasa sacro officio deputata contrectant $^{258}$, ab omni humano sanguine, etiam hostili, se abstineant. Quod si in hoc inciderint $^{259}$, duobus annis tam officio quam communione $^{260}$ corporis Domini priventur, ita ut his $^{261}$ duobus annis vigiliis, jejuniis, orationibus et eleemosynis pro viribus, quas Dominus donaverit, expientur; et ita demum officio vel communioni reddantur, ea tamen ratione, ne ulterius ad officia potiora provehantur $^{261}$. Quod si in $^{262}$ definito tempore negligentiores circa salutem suam exstiterint, protelandæ ipsius pœnitentiæ tempus in potestate maneat sacerdotis.

Gratian. *Casu quoque si clericus homicidium fecerit, in proprio gradu ex dispensatione remanere permititur.*

Unde Urbanus II *scribit Guernerio Narbonensi Episcopo* $^{264}$ :

C. XXXVII. *Qui casu homicidium facit, ex dispensatione in ordine suo permaneat.*

Clerico jaciente lapidem puer dicitur interemtus. Nos pro amore tuo in suo ordine eum permanere permittimus, ut tamen semper in pœnitentia et timore permaneat.

C. XXXVIII. *De eodem.*

*Item* Stephanus V *Sichiberto Corsicæ Episcopo* $^{265}$.

Quia te quasi obnoxium judicas, eo quod a Sarracenis captus homines $^{266}$ interfecisse videris, bene facis. Sed quoniam non tua sponte id fecisse cognosceris, inde canonice nullo modo judicaris.

Gratian. *Si vero ira presbyter commotus aliquem interfecerit, etsi animum occidendi non habuerit, perpetuo tamen depositus erit.*

Unde Nicolaus Papa *scribit Osbaldo Chorepiscopo* *Quadrantino* $^{267}$.

C. XXXIX. *Perpetuo careat officio presbyter, qui ira commotus, licet extra animum, aliquem interfecerit.*

Studeat sanctitas tua persuadere episcopo tuo, sibi canonicum sociare $^{268}$ numerum collegarum, id est sex ex vicinis provinciis fratres et coepiscopos suos, quibus tecum junctis $^{269}$ et decernentibus diligenter investigate et omni nisu $^{270}$ scrutari procurate, quatenus invenire valeatis, utrum percussione $^{271}$ jam nominati presbyteri $^{272}$, an cervicis fractione idem diaconus, ut fertur, exstinctus est. Et $^{273}$ siquidem a sæpe fato presbytero non ad mortem percussus est, sed ex equo cadens cervice fracta interiit, secundum arbitrium vestrum pro percussione incaute agenti presbytero pœnitentiam competentem indicite, et aliquanto tempore a missarum solemniis suspendatur, denuo post hæc ad sacerdotale rediturus officium. Quod si veraciter qualicunque percussione 'istius' presbyteri ille mortuus est diaconus, nulla hunc ratione ministrare sacerdotis more decernimus, quoniam, etsi voluntatem occidendi non habuit, furor tamen et indignatio, ex quibus motio illa mortifera prodiit, in omnibus, sed præcipue in Dei ministris, multipliciter inhibentur $^{274}$ atque ubique damnantur. Verum si presbyter adeo vestro studio obnoxius $^{275}$ forte claruerit, præcipimus, ut tale beneficium sibi $^{276}$ ecclesiæ suæ concedatur, quo et ipse et sui sufficienter possint habere suæ sustentationis solatium.

## NOTATIONES CORRECTORUM.

C. XXXIX. ᵛ *Chorepiscopo* : Antea legebatur : *Coepiscopo* : emendatum est ex omnibus, quæ collata sunt, vetustis Gratiani exemplaribus, optimeque convenit verbis Nicolai.

Dist. L. C. XXXV. $^{249}$ *deliberato* : Ans. $^{250}$ *concilio* : Edd. Bas. Ven. I. Par. Ludg. I. Antw. $^{251}$ *statuerem* : Edd. coll. o. $^{252}$ *concilium* : Edd. Bas. Ven. II. Par. Lugd. I. Antw. $^{253}$ *concilio* : exd. et Lugdd. II. III. $^{254}$ *abstineat* : Edd. coll. o. — *abstineret* : Bohm. = C. XXXVI. — P. V. — $^{255}$ hab. A. 546. — Coll. tr. p. p. 2, t. 34, c. 1. $^{256}$ *obsidionibus* : Edd. Arg. Bas. Ven. I. II. Nor. — *obsidionis* : Edd. coll. rel. $^{257}$ hæc duo verba in Coll. Hisp. non leguntur. $^{258}$ *ut ab* : Edd. coll. o. exc. Lugdd. II. III. Antw. $^{259}$ *ceciderint* : exd. exc. Arg. Bas. $^{260}$ *communione priventur* : Coll. Hisp. — Isid. Merl. $^{261}$ *in duobus* : Edd. coll. o. exc. Bas. $^{262}$ *promoveantur* : Coll. Hisp. — Edd. coll. o. $^{263}$ *infra præfinitum tempus* : Coll. Hisp. — *infinito temp.* : Isid. Merl. = C. XXXVII. $^{264}$ Videtur legendum esse cum Baluzio : *Guarnerio Merseburg. Episc.* († 1093) suffragantibus Panormiæ (l. 3, c. 154) aliquot codicibus. = C. XXXVIII. $^{265}$ Fragm. incerti temporis. Ivo Pan. l. 3, c. 155. $^{266}$ *hominem* : Ed. Bas. = C. XXXIX. * *nec tamen* Ed. Arg. $^{267}$ Fragm. incertum. — Ivo Decr. p. 10, c. 24. $^{268}$ *consociare* : Edd. coll. o. $^{269}$ *conjunctis* : exd. $^{270}$ *annisu* : Ivo. $^{271}$ *ex perc.* : Ed. Bas. — *pro perc.* : Edd. coll. rel. $^{272}$ add. : *incaute agentis* : Ed. Bas. $^{273}$ *ut* : ib. — *qui* : Edd. Ven. II Par. Lugdd. Antw. $^{274}$ *inhibetur* — *damnatur* : Edd. coll. o. $^{275}$ *noxius* : Ivo. $^{276}$ *sibi et* : Bohm.

## C. XL. De eodem. PALEA.

*Item* ex Concilio Maticensi ᵛᵛ, c. 6 ²⁷⁷.

« Qui vero odii meditatione vel propter cupiditatem Judæum vel paganum occiderit, quia imaginem Dei et spem futuræ conversionis ²⁷⁸ exterminat ²⁷⁹, quadraginta dies in pane et aqua pœniteat. »

## C. XLI. De eodem. PALEA ²⁸⁰.

« Si quis homicidium fecerit, si episcopus est, XV annos pœniteat, et deponatur; cunctos quoque ²⁸¹ dies vitæ suæ peregrinando finiat. Presbyter XII annis pœniteat, tres ²⁸² ex his in pane et aqua, et deponatur superioris ²⁸³ sententia. Diaconus X annis pœniteat, tres ex his in pane et aqua. Clericus et laicus VII annis pœniteat, tres ex his in pane et aqua ²⁸⁴, et ad gradum cujuslibet sacerdotii accedere non præsumat. »

## C. XLII. Quinquennio a communione abstineant, qui casu homicidium faciunt.

*Item* ex Concilio Ancyrano, c. 22, § *Eos vero* ²⁸⁵.

Eos vero, qui non voluntate, sed casu homicidium fecerint, prior quidem regula post septem ²⁸⁶ annorum pœnitentiam communioni sociavit secundum ²⁸⁷ gradus constitutos; hæc vero ˣ humana ²⁸⁸ quinquennii tempus tribuit.

## C. XLIII. Quibus temporum spatiis a communione abstineant quæ voluntate vel casu ancillam suam interfecerit.

*Item* ex Concilio Eliberitano, c. 4 ²⁸⁹.

Si qua femina ²⁹⁰ zeli furore accensa flagellis ²⁹¹ verberaverit ancillam suam, ita ut intra ²⁹² tertium diem animam cum cruciatu effundat ²⁹³, eo quod incertum sit, voluntate, an casu occiderit : si voluntate, post septem annos, si casu, post quinque ²⁹⁴ annorum tempora ²⁹⁵ (acta legitima pœnitentia) ad communionem placuit admitti. Quod si intra ²⁹⁶ tempora constituta fuerit infirmata, accipiat communionem.

## C. XLIV. De his, qui voluntate vel casu homicidium faciunt.

*Item* ex capitulis Martini Bracarensis Episc. c. 78 ²⁹⁷.

Si quis voluntarie ²⁹⁸ homicidium fecerit, ad januam ecclesiæ catholicæ semper subjaceat ²⁹⁹, et communionem in exitu vitæ suæ recipiat. Si autem non voluntarie ³⁰⁰, sed casu aliquod homicidium fecerit, prior canon septem annis agere ³⁰¹ pœnitentiam jussit, secundus canon quinque mandavit.

## C. XLV. De eodem.

*Item* Dig. tit. *de furtis* l. *Qui saccum* [fr. 77, t. 2, l. 4].

Qui saccum habentem pecuniam surripuerit ³⁰², furti actione ³⁰³ etiam sacci nomine tenetur, quamvis non sit ei animus sacci surripiendi.

*Contra animum, non opus puniri,* lib. *IX Cod. tit. ad leg. Cornel. de sicar.* [l. 5] *exemplo sacrarum litterarum* Diocletiani et Maximiani ³⁰⁴ *colligitur :*

## C. XLVI. De eodem.

Eum, qui asseverat homicidium se non voluntate, sed casu fortuito fecisse, quum calcis ictu mortis occasio præbita videatur, si hoc ita est, nec super hoc ambigi poterit, omni metu ac suspicione, quam ex admissæ rei discrimine sustinet, secundum id, quod adnotatione nostra comprehensum est, volumus liberari.

## C. XLVII. PALEA.

*Item* Imperator Antoninus *C. ad leg. Cornel. de sicar.* l. 1 ³⁰⁵.

« Frater vester rectius fecerit, si se præsidi provinciæ obtulerit, qui ³⁰⁶, si probaverit, non occidendi animo hominem a se esse percussum, remissa homicidii pœna secundum militarem disciplinam sententiam proferet ³⁰⁷. Crimen enim contrahitur, si et voluntas nocendi intercedat. Ceterum ea, quæ ex improviso casu potius quam fraude accidunt, fato plerumque, non noxæ imputantur ³⁰⁸. »

Hinc et Gelasius ³⁰⁹ Papa :

## C. XLVIII. De eodem.

Quantum dicit iste Placidus ³¹⁰, anno præterito dictum est de uxore illius, quia subito inter caballos inventa est, et dum traherentur caballi, collisa est illa, et abortum fecit. Quod si ita est, forte si

### NOTATIONES CORRECTORUM.

C. XL. ᵛᵛ *Maticensi* : Burchardus et Ivo citant ex concilio Moguntino : in nullo tamen eorum, quæ exstant, habetur. Simile vero aliquid legitur in concilio Vormaciensi, c. 27 '.

C. XLII. ˣ *Hæc vero* : Græce : Ὁ δὲ δεύτερος τὸν πεντaετῆ χρόνον πληρώσει; id est : *Secunda vero quinquennii tempus explebit*. Atque ita fere Burchardus et Ivo ex Dionysii versione, et infr. ead. cap. *Si quis voluntate*.

Dist. L. C. XL. ²⁷ In conc. Wormatiensis (hab. A. 868) c. 27 de Judæis nihil constituitur: verum enim vero apud Reginonem (l. 2, c. 95) ubi cap. illud tanquam ex *Moguntino* profertur, Judæorum pariter ac paganorum cædes prohibitæ leguntur. ²⁷⁷ Burch. l. 6, c. 33. Ivo Decr. p. 10, c. 162. ²⁷⁸ *conversationis* : Ed. Bas. ²⁷⁹ *exstinxerat* : Ivo. = C. XLI. ²⁸⁰ cf. Pœn. Rom. t. 1, c. 16.—Ans. l. 11, c. 34. ²⁸¹ abest ab Edd. Arg. Bas. ²⁸² *quatuor* : Pœn. Rom. ²⁸³ *superiori* : Ed. Bas. ²⁸⁴ verba : *Clericus — aqua* inducta sunt a Bohm., refragante tamen et ipsius fontis et codd. Gratiani auctoritate. = C. XLII. ²⁸⁵ hab. A. 314. — cf. Triburiensis conc. c. 52. — Burch. l. 6, c. 15. Ans. l. 11, c. 45. 46. Ivo Decr. p. 10, c. 25 et 144. Polyc. l. 6, t. 10. ²⁸⁶ add. *tantum* : Edd. coll. o. ²⁸⁷ add. *pœnitentiæ* : Ed. Bas. ²⁸⁸ *humanior* : Coll. Hisp. et Isid. Merl.— add. : *definitio* : Isid. Merl. et Edd. coll. o. ²⁸⁹ hab. non serius Ao. 310.—cf. conc. Worm. (h. A. 868) c. 39. — Rab. Maur. pœn. c. 14. Burch. l. 6, c. 19. Ans. l. 11, c. 30. Ivo Decr. p. 10, c. 22 et 148. ²⁹⁰ *domina* : Ivo. ²⁹¹ *flagris* : orig. — Ans. ²⁹² *infra* : Edd. coll. o exc. Bas. Lugdd. II, III Antw. ²⁹³ *emittat* : Edd. coll. o. ²⁹⁴ *quinquennii* : Coll. Hisp. ²⁹⁵ *spatia* : Ed Bas. ²⁹⁶ *infra* : Coll. Hisp. — Edd. coll. o. pr. Bas. Lugd. II, III. Antw. = C. XLIV. ²⁹⁷ c. 22 conc. Ancyr. ex Martini Brac. interpret. --Ivo Decr. p. 10, c. 39. ²⁹⁸ *voluntate* : Coll. Hisp. — Edd. coll. o. pr. Bas. ²⁹⁹ *jaceat* : Edd. coll. o. ³⁰⁰ *voluntate* : exd. ³⁰¹ *agi* : Coll. Hisp. = C. XLV. ³⁰² *surripit* : orig. — *surripuit* : Edd. coll. o. ³⁰³ abest ab orig. et Edd. coll. o. exc. Arg. — C. XLVI. ³⁰⁴ Dat. A. 290. — C. XLVII. ³⁰⁵ Dat. A 216. — abest hæc Palea ab Edd. Arg. Bas. Ven. I, II. Nor. — *Item Anton. in conc.* : Ed. Par. ³⁰⁶ *Quod* : Edd. Lugdd. II, III Antw. ³⁰⁷ *proferri* : Edd. Par. Lugd. Antw. — *proferat* : Bohm. ³⁰⁸ *imputata sunt* : Exd. = C. XLVIII. ³⁰⁹ *Pelagius* : Edd. Arg. Bas. Nor. Ven. I, II; ad neutrum tamen hoc cap. pertinere ipsa scribendi ratio docet. ³¹⁰ *Placidius* : Edd. rel.

caballos alienos ³¹¹ tulerit, inde est culpabilis. Nam de muliere, quæ casu inter caballos confracta est, ubi voluntas illius non agnoscitur ³¹² perniciosa fuisse, non potest nec debet addici per leges.

### C. XLIX. De eodem.

*Item* Nicolaus Papa ³¹³.

Hi, qui arbores ³¹⁴ incidere videntur, si contigerit, ut cadens arbor occiderit hominem, inculpabiles sunt atque innoxii, quia nec voluntate eorum, nec desiderio homicidium perpetratum est. Si vero aliqua culpa eorum vel neglectu morientis hominis interitus cognoscitur advenisse, abjiciendi sunt a gradu, et in sacro ordine nullatenus suscipiendi.

### C. L. De eodem.

*Item* ex Concilio Vormaciensi, c. 29 ³¹⁵.

Sæpe contingit, dum quis operi necessario insistens arborem inciderit, ut aliquis subtus ipsam veniens deprimatur. Et idcirco, si voluntate vel negligentia incidentis arborem factum est, ut homicida pœnitentiæ debet omnino submitti. Quod si non voto, non ³¹⁶ incuria illius, non denique scientia contigit, sed, dum ille operi necessario fortassis incumberet, iste insperatus occurrens sub arbore improvisus devenit et sub ipsa oppressus est, incisor arboris non tenetur pro homicida.

### C. LI. De eodem.

*Item* ex Concilio Triburiensi, cap. 36 ³¹⁷. [*Sed ibi copiosius.*]

Si duo fratres in silva arbores succiderint, et appropinquante casura ³¹⁸ ipsius ³¹⁹ arboris frater dixerit fratri, cave, et ille fugiens in pressuram arboris inciderit †, et mortuus fuerit, vivens frater innocens de sanguine germani dijudicetur.

Gratian. *Præmissis auctoritatibus, lapsis permittitur, ut post pœnitentiam in suis ordinibus reparari valeant; ad majorem autem conscendere post lapsum nulla eis auctoritate permittitur, imo penitus prohibetur.*

Unde in Ilerdensi Concilio, c. 5, *legitur* ³²⁰.

### C. LII. Lapsi in suis ordinibus reparari possunt, sed non ad majora conscendere.

Hi ³²¹, qui altario Dei ³²² deserviunt, si subito in ³²³ flenda carnis fragilitate corruerint, et Domino respicciente digne pœnituerint, ita ut mortificato corpore cordis contriti sacrificium Deo offerant, maneat in potestate pontificis vel veraciter afflictos non diu suspendere, vel desidiosos prolixiore tempore ab ecclesiæ corpore segregare; ita tamen, ut sic officiorum suorum loca recipiant, ne possint ad altiora officia ulterius promoveri.

### PALEA.

§ 1. « Quod si iterato ⁊ velut canes ad vomitum reversi fuerint, et veluti sues in volutabris luti ³²⁴ jacuerint, non solum dignitate officii careant, sed etiam sanctam communionem nisi in exitu non percipiant. »

Gratian. *Sed exemplo B. Petri (qui postquam trinæ negationis maculas confessione diluit amoris, non solum in gradu sui apostolatus remansit, verum etiam in pastorem totius ecclesiæ a Christo institui meruit), probantur lapsi post dignam pœnitentiam non solum propria officia retinere, sed etiam ad majora posse conscendere. Quod autem B. Petrus post negationem pastor ecclesiæ a Domino sit institutus, probatur auctoritate B. Gregorii* ³²⁵, *qui in homilia dominicæ resurrectionis de eodem principe apostolorum scribit, dicens:*

### C. LIII. Petrus post culpam negationis princeps Apostolorum a Domino est institutus.

Considerandum nobis est cur omnipotens Deus eum, quem cunctæ ecclesiæ præferre disposuerat, ancillæ vocem pertimescere et se ipsum negare permisit. Quod nimirum magnæ actum esse pietatis dispensatione cognoscimus, ut is, qui futurus erat pastor ecclesiæ, in sua culpa disceret, qualiter aliis misereri debuisset. Prius itaque eum ostendit sibi, et tunc præposuit ceteris, ut ex sua infirmitate cognosceret, quam misericorditer aliena ³²⁶ infirma toleraret.

### C. LIV. Post negationem in fide et gradu Petrus profecit.

*Item* Ambrosius *in serm. XLVII de fide Petri* ³²⁷.

Fidelior factus est Petrus, postquam fidem se per-

### NOTATIONES CORRECTORUM.

C. LII. ⁊ *Quod si iterato* : Hæc usque ad finem absunt in codicibus illis' Gratiani, a quibus Paleæ abesse solent. In alio autem hic præpositum est nomen Paleæ.

z *Et veluti sues in volutabris luti jacuerint* : Hæc non leguntur in antiquis editionibus conciliorum Coloniensi ac Parisiensi, duobus codicibus Vaticanis, Lucensi regio*, neque infr. 15, q. 8, c. *Hi qui.* Sunt tamen apud Ivonem, et in editione Colon. 4 volum.

Dist. L. C. XLVIII. ³¹¹ add. *furatos* : Edd. coll. o. exc. Bas. ³¹² *cognoscitur* : Ed. Bas. ═ C. XLIX. ³¹³ Fragm. æque incertum. Coll. tr. p. p. 1, t. 62, c. 21. ³¹⁴ *arborem* : Ed. Bas. ═ C. L. ³¹⁵ hab. A. 868. — Reg. l. 2, c. 17. Burch. l. 6, c. 21. Ivo Decr. p. 10, c. 150. — cf. Leg. Sax. c. 11, et Leg. Langob. l. 1, t. 9, c. 5. ³¹⁶ *sed incuria illius* (add. Bas. : *qui*) *mortuus est, non hæc cum sententia contingit* (*contigit* : Edd. Arg. Ven. I, II. Nor.). *Si enim dum — occurrerit sub arbore, et sub ipsa*, etc. : Edd. coll. o. ═ C. LI. ³¹⁷ hab. A. 895. — Reg. l. 2, c. 19. Burch. l. 6, c. 22. Ivo Decr. p. 10, c. 151. ³¹⁸ *casu* : Reg. ³¹⁹ *unius* : id. — Ivo. — Ed. Bas. — *ceciderit* : Edd. coll. o. ═ C. LII. ³²⁰ hab. A. 546. — Rab. pœn. c. 1. Burch. l. 19, c. 74. Ivo Decr. p. 15, c. 87. — infr. C. 15, q. 8, c. 2. ³²¹ *Si qui* : Edd. Nor. Ven. 1. ³²² add. : *sancto* : Edd. coll. o. ³²³ abest ab Edd. Bas. Nor. Par. et Coll. Hisp. ³²⁴ *eversi* : Edd. Par. Lugd. Antw. — *immersi* : Edd. rel. et Ivo. — * *nec* Coll. Hisp. ³²⁵ Hom. 21, in ev. Marc. c. 16. ³²⁶ *alienam infirmitatem* : Ed. Bas. — *alienas infirm.* : Edd. coll. rel. ═ C. LIV. ³²⁷ Alias hic sermo tribuitur *Maximo Taurinensi* (Bibl. Patr. t. 6). Adscribitur etiam Augustino (in App. Ed. Maur.) — Ans. l. 1, c. 71.

didisse deflevit; atque ideo majorem gratiam reperit quam amisit. Tanquam enim bonus pastor tuendum gregem accepit, ut qui sibi antea infirmus fuerat, fieret omnibus firmamentum, et qui ipse interrogationis tentatione nutaverat, ceteros fidei stabilitate fundaret. Denique pro soliditate devotionis ecclesiarum petra dicitur, sicut ait [328] Dominus : *Tu es Petrus, et super hanc petram ædificabo ecclesiam meam*. Petra enim dicitur, eo quod primus in nationibus fidei fundamenta posuerit, et tanquam saxum immobile totius corporis [329] Christianitatis [330] compagem molemque contineat.

VI Pars. Gratian. *Item objicitur, pœnitentes ad sacros ordines promoveri non debent: non ergo lapsi post pœnitentiam ad majora pertingere possunt.*

Unde in Concilio Carthaginensi IV, cap. 68 et 69, legitur [331]:

C. LV. *Non ordinetur clericus ex pœnitentibus.*

Ex pœnitentibus, quamvis sit bonus, clericus [332] non ordinetur. Si per ignorantiam episcopi factum fuerit, deponatur a clero, quia se ordinationis tempore non prodidit fuisse pœnitentem. Si autem sciens episcopus ordinaverit talem, etiam ipse ab [a] episcopatu suo ordinandi duntaxat potestate privetur. Simili sententiæ subjacebit episcopus, si sciens ordinaverit clericum eum, qui viduam aut repudiatam uxorem habuit [333], aut secundam.

C. LVI. *Bigamus, pœnitens, viduæ maritus, sacræ militiæ se ingerens, sine spe promotionis in suo ordine permaneat.*

*Item Siricius Papa Himerio Episcopo, epist. I, c. 15* [334].

Quicunque pœnitens, quicunque bigamus, quicunque viduæ maritus ad sacram militiam indebite et incompetenter irrepserit, hac sibi conditione a nobis veniam intelligat relaxatam, ut in [335] magno debeat computare beneficio, si ademta sibi omni spe promotionis [336] in hoc quo invenitur ordine perpetua stabilitate permaneat.

C. LVII. *Non prohibeatur a clero, qui pressus languore per communionem pœnitentiæ benedictionem accepit.*

*Item ex Concilio Gerundensi, c. 9* [337].

Si [338] vero, qui ægritudinis languore depressus pœnitentiæ benedictionem, quam viaticum deputamus [339], per communionem acceperit, et postmodum reconvalescens [340] caput pœnitentiæ in ecclesia publice non subdiderit, si prohibitis vitiis non detinetur obnoxius, admittatur ad clerum.

C. LVIII. *Qui ad pœnitentiam agendam in monasterio recluditur, presbyter non ordinetur.*

*Item Hormisda Papa omnibus Episcopis per universas provincias constitutis* [341].

Si ille, qui ultro petit pœnitentiam, quamvis eam perfecte agat, non potest episcopus aut presbyter ordinari, ita ut, etiamsi per ignorantiam ordinatus fuerit et postea convincitur pœnitentiam accepisse, dejiciatur: ille ergo, qui invitus ad pœnitentiam agendam mittitur in monasterium [342] (qui utique nihil aliud, quam pœnitens dicendus est), qua conscientia ad sacerdotium venire [343] permittitur? Nemo mihi alia quælibet contra auctoritatem sedis apostolicæ, vel CCCXVIII episcoporum, vel [344] reliquorum canonum constituta objiciat; quia quicquid contra illorum definitionem (in quibus Spiritum sanctum credimus locutum) dictum fuerit, recipere non solum temerarium, sed etiam periculosum esse non dubito.

C. LIX. *Bigamus, vel quilibet post pœnitentiam sacris non applicetur ministeriis.*

*Item Gelasius Urbis Romæ episc. omnibus Episcopis per Lucaniam, etc., cap. 5* [345].

Non confidat quisquam pontificum bigamos [346] aut conjugia sortientes ab aliis derelicta [347], sive quoslibet post pœnitentiam, vel sine literis, vel corpore vitiatos, vel conditionarios, aut curiæ publicarumque rerum nexibus implicatos, aut passim nulla temporis congruentis exspectatione discussos, divinis servituros applicare ministeriis.

C. LX. *Pœnitentes nec etiam clerici fieri possunt.*

*Item Innocentius Agapito et ceteris, epist. VI* [348].

Canones apud Nicæam [349] constituti pœnitentes etiam ab infimis officiis clericorum excludunt.

Gratian. *Hoc non de quibuslibet pœnitentibus intelligitur, sed de illis tantum, qui post actam pœnitentiam sæcularis militiæ cingulum accipiunt. De quibus Innocentius Episcopus scribit Victricio Rothomagensi Episcopo, epist. II, c. 2* [350].

## NOTATIONES CORRECTORUM.

C. LV. [a] *Ipse ab*: In originali legitur: *Ipse ab episcopatus sui ordinandi duntaxat potestate privetur.* Al.: *ipse episcopatus sui*, quemadmodum et apud Ivonem p. 15, c. 5.

---

Dist. L. C. LIV. [328] Matth. c. 16, v. 18. [329] *operis Christiani*: orig. — Ans. [330] *Christiani*: Ed. Bas. P. VI. — [331] Statutt. eccl. ant. c. 84, 85 (cf. ad c. 9, D. 18). Burch. l. 2, c. 35. — Ans. l. 7, c. 20. Ivo Pan. l. 3, c. 160. Decr. p. 6, c. 136, et p. 15, c. 23. Polyc. l. 2, t. 31. = C. LV. [332] add. : *tamen* : Edd. coll. o. [333] *habuerit* : eæd. = C. LVI. [334] scr. A. 385. — Ans. l. 7, c. 21. [335] *id* : Coll. Hisp. [336] *provectionis* : orig. ap. Constant. = C. LVII. [337] hab. A. 517. — Coll. tr. p. p. 2, t. 32, c. 4. [338] *Is vero*: Coll. Hisp. — Edd. coll. o. [339] *dicimus*: Edd. coll. o. [340] *si caput*: exd. = C. LVIII. [341] Non pertinet ad Hormisdam; cf. ad c. 39, supra ead. — Ans. l. 7, c. 22, et l. 11, c. 87. Polyc. l. 2, t. 31. [342] *monasterio* : Ans. — Edd. coll. o. [343] *pervenire* : exd. [344] *et* : exd. = C. LIX. [345] scr. A. 494. — Ans. l. 7, c. 18. [346] add.: *fas esse*: Ans. — Edd. coll. o. [347] *relicta*: exd. = C. LX. [348] Ep. incerti temporis. [349] cf. conc. Nic. c. 9. = C. LXI. [350] scr. A. 404. — Coll. tr. p. p. 1, t. 38, c. 19. Ans. l. 7, c. 13.

**C. LXI.** *Non debet fieri clericus, qui post remissionem peccatorum militiae cingulum habuit.*

Si quis post remissionem peccatorum cingulum militiae saecularis habuerit, ad clericatum admitti omnino non debet.

Gratian. *Potest et aliter intelligi. Est quaedam poenitentia, quae solennis appellatur, quae semel tantum in ecclesia conceditur, de qua Ambrosius* [351] *ait :* Sicut unum est baptisma, ita unica est poenitentia. *Item :* Non est secundus locus poenitentiae. Merito reprehenduntur [b], qui saepius agendam poenitentiam putant, quia luxuriantur in Christo. Nam si vere agerent poenitentiam, iterandam postea non putarent.

**C. LXII.** *De eodem.*
*Item* Augustinus *ad Macedonium, epist.*
*LIV* [353].

Quamvis caute et salubriter provisum sit, ut locus *illius* humillimae poenitentiae semel tantum in ecclesia concedatur, ne medicina [c] nimis utilis vilis [353] habeatur, tamen quotidie peccantibus nunquam per poenitentiam venia negatur.

Gratian. *Haec autem poenitentia quomodo imponenda sit,* in Agathensi Concilio *legitur, in quo sic statutum est c.* 15 [354] :

**C. LXIII.** *Quomodo poenitentes ad poenitentiam accedunt.*

Poenitentes tempore, quo poenitentiam petunt, impositionem manuum et cilicium super caput [355] a sacerdote (sicut ubique constitutum [356] est) consequantur [357]. Si autem comas non deposuerint, aut vestimenta non mutaverint, abjiciantur, et nisi digne poenituerint, non recipiantur. Juvenibus etiam [358] poenitentia non facile committenda est propter aetatis fragilitatem. Viaticum tamen omnibus in morte positis non est negandum.

**C. LXIV.** *Quae sint servanda in solenni poenitentia.*
*Item ex eodem* [d] [359].

In capite quadragesimae omnes poenitentes, qui publicam suscipiunt aut susceperunt poenitentiam, ante fores ecclesiae se repraesentent episcopo civitatis, sacco induti, nudis [360] pedibus, vultibus in terram demissis [361], reos se esse ipso habitu et vultu protestantes. Ibi adesse debent [362] decani, id est archipresbyteri parochiarum [363] et presbyteri [e] poenitentium, qui eorum [364] conversationem diligenter inspicere debent, et secundum modum culpae poenitentiam per praefatos [365] gradus injungere. Post haec eos in ecclesiam introducant [366], et cum omni clero septem poenitentiales [367] psalmos in terra [368] prostratus episcopus cum lacrimis pro eorum absolutione decantet ; tunc resurgens [369] ab oratione, juxta quod canones jubent, manus eis imponat, aquam benedictam super eos spargat, cinerem prius mittat, deinde cilicio capita eorum operiat, et cum gemitu et crebris suspiriis denunciet eis, quod sicut Adam projectus est de paradiso, ita ipsi [370] pro peccatis ab ecclesia abjiciuntur [371] ; post haec jubeat ministris, ut eos extra januas [372] ecclesiae expellant, clerus vero prosequatur eos cum responsorio [373] : *In sudore vultus tui vesceris pane tuo,* etc., ut, videntes sanctam ecclesiam pro [374] facinoribus suis tremefactam atque commotam, non parvipendant poenitentiam. In sacra autem Domini coena rursus ab eorum decanis [375] et eorum presbyteris ecclesiae liminibus repraesententur.

Gratian. *Hanc poenitentiam nulli unquam clerico-*

### NOTATIONES CORRECTORUM.

**C. LXI.** [b] *Reprehenduntur :* Legebatur : *reperiuntur.* Emendatum est hic ex originali, quod tamen fieri non potuit infr. c. *reperiuntur,* de poen. dist. 3, quia vox : *reperiuntur,* ibi est initium capitis.

**C. LXII.** [c] *Ne medicina :* In aliquot vetustis exemplaribus Gratiani caput hoc est conjunctum superiori. Locum enim Augustini suo modo aptat. Apud illum quidem hoc loco ita legitur : *Ne medicina vilis minus utilis esset aegrotis, quae tanto magis salubris est, quanto minus contemtibilis fuerit. Quis tamen audeat dicere Deo : Quare huic homini, qui post primam poenitentiam rursus se laqueis iniquitatis obstringit, adhuc iterum parcis?* etc.

**C. LXIV.** [d] *Ex eodem :* Ex Agathensi etiam citant Burchardus et Ivo, et Rhebaldus Cardinalis (qui tempore Paschalis P. claruit) in libro suo *de poenitentia publice non iteranda.* In uno tamen manuscripto Burchardi exemplari citatur ex Poenitentiali Romano. Sententia vero hujus capitis magna ex parte habetur in Pontificali, et Ordine Romano a pag. 24 usque ad 30.

[e] *Et presbyteri :* Apud Burchardum legitur : *id est presbyteri.*

---

Dist. L. C. LXI. [351] libr. 2 de poen. c. 10. — cf. c. 2 et 49. D. 3, de poen. = C. LXII. [352] scr. A. 414. — Ivo Decr. p. 15, c. 24. Petr. Lomb. Sent. l. 4, dist. 14, c. 3. — infr. D. 3, de poen. c. 22. [353] *nimis vilis haberetur :* Ed. Bas. [354] hab. A. 506. — Capit. l. 5. c. 58, l. 7, c. 310. Reg. l. 1, c. 290. Burch. l. 19, c. 27. Ivo Decr. p. 15, c. 17. [355] *capita :* Reg. Ivo. — *c. sua :* Edd. coll. o. [356] *statutum :* eaed. [357] *consequuntur :* Ed. Bas. [358] *enim :* Ed. Bas. = C. LXIV. [359] Repertum est inter Capitula Theodori c. 40, ex quibus transiit in coll. Reginonis l. 4, t. 291, inscriptione : *Unde supra.* Et inde factum est, ut Burch. l. 19, c. 26, et post eum Ivo Decr. p. 15, c. 43, rem minus recte intelligentes, conc. Agath. capitis fontem laudarent. [360] *absunt ab* Theod. [361] *prostratis :* Theod. — Reg. Burch. Ivo. [362] *adesse debent archipresbyteri parochiarum, i. e. presbyteri poenitentium :* Theod. [363] add. : *cum testibus, id est :* Reg. — In Edd. coll. o., exc. Bas., sic legitur : *dec., i. e. archipresbyteri, presbyteri paroch. et presbyter* (presbyteri : Ed. Antw.) *poenitentium.* [364] add. : *poenitentiam et :* Edd. coll. o. exc. Bas. [365] *praefixos :* Theod. — Coll. citt. [366] *introducat :* iid. — Ed. Bas. [367] *poenitentiae :* Coll. citt. — Ed. Bas. [368] *terram :* Theod. — Coll. citt. — Ed. Bas. [369] *consurgens :* Reg. [370] *ad ipsi :* Theod. — Coll. citt. — Ed. Bas. [371] *dejiciuntur :* Reg. [372] *januam :* Theod. — Ed. Bas. [373] Genes. c. 3, v. 19. [374] *ob fac. :* Reg. — *prae :* Lugdd. II, III. [375] *dec., et eor. :* abs. a Theod. — *rursus eccl. lim. se repraesentent :* Reg.

rum agere conceditur, atque ideo hujusmodi pœnitentes ad clerum admitti prohibentur.

Unde in Carthaginensi Concilio V, cap. 11, statutum est [376]:

C. LXV. *Clericis non imponatur manus tanquam pœnitentibus.*

Confirmandum [377] est ut, si quando presbyteri vel diaconi in aliqua graviori culpa convicti fuerint, qua eos a ministerio necesse sit removeri, non eis manus tanquam pœnitentibus vel tanquam fidelibus laicis imponatur, neque unquam permittendum ut rebaptizati ad clericatus gradum promoveantur.

Unde Siricius Papa *Himerio epist. I, c.* 14 [378]:

C. LXVI. *Nec clerico pœnitentiam agere, nec pœnitenti ad clericatum accedere permittitur.*

Illud quoque nos par fuit providere, ut sicut pœnitentiam agere cuiquam [379] non conceditur clericorum, ita 'et' post pœnitudinem ac reconciliationem nulli [380] unquam laico liceat honorem clericatus adipisci, quis, quamvis sint omnium peccatorum contagione mundati, nulla tamen debent gerendorum sacramentorum instrumenta suscipere [381], qui dudum fuerunt [382] vasa vitiorum.

C. LXVII. *Presbyteris et diaconis tanquam pœnitentibus non debent manus imponi.*

Item Leo Papa *Rustico Narbonensi, epist. XC, cap. 2* [383].

Alienum est a consuetudine ecclesiastica, ut qui in presbyterali honore aut 'in' diaconii gradu fuerint consecrati, ii pro crimine aliquo suo per manus impositionem remedium accipiant pœnitendi; quod sine dubio ex apostolica traditione descendit, secundum quod scriptum est: *Sacerdos f si peccaverit, quis orabit pro eo?* Unde hujusmodi lapsis ad promerendum misericordiam Dei privata est expetenda secessio [g], ubi illis satisfactio, si fuerit digna, sit etiam fructuosa.

Gratian. *Probantur etiam auctoritate* Toletani Concilii I [384] *hujuscemodi pœnitentes ad clerum non admittendi, in quo c. 2 sic statutum est:*

C. LXVIII. *Causa necessitatis ad clerum pœnitentes admittantur.*

Placuit ut pœnitentes [385] non admittantur ad clerum, nisi tantum si necessitas aut usus exegerit; 'et' tunc inter ostiarios deputentur [386] vel inter lectores, ita ut evangelia aut epistolam [387] non legant. § 1. Si qui autem 'ante' ordinati sunt diaconi [388], inter subdiaconos habeantur, ita ut manum non inponant, nec sacra contingant. § 2. Eum [389] vero pœnitentem dicimus, qui post baptismum, aut pro homicidio, aut pro diversis criminibus gravissimisque peccatis publicam pœnitentiam gerens sub cilicio [390] divino fuerit reconciliatus altario.

VII Pars. Gratian. *Apostatœ quoque ad clericatus officium admitti non debent.*

Unde in Concilio Arelatensi II, cap. 23 [391]:

C. LXIX. *Ad clericatus officium non admittantur apostatœ.*

Hi, qui post sanctam religionis professionem apostatant et ad sæcularem [392] redeunt conversationem, et postmodum pœnitentiæ [393] remedia non requirunt, sine pœnitentia communionem penitus non accipiant. Quos etiam jubemus ad clericatus officium non admitti. Et quicunque [394] ille sit, post pœnitentiam sæcularem habitum accipere non præsumat. Quod si præsumpserit, ab ecclesia alienus habeatur.

## DISTINCTIO LI.

GRATIANUS.

I Pars. *Ecce, quod criminosi, vel non vere pœnitentes, vel publicam pœnitentiam agentes, a sacris prohibentur ordinibus. Adjecit quoque sancta mater ecclesia, ut* curiales, *aut post* baptisma militantes, *aut in foro decertantes, a sacris prohibeantur ordinibus.*

*Unde ait* Innocentius Papa *Episcopis in Toletana* [1] *Synodo constitutis, epist. XXIV, c.* 2 [2].

C. I. *Post baptismum militantes, vel in foro decertantes, a sacris prohibentur ordinibus.*

Aliquantos [3] ex his, qui post acceptam baptismi gratiam in forensi exercitatione versati sunt et obtinendi pertinaciam susceperunt, accitos ad sacerdotium

NOTATIONES CORRECTORUM.

C. LXVII. *f Sacerdos:* Vulgo sæpe indicatur in margine locus iste ex 1 Reg. 2, ut infr. de pœn. dist. 1, c. *Si sacerdos,* quum tamen in eo scripturæ loco in vulgata legatur: *Si autem in Deum peccaverit, quis orabit pro eo?* Verum B. etiam Gregorius ad illum locum in morali interpretatione talem sententiam elicit: *Quis ei intercessor remanet, quum ille se transgrediendo præcipita., qui ad intercedendum pro aliis ordinatus est?*

*g Secessio:* Sic emendatum est ex antiquis codicibus et epistola ipsa; et hanc lectionem habuit auctor glossæ, quod ex manuscriptis glossis constat: idcirco et in ea emendandum. Antea legebatur : *ex exvetenda successio.*

Dist. L. C.LXV. [376] hab. A. 401. — Reg. l. 1, c. 310. Coll. tr. p. p. 2, t. 19, c. 11. Burch. l. 19, c. 72. Ivo Decr. p. 15, c. 85. — Capit. l. 5, c. 66. [377] *Confirmatum :* orig. = C. LXVI. [378] scr. A. 385. — Coll. tr. p. p. 1, t. 36, c. 9. Burch. l. 19, c. 49. Ans. l. 7, c. 20. Ivo Decr. p. 6, c. 54, p. 15, c. 65. [379] *nulli unquam:* Edd. coll. o. [380] *cuiquam non:* eæd. [381] *accipere:* eæd. pr. Bas. [382] *fuerant:* Ed. Bas. = C. LXVII. [383] Ep. 167. (scr. A. 458 vel 459) Ed. Baller. — Ans. l. 11, c. 28. Burch. l. 19, c. 71. Ivo Decr. p. 6, c. 67. Polyc. t. 4, c. 39. — * nec tamen Ed. Bas. = C. LXVIII. [384] hab. A. 400. — Burch. l. 2, c. 37. Ans. l. 7, c. 31. Ivo Pan. 1, 3, c. 61. Decr. p. 6, c. 138. Polyc. l. 2, t. 31. — cf. Cap. Mart. Brac. c. 25. [385] add.: *solenniter:* Ed. Bas. — *de pœnitente:* Coll. Hisp. [386] *deputantur:* ib. [387] *Apostolum:* orig. — Coll. citt. [388] *subdiaconi:* Coll. Hisp. — Ans. — *in diacones:* Edd. coll. o. [389] *ex pœnitente:* Coll. Hisp. [390] *concilio:* Ans. — P. VII. [391] hab. non serius A. 460. — Coll. tr. p. p. 2, t. 24, c. 8. Burch. l. 19, c. 67. Ivo Decr. p. 15, c. 81. = C. LXIX. [392] *ad sæculum redeunt:* orig. — Ivo. — Ed. Bas. = C. LXIX. [393] *vœnitentium:* Edd. coll. o. exc. Bas. [394] *qui:* Ed. Bas.

Dist. LI. P. I. [1] *Tolosana:* Coll. Hisp. et Isid. Merl. [2] scr. c. A. 404. C. I. [3] *quantos,* et sic per exclamationem deinceps: orig.

tium esse comperimus, e quorum numero  Rufinus et Gregorius perhibentur; aliquantos ex militia, qui, quum potestatibus obedierunt, sæva necessario præcepta sunt exsecuti; aliquantos ex curialibus, qui, dum parent potestatibus, quæ sibi sunt imperata fecerunt; aliquantos, qui voluptates et editiones populo celebrarunt, ad honorem summi sacerdotii pervenisse, quorum omnium neminem 'ne' ad societatem quidem ordinis clericorum oportuerat pervenisse. Quæ si singula discutienda mandemus, non modicos motus aut scandala Hispaniensibus provinciis, quibus mederi cupimus, de studio emendationis inducemus; idcirco remittenda potius hæc putamus. Sed ne deinceps similia committantur, dilectionis vestræ maturitas providere debebit, ut tantæ usurpationi saltem nunc finis necessarius imponatur, eo videlicet constituto, ut, quicumque tales ordinati fuerint, cum ordinatoribus suis deponantur.

C. II. *De quibus laicis aliqui ad clericatum non possunt pervenire.*

Idem *Felici Episcopo Nuceriano, epist. IV, c. 3*.

Designata sunt genera laicorum, de quibus ad clericatum pervenire non possunt, id est, si quis fidelis 'militaverit', si quis fidelis causas egerit, hoc est postulaverit, si quis fidelis' administraverit. De curialibus autem manifesta ratio est, quoniam, etsi inveniantur hujusmodi viri, qui debeant clerici fieri, tamen quoniam sæpius a curia repetuntur, cavendum ab his est propter tribulationem, quæ sæpe de his ecclesiæ provenit.

C. III. *Non admittantur curiales ad clericale officium.*

Idem *Victricio Episcopo Rothomagensi, epist. II, cap. 11*.

Præterea frequenter quidam ex fratribus nostris curiales vel quibuslibet publicis functionibus occupatos, clericos facere contendunt, quibus postea major tristitia, quum de revocandis eis aliquid ab imperatore præcipitur, quam gratia nascitur de accito. Constat enim eos in ipsis muneribus etiam voluptates exhibere, quas a diabolo inventas esse non dubium est, et ludorum et mimorum apparatibus aut præesse, aut forsitan interesse. Sit certe in exemplum sollicitudo et tristitia fratrum, quam sæpe pertulimus imperatore præsente, quum pro his sæpius rogaremus, quam ipse nobiscum positus cognovisti, quibus non solum inferiores clerici ex curialibus, verum etiam in sacerdotio constituti ingens molestia ut redderentur instabat.

C. IV. *Non promoveatur ad diaconatum, qui post baptismum ad fidelem necandum accinctus fuerit.*

Item ex Concilio Toletano I. cap. 8.

Si quis post baptismum militaverit, et chlamydem sumserit aut cingulum ad necandos fideles, etiamsi gravia non admiserit, si ad clerum admissus fuerit, diaconii non accipiat dignitatem.

C. V. *A quibus debet esse immunis, qui in episcopum ordinatur.*

Item ex Concilio Toletano IV, cap. 19.

Qui in aliquo crimine detecti sunt, qui infamiæ nota aspersi sunt, qui scelera aliqua per publicam pœnitentiam se admisisse confessi sunt, qui in hæresin lapsi sunt vel qui in hæresi baptizati aut rebaptizati esse noscuntur, qui semetipsos absciderunt aut naturali defectu membrorum 'aut decisione' aliquid minus habere noscuntur, qui secundæ uxoris conjunctionem sortiti sunt aut numerosa conjugia frequentaverunt, qui viduam vel a marito relictam duxerunt aut corruptarum mariti fuerunt, qui concubinas aut fornicarias habuerunt, qui servili conditioni obnoxii sunt, qui ignoti sunt, qui neophiti vel laici sunt, qui sæculari militiæ dediti sunt, qui curiæ nexibus obligati sunt, qui inscii literarum sunt, qui nondum ad triginta annos pervenerunt, qui per gradus ecclesiasticos non ascenderunt, qui ambitu honorem quærunt, qui muneribus honorem obtinere moliuntur, qui a decessoribus in sacerdotium eliguntur. § 1. Sed nec ille deinceps sacerdos erit, quem nec clerus, nec populus propriæ civitatis elegit, vel auctoritas metropolitani, vel comprovincialium sacerdotum assensus non exquisivit. Qui-

NOTATIONES CORRECTORUM.

Dist. LI. C. IV. *Ad necandos fideles*: Verba hæc non sunt in codice Lucensi regio.

C. V. *Aut decisione*: Addita hæc sunt ex conciliis olim Coloniæ ac Lutetiæ impressis. In novissima vero Coloniensi editione legitur *vel defectione*, pro: *vel aesectione*.

*Aut fornicarias*: In codice Lucensi regio legitur: *ad fornicationes*; quod videtur intelligendum de concubinis ad tempus adhibitis, ut supr., distinct. 34, c. *Is qui*, est annotatum.

Dist. LI. C. I.  *numero aliqui prohibentur ad ministerium assumi*: Ed. Bas.  *severa*: Coll. Hisp. et Isid. Merl. — desideratur apud Constantium.  *parerent*: Edd. coll. o.  *pervenire*: Coll. Hisp. — Edd. coll. o.  *mandaremus*: Edd. coll. o.  *emendationes*: Edd. coll. o. pr. Bas. Lugd. II, Ill. Antw.  *indiceremus*: Ed. Lugd. I. — *induceremus*: Edd. coll. rel. — *inducimus*: Coll. Hisp. — *indicemus*: Isid. Merl.  sequentia ex margine in textum Isid. Merl. irrepserunt. == C. II.  Ep. incerti temporis. — Ans. l. 7, c. 10. Ivo Decr. p. 6, c. 95. Polyc. l. 2, t. 31. — *Miceriano Ep.*: Edd. coll. o.  *aliqui venire*: eæd.  *si quis f. mil.*: desiderantur in Coll. Hisp.  *ad curiam*: Coll. Hisp. — Isid. Merl. — Ans. Ivo. — Edd. Arg. Bas. == C. III.  scr. A. 404. — Ivo decr. p. 6, c. 349.  *pro quibus*: Edd. coll. o.  *add.*: *est*: eæd.  *tunc, quum jam*: eæd., Arg. et Nor. missa voce: *tunc*.  *de acc.*: non sunt in Coll. Hisp.  *munerum*: Constant. — Coll. Hisp. — *minorum*: Ed. Bas. == C. IV.  hab. A. 400. — Coll. tr. p. p. 2, t. 35, c. 4.  add.: *acceptum*: Edd. coll. o.  *ac*: eæd.  *necandum*: eæd. — neque Coll. Hisp.; sunt tamen ap. Merlin. == C. V.  *est ordinandus*: Edd. Arg. Bas.  hab. A. 633. — Coll. tr. p. p. 2, t. 37, c. 3.  *detenti*: Edd. coll. o.  *al.*: desider. in Edd. coll. o. exc. Arg. Bas. — et Coll. Hisp.  *accesserunt*: Coll. Hisp.  *prædecess.*: Ed. Bas.

cuique ergo deinceps ad ordinem sacerdotii postulatus ³², et in his, quæ prædicta sunt, exquisitus, in nullo horum deprehensus fuerit, et examinatus probabili ³³ vita et doctrina exstiterit, tunc secundum synodalia vel decretalia constituta cum omnium clericorum vel civium voluntate ab universis comprovincialibus episcopis, aut certe a tribus, in sacerdotem die dominica consecrabitur, convenientibus ³⁴ ceteris, qui absentes sunt, literis suis, et magis auctoritate vel præsentia ejus, qui est in metropoli ³⁵ constitutus. Episcopus autem comprovincialis ibi consecrandus est, ubi metropolitanus elegerit ; metropolitanus autem non nisi in civitate metropoli, comprovincialibus ³⁶ ibidem convenientibus. § 2. Si quis autem deinceps contra prædicta vetita canonum ad gradum sacerdotii indignus aspirare contenderit, cum ordinatoribus suis adepti honoris periculo subjacebit.

## DISTINCTIO LII.

### GRATIANUS.

*Qui vero prætermissis aliquibus gradibus non superbia, sed negligentia ad majorem ascenderit, tamdiu a majoribus abstineat, quousque congruo tempore prætermissos accipiat.*

Unde Alexander ᵃ II *scribit Grimaldo Constantinensi Episcopo* ¹ :

C. I. *De eo, qui subdiaconatus ordine postposito diaconus et presbyter est ordinatus.*

Solicitudo dilectionis tuæ studuit consulere, utrum portator istarum literarum diaconatus et presbyteratus officii idoneus sit peragere nec ne, quum ad id præpostero ² cursu, subdiaconatus ordine posposito, negligentia potius quam superbia cognoscatur ascendisse. Unde nos consulendo caritati tuæ mandamus, ut ab officio sacerdotali eum prohibeas, donec proximo quatuor temporum jejunio subdiaconatus ministerium sibi rite imponas, et sic deinceps ad majora officia eum redire concedas.

## DISTINCTIO LIII.

### GRATIANUS.

*Curiales autem, ut supra scriptum est, ideo ordinari prohibentur, quia frequenter, dum ab ecclesia repetuntur, plurima incommoda ecclesia consequitur, vel quia iidem curiales non voto religionis, sed ut officiorum suorum ratiocinia fugiant, ad ecclesiam se transferunt.*

Unde Gregorius Papa *scribit lib. VII Reg., Indict. I, epist.* 11, *omnibus Episcopis Siciliæ de lege Mauritii Augusti* ¹ :

C. I. *Quare sit constitutum, ne curiales ordinentur.*

Legem, quam piissimus imperator dedit, ne fortasse hi, qui militiæ vel rationibus sunt publicis obligati, dum causarum suarum periculum fugiunt, ad ecclesiasticum habitum veniant vel in monasteriis convertantur, vestræ studui fraternitati transmittere, hoc maxime ² exhortans, quod hi, qui sæculi actionibus implicati sunt, in clero ecclesiæ propere suscipiendi non sunt, quia, dum in ecclesiastico habitu non dissimiliter quam ³ vixerant vivunt, nequaquam student sæculum fugere, sed mutare. Quod si etiam tales quoque ⁴ monasterium petunt, suscipiendi nullo modo sunt, nisi prius a ratiociniis ⁵ publicis absoluti fuerint. § 1. Si qui vero ex militaribus viris ⁶ in monasteriis converti ⁶ festinant, non sunt temere suscipiendi, nisi eorum vita fuerit subtiliter inquisita. Et juxta normam regularem debent in suo habitu per triennium probari ⁷, et tunc monachicum habitum Deo auctore suscipere.

## DISTINCTIO LIV.

### GRATIANUS.

1 Pars. *Servi autem ordinari prohibentur, nisi a propriis dominis libertatem legitimam consequantur.*

Unde Leo Episcopus *scribit epist. J omnibus Episcopis per Campaniam, etc.* ¹ :

C. I. *Servus ad clericatus officium non promoveatur.*

Nullus ᵃ episcoporum servum alterius ad clerica-

### NOTATIONES CORRECTORUM.

Dist. LII. C. I. ᵃ In libro pervetusto est epistola ejusdem Alexandri ad Gervasium Remensem archiep., cui hoc idem consilium dat, quod Rumaldo Constantiensi ep. se dedisse narrat.

Dist. LIII. C. I. ᵃ Viris : In aliquot vetustis Gratiani exemplaribus et apud Ivonem legitur : *numeris*, ut significentur milites in breviculo seu matricula descripti.

Dist. LIV. C. I. ᵃ *Nullus* : Caput hoc videtur confectum ex titulo, qui in codice canonum præponitur

---

Dist. LI. C. V. ³² *postulatur* : Coll. Hisp. ³³ *probabilis*. : ib. ³⁴ *conniventibus* : Coll. Hisp. — Bohm. ³⁵ *metropolitanus* : Edd. coll. o. add. : *vere* : eæd. exc. Bas. ³⁶ *a compr.* : eæd. exc. Bas. — add. : *omnibus* : Ed. Bas.

Dist. LII. C. I. ¹ *Ep. ad. Rumoldum Constantiensem*, scr. A. 1065. — Ivo. Decr. p. 6. c. 409. ² *præpropero* : Ivo. — Ed. Bas.

Dist. LIII. C. I. ¹ Ep. 5 (scr. A. 598) l. 8. Ed. Maur. — Ivo Decr. p. 10, c. 124. ² *ob hanc maxime causam* : Edd. coll. o. — *hoc max. excitat* : Ivo. ³ add. *prius* : Edd. coll. o. ⁴ *quique* : eæd. ⁵ *rationibus* : orig. ⁶ *ingredi* : Ed. Bas. — *annumerari* : Edd. col. rel. ⁷ *probati — suscipiant* : Edd. coll. o.

Dist. LIV. P. I. ¹ scr. A. 443. — Ans. l. 7, t. 28. Polyc. l. 2, t. 31.

tus officium promovere præsumat, nisi forte eorum petitio aut voluntas accesserit, qui aliquid sibi in eo vendicant potestatis. Debet[a] enim esse immunis ab aliis, qui divinæ militiæ est aggregandus, ut a castris dominicis, quibus nomen ejus adscribitur, nullis necessitatis[3] vinculis abstrahatur.

C. II. *De servili conditione nullus ad sacros ordines deveniat.*

Item ex Concilio Triburiensi [b] [4].

Nulli de servili conditione ad sacros ordines promoveantur, nisi prius a propriis dominis legitimam libertatem consequantur; cujus libertatis charta ante ordinationem in ambone publice legatur, et, si nullus contradixerit, rite consecrabuntur[5]. Porro servus non canonice consecratus, postquam de gradu ceciderit, ejus conditionis sit, cujus fuerat ante gradum.

C. III. PALEA.

[Ex Concilio Carthaginensi I [c], c. 8 [*].]

« Magnus episcopus Astiagensis[7] dixit, quid dilectioni[8] vestræ videtur, procuratores, actores et exsecutores[9], seu[10] curatores pupillorum si debeant ordinari? Gratus episcopus dixit : si post deposita universa et reddita ratiocinia actus vitæ ipsorum fuerint comprobati in omnibus, debent[11] et cum laude cleri, si postulati fuerint, honore munerari[12]. Si enim ante libertatem negotiorum *vel officiorum* ab[13] aliquo sine consideratione fuerint ordinati, ecclesia infamatur[d]. Universi dixerunt : Recte omnia statuit sanctitas tua, ideoque[14] ita est *et* nostra ista quoque sententia. »

C. IV. *Post donum libertatis famuli ecclesiæ revocentur in clerum.*

Item ex Concilio Toletano IX. c. 11 [15].

Qui ex familiis[16] ecclesiæ servituri devocantur in clerum ab episcopis suis, necesse est ut libertatis percipiant donum, et si honestæ vitæ claruerint meritis [17], tunc demum majoribus fungantur officiis. Quos vero flagitii sordidaverit incorrigibilis noxa, perpetua servitus conditionis religet in catenam [18].

Gratian. *Qui autem ordinandi a dominis suis libertatem consequuntur, ab eorum patrocinio penitus debent esse alieni, ut in nullo eorum obsequiis inveniantur obnoxii.*

Unde in Concilio Toletano IV, c. 73, *legitur* [19] :

C. V. *Ad clericatum suscipiuntur qui nullo obsequio retento a dominis suis libertatem percipiunt.*

Quicunque libertatem a dominis suis ita percipiunt, ut nullum sibi in eis obsequium *patronus* retentet [20], isti, si sine crimine [21] sunt, ad clericatus ordinem liberi [22] suscipiantur, quia directa manumissione absoluti noscuntur. Qui vero retento obsequio manumissi sunt, pro eo, quod adhuc patroni [23] servitute tenentur obnoxii, nullatenus sunt ad ecclesiasticum ordinem promovendi, ne, quando voluerint eorum domini, fiant ex clericis servi.

C. VI. PALEA.

[Ex Concilio Toletano [e], c. 82 [24].]

« De servorum ordinatione, qui passim ad gradus ecclesiasticos [25], promoventur [26], placuit omnibus cum sacris canonibus concordari debere, et statutum est ut nullus episcoporum deinceps eos ad sacros ordines promovere præsumat, nisi prius a dominis propriis libertatem consecuti fuerint. § 1. Et [27] si quilibet servus dominum *suum* fugiens aut per literas [28], aut adhibitis testibus munere conductis vel corruptis, aut qualibet calliditate vel fraude ad gradus ecclesiasticos pervenerit, decretum est ut deponatur, et dominus ejus eum recipiat. § 2. Si vero avus vel pater ab alia patria in aliam

NOTATIONES CORRECTORUM.

primo decreto Leonis I, et ex parte posteriore ipsius decreti, in qua exceptio eorum, quæ prius statuit, continetur ; prior autem pars, quæ hic deest, habetur infr. ead. c. *admittuntur.*

C. II. [b] *Concilio Triburiensi* : Hujus capitis in conc. Tribur. c. 29 sententia potius habetur, quam verba, quæ aliqua ex parte videntur convenire cum iis, quæ scribuntur lib. 1 Capitul., c. 88 de ordinatione servorum vers. *Et quandocunque.*

C. III. [c] *Carthaginensi* : In codicibus impressis citatur ex Moguntinensi. Emendatum vero est ex Burchardo, Ivone, Decretal. in c. un. *de oblig. ad ratioc.*

[d] *Ecclesia infamatur* : Sic emendatum est ex concilio et decretal. et Burchardo et Ivone. Antea legebatur : *ab ecclesia infirmentur.*

C. VI. [e] *Toletano* : Sic etiam citatur apud Burchardum et Ivonem. In Panormia vero a vers. *si quilibet*, citatur ex lib. I Capitularium, ubi integrum exstat hoc caput, atque etiam caput post hoc secundum, *De rebus.*

---

DIST. LIV. C. I. [1] Burch. l. 2, c. 22. Ivo Decr. p. 6. c. 64. [3] *necessitatibus abstr.* : Ans. = C. II. [4] hab. A. 895. Reg. l. 4, c. 407. Burch. l. 2, c. 21. Ivo Pan. l. 3, c. 48. Decr. p. 6; c. 41. [5] *consecrabitur* : Reg. — Ed. Bas. = C. III. [6] hab. A. 348 vel 349. — Burch. l. 2, c. 36. Ivo Decr. p. 6, c. 157. — cf. c. 1. Decr. Comp. I, et c. 1. X *de obl. ad rat.* (l. 19) [7] *Astuagensis* : Coll. Hisp. Ivo. *Augustensis* : Decretal. l. c. — Ed. Bas. — *Augustudinensis* : Edd. coll. rel. — *Aptongensis* : Mansi. [8] *dilectionis* : Edd. coll o. [9] *tutores etiam* : Coll. Hisp. — *excusatores* : Ed. Arg. [10] *seu cur.* : desiderantur ap. Iv. [11] *debere* : Edd. coll. o. [12] *numerari* : Ed. Bas. [13] *et ab* : Edd. coll. o. pr. Ed. Bas. Lugdd. Antw. [14] *ideoque quæ tua est nostra est quoque sent.* : Coll. Hisp. = C. IV. [15] hab. A. 655. — Coll. tr. p. p. 2, t. 35, c. 4. Ivo Decr. p. 6, c. 373. [16] *famulis* : Edd. coll. o. [17] add. : *adjuti* : eæd. [18] *catena* : Ed. Bas. = C. V. [19] hab. A. 635. Reg. l. 4, c. 394. Burch. l. 2, c. 25. Coll. p. p. 2, t. 37, c. 3. Ivo Pan. l. 5, c. 46. Decr. p. 6, c. 126, Polyc. l. 2, t. 51. [20] *retinet* : Ed. Bas. [21] add. : *capitali* : Ivo. [22] *libere* : Coll. Hisp. [23] *a patrono* : ib. — *patronis* : Ed. Bas. = C. VI. [24] Imo ex Cap. Reg. Franc. l. 4, c. 82, unde recte recitat Regino. l. 1, c. 396. — Burch. l. 2, c. 51. Ivo l. 6, c. 132. — cf. c. 2. Decretal. Comp. I, et c. 2. X. *de serv. non ord.* (l. 18). [25] add. : *indiscrete* : Cap. — Coll. citt. [26] *promovebantur* : Cap. [27] Ivo Pan. l. 3, c. 163. [28] *aut latitans* : Cap. — Coll. citt.

migrans in eadem provincia filium genuerit, et ipse filius ibidem educatus [29] et ad gradus ecclesiasticos promotus fuerit, et utrum servus sit ignotum [30] sit, et postea veniens dominus illius legibus eum acquisierit, sancitum est, ut, si dominus ejus illi libertatem dare voluerit, in gradu suo permaneat. § 3. Si vero eum catena servitutis a castris dominicis abstrahere voluerit, gradum amittat, quia juxta sacros canones vilis persona manens sacerdotii dignitate fungi non potest. »

C. VII. *Sine patroni consensu non ordinetur, qui patrocinio cujuslibet est obligatus.*

Item Ex Concilio Martini Papæ [31].

Si quis obligatus est tributo servili, vel aliqua conditione, vel patrocinio cujuslibet domus [32], non est ordinandus clericus, nisi probatæ vitæ fuerit, et patroni consensus [33] accesserit.

### C. VIII. PALEA.

[Ex Concilio Toletano f, c. 2 [34]].

« De rebus vero illorum vel peculiari, qui a propriis dominis libertate [35] donantur, ut ad gradus ecclesiasticos jure promoveantur [36], statutum est ut in potestate dominorum consistat, quidquid ante libertatem habuerunt utrum illis concedere, an sibi retinere voluerint. »

Gratian. *Ceterum, si a dominis suis libertatem consecuti non fuerint, et ad ecclesiasticos ordines aliquo modo irrepserint, presbyter peculii amissione mulctetur, diaconus vero aut vicarium pro se præstabit, aut in servitutem revocabitur ; ceteri vero gradus non possunt quemquam a nexu servitutis absolvere.*
Unde Gelasius scribit Martino et Justo Episcopis [37] :

C. IX. *Servus si latenter irrepserit ad sacerdotium, peculii amissione mulctetur.*

Ex antiquis regulis et novella synodali explanatione comprehensum est, personas obnoxias servituti cingulo cœlestis militiæ non præcingi. Sed nescio utrum ignorantia an voluntate rapiamini, ita ut ex hac causa [38] nullus pene episcoporum videatur extorris. Ita enim nos frequens et plurimorum querela circumstrepit, ut ex hac parte nihil penitus putetur constitutum. § 1. Actores [39] siquidem illustris viri filii nostri Amandi [40] graviter conqueruntur, homines suo juri debitos [41] alios jam clericos, alios jam diaconos ordinatos, quum non solum post modernum concilium (quod tantorum collectione pontificum sub omnium saluberrimæ provisionis [42] assensu constat esse perfectum) hujuscemodi personæ suscipi non deberent [43], verum etiam, si qui forte in divinæ cultu militiæ ante fuerint ignorantia faciente suscepti, eliminari prorsus et exuti religioso privilegio, ad dominorum suorum possessiones justa debuerint [44] admonitione compelli. Et ideo, fratres carissimi, eos, quos supradicti viri actores in clericatus officio monstraverint detineri, discussos et obnoxios approbatos, custodito [45] legum tramite sine intermissione restituite, ita ut si quis jam ex his presbyter reperitur, in eodem gradu peculii sui [46] amissione mulctatus [47] maneat. Diaconus vero aut vicarium præstet, aut, si non habuerit, ipse reddatur. Reliqua [48] vero officia sciant neminem posse ab hac obnoxietate [49], si convincitur, vendicari, quatenus hoc ordine custodito nec dominorum jura, nec privilegia ulla ratione turbentur.

C. X. *Servus clericus factus servituti obnoxius maneat.*

Idem *Herculentio, Stephano et Justo Episcopis* [50].

Frequens equidem et assidua nos querela circumstrepit de his pontificibus, qui nec antiquas regulas, nec decreta nostra noviter directa cogitantes, obnoxias possessionibus [51] obligatasque personas venientes ad clericalis [52] officii cingulum non refutant. § 1. Nuper [53] enim actores illustris feminæ Placidæ [54] petitorii oblatione conquesti sunt, Sabinum Marcellaniensis [55] sive Clusitanæ [56] urbis antistitem Antiochum servum juris [57] patronæ suæ (absentis dominæ occasione captata) ad presbyterii honorem usque perduxisse [58], ejusque fratrem Leontium clericalis officii privilegio decorasse. Et ideo, fratres carissimi, inter supradictos actores, et eos, qui extremæ conditionis repetuntur objectu [59], cognitionem vobis nostra auctoritate deputamus, ut omni veritate discussa, si revera objectam sibi maculam justæ refragationis non poterunt [60] ratione

### NOTATIONES CORRECTORUM.

C. VIII. « *Toletano* . Hæc Palea in Capitularibus habetur conjuncte cum Palea antecedente *De servo-* rum, sed apud Burchardum et Ivonem ex eodem Toletano separatim referuntur.

---

Dist. LIV. C. VI. [29] add. : *est* : Edd. coll. o. Martini Brac., ex conc. Tolet. I. (h. A. 400) c. 10. = C. VIII. [34] Regin. l. 1, c. 397. Burch. l. 2, c. 23. Ivo Decr. p. 6, c. 38. [35] *libertati* : Ed. Bas. [36] *promoveri debeant* : Edd. coll. o. ex Ivone. = C. IX. [37] De fide hujus epist. non est quod dubitemus, Martyrius enim (sic legas cum Ans. l. 7, c. 29), episcopus fuit Tarracinensis, et Justum præfuisse legimus ecclesiæ Acherontinæ in Lucania. De epocha non constat, videtur tamen scripta paulo post epistolam ad Epp. Lucaniæ, etc. (A. 494), cujus initio novella synodalis explanatio vocatur. [38] *culpa* : Ans. [39] Ivo Pan. l. 3, c. 164. Decr. p. 6, c. 353. [40] *Amandiani* : Ans. Ivo. [41] add. : *adhuc* : ib. [42] *professionis* : Ed. Bas. [43] *debent* : ib. [44] *debuerant* : Ed. Bas. — *debuerunt* : Edd. rel. [45] *custoditos* : ib. [46] *sola* : Ans. Ivo. — Ed Bas. [47] abest ab Ans. et Ivone. [48] *Residua* : Ans. Ivo. [49] *noxietate* : iid. — Edd. coll. o. exc. Bas. = C. X. [50] Dat. haud multo post A. 494. (cf. cap. 9 ead.) Anselm. l. 7, c. 30. Polyc. l. 2, t. 31. [51] *possessoribus* : Ans. — Ed. Bas. [52] *clericale cingulum* : Ans. — [53] Ivo Pan. l. 3, c. 165. Decr. p. 6, c. 354. [54] *Placidiæ* : Ans. Ivo. — Ed. Bas. [55] *Marcellianensis* : iid. — Edd. coll. o. [56] *Cusilinatis* : Ans. Ivo. — *sive Cluss.* : absunt ab Ed. Arg. [57] *jure* : Ed. Bas. [58] *perductum* : Ans. Ivo. — Edd. coll. o. pr. Lugdd. II, III, Antw. [59] *repetuntur, objectam* : Ivo. [60] *potuerit* : Ans. Ivo.

[30] *ignoraverit* : Cap. = C. VII. [31] c. 46, inter Cap. [32] *domini* : Ed. Bas. [33] *concessus* : Coll. Hisp.

diluere, Leontium clericum, quem gradus præfinitus legibus non defendit, ad sequendam conditionis suæ necessitatem modis omnibus reddi jubeatis [5] [61]. Antiochum vero, quia propter sacerdotium reconciliari [62] non potest, si in sua ecclesia in hoc in quo est honore collocare desiderat domina [63], non velut redditum sibi habeat, sed pro mysteriorum [64] celebratione susceptum.

### C. XI. *De eodem.*
Idem *Rufino et Aprili Episcopis* [65].

Quis aut leges principum, aut patrum regulas, aut admonitiones modernas dicat debere contemni, nisi qui impunitum sibi tantum æstimet transire commissum? Actores siquidem filiæ nostræ illustris et magnificæ feminæ Maximæ petitorii nobis insinuatione conquesti sunt, Silvestrum atque Candidum, originarios suos, contra constitutiones, quæ supra dictæ sunt, et contradictione præeunte a Lucerino [66] pontifice diaconos [67] ordinatos. Ideo [68], fratres carissimi, tantæ prævaricationis excessus noveritis sagacius inquirendos, et, si constiterit querelam veritate fulciri, continuo, qui contradictione præeunte non legitime sunt creati, a sacris officiis repellantur.

### C. XII. *Nec ad religiosæ vitæ propositum, nec ad clericatus officium servi sine dominorum consensu admittantur.*

Idem *Episcopis per Lucaniam*, etc., epist. I, c. 16 [69].

Generalis etiam querelæ vitanda præsumtio est, qua propemodum causantur universi, passim servos et originarios dominorum jura possessionumque [h] fugientes, sub religiosæ conversationis obtentu vel ad monasteria sese conferre, vel ad ecclesiasticum famulatum conniventibus quoque [70] præsulibus indifferenter admitti. Quæ modis omnibus est amovenda pernicies, ne per Christiani nominis institutum aut aliena [71] pervadi, aut publica videatur disciplina subverti; præcipue quum nec ipsam ministerii clericalis hac obligatione fuscari conveniat dignitatem, cogaturque pro statu militantium sibi conditioneque [72] jurgari, aut videri (quod absit) obnoxia. Quibus solicita competenter interdictione prohibitis, quisquis [73] episcopus, presbyter aut diaconus, vel eorum, qui monasteriis præesse noscuntur, hujusmodi personas apud se tenentes non restituendas patronis, aut deinceps vel ecclesiasticæ [74] servituti, vel religiosis congregationibus putaverint applicandas, nisi voluntate forsitan dominorum sub scripturæ [75] testimonio primitus absolutas vel legitima transactione concessas periculum se proprii honoris non ambigant communionisque [76] subituros, si super hac re cujusquam verax nos querela pulsaverit. § 1. Magnis quippe studiis secundum B. Apostolum [77] præcavendum est, ne fides et disciplina Domini blasphemetur. Idem [i] : § 2. Nihil perire credimus ecclesiasticis utilitatibus, si quæ sunt aliena reddantur.

II Pars. Gratian. *Hoc tunc observandum est, quum dominus et servus ejusdem professionis inveniuntur. Ceterum si Judæus mancipium Christianum emerit, judicis vel episcopi auctoritate, etiam eo invito, ad libertatem debet perduci.*
Unde Gregorius *Libertino Præfecto Siciliæ, lib. II epist.* 37 [78].

### C. XIII. *Ad libertatem perducantur mancipia Christiana a Judæis comparata.*

Mancipia Christiana, quæcunque Judæum comparasse patuerit, ad libertatem juxta legum præcepta sine omni [79] ambiguitate perducite, ne, quod absit, Christiana religio Judæis subdita [80] polluatur.

### C. XIV. *Officia publica Judæis non sunt committenda.*
Item ex Concilio Toletano III, c. 14 [81].

Nulla officia publica Judæis [82] injungantur, per quæ eis occasio tribuatur Christianis pœnam inferre. Si qui [83] vero Christiani ab eis Judaismi [84] ritu sunt maculati vel etiam circumcisi, non reddito pretio ad libertatem et religionem redeant Christianam.

Gratian. *De his autem, qui in infidelitate emti ad*

---

### NOTATIONES CORRECTORUM.

C. X. [g] *Reddi jubeatis*. In plerisque vetustis exemplaribus Gratiani, Anselmo, Ivone et Polycarpo legitur : *redhibete*; sed ob glossam non est mutatum.
C. XII. [h] *Possessionumque* : Emendatum sic est ex decreto Gelasii, quum antea legeretur : *possessionemque*. Nam originarii non solum dominis, sed fundis ac possessionibus addicti erant l. *quemadmodum*, l. *originarios*, lib. XI Cod. tit. *de agricol*. Ac propterea supra in c. *frequens*, non est mutata vox : *possessionibus*, quamvis in plerisque vetustis codicibus legatur : *possessoribus*.
[i] *Idem* : Hæc non sunt inventa apud Gelasium *, neque apud ceteros collectores habentur.

---

Dist. LIV. C. X. [61] *jubete*. Edd. coll. o. exc. Lugdd.II, III. Antw. [62] *per sacerdotium retolli* : Ans. Ivo. [63] abest ab Ans. et Ivone. [64] *ministeriorum* : Ans. Ivo. = C. XI. [65] Ep. non satis certi temporis, genuina tamen ut videtur. — cf. D. 10, c. 11. — Ivo Pan. l. 2, c. 150. Decr. p. 4. c. 179, p. 6, c. 104. Deusdedit p. 4. [66] *legas* : Nucerino. [67] add. : *non legitime* : Edd. col. o. [68] *Et ideo* : Ivo. — Ed. Bas. C. XII. [49] scr. A. 494. — Ans. l. 7, c. 196 (198). Ivo Decr. p. 6, c. 100. Polyc. l. 4, c. 34. [70] *quippe* : Bohm. [71] add. : *jura* : Edd. coll. o. exc. Arg. [72] *conditione* : Ed. Bas. [73] Ivo Decr. p. 16, c. 47. [74] *ecclesiæ* : Edd. coll. o. [75] *subscriptionis* : eæd. [76] add. : *nostræ* : Ans. [77] add. : *Petrum* : Edd. coll. o. — cf. 1 Tim. c. 6. — 2 Petr. c. 2. — * In ep. Gelasii ad Maximum et Clerum se ea invenisse testantur Pithœi. = C. XIII. P. II. [78] Ep. 38 coll. (A. 593), l. 3. Ed. Maur. — Coll. tr. p. p. 1, t. 54, c. 64. [79] abest ab Ed. Bas. [80] *subjecta* : Edd. coll. o. = C. XIV. [81] hab. A. 589. — Coll. tr. p. p. 2, t. 56, c. 7. [82] *eos* : (i. e. Judæos) *opus est agere* : Coll. Hisp. [83] abest ab Edd. coll. o. exc. Bas. [84] *in judaismo* : Ed. Bas.

*gratiam baptismi venire desiderant, quid fieri debeat,* Gregorius Papa *scribit Fortunato Neapolitano Episcopo, lib.* V, *epist:* 31.

C. XV. *In libertatem vendicentur servi, qui ab infidelitate ad fidem accedunt.*

Fraternitatem vestram "de his" oportet esse solicitam, "et" si de Judæorum servitio non solum Judæus, sed etiam quisquam paganorum fieri voluerit Christianus, postquam voluntas ejus fuerit patefacta, ne hunc sub quolibet ingenio vel argumento cuipiam Judæorum venundandi facultas sit; sed is, qui ad Christianam converti fidem desiderat, defensione vestra in libertatem modis omnibus vendicetur. § 1. Illi vero, quos hujusmodi oportet servos amittere, ne forsitan utilitates suas irrationabiliter æstiment impediri, solicitè vos hæc convenit consideratione servare, ut, si paganos, quos mercimonii causa de externis finibus emerint, intra tres menses, dum emtor, cui venditi fuerint, non invenitur, fugere ad ecclesiam forte contigerit, et velle se fieri dixerint Christianos, vel etiam extra ecclesiam hanc talem voluntatem prodiderint, pretium eorum a Christiano scilicet emtore percipiant. Si autem post præfinitos tres menses quisquam hujusmodi servorum velle suum edixerit, et fieri voluerit Christianus, nec aliquis cum postmodum emerit, nec dominus qualibet occasionis specie audeat venundare, sed ad libertatis proculdubio præmia perducatur, quia hunc non ad vendendum, sed ad serviendum sibi dicitur comparasse.

C. XVI. PALEA.

[Idem *Januario Caralitano Episcopo, lib. III epist* 9.]

« Si quilibet Judæorum servus ad venerabilia loca confugerit causa fidei, nullatenus eum patiamini præjudicium sustinere; sed sive olim Christianus, sive nunc fuerit baptizatus, sine ullo Christianorum pauperum damno religioso ecclesiasticæ

A pietatis patrocinio in libertatem modis omnibus defendatur. »

C. XVII. PALEA.

[*Item ex Concilio Toletano* XII c. 9.]

« Et si Judæorum servi, nec dum adhuc conversi, ad Christi gratiam convolaverint, libertate donetur. »

C. XVIII. PALEA.

[*Item ex Concilio Matisconensi* l c. 16.]

« Præsenti concilio Deo auctore sancimus, ut nullum Christianum mancipium Judæo deinceps serviat: sed datis pro quolibet bono mancipio duodecim solidis ipsum mancipium quicunque Christianus "seu" ad ingenuitatem, seu ad servitium licentiam habeat redimendi. Et si Christianus fieri desiderat, et non permittitur, similiter faciat, quia nefas est, quem Christus Dominus sanguinis sui effusione redemit, blasphemum Christianæ religionis "in" vinculis tenere. Quod si acquiescere his, quæ statuimus, quicunque Judæus noluerit, quamdiu ad pecuniam constitutam venire distulerit; liceat mancipium ipsum cum Christianis ubicunque voluerit habitare. »

C. XIX. *De eodem.*

*Item* ex Concilio Aurelianensi l c. 5.

III Pars. Si servus, absente vel nesciente domino, episcopo tamen sciente quod servus sit, diaconus aut presbyter fuerit ordinatus, ipso in clericatus officio permanente, episcopus eum domino duplici satisfactione compenset. Si vero episcopus eum servum nescierit, qui testimonium perhibent, aut eum supplicaverint ordinari, simili redhibitioni teneantur obnoxii.

C. XX. *De eodem.*

*Item* Constitutio nova.

Si servus, sciente et non contradicente domino, in clero fuerit ordinatus, ex hoc ipso, "quod constitutus est," liber et ingenuus erit. Sed si ignorante domino, licet ei intra spatium unius anni et

NOTATIONES CORRECTORUM.

C. XVI. *Christianorum :* Joannes Diaconus in vita S. Gregorii, lib. 4. num. 46. referens hanc epistolam, et Ivo part. 13. cap. 102. habent hanc vocem, quæ tamen abest a codicibus epistolarum S. Gregorii tam impressis quam manuscriptis, qui sunt collati.

C. XVIII. *Præsenti :* Caput hoc eodem modo refertur a Burchardo et Ivone; in concilio tamen

ipso panio aliter habetur, et nonnulla desunt.

C. XX. Exstat hoc caput ad verbum in epitomis novellarum constitutionum ab Irnerio descriptis, quæ post Codicem poni solent, itemque in Novella 123. c. 26. per Julianum antecessorem. Verba autem, quæ addita erant in titulo : *Leo imperator omnibus episcopis*, videntur illuc irrepsisse ex sequenti titulo.

---

Dist. LIV. C. XIV. Ep. 32. (scr. A. 596.) l. 6: Ed. Maur. — Ivo Decr: p. 13; c. 106. Polyc. l. 7, t. 14. = C. XV. add. : *primo :* Edd. coll. o. exc. Bas. *ingenio arguto :* Ed. Bas. *existimet :* Ivo. — Edd. coll. o. *extraneis :* Edd. coll. o. *infra :* eæd. *cui vendi debeant :* orig. add. : *ibi :* Edd. coll. o. pr. Bas. — Bohm. abest ab Edd. coll. o. exc. Bas. *percipiatur :* Ed. Bas. add. : *Judæorum :* Edd. coll. o. *dixerit :* eæd. *emere :* orig. *intelligitur reservasse :* ib. = C. XVI. Ep. 9. (scr. A. 594.) l. 4. Ed Maur. — Ivo Decr. p. 13, c. 102. = C. XVII. hab. A. 681. — Burch. l. 4, c. 86. Ivo Decr. p. 1, c. 280. *Ut :* orig. *in ecclesiis :* Edd. coll. o. *libertati :* orig. — Edd. coll. o. = C. XVIII. hab. 581. — Burch. l. 4, c. 88. Ivo Decr. p. 1, c. 282. *nullus Christianus — debeat deservire :* orig. *Christianorum :* Edd. coll. o. *hæc usque ad verbum : faciat :* desid. in orig. *persecutorum vinculis maneant irretiti :* orig. *statutis nostris :* Edd. coll. o. *mancipio ipsi :* orig. = C. XIX. hab. A. 511. — Reg. l. 1, c. 392. Burch. l. 2, c. 24. Ivo Decr. p. 6, c. 125. Polyc. l. 2, t. 31. add. : *suo :* Edd. coll. o. *recompenset :* eæd. *perhibuerint :* Ed. Bas. *redhibitione :* Edd. coll. o. = C. XX. Just. Nov. const. 123, c. 17, et Auth. *Si servus* Cod. de Epp. et cler. (1, 3.) add. : *suo :* Edd. coll. o.

servilem fortunam probare, et servum suum accipere. Verum [118] etiam, si legitimo probato [119] experimento monachus efficiatur, evadit jugum servitutis. Debent enim per triennium antequam monachi efficiantur in monasterio permanere, postea vero si monachi effecti fuerint, liberi efficiuntur. Episcopalis [120] enim ordo liberat a fortuna servili vel adscriptitia, sed non a curiali sive officiali, nam et post ordinationem durat. Sed et jus [121] patriæ potestatis solvit episcopalis dignitas. Adscriptitios [122] vero in ipsis possessionibus clericos etiam præter voluntatem dominorum fieri permittimus, ita tamen, ut clerici facti impositam sibi agriculturam adimpleant.

C. XXI. *De eodem.*

Item Leo Papa *omnibus Episcopis, epist. I c.* 1 [123].

Admittuntur passim ad ordinem sacrum, quibus nulla natalium, nulla morum dignitas suffragatur, et qui a dominis suis libertatem consequi minime potuerunt, ad fastigium sacerdotii (tanquam servilis vilitas hunc honorem *jure* capiat) provehuntur. Et infra : Ab his itaque, fratres carissimi, omnes vestræ provinciæ abstineant sacerdotes, et non tantum ab his, sed etiam [124] ab aliis originariis, vel qui alicui conditioni obligati sunt, volumus temperari, nisi forte eorum petitio aut voluntas accesserit, qui aliquid sibi in eos vendicant potestatis.

IV Pars. Gratian. *De servis monasterii quæritur, an ecclesiasticis officiis possint aggregari, an non. Sed famuli ecclesiarum non sunt ordinandi, sicut supra dictum est, nisi a propriis episcopis libertatem consequantur. Porro servus monasterii libertatem consequi non valet* [n], *non ergo ad clericatum sibi accedere licet. Quod autem liber fieri non possit, probatur auctoritate octavæ Synodi, in qua sic statum legitur.*

C. XXII. *Monasterii servum abbati vel monacho non licet liberum facere.*

Abbati [125] vel monacho monasterii servum non licebit facere liberum. Qui enim nihil proprium habet, libertatem rei alienæ dare non potest, nam [126], sicut etiam sæculi leges sanxerunt, non potest possessio alienari, nisi a proprio domino.

Gratian. *Huc auctoritate prohibentur servi adipisci libertatem recedendi ab obsequiis monasterii, sed non prohibentur nancisci libertatem promovendi ad sacros ordines. Potest enim in sacris ordinibus constitutus monasterii obsequiis perpetuo deservire, ac sic servus monasterii et libertatem adipisci et sacris officiis associari valet. Unde in alio capitulo præfatæ constitutionis hæc causa redditur :* Injustum [o] est enim, ut monachis rurale opus facientibus servi eorum otio torpeant ac diliciis affluant.

V Pars. Gratian. *Quod autem servi ecclesiarum (quo nomine etiam monasterii servos significari intelligimus) ad sacræ religionis propositum debeant assumi, auctoritate* Gregorii *probatur, qui in generali Synodo residens* [127] *dixit :*

C. XXIII. *Si conversationis probatæ fuerit famulus ecclesiæ, potest ordinari.*

Multos de ecclesiastica familia *seu sæculari militia* [128] novimus ad omnipotentis Dei [129] servitium festinare, ut ab humana servitute liberi in divino servitio valeant *familiarius* [130] in monasteriis conversari. Quos si passim dimittimus [131], omnibus fugiendi ecclesiastici juris dominium occasionem præbemus. Si vero festinantes ad omnipotentis Dei servitium incaute retinemus, illi invenimur negare quædam, qui dedit omnia. Unde necesse est, ut quisquis ex juris [132] ecclesiastici servitute vel sæcularis militiæ ad Dei servitium converti desiderat, probetur prius in laico [133] habitu constitutus. Et si mores illius atque conversatio bono desiderio illius testimonium ferunt, absque ulla retractatione servire in monasterio omnipotenti Deo [134] permittatur, ut a servitio humano liber recedat, qui divino amore districtiorem subire appetit servitutem. Si [135] autem et in monastico [136] habitu secundum Patrum regulas irreprehensibiliter fuerit conversatus, post præfixa [137] sacris [138] canonicis tempora *licenter* jam ad quodlibet ecclesiasticum officium provehatur, si tamen illis non fuerit criminibus maculatus, quæ in testamento veteri morte mulctantur.

Gratian. *Ecce, quomodo servi ad clericatum assumi valeant, vel quomodo non admittantur. Liberti quo-*

---

NOTATIONES CORRECTORUM.

IV Pars. [n] *Non valet* : In primo Vaticano post hæc verba sequitur : *qui enim sunt monasterii, in nullius jus transire possunt. Unde nec abbas potest dicere, hoc meum est, non ergo, etc.* Caput autem, quod nunc a Gratiano citatur, alibi repertum non est, quam apud Isidorum Hispalensem in reg. monach. c. de famil. vita.

C. XXII. [o] *Injustum* : infra 17. quæst 4. c. *In venditionibus.* vers. *injustum.* hoc ipsum citatur ex concilio Agathensi, ubi etiam exstat, c. 56.

---

Dist. LVI. C. XIX. [118] Just. Nov. 5, c. 2. — Auth. *Verum* Cod. de Epp. et cler. (1, 3. [119] *probatus* : orig. — Edd. Arg. Bas. Nor. Ven. I, II. [120] Just. Nov. 123, c. 4. Auth. *Episcopalis* Cod. de Epp. et cler. (l. 3.) [121] Just. Nov. 81. Auth. *Sed episc.* Cod. 1. c. [122] Just. Nov. 123, c. 17. Auth. *Adscriptitios* Cod. l, c. = C. XXI. [123] Ep. 4. (scr. A. 443.) Ed. Baller. — Reg. l. 1, c. 391, Burch. l. 2, c. 22. Ivo Decr. p. 6, c. 64. [124] *sed ab aliis etiam, qui originali aut alicui* : orig. = C. XXII. [125] Isidori Reg. mon. c. 19. — Coll. tr. p. p. 2, t. 44, c. 20. [126] add. : *et* : Edd. coll. o. — V. P. [127] A. 595. — Ans. l. 7, c. 184 (193). Polyc. l. 6, t. 16. — cf. conc. Tribur. c. 29. = C. XXIII. [128] *absunt hæc ab* Ans. — *eccl. seu sæc. familia* : orig. [129] *desideratur in* Edd. coll. exc. Bas. [130] *abest ab* Ans. [131] *dimittimus* : Edd. Arg. Nor. Ven. I, II. [132] *viris ecclesiasticis vel* : Edd. coll. o. [133] *laicali* ; exd. [134] *Domino* : exd. [135] Sequentia in ipso concilio non leguntur ; sunt tamen apud Ans. [136] *monachali* : Edd. coll. o. pr. Bas., in qua leg. : *monachico.* [137] *fixa* : Ans. [138] *a sacris* : Edd. coll. o.

que non sunt promovendi ad clerum, nisi ab obsequiis sui patroni fuerint absoluti.

Unde in Concilio Eliberitano, c. 80 [129] :

C. XXIV. *Absque patroni assensu liberti non promoveantur ad clerum.*

Prohibendum est, ut liberti, quorum patroni in sæculo fuerint, ad clerum non provehantur.

## DISTINCTIO LV.

### GRATIANUS.

I Pars. *Corpore vero vitiati similiter a sacris officiis prohibentur.*

Unde Gelasius Papa *Episcopis per Lucaniam et Brutios constitutis*, epist. 1, c. 2 et 3, scribit, dicens [1] :

C. I. *Qui de monasterialibus disciplinis ad clericale munus accedit et de laicis anteacta ejus vita examinetur.*

Priscis igitur pro sui reverentia manentibus constitutis [3], (quæ [4], ubi nulla vel rerum vel temporum perurget augustia, regulariter convenit custodiri), eatenus [5] ecclesiis [a], quæ vel cunctis sunt privatæ ministris, vel sufficientibus usque adeo despoliatæ servitiis, ut plebibus ad se pertinentibus divina munera supplere non valeant, tam instituendi quam promovendi [6] clericalis obsequii sic spatia dispensanda concedimus, ut, si [7] quis monasterialibus [b] disciplinis eruditus ad clericale munus accedit, etiam de laicis, anteacta ejus vita requiratur, § 1. ne sit aliquo facinore infectus, vel illiteratus, vel bigamus, vel ab adolescentia sordidatus, vel corpore vitiatus, vel servilis vel originariæ conditionis, vel curiæ vel publicarum rerum nexibus implicatus, vel publica poenitentia notatus, vel nulla congruentis temporis exspectatione discussus.

C. II. *Annuæ suspensioni subjaceant, qui præter canonum formam aliquem ordinat.*

Item ex Concilio Arelatensi III, c. 3 [8].

Nullus poenitentem, nullus bigamum, nullus viduarum [9] maritos in prædictis honoribus audeat ordinare. Et licet hoc jam prope omnium canonum instituta contineant, tamen ne cuiquam sacerdotum supplicantium (sicut jam diximus) importunitas vel suggestio iniqua subrepat [10], necesse fuit, ut nunc severiorem regulam sibi velint Domini sacerdotes imponere. Et ideo, quicunque ab hac die contra ea, quæ superius sunt comprehensa, clericum ordinare præsumpserit, ab ea die, qua ei potuerit hoc approbari, anno integro missas facere [11] non præsumat. Quam rem si quis observare noluerit, et contra constitutum [12] fratrum faciens missas celebrare præsumserit, ecclesiæ communione privetur [c], et ab omnium fratrum communione noverit se alienum, quia dignum est, ut severitatem ecclesiasticæ disciplinæ sentiat, qui toties [13] salubriter a sanctis Patribus instituta observare contemnit.

C. III. *Non ordinentur poenitentes, vel illiterati*

Item Hilarius ex Concilio Romano *ab ipso habito*, cap. 3 [14].

Poenitentes [15] vel inscii literarum, aut aliqua membrorum damna perpessi [16], ad sacros ordines aspirare non audeant. Quisquis autem talium consecrator exstiterit, factum suum ipse dissolvet.

Gratian. *Corpore autem vitiati intelliguntur non casu, sed propria voluntate abscissi.*

Unde in canonibus Apostolorum, [c. 22 et 23] legitur [17] :

C. IV. *Qui semetipsum absciderit, non ordinetur.*

Si quis abscidit semetipsum, (id est, si quis amputavit sibi virilia), non fiat clericus, quia sui [18] est homicida, et Dei conditionis [19] inimicus. § 1. Si quis, quum clericus fuerit, absciderit semetipsum, omnino damnetur, quia sui [20] est homicida.

C. V. *Non producantur ad clerum, qui se ipsos abscindunt.*

Item ex Concilio Arelatensi II, c. 7 [21].

Ili [22], qui se carnali vitio repugnare [23] ne-

### NOTATIONES CORRECTORUM.

Dist. LV. C. I. [a] *Eatenus ecclesiis :* Restitutus est legenda. hic locus ex epistola Gelasii et Ivone.

[b] *Monasterialibus :* Hic de industria videntur Gelasii verba mutata et in compendium redacta, integra autem referuntur infr. dist. 77. c. *Si quis*, et ibi

C. II. [c] *Ecclesiæ communione privetur :* Hæc verba non sunt in ipso concilio, et videntur idem significare ac sequentia, sunt tamen in vetustis quoque Gratiani codicibus.

Dist. XLVI. C. XXIII. [129] hab. non serius A. 510. — Coll. tr. p. p. 2, t. 30, c. 16.
Dist. LV. P. I. [1] scr. A. 494. — Ans. l. 7, c. 46. Ivo Decr. p. 2, c. 142, 143. Polyc. l. 2, t. 31. = C. I. [2] *sua :* orig. — Ivo. — Edd. coll. o. exc. Arg. et Bas., in quibus omissum est. [3] *institutis :* Edd. coll. o. ex Ivone. — *conditis :* Bohm. [4] add. : *quidem :* Edd. coll. o. [5] *quatenus :* Coll. Hisp. — *quia eatenus ecclesiæ vel cunctis vel sufficientibus sunt privatæ ministris :* Edd. coll. o. [6] *providendi :* orig. [7] ib. c. 3. — cf. infr. D. 77, c. 8. = C. II. [8] Imo *IV*, sec. Sirmondum, hab. A. 524. — Coll. tr. p. p. 1, t. 25, c. 1. [9] *internuptarum :* Coll. Hisp. [10] *subripiat :* ib. [11] *celebrare :* Edd. coll. o. [12] *statuta :* eæd. [13] abest a Coll. Hisp. et Isid. Merl. = C. III. [14] hab. A. 465. — Ans. l. 7, c. 16. [15] Verba : *Poenitentes vel* in coll. Ans. desiderantur, et videntur irrepsisse ex rubrica coll. Isidori. [16] add. : *vel hi, qui ex poenitentibus sunt :* Coll. Hisp. [17] Ans. l. 7, c. 57, 58. = C. IV. [18] *suus :* orig. — Ans. [19] *conditioni :* Edd. coll. o. [20] *suus :* orig. — Ans. = C. V. [21] hab. non serius A. 440. — cf. ad. c. 12. D. 18. — Coll. tr. p. p, 2, t. 24, c. 4. [22] *Hos, qui — non posse :* Coll. Hisp. [23] add. : *debere :* Ed. Bas.

scientes abscindunt, ad clerum pervenire non possunt.

*Item* Innocentius *scribit Felici Nuceriano Episcopo epist.* IV. *cap.* 1. [24]:

**C. VI.** *Non est ordinandus, qui partem digiti volens sibi abscidit.*

Qui partem cujuslibet digiti sibi ipsi volens abscidit, hunc ad clerum canones non admittunt. Cui vero casu aliquo contigit [25], dum 'aut' operi rustico curam impendit, aut aliquid faciens se non sponte percussit [26], hos canones præcipiunt et clericos fieri, et, si in clero fuerint reperti, non abjici. In illis enim voluntas est judicata [27], quæ sibi ausa [28] fuit ferrum injicere [d] [29]; in istis vero casus veniam meruit.

*Gratian. Similiter vero intelligendum est de iis, qui per languorem a medicis secantur, aut a barbaris abscinduntur, aut a dominis castrantur.*

Unde in Nicæno Concilio, c. 1. *legitur* [30]:

**C. VII.** *Qui per languorum a medicis desecatur, ad clerum valet admitti.*

Si quis a medicis propter languorem desectus est aut a barbaris excisus [31], hic in clero permaneat. Si quis autem se ipsum [32] sanus abscidit, hunc et in clero constitutum abstinere convenit, et deinceps [e] nullum debere talium promoveri. Sicut autem hoc claret, quod de his, qui hanc rem affectant [33] audentque semetipsos abscindere, dictum sit [34], sic eos, quos aut barbari, aut domini castraverunt, si inveniuntur alias dignissimi, tales ad clerum suscipit [35] regula [36].

**C. VIII.** *Licite ordinetur episcopus, qui per hominum insidias eunuchizatur.*

*Item* ex canone Apostolorum 21.

Eunuchus, si per insidias [f] hominum factus est, vel si in persecutione ejus sunt amputata virilia, vel si ita natus est, et est dignus, fiat episcopus [g].

**C. IX.** *Non excluduntur a clero, qui a medicis, vel barbaris, vel a dominis suis castrantur.*

*Item* ex Martino *Bracarensi episcopo in capitulis, synod. græc., c.* 21 [37].

Si quis pro ægritudine [38] naturalia a medicis secta habuerit, similiter et qui a barbaris aut dominis suis [39] fuerint castrati, et moribus digni fuerint [40] visi, hos canon [41] admittit [42] ad clericatus [43] officium promoveri. Si quis autem sanus non per disciplinam religionis et abstinentiæ, sed per abscissionem plasmati a Deo corporis, existimans [44] posse a se carnales concupiscentias amputari, castraverit se, non eum admitti decernimus ad aliquod clericatus officium. Quod si jam ante fuerit promotus ad clerum, prohibitus a suo ministerio deponatur.

**C. X.** *Non prohibitur a sacris ordinibus, qui a medicorum incisione claudus efficitur.*

*Item* ex Concilio Ilerdensi [45].

Si quis in infirmitate positus clericus medicorum incisione claudus efficitur, promoveri ad sacros ordines eum non denegamus [46].

**C. XI.** *Non prohibetur a clero, qui digitum sibi casu abscidit.*

*Item* Stephanus [V] *Roberto* [47] *Metensi* [48] *Episcopo.*

Lator præsentium, Flavius [49] scilicet clericus, ad sanctam sedem apostolicam veniens, detulit a te nobis directam epistolam, qua indagare studuisti, eum a Normannis nuperrime captum sinistræ manus digitum habere abscissum, sciscitans [50], si ob hoc ad ecclesiasticum ordinem valeat promoveri, an non. Quod et nos reperientes [51], quia solertia tua, magis super hoc solicita, a sede apostolica doceri flagitat, normam justitiæ semper sequi exoptans [52], studium tuæ sanctitatis merito collaudamus, reverentiam tuam scire volentes, quoniam si ita est, quod a Normannis digitum ipsum habeat abscissum, ad promovendum (si alias dignus fuerit) nil ei nocebit, eo quod quid de his, qui a dominis, vel medicis, sive a paganis non sponte tale quid patiun-

---

**NOTATIONES CORRECTORUM.**

C. VI. [d] *Injicere*: In originali sequitur, *quod scilicet et alii id facere dubitari* non possit, in istis, etc.
C. VII. [e] *Et deinceps*: His verbis nihil respondet in græco vulgato codice, sed optime apud Balsamonem, quemadmodum et in Carthaginensi 6., in capitulis Nicænæ synodo a Teilone et Thearisto versis.
C. VIII. [f] *Per insidias*: ἐξ ἐπηρείας id est: *ex insultu et injuria.*
[g] *Episcopus*: In græcis exemplaribus non habetur vox ista, et videtur subintelligi κληρικὸς

---

Dist. LV. C. V. [24] Ep. incerti temporis. — Reg. I. 1, c. 410. (*ex Ep. Felicis P.*): Burch. l. 2, c. 14. — Ans. l. 7, c. 35. Ivo Pan. l. 3, c. 43. Decr. p, 6. c. 58. Polyc. l. 2, t. 31. = C. VI. [25] *contigerit*: Edd. coll. o. [26] *peroruit*: Edd. coll. o. [27] *vindicanda*: eæd. [28] *causa* Coll. Hisp. — Ans. [29] *ferro incidere*: Coll. Hisp. [*] *dubitare non possunt*: Coll. Hisp. [30] hab. A. 325. — Interpretatio Dionysiana. — Ans. l. 7, c. 36. Polyc. ib. = C. VII. [31] *abscissus*: orig. — Ans. — Edd. coll. o. [32] *quum sanus esset*: Edd. coll. o. [33] *hanc rem affectaverint*: Edd. Nor. Ven. 1, II, Arg. et Bas. omissa voce: *rem*. [34] *hæc quæ dix. sunt statuta*: Edd. coll. o. pr. Arg. Bas., ubi legitur: *decretum sit.* [35] *suscipiat*: Bohm. [36] *ecclesia*: Ans. —*eccl. regula*: Edd. coll. o. — C. IX. [37] *Ex cap. Martini Papæ*: Edd. coll. o. — Ivo Pan. l. 3, c. 56. Decr. p. 6. c. 374. [38] *pro causa ægritudinis*: Coll. Hisp. [39] *hominibus stultis*: ib. [40] *inveniuntur*: Edd. coll. o. [41] *canones permittunt*: Ed. Bas. [42] *admittat*: Ed. Arg. [43] *clerum*: Edd. coll. o. [44] *existimat et ideo*: eæd. = C. X. [45] *Pertinet ad conc. Tribur. h.* A. 895. — Burch. l. 2, c. 15. Ivo Pan. l. 3, c. 42. Decr. p. 6, c. 34. [46] *denegemus*: Ed. Bas. = C. XI. [47] *scr.* c. A. 887. — Ivo Pan. l. 3, c. 44. Decr. p. 6, c. 118. [48] *Marensi*: Edd. coll. o. exc. Bas. [49] *Flavinus*: Ivo. [50] *sciscitaris*: Edd. coll. o. [51] add. *: verum esse*: Edd. Bas. Lugdd. II, III, Antw. [52] *desiderans*: Edd. coll. o.

tur, sacri censeant canones, dilectionem tuam latere non credimus.

**C. XII.** *Tempore sinceritatis dignitas accepta sequente debilitate non amittitur.*

Item Gelasius Papa *Palladio Episcopo* [53].

Præcepta canonum, quibus ecclesiastica regitur disciplina, sicut ad sacerdotium debiles corpore non patientur venire, ita *et* si quis in [54] eo fuerit constitutus, ac tunc fuerit sauciatus, amittere non potest quod tempore suæ sinceritatis accepit § 1. Stephanus siquidem presbyter petitorio nobis deflevit oblato, quod habetur [h] in subditis, olim sibi ante [55] annos plurimos collatam presbyterii dignitatem, quam revera immaculati corporis indicio suscepisset; sed nuper propter provinciæ vastitatem (quam Thusciæ præ omnibus [56] barbarorum feritas diversa sectantium, et ambiguitas invexit animorum), dum imminentes gladios evadere fugæ præsidio niteretur, acutis sudibus occurrentia sibi septa transsiliens, inferiores partes corporis inseruisse suggessit, quæ vix adhibita curatione biennio potuissent abstergi. Et ideo, frater carissime, supradicto locum suum dignitatemque restitue, quatenus sacrosancta mysteria, sicut consuevit, exerceat. Neque enim convenit ob hoc auferri ante susceptum ordinem, in quo postmodum in invaletudinem [57] corporis casu probatur faciente collapsus.

II Pars. Gratian. *Hoc autem non de omnibus membris intelligendum est. Qui enim oculum casu amiserit, licet desit voluntas, tamen sacerdotium adipisci non potest.*

Unde Gelasius *scribit Rufino Episcopo* [58]:

**C. XIII.** *Non sunt præstanda jura sacerdotii, cui oculus erutus est.*

Si evangelica admonitio iracundiam nec usque ad verbum furentem prosilire permittit, ne, si Racha fratri suo quis dixerit, reus sit gehennæ ignis: quali putamus pœna plectendum esse, qui non solum pugno impie percussit hominem in Levitici officii ministerio servientem, sed quasi non sufficeret ad cædem manus, ita (instigante se diabolo) raptus est ad iracundiam, ut fuste non solum percuteret, sed etiam erueret oculum fratris [59]? Et quamvis hujusmodi excessus graviori esset pœna plectendus, bene tamen fraternitas tua fecit ab officio eum presbyterii removere [60]. Hoc tamen solicitudinis tuæ sit, ut locum ei pœnitentiæ constituas, et in aliquo eum monasterio retrudas, laica tantummodo sibi communione concessa. In loco autem illius alium te necesse est ordinare presbyterum, nam illi, cui erutus est oculus, non possunt secundum [61] canones sacerdotii jura concedi. Neque enim aliquid ei prodest, quod [62] oculum invitus amisit [63], quum nec volens quisquam oculum amisisse credendus est, nec sacratissimos canones aliquem casum in amissione oculi [64], qui *ad* sacerdotium adipiscendum non impediret, suis excepisse regulis invenimus; sed hoc tantummodo ad prohibitionem suffecisse [65] videmus Patribus, ut qui careret [66] oculo, sacerdotii officium adipisci non possit. Sed nec illi ullatenus quasi in compensationem [67] injuriæ sacratus ordo concedi poterit, qui ad tantam sacerdotem proprium potuit iracundiam provocare, ut et ille officium, in quo erat, amitteret, et iste provectus [68] sui perderet facultatem.

## DISTINCTIO LVI.

**GRATIANUS.**

Pars. *Presbyterorum etiam filii ad sacra officia non sunt admittendi.*

Unde Urbanus Papa II, *ait* [1]

**C. I.** *Filii presbyterorum a sacris prohibentur officiis.*

Presbyterorum filios a sacris *altaris* ministeriis removemus, nisi aut in cœnobiis, aut in canoniis [2] religiose probati fuerint conversati [3].

II. Pars. Gratian. *Sed hoc intelligendum est de*

---

**NOTATIONES CORRECTORUM.**

C. XII. [h] *Quod habetur*: Sic est emendatum ex Anselmo et antiquis codicibus Gratiani. Nam hæc est usitata forma in epistolis Romanorum Pontificum, ubi propria verba petitionum subjungunt. Antea legebatur: *quod haberet*.

DIST. LV. C. XII. [53] De epocha hujus epist. non satis constat. Scripta est ad Palladium (Palladinum: Ed. Par.) Ep. Sulmontinæ ecclesiæ in Aprutio. — Ans. l. 7, c. 39. Ivo Pan. l. 3, c. 55. Decr. p. 6, c. 107. Polyc. 4. 2, t. 31. [54] add.: *actu*: Ivo. [55] *et ante*: Edd. coll. o. [56] add.: *provinciis*; Edd. coll. o. [57] *in valetudinem*: Ivo. — P. II. [58] Apud Ans. l. 11, c. 169, et Ivonem Decr. p. 6, c. 111, hoc caput Pelagii nomine profertur, nec videtur Gelasio tribui posse, cujus quippe temporibus necdum mos erat, ut clerici in monasteria detruderentur. — C. XIII. [59] add.: *sui*: Ed. Bas. [60] *removeri*: Edd. coll. o. [61] *juxta*. Ivo. — Ed. Bas. [62] *qui*: Edd. coll. o. [63] *amiserit*: Ed. Bas. [64] add.: *ejus*: Ed. Bas. — *ei*: Edd. coll. rel. [65] *fecisse*: Ivo. — Edd. coll. o. [66] *caret*: eæd. [67] *compensatione*: eæd. [68] *profectus*: Ed. Bas.

DIST. LVI. P. I. [1] Ex conc. Melphitano hab. A. 1089; eadem fere leguntur in Urbani ep. ad Pibonem Tullensem (ep. 17, ap. Mansi) scripta eodem anno, ut videtur. — Ans. l. 6, c. 150 (147). Ivo Pan. 4, 3, c. 51. Decr. p. 6, c. 410 (ex decretis Gregorii II, et Urbani II. = C. I. [2] *canonicis*: Edd. coll. o. exc. Lugdd. II, III. Antw. — *canonicis regularibus*: Ivo Decr. — *monasteriis regularibus*: Pan. [3] *conversari*. Ans.

illis, qui paternæ incontinentiæ imitatores fuerint. **Verum si morum honestas eos commendabiles fecerit, exemplis auctoritatibus non solum sacerdotes, sed etiam summi sacerdotes fieri possunt.**

[Unde Damasus Papa scribit [a] [*]] :

### C. II PALEA.

« Osius Papa fuit filius Stephani subdiaconi. Bonifacius Papa fuit filius Jucundi presbyteri. Felix [5] Papa filius Felicis presbyteri de titulo Fasciolæ. Agapitus Papa filius Gordiani presbyteri. Theodorus Papa filius Theodori episcopi de civitate Hierosolyma. Silverius Papa filius Silverii [6] episcopi Romæ. Deusdedit Papa filius Stephani [7] subdiaconi. »

« Felix enim tertius, natione Romanus, ex patre Felice presbytero fuit. Item Gelasius, natione Afer, ex patre episcopo Valerio natus est. Item Agapitus, natione Romanus, ex patre Gordiano presbytero originem duxit. Complures etiam alii inveniuntur, qui de sacerdotibus nati apostolicæ sedi præfuerunt. »

*Hinc* Augustinus *ait libro De bono conjug. c. 16.* [8] :

### C. III. Vitia parentum filiis non imputantur.

Undecunque homines nascantur, si parentum vitia non sectentur [9] [*] et Deum recte colant, [*] honesti et salvi erunt. Semen enim hominis ex qualicunque homine Dei creatura est, et eo male utentibus male erit, non ipsum aliquando malum erit. Sicut autem boni filii adulterorum nulla est defensio adulterii [10], sic mali filii conjugatorum nullum est crimen nuptiarum.

### C. IV. De eodem.

*Item* Joannes Chrysostomus *homilia III, in Matthæum* [c. 1.] [11].

Nunquam de vitiis erubescamus parentum, sed unum illud quæramus [b] et [12] amplectamur, virtutem videlicet. Hujusmodi [*] enim, [*] etiamsi alienigenam quis [13] habeat [14] matrem, etiamsi fornicatione pollutam vel quolibet ejusmodi dedecore sordidatam, nihil tamen de ejus aut vilitate fuscabitur, aut crimine polluetur. Quod si fornicatorem ipsum ad meliora conversum nequaquam prior vita commaculat, multo magis ex meretrice natus et adultera, si propria virtute decoretur, parentum suorum non dedecoratur [15] opprobriis. *Item infra :* § 1. Non est omnino nec de virtute, nec de vitio parentum aut laudandus aliquis, aut culpandus, nemo inde vere [16] aut obscurus, aut clarus est, imo etiam (si quiddam [c] a communi opinione abhorrens dicendum est) nescio, quomodo ille magis resplendet, qui ex parentibus a virtutibus prorsus alienis, ipse tamen fuerit de virtute mirabilis.

### C. V. Non parentum, sed propria culva auemque condemnat.

*Item* Hieronymus *in epistola ad Pammachium, contra errores Joannis Hierosolymitani* [17].

Nasci de adulterio non est ejus culpa, qui nascitur, sed illius, qui generat. Quomodo in seminibus non peccat terra, quæ fovet [18], non semen, quod in sulcis jacitur, non humor et [19] calor, quibus temperata frumenta in germen pullulant, sed, verbi gratia, fur et latro, qui fraude et vi eripit semina : sic [20] in generatione hominum recipit terra, id est vulva, quod suum est, receptum confovet, consolatum corporat, corporatum in membra distinguit, et inter illas secretas [21] ventris augustias Dei manus semper operatur, idemque est corporis creator et

## NOTATIONES CORRECTORUM.

Dist. LVI. C. II. [a] In nullo vetusto Gratiani codice adscribitur hic nomen Paleæ. In decimo Vaticano et aliis quibusdam habetur conjuncte cum verbis superioribus Gratiani, a vers. *Felix enim tertius,* usque ad finem. In alio autem satis etiam emendato ista eadem cohærent cum superioribus: sed post illa verba : *ex patre Gordiano presbytero originem duxit,* sequitur : *Unde Damasus Papa scribit* : *Deusdedit Papa filius Stephani subdiaconi, Bonifacius Papa filius Jucundi presbyteri, Felix Papa filius Felicis presbyteri de titulo Fasciolæ, Agapitus Papa filius Gordiani presbyteri, Theodorus Papa filius Theodori episcopi de civitate Hierosolyma, Silverius Papa filius Hormisdæ episcopi Romæ. Complures etiam,* etc. Nec vero magnopere mirandum est hæc omnia ex Damaso citari, qui vixit ante istos, qui hic enumerantur. Liber enim, qui Pontificalis dicitur, ubi hæc scripta suis locis leguntur, a Damaso cœptus est scribi, ideoque, licet ab aliis multa deinde sint addita, retinuit tamen primi auctoris nomen. Ivo quidem eadem fere ista refert ex gestis Romanorum Pontificum. Omnino partem aliquam hujus capitis, saltem illam, quæ in decimo Vaticano habetur, ab ipso Gratiano scriptam esse constat ex verbis Gratiani in extremo præcedente capite, et capite penultimo hujus distinctionis, Auctor vero Paleæ, dum unum per se caput conficere voluit, ordinem perturbavit, præsertim in repetitione Felicis III, et illud de Osio temere adjunxit, quod nulli Romanorum Pontificum nomen fuit.

C. IV. [b] *Quæramus :* In versione, quæ nunc vulgata est, legitur : *atque omnibus studiis assequamur nobilitari propriarum honore virtutum* Græce integer locus ita habet : Παιδεύων καὶ ἡμᾶς διὰ τούτων μηδέποτε ἐγκαλύπτεσθαι ἐπὶ τῇ τῶν προγόνων κακίᾳ. Ἀλλ'ἓν μόνον ἐπιζητεῖν τὴν ἀρετήν.

[c] *Si quiddam a communi :* Sic est emendatum ex Græca : Εἰ δὲ χρή τι καὶ παράδοξον εἰπεῖν. Antea legebatur, quemadmodum fere et in vulgata versione et apud Ivonem : *ut* [*] *considerantius aliquid dicamus aut expressius.*

---

Dist. LVI. C. I. [4] In Edd. coll. o. add.: *Hieronymo Presb.,* quod exinde venit, quod epist. spuria Damasi ad Hieronymum præmissa invenitur libro pontificali, quem Damaso nonnulli perperam adscripserunt. Quæ post verb. *Felix* etc. sequuntur, deprompta sunt ex prologo em c. 52, l. 3. Panormiæ, nec videntur, caput singulare effecisse ante tempora auctoris Palearum. = C. II. [5] verba: *Felix—presbyteri* desiderantur in Edd. coll. o. pr. Bas. Lugdd. II, III. [6] *Hormisdæ :* Pan. [7] *Jocundi presbyteri :* Edd. coll. o. [8] Ivo in prologo Pan., et Decr. p. 6, c. 415. =C. III. [9] *sectantur :* Edd. coll. o. [10] *adulteriorum :* orig. =C. IV. [11] Ivo Decr. p. 6, c. 414. [f'] add. : *semper :* Edd. coll. o. ex Ivone. [13] abest ab Ivone et Edd. coll. o. pr. Lugdd. II, III. Antw. [14] *habet :* eæd. [15] *decoloratur :* Ivo. [16] *vero :* Ed. Bas. [*] add. : *si :* Edd. Arg. Nor. Ven. I, II. = C. V. [17] scr. A. 393. — *Hieron. ep. contra Rufinum :* Edd. coll. o. et Ivo Decr. p. 6, c. 413. *confovet :* Ivo. — Edd. coll. p. [19] *vel* eæd. [20] *sic genus humanum :* Ivo. — eæd. [21] *sacri :* ibid.

animæ. Noli despicere bonitatem figuli 'tui'[22], qui te plasmavit et fecit ut voluit. Ipse est Dei virtus et Dei sapientia, qui in utero virginis [23] ædificavit sibi domum. Jephte [24], inter viros sanctos Apostoli voce numeratus, meretricis est filius. 'Sed audi', Esau de Rebecca et Isaac 'genitus', hispidus tam mente quam corpore, quasi bonum triticum in [25] lolium avenasque degenerat, quia non in seminibus, sed in voluntate nascentis causa vitiorum est atque virtutum.

**C. VI.** *Iniquitates parentum filiis obesse non possunt.*

*Item* Augustinus [d] *contra Faustum, lib. XXII, c. 64.*

Sponsus [26] ille, qui vocaturus erat ad nuptias bonos et malos, 'suis' congruens invitatis, nasci etiam voluit de bonis et malis, quo exemplo discant fideles [27], parentum suorum iniquitates sibi obesse non posse.

**C. VII.** *Non aliena culpa, sed propria aliquem ab eo, quo fungitur, dejicit gradu.*

*Item* Gregorius *ad Columbum Episcopum Numidiæ, lib. X, epist. 8* [28].

Satis perversum et contra ecclesiasticam probatur esse censuram, ut frustra pro quorundam [29] voluntatibus quis privetur, quem sua culpa vel facinus ab officii, quo fungitur, gradu non dejicit.

**C. VIII.** *Ex adulterinis nati conjunctionibus a sacerdotio non prohibentur.*

*Item* Hieronymus [30].

Dominus noster Jesus Christus voluit, non solum de alienigenis, sed etiam de adulterinis commixtionibus nasci, nobis magnam fiduciam præstans, ut qualicunque modo nascamur, dum [31] tamen ejus vestigia imitemur, ab ipsius corpore non separemur, cujus per fidem membra effecti sumus. Et sicut ille verus est pontifex ex [32] adulterinis natus conjunctionibus, ita, qualicunque ordine natus sit aliquis, tantum [33] ut perfectam fidem habeat, et quod fide tenet operibus impleat, sitque literatus, et vir unius uxoris, nequaquam a sacerdotio repellitur. Judas [34] enim patriarcha concubuit cum Thamar nuru sua, et ex illo concubitu nati sunt Phares e Zaran, inde postea Salmon, qui fuit dux in deserto, inde Obeth [e], inde quoque Booz [35], inde postea Isai, qui fuit pater David. Ex illa ergo [36] progenie origo ducitur Christi, qui verus sacerdos est; ideoque si filii ejus sumus, quæ ipse fecit nos imitari debemus.

**C. IX.** *A populo Dei non separat aliquem materna conditio, sed propria culpa.*

*Item* Augustinus *de unico baptismo contra Donatistas, lib. I. c.* 15 [37].

Ismael ut separaretur a populo Dei, non obfuit mater ancilla [38], sed obfuit fraterna discordia; nec profuit potestas uxoris, cujus magis filius erat, quia per ipsius jura conjugalia et in ancilla seminatus erat, et ex ancilla susceptus [39].

**III. Pars. Gratian.** *Contra Bonifacius Martyr scribens Echeldobaldo Regi Anglorum* [40]:

**C. X.** *Vitia parentum etiam ad posteros transferuntur.*

Si gens Anglorum (sicut per istas provincias divulgatum est, et nobis in Francia et in Italia improperatur, et ab ipsis paganis improperium [41] est spretis legalibus connubiis adulterando et luxuriando ad instar Sodomiticæ gentis fœdam vitam duxerit, de tali commixtione meretricum æstimandum est degeneres populos et ignobiles, et furentes libidine fore procreandos, et ad extremum universam plebem ad deteriora et ignobiliora vergentem, et novissime nec 'in' bello sæculari fortem, nec in fide stabilem, et nec honorabilem hominibus, nec Deo amabilem esse venturam, sicut aliis gentibus Hispaniæ et Provinciæ et Burgundionum [42] populis contigit, quæ sic a Deo recedentes fornicatæ sunt, donec judex [43] 'omnipotens' talium criminum ultrices pœnas per ignorantes [f] legem Dei, id est [44] per Saracenos, venire et sævire permisit.

## NOTATIONES CORRECTORUM.

**C. VI.** [d] Apud B. Augustinum l. 22, contra Faustum, c. 64. sic legitur: *Fideles enim ejus venturi ex omnibus gentibus etiam exemplo carnis ipsius discere debuerunt, parentum suorum iniquitates sibi obesse non posse. Proinde sponsus ille suis congruens invitatis, qui vocaturus erat ad nuptias bonos et malos, etiam nasci voluit de bonis et malis.* Et ex his compositum est hoc caput.

**C. VIII.** [e] *Inde Obeth*: In primo capite evangelii S. Matthæi Booz dicitur genuisse Obeth.

**C. X.** [f] *Per ignorantes*: In epistola B. Bonifacii Martyris (quæ una cum multis aliis exstat manuscripta in codice sæpe memorato bibliothecæ Dominicanæ legitur: *per ignorantiam legis Dei, et per Saracenos, etc.*, cum qua lectione concordant aliquot vetusta Gratiani', et fere etiam Ivo.

---

DIST. LVI. C. V. [22] add.: *i. e. Dei*: Edd. coll. o. exc. Bas. [23] add.: *Mariæ*: Edd. coll. o. [24] Judic. c. 11, v. 1. Hebr., c. 11, v. 32. [25] *inter*: Edd. coll. o. = C. VI. [26] cf. Matth. c. 22. [27] *filii*: Edd. coll. o. = C. VII. [28] Ep. 8. (scr. A. 602.) l. 12, Ed. Maur. [29] *quor. parentum voluptatibus suis quis privetur officiis*: Edd. coll. o. — *volupt.*: Bohm. = C. VIII. [30] Apud Hieronymum in cap. 1. ev. Matth. et in proœmio occurrunt. in Oseam similia quædam leguntur. Ipsa eadem verba *ex expositione generationis Jesu Christi* referuntur in epistola Noviomensium clericorum ad Cameracenses, quæ prostat in Mabillon. Museum Italic. t. 1, p. 2, p. 128. — Ans. l. 6, c. 149. Polyc. l. 2, t. 31. [31] *tantum ut*: Ed. Bas. [32] *et ex*: Edd. coll. o. pr. Lugdd. II, III. Antw. [33] *tamen*: Edd. coll. o. [34] Genes, v. 38. [35] Ruth., c. 4. [36] *autem*: Ed. Bas. = C. IX. [37] Ivo Pan. l. 6, c. 47. Decr. p. 8, c. 61. [38] add.: *Agar*: Edd. Bas. Lugdd. II, III. [39] add.: *est*: Edd. coll. o. — P. III. [40] scr. c. A. 750. — Ivo Decr. p. 8, c. 224.: *Bonifac. Hillribaldo Reg. Angl.* = C. X. [41] *improperium objicitur*: Ed. Bas. Lugdd. II, III. Antw. — *vox*: *improperium* abest ab Edd. coll. rel. — *improperatum est*: Bohm. [42] *Burgundiorum*: Bohm. [43] *vindex*: Edd. Bas. Lugdd. II, III, Antw. — ' et Ed. Bas. [44] *etiam*: Edd. coll. o. exc. Bas. Lugdd. II III. Antw.

*Unde* Urbanus [45] *in fine superioris capitis distinguendo subjunxit* :

### C. XI. *Si religiosi inventi fuerint filii sacerdotum, ordinentur* [s].

Nisi aut in coenobiis, aut in canoniis [46] religiose probati fuerint conversari [47].

### C. XII. *De eodem.*

*Item* Alexander II. [48].

Apostolica auctoritate praecipimus vobis, ut si eum, qui ab ecclesia electus est, altero digniorem esse, canonicamque ejus electionem probaveritis, fulti nostra auctoritate consecretis. Nam pro eo, quod filius sacerdotis dicitur, si ceterae virtutes in eum conveniant, non rejicimus, sed suffragantibus meritis connivendo eum recipimus.

Gratian. *Hoc autem, quod de filiis sacerdotum dicitur, ex dispensatione ecclesiae introductum videtur, et quod ex dispensatione introducitur, ad consequentiam regulae trahi non poterit.*

*Unde* Urbanus Papa II *scribit Bartholomaeo Turon. Archiepiscopo* [49] :

### XIII. *Filii sacerdotum non prohibentur ab episcopatu, si ceterae virtutes eis inveniantur.*

Coenomanensem electum, pro eo quod filius sacerdotis dicitur, si ceterae virtutes in eum conveniunt, non rejicimus, sed suffragantibus meritis patienter [50] suscipimus : non tamen, ut hoc pro regula in posterum assumatur, sed ad tempus ecclesiae periculo consulitur.

Gratian. *Quum ergo ex sacerdotibus nati in summos Pontifices supra legantur esse promoti, non sunt intelligendi de fornicatione, sed de legitimis conjugiis nati, quae sacerdotibus* [h] *ante prohibitionem ubique licita erant, et in orientali ecclesia usque hodie eis licere probatur.* § 1. *Quod autem vitium originis semini imputari negatur videtur, esse contrarium illi sententiae* [51] : Adulterorum filii abominatio sunt Domino. Sed sicut supra dictum est de presbyterorum filiis, ita et hoc de filiis adulterorum intelligendum videtur, ut illi dicantur esse abominatio Domino, ad quos paterna flagitia hereditaria successione descendunt. *Similiter et illud* Urbani *intelligendum est, quod ipse scribit Petronio* [52] *Legionensi episcopo* :

### C. XIV. *De eodem.*

Quia simpliciter ad sedem apostolicam veniens humiliter peccatum confessus es, quod [53] pontificii tui videbatur officium impedire, videlicet quod ex matre non legitima procreatus sis, quam vivente propria uxore pater tuus cognovisse dignoscitur [54], nos apostolicae mansuetudinis gratia admonente a ceteris quae sacerdotium impediunt criminibus tam tui professione quam fratrum testimonio, qui tecum [55] sunt, immunem te agnoscentes, et vitam tuam religiosam audientes, ab hujus [56] te peccati vinculo absolutum in suscepto sacerdotali officio confirmamus.

---

## DISTINCTIO LVII.

### GRATIANUS.

*Item, qui in aegritudine constitutus baptizatur, presbyter ordinari non debet.*

*Unde* in Neocaesariensi Concilio, c. 12. *legitur* [t] :

### C. I. *Non ordinetur presbyter, qui in aegritudine constitutus baptizatur.*

Si [a] quis in aegritudine constitutus fuerit baptizatus, presbyter ordinari non debet, (non enim fides illius voluntaria, sed ex necessitate est, nisi forte postea ipsius studium et fides probabilis fuerit, aut hominum raritas exegerit [t].

---

## NOTATIONES CORRECTORUM.

C. XI. [s] Rubrica hujus capitis abest ab aliquot vetustis (neque enim est ulla capitis distinctio) et praeponitur sequenti capiti : *Apostolica*.

C. XIII. [h] *Sacerdotibus ante* : Hic ostendit aperte Gratianus se in ea fuisse opinione, aliquando in latino ecclesia presbyteris etiam licuisse uti conjugio, quod in ecclesia Graecorum et olim et nunc permissum est. Id vero minime ita esse, superius initio dist. 31, est annotatum. De illis vero, quos antea narravit creatos fuisse summos Pontifices, dicendum est, eos, antequam patres ipsorum ullo sacro ordine essent decorati, fuisse generatos.

DIST. LVII. C. I. [a] Quod canon hic statuit, videtur multo ante in Romana ecclesia observatum, quemadmodum ex epistola Cornelii Papae de Novatiano patet, cujus verba, relata ab Eusebio Historiae eccles. lib. 6, c. 35., istuc spectantia haec sunt : Qui quidem, ubi exorcistarum praesidio spiritu illo

---

DIST. LVI. C. X. [45] cf. supra ead. c. 1. = C. XI. [46] *canonicis* : Edd. coll. o. exc. Lugd. II, III. Antw. [47] *conversati* : Edd. Arg. Bas. — add. : *filii sacerdotum non admittuntur ad clerum* : Edd. coll. o. exc. Nor. = C. XII. [48] de hujus capitis fide multum, sed immerito dubitavit Berardus. Legimus enim Alex. P. II, quum de electione Arnaldi Cenomanensis quaestio mota esset, benigne in hunc modum respondisse. (cf. Acta Epp. Cenomanensis. ap. Mabillon. Annal. p. 307.). Apud Anselmum l. 6, c. 19, in fine leguntur quae in exci.u c. sequ. prostant. [49] Hoc fragmentum contra rectius ab Urbano adjudicaveris, istius enim tempore jamdudum vita defunctus erat Bartholomaeus. Accedit etiam, quod conflatum esse videatur ex epistola Alex. II, qualiter ab Anselmo profertur. — Ivo Pan. l. 3, c. 55. = C. XIII. [50] add. : *eum* : Edd. coll. o. [51] Sap. c. 3. [52] Videtur legendum esse : *Petro Leg. Ep.*, quemadmodum est in Edd. coll. o. exc. Bas. Lugd. II, III. Antw. Petri enim Legionensis mentio fit inter acta conc. Fussolensis, hab. A. 1088 in Hisp.— Apud Ivonem Pan. l. 3, c. 54, ipsum nomen desideratur. = C. XIV. [53] *ex eo, quod* : Ed. Bas. [54] *cognoscitur* : Ivo. — Ed. Bas. [55] *secum* : Ed. Arg. [56] add. : *modi* : Ed. Bas.

DIST. LVII. C. I. [t] hab. A. 314. — Burch. l. 4, c. 43. Decr. p. 1, c. 227, p. 6, c. 101. Polyc. l. 2, c. 31. [t] *cogat* : orig. — Ivo.

## DISTINCTIO LVIII.

### GRATIANUS.

*Item ex monachali habitu nullus assumitur ad ecclesiasticum officium, nisi fuerit oblatus voluntate proprii abbatis*

Unde Gregorius scribit Mariniano Episcopo Ravennati, lib. VII, epist. 18 [1].

**C. I.** *Monachus non ordinetur clericus, nisi voluntate abbatis episcopo fuerit oblatus.*

Nullus ad ecclesiasticum officium ex monasterio producatur monachus [2], nisi quem abbas loci admonitus propria voluntate obtulerit episcopo.

**C. II.** *De eodem.*

Item ex Concilio Carthaginensi V.

Si quis de alterius monasterio [4] repertum [a] ve ad clericatum promovere voluerit, vel in suo monasterio majorem monasterii [5] constituere [b], episcopus, qui hoc fecerit, a ceterorum communione sejunctus, suæ tantum [6] plebis communione contentus sit, et ille neque clericus [c], neque præpositus perseveret.

## DISTINCTIO LIX.

### GRATIANUS.

*Item qui ecclesiasticis disciplinis imbuti, et temporum approbatione discussi non sunt, ad summum sacerdotium non aspirent.*

Unde ait Zosimus Papa ad Hesychium Salonitanum Episcopum, epist. I [1].

**C. I.** *Non aspiret ad summum sacerdotium qui ecclesiasticis disciplinis non est imbutus.*

Qui ecclesiasticis disciplinis imbutus per ordinem non est et [2] temporum approbatione divinis stipendiis eruditus, nequaquam ad summum ecclesiæ sacerdotium aspirare præsumat, et [3] non solum in eo ambitio inefficax habeatur, verum etiam [4] in [5] ordinatores ejus, [6] ut [7] careant eo ordine, quem sine ordine contra præcepta Patrum crediderant præsumendum.

**C. II.** *Ad sacerdotale officium nullus, nisi per singulos gradus probatus, accedat.*

Idem [a] eadem epistola [b].

Si officia sæcularia principem [5] locum non vestibulum actionis ingressis, sed per singulos [6] gradus examinatis [a] temporibus [4] deferunt, quis [5] ille [6] tam arrogans, tam impudens invenitur. ut [7] in cœlesti militia, quæ propensius ponderanda est, et sicut aurum repetitis ignibus exploranda, statim dux esse desideret, quum tiro ante non fuerit, et prius velit doceret quam discere? Assuescat in Domini castris in lectorum [8] primitus gradu divini rudimenta [9] servitii, nec illi vile [10] sit exorcistam, acolythum, subdiaconum, diaconum per ordinem fieri, nec hoc saltu, sed statutis majorum ordinatione temporibus. Jam vero ad presbyterii fastigium talis accedat, ut et nomen ætas impleat, et meritum probitatis stipendia anteacta testentur. Jure inde summi pontificis locum sperare debebit. Facit hoc nimia remissio consacerdotum [11] nostrorum, qui pompam multitudinis quærunt, et putant ex hac turba aliquid sibi dignitatis acquiri. Hinc passim numerosa popularitas [12] etiam his [13] locis, ubi solitudo est, talium reperitur, dum [14] parochias extendi cupiunt, aut quibus aliud præstare non possunt divinos ordines largiuntur. Quod oportet districti semper esse judicii. Rarum [15] est enim omne quod magnum est.

### NOTATIONES CORRECTORUM.

malo esset liberatus, et post in tam gravem morbum, ut jam ferme mori putaretur, incidisset, in lecto, in quo decumbebat, aqua circumfusus baptismum accepit, et paulo post, quum de ipsius ordinatione agit, adjungit: *Qui quidem episcopus, non solum ab universo clero. sed etiam a multis laicis vetitus, quoniam minime licebat quemquam in lecto propter morbum baptizatum, sicut huic contigerat, in clerum assumi, magnopere postulabat, sibi potestatem dari, huic soli manus in sortem presbyterii imponendi.*

Dist. LVIII. C. II. [a] *Repertum*: Græce legitur 'Ἐάν τις ἀπ' ἀλλοτρίου μοναστηρίου ὑποδέξηται τινά, id est: *si quis ab alieno monasterio receperit aliquem.*

[b] *Constituere*: Antea sequebatur, *sine licentia abbatis et monachorum*[a], quæ verba sunt expuncta, quia absunt a concilio Carthagin. et Africano, et plerisque vetustis Gratiani codicibus.

[c] *Clericus*: Sequebatur: *neque canonicus*[b], quæ ob easdem causas sunt sublata.

Dist. LIX. C. II. [a] *Idem*: Caput hoc antea tribuebatur Urbano. Emendata est inscriptio ex plerisque vetustis Gratiani exemplaribus; habetur enim in eadem epistola.

---

Dist. LVIII. C. I. [1] Ep. 15. (scr. A. 598.) l. 8. Ed. Maur. [2] abest ab orig. pariter atque verb. *episcopo*, quod in fine est. == C. II. [3] hab. A. 598. — Coll. tr. p. p. 2, t. 19, c. 5. [4] *monasterii conventu*: Edd. coll. o. C. II. [5] add.: *personam*: eæd. — [a] add.: *suorum*: Ed. Bas. [6] *tantummodo*: Edd. coll. o. — [b] "nec tamen Ed. Arg.

Dist. LIX. C. I. [1] scr. A. 418. — Ans. l. 6. c. 28. Ivo Decr. p. 5, c. 102. — supra Dist. 36, c. 2. — In Ed. Bas. hoc caput ad calcem Dist. est rejectum. [2] *nec*: Edd. coll. o. [3] *ut*: Coll. Hisp. == C. II. [4] Ans. ibid. [5] *principalem*: Edd. coll. o. ex orig. et Ans. [6] *plurimos*: orig. — Ans. [7] *qui*: Edd. coll. o. [8] *electorum*: Ed. Bas. [9] *rudimentis*: Isid. Merl. [10] *vilescat*: Edd. coll. o. [11] *sacerdotum*: Ed. Bas. [12] *pluralitas*: Edd. coll. o. [13] add.: *in*: eæd. [14] add.: *per*: eæd. [15] add.: *semper*: Ed. Bas.

**C. III.** *Cujuslibet meriti laicus ad summum non aspiret sacerdotium.*

*Item* Gregorius *lib. VII. Reg. epist.* 110 [16].

Hoc ad nos pervenisse [17] non dissimili dignum detestatione complectimur, quod quidam desiderio honoris inflati [18] defunctis episcopis tonsurantur, et fiunt repente ex laicis sacerdotes, atque inverecunde [19] religiosi propositi ducatum arripiunt, qui nec esse adhuc milites didicerunt. Quid putamus quod isti subjectis præstaturi sunt, qui antequam discipulatus limen attingant tenere magisterii [20] locum non formidant? Qua de re necesse est, ut, quamvis inculpati quisque sit meriti, ante tamen per distinctos [21] ordines ecclesiasticis exerceatur officiis.

**C. IV.** *Non aspiret ad summum sacerdotium qui ecclesiasticis disciplinis non est imbutus.*

*Item* Cœlestinus *Episcopis Galliarum, epist. II c. 3,* [22].

Ordinatos vero quosdam, fratres carissimi, episcopos, qui nullis ecclesiasticis ordinibus ad tantæ dignitatis fastigium fuerint instituti [23] contra Patrum decreta, hujus usurpatione, qui se hoc recognoscit fecisse, didicimus, quum ad episcopatum his gradibus, quibus frequentissime cautum est, debeat perveniri [24], ut minoribus [25] initiati officiis ad majora firmentur. Debet enim ante esse discipulus, quisquis doctor esse desiderat, ut possit docere quod didicit: omnis vitæ institutio hac [26], ad id quo [27] tendit, se ratione confirmat. Qui minime literis operam dederit præceptor non potest esse literarum. Qui non per singula stipendia creverit ad meritum [28] ordinem stipendii non potest pervenire. Solum sacerdotium inter ista, rogo, vilius est, quod facilius tribuitur, quum [29] difficilius impleatur?

## DISTINCTIO LX.

### GRATIANUS.

*Ecce, ostensum ex parte est, qui possint ad sacerdotii ordinem promoveri, et qui non. Nunc autem considerandum est, ex quibus ordinibus in archipresbyterum, vel præpositum, vel episcopum, vel archiepiscopum sint eligendi.*

*De his ita statutum est in Concilio* a *Urbani Papæ, celebrato Alverniæ* [1] *:*

**C. I.** *Archipresbyter, vel decanus, aut archidiaconus non nisi diaconus aut presbyter ordinetur.*

Nullus episcopus in ecclesia sua, nisi diaconus sit, archidiaconum instituere, nec archipresbyterum aut decanum, nisi presbyteri sint, ordinare præsumat. Quod, ut districtius teneatur, apostolica auctoritate prohibemus et interdicimus.

**C. II.** *Nullus in præpositum, vel archipresbyterum nisi presbyter, nullus in archidiaconum nisi diaconus ordinetur.*

*Item* Calixtus b *Papa [II]* [2].

Nullus in præpositum [3], nullus in archipresbyterum, nullus in decanum nisi presbyter [4], nullus in archidiaconum nisi diaconus ordinetur.

**C. III.** *De eodem.*

*Item* Innocentius II, *in Concilio Romano, c.* 10 [5].

Innovamus autem et præcipimus, ut nullus in archidiaconum vel decanum nisi diaconus vel presbyter ordinetur. Archidiaconi vero, vel decani, vel præpositi, qui infra ordines prænominatos existunt, si inobedientes ordinari contempserint, honore suscepto priventur. Prohibemus autem, ne adolescentibus, vel infra sacros ordines constitutis, sed qui prudentia et merito vitæ clarescunt, prædicti concedantur honores.

**Gratian.** *Horum unum propter procacitatem quorundam statutum est, qui nomen præpositurœ adepti officium contemnunt, nolentes fieri sacerdotes; alias enim inane esset, quum etiam in episcopum eligi possint in subdiaconatu constituti, juxta illud* Urbani c *Papæ:*

## NOTATIONES CORRECTORUM.

Dist. LX. C. I. a In capitibus manuscriptis concilii Claræmontensis habiti ab Urbano II (quæ non sunt decreta ipsius concilii, sed summæ quædam ipsorum) in tertio hæc leguntur, quæ ad præsentem canonem faciunt: *ut nullus fiat decanus in ecclesia nisi presbyter; nullus archidiaconus nisi Levita*.

C. II. b Et rubrica et caput emendata sunt ex manuscriptis codicibus.

C. III. c *Urbani :* In. c. A multis. X. de ætate et qualitate * tanquam decretum Urbani I. citatur; apud Ivonem vero et in Panormia ex synodo Beneventana, quæ tempore Victoris III, cui Urbanus II, successit, habita fuit. Nam Urbanus I, centum plus minus annis Nicænam synodum antecessit.

---

Dist. LIX. C. III. [16] Ep. 106. (scr. ad Syagrium Augustodunensem A. 599.) l. 9, Ed. Maur.—Ans. l 6, c. 32. Polyc. l. 2, t. 1. [17] *quod — dignum est complecti:* Edd. coll. o. [18] *inflammati :* eæd. [19] add.: *et repente:* eæd. [20] *regiminis :* eæd. ex Ans. [21] *per distincta ecclesiastici ordinis officia exerceatur* : Ans. — *se exerceat :* Edd. coll. o. = C. IV. [22] scr. A. 428. — Burch. l. 1, c. 18. Ivo Decr. p. 5, c. 72. [23] *constituti :* Edd. coll. o. [24] *pervenire :* eæd. [25] *in min.:* Edd. coll. o. — *a min.:* Coll. Hisp. [26] abest ab Edd. Par. Lugdd. [27] *quod :* Edd. coll. o. pr. Bas. [28] add.: *et :* Coll. Hisp. [29] *cui :* Ed. Bas. — *cur :* Edd. coll. rel.

Dist. LX. C. I. [1] Conc. Claromont. hab. A. 1095. — [2] Integri editi sunt canones Clarom. conc. ex Cencii Camerarii volumine MS. in coll. conc. Mans. t. 20. = C. II. [3] In conc. Lat. I, hab. A. 1123. [4] add.: *nullus in archiepiscopum :* Edd. coll. o. [5] add. : *vel diaconus :* eæd. = C. III. [6] Conc. Lat. II, hab. A. 1139. Concordat c. 8, conc. Remensis ap. Iv. Pan. l. 8, c. 140. C. III. * et c. 3. Comp. III, h. t.

### C. IV. *Non eligatur in episcopum nisi in sacris ordinibus constitutus.*

Nullus ᵉ in episcopum eligatur, nisi in sacris ordinibus religiose vivens fuerit inventus. Sacros autem ordines dicimus diaconatum et presbyteratum. Ilos siquidem solos primitiva legitur habuisse ecclesia, subdiaconos vero, quia et ipsi altaribus ministrant, opportunitate exigente concedimus, si tamen spectatae sint [7] religionis et scientiae. Quod ipsum non sine Romani Pontificis [8] vel metropolitani licentia ᵈ fieri [9] permittimus.

Gratian. *Alterum vero, ut in episcopum vel archiepiscopum nisi in sacris ordinibus constitutus non eligatur, propter dignitatem ordinis statutum est.*

## DISTINCTIO LXI.

### GRATIANUS.

**I. Pars.** *Item laici non sunt in episcopos eligendi, sed per singulos ordines prius sunt probandi.*
Unde Gregorius *Brunichildae Reginae Francorum, lib. VII. Reg. epist.* 113 [1] :

#### C. I. *Sacerdotes ex laicis non sunt ordinandi.*

Sacerdotale officium vestris in partibus in tantam [2] (sicut didicimus) ambitionem perductum est, ut sacerdotes subito, quod grave nimis est, ex laicis ordinentur.

#### C. II. *De eodem.*

*Item* Hormisda Papa *Episcopis per Hispaniam constitutis, epist. III, c. 1* [3].

In sacerdotibus eligendis ᵃ curam oportet esse perspicuam. Irreprehensibiles ᵃ enim ᵃ esse convenit, quos praeesse necesse est corrigendis. *Et infra* : § 1. Longa debet ᵃ vitam suam probatione monstrare, cui gubernacula committuntur ecclesiae.

#### C. III. *De eodem.*

*Idem* ᵃ *eodem loco continenter* ᵃ.

Non negamus esse in laicis Deo placitos mores, sed milites suos probatos sibi quaerunt instituta fidelium [7]. Discere prius [8] quisque debet antequam doceat, et exemplum religiosae conversationis de se potius aliis praestare quam sumere. Emendatiorem esse convenit populo, quem necesse est orare pro populo. Longa observatione religiosus cultus tradatur, ut luceat, et ᵃ clericalibus obsequiis erudiendus inserviat, ut, ad venerandi gradus summam perductus, quis sit fructus humilitatis ostendat. *Et infra*:

§ 1. Nec tantum de laicis consecrari [10] inhibemus, sed nec [11] de poenitentibus quidem quisquam ad hujusmodi gradum profanus temerator aspiret. Satis illi postulanti sit venia [12]; qua conscientia absolvat reum, qui se peccata sua [13] populo scit teste confessum? Quis enim quem paulo ante vidit [14] jacentem veneretur antistitem! Praeferens [15] memorandi [16] criminis labem non habet lucidam sacerdotii dignitatem.

#### C. IV. *De eodem.*

*Item* Innocentius Papa *ad Aurelium Carthaginensem Episcopum, epist. XII* [17].

Miserum est, eum magistrum fieri, qui nunquam discipulus fuit; eum summum fieri sacerdotem qui nunquam in ullo gradu obsecutus fuerit [18] sacerdoti.

#### C. V. *De eodem.*

*Item* Leo Episcopus *ad Episcopus Africanos, epist. LXXXV, al. LLXXVII, c. 1* [19].

Miramur tantum apud vos per occasionem temporis impacati aut ambientium praesumptionem aut tumultum valuisse popularem, ut indignis quibusque [20] et longe extra sacerdotale meritum constitutis pastorale fastigium et gubernatio ecclesiae crederetur. Non [21] est hoc consulere populis [22], sed nocere, nec praestare regimen, sed augere [23] discrimen. Integritas enim praesidentium salus est subditorum, et ubi est incolumitas obedientiae, ibi sana est forma doctrinae. § 1 Principatus ᵇ [24] autem, quem aut seditio extorsit, aut ambitus occupavit, etiamsi

---

### NOTATIONES CORRECTORUM

C. IV. ᵈ *Licentia* : Sic mutatum est ex dicto cap. A multis, Ivone et Panormia, quamvis etiam in vetustis Gratiani codicibus " legatur : *scientia*.

Dist. LXI. C. III. ᵃ In plerisque vetustis Gratiani codicibus caput hoc conjunctum est superiori, quemadmodum est in ipsa Hormisdae epistola.

C. V. ᵇ *Principatus*: In plerisque manuscriptis Gratiani codicibus legitur : *Principatus est* ᵃ. Et infra : *Quod si, etc.* Id autem factum videtur, quia infra 1, q. 1, c. *Principatus*, citatur hic versiculus, prout notatur in glossa, quae in illis etiam vetustis exemplaribus est, in quibus aliae glossae non habentur.

---

Dist. LX. C. IV. ᵉ c. 1, conc. Beneventani, nat. sub Urbano II, A. 1091. — Ivo Pan. l. 3, c. 5. Decr. p. 5, c. 72. [7] add. : *vitae* : Edd. coll. o. [8] add. : *cura* : Ed. Bas. — *Pontificis, vel cum* : Edd. coll. rel. [9] add. : *firmiter* : Edd. coll. o. — ᵈ* et Edd. coll. o.
Dist. LXI. C. I. [1] Ep. 109. (scr. A. 599.) l. 9. Ed. Maur. — Ans. l. 6, c. 77 (75). Polyc. l. 2, t. 1. [2] *tanta ambitione* : Edd. coll. o. exc. Lugd. II, III. Antw. = C. II. [3] scr. A. 517. — Ans. l. 6, c. 22. Polyc. ib. [4] add. : *vel consecrandis* : Edd. coll. o. [5] *decet* : Coll. Hisp. = C. III. [6] Ans. Polyc. ib. [7] *fidelia* : Coll. Hisp. — Ans. [8] *abest ab iisdem* [9] add. : *diu* : Coll. Hisp. [10] *consecrare* : Edd. coll. o. [11] *ne* : Coll. Hisp. — Ans. [12] *veniam concedi* : Edd. coll. o. — Bohm. [13] *sua suo* : Ed. Bas. — *suo* : Edd. coll. rel. [14] *videat* : Edd. Par. Lugdb. I. — *viderat* Edd. coll. rel. [15] *perferens* : Edd. coll. o. [16] *miserandi* : Coll. Hisp. — Ans. = C. IV. [17] scr. A. 416. — Ans. l. 6, c. 34. Polyc. ib. — In Ed. Bas. quarti c. loco interjecta est § 4, c. sequ. [18] *fuerat* : Edd. Arg. Bas. = C. V. [19] Ep. 12. (scr. A. 446.) Ed. Baller. — Coll. tr. p. p. 1, t. 43, c. 54. Ivo Decr. p. 5, c. 105. [20] *quibuslibet* : Edd. coll. o. [21] add. : *enim* : eaed. [22] *populo* : eaed. cum Ivone. [23] *agere* : Ed. Bas. — ᵃ *quapropter in Ed. Bas. haec §. Paleae nomine est insignita.* [24] Ans. l. 6, c. 20. — cf. C. 1, q. 1, c. 25.

moribus atque actibus non offendit [25] ipsius tamen initii sui est perniciosus exemplo. Et *difficile est, ut *bono peragantur exitu quæ malo sunt inchoata principio. § 2. Quod si in quibuslibet ecclesiæ gradibus providenter scienterque curandum est, ut in Domini domo nihil sit inordinatum nihilque præposterum, quanto magis elaborandum est, ut in electione ejus, qui supra omnes gradus constituitur, non erretur? Nam totius familiæ Domini [26] status et ordo nutabit, si quod requiritur in corpore non inveniatur [27] in capite. Ubi [28] est illa B. Pauli apostoli per Spiritum Dei emissa præceptio? qua in persona Timothei omnium sacerdotum Christi numerus eruditur, et proinde [29] unicuique nostrum dicitur [30]: *Manus cito nemini imposueris, neque communicaveris* [31] *peccatis alienis.* Quid c [32] est cito manus imponere, nisi ante maturitatem [33] ætatis, ante tempus examinis, ante meritum [34] laboris, ante experientiam disciplinæ sacerdotalem honorem tribuere non probatis? Et quid est communicare peccatis alienis, nisi talem effici ordinantem, qualis *ille* est, qui non meruit ordinari? § 3: Sicut [35] enim boni operis sibi comparat fructum, qui rectum tenet [36] in eligendo sacerdote [37] judicium, ita gravi semetipsum afficit damno, qui ad suæ dignitatis collegium sublimat indignum. Non enim in cujusquam persona prætermittendum est quod institutis generalibus continetur, nec putandus est honor ille legitimus, qui fuerit contra [38] divinæ legis præcepta collatus. *Et infra*: § 4. Merito sanctorum [39] Patrum venerabiles sactiones, quum de sacerdotum [40] electione loquerentur, eos demum idoneos sacris administrationibus censuere, quorum omnis ætas a puerilibus exordiis usque ad perfectiores [41] annos per disciplinæ ecclesiasticæ stipendia cucurrisset, ut unicuique testimonium prior vita præberet, nec posset de ejus provectione dubitari, cui pro laboribus multis, pro moribus castis, pro actibus [42] strenuis celsioris loci præmium deberetur. § 5. Si enim ad honores mundi sine suffragio temporis, sine merito laboris indignum est pervenire, et notari ambitus solent, quos probitatis documenta non adjuvant, quam diligens et quam prudens habenda est dispensatio divinorum munerum et cœlestium dignitatum?

C. VI. *Non sunt eligendi ad episcopatum, nisi quos probabilis vita commendat.*

*Item* ex Concilio Laodicensi, c. 12 [43].

Episcopum non oportet præter judicium metropolitanorum et finitimorum episcoporum constitui ad ecclesiæ principatum. Nec eligantur nisi hi, quos multo ante [44] nota probabilisque vita commendat, et nihilominus si in sermone fidei et recta operatione [45] per suam conversationem [46] fuerint probati.

C. VII. *De eodem.*

*Item* Cœlestinus *ad Episcopos Apuliæ et Calabriæ, epist. III. cap. 2* [47].

Qui proderit per singula clericos stipendia militasse et omnem egisse in dominicis castris ætatem, si hi, qui [48] præfuturi sunt, ex laicis requirantur, qui vacantes sæculo et omnem ecclesiasticum ordinem nescientes saltu præpropero [49] in alienum honorem ambiunt immoderata cupiditate transcendere, et in aliud vitæ genus (calcata reverentia ecclesiasticæ disciplinæ) transire? Talibus itaque, fratres carissimi, *qui juris nostri, id est canonum gubernacula, custodimus, necesse est obveniemus [50], hisque fraternitatem vestram epistolis [51] commonemus, ne quis laicum ad ordinem clericatus admittat, et sinat fieri unde et illum decipiat, et sibi causas generet, quibus reus constitutorum [52] decretalium fiat.

C. VIII. *Rudibus et imperitis gubernacula ecclesiæ non sunt committenda.*

*Item* Leo I., *epist. LXXXV, al. LXXXVII, c. 1, ad Episcopos Africanos* [53].

Statuimus d, ne in aliquo apostolica et canonica decreta violentur, et ne his ecclesia Domini regenda credatur, qui legitimarum institutionum nescii, et to-

## NOTATIONES CORRECTORUM.

*Quid est*: Sic in iisdem manuscriptis legitur: Quid est cito manus imponere, etc. *Et infra*: Sicut enim, et in margine citatur, *infra dist. 78, c. Quid est manus.*

C. VIII. d *Statuimus*: In epistola ipsa conjunguntur verba hujus capitis cum extremis verbis capitis *Miramur* supra eadem, hoc modo: *quam diligens et quam prudens habenda est dispensatio divinorum munerum et cœlestium dignitatum, ne in aliquo apostolica et canonica decreta violentur, et his ecclesia Domini etc.* totaque oratio per interrogationem profertur.

---

Dist. LXI. C. IV. [25] *ostendit*: Ed. Bas. [26] abest a Coll. Hisp. [27] *invenitur*: Edd. coll. o. ex Ivone. — *sit*: Ans. [28] Ans. l. 6, c. 55. [29] *inde*: Edd. coll. o. — abest ab Ans. et orig. apud Baller. [30] 1 Tim. c. 5, v. 22. [31] *communices*: Edd. coll. o. [32] cf. Dist. 78, c. 5. [33] *ætatem maturitatis*: orig. — Ivo. [34] *tempus obedientiæ*: Ed. Bas. — *temp. emeritum obedientiæ*: Edd. coll. rel. — *meritum obedientiæ*: orig. [35] Ans. l. 6, c. 21. [36] *scrutatur*: Coll. Hisp. = C. V. [37] *sacerdotem*: Edd. coll. o. [38] *prævaricatione collatus*: Coll. Hisp. [39] *beatorum*: ibid — Ivo. — Edd. coll. o. [40] *sacerdotis*: Ed. Bas. [41] *provectiores*: Coll. Hisp. [42] *actionibus*: Edd. coll. o. = C. VI. [43] hab. inter A. 347, et 381. — supra Dist. 24, c. 4, ex interpretatione Dionysii [44] *multo ante probabilis*: Coll. Hisp. [45] *ratione*: ib. — Edd. coll. o. [46] *pro sua conversatione*: Edd. col. o. = C. VII. [47] scr. A. 429. — Ans. l. 7, c. 33. Polyc. l. 2, t. 1. [48] *qui futuri sunt sacerdotes*: Edd. coll. o. *si qui his præfuturi sunt*: orig. [49] *præpostero*: Edd. coll. o. exc. Arg. Bas. [50] *obveniemus*: Ed. Lugd. II. [51] *decretis*: Edd. coll. o. ex Anselmo. [52] *constitutis decretalibus*: orig. = C. VIII. [53] Ep. 12, (scr. c. A 446.) Ed. Baller. — Coll. tr. p. p. 1, t. 43, c. 35. Ans. l. c. 6, c. 138 (136). Ivo Decr. p. 5, c. 105.

tius humilitatis ignari, non ab infimis [54] sumere incrementum, sed a summis volunt habere principium, quum valde iniquum sit et absurdum, ut imperiti magistris, novi antiquis, et rudes praeferantur emeritis.

Gratian. *His omnibus auctoritatibus laici prohibentur in episcopatum eligi.*

II. Pars. § 1. *Econtra B. Nicolaus ex laico electus est in episcopum, B. Severus ex lanificio assumptus est in archiepiscopum, B. Ambrosius, quum nondum esset baptizatus, in archiepiscopum est electus.*

§ 2. *Sed sciendum est, quod ecclesiasticae prohibitiones proprias habent causas, quibus cessantibus cessant et ipsae. Ut enim laicus in episcopum non eligeretur, haec causa fuit, quia vita laicalis ecclesiasticis disciplinis per ordinem non erudita nescit exempla religionis de se praestare aliis, quae in se ipsa experimento non didicit. Quum ergo quilibet laicus merito suae perfectionis clericalem vitam transcendit, exemplo B. Nicolai et Severi et Ambrosii ejus electio potest rata haberi.*

C. IX. *Unde idem Ambrosius* • *in epistola LXXXII. ad Vercellenses ait de se ipso* [55]*;*

Neophytus prohibetur ordinari, ne extollatur in superbiam. Sed si non deest humilitas competens sacerdotio, ubi causa non haeret [56], vitium non imputatur. Itaque ordinationem meam occidentales episcopi judicio, orientales etiam exemplo probarunt.

C. X. *Scholasticus ex foro aut ex administratione postulari potest episcopus.*

*Item objicitur illud* Sardicensis Concilii, c. 13 [57].

Osius episcopus dixit: Et hoc necessarium arbitror, ut diligentissime tractetur, si forte aut dives laicus f, aut scholasticus de foro g aut [58] administratione episcopus fuerit postulatus, ut non prius ordinetur, nisi ante * et f lectoris munere, et officio diaconi [59] aut presbyteri [60] fuerit perfunctus, et ita per singulos gradus (si dignus fuerit) ascendat ad culmen episcopatus.

III. Pars. Gratian. *Sed aliud est postulari, aliud eligi. Postulatur nexibus curiae adstrictus ab imperatore, clericus alterius civitatis a suo episcopo; sed non eligitur aliquis nisi in sacris ordinibus constitutus. Fit enim electio cum solennitate decreti omnium subscriptionibus roborati; postulatio vero simplici petitione. Quam distinctionem B. Gregorius innuit in regesto, lib. II. epist. 19, scribens Benenato Episcopo* [61]*:*

C. XI. *Electio episcopi debet fieri cum solennitate decreti omnium subscriptionibus roborati.*

Episcopus, dum fuerit postulatus, cum solennitate decreti subscriptionibus omnium roborati, et dilectionis tuae testimonio literarum ad nos sacrandus [62] occurrat.

Gratian. *Sic B. Ambrosius* h *ante susceptum baptisma ab imperatore est postulatus, non electus.*

IV. Pars. Gratian. *Item clerici alterius ecclesiae non sunt praeferendi in electione iis, qui bene militant in propria ecclesia.*

*Unde Coelestinus Papa ad Episcopos Galliae, epist. II, c. 4* [63]*:*

C. XII. *Extranei emeritis in suis ecclesiis non praeponantur.*

Nec emeritis in suis ecclesiis * clericis* [64] peregrini et extranei, et qui ante ignorati [65] sunt, ad exclusionem eorum, qui bene de suorum civium merentur testimonio [66], praeponantur.

C. XIII. *De eodem.*

*Idem eadem epist. c. 5.* [67]

Nullus invitis detur episcopus. *Cleri* i*, plebis et ordinis consensus et desiderium requiratur.* Tunc autem alter de altera eligatur ecclesia, si de civitatis ipsius clero [68], cui [69] est episcopus ordinandus, nullus dignus (quod evenire non credimus) poterit reperiri. Primum enim illi reprobandi sunt, ut aliqui de alienis ecclesiis merito praeferantur. Habeat unusquisque fructum suae militiae in ecclesia, in qua suam per omnia officia transegit [70] aetatem. In aliena stipendia minime alter obrepat, nec alii debitam alter sibi vindicare audeat mercedem. Sit facultas

## NOTATIONES CORRECTORUM.

C. IX. e In aliquot vetustis exemplaribus caput hoc conjunctum est superiori. Nam Gratianus (quod saepe facit) sententiam potius B. Ambrosii afferre voluit, quam ipsa omnino atque eodem servato ordine verba referre. Locus enim integer sic habet: *Quam resistebam, ne ordinarer, postremo quum cogerer, saltem ordinatio protelaretur. Sed non valuit praescriptio, valuit impressio. Tamen ordinationem meam occidentales episcopi judicio, orientales etiam exemplo probarunt. Et tamen neophytus ordinari prohibetur, ne extollatur superbia. Si dilatio ordinationi defuit, vis cogentis est; si non deest humilitas competens sacerdotio, ubi causa non haeret, vitium non imputatur.*

C. X. f *Laicus*: Abest vox ista a consilio, sed ob glossam non est inducta.

g *De foro, aut de administratione*: Graece tantummodo est ἀπὸ τῆς ἀγορᾶς.

C. XI. h *Ambrosius*: Quod synodus elegerit Ambrosium et non imperator, ostenditur in c. *Valentinianus*, infra dist. 63. Ac de sua electione ipsemet Ambrosius refert aliqua lib. 1. offic. c. 1. et de poen. lib. 2, c. 8., et in epistola ad Vercellenses.

C. XIII. i*Cleri*: Hinc usque ad vers. *Tunc*. sunt addita ex orig. et referuntur infra 65, cap. *Cleri*.

---

Dist. LXI. C. VIII. [54] *infirmis*: Bohm. =C. IX. [55] scr. c. A. 396. [56] *adhaeret*: Edd. coll. o =C. X. [57] hab. A. 344.— Burch. l. 1, c. 27. Ivo Decr. p. 5, c. 71. [58] *ex administratore*: orig. [59] *diaconii*: Edd. Arg. Bas. [60] *presbyterii*: Edd. Arg. Bas. Par. Lugd. 1. [61] Ep. 28, (scr. A. 592.) l. 2. Ed. Maur =C. XI [62] *consecrandus*: Edd. coll. o.— P. IV. [63] scr. A. 428. — Ans. l. 6, c. 11. Deusdedit p. 1. Polyc. l. 2, t. 1 =C. XII. [64] desideratur etiam in coll. Ans. [65] *ignoti*: Edd. coll. o. [66] *testimonium*: cæd. = C. XIII. [67] Burch. l. 1. c. 7. Ans. l. 6. 25. Ivo Pan. l. 3. c. 7. Decr. p. 5. c. 61. Deusdedit. Polyc. ib. [68] *clericis*: orig. [69] *cujus*: Edd. coll. o. [70] *transigit*: Ed. Arg.— *transegerit*: Ed. Bas.

clericis retinendi [71], si se viderint praegravari, et quos [72] sibi ingeri ex transverso [73] agnoverint non timeant refutare. Qui etsi non debitum praemium [74], vel liberum de eo, qui eos recturus est, debent habere judicium.

### C. XIV. PALEA k [75].

« In ordinatione praepositi [76] illa semper consideretur ratio, ut hic constituatur, quem 'sibi' omnis concors congregatio secundum timorem Dei, sive etiam pars congregationis (quamvis parva) saniori consilio elegerit. Vitae autem merito et sapientia eligatur qui ordinandus est, etiamsi ultimus [77] fuerit in ordine congregationis. Quod si 'etiam' omnis congregatio vitiis suis '(quod absit)' consentientem personam pari consilio elegerit, et vita ipsa aliquatenus in notitiam episcopi, 'ad cujus dioecesin pertinet locus ipse,' vel [78] ad alios vicinos praepositos vel Christianos claruerint, prohibeant pravorum praevalere consensum, et [79] domui Dei constituant dignum dispensatorem. »

### C. XV. De eodem.

*Item* Gregorius *Clero et nobilibus civibus Neapolitanis, l. VIII. Reg. epist.* 40 [80].

Studii vestri sit, etiam alium, qui aptus sit, providere, ut, si forte Petrus, quem a vobis electum asseritis, huic ordini non videatur idoneus, sit [81], in [82] quem se vestra declinare possit electio. Nam grave cleri illius erit opprobrium, ut, si hic fortasse approbatus non fuerit, alium se dicant qui eligi debeat non habere.

### C. XVI. De eodem.

*Item* Gregorius *Barbaro episcopo, .. XI. epist.* 16 [83].

Obitum Victoris Panormitanae civitatis antistitis directa relatio patefecit [84]. Quapropter visitationis destitutae ecclesiae fraternitati [85] tuae operam solenniter delegamus, 'quam ita te convenit exhibere, ut nihil de provectionibus [86] clericorum, reditu, ornatu ministeriisque, vel quicquid est in patrimonio ejusdem, a quoquam praesumatur ecclesiae.' Et ideo dilectio [87] tua ad praedictam ecclesiam properabit [88], et assiduis adhortationibus clerum plebemque ejusdem ecclesiae admonere festinet, ut, remoto studio, uno eodemque consensu talem sibi praeficiendum expetant sacerdotem, qui 'et' tanto ministerio dignus valeat reperiri, et a venerandis canonibus nullatenus respuatur. 'Qui, dum fuerit postulatus, cum solennitate decreti omnium subscriptionibus roborati, et dilectionis tuae testimonio literarum ad nos sacrandus occurrat.' § 1. Commonemus [89] etiam fraternitatem tuam, ut nullum de altera eligi permittas ecclesia, nisi forte inter clericos ipsius civitatis, in qua visitationis impendis officium, nullus ad episcopatum dignus (quod evenire non credimus) potuerit [90] inveniri, provisurus ante omnia, ne ad [91] hoc [1] cujuslibet conversationis vel meriti laicae personae aspirare praesumant, ne [92] et conatus eorum habeatur inefficax, et in [93] periculum ordinis tui (quod absit) incurras. Monasteria autem, si qua sunt in ipsius constitua parochia, sub tua cura dispositioneque, quousque illic proprius fuerit ordinatus episcopus, esse concedimus.

### C. XVII. De eodem.

*Item* Pelagius Papa [II.] *Eucarpo Messanensi Episc.* [94]

Catinensis ecclesiae visitationem tibi injungimus, cujus episcopum de hac luce transiisse suscepto cleri relatione didicimus. Impossibile enim est, ut nos in provincia illa duntaxat in Syracusanis partibus alii cuilibet causas, quae ad Deum [95] pertinent, committamus, nisi forte talem per te Deus nunc in Catinensi ecclesia eligere voluerit, de cujus conscientia possimus esse securi, ut a te labores istos paululum removere possimus. Mox ergo dilectio tua ad supradictam Catinensem ecclesiam pergat, et hominem de clero, qui nec uxorem habeat, nec filios, nec crimen aliquod canonibus inimicum, eligi cum auxilio Dei compellat atque suadeat; et statim eum ad urbem Romam cum decreto et testificatione relationis tuae transmitte.

---

### NOTATIONES CORRECTORUM

C. XIV. k *Palea*: Haec Palea abest ab omnibus vetustis exemplaribus Gratiani, quae sunt collata. Exstat autem in regula S. Benedicti, ex qua nonnulla sunt emendata.

C. XVI. [1] *Ne ad hoc*: Similis clausula est etiam eodem lib. proxima epist. 17, et lib. 2, indict. 10, epist. 19.

Benenato Episcopo, et epist. 26. Joanni Episcopo Scyllaceno, et lib. 7, indict. 2 epist. 25. Fortunato Episcopo Neapolitano. Ex quibus locis, collatis veteribus codicibus harum epistolarum, emendatus est hic locus, ut non multum discrepet ab antiqua lectione Gratiani. Verum in recentioribus editionibus expositarum B. Gregorii in epistola hic citata legitur: *ne ad id cujuslibet conversationis vel meriti laicam personam aspirare permittas.*

---

Dist. LXI. C. XIII. [71] *renitendi*: orig. ap. Coustant et Isid. Merl. — Ivo. — Edd. coll. o. exc. Lugdd. II, III. — Bohm. — *resistendi*: Coll. Hisp. [72] *quem viderint*: Edd. coll. o. ex Anselmo. [73] *extraneorum*: Coll. Hisp. [74] add.: *episcopatus*: Edd. coll. o. = C. XIV. [75] Ex Reg. Benedicti c. 64. — In Ed. Bas. haec Palea non legitur. [76] *abbatis*: orig. [77] *ultimus est in congregatione*: Edd. coll. o. [78] *vel, abbatibus vel Christianis vicinis claruerint*: orig. [79] *et episcopus constituat cum aliis*: Edd. coll. = C. XV. [80] Ep. (scr. A. 600, l. 10. Ed. Maur. — Ans. l. 6, c. 13 [81] add.: *aliquis*: Ed. Bas. [82] *in quo vestra — declinari*: etc.: Edd. coll. o. exc. Lugdd. II. III. Ant. = C. XVI. [83] (scr. A. 603) l. 3. Ed. Maur. — Ans. l. 6. c. 26. Deusdedit p. 1. [84] *patefacit*: Ed. Arg. [85] *tibi*: Ed. Bas. [86] *proventionibus*: Bohm. [87] *fraternitas — ire properet*: Edd. coll. o. [88] add.: Ans. [89] *commonentes*: orig. — Ans. [90] *poterit*: Edd. coll. o. [91] *ad cujuslibet conversationis meritum*: Edd. coll. o. ex Ans. [92] *ne et illae personae* (abest a Arg. Bas.) *voluntatis affectum (effectum*: Bas.) *non inveniant*: Edd. coll. o. ex Ans. [93] *tu*: orig. Ans. — Edd. coll. o. — Bohm. = C. XVII. [94] Epistolam hanc (scr. inter A. 580 et 590) inter Miscellanea edidit Baluz. t. 5, p. 467. — Ans. l. 6, c. 44 (41). [95] *Dominum*: Ed. Bas.

C. XVIII. *Qui in episcopum eligitur, non sit reus criminum, quæ sacra lex morte punit.*

Item Gregorius *Passivo Episcopo, lib. X. epist.* 13[96].

Bene novit fraternitas vestra [97], quam longo sit tempore Aprutium pastorali solicitudine destitutum; ubi diu quæsivimus, quis ordinari debuisset, et nequaquam potuimus invenire. Sed quia Opportunus nihi in moribus suis, in psalmodiæ studio, in amore orationis valde laudatur [98], et religiosam vitam omnimodo agere dicitur, hunc volumus ut fraternitas vestra ad se faciat venire, et de anima sua admoneat, quatenus in bonis studiis crescat. Et si nulla ei crimina, quæ per legis sacræ regulam morte mulctanda sunt, obviant [99], tunc hortandus est, ut vel monachus, vel a vobis subdiaconus fiat; et post aliquantum temporis, si Deo placuerit, ipse ad pastoralem curam debeat promoveri.

Gratian. *Cui autem visitatio injungitur nihil de* A *rebus ejusdem ecclesiæ a quoquam præsumi patiatur.*

Unde Gregorius *Gaudentio Episc., l. IV. epist.* 12[100] :

C. XIX. *Non patiatur a quoquam præsumi de rebus ecclesiæ, cui ejus fuerit injuncta visitatio.*

Quoniam Festus [101] Capuanæ ecclesiæ episcopus in Romana civitate positus de hac luce migravit, curæ nobis fuit (quæ universis ecclesiis a nobis impenditur) ad fraternitatem [102] tuam præsentia scripta dirigere, ut memoratæ ecclesiæ visitator accedas, sic tamen, ut nihil de proventionibus [103] clericorum, reditu, ornatu ministeriisque; vel quidquid præfati loci esse patuerit [104], a quoquam præsumi patiaris; sed omnem vigilantiam atque cautelam circa clerum plebemque ejusdem ecclesiæ exhibere te convenit, ut in vigiliis obsequioque ecclesiastico sedulo ac devote debeant deservire.

## DISTINCTIO LXII.

### GRATIANUS.

I. Pars. *Breviter monstratum est, ex quibus ordibibus in quos gradus sunt eligendi. Nunc videndum est, a quibus sunt eligendi et consecrandi. Electio clericorum est* [a], *petitio plebis.*

Unde Leo Papa *Rustico Narbonensi Episcopo, epist.* XC, al. XCII, c. 1 [1] :

C. I. *Non sunt habendi inter episcopos, qui nec a clericis eliguntur, nec a plebibus expetuntur.*

Nulla ratio sinit, ut inter episcopos habeantur, qui nec a clericis sunt electi, nec a plebibus expetiti, nec a provincialibus [2] episcopis cum metropolitani judicio consecrati. Unde quum sæpe quæstio de male accepto honore nascatur [3], quis ambigat nequaquam istis [4] esse tribuendum quod nec [5] docetur fuisse collatum? Si qui autem clerici ab istis pseudoepiscopis in eis ecclesiis ordinati sunt, etc., *ut infra in causa simoniacorum.* [ C. 1. q. c. 40.]

C. II. *Populus non debet præire, sed subsequi.*

Item Cœlestinus Papa *ad Episcopos Apuliæ et Calabriæ, epist. III. c. 3* [6].

Docendus est populus, non sequendus, nosque [7], si nesciunt, eos quid liceat quidve non liceat commonere, non his consensum præbere debemus. Quisquis ' vero ' conatus fuerit tentare prohibita, sentiet censuram sedis apostolicæ minime defuturam [8]. Quæ enim sola admonitionis auctoritate non corrigimus, necesse est, ut per severitatem congruentem regulis vindicemus. Per totas ergo hoc [9], quæ propriis rectoribus carent, ecclesias volumus innotescat [10], ut nullus sibi aliqua sœ forsitan blanditus [11] illudat.

Gratian. *Nisi autem canonice electus fuerit consecrari non debet.*

Unde Calixtus Papa II [12] :

C. III. *Non consecretur in episcopum nisi canonice electus.*

Nullus in episcopum nisi canonice electum consecret. Quod si præsumptum fuerit, et [13] consecrans, et consecratus absque recuperationis spe deponatur.

---

### NOTATIONES CORRECTORUM.

Dist. LXII. Pars I. [a] *Est* : In vulgatis codicibus D vero partim legitur : *consensus plebis* ', partim sequebatur : *consensus principis.* In manuscriptis *petitio plebis,* atque ita est emendatum.

---

Dist. LXI. C. XVIII. [96] Ep. 12, scr. A. 602, ad Passivum (*Passinum* : Edd. coll. o. Ep. Firmanum.) l. 12. Ed. Maur. [97] *tua* : Edd. coll. o. [98] *laudatus religiosam* : orig. — Edd. coll. o. [99] *obvient* : Edd. coll. o. exc. Arg. Bas. Nor. [100] Ep. 13, (scr. A. 595.) l. 5. Ed. Maur. Ans. l. 5, c. 12 (13). = C. XIX. [101] *Fuscus* : orig. [102] *fraternitati tuæ* : Edd. coll. o. ex Ans. = C. XIX. [103] *provectionibus* : eæd. [104] *potuerit* : eæd. ex Ans.
Dist. LXII. * Ed. Bas. = C. I. [1] Ep. 167. (scr. A. 458 ve. 459.) Ed. Baller.—Burch. l. 1, c. 11. Ans. l. 6, c. 75 (73). Ivo Decr. p. 5, c. 65. Polyc. 1. 2, t. 1. [2] *comprovincialibus* : Edd. coll. o. [3] *nascitur* : eæd. [4] *ab istis* : eæd. [5] *non doceatur* : Coll. Hisp. = C. II. [6] scr. A. 429. — Burch. l. 15, c. 13. Ivo Decr. p. 16, c. 14. Deusdedit p. 1, Polyc. l. 6, t. 1. [7] *nos quoque* : Edd. coll. o. [8] *desituram* : Ed. Bas. [9] *hic* : Ed. Bas. [10] *innotescere* : Ed. Bas. Lugd. II. [11] *blanditiis* : Edd. coll. o. [12] c. 10 conc. Lat. I, hab. A. 1123. = C. III. [13] abest ab Edd. coll. o. pr. Lugdd. II, III. Antw.

## DISTINCTIO LXIII.

### GRATIANUS.

**I. Pars.** *Laici vero nullo modo se debent inserere electioni.*

Unde Hadrianus [a] Papa *in VIII. Synodo Constantinopoli sub ipso celebrata* [c. 22] [1]:

**C. I.** *Laici electioni pontificum non se inserant.*

Nullus laicorum principum vel potentum semet [2] inserat electioni aut promotioni patriarchæ, metropolitæ, aut cujuslibet episcopi, ne videlicet inordinata * hinc * et incongrua fiat [3] confusio vel contentio, præsertim quum nullam in talibus potestatem quemquam potestativorum vel ceterorum laicorum habere conveniat. Et *infra* [4] : Quisquis * autem * sæcularium principum et potentum, vel alterius dignitatis laicus adversus communem et consonantem atque canonicam electionem ecclesiastici ordinis agere tentaverit, anathema sit, donec obediat et consentiat, quidquid ecclesia de electione et ordinatione proprii præsulis se velle monstraverit.

### C. II. *De eodem.*

*Item ex* VIII. Synodo, *actione I* [5].

Hadrianus Papa secundus (quod Nicolaus prædecessor ejus disposuerat) missos suos, Donatum scilicet Hostiensem episcopum, et Stephanum Nepesinum episcopum, et Marinum diaconum sanctæ Romanæ ecclesiæ, ad Basilium imperatorem et ad filios ejus Constantinum et Leonem Augustos Constantinopolim direxit, cum quibus et Anastasius bibliothecarius Romanæ sedis, utriusque linguæ, græcæ et latinæ, peritus, perrexit, et synodo congregata (quam octavam universalem synodum illus convenientes appellaverunt) exortum schisma de Ignatii depositione et Photii [6] ordinatione sedaverunt, Photium anathematizantes et Ignatium restituentes. In qua sic statutum est : Consecrationes et promotiones episcoporum, concordans prioribus conciliis, clericorum [7] electione ac decreto [8] episcoporum collegii fieri sancta hæc et universalis synodus diffinit [9], et [10] statuit atque jure promulgat, neminem laicorum principum vel potentum semet inserere electioni vel promotioni patriarchæ, vel metropolitæ, aut cujuslibet episcopi, ne videlicet inordinata hinc et incongrua fiat [11] confusio vel contentio [12], præsertim quum in talibus nullam potestatem quemquam potestativorum vel ceterorum laicorum habere conveniat, sed silere et attendere sibi, usquequo regulariter a collegio ecclesiæ suscipiat finem electio futuri pontificis. Si vero quisquam laicorum ad contractandum [13] et cooperandum invitatur ab ecclesia, licet hujusmodi [14] cum reverentia, si forte voluerit, obtemperare se adsciscentibus. Taliter enim dignum pastorem sibi regulariter ad suam ecclesia [15] salutem promovet [b] [16].

### C. III. *Electioni episcoporum imperator interesse non debet.*

*Item* Ex Historia tripartita, *lib. VII, c.* [7.] 8.

Valentinianus imperator veniens ab oriente ad hesperias partes (ut refert historia ecclesiastica mortuo Auxentio, Arianæ perfidiæ magistro, qui Mediolanensem ecclesiam ut lupus dilaniaverat, quum vellet [17] catholicum, Deo ordinante, ibi consecrare [18] episcopum, evocans episcopos, hæc eis locutus est : Nostis aperte, eruditi *quippe* divinis eloquiis, qualem oporteat esse pontificem, et quod [19] non deceat eum verbo solo, sed etiam conversatione gubernare subjectos, et totius semetipsum imitatorem virtutis ostendere, testemque doctrinæ conversationem bonam habere. Talem itaque in pontificali constituite sede, cui et nos, qui gubernamus imperium, sincere nostra capita submittamus, et ejus monita dum tanquam [20] homines deliquerimus [21], necessario velut curantis medicamenta suscipiamus. Hæc [22] quum dixisset imperator, petiit synodus, ut magis ipse decerneret sapiens et pius existens. At ille, super * vos est, inquit, talis electio. Vos enim gratia divina potiti et illo splendore fulgentes, melius poteritis eligere. Tunc sacerdotes egressi de episcopali sede tractabant. *Et infra* :

§ 1. Quum autem ordinatione divina Ambrosius nondum baptizatus electus fuisset, exsultans imperator ait : Gratias ago tibi, Domine Deus omnipotens et salvator noster, quoniam huic viro [23] ego

---

### NOTATIONES CORRECTORUM.

Dist. LXIII. P. I. [a] Hic citantur partes quædam canonis 22, synodi VIII., sub Hadriano Papa. II, habitæ, et ab Anastasio Bibliothecario latinitate donatæ.

C. II. [b] *Promovet* : Si hic addatur vers. *Quisquis ex capite antecedente* erit integer canon, 22, synodi VIII. In vulgatis sequebatur vox : *clerus*, quæ in vetustioribus est glossa interlinearis.

C. III. * *Super vos* : Vera lectio est : *supra nos*, μεῖζον ἢ καθ᾽ ἡμᾶς. Sed ob glossam non est restituta.

---

Dist. LXIII. P. 1. hab. A. 870. — Ans. l. 6, c. 23. Ivo Pan. l. 3, c. 8. Decr. p. 5, c. 222. Deusdedit p. 2. = C. I. [1] add. : *ipsum* : Ed. Bas. [2] add. : *electio vel* : Edd. coll. o. et Pan. [3] cf. c. sequens.—Polyc. l. 2, t. 1. = C. II. [4] coll. tr. p. p. 2, t. 23, c. 2, et Collect. cit. l. 1. [5] *Fotini* et infra : *Fotinum* : Edd. coll. o. [6] abest ab orig. et Ans. [7] et *episcop. collegio* : Ivo.— Edd. coll. o. [8] *diffinivit — promulgavit* : ib. [9] desiderantur in Ed. Arg. [10] add. : *electio vel* : Edd. coll. o. et Pan. [11] *contentio* : cæd. exc. Bas. Lugdn. III. [12] *concertandum* : Ivo Decr. — Ed. Bas. [13] add. : *laico* : Edd. coll. o. et Pan. [14] *ecclesiæ* : Panorm. — *et eccl.* : Edd. col. o. [15] add. : *clerus* : Edd. coll. o. = C. III. [16] add. : *imperator* : Edd. coll. o. [17] *consecrari* : cæd. [18] *quia* : cæd. [19] *tamen* : Edd. Lugdd. II, III. [20] *delinquimus* : Edd. coll. o. [21] *hic* Ed. Arg. — add. : *autem* : Edd. coll. o. C. III. [22] add. : *cui* Ed. Bas.

quidem commiseram corpora, tu autem animas, et meam sententiam ostendisti tuæ justitiæ convenire. Quumque sanctus Ambrosius contristaretur de hoc, quod acciderat, ut idem ipse in suis epistolis [24] scribit, confortavit eum imperator et ait : Noli timere, quia [25] Deus, qui te elegit, semper te adjuvabit, et ego adjutor et defensor tuus (ut meum ordinem decet, semper existam.

**C. IV.** *Auctoritate apostolica non regio favore episcopus est eligendus.*

*Item* Nicolaus Papa. l. *Lothario Regi* [26].

Porro scias [27], quia relatum est nobis, quod, quicunque ad episcopatum in regno tuo provehendus est, non nisi faventem tibi permittas eligi. Idcirco apostolica auctoritate sub divini judicii obtestatione injungimus tibi, ut in Treverensi urbe et in Agrippina Colonia nullum eligi patiaris antequam relatum super hoc nostro apostolatui fiat.

**C. V.** *Non recipiatur a comprovincialibus qui regia ordinatione episcopale culmen est adeptus.*

*Item* ex Concilio Pariensi l. cap. 8 [28].

Si per ordinationem regiam honoris justius culmen pervadere aliquis nimia temeritate præsumpserit, a comprovincialibus loci ipsius episcopis [29] recipi nullatenus mereatur, quem [30] indebite ordinatum cognoscunt [31]. Si quis de comprovincialibus recipere eum contra interdicta [32] præsumpserit, sit a fratribus omnibus segregatus et ab ipsorum omnium [33] caritate semotus [34].

**C. VI.** *De eodem.*

*Item* ex Concilio Laodicensi, c. 13 [35].

Non est permittendum turbis electionem eorum facere, qui sunt ad sacerdotium promovendi.

**C. VII.** *Irrita sit electio episcopi, vel presbyteri, vel diaconi a principibus facta.*

*Item* ex septima synodo, quæ est secunda Nicæna, CCCL. Episcoporum, c. 3 [36].

Omnis electio episcopi, vel presbyteri, vel diaconi a principibus facta irrita maneat secundum regulam, quæ dicit : « Si [37] quis episcopus, sæcularibus potestatibus usus, ecclesiam [38] per ipsos obtinuerit, deponatur, et segregentur • ab [39] ecclesia omnes qui illi communicant. »

**C. VIII.** *Non eligantur a populo, qui sunt promovendi ad clerum.*

*Item* ex Concilio Martini Papæ, c. 1 [40].

Non licet populo electionem facere eorum qui ad sacerdotium promoventur [41], sed in judicio [42] episcoporum sit, ut ipsi [43] eum [44] probent, si in sermone et fide spirituali vita edoctus sit [45].

*Gratian.* His omnibus auctoritatibus laici excluduntur ab electione sacerdotum, atque injungitur eis necessitas obediendi, non libertas imperandi.

II. Pars. *Contra vero scribit B. Gregorius Joanni Episcopo primæ Justinianæ Illyricæ, lib. IV. epist.* 15. [46] :

**C. IX.** *Voluntas principis in ordinatione pontificis desideratur.*

Quia igitur suscepta patrum et coepiscoporum * nostrorum * relatio ad locum vos sacerdotii totius consilii unito [47] consensu et serenissimi principis voluntate declarat accersiri, gratias * omnipotenti Deo * creatori [48] nostro magna cum exsultatione retulimus, * qui vitam actusque vestros ita de præteritis fecit esse probabiles, ut omnium vos, quod est valde laudabile, faceret placere judicio. Quibus * nos quoque in personam fraternitatis tuæ per omnia consentimus, atque omnipotentem Dominum deprecamur, ut caritatem vestram sicut sua gratia [49] elegit, ita in omnibus sua protectione custodiat.

**C. X.** *Clerus et populus pontificis electioni intersint.*

*Item* Gregorius Joanni Subdiacano, lib. II. Indict. 11. epist. 30 †.

Quanto apostolica sedes Deo [50] auctore cunctis prælata constat ecclesiis, tanto inter multiplices curas et illa nos valde sollicitat, ubi ad consecrandum antistitem nostrum exspectatur [51] arbitrium.

**NOTATIONES CORECTORUM.**

C. VII. d *Ex septima* : Citabatur ante ex actione 2. Synodi VI, *. Restitutus est locus ex Ivone.

* Et *segregentur* : In aliquot vetustis Gratiani exemplaribus est : *segregetur*, sed plerisque cum vulgata lectione convenit. In canone 31, apostolorum græce sic legitur : Καθαιρείσθω, καὶ ἀφοριζέσθω, καὶ κοινωνοῦντες αὐτῷ πάντες. Et infra 16, q. c. *Si quis* episcopus, ubi hic idem canon ex alia refertur versione, legitur : *et segregetur, omnesque, qui illi communicant,* eodemque modo est apud Anselmum. Verum in versione Anastasii Bibliothecarii legitur quemadmodum apud Gratianum, et convenit cum versione prisca ac Dionysiana.

---

DIST. LXIII. C. III. [24] *in epistola ad Vercellenses.* [25] add. : *et :* Ed. Bas. = C. IV. [26] Integra epistola, cujus hoc fragmentum est, non exstat. — Ivo Decr. p. 5, c. 37. [27] abest ab Ivone. — C. V. [28] hab. c. A. 557. — Ivo Pan. l. 3, c. 9. Decr. p. 5, c. 123. [29] *episcopus* : orig. [30] add. : *vere* : Ed. Arg. — *vero* : Edd. coll. o. [31] *agnoscunt* : Edd. coll. o. [32] *interdictum* : Ed. Bas. [33] *omni* : Edd. coll. o. [34] *submotus* : Ed. Bas. = C. VI. [35] hab. inter. A. 347 et 381. — Burch. l. 2, c. 8. Ans. l. 6, c. 38 (43). Ivo Decr. p. 6, c. 28. Deusdedit p. 1, 4. = C. VII. * Eadem capitis inscriptio apud Anselmum est. In nonnullis tamen ejus codd. Ms. legitur : *Ex VII synodo univ., habita a V patriarchis cum* 150 *epp. sub primo Adriano* c. 3. [36] hab. A. 787. Burch. l. 3, c. 109. Ans. l. 6, c. 8. Ivo Decr. p. 5, c. 120. Deusdedit ib. [37] can. App. c. 31. — cf. C. 16, q. 7, c. 14. [38] *ecclesias* : Edd. coll. o. — [39] desiderantur in orig., ap. Ans. et Iv. et in Edd. Arg. Bas Nor. — C. VIII. [40] c. 12, 15, conc. Laod. ex interpret. Martini Brac. — Burch. l. 1, c. 40. Ans. l. 6, c. 12. Ivo Decr. p. 5, c. 61. [41] *provocantur* : orig. — Ans. — *provebantur.* Ivo. [42] *judicium* : orig. [43] *episcopi* : Edd. Coll. o. [44] add. : *qui ordinandus est* : orig. — Ans. Ivo. [45] *doctus est* : orig. in Coll. Hisp. — Ans. = C. IX. [46] Ep. 25 (scr. A. 592.) l. 2. Ed. Maur. — Ans. l. 6, c. 95 (96). [47] *unico* : Ed. Bas. [48] *salvatori* : Edd. coll. o. [49] *add.* : *te* : exc. Lugd. II, III. Antw. = C. X. Ep. 30. (scr. A. 593.) l. 3. Ed. Maur. — Ans. l. 6, c. 26 (27). Polyc. l. 1, t. 5. [50] *sua auctoritate* : Edd. coll. o. [51] *speratur* : Edd. par Ven. I, II. Lugd. I. — *spectatur* : Edd. Arg. Bas Nor.

Defuncto igitur [51] Laurentio, ecclesiæ Mediolanensis episcopo [52], sua nobis relatione clerus innotuit, in electione se filii nostri Constantii, diaconi sui, unanimiter consensisse. Sed quoniam eadem non fuit subscripta relatio, ne quid, quod ad cautelam pertinet, omittamus, hujus idcirco præcepti auctoritate suffultum Genuam [53] te proficisci necesse est. Et quia multi illic Mediolanensium coacti barbarica feritate consistunt, eorum te voluntates oportet eis [55] convocatis in commune [56] perscrutari. Et si nulla eos diversitas ab electionis unitate disterminat, siquidem in prædicto filio nostro Constantio omnium voluntates atque consensum perdurare cognoscis, tunc eum a propriis episcopis, sicut antiquitatis mos exigit, cum nostræ auctoritatis assensu, solatiante et [57] auxiliante Domino, facias consecrari, quatenus hujusmodi servata consuetudine et apostolica sedes proprium vigorem retineat, et a se concessa aliis jura non minuat.

C. XI. *In electione episcopi populus debet adesse.*
Item Gelasius [58] Papa *Philippo et Geruntino* [59] *Episcopis.*

Plebs Diotrensis [60] data nobis petitione deflevit, diu se sine rectoris proprii gubernatione dispergi. Ac, sicut asseritur, is qui a vobis jam probatus dicitur, a paucis et tenuibus [61] putatur electus, quum ad vos pertineat, universos assidua admonitione compellere, ut omnes in unum, quem dignum sacerdotio viderint et sine aliqua reprehensione, consentiant. Et ideo, fratres carissimi, diversos ex omnibus sæpe dicti loci parochiis presbyteros [62], diaconos et universam turbam vos oportet sæpius convocare, quatenus non prout cuilibet libuerit, sed concordantibus animis talem, vobis admonentibus [63], sibi quærant sola divinitatis attentione personam, quam nulla contrarietas a constitutis possit revocare præscriptis [64].

C. XXII. *De eodem.*
Item Stephanus *Episcopus servus servorum Dei, Romano Archiepiscopo Ravennati* [65].

Nosse tuam fraternitatem volumus, ad nostras [66] aures fore perventum, Imolensem episcopum ab hac luce migrasse; in cujus successoris electione populi divisionem provenisse audivimus. Quod quia sæpe contingere solet, quærentibus singulis quæ sua sunt, non quæ Jesu Christi, non adeo miramur. Verumtamen in hoc tuam plurimum oportet adhiberi sollicitudinem, ut convocato clero et populo talis ibi [67] eligatur per Dei misericordiam, cui sacri non obvient canones. Sacerdotum quippe est electio [68], et fidelis populi consensus adhibendus est; quia [69] docendus est populus, non sequendus.

C. XIII. *De eodem.*
Item Nicolaus [f] Papa *Joanni Ravennati Archiepisc.* [70].

Episcopos per Æmiliam non consecres, nisi post electionem cleri et populi.

C. XIV. *De eodem.*
Item Pelagius Papa [71] *Juliano* [72] *Episcopo Grumentino.*

Literas caritatis tuæ suscepimus, quibus significas, Latinum diaconum tuum ad episcopatum ecclesiæ Marcellianensis a clero et omnibus, qui illic conveniunt, postulari. Et infra: Sed [73] nunc et hoc dicimus, ut si eum omnes eligunt, et vis eum concedere, gratum nobis esse cognosce; et si potest, ante diem sanctum [74] festinet occurrere, ut vel sabbato ipso noctis magnæ post baptismum cum Dei gratia valeat ordinari.

C. XV. *Ex sacra* [g] *principis quis ordinatur*.
Idem *Laurentio Episcopo Centumcellensi* [75].

Principali devotissimorum militum, qui illic in civitate Centumcellensi consistunt, relatione ad nos directa, sacram [76] insinuant se clementissimi principis impetrasse, quæ eis presbyterum, diaconum et

## NOTATIONES CORRECTORUM.

C. XIII. [f] In vetusto codice Mutinensi sex concilii Romæ habiti referuntur capitula, quorum secundum est hoc. Et de hac eadem re habentur multa in Pontificali manuscripto in gestis Nicolai I.

C. XV. [g] *Ex sacra:* Emendata est hæc rubrica, ut indicet illum, de quo agitur, fuisse ad petitionem imperatoris ordinatum· sacra enim epistolam imperatoris significat.

---

Dist. LXIII. C. X. [51] add.: *antistite:* Edd. coll. o. [52] *archiepiscopo:* eæd. [53] *Januam* (quod idem est) : eæd. exc. Lugdd. II, III. Antw. [54] *clericis:* Edd. coll. o. pr. Arg. Bas. — Bohm. [55] *in concione:* Edd. coll. o. exc. Lugdd. II, III. Antw. [56] desiderantur hæc duo verba apud Greg. et Ans., et in Edd. Arg. Bas. Nor. = C. XI. [58] Nec de tempore hujus epistolæ, nec de episcopis, quibus directa est, constat. — Ans. l. 6, c. 48. [59] *Gerentino:* Edd. coll.o. pr. Bas. Lugd. II, III. — *Gerontio:* Ans. [60] Bohmerus ex cod. Reg. l. legendum esse censuit: *Diostrensis,* quod nomen oppidi fuit in Mœsia secunda, alias Durostoli vocati. — Apud Ans. legitur: *Clientensis.* [61] add.: *jam:* Ed. Bas. [62] *et presb., et:* Edd. coll. o. [63] *imminentibus:* Ans. [64] *præceptis:* Ans. — *rescriptis:* Edd. coll. o. = C. XII. [65] In hac rubrica mendum latere videtur; etenim Romanus Ravennas vita defunctus est Joanne VIII, adhuc superstite (cf. Joannis Ep. 304. ad Mansi). Nec tamen de fide ipsius epistolæ (quæ apud Anselmum l. 6, c. 36, solum prostat, dubitandum erit. Nobis quidem, si divinare licet, legendum esse videtur: *Dom.* (i. e. Dominico) quem Romani successorem fuisse constat. [66] add.: *apostolicas:* Ans. [67] *inibi:* Ans. [68] ad. : *consensus:* Edd. coll. o.pr. Arg. [69] cf. supr. D. 62, c. 2. = C. XIII. [70] Imo ex conc. Rom. hab. A. 861, in causa Joannis Ravennatis. = C. XIV. [71] Epistola incerti temporis — cf. Dist. 76, c. fin. — Ans. l. 6, c. 60 (58). Ivo Decr. p. 6, c. 112. Polyc. l. 2, t. 29. [72] *Jullino:* Ans. — *Tuliano:* Ivo. [73] *Hoc itaque:* Ans. — Edd. coll. o. [74] *paschæ:* Ed. Bas. = C. XV. [*] antea legebatur : *Sacra principis auctoritas necessaria est ordinandis.* [75] Epistola incerti temporis. — Ans, l. 7, c. 94. [76] add. : *epistolam:* Edd. coll. o.

subdiaconum fieri debere præcepit. Ideo hortamur dilectionem tuam, ut personas ipsas videas, et diligenter inquiras [77], ne aliquid contra canones commisissent; et si eos inculpabiles repereris, et vitæ ipsorum laudabile testimonium videris, veniente mediana septimana [78] paschæ (si Dominus voluerit, et vixerimus), unumquemque per officia quæ prædiximus, non differas promovere.

### C. XVI. *Papa rogat Augustos, ut Reatinam ecclesiam cuidam electo dignentur concedere.*

*Item Leo IV. Lothario et Ludovico Augustis* [79].

Reatina ecclesia, quæ per tot temporum spatia pastoralibus curis destituta consistit [80], dignum est, ut brachio amplitudinis vestræ sublevetur, ac gubernationis tegmine [81] protegatur. Unde salutationis alloquio præmisso vestram mansuetudinem deprecamur, quatenus Colono humili diacono eamdem ecclesiam ad regendam concedere dignemini, ut, vestra licentia accepta, ibidem eum Deo adjuvante consecrare valeamus episcopum. Sin autem in prædicta ecclesia nolueritis ut præficiatur episcopus, Tusculanam ecclesiam, quæ viduata existit, illi vestra serenitas [82] dignetur concedere, ut consecratus a nostro præsulatu Deo omnipotenti vestroque imperio grates peragere valeat.

### C. XVII. *Regis præcepto ab Apostolico Colonus Reatinæ ecclesiæ ordinatur Episcopus.*

*Item Ritæ Comitissæ* [83].

Nobis dominus imperator et imperatrix per suas epistolas dixerunt, ut Colonum in Reatina ecclesia, quæ pastoris officio per longa jam tempora destituta videbatur, episcopum facere deberemus sicut et fecimus.

### C. XVIII. *Imperatoris epistola in electionis confirmatione desideratur.*

*Item Stephanus Guidoni Comiti* [84].

Lectis sagacitatis vestræ apicibus, qui defuncto ecclesiæ Reatinæ antistite clerum et plebem ejusdem ecclesiæ elegisse sibi futurum antistitem, nobisque [85] consecrandum vestro studio directum esse, ne ipsa ecclesia diu sine proprio constet pastore, fatebantur; nos, de obitu prioris dolentes, nunc ipsum electum unanimitate et canonica ipsius ecclesiæ electione, ut mandastis, tam citissime [86] ordinare omisimus, eo quod imperialem nobis, ut mos est, absolutionis minime detulit [87] epistolam. Pro qua scilicet re ambiguum est nobis, ideo [88] voluntati vestræ in hoc parere distulimus, ne augustalis animus durissime hoc quocunque modo perciperet. Sed scientes, ecclesiam Dei sine proprio diu pastore non debere consistere, gloriæ vestræ mandamus, quoniam aliter nos agere non debuimus, ut vestra [89] solertia imperiali (ut prisca consuetudo dictat) percepta licentia, et nobis, quemadmodum vos scire credimus, imperatoria directa epistola, tunc voluntati vestræ de hoc parebimus, eumdemque electum Domino adjuvante consecrabimus; quod, carissime fili, moleste nullo modo suscipias [90].

### C. XIX. *Clericorum et civium voluntate metropolitanus est ordinandus.*

*Item Leo Papa I ad Anastasium Thessalonicensem Episcopum, epist. LXXXII, al. LXXXIV, c. 6* [91].

Metropolitano defuncto, quum in loco ejus alius fuerit subrogandus, provinciales episcopi ad civitatem metropolim convenire debebunt [92], ut omnium clericorum atque civium voluntate discussa ex presbyteris ejusdem ecclesiæ vel diaconis optimus ordinetur [93].

### C. XX. *Cum clero et populo archipresbyteri fiat electio.*

*Item Isidorus in libro Officiorum* [94].

Si in plebibus archipresbyteri obierint aut pro aliquo reatu exinde ejecti fuerint, archidiaconus quanto ocius proficiscatur illuc, et cum clericis et populis ipsius plebis electionem faciat, quatenus dignus pastor domui Dei constituatur, et, dum ordinatur, ejus providentia ipsa plebs custodiatur.

### C. XXI. *Electus in Romanum Pontificem non ordinetur, nisi ejus decretum imperatori primum præsentetur.*

*Item ex gestis Romanorum Pontificum* [95].

Agatho natione Siculus, cujus legatione fungens Joannes episcopus Portuensis dominico die octavarum [96] paschæ in ecclesia S. Sophiæ publicas missas coram principe et patriarcha latine celebravit, hic suscepit ab illo divalem [97] secundum suam postulationem, per quam relevata † est quantitas, quæ solita erat dari pro ordinatione pontificis facienda, sic tamen, ut, si contigerit post ejus transitum electionem fieri, non debeat ordinari qui electus fuerit, nisi prius decretum generale introducatur in regiam urbem secundum antiquam consuetudinem, ut cum ejus scientia [98] et jussione debeat ordinatio provenire [99]. § 1. Item Vitalianus natione Siguiensis direxit responsales suos cum synodica epistola juxta consuetudinem in regiam urbem ad [100] piissimos principes, significans de ordinatione sua.

---

Dist. LXIII. C. XV. [77] *requiras*: eæd. ex Ans. [78] *hebdomada*: Ed. Bas. = C. XVI. [79] scr. ante A. 353, quo *Colo Reatinus* subscripsit conc. Rom. — Coll. tr. p. p. 1, t. 62, c. 10. [80] *constitit*: Edd. coll. o. [81] *regimine*: Edd. coll. o. — Bohm. [82] *severitas*: eæd. = C. XVII. [83] Ep. scripta paulo post antecedentem, ut videtur. — Coll. tr. p. ib. = C. XVIII. [84] Ep. ad Guidonem s. *Widonem* comitem Spoletanum. — Coll. tr. p. p. 1, t. 64, c. 7. [85] *et a nobis*: Edd. coll. o. [86] *certissime*: Ed. Bas. [87] *detulerint*: Ed. Bas. — *detulerit*: Edd. coll. rel. [88] *in Deo*: Ed. Bas. [89] *a vestra*: Edd. coll. o. pr. Bas. [90] *suscipiatis*: Ed. Bas. = C. XIX. [91] Ep. 14. (scr. A. 446.) Ed. Baller. — Ans. l. 6, c. 19. Ivo Decr. p. 5, c. 348. Deusdedit p. 1. [92] *debent*: Edd. coll. coll. o. [93] *eligatur*: orig. — Ans. Ivo. = C. XX. [94] Auctor capitis non est inventus. = C. XXI. [95] ex Anastasii. Bibl. vitis RR. PP. [96] *octavo*: Edd. coll. o. [97] add.: i. e. *regiam epistolam*: Edd. coll. o. — *revelata*: Bohm. [98] *conscientia*: Edd. coll. o. [99] *prosverari*: eæd. [100] *apud*: eæd.

**C. XXII.** *Imperator jus habet eligendi Pontificem.*

*Item* in Historia ecclesiastica [101].

Hadrianus Papa Romam venire Carolum regem ad defendendas res ecclesiæ postulavit. Carolus vero Romam veniens Papiam obsedit, ibique relicto exercitu in sancta resurrectione ab Hadriano Papa Romæ honorifice susceptus est. Post sanctam 'vero' resurrectionem reversus Papiam, cepit Desiderium regem; deinde Romam reversus, constituit ibi synodum cum Hadriano Papa in patriarchio [102] Lateranensi, in ecclesia S. Salvatoris, quæ synodus celebrata est a CLIII episcopis religiosis et abbatibus. Hadrianus autem Papa cum universa synodo tradiderunt [103] Carolo jus et potestatem eligendi Pontificem, et ordinandi apostolicam sedem. Dignitatem quoque patriciatus ei concesserunt [104]. Insuper archiepiscopos et episcopos per singulas provincias ab eo investituram accipere diffinivit, et ut, nisi a rege laudetur et investiatur episcopus, a nemine consecretur, et quicunque contra hoc decretum ageret, anathematis vinculo cum innodavit, et nisi resipisceret [105], bona ejus publicari præcepit.

**C. XXIII.** *Electio Romani Pontificis ad jus pertinet imperatoris.*

*Item* Leo Papa [106].

In synodo [b] congregata Romæ in ecclesia S. Salvatoris. Ad exemplum B. Hadriani apostolicæ sedis antistitis [107], qui domino Carolo, victoriosissimo regi Francorum et Longobardorum, patriciatus dignitatem, ac ordinationem apostolicæ sedis, et investituram episcoporum concessit, ego quoque Leo episcopus servus servorum Dei, cum toto [108] clero ac Romano populo constituimus et confirmamus et corroboramus, et per nostram apostolicam auctoritatem concedimus atque largimur domino Othoni primo, regi Teutonicorum, ejusque successoribus hujus regni Italiæ, in perpetuum facultatem [109] eligendi successorem, atque summæ sedis apostolicæ Pontificem ordinandi, ac per hoc archiepiscopos seu episcopos, ut ipsi ab eo investituram accipiant et consecrationem, unde debent, exceptis his, quos imperator pontificibus [110] et archiepiscopis concessit; et ut nemo deinceps cujusque dignitatis vel religiositatis [111] eligendi

A vel patricium vel Pontificem summæ sedis apostolicæ, aut quemcunque episcopum ordinandi habeat facultatem absque consensu ipsius imperatoris (quod tamen fiat absque omni pecunia), et ut ipse sit patricius et rex. Quod si a clero et populo quis eligatur episcopus, nisi a supradicto rege laudetur et investiatur, non consecretur. Si quis contra hanc 'regulam et' apostolicam 'auctoritatem aliquid molietur, hunc excommunicationi subjacere decernimus, et, nisi resipuerit, irrevocabili exsilio puniri, vel ultimis suppliciis affici [112].

**C. XXIV.** *Præcepto principum Maximo remittitur, quod absque auctoritate apostolica ordinatur.*

*Item* Gregorius lib. IV Reg. epist. 34, ad Constantiam Augustam [113].

Salonitanæ civitatis episcopus me ac responsabili meo nesciente ordinatus est, et facta res est, quæ sub nullis anterioribus principibus evenit. Quod ego audiens, ad eumdem prævaricatorem, qui inordinate ordinatus est, protinus misi, ut omnino missarum solemnia celebrare nullo modo præsumeret; nisi prius a serenissimis dominis cognoscerem, si hoc fieri ipsi [114] jussissent; quod ei sub excommunicationis interpositione mandavi. Qui [115] contempto me atque despecto, in audaciam quorumdam sæcularium hominum, quibus denudata sua ecclesia præmia multa præbere dicitur, nunc usque missas facere præsumit, atque ad me venire secundum jussionem dominorum noluit. Ego autem præceptioni pietatis [116] eorum obediens, eidem Maximo, qui me nesciente ordinatus est, hoc, quod in ordinatione sua me vel responsalem meum prætermittere præsumpsit, ita ex corde laxavi, ac si me auctore fuisset [117] ordinatus. Alia vero perversa illius, scilicet mala corporalia, quæ cognovi, vel quia cum pecuniis [118] est electus, vel quia excommunicatus missas facere præsumpsit, propter Deum irrequisita relinquere [119] non possum. *Et infra:* Et si ad me diu [120] venire distulerit, in eo exercere districtionem canonicam nullo modo cessabo.

**C. XXV.** *In electione episcoporum principis desideratur assensus.*

*Item* ex Consilio Toletano XII, c. 6 [121].

Quum [122] longe lateque diffuso tractu terrarum

---

### NOTATIONES CORRECTORUM.

**C. XXIII.** [b] *In synodo:* Initium hujus capitis videtur esse istud: *Ad exemplum,* etc. verba autem, quæ antecedunt, ipsa quoque pertinere ad titulum, ut integer titulus ita habeat: *Leo Papa in synodo congregata Romæ in ecclesia S. Salvatoris.* Est autem Leo VIII., de quo multa scribit Luitprandus in fine libri 6., et S. Antoninus part. 2, tit. 16, c. 16.

---

Dist. LXIII. C. XXII. [101] Auctor hujus capitis inventus est Siegebertus Gemblacensis (A. 1112.) ad A. 774. De ejus fide vehementer disputatum est inter VV. DD.; nuperrimus ejus defensor exstitit, A. C. Ernesti D. de conc. Lat. A. C. 774, auctoritate. Lips. 1761. 4. — Apud Ivonem Pan. l. 3, c. 134, capitis titulus hic est: *Ex VIII synodo historia ecclesiastica.* Ex antiquissimo libro Florentino protulit illud Theodoricus de Niem Tract. de priv. et jur. imp. in Schardii coll. operum *de jurisdictione etc. imperiali.* Bas. 1566, in-fol, [102] *patriarchatu*: Ivo. — Edd. coll. o. [103] *tradidit*: Ed. Bas. [104] *concessit*: ib. [105] *resipicerit*: ib. = C. XXIII. [106] Primus, quantum scimus, integram Leonis VIII. constitutionem (assign. A. 963.), unde hæc sunt excepta, ex libro Florentino pro nimia vetustate pæne consumpto edidit Theodoricus de Niem. l. I. De fide ejus pariter non convenit inter historiographos. Ivo Pan. l. 8, c. 135. [107] *episcopi*: Ivo. [108] *cunctis clericis*: id. [109] add.: *sibi*: Ed. Bas. ex Ivone. [110] *Pontifici*: Ivo. — Edd. coll. o. [111] *religionis*: Edd. coll. o. [112] *feriri*: Ivo. = C. XXIV. [113] Ep. 21. (scr. A. 595.) l. 5, Ed. Maur. — Polyc. l. 4, t. 5. [114] abest ab Ed. Bas. [115] *Et*: orig. [116] add.: *causa.* Ed. Bas. [117] *fuerit*: Edd. coll. o. [118] *pecunia*: sud. [119] *Præterire*: exed. [120] abest ab Ed. Bas. = C. XXV. [121] hab. A. 681. [122] *Dum*: orig.

commeantium impeditur celeritas nunciorum, quo aut non queat regis [123] auribus decedentis præsulis transitus innotesci [124], aut de successore morientis episcopi libera principis electio præstolari [125], nascitur sæpe et [126] nostro ordini de relatione talium difficultas, et regiæ potestati, dum consultum nostrum pro subrogandis pontificibus sustinet, innumerosa [127] necessitas. Unde placuit omnibus pontificibus Hispaniæ atque Galliciæ [128], ut, salvo privilegio uniuscujusque provinciæ, licitum maneat deinceps Toletano pontifici, quoscunque regalis potestas elegerit, et jam dicti Toletani episcopi judicium dignos esse probaverit, in quibuslibet provinciis et in præcedentium sedibus præficere præsules, et decedentibus episcopis eligere successores, sic [129] tamen, ut, quisquis ille fuerit ordinatus, post ordinationis suæ tempus infra trium mensium spatium proprii metropolitani præsentiam visurus accedat.

*Gratian. Electiones quoque summorum Pontificum atque aliorum infra præsulum quondam imperatoribus repræsentabantur, sicut de electione B. Ambrosii et B. Gregorii legitur. Quibus exemplis et præmissis auctoritatibus liquido colligitur, laicos non esse excludendos ab electione, neque principes rejiciendos ab ordinatione ecclesiarum. Sed quod populus [130] jubetur electioni interesse, non præcipitur advocari ad electionem faciendam, sed ad consensum electioni adhibendum. Sacerdotum enim (ut in fine superioris capituli Stephani Papæ legitur) est electio, et fidelis populi est humiliter consentire. Desiderium ergo plebis requiritur ut clericorum electioni concordet. Tunc enim in ecclesia Dei rite præficietur antistes, quum populus pariter in eum acclamaverit, quem clerus communi voto elegerit.*

Unde Cœlestinus Papa ait ad Episcopos Galliæ, epist. II, c. 5. [131]):

**C. XXVI.** *Plebis non est eligere, sed electioni consentire.*

Cleri, plebis *et ordinis* consensus et desiderium requiratur.

**C. XXVII.** *De eodem.*

*Item Leo I. ad Episcopos Viennensis provinciæ epist. LXXXVII, al. LXXXIX* [132].

Vota civium, testimonia populorum, honoratorum arbitrium, electio clericorum in ordinationibus sacerdotum exspectantur [133]. *Et infra:* Per pacem et quietem sacerdotes, qui præfuturi [134] sunt, postulentur [135], teneatur subscriptio clericorum, honoratorum testimonium, ordinis consensus [136] et plebis.

III. Pars. *Gratian. Principibus vero atque imperatoribus electiones Romanorum Pontificum atque aliorum episcoporum referendus usus et constitutio tradidit pro schismaticorum atque hæreticorum dissensionibus, quibus nonnunquam ecclesia Dei concussa periclitabatur, contra quos legibus fidelissimorum imperatorum frequenter ecclesia munita legitur. Repræsentabatur ergo electio Pontificum catholicorum principibus, ut eorum auctoritate roborata nullus hæreticorum vel schismaticorum auderet contraire, et ut ipsi principes tanquam devotissimi filii in eum consentirent, quem sibi in patrem eligi viderent, ut ei in omnibus suffragatores existerent, sicut Valentinianus B. Ambrosio supra legitur dixisse:* Noli timere, quia et Deus, qui te elegit, semper te adjuvabit, et ego adjutor et defensor tuus, ut meum ordinem decet, semper existam.

Unde Stephanus Papa *statuit dicens* [137]:

**C. XXVIII.** *Præsentibus legatis imperatoris ordinetur Pontifex Romanus.*

Quia sancta Romana ecclesia, cui auctore Deo præsidemus, a pluribus patitur violentias Pontifice obeunte, quæ ob hoc inferuntur, quia absque imperiali notitia Pontificis fit [138] consecratio, nec canonico ritu et consuetudine ab imperatore directi intersunt [139] nuncii, qui scandala fieri vetent: volumus, ut, quum instituendus est Pontifex, convenientibus episcopis et universo clero eligatur præsente senatu et populo qui ordinandus est, et sic ab omnibus electus præsentibus legatis imperialibus consecretur, nullusque sine periculo sui juramenta vel promissiones aliquas nova adinventione audeat extorquere, nisi quæ antiqua exigit [140] consuetudo, ne vel ecclesia scandalizetur, et imperialis honorificentia minuatur.

IV. Pars. *Gratian. Verum, quia imperatores quandoque modum suum ignorantes non in numero consentientium, sed primi distribuentium, imo exterminantium esse voluerunt, frequenter etiam in hæreticorum perfidiam prolapsi catholicæ matris ecclesiæ unitatem impugnare conati sunt, ideo sanctorum Patrum statuta adversus eos prodierunt, ut semet electioni non insererent, et quisquis eorum suffragio ecclesiam obtineret anathematis vinculo innodaretur, sicut scriptura quoque divina dicit, quod Ezechias* [141] *dissipavit excelsa, et contrivit statuas, et succidit lucos, et fregit serpentem æneum, quem fecit Moyses; videlicet, quia illum serpentem Deus fieri jusserat, ne serpentina morte populus interiret, ideo ipse populus*

---

DIST. LXIII. C. XXV. [123] *regiis auditibus:* orig. — *regibus audientibus:* Edd. coll. o. [124] *notificari:* Edd. coll. o. [125] *exspectari:* eæd. [126] *aut — aut:* eæd. [127] *injuriosa:* Coll. Hisp. [128] *Galliæ:* ib. [129] *ita:* ib. — Edd. coll. o. — [130] *aut princeps:* Edd. Ven. I, II. Par Lugdd. = Böhm. C. XXVI. [131] cf. supr. D. 61, c. 13. = C. XXVII. [132] Ep. 10, (scr. A. 445). Ed. Baller, sed ibi paulo aliter, et copiosius. [133] *constituantur:* Edd. coll. o. [134] *futuri:* eæd. [135] *postulantur:* Edd. Arg. Nor. Ven. I, II. [136] *conventus:* Edd. coll. o. — P. III. [137] Fidem hujus capitis acriter impugnaverunt Baronius, Papebrochius, Natalis Alexander et reliqui hujus generis scriptores. Pagius (ad Baronium) econtra Stephano VI, (al. VII), illud tribuendum esse censuit; Muratorius vero tribuit Stephano IV, ad. A. 816, quod nos et ipsi amplectimur. Commentitium certe non esse, vel inde liquet, quod Joannes IX. A. 898, in conc. Rom. illud ad verbum retulit et confirmavit. — Ivo Pan. l. 3, c. 1. § *Stephanus.* = C. XXVIII. [138] add.: *electio et:* Edd. coll. o. — Böhm. [139] *sunt:* Edd. coll. o. [140] *exegit:* Ed. Bas. — P. IV. [141] 4 Reg. c. 18.

colere et venerari eum cœperat, et idcirco destruxit iste, quem jubente Deo fecerat ille. Ac per hoc magna auctoritas ista est habenda in ecclesia, ut, si nonnulli ex prædecessoribus et majoribus nostris fecerunt aliqua, quæ illo tempore potuerunt esse sine culpa, et postea vertuntur in errorem et superstitionem, sine tarditate aliqua et cum magna auctoritate a posteris destruantur. Postremo præsentibus legatis imperatorum et inconsultis electiones Romanorum Pontificum leguntur celebratæ, et tandem iidem imperatores religioso mentis affectu præfatis privilegiis renunciaverunt, multa insuper donaria ecclesiæ conferentes.

Unde Gregorius [i] scribit [142] :

**C. XXIX.** *Inconsultis legatis imperatoris Hadrianus II, ad Pontificatum eligitur.*

Quum Hadrianus secundus ad Romanum Pontificatum ab ecclesia Dei genitricis dominæ nostræ, quæ dicitur Ad præsepe, traheretur ad Lateranense patriarchium, certatim a clero et proceribus et plebe [143] deportatus est. Quod audientes missi Ludovici imperatoris moleste tulerunt, indignati [144] scilicet, quod, dum præsentes essent, non fuerunt [145] invitati, nec optatæ a se futuri præsulis electioni interesse meruerunt. Qui accepta ratione, quod non causa contemptus Augusti, sed futuri temporis prospectu omissum [146] hoc fuerit (ne videlicet legatos principum in electione Romanorum præsulum exspectandi mos per hujusmodi fomitem inolesceret), omnem indignationem medullitus sedaverunt, et ad salutandum electum etiam ipsi humiliter accesserunt [k].

**C. XXX.** *Electio Romanorum Pontificum a Ludovico conceditur Romanis.*

*Item pactum constitutionis Imperatoris primi Ludovici cum Romanis Pontificibus* [147].

Ego Ludovicus imperator Augustus statuo et concedo per hoc pactum confirmationis nostræ tibi B. Petro principi apostolorum, et per te vicario tuo domino Paschali summo Pontifici *et universali Papæ* et successoribus ejus [148] in perpetuum, sicut a prædecessoribus nostris [149] usque nunc in vestra potestate et ditione tenuistis et disposuistis, Romanam civitatem cum ducatu suo, et suburbanis atque viculis [150] omnibus, et territoriis ejus montanis, et maritimis litoribus, et portubus, seu cunctis civitatibus, castellis, oppidis, ac villis in Tusciæ partibus.

*Item infra* : § 1. Quando divina vocatione hujus sacratissimæ sedis Pontifex de hoc mundo migraverit, nullus ex regno nostro aut Francus, aut Longobardus, aut de qualibet gente homo sub nostra potestate constitutus, licentiam habeat contra Romanos aut publice, aut privatim veniendi, aut electionem faciendi, nullusque in civitatibus aut in territoriis ad ecclesiæ B. Petri apostoli potestatem pertinentibus aliquod malum propter hoc facere præsumat; sed liceat Romanis cum omni veneratione et sine qualibet perturbatione honorificam suo Pontifici exhibere sepulturam, et eum, quem divina inspiratione et B. Petri intercessione omnes Romani uno consilio [151] atque concordia [152] sine qualibet [153] promissione ad Pontificatus ordinem elegerint, sine aliqua ambiguitate vel [154] contradictione more [155] canonico consecrare, et, dum consecratus fuerit, legati ad nos, vel ad nostros successores reges Francorum dirigantur, qui inter nos et [156] illum amicitiam et caritatem ac pacem socient.

**C. XXXI.** *Electio et consecratio Romani Pontificis non nisi juste et canonice fiat.*

[*Item Leo IV. Lothario et Ludovico Augustis.*]

PALEA [157].

‹ Inter nos et vos pacti serie statutum est et confirmatum, quod electio et consecratio futuri Romani Pontificis non nisi juste et canonice fieri debeat. ›

**C. XXXII.** *Ab imperatore vel nunciis ejus electioni Romani Pontificis nullum obstaculum generetur.*

[*Item Constitutio [l] primi Henrici et primi Othonis cum Romanis Pontificibus.* [158]]

PALEA.

‹ Constitutio primi Henrici et primi Othonis cum

NOTATIONES CORRECTORUM.

C. XXIX. [i] *Gregorius* : Hoc antea citabatur ex Gregorio IV, cujus esse non potest, quum Hadrianus II, de quo hic mentio fit, posterior sit Gregorio IV. In pontificalibus vero manuscriptis inter gesta Hadriani II, itemque in collectione manuscripta decretorum Romanorum Pontificum in decretis ejusdem Hadriani II, habetur.

[k] *Accesserunt* : In iisdem Pontificalibus hæc continenter sequuntur : *Audiens hoc Ludovicus imperator Christianissimus, mox imperialem scribens epistolam, cunctos Romanos, qui signum tanto peregissent officio præsulem, collaudavit; per quam epistolam videlicet innotuit, nulli quidpiam præmii fore pro consecratione Romani Pontificis quoquo modo pollicendum, quum ipse hanc non suorum suggestione, sed Romanorum potius unanimitate ardentissime cuperet provenire; maxime, quum reddi quæ ablata fuerant, non auferri a Romana ecclesia, vel deperire quicquam se diceret anhelare.*

C. XXXII. [1] *Constitutio* : Ex antiquo exemplari

---

Dist. LXIII. C. XXIX. Pars IV. [142] Ex addit. ad Anastasii vitas RR. PP., quæ perperam Guilelmo Bibliothecario tribui solent. — Ivo Decr. p. 5, c. 16. [143] *populo* : Edd. coll. o. [144] *et indignati sunt* : eæd. pr. Bas. [145] *fuerint* : Ed. Bas. [146] *commissum fuerat* : Edd. coll. o. = C. XXX. [147] Integra constitutio (supposita, ut videtur, sæc. XI, et confecta ex constitutione Ottonis infr. c. 32), prostat apud Baluz. Capit. T. I, p. 591. — Ans. l. 4, c. 35. Ivo Decr. p. 5, c. 51. [148] *tuis* : Ed. Bas. [149] *vestris* : Ivo. — Edd. coll. o. [150] *villiculis* : Edd. Lugd. Antw. [151] *concilio* : Edd. Arg. Bas. [152] add. : *una* : eæd. [153] *aliqua* : eæd. [154] *atque* : eæd. [155] *canonice* : Ans. [156] *inter* : eæd. = C. XXXI. [157] Inter epp. Leonis IV, hæc non sunt inventa, videntur tamen omnimodo genuina esse. — Ivo Decr. p. 5, c. 14. = C. XXXII. [158] Diploma authenticum et genuinum, dat. 13. Febr. A. 962. Apud Anselm. l. 4, c. 37, hæc adjecta est subscriptio : *Et subscripserunt ambo Impp. quisque suis temporibus. Et sub Ottone quidem subscripserunt Epp. X. Comites V. Optimates VIII. An. Dom. Incarn. DCCCCLXII. Ind. V. — Sub Heinrico* (in quo error videtur latere) *vero subscripserunt Epp. XIII. Abbates III. Duces III. Comites IX. Optimates VIII.* — Ans. l. 6, t. 37. Ivo Decr. p. 5, c. 52.

Romanis Pontificibus. Ut nullus missorum nostrorum cujuscunque impeditionis argumentum in electione Romani Pontificis componere audeat, omnino prohibemus. *Item:* § 1. In [159] electione Romanorum Pontificum neque liber, neque servus ad hoc venire præsumat, ut illis Romanis, quos ad hanc electionem per constitutionem sanctorum Patrum antiqua admisit consuetudo, faciat aliquod impedimentum. Quod si quis contra hanc nostram constitutionem facere [160] præsumpserit, exsilio tradatur. »

C. XXXIII. *Juramentum Othonis, quod fecit domino Papæ Joanni.*

*Item* Constitutio Othonis [161].

Tibi domino Joanni Papæ ego rex Otho promittere [162] et jurare facio per Patrem et Filium et Spiritum sanctum, et per lignum hoc vivificæ crucis, et per has reliquias Sanctorum, quod si (permittente Domino) [163] Romam venero, sanctam Romanam ecclesiam et te rectorem ipsius exaltabo secundum posse meum, et nunquam vitam, aut membra, et ipsum honorem quem habes, mea voluntate, aut meo consilio, aut meo consensu, aut mea exhortatione perdes, et in Romana [164] urbe nullum placitum aut ordinationem faciam de omnibus, quæ ad Te aut ad Romanos pertinent, sine tuo consilio, et quicquid de terra S. Petri ad nostram potestatem pervenerit, tibi reddam, et cuicunque Italicum regnum commisero, jurare faciam illum, ut adjutor tui sit ad defendendam [165] terram S. Petri secundum suum posse. ⁕ Sic me Deus [m] adjuvet et hæc sancta Dei evangelia. ⁕

C. XXXIV. *Liberum sit clero et populo de propria diœcesi episcopum eligere.*

*Item* ex primo libro Capitulorum Caroli et Ludovici Imperatorum c. 84 [166].

Sacrorum canonum non ignari, ut in Dei nomine sancta ecclesia suo liberius potiretur [167] honore, assensum ordini ecclesiastico præbuimus [168], ut scilicet episcopi per electionem cleri et populi secundum statuta canonum de propria diœcesi, remota personarum et munerum acceptione, ob vitæ meritum et sapientiæ donum eligantur, ut exemplo et verbis [169] sibi subjectis usquequaque prodesse valeant.

Gratian. *Ex constitutionibus his et pacto Ludovici imperatoris deprehenditur, imperatores illis renunciasse privilegiis, quæ de electione summi Pontificis Hadrianus Papa Carolo imperatori, et ad imitationem ejus Leo Papa Othoni I regi Teutonicorum fecerat. Quum ergo præmissis auctoritatibus cunctis liqueat electionem clericorum tantummodo esse, quæritur, quorum sit ipsa electio, an clericorum majoris ecclesiæ tantum, an etiam aliorum religiosorum, qui in eadem civitate fuerint? Sed (sicut in breviatione canonum Fulgentii, Carthaginensis ecclesiæ diaconi, invenitur) in septimo capitulo* [170] *Niceni concilii et in Gangrensi statutum est, ut ad eligendum episcopum sufficiat ecclesiæ matricis arbitrium. Nunc autem sicut electio summi Pontificis non a Cardinalibus tantum, verum etiam ab aliis religiosis clericis auctoritate Nicolai* [171] *Papæ est facienda, ita et episcoporum electio non a canonicis tantum, sed etiam ab aliis religiosissimis clericis, sicut in generali synodo Innocentii* [172] *Papæ Romæ habita constitutum est. Ait enim:*

C. XXXV. *Absque religiosorum virorum consilio canonici majoris ecclesiæ episcopum non eligant.*

Obeuntibus sane episcopis, quoniam ultra tres menses vacare ecclesiam sanctorum Patrum prohibent sanctiones, sub anathematis vinculo interdicimus, ne canonici de sede episcopali ab electione episcoporum excludant religiosissimos [173] viros, sed eorum consilio honesta [174] et idonea persona in episcopum eligatur. Quod si exclusis ⁕ eisdem ⁕ religiosis electio fuerit celebrata [175], quod absque assensu [176] eorum et conniventia factum fuerit, irritum habeatur et vacuum.

Gratian. *Nunc ergo quæritur, si vota eligentium in duas se diviserint partes, quis eorum alteri sit præferendus? De his ita scribit* Leo Episcopus ad Anastasium Thessalonicensem Episcopum, epist. LXXXII, al. LXXXIV, cap. 5 [177].

### NOTATIONES CORRECTORUM.

Gratiani restitutus est hic titulus, in quo exemplari post titulum istum, interposita rubrica, incipit caput: *Ut nullus,* etc., ut etiam apud Ivonem. Verum, quia receptum est, ut initium hujus capitis sit a dictione *Constitutio,* relicta sunt hæc verba etiam in principio ipsius. Exstat vero hoc capitulum in vetustis quoque exemplaribus, in quibus Papæ esse non solent.

C. XXXIII. ᵐ *Sic me Deus*: Addita hæc sunt ex Cencio Camerario *, in cujus libro habentur multæ formæ juramentorum, et exstat manuscriptus Romæ.

Dist. LXIII. C. XXXII. [159] Apud Anselmum l. 6, c. 7, recte hæc *ex capit. Lotharii* citantur. cf. Leg. Langob. l. 3, t. 11, n. 3. [160] abest ab Ans. l. 6, c. 37, et Edd. coll. o. pr. Bas. = C. XXXIII. [161] Fecit hujus jurisjurandi mentionem Luitprandus ad A. 961. — Contra vero in anonymi scriptoris fragmento quodam (quod legere est *Notices et extraits* T. VII, p. 45), corporaliter illud Romæ ab Ottone præstitum esse, minus recte, ut videtur, asseritur. — Ans. l. 4, t. 90. [162] *promitto et juro*: Notic. — *promitto*: Ed. Bas. [163] *Deo*: Ans. Ms. Vatic. — Ed. Bas. [164] *Romæ*: orig. ll. cc. — Edd. coll. o. [165] *defendendum*: Edd. coll. o. ⁕ male, ut opinamur, quoniam neque in orig. leguntur. = C. XXXIV. [166] dat. A. 803. — Ans. l. 6, c. 6. [167] *potiatur*: Ans. — Edd. coll. o. [168] *præbemus*: ib. [169] *verbo*: Edd. coll. o. [170] *septimo Niceni concilio*: Ed. Arg. — s. *Niceno c.*: Edd. coll. rel. Legendum tamen est cum ipso Ferrando c. 41 *Septimunicensi concilio,* et pro Gangrensi: *Macrianensi.* [171] Nicol. II, in conc. Rom. A. 1059. — cf. Dist. 23. c. 1. [172] in conc. Lat. II, hab. A. 1139 c. 28. = C. XXXV. [173] *religiosos*: Edd. coll. o. [174] *honestam — eligant*: Ed. Bas. [175] *facta*: Edd. coll. o. [176] *consensu*: exd. [177] Ep. 14, (scr. A. 446). Ed. Baller. — Ans. l. 6, c. 19. Ivo Pan. l. 3, c. 6. Decr. p. 5, c. 347. Polyc. l. 2, t, 1.

C. XXXVI. *Quum vota eligentium in duas se diviserunt partes, quis sit præferendus alteri.*

Si [178] forte [quod ⁿ nec reprehensibile, nec irreligiosum judicamus] vota eligentium in duas se diviserint partes metropolitani iudicio is alteri præferatur, qui majoribus ' et ° studiis jnvatur et meritis; tantum ut nullus invitis et non petentibus [179] ordinetur [180], ne [181] civitas [182] episcopum non optatum 'aut° contemnat, aut oderit.

---

## DISTINCTIO LXIV.

### GRATIANUS.

**I. Pars.** *Hinc considerandum est, a quibus vel quo tempore sacri ordines sunt tribuendi, vel quibus in locis patriarchæ, primates, archiepiscopi, episcopi, chorepiscopi et reliqui sacerdotes sint ordinandi. A quibus ordinentur episcopi,* in Nicæno primo Concilio *definitum est, in quo sic legitur, c. 4.* [1] :

#### C. I. *Ab omnibus comprovincialibus episcopi ordinentur.*

Episcopi ab omnibus, qui sunt in provincia sua, debent ordinari. Si vero hoc difficile fuerit, vel 'aliqua urgente necessitate, vel itineris longitudine, °certe' tres episcopi debent in unum congregari, ita ut °etiam° ceterorum, qui absentes sunt, concessum in literis teneant, °et° ita faciant ordinationem.° Potestas sane vel confirmatio pertinebit per singulas provincias ad metropolitanum episcopum.

#### C. II. *De eodem.*

*Item* Anacletus *ad episcopos Italiæ, epist. II* [3].

Ordinationes episcoporum auctoritate apostolica ab omnibus, qui in eadem fuerint [3] provincia, episcopis sunt celebrandæ. *Et infra :* § 1. Quod si simul omnes convenire minime poterunt, assensum tamen suis⁴ apicibus ᵃ præbeant, ut ab ipsa ordinatione animo non desint.

#### C. III. PALEA.

[Ex Concilio Arausicano I. c, 21 [5].

De ᵇ abjectione ᶜ ejus, quem duo præsumpserint ordinare episcopi in nostris [7] provinciis, placuit de præsumptoribus ᵃ, ut sicubi contigerit duos episcopos tertium ordinare ᵈ, et ipse ᵉ, et auctores [10] damnabuntur, quo cautius ea, quæ sunt antiquitus instituta [11], serventur. »

#### C. IV. *Ceteris assentientibus cum tribus provincialibus ordinetur episcopus.*

*Item* Anicetus *in epistola ad episcopos Galliæ* [12].

Comprovinciales episcopi, si necesse fuerit, ceteris consentientibus a tribus jussu archiepiscopi consecrari possunt episcopis.

#### C. V. *Non ordinetur episcopus extra conscientiam metropolitani.*

*Item* Innocentius Papa *ad Victricium Episcopum Rothomagensem epist. II, c.* 1 [13].

Extra conscientiam metropolitani 'episcopi° nullus audeat ordinare episcopum. Integrum enim est judicium, quod plurimorum sententiis confirmatur. Nec unus episcopus ordinare præsumat episcopum, ne furtivum præstitum beneficium videatur. Hoc enim et synodus Nicæna constituit atque [14] definivit.

#### C. VI *Episcopi a suo metropolitano, et ipse ab eisdem consecretur.*

*Item* Gelasius *universis per Dardaniam constitutis* [15].

**II. Pars.** Quia per ambitiones illicitas non pudet quosdam ecclesiarum jura turbare, ac privilegia, quæ metropolitanis vel provincialibus episcopis decrevit antiquitas, temeraria præsumptione pervadere, propter quod etiam communionis apostolicæ

---

### NOTATIONES CORRECTORUM.

C. XXXVI. ⁿ *Quod nec reprehensibile, nec irreligiosum judicamus :* Hæc verba, quæ a ceteris collectoribus non referuntur, non sunt inventa apud Leonem, sed apud Gregorium, ex quo referuntur infra 8, qu. 1, c. *Nec novum.*

Dist. LXIV. C. II. ᵃ *Apicibus :* In epistola est : *precibus ;* apud Ivonem et Burchardum : *precibus et scriptis.*

C. III. ᵇ In concilio° ipso hoc est initium hujus capitis : *Duo si præsumpserint ordinare episcopum, etc.* ac deinde tota res plenius exponitur. Apud ceteros vero collectores eodem fere modo habet atque hic et in multis vetustis Gratiani codicibus abest.

ᶜ *Et ipse :* sic emendatum est ex originali, et ceteris collectoribus ; antea legebatur : *et episcopi, et auctores.*

---

Dist. LXIII. C. XXXVI. [178] In orig. et apud coll. citt. hoc capitis initium est : *Si in aliam fortasse personam in alium :* Ivo Pan.) *partium vota se diviserint.* [179] *pœnitentibus :* Ed. Arg. [180] *detur :* Edd. coll. o. [181] *nec :* Ed. Arg. [182] *plebs :* Edd. coll. o.

Dist. LXIV. Pars I. [1] hab. A. 325. — Burch. 5. 1, c. 27. Ans. l. 6, c. 59. et ex interpr. Dionysii id. c. 52. Ivo Decr. p. 5, c. 117. = C. II, = C. I. [2] Ep. Pseudoisidoriana. — Burch. l. 1, c. 15. Ans. l. 6, c. 52 (51). Ivo Pan. l. 3, c. 12, et 17. Decr. p. 5, c. 69. Polyc. l. 2, t. 16. — cf. infr. C. 75, c. 1. [3] *sunt :* Edd. coll. o. [4] *suum :* Ed. Bas. = C. III. [5] hab. A. 441. — Burch. l. 1, c. 30. Ivo Pan. l. 3, c. 20. Decr. p. 5, c. 141. — In Ed. Bas. hæc Palea desideratur. — Ex ed. Merlini : in Coll. Hispp. initium hoc est : *in nostris provinciis, etc.* [6] add. : *et ambitione :* edd. Coll. o. [7] *vestris :* add. [8] *præsumptionibus :* æd. [9] *consecrare :* Ivo. [10] *actores :* Edd. coll. o. exc. Lugdd. Antw. [11] *statuta :* Edd. coll. o. = C. IV. [12] Ep. : Pseudoisidoriana. — Burch. l. 1, c. 28. Ans. l. 6, c. 39. Ivo Pan. l. 5, c. 40. Decr. p. 5, c. 159. Polyc. l. 2, t. 8. = C. V. [13] scr. A. 404. — Ans. l. 6, 56 (54). Ivo Decr. p. 5, c. 113. Polyc. ib. [14] add. : *constituendo :* Edd. coll. o. = C. VI [15] In epp. Gelasii ad Epp. Dardaniæ hæc incassum quæsieris ; quæ apud Anselmum l. 6, c. 41, ex ep. Gelasii *ad Natalem presbyterum* a Corr. referuntur, priori tantum parti consonant, unde videtur Gratianus Coll. tr. p. p. 1, t. 46, c. 35, esse secutus.

fratres, sive per Dardaniam, sive per quamque condesiderant dissidium tenere, quo scilicet ab ejus auctoritate divisi. vel [16] impune proprias usurpationes exerceant, non respicientes, quia æterno judici rationem tam de catholicæ sinceritatis injuria, quam de traditionum præjudiciis paternarum non sine perpetuæ sint damnationis interitu reddituri, si hac obstinatione permanserint, caritatem vestram duximus instruendam, ut vos omnes in commune [17] fratres, sive per Dardaniam, sive per quamque contiguam provinciam constituti, qui vos sub metropolitanis vestris esse meministis, et ab eisdem substitui decernentes [18], sicut vetus consuetudo deposcit, unanimiter statuatis antistites, et vicissim, si metropolitanus humanæ conditionis sorte decesserit, a comprovincialibus episcopis, sicut forma transmisit, sacrari modis omnibus censeatis, nec quemquam sibi quod vobis antiqua dispositione concessum est patiamini vindicare; quatenus et inter ipsas adversantium voluntatum procellas veterum regulas nullatenus custodire cessetis, sicut persecutionum tempore diversarum Patres nostros constanter fecisse non dubium est.

### C. VII. *De eodem.*
#### Item ex Concilio Martini Papæ [19].

III. Pars. Episcopum oportet maxime quidem ab omni concilio constitui. Sed si hoc [20] pro necessitate, aut pro longinquitate itineris difficile fuerit, ex omnibus tres eligantur [21], et omnium præsentium vel absentium subscriptiones teneantur, et sic postea ordinatio fiat. § 1. Hujus autem rei potestas in omni provincia ad metropolitanum pertineat [22] episcopum.

### C. VIII. *Non erit episcopus, qui præter metropolitani sententiam fuerit ordinatus.*
#### Item ex Concilio Nicæno I, cap. 6. [23]

Illud generaliter est clarum, quod, si quis præter sententiam [24] metropolitani fuerit factus episcopus, hunc magna synodus diffinivit episcopum esse non oportere.

## DISTINCTIO LXV.

### GRATIANUS.

I. Pars. *Comprovincialium episcoporum universaliter desideratur consensus in ordinatione episcopi. Quod si aliqui animositate ducti contradicere voluerint, obtineat sententia plurimorum.*

Unde in Nicæno Concilio, c. 7. [1]:

**C. I.** *Si ceteris consentientibus ordinationi episcoporum duo vel tres contradicant, obtineat sententia plurimorum.*

Sane, si communi omnium consensu [a] rationabiliter probato secundum ecclesiasticam regulam, duo vel tres animositate ducti per contentionem contradicant, obtineat plurimorum sententia sacerdotium.

### C. II. *De eodem.*
#### Item ex Concilio Martini Papæ [2].

Non debet ordinari episcopus absque consilio [3] et præsentia metropolitani episcopi. Adesse autem oportet omnes, qui sunt in provincia sacerdotes, quos per suam debet epistolam metropolitanus convocare Et quidem si omnes occurrerint [4], bene [5]; si autem hoc difficile fuerit, plures oportet occurrere [6]. Qui autem non convenerint [7], præsentiam sui per epistolas [8] faciant, et sic omnium facto consensu ordinationem episcopi fieri oportet. Si autem aliter, præter quod terminatum est a nobis, fuerit factum, talem ordinationem nihil valere [9] decernimus.

II. Pars. § 1. Si autem secundum canones ordinatio episcopi fuerit facta, et aliquis cum malitia [10] in aliquo contradixerit, plurimorum consensus obtineat.

### C. III. *De eodem.*
#### Item ex Concilio Antiocheno, c. 19 [b] [11].

Episcopus non est ordinandus sine consilio [12] et præsentia metropolitani episcopi, cui melius erit, si ex omni provincia congregentur episcopi. Quod si fieri non potest, hi, qui adesse non possunt, propriis literis consensum suum de ipso designent, et tunc demum post plurimorum [13] sive per [14] præsentiam sive per literas [15] consensum sententia consona or-

---

### NOTATIONES CORRECTORUM.

Dist. LXV. C. I. [a] *Consensu*: Græce legitur: Ὑπερ εὐλόγῳ οὔσῃ, καὶ κατὰ κανόνα ἐκκλησιαστικόν quod Dionysius vertit: *decreto rationabili et secundum ecclesiasticam regulam comprobato.*

C. III. [b] Verbis græcis multo melius respondet altera versio, quæ Dionysii est, ideoque illa consulenda.

---

Dist. LXIV. Pars II. [16] add.: *quia*: Edd. coll. o. pr. Lugdd. Antw. [17] *communione*: Bas. [18] *videtur legendum esse: decedentes*: = C. VII. [19] c. 2. Mart. Brac. ex conc. Nic. c. 4. [20] add.: *aut*: orig. — Edd. coll. o. [21] *colligantur*: orig. — Edd. Arg. Bas. [22] *pertinet*: Edd. coll. o. = C. VIII. [23] hab. A. 325. — Translatio Dionysii Ex. — Ans. l. 6, c. 42. Deusdedit p. 1. [24] add.: *vel conscientiam*: Edd. coll. o.

Dist. LXV. C. I. [1] hab. A. 325 = C. II. [2] c. 3. Mart. Brac. ex conc. Antioch. c. 19. [3] *concilio*: Ed. Par. [4] *occurrunt*: Edd. Bas. Arg. — *occurrant*: Edd. rel. [5] *melius*: coll. Hisp. [6] *concurrere*: Edd. coll. o. pr. Arg. [7] *conveniant*: Ed. Bas. — *conveniunt*: Edd. rel. C. II. [8] add.: *suas*: Edd. coll. o. [9] *prævalere*: Coll. Hisp. et Isid. Merl. — P III. [10] *contra suam malitiam*: ib. — *cum sua mal.*: Edd. coll. o. C. III. [11] hab. A. 552 (vulgo A. 341.) [12] *præter concil. et præs.*: Coll. Hisp. — legendum tamen esse: *concilium græca verba δίχα συνόδου demonstrant.* [13] add. *episcoporum*: Edd. coll. o. [14] abest a Coll. Hisp. [15] *literæ sententiam consonæ*: Coll. Hisp. et Isid. Merl.

dinetur. Quod si aliter, quam statutum est, fiat, nihil valere hujusmodi ordinationem [16]. § 1. Si vero etiam secundum definitas [17] regulas ordinatio celebretur, contradicant autem aliqui propter proprias et domesticas simultates, his contemptis sententia de eo obtineat plurimorum.

Gratian. *Si autem provinciam primatem habere constiterit, nec etiam ° a ° metropolitano absque ejus conscientia episcopum consecrare licebit.*

Unde Leo Papa Anastasio episcopo, epist. LXXXII. al. LXXXIV. c. 6. [18]

C. IV. *Absque primatis consensu metropolitanus episcopum non ordinet.*

De persona autem consecrandi episcopi, et de cleri plebisque consensu metropolitanus episcopus ad fraternitatem tuam, referat, quodque in provincia bene placuit scire te faciat, ut ordinationem rite celebrandam tua quoque confirmat auctoritas. Quæ rectis dispositionibus nihil moræ aut difficultatis debet [19] afferre, ne gregibus Domini desit cura pastorum.

C. V. *de eodem.*

Item ex Concilio Carthaginensi II. c. 12, [20]

Placet omnibus, ut inconsulto primate cujuslibet provinciæ tam facile nemo præsumat, licet cum multis °episcopis° [21], in quocunque loco sine ejus ut dictum est præcepto episcopum ordinare. § 1. Si autem necessitas fuerit, tres episcopi, in quocunque loco sint, cum primatis præcepto ordinare debeant [22] episcopum [23].

C. VI. *Unicuique ecclesiæ proprius honor servetur.*

Item ex Concilio Nicæno, c. 6 [24].

Mos antiquus perdurat [25] in Ægypto, vel Libya, et Pentapoli, ut Alexandrinus episcopus horum omnium habeat potestatem, quandoquidem [26] episcopo Romano parilis ° mos est [27], § 1. Similiter autem et apud Antiochiam ceterasque provincias honor suus unicuique servetur ecclesiæ.

C. VII. *De eodem.*

Item ex eodem, cap. 7.

Quoniam mox antiquus obtinuit et vetusta traditio, ut Æliæ, id est Hierosolymorum episcopo honor deferatur, habeat consequenter honorem, manente tamen metropolitanæ civitati [28] propria dignitate [29].

Gratian. *Qui vero a comprovincialibus suis cum metropolitani licentia fuerit ordinatus, infra constituta tempora ejus se repræsentet aspectibus.*

Unde in Tarraconensi Concilio, c. 5. *legitur* [30].

C. VIII. *Metropolitano se repræsentet nuper factus episcopus.*

Si quis in metropolitana civitate non fuerit episcopus ordinatus, postquam suscepta benedictione per metropolitani literas honorem fuerit episcopi adeptus, id optimum esse decrevimus [31], ut postmodum statuto tempore, id est impletis duobus mensibus, se metropolitani sui repræsentet [32] aspectibus, ut ab illo monitis ecclesiasticis instructus plenius quid observare debeat recognoscat. Quod si forte hoc implere neglexerit, in synodo increpatus a fratribus corrigatur. Et si forte infirmitate aliqua ne hoc impleat fuerit præpeditus [33], hoc suis literis metropolitano indicare procuret.

III. Pars. Gratian. *His auctoritatibus datur intelligi, quod episcopi a comprovincialibus suis debeant ordinari. Sed quæritur, si in provincia plurimi episcopi fuerint* [34], *et contigerit forte unum remanere episcopum, quid fieri debeat? Ille, quia solus est, ordinare non potest episcopum; comprovinciales enim non habet cum quibus episcopum consecrare valeat. Quum ergo talis necessitas fuerit, quid faciendum sit, in Sardicensi Concilio* [35] *definitur, in quo cap. 6, sic statutum legitur.*

C. IX. *Si forte unus tantum in provincia remanserit episcopus, ad consecrationem episcopi de vicina provincia convocentur.*

Si [d] forte in provincia unum tantum contigerit

---

**NOTATIONES CORRECTORUM.**

C. VI. ° *Parilis* : Græce legitur: ἐπειδὴ καὶ τῷ ἐν τῇ Ῥώμῃ ἐπισκόπῳ τοῦτο συνηθές ἐστιν, id est : *quoniam et Romæ Pontifici hoc usitatum est.* Quibus verbis nulla paritas Romani et Alexandrini patriarchatus inducitur, ut quidam male interpretati sunt. De qua re optime Nicolaus I, in epistola ad Michaelem imperatorem, quæ incipit : *Proposueramus,* sic scripsit : *Nicæna synodus noverat Romanæ ecclesiæ omnia Domini sermone concessa. Si omnia, ergo defuit nihil, quod non illi concesserit. Denique, si instituta Nicænæ synodi diligenter inspiciantur, invenitur profecto, quia Romanæ ecclesiæ nullum eadem synodus contulit incrementum ; sed potius ex ejus forma, quod Alexandrinæ ecclesiæ tribueret, particulariter sumpsit exemplum.* Hactenus Nicolaus. Statutum igitur fuit, ita in Alexandrina ecclesia observandum, quia sic fieret in Romana.

C. IX. [d] *Capitulum hoc,* quomodo refertur a Gratiano, præcipue in priore parte, cum latino, quod geminum est in tomis conciliorum, multoque minus cum græco canone convenit, quin etiam apud Burchardum et Ivonem varie legitur. Hujus vero concilii canones a Latinis latine, et a Græcis græce a principio scriptos fuisse, Nicolaus Papa Photio scribens in epistola, quæ incipit : *Innumerabilium,* his verbis indicat : *Quomodo autem non esse apud*

---

Dist. LXV. C. III. [16] add. : *sciat* : Edd. c coll. o. [17] *ordinatas* : Edd. Arg. Bas. = C. IV. [18] Ep. 14. (scr. A. 446.) Ed. Baller. — Ivo Decr. p. 5, c. 548. Deusdedit p. 1. [19] *debebit* : orig. — Ivo. — Edd. coll. o. = C. V. [20] hab. A. 390. [21] abest ab orig. [22] *debebunt* : Ed. Bas. — *debent* : Edd. rel. [23] abest ab orig. = C. VI. [24] hab. A. Ans. l. 4, c. 46. Polyc. l. 2, t. 22. [25] *perduret* : orig. [26] *quoniam quidem* : Edd. coll. o. [27] hæc verba ex Dionysio in collectionem Isidori, quemadmodum in Gallia habebatur, videntur irrepsisse. In Coll. Hisp. ita legitur : *quoniam quidem et Ep. Rom. hoc idem moris est.* = C. VII. [28] *civitatis* : Edd. coll. o. [29] *proprio honore* : Edd. coll. o. pr Bas. = C. VIII. [30] hab. A. 516. — Coll. tr. p. p. 2, t. 31, c. 4 [31] *decernimus* : Edd. coll. o. — Bohm. [32] *præsentet* : Edd. coll. o. [33] *impeditus* : ead. = [34] *non fuerint* : Ed. Bas. = C. IX. [35] hab. A. 347. — Burch. l. 1, c. 26. Ivo Decr. p. 5, c. 157.

remanere episcopum, superstes episcopus convocet episcopos vicinæ provinciæ, et cum eis ordinet comprovinciales sibi episcopos. Quod si facere neglexerit, populi conveniant episcopos provinciæ vicinæ, et illi prius commoneant episcopum, qui in eadem provincia commoratur, et ostendant, quod populi petant sibi episcopum rectorem, et doceant justum esse, ut veniat ipse [e], et cum eis ordinet episcopum. Quod [26] si litteris conventus tacuerit et dissimulaverit, nihilque recripserit, tunc satisfaciendum est populis, ut conveniant ex vicina provincia *episcopi,* et ordinent episcopum.

## DISTINCTIO LXVI.

### GRATIANUS.

I. Pars. *Archiepiscopus autem ab omnibus suæ provinciæ episcopis debet ordinari.*

nde Anicetus Papa *in epist. ad Episcopos Galliæ* [1]:

C. I. *Ab omnibus suffraganeis suis archiepiscopus ordinetur.*

Archiepiscopus [a] ab omnibus suæ provinciæ episcopis ordinetur. *Et infra* [b] : § 1. Illud [2] tamen, quod de archiepiscopi consecratione *prædictum est atque* praeceptum, * id est * ut omnes suffraganei eum ordinent, nullatenus immutari licet, quia qui illis [3] præest ab omnibus episcopis, quibus præest debet constitui. Sin [4] aliter praesumptum fuerit, viribus carere non dubium est, quia irrita erit ejus [5] secus acta ordinatio.

II. Pars. Gratian. *De episcopis autem non ordinandis a paucioribus quam tribus episcopis*, Anacletus. *ep. II* [6], *ad episcopos Italiæ scribit, dicens:*

C. II. *Episcopus non minus quam a tribus episcopis ordinetur.*

Porro et Hierosolymitarum [7] primus archiepiscopus B. Jacobus, qui Justus dicebatur, et secundum carnem Domini nuncupatus est frater, a Petro, Jacobo et Joanne apostolis est ordinatus, successoribus [8] videlicet [9] suis dantibus formam, ut non minus quam a tribus episcopis [10], reliquisque omnibus assensum præbentibus, ullatenus episcopus ordinetur, et communi voto ordinatio celebretur.

### NOTATIONES CORRECTORUM.

*vos Sardicenses canones tu solus astruere poteris, quando non solum a latinæ, verum etiam cum aliis a græcæ linguæ hominibus statuti sunt et promulgati? Qua de re credibile non est,* quod ibi diffinitum est *unumquemque ipsorum minime propriæ linguæ tradidisse.* Dionysius quoque Exiguus in epistola ad Stephanum episcopum, qua ei suam græcorum canonum interpretationem obtulit, Sardicense concilium a principio inter Latinos latine editum fuisse his verbis significat : *Tunc sancti Chalcedonensis concilii decreta subdentes, in his græcorum canonum finem esse declaramus, ne quid prætera notitiæ vestræ credamini velle subtrahere. Statuta quoque Sardicensis concilii, atque Africani, quæ latine sunt edita, suis a se numeris cernuntur esse distincta.*

[e] *Ut veniat ipse :* Tam in concilio, quod est in codice canonum, quam quod in collectione Isidori [*], et apud Burchardum et Ivonem legitur : *ut et ipsi veniant, et cum ipso ordinent episcopum.* Græcus autem canon ita habet : Ὅσιος ἐπισκόπος εἶπεν. Ἐὰν συμβῇ ἐν μιᾷ ἐπαρχίᾳ, ἐν ᾗ πλεῖστοι ἐπίσκοποι τυγχάνουσιν, ἕνα ἐπίσκοπον ἀπομεῖναι, κᾀκεῖνος κατά τινα ἀμέλειαν μὴ βουληθῇ συνελθεῖν καὶ συναινέσαι τῇ καταστάσει τῶν ἐπισκόπων, τὰ δὲ πλήθη συναθροισθέντα παρακαλοίεν γίνεσθαι τὴν κατάστασιν τοῦ παρ' αὐτῶν ἐπιζητουμένου ἐπισκόπου, χρὴ πρότερον ἐκεῖνον τὸν ἐναπομείναντα ἐπίσκοπον ὑπομιμνήσκεσθαι διὰ γραμμάτων τοῦ ἐξάρχου τῆς ἐπαρχίας (λέγω δὴ τοῦ ἐπισκόπου τῆς μητροπόλεως) ὅτι ἀξίοι τὰ πλήθη ποιμένα αὐτοῖς δοθῆναι, ἡγοῦμαι καλῶς ἔχειν καὶ τούτων ἐκδέχεσθαι, ἵνα παραγένηται. Εἰ δὲ μὴ διὰ γραμμάτων ἀξιωθεὶς παραγένηται, μήτε μὲν ἀντιγράφοι, τὸ ἱκανὸν τῇ βουλήσει τοῦ πλήθους χρὴ γενέσθαι. Χρὴ δὲ καὶ μετακαλεῖσθαι καὶ τοὺς ἀπὸ τῆς πλησιοχώρου ἐπαρχίας ἐπισκόπους πρὸς τὴν κατάστασιν τοῦ τῆς μητροπόλεως ἐπισκόπου. Id est : *Osius episcopus dixit : Si qua in provincia, in qua plurimi sunt episcopi, contigerit unum episcopum morari absentem, neque iis propter negligentiam quamdam convenire voluerit, neque episcoporum creationi consentire, populi vero congregati postulent eum, quem ipsi expetunt, episcopum constitui, primum oportet episcopum illum, qui absens moratur, admoneri litteris primatis provinciæ (nimirum episcopi metropolitani) de populorum postulato, pastorem sibi dari petentium; recte autem se habere puto, eum quoque ut intersit exspecturi. Quod si neque per litteras rogatus adfuerit, ac ne rescripserit quidem, satisfaciendum populi voluntati est. Convocari autem oportet ex vicina etiam provincia episcopos ad metropolitani episcopi creationem.*

Dist. LXVI. C. I. [a] *Archiepiscopus :* Hæc prior pars in epistola ipsa et apud ceteros collectores fusius exponitur.

[b] Illic in epistola cum multa alia sunt interjecta, tum c. *Comprovinciales.* sup. dist. 64.

---

Dist. LXV. C. IX. [*] In collectione Hisp. nihilo tamen minus est : *veniat et ipse*, cui græcus textus respondet. [26] *Et si :* Edd. coll. o.
Dist. LXVI. Prrs l. [1] Ep. Pseudoisidori, cujus fontem hoc loco cognosces Con. Carth. A. 409, c. 12. Nic. c. 4. Antioch. c. 19. — Burch. l. 1, c. 28. Ans. l. 6, c. 39. Ivo Pan. l. 3, c. 10. Decr. p. 5, c. 139. — cf. c. 9. Comp. I, de elect. et e. 5, X, de temp. ord. (t. 11). C. I. [2] *Hoc autem :* Edd. coll. o. [3] *omnibus :* Ed. Bas. [4] add. : *autem :* Edd. coll. o. [5] *archiepiscopi :* eæd. — C. II. [6] Ep. Pseudoisidori, cujus hæc particula ex præfatione conc. Nic. apud Quesnellum, et Isid. Hisp. de offic. l. 2, c. 5, conflata est. — Burch. l. 1, c. 15. Ans. l. 6, c. 53 (51). Ivo Pan. l. 3, c. 17. Decr. p. 5, c. 139. Polyc. l. 2, t. 8. [7] *Hierosolymitanorum :* Ed. Bas. — *Hierosolymitanus :* Edd. rel. [8] add. ; *autem :* Edd. Arg. Bas. [9] *scilicet :* Ed. Bas. [10] abest ab Ed. Arg. Bas.

## DISTINCTIO LXVII.

**GRATIANUS.**

I. Pars. *Presbyteri vero et chorepiscopi ab uno episcopo ordinari possunt.*

Unde Anacletus *epist. II ad Episcopos Italiæ* [1]:

C. I. *Sacerdotes ab uno episcopo possunt ordinari.*

Reliqui sacerdotes a proprio ordinentur episcopo, ita ut cives et alii sacerdotes assensum præbeant, et jejunantes ordinationem celebrent. Similiter et diaconi ordinentur. Ceterorum autem graduum distributioni trium veracium testimonium cum [2] episcopi scilicet approbatione sufficere potest.

Item in Hispalensi [3] Concilio II, c. 6, *legitur:*

C. II. *De eodem.*

II. Pars. *Episcopus sacerdotibus ac ministris solus honorem dare potest, solus* [4] *auferre non potest.*

---

## DISTINCTIO LXVIII.

**GRATIANUS.**

I. Pars. *Quæritur de illis, qui ordinantur ab his, quos non constat fuisse episcopos, an sint iterum consecrandi, an non? Quod vero consecrandi non sint, probatur auctoritate Gregorii, qui scribens Joanni Ravennati Episcopo, lib. II, epist.* 32 [1], *ait:*

C. I. *Semel consecratus iterum consecrari non debet.*

Sicut semel baptizatus iterum baptizari non debet, ita [2] qui consecratus est semel, [3] in eodem [4] iterum [5] ordine [6] non debet [3] consecrari. Sed si quis [7] forsitan [4] cum levi culpa ad sacerdotium venit [8], pro culpa pœnitentia indici debet, et tamen ordo servari [6].

*Contra Gregorius III* [7], *ad Bonifacium Episcopum* [8], *epist. II, scribens testatur:*

C. II. *De presbyteris, qui ordinantur ab eis, quos constat episcopos non fuisse.*

Presbyteri [9], quos [4] ibidem [4] reperisti, si incogniti fuerint illi [10], qui [11] ordinant, et dubium est, eos episcopos fuisse, an [12] non [13], qui eos ordinaverunt, si bonæ actionis et catholici viri sunt ipsi presbyteri, et in ministerio Christi omnique lege sancta edocti, ab episcopo suo benedictionem presbyteratus suscipiant et consecrentur, et sic ministerio sacro [14] fungantur.

Gratian. *Quod ergo consecratus in eodem ordine iterum consecrari prohibetur, de eo intelligendum est, qui consecratus est ab illo, quem certum erat consecrandi jus habere. Qui autem ab illo consecratur, quem non constat jus consecrandi habuisse, iterum consecrandus est, quia si ille consecrandi jus non habuit, iste ex olei effusione nil consecrationis accepit. Et quia in ipso ordine consecratus non erat, nunc quasi primum ad consecrationem veniens ab episcopo sacerdotalem benedictionem et consecrationem consequitur. Si autem jus consecrandi habuit, in prima unctione conseculus est consecrationem; in secunda vero non reiteratur consecratio, sed sola unctio, sicut de quo dubium est, an sit baptizatus, vel non, debet baptizari; qui si prius baptizatus non fuerat, consequitur gratiam baptismi, si autem baptizatus erat, nihil accipit in secunda unctione, nec pertinet hoc ad reiterationem baptismi, sed ad cautelam salutis. Hoc et de ecclesiis consecrandis similiter observandum est.*

*Unde in Nicæno Concilio legitur* [15]:

C. III. *Non debet iterum consecrari ecclesia semel consecrata.*

Ecclesiis semel consecratis Deo non iterum debet consecratio adhiberi, nisi aut ab igne exustæ, aut sanguinis effusione, aut cujuscunque semine fuerint pollutæ: quia sicut infans a qualicunque sacerdote in nomine Patris et Filii et Spiritus sancti semel baptizatus, non debet iterum baptizari, ita nec locus Deo dicatus [16] est iterum consecrandus, nisi propter eas causas, quas superius nominavimus, si tamen fidem sanctæ Trinitatis tenuerunt [17], qui eum consecraverunt.

II. Pars. Gratian. *Inter episcopos et chorepiscopos autem hæc est differentia, quod episropi non nisi in civitatibus, chorepiscopi etiam in vicis ordinari possunt. Episcopi formatas tribuunt, chorepiscopi non nisi commendatitias et pacificas dare valent. Episcopi jus consecrandi habent, chorepiscopi tantum minores ordines tribuunt, Leviticam autem et sacerdotalem benedictionem non valent præstare.*

---

Dist. LXVII. Pars I. [1] Caput Pseudoisidorianum, confectum ex Isid. Hisp. de offic. l. 2, c. 6. — Ans. Polyc. ll. ec. C. I. [2] abest ab Ed. Bas. [3] hab. A. 619. — cf. C. 15, q. 7, = C. II. P. II. c. 7. [4] add. : *Autem* : Ed. Bas.
Dist. LXVIII. Pars I. [1] Ep. 46. (scr. A. 592). Ed. Maur.—Ans. l. 7, c. 104. Ivo Pan. l. 3, c. 76. Decr. p. 6, c. 82. Polyc. l. 2, t. 36. Petr. Lomb. Sent. l. 4. D. 25. C. I. [2] *sic et semel ordinatus iterum non potest c.* : Edd. coll. o. [3] *valet* : Ans. [4] abest ab Ans. [5] *venerit* : Edd. coll. o. [6] *servetur* : ead. = C. II. [7] scr. A. 740. — Ans. l. 7, c. 110, (ex *Gelasio*) Ivo p. 6, c. 117. [8] *cuidam episcopo* : Edd. coll. o. [9] *Presbyteris* : Ed. Rom. sed correctum est in indice erratorum. [10] add. : *viri* : Edd. coll. o. [11] *a quibus fuerint ordinati* : orig. [12] *aut* : Ed. Bas. [13] abest ab Edd. coll. o. pr. Bas. Lugdd. II, III. Antw. [14] abest ab Ed. Bohm. = C. III. [15] Auctor capitis, conc. Nic. perperam tributi, non est inventus. — cf. infr. D. 1, de cons. c. 20. [16] *dedicatus* : Edd. coll. o. [17] *tenuerit. — consecraverit* : Ed. Bas.

*De his ita scribit* Leo I [18], *ad Episcopos Germaniæ et Galliæ* [19], *epist. LXXXVI, al. LXXXVIII*.

C. IV. *In quibus chorepiscopi ab episcopis differant.*

Quamvis chorepiscopis et presbyteris plurima cum episcopis ministeriorum communis sit dispensatio, quædam tamen [20] *auctoritate veteris legis*, quædam novellis et ecclesiasticis regulis* sibi prohibita noverint, sicut est presbyterorum et diaconorum, aut virginum consecratio,* sicut* constitutio altaris, ac benedictio vel unctio. Siquidem nec erigere eis altaria, nec ecclesias* vel altaria* consecrare licet [21] nec per impositionem manuum fidelibus baptizatis [22] vel conversis hæreticis [23] paracletum Spiritum sanctum tradere, nec chrisma conficere, nec chrismate baptizatorum frontes signare, nec publice quidem in missa quemquam pœnitentem reconciliare, nec formatas cuilibet [24] epistolas mittere.

[PALEA.]

« Hæc [25] enim omnia illicita sunt chorepiscopis, qui ad exemplum et formam LXXII discipulorum esse noscuntur, vel presbyteris, qui eandem gestant figuram, quoniam, quanquam consecrationem habeant, pontificatus tamen apicem non habent. »

III. Pars. *Gratian. Hi vero propter insolentiam suam, qua officia episcoporum sibi usurpabant, ab ecclesia hodie prohibiti sunt.*

*Unde* Damasus Papa *ait ad Episc. Africæ, epist. V* [26]:

C. V. *Ordo chorepiscoporum a sacra sede reprobatur.*

Chorepiscopi tam ab hac sacra sede, quam a totius orbis fuerant [27] episcopis prohibiti. Nimis [28] ergo eorum institutio improba, nimis est prava, quia, ut [29] hi de summo sacerdotis ministerio aliquid præsumant, omni auctoritate caret [30]. *Et infra* : § 1. Nam non amplius, quam duos ordines inter discipulos Domini esse cognovimus, id est duodecim apostolorum, et LXX [31] discipulorum. Unde iste tertius processerit, *funditus* ignoramus. Et quod ratione caret exstirpari [32] necesse est.

IV. Pars. § 2. Quod autem episcopi non sint, qui minus quam a tribus sunt ordinati episcopis, omnibus patet,* quoniam, ut bene nostis,* prohibitum [33] a sanctis est Patribus, ut qui ab uno vel a duobus sunt ordinati episcopis nec nominentur episcopi. Si nomen [34] non habent, qualiter officium habebunt?

*Unde* Urbanus Papa II [35]:

C. VI. *Apostolorum in ecclesia locum episcopi teneant.*

Quorum vices in ecclesia habeant episcopi, et quis eis hanc dignitatem dare debeat, S. Augustinus [36] ostendit, inquiens : *Pro patribus tuis nati sunt tibi filii.* Quid est, pro patribus tuis nati sunt tibi filii?* *Patres missi sunt apostoli: pro apostolis filii nati sunt* tibi,* constituti sunt episcopi. Hodie enim episcopi, qui sunt per totum [37] mundum, unde nati sunt? Ipsa ecclesia patres illos appellat, ipsa illos genuit, et ipsa illos constituit in sedibus patrum. Non ergo te putes desertam, quia non vides Petrum, quia non vides Paulum, quia non vides illos, per quos nata es : de prole tua tibi crevit paternitas. Pro patribus tuis nati sunt tibi filii : constitues eos principes super omnem terram. Et infra : Filios genuit ecclesia, constituit eos pro patribus suis principes super omnem terram.*

---

## DISTINCTIO LXIX.

GRATIANUS.

I. Pars. *Tonsura vero clerici de manu abbatis suscipi potest, si eidem abbati manus impositio ab episcopo facta noscatur.*

*Unde* in Septima Synodo c. 14 [1] *legitur* :

C. I. *Abbates, quibus ab episcopo manus imponitur, aliquos tonsurare possunt.*

Quoniam videmus sine manus impositione a parvula ætate tonsuram cleri [2] quosdam [3] accipientes, nondumque ab episcopo manus impositione percepta super ambonem irregulariter in collecta legentes, præcipimus amodo id minime fieri. Idipsum quoque observandum est etiam inter monachos.

II. Pars. § 1. Lectoris [4] autem manus impositione [5] licentia est abbati [6] solummodo in proprio monasterio faciendi, si duntaxat eidem abbati manus impositio facta noscatur ab episcopo [secundum [7] morem præficiendorum abbatum], dum constet ipsum esse presbyterum. § 2. Simili [8] etiam* modo secundum antiquam consuetudinem chorepiscopos [9] præceptione oportet episcopi promovere lectores.

---

Dist. LXVIII. Pars. II. — [18] Ep. suppositia. — Integer fere hic locus sumptus est ex conc. Hisp. II, c. 6.—Ans. l. 7. c. 123 (125). Ivo Decr p. 6, c. 72. Polyc. l. 4, t. 26. — [19] *omnibus epp.* : Ans. — Edd. coll. o. — add. : *et presbyteris* : Ed. Bas. = C. IV. [20] verba asteriscis inclusa neque apud Anselmum reperiuntur. [21] *permittimus* : Ivo. — *licitum est* : Ans. [22] *baptizandis* : orig. — Ivo. [23] *ex hæresi* : orig. — Ans. — *de hær.* : Ivo. [24] add. : *clerico* : Ed. Bas. [25] eadem verba reperies in ep. Damasi, cujus sequens canon particula est. P. III. [26] Ep. pseudoisidoriana. — Ans. l. 7, c. 123 (126). Polyc. l. 4, t. 26. = C. V. [27] *sunt* : Edd. coll. o. — *fuerunt* : Bohm. [28] *Nimis enim — et prava* : Edd. coll. o. [29] *et si* : eæd. [30] *carent* : eæd. [31] *LXXII* : eæd. — Ans. [32] *exstirpandum est* : Ed. Bas. P. IV. [33] add. : *enim* : Edd. col. o. [34] add. : *enim* : eæd. = C. VI. [35] Caput incertum. — *Item Urbanus* : Edd. coll. o. [36] in comment. ad Psalm. 44, in fine. [37] *universum* : Edd. coll. o.

Dist. LXIX. Pars I. [1] Conc. Nic. II. A. 787, ex interpretatione Anastasii. — Ivo Decr. p. 5, c. 376. C. I. [2] *clerici* : orig. — Ivo. — Edd. coll. o. [3] *multos* : Edd. coll. o. P. II. [4] *lectores* : Edd. Lugd. II, III. [5] *impositionem* : orig. [6] add. : *unicuique* : orig — Ivo. — Edd. coll. o. [7] hæc non sunt in græco canone [8], *chorepiscopum* : Ivo. — Edd. coll. o.

C. II. *Non exorcizent qui ab episcopo provecti non sunt.*

Item ex Concilio Laodicensi, c. 26.

Non oportet exorcizare eos, qui necdum ab episcopis sunt promoti, neque in ecclesiis, neque in domibus.

## DISTINCTIO LXX.

### GRATIANUS.

*Ab episcopis alterius civitatis clericus ordinari non poterit, nec etiam a proprio absolute ordinandus est: absoluta enim ordinatio* Chalcedonensi Concilio *prohibetur, et vacuam habere manus impositionem præcipitur; in quo sic statutum est, can. 6:*

G. I. *Nemo ordinandus est absolute.*

Neminem absolute ordinari presbyterum, vel diaconum, vel quemlibet in ecclesiastica ordinatione constitutum, nisi manifeste in ecclesia civitatis, sive possessionis, aut in martyrio, aut in monasterio, qui ordinatur, mereatur ordinationis publicatæ vocabulum. Eos autem, qui absolute ordinantur, decrevit sancta synodus vacuam habere manus impositionem, et nullum tale factum valere ad injuriam ipsius, qui eum ordinavit.

C. II. *Irrita sit ordinatio sine titulo facta.*

Item ex Concilio Urbani II habito Placentiæ [c. 15].

Sanctorum canonum statutis consona sanctione decernimus, ut sine titulo facta ordinatio irrita habeatur, et in qua ecclesia quilibet titulatus est, in ea perpetuo perseveret. § 1. Omnino autem in duabus aliquem titulari non liceat, sed unusquisque, in qua titulatus est, in ea tantum canonicus habeatur. Licet enim episcopi dispositione unus diversis præesse possit ecclesiis, canonicus tamen præbendarius, nisi unius ecclesiæ, in qua conscriptus est, esse non debet. § 2. Si quæ tamen capellæ sunt, quæ suis reditibus clericos sustentare non possunt, ea cura ac dispositio præposito majoris ecclesiæ, cui capellæ subditæ esse videntur, immineat, et tam de possessionibus quam de ecclesiasticis capellarum officiis ipse provideat.

Gratian. *In eodem etiam concilio antiquis novem præfationibus decima addita est, quæ ita se habet:* Æquum et salutare, et te in veneratione vel assumptione B. Mariæ collaudare, benedicere et prædicare, quæ et Unigenitum tuum S. Spiritus obumbratione concepit, et virginitatis gloria permanente lumen æternum mundo effudit, Jesum Christum Dominum nostrum.

## DISTINCTIO LXXI.

### GRATIANUS.

*De clericis vero non ordinandis ab episcopo alterius civitatis,* in Sardicensi Concilio, *c. 18 et 19 statutum est, in quo Januarius Episcopus dixisse legitur:*

C. I. *Clerici ab episcopo alterius civitatis non ordinentur.*

Illud quoque sanctitas vestra statuat, ut nulli episcopo liceat alterius civitatis ecclesiasticum hominem sollicitare et in sua diœcesi clericum ordinare. Universi dixerunt: Placet, quia ex his contentionibus solent nasci discordiæ, et ideo prohibet omnium sententia, ne quis hoc facere audeat. § 1. Osius episcopus dixit: Et hoc universi constituimus, ut quicunque ex alia parochia voluerit alienum ministrum sine consensu episcopi ipsius et sine voluntate ordinare, non sit rata ordinatio ejus.

### NOTATIONES CORRECTORUM.

Dist. LXX. C. *Nisi manifeste*: Græce legitur: Εἰ μὴ ἰδικῶς ἐν ἐκκλησίᾳ πόλεως, ἢ κώμης, ἢ μαρτυρίῳ, ἢ μοναστηρίῳ ὁ χειροτονούμενος ἐπικηρύττοιτο, hoc est: *nisi proprie in ecclesia civitatis, vel pagi, aut martyrio, aut monasterio, qui ordinatur, pronuntietur.* In Ordine autem Romano fit mentio talis pronuntiationis, episcopi nomine per archidiaconum factæ: *De titulo S. Stephani eligimus Petrum ad lectorem ad eumdem titulum.*

*Nullum tale factum*: Græce: Μηδαμοῦ δύνασθαι ἐνεργεῖν, id est *nunquam posse operari.*

Dist. LXXI. C. I. *Hominem*: In concilio latino legitur: *Ecclesiasticum ministrum sollicitare et in suis parochiis clericum, etc.* Inf. ead. cap. *Primatus.* (ubi hujus canonis sententia videtur referri) legitur: *ut nemo alterius plebis hominem usurpet.* Græce autem caput istud, quod in latino decimum octavum est, non habetur.

Dist. LXIX. C. II. hab. inter A. 347, et 381. add.: *suis*: Edd. coll. o. *provecti*: orig. — Ed. Bas. *inter domos*: Coll. Hisp.

Dist. LXX. C. I. hab. A. 451. — Apud Ivonem Pan. l. 3, c. 27, prior tantum hujus canonis pars ex vers. Hisp. (quæ apud Gratianum est) desumpta est; in altera ei in Decr. p. 6, c. 26, cum Reg. 1, c. 386. Burch. l. 2, c. 6. Ans. l. 7, c. 105, secutus est Dionysium. *nec — nec*: Edd. coll. o. add.: *suæ*: eæd. ex Ivone. add.: *hic*: eæd. ex eod. *publicæ*: eæd. ex eod. = C. II. hab. A. 1095. *intitulatus*: Edd. coll. o. *intitulari*, et paulo post: *intitulatus*: eæd. pr. Arg. Bas. Ven. I, II. *earum*: Edd. Bas. Lugdd. II, III. Antu.

Dist. LXXI. C. I. hab. A. 347. Reg. I, 1, c. 432, 433. abest ab orig. et Ed. Bas. verba asteriscis inclusa desiderantur in interpret. Hispanica, ad quam ceteroquin hoc caput pertinet; leguntur tamen apud Dionysium, ex quo a Corr. Gratiano sunt obtrusa. *prohibetur*: Edd. Arg. Bas. — *prohibeatur*: Edd. rel. *omni*: Edd. coll. o. *sui*: eæd.

## C. II. De eodem.

*Item* Innocentius *ad Victricium Rothomagensem Episcopum, epist. II, c. 7.*

De aliena ecclesia ordinare clericum nullus præsumat, nisi ejus episcopus precibus exoratus concedere voluerit.

## C. III. Qui sine episcopi consensu ordinatur, irrita sit ejus ordinatio.

*Item* ex Nicæno Concilio, c. 16, in fin.

Si quis ausus fuerit aliquem, qui ad alterum pertinet, in sua ecclesia ordinare, quum non habeat consensum illius episcopi, a quo recessit clericus, irrita sit hujusmodi ordinatio.

## C. IV. Clericus unius ecclesiæ in alia non ordinetur.

*Item* ex Concilio Chalcedonensi, c. 20.

Clericos in suis ecclesiis constitutos, sicut jam diffinivimus, non liceat in alterius civitatis ecclesiis ordinari; sed quiescant in ea, in qua ab initio ministrare meruerunt, exceptis illis, qui proprias civitates perdiderunt, et ex necessitate ad alias ecclesias migraverunt. Si vero quicunque episcopus post definitionem istam ad alium episcopum pertinentem clericum susceperit, placuit sanctæ synodo, et eum, qui suscepit, et eum, qui susceptus est, tamdiu excommunicatos manere, quamdiu ipse clericus revertatur ad propriam ecclesiam.

## C. V. Apostolica permissione unius ecclesiæ clericus in altera valeat ordinari.

*Item* Gregorius *Fortunato Episcopo Neapolitano lib. V, epist. 11.*

Fraternitatem tuam a nobis petiisse recolimus, ut Gratianum ecclesiæ Benafranæ diaconum tuæ concederemus ecclesiæ cardinandum. Et quoniam nec episcopum, cui obsecundare, nec propriam habet ecclesiam, hoste scilicet prohibente, quo suum debeat ministerium exhibere, petitionem tuam non prævidimus differendam. Idcirco scriptis tibi præsentibus eum necessario duximus concedendum, habituro licentiam diaconum illum nostra interveniente auctoritate ecclesiæ tuæ, Deo propitio, constituere cardinalem.

## C. VI. Sine litteris episcopi sui in aliqua ecclesia clericus non suscipiatur.

*Item* ex Concilio Carthaginensi I, c. 5.

Primatus episcopus Vegeselitanus dixit: Suggero sanctitati vestræ, ut statuatis, non licere clericum alienum ab aliquo suscipi sine litteris episcopi sui, neque apud se retinere, nec laicum usurpare sibi de plebe aliena, ut eum obtineat sine conscientia ejus episcopi, de cujus plebe est. Gratus episcopus dixit: Hæc observantia pacem custodit; nam et memini in sanctissimo concilio Sardicensi statutum, ut nemo alterius plebis hominem usurpet; sed si forte erit necessarius, petat a collega suo, et per consensum habeat.

## C. VII. Sine litteris commendatitiis clericus extra suam ecclesiam non ministret.

*Item* ex Concilio Chalcedonensi, c. 13.

Extraneo clerico et lectori extra civitatem suam sine commendatitiis litteris proprii episcopi nusquam penitus liceat ministrare.

## C. VIII. De eodem.

*Item* ex sermone S. Augustini *ad populum*.

Hortamur Christianitatem vestram juxta sanctorum canonum instituta, ut in ecclesiis a vobis fundatis aliunde veniens presbyter non suscipiatur, nisi a vestræ fuerit ecclesiæ consecratus episcopo, aut ab eo per commendatitias litteras suscipiatur.

## C. IX. Absque formata clerici peregrini non suscipiantur.

*Item* ex Concilio Antiocheno, c. 7.

Nullum absque formata, quam Græci epistolam dicunt, peregrinorum clericorum suscipi oportet.

### NOTATIONES CORRECTORUM.

C. V. *Cardinanaum*: Antea legebatur: *ordinandum*. Emendatum est ex ipsa epistola. Cardinare vero, seu cardinalem constituere (quod est in fine hujus capitis), ita videtur B. Gregorius accepisse, ut canonicam translationem significet. Nam quum tempore S. Gregorii canon 6, concilii Chalcedonensis accurate observaretur, ut nullo modo daretur alicui locus in ecclesia (qui nunc titulus vocatur) nisi simul ad eum locum ordinaretur, quum aliquis jam ordinatus, necessitate aliqua in aliam ecclesiam transferebatur, ut in illa in eodem gradu, quo in prima ordinatus erat, deserviret, in secunda dicebatur incardinari; quod ex isto nunc indicato loco patere potest, et ex l. 3, epist. 14, et alibi. Quod etiam in episcopis B. Gregorius faciebat, lib. 2 indict. 10, ep. 6, et ep. 25, (quod refertur infra 7, q. 1, c. *Pastoralis*) et indict. 11, ep. 13, et sequenti, quod habetur infra 21, q. 1, c. *Relatio*. De hac re Joannes Diaconus lib. 3, cap. 8, 11 et 16. Gregorium vero Joannes VIII, et facto ipso, et vocabulo in eadem notione accepto est imitatus, quod ex aliquot manuscriptis ipsius epistolis constat.

C. IX. *Formata*: Græce est: Μηδένα ἄνευ εἰρηνικῶν δέχηται τῶν ξένων, quod Dionysius vertit: *nullus*

## DISTINCTIO LXXII.

### GRATIANUS.

*Dimissorias vero litteras episcopus nisi rogatus non tribuat, sicut statutum est in Synodo habita Romæ. Unde Leo Papa ait* [1]:

**C. I.** *Nisi eodem petente, nulli dimissoriæ litteræ præstentur.*

Episcopus subjecto sibi sacerdoti, vel alii clerico, nisi ab ipso postulatus, dimissorias non faciat, ne ovis quasi perdita aut errans inveniatur.

**C. II.** *De eodem.*

*Item ex* Concilio Carthaginensi III, c. 21 [2].

Clericum alienum, nisi concedente ejus episcopo, A nemo audeat vel retinere, vel promovere in eccle ia sibi credita. Clericorum autem nomen etiam lectores et psalmistæ et ostiarii retinent [3].

**C. III.** *In una ecclesia ordinatus in alia non suscipiatur.*

*Item ex* Concilio Milevitano II, c. 15 [4].

Placuit, ut quicunque in una ecclesia * vel * semel eligitur [a], ab alia ecclesia ad clericatum non teneatur.

---

## DISTINCTIO LXXIII.

### GRATIANUS.

*Qualiter vero commendatitia, vel dimissoria seu formata epistola facienda sit, videndum est. Debent namque litteræ Græcæ interponi in ea epistola, et non sine causa. Græca* [1] *enim elementa litterarum numeros etiam exprimere, nullus, qui vel tenuiter græci sermonis notitiam habet, ignorat. Ne igitur in faciendis epistolis canonicis, quas mos latinus Formatas vocat, aliqua fraus falsitatis temere præsumeretur, hoc a Patribus CC CXVIII Nicææ congregatis saluberrime inventum est et constitutum, ut formatæ epistolæ hanc calculationis seu supputationis habeant rationem, id est, ut assumantur in supputationem prima græca elementa Patris, et Filii, et Spiritus sancti, hoc est,* Π. Υ. Α. *quæ elementa octogenarium et quadringentesimum et primum significant numerum. Petri quoque apostoli prima littera, id est* Π., *quæ* [2] *numerum octoginta significat; ejus quoque, qui scribit, episcopi prima littera: cui scribitur, secunda littera; accipientis, tertia littera; civitatis quoque, de qua scribitur, quarta, et indictionis, quæcunque est illius* [3] *temporis, numerus assumatur. Atque ita his omnibus græcis litteris, quæ, ut diximus, numeros exprimunt, in unum ductis, unam, quæcunque fuerit collecta, summam epistola teneat; hanc qui suscipit, omni cum cautela requirat expresse* [4]. *Addat præterea separatim in epistola etiam nonagenarium et nonum numerum, qui secundum græca elementa significat* Ἀμήν.

**C. I.** *Exemplar formatæ epistolæ, quæ in Nicæna Synodo a CCCXVIII Patribus facta est* [5].

In nomine Patris Π., et Filii Υ., et Spiritus sancti Α. ʽΠʼ [6]. Walterio Spirensi episcopo ego Burchardus sanctæ Wormaciensis ecclesiæ devotus gregis Christi famulus, in Deo ʽveroʼ summæ felicitatis beatitudinem. Quum sancta catholica ecclesia prompta sit sequi documenta evangelica, quæ dicunt: *Qui* [b] *recepit prophetam in nomine prophetæ, accipiet mercedem prophetæ, et qui recipit justum in nomine justi, mercedem justi accipiet, etc*, et Apostolus jubeat hospitalitatem sectari, et necessitatibus sanctorum virorum communicare; tamen propter eos qui cauteriatam habent suam conscientiam, dicentes se esse simplices, quum sint astutia diabolica repleti, et pro opere pietatis dicunt se de loco ad locum transire, quum sint sua malitia faciente fugitivi, et dicunt se esse ministerio sacro insertos, quum non sint: statutum est a sanctis Patribus, neminem clericum alienum et ignotum recipi ab aliquo episcopo, et inthronizari in sua ecclesia, nisi habeat a proprio episcopo epistolam, quæ in canonibus nominatur Formata. Ideo notum facimus fraternitati vestræ, quod præsens frater noster, harum litterarum portitor, nomine Hermannus [7], non pro sua nequitia expulsus est a nobis, sed postulantibus fratribus, eo quod ex familia nostra fuit et noster baptizatus, fecimus ei libertatem receptam in [8] eorum altaris canonice, et ordinavimus cum ad gradum presbyterii. Cui etiam has dimissorias sive commendatitias litteras facimus, et eum ad vestram dilectam fraternitatem dirigimus, ut in vestra parochia sub vestro sacro regimine et defensione consistere

### NOTATIONES CORRECTORUM.

peregrinorum sine pacificis, id est commendatitiis suscipiatur epistolis. Atque ita Burch. et Ivo habent.
Dist. LXXII. C. III. [a] *Eligitur*: In Concilio Milevitano est, *vel semel legerit*; itemque in concilio Carthaginensi græco, cap. 91: κἂν ἅπαξ ἀναγνῷ. In Africano autem cap. 57: *vel semel suscepto officio legerit.*

Dist. LXXII. C. I. [1] Ex syn. Eugen. II, hab. A. 826, c. 18, confirmata per Leonem IV. ═ C. II. [2] hab. A. 597. — Burch. l. 2, c. 42. Ivo Decr. p. 6, c. 143. [3] *retineant*: Ivo. ═ C. III. [4] hab. post A. 416. — Reg. l. 1, c. 385. — Coll. tr. p. p. 2, l. 22, c. 6. [a] *primum vel semel legerit* = Coll. Hisp.
Dist. LXXIII. [1] Hæc est regula formatarum, quæ Attico Constantinopolitano constanter tribui solet. Integra legitur ap. Reg. l. 1, c. 438. Ans. l. 6, c. 121 (122). Ivonem Decr. p. 6, c. 433. [2] *qui numerus*: orig. — Reg. — Ans. [3] *id*.; orig. — Ans. C. I. [4] *expressam*; ib. ═ C. I. [5] Burch. l. 2, c. 227. [6] Matth. c. 10. [7] *Ermannus*: Burch. [8] *a*: Ed. Bas.

valeat. Ego, inquam, Burchardus humilis episcopus, in nomine Patris [9], et Filii, et Spiritus sancti, et in unitate sanctæ ecclesiæ, in qua Petro datum est jus ligandi atque solvendi, absolvo Hermannum presbyterum de civitate Wormaciensi indictione X, et licentiam do vobis inthronizandi eum in quacunque ecclesia vultis vestræ parochiæ. Hanc ergo epistolam græcis litteris hinc inde munire decrevimus, et annulo nostræ ecclesiæ firmare censuimus. Fraternitatem vestram Christus nobis incolumem conservet [a]. Π. Υ. Α. Π. Β. Ε. Ζ. Ξ. ἀμήν. Data Wormaciæ Idibus Martii, anno Dominicæ incarnationis MXII [10]. Indictione X.

C. II. *Incipit epistola formata a CCCXVIII Episcopis et ab Attico [b] Constantinopolitanæ urbis Episcopo edita:*

Sanctissimo in Christo fratri summa dulcedine caritatis amplectendo A., illius civitatis episcopo, Y., illius ecclesiæ præsul, perpetuæ beatitudinis [11] optat in Christo salutem. Ω. Υ. Α. Ω. De cetero noverit sancta fraternitas vestra, quod iste clericus, Hermannus [12] nomine, nostra in parochia instructus ac detonsus, parvitatem nostram rogavit, quatenus illi commendatitias literas conscriberemus, quibus vestræ celsitudini commendatus sub tuitione vestri regiminis degere posset; cujus voluntati consentientes secundum canonicam auctoritatem literas ei dimissorias dedimus, per quas et ipsi concedimus, ut sub vestro magisterio divinæ servituti insistens suæ deserviat utilitati, et vobis licentiam tribuimus, ut, si dignum eum judicaveritis, ad sacros ordines promoveatis. Commendatum ergo eum curæ vestræ suscipite, et nostris ex partibus absolutum in vestrarum ovium numero custodite. Quas literas, ut vigore veritatis firmatæ indubitanter a vobis suscipiantur, literis græcis, ut canonica docet auctoritas, confirmare satagimus. Sancta Trinitas vestram beatitudinem ad regimen sanctæ suæ ecclesiæ perpetualiter bene valere concedat, Ἀμήν [c]. [*vel sic : Et.* Θ. [13] (*quæ eandem summam exprimunt*) *indictione* X. *Continet hæc formata epistola summam* [14] *numeri* MCCCXV. Y. *græcam in nomine illius primam ponimus, quia Græci eam in quibusdam locis pro* Y. *consonante ponunt, sicut est* Δαυιδ *et* εὐαγγέλιον [15].]

## DISTINCTIO LXXIV.

GRATIANUS.

I. Pars. *Quæritur de his qui ab episcopis suis promoveri contemnunt, an inviti sint sublimandi, an non?*

*De his ita statutum invenitur* in Concilio Aurelianensi III, cap. 7 [1] :

C. I. *Annuæ suspensioni subjaceat episcopus, qui invitum ordinare præsumit.*

Episcopus, qui invitum aut reclamantem præsumserit ordinare, annuali pœnitentiæ subditus missas facere non præsumat.

C. II. *Nullus promoveatur invitus.*

Item Gregorius *Natali Episcopo Salonitano, in lib. I. Reg. epist.* 19 [2].

Gesta, quæ nobis in concilii [3] vestri confecta secretario direxistis, in quibus [4] archidiaconus Honoratus addicitur [5], plena esse cognovimus semine jurgiorum, quum uno eodemque tempore una persona nolens ad sacerdotii ordinem provehitur [6], quæ tanquam immerita a diaconatus officio removetur [7]. Et sicut justum est, ut nemo crescere compellatur invitus, ita censendum puto 'similiter,' ne quisquam insons ab ordinis sui ministerio dejiciatur injuste.

### NOTATIONES CORRECTORUM.

Dist. LXXIII. C. I. [a] *Conservet :* In hoc et sequenti capite ea tantum sunt emendata, quæ exemplarium auxilio restitui poterant. Cæterum quæ hoc loco sequuntur etiam apud Burchardum sunt depravata. Facile autem restitui possunt ex regulis initio distinctionis traditis. Quibus quidem regulis optime respondet exemplum ab Ivone collatum p. 6, c. 433, si litteræ, in extremo 434, capitis positæ, ponantur loco earum, quæ in ipso 455, afferuntur. Addita enim illis dictione Ἀμήν, resultat numerus ibi notatus, id est, DCCLXXVIII. Bene etiam procedet exemplum c. 434, si ubi nunc summa est 1539, fiat 1439. Satis sit locum indicasse.

C. II. [b] *Ab attico :* Antea legebatur : *abbatibus*. Restitutus est locus ex conjectura (quod perraro factum est), quoniam evidenti ratione nitebatur.

[c] Ἀμήν, *vel sic : Et.* Θ. : Addita sunt hæc ex aliquot vetustis exemplaribus, et utrisque istis notis idem numerus XCIX significatur. In codicibus vero impressis vel nihil erat, vel dictio : *Amen*, latine scripta, in qua nulla est numeri significatio.

---

Dist. LXXIII. C. I. [9] *Patris* II, *et Filii* Y. *et Sp. S. A.* : Edd. coll. o. [10] *MII. mense* XII : Edd. coll. o. = C. II, [11] add. : *obsequium* : Ed. Bas. [12] B. : Edd. Arg. Bas. — Ber. : Edd. Nor. Ven. II. — Her. . Ven. I. [13] YE: Edd. coll. o. [14] *epistolam summi* : Ed. Bohm. [15] hæc in impressis mirum quantum depravata esse, hæc te exempla docebunt; leg. in Ed. Bas. : *a. jj. yo. id.* — in Ed. Arg. : *n. m. y. s. id.* — Exinde tamen videtur factum esse, quod in Edd. Par. Lugdd. est : ἀπουσία *i. e. absentia*, quod omnimodo caret.

Dist. LXXIV. P. I. [1] hab. A. 538. = C. II. [2] Ep. 19, (scr. A. 591) l. 1. Ed. Maur. — Ivo Decr. p. 6, c. 379. Polyc. l. 2, t. 33. [3] *consilii* : Ed. Bas. [4] *quo* : ib. [5] *adducitur* : Edd. coll. o. pr. Bas. [6] *provehatur* : Ed. Bas. [7] *removeatur* : Edd. coll. o.

Contra invenitur in Concilio Carthaginensi c. 31. [a] : A

### C. III. Qui ab episcopis suis promoveri contemnunt, a locis suis dejiciantur.

Si qui [d] clerici ab episcopis suis promoveri contemserint, nec illic maneant, unde recedere noluerunt.

### C. IV. De eodem.

Placuit, ut quicunque clerici vel diaconi pro necessitatibus [e] ecclesiasticarum [9] rerum non obtemperaverint episcopis suis, volentibus eos ad honorem ampliorem in ecclesia sua promovere, nec illic ministrent in suo gradu, unde noluerunt recedere.

### C. V. Posteriores prioribus episcopi non præponant.

Item ex Concilio Agathensi, c. 25 [10].

Episcoporum [11] etiam, quorum vita non reprehenditur, posteriorem priori nullus præponat, nisi forte superbia elatus quod pro necessitate ecclesiæ episcopus jusserit implere contemnat.

II. Pars. § 1. Sane si officium archidiaconatus [12] propter simpliciorem [13] naturam implere aut expedire nequiverit, ille loci sui nomen teneat et ordinationem [f] ecclesiæ, quem elegerit episcopus præponendum.

### C. VI. In quo loco quisque ordinatus est invitus teneri non debet.

Item Gregorius Joanni Episcopo Syracusano, lib. XI, epist. 34 [14].

Quorundam ad nos relatione pervenit, Cosmam, qui ex monacho monasterii S. Luciæ a decessore vestro [15] memorandæ [16] memoriæ Maximiano in ecclesia Syracusana factus subdiaconus, atque a vobis postea in possessione, quæ Juliana dicitur, presbyter est ordinatus, ita nimia tristitia et loci qualitate vehementer afflictum, ut vitam sibi pœnam existimet, et contritionis [17] suæ fugam quærat auxilium. Et ideo, quia tales erga subjectos nostros debemus exsistere, quales nobis, si subjecti fuissemus, nostros volueramus [18] esse præpositos, magnæ benignitatis est, si eum in ecclesiam [19], ubi subdiaconi est functus officio, sanctitas vestra reducere atque illic [ * ] presbyterum [ * ] voluerit [20] constituere car-

dinalem. Quod et facere, quantum arbitramur, debebitis, si tamen nihil est, quod juste contra ipsum animos [21] vestros exasperet. Si vero aliqua culpa est, suis nobis hoc epistolis vestra fraternitas, ut scire possimus, insinuet.

III. Pars. Gratian. Verum illud Gregorii de his intelligendum est, qui non causa necessitatis, sed causa ingratitudinis callide ab episcopis suis promoveri queruntur. Illud autem Carthaginensis concilii de his intelligitur, qui nolunt obtemperare episcopis suis propter necessitatem ecclesiæ volentibus eos ad altiora promovere. Hanc distinctionem ex decreto Simplicii [22] Papæ quilibet corroborare valet, qui scribens Joanni Episc. Ravennati, epist. II, ait inter cetera :

### C. VII. Non est aliquis invitus ad episcopatum pertrahendus

Ubi ista didicisti, quæ in fratrem [23] et coepiscopum [24] nostrum Gregorium non dilectione, sed invidia perpetrasti? quem inexcusabili violentia pertrahi ad [25] te passus es atque vexari, ut ei honorem tantum non per animi [26] tranquillitatem, sed per amentiam, sicut dicendum [27] est, irrogares? Neque enim talia potuissent fieri sanitate consilii. Nolumus exaggerare quod gestum est, ne cogamur judicare quod dignum est ; nam privilegium [28] meretur amittere, qui permissa sibi abutitur potestate. Et infra [29] : Denunciamus autem, quod, si posthac quicquam [30] tale præsumseris, et aliquem [31] seu episcopum, seu presbyterum, seu diaconum invitum facere [32] forte credideris, ordinationes tibi Ravennatis ecclesiæ vel Æmiliensis noveris auferendas.

### C. VIII. De eodem

Item Gregorius Antonino Subdiacono, lib. II, epist. 16. Indict. 10 [33].

Honoratus, archidiaconus ecclesiæ Salonitanæ a sanctæ memoriæ decessore meo missa supplicatione poposcerat, ut ab antistite suo invitus provehi ad fortioris gradus ordinem contra morem nullatenus [34] cogeretur. Hoc enim fieri sibi non provehendi gratia [35], sed causa ingratitudinis perhibebat. Pro qua

---

### NOTATIONES CORRECTORUM.

Dist. LXXIV. C. III. [d] Si qui : Verba hujus capitis sunt titulus sequentis capitis : Placuit, qui est proprius canon 31, concilii Carthaginensis in codice canonum et apud Græcos.

C. IV. [e] Pro necessitatibus : Græce est : Διά τινας ἀναγκαστικὰς αἰτίας τῶν ἐκκλησιῶν αὐτῶν; id est : ob quasdam cogentes causas suarum ecclesiarum.

C. V. [f] Et ordinationem : Quamvis in recentioribus conciliorum editionibus Coloniensibus legatur : et ordinationi ecclesiæ, quem elegerit episcopus, præponatur ; tamen in veteri Coloniensi, duobus Parisiensibus et duobus codicibus conciliorum Vaticanis est eodem modo atque apud Gratianum.

---

Dist. LXXIV. C. II. [a] Ex syn. Carth. hab. A. 419, apud Dionysium. — Burch. l. 2, c. 178. Ans. l. 7, c. 103. Ivo Decr. p. 0, c. 42. = C. IV. [9] ecclesiarum ; orig. — Ans. Burch. = C. V. [10] hab. A. 506. — Coll. tr. p. p. 2, t. 28, c. 21. [11] Episcopus : orig. [12] archidiaconus : Edd. Ven. I, II. Lugdd. [13] simplicem : Ed. Bas. [*] eodem molo legitur in Coll. Hisp. — ad ordinationem : Ed. Bas. = C. VI. [14] Ep. 28 (scr. A. 603), l. 13. Ed. Maur. [15] tuo, et sic numero sing. deinceps : Edd. coll. o. [16] venerandæ : orig. — Edd. coll. o. [17] contritioni : Ed. Bas. [18] vellemus : Edd. coll. o. [19] ecclesia : eæd. [20] studuerit : cæd. [21] animum tuum : eæd. [22] scr. A. 482. — Burch. l. 1, c. 29. Ans. l. 6, c. 66, 67 (64, 65). Ivo Decr. p. 5, c. 140. Polyc. l. 2, t. 53. = C. VII. [23] confratrem : Ed. Bas. [24] episcopum : Edd. coll. o. [25] a : eæd. = C. VII. [26] anni : Ed. Bas. [27] dictum : Edd. coll. o. [28] add. : dignitatis : Edd. coll. o. [29] cf. C. 25, q. 2, c. 23. [30] aliquid : Edd. coll. o. [31] add. : talem : eæd. [32] add. : posse : eæd. = C. VIII. [33] Ep. 20 ( scr. A. 592), l. 2. Ed. Maur. — Ans. l. 7, c. 75. [34] nullo modo : Edd. coll. o. [35] causa : eæd.

re tunc jam [35] sanctæ memoriæ decessor [37] noster scriptis suis Natali fratri coepiscopoque nostro interdixerat, ne prædictum Honoratum archidiaconum invitum proveheret, neve dolorem conceptæ ingratitudinis 'diutius' in corde retineret. Quumque et a nobis [38] hæc eidem summopere fuerint [39] interdicta, non solum mandata Dei negligens, sed et scripta [40] nostra [41] contemnens, præfatum archidiaconum quasi ad fortiorem honorem provehens conatus est arte callida [42] degradare. Unde actum est, ut, eo de [43] archidiaconatus loco summoto, alium adscisceret, qui ejus obtemperare moribus [44] potuisset. Quem Honoratum archidiaconum arbitramur antistiti suo aliunde displicere non potuisse [45], nisi quod eum vasa sacra suis dare parentibus prohibebat [46]. Quam causam subtili voluimus et tunc sanctæ memoriæ decessor meus, et nunc ego indagatione discutere [47], sed ipse [48] suorum sibi actuum conscius personam ad judicium postposuit destinare. Proinde [49] experientiam tuam præsentis præcepti auctoritate duximus fulciendam, quatenus, conveniens in Salona [50], Natalem fratrem coepiscopumque nostrum saltem tot scriptis admonitum studeat [51] adhortari, ut supra memoratum archidiaconum in suo [52] statim loco suscipiat. Quod si facere hoc contumaciter, ut consuevit, forte distulerit, usum ei pallii, qui ab hac sede concessus est [53], ex auctoritate sedis apostolicæ contradices [54]. Quem si etiam amisso pallio adhuc

in eadem pertinacia perseverare perspexeris, dominici 'quoque' corporis et sanguinis eumdem antistitem participatione privabis.

Gratian. *Adhibenda est etiam disciplina, qua nolentes promoveri ad sacros ordines ad obediendum episcopis suis provocentur. In minoribus siquidem ordinibus constituti paulatim per singulos gradus sunt provehendi, ut contemnentes suis obedire episcopis doleant sibi illos esse prælatos, quos prius habebant subjectos*

Unde Gelasius *scribit Victori Episcopo* [55]:

C. IX. *Quum majores ordinari contemserint, de minoribus promoveantur ordinibus.*

Consuluit [56] dilectio tua de suorum promotione clericorum, perhibens, quod diaconi ad presbyterii gradum (quo ecclesiam tuam memoras indigere) venire detrectant. Quapropter, quia invitos fieri ecclesiastica moderatio gravitasque non patitur, ut ex nolentibus fiant volentes ordinatio illa potest perficere [57], si quos habes 'vel' in acolythis, vel subdiaconis maturiores ætate, et quorum sit vita probabilis, hos in presbyteratum studeas promovere, ut, qui [58] in suis ordinibus [59] proficere noluerint, reddantur suis inferioribus post minores [60], ipsaque commoda presbyteri propensius quam diaconi consequantur, ut hac saltem ratione constricti et honorem, quem refugerant, appetere nitantur, et quæstum.

---

## DISTINCTIO LXXV.

### GRATIANUS.

I. Pars. *Tempus autem consecrationis, sicut in Ordine Romano habetur, ad episcopi venedictionem non eligitur. Omni enim tempore benedicantur, dummodo jejuni et hora tertia benedictionem accipiant.*

Unde Anacletus [1] *Papa scribit ad Episcopos* [2] *Italiæ, epist. II, in princ.*

C. I. *Ordinationes episcoporum qua hora fieri debeant.*

Ordinationes [3] episcoporum auctoritate apostolica ab omnibus, qui in eadem fuerint provincia, episcopis sunt celebrandæ. Qui simul convenientes scrutinium [4] diligenter agant, jejuniumque cum omnibus [5] celebrent precibus, et [6] manus in [7] sanctis evangeliis, 'quæ prædicaturi sunt,' imponentes, dominica die, hora tertia orantes, sacraque unctione, exemplo prophetarum et regum [6], capita eorum more apostolorum et Moysis ungentes; quia omnis sanctificatio constat [7] in Spiritu sancto, cujus virtus invisibilis sancto chrismati est permixta, et hoc ritu solemnem celebrent ordinationem.

II. Pars. Gratian. *Tempus autem consecrationis trium mensium spatio clauditur, ultra quod, nisi necessitate cogente, episcoporum consecrationes post electionem differri non licet.*

Unde in Chalcedonensi Concilio, c. 25, *legitur* [8]:

C. II. *Ultra tres menses non differatur eoiscoporum ordinatio.*

Quoniam quidam metropolitanorum, sicut ad nos perlatum est, negligunt creditos sibi greges, et differunt ordinationes facere episcoporum, placuit sanctæ synodo, intra [9] tres menses fieri ordinatio-

---

DIST. LXXIV. C. VIII. [35] *etiam* : eæd. [37] *prædecessor* : cæd. [38] *me* : eæd. ex Ans. [39] *fuerant* : cæd. [40] *scripturam* : eæd. [41] *meam* : eæd. pr. Bas. [42] *callide* : eæd. ex Ans. [43] *eodem* : eæd. [44] add. : *in omnibus* : Ed. Bas. [45] *posse* : Edd. coll. o. ex Ans. [46] *prohibuerat* : eæd. pr. Arg. Nor. [47] *perquirere* : cæd. [48] *sui suorumque* : eæd. ex Ans. [49] *Unde* : eæd. ex eod. [50] *reniens in Saloniam* : eæd. ex eod. [51] *studeas* : eæd. [52] *in statu quo* : eæd. [53] *sibi fuerat* : eæd. [54] *contradicito* : orig. et Ans. [55] Caput incertum. — *ex Pelagio* : Ans. l. 7, c. 102. — *ex Gelasio* : Ivo Decr. p. 6, c. 106. Polyc. l. 2, t. 51. = C. IX. [56] add. : *nos* : Ed. Bas. [57] *proficere* : Ivo. [58] Ivo l. 1, c. 43. [59] *in suis ord.* : absunt ab Ans. [60] *posteriores* : Ivo

DIST. LXXV. P. I. [1] Caput Pseudoisidorianum. — Burch. l. 1, c. 15. Ans. l. 6, c. 53 (51). Ivo Pan. l. 3, c. 12. Decr. p. 5, c. 69. Polyc. l. 2, t. 6. — cf. supra D. 64, c. 2. [2] *omnibus Epp.* : Edd. coll. o = C. l. [3] ex conc. Nic. c. 4. [4] *ex statutis eccl. antiq.* c. 93. Ed. Baller. [5] *cum* : orig. — Ans. Ivo. — Edd. coll. o. [6] *regum capita perungentium, eos more* : Edd. coll. o. [7] add. : *esse* : eæd. [8] hab. A. 451. = *ex Dionysio* : Burch. l. 1, c. 24. Ans. l. 6, c. 40. Ivo Decr. p. 5, c. 135. = C. II. [9] *infra* : Edd. Bas. Par.

nes episcoporum, nisi forte inexcusabilis necessitas coegerit tempus ordinationis amplius protelari [10]. Si autem quis [a] episcoporum hæc [11] non observaverit, ipsum debere ecclesiasticæ condemnationi subjacere, reditus vero ejusdem viduatæ ecclesiæ integros reservari apud œconomum ejusdem ecclesiæ placuit †.

III. Pars. Gratian. *Ceterorum vero ordinationes non nisi in temporibus certis et diebus, maxime sacerdotum et Levitarum, fieri debent, vespera videlicet sabbati, vel mane diei dominicæ continuato jejunio.*

Unde Zephyrinus [12] Papa *scribit ad Episcopos* [13] *Ægypti, epist. II.*

C. III. *Ordinationes presbyterorum vel Levitarum qua hora fieri debeant.*

Ordinationes presbyterorum Levitarumque tempore congruo, multis coram adstantibus, solemniter agite, et probabiles ac doctos viros ad hoc opus provehite, ut de eorum societate et adjumento plurimum gaudeatis.

C. IV. *Presbyteri et Levitæ qua hora ordinandi sunt.*

*Item* Leo Episcopus *Dioscoro Alexandrino Episcopo, epist. LXXIX, cap.* 1 [14].

Quod a Patribus nostris propensiore cura novimus esse servatum, a vobis [15] quoque volumus custodiri, ut non passim diebus omnibus sacerdotalis vel levitica ordinatio celebretur, sed post diem sabbati ejus noctis, quæ lucescit in prima sabbati, exordia consecrandi [16] eligantur, in quibus his, qui consecrandi sunt, jejunis et a jejunantibus sacra benedictio conferatur. Quod ejusdem observantiæ erit, si mane ipso dominico die, continuato jejunio sabbati, celebretur [17], a quo tempore præcedentis noctis initia non recedunt, quod [18] ad diem resurrectionis (sicut etiam in pascha Domini declaratur) pertinere non dubium est.

C. V. *Quare die dominico sacerdotum ordinationes celebrentur.*

Idem eodem cap. [19].

IV. Pars. *Quod* [20] *die* [b] *dominico ordinationes sacerdotum celebrentur, non tantum ex consuetudine, sed etiam ex apostolica novimus venire doctrina, scriptura manifestante, quod, quum apostoli Paulum et Barnabam ex præcepto Spiritus sancti ad evangelium gentium* [21] *mitterent prædicandum, jejunantes et orantes imposuerunt eis manus, ut intelligamus, quanta et dantium et accipientium devotione curandum sit, ne tantæ benedictionis sacramentum negligenter videatur impletum. Et ideo pie et laudabiliter apostolicis morem gesseris institutis, si hanc ordinandorum sacerdotum formam per ecclesias, quibus Dominus præesse te voluit, etiam ipse servaveris, ut his, qui consecrandi sunt, nunquam benedictio, nisi in die dominicæ resurrectionis tribuatur, cui a vespera sabbati initium constat adscribi, et* [22] *tantis divinarum dispensationum* [23] *mysteriis est consecrata, ut, quicquid est a Domino insignius* [24] *constitutum, in hujus diei dignitate sit gestum. In hac mundus sumsit exordium; in hac per resurrectionem* * Christi * *et mors interitum, et vita accepit initium* [25]. *In hac,* etc.

C. VI. *De eodem.* PALEA.

*Item* in Ordine Romano, *cap. de gradibus ecclesiæ* [26].

‹ Quando et ubi libitum fuerit usque ad subdiaconatus officium ordinantur clerici, diaconi vero atque presbyteri nunquam, nisi in publica ordinatione. ›

C. VII. *De temporibus ordinationis.*

*Item* Gelasius *ad Episcopos per Lucaniam, epist. I. cap.* 13. [27]

V. Pars. *Ordinationes presbyterorum et diaconorum nisi certis temporibus et diebus exerceri non debent, id est quarti mensis jejunio, septimi et decimi; sed et etiam quadragesimalis initii, ac medianæ* [28] *hebdomadæ, et sabbati jejunio circa vesperam noverint* [29] *celebrandas, nec cujuslibet utilitatis causa seu presbyterum, seu diaconum his præferre* [30], *qui ante ipsos fuerint ordinati*

---

NOTATIONES CORRECTORUM.

Dist. LXXV. C. II. [a] *Si autem quis*: Sic etiam in prisca * versione. Græce est: Εἰ δὲ μὴ τοῦτο ποιήσοι, ὑποκεῖσθαι αὐτὸν (al. αὐτῷ) ἐκκλησιαστικῷ ἐπιτιμίῳ; quæ aliter interpres vertit: *Quod si hoc minime feceri, correptioni ecclesiasticæ subjacebit.* De metropolitano enim loquitur.

C. V. [b] *Quod die*: Sumtum est caput hoc ex eodem loco, unde et antecedens, mutato tamen verborum ordine, et nonnullis initio adjectis. In ipsa enim epistola post ultima verba præcedentis capitis sequitur continenter: *Nam præter auctoritatem consuetudinis, quam ex apostolica novimus venire doctrina, etiam sacra scriptura manifestat, quod quum apostoli, etc.*

---

Dist. LXXV. C. II. [10] *propagari*: Coll. Hisp. * imo Hispanica. [11] *hoc*: Edd. coll. o. † *censemus*: Edd. coll. o. [12] Caput Pseudoisidorianum, desumtum ex libro pontificali. — Burch. l. 2, c. 3. Ans. l. 7, c. 43. Ivo Decr. p. 6, c. 23 et 47. Polyc. l. 2, t. 28. [13] *omnibus Epp.*: Edd. coll. o. = C. IV. [14] Ep. 9 (scr. A. 445), Ed. Baller. — Ans. l. 7, c. 44. Ivo Decr. p. 6, c. 51. Polyc. l. 1. [15] *nobis*: Edd. coll. o. [16] *abest ab orig.* [17] add.: *ordinatio*: Edd. coll. o. [18] *quam*: orig. = C. V. [19] Ivo Pan. l. 3, c. 13. Decr. p. 6, c. 70. [20] add.: *omnibus*: ib. [21] *quia tantis*: orig. Edd. coll. o. — *et* — *consecratam*: Coll. Hisp. [23] *dispositionum*: orig. [24] *insigne*: Edd. coll. o. [25] *principium*: eæd. = C. VI. [26] Hoc caput prostat in Ordine Rom. (vide ad. c. 2. D. 23), quem num. IX, in Museo Ital. publici juris fecit Mabillonius. — Ans. l. 7, c. 61 (51). = C. VII. [27] scr. A. 494. — Ans. l. 7, c. 43. Ivo Pan. l. 3, c. 25. Decr. p. 6, c. 74. Polyc. l. 2, t. 28. [28] *mediana quadragesimæ die*: orig. — Ans. Ivo. [29] add.: *ipsas ordinationes*: Edd. coll. o. ex Ans. [30] add.: *audeant*: eæd.

## DISTINCTIO LXXVI.

**GRATIANUS.**

I. Pars. *Quibus temporibus jejunia celebranda sint*, Calixtus Papa *determinat, scribens Benedicto Eviscopo epist. I.* [1]:

### C. I. *Quibus temporibus jejunia celebrentur.*

Jejunium, quod ter in anno apud nos celebrare didicisti, convenientius nunc per quatuor tempora fieri decernimus, ut, sicut annus per quatuor volvitur tempora, sic et nos quaternum solenne agamus jejunium per anni quatuor tempora.

### C. II. *De eodem.*

*Item ex Concilio Moguntino I.* [a] *cap. 34* [2].

Constituimus [3], ut quatuor tempora anni ab omnibus [4] communi jejunio observentur, id est in mense Martio, hebdomada prima; in Junio, secunda; in Septembri, tertia; in Decembri, quarta.

### C. III. *De eodem.*

*Item ex Concilio Salegunstæ habito, cap. 2.* [5]

De jejunio autem *incerto* quatuor temporum hanc certitudinem statuimus, ut si calendæ Martiæ in quarta feria sive antea evenerint, eadem hebdomada jejunium celebretur. § 1. Si autem calendæ Martiæ in quintam feriam aut sextam, aut sabbatum distenduntur, in sequentem [6] hebdomadam jejunium differatur. Simili quoque modo, si calendæ Junii in quarta feria aut antea evenerint, in subsequenti hebdomada jejunium celebretur; et si in quinta, aut sexta feria, aut sabbato contigerint [7], jejunium in tertiam [8] hebdomadam reservetur. § 2. Et hoc sciendum est quod, si quando jejunium mensis Junii in vigilia pentecostes secundum prædictam regulam evenerit, non ibi celebrandum erit, sed in ipsa hebdomada solenni pentecostes, [quia vigilia [b] simul et jejunium celebrari non debent,] et tunc propter solemnitatem Spiritus sancti diaconi dalmaticis induantur, et Alleluia cantetur, et Flectamus genua A non dicatur. § 3. Eodem modo de septembris [9] jejunio constitutum est, ut, si calendæ septembris in quarta feria evenerint aut antea, jejunium in tertia hebdomada celebretur, et si in quinta, aut sexta, aut sabbato contigerint [10], in quarta hebdomada jejunandum erit. § 4. In decembri vero illud observandum erit, ut in proximo sabbato ante vigiliam natalis Domini celebretur jejunium, quia, si vigilia in sabbato evenerit, simul vigiliam et jejunium celebrare [11] non convenit.

*Contra* Urbanus II. *in Concilio Placentino, c.* 11.[12]:

### C. IV. *De eodem.*

Statuimus etiam, in jejunia quatuor temporum hoc ordine celebrentur: primum in initio quadragesimæ, secundum in hebdomada pentecostes, tertium vero in septembri, quartum in decembri more solito fiat.

### C. V. *De eodem.*

*Item* Leo Papa I, *sermone I, de jejunio pentecostes* [13].

Igitur post sanctæ lætitiæ dies, quos in honorem Domini a mortuis resurgentis ac deinde in [14] cœlos ascendentis exegimus, postque acceptum sancti Spiritus donum, salubriter et necessario consuetudo est ordinata jejunii, ut, si quid forte inter ipsa festivitatum [15] gaudia negligens libertas et licentia inordinata [16] præsumpsit, hoc religiosæ abstinentiæ censura castiget.

### C. VI. *De eodem.*

Idem *sermone, VIII. de jejunio decimi mensis* [17].

Hujus observantiæ utilitas, dilectissimi [18], in ecclesiasticis præcipue est constituta jejuniis, quæ ex doctrina sancti Spiritus ita per totius anni circulum distributa sunt, ut lex abstinentiæ omnibus sit adscripta temporibus. Siquidem jejunium vernum in quadragesima, æstivum in pentecoste, autumnale in pentecostes absque genuum flexione *cum Alleluia et Gloria in excelsis Deo, et vestibus solennibus fiet; tertium plena hebdomada ante æquinoctium autumnale; quartum plena hebdomada ante natalem Domini, vigilia ejusdem accepta. Et idem repetitur in altero concilio Placentiæ postea habito, quod est in bibliotheca Vaticana, et citatur infra ead. cap.* Statuimus.

C. III. [b] *Quia vigilia*: Hæc usque ad verbum: *debent*, non sunt in ipso concilio impresso ex Burchardo, eadem vero sententia repetitur in fine capitis.

---

## NOTATIONES CORRECTORUM.

Dist. LXXVI. P. II [a]. Auctor Micrologi c. 24 et 25 de hoc ipso Moguntini concilii canone disputans, aperte ait, hoc ex ignoratione traditionis ecclesiasticæ fuisse profectum. Unde Leo Papa ait: *Hujus observantiæ*, etc., quod refertur infra ead. dist. c. 6. Et ne quis occasione hujus nominis conciliorum Germanicorum deciperetur, Gregorius VII (quod in eodem Micrologo narratur) veterem Romanæ Ecclesiæ consuetudinem renovavit. De qua re in concilio Claromontensi Urbani II, c. 1, sic statuitur: *Primum jejunium quatuor temporum semper fiet prima hebdomada quadragesimæ; secundum in hebdomada*

---

Dist. LXXVI. C. I. [1] Cap. Pseudoisidorianum, desumtum ex libro Pontif. — cf. Ord. Rom. apud Hittorp. p. 83. — Ivo Pan. l. 2, c. 175. Decr. p. 4, c. 27. Polyc. l. 3, t. 25. = C. II. [2] cap. 34. Conc. Mog.. hab. A. 813, in epitomen redactum. — Cap. l. 5, c. 86. Reg. l. 1, c. 277. Burch. l. 13, c. 2. Ivo Pan. l. 2, c. 180. Decr. p. 4, c. 55. [3] *Statuimus*: Ed. Bas. [4] add.: *hominibus*: Edd. coll. o. = C. III. [5] hab. A. 1022. — Burch. in fine. Ivo Pan. l. 2, c. 181. Decr. p. 4, c. 33. [6] *sequenti hebd.*: Edd. coll. o. [7] *contigerit*: cæd. [8] *tertia hebd.*: cæd. pr. Lugdd. II, III. [9] *septimi mensis*: cæd. — *septembris mens*: Ed. Bas. [10] *contigerit*: cæd. [11] *celebrari*: cæd. [12] hab. A. 1095. — Polyc. l. 3, t. 25. = C. V. [13] Serm. 78. Ed. Baller. — Polyc. ibid. [14] absunt ab Edd. Lugdd. — *cœlum ascendentis*: Edd. coll. rel. [15] *festivitatis*: Edd. coll. o. [16] *immoderata præsumpserit*: cæd. = C. VI. [17] Serm. 19. Ed. Baller. — Polyc. ibid. [18] add.: *fratres*: Edd. coll. o.

mense septimo [15], hiemale autem in hoc, qui est decimus, celebramus [16], intelligentes divinis nihil vacuum esse præceptis, et verbo Dei ad eruditionem nostram omnia elementa servire, dum per ipsius mundi cardines quasi per quatuor evangelia incessabili [17] tuba discimus quod et prædicemus, et agamus.

II. Pars. Gratian. *Primum vero mensem, quartum, septimum et decimum, non Hebræorum ratione, sed nostra debemus accipere. Primus enim mensis apud illos est Aprilis, quartus Julius, septimus October, decimus Januarius. In quibus, et præterea in quinto mense, qui est Augustus, quæ fuerit eis causa jejunii, Hieronymus in commentariis ad cap. 8. Zachariæ exponit, dicens* [22]:

C. VII. *Quare in supradictis mensibus jejunia lex imperavit.*

Jejunium quarti, et jejunium quinti, et jejunium septimi, et jejunium decimi ('ἀπὸ κοινοῦ enim" subauditur mensis) [23] domui Judæ et Hierusalem in dies festos vertetur et gaudium : 'veritatem tantum Deus quærit et pacem.' In hoc loco nostrorum [24] multi multa dixerunt, et inter se dissonantia. *Et paucis interjectis* : § 1. Cogimur igitur ad Hebræos recurrere, et scientiæ veritatem de fonte magis quam de rivulis quærere. *Et paulo post* : § 2. Jejunium quarti mensis, qui apud Latinos vocatur Julius, die septima et decima ejusdem mensis illud arbitrantur [25], quando descendens Moyses [26] de monte Sina tabulas legis abjecit atque confregit, et juxta Hieremiam [27] muri primum rupti sunt civitatis. In quinto [28] mense, qui apud Latinos [29] appellatur Augustus, quum propter exploratores terræ sanctæ seditio orta esset in populo, jussi sunt montem non ascendere, sed per quadraginta annos longis [30] a terra sancta [31] circumire dispendiis, ut exceptis duobus, Chaleb [32] et Josue, omnes in solitudine caderent. In hoc mense et a Nabuchodonosor [33], et multa post sæcula a Tito et Vespasiano templum Hierosolymis incensum est atque destructum; capta urbs [34] Bethel, ad quam multa millia confugerant Judæorum; aratum [35] templum in ignominiam gentis oppressæ a Tito Annio Rufo. In septimo vero, qui apud nos appellatur october, 'sicut supra diximus,' occisus est Godolias; et Judæ tribus, ac Hierusalem reliquiæ dissipatæ. 'Legamus Hieremiam' [36]. Mense decimo (qui apud nos Januarius dicitur, eo quod janua anni sit atque principium), Ezechiel [37] in captivitate positus audivit et cunctus populus captivorum, quinto mense templum esse subversum, quod plenissime in eodem propheta cognoscimus. Hoc est igitur omne, quod dicitur, dies planctus et jejuniorum, quos hactenus habuistis in luctum, sciatis vobis (quia cogitavi, ut benefaciam Hierusalem [38] et domui Juda) in lætitiam et gaudium et solennitates esse vertendos; ita duntaxat, si veritatem diligatis et pacem. Juxta anagogem, quia tunc jejunamus, quando [39] sponsus aufertur a nobis, et non meremur ejus habere præsentiam, quum reversus fuerit Dominus ad nos, et cogitaverit, ut benefaciat nobis, omnis tristitia vertetur in gaudium, et fames pristina sermonis Dei præsentia doctrinarum ejus et cœlestis panis saturitate pensabitur [40].

III. Pars. Gratian. *Non autem videntur jejunia quarti mensis posse celebrari ante diem pentecostes. A die enim dominicæ resurrectionis usque in diem pentecostes non inducuntur observanda jejunia. Unde Ambrosius in ejusdem diei sermone LXI, qui sic incipit* [41] :

C. VIII. *De eodem.*

*Scire debet* • *sanctitas vestra.* Per hos quinquaginta dies nobis est [42] jugis et continuata festivitas, ita ut hoc omni tempore neque ad observandum indicamus jejunia, neque ad exorandum Deum [43] genibus succedamus [44]. *Et infra* : § 1. Instar [45] ergo dominicæ [46] tota quinquaginta dierum curricula celebrantur, et omnes isti dies velut dominici deputantur. Resurrectio enim dominica [47] est. Nam in dominica resurgens salvator reversus ad homines est, et post resurrectionem tota quinquagesima cum hominibus commoratus est. Æqualis [48] ergo eorum [49] necessarium ut esset festivitas, quorum æqualis

NOTATIONES CORRECTORUM.

C. VIII. c *Scire debet* : In multis manuscriptis exemplaribus a capite *Jejunium*, usque ad cap. *Post Pascha*, in aliquot etiam usque ad ultimum, nulla est distinctio capitum. Tanquam enim unico contextu continentur multæ auctoritates a Gratiano citatæ. Ideo verba ista : *Scire debet sanctitas vestra*, cohærent cum extremis verbis Gratiani ad finem præcedentis capitis, atqua ita legendum : *Unde Ambrosius in ejusdem diei sermone LXI, qui incipit : Scire debet sanctitas vestra*, ac deinde subjungendum, *Per hos quinquaginta*, etc. Suo enim modo aptavit hunc locum Gratianus. Nam apud B. Ambrosium paulo aliter habetur.

---

DIST. LXXIV. C. VI. [19] *septembri* : Ed. Bas. orig. attamen in homiliis Pauli diaconi et tianum. [20] Polyc. ib. = C. VII. [22] abest ab Edd. coll. o. pr. Bas. [24] *vestrorum* : Edd. Arg. Bas [25] *arbitramur* : Edd. coll. o. pr. Lugd. II, III. Antw. [26] Exod. c. 52. [27] Hier. c. 52. [28] *add.* : *vero* : Edd. coll. o. [29] *nos* : exd. [30] *longius* : exd. pr. Lugd. II, III. Antw. [31] *ad terram s.* : orig. [32] Num. c. 14. [33] 4 Reg. c. 25. Hier. c. 39, et 41. [34] *capta urbe* : Edd. coll. o. pr. Lugd. II. Antw. [36] *sequentia* in Edd. coll. o. pr. Lugd. II, III. Antw. desiderantur. c. 52. [37] Ezech. c. 33. [38] *Israel* : Edd. coll. o. pr. Lugd. II, III. Antw. [39] Joan. c. 16. [40] *compensabitur* : Edd. coll. o. [41] Tribuitur sermo iste Maximo Taurinensi, Bibl. Patr. (Ed. Lugd.) t. 6, p. 29. = C. VIII. [42] *esse* : Edd. coll. o. pr. Lugd. II, III. Antw. [43] *Dominum* : Edd. coll. o. [44] *succidamus* : orig. — Edd. Lugd. II, III. Antw. [45] *add.* : *Ad* : Edd. coll. o. [46] *add.* : *resurrectionis* : exd. [47] *add.* : *dies* : ib. [48] *æqualis eorum*; *ergo* : Edd. Nor. Ven. t, II. Par. Lugd. I. [49] *add.* : *dierum* : Ed. Lugd. II, III.

DECRETI PARS PRIMA. DIST. LXXVII.

esset [50] et sanctitas. 'Sic enim disposuit Dominus, ut, sicut ejus passione in quadragesimæ jejuniis contristaremur, ita ejus resurrectione in quinquagesimæ feriis lætaremur.' Non igitur jejunamus in [51] quinquagesima, quia in his diebus nobiscum Dominus commoratur [52]. *Item in Apologia David* [53]: Hunc numerum (quinquagesimum videlicet) læti celebramus post Domini passionem, remisso culpæ totius debito, chirographo [54] quoque evacuato, ab omni nexu liberi, et suscipimus advenientem in nos gratiam Spiritus sancti; die pentecostes vacante [55] jejunio laus dicitur Deo [56], Alleluia cantatur.

Gratian. *Necessario ergo ecclesia constituit, ut post diem pentecostes jejunia celebrentur. Sed quod in illis quinquaginta diebus jejunandum esse negatur, ex observantiæ necessitate intelligitur.*

Unde idem Ambrosius *in ejusdem diei sermone LX, qui sic incipit* [57]:

C. IX. *De eodem.*

Nosse credo [d] vos fratres. Non [58] minore lætitia celebramus diem pentecostes, quam sanctum [59] pascha curavimus. Tunc enim, sicut modo fecimus, jejunavimus sabbato, vigilias celebravimus, orationibus pernoctantes [60] instituimus : unde necesse est, similem observantiam [61] similis lætitia subsequatur.

Gratian. *Observantia vero similis dicitur quoad factum, non quoad necessitatem.*

Unde Isidorus *lib. I. de ecclesiasticis officiis, cap. 42*:

C. X. *De eodem.*

Post pascha usque ad pentecosten, licet traditio A ecclesiarum abstinentiæ rigorem prandiis relaxaverit, tamen si qui [62] monachorum vel clericorum [63] jejunare cupiunt, non sunt prohibendi, quia Antonius et Paulus et ceteri Patres antiqui etiam his diebus in eremo leguntur abstinuisse, neque solvisse abstinentiam, nisi tantum die dominico.

C. XI. *De eodem.*

Item Hieronymus *ad Lucinium* [64], *ep. XXVIII.* [65] Utinam omni tempore jejunare possemus, quod in Actibus apostolorum diebus [66] pentecostes et die dominico apostolum Paulum et cum eo credentes fecisse legimus. *Et infra :* Nec hoc dico, quod dominicis [67] diebus jejunandum putem, et contextas quinquaginta [68] diebus ferias [69] auferam ; sed unaquæque provincia abundet in suo sensu, et præcepta majorum [70] leges apostolicas arbitretur [71].

C. XII. *Sabbato magno post horam baptismi episcopus valet ordinari.*

Item Pelagius Papa *Petro Episcopo Potentino* [72].

Dilectionis tuæ scripta suscepimus, quibus significas Latinum ecclesiæ Grumentinæ diaconum ad episcopatum Marcellionensis ecclesiæ sive Clusitanae [73] ab omnibus fuisse electum, quod jam antehoc tempus retulisti; et jussimus, ut veniret, credentes eos de persona ejusdem ab episcopo suo dimissorias accepisse. Quod [74] si modo fecerunt, facite eum velociter ad urbem Romam occurrere, ut si Deus jusserit, in sabbato magno post horam baptismi ordinetur. Quod si ante memoratum diem non occurrerit, cogetur usque ad quarti mensis jejunia substinere [75].

## DISTINCTIO LXXVII.

### GRATIANUS.

His temporibus secundum Anacletum, Zephyrinum, Gelasium et Pelagium episcopi, presbyteri et diaconi sunt ordinandi, Metropolitanus autem juxta Leonem ex presbyteris ejusdem ecclesiæ vel ex diaconis optimus ordinetur. Ex monachis autem vel laicis nullus nisi per gradus ecclesiæ debet ad summum sacerdotium pervenire.

Unde Caius Papa *Felici episcopo, ep. un. in. extr.* [1] :

C. I. *Non nisi per distinctos gradus quisquam ad sacerdotium aspiret.*

Illud nos statuentes vobis et omnibus servare mandamus, ut [a] ad ordines ecclesiasticos sic ascendant in ecclesia, qui ordinari merentur : id est, si quis episcopus esse meretur, sit primum ostiarius, deinde lector, postea exorcista : inde [b] sacretur acolythus, demum [c] vero subdiaconus,

### NOTATIONES CORRECTORUM.

C. IX. [d] *Nosse credo :* Idem evenit in hoc capite, quod in superiore evenisse notatum est. Cohæret enim cum superioribus, prima sermonis periodo quasi in summam redacta.

---

Dist. LXXVI. C. VIII. [50] *est :* Edd. coll. o. [51] add. *: hac :* Edd. Bas. Lugd. II, III. [52] *commoratus est :* Edd. coll. o. [53] c. 8, [54] *chirographoque :* Edd. coll. o. cf. Coloss. c. 2. [55] *vacant jejunia :* Edd. coll. o. [56] add. *: et oratio :* exd. pr. Arg. [57] *Ambrosii* nomen in Edd. coll. o. omissum est. = C. IX. [58] *quia non :* Ed. Bas. [59] *diem s. p. celebrare c. :* Edd. coll. o. [60] *pernoctanter :* Ed. Bas. cum orig. [61] *similis obs. similem lat. subsequ. :* orig. = C. X. [62] *si quis – cupit :* Edd. coll. o. [63] add. *: vel laicorum :* ib. = C. XI. [64] scr. A. 385. — Ans. l. 4, c. 44. Polyc. l. 3, t. 25. [65] *Lucianum :* Bohm. [66] *die :* Ed. Bas. [67] *festivis :* Edd. col. o. [68] *sexaginta :* orig. [69] add. *: et solennitates :* Edd. coll. o. [70] add. *: et :* Ed. Bas. [71] *arbitrentur :* Ed. Nor. — *arbitremur :* Edd. Ven. I, II. Lugdd. Par. = C. XII. [72] Ep. incerti temporis. — Ans. l. 6, c. 59 (61). Polyc. l. 2, t. 25. — cf. D. 63, c. 14. — *Pontino :* Edd. Lugd. II. — Bohm. [73] *Clusitanum :* Ed. Arg. — *Cassilitanæ :* Ed. Bas. — *Cusilinatium :* Ans. [74] *Unde vel nunc, sicut dicis eum concorditer ab omnibus electum, et nihil ei sacri canones contradicunt, et ab episcopo ejus dimissoriam accipiunt, facile,* etc. : Ans. [75] *subsistere :* ed. pr. Par. Lugdd. — Bohm.

Dist. LXXVII. C. I. [1] Caput Pseudoisidorianum, concinnatum secundum libr. pontificalem. — Coll. tr. p. p. 1, t. 26, c. 2. [a] add. *: omnes :* Edd. coll. o. [b] *deinde :* Ed. Bas. [c] *deinde :* Edd. coll. o.

deinde diaconus, et postea presbyter, et exinde, si meretur, episcopus ordinetur.

*Unde* Zosimus *Episc. urbis Romæ ait ad Hesychium, epist. I. cap. 3.*

### C. II. *Quæ intervalla temporis in singulis gradibus servanda sint.*

In singulis gradibus hæc tempora sunt observanda, si ab infantia ecclesiasticis ministeriis nomen dederit, ut inter lectores et exorcistas quinquennio teneatur, exinde acolythus vel subdiaconus quatuordecim annis fiat, et sic ad benedictionem diaconatus, si meretur, accedat, in quo ordine quinque annis, si inculpate se gesserit, hærere debebit. Exinde suffragantibus stipendiis, per tot gradus datis propriæ fidei documentis, presbyterii sacerdotium poterit promereri, de quo loco, si eum exactior ad bonos mores vita perduxerit, summum pontificatum sperare debebit. *Et infra:* § 1. Defensores etiam ecclesiae, qui ex laicis fiunt, supradicta observatione teneantur, si meruerunt esse in ordine clericatus.

### C. III. *De eodem.*

*Item* Siricius Papa *ad Himerium Tarraconensem, epist. I. cap. 9.*

Quicunque itaque se ecclesiae voverit obsequiis a sua infantia, ante pubertatis annos baptizari et lectorum debet ministerio sociari, qui ab accessu adolescentiæ usque ad vigesimum ætatis annum si probabiliter vixerit, una tantum, et ea, quam virginem communi per sacerdotem benedictione percepit, uxore contentus acolythus et subdiaconus esse debebit, posteaque ad diaconii gradum ( si se ipsum primitus, continentia præeunte, dignum probaverit) accedat. Ubi si ultra quinque annos laudabiliter ministraverit, congrue presbyterium consequatur. Exinde post decennium episcopalem cathedram poterit adipisci, si tamen per hæc tempora integritas vitæ ac fidei ejus fuerit approbata. Qui vero jam ætate grandævus, melioris propositi conversatione provocatus, ex laico ad sacram militiam pervenire festinat, desiderii sui fructum non aliter obtinebit, nisi eo quo baptizatur tempore statim lectorum aut exorcistarum numero societur, si tamen eum unum habuisse vel habere, et hanc virginem accepisse constet uxorem. Qui, dum initiatus fuerit expleto biennio, per quinquennium aliud acolythus et subdiaconus fiat, et sic ad diaconatum, si per hæc tempora dignus indicatus fuerit, provehatur. Exinde jam accessu temporum presbyterio vel episcopatui, si eum cleri ac plebis evocaverit electio, non immerito societur.

### C. IV. *De eodem.*

*Item* ex Sexta Synodo, c. 15.

Subdiaconus non minor viginti annorum ordinetur. § 1. Si quis vero in aliquo ordine sacerdotali præter constituta tempora ordinatus fuerit, deponatur.

### C. V. *De eodem.*

*Item* ex Concilio Carthaginensi III. c. 4.

Placuit, ut ante viginti quinque annos ætatis nec diaconi ordinentur, nec virgines consecrentur, et ut lectores populum non salutent.

### C. VI. *Minoribus XXV. annis levitica non præstetur benedictio.*

*Item* ex Concilio Agathensi, c. 16 et 17.

Episcopus benedictionem diaconatus minoribus quam viginti quinque annorum penitus non committat. § 1. Sane si conjugati juvenes consenserint ordinari, etiam uxorum voluntas ita requirenda est, ut sequestrato mansionis cubiculo, religione promissa, posteaquam pariter conversi fuerint, ordinentur. § 2. Presbyterum vero vel episcopum ante triginta annos, id est antequam ad viri perfecti ætatem perveniat, et diaconos ante viginti quinque, nullus metropolitanorum ordinare praesumat, ne per aetatem (quod aliquoties evenit) aliquo errore culpentur.

### C. VII. De eodem.
*Item* ex Concilio Toletano IV. c. 20 [26].

In veteri legi ab anno vigesimo quinto Levitae in tabernaculo servire mandantur [27], cujus auctoritatem in canonibus et sancti Patres secuti sunt. Nos et divinae legis, et conciliorum [28] praecepti immemores, infantes et pueros Levitas facimus ante legitimam aetatem, ante experientiam vitae; ideoque ne ulterius fiat a nobis, et divina [29] lege, et canonicis admonemur sententiis, ut [30] a viginti quinque annis aetatis [31] Levitae consecrentur, et ea triginta praesbyteri ordinentur.

### C. VIII. *Per quae intervalla temporum ordinetur qui de monachis in clericatum eligitur.*
*Item* Gelasius Papa *ad Episcopos per Lucaniam, epist. 1. cap. 3.* [32]

Si quis de religioso proposito et [33] disciplinis monasterialibus eruditus ad clericale munus accedat [34], imprimis ejus vita * praeteritis * acta [35] temporibus inquiratur, si nullo gravi facinore probatur infectus; si secundam non habuit [36] fortassis uxorem, nec a marito relictam sortitus ostenditur; ' si poenitentiam d publicam fortassis non gessit, nec ulla corporis parte vitiatus apparet; si servili aut originariae non est conditionis obnoxius; si curiae jam probatur nexibus absolutus; si assecutus est literas, sine quibus vix fortassis ostiarii possit implere ministerium.

### C. IX. De eodem.
*Item* eodem capite et sequenti [37].

Monachus * vero novitius morum honestate fulcitur [38], continuo lector, vel notarius, aut certe defensor effectus, post tres menses exsistat [39] acolythus, maxime si huic aetas * etiam * suffragatur, sexto mense subdiaconi nomen accipiat, ac si modestae conversationis honestaeque voluntatis exsistit [40], nono mense diaconus, completoque anno sit presbyter; cui tamen, quod [41] annorum interstitia fuerant collatura, sancti propositi sponte suscepta doceatur praestitisse devotio. § 1. Si vero laicus quispiam ecclesiasticis est aggregandus officiis, tanto solicitius in singulis, quae superius comprehensa sunt hujusmodi decet examinari [42] personam, quantum inter mundanam religiosamque vitam constat esse discriminis, quia utique convenientia ecclesiae ministeria reparanda [43] sunt, non inconvenientibus meritis ingerenda, tantoque magis quod sacris aptum possit esse servitiis in eorum quaerendum est institutis, quantum de tempore, quo fuerant [44] haec assequenda, decerpitur, ut morum habere doceatur hoc probitas, quod prolixior consuetudo non contulit, ne per occasionem supplendae penuriae clericalis [45] vitia potius divinis cultibus intulisse non legitimae familiae Domini computemur [46] procurasse compendia. Quorum promotionibus super anni metas sex menses nihilominus subrogamus, quoniam, sicut dictum est, distare convenit [47] inter personam divino cultui deditam [48], et de laicorum conversatione venientem. Quae tamen eatenus indulgenda credidimus [49], ut ecclesiis f ab hac occasione cessantibus canonum paternorum vetus forma servetur.

## DISTINCTIO LXXVIII.

### GRATIANUS.
*Qua vero aetate sacerdotes ordinari debeant*, Bonifacius a Papa [1] *diffinivit*, *dicens* :

### C. I. Ante annos XXX. presbyter non ordinetur.
Si quis triginta aetatis suae annos non impleverit, nullo modo presbyter ordinetur, etiamsi valde sit dignus.

### C. II. De eodem. PALEA.
*Item* in Novellis in Authentica *de sanctiss. episcopis*

§ *Clericos. apud Julian. Antec. constit. CXV. c.* 19 [2].

« Nemo presbyter consecretur, qui minor triginta

## NOTATIONES CORRECTORUM.

C. VIII. d *Si poenitentiam* : Hinc usque ad finem addita sunt ex epistola ipsa, ut melius percipiatur nexus sequentis capitis. Nam post verbum : *ministerium*, continenter apud Gelasium sequitur : *ut si his omnibus, quae sunt praedicta, fulcitur*, continuo *lector*, etc.

C. IX. e *Monachus* : Quomodo hic locus in originali habeat, proxima superiore notatione indicatum est.

f *Ecclesiis* : Haec multo plenius a Gelasio exponuntur : *Ut illis*, inquit, *ecclesiis quibus infestatione bellorum vel nulla penitus, vel exigua remanserunt ministeria, renoventur, quatenus nis Deo propitio restitutis, in ecclesiasticis gradibus subrogandis canonum paternorum vetus forma servetur*, *nec contra eos ulla ratione praevaleat, quod pro accidentis defectus remedio providetur, non adversus scita majorum nova lege proponitur, ceteris ecclesiis ab hac occasione cessantibus, quas non simili clade vastatas pristinam faciendis ordinationibus convenit tenere sententiam.*

DIST. LXXVIII. a *Bonifacius* : Ceteri collectores citant ex decretis Fabiani. Exstat apud Martinum Bracarensem episcopum in capitul. graec. synod. c. 20, ex Neocaesariens. c. 11.

DIST. LXXVII. C. VII. [26] hab. A. 633.—Burch. l. 2, c. 12. Ivo Pan. l. 3, c. 31. Decr. p. 6, c. 52. Polyc. l. 2, t. 27. [27] *praecipiuntur* : Ivo. — *jubentur* : Edd. coll. o. [28] *praeceptorum canonum* : exd. [29] *divinae legis*: orig. — Ivo. [30] *sed* : ib. [31] *add*. : *suae* : Edd. coll. o. = C. VIII. [32] scr. A. 494.—Ivo Decr. p. 3, c. 143. [33] *add*. : *de* : Edd. coll. o. [34] *accedit* : exd. *ante acta* : Edd. Lugd. II. Antw. — *acta temporibus* : Edd. coll. rel. [36] *habuerit* : Edd. coll. o. = C. IX. [37] Coll. tr. p. p. 1, t. 46, c. 12. [38] *si* — *fulcitur* : Bohm. [39] *fiat* : Ed. Bas. [40] *exsistat* : exd. [41] *quot* : exd. [42] *examinare* : exd. [43] *deputanda* : exd. [44] *fuerint* : exd. [45] *clericatus* : exd. [46] *computentur* : Edd. Arg. Bas. [47] *credimus* : Ed. Bas. — *Debet* : Edd. coll. rel. [48] *dedicatam* : Edd. coll. o. [49] *credimus* : exd.

DIST. LXXVIII. C. I. [1] *Regino* in app. 1, c. 39, (: *ex can. orient. antiqu. Patrum*).—Burch. l. 2, t. 10. Ivo Pan. l. 5, c. 29. Decr. p. 6, c. 50. Polyc. l. 2, t. 20 (; *ex decretis Fabiani*). = C. II. [2] Polyc. . 2, t. 27.

annis sit; nemo diaconus vel subdiaconus fiat, qui minor viginti quinque annis sit, nemo lectoribus connumeretur, qui minor decem et octo annis fuerit; nemo inter diaconissas consecretur sacrosanctæ ecclesiæ, quæ minor sit quadraginta annis vel ad secundum matrimonium pervenerit [3]. »

C. III. *Non est ordinandus sacerdos nisi longo sit probatus examine.*

*Item* Leo Papa *ad Episcopos Africanos, epist. LXXXV. cap. 1.* [4].

Quid est manus cito imponere, nisi ante ætatem [5] maturitatis, ante tempus examinis, ante meritum obedientiæ [6], ante experientiam disciplinæ sacerdotalem honorem tribuere non probatis? Et quid est communicare peccatis alienis, nisi talem effici ordinantem, qualis ille est, qui non meruit ordinari,

C. IV. *Ante XXX. annorum ætatem presbyter non ordinetur.*

*Item* ex Concilio Neocæsariensi, c. 11. [7].

Presbyter ante triginta annorum ætatem non ordinetur, quamvis sit probabilis vitæ; sed observet [8] usque ad præfinitum [9] tempus. Dominus enim [*] noster Jesus Christus [*] trigesimo anno baptizatus est, et tunc prædicavit.

Gratian. Hoc [10] *regulare est, unde et Christus, et Joannes Baptista, et Ezechiel, et nonnulli prophetarum non leguntur ante hoc tempus prophetasse vel prædicasse. Verum, quia Hieremias* [11] *et Daniel* [12] *ante juvenilem ætatem spiritum prophetiæ accepisse leguntur, David et Salomon in adolescentia uncti inveniuntur, Joannes etiam Evangelista* [13], *quum adhuc esset adolescens, a Domino in apostolum electus et cum aliis ad prædicandum missus invenitur; Paulus* [14] *quoque apostolus in adolescentia a Domino electus, et ad prædicandum missus asseritur: ecclesia similiter necessitate exigente nonnullos ante triginta annos ordinare consuevit.*

Unde Zacharias Papa *Bonifacio Episcopo, epist. VI, cujus initium :* « Benedictus Deus [15] : »

C. V. *Necessitate exigente XXV. annorum presbyteri ordinentur.*

Si triginta annorum non reperiuntur, et necessitas exposcit, a viginti quinque annis [*] et supra Levitæ et [*] sacerdotes ordinentur.

## DISTINCTIO LXXIX.

### GRATIANUS.

I Pars. *Apostolicus autem non nisi a Cardinalibus et religiosis clericis est inthronizandus.*

*Unde* Nicolaus Papa II *ait in epistola, qua synodum a se Romæ habitam refert, cap. 1.* [1]:

C. I. *De eo, qui sine concordi Cardinalium electione inthronizatur.*

Si quis [a] apostolicæ sedi sine concordi [2] et canonica electione Cardinalium ejusdem ecclesiæ ac deinde sequentium religiosorum [3] clericorum inthronizatur, non Papa vel Apostolicus, sed apostaticus habeatur.

C. II. *Papa superstite, eo inconsulto de electione futuri Pontificis nemo audeat loqui.*

*Item* Symmachus Papa, *in Synodo Romana I, cap. 3 et 5* [4].

Si quis Papa [b] superstite pro Romano Pontificatu cuiquam [5] quolibet modo favorem præstare convincitur, loci sui honore [*] vel communione [*] privetur [6]. Si quis presbyter [c], aut diaconus, aut clericus, Papa incolumi et eo inconsulto, aut subscriptionem pro Romano Pontificatu commodare, aut pyctacia promittere, aut sacramentum præbere tentaverit, aut aliquod certe suffragium polliceri, vel de hac causa privatis conventiculis factis deliberare [7] atque decernere, loci sui dignitate, atque [8] communione

### NOTATIONES CORRECTORUM.

Dist. LXXIX. C. I. [a] *Si quis* : Verba Nicolai in epistola, quæ in voluminibus conciliorum impressis post decreta Nicolai I. habentur, hæc sunt : *Primo namque inspectore Deo est statutum, ut electio Romani Pontificis in potestate cardinalium episcoporum sit, ita ut, si quis apostolicæ sedis sine præmissa concordi et canonica electione eorum, ac deinde sequentium ordinum religiosorum clericorum et laicorum consensu inthronizatur*, etc. Idem fere habetur ad finem illius synodi et refertur infra c. *Si quis pecunia.*

C. II. [b] *Si quis Papa* : Initium hoc usque ad versiculum : *Si quis presbyter*, est caput 2. suggestionis Fulgentii archidiaconi Romanæ ecclesiæ, quod una cum tribus aliis capitulis in tomis conciliorum præcedit I. vel II. synodum sub Symmacho, cum hac inscriptione : *Capitula synodi I. Romanæ sub Symmacho Papa*. In codice vero canonum prænotantur his verbis : *Tituli decretorum Papæ Symmachi numero quatuor.*

[c] *Si quis Presbyter* : Hæc sunt propria verba c. 3. ipsius synodi, quod est secundum in codice canonum.

---

Dist. LXXVIII. C. II. [3] *pervenit* : orig. — Ed. Bas. — C. III. [4] Ep. 12, (scr. A. 446). Ed. Baller. — Ans. l. 6, c. 34 (35). Ivo Decr. p. 5, c. 105. — cf. D. 61, c. 5. [5] *ætatis maturitatem* : Edd. coll. o. [6] *laboris* : orig. — Ivo. — C. IV. [7] hab. A. 314. — ex interpr. Dionys. : Ans. 7, t. 95, et Ivo Pan. l. 3, c. 29, ( : *ex decretis Fabiani P. orientalibus missis in conc. Neocæs.* —) Polyc. l. 2, t. 27. — C. IV. [8] *observetur* : Edd. coll. o. [9] *pristinum* : Edd. Arg. Bas. — [10] Gregor. M. in Ezech. Hom. 2. [11] Hier. c. 1. [12] Dan. c. 1. [13] Matth. c. 4. [14] Act. c. 7. [15] scr. A. 751.

Dist. LXXIX. P. I. [1] A. 1059. — Ans. l. 6, c. 15. Polyc. l. 1, t. 4. = C. I. [2] *concordia* : Edd. Arg. Bas. [3] *add.* : *ac* : eæd. = C. II. [4] hab. A. 499. — Burch. l. 1, c. 223. Ans. l. 6, c. 1. Ivo Decr. p. 5, c. 356. Polyc. l. 1, t. 4. [5] *cuicunque* : Ed. Bas. [6] *loci sui ordine privetur* : Ans. [7] *add.* : *aliquid* : Edd. coll. o. [8] *vel* : eæd.

privetur. *Et infra :* Propter occultas fraudes et conjurationum secretas insidias, quas hujus sententia districtionis consequitur, si quis ad ecclesiasticam pertulerit notitiam consilia eorum, qui contra hanc synodum de pontificali egerint ambitu, et rationabili probatione convicerit, particeps actionis hujusmodi non solum purgatus ab omni culpa sit, sed etiam remuneratione, quæ non indigna sit, sublevetur. ' Universa synodus, etc. ›

### C. III. *In apostolatus culmen nullus nisi ex Cardinalibus promoveatur.*

Item ex Concilio Stephani Papæ III.

Oportebat ut hæc sacrosancta domina nostra Romana ecclesia (juxta quod a B. Petro et ejus successoribus institutum est) rite ordinaretur, et in apostolatus culmen unus de cardinalibus presbyteris aut diaconis consecraretur.

### C. IV. *De eodem.*

Item ex eodem.

Nullus unquam laicorum neque ex alio ordine præsumat, nisi per distinctos gradus ascendens diaconus aut presbyter cardinalis factus fuerit, ad sacri Pontificatus honorem promoveri.

### C. V. *Anathematizetur episcopus, monachus, vel laicus Romanam ecclesiam invadens, et in gradum filiorum ejus prorumpens.*

Item ex eodem.

Si quis ex episcopis, 'vel presbyteris,' vel monachis, vel laicis contra canonum et sanctorum Patrum statuta prorumpens in gradum filiorum sanctæ Romanæ ecclesiæ, id est presbyterorum cardinalium et diaconorum ire præsumpserit, et hanc apostolicam sedem invadere quilibet ex supradictis tentaverit, et ad summum pontificalem honorem ascendere voluerit, ipsi et sibi faventibus fiat perpetuum anathema. *Et infra :* § 1. Si quis resistere præsumpserit sacerdotibus atque primatibus ecclesiæ, vel cuncto clero ad eligendum sibi Romanum Pontificem secundum canonicam traditionem, anathema sit.

### C. VI. *Anathema sit, qui canonicæ electioni Romani Pontificis contradicere præsumserit.*

Item ex Concilio Leonis Papæ IV.

Si quis ex sacerdotibus, seu primatibus nobilibus, seu cuncto clero sanctæ Romanæ ecclesiæ, electioni Romani Pontificis contradicere præsumserit, sicut in concilio Bonifacii et Stephani Papæ legitur statutum, anathema sit.

### C. VII. *Nullius episcopi fiat electio, nisi post diem tertium depositionis alterius.*

Item ex Concilio Bonifacii Papæ III.

II. Pars. Nullus Pontifice Romano vivente aut episcopo civitatis suæ præsumat loqui, aut partes sibi facere, nisi tertio die depositionis ejus, adunato clero et filiis ecclesiæ, et tunc electio fiat.

III. Pars. Gratian. *Sed quæritur, si duo concertantium temeritate electi fuerint, quis eorum alteri præferendus sit? De his ita scribit* Honorius Augustus *ad Bonifacium Papam* :

### C. VIII. *Si temeritate concertantium duo fuerint ordinati.*

Si duo forte contra fas temeritate concertantium fuerint ordinati, nullum ex his futurum penitus sacerdotem, sed illum solum in sede apostolica permansurum, quem ex numero clericorum nova ordinatione divinum judicium et universitatis consensus elegerit.

IV. Pars. Gratian. *Hoc autem capitulum non de eo intelligendum est, qui uno per apostasiam ordinato a Cardinalibus et religiosis clericis apostolicæ sedi inthronizatur, etiamsi ille apostaticus ita cathedram B. Petri violenter tenuerit, ut canonica electio intra Urbem fieri non valeat.*

Unde Nicolaus Papa II *in Concilio Romano statuit, dicens* :

### C. IX. *De eo, qui per pecuniam vel popularí tumultu, non canonica electione ordinatur.*

Si quis pecunia vel gratia humana, vel populari seu militari tumultu, sine concordi et canonica electione ac benedictione cardinalium 'episcoporum', ac 'deinde' sequentium ordinum religiosorum clericorum fuerit apostolicæ sedi inthronizatus, non Apostolicus, sed apostaticus habeatur, liceatque

---

### NOTATIONES CORRECTORUM.

C. IV. In Pontificalibus manuscriptis, uno Vaticano et altero Cardinalis Sirleti in vita Stephani Papæ III, referendo synodum ipsius tempore habitam, hæc leguntur ad caput hoc pertinentia : *Tunc allatis sacratissimis canonibus, eisque liquido perscrutatis, prolata est sententia ab eodem sacerdotali concilio, sub anathemate interdicens, ne nullus unquam præsumat laicorum, neque ex alio ordine, nisi per distinctos gradus ascendens diaconus aut pre-* *sbyter cardinalis factus fuerit, ad sacri Pontificatus honorem promoveri; et alia plura, quæ canonica indigebant correctione, in eodem concilio statuerunt emendanda.*

C. V. ' Deusdedit presbyter cardinalis tit. Apostolorum in Eudoxia part. 2. cap. 131. refert multa ex synodo habita a Stephano III, in quibus caput hoc integrum continetur

---

Dist. LXXIX. C. II. add. : *vel* : exd. == C. III. hab. A. 769. — Polyc. l. 1, t. 4. — Deusdedit p. 1 addit. : habito in basilica Constantiniana, act. 3. Apud Anselmum l. 6, c. 25 seqq., unde allegant Corr., neque hoc cap., neque seqq. sunt inventa. == C. IV. hab. A. 769. — Collect. citt. *sacrum p. ordinem* : Edd. coll. o. == C. V. hab. A. 769. — Deusdedit l. 1. *instituta* : Edd. coll. o. == C. VI. Inter acta conc. Leonis IV. hæc non leguntur. add. : *hujus* : Edd. coll. o. add. : *beatissimi* : erd. == C. VII. ex Pontificali Romano. — Deusdedit p. 1. dat. A. 420. — Ans. l. 6, c. 17. — cf. Dist. 97, c. 2. == C. VIII. ita apud Dionysium; *certantes*: Coll. Hisp. *permittimus* : Edd. coll. o. hab. A. 1059. — Ans. l. 6, c. 16.( Nic. in concilio XIII. epp.) Ivo Decr. p. 5. c. 80. Polyc. l. 1, t. 4 == C. IX. abest ab Ans.

cardinalibus *episcopis* [25] cum [26] religiosis et Deum timentibus clericis et laicis invasorem etiam [27] cum anathemate et humano auxilio et studio a sede apostolica repellere, * et quem dignum judicaverint præponere* [28]. Quod si hoc intra Urbem perficere nequiverint, nostra [29] auctoritate apostolica congregati in loco [30], qui [31] eis placuerit, eligant [32] *quem digniorem et utiliorem apostolicæ sedi perspexerint*, concessa ei auctoritate regendi et disponendi res et utilitatibus sanctæ Romanæ ecclesiæ, *secundum quod ei melius videbitur*, juxta qualitatem temporis, quasi *jam omnino* inthronizatus sit.

**V Pars. Gratian.** *Electio vero Romani Pontificis cum deliberatione prædecessoris fieri debet.*

Unde Symmachus Papa ait in Synodo Romana. cap. 4 [33].

**C. X.** *Si Papa de electione sui successoris ante decernere non potuerit.*

Si transitus Papæ *quod absit* ! inopinatus eve-

nerit, ut de sui electione successoris, ut supra placuit, non possit ante decernere, siquidem in unum totius inclinaverit [34] ecclesiastici ordinis electio, consecretur electus episcopus. Si autem, ut fieri solet, studia cœperint esse diversa eorum, de quibus certamen emerserit, vincat [35] sententia plurimorum: sic tamen, ut sacerdotio careat, qui captus promissione non recto judicio de electione decreverit. Synodus dixit: *Placet*, etc. *.

**VI. Pars. Gratian.** *Sicut supra monstratum est, electio summorum sacerdotum a Cardinalibus et religiosis clericis fieri debet: electio vero eorum judicio divino reservata est.*

Unde Anacletus Papa ait ad *Episcopos Italiæ, epist.* 2 [36]:

**C. XI.** *Summorum Pontificum ejectionem sibi Dominus reservavit.*

Ejectionem vero [37] summorum f sacerdotum sibi Dominus reservavit, licet electionem eorum bonis sacerdotibus et spiritualibus populis concessisset.

## DISTINCTIO LXXX.

**GRATIANUS.**

**I. Pars.** *Loca vero, in quibus primates, patriarchæ, archiepiscopi, episcopi, presbyteri sunt ordinandi, hæc sunt secundum Lucium Papam, et Clementem, atque Anacletum.*

Ait enim Lucius Papa [1]:

**C. I.** *In quibus locis primates vel patriarchæ debeant ordinari.*

Urbes et loca, quibus primates præsidere debent, non a modernis, sed *etiam* multis ante adventum Christi sunt statutæ temporibus, quarum primates etiam gentiles pro majoribus *etiam* negotiis appellabant. § 1. In ipsis vero urbibus post Christi adventum apostoli et successores eorum patriarchas vel primates posuerunt, ad [2] quos episcoporum negotia, salva in omnibus apostolica auctoritate, et majores causæ post apostolicam sedem sunt referendæ.

**C. II.** *De eodem.*

Item Clemens Papa ad Jacobum epist. I [3].

In illis vero civitatibus, in quibus olim apud

ethnicos primi flamines eorum atque primi legis doctores erant, episcoporum primates poni vel patriarchas B. Petrus præcepit, qui reliquorum episcoporum causas et majora, "quoties necesse foret," negotia in fide agitarent. *Et paulo post:* § 1. In illis autem *civitatibus,* in quibus dudum apud prædictos [4] erant archiflamines, quos tamen minores [5] tenebant quam memoratos primates, archiepiscopos institui præcepit. *Et infra:* § 2. In singulis [6] vero reliquis civitatibus singulos, et non *binos, vel ternos aut* plures episcopos constitui præcepit, qui *non primatum* [7], aut archiepiscoporum, aut metropolitanorum nomine, quia matres civitatum non tenent, sed* episcoporum tantum vocabulo potirentur; quoniam, nec inter ipsos [8] apostolos par institutio fuit, sed unus omnibus præfuit.

**C. III.** *De eodem.*

Item Anacletus epist. III, cap. 2 [9].

Episcopi non in castellis aut modicis civitatibus debent constitui, sed presbyteri per castella et mo-

**NOTATIONES CORRECTORUM.**

**C. XI.** f *Summorum: Sequebatur: Pontificum vel sacerdotum.* Sublatæ sunt duæ priores voces, quia neque in originali, neque apud Ivonem, neque in vetustis Gratiani exemplaribus leguntur.

---

Dist. LXXIX. C. IX. [25] desideratur apud Ans. [26] cum aliis Deum timentibus: Ans. — Edd. coll. o. [27] illum anathematizare et hum. auxilio a sede ap. pellere: ib. [28] reponere: Ans. [29] abest ab Ans. [30] add.: extra urbem: Ans. — Edd. coll. o. [31] quo : ib. [32] electionem faciant concessa electo: ib. [33] hab. A. 499. — Ans. l. 6, c. 1. Ivo Pan. l. 3, c. 2. Deusd. p. 1. Polyc. l. 4, t. 4. = C. X. [34] convenerit: Ivo — Edd. coll. o. [35] convincat: ib. et ap. Ans. [36] Cap. Pseudoisidorianum. — Ivo Decr. p. 5, c. 258. = C. XI. [37] abest ab Ed. Bas.

Dist. LXXX. P. I. [1] In ep. 2. (Pseudoisidoriana) Stephani eadem habentur. — Ans. l. 6, c. 115. = C. I. [2] ex ep. Sixti III. ad synod. Thessalon. = C. II. [3] Desumtum est hoc caput ex his, quæ Pseudoisidorus ep. Clementis a Rufino latinitate donatæ cognoscitur adjecisse. — Burch. l. 1, c. 155. Ans. l. 6, c. 110. Polyc. l. 2, t. 22. [4] add.: ethnicos: Edd. coll. o. [5] add.: esse: exd. [6] cf. conc. Nic. c. 8. [7] verba asteriscis inclusa apud Ans. pariter non leguntur. [8] secundum Isid. Hisp. in ep. (spuria) ad Eugenium Tolosanum. = C. III. [9] Cap. Pseudoisidorianum, cujus fons Zachariæ P. ep. ad Bonifacium repertus est. — cf. conc. Nic. c. 4. = Burch l. 1, c. 4. Ivo Decr. p. 5, c. 58, 59.

dicas civitates atque villas debent ab episcopis ordinari et poni, singuli tamen per singulos titulos suos. Et [10] episcopus non ab uno, sed a pluribus debet episcopis ordinari, et, ut dictum est, non ad modicam civitatem, ne vilescat nomen episcopi, sed ad honorabilem *urbem* titulandus et denominandus est. Presbyter vero ad qualemcunque locum vel [11] ecclesiam in eo constitutam est præficiendus.

### C. IV. De eodem.

*Item* Leo Papa *ad Episc. Africæ, epist. LXXXV, c. 2* [12].

Illud sane, quod ad sacerdotalem pertinet dignitatem, inter omnia volumus canonum statuta servari, ut non in quibuslibet locis, neque quibuslibet castellis, et ubi ante non fuerunt, episcopi consecrentur, quum, ubi minores sunt [13] plebes minoresque conventus, presbyterorum cura sufficiat; episcopalia autem gubernacula non nisi [14] majoribus populis et frequentioribus civitatibus oporteat præsidere, ne, quod sanctorum Patrum divinitus inspirati decreta vetuerunt, viculis et possessionibus, vel obscuris et solitariis municipiis tribuatur sacerdotale fastigium.

### C. V. De eodem.

*Item* ex Concilio Laodicensi, c. 57. [15]

Non debere (in vicis et villis episcopos ordinari, sed visitatores [a], id est qui circumeant, constitui; hos autem, qui antehac [16] ordinati sunt, nihil agere censemus sine conscientia episcopi civitatis. Similiter etiam [17] presbyteri nihil sine præcepto et consilio episcopi agant.

II. Pars. Gratian. *Sedes autem episcoporum non longo intervallo debent disjungi, ut ad consecrationem sui comprovincialis sine difficultate possint occurrere.*

*Unde* Gregorius *Augustino Anglorum Episcopo, resp. 8.* [18] :

### C. VI. Episcopales sedes non longo intervallo a se debent disjungi.

Fraternitatem tuam ita volumus 'in Anglia' episcopos ordinare, ut ipsi sibi episcopi longo intervallo minime disjungantur, quatenus nulla sit necessitas, ut in ordinatione *alicujus* episcopi convenire non possint. Nam episcoporum ordinatio sine aggregatis tribus vel quatuor episcopis fieri non [19] debet.

---

## DISTINCTIO LXXXI

### GRATIANUS.

I. Pars. *Hæc de ordinandis et ordinatoribus atque de singulorum graduum distinctionibus et officiis dixisse nos sufficiat. Verum quia aliquantulum diffusius in his immorati sumus, quædam præcedentibus cohærentia sub epilogo ad memoriam subjiciamus. Debet ordinandus in episcopum (ut Apostolus* [1] *scribit) esse sine crimine, id est sine peccato mortali, quod non solum de episcopo, sed etiam de quolibet electo ad aliquam præposituram ecclesiæ oportet intelligi.*

*Unde* Augustinus *scribit tractatu XLI. ad cap. 8. Joannis* [2] :

### C. I. Sine crimine et gravi peccato debet esse qui ordinatur episcopus.

Apostolus Paulus, quando elegit ordinandos vel presbyteros, vel diaconos, et quicunque ordinandus est ad præposituram ecclesiæ, non ait : *Si quis sine peccato est* (hoc enim si diceret, omnis homo reprobaretur, nullus ordinaretur), sed ait : *Si quis sine crimine est* : sicut est homicidium, adulterium [3], aliqua immunditia fornicationis, furtum, fraus, sacrilegium et cetera hujusmodi. *Item* [4] : § 1. Crimen autem est peccatum grave, accusatione et damnatione dignissimum.

II. Pars. Gratian. *Quolibet itaque horum implicatus ordinari non debet; vel si jam ordinatus ante tempus vel post tempus suæ ordinationis aliquid eorum admisisse convincitur, suscepti gradus officio privabitur.*

*Unde* Symmachus Papa *ait* [5] :

### C. II. Monitoris personam non recte suscipit, qui verbis, non operibus docet.

Nemo recte monitoris personam suscipit, nisi qui actibus suis errata condemnat, et amorem innocentiæ conversatione demonstrat.

### C. III. Careat ordine, quem præstat, qui indignum sublimare non metuit.

*Item* Cœlestinus *ad Episcopos Galliæ, epist. II. c. 3.* [6]

Tantis Daniel gravatus testimoniis, tanta facinorum accusatione pulsatus, sacrarum, ut dicitur, virginum pollutus incestu, episcopus asseritur ordinatus. Et [7], ut in nostri libellis scrinii continetur, quorum ad vos quoque exemplaria direximus, in pontificii dignitatem hoc tempore, quo ad causam dicendam missis a nobis literis vocabatur [8], obrepsit.

### NOTATIONES CORRECTORUM.

Dist. LXXX. C. V. [a] *Sed visitatores* : In codice græco impresso legitur : η περὶ ἑορτάς, in tribus autem manuscriptis : ἀλλὰ περιοδευτάς.

---

Dist. LXXX. C. III. [10] *Episc. vero* : Edd. coll. o. [11] *in eo constitutæ ecclesiæ* : Edd. coll. o. = C. IV. [12] Ep. 12. (scr. A. 446.) Ed. Baller. — Burch. l. 1, c. 32. Ivo Decr. p. 5, c. 107 et 143. Polyc. l. 2, t. 23. [13] *sint* : Edd. coll. o. [14] add. : *in* : exd. = C. V. [15] hab. inter A. 347 et 381. [16] *ante ad hoc.* Edd. coll. o. [17] *autem* : exd. [18] Ep. 64. (scr. A. 601), l. 11. Ed. Maur. — cf. c. 1. D. 5. — Pan. l. 3, c. 16. = C. VI. [19] *nullatenus* : Edd. coll. o.

Dist. LXXXI. P. I. [1] ad Tit. c. 1, v. 7. [2] Beda ad Tit. l. 1. = C. II. [3] add. : *aut* : Ed. Bas. [4] cf. supr. D. 25. P. III. [5] ex libello apolog. Ennodii pro syn. Rom. IV, h. A. 501. — Coll. tr. p. p. 1, t. 48, c. 6. = C. III. [6] ex ep. scr. ad Epp. Vienn. et Narb. prov. (scr. A. 428.) — Coll. tr. p. p. 1, t. 41, c. 6. [7] *et ut* : absunt ab orig. [8] *vocabitur* : Ed. Arg.

Sacro nomini absit injuria! Facilius est, ut hanc dignitatem tali dando 'ipse' amiserit ordinator, quam eam obtineat ordinatus; cui convicto sociabitur, qui sibi eum credidit largiendo pontificium sociandum. Qualis enim ipse sit, quisquis tales ordinaverit, ostendit.

C. IV. *Non recipit ordo ecclesiasticus eum, qui sine examinatione, vel postea confessus ordinatur.*

Item ex Concilio Nicæno, cap. 9 [10].

Si qui sine examinatione promoti presbyteri sunt, et postea examinati confessi sunt peccata sua, et, quum confessi fuissent, contra regulam venientes [11] homines eis manus imposuerunt, hos ecclesiasticus ordo non recipit [12]. In omnibus quod irreprehensibile est sancta [13] defendit ecclesia.

C. V. *Lapsi, per ignorantiam aut contemtu ordinantium ordinati, dejiciantur.*

Item ejusdem Concilii cap. 10 [14].

Quicunque ex his, qui lapsi sunt, per ignorantiam [15] sunt ordinati, vel contemtu a eorum, qui eos ordinaverunt, hoc non præjudicat regulæ ecclesiasticæ. Quum enim compertum fuerit, deponuntur [16].

C. VI. *Alienus fiat a ministerio, qui illud vivendo illicite polluit.*

Item Innocentius ad Maximum et Severum, epist. V [17].

Maximianus [18] filius noster, 'agens in rebus [19] hujusmodi,' qualem querelam detulerit, libelli ejus series annexa declarat. Qui zelo fidei et disciplinæ ductus, non patitur ecclesiam pollui ab indignis presbyteris, quos in presbyterio filios asserit procreasse, 'quod non licere [20] exponerem, nisi nossem vestram prudentiam legis totius habere notitiam.' Et ideo, fratres 'carissimi,' libelli, qui subjectus est, tenore perspecto, eos, qui talia perpetrasse dicuntur, jubebitis [21] in medio collocari, discussisque objectionibus, quæ ipsis presbyteris impinguntur, si convicti [22] fuerint, a sacerdotali removeantur officio (quia qui sancti non sunt sancta tractare non possunt), atque alieni efficiantur a ministerio, quod vivendo illicite polluerunt.

C. VII. *Cuilibet ab ordine deposito episcopi providentia locus pœnitentiæ deputetur.*

Item Eugenius Papa [II.] [23].

Sacerdos, aut quivis alius in ordine ecclesiastico provectus, si in eo scelere invenitur, quo abjiciendus comprobatur, depositus providentia episcopi bene proviso loco constituatur, ubi peccata [24] lugeat et ulterius non committat.

C. VIII. *Retrudantur in monasterium presbyteri, qui pœnitentiam agere contemnunt.*

Item ex Concilio Moguntino [25].

Dictum est nobis presbyteros propter suam negligentiam canonice degradatos et sæculariter gradu amisso vivere, et pœnitentiæ agendæ bonum negligere. Unde statuimus, ut gradu amisso agendæ pœnitentiæ gratia in monasterium b aut in canoniam [26] regularem mittantur. Si vero hoc fieri causa quælibet prohibuerit, ubicunque sint, pœnitentiam agere non desistant. Si autem amisso gradu sæculariter vivere voluerint, et pœnitentiam agere neglexerint, ab ecclesiæ communione separentur.

C. IX. *Mutatio loci aliquando valet conversis ad pœnitentiam.*

Item Isidorus *Sententiarum*, de summo bono, lib. II. c. 10.

Valet interdum conversis pro animæ [27] salute mutatio loci; plerumque enim, dum mutatur locus, mutatur et mentis affectus. Congruum est enim [28], inde etiam corporaliter avelli [29], ubi quisque [30] illecebris deservivit. Nam locus, ubi quisque prave vixit, 'hoc' in aspectu mentis apponit, quod sæpe [31] ibi 'vel' cogitavit [32], vel gessit

C. X. *Clericus adulterasse convictus vel confessus in monasterio detrudatur.*

Item ex III. Synodo Aurelianensi, c. 7 [33].

Si quis clericus adulterasse aut confessus, aut convictus fuerit, depositus ab officio communione concessa in monasterio toto vitæ suæ tempore detrudatur [34].

C. XI. *De eodem.*

Item Pelagius [35] Papa Constantino Defensori.

Romanus ecclesiæ Thæanensis [36] clericus pro cri-

### NOTATIONES CORRECTORUM

Dist. LXXXI. C. V. a *Contemtu*: Græce est in concilio vulgato: ἢ καὶ προειδότων τῶν προχειρισαμένων, id est: *vel etiam iis antea scientibus, qui ordinaverunt.*

C. VIII. b *In monasterium*: In concilio Cabilonensi, ubi hic canon habetur (licet Burchardus etiam et Ivo ex Moguntino citent), et apud ceteros collectores legitur: *in monasterio, aut canonico, aut regulari*; in uno autem pervetusto Gratiani codice: *in monasterio juxta canonicam regulam.*

---

Dist. LXXXI. C. III. [9] *est enim*: Edd. coll. o. = C. IV. [10] hab. A. 325. — Burch. l. 2, c. 13. Ivo Decr. p. 6, c. 33. Ans. l. 8, c. 13, ex interpr. Dionys. [11] add.: *temere*: orig. [12] *recepit*: Edd. Arg. Bas. Nor. Ven. I, II. [13] abest ab orig. = C. V. [14] hab. A. 325. [15] add.: *jam*: Edd. coll. o. [16] *deponentur*: exd. cum. orig. = C. VI. [17] Ep. incertæ epochæ. — Ans. l. 8, c. 15 (14). Ivo Decr. p. 6, c. 96. Polyc. l. 4, t. 59. [18] *Maximilianus*: orig. — Ans. — Edd. Arg. Bas. [19] *agens in rebus, qualem*: orig. [20] *liceret exponere*: Ans. [21] *debetis collocare*: Edd. coll. o. [22] *convinci potuerint*: Edd. coll. o. cum orig. = C. VII. [23] in conc. Rom. hab. A. 826, c. 14. [24] *peccatum*: Ed. Bas. = C. VIII. [25] c. 40, conc. Cabilon. hab. A. 813. Burch. l. 2, c. 191. Ivo Decr. p. 6, c. 236. [26] *canonicam*: Edd. coll. o. pr. Lugdd. II, III. = C. IX. [27] add.: *suæ*: Edd. coll. o. [28] *ergo*: exd. [29] *evelli*: exd. pr. Bas. [30] add.: *prave vixerit et*: Ed. Bas. [31] *semper*: orig. [32] add.: *quisque*: Edd. coll. o. = C. X. [33] hab. A. 538, (in Coll. Hisp. est Aurel. II). In Edd. coll. o. citatur conc. Aurel. V., pr. Lugdd. II, III, in quibus Aurel. VI, laudatur. — Ivo Pan. l. 3, c. 143. Decr. p. 8, c. 285. [34] *retrudatur*: orig. = C. XI. [35] Utrum ad Pelagium I, an II, pertineat, haud sane liquet. — Ivo Pan. l. 3, c. 144. [36] *Thianensis*: Edd. coll. o., videtur tamen recte a Corr. esse emendatum; ecclesia enim Thæanensis in Apulia sita erat.

mine adulterii, quod admisisse perhibetur, a clericatus ordine depositus in monasterio [37] hic in urbe Romana ad agendam poenitentiam ex nostra jussione detrusus est.

### C. XII. *In crimine captus presbyter vel diaconus deponatur, non tamen communione privetur.*

*Item* ex canone Apostolorum 25. [38]

Presbyter aut diaconus, qui in fornicatione, aut perjurio, aut furto, aut homicidio [c] captus est, deponatur, non tamen communione privetur [d]: dicit enim Scriptura : *Non vindicabit* [39] *Dominus bis in id ipsum.*

### C. XIII. *De eodem.*
*Item* [e] [40].

Si quis episcopus, aut presbyter, aut diaconus post diaconii gradum acceptum fuerit fornicatus aut mœchatus, deponatur, et ab ecclesia projectus inter laicos [f] agat poenitentiam.

### C. XIV. *De eodem.*

*Item* ex Concilio Aurelianensi I. c. 9 et 12 [41].

Si diaconus aut presbyter crimen capitale commiserit, simul et ab officio, et a communione pellatur. Si vero pro reatu suo se ab altaris communione sub poenitentis professione submoverit his [42] quoque, si alii defuerint, et causa certa [43] necessitatis exoritur, poscentem baptisma liceat baptizare.

### C. XV. *Non ingrediantur ecclesiam presbyteri, diaconi, subdiaconi, qui in fornicationis crimine jacent.*

*Item* Gregorius VII. *omnibus per regnum Italicum et Teutonicorum* [*] *debitam S. Petro obedientiam exhibentibus* [E] [44].

Si qui sunt presbyteri, diaconi, vel subdiaconi, qui in crimine fornicationis jaceant, interdicimus eis ex parte Dei [45] omnipotentis et S. Petri auctoritate ecclesiæ introitum, usque dum poeniteant et emendent. Si qui vero in suo peccato perseverare maluerint, nullus vestrum officium eorum audire præsumat, quia benedictio eorum vertitur [46] in maledictionem, et oratio in peccatum, testante Domino per Prophetam [47] : *Maledicam*, inquit, *benedictionibus vestris.* Qui [48] vero huic saluberrimo præcepto obedire noluerit [49], idololatriæ peccatum incurrit, Samuele [50] testante, et B. Gregorio [51] adstruente [52] : *Peccatum ariolandi est non obedire, et quasi* [53] *scelus idololatriæ non acquiescere.* Peccatum igitur paganitatis incurrit, quisquis, dum Christianum se asserit, sedi apostolicæ obedire comtemnit.

### C. XVI. *Officio et beneficio privetur episcopus, presbyter, vel diaconus feminam accipiens, vel acceptam retinens.*

*Item* Alexander II. *Episcopis et Regi Dalmatiarum* [54].

Si quis amodo episcopus, presbyter, aut diaconus feminam acceperit vel acceptam retinuerit, proprio [55]

---

## NOTATIONES CORRECTORUM.

C. XII. [c] *Aut homicidio* : Hæc dictio non est in canone 25. Apostolorum [*], sed in concilio Tribburiensi, quum Patres illi ita dixissent : *legimus in canonibus Apostolorum, quod episcopus, presbyter et diaconus, qui in fornicatione, aut perjurio, aut furto captus est, deponatur*, hinc argumentantur, idem multo magis statuendum esse de homicida : quæ fortasse causa fuit, quamobrem a Gratiano et aliis collectoribus ea dictio huic canoni adjecta sit. In canone autem 32. Basilii idem statuitur de clericis peccantibus peccatum ad mortem, quod etiam de fornicatoribus expositum erat in canone 3.

[d] *Privetur* : In codicibus impressis sequebatur [**] : *si paruerit sententiæ*, quæ verba sunt expuncta, quia neque in originali, neque in vetustis Gratiani exemplaribus leguntur.

C. XIII. [e] *Proprius auctor hujus capitis non est inventus; sed simile habetur in concilio Neocæsariensi, c. 1. et in capitulis Martini Bracarensis, cap. 27.

[f] *Inter laicos* : Hæ duæ dictiones non leguntur in c. 1. concilii Neocæsariensis †, citato supr. dist. 28, c. *Presbyter* (ut ibi notatum est), neque in capitulo Martini Bracarensis.

C. XV [E] In regesto epistolarum Gregorii VII, non est inventa hæc epistola, in qua sint omnia prorsus verba hujus capitis. Sunt tamen in eo multa, quæ hujus decreti faciunt mentionem. Lib. 1, epist. 30, episcopo Salzburgensi, et lib. 2, epist. 61. Leodiensi episcopo, et sequenti epistola Sicardo Aquilegiensi. De quo decreto, ut ipsum exsequi omnino curarent, eodem lib. 2, epist. 66. Burchardo Halberstatensi episcopo, et epist. sequ. Annoni Coloniensi archiepiscopo diligentissime scribit, et lib. 3, epist. 4. Sigifredo archiepiscopo Noguntino idem mandat, et lib. 4, epist. 10, comitissæ Flandriensi, et sequ. comiti de eadem re scribit. Inter decreta etiam Innocentii II, fit justius decreti mentio. Verum propria verba hujus capitis usque ad versic. *Qui vero huic saluberrimo*, Marianus Scotus refert in fine suorum chronicorum. Sequentia autem verba valde sunt ipsi Gregorio VII, familiaria.

---

Dist. LXXXI. C. XI. [37] add. : *toto tempore* : Ed. Bas. = C. XII. [38] Reg. l. 1, c. 86. Burch. l. 2, c. 189. Ans. l. 11, c. 29. Ivo Decr. p. 6, c. 234. Polyc. l. 4, t. 31. — cf. conc. Tribur. c. 11. Rabani poen. c. 1. [*] neque ap. Ans. [**] excepta tamen Ed. Bas. [39] *judicat Deus* : Edd. coll. o. = C. XIII. [40] c. 1. conc. Neocæs. h. A. 314. Ex interpretatione Martini Brac. protulit Ans. l. 11, c. 31. † apud Dionysium ea verba non reperiuntur, sunt tamen apud Isidorum. = C. XIV. [41] hab. A. 511. — Ivo Decr. p. 5, c. 568, et p. 15, c. 18. [42] *sic.* : orig. — *is* : Edd. Arg. Bas. [43] *certe* : Edd. Nor. Ven. I, II. Lugd. I. Par. = C. XV. [44] Hæc tanquam fragmentum conc. Rom. hab. A. 1074, ex Gerhoo Reichersperginsi edidit Mansius. — Contra eadem, quæ nunc apud Gratianum est, inscriptione A. 1079, retulit Bertholdus Const. in chronico. — Ivo Pan. l. 3, c. 134. [45] add. *patris* : Edd. coll. o. [46] *vertetur* : Edd. coll. o. — orig. ap. Berth. [47] Malach. c. 2, v. 2. [48] Ivo Decr. p. 5, c. 36. [49] *noluerint — incurrunt* : Edd. coll. o. [50] 1 Reg. c. 15, v. 23. [51] cf. S. q. 1, c. 10. [52] *instruente* : Edd. coll. o. [53] abest ab eisd. pr. Bas. = C. XVI. [54] Etsi epist. ipsa pro genuina usquequaque habenda sit, videtur tamen in inscriptione mendum latere ; etenim Dalmatiæ duces demum sub Gregorio VII, reges vocatos esse, Baronius testatus est. — Ivo Pan. l. 3, c. 138. [55] *a prop.* : Edd. coll. o.

gradu decidat, usque dum ad satisfactionem veniat, nec in choro psallentium maneat, nec aliquam portionem de rebus ecclesiasticis habeat.

### C. XVII. *De eodem.*
#### Idem *Clero Mediolanensi* [56].

Si quis sacerdotum, vel diaconorum, vel subdiaconorum officium contumaciter deserens feminam sibi potius eligit [57], sicut sponte ob fornicationem dimittit officium, ita ob praevaricationem dimittere cogatur etiam invitus beneficium.

### C. XVIII. *De eodem.*
#### Idem *populo Mediolanensi* [58].

Eos etiam, qui, ut fornicari eis liceat, divinum officium derelinquunt, et a Deo recedentes diabolo et operibus ejus serviunt, sicut se justissime ab officio alienos faciunt, ita beneficio ecclesiarum privatos esse audiamus [59].

### C. XIX. *De eodem.*
#### Item Lucius Papa [60].

Ministri altaris presbyteris sive diaconi ad dominica tales eligantur officia, qui continentiam servent. § 1. Si vero post ordinationem suam ministros contigerit propriae uxoris invadere cubile, sacrarii non intrent limina, neque sacrarii h portitores fiant, neque altaria contingant, neque ab offerentibus holocausti oblationem [61] suscipiant, neque ad dominici corporis portionem [62] accedant, neque propinent i [63], neque sine majoris natu auctoritate minora gerant [64] officia; urceum sane ad altare vel calicem ne [65] suggerant.

### C. XX. *Clericus matronarum domicilia frequentans deponatur.*
#### Idem [66].

III. Pars. Clericus solus ad feminae tabernaculum non accedat, nec properet [67] sine majoris natu sacerdotis [68] jussione k; nec [69] solus presbyter cum sola femina fabulas misceat, nec archidiaconus sub praetextu humilitatis aut officii frequenter intret domicilia matronarum, aut forte per clericos aut domesticos matronae mandet aliquid secrete [70]. Si agnitum fuerit, et ille deponatur, et illa a liminibus arceatur ecclesiae.

### C. XXI. *De eodem.* PALEA.
#### Idem [1] [71].

« Sed si forte aliqua intercessio fuerit, episcopo suggeratur. Et si talis est, ad quam debeat ire pio interventu, ipse pergat : sin autem, de latere suo dirigat m cum duobus aut tribus testibus. Nemo tamen cum extranea habitet femina, nisi proxima aut soror fuerit. Et 'hoc' cum magna solicitudine fiat. Non enim ignoramus malitias [72] satanae. »

### C. XXII. *De eodem.* PALEA.
#### [*Ex decreto* n Eugenii Papae] [73].

« Si quispiam sacerdotum, id est presbyter, vel diaconus, vel subdiaconus, de quacunque femina crimine fornicationis suspectus post primam, secundam et tertiam admonitionem o invenietur fabulari cum ea vel aliquo modo conversari, excommunicetur, femina 'vero' canonice judicetur. »

### C. XXIII. *Simul cum mulieribus sacerdotes habitare non licet.*
#### Item Gregorius [74].

IV. Pars. Oportet sacerdotes, quibus Domini populus commissus est, cum magna 'animi' constantia vigilare super dominicas oves, ne lupinis morsibus, id est diaboli stimulis lanientur. § 1. Neque enim hoc silere debeo, quod cum gravi animi tristi-

### NOTATIONES CORRECTORUM.

C. XIX. h *Sacrarii :* In epist. 2. Clementis (unde caput hoc sumtum videri potest, et unde citat Ivo) legitur : *sacrificii*. In uno autem vetusto Gratiani codice *sacri*.

i *Neque propinent :* In epistola Clementis est : *nec aquam sacerdotibus porrigat ad manus, ostia forinsecus claudat, minora gerat officia, urceum sive calicem ad altare non sufferat.* Apud Ivonem vero : *Sed aquam tantum sacerdotum manibus porrigat, ostia forinsecus claudat, minora gestet officia, urceum sane ad altare suggerat.*

C. XX. k *Jussione :* In epistola Clementis sequitur : *Nec presbyter solus cum sola adjungatur, sed duobus adductis testibus visitet infirmam; nec solus cum sola femina fabulas misceat, nec archidiaconus aut diaconus sub praetextu officii humilitatis frequentet*, etc.

C. XXI. 1 Haec palea in plerisque vetustis exemplaribus habetur conjuncta capiti antecedenti.

m *Dirigat :* In epistola S. Clementis sequitur : *cum duobus ac tribus, qui hoc sanare debeat. Sane ad visitandum mulierem infirmam nullus clericus ingrediatur, nisi cum duobus aut tribus. Nemo tamen*, etc.

C. XXII. n *Ex decreto :* Illic canon in concilio Romano primum ab Eugenio II, editus et postea a Leone IV, etiam in concilio fuit repetitus, et citatur in Decretal. tit. *de cohabit. cleric. et mul.* Et in plerisque vetustis exemplaribus est sine nomine.

o *Admonitionem :* In eodem canone sequitur : *Metropolitani vel alterius episcopi, aut ejus cui subjacere videatur.*

---

Dist. LXXXI. C. XVII. [56] Hoc caput forsitan sumtum est ex constitutionibus Maynardi et Joannis, A. S. Legatorum, Mediolanensibus praescriptis. — Ivo Pan. l. 3, c. 159. — In Ed. Bas. laudatur ex *concilio Mediol.*, in Ed. Arg. ex *Meldensi.* [57] *elegerit :* Ed. Bas. — *elegit :* Edd. Lugdd. II, III. — Bohm. = C. XVIII. [58] cf. ad cap. praec. — Ivo Pan. l. 5, c. 140. [59] *judicamus :* Edd. coll. o. = C. XIX. [60] ex ep. II. apocrypha Clementis I. — Ans. l. 8, c. 3. Ivo Decr. p. 5, c. 87. Polyc. l. 4. t. 41. [61] add. : *et hostia :* Ed. Bas. [62] *portationem :* orig. [63] *proponent :* Ed. Bas. [64] *gestent :* ib. [65] *non :* Edd. coll. o. — abest ab orig., edito a Ballerinis tit. : *Praecepta S. Petri de sacramentis conservandis.* = C. XX. [66] Ibid. paulo inferius. — Ans. l. 7, c. 147 (149). l. 8, c. 42. Ivo Decr. p. 6, c. 89. Polyc. l. 4. t. 31. [67] add. : *frequenter :* Ed. Bas. [68] abest ab Ivone. — *et sacerdotis :* Ans. l. 7. — Ed. Bas. — *principis :* Ans. l. 8. [69] haec videtur Ps.-Isidorus epistolae, ante ipsum confectae, inseruisse. — cf. Isid. Hisp. de offic. l. 2, c. 2. — conc. Tur. III, c. 29. [70] *secreti :* Ans. l. 7. = C. XXI. [71] ib. continenter. — Ans. Polyc. ib. [72] *insidias :* Ed. Bas. = C. XXII. [73] c. 15, conc. Rom. hab. A. 826. — Ans. l. 8, c. 9. Polyc. l. 4, t. 51. — cf. c. 5, de cohab. cler. et mul. in Com. l. = C. XXIII. [74] Auctor canonis inventus est Zacharias P. in conc. Rom. hab. A. 743. — Ivo Decr. p. 7, c. 76. (: *Gregorius civibus Romae*). Polyc. l. 4, t. 51.

tia [75] dico : sacerdotes cum feminis habitare conspicio ; quod nefarium est dicere vel audire, et contra sanctorum canonum sancita. Ubi enim talis fuerit commorantium cohabitatio, antiqui hostis stimuli non desunt. Ideoque admonendi sunt, ut non antiqui hostis decipiantur fraude, quatenus juxta Apostoli [76] vocem non vituperetur ministerium nostrum. Cavere enim nos oportet, fratres ab illicitis, ut mundas valeamus ad Dominum levare manus. Scriptum [77] est enim : *Sancti estote, quoniam sanctus ego sum Dominus Deus vester.* Si quis vero præsumpserit aliter agere, sacerdotii sui honore privetur. Unde omnimodo cavendum est fratres, ne fallamus populum, et illud Prophetæ [78] dictum impleatur in nobis : *Sacerdotes mei contaminant sancta et reprobant legem,* quos et alius propheta [79] increpat dicens : *O vos sacerdotes, qui fallitis nomen meum, et dixistis, in qua re fallimus nomen tuum ? quibus responsum est : offerentes ad altare meum panes pollutos. Non* [80] *est mihi voluntas in vobis, dicit Dominus, et sacrificium non accipiam de manibus vestris, quia polluti estis.*

### C. XXIV. *De eodem.*

Idem *Symmacho Defensori, lib. I. Reg. Indict. IX. epist.* 50 [81].

Volumus, ut sacerdotes prohiberi debeant, ne cum mulieribus conversentur : excepta duntaxat matre, sorore, vel uxore, quæ caste regenda est [82].

### C. XXV. *De eodem.*

Idem *lib. VII. epist* 39 [83].

Legitur, quod B. Augustinus [84] nec cum sorore habitare consenserit, dicens : Quæ cum sorore mea sunt sorores meæ non sunt. Docti ergo viri cautela magna nobis debet esse instructio.

### C. XXVI. *De eodem.*

Item ex *VII. Synodo* p [85].

In omnibus observare convenit, ut certius quis, et certo tempore, et certo loco, et certis personis vel apparere clericus, vel loqui debeat mulieribus, ut excludatur omnis nefanda suspicio. Certe solum 'et' ad solam accedere nulla religionis ratio permittit. *Melius* [86] *est enim duos* [87] *esse simul, quam unum.* Simul [88] enim et fidelius, et tutius res geritur. *Væ enim uni, quia si ceciderit, non est qui erigat eum.*

### C. XXVII. *De eodem*

Item ex concilio Carthaginensi III. c. 17 [89].

Cum omnibus omnino clericis extraneæ feminæ non cohabitent, sed solæ matres, aviæ et materteræ, amitæ, sorores et filiæ fratrum aut sororum, et quæcunque [90] ex familia domestica necessitate, etiam [91] antequam ordinarentur, jam cum eis habitabant, vel si filii eorum jam ordinatis parentibus uxores acceperunt, aut servis, non habentibus in domo quas ducant, aliunde ducere necessitas fuerit.

### C. XXVIII. *De eodem.*

Item ex Concilio Laodicensi, c. 30 [92].

Non oportet ministros altaris, vel etiam clericos quoslibet, aut continentes se, aut 'omnem' omnino Christianum cum mulieribus lavacra habere communia. Hæc est enim apud gentiles prima reprehensio.

### C. XXIX. *De eodem.*

Item Gregorius *ad Januariam episcopum Caralitanum, lib. III, epist.* 26 [93].

Archidiaconum tuum, ut audio, habitare cum mulieribus prohibuisti et nunc usque in ea prohibitione despiceris ; qui nisi jussioni tuæ paruerit, eum sacro ordine volumus esse privatum.

### C. XXX. *Venundentur ab episcopo quæ appetunt consortia clericorum illicita.*

Item ex Concilio Toletano IV, c. 42 [94].

Quidam clerici, legitimum non habentes conjugium, extranearum mulierum vel ancillarum suarum interdicta [95] sibi consortia appetunt. Ideo, quæ [96] conjunctæ [97] taliter 'cum' clericis sunt, ab episcopo auferantur, et venundentur illis pro tempore relegatis [98] ad pœnitentiam, quos sua libidine infecerunt.

### C. XXXI. *Non habitent feminæ cum clericis, nisi quas necessitudo excusat.*

Item Siricius Papa *Himerio episcopo, ep. I, c.* 12 [99].

Feminas non alias esse patimur in domibus [100] cle-

---

### NOTATIONES CORRECTORUM.

C. XXVI. P Caput hoc etiam in aliquot manuscriptis citatur ex synodo VII, in cujus sane postremo capite aliqua huc spectantia habentur. Ceterum in plerisque citatur ex VIII, et sententia videtur sumpta ex cap. 83. Asceticorum B. Basilii, cujus regulas sub nomine synodi VIII, sæpe citari alibi notatum est.

---

Dist. LXXXI. C. XXIII. [75] add. : *et amaritudine* : Edd. coll. o. [76] 2 Cor. c. 6, v. 3. [77] Levit. c. 20, v. 7. [78] Soph. c. 3, v. 4. — *propheticum* : Ed. Bas. [79] Malach. c. 1, v. 6. [80] ibid. = C. XXIV. [81] Ep. 62. (scr. A. 591.) l. 1. Ed Maur. —Ivo Decr. p. 6, c. 81. [82] *regendæ sunt* : Ed. Bas. = C. XXV. [83] ex epist. ad Romanum defensorem scr. A. 599. l. 9. ep. 60. Ed. Maur. — Ivo Decr. p. 6, c. 77. — *Idem in registro* : Edd. coll. o. [84] ex Possidio in vita Augustini c. 26., non eisdem verbis, sed eodem sensu. Protulit ea etiam regin. l. 1, c. 98. = C. XXVI. [85] Coll. tr. p. p. 2, t. 14, c. 13. — ' et Ed. Bas. [86] Eccl. c. 4, v. 9. [87] *duo quam unus* : Edd. coll. o. pr. Lugdd. II. III. [88] *similiter* : eæd. exc. iisdem et Nor. = C. XXVII. [89] hab. A. 397. — Coll. tr. p. p. 2, t. 17, c. 10. [90] *quicunque* Edd. Lugdd. II. III. [91] abest ab Edd. coll. o. pr. Bas. = C. XXVIII. [92] hab. inter A. 347, et 381. = C. XXIX. [93] ep. 26. (scr. A. 594. l. 4. Ed. Maur. — Ans. l. 7, c. 146. = C. XXX. [94] hab. A. 633. — Ans. l. 7, c. 148. (150). Polyc. l. 4, t. 59. [95] *quæ interd. sunt* : Edd. coll. o. [96] *quæcunque* : eæd. coll. Hisp — Ans. [97] *adjunctæ* : coll. Hisp. [98] *religatis* : Coll. Hisp. et Isid. Merl. — Ans. = C. XXXI. [99] scr. A. 385. Burch. l. 2 c. 110. Ans. l. 7, c. 149 (151). Ivo Decr. p. 6, c. 52, et 187, et Polyc. l. 4 t. 31. [100] *domo* : Edd. coll. o.

ricorum, nisi eas tantum, quas propter solas necessitudinum causas habitare cum iisdem synodus Nicæna permisit.

### C. XXXII. *Nisi majorum jussione ad feminarum domicilia clerici non accedant.*

Item ex Concilio Africano, c. 5 [101].

Clerici vel [102] continentes ad viduas vel virgines nisi ex jussu vel permissu episcoporum aut presbyterorum non accedant. Et hoc non soli faciant, sed cum conclericis, vel cum quibus episcopus aut presbyter jusserit. Nec ipsi episcopi et presbyteri soli habeant accessum ad hujusmodi feminas sed ubi aut clerici præsentes sunt, aut graves aliqui Christiani.

### A C. XXXIII. *Episcopi provideant ne occasione temporalium clericorum familiaritatibus virgines socientur.*

Item ex Concilio Carthaginensi IV, c. 102 [103].

Ad reatum episcopi pertinet vel presbyteri, qui parochiæ præest, si sustentandæ vitæ præsentis causa adolescentiores viduæ vel sanctimoniales clericorum familiaritatibus subjiciantur.

### C. XXXIV. *De eodem.*

Item ex eodem, c. 103 [104].

Viduæ, quæ stipendio ecclesiæ sustentantur, tam assiduæ in Dei opere esse debent, ut et meritis, et orationibus suis ecclesiam adjuvent.

---

## DISTINCTIO LXXXII.

### GRATIANUS.

J. Pars. *Generaliter etiam pauperibus et iis, qui suis manibus laborare non possunt, episcopus necessaria provideat.*

Unde in Concilio Aurelianensi I. c. 18, legitur [1] :

### C. I. *De eodem.*

Episcopus pauperibus vel infirmis, qui debilitate faciente non possunt suis manibus laborare, victum et vestitum [2] (in quantum sibi possibile [3] fuerit) largiatur.

### C. II. *Qui voluptatem afficio præposuerit, modis omnibus submoveatur.*

Item Innocentius [4] *Exsuperio Tolosano* [5], epist. III. c. 1.

II. Pars. Proposuisti, quis de his observare debeat, quos in diaconii ministerio aut in officio presbyterii positos incontinentes esse aut fuisse generati filii prodiderunt. De his et divinarum legum manifesta est disciplina, et beatæ recordationis 'viri' Siricii episcopi monita evidentia commearunt ut incontinentes in officiis talibus positi omni ecclesiastico honore privarentur, nec admittantur ad tale ministerium, quod sola continentia oportet impleri. Est enim vetus admodum sacræ legis auctoritas jam

B inde ab initio custodita, quod in templo anno vicis suæ habitare præcepti sunt sacerdotes, ut servientes sacris oblationibus puros et ab omni labe purgatos [6] sibi vindicent divina ministeria, neque eos ad sacra [7] officia fas sit admitti, qui exercent vel [8] cum uxore carnale consortium [9] qui scriptum est [10] : *Sancti estote, quia et ego sanctus sum* [11] *Dominus Deus vester.* Quibus utique propter sobolis successionem [12] uxoris [13] usus fuerat [14] relaxatus quia ex 'alia tribu, 'et [15] præterquam ex semine Aaron,' ad sacerdotium nullus fuerat præceptus [16] accedere. Quo [17] magis hi [18] sacerdotes vel Levitæ pudicitiam ex die ordinationis suæ servare debent, quibus vel [19] sacerdotium, vel ministerium sine successione est, nec præterit dies, qua vel a sacrificiis divinis, vel C baptismatis officio vacent? Nam si 'B.' Paulus 'apostolus' ad Corinthios scribit, dicens [20] : *Abstinete vos ad tempus, ut* [21] *vacetis orationi,* et hoc utique laicis præcepit, multo magis [22] sacerdotes, quibus et orandi et sacrificandi juge officium est, semper debebunt ab hujusmodi consortio abstinere, qui [23], si contaminatus fuerit carnali concupiscentia [a], quo ipudore vel sacrificare usurpabit, aut qua conscientia quove' merito exaudiri [24] se credit, quum dictum

---

### NOTATIONES CORRECTORUM.

Dist. LXXXII. C. II. [a] *Concupiscentia :* Emendatus et locupletatus est hic locus ex ipsa epistola Innocentii, quemadmodum et multa alia in hoc capite, ubi per glossam licuit. In epistola autem Siricii quæ D refertur in concilio Teleptensi (ita enim pro Tellensi ' legendum videtur) sic legitur : *Quid faciet? excusabit? quo pudore? qua mente usurpabit? quo merito hic exaudiri se credit?*

Dist. LXXXI. C. XXXII. [101] c. 25. Conc. Carth. III. hab. A 397. ex Dionysio — Ans. l. 7. c. 131 (153). [102] abest ab Edd. coll. o. pr. Bas. Lugdd. II, III. = C. XXXIII. [103] c. 68. Statut. eccl. ant. (vid. ad. c. 9, D. 18.) Burch. l. 8, c. 55. Ivo Decr. p. 7, c. 73. Polyc. l. 4, t. 37. = C. XXXIV. [104] c. 103. Statutt. eccl. ant. — Ivo Decr. p. 8, c. 327. Polyc. ib.
Dist. LXXXII. P. I. [1] hab. A. 511 — Coll. tr. p. p. 2, t. 29, c. 11. = C. I. [2] *vestimentum :* Edd. coll. o. pr. Bas. [3] *possibilitas :* Ed. Bas. — *possibilis habuerit :* orig. = C. II. [4] scr. A. 405. — Ans. l. 8, c. 8. Ivo Pan. l. 3. c. 137. Decr. p. 6, c. 57. Polyc. l. 4, t. 31. [5] *Toletano :* Edd. Arg. Bas. Nor. Ven. I. II. [6] *mundatos :* Coll. Hisp. et Isid. Merl. [7] *sacrificia :* ib. — Ans. [8] *etiam :* Edd. coll. rel. [9] *commercium :* Ed. Bas. [10] Lev. c. 11, v. 44, c. 20, v. 7. [11] add. : *dixit :* Ed. Par. — *dicit :* Edd. coll. rel. [12] add. : *propterea :* Edd. coll. o. cum orig. [13] abest ab Edd. coll. o. pr. Bas. Lugdd. II, III. [14] *fuerit :* exd. pr. Lugdd. II, III. [15] in orig. non leguntur. [16] *passus :* Ed. Bas. — *ausus :* Edd. coll. rel. [17] *quanto :* Ans. ex orig. [18] *episcopi :* Ed. Arg. — *ipsi :* Edd. coll. rel. [19] *et :* Edd. coll. o. [20] 1 Cor. c. 7, v. 5. [21] add. : *expeditius :* Edd. Coll. o. [22] add. : *igitur :* exd. [23] *quia :* exd. pr. Bas. . [b] ex Balleriniorum sententia *Telense* seu potius *Zellense* legendum est. [24] add. : *posse :* exd.

sit: *Omnia munda mundis coinquinatis autem et infidelibus nihil mundum?* Sed fortasse hoc licere credit, quia scriptum est: *Unius uxoris virum.* Non dixit hoc b, ut permaneret in concupiscentia generandi, sed propter incontinentiam futuram. 'Neque enim integros corpore non admisit, qui ait: *Vellem autem omnes sic esse, sicut et ego*. Quod *et* apertius declarat, dicens: *Qui autem in carne sunt, Deo placere non possunt. Vos autem jam non estis in carne, sed in spiritu.* 'Et habentem filios, non generantem dixit. Sed ea plane dispar et diversa sententia est. Nam si ad aliquos forma 'illa' ecclesiasticæ vitæ pariter et disciplinæ, quæ ab episcopo Siricio ad provincias commeavit, non probatur pervenisse, his ignorantibus venia non negabitur, ita ut de cetero penitus incipiant abstinere et ita gradus suos, in quibus inventi fuerint, retentent, ut eis non liceat ad potiora conscendere, quibus in beneficio esse debet, quod hunc ipsum locum, quem retinent, non amittunt. § 1. Si qui autem scisse formam vivendi missam a Siricio deteguntur, neque statim cupiditates libidinis abjecisse, illi sunt modis omnibus submovendi, quia post admonitionem cognitam præponendam arbitrati sunt voluntatem.

### C. III. *De eodem.*
*Item Siricius Papa ad Himerium Tarraconensem Episcopum, epist. I, cap. 7.*

Plurimos sacerdotes Christi atque Levitas post longa consecrationis suæ tempora tam de conjugibus propriis, quam etiam de turpi coitu sobolem didicimus procreasse, et crimen suum hac præscriptione defendere, quia in veteri testamento sacerdotibus ac ministris generandi facultas legitur attributa. Dicat mihi nunc, quisquis ille est sectator libidinum præceptorque vitiorum, si æstimat, quod in lege Moysis passim sacris ordinibus a Deo nostro laxata sunt frena luxuriæ, cur eos, quibus committebantur sancta sanctorum, præmonet, dicens:

*Sancti estote, quia et ego sanctus sum Dominus Deus vester?* Cur etiam procul a suis domibus anno vicis suæ in templo habitare jussi sunt sacerdotes? Hac videlicet ratione, ne vel cum uxoribus possint carnale exercere commercium, ut conscientiæ integritate fulgentes acceptabile Deo munus offerrent. Quibus ' etiam ' expleto deservitionis suæ tempore uxorius usus solius successionis causa fuerat relaxatus, quia non ex alia, nisi ex tribu Levi, quisquam ad Dei ministerium fuerat præceptus admitti.

### C. IV. *De eodem.*
*Idem c paulo inferius.*

Quia aliquanti, de quibus loquimur, (ut tua sanctitas retulit), ignorantia se lapsos esse deflent, his hac conditione misericordiam dicimus non negandam, ut sine ullo honoris augmento, in hoc, quo dejecti sunt, quamdiu vixerint, officio perseverent; si tamen posthac continentes se studuerint exhibere. Hi vero, qui illiciti privilegii excusatione nituntur, et sibi asserunt veteri hoc lege consessum, noverint se ab omni ecclesiastico honore, quo indigne usi sunt, apostolicæ sedis auctoritate dejectos, nec unquam posse veneranda attrectare mysteria, quibus se ipsi, dum obscœnis cupiditatibus inhiant, privaverunt. Et quia exempla præsentia cavere nos præmonent in futurum, si quilibet episcopus, presbyter atque diaconus (quod non optamus) ' deinceps ' fuerit talis inventus, jam nunc sibi omnem per nos indulgentiæ aditum intelligat obseratum, quia ferro necesse est ut abscindantur vulnera, quæ fomentorum non senserint medicinam.

**III. Pars. Gratian.** *Qui autem propter peccata jubentur deponi, post condignam pœnitentiam in suo ordine poterunt reparari.*

*Unde in Concilio Hibernensi d:*

### C. V. *Quæ pœnitentia sit imponenda sacerdoti, qui de fornicatione convictus fuerit.*

Presbyter, si fornicationem fecerit, quanquam secundum canones Apostolorum debeat deponi, ta-

---

### NOTATIONES CORRECTORUM.

b *Non dixit hoc*: In originali sic legitur: *non ad permanentem* in concupiscentia generandi hoc dixit.
C. IV. c *Caput hoc in aliquot manuscriptis Gratiani exemplaribus conjunctum est superiori.*
d *Hibernensi*: Caput hoc citabatur ex concilio Gangrensi, in quo legitur. Emendatum est ex Polycarpo, et alio libro manuscripto pervetusto, in quo libro sunt multi canones pœnitentiales, et hic refertur ex Theodoro archiepiscopo Hibernensi.

---

Dist. LXXXII. C. II. Tit. c. 1, v. 15. add.: *sed coinquinata est eorum mens et conscientia*: Edd. coll. o. add.: *sibi*: exd. 1 Tim. c. 3, v. 2. * permanenti*: Ans. 1 Cor. c. 7, v. 7. Rom. c. 8, v. 9. 1 Tim. c. 3, v. 4. — *ad habentem*: Coll. Hisp. add.: *omnes*: Edd. coll. o. probatur: Ans. ex orig. ignorationis: id. remittetur: orig. ascendere: Ed. Bas. scire: Coll. Hisp. = C. III scr. A. 385. — Coll. tr. p.p. 1, t. 26, c. 3. Ivo Decr. p. 60, c. 50. Polyc. l. 4, t. 31. conjugiis: Edd. coll. o. existimat: Edd. Bas. Lugdd. II, III. Lev. c. 11, v. 44. add.: *suis*: Edd. coll. o. abest ab orig. uxoris: orig. — Edd. coll. o. add.: *suæ*: exd. = C. IV. Coll. tr. p. Polyc. Ivo ib. ignoratione: Coll. Hisp. — ignoranter: Isid. Merl. quod: Böhm. detecti: orig. ut — asseranti: Coll. Hisp. tractare: Edd. coll. o. pr.Bas. ministeria: Ed. Bas. a quibus: Edd. coll. o. ipsos: Ed. Bas. aut: Edd. coll. o. sentiunt: exd. Certissimum est, hæc ad synodum Hibernensem non pertinere, et videtur Anselmus causam erroris Gregorio Polycarpi auctori (l. 4, t. 59) præbuisse. Apud illum enim in fine l. 8, post. c. 2. C. 9, q. 2, et Dist. 6, de pœn. c. fin., quæ ex Hibernensi allegantur, præmisso proœmio: *Inter cetera, quæ de ordine sanctarum ecclesiarum sancita sunt, S. Ibernensis synodus, cui præfuit Leo S. R. E. Ep. tempore Caroli regis Francorum cum Theoderico Anglorum et Ibernensium episcopo multisque aliis illarum regionum episcopis, de lapsu sacerdotum sic ait*, hæc sequuntur: *Sed et hoc in omni pœnitentia*, etc. Ac proinde conmen juxta auctoritatem B. Papæ Silvestri, si in vitio non perduraverit, sed [57] sua sponte confessus adjecit, ut resurgat, decem annis in hunc modum pœniteat : tribus quidem mensibus * privato loco* a ceteris remotus pane et aqua a vespera in vesperam utatur, tantum [58] autem diebus dominicis et præcipuis festis modico vino et pisciculis atque leguminibus recreetur, sine carne, et sagimine [59] ovis, et caseo °; sacco indutus humi adhæreat, die ac nocte jugiter misericordiam Dei omnipotentis imploret. Finitis tribus mensibus continuis exeat [60]: tamen in publicum non procedat, ne grex fidelis in eo scandalum patiatur; nec enim debet sacerdos publice pœnitere, sicut laicus. Postea aliquantisper resumptis viribus, unum annum et dimidium in pane et aqua expleat, exceptis dominicis [61] et præcipuis festis [62], in quibus vino, et sagimine [63] ovis, et caseo juxta canonicam mensuram uti poterit. Finito primo anno et dimidio, corporis et sanguinis Domini, ne induroscat, particeps fiat, et ad pacem veniat, psalmos cum fratribus

A in choro ultimus canat, ad cornu altaris non accedat, juxta B. Clementis [64] vocem minora gerat officia. Deinde vero usque ad impletionem septimi anni, omni quidem tempore, exceptis paschalibus diebus, tres legitimas ferias in unaquaque hebdomada in pane et aqua jejunet. Expleto septimo anni circulo, si * sui * confratres [65], apud quos pœnituit ejus condignam pœnitentiam collaudaverint [66], episcopus in pristinum honorem juxta B. Calixti Papæ [67] auctoritatem eum revocare poterit. Sane sciendum * est *, quod secundam feriam unum psalterium canendo, aut unum denarium pauperibus dando, si opus est [68], redimere poterit. Finitis autem septem annis, deinde usque ad finem decimi anni sextam feriam (nulla interveniente redemptione) observet in pane et aqua.

B § 1. Eadem quoque pœnitentia erit sacerdoti de omnibus aliis peccatis et criminibus, quæ eum in depositionem inducunt. Neque hoc cuilibet videatur onerosum, si sacerdos post lapsum digne, ut supra dictum est, pœnitens ad pristinos redeat honores.

## DISTINCTIO LXXXIII.

### GRATIANUS.

I. Pars. *Providendum quoque est, ne is, qui ad ordinandum eligitur, etsi a proprio vitio videatur alienus, consentiendo alienis inquinetur. Ut enim Symmachus Papa* [1], *ait :* Non est grandis differentia, an lethum inferas, an admittas. Mortem enim languentibus probatur infligere, qui hanc, quam possit, non excludit.

*Hinc* Gregorius VII, *ait in Reg. lib. VI, c. 12. Romanæ Synodi, celebratæ Anno Domini 1080* [2], *al.* 1078.

### C. I. *Suspendatur episcopus ab officio, clericorum suorum fornicationi consentiens.*

Si quis episcopus fornicationem [3] presbyterorum, diaconorum *, subdiaconorum * [a], vel crimen incestus in sua parochia pretio interveniente vel precibus consenserit, vel commissum * sibique * compertum * auctoritate officii sui non impugnaverit, ab officio suspendatur.

### C. II. *Maxime ecclesiam lædit, qui sub nomine sanctitatis delinquit.*

C *Item* Gregorius *prima parte Pastoralis, c. 2* [5].

Nemo quippe in ecclesia [6] nocet amplius, quam qui perverse agens nomen vel ordinem sanctitatis [7] habet. Delinquentem namque hunc nemo redarguere præsumit, et in exemplum culpa vehementer extenditur, quando pro reverentia ordinis peccator honoratur. Episcopus [b] itaque [8], qui talium crimina non

### NOTATIONES CORRECTORUM.

* Et caseo : In vulgatis sequebatur * : *utatur*, quæ vox sublata est auctoritate omnium fere exemplarium Gratiani manuscriptorum, et Polycarpi, et libri manuscripti in superiore notatione indicati.

Dist. LXXXIII. C. I. [a] *Subdiaconorum* : Additum hoc est ex originali et Anselmo, quemadmodum et D paulo post verba illa : *sibique compertum*. Notum autem est, a tempore Gregorii I, subdiaconos eadem lege continentiæ, qua presbyteros, adstrictos fuisse.

C. II. [b] *Episcopus* : Hæc non sunt ibi apud B. Gregorium. Similia citantur infra 2, q. 7, c. *Qui nec regiminis* ex Augustino (cui etiam reliqua hujus capitis antea tribuebantur) et ex eodem a Burchardo et Ivone citantur. Ceterum iidem collectores, Burchardus quidem l. 1, c. 13. Ivo autem p. 5, c. 67, referunt aliqua ex Origene, quæ cum his aliquantulum conveniunt.

---

siderata humanæ fragilitatis infirmitate, sacerdos, si suggerente diabolo in fornicationem ceciderit, si Deo miserante ad pœnitentiæ remedium confugerit, quatuor annis in hunc modum expiabitur, etc. quibus absolutis sub inscriptione : *Item* : caput, de quo agimus, demum profertur. Attamen tempore syn. Hibernensis Pseudoisidori collectio, qua capitis auctor usus est, in lucem needum evaserat, nec verisimile est eamdem synodum sacerdotibus i. e. presbyteris varium pœnitendi modum propter idem crimen proposuisse; quapropter nobis et ipsis ex pœnitentiali quodam caput sumptum esse videtur. [57] *si sua* : Edd. coll. o. [58] abest ab Ed. Bas. [59] *sanguine* : Edd. coll. o. pr. Par. Lugd. II, III. * exc. tamen Edd. Arg. Bas. [60] add. *carcerem*: Ed. Bas. [61] add. : *diebus* : Edd. coll. o. [62] *festivitatibus* : cæd. [63] *sanguine* : Edd. Arg. Ven. I, II. Nor. Lugd. I. [64] cf. D. 81, c. 19. [65] *fratres* : Edd. coll. o. [66] *laudaverint* : cæd. [67] Ep. 2. [68] *operarius* : Polyc. — Ed. Arg.

Dist. LXXXIII. P. I. [1] Ex libello Ennodii pro Symmacho. [2] Refertur hoc concilium integrum ad A. 1078, a Bertholdo Constantiensi. — Ans. l. 6, c. 177 (174). = C. I. [3] *fornicationi — crimini*: orig. l. I. — Bohm. [a] hæc non sunt ap. Bertholdum. = C. II. [5] In Edd. coll. o. hæc citantur ex Augustino. Burch. l. 4, c. 209. Ivo Decr. p. 5, c. 323. Polyc. l. 4, t. 31. [6] add. : *Dei* : Edd. coll. o. [7] add. : *et sacerdotiis* : cæd. [8] Burch. l. 4, c. 203. Ivo Decr. p. 5, c. 317, (*ex Gregorio*). Integer canon legitur etiam ap. Alger, (de mis. et just. Martene Thes. T. V, c. 20).

corrigit, magis dicendus est canis impudicus quam episcopus.

**C. III.** *Qui non resistit erroribus consentit.*

*Item Innocentius*[9].

Error, cui non resistitur, approbatur, et veritas, quum minime defensatur, opprimitur. Negligere quippe, quum possis deturbare[10] perversos, nihil aliud est quam fovere. Nec caret scrupulo societatis occultæ, qui manifesto facinori desinit obviare.

**C. IV.** *Non prodest suo errore non pollui, qui alieno consentit.*

*Item Pius, epist. I, ad omnes Christi fideles*[11].

Quid enim prodest illi suo errore non pollui, qui consensum præstat erranti?

**C. V.** *Qui non occurrit, consentit erranti*

*Item Gregorius* c [12].

Consentire videtur erranti, qui ad resecanda, quæ corrigi debent, non occurrit.

**Gratian.** *Sicut autem aliorum vitia palpare non debet, ita nec malorum laudibus delectari.*

*Unde Anacletus Papa, epist. I, Episcopis omnibus*[13]:

**C. VI.** *Miserrimus est episcopus, qui malorum laudibus gloriatur.*

Nihil illo* est* pastore miserius, qui luporum laudibus gloriatur. Quibus si placere voluerit, atque ab his amari delegerit, erit hinc ovibus magna pernicies. Nullus ergo pastorum placere lupis et gregibus ovium potest. Perdit enim labiorum[d] memoriam mens terrenis obligata carceribus. Sicut[14] artium in suo quoque opere invenitur mater instantia, ita noverca eruditionis est negligentia.

**II. Pars. Gratian.** *Quanquam sacerdotem tam a suis, quam ab alienis criminibus oportet esse immunem, tamen si aliorsum sese habuerit, non ideo verba suæ prædicationis debent contemni.* Sicut enim Hieronymus ait[15]: *ut lixivium per cinerem humidum fluens lavat, et non lavatur, ita bona doctrina per malum doctorem animas credentium lavat a sordibus peccatorum.*

## DISTINCTIO LXXXIV.

**GRATIANUS.**

**I. Pars.** *Solicitum quoque et vigilantem oportet esse episcopum circa defensionem pauperum, relevationem oppressorum, tuitionem monasteriorum. Quod si facere neglexerit, aspere corripiendus est.*

*Unde Gregorius Anthemio Subdiacono Campaniæ, lib. XI, epist. 29*[1]:

**C. I.** *Corripiatur episcopus, qui circa officium suum negligens exstiterit.*

Pervenit ad nos, fratrem et coepiscopum nostrum Paschasium ita desidem negligentemque in cunctis existere, ut in nullo quia est episcopus agnoscatur, adeo ut neque ecclesia ipsius, neque monasteria, sive filii ecclesiæ[2] vel oppressi[3] pauperes ejus erga se dilectionis studium sentiant, nec aliquam supplicantibus sibi[4] iniquibus justum est opem defensionis accommodet, et (quod adhuc[5] dici est gravius) consilia sapientum et recta suadentium nulla patiatur ratione suscipere, ut quod per se nequit attendere ab altero saltem possit addiscere. Et infra: Quod si ita est, non sine culpa tua esse cognoscas, qui eum objurgare atque coercere, ut dignum est, distulisti *Quia ergo hoc totum non solum ipsum reprobat, sed etiam ad sacerdotalis officii pertinere probatur opprobrium*[6], volumus[7], ut eum coram aliis sacerdotibus et quibusdam de filiis suis nobilibus contestari pro hac re debeas et hortari. Si vero (quod non credimus) post hanc adhortationem nostram[8] solito adhuc more negligens esse tentaverit, ad nos est modis omnibus transmittendus, ut hic positus discere possit, quid vel qualiter secundum Dei timorem agere conveniat sacerdotem.

**C. II.** *De eodem.*

*Idem ad eumdem eod. lib. epist. 33*[9].

Nunciatum est nobis, Campaniæ episcopos ita negligentes exsistere, ut immemores honoris sui neque erga ecclesias, neque erga filios* suos* paternæ vigilantiæ curam exhibeant, vel monasteriorum soli-

---

**NOTATIONES CORRECTORUM.**

**C. V.** c *Gregorius :* In epistolis impressis B. Gregorii non habentur. Verum lib. 7, epist. 117. Syagrio Episcopo Augustodunensi post ea verba, *qui non restiterit*, in regesto manuscripto pervetusto, et in Polycarpo, ubi ipsa epistola integra refertur, hæc sequuntur : *Nam consentire videtur erranti, qui corrigenda ut resecari debeant non occurrit*. Quia vero, etc.

**C. VI.** d *Labiorum :* In epistola Anacleti legitur : *laboris*; apud Anselmum, et in uno ex vetustis codicibus Gratiani : *laborum :* unde potuit irrepsisse mendum, quod tamen ob glossam non est sublatum.

---

DIST. LXXXIII. C. III. [9] Eadem fere leguntur in fine ep. Pseudoisidorianæ Eleutherii, cf. c. 55, C. 2, q. 7, desumta ex Felicis III, ep. 1. — [10] *perturbare* : Edd. coll. o. == C. IV. [11] Caput Pseudoisidorianum, repetitum ex Hormisdæ ep. 25. == C V. [12] Ex ep. ad Syagrium scr. A. 549, ep. 113. l. 9. Ed. Maur.—Polyc. l. 4, t. 31. * *concurrit* : Ed. Maur. — [13] Caput Pseudoisidorianum, cujus fontes epist. Epp. Turon. (Mansi t. 9, p. 808), ep. 73. Bonifacii (ex ed Wurdtwein), et Ennodii dict. l. 8, c. 41, sunt reperti. — Ans. l. 6, c. 154 (151). Ivo Decr. p. 5, c. 237. == C. VI. [14] add. : *autem* : Edd. coll. o. [15] cf. Burch. l. 4, c. 204. Ivo Decr. p. 5, c. 518.

DIST. LXXXIV. P. I. [1] Ep. 26 (scr. A. 603), l. 13. Ed. Maur.—Ans. l. 6, c. 188. == C. I. [a] abest ab Ans. et melioribus Greg. codicibus. [3] *vel paup.* : Edd. coll. o. [4] *his :* orig. [5] abest ab Edd. coll. o. pr. Bas. [6] verba asteriscis inclusa ap. Ans. pariter desiderantur. [7] add. : *itaque* : Edd. coll. o. ex Ans. [8] *vestram* : Edd. coll. o. == C. II. [9] Ep. 27 (scr. A. 603), l. 13. Ed. Maur. — Ans. l. 6, c. 189.

citudinem gerant, seu in oppressorum et [10] pauperum se tuitionem impendant. Ideo hac tibi auctoritate praecipimus, ut, eis a [11] te convocatis, ex nostro illos mandato districte commoneas, quatenus ' desides [12] ulterius esse non debeant, sed sacerdotalem se habere zelum et sollicitudinem opere doceant, atque ' ita in his, quae eos juste secundum Deum agere convenit, vigilantes exsistant, ut nullum nos de eis denuo murmur exasperet. Si quem vero eorum post haec negligentem esse cognoveris, ad nos eum sine aliqua excusatione transmitte, ut quam sit grave nolle ab his, quae reprehensibilia et valde vituperanda sunt, corrigi, regulari in se valeat districtione sentire.

II Pars. Gratian. *Quod autem de munditia castitatis sacerdotibus imperatur, hoc etiam de quibuslibet altari servientibus intelligendum est.*

Unde in Carthaginensi Concilio II cap. 2. *Aurelius Episcopus dixisse legitur* [13] :

C. III. *Qui sacramentis divinis inserviunt, continentiam in omnibus servent.*

Quum in praeterito concilio de continentiae et castitatis moderamine tractaretur, gradus isti tres conscriptione quadam castitati per consecrationes annexi sunt; episcopos, inquam, presbyteros et diaconos ita placuit, ut condecet sacrosanctos [14] antistites et Dei sacerdotes, nec non et Levitas, vel qui sacramentis divinis inserviunt [15], continentes esse in omnibus, quo possint simpliciter quod a Deo [16] postulant impetrare, ut quod apostoli docuerunt et ipsa servavit antiquitas nos quoque custodiamus. Ab universis episcopis dictum est [17] : Omnibus placet, ut episcopi, presbyteri et diaconi, vel [18] qui sacramenta contrectant, pudicitiae custodes etiam ab uxoribus abstineant. Ab omnibus dictum est : Placet, ut in omnibus et ab omnibus pudicitia custodiatur, qui altario deserviunt.

C. IV. *De eodem.*
*Item ex Concilio Carthaginensi V.* [19] cap. 3.

Quum de quorundam clericorum, quamvis erga uxores proprias, incontinentia referretur [20] placuit episcopos et presbyteros et diaconos secundum priora [21] statuta etiam ab uxoribus continere : quod nisi fecerint, ab ecclesiastico removeantur officio : ceteros autem clericos ad hoc non cogi, sed secundum uniuscujusque ecclesiae [22] consuetudinem observari debere.

III Pars Gratian. *Similiter, quod monogamus episcopus esse jubetur, etiam ad reliquos ordines ecclesiasticos derivari oportet.*

Unde Siricius Papa *Himerio Tarraconensi Episcopo, epist. I, c. 11* [23] :

C. V. *Laica sit tantum communione contentus clericus, viduam aut secundam ducens uxorem.*

Quisquis clericus aut viduam, aut certe secundam conjugem [24] duxerit, omni ecclesiasticae dignitatis privilegio mox nudetur [25], laica sibi tantum communione concessa. Quam ita demum poterit possidere, si nihil postea, propter quod hanc [26] perdat, admittat.

IV Pars. Gratian. *Presbyterorum vero nomen quanquam a senectute sit sumptum, magis tamen maturitatem indicat sapientiae, quam caniciem corporis.*

Unde Anacletus *ad Episcopos Italiae, epist. II* [27] :

C. VI. *Presbyteri seniores dicuntur, non tam aetate, quam sapientia.*

Porro Moysi praecipitur, ut eligat presbyteros [id est [28] seniores]. Unde et in Proverbiis [29] dicitur : *Gloria senum canicies.* Haec [30] vero canicies sapientiam designat, de qua scriptum est [31] *Canicies hominum prudentia est.* Quumque nongentos [32] et amplius annos ab Adam usque ad Abraham vixisse homines legerimus [33], nullus alius prius appellatus

## NOTATIONES CORRECTORUM.

Dist. LXXXIV. C. III. a *Docuerunt* : In vulgatis codicibus sequebatur : *exemplo,* quod est sublatum, quia neque in ipso secundo Carthaginensi aut impresso, aut manuscripto, neque in unico codice canonum, cum quo graecus canon convenit, neque in vetustis Gratiani exemplaribus habetur, et ex glossa videtur translatum in textum.

b *Custodiamus* : In codice canonum cap. 5 unici Carthaginensis sequuntur haec : *Faustinus* episcopus ecclesiae Potentinae provinciae Piceni legatus ecclesiae Romanae, dixit : *Placet, ut episcopi,* etc., quae in recentioribus Coloniensibus conciliorum editionibus adscripta sunt aliis characteribus. Verum in prisca Coloniensi, duabus Parisiensibus et codicibus Vaticanis legitur quemadmodum apud Gratianum.

C. IV. c *Debere* : In codicibus impressis haec sequebantur : *Contra Martinus Papa, si lector viduam duxerit, ut supra legitur. Sed illud ubi necessitas, hoc, ubi nulla necessitas urget.* Quae sunt expuncta, quia in vetustis codicibus aut non habentur, aut sunt adscripta in margine.

---

Dist. LXXXIV. C. II. [10] *sive*: Edd. coll. o. [11] *add.*: eaed. [12] desiderantur etiam in coll. Ans. [13] hab. A. 390. — Desumtus canon est ex Dyonisio, apud quem inter eos profertur, qui A. 419 sub Aurelio dicuntur esse constituti. — Cell. tr. p. p. 2, t. 19, c. 3. == C. III. [14] *sanctos*: Edd. coll. o. [15] cf. Dist. 31, c. 3. [16] *Domino*: Edd. coll. o. — ' *nec tamen* Ed. Bas. — '' *apud Dionysium* : in Coll. Hisp. vero recte legitur : *Geneclius,* qui ipsi conc. hab. A. 390, praefuit. [17] *add.*: *saepius* : Ed. Bas. [18] *et*: Edd. coll. o. — C. IV. [19] hab. A. 401. — cf. Dist. 32, c. 13. — Ivo Pan. l. 3, c. 405. [20] *referit*: Ed. Lugd. 1. — *referatur*: Edd. coll. rel. pr. Lugd. II. [21] *priorum*: Coll. Hisp. [22] abest ab ead. — ''' *praeter* Ed. Bas. [23] scr. A. 385. — Ans. l. 8, c. 5. Ivo Decr. p. 6, c. 54. ==C. V. [24] *uxorem*: Edd. coll. o. [25] *denudetur*: eaed. ex Ans. [26] *hac carere debeat* : eaed. [27] Caput Pseudoisidorianum, derivatum ex Isid. de offic. l. 2, c. 5. — Burch. l. 2, c. 5. Ans. l. 7, c. 96 (100). Ivo Decr. p. 6, c. 25. == C. VI. [28] haec non sunt in orig. [29] c. 20, v. 29. [30] *hic*: Edd. coll, o. pr. Ven. II, Nor. [31] Sap. c. 4, v. 8. [32] *nongentis—annis*: Edd. coll. o. [33] *legamus*: eaed.

est presbyter, id est senior, nisi Abraham, qui multo paucioribus vixisse annis convincitur. Non ergo propter decrepitam senectutem [aa], sed propter sapientiam presbyteri nominantur.

## DISTINCTIO LXXXV.

### GRATIANUS

*Hospitalitas vero usque adeo episcopis est necessaria, ut, si ab ea inveniantur alieni, jure prohibeantur ordinari.*

Unde Gregorius *scribit Joanni Episcopo, lib. XII epist.* 6 [1] :

C. I. *Hospitalitatem nesciens non fiat episcopus.*

Archidiaconum Florentinum ecclesiæ Anconitanæ, qui ad episcopatum fuerat electus, Scripturæ quidem sacræ scientiam habere, sed ita ætatis senio jam confectum [2] accepimus, ut ad regiminis officium non possit assurgere; adjicientes etiam, ita illum tenacem exsistere, ut in domo ejus amicus ad caritatem nunquam introeat. Rusticus autem diaconus ejusdem ecclesiæ, qui similiter electus fuerat, vigilans quidem homo dicitur, sed, quantum asseritur, psalmos ignorat. Florentium [3] vero diaconum ecclesiæ Ravennatis, qui ab omnibus electus dicitur, sollicitum esse novimus, sed qualis sit interius omnino non scimus. Ideoque fraternitas tua una cum fratre et coepiscopo nostro Armenio, suprascriptæ ecclesiæ Anconitanæ visitatore, illuc festinet [4] accedere, et diligenter de moribus [5] singulorum requirere, si 'de' nullo 'sibi' sunt crimine conscii, quod eos ad hoc officium vetet accedere. Pariter etiam requirendum est, si hoc, quod de præfato archidiacono dictum est, quia nunquam amicus domum ejus ingressus est, si ita se veritas habeat, et utrum ex necessitate, an ex tenacia [6] talis sit; aut si ita senex est, ut ad regendum non possit assurgere, vel si tactis sacrosanctis [7] evangeliis (sicut nobis nunciatum est) jusjurandum præbuerit, nunquam se ad episcopatum accedere. Sed et de Rustico diacono quantos psalmos minus teneat perscrutandum est. Florentio [8] autem diacono Ravennati, si nullum, sicut diximus, crimen est, quod obsistat, apud episcopum ejus agi [9] necesse est, ut ei debeat cessionem concedere; non tamen ex nostro mandato vel dicto [10], ne contra suam voluntatem eum cedere [11] videatur.

## DISTINCTIO LXXXVI.

### GRATIANUS.

I Pars. *Doctorem autem episcopum oportet esse, ne inferiorum culpæ in eum refundantur, qui docendi officium accepit, quod exsequi nescit vel negligit.*

Unde Leo *Episcopus scribit Aquilegiensi Episcopo, epist. III et LXXXIV seu LXXXVI* [1] :

C. I. *Negligentiæ rectorum imputantur culpæ inferiorum.*

Inferiorum culpæ ordinum ad nullos magis referendæ sunt, quam ad desides negligentesque rectores, qui multam sæpe nutriunt pestilentiam, dum austeriorem [a] dissimulant adhibere medicinam.

C. II. *Homines sunt diligendi, peccato odio habenda.*

*Item* Leo *Episcopus* Rustico Narbonensi Episcopo, *epist. XC seu XCII in princip.* [2] :

Odio habeantur peccata, non homines; corripiantur tumidi, tolerentur infirmi; et quod 'in peccatis' severius castigari necesse est non sævientis plectatur animo, sed medentis.

C. III. *Qui negligit emendare quod valet, facientis culpam habet.*

*Item* Joannes VIII [b] [3].

Facientis culpam proculdubio habet, qui quod potest corrigere negligit emendare. Scriptum quippe est [4] : *Non solum qui faciunt, sed etiam qui consentiunt facientibus,* participes judicantur. § 1. Et libat [5] Domino prospera, qui ab afflictis pellit adversa. Et negligere, quum possis deturbare perversos, nihil aliud est quam fovere. Nec caret scrupulo consensionis occultæ, qui manifesto facinori desinit obviare. Et probat odisse se vitia, qui condemnat errantes. Nec relinquit sibi locum deviandi, qui non pepercerit excedenti. Et primus innocentiæ gradus est odisse nefanda. Et latum pandit delinquentibus

### NOTATIONES CORRECTORUM.

Dist. LXXXVI. C. I. [a] *Austeriorem* : Sic legitur in epistola 84. Verum in epistola 3, ejusdem Leonis legitur : *necessariam.* Reliqua utrobique eadem sunt.

C. III. [b] Caput hoc ex variis sententiis hinc inde collectis confectum est, quarum prima usque ad vers. *emendare,* sumpta est ex epistola B. Gregorii 114 lib. VII, indict. 2, Theoderico et Theoberto regibus Francorum.

---

Dist. LXXXIV. C. IV. [aa] *ætatem* : exd.

Dist. LXXXV. C. 1. [1] *Ep.* 11 (scr. A. 604), l. 14. Ed. Maur. [2] *contractum* : orig. [3] *Florentinum* : orig. — Edd. coll. o. [4] *festines* : Edd. coll. o. pr. Lugdd. [5] *vita ac moribus* : Edd. coll. o. ex orig. [6] *tenacitate* : exd. [7] *sanctis* : exd. [8] *Florentino* : exd. ex orig. [9] *agere* : exd. [10] *edicto* : Edd. coll. o. — Bohm. [11] *concedere* : exd.

Dist. LXXXVI. P. 1. [1] *Ep. ad Septimum Aquileg.* scr. A. 442. Ed. Ball. ep. 1. — Ans. l. 6, c. 155 (152). — Eadem leguntur in ep. ad Januarium, ep. 18, Ed. Baller. = C. II. [2] *Ep.* 167 (scr. A. 458, vel 459. Ed. Baller = C. III. [3] Fragmentum incertum. — Ivo Decr. p. 6, c. 115. — cf. Dist. 83, c. 3, 4, 5. [4] Rom. c. 1, v. 32. [5] *libet* : Ed. Bas.

aditum, qui jungit cum pravitate consensum. Et A *Unde* Gregorius *scribit lib. V epist.* 29. *Secundino servo Dei inter cetera* [18]:
nihil prodest alicui non puniri proprio, qui puniendus est alieno peccato.

II Pars. Gratian. *Si autem ir corripiendo quis modum excesserit, non a subditis, sed a Domino veniam petat.*

*Unde* Augustinus *de vita* c *clericorum* [e].

C. IV. *Veniam a subditis non petat qui in corripiendo modum excesserit.*

Quando necessitas disciplinæ minoribus [7] coercendis dicere vos verbo dura, compellit, si etiam ipsi [8] modum vos excessisse sentitis, non a vobis exigitur, ut ab [9] eis veniam postuletis, ne apud eos, quos oportet esse subjectos [10], dum nimia [11] servatur humilitas, regendi frangatur auctoritas. Sed [12] tamen petenda est venia ab omnium Domino, B qui novit "etiam" eos, quos plus justo forte corripitis, quanta benevolentia diligatis.

III. Pars. Gratian. *In doctrina vero sacræ Scripturæ auctoritatem debet episcopus præferre, non sæcularium literarum peritiam ostentare. Non enim episcopalis officii est grammaticam exponere, ne laudes Jovis personent ore pontificis.*

*Unde* Gregorius *scribit Desiderio Episcopo, lib. IX epist.* 48 [13]:

C. V. *Sacram Scripturam, non grammaticam debet episcopus exponere.*

Quum multa nobis "bona" de vestris fuissent studiis nunciata, ita cordi nostro nata [14] est lætitia, ut negare ea, quæ sibi fraternitas vestra concedenda poposcit [15], minime valeremus. Sed post hoc pervenit ad nos (quod sine verecundia memorare non possumus), fraternitatem tuam [16] grammaticam quibusdam exponere. Quam rem ita moleste suscepimus, ac sumus vehementius aspernati, ut ea, quæ prius dicta fuerint [17], in gemitum et tristitiam verteremus, quia in uno se ore cum Jovis laudibus Christi laudes non capiunt. Et quam grave nefandumque sit episcopis canere, quod nec "laico" religioso conveniat, ipse considera.

IV Pars. Gratian. *Liberalem quoque necessitatem patientibus sacerdotem esse oportet; alias autem vacuum portabit nomen episcopi.*

C. VI. *Sine liberalitate inane portatur nomen episcopi.*

Fratrem nostrum Marinianum [19] episcopum verbis, quibus vales, excita, quia obdormisse eum suspicor. *Et infra :* Dic ergo ei [20], cum loco mutet et mentem. Non [21] sibi credat solam lectionem et orationem sufficere, ut remotus studeat [22] sedere, et de manu minime fructificare: sed largam manum habeat, necessitatem patientibus concurrat, alienam inopiam suam credat, quia, si hæc [23] non habet, vacuum episcopi nomen tenet.

V. Pars. Gratian. *In ipsa autem liberalitate modus adhibendus est rerum et personarum: rerum, ut non omnia uni, sed singulis quædam præstentur, ut pluribus prodesse possimus, juxta illud Prophetæ :* Dispersit, dedit pauperibus; *personarum, ut primum justis, deinde peccatoribus : quibus tamen dare prohibemur, non quia homines sunt, sed quia peccatores.*

*Unde* Augustinus *tract. C. ad c.* 16 *Joannis* [24]:

C. VII. *Immane peccatum est res suas donare histrionibus.*

Donare res suas histrionibus vitium est immane, non virtus. Et [25] scitis de talibus, quam sit frequens fama cum laude, quia, "sicut scriptum est," *laudatur* [26] *peccator in desideriis animæ suæ, et qui iniqua gerit, benedicitur.*

C. VIII. *Graviter delinquunt qui venatori aliquid donant.*

Idem *in Psalmo CII ad vers.* Faciens misericordias [27].

Qui venatoribus donant, quare donant? dicant mihi, quare donant venatori? Hoc in illo amant, in quo nequissimus est, hoc in illo pascunt, hoc in illo vestiunt, ipsam nequitiam publicam [28] spectaculis omnium [29]. Qui donant histrionibus, qui donant aurigis, qui donant meretricibus, quare donant? numquid non et ipsi [30] hominibus donant [31]: Non tamen ibi attendunt naturam operis Dei, sed nequitiam operis humani.

## NOTATIONES CORRECTORUM.

C. III. c *De vita*: Inter opuscula B. Augustini, A. D. 1481 Parmæ impressa, sunt tres sermones de communi vita clericorum, ex quibus in vulgatis tomis operum B. Augustini tomo 10, referuntur duo sub numero 52 et 53, ad fratres in eremo. Tertius D autem cum epistola 109, omnino convenit; sed quæ in epistola diriguntur ad monachos, in sermone diriguntur ad viros. Ex istis tribus sermonibus de communi vita clericorum multa capita accepit Gratianus (ut suis locis notabitur), et hoc quidem ex tertio.

---

DIST. LXXXVI, C. III. [6] Imo ex Augustini ep. ad. Seleucianum. — Ivo Decr. p. 6, c. 384. = C. IV. [7] *in moribus* : Edd. coll. o. ex Ivone. [8] *in ipsis* : orig. — Ivo. [9] *vos a subditis* : Edd. coll. o. — *a vobis subditis* : Ivo. [10] *subditos* : Ed. Bas. [11] *nimium* : Edd. coll. o. ex Ivone. [12] *et tamen* : Edd. coll. o. [13] Ep. 54 (scr. A. 601), l. 11. Ed. Maur. — Burch, l. 1, c 97. Ivo Decr. p. 4, c. 161, p. 6, c. 199. = C. V. [14] *innata* : Edd. coll. o. pr. Bas. [15] *deposcit* : Edd. coll. o. — *poposcerat* : Ivo cum orig. [16] *vestram* : Edd. coll. o. [17] *fuerant* : cæd. cum orig. et Ivone. [18] Ep. 30 (scr. A. 596), l. 6, Ed. Maur. = C. VI. [19] *Maurianum* : Ed. Bas. — *Marianum* : Edd. coll. rel. [20] *illi, ut cum* : Edd. coll. o. [21] *nec* : cæd. [22] *nihil studeat de manu fructificare* : cæd. [23] *hoc* : cæd. [24] Ivo Decr. p. 11, c. 84. = C. VII. [25] *sed* : Edd. Arg. Bas. [26] Psalm. 9, v. 3. — C. VIII. [27] Ivo Decr. p. 13, c. 51. [28] *publicant* : Edd. coll. o. pr. Bas. [29] *hominum* : Edd. coll. o. [30] *ipsa* : cæd. [31] *donantur* : Edd. Lugdd. II, III.

## C. IX. De eodem.
### Idem ibidem paulo inferius [32].

Qui venatoribus donant [33], non homini donant, sed arti nequissimæ. Nam si homo tantum esset, et venatur non esset, non [34] donares : honoras in eo vitium, non naturam.

## C. X. De eodem.
### Idem in Psalm. CXLVI [35]

Vident homines venatorem [36], et delectantur : væ miseris, si non se correxerint. Qui enim vident venatorem et delectantur, videbunt Salvatorem et contristabuntur.

## C. XI. De eodem.

Item Hieronymus in Psalm. XC, ad vers. Sperabo in Domino [37].

Esau venator erat, quoniam peccator erat. Et penitus non invenimus in Scripturis sanctis sanctum aliquem venatorem : piscatores invenimus sanctos.

## C. XII. De eodem.
### Item Ambrosius in homilia XXXIII, de Quadragesima [38].

Quid prodest jejunare visceribus, et luxuriare [39] venatibus? abstinere cibis [40], errare peccatis?

## C. XIII. De eodem.
### Idem ibidem paulo inferius [41].

An putatis illum jejunare, fratres, qui primo diluculo non ad ecclesiam vigilat, non beatorum martyrum loca sancta perquirit, sed surgens congregat servulos, disponit retia, canes producit, saltus silvasque perlustrat? Servulos, inquam, secum pertrahit, fortasse magis ad ecclesiam festinantes, et voluptatibus suis peccata accumulat aliena, nesciens reum se futurum tam de suo delicto, quam de perditione servorum.

## C. XIV. Quæ sint in liberalitate servanda
### Item Ambrosius lib. I, de officiis, c. 30 [42].

Non satis d est bene velle, sed etiam bene facere. Nec satis est iterum bene facere, nisi id ex bono fonte [43], hoc est ex bona voluntate proficiscatur. Et infra : § 1. Perfecta liberalitas fide, causa, loco, tempore commendatur, ut primum opereris [44] circa domesticos fidei. Grandis culpa, si sciente te fidelis egeat, si scias eum sine sumptu esse, fame [45] laboA rare, ærumnam perpeti, qui præsertim egere erubescat [46], si in causam ceciderit aut captivitatis [47] suorum, aut calumniæ, et non adjuves, si sit in carcere [48], et pœnis et suppliciis propter debitum aliquod justus excrucietur (nam etsi omnibus debetur misericordia, ' tamen ' justo amplius), si tempore afflictionis suæ nihila te impetret, si tempore periculi [49], quo rapitur ad mortem, plus apud te pecunia tua valeat quam vita morituri, non est leve peccatum e.

## C. XV. De eodem.
### Idem ibidem paulo inferius [50].

Dominus non vult simul effundi opes, sed dispensari, nisi forte, ut Heliseus [51], qui boves suos occidit, et pavit pauperes ex eo, quod habuit, ut nulla cura teneretur domestica, sed relictis omnibus in disciplinam se propheticam daret.

## C. XVI. De eodem.
### Idem ibidem continenter [52].

Est probanda illa [53] etiam liberalitas, ut proximos seminis tui non [54] despicias, si egere cognoscas. Melius est enim, ut ipse subvenias tuis, quibus pudor est ab aliis sumptum deposcere [55], aut alicui postulare subsidium necessitati [56]; non tamen ut illi ditiores eo [57] fieri velint, quod tu posses † conferre inopibus : causam enim f natura præstat, non gratia. Neque enim propterea te Domino [58] dicasti, ut tuos [59] divites facias, sed ut vitam tibi perpetuam fructu boni operis acquiras, et pretio miserationis peccata redimas tua. Putant se parum poscere? pretium [60] tuum quærunt, vitæ tuæ fructum adimere contendunt [61], et accusant, quod eos divites non feceris, quum te illi velint æternæ vitæ fraudare mercede?

## C. XVII. De eodem.
### Idem ibidem paulo inferius [62].

Consideranda est ' etiam ' in largiendo ætas atque debilitas, nonnunquam etiam verecundia, quæ ingenuos prodit natales, ut senibus plus largiaris, qui sibi labore jam non queunt victum quærere. Similiter et debilitas corporis, ' et hæc ' juvanda [63] promptius; tum [64] si quis ex divitiis ceciderit in ege-

### NOTATIONES CORRECTORUM.

C. XIV. d *Non satis* : Hinc usque ad c. *Si quid* rero in aliquot vetustis Gratiani exemplaribus et apud Anselmum est unicum caput.

e *Non est leve peccatum* : Verba hæc non sunt ibi apud Ambrosium, sed tamen apud Anselmum et in Polycarpo.

C. XVI. f *Causam enim* : Apud B. Ambrosium legitur : *causa enim præstat, non gratia*, itemque apud Anselmum et in Polycarpo. Sed vetusti codices Gratiani et glossa cum impressis concordant. Alia autem nonnulla ex ipso Ambrosio sunt emendata.

---

Dist. LXXXVI. C. IX. [32] Ivo ibid. [33] *tribuit — donat* : Ed. Bas. [34] add. : *ei* : Edd. coll. o. = C. X. [35] Ivo Decr. p. 13, c. 34. [36] *venatores* : Edd. coll. o. = C. XI. [37] Hæc ad Hieronymum non pertinent. — Ivo Decr. p. 13, c. 35. = C. XII. [38] Canonem hunc et sequentem Cæsario Arelatensi assignant Fr. Maurini in ed. opp. Augustini. — Ivo Decr. p. 13, c. 31. [39] *luxuriari* : cæd. [40] *a cibis et* : cæd. = C. XIII. [41] Ivo ib. = C. XIV. [42] Ans. l. 13, c. 28. Polyc. l. 6, t. 20. [43] add. : *procedat* : Edd. coll. o. [44] *operetur* : cæd. [45] *et famem tolerare* : cæd. [46] *erubescit* : cæd. [47] *capt. suæ vel suorum filiorum* : cæd. [48] add. : *positus* : cæd. [49] add. : *sui* : Ed. Bas. = C. XV. [50] Ans. Polyc. ib. [51] cf. l. 3. Reg. c. 19. = C. XVI. [52] Ans. Polyc. ib. [53] *et alia* : Edd. coll. o. [54] *ne* : cæd. pr. Lugdd. II, III. [55] *petere* : Ed. Bas. [56] *necessitatis* : Edd. coll. o. [57] *ex eo* : cæd. † *potes* : Bohm. [58] *Deo dedicasti* : cæd. [59] *illos* : cæd. [60] *præmium* : cæd. pr. Bas. [61] Bohm. add. invitis codd. ms. et impressis : *et se juste facere putant*. = C. XVII. [62] Ans. Polyc. ib. [63] *promptius est adjuvanda* : Edd. coll. o. [64] *quum* : Ed. Bas.

statem, et maxime, si [65] non vitio suo, sed aut latrociniis, aut proscriptione [66], aut calumniis quæ habebat amisit.

### C. XVIII. *De eodem.*

Idem *libro II officiorum, cap.* 21 [67].

Pulchra [g] etiam liberalitas est, in ipso quoque pauperis dato mensuram tenere, ut abundes pluribus, non [68] conciliandi favoris gratia ultra modum fluere. Quicquid [69] ex affectu puro et sincero promitur [70], hoc est decorum : non superfluas ædificationes aggredi, nec prætermittere necessarias. Et maxime sacerdoti [71] hoc convenit, ornare Dei templum honore congruo, ut etiam *hoc* cultu aula Domini resplendeat, impensas misericordiæ *convenientes* frequentare, quantum oporteat largiri peregrinis, non superflua [72], sed competentia, etc. Idem : § 1. Compatiamur [73] alienis calamitatibus, necessitates aliorum quantum possumus juvemus, et plus interdum quam possumus. Melius est enim pro misericordia causas præstare vel invidiam perpeti, quam prætendere inclementiam; ut [74] nos aliquando [75] in invidiam incidimus; qui confregerimus vasa mystica, ut captivos redimeremus.

### C. XIX. *De eodem.*

Idem *ad c.* 3. *Lucæ, in vers.* Generatio viperarum.

In singulis quoque generum hominum conveniens tribuit S. Baptista Joannes responsum unum omnibus ita : publicanis, ne ultra præscriptum exigant, militibus, ne calumniam [76] faciant, ne prædam requirant; docens idcirco stipendia constituta militiæ, ne, dum sumptus quæritur, prædo grassetur. Sed hæc et alia officiorum præcepta propria [77] singulorum, misericordia [78] communis est usus. Ideo commune præceptum omnibus officiis, omnibus ætatibus necessaria, et ab omnibus deferenda. Non publicanus, non miles excipitur, non agricola, vel urbanus, dives et pauper, omnes in commune admonentur, ut conferant non habenti. Misericordia enim plenitudo virtutum est, et ideo omnibus est proposita perfectæ forma virtutis, ne vestimentis alimentisque suis parcant. Misericordiæ tamen ipsius pro possibilitate conditionis humanæ mensura servetur, ut non sibi unusquisque totum eripiat, sed quod habet cum paupere partiatur.

### C. XX. *De eodem.*

Idem *ad cap.* 18. *Lucæ.*

Ceterum Dei traditio est, ut prius pascas parentes. Nam si juxta divinum oraculum [79] contumelia parentis morte luitur, quanto magis fames, quæ morte gravior est? Quo loco insolentem Dominus infrenat jactantiam, etc.

### C. XXI. *De eodem.*

Idem *in libro de officiis* [h] [80].

Pasce fame morientem. Quisquis enim pascendo hominem servare poteras [81], si non pavisti [82], occidisti [83].

### C. XXII. *De eodem.*

*Item* Hieronymus *in commentariis ad Galatas, c.* 6, *in vers.* Alter alterius.

Qui clementiam non habet nec indutus est viscera misericordiæ et lacrimarum, quamvis spiritalis sit, non adimplet [84] legem Christi.

**VI. Pars.** Gratian. *Similiter etiam oportet episcopum non esse percussorem, id est non ad vindictam facilem.*

Unde Gregorius [85] *scribit Joanni Episcopo Panormitano* [86] *libro XI, epist.* 49 :

### C. XXIII. *Ad vindictam episcopus facilis esse non debet.*

Si quid vero de quocunque clerico ad aures tuas pervenerit, quod te juste possit offendere, facile non credas, nec ad vindictam te res accendat incognita; sed præsentibus senioribus ecclesiæ tuæ diligenter est veritas perscrutanda, et tunc, si qualitas rei poposcerit, canonica districtio culpam feriat delinquentis.

### C. XXIV. *De quodam episcopo, qui antequam missarum solemnia celebraret, die dominico ad exarandam messem cujusdam profectus est.*

Idem *Januario Episcopo, lib. VII. Indict.* 2, *epist.* 1 [87].

Tanta nequitia ad aures meas de tua senectute pervenit, ut eam, nisi adhuc humanitus pensaremus, fixa jam maledictione feriremus. Dictum quippe mihi est, quod dominico die, priusquam missarum solemnia celebrares, ad exarandam messem latoris præsentium perrexisti, et post exarationem ejus missarum solemnia celebrasti; post missarum solemnia etiam terminos possessionis illius eradicare minime

---

### NOTATIONES CORRECTORUM.

C. XVIII. [g] *Pulchra etiam* : apud B. Ambrosium legitur : *pulchra liberalitas, erga ipsos quoque pauperes mensuram tenere.* Sed apud Anselmum et in Polycarpo habetur ut apud Gratianum, et adest glossa in voce : *dato.*

C. XXI. [h] *De officiis* : Caput hoc non est inventum apud B. Ambrosium, sed apud Anselmum et in Polycarpo ex eodem citatur, et Bartholomæus Urbinas Eremita in Milleloquia, quod collegit ex dictis B. Ambrosii

---

Dist. LXXXVI. C. XVII. [65] *si sine* : Edd. coll. o. — [66] *præscriptione* : Edd. coll. o. = C. XVIII. [67] Ans. Polyc. ib. [68] *nec* : Edd. coll. o. [69] *add.* : *enim* : eæd. [70] *promittitur* : eæd. pr. Lugdd. II, III. [71] *sacerdotibus* : Edd. coll. o. [72] *superfluas — competentes* : eæd. [73] *add.* : *itaque* : eæd. [74] *abest ab Ed. Bas.* [75] *et nos* : Edd. coll. rel. [76] *abest ab Ed. Arg.* = C. XIX. [76] *calumnias* : Edd. coll. o. [77] *add.* : *sunt* : eæd. [78] *misericordiæ* : eæd. = C. XX. [79] Levit. c. 20. Exod. c. 21. Matth. c. 15. = C. XXI. [80] Ans. l. 13, c. 28. [81] *poteris* : Edd. coll. o. [82] *paveris* : eæd. [83] *add.* : *fame* : eæd. p. Bas. = C. XXII. [84] *adimplebit* : orig. [85] Ep. 44, (scr. A. 603), l. 13. Ed. Maur. — Coll. tr. p. p. 1, t. 55, c. 15. — cf. C. 15, q. 7, c. 2. [86] *Corinthiorum* : Edd. coll. o. = C. XXIV. [87] Ep. 1, (scr. A. 599), l. 9. Ed. Maur. — Burch. l. 1, c. 197. Ivo Decr. p. 2, c. 78, et p. 8, c. 312.

timuisti. Quod factum quæ pœna debeat insequi [88], omnes, qui audiunt, sciunt. Dubii autem de tanta hac perversitate fueramus, sed filius noster Cyriacus abbas a nobis requisitus, dum esset Caralis [89], ita se cognovisse perhibuit. Et quia adhuc canis tuis parcimus, hortamur, ut aliquando resipiscas [90] miser senex, atque a tanta te levitate morum et operum perversitate compescas [91]. Quanto morti vicinior efficeris, tanto fieri [92] solicitior atque timidior debes. Et quidem pœnæ sententia in te fuerat jaculanda; sed quia simplicitatem tuam cum senectute novimus, interim tacemus. Eos vero, quorum consilio hæc egisti, in duobus mensibus excommunicatos esse decernimus [93] : ita *tamen,* ut, si quid eis intra duorum mensium spatium humanitus [94] advenerit, benedictione viatici non priventur. Deinceps autem ab eorum consiliis cautus existe; te [95] quoque solicite custodi, ne, si eis in malo discipulus fueris, quibus in bono magister esse debuisti, nec simplicitati tuæ ulterius, nec senectuti parcamus.

**VII. Pars. Gratian.** *Vel percussor esse prohibetur, ne videlicet propriis manibus aliquem cædat.*

Unde in Agathensi [i] Concilio *legitur* [96] :

**C. XXV.** *Non licet episcopo propriis manibus aliquem cædere.*

Non licet [97] episcopo manibus suis aliquem cædere. Hoc enim alienum a sacerdote esse debet.

**VIII. Pars. Gratian.** *Prohibetur etiam episcopus turpis lucri esse cupidus, ne aliquo inhonesto negotio victum vel cetera sibi necessaria quærat. Quod generaliter de omnibus divino cultui mancipatis, id est clericis et monachis, intelligi oportet.*

Unde in Chalcedonensi Concilio, *cap. 3, legitur* [98] :

**C. XXVI.** *Qui connumerantur in clero, turpibus lucris non inserviant.*

Pervenit ad [99] sanctam synodum, quia de iis, qui in clero connumerantur, quidam propter turpis lucri gratiam alienarum [100] possessionum conductiones, et causas sæculares [101] suscipiunt, et a sacris [102] *quidem* officiis se per desidiam separant, ad domos autem sæcularium concurrunt, et substantiarum eorum gubernationes avaritiæ causa suscipiunt. Decrevit ergo sancta [103] et magna synodus, neminem horum deinceps, hoc est episcopum, sive clericum, aut monachum, conducere possessiones, aut misceri [104] sæcularibus procurationibus [105], nisi forte, qui legibus ad minorum ætatum tutelas sive curationes inexcusabiles attrahuntur, aut cui civitatis ipsius episcopus ecclesiasticarum rerum commiserit gubernacula, vel orphanorum ac viduarum, quæ indefensæ sunt, et earum personarum, quæ maxime ecclesiastico indigent adminiculo propter timorem Dei. Si quis vero transgressus fuerit hæc præcepta, correctioni ecclesiasticæ subjaceat.

## DISTINCTIO LXXXVII.

**GRATIANUS.**

**I. Pars.** *Viduis autem et orphanis ecclesiæ præsidium implorantibus episcopi debent adesse, et contra improborum violentias protectionis patrocinium eis negare non debent.*

Unde Gelasius *Gerontio et Petro Episcopis* [1] :

**C. I.** *Implorantibus patrocinium episcopi debent adesse.*

Licet omnibus de nobis sperantibus non debeamus in quantum possumus nos negare [2], plus tamen viduarum et orphanorum causas et impensius ducimus exsequendas, quas tueri a nobis vel ab omnibus divina manifestat assertio.

**C. II.** *De eodem.*

Idem *Anastasio Episcopo* [3].

Defensionis propriæ desolatis auxilio, et qui suis actibus adesse [4] pro ætatis infirmitate non possunt, exoratum pontificem decet subvenire, quia pupillis

### NOTATIONES CORRECTORUM.

brosii, affert hunc locum ex eodem Ambrosio in libro de alendis pauperibus, qui liber hactenus desideratur.

C. XXIV. [i] *Agathensi* : Hoc caput non habetur in Agathensi, quod exstat. Burchardus et Ivo citant ex decretis Bonifacii Papæ. Habetur autem in novellis constit. 123. cap. 16. apud Julianum Antecesse. Non dissimilis etiam canon 28. Apostolorum, quem interpretatur synodus Constantinopolitana, quæ prima et secunda dicta est, cap. 9.

Dist. LXXXVII. C. II. [a] *Pupillis* : In codicibus impressis sequebatur : *et viduis,* quæ voces expunctæ sunt, quia absunt a plerisque vetustis. Et quæ antecedunt ac sequuntur, ostendunt agi hic tantum de pupillis.

---

Dist. LXXXVI. C. XXIV. [88] *sequi* : Edd. coll. o. — [89] *choralis, i. e. regionarius* : Ivo. — [90] *hortamur resipisce* : Ivo et Burch. ex orig. — [91] *compescas* : orig. — *compescere* : Ivo. Burch. — Edd. coll. o. — [92] *esse* : Edd. coll. o. — [93] *decrevimus* : Edd. coll. o. pr. Lugdd. II, III. — [94] *humanitatis* : Edd. coll. o. pr. Bas. — [95] *omissa sunt, quæ sequuntur,* in Edd. Arg. Nor. Ven. II. — [96] *ex Nov. Just. 123.* c. 11. — Burch. l. 1, c. 202. Ivo Decr. p. 5, c. 316. — C. XXV. [97] *licet* : Edd. coll. o. ≡ C. XXVI. [98] *hab.* A. 451. — Burch. l. 2, c. 148. Ivo Decr. p. 6, c. 218 (ex Dionysio). [99] *in* : Coll. Hisp. et Isid. Merl. [100] *aliorum* : Coll. Hisp. — Edd. coll. o. — *majorum* : Isid. Merl. — [101] *sæcularium* : Edd. coll. o. — add. : *negotiorum* : Edd. Bas. Lugdd. II, III. — [102] *sanctis ministeriis* : Coll. Hisp. Isid. Merl. [103] *add.* : *et universalis* : Edd. coll. o. — [104] *miscere — posse* : Coll. Hisp. — *miscere — posse* : Edd. coll. o. — [105] *possessionibus* : Edd. Lugdd. II, III.

Dist. LXXXVII. P. I. [1] Fragmentum incerti temporis. Gerontium et Petrum tempore Gelasii episcopos in Latio fuisse, illum Fidenatem, hunc Laurensem, comperimus. — Coll. tr. p. p. 1, t. 46, c. 32. ≡ C. I. [2] *denegare* : Edd. coll. o. — ≡ C. II. [3] De epocha hujus epist. pariter non constat; videtur tamen scripta esse ad Anastasium, Lucerinæ eccl. in Beneventana Neapolitanorum provincia episcopum, cujus mentio fit ab ipso Gelasio ap. Baluzium Miscell. t. 5. — Coll. tr. p. p. 1, t. 46, c. 40. [4] *sibi prodesse* : Ed. Bas.

tuitionem etiam divinitas jussit impendi. Et ideo Maximo et Januario clericalis officii (qui se solatio parentum vel propinquorum asserunt destitutos) auxilium ex nostra delegatione praestabis, ut adversus improbitates adversariorum suorum protecti tuae exsecutionis auinisu noxia commenta non sentiant

### C. III. De eodem.
#### Idem *Leontio et Petro Episcopis*.

Quisquis in negotiis suis nostri nominis intercessione sperat sibi remedia posse conferri, prona nos convenit animositate praestare.

### C. IV. De eodem.
#### Idem *Honorio Episcopo*.

Divinae retributionis memor ad pontificalem conscientiam non ambigas pertinere, egentium commodis piam sollicitudinem non negare.

### C. V. *Tueatur ecclesia, quos in sui defensione suscepit.*
#### Idem *Fortunato Episcopo*.

Irreligiosum prorsus et exsecrabile judicamus, si quisquam vel extraneos in sua tuitione susceptos non omni fide et tota animi sui educaverit sanctitate. Ac quum Olympius diaconus dilectionis tuae Felicis et Olympii suggeratur avunculus, eosque parvulos tutelae vice susceperit nutriendos, ultra latrocinium esse judicamus, quod eos bonisculis parentum (sicut asserunt) reliquit extorres, alia retinendo, alia contra leges et jura vendendo.

### C. VI. *Confugientes ad ecclesiam extrahere non licet.*
#### Item ex Concilio Arausicano l. c. 5, et seqq.

Eos, qui ad ecclesiam confugerint, tradi non oportere, sed loci sancti reverentia et intercessione defendi. § 1. Si quis autem mancipia clericorum pro suis mancipiis ad ecclesiam confugientibus crediderit occupanda, per omnes ecclesias districtissima damnatione feriatur. § 2. In ecclesia quoque manumissos, et per testamentum ecclesiae commendatos si quis in servitutem vel obsequium, vel ad colonariam conditionem revocare tentaverit, animadversione ecclesiastica coerceatur.

### C. VII. *In libertate ecclesia tueatur libertos*
#### Item ex Concilio Agathensi, c. 29.

II. Pars. Libertos legitime a dominis suis factos, ecclesia, si necessitas exegerit, tueatur; quos si quis ante audientiam aut pervadere, aut exspoliare praesumserit, ab ecclesia repellatur.

### C. VIII. *A sacerdotibus defendantur liberti, ne in servitutem revocentur.*
#### Item ex Concilio Toletano IV. c. 72.

Liberti, qui a quibuscunque manumissi sunt, et ecclesiae patrocinio commendati exsistunt, sicut regulae antiquorum Patrum constituerunt, sacerdotali defensione a cujuslibet insolentia protegantur, sive in statu libertatis eorum, sive in peculio, quod habere noscuntur.

### C. IX. *Expositos defendat ecclesia, si quis eorum calumniator exstiterit.*
#### Item ex Concilio Arelatensi II. c. 32.

III. Pars. Si expositus ante ecclesiam cujuscunque fuerit miseratione collectus, contestationis ponat epistolam, ut si is, qui collectus est, intra decem dies quaesitus agnitusque non fuerit, securus habeat qui collegit. Sane, qui post praedictum tempus calumniator exstiterit, ut homicida ecclesiastica districtione damnabitur, sicut Patrum sanxit auctoritas.

---

## DISTINCTIO LXXXVIII.

### GRATIANUS.

I. Pars. *Prohibentur ergo clerici cupiditatis negotia suscipere, non pietatis curam viduis et orphanis impendere.*

Unde Melchiades Papa:
### C. I. De eodem.

Decrevit sancta synodus, nullum deinceps clericum aut possessiones conducere, aut negotiis saecu-

### NOTATIONES CORRECTORUM.

C. V. *Quisquam:* In vulgatis codicibus sequitur vox: *clericos*, quae in aliquot manuscriptis, et apud Ivonem non habetur, ideoque sublata est. Non enim hic clericos cum laicis, sed extraneos cum sanguine junctis comparat.

Dist. LXXXVIII. P. I. *Melchiades:* Caput hoc habetur in scripto de primitiva ecclesia et munificentia Constantini, quod in antiquis conciliorum voluminibus continenter sequitur post decreta Melchiadis, (quamvis in recentioribus concilium Neocaesariense sit interpositum), et ex illa conjunctione fortasse factum est, ut hoc quoque scriptum olim decretis Melchiadis adnumerari solitum esset, quum tamen in eo de Nicaeno concilio, et aliis, quae post Melchiadem gesta sunt, mentio fiat, quod ex capite *Ad futuram.* infra 12. quaest. 1. apparet.

---

Dist. LXXXVII. C. II. ⁵ *solatiis:* ib. ⁶ *adminiculo:* ib. == C. III. ⁷ Videntur haec deprompta esse ex eadem ep. ad Gerontium et Petrum, cujus modo mentio facta est. — Coll. tr. p. p. 1, t. 46, c. 44. == C. IV. ⁸ Fragmentum aeque incerti temporis. — Coll. tr. p. p. 1, t. 46, c. 55. == C. V. ⁹ Fragmentum pariter incertum. — Ivo Decr. p. 6, c. 109. * *clericus:* Edd. Arg. Bas. † *Ac:* Bohm. == C. VI. ¹⁰ hab. A. 441. — Burch. l. 3, c. 195. Ivo Decr. p. 3, c. 112. Rab. poen. c. 22. ¹¹ *oportet:* Edd. coll. o. — Bohm. ¹² Ivo Pan. l. 2, c. 84. Decr. p. 3, c. 154. ¹³ *imprimere:* Ivo ex orig. ¹⁴ *coercebitur:* ib. == C. VII. ¹⁵ hab. A. 506. — Ivo Pan. l. 2, c. 82. Decr. p. 3, c. 159, p. 16, c. 51. ¹⁶ *fuerit vel exegerit:* Edd. Bas. == C. VIII. ¹⁷ hab. A. 653. — Burch. l. 3, c. 186. Ivo Pan. l. 3, c. 85. Decr. p. 6, c. 246, p. 16, c. 52. == C. IX. ¹⁸ hab. A. 452, vide tamen supra ad c. 6. D. 28. — Burch. l. 3, c. 201. Ivo Decr. p. 5, c. 253. Polyc. l. 3, t. 13. — cf. conc. Vasens, (h. A. 442), c. 9, 10. ¹⁹ *sit:* Edd. coll. o. ²⁰ *ponatur epistola:* ead. ²¹ *add.: cum:* Ed. Bas.

Dist. LXXXVIII. P. I. ¹ Caput Pseudoisidorianum, conflatum ex conc. Chalc. c. 3, et Greg. M. ep. 24, § 1, et Pastor. l. 2, c. 5.

laribus se miscere, nisi propter curam pupillorum [et orphanorum] ac viduarum, aut si forte episcopus civitatis ecclesiasticarum rerum sollicitudinem habere praecipiat. Ubi 'liquido' patet, quia alia sunt negotia saecularia, alia ecclesiastica. Nonne Moyses in saeculo erat, quum crebro tabernaculum intraret, et exiret, qui intus contemplatione raptus, foris infirmantium negotiis urgebatur? *Et infra:* Sic et Jacob ascendentes et descendentes angelos vidit, quia 'videlicet' rectores ecclesiae non solum 'Deo' contemplando superna appetunt, sed deorsum quoque ad membra illius miserando descendunt. Et Domini sacerdotes horum facta imitantur, et se custodiunt, et subditorum onera portant.

### C. II. *De eodem.*

*Item* Gelasius Papa *ad Episcopos per Lucaniam, cap.* 17.

Consequens est, ut illa quoque, quae de Piceni partibus nuper ad nos missa relatio nunciavit, non praetereunda putaremus, id est, plurimos clericorum negotiationibus inhonestis et lucris turpibus imminere, nullo pudore cernentes evangelicam lectionem, qua ipse Dominus negotiatores e templo verberatos 'flagellis' asseritur expulisse, nec Apostoli verba recolentes, quibus ait: *Nemo militans Deo implicat se negotiis saecularibus*; psalmistam quoque David surda dissimulantes aure, cantantem: *Quoniam non cognovi negotiationes, introibo in potentias Domini*. Proinde hujusmodi aut ab indignis posthac quaestibus noverint abstinendum, et ab omni cujuslibet negotiationis ingenio vel cupiditate cessandum, aut, in quocunque gradu sint positi, mox a clericalibus officiis abstinere cogantur. quoniam domus Dei domus orationis et esse debet et dici, ne per officia negotiationis potius sit latronum spelunca.

### C. III. *In sacris ordinibus constitutus, saeculares curas assumere non debet.*

*Item* ex Septimo canone Apostolorum.

Episcopus, aut presbyter, aut diaconus nequaquam saeculares curas assumat; sin aliter, dejiciatur.

### C. IV. *Episcopus saecularibus causis occupari non debet.*

*Item* Gregorius *Romano Defensori, l. VIII. ep.* 11.

Perlatum est ad nos, reverendissimum fratrem nostrum Basilium episcopum velut unum de laicis in causis saecularibus occupari, et praetoriis inutiliter deservire. Quae res quoniam et ipsum vilem reddit, et reverentiam sacerdotalem annihilat, statim ut experientia tua hoc praeceptum susceperit, eum 'ita' ad revertendum districta exsecutione compellat, quatenus ei illic te insistente quinque diebus sub qualibet excusatione immorari non liceat, ne, si quolibet modo cum ibidem amplius moram habere permiseris, cum ipso apud nos graviter incipias esse culpabilis.

### C. V. *Testamentorum tuitionem et curam rei familiaris episcopus non suscipiat.*

*Item* ex Concilio Carthaginensi IV. c. 18.

Episcopus tuitionem testamentorum non suscipiat.

### C. VI. *De eodem.*

*Item,* ex eodem, c. 20.

Episcopus nullam rei familiaris curam ad se revocet, sed lectioni et orationi, verbi Dei praedicationi tantummodo vacet.

### C. VII. *De eodem.*

*Item* ex eodem, c. 17.

Episcopus gubernationem viduarum et pupillorum ac peregrinorum non per se ipsum, sed per archipresbyterum aut per archidiaconum agat.

### C. VIII. *Ratiociniorum causas clericus suscipere non debet.*

*Item* Gregorius *Quertino expraefecto, epist.* 30. *lib.* X.

Inutile et valde laboriosum est, hominem literatum ratiociniorum causas assumere, et in eis se, quod non expedit, obligare.

### C. IX. *Fugiendus est clericus negotiator.*

*Item* Hieronymus *ad Nepotianum de vita clericorum.*

Negotiatorem clericum, et ex inope divitem, ex ignobili gloriosum, quasi quandam pestem fuge.

### C. X. *Clerico negotiari non licet.*

*Item* Augustinus *in libro quaestionum veteris et novi testamenti, cap.* 127.

Fornicari omnibus hominibus non licet, negotiari vero aliquando licet, aliquando non licet; antequam enim ecclesiasticus quis sit, licet ei negotiari; facto jam non licet.

---

DIST. LXXXVIII. C. I. ¹ *immiscere*: Edd. coll. o. ³ *aut pup., aut orph., aut vid.*: eaed. ⁴ add.: *eum*: eaed. ⁵ *rapiebatur*: eaed. ⁶ *negotio*: eaed. ⁷ *sed*: eaed. ⁸ *contemplando ascendunt*: eaed. ⁹ *Et dum sacerdotes*: eaed. = C. II. ¹⁰ scr. A. 494. — Polyc. l. 4, t. 31. ¹¹ *Picenis*: Edd. coll. o. — Bohm. ¹² *inhiare*: Edd. coll. o. ¹³ *censentes*: eaed. ¹⁴ *apostolica*: eaed. pr. Bas. ¹⁵ 2 Tim. c. 2, v. 4. ¹⁶ Psalm. 70, v. 16. ¹⁷ *cupiditateque*: Edd. coll. o. ¹⁸ *ne officina negotiationis, et potius sit spelunca latronum* orig. = C. III. ¹⁹ Ans. l. 6, c. 153. ²⁰ *sacerdos*: Edd. coll. o. ²¹ *saeculi*: eaed. pr. Bas. ²² *assumant . . dejiciantur.* eaed. ex Ans. = C. IV. ²³ Ep. 10 (scr. A. 600), l. 10. Ed. Maur. — Ans. l. 6, c. 179 (180). ²⁴ *velut unum de ultimis occupari*: orig. ²⁵ *illicite insistenti*: Edd. coll. o. pr. Lugdd. II, III. = C. V. ²⁶ c. 6. Statut. eccl. ant. — cf. ad c. 9. D. 18. — Coll. tr. p. p. 2, t. 18, c. 17. Polyc. l. 4, t. 5. = C. VI. ²⁷ c. 3, ib. — Coll. tr. p. ib. c. 19. ²⁸ *verbo praedicationis*: Edd. coll. o. = C. VII. ²⁹ c. 7, ib. — Coll. tr. p. ib. c. 16. Polyc. l. 4, t. 5. = C. VIII. ³⁰ Ep. 27, (scr. A. 602), l. 12. Ed. Maur. = C. IX. ³¹ scr. A. 392. = C. X. ³² Ivo Pan. l. 7, c. 26. Decr. p. 8, c. 89. ³³ *hominibus*: Edd. coll. o. ³⁴ add.: *autem*: Ed. Bas.

## C. XI. De eodem. PALEA.

*Item* Joannes Chrysostomus *super Matthæum,* [id est auctor operis imperfecti, hom. *XXXVIII. ad c.* 21. *Matth.* b 35.

« Ejiciens Dominus vendentes et ementes de templo, significavit, quia *homo* mercator *vix aut* nunquam potest Deo placere. Et ideo nullus Christianus debet esse mercator, aut, si voluerit esse, projiciatur de ecclesia Dei, dicente Propheta 36 : *Quia non cognovi negotiationes, introibo in potentias Domini.* Quemadmodum enim qui ambulat inter duos inimicos, ambobus placere volens 'et se commendare', sine maliloquio 37 esse non potest (necesse est enim, ut isti male loquatur de illo, et illi male de isto), sic 38 qui emit et vendit sine mendacio et perjurio esse non potest. *Et paucis interjectis :* § 1. Sed 39 est nec stabilis substantia eorum, neque ad bonum proficit, quod de malo congregatur. Quemadmodum enim, si triticum aut aliud 40 tale cernas in cribro, dum huc et illuc jactatur, grana omnia paulatim deorsum cadunt, et tandem in cribro nihil remanet, nisi stercus 'solum': sic de substantia negotiatorum novissime nil remanet, nisi solum peccatum. § 2. Sed omnes 'homines' videntur esse mercatores; ostendam ergo, quis non est negotiator, ut qui talis non fuerit, eum intelligas esse negotiatorem. Quicunque rem comparat, non ut ipsam rem integram 41 et immutatam vendat, sed ut materia sibi sit inde aliquid operandi, ille non est negotiator; qui autem comparat rem, ut illam ipsam integram et immutatam dando 42 lucretur, ille est mercator, qui de templo Dei ejicitur. § 3. Unde super omnes mercatores plus maledictus est usurarius; ipse namque rem datam a Deo vendit, non comparatam, ut mercator et post fœnus rem suam repetit, tollens aliena cum suis, mercator autem non repetit rem venditam. § 4. 'Adhuc' dicit aliquis : Qui agrum locat, ut agrariam recipiat 43, aut domum 44, ut pensiones recipiat 45, nonne est similis ei, qui pecuniam dat ad usuram? Absit. Primum quidem, quoniam pecunia non 'ad aliquem usum' disposita est, nisi ad emendum ; secundo, quoniam agrum habens, arando accipit ex eo fructum, habens domum, usum mansionis 46 capit ex ea. Ideo qui locat agrum vel domum, suum usum dare videtur, 'et pecuniam accipere,' et quodammodo quasi commutare videtur cum lucro lucrum : ex pecunia reposita nullum usum capis. Tertio ager vel domus 'utendo' veterascit. 'Pecunia autem quum fuerit mutuata †, nec minuitur, nec veterascit. § 5. *Et mensas nummulariorum subvertit.*' Pecunia spiritualiter homines intelliguntur, quia sicut nummus habet charagma Cæsaris, sic homo 'habet' charagma Dei. Et quemadmodum 47 solidus, qui non habet charagma Cæsaris, reprobus est, ita 'et' homo, qui non ostendit 'in se' imaginem Dei, 'reprobus æstimatur'. Unde Esaias 48 dicebat 49 ad Hierusalem : '*Pecunia tua reproba est,*' *caupones tui miscent vinum cum aqua,* etc. Ideo ergo mensas nummulariorum evertit, significans, quia in templo Dei non debent esse nummi, nisi spirituales, id est, qui Dei imaginem, non diaboli, portant. Aut certe mensas nummulariorum 50 sacerdotum dicit scripturas. Novo enim testamento succedente priori, eversæ sunt scripturæ illorum. »

## C. XII. De eodem. PALEA.

*Item ex verbis* Augustini [hinc inde collectis, et in summam redactis ad *Psal. LXX. vers.* Quoniam non cognovi].

« Quoniam non cognovi literaturam : Aliqui codices habent negotiationes : in quo diversitas interpretum sensum ostendit, non errorem inducit. Ergo si propterea iste 51 tota die laudem Dei dicit, quia non cognovit 52 negotiationes, ' corrigant se ' Christiani, non negotientur. Sed ait mihi 53 negotiator : Affero ex longinquo merces, mercedem laboris mei, unde vivam, peto : *dignus* 54 *est operarius* 55 *mercede sua*. De mendacio, de perjurio agitur, non de negotio. Ego enim mentior, non negotium. Possem enim dicere, tanto emi, tanto vendam : si placet, eme. Quomodo ergo revocas 56 a negotiatione ? omnes artifices mentiuntur, sutores, agricolæ. Vis, ut optem carum tempus, ut possim vendere annonam, quam servavi ? sed non hoc faciunt, inquis 57, agricolæ boni, nec illa negotiatores boni. Quid enim ? etiam et filios habere malum est 58, quia, quando eis caput dolet, 'malæ et' infideles matres ligaturas sacrilegas et incantatio-

---

### NOTATIONES CORRECTORUM.

C. XI. b Hæc Palea (quemadmodum 'et sequens) est in aliquot vetustis exemplaribus, in quibus Paleæ raro habentur. Est autem sumpta ex auctore operis imperfecti (cujus multæ sententiæ partim rejiciendæ, partim in bonam partem interpretandæ sunt) et quidem multis locis de industria, quod ibi plenius, hic in summam redactum est, incolumi fere sententia. Quamobrem ea tantum mutata aut locupletata sunt, quæ valde conducere visum est. Quod etiam in sequenti capite est observatum.

---

Dist. LXXXVIII. C. XI. 35 *Opus apocryphum.* 36 *Psalm.* 70, v. 56. 37 *alloquio mali* : Edd. coll. o. 38 *sic mercator* : eæd. 39 *Sed* (Et : Edd. Arg. Bas.) *substantia talium stabilis esse non potest* : eæd. 40 *aliquid* : Ed. Bas. 41 *ita integram* : Edd. coll. o. 42 *vendendo* : eæd. 43 *accipiat* : eæd. 44 *donum* : Ed. Arg. 45 *accipiat* : Ed. Bas. 46 *pensionis* : ib. † *mutata* : Bohm. 47 *sicut nummus* : Edd. coll. o. 48 Es. c. 1, v. 22. 49 *ait* : Edd. Arg. Bas. Nor. 50 *add.* : *id est* : Edd. coll. o. = C. XII. 51 *propterea assidue* : Edd. Bas. Nor. Ven. I, II.—*propter assiduam laudem* : Edd. coll. rel., pr. Arg., in qua verba : *ergo — dicit* omissa sunt. 52 *cognovi* : Edd. coll. o. 53 *ipse* : eæd. exc. Bas. 54 Luc. c. 10, v. 7. 55 *mercenarius* : Edd. coll. o. 56 *add.* : *me* : eæd. 57 *inquit* : eæd. 58 *Est peccatum habere filios* : eæd.

nes quærunt? Omnia ista hominum, non rerum peccata sunt. Quære ergo, 'episcope,' (dicit [59] mihi negotiator) quomodo, Psalmistam intelligas, et noli me prohibere a negotiatione: negotiatio enim me non facit malum, sed iniquitas mea et mendacium meum. Quæramus ergo negotiatores, qui præsumunt gloriari ex suis operibus, si sunt contra illam gratiam, quam hic Psalmista commendat, ut nemo de suis operibus glorietur. Et sicut contra medicos superbos [60] salutis pollicitatores vigilat hoc [61], quod dictum est [62]: *Tota die salutem* [63] *tuam*, sic contra negotiatores 'de' operibus suis gloriantes vigilat hoc, quod dictum est [64]: *Os meum annunciabit justitiam* [65] *tuam*. Unde et Dominus expulit [66] illos de templo, volentes suam justitiam statuere et ignorantes justitiam Dei. Merito dictum negotium, quia negat otium, quod malum est, neque quærit veram quietem, quæ est Deus. »

C. XIII. *De eodem.* [PALEA.]

*Item* Cassiodorus *in eumdem psalmum LXX, in eundem versiculum* [67].

« Quid est aliud negotium, nisi quæ possint vilius comparari carius velle distrahere? *Et infra*: Negotiatores ergo illi abominabiles existimantur, qui justitiam Dei minime considerantes per immoderatum pecuniæ ambitum polluuntur, merces suas plus perjuriis onerando quam pretiis. Tales ejecit Dominus de templo dicens: *Nolite* [68] *facere domum patris mei domum negotiationis.* »

C. XIV. *Nomine sacerdotis careat, qui Dei ministros a suis avocat officiis.*

*Item* Cyprianus *ad clerum et plebem Furnitanorum, lib. I, epist. 9.* [69]

II. Pars. Neque apud altare Dei meretur [70] nominari in sacerdotum prece, qui ab altari sacerdotes et ministros voluit [71] avocare. Et ideo Victor quum contra formam nuper in concilio a sacerdotibus datam Geminium [72] Faustinum presbyterum ausus sit tutorem constituere, non est, quod pro dormitione ejus apud vos fiat oblatio [73], aut deprecatio aliqua nomine ejus in ecclesia frequentetur, ut sacerdotum decretum religiose et [74] necessarie factum servetur a nobis.

## DISTINCTIO LXXIX.

### GRATIANUS

I. Pars. *Domus quoque suæ oportet episcopum* [1] *bene esse præpositum, ut quædam inde quodammodo futuræ dispensationis argumenta sumantur. In dispensatione vero ecclesiæ hanc regulam observandam noverit, ut nulli quantumlibet exercitatæ personæ duo simul officia committat, neque sæcularibus viris res ecclesiasticas gubernandas committat.*

*Unde* Gregorius [a] *scribit omnibus episcopis* [2].

C. I. *Uni personæ duo non committantur officia.*

Singula ecclesiastici juris officia singulis quibusque personis singulatim committi jubemus. Sicut enim in uno corpore multa membra habemus, omnia autem membra non eundem actum habent, ita in [3] ecclesiæ corpore secundum veridicam [4] Pauli sententiam in uno eodemque spiritu [5] alii conferendum est hoc officium [6], alii committendum est illud, neque [7] uni quantumlibet exercitatæ personæ uno tempore duarum rerum officia committenda sunt: quia si totum corpus est oculus, ubi auditus? Sicut enim varietas membrorum per diversa officia et robur corporis servat, et pulchritudinem repræsentat, ita varietas personarum per diversa nihilominus officia distributa [8] et fortitudinem et venustatem sanctæ Dei Ecclesiæ manifestat. Et sicut indecorum est, in corpore humano alterum membrum alterius fungatur officio, ita nimirum noxium simulque turpissimum, si singula rerum ministeria personis totidem non fuerint distributa.

C. II. *Quilibet episcopus vicedominum et œconomum habeat.*

*Item* Gregorius *Anthemio Subdiacono, lib. IX, ep. 66* [9].

II. Pars. Volumus, ut frater noster Paschasius et vicedominum sibi ordinet et majorem domus, quatenus possit vel hospitibus supervenientibus, vel causis, quæ eveniunt, idoneus et paratus existere. Si vero 'et' negligentem eum prospicis, et ea, quæ diximus, implere differentem, omnis clerus adhiberi debet, ut communi consilio ipsi [10] eligant, quorum

### NOTATIONES CORRECTORUM.

Dist. LXXXIX. C. I. [a] *Gregorius*: Caput hoc a collectoribus ita citatur, quasi sint verba alicujus epistolæ B. Gregorii. Verum a Joanne Diacono l. 2, vitæ ejusdem S. Pontificis, num. 54, sic referuntur: *Singula ecclesiastici juris officia singulis quibusque personis singulatim committi debere dicebat: asserens quia sicut in uno, etc.* Ex eo autem nonnulla sunt emendata.

Dist. LXXXVIII. P. XII. [59] add.: *ipse*: eæd. pr. Lugd. III. [60] *superbe pollicitantes salutem*: eæd. [61] *hic*: Ed. Bas. [62] Psalm. 70, v. 15. [63] *salutare tuum*: Edd. coll. o. [64] Psalm. 70, v. 15. [65] *laudem*: Edd. coll. o. [66] *ejecit*: eæd. = C. XIII. [67] *negotiari*: orig. [68] Joan. c. 2, v. 16. = C. XIV. [69] s. r. c. A. 249. — Ivo Decr. p. 7, c, 392. [70] *merentur*: Edd. coll. o. [71] *voluerint*: Ed. Bas.— *volunt*: Edd. coll. rel. [72] *Geminum*: Edd. coll. o. [73] *ob dormi ionem ejus apud vos non fiat oblatio*: eæd. [74] *aut*: eæd.

Dist. LXXXIX, P. I. [1] 1 Tim. c. 3, v. 2. [2] Ex Joannis Diaconi vita Greg. M. c. 54.—Ans. l. 7, c. 108 (111. Ivo Decr. p. 6, c. 544. Polyc. l. 4, t. 23. = C. I. [3] *in ecclesia*: Ans. [4] Rom. c. 12. [5] *spirituali corpore*: Edd. coll. o. [6] *add.: uni*: eæd. [7] *add.: enim*: eæd. [8] *constituta*: Edd. Bas. = C. II. [9] Ep. 77. (scr. A. 601.) 11. Ed. Maur. — Ans. l. 6, c. 145 (142). Polyc. l. 4, t. 22. [10] *episcopi eligantur*: Edd. coll. o.

personæ ad ea, quæ prædiximus, valeant [11] ordinari.

**Gratian.** *Hinc* [b] *colligi potest archidiaconi electionem a cuncto clero, si episcopus negligens differens fuerit, canonice fieri posse. Officium vicedomini est episcopatum disponere.*
Unde Gregorius *Clementinæ Patriciæ, lib. I, epist. 11, post alia* [12].

### C. III. *Quod sit officium vicedomini.*

Diaconum vero Anatolium, quem ad vos dirigi [13] poposcistis, hoc nos facere non posse, causæ magis modus quam rigoris austeritas [14] facit. Vicedominum enim eum constituimus, cujus arbitrio episcopium [15] commisimus disponendum.

### C. IV. *De eodem.*

*Item* ex Concilio Chalcedonensi, c. 26. [c] [16]

Quia in quibusdam ecclesiis, sicut ad nos pervenit, sine œconomo episcopi res ecclesiastica tractant, placuit, omnes ecclesias habentes episcopos etiam œconomum [17] habere de proprio clero, qui gubernet ecclesiæ res cum arbitrio sui episcopi, ut non sine testimonio sit gubernatio ipsarum rerum ecclesiasticarum, et [18] ex hoc eveniat res ejusdem ecclesiæ dispergi, et et sacerdotali dignitati obtrectatio generetur. Si vero quis hoc non observaverit, divinis subjaceat [19] regulis.

### C. V. *Sæcularibus viris res ecclesiasticæ non committantur.*

*Item* Gregorius *Januario Caralitano Episcopo, lib. VII epist. 66* [20].

Indicatum est nobis, quod laicis quibusdam curam vestri patrimonii [21] commiseritis, qui postmodum in rusticorum vestrorum depredationibus atque fatigationibus [d] fuerint deprehensi, et reddere res, quas indecenter retinent habitas quasi suæ ditionis, quippe vestræ non supposili curationi, postponant, vobisque despiciunt actuum suorum reddere rationem [22]. Quod si ita est, districte a vobis discuti convenit, atque inter eos ecclesiæque vestræ rusticos causam examinare subtilius. Et quicquid in eis fuerit fraudis inventum, cum pœna legibus statuta reddere compellantur. De cetero vero cavendum a fraternitate vestra est, ne sæcularibus viris atque non sub regula nostra degentibus res ecclesiasticæ [23] committantur, sed probatis de vestro officio clericis, in quibus, si quid reperiri poterit pravitatis, ut in subditis emendare quod illicite gestum fuerit valeatis: quo [e] videlicet apud vos habitus sui officium magis convenienter administrent, quam accusent [24].

III. Pars. **Gratian.** *Propinquis etiam, vel favore sibi conjunctis ecclesiastica officia episcopus committere non audeat.*

Unde in Concilio Toletano X, c. 3, *legitur* [25].

### C. VI. *Ecclesiastica officia non committat episcopus propinquis vel favore conjunctis.*

Decenter omnibus placet, et in præsenti tale rescindere factum, et non esse de cetero faciendum. Quicunque igitur pontificum deinceps aut sanguine propinquis aut favore personis [26] quibuscunque sibi conjunctis [27] talia lucra commendare tentaverit, ad [28] suum nefandæ præsumptionis excidium et quo jussum fuerit devocetur in irritum, et qui ordinaverit annuæ excommunicationi subjaceat. Quæ vero ablata fortasse fuerint, ab eo, qui tulerit [29], reddantur in duplum.

**Gratian.** *Porro ipsa officia quare ita sint distinguenda, et non uni personæ omnia committenda ex auctoritate Gregorii et Bonifacii* [30] *Papæ datur intelligi, qui sic aiunt:*

### C. VII. *Graduum et ordinum distributio ecclesiasticam unitatem conservat* [f].

Ad hoc dispensationis divinæ provisio gradus diversos et ordines constituit esse distinctos, ut, dum reverentiam minores potioribus exhiberent et potiores minoribus dilectionem impenderent, vera [31] concordia

---

**NOTATIONES CORRECTORUM.**

C. II. [b] *Hinc*: Verba hæc usque ad vers. *Officium*, absunt a plerisque vetustis exemplaribus.
C. IV. [c] Hic idem canon refertur infra 16, quæst. 7, c. *Quoniam in quibusdam* ex versione Dionysii. Hic enim est ex prisca, quæ exstat in collectione Isidori.
C. V. [d] *Atque fatigationibus*: In plerisque manuscriptis legitur: *atque ex fatigationibus* †; in editionibus epistolarum B. Gregorii: *atque per hoc et fatigationibus*: in uno autem vetusto earundem epistolarum codice: *atque per hoc exfugationibus*.
[e] *Quo videlicet*: Apud B. Gregorium legitur: *quos apud vos habitus sui magis officium commendet, quam excuset.*
C. VII. [f] Caput hoc pœno iisdem verbis legitur in epistola Bonifacii II, ad Eulalium, et Gregorii I, ad episcopos Galliarum, l. 4, epist. 52. Sic quoque in aliis epistolis B. Gregorii multa leguntur, quæ in scriptis superiorum Pontificum habentur.

---

DIST. LXXXIX. C. II. [11] *valent*: Bohm. et Ed. Bas. [12] Epp. 41. (scr. A. 591.) l. 4. Ed. Maur. — Ans. l. 7, c. 77. = C. III. [13] *dirigere*: Edd. coll. o. pr. Lugdd. II, III. [14] *auctoritas*: Edd. coll. o. [15] *episcopum*: Edd. Arg. Nor. Ven. I, II. Lugdd. — Bohm. = C. IV. [16] imo Hispanica. [16] hab. A. 451. — Ans. l. 6, c. 143 (140). (ex versione prisca). Deusdedit. p. 4. Polyc. l. 4, t. 22. — cf. C. 16, q. 7, c. 21. [17] *œconomos — qui gubernent*: Edd. coll. o. ex orig. [18] *neque ex hoc*: eæd. — Ed. Bas. add.: *enim*: [19] *subjacebit*: cæd. = C. V. [20] Ep. 65. scr. A. 599.) l. 9. Ed. Maur. — Ans. l. 6, c. 146 (143). [21] *patrocini*: Edd. coll. o. pr. Lugdd. II. † *atque per hoc ex fatigationibus*: Ans. [22] verba asteriscis inclusa et infra verba: *in eis* apud Ans. pariter non leguntur [23] *cujuslibet esse ecclesiæ*: Edd. coll. o. * *privatis*: Bohm. [24] *magis conveniat, quam accuset*: Ans. [25] hab. A. 656. — coll. tr. p. p. 2, t. 41, c. 1. = C. VI. [26] *personæ*: Edd. coll. o. pr. Lugdd. II, III. [27] *devinctis*: orig. [28] *ausu nefandæ præsumtionis*: Coll. Hisp. [29] *tulit*: ib. — Edd. Arg. Bas. [30] Bonifacii II, ep. ad Eulalium Pseudoisidoro debetur; ipsa verba a Gratiano relata habebis in ep. Greg. M ad Epp. Galliarum, ep. 54. scr. A. 595.) Ed. Maur. = C. VII. [31] *una concordiæ fieret ex diversitate contextio*: orig.

diversitate contextio, et recte officiorum generetur administratio singulorum. Neque enim universitas alia poterat ratione subsistere, nisi hujusmodi magnus eam differentiæ ordo servaret. Quia vero quæque creatura in una eademque qualitate[3] gubernari vel vivere non potest, cœlestium militiarum exemplar nos instruit, quia dum sunt angeli, et [33] sunt archangeli, liquet, quia non sunt æquales, sed in potestate et ordine (sicut nostis) differt[34] alter ab altero.

## DISTINCTIO XC.

### GRATIANUS.

I Pars. *Litigiosus quoque prohibetur ordinari, quia qui sua potestate discordantes ad concordiam debet attrahere, qui oblationes dissidentium prohibetur recipere, nequaquam litigandi facilitate alios ad dissidium debet provocare.*

Unde in Concilio Carthaginensi IV, c. 59, legitur[1].

**C. I.** *Clerici discordes dejiciantur vel revocentur aa concordiam.*

Discordantes clericos episcopus vel ratione, vel potestate ad concordiam trahat; inobedientes[2] synodus per audientiam damnet.

**C. II.** *Dissidentium fratrum in ecclesia oblationum dona non recipiantur.*

Item ex eodem, c. 93 et 94[3].

Oblationes dissidentium fratrum neque in sacrario, neque in gazophylacio recipiantur. *Similiter :* § 1. Dona[4] eorum, qui pauperes opprimunt, a sacerdotibus refutanda sunt.

**C. III.** *Extra ecclesiam esse probatur, qui pacem cum proximo non habet.*

Item Cyprianus *de unitate ecclesiæ*

Neque[5] ad Cain munera respexit Deus; neque enim pacatum[6] habere Deum poterat, qui cum fratre[7] pacem per zeli discordiam non habebat. Quam sibi igitur pacem promittunt inimici fratrum? quæ sacrificia celebrare se credunt æmuli sacerdotum ? 'An' secum esse Christum, quum collecti fuerint, opinantur, qui extra Christi ecclesiam colliguntur ? Tales etiamsi occisi[8] in confessione nominis[9] fuerint, macula ista nec[10] sanguine abluitur. Inexpiabilis[11], et gravis culpa discordiæ nec passione purgatur.

**C. IV.** *Murmurantes a fratrum unitate alieni efficiantur.*

Item ex Octava Synodo a [12].

Alienus sit a fratrum unitate, qui murmurat, et opus ejus abjiciatur, qui murmurans[b] exstiterit, ne pœnam murmurantium incurrat de qua Apostolus[13] dicit: *Neque murmuraveritis, sicut quidam murmuraverunt, et perierunt ab exterminatore.* Juxta[c] mensuram itaque[14] operis peccator (quod in hac sententia apostoli plenius declaratur) sacerdotis judicio pœniteat.

**C. V.** *Corripiantur, qui rixas et contentiones amant.*

Item ex eodem[15].

Si quis monachus[d] [16] contentiones vel rixas amaverit, vel manifestum convicium fratri intulerit, juxta arbitrium rectoris modumque peccati diuturna expietur pœnitentia. Item[17] : § 1. Qui contentiosus aut murmurans exstiterit, secundum arbitrium prioris tamdiu[e] pœniteat, quamdiu culpæ qualitas exstat[18].

### NOTATIONES CORRECTORUM.

Dist. XC. C. IV. [a] In libello B. Basilii de institutis monachorum Rufino interprete (qui nuper Coloniæ cum regula B. Benedicti est impressus) cap. 42, in ultima responsione habetur prima pars hujus capitis usque ad vers. *abjiciatur.*

[b] *Quid murmurans :* Ejusdem libelli cap. 50, penultima interrogatio sic habet: *Si vero etiam quis murmuret propter escam, quæ erga eum sententia servabitur?* Resp. *Ea, quæ circa eos, qui murmuraverunt in deserto; dicit enim Apostolus :* Neque murmuraveritis, sicut quidam eorum murmuraverunt, et perierunt ab exterminatore.

[c] *Juxta:* Hæc pars non habetur in eo Basilii loco.

Apud Burchardum vero et Ivonem (a quibus citatur ex concilio Mogunt.) sic legitur: *juxta mensuram opusque peccati, quia in hoc sententia, etc.*

C. V. [d] *Si quis monachus:* Hanc priorem partem Burchardus et Ivo citant ex concilio Agathensi, in quo etiam habetur ex codice librorum sexdecim, lib. 5, cap. 22. Abest autem fere, ubique etiam in multis Gratiani exemplaribus, vox *monachus.*

[e] *Tamdiu :* Apud Burchardum et Ivonem (qui citant hanc partem posteriorem ex Moguntino; habetur autem in libro sententiarum Patrum, c. 96, ex statutis seniorum) legitur : *ita pœniteat, qualiter culpæ qualitas exstat.*

---

Dist. LXXXIX. C. VII. [32] *æqualitate :* ib. [33] *et :* abest ab Edd. coll. o. pr. Lugdd. II, III. [34] *differunt :* Edd. coll. o.

Dist. XC. P. I. [1] c. 48 Statutt. eccl. ant. — cf. ad c. 9. D. 18. — Burch. l. 2, c. 215. Ivo Decr. p. 6, c. 290. = C. I. [2] add. : *eos :* Ed. Bas. = C. II. [3] c. 49 et 69 Statutt. eccl. ant. — Burch. l. 4, c. 58 et 59. Ivo Decr. p. 2, c. 47 et 48. [4] cf. infr. c. 8. = C. III. [5] *Neque ad Cain, neque ad munera ejus :* Edd. coll. o. [6] *placatum :* eæd. pr. Bas., in qua legitur: *neque enim pacem cum Deo habere.* [7] *non pacem, sed zeli discordiam :* Edd. coll. o. [8] *otiosi :* Ed. Bas. [9] add. : *Christi :* Edd. coll. o. [10] *non :* Edd. Arg. Bas. [11] add. : *enim :* Edd. coll. o. = C. IV. [12] Hæc desumta sunt ex libello de institutis monachorum, Basilio tributo, c. 71 et 93. — Posterior vero canonis particula pertinet ad primum ejusdem Basilii sermonem de institutione monachorum. — Regino l. 1, c. 164, 165. — Pœnit Rom. t. 6, c. 9, Burch. l. 10, c. 54, et Ivo Decr. p. 13, c. 53, citant ex conc. Moguntino. [13] I Cor. c. 10. [14] *opusque peccati :* coll. citt. = C. V. [15] In conc. Agathensi, unde citant Burch. l. 10, c. 62, et Ivo Decr. p. 15, c. 63, similia tantum habentur; integra prima pars ex Isidori Hisp. regula monachorum desumta legitur in Pœn. Rom. t. 6, c. 10 — [16] Regino l. 1, c. 159. — Coll. tr. p. p. 2, t. 13, c. 23, 24. [17] Reg. l. 1, c. 160, Burch. l. 10, c. 53, Ivo Decr. p. 13, c. 54. [18] *exsistat :* Ed. Bas.

**C. VI.** *Dissidentes episcop　aa concordiam redire cogantur.*

*Item* ex Concilio Carthaginensi IV [19], c. 23.

Dissidentes episcopos, si non timor Dei, synodus reconciliet.

**C. VII.** *De eodem.*

*Item* ex eodem, c. 26 [20].

Studendum est episcopis, ut dissidentes fratres, sive clericos, sive laicos, ad pacem magis quam ad judicium coerceant [21].

**C. VIII.** *Non recipiantur dona eorum, qui pauperes opprimunt.*

*Item* ex eodem, c. 94 [22].

Eorum, qui pauperes opprimunt, dona a sacerdotibus sunt refutanda.

**C. IX.** *A cœtu alienentur fidelium, qui ad concordiam redire contemnunt.*

*Item* ex Concilio Agathensi, c. 31 [23].

Placuit etiam, ut (sicut plerumque fit) quicunque odio aut longinqua inter se lite dissenserint, et ad pacem revocari diuturna [24] obstinatione nequiverint, a sacerdotibus civitatis primitus arguantur. Qui si inimicitias deponere perniciosa intentione noluerint, de ecclesiæ cœtu justissima excommunicatione pellantur.

**C. X.** *Inediis maceretur acerrimis, qui fratri suo reconciliari noluerit.*

*Item* Fabianus Papa [25].

Si quis contristatus noluerit reconciliari fratri suo, satisfaciente eo qui contristavit, acerrimis maceretur Inediis, usque dum gratanti animo satisfactionem recipiat.

**C. XI.** *Episcopi ad pacem firmiter tenendam vicissim sibi consilium et auxilium præstent.*

*Item* Innocentius II [26].

II Pars. Præcipimus [27], ut episcopi, ad solum Deum et salutem populi habentes respectum, omni tepiditate semota [28], ad pacem firmiter tenendam mutuum sibi consilium et auxilium præbeant, neque hoc alicujus amore vel odio prætermittant. Quod si quis in hoc Dei opere tepidus inventus fuerit, damnum propriæ dignitatis incurrat.

**C. XII.** *Expellendi sunt a communione fidelium, qui sibi invicem reconciliari noluerint.*

*Item* Victor Papa ad *Afros, epist. II* [29].

Perlatum est ad sedem apostolicam, aliquos vestrum nocere fratribus velle, et ut cadant decertare, similiter in sacramentis discrepare, et ob id contentiones et æmulationes fieri inter vos, a quibus dissensionibus vos avertere, et in his omnibus concordare, et opem ferre vicissim mandamus. Nam si hoc agere cito neglexeritis, et vicissim reconciliari non studueritis, ab apostolicæ sedis et totius ecclesiæ communione vos pelli non dubitetis.

---

## DISTINCTIO XCI.

**GRATIANUS.**

I Pars. *Qui autem turpi lucro vel inhonesto negotio victum sibi quærere prohibentur, de oblationibus ecclesiæ stipendia consequantur. Quod si ecclesia ei sufficere non potuerit, proprio artificiolo vel agricultura (exemplo Apostoli* [1]*, qui de labore manuum vivebat) sibi necessaria inveniat, ita tamen, ut occasione sui operis vigiliis ecclesiæ non desit, quod absque inæqualitate sui corporis nulli impune conceditur.*

Unde Pelagius Papa [2]:

**C. I.** *Corripiantur clerici, qui officiis matutinis vel vespertinis se subtrahunt.*

Eleutherius frater et coepiscopus noster queritur, clericos suos sibi contra canones superbire, et id, quod nobis jubentibus facta in scrinio cautione promisit, ut quotidanis diebus vigiliæ in ejus celebrarentur ecclesia, illis contemnentibus implere non posse, sed magis unumquemque suis (postposito ecclesiæ servitio) vacare negotiis. Et ideo experientia tua eos, quos tibi esse ostenderit contumaces, debita objurgatione compesce, et modis omnibus vigiliis vacare compelle

**C. II.** *De eodem.* **PALEA.**

*tem* ex Concilio Nannetensi [3].

« Presbyter mane, matutinali officio expleto, pensum servitutis suæ canendo primam, tertiam, sextam nonamque [4] persolvat, ita tamen, ut postea horis competentibus et [5] signis designantibus juxta possibilitatem aut a se, aut a scholaribus publice compleantur. Deinde peractis horis, infirmis visitatis, si voluerit, ad opus rurale exeat jejunus, ut iterum necessitatibus peregrinorum et hospitum sive

---

Dist. XC. C. VI. [19] c. 47 Statutt. eccl. ant. — cf. ad. c. 9, D. 18. — Burch. l. 1, c. 62. Ivo Decr. p. 5, c. 172. == C. VII. [20] c. 54 Statutt. eccl. ant. — Burch. l. 1, c. 101. Ivo Decr. p. 5, c. 203. [21] *cohortentur* : vera lectio. == C. VIII. [22] cf. supra c. 2. == C. IX. [23] hab. A. 506. — Burch. l. 10, c. 61. Ivo Decr. p. 13, c. 62. [24] *diutina intentione* : orig. == C. X. [25] Auctor hujus capitis incassum quæsitus est; priora tantum verba reperta sunt inter dicta Basilii c. 4. — Burch. l. 10, c. 59. Ivo Decr p. 13, C. 68. == C. XI. [26] hab. A. 1139. — cf. conc. Remens. c. 11. — cf. comp. I de treuga et pace c. 1, et X, h. t. c. 1. — Ivo Pan. l. 8, c. 147. — P. II. [27] add. *enim* : Edd. coll. o. [28] *seposita* : eæd. == C. XII. [29] Caput. Pseudoisidorianum. — Polyc. l. 4, t. 13.

Dist. XCI. P. I. [1] Act. c. 2. [2] Fragmentum incertum. — Ans. l. 7, c. 165 (169). == C. II. [3] Auctor hujus cap. inventus est Hincmarus Remensis, inter capitula c. 9. — Regino l. 4, c. 208. Burch. l. 2, c. 404. Ivo Decr. p. 6, c. 181. — X. de celebr. miss. c. 1, citatur ex Agathensi. [4] add. : *vesperamque* : Edd. coll. o. [5] *et sign. des.* : desiderantur ap. Reg. et in Ed. Arg. — in Ed. Bas. omissum est verb. : *signis*.

diversorum commeantium, infirmorum quoque atque defunctorum succurrere possit usque ad statutam horam pro qualitate temporis et opportunitate [6].
*Item ex dictis S. Benedicti* [7] : § 1. Propheta dicente : *Septies in die laudem dixi tibi* [8], qui septenarius sacratus numerus a nobis sic implebitur [9], si matutinæ [10], primæ, tertiæ, sextæ, nonæ, vesperæ completoriique tempore nostræ servitutis officia persolvamus, quia de his dixit Propheta : *Septies in die laudem dixi tibi.* Nam de nocturnis vigiliis idem ipse Propheta ait : *Media nocte surgebam ad confitendum tibi.* Ergo his temporibus referamus laudes creatori nostro super judicia justitiæ suæ. »

C. III. *Sine officii detrimento artificiolo sibi clericus necessaria quærat.*

*Item* in Concilio Carthaginensi [IV], c. 52 et 49 [11].

Clericus victum et vestimentum [12] sibi artificiolo vel agricultura, absque officii sui duntaxat detrimento, paret [13]. *Item* : § 1. Clericus [14], qui absque corpusculi sui inæqualitate vigiliis deest, stipendio privatus [a] excommunicetur.

C. IV. *De eodem* [b].

*Item* ex eodem, c. 51 53 et 48, et 50 [15].

Clericus quantumlibet [16] verbo Dei eruditus artificiolo [17] victum quærat. *Item* : § 1. Omnes clerici, qui ad operandum validi [18] sunt, et artificiola, et literas discant. Qui vero non pro emendo aliquid in nundinis vel 'in' foro deambulant, ab officio suo degradentur. Interemtores [c] autem ab officio declinantes vel negligentius agentes ab officio suo removeantur.

C. V. *De eodem.*

*Item* ex Concilio Aurelianensi I, c. 28 [19].

Clerici vero, qui ad opus sanctum adesse contempserint, secundum arbitrium episcopi ecclesiasticam suscipiant disciplinam.

## DISTINCTIO XCII.

### GRATIANUS [1].

I Pars. *Quum autem ad ecclesiam venerint, corde magis quam voce Deo cantandum meminerint.*

*Unde* Hieronymus *lib. III comment. ad cap.* 5 *epistolæ ad Ephesios* [v. 19] :

C. I. *Corde, non voce tantum Deum laudare debemus.*

*Cantantes et psallentes in cordibus vestris Domino.* Audiant hæc adolescentuli [2], audiant ii, quibus psallendi in ecclesia officium est : Deo non voce, sed corde cantandum, nec in tragœdorum [3] modum guttur et fauces 'dulci' [4] medicamine liniendæ [5] sunt, ut in ecclesia theatrales moduli audiantur et cantica; 'sed in timore, in opere, in scientia scripturarum'.

*Gratian.* Ab officio autem cantandi et psallendi diaconi inveniuntur exemti, ne, dum vocis modulationi student, altaris ministeria negligant.

*Unde* Gregorius (*lib. IV, epist.* 44, *et l. XII post finem epistolarum, in Concilio ab ipso habito* [6] :

C. II. *Cantandi officium diaconi sibi non usurpent.*

In sancta Romana ecclesia dudum consuetudo est valde reprehensibilis exorta, ut quidam ad sacri [7] altaris ministerium [a] cantores eligantur, et in diaconatus ordine constituti modulationi vocis inserviant, quos ad prædicationis officium et eleemosynarum studium vacare congruebat. Unde fit plerumque, ut ad [8] sacrum ministerium, dum blanda vox quæritur, 'quæri' congrua vita negligatur, et cantor minister Deum moribus stimulet, quum populum vocibus delectat. Qua [9] re præsenti decreto constituo [10], ut in hac sede sacri altaris ministri cantare non debeant, solumque evangelicæ lectionis officium inter missarum solennia exsolvant; psalmos vero ac

## NOTATIONES CORRECTORUM.

DIST. XCI. C. III. [a] *Privatus* : In postrema Coloniensi conciliorum editione legitur : *privetur*. Sed in vetustioribus Coloniensibus, duabus Parisiensibus, exemplaribus duobus hujus concilii manuscriptis Vaticanis, et uno Soriensi regio legitur quemadmodum apud Gratianum.

C. IV. [b] Caput hoc confectum est ex multis capitibus Carthaginensis IV, non suo ordine dispositis.

[c] *Interemtores* : In exemplaribus concilii etiam manuscriptis legitur : *Clericum inter tentationes ab officio suo declinantem vel negligentius agentem ex officio suo removendum.* Contra enim in canone 42, jubet : *Clericum inter tentationes officio suo incubantem gradibus sublimandum.* Sed ob glossam non est mutatum. De [d] tentationibus vero, ob quas (præter tyrannorum persecutionem) aliqui clerici officium suum deserebant, agit B. Ambrosius, epist. 17.

DIST. XCII. C. II. [a] *Ministerium* : In impressis sequebatur [b] *constituti*, quæ vox expuncta est, quoniam neque in vetustis Gratiani exemplaribus est, neque apud B. Gregorium, neque apud alios collectores, et videtur addi in glossa ad versic. *ministerium*, quæ etiam glossa non est inter vetustiores.

---

DIST. XCI. C. II. [6] *opportunitatis* : Edd. coll. o. [7] c. 16. — Burch. l. 2, c. 105. Ivo Decr. p. 6, c. 182. [8] Psalm. 118, v. 164. [9] *impletur* : Edd. coll. o. [10] *matutini* : eæd. = C. III. [11] c. 29 et 35 Statut. eccl. ant. — vid. ad c. 9, D. 48. — Burch. l. 2, c. 105. Ivo Decr. p. 6, c. 179, 180. [12] *vestitum* : Edd. coll. o. [13] *præparet* : orig. — Coll. citt. — Edd. coll. o. [14] add. : *enim* : Edd. coll. o. C. IV. [15] c. 79, 45, 54, 72 Statuit. eccl. ant. — Burch. l. 2, c. 51, 102, 210. Ivo l. l. et c. 285, ex Dionys. [16] *quilibet* : Edd. Arg. Bas. [17] *artificio* : eæd. [18] *videtur legendum esse : invalidi.* [a] Hæc male in Edd. Pelleterii, Freiesleb. et Bœhmeri tanquam dictum Gratiani proferuntur. = C. V. [19] hab. A. 514.

DIST. XCII. P. I. [1] Ans. l. 7, c. 70(71). = C. l. [2] *adolescentes* : Ed. Bas. [3] *tragœdiarum* : Edd. coll. o. [4] abest ab eisd. pr. Lugdd. II, III. [5] *colliniendæ* : Edd. Lugdd. II, III. [6] hab. A. 603. — Ans. l. 7, c. 70 (inscriptione : *Greg. generali synodo præsidens dixit* : ) Ivo Decr. p. 2, c. 79. Polyc. l. 4, t. 31. [7] = C. II. *sacrum* : Ed. Bas. [a] exc. Ed. Bas. [8] *in sacro min.* : Edd. coll. o. [9] *de re* : eæd. [10] *constituto* : Ed. Bas.

reliquas lectiones censeo per subdiaconos vel, si necessitas exigit, per minores ordines exhiberi. Si quis autem contra hoc decretum meum venire tentaverit, anathema sit.

II Pars. Gratian. *A quibus ordinandos oporteat esse immunes, breviter monstratum est. De quorum vero manibus ordines suscipere debeant, facile patet. Sacerdos enim et cuncti infra ipsum constituti ab episcopis suis debent ordinari.*

Unde in Concilio Martini Papæ *legitur* [14]:

**C. III.** *Qui non sunt ordinati ab episcopo, in pulpito non psallant neque legant.*

Non liceat in pulpito psallere aut legere, nisi qui ab episcopo lectores sunt ordinati.

Gratian. *De episcopis autem, a quibus vel in quibus locis ordinari debeant, supra definitum est.*

III Pars. § 1. *Nunc autem quæritur de his, qui ordinati a parochiis suis non recipiuntur, vel pro aliqua causa eas adire noluerint, an in alterius parochia episcopale possint officium celebrare? De his in Concilio Martini Papæ sic statutum est* [12]:

**C. IV.** *Sacerdotis tantum officium gerat episcopus, quem sua parochia non recipit.*

Si quis ordinatus episcopus [b] pro [13] contentione [c] populi aut pro aliqua ratione, non pro sua culpa, in parochiam, quæ ei fuerit data, non [14] ierit, hunc oportet honorem sacerdotii tantummodo contingere, ita [15] ut de rebus ecclesiæ, in quam venit [16], nihil 'sibi' præsumat, sustineat autem, quod [17] de eo sanctum concilium judicare voluerit [18].

**C. V.** *De episcopo ordinato, quem sua parochia non recipit*

Item ex Concilio Antiocheno, c. 18

Si quis episcopus ordinatus ad parochiam, cujus [19] est electus, minime accesserit, non suo vitio, sed quod eum aut populus vetet [d], aut propter aliam causam, non tamen ejus vitio perpetratam, hic et honoris sit et ministerii particeps, dummodo rebus ecclesiæ, ubi ministrare cognoscitur, in nullo [21] molestus exsistat. Quem etiam observare [e] convenit [22], quidquid synodus perfecta [f] [23] provinciæ judicando decreverit.

**C. VI.** *A sua parochia non recepti aliis molestiam non inferant.*

Item ex Concilio Ancyrano, c. 28 [24].

Si qui episcopi ordinati sunt, nec recepti ab illa parochia, in qua fuerant [25] denominati, voluerintque alias occupare parochias, et vim præsulibus earum inferre, seditiones adversus eos excitando, hos abjici placuit. Quod si voluerint in presbyterii ordine, ubi prius fuerant, ut presbyteri residere, non abjiciantur a propria dignitate. Si autem seditiones commovent [26] ibidem constitutis episcopis, presbyterii quoque honor talibus auferatur, fiantque damnatione notabiles.

**C. VII.** *Communione privetur episcopus, qui sibi commissam ecclesiam adire neglexerit.*

Item ex Concilio Antiocheno, c. 17 [27].

Si quis episcopus per manus impositionem episcopatum acceperit, et sibi [g] commissum ministerium subire neglexerit, nec acquieverit ire ad ecclesiam sibi commissam, hunc oportet communione privari, donec susceperit [28] coactus officium, aut certe de eo aliquid integra decreverit ejusdem provinciæ synodus sacerdotum.

**C. VIII.** *Sine concilio integri ordinis vacantem episcopus vacans ecclesiam non adeat.*

Item ex eodem, c. 16 [h] [29].

Si quis episcopus vacans in ecclesiam non habentem episcopum, surripiens populos, sine concilio integri ordinis irruerit, etiamsi populus, quem seduxit, desideret illum, alienum [30] eum ab ecclesia esse oportet. Integrum autem et perfectum concilium dicimus illud, cui metropolitanus [i] episcopus interfuit [31].

NOTATIONES CORRECTORUM.

C. IV. [b] *Episcopus:* In vulgatis sequebatur: *ad parochiam, cujus est electus*, quæ inducta sunt auctoritate manuscriptorum et originalis, ac ceterorum collectorum.

[c] *Contentione:* In duobus vetustis exemplaribus Gratiani et uno conciliorum regis catholici legitur: *contemtione*.

C. V. [d] *Vetet:* διὰ τὴν τοῦ λαοῦ παραίτησιν: *eo quod populus recuset.*

[e] *Observare:* ἐκδέχεσθαι, id est : *exspectare et suscipere.*

[f] *Perfecta:* Antea legebatur : *perfectæ*. Restituta est vera lectio ex originali et Burchardo et Ivone. Quid autem sit synodus, quæ hic perfecta, et in paulo post sequentibus capitibus integra dicitur, exponitur infra ead. c. *Si quis episcopus*, 3.

C. VII. [g] *Et sibi:* Ita etiam Burchardus et Ivo. Sed in versione Dionysii, quam in ceteris partibus referunt, legitur : *et præesse populo constitutus ministerium subire*, etc., quod ad verbum de græco expressum est.

C. VIII. [h] Hæc versio, quam et Gratianus, et Burchardus, et Ivo sequuntur, eadem fere est atque illa Martini Bracarensis. Dionysiana vero longe magis accedit ad verba græca.

[i] *Metropolitanus:* Addendum est *etiam.* Sic enim græce : καὶ ὁ τῆς μητροπόλεως.

Dist. XCII. C. II. P. II. [11] c. 15 conc. Laodiceni ex interpr. Martini Brac. c. 45.—C. III. P. III. [12] c. 18 conc. Antioch. (h. A. 332), ex interpr. Martini Brac. c. 10. — Burch. l. 1, c. 40. Ivo Decr. p. 3, c. 151 (ex conc. Aurelianensi). Polyc. l. 2, t. 13.—C. IV. [13] *per cont.*: Ivo. [14] *receptus non fuerit*: id. [15] *et*: Coll. Hisp. [16] *convenit*: Ed. Bas. [17] *quid*: Coll. Hisp. — Edd. coll. o. [18] *judicaverit*: Ivo.—C. V. [19] hab. A. 332. — Interpretatio Dionysiana est.— Burch. l. 1, c. 141. Ivo Decr. p 5, c. 152. Polyc. ib. [20] *cui*: orig.— Ivo. [21] *nihil molestus*: ib. [22] *conveniet*: ib. [23] *perfecte*: Edd. Lugdd. II, III. — C. VI. [24] hab. A. 314. — ex translatione Dionysiana. — Burch. l. 1, c. 36. Ivo Decr. p. 6, c. 147. Poyle. ib. [25] *fuerunt*: Böhm. [26] *commoverint*: ib. — C. VII. [27] hab. A. 332. — ex interpr. Dionysii Ex.— Burch. l. 1, c. 57. Ivo Decr. p. 5, c. 148. Polyc. l. 2, t. 12. [28] *acceperit*: Ivo. — C. VIII. [29] ex interpretatione Martini Bracarensis c. 9. — Burch. l. 1, c. 39. Ivo Decr. p. 5, c. 150. [30] add.: *tamen*: Edd. coll. o. [31] *interfuerit*: Ed. Bas. — Burch. Ivo.

**IV Pars. Gratian.** *Quod autem supra clerici se vigiliis subtrahentes excommunicari jubentur, de his intelligendum est, qui ab episcopo frequenter admoniti, negligentiam suam corrigere contemnunt.*

*Unde in Concilio Martini Papæ legitur* [22]:

**C. IX.** *Excommunicetur clericus, qui ab episcopo commonitus matutinis vel vespertinis horis adesse neglexerit.*

Si quis presbyter aut diaconus vel quilibet clericus ecclesiæ deputatus, si intra civitatem fuerit aut in quolibet loco, in quo ecclesia est, et ad quotidianum psallendi officium [23] matutinis vel vespertinis horis ad ecclesiam non convenerit [24], deponatur a clero, si tamen castigatus veniam ab episcopo per satisfactionem noluerit promereri.

---

## DISTINCTIO XCIII.

**GRATIANUS.**

**1 Pars.** *Obedientiam autem inferiores ordines superioribus debent. Summo enim Pontifici ea debetur ab omnibus obedientia, ut nulli liceat ei communicare, cui pro actibus suis inimicus ipse exstiterit nec in ecclesia esse poterit, qui ejus cathedram deserit.*

*Unde B. apostolorum princeps Petrus in ordinatione Clementis populum alloquens, inter cetera ait* [1]:

**C. I.** *Cui pro actibus suis Apostolicus inimicatur ei communicare non debemus.*

Si inimicus est iste Clemens alicui pro actibus suis, vos nolite exspectare, ut ipse vobis dicat: cum illo nolite amici esse, sed prudenter observare debetis, et voluntati ejus absque [2] commonitione obsecundare, et avertere vos ab eo, cui ipsum sentitis adversum; sed [3] nec loqui his, quibus ipse non loquitur, ut [4] unusquisque, qui in culpa est, dum cupit omnium vestrum amicitias ferre [5], festinet citius reconciliari ei, qui omnibus præest, et per hoc redeat ad salutem, quum obedire cœperit monitis præsidentis. Si vero quis amicus fuerit his, [6] quibus ipse amicus non est, et locutus fuerit his, [7] quibus ipse non loquitur, unus est et ipse ex illis, qui exterminare Dei ecclesiam volunt, et [8] quum corpore vobiscum esse videatur, mente [7] et animo contra vos est. Et est multo nequior hostis hic, quam illi, qui foris sunt, et evidenter inimici sunt; hic enim per amicitiarum speciem quæ sunt inimica gerit, et ecclesiam dispergit ac vastat. Ideoque [a], [b] carissimi, [c] his [9] apostolicis institutis vos monentes instruimus, ut effecta certior caritas vestra solli-

tius deinceps agere studeat et cautius, nec [9] perversi et infideles homines lædendi fideles ac benevolos habeant facultatem.

**C. II.** *A nullo debet suscipi, quem Romana depellit ecclesia.*

*Item Gregorius l. V, epist. 26* [10].

Miratus valde sum, quia in tanto Salonitanæ ecclesiæ clero vel populo vix duo ex [11] sacris ordinibus inventi sunt, frater scilicet et coepiscopus noster Paulinus, et dilectissimus filius meus Honoratus archidiaconus ejusdem ecclesiæ, qui communicare Maximo sacerdotium rapienti minime consentirent, et se Christianos esse cognoscerent. Debuistis enim, filii carissimi, pensare ordines vestros, et quem sedes apostolica repellebat repulsum cognoscere, ut prius, si posset, ab illatis criminibus mundaretur, et tunc ei vestra dilectio communicaret, ne particeps obligationis ejus exsisteret.

**C. III.** *Non est in ecclesia, qui cathedram Petri non sequitur.*

*Item Cyprianus de unitate ecclesiæ* [b] [12].

Qui cathedram Petri, super quam fundata est ecclesia, deserit, in ecclesia se esse non confidat.

**Gratian.** *Episcopi vero, qui apostolicæ ordinationi subjacent, etiam hanc reverentiam debent, ut sese singulis annis apostolorum liminibus repræsentent.*

*Unde Anacletus et Zacharias Papa* [13]:

**C. IV.** *Singulis annis apostolorum limina visitent episcopi, qui ordinationibus apostolicis subjacent* [c].

Juxta sanctorum Patrum et canonum instituta omnes episcopi, qui hujus apostolicæ sedis ordina-

### NOTATIONES CORRECTORUM.

**Dist. XCIII. C. I.** [a] *Ideoque*: Hinc usque ad finem sunt in Fabiani tantummodo epistola. Quamobrem ex ipso potissimum videtur Gratianus cetera etiam sumsisse.

**C. III.** [b] Apud Cyprianum Romæ impressum hæc leguntur: *Hanc ecclesiæ unitatem qui non tenet, tenere se fidem credit? Qui ecclesiæ renititur et resistit, in ecclesia se esse confidit?* Verum in Vaticana bibliotheca, præter octo integra Cypriani exemplaria, est etiam aliud, in quo tantum opuscula quædam

continentur, et inter ea hic tractatus. Atque in eo codice, itemque in altero integro monasterii S. Salvatoris Bononiæ, sunt verba hæc, quæ a Gratiano et Ivone afferuntur. Ac sane paulo ante Cyprianus hanc ipsam Petri cathedram esse ostenderat, unde unitas ecclesiæ penderet.

**C. IV.** [c] Hic est canon 4 synodi Romæ habitæ sub Zacharia Papa, quæ exstat in bibliotheca Vaticana, ex qua nonnulla sunt in hoc capite emendata.

---

**Dist. XCII. C. VIII. P. IV.** [22] ex conc. Tolet. 1, hab. A. 400. = **C. IX.** [23] *sacrificium*: orig. [24] *convenit*: ib.
**Dist. XCIII. P. I.** [1] Caput hoc desumtum est ex illa parte apocryphæ ep. Clementis, quam Rufinus græco latinam fecit. — Coll. tr. p. 1, t. 18, c. 2. Ans. l. 1, c. 6. Ivo Decr. p. 14, c. 22. Polyc. l. 1, t. 6. = **C. I.** [2] *cum monitione*: Ed. Bas. [3] abest ab Edd. coll. o. pr. Bas. [4] *unde*: Edd. coll. o. [5] *habere*: eæd. [6] add.: *si*: Ed. Bas. [7] add.: *tamen*: Edd. coll. o. [8] *hujusmodi*: eæd. [9] *ne*: eæd. = **C. II.** [10] Ep. 26 (scr. A. 596), l. 6 Ed. Maur. — Ans. l. 12, c. 14. [11] *in*: Edd. coll. o. = **C. III.** [12] Ivo Decr. p. 5, c. 361. = **C. IV.** [13] ex conc. Rom. hab. A. 745. — Ans. l. 6, c. 164 (161). Polyc. l. 4, t. 25.

tioni subjaceant, qui propinqui sunt, annue circa [14] idus maii sanctorum principum [15] apostolorum Petri et Pauli liminibus præsententur omni occasione seposita. Qui vero de longinquo [16], juxta chirographum suum impleant. Qui autem hujus [17] constitutionis contemtor exstiterit, præterquam si ægritudine fuerit detentus, sciat se canonicis subjacere sententiis.

II Pars. Gratian. *Reliqui vero in ecclesia minores semper debent majoribus subesse, sicut* in Synodo Romana [d] *S. Silvestri* [18], *c. VII, legitur:*

### C. V. *Minores majoribus obedientiam exhibeant.*

A subdiacono usque ad lectores omnes subditi sint diacono cardinali [19] urbis Romæ, in ecclesia repræsentantes ei honorem. Porro Pontifici presbyter, presbytero diaconus, diacono subdiaconus, subdiacono acolythus, acolytho exorcista, exorcistæ lector, lectori ostiarius, ostiario abbas [e], abbati monachus in omni loco repræsentent obsequium, sive in publico, sive in gremio ecclesiæ.

### C. VI. *Quod sit officium diaconorum.*
*Item ex epist.* I *Clementis ad Jacobum fratrem Domini* [20]:

Diaconi ecclesiæ tanquam oculi sint episcopi, oberrantes et circumlustrantes cum verecundia actus totius ecclesiæ, et perscrutantes diligentius, si quem videant vicinum fieri præcipitio et proximum esse peccato, ut referant hæc ad episcopum. *Et infra* [f] [21]: § 1. Sed et de peregrinis similiter episcopo suggerant refovendis, et cætera his similia. quæ ad cultum ecclesiæ et disciplinam ejus pertinent, diaconis curæ sint,

### C. VII. *De eodem.*
*Item* ex eodem, *eadem epistola* [22].

Sacerdotes vero B. Petrus sal [23] terræ et mundi lumen docens [24] præcepit in splendore bonorum operum patrem glorificare Deum, de quibus Dominus ait [25]: *Beati estis, quum maledixerint vobis homines, etc ,* et iterum: *Vos estis sal terræ.*

### C. VIII. *Hic non sunt habendi clerici, qui episcopali providentia non gubernantur.*
*Item ex Concilio Parisiensi* [26].

Nulla ratione clerici aut sacerdotes habendi sunt, qui sub nullius episcopi disciplina et providentia gubernantur. Tales enim acephalos, id est sine capite, prisca [*] ecclesiæ [*] consuetudo nominavit

### C. IX. *De eodem.*
*Item* ex epist. III Clementis [27].

Qui suis episcopis non obediunt, indubitanter rei et reprobi existunt. Porro ipsi a Deo donum summi muneris consequuntur, qui [*] per justitiæ et præceptorum ejus semitas incedentes [*] doctoribus suis, qui recte episcopi intelliguntur, libenter obediunt.

### C. X. *Illi in Deum scandalizantur, qui suo non obediunt episcopo.*
*Item* Anacletus, *epist.* I [28].

Ille proculdubio scandalizatur in Deum, qui recte non docet, et qui ejus scandalizat episcopum vel sacerdotem.

### C. XI. *Septem debent esse diaconi in unaquaque civitate.*
*Item Evaristus ad Episcopos Africanos*, *epist.* I [29].

Diaconi (qui quasi oculi videntur esse episcopi) in unaquaque civitate [*] juxta apostolorum constituta [*] septem debent esse, qui custodiant episcopum prædicantem, ne [*] aut [*] ipse episcopus ab insidiatoribus quoquo modo infestetur, aut lædatur a suis, aut verba divina detrahendo aut insidiando polluantur vel despiciantur; sed veritas spirituali redoleat fervore, et pax prædicata labiis animi cum voluntate concordet.

### C. XII. *De eodem.*
*Item* ex Concilio Neocæsariensi, *c.* 14 [30].

Diaconi septem esse debent secundum regulam, quamvis [g] magna sit civitas. Regulæ autem auctoritatem,

---

### NOTATIONES CORRECTORUM.

C. V. [d] Caput hoc et apud Gratianum, et in ipsius synodi editionibus videtur valde mendosum. Burchardus et Ivo [*] sic habent: *A subdiacono usque ad lectorem omnes subditi sint diacono cardinali urbis Romæ, in ecclesia honorem repræsentantes tantum. Pontifici vero presbyter, diaconus, subdiaconus, acolythus, exorcista, lector, abbas, monachus in omni loco repræsentent obsequium, sive in publico, sive in gremio ecclesiæ.* Verum ob magnam codicum varietatem, et propter glossas ac doctorum dicta nihil fere in textu mutatum est.

[e] *Abbas*: De abbate et monacho in synodi editionibus nulla mentio est.

C. VI. [f] *Et infra*: Sic legitur in plerisque manuscriptis. In vulgatis legebatur: *et ita*; alia vero nonnulla verba restituta sunt ex originali.

C. XII. [g] *Quamvis magna*: Antea legebatur, *quamvis non magna*. Emendatum est ex canone græco

---

Dist. XCIII. C. IV. [14] *idibus*; orig. [15] add.: *patrum*: Edd. Arg. Bas. [16] add.: *sunt*: Edd. coll. o. [17] *hujusmodi*: cæd. — P. II. [18] ex apocrypho constituto Silvestri, c. 7. — Burch. l. 2, c. 224. Ans. l. 7, c. 65 (67). Ivo Decr. p. 6, c. 299. [*] et Anselmus. = C. V. [19] add.: *viro reverendissimo*: Edd. coll. o. ex Aus. — *vir. rev. et religiosissimo*: Ed. Arg. = C. VI. [20] ex priori parte ejus a Rufino latinitate donata. — Ans. l. 7, c. 68. [21] *et ita episcopo suggerere, quæ ad cultum,* etc.: Edd. coll. o. = C. VII. [22] ex additamentis Pseudoisidori ad ep. Clementis; secundum Greg. M. ep. 18, l. 5. — Ans. ib. [23] add.: *dicebat*: Edd. coll. o. [24] add.: *eos*: cæd. — [25] Matth. c. 5. = C. VIII. [26] ex synodo Regiaticina (i. e. Ticinensi hab. A. 850), c. 18. — Similia habebis in conc. Mogunt. h. A. 813, c. 22. — Burch. l. 2, c. 226. Ivo Decr. p. 6, c. 301. = C. IX. [27] Caput Pseudoisidorianum, sumtum ex Recogn. Clementis l. 2. c. 20. = C. X. [28] Caput Pseudoisidorianum. — cf. Ambros. de dign. sacerd. et Bonif. Mogunt. ep. 73, ex ed. Würdtwein. — Ivo Decr. p. 6, c. 245. = C. XI. [29] Caput Pseudoisidorianum. — Verba: *qui — episcopo*, ex Clementina I, reliqua ex Pontificali mutuatus est impostor. — Ans. l. 7, c. 69. Polyc. l. 2, t. 38. — *Evaristus omnibus Epp.*: Edd. coll. o. = C. XII. [30] hab. A. 314. — Conflatum est hoc caput ex interpretationibus Isidori et Dionysii. — Burch. l. 2, c. 119. Ivo Decr. p. 6, c. 294, 295.

ritas ista est, quod et liber actuum apostolorum idem insinuat.

III Pars. Gratian. *Ut igitur ex praemissis apparet, diaconi debent obedientiam presbyteris, sicut presbyteri episcopis: Sed diaconi superbientes sacerdotibus aequari, vel potius praeferri quaerebant, contra quorum insolentiam multorum auctoritates manaverunt, eorum supercilium reprimentes, atque ut sacerdotibus condignam obedientiam exhibeant decernentes.*

Unde Gelasius [h] Papa, *in epist. ad Episcopos per Lucaniam, c. 9 et 10, ait* [31] :

C. XIII. *Nihil eorum, quae sunt decreta primis orainibus, vendicent diaconi.*

Diaconos propriam constituimus servare [32] mensuram, nec ultra tenorem paternis canonibus deputatum quidpiam tentare permittimus, nihil eorum suo [33] ministerio penitus applicare, quae primis ordinibus proprie decrevit antiquitas. Absque episcopo vel presbytero baptizare non audeant, nisi praedictis fortassis ordinibus [34] longius constitutis necessitas extrema compellat. Quod et laicis Christianis facere plerumque conceditur. *Et infra.* § 1. Sacri corporis praerogationem [35] sub conspectu pontificis [36] seu presbyteri (nisi his absentibus) 'us non habeant exercendi.

C. XIV. *Inferiores presbyteris se diaconi cognoscant.*

*Item ex Concilio Nicaeno, c. 14, seu 18* [i] [37].

Pervenit ad sanctum concilium, quod in locis quibusdam et civitatibus presbyteris sacramenta diaconi porrigant. Hoc neque regula, neque consuetudo tradidit, ut hi, qui offerendi sacrificii non habent potestatem, his, qui offerunt, corpus Christi porrigant. Sed et illud innotuit, quod quidam diaconi etiam ante episcopos sacramenta sumunt [k]. Haec ergo omnia amputentur [38], et in sua diaconi mensura permaneant, scientes, quod [39] episcoporum quidem ministri sunt, inferiores autem [40] presbyteris habentur. Per ordinem ergo post presbyteros gratiam sacrae communionis accipiant, aut episcopo, aut presbytero porrigente. Sed nec sedere in medio presbyterorum diaconis [41] liceat, quia si hoc fiat, praeter regulam * et ordinem * [42] probatur exsistere. Si quis autem * etiam * post has definitiones obedire noluerit, a ministerio cessare debebit.

C. XV. *Diaconus honorem exhibeat presbytero, et ipse ab inferioribus honoretur.*

*Item ex Concilio Laodicensi, c. 20* [43].

Non oportet diaconum coram presbytero sedere, sed jussione presbyteri sedeat. Similiter autem diaconus [44] honorem habeat a sequentibus, id est a subdiaconis et omnibus clericis.

C. XVI. *Calicem benedicere et panem dare diaconis non licet.*

*Item ex eodem, c. 25* [45]

Non oportet diaconos [l] [46] panem dare, nec calicem benedicere.

C. XVII. *Sicut episcopis, ita et presbyteris diaconi ministrent.*

*Item ex Concilio Carthaginensi IV* [m]*, c. 37* [47].

Diaconi [48] ita se presbyteri, sicut [49] episcopi ministros esse cognoscant [50].

## NOTATIONES CORRECTORUM.

(qui etiam recitatur in synodo VI, c. 16) et ex vulgatis etiam versionibus. In canonibus Nicaenae synodi I, qui ex Arabico in latinum conversi nuper editi sunt, c. 62, multa habentur ad hanc rem pertinentia, quem fortasse canonem significavit Andreas Colossensis actione. 7 synodi Florentinae.

C. XIII. [h] *Gelasius* : Sic est in plerisque manuscriptis, et apud Burch. et Ivonem. Nam in impressis erat : *Pelagius*.

C. XIV. [i] Prior pars hujus capitis usque ad vers. *amputentur*, est ex prisca * versione in canone 14. Reliqua vero pars est ex versione Dionysii in canone 18, quam quidem totam afferunt et codex canonum et Burchardus et Ivo.

[k] *Sacramenta sumunt* : Graece est : Τῆς εὐχαριστίας ἅπτονται, quod Dionysius vertit : *oblata contingant* : quanquam Burchardus et Ivo, hoc uno fere loco discrepantes, habent, ille quidem : *sacra oblata contingant*, hic vero : *sacram oblationem contingant*.

C. XVI. [l] *Diaconos* : In vetustioribus priscae versionis editionibus est : *diaconum*. Graece est : ὑπηρέτας, quod Dionysius vertit : *subdiaconos*, et sic habetur in concilio Aquisgranensi.

C. XVII. [m] *Quarto* : Caput hoc cum duobus sequentibus habetur in concilio IV Carthaginensi, et in codicibus Gratiani etiam manuscriptis * itemque apud Anselmum titulo hujus capitis erat additum : *Carthaginensi IV, cui Papa Zosimus interfuit per Vicarios*, quod minime convenire ostendunt acta synodi VI. Carthaginensis, ad quam Zosimus Faustinum Potentinae ecclesiae episcopum, Philippum, et Asellum legatos misit. Nam quarta habita est Honorio IV et Eutychiano Coss., sexta vero Honorio XII et Theodosio VIII Coss., i. e. anno vigesimo post. Quo anno (prout ex Africano concilio can. 76, et sequentibus apparet) contra Pelagii et Caelestii haeresin quaedam sunt definita, quum Caelestius ad Zosimum Papam appellasset, quod ex nonnullis manuscriptis Zosimi, et episcoporum Africae ad ipsum

---

Dist. XCII. P. III. C. XII. [31] scr. A. 404. — Burch. l. 4, c. 57. Ans. l. 7, c. 63. Ivo Decr. p. 1, c. 252, et p. 6, c. 99. Polyc. l. 3, t. 10. = C. XIII. [32] *observare* : Edd. coll. o. ex Ivone. [33] *in suo* : ead. [34] *officiis* : orig. [35] *prorogationem* : Ivo. — Ed. Bas. — *erogationem* : Edd. coll. * rel. [36] *episcopi* : Edd. coll. o. = C. XIV. [37] hab. A. 325. — Burch. l. 5, c. 26. Ans. l. 7, c. 64. Ivo Decr. p. 2, c. 36 (ex Dionysio). * imo Hispanica. [38] add.: *et excidantur* : Edd. coll. o. [39] *quod, quia Epp. ministri sunt* : ead. [40] add. : *a* : ead. [41] *diacono* : ead. [42] verba asteriscis inclusa desider. ap. Ans. = C. XV. [43] hab. inter A. 347 et 581. — ex interpr. Dionysii. — Burch. l. 2, c. 221. Ans. l. 7, c. 65. Ivo Decr. p. 6, c. 296. [44] *diaconis honor habeatur ab obsequentibus* : orig. — Burch. Ivo. = C. XVI. [45] ex vers. Isidori. — Ans l. 7, c. 90, ex Dionysio. [46] *diaconum* : Isid. Merl. — *ministros* : Coll. Hisp. = C. XVII. ' et Edd. coll. o. [47] c. 57 S atutt. eccl. ant. — cf. ad c. 9, D. 18. — Ans l. 7, c. 65 (66). Polyc. l. 2, t. 39. [48] *diaconus* : Coll. Hisp. et Baller. — [49] *ut — ministrum* : ib. [50] *cognoscat* : Coll. Hisp. — *cognoverit* : Baller.

### C. XVIII. *De eodem.*
*Item* ex eodem, c. 38 [51].

Præsente presbytero diaconus eucharistiam corporis Christi populo, si necessitas cogat, jussus eroget.

### C. XIX. *De eodem.*
*Item* ex eodem, c. 39, 40 et 41 [52].

Diaconus sedeat [53] quolibet loco jubente presbytero. Item diaconus in conventu presbyterorum interrogatus loquatur. Alba [54] vero tempore oblationis tantum vel [55] lectionis utatur [56].

### C. XX. *Diaconi presbyteris se superiores non cognoscant.*
*Item* ex Concilio Toletano IV, c. 39 [57].

Nonnulli diaconi in tantam erumpunt superbiam, ut sese presbyteris anteponant, atque in primo choro ipsi [58] priores stare præsumant, presbyteris in secundo choro constitutis. Ergo, ut sublimiores se presbyteros agnoscant, tam hi quam illi in utroque [n] consistant.

IV Pars. Gratian. *Compagis vero calceari absque apostolici licentia diaconis non permittitur, sicut nec mappulis uti absque ejusdem auctoritate quibuslibet clericis conceditur.*

Unde Gregorius *Joanni Episcopo Syracusano*, lib. VII, epist. 28, indict. I [59]:

### C. XXI. *Absque apostolica licentia diaconi compagis uti non præsumant.*

Pervenit ad nos, diaconos [60] ecclesiæ Catinensis calceatos compagis [61] procedere præsumpisse, quod quia nulli hactenus per totam Siciliam licuit, nisi solis tantummodo diaconis ecclesiæ Messanensis, quibus olim a prædecessoribus nostris non dubitatur esse concessum, bene recolitis. Quia ergo tantæ temeritatis ausus non est leviter attendendus, cum omni hoc fraternitas vestra subtilitate perquirat [62], 'et si ita' sicut ad nos pervenit invenerit verum [63] esse,' utrum [64] vel a se, vel alicujus hoc auctoritate

A præsumserint, nobis subtiliter innotescat, 'ut cognita veritate quid fieri debeat disponamus.' Nam si negligenter ea, quæ male usurpantur, omittimus, excessus viam aliis aperimus.

### C. XXII. *Mappulis clerici sine apostolici licentia uti non debent.*
Idem *Joanni Ravennati Episcopo*, lib. II, epist. 54 *circa finem* [65].

Illud autem, quod pro utendis a clero vestro mappulis scripsistis, a nostris est clericis fortiter obviatum, dicentibus, nulli hoc unquam alii cuilibet ecclesiæ concessum fuisse, nec Ravennates clericos illic, vel in Romana civitate tale aliquid [66] cum sua conscientia præsumpsisse, nec si tentatum esset, ex furtiva usurpatione sibi præjudicium generari, sed etiam si in qualibet ecclesia hoc præsumptum fuerit, asserunt emendandum, quod non concessione Romani Pontificis, sed sola [67] surreptione præsumitur.

### C. XXIII. *Sicut in ministerio, ita in dispensatione sine diacono episcopus non vivat.*
*Item* Hieronymus *de septem ordinibus ecclesiæ*, c. 5 [68].

V Pars. Diaconi sunt, quos in Apocalypsi [69] legimus, septem angeli ecclesiarum, hi sunt septem candelabra aurea, hi voces tonitruorum. *Et infra:*
§ 1. Virtutum operatione præclari, humilitate præditi, quieti, humiles, evangelizantes pacem, annunciantes bona, dissensiones et rixas et scandala resecantes, docentes [70], soli Deo colloquentes, in templo nihil de mundo penitus cogitantes, dicentes patri et matri: *non novi* [71] *vos,* et filios suos non agnoscentes. *Et paulo post:* § 2. Sine hoc sacerdos nomen non habet [p], ortum non habet, officium non habet. Hic minister Dei dicitur, quia scriptum est: *Quis' major est, qui ministrat, an* [72] *cui ministratur?* Et sicut in sacerdotio ministratio [73], ita in ministro est sacramenti dispensatio [74]. *Et paulo post:* § 3. Sa-

---

### NOTATIONES CORRECTORUM.

epistolis, quæ in bibliotheca Vaticana servantur, demonstratur. Quare quum Zosimus in Pontificatu duos tantum annos et menses aliquot vixerit, necessarium est, multo ante ipsius Pontificatum synodum IV Carthaginensem habitam fuisse.

C. XX. [n] *In utroque:* Licet in vulgatis Gratiani codicibus † *legatur: in utroque ordine,* et in tomis conciliorum impressis ††: *in utroque choro:* tamen in vetusto codice conciliorum regis catholici, et plerisque vetustis Gratiani, etiam impressis, neutra vox habetur.

C. XXI. • *Et si ita:* Hic et paulo inferius addita sunt aliquot verba ex originali.

C. XXIII. [p] *Nomen non habet:* Sic etiam in originali, sed in multis Gratiani manuscriptis', et apud Anselmum est: *nomen habet, officium non habet.*

---

Dist. XCIII. C. XVIII. [51] c. 55 Statutt. eccl. ant. — Burch. l. 5, c. 13. Ans. l. 7 c. 66. Ivo Decr. p. 2, c. 23. Polyc. ib. — C. XIX. [52] c. 59, 60, 61, ib. — Ans. ib. [53] add.: *in:* Edd. coll. o. [54] *Orario:* Baller. [55] *et:* Edd. coll. o. [56] *induatur:* Isid. Merl. — C. XX. [57] hab. A. 633. — Burch. l. 2, c. 222. Ivo Decr. p. 6, c. 297. — [58] *et ipsi:* Edd. coll. o. † *et Edd.* Bas. Lugdd. II, III. †† *et apud* Ivonem *et* Burch. — P IV. [59] Ep. 27 (scr. A. 598), l. 8 Ed. Maur. — Ans. l. 7, c. 74. = C. XXI. [60] *quod diaconus — præsumpisset:* Edd. coll. o. [61] *legendum est: campagis, quod calceamentorum genus a καμπή, flexura, nomen tulit.* [62] *requirat:* Ed. Bas. [63] *ut an per se:* Edd. coll. o. [64] *absunt ab orig.* — C. XXII. [65] Ep. 57 (scr. A. 593), l. 3. Ed. Maur. — Ans. l. 7, c. 168 (174). [66] *aliud:* Edd. Arg. Bas. [67] add.: *usurpationes vel:* Edd. coll. o. — C. XXIII. [68] Ep. Hieronymi ad Rusticum (s. libellum de septem ecclesiæ gradibus), spuriam esse constat. — Ans. l. 7, c. 72. Polyc. l. 2, t. 39. — P. V. [69] Ap. c. 1. [70] abest ab orig. et Ans. [71] *novimus:* Ed. Bas. — ' *et* Edd. coll. o. pr. Lugdd. II, III. [72] *quam:* Edd. coll. o. [73] *consecratio:* vera lectio. [74] add.: *administrationis:* Edd. Arg. Bas.

cerdotibus etiam propter præsumtionem non licet de mensa Domini tollere calicem, nisi eis traditus fuerit a diacono [75]. *Et paucis interjectis :* § 4. Ita enim Deus noster omnipotens universa disposuit, ut qui majorem se esse crediderit minor sit [76], et qui videretur minor major exsisteret. Denique quam hoc verum sit ipse perpende. *Levitæ inferunt oblationes in altari,* Levitæ componunt mensam Domini, Levitæ *cum* sacerdotibus, dum sacramenta benedicunt, assistunt, Levitæ ante sacerdotes orant, ut [77] si distinctio locorum creditur [78], etiam in altari Dei videant sibi episcopi, si [79] superbi sunt, diaconos anteponi. Si humilitatem diligunt [80], majores se esse in eo, quod sunt humiles, cognoscant [81]. Tunc demum [82], ut aures habeamus ad Dominum, diaconus acclamat [83], ipse prædicat, ipse hortatur, ipse [84] commonet adstantibus sacerdotibus, ne [85] leviter hanc vocem, quæ [86] loquitur hæc et pacem annunciat, aut negligenter aspicias, aut contemnendam putes. Sufficit huic ordini tantum per Dominum fuisse concessum, ut non solus [87] sacerdos in templo [88] totum agere et implere videatur. *Et infra :* § 5. Nunc autem ex quo in ecclesiis, sicut in Romano imperio, crevit avaritia, periit lex de [89] sacerdote et visio de propheta; singuli quique per [90] potentiam episcopalis [91] nominis, quam sibi ipsi illicite absque ecclesia vendicarunt, totum, quod Levitarum est, in usus suos redigunt, nec hoc [92] sibi, quod scriptum est, vendicant, sed cunctis auferunt universa. Mendicat infelix clericus in plateis, et civili [93] operi mancipatus publicam a quolibet deposcit [94] alimoniam [95]. Et [96] quidem ex eo despicitur cunctis sacerdotale officium, dum misericordia [97] desolatus juste putatur ad hanc ignominiam devenisse. *Et infra :* § 6. Solus incubat bonis [98], solus ministerio [99] utitur, solus universa sibi vendicat, solus partes invadit alienas, solus occidit universos. *Et paulo post :* § 7. Hinc propter sacerdotum avaritiam odia [100] consurgunt, hinc episcopi accusantur a clericis, hinc principum [101] lites, hinc detractionis [102] causa, hinc [103] origo criminis. Etenim si unusquisque in hoc mundo visibili aliquid possidere jubetur, ut sua tantum possessione contentus sit, ac res non invadat alienas, non agrum pauperi [104]-[105] tollat, non A vineam, non subvectorum aliquod, non famulos, non fructus [106]; quanto magis qui ecclesiæ Dei præest debet ita in omnibus servare justitiam, ut sibi hoc tantum [107] vindicet, quod sui juris esse cognoscit, aliena non rapiat, aliena non contingat, æqualem se ceteris faciat, et sicut sine his [108] in ministerio non vivit, ita in dispensatione non vivat? § 8. Certe, ut ipse nosti, qui visibiliter in hoc mundo jus invadit alienum, accusatur a paupere, damnatur a judice, ita et in ecclesia Dei, quum unusquisque stipendia sua [109] perdit, clamat ad Deum, exauditur a Christo, nec differtur *in* [110] *hac parte* ultionis sententia, si non redduntur [111] universa. Moderatio enim Dei ac pietas solum nostrum reditum quærit, ac nos cupit sua longa [112] bonitate salvari. Sed si B non convertimur, si duri [113] corde sumus, si in peccatis usque ad mortem illicite perduramus, assidue peccanti [114], *sicut scriptum est,* Deus non miseretur.

VI Pars. Gratian. *Hoc capitulo sacerdotum avaritia reprehenditur, diaconorum dignitas sive officium commendatur. Sed quia (ut supra dictum est) diaconi insolescentes etiam presbyteris se præferendos arbitrati sunt, contra eorum supercilium scribit Hieronymus* [115] *ad Evagrium* [116] *Episcopum, epist. LXXXV :*

C. XXIV. *Diaconi presbyteris debent subesse.*

Legimus in Esaia : *Fatuus fatua loquetur* [117]. Audio quemdam in tantam erupisse vecordiam, ut C diaconos presbyteris, id est episcopis, anteferret. Nam quum Apostolus perspicue doceat, eosdem esse presbyteros, quos episcopos, quid patitur mensarum et viduarum minister, ut supra eos se tumidus efferat, ad quorum preces Christi corpus sanguisve conficitur? Quæris auctoritatem? Audi testimonium [118] : *Paulus et Timotheus servi Christi Jesu omnibus sanctis* in Christo Jesu, *qui sunt Philippis, cum episcopis et diaconis.* Vis et aliud exemplum? In Actibus apostolorum ad unius ecclesiæ sacerdotes ita Paulus loquitur [119] : *Attendite vobis, et cuncto gregi, in quo vos* [120] *Spiritus sanctus posuit episcopos, ut regeretis ecclesiam Domini, quam acquisivit sanguine suo.* Ac ne quis contentiose in una ecclesia plures episcoos fuisse contendat, audi [121] et aliud

---

DIST. XCIII. C. XXIII. [75] *diaconibus* : Edd. coll. o. [76] *esset* : eæd. [77] *Et si credatur* : eæd. pr. Lugdd. II, III. [78] add. : *in mundo* : eæd. ex Ans. [79] *qui* : eæd. [80] add. : *et diaconi* : eæd. [81] *recognoscant* : eæd. [82] *deinde* : orig. —Ans. [83] *clamat* : Edd. coll. o. pr. Lugdd. II, III. [84] add. : *etiam* : eæd. [85] *nec* : Ans. — Edd. coll. o. pr. Lugdd. II, III. [86] *qua* : Edd. coll. o. [87] *solum* : Ed. Bas. [88] *templo Dei* : Edd. coll. o. ex Ans. [89] *a* : Ed. Bas. [90] *pro potentia* : orig. [91] *coepiscopalis* : Edd. coll. o. pr. Lugdd. II, III. [92] *hoc solum, quod sibi adscriptum est* : eæd. [93] *servili* : eæd. [94] *poscit* ; eæd. [95] *eleemosynam* : eæd. [96] *qui ex eo magis despicitur* : eæd. ex Ans. [97] *miser et desolatus* : Edd. Coll. o.—*miseria desolatus* : Ans. [98] *divitiis* : orig.—*donis* : Ans. [99] *ministeriis* : Ed. Bas. [100] add. : *semper* : Ans. — *sæpe* : Edd. coll. o. [101] *principium litis* : Ans. — Edd. coll. o. pr. Lugdd. II, III. [102] *desolationum causæ* : orig. [103] add. : *fit* : Edd. coll. o. [104]-[105] *pauperis* : eæd. [106] *fructum* : eæd. [107] *solum* : eæd. [108] *sine his ecclesia non fuit, ita et sine his in ministerii dispensatione non vivat* : Ans. [109] abest ab Edd. coll. o. pr. Bas. [110] *hæc desider.* in coll. Ans. [111] *sedantur* : Ans. — Edd. Arg. Bas. [112] abest ab orig. [113] *dari colli* : Edd.coll. o. ex Ans. [114] *peccantium* : Edd. coll. o.— Böhm.— P. VI. Ans. l. 7, c. 87 (92). [115] *Euangelum* : Ans. — C. XXIV. [117] *loquitur* : ib. — Edd. coll. o. — cf. Esa. c. 32, v. 6. [118] *Philipp.* c. 1, v. 1. [119] Act. c. 20, v. 28. [120] add. : *fratres* : Edd. coll. o. [121] *audiat* : eæd.

testimonium, in quo manifestissime [132] comprobatur, eumdem esse episcopum atque presbyterum: *Propter* [133] *hoc reliqui te in Creta* [134], *ut quae* [135] *deerant corrigeres, et constitueres presbyteros per civitates, sicut* `et` *ego tibi mandavi : si quis est sine crimine, unius uxoris vir, filios habens* [136] *fideles, non in accusatione luxuriae, aut non subditos. Oportet enim episcopum sine crimine esse, quasi Dei dispensatorem.* Et ad Timotheum [137] : *Noli negligere gratiam, quae in te est, quae tibi data est per prophetiam* ¶, *per impositionem manuum presbyterii.* Sed et Petrus [138] in prima epistola : *Presbyteros*, inquit, in [139] *vobis precor* [130] *compresbyter, et testis passionum Christi, et futurae gloriae, quae revelanda est, participes, regite* [131] *gregem Christi, et inspicite non ex necessitate, sed voluntarie* [132] *juxta Deum.* Quod quidem graece significantius dicitur ἐπισκοποῦντες [133], id † est superintendentes, unde et nomen episcopi tractum est. Parva tibi videntur tantorum virorum testimonia ? Clangat tuba evangelica, filius tonitrui, quem Jesus amavit plurimum, qui de pectore salvatoris doctrinarum fluenta potavit : *Presbyter* [134] *Electae dominae, et filiis ejus, quos ego in veritate diligo.* Et in alia epistola [135] : *Presbyter Caio carissimo, quem ego diligo in veritate.* § 1. Quod autem postea unus electus est, qui ceteris praeponeretur, in schismatis remedium factum est, ne unusquisque ad se trahens Christi ecclesiam rumperet. Nam et Alexandriae a Marco evangelista usque ad Heraclam [136] et Dionysium episcopos, presbyteri semper unum ex se electum [137], in excelsiori gradu collocatum, episcopatum nominabant, quomodo si exercitus imperatorem [138] faciat, aut diaconi [139] eligant de se quem industrium noverint, et archidiaconum vocent [140]. Quid enim facit excepta ordinatione episcopus, quod presbyter non faciat [141] ? Nec altera Romanae urbis ecclesia, altera totius orbis existimanda est ; et Galliae, et Britanniae, et Africa, et Persis, et [142] oriens, et India, et omnes barbarae nationes unum Christum adorant, unam observant regulam veritatis. Si [143]

auctoritas quaeritur [144] orbis, major est urbe. Ubicunque fuerit episcopus, sive Romae, sive Eugubii [145], sive Constantinopoli [146], sive Rhegii [147], sive Alexandriae, sive Tanis [148], ejusdem meriti, ejusdem est et sacerdotii. Potentia divitiarum et paupertatis humilitas vel sublimiorem, vel inferiorem episcopum non facit; ceterum omnes apostolorum successores sunt. § 2. Sed dicis [149], quomodo Romae ad testimonium diaconi presbyter ordinatur? Quid mihi praefers [150] unius urbis consuetudinem? Quid paucitatem, de qua ortum est supercilium, in leges ecclesiae vendicas? Omne quod rarum est plus appetitur. Pulegium apud Indos pipere pretiosius est. Diaconos paucitas honorabiles, presbyteros turba contemtibiles facit. Ceterum etiam in ecclesia Romae presbyteri sedent, et stant diaconi, licet paulatim increbrescentibus vitiis inter presbyteros absente episcopo sedere diaconum viderim, et in domesticis conviviis benedictiones [151] presbyteris dare. Discant, qui hoc faciunt, non se recte facere, et audiant Apostolos [152] : *Non est dignum, ut reliquentes verbum Dei ministremus mensis.* Sciant quare diaconi constituti sint. Legant Acta apostolorum, recordentur conditionis suae. Presbyter et episcopus aliud aetatis, aliud dignitatis est nomen. Unde et ad Titum et ad Timotheum de ordinatione episcopi et diaconi dicitur ; de presbyteris omnino reticetur, quia in episcopo et presbyter continetur. Qui provehitur, de minori ad majus provehitur. Aut igitur ex presbytero ordinetur diaconus, ut presbyter [153] minor diacono comprobetur, in quem crescit [154] ex parvo, aut si ex diacono ordinetur presbyter, noverit se ʳ ¦ laicis majorem, sacerdotibus esse minorem.

**C. XXV.** *De eodem.*

Item Cyprianus, *lib. III, epist.* 9 [155].

Dominus noster `ipse` Jesus Christus, rex et judex et Deus noster, usque ad passionis diem servavit honorem pontificibus et sacerdotibus, quamvis illi nec timorem Dei, nec agnitionem Christi servas-

### NOTATIONES CORRECTORUM.

C. XXIV. ¶ *Per prophetiam* : Sic in vulgata editione, et graece : Διὰ προφητείας. Sed hic apud B. Hieronymum `*` : *prophetiae.*

ʳ *Noverit se :* In originali est `*`, noverit se lucris minorem, sacerdotio esse majorem. Quo etiam pertinet, quod idem Hieronymus ad caput ultimum Ezechielis scribit : *Levitarum multitudinem intellige-* re se a sacerdotali gradu esse distinctam, et ad decutiendam superbiam ministrorum, qui ignorantes humilitatem status sui, ultra sacerdotes, hoc est, presbyteros, intumescunt, et dignitatem non merito, sed divitiis aestimant. Verum ob glossam non est mutatum.

---

Dist. XCIII. C. XXIV. [122] add. : *declaratur vel* : eaed. [133] ad Tit. c. 1, v. 5. [134] *Cretae* : Edd. coll. o. pr. Lugdd. II, III. [135] *qui* : Edd. Arg. Bas. [136] *habeat* ? Böhm. [137] c. 4, v. 14. — `et` Anselmum. [138] 1 Petr. c. 5, v. 1. [139] *qui in vobis sunt* : Edd coll. o. [130] add. : *ego* : eaed. [131] *regere — inspicere* : — Ans. [132] *voluntate* : Ed. Bas. [133] *Epichius* : Ed. Bas. — *Epitius* : Edd. coll. rel. pr. Par. Lugdd. II, III. † haec desiderantur ap. Ans. et in Edd. coll. o. pr. Lugdd. II, III. [134] 2 Joann. v. 1. [135] 3 Joann. v. 1. — Verba : *Et — veritate* omissa sunt ab Anselmo. [136] *Esdram* : Edd. coll. o. pr. Lugdd. II, III. [137] *eligebant — collocabant — quem* : eaed. pr. Lugdd. II, III. [138] add. : *sibi* : eaed. pr. Lugdd. II, III. [139] *Diaconi autem* : eaed. [140] *nuncupent* : Edd. coll. o. [141] *facit* : eaed. [142] *et Oriens, et India* : desider. ap. Ans. [143] add. : *autem* Edd. coll. o. pr. Lugdd. II, III. [144] *quaereretur* : eaed. pr. Bas Lugdd. II, III. [145] *Eugubio* : Edd. Arg. Bas. [146] *Constantinopolim* : eaed. [147] *Regio* : caed. [148] *Thebanis* : Ed. Arg. — *Thebis*, Edd. coll. rel. pr. Bas. — add. : *sive Guarnaciae* : Edd. coll. o. pr. Arg. [149] *dices* : Edd. coll. o. [150] *profers* : eaed. [151] *benedictionem coram presbyteris* : eaed. [152] Act. c. 6, v. 2. [153] *presbytero major* : Edd. coll. o. [154] *concrescit* : eaed. pr. Bas. `et apud Ans.` = C. XXV. [155] Ep. ad Rogatianum scr. c. A. 266. — Ivo Decr. ps 5, c. 355.

sent. Nam quum leprosum emundasset, dixit illi [156]: Vade, et monstra te sacerdoti [157], et offer donum. Humilitate [158] ea, qua nos quoque esse humiles docuit, sacerdotem adhuc appellabat, quem sciebat esse sacrilegum. Item sub [159] ictu passionis quum alapam accepisset, et ei diceretur [160] : Sic respondes pontifici? nihil ille contumeliose locutus est in personam pontificis, sed magis innocentiam suam tutatus est, dicens [160]: Si male locutus sum, exprobra de malo: si autem bene, quid me cædis? Quæ omnia ab eo ideo facta sunt humiliter atque patienter, ut nos humilitatis ac patientiæ haberemus exemplum. Docuit enim sacerdotes veros legitime et plene honorari, dum circa falsos sacerdotes ipse talis exstitit. § 1. Meminisse autem diaconi debent, quoniam apostolos, id est episcopos et præpositos [161], Dominus elegit, diaconos autem post ascensum Domini in cœlos apostoli sibi constituerunt episcopatus sui et A ecclesiæ ministros. Quod si nos aliquid audere contra Deum possumus, qui episcopos facit, possunt et contra nos audere diaconi, a quibus fiunt.

**VII Pars. Gratian.** *Hoc autem, quod de diaconorum minoritate dicitur, ubique servandum est, nisi quum locum diaconus habuerit aut proprii patriarchæ, aut sui metropolitani.*

Unde in VI Synodo, c. 7, legitur [162]:

**C. XXVI.** *Diaconus sacerdotibus non præferatur, nisi locum metropolitani sui obtineat.*

Præcipimus, ne diaconus (quamvis etiam in dignitate, hoc est in officio quolibet ecclesiastico sit) ante presbyterum sedeat, nisi quum locum habuerit proprii patriarchæ aut metropolitani [163] sui pro aliquo capitulo; tunc enim sicut illius locum tenens B honorabitur. Si quis vero præsumpserit hoc tyrannice facere, a proprio gradu repulsus ultimus omnium fiat in ordine suo.

---

## DISTINCTIO XCIV.

**GRATIANUS.**

**I Pars.** *Subdiacono etiam summus patriarcha vices suas committere valet.*

Unde Gregorius [a] ad Episc. Siciliæ libro I, ep. 1, ait [1]:

**C. I.** *Etiam subdiaconis vices suas apostolica committit ecclesia.*

Valde necessarium esse perspeximus, ut sicut prædecessorum nostrorum fuit judicium, ita uni eidemque personæ omnia committamus, ut ubi nos præsentes esse non possumus, nostra per eum, cui præcipimus, repræsentetur auctoritas. Quamobrem Petro subdiacono sedis nostræ intra provinciam Siciliam vices nostras Deo auxiliante commisimus. Nec enim de ejus actibus dubitare possumus, cui Deo auxiliante totum nostræ ecclesiæ noscimur patrocinium [2] commisisse.

**II Pars. Gratian.** *Legatum vero apostolicæ sedis quicunque impedierit, usque ad satisfactionem excommunicetur.*

Unde Alexander Papa I, epist. II omnibus Episcopis [b]:

**C. II.** *Excommunicetur, qui legatum sedis apostolicæ impedire tentaverit.*

Si quis autem legationem [b] impedit, non unius, sed multorum profectum avertit, et sicut multis C nocet, ita a multis arguendus est, et bonorum societate privandus [3]. Et quia Dei causam impedit, et statum conturbat ecclesiæ, ideo ab ejus liminibus arceatur. Ab omnibus itaque [6] talis est cavendus, et non in communionem fidelium usque ad satisfactionem recipiendus.

**III Pars. Gratian.** *Archidiaconus vero, quamvis ex officio suo clericorum vitam diligenti examinatione debeat inquirere, et quæ corrigenda invenit episcopo nunciare, tamen dominationem super eos exercere, et censum ab eis exigere prohibetur.*

Unde in Cabilonensi Concilio, c. 15, legitur [7]:

**C. III.** *Archidiaconi super presbyteros jurisdictionem [8] non exerceant.*

Dictum est, quod in plerisque locis archidiaconi super presbyteros parochianos quamdam exercent dominationem, et ab eis censum exigunt, quod magis ad tyrannidem, quam ad rectitudinis pertinet ordinem [9]. § 1. Si enim juxta Apostoli [10] sententiam episcopi non debent esse dominantes in clero, sed forma facti gregis ex animo, multo minus facere isti hoc debent, sed [11] contenti sint regularibus disciplinis, et teneant propriam mensuram, et quod ab episcopis eis injungitur, hoc per parochias suas exercere studeant, nihil per cupiditatem et avaritiam præsumentes.

### NOTATIONES CORRECTORUM.

Dist. XCIV. [a] *Gregorius*: Restituta est inscriptio ex Polycarpo; nam antea legebatur: *Symmachus Papa* †.
C. II. [b] *Legationem*: In epistola ipsa, concilio Triburiensi [c. 9.], et apud Burchardum additur *vestram*. Ea enim legatio videtur significari, qua apostolos et episcopos pro Christo fungi docuit B. Paulus 2 Corinth, c. 5.

---

Dist. XCIII. C. XXV. [156] Luc. c. 5, v. 14. [157] *ostende te sacerdotibus*: Edd. coll. o. [158] *humilitatem nos humilis* (*humiliter*: Ed. Bas.) *docuit, appellans*: Edd. coll. o. [159] *subditus passioni*: eæd. [160] Joann. c. 18, v. 23. [161] *presbyteros*: Edd. coll. o. — P. VII. [162] imo synodo, πενθ' ἕκτῃ, hab. A. 692. Ivo Decr. p. 6, c. 123. — C. XXVI. [163] *metropoliæ*: Edd. Arg. Bas.
Dist. XCIV. P. I. † qui error ex eo venisse videtur, quod apud Ans. fragmentum quoddam ad Symmachum pertinens præcedit. = C. I. [1] Ep. 1 (scr. A. 591), l. 1, Ed. Maur. — Ans. l. 1, c. 26. Polyc. l. 1, t. 14. [2] *et quia*: Edd. coll. o. [3] *patrimonium*: orig. — Edd. Arg. Bas. Nor. — P. II. [4] Caput Pseudoisidorianum. — Burch. l. 15, c. 57. = C. II. [5] *arcendus*: orig. — [6] *quoque*: ib. — P. III. [7] hab. A. 813. — Ivo. Decr. p. 3, c. 134. = C. III. [8] *dominationem*: Edd. Arg. Bas. [9] *fortitudinem*: Ivo. — *ordinem*: Edd. coll. o. [10] 1 Petr. c. 5, c. 3. [11] *Sint itaque contenti*: Edd. coll. o.

## DISTINCTIO XCV.

### GRATIANUS.

**I Pars.** *Quod autem sacerdotes supra jubentur episcopis tanquam subditi obedire, non ita intelligendum est, quasi non liceat eis praesentibus episcopis sacra mysteria celebrare, (sicut episcopali supercilio quidam ab his volebant presbyteros prohibere), sed quia presbyteri pontificibus, tanquam filii parentibus, debent obedire. Baptizatos etiam chrismate eis tangere conceditur.*

*Unde Gregorius scribit Januario Episcopo Caralitano, lib. III, epist. 26, Indict. XII* [1] :

**C. I.** *Ubi episcopi desunt, baptizatos in frontibus presbyteri chrismate tangant.*

Pervenit quoque ad nos, quosdam scandalizatos fuisse, quod presbyteros chrismate tangere in fronte eos, qui baptizati [2] sunt, prohibuimus. Et nos quidem secundum usum veterem ecclesiae nostrae fecimus. Sed si omnino hac de re aliqui contristantur, ubi episcopi desunt, ut presbyteri etiam in frontibus baptizatos [3] chrismate tangere debeant, concedimus.

**Gratian.** *Supra Leo episcopus contra* : Quamvis chorepiscopis, etc. [Dist. LXVIII.]

**C. II.** *Ultra suum modum presbyteri tendere non praesumant.*

*Item* Gelasius Papa *episcopis per Lucaniam, etc. Epist. V, c.* 8[4].

Presbyteros ultra suum modum tendere [5] prohibemus, nec episcopali fastigio debita sibimet audacter assumere, non conficiendi chrismatis, non consignationis pontificalis adhibendae sibimet arripere [6] facultatem.

**Gratian.** *Sed istud Gregorii pro scandalo sedando semel concessum legitur. Illud autem Leonis Papae et Gelasii usu approbante praevaluit, nisi forte ubi aliquorum consuetudo hoc admisit, ut in absentia episcopi extrema necessitate cogente ex concessione Gregorii presbyteri baptizatos in fronte liniant. Prohibitio vero Leonis et Gelasii in eo casu intelligatur, quum episcopi praesentes sunt, vel quum non cogit ultima necessitas. Oleo vero sanctificato permittitur* A *eis ungere infirmos. Unde Jacobus ait* : Infirmatur quis in vobis? inducat presbyteros ecclesiae, qui orent super eum ungentes eum oleo in nomine Domini, et oratio fidei salvabit infirmum.

**II Pars.** § 1. *Sed quaeritur, an episcopis liceat eodem oleo ungere infirmos ? vel si impoenitentibus hujusmodi unctio sit concedenda ?*

*De his vero ita scribit* Innocentius Papa *ad Decentium Eugubinum Episcopum; epist. I, c. ult.*[7] :

**C. III.** *Oleo sanctificato non prohibetur episcopus infirmos tangere.*

Illud superfluum videmus adjectum, ut de episcopo ambigatur, quod presbyteris licere non dubium est. Nam idcirco de [8] presbyteris dictum est, quia episcopi occupationibus [9] aliis impediti ad omnes languidos ire non possunt. Ceterum si episcopus aut B potest, aut dignum ducit aliquem a se visitandum, et benedicere, et tangere chrismate sine cunctatione potest, cujus est ipsum chrisma conficere. Nam non poenitentibus [a] istud infundi [10] non potest, quia genus est sacramenti. Nam quibus reliqua sacramenta negantur, quomodo [11] unum genus putatur posse concedi? His ergo, frater carissime, omnibus, quae tua dilectio voluit a nobis exponi, prout potuimus respondere [12] curavimus.

**III Pars.** *Gratian. Chrisma vero a suis episcopis ad baptismi sanctificationem presbyteri petant.*

*Unde in* Concilio Carthaginensi *IV, c.* 36 [13] :

**C. IV.** *Chrisma singulis annis a proprio petatur episcopo* [b].

Presbyteri, qui per dioeceses ecclesias regunt, non a quibuslibet episcopis, sed a suis, nec per juniorem [14] clericum, sed omni anno[c] aut per se ipsos, aut per illum, qui [15] sacrarium tenet, ante paschae solennitatem chrisma petant.

**C. V.** *Presbyter idem est qui episcopus, ac sola consuetudine praesunt episcopi presbyteris.*

*Item* Hieronymus *ad caput I epistolae ad Titum, ad ea verba* : Et constituas. [16]

Olim [17] idem erat presbyter, qui et episcopus, et antequam diaboli instinctu studia in religione fie-

### NOTATIONES CORRECTORUM.

**Dist. XCV. C. III.** [a] *Non poenitentibus* : In epistolis Innocentii tam impressis quam manuscriptis (licet aliter testetur auctor glossae), in concilio Wormaciensi, in quo hoc idem reperitur, apud Alcuinum et Ivonem, et in aliquot Gratiani codicibus legitur sine negatione. Et in glossa (ut est in antiquis exemplaribus) utraque lectio exponitur.

**C. IV.** [b] Huic capiti rubrica est praeposita ex aliquot vetustis exemplaribus.

[c] *Omni anno* : Verba haec non sunt in editionibus conciliorum Coloniensibus duobus, et quatuor tomis impressorum, neque infra de consecr. dist. 4, ubi hoc idem, sed ex concilio apud Valentias refertur. Verum et in Coloniensi prisca, ac trium tomorum, et duobus Parisiensibus, duobusque codicibus Vaticanis habentur. Et in c. *Literis*, de consecr. dist. 3 a Fabiano Papa singulis annis novum chrisma fieri praecipitur.

---

Dist. XCV. P. I. [1] Ep. 28 (scr. A. 59), l. 4. Ed. Maur. — Ans. l. 7, c. 129. Polyc. l, 3, t. 10. — Petr. Lomb. Sent. l. 4. Dist. 7, c. 1. = C. I. [2] *baptizandi* : orig. [3] *baptizandos* : ib. = C. II. [4] ser. A. 494. Ans. l. 7, c. 127. [5] *contendere* : Edd. coll. o. [6] *accipere* : Böhm. — P. II. [7] scr. A. 416. — Co.ll tr. p. p. 1, t. 38, c. 5. Ivo Decr. p. 12, c. 75. = C. III. [8] abest ab orig. et Iv. [9] *praeoccupationibus* : Edd. coll. o. [10] *fundi* : eaed. [11] add. : *hoc* : eaed. Arg. Arg. Nor. [12] *exponere* : Ed. Bas. — P. III. [13] Statuit. eccl. ant. c. 87. — et ad c. 9, D. 18. — Burch. l. 4, c. 76. Ivo Pan. l. 1, c. 101. Decr. p. c 270, ex conc. apud Valentias. = C. IV. [14] *minorem* : Edd. coll. o. [15] *qui ejusdem ordinis est* : Burch. Ivo. = C. V. [16] Ans. l. 7, c. 129. (130). [17] *Idem ergo est presbyter* : orig.

rent, et diceretur in populis [18] : *Ego sum Pauli, ego Apollo, ego autem Cephæ*, communi presbyterorum consilio ecclesiæ gubernabantur. Postquam vero unusquisque eos, quos baptizaverat, suos putabat esse, non Christi, in totum orbe decretum est, ut unus de presbyteris 'electus\* superponeretur ceteris [19], ad quem omnis ecclesiæ cura pertineret, et schismatum semina tollerentur. *Et paulo post* : § 1. Sicut ergo presbyteri sciunt, se ex ecclesiæ consuetudine, ei, qui sibi præpositus fuerit, esse subjectos, ita episcopi noverint, se magis consuetudine quam dispensationis [20] dominicæ veritate presbyteris esse majores, et in commune debere ecclesiam regere.

C. VI. *Coram episcopis presbyteris docere licet* [21].
Idem ad Rusticum Narbonensem episcopum, de septem gradibus ecclesiæ [22].

Ecce ego [d] dico, præsentibus episcopis suis atque adstantibus in altari presbyteros posse sacramenta conficere. *Et infra* : § 1. Sed quia scriptum est [23] : *Presbyteri duplici honore honorentur, maxime qui laborant in verbo Domini*, prædicare eos decet, utile [24] est benedicere, congruum confirmare, convenit reddere communionem, necesse est visitare infirmos, orare pro invalidis, atque omnia Dei sacramenta complere. *Et infra* : § 2. Nemo hinc episcoporum invidia diabolicæ tentationis inflatus [25] irascatur in templo, si presbyteri interdum exhortentur plebem, si in ecclesiis prædicent, si plebibus [26], ut scriptum est, benedicant. Etenim abnuenti [27] mihi ista sic dicam : qui non vult presbyteros facere quæ jubentur a Deo, dicat, quis major est Christo? aut quid corpori ejus aut [28] sanguini poterit anteponi ? Si presbyter Christum consecrat, quum in altario Dei sacramenta [29] benedicit, benedicere populo [30] non debet, qui Christum 'etiam' meruit [31] consecrare? *Et paulo post* : § 3. Circa laicos [e] ac mulieres jubentibus vobis, o injustissimi sacerdotes, presbyter Dei benedictionis perdit officium [32], amittit linguæ opus, non habet confidentiam prædicandi, trun-

catus est omni parte virtutum, solum presbyteri nomen habet, plenitudinem ac [33] perfectionem, quæ consecrationi ejus competit, non retentat. § 4. Quis [34] hic, rogo, o sacerdotes, honor vester est ut damnum gibbi [35] inferatis ? Quoniam quum pastoribus per potentiam vestram aufertur Deo digna diligentia, contagium quoddam et calamitas crescit in gregibus, ac dominici [f] patrimonii damna conquiritis, dum soli vultis in ecclesia potentari. *Et paucis interjectis* : § 5. Presbyteri ab initio, 'ut [a] legimus,' negotiorum judices esse mandati sunt, presbyteri interesse sacerdotum concilio [37] quoniam et ipsi presbyteri, ut legimus, episcopi nuncupantur, secundum quod scriptum est ad episcopum [g] [38] : *Noli negligere gratiam, quæ data est tibi per impositionem manuum presbyterii* [39] et alibi [40] ad majores natu : *Qui vos posuit episcopos regere ecclesiam Dei* [41]. *Et infra* : § 6. Sed oderunt hoc sacerdotes superbi in presbyteris [42] nomen, qui nolunt esse hoc, quod Christus, qui discipulorum pedes lavit, qui baptizatus est a Joanne, licet baptizandum se Joannes [43] a Domino proclamaret. Propterea [44] hæc scribo, ut, si præteriti temporis error non potest jam revocari, vel ad præsens in ecclesiis servetur [45] humilitas, ut presbyteri hoc in ecclesiis suis faciant, quod Romæ, sive quod in oriente, quod in Italia, 'quod in Creta, quod in Cypro,' quod in Africa, 'quod in Illyrico,' quod in Hispania, quod in Britannia, quod 'etiam ex parte' per [46] Gallias [47] , quod in omnibus locis ubi humilitas perseverat, quod [48] in cœlis fit (quod majus est), ubi sedes angelorum [49] legis [50] esse dispositas.

C. VII. *Episcopi et clerici invicem sibi honorem exhibeant. Item ad Nepotianum, epist. II* [51].

Esto subjectus pontifici tuo, et quasi animæ parentem suscipe [52]. *Et paulo post* : § 1. Sed episcopi sacerdotes se esse noverint [53], non dominos, honorent clericos quasi clericos, ut ' et ' ipsis [54] a clericis [55] quasi episcopis honor deferatur. § 2. Scitum

## NOTATIONES CORRECTORUM.

C. VI. [d] *Ecce ergo* : Principium hujus capitis longe aliter legitur in libello de septem gradibus et additur negatio : *Nec ego dico præsentibus episcopis atque adstantibus altari presbyteros posse sacramenta conficere; sed si forte usus exegerit, ut venientes ad ecclesiam sacerdotes eisdem horis, quibus, aut oblatio parata non sit, aut non possit offerri, non debere episcopum repudiare Eucharistiam presbyterorum, etc.*

[e] *Circa laicos* : In libello sic legitur : *tamen credendum est summi sacerdotis judicio, et hoc faciendum, quod jusserit circa laicos et mulieres. Jubentibus vobis injustissime sacerdotibus non recte presbyter Dei benedictionis, etc.*

[f] *Ac dominici* : Ibidem est : *ac Deo nostro non patrimonii sui damna conquiritis, dum soli vultis in ecclesiis potentari ?*

[g] *Ad episcopum* : Hoc loco longe plenior est ratio

est illud oratoris Domitii: *Cur ego te*, inquit, *habeam ut principem, quum tu me non habeas ut senatorem?* § 3. Quod [56] Aaron et filios ejus hoc episcopum et presbyteros esse noverimus. § 4. Unus Dominus, unum templum [57], unum sit * etiam * ministerium. § 5. Recordemur semper, quid apostolus Petrus [58] præcipiat [59] sacerdotibus: *Pascite eum, qui in vobis est, gregem Domini, providentes non coacti* [60], *sed spontanee, secundum Deum* [61], *neque* * *ut* * *turpis lucri gratia, sed voluntarie, neque ut dominantes in clerum, sed forma facti gregi* [62] *ex animo, ut quum apparuerit princeps pastorum, percipiatis immarcescibilem gloriæ coronam.* § 6. Pessimæ consuetudinis est in quibusdam ecclesiis, tacere presbyteros et præsentibus episcopis non loqui quasi aut invideant, aut non [63] dignentur audire. *Et* [64] *si alii*, inquit [65] apostolus Paulus, *fuerit revelatum sedenti, prior taceat. Et paulo post: Gloria* [66] *patris est filius sapiens.* Gaudent episcopus judicio [67] suo, quum tales Christo elegerit sacerdotes.

C. VIII. *Presbyteri episcopos non præcedant, sed comitentur vel subsequantur.*

Item ex Concilio Laodicensi, c. 56 [68].

Non oportet presbyteros ante ingressum episcopi ingredi, et sedere in tribunalibus, sed cum episcopo ingredi, nisi forte aut ægrotet episcopus, aut in peregrinationis commodo [h] [69] eum abesse constiterit.

C. IX. *Episcopus non dominum, sed collegam se presbyterorum cognoscat.*

Item ex Concilio Carthaginensi IV c. 54 [70].

Episcopus in quolibet loco sedens stare [71] presbyterum non patiatur.

C. X. *De eodem*

Item ex eodem, c. 55 [72].

Episcopus in ecclesia * et * [73] in consessu presbyterorum sublimior sedeat. Intra domum vero collegam se presbyterorum esse cognoscat.

C. XI. *Sine præcepto episcopi presbyter non signet infantes.*

Item ex Concilio Martini Papæ [74].

Presbyter præsente episcopo non signet infantes, nisi ab episcopo fuerit illi præceptum.

C. XII. *De eodem.* PALEA.

[Item ex Concilio Neocæsariensi [1], c. 13 [75].

‹ Presbyteri ruris in ecclesia civitatis, episcopo præsente vel presbyteris ipsius urbis, offerre non possunt, nec panem sacrificatum [k] dare, calicemque porrigere. Si vero absentes hi fuerint, et ad dandam orationem [l] vocentur soli, dare debebunt [76]. ›

---

## DISTINCTIO XCVI.

### GRATIANUS.

Illud [1] autem Honorii Augusti, quod de electione summi Pontificis supra constituisse legitur, nullius esse momenti probatur, quum non solum de ordinibus, sed nec etiam de rebus ecclesiasticis legatur aliquando laicis attributa disponendi facultas. Unde quæcunque a principibus in ordinibus vel ecclesiasticis rebus decreta inveniuntur, nullius auctoritatis esse monstrantur.

C *Unde* Symmachus *Episcopus catholicæ ecclesiæ urbis Romæ Synodo præsidens dixit* [2] :

C. I. *De rebus ecclesiasticis disponendi laicis nulla facultas relinquitur.*

Bene quidem fraternitas vestra ecclesiasticis legibus obsecuta [3], sub divini timore judicii quæ erant statuenda definivit, et ad justitiæ cumulum pervenit, dum [b] sufficienter universa complectitur, nec adjectione indiget plenitudo, maxime de clericis, quos amor dominationis invasit, et jugum disci-

### NOTATIONES CORRECTORUM.

in libello, et pro hac auctoritate Apostoli ad Timotheum multa alia afferuntur.

C. VIII. [h] *In peregrinationis commodo*: Sic prisca versio *; sed Dionysius longe propius ad verba græca: *nisi forsitan infirmitate detineatur, aut proficiscatur episcopus* (πλὴν εἰ μὴ ἀνωμαλοίη, ἢ ἀποδημεῖ ὁ ἐπίσκοπος).

C. XII. [l] *Neocæsariensi*: Antea citabatur ex *Genuensi* *. Restituta est inscriptio ex ceteris collectoribus.

Est autem hæc fere Dionysii versio.

[k] *Sacrificatum*: Alibi ubique legitur: *sanctificatum*. Græce est in concilio impresso · ἄρτον διδόναι ἐν εὐχῇ; sed apud Balsamonem ἄρτον εὐχῆς, id est: *panem mysticæ precationis*.

[l] *Ad dandam orationem*: καὶ εἰς εὐχὴν κληθῇ μόνος δίδωσιν, id est: *et solus ad musticam precationem vocatus fuerit, dat*.

---

Dist. XCV. C. VII. [56] add.: *autem*: Edd. coll. o. [57] add.: *unus baptismus*: exd. [58] 1 Petr. c. 5, v. 2. [59] *præcipit*: Edd. Lugdd. Par.—*præcipit*: Edd. coll. rel. [60] *coacte*: Edd. col. o. [61] *Domini præceptum*: exd. [62] *gregis*: exd. [63] *dedignentur*: exd. [64] *Sed si aliquid*: Edd. Lugd. II, III. — *s. s. aliud*: Edd. coll. rel. [65] *ut inquit*: exd. — cf. 1 Cor. c. 14, v. 30. [66] Prov. c. 10, v. 1. [67] *in judicio*: Edd. col. o. — Böhm. = C. VIII. [68] hab. inter A. 347 et 381. * imo vulgata Isidori. — in Coll. Hisp.: *est peregrinis*. [69] *incommodo*: Ed. Arg. = C. IX. [70] c. 12. Statutt. eccl. ant. — cf. ad c. 9 D. 18. [71] add.: *diu*: orig. ap. Baller. = C. X. [72] c. 2. ib. — Ivo Decr. p. 5, c. 357. [73] abest ab orig. ap. Baller. — *in ecclesia consessu*: Coll. Hisp. = C. XI. [74] c. 57, inter capitula Martini Brac., ex conc. Tolet. I, hab. A. 400. — cf. D. 4 de cons. c. 124. = C. XII. * *Genitensi*: Edd. Arg. Nor. Ven. I *Januensi*: Edd. coll. rel. pr. Lugdd. II, III. [75] hab. A. 314. — Burch. 1. 5, t. 4. Ivo Decr. p. 2. c. 53. [76] *debent*: Edd. coll. o.

Dist. XCVI. [1] Dist. 79. c. 8. [2] synod. Rom. III hab A. 502. = C. I. [3] *assueta*: Edd. coll. o. [4] *quum omnia*: exd.

plinæ ecclesiasticæ fecit respuere. *Et paulo post :* § 1. Quorum excessus enarrare difficile est : unum tamen, quod occurrit, venerando ordini vestro intimare non differo. Dixerunt [6] inter alia, scripturam quamdam illustris memoriæ Basilium quasi pro ecclesiasticæ amore substantiæ conscripsisse, in qua nullus Romanæ ecclesiæ [7] nec [8] interfuit, nec [6] subscripsit antistes, per quem potuisset sortiri legitimam firmitatem. Ne [4] vero [5] ego [7] inde disputem, unde potest vestrum judicare concilium requiratur, et deferatur [8] in medium, ut ex lectione cognoscatis [9], cujusmodi possit habere substantiam. Sancta synodus respondit : « Deferatur in medium, ut cujusmodi sit possit agnosci. » Et [10] dum diceret, Hormisda diaconus recitavit : « Quum in Mausoleo [a], quod est apud B. Petrum [11] apostolum, resideret sublimis et eminentissimus vir præfectus prætorio atque patricius, agens etiam vices præcellentissimi regis Odoacris, Basilius, dixit : « Quanquam studii vestri et religionis intersit, ut in episcopatus electione concordia principaliter servetur ecclesiæ, ne tamen [12] per occasionem seditionis [13] status civitatis vocetur [14] in dubium [15], admonitione [16] beatissimi viri Papæ nostri Symmachi [17] Simplicii, quam [18] ante oculos semper habere debemus, hoc nobis meministis sub obtestatione fuisse mandatum, ut propter illum strepitum et venerabilis ecclesiæ detrimentum, si eum de hac luce transire contigerit, non sine nostra consultatione cujuslibet celebretur electio. » Hæc quum legerentur, Cresconius episcopus [17] civitatis [18] Tudertinæ ecclesiæ surgens e consessu [19] dixit : « Hic [20] perpendat sancta synodus, uti [21] prætermissis personis religiosis, quibus maxime curæ [22] est de tanto Pontifice, electionem laici in suam redegerint [23] potestatem, quod contra canones esse manifestum est. » Item Hormisda diaconus legit [24] : « Nam et quum quid confusionis atque dispendii venerabilis ecclesia sustineret, miramur, prætermissis nobis quicquam de [25] rebus ecclesiæ fuisse tentatum, quum [26] etiam [27] sacerdote nostro superstite nihil sine nobis debuisset assumi. Quare

A si amplitudini vestræ vel sanctitati placet, incolumia omnia, quæ ad futuri antistitis electionem respiciunt, religiosa veneratione servemus, hanc legem specialiter præferentes, quam nobis heredibusque nostris Christianæ mentis devotione sancimus : ne unquam prædium, seu rusticum, seu urbanum, vel ornamenta, aut ministeria ecclesiarum, quæ nunc sunt, vel quæ ex quibuslibet titulis ad ecclesiarum jura pervenerint, ab eo, qui nunc antistes sub electione communi fuerit ordinandus, et illis, qui futuris sæculis sequentur [16], quocunque titulo atque commento alienari liceat. Si [17] quis vero aliquid eorum alienare voluerit, inefficax atque irritum judicetur, sitque facienti, vel consentienti [18] accipientique anathema. » § 2. Maximus episcopus

B Bleranæ ecclesiæ dixit : « Modo sancta synodus dignetur edicere, si licuit laico homini anathema in ordinem ecclesiasticum dictare, aut si potuit laicus sacerdoti anathema dicere, et contra canones quod ei non competebat constituere ? Dicite, vobis quid videtur ? De me licuit laico legem dare ? » Sancta synodus dixit : « Non licuit, » et adjecit : « Lege sequentia. » Hormisda diaconus legit : « Et is, qui prædium rusticum vel urbanum juris ecclesiastici fuerit consecutus, noverit se nulla lege vel præscriptione munitum ; sed sive is, qui alienaverit, sive qui eum sequetur [29], voluntate contraria prædium hujusmodi alienatum revocare [b] voluerit [30], id eum fructibus restituat, quos [31] illic fuerit consecutus. » § 3. Hæc

C quum legeret, Stephanus episcopus Venusinæ ecclesiæ surgens e consessu [32] dixit : « Perlegatur. » Hormisda diaconus legit : « Qua pœna [c] placuit accipientis etiam heredes afficere. In qua re cuilibet clericorum contradicendi libera [33] sit facultas. Iniquum est enim et sacrilegii instar, ut quæ vel pro salute, vel [*] pro [*] requie animarum suarum unusquisque venerabili ecclesiæ pauperum causa contulerit aut certe reliquerit, ab his, quos hæc maxime servare convenerat, in alterum transferantur. Plane quæcunque in gemmis, vel auro atque argento, nec non et vestibus minus apta usibus vel ornatui vide-

### NOTATIONES CORRECTORUM.

Dist. XCVI. C. I. [a] *Quum in Mausoleo :* Hoc iniquum scripturæ Basilii in tomis conciliorum et codice canonum sic habet : *Quum in unum apud B. Petrum apostolum resedissent, sublimis, etc.* [*]. Omnino ante multæ sunt hujus capituli varietates in exemplaribus Gratiani, in variis conciliorum editionibus, et in codice canonum, ex quibus eæ tantum partim indicatæ, partim notatæ sunt, quæ majoris ponderis sunt visæ.

[b] *Revocare :* Sic est emendatum ex omnibus concilii exemplaribus et impressis et manuscriptis quum antea legeretur : *retinere*.

[c] *Qua pœna :* In omnibus editionibus conciliorum legitur : *Quam pœnam placuit accipientis heredes proheredesque respicere.* In codice vero canonum manuscripto non est dictio : *proheredesque*.

Dist. XCVI. C. I. [5] *Refero :* eæd. [6] *vel :* eæd. [7] *ergo :* eæd. pr. Bas. [8] *referatur :* Edd. coll. o. [9] *agnoscatis :* orig. — Ed. Bas. [10] *Quum hoc :* Edd. coll. o. [*] *in collectione ap. Eus. Amort, quæ Dionysiana esse cognoscitur, legitur ut in textu.* [11] *Paulum :* Edd. coll. o. [12] *obest ab orig.* [13] *electionis :* Edd. coll. o. [14] *revocetur :* eæd. [15] *bivium :* orig. ap. Amort. [16] *add. : tamen :* orig. [17] *prius nomen abest ab orig. ap. Mansium, alterum desideratur in collect. Amort.* [18] *quem :* Edd. Arg. Bas. [19] *conventu :* Edd. coll. o. exc. Bas. [20] *Hoc :* Edd. coll. o. [21] *utrum :* eæd. [22] *cura :* eæd. cum orig. [23] *redigere possint :* eæd. [24] *legitur dixisse :* eæd. [25] *de reb. eccl. :* desiderantur in orig. [26] *sequuntur :* Edd coll. o. [27] *Et quicunque hoc facere voluerit :* eæd. [28] *add.: danti :* eæd. [29] *qui eum sequens :* eæd. — *qui consequenter :* orig. ap. Mans. et Amort. — *qui frequenter :* orig. ap. Merlin. [30] *tentaverit :* Ed. Bas. ex orig. [31] *qui illud :* orig. [32] *consensu :* Edd. Arg. Lugdd. I. II. [33] *add. : nulla :* Edd. coll. o.

buntur ecclesiæ, quæ servari ac diu manere non possunt, sub justa æstimatione vendantur, et erogationi [34] religiosæ proficiant. » § 4. Quumque lecta fuisset, Laurentius episcopus Mediolanensis ecclesiæ dixit: « Ista scriptura nullum Romanæ civitatis potuit obligare Pontificem, quia non licuit laicis statuendi in ecclesia præter Romanum Pontificem [35] habere aliquam potestatem: quos obsequendi manet necessitas, non auctoritas imperandi, maxime quum nec Papa Romanus subscripserit, nec alicujus secundum canones metropolitani legatur assensus. » § 5. Petrus episcopus Ravennatis ecclesiæ dixit: « Scripturam, quæ in nostra congregatione vulgata est, nullis [36] eam viribus subsistere manifestum est, quia nec canonibus convenit, et a laica [37] persona concepta videtur, maxime quia in ea nullus præsul sedis apostolicæ interfuisse, vel propria subscriptione [38] firmasse monstratur. » § 6. Eulalius episcopus Syracusanæ ecclesiæ dixit: « Scripturam, quæ in sacerdotali concilio recitata est, evidentissimis documentis constat esse invalidam: primum, quod contra Patrum regulas a laicis, quamvis religiosis (quibus nulla de ecclesiasticis facultatibus aliquid [39] disponendi legitur unquam attributa facultas), facta videtur; deinde quod nullius præsulis apostolicæ sedis subscriptione firmata docetur. Quod si cujuslibet provinciæ sacerdotes intra terminos suos concilio habito quidquid sine metropolitani sui auctoritate tentaverint [40], irritum esse debere sancti Patres sanxerunt, quanto magis quod in apostolica sede, non [41] exsistente præsule (qui, merito [42] B. Petri apostoli per universum orbem primatum obtinens sacerdotii, statutis synodalibus consuevit tribuere firmitatem) a laicis (licet consentientibus aliquantis episcopis, qui tamen Pontifici, a quo consecrati probantur, præjudicium inferre non potuerunt) præsumtum fuisse cognoscitur, viribus carere non dubium est, nec posse inter ecclesiastica ullo modo statuta censeri? » § 7. Sancta synodus dixit: « Licet [43] secundum prosecutionem venerabilium fratrum nostrorum [44], Laurentii, Petri Eulalii, Crescontii, Maximi, vel Stephani, nec apud nos incertum habetur, hanc ipsam scripturam nullius esse momenti, veruntamen [45] etiamsi aliqua posset

A ratione subsistere modis omnibus in synodali conventu provida beatitudinis vestræ sententia enervari conveniebat et in irritum deduci, ne in exemplum remaneret præsumendi quibuslibet laicis, quamvis religiosis, vel potentibus, in quacunque civitate, quolibet modo aliquid decernere de ecclesiasticis facultatibus, quarum solis [46] sacerdotibus disponendi indiscusse a Deo cura commissa docetur. »

*Unde in sexta actione Chalcedonensis Concilii Marcianus Imperator dixit inter cetera* [47] :

C. II. *Imperatores ad fidem confirmandam, non ad potentiam ostendendam synodo interesse debent.*

Nos ad fidem confirmandam, non ad potentiam ostendendam exemplo religiosissimi principis Constantini synodo interesse voluimus, ut inventa veritate non ultra multitudo pravis doctrinis attracta discordet.

C. III. *De eodem.*

*Item ex eadem VI actione, in fine* [48].

Quædam capitula sunt, quæ ad honorem vestræ reverentiæ vobis servavimus [49], decorum esse indicantes, a vobis hæc regulariter potius firmari per synodum, quam nostra lege sanciri.

C. IV. *Synodali conventui imperatores interesse non convenit, nisi ubi de fide agitur.*

*Item Nicolaus Papa in epistola ad Michaelem Imp. quæ incipit:* « Proposueramus. » [50]

Ubinam legistis, imperatores antecessores vestros [51] synodalibus conventibus interfuisse, nisi forsitan in quibus [52] de fide tractatum est, quæ universalis est, quæ omnium communis "est", quæ non solum ad clericos, verum etiam ad laicos et ad omnes omnino pertinet Christianos?

C. V. *De præsulibus divinarum rerum, qui humanis rebus præsunt judicare non possunt.*

*Idem in eadem epistola* [53].

Denique hi, quibus tantum humanis rebus, et non divinis præesse permissum est, quomodo de his, per quos divina ministrantur judicare præsumant, penitus ignoramus.

C. VI. *Nec etiam imperator jura Pontificis, nec Pontifex, jura regia usurpet.*

*Idem paulo inferius* [54].

Quum ad verum [d] ventum est ultra sibi nec

### NOTATIONES CORRECTORUM.

C. VI. [d] *Ad verum:* Post ultima verba capitis antecedentis sequitur continenter in eadem Nicolai epistola: *Fuerunt hæc ante adventum Christi, ut quidam typice reges simul et sacerdotes exsisterent. Quod S. Melchisedech fuisse sancta prodit historia, quodque in membris suis diabolus imitatus (utpote qui semper quæ divino cultui conveniunt sibimet tyrannico spiritu vendicare contendit), ut pagani imperatores iidem et maximi pontifices dicerentur. Sed quum ad verum ventum est, eumdem regem atque Pontificem ultra sibi, etc.* Nihil autem mutatum est, et ob glossam, et quoniam est initium capitis. Nonnulla vero alia huc pertinentia notata sunt, supra distinct. 10, cap. Quoniam.

---

Dist. XCVI. C. I. [34] *erogatio religioni:* cæd. [35] *Papam:* Edd. Arg. Bas. cum orig. [36] *nullas vires habere:* Edd. coll. o. [37] *laicali:* Edd. coll. o. [38] add. : *eam:* cæd. [39] *aliud:* Edd. Arg. Bas. [40] *tractaverint:* Edd. coll. o. — *instituerint:* orig. ap. Amort. [41] *nunc exstante:* Edd. coll. o. [42] *prærogativa meritis:* orig. ap. Mansi. — *præer. meriti:* orig. ap. Amort. [43] *Liquet:* orig. ap. Mansi. [44] abest ab Edd. Arg. Bas. [45] *quam, etiam:* orig. [46] *si solum:* Ed. Bas. [47] hab. A. 451. — Ans. l. 3. c. 107. = C. III. [48] hab. A. 451. — Ans. ib. — Deusdedit p. 3. [49] *observavimus:* Edd. coll. o. pr. Lugdd. II, III. = C. IV. [50] scr. A. 865. — Coll. tr. p. p. 1, t. 62, c. 6, seqq. [51] *nostros:* Edd. Arg. Bas. [52] *in quibusdam, ubi:* Edd. coll. o. = C. V. [53] Coll. tr. p. ib. = C. VI. [54] Ipsa tamen verba desumta sunt ex Gelasii tomo de anathematis vinculo. — Coll. tr. p. ib. — cl. supra Dist. 10, c. 8.

imperator jura Pontificatus arripuit, nec Pontifex nomen imperatorium usurpavit [55], quoniam idem mediator Dei et hominum, homo Christus Jesus, 'sic' actibus propriis et dignitatibus distinctis officia potestatis utriusque discrevit, propria volens medicinali humilitate sursum efferri, non humana superbia rursus in infernum [56] demergi, ut [57] et Christiani imperatores pro æterna vita Pontificibus indigerent, et Pontifices pro cursu temporalium tantummodo rerum imperialibus legibus uterentur, quatenus spiritualis actio carnalibus [58] distaret incursibus, et 'ideo' militans Deo minime se negotiis sæcularibus implicaret, ac vicissim non ille rebus divinis præsidere videretur, qui esset negotiis sæcularibus implicatus.

C. VII. *A sæculari potestate Pontifex prorsus nec solvi nec ligari valet.*

Idem *in eadem, paucis interjectis* [59].

Satis evidenter ostenditur, a sæculari potestate nec ligari prorsus, nec solvi 'posse' Pontificem, quem constat a pio principe Constantino (quod [60] longe superius memoravimus) Deum appellatum, nec [61] posse Deum ab hominibus [62] judicari manifestum est. Sed et Theodosius minor \* sanctæ synodo scribens Ephesinæ primæ, dixit: *Deputatus est igitur Candidianus, magnificentissimus comes strenuorum domesticorum, transire usque ad sanctissimam synodum vestram, et in nullo quidem 'eis', quæ faciendæ sunt de piis* [64] *dogmatibus quæstiones seu potius expositiones, communicare. Illicitum namque est eum, qui non sit ex* [64] *ordine sanctissimorum episcoporum, ecclesiasticis intermisceri tractatibus. Et post pauca:* § 1. His itaque manifeste repertis, apparet comministrum nostrum Ignatium per imperialem tantummodo sententiam nullo modo potuisse prorsus expelli. In cujus damnatione quia præsulum quoque assensus est subsecutus, apparet id causa fuisse patratum adulationis, non legitimæ sanctionis.

C. VIII. *Facta Pontificum imperator judicare non debet.*

Idem *Ludovico Imperatori* [65].

In scripturis narratur Constantinus imperator dixisse: *Vere si propriis oculis vidissem sacerdotem Dei, aut aliquem eorum, qui monachico* [66] *habitu circumamicti sunt, peccantem, chlamydem meam exspoliarem* [67] *et cooperirem eum, ne ab aliquo videretur.* In quibus [68] desideratissime [69] fili, necessario comminemini, ut quemadmodum fide et religione ac honoris parilitate ei adæquari videmini, ita quoque humilitate atque devotione æquiparari nihilominus anhelitis, ita ut in nullo inferior eo, sed potior, inveniamini post illius exempla, qui talem se exhibuit ante alia [70] prorsus exempla. Sed hoc quidem diximus, cautos vos reddere cupientes, ut si de Domini [71] sacerdotibus, qui jure patres [72] dicuntur, aliquid contigerit vos audire, quod confusionem piis mentibus ingerat, non infrunitum, sed pudoratos filios Noe imitantes, paternam de reliquo verecundiam contegatis, ut affluenti, quemadmodum et illi, benedictione repleri moderante Domino mereamini.

C. IX. *Regum et principum patres et magistri sacerdotes esse censentur.*

Item ex epistola Gregorii VII *ad Hermannum Metensem Episcopum, lib. VIII, epist.* 21 [73].

Quis dubitet sacerdotes Christi regum et principum omniumque fidelium patres et magistros censeri? Nonne miserabilis insaniæ esse cognoscitur, si filius patrem, discipulus magistrum sibi conetur subjugare, et iniquis obligationibus illum suæ potestati subjicere, a quo credit non solum in terra, sed etiam in cœlis se ligari posse et solvi?

C. X. *Auctoritas sacra Pontificum et regalis potestas hujus mundi gubernacula regunt.*

Item Gelasius Papa *Anastasio Imperatori* [74].

Duo sunt f quippe, imperator auguste, quibus principaliter hic mundus regitur: auctoritas sacra Pontificum, et regalis potestas. In quibus tanto gravius pondus est sacerdotum, quanto etiam pro ipsis regibus [75] hominum in divino sunt reddituri examine rationem. *Et post pauca:* § 1. Nosti itaque inter hæc ex illorum te pendere judicio, non illos ad tuam redigi possi [76] voluntatem. § 2. Talibus igitur institutis, talibusque fulti auctoritatibus ple-

### NOTATIONES CORRECTORUM.

C. VII. \* *Theodosius minor*: Verba hæc sunt accepta ex epistola Theodosii ac Valentiniani Imperatorum, synodo Ephesinæ per Candidianum missa, quæ est in extremio primæ actionis ipsius synodi. In versione antiqua, quæ servatur in bibliotheca Vaticana, et quæ Lutetiæ edita est, eadem plane hoc loco habentur verba cum his, quæ refert Nicolaus, et optime conveniunt cum græcis.

C. X. f *Duo sunt.* Caput hoc sumtum est ex eadem epistola Gregorii VII, ex qua antecedens, et ab hoc initio usque ad verbum: *voluntatem,* sunt verba ipsius Gelasii ex epistola, quæ habetur impressa citata a Gregorio VII.

---

Dist. XCVI. C. VI. [55]*usurpet*: Ed. Bas. [56] *inferno*: Edd. coll. o. [57] *et ut*: eæd. [58] *a carnalibus*: eæd. = C. VII. [59] Coll. tr. p. ib. — Ans. l. 1, c. 71 (75). [60] *quem*: Edd. coll. o. — [61] *quum nec posse manifestum sit*: eæd. [62] add.: *omnibus*: Ed. Bas. [63] *his*: Edd. Lugdd. II, III. [64] *in ordine*: Edd. coll. o. = C. VIII. [65] Imo ex eadem epistola Nicolai P. ad Michaelem. — Coll. tr. p. ib. [66] *in monachali*: Edd. coll. o. pr. Lugdd. II, III. [67] *explicassem et cooperuissem*: orig. [68] add.: *igitur*: Edd. coll. o. [69] *desiderantissime*: Ed. Bas. [70] *talia*: Edd. Coll. o. [71] *dominis*: Edd. Arg. Bas. [72] add.: *animarum*: Edd. coll. o. = C. IX. [73] scr. A. 1080. — Ans. l. 1, c. 84. Ivo Pan. l. 5, c. 108. Decr. p. 5, c. 378. = C. X. [74] potius ex eadem ep. Gregorii VII. — Ans. l. 1, c. 73 (84). — Pan. l. 5, c. 109. Polyc. l. 1, t. 27. [75] *regiminibus*: Edd. Lugdd. II, III. — *regibus vel legibus*: Edd. coll. rel. [76] *velle*: Ans.

rique Pontificum, alii reges, alii imperatores excommunicaverunt. Nam si speciale aliquod de personis principum requiratur exemplum, B. Innocentius Papa Arcadium imperatorem (quia consensit, ut S. Joannes Chrysostomus a sua sede pelleretur), excommunicavit [g]. B. etiam Ambrosius, licet sanctus, non tamen universalis ecclesiæ episcopus, pro culpa, quæ aliis [77] sacerdotibus non adeo gravis videbatur, Theodosium Magnum imperatorem excommunicans ab ecclesia exclusit; qui etiam in suis scriptis ostendit, quod aurum non tam pretiosius sit plumbo, quam regia potestate sit altior dignitas [78] sacerdotalis, hoc modo circa principium sui pastoralis scribens: *Honor, fratres, et sublimitas episcopalis nullis poterit comparationibus adæquari. Si regum fulgori compares et principum diademati, longe erit inferius, quam si plumbi metallum ad auri fulgorem compares, quippe quum videas regum colla et principum submitti genibus sacerdotum, et osculata eorum dextera, orationibus eorum credant se communiri* [79].

C. XI. *Imperatores debent Pontificibus subesse, non præesse.*

Item Joannes Papa [80].

Si imperator catholicus est (quod salva pace ipsius dixerimus) filius est, non præsul ecclesiæ; quod ad religionem competit discere ei convenit, non docere; habet privilegia suæ potestatis, quæ administrandis legibus publicis divinitus consecutus est, ut ejus beneficiis non ingratus contra dispositionem cœlestis ordinis nil usurpet. Ad sacerdotes enim Deus voluit quæ ecclesiæ disponenda sunt pertinere, non ad sæculi potestates, quas, si fideles sunt, ecclesiæ suæ sacerdotibus voluit esse subjectas. Non sibi vendicet alienum jus, et ministerium, quod alteri deputatum est, ne contra eum tendat [81] abrumpi, a quo omnia constituta sunt, et [82] contra illius beneficia pugnare videatur, a quo propriam consecutus est potestatem. Non a legibus publicis, non a potestatibus sæculi, sed a pontificibus et sacerdotibus omnipotens Deus Christianæ religionis clericos et sacerdotes voluit ordinari, et discuti recipique de errore remeantes. Imperatores Christiani subdere debent exsecutiones suas ecclesiasticis præsulibus, non præferre.

C. XII. *De eodem.* [PALEA.]

Item Gelasius *ad Episcopos orientales* [83].

« Nunquam de pontificibus nisi ecclesiam judicasse [84]; non esse humanarum legum de talibus ferre sententiam absque ecclesiæ principaliter constitutis pontificibus; obsequi solere principes Christianos decretis ecclesiæ, non suam præponere potestatem; episcopis caput subdere principem solitum, non de eorum capitibus judicare. »

C. XIII. *De eodem.* PALEA [h].

« Constantinus imperator coronam, et omnem regiam dignitatem in urbe Romana, et in Italia, et in partibus occidentalibus Apostolico concessit. Nam in gestis B. Silvestri (quæ B. Papa Gelasius in concilio LXX episcoporum a catholicis legi commemorat, et pro antiquo usu multas hoc imitari dicit ecclesias) ita legitur: »

C. XIV. *De eodem.* PALEA [i] [85].

« Constantinus [k] imperator quarta die sui baptismi privilegium Romanæ ecclesiæ Pontifici contulit, ut in toto orbe Romano sacerdotes [86] ita hunc caput habeant, sicut judices regem. In eo privilegio ita inter cetera legitur: « Utile [l] judicavimus una cum omnibus satrapis nostris et universo senatu optimatibusque *meis [87], etiam et cuncto populo Ro-

NOTATIONES CORRECTORUM.

[g] *Excommunicavit*: Si hic interponatur caput, alius item, infr. 15, q. 6, hæc pars epistolæ integra habebitur.

C. XIII. [h] Apud Anselmum lib. 4, pro rubrica capitis 32, hæc habentur: *Quod Constantinus imperator Papæ concessit coronam et omnem regiam dignitatem in urbe Romana, et Italia, et in partibus occidentalibus.* In principio vero ejusdem capitis 52, hæc leguntur: *In gestis B. Silvestri,* etc. usque ad finem hujus et seq. Paleæ, quemadmodum etiam in collectione Deusdedit.

C. XIV. [i] Hæc Palea in multis habetur exemplaribus, in quibus aliæ Paleæ esse non solent.

[k] *Constantinus*: Verba hæc usque ad vers. *In eo privilegio*, non solum habentur apud Anselmum et Deusdedit, sed etiam in gestis B. Silvestri in his, quæ a Constantino per octo dies post baptismum acta referuntur.

[l] *Utile*: Illinc usque ad finem sumta sunt ex gestis seu actis S. Silvestri, in quibus multa præcedunt, ac multa deinceps plenius narrantur. Sed hic ea tantum videntur relata, quæ in collectionibus Anselmi et Deusdedit habentur. Titulus proprius hujus partis in gestis ipsis est hujusmodi: *Privilegium sanctæ Romanæ ecclesiæ, quod constituit D. Constantinus Augustus S. Silvestro episcopo urbis Romæ, et omnibus successoribus ejus usque in perpetuum, et obtulit super corpus B. Petri apostoli.* De quo item privilegio Leo IX, in epistola 1, seu libello adversus inauditas præsumtiones Michaelis Constantinopolitani et Leonis Acridani episcoporum, cap. 13, sic loquitur: *Pauca ex privilegio ejusdem Constantini manu cum cruce aurea super cœlestis clavigeri venerabile corpus posito ad medium proferemus.* De iisdem gestis sive actis Gelasius in concilio LXX episcoporum (et refertur sup. distinct. 15, in cap. *Sancta Romana*) sic loquitur, ut ea videatur approbare. Et in martyrologio Romano et Usuardi in

Dist. XCVI. C. X. [77] *ab aliis*: Edd. coll. o. pr. Lugdd. II, III. [78] *ordo*: Edd. coll. o. [79] *communicari vel communiri*: Ed. Lugdd. II, III. — *comm. vel muniri*: Edd. coll. rel. = C. XI. [80] Auctor hujus capitis non est inventus, nec videtur Joanni VIII, adscribi posse. — Ans. l. 4, c. 42. Polyc. l. 1, t. 19 [81] *contendat*: Edd. coll. o. [82] *neque*: exd. p. Lugdd. II, III.=C. XII. [83] scr. c. A. 494. — Ans. l. 6, l. 157 (155). Polyc. l. 1, t. 19. [84] *judicare debere*: Edd. coll. o. ex Ans. = C. XIV. [85] De auctore hujus capitis, utrum Græcus an Romanus fuerit, non satis constat; videtur tamen multo ante Pseudoisidorum, in cujus collectione prostat, confecta esse ex gestis B. Silvestri, quæ ue græco libro Eusebii conversa sunt. Sumsit canonem Gratianus ex Anselmo l. 4, c. 52, unde male fecerunt Correctores, qui illum ad textum Isidori, qui depravatissimus est, redigerent. — Deusdedit l. 4, c. 1. [86] *pontifices vel sacerdotes*: Edd. coll. o. [87] *optimatibus etiam*: Ans.

manæ gloriæ [88] imperio subjacenti, ut sicut B. Petrus in terris vicarius Filii Dei esse videtur constitutus, ita et Pontifices, \* qui \* ipsius principis apostolorum [89] \* gerunt vices \*, principatus potestatem amplius quam terrena imperialis nostræ serenitatis mansuetudo habere videtur, concessam a nobis nostroque imperio obtineant, eligentes nobis ipsum principem apostolorum vel ejus vicarios firmos apud Deum esse patronos. Et sicut [90] nostram terrenam imperialem potentiam, sic ejus sacrosanctam Romanam ecclesiam decrevimus veneranter honorari [91], et amplius quam nostrum imperium et terrenum thronum sedem sacratissimam B. Petri gloriose exaltari, tribuentes ei potestatem, et gloriæ [92] dignitatem atque vigorem, et honorificentiam imperialem. Atque decernentes sancimus, ut principatum teneat tam super quatuor \* præcipuas \* sedes, Alexandrinam, Antiochenam, Hierosolymitanam, Constantinopolitanam, quam etiam super omnes in universo orbe terrarum ecclesias Dei, et Pontifex, qui pro [93] tempore ipsius sacrosanctæ Romanæ ecclesiæ exstiterit, celsior et princeps cunctis sacerdotibus totius [94] mundi exsistat, et ejus judicio

A quæque ad cultum Dei vel fidei [95] Christianorum stabilitatem procuranda fuerint disponantur. Et infra : § 1. Ecclesiis beatorum apostolorum Petri et Pauli pro continuatione [96] luminariorum possessionum prædia contulimus, et rebus [97] diversis eas ditavimus, et per nostram imperialem jussionem sacram tam in oriente, quam in occidente, vel etiam septentrionali et meridiana plaga, videlicet in Judæa, Græcia, Asia, Thracia, Africa et Italia, vel diversis insulis, nostra largitate ei concessimus, ea prorsus ratione, ut per manus beatissimi patris nostri Silvestri summi Pontificis successorumque ejus omnia disponantur. Et infra : § 2. Beato [98] Silvestro \* Patri nostro, summo Pontifici et universalis urbis Romæ Papæ, \* et omnibus ejus successoribus \* Pon-
B tificibus, qui usque in finem mundi in sede B. Petri erunt sessuri, \* de præsenti contradimus [99] palatium imperii nostri [100] Lateranense, deinde diadema, videlicet coronam capitis nostri, simulque phrygium, nec non et superhumerale, videlicet lorum, quod imperiale circumdare assolet collum; verum etiam \* et \* chlamydem purpuream, atque tunicam coccineam, et omnia imperialia indumenta; sed et digni-

## NOTATIONES CORRECTORUM.

festo S. Silvestri legitur : *cujus actus clari habentur.* Inveniuntur vero etiam hodie pervetustis litteris descripta in bibliotheca Vaticana, et abbatiæ Nonantulæ, quorum interpres in proœmio hæc ait : *Historiographus noster Eusebius Cæsareæ Palestinæ urbis episcopus, quum historiam ecclesiasticam scriberet, prætermisit ea, quæ in aliis opusculis sunt, vel quæ se meminit retulisse. Nam viginti libros omnium pæne provinciarum, passiones martyrum, episcoporum et confessorum, et sacrarum virginum ac mulierum* C *continere fecit. Deinde secutus et ab apostolo Petro omnium episcoporum nomina et gesta conscripsit, et earum urbium, quæ arcem pontificatus per apostolicas sedes tenere noscuntur, ut urbs Roma, Antiochia, Hierosolyma, Ephesus et Alexandria. Harum urbium episcoporum omnium præteritorum nomina usque ad tempus suum et gesta græco sermone conscripsit. Ex quo numero unum episcoporum urbis Romæ S. Silvestrum me de græco in latinum transferre præcepisti, domine sancte ac beate pater.* Quibus verbis, quicunque sit auctor istius proœmii, eadem gesta ab Eusebio græce scripta fuisse clare profitetur. Quæ etiam in vetustissimis pontificalibus et codicibus, in quibus sanctorum vitæ sunt descriptæ, in vita B. Silvestri referuntur. Partem horum actorum (quod ad baptismum Constantini, et imagines SS. Petri et Pauli spectat) refert Hadrianus Papa in epistola Constantino imperatori et matri Irenæ scripta, quæ in actione 2 septimæ universalis synodi habetur. D Ipsum autem privilegium fere integrum refert Leo IX, loco superius indicato, et Theodorus Balsamon in Photii nomocanonem, titul. 9, cap. 1, quanquam aliis in rebus (quod Græci plerumque

solent) Romanæ ecclesiæ non satis æquus. Hanc eandem donationem ante Gratianum recitarant Anselmus, Deusdedit, Ivo locis notatis. Quo ea pertinent, quæ Petrus Damianus in disceptatione synodali inter regium advocatum et Romanæ ecclesiæ defensorem scripsit : *Lege,* inquit, *Constantini, imperatoris edictum, ubi sedis apostolicæ constituit super omnes in orbe terrarum ecclesias principatum. Nam postquam supra corpus B. Petri basilicam fundator erexit, postquam patriarchium Lateranense in B. Salvatoris honore construxit, mox per imperialis rescripti seriem Romanæ ecclesiæ constituit dignitatem, ubi nimirum B. Silvestro suisque successoribus obtulit, ut regali more et aurea corona plecterentur in capite, et ceteras regii cultus insulas usurparent. Verum B. Silvester ornamenta, quæ sacerdotali congruere judicabat officio, in proprios usus assumsit; coronam vero, vel cetera, quæ magis ambitiosa quam mystica videbantur, omisit. Cui etiam Constantinus Lateranense palatium, quod eatenus aula regalis exstiterat, perpetuo jure concessit, regnum Italiæ judicandum tradidit. Nam et ipsius regis hæc verba sunt :* ‹ *Unde congruum,* › inquit, ‹ *prospeximus nostrum imperium, et regni potestatem orientalibus transferri ac mutari regionibus, et in Byzantina provincia in optimo loco nomini nostro civitatem ædificari, te nostrum illic constitui imperium, quoniam, ubi principatus sacerdotum et Christianæ religionis caput ab imperatore cœlesti constitutum est, justum non est, ut illic imperator terrenus habeat potestatem.* › De hac eadem re scribit Ado Viennensis in commentario ætatis sextæ, et Gotfredus Viterbiensis in chronicis, part. 6, cap. 2.

---

Dist. XCVI. C. XIV. [88] *ecclesiæ* : Edd. coll. o. [89] add. : *in terris* : Edd. coll. o. pr. Bas. — *ipsius principis apostolorum vice* : Ans. [90] *et sicut nostra est terrena,* etc. : Edd. coll. o. ex Ans. et Isid. Merl. [91] *honorare* : Isid. Merl.—Ans.— Edd. coll. o. pr. Lugdd. II, III. [92] *et gloriam* : Edd. coll. o. [93] *per tempora* : Edd. coll. o. ex Ans. [94] *et totius* : ex eæd. pr. Lugdd. II, III. [95] *vel fidem Christ. vel stabilitatem* : eæd. ex Ans. [96] *concinnatione* : Isid. Merl. — Ans. [97] *apud Ans. hæc ita leguntur* : *et per nostram imp. jussionem in occidente rebus diversis eas ditavimus, vel etiam a septentrionali,* etc.) [98] Ivo Pan. l. 4, c. 1. Decr. p. 5, 49. — (*Ex testamento constituti nostri concedimus,* etc. [99] *tradidimus* : Edd. Ven. I, II, Lugd. I. — *tradimus* : Edd. coll. rel. [100] *nostri* : abest ab Edd. Arg. Ba

tatem imperialium [101] præsidentium equitum [m], conferentes etiam [102] et imperialia sceptra, simulque cuncta signa, atque banda [103] et diversa ornamenta imperialia, et omnem processionem imperialis culminis et gloriam potestatis nostræ. § 3. Viris autem reverendissimis clericis in diversis [104] ordinibus ' eidem ' sacrosanctæ [105] Romanæ ecclesiæ servientibus illud culmen [106] singularitate, potentia et præcellentia habere sancimus, cujus amplissimus noster senatus videtur gloria adornari, id est patricios [n] atque consules effici, nec non et ceteris dignitatibus imperialibus eos promulgamus decorari. Et sicut imperialis [107] militia ornatur [108], ita et clerum sanctæ Romanæ ecclesiæ ornari [109] decernimus [110]. Et quemadmodum imperialis potentia officiis diversis, cubiculariorum nempe, et ostiariorum, atque omnium excubitorum [111] ornatur, ita et sanctam Romanam ecclesiam decorari volumus. Et ut amplissime pontificale decus præfulgeat, decernimus et hoc, clericorum ejusdem sanctæ Romanæ ecclesiæ manipulis [112] et linteaminibus, id est candidissimo colore, decorari [113] equos, ita et equitare. Et sicut noster senatus calceamentis utitur cum udonibus [o], id est candido linteamine illustratis [114], 'sic utantur et clerici,' ut [115] sicut cœlestia, ita et terrena ad laudem Dei decorentur. § 4. Præ omnibus autem licentiam tribuimus 'ipsi sanctissimo Patri nostro' Silvestro et successoribus ejus ex nostro indicto, ut quem placatus [p] proprio consilio clericare [116] voluerit, et in religiosorum numero clericorum connumerare, nullus ex omnibus præsumat superbe agere. § 5. Decrevimus [117] itaque et hoc, ut ipse et successores ejus diademate, videlicet corona, quam ex capite nostro illi concessimus, ex auro purissimo et gemmis pretiosis uti debeant, 'et in

A capite ad laudem Dei' pro nonore B. Petri 'gestaro'. Ipse vero beatissimus Papa, quia [118] super coronam clericatus, quam gerit ad gloriam B. Petri, 'omnino' ipsa ex auro non est passus uti corona, nos [119] phrygium candido nitore splendidum, resurrectionem dominicam designans, ejus sacratissimo vertici manibus nostris imposuimus, et tenentes frenum equi ipsius pro reverentia B. Petri stratoris officium illi exhibuimus, statuentes eodem phrygio omnes ejus successores singulariter uti in processionibus ad imitationem imperii nostri. § 6. Unde ut [120] pontificalis apex non vilescat, sed magis quam terreni imperii dignitas gloria et potentia decoretur, ecce tam palatium nostrum, 'ut prædictum [121] est,' quam Romanam urbem, et omnes Italiæ seu occidentalium

B [122] regionum provincias, loca et civitates præfato beatissimo Pontifici 'nostro' Silvestro universali Papæ contradimus [123] atque relinquimus, et ab eo et a successoribus ejus per 'hanc divalem constitutionem' pragmaticum constitutum decernimus disponenda, atque juri sanctæ Romanæ ecclesiæ concedimus permansura [124]. § 7. Unde congruum perspeximus nostrum imperium et regni potestatem in [125] orientalibus transferri regionibus, et in Byzantiæ provinciæ optimo loco nomini nostro civitatem ædificari, et nostrum illic constitui imperium, quoniam ubi principatus sacerdotum et Christianæ religionis caput ab imperatore cœlesti constitutum est, justum non est, ut illic imperator terrenus habeat potestatem. § 8. Hæc vero omnia [q], quæ per hanc 'nostram'

C imperialem sacram, et per alia divalia decreta statuimus atque confirmavimus [126], usque in finem mundi illibata et inconcussa permanere decernimus [127]. Unde coram [128] Deo vivo, qui nos regnare præcepit, et coram terribili ejus judicio obtestamur

### NOTATIONES CORRECTORUM.

[m] *Præsidentium equitum*: Græce est apud Balsamonem: Καὶ ἀξιώματα τῶν βασιλικῶν ἀλόγων, id est: *et dignitates imperialium equorum*.

[n] *Id est patricios*: Locus hic græce sic habet: Καὶ ἔχειν ἐκείνην τὴν ὑψηλότητα καὶ μεγαλοσύνην, ἣν κεκόσμηται ἡ μεγάλη σύγκλητος ἡμῶν, ἤτοι οἱ πατρίκιοι, καὶ οἱ κόνσουλοι, ἤτοι οἱ ὕπατοι, καὶ λοιπὰ ἀξιώματα; id

D est *et illam habere celsitudinem atque amplitudinem, qua ornatus est magnus noster senatus, sive patricii et consules, sive hypati et reliquæ dignitates.*

[o] *Cum udonibus*: Græce totus hic locus habet paulo aliter: Καὶ ὡς ἡ ἡμετέρα σύγκλητος φέρει ὑποδήματα, ἤτοι σανδάλια λευκὰ διὰ ὀθονίων, οὕτως καὶ τὰ οὐράνια, ὡς καὶ τὰ γήϊνα πρὸς αἴνεσιν τοῦ Θεοῦ. Id est: *Et

quemadmodum senatus noster fert calceos, seu sandalia cum linteis albis, ita etiam cœlestia, sicut terrestria ad Dei laudem.*

[p] *Quem placatus*: Ἵνα ἐὰν τις τῆς συγκλήτου βουληθῇ μετὰ ἰδίου θελήματος, καὶ εὐαρέστου, γενέσθαι κληρικός, καὶ ἐν τῷ ἀριθμῷ τῶν ἁγίων κληρικῶν συνεριθμεῖσθαι, μήτις τολμᾷ ἀπὸ πάντων ἐμποδίζειν τούτῳ. Id est: *Ut si quis ex senatu sponte sua, quodque ita ipsi libeat, voluerit fieri clericus, et in sanctorum clericorum numerum adscribi, ne quis ex omnibus hoc audeat impedire.*

[q] *Hæc vero omnia*: Illic quoque est magna verborum varietas, sed eadem fere sententia.

---

DIST. XCVI. C. XIV. [101] *imperialium præsidentium, equum etiam*: Ivo Decr. — *imperialium præs. et præcedentium equitum*: Edd. Arg. Bas. [102] *ei*: Edd. coll. o. [103] *banna*: Ans. — Edd. coll. o. [104] *diversis ordinis*: Edd. coll. o. [105] *sanctæ*: cæd. [106] *culmen singularis potentiæ et præcellentiæ*: Edd. coll. o. — Ans. — Ivo. [107] *imperialibus*: Edd. coll. o. [108] *exstat decorata*: cæd. cum Ans. et Ivone. [109] *adornari*: cæd. [110] *decrevimus*: cæd. pr. Lugdd. II, III. [111] *concubitorum ordinatur*: cæd. [112] *mappulis*: Edd. coll. o. ex Ans. [113] *decoratos equos equiteni*: cæd. ex eod. [114] *illustrentur*: cæd. ex eod. [115] *et ita cælestia sicut terrena, etc.*: Ans. — Edd. coll. o. pr. Arg., in qua leg.: *ut cœlestia sicut, etc.* [116] *clericali concilio voluerit in religiosorum, etc.*: Edd. Bas. Lugd. I. [117] *Decernimus*: Edd. Bas. Lugdd. II, III. [118] abest ab Ans. et Iv. et Edd. coll. o. [119] add.: *vero*: ib. [120] *et*: Edd. Arg. Bas. [121] *prælatum*: Ans. Ivo. [122] *accidentalium*: Edd. Ven. I, II. [123] *concedimus*: Isid. Meri. — Edd. coll. o. [124] *permanenda*: cæd. ex Ans. [125] abest ab Edd. coll. o. pr. Lugdd. II, III, ubi legitur: *ab orientalibus*. [126] *confirmamus*: Edd. Bas. Lugdd. II, III. [127] *decrevimus*: Edd. coll. o. pr. Lugdd. II, III. [128] *coram te Deo*: Edd. Arg. Bas.

'per ¹¹⁹ hoc nostrum imperiale constitutum' omnes nostros successores imperatores, vel cunctos optimates, satrapas etiam, amplissimum senatum, et universum populum in toto orbe terrarum nunc et in posterum cunctis retro temporibus imperio nostro subjacentem, nulli eorum quoquo modo licere hæc aut infringere ¹³⁰, aut in quoquam convellere ¹³¹. Si quis autem, quod non credimus, in hoc temerator aut contemtor exstiterit, æternis condemnationibus subjaceat innodatus, et sanctos Dei, principes apostolorum Petrum et Paulum sibi in præsenti et in futura vita sentiat contrarios, atque in inferno inferiori concrematus cum diabolo et omnibus deficiat impiis. Hujus vero imperialis decreti nostri paginam propriis manibus roborantes, super venerandum corpus B. Petri principis apostolorum posuimus. Datum Romæ 3 Kalend. Aprilis, 'Domino nostro Flavio' Constantino Augusto quater ¹³², et Gallicano 'V. C.' Coss. ¹³³. »

C. XV. *Imperialis auctoritas religiosæ dispensationi mensuram non mutat.*

Item Gelasius ad Episcopos Dardaniæ ¹³⁴.

Sicut quamvis parva civitas prærogativam præsentis regni non minuit, sic imperialis præsentia mensuram dispensationis religiosæ non mutat. *Et infra* : § 1. Semper ʳ est effectum in sacerdotali concilio de sacerdotibus judicia provenire. Nam qualescunque pontifices sint, etsi errore humanitus accidente, non tamen contra religionem ullatenus excedentes, nullatenus videantur ¹³⁵ a sæculari potestate posse percelli.

C. XVI. *Ecclesias restaurare contritas, non pontifices persequi, boni principis est.*

Item Marcellus Papa Maxentio ˢ ¹³⁶.

Boni principis est ac religiosi ecclesias contritas atque concissas ¹³⁷ restaurare, novas ædificare, et Dei sacerdotes honorare atque tueri. Unde sanctos apostolos eorumque successores sub divina contestatione constituisse ¹³⁸ legimus, non debere fieri persecutiones, nec inferri fluctuationes, nec invidere laborantibus in agro dominico, neque expellere ¹³⁹ æterni regis dispensatores.

## DISTINCTIO XCVII.

### GRATIANUS.

1. Pars. *Hoc capitulo patenter ostenditur, quod nec imperatori, nec cuilibet laico licet decernere vel de electione Pontificis, vel de rebus ecclesiasticis. Quæcunque autem ab eis constituta fuerint, pro infectis habenda sunt, nisi subscriptione Romani Pontificis fuerint roborata. Unde illud Honorii Augusti* ¹, *ut supra dictum est, vanum esse videtur, quod contra auctoritatem sacrorum canonum de electione summi Pontificis decernere tentaverit. Sed sicut ex eodem capitulo habetur, ecclesiæ precibus imperator in præsumtores valet decernere, sicut pro defensione fidei quondam decrevisse leguntur, ne hæretici aliquid nomine ecclesiæ possiderent. Ab ea autem non invitati de rebus ecclesiasticis aliquid disponendi non habent facultatem. Honorius vero Augustus non sua auctoritate, sed B. Bonifacio supplicante, ecclesiasticæ quieti consulere et concertantium ambitionem punire curavit.*

Unde idem Bonifacius Episcopus supplicationis epistolam Honorio Augusto destinavit, dicens ² :

C. I. *Epistola Bonifacii ad Honorium Augustum.*

Ecclesiæ meæ, cui Deus noster meum sacerdotium vobis res humanas regentibus deputavit, nos cura constringit, ne causis ejus, quamvis adhuc corporis incommoditate detinear, propter conventus, qui a sacerdotibus universis et clericis ³ et Christianæ plebis perturbationibus agitantur, apud aures Christianissimi principis desim ⁴. Si enim secus quam oporteat eveniat, non vos id facere, qui cuncta æqua moderatione componitis, sed nos per nostram tacentem ⁵ desidiam videbimur quod civitatis quietem et ecclesiæ pacem pervertere valeat admisisse. Quum enim humanis rebus divinæ cultor religionis Domino favente provideas ⁶, nostra culpa erit, si non id sub vestra gloria, quam certum est divinis semper rebus animo promtiore favisse, firmo et stabili jure custodiatur, quod per tot annorum seriem et sub illis etiam principibus obtinuit, quos nulla nostræ religionis cura constrinxit, id est ut licita ᵃ ⁷ serventur, et sub vestræ imperio clementiæ minime quæ sunt illicita formidentur. § 1. Ipsa enim ecclesia devotionem tuam, Christianissime imperator, meo ⁸ quidem sermone, sed suo ⁹ venerabili appellat affectu, quam Christus Deus noster, vestri ¹⁰ fidus rector et gubernator imperii, uni desponsatam sibi

### NOTATIONES CORRECTORUM.

C. XV. ʳ *Semper* : Mutatus est a collectore orationis ductus, ne quæ antecedunt recitanda essent.
C. XVI. ˢ *Maxentio* : In impressis ᵗ addebatur : *episcopo*, quæ vox abest ab omnibus manuscriptis.
Dist. XCVII. C. I. ᵃ Id est, ut licita : In epistola ipsa legitur : *id est, ut fidens utar licitis*.

---

Dist. XCVI. C. XIV. ¹²⁹ Verba asteriscis signata ap. Ans. non leguntur. ¹³⁰ *confringere* : Edd. coll. o. ex Ans. ¹³¹ *convelli* : eæd. pr. Lugdd. II, III. ¹³² *quarto consule* : Edd. coll. o. ¹³³ *quarto concilio* : eæd. pr. Lugdd. II, III. — C. XV. ¹³⁴ scr. A. 495. — Ans. l. 12, c. 68. ¹³⁵ *videntur*. Edd. coll. o. = C. XVI. ᵗ *præter Ed. Bas.* ¹³⁶ Ep. Pseudoisidoriana. — Ans. l. 6, c. 192 (194). ¹³⁷ *et concussas* : Ed. Bas. absunt ab Ed. Arg. ¹³⁸ *constitutos, præcepisse* : Edd. coll. o. ex Ans. ¹³⁹ *expelli* : Edd. col. o.
Dist. XCVII. Pars. I. ¹ c. 8. D. 97. ² scr. A. 420. = C. I. ³ add. : *et laicis* : Ed. Bas. ⁴ *existimemur deesse* : Edd. coll. o. ⁵ *tacentes* : orig. ap. Dionys. ⁶ *præsideas* : ib. — Ed. Bas. ⁷ *id est ethnicis* : Constantius ex conjectura. — *id est licita* : Dionys. ap. Amort.; ap. Vœllum contra Gratiani lectio reperitur. In coll. Hisp. legitur ut a Corr. est notatum. ⁸ *non meo* : Edd. coll. o. ⁹ add. : *quidem* : Edd. coll. o. pr. Par. Lugdd. II, III. ¹⁰ *veræ fidei* : Edd. coll. o.

et intactam virginem servat, ne in eam aliquos patiamini insidiantium procellarum fluctus illidi, et quietam faciem tempestatis insolitæ [11] tumore [12] turbari, gloriosissime et tranquillissime imperator auguste [13]. Ipsa ergo (quæ uni desponsata, nostra [14] tamen mater est) ecclesia 'hac' pietatem vestram legatione, quam suis sacerdotibus commisit, appellat, præterita præsentiaque [15] repetit. Vobis, inquit, religiose [16] imperantibus b crevit meus, qui modo [17] tuus est, populus, tam fidus [18] Deo quam tibi, qui es princeps Christianus. Ecce enim inter 'ipsa' mysteria, inter preces suas, quas pro vestri felicitate [19] dependit imperii, teste, apud quem et de cujus sede agitur, sancto Petro, sollicitis pro religionis observantia vocibus clamat [20], cum sollicita [21] petitione miscetur oratio, ne humanas c res solito tentatore occulte sollicitante semel evulsa discordia distrahat. Augeretur [22] pluribus, princeps Christianissime, mater [23] ecclesia, nisi apud te suarum esset cura [24] causarum, et nisi in oppressionibus idolorum, in hæreticorum correctionibus, fide tua, divino cultu pariter cum imperio [25] semper florente, vicisset. § 2. Habet refugium pium tuæ mansuetudinis animum, cum suæ religionis veneratione conjunctum, quum, quidquid huic [26] proficiat, vos agatis, et conferatis fratribus et consacerdotibus meis, probatissimis viris, a me et ab omnibus (qui ecclesiam faciunt [27]) legatis; quibus (precamur) sacræ causam religionis prosequentibus, in urbe vestræ mansuetudinis hoc animo, quo postulatis annuitis [28], in perpetuum statui universalis ecclesiæ consulatis.

C. II. *Rescriptum* Honorii *ad Bonifacium Papam* [29].

Victor Honorius, inclytus, triumphator, semper augustus, sancto et venerabili Bonifacio Papæ urbis æternæ [30]. Scripta beatitudinis tuæ debita reverentiæ gratulatione [31] suscepimus, quibus recensitis egimus omnipotenti Deo maximas gratias, quod A sanctimoniam tuam post longum incommodum optatæ redditam didicimus sanitati. Et ideo revertentibus venerabilibus viris gaudium nostrum sacrorum [32] apicum attestation signamus, ac petimus, uti quotidianis orationibus apostolatus tuus [33] studium ac votum suum circa salutem atque imperium nostrum dignetur impendere. Illud autem pietati nostræ, [34] satis placitum [35] esse cognosce, quod sanctimonia tua de ecclesiarum aut [36] populi perturbatione sollicita est. Quæ ne aliqua ratione possit evenire, satis clementia nostra credidit esse provisum. Denique beatitudine tua prædicante id ad cunctorum clericorum notitiam volumus pervenire, ut, si quid forte religioni tuæ (quod non optamus) humana sorte contigerit [37], sciant omnes ab ambitionibus esse cessandum. Ac si duo [38], *ut supra*. — *Et infra*: § 1. Unde id observandum [39] est, ut omnes tranquillam mentem et pacificos animos ex serenitatis nostræ admonitione custodiant, nec aliquid seditiosis [40] conspirationibus tentare conentur, quum certum sit, nulli partium sua studia profutura.

II Pars. Gratian. *Sine signatis apicibus non est mos Romanæ ecclesiæ undecunque legationem suscipere* d.

*Unde* Nicolaus Papa [41]:

C. III. *Romana non consuevit ecclesia sine signatis apicibus legationem undecunque suscipere.*

Nobilissimus vir atque strenuus vestræ sublimitatis legatus, licet nullam epistolam juxta consuetudinem a vobis nostro Pontificio detulisset, licet nunquam apostolicæ sedis modus [42] fuerit absque signatis apicibus undecunque legationem suscipere, nos tamen vos in illo honorantes, ejusque gravitatem et eloquiorum illius veridicas cognoscentes assertiones, nihilominus eum et sicut decuit suscepimus, et ei, sicut honestum fuit, credidimus.

## NOTATIONES CORRECTORUM.

b *Imperantibus* : Additis aliquot ex epistola vocibus, emendatus est hic locus : *crevit meus, qui modo tuus est, populus*.

c *Ne humanas* : In plerisque vetustis legitur : *ne hos in varias res solito*, etc. In originali vero, *ne nos*

D [alias : *vos*] *in varias res semel evulsa distrahat a cultu solito, tentatore sollicitante, discordia*.

C. II. d *Suscipere* : In vulgatis sequebatur : *neque mittere*, quæ absunt a vetustis, neque conveniunt cum his, quæ sequenti capite afferuntur.

---

DIST. XCVII. C. I. [11] *insolito* : exd. [12] *timore* : Edd. Arg. Bas. [13] *semper auguste* : Ed. Bas. [14] *vestra* : Ed. Bas. cum orig. [15] add. : *auxilia* : Edd. Bas. Lugdd. II, III. [16] *religiosissime* : Edd. coll. o. [17] *modo tutus est populus* : exd. — orig. ap. Dionys. — *meus, modo tuus, populus* : Coll. Hisp. [18] *tam fidelis Deo, quam tibi, principi Christiano* : Edd. coll. o. — Dionys. ap. Amort. [19] add. : *ecclesia* : Edd. coll. o. [20] *clamat ad vos* : Edd. coll. o. pr. Arg. Nor. [21] add. : *obsecrantis* : Ed. Bas. * hæc in sola Ed. Bas. leguntur. [22] *Ageret* : Dionys. — [23] *absunt ab orig.* [24] *secura* : orig. [25] add. : *nostro* : Edd. coll. o. [26] add. : *ecclesiæ* : Edd. coll. o. [27] add. : *istiusmodi* : Dionys. ap. Voell. — *ista, quæ mandat legatio* : Dionys. [28] *et annuitis* : Edd. coll. o. — *adunatis* : Coll. Hisp. = C. II. [29] scr. A. 420. [30] *Romæ* : Edd. coll. o. [31] *congratulatione* : Edd. Bas. Lugdd. II, III. [32] *sanctorum* : Edd. coll. o. — *nostrorum* : Dionys. ap. Amort. [33] *tuum* : Bohm. [34] *vestræ* : Edd. Arg. Bas. [35] *placuisse* : Edd. coll. o. — orig. [36] *ac* : ib. [37] *contingit* : Ed. Arg. [38] cf. Dist. 79, c. 8. [39] *servandum* : Edd. coll. o. [40] *seditionis* : Edd. coll. o. — *seditionibus ac conspir.* : Dionys. ap. Amort. [41] Cochlæus in collectione decretorum Nicolai I, ap. Mansi t. 15, epistolam Nicolai ad Ludovicum imp. fontem capitis laudavit, quam tamen non contigit investigare. — Coll. tr. p. p. 1, t. 62, c. 31. = C. III. [42] *moris* : Edd. coll. o

## DISTINCTIO XCVIII.

**GRATIANUS.**

*Quæ circa ordinandos sint observanda, quæ in eorum electione diligenter sint consideranda, multorum auctoritatibus monstrata sunt. Sed quia veritas rei nonnunquam obscuratur mutatione provinciæ, decretum est sacris canonibus, ut peregrini, nisi quinque vel eo amplius suorum episcoporum fuerint commendati chirographis, non ordinentur.*

*Unde Silvester Papa generali Concilio præsidens dixit* [1]:

**C. I.** *Nisi quinque episcoporum litteris designatum, transmarinum hominem ad clericatum nullus suscipiat.*

Nullus aliqua ratione transmarinum hominem penes vos [2] in clericatus gradus suscipiat, nisi quinque [aut [3] eo amplius] episcoporum designatus sit chirographis.

**C. II.** *De eodem.*

*Item* Anastasius I *urbis Romæ Episcopus ad omnes Germaniæ ac Burgundiæ Episcopos ep. 1, cap. 2* [4].

Transmarinos homines in clericatus honorem A nemo suscipiat, nisi quinque aut eo amplius episcoporum chirographis sint [5] designati, quia multa per subreptionem solent evenire.

**C. III.** *De eodem.*

*Item* Gregorius *Romanæ Ecclesiæ Præsul Squillatino Episcopo, lib. II, epist. 25* [6].

Afros passim, vel [7] incognitos peregrinos, ad ecclesiasticos ordines tendentes [8], nulla ratione suscipias, quia Afri [9] quidem aliqui Manichæi, aliqui rebaptizati; peregrini vero plurimi 'etiam' in minoribus ordinibus constituti fortiores [a] [10] de se prætendisse [11] honores sæpe probati sunt.

**C. IV.** *Non sunt promovendi ad clerum, qui peregre fuerint baptizati.*

*Item ex* Concilio Eliberitano, c. 24 [12].

Omnes, qui peregre [13] fuerint baptizati, eo quod eorum minime sit cognita vita, placuit ad clerum non esse promovendos in alienis provinciis.

## DISTINCTIO XCIX.

**GRATIANUS.**

I Pars. *De primatibus autem (quorum supra mentionem fecimus) quæritur, quem gradum in ecclesia obtineant? an in aliquo a patriarchis differant? quam obedientiam archiepiscopi eis debeant? Primates et patriarchæ diversorum sunt nominum, sed ejusdem officii. Ab archiepiscopis autem, quoties necesse fuerit, episcopi ad primates appellant, sed a primatibus ad archiepiscopos appellare non licet. Debent ergo obedientiam primatibus archiepiscopi in omnibus, quæ sibi ab eis juste fuerint imperata.*

*Unde Anacletus Papa ait ad Episcopos Italiæ, ep. II,* [a] [1]:

**C. I.** *Quæ obedientia sit exhibenda primatibus et patriarchis.*

Provinciæ multo ante Christi adventum tempore divisæ sunt maxima ex parte, et postea ab apostolis et B. Clemente prædecessore nostro ipsa divisio est renovata. Et in capite provinciarum [2], ubi dudum primates legis [3] sæculi erant ac prima judiciaria potestas, ad quos, qui per reliquas civitates commorabantur, quando eis necesse erat, qui ad aulam imperatoris [4] vel regum confugere non poterant vel quibus permissum non erat, confugiebant pro oppressionibus [5] vel injustitiis suis, ipsosque appellabant quoties opus erat, sicut in lege eorum præceptum [6] erat, ipsis quoque in civitatibus vel locis nostros patriarchas vel primates, qui unam formam tenent, licet diversa sint nomina, leges divinæ et ecclesiasticæ poni et esse jusserunt, ad quos episcopi, si necesse fuerit, confugerent eosque appellarent, et ipsi primatum nomine fruerentur, 'et non alii'. Reliquæ vero metropolitanæ civitates, quæ minores judices habebant (licet majores comitibus [7] essent) haberent metropolitanos suos, qui prædictis juste [8] obedirent primatibus, sicut et in legibus sæculi

## NOTATIONES CORRECTORUM.

Dist. XCVIII. C. III. [a] *Fortiores:* Sic legitur in vetustis Gratiani et B. Gregorii codicibus: verum in Frobeniana ac Lugdunensi ejusdem B. Gregorii operum editione • *ad fortiores prætendisse honores.*

Dist. XCIX. P. I. [a] Hoc caput integrum repetitur a Gregorio VII, lib. 6, reg. epist. 55. Rothomagensi, Turonensi ac Senonensi archiepiscopis scripta, ex qua et originali nonnulla sunt restituta.

---

Dist. XCVIII. C. I. [1] Hæc desumta sunt ex decerptionibus ex decretis S. Silvestri P. apud Pseudoisidorum. Fontem habebis vitam Anastasii in lib. pontif. Rom. — cf. etiam Greg. M. l. 2, ep. 37. Ed. Maur. et Greg. II, ep. ad Bonif., ep. 10, apud Würdtwein. — Ans. l. 7, c. 23. Polyc. l. 2, t. 31 [2] *nos*: Edd. Arg. Bas. [3] *hæc desiderantur in orig. et ap.* Ans. = C. II. [4] *Caput Pseudoisidori, confectum ad lib. pontif. Rom.* — Ans. l. 7, c. 24. Polyc. ib. [5] *fuerint*: Edd. coll. o. = C. III. [6] Ep. 57 (scr. A. 592), l. 2. Ed. Maur. — Ans. l. 7, c. 25. [7] *et ignaros peregrinos*: Edd. coll. o. [8] *accedentes*: eæd. [9] *Afrorum alii. — alii*: eæd. — [a] *et ap.* Ans. [10] *ad fortiorem de se honorem prætendisse*: Ed. Maur. [11] *præsumsisse*: Ed. Arg. = C. IV. [12] *hab.* non *serius A.* 310. — Ivo Decr. p. 6, c. 352. [13] *in peregrinatione*: Edd. coll. o.

Dist. XCIX. P. I. [1] *Caput Pseudoisidori.* — Ans. 6, c. 111. — Ivo Pan. l. 4, c. 23. Decr. p. 5, c. 52. C. I. [2] *add.: omnium*: Edd. Bas. Lugdd. II, III. [3] *leges*: Ivo. [4] *imperatorum*: Edd. coll. o. ex Iv. [5] *add.: eorum*: Edd. coll. o. [6] *scriptum*: eæd. pr. Bas. [7] *add.: vel comitatibus*: Edd. Arg. Bas. [8] *add.: suis*: Ed. Bas

olim ordinatum erat, qui non primatum, sed aut metropolitanorum, aut archiepiscoporum nomine fruerentur.

C *Non vocentur primates, nisi qui primas sedes tenent.*

*Item* Anicetus *ad Episcopos Galliæ* [9].

II Pars. Nulli archiepiscopi primates vocentur, nisi illi, qui primas tenent civitates [10], quarum episcopos apostoli et successores apostolorum [11] regulariter patriarchas et [12] primates esse constituerunt, nisi aliqua gens deinceps ad fidem convertatur, cui necesse sit propter [13] multitudinem 'eorum' primatem constitui. Reliqui [14] vero, qui alias metropolitanas sedes adepti sunt, non primates, sed metropolitani nominentur.

C. III. *Primæ sedis episcopus non appelletur princeps sacerdotum vel summus sacerdos.*

*Item ex* Concilio Africano, c. 6 [15].

Primæ sedis episcopus non appelletur princeps sacerdotum, vel summus sacerdos, aut aliquid hujusmodi, sed tantum primæ sedis episcopus.

II Pars. *Universalis autem nec etiam Romanus Pontifex appelletur.*

A *Unde* Pelagius II *epist. omnibus episcopis illicite a* Joanne Constantinopolitano *convocatis, etc.* [16] :

C. IV. *Nec etiam Romanus Pontifex universalis est appellandus.*

Nullus patriarcharum universalitatis [17] vocabulo unquam utatur, quia, si unus patriarcha universalis dicitur, patriarcharum nomen ceteris derogatur. Sed absit hoc [18], absit a fidelis cujusquam mente, hoc sibi 'vel' [19] velle quempiam arripere, unde honorem fratrum suorum imminuere ex quantulacumque parte videatur. Quapropter caritas vestra neminem unquam suis in epistolis universalem nominet, ne sibi debitum subtrahat, quum alteri honorem defert [20] indebitum.

C. V. *De eodem.*

B *Item* Gregorius *Eulogio Patriarchæ Alexandrino, lib. VII, epist.* 30, *Indict.* 1 [b] [21].

Ecce in præfatione epistolæ, quam ad me ipsum, qui prohibui, direxistis, superbæ appellationis verbum, universalem me Papam dicentes, imprimere curastis. Quod peto dulcissima mihi sanctitas vestra ultra non faciat, quia vobis subtrahitur, quod alteri plus quam ratio exigit præbetur. Ego 'enim'

## NOTATIONES CORRECTORUM.

C. V. [b] Apud B. Gregorium hæc sequuntur : *Et quidem in* S. Chalcedonensi *synodo atque post a subsequentibus Patribus hoc prædecessoribus meis oblatum vestra sanctitas novit. Sed tamen nullus eorum uti hoc unquam vocabulo voluit, ut dum in hoc mundo honorem sacerdotum diligerent omnium, apud omnipotentem Deum custodirent suum.* Quam rem etiam plenius exponit, lib. 4, epist. 32. Refert autem B. Thomas in opusculo contra errores Græcorum, totam illam synodum S. Leoni sic acclamasse : *Leo sanctissimus apostolicus et œcumenicus, id est universalis, patriarcha per multos annos vivat.* Et Leo IX, Michaeli Constantinopolitano archiepiscopo de hac eadem appellatione scribens, ait : *Licet magno Leoni prædecessori nostro et successoribus ipsius hoc* S. decrevit Chalcedonensis *synodus.* Sed in multis quoque libellis, qui actione 3 ejusdem synodi habentur, hæc est inscriptio : *Sanctissimo ac beatissimo universali patriarchæ magnæ Romæ Leoni.* Et in codicibus multarum epistolarum ad Romanos Pontifices, quæ manuscriptæ in Vaticana bibliotheca servantur (quarum multa exempla sunt penes privatos) ad Hormisdam Papam plus quam trecenti archimandritæ ac monachi secundæ Syriæ sic scribunt : *Sanctissimo ac beatissimo orbis terræ patriarchæ* Hormisdæ, *continenti sedem principis apostolorum* Petri, *deprecatio et supplicatio minimorum archimandritarum, et ceterorum monachorum secundæ Syriæ.* Et in media fere epistola : *Quoniam Christus Deus noster principem pastorum, et doctorem et medicum animarum constituit vos nostrum sanctum angelum, dignum est passiones, quæ nobis contigerunt, exponere, etc.* Avitus quoque Galliæ episcopus ad eundem Hormisdam sic scribit : *Dum religionis statui et plenis catholicæ fidei regulis perspicitis con-*

C *venire, ut gregem per tota vobis universalis ecclesiæ membra commissum, pervigil cura me adhortationis informat.* Et Joannes episcopus Nicopolitanus ad eundem : *Decenter ad vestras orationes concurro, ut juxta consuetudinem apostolicæ sedis vestræ cunctarum ecclesiarum curam et Nicopolitanorum habere dignemini, secundum antiquam specialem dispositionem vestram.* Et in breviario Liberati cap. 22, episcopus Pateræ hæc imperatori de Silverio Papa ait: *multos esse in hoc mundo reges, et non esse unum, sicut ille Papa est super ecclesiam mundi totius.* Et Regino Germanus lib. 11 Chronicorum, de Nicolao I loquens, sæpe illum vocat universalem Pontificem. Sed istius dictionis : *universale*, duæ sunt notiones, quod Innocentius III, lib. 2, ep. 206 (quæ incipit : *Apostolicæ sedis*), patriarchæ Constantinop.

D scribens, exponit his verbis: *Dicitur enim universalis ecclesia, quæ de universis constat ecclesiis, quæ græco sermone catholica nominatur, et secundum hanc acceptionem vocabuli ecclesia Romana non est universalis ecclesia, sed pars universalis ecclesiæ, prima videlicet et præcipua, veluti caput in corpore, quoniam in ea plenitudo potestatis exsistit, ad ceteras autem pars aliqua plenitudinis derivatur. Et dicitur universalis ecclesia illa una, quæ sub se continet ecclesias universas. Et secundum hanc nominis rationem Romana tantum ecclesia universalis nuncupatur, quoniam ipsa sola singulari privilegio dignitatis ceteris est prælata, sicut et Deus universalis Dominus appellatur (non quasi jam divisus in species aut specialissimas, aut etiam subalternas), quoniam omnia sub ejus dominio continentur. Est enim una generalis ecclesia, de qua Veritas inquit ad Petrum : Tu es Petrus, et super hanc petram ædificabo Ecclesiam meam.*

---

Dist. XCIX. C. II. [9] Caput Pseudoisidori. — Ans. l. 2. c. 13. Ivo Pan. l. 4, c. 25. Decr. p. 5, c. 54. Polyc. l. 2, t. 21. [10] *sedes* : Edd. coll. o. [11] *eorum* : exd. [12] *vel* : exd. [13] *præ multitudine* : exd. [14] *Reliqui metropolitani nominentur, qui alias metropoles tenent* : exd. = C. III. [15] c. 26, conc. Carth. III, hab. A. 397. — c. 37, apud Dionys. Ex. — Burch. l. 1, c. 3. Ivo Decr. p. 5, c. 57. Polyc. l. 2, t. 26. [16] Ep. Pseudoisidoriana. Ipsa fere verba leguntur ap. Gregorium M. l. 4, ep. 36. — Ans. l. 6, c. 150 (128). Polyc. l. 2, t. 25. = C. IV. [17] *universitatis* : Ed. Bas. — *universalis* : Ed. Arg. [18] *absit hoc a fidelibus* : Edd. coll. o. ex Ans. [19] abest ab Ans. [20] *offert* : Ed. Bas. — *infers* : Edd. coll. rel. pr. Ar⁷. = C. V. [21] Ep. 30 (scr. A. 598), l. 8. Ed. Maur. — Ans. l. 6, c. 131 (129). Polyc. l. 2, t. 26.

non verbis quæro prosperari, sed moribus, nec honorem esse deputo, in quo fratres meos honorem suum perdere cognosco. Meus namque honor est 'honor' universalis ecclesiæ, meus honor est fratrum meorum solidus vigor. Tunc ego 'vere' [11] honoratus sum, quum singulis quibusque honor debitus non negatur. Si enim universalem me Papam vestra sanctitas dicit, negat se hoc esse, quod me fatetur universum. Sed absit hoc, recedant verba, quæ vanitatem [12] inflant et caritatem vulnerar

## DISTINCTIO C.

### GRATIANUS.

I Pars. *Episcopos autem ordinare ante pallium acceptum nec archiepiscopo, nec primati, nec patriarchæ licet, quod ex auctoritate Pelagii Papæ (licet minus evidenter) datur intelligi.*

Ait enim Pelagius Papa [a] [1]:

**C. I.** *Intra tres menses fidem suam exponere et pallium postulare a Romana ecclesia quisque metropolitanus studeat.*

Quoniam quidam metropolitanorum fidem suam secundum priscam consuetudinem sanctæ sedi [2] apostolicæ exponere detrectantes usum pallii neque expetunt, neque percipiunt, ac per hoc episcoporum consecratio viduatis ecclesiis non sine periculo protelatur, placuit, ut quisquis metropolitanus ultra tres menses consecrationis suæ ad fidem suam exponendam palliumque suscipiendum ad apostolicam sedem non miserit, commissa sibi careat dignitate, sitque metropolitanis aliis licentia, post secundam et tertiam commonitionem viduatis ecclesiis cum consilio Romani Pontificis ordinando episcopos subvenire. § 1. Si vero consecrandi episcopi negligentia provenerit, ut ultra tres menses ecclesia viduata consistat, communione privetur, quousque aut loco cedat, aut se consecrandum offerre [3] non differat. Quod si ultra quinque menses per suam negligentiam retinuerit viduatam ecclesiam, neque ibi, neque alibi consecrationis donum percipiat, imo metropolitani sui judicio cedat.

**C. II.** *Honor pallii non detur nisi meritis exigentibus et fortiter postulanti.*

Item Gregorius Papa *Brunichildæ Reginæ, lib. VII, epist. 5* [4].

II Pars. Prisca consuetudo obtinuit, ut honor pallii nisi exigentibus causarum meritis et fortiter postulanti dari non debeat.

**C. III.** *De eodem.* PALEA [b].

Idem *Joanni Corinthiorum Episcopo, lib. IV, epist. 55* [5].

« Novit sanctitas [6] tua, quia prius pallium nisi dato commodo non dabatur. Quod quoniam incongruum erat, facto concilio ante corpus B. Petri apostolorum principis, iam de hoc quam de ordinationibus [7] aliquid accipere sub districta interdictione vetuimus. Oportet ergo, ut neque per commodum, neque per gratiam aut quorundam supplicationem aliquos ad sacros ordines consentiatis vel [8] permittatis adduci. »

III Pars. Gratian. *Causarum vero merita accipienda sunt, ut et is, qui postulat, mereatur accipere, et fidei suæ professionem prius juramento confirmet, et apostolicis decretis atque synodalibus statutis se obediturum nihilominus caveat. Pallio autem non nisi certis diebus et intra ecclesiam ad missarum solennia cuiquam metropolitano uti licebit.*

Unde Joannes [9] *Episcopus Vuliberto* [c] [10] *Agrippinensi Episcopo:*

**C. IV.** *Nisi post consuetam fidei professionem vallium, dari non debet.*

Optatum tibi pallium nunc conferre nequivimus, quia fidei tuæ paginam minus quam oporteat continere reperimus, quum videlicet in ea nullam sanctarum universalium synodorum, in quibus fidei nostræ symbolum continetur, nec decretalium Pontificum Romanorum constitutorum secundum morem feceris mentionem, sed nec illam propria subscriptione munieris [11], nec aliquem, qui [12] hanc jurejurando firmaret, miseris [13].

## NOTATIONES CORRECTORUM.

Dist. C. P. I. [a] Burchardus, Anselmus et auctor Panormiæ citant ex decretis Damasi: Ivo vero citat ut Gratianus; itemque Innocentius III, lib. 1, epist. 117. Bituricensi archiepiscopo (quæ incipit: *Ne si universi*) refert paragraphum: *Si vero consecrandi*, ex eodem Pelagio.

C. III. [b] Hæc Palea habetur in plerisque vetustis exemplaribus.

[c] *Vuliberto*: Restitutum est hoc nomen ex Anselmo. Nam antea erat: *Giliberto*; nam Regino in ea ætate, qua Joannes VIII Romanæ ecclesiæ præfuit, meminit Vuliberti episcopi Agrippinensis, et inter epistolas Joannis Papæ VIII, quæ in bibliotheca Vaticana servantur, est epistola alterius arg. ad eundem, et Deusdedit refert integram ejusdem Joannis epistolam ad eundem Vuliberum.

---

Dist. XCIX. C. V. [11] *vero*: Böhm. [12] *unitatem*: Ed. Bas. — *veritatem*: Edd. coll. rel. pr. Arg.

Dist. C. P. I. [1] Imo c. 1, conc. Ravennat. h. A. 878. — Burch. l. 1, c. 25. Ans. l. 6, c. 92 (98). Ivo Pan. l. 3, c. 11. Decr. p. 5, c. 136. Polyc. l. 2, t. 10. = C. I. [2] *fidei*: Böhm. [3] *præbere*: orig. — Coll. citt. = C. II. [4] Ep. 11 (scr. A. 599), l. 9. Ed. Maur. — Ans. l. 6, c. 93 (90). Polyc. l. 2, t. 24. = C. III. [5] Ep. 57 (scr. A. 593), l. 5. Ed. Maur. — Ans. l. 6, c. 90 (87). Polyc. l. 2, t. 1. — cf. C. 1, q. 1, c. 116. [6] *fraternitas vestra*: orig. [7] add.: *eorum*: Edd. coll. o. [8] absunt ab orig. [9] scr. A. 872. vel 873. — Ans. l. 6, c. 92 (98) [10] *Vuliberto*: Ans. = C. IV. [11] *munieras*: Edd. coll. o. [12] *ad hanc jurejurando firmandam*: Ans. [13] *miseras*: Edd. coll. o.

**C. V.** *Qui pallium desiderat accipere, prius a se removere illicita promittat.*

Item Gregorius [14] *Aregio* [15] *Episcopo Francorum, lib. VII, epist.* 111.

In ea synodo, quam contra simoniacam hæresim per fratrem et coepiscopum nostrum Syagrium decrevimus congregari, sanctitatem vestram volumus interesse, atque eidem fratri ita pallium, quod transmisimus, tribui, si prius se promiserit illicita, quæ prohibuimus, per definitionem synodicam [16] a sancta ecclesia removere. De qua synodo omnem nobis subtiliter ordinem tuam fraternitatem volumus scriptis discurrentibus nuntiare, ut ipse, cujus nobis sanctitas valde experta est, nos reddas [17] de omnibus certiores.

**C. VI.** *Nonnisi ad missarum solennia archiepiscopo uti pallio licet.*

Idem [18] *Virgilio* [19] *Episc. Arelatensi, lib. IV, epist.* 51.

IV Pars. Pallium tibi transmisimus, quo fraternitas tua intra ecclesiam ad sola missarum solennia utatur.

**C. VII.** *De eodem.* PALEA.

[Idem *Joanni Ravennati Episcopo, lib. II, epist.* 54, *Indict.* 11 [20].]

« Non multum temporis intervallum est, quod quædam nobis de tua fraternitate fuerunt nuntiata, de quibus vobis, veniente illuc Castorio, notario sanctæ, cui Deo auctore præsidemus, ecclesiæ, subtiliter nos indicasse meminimus. Pervenerat namque ad nos quædam in ecclesia vestra contra consuetudinis [21] atque humilitatis d tramitem geri, quæ sola (ut bene nostis) est officii sacerdotalis erectio [22]. Quæ si sapientia vestra mansuete [23], vel cum episcopali suscepisset studio, non de illis accendi debuerat, sed oportuerat 'te' hæc eadem cum gratiarum actione corrigere. »

**C. VIII.** *De eodem.*

Idem *Joanni Episcopo Ravennati, in eadem epistola* [24].

Contra morem quippe ecclesiasticum est, si non patientissime toleratur (quod a vobis [25] absit) etiam injusta correctio. *Et infra:* § 1. Illud, frater carissime, tibi non putamus ignotum, quod pæne de nullo metropolitano in quibuslibet mundi partibus sit auditum, extra missarum tempus usum sibi pallii vendicasse. Et quod bene hanc consuetudinem generalis ecclesiæ noveritis, vestris nobis manifestissime [26] significastis epistolis, quibus præceptum beatæ memoriæ prædecessoris nostri Joannis Papæ nobis in subditis transmisistis annexum, continens omnes consuetudines ex privilegio prædecessorum nostrorum concessas vobis ecclesiæque vestræ debere servari. Confitemini igitur aliam esse generalis ecclesiæ consuetudinem, postquam ea, quæ vos geritis, vobis ex privilegio vendicatis. Nulla ergo vobis [27] in hac re, ut arbitramur, poterit remanere dubietas. Aut enim mos omnium metropolitanorum etiam a tua est fraternitate servandus, aut, si tuæ ecclesiæ aliquid specialiter dicis esse concessum præceptumve [28] a prioribus Romanæ urbis Pontificibus, quod hæc Ravennati ecclesiæ sunt concessa, a vobis oportet ostendi. Quod si hoc non ostenditur, restat, postquam talia agere neque consuetudine generali neque privilegio vendicas, ut usurpasse [29] te comprobes quod fecisti. *Et infra:* § 2. Decorari pallio volumus [30] forsan moribus indecori, dum nihil in episcopali cervice splendidius fulget quam humilitas. Oportet igitur fraternitatem tuam, si honores suos sibi quibuslibet argumentis stabili proposuit mente defendere, aut generalitatis usum ex non scripto sequi, aut ex scriptis [31] privilegiis se tueri. Quod si nostrum postremo nihil horum est, aliis metropolitanis hujus te præbere nolumus præsumtionis exemplum.

V Pars. Gratian. *Privilegia quoque cum usu pallii semper debent concedi.*

Unde idem Gregorius *Syagrio Episcopo Augustodunensi, lib. VII, epist.* 112 [32]:

**C. IX.** *Cum usu pallii aliqua privilegia debent concedi.*

Rationis ordo omnino nos admonet, et cum usu pallii aliqua 'simul, sicut diximus', largiri privilegia debeamus. Sed quoniam cum honoris augmento cura quoque sollicitudinis debet accrescere [33], ut cultui vestium actionis quoque ornamenta conveniant, oportet, ut enixius in cunctis se studiis vestra fraternitas exerceat, et circa e subjectorum actus sit cura † vigilans, 'ut [34] vestrum illis exemplum instructio, et vita magistra sit.'

---

### NOTATIONES CORRECTORUM.

**C. VII.** d *Humilitatis:* Restitutus est hic locus ex ipsa epistola. Antea enim legebatur: *contra utilitatem ecclesiæ et consuetudinis tramitem geri, quæ sola (ut bene nostis) est officii sacerdotalis ereptio.*

**C. IX.** e *Et circa:* Locupletatus est hic locus ex originali.

---

Dist. C. C. V. [14] Ep. 107 (scr. A. 599), l. 9. Ed. Maur. — Ans. l. 6, c. 90 (93). [15] *Remigio:* Ed. Bas. [16] *synodi.* Ans. — Edd. coll. o. [17] *reddat:* eæd. = C. VI. [18] Ep. 53 (scr. A. 595), l. 5. Ed. Maur. — Ans. l. 6, c. 98 (95). [19] *Vigilio:* Ans. — Edd. coll. o. = C. VII. [20] Ep. 56 (scr. A. 593), l. 3. Ed. Maur. — Ans. l. 6, c. 87 (92). [21] *consuetudines:* orig. — *consuetudinem:* Bohm. [22] *ereptio:* Edd. coll. o. [23] *vel mansuete:* eæd. = C. VIII. [24] Ans. l. 9, c. 95 (92). — Polyc. l. 2, t. 20. [25] *nobis:* orig. — Edd. coll. o. [26] *manifestissimis:* eæd. [27] *nobis:* orig. — Edd. coll. o. [28] *concessum, præceptum:* orig. [29] *usurpare:* Edd. o. pr. Bas. Lugdd. II, III. [30] *nolumus:* Edd. coll. o. [31] *scripto:* orig. [32] Ep. 108 (scr. A. 599), l. 9. Ed. Maur. — Ans. l. 6, c. 85 (91). Polyc. l. 2, t. 21. = C. IX. [33] *excrescere:* orig. — Edd. coll. o. — † abest ab Anselmo. [34] verba asteriscis signata non sunt ap. Ans.

**C. X.** *Usus vallii conceatur, et antiqua privilegia innovantur.*

Idem *Joanni Episcopo primæ Justinianæ Illyricæ, lib. IV, epist.* 15 [35].

Pallium vobis ex more transmisimus, et vices vos apostolicæ sedis agere iterata innovatione decernimus [36].

**C. XI.** *De eodem.*

Idem *Episcopis Epiri, lib. IV, epist.* 7. *Indict.* 14 [37].

Scriptorum vestrorum insinuatio, fratres carissimi, patefecit, Andream "fratrem nostrum" Nicomedianæ civitatis episcopum Deo propitio solemniter ordinatum [38]. *Et infra :* "Suprascripto igitur Andreæ fratri et coepiscopo nostro" pallium nos direxisse agnoscite [39], atque privilegia "atque" cuncta concessisse, quæ prædecessores nostri ejus prædecessoribus contulere.

## DISTINCTIO CI.

### GRATIANUS.

In una autem provincia duo metropolitani esse non debent, sicut in Chalcedonensi Concilio [1], cap. 12, statutum est.

**C. I.** *Duo metropolitani in una et eadem provincia esse non debent.*

Pervenit ad nos, quod quidam præter ecclesiasticas ordinationes affectantes potentiam per pragmaticum sacrum [a] unam provinciam in duas dividant, ita [2] ut ex hoc inveniantur duo metropolitani episcopi in una eademque provincia esse. Statuit ergo sancta synodus deinceps nihil tale attentari a quolibet episcopo, eos vero, qui aliquid tale attentaverint [3], cadere de proprio gradu.

*Gratian.* Hactenus de electione et ordinatione clericorum tractavimus. Nunc ad simoniacorum ordinationes transeamus, et ut facile liqueat; quid super hac hæresi sanctorum Patrum decrevit auctoritas, causa deducatur in medium, cujus negotium et de scienter a simoniacis ordinatis, et de ignoranter a simoniacis consecratis, et de ordinationibus, quæ per pecunias fiunt, contineat.

### NOTATIONES CORRECTORUM.

DIST. CI. C. I. [a] Pragmaticum sacrum : Versiones priscæ et Dionysiana habent : *per pragmaticam formam*. Græce autem est : Διὰ πραγματικῶν, quod in eodem capite paulo post dicitur : Διὰ γραμμάτων βασιλικῶν, id est : *per literas imveriales*.

---

DIST. C. C. X. [35] Ep. 23 (scr. A. 592), l. 2. Ed. Maur. — Ans. l. 6, c. 99 (96). [36] *decrevimus*. Edd. coll. o. = C. XI. [37] Ep. 8 (scr. A. 596), l. 8. Ed. Maur. — Ans. l. 6, c. 100 (97). [38] *ordinatum, cui pallium* : Ans. — Edd. coll. o. [39] *cognoscite* : orig. — exd.
DIST. CI. C. I. [1] hab. A. 451. — Burch. l. 1, c. 35. Ivo. Decr. p. 5, c. 146, ex Dionysio. — [a] imo interpretatio Isidori. [2] *et ex hoc* : Edd. coll. o. [3] *tentaverit* : Coll. Hisp.

---

# DECRETI PARS SECUNDA.

## CAUSA I.

### GRATIANUS.

*Quidam habens filium obtulit eum ditissimo cœnobio; exactus ab abbate et a fratribus decem libras solvit, ut filius susciperetur, ipso tamen beneficio ætatis hoc ignorante. Crevit puer, et per incrementa temporum et officiorum ad virilem ætatem et sacerdotii gradum pervenit. Exinde suffragantibus meritis in episcopum eligitur, interveniente obsequio et paternis precibus; data quoque pecunia cuidam ex consiliariis archiepiscopi, consecratur iste in antistitem, nescius paterni obsequii et oblatæ pecuniæ. Procedente vero tempore nonnullos per pecuniam ordinavit, quibusdam vero gratis benedictionem sacerdotalem dedit; tandem apud metropolitanum suum accusatus et convictus sententiam in se damnationis accepit.* (Qu. I.) *Hic primum quæritur, an sit peccatum emere spiritualia?* (Qu. II.) *Secundo, an pro ingressu ecclesiæ sit exigenda pecunia, vel si exacta fuerit, an sit persolvenda?* (Qu. III.) *Tertio, an ingressum vel præbendas ecclesiæ emere sit simoniacum?* (Qu. IV.) *Quarto, an iste sit reus criminis, quod eo ignorante pater admisit!* (Qu. V.) *Quinto, an liceat ei esse in ecclesia, vel fungi ea ordinatione, quam paterna pecunia est assecutus?* (Qu. VI.) *Sexto, an illi, qui ab eo jam simoniaco ignoranter ordinati sunt, abjiciendi sint, an non?* (Qu. VII.) *Septimo, si renuncians suæ hæresi sit recipiendus in episcopali dignitate, vel non?*

## QUÆSTIO I.
### GRATIANUS.

I Pars. *Quod autem spiritualia emere peccatum sit, probatur multorum auctoritate*[1].

Ait enim Leo Papa :

**C. I.** *Simoniaci gratiam non præstant, quam vendere quærunt.*

Gratia[a] si non gratis datur vel accipitur, gratia non est. Simoniaci[2] autem non gratis accipiunt : igitur gratiam, quæ maxime in ecclesiasticis ordinibus operatur, non accipiunt. Si autem non accipiunt, non habent ; si autem non habent, nec gratis, nec non gratis cuiquam dare possunt. Quid ergo dant? profecto quod habent ; quid autem habent? spiritum utique mendacii. Quomodo hoc probamus? quia si spiritus veritatis (testante ipsa veritate[3], de qua procedit) gratis accipitur, procul dubio spiritus mendacii esse convincitur, qui non gratis accipitur[4].

**C. II.** *Inaniter sacerdos dicitur, quicunque simoniace ordinatur.*

Item Gregorius *Syagrio Episcopo Augustodunensi, lib. VII, epist.* 110[b][5].

Quicunque studet pretii datione[6] sacrum ordinem mercari[7], ' dum non officium, sed nomen attendit,' sacerdos non esse, sed dici tantummodo inaniter concupiscit.

**C. III.** *Spolietur honore, qui ecclesiam per pecuniam obtinet. Item ex Regesto*[c][8].

Presbyter si per pecuniam ecclesiam obtinuerit, non solum ecclesia privetur, sed etiam sacerdotii honore spolietur, quia altare, et decimas, et Spiritum sanctum emere vel vendere, simoniacam hæresim esse, nullus fidelium ignorat.

**C. IV.** *De eodem.*

Item Gregorius I *dicta epist.* 110, *lib. VII*[d][9].

Benedictio illi in maledictionem convertitur[10], qui ad hoc, ut fiat hæreticus, promovetur.

**C. V.** *Partem habebit cum Simone, qui contra simoniacos vehementer non exarserit.*

Idem *in eodem*[e][11].

Quisquis per pecuniam ordinatur, ad hoc, ut fiat hæreticus, promovetur. Quisquis ergo contra simoniacam et neophytorum hæresim pro officii sui loco vehementer non exarserit, cum eo se non dubitet habiturum portionem, qui prius commisit hoc piaculare flagitium.

**C. VI.** *Simonis damnatio dantem et accipientem pariter involvit. Item* Gelasius Papa *ad Episcopos per Lucaniam constitutos, epist. I, cap.* 26[12].

Quos constiterit indignos meritis, sacram[13] mercatos esse pretio dignitatem, convictos[14] oportet arceri, non[15] sine periculo facinus tale perpetrantes, quia dantem pariter et accipientem damnatio Simonis, quam sacra lectio testatur involvit.

**C. VII.** *Anathematis sententia damnatur, qui simoniace ordinatur.*

Item Ambrosius[f] *in libro pastorali*[16].

Reperiuntur quamplurimi, negotio[17] muneris pecurituri, mercari velle gratiam Spiritus sancti, dum

## NOTATIONES CORRECTORUM.

Quæst. I. C. I. [a]*Gratia :* Simillima primis verbis hujus capitis habentur in epistola Leonis I. Nicetæ Aquilegiensi episcopo scripta, quæ est 84. Loquens enim de gratia ait : *quæ nisi gratis detur, non est gratia, sed merces.* Reliqua apud ipsum non sunt inventa.

C. II. [b]Caput hoc ex originali est emendatum et locupletatum.

C. III. [c]Non est inventum in regesto B. Gregorii, unde videtur citari. Similia habentur apud Gregorium VII, lib. 6, reg. in indice concilii eo anno habiti, et in concilio Turonensi sub Carolo M., c. 15, in Remensi, c. 21, Moguntino sub Rabano, c. 12, et altero Moguntino sub Arnulpho, cap. 5, et infra eadem quæst. 3, cap. *Altare*, quod ibi citatur ex Paschali.

C. IV. [d]In aliquot vetustis exemplaribus caput hoc conjunctum est superiori, et præter epistolam 110 indicatam, eadem sententia habetur l. 4, epist. 55, et lib. 5, epist. 107, episcopis Epiri.

C. V. [e] Verba prorsus ipsa hujus capitis non sunt inventa in epistolis B. Gregorii. Verum Paschalis Papa II (ut est apud Ivonem ac Polycarpum) citat hæc ex ipso B. Gregorio, ac simillima prioris partis hujus capitis sunt lib. 4, epist. 55 et 56, posterioris vero partis lib. 10, epist. 33, Victori episcopo. Et Joannes Diaconus lib. 3, cap. 4, scribit, generalem sententiam a B. Gregorio contra simoniæ et neophytorum hæresim prolatam in epistola Victori scripta contineri. Cap. 42, conc. Meldensis ab Ivone, p. 5, c. 75, citatum partim convenit cum ipsa epistola Victori scripta, et partim cum iis, quæ Ivo et Polycarpus citant ex Paschali, et cum his, quæ hoc loco refert Gratianus. De qua hæresi e Gallia ejicienda Gregorius, lib. 4, epist. 51, scribit Virgilio Arelatensi, et lib, 7, epist. 110, Syagrio et aliis episcopis Galliæ.

C. VII. [f]*Ambrosius :* Caput hoc in libro pasto-

---

Quæst. I. P. I. [1] *auctoritatibus :* Edd. coll. o. = G. I. [2] Desumtum caput est ex responsione Humberti Cardinalis *de simoniacis*, c. 4, quæ est apud Martenium Thes., t. IV. [3] Matth., c. 10. [4] add. : *vel datur :* Edd. coll. o. = C. II. [5] Ep. 106 (ser. A. 599), l. 9, Ed. Maur. — Ans. l. 6, c. 77 (79). [6] *per dationem :* Edd. coll. o. pr. Arg. Bas. (in qua leg. : *donatione*) Ven. I Nor. [7] *percipere :* Ed. Bas. — *accipere :* Edd. coll. rel. = C. III [8] Apud Bertholdum Constant. in apologetico pro Gregorio VII hæc citantur, ex epistola Gregorii M. *ad Clementem Bizazenum* (l. 4, ep. 13) ubi tamen paulo aliter habentur. Ulterior capitis pars infra quæst. 3, c. 14, citatur ex Paschali, apud quem non est inventa. = C. IV. [9] cf. ad c. 2. — Burch. l. 4, c. 21 ; Ans., l. 6, c. 80. Ivo Decr., p. 5, c. 75 et 112. — cf. Conc. Meldense c. 42. [10] *vertitur :* Ed. Bas. = C. V. [11] Fontem hujus capitis invenimus epistolam ad Mediol. eccl., quam Paschali I supposuit *Wido musicus* quidam (fortassis *Guido Aretinus* Camaldulensis monachus), de qua ge videsis Berthold. Const. (ed. Martin. Gerbert A. 1792.), p. 204. — Apud Anselm. l. 6, c. 77 (81). laudatur Gregorius ad Victorem (Ep. 29, l. 12, Ed. Maur.), cujus verba epistolæ auctor imitatus est. — Burch., l. 1, c. 21, Deusdedit p. 2. Ivo Decr., p. 2, c. 84 et p. 5, c. 75 ; Polyc. l. 2, t. 1.=C. VI. [12] scr. A. 494. — Deusdedit p. 2 ; Burch. l. 4, c. 22 ; Ivo Decr. p. 5, c. 76. [13] *sacramenta :* Ed, Bas. [14] add. : *illos :* Ed. Bas. [15] *verba : non — perpetrantes,* absunt ab Ivone. = C. VII. [16] imo c. 3, conc. Tol. VIII (hab. A. 653) quod recte laudat Anselmus l. 6, c. 85. [17] *negotiatione :* Edd. coll. o.

vile[18] pretium donant, ut pontificalis ordinis sublime[19] culmen accipiant, obliti verborum Petri, qui dixit ad Simonem[20]: *Pecunia tua tecum sit in perditionem, quoniam donum Dei existimasti per pecuniam possideri*[21]. Proinde quia et usitatum est tantum malum, et majorum frequenter constat[22] mucrone succisum, nos quoque huic vulneri cancroso ignitum (quod superest adhuc) injiciemus ferrum, decernentes omnino, ut, quicunque deinceps propter accipiendam sacerdotii[23] dignitatem quodlibet praemium fuerit detectus obtulisse, ex eodem tempore se noverit anathematis opprobrio condemnatum, atque a participatione[24] Christi corporis et sanguinis alienum, ex quo illum constat exsecrabile Christo perpetrasse flagitium. Quod si aliquis exstiterit, qui[25] accuset, ille, qui hunc ordinem munerum fuerat[26] datione[27] lucratus, et suscepto[28] honoris gradu privetur, et in monasterio sub perenni poenitentia retrudatur[29]. Illi vero, qui hac[30] causa munerum acceptores exstiterint, si clerici fuerint, honoris[31] amissione mulctentur, si vero laici, anathemate perpetuo condemnentur.

**C. VIII.** *Damnatur episcopus, qui per pecuniam ordinationem facit.*

Item ex Concilio Chalcedonensi, c. 2[32].

Si quis episcopus per pecuniam ordinationem fecerit, et sub pretio redegerit gratiam[33], quae vendi non potest, ordinaveritque per pecuniam *episcopum*, chorepiscopum, presbyterum, aut diaconum, vel quemlibet de his, qui connumerantur in clero, aut[34] promoverit *per pecunias* dispensatorem, aut defensorem, *vel mansionarium*[35], vel quenquam *omnino*, qui subjectus est regulae, pro suo turpissimi lucri commodo, is, qui[36] hoc attentasse probatus fuerit, proprii gradus periculo subjacebit, et qui ordinatus est, nihil ex hac ordinatione vel promotione, quae est per negotiationem facta, proficiat, sed sit alienus a dignitate vel sollicitudine, quam pecuniis acquisivit. Si quis vero mediator tam turpibus et nefandis datis vel acceptis exstiterit, *et ipse*[37], siquidem clericus fuerit, proprio gradu decidat, si vero laicus *aut monachus*, anathematizetur.

**C. IX.** *A sacerdotio est alienus, qui per pecunias ordinat vel ordinatur.*

Item ex VIII Synodo[38].

Qui per pecunias quenquam consecraverit, vel ab alio consecratus est, alienus a sacerdotio sia

**C. X.** *Nec ordinari, nec promoveri in ecclesia Dei per pecuniam aliquis valet.*

Item Calixtus Papa II[39].

Sanctorum Patrum exempla sequentes et officii nostri debito innovantes, ordinari quenquam per pecuniam in ecclesia Dei vel promoveri, auctoritate sedis apostolicae modis omnibus prohibemus. Si quis vero in ecclesia ordinationem vel promotionem taliter acquisierit, acquisita prorsus careat dignitate.

**C. XI.** *De eodem.*

Item Gregorius Nazianzenus[40].

Qui studet donum[41] Dei pretio mercari, in sacro ordine nulla ratione de cetero permanere aut revocari posse dubium non est. Talis a communione omnibus modis abscindatur. Nam Spiritus sancti donum pretio comparari quid aliud est quam capitale crimen et simoniaca haeresis? quod quam detestabiliter in utroque testamento vindicatum sit, multorum exemplis facile apparet. Giezi gratiam sanitatis Naaman[42] Syro vendidit; eandem gratiam sanitatis Heliseo vindicante leprosus factus amisit.

## NOTATIONES CORRECTORUM.

rati B. Ambrosii, unde citatur, non est inventum. Habetur tamen in conc. Toletano VIII, cap. 3, quem canonem integrum Anselmus lib. 6, c. 85, partem vero ipsius Ivo p. 5, c. 83, ex dicto concilio citant.

C. IX. § *Octava*: In aliquot vetustis exemplaribus caput hoc citatur ex VII synodo, in qua cap. 5, refertur canon 30 apostolorum ad mentem faciens. In epistola autem Tarasii ad Hadrianum Papam (quae in exemplaribus bibliothecae Vaticanae, et aliis, est in fine ipsius VII synodi) refertur canon 22, synodi, quae in Trullo, his verbis: *Eos, qui per pecunias ordinati sunt sive episcopi, sive quicunque clerici, et non secundum probationem et vitae optionem, deponi praecipimus; sed et illos, qui nos ordinasse noscuntur.* Exstat etiam hac de re epistola Basilii ad episcopos sibi subjectos.

C. X. ʰ Est Calixti II, qui paulo ante Gratianum vixit, et aliquot conciliis a se habitis contra simoniam et investituras ecclesiarum, quas Germanici imperatores usurpaverant, multa decrevit: de quibus abbas Urspergensis ab A. D. MCXVIII, in quo electus est Pontifex, usque ad A. MCXXIV accurate scribit.

C. XI. ⁱ In operibus B. Gregorii Nazianzeni, quae multa graece et latine exstant, nihil tale repertum est. Habentur autem similia in epistola Tarasii ad Hadrianum

---

QUAEST. I. C. VII. [18] *illi*: eaed. ex Ans. [19] *sublimitatem*: eaed. ex eod. [20] Act. c. 8, v. 20. [21] *posse possideri*: Edd. Lugdd. II, III. — *possidere*: Edd. rel. et orig. [22] *exstat*: Edd. coll. o. [23] *accip. dignitate divini doni*: eaed. ex Ans. [24] *perceptione* Coll. Hisp. [25] *ejus accusator*: Edd. coll. o. [26] *fuerit*: eaed. [27] *acceptione*: Coll. Hisp. — Ans. [28] *suscepti*: Coll. Hisp. — Ed. Bas. [29] *religetur*: Coll. Hisp. [30] add.: *de*: Ed. Bas. [31] add.: *sui*: Edd. coll. o. = C. VIII. [32] hab. [33] hab. A. 451. — Interpretatio Dionysii. — Abbo Floriacensis c. 13; Burch. l. 1, c. 112; Ans. l. 6, c. 88 (85); Ivo Pan. l. 3, c. 118; Decr. p. 5, c. 148; Polyc. l. 2, t. 37. [33] add.: *Spiritus sancti*: Edd. coll. o. [34] *promoverit et*: eaed. [35] haec neque ap. Dionys. ex Ed. Amort, neque apud Ans. et Burch. leguntur. [36] *cui attentanti probatum fuerit*: Ans. — Ed. Bas. [37] absunt ab orig. cit. et Anselmo. = C. IX. [38] Pertinent haec ad Basilium c. 91, apud Bevereg. Pandect. canonum. — Ivo Decr. p. 5, c. 121. = C. X. [39] ex conc. Lat. I hab. A. 1123. = C. XI. [40] Epistola Tharasii, quam capitis fontem esse voluerunt Correctores, integra legitur inter acta conc. Nic. II hab. 787. Eadem fere leguntur apud Algerum Schol. libr. de miser. et just., in Thesauro Martenii T. V, c. 32, p. 3, et videntur quidem inde a § *Giezi* ab ipso Algero confecta esse. [41] *domum*: Ed. Arg. [42] 4 Reg. c. 5.

Judas [43] omnium redemtorem vendidit, mox laqueo suspensus eandem redemtoris gratiam non obtinuit, et merito, quia nemo potest retinere quod vendidit. Simon [44] etiam magus quum eandem Spiritus sancti gratiam emere vellet, damnationis [45] sententiam a Petro audivit: *Pecunia tua tecum sit in perditionem, quia donum Dei existimasti pecunia possideri* [46]. Dominus etiam, ut vendentes et ementes hujus gratiæ expertes ostenderet, cunctos peccatores per gratiam in templo dimisit, singulariter vendentes et ementes increpans et flagellans de templo ejecit, in quo venditores et emtores suos gratia Spiritus sancti constat destitutos esse et vacuos. Quos enim Christus ejecit de templo numquid Spiritus Christi faciet sibi templum?

### C. XII. *Simoniaci sacerdotes esse non possunt.*
### Item Gregorius [k][47].

Quicunque sacros ordines vendunt aut emunt, sacerdotes esse non possunt. Unde scriptum est:
« *Anathema danti* [48], *anathema accipienti, hoc est simoniaca hæresis.* » Quomodo ergo, si anathema [49] sunt et sancti non sunt, sanctificare alios possunt? Et quum in Christi corpore non sint, quomodo Christi corpus tradere vel accipere possunt? Qui maledictus est benedicere quomodo potest?

### C. XIII. *De eodem.*

Item Gregorius *Syagrio, et aliis episcopis, lib. VII, epist.* 110 [50].

Quum liqueat hanc hæresim ante omnes [l] radice pestifera surrepsisse, atque in ipsa origine sua apostolica esse detestatione damnatam, cur non cavetur? cur non perpenditur, quia benedictio [51] illi in maledictionem convertitur, qui ad hoc ut fiat hæreticus, promovetur?

A

### C. XIV. *Qui pretio ordinat, lepram, non officium confert.*

*Item* Ambrosius *de ministeriis, seu de dignitate sacerdotali, cap.* 5 [52].

Quum ordinaretur episcopus, quod dedit aurum fuit, quod perdidit anima fuit; quum alium ordinaret, quod accepit pecunia [53] fuit, quod dedit lepra fuit.

### C. XV. *De eodem.*
### Idem *ibidem* [54].

Gratiam, quum ordinareris, non suscepisti, quia gratuito eam non meruisti.

### C. XVI. *De eodem.*

Idem *lib. IV, ad cap.* 4, *Lucæ* [v. 27] [55].

B Cito turpem sequitur lepra mercedem, et pecunia corpus animumque male quæsita [56] commaculat. *Et paulo post*: § 1. Vides, quia facto auctoris successio damnatur heredis. Inexpiabilis est enim venditi culpa mysterii [57], et gratiæ vindicta cœlestis transit ad [58] posteros. Denique Moabitæ et ceteri non intrabunt ecclesiam usque ad [59] tertiam et quartam generationem, tamdiu videlicet (ut simplicius interpretemur), donec culpam auctorum multiplicis successio generationis aboleret. Sed quum illi, qui in Deum idololatriæ errore deliquerunt, in quartam [m] generationem videantur esse mulctati, profecto durior videtur esse sententia, qua Giezi semen usque in æternum pro cupiditate habendi prophetica [60] auctoritate damnatur, præsertim quum Dominus noster Jesus Christus per lavacri regenerationem omnibus remissionem dederit peccatorum [n], nisi [61] vitiorum magis quam generis semen intelligas. Sicut enim qui filii promissionis [62] sunt æstimantur in semen bonum, ita etiam qui 'filii' erroris sunt æstimantur in semen malum. Nam et Judæi ex patre diabolo [63], non utique carnis successione, sed criminis. Ergo omnes cupidi, omnes avari Giezi lepram [64] cum divitiis suis possident, et male quæsita

C

---

NOTATIONES CORRECTORUM.

C. XII. [k] Deusdedit in tractatu contra simoniacos refert hoc ex epistola Paschalis P. II ad Mediolanenses.

C. XIII. [l] *Omnes*: Antea legebatur: *omnia*, sed glossa videtur magis convenire lectioni restitutæ, quæ est in aliquot manuscriptis et ipso originali.

C. XVI. [m] *In quartam*: Antea legebatur: *in tertiam et quartam*. Sed et a B. Ambrosio, et ab uno vetusto Gratiani codice abest vox: *tertiam*. Deuteronomii autem c. 23. Idumæorum quidem et Ægyptiorum filii permittuntur tertia generatione intrare in ecclesiam Domini, sed de Moabitis sic scribitur: D *Ammonites et Moabites etiam post decimam generationem non intrabunt ecclesiam Domini in æternum.*

[n] *Peccatorum*: Sequebatur: *cur ergo Giezi semen in æternum damnatur?* quæ apud B. Ambrosium non habentur.

---

Quæst. I. C. XI. [43] *add.*: *qui*: Edd. Lugdd. II, III. [44] Act. c. 8. [45] *add.*: *suæ*: Ed. Bas. [46] *possidere*: Edd. coll. o. pr. Lugdd. II, III.=C. XII. [47] Hæc olim ad Paschalis I, ep. ad Mediolanenses, quam supposititiam esse monuimus (cf. ad c. 5 ead.), suspicamur pertinuisse; ad Paschalem II, quem laudavit Deusdedit p. 4, ea pertinere non posse, ipsa verba Urbani, qui aute Paschalem II vixit, in ep. ad Lucium (cf. C. 1, q. 3, c. 8) aperte demonstrant. [48] *dandi — accipiendi*: Ed. Arg. Bas. [49] *anathematizati*: Edd. Bas. Lugdd. II, III. = C. XIII. [50] Ep. 106, (scr. A. 599), l. 9. Ed. Maur. — Burch. l. 1, c. 121. Ivo Decr. p. 5, c. 75. Deusdedit p. 2. Polyc. l. 2, c. 1. [51] cf. supra c. 4. = C. XIV. [52] Hunc librum apocryphum esse, constat. — Deusdedit p. 2. Ivo Decr. p. 5, c. 95. [53] *aurum*: Edd. coll. o. = C. XV. [54] cf. ad c. 14. = C. XVI. [55] Ivo Decr. p. 5, c. 132. Deusd. p. 2. [56] *acquisita*: Ed. Bas. [57] *ministerii*: Edd. coll. o. pr. Arg. Ven. I, II. [58] *in*: Edd. coll. ex Ivo. [59] *in*: ead. ex eod. [60] *prophetiæ*: Ed. Bas. [61] *nisi ut*: Ivo.—Edd. coll. o. [62] *promissionum*: ead. [63] *add.*: *sunt*: ead. [64] *add.*: *spiritualem*: Ed. Bas.

mercede non tam patrimonium [65] facultatum, quam thesaurum criminum congregarunt æterno supplicio et brevi fructu.

II. Pars. Gratian. *Quia ergo auctoritate Leonis Papæ simoniaci non nisi spirituum mendacii accipiunt; secundum Gregorium apud simoniacos sacerdotium non subsistit* [o], *benedictio eorum in maledictionem convertitur, apud eos manet anathema danti et accipienti, quum sancti non sint nec in Christi corpore constituti, quum sint maledicti nec sanctificare alios possunt, nec corpus Christi tradere vel accipere, nec benedicere aliis valent; secundum Ambrosium vero anathematis opprobrio condemnantur, atque a participatione corporis et sanguinis Christi alienantur, quum accipiatur aurum et lepra detur, quum inexpiabilis sit culpa venditi mysterii; secundum Chalcedonense concilium ex tali ordinatione nihil proficere judicantur; secundum Gelasium Simonis damnatione involvuntur; secundum Gregorium Nazianzenum in sacro ordine permanere aut renovari nulla ratione possunt, ab Heliseo lepra perfunduntur, a Petro in perditionem damnantur, a Christo vero de templo ejiciuntur: quid aliud simoniacus simoniaco in sua ordinatione potest conferre, nisi quod Innocentius de ceteris hæreticis testatur, dicens epist. XVIII, ad Alexandrum, cap. 3.* [66]

C. XVII. *Qui Spiritus perfectionem non habent, ipsam dare non possunt* [P].

Qui perfectionem Spiritus, quam acceperant, perdiderunt, non ejus dare plenitudinem possunt, quæ maxime operatur in ordinationibus, quam per suam perfidiam perdiderunt. *Et iterum* [67]: § 1. Qui [68] honorem non habuit, honorem dare non potuit, nec aliquid ille accepit, quia nihil erat in dante, sed damnationem, quam habuit, per pravam manus impositionem dedit.

C. XVIII. *Simoniacus per pravam manus impositionem non benedictionem, sed damnationem præstat.*

Idem *Rufo, et aliis episcopis, epist. XII, c. 3.* [69]

Ventum est ad tertiam quæstionem, quæ pro sui difficultate longiorem exigit disputationem. Quum nos dicamus [70] ab hæreticis ordinatos vulneratum per illam manus impositionem habere captu, ubi vulnus infixum est, medicina est adhibenda, qua [71] possit recipere sanitatem. Quæ sanitas post vulnus secuta sine cicatrice esse non poterit, atque ubi pœnitentiæ remedium necessarium est, illic ordinationis honorem locum habere non posse decernimus [72]. Nam si [73], ut legitur [74], quod [75] tetigerit immundus immundum erit, quomodo ei [76] tribuetur quod munditia ac puritas consuevit accipere? § 1. Sed econtrario [77] asseritur, eum, qui honorem [78] amisit, honorem dare non posse, nec illum aliquid accepisse, quia nihil in dante erat, quod ille posset accipere. Acquiescimus, et verum est certe, quia quod non habuit dare non potuit. Damnationem utique, quum habuit, per pravam manus impositionem dedit, et qui particeps effectus [79] est damnato [80], quomodo debeat honorem accipere invenire non possum. § 2. Sed dicitur vera ac justa legitimi sacerdotis benedictio auferre omne vitium, quod a vitioso fuerat injectum. Ergo si ita est, applicentur ad ordinationem sacrilegi, 'adulteri,' atque omnium criminum rei, quia benedictione [81] ordinationis crimina vel vitia putantur auferri; nullus sit pœnitentiæ locus, quia id potest præstare ordinatio, quod longa satisfactio præstare consuevit. Sed nostræ lex ecclesiæ est venientibus ab hæreticis, qui tamen illic baptizati sunt, per manus impositionem laicam tantum tribuere communionem, ne ex his aliquem in clericatus honorem vel exiguum subrogare.

III. Pars. Gratian. *Sed objicitur: alii hæretici a fide exorbitant, simoniaci autem, etsi gratiam Spiritus sancti venalem putant, tamen a fide alieni non sunt, atque ideo, quod ab Innocentio de ceteris hæreticis decernitur, non valet de his consequenter intelligi. His ita respondetur: Simoniaci etsi fidem tenere videantur, infidelitatis tamen perditioni subjiciuntur.*

---

## NOTATIONES CORRECTORUM.

[o] *Non subsistit*: Simoniaci recipiunt quidem characterem, sed sunt ipso facto suspensi. Ita ratione habita usus vere dici potest ipsorum sacerdotium non subsistere, ac propterea rectissime B. Gregorius l. 10, epist. 33. Victori episcopo scribens, simoniacam ordinationem vocat illicitam et effectu carentem.

[P] In hoc capite non referuntur ipsa prorsus verba Innocentii, quæ tamen habentur partim infra. ead. c. *Arianos.* partim in capite nunc sequenti. *Ventum est*, in versiculo: *Sed econtrario.*

---

Quæst. I. C. XVI. [65] *facultatem patrimonii*: Edd. coll. o. [66] c. scr. A. 415. — Ans. l. 6, c. 73 (78). = C. XVII. [67] ex ep. ad Rufum cf. c. sequ. [68] cf. c. 73, 97 et 98, infra ead. C. XVIII. [69] scr. A. 414. — Coll. tr. p. p. 1, t. 38, c. 12, 13. Ans. l. 1. Ivo P.n. l. 3, c. 130. Decr. p. 6, c. 59 (60). Polyc. l. 2, t. 31, et l. 7, t. 7. [70] *dicimus*: Edd. coll. o. [71] *quo*: Coll. Hisp. — *ut*: Constant. [72] abest a Constant. — *posse constat*: Ans. [73] *Nam si sicut*: Edd. Lugdd. II, III. — *Nam sicut*: Edd. coll. rel. Coll. Hisp. — *Nam*: [74] Num. c. 19, c. 22. [75] *qui tetigerit immundum immundus erit*: Edd. coll. o. [76] *agi*: Ed. Bas. [77] *econtra*: Edd. coll. o. — orig. — Ans. Ivo. [78] *honores*: Ed. Bas. [79] *factus est*: Ed. Bas. — *factus sit*: Edd. coll. rel. [80] *damnati*: Ed. Bas. — *damnationis*: Edd. coll. rel. — Bohm. — Constant. [81] *per benedictionem*: orig.

*Unde* B. Ambrosius *in lib. II, de poenit. cap.* 4, *ad-* **A** *versus Novatianos scribit, dicens:*

**C. XIX.** *Simoniaci fidei integritatem non habent.*

Petrus Simoni [82], qui magicæ artis consuetudine depravatus putasset, quod gratiam Christi per impositionem manus atque infusionem Spiritus sancti compararet pecunia, ait [83] : *Non est tibi pars, neque sors* [84] *in hac fide* q, *quia cor tuum non est rectum apud Deum*, etc. Vides, quod hunc magica vanitate [85] blasphemantem in Spiritum [86] sanctum apostolica auctoritate condemnet, et eo magis, quia puram conscientiam fidei non habebat.

**C. XX.** *Simoniacus infidelis esse probatur*
*Item* Gregorius *l. IX, ep.* 53, *ad Theodoricum regem* [87].

Quum omnis avaritia idolorum sit servitus, quisquis hanc et maxime in dandis ecclesiasticis honoribus vigilanter non præcavet, infidelitatis perditioni subjicitur, etiamsi tenere fidem quam negligit r videatur.

**C. XXI.** *Simoniacorum hæresis ceteris damnabilior esse probatur.*

*Item ex epist.* Tarasii Constantinopolitani Episcopi, *missa Papæ Hadriano* s [88].

Eos, qui per pecunias manus imposuerunt vel im-

## NOTATIONES CORRECTORUM.

**C. XIX.** q *In hac fide*: Vulgata editio habet: **B** *in sermone isto*. Græce est: ἐν τῷ λόγῳ τούτῳ.

**C. XX.** r *Quam negligit*: Sic est emendatum ex manuscriptis exemplaribus et originali. In vulgatis enim legebatur: *fidem verbis, quam negat facto, videatur* '.

**C. XXI.** s *Caput hoc est pars epistolæ Tarasii ad Hadrianum. Sed immutata est aliquot locis series verborum, et epitome quædam adhibita, quemadmodum et apud Anselmum. Integra habetur manuscripta post* VII *synodum in Vaticana bibliotheca, et in græcis ejus synodi codicibus, et in latina ex versione Anastasii Bibliothecarii. Exstat etiam latine impressa apud Balsamonem. Sed in ea versione aut interpretis, aut exemplaris, quod secutus est, vitio flagitiosum mendum inest. Nam ubi Tarasius Hadrianum mirifice laudat, interpres reprehendentem inducit his verbis: Fraterna ergo vestra sacerdotalis sanctitas, quæ non jure, nec ex Dei voluntate pontificale munus administrat, magna laborat infamia*: quamvis cum alia multa, tum proxime sequentia verba manifeste repugnent, in quibus eum vocat **C** virum desideriorum Spiritus, et aliis præclaris titulis ornat. Exemplaria quidem græca Vaticana, et VII synodi, et ipsius Balsamonis optime habent. Quare necessarium visum est, priorem epistolæ partem cum græce, tum nova cum versione afferre; reliqua ex Balsamone impresso peti poterunt.

Τῷ τὰ πάντα ἁγιωτάτῳ καὶ μακαριωτάτῳ ἀδελφῷ καὶ συλλειτουργῷ κυρίῳ Ἀδριανῷ Πάπα τῆς πρεσβυτέρας Ῥώμης, Ταράσιος ἀνάξιος Ἐπίσκοπος Κωνσταντινουπόλεως ἐν Κυρίῳ χαίρειν. Πολυμερῶς καὶ πολυτρόπως εὐαγγελικῶς καὶ ἀποστολικῶς τε καὶ πατρικῶς διδασκόμεθα ἀφιλάργυρον τὸν τρόπον ἔχειν ἐν τῇ τῆς ἱερωσύνης ἁγιστείᾳ, καὶ μὴ χρυσίζεσθαι, ἢ ἀργυρίζεσθαι ἢ τι σφετερίζεσθαι ἐπὶ χειροτονείᾳ παντὸς ἱερατικοῦ ἀνδρός, ὡς ὑποδείξομεν ἐν ταῖς καθ' ὑποτεταγμέναις χρήσεσιν, ἀπό τε γραφικῶν ὑπηγοριῶν καὶ πατρικῶν διδασκαλιῶν. Οἱ γὰρ ἐπιτιθέντες τὰς χεῖρας ὑπηρέται τοῦ πνεύματός εἰσιν, οὐχὶ πρᾶται τοῦ πνεύματος. Δωρεὰν γὰρ λαβόντες τὴν χάριν τοῦ πνεύματος, δωρεὰν **D** διδοῦσι τοῖς παρ' αὐτῶν μεταλαμβάνουσιν ἀπεφοίνατο ἐκ τῆς κυριακῆς φωνῆς ταύτην τὴν ἐλευθεριότητα εἰληφότες. Εἰ δέ τις ἐλεγχθείη χρυσίου ταύτην ὠνησάμενος, ἀπόβλητον διαγορεύουσι τὸν τοιοῦτον τῆς ἱερατικῆς τάξεως [al. ἀξίας]. Καὶ εἰ καὶ ὀνόματι τῆς ἱερωσύνης κεκλήρωται, ἀλλ' οὐ διαψεύδεται ὁ λόγος, ἐπὶ τῷ πράγματι. Οὐδεὶς γὰρ Θεῷ δουλεύειν δύναται καὶ μαμμωνᾷ, ὡς εὐαγγελικῶς ἐμάθομεν. Καὶ ἐπεὶ ἠκούσαμεν προφητικῶς τοῦ Θεοῦ βοῶντος ἱερεῖς λαλήσατε εἰς τὴν καρδίαν Ἰερουσαλήμ, αὖθις τε ἐπαπειλοῦντες καὶ λέγοντος· ὁ

σκοπὸς ἐὰν ἴδῃ τὴν ῥομφαίαν ἐρχομένην, καὶ μὴ σημάνῃ τῇ σάλπιγγι, καὶ ὁ λαὸς μὴ φυλάξηται, καὶ ἐλθοῦσα ἡ ῥομφαία λάβῃ ἐξ αὐτῶν ψυχήν, τὸ αἷμα ἐκ τῆς χειρὸς τοῦ σκοποῦ ἐκζητήσω, φόβῳ τοῦ τῆς σιωπῆς κατακρίματος ἀναγγέλλομεν τοῖς προέδροις πᾶσι τῶν καθ' ἡμᾶς ἐκκλησιῶν, ἵνα μετὰ παρρησίας κατὰ τὸν θεῖον ἀπόστολον εἴπωμεν· καθαροί ἐσμεν ἀπὸ τοῦ αἵματος τῶν παραβαινόντων τὰς κανονικὰς διατάξεις, καὶ πάνυγε μᾶλλον τῶν ἐπὶ χρήμασι χειροτονησάντων ἢ χειροτονηθέντων, Πέτρου τοῦ θείου ἀποστόλου, οὗ καὶ τὴν καθέδραν ἐκληρώσατο ἡ ἀδελφικὴ ὑμῶν ἁγιότης, ὡς Σίμωνα τὸν μάγον, τούτους καθελόντος. Τοῦτου ἕνεκεν οὐχ' ὑποστελλόμεθα τοῦ ἀναγγέλλειν τὴν ἀλήθειαν, φυλάττοντες καὶ κρατοῦντες τὰ παρὰ τῶν ἁγίων καὶ πανευφήμων ἀποστόλων, καὶ τῶν ἀοιδίμων αὐτῶν πατρῶν ἡμῶν κανονικῶς ἐκδοθέντα. Καὶ εἴ τι τούτων παρεβάθη ὑπό τινων, βδελυττόμεθα. Ἡ οὖν ἀδελφικὴ ὑμῶν ἀρχιερωπρεπὴς ἁγιωσύνη ἐνθέσμως καὶ κατὰ Θεοῦ βούλησιν πρυτανεύουσα τὴν ἱεραρχικὴν ἁγιστείαν, διαδόντω ἔχει τὴν δόξαν. Εἴρηκε γὰρ διὰ τοῦ προφήτου ὁ πρῶτος καὶ μέγας ἀρχιερεὺς ὁ Χριστὸς ὁ Θεὸς ἡμῶν· ζῶ ἐγώ, ἀλλ' ἢ τοὺς δοξάζοντάς με δοξάσω. Οἶδας γάρ, ἄνερ ἐπιθυμιῶν τῶν τοῦ πνεύματος, ὅτι φορητοτέρα μᾶλλόν ἐστι Μακεδονίου καὶ τῶν ἀμφ' αὐτὸν πνευματομάχων ἡ δυσσεβὴς αἵρεσις. Ἐκεῖνοι γὰρ κτίσμα καὶ δοῦλον τοῦ ἁγίου καὶ Πατρὸς τὸ ἅγιον πνεῦμα ληροδοῦντων, οὗτοι ἑαυτῶν, ὡς δοκοῦσι, δοῦλον αὐτὸ ποιοῦσι. Πᾶς γὰρ δεσπότης ὅτ' ἂν ἔχοι, εἰ βούλοιτο, πιπράσκει, εἴτε οἰκέτην, εἴτε ἕτερον, ὧν κέκτηται. Ὡσαύτως καὶ ὁ ἀγοράσας, δεσπότης βουλόμενος εἶναι τοῦ ἠγορασμένου. διὰ τιμὴν ἀργυρίου τοῦτο κτᾶται. Οὕτως οἱ ταύτην τὴν ἄθεσμον πρᾶξιν ἐργαζόμενοι καταβιβάζουσι τὸ πνεῦμα τὸ ἅγιον, ἴσα ἁμαρτάνοντες τοῖς βλασφημοῦσιν, ἐν βεελζεβοὺλ ἐκβάλλειν τὰ δαιμόνια τὸν Χριστόν, ἤ, τόγε ἀληθέστερον εἰπεῖν, παρεοίκασιν Ἰούδᾳ τῷ προδότῃ, ὅς τοῖς θεοκτόνοις Ἰουδαίοις τιμῆς ἀργυρίου τὸν κύριον ἀπημπολήσατο. Ὡς οὖν τὸ ἅγιον πνεῦμα ὁμοούσιόν ἐστι Χριστῷ τῷ Θεῷ ἡμῶν, τῆς αὐτῆς παντίπου δῆλον ἔσονται μερίδος, ὡς ἀποδέδεικται. Εἰ δὲ οὐ πιπράσκεται, πρόδηλον γάρ, οὐδαμῶς, ἀναμφιλέκτως οὐκ ἔστιν ἐν αὐτοῖς ἡ χάρις τοῦ ἁγίου πνεύματος, ἤτοι [al. εἴτ' οὖν] ἡ τῆς ἱερωσύνης ἁγιστεία, καὶ ὃ οὐκ ἔλαβον οὐδὲ ἔχουσι. Μνησθήτωσαν τοῦ ἁγίου Πέτρου πρὸς τὸν τοῦτο ἐπιτηδεύσαντα εἰρηκότος· οὐκ ἔστι σοι μερίς, οὐδὲ κλῆρος ἐν τῷ λόγῳ. Εἰ γὰρ ἀπεμπολεῖται ἡ τῆς ἱερωσύνης ἀξία, ἄρα [al. ἄρα] περιττὴ παρ' αὐτοῖς ἡ κατὰ τὸν βίον σεμνὴ πολιτεία, καὶ ἡ ἐν ἁγνείᾳ καὶ ἀρετῇ ἀναστροφή. Περιττὸν κατ' αὐτοὺς καὶ Παῦλος ὁ θεῖος ἀπόστολος, διδάσκων, δεῖν τὸν ἐπίσκοπον ἀνεπίλημπτον εἶναι, σώφρονα, κόσμιον, διδακτικόν, ἐγκρατῆ, νηφάλιον, ἀντεχόμενον τοῦ κατὰ τὴν διδαχὴν πιστοῦ λόγου, ἵνα δυνατὸς ᾗ καὶ παρακαλεῖν ἐν τῇ ὑγιαινούσῃ

---

Quæst. I. C. XIX. [81] *quum* Simon : Edd. coll. o.— [83] Act. c. 8. — ' add. : *aliqua* : Ed. Bas. — [85] *arte* : ib. — [86] *Spiritu sancto* : Edd. coll. o. pr. Lugdd. II, III. = C. XX. [87] Ep. 59 (scr. A. 601), l. 11. Ed. Maur. — ' Edd. coll. o. pr. Bas., in qua legitur ut est restitutum. = C. XXI. [88] scr. A. 787. — Ans. l. 6, c. 86 (83). Deusd. p. 2.

ponunt Petrus divinus Apostolus (cujus cathedram sortita est sanctitas vestra) tanquam Simonem magum deponit. *Et infra*: § 1. Tolerabilior est enim Macedonii et eorum, qui circa ipsum sunt, Spiritus sancti impugnatorum impia hæresis. Illi enim creaturam et servum Dei Patris et Filii Spiritum sanctum delirando fatentur, isti vero eundem Spiritum[89] efficiunt suum servum. Omnis enim dominus quod habet, si vult, vendit, sive servum sive aliquid aliud eorum, quæ possidet. Similiter et qui emit, dominus ejus volens esse quod emerit, per pretium pecuniæ illud acquirit. Ita et qui hanc iniquam actionem operantur, detrahunt Spiritui sancto, æqualiter peccantes his, qui blasphemaverunt, dicentes[90], Christum in Beelzebub ejicere dæmonia[91] atque, ut verius dicamus, Judæ comparantur proditori, qui Judæis Dei[92] occisoribus Christum vendidit. Quum ergo Spiritus sanctus consubstantialis sit Christo, ejusdem 'omnino et' ipsi portionis erunt. Et proculdubio in eis non est gratia Spiritus sancti, id est sacerdotii sanctitas. Nam quod non acceperunt non habent. Ait enim Petrus Simon[93] : *Non est tibi pars neque sors in sermone isto, quia existimasti donum Dei pecunia possideri.* Et supra: § 2. Nam et vicesimus nonus canon sanctorum apostolorum, et actus eorundem, et tertius et quartus liber regnorum, alienum omnino a sacerdotio pronuntiant eum, qui aliquando dederit vel acceperit pecuniam in aliquo tempore, sive ante manus impositionem, 'sive in ipsa manus impositione', sive post[94]. Accipere enim est quandocunque accipere.

## NOTATIONES CORRECTORUM.

διδασκαλία, καὶ τοὺς ἀντιλέγοντας ἐλέγχειν. Οὔκεται τοίνυν ταῦτα πάντα ἐκ τοῦ πράτου, καὶ ἀγοραστοῦ τῆς ἱερωσύνης. Αἱ οὖν ὑποκείμεναι ἁγιολέκται χρήσεις ἀλλότριον πάντα τῆς ἱερωσύνης ἀποφαίνονται, τὸν ποτὲ δόντα ἢ λαβόντα ἐν οἴῳ δήποτε χρόνῳ, εἴτε καὶ πρὸ τῆς χειροτονίας, εἴτε καὶ ἐν τῇ χειροτονίᾳ, εἴτε καὶ μετὰ τὴν χειροτονίαν. Λαβεῖν γάρ ἐστι τὸ λαβεῖν ὅτε δήποτε. Ἀλλὰ καὶ πάσας τὰς προβολὰς τὰς ἐκκλησιαστικὰς ἀφορίζουσιν [al. ἀφαιροῦσιν] ἐπὶ τῇ τῶν χρημάτων δόσει.

*Fratri et comministro usquequaque sanctissimo et beatissimo Domino Hadriano Papæ veteris Romæ. Tarasius indignus episcopus Constantinopolis novæ Romæ in Domino S. Multipliciter multisque modis ex evangelio et apostolorum Patrumque præceptis docemur, in sanctificatione sacerdotii mores ab avaritia longe alienos præstare, neque in ullius sacerdotalis viri ordinatione aurum argentumve accipere aut aliud quippiam nobis vendicare, quod sententiæ ex divinis scripturis et Patrum doctrinis infra subjectæ demonstrabunt. Qui enim manus imponunt, ministri sunt Spiritus, non venditores Spiritus, nam quum gratis gratiam Spiritus acceperint, gratis etiam iis, qui ab ipsis accipiunt, darejussi sunt ex voce Domini, hac ipsa libertate potestateque accepta. Quod si quis eam auro emisse convictus fuerit, hunc ex sacerdotali ordine excidisse pronuntiant quanquam nomine sacerdotium sortitus est, sed in eum falso nomen istud conferri re ipsa comprobatur. Nemo[95] enim potest Deo et mammonæ servire, prout ex evangelio didicimus. Et quoniam audivimus Deum per os Prophetæ*[96] *clamantem* : Sacerdotes loquimini ad cor Hierusalem, rursusque minantem ac dicentem*: Si speculator viderit gladium venientem, et non insonuerit buccina, et populus se non custodierit, veneritque gladius, et tulerit de his animam, ille quidem in iniquitate sua captus est, sanguinem autem ejus de manu speculatoris requiram : *hujus igitur, quæ ex silentio imminet, condemnationis metu, omnibus earum, quæ apud nos sunt, ecclesiarum præfectis annunciamus, ita ut fidenter divinum apostolum*[97] *imitantes dicamus, mundi sumus a sanguine eorum, qui ob pecunias ordinaverunt aut ordinati sunt, quippe cum Petrus, divinus ille apostolus cujus et cathedram sortita est fraterna vestra sanctitas, hos deposuerit, ut Simonem magum. Propterea non refugimus, quin veritatem prædicemus, servantes ac retinentes ea, quæ a sanctis et omniquaque benedictis apostolis et ab inclitis Patribus nostris canonice sunt tradita. Et si quid horum ab aliquibus violatum est, aversamur. Fraterna igitur vestra summo sacerdotio congruens sanctitas, legitime et apte ad voluntatem Dei sacerdotalem sanctificationem administrans, celebrem adepta est gloriam. Dixit enim per Prophetam*** primus et magnus pontifex Christus : Vivo ego, nisi eos, qui me glorificant, glorificabo. *Nosti enim, o vir eorum desideriorum, quæ Spiritus sunt, longe tolerabiliorem esse Macedonii et eorum, qui ab illo, sancti Spiritus impugnatorum hæresim. Nam quod illi sanctum Spiritum Dei et Patris creaturam et servum nugentur, hi suum ipsorum, quantum putant, servum ipsum faciunt. Omnis enim Dominus quicquid habet, quum libuerit, vendit, sive famulum, sive aliquid aliud ex his, quæ possidet. Similiter et qui emit, volens emtæ rei dominus fieri, argenti pretio eam acquirit. Ita qui hoc nefarium facinus admittunt, sanctum deprimunt Spiritum, æque peccantes atque illi, qui Christum in Beelzebub ejicere dæmonia ore blasphemo dicebant, vel, ut verius dicam, Judæ proditori sunt similes, qui Dei interfectoribus Judæis argenti pretio Dominum vendidit. Quando igitur Spiritus sanctus consubstantialis est Christo Deo nostro, perspicuum omnino est, eos in eadem parte ac sorte numerandos esse, ut demonstravimus. Quod si non venditur, quemadmodum certe non venditur, compertissimum quoque est, in* istis sancti Spiritus gratiam non esse aut sacerdotii sanctificationem, et quod non acceperunt non habent. Meminerint S. Petri ad eum, qui id procurarat, hoc modo dicentis† : Non est tibi pars, neque sors in sermone isto. Nam si venditur sacerdotii dignitas, supervacua igitur apud ipsos est honesta vitæ institutio et puritatis virtutisque cultus; supervacuus et ipsos et Paulus divinus apostolus ††, docens oportere episcopum esse sine crimine, temperantem, modestum, aptum ad docendum, continentem, sobrium, insistentem fideli secundum doctrinam sermoni, ut potens sit et exhortari in doctrina sana et contradicentes refellere. Pereunt igitur hæc omnia ex eo quod sacerdotium venditur et emitur. Subjectæ igitur sententiæ ex sanctis collectæ alienum omnino a sacerdotio pronuntiant eum qui quocunque tempore dederit vel acceperit, sive ante ordinationem, sive in ordinatione, sive post ordinationem. Accipere enim est quandocunque accipere. Sed et omnes ecclesiasticas promotiones, in quibus pecunia intervenit, irritas esse jubent.*

---

Quæst. I. C. XXI. [87] Matth. c. 6, v. 24 [88] Esa. c. 40, v. 2. * Ezech. c. 33, v. 6. [92] Act. c. 20. *** 1 Reg. c. 2, v. 30. † Act. c. 8, v. 21. †† 1 Tim. c. 3, v. 1. [89] add. : *sanctum* : Edd. coll. o. [90] Matth. c. 12. [91] *dæmonium.* Ed. Bas. [92] abest ab Edd. coll. o. pr. Bas. [93] Act. c. 8. [94] add. : *manus impositionem* : Edd. Bas. ex Ans.

**C. XXII.** *Et qui dat et qui accipit, ut ordines sacri præstentur, anathema sit.*

*Item ex Concilio Bracarensi II, c. 3.*[95]

Placuit, ut de ordinatione clericorum episcopi munera nulla accipiant, sed, sicut scriptum est[96], quod gratis donante Deo accipiunt gratis dent. Non aliquo pretio gratia Dei[97] et impositio manuum venundetur, quia antiqua definitio Patrum ita de ecclesiasticis ordinationibus statuit, dicens[98]: *Anathema sit danti et accipienti.* Propterea, quia aliquanti multis sceleribus obruti sancto altario indigne ministrantes, non hoc[99] testimonio bonorum actuum[100], sed profusione munerum obtinent, oportet[101] non per gratiam munerum, sed per diligentem prius discussionem, deinde per multorum testimonium clericos ordinare.

Gratian. *Ex illa auctoritate B. Ambrosii et Gregorii patet, quod simoniaci (sicut et alii hæretici) a fide exorbitant, et ideo consequenter de illis intelligitur, quod de aliis decernitur.*

**IV Pars. § 1.** *Item opponitur, quod prophetia donum Spiritus sancti est, hæc autem in veteri testamento a sanctis prophetis vendi consueverat. Unde Saul ad Samuelem pro vaticinio expetendo non nisi cum munere ire præsumsit. Uxor etiam Hieroboam ad hominem Dei non nisi cum munere accessit. Item Christus a Juda venditus auriculam servi sanavit. Exemplo itaque Saulis et uxoris Hieroboam patet, quod donum Spiritus sancti emere vel vendere non est peccatum. Exemplo Christi liquet, quod Spiritus sanctus, etsi injuste a simoniacis venalis putetur, virtutis tamen suæ non obliviscitur, nec desinit effectum suæ gratiæ etiam venditus præstare. Sed de prophetia B. Hieronymus in c. 3 Michææ competenter solvit, malos tantum accepisse, non bonos denuncians:*

**C. XXIII.** *Mali prophetæ, non boni prophetiam vendebant*[t].

« Judices, » inquit, « ejus in muneribus judicabant, 'et' sacerdotes ejus in mercede respondebant, et prophetæ ejus in pecunia[102] divinabant, et super Dominum requirebant, dicentes: Nonne Dominus in nobis est? Non venient super nos[103] mala. Idcirco propter vos[104] Sion quasi ager arabitur, et Hierusalem ut custodia pomarii[105] erit. » Nemo ambigit[106], Hierusalem propter scelera, quæ in hoc capitulo describuntur[107], fuisse subversam. *Et infra:* § 1. Poterat 'utique' Petrus Simoni mago vendere quod petebat; imo poterat simulare[108] vendentem (Spiritus enim sanctus nec venundari[109], nec emi potest); sed oblatam pecuniam cum offerente damnavit. *Et paulo post:* § 2. Nec quenquam moveat illud quod in primo Regum[110] libro legimus, Saulém volentem ire ad Samuelem dixisse puero suo, ad eum se ire non posse, quia pretium[111], quod offerret pro vaticinio, non haberet, et puerum respondisse: *Ecce inventa est in manu mea quarta pars sicli pecuniæ, et dabo viro Dei, et annuntiabit nobis viam nostram.* Non enim scriptum est, quod Samuel acceperit, aut quod illi obtulerint, quin potius a propheta pascuntur, 'et invitantur ad prandium.' Sed fac eum accepisse: stipes magis æstimandæ sunt tabernaculi quam munera prophetiæ[112], siclus enim viginti obolos habet, et quarta[113] pars sicli quinque sunt oboli. Et[114] nostri igitur sacerdotes, si volunt vendere prophetiam, et columbas in cathedris suis proponere, quas Dominus flagello subvertit, quinque tantum obolorum sint mercede contenti, qui[u] utinam non pretia[115] villarum, sed quinque obolos acciperent. § 3. Hoc ipsum sonat et in tertio[116] Regnorum libro, quod[117] uxor Hieroboam infirmante filio pergit ad Achiam hominem Dei, et defert ei decem panes [v] et crustulam et vas mellis, quia hæc magis[w] in sumtum prophetæ, quam muneri[118] prophetiæ reputanda sunt, licet potuerint[119] hi, qui ad ariolos ire consueverant 'quia multi divini et arioli erant in Israel' mala[120] consuetudine æstimasse[121] id ipsum etiam de prophetis, et voluisse[122] sanctis viris offerre quod dixerit, licet, etc.

### NOTATIONES CORRECTORUM.

**C. XXIII.** [t] *Caput hoc in uno vetusto exemplari conjunctum est superiori, et loco primæ dictionis: Judices, legitur: Duces; quemadmodum est apud B. Hieronymum in versione LXX.*

[u] *Quinque tantum obolorum sint mercede contenti, qui:* Ista omnia absunt a recentioribus editionibus B. Hieronymi, atque etiam a vetustioribus, præter dictionem: *qui*. Sed non sunt expuncta, quia sententiæ non officiunt.

[v] *Decem panes:* Sic in vulgata latina B. Hieronymus habet: *panes et uvas passas et vasculum mellis.* In græca autem vulgata et crustula, et uvæ passæ commemorantur: "Ἄρτους, inquit, καὶ κολλύρια τοῖς τέκνοις αὐτοῦ, καὶ σταφυλὰς.

[w] *Quia hæc magis:* Ista usque ad vers. *Licet*, non habentur hic apud B. Hieronymum, sed loco eorum hæc: *Dicitur enim, quid secum illa portaverit, et tamen propheta non scribitur accepisse, quippe quum et corripuerit eam et venturum luctum prædixerit, licet, etc.*

---

QUÆST. I, C. XXII. [95] hab. A. 572. — Ivo Decr. p. 5, c. 128. [96] Matth. c. 10, v. 8. [97] abest ab Ivone. [98] ib. supra c. 2. [99] *ob testimonium*: Ivo. [100] *operum*: Edd. coll. o. [101] add.: *ergo*: Coll. Hisp. — Ivo. = P. IV. C. XXIII. [102] *pecuniis*: Edd. coll. o. pr. Bas. [103] *vos*: Ed. Bas. [104] *nos*: Ed. Arg. [105] *pomeri*: Edd. coll. o. exc. Lugdd. II, III. [106] *ambigat*: Edd. coll. o. [107] *leguntur*: exed. [108] *simulate vendere*: Edd. Bas. Ven. II Par. Lugd. I. — *simulate vendere*: Edd. Arg. Nor. Ven I. [109] *vendi*: Edd. coll. o. [110] *Regorum*: Edd. Arg. Bas. — cf. 1 Reg. c. 9. [111] *quia pretium non est in manu mea, et adjecit: Quarta pars est in manu mea, hanc dabo,* etc.: Edd. coll. o. pr. Lugdd. II, III. [112] *prophetæ*: Edd. coll. o. [113] *quarto ergo*: exed. pr. Lugdd. II, III. [114] abest ab eisdem. [115] *pretium*: exed. [116] 3 Reg. c. 14. — *Regum*: Edd. coll. o. pr. Bas. [117] *de uxore Jeroboam ad hominem Dei pergentem, quæ nonnisi decem panes obtulit et crustulam et vas mellis*: Edd. coll. o. pr. Lugdd. II, III. [118] *in munera*: Ed. Bas. [119] *potuerunt*: Edd. coll. o. pr. Bas. Lugdd. II, III. [120] *ex mala eorum*: Edd. coll. o. [121] *existimasse*: exed. [122] *noluisse*: Ed. Bas.

vinis offerre consueverant. § 4. Unde [122] in quarto [x] [123] libro Regum legitur: *quod Heliseus venit Damascum, et Benadad rex Syriæ ægrotabat, annunciaveruntque ei, dicentes: Venit vir Dei huc, 'et' ait rex ad Azaelem: Tolle tecum munera, et vade in occursum viri Dei, et consule Dominum per eum, dicens, si evadere de infirmitate hac potero. Ivit ergo Azael in occursum ejus, habens secum munera, et omnia bona Damasci, onera quadraginta camelorum. Sed non est credendum accepisse, sicut de eodem Heliseo legitur, quod Naaman mundatus a lepra obtulit ei munera, dicens: Obsecro, ut accipias benedictionem a servo tuo. At ille respondit: Vivit Dominus, ante quem sto, quia non accipiam. Quumque vim faceret, penitus non acquievit.*

C. XXIV. *Quod divinatio in bonum accipitur.*

Idem in eodem capite [y].

Nunquam divinatio 'in scripturis' in bonam partem accipitur. *'Non* [125] *est augurium in Jacob, neque divinatio in Israel.'* Videbantur sibi quidem esse prophetæ, sed quia pecuniam accipiebant, prophetia ipsorum facta est divinatio.

Gratian. *Quum ergo secundum Hieronymum boni prophetæ non munera prophetiæ accipiebant, sed stipes tabernaculi, malis autem, qui accipiebant, prophetia, quæ Dei erat donum in divinationem, quæ diabolica est, convertebatur, quid aliud colligitur, nisi quod simoniacis (quod superius dictum est) nulla spiritualis gratia cooperatur? Quum enim in sacramentis* [126] *neque qui plantat, neque qui rigat, sit aliquid, sed qui incrementum dat, Deus, quis operatur in eis, si Dominus, qui incrementum dat, in eis non lucet, sed est otiosus? Item, quod dicitur de Christo, quod sicut Christus venditus auriculam restituit Malcho, et fecit miracula, sic et Spiritus sanctus possit vendi, et in ipsa venditione suam gratiam operari; non valet hæc similitudo. Non enim hoc operatur Spiritus sanctus spiritualiter in perfidis mercimoniis avaritiæ, quod Christus gessit corporaliter certi mysterii causa ad exemplum patientiæ. Si enim omnifaria est similitudo, quum credatur posse vendi, sicut Christus, credatur etiam Spiritus sanctus posse crucifigi, quod impossibile est. Potest etiam intelligi (ut a similitudine non recedamus), quod sicut Christus venditus non venditori vel ementi, sed eis, qui nescientes aderant dona suæ gratiæ contulit, pro quibus etiam in cruce supplicavit; sic et Spiritus sanctus non vendenti vel ementi, sed his, qui de manibus eorum ignorantia ducti sacramenta dominica accipiunt, suæ gratiæ effectum largiri probatur.* § 1. *Item objicitur, quod etsi malum sit ecclesiastica emere, tamen sæpe sinistra principiæ ad felices perveniunt exitus. Ut Jacob per supplantationem pervenit ad benedictionem, ut seges, quæ leprosa manu seritur, munda tamen metitur, ut ex adulterino concubitu pulchra soboles nascitur: sic et pecunia, quæ per Simoniam acquiritur felicem habet exitum, quum pauperibus profutura erogatur. Sed nihil horum simoniacis patrocinatur.*

Ait enim enim Leo Episcopus ad Mauros Episcopos, epist. LXXXV, al. LXXXVII [127]:

C. XXV. *Quæ malo inchoantur principio, non peraguntur bono exitu.*

Principatus, quem aut seditio extorsit, aut ambitus occupavit, etiamsi moribus atque actibus non offendit [128], ipsius tamen initii sui est perniciosus exemplo. Et difficile est, ut bono peragantur exitu, quæ malo sunt inchoata principio.

C. XXVI. *Non superædificatur bonum opus, ubi Christus fundamentum non est.*

Item Gregorius [Anastasio], Antiocheno episcopo, lib. VII, epist. 47, Indict. 2 [z] [129].

Quum Paulus dicat [130]: *Fundamentum aliud nemo potest ponere, præter id, quod est Christus Jesus,* consequenter probatur, quia ubi Christus non est fundamentum, nullum boni operis est superædificium.

C. XXVII. *Non potest fieri eleemosyna ex pecunia simoniace acquisita.*

Idem Syagrio et aliis Episcopis, lib. VII, epist. 110 [131].

Non est putanda eleemosyna, si pauperibus dispensetur, quod ex illicitis rebus accipitur, quia qui hac intentione male accipit, ut 'quasi' bene dispenset, gravatur potius quam juvatur [a] [132]. *Et paulo post:* § 1. Unde etiam 'illud' certum est, quia etsi monasteria aut xenodochia, vel quid aliud de [133] pecunia, quæ pro sacris ordinibus datur, construantur, mercedi non proficit. *Et paulo post:* § 2. Ne ergo sub obtentu eleemosynæ cum peccato aliquid studeamus accipere, 'aperte' sacra scriptura 'nos' prohibet, dicens [134]: *Hostiæ impiorum abominabiles* [135] *quæ offeruntur ex scelere.* Quicquid enim in

NOTATIONES CORRECTORUM.

[x] *Unde in quarto:* Hæc usque ad finem non sunt inventa apud B. Hieronymum.

C. XXIV. [y] Hoc etiam caput in aliquot vetustis est conjunctum superiori et legitur ut in originali: *Nunquam enim.*

C. XXVI. [z] Apud B. Gregorium sic legitur: *Prædicator autem egregius dicit:* Fundamentum, etc. *Quisquis ergo cum dilectione Dei et proximi fidei* quæ in Christo est, firmitatem tenet, eundem Jesum Christum, Dei et hominis filium apud se posuit fundamentum. Sperandum ergo est, quod ubi Christus fundamentum est, bonorum quoque operum sequatur ædificium.

C. XXVII. [a] *Juvatur:* Si hic interponatur caput, *Eleemosyna,* infra 14, q. 5, erit integer hic locus.

---

Quæst. I. C. XXIII. [123] Hæc videntur Gratiani verba esse. [124] 4 Reg. c. 5. = C. XXIV. [125] Num. c. 23, v. 23. [126] 1 Cor. c. 3, v. 7. [127] scr. c. A. 446. — Ans. l. 6, c. 20. = C. XXV. [128] *offenderit:* Ed. Bas. = C. XXVI. [129] Ep. 49 (scr. A. 599), l. 9 Ed. Maur. [130] 1 Cor. c. 3, v. 11. = C. XXVII. [131] Ep. 106 (scr. A. 599), l. 9 Ed. Maur. — Ans. l. 5, c. 50 (51). Ivo Pan. l. 2, c. 194. Decr. p. 5, c. 112. Polyc. l. 2, t. 1. [132] *juvetur:* Edd. coll. o. [133] *ex:* Edd. coll. o. [134] Prov. c. 21, v. 27. [135] add.: *sunt Domino:* Edd. coll. o. pr. Bas.

Dei sacrificio ex scelere offertur, omnipotentis Dei non placat iracundiam, sed irritat. Hinc rursus scriptum est [136] : *Honora Dominum de tuis justis laboribus.* Qui ergo male tollit, ut quasi bene præbeat, constat sine dubio, quia Dominum non honorat. Hinc quoque per Salomonem [137] dicitur : *Qui offert sacrificium de substantia pauperum, quasi* [138] *victimat filium in conspectu patris.* 'Quantus autem dolor patris sit, perpendamus, si in ejus conspectu filius victimetur,' et hinc facile cognoscimus [139], quantum [140] apud Deum dolor exasperatur, quando ei sacrificium ex rapina tribuitur. Nimis ergo declinandum est, 'dilectissimi fratres,' sub obtentu eleemosynæ peccata simoniacæ hæreseos perpetrare. Nam aliud est propter peccata eleemosynas facere, aliud propter eleemosynas peccata committere b [141]. *Et post pauca :* § 3. Quisquis ergo sacerdotium non ad elationis pompam, sed ad utilitatem adipisci desiderat, prius vires suas cum hoc, quod est subiturus, onere metiatur, ut si impar est, abstineat, et ad id cum metu etiam, cui [142] se sufficere existimat, accedat.

C. XXVIII. *Pastor simoniacus nullam ovibus præbet medicinam.*

Idem [143] *Theodorico et Theoberio* [144] *Regibus Francorum, libro VII, epist.* 114.

Fertur simoniaca hæresis quæ [145] prima contra Dei ecclesiam diabolica plantatione [146] subrepsit, et in ipso ortu suo zelo apostolicæ ultionis percussa atque damnata est in regni vestri finibus dominari, quum in sacerdotibus fides sit eligenda cum vita. Si enim vita deest, fides meritum non habet, B. Jacobo attestante, qui ait † : *Fides sine operibus mortua est.* Quæ enim opera esse valeant sacerdotis, qui honorem [147] tanti sacramenti convincitur obtinere per præmium? *Et post pauca :* § 4. Hinc igitur non solum in ordinatoris et ordinati animam lethale vulnus infligitur, verum, etiam excellentiæ vestræ regnum [148] episcoporum culpa (quorum magis intercessionibus juvari debuerat) prægravatur. Si enim dignus is sacerdotio creditur, cui non actionis [149] merita, sed præmiorum copia suffragatur, restat, ut nihil sibi in ecclesiasticis honoribus gravitas, nihil defendat industria, sed totum auri profanus amor obtineat. Et, dum vitia remunerantur [150] honore, in locum ultoris is, qui fortasse fuerat ulciscendus, adducitur, atque hinc sacerdotes non proficere, sed perire potius judicantur. Vulnerato namque pastore quis curandis ovibus adhibeat medicinam ? aut quomodo populum orationis clypeo tueatur, qui jaculis se hostilibus [151] feriendum exponit ? aut qualem de se fructum producturus est, cujus gravi peste radix infecta est? Major ergo [152] metuenda est locis illis 'fote' calamitas, ubi tales intercessores ad locum regiminis adducuntur, qui Dei in se magis iracundiam provocant, quam per semetipsos placare debuerant.

Gratian. *Quum ergo secundum Leonem simonia non bono peragatur exitu, secundum Gregorium nullum boni operis sequatur ædificium, nec sit putanda eleemosyna, quæ ex pretio simoniæ erogatur pauperibus, vulnerato pastore medicina non adhibeatur curandis ovibus, de infecta radice fructus non producatur, major etiam calamitas in futuro metuatur, de tam sinistro principio quis felix exitus speratur ?*

Hinc etiam Augustinus ait [153] :

C. XXIX. *Simoniacorum sacramenta effectu gratiæ carent.*

Sicut eunuchus fuit, qui [154] Joseph comparavit, ita qui gratiam mercatur, vivum semen non habet siccis genitalibus. Sic quoque ignis [155] sacrificii, qui per septuaginta annos Babylonicæ captivitatis sub aqua vixerat, exstinctus est, Antiocho Jasoni vendente sacerdotium, quod significavit Spiritus sancti ignem non lucere in simoniacis sacramentis.

Gratian. *Quid in his similitudinibus B. Augustinus notare voluit, nisi quia sacramenta simoniacorum (sicut et ceterorum hæreticorum) licet sint vera quantum ad formam, inania tamen et falsa sunt quantum ad effectum, quum non possint in cordibus hominum gignere vel accendere cælestem gratiam?*

V Pars. § 1. *Sed objicitur illud Augustini contra hæreticos tractatu V super evangelium Joannis* [156] :

C. XXX. *Sive bonus, sive malus sit minister, per utrumque effectus gratiæ confertur* c.

Si justus fuerit minister, computo eum cum

NOTATIONES CORRECTORUM.

b *Committere* : Hic apud B. Gregorium interjiciuntur c. *Hoc quoque.* dist. 59, et c. *Sicut Neophytus,* dist. 48.

C. XXX. c *Ab initio hujus capitis usque ad vers.* D *donum Christi,* Algerus lib. 3, citat ex B. Augustino, cujus tamen propria verba habentur infra de consecr. dist. 4, c. *Aliud,* § *Si fuerit.*

---

Quæst. I. C. XXVII. [136] Prov. c. 3, v. 9. [137] Eccl. c. 34, v. 24. [138] *idem est, ac si :* Edd. Bas. Lugdd. — *ac si :* Edd. coll. rel. ex orig. [139] *cognoscitur :* Edd. coll. o. [140] *quantus :* Edd. coll. o. ex orig. [141] *perpetrare :* exd. [142] *qui :* orig.=C. XXVIII. [143] Ep. 110 (scr. A. 599), l. 9 Ed. Maur.—Ans. l. 6. c. 78 (76). Ivo Decr. p. 5, c. 111. Polyc. ib. [144] *Theodeberto :* orig. [145] verba in parenthesi posita desiderantur ap. Ans. [146] *supplantatione :* Edd. coll. o. — Ivo. † Jac. c. 2, v. 17. [147] *honores :* Ed. Bas. — Ivo. [148] *regimen vestrorum :* Edd. coll. o. — *excellentia regia vestra :* Ans. [149] *accusationis :* Ed. Bas. [150] *munerantur :* orig. — *honor remunerat :* Ivo. — Edd. Bas. Lugdd. II, III. — *honore remunerat :* Ed. Lugd. I. — *honore munerat :* Edd. coll. rel. [151] *hostium :* Ivo. — Edd. coll. o. [152] *enim :* Ed. Bas. [153] Caput incertum ; eadem Augustini nomine citantur apud Algerum l. 3, c. 47. = C. XXIX. [154] Gen. c. 39. [155] 2 Mach. c. 1, et 4. — P. V. [156] Ans. l. 9, c. 30 (42). Polyc. l. 3, t. 10. — cf. infr. de cons. Dist. 4, c. 39, § 4.

Paulo, qui gloriam suam non quaerit, dicens Ego [187] *plantavi, Apollo rigavit, Deus autem incrementum dedit.* Qui vero fuerit superbus minister, cum diabolo [188] computatur [189]; sed non contaminatur domum Christi, quia per illum d purus fluvius transit, et venit ad fertilem terram. Scio, quia lapis ex aqua fructum ferre non potest, et si per lapideos canales transit aqua ad areolas, in canali lapideo nihil generatur: sed 'tamen' hortus [190] plurimum fructum affert. Spiritualis enim virtus sacramenti ut lux pura ab illuminandis excipitur; sed per immundos transiens non coinquinatur.

### C. XXXI. *De eodem.*

Idem *ad Vincentium Donatistam, ep. XLVIII*[161].

Ex catholica ecclesia sunt omnia dominica sacramenta, quae sic [162] habetis et datis, quemadmodum [163] habebantur et dabantur 'etiam' prius, quam inde exiretis.

### C. XXXII. *De eodem.*

Idem *de baptismo contra Donatistas, lib. V, c. 19*[164].

Sic [165] autem Deus adest sacramentis et verbis suis, per qualeslibet [166] administrentur, et [167] sacramenta Dei ubique recta sunt, sicut mali homines, quibus nihil prosunt, ubique perversi sunt [168].

### C. XXXIII. *De eodem.*

Idem *lib. IV de bapt. contr. Donatistas, c. 12* [169].

Nec foris ergo, sicut nec intus quisquam, qui ex parte diaboli [170] est, potest vel in se, vel in quoquam maculare sacramentum, quod Christi est.

### C. XXXIV. *Sacramenta, quae non mutantur, catholicis et haereticis communia probantur.*

Idem Augustinus *ad Emeritum, epist. CLXIV* [171].

Sacramenta, quae non mutastis, sicut habetis approbantur a nobis, ne forte, quum vestram pravitatem corrigere volumus, illis mysteriis 'Christi', quae in vestra pravitate depravata non sunt, sacrilegam faciamus injuriam, Neque 'enim et' Saul [172] depravaverat unctionem, quam acceperat, cui unctioni A tantum honorem 'rex' David, pius [173] 'Dei servus', exhibuit.

### C. XXXV. *De eodem.*

Idem *ad Donatistas* *.

Sicut ficti veraciter non [174] ficte recipiunt, nec eorum baptisma reprobatur, sic et illa, quae schismatici vel haeretici, 'si' non aliter habent, nec aliter agunt quam vera ecclesia, quum ad nos veniunt, non emendamus, sed potius approbamus.

### C. XXXVI. *Non fugiantur sacramenta Dei, a quocunque ministrentur.*

Idem *contra literas Petiliani, lib. III, c. 9* † [175].

Neque in homine bono aliquis Dei sacramenta fugiat, neque in homine malo.

### C. XXXVII. *Hominum malitia sacramenta non profanat.*

Idem *de baptismo contra Donatistas, l. VI, c. 44.*

Nonne Sodomitae ethnici [176] erant, id est gentiles? Pejores ergo 'erant' Judaei, quibus Dominus dicit [177]: *Tolerabilius erit Sodomis in die judicii quam vobis,* et quibus Propheta [178] dicit: *Justificastis Sodomam,* id est 'in' comparatione vestri [179] justa facta est. Numquid tamen ideo sacramenta divina, quae apud Judaeos erant, talia erant, quales ipsi † erant? quae Dominus ipse quoque praecepit, et ad ea celebranda leprosos [180], quos mundaverat, misit, et ea Zachariae †† ministranti angelus adstitit, eumque in templo sacrificantem exauditum esse nunciavit. Haec eadem sacramenta et in bonis hominibus illius temporis erant, et in malis pejoribus quam sint ethnici, quandoquidem Sodomitis in malitia praelati sunt, et tamen illa sacramenta erant in utrisque integra atque divina. Nam et ipsi gentiles, si quid divinum et rectum in doctrinis suis habere potuerunt, non improbaverunt sancti nostri [181], quamvis illi per suas superstitiones, et idololatriam, et superbiam, caeterosque perditos mores detestandi essent, nisi corrigerentur divino judicio puniendi.

### NOTATIONES CORRECTORUM.

d *Quia per illum*: Apud B. Augustinum tractatu 5 legitur: *Quod per illum fluit purum est, quod per illum transit liquidum venit ad fertilem terram, puta, quia ipse lapideus est, quia ex aqua fructum ferre non potest. Per lapideum canalem transit aqua ad areolas, in canali lapideo nihil generans, sed tamen hortis plurimum fructum affert. Spiritualis enim virtus sacramenti ita est ut lux, et ab illuminandis pura excipitur, et si per immundum transeat, non inquinatur.*

C. XXXV. e *Verba ipsa prioris partis hujus capitis usque ad vers. Reprobatur*, non sunt inventa apud B. Augustinum, sed habetur sententia lib. 1 de baptismo contra Donatistas, c. 12. Reliqua autem hujus capitis pars est in eodem lib. c. 13.

C. XXXVI. f Libro 3, contra literas Petiliani, unde videtur sumtum esse hoc caput, sic legitur: *Nemo glorietur nec in homine bono; nemo bona Dei fugiat nec in homine malo.* Hoc autem caput significatur supra dist. 32, c. *Praeter*, § *Verum principia.*

Quaest. I. C. XXX. [187] 1 Cor. c. 3, v. 7. [188] *Zabulo*: Edd. coll. o. [189] *computabitur*: Edd. Ven. I, II. Nor. Lugd. * et apud Anselm. [190] *ortus*: Edd. Arg. Bas. Nor. Lugd. II, III. — *hortis*: Böhm. =C. XXXI. [161] scr. c. A. 408. Polyc. l. 3, t. 10. [162] *sicut*: Edd. coll. o. pr. Bas. [163] *sicut*: Ed. Bas. — *sic*: Edd. coll. o. = C. XXXII. [164] Ans. l. 9, c. 49. Ivo Decr. p. 1, c. 117. [165]*Si*: orig. — Ivo Ans. [166] *quoscunque*: Edd. coll. o. [167] *quorum sacr. et verba*: eaed. [168] *add.: i. e. foris et intus*: exd. =C. XXXIII. [169] Ans. l. 9, c. 48. Polyc. ib. [170] *patre diabolo*: orig. =C. XXXIV. [171] scr. A. 405. Ep. 57. Ed. Maur. — Polyc. l. 7, t. 10. [172] 1 Reg. c. 24. [173] *prius*: Ed. Lugd. II. — add.: *saepe*: Ed. Bas. — *saepius*: Edd. coll. rel.=C. XXXV. [174] *et non*: Ed Bas. = C. XXXVI. [175] Ivo Decr. p. 10, c. 75. = C. XXXVII. [176] *et ethnici*: Ed. Bas. [177] Matth. c. 10, v. 15. [178] Ezech. c. 16, v. 51. [179] *vestra*: Edd. coll. o. pr. Bas. Lugd. II, III. † *et ipsi*: Edd. coll. o. [180] Zach. c. 1. †† Luc. c. 17. [181] *viri*: Edd. coll. o. pr. Bas.

**C. XXXVIII.** *Sacramenta mali habere possunt, licet virtutem Spiritus sancti habere non possint.*

Idem *lib. III, cap.* 16 [185].

Multæ autem operationes sunt Spiritus sancti, quas Apostolus [182] quum quodam loco, 'quantum [184] sufficere arbitratus est' commemorasset, ita conclusit [185]: *Omnia autem hæc operatur unus atque idem Spiritus, dividens singulis* [186] *prout vult.* Quum ergo aliud sit sacramentum, quod habere etiam Simon magus potuit, aliud prophetia, quæ in malis hominibus etiam fieri solet, ut [187] in Saul, aliud operatio ejusdem Spiritus, quam nisi boni habere non possunt, sicut [188] est '*finis præcepti' caritas de corde puro, et conscientia bona, et fide non ficta;'* quodlibet [189] hæretici et schismatici accipiant [190], caritas [191], quæ cooperit [192] *multitudinem peccatorum,* proprium donum est catholicæ unitatis et pacis, nec est in omnibus [193], quia nec ejus sunt omnes.

**C. XXXIX.** *Licet sacramenta mali ministrent, remissionem peccatorum non præstant.*

Idem *eodem libro, c.* 18 [194].

Remissionem [195] peccatorum avari non dabant [196], quæ per orationes † 'sanctorum', id est per columbæ gemitus, datur, quicunque baptizet [197], si [198] ad ejus pacem illi pertinent, quibus datur. Non enim raptoribus et fœneratoribus diceret [199] Dominus [200]: *Si cui dimiseritis peccata, remittuntur* [201] *illi; si cui tenueritis, tenebuntur.* Foris quidem nec ligari aliquid [202] potest, nec solvi, ubi, non sit qui aut ligare [203] possit, aut solvere [204], sed solvitur qui cum columba fecerit pacem, et ligatur, qui cum columba non habet pacem, sive aperte foris sit, sive intus esse videatur.

Gratian. *Si ergo sacramenta in modum lucis ab immundis coinquinari non possunt, si in modum puri fluvii per lapideos canales ad fertiles areolas perveniunt, patet quod simoniaci sacramentum unctionis sibi quidem inutiliter et perniciose habent, aliis autem utiliter et salubriter eamdem unctionem administrant. Sicut ergo sunt vera sacramenta hæreticorum quantum ad formam, ita sunt vera et non inania quantum ad effectum.*

VI Pars. *Sed notandum est, quod sacramentorum alia sunt necessitatis, alia dignitatis. Quia enim necessitas non habet legem, sed ipsa sibi facit legem, illa sacramenta, quæ saluti sunt necessaria, quia iterari non possunt, quum sint vera, auferri vel amitti non debent, sed cum pœnitentia rata esse permittuntur. Illa vero sacramenta, quæ sunt dignitatis, nisi digne fuerint administrata, ita ut digni digne a dignis provehantur, dignitates esse desinunt, non ut minuatur veritas sacramenti, sed ut cesset officium administrandi, vel loco, vel tempore, vel promotione.*

Loco, ut ait Leo ad Rusticum, Narbonensem Episcopum, *epistola XC al. XCII, cap.* 1 [205]:

**C. XL.** *De his, qui a pseudoepiscopis ordinantur.*

Si qui 'clerici' ab 'istis' pseudoepiscopis in eis ecclesiis ordinati sunt [206], quæ [207] ad proprios episcopos pertinebant, et ordinatio eorum cum consensu et judicio præsidentium facta est, potest rata haberi, ita ut in ipsis ecclesiis perseverent. Aliter 'autem' vana est habenda ordinatio, quæ [208] nec loco fundata est, nec auctoritate munita.

Gratian. *Ecce aliquis a pseudoepiscopis ordinatus, si locum suæ ordinationis mutaverit, vana est et sine administratione erit talis ordinatio.*

Tempore, ut ait Innocentius *epist. XXII, c.* 5, *de ordinatis a Bonoso* [209]:

**C. XLI.** *Quæ pro necessitate conceduntur, eadem cessante, cessabunt.*

Quod pro necessitate temporis statutum est, cessante necessitate debet 'utique' cessare pariter quod urgebat, quia alius [210] est ordo legitimus, alia usurpatio, 'quam ad præsens fieri tempus impellit'.

Gratian. *Ergo aliquis alio tempore ab eo, qui Bonoso similis sit, ordinatus, cessabit ab administratione, quæ pro necessitate illius temporis fuit permissa.*

Item promotione, ut ait Leo *epistola III, ad Julianum Aquilegiensem* [211]:

### NOTATIONES CORRECTORUM.

**C. XL.** g *Caput hoc emendatum est ac locupletatum ex ipsa epistola, et refertur supra dist.* 62, c. 1, § *Si qui.*

**C. XLI.** h *Quam ad præsens:* Hæc sunt addita ex Innocentio, cujus verba in hoc capite In summam redacta infra *autem* q. 7, c. *Quod pro remedio,* plenius referuntur.

---

Quæst. I. C. XXVIII. [181] Ans. l. 9, c. 39 (41). Polyc. l. 3, t. 10. [182] add.: *idem*: Ed. Bas. [184] absunt ab Ans. [185] 1 Cor. c. 12, v. 11. [186] *propria unicuique*: ib. [187] *sicut Saul habuit*: orig. [188] *id est*: Ans. — Edd. coll. o. — *verba, quæ sequuntur, desiderantur ap. Ans.* — cf. 1 Tim. c. 1, v. 5. [189] *quilibet*: Ed. Arg. — *quodlibet horum*: Edd. coll. rel. [190] *accipiant*: Edd. coll. o. pr. Arg. Ven. 1, II. Nor. [191] 1 Petr. c. 4, v. 8. [192] *operit*: Edd. coll. o. ex Ans. [193] add.: *domum ejus*: exd. = C. XXXIX. [194] Ans. l. 9, c. 33 (45). [195] *Remissam*: orig. — Ans. [196] *dant*: Edd. coll. o. † *orationem*: exd. [197] *baptizat*: pr. Bas. [198] add.: *tamen*: Edd. coll. o. [199] *dixit*: Edd. Lugdd. II, III. — *dicit*: Edd. rel. [200] Joan. c. 20, v. 23. [201] *demittuntur*: Edd. coll. o. [202] *aliquis*: exd. [203] add.: *alium*: exd. [204] *absolvere*: exd. pr. Bas. Lugdd. II, III. == C. XL. — P. VI. [205] Ep. 167 (scr. A. 458, vel 459). Ed. Baller. — Burch. l. 1, c. 11. Ivo Decr. p. 5, c. 65. — cf. supra Dist. 62, c. 1. [206] *fuerint*: Edd. coll. o. [207] *verba, quæ — facta est*: desiderantur in Edd. coll. o. pr. Bas. [208] *quæ ab hinc usque ad finem leguntur, absunt ab Edd. coll. o. pr. Bas.* == C. XLI. [209] scr. A. 414. — Ivo in prologo. — cf. infr. q. 7, c. 7. [210] *illud*: Ed. Bas. [211] Ep. 17 (scr. A. 447). Ed. Baller. — Ita apud Merlinum, legendum tamen erit: *Januario.* — cf. C. 1, q. 1, c. 112. C. 1, q. 7, c. 21.

C. XLII. *Qui ab haereticis redeunt, sine spe promotionis in suis ordinibus recipi possunt.*

Si quis haereticae communionis contagione se macularit [i], hoc in magno habeat beneficio, si adempta 'sibi' omni spe promotionis in quo invenitur ordine permaneat.

Gratian. *Ecce si clericus vel ordinatione, vel quolibet sacramento haereticis communicat, cessans a promotione vix in suo ordine perseverat. Non est enim de sacramento hoc ut de ceteris, cetera enim vel ad culpas abluendas dantur, ut baptismus et poenitentia, vel pro culpis non in aeternum, sed ad horam negantur, ut eucharistia, quae in articulo mortis poenitenti etiam de nefariis peccatis conceditur: hoc solum non solum pro culpa, sed etiam pro infamia interdicitur, et pro immuta munditiae suae, vel extrinsecae, vel intrinsecae perfectionis praerogativa, ut bigamis, vel viduae maritis, vel illiteratis, vel corporis qualibet parte vitiatis denegatur, quibus tamen baptismus vel eucharistia non negatur. Potest etiam talis cetera sacramenta sacerdotaliter administrare, qui istud solum non valet conferre.*

Unde Leo ait ad Episcopos Africae, epist. LXXXV, al. LXXXVII, cap. 2 [213]:

C. XLIII. *De episcopis, qui talem consecrant, qualem consecrare non licet.*

Si qui episcopi talem consecraverint sacerdotem, qualem non liceat [213], etiamsi aliquo modo damnum proprii honoris evaserint, ordinationis tamen jus ulterius non habebunt, nec illi unquam sacramento intererunt, quod, 'neglecto divino judicio,' immerito praestiterunt.

Gratian. *Ecce quum honoris periculum evadant, ut cetera sacramenta sacerdotaliter administrare permittantur, ab hoc solo non modo pro haeresi vel pro qualibet majori culpa, sed etiam pro negligentia removentur. In quibus omnibus sollicite notandum est, quod sacramentum sacerdotalis promotionis prae ceteris omnibus magis accurate et digne dandum vel accipiendum est, quia nisi ita collatum fuerit, eo desinet esse ratum, quo non fuerit rite perfectum. Cetera enim sacramenta unicuique propter se dantur, et unicuique talia fiunt, quali corde vel conscientia accipiuntur. Istud solum non propter se solum, sed propter alios datur, et ideo necesse est, ut vero corde mundaque conscientia, quantum ad se, sumatur, quantum ad alios vero non solum sine omni culpa, sed etiam sine omni infamia, propter scandalum fratrum, ad quorum utilitatem, non solum ut praesint, sed etiam ut prosint, sacerdotium datur.*

Unde Hieronymus ad c. 3 Michaeae:

C. XLIV. *Simoniaci rei sunt infidelitatis eorum, qui a se scandalizantur.*

Hi, quoscunque de asseclis suis ordinant [214] 'clericos,' et vitam eorum in scandalum populis exponentes, rei sunt infidelitatis eorum, qui scandalizantur.

Gratian. *Revera enim, qui ad hoc eliguntur, ut ceteris praesint, sicut praeordinantur dignitate, sic praeminere debent sanctitate. Alioquin cur ceteris praeferuntur, qui nulla meritorum gratia a ceteris assumuntur? Hinc etiam* Symmachus Laurentio Mediolanensi Episcopo post sextam Synodum Romanam [215]:

C. XLV. *Sicut honore, ita et scientia quisque praecellere debet.*

Vilissimus [215] computandus est, nisi praecellat scientia et sanctitate, qui est honore praestantior.

VII Pars. Gratian. *Patet ergo illud Augustini (sacramenta videlicet Christi per haereticos ministrata suo non carere effectu) non de omnibus intelligi generaliter, sed de sacramento baptismi.*

Unde idem Augustinus ait tract. V in Joannem:

C. XLVI. *Baptismus sive per bonum, sive per malum ministretur, reiterari non debet.*

Dedit baptismum Judas, et non baptizatum est post Judam, dedit Joannes, et baptizatum est post Joannem, quia qui datus est a Juda, baptismus Christi erat [217], qui 'autem' a Joanne 'datus', Joannis erat. Non Judam Joanni, sed baptismum Christi, etiam per Judae manus datum, baptismo Joannis, 'etiam per manus Joannis dato,' recte praeponimus. Et paulo post: § 1. Quos 'baptizavit Joannes, Joannes baptizavit, quos autem baptizavit' Judas, Christus baptizavit, sic ergo quos baptizavit ebrius [k], 'quos baptizavit' homicida, 'quos baptizavit' adulter, 'si baptisma Christi erat,' Christus baptizavit. Item paucis interjectis: § 2. 'Quod' sacramentum tam sanctum est, ut nec homicida ministrante polluatur.

C. XLVII. *De eodem.*

Idem de baptismo contra Donatistas, lib. IV, c. 4 [218].

Sicut urgeri videor, quum mihi dicitur: ergo haereticus dimittit peccata? sic et ego urgeo, quum dico: ergo 'qui coelestia mandata non servat',

## NOTATIONES CORRECTORUM.

C. XLII. [i] *Macularit:* Hic apud B. Leonem cum alia verba sunt interjecta, tum c. *Saluberrimum*, infra q. 7. Caput enim hoc est quasi summa quaedam, quemadmodum et c. *Omnis*, infra eadem, tametsi illud paulo plenius sit.

C. XLVI. [k] *Ebrius:* Addita, sublata, et emendata sunt nonnulla in hoc capite ex originali, non tamen vox ista ob glossam. Legendum est enim: *ebriosus*.

---

QUAEST. I. C. XLII. [212] In ipsa epistola (ep. 12, scr. A. 448. Ed. Ball.) haec non leguntur, neque ad Leonem pertinere videntur; habentur enim in ep. de chorepiscopis, quam Leoni ante tempora Pseudoisidori suppositam esse constat — Ans. l. 6, c. 35 et 74 (72). Ivo Decr. p. 5, c. 107. — cf. C. 25, q. 2, c. 24. = C. XLIII. [213] add. : *esse* : Edd. coll. o. = C. XLIV. [214] *ordinantes:* Edd. coll. o. — add. *episcopi:* Ed Bas. [215] scr. c. A. 500. = C. XLV. [216] *Vilissimis comparandus :* orig. = P. VII. C. XLVI. [217] *est* : Edd. coll. o. = C. XLVII. [218] Ans. l. 9, c. 35 (47). Ivo Decr. p. 1, c. 165; p. 2, c. 94. Polyc. l. 5, t. 10.

avarus[219], 'raptor, fœnerator, invidus, verbis non factis sæculo renuncians,' dimittit peccata? Si per vim sacramenti Dei, sicut et ille, ita et ille[220]; si per meritum suum, nec ille, nec ille. Illud enim sacramentum et in malis hominibus Christi esse cognoscitur, in corpore autem unicæ columbæ, incorruptæ, 'sanctæ, pudicæ, non habentis maculam aut rugam,' nec ille, nec ille invenitur. [Ut si cujus[1] manus esset arida, verum quidem esset membrum, quamvis sine sanguine et inefficax esset, et mortuum, sic et fides, quum sit vera, tamen sine operibus mortua est.] *Item paulo post:* § 1. Sic 'ergo' in hæresi baptizatus in nomine sanctæ[221] Trinitatis tamen non fit templum Dei, si ab hæresi non recesserit, quomodo neque in avaritia in eodem nomine baptizatus fit templum Dei, si ab avaritia non recedat quæ est idolorum servitus.

VIII Pars. Gratian. *Ex his itaque verbis apparet, baptisma, quod ab hæreticis tribuitur, virtute sua remissionem conferre peccatorum.*

Sed idem Augustinus econtra testatur libro VI de baptismo contra Donatistas, c.1, dicens:

**C. XLVIII.** *Baptisma Christi, etsi nulla perversitate violetur, apud hæreticos tamen caret effectu.*

Etiam corde tardiores, 'quantum existimo,' intelligunt baptismum Christi nulla perversitate 'hominis, sive' dantis, sive accipientis posse violari. Sed quia aliud[m] est sacramentum ab effectu sacramenti, quum eos, qui in ipsa unitate ecclesiæ perdite vivunt, constet remissionem peccatorum nec dare, nec habere posse, quia non malignis, sed bonis filiis dictum est[222]: *Si cui dimiseritis peccata, dimittuntur*[223] *ei, si' cui tenueritis, tenebuntur;* patet ergo hæreticos tantum dare vel accipere sacramentum baptismi, et non dare remissionem peccatorum.

**C. XLIX.** *De eodem.*

Idem *in sermone XI de verbis Domini, de blasphemia in Spiritum sanctum*[n][224].

Corporalia sacramenta, quæ portant et celebrant etiam segregati ab unitate corporis Christi, formam possunt exhibere[225] pietatis. Virtus vero 'pietatis' invisibilis et spiritualis ita in eis non potest esse, quemadmodum sensus non sequitur 'hominis' membrum, quando amputatur a corpore.

**C. L.** *De eodem.*

Item Ambrosius *in libro de initiandis rudibus*[226]:

Non sanat baptismus perfidorum, non mundat, sed polluit[o], quia in diluvio aquarum multarum ad Dominum non approximatur[227], quia, ut per Apostolum dicitur[228], *quicquid non est ex fide, peccatum est,* et ipsis, qui faciunt, et quibus faciunt non solum non prodest, sed et ad judicium est.

**C. LI.** *Per manus impositionem confirmentur qui ab hæreticis baptisma accipiunt.*

Item Leo *ad Nicetam Aquilegiensem Episcopum, epist. LXXVII, al. LXXIX, c.* 7[229].

Ili, qui baptismum ab hæreticis acceperunt, quum baptizati antea non fuissent, sola invocatione Spiritus sancti per 'impositionem manuum'[230] confirmandi sunt, quia formam tantum baptismi sine sanctificationis virtute sumpserunt. Et[231] hanc regulam, ut scitis, servandam omnibus[232] ecclesiis prædicamus, ut lavacrum semel initum nulla iteratione violetur, dicente Apostolo[233]: *Unus Dominus*[234], *una fides, unum baptisma,* cujus ablutio nulla iteratione temeranda est, sed, ut diximus, sola sanctificatio sancti Spiritus invocanda est, ut quod ab hæreticis nemo accipit a catholicis sacerdotibus consequatur.

IX Pars. Gratian. *Sed notandum est, quod hæretici, ut Ariani et Sabelliani, quorum alii inæqualitatem, alii indiscretionem personarum confitebantur, baptisma non in forma ecclesiæ, sed suæ perversitatis ministrabant.* § 1. *De his specialiter Ambrosius locutus est, dicens:* Non sanat baptismus perfidorum, etc., *sed etiam, ut rebaptizentur et reordinentur, in Concilio Nicæno*[235], *c.* 19 *statutum est:*

**C. LII.** *Rebaptizentur et reordinentur qui de Paulianistis et Cataphrygis ad ecclesiam redeunt.*

Si quis confugerit ad ecclesiam catholicam de Paulianistis et Cataphrygis[p], statutum est[236], rebaptizari eos omnino debere. Si qui vero clerici erant

## NOTATIONES CORRECTORUM.

**C. XLVII.** [1] *Ut si cujus:* Verba hæc usque ad vers. *Item,* in vulgatis B Augustini codicibus, eo loco non leguntur, neque apud ceteros collectores.
**C. XLVIII.** [m] *Sed quia aliud:* Hinc usque ad finem verbis B. Augustini in summam redactis sententia tamen manet incolumis. Integer locus habetur de cons. dist. 4, *Quomodo,* § *Non ob aliud.*
**C. XLIX.** [n] In aliquot vetustis codicibus hoc et sequens caput sunt conjuncta superiori.
**C. L.** [o] *Polluit:* Hucusque Ambrosius. Sed Algerus libro 3, c. 1, referens hunc locum, addit usque ad vers. *approximatur,* ac deinde c. 13, citans etiam eundem librum B. Ambrosii, adjungit reliqua hujus capitis usque ad finem.
**C. LII.** [p] *Cataphrygis:* Legitur hæc dictio in prisca versione, quæ est in variis exemplaribus collectionis Isidori impressis, ac manuscriptis, sed non est in canone græco, neque in versione Dionysii, aut aliis recentioribus. Quod autem et isti baptizandi sint, traditum est in concilio Laodiceno c. 8, in synodo VII, seu Nicæna II, c. 7, et infra de cons. dist. 4, c. *Illi vero,* quod est Gregorii.

Quæst. I. C. XLVII. [219] add.: *religionis simulator:* Edd. coll. o. ex Ans. [220] apud Böhm. operarum vitio integer fere versus excidit. — * Auctor inventus est Algerus Scholasticus in libro de misericordia et justitia p. 3. [221] add.: *et individuæ:* Ed. Bas. = P. VIII. C. XLVIII. [222] Joan. c. 20, 25. [223] *dimittentur:* Ed. Bas. = C. XLIX. [224] Serm. 71, c. 19. Ed. Maur. [225] *habere:* Edd. coll. o. = C. L. [226] Algerus in libro de misericordia et justitia. l. 3, c. 17. [227] *approximabunt:* Edd. coll. o. [228] Rom. c. 14, v. 23. = C. LI. [229] Ep. 193 (scr. A. 458). Ed. Baller.—Coll. tr. p. p. 1, t. 43, c. 33. Ans. l. 9, c. 56. Polyc. l. 3, t. 10. [230] *manus:* Edd. coll. o. — Coll. Hisp. [231] cf. infr. c. 57. [232] add. *in:* Edd. coll. o.— Coll. Hisp. [233] Ephes. c. 4, v. 6. [234] *Deus:* Edd. col. o. = C. LII.—P. IX. [235] hab. A. 325. [236] *sit:* Coll. Hisp.

apud eos, siquidem inculpati fuerint et irreprehensibiles, rebaptizandi sunt [237], et rursus etiam ab episcopo [238] ecclesiæ catholicæ ordinentur. Si vero examinati minus fuerint apti deprehensi, deponi eos oportet. Similiter autem et circa diaconos q, et de omnibus, qui in eodem clero inveniuntur, eadem forma servabitur.

### C. LIII. De eodem.
*Item* Innocentius *ad Episcopos Macedoniæ, epist. XXII, c. 5* [239].

Paulianistæ in nomine Patris, et Filii, et Spiritus sancti minime baptizabant, et [240] Novatiani iisdem tremendis 'venerandisque' nominibus baptizabant, nec apud istos de unitate potestatis divinæ, hoc est Patris, Filii et Spiritus sancti, quæstio aliquando mota [241] est.

Gratian. *Alii formam ecclesiæ in baptizando servant. Sed dum ab eis baptizantur, qui in hæresi vel schismate eis communicant, sacramentum quidem baptismi ab eis accipiunt, virtutem vero non consequuntur, quam sine fide nullus consequi potest. Unde de Domino dicitur, quod in patria sua non poterat facere signum propter incredulitatem eorum.*

*Unde* Augustinus *tract. LXXX ad c. 15 Joannis, et sermone de cataclysmo, c. 3 initio:*
### C. LIV. Dum verbum accedit ad elementum, fit sacramentum.

Detrahe verbum [242], et quid est [243] 'aqua' nisi aqua? accedit verbum ad elementum, et fit sacramentum. *Et infra:* § 1. Unde ista tanta virtus aquæ, ut corpus tangat et cor abluat, nisi faciente verbo? non quia dicitur, sed quia creditur. Nam et in ipso verbo aliud est sonus transiens, aliud virtus manens.

Gratian. *De his etiam, qui in hæresi vel schismate baptizantur, scribit* Augustinus [244] *libro de fide, ad Petrum Diaconum, c. 36 dicens:*
### C. LV. Extra ecclesiam baptizati perniciem sibi cumulant, si ad ecclesiam non redierint.

Firmissime tene et nullatenus dubites, extra ecclesiam baptizatis, si ad ecclesiam non redierint, baptismo cumulari perniciem. Tantum enim valet ecclesiasticæ societatis communio [245] ad salutem, ut baptismo non salvetur cui non ibi datur, ubi oportet ut detur.

---

### C. LVI. Infirma sunt dona, quæ præter unitatem ecclesiæ habentur.
Idem *tractatu XIII ad c. 3 Joannis.*

Teneamus, fratres mei, unitatem. Præter unitatem et qui facit miracula nihil est; in unitate 'enim' erat populus Israel, et non faciebat miracula; præter unitatem erant magi Pharaonis [246], et faciebant similia Moysi. Populus Israel, ut dixi, non faciebat miracula. Qui erant salvi [247] apud Deum, qui faciebant, an qui non faciebant? Petrus [248] apostolus resuscitavit mortuum. Simon magus fecit multa. Erant 'ibi' multi [249] Christiani, qui non poterant facere nec quod faciebat Petrus, nec quod faciebat Simon. Sed unde [250] gaudebant? quia [251] nomina eorum erant scripta in cœlo.

### C. LVII. Baptisma semel traditum non est reiterandum.
*Item* Leo *ad Nicetam Episcopum, epist. LXXVII, al. LXXIX, c. 7* [252].

Hanc regulam, 'ut scitis,' servandam [253] omnibus ecclesiis prædicamus, ut lavacrum semel initum nulla iteratione violetur, dicente Apostolo [254]: *Unus Dominus* [255], *una fides, unum baptisma*, cujus ablutio nulla iteratione temeranda est, sed, 'ut diximus,' sola sanctificatio sancti Spiritus invocanda 'est', ut quod ab hæreticis nemo accipit a catholicis sacerdotibus consequatur.

X Pars. Gratian. *Nemo in hæresi vel schismate constitutus intelligendus est. Ceterum, si cum fidei integritate et animi puritate de manu hæreticorum in forma ecclesiæ aliquis baptisma acceperit, tunc impletur illud* Augustini [256]: *Per lapideum canalem aqua transit ad areolas. Et iterum: Spiritualis virtus sacramenti, etc.*

### C. LVIII. Etiam per malos boni colliguntur.
Idem [Augustinus] *sermone XI de verbis Domini, de blasphemia in Spiritum sanctum* [257].

Spiritus sanctus in sancta ecclesia etiam isto tempore, quo velut granum [258] cum palea trituratur [259], sic operatur, ut nullius veram confessionem aspernetur, nullius simulatione fallatur, atque ita reprobos fugiat, ut etiam per eorum ministerium probos colligat.

Gratian. *Ecce quando ab hæreticis baptisma cum sua virtute accipitur, cujus tam necessaria administratio est, ut nec etiam a paganis datum possit reiterari.*

---

### NOTATIONES CORRECTORUM.

q *Diaconos*: Græce est: Περὶ τῶν διακονισσῶν, καὶ ὅλως περὶ τῶν ἐν τῷ κανόνι ἐξεταζομένων; id est: *De diaconissis, et de his omnino, qui in canone connumerantur.*

---

Quæst. I. C. LII. [237] *sunt, et*: desid. ib [238] add.: *catholico*: Ed. Bas. = C. LIII. [239] scr. A. 414. [240] verba: *et — baptizabant*: desiderantur in Coll. Hisp. [241] *commota*: Edd. coll. o. = C. LIV. [242] add.: *ab aqua*: Edd. coll. o. pr. Arg. Nor. [243] *erit*: Edd. coll. o. = C. LV. [244] Librum istum Augustini non esse, sed ad Fulgentium pertinere monuerunt Maurini in Ed. operum Augustini. [245] *unitas*: orig. = C. LVI. [246] Exod. c. 7. [247] *salvandi*: Edd. coll. o. [248] Act. c. 8, 9. [249] *quidam*: Edd. coll. o. [250] *tamen*: Ed. Bas. — *inde*: Edd. coll. rel. [251] Luc. c. 10, v. 20. = C. LVII. [252] Ep. 159 (scr. A. 458). Ed. Maur. [253] *conservandam in*: Edd. coll. o. [254] Eph. c. 4, v. 5. [255] *Deus*: Edd. coll. o. — P. X. [256] cf. supra c. 30. = C. LVIII. [257] Serm. 71. Ed. Maur. — Ivo Decr. p. 2, c. 101. — cf. infr. c. 81. [258] *area*: orig. [259] *atteritur*: Edd. coll. o.

Unde in ecclesiastica historia [260] legitur, quod Alexander episcopus Alexandriæ, quum Petri Martyris solennia celebraret, post expleta missarum sacramenta vidit super oram maris puerorum ludum, imitantium, ut fieri solet, episcopum, et gerentium ea, quæ in ecclesia geri mos est. Mox eos ad se perduci jubet, et quid egissent percunctatur. Illi rei ordinem pandunt, baptizatos a se esse quosdam catechumenos confitentur per Athanasium puerum, qui illis fuerat episcopus simulatus. Ubi ex responsis eorum vidit secundum religionis nostræ ritum cuncta constare, statuit illis, quibus integris interrogationibus et responsionibus aqua fuerat infusa, iterari baptismum non debere, sed adimplere ea, quæ sacerdotibus mos est.

Hinc etiam Isidorus ait [261]:

### C. LIX. *De his, qui per ignorantiam ordinantur antequam baptizentur.*

Si quis per ignorantiam ordinatur antequam baptizetur, debent ab eo baptizati iterum baptizari, et ipse ulterius non ordinetur. Sed Romanus Pontifex non hominem judicat, qui baptizat, sed Spiritum Dei subministrare [262] gratiam baptismi, licet paganus sit, qui baptizat.

### C. LX. PALEA [263].

[Ex Concilio apud *Compendium* [264].]

« Si presbyter ordinatus deprehenderit se non esse baptizatum, baptizetur et ordinetur iterum [t]. »

Gratian. *Quod autem cetera sacramenta ab hæreticis ministrari non possint, testatur* Hieronymus *in* Aggæum Prophetam, *cap.* 2 :

### C. LXI. *Non placent Deo quæ ab hæreticis offeruntur.*

Sic populus [u] iste hæreticorum omnium est in conspectu meo, dicit Dominus, omne, quod fecerint, quod mihi obtulerint, vel vota [v], vel pro salute, vel pacifica, vel pro peccato, * vel pro dilecto *, vel in holocaustum [265], sive [266] eleemosynas, sive jejunia, * sive victus continentiam * et [267] corporis castitatem, contaminata erunt in conspectu meo. Quamvis enim sancta videantur specie sui quæ offeruntur * a talibus *, tamen, quia tacta [268] sunt ab eo, qui pollutus in anima est, omnia polluentur.

### C. LXIII. *De eodem.*

Idem Hieronymus *in* Amos Prophetam, *c.* 5 [269].

Odit Deus sacrificia hæreticorum et a se projicit, et quotiescunque sub [270] nomine Domini fuerint [271] congregati, detestatur fœtorem eorum et claudit nares suas.

### C. LXII. *De eodem.*

Idem *in* Oseæ *cap.* 6.

Illi offerunt panem sacrilegum, et dant eleemosynas et sectari videntur humilitatem. Quæ ego, si vere fiant, holocausta interpretor. Quum autem scientiam Dei reliquerint, frustra truncato capite fidei cetera membra habere se jactant.

### C. LXIV. *Sine fide et caritate nec evangelium habetur, nec prosunt aliqua bona.*

Idem *in* epistol. ad Galat. *c.* 1 [v. 11].

Marcion et Basilides, et ceteræ hæreticorum pestes non habent Dei evangelium, quia non habent Spiritum sanctum, sine quo humanum fit evangelium quod docetur. Nec putemus in verbis scripturarum esse evangelium, sed in sensu; non in superficie, sed in medulla; non in sermonum foliis, sed in radice rationis.

### C. LXV. *De eodem.*

Idem *ad cap.* 5 *ejusdem epistolæ* [v. 14].

Vide, quantum bonum sit caritatis [272]. Si ita martyrium fecerimus, ut nostras velimus ab hominibus [273] reliquias honorari, si [274] opinionem vulgi sectantes intrepidi sanguinem fuderimus, et substantiam nostram usque ad mendicitatem propriam dederimus, huic operi non tam præmium quam pœna debetur, et perfidiæ magis tormenta sunt quam corona victoriæ.

### NOTATIONES CORRECTORUM.

C. LIX. [r] Caput hoc Burchardus et Ivo citant ex dictis Isidori, ex qua citandi formula solet judicari, non esse propria auctoris verba. Videtur autem in priore parte vel proponi quæstio, vel falsa alicujus opinio recitari, cui deinde in posteriore parte opponatur vera : Sed Romanus, etc. quæ infra etiam de consecrat. dist. 4, c. Romanus, citatur ex Isidoro. Idque clarius lib. 5. Capitularium c. 4. exponitur his verbis : *Si quis baptizatus est a presbytero non baptizato, et sancta Trinitas in ipso baptismo invocata fuit, baptizatus est, sicut Sergius Papa dixit, impositione vero manus indiget. Gregorius Episcopus Romanus et Joannes Sacellarius sic senserunt.*

C. LX. [s] Hæc Palea et locis indicatis, et in collectione, quæ est in tomo 3 Conciliorum post decreta Alexandri III, et cap. 1 *de presbytero non baptizato*, citatur ex concilio apud Compendium.

[t] *Iterum:* Sequebatur : *et omnes, quos prius baptizavit*, quæ sunt expuncta quia non habentur in dicto c. 1 *de presbytero non baptizato*, neque in cap. Veniens, eod. tit. ubi refertur, licet habeantur in aliis locis indicatis *.

C. LXI. [u] *Sic populus:* In originali legitur : *Sic populus iste, et sic gens ista, Judæorum videlicet atque gentilium et hæreticorum omnium,* etc.

[v] *Vota:* Ibidem habetur : *vel vota pro salute,* sed ob glossam non est mutatum.

---

Quæst. I. C. LVIII. [260] l. 10, c. 14. [261] Auctor capitis inventus est Egbertus Eboracensis, sive quisquis auctor libri pœnit. est, qui legitur apud Mansium t. 12, p. 435. — Burch. l. 4, c. 100. Ivo Pan. l. 1, c. 97. Decr. p. 1, c. 294. Petr. Lomb. Sent. l. 4; dist. 5, pr. Alger. l, 1, c. 52. = C. LIX. [262] add. *credit* : Edd. coll. o. = C. LX. [263] totum caput abest ab Ed. Bas. [264] imo ex capitulis Theodori Cant. — cf. Capit. l. 6, c. 93. Burch. l. 4, c. 74. Ivo Pan. l. 1, c. 96. Decr. p. 1, c. 268. — c. 1. Comp. 1. *de presb. non bapt.* — c. 1, X, h. t. * et in orig. ap. Theodorum. = C. LXI. [265] *vel holocaustum:* Ed. Arg. — *vel holocausta:* Edd. coll. rel. [266] *per eleem., sive per jej.*: Ed. Arg. [267] *vel*: Edd. coll. o. [268] *tractata*: exd. = C. LXII. [269] Ans. l. 9, c. 48 (60). Alger. l. 3, c. 12. Deusdedit p. 2. [270] *in nomine ejus* : Edd. coll. o. [271] *sunt*: exd. pr. Bas. = C. LXV. [272] *est caritas*: Edd. coll. o. [273] *omnibus*: Edd. coll. o. pr. Bas. [274] *quia si*: Ed. Lugd. II. — *et si*: Edd. coll. rel.

C. LXVI. *Hæreticorum benedictio maledictio est.*

Item ex Concilio Laodicensi, c. 32 [275].

Non oportet [276] hæreticorum benedictiones accipere, quoniam magis sunt maledictiones quam benedictiones.

C. LXVII. *Neque cum hærteicis, neque cum schismaticis licet orare.*

Item ex Concilio Martini Papæ, c. 70 [277].

Non liceat clericis vel laicis [278] ab hæreticis eulogias accipere, quia maledictiones sunt magis quam benedictiones, neque liceat aut cum hæreticis, aut cum schismaticis orare.

C. LXVIII. *Extra ecclesiam non sunt vera sacrificia.*

Item Leo ad Anatolium Constantinopolitanum Episcopum, epist. XLVIII, cap. 2 [279].

In ecclesia Dei, quæ corpus Christi est, aliter nec rata sunt sacerdotia, nec vera sacrificia, nisi in nostræ [280] proprietate naturæ verus nos pontifex reconciliet, ' verus immaculati agni sanguis emundet. '

C. LXIX. *Impiorum manibus divina sacramenta se subducunt.*

Idem Leoni Augusto, epist. LXXIII [281].

Manifestum est, per crudelissimam insanissimamque sævitiam [282] in Alexandrina sede omne cœlestium sacramentorum lumen exstinctum. Intercepta est sacrificii oblatio, defecit chrismatis sanctificatio, et parricidalibus manibus impiorum omnia se subtraxere mysteria.

C. LXX. *Sacramenta extra ecclesiam ministrari possunt, salutem vero conferre non possunt.*

Item B. Martyr Cyprianus *in epistola contra hæreticos* vv.

Si quis [283], inquit de ecclesia hæretica præsumtione exierit, a semetipso damnatus est. Cum hujusmodi secundum Apostolum, nec cibum quidem sumere debemus. Declaratur hoc in libro Regnorum [284], ubi, quum homo Dei ad Hieroboam missus esset, qui [285] ' ei ' peccata sua exprobraret atque ultionem futuram prædiceret, panem ' quoque ' apud illum edere et aquam bibere vetaretur [286]. Quod

quum non custodisset, divina sententia inde rediens morsu leonis in itenere interiit. § 1. Et audet [287] quisquam dicere, aquam [288] baptismi salutarem, et gratiam cœlestem communem cum hæreticis esse posse, cum quibus nec terrestris cibus, nec sæcularis potus debet esse communis? Constat [289] autem [290] oleum, unde baptizati unguntur, sanctificari, et eucharistiam fieri apud illos omnino non posse, ubi spes nulla est et fides falsa, ubi omnia per mendacium geruntur. Nam hæreticus simiarum more, quæ quum homines non sint, humana [291] ' tamen ' imitantur, vult [292] ecclesiæ catholicæ auctoritatem sibi et veritatem vendicare, quando ipse in ecclesia non sit. Benedicit a Deo maledictus [293], vitam pollicetur mortuus, Deum invocat blasphemus, sacerdotium administrat profanus, ponit [294] altare sacrilegus. Ad [295] hæc omnia accedit et illud malum, ut antistes diaboli audeat eucharistiam facere, quando [296] nec sanctificari oblatio illic possit, ubi Spiritus sanctus non sit, nec cuiquam Dominus per ejus orationes et preces prosit, qui Dominum [297] ipse violavit. Si enim [298] qui ecclesiam contemnunt [299] ' et ' ethnici, et publicani habentur, multo magis ' utique ' rebelles et hostes, falsa altaria, et illicita sacerdotia, et sacrificia sacrilega, et nomina [300] adulterata [301] fingentes, inter ethnicos et publicanos necesse est computentur, quos omnes constat a caritate atque ' ab ' unitate ecclesiæ [302] recessisse. Ergo [303] omnia, quæcunque faciunt hæretici, carnalia sunt, et inania, et falsa, ita [304] ut nihil eorum, quæ illi gesserint, a nobis probari debeat. Non [305] statim suscipienda sunt et assumenda quæ jactantur in Christi nomine, sed quæ geruntur in Christi veritate. Quomodo [306] enim perficere [307] quæ agunt aut impetrare aliquid illicitis conatibus de Deo possunt, qui contra Deum quod eis non licet moliuntur? § 2. Quare, qui hæreticis et schismaticis patrocinantur, censura x divina in eorum probantur facinore et pœnis non solum duces et auctores, sed etiam participes destinari, nisi se a communione malorum separaverint, præcipiente per

## NOTATIONES CORRECTORUM.

C. LXX. vv Caput hoc collectum est ex variis locis epistolarum B. Cypriani et concilii ab ipso habiti, interdum immutatis et in summam redactis, quæ in margine sunt indicata.

x *Censura* : In epistola ipsa sic habetur : *Frustra contendunt baptizari et sanctificari illic aliquem sa-* *lutari baptismo posse, ubi constet baptizantem baptizandi licentiam non habere ; atque ut magis intelligi posset, contra ejusmodi audaciam quæ sit censura divina, invenimus in tali facinore non solum duces et auctores, sed et participes pœnis destinari,* etc.

---

Quæst. I. C. LXVI. [275] hab. inter A. 347 et 381. — Burch. l. 3, c. 259. Ivo Decr. p. 3, c. 260. [276] *oporteret* : Ed. Lugd. II. = C. LXVII. [277] c. 32 et 38 conc. Laod. ex interpr. Martini Brac. [278] *add. : catholicis* : orig. = C. LXVIII. [279] Ep. 81 (scr. A. 451). Ed. Baller. — Ivo Decr. p. 2, c. 9, ex Lanfranco in lib. de eucharistia. [280] *suæ* : Edd. coll. o.=C. LXIX. [281] Ep. 156 (scr. A.457). Ed. Baller. —Ans. l. 9, c: 40 (52). [282] *vesaniam* : Ans. = LXX. [283] Prior capitis pars excerpta est ex Cypriani ep. ad Magnum. = C. LXX. [284] *Regum* : Edd. coll. o. pr. Bas. — cf. 3 Reg. c. 13. [285] *quod* : Edd. Lugd. II, III. [286] *prohibitus est* : Edd. coll. o. [287] *An debet* : eæd. [288] *sacramentum salutare* : eæd. [289] *ex ep. ad Januarium* (ep. 70 ed. Baluz.). — Eadem fere leguntur in conc. Carth. h. A. 256. [290] *ergo* : Ed. Bas. [291] *formam humanam* : Edd. coll. o. [292] *vultum — et auctor, — vendicat, quum* : Edd. coll. o. [293] *quum sit maledictus* : Edd. coll. o. [294] *componit maligne altare* : Ed. Bas. — *munus ponit ante altare* : Edd. rel. [295] *ex ep. ad Epictetum* (ep. 64 Ed. Baluz). [296] *quum nec sacrificari* : Edd. coll. o. [297] *Deum* : eæd. [298] *ex memorata ep. ad Magnum*. [299] *violant* : Edd. coll. o. [300] *omnia* : eæd. [301] *adulterina* : eæd. — Böhm. [302] *add. : catholicæ* : eæd. [303] *verba Nemesiani ex eod. conc.* [304] *ex dicta ep. ad Januarium*. [305] *ex ep. ad Jubaianum*. [306] *ex dicta ep. ad Magnum*. [307] *perf. aliqua, quæ aguntur* : Ed. Bas.

Moysen Domino, ac dicente [308]: *Separamini a tabernaculis hominum istorum durissimorum, et nolite tangere ab [309] omnibus, quæ sunt eis [310], ne simul pereatis in peccatis eorum.* Et quod comminatus per Moysen Dominus fuerat implevit, ut, quisque [311] se a Chore, et Dathan, et Abiron non separasset, pœnas statim pro impia communione persolveret [312]. Sicut etiam per Osee prophetam Spiritus sanctus contestatur [313] et dicit: *Sacrificia eorum tanquam panis luctus; omnes, qui manducant ea, contaminabuntur;* docens scilicet et ostendens omnes omnino cum auctoribus [314] supplicio conjungi, qui fuerint eorum peccato contaminati.

**C. LXXI.** *Vera sacrificia non nisi in fide ecclesiæ celebrantur.*

Item Augustinus *lib. Sententiarum* [*per Prosperum Aquitanicum Episcopum Reg. collectarum*] *c. 15* [315]:

Extra catholicam ecclesiam non est locus veri sacrificii.

Item Gregorius in *III lib. Dialog. cap. 31 ait de Ermigildo* [316] *Rege Leovigili filio:*

**C. LXXII.** *De manu hæreticorum communio non est recipienda.*

Superveniente [317] paschalis festivitatis die intempestæ noctis silentio ad eum perfidus pater Arianum episcopum misit, ut ex ejus manu sacrilegæ consecrationis communionem perciperet, atque per hoc ad patris gratiam redire mereretur. Sed vir Deo deditus Ariano episcopo venienti exprobravit ut debuit, ejusque a se perfidiam dignis increpationibus repulit.

**C. LXXIII.** *Sacerdotes hæreticorum Christi honoribus non habentur digni.*

Item Innocentius *ad Alexandrum Episcopum, epist. XVIII, c. 3* [319].

Arianos præterea ceterasque hujusmodi pestes y, quia eorum laicos conversos ad Dominum sub imagine pœnitentiæ ac sancti Spiritus sanctificatione per manus impositionem suscipimus, non videtur [318] clericos eorum cum sacerdotii aut ministerii cujuspiam suscipi [320] debere dignitate. Quoniam quibus solum baptismum ratum esse permittimus (quod utique in nomine Patris, et Filii, et Spiritus sancti perficitur) [321], nec Spiritum sanctum eos habere ex illo baptismate illisque mysteriis [322] arbitramur, quoniam, quum a catholica fide eorum auctores desciscerent, perfectionem Spiritus, quam [323] acceperant, amiserunt, nec dare ejus plenitudinem possunt, quæ maxime in ordinationibus operetur, quam per impietatis suæ perfidiam *potius, quam per fidem* [325] *dixerim*, perdiderunt. Propter [325] quod fieri non potest, ut eorum profanos sacerdotes dignos Christi honoribus arbitremur, quorum laicos imperfectos, ut dixi, ad sancti Spiritus percipiendam gratiam cum pœnitentiæ imagine recipimus. *Item* [326]: § 1. *Si, ut* *legitur* [327]: *Qui tetigerit* z *immundum immundus erit,* quomodo ei tribuetur quod munditia [328] ac puritas consuevit accipere? *Et infra:* § 2. Qui particeps effectus [329] est damnati, quomodo debeat honorem accipere, invenire non possum [330].

Gratian. *Ex eo autem, quod manus impositio iterari præcipitur, sacramentum non esse ostenditur.*

Unde Augustinus *lib. III de baptismo contra Donatistas, c. 18* [331]:

**C. LXXIV.** *Manus impositio non est sacramenti iterativ.*

Manus impositio non, sicut baptismus, repeti non potest. Quid enim est aliud, nisi oratio super hominem?

Gratian. *Quum ergo Innocentius solum baptisma hæreticis ratum esse permittat: quum Gregorius sacrilegam vocet consecrationem Arianorum: quum Cyprianus quæcunque ab hæreticis fiunt carnalia, et inania, et falsa judicet: quum Hieronymus omnia, quæ ab eis offeruntur contaminata in conspectu Dei asserat; quum Leo extra ecclesiam nec rata sacerdotia, nec vera sacrificia esse testetur: patet quod sacramenta ecclesiastica præter baptisma (ut supra dictum est) ab hæreticis ministrari non possunt.*

Item objicitur illud Hieronymi *adversus Luciferianos* a [332].

**C. LXXV.** *Qui in baptismo sanctus est ad altare peccator non erit.*

Sicut Christus est qui baptizat, ita Christus [333] est qui sanctificat. Unde oro te, ut aut sacrificandi licentiam ei tribuas, cujus baptisma probas [334], aut

---

### NOTATIONES CORRECTORUM.

**C. LXXIII.** y *Pestes*: Antea sequebatur: *detestamur,* quod est sublatum, quia neque est in vetustis codicibus, neque in ipsa epistola, neque apud Anselmum, aut in Panormia habetur.

z *Qui tetigerit*: In epistola est: *quod tetigerit immundus,* sed ob glossam non est mutatum, atque huius etiam lectionis sententia habetur iisdem indicatis scripturæ locis.

**C. LXXV.** a *Initium* hujus capitis usque ad vers. *oro te,* non est eo loco apud B. Hieronymum. Est tamen apud Algerum, lib. 3, c. 40, apud quem etiam nonnulla verba ex iis, quæ sequuntur, eodem modo habentur apud Gratianum, licet apud B. Hieronymum aliter leguntur.

---

Quæst. I. C. LXX. [308] Num. c. 16, v. 26. — [309] *de*: Edd. coll. o. — [310] *in eis*: exd. — [311] *quisquis*: exd. — [312] *solveret*: exd. — [313] *testatur dicens*: exd. — cf. Os. c. 9, v. 4. — [314] *add.: fautoribus*: exd. = C. LXXI. [315] *Liber iste apocryphus est.* — [316] leg.: *Herminigildo,* et postea: *Leuvigildi* = C. LXXII. [317] cf. C. 24, q. 1, c. 42. — Deusdedit p. 2. = C. LXXIII. [318] scr. c. A. 415. — Ans. l. 9. c. 18 (17). Ivo Pan. l. 3, c. 129. [319] *videntur* — *suscipiendi esse*: Edd. coll. o. — [320] *suscipere*: Coll. Hisp. — Ans. — [321] *percipitur*: Edd. coll. o. — [322] *ministerio*: exd. — [323] *qui*: exd. — [324] *add.: Domini*: exd. — [325] *Quomodo fieri potest*: Coll. H sp. — [326] cf. supra c. 18. — [327] Num. c. 19, v. 22. — [328] *qui immunditias et spurcitias consuevit accipere*: Edd. coll. o. — [329] *factus*: exd. — [330] *possumus*: exd. — = C. LXXIV. [331] Ans. l. 9, c. 24 (34). Polyc. l. 5, t. 10. = C. LXXV. [332] Alger. l. 3, c. 25. — [333] *ipse*: Edd. coll. o. — *hic*: Alg. — [334] *approbas*: Edd. coll. o.

reprobes ejus baptisma, quem non putas esse sacerdotem. Neque enim potest fieri ut, qui in baptismo sanctus est sit ad altare peccator.

Gratian. Sed [335] *hoc de peccatore* [b] *tantum catholico, non de hæretico intelligendum est. Quicquid enim cum fide catholica pro officio suo facit licet indignus, tamen divina gratia cooperante ratum esse creditur. Alioquin si hæreticis dictum intelligeretur, ipse sibi contrarius esset, quum dicat ad c. 5 Amos:* Sacrificia eorum odit Dominus. *Et alibi in persona Domini* [336]:

C LXXVI. *Benedictionibus hæreticorum Deus maledicit.*

Maledicam [c] *benedictionibus vestris* [337]: hoc est quicquid a vobis benedicetur [338] a [339] me erit maledictum.

XI Pars. Gratian. *Hoc ergo intelligendum de hæretico, illud autem adversus Luciferianos de ecclesiastico peccatore. De quo* Augustinus [d] *ait in libro de corpore Domini* [340]:

C. LXXVII. *Boni et mali sacerdotes æque corpus Christi conficiunt.*

Intra catholicam ecclesiam in mysterio [341] corporis et sanguinis Domini nihil a bono majus, nihil a malo minus perficitur sacerdote, quia non in merito consecrantis [342], sed in verbo perficitur creatoris et virtute Spiritus sancti. *Et infra:* Si enim in merito esset sacerdotis, nequaquam ad Christum pertineret. Nunc autem sicut ipse [343] est qui baptizat, ita ipse est qui per Spiritum sanctum hanc suam efficit carnem et transfundit in sanguinem. Credendum [e] est enim, quod in verbis Christi sacramenta conficiantur. Cujus prius creantur imperio, ejus utique verbo recreantur ad melius.

C. LXXVIII. *De eodem.*

*Item* Augustinus *lib. II contra epistolam Parmeniani, c.* 10 †.

Omnia sacramenta quum obsint indigne tractantibus, prosunt tamen per eos digne sumentibus, sicut et verbum Dei [344]. Unde dictum est [345]: *Quæ dicunt facite, quæ autem faciunt facere nolite.*

C. LXXIX[f]. *De iis qui sanctis male utuntur.*

Idem *in psalmum CIII, vers.* Qui tegis [346].

Prophetavit *et* Saul malus rex, *et tunc* prophetavit,* quum [347] David sanctum persequeretur. *Et infra:* Non ergo se jactent qui forte sine caritate habuerint [348] *hoc* munus Dei sanctum, sed videant, qualem rationem habituri sunt cum Deo, qui sanctis non sancte utuntur. Ex his erunt, qui dicturi sunt*: In nomine tuo prophetavimus. Non* *illis dicetur: Mentimini, sed dicetur: *Non novi vos, etc.*

Gratian *Spiritum ergo prophetiæ dicendi sunt habuisse, non meritum.*

C. LXXX. *Quisque non tam sanctificatur ex hostiis, quam pro peccato polluitur.*

*Item* Hieronymus *in cap.* 2 Aggæi [g] [349].

O [350] propheta [351], qui in altari tantum exstructo et domo mea diruta hostias mihi offers in altari, et victimis ejus sanctificari te putas, scito, quoniam sanctum quidem est quod offertur in altari, sed non tam sanctificaris ex hostiis, quam ex [352] mortuis operibus pollueris.

NOTATIONES CORRECTORUM.

[b] *Peccatore:* B. Hieronymus eo loco argumentatur, ut solent dialectici dicere, ad hominem, neque id agit, ut constituat ac sanciat aliquid, sed tantum, ut adversarium modestum reddat. Nam postquam illum eo adduxit, ut se non amplius adversarium, sed discipulum profiteatur, tunc verissimam ei rationem exponit, cur ecclesia episcopos recipiat qui in Ariminensi concilio imprudentes hæreticis consenserant.

C. LXXVI. [c] Hæc sunt in glossa interlineari ad eum Malachiæ locum ex Hieronymo.

C. LXXVII. [d] *Augustinus:* Caput hoc etiam ab Algero lib. 3, cap. 8, citatur ex Augustino in libro de corpore Domini: sed Possidius in indiculo operum B. Augustini nullam hujus libri mentionem facit, et ad verbum (excepto ultimo versiculo) hæc leguntur in libro Paschasii abbatis de corpore et sanguine Domini, cap. 12, ex quo etiam libro sunt c. *Iteratur*, cum seqq., infra de consecrat. dist. 2.

[e] *Credendum:* Hæc eodem modo leguntur apud Algerum. Sed Paschasii verba c. 15, hæc sunt: *Cujus ergo potentia creata sunt prius, ejus utique verbo ad melius recreantur, quia nemo creator alicujus rei aut recreator nisi unus Deus catholice prædicatur. Propterea veniendum est ad verba Christi, et credendum, quod in ejusdem verbis ita conficiantur.*

C. LXXIX. [f] In tractatu VII in epistolam Joannis sunt aliqua, quæ ad sententiam hujus capitis referri possunt, atque inde antea citabatur. Sed ipsa prorsus verba sunt loco indicato.

C. LXXX. [g] Apud B. Hieronymum sic legitur: *O popule, qui altari tantum exstructo et diruta domo mea hostias mihi offers in altari, et victimis ejus et carnibus te sanctificari putas, scito, non tam sanctificari te ex hostiis, quæ templo diruto tibi prodesse non poterunt, quam contaminari omnia opera tua et cuncta quæ agis, ex eo quod negligis, et tuam magis domum quam meam exstruere conatus es. Sanctum quidem est quod offertur in altari; sed non tam sanctificaris ex hostiis, quam ex eo, quod in convallibus habitas et interes mortuis operibus, pollueris.* In duobus etiam Gratiani vetustis codicibus legitur, *o popule;* verum idem Hieronymus continuo ista eadem per anagogen aptat ecclesiastico viro.

Quæst. I. C. LXXV. [335] hoc Gratiani dictum ad verbum legitur ap. Algerum.=C. LXXVI. [336] Alger. l. 1. [337] Malach. c. 2, v. 2. [338] *benedicetur:* Alger. — Edd. Bas. Lugdd. II, III. [339] *per:* Edd. coll. o. — Alg. = C. LXXVII.—P. XI. [340] Alger. l. 1, c. 56. [341] *ministerio:* Edd. Arg. Bas.—Alger. [342] add.: *est:* Ed. Bas.—Alger. [343] add.: *Christus:* Edd. coll. o. = C. LXXVIII. † Alger. l. 1, c. 75. [344] add.: *testatur:* orig. [345] Matth. c. 25. = C. LXXIX. [346] Hæc citantur ex tractatu Augustini in ep. Joannis ab Algero l. 1, c. 58, et in Edd. coll. o. pr. Lugdd. III. [347] add.: *etiam:* Alg. — Edd. coll. o. [348] *habent:* ib. [*] add.: *in judicio:* Edd. coll. o. — cf Matth. c. 7, v. 22. [**] *quibus non:* Edd. coll. o. = C. LXXX. [349] Alger. l. 1, c. 59. [350] abest ab Edd. coll. o. pr. Lugdd. Par. [351] *popule:* Alger. ex orig. [352] *ex eo, quod interes mortuis ovoribus, pollueris:* ib.

C. LXXXI. *Contra spiritum sanctum verbum dicitur, quum ex dispersione nunquam reditur.*

Item Augustinus in *lib. de verbis Domini, serm. XI, circa fin.* [353]

Ita fit [354] verbum contra Spiritum sanctum, quum ex dispersione ad congregationem nunquam venitur, quae ad remittenda peccata accipit [355] Spiritum sanctum. Ad quam congregationem etiamsi per malum clericum, sed tamen catholicum ministrum, reprobum et fictum, aliquis accesserit corde non ficto, in ipso Spiritus sanctus h [356] operatur remissionem peccatorum, qui in sancta ecclesia ita operatur, ut reprobos fugiat, et tamen per eorum ministerium probos colligat.

C. LXXXII. *Non meritis hominum, sed virtute Spiritus sancti peccata remittuntur.*

Idem in *sermone de remissione peccatorum* [357].

Ut evidenter 'hoc' ostenderet Dominus, 'a Spiritu sancto, quem donavit fidelibus suis, dimitti peccata, non meritis hominum, quodam loco sic ait [358], 'resurgens a mortuis': *Accipite Spiritum sanctum*; et continuo subjecit: *Si cui dimiseritis peccata, dimittuntur ei*: hoc est, Spiritus dimittit, non vos. Proinde i sicut is [359], quem sacerdos tolerat in ecclesia, est tamen extra ecclesiam, et extra corpus, cujus caput est Christus, si ei ostiarius non aperuerit k [360], ita non ideo [361] extra ecclesiam, est et non est de corpore, si quis pastoris praejudicio compellitur foris esse.

C. LXXXIII. *Dominus non merita personarum, sed sacerdotum officia considerat.*

Item Ambrosius *de iis, qui initiantur mysteriis, c.* 5 [362].

Quum scriptura 'tibi' testetur, quod ad Hieroboam preces ignis descenderet [363] de coelo, et rursus precante Helia Ignis est missus, qui sacrificia consumeret, datur intelligi l, quod Deus non merita personarum considerat, sed officia sacerdotum. *Et paulo post:* § 1. Ignis illis visibilis mittebatur, ut crederent: nobis invisibilis operatur, qui [364] credimus. *Et paucis interjectis:* § 2. Crede ergo, adesse Dominum Jesum invocatum precibus sacerdotum, qui ait [365]: *Ubi* [366] *fuerint duo vel tres, ibi et ego sum.*

C. LXXXIV. *Non merita sacerdotum, sed virtus divina sacramenta sanctificat.*

Item Gregorius m [367].

Multi saecularium hominum, quum plus sacerdotum vitam quam suam discutiunt, in magnum contemtionis divinorum sacramentorum crimen incurrunt. Magna enim trabe vulneratos habentes oculos, eamque negligentes festucam tenuem in aliorum conspiciunt oculis, quam dum incaute festinant avellere [368], erroris in foveam delabuntur, minus quidem considerantes, quod non eos sacerdotum vita laederet, si ipsi humiliter bonis sacerdotum admonitionibus aurem accommodarent. Sed dum hypocritarum more plus illorum famam quam propriam vitam vel vitae negligentias [369] dijudicant, spernunt sancta monita et spiritualia dona. Unde fit, ut non solum ab eis dicta respuant, sed ( quod est deterius ) divina etiam mysteria contemnant, ut nec corporis communionem aut sanguinis domini nostri Jesu Christi eorum ministerio confectam assumant, putantes, hanc minus esse santificatam, si illorum fiat officio, quorum vita eorum oculis videtur ignobilis. § 1. Heu in quam magnum laqueum incidunt ut divina et occulta mysteria plus ab aliis sanctificata posse fieri credant, quum unus idemque Spiritus sanctus in ecclesia diffusa [370] per totum orbem terrarum incomprehensibiliter ea mysteria et occulte atque invisibiliter [371] et operando sanctificet et benedicendo benedicat. § 2. Mysterium itaque n [372], fratres, ob hoc dicitur, quod secretam et reconditam habet dispensationem; sacrificium autem, quasi sacrum factum, quia prece mystica consecratur pro nobis in memoriam dominicae passionis. *Et infra:* § 3. Sacramentum vero est in aliqua celebratione, quum res gesta ita sit, ut aliquid significare [373] intelligatur, quod sancte accipiendum est. Sunt autem sacramenta: baptisma, chrisma, corpus et

## NOTATIONES CORRECTORUM.

C. LXXXI. h *Spiritus sanctus*: Hoc loco concise refertur sententia B. Augustini, plenius autem supra ead. c. *Spiritus sanctus*.

C. LXXXII. i *Proinde*: Verba ipsa hujus partis non sunt inventa apud B. Augustinum. Simillima habentur apud Origenem hom. 14, ad c. 24 Levitici, et referuntur infra 24, q. 3, c. *Quum aliquis*, et c. *Si quis non recto*.

k *Aperuerit*: In nonnullis vetustis codicibus legitur: *aperuit*, in aliis: *aperiat*; ab uno autem abest negatio.

C. LXXXIII. l *Datur intelligi*: In originali non sunt haec verba. Sed quum antecedentia pendeant ex superioribus, hic nova incipit periodus: *Non merita personarum consideres, sed officia sacerdotum.* Nonnullae autem aliae varietates, et quidem non minimi ponderis in margine sunt indicatae.

C. LXXXIV. m Caput hoc collectum est partim ex sententiis B. Gregorii, partim ex verbis ipsis BB. Isidori atque Hieronymi.

n *Mysterium itaque*: Haec usque ad vers. *Hoc de corpore*, sunt apud Isidorum, non tamen eodem prorsus ordine.

---

Quaest. I. C. LXXXI. [353] Ivo Decr. p. 2, c. 104. [354] *dicitur*: orig. — Ivo. [355] *accepit*: Ivo. — Edd. coll. o. pr. Arg. Nor. [356] cf. supra c. 58. = C. LXXXII. [357] Serm. 49. Ed. Maur. — Alger. l. 1, c. 66. [358] Joan. c. 20, v. 22. [359] apud Algerum haec sunt in epitomen redacta. [360] *aperit*: Ed. Bas. [361] abest ab Ed. Bas. = C. LXXXIII. [362] Alger. l. 1, c. 67. In Edd. coll. o. haec citantur ex: *Ambrosio de sacramentis*. [363] *descendit*: Edd. coll. o. [364] *quod*: eaed. exc. Arg. [365] Matth. c. 18, v. 20. [366] *Ubi sunt — congregati, ibi sum in medio eorum*: Edd. coll. o. pr. Bas., in qua vox: *congregati* desideratur. = C. LXXXIV. [367] Auctor capitis, quem investigare non contigit, in priori parte usque ad § 2, Gregorium M. in Past. p. 3, adm. 5, et Mor. p. 15, c. 16, imitatns est. [368] *evellere*: Ed. Bas. [369] *negligentiam*: ib. [370] *diffusus*: ib. [371] *operetur et operando*: ib. [372] Isidor. Etymolog. l. 6, c. 19. [373] *significatae rei*: Ed. Bas. — *significate*: Edd. rel. — add.: *al. significative*: Ed. Arg.

sanguis Christi, quæ ob id sacramenta dicuntur, quia sub tegumento corporalium rerum virtus divina secretius salutem eorumdem sacramentorum operatur. Unde et a secretis virtutibus vel sacris sacramenta dicuntur. Quæ ideo fructuose penes ecclesiam fiunt, quia sanctus in ea manens Spiritus eorumdem sacramentorum latenter operatur effectum. Cujus panis et calicis sacramentum græce eucharistia dicitur, latine bona gratia interpretatur. Et quid melius corpore et sanguine Christi? § 4. Unde [374] sive per bonos, sive per malos ministros intra 'Dei' ecclesiam dispensetur, sacramentum tamen est, quia Spiritus sanctus mystice illud vivificat, qui quondam apostolico in tempore visibilibus apparebat operibus. Nec bonorum meritis [375] dispensatorum amplificatur [376], nec malorum attenuatur [377], quia neque [378] qui plantat est aliquid, neque qui rigat, sed qui incrementum dat Deus [379]. Hoc de corpore et sanguine Domini nostri Jesu Christi, hoc etiam de baptismate et chrismate sentiendum [380] est et tenendum quia virtus divina secretius operatur in eis, et [381] divina solummodo hæc est virtus sive potestas, non humanæ efficaciæ. Polluimus ᵃ itaque panem, id est corpus Christi, quando indigni [382] accedimus ad altare et sordidi mundum sanguinem bibimus. Et infra: § 5. Maledicam ᵖ, inquit, benedictionibus vestris, hoc est, iis, quæ nunc meis benedictionibus possidetis, seu quicquid a vobis benedicitur maledicam, vel quoniam ᵠ non benedicunt sancti ex vero corde, vel quia qui inique agunt benedicuntur ab eis, adulanturque peccatoribus, dummodo divites sint.

C. LXXXV. *Non sacerdotum vitam, sed quæ docent et ministrant considerare debemus.*

Item Fabianus Papa *Episcopis orientalibus, epist. II* [383].

Significastis insuper plerosque attendere, multos in ipsis honoribus ecclesiasticis non congruenter vivere sermonibus et sacramentis, quæ per eos populis ministrantur. O miseros homines, qui hos intuendo Christum obliviscuntur! qui et multo ante prædixit, ut legi Dei potius obtemperetur, quam imitandi videantur illi, qui ea, quæ dicunt, non faciunt, et traditorem suum tolerans usque in finem etiam ad [384] evangelizandum cum ceteris misit. Nam apostoli talem consuetudinem non habuerunt, nec habendam docuerunt.

C. LXXXVI. *De eodem.*

Item Nicolaus Papa *Michaeli Imperatori, in epist. quæ incipit:* « Proposueramus [385]. »

Non quales sacerdotes Domini sint, sed quid de Domino loquantur, est vobis magnopere prævidendum, nec in vicariis B. Petri apostoli vobis est attendendum qui [386] sint, sed qui pro correctione ecclesiarum, quid pro salute vestra [387] satagant. Nec enim illos inferiores dicetis scribis et pharisæis sedentibus super cathedram Moysi, de quibus Dominus præcepit, dicens [388]: *Quæcunque dixerint vobis 'observate et' facite, secundum opera 'vero' eorum nolite facere.* Ergo, imperator, considera [389], si illos dixit audiendos, qui super cathedram Moysi sedebant, quanto potius 'his', qui super cathedram Petri resident, esse existimetis [390] obaudiendum.

C. LXXXVII. *Sacerdotum immunditia sacramenta non polluit.*

Item Augustinus *contra literas Petiliani, lib. II, c. 22* [391].

Dominus declaravit in uno cœtu hominum eadem sacramenta sumentium, aliquorum immunditiam mundis obesse non posse [392]. Et infra †: § 1. Petilianus dixit: Aut [393] si quisquam carmina sacerdotis memoriter teneat, numquid inde sacerdos est, quod ore sacrilego carnem publicat sacerdotis? Augustinus respondit: Ita istud dicis, quasi modo quæramus, quis sit verus sacerdos, et non quid sit verum baptisma. Ut enim sit quisque verus sacerdos, oportet, ut non solo sacramento, sed justitia quoque induatur, sicut scriptum est [394]: *Sacerdotes tui induantur justitia.* Qui autem solo sacramento sacerdos est, sicut fuit pontifex Caiphas, persecutor

NOTATIONES CORRECTORUM.

ᵃ *Polluimus*: Sumtum est ex B. Hieronymo in commentariis ad cap. 1 Malachiæ, in illis verbis: *Et dicitis, in quo polluimus*, etc.

ᵖ *Maledicam*: Apud eundem ad c. 2, sic habetur: *Et maledicam* (inquit) *benedictionibus vestris, hoc est, quæ nunc meis benedictionibus possidetis, sive quicquid a vobis benedicitur a me maledictum erit, et maledicam illis, subaudi, benedictionibus vestris, quoniam noluistis intelligere quæ dicuntur; hoc est enim, quod dicitur:* non posuistis super cor.

ᵠ *Quoniam*: Sumtum est ex eodem loco paulo inferius, ubi hæc leguntur: *Vel certe, quia ad sacerdotes proprie mandatum est, vertuntur benedictiones eorum in maledictionem, quando non benedicunt sanctis ex vero cordis affectu, sicut Isaac Jacob, et Jacob patriarchis, et Moyses duodecim tribabus, sed per dulces sermones et benedictiones decipiunt corda innocentium, et qui inique agunt benedicuntur ab eis, adulanturque peccatoribus, dummodo divites sint, atque eorum vitiis blandiuntur.*

---

QUÆST. I. C. LXXXIV. [374] *sive ergo*: Edd. coll. o. [375] *nec bon. meritis, nec bon. operibus*: Ed. Bas. [376] *ampliantur*: Ed. Bas. — *ampliatur*: Edd. rel. [377] *attenuantur*: Ed. Bas. [378] 1 Cor. c. 3, v. 7. [379] *Hucusque Isidorus.* [380] *sciendum*: Ed. Bas. [381] *et divinæ etiam*: ib. [382] *indigne*: Edd. coll. o. = C. LXXXV. [383] Caput Pseudoisidorianum, confectum ex August. lib. 50, hom. ult. [384] *eum evangelizaturum*: Ed. Bas. — *eum evangelizare*: Edd. coll. rel. = C. LXXXVI. [385] Ep. 8, ap. Mansi, scr. A. 865. — Ans. l. 1, c. 75. Ivo Decr. p. 5, c. 18. = C. LXXXVII. [386] *quid*: Edd. coll. o. [387] *nostra*: Ed. Bas. [388] Matth. c. 23, v. 3. [389] add.: *intente*: Ed. Bas. [390] *esse existimas* ( *existimes*: Edd. Lugdd. II, III), *obediendos*: Edd. coll. o. = C. LXXXVII. [391] Ivo Decr. p. 2, c. 98, 99. [392] *non obesse*: Edd. coll. o. † ib. c. 30. [393] *At*: Edd. coll. o. — Böhm. [394] Psalm. c. 131, v. 9.

unius et verissimi sacerdotis, quamvis ipse non sit verax, quod dat tamen verum est, si non det suum, sed Dei. *Item paulo inferius:* § 2. *Dixit quidam ex ipsis proprius eorum propheta* [396] : *Cretenses semper mendaces*, *malæ bestiæ, ventres* [397] *pigri.* *Testimonium hoc verum est.* Si ergo apostolus nescio cujus alienigenæ testimonium, quia verum comperit, etiam ipse attestatus est, cur nos, apud quemlibet [398] invenerimus quod Christi est et verum est, etiamsi ille, apud quem invenitur, perversus et fallax est, non discernimus vitium [399], quod homo habet, et veritatem, quam non suam, sed Dei [400] habet, et dicimus, sacramentum hoc verum est, sicut ille ait: *Testimonium hoc verum est?* Numquid ideo dicimus: etiam ipse homo verax est, quia dicimus: sacramentum hoc verum est? *Et paulo post* · § 3. Vos [401] autem necesse est ut semper erretis, quamdiu propter hominum vitia Dei sacramenta violatis, aut nos propter Dei sacramenta, quæ in nobis [402] violare nolumus, etiam vestri schismatis sacrilegium assumere putatis. *Item* ††: § 4. Baptismi ergo puritas a puritate [403] vel immunditia conscientiæ sive dantis sive accipientis [404] omnino distincta est. *Item* [405]: § 5. Memento · ergo · sacramentis Dei nihil obesse mores malorum hominum, quo illa vel · omnino · non sint, vel minus sancta sint. *Item* [406]: § 6. · Quæro, · si non habebat Saul sacramenti sanctitatem, quid in eo David venerabatur? Si autem habebat innocentiam, quare innocentem persequebatur? Nam eum propter sacrosanctam [407] unctionem et honoravit vivum, et vindicavit occisum. Et quia vel panniculum ex ejus veste præscidit [408], percusso corde trepidavit. Ecce Saul non habebat innocentiam, et tamen habebat sanctitatem, non [409] vitæ suæ ʳ [410], (nam hoc [411] sine innocentia nemo potest), sed sacramenti [412] Dei, quod et in malis hominibus sanctum est. *Item* [413]: § 7. Nos dicimus tale cuique sacrificium fieri, qualis accedit ut offerat, et qualis accedit ut sumat, et eos de sacrificiis talium manducare, qui ad illa [414] tales accedunt, quales et illi sunt. Itaque si offerat Deo malus, et accipiat inde bonus, tale cuique esse [415], qualis quisque fuerit, quia et illud scriptum est [416]: *Omnia munda mundis.* Per hanc sententiam veridicam et catholicam etiam vos Optati sacrificio non estis

polluti, si facta ejus displicebant vobis. Nam [417] utique panis illius panis luctus erat, sub cujus iniquitatibus Africa tota lugebat, sed panem luctus omnibus vobis communem esse omnium vestrum malum schismatis facit. *Item* [418]: § 8. Gratias Deo, quia tandem confessus es, posse valere invocatum nomen Christi ad aliorum salutem, etiam si a peccatoribus invocetur. Hinc, ergo intellige [419], quum Christi nomen invocatur non obesse aliorum saluti aliena peccata.

C. LXXXVIII. *Etiam per malum ministrum dona Dei ad eos perveniunt, qui cum fide accipiunt.*

Idem *in Psalm. X, in vers.* Justus autem quid fecit [420]?

Christus quid fecit vobis [421], qui traditorem suum tanta patientia pertulit, ut ei primam eucharistiam confectam manibus suis et ore suo commendatam, sicut ceteris apostolis, traderet? Quid vobis [422] fecit Christus [423], qui eundem traditorem suum, quem diabolum nominavit, qui ante traditionem Domini nec loculis dominicis fidem potuit exhibere, cum ceteris discipulis [424] ad prædicandum regnum cœlorum misit, ut demonstraret [425], dona Dei pervenire ad eos, qui cum fide accipiunt, etiam si talis sit, per quem accipiunt, qualis Judas fuit?

C. LXXXIX. *Sacramentis episcopi malitia non nocet.*

*Item* Gregorius [426].

Non nocet malitia episcopi, neque ad baptismum infantis, neque ad ecclesiæ consecrationem, quia baptisma a Deo datur, non ab homine venit; sic et eucharistia, et omnia [427], quæcunque in altari ponuntur, non ab homine, sed a Deo sanctificationem accipiunt.

Gratian. Sed objicitur illud Hieronymi in Sophoniam, c. 3 [428]:

C. XC. *Non verba, sed merita sacerdotum eucharistiam faciunt.*

Sacerdotes, qui eucharistiæ serviunt, et sanguinem Domini populis ejus dividunt, impie agunt in legem Christi, putantes eucharistiam imprecantis facere verba, non vitam, et necessariam esse tantum solennem orationem, et non sacerdotum merita, de quibus dicitur: * *Et* · *sacerdos, in quo* [429] *fuerit macula, non accedet offerre oblationes Domino.*

### NOTATIONES CORRECTORUM.

C. LXXXVII. ʳ *Vitæ suæ:* Sequebatur : *sed unctionis*; quæ voces absunt ab omnibus vetustis Gratiani exemplaribus, licet in codicibus etiam B. Augustini impressis legantur.

---

QUÆST. I. C. LXXXVII. [395] hæc usque ad. verb. : *verum est*, desider. ap. Ivonem. [396] ad Tit. c. 1. [397] *pigri corde* : Edd. coll. o. [398] *quemcunque* : eæd. [399] *propter vitium* : eæd. [400] *Christi* : eæd. [401] *vobis* : eæd. [402] *vobis* : Edd. Bas. Ven. I. Lugdd. II, III, ex Ivone. †† ib. c. 53. [403] *impunitate* : Edd. coll. o. [404] *excipientis* : Ed. Bas. [405] ib. c. 47. [406] ib. c. 48. [407] *sacramentum unctionis* : Edd. coll. o. [408] *abscidit* : eæd. [409] *merito vitæ suæ* : Ed. Bas. [410] add. : *sed unctionis* : Edd. coll. o. [411] *hæc* : eæd. [412] *sacramentum* : eæd. pr. Bas. [413] ib. c. 52. [414] *illud* : Edd. coll. o. [415] *est* : eæd. [416] Tit. c. 1, v. 15. [417] *non* : Edd. coll. o. pr. Bas. [418] ib. c. 54. [419] *intelligite* : Edd. Arg. Bas. Ven. I, II. = C. LXXXVIII. [420] Ivo Decr. p. 2, c. 105. [421] *nobis* : Edd. coll. o. — cf. Joan. c. 1, v. 3. [422] *nobis* : eæd. [423] *Deus* : eæd. pr. Bas. Lugdd. II, III. [424] Matth. c. 10. [425] *monstraret* : Edd. coll. o. = C. LXXXIX. [426] Caput incertum. [427] *alia* : Ed. Bas. = C. XC. [428] Ivo Decr. p. 2, c. 110. [429] *in quocunque* : Edd. coll. o. ex Ivone. — add. : *deprehensus* Ed. Bas. — cf. Levit. c. 21, v. 21.

C. XCI. *Tanto facilius sacerdotes exaudiuntur, quanto apud Deum sunt digniores.*

Item Alexander, epist. II [430].

Ipsi sacerdotes pro populo interpellant et peccata populi comedunt, quia suis precibus et oblationibus ea delent atque consumunt; qui, quanto digniores fuerint, tanto facilius pro necessitatibus, pro quibus clamant, exaudiuntur.

C. XCII. *Non adest sacramentis Spiritus sanctus, quae per criminosos ministrantur.*

Item Gelasius *Elpidio Episcopo* [432].

Sacrosancta religio, quae catholicam continet disciplinam, tantam sibi reverentiam vindicat, ut ad eam quilibet nisi pura conscientia non audeat pervenire. Nam quomodo ad divini mysterii consecrationem coelestis Spiritus invocatus adveniet, si sacerdos, et qui eum adesse deprecatur, criminosis plenus actionibus reprobetur?

C. XCIII. *Manus immunda tacta inquinat, non mundat.*

Item Gregorius *in Regesto, lib. I. epist. 24* [433].

Necesse est ut esse munda studeat manus, quae diluere sordes curat, ne tacta quaeque deterius inquinet, si sordida ipsa stercoris [434] lutum tenet: scriptum namque est [435]: *Mundamini, qui fertis vasa Domini.* Domini etenim vasa ferunt [436], qui proximorum animas ad interiora [437] perducendas in conversationis suae exemplo suscipiunt.

C. XCIV. *Aeque servandum est verbum Christi et corpus Christi.*

Item Augustinus *lib. L. homiliarum, homil. 26* [438].

Interrogo vos, fratres vel sorores, dicite mihi, quid vobis plus esse videtur, verbum Dei [439], an corpus Christi? Si verum vultis respondere, hoc utique dicere debetis, quod non sit minus verbum Dei [440] quam corpus Christi. Et ideo, quanta sollicitudine observamus, quando nobis corpus Christi ministratur, ut nihil ex ipso de nostris manibus in terram cadat, tanta sollicitudine observemus, ne verbum Dei, quod nobis erogatur [441], dum aliud aut cogitamus, aut loquimur, de corde nostro [442] pereat, quia non minus reus erit qui verbum Dei negligenter audierit, quam ille, qui corpus Christi in terram cadere negligentia sua permiserit.

C. XCV. *De eodem.*

Idem *lib. IV. de Trinitate, c. 14* [443].

Neque [444] potest id rite offerri nisi per sacerdotem justum et sanctum, nec nisi ab eis accipiatur quod offertur, pro quibus offertur [445], atque id sine vitio sit, ut pro vitiosis mundandis possit offerri. Hoc certe omnes cupiunt, qui pro se offerri sacrificium Deo volunt.

Gratian. *Quum vita sacerdotum eucharistiae necessaria esse dicitur, non consecrationi, sed effectui intelligendum est; non enim effectum salutis confert ei, quem merita faciunt indignum; potius completur in eo illud Apostoli* [446]: *Qui manducat corpus Domini et ejus sanguinem bibit indigne, judicium sibi manducat et bibit. Ergo contra eos, qui crebra oblatione sacrificii se putant posse mundari, non cessantes impie agere in legem Dei, intelligitur illud esse dictum Hieronymi* [447]. *Quod vero sacerdos, etiamsi malus sit, tamen pro officio suae dignitatis gratiam transfundat hominibus, testatur Augustinus in lib.* [448] *quaestionum veteris test. c. 11.*

C. XCVI. *Sacerdotes nomen Domini invocant, Dominus autem benedictionem praestat.*

Dictum est a Deo in Numeris ad Moysen et Aaron sacerdotes [449]: *Vos ponite nomen meum super filios Israel, ego Dominus benedicam eos,* ut gratiam traditio [450] per ministerium ordinantis [451] transfundat hominibus, nec voluntas sacerdotis obesse aut prodesse possit, sed meritum benedictionem poscentis. § 1. Quanta autem sit dignitas ordinis [452] sacerdotalis, hinc advertamus. Dictum est enim [453] de nequissimo Caipha, interfectore Salvatoris, inter caetera [454]: *Hoc autem a semetipso non dixit, sed, quum esset princeps* [455] *sacerdotum anni illius, prophetavit.* Per quod ostenditur Spiritum [456] gratiarum non personam sequi aut digni, aut indigni, sed ordinationem traditioni, ut, quamvis aliquis boni meriti sit, non tamen possit benedicere, nisi fuerit ordinatus, ut [457] officium ministerii exhibeat. Dei autem est effectum tribuere benedictionis.

Gratian. *Quod vero per haereticos sacramenta dignitatis ministrata dicuntur carere effectu, improbatur auctoritate Anastasii Papae, qui ordinationem Acacii, quamvis haeretici, ita ratam approbat, ut etiam eis, quos post damnationem suam baptizavit vel ordinavit,*

---

QUÆST. I. C. XCI. [430] Caput Pseudoisidorianum. — Ivo Decr. p. 2, c. 69, et p. 6, c. 45. [431] *in* : Edd. coll. o. ex Ivone. = C. XCII. [432] De epocha hujus ep. non constat; Elpidius episcopus fuit Volaterranus. — Ivo Decr. p. 2, c. 90, et p. 6, c. 110. = C. XCIII. [433] Ep. 26 (scr. A. 591), ad Joannem Ep. Const. et rell. patriarchas l. 1, Ed. Maur. — cf. Past. p. 2, c. 2. [434] *sordida sequens lutum* : Edd. coll. o. — *s. insequens l.* : orig. [435] Esa. c. 52, v. 11. [436] *fuerunt* : Ed. Bas. [437] *interna sacraria* : orig. = C. XCIV. [438] Sermo, unde haec sunt deprompta, supposititius est. — Pithoei fratres canonem citant ex Origenis hom. XIII, in Exodum. — Ivo Decr. p. 2, c. 100. [439] *Christi* : Edd. coll. o. — Ivo. [440] *Domini* : Ivo. Decr. p. 2, c. 107. [441] *irrogatur* : Ed. Bas. — [442] *puro* : Edd. coll. o. = C. XCV. [443] Ivo Decr. p. 2, c. 107. [444] add. : *enim* : Ivo. — Ed. Bas. [445] *offers* : Ed. Bas. [446] 1 Cor. c. 11, v. 27. [447] supra c. 90. [448] Liber apocryphus. Ivo Pan. l. 3, c. 79. Decr. p. 2, c. 100. = C. XCVI. [449] c. 6. [450] *traditam* : Edd. coll. o. pr. Bas. [451] *ordinati* : eaed. cum Ivone. [452] add. : *vel officii* : eaed. [453] *autem* : eaed. ex Ivone. [454] Joan. c. 11, v. 51. [455] *pontifex* : Ed. Bas. — *pontif. et princeps* : Edd. rel. [456] add. : *sanctum* : Edd. coll. o. ex Ivone. [457] *vel* : Edd. Lugdd. † cf. Dist. 19, c. 9.

in nullo ream personam nocuisse asserat. Sed hoc eum ⁸ illicite, et non canonice, imo contra decreta suorum prædecessorum fecisse, probant Felix et Gelasius, qui Acacium ante Anastasium excommunicaverunt, et Hormisda, qui ab ipso Anastasio tertius eumdem Acacium damnavit. Unde etiam ab ecclesia Romana repudiatur, et a Deo fuisse percussus legitur in gestis Romanorum Pontificum hoc modo: Anastasius † secundus natione Romanus, etc. Require retro in tractatu decretalium epistolarum.

Item objicitur illud Augustini lib. II. contra epist. Parmeniani, c. 13 ⁴⁵⁸:

C. XCVII. *Qui recedit ab ecclesia, nec baptisma, nec jus dandi amittit.*

Quod quidam dicunt, baptisma, quod accepit ᵗ, non amittit qui recedit ab ecclesia, ˚ sed ˚ jus tamen dandi, quod accepit, amittit, multis modis apparet frustra et inaniter dici. § 1. Primo, quia nulla ostenditur causa, cur ille, qui ipsum baptismum amittere non potest, jus dandi amittere possit. Utrumque ⁴⁵⁹ enim sacramentum est, et quadam consecratione utrumque homini datur, illud, quum baptizatur, istud, quum ordinatur, ideoque in ⁴⁶⁰ catholica utrumque non licet iterari. § 2. Nam si quando ⁴⁶¹ ex ipsa parte venientes etiam præpositi ⁴⁶² pro bono pacis, correcto schismatis ⁴⁶³ errore, suscepti sunt, etsi visum est opus esse, ut eadem officia gererent, quæ gerebant ⁴⁶⁴, non sunt rursus ordinandi ⁴⁶⁵, sed sicut baptismus in eis, ita ordinatio mansit integra, quia in præcisione fuerat vitium (quod unitate pacis est correctum), non in sacramentis quæ ubicunque sunt ipsa vera sunt. Et quum expedire hoc videatur ⁴⁶⁶ ecclesiæ, ut præpositi eorum, venientes ad catholicam societatem, honores suos ibi non administrent, non eis tamen ipsa ordinationis sacramenta detrahuntur, sed manent ⁴⁶⁷ super eos. Ideoque non eis in populo manus imponitur, ne non homini, sed ipsi sacramento fiat injuria. Et infra: § 3. Sicut autem habent in ⁴⁶⁸ baptismo quod per eos dari possit, sic in ordinatione jus dandi; utrumque quidem ad perniciem suam, quamdiu caritatem non habent unitatis; sed tamen aliud est prorsus non habere, aliud perniciose habere, aliud salubriter habere. Quicquid non habetur dandum est, quum opus est dari, quod vero perniciose habetur, per correctionem ⁴⁶⁹ depulsa pernicie agendum est, ut salubriter habeatur. Quanquam ⁴⁷⁰, etsi laicus aliqua ⁴⁷¹ pereunti dederit necessitate compulsus, quod, quum ipse acciperet ⁴⁷², dandum esse ⁴⁷³ addidicit ⁴⁷⁴, nescio, an pie quisquam dixerit esse repetendum. Nulla enim cogente necessitate si fiat, alieni muneris usurpatio est. Si autem necessitas urgeat, aut nullum, aut veniale delictum est. Sed ⁴⁷⁵ et si nulla ⁴⁷⁶ necessitate usurpetur, et a quolibet cuilibet detur, quod datum fuerit non potest dici non datum, quamvis recte dici possit illicite datum. Illicitam ergo usurpationem corrigit reminiscentis et pœnitentis affectus. Quod si non correxerit, manebit ad pœnam usurpatoris ⁴⁷⁷ quod datum est, vel ejus, qui illicite dedit vel ejus, qui illicite accepit: non tamen pro non dato habebitur. ˚ Neque ullo modo ᵘ per devotum militem, quod a privatis usurpatum est, signum regale violabitur. § 4. Si enim aliqui furtim et extraordinarie, non in monetis publicis, aurum vel argentum ᵛ percutiendo signaverint quum fuerit deprehensum, nonne illis punitis aut indulgentia liberatis cognitum regale signum thesauris regalibus cogetur inferri ⁴⁷⁸. Et paulo post: § 5. Si forte ˚ illum ˚ militiæ characterem in corpore suo non militans pavidus exhorruerit, et ad clementiam imperatoris confugerit, ˚ ac prece fusa˚ et impetrata jam venia militare cœperit, numquid homine liberato atque correcto character ille repetitur, ac non potius agnitus approbatur? An forte minus hærent ⁴⁷⁹ sacramenta Christiana quam corporalis hæc nota, quum videamus, nec apostatas carere baptismate, quibus utique per pœnitentiam redeuntibus non restituitur, et ideo amitti non posse judicatur? Et paulo post: § 6. De iis ⁴⁸⁰, qui ab ecclesiæ ⁴⁸¹ unitate separati sunt, nulla jam quæstio est, quin ˚ et ˚ habeant, et dare possint ⁴⁸² et ⁴⁸³ quin perniciose habeant perniciosequetradant

NOTATIONES CORRECTORUM.

C. XCVI. ˢ *Sed hoc eum:* Supra dist. 19. c. *Anastasius,* ostensum est, immerito reprehensum esse Anastasium, et verissima esse, quæ ipse de Acacio scripsit et decrevit.

C. XCVII. ᵗ *Quod accepit:* Sic etiam Algerus, licet paulo aliter habeat originale.

ᵘ *Neque ullo modo:* Hæc usque ad verbum: *violabitur,* addita sunt ex originali, ex quo etiam aliis locis caput hoc locupletatum est.

ᵛ *Vel argentum:* In codicibus B. Augustini impressis sequitur: *sed æs;* in duobus autem manuscriptis Vaticanis: *vel æs.*

---

QUÆST. I. C. XCVI. ⁴⁵⁸ Alger. l. 3, c. 85. = C. XCVII. ⁴⁵⁹ Ivo Pan. l. 3 c. 77. Decr. p. 2, c. 97. ⁴⁶⁰ *a catholica*: Alg. ex orig. ⁴⁶¹ abest ab Edd. coll. o. pr. Bas. Lugdd. II, III. ⁴⁶² *propositi*: Ed. Bas. ⁴⁶³ *schismaticorum*: Edd. coll. o. ⁴⁶⁴ *agebant*: eæd. ⁴⁶⁵ *ordinati*: orig. — Alger. ⁴⁶⁶ *videtur ipsa eccl.*: Ed. Bas. — *vid. ipsi eccl.*: Edd. rel. ⁴⁶⁷ *ibi remanent*: Edd. Arg. Nor. — add.: *etiam*: Edd. coll. o. pr. Arg. ⁴⁶⁸ *est*: Edd. coll. o. ex Alg. ⁴⁶⁹ *correptionem*: eæd. pr. Bas. Lugdd. ⁴⁷⁰ *Quod si*: Ed. Bas. — *Quod et si*: Edd. rel. ⁴⁷¹ *aliquid pereunti*: Alg. — *alicui pereunti baptisma*: Edd. coll. o. ⁴⁷² *acceperit*: eæd. pr. Bas. Lugdd. II, III. ⁴⁷³ add.: *alicui*: Ed. Bas. Lugdd. II, III. ⁴⁷⁴ *addiscit*: Ed. Par. ⁴⁷⁵ *Sed si*: Edd. coll. o. ⁴⁷⁶ *in nulla*: Edd. Ven. II. Lugdd. Par. ⁴⁷⁷ *usurpationis*: Edd. coll. o ⁴⁷⁸ *cogeretur*: orig. — *congregetur*: Edd. coll. o. ⁴⁷⁹ *habent*: Alger. — Edd. Lugdd. II, III. — *haberet*: Ed. Bas. — *haberent*: Edd. rel. ⁴⁸⁰ add.: *vero*: Ed. Bas. ⁴⁸¹ add.: *catholicæ*: Edd. coll. o. ⁴⁸² add.: *sacramenta*: eæd. p. Bas. ⁴⁸³ *sed perniciose habent, quia sunt extra,* etc.: Edd. coll. o.

extra vinculum pacis. *Et infra:* § 7. Neutri sacramento injuria facienda est. *Et infra:* § 8. Sicut non recte habent ⁴⁸⁴ qui ab unitate discedunt, sed tamen habent, et ideo redeunti non redditur, sic etiam non recte dat qui ab unitate discedit, sed tamen dat, et ideo quod ab eo accepit venienti ad unitatem non ⁴⁸⁵ iteratur. *Et infra:* § 1. Sicut redeunti non redditur quod et foris habebat, sic venienti repetendum non est*quod et foris habebat, sic venienti repetendum non est quod * etiam * foris accepit ⁴⁸⁶. Unde consequenter intelligitur perversitatem hominum esse corrigendam, sanctitatem autem sacramentorum in nullo perverso esse violandam. Constat enim eam in perversis et sceleratis hominibus, sive in eis, qui intus sunt, sive in eis, qui foris sunt, impollutam atque inviolabilem permanere et quia dicuntur ea ⁴⁸⁷ mali polluere, quantum in ipsis est dicuntur, quum illa impolluta permaneant ⁴⁸⁸; sed in bonis permanent ⁴⁸⁹ ad præmium, in malis permanent ⁴⁹⁰ ad judicium. *Et infra:* § 10. Quomodo catholici non clarificant Deum ⁴⁹¹, * qui promissa ejus nullis hominum sceleribus quo minus implerentur impediri posse confidunt*, qui sacramenta ejus tam debita veneratione prosequuntur, ut*ea*, si etiam ab indignis tractata fuerint, illis ⁴⁹² sua perversitate damnatis, illa intemerata sanctitate permanere demonstrentur ⁴⁹³.

XII. Pars. Gratian. *Ex ⁴⁹⁴ his verbis Augustini constat, in omnibus tam apostatis quam hæreticis vel damnatis permanere Christi sacramenta vera, quantum ad se, et sancta, et nisi pœnitentia vel indulgentia subventum fuerit, ad damnationem usurpatoris pervenient, vel habentis, vel dantis, vel accipientis. Quid ergo prodest, quod vera et sancta sunt, quum usurpatores suos æque perimant, ac si essent mala et noxia? Crassus aurum sitivit et aurum bibit: æque periit vero auro, sicut vero veneno.* § 1. *Item aurum æque verum est in arca furis, sicut in thesauris regis. Sed a fure, quia illicite habetur, illicite datur vel accipitur; a rege autem licite habetur, licite datur et accipitur; ideo ipse fur et communicator furti (nisi forte de conscientia furti se purgaverint), ut perhibet Gelasius ad Anastasium imperatorem, uterque juste et digne damnabitur.* § 2. *Opponitur autem huic sententiæ Augustini: Potestas dandi baptismum, et jus consecrandi dominicum corpus, et largiendi sacros ordines, plurimum inter se differunt. Suspenso enim vel deposito sacerdote, nulla ei relinquitur potestas sacrificandi. Sacramentum tamen baptismi non solum a sacerdote deposito vel laico catholico, verum etiam ab hæretico vel pagano si ministratum fuerit, nulla reiteratione violabitur; nulla autem ratio sinit, ut inter sacerdotes habeantur, qui de manibus laici vel pagani oleum sacra (imo exsecrandæ) unctionis assumant. Non ergo consequenter colligitur, ut, si recedentibus a fide jus baptizandi relinquitur, potestas etiam distribuendi sacros ordines eis relinquatur, quamvis utrumque a consecratione proveniat. Degradatus enim episcopus potestatem largiendi sacros ordines non habet, facultatem tamen baptizandi non amisit.* § 3. *Sed ne Augustinum* ʷ *in hac sententia penitus reprobemus, intelligamus aliud esse potestatem distribuendi ordines sacros, aliud esse exsecutionem illius potestatis. Qui enim intra unitatem catholicæ ecclesiæ constituti sacerdotalem vel episcopalem unctionem accipiunt, officium et exsecutionem sui officii ex consecratione adipiscuntur. Recedentes vero ab integritate fidei, potestatem acceptam sacramento tenus retinent, effectu suæ potestatis penitus privantur, sicut conjugati ab invicem discedentes conjugium semel inilum non dissolvunt, ab opere tamen conjugali inveniuntur alieni.* § 4. *De his ergo qui, accepta sacerdotali potestate, ab unitate catholicæ ecclesiæ recedunt, loquitur Augustinus, non de illis qui in schismate vel in hæresi positi sacerdotalem unctionem accipiunt; alioquin esset contrarius Chalcedonensi ⁴⁹⁵ concilio, in quo ordinati a simoniacis in nullo proficere judicantur, et Innocentio ⁴⁹⁶, qui ordinatos a ceteris hæreticis per pravam manus impositionem solam damnationem et capitis vulnus assecutos testatur.* § 5. *Quamvis possit generaliter dici, sacramenta, quæ apud hæreticos non aliter quam in ecclesia Dei celebrantur, vera et rata esse quantum ad se, falsa vero et inania quantum ad effectum, et in iis, a quibus male tractantur, et in illis, a quibus male suscipiuntur. Nec mirum, ipsa enim salus nostra bucellam ⁴⁹⁷ Judæ dedit; statim cum bucella non bonus; sed malignus spiritus intravit: quare? non quia bonus non daret bonum, sed quia malus male accepit bonum; sicque bonum effectum bonum non habuit, quia ubi illud faceret non invenit.* § 6. *Item Dominus ⁴⁹⁸ in patria sua præsens et verus affuit; non per malum ministrum, sed per se ipsum nihil potuit, quia fidem non invenit; pro perfidia aliorum non caruit sua veritate, sed effectus boni virtute.* § 7. *Quod ut plane in omnibus sacramentis ostenderet, bis est transfiguratus, quum esset in carne. In una transfiguratione ⁴⁹⁹ sicut sol apparuit mirabilis, ut fides credentium augeretur ad contemplandam cœlestem gloriam super se elevatam. In*

## NOTATIONES CORRECTORUM.

ʷ *Sed ne Augustinum:* Hic Gratianus ita videtur loqui de B. Augustino, quasi ipsius hac in re sit dubia aut incerta sententia, quum tamen nemo ipso melius ac fusius in libro contra Donatistas rem hanc exposuerit, omninoque cum Chalcedonensi concilio et Innocentio concordet.

---

Quæst. 1. C. XCVII. ⁴⁸⁴ *habet qui — recedit* : eæd. ⁴⁸⁵ *item iteratur* : Ed. Lugdd. II. ⁴⁸⁶ *acceperat* : Edd. coll. o. ⁴⁸⁷ *eam* : eæd. pr. Bas. ⁴⁸⁸ *permaneat* : eæd. pr. Arg. Bas. ⁴⁸⁹ *permaneret* : Ed. Nor. — *permanet* : Edd. rel. pr. Bas. ⁴⁹⁰ *permanet* : ib. ⁴⁹¹ *Dominum* : Edd. coll. o. ⁴⁹² *vel* : eæd. pr. Bas. ⁴⁹³ *demonstrantur* : eæd. ⁴⁹⁴ Hæc usque ad § 2, ad verbum leguntur ap. Algerum. ⁴⁹⁵ cf. supra c. 8. ⁴⁹⁶ supra c. 17. ⁴⁹⁷ Joan. c. 13. ⁴⁹⁸ Matth. c. 13 ⁴⁹⁹ Matth. c. 17.

altera ut peregrinus [500] et incognoscibilis de se dubitantibus ire longius se finxit, et, ne agnosceretur, oculos eorum tenuit : ad quid aliud, nisi ut, quia per fidem non erat in cordibus eorum, longius se ab iis recedere ostenderet, et quia ipsum non credebant esse quod erat, viderent et eum alium quam erat? Ecce in utraque visione sua erat praesentia et veritas: sed in una exercebatur fides, ut magis crederent quam credebant, in altera tenebatur incredulitas, nec etiam agnoscerent quod videbant. Sacramentum ergo corporis et sanguinis sui aliis est ad salutem, aliis ad judicium. Fides etiam, quamvis sit vera, tamen sine [501] operibus mortua est. Sic et omnes decem virgines [502] aequaliter erant virgines, sed ex his quinque erant fatuae et quinque prudentes. Aequa erat virginitatis veritas, sed pro ejusdem virginitatis intentione non omnibus aequa meriti identitas. Sic etiam est aes [503] sonans aut cymbalum tinniens martyrium vel eleemosyna, quam nescit caritas. Si vero caecus caeco lucernae ministret veritatem, neuter tamen ideo magis suam illuminat caecitatem. Sic et malus ministrat malo vera sacramenta, sed non ideo dona spiritualia, quia malis eorum meritis Spiritus sanctus impeditur, ne in eis quod suum est operetur. Unde Innocentius [504], quum haereticorum baptisma concedat esse ratum, non tamen ex illo baptismate concedit haberi Spiritum sanctum. Et Leo [505] hos, qui formam baptismatis acceperunt, non sinit rebaptizari, sed jubet Spiritum sanctum, quem ab haereticis nemo accipit, per ejus invocationem et manus impositionem a catholicis sacerdotibus consequi. Sciendum vero est quod sacramenta haereticorum dicuntur irrita, vel etiam damnanda, falsa et inania, non quantum ad se, quum sint sancta et vera etiam ab haereticis celebrata, sed quia, quum illicite dantibus perfidis sint ad judicium, illicite ab eis accipientibus non conferunt Spiritum sanctum. Irrita et non vera dicuntur, quia quod promittunt et conferre creduntur non tribuunt, et ideo damnanda, ut ea dari vel recipi ab haereticis non approbetur, sed interdicatur. Non enim quantum ad se polluta sunt, quamvis ab haereticis pollui dicantur. Unde Gregorius [506] communionem Arii vocat exsecrationem, et Innocentius [507] vocat Bonosi ordinationem damnationem, non quod ita in se sint, sed quia male dantibus vel accipientibus id efficiunt. Sic etiam Hieronymus in Osee [508] sacrificia eorum panem luctus vocat, non quantum ad se, sed quantum ad effectum, quod ipsemet ostendit, subjungens: Quicunque comederit ex eo, contaminabitur, quia sibi ad judicium sumet.

Hinc etiam Augustinus lib. II contra epist. Parmeniani, cap. 5 [509].

C. XCVIII. *Sacramenta quamvis obsint indigne tractantibus, prosunt tamen digne sumentibus.*

Per Esaiam [510] Dominus dicit: *Facinorosus, qui sacrificat mihi vitulum, quasi qui canem [511] occidat, et qui coquit* similaginem, quasi sanguinem porcinum, et qui offert thus in memoriam, quasi blasphemus. (Et paucis interjectis:) § 1. Quilibet ubilibet offert sacrificium tali [512] corde vel factis, hoc [513] ut mereatur audire, perniciem sibi infert, non illis bonis qui accipiunt ab eis sacramenta eadem, qui secundum prophetam Ezechielem [514] gemunt et morent peccata [515], quae fiunt in medio eorum, quamvis non se inde corporaliter separent. Et infra [516]: § 2. Sacrificia impiorum eis 'ipsis' oberunt, qui offerunt impie. Nam unum atque idem sacrificium [517] propter nomen Domini, quod [518] invocatur, et semper sanctum est, et tale cuique fit, quali corde ad accipiendum accesserit. Qui [519] enim manducat et bibit indigne, judicium sibi manducat et bibit; non 'ait', aliis, sed sibi. Et infra [520]: § 3. Hoc paene in omnibus talibus quaestionibus intelligendum admonemus, scilicet quia [521] omnia sacramenta, quum obsint indigne tractantibus, prosunt tamen per eos digne sumentibus. Et infra [522]: § 4. Spiritus sanctus in ecclesiae praeposito vel ministro sic inest, ut, si fictus non est, operetur per eum 'Spiritus sanctus', et 'ad' ejus mercedem in salutem sempiternam et eorum generationem vel aedificationem, qui per eum sive consecrantur sive evangelizantur. Si autem fictus est, quoniam verissime scriptum est [523]: Spiritus 'enim' sanctus disciplinae effugiet fictum, deest [524] quidem saluti ejus, ut [525] auferat se a cogitationibus,

## NOTATIONES CORRECTORUM.

C. XCVIII. *Et qui coquit:* Apud B. Augustinum legitur: *et qui similaginem, quasi sanguinem porcinum, et qui offert thus, quasi benedicat idolo.* Et sic etiam Ivo, nisi quod habet: *et qui ponit similaginem,* sicut etiam B. Augustinus contra literas Petiliani lib. 2. cap. 52. Lectioni graecae vulgatae optime respondet versio B. Hieronymi secundum LXX: *Iniquus autem, qui immolat vitulum, quasi percutiens virum; sacrificans de grege, quasi qui occidat canem;* qui offert similam, quasi qui sanguinem suillum; qui dat thus in memoriale, quasi blasphemus. Vulgata autem latina ex Hieronymo secundum hebraeum exemplar sic habet: *Qui immolat bovem, quasi qui interficiat hominem; qui mactat pecus, quasi qui excerebret canem; qui offert oblationem, quasi qui sanguinem suillum offerat; qui recordatur thuris, quasi qui benedicat idolum.*

QUAEST. I. C. XCVII. [500] Luc. c. 24. [501] Jac. c.2. [502] Matth. c. 25. [503] 1 Cor. c. 13. [504] supra c. 73. [505] supra c. 51. [506] supra c. 72. [507] supra c. 17, 18. [508] c. 9. [509] Ivo Decr. p. 2, c. 97. = C. XCVIII. [510] c. 66, v. 3. [511] add.: *vivum*: Ed. Bas. [512] *tale*: Ivo. [513] *haec*: id. [514] Ezech. c. 9. [515] add.: *et iniquitates*: Edd. coll. o. [516] eodem libro c. 6. [517] add.: *est*: Edd. coll. o. [518] add.: *ibi*; eaed. [519] 1 Cor. c. 11, v. 27. [520] eod. libro c. 10. [521] cf. supra c. 78. [522] eodem libro c. 11. [523] Sapient. c. 1, v. 5. [524] *desit*: Edd. coll. o. [525] *et auferet*: Edd. Lugdd. II, III. — *et auferat*: Edd. Arg. Bas.

quæ sunt sine intellectu, ministerium tamen ejus non deserit [526], quo per eum salutem operatur aliorum.

Gratian. Constat ergo ut Innocentius [527] ait, de ceteris hæreticis, ordinatos a simoniacis per pravam manus simoniacæ impositionem vulneratum habere caput. § 1. Sed objicitur, quod in ordinatione simoniacorum hoc solum reprehensibile inveniatur, quod gratia Spiritus sancti sub pretio redigi putetur, aliorsum autem in omnibus integra forma sacramentorum servetur. Quum ergo illicita sacramenti usurpatio per pœnitentiam correcta fuerit, ut gratia Spiritus sancti gratuita et non venalis existimetur, integer debet adesse unctionis effectus; imo etiam, si non sequatur pœnitentia, licet simoniace, tamen revera consecratus reputetur, sicut illi qui quondam nonnisi pretio dato, nec ad sacri baptismi regenerationem, nec ad sanctæ communionis participationem admittebantur, licet simoniace, tamen non ideo minus baptizati, vel sacræ communionis participes reputati sunt. Sed hoc tantum sacris canonibus constitutum est, ne de cetero sacramenta Christi simoniace distribuantur.

Unde Gelasius ad episcopos per Lucaniam, epist. I, c. 7 [528].

**C. XCIX.** *A baptizandis vel consignandis pretia non exigantur.*

Baptizandis consignandisque fidelibus sacerdotes pretia nulla præfigant, nec illationibus quibuslibet impositis exagitare cupiant renascentes, quoniam quod [529] gratis accipimus [530] gratis dare mandamur. Et ideo nihil a prædictis prorsus exigere moliantur, quo vel paupertate cogente deterriti, vel indignatione revocati redemptionis suæ causas adire [531] despiciant, certum habentes, quod qui prohibita deprehensi fuerint admisisse, vel commissa non potius sua sponte correxerint, periculum subituri [532] proprii sint honoris.

**C. C.** *A percipiente gratiam communionis pretium exigi non debet.*

Item ex sexta synodo, c. 23 [533].

Nullus episcopus, aut presbyter, aut diaconus, qui sacram dispensat communionem, a percipiente gratiam ʸ communionis aliquod pretium exigat. Neque enim venditur gratia, neque pro pretio gratiam Spiritus sancti damus, sed dignis munere [534] sine defraudatione participare [535] concedimus. Si quis vero eorum qui commemorantur in clero, ab eo cui sacram communionem dispensat, aliquod pretium exegerit, deponatur, sicut imitator simoniacæ fraudis.

**C. CI.** *Munera invisibilis gratiæ quæstibus non sunt comparanda.*

Item ex concilio Toletano XI, c. 8 [536].

Quicquid invisibilis gratiæ consolatione ᶻ tribuitur, nunquam quæstibus ᵃ vel quibuslibet præmiis venundari penitus debet, dicente Domino : *Quod gratis accepistis gratis date.* Et ideo quicunque deinceps in ecclesiastico ordine constitutus aut pro baptizandis consignandisque fidelibus, aut collatione [537] chrismatis, vel promotionibus graduum pretia quælibet vel præmia (nisi ᵇ) voluntarie oblata [538] pro hujusmodi ambitione susceperit, equidem, si sciente loci episcopo tale quicquam a subditis perpetratum fuerit, idem episcopus duobus mensibus excommunicationi subjaceat pro eo quod scita ᶜ mala contexit et correptionem [539] necessariam non adhibuit [540]. Sin autem suorum quispiam, eodem nesciente, pro [541] supradictis quodcunque capitulis accipiendum esse sibi crediderit, si presbyter est, quatuor [542] mensium excommunicatione plectatur; si diaconus, trium [543]; subdiaconus vero vel clericus his cupiditatibus serviens et competenti ᵈ pœna [544], et debita excommunicatione plectendus est.

### NOTATIONES CORRECTORUM.

**C. C.** ʸ *Gratiam:* Sic etiam Ivo. In uno vetusto Gratiani codice est : *gratia communionis,* quod græcæ lectioni magis convenit : παρὰ τοῦ μετέχοντος εἰς πράττειν τῆς τοιαύτης μεταλήψεως χάριν ὀβολούς ἢ εἶδός τό οἰονοῦν; id est : *ab eo qui percipit communionem, ejusmodi participationis gratia obolos vel aliam quamvis speciem exigat.* Sunt etiam aliæ nonnullæ varietates non magni ponderis.

**C. CI.** ᶻ *Consolatione:* In conciliis olim Coloniæ ac Lutetiæ impressis, duobus ipsorum codicibus Vaticanis, uno regis catholici, et apud Ivonem legitur : *collatione*; sed ob glossam non est emendatum.

ᵃ *Nunquam quæstibus:* In eodem codice regio legitur: *nummorum quæstu vel quibuslibet præmiis venundari penitus non debet*; in aliis vero supra citatis : *nunquam quæstu.*

ᵇ *Nisi:* Ab eodem codice regio † abest dictio ista: *nisi,* ita ut in his casibus voluntarias etiam oblationes prohibeat, sicut de baptismo in concilio Eliberitano est constitutum, infra ead. c. *Emendari,* et de sacris ordinationibus in concilio Tridentino sess. 21, c. 1. In aliis tamen codicibus est ipsa dictio : *nisi.*

ᶜ *Quod scita:* Antea legebatur : *in conscientia mala.* Emendatum est ex codice regio et Ivone; in conciliis vero impressis varie legitur ††.

ᵈ *Et competenti:* In vulgatis legebatur : *pro arbitro competenti pœna*; sublatæ sunt voces : *pro arbitrio,* quia in vetustis exemplaribus, in conciliis impressis et manuscriptis, et apud Ivonem non habentur, neque auctor glossæ eas agnoscit.

---

QUÆST. I. C. XCVIII. [526] *deserat:* Ed. Bas. [527] supra c. 17. [528] scr. A. 494. — Reg. l. 1, c. 121. Burch. l. 4, c. 71. Ivo Decr. p. 1, c. 72, et 265. = C. XCIX. [529] Matth. c. 10, v. 8. [530] *accepimus:* orig. — Coll. citt. [531] *jure:* Edd. coll. o. [532] *subeant:* eæd. = C. C. [533] hab. A. 692. — Ivo Decr. p. 2, c. 92. [534] *muneribus:* Edd. coll. o. [535] *participamus:* Ivo. = C. CI. [536] hab. A. 675. — Ivo Decr. p. 1, c. 37, et p. 5, c. 126. * et Coll. Hisp. ** et Coll. Hisp. [537] *pro chrismate:* Edd. coll. o. † et Coll. Hisp. [538] *ornata:* Ed. Bas. †† *quod et scita mala:* Coll. Hisp. — *in consequenti* · Ed. Lugd. I. — *in conscientia:* Edd. Lugd. II, III. *in scientia:* Edd. rell. [539] *correctionem:* Coll. Hisp. — Ivo.— Bohm. [540] *acquisiverit:* Ed. Bas. — *acquisivit:* Edd. rel. [541] *quicquam de supradictis:* Edd. coll. o. [542] *trium:* Coll. Hisp. [543] *quatuor:* ib. [544] *verbere:* ib.

**C. CII.** *Nihil a sacerdotibus exigatur pro balsamo, quod in chrismate ponitur.*

Item ex Concilio Bracarensi II. ° c. 4 ⁵⁴⁵.

Placuit ⁵⁴⁶ ut nullus episcoporum pro modico balsami, quod benedictum pro baptismi sacramento per ecclesias datur, quia ⁵⁴⁷ singuli ⁵⁴⁸ tremissem pro ipso exigere solent, nihil ⁵⁴⁹ ulterius exigat ⁵⁴⁹*, ne forte quod pro salute animarum per invocationem sancti Spiritus consecratur, sicut Simon magus donum Dei pecunia voluit emere, ita nos venundantes damnabiliter venundemur ⁵⁵⁰.

**C. CIII.** *Non est aliquid exigendum ab iis, qui infantes suos ad baptizandum adducunt.*

Item ex eodem, c. 7. ⁵⁵¹.

Placuit ut unusquisque episcopus per ecclesias suas hoc praecipiat ⁵⁵², ut hi, qui infantes suos ad baptismum offerunt, si quid voluntarie pro suo offerunt voto, suscipiatur ab eis. Si vero per ⁵⁵³ necessitatem paupertatis aliquid non habeant quod offerant, nullum eis pignus violenter tollatur a clericis. Nam multi pauperes, hoc timentes, filios a baptismo retrahunt ⁵⁵⁴, qui si forte, dum differuntur ⁵⁵⁵, sine gratia baptismi de hac vita recesserint, necesse est, ut ab illis eorum perditio requiratur, quorum spolia ⁵⁵⁶ pertimescentes a baptismi gratia se retraxerunt ⁵⁵⁷.

**C. CIV.** *Qui baptizatur nullos nummos in concham mittat.*

Item ex Concilio Eliberitano, c. 48. ⁵⁵⁸.

Emendari placuit, ut qui baptizantur (ut fieri solebat) nummos in concham non mittant, ne sacerdos quod gratis accepit pretio distrahere videatur. Neque ⁵⁵⁹ pedes eorum lavandi sunt a sacerdotibus vel clericis.

**C. CV.** *Pro perceptione baptismi vel chrismatis aliquid exigi non debet.*

Item ex Concilio Triburiensi ⁵⁶⁰.

Dictum est solere in quibusdam locis pro perceptione chrismatis nummos dari, similiter pro baptismo et communione. Hoc simoniacae haeresis ⁵⁶¹ "semen" detestata est sancta synodus et anathematizavit, et ut de cetero nec pro ordinatione, nec pro chrismate, vel baptismo, vel pro balsamo, nec pro sepultura, vel communione quidquam exigatur, statuit; sed gratis dona Christi gratuita dispensatione donentur.

**C. CVI.** *Non pro dedicandis basilicis vel pro ceteris sacramentis ecclesiae conferendis aliquid exigi debet.*

Item ex Concilio Cabilonensi, *tempore Caroli M.* c. 16. ⁵⁶².

Statuimus ut sicut pro dedicandis basilicis et dandis ordinibus nihil accipiendum est, ita etiam pro balsamo sive luminaribus emendis nihil presbyteri chrisma accepturi dent. Episcopi itaque de facultatibus ecclesiae balsamum emant, et luminaria singuli in ecclesiis suis concinnanda provideant.

**XIII. Pars. Gratian.** *Sicut ergo haec sacramenta, licet simoniace ministrentur, tamen benedictionis effectum conferunt accipienti, sic et sacerdotis unctio, licet simoniace ministretur, suo tamen non debet carere effectu. Sed, sicut supra † dictum est, illa sacramenta sunt necessitatis, haec dignitatis, et ideo privilegia illorum non possunt generare communem legem istorum. Habent ergo simoniaci vulneratum caput per simoniacae manus pravam impositionem. Hoc autem de illis intelligitur, quos nec excusat ignorantia, nec attractionis violentia, qui ab illis ordinantur, quos indubitanter sciunt esse simoniacos, sive simoniace sive non simoniace ordinantur ab eis. Ut enim distinguit Nicolaus Papa, alii simoniace ordinantur a simoniacis, alii simoniace a non simoniacis, alii non simoniace a simoniacis. Hanc distinctionem innuit Nicolaus Papa II, scribens omnibus Episcopis* ⁵⁶³.

**C. CVII.** *De triplici genere simoniacorum.*

Statuimus decretum "de simoniacis tripartita haeresi, id est" de simoniacis simoniace ordinatoribus vel ordinatis, et de simoniacis simoniace a non simoniacis, et de simoniacis non simoniace a simoniacis.

§ 1. Simoniaci simoniace ordinati vel ordinatores secundum ecclesiasticos canones a proprio gradu decidant. Simoniaci quoque simoniace a non simoniacis ordinati similiter ab officio male accepto removeantur. § 2. Simoniacos autem non simoniace a simoniacis ordinatos misericorditer per manus impositionem pro temporis necessitate in officio concedimus permanere.

**Gratian.** *Sed hoc intelligendum est de iis, qui ordinantur a simoniacis, quos ignorabant esse simoniacos. Hos facit simoniacos non reatus criminis, sed ordinatio simoniaci.*

---

### NOTATIONES CORRECTORUM.

C. CII. ° *Bracarensi*: Emendata est inscriptio ex aliquot vetustis codicibus. Nam in vulgatis erat: *ex Carthaginensi IV.*, in quo non habetur.

---

Quæst. I. C. CII. ⁵⁴⁵ hab. A. 572. — Coll. tr. p. p. 2, t. 46, c. 4. — In Edd. coll. o. pr. Bas. citatur Conc. Carth. IV. ⁵⁴⁶ *Placuit, ut modicum balsami*, etc.: Coll. Hisp. ⁵⁴⁷ *qui*: Bohm. ⁵⁴⁸ *quia singuli tremisses pro ipso exigi solent*: Coll. Hisp. ⁵⁴⁹ *aliquid*: Edd. coll. o. ⁵⁴⁹* *exigatur*: ed. Rom. mendose. ⁵⁵⁰ *venundare videamur*: Coll. Hisp. = C. CIII. ⁵⁵¹ Coll. tr. p. ib. c. 7. ⁵⁵² *faciat*: Edd. coll. o. ⁵⁵³ *pro necessitate*: Edd. Bas. Lugdd. II, III. ⁵⁵⁴ *retrahereni*: Ed. Bas. ⁵⁵⁵ *differunt*: Coll. Hisp. ⁵⁵⁶ *expolia*: ib. ⁵⁵⁷ *subtraxerunt*: Edd. coll. o. = C. CIV. ⁵⁵⁸ hab. non serius A. 310. — Coll. tr. p. p. 2, t. 30, c. 9. ⁵⁵⁹ add.: *enim*: Edd. coll. o. = C. CV. ⁵⁶⁰ In conc. Tribur. (hab. A. 895), unde citant Regino l. 1, c. 147. Burch. l. 4, c. 101. Ivo Decr. p. 1, c. 295, haec non leguntur. — Bertholdus Constant. hujus decreti mentionem fecit in tract. de emtione ecclesiarum (in ed. A. 1792, p. 377). ⁵⁶¹ *haeresis esse*: Edd. coll. o. pr. Bas. Lugdd. II, III. = C. CVI. ⁵⁶² hab. A. 813. — Burch. l. 4, c. 93. Ivo Pan..l. 1, c. 98. Decr. p. 1, c. 287. † cf. supra c. 59. ⁵⁶³ Ex epist. Nicolai, qua concilium hab. A. 1059, refert. — Gratianus tamen magis sensum retulit quam verba. — Ivo Pan. l. 3, c. 127.

*De quibus* Urbanus Papa II, *in Concilio Placentino, c. 3. et 4., ait* [864]:

## C. CVIII. *De iis, qui non simoniace a simoniacis ordinantur.*

Si qui a simoniacis non simoniace ordinati sunt, siquidem probare potuerint se, quum ordinarentur, nescisse eos simoniacos esse, et si tunc † [865] pro catholicis habebantur in ecclesia, talium ordinationes misericorditer sustinemus, si tamen eos laudabilis vita commendat. Qui vero scienter se a simoniacis consecrari (imo exsecrari) permiserint, eorum consecrationem omnino irritam esse decernimus.

## C. CIX. *De eo, qui ordinatur ab illo, quem scit simoniacum esse.*

*Idem* Nicolaus junior. *Hoc idem* Alexander II. [g 866]

De cetero statuimus ut, si quis in posterum ab eo, quem simoniacum esse non dubitat, se consecrari permiserit, et consecrator, et consecratus non dispareni damnationis sententiam subeant; sed uterque depositus poenitentiam agat, et privatus propria dignitate persistat.

## C. CX. *Simoniacis in dignitate servanda nulla est impendenda misericordia.*

*Idem paulo inferius* [867].

Erga simoniacos nullam misericordiam in dignitate servanda habendam esse decernimus [868], sed juxta canonum sanctiones [869] et decreta sanctorum Patrum eos omnino damnamus ac deponendos 'esse' apostolica auctoritate sancimus.

Gratian. *Subaudiendum est, nisi violenter attracti fuerint. De his enim et a quibuslibet hæreticis violenter ordinatis ait Innocentius ad Episcopos Macedoniæ, epist. XXII, c. 5,* [870]:

## C. CXI. *De iis, qui inviti ad hæreticorum ordinationem trahuntur.*

Constat multos vim passos, atque invitos attractos, repugnantesque ab hæreticis ordinatos; sed hujusmodi aliquis, si post ordinationem talem non interfuit, quum illi conficerent sacramenta, si communioni eorum participatus non est, si statim discedentibus illis [h] pessimo conciliabulo eorum abrenunciavit et ad ecclesiam rediit, iste talis potest habere colorem aliquem excusationis. Ceterum, qui post mensem aut amplius redierunt, quum se considera-

rent ab hæreticis ordinatos, quamvis [871] nihil ab eis acceperunt [872], rei [873] sunt usurpatæ dignitatis.

Gratian. *Tales plerumque ex intuitu pietatis reformat catholicæ manus impositio cum satisfactione et medicina pœnitentiæ; sed damnationem simoniacorum et eorum, qui eis consenserunt, legimus, medicinam vero authenticam ex hac hæresi nominatim non legimus, nisi quod, sicut usurpatum est in Novatianis vel Donatistis, minoribus utique hæreticis, non canonice, sed ex intuitu pietatis, ita etiam ex his posse fieri colligimus, ideo etiam, quia aliorsum per omnia orthodoxam habent fidem, nisi quod Spiritum sanctum credunt esse venalem. Et, ut ait B. Augustinus* †, *hæretici quum redierint, qua parte se absciderint ab ecclesia, curentur, qua vero parte adhæserint, cognoscantur.*

*Hinc et Leo Januario* [i] *Aquilegiensi, epist. III.* [874]:

## C. CXII. *Qui ab hæresi ad ecclesiam redeunt, in quo inveniuntur ordine ex beneficio perseverent.*

Omnis cujuslibet ordinis clericus, qui catholicam deserens unitatem, hæreticæ vel schismaticæ conjunctionis contagione se maculaverit, si ad ecclesiam redierit cum legitima satisfactione et erroris sui damnatione, hoc in magno beneficio habeat, si, ademta sibi omni [875] spe promotionis, in quo invenitur ordine permaneat.

Gratian. *De his autem, qui ordinantur simoniace a non simoniacis (utpote illi, qui data pecunia archidiacono vel consiliariis episcopi, episcopo ignorante, hoc efficiunt, ut de manu ejus sacros ordines accipiant), ita scribit Gregorius VII. [lib. 6. Reg. in Synodo Romæ habita, A. D. 1078. die 19. Nov., cap. 5.* [876]]:

## C. CXIII. *Ordinationes, quæ simoniace fiunt, falsæ judicantur.*

Ordinationes, quæ interveniente pretio [877] vel precibus, vel obsequio alicui personæ ea intentione impenso, vel quæ non communi consensu cleri et populi secundum canonicas sanctiones fiunt, et ab iis, ad quos consecratio pertinet, non comprobantur, falsas [878] esse dijudicamus, quoniam qui taliter ordinantur non per ostium, id est per Christum, intrant, sed, ut ipsa veritas [879] testatur, fures sunt et latrones.

### NOTATIONES CORRECTORUM.

C. CVIII. † *Et si tunc :* Antea legebatur : *et quod tunc,* quasi onus id probandi incumberet volenti se purgare. Emendatum vero est ex duobus manuscriptis istius concilii exemplaribus.

C. CIX. [g] Verba hujus et sequentis cap. *Ergo simoniacos,* sunt in epistola Nicolai II in qua concilium a se habitum refert, atque ea repetivit Alexander II in epistola omnibus catholicis episcopis directa, quæ habetur Romæ manuscripta in tribus pervetustis codicibus.

C. CXI. [h] *Illis :* In editione trium tomorum legitur: *discedens de ejus pessimo.* Sed editio quatuor tomorum et codex canonum habet ut Gratianus; multa autem in hoc capite collector arbitratu suo aptavit.

[i] *Januario :* Sic etiam citatur infra eod. q. 7. c. *Saluberrimum,* et sic habetur in manuscriptis Leonis codicibus, quamvis in excussis sit : *Juliano.* Ceterum verba ipsa epistolæ referuntur in dicto c. *Saluberrimum,* et ex parte supr., eod. c. *Si quis hæreticæ.* Nam hic sententia potius affertur.

---

QUÆST. I. C. CVIII. [864] hab. A. 1095. [865] *et tunc :* Ed. Bas. == C. CIX. [866] cf. ad c. CVII. — Ivo Pan. l. 3, c. 126. Decr. p. 5, c. 79. == C. CX. [867] cf. ad c. CVII. — Ivo Pan. l. 3, c. 125. Decr. p. 5, c. 79. Deusdedit p. 2. [868] *decrevimus :* Edd. coll. o. pr. Bas. Lugdd. II, III. [869] *sanctionem :* Edd. coll. o. [870] scr. A. 414. — Etiam hoc loco ipsa fontis verba non sunt relata. == C. CXI. [871] *certe quamvis :* Ed. Bas. [872] *receperunt :* ib. [873] add. *: tamen :* ib. † supra c. 97. [874] Ep. 12. (scr. A. 446). Ed. Baller. — Ivo Pan. l. 3, c. 131. Polyc. l. 7, t. 5. Ans. l. 5, c. 19. — cf. supra c. 42, et infra q. 7, c. 2†. == C. CXII. [875] *omnis :* Edd. coll. o. [876] Ivo Decr. p. 5, c. 84. Polyc. l. 2, t. 38. == C. CXIII. [877] *peccato .* Ed Bas. [878] *infirmas et irritas :* orig. [879] Joan. c. 10.

XIV. Pars. Gratian. *Quia ergo simonia tripliciter in capitulo notatur, videndum est, quot modis, pretium in hac hæresi detur.*

*Hoc B. Gregorius in evangeliorum tractatu hom. 4. in fine exponit, dicens* [580]:

C. CXIV. *De multiplici genere simoniacorum.*

Sunt nonnulli, qui quidem nummorum præmia ex ordinatione non accipiunt, et tamen sacros ordines pro humana gratia [581] largiuntur, atque de largitate [582] eadem laudis solummodo retributionem quærunt. Hi nimirum quod gratis acceptum [583] est gratis non tribuunt, quia de impenso officio sanctitatis nummum expetunt favoris. Unde bene, quum justum virum describeret Propheta, ait [584]: *Qui* [585] *excutit manus suas ab omni munere.* Neque enim dicit [586], 'qui excutit manus suas' a munere, sed 'adjunxit': *ab omni*, quia aliud est munus ab obsequio, aliud 'munus' a manu, aliud 'manus' a lingua. Munus 'quippe' ab obsequio est subjectio [587] indebite impensa. Munus a manu pecunia est; munus a lingua favor. Qui ergo sacros ordines tribuit, tunc ab omni munere manus excutit, quando in divinis rebus non solum nullam pecuniam, sed etiam humanam gratiam non requirit.

C. CXV. *Æternam damnationem inveniet qui quolibet munere ad sacros ordines accedit.*

Idem *in Regesto* [588].

Si quis neque sanctis pollens moribus, vel neque a clero populoque vocatus vel pulsatione coactus, impudenter Christi sacerdotium, jam quolibet facinore pollutus, injusto cordis amore, vel sordidis precibus oris, sive comitatu, sive manuali servitio, sive fraudulento munusculo episcopalem seu sacerdotalem, non lucro animarum, sed inanis gloriæ avaritia fultus, dignitatem acceperit, et in vita sua non sponte reliquerit, eumque insperata [k] mors pœnitentem non invenerit, procul dubio in æternum peribit.

Hinc idem Gregorius *Joanni Corinthiorum Episcopo, lib. IV. ep. 55. scribit* [589]:

C. CXVI. *Pro ordinationibus nihil omnino accipiatur.*

De ordinationibus aliquid accipere sub districta Interdictione vetuimus [590]. Oportet ergo ut neque per commodum [591], neque per gratiam aut quorun-dam supplicationem aliquos ad sacros ordines consentiatis [592] vel permittatis adduci.

C. CXVII. *Nec pretio, nec prece, nec gratia, nec supplicatione aliqui ad sacros ordines accedant.*

Idem [593] *universis Episcopis per Helladem* [594] *provinciam constitutis, eod. lib. epist. 56.*

Quibusdam narrantibus agnovi, quod in illis partibus nullus ad sacrum ordinem sine commodi datione perveniat. Quod si ita est, flens dico, gemens denuncio, quia, quum sacerdotalis ordo intus [595] cecidit, foris quoque diu stare non poterit. Scimus quippe ex evangelio, quid redemtor noster per semetipsum fecerit, quia ingressus 'in' templum cathedras vendentium columbas evertit. Columbas quippe vendere est de sancto Spiritu (quem sibi consubstantialem Deus omnipotens per impositionem manuum hominibus tribuit) commodum temporale percipere. Ex [596] quo, ut prædixi, innuitur quid sequatur, quia, qui in templo Dei columbas vendere præsumserunt, eorum, Deo judice, cathedræ ceciderunt. § 1. Qui videlicet error in subditis cum augmento propagatur. Nam ipse [597] quoque, qui ad sacrum ordinem perducitur, jam in ipsa provectus sui radice vitiatus, paratior est aliis vendere [598] quod emit. Et ubi est quod scriptum est [599]: *Gratis accepistis, gratis date?* Et quum primo contra sanctam ecclesiam simoniaca hæresis sit exorta, cur non perpenditur, cur non videtur [600], quia eum, quem quis cum pretio ordinat, provehendo agit, ut hæreticus fiat? Ideoque hortamur ut nullus vestrum denuo hoc fieri patiatur, sed neque gratia alicujus neque supplicatione aliquos ad sacros ordines audeat promovere, nisi eum, quem vitæ [601] et actionis qualitas ad hoc dignum esse monstraverit. Nam si aliter factum denuo senscrimus, districta ac canonica illud noveritis ultione compesci.

C. CXVIII. *Ad episcopalem honorem nullus per ambitum accedat.*

*Item Symmachus ad Cæsarium, epist. I. c. 5* [602].

Nullus itaque per ambitum ad episcopalem honorem permittatur accedere. Nam quum hic excessus in laica conversatione culpetur, quis dubitat, quin religiosis et Deo servientibus incutiat [603] opprobrium?

---

NOTATIONES CORRECTORUM.

C. CXV. [k] *Insperata*: In aliquot vetustis Gratiani codicibus ' legitur: *in aspera mors pœnitentia.*

---

QUÆST. I. C. CXIV. [580] Reg. l. 1, c. 259. Burch. l. 1, c. 113. Ans. l. 6, c. 83 (80). Ivo Pan. l. 3, c. 121. Decr. p. 5, c. 86. [581] add.: *vel laude*: Edd. coll. o. pr. Bas. [582] *de ipsa largitate*, Edd. coll. o. [583] *acciniunt*: exæd. — *acceperunt*: Ans. [584] Esa. c. 33. [585] *Beatus qui*: Edd. coll. o. [586] *dixit solum*: exæd. [587] *servitus*: exæd. = C. CXV. [588] Hæc neque apud Gregor. M. neque in epp. Gregor. VII. sunt inventa. * et Ed. Bas. [589] Ep. 57, (scr. A 595), l. 5. Ed. Maur. — Ans. l. 6, c. 90 (87). Polyc. l. 2, t. 1. — cf. Dist. 100, c. 3. = C. CXVI. [590] *decernimus*: Ed. Nor. — *decrevimus*: Edd. rell. pr. Lugdd. II, III. [591] *donum*: Edd. coll. o. [592] *consentius* — *permittas*: exæd. = C. CXVII. [593] Ep. 58, (scr. A. 595), l. 5. Ed. Maur. — Eadem leguntur in ep. 55, l. 5, et ep. 8, l. 6. — Burch. l. 1, c. 21. Ivo Decr. p. 5, c. 108. [594] *Helladiam*: orig. — Ivo. — *Elendam*: Ed. Arg. — *Iterdam*: Edd. rell. [595] add.: *ortus*: Edd. coll. o. [596] *ex quo* — *malo jam evenire creditur*: exæd. — *malo jam innuitur*: orig. l. 6, ep. 8. — Ivo. — [597] *nam eo ipso, quod quisque ad sacrum ordinem* (add.: *vel honorem*: Edd. coll. o. pr. Bas), *perducitur*: orig. l. 6, ep. 8. — Edd. coll. o. [598] *venundare*: Edd. coll. o. [599] Matth. c. 10, v. 8. [600] *cavetur*: Ed. Bas. [601] add.: *meritum*: Edd. coll. o. pr. Bas. = C. CXVIII. [602] scr. A. 502. [603] *injiciat vel incutiat*: Edd. coll. o. pr. Bas. — *inurat*: Coll. II.sp

### C. CXIX. *De eodem.*

*Item* Gregorius *Adeodato Episcopo, lib. II. Indic. XI. epist. 48.* [604]

Estote ergo præcipue in ordinatione soliciti, et ad sacros ordines [605] nisi proventiores ætate et mundos opere nullatenus admittatis, 'ne forte semper esse desinant quod immature esse festinant.' Eorum enim, qui in sacro sunt ordine collocandi, prius vitam moresque discutite, et ut dignos huic officio adhibere possitis, non vobis potentia, aut supplicatio quarumlibet subrepat personarum. Ante omnia autem cautos vos esse oportet, et nulla proveniat in ordinatione venalitas, ne (quod absit!) et ordinatis, et ordinantibus periculum majus immineat. Si quando igitur de his tractari necesse est, graves expertosque viros consiliis [606] vestris adhibete participes, et cum eis communi de hoc deliberatione pensate.

### C. CXX. *Neque favore, neque venalitate ad sacros ordines quisquam promoveatur.*

Idem *Columbo Episcopo, lib. II. Indict. XI. ep.* 47 [607]

Pueri ad sacros ordines nullatenus admittantur ne tanto periculosius cadant [608], quanto citius conscendere ad altiora festinant. Nulla sit in ordinatione venalitas; potentia vel supplicatio personarum nihil adversus hæc, quæ prohibemus, obtineat. Nam procul dubio Deus offenditur, si ad sacros ordines quisquam non ex merito, sed ex favore (quod absit!) aut ex venalitate provehitur.

Gratian. *Econtra idem Gregorius quibusdam supplicantibus unum acolythum, et alterum diaconum legitur ordinasse, sicut ipse scribit lib. VII. Indict. I. ep. 2. Petro* ᵐ *Episcopo Corsicæ inter cetera* [609] :

### C. CXXI. *Episcopo interveniente Papa quendam acolythum ordinavit.*

Latorem præsentium per [610] intercessionem sanctitatis vestræ acolythum fecimus, quem ad obsequia vestra [611] transmisimus [612], ut, si lucrandis animabus amplius servierit, proficere amplius possit.

### C. CXXII. *Quisquis in Romana ecclesia sacrum ordinem acceperit, ab ea ulterius egredi non poterit.*

Idem *Heliæ Presbytero et Abbati, lib. IV. epist.* 30 [613]

Filium vestrum Epiphanium mandastis ut ad sacrum ordinem provehere deberemus vobis transmittere [614]. Sed in uno vos audivimus, in alio 'autem' minime audire potuimus. Diaconus quidem factus est; sed quisquis semel in hac ecclesia ordinem [615] acceperit, egrediendi ex ea ulterius licentiam non habet. Si ergo [616] vos videre non potui, hac ex re consolationem habeo, quia in filio vestro requiesco.

Gratian. *Non itaque quorumlibet precibus ordinationes falsæ dijudicantur, sed hæ demum, quæ precibus ordinandi vel ejus amici, non spirituali, sed carnali affectu porrectis fiunt, quum alias futuræ non essent; quas non caritas interveniens, sed ambitio supplicans extorquet. Non solum autem clericos cujuslibet episcopi summus Pontifex in ecclesia Romana valet ordinare, verum etiam opportunitate exigente monachos et quoslibet clericos convocare potest et invitare.*

Unde Nicolaus Papa *Michaeli Imperatori in epist., quæ incipit* : « Proposueramus » [617] :

### C. CXXIII. *De eodem.*

Per principalem beatorum apostolorum Petri et Pauli potestatem jus [618] habemus non solum monachos [619], verum etiam quoslibet clericos de quacunque diœcesi, quum necesse fuerit, ad nos convocare atque ecclesiasticis exigentibus opportunitatibus invitare.

XV. Pars. Gratian. *Quolibet ergo munere interveniente falsa dijudicatur ordinatio. Sicut autem pretio interveniente sacri ordines non sunt tribuendi, ita nec restituendi. Ut enim ait B. Ambrosius, sacri ordines nec pretio sunt emendi, nec redimendi.*

Hinc etiam Gregorius VII. *ait [lib. VI. Reg. in Concilio habito A. D.* 1078. *Pontificatus sui VI. c.* 9 [620] :

### C. CXXIV. *Pretio interveniente sacerdotale officium non restituatur.*

Nullus episcopus gravamen seu servile servitium ex usu contra ecclesiasticam normam abbatibus seu clericis suis imponat, vel interdictum sacerdotale officium pretio interveniente restituat. Quod si fecerit, officii sui periculum subeat.

Gratian. *Qui autem pecuniam accipiunt, ut ordinandis sacros ordines non tribuant, vel canonicæ electioni assensum non præbeant, aut ecclesiis ædifi-*

---

## NOTATIONES CORRECTORUM.

C. CXIX. 1. Caput hoc duobus locis, ubi visum est expedire, locupletatum est ex originali.

C. CXX. ᵐ *Petro* : In codicibus impressis epistola, unde caput hoc sumtum est, inscribitur *Chrysanto Episcopo.* Verum in codice pervetusto Vaticano earundem epistolarum inscribitur : *Petro Episcopo per Corsicam.* Anselmus autem eodem modo habet ac Gratianus. Ad Petrum episcopum Alexandriæ de Corsica legitur epistola alia libro V, cap. 122, quamvis sit fortasse mendum in voce *Alexandriæ*, et scribendum videatur : *Aleriæ.*

---

QUÆST. I. C. CXIX. [604] Ep. 49, (scr. A. 593), l. 3. Ed. Maur. [605] *ad sacros ordines aspirare, nisi* : orig. [606] *consilii vestri* : Edd. coll. o. = C. CXX. [607] Ep. 48, (scr. A. 593), l. 3. Ed. Maur.—Ans. l. 7, c. 46. [608] *cedant* : Ed. Bas. [609] Ep. 1 (scr. A. 598), l. 8. Ed. Maur.—Ans. l. 7, c. 76. = C. CXXI. [610] *pro intercessione* : orig. [611] *tua* : Edd. Arg. Bas. [612] *retransmisimus* : Edd. coll. o. = C. CXXII. [613] Ep. 38. (scr. A. 595.) l. 5. Ed. Maur.— Ans. l. 7, c. 78. [614] *retransmittere* : orig. [615] *add.* : *sacrum* : ib.— Edd. coll. o. [616] *vero* : Edd. coll. o. [617] scr. A. 865. — Ans. l. 1, c. 75, l. 2, c. 14. — infra C. 9, q. 3, c. 21. = C. CXXIII. [618] *et jus* : orig. — Ed. Bas. [619] *in monachos — in clericos* : Edd. coll. o. [620] Conc. Rom. V.—Polyc. l. 4, t. 21.

*candis vel consecrandis lapidem benedictum vel consecrationem subtrahunt, multis argumentis acceptæ pecuniæ rei et infames esse probantur.*

Ait enim Paschalis II. [621] :

**C. CXXV.** *Sacrilegi sunt judicandi qui ecclesiam Dei non permittunt, regulariter ordinari.*

Sunt quidam, qui vel violentia, vel favore non permittunt ecclesias regulariter ordinari. Hoc etiam decrevimus [622] ut sacrilegos judicandos.

**C. CXXVI.** *De eodem.*

*Codicis lib. IX. ad legem Juliam repetundarum, Impp. Gratianus, Valentinianus et Theodosius* [623] :

Jubemus et hortamur, ut, si quis forte honoratorum, decurionum, possessorum, postremo etiam colonorum, a cujuslibet ordinis judice fuerit aliqua ratione concussus, si quis scit de jure venalem fuisse sententiam, si quis pœnam vel pretio remissam vel vitio cupiditatis ingestam, si quis postremo quacunque de causa improbum judicem potuerit approbare, is vel administrante eo, vel post administrationem depositam in publicum prodeat, crimen deferat, delatum approbet; quum probaverit * et * victoriam reportaturus, et gloriam.

**C. CXXVII.** *De eodem.*

Idem *in Digestis lib. III. titulo de calumniatoribus, l. 1* [n]. [ Ulpianus *lib. X. ad edictum.* ]

In eum, qui, ut calumniæ causa negotium faceret vel non faceret, pecuniam dicetur [624] accepisse, intra annum utilem [o] in quadruplum ejus pecuniæ, quam accepisse dicetur, post annum simpli [625] in factum actio competit.

**C. CXXVIII.**

*Ibidem lib. XLVII. tit. 15. l. 2. de concussione.*
[ Macer. [626] *lib. I. publicorum judic.* ]

Concussionis judicium publicum non est. Sed si ideo pecuniam quis accepit quod crimen minatus sit, potest judicium publicum esse ex senatus consultis, quibus pœna legis Corneliæ teneri jubentur qui in accusationem innocentium coierint, quive ob accusandum, vel non accusandum denunciandum vel non denunciandum testimonium pecuniam acceperint.

**C. CXXIX.**

*Ibidem lib. XLVIII. tit. 11 ad legem Juliam repetundarum, l. 3.* [ Macer. [627] *lib. I. publ. jud.* ]

Lege Julia repetundarum tenetur, qui, quum aliquam potestatem haberet, pecuniam ob judicandum vel non judicandum [p] decernendumve acceperit, [Venuleius Saturninus *l. Vel quo. eod. tit.* ] vel quo magis aut minus quid ex officio suo faceret.

**C. CXXX.** *De eod.*

Idem *eod. tit. l. 6.*

Eadem lege tenetur [628], qui ob denunciandum vel non denunciandum testimonium pecuniam acceperit [q]. *Et post pauca* : § 1. Lege Julia repetundarum cavetur, ne quis ob militem legendum mittendumve æs accipiat, neve quis ob sententiam in senatu consiliove publico dicendam pecuniam accipiat, vel ob accusandum vel non accusandum. § 2. Macer [629] *lib. I. public. judic. l. 7.* Lex Julia de repetundis præcipit, ne quis ob judicem arbitrumve dandum, mutandum, jubendumve ut [630] judicet, neve ob non dandum, non mutandum, non jubendum, * etc. *, neve ob litem æstimandam, judiciumve capitis pecuniæve faciendum vel non faciendum aliquid accipiat [631]. *Et infra* : § 3. Hodie ex lege Julia [632] repetundarum extra ordinem puniuntur, et plerumque vel exsilio puniuntur, vel etiam durius, prout admiserint. § 4. * Venuleius *eod. tit. l. 6.* * Hac lege damnatus testimonium publice dicere [633], aut judex esse postularev prohibetur.

## QUÆSTIO II.
### GRATIANUS.

I. Pars. *Sequitur secunda quæstio, qua quæritur, an pro ingressu monasterii pecunia sit exigenda, vel exacta persolvenda? Hoc utrumque licite fieri, utriusque testamenti serie comprobatur. Legitur* [1] *enim in primo libro Regum, quod Anna detulit secum Samuelem, postquam ablactatus fuerat, in tribus vitulis, et tribus modiis farinæ, et amphora vini ad domum Domini in Silo.* § 1. *In Actibus vero apostolorum* [2] *legitur quod multitudinis credentium erat cor unum et anima una, nec aliquid eorum, quæ possidebant, quisquam proprium esse dicebat; sed erant illis omnia communia, et singuli vendebant prædia sua, et ponebant pretia eorum ante pedes apostolorum, quo-*

---

C. CXXVII. [n] In hac et sequentibus legibus, quæ ex ff. citantur, repositi sunt tituli ex vetustis exemplaribus Gratiani, quæ cum Pandectis Florentinis valde conveniunt.

[o] *Utilem* : Hæc dictio non est in antiquis codicibus Gratiani, neque in Pandectis; sed ob glossam non est sublata.

C. XXIX. [p] *Vel non judicandum* : Sic etiam in Digestis vulgatis ; sed a Pandectis Florentinis absunt istæ voces. Est autem Palea ista fere in omnibus vetustis exemplaribus Gratiani, et a cap. *Sunt quidam* usque ad finem quæstionis nulla est distinctio capitum.

C. CXXX. [q] *Acceperit* : In Pandectis sequitur versiculus : *Hac lege damnatus*, qui reponitur in fine hujus capitis.

---

Quæst. I. C. CXXIV. [621] Ipsa verba in epp. Paschalis P. non sunt reperta. = C. CXV. [622] *decernimus* : Ed. Bas. = C. CXXVI. [623] c. 4, t. 27. — dat. A. 386. = C. CXXVII. [624] *dicitur* : Edd. Arg. Bas. — *detegitur* : Edd. rel. [625] *in simplum* : Edd. coll. o. = C. CXXVIII. [626] *Marcellus* : Edd. Arg. Bas. = C. CXXIX. [627] *Marcellus* : Edd. Arg. Bas. Nor. Lugdd. II, III. = C. CXXX. [628] *tenentur — acceperint* : Bohm. [629] *Marcellus* : Edd. coll. o. [630] *desunt* in Edd. coll. o. pr. Lugdd. II, III. [631] *acceperit* : Edd. coll. o. pr. Lugdd. II, III. [632] abest ab Ed. Bas. [633] *dare* . Edd. coll. o.

Quæst. II. P. I. [1] 1 Reg. c. 1. [2] Act. c. 4, v. 32.

rum unus, Ananias [3] nomine, dum partem sibi reservaret, cum uxore sua Sapphira, sententia maledictionis accepta, ante pedes apostoli cecidit mortuus.

§ 2. Hinc liquido apparet quod ingressuri monasterium sua debent offerre rectoribus, nec aliter sunt recipiendi, nisi sua obtulerint. Sed aliud est sua sponte offerre, aliud exacta persolvere. Anna mater Samuelis non exacta neque petita, sed sponte munera sacerdotibus obtulit. Credentes etiam sua sponte offerebant apostolis, ut indigentium necessitatibus deservirent, quae instante persecutione infidelium eis possidere non licebat. Ananias quoque non ideo damnatus est, quia sua nollet offerre, sed quia, Spiritui sancto mentitus, pretia eorum, quae apostolis obtulerat, ex parte fraudabat. Non ergo his auctoritatibus permittitur rectoribus ab ingressuris aliquid exigere, sed sponte oblata suscipere, quia illud damnabile est, hoc vero minime.

Unde in Concilio Bracarensi II. cap. 5. [4] legitur:

C. I. Pro dedicandis ecclesiis nihil exigatur.

Placuit ut, quoties ab aliquo fidelium ad consecrandas ecclesias episcopi invitantur, non quasi ex debito munus aliquod a [5] fundatore requirant [6]; sed si ipse [7] quidem aliquid ex suo voto obtulerit, non respuatur, si vero aut paupertas illum, aut necessitas retinet, nihil exigatur ab illo. Hoc tamen [8] unusquisque episcoporum meminerit, ut non prius dedicet ecclesiam [9], nisi antea dotem basilicae et obsequium ipsius per donationem chartulae confirmatum [10] accipiat. Nam non levis culpa [11] est ista temeritas, si sine luminariis vel sine substantiali [12] sustentatione eorum, qui ibidem servituri sunt, tanquam domus privata consecretur ecclesia.

Item Bonifacius [13] urbis Romae Episcopus scribit omnibus [14] Caralitanae ecclesiae Coenobitis:

C. II. Ab iis, qui ad conversionem accedunt, nihil est exigendum, nec pretia aliquid ad conversionem est invitandus [a].

Quam pio mentis affectu, fratres carissimi, vestrae [15] destitutioni Romana compatiatur ecclesia, vobis fortassis est incognitum, sed cognitori omnium non incognitum habetur. Dubitationi autem vestrae quod idoneum demus responsum, Deum testificor, ipsa quoque me dubitatio reddit anxium et ineptum. Nusquam [16] enim legimus Domini discipulos vel eorum ministerio conversos quempiam ad Dei cultum aliquo muneris interventu provocasse, nisi forte de pauperum alimento quis inconcinne proponat, quorum nulli, cujuscunque professionis esset, victualia negabantur. Scimus [17] equidem, quod omne datum optimum, et omne donum perfectum desursum est descendens a patre luminum, a [18] quo bonae voluntatis donum accipit qui sancto deliberationis arbitrio gratis Deo servire disponit. Restat ergo ut qui pro aliqua ecclesiastica [19] susceptione munus accipit, donum Dei, quod a patre luminum descendere debuit, vendat; munus autem largiens importunus emat. Quid autem de divini doni venditoribus vel emtoribus consequatur, concludi necesse non est. § 1. Cavete ergo, fratres, quam sit ambiguum quod petistis [20] consilium, quod quidem secundum vestrae voluntatis propositum nulla invenimus ratione confirmatum. Veruntamen, si vestrae necessitati [21] adeo est opportunus quem reperistis [22], dum tamen omnis absit pactio, omnis cesset conventio, nullaque vestrae ecclesiae fiat distractio, accedat, gratis Deo servire incipiat, suique regiminis devote [23] gestet obsequium, et postmodum vos, quasi subsidii gratia, aliqua suae ecclesiae munera largiri fratrum solatio Romana permittit ecclesia.

Unde Urbanus Papa in concilio apud Meldam, c. 12.] [24]:

C. III. De eodem PALEA [b].

« Nullus abbas pretium sumere vel exigere ab eis, qui ad conversionem veniunt, aliqua pacti [25] occasione [26] praesumat. Regulam [27] antiquam sequens, nulli unquam de ordinationibus aliquid omnino accipiendum esse constituo, neque ex datione pallii, neque ex traditione [28] chartarum, neque ex ea, quam nova [29] per ambitionem simulatio invenit, appellatione pastelli. Quia enim [c] ordinando [30] episcopo Pontifex manum imponit, evangelicam lectionem minister legit, confirmationis autem ejus epistolam notarius scribit. »

### NOTATIONES CORRECTORUM.

Quaest. II. C. II. [a] B. Thomas citat hoc cap. 2, quaest. 100, in fine articuli 3., et rem, quam ibi tractat, sola hujus capitis auctoritate constituit.

C. III. [b] In nonnullis vetustis exemplaribus, in quibus paucae sunt Paleae, habetur caput hoc usque ad vers. Regulam. Reliqua vero sunt B. Gregorii locis judicialis.

[c] Quia enim : In plerisque exemplaribus, quae habent hanc Paleam, non sunt istae duae voces. Verum apud B. Gregorium leguntur, quoniam pendet adhuc oratio et conjungitur cum iis, quae in sequenti capite afferuntur, hoc modo : Quia enim ordinando episcopo Pontifex manum imponit, evangelicam lectionem minister legit confirmationis autem ejus epistolam notarius scribit, sicut Pontificem non decet, etc.

Quaest. II. P. I. [3] Act. c. 5. = C. I. [4] hab. A. 572.—Burch l. 3, c. 57, et Ivo Decr. p. 3, c. 42. ex conc. Wormaciensi, ubi eadem fere leguntur. = C. I. [5] e : Coll. Hisp. — [6] exigatur : Ed. Bas. [7] add. : fundatur Edd. coll. o. [8] tantum : Coll. Hisp. [9] add : aut basilicam : ib. [10] confirmatam : Edd. Bas. Lugd. II, III. [11] abest a Coll. Hisp. [12] abest ab ead. [13] Ad Bonifacium hoc caput non pertinere, tum ipsa scribendi ratio, tum Dionysii Ex. silentium docet. [14] universa : Ed. Bas. = C. II. [15] vestri : ib. [16] Nunquam : Edd. coll. o. pr. Lugd. II, III. [17] Jac. c. 1, v. 17. [18] apud quem et a quo : Edd. coll. pr. Bas. [19] ecclesiae : Edd. coll. o. [20] expetitis : Ed. Bas. [21] voluntati : ib. [22] petistis : ib. [23] devotum : ib. [24] hab. A. 1089. = C. III. [25] placiti : orig. [26] add. : obsecratione vel : Ed. Bas. — conversatione vel : Edd. rel. [27] haec desumta sunt ex concilio hab. sub Gregorio M., Romae A. 595. — Ans. l. 6, c. 91 (88). Ivo Decr. p. 5, c. 109. Polyc. l. 2, t. 1. [28] donatione : Edd. coll. o. [29] per novam : Ed. Bas. [30] in ordinando : Edd. oll. o.

C. IV. *Ab ordinando non debet aliquid exigi, sed nec voluntarie oblata respui oportet.*

*Item* Gregorius *in Regesti lib. IV. epist.* 44. *sive cap.* 88. *in Synodo Romœ habita* [31].

Sicut episcopum non decet manum, quam imponit, vendere; ita minister vel notarius non debet in ordinatione ejus vocem suam vel calamum venundare. *Et paulo post:* § 1. Is autem, qui ordinatus fuerit, si non ex placito [32], neque exactus neque petitus, post acceptas chartas et pallium aliquid cuilibet ex clero gratiæ tantummodo causa dare [33] voluerit, hoc accipi nullo modo prohibemus, quia ejus oblatio nullam culpæ maculam ingerit, quæ non ex ambientis [34] petitione processit [35].

Gratian. *Auctoritate Bonifacii patenter ostenditur, quod, sicut nullus pretio est invitandus ad conversionem, ita nulli pecuniæ interventu ecclesiæ largiri oportet ingressum. Auctoritate vero Gregorii datur intelligi, quod pro ingressu ecclesiæ non licet pecuniam exigere, sed spontanee oblatam licet suscipere.*

II. Pars. *Item opponitur illud Apostoli* 1. *ad Timotheum, cap.* 5. [v. 2.]

C. V. d [36].

Viduas honora, quæ vere viduæ sunt. Quæ autem non sunt vere viduæ, id est quæ suis vel parentum opibus sustentari possunt, non recipiantur, ut ecclesia sufficiat iis quæ vere viduæ sunt.

C. VI. *Qui sumtibus propriis sustentari potest ab ecclesia stipendia non accipiat.*

*Item* Hieronymus *ad Damasum Papam* e [37].

Clericos autem illos convenit ecclesiæ stipendiis sustentari, quibus parentum et propinquorum nulla suffragantur bona. Qui autem bonis parentum et opibus suis sustentari possunt, si quod pauperum est accipiunt, sacrilegium profecto committunt, et per abusionem talium judicium sibi manducant et bibunt.

C. VII. *Quibus sua sufficiunt ecclesiæ alimentis non sustententur.*

*Item* Prosper *de contemplativa vita, lib. II. cap.* 9. *et* 10 [38].

Pastor ecclesiæ iis, quibus sua sufficiunt, non debet aliquid erogare, quando [39] nihil aliud sit habentibus dare quam perdere. Nec illi, qui sua possidentes dari sibi aliquid volunt, sine grandi peccato suo unde pauper victurus erat accipiunt. De clericis quidem dicit 'per Prophetam' Spiritus sanctus [40]: *Peccata populi mei comedunt.* Sed sicut nihil habentes proprium [41], non peccata, sed alimenta, quibus indigere videntur, accipiunt, ita possessores non alimenta, quibus abundant, sed aliena peccata suscipiunt.

Gratian. *Verum his auctoritatibus prohibentur ab ecclesia suscipi non illi, qui quondam fuerunt divites, postea vero omnia reliquerunt, ut* [42] Petrus *et Matthæus et Paulus, aut pauperibus distribuerunt; ut Zachæus, aut ecclesiæ rebus adjunxerunt, sicut illi, qui prædia sua vendentes ponebant pretia ante pedes apostolorum, ut essent illis omnia communia: sed illi, qui in domibus parentum residentes vel sua relinquere nolentes ecclesiasticis facultatibus pasci desiderant.*

*De quibus in eodem libro Prosperi, c.* 10. *subinfertur* [43]:

C. VIII. *Qui sua relinquere non vult non debet sumtibus ecclesiæ sustentari.*

Si quis propter hoc non vult sua relinquere, ut habeat unde vivat, ut quid accipit, unde rationem reddat? ut quid peccatis alienis sua multiplicat? *Idem ibidem paulo superius:* §. 1. Non est meum dicere, quali [44] peccato cibos pauperum præsumendo suscipiunt, qui ecclesiam, quam juvare de propriis facultatibus debuerant, suis expensis insuper gravant, propter hoc fortassis in congregatione viventes, ne aliquos pauperes pascant, ne advenientes excipiant, aut ne suum censum expensis quotidianis imminuant. §2. Quod [45] si aliquid de fructibus suis ecclesiæ velut pro ipsa expensa sua contulerint, non se præferant inani jactantia illis, quos nihil habentes pascit et vestit ecclesia, quia perfectior [46] est ille, qui se mundi rebus exspoliat, aut qui, quum nihil habuerit, nec habere desiderat, quam ille, qui ex multis, quæ possidet, ecclesiæ aliquid præstat [47], ac se de eo, quod præstiterit, forsitan jactat.

Gratian. *Ecce, qui prohibentur ab ecclesia suscipi. Illi vero, qui omnia sua relinquunt, vel pauperibus distribuunt, vel ecclesiæ rebus adjungunt, et ab ecclesia laudabiliter suscipiendi sunt, et ejus opibus sustentandi.*

## NOTATIONES CORRECTORUM.

C. V. d Caput hoc in multis vetustis codicibus est conjunctum superiori.

C. VI. e Infra etiam 16. quæst 1. cap. fin. citatur ex Hieronymo. Ac similia habentur in regula mona chorum ex dictis Hieronymi, in c. *De paupertate*, et in glossa ordinaria ad c. 5. primæ ad Timoth. ex Hieronymo.

---

QUÆST. II. C. IV. [31] Greg. ibidem continenter. — Ans. Ivo ib. — cf. c. 1. X. de simon. [32] *pacto*: Edd. coll. o. [33] *offerre*: exd. [34] *ambigentis*: Ed. Bas. [35] *quæ ex accipientis ambitu non processit*: orig.— Ans. = C. V. [36] Hæc in ipsa sacra scriptura paulo alter proferuntur. — C. VI. [37] Caput incertum. — cf. C. 16. h. 1, c. 68. = C. VII. [38] Imo Julianus Pomerius, cujus hic liber est. — cf. conc. Aquisgr. c. 107. [39] *quandoquidem*: Edd. coll. o. [40] Os. c. 4, v. 8. [41] *proprii*: Ed. Bas. [42] cf. Matth. c. 5. Luc. c. 19. Act. c. 4. [43] Concil. Aquisgr. ib. = C. VIII. [44] *quale pecc. faciunt*: Ed. Bas. — *quale peccatum sit illis*: Edd. Lugdd. II, III. — *quale pecc. est* Edd. rel. [45] *Qui*: Ed. Bas. [46] *add.: profecto*: Edd. coll. o. [47] *præstiterit*: exd. exc. Arg.

*Unde* in eodem libro, *cap. 11. legitur* ⁴⁸ :
C. IX. *Qui sua relinquunt, vel pauperibus distribuunt, vel ecclesiæ rebus adjungunt, laudabiliter ecclesiastica dispensant.*

Sacerdos, cui dispensationis cura commissa est, non solum sine cupiditate, sed etiam cum laude pietatis accipit a populo dispensanda, et fideliter dispensat accepta, quia ⁴⁹ omnia sua aut parentibus ᶠ reliquit, aut pauperibus distribuit, aut ecclesiæ rebus adjunxit, et se in numero pauperum paupertatis amore constituit, ita ut unde pauperibus subministrat, inde et ipse tanquam pauper voluntarius vivat. Clerici quoque, quos pauperes aut voluntas, aut nativitas fecit, cum perfectione virtutis vitæ necessaria sive in domibus suis, sive in congregatione viventes accipiant, quia ad ea accipienda non eos habendi ducit cupiditas, sed cogit vivendi necessitas. *Et infra cap.* 14:§1. De talibus dicere videtur Apostolus : *Qui in sacrario operantur quæ de sacrario sunt edunt, et qui in altario deserviunt cum* ⁵⁰ *altario participant* ⁵¹. Qui, nisi hoc de contemtoribus facultatum suarum vellet intelligi, nunquam secutus adjungeret : *Ita et Deus ordinavit his, qui evangelium annuntiant, de evangelio vivere.* De evangelio vivunt ⁵² qui nihil proprium habere volunt; qui nec habent, nec habere aliquid concupiscunt, non suorum, sed communium possessores. Quid est aliud de evangelio vivere, nisi laborantem inde, ubi laborat, necessaria vitæ percipere? Apostolus tamen, qui ⁵³ sic evangelium prædicavit, ut nec de evangelio viveret, sed necessaria sibi suis manibus ministraret, de se confidenter eloquitur : *Ego autem nullo horum usus sum. Et quare* ⁵⁴ *hoc dixerit, secutus aperuit, dicens : Expedit mihi mori magis quam ut gloriam meam quis evacuet.* Evacuari dicit gloriam suam, si ab eis, quibus prædicabat, voluisset accipere vitæ temporalis expensam. Nolebat quippe in re præsenti laboris sui fructum, sed in futuro recipere.

C. X. *Juxta meritum laboris ecclesiastica stipendia sacerdotes distribuant.*

*Item ex concilio Agathensi, c. 36* ⁵⁵.

Clerici omnes, cui ecclesiæ fideliter vigilanterque deserviunt, stipendia sanctis laboribus debita secundum servitii sui meritum per ⁵⁶ ordinationem canonum a sacerdotibus consequantur.

Gratian. *Multorum* ᵍ *auctoritatibus luce clarius constat, quod ab ingressuris monasterium non licet pecuniam exigere, ne et ille, qui exigit, et ille, qui solvit, simoniæ crimen incurrat.*

## QUÆSTIO III.
### GRATIANUS.

*Sed adhuc objicitur, quod qui ingressuri monasterium pecunias tribuunt, non propositum religionis, sed participationem stipendiorum ecclesiæ emunt. Temporalia ergo, non spiritualia ementes, nequaquam simoniaci habendi sunt.* § 1. *His itaque respondetur : Non solum qui spiritualia, sed etiam qui temporalia eis annexa pretio accipiunt vel tribuunt, simoniaci judicantur. Unde Malachias* ¹ *loquens ex persona Domini : Quis est, inquit, in vobis, qui claudat ostia et incendat altare meum gratuito ? Non est mihi voluntas in vobis, dicit Dominus exercituum, et munus non suscipiam de manu vestra. Ostia claudere non est sacri muneris officium, sed tantum sibi adjunctum.*

*Item Gregorius scribit universis Episcopis Hispanis* ²:
C. I. *De iis, qui sacros ordines munerum acceptione dispensant.*

Audivimus, dilectissimi, quod nos audisse ³ oportuit, sed audisse profecto non libuit, quosdam scilicet esse sacrorum ordinum professores, qui sub munerum datione vel acceptione Dei ecclesias vel earum sibi beneficia usurpant. Quod quidem scelus vos † non jamdudum acriter correxisse vehementer admiramur; juste enim uterque corripiendus est et a sanctæ liminibus ecclesiæ submovendus, et qui pro ecclesiæ ambitu munera largitur ⁴, et qui ut ecclesiam adeat quicquam præsumit accipere. Iste quippe donum Dei emere, hic autem præsumit vendere. A sacrilegio quoque hoc facinus non dispar dixerim, quum id, quod sponte et sacro deliberationis arbitrio gratis fieri debuit, sub pecuniæ pactione causatur. Quare, fratres carissimi, quæ taliter facta sunt curiose refellite ⁵, infecta prohibete, vestrisque jussionibus resistentes digno anathematis vinculo percutere non dubitate.

### NOTATIONES CORRECTORUM.

C. IX. ᶠ *Aut parentibus :* In aliquot manuscriptis Gratiani legitur : *aut pauperibus reliquit.* In vetusto autem Prosperi codice, et in concilio Aquisgranensi legitur : *quia omnia sua aut reliquit, aut ecclesiæ rebus adjunxit.* Sed quoniam multa exemplaria Gratiani et Prosperi habent vulgatam lectionem, nihil est mutatum.

C. X. ᵍ *Multorum :* In vulgatis codicibus huic § *Multorum,* præponebatur hic titulus : *Item ex concilio Urbani Papæ habito Alverniæ,* qui sublatus est, quoniam abest ab omnibus vetustis exemplaribus collatis, et in plerisque hic § est initium sequentis tertiæ quæstionis.

---

Quæst. II. C. IX. ⁴⁸ cf. conc. Aquisgr. c. 108, et 111. ⁴⁹ qui : Edd. coll. o. pr. Lugdd. II, III. Ven. I, II. ⁵⁰ de : exd. pr. Bas. ⁵¹ participentur : Ed. Bas. — participent : Edd. rell. — cf. I Cor. c. 9, v. 13. ⁵² vivant : Ed. Arg. ⁵³ abest ab Edd. Arg. Nor. Ven. I. — cf : abest a Bohm. ⁵⁴ verba : *quare — dicens :* desid. in Ed. Bas. = C. X. ⁵⁵ hab. A. 506. ⁵⁶ vel : Coll. Hisp. ˙ et Edd. coll. o. pr. Bas.

Quæst. III. ¹ Malach. c. 1, v. 16. ² Caput incertum. = C. I. ³ *audire :* Edd. coll. o. pr. Bas. — † *hos :* Ed. Arg. ⁴ *largiuntur,* et sic deinceps : Edd. Arg. Nor. Ven. I. ⁵ *revelate :* Ed. Bas.

**C. II.** *De iis, qui ecclesias vel ecclesiastica beneficia vendunt.*

Idem *Rothomagensi episcopo et Gallicis omnibus*[6].

Si quis dator vel acceptor Dei ecclesias vel ecclesiastica beneficia (quæ quidam [7]) præbendas vocant) sub pecuniæ interventu susceperit, sive dando emerit, sive accipiendo vendiderit, a Simonis [8] non excluditur perditione. Sed si perseverans fuerit, perpetua mulctetur damnatione. Nam qui sub religionis obtentu Deo famulari voluerit, si quid accipit[9], et meritum perdit, et beneficio accepto frustratur. Rationis ergo vigore cogitur quod injuste receperit[10] restituere, et quicquid turpis lucri gratia receperat[11] non tenere.

**C. III.** *Ab officio suspendatur episcopus beneficia vel ecclesiastica officia vendens.*

Item Gregorius VII. Papa, *lib. VI. Reg. in Synodo, cap. 4.*[12].

Si quis episcopus præbendas, archidiaconatus, præposituras vel aliqua ecclesiastica officia vendiderit, vel aliter, quam statuta sanctorum Patrum præcipiunt, ordinaverit, ab ecclesiæ officio suspendatur. Dignum est enim ut, sicut gratis episcopatum accepit[13], ita membra ejusdem episcopatus gratis distribuat.

**C. IV.** *Nec altaria, nec præbendas episcopis vendere licet.*

Item ex concilio Urbani Papæ II *habito Alverniæ* a ††.

Quæsitum est de episcopis, qui altaria monasteriis data frequenter redimi compellebant pecunia, quia quidam[14] simoniacæ pravitatis usus in Galliarum partibus jam diutius inolevit, ut ecclesiæ vel decimæ (quæ vulgari vocabulo apud eos altaria nuncupantur) monasteriis datæ sæpius ab episcopis sub palliata avaritia vendantur[15], mortuis nimirum seu mutatis clericis, quos personas vocant. Nos[16] auctore Deo venalitatem omnem tam ex rebus quam ex ministeriis ecclesiasticis propellentes hoc ulterius fieri auctoritate apostolica prohibemus, sicut[17] etiam præbendas omnes venundandas interdicimus. Porro quæcunque altaria vel decimas ab[18] annis triginta et supra sub hujuscemodi redemptione possedisse monasteria noscuntur, quiete deinceps et sine molestia qualibet eis possidenda firmamus. §. 1. Salvo utique episcoporum censu annuo, quem ex eisdem altaribus habere soliti sunt.

**C. V.** *Quicquid data vel promissa pecunia in sacris ordinibus acquiritur irritum habeatur.*

Item b in Concilio Placentino, c. 1. et 2[19].

Ea quæ a sanctis Patribus de simoniacis statuta sunt, nos quoque et judicio 'sancti Spiritus', et apostolica auctoritate firmamus. Quicquid ergo 'vel' in sacris ordinibus, vel in ecclesiasticis rebus vel data vel promissa pecunia acquisitum est, nos irritum esse et nullas unquam vires habere[19] censemus.

**C. VI.** *Quicquid possidetur nomine pecuniæ intelligitur.*

Item Augustinus *de disciplina Christiana, vel de dono disciplinæ, cap. 1.*[21]

Totum, quicquid homines possident[22] in terra, omnia, quorum domini sunt, pecunia vocatur, servus 'sit', vas, ager, arbor, pecus; quicquid horum est pecunia dicitur. *Et infra:* §. 1. Ideo autem pecunia vocata est, quia antiqui 'totum' quod habebant, in pecoribus habebant.

**C. VII.** *Qui ecclesiastica beneficia emerit ecclesias quoque emere probatur.*

Item Paschalis Papa[23].

Si quis objecerit, non consecrationes emi[24], sed res 'ipsas', quæ ex consecratione proveniunt, penitus c desipere probatur. Nam quum corporalis ecclesia d, aut episcopus, aut abbas, aut tale aliquid sine rebus corporalibus in nullo proficiat, sicut nec anima sine corpore corporaliter vivit, quisquis horum alterum vendit, sine quo nec alterum provenit, neutrum invenditum derelinquit. Nullus igitur e[25] emat ecclesiam vel præbendam, vel aliquid ecclesiasti-

---

## NOTATIONES CORRECTORUM.

Quæst. III. C. IV. a *In summis capitulorum concilii Claromotensis habiti Alverniæ* (de quibus supra ad c. 1. Distinct. 60 dictum est) cap. 6. hæc leguntur, quæ ad caput hoc videntur spectare: *Ut altaria congregationibus canonicorum vel monachorum per personas data, mortuis personis libera redeant in manus episcoporum, nisi fuerint illis per eorum scripta vel privilegia confirmata.*

C. V. b *Item:* Antea legebatur: *Item Gregorius.* Sed in aliquot vetustis recte est: *Item,* nimirum Urbanus II, in cujus synodo hæc habentur.

C. VII. c *Penitus:* Deusdedit et Anselmus legunt: *videtur quidem aliquid dicere, nihil autem penitus sapere.*

d *Corporalis ecclesia:* Deusdedit sic habet[1]: *quum corporalis ecclesiæ episcopus vel abbas sine rebus,* etc. Reliqui collectores et vetusti codices Gratiani concordant cum vulgata lectione.

e *Nullus igitur:* Deusdedit, Polycarpus, Ivo et codex manuscriptus decretorum Pontificum (in quo integra fere Paschalis epistola, unde caput hoc acceptum est, refertur) non habent hæc verba; sed

---

Quæst. III. C. II. 6 *De hujus capitis auctore non constat, videtur tamen pariter atque antecedens ad Gregorium VII. tempora pertinere.*—Polyc. l. 2, t. 4. [7] *quidem:* Ed. Bas. Ven. II. [8] *simoniaca:* Ed. Bas. [9] *acceperit:* Ed. Bas. [10] *recepit:* Edd. Arg. Bas. [11] *acceperat:* Ed. Bas. = C. III. [12] Conc. Rom. V. hab. A. 1078. [13] *accipit:* Ed. Bas. = C. IV. †† hab. A. 1095. Eadem leguntur in concilio Nemausensi, habito sub Urbano. [14] *quidem:* Ed. Bas. [15] *venduntur:* Edd. coll. o. pr. Lugdd. II, III. [16] add.: *autem:* Edd. coll. o. [17] *sic:* Ed. Bas. [18] *sub:* ib. = C. V. [19] hab. A. 1095. [20] *obtinere:* Ed. Bas. = C. VI. [21] *Augustinus de doctrina Christiana:* Edd. coll. o. — legendum est: *de disciplina Christiana;* et enim liber de dono disciplinæ apocryphus est. [22] *habent:* Edd. coll. o. = C. VII. [23] Caput apocryphum; cf. ad C. 1, q. 1, c. 12. — Ans. l. 13, c. 33. Ivo Pan. l. 3, c. 123. Decr. p. 2, c. 84. Deusdedit p. 2. Polyc. l. 7, t. 6. — Eadem leguntur apud Bertholdum Constant. in op. *de damnatione schismaticorum.* [24] *vendi:* Ans. Berthold. * et Bertholdus. ** et Berth. et Ans. [25] hæc magis videntur ad conc. Pictaviense sub Urbano P. hab. pertinere. In coll. Ans. pariter non leguntur, sunt tamen apud Algerum lib. 3, c. 39.

cum, nec pastellum, nec pastum antea vel postea A sunt, quoniam a Deo fidelibus, et a fidelibus Deo
pro hujusmodi solvat.

### C. VIII. De eodem.

*Item Urbanus II. Episcopus, servus servorum Dei, dilecto filio L. Praeposito ecclesiae sancti Juventii apud Ticinum, salutem et apostolicam benedictionem.*

Salvator praedicit in evangelio, circa finem saeculi pseudochristos et pseudoprophetas surgere et multos seducere, et fideles suos in mundo multas habituros pressuras, sed tamen portas inferi adversus ecclesiam non praevalituras. Proinde, 'quia', ut ait Apostolus, oportet haereses esse, ut qui probati sunt manifesti fiant, oportet nos cum Propheta ex adverso consurgere, et murum opponere domo Israel, et cum 'eodem' Apostolo per multas tribulationes intrare in regnum Dei, quoniam non sunt condignae passiones hujus temporis ad futuram gloriam, quae revelabitur in nobis. § 1. Igitur, quia innotuisti nobis, quod tibi objicitur, utrum vendere ecclesiasticam rem simoniacum sit, hoc simoniacum esse patenter colligitur ex hoc, quod B. apostolus Petrus ait Simoni: *Pecunia tua tecum sit in perditionem, quia existimasti donum Dei pecunia possideri.* Donum quippe Dei est Spiritus sanctus, et donum Dei est res ipsi ecclesiae oblata. Et, si bene animadvertis, Simon magus, qui ad fidem ficte accessit, non Spiritum sanctum propter Spiritum sanctum (quo ipse erat indignus (quoniam, ut scriptum est, Spiritus sanctus disciplinae effugiet fictum), sed ideo, quantum in ipso erat, emere voluit, ut ex venditione signorum, quae per eundem fierent, multiplicatam pecuniam lucraretur. Nec Apostolus emtionem Spiritus sancti (quam bene fieri non posse noverat), sed ambitionem quaestus talis et avaritiam, quae est idolorum servitus, in eodem Simone exhorruit et maledictionis jaculo percutit. Quisquis igitur res ecclesiasticas (quae dona Dei

donantur, quae ab eodem gratis accipiuntur, et ideo gratis dari debent) propter sua lucra vendit vel emit, cum eodem Simone donum Dei possideri pecunia existimat. Ideo, qui easdem res non ad hoc, ad quod institutae sunt, sed ad propria lucra munere linguae, vel indebiti obsequii, vel pecuniae largitur vel adipiscitur, simoniacus est, quum principalis intentio Simonis fuerit sola pecuniae avaritia, id est idolatria, ut ait apostolus Paulus. Alioquin cur sancta synodus Chalcedonensis DCXXX, episcoporum procuratorem vel defensorem ecclesiae, vel quenquam regulae subjectum adeo per pecuniam ordinari prohibet, ut interventores quoque tanti sceleris anathematizet, nisi quod eosdem Simoniacos judicet? Quod si praefati milites ecclesiae ob hujusmodi scelus taliter percelluntur, nemo sapiens negabit, non militantes ecclesiae multo damnabilius ob hanc causam, id est emtionis vel venditionis debere, percelli. Sed 'et' beatus praedecessor noster Paschalis de consecratione affirmat, quod quisquis eorum alterum vendiderit, sine quo alterum non provenit, neutrum invenditum derelinquit, ac per hoc eum, qui rem ecclesiae vendit vel emit, simoniacum esse intelligitur. § 2. Nomine vero procuratoris intelligit praefata synodus quemlibet ecclesiasticarum rerum administratorem, ut, verbi gratia, praepositum, oeconomum, vicedominum; defensoris nomine advocatum sive castaldum, et judicem; in subjecto vero regulae archipresbyterum, archidiaconum, canonicum, monachum vel quemlibet ecclesiastico mancipatum officio. § 3. Quod vero Spiritum sanctum, quantum in se est, vendat vel emat qui praepositurum vel aliquid hujusmodi vendit vel emit, audi Augustinum super Joannem: *O quot praepositurus fecerunt! Alterum praepositum habet Carthagine Primianus, 'alterum habet*

---

### NOTATIONES CORRECTORUM.

post verbum: *derelinquit*, continenter subjungunt: *Quam tamen objectionem sacer Chalcedonensis canon penitus exterminat*, etc. Auctor vero hujus capitis ac totius hujus epistolae est Paschalis I. Nam in eo decretorum codice haec epistola Paschalis est post decreta Hadriani II, quum decreta Paschalis II sint post Urbanum II, eo plane ordine, quo sibi successerunt; quod etiam ex sequenti capite indicatur.

C. VIII. f *Integram epistolam Urbani II, dilectio filio L. praeposito ecclesiae B. Juventii apud Ticinum refert Deusdedit in sua collectione.*

g *Propter Spiritum sanctum*: Additae sunt hae duae voces, et totus hic locus emendatus est ex ipsa epistola, quemadmodum et alia nonnulla.

h *Paschalis*: Antea legebatur: *Paschasius libro de consecratione*. Restitutus autem est locus ex vetustis codicibus et originali. Citatur enim hic quod habetur in capite antecedente ex epistola Paschalis Papae.

i *O quot praepositurus*: Apud B. Augustinum (cujus multi vetusti codices hoc loco collati sunt) legitur: *o quot proposita fecerunt! alterum propositum*, etc. Apud Urbanum vero ubique est: *proposita et propositum*.

---

QUAEST. III. C. VII. add.: *ex pacto*: Ed. Arg. = C. VIII. Ep. ad Lucium praep. S. Juventii (Vincentii: Edd. coll. o.) scr. A. 1089. — Deusdedit p. 2. *praedixit*: orig. — cf. Matth. c. 24. *pseudoapostolos*: Edd. Bas. Par. Lugdd. II, III. 1 Cor. c. 11, v. 19. Ezech. c. 13. Act. c. 14. † Rom. c. 8. Act. c. 8, v. 20. Sap. c. 1, v. 5. *sed donum Dei* (ejus: Edd. Arg. Bas. Nor.), *emere voluit*: Edd. coll. o. *eum percussit*: Edd. coll. o. pr. Bas. cf. infra c. 12. *et dona Dei*: Edd. coll. o. exc. Bas. *et a Deo*: Ed. Bas. — *quae a Deo*: Edd. rel. *munera*: Edd. Lugdd. II, III. *pecunia causa videlicet, id est*: Edd. coll. o. — Coloss. c. 3, v. 5. *antecessor Paschasius libro de consecr. affirmavit*: Edd. coll. o. pr. Bas. — cf. caput antecedens. *non venditum*: Edd. Bas. Lugdd. II, III. = *venditum*: Edd. rel. *intelligimus*: Ed. Arg. — *intelligit*: Edd. rel. cum orig. *In nomine*: Edd. coll. o. cum orig. add.: *diaconum* caed. pr. Bas. *secernunt*: Ed. Bas. — sec. vel *sequuntur*: Edd. rel. pr. Lugdd. II, III. *alium*: Edd. coll. o. pr. Bas. Lugdd. II, III. *Carthagini*: Ed. Bas. — *Carthaginem*: Ed. Lugd. I. — *Carthaginensis*: Edd. Ard. Nor. Ven. I, II. Par. *principatus*: Edd. coll. o. pr. Lugdd. II, III.

Maximianus [*], alterum *habet* in Mauritania Rogatus, alterum habent [51] in Numidia illi et illi, quos jam nec nominare sufficimus. Circuit [52] ergo aliquis emere columbam; unusquisque laudat præpositum suum [k], quod vendit, etc. Ecce venerabilis Augustinus, de præpositurae distractione agens, nomine [53] columbæ sancti Spiritus venditionem vel emtionem accipit, sicut et omnes hujus evangelici capituli tractatores. § 4. Pensandum vero est, qua pœna multentur qui jam Deo et ecclesiæ suæ [54] oblata vendunt vel emunt, si cum flagellis a Dei templo [55] ejecti sunt qui quæ Deo erant offerenda vendebant vel emebant. Si de offerendorum venditoribus vel emtoribus dictum est [56]: *Vos fecistis domum patris mei domum negotiationis et speluncam latronum:* quid dicetur de ecclesiæ jam oblatorum venditoribus vel emtoribus? § 5. Et ne quis insanus objiciat, merito hoc Dominum tam acerbe vindicasse, quia tunc illa in Dei templo vendebantur, ecclesiasticæ vero res modo extra templum distrahuntur [57], attende superius Augustinum non determinantem locum venditionis vel emtionis præpositorum, sed tantum indefinite dicentem: *Circuit aliquis emere columbam; unusquisque præpositum suum laudat, quod vendit;* non adjiciens, in templo, vel extra templum. Hæc circa venditores vel emtores rerum sacrarum sufficiant [58].

C. IX. *Ministri et servitores ecclesiæ absque ulla venalitate ab episcopis ordinentur.*

*Item* Alexander II [59]. *Episcopus, servus servorum Dei, Lucensis ecclesiæ clero et populo salutem perpetuam* I [60].

Ex multis temporibus hoc detestabile malum intra vestram ecclesiam inolevisse cognovimus, ut nulli unquam clerico, quamvis religioso, quamvis scientia et moribus prædito, ecclesiasticum beneficium concederetur, nisi ei, qui profano pecuniæ munere illud emere studuisset, fiebatque ecclesia et res ejus ita venalis, veluti quædam terrena et vilis merx [61] a negotiatoribus ad vendendum exposita. Quod malum quam detestabile, quantum Deo sanctisque [62] sit contrarium, et sacri canones docent, et fere omnibus manifestum existit. § 1. Chalcedonense [63] namque concilium, unum ex principalibus, simili pœna condemnat eos, qui ecclesiæ beneficium interventu pe-

cuniæ acquirunt, et eos, qui sacram manus impositionem (per quam Spiritus sanctus confertur) mercari dignoscuntur. Utrosque enim auctoritate inexpugnabili, illos a beneficio, istos a sacro ordine jubet expelli. Unde humani generis redemtor omnes ementes et vendentes de templo ejiciens cathedras vendentium columbas evertit, nummulariorum effudit æs, præcepti sui auctoritate denuncians et dicens [64]: *Nolite facere domum patris mei domum negotiationis.* § 2. Illud quoque in eodem facto solicite considerate, quod per totum textum sancti evangelii nusquam reperitur, Dominum tanta severitate, tam districta censura justitiæ peccantes corripuisse, quum non solum eloquio increpans, verum etiam facto flagello de funiculis verberans omnes eliminavit de templo, aperte demonstrans, quod tales negotiatores non sicut ceteri peccatores sunt corripiendi, sed a templo Dei, id est a sancta ecclesia, longius sunt projiciendi. Nam sicut per columbarum venditores illi denotantur, qui sacram manus impositionem vendere conantur, sic per nummularios ecclesiastici beneficii venditores designantur, qui domum Dei teste evangelio speluncam latronum efficiunt. § 3. Quapropter ego Alexander, sanctæ Romanæ ecclesiæ et apostolicæ sedis episcopus, imo minister indignus, tot et tanta mala in multis ecclesiis et maxime in Lucensi ecclesia ex iniqua concupiscentia fieri conspiciens, ne sanguis iniquorum a districto judice de manu nostra requiratur, illa exstirpare et penitus eradicare decrevimus. Constituimus itaque et præsenti decreto firmamus (sicut olim nostri decessores [65] fecisse noscuntur), ut nullus deinceps episcoporum beneficium ecclesiæ (quod quidam canonicam [66], vel præbendas, seu etiam ordines vocant) pro aliquo pretio vel munere clericis audeat unquam conferre, sed omnes ministros et servitores ecclesiæ gratis et absque ulla [67] venalitate in sancta ecclesia studeant ordinare. Nec eligant [68] in domo Domini qui majores sacculos pecuniæ conferant, sed eos, qui moribus et disciplina atque scientia divites pro officio suo ipsam valeant sustentare ecclesiam. Constituimus et eodem modo firmamus, ut nullus cujuscunque gradus clericus pro ecclesiæ beneficio aliquid audeat conferre aut fabricæ ecclesiarum vel donariis ecclesiarum, seu

NOTATIONES CORRECTORUM.

C. VIII. [k] *Præpositum suum:* Apud B. Augustinum legitur: *unusquisque ad propositum suum laudat quod vendit.* In epsitola vero Urbani: *unusquisque propositum suum laudat, quod vendit.* Nomine autem propositi apud B. Augustinum interdum significari sectam quandam constat ex 2 lib. contra Cresconium, cap. 56.

C. IX. [l] Exstat integra hæc epistola in bibliotheca Vaticana post librum Anselmi Lucensis

QUÆST. III. C. VIII. [51] *habet ille vel (et*: Edd. Lugdd. II, III) *ille*: Edd. coll. o. [52] Joan. c. 2. [53] *in nomine*: Edd. coll. o. ex orig. [54] abest ab Ed. Bas. [55] *domo*: Ed. Bas. [56] Matth. c. 21. [57] *distrahuntur*. Edd. Arg. Nor. Ven. I. cum orig. [58] abest ab orig. = C. IX. [59] hujus epistolæ (scr. A. 1068), duplex forma est, una brevior, quæ apud Grat. profertur, altera multo longior, quæ a Mansio publici juris facta est. [60] *Clero Luc. eccl. in perpetuum*: Ed. Bas. [61] *merces*: Ed. Bas. [62] add.: *suis*: Edd. Lugdd. II, III. — *ejus*: Ed. Bas. [63] cf. supra q. 1, c. 8. — In Edd. coll. o. ex Glossa hæc huic §. præmissa leguntur: *Ista sententia (scientia*: Edd. Lugdd. II, III), *invenitur in secundo canone Chalc. concili.* [64] Joan. c. 2, v. 16. [65] *prædecessores*: Bohm. [66] *canonicatum*: Edd. Arg. Nor. [67] abest ab Ed. Bas. [68] *eligantur*: Edd. Arg. Bas. Ven. I, II. Nor.

etiam quod pauperibus sit tribuendum, quia (teste Scriptura ᵐ) qui aliquid male accipit, ut "quasi" bene dispenset, potius gravatur quam juvatur ⁶⁹. Quod si aliquis, divinorum præceptorum et animarum salutis immemor, præfatum beneficium ecclesiæ iniqua cupiditate ductus vendere vel emere temerario ausu præsumserit, sicut in Chalcedonensi concilio definitum est, gradus sui periculo eum subjacere decernimus, nec ministrare possit ecclesiæ, quam pecunia ⁷⁰ venalem fieri concupivit, et insuper terribili anathematis mucrone perfossus, nisi resipuerit, ab ecclesia Dei, quam læsit, modis omnibus abscindatur.

**C. X.** *Qui dona Dei vendunt vel emunt, pariter a Deo damnantur.*

Item Gregorius *homilia XXXIX* ⁷¹.

Vendentes et ementes e ⁷² templo eliminat Christus, quia vel eos qui pro munere impositionem manuum tribuunt, vel eos qui donum ⁷³ Spiritus ⁷⁴ emere nituntur, damnat. Item *infra*: § 1. Vendentes in templo sunt, qui hoc, quod quibusdam jure competit, ad præmium largiuntur. Justitiam enim vendere est hanc pro præmii ⁷⁵ acceptatione ⁷⁶ servare. Ementes vero templo sunt, qui, dum hoc persolvere proximo, quod justum est, nolunt, dumque rem jure debitam facere contemnunt, dato patronis pretio ⁷⁷ emunt ⁷⁸ peccatum.

**C. XI.** *Qui gratiam, quam a Deo accipiunt, non gratis exercent, venditores columbarum sunt.*

Item Beda *ad cap. 2 Joannis* ⁷⁹.

Non solum venditores sunt columbarum, et domum Dei faciunt domum negotiationis, qui sacros ordines, largiendo pretium pecuniæ, vel laudis, vel etiam honoris inquirunt; verum ii quoque, qui gradum vel gratiam in ecclesia spiritualem, quam Domino largiente perceperunt, non simplici intentione, sed cujuslibet humanæ causa retributionis exercent contra illud Petri † apostoli : *Qui loquitur, quasi sermones Dei; qui ministrat, tanquam ex virtute quam administrat Deus, ut in omnibus honorificetur Deus* · *per Jesum Christum.* Quicunque ergo tales sunt, si nolunt veniente Domino de ecclesia auferri, auferant ista de actibus suis, ne faciant domum Dei domum negotiationis.

**C. XII.** *Quæ ex consecratione proveniunt, in suum jus vi vel munere nemo convertat.*

Item ex epistola Urbani Papæ ⁸⁰⁻⁸¹.

Res ecclesiæ, quæ ex consecratione proveniunt, in suum jus vel vi, vel aliquo munere aliquem convertere non debere, docens sanctus Urbanus ait : *Quisquis* ⁿ *res ecclesiasticas (quæ dona Dei sunt, quoniam a Deo fidelibus, et a fidelibus Deo donantur, quæque ab eodem gratis accipiuntur, et ideo gratis dari debent) propter sua lucra vendit vel emit, cum eodem Simone donum Dei pecunia possideri existimat*

**C. XIII.** *Simoniacus est episcopus, qui decimas et oblationes laicis, non clericis distribuit.*

Item Gregorius VII ° ⁸²·

Pervenit ad nos fama sinistra, quod quidam episcoporum non sacerdotibus propriæ diœcesis decimas atque Christianorum oblationes conferant, sed potius laicalibus personis, militum videlicet sive servitorum, vel (quod gravius est) consanguineis. Unde si quis amodo episcopus inventus fuerit hujus divini præcepti transgressor, inter maximos hæreticos et inter antichristos non minimus habeatur, et, sicut Nicæna synodus de simoniacis censuit, et qui dat episcopus, et qui recipiunt ab eo laici, sive pretio, sive beneficio, æterni incendii ignibus deputentur.

**C. XIV.** *Spiritum sanctum vendit, qui decimas pro pecunia tribuit.*

Item Paschalis II ᵖ ⁸³.

A tare et decimas per pecuniam dare, et Spiritum sanctum vendere, simoniacam hæresim esse nullus fidelium ignorat.

### NOTATIONES CORRECTORUM.

ᵐ *Teste scriptura :* Hic referuntur verba beati Gregorii ex epistola ad Syagrium, quæ habentur sup. eadem quæst. 1, c. *Non est putanda.*

C. XII. ⁿ *Quisquis :* Hæc sunt ex epistola Urbani II, quæ refertur supr. c. *Salvator.* Verba autem antecedentia nusquam reperta sunt *, quamvis similia quædam, dissimili tamen sententia, legantur in epistola B. Urbani I. In aliquot vetustis Gratiani exemplaribus caput hoc sic citatur : *Item Beda ex epistola Urbani Papæ,* quod non cohæret.

C. XIII. ° *Infra* etiam 16. quæst. 7, c. *Pervenit.* citatur caput hoc ex Gregorio. Ac sane Lambertus Schafneburgensis narrat, episcopum quemdam Bambergensem ecclesiam illam contra excommunicationem Gregorii VII, favore militum, quibus multa largiebatur, per aliquod tempus retinuisse, et in ipsius Gregorii regesto lib. 6, epist. 5, simile quiddam reprehenditur in Herimanno episcopo Metensi.

C. XIV. ᵖ *Supra* ead. q. 1, c. *Presbyter* " hoc idem tribuitur Gregorio, quod hic Paschali II. Et fortasse Paschalis hoc, ut multa alia, accepit a Gregorio VII, quæ ipse innovavit. In Polycarpo lib. 3, tit. 11, citatur ex concilio Toletano.

---

Quæst. III. C. IX, ⁶⁹ *juvetur* : Edd. coll. o. ⁷⁰ *pecuniam* : Ed. Bas. = C. X. ⁷¹ Ivo Pan. l. 3, c. 119. Decr. p. 5, c. 88. ⁷² *de* : Edd. coll. o. ex Ivone. ⁷³ *domum* : Ed. Bas. ⁷⁴ *Dei* : Edd. coll. o. ex Ivone. ⁷⁵ *pretii* : orig. ⁷⁶ *acceptione* : orig. — Ivo. — Edd. coll. o. pr. Nor. Ven. l. ⁷⁷ *præmio* : orig. ⁷⁸ *emitur* : Edd. coll. o. pr. Bas. = C. XI. ⁷⁹ Ivo Pan. l. 3, c. 124. Decr. p. 5, c. 97. † 1 Petr. c. 4, v. 11. = C. XII. ⁸⁰⁻⁸¹ cf. supra c. 8. * Videntur nobis Gratiani verba esse. = C. XIII. ⁸² Similis sententia habetur in conc. Rom. V. hab. A. 1078, c. 1, et 6. — Polyc. l. 3, t. 11· — cf. infra C. 16, q. 7, c. 3. — In Edd. Lugdd. II. citatur nomine Paschasii II. = C. XIV. ⁸³ Desumtum esse canonem ex conc. Pictav. hab. A. 1100), putamus. " et Alger. l. 1, c. 49.

**C. XV.** *Careat honore male acquisito, qui ecclesiastica beneficia pro pecunia invenire tentaverit.*

*Item* Innocentius II. *in Synodo Romana, cap.* 2 [84].

Si quis praebendas, vel prioratum, seu decanatum, aut honorem, vel promotionem aliquam ecclesiasticam, seu quodlibet sacramentum ecclesiasticum, utpote [85] chrisma, vel oleum sanctum [86], et consecrationes altarium vel ecclesiarum, interveniente exsecrabili ardore avaritiae per pecuniam comparaverit [87], honore male acquisito careat, et emtor atque venditor, et interventor nota infamiae percellantur, et nec pro pastu, nec sub obtentu alicujus consuetudinis ante vel post 'a quoquam' aliquid exigatur, vel ipse dare praesumat, quoniam simoniacum est; sed libere 'et' absque diminutione aliqua collata sibi dignitate atque beneficio *q* perfruatur.

*Gratian.* De secunda et tertia quaestione quid sacri canones diffiniant, auctoritatibus hinc inde in medium deductis patefactum est.

## QUAESTIO IV.

### GRATIANUS.

**I. Pars.** *Nunc ergo de quarta quaestione est pertractandum, an paternum crimen huic imputetur, quod eo ignorante constat admissum? Quod ignorantia hunc excuset, multorum auctoritatibus probatur.*

Ait enim Augustinus, ep. XLVIII. ad [1] Vincentium:

**C. I.** *Alienum crimen nescientem non maculat.*

Nullius crimen maculat nescientem.

**II.** *De eodem.*

Idem *in eadem epistola* [a] [1].

Quis locus innocentiae relinquitur, si alienum crimen maculat nescientem?

**C. III.** *De infantibus, qui ab haereticis baptizantur.*

*Item* in Africano Concilio, *c.* 14. *legitur* [2]:

Placuit [3] de infantibus, qui ab haereticis baptizantur, ne [4], quod non suo fecerunt judicio, quum ad ecclesiam Dei salubri proposito fuerint conversi [5], parentum illos error impediat, quo minus promoveantur sacri altaris ministri [6].

**C. IV.** *De eodem.*

*Item* in eodem, c. 24 [7].

Qui apud Donatistas parvuli baptizati sunt, nondum scire valentes erroris eorum [8] interitum, et postea, quam ad aetatem rationis capacem pervenerunt [9], agnita veritate falsitatem eorum abhorrentes, ad [10] ecclesiam 'Dei [11] catholicam per universum mundum diffusam' ordine antiquo per manus impositionem recepti sunt, tales ad suscipiendum munus clericatus non debet impedire nomen erroris.

**C. V.** *Consanguineorum maleficia in nullo clericis obsunt, nisi conscii fuerint.*

*Item* Leo IV. *Ebrunio et Adelfredo Episcopis* [12].

Quia praesulatus nostri (quod bene nostis) magisterium non solum de sacerdotum, verum etiam de saecularium utilitatibus debet esse solicitum, propterea fraternitatem vestram scire volumus, hunc praesentem presbyterum ad sedem apostolicam venisse, nobisque violentiam et excommunicationem suam per ordinem retulisse; quod etiam sine justo legis tramite illi sua fuisset ablata ecclesia, similiter indicavit, quam alius dato munere sacerdos zelo ductus invidiae usurpare praesumsit. Inde parentes ejus magno dolore compulsi presbyterum illum, qui suam tenebat ecclesiam, mox comprehenderunt, et ei [13] oculos eruerunt. Tamen ipse saepe dictus sacerdos dicit, quod absque sua voluntate et sine ejus consilio hoc sit peractum. Quod si ita est, ut ipse nobis suo ore testatus est, vobis † magnopere providendum est, ut, si canonice ipse excommunicatus non est, canonica super eum fiat remissio.

**C. VI. PALEA.**

*Digestis tit.* de poenis, *l. crimen* [14].

Crimen vel poena paterna nullam maculam filio infligere potest. Namque unusquisque ex suo admisso sorti subjicitur, nec alieni criminis successor constituitur. Idque [15] divi fratres Hierapolitanis rescripserunt.

**C. VII.** *Perfidia parentum filiis obesse non debet.*

*Item* ex Concilio Toletano IV. c. 60 [16].

Judaei baptizati, si postea praevaricantes in [17]

### NOTATIONES CORRECTORUM.

C. XV. *q Beneficio*: Ex duobus manuscriptis hujus concilii exemplaribus in uno sic legitur, in altero vero: *officio*.

Quaest. IV. C. II. *a* Verba B. Augustini sunt haec: *Quis locus innocentiae reservatur, si crimen est proprium nescire crimen alienum?*

Quaest. III. C. XV. [84] hab. A. 1139. — Eadem leguntur in conc. Remensi nab. A. 1131. — Ivo Pan. l. 8, c. 138 (: *ex concilio Romanae sedis*). [85] *utputa*: Edd. coll. o. [86] *sanctificatum*: Ed. Bas. [87] *acquisiverit*: Ed. Bas. — *acquisivit*: Edd. rel. cum orig. — *comparavit*: Bohm.

Quaest. IV. C. I, II. [1] Ep. 93, (scr. A. 408). Ed. Maur. — Coll. tr. p. p. 2, t. 50, c. 31, 32. = C. III. [2] c. 48. Conc. Carth. III. hab. A. 397, apud Isid. — c. 14, apud Dionys. — Alger. l. 3, c. 27. [3] *Placuit et*: Edd. coll. o. pr. Bas. Lugdd. II, III. [4] *neque suo*: Edd. coll. o. [5] *reversi*: Edd. coll. o. — Alger. [6] *ministerio*: Ed. Bas. — Alg. — *ad ministerium*: Edd. coll. rel. = C. IV. [7] Ex conc. Carth. V. (hab. A. 401, c. 2), cujus decreta integra apud Dionysium, mutila apud Isidorum exstant. — Deusdedit p. 2. Alger. l. 3, c. 27. [8] *sui*: Edd. coll. o. pr. Bas. [9] *pervenerint*: Ed. Bas. — *proveniunt*: Ed. Lugd. II. — *perveniunt*: Edd. rel. [10] *ab ecclesia*: Edd. coll. o. — [11] verba asteriscis signata neque apud Algerum leguntur. = C. V. [12] Suspicatur Berardus, hanc Leonis IV. epistolam directam fuisse Erpuino Silvanectensi et Hermenfrido Bellovacenci epp. — Coll. tr. p. p. 1, t. 60, c. 18. [13] *ejus*: Edd. coll. o. pr. Bas. † *nobis*: Bohm. = C. VI. [14] D. l. 48, t. 19, fr. 26. — In Ed. Bas. add.: *Gratianus et Theodosius Augusti*. [15] add.: *etiam*: Edd. coll. o. = C. VII. [16] hab. A. 633. — Coll. tr. p. p. 1, t. 37 c. 20. [17] verba *in — damnati*: desid. in Ed. Bas.

Christum qualibet poena damnati exstiterint, a rebus eorum fideles filios excludi non oportebit, quia scriptum est [18]: *Filius non portabit iniquitatem patris* [19].

C. VIII. *Non imputantur peccata parentum iis, qui ab eis personaliter divisi probantur.*

*Item* Augustinus *ad Bonifacium, epist. XXIII* [20].

Jam itaque, quum homo in se ipso est, ab eo, qui genuit eum, alter effectus, peccato alterius sine sua consensione non tenetur obnoxius. Traxit ergo reatum, quia unus erat cum illo et in illo, a quo traxit, quando quod traxit [21] admissum est. Non autem trahit alter ab altero, quando sua unoquoque propria vita vivente jam est, unde [22] dicatur [23]: *Anima, quæ peccaverit, ipsa morietur.* Ut autem possit regenerari per officium voluntatis alienæ, quum offertur consecrandus, facit hoc unus spiritus, ex quo regeneratur oblatus.

*Hinc etiam* Gregorius *in lib. XXVI. Moralium c. 8, in cap. 35. Job.:*

C. IX. *Ei, qui imitatur, impietas alterius nocet.*

*Homini* [24], *qui similis tui est, nocebit impietas tua, et filium hominis adjuvabit justitia tua.* Humana impietas ei nocet, quem perverteudo inquinat [25], et rursus eum adjuvat nostra justitia, quem a pravis actionibus mutat [26]. Nocere enim vel juvare [27] nesciunt ea, quæ vel a bono corrumpere, vel a malo permutare non possunt.

Gratian. *Econtra Dominus ad Moysen* [28]: *Ego sum Deus zelotes, qui visito peccata patrum in filios usque in tertiam et quartam generationem, licet non inæqualitate judicii, sed magnitudine clementiæ* Augustinus asserit hoc dictum, ita decens: In tertia et quarta generatione peccatum patrum se Dominus comminatur in lege filiis rediturum, non inæqualitate judicii, ut alii peccent et alii puniantur, sed magnitudine clementiæ, dum semper exspectat ad pœnitentiam, et quod in prima generatione delinquitur non prius corrigit et emendat, nisi et tertia et quarta generatio venerit. *Quum ergo de baptizatis ab hæreticis* Innocentius [29] *scribat: Lex est ecclesiæ iis, qui ab hæreticis baptizati sunt, per manus impositionem laicam tantum communionem præbere, nec ex his aliquem in clericatus honorem vel exiguum subrogare: patet, quod infantes, qui ab* A *hæreticis baptizati sunt, sola excusat ignorantia, ut juxta illud Africani concilii ad suscipiendum clericatus officium non eos impediat nomen erroris.*

*Item sicut* Augustinus [b] [30] *scribit ad Auxilium* [31] *Episcopum, epist. 75:*

C. X. *De eodem.*

Non imputantur filiis peccata parentum, quæ post eorum nativitatem a parentibus committuntur; nec pro peccatis parentum spirituali pœna filii sunt plectendi.

Gratian. *Officio autem vel beneficio ecclesiæ privari, spiritualis pœna est: non igitur hanc ex peccato patris promeretur filius. Item si excusatur, qui ignoranter a simoniaco ordinatur, ut sup. in cap.* Urbani *legitur, et iste excusandus est, qui per ignorantiam* B *simoniace ordinatur.*

II Pars. *Sed objicitur illud* Gregorii [c] [32]:

C. XI. *De ecclesia, quæ pactione consecratur.*

Ecclesia, quæ pactione consecrata fuerit, potius exsecrata quam consecrata dici debet.

Gratian. *Item peccato civium thesauri* Hiericho *anathematizati leguntur. Unde* Achan [33], *qui regulam auream et quædam alia pretiosa furatus est, de anathemate dicitur tulisse.* § 1. *Item peccato* Amalechitarum *animalia eorum jussa sunt interfici, quibus quia* Saul *pepercit, audivit a* Samuele [34]: *Nescis, quia peccatum ariolandi est repugnare, et quasi scelus idololatriæ nolle acquiescere?* § 2. *Item peccato* Ægyptiorum [35] *possessiones eorum grandini traditæ, jumenta et primogenita eorum morte consumta sunt.* C § 3. *Item peccato* Israelitarum *arca* [36] *Domini* Philisthæis *tradita est. Si ergo quæ sensu carent, ut ecclesia, altare, arca Domini, lapides* Hiericho, *vel exsecrantur, vel peccatoribus traduntur, vel anathematizantur, vel grandine devastantur; si ea, quæ vim intelligendi non habent, ut animalia Ægyptiorum et* Amalechitarum, *peccatis hominum perduntur morte: patet, quod nullum excusat ignorantia criminis, maxime quum ex eo utilitas deferatur ignoranti; veluti si quispiam de latrocinio et rapina filio suo ignoranti divitias congreget, non excusat filium ignorantia, quin post mortem patris cogatur reddere male acquisita.* § 4. *Item peccato* Achan [37] *plebs* Israelitica *in manibus hostium tradita est.* § 5. *Item peccato filiorum* D Heli [38] *populus in manu* Philistinorum *corruit.* § 6.

---

### NOTATIONES CORRECTORUM.

C. X. [b] In aliquot vetustis exemplaribus et caput hoc et sequentia usque ad finem quæstionis, conjuncta sunt superiori. Nam sententiis hinc inde acceptis, verba fere de suo (quod sæpe facit) in his Gratianus affert. Et hujus quidem partis sententia est apud B. Augustinum loco indicato. Verba autem ipsa referuntur infra 24, q. 3, c (*Si habes.*

C. XI. [c] *Gregorii*: In aliquot vetustis codicibus legitur: *Augustini.* Anselmus vero citat ex Alexandro secundo.

---

Quæst. IV. C. VII. [18] Ezech. c. 18. [19] *add.: et pater non portabit iniquitatem filii*: Edd. coll. o. pr. Arg. = C. VIII. [20] Ep. 98, (scr. c. A. 408). Ed. Maur. — Ivo Decr. p. 6, c 417. [21] *contraxit*: Edd. coll. o. [22] *ut vere*: eæd. [23] Ezech. c. 18, v. 4. = C. IX. [24] Job. c. 35, v. 8. [25] *coinquinat*: Edd. coll. o. [26] *immutat*: eæd. [27] *adjuvare*. eæd. — [28] Exod. c. 20, v. 5. [29] Supra q. 1. c. 18. = C. X. [30] Ep. 250. Ed. Maur. [31] *Auxentium*: Bohm. = C. XI. [32] Apud Ans. l. 5, c. 20 (21). et Gerhoum Reichoum Reicherspergensem (in tract. de simonia ap. Martenium T. V.) hæc ex Alexandro II, ita proferuntur: *Ecclesia, quæ pactione claruerit esse consecrata, et, ut verius dicam, exsecrata, nullo modo pro ecclesia habetur.* = C. XI. [33] Jos. c. 6. [34] 1 Reg. c. 15, v. 23. [35] Exod. c. 9. [36] 1 Reg. c. 4. [37] Jos. c. 7. [38] 1 Reg. c. 4.

Peccato quoque plebis [39] electi eorum sæpe sunt impediti, et tandem cum eis prophetæ duc i sunt captivi.

III Pars. § 7. His ita respondetur. Insensibilia et irrationabilia peccato hominum vel exsecrantur, vel anathematizantur, vel morte perduntur, non participatione peccati, sed causa sacramenti, vel detestatione peccati, vel flagello delinquentium. Causa sacramenti, ut thesauri Hiericho et animalia Amalechitarum. Hiericho enim luna interpretatur, et significat mundum istum. Amalechitæ interpretantur lingentes sanguinem, et significant cupidos et avaros et dæmones. Israelitæ interpretantur viri videntes Deum, et significant multitudinem sanctorum. Lapides ergo et thesauri Hiericho anathematizantur, animalia Amalechitarum interfici jubentur ad examinandam cupiditatem Israeliticæ plebis, et ut significaretur, quod muri vitiorum, et hujus mundi thesauri, qui per lapides et thesauros Hiericho designantur, irrationabiles quoque vitiorum motus, qui per animalia Amalechitarum intelliguntur, non debent transire in sortem sanctorum. Animalia vero Ægyptiorum, et possessiones eorum, et primogenita, grandine et morte consumta sunt, ut in illis punirentur, quorum felicitate lætabantur, et ut daretur intelligi, quod mundus peribit et concupiscentia ejus. Sed et terra [40] Israelitarum in salsuginem versa est, et segetibus eorum imbres adversi sunt, animalia eorum sterilitate et morbo confecta sunt, ut auctorem suum, quem per beneficia cognoscere noluerunt, saltem inter supplicia sentirent. In detestationem vero peccati pecunia Simonis damnata est, cui dictum [41] est: Pecunia tua tecum sit in perditionem, qui existimasti donum Dei pecunia possideri. In detestationem quoque ejusdem criminis altare et ecclesia, quæ per simoniam consecrantur, non tam consecrari quam exsecrari dicuntur, quia qui interventu pecuniæ oleum consecrationis effundit non consecrare, sed exsecrare dicendus est. Hinc est, quod B. Gregorius [42] ecclesias ab Arianis consecratas iterum consecrari præcepit, quia sanctificationem consecrationis, quæ non nisi in fide Trinitatis perficitur, præstare non poterant qui fide carebant. Arca vero et prophetæ peccato suorum civium hostibus traditi sunt. Electi quoque, qui murmure eorum impediti sunt, non in pœnam criminis, sed in experimentum et exemplum patientiæ hæc passi sunt.

§ 8. Item populus, qui peccato Achan et filiorum Heli in manibus hostium traditus est, significat, subditos corporaliter flagellari, ut inter ipsa flagella peccata prælatorum feriantur, sicut Achan sorte deprehensus lapidibus obrutus est. § 9. Sic et navicula [43] Jonæ periclitatur, ut fugitivus sorte deprehensus, fluctibus immergeretur. Aliquando pro meritis prælatorum depravatur vita subditorum, ut prælatis suis subditi faventes ad malum cum eis simul corruant sicut filii Israel, diu portantes peccata sacerdotum, tandem cum eis ceciderunt in manibus hostium. Item David [44] populum numeravit, quo peccato gladius Domini desævit in populum. Sed [45] in lata gente gloria regis est, in diminutione plebis contritio principis. Qui ergo de numerositate suæ gentis superbivit, jure in ejus diminutione punitus est. § 10. Item parvulos Sodomitarum [46] non excusavit ignorantia, quin pro paterno scelere cœlesti igne consumerentur; sed igne hoc pœna illis diminuta est, quibus successio paterni sceleris est ademta. Pariter etiam demonstratum est, peccatis parentum parvulos aliquando corporaliter flagellari. Illud idem intelligendum est de parvulis, qui peccato Dathan [47] et Abiron vivi descenderunt ad inferos. § 11. Item Cham [48] peccante Chanaam filius ejus maledicitur; Giezi [49] delinquente lepra transmittitur ad posteros. Judæis [50] clamantibus: Sanguis ejus super nos et super filios nostros, etiam reliquiæ eorum pœnæ mortis Christi addictæ sunt. Achab [51] quoque peccante posteri ejus regni solium amiserunt, et qui de ejus semine in regno Judæ nati sunt, usque ad purgatam labem illius familiæ a genealogia Domini sunt exclusi. Odium quoque Esau (ut Malachias [52] testatur) transivit ad Idumæos. Ex quibus omnibus colligitur, quod ignorantia peccati non excusat aliquem. § 12. Sed his exemplis non probantur teneri peccato aliorum nisi imitatores nequitiæ eorum. Quicunque enim de semine Esau et cæterorum ad Deum conversi paternam malitiam detestati sunt, non odium, sed Dei clementiam experti sunt.

Item ut Ambrosius ait sermone XI. d †:

### C. XII.

Turbatur navicula Petri, in qua erat Judas, quia, qui suis meritis erat firmus, turbatus est alienis.

Gratian. Ignorabat autem Petrus peccatum Judæ. Non ergo ignorantia excusavit illum, sed turbatio hæc non peccati coinquinatio, sed corporalis persecutio intelligitur, quia meritis malorum nonnunquam adeo premuntur boni, ut eorum turbetur firmitas. Non itaque his auctoritatibus simoniaci probantur, pro quibus ignorantibus pecunia data est. Non ergo potest probari iste reus criminis, cujus non habuit conscientiam.

IV Pars. §. 1. Notandum quoque est, quod non omnis ignorantia aliquem excusat. Est enim igno-

---

**NOTATIONES CORRECTORUM.**

C. XII. d Hujus etiam capitis sententia sumta est ex sermone 11. Ambrosii, et lib. 5. c. 1. comment. ad c. 5. Lucæ. Ipsa autem verba habentur infra 24. q. 1. c. *Non turbatur.*

---

Quæst. IV. C. XI. [39] Psalm. 77. [40] Psalm. 106. [41] Act. c. 8, v. 20. [42] Dist. 1, de cons. c. 21. [43] Jon. c. 1. [44] 1 Reg. c. ult. [45] Prov. c. 14, v. 28. [46] Gen. c. 19. [47] Num. c. 16. [48] Gen. c. 9. [49] 4 Reg. c. 5. [50] Matth. c. 27, v. 25. [51] 3 Reg. c. 21. [52] Mal. c. 1. = C. XII. † cf. C. 24, q. 7, c. 7.

*rantia alia facti, alia juris. Facti alia est ejus facti, quod oportuit eum scire, alia, quod non oportuit eum scire. Quod non oportuit eum scire, sicut Apostolus* [33] *ait :* Si quis infidelium vocaverit vos ad cœnam, et vultis ire, quidquid vobis appositum fuerit, comedite, nihil interrogantes. Si quis vobis dixerit, hoc idolis immolatum est, nolite comedere. *Ecce quod vocatum ad cœnam non oportuit scire, carnes sibi appositas fuisse idolis immolatas. Quod oportuit eum scire, sicut ignorantia Judæorum et reliquorum infidelium, qui ea, quæ a prophetis de Christo fuerunt prænunciata, adhuc ignorant esse completa, unde a Judæis adhuc exspectatur venturus. Hæc neminem excusat.* §. 2. *Item ignorantia juris alia naturalis, alia civilis. Naturalis omnibus adultis damnabilis est; jus vero civile aliis permittitur ignorare, aliis non. Juris civilis ignorantia nemini obest in damno vitando, si negotium inde contigerit, ut, si minor pecuniam dederit filiofamilias, repetit; in majore vero quasi delictum est.* §. 3. *Item si successionem etiam tibi majori delatam cum alio sine judice dividas, putans testamentum jure subnixum, quum non esset, solidam successionem obtinebis; vel si id, quod nullo jure debuisti, aut jure naturali non debuisti, sed civili, tanquam ex chirographo solvas aut promittas, repetis; non ita, si delictum. Nam si putat rem suam sibi per legem licere rapere, incidit in constitutionem* a *illam Codicis l. VIII. titulo :* unde vi.

### C. XIII. PALEA [54].

[*Imperator* Valentinianus [55] *Augustus.*]

« Si quis in tantam furoris audaciam pervenerit, ut possessionem rerum apud fiscum vel apud quoslibet homines constitutarum ante eventum [56] judicialis arbitrii violenter invaserit, dominus quidem constitutus possessionem, quam abstulit, restituat possessori, et dominium ejus [57] rei amittat. Sin vero alienarum rerum possessionem invasit, non solum eam possidentibus reddat, verum etiam æstimationem earundem rerum restituere compellatur. »

Gratian. *In hoc autem non fuit ignorantia juris, sed facti, et illius, quod non oportuit eum scire. A reatu ergo criminis eum ignorantia excusat paterni delicti, quod etsi oportuisset eum scire, infirmitate tamen ætatis deprehendere non poterat.*

## QUÆSTIO V.
### GRATIANUS.

I. Pars. *Quod vero quinto loco quæritur, an liceat ei esse in ecclesia, vel fungi ordinatione, quam paterna pecunia est assecutus, auctoritate* Urbani *definitur, qui scribens de simoniacis ait inter cetera in Concilio Placentino* r, *c.* 5. *et sequentibus, itemque in Concilio Romano :*

C. I. *De parvulis, qui cupiditate parentum ecclesias emunt.*

Quicunque sane cupiditate parentum, quum adhuc parvuli essent, ecclesias vel ecclesiarum partes a per pecunias adepti sunt, postquam eas [1] omnino dimiserint, si canonice in eis vivere voluerint, pro magna misericordia ibidem eos esse concedimus, neque pro hoc facto a sacris ordinibus [3] removemus, si alias digni inveniantur. §. '1. Illi vero, qui per se ipsos, quum 'jam' majoris essent ætatis, nefanda ducti cupiditate eas emerunt [4], si in aliis ecclesiis canonice vivere voluerint, servatis propriis ordinibus pro magna misericordia ibi eos ministrare permittimus. Quod si ad alias [5] fortassis transferri non potuerint, et in eis canonice vivere promiserint, minoribus ordinibus contenti ad sacros ordines non accedant, salva tamen in omnibus apostolicæ sedis auctoritate. §. 2. Si qui tamen ante emtionem catholice ordinati sunt, quum ea, quæ emerunt, dimiserint, et vitam canonicam egerint, in suis gradibus permittantur, nisi forte ejusmodi ecclesia sit, ut ibi primum locum debeant obtinere. Primum enim, vel singularem, vel præpositurae b locum in emtis ecclesiis eos habere non patimur.

II Pars. Gratian. *Hoc autem eum non in præjudicium canonum, sed ex misericordiæ dispensatione dixisse, ex epistola ejusdem colligitur, missa Vitali Presbytero* c [6] *in hæc verba:*

C. II. *In dignitate servanda simoniacis misericordia potest impendi, si eos vita commendat.*

Eos, qui ecclesiam emerunt, si persona talis fuerit, quam vita commendet, videlicet ut in canoniis vel monasteriis regulariter vivat, in sui honoris officio misericorditer condescendendo ministrare concedimus, absque tamen sanctorum canonum præjudicio.

III. Pars. Gratian. *Ex hac itaque auctoritate colligitur, quod ignorantia tales excusat a reatu crimi-*

---

### NOTATIONES CORRECTORUM.

a *Constitutionem :* In plerisque vetustis codicibus legitur : *incidit in constitutionem, si quis in tantam.* Reliqua vacant.

Quæst. V. C. I. a *Partes :* In concilio ipso legitur : *beneficia,* sed ob glossam non est emendatum.

b *Præpositurae :* In concilio subjungitur : *vel officii.*

C. II. c In libro manuscripto decretorum Pontificum hic canon citatur ex Nicolao ad Vitalem presbyterum Pruviensem.

---

Quæst. IV. C. XII. [53] 1 Cor. c. 10, v. 27. = C. XIII. [54] t. 4, c. 7. — Desideratur in Ed. Bas. [55] *Valerius :* Edd. coll. o. [56] *adventum :* orig. [57] *ejusdem :* ib.
Quæst. V. C. I. [1] hab. A. 1095. — Ans. l. 7, c. 109. [2] add. : *ecclesias :* Ed. Bas. [3] add. : *illos :* Edd. coll. o. [4] *emerint :* Ed. Bas. [5] add. : *ecclesias :* ib. = C. II. [6] Fragm. epist. ad Vitalem presb. Brixiensem, quam in codice Rivipullensi integram se invenisse testatus est Baluzius. — Coll. tr. p. p. 2, t. 50, c. 24.

ais, ut supra dictum est, non a fructu emtionis, quum in ecclesiis, quas parentum pecunia adepti sunt, non nisi postquam eas omnino dimiserint et ex misericordia ibidem eis esse conceditur. In quo patet, quod etsi illis ignorantibus simoniæ peccatum sit admissum, fructum tamen paternæ emtionis reportare non possunt. Quod vero a crimine excusentur, hinc patet, quia pro hoc facto a sacris ordinibus non removentur illius criministur. Si enim participes essent, ad sacros ordines conscendere non possent. Illud idem intelligendum est de eo qui per pecuniam est adeptus sacerdotii dignitatem, non episcopo, sed cuidam ex principibus ejus datam; utroque tamen, ordinatore videlicet et ordinato, hoc ignorante.

Unde Urbanus II. scribit Alberto Metensi Episcopo [7]:

**C. III.** *De quodam, pro quo incuria parentum pecuniam dedit non episcopo, sed uni principum ejus.*

Præsentium portitorem, quem parentum incuria, per pecuniam non episcopo, sed cuidam principum ejus datam, invitum [8] sacerdotii dignitatem obtinuisse significasti, licet sancti canones deponendum esse testentur, tamen, quia culpam istam nesciens et coactus commisit, et quia ab eodem ordine ut deponeretur supplicavit ultroneus, ex consideratione discretionis (quæ [9] mater est omnium virtutum) magis quam ex rigore canonum, misericordiæ viscera adhibendo, Ipsum in eodem ordine esse fraternitati tuæ consulimus; ita tamen, ut, si ecclesia illa, cui deservit, sacerdotum penuriam non patitur [10], suspensus a sacerdotali officio permaneat. Quod si fortasse ecclesiæ utilitas exegerit, ut curam regiminis assumat, liceat ei ex concessione sui episcopi fratrumque obedientia sacerdotali officio fungi.

## QUÆSTIO VI.
### GRATIANUS.

Quid vero de his fieri debeat, qui ignoranter a simoniacis ordinati sunt (quod sexto loco quæsitum est), supra, in capitulo videlicet Urbani [1], quod sic incipit: Si qui a simoniacis etc. requiratur. Nunc autem de illis quæritur, qui non pro ordinatione pecunias offerunt, sed pro electione, vel ut decretum electionis fiat, vel ut subscriptione firmetur, vel ut electioni non resistatur, aliquibus præmia largiuntur, an eorum electio vitiosa sit judicanda? Non enim videntur Spiritus sancti donum emere qui non pro consecratione, sed pro electione munera largiuntur, quum nullius spiritualis gratiæ aliquos faciat electio participes. Sed sicut ecclesiasticarum rerum emtores simoniaci judicantur, quia ecclesiasticis officiis ita adjunctæ sunt, ut alterum sine altero alicui non proveniat, ita, quia per electionem venitur ad consecrationem, perinde simoniacus habetur, qui pro electione præmia largitur, ac si pro consecratione munera dedisset.

Unde Symmachus *scribit Cæsario Episcopo,*
*epist. I. c. 5.* [2] :

**C. I.** *De iis, qui muneribus ordinationem faciunt.*

Si quis autem episcopatum desiderat, data pecunia potentes personas minime suffragatrices adhibeat [3], nec ad decretum sibi faciendum clericos, vel cives ad subscribendum [4] adhibita cujuslibet generis timore compellat, vel præmiis quibuslibet [5] exhortetur.

**C. II.** *Simoniacus est, qui ut eligatur præmia largitur.*

Item Gregorius *Salonæ-consistentibus, lib. V. epist. 26.* [6]

Ego autem et vestræ dilectioni providens, et meæ animæ omnipotentis Dei judicium pertimescens, ejusdem Maximi causam [7] subtiliter exquiri desidero, si nullis [8] criminibus pressus, quæ sacro ordini contradicunt, si non per simoniacam hæresim, id est præmia quibusdam se eligentibus præbendo, ad sacerdotale pertingere officium conatur. Tunc enim liber pro vobis [9] apud Dominum intercessor erit, si non obligatus de suis ad locum intercessionis venerit.

**C. III.** *Sicut ordinatio, sic electio vel consensus sine venalitate debet præferri.*

Item Gregorius *Syagrio Episcopo Augustodunensi et aliis Episcopis, lib. VII. epist. 110* [10].

Sicut is, qui invitatus renuit, quæsitus refugit, sacris est altaribus admovendus, sic qui ultro ambit vel importune se ingerit est proculdubio repellendus. Nam qui sic nititur ad altiora conscendere, quid [11] agit, nisi ut crescendo decrescat, et ascendendo exterius interius ad profunda [12] descendat? Itaque, fratres [13] carissimi, in sacerdotibus ordinandis sinceritas vigeat; sit simplex sine [14] venalitate consensus; pura præferatur electio, ut ad summa a [15]

### NOTATIONES CORRECTORUM.

QUÆST. VI. C. III. [a] *Summa:* In vulgatis codicibus legebatur: *ad summum sacerdotii vel pontificii.* Emendatus vero est hic locus ex originali, Anselmo, Polycarpo, et plerisque vetustis Gratiani exemplaribus.

---

QUÆST. V. C. III. [7] Etsi hæc epist. Urbani II esse videri possit, inscriptio tamen mendo laborat. Adalbero enim, quem Metensi, Tullensi et Virdunensi eccles. intrusit imperator, a Metensibus rejectus est, quo facto Popponem sibi canonice elegerunt, quem Gebehardus Constant. A. S. L., consecravit (ut testatur in Chronico Bertholdus ad A. 1093), vel Hugo Lugd. archiep., (ut refert Hugo Flaviniacensis). [8] *et invitum:* Edd. coll. o. pr. Bas. [9] add. : *discretio:* Ed. Bas. [10] *patiatur:* ib.
QUÆST. VI. C. I. [1] *supra q. 1, c. 108.* [2] scr. A. 502. Ans. l, 6, c. 69 (74). Polyc. l. 2, t. 1. [3] add. : *sibi:* Edd. coll. o. [4] *subscribere:* Coll. Hisp. — Ans. [5] *aliquibus:* ib. = C. II. [6] Ep. 26, (scr. A. 596), l. 6: Ed. Maur. Polyc. l. 2, t. 3. [7] *causas:* orig. — Edd. coll. o. [8] *in illis:* Ed. Bas. [9] *nobis:* ib. = C. III. [10] Ep. 106, (scr. A. 599), l. 9. Ed. Maur. — Ans. l. 6, c. 79 (77). Polyc. l. 2, t. 1. [11] add. : *aliud:* Edd. coll. o. [12] *in profundum:* Edd. Bas. Lugdd. — *in profundo* · Edd. rel. [13] *frater carissime:* Edd coll. o. [14] *et sine:* exd. [15] *summum:* orig. — Ed. Bas. — *summum* · Edd. rel.

sacerdotii non suffragio venditorum provectus, sed Dei credatur esse judicio.

Gratian. *Si autem pecunia promissa fuerit vel soluta, electo vel ordinato penitus ignorante, nec eo modo ad electionem vel ordinationem pervenerit, ei nullatenus obesse videtur, nec ad reatum criminis pertinet cujus conscientiam non habuit, nec ad electionis vel ordinationis cassationem, ad quam alias non per pravam illorum cupiditatem pervenisse docetur.*

## QUÆSTIO VII.
### GRATIANUS.

I. Pars. *Nunc autem de septima quæstione tractandum est, an renuncians suæ hæresi sit recipiendus in episcopali dignitate?*

*De his ita scribit* Cyprianus, *lib. II. epist. 1.* [1]:

C. I. *Qui redeuntes ab hæresi in suis ordinibus recipiantur.*

Si qui presbyteri aut diaconi, qui vel in ecclesia catholica prius ordinati fuerint, et postmodum perfidi ac rebelles contra ecclesiam steterint [2], vel apud hæreticos a pseudoepiscopis et antichristis contra Christi dispositionem profana ordinatione promoti sint, et contra altare unum atque divinum [3] sacrificia foris falsa ac sacrilega offerre conati sint, eos quoque hac conditione suscipi convenit a, quum revertuntur, ut communicent laici [4], et satis habeant, quod admittuntur ad pacem, qui hostes pacis exstiterint [5]; nec debere eos revertentes ea apud nos ordinationis et honoris arma retinere, quibus contra nos rebellaverint.

C. II. *De iis, qui pro muneribus ordinationem faciunt, et qui redeuntes ab hæresi in suis ordinibus reciviuntur.*

Item ex Synodo VII.

Si [a] quis [b] omnem traditionem ecclesiasticam scriptam vel non scriptam violat, anathema sit.

§. 1. Omnis [7] episcopus [c], vel presbyter, aut diaconus, convictus quod pro muneribus ordinationem dederit vel acceperit, a sacerdotio cadat. §. 2. Sed dicunt 'fortasse' quidam, quia pœnitentiam agimus pro peccato, et Deus indulget illud; ita et ego dico, quia omnem pœnitentiam recipit Deus, et indulget per pœnitentiam peccata, quæ jam facta sunt. Novi enim, quod David fornicatorem et homicidam per pœnitentiam receperit Deus, et quod dixerit de [8] eo: *Inveni virum secundum cor meum, 'qui faciet omnes voluntates meas'*. Novi rursus eumdem audientem a Deo [9]: *Non ædificabis mihi domum, quia vir sanguinum es.* Scio Manassem [10] per confessionem dimissam impietatem suam. Scio meretrices [11] et telonarios per pœnitentiam receptos, nullum tamen eorum, qui ante baptismum [d] peccavit, sacerdotibus connumeratum. Scio quosdam, dum essent in mundo, in multa fornicatione mansisse, monachos vero factos quasi luminaria mundi resplenduisse; nullum tamen ad sacerdotium ascendisse. Quod, etsi raro [e] contigit, nulla tamen lex ecclesiæ fuit. Novimus peccatricem prius [12] Mariam; post conversionem, quamvis sancta et casta, tamen inter diaconissas non est computata. Sed quid hoc † dico? Sequens sanctos apostolos et venerabiles Patres cum omni fiducia clamo [13]: Qui per simoniam ordinatus est, sive episcopus, sive presbyter, sive diaconus, alienus est a sacerdotio, neque enim venalis est gratia Spiritus sancti; Caiphæ [14] traditio et adinventio Simonis [15] a sancto sacerdotio est aliena.

§. 3. Et [16] si in fornicationem lapsus est aliquis post baptismum, in sacerdotio non recipitur; canones enim hoc prohibent. Si quis vero cum hoc peccato ad sacerdotium provectus est, cognitus degradetur.

*Item paulo post:* § 4. Episcopum, qui per pecuniam ordinatus est, confiteor, quia per pœnitentiam reci-

---

### NOTATIONES CORRECTORUM.

Quæst. VII. C. 1. a *Convenit*: In originali non est verbum istud, sed loco ipsius hæc huic capiti antecedunt: *Addimus plane et adjungimus, frater carissime, consensu et autoritate communi, ut etiam si qui presbyteri*, etc. Multa vero in hoc capite ex ipso B. Cypriano sunt emendata.

C. II. b *Si quis*: Caput hoc ex magna parte collectum est ex variis locis VII. synodi, sed non ex versione Anastasii Bibliothecarii, qua alioqui sæpe uti solet Gratianus. Initium quidem est in actione 1., anathematismo 7.

c *Omnis episcopus*: Hinc usque ad vers.: *Tarasius patriarcha*, sumpta sunt ex epistola Tarasii ad Joannem presbyterum, (omissis tamen interdum nonnullis verbis), quæ quidem epistola in versione Anastasii est post actiones et canones VII. synodi; sed in nova versione impressa in tomis conciliorum est ante ipsam synodum.

d *Ante baptismum*: Hoc quidem loco perspicuum erratum est, quod auctori glossæ negotium exhibuit: Οὐδένα δὲ τούτων εἰς ἱερωσύνην ἀριθμηθέντα, εἰ μήπω πρὸ τοῦ βαπτίσματος τοῦτο πέπραχται; id est: *neminem vero horum in sacerdotio adnumeratum, nisi si forte ante baptismum hoc admisit.*

e *Etsi raro*: Longe plenius in nova versione: *Quod si autem id semel atque iterum factum est, non*

---

Quæst. VII. C. I. [1] scr. A. 256. — Ans. l. 8, c. 39. [2] *exstiterint*: Ans. — Edd. coll. o. [3] *atque individuum*: Codd. Cypriani. — *atque divinum verbum*: Edd. coll. o. [4] *laicis*: exd. [5] *exstiterunt*, et in fine: *rebellaverunt*: exd. = C. II. [6] hæc sunt verba Basilii in prima actione, conc. Nic. II. hab. A. 787. — Ivo Decr. p. 4, c. 198. Deusd. p. 2. [7] ex epistola Tarasii ad Joannem presb. et anachoretam. scr. A. eod. — Ans. l. 6, c. 87. Ivo Decr. p. 5, c. 124, magis ad Anastasii interpretis verba accedunt. [8] Act. c. 13, v. 22. [9] 1 Paral. c. 22, v. 8. [10] 2 Paral. c. 33. [11] Matth. c. 21. [12] *primum*: Ed. Bas. † *hic*: Ed. Bas. [13] c. 28. Apost. [14] Joan. c. 11. [15] Act. c. 8. [16] can. 16, et 24. Apost. [17] c. 9, conc. Neocæs. cf. C. 15, q. 8, c. 1.

pitur [18]. Deus enim bonus est in omnibus, et aperta viscera ejus omni homini [19] pœnitenti. Sed quoniam juxta Apostolum [20] oportet episcopum irreprehensibilem esse, quicunque per pecuniam vel ordinaverit aliquem vel ordinatus est, ab omni sacerdotio alienus sit. § 5. Tarasius f patriarcha [21] dixit: Quicunque per pecuniam g vel ordinant, vel ordinaverunt ††, vel ordinati sunt episcopi, vel presbyteri, vel diaconi, vel quilibet de numero sacerdotali [22] repellantur omnino a sacerdotali [23] honore, sicut Simon magus a Petro. Quicunque per pecuniam h [24], dispensationem vel curam sortiti sunt monasteriorum vel ecclesiarum, vel religiosarum domorum, gerontocomiorum [25], xenodochiorum, orphanotrophiorum, cum depositione expellantur a dispensatione illa et cura. Qui [26] post baptismum cadens in fornicationem ordinatus est, si postmodum confessus fuerit, cesset a ministerio; si vero convictus ab aliquo, deponatur omnino. § 6. Similiter [27] percussor episcopus, aut presbyter, aut diaconus per se vel per aliquem alium, quasi per hoc timeri volens, deponatur. Item [28]: § 7. Qui per sæculares potestates ordinatus fuerit aut ecclesiam obtinuerit, deponatur; si vero religiosam h domum, expellatur.

**C. III. De eodem. PALEA.**
[Item ex Concilio Meldensi, c. 43] [29].

« Cavendum est et summopere studendum, ac per virtutem Christi sanguinis interdicendum 'et' episcopis et regibus, et omnibus sublimioribus potestatibus, atque cunctis fautoribus et electoribus quorumcunque 'atque' consensoribus, seu ordinatoribus in gradu ecclesiastico, ut nemo per simoniacam hæresim 'regiminis' locum obtineat quacunque factione [30], calliditate, promissione, seu commoditate aut datione per se aut per submissam [31] personam. »

**C. IV.** *Qui redeuntes ab hæreticis recipi possunt vel non.*
*Item in eadem Synodo VII, actione* 1 [32].

II. Pars. Convenientibus apud Nicæam Bithyniæ, et considentibus Petro archipresbytero [33], et Petro presbytero et abbate monasterii sancti Sabæ, locum tenentibus Hadriani Papæ, et Tarasio archiepiscopo Constantinopolis, et Joanne et Thoma apocrisiariis apostolicarum sedium orientalium, et ceteris episcopis, episcopi Siciliæ dixerunt: Dignum est k, ut de futuris inquiramus. § 1. Item Basilius episcopus Ancyræ dixit: Constitutio l ecclesiastica habet canonice tradita ab antiquo a sanctis apostolis et successoribus eorum, sanctis Patribus nostris [34] et magistris, et sanctis universalibus sex synodis, et localibus synodis orthodoxis, ut qui ab aliqua hæresi revertuntur ad orthodoxam fidem et traditionem catholicæ ecclesiæ, scripto negare debeant hæresim suam et confiteri catholicam fidem. § 2. Item Tarasius patriarcha dixit: Videtur vobis, ut sedes suas recipiant qui ab hæresi revertuntur? § 3. Religiosissimi monachi dixerunt: Sicut receperunt universales sex synodi ab hæresi revertentes, ita et nos recipimus [35]. § 4. Sancta synodus dixit: Placet omnibus nobis. Et jussi sunt Basilius episcopus Ancyræ, et Theodorus episcopus Myrorum [36] civitatis, et Theodosius episcopus 'Amorii' sedere in gradibus et in sedibus suis. § 5. Item Constantinus m episcopus Cypri dixit: Non oportet nos, qui episcopi sumus, indigere doctrina, sed aliorum esse doctores. § 6. Item Tarasius episcopus dixit: Malo-

**NOTATIONES CORRECTORUM.**

*tamen confestim legem in ecclesia præscribit.* Græce est: Εἰ δὲ καὶ σπανίως γέγονε, οὐ νόμος ἐκκλησίας τοῦτο.
f *Tarasius*: Hæc videntur sumta ex epistola Tarasii ad Hadrianum (de qua dictum est supr. q. 1. ad c. *Eos, qui*) aut ex 5. capite VII. synodi, quibus locis refertur canon 30 Apostolorum.
g *Quicunque per pecuniam*: Hæc habentur etiam novella 123, c. 2, apud Julianum antecessorem.
h *Si vero religiosam*: Hæc non sunt in canone Apost.
C. IV. i Hoc etiam caput collectum est ex variis locis 1. actionis ejusdem VII. synodi, omninoque operæ pretium est integram illam actionem perlegere; nonnulla tamen notabuntur.
k *Dignum est*: Locus hic est post recitationem nominum episcoporum, qui convenerant; sed valde concise refertur, quod in aliis etiam locis hujus capitis evenit.
l *Constitutio*: Verba, quæ proxime huic parti antecedunt, sunt hæc: Ἀπὸ λιβέλλου ἀνέγνω οὕτως: id est, ut interpretatur Anastasius: *ex libello legit ita.* Non enim sententiam dicit nunc Basilius, sed abjurat hæresim, in quam cum aliis lapsus fuerat, quam abjurationem una cum professione catholicæ fidei oportuit ipsum ex libello, quod nunc etiam in more positum est, recitare. Libellus vero hic incipit: *Constitutio*, etc.
m *Constantinus*: Post receptionem Basilii, Theodori et Theodosii, accesserunt alii episcopi, qui in eandem hæresim lapsi, admitti se a sancta synodo eodem modo postulabant, et quum unus ipsorum excusationis gratia dixisset se a malis magistris seductum fuisse, Constantinus episcopus Constantiæ, quæ in Cypro est, hoc ei exprobravit. Exprobratio græce sic habet: Ἔδει ὑμᾶς ἐπισκόπους ὄντας μὴ διδασκαλίας δεῖσθαι, ἀλλὰ διδασκάλους εἶναι ἑτέρων; quæ sic Anastasius vertit: *Oportebat vos, quum essetis episcopi, discendi nullam necessitatem habere, sed magistros esse potius aliorum.*

rum [n] doctorum mala est doctrina. Ecclesia de malis doctoribus sacerdotes non recepit. § 7. Item Joannes [o] apocrisiarius orientalium sedium dixit: Hæresis separat omnem hominem ab Ecclesia. § 8. Item Tarasius episcopus dixit: Ecce multi canonici libri, et synodici, et paterni lecti sunt, et ab hæresi revertentes docuerunt nos recipere, si aliqua alia causa [p] non est in eis. § 9. Item Petrus [q] apocrisiarius Papæ dixit: Romæ exsulatus est Macarius hæreticus a sancta sexta synodo, et quadraginta dierum inducias dedit illi pater noster Benedictus Papa, et quotidie mittebat ad eum Bonifacium consiliarium suum, et instruebat eum commonitoriis verbis ex divina scriptura, et nullatenus voluit emendari. Hoc autem faciebat [37], ut cum reciperet in ordine suo. § 10. Item Tarasius episcopus [38] dixit: Quid dicitis de Anatolio? Nonne etiam in quarta synodo factus est princeps? et ecce ab ipso Dioscoro ordinatus est. Et nos igitur ita [39] recipiamus eos, qui ab hæreticis ordinati sunt, sicut et Anatolius receptus est. § 11. *Item*: Vere vox Dei est [40], quoniam non moriuntur filii pro patribus, sed unusquisque in peccato suo morietur [41]; 'addatur', quoniam ex Deo est ordinatio. § 12. Item Tarasius patriarcha dixit: Audivimus paterna mandata. Quid igitur? oportet recipere ab hæreticis ordinatos? § 13. Sancta synodus dixit: Audivimus, domine, et oportet nos recipere. § 14. Tarasius patriarcha dixit: Plures eorum, qui in sexta synodo convenerunt, a Sergio, Pyrrho, Paulo et Petro ordinati sunt, qui fuerunt principes hæreseos Monothelitarum [42], quoniam isti continuatim in Constantinopolitana sede sederunt, et ab ultimo eorum, Petro scilicet, usque ad sextam [r] synodum non fuerunt plures quam duodecim anni. Thomas vero, et Joannes, et Constantinus ab hæreticis illis archiepiscopi facti sunt, et tamen propter hoc non sunt reprobati. § 15. Sancta synodus dixit: Hoc manifestum est. § 16. Constantinus episcopus Cypri dixit: Sufficienter ostensum est, quod ab hæreticis venientes recipiendi sunt. Si vero quis sponte ad hæreticum vadit et accipit ordinationem, non recipiatur. § 17. Item Tarasius patriarcha dixit: Et ego refuto eos, qui ob hujusmodi causam ad fidei subversionem ordinati sunt, et maxime, quum præsentes essent orthodoxi episcopi, a quibus poterant ordinari. Sic est [43]. 'enim' paternus intellectus. Si vero synodalis [s] consonantia fuerit, et unitas ecclesiarum de orthodoxis, qui præsumserint ab immundis hæreticis ordinari, depositioni subjaceant. Sancta synodus dixit: Hoc est justum judicium.

III. Pars. Gratian. *Ex hac auctoritate datur intelligi, quod qui ab unitate catholicæ fidei in hæreticorum societatem transierit, ut de manibus eorum ecclesiasticæ dignitatis sacramenta percipiat, vel qui contemtis orthodoxis ab hæreticis ordinari desideraverit, etsi postea suæ abrenuncians hæresi ad ecclesiam redierit, officio tamen accepto fungi non poterit. Auctoritate vero Cypriani* [44] *prohibentur ab administratione ecclesiastica, qui intra catholicam ecclesiam ordinati ad fidei impugnationem dilabuntur. Porro simoniaci nec ab hæreticis ordinantur ad fidei subversionem, nec intra ecclesiam catholicam ordinati adversus fidem armantur. Quamvis enim nonnullos per pecuniam ordinent, non tamen fidem impugnant, nec gratiam Spiritus sancti venalem prædicant. Unde veraci pœnitentia quum hæresim suam detestati fuerint, præmissis auctoritatibus non prohibentur recipi in suis gradibus. Verumtamen capitulo illo Nicænæ synodi* [45]: Si quis per pecuniam etc. *et illo alio se-*

## NOTATIONES CORRECTORUM.

[n] *Malorum*: Quum Hypatius et alii episcopi, qui a sancta synodo admitti petebant, dixissent, a malis magistris malas se doctrinas accepisse, respondens eis Tarasius patriarcha inquit: Ἐπειδήπερ εἴπατε, κακῶν διδασκάλων κακὰ τὰ μαθήματα, ἡ ἐκκλησία ἐκ κακῶν διδασκάλων ἱερεῖς δέχεσθαι οὐ προστίεται. Id est: *Quandoquidem dixistis, malorum doctorum malæ disciplinæ, ecclesia, ut ex malis doctoribus sacerdotes admittat, non facile adducitur.* Ex quo apparet Tarasium non contradicere Constantino, ut auctor glossæ putavit.

[o] *Item Joannes*: Post recitata verba Tarasii, quum in synodo dubitaretur, an etiam hi, sicuti tres priores recepti erant, statim essent recipiendi, Joannes apocrisiarus patriarchæ Antiochiæ, et Constantinus episcopus Constantiæ Cypri petierunt, ut canones et sanctorum Patrum libri eo spectantes legerentur, ut maturius posset constitui quomodo redeuntes ab hæresi ad ecclesiam catholicam essent recipiendi, et quum de 8, canone 1. Nicænæ synodi (in quo de catharis recipiendis agitur) dissereretur, Joannes hæc est interlocutus.

[p] *Si aliqua alia causa*: Græce est: Καὶ ἐάν τις αἰτία πονηρὰ οὐκ ἔστιν ἐν αὐτοῖς; quæ Anastasius vertit: *nisi forte in eis maligna fuerit noxa reperta*; et paulo post: *si non est in illis aliqua causa nefaria.*

[q] *Petrus*: Post multos canones lectos et multas sanctorum Patrum auctoritates recitatas, quum Tarasius ex illis collegisset, ab hæresi revertentes esse recipiendos in catholica ecclesia, Petrus legatus Hadriani Papæ exemplo Benedicti Papæ id confirmat.

[r] *Usque ad sextam*: Græce est: Ἕως τῆς ἕκτης συνόδου ἔτη πλέον οὐ διῆλθον ἢ δεκαπέντε; id est: *usque ad sextam synodum non intercesserunt anni plures quam quindecim.*

[s] *Si vero synodalis*: Græce legitur: Ἐὰν δὲ συνοδικὴ ἐκφώνησις γένηται καὶ ὁμόνοια τῶν ἐκκλησιῶν ἐπ' ὀρθοδοξίᾳ, ὁ τολμῶν ἀπὸ τῶν βεβήλων αἱρετικῶν χειροτονεῖσθαι τῇ καθαιρέσει ὑποπεσεῖται; quæ Anastasius vertit: *Si autem synodica promulgatio et concordia ecclesiarum causa orthodoxiæ facta fuerit, qui præsumserit a profanis hæreticis ordinari, depositioni succumbet.*

QUÆST. VII. C. IV. [37] *fiebat*: Ed. Bas. [38] *patriarcha*: Edd. coll. o. [39] abest ab Ed. Bas. [40] Ezech. c. 18. [41] *moritur*: Edd. Arg. Bas. [42] *Monozelitarum*: Edd. Arg. Ven. I. Nor. — *Monoscelitarum*: Edd. rel. [43] *et*: Ed. Bas. [44] supra c. 1. [45] supra q. 1, c. 9, et ead. q. 7, c. 2.

ptimæ synodi. Si quis omnem traditionem etc. et Innocentii⁴⁶, et aliorum multorum auctoritatibus irreparabiliter damnari jubentur.

Hinc etiam Leo IV. *Episcopis Britanniæ*⁺ ⁴⁷ :

**C. V.** *In ordine male accepto simoniaci pœnitentiam agere non possunt.*

Requiritis de iis, qui turpissimo lucro columbas in templo Domini vendere non pertimescunt, et sua facta⁴⁸ improba temeritate Simonis hæresi conjungunt, utrum possint in ordine pœnitentiam agere, an tantummodo extra ordinem et sacerdotalem fieri⁴⁹ gradum? Quod⁵⁰ nos quidem convictis et iis, qui tam detestabile nefas (quod jam multis est damnatum conciliis) peregisse noscuntur, nulla possumus pœnitentia subvenire, et tot spiritualibus Patribus obviare, sed in illorum Patrum me sententia convenire omnibus certum sit.

**IV. Pars.** Gratian. *Nisi rigor disciplinæ quandoque relaxetur ex dispensatione misericordiæ. Multorum enim crimina sunt damnabilia, quæ tamen ecclesia tolerat pro tempore, pro persona, intuitu pietatis, vel necessitatis, sive utilitatis, et pro eventu rei. Pro tempore: sicut* Gelasius, *qui, quum necessitate temporis videret Italicam ecclesiam propter belli famisque incursionem fere omnium clericorum officio destitutam, adeo ut plerisque populis subsidia regendarum deessent animarum, concessit de monachis vel de laicis clericos assumi, ita dicens Episcopis per Lucaniam, epist. I, c.* 1⁵¹.

**C. VI.** *Pro temporum necessitate apostolicæ sedis decreta temperantur.*

Necessaria rerum dispensatione⁵² constringimur, et apostolicæ sedis moderamine convenimur sic canonum paternorum decreta librare, et retro Præsulum decessorumque⁵³ nostrorum præcepta metiri, ut quæ præsentium necessitas temporum in⁵⁴ restaurandis ecclesiis relaxanda deposcit, 'adhibita' diligenti consideratione (quantum potest fieri) temperemus.

Gratian. *Item:* Priscis igitur, etc. [*Require suprà in tractatu ordinandorum*]. *Item* Innocentius Papa quum pro necessitate temporis, ne nimium scandalum esset in ecclesia ordinatos a Bonoso hæretico susciperet, ait in decretis suis. epist. *XXII, ad Episcopos Macedoniæ, c.* 5, †:

**C. VII.** *Cessante necessitate, debet cessare, quod urgebat.*

Quod pro remedio ac necessitate temporis statutum est constat primitus non fuisse. *Et infra:* Quod ergo necessitas pro remedio reperit, cessante necessitate debet utique cessare pariter quod urgebat, quia aliud ᵘ est ordo legitimus, aliud, quod usurpatio ad præsens fieri tempus impellit.

Gratian. *Similiter ex dispensatione etiam in* Nicæno Concilio, *c.* 8. ⁵⁵ *de Novatianis statutum est, ut ad ecclesiam redeuntes ordinentur:*

**C. VIII.** *Iterum ordinentur, qui ex Novatianis ad ecclesiam redierint.*

Si qui voluerint venire ad ecclesiam catholicam ˙ et ⁵⁶ apostolicam ˙ ex Novatianis, placuit sancto concilio, ut ordinentur ᵛ et sic maneant in clero. Ante omnia autem hanc ab eis confessionem per scripturam exigi oportet, ut fateantur se communi consensu ecclesiæ catholicæ ˙ et ⁵⁷ apostolicæ ˙ statuta observaturos.

**C. IX.** *Juramentum a schismate redeuntium.*

*Item* Gregorius, *lib. X, Reg. ep.* 31 ⁵⁸.

Quoties cordis oculus nube erroris obductus supernæ illustrationis lumine fit serenus, magna cautela nitendum est, ne latenter auctor schismatis irruat, et ab unitatis radice eos, qui ad eam reversi fuerant⁵⁹, telo iterum erroris abscindat. Et ideo postquam ego⁶⁰ ille ᵛᵛ ⁶¹ civitatis illius episcopus, comperto divisionis laqueo, quo tenebar, diutina mecum cogitatione⁶² pertractans, prona et spontanea voluntate ad unitatem sedis apostolicæ divina gratia duce reversus sum, et ne non pura mente, sed simulata ⁶³ reversus existimer, spondeo sub

### NOTATIONES CORRECTORUM.

**C. V.** ᵗ *Epistolæ* hujus Leonis IV ad episcopos Britanniæ magna pars (in qua etiam est hoc caput) habetur in codice pervetusto.

**C. VII.** ᵘ *Quia aliud:* In originali, et apud Ivonem, et in multis manuscriptis Gratiani legitur : *alius est ordo legitimus, alia usurpatio, quam ad præsens fieri tempus impellit.*

**C. VIII.** ᵛ *Ut ordinentur:* Græce est : Ὥστε χειροθετουμένους αὐτοὺς μένειν οὕτως ἐν τῷ κλήρῳ, quod Dionysius vertit : *ut impositionem manus accipientes sic in clero permaneant.* At Tarasius patriarcha Constantinopolitanus in actione 1, synodi VII, post recitationem istius canonis istam vocem: Χειροθεσία, interpretatur : *benedictionem,* non *ordinationem.*

**C. IX.** ʷ *Ego ille:* Reposita est antiqua nota : *ille,* quæ codicibus epistolarum B. Gregorii impressis ac manuscriptis, quæ quidem nota in hoc capite multoties repetitur. Pro ea in vulgatis Gratiani exemplaribus erat *N.* Aliqua vero alia, quæ parum ab originali discrepabant, nihil causæ visum est cur mutarentur.

---

Quæst. VII. C. IV. ⁴⁶ supra q. 1, c. 73.= C. V. ⁴⁷ scr. A. 850. — Ivo Decr. p. 5, c. 115. ⁴⁸ *acta :* orig. — Ivo. — Edd. coll. o. ⁴⁹ abest ab Ed. Bas. ⁵⁰ *Quibus nos :* orig. — Ivo. — Edd. coll. o. pr. Bas. = C. VI. ⁵¹ scr. A. 494. — Ans. l. 1, c. 75. Ivo Decr. p. 5, c. 441. Polyc. l. 7, t. 15. Alger. l. 1, c. 10. ⁵² *dispositione :* Coll. Hisp. — Ans. Ivo Alg.˙ ⁵³ *prædecessorumque :* Bohm. ⁵⁴ deest in Coll. Hisp. = C. VII. † scr. A. 414. — cf. supra q. 1, c. 41. Alger. l. 1, c. 9. = C. VIII. ⁵⁵ hab. A. 325 ⁵⁶ *verba : et ap.* neque apud Isidorum leguntur. Sunt tamen in interpretatione Dionysii. ⁵⁷ conf. not. anteced. = C. IX. ⁵⁸ Videtur hoc juramentum præstitum esse A. 602, per Firminum episc., ad quem exstat ep. 35, c. 12. Ed. Mans. — Ans. l. 6, c. 161 (158). Polyc. c. 7, l. 6. ⁵⁹ *fuerint.* Edd. Bas. Lugdd. II, III. ⁶⁰ et hic et infra pro verbo : *ille* a Corr. ex orig. restituto legitur *N.* ⁶¹ *talis :* Ed. Bas. ⁶² *deliberatione :* Edd. coll. o. ⁶³ *simulate :* orig. — Ans. — Edd. coll. o. pr. Par. Lugdd.

ordinis mei casu et anathematis obligatione, atque promitto tibi et per te sancto Petro, apostolorum principi, atque ejus vicario beatissimo Gregorio vel successoribus ipsius, me nunquam quorumlibet suasionibus vel quocunque alio modo ad schisma de quo redemtoris nostri misericordia [64] liberante ereptus sum, reversurum; sed semper me in unitate sanctæ ecclesiæ catholicæ et communione Romani Pontificis per omnia permansurum [65]. Unde jurans [66] dico per Deum omnipotentem, et hæc sancta quatuor evangelia, quæ in manibus meis teneo, et salutem [67] dominorum nostrorum rempublicam gubernantium, me in unitate, sicut dixi, ecclesiæ ' catholicæ ' et [68] communione Romani Pontificis semper et sine dubio permanere. Quod si (quod absit) aliqua excusatione vel argumento ab hac me unitate divisero, perjurii reatum incurrens æternæ pœnæ obligatus inveniar, et cum auctore schismatis habeam in futuro sæculo portionem. Hanc autem professionis [69] promissionisque meæ chartulam notario illi [70] cum consensu presbyterorum et diaconorum atque clericorum, qui me in hac unitate obligantes in [71] suprascriptis omnibus prona simul [72] voluntate secuti atque propriis manibus subscripturi [73] sunt, scribendam dictavi, et propria manu subscribens tibi tradidi. Acta in loco illo, die illo, et consulibus suprascriptis. Subscriptio [74] episcopi illius. Ego ille, episcopus civitatis illius, huic confessioni promissionique meæ præstito de conservandis suprascriptis omnibus sacramento subscripsi.

Cratian. *Ceterum ex canonum rigore contra scribit Felix Papa III, omnibus Episcopis, epist. I, c. 5* [75]:

**C. X.** *Qui extra ecclesiam baptizati fuerint vel rebaptizati, ad ecclesiasticam militiam non admittantur.*

Qui in qualibet ætate alibi quam in ecclesia catholica aut baptizati, aut rebaptizati sunt, ad ecclesiasticam militiam prorsus non [76] permittantur accedere. Quibus satis esse debet, quod in catholicorum numero sunt recepti. Quoniam de suo ordine et communione videbitur ferre judicium quisquis hoc violaverit institutum [77], vel qui non removerit eum, quem ex [78] ejus cœtu ad ministerium clericale obrepsisse cognoverit.

Gratian. *Pro persona : sicut B. Gregorius scribens Januario Episcopo, lib. VII. Indict. 2, epist. 1, ait* [79] :

**C. XI.** *Rigor canonum pro persona aliquando relaxatur.*

Tanta nequitia ad aures meas de tua senectute pervenit, ut eam, nisi adhuc humanitus pensaremus, fixa jam maledictione feriremus. *Et infra:* § 1. Et quidem pœnæ [80] sententia in te fuerat jaculanda; sed quia simplicitatem tuam cum senectute novimus [81], interim tacemus.

Gratian. *Pietatis intuitu : sicut de illiteratis et corpore vitiatis* Gelasius *ait episcopis per Lucaniam, epist. l, c. 18* [82]:

**C. XII.** *Canonum decreta pietatis intuitu nonnunquam relaxantur.*

Si [83] qui vel temeritate propria vel incuria præsidentium tales ' ante ' suscepti sunt, ' in his, in quibus constituti sunt, locis eatenus perseverent, ut ' nihil unquam promotionis [84] accipiant [85], satisque habeant, hoc ' ipsum ' sibi pro nimia miseratione concessum [86].

Gratian. *Necessitatis intuitu : sicut* Hilarius *Papa, qui, quum de quodam episcopo præter notitiam atque consensum metropolitani ordinato loqueretur, ne in utroque grave scandalum fieret, ait in epistola sua ad Ascanium et universos Episcopos Tarraconensis provinciæ* [87] :

**C. XIII.** *Necessitatis causa quædam in ecclesia tolerantur.*

Quoniam quicquid ab alterutra parte est indicatum [88] omni [89] videmus perversitate confusum, temporum necessitate perspecta hac ratione decernimus ad veniam pertinere quod gestum est, ut nullus x deinceps præter notitiam atque [90] consensum metropolitani ordinetur antistes.

**C. XIV.** *De eodem.*

*Item* Innocentius *Episc. Macedoniæ, ep. XXII, c. 6* [91].

Quoties a populis aut a turba peccatur, quia in omnes propter multitudinem non potest vindicari, inultum solet transire. Priora ergo dimittenda dico Dei judicio, et de reliquo maxima sollicitudine præcavendum [92].

**NOTATIONES CORRECTORUM.**

C. XIII. x *Nullus* : Hoc loco verba Hilarii summatim referuntur.

QUÆST. VII. C. IX. [64] *gratia* : Ans. — Edd. coll. o. [65] *permanere* : Ans. [66] *juratus* : Edd. coll. o. — [67] *salutem gentium atque illustrium dominorum* : Corr. ex Anselmo. — *salutem geniumque illius, atque dominorum* : Aus. recens collatus. — *salutem geniumque illustrium dom.* orig. [68] add. : *ad quam Deo propitio sum reversus* : Edd. coll. o. ex orig. et Ans. [69] *confessionis* : orig. — Ed. Bas. [70] *notariu meo* : orig. — Ans. — Edd. coll. o. [71] *se* (add. : *etiam* : Ed. Bas), *in suprascriptis* : Edd. coll. o. [72] *similiter* : cæd. [73] *subscripti* : Ed. Bas. [74] abest ab Ans. et Edd. coll. o. pr. Arg. Bas., et videtur rubrica esse. = C. X. [75] scr. A. 488. — Ans. l. 7, c. 17. Burch. l. 4, c. 99. Ivo Decr. p. 1, c. 293. [76] *ne unquam* : orig. Coll. citt. [77] *antistitum* : ib. [78] *ex his* : ib. = C. XI. [79] Ep. 1, (scr. A. 599), l. 9. Ed. Maur. — Burch. l. 4, c. 197. Ivo Decr. p. 2, c. 78, et p. 5, c. 312. Alger. l. 1, c. 8. [80] *pene* : Edd. Lugdd. II, III. [81] *cognovimus* : Edd. coll. o. = C. XII. [82] scr. A. 494. — Alger. l. 1, c. 11. [83] *Hi qui* : Edd. Arg. Bas. Nor. [84] *promotionem* Edd. Ven. I. Par Lugdd. [85] *arripiant* : Coll. Hisp. [86] *permissum* : ib. — C. XIII. [87] scr. A. 465. — Alg. l.4, c. 12. = C. XIII. [88] *judicatum* : Edd. coll. o. [89] *omne* : Coll. Hisp. [90] *vel* : Edd. coll. o. = C. XIV. [91] scr. A. 414. — Alger. l. 1, c. 15. [92] *præcavenda* : Edd. coll. o. — Alger.

**C. XV.** *Ex dispensatione quaedam tolerantur, quae canonum rigor condemnat.*

*Item ex epistola* Cyrilli *missa Maximo Diacono Antiocheno* ʸ ⁹³.

Didici a diligendo mihi Paulo monacho, qui recusat pietas tua usque hodie communionem reverendissimi episcopi Joannis amplecti, pro eo, quod quidam in Antiochena ecclesia male adhuc cum Nestorio vel sentiant, vel jam senserint quidem ⁹⁴, sed forsitan resipuerint. Probet igitur tua modestia utrum aliquando 'hi ⁹⁵, qui dicuntur ' colligi, nude ac irreverenter cum Nestorio sentiant et invicem colloquantur; licet aliquando cauteriatam habuerint conscientiam, colligantur autem nunc, acta poenitentia super iis, in quibus subrepti sunt, quamvis confiteri fortassis revereantur excessum. *Et infra*:
§ 1. Ut autem non aestimemur ⁹⁶ amare contentionem, amplectamur episcopi reverendissimi Joannis communionem, indulgentes ei, et causa dispensationis ejus negotium non subtilius vel districtius sive vehementius erga se recognoscat agitari. Dispensationis enim gratia, sicut dixi, eget negotium multum ⁹⁷.

**C. XVI.** *De eodem.*

*Idem* ⁹⁸ *ad Gennadium* ⁹⁹ *Presbyterum et Archimandritam.*

Dispensationes rerum nonnunquam cogunt parum quidem a debito quosdam foras exire, ut majus aliquid lucri faciant. Sicut enim ii, qui mare navigant, tempestate urgente navique periclitante anxiati quaedam exonerant, ut caetera salva permaneant, ita et nos, quum non habemus salvandorum omnium negotiorum ˣ penitus certitudinem, despicimus ex iis quaedam, ne cunctorum patiamur dispendia ᵃ.

Gratian. *Utilitatis intuitu*: *sicut* in Meldensi Concilio, *c.* 64, *perhibetur de filiis virginum vi raptarum et sic ad conjugium raptorum applicatarum* ¹⁰⁰:

### NOTATIONES CORRECTORUM.

**C. XV.** ʸ Haec epistola B. Cyrilli refertur in actione 1, synodi VII. Et quoniam in magni ponderis argumento versatur, ac prudentissime scripta est, multa autem in hac versione corrigenda fuissent, placuit graecam ipsam epistolam cum interpretatione nova asserre. Τοῦ ἁγίου πατρὸς ἡμῶν Κυρίλλου ἀρχιεπισκόπου Ἀλεξανδρείας Μαξίμῳ διακόνῳ Ἀντιοχείας ὑπομνηστικόν. Ἔμαθον παρὰ τοῦ ἀγαπητοῦ μονάζοντος Παύλου, ὅτι παραιτεῖται ἡ σὴ θεοσέβεια μέχρι σήμερον τὴν κοινωνίαν τὴν πρὸς τὸν εὐσεβέστατον Ἰωάννην, διὰ τὸ τινὰς ἐν τῇ Ἀντιοχένῃ ἐκκλησίᾳ ἢ φρονοῦντας ἔτι τὰ τοῦ Νεστορίου, ἢ πεφρονηκότας μέν, ἀποσχομένους δὲ ἴσως εἶναι. Δοκιμασάτω τοίνυν τὸ σὸν ἐπιεικές, πότερον ποτὲ οἱ λεγόμενοι συνάγεσθαι γυμνῶς καὶ ἀναισχύντως τὰ τοῦ Νεστορίου καὶ φρονοῦσιν, καὶ λαλοῦσιν ἑτέροις, ἢ κεκαυτηριασμένην μὲν ἐσχήκασι ποτὲ τὴν συνείδησιν, συνάγονται δὲ νῦν μεταμεληθέντες ἐφ' οἷς συνηρπάγησαν, αἰσχυνόμενοι δὲ ἴσως ὁμολογεῖν τὸ πταῖσμα. Συμβαίνει γάρ τινα τοιαῦτα περὶ τοὺς ἀπατηθέντας γίνεσθαι. Κἂν εἴδης συντρέχοντας νῦν τῇ ὀρθῇ πίστει, ἀμνηστικάκως περὶ τῶν παρελθόντων. Βουλόμεθα γὰρ μᾶλλον ἀρνουμένους αὐτοὺς ὁρᾶν, ἢ ἀναισχύντῳ γνώμῃ συνηρρωμένους ταῖς Νεστορίου κακίαις. Ἵνα δὲ μὴ δοκῶμεν τιμᾶν τὸ φιλόνεικον, ἀσπαζόμεθα τὴν τὴν πρὸς τὸν εὐλαβέστατον ἐπίσκοπον Ἰωάννην κοινωνίαν, συγχωροῦντες αὐτῷ, καὶ οἰκονομίας ἕνεκα μὴ ἀκριβολογούμενοι σφόδρα περὶ τοὺς μεταγινώσκοντας. Οἰκονομίας γάρ, ὡς ἔφην, δεῖται τὸ πρᾶγμα πολλῆς. — *Sancti patris nostri Cyrilli archiepiscopi Alexandrini ad Maximum diaconum Antiochenum admonitio: Cognovi ex dilecto monacho Paulo pietatem tuam usque ad hunc diem recusare communionem religiosissimi episcopi Joannis, eo quod aliqui sunt in ecclesia Antiochena qui vel adhuc cum Nestorio sentiunt, vel senserunt quidem, nunc autem ab eo fortasse abstinent. Perpendat igitur aequitas tua, utrum tandem qui dicuntur convenire palam atque impudenter Nestoriana et sentiant, et cum aliis etiam loquantur, an aliquandoquidem cauteriatam habuerint conscientiam, nunc autem ideo conveniant, quod ipsos poenituerit erratorum, quibus simul abrepti fuerant, pudeat autem fortasse lapsum suum fateri. Solet enim fere tale quiddam iis, qui decepti sunt, usu venire. Quod si illos nunc ad rectam fidem conversos videas, malorum praeteritorum memoriam depone. Malumus enim eos videre negantes quam defendentes Nestorii vitia. Ceterum, ne videamur contentionis cupidi religiosissimi Joannis communionem amplectamur, indulgentes ei, atque, ut conveniens in his rebus moderatio teneatur, non nimium diligenter in eos, qui resipiscunt, inquirentes. Res enim, ut dixi, magnae eget moderationis.*

In eandem sententiam scribit Joanni Antiocheno patriarchae, in epistola, quae habetur tomo 5, act. conc. Ephes., nuper Ingolstadii impressi, his verbis: *Optamus autem ut omnes res suas agant, neque turbas ecclesiis per Christi gratiam doctorumque ubilibet agentium prudentiam utcunque jam sedatas denuo excitent, neque vel sibi ipsis, vel aliis negotia facessant. Ceterum si sunt, qui a Nestorio aliquando steterunt, nunc vero ex animo resipiscentes a nugis illis discedere, mutataque voluntate rectam inculpatamque fidem complecti capiunt, eos placide suscipere oportet, nec cuiquam illorum praeteritorum gratia convicium facere, ne qua ratione ansa quibusdam praebeatur, ut cunctantius ad meliora festinent.*

**C. XVI.** ᶻ *Negotiorum*: Graece est: Οὕτω καὶ ἡμεῖς ἐν τοῖς πράγμασιν, ὅταν μὴ ἐξῇ τὸ λίαν ἀκριβὲς περὶ σώζειν, παρορῶμέν τινα; id est: *Sic et nos in negotiis, ubi non licet exquisitissimam illam rationem servare, despicimus quaedam.*

ᵃ *Dispendia*: Omisit hic Gratianus ex hac epistola ea referre, quae ad propositam quaestionem maxime faciunt. Sunt autem haec, quae Ivo etiam recitat: *Et haec scribo cognoscens, quod pietas tua tristetur in sanctissimum et Dei cultorem fratrem et comministrum nostrum Proclum episcopum, eo quod admiserit in communionem Aeliensium hegumenum, quem quidem ecclesiae leges Palaestinae praepositum non noverunt. Et infra*: § 1. *Igitur ne refugiat pietas tua sanctissimi et Dei amicissimi Procli episcopi communionem. Una enim fuit cura mihi et sanctitati ejus, et dispensationis modus nulli sapientium displicuit.* Vocem autem : *hegumenon*, id est, *praepositum*, videtur supplesse Anastasius, ut exprimeret locutionem graecam : Τὸν τῶν Αἰλινσίων, aut fortasse illam in suo codice habuit.

Quaest. VII. C. XV. ⁹² In prima actione septimae synodi hab. A. 787. — Ivo in prologo. Coll. tr. p. p. 2, t. 24, c. 3. ⁹⁴ *quidam*: Edd. Arg. Bas. Par. Lugd. 1. ⁹⁵ *haec neque apud Ivonem leguntur.* ⁹⁶ *existimemus*: Edd. Arg. Bas. ⁹⁷ *inutium*: Ed. Bas. = C. XVI. ⁹⁸ eadem prima actione syn. VII, ex interpr. Anastasii. — Ivo in prologo. Coll. tr. p. ib. ⁹⁹ *Januarium*: Edd. coll. o. = C. XVII. ¹⁰⁰ hab. A. 845. — Alg. l. 1, c. 16.

### C. XVII. *Utilitatis intuitu quædam in ecclesia tolerantur.*

Tali conjugio generati ecclesiasticis ordinibus non applicentur, nisi forte eos aut maxima ecclesiæ utilitas vel necessitas postulet, vel evidens meritorum prærogativa commendet.

Gratian. *Huic Petrus*[101] *concordans ait*: In veritate comperi, quia non est acceptor personarum Deus, etc., § 1. *Pro eventu etiam rei quædam in ecclesia tolerantur, sicut Leo in decretis suis de laicis subito contra decreta canonum ordinatis episcopis ait, ep. LXXXV, al. LXXXVII, c. 1, Episcopis Africæ*[102] :

### C. XVIII. *Laicis, qui contra decreta canonum ad episcopatum promoventur, ex misericordia susceptum officium relinquitur.*

Exigunt causæ [b], ut non solum in tales præsules, sed etiam in ordinatores eorum ultio[103] competens proferatur. Sed circumstant nos hinc mansuetudo[104] clementiæ, hinc censura justitiæ, ut credamus[105] quædam delicta utcunque toleranda, quædam vero penitus amputanda. Illos[106] ergo, quorum provectio hoc tantum reprehensionis incurrit, quod ex laicis ad officium episcopale delecti[107] sunt, locum[108] suum tenere permittimus, non præjudicantes apostolicæ sedis statutis, nec beatorum Patrum regulas solventes, quia remissio peccati non dat licentiam delinquendi, nec quod potuit aliqua ratione concedi fas erit amplius impune committi, ne quod ad tempus [c] pia lenitate concessimus justa post † hæc ultione plectamus.

### C. XIX. *Donatistæ et Novatiani, quamvis reprehensibiliter ordinati, tamen ex necessitate tolerantur.*

Idem *in eadem epist. c. 3*[109].

Maximum quoque ex laico, licet reprehensibiliter ordinatum, tamen si Donatista jam non est et a spiritu schismaticæ pravitatis alienus, ab episcopali, quam quoquo modo adeptus est, non repellamus † *dignitate, ita ut* et ipse libello ad nos directo catholicum se esse manifestet.

### C. XX. *De eodem.*

Idem *ibidem initio c. 3.*

Donatum autem Salicinensem[110] ex Novatiano cum sua (ut comperimus) plebe conversum ita dominico volumus gregi præsidere, ut libellum fidei suæ ad nos meminerit dirigendum, quo et Novatiani dogmatis damnet errorem, et plenissime confiteatur catholicam veritatem. Quæ enim nunc certarum remisimus consideratione causarum, antiquis deinceps custodienda sunt regulis, ne quod ad tempus pia lenitate concessimus justa post hæc ultione plectamus.

### C. XXI. *Redeuntes ad hæresi post publicam professionem in suis ordinibus recipi possunt.*

Idem *Januario Episcopo Aquilegiensi, epist. III*[111].

Saluberrimum enim et spiritualis medicinæ utilitate plenissimum est, ut sive presbyteri, sive diaconi[112] aut cujuslibet ordinis clerici, qui se correctos videri volunt atque ad catholicam fidem, quam *jam* pridem amiserant, rursum reverti ambiunt, prius errores suos et ipsos auctores errorum damnari[113] a se sine ambiguitate fateantur, ut[114] sensibus pravis etiam peremtis nulla sperandi[115] supersit occasio, ne ullum membrum talium possit societate violari, quum per omnia illis professio propria cœperit obviare. Circa quos etiam illam canonum constitutionem præcipimus custodiri, ut in magno habeant beneficio, si ademta sibi omni spe promotionis, in quo inveniuntur ordine stabilitate perpetua maneant, si tamen iterata tinctione[116] non fuerint maculati.

### C. XXII. *Ab hæresi redeuntes hæresim et ejus auctores publice detestentur.*

Item *ex Concilio Martini Papæ, c. 36*[117].

Si quis episcopus, sive alicujus episcopi presbyter aut diaconus in alicujus hæresis opinionem offenderit, et ob hanc causam fuerit excommunicatus, nullus episcopus eum in communionem recipiat. nisi prius in communi concilio porrecto fidei suæ libello satisfaciat omnibus, et ita liberam suam teneat purgationem. Hoc idem et de fidelibus laicis sit decretum,

### NOTATIONES CORRECTORUM.

C. XVIII. [b] *Exigunt causæ*: In ipsa epistola Leonis hæc antecedunt: *Quum ergo inter vos tantum valuerint aut studia popularium, aut ambitus superborum, ut non solum laicos, sed etiam secundarum* (sic enim recte legitur in epistolis cum aliis B. Leonis operibus Coloniæ impressis, non *sæcularium*, ut in tomis conciliorum) *uxorum viros aut viduarum maritos ad officium cognoscamus pastorale protectos nonne apostolicæ exigant causæ, ut ecclesiæ, in quibus ista commissa sunt, judicio severiore purgentur, et non solum in tales præsules, etc.* Est vero caput hoc multis locis in summam redactum, omissa narratione delictorum illorum, quibus minime sanctissimus ille Pontifex ignoscit.

[c] *Ne quod ad tempus*: Hæc, quæ repetuntur infra c. *Donatum*, sumta sunt ex 2 capite ejusdem epistolæ.

---

QUÆST. VII. C. XVII. [101] Act. c. 10. — C. XVIII. [102] Ep. 12, (scr. A. 446), Ed. Maur. — Alger. l. 1, c. 7. [103] *digna districtio moveatur*: Coll. Hisp. — in orig. ap. Baller. est ut ap. Gratianum. [104] *consuetudo misericordiæ*: Ed. Bas. — mans. *misericordiæ*: Edd. rel. — Alger. [105] *definiamus*: Coll. Hisp. —ecrdamus: Baller. [106] *Ceteros vero*: Coll. Hisp. — Baller. — [107] *electi*: Edd. coll. o. [108] *susceptum sacerdotium*: orig. — † *postmodum*: Edd. coll. o. — Alger. — C. XIX. [109] c. 6. Ed. Baller. — c. 2. Coll. Hisp. — † *repellimus*: Edd. coll. o. = C. XX. [110] *Salacinensem*: Coll. Hisp. — *Seminacensem*: Edd. Lugdd. — *Seiacensem*: Edd. coll. rel. = C. XXI. [111] Ep. 18, (scr. A. 447). Ed. Baller. — Ans. l. 12. c. 59. Ivo Decr. p. 6, c. 97. — cf. supra q. 1, c. 112. [112] add.: *sive subdiaconi*: orig. — Ivo. — Edd. coll. o. pr. Arg. Nor. Ven. l. [113] *damnatos*: Ivo. — Edd. coll. o. [114] *et*: ib. [115] *desperandi*: Edd. coll. o. [116] *unctione*: ib. = C. XXII. [117] c. 8, conc. Nic. ex interpr. Martini Bracarensis.

si in aliqua [118] haeresis opinione fuerint nominati.

**V. Pars. Gratian.** *Ecce, quibus de causis quaedam in ecclesia tolerantur, quae eisdem cessantibus pia severitate vindicantur. Quando autem toleranda sint, quando resecanda, Gelasius Papa distinguit, dicens Episcopis per Lucaniam, epist. I, c.* 11 [119].

**C. XXIII.** *Quando in ecclesia aliqua sint toleranda.*

Etsi illa nonnunquam sinenda sunt, quae, si ceterorum constet [120] integritas, nocere sola non valeant [121], illa tamen sunt magnopere praecavenda, quae recipi nisi [122] manifesta decoloratione non possunt. Ac si ea ipsa, quae nullo detrimento aliquoties indulgenda creduntur, vel rerum temporumque [123] cogit intuitus, vel acceleratae provisionis respectus excusat, quanto magis illa nullatenus mutilanda sunt, quae nec ulla necessitas, nec ecclesiastica prorsus extorquet utilitas?

**Gratian.** *Aliquando enim pro necessitate vel utilitate ecclesiae mutilantur et laxantur praecepta canonica.*

**VI Pars § 1.** *Breviter ostendimus, qui revertentes ab haeresi in suis ordinibus valeant recipi, vel qui non. Nunc autem quaeritur de iis, qui ab haereticis ordinati sunt, si ad unitatem catholicae matris ecclesiae redierint, utrum in eodem ordine iterum valeant ordinari? Semel enim consecratus (ut ait B. Gregorius)* [124] *iterum consecrari non debet.* **§ 2.** *Item sacramenta, quae ab haereticis in forma ecclesiae ministrantur (sicut Augustinus* [125] *testatur, reiterari non debent, ne non homini, sed sacramento videatur injuria fieri.* **§ 3.** *Sed illud Gregorii de his intelligitur, qui consecrationem sacerdotalem vel episcopalem acceperunt, qui aut per manus impositionem, quum ad ecclesiam redeunt, effectum suae unctionis accipiunt, aut ab ejus administratione perpetuo cessare jubentur. Similiter illud Augustini de eadem mystica unctione et de sacramento baptismatis intelligitur.* **§ 4.** *Sunt autem in ecclesia alii ordines, qui sine sacramentali unctione, sola episcopi benedictione, cum quadam vasorum vel indumentorum distributione praestantur; ut sunt Levitae et caeteri infra eos constituti. Hi quamvis ab haereticis ordinentur, tamen ad ecclesiam redeuntes in eodem ordine (si alias digni fuerint ab ecclesia ordinentur, nec fiet in eis reiteratio muneris,* quum ab haereticis nihil doceatur eis fuisse collatum. *Unde Urbanus II scribit Petro Pistoriensi Episcopo et Rustico Abbati Vallis umbrosae* [126]:

**C. XXIV.** *Redeuntes ab haereticis sunt ordinandi.*

Daibertum a Nezelone [d], licet simoniaco, non simoniace ejusdem confessione reperimus in diaconum ordinatum; et B. Innocentii Papae sententia constat declaratum, quod Nezelon [127] (quem constat ab haereticis ordinatum) quia nihil habuit, nihil dare potuit ei cui manus imposuit. Nos igitur tanti Pontificis auctoritate firmati, et Damasi [128] Papae testimonio roborati, qui ait: *Reiterari oportet* [129] *quod male actum est,* Daibertum, ab haereticis corpore et spiritu digressum atque utilitatibus [130] ecclesiae pro viribus insudantem, ex integro (ecclesiae necessitate ingruente [131] diaconum [132] constituimus. Quod non reiterationem existimari censemus, sed tantum integram diaconii dationem, quoniam, ut praediximus, qui nihil habuit nihil dare potuit.

**C. XXV.** *De eodem.*

*Item* Damasus Papa, epist. IV, *de chorepiscopis* [133].

Per illicitam manus impositionem vulneratum caput illi, qui videbantur aliquid accepisse, habebant, et ubi vulnus infixum est, necesse est medicinam adhibere, qua infixa sanetur macula; id est, reiterari [134] necesse est quod legitime actum [135] aut collatum minime probatur [e]. Nam quomodo honorem possit retinere qui ab illo acceperit, qui potestatem dare legitime non habuit, invenire non possum.

**C. XXVI.** *Item lib. 9. Cod. tit. ad legem Juliam repetundarum* [136]. Impp. Theodosius ac Valentinianus [137] AA. *Florentino.*

**VII. Pars.** *Sancimus ejusmodi viros ad provincias regendas accedere, qui ad honoris insignia non ambitione vel pretio, sed probatae vitae et amplitudinis tuae solent testimonio promoveri, ita sane, ut quibus hi honores per sedis tuae vel* * per * *nostram fuerint electionem commissi, jurati inter gesta depromant, se pro administrationibus sortiendis neque dedisse quidpiam, neque daturos unquam postmodum fore, sive per se, sive per interpositam personam in fraudem legis sacramentique, aut donationis venditionisve titulo, aut* * alio * *velamento cujusque contractus, et ob hoc (exceptis* [138] *salariis*

**NOTATIONES CORRECTORUM.**

C. XXIV. [d] *Nezelone*: Marianus Scotus in vita Gregorii VII, mentionem facit archiepiscopi Magdeburgensis hoc nomine appellati.

C. XXV. [e] *Probatur*: In originali haec adduntur: *si perfectum esse debebit.*

QUAEST. VII. C. XXII. [118] *in aliquam — opinionem*: orig. = C. XXIII. [119] scr. A. 494. — Alger. l. 1, c. 14. [120] *constat*: Edd. coll. o. [121] *valent*: Edd. Arg. Bas. [122] *sine*: Coll. Hisp. — Edd. coll. o. — Alger. [123] *vel temporum, quae*: Edd. coll. o. [124] sup. D. 68, c. 1. [125] supra q. 1, c. 97. = C. XXIV. [126] De epocha hujus ep. (quae ap. Ivo Pan. l. 3, c. 51, legitur) non satis constat. *Guezilo* Moguntinus, cujus mentio fit, intrusus ab Henrico imp., depositus fuit ab Urbano. — *Daibertus* (seu: *Lambertus,* quod protulit Berardus ex codice Panormiae Taurinensi, seu: *Elaibertus,* uti legitur in append. ad epp. Urbani II, ap. Mans., post ep. 36), ab ipso consecratus, fuit episcopus Pisanus. — cf. Urbani ep. 19, directam iisdem Petro et Rustico. [127] add.: *haereticus*: Edd. coll. o. — Ivo. [128] cf. supra q. 1, c. 18, et cap. sequens. [129] *oportere*: Edd. Bas. — Ivo. [130] *utilitati*: Edd. coll. o. — Ivo. [131] *congruente*: Edd. Ven. I. Nor. [132] *in diac.*: Edd. coll. o. pr. Ven. II. Lugdd. = C. XXV. [133] Caput Pseudoisidorianum, confectum ex Innoc. ep. ad. Rufum supra q. 1, c. 18. — Ans. l. 7, c. 128. [134] *reiterare*: Edd. coll. o. pr. Bas. Ven. I. [135] add.: *non est*: Edd. coll. o. pr. Arg. — et Ans. — C. XXVI. [136] dat. A. 439. [137] *Valerius*: Edd. coll. o. [138] add.: *solis*: Bohm.

nihil penitus tam in administratione positos quam post depositum officium pro aliquo præstito beneficio tempore administrationis, quam gratuito meruerint [139] accepturos. Et licet neminem divini timoris, contemnendo jusjurandum, arbitremur immemorem, ut saluti propriæ ullum commodum anteponat, tamen ut ad salutis timorem etiam necessitas [140] periculi subjungatur, si quis ausus fuerit præbita sacramenta negligere non modo adversus accipientem, sed etiam adversus dantem accusandi cunctis tanquam publicum crimen concedimus facultatem, quadruplici pœna eo [141] qui convictus fuerit, modis omnibus feriendo.

C. XXVII. *De eodem.*

*Item* Paschalis Papa [142].

Patet simoniacos, veluti primos et præcipuos hæ- reticos ab omnibus fidelibus respuendos, et si commoniti non resipuerint, ab exteris [143] potestatibus opprimendos [144]. Omnia enim crimina ad comparationem simoniacæ hæresis quasi pro nihilo reputantur [145].

Gratian. *His breviter præmissis ad ea veniamus, quæ ecclesia severitate disciplinæ parata est ulcisci, ostendentes quibus accusantibus vel testificantibus quilibet sint convincendi; quo judice quisque debeat condemnari vel absolvi; si causa vitiata fuit, quo remedio possit sublevari; si accusatores defecerint, an reus sit cogendus ad purgationem. Et ut facilius pateat quod dicturi sumus, exemplum ponatur sub oculis, in quo auctoritates hinc inde controversantes distinguantur, et quid sanctorum Patrum sentiat auctoritas liquido intimetur.*

# CAUSA II.

## GRATIANUS.

*Quidam episcopus de lapsu carnis a laico impetitur; duo monachi, unus subdiaconus, et duo Levitæ adversus ipsum testimonium ferunt; a metropolitano suo sentit se prægravari; in ipsa ventilatione causæ tres ex testibus deficiunt, sive promissione decepti, sive canonica examinatione reprobati; exspoliatur tamen episcopus, quia crimen ejus notorium erat. (Qu. I.) Hic primum quæritur, an in manifestis judiciarius ordo sit requirendus? (Qu. II.) Secundo, an exspoliatus ab aliquo sit judicandus? (Qu. III.) Tertio, qua pœna sint feriendi qui in accusatione vel testificatione defecerint? (Qu. IV.) Quarto, an duorum testimonio sit condemnandus? (Qu. V.) Quinto, si deficientibus accusatoribus sit cogendus ad purgationem? (Qu. VI.) Sexto, si remedium sit dandum ei, qui causa dilationis vocem appellationis exhibuerit? (Qu. VII.) Septimo, si laici, monachi vel quilibet inferiorum ordinum in accusatione majorum sint audiendi? (Qu. VIII.) Octavo, quomodo debeat fieri accusatio, an in scriptis, an sine scriptis?*

## QUÆSTIO I.

### GRATIANUS.

I. Pars. *Quod autem nullus sine judiciario ordine damnari valeat, auctoritatibus nullis probatur.*

*De eo namque ait* Augustinus *hom. L. de utilitate pœnitentiæ* [1]:

C. I. *Damnari non valeat nisi aut convictus aut sponte confessus.*

Nos in quenquam sententiam ferre non possumus, nisi aut convictum, aut sponte confessum.

C. II. *De eodem.*

*Item* Constantinus Imperator [a] [2].

Judex criminosum discutiens non ante sententiam [3] proferat [4] capitalem [4] quam aut reum se ipse confiteatur, aut per innocentes [b] testes convincatur.

Gratian. *Hoc* [b] *idem testatur Augustinus, et eisdem verbis.*

C. III. *De eodem.*

*Item* Gregorius *lib. VIII, epist. 50* [5].

Sicut sine judicio quenquam nolumus condemnari, ita quæ juste [c] diffinita fuerint [6] nulla patimur excusatione differri.

---

### NOTATIONES CORRECTORUM.

C. XXVII. [f] In tribus vetustis exemplaribus post caput *Sancimus*, omissa inscriptione Paschalis, et capite isto: *Patet*, sequuntur continenter subjecta Gratian verba: *His breviter*, etc.

Causa II. Quæst. I. C. II. [a] Habetur caput hoc Cod. Theod. lib. 9, tit. 40, in legis interpretatione itemque in capitulis Hadriani c. 57, et Cap. 5; D c. 156.

[b] *Hoc*: Absunt ista ab uno ex pervetustis exemplaribus.

C. III. [c] *Juste*: Abest vox ista ab originali. In uno autem manuscripto Gratiani est: *justa sunt diffinita sententia.*

---

Quæst. VII. C. XXVI. [139] meruerunt : orig. [140] ex necessitate periculi subjungetur : Edd. coll. o. [141] eum : exd. = C. XXVII. [142] hæc videntur margini a nescio quo glossographo primum adscripta fuisse, et post Gratiani tempora demum textui esse inserta. Prior cap. pars exstat ap. Anselmum contra Wibertum l. 2 (Canis. Lect. antiq. t. 3). [143] add. : etiam : Edd. coll. o. pr. Arg. [144] reprimendos : Edd. Arg. Bas. [145] reputabuntur : Ed. Bas.
Causa II. Quæst. I. C. I. [1] Sermo 351. Ed. Maur. — cf. infra c. 18. = C. II. [2] In capitulis a Hadriano Angilramno traditis (ap. Ans. in fine l. 3), c. 57. — Burch. l. 16, c. 6. Ans. l. 3, c. 82, ( : ex Augustino). Ivo Pan. l. 4, c. 111. [3] add. : definitivam : Ed. Bas. [4] idoneos : Burch. Ans. = C. III. [5] Ep. 50, (scr. ad Domitianum metropolitanum A. 600), l. 10. Ed. Maur.— Ans. l. 3, c. 30. [6] sunt : Edd. coll. o. —

### C. IV. *De eodem.*

*Item* Eleutherius *Episcopus ad Episcopos Galliæ* [7].

Nihil [contra quemlibet accusatum] absque legitimo et idoneo accusatore fiat. Nam et Dominus noster Jesus Christus Judam furem esse sciebat; sed quia non est accusatus, ideo non est ejectus.

### C. V. *De eodem.*

*Item* Felix Papa I. *ad Paternum Episcopum* [10].

Primates accusatum discutientes episcopum non ante sententiam proferant damnationis, quam *apostolica freti auctoritate* [d], aut reum se ipse confiteatur, aut per innocentes et canonice examinatos regulariter testes convincatur. Aliter irritam esse censemus et injustam episcoporum damnationem, et idcirco a synodo [11] retractandam, ita ut oppressis ab omnibus in cunctis subveniatur causis.

Gratian. *Idem decrevit* Zephyrinus Papa †.

### C. VI. *Multi per tolerantiam sustinendi sunt, quamvis sententia divini judicii sint condemnati.*

*Item* Augustinus [e] [12].

Unus ex vobis me traditurus est. Bene dixit: *ex vobis*, et non: *ex nobis*: Ex vobis enim est, a quibus per judiciariam potestatem confessus aut convictus exclusus non est. A me vero, qui nullis indigeo argumentis, et omnia certissime novi, separatus et divisus est. Tale enim est, ac si diceret: Etsi ego eum per occulti judicii sententiam damnatum habeo, vos tamen adhuc illum per tolerantiam sustinete.

### C. VII. *Nullum servetur judicium, nisi rationabiliter habitum.*

*Item* Gregorius *Joanni Defensori, eunti in Hispaniam, lib. XI, epist.* 50 [13].

Imprimis requirendum est de persona presbyteri, dilectissimi fratris et coepiscopi nostri Januarii, et si ita se veritas habet, sicut ejusdem episcopi petitio continet, in ecclesia atque *loco* [14] suo modis omnibus idem presbyter revocetur. Si autem dictum fuerit, quia contra ipsum causa aliqua mota sive probata est, subtiliter ipso præsente et pro se rationem reddente quærendum est et genus causæ, et modus probationis, ut ex hoc colligere valeas, utrum adhuc in exsilio [f] demorari, an certe in ecclesia A *sua* et officio suo debeat revocari. § 1. De episcopi *supradicti* persona hoc statuendum [15] est, ut, si nulla contra eum criminalis causa, quæ exsilio vel depositione digna est, mota sive probata est, is qui eo superstite episcopus perverse ac contra canones in ecclesia ejus ordinari præsumsit [16], sacerdotio privatus ab omni ecclesiastico ministerio repellatur. Qui etiam eidem dilectissimo Januario fratri et coepiscopo nostro tradendus est, ut ab ipso [17] in custodia habeatur, aut certe ab eo ad nos per omnia transmittatur. Episcopi vero, qui eum ordinaverunt, vel ordinationi ejus consentientes interfuerunt, sex mensibus dominici corporis et sanguinis communione privati agere pœnitentiam decernantur in monasterio, et suprascriptus Januarius loco et B ordini suo modis omnibus reformetur. Si vero communione privatis mortis contigerit [18] imminere periculum, benedictio eis viatici non negetur. Si autem episcopi in præjudicium [g] [19] condemnationis [20] vel depositionis memorati episcopi se metu judicis consensisse ac talia fecisse non [21] sua sponte fassi [22] fuerint, et tempus eis abbreviandum est, et modus pœnitentiæ temperandus. Si vero ille, qui locum ejus invasit, de hac fortasse luce migravit [23] et alter est ordinatus, quia levioris [24] culpæ videtur (quum [25] non quasi isti superstiti, sed successisse defuncto videatur), episcopatus illi officium in [26] illa ecclesia tantummodo interdicatur, ut in alia ecclesia, quæ sacerdote vacaverit, si electus fuerit, possit esse episcopus, ad Malachitanam tamen ecclesiam nunquam aliquo modo reversurus. § 2. Gloriosus autem comitiolus quidquid prædictus episcopus per violentiam atque insecutionem ipsius expendisse vel damnum pertulisse dato sacramento firmaverit, eidem episcopo restituere compellatur [27]. Si autem aliter, quam antefati episcopi petitio continet, actum esse forsitan perhibetur, subtiliter quærendum est, et veritate cognita cum Dei timore quod justitiæ ordo suaserit judicandum. § 3. Quia [28] ergo Stephanus episcopus odio [29], sui quædam ficta, et de falsis se capitulis accusatum, neque aliquid ordinabiliter factum, sed injuste se asserit condemnatum,

---

### NOTATIONES CORRECTORUM.

C. V. [d] *Apostolica freti auctoritate*: Hæc addita sunt ex epistola Felicis et Zephyrini. Nam damnari episcopi sine consensu et auctoritate Romani Pontificis nec tunc poterant, nec nunc possunt. 3, q. 6,

D c. *Discutere*, et alibi.

C. VI. [e] *Augustinus*: Sic in multis vetustis exemplaribus, quamvis verba hujus capitis apud S. Augustinum non sint inventa.

---

Quæst. I. C. IV. [7] Caput Pseudoisidorianum, compositum ex conc. Tol. VI, c. 12, et Ambros. ad 1 Cor. c. 5. [8] Ans. l. 3, c. 54. Ivo Pan. l. 4, c. 115. Polyc. l. 5, t. 1. [9] hæc non sunt in orig. = C. V. [10] Caput Pseudoisidorianum, confectum ad Aniani interpr. Theod. Cod. l. 9, t. 40, c. 1, et conc. Carth. IV, c. 28. — Burch. l. 1, c. 157. Ans. l. 3, c. 68. Ivo Decr. p. 5, c. 247. — cf. C. 3, q. 6, c. 11. — C. 11, q. 3, c. 55. [11] add.: *sancta*: Edd. coll. o. — † Hæc minus recte apud Bohmerum tanquam capitis sequentis inscriptio proferuntur. = C. VI. [12] Augustini nomen (apud quem hoc caput frustra quæsitum est) in sola Ed. Bas. capiti imponitur. = C. VII. [13] Ep. 45, (scr. A. 603), l. 13. Ed. Maur. — Ans. l. 3, c. 93. [14] *in locum suum*: orig. *et Edd. coll. o. pr. Bas. [15] *neque* ap. Ans. [15] *faciendum*: Edd. coll. o. [16] *præsumserit*: ib. [17] add.: *aul*: orig. — Ans. — Edd. coll. o. — Bohm. [18] *contingit*: Ed. Arg. [19] *præjudicio*: Ed. Bas. [20] *damnationis*: Edd. coll. o. pr. Bas. [21] abest ab Ans. et Ed. Bas. [22] *confessi*: Ans. — Edd. coll. o. [23] *migraverit*: Edd. coll. o. — orig. [24] *levior culpa*: Ans. cum orig. [25] *verba: quum et videatur* vers. sequ. non sunt ap. Ans. et in Ed. Bas. [26] *ab illa*: orig. — *ab ea*: Ans. — Edd. coll. o. [27] *condemnetur*: orig — Ans. — Edd. coll. o. exc. Arg. [28] Ivo Pan. l. 4, c. 82. Decr. p. 6, c. 540. [29] *in odio suo*: orig. — Ans. — Edd. Arg. Ven. l. II. Nor. Lugd. l.

diligenter quaerendum [30] est primo, si judicium ordinabiliter est habitum, id est [31], si alii accusatores atque alii testes fuerunt [32]. Deinde causarum qualitas est examinanda, si digna exsilio vel depositione fuit [33]; si [34] eo praesente, qui [35] accusatus est, sub jurejurando contra eum testimonium dictum est; si scriptis actum est, *vel* si ipse licentiam respondendi et defendendi se habuit [36]. Sed et de personis accusantium ac testificantium subtiliter quaerendum est [37], cujus conditionis, cujusve opinionis, aut ne inopes [38] sint, *aut* ne forte aliquas contra praedictum episcopum [39] inimicitias habuissent, *et* utrum testimonium [40] ex auditu dixerunt [41], aut certe se scire specialiter testati sunt; si scriptis judicatum est, et partibus praesentibus sententia recitata est [42]. Quod si forte haec solenniter acta non sunt, nec causa probata est, quae exsilio vel depositione digna sit, in ecclesiam suam modis omnibus revocetur. Hi vero, qui eum contra Dei timorem et canonum statuta condemnaverunt, excommunicati in monasterium [43] ad agendam poenitentiam sex [44] mensibus mittendi sunt, ita sane, ut, si cuiquam eorum mortis contigerit imminere periculum [45], viatici benedictio non negetur. Ipse autem, qui eo vivente locum ejus temerarie ambivit, privatus sacerdotio ab omni ministerio ecclesiastico repellatur, atque eidem dilectissimo fratri et coepiscopo nostro tradatur, ut eum aut ipse ad nos transmittat, aut apud se in custodia habeat. Episcopi vero, qui eum ordinare praesumpserunt, vel perversae ipsius ordinationi praebuere consensum [46], *iidem* communione privati sex mensibus ad agendam poenitentiam in monasterio deputentur. *Si autem episcopi in praejudicium* § condemnationis vel depositionis memorati Stephani se metu judicis consensisse, ac talia fecisse non [47] sua sponte professi fuerint, tempus eis abbreviandum est et modus poenitentiae temperandus. Si igitur is, qui praedicti Stephani locum invasit, fortasse defunctus est, atque alius in ecclesia ejus episcopus ordinatus est, illud de eo statuendum est quod superius de causa fratris et coepiscopi nostri Januarii diximus.* § 4. Quod si forte

aliqua de objectis contra memoratum Stephanum episcopum probata sunt, aliqua vero doceri minime potuerunt, cauta omnino consideratione pensandum est, utrum leviora capitula, an certe graviora probata sint, ut ex eis qualiter definitionem tuam formare debeas possis scire. § 5. Gloriosus vero comitiolus, si suprascriptus episcopus innocens esse claruerit, quidquid de rebus ejus vel ecclesiae ipsius tulit ei sine aliqua restituat dilatione. *Sed et quaeque [48] se in persecutionem ac violentiam ejus expendisse, vel damnum idem episcopus pertulisse juraverit, idem memoratus Gloriosus comitiolus reddat ac satisfaciat.* Si [49] autem episcopum *antedictum* talem culpam *commisisse constiterit* (quod absit!) etc., ut infra [C. XVI, q. 6, c. 3] in causa monachorum. De persona presbyteri, etc., ut infra [C. XI, q. 1, c. 38] in causa : Clericus adversus clericum. Et infra in eadem epistola 54, undecimi libri. § 6. De persona Januarii episcopi sciendum est graviter omnino et contra leges esse actum, ut violenter de ecclesia traheretur; dum, si quamlibet *aliam* injuriam a quocunque episcopus [50] passus fuerit in ecclesia, injuriantem lex capitali poena percutiat, et sicut majestatis reum omnibus det accusandi illum licentiam, ut hujus legis series loquitur codicis lib. I, tit. III, constitut. 10, [51] : § 7. Si quis in hoc genus sacrilegii proruperit [52], ut in ecclesias catholicas [53] irruens sacerdotibus et ministris ††, vel ipsi cultui locoque aliquid importet injuriae, etc. Et infra in eadem epistola. § 8. De persona Stephani episcopi *ad* hoc attendendum est, quia nec invitus ad judicium trahi, nec ab episcopis alieni concilii debuit judicari. Et infra : § 9. Contra haec si dictum fuerit quia nec metropolitanum habuit, nec patriarcham, dicendum est quia a sede apostolica (quae omnium ecclesiarum caput est) haec causa audienda ac dirimenda fuerat, sicut et praedictus episcopus petiisse dignoscitur, qui [54] episcopos alieni concilii judices habuit omnino suspectos. *Quia ergo* sententia non a suo judice dicta nihil firmitatis obtineat, *lectionis hujus tenor ostendit libro codicis VII, etc.* Et infra : § 10. Quod autem dicitur a servis suis accusatus,

## NOTATIONES CORRECTORUM.

C. VII ᶠ *Exsilio* : In vulgatis sequebatur *: vel deportatione*, quae voces sublatae sunt, quia neque in vetustis Gratiani, neque apud B. Gregorium ʰʰ leguntur.

§ *Si autem episcopi in praejudicium* : Haec usque ad vers. *Quod si forte*, addita sunt ex epistola † : quemadmodum et paulo inferius a verbo, *dilatione*,

usque ad vers. *Si autem episcopum*, ut orationis cursus sit expeditior. Nam Gratianus referebat se ad superiora, in quibus habentur similia, hoc modo, etc. *ut supra de causa Januarii episcopi.* Quorum autem capitum initia citantur ex inferioribus causis, ea sic relicta sunt, quemadmodum antea se habebant, ut modus citandi Gratiano usitatus agnoscatur.

Quaest. I. C. VII. [30] *requirendum* : Ed. Bas. [31] *aut si* : orig. [32] *fuerint* : Ed. Bas. [33] *fuerit* : Edd. coll. o. [34] *aut si* : orig. [35] *qui accus. est* : desid. ap. Ans. [36] *habuerit* : Edd. coll. o. [37] *add.: cujus vitae* : Bohm. [38] *add.: patrimonii* : Edd. col. o. — Bohm. [39] *pastorem* : Edd. coll. o. [40] *add.: verum* : Ed. Bas. [41] *dixerint* : Edd. coll. o. [42] *sit* : ib. exc. Bas. [43] *monasterio* : ib. [44] *septem* : Ed. Bas. [45] *discrimen* : Edd. col. o. [46] *assensum* : ib. — † *leguntur etiam ap. Ans.* [47] *abest ab* Ans. [48] *quaecunque* : Edd. coll. o. — Ans. [49] haec excerpta sunt ex capitulari legum imperialium, quod in Ed. Maur. legitur post finem ep. 43, l. 13. [50] *episcopo* : Bohm. male. [51] Theod. cod. lib. 16, t. 2, c. 31. — Cod. Just. l. 1. t. 3, c. 10. [52] *irruperit* : Edd. coll. o. [53] *ecclesia catholica* : eaed. pr. Lugdd. II, III. †† add.: *vel cultoribus ipsis* : Bohm. [54] *Quia ergo episcopos.* — *sententia*, etc.: Ans. — Edd. coll. o.

selendum est quia audiri ⁵⁵ minime debuerunt. *Et infra :* § 41. Si vero ⁵⁶ de crimine majestatis dicitur accusatus, nec ⁵⁷ ipsum de eo credendum fuit, si vita vel opinio ejus talis ante non exstitit. *Et infra :* § 42. Quod autem dicit idem episcopus, quia se absente aliqui sint vilissimi testes exhibiti, hoc si verum est, nullius `esse` momenti `lege noscendum` est ⁵⁸. *Et infra :* § 13. Testes autem quales vel cujus opinionis ad testimonium admittendi sunt, plurimæ leges ostendunt, quæ pene nulli habentur incognitæ, quæ etiam sanciunt ⁵⁹, ut vilissimis testibus sine corporali discussione credi non debeat. § 14. Quod autem dicitur, quia nihil scriptis ⁶⁰ judicatum est, legendus est titulus XLIV, libri VII codicis ⁶¹, quia scriptis debuit judicari. Nam ibi inter alia `dicitur atque` præcipitur, ut sententia, quæ sine scripto dicta fuerit, ne ⁶² nomen `quidem` sententiæ habere mereatur.

C. VIII. *Ultima sententia debet de scripto proferri.*
*Item Codicis libro VII* ʰ ⁶³*, titulo* de sententiis ex breviculo ⁶⁴ recitandis*, Imppp.* Valentinianus, Valens et Gratianus *AAA.* [PALEA.]

‹ Statutis generalibus jussimus, ut universi judices, quibus reddendi juris in provinciis permisimus facultatem, cognitis causis, ultimas definitiones de scripti recitatione proferant. Huic adjicimus ⁶⁵ sanctioni, ut sententia, quæ dicta fuerit, quum scripta non esset, nec nomen quidem sententiæ habere mereatur, nec ad rescissionem perperam decretorum appellationis solemnitas requiratur. ›

*Item ex Concilio apud S. Medardum.* Hincmarus *Remorum Archiepiscopus dixit* ⁶⁶ :

C. IX. *De eodem.* [PALEA.]

‹ Legum ecclesiasticarum `consuetudo et` auctoritas talis est, ut in causis gestorum semper scripturam requirant ⁶⁷, adeo, ut qui ad sacrum fontem accedit, suum dare nomen præcipiatur. Qui ad summum sacerdotium provehitur, decreto manibus omnium roborato eligitur ⁶⁸. Ordinatus autem a suis ordinatoribus litteras accipere jubetur. Qui etiam ab ecclesiastica societate quolibet excessu discinditur, libelli ⁶⁹ inscriptione aut recipitur, aut ejicitur. Sed et qui ⁱ accusatur aut excommunicatur, seu reconciliatur, per scripturam accusari vel reconciliari jubetur. Et sic in ceteris hujusmodi in tantum scriptura deposcitur, ut sicut B. Gregorius in commonitorio ad Joannem defensorem ex Romanis legibus sumens scribit ⁷⁰ : *Sententia, quæ sine scripto* ⁷¹ *profertur, nec nomen sententiæ habere mereatur* ⁷². ›

C. X. *Restituendus est, quem neque convictum, neque confessum constat esse ejectum.*

*Item* Nicolaus Papa *Girardo* ⁷³ *Turonensi Archiepiscopa.*

Notum sit tuæ fraternæ caritati, quod iste presbyter pauper, nomine Christophorus, de sua angustia ad nostram clementiam lacrimabiliter sit conquestus, dicens se falsis criminibus impetitum, et ab ecclesia sua non convictum neque confessum irrationabiliter fuisse ejectum. Nam, ut ipse refert, tua ⁷⁴ diligentia per tres vices inquisitione facta, nulla in se neque de fornicationis crimine, neque de homicidii consensione ᵏ ⁷⁵ (de quibus impetebatur), reperiri potuit culpa, nisi quia suæ paupertatis causa quæ petebantur aut consentire noluit, aut implere ⁷⁶ non potuit. Quæ ⁷⁷ suus tamen æmulus ultroneus egit, qui injuste illius ecclesiam præripuit. Idcirco magnopere monemus reverentiam tuam, ut `etiam` quæ, te forte ignorante, Giezieca cupiditate peracta esse videntur, tuæ fraternitatis censura celeri emendatione corrigantur, scilicet restituendo ecclesiæ propriæ jam dictum sacerdotem, atque ei reddendo tua pietate pristinum, quem perdidit, honorem, et nullatenus canonica instituta alicujus temeritate contemni permittas, quia facientem et consentientem par pœna constringit.

C. XI. *Antequam causa probetur, aliquis excommunicari non debet.*

*Item* de libro constitutionum ⁷⁸.

Nemo episcopus, nemo presbyter excommunicet aliquem, antequam causa probetur, propter quam

## NOTATIONES CORRECTORUM.

C. VIII. ʰ In duobus vetustis codicibus hoc sequens caput non habentur, et hanc legem codicis B. Gregorius in præcedenti capite manifeste indicaverat.

C. IX. ⁱ *Sed et qui* : In originali est : *Sed qui accusatur, vel qui excommunicatur, reconciliatus per scripturam accusari, vel reconciliatus commendari jubetur. Et sic,* etc.

C. X. ᵏ *Consensione* : Sic est emendatum ex plerisque vetustis exemplaribus. Nam antea legebatur : *confessione.* Ivo autem habet *consensu.*

Quæst. I. C. VII. ⁵⁵ *audire debuerant* : Ed. Bas. *quod ad majestatis crimen attendit* : orig. ⁵⁷ *nec ipsis* : Edd. coll. o. pr. Bas. ⁵⁸ *nullius momenti est* : legitur etiam ap. Ans. ⁵⁹ *sciunt* : Ed. Bas. — *faciunt* : Ed. Par. ⁶⁰ *in scriptis judicatum* : Ed. Arg. — *sine scriptis judicatum* : Ed. Bas. — *in scriptis judicandum* : Ed. ven. l. — *sine scr. judicandum* : Edd. rel. ⁶¹ add. : *constit. ultima* : Edd. coll. o. ⁶² *nec* : exd. — orig. = C. VIII. ⁶³ Dat. A. 374 l. 7. Cod. t. 44, const. 3. — cf. Greg. M. ep. l. 5, ep. 45. ⁶⁴ *periculo* : Edd. coll. o. pr. Lugdd, II, III. ⁶⁵ *addimus* : Ed. Bas. — *addicimus* : Ed. Arg. ⁶⁶ hab. A. 853. Burch. l. 2, c. 197. Ivo Decr. p. 6, c. 269. = C. IX. ⁶⁷ *scriptura requiratur* : Edd. coll. o. ⁶⁸ *eligatur* : ib. ⁶⁹ *libellari scriptione* : orig. — Burch. — Ed. Bas. — *lib. inscriptione* Ivo — Ed. Lugd. III. — *lib. descriptione* : Edd. coll. rel. ⁷⁰ cf. c. anteced. in fine. ⁷¹ *scriptura* : Burch. — Ivo. — Ed. Bas. — *scriptis* : Edd. rell. ⁷² *meretur* : — Edd. Arg. Bas. Nor. Ven. l. = C. X. ⁷³ *legendum est* : *Herardo*, qui episc. Turonensis fuit tempore Nicolai I. — in Ed. Bas. inscribitur : *Artaldo* — ap. Ivonem (p. 6, c.429).: *Airardo* — Epocha epistolæ incerta est. ⁷⁴ *a tua* : Edd. Arg. Bas. Nor. Ven. l. Il. ⁷⁵ *confessione* : Edd. coll. o. ¡pr. Arg. Bas. ⁷⁶ *adimplere* : Edd. coll. o. ⁷⁷ *quod* : ib. — Ivo. = C. XI. ⁷⁸ Juliani ep. nov. 115, c. 15. — Coll. can. Ans. ded. l. 2, c. 500. Abbo Flor. (ap. Mabillon. Anal.) c. 36. Ivo Pan. l. 5, c. 124. Decr. p. 5, c. 371. p. 14, c. 42. — cf. infra C. 24. q. 3, c. 6.

ecclesiastici canones hoc fieri jubent. Si quis autem adversus eam [79] excommunicaverit aliquem, ille quidem 'qui excommunicatus est, majoris sacerdotis auctoritate ad gratiam sanctæ communionis redeat; is autem, qui non legitime [80] excommunicavit [81], in tantum abstineat tempus 'sacrosancta communione, quantum majori sacerdoti visum fuerit, ut quod injuste fecit [82] ipse juste patiatur.

### C. XII. *Incerta et dubia judicari non possunt.*

*Item* Augustinus *in epistola CXXXVII, ad clerum et universam plebem Hipponensem* [83].

Nomen presbyteri propterea non ausus sum de numero collegarum ejus vel supprimere, vel delere, ne divinæ potestati [84], sub cujus examine causa adhuc pendet, facere viderer [85] injuriam, si illius judicium meo vellem judicio prævenire; quod nec in negotiis sæcularibus judices faciunt, quando 'causæ' dubitatio ad majorem potestatem refertur [86], ut pendente relatione aliquid audeant commutare. Et [87] in episcoporum concilio constitutum [88] est, nullum clericum, qui nondum convictus sit, suspendi a communione debere, nisi ad causam suam examinandam se non præsentaverit.

### C. XIII. *Nec suspicionis arbitrio, nec ante verum et justum judicium aliquis condemnetur.*

*Item* Melchiades Papa *Episcopis Hispaniæ* [89].

Primo semper ante omnia diligenter inquirite, ut cum justitia et veritate [90] definiatis; neminem condemnetis ante verum et justum judicium; nullum suspicionis arbitrio judicetis; sed primum probate, et postea caritativam proferte sententiam, et quod vobis non vultis fieri alteri nolite facere.

### C. XIV. *Qui ab accusatione prohibeantur, et qui recipiantur.*

*Item Dig. lib. XLVIII,* tit. *de accusationibus et inscriptionibus, l. qui accusare* [91].

Prohibentur accusare alii propter sexum vel ætatem, ut mulier et pupillus. Alii propter sacramentum, ut qui stipendium merent. Alii propter magistratum potestatemve, in qua agentes sine fraude in jus vocari [92] non possunt. Alii propter delictum proprium, ut infames. Alii propter turpem quæstum, ut qui duo judicia adversus duos reos subscripta habent, nummosve ob accusationem vel non

### NOTATIONES CORRECTORUM.

C. XV. [1] Ivo in epistola ad Hugonem, quæ incipit : *Literas V. P.* sic ait : *Manifesta autem accusatione non indigere,* testatur B. *Ambrosius super epistolam ad Corinthios, ita dicens de eo, qui cum no-*

accusandum acceperint [93]. Alii propter conditionem suam, ut [94] libertini [95] contra patronos [96]. Alii [97] propter suspicionem calumniæ, ut illi qui falsum testimonium subornati dixerunt. Nonnulli [98] propter paupertatem, ut sunt qui minus quam quinquaginta aureos habent. Hi [99] tamen omnes, si suam injuriam exsequantur, mortemve propinquorum defendant, ab accusatione non excluduntur [100]. Liberi libertique non sunt prohibendi suarum rerum defendendarum [101] gratia de facto parentum patronorumve queri [102], puta [103] si dicant, vi se de possessione ab his expulsos, scilicet non ut crimen vis [104] eis intendant, sed ut [105] possessionem recipiant. Nam et filius quidem non prohibitus est de facto matris queri [106], si dicat suppositum ab ea partum, quo magis coheredem haberet; sed eam ream lege Cornelia facere permissum ei non est. § 1. Ab alio delatum alius deferre non potest : sed eum, qui abolitione publica vel privata interveniente, aut desistente accusatore de reis exemtus est, alius [107] deferre non prohibetur. § 2. Mulierem [108] propter publicam utilitatem ad annonam pertinentem audiri a præfecto annonæ deferentem divi Verus [109] et Antoninus rescripserunt. Famosi quoque accusantes sine ulla dubitatione admittuntur. Milites quoque, 'qui causas alienas deferre non possunt, qui pro pace excubant, vel magis' ad hanc accusationem admittendi sunt. Servi quoque deferentes audiuntur.

II Pars. Gratian. *His omnibus auctoritatibus datur intelligi, quod nullus est condemnandus, nisi judicio ordinabiliter habito aut convincatur, aut reum se ipse confiteatur. Verum hæc de illis intelligenda sunt, quorum crimina sunt occulta ; ceterum quæ manifesta sunt judiciarium ordinem non requirunt.*

Unde Ambrosius[1] [110] :

### C. XV. *Sine accusatione manifesta judicentur.*

Manifesta accusatione non indigent.

### C. XVI. *De eodem.*

*Item* [111] Nicolaus Papa *Ludovico* [112] *Regi in epistola, quæ incipit :* Syllabarum [m].

Quæ Lotharius rex nepos vester facit accusatore non indigent. Manifesta [113] quippe sunt (teste Apostolo) opera carnis, fornicatio, immunditia, etc.

*verca: Judicis non est,* etc., ut infra, c. *De manifesta.*

C. XVI. * Sumtum est ex epistola, quæ habetur in codice sæpe memorato monasterii Dominicanorum,

---

Quæst. I. C. XI. [79] add.: *constitutionem* : Edd. coll. o. pr. Bas. [80] add.: *eum exed.* pr. Arg. Bas. [81] *excommunicaverit* : Ed. Bas. [82] *fecerit* : ib — add.: *eum excommunicando* : Edd. coll. o. = C. XII. [83] scr. A. 404. — Ans. l. 5, c. 80. Ivo Decr. p. 6, c. 358. [84] *pietati* : Ed. Bas. — *pietatis potestati* : Edd. coll. rell. exc. Arg. [85] *viderar* : Ed. Bas. [86] *defertur* : ib. [87] *In episcoporum quoque* : Edd. coll. o. — Sentit Augustinus de conc. Carth. III. hab. A. 397. [88] *statutum* : Ed. Bas. = C. XIII. [89] Caput Pseudoisidori. Col. tr. p. p. 1, t. 31, c. 1. [90] *caritate* : Ed. coll. o. = C. XIV. [91] Macer l. 2, de publ. jud. [92] *evocari*: orig. [93] *acceperunt* : Ed. Bas. [94] add. : *filii contra parentes* : Edd. Lugd. II, III. [95] *liberti* Ed. Bas. [96] add.: *suos* :ib. [97] fr. 9. ex Paulo l. 5. Sent. [98] fr. 10. ex Hermogeniano l. 6, epist. [99] fr. 11. ex Macro l. 2. de publ. judic. [100] *excluduntur* : Ed. Bas. [101] *deferendarum* : ib. [102] *conqueri* : ib. [103] *veluti* : Edd. coll. o. ex orig. [104] *in eos* : Ed. Bas. — *in eis* : Edd. rell. exc. Lugdd. II. [105] add. : *tantum* : Ed. Bas. [106] *conqueri* : Edd. coll. o. [107] *alios* : Ed. Bas. [108] fr. 13. ex Marciano l. 1, de publ. jud. [109] *Severus* : Edd. coll. o. — P. II. [110] Sententia sumta est ex comm. in ep. 1. ad Cor., qui Ambrosio suppositus est. — C. XVI. [111] scr. A. 867. — Ans. l. 12. c. 35. [112] *Carolo* : Edd. coll. o, [113] *manifesta enim sunt opera ejus* : Ed. Arg. reliquis omissis. — *manif. sunt op. ejus, teste Ap. opera carnis, quæ sunt* : Ed. Bas. — cf. Gal. c. 5, v. 19.

## DECRETI PARS SECUNDA CAUSA II. QUÆST. I.

Gratian. *In manifestis enim calliditate accusantium non opprimitur reus, nec tergiversatione proprium crimen celatur, quum culpa sua oculis omnium sponte se ingerat, atque ideo in talibus judiciarius ordo non requiritur, qui ideo institutus est, ut nec innocentia insidiis pateret adversantium, nec culpa delinquentium sententiam effugeret justi examinis.*

Unde Stephanus [114] Papa V *Leoni Episcopo Theanensi* n [115]:

C. XVII. *Ordinem judiciarium manifesta non desiderat causa.*

De manifesta et nota pluribus [116] causa non sunt quærendi testes, ut S. Ambrosius in epistola ad Corinthios dixit [117], de fornicatione [118] sententiam exponens Apostoli : *Judicis*, inquit, *non est sine accusatore damnare, quia et Dominus Judam, quum fur esset* [119], *sciebat* [120] *sed quia non est accusatus, minime abjecit* [121]. *Ut tolleretur de medio vestrum qui hoc opus fecit*. Cognito [122] opere isto [123] pellendum illum *fuisse de cœtu fraternitatis* [124] *Apostolus censuit. Omnes enim crimen ejus sciebant, et non arguebant. Publice enim novercam suam loco uxoris habebat, in qua re neque testibus opus erat, neque tergiversatione aliqua poterat tegi crimen. Et paulo post : Absens facie, præsens autem auctoritate Spiritus* [125], *qui nusquam abest, jam judicavi ut præsens eum, qui hoc admisit, tradi satanæ in interitum carnis.*

III Pars. Gratian. *Sed sciendum est quod eorum, quæ manifesta sunt, alia sunt nota judici, et incognita aliis; alia sunt manifesta aliis, et occulta judici; quædam vero sunt nota judici, et aliis. Quæ judici tantum nota sunt, sine examinatione feriri non possunt, quia, dum accusatoris persona assumitur, judiciaria potestas amittitur. In una enim eademque causa nullus simul potest esse accusator et judex.*

Unde Augustinus in *homilia de pœnitentia (quæ est L) c.* 12 [126]:

C. XVIII. *Quando aliqui sunt corrigendi, quando tolerandi.*

Multi corriguntur, ut Petrus; multi tolerantur, ut Judas; multi nesciuntur, donec [127] *veniat Dominus, qui illuminabit abscondita tenebrarum. Et infra :* § 1. Nos vero a communione prohibere quemquam non possumus (quamvis hæc prohibitio nondum sit mortalis, sed medicinalis) nisi aut sponte confes- A sum, aut in aliquo sive sæculari, sive ecclesiastico judicio nominatum atque [128] convictum. Quis enim sibi utrumque audeat [129] assumere, ut cuiquam [130] ipse sit et accusator, et judex ? Cujusmodi regulam etiam Paulus apostolus in *eadem* ad Corinthios epistola [131] breviter insinuasse intelligitur, quum quibusdam commemoratis criminibus ecclesiastici † 'judicii' formam ad omnia similia ex quibusdam daret. Ait [132] enim : *Scripsi vobis in epistola non* [133] *commisceri fornicariis. Non utique fornicariis hujus mundi, aut avaris, aut raptoribus, aut idolis servientibus, alioquin debueratis de hoc mundo exisse* [134]. Non enim possunt homines in hoc mundo viventes nisi cum talibus vivere, nec [135] eos possunt lucrifacere Christo, si eorum colloquium [136] convictumque vitaverint. Unde et [137] Dominus cum publicanis et peccatoribus comedens : *Non* [138] *est opus* [139], inquit, *sanis medicus, sed male habentibus. Non enim veni vocare justos, sed peccatores* [140]. Et ideo sequitur [141] *Apostolus, et adjungit* [142] *: Nunc scripsi vobis* [non [143] *commisceri. Si quis frater nominatur 'in vobis' aut fornicator, aut idolis serviens, aut avarus, aut maledicus, aut ebriosus, aut rapax, cum hujusmodi nec 'quidem' cibum 'simul' sumere. Quid enim mihi de his, qui foris sunt, judicare? Nonne de his, qui intus sunt, vos judicatis? De his autem, qui foris sunt, Deus judicabit. Auferte malum a vobis ipsis. Quibus verbis satis ostendit, non temere, aut quomodolibet, sed per judicium auferendos esse malos ab ecclesiæ communione, ut, si per judicium auferri non possunt, tolerentur potius, ne perverse malos 'quisque' evitando ab ecclesia ipse discedens, eos, quos fugere videtur, vinciat* [144] *ad gehennam. Quia et* [145] *ad hoc nobis sunt in scripturis 'sanctis' exempla proposita, velut in* [146] *messe, ut palea sufferatur usque ad ultimum ventilabrum, vel intra illa retia, ubi pisces boni cum malis usque ad segregationem* [147], *quæ futura est in littore, id est in fine sæculi, æquo animo tolerentur.* § 2. Non enim contrarium est huic loco id, quod 'alio loco' dicit Apostolus [148] *: Tu, qui es, qui judicas alienum servum? suo domino stat aut cadit. Noluit enim hominem ab homine judicari ex arbitrio suspicionis vel etiam extraordinario usurpato judicio, sed potius*

### NOTATIONES CORRECTORUM.

in qua hæc præcedunt : *Accusatorem autem habere Lotharium non nisi illum, qui accusator fratrum in Apocalypsi appellatur, et opera ejus, quæ et ipsa ejusdem antiqui hostis instinctu patrantur, profecto comperimus, quæ vero Lotharius rex*, etc.

C. XVII. n Exstat integra hæc epistola in collectione canonum sine auctoris nomine in Vaticana bibliotheca.

QUÆST. I. C. XVI. [114] Fragm. epist. deperditæ, scr. A. 887. — Ivo Pan. l. 4. c. 117. Decr. p. 6, c. 431. — Eadem leguntur apud Gerhoum de ædif. Dei in Anecdotis Pezii t. 2, p. 2, p. 574. [115] *Turonensi* : Ed. Bas. — *Leoniatensi*: Ivo Pan. ═ C. XVII. [116] *plurimis*: Edd. coll. o. — Ivo. [117] *dicit*: eæd. pr. Par. Lugdd. — cf. Cor., c. 4. [118] *fornicatore*: Edd. coll. o. ex Ivone. [119] *fuisset*: eæd. ex cod. [120] *hæc neque* ap. Iv. neque apud Gerhoum leguntur. [121] *ejecit*: Edd. coll. o. pr. Arg. Bas. [122] add.: *autem* : Ivo. Gerhous. — Edd. coll. o. [123] *istius*: Edd. Bas. Lugdd. II, III. [124] add. : *apostolicæ*: Ed. Bas. [125] add. : *sanctus* : Ed. Arg. P. III. [126] Serm. 351. Ed. Maur. — Ans. l. 3, c. 70. Polyc. l. 7, t. 7. ═ C. XVIII. [127] 1 Cor., c. 4, v. 5. [128] *ant*: Edd. coll. o. [129] *auderet*: Edd. coll. o. [130] *cujusquam*: eæd. [131] add.: *sua* : Edd coll. o. pr. Bas. — † *ecclesiasticis*: Edd. coll. o. [132] 1 Cor., c. 5, v. 8. [133] *ne commisceamini*: Edd. Coll. o. [134] *exire*: eæd. pr. Bas. [135] cf. C. 23, q. 4, c. 17. [136] *colloqu. sive collegium conviviumque* : Ed. Bas. [137] abest ab Edd. coll. o. pr. Bas. [138] Matth., c. 9, v. 12. [139] *necessarius* : Edd. coll. o. [140] add. : *ad pœnitentiam*: Edd. coll. o. pr. Arg. [141] *consequentes* : Edd. coll. o. [142] 1 Cor., c. 5, v. 11. [143] *ne commisceamini* : Edd. coll. o. pr. Bas. — add. : *fornicariis*: Edd. coll. o. [144] *vincat*: Ed. Bas. — *vel vincat*: Edd. Nor. Ven. I. — *vel jungat, vel mittat*: Edd. Arg. — *i mittat* : Edd. Par. Lugdd. [145] abest ab Edd. coll. o. pr. Bas. [146] Matt., c. 3 et 13. [147] *separationem* : Edd. coll. o. pr. Bas. [148] Rom., c. 14, v. 4.

ex lege Dei secundum ordinem ecclesiæ, sive ultro confessum, sive accusatum atque convictum. Alioquin illud [149] cur dixit: *Si quis frater nominatur aut fornicator, aut idolis serviens*, etc., nisi quia eam nominationem intelligi voluit[150], quæ fit in quenquam, quum sententia ordine judiciario atque integritate profertur? Nam si nominatio 'sola' sufficit, multi damnandi sunt innocentes, quia sæpe falso in quoquam crimina nominantur. § 3. Non ergo illi, quos monemus agere pœnitentiam, quærant sibi comites ad supplicium[151], nec gaudeant, quia plures invenerint[152]. Non enim propterea minus ardebunt, quia cum multis ardebunt.

C. XIX. *Peccatum, quod tantum judici notum est, ab eo damnari non valet*[153].

Idem *sermone XVI, de verbis Domini.*

Si peccaverit, 'inquit', in te frater tuus, corripe eum inter te et ipsum solum. Quare? quia peccavit in te. Quid est: *In te peccavit?* Tu scis, quia[154] peccavit. Quia enim secretum fuit, quando in te peccavit, secretum quære, quum corrigis quod in te peccavit. Nam si solus nosti, quia[155] peccavit in te, et eum vis coram omnibus arguere, non[156] es[157] correptor[158], sed proditor. Attende, quemadmodum vir justus Joseph tanto flagitio, quod de uxore fuerat suspicatus, tanta benignitate pepercit, antequam sciret unde illa conceperat, quam gravidam senserat, et se ad illam non accessisse noverat. Restabat itaque certa adulterii suspicio, et tamen, quia[159] ipse solus senserat, ipse solus sciebat, quid de illo ait evangelium? *Joseph autem, quum esset vir justus, et nollet eam divulgare*[160]. 'Mariti dolor non vindictam quæsivit: voluit prodesse peccanti, non punire peccantem. *Quum*, inquit, *nollet eam divulgare*', voluit eam occulte dimittere. *Et infra*: § 1. Ergo ipsa corripienda sunt coram omnibus quæ peccantur coram omnibus. Ipsa vero corripienda sunt secretius quæ peccantur secretius. Distribuite[161] tempora, et concordat[162] scriptura. Sic agamus, et sic agendum est, non solum quando in nos peccatur, sed etiam quando peccatur ab aliquo, ut[163] ab altero nesciatur, in secreto debemus corripere. *Et paulo post*: § 2. Novit[164] enim nescio quem homi-

A cidam episcopus, et alius illum nemo novit. Ego nolo illum publice corripere, et tu quæris inscribere? Prorsus nec prodo, nec[165] negligo: corripio[166] in secreto, pono ante oculos ejus[167] Dei judicium, terreo cruentam conscientiam, persuadeo pœnitentiam. Hac caritate præditi esse debemus. Unde aliquando homines reprehendunt nos, quod quasi non corripiamus, aut putant nos scire quod nescimus, aut putant nos tacere quod[168] scimus. Sed[169] forte quod scis et ego scio: sed non coram te corripio, quia curare volo, non accusare. § 3. Sunt homines adulteri in domibus suis, in secreto peccant[170], aliquando[171] nobis produntur ab uxoribus suis, plerumque zelantibus, aliquando maritorum salutem quærentibus. Nos non prodimus palam[172], sed in secreto arguimus[173]. Ubi[174] contigit malum ibi moriatur 'malum'. Non tamen vulnus illud negligimus, ante omnia ostendemus, homini in tali peccato constituto, sauciamque gerenti conscientiam, illud vulnus esse mortiferum.

IV Pars. Gratian. *Quando vero crimen est notum aliis, et non judici, nec tunc sine examinatione feriendum est, quia in crimen sibi occultum judex sententiam ferre non debet.*

Unde Evaristus Papa ait epist. II[175]:

C. XX. *Sententia non præcipitanter ferenda est.*

Deus omnipotens, ut nos a præcipitatæ[176] sententiæ prolatione compesceret, quum omnia[177] nuda et aperta sint oculis ejus, mala tamen Sodomæ noluit audita judicare prius, quam manifeste agnosceret[178] quæ dicebantur, unde ipse ait[179]: *Descendam, et videbo, utrum clamorem, qui venit ad me, opere compleverint, an non est ita, ut sciam*. Deus omnipotens, cui nihil est absconditum, sed omnia ei manifesta sunt etiam antequam fiant, non[180] ob aliud hæc et alia multa (quæ hic[181] prolixitatem vitantes non inseruimus) per se inquirere dignatus est, nisi[182] ut nobis exemplum daret, ne præcipites in discutiendis et judicandis negotiis essemus, et ne mala quorumque[183] prius quisquam præsumat credere quam probare. Cujus exemplo monemur, ne ad proferendam sententiam unquam præcipites simus, aut temere indiligenterque indiscussa[184]

---

Quæst. I. C. XVIII. [149] *illis*: Ed. Bas. [150] *vult*: ib. [151] *supplicia*: Edd. coll. o. [152] *inveniant sibi similes*: eæd. = C. XIX. [153] Sermo 82. Ed. Maur. — Ans. l. 11, c. 26. [154] add.: *in te*: Ed. Bas. [155] *quanto* ib. [156] *jam non*: ib. [157] *eris*: Edd. coll. o. [158] *corrector*: eæd. — add.: *erroris*: eæd. pr. Bas. [159] *et tamen ipse quia non noverat, quod dicit*: Edd. coll. o. pr. Lugdd. II, III, in quibus legitur: *et tamen, quia ipse solus noverat, ipse solus sciebat; quid dicit evangelium?* — cf. Matth., c. 1, v. 19. [160] *traducere*: Edd. Lugdd. II, III. — *divulgare et traducere*: Ed. rel. [161] *distingue*: Edd. Ven. I. Par. Lugdd. [162] *concordabit*: Ed. Bas. — *concordabit*: Edd. rel. [163] *et*: Edd. Par. Lugdd. I. — *verba seqq*.: *i. s. d. c.*: desid. in Edd. coll. o. pr. Lugdd. II, III. [164] *Nescio quem noverit*: Edd. coll. o. pr. Lugdd. II, III. [165] add.: *tamen*: eæd. pr. eæd. et Arg. [166] add.: *tamen*: eæd. pr. Lugdd. [167] *ei*: Ed. Bas. [168] add.: *si quid*: Ed. Arg. [169] *abest ab* Edd. coll. o. 'pr. Lugdd. II, III. [170] *peccantes*: Edd. coll. o. [171] *qui al*.: Ed. Bas. [172] *abest ab* Edd. coll. o. pr. Lugdd. II, III. [173] *corripimus*: Ed. Bas. [174] *ut ubi*: Edd. coll. o. [175] Caput Pseudoisidorianum, desumptum ex c. 14. Gregor. Moral. l. 19. — Eadem leguntur in conc. Tribur., c. 22. — Burch., l. 11, c. 9. Ans. l. 3, c. 67. Ivo Pan. l. 4, c. 116. Decr. p. 5, c. 240. Polyc. l. 7, t. 1. = C. XX. P. IV. [176] *præcipitande*: Edd. coll. [177] Hebr. c. 4. [178] *cognosceret*: eæd. [179] Genes, c. 18. [180] *ideo*: Edd. Bas. — *non ideo*: Ed. rel. — *verba*: *et alia* — *inseruimus*: non sunt ab Ivo Pan. [181] *ob prolixitatem capitulo non inseruimus*: Edd. coll. o. [182] *non quod ea ignoraverit, sed ut*. eæd. [183] *proximorum*: eæd. [184] add.: *probata*: Edd. Bas. Par. Lugdd. — *improbata*: Edd. rell. ex Iv. Pan.

quæque* quoquo modo judicemus, dicente veritatis voce : *Nolite judicare, ut non judicemini* [185] : *in quo enim judicio judicaveritis judicabimini,* et reliqua. Nam mala audita nullum moveant, nec passim dicta absque certa probatione quisquam unquam credat, sed ante audita diligenter inquirat, ne [186] præcipitando quicquam aliquis agat. Si enim Dominus [187] omnium Sodomorum mala, quorum clamor ad coelum usque pervenerat, omnia sciens prius, nec credere, nec judicare voluit, quam ipse ea cum fidelibus testibus diligenter investigans, quæ audierat, opere 'veraciter' cognosceret [188], multo magis nos [189] humani et peccatores homines, quibus incognita sunt occulta judicia Dei, et [190], hæc præcavere et nullum [191] ante veram justamque probationem judicare aut damnare debemus, manifeste apostolo dicente Paulo [192] : *Tu, qui es, qui judicas servum alienum ? suo enim domino stat aut cadit.*

V Pars. Gratian. *Quando autem crimen notum est judici et aliis, aliquando reus inficiatur factum, veluti si quis negaret interfecisse eum, quem sub oculis judicis in conspectu multorum interfecit. Hic, quia se reum negat, sine examinatione feriri non potest. Aliquando evidentia ipsa operis reum esse testatur, quando opere publico crimen suum confitetur, tunc post secundum et tertiam correctionem sine examinatione damnandus est vel puniendus, si incorrigibilis exstiterit. In hoc itaque ultimo casu intelligenda est auctoritas illa Ambrosii* [193] *et Nicolai : Manifesta accusatione non indigent. Fornicator enim ille, in quem sine examinatione sententia apostolica processerat, publice coram omnibus novercam suam pro uxore habebat. Lotharius quoque, de quo Nicolaus scribit, similiter publice uxorem suam dimiserat, et aliam superduxerat.*

Unde idem Nicolaus Papa *scribit Archiepiscopis et Episcopis per Galliam, Italiam et Germaniam constitutis* [194] :

C. XXI. *Sine accusatione manifesta ferienda sunt.*

Scelus, quod Lotharius rex (si tamen rex veraciter dici possit, qui nullo salubri regimine corporis appetitus refrenat, sed lubrica enervatione magis illicitis ejus motibus cedit) in duabus feminis, Thietberga [195] scilicet et Gualdrada, commisit, omnibus manifestum est. Sed et dudum episcopos Thietgaudum [196] et Gunterium in tali facto eum habuisse tutores atque fautores, pene totus nobis orbis undique ad limina seu sedem confluens apostolicam referebat. *Et infra :* Igitur decernente nobiscum [197] sancta synodo, in præsentia depositi, et ab officio sacerdotali excommunicati, atque a regimine episcopatus alienati indubitanter existunt [198].

## QUÆSTIO II.
### GRATIANUS.

*Quod autem exspoliatus ante judicem stare non possit, multis auctoritatibus probatur.*

Ait enim Joannes Papa I. *ad Zachariam Archiepisc.* [1] :

C. I. *Ante litem contestatam possessori cuncta sunt restituenda.*

Antiquitus decretum est, ut omnes possessiones, et omnia sibi sublata, atque fructus cunctos ante litem contestatam perceptos [a] [2] episcopus vel primas [3] possessori restituat.

C. II. *De eodem.*

Item Nicolaus Papa [4].

Omnes leges tam ecclesiasticæ, quam vulgares et publicæ præcipiunt, ut omnia sibi ablata restituantur ei, qui suis est rebus exspoliatus.

C. III. *Nullus debet accusari, dum suis rebus fuerit spoliatus.*

Item Stephanus Papa, *epistola II* [b] [5].

Nullus episcoporum, dum suis fuerit rebus exspoliatus, aut a sede propria qualibet occasione pulsus, debet accusari, aut a quoquam potest ei crimen objici, priusquam integerrime restauretur, et omnia, quæ illi ablata quocunque ingenio fuerant [6], legibus redintegrentur, et ipse propriæ sedi et pristino statui regulariter reddatur : ita ut omnes possessiones, et cuncta [7] sibi injuste ablata, atque fructus [8] omnes ante cœptam [9] accusationem primates et synodus episcopo, de quo [10] agitur, funditus restituant.

C. IV. *Nec convocari ad synodum, nec in aliquo debet judicari spoliatus.*

Item Eusebius *fratribus constitutis per Alexandriam et Ægyptum, epist. II* [11].

In scripturis vestris reperimus quosdam episcopos

---

### NOTATIONES CORRECTORUM.

Quæst. II. C. I. [a] *Perceptos* : In vetustis exemplaribus et epistola Joannis, itemque Eusebii est [2] : *perceptor vel primas possessori restituat.*

C. III. [b] Caput hoc suæ integritati ex originali est restitutum.

---

Quæst. I. C. XX. [185] *et non jubicabimini*: Ivo. — Edd. coll. o. pr. Arg. — cf. Matth. c. 7, v. 1, [186] *nec præcipitanter* : Edd. coll. o. [187] add : *cognitor* : eæd. ex lv. [188] *comprobaret* : cæd. [189] *nos qui homines sumus et pecc.* : exæd. [190] *hæc præcaventes* : exæd. — Ans. [191] cf. C. 30, q. 5, c. 10. [192] Rom. c. 14, v. 4. — P. V. [193] supra c. 15, 46. [194] scr. A. 863. Ivo Decr. p. 8, c. 226. — C. XXI. [195] *Teberga* : Edd. coll. o. — *Theiberga* : Ivo. [196] *Teugualdum* : Ed. Bas. — *Teugaldum* : Edd. rel. cum Ivone. [197] *robiscum* : Ed. Bas. [198] *existant* : ib.

Quæst. II. [1] Caput Pseudoisidorianum, desumptum ex Theod. cod. l. 9, t. 10, c. 3, cf. Breviar. Alar. l. 8, t. 1, c. 2. — Ans. l. 3, c. 44, et in fine l. 7. Ivo Pan l. 4, c. 47. [2] et ap. Ans. et Ivon. l. l. — C. l. [3] *præceptor, vel ep., vel primas* : Ed. Bas. [4] *videtur legendum esse* : *primo* — C. II. [5] ex præfatione Pseudoisidori. — cf. C. 53, q. 2, c. 3. — C. III. [6] Caput Pseudoisidorianum, confectum secundum histor. trip. l. 8, c. 12, et syn. 3, sub Symmacho. Coll. tr. p. p. 4, t. 21, c. 3. — Burch. l. 1, c. 142. Ans. l. 3, c. 52. Ivo. Decr. p. 5, c. 255. [6] *sunt* : Ivo. Edd. coll. o. [7] add : *prædia* : Ivo. [8] add : *ejus* Ed. Bas. [9] *inceptam* : Edd. Bas. Lugdd. — *acceptam* : Edd. rel. — *conceptam* : Ivo. Burch. [10] add : *supra* : Ed. Bas. — C. IV. [11] Caput Pseudoisidorianum ; cf. (spuriam) syn. V. Symmachi. — Ans. l. 3, c. 44. Ivo Pan. l. 4, c. 45. Decr. p. 5, c. 249).

vestris in partibus a propriis ovibus accusatos, aliquos videlicet ex suspicione, et aliquos ex certa ratione, et idcirco quosdam suis esse rebus exspoliatos, quosdam vero a propria sede pulsos ¹². Quos sciatis nec ad synodum comprovincialem, nec ad generalem posse vocari ¹³, nec in aliquo judicari, antequam cuncta, quæ eis sublata ¹⁴ sunt, legibus potestati eorum redintegrentur.

### C. V. *De eodem.*

Item Julius Papa, in *epistola ad Orientales*, c. 35 et 8 c ¹⁵.

Nullus potest convocari ¹⁶ aut judicari, antequam omnia sibi ablata et omnia jura ei in integrum restituantur, quia non habet privilegium, quo possit exui jam nudatus.

### C. VI. *De eodem.*

Item Zephyrinus Papa ad *Episcopos Ægypti, ep. II* ¹⁷.

Præceptum ergo est in antiquis statutis, episcopos ejectos atque suis rebus exspoliatos ecclesias proprias recipere, et primo sua omnia eis reddi, et demum, si quis eos juste accusare voluerit, æquo periculo facere; judices esse decernentes episcopos recta sapientes, et in ecclesia convenientes, ubi testes essent singulorum, qui oppressi videbantur, nec prius eos respondere * debere *, quam omnia sua eis et ecclesiis eorum legibus integerrime restituantur.

### QUÆSTIO III.
### GRATIANUS.

I Pars. *Qua autem pœna feriendi sint qui in accusatione deficiunt, canonum censura definit. Pœnam* enim illati criminis cum dispendio existimationis accipient.

*Unde* Caius ª Papa ¹ :

### C. I. *De iis, qui non probanda objiciunt.*

Si quis circa hujusmodi personas non probanda detulerit, auctoritate hujus sanctionis intelligat se jacturam infamiæ sustinere, ut damno pudoris et existimationis ² dispendio discat, sibi alienæ verecundiæ impune insidiari saltem de cetero non licere.

### C. II. *Si accusator in accusatione defecerit, talionem recipiat.*

Item Damasus Papa *ad Stephanum Archiepiscopum, epist. III* ᵇ ³.

Calumniator, si in accusatione defecerit, talionem recipiat.

### C. III. *De eodem.*

Item ex decreto Hadriani Papæ *in capitulis ab ipso collectis, c. 52, in medio* ⁴.

Qui non probaverit quod objecit ⁵, pœnam, quam intulerit, ipse patiatur.

### C. IV. *De his, qui falsis criminibus aliquem impetunt.* Item ᶜ ⁶.

Si quis episcopum, aut presbyterum, aut diaconum falsis criminibus appetierit ⁷, et probare non potuerit ⁸, nec in fine ᵈ ⁹ dandam ei communionem censemus ¹⁰.

II Pars. Gratian. *Aliud est accusationem non implere, et aliud est convicium non probare. Illud enim nulli sine abolitione, hoc omnibus licet.*

Unde Fabianus Papa *ad Hilarium Episcopum, epist. III* ¹¹ :

### C. V. *Convicium non est pro accusatione habendum.*

Si quis iratus crimen * aliquod * cuilibet temere

---

### NOTATIONES CORRECTORUM.

C. V. ᵉ Caput hoc confectum est ex decretis Julii trigesimo quinto et octavo, verbis tamen mutatis et alio modo dispositis.

QUÆST. III. ª *Caius*: Sic est in plerisque vetustis, et habetur hoc caput in epistola unica ipsius, in qua proxime his antecedunt verba capitis : *Si quis episcopus*, infra ead. quæst. 7. In vulgatis autem hic citabatur Gelasius.

C. II. ᵇ Verba ipsa Damasi referuntur infra 4, q. 4, c. *Nullus introducatur.*

C. IV. ᶜ *Item* : Sic est in plerisque vetustis codicibus. In vulgatis autem legebatur : *Item Damasus Papa.* Exstat autem caput hoc in capitulis Hadriani c. 62, et in concilio Eliberitano cap. 75. Ivo citat ex Carthaginensi. Et in tomis conciliorum adjungitur Carthaginensi III.

ᵈ *Nec in fine* : Sic legitur in concilio Eliberitano, non in hoc tantum canone, sed etiam in aliis, quam ob causam, atque etiam ob glossam nihil est mutatum. Apud Hadrianum tamen est : *nisi in fine dandam ei non esse communionem.* Apud Ivonem : *nonnisi in fine dandam ei esse communionem.*

---

QUÆST II. C. IV. ¹² *ejectos* : Ed. Bas. — *depulsos* : Edd. rel. ¹³ *convocari* : Edd. coll. o. — Ivo. ¹⁴ *oblata* : Ed. Par. — *ablata* : Edd. rel. pr. Bas. = C. V. ¹⁵ Caput Pseudoisidorianum, confectum ad Ennodii apolog. pro Symmacho. — Burch. l. 1, c. 144. Ivo Pan. l. 4, c. 46. Decr. p. 5, c. 257. ¹⁶ *vocari* : Ed. Bas. = C. VI. ¹⁷ Caput Pseudoisidori, haustum ex histor. tripart. l. 7, c. 12.—Ivo Pan. l. 4, c. 43. Decr. p. 5, c. 246.

QUÆST. III. P. I. ¹ Caput Pseudoisidori, cujus fons est c. 41. Theod. cod. l. 16, t. 2. — Ans. l. 5, c. 46. Alger. p. 2, c. 37. = C. I. ² *æstimationis* : Edd. coll. o. pr. Bas. Lugdd. II. III. = C. II. ³ Caput Pseudoisidori, repetitum ex Theod. cod. l. 9, t. 1. = C. III. ⁴ Caput Pseudoisidori, cf. ep. Fabiani ep. 3, cf. C. 3, q. 6, c. 1. — Fons capitis est interpr. ad. c. 10. Theod. cod. l. 9, c. 1. — Alger. l. 2, c. 47. ⁵ *objecerit* : Edd. coll. o. = C. IV. ⁶ ex conc. Eliberitano (hab. non serius A. 319) c. 75. — cf. conc. Arel. II, c. 24, et cap. Hadriani c. 62. — Regino l. 2, c. 338. Burch. l. 2, c. 195. (ex Carthaginensi) Ans. in fine l. 5. Ivo Decr. p. 6, c. 240. ⁷ *impetierit* : Edd. coll. o. — add. : *vel accusavit* : eæd. exc. Bas. ⁸ *poterit* : eæd. ⁹ *finem* : Coll. Hisp. ¹⁰ abest a Coll. Hisp. et Ans. Iv. Burch. = C. V. P. II. ¹¹ Caput Pseudoisidori, desumtum ex interpr. ad Theod. cod. l. 9, t. 1, c. 15. — cf. Capit. Hadriani c. 54. — Ans. l. 3, c. 89 (87). Ivo Pan. l 4, c. 74. Decr. p. 6, c. 324.

objecerit, convicium non est pro accusatione habendum, sed permisso tractandi spatio id [12], quod iratus dixit, per scripturam se probaturum esse fateatur, ut, si fortasse resipiscens quæ præ [13] iracundia dixit [14] iterare aut scribere [15] noluerit, non ut reus criminis teneatur.

III Pars. *Gratian.* Sed aliud est crimen illatum non posse probare [e], aliud aliqua promissione accusationem deserere. Huic enim, qui promissione [f] deceptus accusationem deserit, venia datur; illi vero, qui crimen illatum probare non valuerit, infamia irrogatur. Unde B. Gregorius *scribit Joanni Episcopo Corinthiorum, lib. IV, epist.* 50 [16]:

C. VI. *De eo, qui promissione illectus accusationem deserit.*

Paulum itaque diaconum quamvis culpa sua vehementer confundat [17], quod deceptus promissione ab accusatione nuper depositi \* quondam \* episcopi sui destiterit, tamen hanc ei culpam ignoscimus.

[PALEA.]

« Omnis [g] igitur [18], qui crimen objicit, scribat se probaturum. Revera ibi semper causa agitur [19], ubi crimen admittitur; et qui non probaverit quod objecit [20], pœnam, quam intulerit, ipse patiatur. »

C. VII. *De iis, qui accusationem deserunt, ut ecclesiasticos ordines accipiant.*

Item Gregorius *eadem epistola* [21].

Euphemium atque Thomam, qui pro deserenda accusatione episcopi sui [h] [22] sacros ordines acceperunt, eisdem \* sacris \* privatos ordinibus esse [23], atque ita, sicuti sunt depositi, volumus permanere.

*Gratian.* Hinc colligitur clericorum infamiam per Romanum Pontificem aboleri posse, contra illud Gelasii [24]: Quanquam animas per pœnitentiam salvare possimus, infamiam tamen abolere non possumus, contra illud *Stephani*, qui, quum causas enumerasset, ex quibus infamia irrogatur: Illos omnes, *inquit*, sub A nota perpetuæ infamiæ ad pœnitentiam suscipimus. Vel non fiunt infames lege canonum omnes, quos leges sæculi infames pronunciant, quum Paulus diaconus, qui non impetrata abolitione ab accusatione destiterat, hac auctoritate dignitatem officii sui recuperavit, quem senatus-consultum Turpilianum infamem pronunciat. Quod etiam de ea fateri cogimur, quæ intra tempus luctus nubit, quum matrimonia hodie regantur jure poli, non jure fori, et jure poli mortuo viro mulier soluta est a lege viri: nubat cui vult. § 1. Sed idem Stephanus econtra scribit, dicens: Infames dicimus quoscunque leges sæculi infames pronunciant. Sed illud *Gelasii et Stephani* [25]: Quanquam animas, etc., *et*: Sub nota perpetuæ infamiæ, etc., *de illis intelligitur, quibus per judicem civilem infamia irrogatur, quorum sicut examinatio et castigatio, ita et in integrum restitutio non nisi ad civilem judicem spectat. De ea vero, quæ intra tempus luctus nubit, non est contrarium ei, quod Stephanus ait:* Infames dicimus, etc. Quam enim leges sæculi præcipue in matrimonio sacros canones sequi non dedignentur, non videntur pronunciare infamem, quæ apostolica et canonica auctoritate non illicite nubit.

IV Pars. § 2. Notandum est quoque, quod aliud est, quum aliquem pœnituerit criminaliter accusasse et inscriptionem fecisse, si ab innocente fuerit absolutus: aliud, si pecuniam a nocente acceperit, ut a probatione ejus, quod objecerat, desistat.

Unde in *Libro Capitularium, c.* 175, *legitur* [26].

C. VIII. *De eo, quem pœnitet criminaliter accusasse.*

Si quem pœnituerit accusasse criminaliter, et inscriptionem fecisse de eo, quod probare non potuerit, si ei [27] cum accusato innocente convenerit, invicem se absolvant. Si vero judex eum, qui accusatus est, criminosum esse cognoverit, et inter reum

---

NOTATIONES CORRECTORUM.

C. V. [e] *Probare*: In plerisque exemplaribus sequitur: *quia falsum est, aliud,* etc. Sed in emendatioribus ea verba vel non habentur, vel alia manu sunt addita.

[f] *Promissione*: Non est simpliciter dicendum illis, qui pro aliqua promissione deserunt accusationem, semper veniam dari. Nam in Paulo, de quo in subjecto capite loquitur B. Gregorius, aliæ aderant causæ, quæ in ipsa epistola exponuntur, his verbis: *tamen quia plus esse convenit nos misericordes quam districtos, hanc ei culpam ignoscimus, atque eum in ordine locoque suo recipiendum esse censemus. Nam ei a tempore prolatæ sententiæ afflictionem, quam pertulit, credimus ad vindictam hujus posse culpæ sufficere.* Et inferius in eadem epistola refert aliqua a prædicto Paulo in utilitatem ecclesiæ facta, quæ etiam movere B. Gregorium potuerunt, ut erga eum esset clementior. Erant autem in ipso capite multa B. Gregorii verba omissa, quorum nonnulla visa sunt addenda.

C. VI. [g] *Omnis*: Hinc usque ad finem in vetustioribus ac melioribus Gratiani codicibus non leguntur, nec sunt Gregorii, sed Fabiani et Hadriani Pontificum, quæ infra q. 8, c. *Qui crimen,* et 3, q. 6, c. 1, citantur ex Fabiano, et c. fin. ex capitulis Hadriani.

C. VII. [h] *Episcopi sui*: Hæc verba in eo epistolæ loco non sunt, sed ex iis, quæ antecedunt, innuitur, eum, a quo Euphemius et Thomas ideo ordinati fuerunt, ut ab ipsius accusatione desisterent, fuisse proprium illorum episcopum.

---

Quæst. III. C. V. [12] *si id*: Edd. coll. o. pr. Bas. [13] *per iracundiam*: Edd. coll. o. [14] *dixerit*: eæd. pr. Bas. [15] *inscribere*: eæd. — P. III. [16] Ep. 52 (scr. A. 505), l. 5. Ed. Maur. — Ans. l. 3, c. 113. Polyc. l. 1, c. 6. = C. VI. [17] *add.*: *atque redarguat*: orig. — Ans. [18] Ivo Decr. p. 6, c. 524. — cf. ad C. 3, q. 6, c. 1, et 18, et C. 6, q. 1, c. 6. [19] *agatur*: Edd. coll. o. [20] *objecerit*: Edd. coll. o. = C. VII. [21] Ans. l. 8, c. 36. [22] *ep. sui*: desid. ap. Ans. [23] *add.*: *censemus*: Bohm. [24] imo Calixti ep. 2 (Pseudoisid.). — Ivo Decr. p. 9, c. 23. [25] C. 6, q. 1, c. 17. — P. IV. [26] Imo in interpretatione ad Theod. cod. l. 9, t. 37, c. 1. Ivo Decr. p. 10, c. 251. = C. VIII. [27] abest ab Edd. coll. o. pr. Bas.

et accusatorem per obreptionem ¹ convenerit de colludio, pœnam accipiat ⁴⁸ legibus constitutam.

V Pars. Gratian. *Notandum quoque est, quod, sicut Digest* ²⁹ *l. XLVIII, tit. de abolit. criminum, l. I, legitur :* Accusatorum temeritas tribus modis detegitur,* et tribus pœnis subjicitur. * Aut enim calumniantur, aut prævaricantur, aut tergiversantur. Calumniari est falsa crimina intendere ; prævaricari vera crimina abscondere ; tergiversari in universum ab accusatione desistere. § 1. Calumniatoribus pœna legitime ³⁰ irrogatur ᵏ. Sed non utique qui non probat quod intendit protinus calumniari videtur. Nam ejus rei inquisitio arbitrio cognoscentis committitur, qui, reo absoluto, de accusatoris incipit consilio quærere, qua mente ductus ad accusationem processerit, et si quidem justum ejus errorem reperit, absolvit eum : si vero in evidenti calumnia eum deprehendit, legitimam pœnam ei irrogat. Quorum alterutrum ipsis verbis pronunciationis manifestatur. Nam si quidem ita pronunciaverit : *Non probasti,* pepercit ei : si autem pronunciaverit : *Calumniatus es,* condemnavit eum. Et quamvis nihil de pœna subjecerit, tamen legis potestas adversus eum exercebitur. Nam ᶜ (ut Papinianus respondit) * facti quidem quæstio in arbitrio est judicantis : pœnæ vero persecutio non ejus voluntati mandatur, sed legis auctoritati reservatur. *Si autem interloquendo* ˡ *dixerit : Titius temere accusasse videtur, non calumniatorem pronunciavit.* Temeritas enim facilitatis ³¹ *veniam continet, et inconsultus calor calumniæ vitio caret, et ob hoc nullam pœnam huic irrogari oportet. Ulpian., lib. XLVII, tit. de prævaricatorib. l. 1* ³² : § 2. Prævaricator est quasi varicator, qui diversam partem adjuvat prodita causa sua. Quod nomen Labeo a varia certatione ³³ tractum ait. Nam qui prævaricatur ex utraque parte constitit ³⁴, quinimo ex altera. Is autem prævaricator proprie dicitur, qui publico judicio accusaverit. Ceterum advocatus non proprie prævaricator dicitur. Quid igitur de eo fiet? Sive privato judicio, sive publico prævaricatus est, hoc est prodiderit causam, hic extra ordinem solet puniri. § 3. Sciendum est quod hodie iis, qui prævaricati sunt, pœna injungitur ex-

A traordinaria. *Et infra :* § 4. Accusator ³⁵ de prævaricatione convictus, postea ex lege non accusat. § 5. In omnibus causis (præterquam in sanguine) qui delatorem corrumpit, pro victo habetur ³⁶. *Et infra lib. XLVIII, tit. de abolitionibus criminum :* § 6. Prævaricatorem esse eum ostendimus, qui colludit cum reo, * et translatitie munere accusandi defungitur, * eo quod proprias quidem probationes dissimularet, falsas vero rei excusationes ³⁷ admitteret. § 7. Si quis autem ab accusatione citra abolitionem destiterit, punitur. Abolitio privatim a præsidibus postulari ac impetrari solet ; item pro tribunali, non de plano, nec præses hanc cognitionem alteri demandare potest. Si plura crimina idem eidem intulerit, singulorum abolitionem debet petere, alioqui,

B prout quid admiserit ³⁸, ejus nomine senatusconsulti pœnam patietur. *Et titulo eodem :* Destitisse ³⁹ eum accipimus, qui in ⁴⁰ totum animum agendi deposuit, non qui distulit ⁴¹ accusationem, sed qui permissu imperatoris ab accusatione destitit ⁴², impunitus est. § 8. *Abolitio enim pœnam remittit, infamiam non tollit. Unde Imppp. Valentinianus, Valens, et Gratianus AAA., lib. IX, C. eod. titulo de generali abolitione dixisse leguntur* ⁴³ *:* Indulgentia, patres conscripti, quos liberat ⁴⁴ notat, nec infamiis criminis tollit, sed pœnæ gratiam facit. Si autem : restituo te in integrum, princeps dixerit, infamiam tollit. *Unde ex eodem lib. tit. de sententiam passis et restitutis, cuidam deportato in insulam imperator Antoninus dixisse legitur* ⁴⁵ *:* Restituo te in integrum provinciæ tuæ,

C *et adjecit :* Ut autem scias quid sit in integrum restituere, restituo te honoribus et ordini tuo, et omnibus ceteris.

## QUÆSTIO V ᵃ.

### GRATIANUS.

I Pars. *Deficientibus vero accusatoribus reus non videtur esse cogendus ad purgationem. Sicut enim rei possessor deficiente actore titulum suæ possessionis probare non cogitur, ita qui impetitur ad innocentiam suam probandam cogendus esse non creditur. Auctoritate quoque Papæ Cornelii, et Triburiensis concilii sacerdotes jurare prohibentur, nisi pro recta fide.*

### NOTATIONES CORRECTORUM.

C. VIII. ⁱ *Per obreptionem :* Apud Ivonem legitur : *factum per corruptionem consensum, de colludio pœnam excipiat legibus constitutam.* Sed in interpretatione legis 1, quæ est in Cod. Theodos., hoc modo : *per corruptionem de absolutione reatus convenerit, is, qui reus probatur, remoto concludio pœnam excipiat legibus constitutam.*

ᵏ *Calumniatoribus pœna legitime irrogatur :* Hæc

D verba, licet in collatis Gratiani manuscriptis exemplaribus non habeantur, tamen, quia sunt etiam in Pandectis, non sunt expuncta.

ˡ *Si autem interloquendo :* Hactenus retulerat Gratianus verba jurisconsulti. Hinc autem usque ad vers. *Oportet,* refert tantummodo sententiam.

QUÆST. V. ᵃ Quintam ponit post tertiam, quia harum quæstionum simillimum est argumentum.

---

QUÆST. III. C. VIII. ²⁸ *excipiat :* Edd. Arg. Bas. — P. V. ²⁹ fr. 1, seqq. de SC. Turp. et de abol. crim. 48, 16. ³⁰ *lege Remmia :* orig. ³¹ *felicitatis :* Ed. Bas. ³² l. 47, t. 18, fr. 1 seqq. ³³ *concertatione :* Edd. coll. o. Lugd. II, III. ³⁴ *consistit :* Edd. coll. o. ³⁵ fr. 5 seqq. h. t. ³⁶ *add. : ex. SC. :* Ed. Arg. — *ex. SC Turpilliano :* Edd. rell. ³⁷ *accusationes :* Ed. Bas. ³⁸ *omiserit :* Edd. coll. o. pr. Lugdd. II, III. ³⁹ fr. 13 de SC. Turp. — ⁴⁰ abest ab Ed. Bas. ⁴¹ *distulerit :* Edd. coll. o. pr. Bas. ⁴² *destiter't* Ed. Bas. ⁴³ c. 3, t. 43. ⁴⁴ add. : *a pœna :* Edd. coll. o. pr. Bas. ⁴⁵ c. 1, t. 51.

Ait enim Cornelius, *epist. II, ad Rufum, Episcopum orientalem* ᵇ ¹ :

### C. I. *Juramentum a sacerdotibus non est exigendum.*

Sacramentum hactenus a summis ᶜ sacerdotibus ² vel Dei ministris exigi, nisi pro fide recta, minime cognovimus, nec sponte eos jurasse reperimus.

### C. II. *De eodem.*
Idem *paulo inferius* ³.

Nos, sanctorum 'exempla' sequentes, 'sanctorum' apostolorum eorumque successorum jura firmamus, et sacramenta incauta fieri prohibemus.

### C. III. *De eodem.*
Idem *ibidem* ᵈ.

Nos sacramentum episcopis nescimus oblatum, nec unquam fieri debet ᵈ.

### C. IV. *Si quis presbyter contra laicum, vel laicus contra presbyterum querimoniam habeat, episcopo præcipiente terminetur.*

*Item ex Concilio Triburiensi, c. 21* ⁵.

Si quis presbyter contra laicum, vel laicus contra presbyterum aliquam habet querimoniæ controversiam, episcopo præcipiente sine personarum acceptione finiatur, 'et' laicus per † juramentum (si necesse sit) se expurget; presbyter vero vice juramenti ⁶ per sanctam consecrationem interrogetur, quia sacerdotes ex levi causa jurare non debent. Manus ⁷ enim, per quam corpus est sanguis Christi conficitur, juramento polluetur? Absit, quum Dominus in evangelio discipulis suis (quorum vicem nos indigni in sancta gerimus ecclesia) dicat : *Nolite* ⁸ *omnino jurare; sit autem sermo vester: Est, est; Non, non! Quod autem his abundantibus est a* ⁹ *malo est.*

II Pars. Gratian. Verum his auctoritatibus non omnimoda juramenta prohibentur fieri a sacerdotibus, sed tantum incauta et ea, quæ pro qualibet causa temporali judicio offeruntur. Quum autem populari infamia sacerdotes opprimuntur, tunc ad innocentiæ suæ assertionem juramenta debent offerri.

*Unde* Gregorius Papa III ¹⁰ *ad Bonifacium, ep. I.*

### C. V. *Sacerdos a populo accusatus juramento innocentiam suam asserat.*

Presbyter vel quilibet sacerdos si a populo accusatus fuerit, et certi non fuerint testes ¹¹, qui crimini ¹² illato approbent veritatem, jusjurandum in medio ¹³ erit, et illum testem proferat de innocentiæ suæ puritate, cui nuda et aperta sunt omnia.

### C. VI. *De Leone episcopo, quem B. Gregorius purgationem præbere fecit.*

*Item ex Regesto Gregorii, lib. II, Indict. 10, epist. 23* ¹⁴, *ad Justinum Prætorem* ᵉ ¹⁵.

Habet hoc proprium antiqui hostis invidia, ut quos in pravorum ¹⁶ actuum perpetratione (Deo sibi resistente) dejicere non valet, opiniones eorum, falsa ad præsens simulando, dilaceret. Quoniam igitur quædam contra sacerdotale propositum de Leone fratre et coepiscopo nostro sinister rumor aspersit ¹⁷, utrum vera essent districta, diutius fecimus inquisitione perquiri, et nullam in eo de his, quæ dicta fuerant, culpam invenimus. Sed ne quid videretur omissum ¹⁸, quod nostro potuisset dubium cordi remanere, ad B. Patri sacratissimum corpus districta eum ¹⁹ ex abundanti fecimus sacramenta præbere. Quibus præstitis magna sumus exsultatione gavisi, quod hujuscemodi experimento innocentia ejus evidenter enituit. Pro qua re gloria vestra prædictum virum cum omni caritate suscipiat, et reverentiam ei, qualem sacerdoti ²⁰ decet, exhibeat, ne qua ²¹ 'in' cordibus remaneat de his quæ sunt jam purgata, dubietas. Sed ²² ita suprascripto vos episcopo devotissime oportet in omnibus adhærere, ut congrue decenterque Deum in ejus persona cujus minister est, videamini honorare.

### C. VII. *Quomodo B. Gregorius Mennam episcopum juramento purgari fecit.*

*Item ex eodem ad Brunichildam Reginam Francorum, lib. XI, epist. 8* ²³.

Mennam vero reverendissimum ²⁴ fratrem et coepi-

### NOTATIONES CORRECTORUM.

C. I. ᵇ In vetustis codicibus caput hoc conjunctum est cum duobus sequentibus, quæ sunt ex ead. epistola Cornelii Papæ.
ᶜ *Summis* : Sic habet originale. Sed Burchardus et Ivo in quinta parte : *ab episcopis et reliquis ordinibus exigi*. Idem vero Ivo in parte 12 : *a summis sacerdotibus vel reliquis Dei ministris.*
C. III. ᵈ *Debet* : Sequebatur : *nisi pro recta fide*, quæ sublata sunt, quia neque in optimis manuscriptis, neque in ipsa epistola hoc loco habentur, sed sup. ead. cap. 1.
C. VI. ᵉ *Prætorem* : In codicibus Gratiani est : *Imperatorem*. In epistola excusa legitur : *Justino Presbytero*, emendatum vero est ex duobus vetustis codicibus epistolarum et Polycarpo ; estque idem Justinus, ad quem scripta est epistola 2 libri I, in libris etiam impressis incorrupta inscriptione.

---

Quæst. V. P. I. ¹ Caput Pseudoisidorianum, haustum ex act. 1 conc. Constant. hab. A. 448.—Coll. tr. p. p. 1, t. 19, c. 1. — Burch. l. 1, c. 193. Ivo Decr. p. 5, c. 308, p. 12, c. 77. = C. I. ² *suc. vel reliquis exigi* : Edd. coll. o. = C. II. ³ *Coll.* tr. p. ib.— Burch. l. 1. Ivo p. 12, c. 77. = C. III. ⁴ Coll. citt. = C. IV. ⁵ hab. A. 895. Burch. l. 2, c. 182. Ivo Pan. l. 5, c. 40. Decr. p. 6, c. 227. - † *præjuramento* : orig. ⁶ *præjuramenti* : ib. ⁷ *ne manus* : Ed. Bas. — *manus vero* : Edd. rell. pr. Lugdd. II, III. ⁸ Matth. c. 5, v. 54. ⁹ *ex* : Burch. — Edd. coll. o. pr. Bas. Lugdd. II, III. P. II. ¹⁰ Imo Gregorius II, A. 726. — Burch. 1, 2, t. 186. Ans. 1, 3, c. 79. Ivo Pan. l. 5, c. 9. Decr. p. 6, c. 231. = C.V. ¹¹ *add.* : *inventi* : Edd. coll. o. ¹² *crimini illato veritatem dicant* : Coll. citt. — *criminis illati v. d.* : Edd. coll. o. ¹³ *faciat in medium* : Ivo Pan. — *fac. in medio* : Edd. coll. o. = C. VI. ¹⁴ Ep. 33 (scr. A. 592), l. 2. Ed. Maur. — Burch. l. 1, c. 494. Ans. l. 6, c. 162. Ivo Pan. l. 5, c. 5. Decr. p. 5, c. 309. Polyc. l. 6, t. 11. ¹⁵ *Imperatorem* : Coll. citt. — Edd. coll. o. ¹⁶ *improborum* : Edd. coll. o. ¹⁷ *asperserat* : orig. — Coll. citt. — Edd. coll. o. ¹⁸ *ambiguum* : Edd. coll. o. ¹⁹ *eorum* : Bohm. invito fonte. ²⁰ *sacerdotem* : exd. — Ivo Pan. ²¹ *nec aliqua* : Bohm. — *nec quædam* : orig. ²² *Et* : Edd. coll. o. = C. VII. ²³ Ep. 7 (scr. A. 603), l. 3. Ed. Maur. — Burch. l. 1, c. 196. Ivo Pan. l. 5, c. 6. Decr. p. 5, c. 311. Polyc. l. 1. ²⁴ *reverentissimum* : Ivo Pan. — Edd. Bas.

scopum nostrum, postquam ea, quæ de eo dicta fuerant [25], requirentes, in nullo invenimus culpabilem esse, qui insuper ad sacratissimum corpus B. Petri apostoli sub jurejurando satisfaciens, ab his, quæ objecta ejus opinioni fuerant [26], se demonstravit alienum, reverti illuc purgatum absolutumque permisimus, quia, sicut dignum erat, ut, si in aliquo reus resisteret, culpam in eo canonice puniremus, ita dignum non fuit, ut eum adjuvante innocentia diutius retinere vel affligere in aliquo deberemus. § 1. Purgationem f tamen [27] ante te duobus sibi sacerdotibus junctis, ubi accusator cessaverit, eundem [28] ex se præbere tuo committimus [29] arbitrio. Vulgarem denique, ac nulla canonica sanctione fultam legem, ferventis scilicet sive frigidæ aquæ, ignitique ferri contactum, aut cujuslibet popularis inventionis (quia fabricante hæc sunt omnino [30] ficta invidia), nec ipsum exhibere, nec aliquo modo te volumus postulare, imo apostolica auctoritate prohibemus firmissime.

### C. VIII. *De Maximo Salonitano episcopo, qui sacramento se ipsum purgavit.*

*Item* Gregorius Castorio Notario Ravennæ lib. VII, Indict. 2, epist. 80 [31].

Quanto a nobis credi [32] 'tibi', et necessarias vides causas injungi, tanto te strenuum debes [33] et sollicitum exhibere. Proinde, si Maximus Salonitanus præstito sacramento firmaverit se simoniaca hæresi non teneri, atque de aliis ante corpus sancti [34] Apollinaris tantummodo requisitus, innoxium se esse responderit, et de inobedientia sua pœnitentiam (sicut deputavimus) egerit, volumus, ut ad consolandum [35] illum epistolam, quam ad eum scripsimus (ubi [36] ei gratiam nostram, et communionem nos reddidisse signavimus), experientia tua dare debeat; quia sicut in contumacia persistentibus severos nos esse convenit, sic iterum humiliatis [37] et pœnitentibus negare locum veniæ non debemus.

### C. IX. *De eodem.*

*Idem* Mariniano Episcopo Ravennæ, lib. VII, ep. 79 [38].

Quæ de causa Maximi sint [39] agenda, ex epistolis, quas ad vos 'ante' transmisimus, agnovistis. Sed quia, qualis de hac re fraternitatis vestræ voluntas sit 'ac' magis 'petitio', a præsentium latore Castorio chartulario nostro renunciante cognovimus, ideo, si idem Maximus coram vobis et prædicto chartulario nostro de simoniaca hæresi 'præstito' se sacramento purgaverit, atque de aliis ante corpus sancti [40] Apollinaris (ut scripsimus) tantummodo requisitus, liberum se esse responderit, causam ipsius fraternitatis vestræ, de eo, quod excommunicatus missorum solennia agere præsumserit, judicio committimus, qua debeat pœnitentia talis culpa purgari. Et ideo quidquid vobis secundum Deum placet securi disponite, nec aliquod de nobis dubium habeatis. Nam quidquid a vobis de hac causa fuerit ordinatum nos et grate [41] suscipimus, et libenter admittimus.

### C. X. *Qualiter Sixtus semetipsum purgavit.*

*Item* Sixtus Papa III, *epist. ad orientales Episc.,* c. 1 [42].

Mandastis, ut scriberem vobis, qualiter instans jurgium contra me suscitatum sit, vel a quo, ut vestro adminiculo pelleretur, et causa mea firmaretur. Scitote me criminari a quodam Basso, et injuste persequi. Quod audiens Valentinianus Augustus nostra auctoritate synodum congregari jussit. Et facto concilio, cum magna examinatione satisfaciens omnibus (licet evadere satis aliter potuissem, suspicionem tamen fugiens), coram omnibus me purgavi, me scilicet a suspicione et æmulatione liberans; sed non aliis, qui noluerint aut sponte hoc [43] non elegerint, faciendo [44] formam 'exemplumque' dans.

### C. XI. *De causa Guillandi presbyteri.*

*Item* Alexander [45] Raynaldo [46] Cumano Episcopo.

Super causa Guillandi [47] presbyteri tui de morte

---

**NOTATIONES CORRECTORUM.**

C. VII. f *Purgationem*: Hic erat gravissimus error. Conjuncte enim hæc legebantur cum superioribus, quæ Brunichildæ sunt scripta, quasi purgatio presbyteri a B. Gregorio mulieri committeretur. Sed nil tale legitur in epistola B. Gregorii, ex qua prior pars hujus capitis est accepta. Verum Ivo p. 10, c. 15, et Pan. l. 5, c. 8, citant hoc ex epistola Alexandri II Raynaldo Cumano episcopo, cujus epistolæ initium est infra eadem c. *Super causa*. Et hic versiculus: *Purgationem*, continenter legendus est post extrema verba illius capitis. Ac propter citationes doctorum hinc quidem motus non est; sed additum est in margine nomen Alexandri II. Ita nihil loci relinquitur admirationi auctoris glossæ, nusquam enim Rom. Pontifices hujusmodi causas mulieribus leguntur commisisse.

---

QUÆST. IV. C. VII. [25] *sunt*: Edd. coll. o. pr. Bas. — *fuerint*: Ivo Pan. [26] *sunt*: Ed. Bas. [27] *ex epist. Alexandri II ad Raynaldum Cumanum.* — cf. c. 11, huic. quæst. — Ivo Pan. l. 5, c. 8. Decr. p. 10, c. 15. [28] add. *hic*: Ed. Bas. [29] *commisimus*: Edd. coll. o. pr. Bas. [30] *omnia*: Ed. Bas. = C. VIII. [31] Ep. 80 (scr. A. 599), l. 9, Ed. Maur. — Coll. tr. p. p. 1, t. 35, c. 10. [32] *creditur*: Edd. coll. o. [33] *deberes*: ead. [34] *sanctissimi*: Ed. Bas. [35] *consulendum*: Edd. Bas. Ven. I, II, Nor. [36] *qua ei et*: Edd. coll. o. [37] *humilitatis*: Ed. Lugd. II. = C. IX. [38] Ep. 81 (sc. A. 599), l. 9, Ed. Maur. — Coll. tr. p. p. ib. c. 11. — Polyc. l. 2, t. 57. [39] *sunt*: Edd. coll. o. Bas. [40] *sanctissimi*: Ed. Bas. [41] *gratis*: Ed. Arg. — *gratanter*: Edd. rell. = C. X. [42] Caput Pseudoisidorianum, confectum ad librum pontif. — Coll. tr. p. p. 3, l. 10. c. 10. [43] add. *hic*: Ed. Bas. [44] *faciendi*: Edd. coll. o. = C. XI. [45] Ep. incerti temporis. — Ivo Pan. 5, c. 8. Decr. p. 10, c. 15. [46] *Ranaldo*: Ivo Pan. — *Runaldo*: Ed. Bas. — *Rimaldo*: Edd. rell. [47] *Gillandi*: Edd. coll. o.

episcopi sui prædecessoris tui, infamati, in medium consuluimus. Itaque circumstantium fratrum unanimi assensu tuæ dilectioni rescribimus⁴⁸, præfatum Guillandum presbyterum ante te præsentandum⁴⁹, ubi, si certi accusatores defuerint, tunc dictante justitia sine omni controversia presbyter quæcunque ob hoc injuste amisit⁵⁰ ac sacerdotium accipiat et integra beneficia ᵍ.

### C. XII. *De purgatione clericorum, si convinci non potuerint.*

#### Item ex Concilio Agathensi⁵¹.

Si legitimi accusatores crimina ʰ sacerdotis probare non potuerint, et ipse negaverit, *tunc ipse* cum septem⁵² sociis sui ordinis (si valet) a crimine semetipsum expurget. Diaconus vero si eodem crimine accusatus fuerit, cum tribus semetipsum excuset.

### C. XIII. *De eodem.*

#### Item ex Concilio Ilerdensi⁵³.

Presbyter si a plebe sibi commissa mala opinione infamatus fuerit, et ⁵⁴ episcopus legitimis testibus approbare [non potuerit, suspendatur usque ad dignam satisfactionem, ne populus fidelium in eo scandalum patiatur. Digna vero satisfactio est (sicut a majoribus constitutum ⁱ esse docetur), quando sive secundum canones, sive ad arbitrium episcopi septem sibi collegas adjungit, et jurat in sacrosancto ᵏ evangelio coram posito, quod crimen sibi illatum episcopi sui prædecessoris tui, infamati, in medium non perpetravit. Et hac satisfactione purgatus secure deinceps suum exsequatur officium.

### C. XIV. *De eodem.* PALEA.

[ *Item* Silvester Papa ¹ ⁵⁵. ]

« Accusatum simoniacum necesse habuimus summopere per scripturam prohibere, ne missarum solennia celebrare debuisset, donec quid esset verius ⁵⁶ potuissemus cognoscere. »

### C. XV. PALEA.

[*Item ex* Concilio Triburiensi ᵐ ⁵⁷.]

« Nobilis homo vel ingenuus si in synodo accusatur et negaverit, si eum constiterit fidelem esse, cum duodecim ingenuis se expurget; si antea deprehensus fuerit in furto, aut perjurio, aut falso testimonio, ad juramentum non admittatur, sed (sicut qui ingenuus non est) ferventi aqua vel candenti ferro se expurget ⁵⁸. »

### C. XVI. *De eodem.*

#### Item Hincmarus *Remorum Episcopus* ⁿ ⁵⁹.

Si mala fama de presbytero exierit, et accusatores ac testes legales defuerint ⁶⁰, ne, contra Apostolum, infirmorum corda de mala fama presbyteri percutiantur, et ne vituperetur ministerium nostrum, neve securiores presbyteri existentes licentius in peccatum prolabantur, secundum decreta ᵒ majorum cum denominatis sibi vicinis presbyteris, quos scimus se nolle pejerare, sacramento famam suam purget.

### NOTATIONES CORRECTORUM.

C. XI. ᵍ *Beneficia* : In epistola hoc loco sequitur versic. *Purgationem*, supra ead. c. *Mennam*, ut ibi notatum est.

C. XII. ʰ *Crimina* : Apud ceteros collectores legitur : *si autem accusatores legitimi non fuerint, qui ejus crimina manifestis judiciis probare contenderint, et ipse*, etc.

C. XIII. ⁱ *Sicut a majoribus constitutum* : Hoc loco, sicut et paulo inferius plura sunt verba apud ceteros collectores.

ᵏ *Sacrosancto* : Apud eosdem legitur : *in sacro coram posito evangelio*, quo fecit cap. *Testimonium*. in vers. *Nemo clericum*, infra 11, q. 1.

C. XIV. ˡ Citatur hic ex Silvestro; fere idem est in decret. tit. de simon. c. *Accusatum*; et ibi tribuitur Deodato Pontifici. Sed in nullis horum duorum Pontificum scriptis, quæ exstant, tale aliquid est inventum. In regesto B. Gregorii lib. 5, epist. 3 Maximo præsumptori ecclesiæ Salonitanæ, hæc leguntur : *Pervenit itaque ad nos, quod per simoniacam hæresim fueris ordinatus. Sed et alia de te multa hic dicta sunt, de quibus unum quam maxime fuit, propter quod necesse habuimus te summopere per scripta nostra prohibere, ne missarum solennia celebrare debuisses, donec quid esset vere potuissemus addiscere*. Et ex hac epistola videri potest accepta hæc Palea, et c. *Accusatum*. et c. *Quoties*. X de simon. Nam initium ipsius epistolæ est : *Quoties contra*, etc.

C. XV. ᵐ Burchardus etiam citat ex concilio Triburiensi cap. 10, et in Triburiensi illo, quod exstat impressum, habentur nonnulla ad hanc rem facientia.

C. XVI. ⁿ In concilio Remensi Trosleiano 9 c. refertur synodus ab Hincmaro Remorum archiepiscopo habita, in qua habetur hoc caput.

ᵒ *Secundum decreta* : In synodo legitur : *secundum*

---

QUÆST. V. C. XI. ⁴⁸ *referimus* : eæd. ⁴⁹ *repræsentandum* : eæd. ⁵⁰ *amiserit* : eæd. pr. Bas. = C. XII. ⁵¹ Hæc ad conc. Agath. non pertinere constat. In pœnitentiali, quod apud Canisium Lect. ant. t. 2, prostat, laudatur *ex concilio magno sub Ludovico rege*, sumptum est hoc caput ex conc. Mogunt. hab. A. 851, ed. inter Monum. Germ. hist. ill. Pertzii; t. III, p. 413. — cf. Cap. l. 5, c. 54. — Burch. l. 2, c. 181. Ivo Pan. l. 5, c. 4. Decr. p. 6, c. 226. — c. 1, Comp. 1, de purg. can. et c 2. X. h. t. ⁵² *sex*. : Canis l. 1. quod conc. Carth. (cap. 20, apud Dionys.), quod capitis auctores secuti sunt, egregii convenit. = C. XIII. ⁵³ Caput æque incertum : — cf. tamen cap. l. 5, c. 36, et Isaaci Lingon. capitula apud Baluz. t. 2, c. 3. — Burch. l. 2, c. 184. Ivo Pan. l. 5, c. 9, Decr. p. 6, c. 229. ⁵⁴ *et si* : Ed. Bas. = C. XIV. ⁵⁵ Imo ex ep. Greg. M. ad Maximum l. 6, ep. 13, scr. A. 596. ⁵⁶ abest ab Ed. Arg. = C. XV. ⁵⁷ In conc. Tribur. (hab. A. 895) quod Burch. l. 16 c. 19. laudat, sensus tantum habetur. Regino l. 2, c. 43, et Burch. l. 6, c. 7, ex conc. Mogunt. hab. sub Rabano similia quædam proferunt. Videtur tamen capitis auctor esse Theodorus Cant., inter cujus capitula est repertum. — cf. c. 1, da purg. vulg. Comp. l. c. 1, X. de purg. can. — In Ed. Bas. hæc Palea non legitur. ⁵⁸ *expurgat* : Ed. Arg. = C. XVI. ⁵⁹ c. 24. Cap Hincmari Remensis (Mansi t. 15). Ivo Decr. p. 6, c. 420. ⁶⁰ *defecerint* : Ed. Bas.

## C. XVII. De eodem. [PALEA.]

*Item* Innocentius *Aquileiensi Patriarchæ et Mantuano Episcopo* p [61].

«Quoties frater noster Tridentinus episcopus in nostra [62] præsentia de simonia sit impetitus, prudentiam vestram latere non credimus, cujus causa tandem in nostra præsentia ventilata producti sunt adversus eum accusatores, viva [63] voce et [64] scripto asserentes, quod ecclesiam S. Petri de Pado [65] presbytero Paulo dederit pro quatuor modiis frumenti, quos ab ejusdem ecclesiæ laicis acceperit. Verum quoniam nec accusatores, nec testes secundum formam canonum et sanctorum Patrum statuta in causa ipsa procedere potuerunt, communi fratrum nostrorum concilio [66] judicamus, ut tertia manu sui ordinis et quatuor [67] abbatum et religiosorum sacerdotum de supradicta simonia in vestra præsentia se debeat expurgare. Porro purgationis [68] tenor erit hujusmodi. Idem episcopus super sancta evangelia primum jurabit, quod pro ecclesia S. Petri de Pado, presbytero Paulo danda, neque ipse per se, neque per submissam personam, neque alius pro eo, se sciente, pretium receperit. Deinde 'vero' purgatores [69] super sancta Dei evangelia jurabunt [70], quod sicut ipsi credunt, verum juravit [71]. Nos itaque causæ hujus seriem committentes prudentiæ vestræ, mandamus vobis ut congruo loco in unum convenire curetis, et ita [72] causam ipsam juxta præsentiam tenorem præstante Domino restauretis, quatenus et omnis de cetero hujus quæstionis scrupulus auferatur, et utrique parti sua justitia conservetur. Si quis vero de vobis, certa præpediente causa, interesse non poterit, vos, qui † adesse poteritis, idem judicium [73] terminate. Quod si prædictus frater noster A. prædictam purgationem fecerit, vos ei auctoritate nostra prædictum officium et Tridentinam ecclesiam restituite. Hanc autem purgationem ante proximam purificationem B. Mariæ virginis adimplere jubemus. »

Gratian. *In præmissis auctoritatibus subintelligitur, si reus se purgare voluerit, ut sacri canones modum, non necessitatem purgandi accusato imponant, sicut apparet ex fine capituli Sixti Papæ, et auctoritate* Leonis, *qui data purgatione ait de se ipso:*

## C. XVIII. De Leone, qualiter se purgavit q.

Auditum [74] est, fratres carissimi, qualiter mali homines in me gravia crimina confinxerunt. Quamobrem ego Leo Pontifex sanctæ Romanæ ecclesiæ purifico me in conspectu vestro coram Deo et angelis ejus, quia istas criminosas et sceleratas res, quas illi mihi objiciunt, nec perpetravi, nec perpetrari [75] jussi. Hoc autem faciens non legem præscribo ceteris, qua id facere cogantur.

Gratian. *Ecce qualiter summus Pontifex semetipsum purgat, nec tamen ceteris necessitatem purgandi præscribit. Unde datur intelligi, quod satisfactio purgationis in voluntate consistit accusati, non in arbitrio judicis. Sed quum in Ilerdensi concilio presbyter jubeatur suspendi usque ad dignam satisfactionem, quum etiam in decreto Leonis in arbitrio ponatur episcopi, quota manu sacerdos purgare se debeat, patet quod ad purgationem cogendus est, nec in sua voluntate, sed in arbitrio judicis consistit.*

*Unde* Leo papa *scribens ad* Carolum Regem *ait* r †:

## C. XIX. Qualiter sacerdotes se purgare debeant.

Omnibus vobis visu aut auditu notum esse non dubitamus, quod sæpissime suadente antiquo hoste

## NOTATIONES CORRECTORUM.

*decretum Gregorii junioris sit jusjurandum in medio, et habeat malæ famæ presbyter in sacramento purgationis suæ eum testem, quem habebit et judicem.*

C. XVII. P *Caput hoc exstat in decret. tit. de purg. canon. et tribuitur Innocentio III. Sed visum est ibi esse mendum, ut III sit positum pro II. Nam collector decretalium solet in Pontificibus hunc ordinem observare, ut eos, qui antecesserunt, prius citet. Ita quum ibi hoc caput habeatur ante aliquot canones Alexandri ac Lucii III, qui præcesserunt Innocentium III, non videtur huic posse tribui, quanquam habeatur etiam eidem adscriptum inter opera ipsius post sermones, et in conciliis, quæ in quatuor tomos sunt divisa, tomo 3. A plerisque autem manuscriptis Gratiani codicibus etiam iis, in quibus Paleæ esse solent, totum istud caput abest. A versiculo autem: Nos itaque, usque ad finem, abest ab omnibus.*

C. XVIII. ¶ *Caput hoc est Leonis III. Tota vero historia falsæ accusationis et purgationis ipsius refertur in vetustis pontificalibus, ex quibus magnam partem accepit S. Antoninus p. 2, histor. tit. 14, cap. 1, § 8, de qua etiam re meminit Marianus Scotus, et Aymoinus lib. 4, c. 90. Apud Burchardum et Ivonem plenius est hoc caput, atque hæc visa sunt notatu digna: Quamobrem ego Leo Pontifex S. R. E. a nemine judicatus neque coactus, sed spontanea mea voluntate purifico me in conspectu vestro, coram Deo et angelis ejus, qui conscientiam meam novit, et B. Petro, principe apostolorum, in cujus conspectu consistimus, quia istas criminosas et sceleratas res, quas illi mihi objiciunt, nec perpetravi, nec perpetrari jussi. Testis est mihi Deus, in cujus judicium venturi sumus, et in cujus conspectu consistimus. Et hoc propter suspiciones malas tollendas mea spontanea voluntate facio, non quasi in canonibus inventum sit, aut quasi ego hanc consuetudinem aut decretum in sancta ecclesia successoribus meis, nec non et fratribus et coepiscopis nostris imponam, sed ut melius a vobis abscindatis rebelles cogitationes.*

C. XIX. r *Apud collectores caput hoc ita refertur, quasi acceptum sit ex aliqua decretali epistola Leonis ad Carolum. Verum ex libro 5 Capitularium (ubi hoc ipsum est caput 34.), atque ex ipsa etiam orationis forma satis constat editum fuisse hoc capitulare nomine Caroli M., ipso Leone III consulto, et cum consilio multorum episcoporum. Quod tamen pius princeps, quia sibi jurisdictionem in presbyte-*

QUÆST. V. C. XVII. [61] epistola Innocentii II incerti temporis. — cf. c. 4, Comp. I. c. 5, X de purg. can. — Omissa est in Ed. Bas. [62] *nostra et vestra*: Edd. coll. o. — Comp. I. [63] *una*: Comp. I. [64] *in*: Edd. coll. o. [65] *de Pasorum*: Comp. 1. [66] *consilio*: Edd. Arg. Lugdd. — Comp. I. [67] *quarta*: Decretal. [68] *expurgationis*: Edd. coll. o. [69] *expurgatores*: eæd. [70] *add.: similiter*: Edd. Arg. — *scilicet*: Edd. rel. [71] *juraverit*: Ed. Arg. [72] *in causam*: Edd. coll. o. pr. Lugdd. II, III. — † *vosque*: Ed. Rom. *operarum vitio*. [73] *negotium*: Ed. Arg. — C. XVIII. [74] Confectum caput est ex libro Romani ordinis. — Burch. l. 4, c. 198, Ivo Pan. l. 5, c. 4, Decr. p. 5, c. 313. [75] *perpetrare*: Edd. coll. o. — † Ex Capitul. Caroli M. A. 803, cf. Capitul. Reg. Franc. l. 5, c. 36. — Ivo Pan. l. 5, c. 5. (*Decretalis et responsio Leonis ad Carolum.*) Decr. p. 6, c. 419. (*Decretum et resp. Leonis P. ad Carol. Imp.*)

sacerdotibus crimina diversa objiciantur [76]. Sed qualiter [77] ex eis ab his rationabilis [78] examinatio et satisfactio fiat, licet tempore bonæ †† memoriæ domni genitoris vestri [79] Pipini, sive priscis temporibus a sanctis Patribus et reliquis bonæ [80] devotionis hominibus sæpissime ventilatum fuerit, nos tamen pleniter et [81] ad liquidum definitum reperire minime quivimus. Nostris quippe temporibus id ipsum a sanctis episcopis, et reliquis sacerdotibus, et ceteris ecclesiasticæ dignitatis ministris, vestris [82] in regnis, seu in aliis Deo degentibus, nobisque [83] una cum eis agentibus, sæpissime propter multas et nimias reclamationes, quæ ex hoc ad nos ex [84] diversis partibus venerunt, ventilatum est. Sed qualiter consultu domni et patris nostri Leonis Apostolici, ceterorumque Romanæ ecclesiæ episcoporum, et reliquorum sacerdotum, sive orientalium et græcorum patriarcharum, et multorum sanctorum episcoporum et sacerdotum, nec non et nostrorum episcoporum [*], omniumque ceterorum sacerdotum ac Levitarum auctoritate et consensu, atque reliquorum fidelium et cunctorum consiliariorum nostrorum consultu definitum est, vos [85] omnes utriusque ordinis ministros scire volumus. Statutum est namque ratione et necessitate * ac * auctoritate prædicta consultu omnium, ut quotiescunque cuiquam sacerdoti crimen imponitur, si ipse accusator talis fuerit, ut recipi debeat (quia quales ad accusationem sacerdotum admitti debeant, in canonibus pleniter expressum est); si autem, ut dictum est, ille accusator, qui canonice est recipiendus, eum cum legitimo numero verorum [86] et bonorum testium approbare in conspectu episcoporum poterit, tunc canonice dijudicetur, et si culpabilis inventus fuerit, canonice damnetur. Si vero eum suprascripto prætextu approbare ipse accusator minime poterit, et hoc canonice definiatur [87]. Ipse ergo sacerdos, si suspiciosus aut incredibilis suo episcopo aut reliquis suis consacerdotibus, sive bonis et justis de suo populo vel de sua plebe hominibus fuerit, ne in crimine aut in prædicta suspicione remaneat, cum tribus, aut quinque, vel septem bonis ac vicinis sacerdotibus, exemplo Leonis Papæ (qui duodecim [†] episcopos in sua purgatione habuit) vel eo amplius, si suo episcopo visum fuerit, aut necesse propter tumultum populi inesse [88] prospexerit, et cum aliis bonis et justis hominibus se sacramento coram populo super quatuor evangelia dato purgatum ecclesiæ reddat. Si quis autem scire desiderat, quales testes ad accusationem sacerdotum recipi debeant, et quicquid [89] de accusatore faciendum sit, pleniter in canonibus reperire [90] poterit.

III Pars. Gratian. *Juramento vero candentis ferri vel ferventis aquæ purgatio non est adjicienda.*

Unde Stephanus V [91] Humberto [92] Episc. Moguntino.

**C. XX.** *Candentis ferri et ferventis aquæ judicium in ecclesia fieri prohibetur.*

Consuluisti de infantibus, qui in uno lecto dormientes cum parentibus mortui reperiuntur, utrum ferro candente, aut aqua fervente, seu alio quolibet examine parentes se purificare debeant eos non oppressisse. Monendi sunt namque et protestandi parentes, ne tam tenellos secum in uno lecto collocent, ne negligentia qualibet proveniente suffocentur vel opprimantur, unde ipsi homicidii rei inveniantur. Nam ferri candentis vel aquæ ferventis examinatione confessionem extorqueri a quolibet sacri non censent canones, et quod sanctorum Patrum documento sancitum non est superstitiosa adinventione non est præsumendum. Spontanea enim confessione vel testium approbatione publicata delicta, habito præ oculis Dei timore, commissa sunt regimini nostro [93] judicare. Occulta vero et incognita illi

---

NOTATIONES CORRECTORUM.

ros arrogasse videbatur, libro 7 Capitularium, c. 281, emendavit, ita scribens : *Omnibus vobis tam præsentibus quam et futuris scire cupimus, quia de consultu sedis apostolicæ, et omnium nostrorum episcoporum, ac reliquorum sacerdotum, atque maxime cunctorum fidelium nostrorum, de criminatorum purgatione sacerdotum causam tractavimus, eamque cum testibus (sicut in anteriori capitulari nostro continetur) fieri decrevimus, quoniam nesciebamus eamdem causam a B. Gregorio Papa esse definitam. Nam quum Wormaciæ generalem conventum habuissemus, allata est nobis a Riculfo Magontiacensi metropolitano epistola B. Gregorii Papæ, in qua inter cetera continebantur hæc : « De presbytero vero, vel quolibet sacerdote a populo accusato, si certi non fuerint testes, qui crimini illato approbent veritatem, jusjurandum erit in medio, et illum testem proferat de innocentiæ suæ puritate, cui nuda et aperta sunt omnia, sicque maneat in proprio gradu.»* Ista vero omnia, quia vires nostras excedunt, in judicio episcoporum juxta canonicam sanctionem definienda relinquimus, ut hæc, quando orta fuerint, ita definire satagant, ut nec secundum sæculum justam reprehensionem, nec penes Dominum (quod absit!) damnationem, sed æternæ beatitudinis, ipso auxiliante qui omnia infucata præstat, præmia consequantur.

[*] *Nostrorum episcoporum*: In vulgatis legebatur [‡]: *nostrorum Romanorum episcoporum*: sed vox: *Romanorum*, abest non modo a capitulari, sed etiam a vetustioribus Gratiani codicibus, et ab Ivone. Panormia autem habet: *nostrorum episcoporum omniumque Romanorum sacerdotum.*

[†] *Qui duodecim*: Hæc usque ad vers. *Habuit*, sunt etiam apud ceteros collectores, sed non in Capitulari.

---

QUÆST. V. C. XIX. [76] objiciuntur : Edd. coll. o. ead. — [77] quoniam qualiter : orig. — Ivo. [78] rationabiliter ; ead. — †† beatæ : Ed. Bas. [79] nostri : orig. [80] add. : fidei et : Edd. coll. o. [81] pleniter inde aliquid : ead. [82] nostris : orig. [83] vobisque : Ed. Bas. [84] de : Edd. coll. o. — * et Edd. coll. o. pr. Bas. [85] vobis omnibus : orig. [86] virorum : Ivo. — Edd. coll. o. [87] dijudicetur : ib. [88] abest ab Ivone. — esse : Edd. coll. o. [89] quid : orig. — Ivo. — Edd. coll. o. [90] reperiri : Ivo. — Edd. coll. o. = C. XX. P. III. [91] Epistola non satis certi temporis. — Ivo Decr. p. 10, c. 27. [92] videtur legendum esse : *Luitperto* : (cf. ad. c. 13, D. 16.) — *Lamperto* : Ed. Bas. — *Huberto* : Edd. coll. o. [93] abest ab Ivone.

sunt relinquenda, qui solus novit corda filiorum hominum. Ili autem, qui probantur, vel confitentur talis reatus se noxios, tua eos castiget moderatio, quia si ille, qui conceptum in utero per abortum deleverit, homicida est, quanto magis, qui unius saltem diei puerulum peremerit, homicidam se esse excusare nequibit?

*Gratian. Hoc autem utrum ad omnia generaf purgationis, an ad hæc duo tantum, quæ hic prohibita esse videntur, pertineat, non immerito dubitatur propter sacrificium zelotypiæ, et illud Gregorii* [96] *: Si vir, qui frigidæ naturæ esse dicitur, per verum judicium probare potuerit, uxorem suam nunquam se cognovisse, separetur ab ea.*

### C. XXI u [97].

In libro namque Numerorum [98] legitur, Dominum præcepisse Moysi, ut loqueretur filiis Israel et diceret eis: Vir cujus uxor erraverit, maritumque contemnens dormierit cum altero viro, et id [99] maritus deprehendere nequiverit, sed latet adulterium, et testibus argui non potest [100], quia non est inventa in stupro, si spiritus zelotypiæ concitaverit virum contra uxorem suam, quæ vel polluta est, vel falsa suspicione appetitur, adducet eam ad sacerdotem, et offeret oblationem pro illa decimam partem sati [101] farinæ hordeaceæ: non fundet super eam oleum, nec imponet thus, quia sacrificium zelotypiæ est et oblatio investigans adulterium. Offeret igitur eam sacerdos, et statuet coram Domino, assumetque aquam sanctam in vase fictili, et pauxillum terræ de pavimento tabernaculi mittet in eam. Quumque steterit mulier in conspectu Domini, discooperiet caput ejus, et ponet super manus illius sacrificium recordationis et oblationem zelotypiæ. Ipse autem tenebit aquas amarissimas, in quibus cum exsecratione maledicta congessit, adjurabitque eam, et dicet: Si non dormivit vir alienus tecum, et si non polluta es deserto mariti thoro, non nocebunt [102] tibi aquæ istæ amarissimæ, in quas maledicta congessi. Si autem declinasti a viro tuo, atque polluta es, et concubuisti cum altero viro, his maledictionibus subjacebis: det te Dominus in maledictionem et exemplum cunctorum in populo suo; putrescere faciat femur tuum, et tumens uterus tuus dirumpatur, ingrediantur aquæ maledictæ in ventrem tuum, et utero tumescente putrescat femur tuum. Et respondebit mulier: Amen, amen. Scribetque sacerdos ista maledicta in libello, et delebit ea aquis amarissimis, in quas maledicta congessit, et dabit ei bibere; quas quum exhauserit, tollet sacerdos de manu ejus sacrificium zelotypiæ, et elevabit [103] illud coram Domino, imponetque illud super altare, ita duntaxat, ut prius pugillum sacrificii tollat de eo, quod offertur et incendat super altare, et sic potum det mulieri aquas amarissimas. Quas quum biberit, si polluta est et contempto viro adulterii rea, pertransibunt eam aquæ maledictionis, et inflato ventre computrescet femur, eritque mulier in maledictionem et in exemplum omni populo. *Maritus vero* v *absque culpa erit, et illa recipiet iniquitatem suam.* * Quod si polluta non fuerit, innoxia erit et faciet liberos.

IV Pars. *Gratian. Sed quælibet hujusmodi purgatio videtur esse inhibita, quum in præmissa auctoritate Stephani Papæ dicatur:* Spontanea confessione, etc.

### C. XXII. *In novo testamento monomachia non recipitur.*

*Item ex decretis* Nicolai Papæ vv [104].

Monomachiam vero in lege non assumimus, quam præceptum [105] fuisse non reperimus, quia [106], licet quosdam iniisse legerimus [107], sicut sanctum David et Goliam sacra prodit historia [108], nusquam tamen ut pro lege teneatur alicubi [109] divina sanxit auctoritas, quum hoc et hujusmodi sectantes Deum solummodo tentare videantur.

V Pars. Gratian. *Contra in* Concilio Wormaciensi, c. 15 [110]:

### NOTATIONES CORRECTORUM.

C. XXI. u Capiti huic in vulgatis erat præpositum nomen Paleæ; sed in omnibus, quæ collata sunt, manuscriptis habetur sine ullo nomine Paleæ, et quidem conjunctum cum præcedenti capite. Ac certe versiculus: *Sed quælibet*, videtur judicare, locum hunc Numerorum ab ipso Gratiano recitatum fuisse.

v *Maritus vero*: Hæc usque ad vers. *Quod si*, sunt huc transposita ex extremo ejusdem quinti capitis Numerorum.

C. XXII. vv Epistola scripta Carolo regi patruo Lotharii (ex qua caput hoc est acceptum) exstat Romæ in codice sæpe citato monasterii Dominicanorum. In qua inter alia refertur Lotharium, quum scire vellet an Theuperga, sive Thietperga (ut vocat Regino), ipsius uxor, adulterium patrasset, voluisse duos homines monomachiam committere, ita, ut si ille, qui partes Theupergæ tueretur, caderet, ipsa plane adulterii convicta censeretur. Hocque valde reprehendit Nicolaus, docens hanc non esse legitimam rationem probandi crimina (quamvis in Longobardicis constitutionibus et in Capitularibus habeatur) sed potius nihil aliud esse quam Deum tentare. Addit, vero denegatam fuisse Lothario Theupergæ justam purgationem, his verbis: *Sed de adulterio illa coram missi nostri præsentia purgare se voluit, sed ipse non annuit.* Totam hanc historiam describit Regino lib. 2 Chronic. Ex his vero ostenditur rubricam hujus capitis apud Gratianum nimis esse generalem, quippe quum Nicolaus hoc tamen velit demonstrare, non esse utendum monomachia ad purgationem.

---

Quæst. V. C. XX. [94] *tali reatu*: Ed. Bas. [95] *accusare*: ib. [96] cf. C. 33. q. 1. c. 1. = C. XXI. [97] *hæc ipsius Gratiani verba sunt.* [98] *Numeri*: Edd. coll. o. pr. Arg. Bas. — cf. Num. c. 5. [99] *hic*: Ed. Bas. [100] *poterit*: Ed. Bas. [101] *sati, i. e. mensuræ*: Ed. Arg. — *sacci*: Edd. coll. o. pr. Arg. Bas. Nor. [102] *tenebunt te*: Edd. coll. o. pr. Bas. [103] *levabit*. Ed. Bas. = C. XXII. P. IV. [104] scr. A. 867. — Reg. 1, 2. c. 77. Burch. 1, 9. c. 15. Ivo Decr. p. 8. c. 187. [105] *præceptam*: Coll. citt. — Edd. coll. o. — Böhm. [106] *quam*: Coll. citt. — Edd. coll. o. [107] *legamus*: Ivo Burch. — Edd. coll. o. [108] 4 Reg. c. 17. [109] *alicui*: Edd. Arg. Bas. — P. V. [110] hab. A. 868. — Reg. l. 2. c. 276. Burch. l. 11. c. 66.

**C. XXIII.** *Si furta in monasterio fiunt, judicio monachi se expurgent.*

Sæpe contingit ut in monasteriis furta perpetrentur, *et qui hæc committant ignorentur. Idcirco statuimus ut, quando ipsi fratres de talibus se expurgare debuerint [111], missa ab abbate celebretur vel ab aliquo, *cui ipse abbas præceperit, *præsentibus [112] fratribus, et sic expleta x missa omnes communicent in hæc verba: Corpus Domini sit mihi [113] ad probationem hodie.

**C. XXIV.** *Quicunque de adulterio accusatur, probabili judicio se expurget.*

*Item* in Salegustadiensi Concilio, c. 7 [114].

Interrogatum est, si duo de [115] adulterio inculpati fuerint [116], et unus profitetur, et alter negat, quid inde agendum sit [117]. Decretum est a sancto concilio, ut ille, qui negaverit, probabili se judicio expurget, et qui professus fuerit dignam [118] poenitentiam agat.

**C. XXV.** *Quum plures de adulterio accusantur, et unus ceteros purgare voluerit, omnes rei habeantur, si ipse in judicio ceciderit.*

*Item* in eodem, c. 14 [119].

Statuit quoque sancta synodus ut, si duo de adulterio accusati fuerint, et ambo negaverint, et orant sibi concedi, ut alter illorum utrosque divino purget judicio, si unus in hoc ceciderit [120], ambo rei habeantur.

**C. XXVI.** *Pro singulis missa celebretur, qui de aliquo crimine accusantur.*

*Item* in Concilio Wormaciensi, c. 10 [121]..

Si episcopo aut presbytero *causa criminalis, hoc est homicidium, adulterium, furtum, et *maleficium [122] imputatum [123] fuerit, pro [124] singulis missam celebrare y [125] debet, et communicare, et de singulis sibi imputatis innocentem se ostendere [126]. Quod si non fecerit, quinquennio a liminibus ecclesiæ extraneus habeatur.

Gratian. *Illud vero, quod Sixtus et Leo in fine suæ purgationis addiderunt, ex eorum exemplo intelligendum est; exemplo enim suæ satisfactionis noluerunt ceteris præscribere legem purgandi.*

## QUÆSTIO IV.
### GRATIANUS.

I. Pars. *Quod vero quarto loco quærebatur: An duorum testimonio episcopus sit condemnandus? multorum auctoritate probatur.* Sicut enim in evangelio Joannis [1] legitur, ait Christus ad Judæos: In lege [2] vestra scriptum est, quoniam duorum hominum testimonium verum est. *Hinc consequenter contra eos argumentatur, dicens:* Si duorum hominum testimonium verum est, quare testimonium meum et Patris non accipitis? *Item Paulus in epistola ad Corinthios [3]:* In ore duorum vel trium stabit omne verbum. *Item in epistola ad Hebræos [4]* • Quis prævaricans legem Moysi, duobus vel tribus testibus convictus, sine miseratione lapidabitur.

**C. I.** *Quot testibus quisque clericorum convinci debeat.*

*Item ex Concilio Bracarensi* II, c. 8 [5].

Placuit ut, si quis aliquem clericorum in accusatione *fornicationis impetit, secundum præceptum Pauli apostoli duo vel tria testimonia requirantur ab illo. Quod si non potuerit datis testimoniis approbare quod [7] dixit [8], excommunicationem accusati accusator accipiat [9].

II Pars. Gratian. *Ex præmissis itaque colligitur, quod duorum vel trium testimonio episcopus convinci et damnari potest. Porro* Silvester Papa *in generali synodo residens econtra dixit [10] :*

**C. II.** *Quot testibus episcopus, vel presbyter, vel reliqui clerici sint convincendi.*

Præsul non damnabitur [11] nisi cum LXXII testibus, *nec præsul summus a a quoquam judicabitur,

### NOTATIONES CORRECTORUM.

**C. XXIII.** x *Sic expleta*: In hoc capite addita sunt nonnulla verba ex concilio, quæ a collectoribus videbantur omissa; sed hoc loco satis visum est varietatem indicare. Nam in concilio ipso sic legitur: *et sic in ultima missæ celebratione pro expurgatione sua corpus et sanguinem Domini nostri Jesu Christi percipiant, quatenus ita inde innocentes se esse ostendant.*

**C. XXVI.** y *Celebrare*: In concilio et apud Burchardum et Ivonem *sequitur: et secretam publice dicere.

QUÆST. IV. C. II. a *Nec præsul summus*: Ex concilio Romano sub Silvestro et ceteris locis indicatis (excepta Panormia) addita sunt hæc usque ad vers. *Presbyter.* Ac mirandum est de auctore glossæ, qui putavit Pontificem maximum minore numero testium posse condemnari quam diaconum cardinalem atque ostiarium, quum tamen ipse Pontifex a generali saltem præsulis nomine minime esset excludendus.

---

QUÆST. V. C. XXIII. [111] *debeant*: orig. — *debent*: Reg. — Edd. coll. o. [112] *ex præs.*: Edd. coll. o. [113] *ibi*: eæd. — Reg. = C. XXIV. [114] hab. A. 1122. — Burch. in fine operis. Ivo Decr. p. 15. c. 173. [115] *in*: orig. — Burch. — Ivo. [116] *fierent*: Burch. — Ivo. [117]*esset*: ib.—orig. [118] *digne*: ib. = C. XXV. [119] Burch. ib. — Ivo ib. c. 180. [120] *deciderit*: orig. —Coll. citt. = C. XXVI. [121] hab. A. 868. — Reg. l. 2. c. 277. Burch. l. 2. c. 199. Ivo Decr. p. 6. c. 273. [122] *maleficium aliquod*: Edd. coll. o. [123] *reputatum*: Reg. [124] *in*: orig. — Reg. Burch. — 'et ap. Reg. [125] *tractare*: Coll. citt. [126] *reddere*: orig.

QUÆST. IV. P. I. [1] Joan. c. 8. v. 17. [2] Deut. c. 17. v. 6. [3] 2 Cor. c. 13. v. 1. [4] Hebr. c. 10. v. 28. = C. I. [5] hab. A. 572.— Coll. tr. p. p. [1] 2. t. 46. c. 8.— Burch. l. 2. c. 202. Ivo Pan. l. 4, c. 97 Decr. p. 6, c. 276. — cf. Capit. l. 2. C. 240. [6] *maculatione*: Ed. Bas. — *macula*: Edd. rell. [7] *quæ*: Coll. Hisp. [8] *dicit*: Edd. Lugdd. II, III [9] *excipiat*: Coll. Hisp. — P. II. [10] ex apocrypho canone Silvestri C. 5. — cf. Capit. Hadr. c. 72.— Conc. Mog. hab. A. 888. c. 12. Deusdedit p. 3. Ivo Pan. l. 4, c. 94. Decr. p. 6, c. 534. Polyc. l. 6, t. 1.—In Ed. Arg. huic capiti canon quidam, sub nomine Deusdedit P. Laudatus, præmittitur. = C. II. [11] *damnetur*: Edd. Bas. Lugdd. II, III. — *damnatur*: Edd. rell.

quoniam scriptum est [12] : *Non est discipulus super magistrum.* ' Presbyter autem cardinalis [13] nisi cum XLIV. [14] testibus non damnabitur [15]; diaconus vero cardinalis urbis Romae nisi cum XXVII testibus non condemnabitur. Subdiaconus, acolythus, exorcista, lector, ostiarius non nisi septem testibus non [16] condemnabitur. Testes autem et accusatores sine aliqua sint infamia.

C. III. *Episcopi non nisi LXXII testibus condemnandi sunt.*

*Item* Leo IV, *in epistola Episcopis Britanniae* [17].

Nullam damnationem episcoporum unquam esse censemus, nisi aut ante legitimum numerum episcoporum (qui fit per duodecim episcopos), aut certe probata sententia per LXXII testes idoneos, qui tales sint qui ' et ' accusare possint. § 1. Et prius ad sacra Christi quatuor evangelia sacramenta praestent, quod nihil falsum depromant, sicut nobis [b] B. Silvester tradidit, et Romana sancta videtur tenere ecclesia. Et si inter eos, quos damnandos esse dixerint homines, fuerit episcopus, qui suam causam in praesentia Romanae sedis episcopi petierit audiri, nullus super illum definitivam praesumat dare sententiam, sed omnino eum audire decernimus.

*Gratian. Sed hoc vel speciali privilegio de clericis Romanae ecclesiae intelligitur, vel propter improbitatem quorumdam, qui, quum non sit spectatae vitae et scientiae, in accusationem ministrorum Dei repente prosiliunt. Quorum vero vita adeo laudabilis est, ut omnibus imitanda appareat, de quorum assertione nulla dubitatio nasci poterit, eorum testimonio duorum vel trium testium quilibet jure convinci et damnari poterit.*

## QUÆSTIO VI.
### GRATIANUS.

[¹]Pars *Sequitur sexta quaestio, qua quaeritur: Quo remedio causa vitiata sublevetur, et si remedium illud sit dandum ei, qui causa dilationis vocem appellationis exhibuerit ? Causa vero vitiata remedio appellationis sublevari poterit.*

U *nde* Fabianus Papa *ait ad Hilarium Episcopum, epist. III, c.* 3 [1] :

C. I. *Causae vitiatae remedium appellationis subveniat.*

Liceat appellatori vitiatam causam remedio appellationis sublevare.

C. II. *De eodem*, PALEA.

[Idem *paulo ante* [2].]

' Appellantem non debet afflictio ulla [3], aut detentionis injuriare custodia. '

C. III. *De eodem.*

*Item* Anacletus Papa, *epist. I, in fine* [4].

Omnis oppressus libere sacerdotum (si voluerit) appellet judicium, et a nullo prohibeatur, sed ab his fulciatur et liberetur [5]. Si autem difficiles causae aut majora negotia orta fuerint, ad majorem sedem referantur. Et si illic facile discerni [6] non poterunt [7] aut juste terminari, ubi fuerit summorum congregata congregatio [a] (quae per singulos annos ' bis ' fieri solet et debet), juste et Deo placite coram patriarcha aut primate ecclesiastica negotia [b] [8], et coram patricio saecularia judicentur [9] negotia in commune [10].

*Item* Sixtus Papa *epist. II, omnibus rectoribus ecclesiae scribit, dicens* [11] :

C. IV. *Quisquis pulsatus fuerit, apostolicam sedem appellet.*

Si quis vestrum pulsatus fuerit in aliqua adversitate, licenter hanc sanctam et apostolicam sedem appellet, et ad eam quasi ad caput suffugium [12] habeat, ne ipse innocens damnetur, aut ecclesia sua detrimentum patiatur.

C. V. *In gravioribus causis pulsati apostolicam sedem appellent.*

*Item* Grato [c] *epistola I* [13].

Omnes episcopi, qui in quibusdam gravioribus [14] pulsantur vel criminantur causis, quoties necesse

### NOTATIONES CORRECTORUM.

C. III. [b] *Sicut nobis* : Hinc usque ad dictionem *Ecclesia*, non leguntur in epist. Leonis manuscripta, habentur tamen apud Ivonem '.

Quæst. VI. C. III. [a] *Congregatio* : In vulgatis [**] sequebatur : *sub metropolitano,* quae sublata sunt, quia in nullo manuscripto neque in originali habentur, et in sequentibus verbis exponitur ; coram quibus sit habendum concilium.

[b] *Ecclesiastica negotia* : In epistola legitur: *primate ecclesiastico, et coram patricio saecularia,* etc.

C. V. [c] *Grato* : Sic est restitutum ex plerisque vetustis (nam in vulgatis erat : *Item Gregorius*), quanquam in tomis conciliorum haec epistola tribuitur Sixto II, illa vero, ex qua caput antecedens, Sixto I.

Quæst. IV. C. II. [12] Matth. c. 10. [13] abest ab orig. [14] *LXIV* : Edd. coll. o. [15] *deponatur* : ib. [16] abest ab Edd. coll. o. pr. Bas. = C. III. [17] scr. c. A. 850. Ivo Decr. p. 5. c. 116. — ' et apud Nicolaum l. ep. ad Salmonem Brittonum regem, ubi Leonis ep. refertur.
Quæst. VI. C. I. [1] Caput Pseudoisidori, desumtum ex Aniano ad Theod. cod. l. 11. t. 30. c. 20.—Cap. l. 7. c. 333. Burch. l. 1. c. 148. Ans. l. 2. c. 11. et inter capitula Hadriani ad finem l. 3. Ivo Pan. l. 4. c. 121. = C. II. [2] Caput Pseudoisidori, haustum ex Aniano ad Theod. cod. l. 11. t. 50. c. 2 et 15. — Burch. ib. Ans. ib. Ivo ib. [3] add. : *aut carceris* : Ans. — Cap. l. l. — Edd. coll. o. — Bohm. = C. III. [4] Caput Pseudoisidori, confectum ad ep. Innoc. l. ad Victricium c. 3. et Leonis M. ep. 5. (Ed. Baller.) c. 6. — Coll. tr. p. p. 1. t. 2. c. 5. Ans. l. 3. c. 21. [5] add. : *et audiatur* : Edd. coll. o. [6] *decerni* : Edd. Lugdd. II, III. [7] *potuerint* : Edd. coll. o. — [**] Edd. coll. o. pr. Bas. [8] abest ab Ans. [9] *dijudicentur* : Ed. Bas. [10] *communi* : Edd. coll. o. [11] Caput Pseudoisidori. — Ans. l. 2. c. 8. Ivo Decr. p. 5. c. 3. = C. IV. [12] *suffragium* : Edd. coll. o. = C. V. [13] Caput Pseudoisidori, pertinens ad op. 1. Sixti II. — Burch. l. 1. c. 144. Ivo Pan. l. 4, c. 124. (ex *Gregorio*) Decr. p. 5. c. 257. (ex *Julio*), quod in Edd. coll. o. pr. Bas. et ipsis legitur. — Ans. l. 2, c. 12 — [14] *aliquibus* : Edd. coll. o.

fuerit, libere apostolicam appellent sedem, atque ad eam quasi ad matrem confugiant.

**C. VI.** *Ab omnibus appelletur ad Romanam ecclesiam.*
*Item* Marcellus Papa, *epist. I, ad Episcopos Antiochenæ provinciæ* [15].

Ad Romanam ecclesiam omnes episcopi, qui voluerint vel quibus necesse fuerit, quasi ad caput suffugere, eamque appellare debent, ut inde accipiant tuitionem atque consecrationem [d]. Quod omnibus minime convenit denegare [16] episcopis; sed absque ulla custodia, aut excommunicatione, vel damnatione, vel exspoliatione libere ire concedatur [17].

**C. VII.** *Qui a proprio metropolitano se gravari putaverit, majorem sedem appellet.*
*Item* Victor *ad Theophilum Alexandrinum, epist. I, c. 3* [18].

Si quis putaverit se a proprio metropolitano gravari, apud patriarcham vel primatem diœceseos, aut penes universalis apostolicæ ecclesiæ judicetur sedem.

**C. VIII.** *Ad Romanam ecclesiam quasi ad matrem appelletur ab omnibus.*
*Item* Zephyrinus *urbis Romæ Episcopus, epist. I* [19].

Ad Romanam ecclesiam ab omnibus, maxime tamen ab oppressis appellandum est, et concurrendum quasi ad matrem, ut ejus uberibus nutriantur, auctoritate defendantur, et a suis oppressionibus releventur, quia non potest nec debet mater oblivisci filium suum.

**C. IX.** *Quoties aliquis appellaverit, audientia sibi non denegetur.*
*Item* Julius Papa *in decretis, sive in rescripto ad Orientales, c. 22* [20].

Placuit, ut a quibuscunque judicibus ecclesiasticis ad alios judices ecclesiasticos (ubi est auctoritas major) fuerit provocatum, audientia non negetur [21].

**C. X.** *Injuste damnati restitutionem, et oppressi auxilium a Romana ecclesia debent habere.*

*Item cap. 30* [22].

Ideo huic sanctæ sedi præfata privilegia specialiter sunt concessa, tam de congregandis conciliis et judiciis ac restitutionibus episcoporum, quam et de summis ecclesiarum negotiis, ut ab ea omnes oppressi auxilium, et injuste damnati restitutionem sumant, et talia ab improbis ne [23] præsumantur absque ultione, nec exerceantur absque damnatione [24].

**II Pars. Gratian.** *Quum ergo Zephyrinus dicat ab omnibus esse appellandum, maxime tamen ab oppressis, et Marcellus scribat :* Omnes episcopi, qui voluerint vel quibus necesse fuerit, appellare debent : *patet, quod accusato (sive gravetur, sive non) vox appellationis non est deneganda. Quidam tamen ita distinguunt, ut volentes ad consecrandos, necessitatem patientes ad oppressos referant, ut sit sensus :* Omnes, qui voluerint a Romana ecclesia consecrationem accipere, et ab aliquibus impediuntur, eam debent appellare; quibuscunque in suis oppressionibus necesse fuerit ad eam suffugere, similiter vocem appellationis exhibeant, ut isti tuitionem, et illi consecrationem ab ea accipiant. Similiter et illud Zephyrini distinguitur : Ab omnibus est appellandum ad Romanam ecclesiam : intelligendum est, qui ab ea consecrationem voluerint accipere, vel qui a prælatis suis aliquam injuriam passi fuerint, maxime tamen ab oppressis. Secundum primam interpretationem oppressi intelliguntur aliqua injuria affecti; juxta secundam vero oppressi dicuntur a judice injuste condemnati. Secundum hanc distinctionem qui in aliquibus negotiis non ad relevandum, sed ad differendum vocem appellationis exhibuerint, appellandi auctoritatem non habent.*

*Sed quum Gregorius scribat omnibus per diversas provincias* [25] :

**C. XI.** *De causa appellationis cognoscere non licet nisi ei, ad quem appellatur.*

Decreto nostro vestram rogantes caritatem mandamus, ut si aliquis (quod non optamus) suorum æmulorum Aldricum, Cœnomanensis ecclesiæ episcopum, accusare damnabiliter attentaverit [26], *ut honoretur* [e] B. Petri apostolorum principis memoria, ecclesiæque Romanæ, cui præsedit, privilegium, nostri nominis auctoritas*, liceat illi post auditionem primatum diœceseos, si necesse fuerit, nos appellare, et nostra auctoritate aut ante nos [27], aut ante lega-

---

**NOTATIONES CORRECTORUM.**

**C. VI.** [d] *Atque consecrationem :* In originali est*: *ut inde accipiant tuitionem et liberationem, unde acceperunt informationem atque consecrationem;* sed ob glossam non est mutatum.
**C. XI.** [e] *Ut honoretur :* Hinc usque ad versic. *auctoritas,* addita sunt ex ipsa epistola, quæ exstat in bibliotheca Dominicana, et videtur esse Gregorii IV, ex qua etiam sumtum est caput *Nulli fas,* distinct. 19, et apud Ivonem utrumque caput simul habetur. Istius autem Aldrici (ut ex catalogo episcoporum ecclesiæ Cenomanensis colligitur) mentio est in concilio apud S. Medardum, quod paulo post Gregorium IV habitum fuit. Itaque defensio ipsi a Gregorio præstita profuit.

---

Quæst. VI. C. VI. [15] Caput Pseudoisidori, confect. ex Innoc. I. ep. 4, c. 1. 2. — Ans. l. 2, c. 7. Polyc. l. 1. t. 7. — ' In Ms. Anselmi collato eadem leguntur; in Ms. vero Vaticano quodam legi ut apud Gratianum in margine invenimus indicatum. — [16] *denegari :* Edd. coll. o. [17] *concedantur :* Ed. Bas. = C. VII. [18] Caput Pseudoisidori, confectum sec. conc. Chalc. c. 17. — Ans. inter cap. Hadriani in fine l. 3. c. 5. et Burch. l. 1. c. 144. Ivo Decr. p. 5, c. 257. (*ex Julio*). Pan. l. 4, c. 126. = C. VIII. [19] Caput Pseudoisidori. — Ans. l. 2, c. 6. = C. IX. [20] Caput Pseudoisidori, confectum ad conc. Carth. III. c. 10. — Coll. tr. p. 1. t. 52. c. 6. Ans. l. 2, c. 9, et ex Julio l. 3, c. 123, et inter cap. Hadr. c. 43, ad fin. l. 3, Ivo Decr. p. 5, c. 326. [21] *denegetur :* Ed. Bas. — C. X. [22] Ans. l. 2, c. 47. [23] *non :* Edd. coll. o. [24] add. : *sua :* ib. — P. II. [25] ser. A. 832. — cf. ad D. 12, c. 2. — Ivo Decr. p. 5, c. 349. Ans. l. 2, c. 19 (22). Polyc. l. 1. t. 7. = C. XI. [26] *tentaverit :* Edd. coll. o. [27] *eos :* Bohm.

tos nostro [28] ex latere missos juxta Patrum decreta suas exercere atque diffinire actiones, nullusque illum ante hæc judicet aut judicare præsumat. Sed si quid (quod absit!) grave intolerandumque ei objectum fuerit, nostra erit exspectanda censura, ut nihil prius de eo, qui ad sinum sanctæ ecclesiæ Romanæ confugit [29] et ejus implorat auxilium, decernatur, quam ab ejusdem ecclesiæ auctoritate fuerit præceptum, quæ vices suas ita aliis impertivit ecclesiis, ut in partem sint vocatæ sollicitudinis, non in plenitudinem potestatis. *Et infra*: § 1. Si autem (quod non arbitramur) a quoquam secus præsumptum fuerit, ab officio cleri submotus auctoritatis [30] apostolicæ reus ab omnibus judicetur, ne lupi, qui sub specie ovium subintraverunt, bestiali sævitia quosque audeant lacerare, et quod sibi fieri nolunt aliis inferre præsumant.

*Item quum* Vigilius Papa *in epistola ad Eleutherium, c. ult. dicat* [31]:

C. XII. *Judicia appellantium ab eis sunt audienda, ad quos appellatur.*

Qui se scit aliis esse præpositum, non moleste ferat aliquem esse sibi prælatum. Ipsa namque ecclesia, quæ prima est, ita reliquis ecclesiis vices suas credidit largiendas, ut in partem sint vocatæ sollicitudinis, non in plenitudinem potestatis. Unde omnium appellantium apostolicam sedem episcoporum judicia, et cunctarum [32] majorum negotia causarum eidem sanctæ sedi reservata esse liquet; præsertim quum in his omnibus ejus semper sit exspectandum consultum, cujus tramiti si quis obviare tentaverit sacerdotum, causas se non sine honoris sui periculo apud eandem sanctam [33] sedem noverit rediturum.

Gratian. *Item quum* Nicolaus papa *in Hincmarum Remensem Archiepiscopum inveniatur, qui Rhotandum episcopum appellantem apostolicam sedem damnare ausus est, ita dicens* [34]:

C. XIII. *De Remensi archiepiscopo, qui appellantem Romanam sedem judicare est ausus.*

Arguta sapientia tua, utinam in bono accepta, fomitem judicii et materiam depositionis adversus Rhotandum assumpsit, et ab itinere apostolicæ sedis removit [35], et continuatim apostolicam sedem appellantem damnavit et carcerali custodiæ mancipavit. *Et infra* [36] : § 1. Privilegia tamen apostolicæ sedis vos oblivioni tradere nullatenus debuistis [37], quibus venerandi canones judicia totius ecclesiæ ad hanc deferri jubent. *Et infra*: § 2. Hæc quippe nos in Rhotando idcirco noveritis operatos, ut privilegia sedis apostolicæ, quæ male a vobis violata videbantur, *et* [38] a nobis tot impensis laboribus vestra resistente contumacia recuperari non poterant*, auctoritate apostolica et cana [g] Patrum deliberatione pristino tandem genio [39] et proprio decorarentur honore.

C. XIV. *Quisque eam obedientiam majoribus exhibeat quam ab inferioribus desiderat.*

*Item* Leo Papa *ad Anastasium Thessalonicensem Episcopum, epist. LXXXII, al. LXXXIV* [40].

Qui scit se quibusdam esse præpositum, non moleste ferat aliquem sibi prælatum, sed obedientiam, quam exigit [41], etiam ipse dependat, et sicut non vult gravis oneris sarcinam ferre, ita non audeat alii [42] importabile pondus imponere. Discipuli enim sumus humilis et mitis [43] magistri, dicentis [44]: *Discite a me, quia mitis sum et humilis corde.*

Gratian. Patet ergo, quod nulli appellanti sunt induciæ denegandæ. Ceterum, si causa frustratoriæ dilationis appellaverit, a judice, ad quem provocatum fuerit, condemnabitur. Tempus vero appellationis est ante datam vel post datam sententiam. Quoties enim quis se gravari senserit, libere potest appellare.

*Unde* Sixtus Papa II, *epist.* 1, *ad Gratum Episc. ait* [45]:

C. XV. *Qui gravatur a proprio metropolitano, primatem aut universalis ecclesiæ sedem appellet.*

Si quis putaverit se a proprio metropolitano gravari, apud primatem diœceseos aut penes universalis apostolicæ ecclesiæ Papam judicetur.

NOTATIONES CORRECTORUM.

C. XI. [f] Restitutum est caput hoc Vigilio antiquorum exemplarium auctoritate. Antea vero tribuebatur Julio*, in cujus etiam epistola prima habetur prior pars hujus capitis usque ad vers. *Ipsa namque* (quemadmodum et apud Leonem epist. 84, quod refertur supra distinct. 23, c. *Quanquam*, et in c. seq. *Qui sunt*), et etiam sententia ceterarum partium.

C. XIII. [g] *Cana*: Quum antea legeretur: *canonica*, emendatum sic est ex epistola ipsa, quæ habetur manuscripta, et nuper est impressa in appendice bibliothecæ, et in lib. Ennodii pro Symmacho legitur: *cana miracula et canum genium*, juxta illud Virgilii:

*Cana fides et Vesta, Remo cum fratre Quirinus*
*Jura dabant.——*

QUÆST. VI. C. XI. [28] *nostros*: orig. — Ivo. — Edd. coll. o. exc. Bas. [29] *confugerit*: Edd. coll. o. [30] *injuriarum reus*: orig —C. XII. [31] Edd. coll. o. pr. Bas. [31] ex cap. 7. ep. Vigilii ad Profuturum, quod pariter atque sextum Pseudoisidorianum est. — Coll. tr. p. p. 1, t. 52, c. 2, Ans. l. 2, c. 22 (20). adjecta subscriptione: *Dat. Kal. Mart. Belisario et Joanne Coss.*—Capitis initium sumtum est ex Leonis M. ep. ad Anastasium infr. c. 4. =C. XII. [32] *cuncta*: Edd. coll. o. [33] abest ab iisdem pr. Bas. [34] scr. A. 865. — Ans. l. 2, c. 67 (64). = C. XIII. [35] *revocavit*: orig. [36] Ans. in fine l. 2. [37] *debuissetis*: orig.—Edd. coll. o. pr. Arg. Bas. [38] verba asteriscis inclusa non sunt ap. Ans — * in orig. ap. Anselmum legitur: *canonica*. [g] abest ab orig. — *ingenio*: Edd. coll. o. — C. XIV. [40] scr. A. 446. ep. 14. Ed. Baller. — Coll. tr. p. p. 1, t. 43, c. 17. [41] *exegerit*: Edd. coll. o. pr. Bas. [42] *aliis*: Edd. coll. o. [43] *mitissimi*: Ed. Bas. [44] Matth. c. 23, v. 4. [45] Caput Pseudoisidori, confectum ex conc. Chalc. c. 9, et 17. — Ans. l. 2, c. 9. Ivo Pan. l. 4, c. 126. Polyc. l. 1, t. 6.

**C. XVI.** *Romanam sedem appellet qui judicem suspectum habet.*

*Item* Felix II, *ad episcopos in Alexandrina synodo congregatos, cap.* 19 [46].

Quoties episcopi se a suis comprovincialibus vel a metropolitano putaverint praegravari, aut eos suspectos habuerint, mox Romanam appellent sedem, ad quam [47] eos 'absque ulla detentione aut suarum rerum ablatione' libere liceat ire; et dum praedictam Romanam matrem appellaverint ecclesiam [48], aut ab ea se audiri poposcerint [49], nullus eos aut excommunicare, aut eorum sedes surripere, aut res eorum auferre, aut aliquam eis vim inferre praesumat ante quam eorum [50] causa Romani Pontificis auctoritate finiatur. Quod si aliter a quoquam praesumptum fuerit, nihil erit, sed viribus carebit.

**C. XVII.** *De eodem.*

*Item* Julius Papa *in rescripto ad Episcopos orientales, cap.* 50 [h] [51].

« Ideo huic sanctae sedi praefata privilegia specialiter concessa sunt, ut ab ea omnes auxilium oppressi et injuste damnati restitutionem sumant. »

Gratian. *Oppressi et se praegravari putantes intelliguntur ante datam sententiam, injuste vero damnati post datam sententiam.*

*Unde* Eutychianus *urbis Romanae Episcopus scribit Episcopis per Siciliam, epist.* II, c. 1 [52]:

**C. XVIII.** *Ante exitum causae per appellationem recedere licet.*

Non ita in ecclesiasticis agendum est negotiis, sicut in saecularibus. Nam in saecularibus [53] legibus, postquam vocatus quis [54] venerit et in foro decertare coeperit, non licet ei ante peractam causam recedere. In ecclesiasticis vero dicta causa recedere licet, si necesse fuerit aut si se praegravari viderit.

III Pars. Gratian. *Qui vero ex contumacia judicibus obtemperare noluerit, communione privetur.*

*Unde* in Concilio Milevitano, c. 24 [55]:

**C. XIX.** *Excommunicetur, qui judicibus suis obtemperare non vult.*

Quisquis probatus fuerit per contumaciam nolle A obtemperare judicibus, quum hoc primae sedis episcopo fuerit probatum †, det literas, ut nullus ei communicet episcoporum, donec obtemperet.

Gratian. *Item quod post datam sententiam appellari possit,* Fabianus Papa *testatur, dicens Hilario Episcopo epist.* III, c. 2 [56]:

**C. XX.** *Non denegetur appellatio ei, quem in supplicium sententia destinavit.*

Liceat etiam in criminalibus causis appellare, nec appellandi vox denegetur ei, quem supplicio [57] sententia destinavit [58].

Gratian. *Quod paulo ante idem affirmat eod. cap.* [59]:

**C. XXI.** *Ante datam sententiam licet alicui appellari.*

Si quis judicem adversum sibi senserit, vocem appellationis exhibeat.

IV Pars. Gratian. *Post datam vero sententiam qui appellare voluerit, intra quinque dies appellet, et intra eosdem a quo provocavit literas dimissorias accipiat, et intra eosdem ad quem appellavit iter arripiat.*

*Unde in* Theodosianis [i] *legibus sic statutum inventur* [60]:

**C. XXII.** *Post latam sententiam intra quod tempus quisque appellare debeat.*

Propter superfluam appellatorum licentiam, ne in retractandis vel revocandis sententiis liberum habere arbitrium videantur [61], et tempora appellationis, et poenae constitutae sunt, ut quicunque apud judicem, qui causam ejus audivit, appellare, et ad alium judicem appellare [62] voluerit, intra quinque dies appellet, et his ipsis quinque diebus ad judicem, ad quem provocaverit, sine aliqua dissimulatione [63] perveniat, et ipse dies, quo [64] accepit litteras, in his quinque diebus specialiter computetur. Quod si longius iter sit, exceptis 'his' quinque diebus spatium dierum, quo iter agi possit, computetur.

**C. XXIII.** [PALEA [k] [65].]

« Habita dinumeratione XX millium diurnorum per singulos dies computetur. »

---

**NOTATIONES CORRECTORUM.**

C. XVII. [h] Est summa quaedam capitis recitati supra cad. c. *Ideo,* et habetur in vetustis exemplaribus, in quibus Paleae esse non solent.

C. XXI. [i] Theodosianis: Hoc et quatuor sequentia capita, quae citantur ex legibus Theodos., habentur lib. 5 sent. Julii Pauli cum interpretatione. Ex quo apparet Gratiani etiam tempore has sententias conjunctas fuisse cum codice Theodos. seu breviario Alarici. Alaricus autem in praefatione profitetur se volumen illud non ex solo Theodos. codice, sed ex variis libris collegisse, et in legum collectione atque interpretatione episcoporum praecipue opera usum fuisse.

C. XXIII. [k] Caput hoc abest a vetustioribus Gra-

---

Quaest. VI. C. XVI. [46] Caput Pseudoisidori, compositum ad conc. Sardic. c. 4, et 7. — Ans. l. 2, c. 60 (58). [47] *atque eos*: Edd. coll. o. [48] *sedem*: Ed. Bas. [49] *expoposcerint*: orig. — Ans. [50] *amborum*: Ans. — Edd. coll. o. = C. XVII. [51] Caput Pseudoisidori. — Ans. l. 2, c. [47]. [52] Caput Pseudoisidori. — cf. excerpt. canon. Egberti. (Mansi l. 12.) c. 3. ubi haec ex Gregorio laudantur. — Ans. l. 3, c. 75. Ivo Pan. l. 4, c. 100. Decr. p. 6. c. 356. Polyc. l. 5, t. 1. = C. XVIII. [53] *nam in saec. postquam legibus*: Edd. coll. o. [54] *quisque*: Edd Lugd. II. III. — *quisquis*: Edd. rel. — P. III. [55] hab. post. A. 416. — Coll. tr. p. p. 2, f. 22. c. 11. — Ivo Pan. l. 4, c. 182, (*ex conc. Spalensi*). — †) *prolatum*: Coll. Hisp. = C. XIX. [56] Caput Pseudoisidori, desumtum ex interpr. ad Theod. cod. l. 11, t. 30. c. 20. — Burch. l. 1, c. 148. Ans. l. 2, c. 11. Ivo Pan. l. 4. c. 122. Decr. p. 5, c. 261 = C. XX. [57] *in supplicium*: Burch. Ivo Decr. — Edd. Lugd. II. III, — *in supplicio*: Ivo Pan. — Edd. coll. rell. [58] *destinaverit*: Edd. coll. o. [59] Caput Pseudoisidori. — Burch. Ans. ib. Coll. fr. p. p. 1. t, 18, c. 9. Ivo Pan. l. 4, c. 120. Decr. p. 5, c. 248. = C. XXI. [60] Ex interpretatione ad Paulum Sent. rec. l. 5, 53. §11. — Ivo Pan. l. 4, c. 127. Decr. p. 5, c. 281. = C. XXII. [61] *viderentur*: Ed. Bas. [62] *provocare*: orig. — Ivo. — Ed. Coll. o. [63] *simulatione*: Ivo. Pan. [64] *in quo*: ib. — Edd. coll. o. = C. XXIII. [65] ex fr. 1. D. si quis cautionibus 2, 11 — abest ab Ed. Bas.

## C. XXIV. *A quo appellatur ad quem appellatum fuerit dimissoriæ litteræ dirigantur.*

Item ibidem tit. *XXXIV* [66].

Ab eo, quo [67] appellatum est, ad eum, qui de appellatione cogniturus est, dimissoriæ litteræ dirigantur, quæ vulgo apostoli [68] appellantur, quarum [69] postulatio et acceptio intra quinque dies ex officio finienda † est. *Ista* [70] *jam superius sub titulo de cautionibus et pœnis appellationum interpretata sunt*, § 1. Qui intra statuta tempora dimissorias non postulaverit [71], vel acceperit, vel reddiderit, præscriptione ab agendo submovetur [72], et pœnam appellationis ferre [73] cogitur.

## C. XXV. *De his, qui causa dilationis appellant.*

Item ibidem, tit. *XXXV, c. 2* [74].

Quicunque non confidentia justæ causæ, sed causa afferendæ [75] moræ, ne contra eum sententia proferatur, appellaverit, vel si de facto suo confessus, ne addicatur [76], appellare voluerit, hujusmodi appellationes non recipiuntur [77].

## C. XXVI. *Quum possessor appellat, dum eventus causæ dubius est, possessionis fructus sequestrentur.*

Item ibidem, tit. *XXXVI, c. 1* [78].

Quoties post auditam causam judicii [79] possessor appellat, fructus possessionis, de qua agitur, dum secundæ [80] audientiæ eventus dubius est, merito sequestrantur. Nam si petitor appellaverit, hoc ab eo postulari non potest, quia non potest sequestrari quod non habet, § 1. Si [81] propter prædia urbana vel mancipia [82] appelletur, pensiones [83] eorum vel mercedes, vecturæ [84] etiam, si de navi [85] agatur, deponi solent.

## C. XXVII. *Injuste appellans omnino puniendus est.*

Item ibidem, tit. *XXXVII, c. 1* [86].

Omnino puniendus [1][87] est, 'ut', quoties injusta appellatio pronuncietur, sumtus, quos, dum sequeretur, adversarius impendit, reddere cogatur non simplos, sed quadruplos.

Gratian. *Præmissis auctoritatibus intra quinque dies post datam sententiam cuique appellare permittitur. Quod postea Justinianus in constitutionibus suis corrigens, intra decem dies appellationis remedium cuique dandum decrevit, dicens :*

## C. XXVIII. *Intra decem dies remedium appellationis conceditur.*

Imperator Justinianus Augustus [88].

Anteriorum legum acerbitati plurima remedia imponentes [89], et maxime hæc circa appellationes facientes [90], et [91] in præsenti ad hujusmodi beneficium pervenire duximus esse necessarium. Antiquitate [92] etenim cautum erat, ut si quis per se litem exercuerit et fuerit condemnatus, intra duos dies tantummodo licentiam appellationis haberet; sin autem per procuratorem causa ventilata sit, et in triduum proximum eam extendi. Ex rerum autem experientia invenimus hoc satis esse damnosum; plures enim homines ignaros legum subtilitatis, et putantes in triduum esse provocationes porrigendas, in promptu periculum incidisse, et biduo transacto causas perdidisse. Unde necessarium duximus hujusmodi rei competenter mederi. Et sancimus omnes appellationes, sive per se, sive per procuratores, seu per defensores, vel curatores et tutores ventilentur, posse intra decem dierum spatium a recitatione sententiæ enumerandum [93] judicibus ab his, quorum interest, offerri, sive magni sive minores sunt (excepta videlicet sublimissima prætoriana præfectura), ut liceat homini intra id spatium plenissime deliberare, sive appellandum ei sit, sive quiescendum; ne timore instante opus appellatorium frequentetur, sed sit omnibus inspectionis copia, quæ et indiscussos hominum calores potest refrenare. § 1. Ad hæc sancimus, si quando lis speratur in nostrum inferri consistorium, si forte contigerit imperatoriam [94] majestatem occupatam publicis causis ex mundanis provisionibus non posse convocare patres, quatenus causa agitetur [95], non ex hoc litem periclitari. Quod enim vitium est litigantium, si culmen imperatorium occupetur? vel quis tantæ est auctoritatis, ut nolentem principem possit ad convocandos patres ceterosque proceres coarctare? Sed si quid tale evenerit, causa intacta permaneat,

---

## NOTATIONES CORRECTORUM

tiani codicibus, et ab originali, et Ivone, et Panormia. In uno autem Gratiani valde emendato est in margine superioris capitis tanquam glossa quædam.

C. XXVII. [1] *Omnino puniendus :* In sententiis Pauli legitur : *omnimodo probandum est*, etc. Sed quia est initium capituli, et de hujusmodi punitione multa sunt a doctoribus adnotata, non est mutatum; tantummodo ductus orationibus est emendatus addita particula : *ut*.

---

QUÆST. VI. C. XXIV. [66] ex Pauli Sent. rec. l. 5, t. 54. — Ivo Pan. l. 4, c. 128. Decr. p. 5, c. 282. [67] *a quo :* orig. — Ivo. [68] *epistola :* Ivo Pan. [69] *quorum :* orig. — † *facienda :* Ivo. — orig. [70] Hæc est interpretatio ad Paulum l. c. [71] *postulaverint*, et sic deinceps : Ivo. — Edd. coll. o. [72] *submoveantur — cogantur :* ib. [73] *inferre :* orig. = C. XXV. [74] ex interpr. ad Paul. Sent. rec. l. 5, t. 35. — Ivo Pan. l. 4, c. 129. Decr. p. 5, c. 283. [75] *differendæ :* Ivo Pan. Edd. coll. o. [76] *abdicatur :* Ivo Pan. — *abjiciatur :* Edd. coll. o. [77] *recipiantur :* eæd. = C. XXVI. [78] ex interp. ad Paul. Sent. rec. l. 5, t. 36. — Ivo Pan. l. 4, c. 130. Decr. p. 5, c. 284. [79] *judicem :* Ivo Pan. — Edd. coll. o. — abest in Ed. Bas. [80] *sequentis :* Ed. Bas. — *sequendæ :* Edd. coll. rel. ex Iv. Pan. [81] ex Paulo ib. § 2. [82] add. : *vel jumenta :* Ivo Pan. — Edd. coll. o. pr. Bas. [83] *possessiones :* Edd. Coll. o. ex Iv. Pan. [84] *vecturarum :* Ivo Decr. — *vectura :* Edd. coll. o. [85] *si de navis naulo :* eæd. ex Iv. Pan. = C. XXVII. [86] Paulo l. 1, t. 37. — Ivo Pan. l. 4, c. 131. Decr. p. 5, c. 285 [87] *ponendum :* orig. Ed. Arndts. = C. XXVIII. [88] hæc est integra novella 23 data A. 536. [89] *interponentes :* Edd. coll. o. [90] *faciendas :* eæd. pr. Bas. Lugdd. II. III. [91] Abest ab Edd. coll. o. pr. Bas. [92] *antiquitati :* orig. Edd. coll. o Bohm. [93] *numerandorum :* Edd. coll. o. pr. Bas. [94] *imperatoris :* eæd. pr. Bas. Nor. [95] *exagitetur :* Ed. Bas.

donec imperator sua sponte motus et convocari proceres [96] jusserit, et litem inferri patiatur, et omnia secundum morem procedere. § 2. Illud etiam in tertio capitulo disponendum est, quod antiquitas bene statuit, novitas autem neglexit. Quum enim veneranda vetustatis auctoritas ita magistratus digesserit [97], ut alii majores, alii medii, alii minores sint, et appellationes a minoribus judicibus non solum ad maximos [98] judices remitterentur [99], sed ad spectabilium judicum tribunal, quatenus et ipsi [100] sacro auditorio adhibito litem exercerent [101], novitas autem hoc dereliquerit [102], evenit, ut super minimis causis maximi nostri judices inquietentur, et homines propter minimas causas magnis fatigentur dispendiis, ut forsitan totius litis aestimatio ad sumtus judiciales non sufficeret. Ideoque sancimus, si quando ex Aegyptiaco tractu vel adjuncta ei utraque Lybia provocatio speratur usque ad decem librarum auri quantitatem, non in hanc regiam urbem eam venire, sed ad praefectum augustalem, qui audiat et causam dirimat vice sacri cognitoris, nulla ei [103] penitus [104] post diffinitivam sententiam appellatione porrigenda. Similique modo quoties in Asiana dioecesi vel Pontica tale aliquid emerserit, usque ad praedictam quantitatem decem librarum auri appellationes ad viros spectabiles, comites forte, vel proconsules, vel praetores, vel moderatores, quibus specialiter easdem lites peragendas deputavimus, remittantur, quatenus et hi ad similitudinem praefecti augustalis vice sacri cognitoris intercedant, et causas sine spe quidem appellationis, Dei tamen et legum timore perferant decidendas. Orientalem [105] autem tractum causas appellatione suspensas, et usque ad decem librarum auri quantitatem limitatas, ad virum spectabilem comitem orientis mittere, simili modo audientiam et finem eis impositurum [106]. Illo videlicet observando [107], ut viri, [108] spectabiles duces [109] vel alii spectabiles judices non ad alios eadem spectabilitate decoratos judices suas transmittant appellationes in litibus, quantaecunque sint quantitatis (quum non oporteat ad compares judices appellationes referri, sed a minori judicio in majus tribunal ascendere), sed ad illustrissimam praefecturam illorum appellationes, cujuscunque sint [110] quantitatis (ut dictum est), dirigantur, quae unat cum viro [111] excelso pro tempore quaestore eas dirimat, utroque officio subministrante, id est tam ex sacris scriniis more solito quam praefectorio. Ita tamen haec sancimus, ut nec a ducibus vel aliis spectabilibus judicibus (quibus forte, et si privati sint, imperialis majestas causas injunxerit) appellatio ad memoratos spectabiles judices currat, ne causa non gradatim procedere, sed perperam videatur; sed a praesidibus quidem provinciarum, et judicibus a nobis datis, si non sint spectabiles judices, intra memoratam quantitatem referetur. Si autem vel illustres sint dati a nobis judices (quibus apices dignitatum super spectabilitatem sunt) vel duces, qui omnimodo spectabilitate sunt decorati, vel hi, qui a principe delegati sunt, spectabilem habeant dignitatem, eorum appellationes sub quacunque quantitate in hanc regiam urbem ad competentes antiquo more judices referuntur [111], omnibus aliis, quae in appellationibus statuta sunt vel ab antiqua prosapia, vel ab auctoritate anteriorum constitutionum, vel a nostra humanitate, intactis illibatisque custodiendis.

C. XXIX. *Quando appellandum sit primo vel secundo.*

*Item lib.* XLIX Digest., *tit.* quando appellandum sit, lege I, § Biduum [112].

Biduum vel triduum appellationis ex die sententiae latae computandum erit. § 1. Quid ergo, si sententia fuerit sub conditione dicta, utrum ex die sententiae 'latae' tempus computamus ad appellandum, an vero ex die, quo conditio sententiae exstitit [114]? Sane quidem non est sub conditione sententia dicenda; sed si fuerit dicta, quid fiet? Et est utile statim tempora ad appellandum computari debere. § 2. Quod [115] in sententiis receptum [116] est, ut vel altera [117] die, vel tertia provocetur, hoc etiam in ceteris observandum est, ex quibus sententia quidem non profertur, appellari tamen oportere [118] et posse 'supra relatum est, 'ut quum [119] quis m ad tutelam vel ad alia civilia munera nominatur, et ejus excusatio non admittitur, § 3. Dies autem istos, in quibus appellandum est, ad aliquid utiles esse, oratio di vi Marci voluit, si forte ejus, a quo provocatur, copia non fuerit, ut 'ei' libelli dentur. Ait enim : Is dies servabitur, quo primo facultas

### NOTATIONES CORRECTORUM.

C. XXIX. ᵐ *Ut quum quis* : Hinc usque ad verba: *non admittitur*, non sunt in Pandectis; sed quia superius in eadem lege sententia ipsorum exprimitur, non sunt expuncta, sed descripta aliis characteribus.

Quaest. VI. C. XXVIII. [96] *et ceteros proceres* : Edd. coll. o. pr. Bas. Lugdd. II. III. [97] *digessit* : Edd. Lugdd. II. III. [98] *majores* : Edd. coll. o. pr. Bas. Lugdd. II. III. [99] *remittantur* : Edd. coll. o. pr. Bas. [100] *ipso* : Bohm. [101] *exerceant* : Edd. coll. o. pr. Bas. Lugdd. II. III. [102] *dereliquit* : eaed. pr. Lugdd. II. III. [103] *eis* : eaed. [104] abest ab eisdem. [105] *orientales tractus* : Edd. Arg. Lugd. I. — *orientalis tractus* : Edd. rel. pr. Lugdd. II, III. [106] add. : *sancimus* : Edd. coll o. pr. Bas. [107] *observato* : Edd. coll. o. [108] *ut viri spectabiles non ad, etc.* : Ed. Arg. — *ut viri spectabiles judices non ad, etc.* : Ed. Ven. II. [109] abest ab Edd. coll. o. pr. Lugdd. II, III. [110] add. : *dignitatis vel* : eaed. [111] add. : *suo* : Edd. Bas. Ven. II. Par. Lugd. I. [112] *referantur* : orig. — Edd. coll. o. pr. Bas. — Bohm. = C. XXIX. [113] ex l. 49. D. t. 1, fr. 1, § 5, seqq. — Rubrica capiti superimposita abest ab Edd. Arg. Bas. [114] *exstiterit* : Edd. coll. o. [115] add. : *autem* : Edd. col. o. pr. Bas. [116] *praeceptum* : orig. — Edd. coll. o. pr. Lugdd. II, III. [117] *alia* : Ed. Bas. [118] *oportet et potest* : Edd. coll. o. [119] cf. § 1, 2, ejusdem fragmenti.

adeundi erit. Quare si forte post sententiam statim dictam copiam sui non fecerit is, qui pronunciavit (ut fieri assolet), dicendum est nihil nocere appellatori. Nam ubi primum copiam ejus habuerit, poterit provocare. Ergo si statim se subduxit [120], simili [121] modo subveniendum est, § 5. Quid igitur, si conditio horæ effecit [122], ut se reciperet? Si forte dicta sit sententia, cum suprema hora, utique non videbitur [123] e subtraxisse, § 3. Adeundi autem facultatem semper accipimus, si in publico sui copiam fecit [124]. Cæterum, si non fecerit [125], an imputetur alicui quod ad domum ejus non venerit, quodque [126] in hortos non accesserit, et ulterius quod ad villam suburbanam? Magisque est ut non debeat imputari. Quare si in publico ejus adeundi facultas non fuit, melius dicetur facultatem non fuisse adeundi, § 6. Si quis ipsius quidem [127], a quo appellavit, adeundi facultatem non habuerit [128], *ut ei libellos daret* ⁿ, ejus autem, quem [129] appellavit, habeat copiam, videndum est, ut [130] ei præscribi possit quod eum non adierit. Ex hoc jure utimur, ut, si alterutrius adeundi fuerit copia, præscriptio locum habeat, § 7. *In propria causa biduum accipitur. Propriam causam ab aliena quemadmodum discernimus?* Et palam est eam propriam esse causam, cujus emolumentum vel damnum ad aliquem suo nomine pertinet. Et infra : § 8. Si adversus absentem fuerit pronunciatum, biduum vel triduum ex quo quis scit computandum est, non ex quo pronunciatum est. Quod autem dicitur absentem posse provocare ex quo scit, sic accipit [131], si non in causa per procuratorem defensus est, nam si ille non provocavit, difficile est, ut hæc audiatur, § 9. Si [132] quem [133] in insulam deportandum adnotaverit præses provinciæ, et imperatori scripserit ᵒ ut deportetur, videamus quando sit provocandum, utrum quum imperator rescripserit [134] ut deportetur, an quum ei scribitur? Et putem [135], tunc esse appellandum, quum recipi eum præses jubet, *sententia prolata* ᵖ, imperatori scribendum ut deportetur. *Ceterum verendum est, ne sero sit, ut tunc provocetur, quum imperator

A  insulam ei assignaverit; comprobata [136] enim sententia præsidis [137] tunc solet [138] insulam assignare. Rursus illud verendum est, si mendaciis apud principem oneraverit eum, quem deportandum laborabat [139], intercludi [140] illi viam provocandi. Quid ergo est? Recte dicetur humanitate suggerente ut et hoc, et illo tempore non frustra provocaretur, quia non adversus principem, sed adversus judicis calliditatem provocavit. Et infra [141] : § 10. Illud quoque videamus [142], si, quum imperatori scriberetur, exemplum litterarum litigatori editum sit, neque is appellaverit, et postea contra eum rescriptum sit, an appellare a litteris pridem [143] sibi editis possit? ᑫ quia qui tunc non appellavit vera esse quæ scripta sunt consensisse videtur, nec est audiendus, si dicat

B  eventum * sacri rescripti se sustinuisse.

[C. XXX.]

*Item* Ulpianus *lib. XLIX, in tit. De recipiendis appellationibus vel non, lege* 1 [144].

V Pars. Non solent audiri appellantes, nisi hi, quorum interest, vel quibus mandatum est, vel qui negotium alienum gerunt, quod mox [145] ratum habetur. Sed etsi mater ʳ, *quum filii rem sententia versam* † *animadverteret*, provocaverit pietati dans, dicendum est et hanc audiri debere, et si litem præparandam curare maluerit, intercedere non videtur, licet ab initio defendere non potest. § 1. *Scævola libro IV regularum* [146]. Ante sententiam [147] appellari potest, si quæstionem in civili negotio ha-

C  bendam judex interlocutus sit, vel in criminali, si contra leges hoc faciat. § 2. *Macer libro I de appellationibus, lege* 4 [148]. Ejus, qui ideo causam agere frustratur, quod dicit se libellum principi dedisse, et sacrum rescriptum exspectare, audiri desiderium prohibetur, et si ob eam causam provocaverit, appellatio ejus recipi sacris constitutionibus vetatur.

C. XXXI. *De dimissoriis libellis.*

*Item* Marcianus *l.* 2, *De appellationibus, tit. De libellis dimissoriis, l. unica* [149].

Post appellationem interpositam literæ dandæ sunt

---

### NOTATIONES CORRECTORUM.

ⁿ *Ut ei libellos daret* : Verba hæc non sunt in Pandectis, sed ob glossam non sunt inducta.
ᵒ *Imperatori scripserit* : Sic est emendatum ex Pandectis. Antea legebatur : *Imperator rescripserit*.
ᵖ *Sententia prolata* : Hæc usque ad vers. *Ceterum*, sunt addita ex Pandectis.
ᑫ *Possit* : In vulgatis codicibus " sequebatur :

D  *certe non potest*, quæ neque in vetustis, neque in Pandectis habentur.
C. XXX. ʳ *Mater* : Antea brevius legebatur : *sed et si mater ex pietate provocaverit, dicendum*, etc. Multa vero alia in hoc et sequenti capitulo ex ipsis Pandectis sunt emendata.

---

QUÆST. VI. C. XXIX. [120] *subtraxerit* : Edd. coll. o.   [121] *similiter* : eæd. ex orig.   [122] *efficit* : Edd. coll. o. pr. Lugdd. II, III.   [123] *videbatur* : Ed. Bas.   [124] *fecerit* : Edd. coll. o. pr. Bas.   [125] *fecit* : Ed. Bas.   [126] *add.* : *ad eum* : ib.   [127] *add.* : *judicis* : ib.   [128] *habuit* : Edd. coll. o. ex orig.   [129] *ad quem* : Edd. coll. o.   [130] *an* : orig. — Edd. coll. o.   [131] *accipitur* : Ed. Bas. — *accipimus* : Edd. rell.   [132] *in principio ejusdem fragmenti.*   [133] *quidem* orig. — Edd. coll. o. pr. Arg. Lugdd. II, III.   * Edd. coll. o.   [134] *rescripsit* : eæd. pr. Bas.   [135] *puto* : Edd coll. o.   [136] *add.* : *post X dies* : Ed. Bas.   [137] *add.* : *vel prætoris* : Edd. coll. o. pr. Bas.   [138] *add.* : *eis* : Ed. Bas. — *ei* : Ed. Lugdd. II, III.   [139] *laborat* : Edd. coll. o.   [140] *intercludit* : Ed. Bas.   [141] fr. 3, ejusdem tit.   [142] *videndum est* : Edd. coll. o. pr. Bas.   [143] *quidem* : Bohm.   " *et* Edd. coll. o. pr. Bas. ═ C. XXX.   [144] fr. 1, tit. 5, l. 49.   [145] *quod mox reus ratum habet* : Edd. coll. o.   † *eversum* : orig. — Bohm.   [146] fr. 2 ib.   [147] *add.* : *datam* : Ed. Bas.   [148] fr. 4 ib. ═ C. XXXI.   [149] Dig. l. 49, t. 6.

ab eo, a quo appellatum est, ad eum, qui de appellatione cogniturus est sive principem, sive quem [150] alium, quas literas dimissorias sive apostolos appellant. Sensus autem literarum talis est: appellasse (puta) Lucium Titium a sententia illius [151], quae inter illos [152] dicta est. Sufficit autem petiisse intra tempus dimissorias instanter et saepius, 'ut', et si non accipiat, id ipsum contestetur. Nam instantiam repetentis [153] dimissorias constitutiones desiderant. Aequum est igitur, si per eum steterit [154], qui debebat [155] dare literas, quo minus det, ne hoc accipienti noceat. § 1. *Ulpianus libro IV de appellationibus titulo: Nihil innovari appellatione interposita, lege unica* [156]. *Appellatione interposita, sive ea recepta fuerit* [157] *sive non, medio tempore nihil novari oportet. Et infra* [158]: § 2. *Si quis ex pluribus facinoribus condemnatus propter quaedam appellaverit, propter quaedam non, utrum differenda poena ejus sit, an non, quaeritur. Et si quidem graviora sunt crimina, ob quae appellatio interposita est, levius autem id, propter quod non appellavit, recipienda est omnino appellatio, et differenda poena. Si vero graviorem sententiam meruit ex ea specie, ex qua non est appellatum, omnimodo* [159] *poena imponenda est*

Gratian. Forma apostolorum haec est: « Ego ille [160] *sanctae Bononiensis ecclesiae episcopus, te presbyterum Rolandum, capellanum S. Apollinaris, ad apostolicam sedem, quam appellasti, ab observatione mei judicii his apostolis dimitto.* » *Forma vero appellantis ante sententiam haec est:* « *Ego Adelinus S. Reginae ecclesiae minister licet indignus sentiens me praegravari a domino Gualterio S. Ravennatis ecclesiae archiepiscopo Romanam sedem appello, et apostolos peto.* » § 1. *Si vero post datam sententiam appellare voluerit, hic erit ei modus appellandi:* « *Ego A. sanctae Reginae ecclesiae minister licet indignus contra sententiam domini G. sanctae Rav. ecclesiae archiepiscopi injuste in me latam pridie Kal. Maii, A. Domini incarnationis MCXLI* » [161], *indictione quarta,* *Romanam sedem appello, et apostolos peto.* » § 2. *Si autem unus, vel duo pro pluribus appellare voluerint, sic appellabunt:* « *Ego P. et G. syndici canonicorum S. B. E. sentientes nos praegravari, vel contra sententiam, etc. Romanam sedem appellamus, et apostolos postulamus.* » *Et hujuscemodi appellationes in scriptis fieri debent.*

*Ad judicium autem alterius fidei canonico appellare non licet.*

Unde in Concilio Carthaginensi IV, c. 7 [162]:

C. XXXII. *Excommunicetur catholicus, qui committit causam suam judicio alterius fidei.*

Catholicus, qui causam suam sive justam sive injustam, ad judicium alterius fidei judicis [163] provocat, excommunicetur.

VI Pars. Gratian. *Notandum vero est, quod quidam judices sunt, a quibus appellari non oportet.*

Unde in Concilio Milevitano, c. 24, legitur [164]:

C. XXXIII. *A quibus judicibus provocari non licet.*

A judicibus, quos communis consensus elegerit [165], non liceat provocare [166].

Gratian. *Quod de arbitris intelligendum est. Judicum enim alii sunt ordinarii, alii arbitrarii. Ordinarii vero sunt, qui ab apostolico, ut ecclesiastici, vel ab imperatore, utpote saeculares, legitimam potestatem accipiunt. Arbitrarii sunt, qui nullam potestatem habentes cum consensu litigantium in judices eliguntur, in quos compromittitur, ut eorum sententiae stetur. Horum alii sunt ordinarii et arbitrarii, alii arbitrarii tantum. Ordinarii et arbitrarii sunt, qui legitimam potestatem habentes ab eis eliguntur ad arbitrandum, qui non sunt suae ditioni suppositi. Ab his, etsi ut arbitrarii sedeant, et non ut ordinarii, privilegio tamen ordinariae dignitatis, gravatus aliquis appellare valebit.*

Unde in Concilio Carthaginensi III, c. 10 [167]:

C. XXXIV. *A judicibus, qui eliguntur communi consensu, provocare licet.*

Sane, si ex consensu partium judices electi fuerint, etiam a pauciore numero, quam constitutum est liceat [t] provocari.

### NOTATIONES CORRECTORUM.

C. XXXI. [a]MCXLI: In vulgatis erat: MCLXI qui numerus, ut recte in glossa dicitur, constare non potest. Quod hinc etiam confirmatur, quia quarta indictio, de qua hic est mentio, non convenit cum anno illo. In manuscriptis autem quum varia sit lectio, haec visa est melior, quae notarum tantum transpositione restitui potuit, et quarta indictio cum hoc anno concurrit.

C. XXXIV. [t] *Liceat:* Hunc canonem citat Gratianus (quod ipsemet aperte profitetur) ut ostendat ab hujusmodi judicibus licere appellari. Verum in concilio Carthaginensi tam impresso quam manuscripto, cum variis exemplaribus collato, et unico codicis canonum etiam impresso ac manuscripto, et Graeco, quod cum ipso concordat, et Africano, ubi hoc repetitur, et apud Ivonem legitur: *non liceat.* Et quae in ipso canone antecedunt et referuntur infra ead. c. *Hoc etiam* ostendunt omnino cum negatione legendum esse.

---

Quaest. VI. C. XXXI. [150] *quemlibet*: Edd. coll. o. [151] *illius N.*: Ed. Bas. — *talis judicis*: Edd. rell. [152] *illum et Maevium*: Edd. coll. o. [153] *petentis*: exd. [154] *stetit*: exd. pr. Bas. [155] *debeat*: Edd. coll. o. pr. Arg. — Bohm. [156] t. 7, l. 49, Dig. in princ. [157] *sit*: orig. — Ed. Bas. [158] fr. 5, ibid. [159] *omnino*: Edd. coll. o. — [160] *Ego N.*: Edd. coll. o. pr. Bas., ubi : *Ego, et Arg.*, in qua : *Ego Henricus* legitur. [161] *MCLXI*: Edd. Bas. Lugdd. — *MCV*: Edd. rell. [162] c. 30 Statutt. eccl. ant. ap. Baller. cf. ad. c. 9, D. 18. = C. XXXII. [163] *abest ab orig.*— P. VI. [164] hab. post A. 416. — Ivo Pan. l. 19. c. 132 (*ex conc. Spalensi*) Decr. p. 6, c. 365. = C. XXXIII. [165] *elegit*: Edd. Nor. Ven. II. [166] *provocari*: Edd. coll. o. — [167] hab. A. 397. — Ans. l. 3, c. 123 Ivo Decr. p. 6, c. 363.

C. XXXV. *Qui de episcoporum judiciis queruntur, a vicinis episcopis audiantur, vel ab aliis ex consensu eorum adhibitis.*

Item ex Concilio Milevitano, c. 22.[168]

Placuit, ut presbyteri, diaconi, vel ceteri inferiores clerici in causis, quas habuerint, si de judiciis episcoporum suorum questi fuerint, vicini episcopi eos audiant, et inter eos quidquid est finiant [169], adhibiti ab eis ex consensu episcoporum suorum. Quod si 'et' ab eis provocandum putaverint, non provocent [170], nisi ad Africana concilia vel ad primates [171] provinciarum suarum. Ad transmarina autem qui putaverit [172] appellandum, a nullo intra Africam in communione suscipiatur.

*Gratian.* Nisi forte[u] Romanam sedem appellaverint. Is autem, qui appellaverit, ad eum, a quo appellavit, remitti non debet.

Unde in Sardicensi Concil.o, c. 7 [173].

C. XXXVI. *De eodem.*

Si quis episcopus accusatus fuerit, et [174] judicaverint congregati episcopi regionis ipsius, et de gradu suo eum dejecerint, si appellaverit qui [175] dejectus fuerit [176], et confugerit ad beatissimum Romanæ ecclesiæ episcopum, et voluerit se audiri [v], si justum putaverit ut revocetur vel [vv] renovetur examen, scribere episcopis dignetur [177] his, qui in finitima et propinqua [178] provincia sunt, ut ipsi [179] diligenter omnia requirant [180] et juxta fidem veritatis definiant. Quod si is, qui rogat [x] causam suam iterum audiri, deprecatione sua moverit [181] episcopum Romanum, ut de [182] latere suo presbyteros mittat, erit in potestate ejus 'et' [183] quid velit, et quid æstimet. Et si decreverit [184] mittendos esse qui præsentes cum episcopis judicent, ut etiam habeant auctoritatem personæ illius, a quo destinati sunt, erit in ejus arbitrio. Si vero crediderit sufficere episcopos [y], ut negotio terminum imponant, faciat [185] quod sapientissimo consilio [186] suo judicaverit.

*Gratian.* Arbitrari tantum sunt qui nullam legitimam potestatem acceperunt, a quibus appellari non licet, quia eis imputandum est quod sibi tales elegerunt. Si vero sententia eorum, a quibus appellatur, soluta fuerit [z], nihil eis oberit, nisi forte vel inimicitia vel pecunia depravati injustam probentur tulisse sententiam.

Unde in Concilio Carthaginensi III, c. 10, legitur [187]:

C. XXXVII. *Quum per appellationem sententia solvitur, non debet obesse ei qui non iniquo animo judicavit.*

VII Pars. Hoc etiam placuit, ut a quibuscunque judicibus ecclesiasticis ad alios judices ecclesiasticos, ubi est major auctoritas, fuerit provocatum, non eis obsit, quorum fuerit soluta sententia, si convinci non potuerint vel iniquo [188] animo judicasse, vel aliqua cupiditate aut gratia depravati.

*Gratian.* Quæritur autem de eo a quo appellatur, an sit evocandus in testimonium apud eum, ad quem appellatur, super negotio, cujus cognitionem suscepit.

De hoc ita statutum est in Concilio Carthaginensi V, c. 1 [189]:

C. XXXVIII. *Clericus non devocetur in testimonium illius causæ, cujus primum cognitionem suscepit.*

Statutum [190] est, ut qui 'forte' in ecclesia quamlibet causam jure apostolico ecclesiis imposito agere voluerit, et fortasse decisio clericorum uni parti displicuerit, non liceat clericum in judicium ad testimonium devocari eum, qui præses [191] vel co-

### NOTATIONES CORRECTORUM.

C. XXXV. [u] *Nisi forte:* Hæc in antiquis conicibus scribuntur tanquam Gratiani verba. Et ad hanc sententiam demonstrandam affert sequens caput ex concilio Sardicensi.

C. XXXVI. [v] *Se audiri:* καὶ βουληθείη αὐτοῦ διακοῦσαι, id est: si Romanus episcopus voluerit ipsum audire.

[vv] *Revocetur, vel:* Hæc absunt a concilio tam impresso quam manuscripto, cum variis exemplaribus collato, et legitur tantummodo: renovetur, quemadmodum græce est: ἀνανεώσασθαι, et sic refertur a Nicolao et Ivone; sed ob glossam non sunt inducta.

[x] *Quod si is, qui rogat:* Græce est: Εἰ δέ τις ἀξιῶν καὶ πάλιν αὐτοῦ τὸ πρᾶγμα ἀκουσθῆναι, id est:

*Si quis autem postulet et rursus negotium suum audiri*, ut sit secunda appellatio, quæ etiam significatur in capite *Gaudentius*, quod apud Græcos proxime antecedit huic capiti.

[y] *Episcopos:* Sequebatur in codicibus Gratiani, etiam in manuscriptis, quemadmodum et apud Ivonem: *comprovinciales*, quæ vox non est in concilio, neque apud Nicolaum †. Græce legitur: καὶ ἀπόφασιν τοῦ ἐπισκόπου, id est: *et ipsius epicopi sententiam*. Balsamon tamen videtur legisse: τῶν ἐπισκόπων, et primum interpretatur de episcopis provincialibus, deinde de aliis.

[z] *Fuerit:* Sequebatur in vulgatis ††: *per eum, ad quem appellatum est*, quæ sunt expuncta, quia in vetustis codicibus non habentur.

Quæst. VI. C. XXXV. [168] hab. post A. 416 — Coll. tr. p. p. 2, t. 22, c. 10. — cf. infra C. 11, q. 3, c. 34. [169] *definiant:* Edd. coll. o. [170] *provocetur:* Ed. Bas. [171] *primatus:* Coll. Hisp. [172] *putaverint suscipiantur:* ib. — Edd. coll. o. [173] hab. A. 347. — Ans. 1, 2, c. 78; Ivo Decr. p. 3, c. 27. = C. XXXVI. [174] add.: *omnes:* Isid. Merl. — Ivo — Edd. coll. o. [175] *quum:* cæd. pr. Bas. [176] *videtur:* orig. — Coll. citt. — Ed. Bas. *voluerit audiri:* Coll. Hisp. — Ans. *et* Ans. et Ivone et Ed. Bas. [177] add.: *Romanus episcopus:* orig. — Coll. citt. — Edd. coll. o. [178] add.: *altera:* orig. — Edd. coll. o. [179] *ibi:* Ans. [180] *perquirant:* Ed. Bas. [181] *monuerit:* Edd. coll. o. ex Ivone. [182] *e:* Coll. Hisp. — Ans. [183] abest ab orig. et Coll. citt. [184] *decreverit:* Ed. Bohm. †est tamen apud Isidor. Merl. et Ivonem — in Coll. Hisp. et apud Ans. legitur *provinciales.* [185] *faciant:* Edd. Lugdd. II, III — faciet. Edd. rel. pr. Bas. — Ivo. — Isidor. Merl. [186] *concilio:* Edd. Bas. Ven. II Nor. Par. Lugd. I. †† et Edd. coll. o. — Bas. [187] hab. A. 397. — Ivo Pan. l. 4, c. 133 decr. p. 6 c. 563. = C. XXXVII. [188] *inimico:* orig. — Ivo. — Ed. Arg. [189] hab. A. 401. — Coll. tr. p. p. 2, t. 19, c. 1. — Ivo Decr. p. 6, c. 230, ex Dionysio. = C. XXXVIII [190] *statuendum:* orig. — Edd. Arg. Bas [191] *præsens.* orig. — Ed. Bas.

gnitor fuit, et nulla ad testimonium dicendum ecclesiastici [192] cujuslibet persona pulsetur.

Gratian. *Ab eis quoque, ad quos provocatum fuerit (sicut in Africano Concilio, c. 63 [193] legitur) ulterius provocare non licet :*

C. XXXIX. *Non liceat provocare ab his, ad quos provocatum fuerit.*

Si autem provocatum fuerit, eligat qui provocaverit judices, et cum eo *et* ille, contra quem provocaverit, ut ab ipsis deinceps nulli liceat provocare.

Gratian. *Post secundum provocationem intelligendum est : tertio enim in una eademque causa super eisdem capitulis provocare non licet. Unde in VII libro Codicis [194], titulo ne liceat in una eademque causa tertio provocare, lege unica, imperator Justinianus scribit :* Si quis in quacunque lite iterum provocaverit, non liceat ei tertio in eadem lite super eisdem capitulis provocatione uti, vel sententias excellentissimorum praefectorum praetorio retractare, licentia danda [195] litigatoribus, arbitro dato, ipsius audientiam, qui eum dedit, ante litis contestationem invocare, et hujusmodi petitione [196] minime provocationis vim obtinente. § 1. *Quum autem in causa capitali vel status interpellatum fuerit, non per procuratores, sed per se ipsos appellantes causam suam agere oportet.*

Unde Hadrianus Papa ait in capitulis a se collectis, c. 44 [197] :

C. XL. *Appellationem in causa capitali vel status interpositam per procuratorem exsequi non licet.*

Si quando in causa capitali vel causa status interpellatum fuerit, non per exploratores [198], sed per ipsos [199] est agendum.

Gratian. *Tempus autem exsequendae appellationis annus est, vel, si justa causa intercesserit, biennium. Unde in Authenticis constitut.* 11, collat. V, legitur :

C. XLI. *De eodem [200].*

Ei, qui appellat, impertitur annus, intra quem secundum se communiter [201] *cum adversario* litem exsequatur, aut, si justa [202] causa intercesserit, alius annus indulgeatur [203], quo transacto lite non completa rata manet sententia. § 1. Appellatore cessante, quum unus mensis superest ex biennio, licet victori ingredi ut reus quaeratur, quo sive invento sive non, suas afferat allegationes, et [204] vel confirmetur vel rescindatur sententia, omni casu absente [205] impensis [206] condemnando *secundum tempora fatalium dierum*. Neutro *vero* concurrente [207] post secundum [208] fatalem permaneat [209] sententia *rata*. *Constitutione secunda, in collatione IV [210] :* § 2. Sed iis, quae speratur in consistorium principis inferri, absque damno morae manet intacta, donec ipse faciat eam introduci, et a proceribus secundum morem dirimi.

Gratian. *Si vero is, qui appellavit, poenitentia ductus ab appellatione desistere voluerit, non prohibetur, sicut in 7 libr. Codicis, tit. de appellationibus, l.* 28 *Impp. Arcadius et Honorius statuisse leguntur :* Si quis libellos ᵃ appellatorios ingesserit, sciat se habere licentiam arbitrium commutandi et suos libellos recuperandi, ne justae poenitudinis humanitas amputetur. § 1. *Est autem quando appellationem interponi non est necesse. In eodem namque libro, et eod. tit. l. 27, iidem Impp. decreverunt : Nominationes vero libellis vel edictis factae, citra concilium publicum non valent, de quibus nec appellare necesse est, si solennitas deest.*

VIII Pars. § 2. *Diffinitiva* [211] *quoque sententia, quae condemnationem vel absolutionem non continet, pro nulla habetur.* § 3. *Item sententia* [212] *citra solitum ordinem judiciorum a praeside prolata auctoritatem rei judicatae non obtinet.* § 4. *Item si* [213] *sententia lata fuerit contra res prius judicatas, a quibus provocatum non est, sententiae auctoritatem non obtinebit, et ideo appellare non est necesse.* § 5. *Item si* [214] *sententia contra jus scriptum feratur, veluti dum defuncto et minor XIV annis fuisse, et testamentum jure fecisse dicitur, nullas vires obtinet, nec contra eam est necessarium auxilium provocationis.* § 6. *Si vero contra jus litigatoris sententia dicatur, veluti dum minor XIV annis, annum XIV implevisse, ac per hoc testamentum jure fecisse pronunciatur, ad provocationis remedium oportet confugere.* § 7. *Item si* [215] *plures judices dati sunt, et unus tantum ex eis pronunciasse proponitur, non videtur appellandi necessitas fuisse, quum sententia firmitatem jure non obtineat.* § 8. *Item* [216] *quum certa ratione et fine* [217] *judices mulctare possunt, si aliter contra statutum legis modum mulctam irrogaverint, quod contra jus gestum videtur firmitatem non tenet, et sine appellatione potest rescindi.*

## NOTATIONES CORRECTORUM.

C. XLI. ᵃ *Si quis libellos :* Hinc usque ad finem hujus capitis varias leges Codicis Gratianus refert, quarum non retulit eadem omnino verba, sed quae ad quaestionem suam facere judicavit.

---

Quaest. VI. C. XXXVIII. [192] add. : *ordinis* : ib. [193] c. 5. conc. Carth. V. — c. 61, apud Dionys. = C. XXXIX. [194] Cod. Just. l. 7, t. 70 [195] *data* : Edd. coll. o. pr. Arg. [196] *petitionem—obtinere* : Ed. Bas. — [197] ex interpr. ad Paul. Sent. rec. t. 35, l. 5.—Ans. in fine l. 3, c. 42. = C. XL. [198] *procuratore* : orig. [199] *ipsis praesentibus* : orig. = C. XLI. [200] ex Nov. 47, Auth. *Ei, qui* Cod. l. 63, l. 7. [201] *comm. vel* : Ed. Bas. — *communiterve* : Edd. rell. ex orig. [202] *injusta* : Ed. Bas. [203] *indulgetur* : Edd. Coll o. [204] *ut* : eaed. [205] *absentem* : eaed. pr. Par. Lugdd. II, III. [206] *in expensis* : orig. — Edd. coll. o. [207] *curanti* : Ed. Arg. — *occurrente* : Ed. Bas. [208] add. : *annum* : Edd. coll. o. pr. Bas. [209] *permanet* : Edd. coll. 6. [210] ex Nov. 23, Auth. *Sed et ei* Cod. l. 7, t. 63. — P. VIII. [211] c. 3. C. l. 7, l. 45. [212] c. 4, ib. [213] c. 1. C. l. 7, t. 64. [214] c. 2, ib. [215] c. 4, ib. [216] c. 5, ib. [217] *sententia* : Ed. Bas. — *fine certo* : Edd. rell. — Bohm.

§ 9. *Venales*[218] *quoque sententias, quæ in mercedem a corruptis judicibus proferuntur, etiam citra interpositæ provocationis auxilium infirmas esse decretum est.* § 10. *Item si*[219] *propter infirmitatem ætatis ad honorem, ad quem nominatus es, inhabilem te esse probaveris, prætermissa appellatione iniqua nominatio removebitur.* § 11. *Sunt etiam, quorum appellationes non recipiuntur. Non*[220] *enim potest recipi ejus appellatio, qui per contumaciam absens, quum ad agendam causam vocatus esset, negotio prius summatim perscrutato condemnandus est.* § 12. *Nullus*[221] *etiam homicidarum, veneficorum, maleficorum, adulterorum, itemque eorum, qui manifestam violentiam commiserunt, argumentis convictus, testibus superatus, voce etiam propria vitium scelusque confessus audiatur appellans. Et hoc in notoriis.* § 13. *In occultis autem: Si,*[222] *testibus productis, instrumentis prolatis, aliisque argumentis præstitis sententia contra eum lata sit, et ipse, qui condemnatus est*[223]*, aut minime voce sua confessus sit, aut formidine tormentorum territus contra se aliquid dixerit, provocandi licentia ei non denegatur.* § 14. *Nulli*[224] *quoque officialium a sententia proprii judicis provocatio tribuatur, nisi in eo tantum negotio, quod civili ratione super patrimonio forte apud proprium judicem inchoaverit.* § 15. *Quoties*[225] *etiam fiscalis calculi satisfactio postulatur aut tributum exposcitur, aut publici, vel etiam privati debiti evidentis et convicti redhibitio flagitatur, appellatione exclusa necessario in contumacem vigor judiciarius exercetur.* § 16. *Ab*[226] *exsecutione sententiæ appellari non potest, nisi forte exsecutor sententiæ modum judicationis excedat.* § 17. *Si quis etiam ausus fuerit provocare, ne*[227] *voluntas defuncti testamento scripta reseretur, vel ne ii, quos scriptos patuerit heredes, in possessionem mittantur, et is, cujus de ea re notio erit, appellationem receperit, et judex, qui tam ignavam conniventiam adhibuerit, et litigator, qui tam importuno appellaverit, viginti libris argenti mulctentur.* § 18. *De*[228] *possessione etiam et ejus momento si causa dicatur, quæ sententia interlocutoria appellatur, quamvis provocatio interposita fuerit, tamen lata sententia sortiatur effectum.* § 19. *Quandoque*[229] *unam et eamdem plures simul reportant condemnationem, nec diversitas factorum separationem accipit, quo casu, si omnes appellaverint, et uno ex his agente eorum appellatio justa pronunciata fuerit, emolumentum victoriæ etiam ad alios pertinebit. Si*[230] *autem unus tantum appellavit ejusque appellatio justa pronunciata est, ei quoque prodest, qui non appellavit.*

§ 20. *Quod si ætatis auxilio unus contra sententiam restitutionem impetraverit, majori, qui suo jure non appellaverit, hoc rescriptum non prodest.* § 21. *Judicibus*[231] *autem non solum suscipiendæ appellationis necessitas videtur imposita, verum etiam XXX dierum spatia ex die sententiæ definita sunt, intra quæ gesta una cum relatione litigatoribus convenit præstari.* § 22. *Similiter*[232] *arbiter appellationem suscipere et relationem dare compellitur, si delegatus fuerit.* § 23. *Litigatoribus*[233] *vero copia est etiam non scriptis libellis illico voce appellare, quum res judicata poposcerit, tam in civilibus quam in criminalibus causis.* § 24. *Ab*[234] *eo autem, qui de appellatione cognoscit, non potest fieri recursus ad judicem, a quo fuerit provocatum. Quapropter remittendi litigatores ad provincias remotam sibi occasionem atque exclusam penitus intelligant, quum super omni causa interpositam provocationem vel injustam tantum liceat pronunciare, vel justam.* § 25. *Hæc omnia in VII lib. Codicis invenies, a tit. de appellationibus, usque ad tit. ne liceat in una eademque causa.*

## QUÆSTIO VII.
### GRATIANUS.

I Pars. *Quod vero laici in accusatione episcoporum non sint audiendi, Evaristus Papa testatur, dicens Episcopis per Ægyptum, epist. II*[1] :

**C. I.** *Laici in episcoporum accusationem non sunt recipiendi.*

Non est a plebe aut vulgaribus hominibus arguendus vel accusandus episcopus, licet sit inordinatus, quia pro meritis subditorum disponitur a Deo vita rectorum. *Et infra*: Ideo ista dico, quia insidiator bona sæpissime solet convertere in malum, et in electis ponit[2] maculam.

**C. II.** *Laicus clericum non accuset.*

*Item Silvester Papa in epilogo Concilii Romani.*

Nullus laicus audeat clerico crimen inferre[3].

**C. III.** *De eodem.*

*Item Marcellinus Papa ad Episcopos orientales, ep. II.*

Laico non licet quemlibet clericum accusare[4].

**C. IV.** *Anathematizatus sacerdotes accusare non potest.*

*Item Julius Papa in decretis, c. 36*[5].

In sancta Nicæna synodo statutum est, ut nemo anathematizatus[6] in nostra suscipiatur accusatione[7], nec illi, qui nos in sua nolunt recipere querela vel accusatione[8], quum nos super illos sciamus a Do-

mino constitutos, non illos super nos, et sicut major ceptis obedire, etiamsi ipsi aliter[19] (quod absit!) non potest a minore judicari, ita nec obligari †, agant, nisi in fide erraverint.
quia rarum est omne quod magnum est. Portamus[9] onera omnium[10], qui gravantur, quinimo hæc portat in nobis B. apostolus Petrus, cujus vice fungimur legatione, et cujus regula informamur, quatenus ejus fulti auxilio ab omnibus nunc et in perpetuum tueamur adversis.

### C. V. *De eodem.*

*Item* Eusebius *ad Episcopos Galliæ, epist. I*[11].

Laicos non accusare episcopos hactenus observatum et constitutum est, quia ejusdem non sunt conversationis, et oppido eis quidam infesti exsistunt, quippe quum vita eorum et conversatio debeat esse secreta et a laicorum actibus remota, nec ab eis impeti debeant; qui[12] eorum castitatem et gravitatem nolunt[13] imitari, maxime quum[14] nec hi eos in suis volunt recipere accusationibus.

### C. VI. *Nec clerici in accusatione laicorum, nec laici in accusatione clericorum sunt suscipiendi.*

*Item* Fabianus Papa *ad Episcopos orientales, epist. II*[15].

Sicut sacerdotes vel reliqui clerici a sæcularium laicorum excluduntur accusatione, ita illi ab istorum sunt excludendi† et alienandi criminatione, et sicut isti ab illis, ita illi ab istis non recipiantur, quoniam sicut Domini sacerdotum segregata debet esse conversatio ab eorum conversatione, ita litigatio, quia servum Domini non oportet litigare[16].

### ⸸ C. VII. *De eodem.* [PALEA.]

*Item ex Concilio Maguntino*[a][17].

‹ Decretum est, ut presbyteri suos plebeios et accusare et attestimoniare possint. Si autem neglexerint, sui gradus periculo subjacebunt. ›

### C. VIII. *Laici clericos accusare non debent.*

*Item* Clemens *ad Jacobum, epist. I*[b][18].

Sacerdotes et reliqui ecclesiæ ministri omnesque plebes episcopos suos diligere debent, et eorum præceptis obedire, etiamsi ipsi aliter[19] (quod absit!) agant, nisi in fide erraverint.

### C. IX. *De eodem.*

*Item ad eumdem, epist. II*[20].

Qualis condemnatio eis immineat, qui in patres peccant, scriptura divina ostendit. Si enim Cham, quia non operuit pudenda patris, maledictus est, multo ampliori condemnatione digni sunt qui patribus legatione Dei fungentibus contumeliam inferunt.

*Gratian.* Personæ inferiorum ordinum in superiorum accusationem recipiendæ non sunt.

Unde Silvester Papa *in epilogo Concilii Romani*[21]:

### C. X. *Minores non debent accusare majores.*

Clericus adversus exorcistam, exorcista adversus acolythum, acolythus adversus subdiaconum, subdiaconus adversus diaconum, diaconus adversus presbyterum, presbyter adversus episcopum accusationem dare aut testimonium ferre[c] non valet.

### C. XI. *De eodem.*

*Item* Zephyrinus Papa *ad Episcopos Siciliæ, ep. I*[d][22].

Majorum quispiam minorum accusationibus non impetatur.

### C. XII. *De eodem.*

*Item* Anacletus Papa, *epist. III*[23].

Sententia Cham filii Nöe damnantur qui suorum doctorum vel præpositorum culpam produnt, ceu Cham, qui patris pudenda[24] non operuit, sed magis[25] deridenda[26] monstravit.

### C. XIII. *Oves pastorem suum, nisi a fide exorbitaverit, non possunt accusare.*

*Item* Eusebius Papa *ad Episcopos Alexandriæ, ep. II*[27].

Oves, quæ pastori suo commissæ sunt, eum nec reprehendere (nisi a recta fide exorbitaverit[*]) debent[*] nec ullatenus accusare possunt, quia facta pastorum oris[28] gladio ferienda non sunt, quanquam recte reprehendenda videantur.

### NOTATIONES CORRECTORUM.

Quæst. VII. C. VII. [a] Caput hoc a best a plerisque antiquis exemplaribus Gratiani, neque hic recte collocatur, sed exstat apud Burchardum, qui pro voce : *plebeios*, habet : *plebesanos.*

C. VIII. [b] In hoc et sequenti capite non referuntur ipsa prorsus verba S. Clementis.

C. X. [c] *Aut testimonium ferre* : Hæc non sunt in originali, neque in aliis locis indicatis, ac totus etiam ordo in enumeratione est immutatus : ita enim in concilio et apud ceteros : *Fecit hos gradus in gremio synodi, ut non presbyter adversus episcopum, etc.*

C. XI. [d] In originali, quemadmodum et apud Annem [*], est : *nec summorum quispiam minorum accusationibus impetatur aut dispereat.*

---

Quæst. VII. C. IV. † *colligari* : orig. [9] *Portemus* : exd. pr. Bas. [10] *hominum* : Ed. Bas. = C. V. [11] Caput Pseudoisidori, confectum ex constituto Silvestri.—Ans. l. 3, c. 25. [12] *quorum* : Ans. [13] *noluerint* : Ed. Bas. [14] *quum eos nolunt* : Edd. coll. o. = C. VI. [15] Caput Pseudoisidori, confectum ex vita Silvestri in libro pont., et constituto Silvestri. — Ivo Pan. l. 4, c. 61. Decr. p. 6, c. 320. † add. : *accusatione et* : Ed. Bas. [16] add. : *sed mites esse ad (quoad* : Edd. Bas.), *omnes* : Ivo Pan. — Edd. coll. o. pr. Arg. — cf. 2 Tim. c. 2. = C. VII. [17] in conciliis Moguntinis, quæ exstant, hæc non leguntur. — Burch. l. 16, c. 7. — abest hæc Palea ab Edd. Arg. Ven. l, ll. Nor. Par. = C. VIII. [18] Caput Pseudoisidori, desumtum ex regula Benedicti c. 4 et 5. [19] add. *quam debent* : Edd. coll. o. pr. Arg. Nor. Ven. l. = C. IX. [20] Caput Pseudoisidori, sumtum ex confessione Justiniani adversus tria capitula (Mansi t. 9, p. 576). [21] Caput Pseudoisidori, haustum ex constituto Silvestri. — Burch. l. 4, c. 151. Ivo Decr. p. 5, c. 262. = C. XI. [*] *et* Ans. [22] Caput Pseudoisidori, desumtum ex eodem. — Ans. l. 3, c. 62. Ivo Decr. p. 5, c. 215. = C. XII. [23] Caput Pseudoisidori, confectum ex Isid. Hisp. Sent. l. 3, t. 39. — Ans. l. 3, c. 57. Ivo Decr. p. 5, c. 239. Deusdedit p. 3. [24] *verenda* : Edd. coll. o. [25] abest ab Ans. et Iv. [26] *irridenda* : Edd. coll. o. = C. XIII. [27] Caput Pseudoisidori, sumtum ex Isid. l. 1, et Greg. M. Past. l. 3, c. 5. — Ans. l. 3, c. 44. Burch. l. 1, c. 159. Ivo Pan. l. 4, c. 139. Polyc. l. 5, t. 1. [28] *oris vel ovis* : Ed. Arg. — *ovis* : Ed. Bas. — *eorum* : Burch.

II Pars. Gratian. *His auctoritatibus probatur, quod subditi, sive sint laici sive clerici, prælatos suos accusare non possunt. Verum de criminosis et de infamibus hoc intelligendum est, qui vitam suorum prælatorum parati sunt reprehendere, non imitari : quod ex verbis* Anacleti *datur intelligi, qui ait* ⁶ :

**C. XIV.** *Quare laici in accusatione episcoporum non audiantur.*

Laici²⁹ in accusatione episcoporum audiendi non sunt, quia oppido eis quidam infesti sunt, et indignum est ut ab eis accusentur, qui eorum gravitatem nolunt imitari.

**C. XV.** *Sacerdotes non nisi a viris idoneis et probatis accusari possunt.*

*Item* Anacletus *ad episcopos Italiæ, epist. II*³⁰.

Accusatio quoque eorum, super qua nos consulere voluistis, non nisi ab idoneis³¹ et probatissimis viris, qui et suspicionibus et sceleribus carent, fieri debet, quia Dominus sacri sui corporis tractatores a vilibus et reprobis ac non idoneis personis infamari noluit, nec calumniari\* permisit\*, sed ipse proprio flagello peccantes sacerdotes a templo ejecit. Unde liquet, quod summi sacerdotes, id est episcopi, a Deo sunt judicandi, non ab humanis, aut pravæ vitæ hominibus lacerandi, sed potius ab omnibus fidelibus portandi, ipso Domino exemplum dante, quando per se ipsum, et non per alium vendentes et ementes ejecit de templo. *Et paulo post :* § 1. Nullus enim (ut reor) invenitur inter nos, qui velit suum servum ab alio quam a se judicari. Quod si præsumptum fuerit, aut multa ipse indignatione irascitur, aut potius ultionem³² quærit super eum. *Et infra :* § 2. Unde et Dominus per Prophetam³³ inquit : *Qui vos tangit, tangit pupillam oculi mei. Et paulo post :* § 3. Si detractores quorumcunque graviter judicantur, et in perditionis laqueum cadunt, multo magis laceratores et detractores atque accusatores\* memoratorum\* Dei famulorum atque persecutores damnantur, et in barathrum (nisi se correxerint, et per³⁴ eorum satisfactionem condignam egerint pœnitentiam) indubitanter cadunt³⁵, et vindicibus flammis³⁶ exuruntur. *Et infra :* § 4. Hæc et alia periculosa considerantes apostoli statuerunt, ne facile commoverentur, aut lacerarentur, vel accusarentur columnæ³⁷ sanctæ Dei ecclesiæ, quæ apostoli

et successores eorum non immerito dicuntur. Sed si³⁸ quis adversus eos vel ecclesias eorum commotus fuerit aut causas³⁹ habuerit, prius ad eos recurrat caritatis studio, ut familiari colloquio commoniti ea sanent quæ sananda sunt, et caritative emendent quæ juste emendanda agnoverint. Si autem aliqui eos prius, quam hoc egerint, lacerare, accusare aut infestare præsumpserint, excommunicentur et minime absolvantur, antequam per satisfactionem (ut jam dictum est) condignam egerint pœnitentiam, quoniam injuria eorum ad Christum pertinet⁴⁰, cujus legatione funguntur.

**C. XVI.** *Communione privetur, qui publice adversus episcopum conqueritur prius, quam familiariter eum convenerit.*

*Item* Alexander, *epist. I, c.* 3⁴¹.

Si quis erga episcopum vel actores ecclesiæ quamlibet querelam justam se habere crediderit, non prius primates aut alios judices adeat, quam ipsos, a quibus se læsum æstimat⁴², conveniat familiariter, et non semel, sed sæpissime, ut ab eis aut suam justitiam accipiat, aut\* justam\* excusationem. *Et infra :* Si autem secus egerit, ab ipsis et ab aliis communione privetur tanquam apostolorum Patrumque aliorum contemtor.

**C. XVII.** *Nisi opinione discussa non audiantur accusatores episcoporum.*

*Item* Evaristus Papa *Episcopis per Ægyptum, ep. II*⁴³.

Si qui sunt vituperatores aut accusatores episcoporum vel⁴⁴ reliquorum sacerdotum, non oportet eos a judicibus ecclesiæ audiri, antequam eorum discutiatur æstimationis⁴⁵ suspicio vel opinio, qua intentione, qua fide, qua temeritate, qua vita, qua conscientia, quove merito, si pro Deo, aut pro vana gloria, aut inimicitia, vel odio, aut cupiditate ista præsumpserint 'nec ne'.

**C. XVIII.** *Majores natu non accusent nisi qui sint rectæ fidei et conversationis.*

*Item* Calixtus Papa *ad Episcopos Galliæ, ep. II*⁴⁶.

Quærendum est in judicio, cujus sit conversationis et fidei is qui accusat, et is, qui accusatur, quoniam hi, qui non sunt rectæ conversationis ac fidei, et quorum vita est accusabilis⁴⁷, et quorum fides,

---

**NOTATIONES CORRECTORUM.**

QUÆST. VII. P. II. \* Apud Anacletum, ex quo citatur, non exstat. Eadem tamen fere verba habentur in epist. Eusebii, supra ead. c. *Laicos.*

QUÆST. VII. C. XIV. ²⁹ cf. supra c. 5. = C. XV. ³⁰ Caput Pseudoisidori, Ans. l. 3, c. 31, et ex parte Ivo Pan. l. 4, c. 58. Decr. p. 5, c. 238. ³¹ verba Const. M. in ep. ad Ablavium et conc. Carth. (hab. A. 421), c. 6, et Isidor. Hisp. Sent. l, 3, c. 59. ³² vindictam : Ivo. — Edd. coll. o. ³³ Zach. c. 2, v. 8. ³⁴ *pro satisfactione* : Ed. Bas. ³⁵ *vadunt* : orig. — Ivo. ³⁶ *flaminis* : Ed. Bas. ³⁷ phrasis conc. Paris. hab. A. 829, c. 3. ³⁸ hæc confecta sunt sec. conc. Aurel. V. c. 17. ³⁹ *causam* : Edd. coll. o. ⁴⁰ ex ep. 1. Anastas. II. — cf. Conc. Aquisgr. hab. A. 836, c. 3, c. 7. = C. XVI. ⁴¹ Caput Pseudoisidori, sumtum ex conc. Aurel. V. c. 17. — Burch. l. 1, c. 132. Ans. l. 3, c. 85 (56). Ivo Pan. l. 4, c. 55. Decr. p. 5, c. 244. Alger. l. 2, c. 31. ⁴² *existimat* : Ivo Decr. — Edd. coll. o. = C. XVII. ⁴³ Caput Pseudoisidori. — cf. conc. Carth. III, c. 8. — Ans. l. 3, c. 51. Ivo Pan. l. 4, c. 59. ⁴⁴ *aut aliorum* : Ed. Bas. ⁴⁵ *existimationis* : Edd. Arg. Bas. Lugdd. II, III. — Alger. = C. XVIII. ⁴⁶ Caput Pseudoisidori, confectum ad c. 53. Statutt. eccl. ant. — Ans. l. 3, c. 8. Cell. tr. p. 1, t. 14, c. 13. Burch. l. 1, c. 171. Ivo Pan. l. 4, c. 57. Decr. p. 5, c. 289. ⁴⁷ *culpabilis* : Edd. coll. o. exc. Arg. Bas.

vita et libertas nescitur, non permittuntur majores natu accusare. Neque viles personæ in eorum recipiantur accusatione.

**C. XIX.** *Absque duobus vel tribus testibus non recipiantur episcoporum accusationes.*

Item Sixtus Papa II, *ad Episcopos Hispaniæ ep. II*.

Accusatio episcoporum non est facile recipienda, dicente Domino *non suscipies vocem mendacii*. Et Apostolus inquit, adversus presbyterum inscriptionem non recipiendam absque duobus vel tribus idoneis testibus. Si hæc de presbyteris vel ceteris fidelibus sunt præcavenda, quanto magis de episcopis?

**C. XX.** *Pro sola conventione episcopi non submoveatur aliquis a communione.*

Item ex concilio Aurelianensi I, c. 8.

Si quis ab episcopo suo, vel de ecclesia, vel de proprio jure aliquid crediderit repetendum, si nihil convicii aut criminationis objecerit, eum pro sola conventione a communione ecclesiæ non liceat submoveri.

**C. XXI.** *Quare subditi prælatos suos reprehendere non possunt.*

Item Evaristus Papa, *epist. II*.

Sunt nonnulli, qui præpositos suos perverse reprehendunt, si vel parum ipsis molesti exstiterint.

Gratian. *Ex his omnibus datur intelligi, quod illi ab accusatione removentur, qui non affectione caritatis, sed pravitate suæ actionis vitam eorum diffamare et reprehendere quærunt.* § 1. *Quod vero præmissis auctoritatibus criminosi prohibeantur ab accusatione prælatorum, testatur Augustinus in lib. Soliloquiorum, ita dicens:*

**C. XXII.** *Non omnes subditi, sed criminosi tantum prohibentur accusare prælatos.*

Præsumunt prælati non debere se reprehendi vel accusari, pro eo quod canones non eos passim constituunt accusandos. Quod tamen negatur solis criminosis, quum de reprehendendo Veritas ipsa constituat: *Si male locutus sum, testimonium perhibe de malo*, etc.

Gratian. *Opponitur huic distinctioni: Ipsi sacri canones distinguunt in quo casu pastores sint accusandi a subditis, dicentes:* Oves † pastores suos non accusent nec reprehendant, nisi a fide exorbitaverint. *Ecce in quo casu sunt accusandi a subditis: in aliis autem minime.*

III Pars. § 1. *Huic oppositioni respondetur sic: Distinctio illa canonum de criminosis et infamibus intelligitur. Oves enim criminosæ et infames pastorem suum accusare vel reprehendere non possunt, nisi a fide exorbitaverit. Ceterum si a fide exorbitaverit, tanta est labes illius criminis, quod ad ejus accusationem et servi adversus dominum et quilibet criminosi et infames adversus quemlibet admittuntur.*

Unde Dionysius Papa *ad Severum Episcopum, epist. II*:

**C. XXIII.** *Infames et hæretici homines bonæ famæ accusare non possunt.*

Alieni erroris socium, vel a sui voluntarie propositi tramite recedentem, aut sacris Patrum regulis et constitutionibus non obedientem suscipere, non possumus, nec debemus, nec impetere recte credentes vel sanctorum Patrum sanctionibus obtemperantes permittimus, quia infames omnes esse censemus, qui suam aut Christianam prævaricantur legem, aut apostolicam vel regularem libenter postponunt auctoritatem.

**C. XXIV.** *Christianos accusare vel in eos testificari non possunt qui fidem acceptam deseruerunt.*

Item ex Concilio Toletano IV, c. 63.

Non potest erga homines esse fidelis qui Deo exstiterit infidus. Judæi ergo, qui dudum Christiani effecti sunt, et nunc Christi fidem prævaricati sunt, ad testimonium dicendum admitti non debent, quamvis esse se Christianos annuntient, quia, sicut in fide Christi suspecti sunt, ita et in testimonio humano dubii habentur. Infirmari ergo oportet eorum testimonium, qui in fide falsi docentur, nec eis est credendum, qui veritatis a se fidem abjecerunt.

**C. XXV.** *Hæretici, Judæi vel pagani Christianos accusare non possunt.*

Item Caius Papa *Felici Episcopo*.

Pagani, vel hæretici, sive Judæi non possunt Christianos accusare, aut vocem eis infamationis referre.

Gratian. *In hoc capite decernitur, ut hæretici non*

## NOTATIONES CORRECTORUM.

**C. XXIII.** In multis vetustis exemplaribus rubrica hujus capitis sic habet: *Infames accusare possunt hæreticos*. In aliis vero nonnullis: *Infames non possunt accusare catholicos*.

**C. XXV.** Verba epistolæ sunt: *Primo quidem scias paganos et hæreticos non posse Christianos accusare*, etc.

---

Quæst. VII. C. XVIII. abest ab Edd. coll. o. pr. Bas. Lugdd. II, III. = C. XIX. Caput Pseudoisidori. Exod. c. 50, v. 1. *suscipias*: Ed. Bas. — *accipias*: Edd. rell. 1 Tim. c. 5, v. 19. = C. XX. hab. A. 511. — Coll. tr. p. p. 2, t. 29, c. 4. = C. XXI. Cap. Pseudoisidori. — Ans. l. 3, c. 11. = C. XXII. Caput incertum. — Alg. l. 2, c. 16. Joan. c. 18, v. 23. † supra cap. 13. — P. III. Caput Pseudoisidori. — cf. C. 3, q. 4, c. 1. — Ans. l. 3, c. 65. * ita in Ed. Bas. — contra in Edd. Ven. I, II. Par. Lugd. I, legitur: *infames non possunt acc. hæreticos*; in Ed. Nor.: *infames acc. non possunt*. = C. XXIII. add.: *fidem*: Edd. coll. o. = C. XXIV. hab. A. 633. — Ivo Decr. p. 13, c. 96. *infidelis*: Edd. coll. o. pr. Bas. abest ab Edd. Lugdd. Venett. Par. *in fide*: Edd. coll. o. *quamvis sese Christianos*: Coll. Hisp. *abjiciunt*: Coll. Hisp. = C. XXV. Caput Pseudoisidori, sumtum ex conc. Carth. VII, c. 2. — Ans. l. 3, c. 46. Ivo Pan. l. 4, c. 65.

*impetant recte credentes. Unde econtra intelligitur, quod haeretici ab haereticis impeti possunt. Item a tramite sui propositi voluntarie recedentes non possunt impetere servantes limitem suae professionis. Ex hoc datur intelligi, quod recedentes a suo proposito similiter recedentes criminari possunt. Item non obedientes sanctionibus sanctorum Patrum non possunt accusare obtemperantes sacris constitutionibus. In quo similiter intelligitur, quod inobedientibus inobedientes accusare licet. Unde generaliter colligitur, quod in accusatione aequalitas fidei et conversationis inter accusantem et accusatum semper consideranda est, ut is, qui accusat, vel par, vel superior inveniatur.*

### C. XXVI. *Haereticus haereticum accusare et contra eum testificari potest.*

Item Novellarum constit. *novella 45, in fine* [66].

Si haereticus contra haereticum litiget, liceat cuivis eorum haereticum testem adducere. Sin autem orthodoxus contra haereticum litiget, pro orthodoxo quidem *etiam* haeretici testimonium valeat: contra orthodoxum autem solius orthodoxi testimonium valeat. § 1. Orthodoxis autem litigantibus ad testimonium nulli haeretico pateat aditus.

Gratian. *Sed quaeritur, si flagitiosissimus catholicus possit convenire haereticum de alio crimine, quam de haeresi? Huic quaestioni ita respondetur: In quo haereticus inferior est, videlicet in regula fidei, in eo a malo catholico accusari potest. In quo autem superior fuerit, videlicet in conversatione vitae, in eo a flagitiosissimo conveniri non potest.* §1. *Item quod dicitur, pastores pro suis actibus magis sunt tolerandi quam corripiendi, dupliciter intelligitur, vel quia a criminosis tolerandi sunt et non corrigendi, unde ibi subinfertur quia saepe pro meritis subditorum depravatur vita rectorum. Quorum ergo merito (Deo permittente) vita rectorum depravatur, ab eis potius sunt tolerandi, quam corrigendi. Vel quia sunt quidam, qui saepe deseruntur publicis documentis, et crimen, quod intendunt, probare non valent.*

*De quibus in homilia de poenitentia c. 12, Augustinus ait* [67]:

### C. XXVII. *Quae publicis documentis probari non possunt toleranda sunt.*

Plerumque [h] boni viri propterea sufferunt aliorum peccata, et tacent, quia saepe deseruntur publicis documentis quibus ea, quae ipsi sciunt, judicibus probare non possunt.

IV Pars. Gratian. *De his etiam illud Anacleti intelligitur* [68]: Sententia Cham filii Noe damnantur, *qui suorum doctorum vel praepositorum culpam produnt ceu Cham, qui patris pudenda non operuit, sed magis deridenda monstravit. Hac enim auctoritate subditi non prohibentur ab accusatione, sed a proditione. Aliud est enim prodere, aliud accusare. Prodit qui non probanda defert: accusat qui reo praesente crimen judici offert, probaturus quod intendit. Cham solus vidit pudenda patris, et ideo per eum intelliguntur*, *qui, quum soli sint conscii criminum suorum praelatorum, atque ideo accusare non possunt, vitam tamen eorum infamando aliis ridendam offerunt.* § 1. *Item objicitur, quod subditi etiam religiosi praelatos suos accusare non possunt. Legitur enim in Exodo* [69], *quod Maria soror Aaron, quae prima post transitum maris rubri sumto tympano hymnum cantare meruit, postea murmurans in Moysen, eo* [70] *quod Aethiopissam duxerat in uxorem, a Domino lepra percussa est.* § 2. *Item in lib.* [71] *Regum legitur, quod quum David fugeret a facie Saul, latuit in spelunca, in quam quum Saul divertisset ad purgandum ventrem, David praecidit oram chlamydis ejus quod se fecisse postea graviter doluit et vehementer poenituit. Saul* [72] *a Domino erat reprobatus, et ex invidia David persequebatur, ut eum morti traderet. David erat vir humilis et mitis, Sauli a Domino substitutus, per Samuelem unctus in regem, sed tamen, quia praecidit oram chlamydis Sauli, graviter flevit, quum a Saule sola administratione unctionis superaretur. Unde datur intelligi, quod subditi, quamvis religiosi sint, praelatos suos criminosos accusare non possunt. Nam* [73] *per Saulem, qui ventrem purgabat, praelati intelliguntur, qui mailtiam suam corde conceptam in opus producunt. Item legitur in libro* [74] *Regum, quod quum arca Domini reduceretur de Gabaa in Hierusalem, bobus recalcitrantibus arca inclinata est; cui dum Oza Levita manum adhiberet, ut eam erigeret, a Domino percussus interiit. Per arcam praelati intelliguntur, per Ozam subditi, per inclinationem arcae casus intelligitur praelatorum, per illum qui manum adhibuit, intelliguntur reprehendentes vel accusantes vitam doctorum, qui a Domino percussi intereunt.* § 3. *His ita respondetur: Verum est per arcam significari praelatos, et per Ozam subditos. Illud vero falsum est, quod per inclinationem arcae casus significetur praelatorum. Aliud enim est inclinari vel descendere, aliud cadere. Legitur* [75] *enim quod Salvator noster se inclinaverit, sicut quando digito scribebat in terra; et de montibus frequenter descenderit, in quos ascendebat, vel ut pernoctaret in oratione, vel ut discipulos in monte altiora doceret praecepta, vel ut*

### NOTATIONES CORRECTORUM.

C. XXVII. [h] *Plerumque*: In aliquot vetustis codicibus legitur: *plerique*, quemadmodum et apud Bedam, et in originali, cujus tamen non ipsa prorsus verba hic referuntur.

---

Quaest. VII. C. XXVI. [66] Julian. Nov. 41, c. 2. — Ivo Pan. l. 5, c. 28. Decr. p. 16, c. 131. [67] Serm. 351. Ed. Maur. — Beda in 1 Cor. c. 5. = C. XXVII. [68] supra ead. c. 12. [69] Exod. c. 15. [70] Num. c. 12. [71] 1 Reg. c. 24. [72] ib. c. 16. [73] glossa ordin. in 1 Reg. c. 24. [74] 2 Reg. c. 6. [75] Joan. c. 8.

turbas fugiens ex altitudine montis eas respicere et libere posset docere. Inclinatio vel descensio humilitatem significat, qua spirituales nonnunquam carnalibus condescendunt, et eorum infirmitati compatiuntur, juxta illud Apostoli [76]: Quis infirmatur, et ego non infirmor? Illos etiam significaverunt angeli, quos [77] Jacob vidit in scala descendentes. De his etiam per Prophetam [78] dicitur: inclinavit coelos et descendit. Per arcam ero inclinatam intelliguntur praelati, qui subditorum culpam misericorditer portant, et eorum infirmitati humiliter compatiuntur. Unde bene dicitur, quod bobus recalcitrantibus arca inclinata est. Boves quippe recalcitrantes subditos significant suis doctoribus non obedientes, quibus dum praelati compatiuntur, quasi bobus recalcitrantibus arca inclinatur. Levita, qui manum adhibuit, significat illos, qui misericordiae compassionem in praelatis suis reprehendunt, eosque in severitatis amaritudinem erigere volunt. Unde bene levita iste Oza dicitur; Oza quippe robustus dicitur. Illi enim robusti dicuntur, qui quum de sua justitia praesumunt, misericordiam peccantibus negandam putant, et impendentes reprehendunt. Unde a Domino percussi intereunt, quia [79] judicium sine misericordia erit illis qui nolunt facere misericordiam delinquentibus. Cui per Salomonem dicitur [80]: Noli esse nimis justus, quia est justus qui perit in justitia sua. Sic et illud Moysis intelligitur. Per Moysen enim praelati intelliguntur, per Aethiopissam peccatores designantur. Moyses Aethiopissam uxorem duxit, quum quilibet praedicator peccatorem sibi copulat, ut ex eo sobolem bonorum operum Deo gignere valeat. Hanc copulam dum Maria, id est subditi, reprehendunt, lepra peccati inficiuntur. Vel per Mariam synagoga intelligitur, quae in Moysen, id est in Christum, murmuravit, quia Aethiopissam, id est ecclesiam, de gentibus sibi copulavit, quos lepra perfidiae et erroris sordidos fecit. Non [81] ergo his auctoritatibus subditi prohibentur ab accusatione suorum praelatorum, sed monentur, ne reprehendant misericordem compassionem eorum. § 4. Item per Saulem praelati intelliguntur, et per David subditi. Saul purgans ventrem eos significat, qui malitiam corde conceptam foras in opus producunt. Sed in praecisione chlamydis non significatur [i] nisi reprehensio peccati. Per chlamydem enim regni potestas intelligitur. Hanc praecidit, qui praelatum sententia damnationis ferit quod nulli subditorum licet. Facta enim [82] pastoris oris gladio, id est sententia damnationis, a subditis ferienda non sunt. Hinc est, quod Hieronymus ait super Marcum [83] de pontifice, qui scidit vestimenta sua. Scissio vestis scissionem significat sacerdotii, quod in proximo erat scindendum, et auferendum Judaeis. Vel per David significantur, qui, nequitiam suorum praelatorum videntes, majora eorum peccata contemnunt, minima vero et levia, quasi extremam oram chlamydis praecidentes, reprehendere et lacerare satagunt. Vel quia Saul solus divertit in speluncam, in qua David solus [k] latebat. § 5. Item super hoc potest intelligi, quod de [84] Cham dictum est, qui solus vidit pudenda patris, quae non cooperuit, sed ridenda monstravit. Hac itaque auctoritate non inhibetur subditis accusare praelatos, si accusabiles fuerint. § 6. Item probatur quod subditi praelatos suos accusare non possunt, etiamsi religiosi fuerint. Infames enim sunt eo ipso quod suorum doctorum vitam reprehendere conantur. Infames etiam fiunt (ut canonum tradit auctoritas) omnes, qui in patres armantur, et qui doctorum suorum vitam reprehendunt 'vel accusant. Nullus autem infamis in accusatione praelatorum est audiendus, nisi forte a fide exorbitaverit, ut supra dictum est. Quum ergo subditi eo ipso, quod in accusationem praelatorum prosiliunt, infames efficiantur, infamibus autem copia accusandi denegetur, patet, quod subditi praelatos suos accusare non possunt. § 7. His ita respondetur: Non omnes praelati pro praelatis habentur; nomen enim non facit episcopum, sed vita.[j]

Unde Gregorius Januario Episcopo scribit, lib. VII, Indict. 2, epist. 1:

C. XXVIII. *Quem aetas, non vita seniorem facit, graviter est increpandus.*

Paulus [85] dicit: *Seniorem ne increpaveris.* Sed haec ejus regula in eo [86] servanda est, quum culpa senioris exemplo suo non trahit ad interitum corda juniorum. Ubi autem senior juvenibus exemplum ad interitum praebet, ibi districta [87] increpatione feriendus est. Nam scriptum est [88]: *Laqueus juvenum omnes vos,* et rursus 'Propheta dicit' [89]: *Maledictus puer*[l] *centum annorum.*

## NOTATIONES CORRECTORUM.

[i] *Non significatur:* In aliquot vetustis exemplaribus legitur: *Non significatur reprehensio peccati*; in aliis vero nonnullis: *significatur reprehensio peccati.*

[k] *David solus:* Primo regum cap, 21, legitur: *Porro David et viri ejus in interiore parte speluncae latebant.*

C. XXVIII. [l] *Maledictus puer:* In codicibus B.

D Gregorii partim isto fere modo legitur, partim vero *et peccator centum annorum maledictus est,* quemadmodum et apud Joannem diaconum, et in vulgata, nisi quod haec habet non: *est,* sed *erit.* Septuaginta autem, ut est apud B. Hieronymum, habuerunt: *et qui moritur peccator centenarius, maledictus erit.*

Quaest. VII. C. XXVII. [76] 2 Cor. c. 11. [77] Gen. c. 28. [78] Psalm. 17. [79] Jac. c. 2. [80] Eccles. c. 7, v. 16. [81] Greg. past. p. 3, c. 5. [82] supr. c. 13. [83] ad. c. 14. [84] supr. c. 12.==C. XXVIII. [85] Ep. 1 (scr. A. 599), l. 9. Ed. Maur. Alg. l. 2, c. 18. — cf. 1 Tim. c. 5, v. 1. [86] *tunc in eo est observ.:* Ed. Bas. — *unc est observ.:* Edd. rell. [87] *stricta:* Edd. Bas. [88] Es. c. 42. [89] Es. c. 65.

**C. XXIX.** *Dignitas non facit episcopum, sed vita.*
*Item* Hieronymus *ad Heliodorum, epist. 1 de laude*
|vitæ solitariæ †:

Non omnes episcopi sunt episcopi. Attendis [90] Petrum, sed [91] et [92] Judam considera. Stephanum suspicis [93], sed et [94] Nicolaum respice [95]. *Et infra:* § 1. Non facit ecclesiastica dignitas Christianum. Cornelius [96] centurio adhuc ethnicus dono sancti Spiritus mundatur, presbyteros Daniel [97] puer [98] judicat. *Et infra:* § 2. Non est [99] facile stare loco Pauli [100], tenere gradum [101] Petri, jam cum Christo regnantium. *Et infra:* § 3. Infatuatum [102] sal ad nihilum prodest, nisi ut projiciatur foras et a porcis conculcetur.

**C. XXX.** *Non episcopi nomen, sed vita reverentiam meretur.*
*Item* Augustinus *tractatu VI, in c. 1 Joannis*††.

Non omnis, qui dicit: Pax vobiscum †††, quasi columba est audiendus. *Et infra:* Corvi de morte pascuntur. Hoc columba non habet; de frugibus terræ vivit, innocens ejus victus est.

**C. XXXI.** *Docti ab indoctis, clerici a laicis quandoque merito reprehenduntur.*
*Idem* Beda *ad c. 2 epistolæ II Petri\*:*

Secuti sunt viam Balaam et Bosor, qui mercedem iniquitatis amavit, correptionem vero habuit suæ vesaniæ. Subjugale mutum 'in' hominis voce loquens prohibuit [103] prophetæ insipientiam. Plerumque hæretici tam stulta dogmata, tam exsecranda proferunt sacramenta, ut etiam hebetum sensus et paganorum [104], et qui ratione divinæ agnitionis omnimodis carent, illorum detestetur [105] insaniam, et illorum distorta et Deo contraria itinera sanius sapiendo redarguat [106]. Et (quod pejus, 'quia frequentius' est) nonnunquam multi catholicorum in tantum mercedem amant iniquitatis, ut etiam docti ab indoctis, a laicis clerici merito redarguantur [107], qui jure [108] comparantur prophetæ, qui verbis asinæ contra naturam loquentis corripiur, nec tamen a proposito pravi itineris retardatur. Quibus etiam aptissime [109] nomen congruit civitatis, de qua Balaam venisse perhibetur. Bosor namque carneus sive in tribulatione [m] interpretatur. Neque enim alia

A major [110] causa luxuriosis exsistit, verbum veritatis amore pecuniæ vel desiderio rerum [111] temporalium adulterare, quam quod [112] carnis se concupiscentiæ mancipaverunt. *Et infra:* Sed et nomen ipsius Balaam, qui vanus populus, sive præcipitans eos, interpretatur, talibus convenit. Qui enim agnitam veritatis viam sponte [113] 'ipsi' deserunt, quid nisi vanus sunt populus? Quid [114], nisi in præcipitium suos mergunt [115] auditores, quibus non salutaria, quæ corrigant, sed quæ illos delectent erronea prædicant? De quibus bene [116] subditur: *Hi sunt fontes sine aqua, et nebulæ turbinibus exagitatæ, quibus caligo tenebrarum reservatur.*

Gratian. *Quia ergo non omnes episcopi sunt episcopi, presbyteri a Daniele puero judicantur, sal infatuatum a porcis conculcatur, et qui dicit:* Pax vobiscum, *plerumque non columba, sed corvus reputatur: patet, quod non semper pro officio atque auctoritate personæ ab accusatione est cessandum, imo contra pravos est agendum, quum omnis persona criminaliter peccans alteretur, et (ut ita dicam) legibus capite minor censeatur. Qui enim facit peccatum servus est peccati tam in pœna quam in culpa.*

*Unde Augustinus ait* [n] [117]:

**C. XXXII.** *Qui susceptum officium non administrat, non est episcopus, sed canis impudicus.*

Qui nec regiminis in se rationem habuit, nec sua delicta detersit, nec filiorum crimen correxit, canis impudicus dicendus est magis quam episcopus.

Gratian. *Quibus ergo* [118] *Hieronymus, Augustinus, Gregorius auferunt nomen columbæ, episcopi, senioris, nonne et privilegium est auferendum dignitatis, ut possint a subditis reprehendi? Unde Scriptura, dissimulans privilegium pravæ senectutis, ait:* Maledictus [119], *non senior, sed puer centum annorum. Apparet ergo, quod hi ex accusatione prælatorum infames fiunt, qui eorum vitam reprehendere et lacerare conantur, qui locum sui regiminis non nomine tantum, sed vita et moribus tenent. Alii autem potius laudabiles fiunt ex accusatione prælatorum suorum, quam infames. Item, quod dicitur:* Majorum [120]

## NOTATIONES CORRECTORUM.

**C. XXXI.** [m] *Tribulatione:* Sequebatur: *positus*"; quæ dictio sublata est, quia neque apud Bedam, neque apud B. Hieronymum in nominum Hebræorum interpretatione habetur.

**C. XXXII.** [n] Caput hoc apud B. Augustinum, ex quo citatur, non est inventum. Burchardus et Ivo citant ex Gregorio, et eadem fere verba ipse quoque Gratianus sup. dist. 83 subnectit capiti *Nemo quippe* quod est Gregorii. Simile quiddam Burchardus l. 1, c. 13, et Ivo p. 5, c. 67, afferunt ex Origene.

---

Quæst. VII. C. XXIX. [90] *Attende*: Edd. coll. o. pr. Lugdd. II, III. [91] abest ab Ed. Bas. [92] abest ab Alg. et Edd. coll. o. pr. Bas. [93] *suscipe*: Edd. coll. o. pr. Arg. Lugdd. II, III. [94] abest ab Edd. coll. o. pr. Lugdd. II, III. [95] *respue*: Ed. Bas. [96] *Act.* c. '10. [97] Dan. c. 13. [98] *adhuc puer*: Ed. Bas. [99] cf. Dist. 40, c. 2. [100] *Petri et Pauli*: Alger. — Edd. coll. o. pr. Lugdd. II, III. [101] *locum*: eæd. [102] Luc. c. 14, v. 34. = C. XXX. †† Alg. ib. ††† *vobis*: Edd. coll. o. = C. XXXI. * Coll. tr. p. p. 2. t. 50, c. 15, 16. [103] *probavit*: orig. [104] add.: *Judæorum*: Ed. Bas. [105] *detestentur*: Ed. Bas. — *detestentur*: Edd. coll. rell. — orig. [106] *redarguant*: orig. — Edd. coll. o. [107] *lacerentur*: orig. [108] *vero et jure*: Edd. Par. Lugd. I. — *vere et jure*: Edd. rell. pr. Bas. Lugdd. II, III. [109] *apertissime*: Edd. coll. o. [110] et Edd. coll. o. [110] *magis*: orig. — Edd. coll. o. [111] *desideriorum*: orig. [112] *qui*: Edd. Bas. Ven. II. Par. [113] abest ab Ed. Bas. [114] *qui etiam in*: Edd. coll. o. [115] *mittunt*: orig. [116] *aperte*: Edd. coll. o. = C. XXXII. [117] cf. ad. Dist. 83, c. 2. — Burch. l. 1, c 203. Ivo Decr. p. 5, c. 317. Alger. l. 2, c. 20. [118] hæc ad verbum apud Algerum leguntur. [119] cf. supra c. 28. [120] cf. supra c. 11.

quispiam minorum accusationibus non impetatur, A minores intelligendi sunt non dignitate, sed vita.

*Unde* Hieronymus *ait de Paulo super epistolam ad Galatas* ° :

C. XXXIII. *Majores et minores non dignitate, sed vita intelligi oportet.*

Paulus [114] Petrum reprehendit, quod non auderet, nisi se non imparem sciret.

Gratian. *Hoc non de officio ecclesiasticae dignitatis, sed de puritate vitae et sanctitate conversationis intelligitur. Solus enim Petrus inter apostolos primatum gerebat.*

Hinc Augustinus *ait ad Hieronymum, epist. XIX, prope finem* [122] :

C. XXXIV. *Non episcopi nomen, sed vita majorem facit.*

Quanquam secundum *honorum* vocabula, quae *jam ecclesiae* usus obtinuit, episcopatus major presbyterio sit, tamen Augustinus *in multis rebus* Hieronymo minor est.

C. XXXV. *Episcopi licet pares sint meritis, gradu tamen differunt dignitatis.*

Idem *lib. II de baptismo contra Donatistas, c.* 1 [123] :

Puto, quod sine ulla sui contumelia Cyprianus episcopus Petro apostolo comparatur, quantum attinet ad martyrii coronam. Caeterum magis vereri debeo, ne in Petrum contumeliosus exsistam. Quis enim nescit illum apostolatus principatum cuilibet episcopatui praeferendum? Sed, etsi distat cathedrarum gratia, una tamen est martyrum gloria. *Item infra* : Quum Petrus a Paulo posteriore corrigitur, et pacis atque unitatis [124] vinculo custodito ad martyrium promovetur [125], quanto facilius et fortius quod per universae Ecclesiae statuta firmatum est, vel unius episcopi auctoritati, vel unius provinciae concilio praeferendum est?

C. XXXVI. *Non in honore, sed in veritate filius aequatur vel praeponitur patri.*

Idem *tractatu XXX in Joannem, in fine*:

Queritur pater de malo filio, *aut* queritur filius de duro patre. Servamus honorificentiam, quae debetur patri a filio, *quae deficit a filio*. Non aequamus filium patri in honore, sed praeponimus, *si bonam causam habet* : filium * aequamus* patri in veritate, et sic tribuimus honorem debitum, ut non perdat aequalitas [126] meritum.

C. XXXVII. *Aequales fuerunt meritis, licet gradu differentes, Petrus et Paulus.*

Item Ambrosius *sermone LXVI de natali Petri et Pauli* P [127] :

Beati Petrus et Paulus eminent inter universos apostolos, et peculiari quadam praerogativa praecellunt; verum inter ipsos quis cui praeponatur incertum est. Puto enim illos aequales esse meritis, quia aequales sunt passione, et simili eos fidei devotione vixisse, quos simul videmus ad martyrii gloriam pervenisse. § 1. Non enim sine causa factum putemus [128], quod una die, uno *in* loco, unius [129] tyranni toleravere sententiam. Una die passi sunt [130], ut ad Christum pariter pervenirent; uno in loco, ne alteri Roma deesset; sub uno persecutore, ut aequalis crudelitas utrumque constringeret. Dies ergo pro merito, locus pro gloria, persecutor decretus est pro virtute. Et in quo tandem loco iidem martyrium pertulerunt? In urbe Roma, quae principatum [131] et caput obtinet nationum, scilicet ut ubi caput superstitionis erat, illic caput quiesceret sanctitatis, et ubi gentilium principes habitabant, illic ecclesiarum principes morarentur [132].

V. Pars. Gratian. *Item poenitentes, bigami, sacerdotes accusare non possunt. Unde generaliter colligitur, quod quicunque sacerdotes non sunt vel esse sacerdotes non possunt, in sacerdotes accusationem vel testificationem proferre non possunt.*

*Unde* Fabianus *ait epist. II ad episcopos orientales* [133] :

C. XXXVIII. *Qui sacerdotes esse non possunt, sacerdotes accusare non valent.*

Ipsi apostoli, et eorum successores *olim* statuerunt, ut sacerdotes Domini non accusent, nec in eos testificentur, qui sui ordinis non sunt nec esse possunt.

## NOTATIONES CORRECTORUM.

C. XXXIII. ° Caput hoc, quod citatur in plerisque exemplaribus ex B. Hieronymo, et in aliquot ex B. Augustino, in neutrius libris inventum est, sed in glossa ordinaria ad ea verba ipsius epistolae ad Galatas: *In faciem ejus restiti*, additur haec interlinearis explanatio: *quod non auderet, nisi se non imparem sentiret*. Et in commentariis B. Ambrosii in illum eumdem locum haec leguntur: *Nam quis eorum auderet Petro primo apostolo, cui claves regni coelorum Dominus dedit, resistere, nisi alius talis, qui fiducia electionis suae sciens se non imparem, constanter improbaret, quod ille sine consilio fecerat.*

C. XXXVII. P Sermo, unde hoc caput sumtum est. inter sermones B. Ambrosii est 66, inter sermones B. Augustini de sanctis 27, et apud Maximum Taurinensem 5, in festo eodem, qui num. 54 est.

---

Quaest. VII. C. XXXIII. [114] Gal. c. 2. = C. XXXIV. [122] Ep. 40. Ed. Maur. scr. A. 397. — Alger. ib. c. 21. = C. XXXV. [123] Ivo Decr. p. 5, c. 24. [124] *veritatis* : Ed. Bas. [125] *provehitur* : orig. = C. XXXVI. [126] *aequitas* : Edd. coll. o. = C. XXXVII. [127] Non desunt, qui hunc sermonem vel Augustino vel Maximo Taurinensi tribuant. — Ans. l. 1, c. 71. [128] *putamus* : Edd. coll. o. ex Ans. [129] *sub uno persecutore passi sunt* : eaed. ex eod. [130] *passi sunt* : desid. in eisd. pr. Bas. [131] add. : *tantum* : Ed. Bas. [132] *morerentur* : Edd. coll. o. — Bohm. = C. XXXVIII. [133] Hoc caput, quod Pseudoisidori est, in orig. paulo aliter legitur. — Ans. l. 3, c. 47 (14). Polyc. l. 5, t. 1.

C. XXXIX. *Sacerdotes accusare vel in eos testificari non valent, qui ad sacerdotium prohibentur eligi.*

Item Damasus Papa ad Stephanum Archiepiscopum, epist. III, c. 3 [134]:

Testes ꝗ absque ulla infamia, aut suspicione, vel manifesta macula, et verae fidei plenitudine [r] instructi esse debent, et tales, quales ad sacerdotium eligere jubet divina auctoritas. Quoniam sacerdotes (ut antiqua [135] tradit auctoritas) criminari [136] non possunt, nec in eos testificari, qui ad eumdem non debent, nec possunt provehi honorem.

Gratian. Sic et illud Silvestri intelligitur: Laicus [137] non accuset clericum, etc. id est qui in inferiori gradu constituti ad superiorem ascendere non possunt, in superioribus agentes accusare non debent. § 1. Ecce, ostensum est, quid respondeatur auctoritatibus et argumentis, quibus subditi ab accusatione praelatorum videbantur repellendi. Nunc demonstrandum est, quibus rationibus probentur recipiendi, et quid contra respondeatur a praelatis, Christus, qui erat pastor pastorem, ovibus suis, de quibus ait [138]: Non sum missus, nisi ad oves, quae perierunt, domus Israel, etc., inter opprobria et verbera, quae ab eis patiebatur, ait [139]: Si male locutus sum, testimonium perhibe de malo, etc. Item [140]: Quis ex vobis arguet me de peccato? At quicunque ad testificandum in aliquem vel ad arguendum admittuntur, ad eumdem accusandum admitti possunt. Quum ergo oves, ut adversus pastorem suum testimonium ferant, et ut ipsum (si possunt) reprehendant, admittantur, patet, quod subditi possunt accusare praelatos suos. § 2. His ita respondetur: Christus, quamvis esset pastor suarum ovium, quas verbo et exemplo pascebat, tamen quantum ad officiorum distributionem (ex qua hodie in Ecclesia alii praesunt aliis, unde quidam praelati, quidam subditi vocantur) in populo suo pastorale officium non gerebat. Mystica enim et visibili unctione nec in regem, nec in sacerdotem unctus erat, quae solae duae personae in populo illo praelaturae nomen sibi vendicabant. Non ergo ex hac auctoritate subditi probantur admittendi in accusatione praelatorum, sed tantum ostenditur, quod auditores eos reprehendere possunt, et in eos testificari, qui, cum officia ecclesiastica non habeant, verbo tamen et exemplo quoscunque valent lucrari Deo satagunt. § 3. Respondetur et aliter: Aliud est, quod de rigore cogimur servare disciplinae, aliud, quod admittitur ex perfectionis consideratione. Christus ad se arguendum Judaeos admisit perfectione humilitatis, non severitate juris. Si enim legis rigore essent admissi, hac auctoritate criminosi et infames in accusatione religiosorum essent recipiendi, quum essent sceleratissimi, qui, de Christi nece tractantes, innocentem condemnare volebant. Hoc ergo exemplo praelati non coguntur recipere subditos in accusatione sui, sed permittuntur. § 4. Item Paulus [141] Petrum reprehendit, qui princeps apostolorum erat. Unde datur intelligi, quod subditi possunt reprehendere praelatos suos, si reprehensibiles fuerint. Sed hoc facile refellitur, si, unde sit reprehensus, advertitur. Petrus cogebat gentes judaizare, et a veritate Evangelii recedere, cum Judaeis gregem faciens, et a cibis gentilium latenter se subtrahens. Par autem in se est a fide exorbitare, et alios exemplo vel verbo a fide dejicere. Ergo hoc exemplo non probantur praelati accusandi a subditis, nisi forte a fide exorbitaverint, vel alios exorbitare coegerint. § 5. Item quum [142] Petrus intrasset ad Cornelium, conquesti fratres sunt, qui erant in Judaea, et reprehenderunt eum, quod ad gentilem divertisset. Ecce, quod praelati jure possunt reprehendi a subditis.

Sed huic oppositioni B. Gregorius respondit, dicens Theoctistae Patriciae, lib. IX, epist. 39 [a] [143]:

C. XL. *Petrus a fidelibus interrogatus, cur ad gentes intrasset non ex potestate respondit, sed humiliter rationem reddidit.*

Petrus potestatem regni [144] acceperat, et tamen idem apostolorum primus querimoniae contra eum a fidelibus factae, cur ad gentes intrasset, non ex potestate officii (qua posset dicere, oves pastorem suum non accusent nec reprehendant), sed ex ratione [145] divinae virtutis, qua gentiles acceperant Spiritum sanctum, respondit:

Gratian. Quum ergo Petrus potuit ex officio repellere querelas, sed noluit, non hoc exemplo praelati coguntur suscipere reprehensionem subditorum. Ex hac etiam humilitatis dispensatione intelligitur illud Leonis IV [t] [146], Ludovico Augusto dictum:

### NOTATIONES CORRECTORUM.

C. XXXIX. ꝗ *Testes*: Damasi verba haec sunt: *Accusatores autem episcoporum, et testes, super quibus rogitastis, absque ulla infamia aut suspicione, etc.* sicque referuntur a Burchardo et Ivone; Panormia autem habet ut Gratianus.

[r] *Plenitudine*: In epistola ipsa legitur: *pleniter*. Burchardus vero et Ivo [s] habent: *vera fide pleniter*.

C. XL. [a] *Operae pretium fuerit ad ipsum B. Gregorium adire*; copiose enim exponit quae hic a Gratiano concise referuntur.

[t] Apud Ivonem hujus capitis haec est inscriptio: *Quod in praesentia legatorum imperatoris Leo Papa causam suam examinari voluerit. Idem Nicolaus Imperatori.*

---

QUAEST. VII. C. XXXIX. [134] Cap. Pseudoisidori confectum ad conc. Carth. VII, c. 2. — Burch. l. 1, c. 172. Ans. l. 3, c. 41 (47). Ivo Pan. l. 4, c. 186. Polyc. ib. [*] in Decreto, nec tamen Panorm. [135] *antiquorum*: Coll. citt. — Edd. coll. o. [136] cf. cap. 58. [137] cf. supra c. 2. [138] Matth. c. 15, v. 24. [139] Joan. c. 18, v. 23. [140] Joan. c. 8, v. 46. [141] Gal. c. 2. [142] Act. c. 11. = C. XL. [143] Ep. 45 (scr. A. 601), l. 11. Ed. Maur. [144] *regendi*: Ed. Bas. [145] *auctoritate*: Edd. coll. o. [146] Videtur legendum esse: *Leonis III*, etenim hunc inter et Ludovicum Pium simultates intercessisse constat. — Ivo Decr. p. 5, c. 22.

C. XLI. *Imperiali judicio Apostolicus se emendare promittit, si quid erga subditos injuste commisit.*

Nos, si incompetenter aliquid egimus, et in subditis justæ legis tramitem non conservavimus, vestro ac missorum vestrorum cuncta volumus emendare judicio, quoniam si nos, qui aliena debemus corrigere peccata, pejora committimus, certe non veritatis discipuli, sed (quod dolentes dicimus) erimus præ ceteris erroris magistri. Inde magnitudinis vestræ magnopere clementiam imploramus, ut tales ad hæc, quæ diximus, perquirenda missos in his partibus dirigatis, qui Deum per omnia timeant, et cuncta (quemadmodum si vestra præsens fuisset imperialis gloria) diligenter exquirant, et non tantum hæc sola, quæ superius diximus, quærimus ut examussim exagitent, sed sive minora, sive etiam majora illis sint de nobis indicata negotia, ita eorum cuncta legitimo terminentur examine, quatenus in posterum nihil sit, quod ex eis indiscussum vel indiffinitum remaneat.

VI. Pars. Gratian. *Item, quum* [147] *Balaam ariolus iret ad maledicendum populum, angelus Domini asinæ, cui insidebat, in via se opposuit, evaginatoque gladio eam ab itinere compescuit, quam dum ille verberibus affligeret, in vocem prorupit, et prophetæ vesaniam redarguit. Si ergo animal mutum angelica virtute prophetæ insipientiam reprehendit, multo magis subditi possunt accusare prælatos suos.* § 1. His ita respondetur: Verum est, quod per asinam subditi significantur, et per Balaam prælati; non tamen hoc exemplo probantur prælati accusandi a subditis, sed subditis tantum forma datur humiliter renitendi prælatis, si forte eos ad malum cogere voluerint; Balaam namque asinam urgens, ut ad maledicendum populo Dei eum veheret, significat eos, qui verberibus et cruciatibus a subditis exigunt, ut eis in malo fautores et coadjutores existant. Sed, quia angelus, quilibet videlicet prædicator, evaginato gladio, aperte scilicet prædicato timore et horrore futuræ vindictæ, a consensu alienæ malitiæ illos revocat, licet eis in hujusmodi vocem conquestionis prorumpere et prælatis suis dicere: Cur nos verberibus affligitis? cur nobis injuste irascimini? numquid vobis inobedientes aliquando fuimus, nisi nunc, quum ad malum cogimur? Videte illum, qui prohibet ab incepto. Non ergo hinc prælati probantur accusandi a subditis. § 2. Item quum David [148] *adulterium et homicidium commisisset, missus est a Deo Nathan propheta, ut eum redargueret.* Ecce, quod prælati sunt arguendi et reprehendendi a subditis. § 3. Sed notandum est, quod duæ sunt personæ, quibus mundus iste regitur, regalis videlicet et sacerdotalis. Sicut reges præsunt in causis sæculi, ita sacerdotes in causis Dei. Regum est corporalem irrogare pœnam, sacerdotum spiritualem inferre vindictam. David ergo, etsi ex regali unctione sacerdotibus et prophetis præerat in causis sæculi, tamen suberat eis in causis Dei. Unde [149] reges a prophetis et sacerdotibus ungebantur et eorum oblatione peccata regum expiabantur. § 4. Sicut [150] ergo Ozias a Domino lepra percussus est, quia sacerdotum officia usurpare voluit, sic sacerdotibus et prophetis regum usurpare officia non licuit. Nathan ergo propheta, quum regem redarguit, suum est exsecutus officium, in quo erat rege superior, non usurpavit regis officium, in quo erat rege inferior; monuit eum, ut per pœnitentiam peccata sua expiaret, non tulit in eum sententiam, qua tanquam adulter et homicida morti addiceretur. § 5. Sic et B. Ambrosius *Theodosium*, et B. Innocentius imperatorem Arcadium excommunicavit, et ab ecclesiæ ingressu prohibuit. § 6. Sicut enim non sine causa judex gladium portat, ita non sine causa claves ecclesiæ sacerdotes accipiunt. Ille [151] portat gladium ad vindictam malefactorum, laudem vero bonorum; isti habent claves ad exclusionem excommunicandorum et reconciliationem pœnitentium. Hoc ergo exemplo subditi probantur reprehendendi a prælatis, non prælati a subditis. § 7. Item Daniel [152] nulla legitima potestate functus judices a populo constitutos de falso testimonio convicit, et convictos damnavit. Constat ergo, quod nullam potestatem habentes possunt redarguere dignitatibus sublimatos. § 8. His ita respondetur. Miracula (et maxime Veteris Testamenti) sunt admiranda, non in exemplum nostræ actionis trahenda. Multa enim concedebantur tunc, quæ nunc penitus prohibentur. Tunc enim Samuel Agag [153] pinguissimum regem Amalech in frusta dividendo concidit; nunc nulli ecclesiasticorum judicium sanguinis agitare licet. Tunc Phinees [154] Judæum coeuntem cum Madianita interfecit, et reputatum est ei ad justitiam; hodie sacerdotibus hujusmodi actus in perniciem sui officii verteretur. Exemplo ergo Danielis non solum accusandi vel redarguendi, sed etiam judicandi potestatem subditi sibi in prælatos vendicarent, si illud in argumentum nostræ actionis liceret assumi, quod nulla unquam auctoritate permittitur. Magis ergo ex hoc facto datur intelligi, quod in novissimis temporibus suscitaret Deus spiritum pueri junioris, illius videlicet, de quo per Prophetam [155] dicitur: Puer natus est nobis, et iterum: Ecce puer meus, qui judices iniquitatis, Scribas scilicet et Pharisæos, falsis criminibus Susannam, id est Ecclesiam, accusantes et ream adulterii pronunciantes, eo quod Christum sequeretur, convinceret et condemnaret. § 9. Item Hieronymus [u] refert in libro virorum illustrium †, quod Damasus Papa a subditis de adulterio accusatus cum quadraginta duobus episcopis se pur-

NOTATIONES CORRECTORUM.

C. XLI. [u] *Hyeronymus*: In catalogo B. Hieronymi, aut aliis ipsius libris nihil tale legitur; in vetustis tamen Pontificalibus in vita Damasi hoc refertur.

Quæst. VII. C. XLI. [147] Num. c. 22. [148] 2 Reg. c. 12. [149] 2 Reg. c. 8. [150] 2 Paral. c. 26. [151] 1 Petr. c. 2. [152] Dan. c. 13. [153] 1 Reg. c. 15. [154] Num. c. 25. [155] Es. c. 9, v. 6. † Alger. l. 2, c. 13.

gavit. § 10. *Item Symmachus Papa, in Romana synodo dignitate sua exspoliatus, prius statui suo reddi decernitur, ut tunc veniret ad causam, et si ita recte videretur, accusantium propositionibus responderet. Digna res visa est maximo numero sacerdotum quæ mereretur effectum, et cum postmodum ordinaretur, quomodo esset accusandus, præfatus Papa, ut causam diceret, occurrebat; sed ab æmulis est impeditus.*

*Item* Gregorius *ait de se ipso* ᵛ ¹⁵⁶ :

C. XLII. *Redarguendi se licentiam B. Gregorius aliis præstat.*

Si quis super his nos arguere voluerit, vel extra auctoritatem nos facere contenderit, veniat ad sedem apostolicam, ' quo omnia ecclesiastica negotia, de quibus quæstio habetur, confluere jussa sunt, ' ut ibi ante confessionem S. Petri mecum juste decernet, quatenus inibi ¹⁵⁷ unus ex nobis ¹⁵⁸ sententiam suscipiat suam.

Gratian. *Ex his omnibus colligitur, quod subditi possunt reprehendere et accusare prælatos suos. Sed, sicut de Christo dictum est, quando Judæis dixit:* Si male locutus sum, etc., *ita de istis intelligendum est, quod suo exemplo prælatis dederunt facultatem recipiendi subditos in accusationem sui, sed non coegerunt.*

C. XLIII. *De eodem. Item* ᵛᵛ,

Paulus ¹⁵⁹ Dyaclinæ ¹⁶⁰ *civitatis episcopus accusatur a subditis de lapsu carnis, convincitur, deponitur, alius loco ejus substituitur. Hoc an ex dispensatione accusati, an ex rigore juris sit factum, ex regesto Gregorii ad Joannem Episcopum primæ Justinianeæ, l. X, epist. 35, potest deprehendi, ubi ait* ˣ ¹⁶¹ :

C. XLIV. *Paulus Dyaclinæ civitatis episcopus subditorum accusatione convictus deponitur.*

Lator Nemesion ad nos veniens indicavit, quod Paulus Dyaclinæ ¹⁶² civitatis episcopus, inter alia mala in corporali crimine lapsus, a suis clericis accusatus et convictus, episcopali sententia depositus est; postea, cum auxilio sæcularium veniens, episcopatum more prædonis ingressus est, ablatisque rebus ecclesiæ dilectissimum Nemesion latorem præsentium sibi substitutum ab eo episcopatu projecit, et ad summam injuriam ac necem pæne perduxit. Fraternitas itaque vestra hæc omnia curet addiscere, et quæcunque ecclesiæ abstulit omni mora vel excusatione cessante reddere compellat. Si vero nihil ecclesiæ, sed proprium se dixerit abstulisse (quamvis grave et iniquum fuerit, ut non a vobis ¹⁶³, vel a metropolitano ejus hoc petierit, sed temerario ausu agere præsumpserit), verumtamen, si quid proprium tulit, sub fraternitatis vestræ debet examine constare si verum est. Sed et illud diligenter quærendum est, si quid male de rebus dilapidavit ecclesiæ, ut ex eo, quod nunc abstulit, illud reformare ac satisfacere modis omnibus compellatur.

Gratian. *Hoc edicto non in accusatores vel depositores ulciscitur, sed in depositum ulterius prosequitur, ut si ultra ad episcopatum aspirare tentaverit, modis omnibus repellatur, et ad agendam pænitentiam perennem in monasterium detrudatur. Quem ergo Gregorius ad episcopatum aspirantem omnibus modis repellit, quem gravi pænitentiæ subjicit, patet, non sua dispensatione, sed canonum censura a subditis esse accusatum et convictum. Et, ut jam non exemplis, sed legibus agamus, videndum est, quid Gregorius scribat Innocentio* ʸ *et reliquis episcopis Sardiniæ lib. VII, indict. 2, epist. 8, ita dicens* ¹⁶⁴ :

C. XLV. *Quod subditi prælatos suos accusare possint.*

Metropolitanum vestrum in aliquo postponere non præsumatis, excepto si (quod non optamus) contra eumdem habere vos aliquid causæ contingat, ut ob hoc sedis apostolicæ judicium ¹⁶⁵ petere debeatis.

C. XLVI. *Vitam prælatorum subditi nulla dissimulatione negligant.*

*Item idem universis episcopis concilii Bizacii, lib. X, epist. 37* ¹⁶⁶ :

Sicut (inquit) laudabile discretumque est reverentiam et honorem debitum exhibere prioribus, ita rectitudinis et Dei timoris est, si qua inter ¹⁶⁷ eos correctione indigent, nulla dissimulatione postponere, ne totum (quod absit) corpus incipiat ¹⁶⁸ morbus invadere, si languor non fuerit curatus in capite. Quædam ᶻ enim ad nos de Clementio ¹⁶⁹ primate

NOTATIONES CORRECTORUM.

C. XLII. ᵛ Est Gregorii IV in epistola citata sup. ead. q. 6. c. *Decreto nostro*, et dist. 19 : *Nulli fas.* in qua epistola quum multa dixisset de privilegiis et primatu Romanæ Ecclesiæ, ista adjungit.

C. XLIII. ᵛᵛ Verba sunt Gratiani, qui proponit summam sequentis capituli, quod sæpe facere solitum esse multis locis est notatum.

C. XLIV. ˣ In hoc capite non referuntur ipsa omnino verba Gregorii (quod a Burchardo et Ivone fit), sententia tamen satis expressa est.

ʸ *Innocentio :* In originali impresso est : *Vincentio* atque quamplurimis episcopis. In vetusto autem exemplari Vaticano exprimuntur nomina episcoporum, ad quos hæc epistola scribitur, hoc ordine : *Vincentio, Innocentio, Mariniano, Libertino, Agathoni,* et *Victori Episcopis Sardiniæ.*

C. XLVI. ᶻ *Quædam* : Et his summatim referuntur verba B. Gregorii. Quare pauca tantum quædam sunt addita, quæ necessaria videbantur

---

Quæst. VII. C. XLI. ¹⁵⁶ scr. A. 832. — cf. ad Dist. 12, c. z. — Ans. l. 2, c. 20 (22). Polyc. l. 4, t. 18. = C. XLII. ¹⁵⁷ *ibi :* Edd. col o. ¹⁵⁸ *vobis :* Ed. Bas. = C. XLIII. ¹⁵⁹ Alg. l. 2, c. 13. ¹⁶⁰ *Denclinæ :* Edd. coll. o. = C. XLIV. ¹⁶¹ Ep. 31, (scr. A. 602), l. 12. Ed. Maur. — Burch. l. 1, c. 182. Ivo Decr. p. 5, c. 298. ¹⁶² *Declanenæ :* Ivo. — *Doclavenæ :* Burch. — legendum tamen est : *Docleatinæ,* Doclea enim urbs in Illyrico sita est, vulgo *Antivari* vocata. ¹⁶³ *nobis :* Edd. Arg. Bas. = C. XLV. ¹⁶⁴ Ep. 9, (scr. A. 599), l. 9. Ed. Maur. — Alger, l. 2, c. 19. ¹⁶⁵ *judicium ii, qui petere festinant, habeant licentiam :* orig. = C. XLVI. ¹⁶⁶ Ep. 32, (scr. A. 692), l. 12. Ed. Maur. — Alger. l. 2, c. 19. ¹⁶⁷ *in eis :* orig. — Alger. — Edd. Arg. Nor. Ven. l. — *si qua in eis sunt, quæ :* Edd. rell. ¹⁶⁸ *invadat :* Alg. — Edd. coll. o. pr. Bas. ¹⁶⁹ *Crementio :* orig.

vestro perlata sunt, quæ, quoniam ita gravia sunt, ut transire indiscussa ullo modo non debeant, fraternitatem vestram hortamur, ut cum omni sollicitudine ac vivacitate mentis indagare multis modis debeatis illata, et si sunt ut audita sunt, ultione canonica resecentur. § 1. Admonemus autem, ut non cujusquam personæ gratia, non favor, non quodlibet blandimentum quemquam vestrum ' vel ad discutiendum ' quæ nobis nunciata sunt molliat [170], vel a veritate excutiat, sed sacerdotaliter ad investigandam vos propter Deum veritatem accingite. Nam, si quis in hoc piger aut negligens esse præsumpserit, dictis criminibus apud Deum se noverit esse participem, cujus zelo ad perscrutandas subtiliter nefandi causas facinoris non movetur.

Gratian. *Hæc si quis specialia, et ex his generalem regulam colligi non oportere contendit, audiat, quid Gelasius, c. XXVIII* dicat, omnibus clericis cujuscunque ordinis ita scribens [171]:

C. LXVII. *Clerici excessus sui episcopi auribus deferant Romani Pontificis.*

Quapropter nec clericorum quisquam se apostolicæ [172] offensæ futurum confidat immunem, si in his, quæ salubriter sequenda apostolica depromsit [173] auctoritas, sive episcopum, sive presbyterum, sive diaconum viderit [174] excedentem, non [175] protinus ad aures [176] Romani Pontificis deferre curaverit, probationibus duntaxat competenter exhibitis, ut transgressionis [177] ultio fiat ' et ' cæteris interdictio delinquendi. Sin [178] vero, modis omnibus erit unusquisque pontificum ordinis et honoris sui elisor, si cuiquam clericorum [179] vel Ecclesiæ totius auditui hæc putaverit supprimenda.

C. XLVIII. *De eodem.*

Idem [180]:

Si quid in ecclesia damni, aut in his, quæ sunt præceptionis nostræ auctoritate [b] prohibita, pontificem vestrum videritis admittere, mox nostris auribus relatione signate, ut quid fieri debeat censeamus.

C. XLIX. *Clerici aut laici sine examinatione ad episcoporum accusationem non admittantur.*

Item ex Concilio Chalcedonensi, c. 21 [181]:

Clericos aut laicos accusantes episcopos aut clericos passim [c] et sine probatione ad accusationem non recipiendos decernimus, nisi prius eorum discutiatur existimationis [182] opinio [d].

C. L. *Quælibet persona episcopos aut alios accusans, monstranda documentis inferat.*

Item ex Synodo Romana [183]:

Si quis episcopus, ' presbyter, ' aut diaconus, vel quilibet clerici [184] apud episcopos (quia alibi non oportet) a qualibet persona fuerint accusati, quicunque fuerit ille, sive sublimis vir honoris, sive ' ullius ' alterius dignitatis, qui hoc genus illaudabilis intentionis arripuerit, noverit docenda [e] [185] probationibus, monstranda documentis se debere inferre.

C. LI. *Sacerdotes non accusent qui ad eumdem ordinem provehi non possunt.*

Item Damasus Papa *Stephano Archiepiscopo, epist. III, cap. 3* [186]:

Sacerdotes (ut antiqua tradit auctoritas) criminari non possunt, nec in eos testificari, qui ad eumdem non debent nec possunt provehi honorem.

C. LII. *Nisi irreprehensibiles in majorum accusatione non recipiantur.*

Item Hyginus Papa, *epist. I* [187]:

Criminationes majorum natu per alios non fiant, nisi per ipsos, qui crimina intendunt, si tamen ipsi digni et irreprehensibiles apparuerint, et actis publicis docuerint omni se suspicione carere et inimicitia, atque irreprehensibilem fidem habere [188] ac conversationem ducere.

Gratian. *Colligitur itaque ex his omnibus, quod subditi in accusatione prælatorum sunt admittendi. Nunc videndum est, an monachi in accusatione episcoporum sint audiendi?* Hadrianus Papa *in capitulis c. 31, videtur eos ab accusatione removere, ita dicens:*

### NOTATIONES CORRECTORUM.

C. XLVI. [a] C. XXVIII: Hic citatur numerus capitum, ut est in codice canonum, de quo in præfatione dictum est.

C. XLVIII. [b] *Auctoritate*: Abest ista dictio a plerisque vetustis exemplaribus ', et ab aliis collectoribus, qui etiam Gelasium citant.

C. XLIX. [c] *Passim*: ἁπλῶς καὶ ἀδοκιμάστως, quæ Dionysius " vertit: *temere atque indifferenter*, possuntque etiam conjungi cum sequenti membro. Id vero copiose exponitur in concilio Constant. I, cap. 6.

[d] *Existimationis opinio*: ἡ ὑπόληψις, id est: *existimatio*.

C. L. [e] *Docenda*: Sic apud Sixtum III, et in Capitulari; apud Caium vero et Hadrianum paulo aliter, quemadmodum et aliis locis hujus capitis nonnullæ, sed non magni ponderis, sunt varietates.

---

QUÆST. VII. C. LXVI. [170] *emolliat*: Ed. Bas. = C. XLVII. [171] Ep. ad epp. Lucaniæ scr. A. 494. — Coll. tr. p. p. 1, t. 46, c. 9. — Ans. l. 7, c. 147. Alger. l. 2, c. 15. [172] *hujus*: orig. — Alger. [173] *depromsimus*: ib. [174] *videat*: Ed. Bas. [175] *et non*: Edd. coll. o. [176] *oras nostras*: orig. — Alger. [177] *transgressoris*: orig. — Ans. Alger. [178] *Sic*: orig. — *Sui*: Ans. Alg. [179] *cui*: Edd. coll. o. = C. XLVIII. [180] Hæc est ultima pars ep. ad Respectum et Leoninum, quam ex coll. card. Deusdedit l. 3, c. 99, potuit Holstenius. — Ans. l. 7, c. 164. Ivo Decr. p. 5, c. 3 (ex ep. ad Justinum et Faustinum). Polyc. l. 3, t. 12, l. 4, t. 18. ' et Edd. coll. o. pr. Bas. Lugdd. II, III. = C. XLIX. [181] hab. A. 451. — interpret. Dionysii. — Alger. l. 3, c. 17. [182] *æstimationis*: Edd. coll. o. pr. Bas. Lugdd. II, III. — Alger. " imo Isidorus. = C. L. [183] ex ep. (Pseudoisidori) Sixti III. — cf. cap. Hadriani c. 24, et Capit. l. 7, c. 458. — Suam fecit canonis auctor Honorii const., quæ legitur in Theod. Cod. c. 41, de epp. et cleric. — Ans. in fine l. 5, c. 22. [184] *clericus*: Edd. coll. o. [185] *dicenda*: ib. = C. LI. [186] Caput Pseudoisidori. — Burch. l. 1, c. 172. Ivo Decr. p. 5, c. 290. — cf. supra c. 38, 59. = C. LII. [187] Caput Pseudoisidori. — cf. interpr. ad. c. 15, t. 1, l. 9. Theod. cod. — Capit. 7, c. 522. — Coll. tr. p. p. 1, t. 32, c. 5. Ivo Decr. p. 6, c. 326. [188] abest ab Ivone.

**C. LIII.** *Monachi sacerdotes accusare vel in eos testificari non possunt.*

Placuit [189] eorum accusandi sacerdotes et testificandi in eos vocem obstruere, quos non humanis [190], sed divinis vocibus mortuos esse scimus, quia vocem funestam interdici [191] potius quam audiri oportet.

Gratian. *Item* Concilio Chalcedonensi, *c.* 4. [192] *præcipitur, ut ecclesiasticas actiones monachi attrectare non præsumant.*

**C. LIV.** *Monachi in accusatione non sunt audiendi.*

*Item* Pelagius II *Episcopis Italiæ* [193] :

Nullus monachus talia unquam arripiat, nec sæcularia aut ecclesiastica negotia perturbare præsumat, quia mortuo in talibus vox est eorum.

Gratian. *Sed aliud est, quod ex præsumptione assumitur temeritatis; aliud, quod ex necessitate geritur charitatis. Monachi enim ex præsumptione episcopos accusare non possunt : ex charitate possunt. Unde et in canonibus præcipitur, ut cubicularii episcopi sint vel religiosi clerici, vel electi monachi, ut de ejus vita testimonium dicere possint.*

**VII. Pars. § 1.** *Item illud* Eleutherii Papæ *in epist. ad Galliæ provincias omnibus generaliter dicitur* [194] :

**C. LV.** *Consentire convincitur, qui, quum possit, perversis negligit obviare.*

Negligere, quum possis deturbare [195] perversos, nihil aliud est quam fovere [196]. Nec caret scrupulo societatis occultæ qui manifesto facinori desinit obviare.

*Item* Hieronymus *tam de se, quam de aliis monachis in primo prologo Bibliæ scribit, dicens* :

**C. LVI.** *Quantum ex vitæ merito quis ecclesiam ædificat, tantum nocet, si destruentibus non resistat.*

Sancta quippe rusticitas solum [197] sibi prodest, et quantum ædificat ex vitæ merito Ecclesiam Christi, tantum nocet, si distribuentibus non resistat.

**C. LVII.** *Subditi vitia prælatorum reprehendere studeant.*

*Item* Gregorius [h] † :

Admonendi sunt subditi, ne plus quam expedit sint subjecti, ne, quum student plus quam necesse est hominibus subjici, compellantur vitia eorum venerari.

*Item generali Synodo præsidens, dixit, c.* 2. [198] :

**C. LVIII.** *Clerici sive monachi sint cubicularii episcopi.*

Quum pastoris vita esse discipulis * semper * debeat in exemplo [199], plerumque clerici qualis in secreto sit vita sui pontificis nesciunt, quam, [200], * ut dictum est * sæculares pueri sciunt. De qua re præsenti decreto constituo [201], ut quidam ex clericis, vel etiam ex monachis electi, ministerio [202] cubiculi pontificalis obsequantur, ut is, qui in loco regiminis est, tales habeat testes, qui vitam [203] ejus in secreta conversatione videant, qui [204] ex visione sedula exemplum profectus sumant.

*Item Virgilio episcopo Arelatensi, lib. IX, ep.* 49 [205] :

**C. LIX.** *Pravos in sua societate episcopus habere non debet.*

Pervenit ad nos fratrem et coepiscopum nostrum Serenum Massiliensem pravos homines omnino in societate sua recipere [206], ita denique, ut presbyterum quemdam, qui post lapsum [207] in suis adhuc dicitur iniquitatibus volutari, familiarem habeat. Quod a vobis subtiliter requirendum est, et, si ita constiterit, curæ vobis sit nostra hoc [208] sic vice corrigere, ut et qui talem recipit non familiaritate fovere, sed discat [209] potius ultione comprimere, et qui receptus est * idem * discat * cum * lacrymis peccata diluere, non iniquitatem immunditiis maculare [210].

**C. LX.** *Viros boni testimonii semper episcopi secum habeant.*

*Item* Paschalis Papa [211].

Episcopi lectioni et orationi vacent, et semper

---

### NOTATIONES CORRECTORUM.

**C. LIII.** [f] *Non humanis*: In epistola Stephani est : *quos humanis et divinis vocibus damnatos vel mortuos esse cognoscimus.* In epistola autem Melchiadis est quemadmodum hic restitutum est ex vetustis exemplaribus Gratiani, et capitulo Hadriani : sed subjungitur : *Quoniam infidelis homo mortuus est in corpore vivente*, et fortasse significatur locus Matthæi 8 : *Dimitte mortuos sepelire mortuos suos* ; aut locus Pauli 1 Tim. 5. : *vivens mortua est.* Quamobrem quod proprie pertinet ad homines infames, maximisque flagitiis obnoxios (ut est infra *o. q. o. c. Canonica*) non bene videtur hic referri ad monachos ; sed minime id malitiose factum est, quum Gratianus monachus esset.

**C. LVI.** [g] *Bibliæ*: In plerisque vetustis Gratiani codicibus legitur : *Bibliothecæ*.

**C. LVII.** [h] Collecta est hæc sententia ex verbis B. Gregorii tertia parte Pastoralis, admonitione 18, ubi de elatis humilibus loquitur.

---

Quæst. VII. C. LIII. [189] cf. Cap. l. 7, c. 440, et Theod. Cod. const. 3, tit. *ne prætor crimen mai.*, ex qua caput confectum est. — Ans. l. 3, c. 88 (in fine l. 3, c. 21). Ivo Pan. l. 5, c. 45. Decr. p. 16, c. 352. [190] *ab humanis*. Edd. coll. o. pr. Bas. Lugdd. II, III. — *hum. voc. tantum, sed et*; Edd. Lugdd. II, III. [191] *intrcidi*: orig. [192] C. 16, q. 1, c. 12. = C. LIV. [193] Caput Pseudoisidori. — Ans. l. 3, c. 63. [194] Caput Pseudoisidori, sumtum ex Felicis III, c. 1. — cf. Dist. 85, c. 3, et 86, c. 5. Alger. l. 1, c. 29. = C. LV. [195] *perturbare* : Edd. coll. o. [196] *favere* : Edd. Par. Lugdd. II, III. — C. LVI. * *et* Edd. Arg. Bas. [197] *solummodo* : Ed. Bas. = C. LVII. † Alger. l. 1, c. 31. = C. LVIII. [198] hab. A. 595. — Ans. l. 6, c. 134 (140). Polyc. l. 4, t. 5. [199] *exemplum* . Edd. Bass. Lugdd. II, III. [200] *add.* : *tamen* : orig. — Ans. — Edd. coll. o. [201] *constituimus*: Edd. coll. o. [202] *in minist.* : ib. [203] *veram in secreto conversationem* : ib. [204] *et* : ib. = C. LIX. [205] Ep. 55 (scr. A. 601), l. 11 Ed. Maur. — Ans. l. 6, c. 141. [206] *in soc. sua habere* : Edd. coll. o. [207] *add.* : *carnis* : ib. [208] *eum* : ib. [209] *add.* : *se* : ib. [210] *cumulare* : ib. — orig. = C. LX. [211] hæc videntur ex syn. Regiaticinæ (hab. A. 850), c. 1, excerpta esse.

secum presbyteros et diaconos, aut alios boni testimonii clericos habeant, ut secundum Apostolum [112] et sanctorum Patrum instituta possint irreprehensibiles inveniri

Gratian. *Item Joannes Baptista, quum duceret eremiticam vitam, Scribas et Pharisæos, sacerdotes et Levitas Judæorum ad se venientes aspera increpatione redarguit.* § 1. *Item ex canonibus definitur* [113]: *Illi sacerdotes accusare possunt, qui ad eumdem gradum conscendere valent. Quum ergo monachi ad sacerdotii gradum laudabiliter pertingere valeant, patet quod et ipsi sacerdotes libere accusare possunt.*

## QUÆST. VIII.
### GRATIANUS.

I. Pars. *De accusatione vero, qualiter fieri valeat, in canonibus aperte decernitur.*

Ait enim Calixtus Papa *ad episcopos Galliæ, ep. II.* [a] [1]:

**C. I.** *Accusatio semper fiat in scriptis.*

Accusatorum personæ nunquam recipiantur sine scripto nec absente eo, quem accusare voluerint, quibuslibet accusare permittatur.

**C. II.** *De eodem.*

*Cod. lib. IV, tit. De probationibus, l. fin.* [2]:

Sciant cuncti accusatores, eam se rem deferre in publicam notionem, quæ munita sit idoneis testibus, vel instructa apertissimis documentis, vel indiciis ad probationem indubitatis et luce clarioribus expedita.

**C. III.** *Accusatio semper debet fieri in scriptis.*

*Item* Eutychianus Papa *episcopis Siciliæ, ep. II* [3]:

Quisquis ille est, qui crimen intendit [4], in judicium veniat, nomen rei indicet, vinculum inscriptionis arripiat, custodiæ similitudinem [b] ( habita tamen dignitatis æstimatione) patiatur [5], nec impunitatem fore sibi noverit licentiam mentiendi, quum calumniantes ad vindictam poscat similitudo supplicii. *Et infra* [6]: § 1. Qui vero ad sortilegos magosque concurrerint [7], nullatenus ad accusationem sunt admittendi.

**C. IV.** *De eodem.*

*Item* Sixtus III, *in ep. ad episcopos orientales, c. 4* [8]:

Qui crimen objicit, scribat [9] se probaturum. [c] Revera [e] ibi semper causa agatur, ubi crimen admittitur. [c] Et qui [10] non probaverit [11] quod objecit, pœnam, quam intulerit, ipse patiatur.

Sed Stephanus Papa *contra videtur scribere*, dicens *ep. II, c. 4* [12]:

**C. V.** *De eodem.*

Per scripta nullius accusatio suscipiatur, sed propria voce (si legitima et condigna accusatoria persona fuerit) præsente videlicet eo, quem accusare desiderat, quia nullus absens [13] aut accusari potest, aut accusare.

Gratian. *Sed Calixtus Papa præcipit, ut accusator præsente eo, quem accusat, in scriptis judici accusationem offerat, et propria voce litteras suæ accusationis legat. Stephanus autem prohibet, ne absens aliquem per epistolam accusare audeat.*

II. Pars. § 1. *Quæ vero sit forma accusationis, et quis modus concipiendorum libellorum, Paulus in Digestis, libro* [14] *de publicis judiciis, titulo de accusationibus et inscriptionibus, lege 3, ostendit dicens:* § 2. Libellorum inscriptionis conceptio talis est: Consul et dies. Apud illum prætorem vel proconsulem [15] Lucius Titius professus est, se Mæviam lege Julia de adulteriis ream deferre, quod dicat eam cum Caio Seio in

---

### NOTATIONES CORRECTORUM.

QUÆST. VIII. C. I. [a] In epistola Calixti, itemque apud Burchardum et Ivonem sic habetur: *Rimandæ sunt enucleatim personæ accusatorum, quæ sine scripto difficile, per scriptum autem nunquam recipiantur, quia per scripturam nullus accusare vel accusari potest, sed propria voce et præsente eo, quem accusare voluerit, cuicunque accusatori credatur.* Quorum verborum bona pars refertur infra, 3. q. 9, c. *Absente*, quod sumtum est ex hoc eodem epistolæ loco.

C. III. [b] *Custodiæ similitudinem*: In originali impresso est : *custodiat similitudinem habita tamen dignitatis æstimatione potiatur, nec forte sibi noverit*, etc. Itemque apud Hadrianum, nisi quod habet : *nec sibi fore noverit*. Itemque apud Ivonem, et in aliquot vetustis Gratiani codicibus, in quorum uno est : *habitæ tamen dignitatis*. In Panormia autem legitur : *custodiat similitudinem supplicii, habita tamen dignitatis æstimatione. Nec forte sibi noverit*, etc. In codice est eadem lectio, quæ hic retenta est.

C. IV. [c] *Revera* : Addita est hæc clausula ex originali, quæ est etiam apud Fabianum, infra 3. q. 6. c. 1.

---

QUÆST. VII. C. LIX. [112] 1 Tim. c. 3. [113] cf. supra c. 51.
QUÆST. VIII. C. 1. [1] Caput Pseudoisidori, cf. interpr. ad Theod. cod. l. 9, t. 4, c. 15.—Burch. l. 1, c. 171. Ans. l. 3, c. 55. Ivo Decr. p. 5, c. 298. = C. II. [2] Cod. Hist. l. 4, t. 19. = C. III. [3] Caput Pseudoisidori, sumtum ex Theod. Cod. l. 9, t. 1, const. ult. — Ans. inter cap. Hidriana in fine l. 3, c. 6. Ivo Pan. l. 4, c. 76. Decr. p. 6, c. 332. [4] add. : *probare* : Ed. Bas. [5] *similitudine potiatur* : Ed. Bas. [6] Ivo Decr. p. 6, c. 33. [7] *concurrunt* : Edd. coll. o. — *sortilegos magosque consuluerint* : Ivo. = C. IV. [8] Caput Pseudoisidori, cf. Fabian. ep. 3. (C. 3, q. 6, c. 18), et Anian. ad c. 10, l. 9, t. 1. Theod. cod. ex quo caput desumtum est. — Coll. tr. p. p. 1, t. 42, c. 4. Burch. l. 16, c. 5, ( : *ex conc. Arausico*). Ans. l. 5, c. 87. Ivo Pan. l. 3, c. 75. [9] *sciat* : Ed. Arg. [10] cf. C. 3, q. 6, c. 1. [11] add. : *crimen* : Ed. Bas. = C. V. [12] Caput Pseudoisidori, haustum ex Statut. eccl. ant. et interpr. ad c. 45, l. 19, t. 1. Theod. cod. — cf. Calixti ep. 2.— Burch. l. 1, c. 177. Ans. l. 3, c. 55 (56). Polyc. l. 5, t. 1. Ivo Pan. l. 4, c. 53, 55. Decr. p. 5, c. 295, et p. 6, c. 328. [13] *accusare potest, nec ab alio accusari* : Edd. coll. o. [14] l. 48, t. 3, fr. 3. [15] *consulem* : Edd. coll. o.

civitate illa, domo illius, mense illo, consulibus illis, adulterium commisisse. Utique enim et locus designandus est, in quo adulterium commissum est, et persona, cum qua admissum dicitur, et mensis. Hoc enim lege Julia publicorum judiciorum [16] cavetur, et generaliter praecipitur omnibus qui aliquem reum deferunt. Neque autem diem, neque horam invitus comprehendet. Quod si libelli inscriptionum legitime ordinati non fuerint, rei nomen aboletur, et ex integro repetendi reum potestas fiet. § 3. Item subscribere debebit is, qui dat libellum [17], se professum esse, vel alius pro eo, si litteras nesciat [18]. Sed *et*

A si aliud [19] crimen objiciat, veluti quod domum suam *praebuit, ut stuprum materfamilias pateretur, quod adulterum deprehensum dimiserit, quod pretium pro comperto stupro acceperit, et si quid simile, id ipsum libello comprehendendum erit. Si accusator decesserit, aliave *quae* causa eum impedierit, quo minus accusare possit, et si quid simile est, nomen rei aboletur postulante reo, idque et lege Julia de vi, et senatusconsultis cautum est, ita ut liceat alii ex integro repetere reum. Sed intra quod tempus, videbimus, et utique XXX dies utiles observandi sunt.

# CAUSA III.

### GRATIANUS.

*Quidam episcopus a propria sede dejectus est, petit restitui; post restitutionem ducitur in causam, inducias postulat, tandem ad ejus accusationem procedit quidam non legitime conjunctus, et duo infames, et tres religiosi; accusatores testes de domo sua producunt, et alios sibi inimicos extra suam provinciam; reus criminoso judici offertur ab uno tantum audiendus et judicandus. Quidam de accusatoribus et testibus absentes per epistolam illum accusare, et in eum testificari contendunt; quum multa capitula ei objicerentur, in primo accusatores deficiunt; demum accusatio in accusatorem vertitur. (Qu. I.) Hic primum quaeritur, an restitutio danda sit quibuslibet exspoliatis? (Qu. II.) Secundo, de induciis, an post restitutionem tantum, an etiam post vocationem ad causam quibuslibet concedendae sint? (Qu. III.) Tertio, quo spatio mensium utrique sint concedendae? (Qu. IV.) Quarto, an infames et non legitime conjuncti ad accusationem sint admittendi (Qu. V.) Quinto, an testes de domo accusatorum sint producendi; vel inimicorum vox sit audienda? (Qu. VI.) Sexto, an extra provinciam reus sit producendus? (Qu. VII.) Septimo, an sit audienda ejus sententia, quem cum reo par inficit malitia? (Qu. VIII.) Octavo, an ab uno tantum episcopus sit audiendus vel judicandus? (IX.) Nono, an accusatores vel testes in absentem vocem accusationis vel testificationis exhibere valeant? (Qu. X.) Decimo an deficientes in primo capitulo sint admittendi ad sequentia? (Qu. IX.) Undecimo, an accusato liceat accusationem in accusatorem vertere*

### QUAEST. I.

### GRATIANUS.

*Quod restitutio quibuslibet danda sit, multis auctoritatibus probatur.*

Ait enim Caius Papa, epist. unica ad Felicem Episcopum, cap. 3 [1]:

**C. I.** *Exspoliatis vel ejectis omnia sunt redintegranda.*

Episcopis suis rebus exspoliatis vel a propriis sedibus ejectis omnia, quae eis ablata sunt, legibus sunt redintegranda, quia priusquam hoc fuerit factum, nullum crimen eis objici potest.

**C. II.** *De eodem.*

Item Fabianus Papa, ep. II *Episcopis orientalibus* [2]:

Episcopi, si a propriis sedibus aut ecclesiis [3] sine auctoritate Romani Pontificis [a] expulsi [4] fuerint, antequam ad synodum vocentur, proprius locus et sua omnia eis redintegranda sunt. Nulla enim permittit ratio, dum ad tempus eorum bona, vel ecclesiae, atque res ab aemulis aut a quibuscunque detinentur, ut aliquid illis objici debeat. Nec quidquam potest eis *quoquo modo* quilibet majorum vel minorum objicere, dum ecclesiis, rebus aut potestatibus carent suis.

Gratian. Sed notandum est, quod restitutionis sententia sola non sufficit, nisi praesentialiter omnia judicis officio restituantur, ut ejectus vel spoliatus etiam naturalem possessionem recipiat, sive animo suo et corpore alieno, veluti per procuratorem, sive animo et corpore suo. Cuncta quoque, quae sibi ablata fue-

---

### NOTATIONES CORRECTORUM.

CAUSA III. QUAEST. I. C. II. [a] *Sine auctoritate Romani Pontificis*: Sunt haec verba etiam apud Anselmum, licet non sint expressa in originali, cujus hic sententia potius, quam ipsamet verba referuntur usque ad vers. *Nulla*.

---

Quaest. VIII. C. V. [16] abest ab orig. *libellos*: orig. [18] add.: *profitentur*: Ed. Bas. [19] add.: *aliquid*: Edd. coll. o. pr. Arg. Nor. Ven. 1.
CAUSA III. Quaest. I. C. II. [1] Caput Pseudoisidori. — Ans. l. 3, c. 46. — ex *Hygino*: Ed. Bas. = C. II. [2] Caput Pseudoisidori, confectum secundum Hist. trip. l. 7, c. 12. — Ans. l. 3, c. 50. [3] *ecclesia*: Ed. Bas. [4] add.: *vel ejecti*: ib.

rant quacunque conditione, in eodem loco, unde surrepta fuerant, revocanda sunt.

*Unde* Joannes *urbis Romae episcopus scribit Zachariae Archiepiscopo, epist. I* [s] *:*

### C. III. De eodem.

Redintegranda sunt omnia exspoliatis vel ejectis episcopis praesentialiter ordinatione pontificum [6], et in eo loco [b], unde abscesserant, funditus revocanda, quacunque conditione temporis, aut captivitate, aut dolo, aut violentia [7] majorum, aut [8] per quascunque injustas causas res ecclesiae, vel proprias, aut [9] substantias suas perdidisse noscuntur [c] ante accusationem [c] aut regularem ad synodum vocationem eorum, et reliqua [*].

### C. IV. De eodem.

*Item* Eusebius *apostolicae sedis Episcopus, epist. II ad Aegyptios* [10] *:*

Redintegranda sunt omnia exspoliatis [11] vel ejectis episcopis, etc., usque funditus revocanda, *eodem modo, ut supra.*

### C. V. *Non est sacerdos, sed schismaticus, qui fratrum se subtrahit obsequiis.*

*Item* Alexander Papa, *epist. II. in princip.* [12] *:*

Nulli dubium est, quia boni a malis semper persequuntur et tribulantur. Propter quod humiliemur [13] sub potenti manu Dei, ut liberet [14] nos in tempore tribulationis. Nam [e] sicut leo rugiens circuit, quaerens quem devoret, sic [e] diabolus non cessat circumire, et quaerere quos ex fidelibus perdat, et maxime illos, quos ardentiores in servitio Salvatoris eique familiares invenerit. Familiares dico eos, quos sibi sacrari, et in ordine apostolatus constitui [15] voluit. Ipsi [16] enim pro populo interpellant, et populi [17] peccata comedunt, quia precibus suis et oblationibus ea delent atque consumunt. *Et infra* [18] *:* Qui autem ex vestro collegio fuerit [19], et ab auxilio vestro se subtraxerit, magis schismaticus quam sacerdos esse probabitur. Ecce, inquit Propheta [20], *quam bonum et quam jucundum habitare fratres in unum.* Illi vero in unum non habitant, qui [*a*] fratrum solatio se subtrahunt, aut (quod deterius est) fratribus insidias [*] praeparant [*], aut laqueos ponunt.

*Et in fine epist. III* : Dominum crucifigunt, qui eum in sacerdotibus suis persequuntur, quia [21] crux a cruciatu dicitur. Magnum vero cruciatum sustinet qui vim patitur.

### C. VI. *Excommunicentur qui opprobrium et calumniam inferunt sacerdotibus.*

*Item.* Fabianus Papa *ep. II ad episcopos orientales* [**] *:*

Deus ergo, fratres, ad hoc praeordinavit vos et omnes qui summo sacerdotio funguntur, ut injustitias removeatis, et praesumtiones abscindatis, et in sacerdotio laborantibus succurratis, opprobriis et calamitatibus eorum locum non praebeatis, sed ei, qui calumniam et opprobrium patitur, adjutorium feratis; illum vero, qui calumniam vel opprobrium facit, abscindatis, et Domino et suis sacerdotibus opem feratis.

Gratian. *Patet ergo, quod exspoliati prius sunt praesentialiter restituendi, antequam ad causam sint vocandi. Sed objicitur, ubi non fuit legitima institutio, ibi non potest esse restitutio. Non enim probatur destitutus qui prius non fuit institutus, ac per hoc nec restaurationem postulare potest. Illi ergo, quorum electio vitiosa est, vel qui a clero non sunt electi, vel a populo expetiti, vel qui per simoniam irrepserunt, non sunt habendi inter episcopos, et ideo, si a sedibus quas tenere videbantur, expulsi fuerint, non possunt restitutionem petere antequam vocentur ad causam. Unde supra* [23] *in tractatu ordinandorum : Si quis pecunia vel gratia humana, seu populari vel militari tumultu, etc. Sed hoc in eo tantum casu intelligitur, quo apostolica sedes per violentiam occupatur, quo casu judex non invenitur, cujus officio ille apostaticus possit excludi. In aliis autem locum non habet, quum violenta possessio, nisi per judicis sententiam, violento detentori detrahi non possit. Si autem verus dominus, bello non continuato, sed renovato, vi illum de possessione ejecerit, judicis auctoritate praedoni possessionem restituet. Si ergo episcopi a sedibus, quas quoquomodo tenere videbantur, non per judicem, sed violenter ejecti fuerint, post ejectionem restituendi sunt ante regularem ad synodum vocationem.*

### NOTATIONES CORRECTORUM.

C. III. [b] *In eo loco* : Apud Joannem et Symmachum legitur : *et in eorum, unde abscesserunt, potestatem funditus revocanda.* Apud Eusebium vero : *in eorum, unde abscesserunt, loca funditus revocanda.*

[c] *Ante accusationem* : Haec usque ad finem addita sunt ex originali, quibus oratio absolvitur, et quorum pars in fine hujus quaestionis a Gratiano repetitur.

---

QUAEST. I. C. II. [5] Caput Pseudoisidori, confectum ad Theod. cod. l. 9, t. 10, c. 5, et Brev. Alar. l. 8, t. 1, c. 2. — Ans. 1. 3, c. 44. = C. III. [6] *pontificis* : Ed. Bas. [7] *virtute* : Ans. [8] *et* : Edd. coll. o. [9] *i. e.* : ib. = C. IV. [10] Caput Pseudoisidori, cf. c. antec. [11] *spoliatis* : Ed. Bas. = C. V. [12] Caput Pseudoisidori. [13] *oportet humiliori* : Edd. coll. o. — cf. 1 Petri c. 5, v. 6. [14] *exallet* : Ed. Arg. [15] add. : *Deus* : Edd. Bas. Lugdd. [16] cf. C. 1, q. 1, c. 91. [17] cf. Osea c. 4, v. 8. [18] Burch. l. 1, c. 129. Ivo Decr. p. 5, o. 229. [19] *fugerit* : Ivo. [20] Ps. 132, v. 1. [21] phrasis, ex Greg. M. hom. 37, in evang. petita. = C. VI. [22] Caput Pseudoisidori, petitum ex Procli ep. ad Domnum Antiochenum (vid. act. 14, conc. Chalc.). [23] cf. Dist. 79, c. 9.

## QUÆST. II.
### GRATIANUS.

**I. Pars.** *De induciis autem post restitutionem præstandis, et quo spatio temporis concedendæ sint*, scribit Joannes Papa *epist. I ad Zachariam archiepiscopum* [1], dicens:

**C. I.** *Secundum tempus exspoliationis conceduntur induciæ restitutionis.*

Quanto tempore exspoliati vel expulsi esse videbuntur [2] ante quam ad synodum convocentur, sub eodem spatio temporis eis induciæ indulgeantur.

**C. II.** *Dum possessiones vel res episcopi detinentur, aliquid sibi objici non potest.*

*Item* Pelagius Papa II, *Episcopis Italiæ* [3]:

Quum ecclesiæ alicujus episcopi, aut possessiones vel res ab æmulis ejus vel a quibuscunque aliis non sua sponte detinentur, aliquid illi non debet aut potest a quoquam ante redintegrationem omnium rerum suarum objici. Sed prius illi legibus redintegranda sunt omnia, et postea tempore a Patribus definito [4] sunt negotia [5] ventilanda.

**C. III.** *Ante litem contestatam violenter ablata restituantur.*

*Item* Stephanus Papa V [a], *Girardo Leodiensi* [6]:

Oportet, ut primum vos tam de invasis civitatibus, et monasteriis, et mansis, quam de reliquis generaliter rebus redinvestiri [7] faciatis, quia nec nudi contendere, nec inermes inimicis nos debemus opponere.

**C. IV.** *Dejiciantur a clero et infames fiant, qui loca expulsorum adulterina fœditate invaserunt.*

*Item* Evaristus Papa, *epist. II* [8]:

Audivimus quosdam a vobis infamatos et dilaceratos episcopos 'ac' e civitatibus propriis pulsos [9] (quia alibi episcopi constitui non possunt, nisi in civitatibus non minimis), et alios 'in eis' ipsis [10] viventibus [11] constitutos. Ideo hæc vobis scribimus, ut sciatis hoc fieri non licere, sed proprios revocari et integerrime restitui debere. Illos vero, qui adulterina fœditate [12] sponsas suas [13] (quas et [14] uxores eorum præfixo tenore esse intelligimus) tenent, ejici ut [15] adulteros, atque infames fieri, eosque ab ecclesiasticis honoribus arceri jubemus. Si autem adversus eos aliquam querelam habueritis, his peractis inquirendum erit et auctoritate hujus sanctæ sedis terminandum.

**C. V.** *Induciæ sex mensium ejectis vel exspoliatis præstentur.*

*Item* Caius *epist. I ad Felicem* [16]

Ejectis vel exspoliatis post integram restitutionem anniversariæ induciæ vel sex mensium indulgendæ sunt.

**C. VI.** *Post restitutionem induciæ præstandæ sunt.*

*Item* Eusebius Papa, *epist. II* [17]:

Prius ergo oportet omnia 'illis' exspoliatis legibus redintegrari, et ecclesias, quæ eis [18] sublatæ sunt, cum omni privilegio sibi [19] restitui, et postmodum non sub [20] angusti temporis spatio, sed tantum temporis spatium eis indulgeatur, quantum exspoliati vel expulsi 'esse' videntur [21] antequam ad synodum convocentur.

**C. VII.** *De eodem.*

*Item* Felix Papa II *in rescripto ad episcopos Ægypti, cap. 8* [22].

Tamdiu in sede propria pacifice et potestative cuncta [23] disponens resideat, quandiu expulsus [24] vel exspoliatus suis carere visus est rebus.

**C. VIII.** *Ante restitutionem aliquis ad causam vocari non debet.*

*Item* Felix Papa I, *epist. II ad episcopos Galliæ* [25]:

Si episcopus suis fuerit aut ecclesiæ sibi commissæ rebus exspoliatus, aut (quod absit, quod alienum ab omnibus esse debet fidelibus) a sede propria ejectus aut in detentione aliqua a [26] suis ovibus fuerit sequestratus, tunc canonice [b] ante in pristinum statum restituatur cum omni privilegio sui honoris, et tunc canonice (antequam in pristino statu *) restituatur cum omni privilegio sui honoris, et sua omnia, quæ insidiis inimicorum suorum ei ablata fuerunt, legibus redintegrentur, nec convocari, nec judicari poterit, nisi ipse, etc. Nec multo secus habent Ivo et Panormia, nisi quod loco: *antequam*, legunt ut Gratianus: *ante*.

### NOTATIONES CORRECTORUM.

Quæst. II. C. III. [a] *Quintus*: Addita est hæc vox ex vetustis codicibus et restituta vox: *Leodiensi*, quum antea legeretur: *Laodicensi*. Nam Mansi, de quibus in subjecto capite agitur, ostendunt non ad Græcum episcopum, sed Germanum, vel Gallum hæc fuisse scripta.

C. VIII. [b] *Tunc canonice*: In originali sic legitur:

---

Quæst. II. C. I. [1] Caput Pseudoisidori. — cf. infra c. 6. — Ans. l. 3, c. 44. [2] *videbantur*: Edd. coll. o. = C. II. [3] Caput Pseudoisidori, confectum ex hist. trip. l. 7, c. 12. — Ans. l. 3, c. 63. [4] *præfinito*: Edd. coll. o. ex orig. [5] add.: *prædicta*: Ed. Bas. = C. III. [6] Suspicatur Berardus, nominandum esse: *Girardo Laudensi*, qui suffraganeus fuit archiep. Mediolanensis, et conciliis Ticinensi et Ravennensi sub Stephano V. habitis subscripsit. — Coll. tr. p. p. 1, t. 64, c. 2. [7] *reinvestire*: Edd. coll. o. pr. Lugdd. II, III. = C. IV. [8] Caput Pseudoisidori, confectum ad conc. Sardic. c. 4—6, et Aurel. V. c. 12. — Burch. l. 1, c. 140. Ans. l. 3, c. 45. Ivo Decr. p. 5, c. 254. Polyc. l. 2, t. 11. [9] *expulsos*: Edd. coll. o. [10] *episcopis*: Ed. Bas. [11] add.: *ibidem*: ib. [12] *feritate*: ib. [13] *sponsas i. e. ecclesias tenent*: Ans. [14] abest ab Edd. coll. o. pr. Bas. [15] *et*: Edd. coll. o. = C. V. [16] Caput Pseudoisidori. — In Edd. coll. o. exc. Bas. citatur nomine Gelasii Papæ. = C. VI. [17] Caput Pseudoisidori, confectum ex hist. trip. l. 7, c. 12. — Ans. l. 3, c. 44. Ivo Pan. l. 4, c. 50. Decr. p. 5, c. 249. [18] *sibi*: Edd. coll. o. [19] *suo*: ib. — Coll. cit. [20] *non sub angusto temp. spatium eis indulgeatur* (*indulgebatur*: Ed. Par.), *sed quantum*: Edd. coll. o. [21] *videbantur*: ib. = C. VII. [22] Caput Pseudoisidori. — Ans. l. 3, c. 53. Ivo Pan. l. 4, c. 52. [23] add.: *acta*: Edd. coll. o. [24] *vel repulsus*: Ed. Bas. = C. VIII. [25] Caput Pseudoisidori. — cf. hist. trip. l. 7, c. 12. — Ans. l. 3, c. 84. (in fine l. 5, post c. 125). Ivo Pan. l. 4, c. 44. Decr. p. 5, c. 248. [26] *de*: Edd. Arg. Nor. Ven. I. ' *honore*: Aus.

sua omnia, quæ insidiis inimicorum [27] suorum ei ablata fuerant, legibus redintegrentur. Non enim convocari poterit vel præjudicari, nisi ipse pro sua necessitate (minime tamen judicandus) advenire sponte elegerit. Nullatenus ergo a quoquam ' respondere ' cogatur ante quam integerrime omnia, quæ per suggestiones inimicorum suorum amiserat, potestati ejus ab honorabili concilio legali ordine redintegrentur. § 1. Præsul [28] vero [29] cum omni honore statui pristino reddatur, et ipse dispositis ordinatisque libere ac secure diu suis rebus, tunc regulariter intra quatuor, vel quinque, vel sex, aut septem menses, juxta quod possibilitas ei fuerit, et non ante convocatus, ad tempus in concilio legitimo et canonico veniat [30] ad causam, et, si ita juste videtur, accusantium propositionibus respondeat.

II Pars. Gratian. *Quod si male vivendo facultates ecclesiæ dispersit episcopus, ab ejus patrimonio, quousque de dilapidatione rerum ecclesiasticarum cognoscatur, submovendus est, exemplo tutorum et curatorum, qui, dum fuerint suspecti, a tutela, vel cura removentur, donec de suspecto cognoscatur.*

Unde Pelagius Papa *Petro presbytero* [31]:

C. IX. *Ab administratione removeantur qui res ecclesiæ male vivendo dispergunt.*

Quia ea, quæ de fraudibus Maximiliani c flebili ad aures nostras supplicum relatione venerunt, non facile secundum veritatem agnosci poterunt, nisi facultas ecclesiæ, quam in usus suos male convertendo dispersit, ab ejus potestate, donec causa [32] cognoscatur, seponatur : idcirco nos [33] eum a supradictæ ecclesiæ patrimonio volumus interim submoveri [34], et in vestro, discussionis ipsius tempore [35], moderamine detineri.

## QUÆST. III.
### GRATIANUS.

I. Pars. *Quod vero post vocationem venienti ad judicium induciæ negandæ non sint*, Felix Papa II, *in epistola ad fratres Ægypti cap. 8. testatur, dicens* [1]:

C. I. *Venienti ad judicium induciæ non negentur.*

Quum accusatus ad judicium venerit, si voluerit sua omnia, quæ insidiis inimicorum suorum ei A et ' necesse fuerit ' [2], induciæ ei petenti a Patribus constitutæ absque impedimento concedantur, et iudices a se electi sibi tribuantur [3].

C. II. *Quod mensium induciæ episcopis præstandæ sint.*

Item ex eadem *epist. ad fratres Ægypti, c.* 20 [3]:

De induciis vero episcoporum, super quibus consuluistis, diversas a Patribus regulas invenimus institutas. Quidam enim ad repellenda impetitorum [4] machinamenta, et suas præparandas [5] responsiones, et testes confirmandos, et consilia episcoporum atque amicorum quærenda, annum et [6] sex mandaverunt menses concedi. Quidam autem annum, in quo plurimi concordant. Minus vero quam sex menses non reperi, quia et laicis hæc indulta sunt, quanto plus Domini sacerdotibus? *Et infra* : § 1. Induciæ namque [7] non sub angusto tempore, sed sub longo spatio concedendæ sunt, ut accusati se præparare, et universos communicatores in provinciis positos convenire, et testes præparare, atque contra insidiatores se pleniter armare valeant.

C. III. *De induciis præstandis.*

Item Eleutherius Papa *in epist. ad Galliæ provincias* [8]:

Induciæ non modicæ ad inquirendum dandæ sunt, ne aliquid præpropere agi a quacunque parte videatur, quia [9] per subreptionem multa proveniunt.

C. IV. *De eodem.* PALEA.

Item Damasus Papa *epist. III ad Stephanum Archiepiscopum* [10]:

‹ Induciæ accusatis in criminalibus causis sex mensium, vel eo amplius, si necesse fuerit, concedendæ sunt. ›

II. Pars. Gratian. *Spatium vero dilationum, sicut in lib. III Cod. tit.* 11 *de dilationibus invenitur* [11], *hac ratione moderandum est, ut, si ex ea provincia, ubi lis agitur, vel persona, vel instrumenta poscantur, non amplius quam tres menses indulgeantur. Si vero ex continentibus provinciis, sex menses custodiri justitiæ* [12] *est. In transmarina autem dilatione novem menses computari oportebit. Judicantes autem* b *hac ratione non sibi concessum intelligant dandæ dilationis arbitrium, sed eamdem dilationem (si rerum ur-*

### NOTATIONES CORRECTORUM

C. IX. c *Maximiliani* : In vulgatis " sequebatur : *presbyteri*, quæ vox inducta est, quia in nullo vetusto codice Gratiani ex iis, qui collati sunt, habetur. Gratianus autem caput hoc episcopo, non de presbytero accepit.

QUÆST. III. C. I. a *Et necesse fuerit* : Hæc addita D sunt ex epistola ipsa, Ivone et Panormia, habenturque infra eadem cap. *Induciæ.*

C. IV. b *Judicantes autem* : In codice Justiniani legitur : *Quod ita constitutum judicantes sentire debebunt, ut in hac ratione,* etc.

---

QUÆST. II. C. VIII. [27] add. : *omnium* : Ed. Bas. [28] Ivo Pan. l. 4, c. 48. [29] *idem* : Ed. Bas. [30] *conveniat* : Edd. coll. o. = C. IX. [31] Ep. Pelagii I, non satis certi temporis, genuina tamen iri videtur, cf. c. 44. C. 23, q. 3. " et Edd. coll. o. pr. Bas. [32] *de causa* : Ed. Bas. [33] *vos* : ib. [34] *submovere* : Edd. coll. o. [35] *tempora* : Edd. Arg. Bas. Nor. Ven. I, II.
QUÆST. III. C. I. [1] Caput Pseudoisidori. — Ans. l. 3, c. 55 (53). Ivo Pan. l. 4, c. 98. Decr. p. 6, c. 335. [2] *attribuantur* : Ed. Bas. = C. II. [3] Caput Pseudoisidori. — cf. conc. Carth. III, c. 7, hist. trip. l. 7, c. 9, Theod. cod. l. 2, t. 7, c. 4, 2. — Burch. l. 1, c. 180. Ans. l. 3, c. 118, 119. Ivo Pan. l. 4, c. 102. Decr. p. 5, c. 296. Alger. l. 1, c. 52. [4] *impedimentorum* : Ivo. — *inimicorum* : Ed. Bas. = *imperatorum* : Ed. Lugd. II. — Alger. — *imperitorum* : Edd. rell. — Burch. [5] *sperandas* : Ed. Bas. [6] *aut* : orig. [7] *vero* : Edd. coll. o. = C. III. [8] Caput Pseudoisidori. — Burch. l. 16, c. 30. Ans. l. 3, c. 56 (54). Ivo Pan. l. 4, c. 103. Decr. p. 6, c. 317. Alg. l. 2, c. 60. [9] phrasis ex c. 34. Apost. desumta. = C. IV. [10] Caput Pseudoisidori. — Ans. l. 2, c. 76. Ivo Pan. l. 4, c. 101. Decr. p. 6, c. 287. [11] c. 1. Cod. l. 3, t. 11. [12] *justitia* : Edd. coll. o. pr. Lugdd.

*gentissima ratio flagitaverit, et necessitas desideratæ instructionis exegerit) non facile amplius quam semel, nec ulla trahendi arte sciant esse tribuendam. § 1. Ei autem* [13] *dilatio penitus est deneganda, qui rescriptum ad extraordinarium judicem deportaverit* [14]. *Illi autem, qui in judicium vocatur, danda est ad probanda* [15] *precum mendacia, vel proferenda aliqua instrumenta vel testes, quoniam instructus esse non potuit qui præter spem ad alienum judicium trahitur. § 2. Quum* [16] *vero ad appellationem consultationemve a principe rescriptum fuerit, sive sit primo judicio petita dilatio et* [17] *ea tributa non sit, sive nec petita quidem, eam dari cuiquam non licebit eadem ratione, qua ne in judiciis quidem cognitionum imperialium dilatio tribui solet. § 3. A judice* [18] *procedente dilationem non convenit postulari, etiam si utraque parte præsente tribuatur, quum non alias, nisi causa cognita, indulgeri queat, et cognitio causæ non interpellatione planaria* [19], *sed considerante* [20] *magis judice legitime colligatur, ut si forte dilationis petitio fuerit improbata, suscepta quæstio per sententiam judicis dirimatur. Constitutione septima, in collatione VII, § 4. [Libellum* [21] *vero non alias actor dirigat, nisi prius et in ipsum, quem dicit obnoxium, et in negotii exsecutorem exponat cautionem, se vel intra duos menses litem contestaturum, vel omne damnum ei, qui convenitur, contingens restituturum in duplum* [22]. *In coll. V, const. 6.*

III Pars. § 5. *Offeratur* [23] *ei, qui vocatur ad judicium, libellus, et exinde præbitis sportulis, data* [24] *fidejussione, XX dierum gaudeat induciis, quibus deliberet* [25], *cedatne, an contendat, atque judici ne alium sociari petat, an recuset eum, nisi ille sit is, quem ipse* [26] *alio recusato jam petierit. Denique præsens interrogetur, an hoc tempus 'litis' transierit? Quod non modo 'ex' ipsius responsione, sed etiam 'ex' libelli subscriptione manifestetur, quam in initio facere debet. Litis ergo † contestatio contra hoc indultum* [27] *habita pro nihilo est. Ibidem : § 6. Quod* [28] *fieri non debet, nisi actor satis dederit, certam promittens quantitatem se daturum, si 'litem' non exsequatur, aut exsequens non vincat causam. Si igitur post tempus 'a se' constitutum* [29] *intra decem dies reo præsente non occurrat, dimittatur reus exacta eo, quod promis-*

sum est, et si quid circa litem plus impendisse cum taxatione judicis juraverit. [§ 7. *Exceptio fori* [c] *dilatoria est, atque ideo in initio litis debet opponi et probari. Peremptorias autem exceptiones, ut sunt præscriptiones longi temporis, sufficit in initio litis contestari.*]

## QUÆST. IV.
### GRATIANUS.

Quod vero infames et non legitime conjuncti ad accusationem admitti non debeant, et qui generaliter ab accusatione removendi sint multorum auctoritatibus claret.

Ait enim Hyginus Papa, epist. II [1] :

C. I. *Infames eos, qui sunt bonæ famæ accusare non possunt.*

Alieni erroris societatem [2] sectantem, vel a sui propositi tramite recedentem, aut apostolicæ sedis jussionibus [3] inobedientem suscipere non possumus, nec impetere recte credentes, vel sanctorum Patrum jussionibus obtemperantes permittimus, quia inter fideles et infideles magna debet esse discretio.

C. II. *Qui legem suam sponte transgreditur, ante suam reversionem recte agentes accusare non potest.*

Item Anacletus Papa in prima decretali [4] :

Beatus prædecessor noster Clemens, vir apostolicus et spiritu Dei plenus, una cum reliquis sanctis collegis suis statuit dicens : Accusandi vel [5] testificandi licentia denegetur his qui Christianæ religionis et nominis dignitatem, et suæ legis vel sui propositi normam aut regulariter prohibita neglexerint. Transgressores enim sponte legis suæ, ejusque violatores, 'et recedentes', apostatæ nominantur. Omnis enim apostata refutandus est ante reversionem suam, non in accusatione recte agentium aut testimonio suscipiendus est.

C. III. *A suo proposito discedentes sunt infames.*

Item Pius Papa, epist. I [6] :

Si quis [7] vero a suo proposito retrorsum exorbitaverit, et jussum [8] apostolicæ sedis libenter transgressus fuerit, infamis efficitur. Reprobari ergo oportet eorum redargutiones, qui in recta fide suspecti sunt. Fides autem et conversatio primum

### NOTATIONES CORRECTORUM.

c *Exceptio fori* : Postrema hæc pars abest a plerisque vetustis exemplaribus. In uno autem est in margine cum hoc titulo : *Glossa Joannis*. Eadem autem verba leguntur infra ead. q. 6, c. *Si quis episcoporum*, § *Exceptio*, et ibi sunt in omnibus antiquis codicibus.

---

QUÆST. III. C. IV. [13] ib. c. 5, sed mutata verborum serie. [14] *reportaverit* : Ed. Bas. [15] *improbanda* : orig. [16] ib. c. 4. [17] *nec tributa* : Edd. coll. o. [18] ib. c. 4. [19] *plenaria* : Bohm. [20] *considende* : orig. — Glossa. — Edd. coll. o. [21] Nov. 96, c. 1. — Cod. tit. de litis contest. Auth. *Libellum*. [22] abest ab Edd. coll. o. pr. Lugdd. [23] Nov. 53, c. 3. — Cod. ib. Auth. *Offeratur*. [24] *dato fidejussore* : Ed. Bas. [25] *an cedat* : Edd. coll. o. [26] *et ipse — petiit* : Edd. coll. o. † *vero* : eæd. pr. Bas. [27] *privilegium* : orig. [28] Nov. 53, c. 1. Cod. tit. de dilat. Auth. *Quod fieri*. [29] *præstitutum* : Edd. coll. o.

QUÆST. IV. C. I. [1] Caput Pseudoisidori. — cf. supra C. 2, q. 7, c. 23. — Coll. tr. p. p. 1, t. 7, c. 3. Ans. l. 2, c. 16 (17). Ivo Pan. l. 4, c. 70, et 88. [2] *sociam a sui propositi tramite* : orig. [3] *institutionibus* : Ed. Bas. — C. II. [4] Caput Pseudoisidori. — cf. interpr. ad Theod. cod. l. 16, t. 1, c. 7. — Ans. l. 3, c. 9. Ivo Pan. l. 4, c. 60. [5] *et* : Bohm. — C. III. [6] Caput Pseudoisidori. — cf. Statuta eccl. ant. c. 52. — Coll. tr. p. p. 1, t. 8, c. 2. — Ans. l. 3, c. 4. [7] *Si quis a vero prop.* : Edd. coll. o. pr. Bas. *jussa* : Edd. coll. o. [8] *prius* : Ed. Bas.

scrutanda est, et demde qui irreprehensibiles apparuerint sunt recipiendi, et non prius.

**C. IV.** *Incestuosi et non legitime conjuncti sacerdotes et legitime conjunctos accusare non possunt.*

**Item** Calixtus Papa *ad episcopos Galliæ, epist. II, c. 4* [10] :

Consanguineorum conjunctiones nec legitimæ sunt, nec manere possunt, sed sunt repellendæ. *Et infra cap.* 5 : § 1. Quisquis ergo non legitime conjunctus, vel absque dotali titulo ac benedictione sacerdotis constat copulatus, sacerdotes vel legitime conjunctos criminari, vel in eos testificari minime potest, quoniam omnis incesti macula pollutus infamis est et accusare supradictos non permittitur. Non solum ergo hi rejiciendi [11] sunt et infames efficiuntur, sed etiam omnes eis consentientes. § 2. Similiter de raptoribus, vel eis qui seniores impetunt, fieri censemus. Hos ergo [12] leges sæculi interficiunt, sed nos [13] misericordia præeunte sub infamiæ nota ad poenitentiam recipimus.

**C. V.** *Qui non sunt recipiendi in accusatione.*
*Idem in eadem epistola* [14] :

Conspiratores in nullius accusatione sunt recipiendi, nec eorum vel anathematizatorum vox ullum nocere vel accusare [15] potest.

**C. VI.** *De eodem.*
*Item* Stephanus Papa, *epist. II* [16] :

Nullus anathematizatorum [17] suscipiatur, nec a quoquam credantur quæ ab eis dicuntur vel conscribuntur. Eos [18] dico anathematizatos esse, quos episcopi suis scriptis anathematizaverunt, aut eorum statuta anathematizant.

**C. VII.** *Anathematizati fideles accusare non possunt.*
*Item* Fabianus Papa, *ep. I ad Ecclesiæ ministros* [19] :

Omnes, quos sanctorum Patrum statuta tam præteritis quam futuris temporibus anathematizant, submovemus, et ab omni accusatione fidelium alienamus.

**C. VIII.** *Clericus, qui episcopum accusaverit, infamis efficitur.*
*Item* Stephanus Papa, *epist. II, c. 8* [20] :

Clericus vero, qui episcopum suum accusaverit, aut ei insidiator exstiterit, non est recipiendus, quia infamis effectus est, et a gradu debet recedere, ac curiæ tradi serviturus.

**C. IX.** *Infames et exsules fiant qui episcopos persequuntur.*
*Item* Alexander Papa, *epist. I, c. 1* [21]

Hi qui episcopos suos a persequuntur et amovere nituntur injuste contra apostolicam auctoritatem, etsi a morte prohibentur, dicente Domino [22] : *Nolo mortem peccatoris, sed* [23] *ut convertatur et vivat*, perpetua tamen [24] notantur infamia, et exsilio digni judicantur finitimo; de quibus a temporibus apostolorum et infra *ista* tenemus, atque decreta habemus, *quibus* eorum accusandi episcopos vel testificandi in eos vocem obstruimus, quos non humanis [25], sed divinis actibus mortuos esse scimus.

**C. X.** *Detractores et inimicorum auctores episcopos non accusent.*
*Item* Zephyrinus Papa, *epist. I ad episcopos Sicilienses* [26] :

Detractores, qui divina auctoritate eradicandi sunt, et auctores [27] inimicorum ab episcopali submovemus accusatione vel testimonio.

**C. XI.** *Infamis vel sacrilegus religiosum Christianum accusare non potest.*
*Item* Eutychianus Papa, *ep. II ad episc. Siciliæ* [28].

Nulli unquam infami atque [29] sacrilego de quocunque negotio liceat adversus religiosum Christianum (quamvis humilis [30] servilisque persona sit) testimonium dicere, nec de qualibet re [31] actione vel nscriptione Christianum impetere.

Gratian. *Notandum vero*, quod aliud sit excommunicatio, et aliud anathematizatio.

*Unde* Joannes Papa VIII, *scribit cuidam Episcopo* b [32] :

**C. XII.** *Aliud est excommunicatio, aliud anathematizatio.*

Engeltrudam uxorem Bosonis noveris non solum

## NOTATIONES CORRECTORUM.

Quæst. IV. C. IX. a *Suos :* Vox ista abest a plerisque manuscriptis et originali *, sed ob glossam non est sublata.

C. XII. b Epistola hæc Joannis VIII non est inventa. Verum Nicolaus I in concilio a se Romæ habito de Metensi synodo penitus abolenda, cap. ult. narrat, hanc Engeltrudam bis a se fuisse anathemate percussam. Cujus mulieris flagitia, ob quæ justissime hanc poenam tulit, refert Regino lib. 2 Chronicorum. Potuit autem tempore Joannis VIII vivere hæc femina, quoniam Hadrianus II, qui inter Nicolaum I et Joannem VIII intercessit, quintum sui Pontificatus annum non implevit.

---

Quæst. IV. C. IV. [10] Caput Pseudoisidori. — cf. conc. Aurel. III, c. 10. conc. Turon. II, c. 20, Statuta eccl. ant. c. 101, conc. Carth. VII, c. 2. — Burch. l. 7, c. 1. Ivo Decr. p. 9, c. 23. [11] *repellendi :* Edd. coll. o. [12] *enim :* Edd. coll. o. [13] add. : *tales :* Ed. Bas. = C. V. [14] Caput Pseudoisidori. — cf. conc. Carth. hab. A. 421, c. 6. — Ivo Decr. p. 6, c. 346. [15] *lædere :* Edd. coll. o. = C. VI. [16] Caput Pseudoisidori. — cf. conc. Carth. VII, c. 1. — Ivo Pan. l. 4, c. 71. [17] *anathema :* orig. — Ivo. [18] add. *quoque :* orig. = C. VII. [19] Caput Pseudoisidori. — Ans. l. 3, c. 16. Polyc. l. 5, t. 1. = C. VIII. [20] Caput Pseudoisidori. — cf. Theod. cod. l. 16, t. 2, c. 39. = C. IX. [21] Caput Pseudoisidori. — Ans. l. 3, c. 7. ` et Edd. Arg. Nor. Ven. I. [22] Ezech. c. 33, v. 11. [23] add. : *magis :* Ed. Bas. [24] add. : *procul dubio :* Edd. coll. o. [25] *ab humanis :* exd. exc. Lugdd. II, III. = C. X. [26] Caput Pseudoisidori. — cf. Statuta eccl. ant. c. 46. — Ans. l. 3, c. 35 (62). Ivo Decr. p. 5, c. 245. [27] *actores :* Edd. Lugdd. = C. XI. [28] Caput Pseudoisidori. — cf. Paul. Sent. l. 1, t. 2, § 1, cum interpr. Burch. l. 16, c. 11. Ans. l. 3, c. 25 (24). Ivo Pan. l. 4, c. 92. Decr. p. 6, c. 333. [29] *aut :* Edd. coll. o. [30] add. : *objecta .* exd. pr. Arg. [31] *ratione :* Edd. coll. o. = C. XII. [32] Fragmentum epistolæ deperditæ Joannis VIII, ad Luithbertum archiep. Mogunt., qui præfuit concilio Moguntino hab. A. 888. — cf. Ivo Decr. p. 14, c. 51, et Joannis ep. 108 (ap. Mansi). — Rubrica capitis omissa est a Bohm.

excommunicatione, quæ a fraterna societate separat, sed etiam anathemate, quod ab ipso Christi corpore (quod est Ecclesia) recidit, crebro percussam esse.

**Gratian.** *Unde datur intelligi, quod anathematizati intelligendi sunt non simpliciter a fraterna societate, sed etiam a corpore Christi (quod est Ecclesia) omnino separati.*

## QUÆST. V.
### GRATIANUS.

*Quod vero testes de domo accusatorum producendi non sint, et quod vox inimicorum non sint audienda, multorum auctoritatibus probatur.*

Ait enim Calixtus Papa, epist. II, ad episcopos Galliæ [1]:

**C. I.** *Consanguinei et familiares adversus extraneos testimonium non dicant.*

Consanguinei accusatoris [2] adversus extraneos testimonium non dicant, nec familiares, vel [3] de domo prodeuntes, sed, si voluerint et invicem consenserint, inter se parentes 'tantummodo' testificentur, et non in alios.

**C. II.** *Nuper inimici accusatores vel testes esse non possunt.*

Item Anacletus Papa, epist. III, c. 5 [4].

Accusatores et testes esse non possunt, qui ante hesternum diem aut nudius tertius inimici fuerunt, ne [5] irati nocere cupiant, vel [6] læsi, se ulcisci velint. Inoffensus igitur accusatorum et testium affectus quærendus est, et non suspectus.

**C. III.** *De eodem.*

Item Symmachus Papa, in V Synodo Romana, sub ipso habita [7]:

Accusatoribus vero inimicis, vel de inimici domo prodeuntibus, vel qui cum inimicis immorantur [8], aut suspecti sunt, non credatur, ne irati nocere cupiant, ne læsi ulcisci se velint. *Et infra*: § 1. Si quis hæc, quæ hodie in 'hac' sancta synodo prohibita sunt, infringere præsumpserit; aut voluntarie transgredi tentaverit, si clericus est, gradu proprio penitus careat, si vero monachus aut laicus fuerit, communione privetur, et si non emendaverit vitium, anathemate feriatur. Secretas vero insidias vel manifestas pontificibus a quibuscunque illatas, vel ea, quæ hujus sanctæ synodi sententia complectitur, si quis ad ecclesiæ pertulerit notitiam, potiatur honore, et hi, qui adversa eis moliuntur, sicut a sancti Patribus dudum statutum est, et hodie synodali et apostolica auctoritate firmatur [9] penitus abjiciantur, et exsilio suis [10] omnibus sublatis perpetuo tradantur.

**C. IV.** *Qui non possunt esse accusatores vel testes.*

Item Pontianus *sanctæ et universalis ecclesiæ Episcopus, epist. II, omnibus Christianis* [11]:

Suspectos, aut inimicos, aut facile litigantes, et eos, qui non sunt bonæ conversationis, aut quorum vita est accusabilis, et qui rectam non tenent et docent fidem, accusatores esse et testes et antecessores nostri [11] apostoli [a] prohibuerunt, et nos eorum auctoritate submovemus atque futuris temporibus excludimus.

**C. V.** *Ab accusationibus clericorum repellantur, quos leges sæculi non admittunt.*

Item Eusebius *episcopis Galliarum, epist. I* [13]:

De accusationibus clericorum [14], super quibus mandastis, scitote, a tempore apostolorum in hac sancta Urbe servatum esse, accusatores et accusationes, quas exterarum consuetudinum leges non asciscunt, a clericorum accusatione submotas. *Et infra:* Idcirco et nos sequentes Patrum vestigia pro salvatione servorum Dei quascunque ad accusationem personas leges publicæ non admittunt, his impugnandi alterum et nos licentiam submovemus, et nullæ accusationes a judicibus audiantur ecclesiasticis, quæ legibus sæculi prohibentur.

**C. VI.** *Alienigenæ, et quos divinæ voces mortuos appellant, episcopos accusare non possunt.*

Item Pelagius Papa II *episcopis Italiæ* [15]:

Canonica sanctorum Patrum statuta (ne columnæ sanctæ Ecclesiæ vacillent)[a] sequentes ac roborantes, omnes infames, cunctosque suspectos, vel inimicos, et eos qui non sunt eorum gentis, vel quorum fides, vita et libertas nescitur, et qui non sunt bonæ conversationis, vel quorum vita est accusabilis, ab omni accusatione episcoporum funditus submove-

---

### NOTATIONES CORRECTORUM.

QUÆST. V. C. IV. [a] Apostoli : Sic est emendatum ex Vaticanis codicibus. Antea enim legebatur : *Apostolici* [b]. Originale autem impressum sic habet : *et antecessores nostri apostolica repulerunt auctoritate, et nos submovemus, atque futuris,* etc.

---

QUÆST. V. C. I. [1] Caput Pseudoisidori, petitum ex conc. Carth. h. A. 421, c. 7.—Burch. l. 1, c. 171. Ans. l. 3, c. 55. Ivo Pan. l. 4, c. 85. Decr. p. 5, c. 289. Polyc. l. 3. t. 1. [2] *accusatores* : orig.—Coll. citt. [3] *nec* : Ed. Bas. = C. II. [4] Caput Pseudoisidori. — cf. Ambros. ep. 64. — Burch. l. 1, c. 152. Ans. l. 3, c. 13. Ivo Pan. l. 4, c. 85. Decr. p. 5, c. 239. [5] *et ne* : Ed. Bas. [6] *aut ne*: ib. — *ne* : Edd. rell. — Burch. Ivo Pan. = C. III. [7] Caput Pseudoisidori, petitum ex Paul. Sent. l. 5, t. 15, § 1, conc. Chalc. c. 27, et syn. Symm. I, c. 5. [8] *morantur* : Edd. coll. o. [9] *firmatum* : ib. [10] add. : *sibi* : Ed. Bas. = C. IV. [11] Caput Pseudoisidori, haustum ex Pauli Sent. l. 5, t. 15, § 1, et conc. Carth. hab. A. 421, c. 6. — Ans. l. 3, c. 16 (15). [12] abest ab Edd. coll. o. pr. Bas. [13] ita legitur ap Bohm. et in Edd. coll. o. pr. Bas. — ap. Ans. legitur : *antecessores nostri apostoli repulerunt auctoritate; et nos submovemus*. = C. V. [14] Caput Pseudoisidori, cf. conc. Carth. VII, c. 2, et Ennodii apolog. pro Symmacho. — Ans. l. 3, c. 26 (25). — cf. C. 6, q. 1, c. 19. [15] add. : *Galliarum* : Edd. Arg. Nor. = C. VI. [16] Caput Pseudoisidori, cf. conc. Carth. hab. A. 421, c. 6. — Ans. l. 3, c. 59 (63)

mus. Similiter et omnes, quos divinæ leges mortuos appellant, submovendos esse ab eadem accusatione et publicæ pœnitentiæ submittendos judicamus.

**C. VII.** *A clericis repelluntur accusationes, quas leges sæculi non asciscunt.*

*Item* ex Synodo Romana, *habita sub Hadriano Papa* b 16:

Accusationes et accusatores, atque eorum 17 negotia, quæ sæculares non asciscunt leges, divina ac synodica funditus a clericis repelli auctoritate censemus, quia indignum est superiores pati ab inferioribus quæ inferiores ab eis pati despiciunt.

**C. VIII.** *Nec servus, nec libertus, nec infamis episcopos accusare præsumant.*

*Item* Stephanus *Romanæ Ecclesiæ Episcopus omnibus episcopis, ep. II, de accusationibus sacerdotum, c. 3.* 18:

Accusatores et accusationes, quas sæculi leges non recipiunt 19 et antecessores nostri prohibuerunt, et nos submovemus. Nullus 'enim' alienigena aut accusator fiat eorum, aut judex. Unde et de Loth scriptum est 20 : *Ingressus es ut advena, nunquid ut judices ?* Accusator autem nostrorum 21 nullus sit servus aut libertus, nullaque suspecta persona aut infamis.

**C. IX.** *Infames, qui ad sortilegos et divinos concurrunt, nec accusatores, nec testes esse possunt.*

*Item* Eusebius Papa, *epist. III, ad episcopos Thusciæ* 22.

Constituimus 'iterum', firmantes cana Patrum statuta', cum omnibus, qui nobiscum sunt, episcopis, 'sicut dudum decretum reperimus', ut homicidæ, malefici, fures, sacrilegi, raptores, adulteri, incesti, venefici, suspecti, criminosi, domestici, perjuri, et qui raptum fecerunt, vel falsum testimonium dixerunt, seu qui ad sortilegos 23 divinosque concurrerunt 24, similesque eorum, nullatenus ad accusationem vel ad testimonium sint admittendi, quia infames sunt et juste repellendi, quia funesta est 25 vox eorum.

**C. X.** *Suspecti aut gratiosi ad accusationem non admittantur.*

*Item* Julius Papa *in rescripto ad Orientales, c. 33.* 26:

Similiter in 'jam' præfixa synodo est decretum, A ne suspecti, aut infames, aut criminosi, aut gratiosi, vel calumniatores, vel affines, aut scelerati, aut facile litigantes suscipiantur accusatores, sed tales, qui omni 27 careant 28 suspicione.

**C. XI.** *Qui inimicitiis studet vel facile litigat, nec accusator, nec testis esse potest.*

*Item* Felix Papa II. *epist. I, c. 14* 29 :

Nullus servus, nullus libertus, nullus infidelis 30, nullus criminibus irretitus, nullus calumniator, nullus, qui inimicitiis studet, nullus 31, qui frequenter litigat, et ad accusandum vel detrahendum est facilis, nulla infamis (persona, vel omnes, quos ad accusanda crimina publica leges publicæ non admittunt, permittantur episcopos accusare.

**C. XII.** *Familiares, suspecti, de domo prodeuntes, non recipiantur in accusatione.*

*Item* Calixtus Papa, *epist. II, ad episcopos Galliæ* 32 :

Accusatores vel testes suspecti non recipiantur, nec familiares vel 33 de domo prodeuntes, nec etiam consanguinei accusatoris adversus extraneos testimonium dicant, quia propinquitatis et familiaritatis ac dominationis affectio veritatem impedire solet. Amor carnalis et timor atque avaritia plerumque sensus hebetant humanos, et pervertunt opiniones, ut quæstum pietatem putent, et pecuniam quasi mercedem prudentiæ.

**C. XIII.** *Qui inimici vel suspecti sunt, et qui odio quoslibet insequuntur, ab accusatione removeantur.*

*Item* Pelagius Papa II, *epist. VIII, c. 4.* 34 :

Omnes, qui adversus Patres armantur, ut Patrum invasores 'et mactatores' infames esse censemus. *Et infra* : Horum ergo vitiorum auctores vel patratores non sunt in accusatione 35 pontificum 36 recipiendi, sed penitus repellendi, quoniam jubent canonica decreta Patrum, ut accusatio vel testimonium eorum, qui odio quoslibet persequuntur 37, vel qui inimici aut suspecti habentur, nullo modo recipiantur.

**C. XIV.** *De eodem.* PALEA.

*Item* Paschalis Papa c 38.

« Nulli episcoporum ab accusatione sua repellere

NOTATIONES CORRECTORUM.

**C. VII.** b Caput hoc etc. *Neminem.*, infra ead. q. 6., quæ citantur ex synodo Romana, exstant in capitulis Hadriani; ea autem expressius etiam appellantur synodi nomine infra 5. q. 3., in pr.

**C. XIV.** c In uno pervetusto exemplari Gratiani, a quo plerque Paleæ absunt, caput hoc habetur non hic, sed sup. 2., q. 7., post c. *B. Petrus et Paulus*, ubi etiam citatur ex Paschali II.

---

QUÆST. V. C. VII. 16 c. 11, inter capitula Hadriani, cf. Capit. l. 7, c. 307, et cap. Herardi Turon., c. 102. — Ans. l. 3, c. 20 (19). ( : *ex synodo Nicæna*) et in fine l. 3, c. 9. 17 *ea* : orig. = C. VIII. 18 Caput Pseudoisidori, et conc. Carth. hab. A. 421, c. 6. Theod. cod. l. 9, t. 4, c. 10, conc. Carth. VII, c. 1. — Ans. l. 3, c. 18 (17). Ivo Decr. p. 6, c. 327. 19 *admittunt* : Edd. coll. o. 20 Gen. c. 19, v. 9. 21 *vestrorum* : orig. = C. IX. 22 Cap. Pseudoisidori, petitum ex conc. Carth. VII, c. 2. — cf. cap. Hadriani c. 67. — Ans. l. 3, c. 18, et in fine l. 3, c. 10. 23 *sacrilegos* : orig. 24 *concurrunt* : Edd. coll. o. pr. Arg 25 *add.* : *in taibus* Ed. Bas. = C. X. 26 Caput Pseudoisidori, cf. conc. Carth. hab. A. 421, c. 6. — Ans. l. 3. c. 21 (20). 27 *omnino* : Ans. — Ed. Bas. 28 *add.* : *vitio et* : Edd. Bas. Lugdd. = C. XI. 29 Caput Pseudoisidori, cf. conc. Carth. VII, c. 1, 2. — Ans. l. 3, c. 62 (66). 30 *infidus* : orig. — Ans. 31 *nullus frequenter litigans* : Ans. — Edd. coll. o. = C. XII. 32 Caput Pseudoisidori, confectum ex Paul. Sent. l. 5, t. 15, § 1, juncta interpret. et Ambros. ep. 44. — Burch. l. 1, c. 171. Ans. l. 3, c. 57 (55). Ivo Decr. p. 5, c. 289. — cf. supra ead. c. 1. 33 *nec* : Ed. Bas. = C. XIII. 34 Cap. Pseudoisidori, confectum ex Procli ep. ad domnum Antioch. in act. 14, conc. Chalc. — Ans. l. 3, c. 6, ( : *ex Gelasio*). 35 *accusatione* : Edd. Coll. o. pr. Bas. 36 *pontificis* : Ed. Bas. 37 *insequuntur* : orig. — *sequuntur* : Ans. = C. XIV. 38 Caput incertum. — cf. c. 3. Comp. I, de acc. c. 5. X. h. t.

liceat, quos ante, quam [d] ab eis impetretur [39], a sua communi familiaritate neglexerit separare. »

Gratian. *Quod vero inimici accusatione prohibentur, inde est, quia eorum calliditate innocentia frequenter opprimi solet. Sed, quum Athanasius suae cathedrae reddi praecipitur, quia de inimicitia sui patriarchae conquestus est, patet quod, etsi manifesta crimina alicujus sunt, non tamen condemnandus est accusatione inimici.*

Unde Nicolaus Papa *scribit Michaeli Imperatori in epistola, quae incipit:* « Proposueramus. » [40] :

C. XV. *Qui inimici sunt, judices esse non possunt.*

Quod [41] suspecti et inimici judices esse non debeant, et ipsa ratio dictat, et plurimis probatur exemplis. § 1. Nam quid gratius et amabilius dare quis inimico potest, quam si ei ad impetendum commiserit, quem laedere forte voluerit ? Quod provide Constantinopolitana synodus canonum suorum sexto [e] dignoscitur prohibere capitulo. *Et infra:* § 2. Venianus [42] 'ergo' et ad S. Chalcedonensem synodum, et quid nobis de [43] Athanasio.[44] Paraenorum episcopo referat audiamus. Is enim antistes tertio evocatus 'ad synodum'; quia non occurrit, a patriarcha suo canonice condemnatus exstiterat, sed solum quia, quum vocaretur ad synodum, quod inimicus suus [45] esset ipse, qui judicabat; clamavit [46], a S. Chalcedonensi synodo ad causas illatas sibi examinandas reservatur, et nisi denuo convincatur [47], recipere ecclesiam propriam judicatur. 'Quod' si Athanasius a patriarcha suo depositus, quia de inimicitia ipsius [48] conquestus est, iterato ad judicium renovandum dirigitur, etsi manifesta [f] sibi officiant crimina, tamen suae reddi ecclesiae praecipitur : quanto magis Ignatius, qui non a patriarcha, sed ipse potius exsistens patriarcha; minime debuit ecclesia propria [49] inimicis et suspectis judicibus decernentibus expoliari? *Et paulo post :* § 3. Veniat et fecundissimus noster Papa Gelasius, haereticorum expugnator fortissimus, et quod de Constantinopolitanis episcopis more solita tunc aegrotantibus dixit, etiam nunc nobis edisserat. Quaero, inquit [50], 'tamen' ab [51] his, *judicium, quod praetendunt, ubinam* [52] *possit agitari? an apud ipsos, ut iidem* [53] *inimici sint et testes et judices? Sed tali judicio nec humana debent committi negotia.* Quod si judicio, ubi iidem sunt inimici qui judices, nec humana debent committi negotia, quanto minus divina, id est ecclesiastica ? Qui sapiens est intelligat [54]. § 4. Et [55] revera hinc Justinianus [56] imperator pius [57] legibus suis [58] promulgasse dignoscitur, dicens : *Liceat et, qui suspectum* [59] *judicem putat* [60]; *antequam lis inchoetur; eum recusare, ut ad alium recurratur.* Nam quodammodo naturale est suspectorum judicum insidias declinare et inimicorum judicium 'semper' velle refugere: § 5. 'Hinc S. Athanasius inimicorum saepe declinavit insidias: Hinc S. Joannes, os aureum, concilii contra se congregati renuit intrare collegium.

Gratian. *Patet ergo, quod, etsi manifesta sint crimina alicujus, tamen accusatione inimici condemnandus non est.*

## NOTATIONES CORRECTORUM:

[d] *Quos ante, quam :* In eodem codice legitur : *quos et ante, quam ab eis impeterentur, a sua communi familiaritate neglexerunt separare.* In aliis vero nonnullis, in quibus haec Palea habetur hoc loco, legitur : *quos ante; quam ab is se impetendos cognoscerent, a sua,* etc. In decretalibus autem non multo secus : *ante, quam se ab eis impetendum cognosceret, a sua;* etc.

C. XV. [e] *Sexto :* Hic canon est sextus concilii Constantinopolitani I; apud Graecos, qui in conciliis in quatuor volumina conjectis (nam in aliis editionibus abest) tomo I bis affertur, primum in concilio ipso Constantinopolitano, deinde in libello synodicarum constitutionum. De quo capitulo et aliis canonibus hujus concilii supra dist. 22 est notatum, et infra 4, quaest. 1, c. *Quod autem,* aliquid dicitur.

[f] *Etsi manifesta :* Vera lectio est : *et nisi manifesta sibi officiant crimina , suae reddi ecclesiae praecipitur.* Estque idem, quod antea retulerat ex ipso concilio : *et nisi denuo convincatur, recipere ecclesiam propriam judicatur.* Verum non est emendatum ob glossam, et quia Gratianus in verbis sequentibus manifeste ostendit, falsa lectione se usum esse, qui etiam quod hic dicitur de inimicitia judicis ad accusatoris inimicitiam transtulit. Nec vero (quod ex tota illa actione 14 facile constat) Athanasius in ea causa erat actor, qui restitutionem peteret (quippe quum, licet in concilio Antiocheno depositus, postea tamen per Dioscorum episcopatum recuperasset, tuncque possideret), sed Savinianus; qui post Athanasii depositionem in ejus locum a metropolitano et comprovincialibus episcopis suffectus, ab eodem Dioscoro ejectus fuerat; ideoque restitui sibi episcopatum petebat: In ipso autem concilio Chalcedonensi statutum fuit, ut (quando Athanasius diceret, se ad concilium Antiochenum ter vocatum ideo non venisse, quod dominus eo tempore patriarcha Antiochenus sibi inimicus esset) Savinianus quidem maneret in episcopatu, interim vero causa Athanasii apud Maximum tunc Antiochiae patriarcham ageretur, atque inter octo menses cognosceretur, an Athanasius crimen depositione dignum commisisset, ac, nisi commisisse constaret, suus illi episcopatus redderetur. Ex quo toto facto Nicolaus partem illam accepit; quae ad rem suam optime faciebat.

Quaest. V. C. XIV. [39] *impetretur :* Edd. Ven. l. II. — *antequam ab eis se impetrandos cognoscerent :* Ed. Bas. = C. XV. [40] scr. A. 865. [41] *Quia :* Orig. — Ed. Bas. [42] Ivo Decr. p. 5, c. 55. [43] add.: *ipso :* Edd. coll. o. [44] *Anastasio :* Edd. coll. o. pr. Bas. [45] *ejus :* Edd. coll. o. [46] *proclamavit :* Et. Bas. [47] *convinceretur :* Ivo. — Edd. coll. o. [48] *ejus :* ib. [49] add. : *privari et :* Edd. coll. o. [50] in commonitorio ad Faustum. [51] *ab eis :* Edd. Lugd. II, III. — desid. in Edd. rell. [52] *ubi non :* Edd. Arg. Nor. Ven. II. — *ibi non :* Ed. Ven. I. [53] add. : *rei :* Edd. Bas. Lugd. I. [54] *et non intell. :* Ed. Bas. [55] *Sed et :* ib. [56] c. Cod. de judic. [57] *prius :* Edd. Lugd. II, III. [58] *piis :* Ivo. — Ed. Arg. [59] add. : *sibi :* Edd. coll. o. [60] *habet :* Ivo.

## QUÆSTIO VI.
### GRATIANUS.

**I. Pars.** *Extra provinciam autem reus nullatenus est producendus.*

Unde Fabianus Papa *scribit Hilario Episcopo, ep. III, cap. 4* [1].

**C. I.** *Ubi crimen admittitur, ibi causa ventiletur.*

Ibi [2] semper causa agatur, ubi crimen admittitur, et qui non probaverit quod objecit, pœnam, quam intulerit, ipse patiatur.

**C. II.** *Accusatus nonnisi in foro suo audiatur.*

Idem *eadem epist. c.* 2 [3].

Si quis episcoporum super certis accusetur [4] criminibus, ab omnibus audiatur, qui sunt in provincia sua, episcopis, quia non oportet accusatum alibi quam in foro suo audiri.

**Gratian.** *Exceptio fori dilatoria est, atque ideo in initio litis debet opponi et probari. Peremtorias autem exceptiones (ut sunt præscriptiones longi temporis) sufficit in initio litis contestari.*

**C. III.** *De eodem.*

Idem Fabianus *ibidem* [5].

Pulsatus ante suum judicem causam dicat, et ante non suum judicem pulsatus, si voluerit, taceat. Pulsatis vero, quoties appellaverint, induciæ dentur.

**Gratian.** *Hoc autem, quod de loco dictum est, tunc intelligendum est, quum veritas causæ nonnisi in loco admissi criminis deprehendi potest, aut nisi altera pars judicium majoris personæ interpellaverit, sive declinando judicium, sive relevando sententiam.*

Unde Stephanus, *sanctæ et apostolicæ atque universalis Ecclesiæ Romanæ Episcopus, scribit omnibus Episcopis, epist. II. cap. 7.* [6]:

**C. IV.** *Intra provinciam, et a comprovincialibus tantum causa est audienda.*

Ultra provinciarum [7] terminos accusandi licentia non progrediatur, sed omnis accusatio intra provinciam audiatur, et a comprovincialibus terminetur, nisi tantum [8] ad apostolicam sedem fuerit appellatum.

**C. V.** *A comprovincialibus accusatus vel judicatus apostolicam sedem appellet.*

Item Sixtus Papa II, *ep. I ad Gratum Episcopum* [9].

Accusatus vel judicatus a comprovincialibus in aliqua causa episcopus licenter appellet, et adeat apostolicæ sedis Pontificem, qui aut per se, aut per vicarios suos ejusdem retractari [10] negotium procuret. Et dum iterato judicio Pontifex causam suam agit, nullus alius in ejus loco ponatur aut ordinetur episcopus, quoniam, quanquam provincialibus episcopis accusati causam pontificis [11] scrutari liceat, non tamen diffinire [12] inconsulto Romano Pontifice permissum est.

**C. VI.** *De eodem.* [PALEA.]

Item Damasus Papa *Stephano Archiepiscopo, epist. II, c. 2* a [13].

« Discutere episcopos et summas ecclesiasticorum negotiorum causas metropolitano una cum omnibus suis comprovincialibus, ita ut nemo ex eis desit, et omnes in singulorum concordent [14] negotiis, licet; sed diffinire eorum atque ecclesiasticarum summas querelas causarum, vel damnare episcopos absque hujus 'sanctæ' sedis [15] auctoritate minime licet, quam [16] omnes appellare, si necesse fuerit, et ejus fulciri auxilio oportet. »

**C. VII.** *Comprovinciales et metropolitani episcoporum causam audire sed diffinire, non possunt.*

Item Eleutherius Papa *scribens ad Galliæ provincias, cap.* 2 [17].

Quamvis liceat apud comprovinciales, et metropolitanos, atque primates episcoporum ventilare accusationes et [18] criminationes, non tamen licet diffinire [b] sine hujus sanctæ sedis auctoritate, sicut ab apostolis eorumque successoribus multorum consensu episcoporum jam diffinitum est. Nec in eorum ecclesiis alii aut præponantur, aut ordinentur antequam hic eorum juste terminentur negotia. Reliquorum vero clericorum causas apud provinciales [19], et metropolitanos, ac primates et ventilare, et juste finire [20] licet.

### NOTATIONES CORRECTORUM.

Quæst. VI. C. VI. [a] Caput hoc in aliquot vetustis exemplaribus non habetur, neque in ipsum adest glossa.

C. VII. [b] *Diffinire* : In epistola ipsa sequitur : *secus quam prædictum est, reliquorum vero*, etc. Superius vero hæc prædicta fuerant : *finitiva episcoporum tantum judicia huc deferantur, ut hujus sanctæ sedis auctoritate finiantur, sicuti ab apostolis*, etc., usque ad verbum : *Reliquorum*.

---

Quæst. VI. P. I. [1] Caput Pseudoisidori, cf. C. 2, q. 3, c. 3, C. 2, q. 8, c. 4, et infra c. fin. — Ans. l. 11, c. 81. = C. I. [2] add. : *enim* : Edd. coll. o. pr. Bas. Lugdd. II, III. = C. II. [3] Cap. Pseudoisidori, cf. Greg. M. ep. 8, l. 3. Ed. Maur. — Burch. l. 1, c. 147. Ans. l. 3, c. 77 (76). Ivo Decr. p. 5, c. 260. Polyc. l. 5, t. 1. [4] *accusatur* : Edd. coll. o. = C. III. [5] Caput Pseudoisidori, cf. Theod. cod. l. 9, l. 1, c. 10, l. 9, t. 10, c. 3, et syn. III, sub Symmacho. — Ans. l. 2, c. 11, et inter cap. Hadriani in fine l. 3, c. 3. Ivo Pan. l. 4, c. 123. Decr. p. 6. c. 323. Polyc. l. 1, t. 7. = C. IV. [6] Caput Pseudoisidori, cf. Theod. cod. l. 9, l. 4, c. 10, et 16. — Ans. in fine l. 3, inter cap. Hadriani c. 9. Ivo Pan. l. 4, c. 33. [7] *provinciæ* : orig. [8] abest ab orig. — *tamen* : Ed. Bas. = C. V. [9] Caput Pseudoisidori, cf. conc. Sard. c. 4, 5, 7. — Coll. tr. p. p. 1, t. 22, c. 2. — Burch. l. 1, c. 144, 176. Ivo Pan. l. 4, c. 125. Decr. p. 5, c. 4, et 257. [10] *retractare* : Edd. coll. o. [11] *episcopi* : Edd. coll. [12] *definiri* : orig. = C. VI. [13] Caput Pseudoisidori, cf. Innoc. I, ep. 2, et Greg. M. l. 3, ep. 8. — Ans. l. 2, c. 61 (59). [14] *concorditer conveniant* : Edd. coll. o. pr. Bas. [15] abest ab Ed. Bas. [16] *quoniam* : Edd. Ven. l. Lugdd. — cf. Burch l. 1, c. 179. Ivo Decr. p. 5, c. 295. = C. VII. [17] Caput Pseudoisidori, confectum ad conc. Sard. c. 4. — Ivo Pan. l. 4, c. 154, 156. Decr. p. 6, c. 316. [18] *vel* : Edd. coll. o. [19] *comprovinciales* : ib. [20] *diffinire* : Ed. Bas.

**C. VIII.** *Ante apostolicam censuram in causis episcoporum, non est diffinitiva ferenda sententia.*

*Item* Leo *Episcopus urbis Romæ Anastasio Episc. Thessalonicensi, ep. LXXXII al LXXXIV, c.* 1 [31].

Multum stupeo, frater carissime, sed et [32] plurimum doleo, quod in eum, de quo nihil amplius judicaveras, quam quod evocatus adesse differret et excusationem infirmitatis obtenderet, tam atrociter et tam vehementer potueris commoveri, præsertim quum, etsi tale aliquid mereretur, exspectandum tibi fuerat quid ad tua consulta rescriberem. *Et infra:* Sed etiam, si quid grave intolerandumque gessisset [33], nostra [34] exspectanda erat censura; ut nihil prius ipse decerneres quam quid nobis placeret agnosceres. Vices enim nostras ita tuæ credidimus caritati, ut in partem sis vocatus sollicitudinis, non in plenitudinem potestatis. Unde sicut multum nos ea, quæ a te pie sunt curata, lætificant, ita nimirum [35], ea, quæ perperam sunt gesta, contristant.

**C. IX.** *Præter sententiam Romani Pontificis nec concilia celebrari, nec episcopum damnari oportet.*

*Item* Julius Papa *orientalibus Episcopis, ep.* 1 [26].

Dudum a sanctis apostolis successoribusque eorum in antiquis [27] decretum fuerat statutis, quæ hactenus sancta et universalis apostolica tenet ecclesia, non oporteret [28] præter sententiam [29] Romani Pontificis concilia celebrari nec [30] episcopum damnari, quoniam sanctam Romanam ecclesiam primatem [31] omnium ecclesiarum esse voluerunt · et sicut B. Petrus apostolus primus fuit omnium apostolorum, ita et hæc ecclesia suo nomine consecrata (Domino instituente) prima et caput sit ceterarum, et ad eam quasi ad matrem atque apicem omnes majores ecclesiæ causæ et judicia episcoporum recurrant, et juxta ejus sententiam terminum sumant, nec extra Romanum quicquam ex his debere decerni Pontificem.

II Pars. Gratian. *Aliquando inconsulto Romano Pontifice plerique episcoporum damnati inveniuntur, et alii in eorum locum subrogati, quorum damnationem et subrogationem pro bono pacis ex dispensatione tolerasse legitur ecclesia.*

**C. X.** *Quorundam episcoporum depositionem, extra conscientiam Romani Pontificis factam, pro pace toleravit ecclesia.*

*Unde* Joannes Papa *Salomoni tertio et ultimo Regi Britonum* [32]:

Hæc quippe est ordinatio Dei patris tui, et hæc est lex ecclesiæ matris tuæ, videlicet ut omnes episcopos regni tui ad Turonensem archiepiscopum mittere non detrectes, ipsiusque [33] judicium postulare non dedigneris. Ipse enim est metropolitanus, et omnes episcopi tui regni suffraganei ejus sunt, sicut conscriptiones prædecessorum meorum evidenter ostendunt, qui prædecessores tuos, quia illos ob ipsius cura subtraxerant, forte [34] invectione corripere [35] studuerunt, quamvis nec nostra scripta super hac re missa deesse videantur. Quumque coram designato [36] Turonicæ ecclesiæ præsule et integro numero collegarum, id est duodecim episcoporum, celebrato conventu fuerint ejecti episcopi [37] regulariter examinati, apparueritque quod canonice fuerint ejecti, ipsis in sua dejectione manentibus, qui in locis eorum consecrati sunt potuerunt utique episcopatus honore potiri. Quod si episcopi ejecti insontes fuerint declarati, his amotis, qui illis subrogati sunt, ecclesias suas ipsi recipiant. Nam, quum antecessores mei præsules ejectionem [38] eorum episcoporum, qui ab ecclesiis suis expulsi sunt, nec admiserunt, nec approbaverunt, nec ipsos, qui eis subrogati post sunt [e], viventibus illis legitimos episcopos dixerunt. Sane, si ad Turonensem forte archiepiscopum mittere præfatos episcopos dedignaris, stude duos episcopos de expulsis et duos de subrogatis una cum ecclesiæ tuæ legato ad apostolicam B. Petri sedem transmittere, ubi, digna examinatione præmissa, qui legitimi episcopi sunt appareant, et suas ecclesias irregulariter non amittant. Nihil enim queo [39] aliud in præsenti negotio diffinire. Quia vero magna quis sit metropolitanus apud Britannos contentio est, licet nullius memoria teneat vos in vestra regione ullam habuisse metropolitanam ecclesiam, tamen si libet (postquam Deus omnipotens pacem inter vos et dilectum filium nostrum, Carolum regem gloriosum, constituerit) facile hoc poteritis advertere. Quod si adeo contentiose [40] creditis agere, ad nostrum apostolatum de-

---

### NOTATIONES CORRECTORUM.

C. X. [e] *Subrogati post sunt* : Sic restitutum est ex aliquot vetustis et valde emendatis codicibus. Antea legebatur: *subrogari possunt*.

---

QUÆST. VI. C. VIII. [31] scr. A. 446, ep. 14 Ed. Baller.—Coll. tr. p. p. 1. t. 43, c. 20. [32] abest ab Ed. Bas. [33] *committeret* : orig.— Edd. coll. o. [34] *vestra* : Ed. Bas. [35] *minimum* : Ed. Ven. II. — *nimirum* : orig. — Edd. coll. o.=C. IX. [36] Cap. Pseudoisidori, cf. hist. trip. l. 4, c. 9, donationem Const. M. et Innoc. I. ep. 2. — Ans. l. 2, c. 41. [27] add.: *præfatis* : orig.—Ans. [28] *oportere* : orig. — Ans. — Edd. coll. o. — Bohm. [29] *conscientiam* : Edd. coll. o. pr. Bas. [30] *vel* : Edd. coll. o. [31] *primatum* : ib. — P. II. [32] Imo Nicolaus I. (A. 865), cujus nomine epistola in Edd. coll. o. citatur.—Coll. tr. p. p. 1. t. 62, c. 58. =C. X. [33] *ipsius quoque* : Ed. Bas. [34] *forti* : orig. — Edd. coll. o. [35] *corrigere* : Edd. Nor. Ven. I, II. [36] *præsignato* : orig. [37] verba : *episcopi — ejecti* : operarum vitio omissa sunt in Ed. Bas. [38] *electionem* : Bohm. ' ita leg. in Edd. coll. o. pr. Bas., in qua cum orig. ap. Mans. leg.: *subrogati sunt*. [39] *quæro* : Edd. coll. o. = *nihil enim aliud est, quod in præsenti negotio penitus diffiniri possit* : orig. [40] *contentiosius* : ib.

stinare contendite, quatenus nostro libramine quæ fuerit apud vos antiquitus archiepiscopalis ecclesia luce clarius innotescat, et deinceps omni ambiguitate recisa quam [41] sequi episcopi vestri debeant incunctanter agnoscant. Neque enim ecclesias Dei per discordias regum divisionis aliqua pati damna necesse est, quum (quantum ex se est), pacem, quam prædicant, servare studeant invicem et in omnes.

III Pars. Gratian. *Alias autem irrita erit episcoporum sententia et a synodo retractanda.*

Unde Felix Papa I, epist. I, ad Paternum [42]:

**C. XI.** *Damnatio injusta irrita est et a synodo retractanda.*

Irritam esse censemus et injustam [d] episcoporum damnationem et idcirco a synodo retractandam, ita ut oppressis ab omnibus in cunctis subveniatur causis.

Gratian. *Quod autem metropolitanum suum contemnere, et aliorum judicium alicui expetere non liceat,* Sixtus Papa III [43], *testatur in epist. ad orientales Episcopos, c. 3, dicens:*

**C. XII.** *Peregrina judicia sunt submovenda.*

Peregrina judicia, salva in omnibus apostolica auctoritate, generali sanctione prohibemus, quia indignum est ut ab extraneis judicentur qui comprovinciales et a se electos debent habere judices nisi fuerit appellatum.

**C. XIII.** *De eodem.*

*Item* Anacletus Papa, *epist. I, c. 3* [44].

Leges ecclesiæ apostolica firmamus auctoritate, et peregrina judicia [45] submovemus. Unde et Dominus [46], mentionem faciens Loth [47], per Moysen loquitur, dicens: *Ingressus est quidem (inquiunt)* [48] *ut advena, numquid ut judices?*

**C. XIV.** *Nulli liceat aliarum provinciarum iudicium expetere.*

*Item* Innocentius Papa *ad Victricium Rothomagensem Episcopum, epist. II, c. 3* [49].

Non liceat cuiquam, sine præjudicio tamen [50] Romanæ ecclesiæ, cui [e] in omnibus causis reverentia et auctoritas debetur, relictis his sacerdotibus, qui in eadem [51] provincia Dei ecclesias nutu divino gubernant, ad alias convolare provincias vel [52] aliarum provinciarum episcoporum judicia expetere vel pati. Quod si quis præsumpserit, 'et' ab officio cleri submotus et injuriarum [53] reus ab omnibus judicetur.

Gratian. *Reverentia autem, quæ apostolicæ debetur ecclesiæ, et ejus auctoritas intelligenda est, quum vel ad ipsam appellatum fuerit, vel ab ea judices electi concedantur. Unde Sixtus Papa, quum diceret:* Comprovinciales et a se electos debent habere judices, *statim subjungit:* nisi fuerit appellatum.

**C. XV.** *Absque apostolicæ sedis decreto extraneos judices adire non possumus.*

*Item* Anacletus Papa, *epist. I, c. 3* [54].

Unaquæque provincia tam juxta ecclesiæ [55] quam juxta sæculi leges suos debet justos et non iniquos habere judices, et non extraneos, nisi apostolicæ sedis hujus decreverit auctoritas.

**C. XVI.** *Nisi per appellationem alterius provinciæ judices adire non oportet.*

*Item ex Romana Synodo* [56].

Neminem exhiberi [57] de provincia ad provinciam vel ad comitatum oportet, nisi ad relationem judicis, 'ad quem fuerit appellatum' [f], ita ut actor rei forum sequatur: *Et infra* [58]: § 1. Illa, quæ [g] sunt per unamquamque provinciam, ipsius provinciæ synodus dispenset, sicut in Nicæno constat decretum esse concilio. § 2. Ultra [59] provinciæ terminos ac-

---

### NOTATIONES CORRECTORUM.

**C. XI.** [d] *Et injustam*: Sic in originali, et antecedit vox: *aliter*, sed in decretis Julii, et in concilio Carthaginensi IV (unde citatur infra 11, q. 3, c. *Irritam*) et in capitulis Hadriani, et apud Anselmum est: *irritam esse injustam episcoporum damnationem*, etc., quæ lectio videtur magis convenire cum rubrica hujus capitis.

**C. XIV.** [e] *Cui*: In epistola et Marcelli et Innocentii [*] legitur: *sine præjudicio tamen Romanæ ecclesiæ, cui in omnibus causis debet reverentia custodiri*: quamvis a postrema conciliorum in quatuor tomis editione absint illæ duæ voces: *sine præjudicio*, quemadmodum et paulo inferius istæ: *vel aliarum provinciarum episcoporum judicia expetere vel pati*, quæ tamen habentur in aliis locis indicatis.

**C. XVI.** [f] *Ad quem fuerit appellatum*: Hæc sunt addita ex Hadriano, epistola synodica Felicis et Ivone.

[g] *Illa, quæ*. Hinc usque ad finem in capitulis tantum Hadriani sunt inventa.

---

Quæst. VI. C. X. [41] *quem* Edd. Bas. Ven. l. Lugd. — P. III. [42] Caput Pseudoisidori, cf. Statuta eccl. ant. c. 51. — Coll. tr. p. p. 1, t. 24, c. 3. — Ans. in fine l. 3, inter cap. Hadriani. = C. XI. [43] Caput Pseudoisidori, cf. Theod. cod. l. 9, t. 1, c. 10. — Coll. tr. p. p. 1, t. 42, c. 2. — Burch. l. 1, c. 147. Ans. l. 3, c. 77 (76), et inter cap. Hadriani in fine l. 3. Ivo Decr. p. 5, c. 260, p. 6, c. 331. Polyc. l. 5, t. 1. = C. XIII. [44] Caput Pseudoisidori. — Coll. tr. p. p. 1, t. 2, c. 6. [45] add.: *omnino*: Ed. Bas. [46] Gen. c. 19, v. 9. [47] *de Loth*: Edd. coll. o. [48] *inquit*: eæd. = C. XIV. [49] scr. A. 404. — Ans. l. 2, c. 52. [50] abest ab Ed. Bas. [*] et in Coll. Hisp. et ap. Ans. [51] *iisdem provinciis*: Coll. Hisp. [52] *verba*: *vel — pati* non sunt in orig. ap. Constant. et in Coll. Hisp.; leguntur tamen apud Isidor. Merl. et in ep. Marcelli I. [53] *injuriæ*: Edd. coll. o. = C. XV. [54] Caput Pseudoisidori, cf. conc. Sard. c. 3. — Coll. tr. p. p. 1, t. 2, c. 7. — Ans. l. 3, c. 21. [55] *ecclesiasticas*: Edd. coll. o. = C. XVI. [56] c. 5. Cap. Hadriani, sumtum ex ep. I. Felicis I. (Pseudoisidor.). — cf. Nov. 1, l. 3, t. 1, juncta interpr. — Ans. l. 3, c. 123. Ivo Decr. p. 5, c. 218, p. 6, c. 331. [57] *exiri*: Edd. coll. o. pr. Bas. [58] c. 9. Cap. Hadr., depromptum ex c. 2, conc. Chalc. — Ans. inter cap. Hadr. in fine l. 3, c. 8. [59] c. 10. Cap. Hadr. — cf. Capit. l. 6, c. 381.

cusandi licentia non progrediatur. Omnis accusatio intra provinciam audiatur et a comprovincialibus terminetur, nisi praelatus [60] sit qui accusatur [h].

### C. XVII. *De eodem*
*Item* Sixtus [i] [61].

Si quis clericus super quibuslibet criminibus accusatus fuerit, in provincia, in qua consistit ille, qui accusatur [61], suas exerceat [63] actiones, nec existimet eum accusator suus alibi aut longius ad judicium pertrahendum [64].

### C. XVIII. *Ubi crimen admittitur, ibi causa ventiletur.*
*Item ex decreto Hadriani Papae* [65].

Qui crimen objicit sciat [66] se probaturum. Revera ibi causa agatur, ubi crimen admittitur.

---

## QUÆSTIO VII.
### GRATIANUS

I Pars. *Quo judex esse non possit quem cum reo par aut major macula inficiat, multis auctoritatibus probatur.*

Dicit enim sancta Romana Synodus [a] [1] :

### C. I. *Infames judices esse non possunt.*

Infamis persona nec procurator esse potest, nec cognitor.

Gratian. Tria sunt [2], quibus aliqui impediuntur ut judices non fiant : Natura, ut surdus et mutus, et qui perpetuo furiosus est, et impubes, quia judicio carent. Lege, qui senatu amotus [3] est. Moribus, feminae et servi, non quia non habeant judicium, sed quia receptum est ut civilibus officiis non fungantur. Verumtamen, si servus, dum putaretur liber, ex delegatione sententiam dixit, quamvis postea in servitutem depulsus sit, sententia ab eo dicta rei judicatae firmitatem tenet.

### C. II.
*In Digestis tit. de postulando* [b]

Infames [4] non possunt esse procuratores vel patroni causarum. Sunt autem tres ordines eorum, qui postulare prohibentur. § 1. Est autem postulare desiderium suum vel amici sui in jure apud eum, qui jurisdictioni praeest, exponere, vel alterius desiderio contradicere. § 2. Nam, ut praemisimus, non postulantium tres ordines sunt. Quidam prohibentur omnino postulare vel propter aetatem, ut minores decem et septem annis, vel propter casum, ut surdus, qui prorsus non audit. Alii prohibentur ne pro aliis postulent vel propter sexum, ut feminae, vel propter casum, ut utroque lumine orbati, vel propter notam turpitudinis, ut ii qui corpore suo muliebria passi sunt, nisi forte vi praedonum vel hostium stuprati probentur. Similiter qui capitali crimine vel calumniae causa [5] publico [6] judicio sunt damnati, vel qui operas suas locaverunt ut cum bestiis depugnarent in arena, pro aliis postulare prohibentur. His personis pro se allegare permittitur, pro aliis [7] postulare prohibetur, nisi forte tutelam impuberum vel curam adolescentium non affectatam, sed necessariam administrent. Pro his enim, quorum curam gerunt, eis postulare conceditur. Alii enim

---

### NOTATIONES CORRECTORUM.

[h] *Nisi praelatus sit qui accusatur* : Verba haec neque in capitulis Hadriani, neque in antiquioribus Gratiani exemplaribus leguntur; in aliis vero loco ipsorum sunt haec : *nisi ad sedem apostolicam fuerit appellatum.*
C. XVII. [i] Caput hoc, quod citatur ex Sixto, in nulla epistola Pontificum hujus nominis est inventum. In aliquot vetustis exemplaribus est tantum : *Item, ut videatur citari eadem synodus Romana,* quae in superiori capite, id est quae continetur in capitulis Hadriani. Ivo autem part. 6, cap. autem 329, citat ex Felice I.
Quæst. VII. C. I. [a] Prior pars hujus capituli usque ad vers. *cognitor,* habetur in epistola 2. Felicis I, in qua refert synodum a se habitam, quod in principio epistolae commemorat his verbis : *Nos vero ad supplementum vestrum fratres et coepiscopos nostros vocavimus amplius quam septuaginta, cum quibus haec, quae subtus habentur inserta, regulariter* *tractanda decrevimus.* Eadem pars habetur in capitulis Hadriani, quae (ut superius ead. q. 5, c. *Accusationes* adnotatum est) nomine Romanae synodi interdum citantur. Reliqua vero hujus capitis videntur esse Gratiani, sumta tamen fere ad verbum ex l. *Quum praetor,* versic. *Quidam enim ff. de judiciis,* quemadmodum et in sequenti capite multa colliguntur ex variis legibus Digestorum et Codicis. Quamobrem in antiquioribus codicibus omnia haec usque ad c. *Qui sine peccato,* conjuncte habentur.
C. II. [b] Caput hoc (quemadmodum in superiori notatione significatum est) in vetustioribus exemplaribus non est sejunctum a superiori, et est collectio variarum legum facta a Gratiano. Sed, quoniam pleraque verba sunt ipsorummet auctorum, et in vulgatis est distinctum caput, ideo iisdem caracteribus impressum est, quibus cetera auctorum capita.

---

Quæst. VI. C. XVI. [60] *nisi ad sedem ap. fuerit appellatum* : Edd. Bas. Lugd. I. = C. XVII. [61] Cap. Pseudoisidori, cf. ep. Eleutherii ad Gall. prov. et Felicis I, ep. 1. — cf. interpr. ad Nov. 1, l. 3, t. 1. — Ans. l. 3, c. 27, et in fine l. 3, inter Cap. Hadriani, c. 7. — Ivo Decr. p. 6, c. 318, 329. [62] *pulsatus* : Edd. coll. o. — Coll. citt. [63] *exerat* : Ans. — Ivo p. 6, c. 329. — [64] *protrahendum* : Edd. coll. o. = C. XVIII. [65] l. 52. Cap. Hadriani. — Burch. l. 16, c. 3. ( : *ex conc. Arausico*). Ans. l. 3, c. 87. Ivo Pan. l. 4, c. 75. Decr. p. 6, c. 524. [66] *scribat* : Ivo.
Quæst. VII. P. I. [1] c. 5. Cap. Hadriani, depromtum ex ep. II. Felicis I. (Pseudoisid.) — cf. interpr. ad. Pauli Sent. l. 1, t. 2. — Ans. l. 3, c. 7 (123). Ivo Pan. l. 4, c. 78. Decr. p. 5, c. 248, p. 6, c. 351. Polyc. l. 5, t. 1. = C. I. [2] *ex fr.* 12, l. 5, t. 1. [3] *motus* : orig. — Ed. Bas. = C. II. [4] *ex fr.* 1, l. 5, t. 1, verbis alio modo aptatis. [5] *abest ab Ed. Arg.* [6] *publici judicii* : Edd. coll. o. [7] *alio* : Ed. Bas.

omnes, qui ut infames notantur, nisi pro se et pro certis personis postulare non possunt, nisi in integrum restitutionem acceperint. § 3. Permittitur autem eis postulare pro parente, pro patrono patronave, liberis⁸ parentibusque patroni patronæque; pro liberis etiam suis⁹, fratribus et¹⁰ sororibus, *uxore*, socero, socru, genero, nuru, vitrico, noverca privigno, privigna, pupillo, pupilla, furioso, furiosa, fatuo¹¹, fatua, muto, surdo, prodigo, et adolescente. § 4. Item¹² pro iis, quibus propter infirmitatem curatores dari solent, et qui negotiis suis aliquo perpetuo morbo superesse non possunt. § 5. Omnes¹³ autem, qui non sponte, sed necessario funguntur officio, sine offensa*edicti* postulare possunt, etiamsi ii sunt, quibus non nisi pro se*ipsis*postulare permittitur. § 6. Affinitates¹⁴ vero non eas accipere debemus, quæ quondam fuerunt, sed præsentes § 7. Nurus et generi appellatione et soceri, et socrus, et ulteriores, quibus *pro* præpositio solet accedere¹⁵, continentur.

II. Pars. § 8. Arcentur etiam a professione advocatorum (*sicut in secundo libro Codicis, titulo de postulando invenitur*¹⁶ qui sub nomine honorariorum ¹⁷ ex ipsis negotiis, quæ tuenda susceperint, emolumentum sibi certæ¹⁸ partis cum gravi damno litigatoris et deprædatione¹⁹ poscentes inveniuntur. § 9. Item²⁰, si quis adeo procax fuerit, ut non ratione, sed probris²¹ putet esse certandum, opinionis suæ imminutionem patiatur²². § 10. Præterea²³ non licet advocato ullum contractum inire, ullam pactionem conferre cum eo litigatore, quem in propriam recipit fidem, nec ex industria jurgium protrahere. § 11. Apud Urbem²⁴ Romam etiam honoratis, qui hoc putaverint eligendum, eousque liceat orare, quousque maluerint, videlicet ut non ad turpe compendium stipemque²⁵ deformem hæc arripiatur occasio. Nam, si lucro pecuniaque capiantur, veluti²⁶ degeneres inter vilissimos numerabuntur. § 12. Si²⁷ vero in uno auditorio duo tantum præ ceteris fuerint vel plures, quorum fama sit hilarior, in judicantis officio sit ut par causidicorum distributio fiat, et²⁸ exæquetur partibus²⁹ auxilium singulorum. § 13. Si quis vero monitus a judice ea excusatione, quæ nequeat comprobari, cuicunque

parti patrocinium denegaverit, careat foro; sciat etiam nunquam sibi ad agendum³⁰ copiam posse restitui. § 14. Si quis autem ex litigatoribus detectus fuerit separatim tractasse cum plurimis, et adversario suo*tali fraude*subtraxisse paris defensionis copiam, ostendet³¹ proculdubio iniquam a se litem foveri, et auctoritatem judiciariam a se elusam experietur. § 15. Item³², quamvis illi, qui causam fisci egissent, prohibeantur adversus fiscum patrocinium præstare, tamen hodie etiam adversus fiscum patrocinium possunt exhibere privatis, dum eam causam declinent suscipere, quam tractaverant, dum fisci advocati fuerunt. § 16. Item, si³³ contra patrem pupilli causam egisti, tutor vel curator datus eandem causam defendere non prohiberis. § 17. Cognitores³⁴ vero ex officio intelliguntur, non ex arbitrio. Nihil³⁵ enim refert ᶜ, is³⁶, qui arbitrium suscipit, an sit integræ famæ, an ignominiosus. § 18. Filius ³⁷ etiam in re patris arbiter esse potest. Nam et judicem eum esse posse plerisque placet. § 19. Si³⁸ quis vero judex sit, arbitrium recipere ejus rei, de qua judex est, et in se compromitti jubere prohibetur* lege Julia*, et si sententiam dixerit, non est danda pœnæ persecutio. Servus³⁹ arbiter esse non valet, libertinus potest. § 20. Porro infamia multipliciter irrogatur. Aliquando enim contrahitur genere delicti declarati per sententiam, veluti quum judex pronunciat: injuriam⁴⁰ fecisti, hereditatem expilasti, calumniatus es. Aliquando genere pœnæ, sicut illi, qui⁴¹ damnantur in opus publicum, qui pristinum quidem statum obtinent, sed damno infamiæ etiam post impletum tempus subjiciuntur. Aliquando genere pœnæ, et delicti declarati per sententiam, veluti dum fustibus⁴² cæso per præconem dicitur: ἐσυκοφάντησας ⁴³, id est: *calumniatus es*. Aliquando ipso genere facti, ut exercentes improbum⁴⁴ fœnus et illicite exigentes usuras usurarum, et mulier⁴⁵, quæ intra tempus, quo moris est lugere maritum, contrahit matrimonium, et qui sciens eam uxorem duxerit.

*Gratian. Idem testatur Felix Papa et eisdem*⁴⁶ *verbis* § 1. *Item in evangelio*⁴⁷ *qui trabem gestat in oculo probatur non posse educere festucam de oculo fratris sui.* § 2. *Item David in lib. Psalmorum*⁴⁸:

### NOTATIONES CORRECTORUM.

ᶜ *Nihil enim refert*: Verba legis, ex quibus hunc et versiculum: *Servus arbiter*, Gratianus accepit, sunt hæc: *Pædius libro nono, et Pomponius libro trigesimo tertio scribunt, parvi referre, ingenuus quis an libertinus sit, integræ famæ quis sit arbiter an ignominiosus. In servum Labeo compromitti non posse libro undecimo scribit, et est verum.*

Quæst. VII. C. II. ⁸ add.: *etiam suis*: Edd. coll. o. ⁹ add.: *fratribus et parentibus patroni et patronæ*: Edd. Arg. Nor. Ven. I. ¹⁰ *fratre, sorore*: Ed. Bas. ¹¹ fr. 2, 3, ib. ¹² fr. 4, 5, ib. ¹³ fr. 6, ib. ¹⁴ fr. 13, ib. ¹⁵ *accidere*: Ed. Bas. — P. II. ¹⁶ c. 5. Cod. l. 2, t. 6. ¹⁷ *honoratorum*: Ed. Arg. ¹⁸ *certi temporis*: Ed. Bas. ¹⁹ *deprecatione*: ib. ²⁰ c. 6, § 1, ib. ²¹ add.: *verbis*: Edd. coll. o. pr. Bas. Lugdd. II, III. ²² *patietur*: orig. — Edd. coll. o. ²³ c. 6, § 2, ib. ²⁴ c. 6, § 5, ib. ²⁵ *stipendium deforme*: Edd. Bas. Ven. I. ²⁶ add.: *abjecti atque*: Ed. Bas. ²⁷ c. 7. Cod. cod. ²⁸ *etenim æquetur*: Edd. Arg. Nor. Ven. II. ²⁹ *pro part.*: Edd. coll. o. ³⁰ *agendi*: ib. ³¹ *ostendit*: Ed. Bas. ³² c. 4. Cod. l. 2, t. 9. ³³ fr. 10. Dig. l. 3, t. 1. ³⁴ cf. fr. 3. Dig l. 4, t. 8. ³⁵ fr. 7, ib. ³⁶ *eum*: Edd. coll. o. pr. Lugdd. II, III. ³⁷ fr. 6, ib. ³⁸ fr. 9, § 2, ib. ³⁹ fr. 9, pr. ib. ⁴⁰ cf. c. 5, 12. Cod. l. 2, t. 12. ⁴¹ c. 6. Cod. cod. ⁴² c. 16, 17. Cod. cod. ⁴³ συκοφαντεῖς i. e. *calumniaris*: Edd. Lugdd. II, III. — *sycophantis* i. e. *calumniator*: Edd. rell. ⁴⁴ c. 20. Cod. cod. ⁴⁵ c. 15. Cod. cod. ⁴⁶ supra q. 5, c. 11. — ⁴⁷ Matth. c. 7, v. 5. ⁴⁸ Ps. 49, v. 16.

Peccatori autem dixit Deus : quare tu enarras justitias meas, et assumis testamentum meum? etc. § 3.
*Item Gregorius* [49] : Cujus vita despicitur, restat, ut ejus prædicatio contemnatur.

### C. III. *Qui aliorum vitia puniunt sua prius corrigere studeant.*

Idem in *Moralibus lib. XIV*, in *Job. cap.* 15.

III. Pars. *Qui* [50] *sine peccato est vestrum, primus* [51] *in illam lapidem mittat.* Ad aliena quippe punienda peccata ibant, et sua reliquerant. Revocantur [52] itaque intus ad conscientiam, ut prius propria corrigant, et tunc aliena reprehendant. Hinc est, quod quum tribus [53] Benjamin in carnis scelere fuisset obruta, collectus omnis Israel ulcisci iniquitatem voluit, sed tamen semel et iterum in belli certamine ipse prostratus est. Consulto enim [54] Domino, si ad ulciscendum ire debuisset, jussum est [ut [55] iret], qui juxta divinæ vocis imperium perrexit, et semel et secundo perdidit [56], et tunc demum peccatricem tribum valde feriens pene funditus exstinxit. Quid est [57], quod in ultionem [58] sceleris inflammatur, et tamen prius ipse [59] prosternitur, nisi quod prius ipsi purgandi sunt, per quos aliorum culpæ feriantur, ut ipsi jam mundi per ultionem veniant, qui [60] aliorum vitia corrigere festinant?

### C. IV. *Ille de vita alterius judicet, qui non habet in se ipso quod puniat.*

*Item* Ambrosius *super :* Beati immaculati, *sermone XX. ad vers.* Miserationes tuæ, Domine [61].

Judicet ille de alterius errore, qui non habet quod in se ipso condemnet. Judicet ille, qui non agit eadem, quæ in alio putaverit punienda, ne, quum de alio judicat, in se ferat ipse sententiam. Judicet ille, qui ad pronunciandum nullo odio, nulla offensione, nulla levitate [62] ducatur. *Et post pauca :* § 1. Bonus judex nihil ex arbitrio suo facit et domesticæ proposito [63] voluntatis, sed juxta leges et jura pronunciat, statutis [64] juris obtemperat, non indulget propriæ voluntati, nihil paratum et meditatum domo [65] defert, sed, sicut audit, ita judicat, et sicut se habet * negotii * [66] natura, decernit ; obsequitur legibus, non adversatur, examinat causæ merita, non mutat. Discite judices sæculi, quem in judicando tenere debeatis affectum, quam sobrietatem, quam sinceritatem. *Et paulo post :* § 2. Qui judicat, non voluntati suæ obtemperare debet, sed tenere quod legum est [67]. *Et post pauca :* § 3. In judicando magis cordi sit [68] veritatis custodia, quam obedientia voluntatis.

### C. V. *Gravatus criminibus judicare non valet.*

*Item* Gregorius *præfationis in Job. c.* 3, *al.* 6 [69].

In gravibus peccatis quis positus, dum suis premitur, aliena non diluit. § 1. Cuncti [70] enim liquido novimus [71], quia, quum is displicet, qui ad intercedendum mittitur, irati animus proculdubio ad deteriora provocatur. § 2. Scriptum [72] quippe est : *Victimæ impiorum abominabiles Deo sunt, vota justorum placabilia* [73]. Neque enim in omnipotentis Dei judicio quid [74], sed a quo datur, inspicitur. § 3. Hinc est enim quod scriptum est [75] : *Respexit Dominus ad Abel et ad munera ejus, ad Cain autem et ad munera ejus non respexit.* Dicturus quippe, quia Dominus respexit ad munera, præmisit sollicite, quia respexit ad Abel. Ex qua re patenter ostenditur, quia non offerens a muneribus, sed munera ab offerente placuerunt. § 4. *Dona* d *quippe* [76] *iniquorum non probat Altissimus, nec respicit in oblationes* [77] *eorum, nec in multitudine sacrificium eorum propitiabitur peccatis.* § 5. *Item :* Longe [78] *est Dominus ab impiis, et orationes justorum exaudiet.*

### C. VI. *Primum nosmetipsos, deinde proximos debemus corrigere.*

*Item* Beda in *c.* 8. Joannis *de judicio adulteræ.*

Postulatus Dominus judicare de peccatrice non statim dat judicium, sed prius inclinans se deorsum digito scribebat in terra, ac si demum quam obnixe rogatur [79] judicat, nos videlicet typice instituens, ut, quum quælibet proximorum errata conspicimus, non hæc ante [80] reprehendendo judicemus, quam ad conscientiam nostram humiliter reversi digito eam discretionis solerter exculpamus [81], et quid in ea conditori placeat, quidve displiceat, * sedula * examinatione dirimamus, juxta illud Apostoli [82] : *Fratres, si præoccupatus fuerit homo in aliquo delicto,* etc. *Et infra :* § 1. *Qui sine peccato est vestrum* [83] *:* id est, primo vos ipsi justitiam legis implete, et sic innocentes manibus * et mundo corde * ad lapidandam ream concurrite.

---

### NOTATIONES CORRECTORUM.

C. V. d *Dona :* Hæc non leguntur ibi apud B. Gregorium, sunt tamen Eccles. c. 34, et repetuntur infra 14, quæst. 5, cap. Scriptum.

---

QUÆST. VII. C. II. [49] Hom. 12, in evang. =C. III. [50] Joan. c. 8, v. 7. [51] *prius :* Ed. Bas. [52] *revocentur :* Edd. coll. o. [53] Jud. c. 20. [54] *autem :* orig. [55] desid. in orig. [56] *cecidit :* orig. [57] add. : *hoc :* Ed. coll. o. pr. Bas. [58] *ultione :* Edd. coll. o. [59] abest ab Ed. Bas. — *iste :* Edd. rell. [60] *qui et :* Ed. Bas. =C. IV. [61] ex comm. Ambros. in Psal. 118. — Ans. l. 3, c. 54. [62] *novitate :* orig. [63] *propriæ :* Ed. Bas. [64] *si quis scitis :* Ed. Bas. [65] *de domo :* Edd. coll. o. [66] abest ab Ans. [67] *legis :* Ed. Bas. [68] *est :* Edd. coll. o. =C. V. [69] Coll. tr. p. p. 1, t. 53, c. 41–43. [70] ex Past. p. 1, c. 10. — cf. Dist. 49, pr. [71] *Cunctis liquet :* Edd. coll. o. [72] ex ep. ad Reccaredum. ep. 122. (scr. A. 599), l. 9. Ed. Maur. — cf. C. 14, q. 5, c. 11. [73] Prov. c. 15, v. 8. [74] *datur :* orig. [75] Gen. c. 4, v. 4, 5. [76] Eccl. c. 34, v. 23. [77] *oblationibus :* Edd. coll. o. pr. Bas. [78] Prov. c. 15, v. 8. =C. VI. [79] *quod — rogatur :* Edd. coll. o. [80] add. : *errata :* Ed. Bas. [81] *exsculpemus :* Ed. Arg. — *exculpemus :* Edd. rell. pr. Lugdd. II, III. [82] Gal. c. 6, v. 1. [83] Joan. c. 8, v. 7.

**C. VII.** *Sacerdos primum sua peccata, deinde aliena detergat.*

*Item* Augustinus *ad quemdam Comitem* [84].

Sacerdos ut sapiens et perfectus medicus primum sciat curare [85] peccata sua, et postea aliena vulnera detergere et sanare, et non publicare.

Gratian. *Item, in evangelio* [86] *sal infatuatum ad nihilum utile esse dicitur, nisi ut projiciatur foras et ab hominibus conculcetur. Ex quibus omnibus datur intelligi, quod criminosus alterius criminis judex esse non potest, et se ipsum condemnat, dum in alterius crimen sententiam profert.* § 1. *Sed objicitur : Saul* [87] *quum a Domino esset reprobatus, populum Dei judicabat, et ejus judicium universus populus expetebat. Item, David, quum esset adulter et homicida interrogatus a propheta, sententiam in divitem dedit, qui ovem pauperis rapuit, dicens* [88] : *Judicium mortis est viro huic. Item, Salomon* [89], *quum amore muliercularum deos gentium coleret, tamen universa plebs Israelitica ad ejus judicium confluebat. Sic et Achab* [90], *quamvis coleret Baal, tamen decem tribus judicabat. Multi etiam alii tam in veteri testamento quam in novo inveniuntur, quorum vita quum esset blasphemabilis, tamen eorum sententia, quia ex officio suo servata judiciarii ordinis integritate processit, invenitur servata. Unde et Dominus ait in evangelio* [91] : *Super cathedram Moysis sederunt Scribæ et Pharisæi,* etc. *Hinc liquido constat, quod mali pastores, dum sententia justi examinis aliorum crimina feriunt, sibi ipsis nocent, dum sine exemplo suæ emendationis aliorum vitia corrigere curant; subditis vero prosunt, si, eorum increpatione correcti vel sententia coerciti, vitam suam in melius commutare didicerint. Ac per hoc, dum ab ecclesia tolerati fuerint, eorum judicium subterfugere non licet.*

## QUÆSTIO VIII.
### GRATIANUS.

*Quod autem episcopus ab uno tantum audiri vel judicari non debeat,* Zephyrinus Papa *testatur, epistola I ad Episcopos Siciliæ, dicens* [1] :

**C. I.** *Episcopus non nisi a pluribus audiatur et judicetur.*

Accusatores episcoporum omni careant suspicione, quia columnas suas Dominus firmiter stare voluit, non a quibuslibet agitari. § 1. Nullum namque eorum sententia a non suo judice dicta constringat, quia et leges sæculi idipsum fieri præcipiunt, [*ut Codice* a *libro septimo, titulo de sententiis et interlocutionibus omnium judicum, lege penultima :* § 2. Cujus in agendo quis observat arbitrium, eum habere etiam contra se judicem in eodem negotio non dedignetur.] § 3. Judices [2] duodecim quilibet episcopus accusatus (si necesse fuerit) eligat, a quibus ejus causa juste judicetur. Nec prius audiatur, aut excommunicetur vel judicetur, quam ipsi per se eligantur, et regulariter vocato [3] ad suorum primo conventum episcoporum, per eos ejus causa juste audiatur et rationabiliter discernatur. Finis vero ejus causæ ad sedem apostolicam deferatur, ut ibidem terminetur. Nec antea finiatur [*] sicut [b] ab apostolis vel successoribus eorum olim statutum est [*] quam ejus auctoritate fulciatur. Et paulo superius : § 4. Absens [5] vero nemo judicetur, *nisi ex contumacia absens fuerit* [b], *quia et divinæ et humanæ hoc prohibent leges.*

*Item* Felix episcopus *dixit in conc. Carthaginensi II, c. 10* [c] :

**C. II.** *A quot episcopis audiatur episcopus, qui in reatum inciderit.*

Suggero secundum statuta veterum conciliorum, ut, si quis episcopus (quod non optamus) in reatum aliquem incurrerit [7] et [8] nimia necessitas ei fuerit non posse plurimos congregare [9], ne in crimine remaneat [10], a duodecim audiatur episcopis [c].

## QUÆSTIO IX.
### GRATIANUS.

1 Pars. *De accusatoribus vero vel testibus, quod in*

---

### NOTATIONES CORRECTORUM.

**C. VII.** [a] In vetusta impressione epistolarum B. Augustini exstat epistola longissima ad Julianum comitem; in recentioribus autem omnium operum editionibus habetur quarto tomo sub titulo De salutaribus documentis, in cujus libelli cap. 52, hoc est caput.

Quæst. VIII. C. I. [a] *Ut Codice :* Hinc usque ad vers. *Judices,* non sunt in epistola Zephyrini, neque in vetustis Gratiani codicibus.

[b] *Nisi ex contumacia absens fuerit :* Hæc absunt ex plerisque manuscriptis, et epistola ipsa, et Anselmo et Ivone. Infra vero ead. q. 9. c. Absens, habentur tanquam Gratiani verba.

**C. II.** [c] *Episcopis :* Quæ hoc loco in capite decimo concilii Carthaginensis II adducuntur, referuntur infra 15 q. c. *Felix,* et ibi notabitur varietas.

---

Quæst. VII. C. VII. [84] ex libro de salutaribus documentis, quem suppositum esse censent VV. DD. — Ans. l. 7, c. 101. [85] *delere :* Edd. Arg. Ven. l. Nor. — *diluere :* Edd. rell. [86] Matth. c. 5, v. 14. [87] 1 Reg. c. 15. – [88] 2 Reg. c. 12. [89] 3 Reg. c. 11. [90] 3 Reg. c. 16. [91] Matth. c. 23, v. 2.
Quæst. VIII. C. I. [1] Caput Pseudoisidori. — cf. Statt. eccl. ant. c. 53, Conc. Paris. hab. A. 829, et Theod. cod. l. 4, t. 1. — Ans. l. 3, c. 38 (41). Ivo Decr. p. 5, c. 245. [2] cf. C. 5, q. 4, c. 2. — cf. Greg. M. ep. 53, 54, l. 5. Ed. Maur. [3] *vocatus :* Edd. coll. o. [*] verba asteriscis inclusa non sunt ap. Ans. — In Edd. Arg. Ven. ll, ita legitur : *terminetur, nisi ex contumacia absens fuerit. Absens vero nemo judicetur, quia,* etc. [5] cf. ead. q. 9, c. 13. = C. II. [6] hab. A. 390, (c. 12, ap. Dionys.) — Burch. l. 1, c. 149. Ans. l. 5, c. 46 (124). Ivo Decr. p. 5, c. 262. [7] *inciderit :* Edd. coll. o. [8] *si :* ib. [9] add. : *episcopos :* ib. [10] *maneat :* ib.

absentem vocem accusationis vel testificationis exhibere non valeant, multorum auctoritatibus liquet.

Ait enim Telesphorus papa, epistola unica [1]:

**C. I.** *Nisi reo praesente accusator non audiatur.*

Accusatori omnino non credi decernimus, qui absente adversario causam suggerit, ante utriusque partis justam discussionem.

**C. II.** *Absente adversario sententiam ferre non licet.*

Item Eleutherius papa in *epistola ad Episcopos Galliae* [2].

Caveant judices ecclesiae ne, absente eo, cujus causa ventilatur, sententiam proferant, quia irrita erit; imo etiam 'et' causam in synodo pro facto dabunt. Proditoris vero nec calumnia, nec vox audiatur.

**C. III.** *Reo absente accusator non audiatur.*

Item Calixtus papa, *epist. II ad episcopos Galliae* [3].

Absente eo, quem accusare voluerit quispiam [4], accusatori non credatur, quia [5] sine scripto difficile [6], per scriptum autem nunquam recipiatur; quia per scripturam [7] nullus [8] accusare vel [8] accusari potest, sed propria voce, et praesente eo quem accusare voluerit, suam quisque agat accusationem.

**C. IV.** *Quae in absentes geruntur omnino evacuentur.*

Item Cornelius papa *ad Rufum, ep. II, c. 2* [7].

Omnia quae adversus [8] absentes in omni negotio aut loco aguntur aut judicantur, omnino evacuentur, quoniam absentem nullus addicit nec ulla lex damnat.

**C. V.** *Non judicetur qui praesentialiter non accusatur vel convincitur.*

Item Marcellus papa *ad Maxentium, ep. II* [9].

Non oportet quemquam judicari [10] vel damnari priusquam legitimos habeat praesentes accusatores, locumque defendendi accipiat ad abluenda crimina.

**C. VI.** *De eodem.*

Item Damasus *ad Stephanum archiepiscopum, ep. III, c. 8* [11].

Habetur quoque in decretis sanctorum Patrum sancitum, non fore canonicum quemquam sacerdotum judicare vel damnare antequam accusatores canonice examinatos praesentes habeat locumque defendendi accipiat, id est inducias ecclesiasticas ad abluenda crimina.

**C. VII. PALEA**

[Idem Damasus *ibidem continenter* [12].]

Nec [13] extra propriam a fiat provinciam primo [14] discussionis accusatio, sine apostolica praeceptione, cui in omnibus causis debet reverentia custodiri, quoniam et antiqua docet hoc Patrum regula, in qua et [15] imperialiter [16] pariter statuta concinunt. Criminum [17], inquiunt, *discussio ibi agenda* [18] *est, ubi crimen admissum est. Nam alibi criminum reus prohibetur audiri.* Et alibi in canonibus praecipitur [19]: *Quaecunque negotia in suis locis, ubi orta* [20] *sunt, finienda sunt,* et reliqua talia, et his similia, salva tamen in omnibus apostolica auctoritate, ut nihil in his definiatur priusquam ei placere cognoscatur, qua omnes suffultos esse oportet.

**C. VIII.** *De eodem.*

Item idem *ad episcopos Italiae, epist. VI* [21].

Qui accusare alium elegerit, praesens per se et non per alium accuset, inscriptione videlicet praemissa. Neque ullus unquam judicetur antequam legitimos accusatores praesentes habeat, locumque defendendi accipiat ad abluenda crimina.

**C. IX.** *De eodem.*

Item ex concilio Toletano VI, c. 11 [22].

Dignum est ut innocentis [23] vita nulla maculetur pernicie accusatorum [24]; ideo [25] si quis [26] a quolibet criminatur, non ante accusatus supplicio detur, quam accusator praesentetur, atque legum et canonum sententia [27] exquiratur. Quod si indigna ad accusandum persona invenitur, ad ejus accusationem non judicetur, nisi b ubi pro capite regiae majestatis causa versatur.

**C. X.** *Sententia feriatur qui causae suae negligit adesse.*

Item Bonifacius Papa *ad Gallos epist. II* [28].

Decernimus [29] vestram [30] debere intra provinciam

**NOTATIONES CORRECTORUM.**

Quaest. IX. C. VII. a *Propriam*: Sic emendatum ex epistola ipsa, Anselmo et Ivone. Antea legebatur: *Nec extra patriam fiat provinciam*. Addita autem et nonnulla sunt ex epistola.

C. IX. b *Nisi*: Haec sunt addita ex originali.

---

Quaest. IX. P. 1. [1] Caput Pseudoisidori, sumtum ex interpr. Theod. cod. l. 11, t. 39, c. 9. — Ans. l. 3, c. 12. = C. II. [2] Caput Pseudoisidori, cf. Statt. eccl. ant. c. 53. — Cap. Hadriani c. 53. Burch. l. 16, c. 14. Ans. l. 3, c. 27. Ivo Decr. p. 6, c. 319. — cf. Capit. l. 7, c. 219. = C. III. [3] Caput Pseudoisidori, cf. interpr. ad Theod. cod. l. 9, t. 1, c. 15, et Statt. eccl. ant. c. 53. — Burch. l. 1, c. 171. Ans. l. 3, c. 55. Ivo Decr. p. 6, c. 289. — cf. C. 2, q. 8, c. 1. [4] *quicquam*: Edd. coll. o. pr. Lugdd. II, III. [5] *qui*: Edd. Arg. Bas. [6] *add.*: *est*: Edd. coll. o. pr. Arg. Bas. = C. IV. [7] Caput Pseudoisidori, sumtum ex conc. Chalc. act. 10. — Ans. l. 3, c. 62 (61). [8] *in*: Ed. Bas. = C. V. [9] Caput Pseudoisidori, petitum ex Act. ap. c. 25, v. 16. — Coll. tr. p. p. 1, t. 29, c. un. [10] *judicare*: Edd. Arg. Nor. Ven. II. = C. VI. [11] Caput Pseudoisidori, sumtum ex Act. ap. c. 25, v. 16. — Ans. l. 2, c. 59. Ivo Decr. p. 6, c. 347. = C. VII. [12] Ans. Ivo ib. [13] *Ne*: Edd. Bas. Ven. I. * *provinciae*: Edd. coll. o. [14] cf. Innoc. l. ep. 2. [15] *abest* ab Edd. coll. o. pr. Bas. [16] *imperialia*: Ans. Ivo. — Edd. coll. o. — Bohm. [17] ex interpr. ad. Theod. cod. l. 9, t. 1, c. ult. [18] *agitanda*: Edd. coll. o. [19] ex ep. Africanorum ad Coelestinum P. [20] *absorpta*: Edd. Nor. Lugd. I. — *absorta*: Edd. rell. pr. Lugdd. II, III. — quibus leg.: *oborta*. = C. VIII. [21] Cap. Pseudoisidori, confectum ad Act. ap. c. 25, v. 16. — Ivo Decr. p. 6, c. 348. = C. IX. [22] hab. A. 639. — Burch. l. 16, c. 5, (: *ex decretis Felicis P.*) [23] *innocentum* — *non maculetur pern. accusantum*: Coll. Hisp. [24] *accusatoris*: Isid. Merl. — Coll. Hisp. [25] *adeo*: Burch. [26] *quisquis*: Coll. Hisp. — Isid. Merl. — Burch. — Ed. Bas. [27] *sententiae exquirentur, ut*: Coll. Hisp. = C. X. [28] scr. A. 419. — Burch. l. 1, c. 161. Ivo Decr. p. 5, c. 271, p. 6, c. 338. [29] *Decrevimus*: orig. — Coll. cit. [30] *vestrum*: orig. — Burch. lv. p. 5.

esse judicium, et congregari synodum ante diem calendarum novembrium, ut, si adesse voluerit, præsens, si confidit, ad objecta respondeat: si vero adesse neglexerit, dilationem sententiæ de absentia non lucretur. Nam manifestum est confiteri eum de crimine, qui indulto et toties delegato judicio purgandi se occasione non utitur. Nihil enim interest utrum in præsenti examine non omnia ᵉ quæ dicta sunt comprobentur, quum ipsa quoque pro confessione ³¹ procurata ³² toties constet absentia.

C. XI. *Absentes nec accusari nec judicari possunt.*

*Item* Felix Papa *ad episcopos Galliæ, ep. II* ³³.

Absente adversario non audiatur accusator, nec sententia absente alia parte judice dicta ullam obtineat firmitatem.

C. XII. *Altera parte absente diffinitiva non feratur sententia.*

*Item* Nicolaus Papa *Gallioni archiepiscopo Senensi* ³⁴.

Revera justus mediator non est, qui uno litigante et altero absente amborum emergentes lites decidere non formidat. His ita præmissis, volumus et apostolica auctoritate monemus ut, si presbyter, de quo agitur, post excommunicationem suam apostolicam sedem adire voluerit, nullus iter ejus impedire præsumat.

C. XIII. *In absentem non est ferenda sententia.*

*Item* Zephyrinus Papa *ad episcopos Siciliæ, epist. I* ³⁵.

Absens vero nemo judicetur; quia et † divinæ et humanæ hoc prohibent leges.

Gratian. *Nisi fuerit absens ex contumacia. Pro præsente namque eum contumacia haberi facit.*

C. XIV. *De eodem.*

*Item* Nicolaus Papa *Gallioni Senensi archiepiscopo* ³⁶.

Indicas Hermannum episcopum super quibusdam frequenter fuisse accusatum, pro quibus (quia ex parte ipsius persona deest) nos uni parti ad discrimen alterius credere procul dubio non possumus, quamvis nec usque adhuc qui fuerint illic excessus dixeris, nec utrum sanæ mentis erat idem antistes, nec ne; quum ipsos excessus perpetrabat, evidenter ostenderis ³⁷, satiusque ³⁸ arbitramur, quamlibet interim infirmitatem ad pœnam peccati, quam ad ipsum pertinere peccatum, cui magis consulendum

sit et compatiendum, quam puniendum vel ³⁹ aliquo modo feriendum.

C. XV. *Testes non dicant testimonium, nisi de his quæ præsentialiter et veraciter noverunt.*

*Item* Calixtus Papa *ad episcopos Galliæ, ep. II* ⁴⁰.

Testes per quamcunque scripturam testimonium non proferant ⁴¹, sed præsentes de his quæ noverunt et viderunt, veraciter testimonium dicant ⁴². Nec de aliis causis vel negotiis dicant testimonium, nisi de his quæ sub præsentia eorum acta esse noscuntur ⁴³.

II Pars. Gratian. *De his etiam qui audierunt, si ad hoc convocati sunt, in civili causa testimonium dicere possunt, ut in Authenticis coll. VII tit. de testibus, legitur* : § 1. « Si debitum scriptum sit, et probatio solutionis proferatur a litigantibus per testes sine scriptura, tunc susceptibilem eam apud judicem esse volumus, dum ad hoc ipsum testes assumantur, ut perhibeant testimonium pro facienda solutione, aut pro memoria alicui jam factæ solutionis, et pro confessione ejus qui pecunias accepit. Hæc autem inania et ex transitu perhibita testimonia (ut si propter aliud opus adveniens audivit aliquem dicentem se accepisse ab aliquo aurum, aut debere alicui) nulla ratione valere censemus. »

III Pars. § 2. *Simul autem necesse est ut videant. Quod si alius uno, alius alio tempore viderit, diversitas temporum eorum testimonium non admittit.*

*Unde* Leo papa ⁴⁴ :

C. XVI. *Non admittantur ad testimonium quos non eodem tempore negotio interfuisse constiterit.*

Nihilominus quoque puniendi sunt testes qui ad calumniam aliquid testificantur, nec eorum voces tanquam plurium admittuntur, quos temporum quidem diversitas simul interfuisse prohibuit.

C. XVII. *Ad seriem gestorum testis ex suo nihil adjiciat.*

*Item* Ambrosius *in libro de Paradiso, c.* 12 ⁴⁵.

Pura et simplex ᵈ testimonii series intimanda est. Plerumque testis, dum aliquid ad seriem gestorum ex ⁴⁶ suo adjicit, totam testimonii fidem partis mendacio decolorat. Nihil igitur, ᵛ vel ᵛ quod bonum videtur, addendum est.

## NOTATIONES CORRECTORUM.

C. X. ᵉ *Non omnia* : In origina et apud cæteros collectores, et in uno pervetusto Gratiani codice est : *omnia*; sed, quia idem sensus elicitur, et adest glossa, non est mutatum.

C. XVII. ᵈ *Simplex* : Integer locus B. Ambrosii est : *Pura et simplex mandati forma servanda, vel testimonii series intimanda est.*

---

Quæst. IX. C. X. ³¹ *professione* : Ivo. — *professio* : Edd. coll. o. ³² *est procurata* : Ed. Lugd. II. — *ex procurata* : Edd. rell. = C. XI. ³³ Caput Pseudoisidori, cf. Paul. Sent. l. 5, t. 5, § 6. juncta interpr. — Cap. Hadriani c. 4. Ans. in fine l. 3. Ivo Pan. l. 4, c. 54. Decr. p. 5, c. 248, p. 6, c. 331. = C. XII. ³⁴ Caput incertum. — Coll. tr. p. p. 1, t. 62, c. 42. — Similia parti priori habentur in ep. Nicolai 32, ap. Mansi. = C. XIII. ³⁵ Caput Pseudoisidori, cf. Statuta eccl. ant. c. 53. — cf. supra q. 6, c. 1. † abest ab Ed. Bas. = C. XIV. ³⁶ ex ep. ad Wenilonem Senensem Ep., scr. A. 862. — Coll. tr. p. p. 1, t. 62, c. 49. ³⁷ *ostendens* : Ed. Bas. ³⁸ *sanctiusque* : ib. ³⁹ *add.* : *etiam* : Edd. coll. o. = C. XV. ⁴⁰ Caput Pseudoisidori. — Burch. l. 1, c. 171. Ans. l. 3, c. 55. Ivo Pan. l. 4, c. 93. Decr. p. 5, c. 289. ⁴¹ *ferant* : Edd. coll. o. pr. Bas. ⁴² *proferant* : Edd. coll. o. ⁴³ *non nosc.* : Ed. Bas. — P. II, III. ⁴⁴ Caput incertum, referendum fortassis ad Leonem III. = C. XVII. ⁴⁵ Ans. l. 5, c. 58. ⁴⁶ *de* : Ed. Bas.

**C. XVIII.** *Absens per alium nec accusare, nec accusari potest.*

*Item* Felix papa *ad Episcopos Galliæ, epist. II* [47].

Absens per alium accusari aut accusare non [48] potest, nec affinis testis admittitur.

**IV Pars. Gratian.** *Nisi in crimine injuriarum, in quo illustris persona etiam per procuratorem intendere et excipere potest, servatis ceteris solemnitatibus, ut Cod. tit. de injuriis, l. ult.*

**C. XIX.** *Reo absente libellus accusationis frustra offertur.*

*Item* Pelagius Papa [49] *Sindulæ* e [50] *Magistro militum.*

Chartæ, quas dedit nobis Lucidius, si illo tempore adversarius ipsius illic præsens fuisset, validæ erant. Sed, quia adversario absente gesta, quæ nobis recensuit, facta leguntur, talia leges non recipiunt.

**C. XX.** *Testes corporaliter præstito juramento testimonium dicant.*

Idem *Decorato Patricio* [51].

Hortamur ut, sub timore Domini consuetam conscientiæ vestræ sinceritatem in hoc quoque negotio conservantes, omnem personis [52], quæ veritatem causæ istius scire possunt, faciatis amputari formidinem, et vestris præsentari conspectibus, tactis sacrosanctis evangeliis, præbito etiam legaliter sacramento, quæ [53] in veritate rerum noverunt professione suæ testificationis aperiant, ut, patefactis omnibus, quæ secundum leges et justitiam censenda sunt, cognoscatis, et competentem [54] legibus et veritati terminum detis.

**C. XXI.** *Accusator et accusatus simul debent adesse.*

*Item* Nicolaus Papa [55] *Hincmaro* [56] *Remorum archiepiscopo.*

Necesse est secundum sacrarum scripturarum documenta ac secundum justitiæ tramitem, et accusatum et accusatorem simul adesse, et unam partem, quantacunque et qualicunque prædita sit auctoritate, sic prorsus audiri, ut alteri parti nullum præjudicium irrogetur.

## QUÆSTIO X.
### GRATIANUS.

*Quod vero deficientes* [a] *in primo capitulo non sint admittendi ad sequentia,* ex Concilio Carthaginensi VII [1]. confirmatur, in quo sic cap. 3, statutum legitur:

**C. I.** *Qui in primo capitulo deficit ad cetera non admittatur.*

Placuit, ut quotiescunque clericis ab accusatoribus multa crimina objiciuntur, et unum ex his, de quo prius egerint, probare non valuerint [2], ad cætera jam non admittantur.

Gratian. Probatur illud idem *auctoritate* Arelatensis Concilii II, *in quo sic c.* 21, *definitum est* [3]:

**C. II.** *Qui falsa fratribus objiciunt usque ad exitum non communicent.*

Eos, qui falsa [4] fratribus capitula [5] objecisse convicti fuerint, placuit usque ad exitum non communicare (sicut magna synodus [6] ante constituit), nisi [7] digna satisfactione pœnituerint.

**C. III.** *Qui quod objicit probare non valet, de cetero ad arguendum non admittitur, nisi propriam causam civilem duntaxat asserere voluerit.*

*Item* Felix Papa *in secunda decretali, Episcopis Galliæ* [8].

Si accusatorum personæ in judicio episcoporum culpabiles apparuerint, ad arguendum episcopos de cætero [b] non admittantur [9], nisi proprias causas asserere (non tamen criminales vel ecclesiasticas) voluerint.

Gratian. *Quum ergo qui falsa fratribus objiciunt usque ad exitum vitæ a communione prohibeantur; quum illi, qui in episcoporum judicio culpabiles inveniuntur, ad arguendum de cætero admitti prohibeantur: apparet, quod in primo capitulo deficientes tanquam falsorum objectores ad sequentia procedere non valent.*

---

## QUÆSTIO XI.
### GRATIANUS.

**I. Pars.** *Ab accusato vero accusationem in accusatorem verti, multorum auctoritatibus prohibetur.*

---

### NOTATIONES CORRECTORUM.

**C. XIX.** [e] *Sindulæ*: Ivo p. 8, c. 67, refert quoddam caput epistolæ a Pelagio ad Sindulam magistrum militiæ scriptæ.

**Quæst. X.** [a] *Deficientes*: In vulgatis codicibus legebatur: *testes deficientes,* sed expuncta est vox: *testes*, quæ abest a plerisque vetustis codicibus. Quæ enim in hac quæstione afferuntur, non ad testes, sed ad accusatores pertinent. Et superius initio causæ in propositione hujus quæstionis 10, nulla est mentio testium.

**C. III.** [b] *Episcopos de cetero*: Voces istæ absunt ab omnibus vetustis codicibus [10], et ceteris locis indicatis. Auctor tamen casus eos habuit et ponderavit.

---

Quæst. IX. C. XVIII. [47] Caput Pseudoisidori. — Ivo Decr. p. 5, c. 248, p. 6, c. 331. Polyc. l. 5, t. 1. [48] *nemo* : Ed. Bas. = C. XIX. [49] Ep. Pelagii I, ut videtur. — Coll. tr. p. p. 1, t. 54, c. 8. [50] *Sinduæ* : Edd. coll. o. = C. XX. [51] Coll. tr. p. p. 1, t. 54, c. 9. [52] *a pers.*: Edd. Bas. Lugdd. [53] *ut quæ* : Edd. Bas. Lugdd. II, III. — *quæ ut* : Ed. Lugd. I. [54] *convenientem*: Ed. Bas. = C. XXI. [55] Caput incertum. — Coll. tr. p. p. 1, t. 62, c. 33. [56] *Ismaro* : Edd. coll. o.

Quæst. X. [1] Edd. coll. o. pr. Bas. = C. I. [1] hab. A. 419. — Raban. pœnit. c. 1. Burch. l. 2, c. 198. Coll. tr. p. p. 1, t. 22, c. 3. Ivo Pan. l. 4, c. 64. Decr. p. 6, c. 271. [2] *voluerint* : Ed. Bas. = C. II. [3] hab. non serius A. 460. — cf. tamen quæ diximus ad D. 18. c. 12. — Coll. tr. p. p. 2 t. 24, c. 7. Burch. l. 16, c. 54. [4] *falso*: orig. — abest a Burch. [5] *capitalia*: orig. Burch. [6] conc. Arelat. l. c. 14. [7] *aud.* ; *prius* ; Ed. Bas. = C. III. [8] Caput Pseudoisidori, cf. conc. Carth. h. A. 409, c. 24. — Cap. Hadr. c 4. Capit. l. 5, c. 595. Ans. in fine l. 3. Ivo Decr. p. 6, c. 418. [10] *et* Ed. Bas. [9] *admittuntur*: Ed. Bas.

Ait enim Stephanus Papa, *epist. II, c.* 7. [1] :

### C. I. *Accusati, nisi prius se purgaverint, alios accusare non possunt.*

Neganda est accusatis licentia criminandi, priusquam se crimine, quo premuntur, exuerint, quia non [2] est credendum contra alios eorum confessioni, qui criminibus implicati sunt [3], nisi se prius probaverint innocentes, quoniam periculosa est et admitti non debet rei adversus quemcunque professio.

### C. II. *De eodem*

*Lib. IX. Cod., tit. I, l.* 19. Imppp. Valentinianus, Valens et Gratianus, AAA.

Neganda est accusatis (qui [4] non suas suorumque injurias persequuntur) [5] licentia criminandi in pari vel minori crimine, priusquam [6] se crimine, quo premuntur, exuerint secundum [7] scita veterum juris conditorum ; ita tamen, ut et ipsi inscriptiones contra eos etiam pendente accusatione deponere possint.

### C. III. *De eodem.*

*Item ex decreto* Hadriani Papæ, *c.* 33 [8].

Non est credendum contra alios eorum confessioni, qui criminibus implicantur, nisi se prius probaverint innocentes, quia periculosa est et admitti non debet rei adversus quemcunque professio [9].

Gratian. *Hoc autem intelligendum est in pari vel minori crimine.Cæterum,si de majori crimine eum accusare voluerit (veluti, si accusatus de fornicatione, de perjurio, de homicidio, vel simonia, vel quolibet alio hujusmodi crimine accusatorem suum impetere voluerit), his auctoritatibus non prohibetur.* § 1. *Aliquando enim criminalis quæstio præjudicat civili, aliquando criminali* a. *Unde in lib. III. Cod. tit. de ordine judiciorum, lege* 4, *legitur* : Civili quæstione [10] intermissa sæpe fit, ut prius de crimine judicetur, quod, utpote majus, minori merito præfertur.

### C. IV.

*Item lib. IX. Cod. tit. de his, qui accus. non possunt. l.* 1.

Prius est, ut criminibus, quæ tibi ut graviora ab adversario tuo objiciuntur, cædis atque vulnerum respondeas, et tunc ex eventu causæ judex æstimabit, an tibi permittendum sit eundem accusare, tametsi prior inscriptionem deposuisti.

II. Pars. Gratian. *Aliquando civilis præjudicat civili, aliquando criminali. Sicut enim in septimo lib. Codicis, tit. de ordine cognitionum, l. Si de hereditate, legitur* [11] : Si de hereditate et libertate controversia est, prius agi causa libertatis debet. *Item lege sequenti* [12] : § 1. Si crimen aliquod inferatur ei, qui ingenuus esse dicitur b, ante liberalis causa suo ordine agi debet, cognitionem suam præside præbente, quoniam necesse est ante sciri, si delictum probatum fuerit, utrum ut in liberum, an ut in servum constitui oporteat judicium.

III. Pars. *Item* : § 2. Qui [13] confitetur se pati controversiam status, frustra postulat sibi dari potestatem accusandi eum, qui se suum dominum esse fatetur. Causa vero liberali terminata, si servus pronunciatus fuerit, dominum suum accusare , non poterit. *Codicis lib. IX, tit.* 1, *l. penultima :* § 3. Si [14] quis ex familiaribus vel ex servis cujuslibet domus cujuscunque criminis delator atque accusator emerserit, ejus existimationem , caput atque fortunas petiturus, cujus familiaritati vel dominio inhæserit, ante exhibitionem testium atque examinationem judicii in ipsa expositione criminum atque accusationis exordio ultore gladio feriatur. Vocem enim funestam intercidi oportet potius quam audiri. Majestatis autem crimen excipimus. *Similiter l. ultima :* § 4. Si liberti accusatores manumissorum hæredumve esse præsumserint, eodem quo servi supplicio tenebuntur, luituri pœnas ante prohibitæ delationis exordium.

## CAUSA IV.

### GRATIANUS.

*Quidam in excommunicatione constitutus episcopum accusare disponit; adolescentem infra decimum et quartum ætatis annum ad assertionem suæ causæ adducit; prohibitus ab accusatione adolescentem accusatorem et se testem facit; adolescens personam accusa-*

### NOTATIONES CORRECTORUM.

Quæst. XI. C. III. a Aliquando criminali : Antea legebatur : *aliquando civilis criminali;* expuncta est dictio *civilis* auctoritate veterum codicum. Nam hic tantum agitur, quando causa criminalis civili aut criminali præjudicet. In sequenti autem c. § *Aliquando civilis,* exponitur , quando civilis et civili et criminali præferatur.

C. IV. b *Ei qui ingenuus esse dicitur* : In lege ipsa est : *quam ingenuam esse dicis.* Mulierem enim alloquitur. Quare paulo etiam inferius, ubi apud Gratianum legitur : *utrum ut in liberum et ingenuum, an ut in servum,* in lege est : *utrum ut in liberam et ingenuam, an ut in ancillam.* Duas etiam, quas proxime recitat leges, Gratianus suo modo in summam redegit.

---

Quæst. XI. P. I. [1] Caput Pseudoisidori, petitum ex Theod. cod. l. 9, t. 1, c 12, cum interpret. — Burch. l. 1, c. 164. Ans. l. 3, c. 74. Ivo Pan. l. 4, c. 67. Decr. p. 5, c. 274.=C. I. [2] cf. infra c. 3. [3] *implicantur :* Edd. coll. o. = C. II. [4] *nisi :* Edd. coll. o. [5] *prosequuntur :* ib. [6] *nisi prius :* Ed. Bas. [7] *sec. — conditorum :* desid. in Edd. coll. o pr. Ven. I Lugdd. == C. III. [8] cf. ad. c. 1 supra. — Ans. in fine l. 3. [9] *confessio :* Ed. Bas.==C. IV. [10] *disceptatione :* orig.—P. II. [11] t. 19, c. 2. [12] ib. c. 3. — P. III. [13] ex. c. 1, et 4 verbis alio modo aptatis. [14] Ivo Decr. p. 16, c. 61, 62.

toris et testis gerere cupit; die statuta ad judicium electorum judicum episcopus minime occurrit; a communione suspenditur; tandem revocato judicio accusator culpabilis in accusatione invenitur; demum ad assertionem propriæ causæ procedit. (Qu. I.) *Hic primum quæritur*, an in excommunicatione constitutus alium accusare valeat? (Qu. II.) Secundo, an infra decimumquartum annum in criminali causa testari quis possit?(Qu.III.)Tertio, an ab accusatione prohibitus personam testificantis possit assumere? (Qu. IV.) Quarto, an idem possit esse accusator et testis? (Qu.V.) Quinto, an die constituta non occurrens a communione sit removendus? (Qu. VI.) Sexto, si in episcoporum judicio accusatoris persona culpabilis inventa fuerit, an ad assertionem propriæ causæ de cætero sit admittenda?

## QUÆSTIO I.

### GRATIANUS.

*De prima quæstione sic statutum legitur in primo et secundo capite* Concilii Carthaginensis [1] VII., *cui interfuit Faustinus Romanæ ecclesiæ legatus :*

C. I. *Ad accusationem non admittatur qui in excommunicatione perseverat.*

Diffinimus eum recte [2] ad accusationem non admitti, qui, postquam excommunicatus fuerit, in ipsa adhuc excommunicatione constitutus, sive sit clericus sive laicus, accusare voluerit. § 1. Omnes [3] etiam infamiæ maculis aspersi, id est histriones ac [4] turpitudinibus subjectæ [5] personæ, hæretici etiam, sive pagani sive Judæi, ab accusatione prohibentur [a].

C. II. *Hæretici probantur qui schismate vel excommunicatione ab ecclesia sunt separati.*

Item Nicolaus Papa *in epistola ad Michaelem Imperatorem, ejus initium est :* « Proposueramus. » [6]

Quod autem hi, qui a jam [7] fato [8] fratre et comministro nostro Ignatio depositi, excommunicati [9] vel anathematizati fuerant, nullam adversus eum damnationem interquere potuerint, ex prolato [b] [10] secundæ universalis synodi capitulo declaratur, quum dicitur : Si vero ecclesiasticum fuerit crimen, quod episcopo illatum exstiterit [11], tunc probari oportet accusantium personas, ut primo quidem hæreticis non liceat accusationes contra orthodoxos episcopos pro ecclesiasticis negotiis facere. Sed ne hos hæreticos esse denegetis [12], audite sequentia : *Hæreticos autem (inquiunt) dicimus tam eos, qui olim ab ecclesia* [c] *projecti* [13] *sunt, quam qui post hæc* [14] *a nobis anathematizati sunt.* Porro, si adhuc nec sic creditis, audite quod subditur : *Præter hos autem* (aiunt) *et eos, qui fidem* [15] *sanam* [16] *simulant confiteri, schismaticos etiam* [d] [17], *et eos, qui seorsum a communicantibus nobis episcopis collectas faciunt. Deinde vero, et si quidam ab ecclesia super causis quibusdam reprehensi fuerunt* [18]; *et projecti aut excommunicati, sive ex clero sive ex laicali ordine, nec his licere accusare episcopum ante quam proprio crimine primitus exuantur. Similiter autem et eos, qui sub accusatione priori consistunt* [19], *non ante esse acceptabiles in accusatione episcopi aut aliorum clericorum, quam innoxios semetipsos illatorum sibi ostenderint criminum.* Quid [20] autem periculi regulæ hujus immineat contemtoribus, non ignoratis.

---

## NOTATIONES CORRECTORUM.

Causa IV. Quæst. I. C. I. [a] *Ab accusatione prohibentur :* A concilio absunt hæc verba; subintelliguntur enim illa ex principio capitis : *ad accusationem non admittatur.*

C. II. [b] *Ex prolato :* Nicolaus hic citat canonem, qui apud Græcos est 6 concilii I Constantinopolitani, cujus canonis priorem partem paulo superius in eadem epistola recitarat, et significatur supra 3, q. 5. cap. fin. Eo autem loco Nicolaus de isto capitulo hæc verba addiderat : *Quod tamen non apud nos invenitur, sed apud vos haberi perhibetur.* Nam non modo hic canon, neque in versione Dyonisii, neque in prisca habetur, sed de omnibus illius concilii canonibus hæc scribit B. Gregorius ad Eulogium, lib. 6, epist. 31 : *Romana autem ecclesia eosdem canones vel gesta synodi illius hactenus non habet, nec accipit. In hoc autem eamdem synodum accepit, quod est per eam contra Macedonium definitum.*

[c] *Olim ab ecclesia :* Statuitur in hac parte canonis perinde pro hæreticis habendos esse Macedonianos et Eudoxianos, qui in isto primo Constantinopolitano concilio damnabantur, atque habendi erant Paulianistæ et Ariani, quos olim Nicæna synodus a catholica ecclesia absciderat. Quamobrem non de quolibet excommunicato hæc sententia pronunciatur, quod putavit auctor glossæ.

[d] *Schismaticos etiam :* Ita in epistola Nicolai et apud Ivonem. Græce autem est : Πρὸς δὲ τούτοις καὶ τοὺς τὴν πίστιν μὲν τὴν ὑγιῆ προσποιουμένους ὁμολογεῖν, ἀποσχίσαντας δὲ καὶ ἀντισυνάγοντας τοῖς κανονικοῖς ἡμῶν ἐπισκόποις ; Id est : *Præterea vero et illos, qui fidem quidem sanam simulant confiteri, schisma autem faciunt, et adversus regulares nostros episcopos conventum habent*, ut nihil mirandum sit, istos etiam pro hæreticis censeri, quemadmodum et Balsamon interpretatur. Simulant enim illam tueri fidem, quam oppugnant.

---

Causa IV. Quæst. I. C. I. [1] hab. A. 419. —Coll. tr. p. p. 2, t. 21, c. 1. Ivo Pan. l. 4, c. 72. Decr. p. 14, c. 69. [2] *rite* : Ivo. — Edd. coll. o. [3] Ivo Decr. p. 16, c. 64. [4] *aut* : Ivo.—Edd. coll. o. [5] *suspectæ* : Ed. Bas. = C. II. [6] scr. A. 865. — Ans. 1. 1, c. 71 (75). Ivo Decr. p. 14, c. 70. [7] *abest ab* Edd. Arg. Ven. 1, Nor. [8] *præfato* : Edd. coll. o. [9] *vel exc.* : exæd. [10] *prælato* : Edd. Bas. — *præfato* : Edd. rell. [11] *fuerit* : Ans. — Edd. coll. o. [12] *denegemus* : Edd. coll. o. [13] *ejecti* : Ed. Bas. [14] *hoc* : Edd. coll. o. [15] add. : *quidem* : orig. — Edd. coll. o. [16] add. : *negant vel* : exæd. pr. Arg. [17] *esse* : Edd. coll. o. [18] *sunt* : ib. [19] *exsistunt* : ib. — Ans. [20] *quod periculum* : Ed. Bas.

## QUÆSTIO II et III
## GRATIANUS.

**I. Pars.** Secunda autem et tertia quæstio eodem Concilio Carthaginensi VII [1], uno eodemque capitulo quarto terminantur. Illud vero est hujusmodi:

**C. I.** *Qui ab accusatione repelluntur, aut ad annum XIV nondum pervenerunt, testes esse non possunt.*

Testes autem ad testimonium non admittendos esse censemus, qui nec ad accusationem admitti præcepti [2] sunt, vel etiam quos ipse accusator de domo sua produxerit. Ad testimonium autem infra [3] annos quatuordecim ætatis suæ [4] non admittantur.

**C. II.** *De eodem.* PALEA.

[*Item ex Concilio Maticensi, c. 6.* [5]]

« Placuit sancto conventui, ut testes ad testimonium dicendum pretio non conducantur, et ut quique optimi et fideliores in testimonium assumantur, ut is, contra quem testimonium [6] ferre debent, nullam eis possit afferre [7] calumniam, et ut nullus testimonium dicat nisi jejunus. »

**II. Pars.** Gratian. *Item in criminali causa:* Produci testis non potest, qui ante in eum reum testimonium dixit; *sicut in 22 lib. ff. tit. de testibus, lege 23, invenitur. Item tit. eod. l. Ob carnem,* § *Si testes:*

**C. III.**[a]

Si [8] testes omnes ejusdem honestatis et existimationis sint, et negotii qualitas, ac judicis motus cum his concurrat, sequenda sunt omnino [9] testimonia. Si vero ex his quidam eorum aliud dixerunt, licet in pari [10] numero, credendum quidem est, sed quod naturæ negotii convenit, et quod inimicitiæ aut gratiæ suspicione caret, confirmabitque judex motum animi sui ex argumentis et testimoniis, quæ rei aptiora et vero [11] proximiora esse compererit. Non enim ad multitudinem respici oportet, sed ad sinceram testimoniorum fidem, et testimonia, quibus potius lux veritatis assistit. *Item lege 2, ff. eod.:* § **1.** In testibus [12] fides, dignitas, mores [13], gravitas examinanda est, et ideo testes, qui adversus fidem testationis suæ vacillant, audiendi non sunt. *Item lege 3.:* § **2.** Testium fides diligenter examinanda est, A ideoque in persona eorum exploranda erunt imprimis conditio cujusque, utrum quis decurio, an plebeius sit, et an honestæ et inculpatæ vitæ, an vero quis notatus et reprehensibilis, an locuples, vel [14] egens sit, ut [15] lucri causa quid facile admittat, vel an ei inimicus sit, adversus quem testimonium fert, vel amicus ei, pro quo testimonium dat. Nam, si careat suspicione testimonium, vel propter personam, a qua fertur [16], quod honesta sit, vel propter causam, quod neque lucri, neque gratiæ, neque inimicitiæ causa fiat [17] admittendum [18] est. *Item eadem lege paulo inferius:*

**III. Pars.** § **3.** Lege Julia de vi cavetur, ne hac lege in reum testimonium dicere liceat [19] 'ei', qui se ab eo parenteve ejus liberaverit, quive impubes [20] erit, quive judicio publico damnatus [21] erit, qui eorum in integrum restitutus non erit, quive in vinculis custodiave publica erit, quive ad bestias, ut depugnet [22], se locaverit, quæve [23] palam quæstum faciat [24] fecerive, quive ob testimonium dicendum vel non dicendum pecuniam accepisse judicatus vel convictus erit [25]. *Item l. 4.*: § **4.** Lege Julia publicorum judiciorum cavetur, ne invito denuncietur, ut testimonium 'litis' dicat adversus socerum, generum, vitricum, privignum [26], sobrinum, sobrinam, sobrinove [27] natum, eosve, qui priore [28] gradu [29] sint. § **5.** Item, ne liberto ipsius, liberorumve ejus, parentum viri uxorisve. § **6.** Item, ut nec patroni patronæve adversus libertos, neque liberti adversus patronum cogantur testimonium dicere. § **7.** Quum autem excipitur, ne gener aut socer invitus testimonium dicere cogatur, generi appellatione sponsum filiæ quoque contineri placet. Item soceri sponsæ patrem. *Item lege 6.:* § **8.** Idonei non videntur esse testes, quibus imperari potest ut testes fiant. *Item lege 7.*: § **9.** Servi responso tunc credendum est, quum alia probatio ad eruendam veritatem non est. *Item lege 8.*: § **10.** Inviti testimonium dicere non coguntur senes, valetudinarii, vel milites, vel illi, qui cum magistratu reip. causa absunt, vel quibus venire non licet. *Item lege 19:* § **11.** Publicani etiam testimonium non dicunt inviti. § **12.** Item is, qui non

---

## NOTATIONES CORRECTORUM.

**Quæst. II. et III. C. III.** [a] In hoc capite varias leges Digestorum et Codicis ita refert Gratianus, ut interdum eadem prorsus afferat verba, interdum vero mutet, ac transponat, et in summam redigat. Ac plura quidem sunt ex originali emendata, nisi ubi Gratianus de industria mutaverat.

---

**Quæst. II et III. P. I.** [1] hab. n. 419. — cf. Cap. 1, 7, c. 101. Burch. l. 16, c. 20. Ivo Pan. l. 4, c. 83. decr. p. 6, c. 364. = C. I. [2] *jussi*: Edd. coll. o. [3] *intra*: Coll. Hisp. — Ivo Pan. — Edd. Bas. Lugd. II, III. [4] *add.: constitutus*: Edd. coll. o. = C. II. [5] *imo ex Cap. reg. Franc, l. 3, c. 52.* — Reg. 1. 2, c. 356. Burch. l. 16, c. 35. — c. 1, Comp. II et X de test. [6] *testimoniare*: Burch. [7] *auferre*: Ed. Bas. = P. II. C. III. [8] l. 22. Dig. t. 5. fr. 21. [9] *omnia*: Edd. coll. o. [10] *impari*: Edd. Arg. Bas. Lugdd. II, III. — orig. [11] *veritati*: Edd. coll. o. [12] *testimoniis*: orig. [13] *morum*: Ed. Bas. [14] *an etiam*: Edd. Ven. II, Par. Lugdd. [15] *vel*: Edd. Bas. — *aut*: Edd. Arg. Nor. Ven. I. [16] *profertur*: Ed. Ven. [17] *fit*: Ed. Arg. — *sit*: Edd. rel. [18] *admittendus*: Edd. coll. o. — P. III. [19] *liceret*: eæd. pr. Bas. — orig. [20] *impuberes erunt*: orig. — Ed. Bas. [21] *condemnandus*: Ed. Arg. [22] *depugnaret*: Edd. coll. o. — orig. [23] *quive*: Edd. Arg. Bas. Ven. I, II. Lugdd. [24] *faciet*: Edd. Bas. — *facit*: Edd. rell. [25] *fuerit*: Edd. coll. o. [26] *add.: privignam*: eæd. pr. Bas., propt. pr. Arg. Ven. II. Nor. [27] *add.: sobrinave*: Edd. coll. o. pr. Arg. Ven. II. Nor. [28] *propriore*: Edd. Ven. II. Nor. Lugd. I. — *propiore*: Edd. Ven. I Par. Lugdd. II, III. [29] *in — gradu*: Edd. coll. o.

detractandi testimonii causa aberit. § 13. Item is, qui[30] exercitui præbenda[31] conduxerit. Sed nec pupillis testimonium denunciari potest. *Item l.* 20. : § 14. In testimonium accusator citare non debet eum, qui in judicio publico reus erit[32], aut[33] qui minor viginti annis erit. *Item l.* 21. : § 15. Ob carmen famosum damnatus intestabilis fit[34]. *Item* : § 16. Si res exigat[35], non tantum privati, sed etiam magistratus, si in præsenti sint, testimonium dicant. Prætor quoque testimonium dare debet in judicio adulteri causa[36]. § 17. Si autem ea rei conditio sit, ut[37] arenarium testem vel similem personam admittere cogamur[38], sine tormentis testimonio ejus credendum non est. *Item l.* 24. : § 18. Testes * eos *, quos accusator de domo[39] produxit[40]; interrogari non placuit. *Item l.* 25. : § 19. Patroni quoque in causa, cui patrocinium præstiterunt[41], testimonium non dicant, quod et in exsecutoribus negotiorum observandum est. *Item lege* 16. :

IV. Pars. § 20. Qui falso[42] vel varie[43] testimonia dixerunt, vel utrique parti prodiderunt, a judicibus competenter puniantur[44]. *Item l.* 17. : § 21. Pater et filius, qui in potestate ejus est, item duo fratres, qui in ejusdem patris potestate sunt, testes utrique in eodem testamento[45], vel eodem negotio fieri[46] possunt, quoniam nihil nocet ex una domo plures testes alieno negotio adhiberi. *Item l.* 15. : § 22. Hermaphroditus an ad testimonium adhiberi possit, qualitas incalescentis sexus ostendit. *Item l.* 9. : § 23. Testis idoneus pater filio, aut filius patri non est. *Item l.* 10. : § 24. Nullus idoneus testis in re sua intelligitur. *Item l.* 11. : § 25. Ad fidem rei gestæ faciendam etiam non rogatus testis intelligitur. *Item l.* 12. : § 26. Ubi numerus testium non adjicitur, etiam duo sufficient[47]. Pluralis enim locutio duorum numero contenta est. *Item l.* 3. : § 27. In testibus considerandum est, qui simpliciter[48] visi sunt dicere, utrum unum, eundemque et * præmeditatum[49] sermonem attulerint, an ad ea, quæ interrogantur, ex tempore verisimilia responderint[50]. *Item paulo inferius* : § 28. Sæpe[51] sine publicis monumentis[52] cujusque rei veritas deprehenditur; alias numerus testium, alias dignitas et auctoritas, alias

A veluti consentiens fama confirmat rei, de qua quæritur, fidem. Non ergo ad unam probationis speciem cognitionem statim[53] judex alligare debet, sed ex sententia animi sui existimare, quid aut credat, aut parum sibi probatum opinetur. *Item paulo inferius* : § 29. Alia est auctoritas præsentium testium, alia testimoniorum, quæ recitari solent. *Item*[54] *Codicis lib. IX, tit. de testibus, l.* 2. : § 30. Soli testes ad ingenuitatis probationem non sufficiunt, nisi instrumentis et argumentis adjuventur. *Item l.* 3. : § 31. Etiam jure civili domestici testimonii fides improbatur. *Item l.* 4. : § 32. Sola attestatione prolatam, nec aliis legitimis adminiculis causam approbatam nullius esse momenti certum est. *Item l.* 5. : § 33. Eos testes ad veritatem adjuvandam adhiberi[55] oportet, qui omni gratiæ et potentatui fidem religioni judiciariæ debitam possint[56] præponere. *Item l.* 6. : § 34. Parentes et liberi invicem adversus se nec volentes ad testimonium admittendi sunt. *Item l.* 7. : § 35. Qui intendit, suæ intentionis[57] proprias debet afferre probationes, non petere adversarium cogi ad exhibitionem eorum, per quos[b], sibi negotium flat. *Item l.* 8. : § 36. Servi neque pro domino, neque adversus dominum, sed pro facto suo interrogari possunt. *Item l.* 9. : § 37. Jurisjurandi religione testes prius, quam perhibeant testimonium, coarctentur[c], et honestioribus potius testibus fides habeatur. § 38. Unius vero testimonium nemo judicum in quacunque causa facile patiatur admitti; imo unius testis responsio omnino non audiatur, etiamsi præclaræ[58] curiæ honore præfulgeat. *Item l.* 10. : § 39. Omnibus in re propria dicendi testimonii[59] facultatem jura submoverunt. *Item l.* 11. § 40: Liberi[60] testes ad causas postulantur[61] alienas, si socii et participes criminis non dicantur, sed fides ab iis notitiæ postuletur. Venturis autem ad judicium per accusatorem, vel ab iis, per quos fuerant[62] postulati, sumtus competens[63] ministretur, etiamsi in pecuniaria causa ab alterutra parte testes producendi sint. *Item l.* 12. : § 41. Liberti adversus patronos sponte prodire[64] non audeant, sed ne vocati quidem in judicium[65] venire cogantur. *Item l.* 17. : § 42. Si quis testibus usus fuerit, iidemque testes

### NOTATIONES CORRECTORUM.

[b] *Per quos* : In vulgatis* legebatur : *per quæ.* Emendatum vero est ex manuscriptis et lege ipsa, in qua agitur de exhibitione testium, non autem de editione instrumentorum.

[c] *Coarctentur* : Sic in aliquot manuscriptis, quæ lectio cum his verbis legis : *arctari præcipimus,* magis convenit quam vox : *coerceantur,* quæ erat in impressis[**].

---

QUÆST. II et III. C. III. [30] *qui quid exercitui præbendum conduxerit* : orig. [31] *præbendam* : Edd. coll. o. [32] *fuerit* : Edd. coll. o. pr. Bas. [33] *aut — erit* : desid. in Ed. Arg. [34] *erit* : Edd. coll. o. [35] *exigit* : exd. [36] *de — causa* : exd. [37] *ubi* : exd. [38] *cogimur* : exd. pr. Bas. [39] *aliis* : sua : Ed. Bas. — *propria* : Edd. rell. [40] *produxerit* : Edd. coll. o. [41] *præstant* : exd. — IV. [42] *falsa* : Edd. Bas. Ven. II. [43] *varia* : Ed. Ven. II. [44] *puniuntur* : Edd. coll. o. [45] *add.* : *esse* : Edd. coll. o. pr. Bas. [46] *esse* : Ed. Bas. [47] *sufficiunt* : Edd. coll. o. pr. Bas. [48] *simpl. testimonium dicant* : Edd. [49] *meditatum* : exd. [50] *respondeant* : exd. [51] *add.* : *etiam* : exd. pr. Bas. [52] *munimentis* : Ed. Bas. — *documentis* : Edd. rell. [53] *suam* : Edd. coll. o. [54] Cod. l. 4, t. 20, c. 2. [55] *haberi* : Bohm. [56] *possunt* : Edd. coll. o. [57] *intentioni* : exd. * et Edd. coll. o. — ** *coercentur* : Ed. Bas. — *coerceantur* : Edd. rell. [58] *præsidalis* : Edd. Nor. Ven. I. Par. Lugdd. — *præsidali* : Edd. rell. [59] *testimonia* : Edd. coll. o. [60] *Liberti* : Edd. Lugdd. II, III. [61] *postulentur* : Edd. coll. o. [62] *fuerint* : Edd. Bas. Lugdd. [63] *competentes ministrentur* : Edd. coll. o. — Bohm. [64] *procedere* : Edd. coll. o. [65] *judicio* : exd.

adversus eum in alia lite producantur, non licebit ei personas66 eorum excipere, nisi ostenderit, inimicitias inter se et illos postea emersisse67, ex quibus testes repelli leges praecipiunt; non adimenda scilicet ei licentia ex ipsis depositionibus testimonium eorum arguere. § 43. Sed et si liquidis probationibus datione vel promissione pecuniarum eos corruptos esse ostenderit, etiam eam allegationem integram ei servari oportet.

Gratian. *Sed objicitur illud beati Bricii*68, *qui voce pueri triginta dies ab ortu habentis innocens probatus est. Sed miracula divina sunt admiranda, non in exemplum humanae actionis trahenda.*

---

## QUÆSTIO IV.

### GRATIANUS.

I. Pars. *De quarta vero quaestione* Fabianus Papa *epist. II*¹, *ad Episcopos orientales constituit, dicens :*
C. I. *Accusator et testis vel judex aliquis simul esse non potest.*

Nullus unquam praesumat accusator simul esse et judex vel testis, quoniam in omni judicio quatuor personas necesse est semper adesse², id est judices electos, accusatores idoneos ᵃ, defensores congruos atque testes legitimos. Judices³ autem ᵇ debent uti aequitate, testes veritate, accusatores intentione ad amplificandam causam, defensores extenuatione ad minuendam causam.

C. II. *Quilibet in causa duas personas gerere non debet.*

*Item* Damasus Papa, *epist. IV, c.* 7⁴.

Nullus introducatur personaliter⁵, sed accusatores et accusati aequa audiantur ratione, juxta quod 'gestorum' ordo exigit. Accusatores vero et judices non iidem sint, sed per se accusatores, per se judices, per se testes, per se accusati, unusquisque in suo 'ordinabiliter' ordine.

II. Pars. § 1. 'Nam' inscriptio 'primo' semper fiat, ut talionem calumniator recipiat, quia ante inscriptionem nemo debet judicari vel damnari, quum et saeculi leges haec eadem retineant.

Gratian. *Ut codice libro IX, titulo de accusationibus et inscriptionibus, l. 6, et Codice, eodem libro, de adulteriis, l. 6, et titulo de abigeis, l. unica.* § 1. *Aliquando etiam sine inscriptione accusatio fieri potest.* Ea⁶ enim, quae per officiales⁷ praesidibus denunciantur, et citra solemnia accusationum posse perpendi incognitum non est. § 2. *Item Codice de adulteriis, l. 6.:* Si maritus jure mariti, hoc est intra sexaginta dies utiles, adulterium uxoris suae accusare voluerit, quam ex suspicione sola ream facere valet, non continetur vinculo inscriptionis. § 3. *Item Cod. de abigeis, l. unica :* Abacti animalis accusatio non solum cum Inscriptionibus, sed etiam sine observatione proponitur. § 4. *Item Cod. de accusat. l. 8. :* Si quis se injuriam ab aliquo passum putaverit, et querelam deferre voluerit, non ad stationarios decurrat, sed praesidalem adeat potestatem, aut libellos offerens, aut querelas suas apud acta deponens. § 5. In aliis autem ᶜ criminalibus causis dignum est ut inscriptiones praeponantur, quae magnitudinem videlicet criminis tempusque designent, ut alterutram partem digna legum terrere possit auctoritas ᵈ.

III. Pars. Gratian. *De domo etiam judicis accusator vel testis produci non debet, ne in causam suspicionis incidat judex.*

*Unde* Nicolaus Papa *ad Michaelem Imp., epistola, cujus initium est :* « Proposueramus. » *e* ⁸ *:*

C. III. *Suspicionis incidet in crimen judex, de cujus domo vel accusator vel testis producitur.*

Contra ritum ecclesiasticum, contraque venerandas leges producitur accusator de imperialibus aedibus, et cui imperari potest ad⁹ falsum dicendum testimonium adhibetur. Fiunt suspecti judices et mercenarii, et lupi custodes, 'qui videbantur esse pastores'.

---

### NOTATIONES CORRECTORUM.

QUÆST. IV. C. I. ᵃ *Idoneos :* Apud Fabianum et Burchardum et Ivonem hic locus ita habet : *judices electos, et accusatores, ac defensores, atque testes.* Verum quia voces illae : *idoneos, congruos, legitimos,* sunt in omnibus vetustis codicibus Gratiani et Panormiae, nihil est mutatum.
ᵇ *Judices autem :* Haec neque in epistola sunt, neque apud alios collectores, nisi in Panormia.

C. II. ᶜ *In aliis autem :* Lex. 16, Cod. de accus. sic habet : *In causis criminalibus,* cetera vero eodem plane modo atque a Gratiano inferuntur.
ᵈ *Auctoritas :* In vulgatis hic repetebatur versiculus : *Inscriptio,* ex capitulo Damasi, sed abest a vetustioribus codicibus, et frustra repetitur.
C. III. ᵉ Caput hoc emendatum est ex ipso originali Romae impresso.

---

QUÆST. II et III. C. III. ⁶⁶ *in pers.* : Edd. Bas. Ven. 1 Lugdd. ⁶⁷ *emersas fuisse* : Edd. coll. o. ⁶⁸ Sulpicius Severus i. 3, vitae S. Martini.
QUÆST. IV. P. I. ¹ Caput Pseudoisidori, cf. Capit. A. 744, c. 18. — Cap. l. 7, c. 339. Burch. l. 16, c. 15. Ans. l. 3, c. 75. Ivo Pan. l. 4, c. 81. Decr. p. 6, c. 321. = C. I. ² *esse* : Edd. coll. o. ³ haec desumta sunt ex Capit. A. 744, c. 18. = C. II. ⁴ Caput Pseudoisidori, cf. Theod. cod. l. 2, t. 2, c. 1 et l. 9, t. 1. — Burch. l. 16, c. 51. Ans. l. 3, c. 47. Ivo Pan. l. 4, c. 81. Decr. p. 6, c. 337. ⁵ *add.* : *in causam* : Edd. coll. o. — P. II. ⁶ Cod. l. 9, t. 2, c. 7. ⁷ *officium* : orig. = C. III. — P. III. ⁸ scr. A. 865. — Coll. tr. p. p. 1, t. 62, c. 71. ⁹ *Quum ad falsum testimonium quis* (abest ab Edd. Arg. Nor. Ven. II) *adhibetur* : Edd. coll. o.

## QUÆSTIO V.
### GRATIANUS.

*De quinta vero quæstione* in Concilio Carthaginensi[1] III, c. 7, *sic invenitur definitum* :

C. I. *Non est a communione suspendendus, qui die statuta ad causam venire non potuit.*

Quisquis episcoporum accusatur, ad primatem[2] provinciæ ipsius[3] causam deferat accusator. Nec a communione suspendatur cui crimen intenditur, nisi ad causam suam dicendam electorum judicum[4], die statuta, literis[5] evocatus minime occurrerit, hoc est intra[6] spatium mensis ex ea die[6] qua eum literas accepisse constiterit. Quod si aliquas veras[7] necessitatis causas probaverit, quibus[8] eum[8] occurrere non potuisse manifestum sit, causæ suæ dicendæ intra alterum mensem integram habeat facultatem. Verum[9] tamdiu post mensem secundum non communicet, donec purgetur. Sin autem nec ad concilium universale[b][10] occurrere voluerit, ut vel ibi causa ejus terminetur, ipse in se damnationis 'suæ'[10] sententiam dixisse judicetur. Tempore sane, quo non communicat, nec in sua ecclesia[c] vel[11] parochia communicet. Accusator autem ejus, si nunquam diebus causæ dicendæ defuerit[12], a communione non removeatur. Si vero aliquando defuerit subtrahens se, restituto in communionem[13] episcopo, removeatur a communione accusator, ita tamen ut nec ipsi adimatur facultas causæ peragendæ, si se ad[14] diem[15] occurrere non noluisse[16], sed non potuisse probaverit.

## QUÆSTIO VI.
### GRATIANUS.

*Sexta vero quæstio* eodem septimo capitulo Concilii Carthaginensis III[1] *terminatur, in quo sequitur* :

C. I *In civili et proprio duntaxat negotio ad arguendum admittitur, qui in episcopi accusatione culpabilis invenitur.*

Illud vero placuit, ut quum agere cœperit in episcoporum judicio, si fuerit accusatoris persona culpabilis[2], ad arguendum[3] non admittatur, nisi proprias causas, non tamen ecclesiasticas vel criminales[a], asserere voluerit.

C. II. *Propriam causam agere valet cui accusare non licet.*

*Item* ex Concilio Carthaginensi VII, c. 2, *prope finem*[4] :

Omnibus, quibus accusatio denegatur, in causis propriis accusandi licentia non est deneganda[5].

C. III. *In accusatione episcoporum deficiens civiliter tantum experiri poterit.*

*Item* Felix Papa *omnibus Episcopis per Galliæ provincias constitutis, epistola II*[6].

Si accusatorum personæ in judicio episcoporum culpabiles apparuerint, ad arguendum non admittantur, nisi proprias causas asserere, non tamen criminales vel ecclesiasticas, voluerint.

C. IV. *De eodem.*

*Item* Hadrianus Papa *in capitulis, c.* 5[7] :

Quod si accusatorum personæ in judicio episcoporum culpabiles apparuerint, ad arguendum non admittantur, nisi proprias causas habuerint, non tamen criminales vel ecclesiasticas.

---

# CAUSA V.

### GRATIANUS.
*In infamiam cujusdam episcopi chartula accusationis occulte conscribitur; tandem accusator procedit in publicum. Episcopus autem semel literis*

---

### NOTATIONES CORRECTORUM.

QUÆST. V. C. I. [a] *Electorum judicum* : Istæ duæ voces absunt ab editione Coloniensi conciliorum in quatuor tomis[*].
[b] *Universale* : In concilio[*] ipso additur : *anniversarium*, quod in Africano concilio c. 62, ostenditur de universali concilio Africæ esse intelligendum.
[c] *Nec in sua ecclesia* : Sic in ceteris conciliorum editionibus, et codice canonum, et apud ceteros collectores. Sed in editione quatuor tomorum est : *nec in sua plebe communicet*. Græce c. 19, legitur : μηδὲ ἐν τῇ ἰδίᾳ ἐκκλησίᾳ, μηδὲ ἐν παροικίᾳ κοινωνήσῃ, id est : *neque in propria ecclesia, neque in parochia communicabit*.

QUÆST. VI. C. I. [a] *Vel criminales* : Abest hoc a concilii et ceteris collectoribus, sed retentum est ob casum. et revertitur in c. *Si accusatorum.*

---

QUÆST. V. C. I. [1] hab. A. 391. — Burch. l. 1, c. 160. Ans. l. 3, c. 122 (121). Ivo Pan. l. 4, c. 106. Decr. p. 5, c. 170. [2] *primates* : Edd. coll. o. — Coll. Hisp. — Dionys. [3] *ipsius ejus* : Edd. Bas. Lugdd. — *ipse ejus* : Edd. rell. [4] leguntur quidem ap. Isid. Merl. et Dionys., nec tamen in Coll. Hisp. [5] add. : *ptimæ sedis* : Ans. — Coll. Hisp. [6] *infra* : Edd. col. o. pr. Lugdd. II, III. [7] add. : *numerandum* : Ans. [8] *veræ* : Ivo. [9] add. : *tamen* : Ed. Bas. [10] ap. Dionys., Isid. Merl. et Ans. [11] add. : *infra anni spatium* : Burch. — Ivo. [12] abest ab orig. et Coll. citt. [13] *nec vel* : Edd. col. o. pr. Bas. [14] add. : *subtrahens se* : Ivo. — Pan. — Edd. coll. o. [15] *communione* : eæd. — Ivo Burch. [16] *ante* : Edd. Arg. Nor. Ven. II [17] add. : *constitutum* : Ivo. — *statutum* : Edd. coll. o. [18] *voluisse* : Ivo Pan.) — Edd. Arg. Nor. Ven. I, II. Lugd. I. Par.

QUÆST. VI. C. I. [1] hab. A. 397. — Burch. Ans. Ivo ib. [2] *damnabilis* : Edd. coll. o. [3] add. : *de cetero* : eæd. = C. II. [4] hab. A. 419. — Coll. tr. p. p. 2, t. 21, c. 2. Ivo Decr. p. 16, c. 64. [5] *neganda* : orig. — Ivo. — Ed. Bas. = C. III. [6] Cap. Pseudoisidori, cf. c. 1. eæd. — Ivo Decr. p. 6, c. 418. — cf C. 3, q 10, c. fin. = C. IV. [7] cf. cap. 1, 3, cad. — Ans. in fine l. 3.

evocatus, causæ suæ die statuta adesse non valens, per procuratorem judici se præsentavit; absque synodali audientia damnatur. Demum judicio per appellationem renovato, de accusatoris inimicitia episcopus conqueritur; tandem in ipsa probatione deficit accusator. (Qu. I.) Primo quæritur, qua pœna sit feriendus, qui, famosum libellum clanculo scribens, probare negligit quæ literis mandavit? (Qu. II.) Secundo, quoties sit vocandus ad causam antequam sententiam damnationis accipiat? (Qu. III.) Tertio, an per procuratorem causam suam agere valeat qui per se ipsum causæ suæ adesse non potest? (Qu. IV.) Quarto, an absque synodali audientia sit damnandus? (Qu. V.) Quinto, an ideo aliquis habendus sit inimicus, quia crimen alterius judicat? (Qu. VI.) Sexto, qua pœna sit plectendus, qui quod intulit probare non valet?

præsumsit ostendat. ° Quod [6] si non exierit, neque publice confessus fuerit, quisquis ille sit, qui hoc agere præsumsit [9], vel consensum ˙in˙ tantæ iniquitatis consilio præbuit, ex Dei et Domini nostri Jesu Christi spiritu definimus, ut sancti ejus corporis ac sanguinis participatione privatus sit. Si vero, quia latet, et quoniam nescitur, teneri ad disciplinam [10] non valet, si [11] tanti mali conscius, etiam [12] prohibitus, corpus ac sanguinem Domini percipere præsumit [13], anathematis ultione percussus sit [d], et ut fallax ac postifer a sanctæ Ecclesiæ corpore sit divisus. Et infra: Sin autem in [14] eadem civitate egressus [15] ad publicum potuerit [16] docere quæ dixit [17], vel certe [18] sciens se non posse quæ scripsit ostendere, errorem suum fuerit aperte confessus, dominici corporis ac sanguinis participatione non sit privatus, neque corpore sanctæ Ecclesiæ alienus existat.

C. III. *Anathematizentur qui famosos libellos in ecclesia ponunt.*

Item in Concilio Eliberitano, c. 52 [19]:

Si [20] qui inventi fuerint famosos libellos [21] in ecclesia ponere [22], anathematizentur.

Gratian. Item Codice lib. IX, tit. de famosis libellis, lege un. Impp. Valentinianus et Valens, AA.: Si quis famosum libellum domi [23], sive in publico, vel quocumque loco ignarus repererit, aut corrumpat prius, quam alter inveniat, aut nulli confiteatur [24] inventum. Sin vero non statim easdem chartulas vel corruperit, vel igne consumserit [25], sed vim earum [26] manifestaverit, sciat, se quasi auctorem hujusmodi delicti capitali sententiæ subjugandum. Et infra: Hujusmodi autem libellus alterius opinionem non lædat.

## QUÆSTIO I.
### GRATIANUS.

De prima quæstione Hadrianus Papa *scribit in capitulis, cap. 49, al. 50, dicens* [1]:

**C. I.** *Flagelletur qui scripta in alterius famam neglexerit probare.*

Qui in alterius famam publice [a] scripturam aut verba contumeliosa confinxerit, et repertus scripta non probaverit, flagelletur, et qui ea [2] prius invenerit rumpat, si non vult auctoris facti causam [3] incurrere.

**C. II.** *De eodem.*

Item Gregorius *l. V. epist. 30* [4]:

Quidam maligni spiritus consilio repletus, contra Castorium notarium ac responsalem nostrum nocturno silentio in publico [b] civitatis loco contestationem posuit in ejus crimine loquentem [5], mihique etiam [6] de facienda pace callide contradicentem [c] [7] ˙Et quia quisquis veraciter loquitur, semetipsum innotescere non debet formidare, oportet ut publice exeat, et quæcunque in contestatione sua loqui

## QUÆSTIO II.
### GRATIANUS.

*Vocatio autem ejus, qui impetitur, non semel, sed bis et tertio per congruum spatium rationabilibus scriptis fieri debet.*

### NOTATIONES CORRECTORUM.

CAUSA V. Quæst. I. C. I. [a] *Publice*: Hadrianus, Capitulare Caroli, et Ivo habent: *in publico.*

C. II. [b] *Publico*: Hæc vox abest a manuscriptis et originali et Ivone, sed ob casum est retenta, et in aliquot vetustis est glossa interlinearis.

[c] *Contradicentem*: Quæ sequuntur usque ad vers.: *Quod si*, addita sunt ex ipsa epistola, et referuntur etiam ab Ivone.

[d] *Percussus sit*: Antea legebatur: *percutiatur*, sed quum ea, quæ antecedunt, ipso facto ligent, quia ad occultum delictum referuntur, emendatum hoc est, quemadmodum alia multa, ex epistola ipsa. Apud Ivonem vero legitur: *anathematis ultione percussus ut fallax*, etc.

---

CAUSA V. QUÆST. I. C. I. [1] Cap. l. 7, c. 361. — Ans in fine l. 3, c. 42. Ivo Decr. p. 4, c. 156, p. 16, c. 235. [2] *eam*: Edd. coll. o. [3] *famam*: Ed. Bas. = C. II. [4] ep. 31, (scr. A. 596, ad Marinianum Ravennatem) l. 6. Ed. Maur.— Ivo Decr. p. 6, c. 381. [5] *et* Edd. coll. o. pr. Lugd. II, III. [6] *loqu. mihi, et etiam*, etc. [7] Edd. Arg. Nor. Ven. II. [8] abest ab Ed. Bas. [9] add.: *asserebant*: Edd. coll. o. [10] *Qui*: exd. [11] *præsumserit*: exd. [12] *a disc.*: orig. [13] *desid.* ib. [14] *et jam*: ib. [15] *præsumat*: Ed. Bas. — *præsumserit*: Edd. rell. [16] *ita* Edd. coll. o. [17] *in eandem civ.*: Edd. Lugdd. II, III. [18] *ingressus*: Edd. coll. o. [19] *poterit*: exd. pr. Bas. [20] *dixerit*: Edd. Bas. Ven. 1. Lugdd. [21] *forte*: Edd. coll. o. = C. III. [22] hab. non serius A. 310. — Capit. l. 6, c. 316. Burch. l. 3, c. 199. Ans. in fine l. 3. Ivo Decr. p. 3, c. 201, p. 4, c. 154. Polyc. l. 3, t. 21. [23] *Hi*: Coll. Hisp. — Edd. Arg. Bas. [24] add.: *vel ignotus*: Burch. — *et ignotos*: Ivo p. 5. [25] *legere*: Ans. Ivo p. 4. — *legere vel cantare*: Burch. Ivo p. 5. [26] *sive domi*: Edd. coll. o. [27] *fateatur*: Ed. Bas. [28] *combusserit*: Edd. coll. o. pr. Bas. [29] add.: *dolose*: Edd. coll. o.

*Unde* Damasus Papa *Stephano Archiepiscopo epist. III, scribit, dicens* [1]:

C. I. *Vocatio ad synodum ejus, qui impetitur, et in scriptis, et per spatium fiat congruum.*

Vocatio ad synodum juxta decreta Patrum canonica ejus, qui impetitur, rationalibus scriptis [a] per spatium fieri debet congruum atque canonicum, quia, nisi canonice vocatus fuerit suo tempore et canonica ordinatione, licet venerit ad conventum quacunque necessitate, nisi sponte voluerit, nullatenus suis respondebit insidiatoribus.

C. II. *Quibus temporum spatiis reus vocetur ad causam.*

*Item* Silvester Papa [2]:

Præsenti decreto censemus, ut imprimis paternaliter [3] vocentur, et per septem dies exspectentur, nullius ecclesiasticæ rei interdicta licentia. Huic vero exspectationi iterum addantur septem dies, interdicta ecclesiam intrandi licentia et omnia divina officia audiendi. Post vero addantur [4] duo dies, quibus a pace et communione sanctæ Ecclesiæ sint suspensi. Deinde vero iterum aliis duobus diebus sub eadem exspectatione deportentur [b]. Quibus uno die superaddito, omni exspectatione veluti jam desperata, reus mox anathematis gladio feriatur.

C. III. *Nullius accusatio per scripta suscipiatur. Item* Damasus Papa *ad Episcopos Italiæ, epist.* VI [5].

Relatum est ad sedem apostolicam, vos accusationes fratrum per scripta suscipere absque legitimo accusatore. Quod deinceps in omni terrarum orbe fieri apostolica auctoritate prohibemus, et quod nuper factum est absque ulla retardatione corrigere [6] curamus, nec unquam prius per scripta eorum, qui accusantur, causam [7] discutere 'liceat', quam per querelantium institutionem vocati canonice ad synodum veniant, et præsens per præsentem agnoscat veraciter et intelligat [8] quæ ei objiciuntur. *Et infra*, § 1 : Leges enim sæculi accusatores præsentes exigunt, et non per scripta absentes. Unde canonica Patrum constituta non semel, sed sæpissime clamant, nec accusationes, nec testimonium [b] ullum per scripta posse proferri, nec de aliis negotiis quicunque testimonium dicant, nisi de his,

A quæ sub præsentia eorum acta esse noscuntur. Similiter et qui [10] alium accusare elegerit præsens per se, et non per alium accuset, inscriptione videlicet præmissa. Neque [11] ullus unquam judicetur antequam legitimos accusatores præsentes habeat, locumque defendendi accipiat ad abluenda crimina. Curandum namque [12] est, nec ira quenquam subripiat [13], faciatque citius omne quod non licet [14].

C. IV. *Vi aut timore ejecti, aut suis rebus exspoliati, ad synodum non vocentur.*

*Item* Felix Papa II, *Athanasio, et omnibus orientalibus Episcopis, epist. I, c.* 5 [15]:

Si primates accusatores episcoporum cum eis pacificare familiariter minime potuerint, tunc tempore legitimo eos ad synodum [16] canonice convocatam non intra [17] angusta tempora canonice convocent, et non prius, quam eis per scripta significent quid [18] eis opponitur, ut ad responsionem præparati adveniant. Nam si aut vi, aut timore ejecti, aut suis [19] rebus expoliati fuerint, nec canonice vocari ad synodum possunt, nec respondere æmulis debent antequam canonice restituantur, et sua eis omnia legaliter reddantur.

Gratian. *His auctoritatibus evidentissime datur intelligi, quod, nisi quis canonice vocatus fuerit, etiamsi aliqua occasione ad synodum veniat, suis nullatenus cogitur respondere insidiatoribus. Canonica autem vocatio est quando servato dierum interstitio, secundum auctoritatem B. Sylvestri, causæ suæ literis adesse jubetur, quibus quid ei objiciatur auctoritate Felicis Papæ significari oportet.*

## QUÆSTIO III

GRATIANUS.

*Quod autem per procuratorem suum causam agere valeat qui impeditus causæ suæ adesse non valet, auctoritate Romanæ synodi, quæ tempore Hadriani Papæ celebrata est, probari videtur, in qua, c.* 5, *sic statutum legitur* [1]:

C. I. *Pro se legatum ad synodum mittat quem gravis necessitas premit.*

Si ægrotans fuerit episcopus, aut aliqua eum

---

NOTATIONES CORRECTORUM.

Quæst. II. C. I. [a] *Rationabilibus scriptis :* In epistola Damasi loco horum verborum legitur : *tam sua præsentia, quam et scriptis, atque apocrisiariis;* verum Anselmus, Burchardus, auctor Polycarpi et Ivo cum vulgata lectione conveniunt.

C. II. [b] *Deportentur:* Antea legebatur [a]: *expectentur.* Emendatum est ex Polycarpo, Anselmo et vetustis Gratiani exemplaribus, in quorum nonnullis hæc est glossa interlinearis : *id est expectentur.*

---

Quæst. II. C. I. [1] Caput Pseudoisidori, cf. conc. Carth. IV, hab. A. 419, c. 24.— Burch. l. 1, c. 156. Ans. l. 3, c. 50 (47). Ivo Decr. p. 5, c. 266. Polyc. l. 5, t. 1. = C. II. [2] Caput incertum. — Ans. l. 3, c. 120. Polyc. l. 5, t. 3. [3] *personaliter :* Ans. [4] *adjiciantur :* ib. — Ed. Bas. [a] ita in Edd. coll. o. excepta Arg. = C. III. [5] Caput Pseudoisidori. — Ans. l. 3, c. 48. Polyc. l. 5, t. 1. [6] *corrigi rogamus :* orig. [7] *causas :* Edd. coll. o. [8] *add. : ea :* ib. [9] *testimonia :* orig. [10] cf. C. 3, q. 9, c. 8. [11] cf. Act. ap. c. 25, v. 16. [12] *quoque :* Edd. coll. o. [13] *cuiquam subrepat : exed.* [14] *liceat :* Ed Bas. = C. IV. [15] Caput Pseudoisidori, cf. conc. Carth. hab. A. 419. c. 24. — Burch. l. 1, c. 221. Ivo Decr. p. 5, c. 335. [16] add. : *ante :* Ed. Bas. — *antea :* Edd. coll. o. [17] *infra :* Coll. citt. — Edd. coll. o. [18] *quicquid :* Ed. Bas. [19] *a suis :* ib.

Quæst. III. C. I. [1] Caput Pseudoisidori, cf. C. 4, q. 5, c. un. — Burch. l. 1, c. 51. Ivo Pan. l. 4, c. 19. Decr. p. 5, c. 161. Polyc. l. 5, t. 1.

gravis necessitas detinuerit, pro se legatum ad tempore apostolica auctoritate convocata, super synodum mittat, nec a communione suspendatur cui crimen intenditur, nisi ad causam suam dicendam, electorum judicum die statuta literis evocatus, minime occurrerit, hoc est (nisi aliena præoccupaverit necessitas) infra [2] duorum vel trium mensium spatium et [3] eo amplius, prout causa dictaverit.

Gratian. *Codicis lib. IX, tit. de accusat. et inscript., l. 5* :

*Imp. Alexander A.* : Reos capitalium criminum absentes etiam per procuratorem defendi leges publicorum judiciorum permittunt. § 1 : *Ecce, quod episcopus impeditus, et causæ suæ adesse non valens, legatum pro se jubetur ad synodum mittere. Sed legatus iste non ad causam agendam, sed ad necessitatem synodo exponendam, mittitur, qua impeditus episcopus synodo præsentiam suam exhibere non valuit. Causam autem (maxime criminalem) nulli nisi per se agere licet.*

*Unde* Hadrianus Papa *in capitulis c. 38, ait* [4] :

**C. II.** *Criminaliter accusans vel accusatus per se experiatur* :

In criminalibus causis nec accusator, nisi per se, aliquem accusare potest, nec accusatus per aliam personam se defendere permittitur.

**C. III.** *In omnibus causis, præterquam in criminalibus, episcopi et sacerdotes pro se advocatum habeant.*

*Item* Anacletus Papa [a] [5] :

Quia ep.scopus universique sacerdotes ad solam laudem Dei bonorumque operum actiones [6] constituuntur, debet unusquisque eorum tam pro ecclesiasticis, quam etiam pro suis actionibus (excepto publico videlicet crimine) habere advocatum, non malæ famæ suspectum, sed bonæ opinionis et laudabilis artis inventum, ne, dum humana lucra attendunt, æterna præmia perdant.

## QUÆSTIO IV.
### GRATIANUS.

*Quod autem absque synodali audientia damnari non debeat, auctoritate* Julii Papæ [1] *probatur, qui epist. I ait* :

**C. I.** *Nisi in legitima synodo episcopus judicari vel audiri non debet.*

Nullus episcopus, nisi in legitima synodo et suo tempore apostolica auctoritate convocata, super quibusdam criminationibus pulsatus audiatur, vel judicetur vel damnetur. Sin aliter præsumtum a quibusdam fuerit, in vanum deducatur quod egerint, nec inter statuta [a] ecclesiastica ullo modo reputetur.

**C. II.** *Episcopus accusatus a duodecim audiatur, causæ vero finis ad sedem apostolicam deferatur.*

*Item* Zephirinus *Urbis Romæ Archiepiscopus, epist. I, Episcopis Siciliæ* [2] :

Duodecim judices quilibet episcopus accusatus, si necesse fuerit, eligat, a quibus ejus causa *juste* judicetur, nec prius audiatur, aut excommunicetur vel judicetur, quam ipsi per se eligantur, et regulariter vocatus [3] ad suorum primo conventum episcoporum, per eos ejus causa juste audiatur, et rationabiliter discernatur. Finis vero ejus causæ ad sedem apostolicam deferatur, ut ibidem terminetur, nec antea finiatur [4] (sicut [5] ab apostolis, vel successoribus eorum olim statutum est) [6], quam ejus auctoritate fulciatur.

Gratian. *Quod vero absque synodali audientia episcopus damnari prohibetur, sine præjudicio Romanæ sedis oportet intelligi, quæ sua auctoritate quosque valet damnare vel damnatos absolvere. Unde* Gelasius papa [5] : *Ipsi sunt canones* etc. *Infra, causa nona* : Sententia excommunicationis notatus. § 1. *Item* Hadrianus *c. 8* : Salvo Romanæ Ecclesiæ in omnibus primatu, manifestum est quod illa, quæ sunt per unamquamque provinciam ipsius provinciæ, synodus dispenset, sicut in Nicæno constat decretum esse concilio : *Quum vero accusatus ad concilium venerit, quidquid considentium consultationibus agitur, aut ab accusantium parte proponitur, non contentiosis vocibus, sed mitissima verborum relatione proferatur.*

*Unde in* Toletano Concilio XI, c. 4, *legitur* [a] :

**C. III.** *In cognitione causarum contentiosi locum non habeant.*

In loco benedictionis considentes Domini sacerdotes nullis [7] debent aut indiscretis vocibus perstrepere [8], aut quibuslibet tumultibus perturbari [9], nullis etiam vanis fabulis vel risibus agi, et (quod deterius est) obstinatis disceptationibus [10] tumultuosas voces effundere. Si quis enim (ut Apostolus [11] ait, *putat se religiosum esse, non refrenans linguam*

---

## NOTATIONES CORRECTORUM.

Quæst. III. C. III. [a] Hoc capitulum, quod ex Anacleto citatur, habetur in concilio Eugenii P. II., tempore Ludovici ac Lotharii imperatorum habito, cap. 19. Quod etiam a Leone IV est repetitum. Ex quo canone Lotharius, lib. II legum Longobard. tit. de advocatis et vicedominis, octavum capitulare composuit.

Quæst. IV. C. I. [a] *Statuta* : Abest hæc dictio ab originali, et ceteris locis indicatis.

---

Quæst. III. C. I. [1] *intra* : Edd. Lugdd. II, III. [2] *vel* : Edd. coll. o. = C. II. [3] Ans. in fine l. 3. Ivo Pan. l. 4, c. 36. = C. III. [4] *ex conc. Rom. hab.* A. 826. [5] *actionem* : orig. — Ed. Bas.
Quæst. IV. C. I. [1] Caput Pseudoisidori. — Coll. tr. p. p. 1, t. 32, c. 4. Ans. l. 3, c. 86. — cf. Cap. Hadr. c. 3. Capit. reg. Franc. l. 6, c. 287. = C. II. [2] Caput Pseudoisidori, cf. Greg. M. ep. 53, 54, l. 5. — Ans. l. 3, c. 45 (41). Ivo Decr. p. 5, c. 245. Polyc. l. 5, t. 4. [3] *vocata* : orig. — Ivo. [4] verba asteriscis inclusa non sunt ap. Ans. [5] C. 9, q. 3, c. 16. = C. III. [6] hab. A. 675. — Ans. in princ. Ivo Decr. p. 4, c. 245. [7] *nullus debet* : Edd. coll. o. [8] *præstrepi* : Coll. Hisp. [9] *perturbare* : Edd. coll. o. [10] *concertationibus* . Coll. Hisp. — Ans. [11] Jac. c. 1, v. 26.

suam, sed seducens cor suum, hujus vana est religio. Cultum enim suum justitia perdit, quando silentia judicii obstrepentium turba [12] confundit, dicente Propheta [13]: *Erit cultus justitiæ silentium.* Debet ergo quidquid aut consultationibus [14] considentium agitur, aut ab [15] accusantium parte proponitur, sic mitissima verborum relatione proferri, ut nec contentiosis vocibus sensus [16] audientium turbent, nec judicii [17] vigorem de tumultu enervent. Quicunque ergo in conventu concilii hæc, quæ præmissa sunt, violanda crediderit, et contra hæc interdicta aut tumultu, aut contumeliis vel risibus concilium conturbaverit [18], juxta divinæ legis edictum, quo [19] præcipitur [20]: *Ejice derisorem, et exibit cum eo jurgium,* *et* eum [21] omni dedecore de consessione [22] abstractus a communi cœtu secedat, et trium dierum excommunicationis sententiam perferat [23].

## QUÆSTIO V.

### GRATIANUS.

*Nunc autem quæritur an sit aliquis judicandus malevolus, quia crimen alterius indicat. De hoc scribit B. Augustinus ser. III de communi vita clericorum, seu regula 3, dicens* [1]:

C. I. *Magis nocet qui crimen celat quam qui amicabiliter indicat.*

Non vos judicetis esse malevolos, quando crimen alterius indicatis. Magis quippe innocentes [2] non estis, si fratres vestros, quos indicando corrigere potestis, tacendo perire permittitis. Si enim frater tuus vulnus habet in corpore, quod velit occultari, dum [3] timet secari, nonne crudeliter a te siletur ac misericorditer indicatur? quanto ergo potius debes manifestare crimen [4], ne deterius putrescat in corde?

C. II. *Nec qui parcit est amicus, nec qui verberat inimicus.*

Idem *ad Vincentium Donatistam et Rogatistam, epist.* XLVIII [5]:

Non omnis, qui parcit, amicus est, nec omnis, qui verberat, inimicus. *Meliora* [6] *sunt vulnera amici*

*quam voluntaria oscula inimici.* Melius est eum severitate diligere quam cum lenitate decipere. § 1. Utilius esurienti panis tollitur, si de cibo securus justitiam negligebat, quam esurienti panis frangitur, ut injustitiæ [7] seductus acquiescat. § 2. Et qui phreneticum ligat, et qui lethargicum excitat, ambobus molestus [8] ambos amat. § 3. Quis nos potest amplius amare quam Deus? Et tamen nos non solum docere suaviter, verum etiam salubriter terrere non cessat. Fomentis lenibus, quibus [9] consolatur, sæpe etiam mordacissimum medicamentum tribulationis adjungens [10], exercet fame patriarchas [11], etiam pios et religiosos; populum contumacem pœnis gravioribus agitat; non aufert ab Apostolo [12] stimulum carnis tertio rogatus, ut virtutem in infirmitate perficiat. *Et infra,* § 4. Noveris [a] aliquando [13] furem avertendis [14] pecoribus pabulum spargere, et aliquando pastorem flagello ad gregem pecora errantia revocare.

C. III. *Non odio habetur, sed diligitur, qui castigatur et corripitur.*

*Item ex sermone* LXXXIV Ambrosii, *qui sic incipit:* « Amarior fortasse: »

Non osculatur semper pater filium, sed et aliquando castigat. Ergo quando castigatur qui diligitur, tunc circa eum pietas exercetur. Habet enim et [15] amor plagas suas, quæ dulciores sunt, quum amarissime [16] inferuntur. Dulcior enim est religiosa castigatio quam blanda remissio. Unde ait Propheta [17]: *Dulciora sunt vulnera* [18] *amici quam voluntaria oscula inimici.*

Gratian. *Ex his verbis datur intelligi, quod magis confert utilitati fraternæ, qui crimen accusando vel indicando persequitur, quam qui celando fovere nititur. Eusebius autem Papa contra statuere videtur, dum aliorum crimina sponte confitentes in episcoporum accusatione recipi prohibet, dicens epist. I ad Episcopos Galliæ* [19]:

C. IV. *Ad accusationem non admittantur aliorum crimina sponte confitentes.*

Illi qui aut in fide catholica, aut in inimicitia

---

### NOTATIONES CORRECTORUM.

Quæst. V. C. II. [a] *Noveris:* Apud B. Augustinum legitur: *et noveris,* pendetque hæc pars ex superiore periodi parte: *et putas nullam vim adhibendam esse homini,* etc.

---

Quæst. IV. C. III. [12] *turbo:* Edd. coll. o. — [13] Esa. c. 32, v. 17. — [14] *collationibus:* Coll. Hisp. — [15] abest a Coll. Hisp. et Iv. — *aut causantium:* Isid. Merl. — [16] *audientiam:* Coll. Hisp. *aures audientium:* Ans. — [17] *judicantium:* Coll. Hisp. — Ans. — *judicum:* Ivo. — *justi judicii:* Ed. Arg. — *judiciorum:* Edd. rell. — [18] *perturbaverit:* Coll. citt. — Edd. coll. o. — [19] *quæ præcepit:* Ed. Bas. — [20] Prov. c. 22, v. 10. — [21] *cum omni confusionis dedecore:* Coll. Hisp. — *c. o. confusione et dedecore:* Ans. — [22] *confessione:* Ivo. — Edd. Bas. Lugd. l. — [23] *ferat:* Edd. coll. o.

Quæst. V. C. I. [1] Liber de comm. vit. cler. Augustini non est, sed ab incerto auctore ex Aug. ep. ad Seleucianum confectus. — [2] *nocentes estis:* Edd. coll. o. — [3] *quum:* Edd. coll. o. — [4] abest est ab Ed. Bas. — *eum:* orig. = C. II. — [5] scr. A. 408, ep. 103. Ed. Maur. — cf. C. 23, q. 4, c. 37. — [6] add.: *enim:* Edd. coll. o. — cf. Prov. c. 27, v. 6. — [7] *injuste:* Ed. Bas. — [8] add.: *exsistit, et tamen:* Ed. Bas. — [9] add.: *Deus:* Edd. coll. o. — *omnes:* Edd. Lugd. Ven. I, II. Nor. Par. — [10] *adjungit:* Edd. coll. o. — [11] Gen. c. 42. — [12] 2 Cor. c. 12. — [13] *aliquem:* Ed. Arg. — [14] *in av.:* Ed. Bas. = C. III. — [15] abest ab Ed. Bas. — [16] *amarius.* — orig. — *amatis amarissime:* Edd. Bas. Lugd. — [17] Prov. c. 27, v. 6. — [18] *verbera:* Ed. Bas. = C. IV. — [19] Caput Pseudoisidori, confectum ex conc. Carth. hab. A. 421, c. 6, Ambros. ep. 64. Avian. ad Paul. l. 5, t. 15, § 2, Theod. cod. l. 9, t. 1, c. 18, et Ennodii apologetico. — Ans. l. 5, c. 25.

suspecti sunt, ad pulsationem episcoporum [20], non admittantur, 'quia veritatem professionis infidelitas et inimicitia impedire solet'. Nec illi 'credendi sunt aut admittendi', qui aliorum sponte crimina confitentur. Et ideo replicanda est solicite veritas, quam sponte prolata [21] in illis [22] vox habere non potest. Hanc diversis cruciatibus e latebris suis religiosus [23] tortor exigere debet, ut dum pœnis corpora [24] subjiciuntur, quæ gesta sunt fideliter et veraciter exquirantur.

### C. V. De eodem.
Item in Proverbiis, c. 11 [25].

Qui ambulat fraudulenter, revelat arcana; qui autem fidelis est, celat amici commissum. Item infra c. 25, § 1 : Quæ viderunt oculi tui ne proferas in jurgio cito, ne postea emendare non possis, quum dehonestaveris amicum tuum.

Gratian. Sed aliud est ex charitate aliorum crimina deferre, ut quos secreta admonitione corrigere non possumus convictos judicis sententia corripiat, atque aliud insidiando falsa objicere, vel insultando vera facile exprobrare. Illud vero charitatis, hoc autem impietatis est officium. § 1. Unde in eisdem Proverbiis, cap. 12, dicitur [26] : Verba impiorum insidiantur sanguini : os justorum liberabit eos. Et infra : Qui [27] quod novit loquitur, judex b justitiæ est : qui autem mentitur, testis est fraudulentus. Item [28] : Labium veritatis firmum erit in perpetuum : qui autem testis est repentinus, concinnat linguam mendacii. Item c. 13 [29] : Qui custodit os suum, custodit animam suam ; qui autem inconsiderate [30] loquitur, sentiet mala. Et infra [31] : Verbum mendax justus detestabitur : impius autem confundit et confundetur. § 2. Item Augustinus in Psal. 37 : Si aliquando c humana infirmitate pedes nostri in aliquod peccatum moventur, insurgunt linguæ iniquissimorum [32] inimicorum ; quum fuisset miserendum, irrident impii, unde dolent pii.

### QUÆSTIO VI.
### GRATIANUS.

I. Pars. Qui autem quod intendit probare non valet, puniendus est.

Unde Hadrianus Papa ait in capitulis, c. 41 [1] :

### C. I. Puniatur qui aliis falsa intulerit.

Omnis, qui aliis falsa intulerit, puniatur, et pro falsitate ferat infamiam.

### C. II. De eodem.
Item Gregorius Papa a :

Qui calumniam illatam non probat, pœnam debet incurrere, quam, si probasset, reus utique sustineret.

### C. III. Qua pœna ferialur qui crimen illatum non probat.
Item in Regesto b [2] :

Quia juxta canonicas Patrum sententias qui calumniam illatam non probat pœnam debet incurrere, 'quam si probasset, reus utique sustineret', ac per hoc, quia subdiaconus crimen diacono probare non potuit, quoniam impositionem manus (qua carere non potuisset) non habuit, non solum e sacerdotio, sed officio caruit, tanquam revera infamis meruit verberibus castigari. Nam cui cum tribus testibus veluti laico crimen quodlibet approbatur, non est mirum, quod objecit dum probare non sufficit, si corporali infamiæ quemadmodum laicus ex juris similitudine subjugatur. Quod enim esset diacono gradum amittere, hoc fuit subdiacono famæ plenitudine caruisse.

Gratian. Codicis libro 1, titulo de episcopis et clericis, l. 8. Imperator Theodosius :

II Pars. § 1. Presbyteri citra injuriam quæstionis [3] testimonium dicant, ita tamen ut falsa non simulent. Ceteri vero clerici, qui eorum [4] 'deinde' gradum vel ordinem sequuntur, si ad testimonium dicendum petiti fuerint, prout leges præcipiunt [5], audiantur, 'ut' salva tamen sit litigatoribus falsi actio, si forte presbyteri, qui suo nomine superioris loci testimonium dicere citra [6] aliquam corporalem

---

### NOTATIONES CORRECTORUM.

C. V. b Judex : Sic in Bibliis etiam Compluti et Antwerpiæ impressis. Sed in nonnullis manuscriptis habetur : index. Græce autem : ἐπιδεικνυμένην πίστιν ἐναγγέλει δίκαιος, ὁ δὲ μάρτυς τῶν ἀδίκων δόλιος; id est : clarum testimonium dat justus, testis autem injustorum dolosus.

c Si aliquando : Hic versiculus videtur sumtus partim ex verbis B. Augustini, partim ex glossa marginali et interlineari in eundem locum ex eod. B. Augustino et Cassiodoro.

Quæst. VI. C. II. a Hic Gratianus partem sequentis capituli quasi quandam per se sententiam, quod non raro solet, proponit.

C. III. b In regesto B. Gregorii hæc non sunt inventa, sed habentur omnia in Vita ipsius a Joanne Diacono scripta l. 4, c. 31. Is enim, postquam citavit epistolam 66, l. IX., Anthemio subdiacono scriptam, inde ista colligit : Idcirco Gregorius non probantem quod objecerat subdiaconum officio jubet privari, quia juxta canonicas Patrum sententias qui calumniam, etc., usque ad finem. Sicut autem caput hoc ex Joan. Diacono sumtum est, ita in Decretalibus caput 4. tit. de calumniat. ex ipsa Gregorii ad Anthemium epistola est acceptum.

e Solum : Vox ista abest ab originali, sed ob glosam non est inducta.

---

Quæst. V. C. IV. [20] prædictorum : Ans. [21] prolatam : Edd. coll. o. [22] add. : ullius : Ed. Bas. [23] rigorosus : orig. [24] corporalibus : Ed. Bas. = C. V. [25] Prov. c. 11, v. 13, c. 25, v. 8. [26] c. 12, v. 6. [27] ib. v. 17. [28] ib. v. 19. [29] ib. c. 13, v. 3. [30] inconsideratus est ad loquendum : Vulg. — Ed. Arg. [31] ib. v. 5. [32] iniquissimæ : Edd. Arg. Bas.

Quæst. VI. P. I. [1] Ans. in fine l. 3, inter cap. Hadr. — Cap. l. 7, c. 348. = C. III. [2] Joannes Diaconus in vita Greg. M. l. 4, c. 31. — P. II. [3] quæstionum : Edd. coll. o. [4] eum : orig. [5] voluerint : Ed. Bas. [6] contra : ib.

injuriam sunt præcepti, hoc ipso, quod nihil metuant [7], vera suppresserint. Multo magis enim pœna digni sunt, quibus quam plurimum honoris per nostram jussionem delatum est, si [8] occulte [9] inveniantur in crimine. *Item constitutione tertia, coll. IX*: § 2. Presbyteri [10] seu [11] diaconi, si falsum testimonium dixerint, si quidem in re pecuniaria, divino ministerio duntaxat per tres [12] annos separati monasterio tradantur : si in criminali, clericatus honore nudati legitimis pœnis subjiciantur. Ceteri vero [13] clerici communi d jure ab officio ecclesiastico pulsi sine delectu causæ legitime coerceantur.

### C. IV. *Ad sanctæ communionis ministerium non accedat qui crimen illatum non probat.*

*Item* Gregorius *Januario Episcopo, lib. III, ep.* 24 [14].

III Pars. Epiphanium e presbyterum quorundam sacerdotum [15] literis criminaliter accusatum, cujus nos, ut valuimus, discutientes causam, nihilque in eo objectorum [16] reperientes, ut ad locum suum reverteretur absolvimus. Criminis ergo ejus [17] auctores te volumus perscrutari, et nisi qui easdem [18] transmisit epistolas paratus fuerit hoc, quod objecit [19], canonicis atque districtissimis probationibus edocere, nullatenus ad sanctæ ministerium [20] communionis accedat.

### C. V. *Qua pœna delator sit feriendus.*

*Item ex decreto* Hadriani Papæ, *cap.* 49 f [21] :
Delatori autem lingua capuletur [22], aut convicto A caput amputetur. § 1. Delatores autem sunt qui invidia [23] produnt alios.

### C. VI. *De eodem.* PALEA.

[*Item ex* Concilio Eliberitano [24].

« Delator [25] si quis exstiterit fidelis, et per oclationem ejus aliquis [26] fuerit proscriptus vel interfectus, placuit non nisi [5] in fine accipere communionem. Si levior [27] causa fuerit, infra [28] quinquennium accipere poterit communionem. Si catechumenus fuerit, post quinquennii [29] tempora admittatur [30] ad baptismum. »

### C. VII. *Qui innocentem falso crimine maculaverit, sacerdotis arbitrio pœna diuturna purgetur.*

*Item ex* VIII synodo h [31] :]

Si quis falsum dixerit, vel personam innocentis falso crimine maculaverit, juxta sacerdotis arbitrium diuturna pœnitentia expurgetur.

### C. VIII. *A communione coerceatur vel sæcularis, vel laicus, qui ecclesiam vel clericum per calumniam fatigaverit.*

*Item* ex Concilio Agathensi, c. 32 [32] :

Si quis vero [33] sæcularium per calumniam ecclesiam aut clericum fatigare tentaverit [34], et convictus [35] fuerit, ab ecclesiæ [36] liminibus et a catholicorum communione, nisi digne pœnituerit, coerceatur.

---

# CAUSA VI.

**GRATIANUS.**

Duo *fornicatores et infamia notati quendam religiosum episcopum de simonia accusare nituntur;* C *reus alterius provinciæ archiepiscopi judicium expetit, tandem in probatione deficit accusator; reus cogitur ad suæ innocentiæ assertionem.* (Qu. 1.) *Hic primum*

### NOTATIONES CORRECTORUM.

d *Communi* : Hæc omnia verba ; *communi jure ab officio ecclesiastico pulsi*, absunt a manuscriptis *, sunt tamen in translatione, quæ habetur in codice. Nec vero Gratianus ipsa omnino verba aut veteris interpretationis, aut Juliani, aut Irnerii retulit. Quare operæ pretium fuerit Novellam ipsam græcam et vulgatas interpretationes consulere, exstant enim aliquæ varietates non contemnendæ.

C. IV. e *Epiphanium* : In epistola hæc antecedunt : *Præterea nosti latorem præsentium Epiphanium præsbyterum quorundam*, etc.

C. V f. Habetur inter capitula Hadriani c. 49, allatum, quantum conjicere licet, ex legibus sæcularibus. Nam in Codice Theod. lib. X, tit. 10, l. 2, fere idem, in libro autem 7 Capitul. c. 360, prorsus idem habetur.

C. VI. g *Non nisi* : In concilio ipso et capitularibus legitur : *nec in fine*, quod in multis ejusdem concilii decretis repetitur. Quomodo autem hic, et apud Burchardum atque Ivonem legitur, convenit canoni 13 Nicæni concilii, in quo sic statutum est : *De his, qui ad exitum veniunt, etiam nunc lex antiqua regularisque servabitur, ita ut, si quis egreditur e corpore, ultimo et necessario viatico minime privetur.* Hanc controversiam copiose explicat Innoc. I, epist. 3, c. 2, Exsuperio episcopo Tolosano.

C. VII h. Capiti huic in vulgatis erat propositum D nomen Paleæ, quod sublatum est auctoritate omnium vetustorum exemplarium, quotquot collata sunt. Exstat autem in regula monachorum B. Isidori, c. 17.

---

QUÆST. VI. C. III. [7] *metuunt* : Edd. coll. o. [8] abest ab Edd. Nor. Arg. Ven. II. [9] *occulto* : Edd. coll. o. [10] Nov. 123, c. 20. — Auth. *Presbyteri*. Cod. ib. [11] abest ab Edd. Nor. Arg. Bas. Ven. I. Nor. [12] *XII* : Edd. Arg. Bas. Nor. Ven. II. [13] abest ab Edd. Arg. Bas. Nor. Ven. II. * et Edd. coll. o. pr. Ven. I. Lugdd. = C. IV. [14] Ep. 17, (scr. A. 594), l. 4. Ed. Maur. [15] *Sardorum* : orig. [16] add. : *criminum* : Edd. Bas. Lugd. I. [17] *hujus* : Ed. Bas. — desid. in rell. [18] *eandem ep.* : Edd. coll. o. [19] *objicit* : Edd. Lugdd. II, III. — *objecerit* :] Ed. Bas. [20] *mysterium* : orig. orig. = C. V. [21] add. : inter cap. Hadriani in fine l. 3. — Capit. l. 7, c. 360. [22] *amputetur* : Ed. Arg. [23] *ex sua inv.* : Ed. Bas. = C. VI. [24] hab. non serius A. 310. — Capit. l. 6, c. 317, l. 7, c. 205. — Burch. l. 6, c. 27. Ivo Decr. p. 10, c. 156. [25] *Delatorum* : Ed. Bas. [26] add. : *fidelium* : Ivo Burch. — Edd. coll. o. [27] *lenior* : Ed. Nor. [28] *i tra* : Burch. [29] *quinquennium* : Edd. coll. o. [30] *admittitur* : cæd. pr. Bas. = C. VII. [31] imo ex Isidori regula monachorum c. 17. — Coll. tr. p. p. 2, t. 14, c. 26. — nomen Paleæ desid. in Edd. Arg. Bas. Ven. II. = C. VIII. [32] hab. A 506. — Burch. l. 15, c. 5. Ans. l. 3, c. 116. Ivo Decr. p. 6, c. 367, p. 16, c. 6. [33] abest ab Ed. Bas. [34] *præsumserit* : Edd. coll. o. [35] *evictus* : Ivo p. 16. Burch. [36] add. : *suæ* : Edd. coll. o. pr. Bas.

quæritur, an crimine irretiti vel infamia notati ad hujusmodi accusationem sint admittendi? (Qu. II.) Secundo, si episcopus in eos accusationem vertere voluerit, an simplici assertioni suæ sit fides habenda? (Qu. III.) Tertio, si liceat sibi expetere judicium archiepiscopi alterius provinciæ? (Qu. IV.) Quarto, cujus judicium sibi sit expetendum, si circa suam sententiam episcopos suæ provinciæ discordare contigerit? (Qu. V.) Quinto, si in probatione deficit accusator, an reus sit cogendus ad probationem suæ innocentiæ.

## QUÆSTIO I.
### GRATIANUS.

I Pars. *Quod autem crimine irretiti alios accusare non possunt*, Anacletus Papa *testatur, epistola II, Episcopis Italiæ dicens* [1] :

C. I. *A criminosis accusari non permittitur.*

Si sacerdos sine crimine eligi præcipitur, nullatenus ab hominibus [2] criminibus irretitis accusari aut calumniari permittitur, nec ab aliis, quam ab iis, qui sine crimine sunt, et juxta electionem [a] sacerdotes ordinari possunt, et tales per omnia inveniuntur, quales sacerdotes eligi jubentur.

C. II. *Infames et qui culpis exigentibus ad sacerdotium provehi non possunt, sacerdotes non accusent.*

*Item* Hadrianus Papa *in capitulis, cap.* 21 [3] :

Omnes vero infames esse dicimus, quos leges sæculi infames appellant, et omnes, qui culpis exigentibus ad sacerdotium non possunt provehi. Indignum est enim [4], ut illi eos accusent, qui esse non possunt quod ipsi sunt, quoniam sicut majores a minoribus non judicantur, ita nec criminari possunt.

C. III. *Infames sunt qui regnum Dei consequi non valent.*

*Item* Fabianus Papa, *epist. II Episcopis orientalibus* [5] :

Illi, qui illa peccata perpetrant, de quibus Apostolus [6] ait: *Quoniam qui talia agunt regnum Dei non consequentur*, valde cavendi sunt, et ad emendationem [7], si voluntarie noluerint, compellendi, quia infamiæ maculis sunt aspersi, et in barathrum delabuntur [8], nisi eis sacerdotali auctoritate subventum fuerit. § 1. Similiter et illi, de quibus ipse ait [9] : *Cum hujuscemodi* [10] [b] *hominibus* [c] *nec cibum sumere*, quia infamia sunt notati, antequam sacerdotali auctoritate sanentur [11], et [d] in [e] gremio sanctæ matris Ecclesiæ redintegrentur, quia qui extra nos sunt nobiscum communicare non possunt.

C. IV. *Ante satisfactionem excommunicati ad accusationem non admittantur.*

*Item* Fabianus, *epist. II* [12]

Omnes illi sunt ab accusatione repellendi, quos Apostolus commemorat, dicens [13] : *Cum eis nec cibum sumere*, et ante satisfactionem ecclesiæ non sunt suscipiendi [14]. .

C. V. *Sacerdotes non nisi a coæqualibus accusari debent.*

*Item* Clemens Papa *Jacobo, Hierosolymorum* [b] *Episcopo, epist. I* [15] :

Beatus Petrus homicidas et adulteros, et cunctos criminalibus nexibus alligatos, et qui eis coæquales non erant, ab episcoporum vexatione et accusatione, dicente [16] Domino, prohibebat, et non nisi coæqualibus aliquid eis [17] inferri debere docebat. *Et paulo post* : § 1. Infames etiam omnes, et quos primates et leges sæculi non suscipiunt [18], sed et laicos ab eorum accusatione et vexatione semper repelli [19] debere [20] rogabat, et cunctos illis [21] subditos esse præcipiebat, cunctorum sacerdotum vitam superiorem sanctioremque, ac discretam a sæcularibus et laicis hominibus esse, et spirituales [f] quosque [g] atque sacerdotes super carnales ac laicos semper constituendos [22] docebat [23], quoniam pro minimo nobis esse debet, ut a talibus arguamur et judicemur vel ab humano die. Majores vero a minoribus nec

---

### NOTATIONES CORRECTORUM.

CAUSA VI. QUÆST. I. C. I [a]. *Juxta electionem :* Sic in omnibus collatis manuscriptis codicibus, præterquam in uno, in quo est : *juxta electione*'. In vulgatis est : *juxta electionem canonicam*. In epistola autem ipsa legitur : *et juxta electionem, si necessitas fuerit, aut ipsi volendo Domino servire elegerint, sacerdotesque sine crimine fieri et ordinari possint,* *et tales per omnia fuerint, quales eligi sacerdotes jubentur.*

C. V. [b] *Hierosolymorum :* Antea erat : *Metropolitano* [c]. Emendatum est ex plerisque manuscriptis codicibus. Nam et Clemens in epistola sic ipsum Jacobum vocat.

---

CAUSA VI. QUÆST. I. P. I. [1] Caput Pseudoisidori, cf. conc. Carth. II, c. 6. = C. I. [2] *criminosis :* Edd. coll. o. [b] *et quod justa :* Ed. Bas. = C. II. [3] Ans. in fine l. 3. Polyc. l. 5, t. 4. Capit. l. 7, c. 437. [4] abest ab Edd. Arg. Nor. Ven. I, II. = C. III. [5] Cap. Pseudoisidori. — Ans. l. 11, c. 33. [6] Gal. c. 5, v. 21. [7] add. : *sui :* Ed. Bas. [8] *damnabuntur al. dilabuntur :* Ed. Arg. [9] 1 Cor. c. 5, v. 11. [10] *his :* Ed. Arg. [11] *curentur :* Edd. coll. o. pr. Bas. = C. IV. [12] Cap. Pseudoisidori. [13] 1 Cor. c. 5, v. 11. [14] *recipiendi :* Edd. coll. o. pr. Bas. = C. V. [15] Cap. Pseudoisidori, conf. cap. Aquisgr. A. 789, c. 54, constit. Silvestri c. 3, conc. Carth. VII, c. 2, cap. Pipini A. 753, c. 9, et vitam Silvestri. — Ans. l. 3, c. 1. [a] exc. Edd. Arg. Bas. Nor. Ven. I, II. [16] *docente :* orig. [17] *sibi :* Ans. — Edd. coll. o. [18] *recipiunt :* Edd. coll. o. pr. Bas. [19] *repellere :* Edd. coll. o. [20] abest ab Ed. Arg. [21] add : *sibi :* Ed. Bas. [22] *constituere et fore debere :* Ans. — Edd. coll. o. [23] *dicebat :* Edd. Lugd. I, Ven. I.

accusari, nec judicari ullatenus posse dicebat, quoniam non solum hoc divinas, sed et leges sæculi inhibere docebat.

**C. VI.** *Qui criminosus fuerit sacerdotes accusare non potest.*

Item Hadrianus Papa *in capitulis, c.* 68 [34] :

Qui crimen intendit, agnoscendum est si ipse ante non flat [35] criminosus, quia periculosa [36] est et admitti non debet rei adversus quemcunque professio. *Et infra c.* 72 : § 1. Testes autem sine aliqua sint infamia, uxores et filios habentes, et Christum omnino prædicantes.

Gratian. *Non solum autem criminosi, sed etiam quilibet alii ab accusatione episcoporum repelluntur.*

Unde Anacletus Papa, *epist. I, ait* [37] :

**C. VII.** *Deo non placet qui servos suos accusat.*

Si omnia in hoc sæculo vindicata essent, locum divina judicia non haberent. Supervacuis enim ad beneficia laborat impendiis, qui solem certat facibus adjuvare. Ideo si aliquis putat se Deo in hoc placere, quod servos suos accusat, et ut meliores fiant dicit se hoc agere, in vanum laborat, et plus invidiæ stimulis agitatur quam charitatis, quoniam gratiæ plenitudo adjectione non indiget, nec ulla requirit commendationis augmenta.

**C. VIII.** *Populus sacerdotes arguere vel increpare non valet.*

Item Telesphorus *epistola unica, c.* 3 [38] :

Sacerdotes, qui proprio ore corpus Domini conficiunt, ab omnibus sunt audiendi [30] atque timendi, non dilacerandi aut detrahendi, quia a quibus se Domini populus benedici, salvari et instrui [30] cupit, nullatenus debet eos arguere, nec vulgus in eorum accusatione suscipi. Populus enim ab eis docendus est et corripiendus [31], non ipsi ab eo, quia non [32] est discipulus super magistrum. *Et infra* : § 1. Dei ergo accusat ordinationem, qui eos qui ab eo constituuntur sacerdotes, accusat [33] vel damnari [34] cupit. *Idem infra* : §. 2. Hi, qui e non sunt idonei, non suscipiantur ad accusationem; omnes, qui adversus patres [35] armantur, infames esse censemus. Patres [36] enim A omnes venerandi sunt, non respuendi aut insidiandi [37].

**C. IX.** *De eodem.*

Item Pius Papa *epist. I* [38] :

Oves pastorem suum non reprehendant; plebs episcopum [39] non accuset, nec vulgus eum arguat, quoniam non [40] est discipulus super magistrum, neque servus supra dominum. Episcopi autem [41] a Deo sunt judicandi, qui eos sibi oculos elegit. Nam a subditis aut pravæ vitæ hominibus non sunt arguendi vel accusandi aut lacerandi. *Et infra* : § 1. Nemo bonum faciens alteri verbo aut facto nocere vult; quanto minus in suspicionem debet venire fidelis homo, ut dicat aut faciat ea, quæ pati non vult? quia omnis suspicio potius repellenda est B quam approbanda vel recipienda.

Gratian. *Ipsa autem detractio, licet ex vitio detrahentium, tamen justo Dei judicio nonnunquam adversus bonos excitatur, ut quos vel domestica præsumtio, vel aliorum favor in altum extulerat, detractio humiliet.*

Unde Ambrosius *ad c.* 22. *Lucæ* :

**C. X.** *Ne quis* d *de se præsumat, linguæ malorum ex Dei præcepto contra eum excitantur.*

Imitare Petrum tertio alibi dicentem [42] : *Domine, tu scis quia diligo te*. Etenim, quia tertio negaverat, tertio confitetur; sed negavit in nocte, confitetur in die. Hæc autem ideo dicta sunt, ut sciatis [43] neminem jactare se debere. Nam si [44] Petrus lapsus est, quia dixit [45] : *Et si alii scandalizati fuerint in te, sed non ego,* C quis alius jure de se præsumat? Denique et David, quia dixerat [46] : *Ego dixi in mea abundantia* : *Non movebor in æternum,* eam sibi jactantiam obfuisse profitetur, dicens : *Avertisti faciem tuam a me, et factus sum conturbatus.*

**C. XI.** *Ut boni salubriter humilientur, linguæ malorum contra eos insurgunt.*

Item Gregorius *lib. IX, epist.* 39, *ad Theoctistam Patriciam* [47] :

Sunt plurimi, qui vitam bonorum amplius [48] quam debent laudant, et ne qua elatio de laude surrepat, permittit omnipotens Deus malos in obtrectationem et objurgationem prorumpere, ut si qua culpa ab ore laudantium in corde nascitur, ab ore vitupe-

---

### NOTATIONES CORRECTORUM.

**C. VIII.** c *Ili, qui* : In aliquot vetustis codicibus D subjecto capiti, et pie est interpretanda; nam simili est caput distinctum a superiore.

**C. X.** d *Ne quis* : Rubrica hæc non valde convenit locutione utitur David 2. Regum 16., loquens de Semei.

---

Quæst. I. C. VI. [34] cf. supra C. 3, q. 11, c. 1, 3. — Ans. in fine l. 3. [35] *fuerit* : Edd. coll. o. — Bohm. [36] *periculosum* : Edd. coll. o. = C. VII. [37] Caput Pseudoisidori, sumtum ex Ennodii l. 2, ep. 19, 22. — Ans. l. 3, c. 38. = C. VIII. [38] Caput Pseudoisidori, cf. Hieron. ep. 1, Isid. Sent. l. 3, c. 39, et interpr. ad Theod. cod. l. 9, t. 39, c. 9. — Ans. l. 3, c. 12. Ivo Decr. p. 6, c. 314, 315. [39] *obediendi* : Ans. Ivo. — Edd. coll. o. [30] *institui* : Bohm. [31] *corrigendus* : Ed. Bas. [32] Matth. c. 10, v. 24. [33] *accusare* : ib. [34] *damnare*. Ans. Ivo. — Edd. coll. o. [35] add. : *i. e. sacerdotes* : Edd. coll. o. [36] add. : *i. e. sacerdotes* : eæd. [37] *non accusandi vel insidiandi* : Ed. Bas. — *aut accusandi, vel insidiandi aut infamandi* : Edd. rell. = C. IX. [38] Caput Pseudoisidori, cf. Isid. Sent. l. 3, c. 39. — Ans. l. 3, c. 32. Ivo Pan. l. 4, c. 36. Decr. p. 5, c. 243. Polyc. l. 5, t. 1. [39] add. : *suum* : Ed. Bas. [40] Matth. c. 10, v. 24. [41] *vero* : Ed. Bas. — *enim* : Edd. rell. = C. X. [42] Joan. c. 21, v. 15. [43] *sciamus* : Edd. coll. o. [44] *et si* : eæd. pr. Lugdd. II. III. [45] Marc. c. 14, v. 29. [46] Psal. 29, v. 7. = C. XI. [47] Ep. 45, (scr. A. 601), l. 11. Ed. Maur. [48] *aud*. : *fortasse* : Edd. coll. o. — orig.

rantium suffocetur. Hinc est ergo [49] quod doctor gentium se in praedicatione currere testatur per [50] infamiam et bonam famam, qui etiam dicit [51]: *Ut seductores et veraces.*

**Gratian.** *Verum hac auctoritate prohibentur spirituales a carnalibus accusari, non carnales a spiritualibus. Quod ex verbis ejusdem datur intelligi, quibus in eodem capitulo* subjunxit, dicens* [52]: Capite languescente facilius reliqua corporis membra inficiuntur, sicut scriptum est* [53]: Omne caput languidum, et omne cor moerens; a planta pedis usque ad verticem non est in eo sanitas. Quapropter manifestum est, diabolum (qui sicut leo* [54] rugiens circuit, quaerens quem possit devorare) cordibus plebium suadere ut doctoribus atque pastoribus suis detractiones irrogent, vel eos accusent, ut plebes languescentes (non tenentibus pastoribus frena eorum) lasciviant, atque in ima ruant, ut saltem sic periclitari possint. Multum vero distant damna morum a damnis rerum temporalium, quum ista extra nos sint, illa vero in nobis. Et infra:* Pejus [f] malum fore non existimo, quam Christianos suis invidere sacerdotibus.

*Hinc etiam* **Felix II** *ait Episcopis in Alexandrina synodo congregatis* [55] :

**C. XII.** *Deo recte famulantes persequi non licet.*

Quiescite, inquit sancta * et magna * Nicaena synodus, et nolite persequi eos qui recte [56] Deo famulantur, et sincera voluntate superni [57] Dei mandata custodiunt, et nostris legibus subjugantur; quia nec decet, * nec ordo patitur *, ut * iniqui et * carnales spirituales persequantur.

**C. XIII.** *Subditi praelatos suos accusare non debent.*

*Item* Anterus [g] *Papa, epistola unica* [58].

Ex merito plebis nonnunquam episcopi depravantur, quatenus proclivius cadant qui sequuntur. Capite languescente caetera corporis membra inficiuntur. Deteriores [59] sunt, qui vitam moresque bonorum corrumpunt, his, qui substantias aliorum praediaque diripiunt. Caveat unusquisque, ne aut linguam, aut aures habeat prurientes, id est, ne aut ipse aliis detrahat, aut alios audiat detrahentes. Sedens [60], inquit [61], *adversus fratrem tuum loquebaris* detra-

hendo, *et adversus filium matris tuae ponebas scandalum*, etc. Parcant singuli detractioni linguae, custodiantque sermones suos, et sciant, quia cuncta [62], quae de aliis loquuntur, sua sententia judicabuntur. Nemo invito auditori libenter refert. Officii singulorum sit, dilectissimi, non solum oculos castos servare, sed et linguam, nec quid in cujusquam domo agatur alia domus per eos [63] unquam noverit. Habeant omnes simplicitatem columbae, nec cuiquam machinentur dolos et serpentis astutiam, ne aliorum supplantentur insidiis.

*Item* Lucius Papa *epist. unica, episcopis Galliae et Hispaniae scribens* [64]:

**C. XIV.** *Sapiens nocere non cupit.*

Sapiens non est omnis qui nocet.

**C. XV.** *Raptoribus deteriores sunt episcoporum detractores.*

*Item* Anacletus Papa, *epist III* [65]:

Deteriores sunt, qui doctorum vitam moresque corrumpunt, his qui substanstias aliorum praediaque diripiunt. Ipsi enim ea quae extra nos, licet nostra sint, auferunt; nostri autem [66] detractores, et morum corruptores nostrorum, sive qui adversus nos armantur, proprie nos ipsos diripiunt [h][67], et ideo juste infames sunt, et merito ab ecclesia extorres fiunt. Pro meritis ergo plebis saepe pastores depravantur Ecclesiae, ut proclivius corruunt qui sequuntur.

**C. XVI.** *De eodem.*

*Item* Alexander Papa, *epist. III* [68]:

Summa iniquitas est fratres detrahere et accusare. Unde scriptum est [69]: Omnis qui detrahit fratri suo, homicida est; et omnis homicida non habet partem in regno Dei [70].

**Gratian.** *Patet ergo, ut praemissum est, quod carnales prohibentur ab accusatione spiritualium; non spirituales ab accusatione carnalium.*

II Pars. § 1. *Quum itaque criminosi et infames ab accusationibus prohibeantur, videndum est quos canonum sacra auctoritas infames appellet.*

*De his* Stephanus *Romanae Ecclesiae episcopus scribit* Hilario, ep. I, c. 1, dicens [71]:

**C. XVII.** *Quae personae infames habeantur.*

Infames [72] esse eas personas dicimus, quae pro

NOTATIONES CORRECTORUM.

C. XI [a]. *Capitulo*: Quae subjungit Gratianus *a capite languescente*, etc., sunt in epist. 3 Anacleti et apud Isidorum de summo bono, lib. 3, c. 38.

[f] *Pejus*: Sunt in prima epist. Alexandri I.

C. XIII. [g] *Anterus*: Sic restitutum est ex plerisque vetustis. Nam antea erat: *Gregorius* *. Confectum autem caput hoc est magnam partem ex Anacleti sententiis, in epist. 3.

C. XV. [h] *Diripiunt*: Antea legebatur: *nos ipsos decipiunt*. Emendatum est ex Isidoro, libro 3 de summo bono, cap. 38, Anacleti verba, quantum conjici potest, referente, et optime convenit cum iis quae antecedunt. Verum in duobus antiquis exemplaribus epistolarum Anacleti, altero Vaticanae, altero Florentinae bibliothecae, habetur: *non nos, sed proprie se ipsos decipiunt.*

---

Quaest. I. C. XI. [49] *etiam*: Ed. Bas. — desid. in Edd. rell. [50] *inter*: Edd. coll. o. [51] 2 Cor. c. 6, v. 8. [52] infra c. 13. [53] Esa. c. 1. [54] 1 Petr. c. 5. = C. XII. [55] Caput Pseudoisidori. [56] *perfecte — ministrant* orig. [57] *superna*: Edd. coll. o. = C. XIII. [58] Caput Pseudoisidori, cf. Isid. Sent. l. 3, c. 38. Hieron. ep. 2, ad Nepotian. et ep. 13, ad Paulinum. * ita in Edd. coll. o. pr. Bas. Nor.=C. XIII. [59] infra c. 15. et C. 9, q. 3, c. 15. [60] Psalm. 49, v. 20. [61] add.: *Propheta*: Edd. Bas. Ven. I. Lugd. [62] *cuncti, qui*: Edd. Lugd. II, III. [63] *vos*: orig. = C. XIV. [64] Cap. Pseudoisidori, cf. Sixti Pythag. sent. 292. — Ivo Decr. p. 3, c. 140. = C. XV. [65] Cap. Pseudoisidori, cf. supra c. 13. — Burch. l. 1, c. 138. Ans. l. 3, c. 11 (10). Deusdedit p. 3. Ivo Decr. p. 5, c. 239. [66] *quoque*: Edd. coll. o. [67] *decipiunt*: Coll. citt. et Edd. coll. o. = C. XVI. [68] Caput Pseudoisidori. — Ans. l. 11, c. 43. [69] 1 Joan. c. 3, v. 15. [70] *Christi et Dei*: Ed. Bas. =C. XVII. — P. II. [71] Caput Pseudoisidori. — Burch. l. 1, c. 173. Ans. l. 5, c. 5. Ivo Pan. l. 4, c. 66. Decr. p. 5, c. 291. Deusdedit p. 3. Polyc. l. 5, t. 1. [72] cf. interpr. ad Paul. Sent. l. 1, t. 2.

aliqua culpa notantur infamia, id est omnes qui Christianae legis normam abjiciunt, et statuta ecclesiastica contemnunt; similiter fures, sacrilegos et omnes capitalibus criminibus irretitos; sepulcrorum quoque violatores, et apostolorum atque successorum eorum reliquorumque Patrum statuta libenter violantes, et [78] omnes qui adversus patres armantur, qui in omni mundo infamia notantur; similiter [74] et incestuosos, homicidas, perjuros, raptores, maleficos, veneficos, adulteros, de bellis publicis [75] fugientes, et qui indigna sibi petunt loca tenere, aut facultates Ecclesiae abstrahunt [76] injuste, et qui fratres calumniantur, aut accusant [77] et non probant, vel [78] qui contra innocentes principum animos [79] ad iracundiam provocant, et omnes anathematizatos vel pro suis sceleribus ab ecclesia pulsos [80], et omnes quos ecclesiasticae vel saeculi leges infames pronunciant. Hi [81] nimirum omnes, nec [82] servi ante legitimam libertatem, nec poenitentes, nec bigami, nec illi qui curiae deserviunt, vel non sunt integri corpore, aut sanam non habent mentem vel intellectum, aut inobedientes sanctorum [83] decretis existunt, aut furiosi manifestantur; hi omnes, inquam, nec ad sacros gradus debent provehi, nec isti, nec liberti [84] neque suspecti, nec rectam fidem vel dignam conversationem non habentes, summos sacerdotes possunt accusare [4].

C. XVIII. *Infamis efficitur qui sciens pejerare praesumit.*

*Item* Fabianus Papa [85]:

III Pars. Quicunque sciens se [86] pejeraverit, quadraginta dies in pane et aqua, et septem sequentes annos poeniteat, et nunquam sit sine poenitentia, et nunquam in testimonium recipiatur; communionem tamen post haec [87] percipiat.

C. XIX. *Accusatores et personas, quas leges saeculi non admittunt, ecclesiasticae quoque repellunt.*

*Item* Eusebius Papa, *epist. I ad episcopos Galliae* [88]:

Nos sequentes Patrum vestigia pro salvatione servorum Dei, quascunque ad accusationem personas leges publicae non admittunt, his impugnandi alterum

et nos licentiam submovemus, et nullae accusationes a judicibus audiantur ecclesiasticis, quae legibus saeculi prohibentur.

Gratian. *Sed licet infames ab accusatione episcoporum prohibeantur, non tamen isti ab hujusmodi accusatione prohibendi sunt. Haereticos namque accusare infamibus non prohibetur, ut supra patuit in ea* [89] *causa, ubi de accusatione minorum adversus majores disputatum est.*

C. XX.

*Item* [k] [90].

Quum majores scientia et moribus a minoribus accusari prohibeantur, non aequales ab aequalibus, vel minores a majoribus, ab hujus ergo [1] accusatione non sunt hi prohibendi, quum haereticus catholico minor sit.

Sed hoc an generaliter accipiendum sit, Augustinus non definivit, lib. *IV de Baptismo contra Donatistas*, c. 5, dicens:

C. XXI. *Dubium est an sciens avarus, an nesciens haereticus gravius peccet.*

Quaero ergo quis peccet gravius, an qui nesciens in haeresim incurrerit, an qui sciens ab avaritia, id est ab idololatria non recesserit? Secundum quidem illam regulam, qua peccata scientium peccatis ignorantium praeponuntur, avarus cum [91] scientia vincit in scelere. Sed ne [92] forte hoc fiat, facit [93] in haeresi sceleris ipsius magnitudo, quod facit [94] in avaritia scientis admissio, ut haereticus nesciens avaro scienti coaequetur [95]: *Item c. 20 ejusdem libri*: § 1. Utrum autem catholicum pessimis moribus alieni haeretico, in cujus vita, praeter id quod haereticus est, non inveniunt homines quod [96] reprehendant, praeponere debeamus, non audeo praecipitare sententiam.

IV Pars. Gratian. *Verum hoc Augustini, et illud de infamium accusatione, de his intelligendum est quos constat esse haereticos, non de his qui se negant in haeresim lapsos. Hic autem in omnibus religiosus apparens, dum se negat haereticae communionis aliquando macula infectum, infames atque alios hujus-*

NOTATIONES CORRECTORUM.

C. XVII. [i] *Accusare*: In vulgatis codicibus sequebatur: *nec ad accusationem, seu ad testimonium nullatenus juste possunt recipi, quae sunt expuncta, quoniam absunt a manuscriptis (uno excepto), et originali, et Burchardo et Ivone*. In Panormia tamen haec postrema pars post verbum, *manifestatur*, sic habet: *Hi omnes nusquam nec ad sacros gradus debent provehi, nec ad accusationem, seu ad testimonium ullatenus juste possunt recipi.*

C. XX. [k] Caput hoc in plerisque vetustis exemplaribus conjunctum est superiori. Quare conjicere licet haec esse verba Gratiani.

[l] *Ab hujus ergo*: Locus hic emendatus est ex manuscriptis. In impressis legebatur: *ab accusatione hujusmodi sunt prohibendi*. Ex qua lectione vix apta sententia elici poterit.

*modi a sua accusatione ipse repellit.* § 1. *Hæc licet ratione niti videantur, exemplo tamen læsæ majestatis vana intelliguntur, ad cujus accusationem dum socius initæ factionis admittitur, non quæritur, an cogitare contra animam principis sit majestatem lædere, sed an aliquis de nece ejus tractaverit.*

Unde Impp. Arcadius et Honorius AA. in nono libro Codicis, titul. ad legem Juliam majestatis, leg. 5, scripsisse leguntur [m] [97]:

### C. XXII.

Si quis [98] cum militibus vel privatis * vel "barbaris etiam, scelestam inierit factionem, aut factionis ipsius susceperit sacramentum vel dederit, de nece etiam virorum illustrium, qui consiliis [99] et consistorio nostro intersunt, senatorum etiam (nam et ipsi pars corporis nostri sunt) vel cujuslibet postremo, qui nobis militat, cogitaverit (eadem enim severitate voluntatem sceleris, qua effectum, puniri jura voluerunt), ipse quidem, utpote majestatis reus, gladio feriatur [100], bonis ejus [101] omnibus fisco nostro addictis. Filii vero ejus, quibus vitam imperatoria specialiter lenitate concedimus (paterno enim deberent [102] perire supplicio, in quibus paterni, hoc est hæreditarii, criminis exempla metuuntur), a materna [103] vel avita, omnium etiam proximorum hæreditate ac successione habeantur alieni, testamentis extraneorum nihil capiant, sint perpetuo egentes et pauperes, infamia eos paterna semper comitetur, ad nullos unquam [104] honores, ad nulla [105] sacramenta perveniant; sint postremo tales, ut his perpetua egestate sordentibus sit et mors solatium et vita supplicium. Denique jubemus etiam eos notabiles [106] esse sine venia, qui pro talibus unquam apud nos intervenire tentaverint. *Et infra:* § 1. *Sane, si quis ex his in exordio initæ factionis, studio veræ laudis accensus* [107], *' initam ' prodiderit factionem, præmio* [108] *et honore a nobis donabitur* [109]. *Is vero qui usus fuerit factione, si vel* [110] *sero, tamen incognita adhuc consiliorum* [111] *arcana patefecerit, absolutione tantum ac venia dignus habebitur.*

Gratian. *Porro simoniæ accusatio ad instar criminis læsæ majestatis præcedere debet, sicut Leo imperator in lib. 1 Codicis decrevisse legitur, tit. de epi-* scopis et clericis, l. Si quenquam. *Quod de accusatione, non de pœna intelligi oportet.*

Unde Impp. Valentinianus, Valens et Gratianus AAA lib. IX Cod. tit. ad l. Jul. majest. l. Nullus [112]:

### C. XXIII.

Nullus omnino, cui inconsultis ac nescientibus nobis fidicularum tormenta inferantur [113], militiæ, vel generis aut dignitatis uti defensione prohibeatur, excepta tantum majestatis causa, in qua sola omnibus æqua conditio est.

Gratian. *Sed quum omnes illi assumantur in hoc accusatione simoniæ, qui possunt accusare de crimine majestatis, constat quod, sicut ibi non dubitatur de crimine majestatis, sed an reus commiserit, sic et hic non negatur hæresis, sed impetitur accusatus, an commiserit hæresim.*

### QUÆSTIO II.
#### GRATIANUS.]

*Quod autem quæritur si episcopus in accusatorem accusationem vertere voluerit, an suæ simplici assertioni fides sit adhibenda? facile solvitur, si sanctorum Patrum auctoritas diligenter inspiciatur. Ut enim sancti Patres definiunt, nullius personæ, quantumlibet exercitatæ, confessioni fides est adhibenda, nisi competentes probationes adhibeat.*
Unde in Carthaginensi Concilio IV, c. 29, legitur [1]:
C. I. *Episcopus alicui crimen objiciens, in synodo probet quod objicit.*

Episcopus, si clerico vel laico crimen impegerit [2], deducatur ad probationem in synodum.

Gratian. *Sed objicitur: Si se solum alieni sceleris conscium noverit, probare illud testibus non valet; quid ergo tunc sibi faciendum sit, ex Concilio Vasensi I, c. 8* [3], *sic diffinitur:*

C. II. *Episcopus non proferat quod probare non potest.*

Si tantum episcopus alieni sceleris se conscium novit [4], quamdiu probare non potest, nihil proferat, sed cum ipso ad compunctionem ejus secretis correptionibus elaboret. Quod si forte [5] correptus [6] pertinacior fuerit, et se communioni publicæ [7] ingesserit, etiam si episcopus in redarguendo illo [8], quem reum judicat [9], probatione [10] deficiat, indemnatus [a] (licet

---

### NOTATIONES CORRECTORUM.

C. XXII. [m] Hoc et sequens caput in vetustis exemplaribus sunt conjuncta antecedenti, quare nec rubricas habent.

Quæst. II. C. II. [a] *Indemnatus*: In originali legitur: *indemnatus licet ab his qui nihil sciunt, secedere ad tempus pro persona majoris auctoritatis jubeatur illo, quamdiu probari nihil potest, in communione omnium, præterquam ejus qui eum reum judicat, permanente.*

---

Quæst. I. P. IV. [97] const. 8, (scr. A. 597). Cod. l. 9, t. 5. = C. XXII. [98] *Quisquis*: orig. [99] *conciliis*: Ed. Lugd. II. [100] *ferietur*: Edd. coll. o. pr. Lugd. II. [101] abest ab Ed. Bas. [102] *debent punire*: ib. [103] *a success. omnium hab. alieni*: Edd. Arg. Bas. — *a materna et a success. omnium prox. hab. alieni*: Edd. rell. exc. Lugdd. II, III. [104] *prorsus*: orig. — Ed. Arg. — Bohm. [105] add.: *prorsus*: Ed. Bas. — *penitus*: Edd. rell. [106] add.: *infamia*: Edd. coll. o. [107] add.: *ipse*: cæd. [108] *et præm.*: cæd. — orig. [109] *decorabitur*: Edd. coll. o. pr. Bas. [110] abest ab iisdem pr. Lugdd. Par. [111] *conciliorum*: Edd. Bas. Ven. I, II. Nor. Lugdd. I, II. = C. XXIII. [112] const. 7. Cod. l. 9, t. 5. — *Valerii* nomen abest ab Edd. Arg. Nor. Ven. I, II. — *Valeriani* contra a Lugdd. [113] *offerantur*: Edd. coll. o.

Quæst. II. C. I. [1] c. 89. Statutt. eccl. ant. — cf. ad c. 9. D. 18. [2] *imposuerit*: Edd. coll. o. [3] hab. A. 442. — Ivo Decr. p. 5, c. 364. = C. II. [4] *noverit*: Edd. coll. o. [5] abest a Coll. Hisp. [6] *correctus*: Edd. coll. o. pr. Arg. [7] *publice*: Coll. Hisp. [8] *illum*: Edd. coll. o. [9] *indicat*: Eæd. pr. Bas. Lugdd. [10] *in prob.*: eæd. pr. Arg.

ab *iis qui nihil sciunt[11], secedere ad tempus pro personæ[12] majoris auctoritate jubeatur[13]), ille tamen, quamdiu nihil probari[14] potest, in communione omnium, præterquam ejus qui eum reum judicat, permanebit.

**C. III.** *De episcopo qui sibi soli dicit aliquem crimen suum fuisse confessum.*

Item ex Concilio Africano, c. 99 et 100[15]:

Placuit ut si quando episcopus dicit aliquem sibi soli proprium crimen fuisse confessum, atque ille neget, non putet ad injuriam suam episcopus pertinere, quod illi soli non creditur. Et si scrupulo propriæ conscientiæ se dicit neganti nolle communicare [b], quamdiu excommunicato non communicaverit suus episcopus, eidem episcopo ab aliis non communicetur episcopis, ut magis caveat episcopus, ne dicat in quemquam[16] quod aliis documentis convincere non potest.

## QUÆSTIO III.
### GRATIANUS.

*Judicium vero archiepiscopi alterius provinciæ alicui expetere non licet.*

**Unde Gregorius** *ait respons. IX ad Augustinum Anglorum Episcopum*[1]:

**C. I.** *Alterius parochianum alicui judicare non licet.*

Scriptum est in lege[2]: *Per alienam messem transiens falcem*[3] *mittere non debet*[4], *sed manu spicas conierere et manducare.* Falcem ergo judicii mittere non potes[5] in eam segetem[6], quæ alteri[7] videtur esse commissa, sed per effectum[8] boni operis frumenta dominica vitiorum suorum paleis exspolia[9], et in ecclesiæ corpus monendo[10] et persuadendo[11], converte[12].

**C. II.** *Quot civitates unaquæque provincia habet.*

Item Pelagius Papa II ep. V.III omnibus Episcopis[13]:

Scitote certam provinciam esse, quæ habet X, aut XI[14] civitates, et unum regem, et totidem minores potestates sub se, et unum metropolitanum, aliosque suffraganeos[15] X vel XI episcopos judices, ad quorum judicium omnes causæ episcoporum[16], et reliquorum sacerdotum, ac civitatum referantur, ut ab his omnibus juste consona voce discernantur[17], nisi ad majorem auctoritatem fuerit ab iis, qui judicandi sunt, appellatum. Unde non oportet, ut degradetur vel dehonoretur unaquæque provincia; sed apud semetipsam habeat judices, sacerdotes et episcopos, singulos videlicet secundum ordines suos, et quicunque causam habuerit a suis judicibus[18] judicetur, et non ab alienis, id est a suæ justis judicibus provinciæ, et non ab extraneis, nisi (ut jam est prælibatum) a judicandis fuerit appellatum.

**C. III.** *Non aliorum, sed primatis judicio quisque se subjiciat episcopus.*

Item Nicolaus Papa[19]:

Denique Suffredus, si tale in se crimen noverat, quo recte posset episcopatu privari, vel infirmitate se sentiebat forsitan[20] prægravari, qua impeditus nullis[21] posset proximis sua prælatione prodesse, primatis sui debuerat et non aliorum diœceseos antistitum præstolari[22] judicium. Quod si[23] quælibet ambiguitas, vel aliqua fortasse super ejus[24] examinatione, vel episcopatus abrenunciatione oborta[25] fuisset[26] contentio, ex more ad apostolicam sedem referri convenerat, et nostra in his omnibus debuerant cuncti decreta penitus exspectare. Quod quia omissum [a] hactenus dolemus, dilectissimam[27] mihi gloriam vestram vehementer efflagito, ut jam dictus Suffredus episcopus proprio restituatur episcopio, et[28] si quid reprehensione dignum gessit, postea correctione, vel digna animadversione definietur[29].

Gratian. *Est tamen casus, in quo episcopus alterius parochianum excommunicare valet.*

## NOTATIONES CORRECTORUM

**C. III.** [b] *Communicare*: Sic in Carthaginensi VII, cap. 5, cui ad verbum respondet hoc caput. In Africano autem hic sequitur: *secrete tamen interdicat ei communionem, donec obtemperet,* quemadmodum [D] et apud Burchardum. Sequentia autem verba: *Quamdiu*, etc., sunt initium capitis centesimi.

**Quæst. III. C. III.** [a] *Omissum*: Locus hic emendatus est ex plerisque vetustis Gratiani codicibus*.

---

Quæst. II. C. II. [11] *sciverint*: Ed. Arg. — *is sciverit*: Edd. Ven. II. Nor. — *sciverunt*: Edd. Ven. I. Lugdd. Par. [12] *persona majoris auctoritatis*: Coll. Hisp. [13] *jubeantur*: Ed. Arg. [14] *probare*: Edd. coll. o. = C. III. [15] c. 5, conc. Carth. VII. hab. A. 419. — Burch. l. 19, c. 127. Ivo Decr. p. 5, c. 303. [16] *aliquem*: Ed. Bas.
Quæst. III. C. I. [1] Ep. 64, (scr. A. 601), l. 11. Ed. Maur. — cf. ad Dist. 5, c. 1). [2] Deut. c. 23, v. 25. [3] *in eam falc.*: Ed. Bas. [4] *debes*. Edd. coll. o. [5] *debes*: Ed. Bas. — *potes nec debes*: Edd. rell. [6] *in ea segete*: Ed. Arg. [7] *alieno vel alteri*: ib. [8] *affectum*: orig. — Edd. coll. o. pr. Lugdd. [9] *exspoliare*: Edd. Bas. Ven. I. Par. Lugdd. — *exspoliata*: Edd. Arg. Nor. Ven. II. — *admonendo*: Edd. coll. o. — add.: *convertere*: Edd. Arg. Nor. Ven. II. [11] *mandando*: Edd. Bas Lugdd. I. — *manducando*: Edd. Arg. Nor. Ved. II. [12] *conterere*: Edd. Arg. Nor. Ven. II. — *convertere*: Edd. rell. = C. II. [13] Caput Pseudoisidori, cf. Greg. M. ep. 65, l. 11, conc. Carth. III, c. 40, Theod. cod. l. 9, t. 1; c. 40, 16. — Ans. l. 6, c. 107 (112). Ivo Pan. l. 4, c. 24. Polyc. l. 5, t. 1. [14] *IX*: Ed. Bas. [15] *suffragatores*: orig. [16] verba: *episcop.* — *civil.*: desid. ap. lv. [17] *descernatur*: Edd. Arg. Bas. Lugdd. I. Par. — *decernantur*: Pan. — Edd. Lugdd II, III. [18] add.: *provinciæ*: Edd. Arg. Nor. Ven. II. = C. III. [19] Non reperitur inter epistolas Nicolai I, quare ad conc. VII. Nicolai retulit Mansius. — cf. Dist. 50, c. 13. — Coll. tr. p. p. 1, t. 62, c. 30. [20] abest ab Ed. Bas. [21] *nullus*: Ed. Bas. [22] *postulari*: Edd. Arg. Nor. Ven. II. [23] *enim*: Ed. Bas. [24] abest ab Edd. Arg. Nor. Ven. II. [25] *aborta*: Edd. Arg. Bas. Nor. Ven. I, II. Lugdd. I. [26] *fuerit*: Ed. Bas. * *omissum est,* — *dolendo*: Ed. Bas. — *om. est* — *dolemus*: Edd. rell. [27] *dilectissimi*: Edd. Nor. Ven. I, II. Lugdd. — add.: *igitur*: Edd. coll. o. [28] *et hic si*: cæd. pr. Bas. [29] *diffiniatur*: Ed. Bas.

*Unde* in Concilio apud Compendium, c. 5 [30] :

**C. IV.** *Quando episcopus alterius parochianum excommunicare valet.*

Placuit pro communi utilitate ˙ et instante necessitate˙, ut nullus episcoporum graviter ferat, si ejus parochianum pro [31] deprædationis causa alter episcopus excommunicaverit.

**C. V.** *De eodem.* PALEA.

[*Item* ex Concilio Meldensi, c. 2 [32]] :

« De illis autem, qui intra parochiam beneficium aut hereditatem habent, et alterius episcopi parochiani sunt, et de loco ad locum iter faciunt, et rapinam [33] et deprædationes peragunt, placuit ut excommunicentur, nec ante ex parœcia exeant, quam quæ perpetrarunt [34] digne emendent. Quorum excommunicatio seniori eorum et proprio episcopo significanda est, ne [35] eos recipiat [36] antequam illuc redeant, ubi rapinam fecerunt [37], et ibi omnia pleniter emendent. »

## QUÆSTIO IV.
### GRATIANUS.

*Porro cujus judicium sibi expetendum sit, si judices electi inter se discordare cœperint*, in Concilio Antiocheno, *cap.* 14, sic invenitur diffinitum [a 1] :

**C. I.** *A quo sit ferenda sententia, quando comprovinciales episcopi discordant.*

Si quis episcopus criminaliter [2] in judicio episcoporum fuerit accusatus, contingat autem episcopus [3] provinciæ, qui convenerint, diversas habere sententias, et alios quidem innocentem eum pronunciare, alios reum, propter hujusmodi controversiam amputandam placuit sanctæ synodo metropolitanum [b] episcopum alterius provinciæ vicinæ [4] advocari, et aliquantos cum eo episcopos alios, qui A pariter residentes quæcunque [5] fuerint dirimant quæstiones [6], propter hoc, ut firmum sit judicium, quod ab unius provinciæ episcopis fuerit promulgatum.

**C. II.** *Quando judices electi de sententia inter se discordes exstiterint, de vicina provincia archiepiscopus advocetur.*

*Item* ex Concilio Martini Papæ [*id est Episcopi Bracarensis*], *c.* 13 [7] :

Si quis episcopus in aliquibus ˙ causationibus ˙ judicatur, et viderit ipsos episcopos, qui in provincia sua [8] sunt, inter se judicio discrepare, ita [9] ut alii videantur eum, qui judicatur, justificare, alii condemnare, pro definitione hujus dissensionis hoc placuit sancto [10] concilio, ut de provincia vicina alter metropolitanus convocetur episcopus, ut B per eum confirmetur quod secundum rectum placuerit canonem.

Gratian. *Nisi eadem provincia primatem habuerit, ad quem negotia, quæ per metropolitanum terminari non valent, referenda sint.*

*Unde* Bonifacius Papa, *Episcopis* [c] *Galliæ* [11] :

**C. III.** *Primati deferuntur negotia, quæ metropolitanus explicare non valet.*

Si inter episcopos ejusdem concilii [12] dubitatio emerserit de ecclesiastico jure vel de aliis negotiis, primum metropolitanus eorum cum aliis [13] in concilio considerans rem dijudicet, et si non [14] acquiescat utraque pars judicatis [15], tunc primas regionis inter ipsos audiat, et quod ecclesiasticis canonibus et legibus vestris [16] consentaneum sit, hoc definiat, et nulla pars calculo ejus valeat contradicere.

**C. IV.** *De eodem.* PALEA.

[*Item* Alexander Papa [17]] :

« Si metropolitanus a quocunque comprovinciali

### NOTATIONES CORRECTORUM.

QUÆST. IV. C. I. [a] *Caput* hoc in multis etiam vetustis Gratiani exemplaribus citatur ex concilio Laodiceno. In uno tamen perantiquo est ex concilio Antiocheno, in quo etiam exstat, et est antiqua versio.

[b] *Metropolitanum*: Græcum exemplar hic valde dissentit ab hac versione. Nam ex his verbis colligitur, concilium illius provinciæ, in quo necesse est adesse proprium metropolitanum, posse advocare vicinæ provinciæ metropolitanum cum aliquot episcopis. Quod Martinus etiam Bracarensis in sequenti capite, quod ex concilio Antiocheno accepit, confirmat. Græce vero locus ita habet : Ἔδοξε τῇ ἁγίᾳ συνόδῳ τὸν τῆς μητροπόλεως ἐπίσκοπον ἀπὸ τῆς πλησιοχώρου ἐπαρχίας μετακαλεῖσθαι ἑτέρους τινὰς τοὺς ἐπι- κρινοῦντας, καὶ τὴν ἀμφισβήτησιν διαλύοντας, τοῦ βεβαιῶσαι σὺν τοῖς τῆς ἐπαρχίας τὸ παριστάμενον. Quod Dionysius, quemadmodum etiam est in Codice canonum, sic vertit : *Sanctæ synodo placuit, ut metropolitanus episcopus a vicina provincia judices alios convocet, qui controversiam tollant, ut per eos simul et per comprovinciales episcopos quod justum visum fuerit approbetur.* Ac sane, quod metropolitanus ad alterius metropolitani vocationem deberet venire, atque in eodem concilio duo metropolitani futuri essent, vix videtur convenire.

C. III. [c] *Episcopis*: Sic est emendatum ex aliquot vetustis codicibus, Burchardo, Ivone et Polycarpo˙. Antea erat: *populis*. Simillima vero huic capiti leguntur Novella 123, cap. 34, apud Julianum antecessorem.

QUÆST. III. C. IV. [30] ex capitulari Carolomanni, vel conc. in Vernis palatio habito A. 882. — Burch. l. 14, c. 12. Ivo Decr. p. 14, c. 82. [31] abest ab Edd. Arg. Nor. Ven. I, II. = C. V. [32] Imo ex eodem capitulari Carolomanni c. 6. — Reg. l. 2, c. 290. Burch. l. 11, c. 45. Ivo Decr. p. 14, c. 109. — cf. Comp. I, et X, de rapt. c. 1. [33] *rapinas*: Coll. citt. [34] *patrarunt*: Edd. coll. o. [35] *nec*: Edd. Lugdd. [36] *recipiant*: Ed. Bas. [37] *fecerint*: Ed. Bas.

QUÆST. IV. C. I. [1] hab. A. 332. — Burch. l. 1, c. 150. Ivo Decr. p. 5, c. 263, ex Dionysio. [2] *de aliquibus causis criminalibus*: orig. [3] *de episcopis*: ib. [4] *vicinum*: Edd. Arg. [5] *quicunque*: Edd. coll. o. [6] *quæstionem*: ead. — Coll. Hisp. = C. II. [7] idem caput conc. Antioch. ex interpr. Martini Brac. = C. II. [8] abest ab orig. [9] desid. ib. [10] *sanctæ synodo*: Edd. coll. o. = C. III. ˙ *ita* in Ed. Bas. [11] Imo ex c. 22. Nov. 123. — Burch. l. 1, c. 57. Ivo Pan. l. 4, c. 22. Decr. p. 5, c. 167. Polyc. l. 5, t. 4. [12] *consilii*: Edd. Arg. Nor. Ven. II. [13] add. : *quibusdam*: Coll. citt. = Ed. Bas. [14] *non*: abest ab Ed. Bas. [15] *judicandi*: Ivo Pan. — *judicantium*: Edd. Arg. Nor. Ven. I, II. Par. [16] *nostris*: ed. Bas. — Coll. citt. = C. IV. [17] Sumptum est hoc caput, cujus nec Berardus nec Bohmerus originem investigarunt, ex conc. Aurelian. V, hab. an. 549, c. 17. — Burch. l. 1, c. 59. Ivo Decr. p. 5, c. 169.

episcopo [d] [18] in causa propria appellatus eum audire distulerit, in proxima synodo negotii sui habeat licentiam exercendi, et quicquid per [19] justitiam a comprovincialibus suis fuerit statutum debet custodiri. »

Gratian. *Sed si omnium comprovincialium concordi sententia fuerit damnatus, manebit erga eum immobilis censura.*

Unde in Antiocheno Concilio, *cap.* 15, *legitur* [20] :

C. V. *Episcopus, qui ab episcopis suæ provinciæ consonam sententiam reportaverit, ab aliis judicari non poterit.*

Si quis episcopus criminaliter accusatus ab omnibus, qui sunt intra provinciam, episcopis acceperit [21] unam consonamque sententiam, ab aliis ulterius judicari non poterit, sed manere circa eum [22] oportet tanquam convenientem, quæ ab omnibus prolata est, firmam ratamque sententiam.

Gratian. *Subintelligendum vero est, nisi ad judicem majoris auctoritatis fuerit provocatum. Tunc enim per appellationem soluta sententia firmitatem non obtinet*

Unde Nicolaus Papa *ait in epist. ad Carolum regem, cujus initium :* « Nunquam dolorem generat [23] : »

C. VI. *Semel definitum retractari non licet, nisi ubi major auctoritas fuerit.*

Quod bene semel definitum est et interpositis juramentis deliberatum, nulla debet iteratione, nisi fortassis ubi fuerit [24] major auctoritas, retractari.

C. VII. *In renovatione judicii B. Petri memoria est habenda.*

Item ex Concilio Sardicensi, *c.* 4 [25] :

Osius episcopus dixit : « Quod si aliquis episcopus adjudicatus fuerit in aliqua causa, et putat se bonam causam habere, ut [26] iterum [27] judicium renovetur [28], si vobis placet, S. Petri apostoli [29] memo-

riam honoremus, ut scribatur vel ab his, qui examinaverunt, vel etiam ab aliis episcopis, qui in provincia proxima morantur, Romano episcopo. Et si judicaverit [30] renovandum esse judicium, renovetur et det judices. Si autem probaverit talem causam, ut ea non refricentur [31], quæ acta sunt, quæ decreverit [32] Romanus episcopus confirmata erunt. Si hoc ergo omnibus placet, statuatur. » Synodus [33] respondit : « Placet. »

## QUÆSTIO V.
### GRATIANUS.

*Quod autem deficiente accusatore non sit reus cogendus ad probationem, auctoritate* Gregorii *probatur, qui lib. V, epist.* 25, *scribens Maximo ait* [1] :

C. I. *Onus probationis reo non incumbit.*

Quod autem postulas, ut illuc personam dirigere debeamus, qua [2] de his, quæ dicuntur, possit esse probatio, esset utcunque excusabile, si unquam ratio ei, qui accusatur, necessitatem probationis imponeret. At postquam non tibi, sed accusantibus hoc onus incumbit, ad nos, sicut præfati sumus, dilatione cessante venire non desinas.

Gratian. *Item accusatus non negationem, sed exceptionem probare debet. Codicis lib. IV tit. de probationibus l.* Actor [3] ;

C. II. *De eodem.*

Accurator [4], quod asseverat probare se non posse profitendo, reum necessitate monstrandi contrarium non adstringit, quum per rerum naturam factum negantis probatio nulla sit.

Gratian. *Hoc autem servandum est quando reum publica fama non vexat. Tunc enim auctoritate ejusdem* Gregorii *propter scandalum removendum, famam suam reum* [5] *purgare oportet.*

## CAUSA VII.
### GRATIANUS.

*Quidam episcopus longa ægritudine gravatus alium sibi substitui rogavit, cujus precibus summus Pontifex annuit, et quod rogaverat ei concessit. Postea vero convaluit idem episcopus, et quod prius fecerat cupit rescindi; adversus eum, qui sibi successerat, quæstionem movet, suamque cathedram tanquam sibi debitam reposcit.* (Qu. I.) *Hic primum quæritur,* utrum vivente episcopo alius possit in eadem ecclesia ordinari? (Qu. II.) Secundo, an iste valeat reposcere cathedram, quam sua intercessione alter accepit?

### QUÆSTIO I.
### GRATIANUS.

I Pars. *Quod autem vivente episcopo superponi*

### NOTATIONES CORRECTORUM.

C. IV. [d] *Episcopo :* Burchardus et Ivo addunt : *bis fuerit in causa,* etc.

---

Quæst. IV. C. IV. [18] add. : *bis :* Burch., nec tamen Ivo in Ed. Frontonis. [19] *propter :* Ivo Burch. — Ed. Bas. = C. V. [20] hab. A. 332. [21] *exceperit :* Edd. Arg. Nor. Ven. I, II. Lugd. I. Par. [22] *eam :* Edd. coll. o. pr. Bas. = C. VI. [23] scr. c. A. 868. — Burch. l. 9, c. 49. [24] *sit :* Ed. Bas. = C. VII. [25] hab. A. 347. — Ans. l. 2. c. 77. [26] *et :* Coll. Hisp.; est tamen *ut* in varietate lectionis. [27] *alterum jud. :* Edd. coll. o. [28] *removetur :* Ed. Lugd. II. [29] abest ab Edd. Arg. Nor. Ven. II. [30] *adjudicaverit :* Ed. Bas. [31] *replicentur :* Coll. Hisp.; est tamen varietas lectionis. [32] *decrevit :* Ed. Bas. — *decernit :* Edd. Arg. Nor. Ven. II. [33] *Tota synodus :* Ed. Bas.

Quæst. V. P. I. C. I. [1] Ep. 25, (scr. A. 596), l. 6. Ed. Maur. [2] *qua præsente :* orig. = C. II. [3] *const.* 23, (dat. A. 304). Cod. l. 4, t. 19. [4] *Actor :* orig. — Ed. Bas. [5] cf. C. 2, q. 5, c. 8, 9.

aut superordinari non possit, *ex concilio apud Arverniam* a *celebrato definitum est*, *in quo legitur :* ut nullus vivente episcopo alius superponatur aut superordinetur episcopus, nisi forsitan in ejus locum, quem capitalis culpa dejecerit.

### C. I. *Pro molestia corporis suo honore non privatur episcopus.*

Item ex Regesto Gregorii Papæ, *lib. IX epist.* 41 *ad Anatolium Constantinopolitanum Diaconum* b [1] :

Scripsit mihi tua dilectio, *piissimum* [2] domnum nostrum* reverendissimo fratri meo Joanni primæ Justinianæ episcopo pro ægritudine capitis, quam patitur, præcipere [3] succedi [4], ne forte, dum episcopi jura eadem civitas non habet*, (quod absit!) ab hostibus pereat. Et quidem nusquam canones præcipiunt, ut pro ægritudine episcopo succedatur [6], et omnino [7] injustum est, ut, si molestia corporis irruit [8], honore suo privetur ægrotus. *Atque* [9] ideo hoc per nos fieri nullatenus potest, ne peccatum in mea anima ex ejus depositione veniat*. Sed suggerendum est, ut si is [10], qui est in regimine, ægrotat, dispensator illi requiratur talis, qui possit ejus curam omnem agere, et locum illius in regimine ecclesiæ (ipso non deposito) *ac in custodia civitatis* implere [11], ut nec omnipotens Deus offendatur, neque civitas inveniatur esse neglecta.

### C. II. *Flagellatis a Domino afflictio addi non debet.*

Item *lib. II, epist. 5, ad Candidum Episcopum* e [12] :

Quum percussio corporalis imminet, utrum pro purgatione, an pro vindicta contingat [13], Dei in hoc judicium ignoratur, et ideo non debet a nobis addi flagellatis afflictio, ne nos culpæ (quod absit!) offensa respiciat.

### C. III. *Infirmitatis causa loco suo quis privari non debet.*

Idem Gregorius *lib. III, epist. 13, Maximiano* d *Episcopo Syracusano* [14] :

Præsentium latoris Adeodati querelam, qui se *a* [15] sui presbyteratus loco incongrue dicit expulsum, licet subditæ tibi textus petitionis explanet, tamen [16] paulo *latius* judicavimus apertiusque retexendam. Asserit namque a Quintiano fratre et coepiscopo nostro in loco suo *pro* quibusdam se suis ordinandis negotiis relaxatum, ægritudinisque causa per duorum mensium spatium suæ se ecclesiæ defuisse; cujus rei occasionem captantem prædictum fratrem nostrum alium loco ejus illic presbyterum ordinasse. Hortamur itaque fraternitatem tuam, ut causam ejus solicite perquiras districteque *discutias* [17], et, si manifestæ ægritudinis, sicut dicitur, causa ecclesiæ suæ eum defuisse repereris, nullum ei ex ordinatione alterius presbyteri permittas præjudicium generari, sed in locum suum [18] sine aliqua eum fac dubietate restitui. *Et infra :*

§ 1. Illud autem caritatem tuam specialiter admonemus, ut, si vera fuerit hujus [19] suggestio, atque in suum fuerit ordinem [20] restitutus, de presbytero, qui in loco ejus ordinatus est, subtiliter districteque debeas esse solicitus. Et si quidem sine datione aliqua ad eundem ordinem pervenerit, ut in simoniacam hæresim non potuisset incidere, in alia [21] quacunque vacante ecclesia eum volumus ordinari. Sin autem in eo [22] quippiam (quod avertat Dominus!) fuerit tale repertum, ipso etiam presbyteratus privetur ordine [23], quem non causa replendæ necessitatis ecclesiæ, sed sola comprobatur ambitione suscepisse.

### C. IV. *Pro infirmitate vel ægritudine pontifices non sunt abjiciendi, nec in eorum locum alii substituendi.*

Item Nicolaus Papa *Alvino* [24] *Januensi* [25] *Archiepiscopo :*

Pontifices, qui aliqua occupantur infirmitate vel ægritudine, abjiciendi non sunt, nec alios in loco eorum consecrari oportet, nisi ex hac fuerint luce subtracti. Quod si de ministerio sibi concesso conqueruntur, quæ licita sunt sacerdotes expleant. In his vero, quæ his præsumere non licet, vicinorum usque ad recipiendam [26] sanitatem episcoporum auxilia subrogentur, et hoc cum cautelæ studio peragatur [27], ne per necessitatis occasionem præsumtionis pullulet ambitio. Episcopos vero, qui do-

---

### NOTATIONES CORRECTORUM.

Causa VII. Quæst. I. P. 1. *ᵃ Arverniam* : Burchardus etiam et Ivo citant ex Arvernensi, c. 13 · exstat autem in Aurelianensi V, cap. 12.

C. I. ᵇ Caput hoc emendatum et locupletatum est ex originali.

C. II. ᶜ In decretalibus tit. de cler. ægrotant, c. 1, affertur initium tantummodo hujus capitis, et ex ipso quid agendum sit definitur.

C. III. ᵈ *Maximiniano:* Sic est emendatum ex originali tam impresso quam manuscripto; nam antea erat : *Clementino episcopo, Primati Byzanceno*.

---

CAUSA VII. Quæst. I. C. I. [1] Ep. 43, (scr. A. 601), l. 11. Ed. Maur.—Burch. l. 1, c. 188. Ivo Decr. p. 5, c. 304. [2] hæc ap. Burch. et Iv. pariter non leguntur. [3] *me præc.* : Burch. — Edd. coll. o. [4] *succedere* : Edd. coll. o. exc. Arg. C. I. [5] *non habeat—ab hoste depereat* : Edd. coll. o.—Coll. citt. [6] *episcopi episcopus succedat* : exd. [7] *Et ideo* : Edd. coll. o. [8] *irruat* : exd. [9] verba asteriscis inclusa non sunt ap. Burch. et Ans. [10] *ut si quis in reg.* : Edd. coll. o. — Coll. citt. [11] *conservare* : exd. = C. II. [12] Ep. 8, (scr. A. 592), l. 2. Ed. Maur. [13] *contingat* : orig. — Edd. coll o. pr. Bas.= C. III. [14] ita in Edd. coll. o. — *Clementio Primati Byzaceno* : Ans. [15] Ep. 13, (scr. A. 594), l. 4. Ed. Maur. — Ans. l. 7, c. 124. [16] abest ab orig. [17] *tamen paulo apertius* : Edd. coll. o. — orig. [18] abest ab orig. et Ans. [19] *loco suo* : Ans. — Edd. coll. o. [20] *hujusmodi* : Ed. Bas. [21] *suo ordine* : Ans. — Edd. coll. o. [22] *aliam quamcunque vac. ecclesiam* : exd. — Ans. [23] *eum* : exd. [24] *honore vel ordine* : Ed. Bas.= C. IV. [25] Ep. ad *Adalwinum Juvaviensem,* temporis incerti. — Ivo Decr. p. 5, c. 352. — cf. ad Dist. 34. c. 8. [26] *Jovanensis* : Ed. Bas. — *Januanensi* : Ed. Arg. [27] *recuperandum* : Ivo. [28] *peragant* : Edd. coll. o.

minici gregis susceperunt [28] curam atque solicitudinem, ab administratione eorum discedere non oportet, ut accepti talenti pulchritudo non deleatur, sed certamine [29] eorum salubriter augeatur et triplicetur fructus [30].

**C. V.** *Vivente episcopo alius sibi succedere non valet.*

Item ex lib. IV, epist. 2. Cypriani *Episcopi et Martyris ad Antonianum* [31].

Factus est Cornelius episcopus, de Dei et Christi ejus judicio, de clericorum pæne omnium testimonio, de plebis, quæ tunc affuit, suffragio, et de sacerdotum antiquorum et bonorum virorum collegio [e 32], quum nemo ante se factus esset; quum Fabiani locus, id est quum locus Petri et gradus cathedræ sacerdotalis vacaret, quo occupato de Dei [33] voluntate, atque omnium nostrum consensione firmato, quisquis jam episcopus fieri voluerit, foris fiat necesse est, nec habeat [34] ecclesiasticam ordinationem qui ecclesiæ non tenet unitatem. Quisquis ille fuerit, multum de se licet jactans et sibi plurimum vendicans, profanus est, alienus est, foris est. Et quum post primum 'secundus' [35] esse non possit, quisquis post unum, qui solus esse debeat [36], factus est, non jam secundus ille, sed nullus est.

**C. VI.** *Non est episcopus qui in locum viventis irrepserit.*

Item in eadem epistola inferius [37].

Novatianus f episcopus non est, qui Cornelio episcopo in ecclesia a sedecim [38] coepiscopis facto, adulter atque extraneus episcopus fieri a desertoribus per ambitum nititur, et quum sit a Christo una ecclesia per totum mundum in multa membra divisa, item episcopatus unus, episcoporum multorum concordi numerositate diffusus, ille post Dei traditionem, post connexam et ubique conjunctam catholicæ Ecclesiæ unitatem, humanam conatur [39] ecclesiam facere, et per plurimas civitates novos apostolos suos mittit; ut quædam recentia institutionis [40] suæ fundamenta constituat; quumque jampridem per omnes provincias et per urbes singulas ordinati sint episcopi in ætate antiqui, in fide integri, in pressura probati, in persecutione proscripti, ille super eos creare alios pseudoepiscopos audet, quasi possit aut totum orbem novi conatus obstinatione peragrare, aut ecclesiastici corporis compaginem [g] discordiæ suæ seminatione rescindere, nesciens schismaticos semper inter initia fervere, incrementa vero habere non posse, nec augere quod illicite cœperint, sed statim cum prava sua æmulatione deficere. Et infra: § 1. Qui ergo nec unitatem Spiritus, nec conjunctionem pacis observat, et se ab ecclesiæ vinculo atque a sacerdotum collegio separat, episcopi nec potestatem potest habere, nec honorem, qui episcopatus nec unitatem voluit tenere [41], nec pacem.

**C. VII.** *Non est in ecclesia qui cum episcopo pacem non habet.*

Idem [42] *ad Florentinum Puppianum* [43], *eodem lib. IV, epist. 9.*

Scire debes episcopum in ecclesia esse, et ecclesiam in episcopo, et si quis cum episcopo non sit, in ecclesia non esse, et frustra sibi blandiri eos, qui pacem cum sacerdotibus Dei non habentes obrepunt, et latentes [44] apud quosdam communicare se credunt, quando ecclesia, quæ catholica una est, scissa non sit neque divisa.

**C. VIII.** *Suo jure quis cedere non debet.*

Idem *ad Jubaianum* [45].

Quam periculosum sit in divinis rebus ut quis cedat jure [46] suo et potestate, scriptura sancta [47] declarat, quum 'in Genesi' Esau primatus suos inde perdiderit [48], nec recipere [49] 'id' postmodum potuerit [50], quod semel cessit.

**C. IX.** *Perditionem sibi acquirunt qui ab episcopis recedentes unitatem ecclesiæ scindunt.*

Idem *lib. I, epist. 6, ad Magnum* [51].

Denique quam sit inseparabile unitatis sacramentum, et quam sine spe sint, et perditionem sibi maximam de indignatione Dei acquirant qui schisma faciunt et relicto episcopo alium sibi foris pseudoepiscopum constituunt, declarat in libris Regnorum [52] scriptura divina, ubi a tribu Juda et Benjamin decem tribus scissæ sunt, et relicto rege suo [53] alterum sibi foris constituerunt. Et [54] indignatus est, inquit, Dominus in omne [55] semen Israel, et dimovit [56] eos, et dedit eos in direptionem, donec abjiceret eos a facie

---

### NOTATIONES CORRECTORUM.

**C. V.** *e Collegio*: Sic legitur in codicibus Cypriani impressis et manuscriptis, et Polycarpo. Ac similis fere locutio est in sequenti capite, et 23, q. 8. *Si quis membrorum.* Antea erat: *consensu.*

**C. VI.** *f Novatianus*: Recte aptatum est a collectoribus hoc initium, ne superiora etiam afferenda essent. Nam apud Cyprianum sic legitur post multa: *nisi si episcopus tibi videtur, qui episcopo in ecclesia,* etc.

*g Corporis compaginem*: Sic emendatum est ex aliquot vetustis et Anselmo et originali; antea enim legebatur: *ordinis compagem*.

---

QUÆST. I. C. IV. [28] *suscipiunt*: eæd. [29] *in certamine*: Ed. Bas. — *certamen*: Edd. rell. [30] abest ab Ivone. = C. V. [31] scr. A. 252. — Ans. l. 6, c. 58 (62). Ivo Decr. p. 5, c. 359, (verbis hinc inde contractis). Polyc. l. 7, t. 4. [32] *consensu*: Ivo. — Edd. coll. o. [33] *cleri et Dei*: Ed. Bas. [34] *habet*: Edd. Arg. Bas. Nor. Ven. I, II. Par. [35] abest ab Ans. [36] *debet*: Edd. coll. o. = C. VI. [37] Ans. l. 6, c. 59 (63). [38] *duodecim*: Ed. Bas. [39] *conetur*: orig. [40] *institutioni*: Edd. coll. o. pr. Lugdd. II, III. — ita Edd. coll. o. exc. Arg. [41] *habere*: Edd. coll. o. = C. VII. [42] scr. A. 251. — Ivo Decr. p. 5, c. 360. [43] *ad Papinianum*: Edd. coll. o. *Papianum*: Ivo. [44] *latenter*: Ivo. — Edd. coll. o. = C. VIII. [45] scr. A. 256. [46] *juri suo et potestati*: Edd. coll. o. [47] *sacra*: eæd. [48] *perdidit*: eæd. [49] add. *red petere*: Ed. Bas. [50] *potuit*: Edd. coll. o. = C. IX. [51] scr. A. 255. [52] *regnum*: Edd. coll. o. [53] abest ab orig. [54] 4 Reg. c. 17, v. 19. [55] *omni semini*: Edd. coll. o. [56] *demolirit* eæd.

sua, quia dissipatus est Israel a domo David, et constituerunt sibi regem Hieroboam, filium Nabath. Indignatum esse Dominum dicit [57], et eos in perditionem dedisse, quod ab unitate dissipati ' essent atque ' alterum sibi regem constituissent. Et tanta indignatio Domini exstitit adversus illos, qui schisma fecerant [58], ut etiam quum † homo Dei ad Hieroboam missus erat [59], qui ei peccata sua exprobraret atque ultionem futuram praediceret, panem 'quoque' apud illos edere et aquam bibere vetaretur. Quod quum non custodisset et contra praeceptum Dei prandisset, statim divinae ' censurae ' majestate ' percussus est, ut inde regrediens impetu ac morsu leonis in itinere necaretur. *Et paucis interjectis:*

§ 1. Satiat adhuc[h] in evangelio suo Dominus, 'et' majorem intelligentiae [61] lucem manifestat, quod iidem, qui se tunc a tribu Juda et Benjamin sciderant, et Hierosolymis derelictis Samariam secesserant, inter profanos [62] et gentiles computarentur. Nam, quum primum discipulos ' suos' in ministerium salutis mitteret, mandavit et dixit : *In* [63] *viam nationum* [64] *ne ieritis, et in civitatem Samaritanorum ne introieritis.* Ad Judaeos prius mittens gentiles adhuc praeteriri jubet. Addendo autem et civitatem Samaritanorum debere omitti, ubi erant schismatici, ostendit schismaticos gentilibus adaequari. *Et post pauca* [65] : § 2. Quod vero eundem, quem 'et' nos Deum Patrem, eundem Filium ' Christum', eundem Spiritum sanctum nosse dicuntur, nec hoc adjuvare tales potest. Nam [66] et Core, et Dathan et Abyron cum sacerdote Aaron et Moyse eundem Deum noverant, pari lege et religione viventes unum et verum Deum, qui colendus atque invocandus fuerat, invocabant : tamen quia loci sui ministerium transgressi contra Aaron sacerdotem, qui sacerdotium legitimum dignatione Dei atque ordinatione perceperat [67], sacrificandi sibi licentiam vendicaverunt, divinitus percussi poenas statim pro illicitis conatibus rependerunt [68], nec potuerunt rata esse et proficere sacrificia irreligiose et illicite contra jus divinae dispositionis [69] oblata. Thuribula quoque ipsa in quibus incensum illicite fuerat oblatum, ne in usu [70] de cetero essent sacerdotibus, sed potius indignationis et ultionis divinae memoriam corrigendis posteris exhiberent, jussu Domini conflata atque igne [71] purgata, in laminas ductiles producuntur, et affiguntur altari, secundum quod loquitur scriptura divina [72] : *Memoriale,* inquit, *filiis Israel, ut non accedat quisquam alienigena, qui non est ex semine Aaron, imponere incensum ante Dominum* [73], *ut non sit sicut Core.* Et tamen illi schisma non fecerant, nec foras egressi contra Dei [74] sacerdotes impudenter atque hostiliter rebellaverant, quod nunc hi ecclesiam scindentes, et contra pacem atque unitatem Christi rebelles, cathedram sibi constituere, et primatum assumere, et baptizandi atque offerendi licentiam vendicare conantur.

C. X. *Non est defendendus qui viventis locum invadit.*

*Item* Leo IV. *Vernoni, Duci Britanniae* [75].

Non furem, nec latronem, qualem Gillandum [76] esse sentimus in Nannetica sede, qui viventis (quod non licuit) locum non timuit usurpare, pro cujuscunque muneris donis ultra debes defensare.

C. XI. *Non licet episcopo ecclesiam suam dimittere.*

*Item* Evaristus Papa, *epist. II, omnibus Episcopis* [77].

Sicut vir non debet adulterare uxorem suam, ita nec episcopus ecclesiam suam, id est ut illam dimittat, ad quam sacratus est [78], absque inevitabili necessitate, aut apostolica vel regulari mutatione, et alteri se ambitus causa conjungat. Et sicut uxori non licet dimittere virum suum, ut alteri se vivente eo matrimonio societ aut eum adulteret, licet fornicatus sit vir ejus, sed juxta Apostolum †† aut viro suo reconciliari debet, aut manere innupta, ita ecclesiae non licet dimittere episcopum suum, aut ab eo se segregare, ut alterum vivente eo accipiat ; sed aut ipsum habeat, aut innupta maneat, id est alterum episcopum suo vivente non accipiat, ne fornicationis aut adulterii crimen incurrat. Si vero adulterata fuerit, id est si se alteri ' episcopo' junxerit [79], aut super se alterum episcopum adduxerit, aut esse fecerit vel desideraverit, per acerrimam poenitentiam aut suo reconcilietur episcopo, aut innupta permaneat. *Et paulo post:*

§ 1. Episcopum ††† vero oportet opportune et im-

## NOTATIONES CORRECTORUM.

C. IX. [h] *Satiat adhuc :* Antea legebatur : *Sed adhuc.'*. Emendatum est ex vetustis codicibus Cypriani, quos Romana editio hoc loco secuta est. Hoc verbo utitur etiam in libro de opere et eleemosynis, sic scribens : *deprecationes solas parum valere, nisi factorum et operum accessiones satientur.* Ita enim habent vetusti codices, et ceterae editiones praeter Romanam, in qua operarum culpa ejus verbi loco positum est : *adjuventur*.

---

Quaest. I. C. IX. [57] *dixit*: exd. [58] *fecerunt*: exd. † 3 Reg. c. 13, v. 9. [59] *esset*: exd. [60] *divina censura*: exd. ' *ita* in Edd. coll. o. [61] *add.: suae*: exd. [62] *pseudoprophetas*: exd. [63] Math. c. 10. [64] *gentium — abieritis — intraveritis*: Edd. coll. o. [65] cf. C. 24, q. 1, c. 31. [66] Num. c. 16. [67] *perfecerat*: Edd. coll. o. [68] *nependerunt*: Edd. Lugdd. II, III. — *penderunt*: Edd. rell. [69] *dispositionis vel dispensationis*: Ed. Bas. [70] *usum*: Edd. col. o. [71] *in igne*: exd. [72] Num. c. 46, v. 40. [73] *Deum*: Edd. coll. o. [74] *Deum*: Edd. Arg. Bas. Nor. Ven. II. — *Domini*: Edd. Ven. I. Lugdd. Par. = C. X. [75] fragm. ep. deperditae ad Nomeneium, ducem Britanniae. — In Ed. Bas. leg. : *Nononi.* — in Edd. Ven. I, II. : *Veroni.* — Coll. tr. p. p. 1, t. 60, c. 20. [76] *Gislardum*: Edd. Arg. Bas. Nor. Ven. I, II. = C. XI. [77] Caput Pseudoisidori. — Burch. l. 1, c. 76. Aus. l. 6, c. 102 (107). Ivo Decr. p. 5, c. 182. [78] *consecratus*: Ed. Bas. †† 1 Cor. c. 7. [79] *conjunxerit*: ib. ††† cf. Clement. 1.

portune, atque sine intermissione ecclesiam suam docere, eamque prudenter regere et amare, ut a vitiis se abstineat et salutem consequi possit æternam. Et illa cum tanta reverentia ejus doctrinam debet suscipere, eumque amare et diligere ut legatum Dei et præconem veritatis.

*Gratian. Ecce his auctoritatibus patenter ostenditur, quod episcopo vivente alius superordinari non potest, nec etiam pro ejus ægritudine. Sed illud Gregorii intelligendum est, quando ille, qui ægrotat, alium sibi substitui non rogat. Ceterum, quando aliquis vel senectute, vel infirmitate gravatus susceptum officium administrare non valet, si alium sibi substitui petierit, rationabiliter fieri potest. Unde in eodem capitulo* [80] *sequitur: Si vero idem Joannes* [1] *fortasse pro molestia sua petierit, ut ab episcopi honore debeat vacare, eo petitionem scripto dante, concedendum est; aliter autem facere* 'pro omnipotentis Dei timore omnimodo' *non audemus* [81]. *Hinc etiam B. Augustinus episcopo suo nondum defuncto, sed senectute gravato, cathedram episcopalem suscepit. Unde in. ep. Paulini unica ad Romanianum legitur* [82]:

**C. XII.** *Augustinus non tam successit quam accessit.*

Non autem tantum hoc scribimus [83] gratulandum, quod episcopatum Augustinus acceperit [84], sed quod hanc Dei gratia curam meruerint [85] Africanæ ecclesiæ, ut verba coelestia Augustini ore perciperent, qui ad majorem dominici muneris gratiam novo more provectus ita consecratus est, ut non succederet in cathedra episcopo, sed accederet. Nam incolumi Valerio Hipponensis ecclesiæ episcopo coepiscopus Augustinus est.

*Gratian. Hoc idem probatur auctoritate B. Gregorii, qui Ariminensi episcopo, dolore capitis laboranti, alterum subrogavit, ita scribens in VII. libr. Regesti sui, Indict. 2., ep. 49. ad Marinianum, Episcopum Ravennæ* [86]:

**C. XIII.** *Episcopo gravato infirmitate alius subrogari potest.*

Qualiter ordinati a nobis sacerdotis, corporis, qua nostis [87], impediente molestia, Ariminensis ecclesia pastorali hactenus [88] sit regimine destituta, dudum fraternitas vestra cognovit. Quem dum [89] habitatorum loci illius precibus permoti sæpius hortaremur [90], ut si de eadem capitis, qua detinebatur [91], molestia, melioratum se esse sentiret, ad suam auxiliante Domino reverteretur ecclesiam, datis [92] induciis in hoc quadriennio exspectatus est [93]. Quem, dum 'monitu' cleri, civiumque [94] illinc [95] venientium, nosque precibus urgentium [96] instantius hortaremur, ut, si valeret, cum eis auxiliante Domino [37] remearet, data in scriptis [98] supplicatione nos petiit, ut quia ad ejusdem ecclesiæ regimen vel susceptum officium pro eadem, qua detinetur [99], molestia assurgere nullatenus posset, ecclesiæ ipsi [100] ordinare episcopum deberemus. Unde, quia cunctarum ecclesiarum injuncta nos solicitudinis cura constringit, ne diutius gregi fidelium desit custodia pastoralis, illorum precibus, hujusque ex sui impossibilitate renunciatione compulsi, visum nobis est eidem Ariminensi ecclesiæ debere episcopum ordinari et datis ex more præceptis, clerum plebemque ejusdem ecclesiæ non destitimus admonere, quatenus ad eligendum sibi antistitem concordi provisione concurrant. Hortamur igitur ut fraternitas vestra eum, quem uno consensu omnes elegerint, sicut et ipsi a nobis poposcisse noscuntur, ad se faciat evocari, quem cauta ex omnibus examinatione discutite, et si 'ea', in eo, quæ in textu Heptateuchi [k] morte mulctata sunt [101], minime Domino fuerint opitulante reperta, atque fidelium personarum relatione ejus vobis quoque vita placuerit, ad nos eum cum decreti [102] pagina', vestræ' quoque addita testificationis epistola destinate, quatenus ejusdem a nobis ecclesiæ Domino disponent e consecretur antistes.

**C. XIV.** *De eodem.*

*Item ex eodem Regesto* [103], *lib. XI, epist. 7 ad Etherium* [104] *Episcopum.*

Quamvis triste nobis sit valde quod loquimur, atque fraterna non compassio flere potius urgeat, quam aliquid de auditis definire permittat, suscepti tamen solicitudo regiminis cor nostrum instanti pulsat aculeo, magna nos ecclesiis cura prospicere ', et ', ne qua earum possit utilitas deperire ', quod fieri debeat [105] Deo auctore disponere'. Pervenit igitur ad nos quibusdam referentibus, quendam

---

**NOTATIONES CORRECTORUM.**

C. XI. [i] *Si vero idem Joannes*: Hæc sunt in regesto B. Gregorii, lib. IX, epist. 41, et sequuntur post c. *Scripsit* sup. ead.

C. XIII. [k] *Heptateuchi*: Apud B. Gregorium in hac epistola, et in multis aliis locis legitur: *Eptatici*, sicut est etiam in Burchardo et Ivone, et aliquot vetustis Gratiani exemplaribus. Et de hac voce notatum est supra distinct. 15. c. *Sancta Romana*, in versic. *Pentateuchum*.

---

Quæst. I. C. XI. [80] ex ep. Greg. M., ex qua desumptum est c. 1, supra. [81] *valemus*: Edd. coll. o. = C. XII. [82] scr. A. 596. [83] *scripsimus*: Edd. coll. o. [84] *accepit*: eæd. [85] *meruerit Afric. ecclesia*: eæd. pr. Arg., in qua leg.: *meruerit Africanæ ecclesiæ*. = C. XIII. [86] Ep. 19, (scr. A. 597). l. 7. Ed. Maur. — Burch. l. 1, c. 189. Ivo Decr. p. 5, c. 505. [87] *qua notum est*: orig. — *quia id notum est*: Edd. Bas. Lugdd. — *quia notum est*: Burch. Ivo. — Edd. rell. [88] add.: *ac sacerdotali*: eæd. [89] *dudum*: eæd. — Ivo. [90] *hortati sumus*: cæd. — Ivo. [91] *tenebatur*: eæd. [92] *qui datis*: eæd. — Burch. Ivo. [93] *exspectatur*: eæd. — Burch. Ivo. [94] *vel civium*: eæd. [95] *huc*: eæd. [96] *arguentium*: Edd. Arg. Nor. Ven. II. — Burch. [97] *Deo* coll. o. [98] *datis scriptis*: eæd. — Burch. Ivo. [99] *detinebatur*: eæd. [100] *Christi*: Ed. Bas. [101] *Heptatici continentur*: Edd. coll. o. [102] *decreti vestri*: eæd. — Burch. = C. XIV. [103] Ep. 5. (scr. A. 603). l. 13. Ed. Maur. — Burch. l. 1, c. 191. Ivo Decr. p. 5, c. 507. [104] *Eleutherium* · Böhm. minus recte. [105] *debebat*: Böhm.

episcopum ita passionem capitis incurrisse, ut quod mente alienata agere soleat gemitus et fletus audire sit. Ne ergo languente pastore grex (quod absit!) insidiatoris laniandus dentibus exponatur, vel ecclesiæ ipsius utilitates depereant, cauta nos necesse est provisione tractare. Et ideo, quia viventem episcopum ab officio suo necessitas infirmitatis, non crimen abducit, alium loco ejus (nisi recusante eo) nulla sinit ratio ordinari; sed si intervalla ægritudinis habere est solitus, ipse data petitione non se ulterius ad hoc ministerium * intellectum [106] habere, nec ad alia officia * subveniente infirmitate posse fateatur assurgere; et alium loco suo expetat ordinandum. Quo facto omnium solenniter electione alter, qui dignus fuerit, episcopus * solenniter * ordinetur, sic tamen, ut quousque eundem episcopum in hoc sæculo vita tenuerit, sumtus ei debiti de eadem ecclesia ministrentur. Enimvero si nullo tempore ad sanæ recit mentis officium, persona fidelis ac vitæ probabilis est eligenda, quæ ad regimen ecclesiæ idonea possit existere, atque de animarum utilitate cogitare, inquietos sub disciplinæ vinculo restringere [107], ecclesiasticarum rerum curam gerere, et maturum atque efficacem se in omnibus exhibere, qui etiam * si * episcopo, qui nunc ægrotat, superstes * exstiterit *, loco ejus debeat consecrari.

II. Pars. Gratian. *Ne autem hujuscemodi passionibus sacerdotibus subito occupatis cœptum officium inexpletum remaneat, institutum est, ut sacerdos, sive psallens sive sacrificans, alios secum habeat, qui*  *hujusmodi casus interveniat, inchoata ministeria perficere valeant.*

Unde in Concilio Toletano XI, c. 14 [108]:

C. XV. *Quisque sacrificans sacerdotem sibi vicinum habeat, qui cœpta sacramenta explect, si ei aliqua necessitas ingruerit.*

Illud [1] divini oraculi monentis [110] singuli præcaventes, quo scribitur [110]: *Væ soli, quia, quum ceciderit, non habet sublevantem*, summopere verendum [111] nobis est et cavendum, ne horis illis atque temporibus, quibus Domino psallitur vel sacrificatur, unicuique divinis singulariter officiis insistenti perniciosa passio vel corporis quælibet invaletudo † occurrat quæ aut corpus subito subrui [112] faciat, aut mentem alienatione vel terrore confundat. *

Pro * hujusmodi ergo casibus præcaventes [113] necessarium duximus instituere, ut ubi temporis, vel loci, sive cleri [114] copia suffragatur, habeat quisquis [115] illic canens Deo atque sacrificans post se vicini solaminis adjutorem, ut si aliquo casu ille, qui officia impleturus accedit, turbatus fuerit [116] vel ad terram elisus, a tergo semper habeat qui ejus vicem exsequatur intrepidus. Sed si hoc [m] sacrificanti frequens acciderit, tunc omnimodo ab oblatione prohibeatur.

C. XVI. *Si sacerdos necessitate præoccupatus fuerit, cœpta sacramenta per alium expleuntur.*

Item ex Concilio Toletano VII, c. 2 [117].

Nihil contra ordinis [118] statutum temeritatis ausu præsumatur, neque illa, quæ summa veneratione censentur, vel [119] minimo præsumtionis acta [n] solvantur, quum [120] ad hoc tantum * fieri jussa sunt, ne interrupta noscantur, vel [121] languoris proventu robore [122] salutis privetur natura. Non ergo fragilitati solum consulitur humanæ, sed etiam sacro [p] honori mysteriorum Dei provida cavetur solicitudine. Censuimus [123] ergo convenire [124], ut, quum a sacerdotibus missarum tempore sancta mysteria

## NOTATIONES CORRECTORUM.

C. XV. [1] *Illud:* In conciliis impressis legitur: *Et illud.* In codice vero Lucensi regio: *Væ illud.* In duobus autem Vaticanis: *Ut illud*, et sic est infra de consecr. dist. 1. c. *Ut illud.* et apud Burchard. et Ivonem.

* *Sed si hoc:* Hæc sunt impressa aliis characteribus, quia non sunt in concilio Toletano, neque in plerisque vetustis Gratiani exemplaribus *. In codice perantiquo sunt glossæ ad verbum: *vicem*, et post verbum: *prohibeatur*, additur ut infra ead. q. 2. c. *In literis tuis.* Apud Burchardum vero et Ivonem, qui citant decreta Soteris Papæ, et infra de cons. loco citato horum verborum loco leguntur hæc: *et officium incœptum adimpleat.*

C. XVI. [n] *Actu:* Sic est emendatum ex cod ce regio; nam in impressis conciliorum codicibus, et apud Burchardum et Ivonem est: *tactu.*

* *Quum ad hoc tantum:* Magna est hoc loco varietas. In codice regio legitur: *quum ad hoc tantum quaqua fieri jussa sunt interrupta noscuntur, ne languoris*, etc. Apud Burchardum: *quum adhuc tantum fieri jussa sunt, nec interrupta noscuntur, ne languoris*, etc. Apud Ivonem: *quum ad hoc, et nec languoris*, cetera eodem modo.

[p] *Sed etiam sacro:* Hic quoque magna varietas. In codice regio * plenior est oratio: *sed etiam honori mysteriorum Dei providetur abunde, dum ab offensionis casu procuratur etiam caveri solicite.*

---

Quæst. I. C. XIV. [106] *ad hoc ministerium, intellectualia nempe officia, subvertente infirmitate:* orig. [107] *constringere:* Edd. coll. o. = C. XV. [108] hab. A. 675. — Burch. l. 3, c. 73. Ivo Decr. p. 2, c. 126, (: *ex decretis Soteris P.*) Coll. tr. p. p. 2, l. 42, c. 6. — cf. D. 1, de cons. c. 58. [109] *mente:* Edd. coll. o. — *momentis singulis:* Coll. Hisp. [110] Eccl. c. 4, v. 10. [111] *curandum:* Coll. Hisp. † *valetudo:* Coll. Hisp. [112] *obrui:* Edd. coll. o. [113] *præcavendis:* Coll. Hisp. [114] *clerici:* Edd. Bas. Lugdn. [115] *quisquis ille sit:* Ed. Bas. [116] *fuerat:* ib. * *neque* Ed. Bas. == C. XVI. [117] hab. 646. — Burch. l. 3, c. 70. Ivo Decr. p. 2, c. 124. [118] *ordines:* Burch. — *ordinem statutum:* Ivo. [119] *ulla præsumtione solv.:* Edd coll. o. [120] *solvuntur, quum ad hoc tantum, quæ fieri jussa sunt, interrupta noscuntur:* Coll. Hisp. [121] *ne:* ib. — Burch. — Edd. coll. o. — *nec:* Ivo. [122] add.: *vel labore:* Ed. Bas. * *ita* Coll. Hisp.—*sacris ministeriorum Dei providetur solicitudine:* Edd. coll. o. — *sacris mysteriorum Dei providetur haberi soll.:* Is. Merl. — *sacris mysteriorum — providentur habere sollic.:* Burch. — *sacris ministeriorum providetur habere soll.:* Ivo. [123] *Censemus:* Coll. Hisp. — Ivo. [124] add.: *debere:* Edd. coll. o.

consecrantur, si ægritudinis acciderit ¹²⁵ quilibet ¹²⁶ eventus, quo cœptum nequeat consecrationis expleri mysterium, sit liberum episcopo vel presbytero alteri consecrationem exsequi officii cœpti. Non enim aliud ad supplementum ¹²⁷ initiatis mysteriis competit, quam aut incipientis aut subsequentis completa benedictio ꝙ sacerdotis, quia nec perfecta videri possunt, nisi perfectionis ordine compleantur. Quum enim simus omnes unum in Christo, nihil contrarium personarum ¹²⁸ diversitas format, ubi efficaciam prosperitas unitas fidei repræsentat. Quod etiam consultum cuncti ordinis clerici individuum ʳ sibi esse non ambigant, sed, ut præmissum est, præcedentibus libenter alii pro complemento succedant ¹²⁹. Ne tamen quod naturæ languoris causa consulitur in præsumtionis perniciem convertatur, nullus post cibum potumque quamlibet ¹³⁰ minimum sumtum missas facere, nullus absque provento patentis ¹³¹ molestiæ minister vel sacerdos, quum cœperit, imperfecta officia præsumat omnino relinquere. Si quis ¹³² hæc temerare præsumpserit, excommunicationis sententiam sustinebit.

III. Pars. Gratian. *Ecce, quod episcopo petente, precibus etiam populi, infirmitate gravato alius possit subrogari, patenter monstratur. Senectute autem gravato non successor, sed coadjutor dari debet, qui ei decedenti in locum regiminis succedat. Sic Augustinus dicitur* ¹³³ *accessisse, non successisse Hipponensium episcopo.*

*Hinc etiam* Zacharias Papa *scribit Bonifacio, Moguntino Archiepiscopo* ˢ ¹³⁴:

C. XVII. *Senectute gravato coadjutor est dandus, qui morienti succedat.*

Petiisti, ut cum nostro consulto pro superveniente tibi senectute atque corporis imbecillitate, si poteris invenire alium in eadem sede, in qua præes, pro tui ¹³⁵, persona debeas collocare. Nos vero adjutore Deo consilium præbemus tuæ sanctitati, ut pro salute animarum rationabilium fautore Christo sedem, quam obtines, Moguntinæ ecclesiæ nequaquam relinquas. Sin vero Dominus dederit juxta petitionem tuam hominem perfectum, qui possit solicitudinem habere et curam pro salute animarum ¹³⁶ pro tui A persona illum ordinabis episcopum, eritque in evangelio tibi credito et ministerio Christi portando in omni loco requirens et confortans ecclesiam Dei. *Item ad eundem epist. ultima* ¹³⁷ : § 1. Si eundem divina voluerit clementia post tui diem transitus superesse, si eum aptum cognoveris, et in tua voluntate fuerit diffinitum, ea hora, qua te de præsenti sæculo migraturum cognoveris, præsentibus cunctis tibi successorem designa, ut huc veniat ordinandus. Hoc nulli concedi alii patimur, quod tibi charitate cogente largiri censuimus. *Item ibidem paulo superius* : § 2. De eo autem, quod ¹³⁸ tibi successorem constituere dixisti, ut te vivente in tuo loco eligatur episcopus, hoc nulla ratione concedi patimur, quia contra omnem ecclesiasticam regulam vel instituta ¹³⁹ Patrum esse monstratur sed volumus, ut tibi ministret, et sit in evangelium ¹⁴⁰ Christi adjutor. *Et infra* : § 3. Nimis enim reprehensibile esse manifestum est, ut te vivente tibi alium substituamus; sed hoc commonemus, ut ᵃ quamdiu te divina jusserit clementia superesse, sine intermissione ᵇ orare non cesses, ut tibi Deus illum successorem concedat, qui ei possit esse placabilis, et populum irreprehensibiliter regere valeat.

C. XVIII. *Non successor, sed coadjutor virenti episcopo datur.*

*Item* Pelagius Papa, *Clero Narniensi* ¹⁴¹.

Quia frater et coepiscopus noster Joannes, ecclesiasticæ utilitatis studio suadente, et naturæ suæ simplicitate laudabili consideratione tractata, ob hoc quod se in gerenda patrimonii gubernandi cura vel in disciplina ecclesiastica conservanda minime fatetur idoneum, Constituti presbyteri ¹⁴² ad hæc explenda sibi exposcit adhiberi personam, ut ea, quæ sunt necessaria, competenti disponente ¹⁴³ solicitudine ᵃ fiant ᵇ, nihil indecens fieri vel inutile permittatur. Ideoque præsenti vobis jussione præcipimus, ut servata primo ᵃ in ᵇ loco episcopo memorato reverentia, quam vos convenit ¹⁴⁴ inculpabiliter exhibere, in omnibus, quæ ad divini cultus obsequium pertinent, vel quæ ecclesiasticæ utilitatis peragere cura suaserit, præbeatis obedientiam ¹⁴⁵

### NOTATIONES CORRECTORUM.

ꝙ C. XVI. *Completa benedictio :* Sic restitutum est ex codice regio ᵃᵃ, cum quo aliquot editiones conveniunt, multaque etiam alia in hoc capite emendata.
ʳ *Individuum* : In codice regio est *indultum* ᵃᵃᵃ.
C. XVII. ˢ Prior pars hujus capituli usque ad versic. *Idem si eundem*, sumta est ex epistola Zachariæ Papæ, cujus initium est : *sacris liminibus*, quæ exstat Romæ manuscripta in bibliotheca Dominicana, quam etiam edidit frater Laurentius Surius in Vita B. Bonifacii, sed ex codice parum emendato. Reliqua habentur in epistola ultima in tomis conciliorum.

QUÆST. I. C. XVI. ¹²⁵ *accidat* : eæd. — Burch. Ivo. ¹²⁶ *cujuslibet* : eæd. — Coll. Hisp. ¹²⁷ add. : *sui* : Coll. Hisp. ᵃᵃ *benedictione sint completa* : Edd. coll. o. — *complenda benedictione* : Burch. Ivo. ¹²⁸ *abest a* Coll. Hisp. — Isid. Merl. — Burch. Ivo. ᵃᵃᵃ *ita in* Coll. Hisp. — *indictum vel indultum* : Burch. Ivo. ¹²⁹ *Non* : Edd. coll. o. ¹³⁰ *quemlibet* : Isid. Merl. — Bohm. — Edd. coll. o. — *cibi potusque quamlibet minimum sumtum* : Coll. Hisp. — *cibum potumque sive quodlibet min. sum.* : Burch. Ivo. ¹³¹ *patenti* : Coll. Hisp. ¹³² *quis autem hoc temerarie* : Edd. coll. o. ¹³³ supra c. 12. — C. XVII. ¹³⁴ ser. A. 748. ¹³⁵ *tua* : Edd. coll. o. ¹³⁶ add. : *vestrarum* : Ed. Bas. ¹³⁷ ser. A. 743. ¹³⁸ *quem* : Edd. coll. o. ¹³⁹ *statuta* : eæd. ¹⁴⁰ *evangelio* : eæd. — orig. — C. XVIII. ¹⁴¹ Caput incertum. — Coll. tr. p. p. 1, t. 54, c. 18. ¹⁴² *presbyterii* : Ed. Bas. ¹⁴³ add. : *eo* : Edd. Bas. Ven. I. Lugd. ¹⁴⁴ *convenerit* : Ed. Bas. ¹⁴⁵ *reverentiam* : Böhm. — add. : *ei* : Ed. Bas.

Constitutum competentem, in <sup>146</sup> nullo dispositionibus ejus spiritu contumaci resultantes, imo competenti vigilantiae vestrae studio, quae pro ecclesiastica utilitate gerenda Constitutus <sup>147</sup> monuerit, adimplentes, ut his ita dispositis et consueta vobis stipendia ministrentur, et quaecunque in praefatae ecclesiae patrimonio vel de rebus ad eam pertinentibus repetendis sunt necessaria, compleantur.

*Gratian. Illud vero Cypriani de haereticis intelligendum est*, *qui catholicorum ecclesias sibi usurpare contendunt.* § 1. *Illud vero Evaristi Papae tunc intelligendum est*, *quando nec inevitabilis necessitas* (*persecutorum videlicet*) *nec apostolica aut regularis mutatio, sed ambitio sola episcopum de ecclesia ad ecclesiam transire cogit* §. 2. *Unde quum in principio sui capituli diceret* : Episcopus non debet dimittere ecclesiam suam, *subsequenter adjunxit* : Absque inevitabili necessitate, aut apostolica vel regulari mutatione, et alteri se ambitus causa conjungere.

IV. Pars. § 3. *Ambitionis enim causa quicunque ecclesiae suae mediocritate despecta ad majorem ecclesiam transire voluerit, debet revocari ad propriam. Quod si redire contempserit, careat aliena et propria.*

*Unde* in Nicaeno Concilio *cap.* 15. *legitur* <sup>148</sup> :

C. XIX. *Episcopus vel quilibet clericus relicta sua ecclesia non debet ad aliam transire.*

Non oportet episcopum vel reliquos ordines de civitate ad civitatem migrare; non episcopus, non presbyter, non diaconus transeat. Si quis autem post definitionem sancti et magni concilii tale quid agere tentaverit, et se hujusmodi negotio mancipaverit, hoc factum prorsus in irritum ducatur <sup>149</sup>, et ecclesiae restituatur, cujus fuit episcopus, aut presbyter, aut diaconus ordinatus.

C. XX. *In monasterio deputetur episcopus, qui in ecclesia sua residere contemnit.*

*Item* Gregorius *Anthemio Subdiacono, lib.* V, *epist.* 25 <sup>150</sup>.

Pervenit ad nos Pigmenium Amalphitanae civitatis episcopum in ecclesia 'sua' residere non esse contentum, sed foris per diversa loca vagari. *Et infra* : Idcirco hac tibi auctoritate praecipimus 'ut <sup>151</sup> supradicto episcopo interminari non desinas', quatenus hoc de cetero facere non praesumat, sed in ecclesia sua sacerdotali more resideat. Quem si forte non emendari <sup>152</sup> post tuam interminationem cognoveris, in monasterio <sup>153</sup> deputare, et nobis curabis modis omnibus indicare, ut quid facere debeas nostra iterum praeceptione cognoscas.

C. XXI. *Episcopo nulli conceditur principalem cathedram relinquere, et ad aliam ecclesiam se transferre.*

*Item ex Concilio Carthaginensi* V, c. 5 <sup>154</sup>.

Placuit ut nemini sit facultas, relicta principali cathedra ad aliquam ecclesiam in dioecesi constitutam se conferre, vel in re propria diutius, quam oporteat <sup>155</sup>, constitutum curam vel frequentationem propriae cathedrae negligere.

C. XXII. *Intercessori cathedram, cui datus est, tenere non licet.*

*Item ex eodem Carthaginensi* V, c. 8 <sup>156</sup>.

Constitutum est ut nulli intercessori licitum sit, cathedram, cui intercessor datus est, quibuslibet <sup>157</sup> populorum studiis vel seditionibus retinere, sed dare operam, ut intra annum eisdem <sup>158</sup> episcopum provideat. Quod si neglexerit, anno expleto <sup>159</sup> interventor alius tribuatur.

C. XXIII. *Excommunicentur clerici, qui relicta sua ecclesia ad eam redire noluerint.*

*Item ex Concilio Nicaeno*, c. 16 <sup>160</sup>.

Si qui vero sine respectu <sup>161</sup> agentes, et timorem Dei ante oculos non habentes, neque ecclesiastica statuta custodientes, recesserint ab ecclesia sua, sive presbyter, sive diaconus, vel in quocunque ecclesiastico ordine positi fuerint, 'hi' non debent suscipi in 'alia' ecclesia, sed 'cum' omni necessitate cogantur, ut redeant ad ecclesiam suam. Quod si permanserint, excommunicari eos oportet.

C. XXIV. *De eodem.*

*Item ex Concilio Antiocheno*, c. 3 <sup>162</sup>.

Si quis presbyter, vel diaconus, vel quilibet clericus, deserta sua ecclesia, ad aliam transeundum esse crediderit, et ibi paulatim tentet, quo migravit <sup>163</sup>, perpetuo manere, ulterius ministrare non debet, praesertim si ab episcopo suo ad revertendum fuerit exhortatus. Quod si post evocationem sui episcopi non obedierit, sed inobediens perseveraverit, omnimodo ab officio suo deponi <sup>164</sup> debere, nec aliquando spem restitutionis habere <sup>165</sup>. Si vero propter hanc culpam depositum alius episcopus

NOTATIONES CORRECTORUM.

C. XVIII. ¹ *Ex duobus codicibus collectionum* Anselmi *in uno emendatiore caput hoc ita habet, ut verba haec* : Quod non oportet episcopum vel reliquos ordines demigrare, *sint rubrica, et capitulum hoc modo incipiat* : Ut de civitate ad civitatem non episcopus, non presbyter, non diaconus transeat. *In altero vero eadem rubrica est nigris literis scripta, et est initium capituli, unde videtur caput hoc esse concinnatum, quemadmodum est apud Gratianum, salva sententia ipsius canonis.*

---

Quaest. I. C. XVII. <sup>146</sup> *ut in nullo* : Edd. coll. o. pr. Lugdd. II, III, et Ven. I, in quibus leg. : *ei in nullo*. <sup>147</sup> *ille Const.* : Edd. coll. o. = C. XIX. <sup>148</sup> hab. A. 325. — *interpretatio Dionysiana.* — Burch. l. 2, c. 97. Ans. l. 6, c. 112. Ivo Decr. p. 6, c. 374. <sup>149</sup> *deducatur* : Ed. Bas. = C. XX. <sup>150</sup> Ep. 23, (scr. A. 596), l. 6. Ed. Maur. — Ans. l. 6, c. 178 (187). <sup>151</sup> *ut — desinas* : desid. ap. Ans. <sup>152</sup> *emendare* : Edd. coll. o. exc. Lugdd. [II, III. <sup>153</sup> *monasterium* : Edd. coll. o. = C. XXI. <sup>154</sup> hab. A. 401. — Ans. l. 6, c. 176 (185). Coll. tr. p. p. 2. t. 19, c. 5. <sup>155</sup> *oportet* : Edd. coll. o. = C. XXII. <sup>156</sup> Coll. tr. p. p. 2, t. 19, c. 8. <sup>157</sup> *cujuslibet* : Ed. Bas. <sup>158</sup> *eidem* : ib. <sup>159</sup> *exemto* : orig. — Ed. Arg. = C. XXIII. <sup>160</sup> hab. A. 325. — Ans. l. 7, c. 107. Burch. l. 2, c. 98. Ivo Decr. p. 6, c. 175, omnes ex Dionys. <sup>161</sup> add. : *Dei* : orig. — Edd. coll. o. = C. XXIV. <sup>162</sup> hab. A. 332. — Ans. l. 7, c. 170. <sup>163</sup> *migraverit* : Edd. coll. o. <sup>164</sup> *deponendus — habere debet* : Ed. Bas. <sup>165</sup> add. : *decernimus* : Edd. coll. o. pr. Bas. — Bohm.

susceperit, et ipse a communi synodo pœnam merebitur increpationis u tanquam ecclesiastica jura dissolvens.

**C. XXV.** *Non licet episcopo ecclesiam suam relinquere et ad aliam transire.*

Item ex eodem Antiocheno, c. 21 [166].

Episcopum de diœcesi ad diœcesim alteram non debere transire, neque si se ipsum ingesserit, neque si a populis fuerit violenter attractus, neque si etiam hoc ei ab episcopis suadeatur [167]; manere autem eum debere in ecclesia Dei, quam ab initio sortitus est, et non ab ea alibi demigrare, secundum regulam super hoc olim a Patribus constitutam [168].

**C. XXVI.** *De eodem.*

Item ex Concilio Chalcedonensi, c. 5 [169].

Propter eos episcopos sive clericos, qui de civitate B ad civitatem transeunt, placuit definitiones datas a sanctis Patribus [170] habere propriam firmitatem.

**C. XXVII.** *Alienæ plebes ab episcopo non usurpentur.*

Item ex Concilio Carthaginensi III. c. 20 [171].

Placuit ut a nullo episcopo usurpentur plebes alienæ, nec aliquis episcoporum supergrediatur in diœcesi [172] collegam suum.

**C. XXVIII.** *Alienos clericos ordinare et altaria consecrare episcopo non licet.*

Item Anacletus [173].

Episcopus in diœcesim [174] alienam ad alienos clericos ordinandos vel consecranda altaria irruere non debet. Quod si fecerit, amotis his, quos ordinavit, altaris tamen [175] consecratione manente, transgressor canonum uno [176] anno a missarum celebratione [177] cessabit.

**C. XXIX.** *Diebus solennibus clericus ecclesiæ suæ deesse non debet.*

Item ex Concilio Agathensi, c. 64 [178].

Si quis in clero constitutus ab ecclesia sua diebus solennibus defuerit, id est Nativitate Domini [179], Epiphania, Pascha, vel Pentecoste, dum potius sæcularibus [180] lucris studet quam servitio Dei parere, convenit, ut triennio a communione suspendatur.

§ 1. Similiter diaconus vel presbyter, si per tres hebdomadas ab ecclesia sua defuerit, huic damnationi succumbat.

**C. XXX.** *Removendus est episcopus ab ecclesia, cui irrepserit, et ad suam cogendus est redire.*

Item Hilarius Papa *Episcopis Tarracon.*, c. 3. [181].

Remoto ab ecclesia Barcinonensi atque ad suam remisso Irenæo episcopo, sedatis per sacerdotalem modestiam voluntatibus, quæ per ignorantiam ecclesiasticarum legum desiderant quod non licet obtinere, talis protinus de clero proprio [182] Barcinonensibus ordinetur episcopus, qualem te præcipue, frater Ascani [183], oportet [184] eligere et decet consecrare, ne si forte aliter factum sit, non sine objurgatione tui [185] maxime nominis retundat nostra præceptio, quod ad injuriam Dei (a quo specialiter sacerdotalium est gratia dignitatum) didicerimus admissum.

**C. XXXI.** *Qui alienam cathedram appetit, ab ea expulsus etiam propria careat.*

Item Leo *Episcopis urbis Romæ Anastasio, Thessalonicensi Episcopo, ep. LXXXII. al. LXXXIV.* c. 8 [186].

Si quis episcopus mediocritate civitatis suæ despecta administrationem celebrioris loci ambierit, et ad majorem plebem se quacunque ratione transtulerit, non solum a cathedra quidem pellatur aliena, sed [187] carebit et propria, ut nec illis præsideat, quos per avaritiam concupivit, nec illis, quos per superbiam sprevit. Suis igitur terminis contentus sit quisque, nec supra mensuram juris sui affectet augeri.

**C. XXXII.** *Utraque careat ecclesia qui contemtu minoris ecclesiæ ad majorem aspirat.*

Item ex Concilio Meldensi, c. 30 [188].

Si quis de ordine sacerdotali contemtu minoris ecclesiæ ambitiose et improbe ad potiorem aspiraverit, canonica erga eum definitio conservetur, hoc est ut utraque [189] careat v.

**Gratian.** *Qui vero pretio ecclesiam vacantem ingressus fuerit, ab officio suo deponendus est, sicut in Rothomagensi Concilio legitur* [190]:

**C. XXXIII.** *Dejiciatur a clero qui muneribus ecclesiam acquirere tentat.*

Sancitum est, atque omnibus modis prohibitum ut [191], si quis presbyter inventus fuerit alicui clerico vel laico munera dare vel dedisse, aut aliam pecuniam

### NOTATIONES CORRECTORUM.

C. XXIV. u *Increpationis*: Græce est: ἐπιτιμίας τυγχάνειν, quod in aliis versionibus est *arguatur*, vel *coerceatur*, vel *puniatur*.

C. XXXII. v *Hoc est ut utraque careat*: Hæc non sunt in Meldensi impresso, habentur tamen apud ceteros quoque collectores.

---

QUÆST. I. C. XXV. [166] Burch. l. 1, c. 72. Ivo Decr. p. 5, c. 179, proferunt ex Dionys. — cf. C. 9, q. 2, c. 6. [167] *suaderetur*: Ed. Bas — *suadetur*: Edd. rell. [168] add.: *decernimus*: Edd. coll. o. — Bohm. =C. XXVI. [169] hab. A. 451. [170] cf. supra c. 19.=C. XXVII. [171] hab A. 597. — Burch. l. 1, c. 64. Ivo Decr. p. 5, c. 173. [172] *diœceses collegæ sui*: Coll. Hisp. =C. XXVIII. [173] Imo ex conc. Aurel. hab. A. 538, c. 15. [174] *in diœcesi*: Edd. coll. o. — *diœceses alienas*: orig. [175] *tantum*: Edd. coll. o. [176] abest ab orig. et Edd. coll. o. pr. Par. Lugdd. [177] *celebritate*: Edd. Arg. Bas. Nor. Ven. I, II.=C. XXIX. [178] hab. A. 506. — cf. tamen ad c. 30. D. 23. — eadem leguntur in conc. Arvernensi c. 15. — Coll. tr. p. p. 2, t. 28, c. 62. [179] add.: *sancta*: Coll. Hisp. [180] *singulari lucro*: Isid. Merl.=C. XXX. [181] scr. A. 465. — Ans. l. 6, c. 109 (106). [182] add.: *et*: Edd. coll. o. [183] *Asconi*: exd. pr. Bas. [184] *oporteat — deceat*: exd. — orig.=C. XXXI. [185] *in*: Edd. coll. o. =C. XXXI. [186] c. 14. Ed. Baller. scr. A. 446. — Burch. l. 1, c. 74. Ans. l. 6, c. 104 (101). Ivo Decr. p. 5, c. 103. Polyc. l. 1, t. 9. [187] *carebit etiam*: Edd. coll. o. =C. XXXII. [188] hab. A. 845. — Burch. l. 5, c. 48. Ivo Pan. l. 2, c. 46. Decr. p. 3, c. 52. [189] *utrisque*: Burch. =C. XXXIII. [190] hab. c. A. 650. — Reg. l. 1, c. 240. Burch. l. 3, c. 114. Ivo Pan. l. 2, c. 49. Decr. p. 3, c. 90. — Cap. l. 7, c. 206. [191] *ue*: Bohm. et apud Reg.

tribuere, ut alterius presbyteri ecclesiam 'surripiat [v v], aut' vacantem pretio redimat, pro hac cupiditate, seu rapina, seu praesumtione turpis lucri gratia, dejiciatur a clero et alienus exsistat a regula.

V. Pars. Gratian. *Quod vero communi consilio atque aliorum utilitate mutationes episcoporum fieri possint, et in ecclesiis, a quibus recesserint, eis viventibus alii substitui valeant, Anterus Papa demonstrat, epistola VII., scribens Episcopis Bœticæ et Toletanæ provinciæ* [192]:

C. XXXIV. *Necessitatis vel utilitatis causa episcoporum mutationes fieri possunt.*

Mutationes episcoporum scitote communi utilitate atque necessitate fieri licere, sed non propria cujusquam voluntate aut dominatione. Petrus sanctus magister noster et princeps apostolorum de Antiochia utilitatis causa translatus est Romam, ut ibidem potius proficere posset. Eusebius quoque de quadam parva civitate apostolica auctoritate mutatus est Alexandriam. Similiter Felix de civitate, in qua ordinatus erat, electione civium propter doctrinam vitamque bonam, quam habebat, [auctoritate hujus sanctæ sedis et x] communi episcoporum et reliquorum sacerdotum ac populorum consilio translatus est Ephesum. Non enim transit de civitate ad civitatem, nec transfertur de minori ad majorem, qui hoc non ambitu, nec propria voluntate facit, sed aut vi a propria sede pulsus [193] aut [194] necessitate coactus, aut utilitate loci aut populi, non superbe, sed humiliter ab aliis translatus 'et [195] inthronizatus' est. *Et infra*: § 1. Nam sicut episcopi habent potestatem ordinare regulariter episcopos et reliquos sacerdotes, sic quoties utilitas aut necessitas coegerit, supradicto modo et mutare et inthronizare potestatem habent, [non tamen sine sacrosanctæ Romanæ sedis auctoritate et licentia]. *Et infra*: § 2. Alia etenim est causa utilitatis 'et necessitatis', alia avaritiæ ac præsumtionis aut propriæ voluntatis.

C. XXXV. *Causa necessitatis mutationes episcoporum fieri possunt.*

*Item Pelagius Papa II. Benigno Archiepiscopo, epist. II* [196].

Scias, frater dilectissime, aliud esse causam necessitatis et utilitatis, aliud 'causam praesumtionis ac propriæ voluntatis. Non ergo mutat sedem qui non mutat mentem, id est qui non causa avaritiæ, aut dominationis, aut propriæ voluntatis vel suæ delectationis [197] migrat de civitate ad civitatem, sed causa necessitatis aut [198] utilitatis mutatur. Nam plurimorum utilitas unius utilitati aut voluntati præferenda est. Aliud est enim mutare, et aliud mutari. *Et infra*: § 1. Nam aliud est sponte transire, et aliud 'est' coacte aut necessitate venire. Unde non .sti mutant civitates [199], sed mutantur, quia non sponte, sed coacte hoc agunt. *Et infra*: § 2. Non ergo bene intelligunt ecclesiasticas regulas, qui hoc negant causa necessitatis vel utilitatis fieri posse, quoties communis utilitas aut necessitas persuaserit.

C. XXXVI. *Christum negare convincitur qui necessitatem patientibus misericordiam non impendit.*

*Idem in eadem epistola, paulo inferius* [200].

Omnis, qui gemebat et vexabatur a Saul [201], fugiebat et veniebat ad David. Si ergo [202] piissimus atque justissimus David sciret peccatum esse, persecutionem fugientes et transeuntes de loco ad locum et de civitate ad civitatem recipere, tales nequaquam reciperet, nec secum teneret, nec in aliis civitatibus eos collocaret. Qui enim persequuntur Domini episcopos, eosque de civitatibus ad civitates transire compellunt, non eos tantum persequuntur, quantum Dominum nostrum Jesum Christum, cujus legatione funguntur. Nec ipsi in hoc peccant episcopi, quoniam non sponte, sed coacte hoc agunt, sed illi [203], qui eos persequuntur, nec ipsis episcopis hoc imputari potest, sed illis, qui eos hoc agere cogunt. *Et infra*: § 1. Qui autem negant misericordiam faciendam fugientibus ac necessitatem patientibus, ipsum Christum negant, qui est misericordia et veritas. *Et infra*: § 2. Negat [204] misericordiam necessitatem patientibus, qui populis indigentibus divinis ministeriis, et non habentibus proprium episcopum, qui eos instruat, causa utilitatis atque necessitatis ex [205] alia civitate, licet minor sit, in eam, quæ non habet episcopum doctiorem [206] vel utiliorem, meliori consilio, non sponte transeuntem, sed majorum exhortatione mutare, aut episcopum ejectum [207]

## NOTATIONES CORRECTORUM.

C. XXXIII. [v v] *Surripiat, aut* : Additæ sunt istæ duæ voces ex Burchardo. Nam vivente presbytero possessore non potest dici vacans ecclesia. In lib. 7. Capitularium, c. 206. * est verbum : *surripiat*, sed deest alterum membrum : *aut vacantem pretio redimat*. Ivo et auctor Panormiæ habent, ut antea Gratianus : *ecclesia vacantem pretio redimat*.

C. XXXIV. x *Auctoritate hujus sanctæ sedis et* : Hæc verba non leguntur in epistola Anteri, neque in Panormia, neque apud Burch. et Ivonem. Sunt tamen apud Anselmum, et in Polycarpo, et vetustis Gratiani exemplaribus. Idem quoque est de verbis illis prope finem capitis : *non tamen sine sacrosanctæ Romanæ sedis auctoritate et licentia*, quæ propter hanc causam virgulis sunt inclusa.

---

QUÆST. I. C. XXXIV. [192] Caput Pseudoisidori, cf. Statutt. eccl. ant. c. 11. conc. Sardic. c. 1, 2. Cyprian. ep. 49. — Burch. l. 1, c. 77. Ans. l. 6, c. 94 (99). Ivo Pan. l. 3, c. 69. Decr. p. 5, c. 183. [193] *depulsus* : Edd. coll. o. [194] *ac* : cæd. [195] desid. ap. Ans. = C. XXXV. [196] Caput Pseudoisidori, cf. c. 34. — Ans. l. 6, c. 97 (102). Polyc. l. 1, t. 9. [197] *electionis* : Ans. — *dilectionis* : Edd. Arg. Nor. Ven. II. [198] *et* : Edd. coll. o. [199] *civitatem* : cæd. = C. XXXVI. [200] Caput Pseudoisidori. [201] 1 Reg. c. 22. [202] *rex* : Edd. coll. o. [203] *ipsi* : cæd. [204] *add.* : *autem* : Edd. Bas. Lugdd. II, III. [205] *ut ex* : Edd. coll. o. [206] *add.* : *vel potiorem* : Edd. Bas. Lugdd. [207] *dejectum* : Edd. coll. o.

et persecutionem patientem causa utilitatis aut necessitatis inthronizari non permittit.[208]

**C. XXXVII.** *Non ambitione, sed synodali auctoritate de ecclesia ad ecclesiam episcopus transeat.*

Item ex Concilio Carthaginensi IV, c. 27.[209]

Episcopus de loco ignobili ad nobilem per ambitionem non transeat, nec quisquam inferioris ordinis clericus. Sane si utilitas ecclesiæ *fiendum* poposcerit, decreto pro eo clericorum et laicorum episcopis porrecto, in præsentia synodi [210] transferatur, nihilominus alio in locum [211] ejus episcopo subrogato. Inferioris vero gradus sacerdotes vel alii clerici concessione suorum episcoporum possunt ad alias ecclesias transmigrare.

**C. XXXVIII.** *In proprio gradu episcopi vel presbyteri in aliena suscipiantur ecclesia.*

Item ex eodem Carthaginensi IV, c. 33.[212]

Episcopi vel presbyteri si causa visitandi [213] ad ecclesiam alterius episcopi venerint, in gradu suo suscipiantur, et tam ad verbum faciendum quam ad oblationem consecrandam invitentur.

**C. XXXIX.** *Ecclesia unius episcopi ab alio disponi non debet.*

Item Calixtus Papa omnibus Galliarum Episcopis, epist. II, c. 3.[214]

Sicut alterius uxor nec adulterari ab aliquo, vel judicari, aut disponi, nisi a proprio viro eo vivente permittitur, sic nec uxor episcopi [215], quæ ejus ecclesia vel parochia indubitanter intelligitur, eo vivente absque ejus judicio † et voluntate alteri judicari, vel disponi, aut ejus concubitu frui, id est ordinatione, conceditur. Unde ait Apostolus [216]: *Alligata est uxor legi* [217], *quamdiu vir ejus vivit, eo vero defuncto soluta est a lege viri*. Similiter et sponsa episcopi (quia sponsa uxorque ejus dicitur ecclesia) illo vivente ei est alligata, eo *vero* defuncto soluta est. Et [218] *cui voluerit nubat, tantum in Domino*, id est regulariter. Si enim eo vivente alteri nupserit, adultera judicabitur. Similiter et ille, si alteram [219] sponte duxerit, adulter existimabitur [220] et communione privabitur. Si autem persecutus fuerit in sua ecclesia, fugiendum illi est ad alteram [221], eique est associandus [222], dicente Domino [223]: *Si vos perse-* A *cuti fuerint in una civitate, fugite in aliam*. Si autem utilitatis causa fuerit mutandus, non [224] per se hoc agat, sed fratribus invitantibus, et [225] auctoritate hujus sanctæ sedis faciat, non ambitus causa [226], sed utilitatis aut necessitatis y [227].

**VI. Pars. Gratian.** *Hoc non solum de episcopis, verum etiam de quibuslibet ecclesiæ ministris intelligitur, ne videlicet in locum viventis alter obrepat.*

Unde B. Gregorius *scribit Natali, Salonitano Episcopo, de eo, qui in archidiaconatum alterius se promoveri consenserat, lib. II. Indict. 10, epist. XIV et XVI* [228]:

**C. XL.** *Deponatur qui locum alterius invadere non timet.*

B  Eum, qui contra justitiæ regulam in archidiaconatum alterius se provehi consenserit, ab ejusdem archidiaconatus honore deponimus. Qui si ulterius in loco eodem ministrare præsumserit, se participatione communionis sacræ noverit esse privatum.

**C. XLI.** *In una ecclesia duo prælati esse non debent.*

Item Hieronymus *ad Rusticum Monachum, epist. IV* [229].

In apibus princeps unus est; grues [230] unam sequuntur ordine litterario [231]; imperator unus, judex unus provinciæ. Roma, ut condita est, duos fratres simul habere reges non potuit et parricidio dedicatur. In Rebeccæ [232] utero Esau et Jacob bella gesserunt; singuli ecclesiarum episcopi, singuli archipresbyteri [233], singuli archidiaconi, et omnis ordo

C ecclesiasticus suis rectoribus nititur.

**VII. Pars. Gratian.** *Ecce in quibus casibus episcopo vivente alius potest ei substitui, quanquam secundum rei veritatem non vivente episcopo talis probetur succedere. Translatus enim ab una civitate ad aliam desinit esse episcopus illius civitatis, a qua transfertur, atque ideo qui huic succedit non vivente, sed defuncto quodammodo episcopo probatur substitui. Sed inter eum, qui hostilitatis necessitate, et eum, qui utilitatis causa transfertur, hoc interest, quod ille, qui metu hostilitatis ad aliam transit, si priorem contigerit aliquando ab hostibus liberam fieri, ad eandem illum redire oportet*

---

NOTATIONES CORRECTORUM.

C. XXXIX. γ *Aut necessitatis* : Hæc non sunt in D sitas autem præbet justam causam translationi, supra ipsa epistola, sed habentur apud Anselmum. Neces- ead. c. *Scias*.

---

QUÆST. I. C. XXXVI. [208] *nolunt inthronizare* : eæd. = C. XXXVII. [209] c. 11. Statutt. eccles. ant. — cf. ad c. 9. D. 18. — Ivo Pan. l. 3, c. 70. Decr. p. 5, c. 125. [210] *synodali* : Bohm. [211] *loco* : Edd. coll. o. pr. Lngdd. II, III. = C. XXXVIII. [212] c. 56. Statutt. eccl. ant. [213] *visitandæ ecclesiæ ad alterius eccles. veniant* : Baller. — *visitandæ eccl. alterius episc. ad eccl. veniant* : Coll. Hisp. = C. XXXIX. [214] Cap. Pseudoisidori. — Reg. l. 1, c. 250. Burch. l. 3, c. 49. Ans. l. 6, c. 103 (108). Ivo Decr. p. 3, c. 53, p. 5, c. 101. [215] *add. : ipsius* : Edd. coll. o. pr. Bas. — *vel presbyteri* : Ivo p. 5. Burch. — *et presb.* : Reg. † *consilio* : Edd. coll. o. [216] 1 Cor. c. 7, v. 39. [217] *add. : viri* : Edd. coll. o. [218] 1 Cor. c. 7, v. 39. [219] *aliam* : Edd. coll. o. [220] *æstimabitur* : Edd. Arg. Bas. Ven. I, II. Nor. [221] *add. : ecclesiam* : Edd. coll. o. [222] *sociandus* : eæd. [223] Matth. c. 10, v. 23. [224] *add. : tamen* : Edd. coll. o. [225] *cum* : eæd. [226] *ut dictum est* : eæd. — Ans. [227] *add. : faciendum est* : eæd. exc. Bas. = C. XL. [228] *ex ep. 18, (scr. A. 592), et ep. 20, (scr. A. eod. Antonino subdiacono) l. 2. Ed. Maur.* — Ivo Decr. p. 6, c. 342. = C. XLI. [229] scr. c. A. 400 Ivo Decr. p. 5. c. 556. [230] *et grues* : Edd. coll. o. [231] *literato* : eæd. — Ivo. [232] *add. : vero* : Edd. coll. ³. — cf. Gen. c. 25. [233] *archiepiscopi* : eæd. — Ivo.

*Unde* Gregorius Papa *scribit Joanni, Episcopo Scyllatino, lib. II. Indict.* 10, *epist.* 25 [234].

C. XLII. *Qui metu hostilitatis ad alium locum transierit, postea ad suam ecclesiam redire oportet.*

Pastoralis officii cura nos admonet, destitutis ecclesiis proprios constituere sacerdotes, qui gregem dominicum debeant pastorali solicitudine gubernare. Propterea te Joannem ab hostibus captivatæ [235] Lissitanæ [236] civitatis episcopum in Scyllatina [237] ecclesia cardinalem necesse duximus constituere [238] sacerdotem, ut [239] susceptam semel animarum curam intuitu futuræ retributionis impleas. Et licet a tua ecclesia sis hoste imminente depulsus, aliam, quæ pastore vacat, ecclesiam debes gubernare, ita tamen, ut si civitatem illam ab hostibus liberam effici et Domino protegente ad priorem statum contigerit revocari, ad eam, in qua prius es ordinatus, ecclesiam revertaris; sin autem prædicta civitas continua captivitatis calamitate premitur, in hac, in qua a nobis incardinatus [z] es [240], debeas ecclesia permanere.

Gratian. *Qui vero utilitatis causa transfertur nequaquam ad priorem redire cogitur. Est etiam alius casus, in quo episcopus viventi episcopo substituitur. Quum enim aliquis relicta priori cathedra sua auctoritate ad aliam transierit, si alius ei substitutus fuerit, licet ille prioris ecclesiæ episcopus esse non desierit, substitutus tamen episcopatum habebit.*

*Unde* Damasus, *urbis Romæ Episcopus, scribit ad Paulinum Antiochenum, dicens* [241]:

C. XLIII. *De sacerdotibus, qui relictis suis ecclesiis ad alias migrarunt.*

Eos sacerdotes, qui ab [242] ecclesiis [243] ad ecclesias [244] migraverunt [245], tamdiu a *nostra* communione habemus [246] alienos, quamdiu ad eas [247] redierint civitates, in quibus *primitus* [248] sunt constituti. Quod si *quis* [249] alios alio transmigrante in locum viventis ordinatus est, tamdiu vacet sacerdotii [250] dignitate qui suam deseruit civitatem, donec [251] successor ejus quiescat in Domino.

Gratian. *Episcopalium etiam sedium mutationes metu hostilitatis interveniente nonnunquam fieri solent.*

*Unde* Gregorius *scribit Joanni, Episcopo Vellitrano, lib. II, epist.* 11 [252].

C. XLIV. *Necessitate temporis episcopalium sedium mutationes fieri possunt.*

Temporis qualitas [253] admonet episcoporum sedes, antiquitus certis civitatibus constitutas, ad alia, quæ securiora putamus, ejusdem diœcesis loca transponere, quo et habitatores nunc [254] degere [255], et barbaricum [256] possint periculum facilius declinare. Propterea te Joannem fratrem, coepiscopum [257] nostrum Vellitrensis civitatis, sedemque tuam in loco quondam Arenata [258] ad S. Andream apostolum præcipimus *exinde* transmigrari, quatenus ab hostilitatis incursu liberior existere valeas, et illic consuetudinem [a] solennium festive disponas.

VIII. Pars. Gratian. *Item quum aliquis causa humilitatis apostolica concessione de episcopali sede ad monachalem descenderit subjectionem, alius loco ejus subrogari poterit; ille vero ad pontificatum resurgere nequaquam ulterius valebit.*

*Unde in quinta* [b] *actione* Constantinopolitanæ Synodi, *CCCLXXXIII. Patrum, sub Joanne Papa VIII, cui præfuit Petrus presbyter cardinalis, et Paulus Anconitanus episcopus, et Eugenius Ostiensis episcopus, apocrisarii Papæ dixerunt* [c] [259]:

## NOTATIONES CORRECTORUM.

C. XLII. [z] *Incardinatus*: Supra distinct. 71, c. *Fraternitatem*, de hujus vocis notione est notatum.
C. XLIV. [a] *Consuetudinem*: Apud Joannem Diaconum legitur: *consuetudine solemni festa disponas*. Apud Burchardum et Ivonem: *consuetudinem solennium festorum*. In variis B. Gregorii epistolarum editionibus: *consuetudinum solennium festa dispones*.
[b] In quinta: Apud Ivonem part. 7, c. 149, pro indice hujus capituli leguntur hæc: *Ex actione quintæ synodi Constantinopolitanæ CCCLXXXIII.*

*Patrum, sub Joanne Papa VIII, cui præfuit Petrus presbyter cardinalis, et Paulus Anconitanus episcopus et Eugenius Ostiensis episcopus.* Initium vero ipsius capitis est: *Apocrisarii Papæ dixerunt. Hoc nequaquam,* etc.
[c] Hæc synodus sub Joanne VIII, exstat græca in Vaticana bibliotheca. Cujus synodi tres tantum canones cum explanatione Balsamonis editi sunt Lutetiæ, et apud ipsum inscribitur synodus in templo sapientiæ habita sub Photio patriarcha. In secundo autem trium illorum capitulo habetur sen-

---

Quæst. I. C. XLII. [234] Ep 37, (scr. A. 592), l. 2, Ed. Maur. — Burch. l. 1, c. 123, (: *ex reg. Greg. ad Agnellum ep.*) Ans. l. 6, c. 99 (104). Ivo Decr. p. 5, c. 223 (: *ex reg. Greg. ad Angelum ep.*) Polyc. l. 1, t. 8, l. 2, c. 14. [235] *captivatum*: Ivo. — Edd. coll. o. [236] *Lesianæ*: Ed. Bas. — *Lesmianæ*: Edd. rell. — *Lissimanæ*: Ans. [237] *Squillicina*: Burch. — *Squillitana*: Edd. coll. o. [238] *statuere*: exæd. pr. Lugdd. II, III. [239] *ut et*: Ivo. Burch. — *et ut*: Edd. coll. o. [240] *ordinatus es cardinalis*: Edd. Par. Lugd. I. — *ordinatus es vel incard.*: Edd. Bas. Lugdd. II, III. — C. XLIII. [241] scr. A. 387. — In coll. Pseudoisidori hæc ep. particula sub titulo: *De sacerdotibus, qui de suis eccl. ad alias migrant*, separatim profertur. Est tamen in Coll. Hisp. — In Edd. coll. inscr.: *omnibus Epp*. — Ans. l. 6, c. 95 (100). [242] *de*: Coll. Hisp. — Ans. — Edd. coll. o. [243] *ecclesia*: Bohm. [244] add.: *alias*: Edd. coll. o. pr. Arg. [245] *migraverint*: Ed. Bas. [246] *habeamus*: Coll. Hisp. — *habemus*: Isid. Merl. — *habuimus*: Edd. coll. o. [247] add.: *non*: Ed. Bas. [248] *primum*: Coll. Hisp. — Isid. Merl. — Ans. [249] *desid.* ib. [250] *a sac.*: Edd. coll. o. [251] *quamdiu*: Isid. Merl. = C. XLIV. [252] Ep 14 (scr. A. 592), l. 2, Ed. Maur. — Burch. l. 3, c. 89. Ans. l. 6, c. 98 (103). Ivo Pan. l. 42, c. 57 Decr. p. 5, c. 79. [253] add.: *nos*: Edd. coll. o. [254] *securius*: Ivo. — *sæculi*: Ed. Lugd. I. — *securi*: Edd. rell. [255] add.: *valeant*: Edd. coll. o. [256] *barbarici hostis periculum*: Ans. [257] *et coep.* Edd. coll. o. [258] *Arenatarum*: Edd. Bas. Lugdd. — *in loc., qui Harenata dicitur*: orig. — *in loco, qui appellatur Renati*: Burch. Ivo. [259] *ex pseudosynodo Photiana hab.* A. 879. — Ivo Decr. p. 7, c. 149.

**C. XLV.** *Episcopus, qui causa humilitatis monachus efficitur, ad pontificatum redire non valet.*

Hoc nequaquam apud nos habetur, ut quicunque de pontificali ordine ad monachorum, *id est poenitentium*[a], descenderit vitam, ulterius possit ad [260] pontificatum reverti. *Item*: § 1. Præcepit sancta synodus, ut quicunque de pontificali dignitate [261] ad monachorum vitam et *ad*[a] poenitentiæ descenderit [262] locum, nequaquam *jam*[a] ad pontificatum resurgat. Monachorum enim vita subjectionis habet [263] verbum et discipulatus [264], non docendi, vel præsidendi, vel pascendi alios.

Gratian. *Hoc ad poenitentiam agendam, non ad quietem servandam quibusdam conceditur.*

*Unde Liberius Papa scribit omnibus Episcopis, ep. II* [265]:

**C. XLVI.** *Pro infestationibus malorum non licet episcopo gregem relinquere.*

Suggestum nobis est, quod pro præteritis laboribus et infestationibus nonnulli vestrum assignatas sibimet et a Deo commissas relinquant [266] plebes et in futuro [267] plures relinquere velint eas, quas tueri debent, ecclesias, et pro ovibus sibi commissis laborare negligant, et monasteriorum se quieti contradere festinent, et vacationem ab episcopatus laboribus eligere, et silentio atque otio vitam degere [268] magis appetant, quam in his quæ sibi commissa sunt, permanere, dicente Domino [269]: *Beatus, qui persev-*

## NOTATIONES CORRECTORUM.

tentia hujus capitis. Visum autem est, ut omnia melius percipiantur, locum hunc græce et cum nova interpretatione esse adscribendum. Φώτιος ὁ πατριάρχης εἶπε· Πῶς ὑμῖν δοκεῖ περὶ τῶν ἀπὸ τοῦ ἀρχιερατικοῦ τάγματος ἑαυτοὺς εἰς τὴν τῶν μοναχῶν καταλεγόντων χώραν; ἆρα εἰς ὑποταγὴν ἑαυτοὺς παραδόντες δύνανται ἔτι αὐτοὶ τῆς αὐτῆς ποιμνιαρχίας ἔχεσθαι; οἱ ἁγιώτατοι τοποτηρηταὶ τῆς πρεσβυτέρας Ῥώμης εἶπον· Τοῦτο παρ᾽ ἡμῖν οὐκ ἔστιν οὐδὲ σώζεται. Ὅστις γὰρ ἐὰν ἀπὸ ἀρχιερατικοῦ τάγματος εἰς τὴν τῶν μοναχῶν, τουτέστι τῶν μετανοούντων καταριθμηθῇ χώραν, οὐ δύναται ἔτι τὸ τῆς ἀρχιερωσύνης ἑαυτῷ διεκδικεῖν ἀξίωμα. Βασίλειος καὶ Ἡλίας οἱ τοποτηρηταὶ τῶν ἀνατολικῶν θρόνων εἶπον· Οὐδ᾽ παρ᾽ ἡμῖν ἐφωράθη τοῦτο ποτὲ γενόμενον, τοὐναντίον μὲν οὖν μονάζοντες πρόεισιν εἰς ἀρχιερεῖς, ἀπὸ δὲ ἀρχιερέων εἰς μοναχοὺς κατερχόμενοι ἀρχιερεῖς αὐτοὶ οὐ δύνανται. Ἡ ἁγία σύνοδος εἶπεν· Ὁρισθήτω καὶ περὶ τούτου κανών. Πολλάκις γὰρ καὶ ἐν ἡμῖν ἀμφιβολίαι γίνονται περὶ τῆς ὑποθέσεως ταύτης, τῶν μὲν λεγόντων μὴ κωλύεσθαι τοὺς ἀρχιερεῖς μοναχοὺς γενομένους τὰ τῶν ἀρχιερέων τελεῖν, τῶν δὲ οὐ συνευδοκούντων ἐπὶ τούτῳ. Οἱ ἁγιώτατοι τοποτηρηταὶ εἶπον· Ἐκτεθήτω κανών. Ἁγία σύνοδος εἶπεν· Ἔτι δὲ ἀξίουμεν ἐκτεθῆναι κανόνας περὶ τῶν εἰς τοῦτο μανίας καὶ ἀπονοίας ἐλθόντων λαϊκῶν, ὥστε ἀρχιερεῖς ἢ ἱερεῖς Θεοῦ τύπτειν ἢ φυλακίζειν, καὶ τὰ λοιπά.

Φώτιος ὁ Πατριάρχης εἶπεν· Εἰ κελεύει ἡ ὑμετέρα ἁγιωσύνη, ἀναγνωσθήτωσαν οἱ κανόνες, καὶ λαβὼν Πέτρος ὁ θεοφιλέστατος διάκονος καὶ πρωτονοτάριος ἀνέγνω· Εἰ καὶ μέχρι νῦν ἔνιοι τῶν ἀρχιερέων εἰς τὸ τῶν μοναχῶν κατιόντες σχῆμα ἐπὶ τῷ τῆς ἀρχιερωσύνης ἐβιάζοντο διαμένειν ὕψει, καὶ τοῦτο πράττοντες παρεωρῶντο, ἀλλ᾽ οὖν ἡ ἁγία καὶ οἰκουμενικὴ αὕτη σύνοδος καὶ τοῦτο ῥυθμίζουσα τὸ παρόραμα, καὶ πρὸς τοὺς τῆς ἐκκλησιαστικῆς καταστάσεως θεσμοὺς τὴν ἄτακτον ταύτην ἐπανάγουσα πρᾶξιν ὥρισεν, ἵνα εἴ τις ἐπίσκοπος ἢ ἄλλος τοῦ ἀρχιερατικοῦ ἀξιώματος πρὸς τὸν μοναδικὸν θελήσει κατελθεῖν βίον, καὶ τὸν τῆς μετανοίας τόπον ἀναπληρῶσαι, μηκέτι τούτου τῆς ἀρχιερατικῆς ἀντιποιεῖσθαι ἀξίας. Αἱ γὰρ τῶν μοναχῶν συνθῆκαι ὑποταγῆς ἔχουσι λόγον καὶ μαθητείας, ἀλλ᾽ οὐχὶ διδασκαλίας ἢ προεδρίας, οὐδὲ ποιμαίνειν ἄλλους, ἀλλὰ ποιμαίνεσθαι ὑπαγγέλλονται. Διὸ καθὰ προείρηται θεσπίζομεν, μηκέτι τινὰ τῶν ἐν ἀρχιερατικῷ καταλόγῳ καὶ ποιμένων ἐξεταζομένων εἰς τὴν τῶν ποιμαινομένων καὶ μετανοούντων χώραν ἑαυτὸν μεταβιβάζειν. Εἰ δέ τις τοῦτο τολμήσει πρᾶξαι μετὰ τὴν ἐκφώνησιν καὶ διάγνωσιν τῆς νῦν ἐκπεφωνημένης ψήφου, αὐτὸς ἑαυτὸν ἀρχιερατικοῦ ἀποστερήσας βαθμοῦ, οὐκ ἔτι πρὸς τὸ πρότερον, ὅπερ διὰ τῶν ἔργων ἠθέτησεν, ἀξίωμα ἐπαναστρέψει. Id est: *Photius Patriarcha*

dixit: *Quid censetis de iis, qui ex antistitum ordine se ipsos in monachorum locum conferunt? Num qui se ipsos subjectos esse voluerunt, possunt adhuc iidem idem in gregem imperium tenere?* Sanctissimi locum tenentes antiquioris Romæ dixerunt: *Id apud nos minime fit, neque in more est positum. Quicunque enim ex antistitum ordine monachorum, id est poenitentium, ordini annumeratus fuerit, antistitis dignitatem non potest sibi amplius vendicare.* Basilius et Helias locum tenentes orientalium sedium dixerunt: *Neque apud nos id unquam evenisse observatum est. Nam contra quidem monachi ad antistitum ordinem provehuntur, at qui ex antistitibus ad monachos descendunt, hi antistites manere non possunt.* Sancta synodus dixit: *De hac etiam re canon constituatur. Nam et apud nos sæpe hac de causa dubitationes exoriuntur, nonnullis quidem ita dicentibus, non prohiberi antistites, quo minus, quum monachi facti fuerint, antistitum muneribus fungantur, nonnullis vero hanc sententiam minime probantibus.* Sanctissimi locum tenentes dixerunt: *Feratur canon.* Sancta synodus dixit: *Præterea vero æquum ducimus ferri canones de laicis illis, qui eo insaniæ ac superbiæ devenerunt, ut antistites vel sacerdotes Dei verberent aut custodiæ tradant, et reliqua.* § 1. Photius patriarcha dixit: *Si vestra sanctitas jubet, legantur canones, eosque in manus sumens Petrus, Deo amicissimus diaconus et protonotarius legit: Quamvis hucusque nonnulli antistites ad monachorum habitum descendentes conati sint in antistitum fastigio manere, quumque id facerent, ea res neglecta est, sancta tamen et œcumenica hæc synodus, hanc quoque negligentiam corrigens, atque inordinatam hanc actionem ad leges, quæ de statu ecclesiastico sunt, revocans, statuit, ut si quis episcopus, sive quis alius antistitis dignitatem obtinens, ad vitam monasticam descendere et poenitentiæ locum implere voluerit, hic antistitis dignitatem amplius non retineat. Monachorum enim instituta ad obedientiæ ac disciplinæ rationem pertinent, minime vero ad magisterii vel præfecturæ, atque eorum sunt, qui non alios pascere, sed pasci profiteantur. Quo circa, quemadmodum dictum est, decernimus, ne quis posthac eorum, qui in antistitum catalogo sunt, atque in pastorum numero censentur, in eorum, qui pascuntur ac poenitentiam agunt, locum se transferat. Quod si quis post promulgationem ac notitiam hujus, quæ nunc pronunciatur, sententiæ id facere ausus fuerit, quando ipse se ipsum antistitis gradu privavit, pristinam, quam factis contempsit, dignitatem amplius non recuperabit.*

---

Quæst. I. C. XLV. [260] *in*: Edd. coll. o. [261] add.: *habituque*: Edd. Bas. Lugdd. II, III. [262] *descendit*: Edd. Arg. Bas. Nor. [263] *habere*: Bohm. [264] *discipulinatus*: Edd. Arg. Ven. II. Lugd. I. = C. XLVI. [265] Caput Pseudoisidori, conflatum ex Martini ep. I. ad Amandum Trajectensem et synodica ejusdem concilio Lateranensi adjecta. — Coll. tr. p. p. 1, t. 34, c. un. — Polyc. l. 4, t. 15. [266] *reliquerunt*: Edd. coll. o. [267] *futurum*: eæd. [268] *ducere*: exd. [269] Matth. c. 10.

raverit usque ad [270] finem. Unde namque est beata perseverantia, nisi de virtute patientiae? quoniam secundum apostolicam [271] praedicationem, *omnes, qui volunt in Christo [272] pie vivere, persecutionem patiuntur*. Ideo, fratres charissimi, non vos afflictionum amaritudo a pio mentis vestrae proposito coarctet [273] recedere. Considerate [274] ' namque ', quanta pro absolutione nostra et liberatione creator dominusque et redemtor noster pertulerit, quibusve se contumeliis afficiendum tradiderit, ut nos a vinculis potestatis diabolicae liberaret. Attendite itaque vobis et omni gregi [275], in quo vos Spiritus sanctus constituit episcopos regere ecclesiam Dei, quam acquisivit proprio sanguine, ut non sit qui vos decipiat aut seducat ' in ' subtilitate sermonis, ut plebes vobis commissas relinquatis, et alicui propter malorum opprobrium hominum quieti vos tradatis, ' et ' ut vos solummodo salvetis, et filios orphanos relinquatis.

**C. XLVII.** *In persecutionibus episcopus ecclesiam suam non deserat.*

*Item* Nicolaus Papa [276] Humifrido [277] *Morinensis ecclesiae Episcopo.*

Sciscitaris itaque per Guldagarium presbyterum, utrum, quum a Normannis de episcopio depellaris, debeas de cetero in monasterio conversari. In quo scias, charissime frater, quod, si perniciosum est proretam in tranquillitate navim deserere, quanto magis in fluctibus? Ubi non dicimus, quod persecutorum non fugiamus (maxime [278] paganorum insidias, quum ad tempus saeviunt, et ob multitudinem delictorum nostrorum nocendi facultatem divinitus assequuntur, praesertim quum eis prodire ultro non debeamus, et multos prophetas et apostolos, ipsumque [279] Dominum [280] hujusmodi fugisse insecutores luce clarius constet, sed quod praecipue nos, qui tanquam arietes ducatum gregibus praebemus, imo qui et horum pastores sumus, Deo auctore cum eis in periculis pro viribus persistere pro certo conveniat, et quum tranquillitas reddita divina fuerit pietate, sopitaque furentium infestatio, mox gregem requirere [281] et in unum colligere, et ejus animos coelestis patriae pace ac potissimum securitate praedicata sursum erigere debemus. Et tamdiu super eorum cautela oportet nos esse solicitos, ut, si Dei judicio praesentis temporis commoda fortassis amittunt, futurae vitae se sperent gaudia absque ambiguitate percipere sempiterna.

**C. XLVIII.** *Non est reprobatio, sed virtutis probatio bonorum adversitas.*

*Item* Gregorius *lib. VII, epist. 126, ad Recaredum Regem* [282].

Adversitas, quae bonis votis objicitur, probatio virtutis est, non judicium reprobationis. Quis enim nesciat, quam prosperum fuit quod B. Paulus apostolus praedicaturus ad Italiam veniebat [283], et tamen veniens naufragium pertulit? Sed [284] navis cordis in maris fluctibus integra stetit.

IX. Pars. Gratian. Hoc etiam tunc servandum intelligitur, quando inter subditos aliqui inveniuntur, *quibus praelatorum vita proficiat, quando nec specialiter praelatus quaeritur, nec per alios tuta potest esse ecclesiae salus, ne, si deserere incipiat quibus prodesse potest, dicatur de eo :* Mercenarius [285] *autem, et qui non est pastor, cujus non sunt oves propriae, videt lupum venientem, et deserit oves et fugit. Quum vero specialiter quaeritur, fugiat exemplo Christi, qui a facie Herodis fugit in Aegyptum; fugiat exemplo Pauli, qui a fratribus per murum submissus est in sporta. Unde Augustinus* d *ait* [286] *: Fugiat minister Christi, sicut ipse Christus in Aegyptum fugit; fugiat et qui specialiter quaeritur, dum per alios firma est ecclesiae salus. Hinc etiam ait Dominus discipulis : Si* [287] *vos persecuti fuerint in una civitate, fugite in aliam. Hinc etiam idem abscondit se, et exivit de templo, quando Judaei lapides tulerunt, ut jacerent in eum. Hinc etiam* | *Augustinus* [288] *ait de eodem in Psal. 54 : Ecce elongavi fugiens illud tangit, quod Christus vitabat persequentes, ut occasionem irae demeret, et manebat in desertis orans, in quo docebat nos in secreto conscientiae orare et quiescere, quum a malis premimur. Quum vero non praelatorum tantum, sed totius ecclesiae salus quaeritur, fides impugnatur, necesse est ut ex adverso ascendant, et in die belli se ipsos murum* [289] *opponant pro domo Domini, et animas* [290] *suas ponant pro ovibus suis, ut exemplo suae passionis accendant quos sermone doctrinae diutius confirmare non valent. Et hoc quidem de manifestis persecutionibus.* § 1. *Est et aliud genus persecutionis, in quo Apostolus laborabat, dicens* [291] *: Quis infirmatur, et ego non infirmor? quis scanda-*

---

**NOTATIONES CORRECTORUM.**

C. XLVIII. d *Unde Augustinus :* Multa in hac disputatione citat Gratianus ex Augustino, quorum sententia quidem apud illum habetur, sed verba ipsa sunt in glossa ordinaria locis indicatis. De hac vero quaestione, quando liceat episcopo recedere ab ecclesia sua, disserit beatus Augustinus epist. 180, Honorato episcopo scripta.

---

Quaest. I. C. XLVI. [270] *in* : Edd. coll. o. [271] 2 Tim. c. 3. [272] add. : *Jesu* : Ed. Bas. [273] *coarcet* : Edd. Arg. Bas. — *coerceat* : Edd. rell. [274] *considerantes* : Edd. coll. o. [275] Act. c. 20. = C. XLVII. [276] Ep. incerti temporis. — cf. Dist. 50, c. 5. — Coll. tr. p. p. 1, t. 62, c. 47, 48. [277] *Humfredo* : Ed. Arg. — *Hunifredo* : Ed. Bas. [278] *maximeque* : Edd. Coll. o. [279] *ipsum quoque* eadd. [280] Joan. c. 8. [281] *perquirere* : Edd. coll. o. = C. XLVIII. [282] Ep. 122 (scr. A. 599), l. 9. Ed. Maur. [283] Act. c. 27. [284] add. : *tamen* : Edd. coll. o. [285] Joan. c. 10, v. 12. [286] Gloss. ord. ad c. 11 ll ad. Cor. in fine, ex Aug. ep. 180, ad Honoratum. [287] Matth. c. 10, v. 25. [288] Glossa ordinaria ex Cassiodoro. [289] Ezech. c. 13. [290] Joan. c. 10. [291] 2 Cor. c. 11, v. 29.

lizatur, et ego non uror? etc. *Hinc August.* [292] *in Psal.* 101 : Ossa, id est fortes, quorum frixorium sunt qui scandalizantur; tantum enim frigitur bonus quantum amat. *Hinc idem* [293] *in Psal.* 30 : Irascitur justus pro peccatis palearum, non tamen odit, in quo exstingueretur oculus; venter pro interioribus, quæ turbantur, quando nec corripi possunt impii, quibus non clamat, quia defecit in dolore vita, videns non proficere quod prædicat. § 2. *Hinc idem ait in Psal,* 69, *utrumque hoc genus persecutionis distinguens* [294] : Vox tribulatorum Christo, id est martyrum, inter passiones periclitantium, sed de capite præsumentium. Cum illis vox omnis justi, cui ex charitate abundans iniquitas etiam Christianorum est passio, ut Loth corporalem persecutionem a nullo in Sodomis sustinuit, sed a malis factis eorum, cum quibus habitabat. Est ergo persecutio justi, vel a leone in impetu, vel a dracone in insidiis, unde omnes clament : Deus in adjutorium meum intende. § 3. *Quum autem vitiis subditorum prælatus affligitur, aliquando omnium est una et insatiabilis obstinatio, aliquando mali inveniuntur bonis admixti. Quando boni simul cum malis habitant, non sunt deserendi boni propter malos, ne perverse malos evitando vincamus quos fugimus ad gehennam, sed potius mali tolerentur propter bonos. Unde Gregorius* [295] : Abel esse renuit quem Cain malitia non exercet; ferrum quippe nostræ mentis ad acumen non potest pervenire veritatis, nisi hoc alterius eraserit lima pravitatis. *Hinc etiam Augustinus* [296] : Tu bonus tolera malum, etc., *infra, de tolerandis malis, in prima causa* ͤ *hæreticorum. Idem ait* [297] : Majus malum in separatione bonorum committimus, quam in conjunctione malorum fugimus. *Et infra :* § 4. Tali non imputat Deus sua peccata, quia non fecit; non aliena, quia non approbavit; non negligentiam, quia non tacuit; non superbiam, quia in unitate permansit. *Hinc idem in Psal.* 54 [298] : « Quis dabit mihi pennas sicut columbæ? » non ait, sicut corvo. Columba a molestiis quærit avolare, sed dilectionem non amittit, et semper gemit. Sic bonus vult separare se corpore, non amore, ab his, quibus non potest prodesse. *Et infra :* § 5. Sed aliquando ligatur non visco cupiditatis, sed cura et officio, ut deserere non possit, nisi solvatur. Quod si non solvitur, tunc dicat : « Cupio [299] dissolvi, et esse cum Christo : Sed manere in carne necesse est propter vos : » et sic est meritum ex desiderio. § 6. « Ecce [300] elongavi fugiens, » non

loco, ne rumpatur charitas bonorum, ne perdatur exercitium malorum, quos Deus admiscet, ut Judam apostolis, *quem* [301] *quamvis sciret furem esse, tamen ad prædicandum misit, et ei eucharistiam dedit, docens, in ecclesia tolerari malos, nec obesse bonis malorum consortia. Quando vero omnium subditorum est obstinata malitia, nec prodest eis prælatorum præsentia, tunc etiam corpore licet ab eis recedere, ne et illorum nequitia semper in deterius proficiat, et isti quidem fructum amittant, quem de aliorum profectu possent invenire. Sic B. Benedictus deseruisse legitur quos in necem suam unanimiter viderat conspirasse.*

*Hinc etiam B. Gregorius Petro Diacono interroganti, an liceat prælato gregem semel susceptum deserere? l. II. Dial. c.* 5, *respondit, dicens.* [302] :

## C. XLIX. *Quando liceat prælatis subditos deserere, vel non.*

Ibi adunati æquanimiter portandi sunt mali, ubi inveniuntur aliqui, qui adjuventur boni [303]. Nam ubi omnimodo [304] de bonis fructus deest, fit aliquando de malis labor supervacuus, maxime si e vicino causæ suppetant, quæ fructum Deo ferre valeant meliorem. *Et paulo post :* § 1. Sæpe agitur in animo perfectorum quod silentio prætereundum non est, quia, quum laborem suum sine fructu esse considerent [305], in locum [306] alium ad laborem cum fructu migrant. Unde ille quoque egregius prædicator [307], qui dissolvi cupit [308] et cum Christo esse, cui vivere Christus est et mori lucrum, qui passionum certamina non solum ipse appetiit, sed ad toleranda hæc et alios accendit, Damasci [309] persecutionem passus, ut posset [310] evadere, murum, funem sportamque quæsivit, seque latenter deponi voluit. Numquid Paulum mortem dicimus timuisse, quam se ipse [311] pro amore Jesu testatur appetere? Sed quum in eodem loco minorem sibi fructum adesse conspiceret, ad gravem laborem se alibi cum fructu servavit; fortis enim præliator Dei teneri intra claustra noluit, certaminis [312] campum quæsivit.

Gratian. Multorum auctoritatibus apparet, quando viventibus episcopis alii possint substitui, et quando non.

## QUÆSTIO II.
### GRATIANUS.

*Quod autem iste valetudine recepta suam possit repetere cathedram, nulla auctoritate ratum habetur. Celebrationem vero sacrificiorum, si infirmitatis causa*

---

**NOTATIONES CORRECTORUM.**

ͤ *In prima causa :* Indicat causam 23, in qua primum de hæreticis ex proposito agitur, qui mos citandi habetur etiam 1, q. 7. *Necessaria* et alibi.

---

Quæst. I. C. XLVIII. [292] Glossa ord. ex Augustino ad l. c. v. 4. [293] Ead. ex eod. in Ps. 30, v. 10. [294] Ead. ex eod. in præfat. Psal. [295] Moral. l. 2, c. 29. [296] cf. C. 23, q. 4, c. 2. [297] Gloss. ord. in c. 6. II ad Cor. in fine ex Aug. serm. 18, de verbis Domini. [298] Glossa ord. ex August. [299] Philipp. c. 1, v. 23. [300] Glossa interlinearis ex Aug. in Ps. 54. [301] cf. C. 23, q. 4, c. 2. = C. XLIX. [302] *quibus :* Edd. Par. Lugdd. [303] *de bonis :* Ed. Arg. [304] *omnino :* Edd. coll. o. [305] *considerant :* eæd. — orig. [306] *in loco alio :* Edd. coll. o. [307] cf. Philipp. c. 1, v. 23. [308] *cupiebat :* Edd. coll. o. [309] Act. c. 9 — 2 Cor. c. 11, v. 22. [310] *potuisset :* Edd. coll. o. [311] *ipsum :* eæd. [312] *sed cert. :* Edd. Bas. Lugdd. par. Ven. I.

dimiserit, valetudine recuperata exsequi non prohibetur.

**Unde** Alexander II, scribit Gebonardo Vivariensi Archiepiscopo[1]:

**C. I.** *De quodam presbytero, qui caduco morbo laborabat.*

In tuis literis continebatur sic : Hic clericus ordinem habet presbyterii[2]; sed quia caduco morbo laborat, et ipsi impraesentiarum hoc agnovimus, non ausi fuimus concedere sibi[3] ut offerret vel missam celebraret. Quia vero languor in culpa non est, super hac re auctoritatis nostrae decreto consulendo[4] deliberavimus. Consulimus itaque ut, si frequenter hoc morbo tangitur, ab oblatione et missarum celebratione modis omnibus prohibeatur. Indecens enim est et periculosum, ut[5] in consecratione eucharistiae morbo victus epileptico cadat. Si vero Dei misericordia convaluerit, quandoquidem non culpa, sed infirmitas est in causa, eum sacrificare jam non interdicimus.

**C. II.** *A regimine suspendatur ecclesiae qui in terram frequenter eliditur.*

**Item** Gelasius Papa *Rustico et Fortunato Episc.*[6].

Nuper[7] Foropopulensis[8] ecclesiae clerici una cum Sabino[9] episcopo, et Pelagio, et laicis, propria suggestione reserarunt, praesulem suum gravi quadam necessitate vexari, cujus eum dicerent incursione frequenter elisum. Quod ne scandalum fidelibus videretur ingerere, et ecclesiam Dei ubique positam hac offensione turbare, praecipue quum eodem ipso volente huc se perrexisse firmarent, ad dilectionem vestram scripta direximus, ut ecclesiae, cujus rector tali casu tenetur adstrictus, visitationem congruam reddatis. Verum, quia nunc idem ipse venit huc pontifex, falsaque omnia de se jactata disseminat, sub divini contemplatione judicii, vestraeque conscientiae existimationisque[10] respectu, rerum fide solertissime perquisita, si aliquando, scilicet vel in domo, vel in processione, vel in alio quocunque loco probatur repente collapsus, vocesque dedisse confusas, et spumas ore jactasse, quanta fieri potest examinatione quaeratur. Quod tamen[11] sive non possit aliquorum factum testificatione firmari, sive nunquam contigisse dicatur, non putandum est posse sufficere, sed certum manifestumque documentum, quia de tanta re non segnius agendum est. Faciat rem tua dilectio, frater Rustice, sui moris, et aptam magno pontifici, ut eum triginta[a] diebus tecum esse constituas, eumque carnibus indifferenter uti necessaria probatione compellas.

---

# CAUSA VIII.

**GRATIANUS.**

*Quidam episcopus agens in extremis successorem sibi ex testamento instituit; inde suorum amicorum patrocinio in eundem episcopatum eligitur; post electionem pro indemnitate ecclesiae canonicis juramentum praebuit; accusatur de simonia, tanquam munus ab obsequio praestiterit; ante tempus sententiae a clericis suis derelinquitur; sine literis apostolicis ad ecclesiam suam revertitur episcopus.* (Qu. I.) *Hic primum quaeritur, an liceat episcopo sibi successorem instituere?* (Qu. II.) *Secundo, an amicorum patrocinia in electione debeant convalescere?* (Qu. III.) *Tertio, an sit habendus simoniacus qui post electionem hujusmodi juramentum canonicis praestat?* (Qu. IV.) *Quarto, an liceat clericis ante sententiae tempus ab episcopo suo discedere?* (Qu. V.) *Quinto, an sine literis apostolicis debeat redire ad propriam ecclesiam?*

---

## QUÆSTIO I.

**GRATIANUS.**

**1. Pars.** *Quod autem episcopo successorem sibi instituere liceat, ex verbis Zachariae Papae*[1] *conjicitur, quibus Maguntino archiepiscopo permisit adjutorem sibi statuere, qui ei defuncto in plenitudinem potestatis succederet.* § 1. *Item ex verbis Symmachi Papae dicentis:* Si[2] *transitus Papae inopinatus evenerit, ut de sui electione successoris non possit ante decernere, etc., apparet, quod episcopi successores sibi instituere possunt.* § 2. *Item exemplo B. Petri illud idem probatur, qui B. Clementem sibi successorem instituit.*

---

**NOTATIONES CORRECTORUM.**

Quæst. II. C. II. [a] *Triginta*: In duobus vetustis codicibus legitur : *octuaginta*.

---

Quæst. II. C. I. [1] Ep. incerti temporis, scripta ad Gebehardum Juvaviens. archiep., qui electus est A. 1060. — Ivo Decr. p. 6, c. 405, ( : *Genobardo Juvanensi archiep.*). [2] *presbyteri*: Edd. coll. o. pr. Lugdd. II, III. [3] *ei*: Ivo. [4] *consulendum*: id. [5] *ut hoc ei accidat, quatenus in etc.*: id. = C. II. [6] Ep. incerti temporis, directa, ut Berardus suspicatur, Rustico Minturnensi et Fortunato Fulginati. — Coll. tr. p. p. 2, t. 46, c. 43. [7] *Super foro populensis eccl.*: Edd. Nor. Ven. I. [8] leg est : Foropopiliensis, quae ecclesia Romanae provinciae fuit. [9] *Sabino et Pelagio laicis*: Ed. Bas., quae lectio sola sensui convenire videtur. [10] *aestimationisque*: Edd. Nor. Ven. I, II. Lugdd. Par. [11] *Quod quum non*: Edd. Arg. Bas. [a] hoc exinde, ut arbitramur, factum est, quod in Codd. (quos Edd. coll. o. exc. Bas. sunt secutae) legitur l. XXX. i. e. *vel triginta*.

CAUSA VIII. Quæst. I. Pars I. [1] C. 7, q. 1, c. 17. [2] D. 79, c. 10.

*Unde* Joannes III. *scribit Episcopis Germaniæ et Galliæ, epistola unica, c. 2* [3] :

### C. I. *Quod Petrus Linum et Cletum adjutores sibi ascivit, sed Clementem successorem.*

Si Petrus princeps apostolorum adjutores sibi ascivit Linum et Cletum, non tamen potestatem pontificii, aut solvendi aut ligandi eis normam tradidit, sed successori suo * sancto * Clementi, qui sedem apostolicam post eum et potestatem pontificalem tradente sibi B. Petro tenere promeruit. Linus vero et Cletus ministrabant exteriora; princeps autem apostolorum Petrus verbo et orationi insistebat [4].

### C. II. PALEA.

‹ *Unde ipse* Clemens *in epistola ad Jacobum Hierosolymitanum missa inter cetera scribit, quod Petrus adhuc vivens Clementem in episcopum elegit* [5] :

Simon Petrus in ipsis diebus, quibus vitæ finem sibi præsensit, apprehensa manu mea * repente consurgens *, in auribus totius ecclesiæ hæc protulit verba : Clementem hunc episcopum vobis ordino, cui soli meæ prædicationis et doctrinæ cathedram trado, quem præ ceteris expertus sum Deum colentem, homines diligentem, * castum *, discendi * studiis deditum, sobrium, benignum, justum, patientem, * et * scientem ferre nonnullorum etiam ex his, qui [7] in verbo Dei instituuntur, injurias. ›

Gratian. *Sed in* Antiocheno Concilio *hoc omnino fieri prohibetur, in quo c. 23 sic statutum legitur* [8] :

### C. III. *Episcopo successorem sibi constituere non licet.*

Episcopo non licere [9] pro se alterum successorem sibi constituere, licet ad exitum vitæ perveniat. Quod si tale aliquid factum fuerit, irritum sit hujusmodi constitutum. Servetur autem jus ecclesiasticum, id continens, non oportere aliter fieri, nisi cum synodo et judicio episcoporum [a], qui post obitum quiescentis potestatem habent eum, qui dignus exstiterit, promovere [10].

### C. IV. *De eodem.*

*Item ex* Concilio Martini Papæ, *c.* 8 [11].

Episcopo non liceat ante finem vitæ [12] alium in loco suo constituere successorem. Si quis autem hoc usurpare tentaverit, talis constitutio irrita erit. Non ergo aliter fieri oportet, nisi cum consilio [13] et judicatu [14] episcoporum, qui post exitum prædecessoris potestatem habent dignum eligere [15].

### C. V. *De eodem.*

*Item* Hilarius Papa *in Synodo Romana, c.* 5 [16].

Plerique sacerdotes in mortis confinio constituti in locum suum feruntur alios designatis nominibus subrogare, ut scilicet non legitima exspectetur electio, sed defuncti gratificatio [17] pro populi habeatur assensu. Quod quam grave sit æstimate. * Atque ideo [b], si placet, etiam hanc licentiam generaliter de ecclesiis auferamus, ne, quod turpe dictu est, homini quisquam putet deberi quod Dei est. * Ab [18] universis acclamatum est : Hæc præsumtio nunquam fiat. Quæ Dei sunt ab homine dari non possunt.

### C. VI. *De eodem.*

*Item* Hieronymus *ad Titum, c.* 1. [v. 5.]

Moyses amicus Dei, cui [19] facie ad faciem Deus locutus est, potuit utique successores principatus filios suos facere, et posteris propriam relinquere dignitatem; sed extraneus de alia tribu eligitur Jesus [20], ut sciremus, principatum in populos [21] non sanguini deferendum esse, sed vitæ. At nunc cernimus plures [22] hanc rem beneficium [23] facere, ut non quærant eos [24] in ecclesia erigere columnas, quos plus cognoscant ecclesiæ prodesse, sed quos vel ipsi amant, vel quorum sunt obsequiis deliniti, vel pro quibus majorum quispiam rogaverit, et (ut deteriora taceam) qui ut clerici fierent muneribus impetrarunt [25].

### C. VII. *De eodem.*

*Item* Innocentius Papa II, *in Concilio Romano*, c. 16 [26].

Apostolica auctoritate prohibemus, ne quis ecclesias et præbendas, præposituras, capellanias [27], aut aliqua ecclesiastica officia hereditario jure valeat vendicare aut expostulare præsumat. Quod si quis improbus aut ambitionis reus attentare præsumserit, debita pœna mulctabitur et postulatis carebit.

Gratian. *His omnibus auctoritatibus prohibentur*

### NOTATIONES CORRECTORUM.

CAUSA VIII. QUÆST. I. C. III. [a] *Episcoporum* : In codicibus Gratiani etiam manuscriptis sequebatur : *et electione clericorum* *, quæ sunt expuncta, quia neque in originali, neque apud ceteros collec-

tores leguntur.

C. V. [b] *Atque ideo* : Hæc usque ad versic. : *Ab universis*, addita sunt ex ipso concilio, Anselmo, Polycarpo et Ivone.

---

QUÆST. I. C. I. [3] Caput Pseudoisidori, cf. Rufini ep. ad Gaudentium. — Ans. l. 4, c. 55 (56). Polyc. l. 1, t. 1. [4] *instabat* : Edd. coll. o. — C. II. [5] Caput apocryphum, ex prima parte ep. Clem. a Rufino editæ petitum. — Ans. l. 1, c. 5. [6] *discendis* : Edd. Arg. Bas. [7] *quæ* : Edd. coll. o. = C. III. [8] hab. A. 332. — Interpretatio Dionysiana. — Burch. l. 1, c. 185. Ans. l. 6, c. 57 (61). Ivo Decr. p. 5, c. 301. [9] *licere decernimus* : Edd. Bas. — *liceat* : Edd. rell. * ita in Edd. coll. o. [10] *eligere et prom.* : cæd. = C. IV. [11] idem canon, ex interpr. Martini Brac. — Burch. l. 1, c. 181. Ivo Decr. p. 5, c. 303, uterque ex conc. Spalensi. [12] add. : *suæ* : Ed. Bas. [13] *concilio* : Edd. Bas. Ven. l. Lugd. l. Par. [14] *judicio* : Edd. coll. o. — Coll. citt. [15] *ordinare quem dignum elegerint* : Coll. Hisp. = C. V. [16] hab. A. 465. — Aus. l. 6, c. 56 (60). Ivo Decr. p. 5, c. 404. Polyc. l. 2, t. 18. [17] *gratificati populi* : Coll. Hisp. [18] hæc et in Coll. Hisp. et apud Ans. desiderantur. = C. VI. [19] Exod. c. 33. [20] add. : *scil.* Josuæ : Ed. Bas. — i. e. Josuæ : Edd. rell. [21] *populo* : Edd. coll. o. pr. Lugdd. [22] *plurimos* : Edd. coll. o. [23] *beneficio* : cæd. exc. Lugdd. II, III. [24] *ut non quærant eos, qui possunt ecclesiæ plus prodesse, et in eccl., etc.* : orig. [25] *impetrant* : Edd. coll. o. pr. Par. Lugdd. = C. VII. [26] hab. A. 1139. — Eadem ab eodem Innoc. jam pridem edita fuerant in conc. Remensi c. 15. — Ivo Pan. l. 8, c. 152. [27] *capellas* : Ivo.

episcopi successores sibi instituere. Sed aliud est de sui successoris electione cum fratribus deliberare, aliud est ex testamento tanquam suæ dignitatis heredem sibi quærere. Illud fieri permittitur : hoc autem penitus prohibetur. Illud autem B. Petri apostoli ab illis valet in argumentum assumi, qui tales sibi substituunt, qualem sibi successorem B. Petrus quæsivit. Verum, quia officium non vitæ, sed sanguini cœpit deferri, atque ad episcopatum tales quisque sibi successores quærere cœpit, qui vel odiosi populis, vel a plebe docendi invenirentur, idcirco sacris canonibus statutum est, ne quisquam sibi sui officii quærat successorem, sed populi electione quæratur qui eorum utilitati digne deserviat, qui illorum utilitatem, non sua lucra quærat, qui Christo semen velit suscitare, non sibi divitias congregare. Quod qui facere contemserit jure ab ecclesia repudiatur.

Unde Augustinus *contra Faustum Manichæum, lib. XXXII, c. 10* :

### C. VIII. *Qui sibi et ecclesiæ prodest utroque pede calceatus intelligitur.*

II Pars. Olim jussus est frater præmortui fratris uxorem ducere, ut non sibi, sed illi sobolem suscitaret, ejusque vocaret nomine quod inde nasceretur. Quod si recusaret, discalceatus uno pede conspui solebat in faciem. Nunc evangelii quisque prædicator ita debet in ecclesia laborare, ut defuncto fratri, id est Christo, suscitet semen, qui pro nobis mortuus est, et quod suscitatum fuerit ejus nomen accipiat. At vero qui electus ab ecclesia ministerium evangelizandi renuerit, ab ecclesia ipsa merito digneque contemnitur. Qui enim et sibi prodest, et ecclesiæ, bene intelligitur utroque pede calceatus. Unde illud : *Quam speciosi pedes evangelizantium pacem, evangelizantium bona.* Qui autem curam lucrandorum refugit aliorum, discalceati illius non figuratum significabit, sed in se impletum portabit opprobrium.

### C. IX. *Locus regiminis sicut desiderantibus est negandus, ita fugientibus est offerendus.*

*Item* Gregorius Papa *in Regesto, lib. VI, epist. 5, Cyriaco Episcopo* :

In scripturis vestris vos magnopere requiem quæsisse narratis, sed per hoc ad pastoralem sollicitudinem vos congrue venisse ostenditis, quia, sicut locus regiminis desiderantibus negandus est, ita fugientibus offerendus. Et sicut scriptum est : *Nec quisquam sibi sumit honorem, sed qui vocatur a Deo tanquam Aaron*, et rursus idem prædicator egregius dicit : *Si unus pro omnibus mortuus est, ergo omnes mortui sunt : et pro omnibus mortuus est Christus, ut et qui vivunt jam non sibi vivant, sed ei, qui pro ipsis mortuus est et resurrexit*, et pastori sanctæ ecclesiæ dicitur : *Simon Joannis, amas me? Pasce oves meas.* Ex quibus verbis colligitur, quia is is, qui valet, omnipotentis Dei oves renuit pascere, ostendit se pastorem summum minime amare. Si enim unigenitus Patris pro explenda utilitate omnium de secreto Patris egressus est ad publicum nostrum, nos quid dicturi sumus, si secretum nostrum præponimus utilitati proximorum? § 1. Quies itaque nobis ex corde appetenda est, et tamen pro multorum lucro aliquando postponenda. Nam, sicut toto desiderio debemus occupationem fugere, ita si desit qui prædicet, occupationis onus libenti necesse est humero subire. Quod ex duorum prophetarum opere docemur, quorum unus prædicationis officium vitare conatus est, et alter appetiit. Nam mittenti se Domino Hieremias respondit, dicens : *A, a, a, Domine Deus, nescio loqui, quia puer ego sum.* Et quum omnipotens Deus personam ad prædicandum quæreret, dicens : *Quem mittam, et quis ibit nobis?* ultro se obtulit Esaias, dicens : *Ecce ego, mitte me.* En ab utrisque exterius diversa vox prodiit, sed non a diverso dilectionis fonte manavit. Duo quippe sunt præcepta caritatis, Dei 'videlicet' amor et proximi. Per activam igitur vitam prodesse proximis cupiens Esaias officium prædicationis appetiit. Per contemplativam vero Hieremias amori conditoris sui sedulo inhærere desiderans, ne mitti ad prædicandum debeat, contradicit. Quod ergo laudabiliter unus appetiit, hoc laudabiliter alter expavit ; iste, ne tacitæ contemplationis lucra loquendo perderet, ille, ne damna studiosi operis tacendo sentiret. Sed hoc in utrisque est subtiliter intuendum, quia et is, qui recusavit, plene non restitit, et is, qui mitti voluit, ante se per altaris calculum purgatum vidit, ne aut non purgatus adire quisquam sacra ministeria audeat, aut quem su-

---

### NOTATIONES CORRECTORUM.

C. VIII. Hic verba B. Augustini et in summam redacta, et interdum mutata sunt, quod aliis etiam locis est adnotatum.

*Evangelizandi* : Sequebatur in vulgatis : *et baptizandi*, quæ sunt expuncta, quia in manuscriptis non leguntur, sicut neque in originali.

---

Quæst. I. C. VIII. Deuter. c. 25. *facie* : Edd. Arg. Bas. add. : *autem* : Ed. Bas. ita in Edd. coll. o. exc. Arg. Bas. Esa. c. 52, v. 7. *pac., ev.* : desid. in Edd. Arg. Nor. Ven. I, II. Par. = C. IX. Ep. 4, (scr. A. 597), l. 7. Ed. Maur. — Ivo Decr. p. 5, c. 350. *scriptis* : orig. — Ivo Hebr. c. 5, v. 4. *sumat* : Edd. coll. o. 2 Cor. c. 5, v. 14, 15. add. : *et* : Edd. coll. o. *Superest ut et qui vivunt* : orig. — *Superest ut qui vivunt* : Ed. Bas. — *Et si hoc est, superest ut qui viv.* : Edd. rell. Joan. c. 21, v. 17. *animo* : Ivo. *remittenti* : Ed. Bas. Hier. c. 4, v. 6. Edd. : *ecce* : Edd. coll. o. pr. Bas. add. : *sibi* : Edd. coll. o. Es. c. 6, v. 8. *ex nobis* : Edd. coll. o. *emanavit* : orig. — Edd. coll. o. — Bohm. *appetiit* : orig. — Ed. Arg. *alius* : Edd. coll. o. *quisquis* : Ed. Bas. *mysteria* : Edd. coll. o. pr. Bas.

perna gratia elegit [53] sub humilitatis specie superbe contradicat.

**C. X.** *Locus dejectionis in voto, dignitatis semper fit in necessitate.*

Idem in *Moralibus lib. XXXV, c.* 13, *ad c.* 42. Job.

Sciendum summopere est, quod obedientia aliquando, si de suo aliquid habeat [54], nulla est; aliquando 'autem' si de suo aliquid non habuerit †, minima. Nam quum hujus mundi successus præcipitur, quum locus superior imperator, is, qui ad percipienda hæc obedit, obedientiæ sibi virtutem evacuat, si ad hæc 'etiam' ex proprio 'desiderio' anhelat. Neque enim se sub obedientia dirigit qui ad accipienda hujus vitæ prospera libidini propriæ ambitionis servit. Rursus, quum mundi despectus præcipitur, quum probra adipisci et contumeliæ jubentur, nisi ex seipso animus 'hæc' appetat, obedientia [55] sibi meritum minuit, quia ad ea, quæ in hac vita despecta sunt, invitus nolensque descendit. Et paulo superius : § 1. Obedientia 'quippe' victimis jure præponitur, quia per victimas aliena caro, per obedientiam vero voluntas propria mactatur. 'Tanto igitur quisque Deum citius placat, quanto ante ejus oculos repressa arbitrii sui superbia gladio præcepti se immolat.' Quo [56] contra ariolandi peccatum inobedientia 'dicitur, ut quanta sit virtus obedientiæ' demonstretur [57]. Ex adverso igitur melius ostenditur quid de ejus laude sentiatur. Si enim *quasi ariolandi* †† *peccatum est repugnare, et quasi scelus idololatriæ, nolle acquiescere*, sola est, quæ fidei meritum possidet, obedientia, sine qua quisque infidelis esse convincitur, etiamsi fidelis esse videatur.

**C. XI.** *Qui præesse, et non prodesse desiderat, episcopari non debet.*

Item Augustinus *lib. XIX, de civit. Dei, c.* 19.

« Qui episcopatum desiderat, bonum opus desiderat. » Exponere voluit quid sit episcopatus, quia nomen est operis, non honoris. Græcum est enim [58], atque inde ductum vocabulum, quod ille, qui præficitur, eis, quibus præficitur, superintendit, curam eorum scilicet gerens; 'ἐπί [59] quippe *super*'. σκοπός vero [60] *intentio* est. Ergo episcopos e, si velimus, latine superintendentes possumus dicere,

ut intelligat non se esse episcopum qui præesse dilexerit, non prodesse. Itaque a studio cognoscendæ veritatis nemo prohibetur, quod ad laudab'le pertinet otium. Locus vero superior, sine quo regi populus non potest, etsi ita teneatur atque administretur, ut decet, tamen non decenter appetitur. Quamobrem otium sanctum quærit caritas veritatis, negotium justum suscipit necessitas caritatis, quam sarcinam si nullus imponit, percipiendæ atque intuendæ vacandum est veritati; si autem imponitur, suscipienda est propter caritatis necessitatem. Sed nec sic omnimodo veritatis delectatio deserenda est [61], ne subtrahatur illa suavitas, et opprimatur f justa necessitas.

**C. XII.** *Pro ingenio discentium doctor moderetur verba doctrinæ.*

Item Petrus [62].

III. Pars. Oportet enim qui docet et instruit animas rudes, esse talem, ut pro ingenio discentium semetipsum possit optare, et verbi ordinem pro audientis capacitate dirigere. Debet ergo 'ipse præcipue' apprime esse eruditus et doctus, irreprehensibilis, maturus, pavidus, sicut ipsi probastis fore hunc Clementem post me.

**C. XIII.** *Qui omnibus præest singulos relevare contendat.*

Item ejusdem [63].

Clemens, tanquam [64] 'qui' omnibus præesse te noveris [65], singulos, prout potueris [66], juva, et singulos releva, qui [67] et singulorum onus et sollicitudinem portas.

**C. XIV.** *Contra Christum faciunt qui gratia, non meritis gradum ecclesiasticum tribuunt.*

Item Hieronymus *ad Titum, c.* 1.

Qui vos spernit me spernit. Ex quo manifestum est, eos [68], qui Apostoli lege contemtu ecclesiasticum gradum non merito [69] voluerint alicui [70] deferre, sed gratia, contra Christum facere [71], qui qualis in ecclesia presbyter constituendus sit per Apostolum suum in sequentibus exsecutus est.

**C. XV.** *Ad sacerdotium non eligatur, nisi qui ceteris et sanctior et doctior habetur.*

Item Hieronymus *in libro Levitici* g [72].

Licet ergo Dominus de constituendo principe præcepisset, 'et Dominus' elegisset, tamen convo-

NOTATIONES CORRECTORUM.

**C. XI.** e *Episcopos :* Apud sanctum Augustinum et Anselmum legitur : ἐπισκοπεῖν, *si velimus, latine superintendere possumus dicere.*

f *Opprimatur :* In originali est : *et opprimat ista necessitas,* sed ob glossam non est emendatum.

**C. XV.** g In hoc et duobus sequentibus capitibus pro Origene citatur B. Hieronymus, harum homiliarum interpres. Quod cur fieri potuerit, supra dist. 36, c. *Si quis,* est adnotatum

---

QUÆST. I. C. IX [53] *eligit :* orig. — Edd. Arg. Ven. II. ⸺ C. X. [54] *habuit :* Edd. Arg. Bas.—*habuerit :* Edd. rell. † *habeat :* orig. [55] *obedientiæ :* Bohm. [56] *Quod :* Edd. coll. o. pr. Nor. [57] *esse monstratur :* Edd. coll. o. †† 1 Reg. c. 15, v. 23. ⸺ C. XI. [58] add. : *nomen :* Ed. Bas. [59] desid. ap. Ans. [60] *quippe :* Ans. — Edd. coll. o. [61] *desideranda* Edd. Lugdd. ⸺ C. XII. [62] *ex epist. apocrypha* Clementis, edita a Rufino. ⸺ P. III. C. XIII. [63] *ex eadem.* [64] *si tanquam :* Edd. coll. o. pr. Arg. [65] *volens :* Edd. Arg. — *volueris :* Edd. rell. [66] *poteris :* Edd. coll. o. [67] *quia :* et Bas. ⸺ C. XIV. [68] *quia qui :* Edd. coll. o. exc. Lugdd. II, III. [69] *meritis :* Edd. coll. o. [70] *alicujus :* Edd. Arg. Nor. Ven. I, II. [71] add. : *videntur :* Edd. coll. o. pr. Lugdd. II, III. ⸺ C. XV. [72] *ex hom.* 6. Origenis *ad c.* 8. Levitici *interprete* Rufino.

catur etiam synagoga. Requiritur [73] enim [74] in ordinando sacerdote et praesentia [75] populi, ut sciant omnes et certi sint, quia qui praestantior est ex omni populo, qui doctior, qui sanctior, qui in omni virtute eminentior, ille eligitur [76] ad sacerdotium, et hoc astante [77] populo, ne qua postmodum retractio cuiquam, ne quis scrupulus resideret. Hoc est autem, quod et Apostolus praecepit [78] in ordinatione sacerdotis, dicens [79]: *Oportet autem* [80] *illum et* [81] *testimonium habere bonum ab his, qui foris sunt.* Ego tamen et amplius aliquid video in eo, quod dicit: *quia convocavit Moyses omnem synagogam,* et puto, quod convocare synagogam * hoc sit colligere omnes animi [82] et in unum congregare virtutes, ut [83] quum sermo de sacerdotalibus sacramentis habetur, vigilent omnes animi virtutes, et intentae sint, ut [84] nihil in eis sapientiae, nihil desit industriae, sed adsit omnis multitudo sensuum, adsit omnis congregatio sanctarum cogitationum, ut quid sit pontifex, quid unctio, quid indumenta ejus, conferens intra sacrarium cordis sui possit advertere.

### C. XVI. *Populi gubernatio divina electione praestetur.*
### Idem *ex libro Numerorum* [85].

Si ergo tantus ille ac talis Moyses non permittit judicio suo de eligendo principe populi, de constituendo successore, quis erit qui audeat, vel ex plebe, quae saepe clamoribus ad gratiam [87] aut ad pretium fortasse excitatis moveri solet, vel ex ipsis etiam sacerdotibus quis erit, qui se idoneum ad hoc judicet, nisi si cui [88] oranti et petenti a Domino reveletur? Sicut et Deus dicit ad Moysen [89]: *Assume ad temetipsum Jesum filium Nave, hominem qui habet Spiritum Dei in semetipso, et impones manus tuas super eum, et statues eum coram Eleazaro sacerdote, et praecepta ei dato in conspectu totius synagogae, et praecipe de ipso coram eis, et dabis claritatem tuam super illum, ut audiant illum filii Israel.* Audis evidenter ordinationem principis populi tam manifeste descriptam, ut paene expositione non egeat. Nulla hic [90] populi acclamatio, nulla consanguinitatis ratio, nulla propinquitatis habita contemplatio est. Propinquis agrorum et praediorum relinquatur haereditas. Gubernatio populi illi tradatur, quem Deus elegerit [91], homini scilicet tali, qui habet (sicut scriptum audisti) in semetipso spiritum Dei, et praecepta Dei in conspectu ejus sunt, et qui Moysi valde notus et familiaris sit, id est in quo sit claritas legis [92] et scientia, ut possint eum audire filii Israel.

### C. XVII. *Non ex favore, sed ex judicio debet venire electio.*
### Item Gregorius *Clero et civibus Neapolitanis, lib. VIII, epist* 40 [93].

Nec novum, nec reprehensibile est in eligendo episcopo populi se vota in duas partes dividere, sed grave est quando in hujusmodi causis non ex judicio, sed ex solo favore venit electio.

Gratian. *Quum autem gubernatio populi ei tradi jubetur, quem Deus elegerit, datur intelligi, quod aliquando quibusdam traditur, quos Deus non elegerit.*

### Unde Hieronymus [94]:

### C. XVIII. *Non ex arbitrio Dei aliquando datur princeps ecclesiae.*

IV. Pars. Audacter fortassis aliquid dicimus, tamen quod scriptum est dicimus. Non semper princeps populi et ecclesiae judex per Dei arbitrium datur, sed prout merita nostra deposcunt. Si mali sunt actus nostri et operamur [95] malignum [96] in conspectu Domini, dantur nobis principes secundum cor nostrum. Et hoc tibi de scripturis [97] probabo. Audi namque quod [98] Dominus dixit [99]: *Fecerunt sibi regem, et non per me; principem, et non per consilium meum.* Et hoc dictum videtur de Saul illo, quem utique ipse Dominus elegerat, et regem [100] fieri jusserat. Sed quoniam non secundum voluntatem Dei, sed secundum peccatoris populi meritum fuerat electus, negat eum sua voluntate vel consilio constitutum. Tale ergo aliquid intelligamus etiam in ecclesiis fieri, quod pro meritis [101] 'populi' aut in verbo et [102] opere potens a Deo tribuitur rector ecclesiae, aut si malignum faciat populus in conspectu Domini [b], talis ecclesiae judex datur, sub quo famem [103] et sitim populus patiatur, non famem panis, neque sitim aquae, sed famem audiendi verbum Domini [104].

### NOTATIONES CORRECTORUM.

C. XVIII. [b] *Domini:* In vulgatis' sequebatur: *et tales perseverent,* quae sunt inducta auctoritate manuscriptorum, homiliae ipsius et glossae ordinariae. In uno autem manuscripto sunt glossa interlinearis.

Quaest. I. C. XV. [73] *Requiratur*: Ed. Arg. [74] *ergo*: Edd. coll. o. [75] *sententia*: Ed. Bas. [76] *eligatur*: Ed. Ven. II. [77] *attestante*: Edd. coll. o. [78] *praecipit*: eaed. [79] 1 Tim. c. 3, v. 9. [80] *etiam*: Ed. Bas. [81] abest ab ead. [82] add.: *vires*: Edd. coll. o. [83] *ut — virtutes*: desid. in Ed. Bas. [84] add.: *nihil scientiae*: Edd. coll. o. = C. XVI. [85] ex Orig. hom. 22, ad cap. 27. Numer. [86] *permittitur*: Edd. coll. o. [87] *aut gratia, aut pretio — excitata*: eaed. [88] add.: *hoc*: eaed. [89] Num. c. 27, v. 18. [90] *igitur*: Ed. Bas. [91] *eligit*: Edd. Arg. Bas. — *elegerit*: Edd. rell. [92] add.: *ejus*: Edd. coll. o. = C. XVII. [93] Ep. 62, (ser. A. 600), l. 10. Ed. Maur. — Aus. l. 6, c. 9 (13). Polyc. l. 2, t. 1. = C. XVIII. [94] ex Origine hom. 4, in l. Judicum. c. 4.—P. IV. [95] *operantur*: Ed. Arg. [96] *maligna*: Edd. coll. o. [97] add.: *sanctis*: eaed. [98] *quid — dicat*: eaed. [99] Osea. c. 8, v. 4. [100] add.: *sibi*: Edd. coll. o. [101] add.: *scilicet*: Ed. Bas. [102] *aut*: Edd. coll. o. pr. Lugdd. II, III. * *tales ecclesiae perseverent*: Ed. Bas. — rell. ut a Corr. est indicatum. [103] Amos. c. 8. [104] *Dei*: Edd. coll. o.

C. XIX. *Non sunt filii, sed mercenarii, qui honorem ab hominibus appetunt.*

Item Augustinus *tractatu XLVI, ad. c. 10. Joannis.* [105]

Sunt in ecclesia quidam præpositi, de quibus Paulus apostolus dicit [106]: *Sua quærentes, non quæ Jesu Christi.* Quid est: *sua quærentes*? non Christum gratis diligentes, non Deum propter Deum quærentes, temporalia commoda sectantes [107], lucris inhiantes, honores ab hominibus appetentes. Hæc quando amantur a præposito, et propter hæc servitur Deo, quisquis talis est, mercenarius est, inter filios [108] se non computet.

Gratian. *Non ergo qui præficiuntur semper ceteris meliores intelliguntur.*

Unde Hieronymus *ad Titum, c. 1.*

C. XX. *Ex electione non præficiuntur episcopi, sed comprobantur.*

Illud inferendum est adversum eos, qui de episcopatu intumescunt, et putant se non dispensationem Christi, sed imperium consecutos, quia non statim omnibus his meliores sint, quicunque episcopi non fuerint ordinati, et ex eo, quod ipsi [109] electi sunt, se [110] magis existimant [111] comprobatos, sed [112] intelligant propterea quosdam a sacerdotio remotos, quia eos vitia liberorum impedierint; si autem peccata filiorum justum ab episcopatu prohibent, quanto magis unusquisque se considerans, et sciens, quia potentes [113] potenter tormenta patientur, retrahet [114] se ab hoc, non tam honore quam onere, et aliorum locum, qui magis digni sunt, non ambiet [115] occupare.

C. XXI. *Pro gradu sui officii quemque meliorem esse oportet.*

Item ejusdem *ad Titum, c. 2.*

Qualis enim ædificatio erit discipuli, si se intelligat magistro esse majorem? Unde non solum episcopi, presbyteri et diaconi debent magnopere providere, ut cunctum populum, cui præsident, conversatione, sermone, et scientia [116] præcedant, verum etiam et inferior gradus, exorcistæ, lectores, æditui, [117] acolythi [1], et omnes omnino, qui domui Dei serviunt [118], quia vehementer ecclesiam Christi [119] destruit meliores laicos esse quam clericos.

C. XXII. *Populus judicabit episcopum sua officia non agentem.*

Idem *ad Titum, c. 1.*

Vereor, ne [120], quomodo regina austri, veniens a finibus terræ audire sapientiam Salomonis, judicatura est homines temporis sui, et viri Ninivitæ acta pœnitentia ad prædicationem Jonæ condemnabunt eos qui majorem [121] Jona Salvatorem audire contemserunt, sic plurimi in populis episcopos judicent subtrahentes se ab ecclesiastico gradu, et ea, quæ episcopo [122] non conveniunt, exercentes.

C. XXIII. *Qui clericos suos non corrigit populum corrigere non valet.*

Item Ambrosius *in increpatione ad populum serm. 83* [123].

Quid autem ego vos arguo, quum possitis me uno sermone convincere? convincor enim, quum in hac parte clericos vobis magis video negligentes. Quomodo enim possum corrigere filios, quum fratres emendare non possim? aut qua fiducia succenseam laicis, quum a consortibus pudoris verecundia conticescam? Ego autem, fratres, non de omnibus loquor, sunt certe [124] quidam devoti, sunt et alii negligentes. Ego neminem nomino: conscientia sua unumquemque conveniat.

C. XXIV. *Episcopo ad salutem non sufficit moribus et vita populo adæquari.*

Item Beda *super Matthæum* [125].

Nec sufficere nobis ad salutem arbitremur, si turbis negligentium vel quorumlibet indoctorum [126] fide vel actibus adæquemur, quibus sacris literis unica est credendi pariter et vivendi regula præscripta.

Gratian. *Ne ergo, ut supra* [127] *dictum est, tales sui officii successores aliquis sibi quæreret, prohibentur episcopi alterum pro se successorem sibi statuere, ac designatis nominibus in locum suum alium subrogare.*

## QUÆSTIO II.

### GRATIANUS.

*Quod autem amicorum patrocinia in aliquorum electione convalescere non debeant, auctoritate B. Gregorii papæ probatur, qui in secundo libro Rege-*

---

### NOTATIONES CORRECTORUM.

C. XXI. [1] *Acolythi*: Est hæc dictio in omnibus vetustis Gratiani exemplaribus, quæ tamen apud B. Hieronymum non legitur.

Quæst. I. C. XIX. [105] Ans. 1. *I*, c. 146 (157). [106] Phil. c. 2, v. 21. [107] *consequentes*: Ans. — *sequentes*: Edd. coll. o. [108] add.: *ejus*: = eæd. C. XX. [109] *episcopi*: Edd. coll. o. [110] *ipsi se*: Edd. Lugdd. II, III. [111] *æstiment*: Edd. coll. o. pr. Lugdd. II, III. [112] *verba*: *sed* — *impedierint*: desid. in Edd. coll. o. pr. Lugdd. II, III. [113] *potens* — *patietur*: eæd. exc. Ven. I. Par. Lugdd. [114] *retrahit*: Edd. coll. o. [115] *ambit*: Edd. Nor. Ven. II. Lugdd. II, III. — *ambigit*: Edd. Arg. Bas. Ven. I. Lugdd. I. Par. = C. XXI. [116] *disciplina*: Ed. Bas. — *ac sc.*: desid. in Edd. coll. o. pr. Par. Lugdd. [117] *custodes ædium*: Edd. coll. o. [118] *deserviunt*: eæd. [119] *Dei*: eæd. = C. XXII. [120] abest ab Edd. coll. o. pr. Lugdd. — cf. Matth. c. 10. [121] add.: *etiam*: Edd. coll. o. [122] *ep. conveniunt, non exerc.*: eæd. = C. XXIII. [123] Non desunt qui hunc sermonem ab Ambrosio abjudicent. [124] *autem*: Ed. Bas. = C. XXIV. [125] Coll. tr. p. p. 2, t. 50, c. 18. [126] *inductorum*: Ed. Bas. [127] cf. supra c. 7.

sti, *Indict.* 11, *ep.* 22, *scribit Antonio Subdiacono*, A C. I. *Qui in episcopum eligitur de rebus ecclesiasticis aliquam securitatem nulli faciat.*
dicens [1]:

C. I. *In electione episcopi non munerum datio, nec aliquorum patrocinia convalescant.*

Illud quidem prae omnibus tibi curae sit, ut in hac electione nec datio quibuscunque modis interveniat praemiorum, nec quarumlibet personarum patrocinia convalescant. Nam si quorundam patrocinio fuerit quisquam electus, voluntatibus eorum, quum fuerit ordinatus, obedire reverentia exigente compellitur, sicque fit, ut 'et' res illius minuantur [2] ecclesiae, et ordo ecclesiasticus non servetur. Talem ergo te admonente [3] personam debent sibi eligere, quae nullius incongruae voluntati deserviat, sed [4] vita ac moribus decorata tanto ordine digna valeat inveniri.

C. II. *In electione antistitis communi utilitati, non suo lucro quisque prospiciat.*

Idem *ad clerum Mediolanensem*, *lib. II*, *Indict* 11, *ep.* 29 [5].

Dilectissimi filii, officii nostri censura commoniti suademus, ut in hac suscipiendi antistitis causa nullus vestrum neglecta utilitate communi suo lucro prospiciat [6], ne, si quisquam propria commoda appetit, frivola aestimatione fallatur, quia nec libero judicio praeferendam sibi personam examinat mens, quam cupiditas ligat. Pensantes igitur quae cunctis expediunt, ei, quem vobis divina gratia praetulerit, integerrimam semper in omnibus obedientiam praebete. Judicari namque a vobis ultra non debet semel praelatus, sed tanto nunc subtiliter judicandus est, quanto postmodum judicandus non est.

## QUAESTIO III.
### GRATIANUS.

*Quod autem simoniacus habendus non sit qui post electionem pro indemnitate ecclesiae juramentum praestitit, facile probatur. Aliud est enim ante electionem juramentum facere, vel se facturum pacisci ad hoc, ut eligatur: aliud est nulla praecedente conventione post electionem hujusmodi juramentum offerre. Illud ab officio tanquam munus impensum dejicit: hoc autem consecrando nullum impedimentum generat. De priori casu scribit* Pelagius Papa *Clero Catinensi* [1] :

Talia quidem jamdudum ad fratrem et coepiscopum nostrum Eucarpum de visitatione Catinensis ecclesiae scripta direximus, ut in eis judicium nostrum potuissetis agnoscere. Verumtamen, quia quosdam ibi non sana intentione [2], sed pravis studiis dissensiones suscitare vestra etiam relatione cognovimus, qui scientes se ad episcopatum nec aetate, nec scientia, nec vitae meritis posse perduci, ad hoc tantummodo inquietare ecclesiam volunt [3], ut sibi de his, quae ex ipsa praesumta sunt, impunitatem futuros promittat episcopus, et fiat rapinae securitas, episcopatus ambitio: hoc etiam vos duximus commonendos, ut decretum in Elpidium diaconum [4] factum, et subscriptum ab omnibus, quos vestra relatio designavit, ad nos cum praedicti [5] visitatoris epistola, et cum eodem diacono maturetis Deo propitiante perducere. *Et post pauca:* Quum [6] igitur huc [7] filius noster, magnificus vir, Leo praetor venisset, retulit nobis de singulis, quae ibi mota sunt, et quomodo vota prope totius civitatis in Elpidio diacono concordarent. Unde, quia de memorati viri testimonio dubitare omnino non possumus, idcirco, sicut dictum est, Elpidium diaconum ad nos facile properare, nec exspectatis ulterius, ut admonitio ad eum nostra debeat destinari [8]. Quem tamen hoc [9] per vestram dilectionem in praesenti [10] jussione specialiter admonemus, ne cui se aliquid dare vel daturum esse promittat, sed neque de ecclesiasticis praeteritis [11] causis aliquam securitatem cuiquam audeat facere sive promittere, autquasi factus episcopus ea, quae direpta sunt, non repetat, sed apud eos, a quibus direpta sunt, permanere libere patiatur; sciens, quod si tale aliquid fecit vel fecerit, nec a nobis omnino [12] permittitur valere ipsa promissio, et cum judicii nostri, quod de ipso [13] habuimus, damno pastoralis consecrationis ordinem promereri non poterit.

Gratian. *De secundo vero casu in gestis* Urbani II, *legitur* [14] :

C. II. *Post electionem pro indemnitate ecclesiae licet electo juramentum praestare.*

Artaldus Arelatensis [a] episcopus, Narbonensis ecclesiae suffraganeus. Romam consecrandus ad dominum Papam Urbanum venit; suus quippe ar-

### NOTATIONES CORRECTORUM.

QUAEST. III. C. II. [a] *Arelatensis:* In manuscriptis etiam sic habetur. Sed visum est subesse mendum, quia hic episcopus vocatur suffraganeus archiepiscopi Narbonensis, in consilio autem secundo Arelatensi Arelate refertur ad provinciam Viennensem. Et quamvis Gulielmus Durandi in speculo de auctor. et usu pallii hoc citet, ut ostendat Arelatensem archiepiscopum subesse Narbonensi: tamen Joan-

---

QUAEST. II. C. I. [1] Ep. 22, (scr. A. 593), l. 3. Ed. Maur. — Ivo Decr. p. 5, c. 129. Polyc. l. 2, t. 3. [2] *minuantur*: Edd. coll. o. [3] *imminente*: orig. — Ivo. [4] *si*: Edd. Arg. Bas. = C. II. [5] Ep. 29, (scr. A. cod), l. 2. Ed. Maur. — Ivo ib. c. 130. Polyc. ib. [6] *proficiat*: Ivo.
QUAEST. III. C. I. [1] Ep. Pelagii II, cf. c. 24. D. 61. — Aus. l. 6, c. 40 (45). Polyc. l. 2, t. 3. [2] *mente vel int.:* Ed. Bas. [3] *voluerunt*: Edd. coll. o. [4] *episcopum*: Ans. male. [5] *praedicta*: Ed. Bas. [6] *Quum igitur — destinari*: desid. ap. Ans. [7] *hic*: Edd. coll. o. [8] *iterari*: Ed. Bas. [9] *ac*: Edd. Arg. Nor. Ven. II. — abest a rell. [10] *hac praes.*: Edd. coll. o. pr. Arg. Nor. Ven. II. [11] abest ab Ans. [12] *omnibus*: Edd. Lugdd. II, III. [13] *se ipso*: Edd. coll. o. = C. II. [14] Coll. tr. p. p. 2, t. 50, c. 21. [a] imo legendum erit: *Helenensis*; et enim Helena (vulgo: *Elna*) civitas est Galliae Narbonensis, a qua sedes episcopalis, nomine tamen manente, Perpinianum per Clem. VIII, est translata.

chiepiscopus enim consecrare nolebat, quoniam post electionem suam propter bona ecclesiæ conservanda canonicis [15] juravit. Consecratus itaque est a Domino papa Urbano, ante purgatus hujusmodi juramento: « De juramento, quod canonicis nostræ ecclesiæ feci post electionem, nullam conventionem ante ut eligerer feci. Narbonensis vero archiepiscopus nullius præter id criminis causa consecrationem *nostram* omisit, me sciente, neque mihi criminis conscius sum, propter quod a sacra [16] me unctione repellat. »

## QUÆSTIO IV.
### GRATIANUS.

*Quod autem clericis ante sententiæ tempus ab episcopo suo discedere non liceat, probatur auctoritate Symmachi* a *Papæ, dicentis* [1]:

**C. I.** *Ante tempus sententiæ non licet clericis ab episcopo suo discedere.*

Nonne directa sunt verba canonum b: « Quicunque [2] *clericorum ab episcopo suo ante sententiæ tempus pro dubia suspicione discesserit, manifestam eum* [3] *manere censuram,* » *Et infra:* § 1. Lex [4] *ecclesiastica pontificem ab aliis accusatum prius, quam sub luce objecta constiterint, exigit non relinqui.*

## QUÆSTIO V.
### GRATIANUS.

*Sine literis apostolicis episcopus accusatus, et* [?] a *sancta sede vocatus, ad suam non revertatur ecclesiam.*

*Unde* Sixtus Papa I. *ait epist. II. c. 2* [1]:

**C. I.** *A sede apostolica vocatus episcopus ad domum non revertatur, nisi purgatus et apostolicis literis instructus.*

Quilibet fratrum pulsatus, atque ab hac sancta sede vocatus, quum se nobis repræsentaverit*, ad ecclesiam tamen suam* non prius revertatur, quam [1] literis apostolicis vel formatis pleniter instructus atque purgatus sit, si fuerit unde, ut [3], postquam domum reversus fuerit, cognoscant [4] vicini sui, qualiter suam aliorumque causam hic finierit, quatenus eam [5] absque ambiguitate ulla nunciare et prædicare omnibus possit. Ab hac enim sancta sede [6] a sanctis apostolis tueri, defendi et liberari episcopi jussi sunt, ut [7], sicut eorum dispositione ordinante Domino primitus sunt constituti, sic hujus sanctæ sedis (cujus dispositioni eorum causas et judicia servaverunt) protectione futuris temporibus sint ab omnibus perversitatibus semper liberi. Unde culpantur ii, qui aliter circa fratres egerint, quam hujus sedis rectoribus placere cognoverint.

# CAUSA IX.

### GRATIANUS.

*Sententia excommunicationis notatus quidam archiepiscopus aliquot clericos alterius metropolitani ordinavit; quemdam capellanum sui suffraganei illo inconsulto deposuit, atque alium in loco ejus ordinavit.* (Qu. I.) *Hic primum quæritur, an ordinatio, quæ ab excommunicatis facta est, aliquo modo possit rata haberi?* (Qu. II.) *Secundo, an liceat episcopo, archiepiscopo, primati vel patriarchæ clericos alterius sine propriis litteris ordinare?* ( Qu. III. ) *Tertio, an archiepiscopus clericos suffraganei sui illo inconsulto damnare valeat, vel damnatos absolvere.*

## QUÆSTIO I.
### GRATIANUS.

*Quod ordinatio, quæ ab excommunicatis celebratur, nullas omnino vires obtineat, nec etiam consecratio appellanda sit, testatur* Gregorius *lib. III. epist. 20. dicens* [1]:

### NOTATIONES CORRECTORUM.

nes Andreæ in notis ad illum locum expresse scribit, in hoc capitulo non agi de Arelatensi archiepiscopo. Et valde probabile est pro *Electensi* seu *Elatensi* [a], qui vere est suffraganeus archiepiscopi Narbonensis, corrupte scriptum fuisse: *Arelatensis*.
Quæst. IV. C. I. a *Symmachi:* Citatur libellus Ennodii nomine Symmachi papæ, cujus rei reddita est ratio supr. dist. 31. c. *Omnino*. et 40. c. *Non nos*.
b *Canonum:* Sic emendatum est ex vetustis codicibus, Ennodio ipso, et Ivone, quum prius legere-

tur: *decreti*. Citare autem Ennodius voluit canones qui ante Symmachum de hac re editi erant. Qui vero in glossa citantur, sunt ex epistolis pontificum Symmacho posteriorum. In Carthaginensi quidem concilio inserto in codice canonum est undecimus canon, qui citatur infra, 11. q. 3. c. *Si quis presbyter*, et decimus nonus relatus sup. 4. q. 6. c. *Quisquis episcoporum*, et vigesimus quartus, citatus ibidem c. *Placuit*, ad quos, et præcipue ad primum videtur spectasse Ennodius.

---

Quæst. III. C. II. [15] add. : *suis* : Ed. Bas. [16] *sacerdotio* : Edd. coll. o.
Quæst. IV. C. I. [1] Petita sunt ex Ennodii apologetico pro Syn. Rom. IV. — Ivo Decr. p. 6, c. 340, 341. [2] ita in Edd. coll. o. pr. Bas. [3] *Si quis* : Edd. coll. o. [4] *in eum* : eæd. [4] add. : *enim* : eæd.
Quæst. V. C. I. [1] Caput Pseudoisidori, compositum secundum librum pontif. et Innoc. I. ep. ad Decentium Eugubinum. — Aus. l. 2, c. 8. [2] add. : *hinc* : Edd. coll. o. [3] *et* : eæd. pr. Lugdd. II, III. [4] *recognoscant* : Edd. coll. o. [5] *illam* : eæd. [6] *et a* : Edd. Lugdd. II, III. — Bohm. [7] *et* : Edd. coll. o. pr. Arg.
Causa IX. Quæst. I. [1] Ep. 20, (scr. A. 594), l. 4, Ed. Maur. — Coll. tr. p. p. 1, t. 55, c. 93. Ivo Decr. p. 5, c. 134. Polyc. l. 2, t. 57.

**C. I.** *Non potest appellari consecratio, quæ fit ab excommunicatis.*

Nos consecrationem dicere nullo modo possumus, quæ ab excommunicatis hominibus [2] est celebrata.

**C. II. PALEA** [a] [3].

« Excommunicati illicite manus imponunt, quia potestatem ordinandi non habent. Ubi autem illicita est manus impositio, vulnus infligitur [4]. Unde reiterari necesse est quod minime probatur esse collatum. »

*Unde* Damasus Papa *epist. IV. ait* [5]:

**C. III. PALEA.**

« Per illicitam manus impositionem vulneratum caput illi, qui videbantur aliquid accepisse, habebant, et ubi vulnus infixum est, necesse est medicinam adhibere, qua infixa [6] sanetur macula, id [7] est, reiterari necessum est quod legitime actum aut collatum minime probatur, *si perfectum esse debebit.* Nam quomodo honorem possit retinere qui ab illo acceperit [8], qui potestatem dare legitime non habuit, invenire non possum. »

Gratian. *Sed excommunicati hic intelligendi sunt, qui in ipsa sua ordinatione pœnam excommunicationis contraxerunt, qui nunquam in numero catholicorum fuerunt. Ceterum, qui inter catholicos prius deputati sunt, si postea excommunicationis sententia notati fuerint, ordinationes tamen eorum ab ecclesia misericorditer tolerantur.*

*Unde* Urbanus Papa II. *scribit, dicens* [9]:

**C. IV.** *Ordinationes ab excommunicatis non simonace factæ ex misericordia tolerantur.*

Ab excommunicatis quondam tamen catholicis episcopis ordinatos, si quidem non simoniace ordines ipsos acceperunt, et si ipsos episcopos simoniacos non fuisse constiterit, ad hæc [10], si eorum religiosior vita et doctrinæ prærogativa visa fuerit promereri [11], pœnitentia indicta, quam congruam duxeris, in ipsis, quos acceperunt, ordinibus permanere permittas. Ad superiores autem conscendere non concedimus, nisi necessitas vel utilitas maxima flagitaverit, et ipsorum sancta conversatio promeruerit.

Gratian. *Sed et illud Gregorii de nominatim excommunicatis intelligitur, quorum ordinationes sunt irrita, si eorum damnatio non erat ordinandis incognita.*

*Unde idem* Urbanus *ait in Synodo Placentina, cap. 9. et sequentibus* [12]:

**C. V.** *Qui nominatim excommunicati sunt, et qui aliorum sedes invadunt, alios ordinare non possunt.*

Ordinationes, quæ ab hæresiarchis nominatim excommunicatis factæ sunt, et ab eis, qui catholicorum adhuc viventium episcoporum sedes invaserunt, irritas esse judicamus, nisi probare voluerint, se, quum ordinarentur, eos nescisse damnatos. § 1. Qui [13] vero ab episcopis quondam [14] catholice ordinatis, sed in schismate a Romana ecclesia separatis consecrati sunt, eos, nimirum quum ad ecclesiæ unitatem redierint, servatis propriis ordinibus misericorditer suscipi jubemus, si *tamen* vita et scientia eos commendat [15]. §. 2. Amodo [16] vero quicunque a prædictis schismaticis sanctæque Romanæ ecclesiæ adversariis se ordinari permiscerit, nullatenus hac venia dignus habeatur. §. 3 Quamvis [17] autem misericordiæ intuitu magnaque necessitate cogente hanc in sacris ordinibus dispensationem constituerimus, nullum tamen præjudicium sacris canonibus fieri volumus [18], sed obtineant [19] proprium robur, et cessante necessitate illud quoque cesset, quod pro necessitate factum est. Ubi enim multorum strages jacet, ibi subtrahendum est aliquid severitati, *ut addatur* [b] *amplius caritati*.

Gratian. *Electio quoque, nisi a catholicis facta fuerit, irrita esse probatur.*

*Unde* Gregorius *scribit Mediolanensibus, lib. VIII. epist.* 65 [20]:

**C. VI.** *Irrita sit electio, quæ non a catholicis facta probatur.*

Nos in hominem, qui non a catholicis [21] eligitur, nulla præbemus ratione consensum, nec, si alicujus *præsumtionis* usurpatione factus [22] fuerit, in locum vel ordinem illum sacerdotis suscipimus.

## QUÆSTIO II
### GRATIANUS.

1. Pars. *Quod autem episcopus vel quilibet superiorum clericos alterius sine propriis literis ordinare*

---

**NOTATIONES CORRECTORUM.**

Causa IX. Quæst. I. C. II. [a] Hæc et sequens Palea absunt a plerisque vetustis exemplaribus; habentur tamen in uno valde emendato, in quo paucæ haberi solent. Prior autem hæc videtur esse summa quædam sequentis.

C. V. [b] *Ut addatur*, etc.: Hæc sunt addita ex concilio ipso.

---

Quæst. I. C. 1. [2] add.: *illicite*: Edd. coll. o. = C. II. [3] hæc est summa capitis ]sequ. [4] *infligitur*: Bohm. = C. III. [5] cf. ad C. 1, q. 7, c. 25. [6] *fixa*: ib. [7] *Item*: ib. [8] *accepit*: ib. = C. IV. [9] ad Gebehardum Constantiensem A. 1089, (cf. chron. Bertholdi Const. ad h. a. — Ivo Decr. p. 6, c. 456. Ans. l. 12, c. 74. [10] *hoc*: Edd. coll. o. — Ivo. [11] *promiseri*: Ed. Rom. operarum vitio. = C. V. [12] hab. A. 1095. — Polyc. l. 7, c. 16, l. 2, t. 38. [13] c. 40. [14] add.: *quidem*: orig. — Edd. coll. o. [15] *commenderit*: Edd. coll. o. pr. Arg. Bas. Nor. [16] c. 11. [17] c. 12. [18] *voluimus*: Bohm. [19] *obtineat*: Ed. Bas. = C. VI. [20] Ep. 4, (scr. A. 601), l. 11. Ed. Maur. — Polyc. l. 2, t. 1. Coll. tr. p. p. 4, t. 57, c. 7. [21] add. « *et maxime a Longobardis*: orig. [22] *factum*: orig. — Edd. coll. o.

non debeat, Calixtus Papa scribit, ep. II. ad Episcopos Galliæ, dicens [1] :

### C. I. Alterius ecclesiæ parochianum nullus judicare præsumat.

Nullus alterius terminos usurpet, nec alterius parochianum judicare, vel ordinare [2] aut excommunicare præsumat, quia talis judicatio, vel [3] ordinatio, aut excommunicatio vel damnatio nec rata erit, nec vires ullas habebit, quoniam nullus alterius judicis, nisi sui, sententia tenebitur aut damnabitur. Unde et Dominus loquitur [4], dicens : *Ne transgrediaris terminos antiquos, quos posuerunt patres tui.*

[Unde [a] Urbanus Papa [5] :]
### C. II. PALEA.

« Placuit, ut deinceps nulli sacerdotum liceat quemlibet commissum alteri sacerdoti recipere ad pœnitentiam sine ejus consensu, cui [6] prius se commisit, nisi per ignorantiam illius, cui pœnitens prius confessus est. Qui vero contra hæc statuta facere præsumpserit, gradus sui periculo subjacebit. »

### C. III. *In alterius parochia, nisi eo vocante, nulli aliquid agere licet.*

*Item* Calixtus epist. II [7].

Nullus primas, nullus metropolitanus, nullusque reliquorum espiscoporum alterius adeat civitatem, aut ad possessionem accedat, quæ ad eum non pertinet, et alterius episcopi 'est' [8] parochiæ [9], super A cujusquam [10] dispositione, nisi vocatus ab eo [11], cujus juris esse dignoscitur [12], aut quicquam ibi disponat, vel ordinet, aut judicet, si sui gradus honore potiri voluerit. Sin aliter præsumpserit, damnabitur, et non solum ille, sed cooperatores eique consentientes, quia sicut ordinatio, ita eis et judicatio et aliarum rerum dispositio prohibetur. Nam qui ordinare non poterit, qualiter [13] judicabit ? nullatenus procul dubio judicare poterit.

### C. IV. *De eodem.* PALEA.

*Item* ex Concilio Nannetensi, c. 1 [b] [14].

« In dominicis vel festis diebus presbyteri ante, quam missas celebrent, plebem interrogent, si alterius parochianus in ecclesia sit, qui proprio contemto presbytero ibi missam velit audire. Quem si invenerint, statim ab ecclesia abjiciant, et ad suam parochiam redire compellant. »

### C. V. *De eodem.* PALEA.

*Item* ex eodem Concilio Nannetensi, c. 2 [15].

« Nullus presbyter aut diaconus [c] alterius plebanum [16] (nisi in itinere fuerit, vel placitum 'ibi' habuerit) ad missam recipere audeat. »

### C. VI. *Ad ordinationem clericorum vel ecclesiarum alterius episcopi, nisi ab eodem invitatus, non accedat episcopus.*

*Item* ex Concilio Antiocheno, c. 13 [d] [17].

Nullum episcoporum [18] audere debere ex [19] alia

---

## NOTATIONES CORRECTORUM.

Quæst. II. C. II. [a] *Unde* : Antea erat : *Idem* [*], hoc est Calixtus, quia, quum Palea hæc nondum esset inserta, sequebatur c. *Nullus primas*, quod est Calixti. Hanc autem Paleam citat Gratianus ex Urbano II. infra de pœnit. dist. 6. c. fin.

C. IV. [b] Hoc et sequens caput absunt a sex vetustioribus et emendatioribus Gratiani exemplaribus. In ceteris autem habentur sine nomine Paleæ, quemadmodum et in excusis. Exstat autem utrumque in concilio Nannetensi, et ex eo citatur hoc primum in Decretalibus tit. de paroch. c. 2., et a Burchardo et Ivone ; sicque emendatum est, quum antea citaretur ex concilio Meldensi.

C. V. [c] *Aut diaconus* : Istæ duæ voces neque in concilio, neque in Capitularibus, neque apud Burch. [**] leguntur.

C. VI. [d] Hæc est prisca versio [***]. Dionysii autem interpretatio, quæ et ceteriorum tomis est inserta, et a Burchardo et Ivone affertur, aptius exprimit sententiam canonis græci. Tamen, quoniam neque ipsa omnibus locis omnino respondet, visum est verba græca nova cum versione apponere : Μηδένα ἐπίσκοπον τολμᾶν ἀφ' ἑτέρας ἐπαρχίας εἰς ἑτέραν μεταβαίνειν, καὶ χειροτονεῖν ἐν ἐκκλησίᾳ τινὰς εἰς προαγωγὴν λειτουργίας, μηδὲ εἰ συνυπάγοιτο ἑαυτῷ ἑτέρους, εἰ μὴ παρακληθεὶς ἀφήκοιτο διὰ γραμμάτων τοῦ τε μητροπολίτου καὶ τῶν σὺν αὐτῷ ἐπισκόπων, ὧν εἰς τὴν χώραν παρέρχοιτο. Εἰ δὲ μηδενὸς καλοῦντος ἀπέλθοι ἀτάκτως ἐπὶ χειροθεσίᾳ τινῶν, καὶ καταστάσει τῶν ἐκκλησιαστικῶν πραγμάτων μὴ προσηκόντων αὐτῷ, ἄκυρα μὲν τὰ ὑπ' αὐτοῦ πεπραγμένα τυγχάνειν, καὶ αὐτὸν δὲ ὑπέχειν τῆς ἀταξίας αὐτοῦ, καὶ τῆς παραλόγου ἐπιχειρήσεως τὴν προσήκουσαν δίκην, καθῃρημένον ἐντεῦθεν ἤδη ὑπὸ τῆς ἁγίας συνόδου. *Nullus episcopus audeat ab una provincia in aliam transire, et in ecclesia aliquos ordinare ad promotionem liturgiæ, nec si alios una secum adducat, nisi accitus venerit per litteras metropolitani et eorum, qui cum illo, episcoporum, in quorum regionem accedat. Quod si nemine vocante inordinate advenerit, ut aliquos ordinet, ac negotia ecclesiastica ad se minime pertinentia conficiat, irrita quidem sunto quæ ab eo gesta fuerint, verum et ipse suæ impudentiæ et iniqui incœpti justam pœnam subeat, hinc jam a sancta synodo depositus.*

---

Quæst. II. P. I. [1] Caput Pseudoisidori, cf. can. Apost. 36, et conc. Antioch. c. 3. — Reg. l. 1, c. 251. Ans. l. 6, c. 120 (126). Ivo Decr. p. 5, c. 236, p. 14. c. 72. = C. I. [2] *abest ab orig.* et Reg. et Iv. [3] *desid.* ib. [4] add.: *in Deuteronomio* : Edd. Lugdd. — *in evangelio* : Edd. rell. — cf. Deut. c. 19, v. 14. = C. II. [*] *Item* : Edd. Arg. Bas. [5] Ans. *in fine* l. 8, *citat ex Hibernensi*, et videtur error Gratiani ex eo venisse, quod apud eumdem Ans. caput quoddam Urbani (C. 16, c. 2, q. 6), præmittitur. — cf. D. 4, de pœn. c. fin. [6] *cui sæpius confessus est* : Ed. Arg, *missis reliquis.* = C. III. [7] Caput Pseudoisidori, cf. conc. Antioch. c. 15, 22. — Burch. l. 1, c. 66. Ans. l. 6, c. 119 (125). Ivo Pan. l. 4, c. 28. Decr. p. 5, c. 107. [8] *abest ab* Ivone. [9] *parochiam* : Edd. coll. o. — Ivo. — *parochia* : Bohm. [10] *ejus* : Edd. coll. o. [11] *episcopo* : Ed. Bas. [12] *cognoscitur* : Edd. coll. o. [13] *quomodo* : eæd. = C. IV. [14] cf. ad D. 24, c. 5. — Regino l. 1, c. 6, ( : *ex Nanetensi CCCCXIX*). Burch. l. 2, c. 93, ( : *ex eodem* c. 419). Ivo Decr. p. 2, c. 122. — cf. Imp. l. et X, die paroch. c. 2. = C. V. [15] Reg. l. 1, c. 61. 255. Burch. l. 1, c. 94. — Cap. l. 1, c. 149. — *ex conc. Natanensi* : Ed. Bas. — *ex conc. Navatensi* : Edd. rell. pr. Bar. [**] *neque ap.* Reg. [16] *plebesanum* : Burch. — *parochianum* : Reg. Cap. — add.: *eo nolente* : Burch. = C. VI. [17] *hab.* A. 332. — Burch. l. 1, c. 108. Ivo Decr. p. 5, c. 210, uterque ex Dionysio. [***] *imo ex Hispana.* [18] *episcopum* : Edd. coll. o. [19] *ab una.* Ed. Bas.

provincia ad aliam transitum facere, et ordinare aliquos [10] in ecclesiis aut proferre [21] ad sacrum ministerium. Nec [22] ab aliis illuc trahatur [23], episcopis [24], nisi forte per literas rogatus abierit non solum a metropolitano, sed et ab his, qui cum eo sunt, omnibus ipsius [25] provinciae episcopis. Quod si nullo invitante inordinate superveniat, et aliquos vel ordinare praesumserit, vel quoslibet 'actus' illi ecclesiae competentes, qui ad se minime pertinent, usurpare tentaverit, vacua quidem et inania erunt omnia, quae gesserit, ipse vero hujus indisciplinati ausus et irrationabilis coepti dignas causas expendat, tanquam depositus a sancta synodo et propter hujusmodi praesumtionem jam praedamnatus.

C. VII. *Ad ordinationem ecclesiae, quae sibi commissa non fuerit, minime accedat episcopus.*

Item ex codem Antiocheno, c. 22 [26].

Episcopum non debere in alienam irruere civitatem, quae illi probatur non esse subjecta, neque in regionem, quae ad ejus curam minime noscitur pertinere, ad aliquid <sup>e</sup> ordinandum, neque presbyteros aut diaconos constituere ad alios episcopos <sup>f</sup> pertinentes, nisi forte cum voluntate et testimonio <sup>g</sup> propriae regionis episcopi. Quod si quispiam horum quid tale facere [27] voluerit, irrita quidem erit hujusmodi [28] ordinatio, et [29] quae male <sup>h</sup> usurpaverit a synodo arguantur. Nam si <sup>i</sup> ordinare non potuerit, nullatenus ad alios pertinentes judicare praesumat.

C. VIII. *Non accedant episcopi ad ecclesias, quae sunt extra eorum dioecesim.*

Item ex Synodo Constantinopolitana I, c. 2 [30].

Episcopi, qui extra dioecesim [31] sunt, ad ecclesias quae extra terminos eorum sunt, non accedant, neque confundant et permisceant ecclesias. Secundum <sup>k</sup> [32] regulas statutas [33] Alexandriae quidem episcopi ea, quae sunt in Aegypto, tantummodo gubernent; orientales autem episcopi solius orientis curam gerant, servatis tamen honoribus primatus ecclesiae Antiochenae, qui in regulis Nicaenae synodi continentur. Sed et Asianae dioecesis episcopi ea [34], quae sunt in Asia et quae ad Asianam [35] tantummodo dioecesim pertinent, gubernent. Ponti autem episcopi Ponticae tantum dioecesis habeant curam; Thraciae vero ipsius tantummodo Thraciae.

C. IX. *De eodem.*

Item ex eodem, c. 3.

Non invitati episcopi ultra dioecesim accedere non debent super ordinandis aliquibus, vel quibuscunque disponendis ecclesiasticis causis, servata regula <sup>l</sup>, quae supra scripta est de unaquaque dioecesi. Manifestum namque est, quod per singulas quasque provincias provincialis synodus administrare et gubernare omnia debeat, secundum ea, quae sunt in Nicaea [36] definita.

II. Pars. Gratian. *His auctoritatibus prohibentur quilibet episcopi clericos alterius ordinare. Sed quaeritur, si contingat eos aliquibus sacros ordines distribuere, an ordinati ab episcopis suis in propriis ordinibus recipi possint?*

De his ita scribit Urbanus Papa *Hugoni, Lugdunensi Archiepiscopo* [37]:

C. X. *Clerici ab episcopo alterius parochiae ordinati a proprio in suis ordinibus recipi possunt.*

Lugdunensis parochiae [38] clericos, quos contra statuta canonum ab alterius parochiae episcopis ordinatos literarum tuarum significatione monstrasti, cum graduum suorum honore recipere religionis tuae prudentia poterit, si eos alias canonice et sine pravitate aliqua ordinatos constiterit, si tamen eorum probabilem vitam id indulgentiae perspexeris pro-

---

### NOTATIONES CORRECTORUM.

C. VII. <sup>e</sup> *Ad aliquid* : In hoc etiam canone Dionysii versio purior est; hic autem habet : *super ordinatione cujusquam*, quod graece est : ἐπὶ χειροτονίᾳ τινος, id est : *ut quempiam ordinet*.
<sup>f</sup> *Ad alios episcopos* : Eodem fere modo Dionysius Graece legitur : εἰς τόπους ἑτέρῳ ἐπισκόπῳ ὑποκειμένους ; id est : *in locis alteri episcopo subjectis*.
<sup>g</sup> *Et testimonio* : Graece tantum est : μετὰ γνώμης, quod Dionysius vertit : *cum consilio et voluntate*.
<sup>h</sup> *Et quae male* : Sic est emendatum ex vetustis exemplaribus, et ex ceteris editionibus conciliorum, praeter hanc postremam quatuor tomorum. Dionysius habet : *et ipse coerceatur a synodo*, quod graece est : καὶ αὐτὸν ἐπιτιμίας ὑπὸ τῆς συνόδου τυγχάνειν, id est : *et ipse puniatur a synodo*.
<sup>i</sup> *Nam si* : Tota haec clausula in graeco canone [39], cujus tria exemplaria manuscripta collata sunt, minime habetur, sed et prisca versio et Dionysiana habent. Similis sententia legitur supra c. *Nullus primas*.
C. VIII. <sup>k</sup> *Secundum* : Mutata est interpunctio, ut magis respondeat graeco canoni : ἀλλὰ κατὰ τοὺς κανόνας τὸν μὲν ᾿Αλεξανδρείας, etc., quod Dionysius vertit : *sed juxta canones Alexandrinus antistes, etc.* In editione autem conciliorum in tribus tomis deerant haec verba : *ea, quae sunt in Aegypto, tantummodo gubernent. Orientales autem episcopi.*
C. IX. <sup>l</sup> *Servata regula* : Ita in omnibus editionibus hujus priscae*** versionis; sed in graeco canone hic est initium periodi, ex quo sequuntur ex ipso pendent, quemadmodum Dionysius vertit : *servata vero quae scripta est de gubernationibus regula, manifestum est, quod illa, quae sunt per unamquamque provinciam, ipsius provinciae synodus dispenset*, etc.

---

Quæst. II. C. VI. [20] add. : *clericos* : Ed. Bas. [21] *provehere* : Coll. Hisp. [22] *nec alios illuc secum attrahat episcopus* : ib. — Isid. Merl. [23] *attrahatur* : Edd. Bas. Lugdd. Par. [24] *episcopus* : Edd. coll. o. [25] *omn. ips.* : desid. in coll. Hisp. ═ C. VII. [26] Burch. l. 1, c. 71. Ivo Decr. p. 5, c. 178, ex Dionysio. * *cum consilio* : Coll. Hisp. [27] *adire* : ib. *talis* : Edd. coll. o. [28] *et super his etiam, quae —, arguatur* : ead. — *et is, qui male —, arguatur* : Coll. Hisp. * *et* in Coll. Hisp. ═ C. VIII. [30] hab. A. 381. [31] add. : *suam* : Edd. coll. o. [32] *Sed sec.* : Coll. Hisp. [33] desid. in Coll. Hisp. — *constitutus* : Edd. Arg. Bas. [34] *et ea* : Edd. coll. o. [35] *Asiam* : Ed. Bas. ═ C. IX. *** imo Hispanae. [36] *Nicaena synodo* : Edd. coll. o. ═ C. X. — P. II. [37] scr. c. A. 1095. — Ivo Decr. p. 6, c. 112. [38] *ecclesiae* : Ivo,

mereri. Legimus [39] quippe S. Epiphanium episcopum ex diœcesi S. Joannis Chrysostomi quosdam clericos ordinasse, quod sanctus vir omnino non fecisset, si ei detrimentum fore perpenderet. Quos igitur recipiendos moderatio tua arbitrata fuerit, Injuncta satisfactionis gratia propter ecclesiam, quam offenderunt, congrua pœnitentia, miserationis intuitu in suo quemque honore [40] recipies, salva [41] in omnibus sanctorum canonum disciplina.

### QUÆSTIO III.
### GRATIANUS.

*Quod autem archiepiscopus clericos sui suffraganei illo inconsulto damnare valeat vel absolvere, sic videtur posse probari. Sicut totius episcopatus ecclesiæ in potestate sunt episcopi, sic et ecclesiæ totius archiepiscopatus ad diœcesim pertinent archiepiscopi. Vocantur enim episcopi a metropolitano in partem solicitudinis, non in plenitudinem potestatis. Sic quippe vices eis impertit, ut potestatem suam sibi non adimat. Unde et sine ejus consilio nihil eis agere licet, sicut in Concilio Martini Papæ legitur c. 4.* [1] :

C. I. *Non episcopi sine metropolitani consensu, nec ille sine eorum consensu aliquid agere debet.*

Per singula provincia oportet episcopos cognoscere metropolitanum [2] suum, et ipsum primatus [3] curam suscipere, nihil autem agere [4] reliquos episcopos præter eum, secundum quod antiquitus a patribus nostris constitutum continetur in canone [5]. Propter quod metropolitanus [6] episcopus nihil [7] præsumtive assumat absque consilio [8] ceterorum [9].

C. II. *Sine metropolitani conscientia extra suam diœcesim nihil agat episcopus.*

Item ex Concilio Antiocheno, c. 9 [10].

Per singulas provincias episcopos singulos scire oportet, episcoporum metropolitanum, qui [11] præest, curam et solicitudinem totius provinciæ suscepisse. Propter quod ad metropolitanam civitatem ab his, qui causas habent, concurratur [12]. Quapropter placuit eum et honore præcellere [13], et nihil ultra sine ipso reliquos episcopos agere secundum antiquum Patrum nostrorum [14] canonem, nisi hoc tantum, quod unicuique ecclesiæ per suam diœcesim competit. Unumquemque enim episcopum oportet habere suæ diœcesis potestatem, ut [15] regat et gubernet secundum competentem singulis reverentiam, et providentiam gerat omnis regionis, quæ sub ipsius [16] est civitate, ita ut *etiam* ordinare ei presbyteros et diaconos probabili judicio liceat, et de singulis ipsius regionis causis cum moderatione et pondere disceptare. Ultra autem nihil agere [17] permittitur [18] citra metropolitani episcopi conscientiam [a], nec metropolitanus sine ceterorum aliquid gerat consilio sacerdotum.

Gratian. *Nisi forte episcopi ipsi œconomos in ecclesia sua ordinare contemserint.*

*Unde in VII. Synodo c. 11. legitur* [19]:

C. III. *Metropolitanus constituat œconomos, quos episcopus habere neglexerit.*

Quum simus debitores omnes sacras regulas [20] custodire, et eam, quæ dicit in unaquaque ecclesia œconomos esse debere, modis omnibus inviolabilem

---

### NOTATIONES CORRECTORUM.

QUÆST. III. C. II. [a] Conscientiam : Græce est : δίχα τοῦ μητροπολέως ἐπισκόπου, μηδὲ αὐτὸν ἄνευ τῆς τῶν λοιπῶν γνώμης. Itaque eadem voce γνώμης utitur canon, tam in consensu metropolitani quam suffraganeorum. Sed ob multas varietates placuit apponi verba græca cum versione nova : τοὺς καθ' ἑκάστην ἐπαρχίαν ἐπισκόπους εἰδέναι χρὴ τὸν ἐν τῇ μητροπόλει προεστῶτα ἐπίσκοπον, καὶ τὴν φροντίδα ἀναδέχεσθαι πάσης τῆς ἐπαρχίας διὰ τὸ ἐν τῇ μητροπόλει πανταχόθεν συντρέχειν πάντας τοὺς τὰ πράγματα ἔχοντας. Ὅθεν ἔδοξε καὶ τῇ τιμῇ προηγεῖσθαι αὐτόν, μηδέν τε πράττειν περιττὸν τοὺς λοιποὺς ἐπισκόπους ἄνευ αὐτοῦ, κατὰ τὸν ἀρχαῖον κρατήσαντα τῶν πατέρων ἡμῶν κανόνα, ἢ ταῦτα μόνα, ὅσα τῇ ἑκάστου ἐπιβάλλει παροικίᾳ, καὶ ταῖς ὑπ' αὐτὴν χώραις, ἕκαστον γὰρ ἐπίσκοπον ἐξουσίαν ἔχειν τῆς ἑαυτοῦ παροικίας, διοικεῖν τε κατὰ τὴν ἑκάστῳ ἐπιβάλλουσαν εὐλάβειαν καὶ πρόνοιαν ποιεῖσθαι πάσης τῆς χώρας τῆς ὑπὸ τὴν ἑαυτοῦ πόλιν, ὡς καὶ χειροτονεῖν πρεσβυτέρους καὶ διακόνους, καὶ μετὰ κρίσεως ἕκαστα διαλαμβάνειν. Περαιτέρω δὲ μηδὲν πράττειν ἐπιχειρεῖν δίχα τοῦ τῆς μητροπόλεως ἐπισκόπου, μηδὲ αὐτὸν ἄνευ τῆς τῶν λοιπῶν γνώμης. Episcopos, qui in unaquaque provincia sunt, nosse oportet eum, qui metropoli præest, universæ quoque provinciæ curam suscipere, eo quod in metropoli undique conveniunt omnes quicunque negotia habent. Quapropter placuit et honore ipsum præcellere, et reliquos episcopos nihil aliud sine ipso facere (secundum veterem, qui riguit, Patrum nostrorum canonem), quam ea sola, quæcunque ad cujusque parochiam subjectasque parochiæ regiones pertinent. In cujusque enim episcopi potestate esse propriam ipsius parochiam, ut eam administret, pro ea, quæ cuique convenit, integritate, et universæ regioni, quæ suæ civitati subjecta est, prospiciat consulatque, ita ut et presbyteros diaconosque ordinet, et singula quæque cum judicio explicet. Præterea vero nihil quicquam facere aggrediantur sine metropolitani episcopi, neque ipse sine reliquorum sententia.

---

QUÆST. II. C. X. [39] cf. Socrat. hist. eccl. l. 6, c. 12, 13, hist. trip. l. 10, c. 11. [40] cognita : Edd. coll. o. [41] add. : tamen : eæd.
QUÆST. III. C. I. [1] c 9, conc. Antioch. ex interpr. Martini Brac. [2] primatum metropolitani episcopi : Coll. Hisp. [3] abest a Coll. Hisp. — add. : sui : Edd. coll. o. [4] add. : oportet : eæd. [5] can. Ap. 34. [6] et metrop. : eæd. [7] add. : sibi : Coll. Hisp. [8] concilio : Ed. Arg. [9] add. : episcoporum : Edd. Arg. Nor. Ven. I. — C. II. [10] hab. A. 332. [11] add. : eis : Edd. Bas. Lugd. II, III. [12] sine dubio conc. : Coll. Hisp. [13] præire : ib. [14] qui obtinuit : ib. [15] ad hanc gubernandam sec. comp. sibi rev., ad providendum regioni, quæ sub etc. : ib. [16] ipsius — cum : desid. ib. [17] agendum : ib. [18] permittitur : Edd. coll. o. = C. III. [19] hab. A. 787. — interpretatio Anastasiana — Ivo Decr. p. 5, c. 374. [20] cf. conc. Chalc. c. 26.

custodire [31] debemus. Et si quidem unusquisque metropolitanus in sua ecclesia constituerit œconomum, bene utique est. Sin autem, ex auctoritate propria Constantinopoleos episcopis licentia est præponendi œconomos in ejus ecclesia. Similiter et metropolitanis, si episcopi, qui sub eis sunt, non sategerint œconomos statuere in suis ecclesiis. Id ipsum autem servandum est etiam in monasteriis.

*Gratian. Probatur illud idem exemplo Apostoli, qui fornicatorem Corinthium impœnitentem satanæ tradidit, postea pœnitentem ecclesiæ reconciliavit, hoc tantum scribens Corinthiis in prima et secunda epistola, ut excommunicato non communicarent, et reconciliato socia caritate copularentur. Sed contra probatur auctoritate multorum.*

Ait enim Hyginus Papa, epist. I. c. 2 [32]:

### C. IV. *Metropolitanus sine episcoporum consensu vel præsentia alicujus eorum non audiat causas.*

Salvo in omnibus Romanæ ecclesiæ privilegio nullus metropolitanus absque ceterorum omnium comprovincialium episcoporum instantia aliquorum audiat causas [33], quia irritæ erunt aliter actæ, quam in conspectu eorum omnium ventilatæ, et ipse, si fecerit, coerceatur a fratribus.

### C. V. *De eodem.*

*Item* Anicetus Papa *Episcopis Galliæ*, c. 1 [34].

Archiepiscopus nihil de episcoporum causis aut de aliis communibus juxta statuta apostolorum absque cunctorum illorum agat consilio, nec illi [35], nisi quantum ad suas parochias pertinet, sine suo [36], quoniam tali gaudet concordia Altissimus, et gloriatur in membris suis.

### C. VI. *De eodem.*

*Item* in eadem epist. c. 3 [37].

Si autem aliquis metropolitanorum inflatus fuerit, et sine omnium comprovincialium præsentia vel consilio [38] episcoporum aut eorum [39], aut alias causas (nisi eas tantum, quæ ad propriam suam parochiam pertinent) agere, aut eos gravare voluerit, ab omnibus districte corrigatur, ne talia deinceps præsumere audeat. Si [40] vero incorrigibilis eisque inobediens apparuerit, ad hanc apostolicam sedem, cui omnia episcoporum judicia referri [31] præcepta sunt, ejus contumacia referatur, ut vindicta de eo fiat, et ceteri [32] timorem habeant.

### C. VII. *De eodem.*

*Item* Calixtus Papa *Episcopis Galliæ*, epist. II. c. 3 [33].

Nullus primas vel [34] metropolitanus diœcesani ecclesiam vel parochiam, aut aliquem de ejus parochia præsumat excommunicare vel judicare, vel aliquid agere absque ejus consilio vel judicio; sed hoc observet, quod ab apostolis ac patribus et [35] prædecessoribus nostris est statutum, et a nobis confirmatum; id est : si quis metropolitanus episcopus (nisi quod ad suam solummodo propriam pertinet parochiam) sine consilio et voluntate omnium comprovincialium episcoporum extra aliquid agere tentaverit, gradus sui periculo [36] subjacebit, et quod egerit irritum habeatur [37] et vacuum. Sed quidquid de provincialium [38] coepiscoporum [39] causis, eorumque ecclesiarum, clericorum, atque sæcularium necessitatibus agere aut disponere necesse fuerit, hoc communi [40] consensu comprovincialium agatur pontificum, nec aliquo dominationis fastu, sed humillima atque concordi administratione, sicut Dominus ait [41] : *Non veni* [42] *ministrari, sed ministrare*, et alibi † : *Qui major est vestrum erit minister vester.* Similiter et ipsi comprovinciales episcopi cuncta cum ejus consilio (nisi quantum ad parochias proprias pertinet) agant juxta sanctorum constituta Patrum, (*et infra :*) ut uno animo, uno ore concorditer sancta glorificetur Trinitas in sæcula.

### C. VIII. *In suffraganei parochia nihil absque ejus consilio metropolitanus agat.*

*Item* Nicolaus Papa *Rodulpho, Bituricensi Archiepiscopo* †.

Conquestus est apostolatui nostro frater noster Sigedodus [43] archiepiscopus Narbonensis, quod clericos suos eo invito ad judicium tuum venire compellas, et de rebus ad ecclesiam suam pertinentibus eo inconsulto quasi jure patriarchatus tui disponas, quum hoc nec antiquitas (cui Patres sanxerunt reverentiam) habeat, et auctoritas sacrorum canonum penitus interdicat, nisi forte pro causis, quæ apud se terminare [44] non possunt, ad te quasi ad patriarcham suum provocaverint [45], vel si episcopus suus decesserit, res [46] ecclesiæ suæ judicio tuo dispensare volueriut [47]. Primates enim vel patriarchas nihil

---

QUÆST. III. C. III. [31] *conservare :* Ivo. — Edd. coll. o. = C. IV. [32] *Caput Pseudoisidori,* cf. Statuta eccl. ant. c. 14. — Burch. l. 1, c. 65. Ivo Decr. p. 5, c. 99, 174. — *Eugenius P.* : Ed. Bas. [33] ad : *reorum :* Ivo p. 5, c. 99. — *eorum :* Edd. Arg. Bas. — orig. = C. V. [34] *Caput Pseudoisidori,* cf. c. Ap. 35. — Coll. tr. p. p. 1, t. 9, c. 2. [35] add. : *assumunt :* Edd. coll. o. [36] add. : *consensu :* exd. = C. VI. [37] *Caput Pseudoisidori.* — Burch. l. 1, c. 65. Ans. l. 2, c. 23. Ivo Pan. l. 4. c. 26. Decr. p. 5, c. 54. Polyc. l. 2, t. 24. [38] *concilio :* Edd. Bas. Nor. [39] add. : *causas :* Edd. coll. o. — Ivo. [30] cf. Isid. Sent. l. 3, c. 39. [31] *terminare :* orig. — Burch. Ans. Ivo. — cf. Innoc. I, ep. 2, c. 3. [32] *cuncti :* Ed. Bas. — add. : *de eo :* Edd. rell. = C. VII. [33] *Caput Pseudoisidori,* cf. can. Ap. 35, et conc. Antioch. c. 13, 20, 9. — Burch. l. 1, c. 60. Ivo Pan. l. 4, c. 27. Decr. p. 5, c. 100, p. 14, c. 72. Polyc. c. 26. [34] *nullus :* Edd. coll. o. [35] desid. in Ed. Arg. [36] add. : *quidem :* Edd. coll. o. [37] *erit :* exd. [38] *comprovincialium :* exd. — Burch. [39] *episcoporum :* Edd. coll. o. [40] *cum omnium :* orig. — Burch. [41] Matth. c. 20, v. 28. [42] *venit :* Ed. Bas. † Matth. c. 20, v. 26. = C. VIII. † scr. A. 864. — Ivo Pan. l. 4, c. 29. Decr. p. 5, c. 56. [43] *Sigebodus :* orig. — *Sigeyodus :* Ed. Bas. [44] *terminari :* Edd. coll. o. [45] add. : *per appellationes :* orig. ap. Mansi t. 15. — Edd. coll. o. [46] *et res :* Ed. Bas. [47] *voluerit :* Edd. coll. o. pr. Bas.

privilegii habere præ ceteris, nisi quantum sacri canones concedunt et prisca consuetudo illis antiquitus contulit, definimus, ita ut secundum Nicænas regulas sua privilegia serventur ecclesiis, præterquam si apostolica sedes aliquam ecclesiam vel ipsius rectorem quolibet speciali privilegio decreverit honorare.

### C. IX. *De eodem.*

*Item* Beda *super Apocalypsin* : « Et angelo ecclesiæ Ephesi scribe » [b][49].

Episcopo scribit [49], de cujus manu peccata subditorum [50] requirit, ne sine ejus consensu subditos judicare debeat.

Gratian. *Sola enim Romana ecclesia sua auctoritate valet judicare de omnibus; de ea vero nulli judicare permittitur.*

Unde Nicolaus Papa *ad Michaelem Imperatorem in epistola, cujus initium* : « Proposueramus » [c][51] :

### C. X. *Apostolicæ sedis judicium a nemine est retractandum.*

Patet profecto sedis apostolicæ (cujus auctoritate major [52] non est) judicium a nemine fore retractandum, neque cuiquam de ejus licere [53] judicare judicio, juxta quod Innocentius [d] Papa Rufo et ceteris episcopis per Thessaliam [54] constitutis scribens ait : *Nemo unquam apostolico culmini (de cujus judicio non licet retractare)* [55] *manus obvias audacter intulit, nemo in hoc rebellis exstitit, nisi qui de se voluit judicari,* et B. Papa Gelasius [56] : *Nec de ejus judicio (id est Romanæ ecclesiæ canones unquam præceperunt judicari, sententiamque illius constituerunt non oportere dissolvi, cujus potius sequenda decreta mandarunt.*

### C. XI. *Ab aliis damnatos vel excommunicatos apostolica solvit auctoritas.*

*Item* Athanasius *Patriarcha Papæ Felici II.* [57].

Fuit semper vestræ \*sanctæ\* apostolicæ sedi [58] licentia injuste damnatos vel excommunicatos potestative [59] sua auctoritate restituere, et sua eis omnia reddere, et illos, qui eos condemnaverunt aut excommunicaverunt, apostolico punire privilegio, sicut etiam nostris et anterioribus cognovimus [60] actum temporibus.

### C. XII. *De eodem.*

*Item ibidem paulo inferius* [61].

Antiquis regulis sancitum [62] est, ut quidquid (quamvis in remotis [63] aut in longinquo positis provinciis super episcoporum [64] querelis aut accusationibus ageretur, non prius tractandum vel accipiendum esset, quam ad notitiam almæ sedis vestræ fuisset [65] deductum, ut hujus auctoritate, juxta quod [e] fuisset faciendum, pronunciatio infirmaretur aut firmaretur.

### C. XIII. *Prima sedes nullius judicio subjaceat.*

*Item* Innocentius Papa [f][66].

Nemo judicabit primam sedem, justitiam temperare desiderantem [g]. Neque enim ab augusto, neque ab omni clero, neque a regibus, neque a populo judex judicabitur.

### C. XIV. *De eodem.*

*Item* Symmachus Papa [67].

Aliorum hominem causas Deus voluit homines terminare, sed sedis istius præsulis [68] suo sine quæstione reservavit arbitrio. Voluit B. Petri apostoli successores cœlo tantum debere innocentiam, et subtilissimi discussoris indagini inviolatam exhibere [69] conscientiam. Nolite æstimare eas animas inquisitionis [70] non habere formidinem, quas Deus præ ceteris suo reservavit examini. Non habet apud illum reus de allegationis nitore subsidium, quando ipsorum factorum utitur eo teste quo judice. Dicas [71] forsitan, omnium animarum talis erit in illa disceptatione conditio; replicabo, uni dictum [72] :

---

### NOTATIONES CORRECTORUM.

C. IX. [b] In glossa ordinaria sic legitur : *et angelo, id est episcopo, scribit, de manu cujus peccata subditorum requirit, et sine cujus consensu subditos judicare non præsumit ipse Joannes.*

C. X. [c] Caput hoc apud ceteros etiam collectores multis verbis omissis in summam quamdam redactum est.

[d] *Innocentius* : In epistola Nicolai et apud reliquos collectores est : *Bonifacius.* Verum neque in Bonifacii, neque in Innocentii epistolis inventum est quod hic affertur. In ea vero epistola Nicolai refert etiam alia quædam ex epistola Bonifacii ad episcopos per Thessaliam.

C. XII. [e] *Juxta quod* : Ivo legit : *juxta quod fuisset pronunciatio, infirmaretur aut firmaretur.* In corpore conciliorum : *juxta quæ fuisset pronunciatio, etc.* \*.

C. XIII. [f] In omnibus vetustis Gratiani exemplaribus citatur ex Innocentio. Sed feré eadem habentur in concilio Romano sub Silvestro c. 20, et ex ipso citant indicati collectores.

[g] *Justitiam temperare desiderantem* : Sic etiam in Panormia ex Silvestro. Sed in vulgata concilii editione est : *quoniam omnes sedes a prima sede justitiam desiderant temperari.*

---

Quæst. III. C. IX. [48] Glossa ordinaria ad Apocal. c. 2, v. 1. [49] add. : *Joannes* : Edd. coll. o. pr. Bas. [50] *populi* : Ed. Bas. = C. X. [51] scr. A. 865. — Ans. l. 1, c. 75. Ivo Pan. l. 4, c. 11. Decr. p. 5, c. 19. [52] *majus* : Ivo Pan. — Edd. coll. o. [53] *liceat* : Ivo. — Edd. coll. o. [54] *Cæsaream* : Ed. Bas. [55] *retractari* : Ivo Pan. — Edd. coll. o. [56] cf. infra c. 16. = C. XI. [57] Caput Pseudoisidori, in Edd. coll. o. citatur nomine *Anastasii.* — Coll. tr. p. p. 2, t. 14, c. 5. Ivo Decr. p. 5, c. 15. [58] *sedis* : Edd. coll. o. [59] *potestati suæ* : Edd. Par Lugdd. [60] *novimus factum* : Edd. coll. o. = C. XII. [61] Coll. citt. — ibid. [62] *censitum* : Ivo. — Ed. Arg. [63] add. : *partibus* : Ed. Bas. [64] *eorum* : Edd. coll. o. [65] *esset* : Ivo. — Edd. coll. o. \* *juxta quod fuisset pronunciatio* : Ed. Bas. = C. XIII. [66] imo c. 20, apocryphi constituti Silvestri. — Ans. l. 1, c. 19 (20). ( : *Silvester* in conc. *CCLXXII.* episc.) Ivo Pan. l. 4, c. 5, Deusdedit p. 3. Polyc. l. 1, t. 16. = C. XIV. [67] Imo ex apologetico Ennodii pro synodo Rom. IV. — Ans. l. 1, c. 24 (25). Ivo Pan. l. 4, c. 8. Decr. p. 5, c. 10. Polyc. ib, [68] *præsulem* : Edd. coll. o. [69] *habere* : eæd. [70] *inquisitoris* : Ed. Bas. — *de inquisitoribus* : Ans. [71] *Tu dicas* : Edd. Bas. Par. Lugdd. [72] Matth. c. 16, v. 18.

*Tu es Petrus, et super hanc petram ædificabo ecclesiam meam, et quæcunque solveris super terram erunt soluta et in cœlis.* Et rursus sanctorum voce patet, pontificum dignitatem sedis ejus factam toto orbe venerabilem, dum illi quidquid fidelium est ubique submittitur, dum totius corporis caput esse designatur. De hac mihi videtur dictum per Prophetam [73]: *Si hæc* [74] *humiliatur, ad cujus confugietis auxilium? et ubi relinquetis gloriam vestram?*

### C. XV. *De eodem.*

*Item* Anterus Papa *ad Episcopos provinciarum Bæticæ et Toletanæ* [75].

Facta subditorum judicantur a nobis: nostra vero judicat Deus [76]. *Et infra*: § 1. Deteriores sunt qui vitam moresque bonorum corrumpunt his, qui substantias aliorum prædiaque diripiunt.

### C. XVI. *De eodem.*

*Item* Gelasius Papa *ad faustum legatum* [77].

Ipsi [78] sunt canones, qui appellationes totius ecclesiæ ad hujus sedis examen voluere deferri [79]. Ab ipsa vero nusquam prorsus appellari [80] debere sanxerunt, ac per hoc illam de tota ecclesia judicare, ipsam ad nullius commeare judicium, nec [81] de ejus unquam præceperunt judicio judicari, sententiamque illius constituerunt non oportere dissolvi, cujus potius decreta sequenda mandarunt.

### C. XVII. *De eodem.*

Idem *omnibus Episcopis* b [82].

Cuncta per mundum novit ecclesia, quod sacrosancta Romana ecclesia fas de omnibus habeat judicandi, neque cuiquam de ejus liceat judicare judicio. Siquidem ad illam de qualibet mundi parte appellandum est: ab illa autem nemo est appellare permissus. § 1. Sed nec illa præterimus quod apostolica sedes sine ulla synodo præcedente et solvendi quos [83] synodus inique damnaverat, et damnandi, nulla existente synodo, quos oportuit habuit facultatem, et hoc nimirum pro suo principatu, quem B. Petrus apostolus Domini voce et tenuit semper et tenebit.

### C. XVIII. *De eodem.*

Idem *Episcopis per Dardaniam constitutis* [84].

Cuncta per mundum novit ecclesia, quoniam quorumlibet sententiis ligata pontificum sedes B. Petri apostoli jus habeat resolvendi, utpote quæ de omni ecclesia fas habeat judicandi, etc.

### C. XIX. *De eodem.*

*Item* Sixtus Papa II. *Hispanorum Episcopis, epist. II. cap. 4* [85].

Fratres, quos timore terreno injuste damnastis, scitote a nobis juste esse restitutos, quibus ex sancti [86] Petri 'et' [87] apostolica [88] auctoritate omnia, quæ eis ablata sunt, integerrime reddi præcipimus, si non vultis et vos et principes vestri a collegio nostro et membris ecclesiæ separari.

### C. XX. *Cujuslibet ecclesiæ clericos Papa valet ordinare.*

*Item* Stephanus *Episcopus Gualberto Patriarchæ* [89].

Nunc vero iterato tibi scribimus, nolentes alicujus ecclesiæ privilegium infringere, licet apostolica prærogativa [90] possimus de qualibet ecclesia clericum ordinare: desine jam cujuspiam zelo Cumensis i ecclesiæ antistitem protelare, quia, si protelaveris et eum consecrare jam toties monitus non maturaveris, proculdubio ad nos veniens consecratus abibit [91].

### C. XXI. *De eodem.*

*Item* Nicolaus Papa *Michaeli Imperatori in epistola, cujus initium*: « Proposueramus [92]. »

Per principalem [93] *beatorum* apostolorum Petri et Pauli [94], de qua [95] supra *partim* exposuimus, potestatem [96], jus habemus non solum monachos [97], verum etiam quoslibet clericos [98] de quacunque diœcesi, quum necesse fuerit, ad nos convocare, atque ecclesiasticis exigentibus opportunitatibus invitare.

*Gratian.* Sed aliud est quod ex temeritate assumitur præsumtionis, aliud quod ex necessitate geritur caritatis. Quum suffraganei archiepiscoporum subditis suis ad malum favere cœperint, atque circa eorum

### NOTATIONES CORRECTORUM.

C. XVII. b Omnia quæ in hoc capite leguntur, habentur in epistola Gelasii ad episcopos per Dardaniam, sed non eodem ordine composita. Caput autem sequens, in quo multa hujus ipsius capitis verba continentur, in eadem epistola eodem prorsus modo habetur. Itaque fieri potest, ut ex alia epistola caput hoc sumtum sit, quæ non exstet, aut Gratianus hæc duo tanquam diversa capitula referat, quod apud antiquiores etiam collectores distincta reperit. In epistola etiam Nicolai ad episcopos Galliæ, quæ nuper est impressa in appendice bibliothecæ, hoc citatur ex Gelasio.

C. XX. i *Cumensis*: Sic etiam Anselmus *, sed apud Ivonem plenius: *Desine jam cujuspiam zelo electum a clero et expetitum a populo Lintuarum Cumensis ecclesiæ antistitem protelare.*

---

Quæst. III. C. XIV. [73] Esa. c. 10, v. 3. [74] *hic*: Ed. Bas. = C. XV. [75] Caput Pseudoisidori, cf. Isid. Sent. l. 3, c. 42, 38. — Coll. tr. p. p. 1, t. 17, c. 2. Ans. l. 1, c. 13 (54). Polyc. ib. — cf. C. 6, q. 1, c. 15, 15. = *Aurelius P.*: Ed. Bas. [76] *a Domino judicantur*: Edd. coll. o. = C. XVI. [77] scr. A. 493. — Ans. l. 2, c. 56 (54) Ivo Decr. p. 5, c. 9. [78] *Episcopi*: Edd. Arg. [79] *deferre*: Ed. Bas. [80] *appellare*: Edd. coll. o. pr. Lugdd. II, III. [81] supra c. 10. = C. XVII. [82] in ep. ad episc. per Dardaniam constitutos, scr. A. 498. — Ans. l. 1, c. 47 (26), l. 12, c. 68. Ivo Pan. l. 4, c. 9. [83] *quod*: Ed. Bas. = C. XVIII. [84] cf. cap. antecedens. =C. XIX. [85] Caput Pseudoisidori. — Burch. l. 1, c. 192. Ans. l. 2, c. 25. Ivo Decr. p. 5, c. 247. Polyc. l. 1, t. 8. [86] *beati*: Edd. coll. o. [87] desid. ap. Burch. et Iv. [88] desid. in Ed. Bas. =C. XX. [89] Ep. Stephani V, ut videtur. — Ans. l. 6, c. 31 (36). Ivo Decr. p. 5, c. 13. [90] *auctoritate*: cg̃Ed. Bas. * videtur legendum esse : *Comensis eccl.*, quam scimus Aquileiensi patriarchatui, quem tenuit Walbertus, fuisse subjectam. [91] *adibit*: Ed. Bas. = C. XXI. [92] scr. A. 865. — cf. ad C. 1, q. 1, c. 123. [93] add.: *igitur*: Edd. coll. o. [94] add.: *dexteram*: exd. [95] *quam*: exd. pr. Bas. [96] *et pot. et jus*: Edd. coll. o. [97] *in monachos*: exd. [98] *in quoslibet*: exd.

*correctiones negligentes exstiterint, tunc licet metropolitanis præter illorum voluntatem et ligandos damnare, et reconciliandos absolvere. Quum vero episcopi zelo divinæ caritatis accensi bonos verbo et exemplo ædificant, et malorum vitia aspera increpatione redarguunt, absque talium consilio non licet metropolitanis in eorum parochia aliquid agere vel disponere. Unde in fine capituli Martini Papæ* [96] *non simpliciter dictum est* : « *nihil agat*, » *sed cum determinatione* « *nihil*

A *præsumtive assumat absque eorum consilio*, » *ut vitium præsumtionis videatur improbatum, non officium caritatis. Sic et Apostolus, quia Corinthios vidit negligentes circa correctionem fornicatoris, sua auctoritate illum damnavit. Joannes vero, quia episcopum Ephesiorum vidit paratum ad corrigenda vitia subditorum, sine ejus auctoritate* [100] *illos corrigere noluit, sed illum tantum de eorum correctione admonuit.*

# CAUSA X.

### GRATIANUS.

*Quidam laicus basilicam a se factam a diœcesana lege segregare quærit ; episcopus ecclesiam cum omni dote sua ad suam dispositionem pertinere contendit ; tandem evincit episcopus, et per parochias militibus comitatus crudeliter desævit ; quæ ecclesiæ sunt tanquam sibi debita usurpare contendit* (Qu. l.) *Modo primum quæritur, an basilica cum omni dote sua ad episcopi ordinationem pertineat?* (Qu. II.) *Secundo, an res ecclesiarum episcopis usurpare liceat?* (Qu. III.) *Tertio, quid nomine cathedratici a suis sacerdotibus exigere valeat?*

### QUÆSTIO I.
### GRATIANUS.

1. Pars. *De prima quæstione sic definitur* in concilio Ilerdensi, cap. 3 [1] :

C. I. *Basilica, quæ consecratur, a diœcesana lege non segregetur.*

Si ex laicis quispiam [2] a se factam basilicam consecrari desiderat, nequaquam eam sub monasterii specie, ubi congregatio non colligitur [a], a diœcesana lege audeat segregare.

C. II. *Ecclesiæ cum dotibus suis in episcopi potestate consistant.*

Item ex Concilio Toletano III. c. 49 [3].

Sic [4] quidam contra omnem auctoritatem ecclesias, quas ædificaverunt, postulant consecrare [5], ut dotem, quam eidem ecclesiæ contulerint, censeant ad episcopi ordinationem non pertinere. Quod factum taliter [b] in præterito corrigatur, ut et in futuro ne fiat prohibeatur, sed [6] omnia secundum constitutionem antiquam ad episcopi ordinationem et potestatem pertineant.

C. III. *Ecclesiæ et omnia jura earum ad ordinationem episcopi pertinent.*

Item ex Concilio II. Cabilonensi [7].

Decretum est, ut omnes ecclesiæ cum dotibus suis, et decimis, et omnibus suis [c], in episcopi potestate consistant, atque ad ordinationem suam semper pertineant.

C. IV. *Unaquæque parochia episcopi provisione regatur.*

Item Leo Papa *IV in epistola ad Episc. Britanniæ, c. 2* [8].

Regenda est unaquæque parochia sub provisione ac tuitione episcopi per sacerdotes vel ceteros clericos, quos ipse cum Dei timore providerit cui jure pertinere videtur, et circumire [9], ut sibi necessarium visum fuerit ecclesiastica utilitate [10] cogente.

C. V. *Judicio et potestate episcopi res ecclesiasticæ gubernentur.*

Item ex Concilio Antiocheno, c. 24 [11].

Quæcunque [d] res ecclesiæ [12] sunt convenit cum omni diligentia et [13] bona fide, quæ Deo debetur, qui omnia providet atque [14] judicat, gubernari et dis-

### NOTATIONES CORRECTORUM.

CAUSA. X. QUÆST. I. C. I. [a] *Colligitur* : In concilio impresso ac manuscripto sequitur : *vel regula ab episcopo non constituitur.*

C. II. [b] *Taliter* : Sic est in antiquioribus editionibus, et duobus Vaticanis conciliorum codicibus : sed in Coloniensi quatuor tomorum editione, et in codice Lucensi regio, et in concilio Vormaciensi et Moguntino, et in Panormia hoc modo : *quod factum et in præteritum* [''] *displicet, et in futuro* [''''] *prohibetur.*

C. III. [c] *Suis* : In vulgatis sequebatur : *juribus* [''], quæ vox abest ab omnibus collatis manuscriptis.

D Apud Ivonem et Burchardum est : *omnibus suis rebus.*

C. V. [d] *Quæcunque* : Græce significantus : τὰ τῆς ἐκκλησίας τῇ ἐκκλησίᾳ φυλάττεσθαι δεῖν καλῶς ἔχει ; id est : *recte habet, quæ ecclesiæ sunt ipsi ecclesiæ servari oportere.*

QUÆST. III. C. XXI. [99] cf. supra c. 1. [100] supra c. 9.
CAUSA X. QUÆST. I. P. I. [1] hab. A. 516. — Coll. tr. p. p. 2, t. 43, c. 3. = C. I. [2] *quisquam* : Coll. Hisp. = C. II. [3] hab. A. 589. — Reg. l. 4, c. 32. Burch. l. 3, c. 20. Ivo Pan. l. 2, c. 12. Decr. p. 3. c. 25. — Capit. l. 7, c. 292. [4] *Multi contra canonum statuta* : Coll. Hisp. — *Multi c. can. constituta* : Coll. citt. [5] *consecrari* : Coll. Hisp. — Coll. citt. — Edd. coll. o. [''] *præterito* : Coll. Hisp. [''''] *futurum* : ib. [6] *desid.* in Edd. Lugdd. II, III. — *et* : Edd. rell. = C. III. [7] Imo ex cap. reg. Franc. l. 7, c. 468, (cap. Car. M. incerti anni III. (Baluz. t. 1, p. 529), c. 11. — Burch. l. 3, c. 146. Ivo Decr. p. 3, c. 211. [''] *ita* Edd. coll. o. pr. Nor. Ven. II. = C. IV. [8] *scr. c.* A. 830. — Coll. tr. p. p. 4, t. 60, c. 4. [9] *add.* : *debet* Ed. Bas. [10] *utilitate alias auctoritate* : Ed. Arg. — *auctoritate* : Coll. rell. = C. V. [11] hab. A. 332. — Coll. tr. p. p. 2, t. 6, c. 18. [12] *ecclesiasticæ* : Edd. coll. o. [13] *bona fide servari, illa scilicet fide, quæ Deo debetur, omnia providenti atque judicanti, quæque gubernari oportet et dispensari, etc.* : Coll. Hisp. [14] *et cuncta* : Edd. coll. o.

pensari cum judicio et potestate episcopi, cui totius plebis animæ videntur esse commissæ.

**C. VI.** *Basilicarum conditores in rebus ecclesiarum nullam potestatem se habere cognoscant.*

*Item ex Concilio Toletano IV. c. 32 [15].*

Noverint conditores basilicarum, in rebus, quas eisdem ecclesiis conferunt, nullam se [16] potestatem habere, sed juxta canonum instituta [17] sicut ecclesiam, ita et dotem ejus ad ordinationem episcopi pertinere.

**C. VII.** *De eodem.*

*Item ex Concilio Aurelianensi. l. c. 17 [18].*

De his, quæ parochiis in terris, vineis, mancipiis atque peculiis quicunque fideles obtulerint, antiquorum canonum statuta serventur, ut * omnia * in episcopi [19] potestate consistant. De his tamen, quæ altario [20] accesserint, tertia pars [21] fideliter episcopis deferatur.

**C. VIII.** *De his, quæ altario deferuntur, medietatem sibi vindicet episcopus.*

*Item ex eodem, c. 16 [22].*

Antiquos canones relegentes priora statuta credimus renovanda, ut de his, quæ * in altario oblatione [23] fidelium [24] conferuntur, medietatem sibi episcopus vindicet, et medietatem sibi dispensandam secundum gradus [25] clerus accipiat [26] tam de propriis prædiis, quam de omni commoditate in episcoporum potestate durantibus.

**C. IX.** *De episcopis, qui diœcesim suam visitare contemnunt, ad redimendas mansiones, quæ visitantibus debentur, clericos cogunt.*

*Item ex Concilio Toletano* [27].

Relata [28] est coram sancta synodo querimonia plebium, quod sint quidam episcopi nolentes ad prædicandum vel ad confirmandum suas per annum parochias circumire, qui tamen exigunt, ut mansiones, quibus in profectione uti debuerant, aliquo [29] pretio redimant qui parare debebant. Quæ duplex infamia, negligentiæ et avaritiæ, sanctæ synodo magno fuit horrori. Statuerunt itaque, ne quis ultra [30] exerceat id cupiditatis ingenium, et ut solicitiores sint episcopi de suis gregibus visitandis.

**C. X.** *Annuis vicibus ecclesiæ ab episcopis visitentur.*

*Item ex Concilio Tarraconensi, c. 8 [31].*

Decrevimus, ut antiquæ consuetudinis ordo servetur, et annuis vicibus ab episcopo diœceses visitentur, et si qua forte basilica fuerit reperta destituta, ordinatori f ejus reparari præcipiatur, quia [32] tertia pars ex omnibus per antiquam traditionem ut accipiatur ab episcopis novimus [33] esse statutum.

II. Pars. Gratian. *Si autem episcopus invaletudine impeditus diœceses suas per semetipsum visitare non poterit, visitationis officium committat aliis.*

Unde in Concilio Toletano IV. c. 35. *legitur* [34]

**C. XI.** *Invaletudine gravatus episcopus visitationis officium aliis committat.*

Episcopum per cunctas diœceses parochiasque suas per singulos annos ire oportet, ut exquirat quo unaquæque basilica in reparatione [35] sui indigeat. Quod si ipse aut languore detentus aut aliis occupationibus implicatus *id* explere nequiverit, presbyteros probabiles aut diaconos mittat, qui reditus basilicarum, et reparationes, et ministrantium vitam inquirant.

III. Pars. Gratian. *Visitantes autem episcopi quid a clericis suis exquirere debeant, et quid eos docere,* in Concilio Bracarensi II. [36] *cap. 1. sic statutum legitur* :

**C. XII.** *Quæ visitantes episcopi a clericis suis exquirere debeant.*

Placuit omnibus [37] episcopis [38], ut per singulas ecclesias episcopi et per diœceses ambulantes primum discutiant clericos, quomodo ordinem baptismi teneant vel missarum, et [39] qualiter quæque officia in ecclesia peragant. Et si recte quidem invenerint, Deo gratias agant [40]; sin autem minime, docere debent [41] ignaros, et hoc modis omnibus præcipere.

**NOTATIONES CORRECTORUM.**

C. IX. * In libro manuscripto privilegiorum ecclesiæ Toletanæ refertur hoc tanquam caput 15. quarti concilii Toletani : sed in duobus ipsius exemplaribus ex Hispania missis non habetur. Bucharbus et Ivo citant et consilio Triburiensi tempore Arnulphi regis.

C. X. f *Ordinatori* : In exemplaribus concilii impressis et manuscriptis, apud Burchardum et Ivonem legitur : *ordinatione ipsius*, sed ob glossam non est mutatum. Reliqua vero ex iisdem sunt emendata. Burchardus autem et Ivo addunt præterea in extremo : *in principibus novimus statutum.*

---

QUÆST. I. C. VI. [15] hab. A. 633. — Abbo Flor. ap. Mabill. Vet. Anal. c. 35. — Burch. l. 3, c. 203. Ivo Pan. l. 2, c. 4. Decr. p. 3, c. 255. Polyc. l. 3, t. 12. [16] est a Coll. Hisp. [17] *constituta* : ib. = C. VII. [18] hab. A. 511. — Abbo Flor. ib. c. 27. Burch. l. 3, c. 136. Ivo Pan. l. 2, c. 7. Decr. p. 3, c. 202. Polyc. l. 3, t. 11. [19] *episcoporum* : Edd. coll. o. [20] *in alt.* : Coll. Hisp. [21] desid. ib. = C. VIII. [22] Coll. tr. p. p. 2, t. 29, c. 9. [23] *oblationes* : Coll. Hisp. [24] *fidei* : Ed. Arg. [25] *gradum* : Coll. Hisp. —*secundi gradus* : Edd. coll. o. [26] *accipiant, prædiis de omni comm.* : Coll. Hisp. = C. IX. [27] Ex conc. Triburiensi, habito temporibus Arnulphi regis (A. 895) : Reg. l. 1, c. 14. Burch. l. 1, c. 229. Ivo Decr. p. 5, c. 341. [28] *Delata* : Reg. Burch. [29] *alio* : Coll. citt. [30] *penitus* : Reg. = C. X. [31] hab. A. 516. — Coll. tr. p. p. 2, t. 31, c. 6. Burch. l. 3, c. 33. Ivo Decr. p. 5, c. 38. [32] *ordinatione ipsius repareiur* : Coll. Hisp. [33] *ab Epp. autem tertia* (add. : *pars* : Ed. Bas.) *ex omnibus accipiatur, sicut antiqua trad. novimus esse statutum* : Edd. coll. o. [33] *ex principibus novimus etc.* : Burch. Ivo. = P. II. C. XI. [34] hab. A. 633. — Reg. l. 1, c. 9. Burch l. 1, c. 87. Ivo Decr. p. 5, c. 193. [35] *reparationem* : Coll. Hisp. = C. XII. [36] hab. A. 572. — Reg. l. 1, c. 7. Coll. tr. p. p. 2, t. 46, c. 1. Burch. l. 1, c. 85. Ivo Decr. p. 1, c. 75, p. 5, c. 191. [37] *nobis* : Burch. Ivo p. 5. P. III. [38] add. : *atque convenit* : Coll. Hisp. — Reg. Burch. Ivo p. 5. [39] *quæcunq. offi. quomodo peragantur* : Coll. Hisp. [40] abest a Coll. Hisp., Reg. Burch. Iv. — *agunt* : Bohm. [41] *debeant* : Coll. Hisp.

sicut antiqui canones jubent [43], ut ante viginti dies baptismi ad purgationem exorcismi concurrant [43] catechumeni, in quibus viginti diebus omnino catechumeni symbolum, quod est *Credo in Deum Patrem omnipotentem*, specialiter doceantur. Postquam ergo in [44] his suos clericos discusserint vel docuerint episcopi, alia die, convocata plebe ipsius ecclesiæ, doceant illos, ut errores fugiant idolorum, vel diversa crimina, id est homicidium, adulterium, perjurium, falsum testimonium et reliqua peccata mortifera, et quod nolunt sibi fieri alteri ne faciant, et ut credant resurrectionem *hominum* et diem judicii, in quo unusquisque secundum opera sua recepturus sit. Et sic postea episcopus de ecclesia illa proficiscatur ad aliam.

Unde Hieronymus *in ep. ad Damasum Papam de oblationibus altaris* [45] :

**C. XIII.** *Oblationes ecclesiæ laicis usurpare non licet.*

IV. Pars. Quia sacerdotes pro omnibus orare debent [5], quorum eleemosynas et oblationes accipiunt, qua fronte præsumunt laici oblationes, quas Christiani pro peccatis suis offerunt, vel [46] comedere, vel aliis concedere, quum ipsi non debeant ex officio suo [h] pro populo orare? Ob [47] hoc, Papa gloriose, mittere te oportet illos præsumtores in excommunicationem perpetuam, ut et cæteri metum [48] habeant, et amplius hæc in ecclesia ne [49] fiant.

**C. XIV.** *Minime auferantur a laicis oblationes altaribus vel crucibus factæ.*

Item Calixtus Papa II. [50] [i].

Sanctorum Patrum canonibus consona sancientes, oblationes de sacratissimo et reverendissimo altari B. Petri [51], et Salvatoris, et S. Mariæ rotundæ, aut aliis ecclesiarum altaribus sive crucibus, a laicis auferri penitus interdicimus et sub districtione anathematis prohibemus, et ecclesias a laicis incastellari aut in servitutem redigi auctoritate apostolica prohibemus.

**C. XV.** *Ecclesiarum oblationes sub laicorum dominio non detineantur.*

Item Damasus Papa [52].

Hanc consuetudinem, quæ contra sanctam ecclesiam catholicam augeri videtur, omnino interdicimus, ut nullo modo unquam [53] oblationes, quæ intra sanctam ecclesiam offeruntur, sub dominio laicorum detineantur. Sed tantummodo sacerdotibus, qui quotidie Domino servire videntur, liceat comedere et bibere, quia in veteri testamento [54] prohibuit Dominus panes sanctos comedere filiis Israel, nisi tantummodo Aaron et filiis ejus, qui panes [55] longe erant ab istis panibus, qui nunc in sancta ecclesia offeruntur, quia illi sub umbra legis erant, qui vero modo, sub gratia [56] Spiritus sancti toto mundo evangelio coruscante lucidiores esse videntur. Qua fronte aut qua conscientia oblationes vultis accipere, qui vix valetis pro vobis, nedum pro aliis Deo preces offerre? quia pravum est et contra dominicum præceptum, et detrimentum animæ suæ infert qui illud agere conatur, quod ei nulla ratione conceditur. Quia omnibus sanctis Patribus nostrisque prioribus placuit hanc sanctionem fieri, et nos similiter [57] in eisdem persistere volumus, ut nullus audeat iritum facere hoc, quod constitutum est, si in perpetua damnatione noluerit persistere. Si quis vero contra hanc regulam nostram et contra regulam sanctorum CCCXVIII. Patrum, qui in Nicæno concilio hoc constituerint, temerarius præsumtor fuerit, et de cetero [58] oblationes de sacris ecclesiis auferre molitus fuerit, sub anathematis vinculo sit colligatus et condemnatus. Responderunt omnes : Fiat, fiat.

Gratian. *Præmissis auctoritatibus ecclesiæ cum omnibus rebus suis ad episcopi ordinationem pertinere monstrantur, et tam ecclesiæ quam oblationes et facultates earum a laicorum dispositione probantur esse immunes.*

---

## QUÆSTIO II.

### GRATIANUS.

I. Pars. *Sed quum in episcoporum potestate facultates ecclesiæ constitutæ esse dicantur, potestas dispensandi intelligenda est, non distrahendi vel dilapidandi,*

---

### NOTATIONES CORRECTORUM.

C. XIII. [5] *Debent* : In vulgatis, et in epistola impressa legitur : *solent*; sed in plerisque manuscriptis Gratiani exemplaribus et Polycarpo : *debent* [*]. Sic etiam Lupus in regula monachorum, ex Hieronymi scriptis collecta, c. De contemplatione, oratione et lectione : *Sacerdotes quoque pro omnibus orare debent, quorum eleemosynas oblationesque recipiunt*.

[h] *Ex officio suo* : Hæc absunt a plerisque codicibus Gratiani, et epistola ipsa et Polycarpo.

C. XIV. [i] *Secundus* : Additum hoc est ex plerisque vetustis. Neque vero primus esse potest, cujus tempore nondum Pantheon vocabatur templum S. Mariæ rotundæ. Bonifacius enim fuit, qui tempore Phocæ imperatoris illud B. Mariæ et omnibus Sanctis dicavit.

---

Quæst. I. C. XII. [42] cf. c. 55. D. 4, de cons. [43] *currant* : Coll. Hisp. [44] *hæc* : Coll. hisp. — Edd. coll. o. — abest a Reg. ═C. XIII. [45] Ep. supposititia. — Polyc. l. 3, t. 3. [*] ita in Ed. Bas. — P. IV. [46] *vel ipsi* : Edd. coll. o. [47] *Pro* : Ed. Bas. [48] *meritum* : Bohm. [49] *non* : Edd. coll. o ═ C. XIV. [50] c. 14. conc. Lat. I, hab. A. 1123. — Polyc. l. 3, t. 9. [51] add. : *et Pauli* : Ed. Bas. ═ C. XV. [52] Caput supposititium, cujus auctorem eum esse censemus, qui spuriam Hieronymi ep. ad Damasum de oblationibus composuit. — Polyc. ib. [53] add. : *ullo tempore* : Edd. coll. o. [54] 1 Reg. c. 21. [55] abest ab Edd. coll. o. pr. Lugd. II, III. [56] add.: *sunt* : Edd. coll. o. [57] add. : *omnes* : Ed. Bas. [58] *ulterius* : Edd. coll. o.

*Unde* in Agathensi Concilio c. 7. *legitur*[1]:

**C. I. Res ecclesiæ aliquo modo episcopis alienare non licet.**

Casellas vel mancipiola ecclesiæ episcopi, sicut prisca canonum[2] præcipit auctoritas, vel vasa ministerii[3], quasi commendata fideli præposito, integro ecclesiæ jure possideant, id est ut neque[4] vendere, neque per quoscunque contractus res, unde pauperes vivunt, alienare præsumant[a].

Gratian. *Codicis lib. I. titulo de sacrosanctis ecclesiis, lege* sancimus nemini[5], *Imp. Justinianus*: excepta videlicet causa captivitatis.

### C. II. De eodem.
### Impp. Leo et Anthemius[6].

Ea enim, quæ ad beatissimæ ecclesiæ jura pertinent, vel posthac forte pervenerint[7], tanquam ipsam sacrosanctam et religiosam ecclesiam intacta convenit venerabiliter[8] custodiri.

### Constitutio nova[9].

Hoc jus porrectum est ad omnem venerabilem locum, omneque collegium, quod actio pia constituit, ut[10] nec res eorum pignorentur. Et hoc perpetuo servetur in his rebus[11] immobilibus, quæ ab imperiali domo prædictis locis applicantur. In ceteris eatenus excipitur, si debitum urget. § 1. Præterea[12], si habeat superflua vasa, *quum debitrix sit* nec aliunde solvere valet, ne quid immobile alienetur vel distrahatur, ea, gestis habitis coram eo, cujus est loci ordinatio[13], integra vel aliis locis venerabilibus oblata dentur, vel conflata cuilibet alii vendantur. Qui autem hæc acceperit contra[14] hanc observationem, iisdem pœnis subjaceat, quæ in rebus immobilibus prodita sunt. Si[15] autem debitum ex mobilibus solvi non valet, primo res immobiles specialiter[16] dentur pignori, quarum[17] fructus creditor sibi reputet tam in sortem quam in usuras usque ad quartam centesimæ. Quod si nolit *creditor ita accipere*, tunc ordinator domus apud eum, a quo ordinatur, habitis absque dispendio gestis juret, majore parte ibidem servientium consentiente, et debitum urgere[18], nec ex mobilibus A solvi posse. Quo subsecuto, per viginti dies rem ecclesiæ venalem esse publice notum sit, ut plus offerenti detur, pretio modis omnibus pro debito dando. Aliter enim res emtori non conceditur, et hoc inscribatur, nihil esse factum in ea[19] re ad damnum divinæ domus. Emtore vero non invento, res æstimata districte creditori detur in solutum, addita in pretio universæ æstimationis decima parte, et accedente consensu ordinatoris et majoris partis ibidem servientium. Sit tamen ea res mediocris inter ceteras, inspecta ipsius qualitate, et quantitate, et onere. Et is creditor hic intelligatur, qui quod credidit probat in utilitatem divinæ[20] domus processisse. § 2. Sicut[21] autem alienatio rerum ecclesiæ interdicitur, ita prohibetur, ne qua sterilis ei detur possessio aut alioquin[22] onerosa, veluti fiscalium nomine vel* onere*. § 3. Item[23] prædium propter onus fiscale inutile alienari gestis ut supra conficiendis, eodem juramento præstito, id est quod alia de causa non alienatur, nisi ut immunitas ejusdem venerandæ domus servetur. § 4. Sed et[24] permutare principi[25] licet pro re majori, *meliori* vel æquali, si respublica hoc exposcit, et pragmatica forma super hoc præcedente. § 5. Item[26] sibi invicem recte permutant cum utriusque indemnitate, eorum scilicet consensu interveniente, qui supra[27] referuntur.

II. Pars. § 6. Perpetua[28] quoque emphyteusis in his permittitur rebus, si res in eorum geratur[29] præsentia, quibus hoc adsignatur lege, jurantibus his quorum interest, ex eo contractu nihil ad læsionem divinæ domus effici, solito[30] reditu ipsius rei, qui fuit, quum divino juri dedicaretur, non minuendo[31] nisi in sextam partem, aut si ob cladem deminuta fuerit, tunc pro[32] constante nunc pensione in emphyteusim detur. Quod si res pretiosa quidem est, parum tamen aut nihil præstat pensionum[33], res subtiliter æstimanda est, ut ex hac pensio justa constituatur. Ea tamen sola dentur in emphyteusim, quæ ad hoc congrua videntur œconomo et aliis gubernatoribus. § 7. Qui[34] rem hu-

---

**NOTATIONES CORRECTORUM.**

QUÆST. II. C. I. [a] *Præsumant*: In aliquot melioribus Gratiani codicibus** post hoc verbum sequitur § *Quod si necessitas*, usque in finem (qui nunc habetur infra ead. ad finem Paleæ *Hujusmodi*), et sic legit qui casum scripsit.

QUÆST. II. P. I. [1] hab. A. 506. C. I. = [2] *sanctorum can.*: Edd. coll. o. [3] *monasterii*: exd. [4] add.: *episcopi*: exd. ** *et* Edd. Arg. Bas. [5] L. 1, t. 2, c. 21. = C. II. [6] c. 14. Cod. l. 1, t. 2. [7] *pervenient*: Ed. Bas. — *verba*: *vel — perv.* desid. in Ed. Arg. [8] *inviolabiliter*: Edd. coll. o. [9] *Auth. Hoc jus* Cod. l. 1, t. 2, c. 14. Nov. 7. [10] *ut nec pignorentur, et perpetuo serventur*: Edd. coll. o. pr. Lugdd. II, III. [11] desid. in Edd. Arg. Bas. Ven. Lugd. I. [12] *Auth. Præterea* ib. c. 21. Nov. 120. c. fin. [13] *ordinatio, vel conflata cuilibet vendantur*: Edd. coll. o. pr. Lugdd. II, III. [14] *citra*: Edd. coll. o. [15] *Auth. Hoc jus* Cod. l. 1, t. 2, c. 14. [16] *speciali*: Edd. coll. o. [17] *cujus*: cæd. [18] *exsistere*: orig. [19] *eadem*: Edd. coll. o. [20] *religiosæ*: exd. [21] *Auth. Sicut.* Cod. Ib. Nov. 7, c. 12. [22] *alias*: Edd. coll. o. [23] *Auth. Idem prædium*: ibid. ib. Nov. 120. c. 7. [24] *Auth. Sed et permutare* Cod. ib. Nov. 7, c. 2. [25] *principi possunt*: Ed. Arg. — *principes possunt*: Edd. rell. [26] *Auth. Item sibi*: Cod. ib. Nov. 54, c. 2. [27] *et supra*: Edd. coll. o. — P. II. [28] *Auth. Perpetua* Cod. l. 1, t. 2, c. 14. Nov. 120. c. 6. [29] *geritur*: Edd. Arg. Bas. Nor. Ven II. [30] *solitos reditus*: Ed. Bas. [31] *imminuendo*: Edd. coll. o. [32] desid. in Edd. coll. o. pr. Lugdd. II, III. [33] *pensionis*: Edd. coll. o. [34] *Auth. Qui rem.* C. ib. Nov. 120, c. 3.

jusmodi conductam vel in emphyteusim acceptam fecerit deteriorem, aut *emphyteuticum* canonem per biennium non solverit, *hac lege* repelli potest, ut tamen solvat totius temporis pensionem, et id, in quo rem læsit, resarciat, non repetiturus si quid impendit [35] nomine meliorationis. § 8. Si [36] quas vero ruinas habent memoratæ *divinæ* domus, quas reædificare non valent, *et hæ* in emphyteusim dentur perpetuam, emphyteuta usuro [37] materia habitationis dispositæ domus, ut pensio diminuatur [38] in tertiam partem ab ea, quæ stantibus adhuc ædificiis [39] colligebatur, aut, prius eo reædificante, ex additis illis per æstimationem pensionibus medietas detur religiosæ domui. Nam [40] priore casu ab initio emphyteusis præstanda est pensio. § 9. Qui [41] vero res jam dictas non gratuito alienationis titulo citra [42] formam legis accepit [43] rem quidem cum omni incremento medii temporis restituat: ejus autem quod dedit nullam actionem contra [44] venerabilem locum, sed adversus eum qui alienavit, habet [45]. Donatarius autem et rem cum omni causa *et fructum* restituat, et aliud tantumdem. Creditor quoque, restituta re pignorata, crediti actionem contra [46] solum pignoris datorem [47] habeat. Emphyteusis acceptor *et* ab ea cadat, nec quod dedit repetat, imo statim solvat quod soluturus esset *unoquoque anno*, si jure contraxisset. § 10. Sed melius dicitur omnino deneganda esse actiones hujusmodi acceptori. *Imp. Leo* [48] : § 11. Si œconomus ecclesiæ prospexerit expedire, ut desideranti cuiquam certarum possessionum atque prædiorum (urbanorum *scilicet* [49] rusticorum) ad jus ecclesiasticum pertinentium temporalis ususfructus possessio pro ipsius petitione præstetur, tunc ejus temporis, quod inter utrosque convenerit, sive in diem vitæ suæ ab [50] eo, qui desiderat, postuletur, pacta cum eo, qui hoc elegerit, ineat œconomus, atque conscribat, per quæ et tempus, intra quod hoc præstari placuerit, statuatur, et manifestum sit quod quisque acceperit adinvicem.

C. III. PALEA [b] †.

« Hujusmodi beneficii gratia præstando quidem ecclesiastici prædii pro tempore usumfructum, post statutum autem tempus et placitum ipsorum redituum proprietate ad dominium et jus ecclesiasticum recurrente firmiter. »

Ita *scilicet*, ut sive completo [51] spatio, quod fuerit inter eos constitutum, seu mortis quæ tempore (si hoc quoque convenerit) is, qui possessionem ecclesiasticam et certorum [52] redituum usumfructum habendi gratia interveniente pacto susceperit [53], non minus quam alterius tantæ quantitatis, quantum [54] acceperat, reditus, cum ipsorum prædiorum dominio, et rebus immobilibus, eorumque colonis et mancipiis ecclesiæ derelinquat. Nisi enim hac conditione pacta inita fuerint, ea quoque decernimus non valere. § 1. Nam [c] hæc [55] usus præstatio locum habet in omni domo religiosa. Quo finito res utraque pleno jure perveniat in domum jam dictam, nec tributis quidem gravata majoribus sit ea res, quæ datur invicem [56], et *ejusdem reditus sit* § 2. Quibuscunque [57] modis *hoc jus* aliis permittitur, interdicitur certis personis res hujusmodi accipere, ut œconomo ejusque cognatis. Quod [58] si necessitas compulerit, ut pro ecclesiæ necessitate aut utilitate vel in usufructu, vel in directa venditione aliquid distrahatur, apud duos vel tres comprovinciales vel vicinos episcopos causa, qua necesse sit vendi, primitus comprobetur, ut, habita discussione sacerdotali, eorum subscriptione quæ facta fuerit venditio vel transactio corroboretur. Aliter facta venditio vel transactio non valebit. *Et infra* : § 3. Minus vero utiles possessiones peregrinis vel clericis salvo jure ecclesiæ in usum præstari permittimus.

C. IV. *Ecclesiasticarum rerum precariæ qualiter fieri debeant.*

Item ex Concilio Mediomatricis [d] [59].

Precariæ a nemine de rebus ecclesiasticis fieri præsumantur, nisi [60] quantum de qualitate convenienti datur ex proprio, duplum accipiatur [61]

### NOTATIONES CORRECTORUM.

C. III. [b] In aliquot vetustis exemplaribus, in quibus paucæ sunt Paleæ, continenter post ultima verba superioribus capitis sequuntur sine ulla distinctione verba hujus, quemadmodum et in ipsa lege Codicis. In duobus autem vetustissimis, in quibus fere nullæ sunt Paleæ, deest prior pars hujus capitis, usque ad vers. *Completo spatio*, cetera vero leguntur conjuncte cum superioribus, usque ad vers. *Quod si necessitas.* Nam hic versiculus in iisdem exemplaribus non hoc loco, sed supra ead. cap. *Casellas*. habetur, ut ibi est notatum.

[c] *Nam* : Hæc vox non est in authentica, et in vetustis Gratiani codicibus pro ista voce est : *N. C.*, et significatur : *novella constitutio.*

C. IV. [d] Citatur hic canon ex concilio Mediomatricis, a Buchardo autem et Ivone ex concilio Belvacensi *, præter ultimum versiculum : *Nec commutationes*, quem citant ex Maticensi. In concilio etiam

---

QUÆST. II. C. II. [35] *impenderit* : Edd. coll. o. [36] Auth. *Si quas*. Cod. ib. Nov. 120, c. 1. [37] *usuræ* : Edd. Arg. Bas. Nor. Ven. I. [38] *minuatur* : Edd. coll. o. [39] *habitationibus* : exd. [40] *Nam—pensio* : desid. in Ed. Bas. [41] Auth. *Qui res*. Cod. ib. Nov. 120, c. 11. — Ivo Decr. p. 3, c. 185. [42] *circa* : Edd. Bas. Ven. II. [43] *accipit* : Edd. coll. o. [44] *adversus ven. domum* : exd. [45] *habeat* : exd. [46] *contra — dat* : desid. in Ed. Nor. [47] *dat., non ecclesiam* : Edd. coll. o. pr. Nor. [48] const. 14. Cod. l. 1, § 5. [49] *et* : Edd. coll. o. pr. Bas. [50] *si ab* : Edd. col. o. = C. III. † Cons. cit. continenter. — Verba : *Hujusmodi — firmiter* : desid. in Edd. Arg. [51] *add. : vero* : Edd. Arg. Bas. [52] *ceterorum* : Edd. coll. o. pr. Arg. [53] *susceperat* : Ed. Bas. [54] *quantæ* : Edd. coll. o. *—quantum* : Bohm. [55] Auth. *Hæc. usus*. Cod. ib. Nov. 120, c. 2. [56] *ad invicem* : Edd. coll. o. [57] Auth. *Quibuscunque*. Cod. ib. Nov. 120, c. 5. [58] *ex conc. Agath*. c. 7. = C. IV. *et Reg. l. 2, c. 563. [59] *ex conc. Meldensi hab*. A. 845, c. 22. — Abbo Flor. ap. Mabill. Anal. vet. c. 7. Burch. l. 3, c. 167, 168. Ivo Decr. p. 3, c. 228, 229. Polyc. l. 3, t. 14. [60] *add. : tantum* : Edd. coll. o. [61] *accipient* : Ed. Lugd. l. *accipiant*. rell.

ex rebus ecclesiæ, in suo tantum, qui dederit [61], nomine, si res proprias et ecclesiasticas usufructuario tenere voluerit [63]. Si autem res proprias ad præsens [64], ex rebus ecclesiasticis triplum fructuario usu in suo tantum quis nomine sumat, quia sic eas quemque tractare oportet [65], ut rerum ecclesiasticarum dispensatorem, non ut propriarum largitorem [e]

§ 1. Decrevit etiam sancta synodus, et imperialis auctoritas denunciavit [66], ut a nulla potestate quis cogatur facere precariam de rebus *proprie* [a] Deo et Sanctis ejus dicatis [67], quum ratio et usus obtineat neminem cui non vult contra utilitatem et rationem cogi [f] de proprio facere beneficium.

§ 2. Nec [68] commutationes rerum vel mancipiorum ecclesiasticorum quælibet persona sive licentia et consensu regio [69] facere præsumat.

### C. V. De eodem. PALEA.
*Item* ex Concilio Belvacensi [70].

« Precariæ de quinquennio in quinquennium secundum antiquam consuetudinem *et auctoritatem* renoventur. »

### C. VI. De eodem. PALEA [71].
[ *Item* ex Concilio Carthaginensi [g] ].

« De precariis, quæ a rectoribus ecclesiarum irrationabiliter fiebant, et se suosque successores pœna gravi obligabant, ut facta ipsorum nequivissent dissolvere, præcipimus, ut nemo successor in antecessoris sui pœna sit obligatus, sed suæ providentiæ sit concessum, ut, si antecessor ejus re ecclesiæ irrationabiliter distribuit, ab eo ad us ecclesiæ ejusdem revocentur. »

### C. VII. Res ecclesiæ dispensandi potestatem habeat episcopus.
*Item* ex Concilio Martini Papæ, c. 16. [72].

III. Pars. Episcopus habeat potestatem in rebus ecclesiæ, ut dispenset necessitatem habentibus cum omni reverentia et timore Dei. Participare etiam eum oportet quæ necessaria sunt. Si tamen ipse aut qui cum eo sunt fratres indiguerint aliquo, ut necessitatem nullo modo patiantur, secundum sanctum [73] Apostolum dicentem [74] : *Victu* [75] *et tegumento, his contenti sumus.* Si autem res ecclesiasticas episcopus in suas voluntates usurpare voluerit, et loca [76] ecclesiæ et fructus agrorum non cum presbyterorum vel diaconorum consilio contaminaverit [h] [77], aut fratribus vel filiis, vel quibuscunque propinquis suis dederit potestatem, ut per eos latenter lædantur res ecclesiæ, tunc [78] oportet obnoxium esse concilio ; sin autem [h] [79], episcopus vel qui cum eo sunt presbyteri aut diaconi accusentur, quia ea, quæ vel ex reditu vel ex quolibet actu [i] ecclesiæ veniunt [80], in sinus [81] suos colligunt, et pauperes [82] fraudant et fame conficiunt, hos [83] corripi oportet secundum quod ordinatum fuerit a sancto concilio.

IV. Pars. Gratian. *Si vero contra hanc prohibitionem aliquam de rebus ecclesiæ episcopum vendere contigerit, et res ipsas ecclesiæ restauranda, et ipse gradu suo dejiciendus decernitur.*

Unde in eodem Concilio Martini Papæ c. 14, legitur [84] :

### C. VIII. De episcopo, qui nulla necessitate res ecclesiæ vendit.

Si quis episcopus nulla ecclesiasticæ rationis

---

## NOTATIONES CORRECTORUM.

Meldensi, c. 22., refertur ex eodem consilio Belvacensi. Exstat in Capitularibus editis anno IV. regni Caroli regis et Ludovici imperatoris filii in villa Colonia, c. 57., non est autem mutatus titulus, quia potuit idem in omnibus illis conciliis repeti, quod in Germanicis et Gallicis, quæ exstant, sæpe factum cognoscitur. Aliquid etiam de precariis habetur in concilio Remensi c. 56 et 57, et in concilio Maguntino sub Arnulpho c. 20.

[e] *Largitorem* : In consilio Meldensi et Capitularibus post hoc verbum sequitur continenter : *et a nulla potestate quis cogatur*, etc., sine verbis illis hic interjectis, quorum tamen similia afferuntur a Burchardo et Ivone ad vers. *Nec commutationes.*

[f] *Cogi* : „Sic in omnibus vetustis codicibus Gratiani, et adest glossa ; sed in concilio Meldensi, et Capitulari, et apud Burchardum et Ivonem est :

præstitum.

[g] *Carthaginensi* : Etiam in Decretalibus, tit. de precariis, citatur ex concilio Carthaginensi ; sed in nullo ipsorum est inventum. Potuit esse alicujus illarum provinciarum concilii, exstat autem in legibus Longobardicis, lib. III, tit. 8, l. 2.

[h] *Sin autem* : In capitulis habetur : *similiter* ; sed melior videtur lectio duorum vetustiorum Gratiani codicum : *sin aliter*; propius enim accedit ad græcam concilii Antiocheni cap. 25, unde hoc sumtum est : εἰ δὲ καὶ ἄλλως, id est : *si autem et aliter*, ut infr. 12. q. 2. c. *Episcopus.*

[i] *Actu* : Hæc vox in simili re habetur infr. 12. q. 2. *Vulteranæ ecclesiæ actus vel patrimonium.* Græce est : ἢ καὶ ἐξ ἑτέρας προφάσεως ἐκκλησιαστικῆς ; id est : *vel etiam ex qualibet alia causa et occasione ecclesiastica.*

---

QÆST. II. C. IV. [62] *dederunt* : Edd. coll. o. — Ivo. [63] *voluerint* : ib. [64] *dimiserint* : Edd. col.. o. [65] *convenit* : exd. — Burch. Ivo. [66] *denunciat* : Ed. Bas. [67] *dedicatis* : Edd. Arg. Nor. Ven. II. [68] Burch. l. 3, c. 172. Ivo Decr. p. 3, c. 233. [69] *religionis* : Ivo. = C. V. [70] c. 22, conc. Meldens. — Reg. l. 2, c. 365. Burch. l. 3, c. 169. Ivo Decr. p. 3, c. 230. — c. 1. Comp. I, et X, de precariis. = C. VI. [71] ex legibus Lothar. I, c. 21. Leg. Langob. l. 3, t. 10, c. 2. — Comp. I, et X, tit. cit. = C. VII. [72] c. 25. conc. Antioch. ex interpr. Martini Bracarensis. [73] abest ab Ed. Bas. [74] 1 Tim. c. 6, v. 8. [75] add. : *tantum* : Edd. coll. o. [76] *lucra* : Coll. Hisp. [77] *intaminaverit* : ib. [78] *hunc* : Edd. coll. o. [79] *sin aliter* : Edd. coll. o. pr. Lugdd. II. III. [80] *obveniunt* : Edd. Lugdd. II, III. — *venerunt* : Edd. rell. [81] *usus* : Edd. coll. o. [82] *pauperibus* : Edd. Arg. Nor. Ven. II. [83] *hos quidem* : Edd. Lugdd. II, III. — *hos enim* : Edd. Arg. Bas. Nor. — *hoc enim* : Edd. rell. [84] cf. conc. Carth. V, c. 4. — Burch. l. 1, c. 215, l. 3, c. 181. Ivo Decr. p. 3, c. 172, 242, p. 5, c. 520. [a] ita Coll. Hisp.

necessitate compulsus in clero suo k, aut ubi forte non est presbyter, de rebus ecclesiasticis aliquid præsumserit vendere, et res ipsas ecclesiæ propriæ restaurare 85 cogatur, et in judicio episcoporum dejiciatur auditus et convictus 1, et tanquam furti aut latrocinii reus suo privetur honore.

## QUÆSTIO III.
### GRATIANUS.

I. Pars. *Quid vero nomine cathedratici episcopus exigere debeat*, in secundo Consilio Bracarensi c. 2. legitur 1 :

C. I. *Præter honorem cathedratici nihil episcopus per diœceses exigat.*

Placuit, ut nullus episcoporum, per suas 2 diœceses ambulans 3, præter honorem cathedræ 4 suæ id est duos solidos, aliud aliquid per ecclesias tollat, neque tertiam partem ex quacunque oblatione populi in ecclesiis parochialibus 5 requirat ; sed illa tertia pars pro luminaribus ecclesiæ vel reparatione 6 servetur, et singulis annis episcopo inde ratio fiat. Nam si tertiam partem illam episcopus tollat 7, lumen et sarta 8 tecta abstulit ecclesiæ. Similiter et parochiales clerici servili more in aliquibus operibus episcopo 9 servire 10 non cogantur, quia scriptum † est : *Neque ut dominantes in clero*.

C. II. *Basilicarum reparationi proficiat tertia, quam episcopus accipere consueverat.*

Item ex Concilio Emeritensi, c. 16 a 11.

Priscis 12 quidem canonibus erat decretum, ut episcopus de parochianis 13 ecclesiis tertiam consequeretur 14, cui, 15 sua plenissime sufficere possunt b.

Placuit huic sancto concilio, ut nullus provinciæ Lusitanæ episcopus sententiæ hujus terminum excedat, nec a qualibet parochiana ecclesia tertiam auferre præsumat, sed quæ exinde c consequi poterat totum in reparatione basilicarum proficiat 16.

C. III. *Non accipiant episcopi tertiam partem, nisi dirutas ecclesias reparare voluerint.*

Item ex Concilio Toletano XVI, c. 5 d, 17.

Unio nostræ congregationis 18 decernit 19 atque instituit, ut tertias, quas antiqui canones de parochiis suis habendas 20 episcopis censuerunt, si eas exigendas crediderint, ab ipsis episcopis dirutæ ecclesiæ reparentur. Sin vero eas maluerint cedere 21, ab earumdem 22 ecclesiarum cultoribus sub cura et sollicitudine sui pontificis reparatio eisdem est adhibenda basilicis. Quod si omnes ecclesiæ aut incolumes fuerint, aut quæ dirutæ erant reparatæ, exstiterint, secundum antiquorum canonum instituta, si tertias sibi debitas unusquisque episcopus assequi voluerit, facultas illi omnimoda erit, ita videlicet ut citra ipsas tertias nullus episcoporum quidpiam pro regiis inquisitionibus a parochianis 23 ecclesiis exigat, nihilque de prædiis ipsarum ecclesiarum cuiquam causa 24 stipendii dare præsumat. § 1. Sed et hoc necessario 25 instituendum deligimus, ut plures ecclesiæ uni nequaquam comittantur presbytero, quia solus per totas ecclesias nec officium valet persolvere, nec populis sacerdotali jure occurrere, sed nec rebus earum necessariam curam impendere, ea 26 scilicet ratione 27, ut ecclesia, quæ usque ad decem habuerit 28 mancipia, su-

### NOTATIONES CORRECTORUM.

C. VIII. k *In clero suo* : In codice Lucensi regio legitur *inscio clero*.

l *Et convictus* : Hæ duæ voces non sunt in capitulo Martini **, neque apud Burchardum, neque apud Ivonem parte 3. Parte autem quinta abest præterea vox : *auditus*; vetustis tamen omnibus Gratiani codicibus convenit cum vulgatis.

QUÆST. III. C. II. a Caput hoc in codicibus Gratiani etiam manuscriptis corrupte citabatur ex concilio Merech. Est autem in Emeritensi c. 16, cujus concilii duo exemplaria ad S. D. N. Gregorium XIII. missa sunt. Hujus concilii et capitis meminit Innocentius III. in epistolis Romæ impressis lib. 2., epistola Petro Compostellano scripta, his verbis: *Emeritense vero concilium authenticum esse multis rationibus adstruebas, tum quia cum aliis conciliis continetur in libro, qui corpus canonum appellatur,* quem Alexander Papa per interlocutorem authenticum comprobavit, tum quia de ipso consilio sumtum est cap. Priscis quidem canonibus, *quod continetur in corpore decretorum.*

b *Sufficere possunt* : Sublata est negatio, quæ erat in vulgatis, quoniam et ab utroque exemplari concilii, et a vetustis Gratiani codicibus abest, et hoc modo magis convenit cum ratione legis.

c *Sed quæ exinde* : In exemplaribus concilii legitur : *Sed quæque*\*\*\* *exinde consequi potuerat totum in reparationem ipsarum basilicarum proficiat.*

C. III. d Caput hoc est pars quarti canonis conc. XVI Toletani, cujus duo exemplaria missa sunt ex Hispania, ex quibus nonnulla sunt in hoc capite emendata et addita. Habitum vero est concilium hoc æra DCCXXXI, quum illud Emeritense habitum fuerit æra DCCIV

QUÆST. II. C. VIII. 85 *restaurari* : Edd. Arg. Bas. ** *neque* in Coll. Hisp.
QUÆST. III. C. I. 1 hab. A. 572. — Coll. tr. p. p. 2, t. 46, c. 2. Abbo Flor. ap. Mabillon Vet. anal. c. 35. 2 *suam diœcesim* : Edd. Bas. Lugdd. 3 desid. in Ed. Bas. 4 *cathedratici* : Ed. Bas. 5 *paroch. facta sibi usurpet* : Edd. coll. o. 6 *reparationi* : eæd. — *recuperatione* : Coll. Hisp. 7 *tollit* : Edd. coll. o. pr. Lugdd. 8 *sacra* : Coll. Hisp. 9 *episcopi* : ib. 10 *desider.* ib. † 1 Petr. c. 5, v. 3. = C. II. 11 hab. A. 666. 12 *Perpriscis quippe* : Coll. Hisp. 13 *parochitanis* : ib. 14 *sequeretur* : ib. 15 *quum* : Ed. Arg. *** *quicquid* : Coll. Hisp. 16 *reparationi bas. proficiant* : Edd. coll. o. = C. III. 17 hab. A. 693. 18 *adunationis* : Coll. Hisp. 19 *decrevit* : Ed. coll. o. 20 *habere episcopos* : eæd. 21 add. : *ecclesiæ* : Edd. Bas. Lugdd. 22 *earum* : Edd. coll. o. pr. Bas. 23 *parochitanis* : Coll. Hisp. — Ed. Bas. 24 *causæ* : Ed. Bas. 25 *necessarium instituere* : Edd. coll. o. 26 *eadem* : eæd. exc. Arg. 27 add. : *præcipimus* : Edd. coll. o. 28 *habuit* : eæd. exc. Lugdd. II, III.

per se habeat sacerdotem, quæ vero minus decem mancipia habuerit, aliis conjungatur ecclesiis. Si quis sane episcoporum hanc nostram constitutionem parvipenderit, spatiis [29] duorum mensium se noverit excommunicatione mulctari [e].

### C. IV. De eodem.

*Item* Pelagius *Cresconio illustri* [30].

Illud te volumus modis omnibus custodire, ne [31] qui episcoporum Siciliæ de parochiis ad se pertinentibus nomine cathedratici amplius quam duos solidos præsumant accipere, neque compellere presbyteros aut clerum parochiarum suarum supra vires suas eis convivia præparare.

### C. V. *Baptizandis numerus non imponatur, nec cathedraticum ultra vetustum morem exigatur.*

*Item* Gelasius papa *Fabiano episcopo* [32].

Nec numerus baptizandis juste creditur imponendus, quum quanti petierint vel ad regenerationem festinaverint non sint pro alterius voluntate repellendi. Et ideo, frater charissime, hujusmodi superfluam constitutionem modis omnibus removebis, ut unusquisque aut in vicina sibi [33] ecclesia, aut in electa pro suæ mentis baptizetur arbitrio. Cathedraticum etiam non amplius, quam vetusti moris esse constiterit [34], ab ejus loci presbytero noveris exigendum, et de his, quæ die dedicationis fuerint offerentium devotione collata, consuetudinem, quæ generaliter omnibus ecclesiis est præscripta, servabis.

II. Pars. Gratian. *Cathedraticum, quod his auctoritatibus episcopis permittitur exigere, præter medietatem vel tertiam partem oblationum, quæ etiam pro varia ecclesiarum consuetudine ex præmissis auctoritatibus episcopo debetur, intelligendum est, nec illa pars oblationum omnium generaliter intelligenda est, sed vel anniversariæ dedicationis, vel quorundam etiam solennium dierum, prout inter episcopum et sacerdotem tempore dedicationis convenerit. De his vero episcopis, qui per parochias suas crudeliter desæviunt, sic est statutum* in tertio Concilio Toletano, c. 20 [35].

### C. VI. *Ultra morem antiquum a parochianis presbyteris episcopi nil exigant.*

Quia cognovimus episcopos per parochias suas non sacerdotaliter, sed crudeliter desævire, et dum scriptum sit [36]: *Forma estote gregi, neque* [37] *ut dominantes in clero,* exactiones diœcesi suæ vel damna infligant, ideo censemus [38], (excepto, quod veterum constitutiones a parochiis habere jubent episcopos), ut alia, quæ illis hucusque præsumta sunt, denegentur, hoc est, neque in [39] angariis presbyteri [40] aut diaconi, neque in aliquibus fatigentur indictionibus, ne videamur in ecclesia Dei exactores potius quam Dei pontifices nominari. Hi vero clerici, tam locales quam diœcesani, qui se ab episcopo gravari cognoverint, querelas suas ad metropolitanum deferre non differant, et metropolitanus non moretur ejusmodi præsumtiones coercere [41].

### C. VII. *A parochianis stipendia non nisi cum caritate episcopi exigant.*

*Item* ex Concilio Cabilonensi II, c. 4, [42].

Cavendum est [43], ne, quum episcopi parochias [44], suas peragrant, quamdam damnosam [45] erga subditos seu erga socios tyrannidem exerceant, nec [46] (quod absit) cum caritate [47], sed cum quadam judiciaria inventione stipendia ab eis exigant. Observandum etiam modis omnibus, ut, si quando eis peragrandæ parochiæ necessitas incumbit, in confirmandis hominibus, in inquirendis rebus emendatione dignis, in prædicatione verbi Dei, in lucris animarum potius quam in deprædandis et spoliandis hominibus et scandalizandis fratribus operam dent. Et si quando eis ad peragendum ministerium suum [48] a fratribus aut subditis aliquid accipiendum est, hoc summopere observare debent, ne quem sandalizent aut gravent. Tanta ergo in hac re discretio tenenda est, ut et verbi [49] Dei prædicator, ubi proprii sumtus desunt, a fratribus accipiat, et item fratres illius potentia non graventur, exemplo apostoli Pauli, qui, ne quem gravaret, arte et manibus victum quærebat.

### C. VIII. *Ultra duos solidos a parochianis ecclesiis episcopus non præsumat accipere.*

*Item* ex Concilio Toletano VII, c. 4 [50].

Inter cetera denique, quæ communi consensu nos conferre competenter oportuit, querimonias etiam parochialium presbyterorum Galliæ [f] provinciæ solertissime discernere decuit [51], quas contra pones modis omnibus studeat adimplere.

### NOTATIONES CORRECTORUM.

[e] *Mulctari*: In concilio sequitur: *Ita nempe, ut postquam ab excommunicationis interdicto ad ordinis sui remeaverit locum, cunctas hujus canonis sanctio-* nes modis omnibus studeat adimplere.

C. VIII. [f] *Galliæ*: In conciliis impressis et aliquot Gratiani exemplaribus legitur: *Galliciæ*. In

QUÆST. III. C. III. [29] *spatio*: Edd. coll. = C. IV. [30] Epistola Pelagii II, incerti temporis (cf. Greg. M. Ep. 18, l. 13. (In Ed. Bas. directa esse dicitur a Gregorio *defensori Siciliæ*. — Ivo Decr. p. 3, c. 136. [31] *ne quisquam — præsumat*: Ed. Bas. = C. V. [32] Caput incertum et quod Gelasio commode non tribuas, cujus quippe temporibus nondum veterum vetusti moris esset ut cathedraticum exigeretur. — Coll. tr. p. p. 1, t. 46, c. 53. [33] *sua*: Ed. Bas. [34] *exstiterit*: Edd. coll. o. = C. VI. [35] hab. A. 589. — Ivo Decr. p. 3, c. 137. Abbo Flor. ap. Mabill. Vet. an. c. 57. [36] 1 Petr. c. 5, v. 3. [37] *non ut — in clerum*: Edd. coll. o. [38] desid. in Coll. Hisp. [39] desid. in Edd. Bas. Lugdd. B, III. [40] *præsbyteros aut diaconos — fatigent*: Coll. Hisp. [41] *avertere*: Edd. coll. o. — *districte coercere*: Coll. Hisp. = C. VII. [42] hab. A. 813. [43] add.: *sane*: Edd. coll. cum orig. [44] *per par.*: exd. coll. [45] *quamdam non solum erga subditos, sed etc.*: Edd. coll. o. ad ipsum concilium magis accedentes. [46] *ne*: exd. [47] *cum caritate, sed cum quadam jactantiæ temeritate, nec gratiarum actione, sed cum quadam judiciaria inventione*: exd. [48] *sive*: Ed. Bas. [49] desid. in Ed. Bohm. = C. VIII. [50] hab. A. 646. — Coll. tr. p. p. 2, t. 50, c. 2. *Gallæciæ*: Coll. Hisp. [51] *decrevimus*: Ed. Bas.

tificum suorum rapacitates necessitas, ut comperimus, tandem compulit in publicum examen deferri. Hi enim pontifices, ut evidens [54] inquisitio patefecit, indiscreto moderamine parochianas [53] ecclesias praegravantes, dum in exactionibus superflui [54] frequenter [55] existunt, paene usque ad exinanitionem extremae virtutis quasdam basilicas perduxisse probantur. Ne ergo fiat de cetero quod constat hactenus inordinate praesumptum, non amplius quam duos solidos unusquisque episcoporum praefatae provinciae per singulas diœcesis suae [56] basilicas juxta synodum Bracarensem [57] annua illatione sibi expetat inferri, monasteriorum tamen basilicis ab hac solutionis pensione [58] sejunctis. § 1. Quum [59] vero episcopus diœcesim visitat, nulli prae multitudine onerosus exsistat, nec unquam quinquagenarium [g] numerum evectionis [60] excedat, aut amplius quam una die per unamquamque basilicam remorandi [61] licentiam habeat. § 2. Quicunque vero pontificum eorumdem aliter quam decernimus agendum praesumserit, correptioni [62] procul dubio canonum subjacebit tanquam [63] constitutorum [64] synodalium transgressor et priscorum Patrum edictorum corruptor.

**C. IX.** *Sacerdotes ab episcopis suis ultra modum non graventur.*

*Item* Gregorius *episcopis Siciliae, lib. XI, ep.* 20 [65].

Relatum est nobis, sanctae memoriae decessoris mei [66] temporibus per Servumdei diaconum, qui tunc [67] ecclesiastici patrimonii curam gessit, fuisse dispositum, ut sacerdotes per universas vestras diœceses constituti, quoties ad consignandos infantes egrediamini, ultra modum gravari minime debuissent. Summa enim praefixa fuerat, vobis, ut audio, consentientibus, quae ab eisdem sacerdotibus pro labore clericorum dari debuisset. Atque hoc, quod tunc placuit, sicut nunc dicitur, minime custoditur. Unde fraternitatem vestram admoneo, ut subjectis vestris non graves studeatis exsistere.

**C. X.** *Secundum loci mediocritatem episcopis convivia parentur.*

*Item* Pelagius *Cresconio Illustri* [68].

Illud magnitudinem tuam minime volumus ignorare, quod Syracusanae civitatis episcopus inter alia, quae in cautionum suarum pagina spopondit, hoc etiam specialiter sub interpositione poenae legitime promisisse legitur, nunquam se a quolibet suae diœcesis presbytero ultra duos solidos cathedratici nomine petiturum, nec per quamlibet aliam occasionem quicquam in ejus se dispendio esse gesturum. Quod magnitudo tua non solum a praedicto episcopo, sed de omnium episcoporum Siciliae personis competenti sollicitudine custodire non desinat, nec ipsa quoque prandia enormia fieri, sed secundum mediocritatem uniuscujusque loci episcopo ad consignationem venienti susceptionis praeparari [69] convivium [70], quia nec eo praetextu pauperibus incuti damna volumus aut qualibet ratione permittimus.

# CAUSA XI.

**GRATIANUS.**

*Clericus adversus clericum quaestionem de praediis agitavit, quem ad civilem judicem producere voluit reus non nisi ante judicem ecclesiasticum stare volebat; actor vero potentia civilis judicis illum a possessione sua dejecit. Quo audito episcopus eum ab officio suspendit; ille contempta episcopi sententia officium suum administravit. Hoc comperto episcopus sine spe restitutionis in eum sententiam dedit.* (Qu. I.) *Hic primum quaeritur utrum clericus ante civilem judicem sit producendus?* (Qu. II.) *Secundo, si producendus non est, an haec culpa sit digna suspensione?* (Qu. III.) *Tertio, si digna non fuerit, an contemptorem sententiae sui episcopi irreparabiliter oporteat deponi.*

### NOTATIONES CORRECTORUM.

aliis autem et emendatioribus, atque in codice conciliorum Lucensi regio habetur: *Gallicanae provinciae.* Nam eo tempore archiepiscopus Narbonensis et ejus provinciae episcopi ad synodos Toletanas conveniebant, quod ex subscriptionibus Toletani III apparet. In eo enim Nigetius Narbonensis metropolitanus, Sergius episcopus Carcassonensis, et Nebridius episcopus Agathensis, et procuratores Magalonensis et Nemausensis episcoporum subscribunt. Ejusdem quoque metropolitani, et ipsius provinciae episcoporum subscriptiones in IV et VI Toletanis conciliis impressis leguntur, ut illae, quae in manuscriptis hebentur, omittantur.

[g] *Quinquagenarium:* In variis editionibus hujus concilii legitur: *quinarium.* Verum in codice Lucensi regio, uno Vaticano, et altero bibliothecae Dominicanae manuscriptis, et vetustis exemplaribus Gratiani, et Burchardo, et Ivone est: *quinquagenarium.* Et hanc lectionem secutus est Innocentius III in concilio Lateranensi, c. *Quum apostolus,* X de cens. et exact.

Quæst. III. C. VIII. [52] add.: *eorundem*: Edd. coll. o. [53] *parochitanas*: Ed.. Bas. — Coll. Hisp. [54] *superfluis*: Edd. coll. o. [55] *frequentes*: Edd. Bas Lugdd. II, III. [56] supra c. 4. [57] *dioeceses vel basilicas*: Edd. Coll. o. [58] *expensione*: Edd. Ven. I, Par. Lugdd. — *expressione*: Edd. Arg. Nor. Ven. II. [59] *Regino* l. 4, c. 8. Burch. l. 1, c. 86. Ivo Decr. p. 3, c. 192. [60] *evictionis*: Edd. Arg. Nor. Ven. II. [61] *morandi*: add. Edd. coll. o. [62] *correctioni*: exd. [63] *qua constitutionum synodalium transgressores priscorum patrum edicis corripiendos oportet*: Coll. Hisp. [64] *constitutionum*: Edd. coll. o. =C. IX. [65] Ep. 18 (scr. A. 603) ? 43 Ed. Maur. [66] *nostri*: Ed. Bas. [67] *jam tunc*: orig. = C. X. [68] Ep. Pelagii II. — cf. supra c. 4. — Ans. l. 6, c. 174 (168) — [69] *parare*: Ans. — [70] add: *volumus*: Edd Bas.

## QUÆSTIO I.
### GRATIANUS.

**1 Pars.** *Quod clericus apud sæculares judices accusandus non sit,* Caius papa, *epistola ad Felicem episcopum cap. 2, scribit, dicens* [1]:

**C. I.** *Apud sæcularem judicem nullus clericus conveniatur.*

Nemo unquam episcopum apud judicem sæcularem aut alios [2] clericos accusare præsumat.

### C. II. PALEA [a] [3].

« Nullus judicum neque presbyterum, neque diaconum, aut clericum ullum, aut juniores [4] ecclesiæ sine licentia [5] pontificis per se distringat aut condemnare præsumat. Quod si fecerit, ab ecclesia, cui injuriam irrogare dignoscitur, tamdiu sit sequestratus, quousque reatum suum agnoscat et emendet. »

### C. III. *De eodem.*
*Item* Marcellinus papa, *epist. II* [6].

Clericum [b] cujuslibet ordinis absque pontificis sui permissu nullus præsumat ad sæcularem [7] judicem attrahere, nec laico quemlibet clericum liceat accusare.

### C. IV. *Ab eis quisque judicandus est, quos sibi judices elegerit.*
*Item ex Nicæno Concilio* [c] [8].

Judices autem [9] alii [10] esse non debent quam [11] quos ipse, qui impetitur, elegerit, aut quos suo *cum* consensu hæc sancta sedes aut ejus primates auctoritate hujus sanctæ sedis delegaverint.

### C. V. *Ad sæcularia judicia nullus clericus est pertrahendus.*
*Item* Valentinianus, Thodosius et Arcadius Imppp. AAA. [12].

Continua lege sancimus, ut nullus episcoporum vel eorum qui ecclesiæ necessitatibus serviunt, ad judicia sive ordinariorum sive extraordinariorum judicum pertrahatur. Habent [13] illi suos judices, nec quicquam his publicis est commune cum legibus. *Item* [14]: § 1. Constantinus imperator [15] præsidens [d] in sancta synodo, quæ apud Nicæam congregata erat, quum querelam quorumdam [16] conspiceret coram se delatam [17], ait: Vos a nemine [18] dijudicari potestis, quia ad Dei solius judicium reservamini.

### C. VI. *De eodem.* PALEA.
*Item ex Concilio Matisconensi* I, c. 8 [19].

« Nullus clericus alium clericum ad judicem sæcularem accusare, aut ad causam dicendam trahere quocunque modo præsumat, sed omne negotium clericorum aut in episcopi sui [e], aut presbyterorum cum archidiaconi præsentia finiatur. Quod si quis clericus hoc adimplere [20] distulerit, si minor fuerit, uno minus de quadraginta ictus [21] accipiat, si vero honoratior, triginta dierum inclusione † mulctetur. »

### C. VII. *De eodem.* PALEA.
*Item* Marcellinus [f] *ep. II ad episc. orientales* [22].

« Quæcunque contentiones inter Christianos ortæ

### NOTATIONES CORRECTORUM.

Causa XI. Quæst. I, C II. [a]. *Apud Burchardum*, et in aliquot Gratiani codicibus ex iis, qui hanc Paleam habent [*], et in Decretalibus, tit. de foro competenti c. 2, citatur ex concilio Parisiensi c. 10. Verum in concilio Remensi Trosleiano c. 6 refertur ex Capitularibus, in quibus habetur bis, id est lib. 6, c. 154, et l. 7, c. 139. Simile quid legitur in concilio Aurelianensi IV, c. 20, et in Autissiodorensi c. 43.

C. III. [b] *Clericum:* In epistola Marcellini secunda, et concilio Aurelianensi III, ubi hoc repetitur, et in Panormia sic legitur: *Clericus cujuslibet ordinis absque pontificis sui permissu nullum præsumat,* etc. Verum ob glossas et citationes doctorum nihil est mutatum.

C. IV. [c] In concilio Nicæno hodie canon hic non habetur; sed fuisse olim plures canones illius concilii supra dist. 16, c. *Septuaginta* est adnotatum. Quorum partem refert Julius in rescripto contra orientales, ubi numero 34 habetur hoc caput, et ex eo citatur in Polycarpo.

C. V. [g] *Præsidens:* Quam humiliter ibi se gesserit Constantinus, docent Eusebius lib. 2, de vita ipsius, cap. 10; Socrates lib. 1, c. 5; Theodoretus l. 1, c. 7.

C. VI. [d] *Aut in episcopi sui:* In concilio Matisconensi legitur: *aut in episcopi sui, aut in presbyteri, aut in archidiaconi præsentia finiatur.* Verum in prima collectione Decretalium Bernhardi, tit. de foro competenti c. 2, caput hoc refertur eodem modo atque in hac Palea.

C. VII [f] *Item Marcellinus:* In Vulgatis citabatur ex Bonifacio ad episcopos Galliæ, sed in aliquot vetustis legitur: *Marcel.* Est enim hoc caput in II epistola Marcellini, et ipsi tribuit Ivo; sequens autem est, quod in vetustis Gratiani exemplaribus, et a Burchardo, et Ivone citatur ex Bonifacio ad episcopos Galliæ, ut ibi etiam dicetur.

---

Causa XI. Quæst. I. C. I. [1] Cap. Pseudoisidori, cf. Theod. cod. l. 16, t. 2, c. 12, cum interpr. [2] *reliquos*: Edd. coll. o. = C. II, [*] ita in Ed. Bas. [3] c. 6, conc. Paris. hab. A. 615. — Cap. l. 6, c. 156, l. 7 c. 139. — c. 3, Comp. l, c. 2, X, de foro comp. — Burch. l. 16, c. 22. [4] *minores*: Edd. Arg. Ven. II. — Add.: *cultores*: E. Bas. [5] *Scientia*: orig. = C. III, [6] Caput Pseudoisidori, cf. conc. Aurel. III, c. 32, Ans. l. 3, c. 22. Ivo. Pan. l. 4, c. 51. [7] *sæculare judicium*: orig. — Ans. Ivo. — Ed. Bas. = C. IV. [8] Caput Pseudoisidori, cf. Theod. cod. l. 4, t. 16. c. 2. [9] abest ab Ed. Bas. [10] abest ab Edd. coll. o. pr. Bas. [11] *nisi*: Edd. coll. o. = C. V. [12] c. 3, Theod. cod de ep. jud. — Ans. l. 3, 109. Polyc. l. 1, t. 19. — Recentiores fere omnes, Jac. Godofredum Theod. cod. editorem secuti, titulum Theod. cod. *de episc. judicio* tanquam supposititium rejecerunt, quos vix est ut sequamur, quam ex his, quibus harum rerum accuratior cognitio est, titulum illum in antiquissimis Theod. cod. mss. legi cognoverimus; vide V. C. *Gustavum Hænel* in *Hauboldi Opp.* t. II, p. XCII. [13] add.: *enim*: Edd. Ven. I, II. Par. Lugdd. [14] ex l. 10, c. 4, hist. eccl. Rufini. — cf. infr. c. 41. [15] desid. in Edd. Arg. Bas. [16] addh: *clericorum*: Edd. Bas. Lugdd. [17] *deferendum*: Edd. coll. o. [18] add.: *laicorum*: Ed. Bas. = C. VI. [19] hab. A. 583. — Burch. l. 16, c. 21. — *ex conc. Matinensi*: Edd. coll. o. [20] *implere*: Ed. Bas. [21] *ictibus*: Edd. coll. o. † *conclusione*: eæd. = C. VII. [22] Caput Pseudoisidori, cf. conc. Carth. III, c. 9. — Burch. l. 3, c. 139. Ans. l. 3, c. 22. Ivo Decr. p. 3, c. 205. [*] in Ed. Bas. adscribitur Marco P.

fuerint, ad ecclesiam deferantur, et ab ecclesiasticis viris terminentur. Et si obedire ⁵ noluerint, quousque obediant a liminibus ecclesiæ excludantur. »

**C. VIII.** *Neque pro civili, neque pro criminali causa episcopus apud civilem judicem proaucatur.*

Item Bonifacius *ad episcopos Galliæ* ʰ ²³.

Nullus episcopus neque pro civili, neque pro criminali causa apud quemvis judicem, sive civilem, sive militarem producatur vel exhibeatur. Magistratus enim, qui hoc ²⁴ jubere ausus fuerit, amissionis ²⁵ cinguli ²⁶ condemnatione plectetur.

**C. IX.** *Quilibet clericus non est in publico examinandus.*

Item Silvester papa *in Synodo Romana*, c. 44 i ²⁷.

Testimonium clerici adversus laicum nemo recipiat ²⁸, nemo "enim" clericum quemlibet in publico examinare præsumat nisi in ecclesia.

Gratian. *Item Codicis libro I, titulo de episcopis et clericis.* Imperator Theodosius ²⁹ : Nec honore, nec legibus episcopus ad testimonium "dicendum" flagitetur. § 1. *Item dixit* : Episcopum ad testimonium dicendum admitti non decet, nam et persona dehonoratur ³⁰, et dignitas sacerdotis excepta confunditur.

*Novella Constitutio* ³¹.

Episcopus non flagitetur ad testimonium jurejurando ᵏ, sed evangeliis tantum coram positis. § 1. *Item* : Sed judex mittat ad eum ex suis ministris, ut propositis sacrosanctis evangeliis, secundum quod decet sacerdotes, dicat ³² quæ noverit.

**C. X.** *Clericus ad civilem judicem clericum perducens anathema sit.*

Item Silvester *in epilogo Concilii Romani* ³³ :

Si quis clericus accusans clericum in curiam ³⁴ introierit, anathema sit.

Gratian. *Subaudiendum est, si publicorum judiciorum cognitionem petierit ; episcopale namque judicium nihil obest ab imperatore postulare.*

Unde in Carthaginensi Concilio VIII *legitur* ¹ ³⁵ :

**C. XI.** *Proprio privetur honore publici judicii cognitionem ab imperatore postulans.*

Placuit, ut quicunque ab imperatore cognitionem publicorum judiciorum petierit, honore proprio privetur. Si autem episcopale judicium ab imperatore postulaverit, nihil ei obsit.

Gratian. *Sic et sequentes auctoritates intelligendæ sunt, quibus clericorum causas non nisi clerici cognoscere jubentur.*

Unde Gelasius papa *scribit Ezechiæ Comiti* ³⁶ :

**C. XII.** *A sæculari judice clericus non est audiendus.*

Christianis gratum semper debet esse, quod ab eorum poscitur dignitate præstandum, quia Deo servientibus beneficium negare non convenit. Silvester "itaque" atque Faustinianus, qui se a cunabulis clericos confitentur, a Theodora se opprimi per violentiam conqueruntur, qui ³⁷ dicunt se ingenuos atque Deo auctore pristinæ conditionis nexibus absolutos, in sortem deterrimæ iterum servitutis addici ³⁸, et per auctoritatem regiam contra leges publicas, quum clericali cingulo ³⁹ tenerentur adstricti, per archidiaconum urbis Grumentinæ esse ⁴⁰ conventos, quum constet eum, qui cœlestem militem pulsat, non nisi ejus forum debere sectari. Et ideo, dilecte fili ⁴¹, depenso ⁴² salutationis affatu, supradictos clericos tibi commendo, ut, si ad delegatorum judicium eorum adversarii venire contemserint, sublimitatis tuæ tuitione vallentur, ne quid illis aut surreptio, aut inimica legibus violentia necessitatis imponat, quia qui judicium refugit apparet eum de justitia diffisum.

---

### NOTATIONES CORRECTORUM

ᵉ *Et si obedire* : Hæc usque ad finem non leguntur in ipsa epistola, sunt tamen apud Burchardum et Ivonem.

C. VIII. ʰ Hoc adscribebatur Marcello, sed, ut dictum est in proxima superiore notatione, in vetustis codicibus Gratiani, et apud Burchardum, et Ivonem part. 5, c. 278 tribuitur Bonifacio, et sic est mutatum. Fere eadem habentur apud Julianum antecessorem novell. 123, cap. 10, quod in aliis, quæ nomine Bonifacii citantur, solet evenire. Et Ivo eadem parte c. 369, hoc ipsum caput citat ex libro constitutionum, additis nonnullis verbis quæ sunt apud Julianum.

C. IX. ⁱ In synodo Romana sub Silvestro c. 14, et in Panormia legitur eodem modo atque apud Gratianum, ac propterea nihil est mutatum. Verum in epilogo ejusdem concilii habetur : *Testimonium laici adversus clericum nemo recipiat.* Et eodem modo legitur in capitulis Hadriani c. 72, in concilio Tribur. c. 4, et ex ipso apud Burchardum et Ivonem.

ᵏ *Jurejurando* : Dictio hæc non est in Novella. Et verba græca, quæ ad hoc faciunt, sunt hæc : Οὐδενὶ δὲ τῶν ἀρχόντων ἐξέσται τοὺς θεοφιλεστάτους ἐπισκόπους ἀναγκάζειν εἰς δικαστήριον παραγίνεσθαι ἐπὶ τῷ νεῖμαι μαρτυρίαν; id est : *Præterea nulli magistratuum licebit Dei amantissimos episcopos cogere, ut perhibendi testimonii causa in jus prodeant.*

C. XI. ¹ In antiquis etiam codicibus citatur Carthaginense VIII, quo nomine videtur significari concilium Milevitanum, in quo caput hoc exstat, cap. 19.

---

QUÆST. I. C. VIII. ²² c. 10. Nov. 115, apud Julianum. — Auth. *Nullus episcopus* Cod. de epp. et clerc. — Burch. l. 1, c. 168. Ivo Decr. p. 5, c. 278, 369. ²³ *hæc*: Ed. Bas. ²⁴ *amissione rerum et cing.* : Edd. coll. o. ²⁵ *singuli* : Ed. Nor. — C. IX. ²⁷ ex apocrypho constituto Silvestri. — Ans. l. 3, c. 23. Burch. l. 2. c. 104. Ivo Pan. l. 4, c. 89. Decr. p. 6, c. 278. ²⁸ *accipiat* : Ed. Bas. ²⁹ l. 4, t. 3, c. 7. ³⁰ *inhonoratur* : Edd. Bas. Lugdd. — *oneratur* : Edd. rell. ³¹ Jul. ep. nov. 115, c. 9. — Auth. *Sed judex* Cod. de epp. et clerc. — Ivo Decr. p. 5, c. 369. ³² *dicant quæ noverint* : Ed. Arg. — *dicant quæ noverunt* : Ed. Bas. — C. X. ³³ ex decerptionibus ex decretis S. Silvestri, cf. apocryphum constitutum Silvestri. — Ans. l. 7, c. 170. ³⁴ *in curia et qui in curiam intraverit* : Ed. Bas. ═ C. XI. ³⁵ Imo ex conc. XI. Carth. hab. A. 407. — cf. Baller. in Edd. opp. Leonis M. t. 3. p. xcv. ═ C. XII. ³⁶ Caput incerti temporis. — Coll. tr. p. p. 1, t. 46, c. 42. ³⁷ *eo, quod* : Ed. Bas. — *quia* : Edd. Lugdd. II, III. ³⁸ *adjici* : Edd. Nor. Ven. I. ³⁹ *add.* : *olim* : Edd. coll. o. ⁴⁰ *ecclesiæ* · Ed. Bas. ⁴¹ *desid.* in Edd. coll. o. pr. Lugdd. ⁴² *depensæ* : Edd. coll. o.

**C. XIII.** *Non nisi ad episcoporum judicium clericus vocetur.*

Idem Crispino et Sabino episcopis [43].

Silvester et Faustinianus ecclesiæ Grumentinæ clerici lacrimosa nobis insinuatione conquesti sunt, libertatem sibi domini sui benignitate concessam heredum ejus oppressione pulsari, sibique in clericatus officio pæne a cunabulis servientibus, etiam manumissore vivente, in eodem actu nihilominus constitutis, divinis ministeriis impendere servitium non licere, quum, si petitionem veritas subsequatur, contra patris et auctoris sui factum venientibus at indignis hereditas legibus auferatur, nec eis liceat hereditatem capientibus contra [44] auctoris sui [45] prosilire judicium. Et ideo, fratres carissimi, quoniam se etiam [46] ab archidiacono dictæ ecclesiæ queruntur oppressos, qui per eorum absentiam moderatoris judicium promisit eos esse secuturos [47], calcatis omnibus rationibus [48], et [49] contra leges divinas et publicas pulsatis forum suum putavit auferri, in vestro judicio, quisquis ille est qui clericum lacessit [50], adveniat, ut ecclesiæ jura, quæ vetusti principes assidua sanctione firmaverunt, impetitis clericis non negentur.

**C. XIV.** *Ante judicem civilem sacerdotes non accusentur.*

Item Alexander *omnibus orthodoxis, per diversas provincias Christo Domino famulantibus, ep. I, c. 1* [51].

Relatum est ad hujus sanctæ et apostolicæ sedis apicem, cui summarum dispositiones causarum et omnium negotia ecclesiarum ab ipso Domino tradita sunt, quasi ad caput, ipso dicente [52] principi apostolorum Petro: *Tu es Petrus, et super hanc petram ædificabo ecclesiam meam,* quod quidem æmuli Christi, ejusque sanctæ ecclesiæ insidiatores, sacerdotes Dei ad judices publicos accusare præsumant, quum magis apostolus Christianorum causas ad ecclesias deferri et ibidem terminari præcipiat. Taliter prævaricantes prævaricati [53] sunt in Deum suum, et non obediunt præceptis ejus.

**C. XV.** *Actor forum rei sequatur.*

Item Pelagius papa *Benegesto Defensori* [54].

Experientiæ tuæ præsenti auctoritate mandamus, ut in causis, in quibus quælibet ecclesiastici officii persona loco petitoris exsistit quemquam laicum pulsatur, apud suæ provinciæ judicem suas proponere actiones non deserat [55]. In iis vero [56] negotiis, in quibus ecclesiastici officii persona pulsatur, totius submoto pulsationis obstaculo ad episcopi vel presbyterorum, in loco, ubi quæstio vertitur, constitutorum, occurrat indifferenter examen.

**C. XVI.** *De eodem.*

Item Sergio Cancellario [57].

Si quisquam clericus, sive inferioris sive potioris gradus, petitor existat, et contra laicam personam suas dirigat actiones, iste modis omnibus non alibi quam apud provinciæ judicem negotium suum dicturus [58] occurrat. Si quis autem laicus clericum cujuscunque gradus duxerit esse pulsandum, ad episcoporum judicium in eadem civitate vel territorio constitutorum proponat eas, quas se habere existimat, actiones. Quem ordinem legibus per omnia convenientem atque consentaneum demonstrari illa regula manifestat, quæ præcepit actorem forum semper sequi pulsati. Clericis vero pulsatis in episcopali judicio forum competere, principalium quoque sanctionum designat auctoritas.

Item in Concilio Agathensi, c. 32 *legitur* [m 59]:

**C. XVII.** *Episcopo non permittente apud sæcularem judicem clericus pulsari non debet.*

Clericum nullus [60] præsumat apud sæcularem judicem episcopo non permittente pulsare; sed [61], si pulsatus fuerit, non [62] respondeat vel [63] proponat, nec audeat criminale negotium in sæculari judicio proponere.

**C. XVIII.** *Clericus suo inobediens episcopo depositus curiæ tradatur.*

Item Pius papa, *epist. II* [64].

Si quis sacerdotum vel reliquorum clericorum suo episcopo inobediens fuerit, aut insidias ei paraverit, aut contumeliam, aut calumniam, aut convicia intulerit [n],

---

### NOTATIONES CORRECTORUM.

**C. XVI.** [m] In concilio Agathensi, c. 32, in prima parte, legitur: *Clericus nec quemquam præsumat,* etc. et posterior ejusdem capitis pars (quæ habetur supr. 5, q. 6, c. fin.), in qua quasi ex adverso agitur de laicis, qui ecclesiam vel clerum vexant, ostendit in priore dictum esse de clericis, qui sine permissu episcopi sui laicos pulsarent; et cum originali concordat Ivo.

**C. XVIII.** [n] *Aut convicia intulerit:* Sic etiam in vetustis, et apud Anselmum et Polycarpum; sed in epistola ipsa et apud Ivonem non habentur ista verba.

---

Quæst. I. C. XIII. [43] Caput æque incertum. [44] add.: *patris et*: Ed. Bas. [45] add.: *factum*: ib. [46] desid. ib. [47] *securus*: ib. [48] desid. in Edd coll. o. pr. Bas. Lugdd. II, III. [49] desid. in Edd. Bas. Lugdd. II, III. — *et eodem*: Edd. rell. [50] *lacesserit*: Edd. Bas. Ven. II. Par. Lugdd. = C. XIV. [51] Caput Pseudoisidori, cf. Innoc. I, ep. 4, et conc. Carth. III, c. 9. — Ans. l. 2, c. 37. Polyc. l. 1, t. 2. [52] add.: *Domino*: Ed. Bas. — cf. Matth. c. 16, v. 18. [53] *prævaricaverunt*: Edd. coll. o. = C. XV. [54] Ep. incerti temporis. — Coll. tr. p. p. 2, t. 54, c. 13. — Holstenius ex coll. Deusdedit c. 113. [55] *desinat*: Holst. l. 1. — Ed. Bas. [56] *ergo*: Ed. Bas. = C. XVI. [57] Ep. incerti temporis. [58] *dictaturus*: Ed. Bas. = C. XVII. [59] hab. A. 506. Ivo Decr. p. 6, c. 367. — cf. infra c. 47. [60] *nequaquam*: Coll. Hisp. [61] desid. in Ed. Bas. [62] desid. in Coll. Hisp. [63] *nec*: ib. = C. XVIII. [64] Caput Pseudoisidori. — Ans. l. 8, c. 17. Ivo Decr. p. 5, c. 243. Polyc. l. 4, t. 34.

et convinci potuerit, mox depositus º curiæ tradatur, et recipiat ᵖ quod inique gessit.

### C. XIX. *Principali cogatur auctoritate qui plebem invasam non vult deserere.*

Item ex Concilio Carthaginensi III, c. 38 [65].

Petimus, ut dignemini dare fiduciam, qua [66] necessitate ipsa cogente liberum sit nobis rectorem [67] provinciæ secundum statuta gloriosissimorum principum adversus illum adire, qui plebem ᑫ, quam invaserat, usque hodie commonitus, secundum quod statutum fuerat, relinquere contemnit, ut qui miti admonitioni sanctitatis vestræ [68] acquiescere noluit et emendare illicitum, auctoritate judiciaria protinus excludatur. Aurelius episcopus dixit: Servata forma disciplinæ non æstimabitur appetitus, si 'a' vestra charitate modeste conventus recedere detrectaverit, quum fuerit suo contemtu et contumacia faciente 'etiam' auctoritate judiciaria conventus. Honoratus et Urbanus episcopi dixerunt: Hoc enim[69] omnibus placet. 'Ab universis episcopis dictum est: Justum est, placet'.

### C. XX. *A principibus corrigantur quos ecclesia corrigere non valet.*

Item Gregorius papa ʳ [70].

Istud est, quod a vobis poposcimus et nunc iterum postulamus, ut Paulinum [71] Aquileiensem pseudoepiscopum, et illum Mediolanensem episcopum ad clementissimum principem sub digna custodia dirigatis, ut et iste, qui episcopus esse nullatenus potest, quia contra omnem canonicam consuetudinem factus est, alios ultra non perdat, et ille, qui contra morem antiquum eum ordinare præsumpsit [72], canonum vindictæ subjaceat.

### C. XXI. *Proprium gradum amittant clerici conjurantes vel conspirantes.*

Item in Concilio Chalcedonensi, c. 18 [73].

Conjurationum et conspirationum crimen, quod apud Græcos dicitur φρατρία, publicis etiam legibus certum est penitus inhiberi. Hoc [74] multo magis in sancta Dei ecclesia ne fiat convenit abdicari. Si qui vero clerici vel monachi inventi fuerint conjurantes aut conspirantes, aut phratrias vel factiones componentes aliquas suis episcopis aut clericis aliis, omnino cadant de proprio gradu.

### C. XXII. *Clerici conspirantes proprio amisso gradu retrudantur in carcerem; ceteri excommunicentur.*

Item Calixtus Papa *Episcopis Galliæ, epist.* II [75].

Conspirationum crimina vestris in partibus vigere audivimus, et plebes contra episcopos suos conspirare nobis manifestum est [76]; cujus criminis astutia non solum inter Christianos abominabilis est, sed etiam inter ethnicos [77], et ab exteris legibus prohibita. Et idcirco hujus criminis reos non solum ecclesiasticæ, sed etiam sæculi damnant leges, et [78] non solum conspirantes, sed etiam consentientes ejs. Antecessores vero nostri cum plurima turba episcoporum, quicunque eorum in sacerdotali honore sunt positi aut existunt clerici, honore, quo utuntur, carere præceperunt; ceteros vero communione privari et ab ecclesia extorres fieri jusserunt, omnesque simul utriusque ordinis viros infames esse censuerunt, et non solum facientes, sed et [79] eis consentientes.

### C. XXIII. *Clerici aut monachi conjurantes proprio priventur honore.*

Item ex Concilio Chalcedonensi, c. 18 ˢ [80].

Si qui clerici aut monachi reperti fuerint conjurantes aut conspirantes, aut insidias ponentes episcopis aut clericis, gradu proprio penitus abjiciantur.

### C. XXIV. *De eodem.*

Item ex Concilio Toletano ᵗ [81].

Si clerici aut monachi inventi fuerint conspirantes, aut per conjurationem calumniam machinantes episcopis vel clericis, proprium amittant gradum.

### C. XXV. *De eodem.*

Item ex Concilio Aurelianensi III, c. 21 [82].

Si qui clericorum (ut nuper multis [83] locis per [84] superbiam diabolo instigante actum fuisse perpatuit)

### NOTATIONES CORRECTORUM.

º *Depositus*: Abest ista dictio ab originali et Ivone.

ᵖ *Et recipiat*: In epistola Polycarpi et apud Anselmum legitur: *Qui autem facit injuriam, recipiat hoc quod inique gessit.*

C. XIX. ᑫ *Qui plebem*: Hæc usque ad vers. Contemnit sunt a collectore ex verbis in eodem capite præcedentibus huc comportata, ne illa omnia referenda essent.

C. XX. ʳ Hoc capitulum in Polycarpo refertur sine auctoris nomine; in libro autem 7, tit. 5, simile quiddam refertur ex Gelasio ad Joannem magistrum militum; sed in eo libro sæpe pro Pelagio scribitur Gelasius. Anselmus quidem integram epistolam Pelagii refert, cujus prior pars est hoc caput, posterior vero cap. *Nec licuit,* sup. dist. 17.

C. XXIII. ˢ Hic canon est pars canonis 18 concilii Chalcedonensis, qui paulo ante c. *Conjuratienum* integer ex alia refertur versione.

C. XXIV. ᵗ Ivo etiam et auctor Polycarpi ' citat ex Toletano; sed in nullo est inventum, et est idem canon cum priore, verbis tantum mutatis.

---

Quæst. I. C. XIX. [65] hab. A. 397.—Coll. tr. p. p. 2, t. 17, c. 27, p. 1, t. 1, c. 83. [66] *quoniam*: Coll. Hisp. — *quatenus*: Ed. Bas. [67] *et rect.*: Ed. Bas. [68] *nostræ*: ib. [69] *ergo*: Coll. Hisp. — Edd. coll. o., recte, quoniam bis interrogatio inest. = C. XX. [70] ex eademep. Pelagii, ex qua c. 4. D. 17. = Ans. l. 12, c. 42, (43. Polyc. l. 1, t. 15. [71] *Paulum*: Ed. Bus. [72] *præsumpserit*: Edd. coll. o. = C. XXI. [73] hab. A. 451. — cf. infra c. 18. [74] *sed*: Ed. Bas. = C. XXII. [75] Caput Pseudoisidori, cf. conc. Chalc. c. 18.—Burch. l. 10, c. 64. Ivo Decr. p. 5, c. 346. p. 12, c. 85, Polyc. l. 4, t. 39. [76] *nunciatum*: Ed. Bas.—*mandatum*: Edd. rell. [77] add.: *publicanos*: Ed. Bas. [78] *et — eis*: desid. in Ed. Arg. [79] *sed etiam cons.*: Edd. Bas. Lugdd. — *seu eis cons.*: Edd. rell. = C. XXIII. [80] hab. A. 451. — interpr. Dionys. — Ans. l. 8, c. 16. Burch. l. 10, c.64. Ivo Decr. p. 12, c. 87. Polyc. l. 4, t. 34. = C. XXIV. ' et Ans. [81] Idem expon. conc. Chalc. ex versione prisca. — Burch. l. 10, c. 69. Ans. l. 8, c. 18 (17). Ivo Decr. p. 12, c. 88. Polyc. ib. = C. XXV. [82] hab. A. 538. [83] *in mult.*: Edd. coll. o. [84] *per. sup.*: desid. in Coll. Hisp.

rebelli auctoritate se in unum conjuratione intercedente [85] collegerint, et aut sacramenta inter se data, aut chartulam [86] conscriptam fuisse patuerit, nullis excusationibus *hæc* præsumtio elabatur [87]; sed re [88] detecta, quum in synodum [89] ventum fuerit, in præsumtores [90] juxta personarum et ordinum qualitatem a pontificibus, qui tunc in unum collecti fuerint, vindicetur, quia sicut caritas ex præceptis divinis corde, non chartulæ conscriptione vel conjurationibus [91] est exhibenda, ita quæ [91] supra sacras admittuntur scripturas auctoritate et districtione pontificali sunt reprimenda.

### C. XXVI. *Inter clericos et laicos causæ exortæ ab episcopis audiantur.*

*Item* Innocentius Papa ad Victricium Rothomagensem, epist. 11. c. 3 [93].

Si quæ causæ vel contentiones inter * clericos, vel [94] inter [u] laicos et clericos tam superioris ordinis quam etiam inferioris fuerint exortæ, placuit [95], ut secundum synodum Nicænam [96] congregatis omnibus [97] ejusdem provinciæ episcopis judicium [v] terminetur [98].

Gratian. *Quum ergo his omnibus auctoritatibus clerici ante civilem judicem denegentur producendi, quum (nisi prius depositi, vel nudati fuerint) curiæ non sint repræsentandi, patet, quod ad sæcularia judicia clerici non sunt pertrahendi.*

II Pars. § 1. *His ita respondetur: Clerici ex officio episcopo sunt suppositi, ex possessionibus prædiorum imperatori sunt obnoxii. Ab episcopo unctionem, æstimationes et primitias accipiunt; ab imperatore vero prædiorum possessiones nanciscuntur. Unde Augustinus ait super Joannem* [99] *: Quo jure villas defendis? divino, an humano? Require in principio, ubi differentia signatur inter jus naturale et jus constitutionis. Quia ergo ut prædia possideantur imperiali lege factum est, patet, quod clerici ex prædiorum possessionibus imperatori sunt obnoxii.*

### C. XXVII. *Imperatori tributum ecclesia denegare non debet.*

*Item* Ambrosius *contra Auxentium, in oratione de tradendis basilicis.*

Si tributum petit imperator, non [100] negamus: agri ecclesiæ solvunt [101] tributum. Si agros desiderat imperator, potestatem habet vendicandorum [102]. *Ac paucis interjectis:* Tollant [103] eos, si libitum est: imperatori non dono, sed non nego.

### C. XXVIII. *Potestatibus tributa non sunt deneganda.*

Idem *in commentariis ad* c. 3. *Lucæ lib. IV. c. penult.*

Magnum quidem est et spirituale [104] documentum, quo Christiani viri sublimioribus potestatibus docentur debere esse subjecti, ne quis constitutionem terreni regis putet esse solvendam. Si enim censum [105] Dei Filius solvit, quis tu tantus es, qui non putes [106] esse solvendum?

Gratian. *Item* Apostolus: Omnis anima sublimioribus potestatibus subdita sit. *Item* Petrus [107] *Apostolus generaliter omnibus fidelibus scribit:* Estote subditi dominis vestris sive regi, quasi præcellenti, sive ducibus, tanquam ab eo missis ad vindictam malefactorum, laudem vero bonorum.

### C. XXIX. *De sæcularibus negotiis episcopus cognoscere non debet.*

*Item ex epist. I. Clementis ad Jacobum fratrem Domini* [108].

Te quidem oportet irreprehensibiliter vivere, et summo studio niti, ut omnes vitæ hujus occupationes abjicias: ne fidejussor exsistas, ne advocatus litium fias, neve in ulla [109] aliqua occupatione prorsus inveniaris mundialis negotii occasione perplexus. Neque enim judicem aut [110] cognitorem sæcularium negotiorum hodie te ordinare vult Christus, ne præfocatus præsentibus hominum curis non possis verbo Dei vacare, et secundum veritatis regulam secernere bonos a malis*. Ista [111] namque opera, quæ tibi minus congruere* superius* exposuimus [112], exhibeant sibi invicem vacantes laici [vv], et te nemo

---

### NOTATIONES CORRECTORUM.

C. XXVI. [u] *Vel inter*: Sic in editione conciliorum tribus tomis. In illa autem quatuor tomorum absunt hæc: *vel inter laicos et clericos*. In Gratiani codicibus legebatur: *contentiones inter clericos et laicos*.
[v] *Judicium*: In aliquot editionibus ipsius epistolæ, apud Anselmum, Capitularibus, et in epistola Nicolai episcopis Galliæ, in appendice Bibliothecæ SS. Patrum, in qua caput hoc refertur, legitur: *jurgium*.

C. XXIX. [vv] *Vacantes laici*: In epistola Clementis legitur: *discentes, id est laici*; sed Gratianus etiam infra post Paleam *Clericum nullus* eodem modo legit atque hic.

---

Quæst. I. C. XXV. [85] *interdicente*: Ed. Bas. [86] *chartula conscripta*: Coll. Hisp. [87] *præveletur*: Coll. Hisp. — *labatur*: Edd. Par. Lugd. 1. — *labitur*: Edd. Arg.—*labetur*: Edd. rell. [88] *res*: Coll. Hisp. — Edd. coll. o. pr. Bas. Lugdd. II, III. [89] *synodo*: Ed. Bas. [90] *præsumtoribus*: Coll. Hisp. [91] *conjuratione*: Edd. coll. o. [92] *quod — admittitur — est reprimendum*: Coll. Hisp. = C. XXVI. [93] scr. A. 404. — Ans. l. 2, c. 53 (52). [94] *vel — clericos*: desid. in Coll. Hisp. [u] Edd. coll. o. — Ans. [95] *pl., ut*: desid. in Coll. Hisp. [96] cf. conc. Nic. c. 5. [97] desid. in Coll. Hisp. [98] *judicio terminentur*: Ed. Bas. [99] cf. Dist. 8, c. 1. = C. XXVII. [100] *non ei*: Edd. Bas. Lugdd. [101] *solvant*: Edd. coll. [101] *vindicandi*: Ed. Bas. [103] *tollat sibi, libitum est, eos*: ib. — *tollat eos, etc.*: Edd. rell. = C. XXVIII. [104] *speciale*: Edd. coll. o. [105] Matth. c. 17. [106] *putas*: Edd. coll. o. — Rom. c.13, v. 1. [107] 1 Petr. c. 2, v. 13. = C. XXIX. [108] Ex ep. Clem. I, quam Rufinus latinam fecit. [109] desid. in Ed. Bas. [110] *neque*: Edd. Coll. o. [111] *Hæc ergo*: Ed. Bas. — *Hæc vero*: Edd. rell. [112] *diximus*: Edd. coll. o.

occupet ab his studiis, per quae salus omnibus [114] datur.

**C. XXX.** *In his, quæ ad communis vitæ usum pertinent, laici sibi invicem operam dent.*

*Item ibidem continenter* [114]*.*

Sicut enim tibi [115] impietatis crimen est neglectis verbi Dei studiis sollicitudines suscipere sæculares, ita *et* unicuique laicorum peccatum est, nisi invicem sibi etiam in his, quæ ad communis vitæ usum pertinent, operam fideliter dederint. Te vero securum facere ex his, quibus non debes instare [116], omnes communiter elaborent. Quod si forte a semetipsis hoc laici non intelligunt, per diaconos edocendi sunt, ut tibi solius ecclesiæ sollicitudines derelinquant [117].

Gratian. *Ex his omnibus datur intelligi, quod in civili causa clericus ante civilem judicem conveniendus est. Sicut enim ecclesiasticarum legum ecclesiasticus judex est administrator, ita et civilium non nisi civilis debet esse exsecutor. Sicut enim ille solus habet jus interpretandi canones, qui habet potestatem condendi eos, ita ille solus civilium legum debet esse interpres, qui eis jus ei auctoritatem impertit. In criminali vero causa non nisi ante episcopum est clericus examinandus. Et hoc est illud, quod legibus et canonibus supra definitum est, ut in criminali videlicet causa ante civilem judicem nullus clericus producatur, nisi forte cum consensu episcopi sui; veluti, quando incorrigibiles inveniuntur, tunc detracto eis officio curiæ tradendi sunt.*

*Unde* Fabianus Papa *ait ep. II. Episc. orientalibus* [118] *:*

**C. XXXI.** *Qui episcopo insidiatur semotus a clero curiæ tradatur.*

Statuimus, ut, si quis clericorum suis episcopis infestus aut insidiator fuerit, *eosque criminari voluerit, aut conspirator fuerit* [119], mox ante examinatum judicium submotus a clero curiæ tradatur, cui diebus vitæ suæ deserviat, et infamis absque ulla restitutionis spe permaneat.

Gratian. *Quia ergo iste non in criminali, sed in civili causa clericum ante civilem judicem produxit, non est judicandus transgressor canonum, nec est dicendus pertraxisse reum ad judicem non suum, quia de civili causa non nisi judex civilis cognoscere debet.*

III. Pars. § 1. *Econtra ea, quæ in actoris defensione dicta sunt, verisimilia quidem videntur, sed pondere carent. Sacris enim canonibus et forensibus legibus tam in civili quam in criminali causa clericus ad civilem judicem pertrahendus negatur.*

*Unde in epist. I.* Clementis *ad Jacobum legitur* [120] *:*

**C. XXXII.** *Fratres apud presbyteros judicentur.*

Si qui ex fratribus negotia habent [121] inter se, apud cognitores sæculi non judicentur, sed apud presbyteros ecclesiæ quicquid illud est dirimatur.

**C. XXXIII.** *Nullus clericus propter aliquam causam intret curiam.*

*Item* Silvester Papa *in epilogo Concilii Romani* [122]*.*

Nullus clericus, vel diaconus, vel presbyter propter quamlibet causam intret in curiam, nec ante judicem civilem x causam [123] dicere præsumat.

**C. XXXIV.** *Ecclesiasticum, non forense judicium pœnitens expetat.*

*Item* Leo Papa *ad Rusticum, epist. XC. al. XCII. c. 9* [124]*.*

Aliud quidem est debita juste reposcere, aliud propria perfectionis amore contemnere. Sed illicitorum veniam postulantem oportet etiam a multis licitis abstinere, dicente Apostolo [125] : *Omnia mihi licent, sed non omnia expediunt.* Unde si quis pœnitens habet causam, quam negligere forte non debeat, melius [126] expetit [127] ecclesiasticum quam forense judicium.

Gratian. *Non ait propter criminalem tantum, sed generaliter propter quamlibet causam, tam civilem quam criminalem intelligens.*

*Unde* Theodosius imperator [128] *:*

**C. XXXV.** *Cuicunque licet sacrosanctæ sedis antistitis judicium eligere.*

Quicunque litem habens, sive *possessor* [129] *sive* petitor fuerit, vel in initio litis vel decursis temporum curriculis, sive quum negotium peroratur, sive quum jam cœperit promi sententia, judicium elegerit sacrosanctæ sedis [130] antistitis, illico sine aliqua dubitatione, etiamsi alia pars refragatur, ad episcoporum judicium cum sermone litigantium dirigatur y.

### NOTATIONES CORRECTORUM.

C. XXXIII. x *Civilem* : In epilogo synodi Romanæ sub Silvestro, unde hoc videtur sumtum, legitur : *cinctum* ; cingulo enim milites ac magistratus ab imperatore donabantur.

C. XXXV. y *Dirigatur* : In Cod. Theodosiano, lib. 16. tit. de episcopali judicio l. 1., quæ repetitur l. 6. Capitul. c. 281., et in concilio III Valentino sub Lothario, et apud Ivonem, et Anselmum sequuntur hæc : *Multa enim, quæ in judicio captiosæ prescriptionis vincula* ' *non patiuntur, investigat, et promit sacrosanctæ religionis auctoritas*, ac statim adnectitur cap. sequens : *Omnes itaque causæ.*

---

QUÆST. I. C. XXIX. [113] *hominibus* : eæd. == C. XXX. [114] *ex eadem* Clem. I. — Ans. l. 7, c. 60. [115] *ubique* : Ed. Arg. — add. : *o Clemens* : Edd. coll. o. [116] *vacare* : orig. [117] *relinquantur* : Ed. Bas. — *relinquant* : Edd. rell. == C. XXXI. [118] Caput Pseudoisidori, cf. Theod. cod. l. 16, t. 2, c. 39. — Ans. l. 7, c. 159 (173). Polyc. l. 4, t. 31. [119] *exstiterit* : Edd. coll. o. == C. XXXII. [120] cf. ad c. 30. — Ivo Decr. p. 6, c. 345. Polyc. l. 5, t. 1. [121] *habuerint* : Ed. Bas. == C. XXXIII. [122] Caput Pseudoisidori, cf. c. 16, apocryphi constituti Silvestri. [123] add. : *suam* : Edd. coll. o. == C. XXXIV. [124] Ep. 167. Ed. Baller. scr. A. 458, vel 459. — cf. infra Dist. 1, de pœn. c. 65. — Ans. l. 11, c. 141. [125] 1 Cor. c. 6, v. 12. [126] add. : *est illi, ut* : Edd. coll. o. pr. Bas. [127] *expetat* : Edd. Bas. Lugdd. II, III. — *exspectet* : Edd. rell. == C. XXXV. [128] c. 1. Theod. cod. de ep. jud. — cf. not. ad c. 5, supra ead. — Cap. l. 6, c. 366. Ans. l. 3, c. 108. Ivo Decr. p. 16, c. 312. [129] *poss., sive* : *desid.* ap. Ans. — [130] *legis* : Ans. Ivo. — Cap. *juricula* : Ed. Rom. operarum vitio.

## C. XXXVI.

*Item* ibidem [131].

Omnes itaque causae, quae *vel* praetorio jure vel civili tractantur episcoporum sententiis terminatae perpetuo stabilitatis jure firmentur, nec ulterius liceat retractari negotium, quod episcoporum sententia deciderit [132]. § 1. Testimonium etiam, ab uno licet episcopo perhibitum, omnes judices indubitanter accipiant, nec alius audiatur, quum testimonium episcopi a qualibet parte fuerit repromissum. Illud *est* enim veritatis auctoritate firmatum, illud incorruptum [133], quod a sacrosancto homine conscientia mentis illibatae protulerit [134]. Hoc nos edicto salubri [135] *aliquando censuimus*, hoc perpetua lege* firmamus, * malitiosa litium semina comprimentes*.

Gratian. *Haec si quis antiquata contendat, quia in Justiniani codice non inveniuntur ita inserta,* per Carolum *renovata cognoscat, qui in suis Capitularibus, l. VI. c. 281., ait inter cetera* [136] :

## C. XXXVII.

Volumus atque praecipimus, ut omnes ditioni nostrae *Deo auxiliante* subjecti, tam Romani quam Franci, Alemanni, Bavari, Burgundiones, Saxones, Thuringi, Frisones, Galli, Britones, Longobardi, Guascones, Beneventani, Gothi, Hispani, ceterique nobis subjecti omnes, quocunque videantur legis vinculo constricti [137] vel consuetudinario more connexi [138], hanc sententiam, quam ex sextodecimo [139] *Theodosii imperatoris libro, capitulo videlicet undecimo, ad interrogata Ablavii ducis illi [140] et omnibus rescriptam sumsimus ᵃ, et inter nostra capitula pro lege tenendam consulta omnium fidelium nostrorum, *tam clericorum quam laicorum*, * posuimus, lege cuncti perpetua teneant, id est : Quicunque litem habens, sive *possessor sive* petitor fuerit, etc. [*ut supra*].

## C. XXXVIII. *Presbyter apud episcopum tantum judicari debet.*

De persona presbyteri hoc attendendum est, *quia*, si quam causam habuit, non ab alio tener. sed [142] episcopus [143] ipsius adiri debuit, sicut novella [144] constitutio manifestat, quae loquitur [145] de sanctissimis et Deo amabilibus, ac reverentissimis episcopis, clericis et monachis: Imp. Justinianus Augustus Petro gloriosissimo praefecto [146] praetorio ᵃ [147]. Si quis contra aliquem clericum aut monachum, aut diaconissam, aut monastriam, aut ascetriam habeat [148] aliquam actionem, doceat prius sanctissimum episcopum, cui horum unusquisque subjacet [149]. Ille vero causam inter eos dijudicet. Et si quidem utraque pars his, quae judicata sunt, non acquieverit ᵇ, jubemus per loci judicem *haec* [150] exsecutioni perfecte mandari etc. § 1. Ne vero objiciatur, quia de clerico hoc [151] loquitur, non de presbytero, sciendum est, quia superius in eadem constitutione lib. Cod. 1. [152] legitur appellatione clericorum etiam presbyteros et diaconos contineri. Verba autem legis ista sunt : *Presbyteros autem et diaconos*, *et subdiaconos*, *cantores et lectores, quos omnes clericos appellamus*, et reliqua.

## C. XXXIX. *Clericus clericum ad publica judicia non pertrahat.*

*Item* Gregorius *lib. IX. epist. 52. Romano, Defensori Siciliae* [153]

Pervenit ad nos, quod si quis contra clericos quoslibet causam habeat, despectis eorum episcopis eosdem clericos *in* tuo facias judicio exhiberi. Quod si ita est, *quia* [154] valde constat esse incongruum, hac [155] tibi auctoritate praecipimus, ut denuo hoc facere non praesumas ; sed si quis contra quemlibet clericum causam habuerit, episcopum ipsius adeat, ut aut ipse cognoscat, aut certe ab eo judices deputentur, aut si forte ab arbitris eundum est, partes ad eligendos [156] judices ab ipso exsecutio

---

### NOTATIONES CORRECTORUM.

C. XXXVII. ᵃ *Rescriptam sumsimus* : Sic est D emendatum ex capitulari. Antea legebatur : *per scripturam misimus*.

C. XXXVIII. ᵃ *Praefecto praetorio* : Graece est :
μαγίστρῳ θείων ἡμῶν ὀφφικίων ; id est : *magistro divinorum nostrorum officiorum.*

ᵇ *Non acquieverit* : In Authentica de sanctiss. episcopis, et apud Julianum ** abest negatio.

---

Quaest. I. C. XXXVII. [131] Cap. Ans. Ivo ib. Pan. l. 5, c. 23. [132] *decidetur* : Ed. Bas. *deciditur* : Edd. rell. [133] *add.* : *habeatur* : Edd. coll. o. [134] *prolatum fuerit* : caed. [135] *ed. salubri firmamus, et perpetua lege tenendum esse censemus* : Edd. coll. o. ex Ans. = C. XXXVII. [136] Cap. ib. — Ans. ib. [137] *districti* : Ed. Bas — *astricti* : Edd. rell. [138] *annexi* : Edd. coll. o. pr. Bas. [139] *CXXVII* : Ed. Bas. — *XVII* : Edd. rell. [140] *quam et illi et omnibus* : Ed. Bas. — *quam illis et omnibus* : Edd. rell. — Ans. ᵃ *perscriptam misimus* : Edd. Nor. Ven. II.— Ans. = C. XXXVIII. [141] Ep. 45, (scr. A. 603), l. 13. Ed. Maur. — Coll. can. Ans. dedic. p. 3, c. 21. Ans. l. 3, c. 95 (93). [142] *si* : Ed. Bas. [143] *ab episcopo ipsius audiri* : Ans. — *episcopus suus adiri* : Ed. Bas. — *episcopus ipse adire* : Ed. Arg. Nor. Ven. I. — *episcopum ips. adire* : Edd. rell. [144] *novellarum* : Ans. — Edd. coll. o. [145] *add.* : *ita* : caed. [146] *papae* : Edd. Arg. Bas. Nor. Ven. I. [147] *add.* : *c. LIII* : Ans. — Edd. coll. o. — cf. Nov. c. 123. [148] *habet* : Edd. Arg. Bas. Nor. Ven. I. — Ans. [149] *subjaceat* : Edd. coll. o. pr. Bas. — Bohm. ** *et apud* Ans. [150] *desid. ap.* Bohm. [151] *hic* : Ed. Bas. [152] *Ll. cap.* : Ans. — *Ll. caplo.* : Ed. Bas. — *LI. c.* : Edd. Ven. II. — *l. ca. I.* : Ed. Nor. — *l. cap. I.* : Edd. Arg. Ven. I. — *li. c. I.* : Ed. Bas. — *lib. C.* : Edd. Lugdd. — cf. Nov. 123, c. 19. — Auth. *Presbyteros.* C. de epp. et cler. = C. XXXIX. [153] Ep. 37, (scr. A. 601), l. 11. Ed. Maur. — Ans. l. 3, c. 29. [154] *desid. ap.* Ans. [155] *Sed hac* : Ans. — Edd. coll. o. [156] *eligendum judicem* : orig. — *eligendum judices* : Ans. — Ed. Bas.

deputata compellat. Si quis vero clericus vel laicus contra episcopum causam habuerit, tunc te interponere debes, ut inter eos aut ipse cognoscas, aut certe te admonente sibi judices eligant. Nam si sua unicuique episcopo jurisdictio non servatur, quid aliud agitur, nisi ut per nos, per quos ecclesiasticus [187] custodiri debuit ordo, confundatur?

C. XL. *A laicis judicibus clerici non sunt opprimendi.*

Idem *Januario, Episc. Caralitano, lib. III. ep. 26* [158].

Fratris et coepiscopi nostri Felicis, et Cyriaci abbatis relatione cognovimus quod in insula Sardinia sacerdotes a laicis judicibus opprimantur, et fraternitatem tuam ministri sui [159] despiciant, dumque solum simplicitati a vobis studetur, quantum videmus disciplina negligitur.

C. XLI. *Sacerdotes a regibus sunt honorandi, non judicandi.*

Item Gregorius *Mauricio Imperatori, lib. IV. epist. 31* [160].

Sacerdotibus autem non ex terrena potestate dominus noster citius indignetur, sed excellenti consideratione propter eum, cujus servi sunt, eis ita dominetur, ut etiam debitam reverentiam impendat: Nam in divinis eloquiis sacerdotes aliquando Dii angeli vocantur. Nam et per [161] Moysen de eo, qui juramentum deducendus est, dicitur: *Applica illum ad Deos*, id est [162] ad sacerdotes. Et rursus scriptum est [163]: *Diis non detrahes*, scilicet sacerdotibus. Et Propheta [164] ait: *Labia sacerdotis custodiunt scientiam* [165], *et legem requirent ex ore ejus, quia angelus Domini exercituum est.* Quid ergo mirum, si illos vestra pietas dignetur honorare, quibus in suo eloquio honorem tribuens, eos aut angelos, aut Deos ipse etiam appellat Deus? § 1. Ecclesiastica quoque historia [166] testatur, quia quum piæ memoriæ Constantino principi scripto oblatæ accusationes contra episcopos fuissent, libellos quidem accusationis [167] accepit, et eosdem, qui accusati fuerant, episcopos convocans, in eorum conspectu libellos quos acceperat, incendit, dicens: Vos [168] Dii estis, a vero Deo constituti. Ite, et inter vos causas vestras discutite [169], quia dignum non est ut judicemus Deos. In qua tamen sententia sibi magis ex humilitate, quam illis aliquid præstitit ex reverentia impensa. Ante eum quippe pagani in republica [170] principes fuerunt, qui verum Deum nescientes deos ligneos et lapideos colebant, et tamen eorum sacerdotibus honorem maximum [171] tribuebant. Quid ergo mirum, si Christianus imperator veri Dei sacerdotes dignetur [172] honorare, dum pagani, ut prædiximus, principes honorem impendere [173] sacerdotibus noverunt, qui Diis ligneis et lapideis serviebant? § 2. Hæc ergo e non tantum specialiter, quantum generaliter pro omnibus asserimus sacerdotibus, quoniam adhuc nescimus quis in terribili judicio Dei qualis futurus sit. Etenim Paulus egregius prædicator dicit [174]: *Nolite judicare ante tempus, donec* [175] *veniat Dominus*, et reliqua. Nam sunt multa, quæ de judicio illius homines ignorant, quia fortasse quæ vos laudatis ille reprehendet, et quæ vos reprehenditis ille laudabit.

C. XLII. *Qua pœna feriatur clericus clericum ad sæcularia judicia pertrahens.*

Item ex Concilio Milevitano d [176].

Inolita præsumptio usque adeo illicitis ausibus aditum patefecit, ut clerici conclericos [177] suos, relicto pontifice suo, ad judicia publica pertrahant. Proinde statuimus hoc [178] de cetero non præsumi. Si quis hoc præsumpserit facere, conventus e et causam perdat, et a communione efficiatur extraneus.

C. XLIII. *Clericus apud civilem judicem judicari non debet.*

Item ex Concilio Carthaginensi III. c. 9 [179].

Placuit, ut quisquis episcoporum, presbyterorum et diaconorum, seu clericorum, quum in ecclesia ei crimen fuerit intentatum [180], vel civilis causa fuerit commota, si derelicto ecclesiastico judicio publicis judiciis purgari voluerit, etiamsi pro ipso

NOTATIONES CORRECTORUM.

C. XLI. c *Hæc ergo*: Sic etiam habet locus hic apud Nicolaum, in epistola, cujus initium « *Proposueramus*, » sed in originali pro isto hæc leguntur: *Hæc ergo pietati dominorum non pro me, sed pro cunctis sacerdotibus suggero.* Et multis interjectis, quæ hic non referuntur, subdit: *Nam adhuc nescimus, quis sibi qualis sit, et Paulus egregius prædicator*, etc. Præstatque omnino integrum illum locum legere, apostolicæ libertatis plenum.

C. XLII. d In concilio Milevitano, quod habetur, nihil tale exstat. Ex ipso tamen citatur ab Innocentio III. in c. *Si diligenti*, X. de foro compet. Habetur autem in Toletano III. c. 13.

e *Conventus*: Dictio ista in nullo concilii exemplari aut impresso, aut manuscripto est inventa.

---

Quæst. I. C. XXXIX. [157] add.: *illic*: Ans. — *ille*: Edd. coll. o. = C. XL. [158] Ep. 28, (scr. A. 594), I. 4. Ed. Maur. — Ans. l. 7, c. 146. [159] *tui*: Edd. coll. o. — Bohm. = C. XLI. [160] Ep. 40, (scr. A. 595), l. 5. Ed. Maur. — Ans. l. 6, c. 195. [161] *ad*: Edd. coll. o. — cf. Exod. c. 22, v. 8. [162] ib. v. 28. [163] *videlicet*: Edd. coll. o. pr. Lugdd. II, III. [164] Malach. c. 2, v. 7. [165] add.: *et justitiam*: Ed. Bas. — *id est just.*: Edd. rell. [166] cf. Sozom. l. 1, c. 16. [167] desid. Ap. Ans. [168] *vos — constituti*: desid. in Ed. Bas. [169] *disponite*: orig. — Ans. — Edd. coll. o. pr. Lugdd. II, III. [170] *jure publico*: Edd. coll. o. pr. Bas. Lugdd. II, III. [171] add.: *pagani*: Ed. Bas. [172] *honoret*: Edd. coll. o. pr. Lugdd. II, III. [173] add.: *eorum*: eæd. Ans. [174] 1 Cor. c. 4, v. 5. [175] *quousque*: Edd. Arg. Nor. Ven. I. — *quoad usque*: Edd. rell. — Ans. = C. XLII. [176] Imo ex conc. Tol. III, hab. A. 589. [177] *clericos*: Edd. coll. o. [178] *ut hoc — præsumatur*: eæd. = C. XLIII. [179] hab. A. 397. — Ivo Decr. p. 6, c. 362. [180] *institutum*: Coll. Hisp.

fuerit prolata [181] sententia, locum suum amittat. Et hoc in criminali actione. In civili vero perdat quod evicit, si locum suum obtinere maluerit, siquidem f ad eligendos judices inique de ecclesiæ consortio judicat qui de universa ecclesia male sentiendo de judicio sæculari poscit auxilium, quum privatorum ˙ Christianorum ˙ causas Apostolus [182] etiam ad ecclesiam deferri atque ibi determinari [183] præcipiat.

### C. XLIV. *Clericus non accusetur, nisi ante ecclesiasticum judicem.*

*Item ex eodem* g [184].

De diversis ordinibus ecclesiæ servientibus si quis in causam criminis incurrerit, et abnuerit judicium ecclesiasticum, debet periclitari.

### C. XLV. *Qui cum clerico litigium habet episcopum ipsius adeat.*

*Item constitutione LXXIV. c. 1* [185].

Si quis cum clerico litigium habuerit, si quidem de causa pecuniaria, adeat prius episcopum, cujus judicio clericus suppositus est. Ille [186] enim [187] sine damno et sine dilatione competentem finem liti impositurus est. Sin autem noluerit h episcopus litem dirimere, tunc ad civilem judicem disceptatio causæ perveniat. Ubi autem episcopus causam dirimere vult [188], sine scriptura [189] omnia procedant, et diffinitiva sententia sine scriptis [190] ab eo proferatur i [191]. § 1. Quod si de criminali k causa litigium emerserit, tunc competentes judices in [192] hac civitate, vel in provinciis interpellati, consentaneum legibus terminum causæ imponant, ita tamen, ut disceptatio litis duorum mensium spatium non excedat, a litis contestatione numerandum l. *Item* : § 2.

### [PALEA.]

‹ In [193] criminalibus vero causis nunquam sine scriptura procedere debet. ›

Non aliter autem puniatur clericus, nisi obnoxius repertus sacerdotio nudatus fuerit ab episcopo suo vel clericatus honore. Sin autem crimen ecclesiasticum est, tunc secundum canones ab episcopo suo causæ examinatio et pœna procedat, nullam communionem aliis judicibus in hujusmodi causis habentibus.

### C. XLVI. *Clericus adversus clericum negotium habens sæcularia judicia non exerceat.*

*Item ex Concilio Chalcedonensi, c. 9* [194].

Si clericus adversus clericum habeat negotium, non relinquat suum episcopum et ad sæcularia judicia non [195] concurrat, sed prius [196] negotium agitetur apud proprium episcopum ; vel [197] certe si fuerit m negotium ipsius episcopi, apud arbitros ex utraque parte electos audiatur negotium. Si quis vero contra hæc fecerit, canonum subjaceat correptionibus [198]. § 1. Et si clericus adversus suum vel alium episcopum habeat causam, apud audientiam synodi provinciæ ˙ ejus ˙ conquiratur [199]. § 2. Si vero contra ipsius [200] provinciæ metropolitanum episcopum episcopus sive clericus habeat controversiam, pergat [201] ad ipsius diœcesis primatem [202], aut certe ad Constantinopolitanæ regiæ civitatis sedem, ut corum ibi negotium exquiratur [203].

### NOTATIONES CORRECTORUM.

C. XLIII. f *Siquidem* : In cæteris conciliorum editionibus, et uno Vaticano codice legitur : *siquidem ad eligendos judices sibi de ecclesiæ consortio dubitat, vileque ecclesiæ consortium judicat, qui de universa,* etc. In recentiore autem quatuor tomorum editione hoc modo : *cui enim ad eligendos judices undique patet auctoritas, ipse se indignum fraterno ˙ consortio ˙ judicat, qui de universa est.* Eodemque fere modo est in codice Lucensi regio, et refertur in concilio apud Palatium Vernis habito c. 18.

C. XLIV. g *Est* summa capituli præcedentis, et in conciliis olim Coloniæ ac Lutetiæ impressis, duobus exemplaribus Vaticanis, et codice canonum omnino est loco summæ, nec multo aliter apud Ivonem part. 6. c. 362.

C. XLV. h *Noluerit* : Ita etiam apud Julianum et Ivonem, et sic legit auctor glossæ ; sed in Novella ipsa Justiniani additur : *vel non potuerit.*

i *Proferatur* : In Novella ipsa sequuntur hæc : *nisi forte partes voluerint, ut in scriptis ea inseratur. Quod si,* etc. Apud Ivonem loco dictionis : *proferatur* est : *inseratur,* quod suspicionem facit, intermedia scriptoris vitio deesse.

k *De criminali* : In novella Justiniani additur : *civili tamen.*

l *Numerandum* : Quæ sequuntur usque ad vers. *Non aliter,* neque in Novella, neque apud Julianum aut Ivonem, neque in vetustis Gratiani codicibus habentur ; sed ob doctorum citationes non sunt expuncta.

C. XLVI. m *Vel certe si fuerit* : Græce est : Ἤγουν γνώμῃ αὐτοῦ τοῦ ἐπισκόπου, παρ' οἷς ἂν τὰ ἀμφότερα μέρη βούλοιτο, τὰ τῆς δίκης συγκρατεῖσθαι ; id est : *vel certe ex ipsius episcopi sententia apud eos, quos utraque pars voluerit, ea, quæ ad judicium pertinent, agitentur.* Nec longe aliter vertit Dionysius, cujus versionem attulerunt Burchardus, et Ivo, et Innocentius X. de foro comp. c. 1. Sententia vero, quæ hoc loco est et prisca versione elicitur, habetur paulo post in versic. *Et si clericus adversus suum.* Quare non bene hic inculcatur, sed ob glossam non est mutatum.

---

Quæst. I. C. XLIII. [181] *lata* : Edd. coll. o. ˙ *ecclesiæ* : Coll. Hisp. [182] I Cor. c. 6. [183] *terminari* : Ed. Bas. == C. XLIV. [184] hæc est rubrica capitis apud Dionysium c. 15. — Ivo l. 4. == C. XLV. [185] Ep. Nov. Juliani const. 77. c. 1. — Ivo Decr. p. 6, c. 427, p. 16, c. 150. [186] *illi* : Ed. Bas. [187] *autem* : Edd. coll. o. — Ivo. [188] *voluerit* : Ed. Bas. [189] add. : *aliqua* : ib. [190] *scriptura* : Ed. Bas. — *scripturis* : Ivo p. 6. [191] *feratur* : Edd. coll. o. pr. Bas. — *inferatur* : Ivo p. 16. — *inseratur* : id. p. 6. [192] *in* — *prov.* : desid. in Ed. Bas. et ap. Iv. [193] *In* — *debet* : desid. ib. == C. XLVI. [194] hab. A. 451. — Burch. l. 2, c. 185. Ivo Decr. p. 6, c. 228, uterque ex Dionysio. — Ans. l. 3, c. 78, in prima canonis particula priscam interpretationem, in reliquis Hispanicam sequitur. [195] desid. in Coll. Hisp. [196] *primum* : ib. [197] *et ita, si fuerit judicium ipsius episcopi* : ib. [198] *correctionibus* : Edd. coll. o. pr. Bas. [199] *conquiratur* : Coll. Hisp. — Edd. coll. o. [200] add. : *ac* : Coll. Hisp. [201] *pergant* : Edd. coll. o. [202] *episcopos* : Coll. Hisp. — Ans. [203] *exsequatur* : Coll. Hisp. — *terminetur* : Edd. coll. o.

## C. XLVII. PALEA.

Item ex Concilio Agathensi, c. 32 [204].

« Clericum nullus praesumat apud saecularem judicem episcopo non permittente pulsare. Sed [205] si pulsatus fuerit, non respondeat, nec proponat, nec audeat criminale negotium in judicio saeculari proponere. »

*Gratian. Ex his omnibus datur intelligi, quod clericus ad publica judicia nec in civili, nec in criminali causa est producendus, nisi forte civilem causam episcopus decidere noluerit, vel in criminali sui honoris cingulo eum nudaverit.* § 1. *Illud autem quod in epistola Clementis* [206] *dictum est :* Non cognitorem saecularium negotiorum te vult Deus esse, *ex episcopali unctione intelligendum est. Non enim in episcopum ungitur, ut cognitor saecularium negotiorum resideat, sed ut procurator animarum et distributor spiritualium exsistat. Prohibetur ergo saecularibus negotiis occupari, non ad tempus sequester fieri. Vel saecularia judicia non de rebus saecularibus sed saecularium virorum intelligenda sunt. Judicia de rebus saecularibus saecularia appellantur juxta illud Apostoli* [207] : Saecularia igitur judicia si habueritis, contemtibiles qui sunt in ecclesia constituite. *Judicia vero saecularium saecularia appellantur juxta illud Apostoli in epistola Clementis, quod ex subsequentibus datur intelligi, quum dicitur* [208] : Haec opera, quae tibi minus congruere diximus, exhibeant sibi invicem vacantes laici. *Prohibentur ergo Clerici a cognitione negotiorum saecularium virorum, non saecularium causarum. Negotia quippe clericorum, sive criminalia sive civilia fuerint, non nisi apud ecclesiasticum judicem ventilanda sunt.*

Unde Hadrianus Papa c. 35 [209] :

## C. XLVIII. *Non nisi in foro suo audiatur clericus.*

Clericus sive laicus, si crimine [210] aut lite pulsatus fuerit, non alibi quam in foro suo provocatus audiatur.

## C. XLIX. *De eodem.*

Idem ibidem c. 40 [211].

In clericorum causa hujusmodi [212] forma servetur, ne quemquam [213] eorum sententia a non suo judice dicta constringat.

*Gratian. Res vero in litigio posita ante legitimum cognitionis eventum in nullam debet omnino transferri personam.*

Unde Gelasius Papa *Quingesio* ° *Episcopo* [214] :

## C. L. *In nullam transferatur personam res in litigio posita ante cognitionis eventum.*

Quia res in litigio posita in nullam transferri potest omnino personam, donec legitimae cognitionis eventu, cui potius debeatur, judiciaria disceptatione possit agnosci, ex eadem re quispiam non sinatur exigere pensiones, sed in eodem statu re eadem posita, in quo videtur (sicut dictum est) ante constituta, quisquis sibi putat quippiam posse competere, juridico pulset examine, praejudiciis omnibus inde submotis.

## QUAESTIO II.
### GRATIANUS.

*Quod vero culpa illa suspensione digna sit, ex capitulo illo Milevitani concilii* [1] *liquido constat. Si enim communione privandus est qui clericum ad civilem judicem crediderit pertrahendum, multo magis suspensione dignus est qui sui episcopi judicium interpellantem ad judicium saeculare pertrahere non dubitavit.*

## QUAESTIO III.
### GRATIANUS.

I Pars. *Sed ponatur, quod haec culpa suspensione digna non fuerit; quaeritur, utrum sit deponendus qui officium contra prohibitionem episcopi celebrare ausus est? Sed quod sententia episcopi, sive justa sive injusta fuerit, timenda sit,* Gregorius *homil. XXVI, in evangelio testatur, dicens* [1] :

## C. I. *Timenda est sententia pastoris.*

Sententia pastoris, sive justa sive injusta fuerit, timenda est.

## C. II. *A suo episcopo excommunicatus non est ab alio recipiendus.*

Item ex Concilio Antiocheno, c. 6 [2].

Si quis a proprio episcopo excommunicatus est, non eum prius ab aliis debere suscipi, nisi aut a suo fuerit receptus episcopo, aut concilio facto episcopis [b] [3] occurrat et respondeat, et si synodo satis-

---

### NOTATIONES CORRECTORUM.

C. XLVII. [n] Abest a plerisque vetustis exemplaribus, et frustra hic repetitur, quod plane idem habetur, sup. ead. c. *Clericum nullus.* De lectionis autem varietate ibi notatum est.

C. L. ° *Quingesio :* In antiquis exemplaribus partim est ista vox, partim : *Lucio,* partim : *L.* partim : *Quinquagesimo.*

QUAEST. III. C. I. [a] Ipsa prorsus B. Gregorii verba leguntur infra ead. c. *Non solum.* vers. *utrum juste.*

C. II. [b] *Episcopis :* Apud auctores indicatos prior tantum pars hujus canonis refertur ex versione Dionysii, quae etiam in toto hoc loco longe melior est : *aut certe* (inquit) *ad synodum, quae congregatur, occurrens pro se satisfaciat, et persuadens concilio, sententiam suscipiat alteram.* Graece enim est : πείσας τε τὴν σύνοδον καταδέξοιτο ἑτέραν ἀπόφασιν.

---

QUAEST. I. C. XLVII. [204] cf. supra c. 17. [205] desid. in Ed. Bas. [206] supra c. 29. [207] 1 Cor. c. 6. [208] supra c. 29. = C. XLVIII. [209] cf. Julii ep. (Pseudoisidori II, Fabiani ep. III, et Sixti unicam. — Ans. inter cap. Hadr. l. 3. — Cap. l. 7, c. 332. [210] *de crim..* : Ed. Bas. = C. XLIX. [211] cf. Pseudoisidorianam Julii ep. II, Zephyrini II, et Eusebii tertiam. — Ans. ib. — Cap. ib. c. 347. [212] *hujus :* Edd. Arg. Bas. Ven. I. [213] *ut nequaquam :* Edd. coll. o. — C.°L. ° ita in Ed. Bas. [214] Caput incerti temporis. — Coll. tr. p. p. 1, t. 46. c. 24.

QUAEST. II. [1] cf. supra ep. 1, c. 42.

QUAEST. III. C. I. [1] cf. infra c. 77. = C. II. [1] hab. A. 352. — Burch. l. 11, c. 57. Ivo Pan. l. 5, c. 101. Decr. p. 14, c. 27, et 101. Deusdedit p. 4, omnes ex Dionysio. [3] Desid. in Coll. Hisp.

fecerit quod statuerit, sub alia sententia cum recipi. Quod etiam circa laicos, et presbyteros, et diaconos, et omnes, qui in clero sunt, convenit observari.

### C. III. *Excommunicationis meretur sententiam qui excommunicatis communicat.*

*Item* Nicolaus Papa *ad Lotharium Regem in epistola, cujus initium :* « Audito » .

Præcipue Gualdradæ pellicis tuæ et 'jam' dudum a te repudiatæ communionem declina; excommunicata est enim et usque ad præsentiam nostram ab omni Christianorum contubernio sequestrata. Quamobrem cavendum est, ne cum ea pari mucrone percellaris sententiæ, ac pro unius mulierculæ passione vinctus et obligatus ad perenne traharis exitium. Deterius quippe in populis prælati delinquunt, ac per hoc ipsi crudelius quam ceteri puniuntur, ut ait B. Gregorius : *Scire, 'enim' prælati debent, quia si perversa unquam perpetrant, tot mortibus digni sunt, quot ad subditos suos perditionis exempla transmittunt. Unde necesse est, ut tanto se cautius a culpa custodiant, quanto per prava, quæ faciunt, non soli moriuntur.* (*Et infra* :) § 1. Ceterum præcave, ne quando nobis secundum Domini præceptum duos aut tres testes adhibeamus, imo vero ne hoc A sanctæ ecclesiæ dicamus, et (quod non optamus) de cetero fias cunctis sicut ethnicus et publicanus.

### C. IV. *De eodem.*

*Item* ex Concilio Sardicensi, c. 17.

Si episcopus 'quis' forte iracundus (quod esse non debet) cito et aspere commoveatur adversus presbyterum sive diaconum 'suum', et exterminare eum de ecclesia voluerit, providendum est, ne innocens damnetur aut perdat communionem. Et ideo habet potestatem is, qui abjectus est, ut episcopos finitimos interpellet, et causa ejus auditur ac diligentius tractetur, 'quia non oportet ei negari audientiam roganti. Et ille episcopus, qui 'aut' juste aut injuste eum abjecit, patienter accipiat, ut negotium discutiatur, 'ut' vel probetur sententia ejus a plurimis, vel emendetur. Tamen prius, quam diligenter et fideliter examinentur, eum, qui fuerit a communione separatus, ante cognitionem † nullus 'alius' debet præsumere ut communioni societ.

### C. V. *De eodem.*

*Item* ex Concilio Carthaginensi II, c. 8.

Si quis presbyter ab episcopo suo correptus fuerit, debet utique apud vicinos episcopos con-

---

### NOTATIONES CORRECTORUM.

**C. III.** Sumtum est caput hoc ex epistola [Nicolai, quæ incipit : « *Audito revertente misso vestro,* » et exstat Romæ in monasterio Dominicanorum. Est autem quasi in epitomen redactum multis verbis omissis. Hujus epistolæ bonam partem refert Regino lib. 2, Chronicorum.

**C. IV.** Canon hic eodem fere modo refertur in concilio Africano, cap. 101, usque ad vers. *Tamen.* Sed græcus Sardicensis, qui est 14, paulo copiosior est, et aliquot locis diversa etiam sententia. Propterea visum est verba græca cum versione nova apponere : Ὅσιος ἐπίσκοπος εἶπεν· τὸ δὲ παντοτέ με κινοῦν ἀποσιωπῆσαι οὐκ ὀφείλω. Εἴ τις ἐπίσκοπος ἐξύχολος εὑρίσκοιτο, ὅπερ οὐκ ὀφείλει ἐν τοιούτῳ ἀνδρὶ πολιτεύεσθαι, καὶ ταχέως ἀντικρὺ πρεσβυτέρου ἢ διακόνου κινηθεὶς ἐκβαλεῖν ἐκκλησίας τινὰ ἐθελήσοι, προνοητέον ἐστὶ μὴ ἀθρόον τὸν τοιοῦτον κατακρίνεσθαι, καὶ τῆς κοινωνίας ἀποστερῆσθαι. Πάντες εἰρήκασιν· Ὁ ἐκβαλλόμενος ἐχέτω ἐξουσίαν ἐπὶ τὸν ἐπίσκοπον τῆς μητροπόλεως τῆς αὐτῆς ἐπαρχίας καταφυγεῖν. Εἰ δὲ ὁ τῆς μητροπόλεως ἄπεστιν, ἐπὶ τὸν πλησιόχωρον κατατρέχειν, καὶ ἀξιῶν, ἵνα μετ' ἀκριβείας αὐτοῦ ἐξετάζηται τὸ πρᾶγμα. Οὐ χρὴ γὰρ μὴ ὑπέχειν τὰς ἀκοὰς τοῖς ἀξιοῦσιν. Κἀκεῖνος δὲ ὁ ἐπίσκοπος ὁ δικαίως ἢ ἀδίκως ἐκβαλὼν τὸν τοιοῦτον, γενναίως φέρειν ὀφείλει, ἵνα ἡ ἐξέτασις τοῦ πράγματος γένηται καὶ ἢ κυρωθῇ αὐτοῦ ἡ ἀπόφασις, ἢ διορθώσεως τύχῃ. Πρὶν δὲ ἐπιμελῶς καὶ μετὰ πίστεως ἕκαστα ἐξετασθῇ, ὁ μὴ ἔχων τὴν κοινωνίαν πρὸ τῆς διαγνώσεως τοῦ πράγματος ἑαυτῷ οὐκ ὀφείλει ἐκδικεῖν τὴν κοινωνίαν.

*Osius episcopus dixit : Quod autem me undequaque commovet tacere non debeo. Si quis episcopus existat ad iracundiam proclivis (quod quidem a tali viro longe abesse debet), et cito adversus presbyterum vel diaconum commotus ex ecclesia quemlibet ejicere voluerit, providendum est, ne is repente condemnetur et communione privetur. Omnes dixerunt : Qui ejicitur facultatem habeat confugiendi ad episcopum metropolis ejusdem provinciæ; sin autem metropolitanus absit, finitimum adeundi ac rogandi, ut ipsius causa diligenter cognoscatur. Minime enim decet aures non præbere rogantibus. Et ille vero episcopus, qui jure vel injuria justum ejecit, generose ferre debet causam cognosci, ipsiusque sententiam vel conformari vel corrigi. Verum prius, quam diligenter ac fideliter singula quæque examinata fuerint, qui communionem non habet ante causæ cognitionem non debet suo sibi jure communionem vendicare.*

**C. V.** *Episcopo* : In secundo Carthaginensi c. 8, quum Alipius proponit, ita legitur : *Si quis forte presbyter ab episcopo suo correptus, aut excommunicatus,* etc. Sed quum ab universis episcopis canon fertur, loco episcopi affertur nomen præpositi, et ita in Carthaginensi codice canonum, c. 11, legitur : *a præposito suo correptus.* Græce est : ἐν τῇ διαγνώσει αὐτοῦ καταγνωσθῇ id est; *in sua vitæ agendæ ratione condemnatus fuerit.* Burchardo autem et Ivoni convenit cum Gratiano.

---

QUÆST. III. C. II. *et* : ib. add. : *oportet* : ib. = C. III. scr. A. 867. — Ans. l. 3, c. 66, (l. 12, c. 36). *abest ab orig.* *gravius* : Ed. Bas. *Pastor.* p. 3, c. 4. Matth. c. 18. = C. IV. hab. A. 347. — Ans. l. 5, c. 71. Ivo Pan. l. 5, c. 127. Decr. p. 5, c. 15. *desid. ap.* Ans. *commovetur* : Ans. Ivo. — Edd. coll. o. *dejectus* : Coll. Hisp. *pertractetur* : Edd. coll. o. pr. Bas. *quia roganti* : desid. ap. Ans. *Ille vero* : Edd. coll. o. *pluribus* : Ed. Bas. *fuerint examinata* : Coll. Hisp. *fuerat* : Edd. coll. o. *privatus* : ib. † *ante cogn.* : desid. in Coll. Hisp. add. : *recipiat et* : ib. = C. V. hab. A. 390. — Coll. tr. p. p. 2, t. 16, c. 5. Burch. l. 2, c. 194. Ans. l. 12 c. 55. Ivo Decr. p. 6, c. 239. Polyc. l. 7, t. 1. *præposito* : Coll. Hisp. *correctus* : Edd. coll o.

queri, ut ab ipsis ejus causa possit audiri, ac per ipsos suo episcopo reconciliari. Quod nisi fecerit, sed superbia (quod absit.) [25] inflatus secernendum se ab episcopi sui communione duxerit, ac separatim cum aliquibus schisma faciens sacrificium Deo obtulerit, anathema habeatur [26] et locum amittat [27]. At si [f 28] querimoniam [g] justam habuerit adversus episcopum, inquirendum est.

**C. VI.** *De his qui damnati a synodo sacra ministeria contingunt*

*Item* ex Concilio Antiocheno, c. 4 [29]:

Si quis [30] episcopus damnatus [h 31] a synodo, vel [32] presbyter aut diaconus a suo episcopo, ausi [33] fuerint aliquid de ministerio sacro contingere, sive episcopus juxta præcedentem consuetudinem, sive presbyter aut diaconus, nullo modo liceat ei, nec in alia synodo, restitutionis spem aut locum habere satisfactionis, sed et communicantes ei omnes abjici de ecclesia oportet, et maxime si postquam didicerint adversum episcopum prolatam fuisse sententiam, eisdem communicare tentaverint.

**C. VII.** *Sine spe sit reconciliationis qui excommunicatis communicare præsumit.*

*Item* ex Concilio Martini papæ, c. 37 [34]:

Si quis episcopus in concilio excommunicatus fuerit, sive presbyter aut diaconus a suo episcopo [35], et post excommunicationem præsumpserit sive episcopus ille, aut presbyter aut diaconus facere oblationem, vel matutinum aut vespertinum sacrificium quasi in officio sub agere sicut prius, non liceat ei nec in alio concilio spem reconciliationis habere; nec ultra recolligi [36], sed etiam eos, qui ei communicaverint, omnes ab ecclesia respui, maxime eos, qui sciebant eum esse dejectum. Si autem perman serit turbans et concitans ecclesiam per forinsecam [i 37] potestatem, oportet eum sicut seditionarium ab omni plebe expelli.

**C. VIII.** *De episcopis, qui innocentes aut minimis causis culpabiles excommunicant.*

*Item* ex Concilio Agathensi, c. 3 [38]:

Episcopi, si sacerdotali moderatione postposita innocentes aut minimis causis culpabiles excommunicare præsumserint, aut ad gratiam baptismatis [k] festinantes fortasse recipere noluerint, a vicinis [39] episcopis ejusdem † provinciæ literis moneantur [40]; et si parere [41] noluerint, communio illis usque ad tempus synodi a reliquis episcopis denegetur [l], ne forte propter [42] excommunicationis [43] peccatum excommunicati longo tempore morte præveniantur [44].

**C. IX.** *De his qui tempore suæ excommunicationis communicare præsumunt.*

*Item* ex Concilio Africano [m 45]:

Placuit universo concilio, ut qui excommunicatus fuerit pro suo neglectu, sive episcopus sive quilibet clericus, et tempore excommunicationis suæ ante audientiam communicare [46] præsumserit, ipse in se damnationis judicetur sententiam protulisse.

**C. X.** *Deponantur episcopi, qui excommunicatis communicant.*

*Item* Nicolaus Papa [n 47]:

Teugualdum [48] Treverensem et [49] primatem Bel-

---

**NOTATIONES CORRECTORUM.**

[f] *At si :* In codice canonum, et Carthaginensis græco, et apud collectores nihil hic est interjectum. Verum in exemplaribus concilii impressis et manuscriptis ante istam clausulam hæc inseruntur : *Nihilominus et de civitate, et de congregatione, in qua fuerit, longius repellatur, ne vel ignorantes, vel simpliciter viventes serpentina fraude decipiat, quoniam, secundum Apostolum, Ecclesia una est, una fides, unum baptisma. Et si querimoniam,* etc.

[g] *At si querimoniam :* Locus hic ita habet apud Burchardum et Ivonem : *Si querimoniam justam adversus episcopum non habuerit, inquirendum erit.* Græce est : σκοπουμένου, μήποτε κατὰ τοῦ ἐπισκόπου μέμψιν ἔχοι δικαίαν ; id est : *hoc considerato, nunquid adversus episcopum justam habeat expostulationem.*

[h] *Damnatus :* Græce est : καθαιρεθεὶς, id est *depositus.*

[i] *Forinsecam :* In aliquot Gratiani et concilii codicibus est : *forasticam.* In canone quinto concilii Antiocheni, unde hoc sumtum est, legitur : διὰ τῆς ἐξωθεν ἐξουσίας ; quæ Dionysius vertit : *per potestates exteras.*

[k] *Baptismatis :* Sic etiam in manuscriptis et doctores eam vocem agnoscunt. Verum in omnibus editionibus conciliorum [**], et duobus codicibus Vaticanis, tam in concilio Agathensi quam in Vormaciensi c. 14 (ubi caput hoc repetitur), et a Burchardo et Ivone abest ea dictio. Et quum hic de excommunicatis agatur, videtur esse locus eis tantum, qui sunt baptizati, et ad gratiam, id est reconciliationem, cum suo episcopo festinant.

[l] *Denegetur :* Sic habet Ivo et Panormia, et antiquiores conciliorum editiones, et duo Vaticana exemplaria, videturque huic simile quod legitur sup. 6, q. 2, c. fin., sed in recentioribus editionibus est : *non denegetur***.

[m] In concilio, quod hodie inscribitur Africanum, caput hoc non habetur; sed in Carthaginensi inserto in codice canonum, et in græco c. 29, et refertur in quinta synodo, sessione 7, in epist. Vigilii.

[n] Caput hoc Ivo citat ex Nicolao episcopis et archiepiscopis per Galliam, Italiam, Germaniam, atque per universas provincias constitutis. In qua

---

QUÆST. III. C. V. [25] *scilicet :* Ed. Bas. [26] *anathematizetur et nihilominus locum :* Edd. coll. o. [27] *loco amisso :* Coll. Hisp. [28] *et :* ib. — C. VI. [29] hab. A. 332. — interpretatio Dionysiana. — Ans. l. 12, c. 26. Burch. l. 1, c. 199. — Ivo Decr. p. 8, c. 562, ex Isidoro. [30] desid. in Ed. Bas. [31] *damnatur :* Edd. coll. o. [32] *vel si :* eæd. [33] *et ausi :* eæd. — C. VII. [34] idem caput ex interpr. Martini Bracarensis. [35] *a suo ep. :* desid. in Coll. Hisp. [36] *reconciliari :* Edd. coll. o. [37] *forasticam :* Coll. Hisp. — C. VIII. [38] hab. A. 506. — Burch. l. 11, c. 11. Ivo Pan. l. 5, c. 128. Decr. p. 14, c. 16, et 81. ** *et Coll. Hisp.* [39] *convicinis :* Ed. Bas. † *cujuslibet :* Coll. citt. [40] *moveantur :* Edd. Bas. Ven. II. [41] *parcere :* Burch. Ivo c. 81. *** *et Coll. Hisp.* In Edd. coll. o. legitur : *denegetur.* [42] *per :* Edd. coll. o. Hisp. *excommunicatoris :* Coll. Hisp. — *in excommunicatoris :* Burch. Ivo c. 81. [43] *præveniatur :* id. — C. IX. [45] c. 29, ap. Dionys., ex conc. Carth. hab. A. 409. — Burch. l. 1, c. 200. Ans. l. 12, c. 27 (29). Ivo Decr. p. 5, c. 314. Polyc. l. 7, t. 1. [46] *communionem :* orig. = C. X. [47] in syn. Rom. hab. A. 863. — Ivo Decr. p. 8, c. 226. [48] *Theutgaudum :* orig. — Bohm. [49] desid. in orig.

gicæ provinciæ, et Guntherium Agrippinæ Coloniæ archiepiscopos, nunc coram nobis et sancta synodo, sub gestorum⁵⁰ insinuatione, qualiter causam Lotharii regis, et duarum mulierum ejus, Theibergæ⁵¹ scilicet et Gualdradæ, recognoverint et judicaverint, scriptum super hoc propriis manibus roboratum offerentes, nihil⁵² se plus vel minus aut aliter egisse ore proprio multis coram positis⁵³ affirmantes, et sententiam, quam a sede apostolica in Engeltrudem uxorem Bosonis sanctissimus frater noster Mediolanensis archiepiscopus Thado et ceteri coepiscopi nostri petiverant emittendam, et nos divino succensi zelo sub anathematis attestatione canonice protuleramus, publice se viva † voce violasse confitentes, in quibus omnibus invenimus eos apostolicas atque canonicas sanctiones in pluribus excessisse, et æquitatis normam nequiter temerasse, omni judicamus sacerdotii officio manere penitus alienos, sancti⁵⁴ Spiritus judicio et B. Petri per nos auctoritate episcopatus exutos regimine consistere ° definientes⁵⁵. Prædictis autem depositis licentiam concedimus ecclesiam ingrediendi, et communicandi sicut laici, et loquendi suas utilitates, non autem turbas concitandi vel scandalum sollicitandi illis tribuimus facultatem. Quantum autem ad episcopale ministerium specialiter⁵⁶ pertinet, nulla eis sit licentia contingendi, sicut nos cum sancta synodo jam decrevisse constat.

**C. XI.** *Clerici et laici, qui non obediunt episcopis, infames efficiuntur.*

*Item* Clemens, *epist. III omnibus coepiscopis*⁵⁷!

Si autem vobis⁵⁸ episcopis non obedierint omnes presbyteri, ·diaconi, ac subdiaconi·, et reliqui clerici, omnesque principes tam majoris ordinis quam inferioris, atque reliqui populi⁵⁹, non solum infames, sed et extorres a regno Dei et consortio fidelium, ac a liminibus sanctæ Dei ecclesiæ alieni erunt.

**C. XII.** *In Christum peccat qui veritatis doctorem contristat.*

*Item* Petrus *in ordinatione Clementis*⁶⁰:

Quicunque contristaverit doctorem veritatis peccat in Christum, et patrem omnium exacerbat Deum, propter quod et vita carebit.

**C. XIII.** *Simulata virtutum affectione obedientia episcopo non denegetur.*

*Item* Ambrosius *lib. II De officiis c.* 24:

Si quis vero non obediat episcopo, extollere atque exaltare sese desiderans, quærens etiam obumbrare merita episcopi simulata affectione doctrinæ, aut humilitatis, aut misericordiæ, is a vero devius superbit, quoniam veritatis est ea regula, ut nihil facias commendandi tui causa, quo minor alius fiat; neque⁶¹, si quid boni⁶² habeas, id ad deformationem alterius et⁶³ vituperationem exerceas. § 1. Non defendas improbum, et⁶³ sancta indigno committenda non⁶⁴ arbitreris. § 2. Neque iterum arguas⁶⁵ et impugnes eum, cujus crimen non deprehenderis.

**C. XIV.** *Episcopo non obediens dæmonum ore discerpitur.*

*Item* Anterus Papa *Episcopis Hispaniæ*⁶⁶:

Absit, ut quicquam sinistrum de his arbitremur, qui apostolico gradui succedentes Christi corpus sacro ore conficiunt, per quos nos ·etiam· Christiani sumus, qui claves regni cœlorum habentes ante judicii diem judicant. Veteri⁶⁷ quidem lege habetur quicunque sacerdotibus non obtemperasset, aut extra castra positus lapidabatur a populo⁶⁸, aut

---

**NOTATIONES CORRECTORUM.**

epistola videtur retulisse quid in concilio a se Romæ habito de Metensi synodo penitus abolenda, et depositione Thietgandi et Guntharii statutum fuerit. De quo quidem concilio et horum episcoporum depositione Regino lib. 4 Chronicorum, accurate hæc scribit: *Interea Thietgandus et Guntharius archiepiscopi Romam profecti sunt ea animi intentione, ut regem innoxium in prædicto facto demonstrarent, ac se cum cæteris coepiscopis ecclesiastica atque apostolica exercuisse decreta; stultitiæ quidem elogio decorandi, qui illam Petri sedem aliquo pravo dogmate fallere posse arbitrati sunt, quæ nec se fefellit, nec ab aliqua hæresi unquam falli potuit. Itaque quum in præsentiam Nicolai papæ venissent, libellum obtulerunt, in quo continebantur gesta synodalia, quæ in Mediomatrico urbe et Aquis ab eis statuta fuerant. Qui quum a notario coram omnibus recitatus esset, interrogavit Pontifex, si hæc scripta verbis confirmarent? Responderunt inconveniens videri, ut quod proriis manibus roboraverant verbis infirmare* mallent. *Et sic nec repulsa, nec admissa eorum assertione jussi sunt ire ad hospitia sua, quousque revocarentur. Paucis interpositis diebus ad synodum, quam papa congregaverat, sunt accersiti, ubi eorum damnata et anathematizata sunt scripta, et ipsi omnibus adjudicantibus episcopis, presbyteris et diaconis sunt deposili et omni ecclesiastica dignitate privati.*

° *Consistere*: In secundo capite concilii locus hic ita habet: *consistere; diffinientes quod, si juxta præcedentem consuetudinem tanquam episcopi ausi fuerint aliquid de sacro ministerio contingere, nullo modo liceat eis nec in alia synodo restitutionis spem aut locum habere satisfactionis. Sed et communicantes eis omnes abjici de ecclesia, et maxime si postea quam didicerint adversus memoratos prolatam fuisse sententiam, eisdem communicare tentaverint*, et sunt verba sumta ex capite: *Si quis episcopus damnatus,* supra eadem, ex concilio Antiocheno.

---

· Quæst. III. C. X. ⁵⁰ *suggestorum*: Ed. Bas. — ⁵¹ *Theibergæ*: orig. — Bohm. ⁵² *nihilque*: Bohm. ⁵³ add.: *testibus*: Edd. coll. o. pr. Bas. — Bohm. † *una*: Ivo. ⁵⁴ *Et ideo sancti*: orig. — Edd. coll. o. ⁵⁵ *definimus*: orig. ⁵⁶ *speciale*: Ed. Bas. = C. XI. ⁵⁷ Caput Pseudoisidori. ⁵⁸ *nobis*: Ed. Bas. ⁵⁹ desid. ib. = C. XII. ⁶⁰ Ex Clem. I, quam Rufinus latinam fecit. = C. XIII. ⁶¹ *ne*: Ed. Bas. ⁶² add.: *operis*: Edd. coll. o. ⁶³ *vel*: Ed. Bas. ⁶⁴ desid. in orig. ⁶⁵ *urgens*: orig. = C. XIV. ⁶⁶ Caput Pseudoisidori, cf. Hieronymi ep. ad Heliodorum. ⁶⁷ *In vet.* Edd. coll. o. — cf. Deut. c. 17. ⁶⁸ add.: *Dei*: Ed. Bas.

gladio cervice subjecta contemptum expiabat cruore. Nunc vero inobediens spirituali animadversione truncatur, et ejectus [69] ab [70] ecclesia rabido dæmonum ore discerpitur [71].

### C. XV. *Quibus papa est inimicus, his nec loqui debemus.*

*Item* Petrus in ordinatione Clementis [72]:

Si inimicus est iste Clemens alicui pro actibus suis, vos nolite exspectare, ut ipse vobis dicat, etc., ut supra in tractatu ordinandorum, ubi agitur de obedientia minorum erga majores.

### C. XVI. *Excommunicatus est qui excommunicatis communicat.*

*Item* Fabianus Episcopus epist. I [73]:

Sicut apostoli statuerunt dicentes: *Cum excommunicatis non est communicandum, et si quis cum excommunicatis aversando [74] regulas scienter saltem* p *in [75] domo simul locutus fuerit vel oraverit, ille communione privetur.*

### C. XVII. *De eodem*

*Item* Calixtus Papa epist. II c. 2 [76]:

Excommunicatos quoscunque a sacerdotibus nullus recipiat *aut rejiciat* ante utriusque partis justam excommunicationem, nec cum eis in [77] oratione, aut cibo, aut potu, aut osculo communicet, nec Ave eis dicat, quia quicunque in his vel aliis prohibitis scienter excommunicatis communicaverit [78], juxta apostolorum institutionem et ipse simili excommunicationi subjacebit [79].

### C. XVIII. *De eodem.*

*Item* Isidorus in *regula monachorum*, c. 18 q [80]:

Cum excommunicato neque orare, neque loqui (nisi quæ ad eandem excommunicationem pertinent) nec vesci liceat [81]. Si quis enim r cum eo aut palam, aut absconse locutus fuerit, statim cum eo communem excommunicationis contrahet pœnam.

### C. XIX. *De eodem.*

*Item* ex Concilio Carthaginensi IV, c. 73 [82]:

Qui communicaverit vel oraverit cum excommunicato, si laicus s est, excommunicetur; si clericus deponatur.

### C. XX. *Excommunicatorum nomina vicinis omnibus palam et publice annuntientur.*

*Item* ex decreto Honorii Papæ t [83]:

Curæ sit omnibus episcopis, excommunicatorum omnino [84] nomina tam episcopis vicinis, quam suis parochianis pariter indicare, eaque in celebri loco posita præ foribus ecclesiæ cunctis convenientibus inculcare, quatenus in utraque diligentia 'et' excommunicatis ubique ecclesiasticus aditus [85] excludatur, et excusationis causa omnibus auferatur.

II Pars. Gratian. Verum hoc de nominatim excommunicatis intelligitur. Excommunicationis enim pœnam dupliciter subimus, et dum reatum incurrimus, et dum sententia notamur.

Unde Hieronymus in *lib. Jud. homil.* II u [86]:

### C. XXI. *Duobus modis aliquis satanæ traditur.*

Audi denique Apostolum dicentem de eo, qui peccaverat: *Tradidi* [87], inquit, *hujusmodi hominem satanæ in interitum carnis, ut spiritus salvus fiat.* Vides ergo quia non [88] solum per apostolos suos tradidit Deus delinquentes in manus inimicorum, sed et per eos, qui Ecclesiæ præsident; et potestá-

---

## NOTATIONES CORRECTORUM

C. XVI. p *Saltem*: In epistola Fabiani est: *scienter psallat in domo, aut simul locutus*, etc. Sed lectio Gratiani videtur magis consentire cum canone apostolico: εἴ τις ἀκοινωνήτῳ κἂν ἐν οἴκῳ συνεύξηται, οὗτος ἀφοριζέσθω, quæ Dionysius vertit: *Si quis cum excommunicato saltem in domo simul oraverit, iste communione privetur.*

C. XVIII. q Prior pars hujus capituli usque ad vers. *Si quis enim*; habetur in regula S. Isidori (quæ missa est ex Hispania) c. 18, ex qua citat hoc Smaragdus in expositione regulæ S. Benedicti, c. 26, excepta tamen ista clausula: *nisi quæ ad eamdem excommunicationem pertinent*, quæ neque in regula B. Isidori legitur, neque apud Smaragdum. Est tamen apud Burchardum et Ivonem.

r *Si quis enim*: Hæc usque ad finem refert Smaragdus ex quodam magistro monachorum; quod notabitur infra ead., c. *Si quis frater.*

C. XIX. s *Si laicus*: Ita apud Burchardum et Ivonem part. 14, c. 108, et in Panormia. Sed in concilio ipso cum variis codicibus collato, et apud Ivonem eadem parte, c. 28, legitur: *sive clericus, sive laicus excommunicetur.*

C. XX. t Burchardus etiam, Anselmus et Ivo, p. 14, c. 113, citant ex decretis Honorii; sed idem Ivo eadem parte, c. 65, hoc ipsum tribuit Joanni VIII in concilio apud Ravennam.

C. XXI. u In hoc et sequenti capite citatur B. Hieronymus, quod ipse has Origenis homilias latinas fecit, sicut etiam supra dist. 36, c. *Si quis*, est adnotatum.

---

QUÆST. III. C. XIV. [69] *ejectus autem* : Edd. Lugdd. II, III. — *aut ejectus* : Edd. rell. [70] *de* : Edd. coll. o. [71] *decerpitur* : Edd. coll. o. pr. Lugdd. II, III = C. XV. [72] cf. ad Dist. 93, c. 1. = C. XVI. [73] Cf. can. Apost. 11. — Reg. I. 2, c. 398. Burch. l. 11, c. 55. Ans. l. 12, c. 19. Ivo Pan. l. 5, c. 95. [74] *avertendo* : Ans. — Edd. coll. o. pr. Lugdd. II, III. [75] add. : *una* : Ans. = C. XVII. [76] Caput Pseudoisidori, cf. can. Apost. 11. — Burch. l. 11, c. 38. Ans. l. 12, c. 14 (13). Ivo Pan. l. 5, c. 94. Decr. p. 14, c. 23, et 102. Polyc. l. 7, t. 1. [77] *aut* : Ed. Bas. [78] *communicaverint. — subjacebunt* : Edd. Nor. Ven. I, II. Lugdd. Par. [79] *subjaceat* : Ivo c. 102. Burch. = C. XVIII. [80] Reg. l. 2, c. 592, 593. Burch. l. 11, c. 31, 32. Coll. tr. p. 2, t. 14, c. 27, 28. Ans. l. 12, c. 16. Ivo Decr. p. 14, c. 95, 96. Polyc. l. 7, t. 1. — De secunda capitis particula cf. infra not. Corr. ad c. 28, ead. [81] *licet* : Edd. coll. o. = C. XIX. [82] c. 40. Statutt. eccl. ant., cf. ad c. 9. D. 18. — Burch. l. 11, c. 44. Ans. l. 12, c. 18. Ivo Pan. l. 5, c. 99. Decr. p. 14, c. 28, et 108. Polyc. ib. et Ans. = C. XX. [83] c. 10, conc. Ravenn. hab. A. 877. — Burch. l. 11, c. 49. Ans. l. 12, c. 32. Ivo Decr. p. 14, c. 65, et 113. [84] *desid. ap.* Burch. [85] *auditus* : Burch. — Ed. Nor. = P. II. C. XXI. [86] Imo Origenis hom. 2, in c. 2. Judicum. [87] 1 Cor. c. 5, v. 5. [88] *et modo non solum* : Edd. coll. o.

tem habent non solum solvendi, sed etiam ligandi, traduntur [89] peccatores in interitum carnis, quum pro delictis suis a Christi corpore separantur. Et (ut mihi videtur) dupliciter etiam nunc traduntur homines de ecclesia in potestatem Zabuli [90]. Uno [91] modo, quo superius diximus, quum delictum ejus manifestum sit ecclesiae, et per sacerdotes [92] de ecclesia pellitur, ut notatus ab omnibus erubescat, et converso [93] conveniat [94] illi illud quod sequitur: *ut*[95] *spiritus salvus fiat in die Domini nostri Jesu Christi*. Alio autem modo quis traditur [96] Zabulo [97], quum peccatorem ejus manifestum non sit [98] hominibus, Deus autem, qui videt in occulto [99], perspiciens ejus mentem et animam [100], vitiis ac passionibus servientem, et in corde ejus non se diligi, sed aut avaritiam, aut libidinem, aut jactantiam, aut alia hujusmodi: istum talem ipse Dominus tradit [101] satanae. Quomodo [102] eum tradit [103] satanae? Discedit a mente ejus, et avertit se, et refugit a cogitationibus ejus malis et desideriis indignis, et relinquit domum cordis ejus vacuam.

Gratian. *Quum ergo per sententiam quis nominatus fuerit, cum eo communicare non debemus. Quum autem solo reatu occulte excommunicationis contraxerit poenam, non est ab ejus communione cessandum. Unde Dominus* [104] *in evangelio tunc demum peccatorem dixit habendum sicut ethnicum et publicanum, quum ecclesiam audire contempserit. Apostolus* [105] *quoque non ait: S<sup>t</sup> quis frater est fornicator, sed: si quis frater nominatur fornicator* [106], *etc., sententiae nominationem intelligens. Hinc etiam Urbanus papa II Guitmundo* [107] *episcopo*: Sane [108] quod super Richardo. *Require in causa*: Quidam episcopus in haeresim lapsus. *Hinc etiam Christus in evangelio* [109] *zizania dixit esse toleranda usque ad messem.*

*Hinc etiam* Hieronymus [110]:

C. XXII. *Mali a bonis penitus separari non possunt.*

Nolite recedere a Domino in hodierno [111] die, hoc est donec saeculum stat; ostendat ergo mihi, quomodo Hiebusaeus, donec saeculum stat, habitet cum filiis Juda in Hierusalem, quippe quum ne ipsi quidem filii Juda [112] habitent in Jerusalem.

Ideo ergo [113] nec istud verum esse poterit, quod Hiebusaei cum Judaeis habitent [114] in Jerusalem, quandoquidem [115] ne ipsi quidem habitant in ea. Sed nos intelligamus haec spiritualiter, assumentes evangelii parabolam, quae dicit de zizaniis: *Sinite utraque crescere, ne forte, quum* [116] *vultis eradicare zizania, eradicetis simul cum ipsis etiam triticum. Et infra*: § 1. Audi ergo scripturam dicentem, quia non potuerunt [117] filii Juda disperdere Hiebusaeos, sed habitaverunt cum ipsis usque in hodiernum diem in Hierusalem. Unde deprecor vos, qui fideles estis, ut ita vitam vestram et conversationem servetis, ne in aliquo vel ipsi scandalum patiamini, vel aliis [118] scandalum faciatis: sed sit vobis summi studii summaeque cautelae, ne quis in hanc sanctam [119] congregationem 'vestram' pollutus introeat, ne quis Hiebusaeus habitet vobiscum [120]. Vides ergo [121], quia dicit scriptura, quod non potuerunt [122] ejicere filii Juda [123] Hiebusaeos de Hierusalem. Hiebusaeus autem interpretatur *conculcatio*. Ergo [124], quia non possumus ejicere istos, qui nos conculcant, eos saltem, quos possumus, quorum peccata manifesta sunt, ejiciamus. Ubi enim peccatum non est evidens, ejicere de ecclesia neminem possumus, ne forte eradicantes zizania eradicemus simul cum ipsis etiam triticum. Movet me tamen quod dixit, quia non potuerunt ejicere Hiebusaeos, id est eos qui interpretantur conculcatio. Et ideo videamus qui sunt [125] in ecclesia conculcantes. Illi sine dubio, de quibus dicit [126] Dominus in evangeliis: *Nolite mittere sanctum canibus, neque margaritas 'vestras' ante porcos, ne forte conculcent eas pedibus suis, et conversi elidant* [127] *vos*. Iste est ergo Hiebusaeus [128] conculcatio, qui indigni [129] audiunt verbum Dei, et, quum audierint, neque ut infideles discedunt, neque permanent ut fideles, sed percepta mysteriorum [130] notitia, et fidei nostrae secretioribus scrutatis [131], conversi postmodum impugnant nos, et contradictionibus suis corda nostra dirumpunt, conculcantes verbi dominici margaritas, et ornamenta fidei maculantes. De istis ergo dicitur, quia non potuerunt filii Juda ejicere Hiebusaeum de Hierusalem usque in hodiernum diem.

---

QUAEST. III. C. XXI. [89] add.: *autem*: eaed. [90] *diaboli*: Edd. Arg. Nor. Ven. I, II. [91] *hoc*: Edd. coll. o. [92] *sacerdotem*: eaed. [93] *e converso*: Ed. Lugd. II. [94] *eveniat ei*: Edd. coll. o. [95] 1 Cor. c. 5, v. 5. [96] *traditus est*: Edd. coll. o. [97] *diabolo*: Ed. Ven. II. [98] *est*: Edd. coll. o. [99] *abscondito*: eaed. [100] *animos — deservientes*: Ed. Bas. — *animum*: Edd. rell. [101] *tradidit*: Edd. coll. o. pr. Lugdd. II, III. [102] add.: *autem*: Edd. Bas. Ven. II. Lugdd. Par. [103] *tradidit*: Edd. Arg. Nor. Ven. I, II. Lugd. I. Par. [104] cf. Matth. c. 18. [105] 1 Cor. c. 5. [106] cf. c. 24 infra. [107] *Vilimundo*: Edd. Arg. Nor. Ven. I. *Guilimundo*: Edd. rell. [108] cf. c. 3. C. 24, q. 2. [109] Matth. c. 13. = C. XXII. [110] Imo Origenes hom. 21, ad c. 15. Josue. [111] *hodiernum diem*: Edd. coll. o. [112] *Hierusalem*: Ed. Bas. [113] *Israel et Juda*: ib. [114] desid. ib. [115] *habitabant*: ib. [116] *quoniam*: Edd. rell. [117] *volentes*: Edd. coll. o. — cf. Matth. c. 13, v. 29. [118] *poterant*: Ed. Bas. — *poterunt*: Ed. Lugd. II. [119] *alii*: Ed. Bas. [120] *sanctorum* Edd. coll. o. [121] *in vobis*: eaed. [122] *enim*: eaed. [123] *potuerint*: Ed. Bas. [124] *Israel vel Juda*: ib. [125] *Esto ergo*: Edd. coll. o. [126] *sint*: Ed. Bas. [127] *dicebat*: Edd. coll. o. pr. Arg. Nor. Ven. I. cf. Matth. c. 7. [128] *dirumpant*: Edd. coll. o. [129] add.: *id est*: eaed. [130] *indigne*: Edd. Lugdd. [131] *ministeriorum*: Edd. Bas. Nor. Ven. II. [132] *perscrutatis*: Edd. coll. o.

## C. XXIII. *Porcis et canibus sancta non sunt committenda.*

*Item idem super duodecim Prophetas* [133]:

Quando ergo vir ecclesiasticus, et prudens, atque intelligens, multas impietates in ea, quæ vocatur domus Dei, esse cognoverit, et non solum multas, sed et fortes, et quæ opprimere possint justitiam, et in tantum doctorum rabiem processisse, ut accipiant pretium [134] in judicio, et omnia pro muneribus faciant, pauperes 'quoque' devitent in portis, et audire contemnant, taceat in illo tempore, ne det [135] sanctum canibus, et ne [136] mittat margaritas ante porcos, qui conversi conculcent eas; et imitetur Hieremiam [137] dicentem: *Solus sedebam, quia amaritudine repletus sum* [138], 'et illud in Psalmo [139]: *Singulariter sum ego, donec transeam*'.

## C. XXIV. *Cum pagano comedere, sed cum excommunicato minime licet.*

*Item* Joannes Chrysostomus, *hom. XXV. ad cap. 11, epist. ad Hebræos:*

Ad mensam quippe paganorum si volueris [140] ire, sine ulla prohibitione permittimus. *Et infra*: § 1. Si [141] enim quis frater, inquit, nominatur inter vos. Fratrem in hoc loco omnem fidelem simpliciter intellige, non [142] monachum tantum. Quid autem est quod facit [143] fraternitatem, nisi lavacrum regenerationis, quod facit posse vocari Deum patrem [144]? *Et infra*: § 2. Si quis, inquit, nominatus ᵛ fuerit frater fornicator, aut avarus, aut ebriosus, cum hujusmodi nec cibum sumere [145]. Quum autem de paganis ageret, non ita, sed [146]: Si quis vos vocaverit ex infidelibus (paganos significans), et vultis ire, omne quod apponitur vobis comedite. Si quis frater A nominatur ebriosus, etc. O quanta integritas! Nos 'autem' non solum non fugimus ebriosos, sed etiam imus ad eos, participantes cum eis.

Gratian. *Evidenter itaque ex præmissis apparet quod eorum communionem vitare non cogimur qui sententia notati non sunt. Sed ipsius sententiæ notatio multipliciter intelligitur.* § 1. *Aliquando enim arcetur quis a liminibus ecclesiæ et a communione corporis et sanguinis Christi, vel teste conscientia, juxta illud Apostoli* [147]: Probet se homo, et sic de pane illo edat et de calice bibat, quia qui indigne manducat et bibit, judicium sibi manducat et bibit. *Item illud Prosperi* [148]: Facilius sibi Deum placabunt, etc., *require infra causa XXXIII.* Maleficiis impeditus, quæst. 1. de pœnitentia; *vel sententia ecclesiastica, sicut pœnitentes, quibus tempore præfinito beneficium reconciliationis impenditur. Hæc sententia excommunicatio vocatur, quia a communione corporis et sanguinis Christi notatum prohibet, sicut et Adam ab esu ligni vitæ excommunicatus est, Domino dicente* [149]: Videte, ne forte sumatis de ligno vitæ. *Qua sententia non separatur quis a consortio fidelium. Est et alia sententia, quæ anathema vocatur, qua quisque separatur a consortio fidelium, de qua supra*: Cum excommunicatis nolite communicare. § 2. *Hanc distinctionem licet cuique advertere ex auctoritate Joannis Papæ:* Engeltrudam [150] uxorem Bosonis, etc. *Require supra in causa*: Quidam episcopus a propria sede dejectus. *Item ex auctoritate ejusdem* [151]: Si quis domum Dei violaverit, etc. *Require infra in causa XVII.* Quidam presbyter infirmitate gravatus. *Item ex auctoritate Silvestri*

## NOTATIONES CORRECTORUM.

C. XXIV. ᵛ *Nominatus*: Gratianus putavit Chrysostomum eo modo interpretari istam vocem, quo fere interpretatus est Augustinus, supra 2. q. 1. c. *Multi*. Locus integer græce sic habet: Καὶ οὐδὲ τὸν Παῦλον δέδοικας, εἰς μὲν Ἑλλήνων τράπεζαν, εἰ βουλοίμεθα, ἀκολύτως συγχωροῦντα ἀπελθεῖν, εἰς δὲ τὰς τῶν πλεονεκτῶν οὐδὲ βουλομένους ἐῶντα. Ἐὰν γάρ τις ἀδελφὸς ὀνομαζόμενος ᾖ, φησίν, ἀδελφὸν ἐνταῦθα λέγων πάντα τὸν πιστὸν ἁπλῶς, οὐ τὸν μονάζοντα. Τί γάρ ἐστι τὸ ποιοῦν τὴν ἀδελφότητα; τὸ λουτρὸν τῆς παλιγγενεσίας, τὸ δυνηθῆναι καλήσαι πατέρα τὸν Θεόν. Ὥστε ὁ μὲν κατηχούμενος, κἂν μοναχός ᾖ, οὐκ ἀδελφός, ὁ δὲ πιστός, κἂν κοσμικός ᾖ, ἀδελφός ἐστιν, εἴ τις, φησίν, ἀδελφὸς ὀνομάζεται. οὐδὲ γὰρ ἴχνος τότε μοναχόντος ἦν, ἀλλὰ πάντα πρὸς κοσμικοὺς διελέγετο ὁ μακάριος οὗτος. ἐάν τις, φησίν, ἀδελφὸς ὀνομαζόμενος ᾖ πόρνος, ἢ πλεονέκτης, ἢ μέθυσος. τῷ τοιούτῳ μηδὲ συνεσθίειν, ἀλλ' οὐκ ἐπὶ τῶν Ἑλλήνων οὕτως, ἀλλ' ἐάν τις ὑμᾶς καλέσῃ τῶν ἀπίστων (τοὺς Ἕλληνας λέγων) καὶ θέλετε πορεύεσθαι, πᾶν τὸ παρατιθέμενον ὑμῖν ἐσθίετε, ἐάν τις ἀδελφὸς ὀνομαζόμενος ᾖ, φησί, μέθυσος. Βαβαὶ πόση ἡ ἀκρίβεια; ἡμεῖς δὲ οὐ μόνον οὐ φεύγομεν τοὺς μεθύσους, ἀλλὰ καὶ ἀπερχόμεθα πρὸς αὐτούς, μεθέξοντες τῶν παρὰ αὐτῶν. Id est: *Et neque Paulum veritus es, ad mensam quidem Græcorum, si voluerimus, ire non prohibentem; ad mensam autem avarorum et aliena auferentium ne volentes quidem permittentem. Nam si quis, inquit, qui frater nominatur inter vos, fratrem hoc loco dicens omnem fidelem simpliciter, non monachum tantum. Quid autem est quod facit fraternitatem? lavacrum regenerationis, id quod possumus Deum vocare patrem. Proinde qui catechumenus est, etiamsi monachus sit, non est frater: qui vero fidelis est, etiamsi sæcularis sit, frater est. Si quis, inquit, qui frater nominatur.* Neque enim vestigium tunc monachi erat, sed omnia ad sæculares loquebatur tunc B. Paulus: *Si quis, inquit, qui frater nominatur, fuerit fornicator, aut avarus, aut ebriosus, cum hujusmodi nec cibum sumere. Quum autem de Græcis ageret, non ita, sed*: Si quis vocat vos infidelium, Græcos significans, et vultis ire, omne, quod vobis apponitur, manducate. Si quis, inquit, qui frater nominatur, sit ebriosus. Papæ quanta diligentia! *Nos autem non solum non fugimus ebriosos, sed etiam abimus ad eos, una sumpturi quæ ab ipsis.*

---

Quæst. III. C. XXIII. [133] Comm. in Amos. c. 5, v. 12. [134] *præmium*: Ed. Bas. [135] desid. in Ed. Bas. [136] Matth. c. 7. [137] Hierem. c. 45, v. 17. [138] *eram*: Edd. coll. o. [139] Psalm. 49. = C. XXIV. [140] *volueris*: Edd. coll. o. [141] 1 Cor. c. 5, v. 11. [142] desid. in Ed. Bas. [143] *vocat*: Edd. coll. o. [144] add.: *omnipotentem*: Ed. Bas. [145] add.: *debetis*: Edd. Bas. Par. Lugdd. [146] 1 Cor. c. 10, v. 27. [147] 1 Cor. c. 11, v. 28. [148] c. 32. D. 1, de pœn. [149] Gen. c. 3, v. 22. [150] C. 3, q. 4, c. fin. [151] C. 17, q. 4, c. 21.

*papæ :* Præsenti [152] decreto censemus, etc. *Require supra in causa :* In infamia cujusdam episcopi. § 3. Juxta igitur hanc distinctionem *intelligenda est illa auctoritas Innocentii papæ II* [153] : Si quis suadente diabolo, etc., *ut infra in causa :* Quidam presbyter, *ut juxta etymologiam vocabuli anathemati, id est separationi, subjaceat qui in edictum illud inciderit, qui a corpore et sanguine Christi et ab ingressu ecclesiæ se alienum facit, qui impias manus in clericum injicere ausus fuerit; qui etiam a nullo episcoporum absolvi, id est more pœnitentium reconciliari, poterit, nisi prinum apostolico conspectui se repræsentare curaverit.* § 4. *Illud autem Petri de Clemente* [154] *:* Si inimicus est iste Clemens, etc., *de sententia notalis intelligendum est*, *sicut et illud Urbani* [155] : Quibus episcopi non communicant, etc., *ut infra in eadem causa. Ceterum falsum esset illud Vasensis concilii II* [156] *:* Si tantum episcopus alieni sceleris se conscium novit. *Item et illud* [157] *:* Placuit, ut si quando episcopus, etc., *require supra in causa :* Duo fornicatores et infamia notati.

**C. XXV.** *Communicare non licet iis, qui excommunicatis communicant.*

*Item* Gregorius *clero et populo Salonitano* w [158] :

Rogo, hortor et moneo, ut a prohibitæ vos communionis consortio per omnia suspendatis, ne cuiquam sacerdoti, suprascripto Maximo communicanti, contra animam suam quisquam vestrum communicare præsumat.

**C. XXVI.** *Nullus clericorum vel laicorum ad domum excommunicati accedat.*

*Item ex Concilio Toletano I, c.* 15 [159]:

Si [160] quis laicus abstinetur, ad hunc vel ad domum ejus vel clericorum vel religiosorum nullus accedat. Similiter et clericus si abstinetur, a clericis devitetur [161]. Si quis [162] cum illo colloqui aut convivari fuerit deprehensus, etiam ipse abstineatur. Sed hoc pertineat ad eos clericos, qui ejusdem episcopi sunt, et ad omnes, qui commoniti fuerint de eo, qui abstinetur, sive laico quolibet sive clerico.

**III Pars.** Gratian. *Sed hoc specialiter in his, qui excommunicatis nominatim communicant. Unde Urbanus* [163] *:* Sane quod super Richardo, etc., *infra in causa :* Quidam episcopus in hæresim lapsus. *Item Nicolaus papa in cap.* Excellentissimus rex Carolus, etc., *infra, circa finem hujus causæ* [164].

**C. XXVII.** *Sententia pastoris timenda est, licet injuste liget.*

*Item* Urbanus *omnibus Episcopis, c.* 5 [165] :

Quibus episcopi non communicant non communicetis, et quos ejecerint non recipiatis. Valde enim est timenda sententia episcopi, licet injuste liget.

**C. XXVIII.** *Excommunicationis contrahit pœnam qui excommunicatis communicat.*

*Item ex VIII Synodo* x [166] :

Si quis frater aut palam, aut absconse cum excommunicato fuerit locutus, aut junctus [167] communione, statim cum eo excommunicationis contrahat pœnam.

**C. XXIX.** *De eodem.*

*Item ex* Concilio Carthaginensi II, *c.* 7 [168] :

Qui merito facinorum suorum ab ecclesia pulsi sunt, si ab aliquo episcopo, aut [169] presbytero, vel clerico fuerint in communione suscepti, etiam ipse pari cum eis crimine teneatur [170] obnoxius, refugiens y sui episcopi regulare judicium.

**C. XXX.** *Qui sententiam episcopi putat esse injustam recurrat ad synodum.*

*Item ex* Concilio Carthaginensi IV, *c.* 66 [171]:

Clericus, qui episcopi circa se districtionem injustam putat, recurrat ad synodum.

## NOTATIONES CORRECTORUM.

**C. XXV.** w *Salonitano :* In regesto B. Gregorii lib. 5, c. 148, leguntur hæc verba in epist. 48, scripta clero, nobilibus ac populo Jaderæ consistentibus, [al. *Jadertino.*]

**C. XXVIII.** x Canon hic neque habetur in VIII synodo, quæ habita fuit tempore Nicolai I, neque in alia, quæ et ipsa nominatur octava sub Joanne VIII celebrata, quæ in bibliotheca Vaticana servantur. Multa vero, quæ a Graliano ex VIII synodo citantur, in regulis Basilii, Isidori, et aliis scriptis ad monachos pertinentibus inventa sunt. Hoc quidem supra ead. *Cum excommunicato*, fuit tributum Isidoro, quemadmodum etiam a Burchardo et Ivone. Sed Smaragdus in expositione regulæ B. Benedicti cap. 26, quum antea egisset de monacho, a suo præposito excommunicato, hæc scribit valde similia : *Hinc quidam magister monachorum ait :* Si quis vero frater aut palam, aut absconse cum eo fuerit locutus aut conjunctus, communem cum eo excommunicationis contrahat pœnam, *quæ lectio convenit cum lectione Burchardi et Ivonis.*

**C. XXIX.** y *Refugiens :* In concilio, cum multis impressis et manuscriptis codicibus collato, legitur *refugientes ;* apud Burchardum vero et Ivonem : *refugientibus*, quod convenit cum canone græco, qui est nonus; omnia vero hæc verba : *refugientes sui episcopi regulare judicium*, in recentioribus conciliorum editionibus non sunt hoc loco, sed post vers. *suscepti*. A Soriensi autem codice regis catholici omnino absunt.

---

QUÆST. III. C. XXIV. [152] C. 5, q. 2, c. 2. [153] C. 17, q. 4, c. 29. [154] D. 93, c. 1. [155] infra c. 27. [156] C. 6, q. 2, c. 2. [157] ib. c. 3. = C. XXV. [158] Ep. ad clerum et populum Jaderæ, ep. 27 (scr. A. 596), l. 6. Ed. Maur. = C. XXVI. [159] hab. A. 400. — Ivo Decr. p. 14, c. 30. [160] *Quisquis :* Coll. Hisp. [161] *evitetur :* ib. [162] add. : *vero :* Edd. coll. o. pr. Arg. — P. III. [163] C. 24, q. 2, c. 3. [164] infra c. 102. = C. XXVII. [165] Caput Pseudoisidori, cf. Clem. I, et Greg. M. hom. 26. — Ans. l. 6, c. 145 (150), l. 12, c. 25. Burch. l. 11, c. 1. Ivo Decr. p. 14, c. 74. Polyc. l. 6, t. 1. = C. XXVIII. [166] cf. supra c. 18. [167] *conjunctus :* Ed. Bas. = C. XXIX. [168] hab. A. 390. — Burch. l. 11, c. 43. Ivo Pan. l. 5, c. 98. Decr. p. 14, c. 28; et 107. Polyc. l. 7, t. 1. [169] *aut presb. :* desid. in Coll. Hisp. [170] *teneantur obnoxii refugientes :* Ed. Bas. et Coll. Hisp. = C. XXX. [171] Statutt. eccl. ant. c. 68.

## C. XXXI. Vincula ecclesiastica non sunt contemnenda.

*Item* Joannes Chrysostomus, *homil. IV, c. 2, epist. ad Hebræos* [172] :

Nemo contemnat vincula ecclesiastica. Non enim homo est qui ligat, sed Christus, qui ' nobis ' [173] hanc potestatem dedit, et dominos fecit homines [174] tanti honoris.

## C. XXXII. Satanæ traditur qui ab ecclesia excommunicatur.

*Item* Augustinus *de verbis Apostoli, serm. LXVIII* [175]:

Omnis Christianus, dilectissimi, qui a sacerdotibus excommunicatur, satanæ traditur [176]: quomodo? scilicet, quia extra ecclesiam diabolus est, sicut in ecclesia Christus, ac per hoc quasi diabolo traditur [177] qui ab ecclesiastica [178] communione removetur. Unde illos, quos tunc Apostolus satanæ esse traditos prædicat, excommunicatos a se esse demonstrat.

## C. XXXIII. De eodem.

Idem *tractatu XXVII ad cap. 6 Joannis.*

Nihil sic debet formidare Christianus quam separari a corpore Christi. Si enim separatur a corpore Christi, non est membrum ejus. Si non est membrum ejus, non vegetatur spiritu ejus. *Quisquis autem,* inquit Apostolus [179], *spiritum Christi non habet, hic non est ejus.*

Gratian. *Item* Hieronymus [180] : Quorum [181] remiseritis peccata, etc., *id est, quibus ecclesiam interdixeritis, nisi reconciliati per satisfactionem fuerint, ipsis janua regni cœlestis clausa erit.*

## C. XXXIV. Vicini episcopi audiant eos, qui de judiciis episcoporum suorum queruntur.

*Item ex Concilio Milevitano, c.* 22 [182]:

Presbyteri, diaconi, vel ceteri inferiores clerici, in causis, quas habuerint, si de judiciis episcoporum suorum questi [183] fuerint, vicini episcopi eos audiant, et inter eos quidquid est finiant, adhibitis ab eis ex consensu episcoporum suorum. Quod si 'et' ab eis provocandum putaverint, non provocent nisi ad Africana concilia, vel ad primates provinciarum suarum. Ad transmarina autem qui putaverit [184] appellandum, a nullo intra Africam in communione suscipiatur.

## C. XXXV. Injusta episcoporum damnatio irrita esse censetur.

*Item ex Concilio Carthaginensi IV, c.* 28 [185]:

Irritam esse injustam episcoporum damnationem [186], et idcirco a synodo retractandam.

## C. XXXVI. Qui causæ suæ adesse et innocentiam suam asserere voluerit, intra annum excommunicationis hoc faciat.

*Item ex Concilio Carthaginensi V, c.* 12 [187] :

Rursus constitutum est, ut quoties clericis convictis vel ᶜ confessis in aliquo crimine, vel propter eorum, quorum verecundiæ parcitur, vel propter ecclesiæ opprobrium, aut insolentem insultationem hæreticorum atque gentilium, si forte causæ suæ adesse voluerint et innocentiam suam asserere, intra annum excommunicationis hoc faciant. Si vero intra annum causam suam purgare contempserint, nulla eorum vox 'postea' penitus audiatur.

## C. XXXVII. Audientiam sibi negat qui excommunicationis suæ causam agere intra annum differt.

*Item* Gelasius [188] :

Quicunque intra anni spatium civiliter [189] sive publice causam suam coram suis excommunicatoribus non peregerint, ipsi sibi aditum audientiæ clausisse [190] videantur. Quod si obstinato animo sine communione defuncti fuerint, nos, eorum causam juxta B. Leonis prædecessoris nostri sententiam divino judicio reservantes, quibus vivis non communicavimus nec mortuis communicare debemus [191].

## C. XXXVIII. PALEA [192].

« Qui vero excommunicato scienter communicaverit, et amodo saltem in domo simul oraverit, atque latebras [193] quo minus ad satisfactionem perducatur præbuerit, donec ab excommunicatore [194] pœnitentiam accipiat, corporis et sangui-

---

### NOTATIONES CORRECTORUM.

C. XXXII. ᵃ Sic etiam citat Ivo p. 14, c. 50; sed p. 2, c. 94, conjuncte cum multis aliis verbis videtur citare ex libris de unico baptismo.

C. XXXIII. ᵃ *Hieronymus* : Hæc non sunt inventa apud B. Hieronymum, sed in epist. 2 Eutychiani, quem citat Ivo.

C. XXXIV. ᵇ Huic capiti in vulgatis codicibus præpositum erat nomen Paleæ; sed in omnibus vetustis Gratiani exemplaribus habetur. Citatur autem supra 2, q. 6, c. *Placuit.*

C. XXXVI. ᶜ *Vel* : In omnibus locis indicatis legitur: *et**. Sed manuscripta Gratiani exemplaria concordant cum vulgatis. In aliquibus tamen est : *convicti clerici*** *vel confessi.* Apud Ivonem vero legitur : *ut aliquoties clerici convicti et confessi,* et vocem *aliquoties* habet etiam Burchardus.

---

Quæst. III. C. XXXI. [172] Ivo Pan. l. 5, c. 88. Decr. p. 14, c. 48. [173] desid. ap. Iv. [174] add. : *esse* : Ed. Bas. = C. XXXII. [175] Caput incertum. — Ivo Decr. p. 2, c. 94, p. 14, c. 50. [176] *tradi dicitur* : Ivo. [177] *tradi dicitur* : Ed. Bas. — Ivo. [178] *ecclesiæ* : Ed. Bas. = C. XXXIII. [179] Rom. c. 8, v. 9. [180] *Dominus* : Ed. Bas. — cf. Ivo Decr. p. 14, c. 53. [181] Matth. c. 16, v. 19. = C. XXXII. [182] hab. post. A. 416. — cf. conc. Afric. ap. Dion. c. 92. — supra C. 7, q. 6, c. 35. [183] *conquesti* : Edd. coll. o. [184] *putaverint —, suscipiantur* : ex l. — Coll. Hisp. = C. XXXV. [185] c. 51. Statutt. eccl. ant. — cf. ad c. 9. D. 18. [186] add. : *censemus* : Edd. coll. o. = C. XXXVI. [187] hab. A. 401. — Burch. l. 2, c. 182. Ivo Decr. p. 6, c. 232. Polyc. l. 7, t. 1. ᵃ et Coll. Hisp. ᵇ ita in Ed. Bas. = C. XXXVII. [188] Caput incerti temporis. — Coll. tr. p. p. 4, t. 46, c. 21. Burch. l, 11, c. 47. Ans. l. 12, c. 24 (29). Ivo Pan. l, 5, c. 136. Decr. p. 14, c. 111. Polyc. ib. — [189] *civ. sive* : desid. ap. Ans. [190] *claudere* : Ans. [191] *possumus* : Burch. Ans. Ivo. — cf. C. 24, q. 2, c. 1. = C. XXXVIII. [192] Burch. l. 11, c. 48. Ivo Decr. p. 14, c. 142. ex ejusdem Gelasii decretis. — Caput æque incertum. — desid. in Ed. Bas. [193] add. : *defensionis* : Burch. Ivo. [194] add. : *episcopo* : Edd. coll. o.

nis Domini communione privatum se esse cognoscat. »

**C. XXXIX.** *Tardius recipiatur ad veniam qui sacerdote jubente de ecclesia exire contemnit.*

Item ex Concilio Ilerdensi, c. 10 [195]:

Qui jubente sacerdote pro qualicunque [196] culpa ab ecclesia exire] contemserit [197], pro noxa contumaciæ [198] tardius recipiatur ad veniam.

Gratian. *Sed quæritur, si ante damnati absolutionem episcopum mori contigerit, utrum damnatus postea valeat absolvi?*

*De his ita statutum est* in Concilio Epaunensi, c. 28 [199]:

**C. XL.** *A successore solvatur qui post mortem episcopi remanet ligatus.*

Si episcopus ante damnati absolutionem obitu rapiatur, correctum aut pœnitentem successori licebit absolvere.

Gratian. *Præmissis auctoritatibus, quibus injustæ sententiæ usque ad examinationem utriusque partis parere jubemur, ita respondetur: Gregorius non dicit sententiam injuste latam esse servandam, sed timendam, sicut et Urbanus. Timenda est ergo, id est non ex superbia contemnenda. Reliquæ vero auctoritates de excommunicatis loquuntur, qui vel vocati ad synodum venire contempserunt, vel calliditatibus adversantium occurrere nescientes injustam sententiam a judice reportaverunt, vel qui, neglectu suæ vitæ sinistram de se opinionem nasci permittentes, sententiam in se exceperunt. Hos siquidem solos excommunicationis sententia feriri licet.*

*Unde in* Meldensi Concilio, c. 56 [200]:

**C. XLI.** *Quibus culpis exigentibus aliquis sit communione privandus.*

Nemo episcoporum quemlibet sine certa et manifesta peccati causa communione privet ecclesiastica. Sub anathemate [d] autem sine conscientia archiepiscopi, aut coepiscoporum nullum præsumat ponere [201], nisi unde canonica docet auctoritas,

A quia anathema est æternæ mortis damnatio, et non nisi pro mortali debet imponi crimine, et illi [202], qui aliter non potuerit corrigi.

**C. XLII.** *Pro paucis et levibus causis nullus communione privetur.*

Item ex Concilio Arvernensi [e] [203]:

Nullus sacerdotum quemquam rectæ fidei hominem pro parvis et levibus causis a communione suspendat, præter eas culpas, pro quibus antiqui patres arceri ab ecclesia jusserunt committentes.

**C. XLIII.** *Pro his tribus criminibus quilibet communione privetur.*

Item ex Concilio Triburiensi [204]:

Certum est, pro his tribus criminibus aliquem excommunicari debere, quum ad synodum canonice B vocatus venire contemnit [205], aut si post, quam illuc venerit, sacerdotalibus respuit obedire præceptis, aut si ante finitam causæ suæ examinationem a synodo abire [206] præsumit.

IV Pars. Gratian. *De his, inquam, et hujusmodi præmissæ auctoritates loquuntur, non de injuste suspensis. Quod autem injustæ sententiæ parendum non sit, multis auctoritatibus probatur. Quarum prima est illa* Hieronymi *super Matthæum libro III* [f] [207]:

**C. XLIV.** *Sententia pastoris reum vel innocentem non constituit vel facit.*

Quomodo sacerdos mundum leprosum non facit, sic episcopus vel presbyter non alligat eos, qui insontes sunt, nec solvit noxios, sed pro officio suo C quum peccatorum varietates audierit, scit qui ligandus sit, qui solvendus.

**C. XLV.** *De eodem.* PALEA.

Item Augustinus *super Matthæum* [208]:

« Ridiculum est, ut eum mundum [209] esse dicamus, qui vinculis peccatorum suorum ligatus est, propter hoc solum, quod episcopus [210] dicitur habere hujusmodi potestatem, ut soluti ab eo soluti

---

NOTATIONES CORRECTORUM.

C. XLI. [d] *Sub anathemate*: In concilio Meldensi, et adjectis Capitularibus Caroli filii Ludovici legitur: *Anathema autem sine consensu archiepiscopi aut coepiscoporum, prælata etiam evangelica admonitione, nulli imponat.* Ceteri autem collectores parum a D Gratiano discrepant.

C. XLII. [e] In concilio Arvernensi quod exstat, non habetur, sed in Aurelianensi V., c. 2, et in Vormaciensi, c. 43.

C. XLIV. [f] Varie hic locus legitur apud collectores. Apud B. Hieronymum sic habet: *Legimus in Levitico de leprosis, ubi jubentur ut ostendant se sacerdotibus, et si lepram habuerint, tunc a sacerdote immundi fiant, non quo sacerdotes leprosos faciant et immundos, sed quo habeant notitiam leprosi et non leprosi, et possint discernere qui mundus, quive immundus sit. Quomodo ergo ibi leprosum sacerdos mundum vel immundum facit, sic et hic alligat vel solvit episcopus et presbyter non eos, qui insontes sunt vel noxii, sed pro officio suo, quum peccatorum audierit varietates, scit qui ligandus sit, quive solvendus.*

---

Quæst. III. C. XXXIX. [195] hab. A. 524. [196] *quacunque*: Coll. Hisp. — Ed. Bas. [197] *contemserint* — *recipiantur*: Coll. Hisp. [198] *contumeliæ*: Edd. coll. o. = C. XL. [199] hab. A. 517.—Burch. l.11, c. 50. Ivo Pan. l.5, c.121. Decr. p. 14, c. 114.=C. XLI. [200] hab. A. 845.—Burch. l. 11, c. 40. Ivo Pan. l. 5, c. 93. Decr. p. 14, c. 80. Abbo Flor. ap. Mabill. Anal. vet. c. 56, *ex Coloniensi c.* 56. [201] *punire*: Ed. Bas. [202] *illis*: Edd. coll. o., et infra: *potuerint*: Ed. Arg. — *potuerunt*: Edd. rell. = C. XLII. [203] hab. c. A. 550. — cf. Coll. conc. Gall. ed. a. Dom *Labat* p. 1067, seq. = C. XLIII. [204] Non exstat in Triburiensi impresso. — Burch. l. 11, c. 74. Ivo Pan. l. 5. c. 112. Decr. p. 14, c. 122. [205] *contemserit*: Ed. Bas. [206] add.: *profugus*: Coll. cit.=C. XLIV. - P. IV. [207] in comm. in c. 56. Matth.—Ans. l. 7, c. 130. Ivo Pan. l. 5, c. 86. Decr. p. 14, c. 7. = C. XLV. [208] Caput incertum. [209] desid. in Edd. coll. o. pr. Par. Lugdd. [210] *episcopum*: Ed. Bas.

sint in cœlo, et ligati in terris ligati sint in cœlo. Sit ergo irreprehensibilis qui alterum ligat aut solvit [211].

**C. XLVI.** *Non est petenda absolutio, quum inique fertur sententia.*

*Item* Gelasius papa episcopis orientalibus *de damnatione Dioscori* [§ 212].

Cui est illata sententia deponat errorem, et vacua est; sed [213] si injusta est, tanto eam curare non debet, quanto apud Deum et ecclesiam ejus neminem potest iniqua gravare sententia. Ita ergo ea se non absolvi desideret, qua se pullatenus perspicit obligatum.

**C. XLVII.** *Deus non nocet, nec nocere alicquem patitur injuste.*

*Item* Augustinus *de summo bono* [214].

Secundum catholicam fidem, 'et sanam doctrinam et intelligentibus perspicuam veritatem', nec naturæ Dei nocere potest quisquam, nec natura Dei nocere injuste cuiquam, vel nocere [215] injuste [216] patitur quemquam. *Qui enim nocet* (ait [217] Apostolus) *recipiet illud* [218] *quod nocuit*.

**C. XLVIII.** *Injusta vincula dirumpit justitia.*

Idem *sermone* 16 *de verbis Domini* [219].

Cœpisti habere fratrem tuum tanquam publicanum; ligas illum in terra, sed ut [220] juste alliges vide. Nam injusta vincula dirumpit justitia. 'Quum autem [h] correxeris, et concordaveris, cum fratre tuo, solvisti illum in terra;' quum [221] solveris in terra, solutus erit 'et' in cœlo.

**C. XLIX.** *Temeritas judicandi non ei, qui judicatur, sed judici nocet.*

Idem *de sermone Domini in monte*, *l. II*, c. 29 [222].

Temerarium judicium plerumque nihil nocet ei, de quo temere judicatur. Ei autem, qui temere judicat, ipsa temeritas necesse est ut noceat.

**C. L.** *Non obest homini injusta sententia.*

Idem *ad Clerum Hipponensem epist. CXXXVII* [223].

Quid obest homini, quod ex illa tabula non vult A cum recitari [224] humana ignorantia, si de libro vivorum non eum delet [225] iniqua conscientia?

**C. LI.** *De eodem.*

Idem *in libro contra Secundinum Manichæum*, c. 1 [226].

Senti de Augustino quidquid libet: sola me in oculis Dei conscientia non accuset [227].

**C. LII.** *Quos conscientia justificat, aliorum maledicta non timeant.*

*Item* Gregorius Constantino, Mediolanensi Episcopo, *lib. VI, epist.* 14 [228].

In cunctis, quæ in hac vita adversa proveniunt, sola est, sicut nostis, omnipotentis Dei districtio pensanda, atque ad cor semper proprium recurrendum, ut nullius 'nos' ibi lingua impliciet, ubi conscientia non accusat [229]. Quem enim conscientia defendit, 'et' inter accusationes liber est, et liber [230] 'vel' sine accusatione esse non potest, si sola, quæ interius addicit [231], conscientia accuset. De vestra igitur sanctitate absit a Christianorum judicio ea, quæ maledicorum hominum rumoribus conficta credimus, in qualicunque modulo suspicionis adduci, quia 'ex [232] sacri eloquii testimonio tenemus, ut majora mala i quum forsitan dicuntur, nisi [233] probata credi non debeant, sed probata citius ulcisci. *Et infra:* § 1. Hæc [234] igitur dixi, ut nimiæ esse levitatis ostenderem, si quis [235] mala gravia credere studeat, quæ probari non possunt. Unde sanctitas vestra debet mentem suam a maledicorum hominum rumoribus atque obtrectatione [236] disjungere, et sola quæ æternæ vitæ sunt atque ad utilitatem subditorum proficiunt cogitare.

**C. LIII.** *Frustra damnatur ab homine quem Deus justificat.*

*Item* Augustinus *in Psal. XXXVI*, *concione* 3, *ad vers. Nec damnabit eum* [237].

Et si ad tempus [k] damnaris ab homine, et si dixit [238] sententiam proconsul [239] in Cyprianum, alia [240] est sella terrena, aliud tribunal cœlorum [241].

## NOTATIONES CORRECTORUM.

**C. XLVI.** [g] *Damnatione Dioscori*: Sic etiam in manuscriptis. Apud Ivonem est: *de communione Achatii vitanda.* Et Dioscorus quidem in Chalcedonensi synodo et a sancto Leone I, damnatus est, Achatius autem a Felice III et Gelasio ipso.

**C. XLVIII.** [h] *Quum autem*: Emendatus et locupletatus est hic locus ex originali, Ivone et Panormia.

**C. LII.** [i] *Majora mala*: Sic emendatum est ex originali et Nicolao.', et sæpe in hac epistola repetitur: *mala gravia.* Antea legebatur: *mala majorum.*

**C. LIII.** [k] *Et si ad tempus*: Apud B. Augustinum, de divino judicio agentem, sic legitur: *Quando erga ventum fuerit ad illud judicium, non enim damnabit, et si ad tempus videtur damnari ab homine, et si dixit sententiam,* etc.

---

QUÆST. III. C. XLV. [211] *absolvit*: Ed. Bas. = C. XLVI. [212] Imo Felix III, in tract. contra Acacii sectatores. — Ivo Decr. p. 14, c. 8. [213] *desid.* in Ed. Bas. = C. XLVII. [214] *ex l.* 3 *de natura boni* c. 39. — Ivo Decr. p. 14, c. 9. [215] *noceri*: Ed. Bas. [216] *impune*: orig. [217] *ut ait*: Edd. coll. o. — cf. Coloss. c. 3, v. 25. [218] *hoc*: eæd. = C. XLVIII. [219] Sermo 82. Ed. Maur. — Ivo Pan. l. 5, c. 83. Decr. p. 14, c. 5. [220] *utrum*: Ed. Bas. [221] *quem solveris, inquit, in etc.*: Edd. coll. o. = C. XLIX. [222] Ivo Decr. p. 14, c. 10. = C. L. [223] scr. A. 404. — Ivo Decr. p. 14, c. 11. Polyc. l. 7, t. 1. [224] *delere*: Edd. coll. o. [225] *delent*: eaed. — Ivo. = C. LI. [226] Ivo Decr. p. 14, c. 12. [227] *accusat*: Ed. Bas. = C. LII. [228] Ep. 14, (scr. A. 597), l. 7. Ed. Maur. [229] *accuset*: Edd. Arg. Nor. Ven. 1. [230] desid. in Ed. Bas. [231] *adjicit*: Edd. Ven. I, II. Nor. [232] *et — testimonium*: orig. — Edd. coll. o. 'ep. 2, ad Michaelem imp. [233] *non*: Ed. Bas. [234] *hoc*: Edd. coll. o. pr. Bas. [235] *qui — studeant*: Ed. Bas. [236] *obtrectationibus*: Edd. coll. o. = C. LIII. [237] Ivo Decr. p. 14, c. 13. [238] *addixerit*: Ed Arg — *dixerit*: Edd. rell. — Ivo. [239] *proconsuli*: Ivo. — *proconsulis*: Edd. Bas. Ven. I, II. Nor. [240] *aliud*: Edd. coll. o. — Ivo. [241] *cœleste*: ib.

Ab inferiore accepit sententiam, a superiore coronam.

## C. LIV.

Idem *in Psal. XXXVII, ad vers. Quoniam in te speravi*.

Custodi intus innocentiam tuam, ubi nemo opprimit causam tuam. Prævalebit in te falsum testimonium, sed apud homines. Numquid apud Deum valebit, ubi causa tua dicenda est? Quando Deus judex erit, alius testis quam conscientia tua non erit. Inter justum judicem et conscientiam tuam noli timere nisi causam tuam.

## C. LV. *Non hominum linguas, sed conscientias curare debemus.*

*Item* Gregorius Papa *Palladio presbytero, lib. VIII, epist. 45*.

Inter verba laudantium sive vituperantium ad mentem semper recurrendum est, et si in ea non invenitur bonum quod de nobis dicitur, magnam tristitiam generare debet; et rursum si in ea non invenitur malum, quod de nobis homines loquuntur, in magnam debemus lætitiam prosilire. Quid enim, si homines laudent, et conscientia nos accuset? aut quæ debet esse tristitia, si omnes accusent, et sola conscientia liberos nos esse demonstret? Habemus Paulum dicentem: *Gloria nostra hæc est, testimonium conscientiæ nostræ.* Job quoque dicit: *Ecce in cœlo testis meus.* Si ergo est nobis testis in cœlo, testis in corde, dimittamus stultos foris loqui quod volunt.

§ 1. Quid aliud detrahentes faciunt, nisi † in pulverem sufflant, atque in oculos suos terram excitant, ut unde plus detractionis perflant, inde magis nihil veritatis videant? Vocandi tamen etiam sunt ipsi et tranquille admonendi, eisque satisfieri modis omnibus debet, scientes quid de Judæis veritas dicit: *Ne forte scandalizemus eos.* Si autem satisfieri sibi ex veritate noluerint, habes consolationem, quam in sancto evangelio conspicias. Quum enim Domino dictum fuisset: *Scis, quia Pharisæi audito verbo hoc scandalizati sunt?* Respondit: *Sinite illos, cæci sunt et duces cæcorum.* Paulus quoque apostolus admonet, dicens: *Si fieri potest, quod ex vobis est, cum omnibus hominibus pacem habentes.* Dicturus quippe, *cum omnibus pacem habentes*, quia hoc difficile esse prospexit, præmisit : *si fieri potest.* Sed tamen adjunxit, quod possit fieri, quum dixit, *quod ex vobis est* : quia si nos in mente caritatem erga odientes servare cupimus, etsi illi nobiscum pacem non habent, nos tamen cum illis sine dubio habemus.

Gratian. *Hoc inter eos observandum est, qui parati sunt suspicari quod non vident, parati semper reprehendere, nunquam imitari. Apud alios autem conscientia est necessaria nobis, fama illis.*

Unde Augustinus *lib. de bono viduit. c. 22*.

## C. LVI. *Conscientia nobis, et fama proximis est necessaria.*

Non sunt audiendi, sive viri sancti sive feminæ, quando reprehensa in aliquo negligentia sua, per quam fit ut in malam veniant suspicionem, unde suam vitam longe abesse sciunt, dicunt sibi coram Deo sufficere conscientiam, existimationem hominum non solum impudenter, verum etiam crudeliter contemnentes, quum occidant animas aliorum, sive blasphemantium viam Dei, (quibus secundum suam suspicionem quasi turpis, quæ casta est, displicet vita sanctorum), sive etiam cum excusatione imitantium non quod vident, sed quod putant. Proinde quisquis a criminibus flagitiorum atque facinorum vitam suam custodit, sibi benefacit; quisquis autem etiam famam, et in alios misericors est. Nobis enim necessaria est vita nostra, aliis fama nostra.

## C. LVII. *Apud Deum maledicitur qui moribus dissonam profert sententiam.*

*Item* Hieronymus *super epist. Pauli ad Philemonem*.

Si quis dixerit justum injustum, et injustum justum, abominabilis uterque apud Deum est. Similiter qui sanctum dicit esse non sanctum, et rursum non sanctum asserit sanctum, abominabilis apud Deum est.

## C. LVIII. *Christum violat qui sanctum non sanctum, vel non sanctum sanctum esse crediderit.*

Idem *ibidem paulo superius*.

Si quis hominem, qui sanctus non est, sanctum esse crediderit, et Dei eum junxerit societati, Christum violat, cujus corporis omnes membra

## NOTATIONES CORRECTORUM.

C. LV. *Quid enim* : Addita sunt nonnulla ex epistola B. Gregorii, et partim etiam Sixti III, in qua idem fere repetitur.

---

Quæst. III. C. LIV. Ivo Decr. p. 14, c. 14. *prævaluit* : Ivo. = C. LV. Ep. 2, (scr. A. 604), l. 11. Ed. Maur. *vobis* : Ed. Arg. add. : *vobis* : Ed. Bas. *non homines* : Ed. Arg. — *non omnes* : Edd. rell. 2 Cor. c. 1, v. 12. Job. c 16, v. 20. *dimitte* : orig. add. : *enim* : Edd. coll. o. † add. : *quod* : Edd. coll. o. — Böhm. *unum* : Ed. Arg. *pulverem* : Ed. Bas. Matth. c. 17, v. 26. *accipias* : Ed. Bas. — *aspicias* : Edd. rell. *quia, quum* : orig. Matth. c. 15, v. 12. *Judæi* : Edd. coll. o. Matth. c. 15, v. 14. Rom. c. 12, v. 18. *habeamus* : Edd. coll. o. *perspiciens* : cæd. *et* : eæd. *potest* : eæd. *dicit* eæd. *vobiscum* : Ed. Bas. *habeamus* : ib. = C. LVI. cf. ad Dist. 27, c. 2. — cf. C. 12, q. 1, c. 10. — Coll. tr. p. p. 1, t. 55, c. 108. *qui, quando reprehenduntur in aliqua etc.* : Edd. coll. o. *totam* : Ed. Bas. *occidunt* : ib. *justa* : ib. *desid.* ib. *aliis* : Edd. coll. o. = C. LVII. ad vers. 4. — Ivo Pan. l. 5, c. 84. Decr. p. 14, c. 6. — cf. Prov. c. 17, v. 15, sec. LXX. *si non* : Ed. Bas. = C. LVIII. *conjunxerit* : Ed. Bas.

sumus. *Et infra:* § 1. Omnes credentes secundum Apostolum Christi corpus efficiuntur ²⁷⁸. Qui in Christi corpore errat et labitur, asserens membrum ejus 'vel' sanctum esse, quum non sit, vel non sanctum esse, quum sit, vide quali crimini obnoxius fiat: *Væ* (ait Isaias) ²⁷⁹ *qui dicunt dulce amarum, et amarum dulce, ponentes tenebras lucem, et lucem tenebras.* Dulce puto esse sanctimoniam; amarum quod sanctimoniæ contrarium est.

**C. LIX.** *Æternum væ maledictionis inveniet qui bonos malos, et malos bonos dixerit.*

*Item* Isaias, c. 5 ²⁸⁰:

*Væ, qui dicitis malum bonum, et bonum malum, ponentes tenebras lucem, et lucem tenebras. Et paulo superius:* § 1. Propterea captivus ductus est populus meus, qdia non habuit scientiam, et nobiles ejus interierunt fame, et multitudo ejus siti exaruit. Propterea dilatavit infernus animam suam, et aperuit os suum absque ullo termino, et descenderunt fortes ejus, et populus ejus, et sublimes gloriosique ejus ad eum, et incurvabitur homo, et humiliabitur vir, et oculi sublimium deprimentur, et exaltabitur Dominus exercituum in judicio, et Deus sanctus sanctificabitur in justitia.

**C. LX.** *Ligandi solvendique potestate se privat qui hanc injuste exercet.*

*Item* Gregorius homil. *XXVI in Evang.* ²⁸¹:

Ipse ligandi atque solvendi potestate se privat qui hanc pro suis voluntatibus, et non 'pro' subjectorum ²⁸² moribus exercet.

**C. LXI.** *De eodem.*

*Idem ibidem paulo inferius* ²⁸³

Judicare de subditis digne nequeunt qui in subditorum causis sua vel ²⁸⁴ odia, vel gratiam sequuntur.

**C. LXII.** *Non est vera præsidentis absolutio, nisi sequatur arbitrium interni judicis.*

*Idem ibidem paulo inferius* ²⁸⁵:

Tunc vera est absolutio præsidentis, quum interni sequitur arbitrium judicis. Quod bene quatriduani mortui resuscitatio illa significat, quæ videlicet demonstrat, quia prius mortuum Dominus suscitavit et vivificavit, dicens ²⁸⁶: *Lazare, veni foras*, et postmodum is, qui vivens ²⁸⁷ fuerat, egressus a discipulis est solutus, sicut scriptum est.

**C. LXIII.** *Privilegio meretur exui qui eodem abutitur.*

Idem *in Regesto* ²⁸⁸:

Privilegium omnino meretur amittere qui permissa sibi abutitur potestate.

**C. LXIV.** *Is, in quem canonica non fertur sententia, pœnam non debet ferre canonicam.*

*Item* Gregorius *Antonio Subdiacono, lib. II, Indict. XI, epist.* 9 ²⁸⁹:

Non debet is pœnam sustinere canonicam, in cujus damnatione non est canonica prolata sententia.

Gratian. *Ex his datur intelligi, quod injusta sententia nullum alligat apud Deum, nec apud ecclesiam ejus aliquis gravatur iniqua sententia, sicut ex Gelasii capite habetur. Non ergo ab ejus communione abstinendum est, nec ei ab officio cessandum, in quem cognoscitur iniqua prolata sententia. Cur ergo capitula Carthaginensis et Africani, atque aliorum conciliorum prohibent injuste damnatum in communione recipi ante judicii examinationem? Cur et illud in Concilio Maguntinensi statutum est* ²⁹⁰:

**C. LXV.** *Qui damnatur a synodo quomodo in secunda innocens reparetur.*

Episcopus, presbyter aut diaconus a gradu suo injuste dejectus, si in secunda synodo innocens reperiatur ²⁹¹, non potest esse quod fuerat, nisi gradus amissos recipiat coram altari de manibus ²⁹² episcoporum: si episcopus est, orarium, annulum et baculum; si presbyter, orarium et planetam ²⁹³; si diaconus, orarium et albam; si subdiaconus, patenam et calicem. Sic et reliqui gradus in reparatione sua recipiant ea quæ, quum ordinarentur, perceperant.

V Pars. Gratian. *Si ergo injuste dejecti nec etiam per episcopos reparari possunt, nisi de manibus eorum recipiant quæ amiserant: quomodo sua auctoritate cuique licet injuste ligatis communicare, et eis, non petita absolutione, sua celebrare officia, sicut Gelasius videtur sentire? Ad hoc respondendum est, quod sententia aliquando est injusta ex animo proferentis, justa vero ex ordine et causa; aliquando est*

**NOTATIONES CORRECTORUM.**

C. LXIII. ▪ In Regesto B. Gregorii, ex quo citatur, non est inventum. Habetur autem in epist. 2 Simplicii papæ, cui etiam Nicolaus I in epist. ad Hincmarum, cujus initium est: *Epistolam beatitudinis tuæ.* Et Burchardus, et Ivo, et aliquot vetusta Gratiani exemplaria tribuunt. Supra etiam dist. 74, c. *Ubi,* § *Nam privilegium,* citatur ex eodem Simplicio. Simile est, quod B. Augustinus sermone de tempore 247 scribit: *Judicio enim legum jure ab obtenta dignitate dejicitur, qui privilegio sibi concesso abutitur.*

C. LXV. ᵑ Hoc habetur in concilio Toletano IV, c. 27, ex quo citant Ivo p. 5, c. 367, et Polycarpus l. 2, tit. 36. Idem tamen Ivo part. 6, c. 237, et Burchardus tribuunt concilio Maguntino, auctor autem Panormiæ et Maguntino, et Toletano.

Quæst. III. C. LVIII. ²⁷⁸ *efficimur*: Edd. coll. o. pr. Bas. — cf. Rom. c. 12, v. 5. ²⁷⁹ Esa. c. 5, v. 20. = C. LIX. ²⁸⁰ Esa. c. 5, v. 20. = C. LX. ²⁸¹ cf. infra c. 88. — Ivo Pan. l. 5, c. 79. Decr. p. 14, c. 3. Polyc. l. 7, t. 1. ²⁸² *subditorum*: Edd. coll. o. = C. LXI. ²⁸³ Ivo Pan. l. 5, c. 80. Decr. ib. ²⁸⁴ *vel od.*: desid. in Ed. Bas. = C. LXII. ²⁸⁵ Coll. tr. p. p. 1, t. 55, c. 2. — Ivo Pan. l. 5, c. 81. Decr. ib. ²⁸⁶ Joan. c. 11, v. 43. ²⁸⁷ *vivus*: Edd. coll. o. = C. LXIII. ²⁸⁸ cf. ad. c. 7. D. 74. = C. LXIV. ²⁸⁹ Ep. 3, (scr. A. 595), l. 3. Ed. Maur. = C. LXV. ² et Ans. ²⁹⁰ c. 27, conc. Tol. IV, hab. A. 633. — Burch. l. 2, c. 192. Ans. l. 8, c. 27. Ivo Pan. l. 5, c. 80. Polyc. l. 2, t. 36. ²⁹¹ *invenitatur*: Edd. col. o. ²⁹² *manu*: Ed. Bas. ²⁹³ *patenam*: Ed. Bas.

justa ex animo et causa, sed non ex ordine; aliquando justa ex animo et ordine, sed non ex causa. Quum autem ex causa injusta fuerit, aliquando nullum in eo omnino, qui accusatur, delictum est, quod sit damnatione dignum: aliquando non est in illud, supra quod fertur sententia, sed ex alio notandus est. Ex animo est injusta, quum aliquis servata integritate judiciarii ordinis in adulterum vel in quemlibet criminosum non amore justitiæ, sed livore odii, vel pretio, aut favore adversariorum inductus sententiam profert. Unde Beda super epistolam Jacobi ait [294]: Ira enim viri justitiam Dei non operatur: quia qui iratus in aliquem sententiam profert, etsi ille quantum ad se justam reportet sententiam, iste tamen, qui non amore justitiæ, sed livore odii in eum sententiam dedit, justitiam Dei, in quem perturbatio non cadit, non imitatur.

### C. LXVI. Sententia justitiæ non est pro præmio ferenda.

*Item Gregorius* o [295]:

Qui recte judicat, et præmium 'inde' remunerationis exspectat, fraudem in Deum perpetrat, quia justitiam, quam gratis impertiri debuit, acceptione pecuniæ vendit. Bonis male utuntur qui juste pro temporali lucro judicant. Tales quippe ad veritatem non justitiæ defensio, sed amor præmii [296] provocat; quibus si spes nummi subtrahitur, confestim a justitiæ defensione [297] recedunt; Acceptio nummorum [298] prævaricatio veritatis est. Unde et pro justo dicitur [299]: *Qui excutit manus [300] suas ab omni munere, iste [301] in excelsis habitabit [302].*

### C. LXVII. In præpositorum operibus sibi totum ratio vendicet.

*Item Gregorius lib. VIII, ep. 12 ad Guidiscalcum* [300]:

Illa præpositorum sollicitudo utilis est, illa est cautela laudabilis, in qua totum ratio agit, et furor sibi nihil vendicat. Restringenda sub ratione potestas est, nec quicquam [304] agendum prius, quam concitata ad tranquillitatem mens redeat. Nam commotionis tempore justum omne [305] putat [306] quod fecerit.

### C. LXVIII. Graviter delinquit qui ex ira sententiam profert.

*Item Ambrosius libro de sancto Josepho, c. 13:*

Ira sæpe etiam innocentes in crimen adducit, A quia, dum justo amplius irascimur, et volumus alienum [307] coercere peccatum, graviora peccata committimus. Ideo Apostolus [308] ait: *Non vos 'ipsos' vendicantes, carissimi; sed date locum iræ;* hoc est declinemus eam, ne nos illa corripiat [309]. Unde Dominus [310] Jesus, dimittens [311] ad evangelizandum discipulos, misit eos sine auro, sine argento, sine pecunia, sine virga, 'id est', ut et [312] incentiva [313] litis et instrumenta eriperet ultionis.

### C. LXIX. Ratio debet corrigere quod furore promulgatum est.

*Item ex lib. XI ecclesiast. Historiæ* Rufini, *c. 18*

Quum apud Thessalonicam, seditione [314] exorta, quidam vir ex militaribus impetu fuisset populi furentis exstinctus, Theodosius, repentini nuntii atrocitate succensus, ad ludos Circenses invitari populum, eique ex improviso circumfundi milites, atque obtruncari [315] passim, ut quisque occurrisset, gladio jubet, et vindictam dari [316] non crimini, sed furori. Ob hoc quum a sacerdotibus Italiæ arguerertur [317], agnovit delictum, culpamque cum lacrymis professus, publicam pœnitentiam in conspectu totius Ecclesiæ egit [318], et in hoc sibi tempus adscriptum absque regali fastigio patienter implevit. Quibus omnibus [319] illud quoque mirabiliter [320] adjecit; lege [321] sanxit in posterum, ut sententiæ principum super animadversione prolatæ in diem vigesimum [322] ab exsecutoribus differrentur, quo locus misericordiæ vel, si res tulisset, pœnitentiæ non periret [323].

### C. LXX. In dictandis sententiis rectores nullo furore ducantur.

*Item ex dictis Gregorii* p [324]:

Summopere præcavere [325] debent rectores [326] ecclesiarum [327] et qui publica judicia exercent, ut in dictandis sententiis nullatenus levitate aut furore ducti sint præcipites, sed causis prius diligenter ventilatis, quum res, quæ ignorabatur, pleniter ad notitiam venerit, tunc divina et humana lex [328] resolvatur [329], et tunc secundum quod ibi constitutum est, remota personarum acceptione, definitiva proferatur sententia. Hinc est quod Moyses [330] querelas populi semper ad Dominum tabernaculum in-

### NOTATIONES CORRECTORUM.

C. LXVI. ° Apud B. Gregorium non est inventum, sed apud Isidorum lib. 3 de summ. bon. cap. 58, quem citant Burchardus et Beda in scintillis [c. 74].

C. LXX. P De non præcipitanda sententia leguntur nonnulla apud B. Gregorium lib. 19 Mor. c. 25, ad ea verba Job: *Causam, quam nesciebam, diligentissime investigabam,* et lib. 12 Regesti epist. 26, et alibi.

Quæst. III. P.V.C. LXV. [294] mutatis verbis, sed salva sententia.—Jac. c. 1, v. 20. = C. LXVI. [295] Isidor. de summo bono l. 3, c. 54. — Burch. l. 16, c. 28. [296] *pretii*: Ed. Bas. [297] *confessione*: Burch.—Edd. coll. o. [298] *munerum*: orig. [299] Esa. c. 33, v. 15. [300] *manum suam*: Ed. Bas. [301] abest a Bohm. [302] *habitat*: Ed. Arg = C. LXVII. [303] Ep. 11, (scr. A. 600), l. 10. Ed. Maur. — Burch. l. 15, c. 29. Ivo Decr. p. 16, c. 30. [304] *quid*: Edd. coll. o. [305] *ira*: orig. — Coll. citt. [306] *add.: esse*: Ed. Bas. = C. LXVIII. [307] *aliena peccata*: Edd. coll. o. [308] Rom. c. 12, v. 19. [309] *corrumpat*: Ed. Bas. [310] Luc. c. 9. [311] *mittens*. Edd. coll. o. [312] *ut*: Ed. Bohm. [313] *incentivæ*: Edd. Nor. Ven. l, II. = C. LXIX. [314] *seditio esset exorta*: Edd. coll. o. pr. Bas. [315] *obtruncare*: cæd. [316] *dare*: Edd. coll. o. [317] *redarguerentur*: exd. [318] *exegit*: Ed. Bas. [319] desid. Ib. [320] *miserabiliter*: Ed. Bohm. [321] *ad leges*: Ed. Bas. — *leges*: Edd. rell. [322] *trigesimum*: cæd. [323] *deperiret*: Ed. Bas. = C. LXX. [324] Reg. l. 2, c. 308. Burch. l. 16, c. 4. Ans. l. 13, c. 23. [325] *præcavendum est*: Edd. coll. o. [326] *ne rect.*: Edd. Nor. Ven., II. — *ut rect.*: Edd. rell. [327] *ecclesiæ*: Edd. coll. o. [328] *lex ut*: Edd. Arg. Ven. l, II. [329] *revolvatur*: Reg. Ans. [330] Exod. c. 33.

gressus referebat, et juxta quod Dominus imperabat judicia proponebat, nimirum nos instruens, ut non ex corde nostro, sed ex præcepto divino condemnationis vel justificationis sententiam proferamus.

**C. LXXI.** *Justum judicium vendi non potest.*

*Item* Augustinus *ad Macedonium, epist.* LIV q [331];

Non licet judici vendere justum judicium, etsi liceat advocato vendere justum patrocinium, et jurisconsulto rectum consilium.

**C. LXXII.** *De eodem.*

*Item* Isidorus *lib. III de summo bono, c.* 58 [332]:

Pauper dum non habet quod offerat, non solum audiri contemnitur, sed etiam contra veritatem opprimitur. Cito violatur auro justitia, nullamque reus pertimescit culpam, quam redimere nummis existimat.

Gratian. *Huic itaque sententiæ, quæ non amore justitiæ, sed ex alia qualibet causa fertur in quemquam, humiliter obediendum est.*

*Unde* in Nicæno concilio, c. 5 [333]:

**C. LXXIII.** *Non recipiantur ab aliis qui suorum episcoporum contrahunt offensam.*

Servetur ista [334] sententia, ut hi, qui ab aliis excommunicantur, ab aliis ad communionem non recipiantur. Requiratur sane, si [335] forte ex aliqua indignatione animi aut contentione, aut qualibet tali commotione [336] episcopi sui abstenti [337] sint. *Et infra:* Ut ita demum hi, qui ob culpas suas episcoporum suorum offensas merito contraxerunt, digne etiam a ceteris excommunicati similiter habeantur, quousque episcopo suo [r] visum fuerit humaniorem circa eos ferre sententiam.

Gratian. *Item sententia est injusta, ex ordine, quando non servato judiciali ordine quilibet pro sua culpa damnatur.*

A *Unde* Gregorius *scribit Constantino, Mediolanensi Episcopo, lib. VIII, epist.* 30 [338]:

**C. LXXIV.** *Res dubia non definiatur certa sententia.*

Grave satis est et indecens, ut in re dubia certa detur [339] sententia.

**C. LXXV.** *Non credantur quæ certis indiciis non demonstrantur.*

*Item* Augustinus *in libro de pænitentia c.* 3 [340]:

Quamvis vera sint quædam, non tamen judici sunt [341] credenda, nisi certis indiciis demonstrentur.

**C. LXXVI.** *Antequam examinentur, aliqui non judicentur.*

*Item* Damasus Papa, *epist.* VI [342]:

B  Eorum, qui accusantur, causas discutere non licet prius, quam canonice vocati ad synodum veniant, et præsens per præsentem agnoscat veraciter et intelligat quæ ei objiciuntur. Quod * bene * et per sapientiam Salomonis [s] dicitur [343] : *Antequam scruteris, ne* [344] *reprehendas. Intellige prius , et tunc increpa. Antequam audieris* [345]*, ne respondens* [346]. Et licet apertissima sit contrariorum reprehensio, veruntamen oportet ab his, qui dati [347] sunt ad eorum examinationem, ordinem servari.

**C. LXXVII.** *Qui falsum de alio profert, et is, qui crimina credit, uterque reus est.*

*Item* ex VIII Synodo [t] [348] :

Non solum ille reus est, qui falsum de alio profert, sed et [349] is, qui aurem cito criminibus præbet.

VI Pars. Gratian. *Quum ergo sententia ex ordine injusta est, nec tunc ab ea recedendum est, quin etiam ante, quam sententia daretur in eum, pro qualitate reatus sui ligatus apud Deum tenebatur. Contingit aliquando , ut adulter sententiam pro sacrilegio reportet, cujus reatum in conscientia non habet. Hæc*

### NOTATIONES CORRECTORUM

C. LXXI. q Propria verba B. Augustini referuntur infra 14, q. 5, c. fin., vers. *Sed non ideo.*
C. LXXIII. r *Episcopo suo:* In prisca versione, quæ est in collectione Isidori, et huic valde similis est, legitur : *quousque in communi vel ipsi episcopo suo*, nec multo aliter in altera vulgata versione. Græce est : μέχρις ἄν τῷ κοινῷ τῶν ἐπισκόπων δόξῃ, id est : *quousque communi episcoporum videatur.*
C. LXXVI. s. Salomonis : Citat librum sapientiæ Sirach, id est Ecclesiasticum, nomine Salomonis.

D Et sic citatur etiam a B. Gregorio l. q. 1. *Non est putanda,* et a Cypriano lib. 3. ad Quirinum c. 20., et a Clemente Alexandrino Stromatum l. 7., et ab Origine hom. 18. in Numeros, et ab Hilario in Ps. 67., et ab aliis Patribus, cujus rei rationem reddidit B. Augustinus l. 2. de doct. Christiana c. 8. et alibi.
C. LXXVII. t. De hac inscriptione VIII. synodi notatum est sup. eadem, q. 3. *Si quis frater.*

---

QUÆST. III. C. LXXI. [331] cf. infra C. 14, q. 5, c. fin. = C. LXXII. [332] c. 54. Ed. Areval. — Burch. l. 16, c. 28. = C. LXXIII. [333] hab. A. 325. — Burch. l. 11, c. 36. Ivo Decr. p. 14, c. 100, uterque ex Dionysio. — Polyc. l. 7, t. 1. [334] *et ista:* Coll. Hisp. — Ed. Bas. [335] *ne qui:* Coll. Hisp. [336] *add.: stomachi:* Edd. coll. o. — Coll. Hisp. [337] *add.: excommunicatione :* Coll. Hisp. * *in communione vel ipso:* Coll. Hisp. = C. LXXIV. [338] Ep. 29, (scr. A. 600), l. 10. Ed. Maur. — Ans. l. 3, c. 72. [339] *dicatur :* orig. = C. LXXV. [340] cf. ad. c. 18. C. 2, q. 1. — Ans. l. 3, c. 70. Ivo Pan. l. 4, c. 114. Decr. p. 5, c. 247. [341] *add.: facile:* orig. = C. LXXVI. [342] Cap. Pseudoisidori. — Ans. l. 3, c. 51(48). [343] Eccles. c. 11, v. 7, seqq. sec. LXX. [344] *non:* Edd. coll. o. [345] *audias :* eæd. [346] *reprehendes:* Ed. Bas. — *reprehendas :* Edd. rell. [347] *deputati :* orig. = C. LXXVII. [348] ex Isid. Hisp. libr. sent. l. 3, c. 55. — Coll. tr. p. p. 2, t. 14, c. 25. [349] desid. in Ed. Bas.

sententia, etsi injusta sit, quia non est in eo crimen, super quod lata est sententia, tamen juste ab eo reportata est, quia ex reatu adulterii jamdiu apud Deum excommunicatus fuerat. Et in hoc casu intelligenda est illa auctoritas Gregorii [350] : Sententia pastoris, etc.

§ 1. *Justam sententiam vocat, quando crimen subest, super quod fertur : injustam, quando illud non subest, quae tamen timenda vel servanda est, quia ex alio jamdudum damnandus erat. Unde, quum praemisisset Gregorius* [351] *: Utrum juste an injuste obliget pastor, pastoris tamen sententia gregi timenda est, subsecutus adjecit : Ne is, qui subest, et quum injuste forsitan ligatur, ipsam obligationis suae sententiam ex alia culpa mereatur. Pastor ergo vel absolvere indiscrete timeat, vel ligare. Is autem, qui sub manu pastoris est ligari timeat vel injuste; nec pastoris sui judicium temere reprehendat : ne, etsi injuste ligatus est, ex ipsa tumidae reprehensionis superbia culpa, quae non erat*; fiat. § 2. *Aliquando nullum subest crimen, et tamen vel odio judicis, vel factione inimicorum oppositam sibi sententiam damnationis in se excipit.*

Unde Gregorius ait [u] [352] :

### C. LXXVIII. *Quot modis humanum judicium pervertitur.*

Quatuor modis pervertitur humanum judicium : timore, dum metu potestatis alicujus veritatem loqui pertimescimus [353]; cupiditate, dum praemio animum [354] alicujus corrumpimus; odio, dum contra quemlibet adversarium [355] molimur; amore, dum amico vel propinquo complacere [356] contendimus.

Gratian. *Quam vero grave sit vel odio, vel amicitia, vel metu, vel munere, vel quolibet modo judicium pervertere, testatur* Hieronymus *in Amos cap. 6. dicens* [357] :

### C. LXXIX. *De iis qui aliquo modo judicium pervertunt.*

Quicunque aut consanguinitate, aut amicitia, * et e contrario * vel hostili odio, vel inimicitiis in judicando ducitur, pervertit judicium Christi, qui est justitia, et fructum illius vertit in amaritudinem [358].

### C. LXXX. *De iis qui metu potestatis veritatem occultant.*

Item Augustinus *ad Casulanum* v [359] :

Quisquis metu cujuslibet potestatis veritatem occultat, iram Dei super se provocat, quia magis timet hominem quam Deum. *Et post pauca* : § 1. Uterque [360] reus est, et qui veritatem occultat, et qui mendacium dicit, quia et ille prodesse non vult, et iste nocere desiderat.

### C. LXXXI. *De eodem. Item* [361] :

Nemo peritorum aut prudentium putet quod minus sit periculum in verbis lingua mentiendo, quam manibus sanguinem fundendo. Melius est autem [362] pro veritate pati supplicium, quam pro adulatione * recipere * beneficium.

### C. LXXXII. *De eodem.*

*Item* Pelagius Papa II. *epist. II. Benigno Archiepiscopo* [363] :

Unicuique providendum est, ne aliquem injuste persequatur, judicet vel [364] puniat, ne Jesum persequatur, judicet [365] vel puniat.

Gratian. *Hic quoque, qui veritatem pro pecunia negat, vel falsum testimonium contra aliquem dicit, Deum negare vel vendere probatur.*

Unde Beda *ad c. 14. Marci* † :

### C. LXXXIII. *Qui falsum testimonium dicunt; et veritatem pro pecunia negant, sceleris Judae participes fiunt.*

Abiit Judas ad summos sacerdotes, et constituerunt ei pecuniam se daturos. Multi hodie scelus Judae, quia Dominum ac magistrum, deumque suum pecunia [366] vendiderit [367], velut immane et nefarium exhorrent, nec tamen cavent. Nam quum pro muneribus falsum contra quemlibet testimonium dicunt, profecto, quia veritatem pro pecunia negant, Deum pecunia vendunt. Ipse enim dixit [368] : *Ego sum veritas.* Quum societatem fraternitatis aliqua discordiae [369] peste commaculant, Deum produnt, quia Deus [370] caritas est. Qui ergo caritatis et veritatis jussa spernunt, Deum utique, qui caritas est et veritas, produnt, maxime quum non infirmitate vel ignorantia peccant, sed in similitudinem [371] Judae quaerunt [372] opportunitatem, qualiter arbitris

---

### NOTATIONES CORRECTORUM.

C. LXXVIII [u]. Apud Gregorium non est inventum, sed apud Isidorum (quem citat Burchardus) et paulo etiam plenius : et sequitur nonnullis interjectis post caput : *Qui recte.* sup. ead.

C. LXXX. v Caput hoc non est inventum apud B. Augustinum, cujus posteriorem partem citat etiam Burchardus ex dictis Augustini. Simillima leguntur in eodem libro 3 Isidori, cap. 59.

---

Quæst. III. P. VI. C. LXXVII. [350] supra ead. c. 1. [351] hom. 26. in evang. = C. LXXVIII. [352] ex Isidor. l. I, c. 54. · Burch. l. 16, c. 28. [353] *pavescimus* : orig. [354] *muneris alicujus corrumpimur* : ib. [355] *adversari* : ib. [356] *praestare* : Edd. coll. o. — orig. — add. : *auxilium* : Edd. coll. o. pr. Bas. = C. LXXIX. [357] Hieron. in Amos. c. 6, a. 23. [358] add. : *damnationis* : Edd. coll. o. =C. LXXX. [359] Ex Isidoro l. l. c. 55. — Coll. tr. p. p.: 2, t. 50, c. 27. Deusdedit p. I. Burch. l. 16, c. 12. [360] cf. c. 1. X, de crim. falsi. ={C. LXXXI. [361] Caput incertum. [362] *enim*: Ed. Bas. = C. LXXXII. [363] Caput Pseudoisidori. [364] *et* : Ed. Bas. [365] *jud. vel pun.* : desid. in Edd. coll. o. pr. Bas. = C. LXXXIII. † Coll. tr. p. p. 2, t. 50, c. 19. [366] *pro pec.* : Ed. Bas. [367] *vendidit* : Edd. coll. o. pr. Bas. [368] Joan. c. 14, v. 6. [369] *discordia* : Ed. Bas. [370] 1 Joan. c. 4, v. 7. [371] *similitudine* : Ed. Bas. [372] Matth. c. 26.

absentibus mendacio veritatem, virtutem [373] crimine mutent.

**C. LXXXIV.** *Christum negat qui perversis se socium facit.*

*Item Hieronymus in epistolam ad Titum, c. 1. in extremo.*

Existimant quidam in eo tantum Christum negari, si in persecutione quis a gentilibus [374] comprehensus se renuerit [375] esse Christianum. * Sed * ecce Apostolus [376] omnibus, quæ perversa sunt, factis Deum asserit denegari [377]. Christus sapientia est, justitia, veritas, sanctitas, fortitudo. Negatur per insipientiam sapientia, per iniquitatem justitia, per mendacium veritas, per turpitudinem sanctitas, per imbecillitatem animi fortitudo. *Et quotiescunque vincimur a [378] vitiis atque peccatis, toties Deum negamus, et e contrario, quoties bene [379] quid agimus, Deum confitemur. Nec arbitrandum est in [380] die judicii illos tantum a Dei filio [381] denegandos [382], qui in martyrio Christum denegarunt [383], sed [384] et illos omnes, quorum opere, vel sermone, vel cogitatione Christus negatus negat vel confessus confitetur. De hac puto confessione et [385] discipulis præcepit [386], dicens: *Eritis mihi testes in Hierusalem, et in omni Judæa, et Samaria, et usque ad extremum [387] terræ.*

**C. LXXXV.** *Qui Christianum se negat Christum negare convincitur.*

*Item Augustinus tractatu CXIII, ad cap. 18. Joannis.*

Non solum abnegat Christum qui dicit eum non esse Christum, sed ille etiam qui, quum sit, negat se esse Christianum. Dominus [388] enim non ait Petro, discipulum meum te negabis, * sed : *me negabis* *. Negavit ergo ipsum, quum se negavit esse ejus discipulum. Quid autem aliud isto modo, quam se negavit esse Christianum? *Item w tractatu LXVI.*: §. 1. Timendo mortem carnis tuæ mortem dabis animæ tuæ. Quanta enim vita est confiteri Christum tanta est mors negare Christum. An Apostolus Petrus (sicut eum quidam favore perverso excusare nitun-tur) Christum non negavit, quia interrogatus ab ancilla hominem se nescire respondit?

**C. LXXXVI.** *Veritatem prodit non solum qui pro veritate mendacium loquitur , sed etiam qui veritatem non libere prædicat.*

*Item Joannes Chrysostomus [id est, Auctor operis imperfecti, in Matth. hom. 25.]*

*Nolite timere eos, qui occidunt corpus* [389], ne forte propter timorem mortis non libere dicatis quod audistis, nec fiducialiter [390] prædicetis omnibus quod in aure soli audistis. Sic [391] ergo ex his verbis ostenditur, 'quod' non solum ille proditor est veritatis, qui transgrediens veritatem palam pro veritate mendacium loquitur, sed etiam ille, qui non libere veritatem pronuntiat, quam libere pronuntiare oportet, aut non libere veritatem defendit, quam libere defendere convenit [392], proditor est veritatis. Nam sicut sacerdos debitor est, ut veritatem, quam audivit a Deo, libere prædicet, sic laicus debitor est, ut veritatem, quam audivit quidem a sacerdotibus probatam in scripturis, defendat fiducialiter. Quod si non fecerit, proditor [393] est veritatis. *Corde* [394] *enim creditur ad justitiam, ore, autem confessio fit ad salutem.*

Gratian. *Hæc sententia potius judicem lædit quam eum, in quem temere fertur.*

*Unde Augustinus ait* [395] :

**C. LXXXVII.** *Injuste aliquem anathematizans sibi, non aliis nocet.*

Illud plane non temere dixerim, quod si quisquam fidelium fuerit anathematizatus injuste, potius ei oberit, qui facit [396], quam [397] qui hanc patitur injuriam. Spiritus enim sanctus habitans in sanctis, per quem quisque ligatur aut solvitur, immeritam nulli ingerit poenam. Per eum quippe diffunditur caritas in cordibus nostris, quæ non agit perperam. Pax x ecclesiæ dimittit peccata [398], et ab ecclesiæ pace alienatio tenet peccata non secundum arbitrium hominum, sed secundum arbitrium [399] Dei. Petra 'enim' tenet, petra dimittit; columba tenet, columba dimittit; 'unitas tenet, unitas dimittit'.

---

### NOTATIONES CORRECTORUM.

C. LXXXV. w *Item :* In duobus vetustis Gratiani exemplaribus hoc est aliud caput, et rubricam habet : *De eodem.* Est enim ex tractatu 66. in Joannem.

C. LXXXVII. x *Pax* : Hæc pars (nam superior non est inventa apud B. Augustinum) ex ipso est emendata, et nonnihil aucta.

---

QUÆST. III. C. LXXXIII. [373] *et virt.* : Edd. coll. o. = C. LXXXIV. [374] *gentibus* : Edd. coll. o. [375] add. : *confiteri* : eæd. [376] Tit. c. 1. [377] *negari* : Edd. coll. o. [378] desid. in Ed. Bas. [379] *bonum* : Edd. coll. o. [380]Matth. c. 10. [381] add. : *esse* : Edd. Bas. Ven. II. Lugdd. Par. [382] *negandos* : Ed. Bas. [383] *negaverunt* : Edd. coll. o. [384] *sed per omnia opera, sermones, cogitationes Christus vel negatus negat* : orig. [385] *de qua disc.* : Edd. Lugdd. II, III. — *qua disc.* : Edd. rell. [386] *præcipit* : Ed. Bas. — cf. Act. c. 1, v. 8. [387] *ultimum* : Edd. coll. o. = C. LXXXV. [388] Luc. c. 22, v. 34. = C. LXXXVI. [389] Matth. c. 10, v. 28. [390] *non prædic. aliis omn.* : Ed. Bas. — *prædic. in omnibus* : orig. [391] *Sicut ergo* : Ed. Bas. — *sicut enim* : Edd. rell. [392] *oportet* : orig. [393] *prodidit* : Edd. Arg. Bas. — *prodit* : Edd. rell. — *veritatem* : Edd. coll. o. [394] Rom. c. 10, v. 10. = C. LXXXVII. [395] Priorem capitis partem Algerus l. 1, c. 67, recte laudat ex Aug. ad Classicianum; altera sumpta est ex l. 3 de baptismo c. 18. — Ans. l. 12, c. 67 (66). Polyc. l. 7, t. 1. [396] *fecit* : Ed. Bas. [397] add. : *ei* : ib. [398] *peccata, ab eccl. pace alienatis tenet* : Ed. Bas. — *pecc., et — alienatus tenet* : Edd. rell. [399] desid. in Ed. Bas.

Gratian. *Item Salomon* † : Sicut avis in incertum volans, et passer quolibet vadens, sic maledictum frustra prolatum venit super eum, qui misit illud.

### C. LXXXVIII. *Cujus vita officio non congruit, alios ligatus solvit.*

*Item* Gregorius Papa *homilia XXVI in evangelia* [409].

Plerumque contingit, ut 'hic' judicis locum teneat cujus [401] ad locum vita minime concordat, ac 'proinde' [402] sæpe agitur; ut vel damnet immeritos, vel alios ipse ligatus solvat, sæpe in solvendis ac ligandis subditis suæ voluntatis motus, non autem causarum merita sequatur [403]. Unde fit, ut ipse [404] ligandi aut solvendi potestate se privet. *Et infra* : § 1. Sæpe fit, ut erga quemlibet proximum odio vel gratia moveatur pastor. Judicare [405] autem digne de subditis etc. Unde recte per Prophetam [406] dicitur : *Mortificabant animas, quæ non moriebantur* [407], *et vivificabant animas, quæ non vivunt.* Non morientem quippe mortificat qui justum damnat, et non victurum vivificare nititur qui reum a supplicio absolvere [408] conatur. § 2. Causæ ergo pensandæ sunt, et tunc ligandi atque solvendi potestas exercenda. Videndum [409] est, quæ culpa præcessit, et quæ sit pœnitentia secuta post culpam, ut quos omnipotens Deus per compunctionis gratiam visitat, illos pastoris sententia absolvat. Tunc [410] enim vera est absolutio, etc. *Et infra* : § 3. Ex qua consideratione intuendum est, quod illos nos debemus per pastoralem auctoritatem solvere, quos auctorem nostrum cognoscimus per suscitantem gratiam vivificare. *Et infra* : § 4. Veniat itaque foras mortuus, id est culpam confiteatur peccator. Venientem vero foras solvant discipuli, ut [411] pastores ecclesiæ ei pœnam debeant amovere, quam [412] meruit qui non erubuit confiteri quod fecit. § 5. Hæc de solutionis ordine breviter dixerim [413], ut sub magno moderamine [414] pastores ecclesiæ vel solvere studeant [415], vel ligare.

### C. LXXXIX. *Viribus caret sententia injuste prolata.*

*Item* Calixtus Papa *epist. I. ad Benedictum Episcopum* [416].

Injustum judicium et definitio injusta, regio metu aut [417] jussu, aut cujuscunque episcopi aut potentis a judicibus ordinata vel acta [418], non valeat. § 1. Homini religioso parum esse debet inimicitias aliorum non exercere, vel 'non' augere male loquendo, nisi etiam eas exstinguere bene loquendo studuerit. § 2. Melior est in malis factis humilis confessio quam in bonis superba gloriatio.

### C. XC. *Præmium meretur qui injuste maledicitur.*

*Item* Augustinus *super Psal. CXI. ad vers.* Faciens misericordias Dominus.

Qui justus est, et injuste maledicitur, præmium illi [419] redditur.

Gratian. Hic etsi, ut dictum est, non teneatur ligatus apud Deum, sententiæ tamen parere debet, ne ex superbia ligetur qui prius ex puritate conscientiæ absolutus tenebatur.

VII. Pars. § 1. *Idem est quando contra æquitatem sententia fertur, veluti quando subditi non possunt cogi ad malum, scientes obedientiam non esse servandam prælatis in rebus illicitis.*

Unde Eutychianus ÿ Papa ait [420] :

### C. XCI. *Non est obediendum episcopo, qui pro hæreticis missam canere jubet.*

Si quis episcopus aut abbas presbytero aut monacho suo jusserit missas pro hæreticis* cantare, non licet, et [421] non expedit obedire eis.

### C. XCII. *Præceptis non obedire multoties expedit.*

*Item* Augustinus ª [422].

Non [423] semper malum est non obedire præcepto [424]; quum enim Dominus jubet ea [425], quæ sunt contraria Deo, tunc ei obediendum non est.

---

### NOTATIONES CORRECTORUM.

C. XCI. ÿ *Eutychianus* : Burchardus et Ivo referunt et Eutychiano simul caput hoc, et c. *Si quis.* 24, q. 1, quod tamen Gratianus citat ex Julio.
  * *Hæreticis* ; Ceteri collectores addunt : *mortuis.*

C. XCII. ª Hujus capitis partim verba ipsa, partim sententia habentur apud beatum Ambrosium, lib. de paradiso cap. 6; quam vocem hic auctor glossæ supplevit.

---

Quæst. III. C. LXXXVII. †Prov. c. 20, v. 2. — C. LXXXVIII. [400] Ivo Pan. l. 3, c. 78—80. Decr. p. 14, c. 3. [401] *cui* : orig. — Ed. Bas. [402] desid. ap. Iv. [403] *sequitur* : Edd. coll. o. [404] *hac ipsa* : orig. — *ipsa* : Ivo Decr. [405] supra c. 60. [406] Ezech. c. 13, v. 19. [407] *moriuntur* : orig. — Ivo Decr. — Edd. coll. o. pr. Bas. [408] *solvere* : Edd. Coll. o. [409] *Unde videndum* : cæd. — [410] cf. supra ead. c. 62. [411] *quia — debent* : Edd. coll. o. [412] *quam mer.* : desid in Ed. Bas. [413] *diximus* : Edd. coll. o. [414] *magna moderatione* : Ed. Bas. [415] *debeant* : Edd. coll. o. = C. LXXXIX. [416] Caput Pseudoisidori, cf. Prosp. Aquit. Sent. 179, 118. — Burch. l. 15, c. 8. Ans. l. 3, c. 84. Ivo Decr. p. 5, c. 235, p. 16, c. 9. — cf. C. 25, q. 4, c. 8. [417] *et* : Edd. coll. o. [418] *facta* : Edd. Bas. Lugdd. = C. XC. [419] desid. in Ed. Bas = P. VII. C. XCI. [420] ex c. 2, pœnitentialis Hieronymo adscripti. — cf. C. 24, q. 1, c. 41. — Burch. l. 19, c. 105. Ans. l. 11, e. 135. Ivo Decr. p. 15, c. 117. [421] *non enim* : Edd. coll. o. = C. XCII. [422] Ex Ambrosio (vide Corr.) recte citat Algerus l. 1, c. 33. [423] add. : *enim* : Ed. Bas. [424] *præceptis* : ib. [425] desid. ib.

### C. XCIII. *De eodem.*

*Item* Hieronymus *in epist. ad Titum* b *c. 2, vers.* Servi dominis suis subditi [426].

Si dominus ea jubet, quæ non sunt adversa [427] scripturis sanctis, subjiciatur servus domino [428]. Si vero contraria præcipit [429], magis obediat spiritus quam corporis domino. *Et infra* c. 3 : § 1. Si bonum est quod præcepit imperator * et præses *, jubentis obsequere [430] voluntati; si vero malum, responde [431] et illud de Actibus apostolorum * [432] : *Obedire oportet Deo magis quam hominibus.* Hoc ipsum et de servis * intelligamus * apud dominos et de uxoribus apud viros, et de filiis apud parentes [433], quod in illis tantum debeant [434] dominis, viris [435], parentibus esse subjecti, quæ contra Dei mandata non veniunt [436].

### C. XCIV. *Non sunt audiendi qui contra Deum aliquid jubent.*

*Item* Ambrosius c [437].

Julianus imperator, quamvis esset apostata, habuit tamen sub se Christianos milites, quibus quum dicebat, producite aciem pro defensione reipublicæ, obediebant ei. Quum autem diceret eis, producite arma in Christianos, tunc cognoscebant imperatorem cœli.

### C. XCV. *Non jubet aliquid injustum qui Deum timere probatur.*

*Item* Fabianus Papa, *epist. II, omnibus Episcopis* [438].

Qui omnipotentem Deum metuit, nec contra evangelium [439] vel [440] contra apostolos, nec contra prophetas vel sanctorum Patrum instituta aliquid ullomodo agere consentit.

### C. XCVI. *Et qui peccat, et qui peccanti consentit, uterque reus est.*

*Item* Nicolaus Papa *Lothario Regi* [441].

Ita corporis tui cedere motibus consensisti, et relaxatis voluptatum habenis temetipsum in lacum miseriæ et in lutum fæcis prohibitum [442] dejecisti, ut qui positus fueras ad gubernationem populorum effectus sis ruina multorum. Probat hoc Thieugaldi [443], et Guntharii dudum episcoporum legitimus casus, qui pro eo, quod te minime competenter erudierunt

A [444], quinimo quia prævaricationem tuam tegere argumentis suis, et sub quadam justitiæ specie, fucatis quibusdam exquisitis adinventionibus, æquitatem obruere studuerunt, nostra sunt apostolica depositi auctoritate, et ab omni episcopatus regimine regulariter sequestrati.

### C. XCVII. *De eodem.*

*Item* Augustinus *sermone VI, de verbis Domini* d [445].

Qui [446] resistit potestati Dei ordinationi resistit. Sed quid, si illud jubeat, quod non debeas facere? Ilic [447] sane contemne potestatem * timendo potestatem *. Ipsos humanarum legum gradus advertite [448]. Si aliquid jusserit curator nonne faciendum est? Tamen [449], si contra proconsul [450] jubeat, non utique B contemnis potestatem, sed eligis majori servire. Nec hinc [451] debet minor irasci, si major prælata [452] est. Rursus, si aliquid ipse proconsul [453] jubeat, et aliud jubeat imperator, * numquid dubitatur illo contemto illi esse serviendum? Ergo *, si [454] aliud imperator et aliud Deus, quid judicatis? Solve tributum, esto mihi in obsequium. Recte, sed non idolio. In idolio prohibet. Quis prohibet? * Major potestas [455]. Da veniam [456] : tu carcerem, ille gehennam minatur. Hic jam tibi assumenda est fides tua tanquam scutum, in quo possis omnia ignita jacula inimici exstinguere.

### C. XCVIII. *De eodem.*

Idem *Donatistis epist. CLXVI* [457].

Imperatores, si in errore essent (quod absit), pro errore suo contra veritatem leges darent, per quas justi C * et * probarentur [458], et coronarentur, non faciendo [459] quod illi juberent, quia Deus prohiberet [460]. Sicut jusserat Nabuchodonosor, ut aurea statua adoraretur, quod qui facere noluerunt Deo talia prohibenti [461] placuerunt. Quando autem imperatores veritatem tenent, pro [462] ipsa contra errorem jubent. Quod quisquis contemserit ipse sibi judicium acquirit. Nam * et * inter homines pœnas luit, et apud Deum sortem [463] non habebit, quia [464] hoc facere noluit, quod ei per cor regis ipsa veritas jussit. Sicut ipse [465] Nabuchodonosor, postea [466] miraculo salutis trium puerorum commotus atque

---

## NOTATIONES CORRECTORUM.

C. XCIII. b *Titum* : Sic est emendatum ex Poly- D carpo, quum antea citaretur : *ad Ephesinos*, emendato etiam et nonnihil locupletato ipso capite ex originali.

C. CXIV. c Infra eadem c. *imperatores,* § *Julia-*

*nus*, habetur hæc sententia, fortasseque ex eo loco mutatis verbis confectum est hoc capitulum.

C. XCVII. d Emendatum et locupletatum est caput hoc ex ipso originali.

---

QUÆST. III. C. XCIII. [426] Ans. l. 13, c. 26 (27). Polyc. l. 1, t. ult. [427] *contraria vel adv.* : Ed. Bas. [428] add. : *suo* : ib. [429] *præcepit* : ib. [430] *exsequere voluntatem* : ib. [431] *respondet* : Ed. Bohm. [432] Act. c. 5, v. 29. [433] *patres* : Edd. coll. o. [434] *debent* : Ed. Bas. [435] *desid.* ib. [436] *sunt* : Edd. cell. o. = C. XCIV. [437] cf. infra c. 98. = C. XCV. [438] Caput Pseudoisidori, cf. Greg. M. l. 5, ep. 43. [439] add. : *Christi* : Ed. Bas. [440] *nec* : Edd. coll. o. = C. XCVI. [441] Caput incerti temporis. — Ivo, Decr. p. 8, c. 227. — cf. supra c. 10. [442] *pro libitu* : Ivo. [443] *Theutgaudi* : Bohm. [444] *erudierunt* : Ed. Bas. — *erudierunt* : Edd. rell. pr Lugdd. II, III. = C. XCVII. [445] Sermo 68. Ed. Maur. — Polyc. l. 1, t. 27. [446] Rom. c. 13, v. 2. [447] *hoc — contemnas* : Ed. Bas. [448] *adverte* : Edd. coll. o. [449] *non tamen* : Edd. Bas. Lugdd. [450] *proconsulem* : orig. — Edd. Arg. Bas. Lugd. I. [451] *huic* : Ed. Bas. [452] *prælatus* : Edd. coll. o. [453] *consul* : eæd. [454] *vel si* : eæd. [455] *Deus* : eæd. [456] add. : *o imperator* : eæd. = C. XCVIII. [457] Ep. 105. Ed. Maur. scr. A. 409. [458] *comprobarentur* : Ed. Bas. [459] *faciendum* : Edd. coll. o. [460] *prohibet* : eæd. [461] *prohibente* : Ed. Bas. [462] *et pro* : Edd. Ven. II. Lugdd. Par. [463] *frontem* : orig. — Edd. coll. o. [464] *qui* : Ed. Bas. [465] *et ipse* : Edd. Bas. Ven. II. Lugdd. Par. — cf. Daniel, c. 3. [466] *post miracula* : Edd. coll. o.

mutatus⁴⁶⁷, pro veritate contra errorem edictum proposuit, ut quicunque blasphemarent deum Sidrac, Misac et Abdenago, in interitum irent, et domus eorum in dispersionem⁴⁶⁸. Et non vultis, ut⁴⁶⁹ aliquid tale contra vos jubeant imperatores Christiani, quum sciant a vobis in eis, quos rebaptizatis, Christum exsufflari? *Idem in Psalmis*⁴⁷⁰ : § 1. Julianus exstitit infidelis imperator. Nonne exstitit apostata, iniquus, idololatra? Milites Christiani servierunt imperatori infideli. Ubi veniebatur ad causam Christi, non agnoscebant nisi illum, qui in cœlo erat. Quando volebat ut idola colerent, ut⁴⁷¹ thurificarent, præponebant illi Deum. Quando autem dicebat, producite aciem, ite contra illam gentem, statim obtemperabant. Distinguebant⁴⁷² dominum æternum a domino temporali, * et tamen subditi erant propter dominum æternum etiam domino temporali *.

**C. XCIX.** *Per obedientiam bonum deserere, malum vero nunquam facere licet.*

*Item Gregorius, c. 12, lib. XXXV, in Job.*

Quid ergo mirum, si homo peccator se obedientiæ in præsentis vitæ brevitate subjicit, quando hanc mediator Dei et hominum tenuit et tenendam præcepit *⁴⁷³, et quum obedientes remunerat, non relinquit? Sciendum vero⁴⁷⁴ est, * quod * nunquam per obedientiam malum fieri, aliquando autem per obedientiam debet bonum, quod agitur, intermitti. Neque enim in paradiso arbor mala exstitit, quam Deus homini ne contingeret interdixit; sed ut melius per obedientiæ meritum homo bene conditus cresceret, dignum fuerat, ut * hunc * ⁴⁷⁵ etiam a bono prohiberet⁴⁷⁶, quatenus tanto verius hoc, quod ageret, virtus esset, quanto et a bono cessans auctori suo se subditum humilius⁴⁷⁷ exhiberet.

**C. C.** *Apud Deum maledicitur qui peccantibus consentit.*

*Item Isidorus* ᶠ ⁴⁷⁸.

Qui consentit peccantibus, et defendit alium delinquentem, maledictus erit apud Deum et homines,

et corripietur increpatione severissima. Hinc etiam quidam sanctissimus Pater ait : Si quis peccantem defendit, acrius quam ille, qui peccavit, coerceatur. Hinc et alius Pater ait : Si quis alterius errori consenserit⁴⁷⁹, * et ⁴⁸⁰ illi consilium dederit, ut se tardius humiliet *, sciat se cum illo simili modo judicandum culpabilem.

**C. CI.** *Non est obediendum quod contra Deum præcipitur.*

*Item Isidorus* ᵍ.

Si is, qui præest, fecerit, aut cuiquam quod a Domino⁴⁸¹ prohibitum est facere jusserit, vel quod præceptum est præterierit aut præterire mandaverit, S. Pauli apostoli sententia ei ingerenda est, dicentis⁴⁸² : *Etiamsi nos aut angelus de cœlo evangelizaverit vobis, præterquam quod vobis evangelizavimus, anathema sit. Idem* : § 1. Si quis prohibet ʰ vobis quod a Domino præceptum est, vel rursus imperat fieri quod Dominus prohibet, exsecrabilis sit omnibus, qui diligunt Deum ; *Idem* : § 2. Is, qui præest, si præter voluntatem Dei, vel præter quod in sanctis scripturis evidenter præcipitur, vel dicit aliquid, vel imperat, tanquam falsus testis Dei aut sacrilegus habeatur.

Gratian. *Quum ergo subditi excommunicantur ideo, quia ad malum cogi non possunt, tunc sententiæ non est obediendum, quia juxta illud Gelasii* ⁴⁸³. *Nec apud Deum, nec apud ecclesiam ejus, quemquam gravat iniqua sententia.*

VIII. Pars. § 1. *Quod autem supra communicantes excommunicatis de ecclesia abjici jubentur, non de quolibet modo communicantibus intelligendum est.*

Unde Nicolaus Papa *Hincmaro, Remorum Archiepiscopo*⁴⁸⁴ :

**C. CII.** *De his, qui cum excommunicatis communicant.*

Excellentissimus rex Carolus apostolatum nostrum consuluit, quid agendum sit de his, qui communicant cum his, qui cum Engeltrude sæpe damnata femina communicant, quoniam eam ⁴⁸⁵ cum com-

---

## NOTATIONES CORRECTORUM.

**C. XCIX.** ᵉ *Tenuit et tenendam præcepit* : Hæc absunt a plerisque manuscriptis et ab originali. Simile quiddam legitur apud B. Augustinum, sermone 5, ad fratres in eremo. *Nec mirum*, inquit, *si nos peccatores obedientiæ subjicimur, quando hanc mediator Dei et hominum etiam in morte non deseruit, et ei se subjecit, qui per omnia erat Patri æqualis.*

**C. C.** ᶠ *Prima pars hujus capituli usque ad vocem* : *severissima*, habetur in regula B. Pachomii Romæ edita. Totum vero exstat apud Smaragdum in expositione regulæ B. Benedicti cap. 69.

Citat autem Basilium, quemadmodum et Burchardus et Ivo *, et sensus est in regulis ipsius Basilii brevioribus, regula 7.

**C. CI.** ᵍ In regulis brevioribus B. Basilii, c. 114, et 303, simillima leguntur hisce omnibus, quæ in hoc capite continentur.

ʰ *Si quis prohibet* : In lib. B. Basilii de institutis monachorum, Rufino interprete, fere eadem habentur c. 14, quemadmodum ultimus vers. *Is, qui præest*, ibid. c. 16.

---

Quæst. III. C. XCVIII. ⁴⁶⁷ *commutatus* : Ed. Bas. ⁴⁶⁸ *ruinam* : eæd. ⁴⁶⁹ desid. in Ed. Bas. — *quod* : Edd. rell. ⁴⁷⁰ in Psalm. 124. — Ivo Decr. p. 5, c. 7. ⁴⁷¹ *et* : Edd. coll. o. pr. Arg. Nor. ⁴⁷² *et dist.* : Edd. coll. o. = C. XCIX. ⁴⁷³ *ten. et ten. præc.* : desid. in Ed. Bas. ⁴⁷⁴ *tamen* : Edd. coll. o. ⁴⁷⁵ desid. in orig. ⁴⁷⁶ *prohiberetur* : orig. — Edd. coll. o. ⁴⁷⁷ *et humilem* : Edd. coll. o. = C. C. * et Anselm. ⁴⁷⁸ Coll. tr. p. p. 2, t. 14, c. 21. Burch. l. 11, c. 46. Ans. l. 12, c. 5. Ivo Decr. p. 14, c. 110. ⁴⁷⁹ *consentit* : Edd. coll. o. ⁴⁸⁰ *et -- humiliet* : desid. ap. Iv. et Burch. = C. CI. † Coll. tr. p. ib. c. 18–20. ⁴⁸¹ *Deo* : Ed. Bas. ⁴⁸² Gal. c. 1, v. 8. ⁴⁸³ supra c. 46. = C. CII. ⁴⁸⁴ scr. A. 863. — Ivo Pan. l. 5, c. 106. Decr. p.14, c. 46. ⁴⁸⁵ *eos — adstrictos* : orig. ap. Mansi.

municatoribus suis et fautoribus pari vinculo anathematis constat esse adstrictam. Quapropter nunc beatitudini tuæ injungimus, ut, super hoc, nostra auctoritate fretus, curam de his sumere studeas, et quia docta divinitus sanctitas tua valde novit, aliud esse ex necessitate, aliud ex ignorantia, atque aliud quod ex [486] studio delinquitur, istudque posterius duobus [487] prioribus districtius [488] esse puniendum, idcirco solerter invigilet, et cauta discretione [489] singulorum modos dijudicet, quatenus qui ex necessitate aut ignorantia delinquunt auctoritate nostra per [490] te absolvantur : si tamen ipsa eorum ignorantia, vel necessitas vera, et non simulata, vel non ex voluntate processerit, quia, ut bene nosti [491], plerique sunt qui possunt quidem, sed nolunt recta nosse. Unde Psalmista [492] de hujusmodi [493], *Noluit* [494], inquit, *intelligere, ut bene ageret.* Illos autem, qui studio suo obligantur, et contemtu interdicta nostra postponunt, non nisi digna satisfactione præveniente volumus a te prorsus absolvi.

C. CIII. *De iis, qui sine culpa cum excommunicatis communicant.*

Item Gregorius VII, *lib. V, Regesti, in Concilio Romæ habito* [495].

Quoniam multos peccatis, nostris exigentibus, pro causa excommunicationis perire quotidie cernimus, partim ignorantia, partim nimia simplicitate, partim timore, partim etiam necessitate [496], devicti misericordia anathematis sententiam ad tempus, prout possumus, ' opportune ' temperamus. Apostolica itaque auctoritate anathematis vinculo hos subtrahimus, videlicet uxores, liberos [497], servos, ancillas, seu mancipia, nec non rusticos servientes [498], et [499] omnes alios, qui non adeo curiales sunt, ut eorum consilio scelera perpetrentur, et eos, qui ignoranter excommunicatis communicant, sive illos, qui communicant cum eis, qui excommunicatis communicant. Quicunque autem orator, sive peregrinus, aut viator in terram excommunicatorum devenerit, ubi non possit emere vel non habeat unde emat, ab excommunicatis accipiendi licentiam damus. Et si quis excommunicatis non [500] in sustentationem superbiæ, sed humanitatis [501] causa dare aliquid voluerit, non prohibemus.

C. CIV. *De Bonifacio, qui excommunicatis et pseudoepiscopis* [i] *se non communicaturum juravit.*

Item Bonifacius Martyr *Zachariæ Papæ in epist., quæ incipit* : » Paternæ [k] [502].

Antecessor prædecessoris vestri, venerandæ memoriæ Gregorius, dum me indignum ordinavit et ad prædicandum verbum Dei Germanicis gentibus misit, sacramento me constrinxit, ut canonicis et justis episcopis et presbyteris in verbo, facto [503], consensu [504], adstipulator fierem et adjutor (quod [505] cum divina gratia adimplere [506] studui); falsos autem sacerdotes, hypocritas et seductores populorum vel corrigerem ad viam salutis, vel declinarem et abstinerem a communione ipsorum ; quod ex parte servavi, et ex parte custodire et implere non potui ; sed spiritaliter implevi sacramentum, quia in consensu [507] et in consilium eorum non venit anima mea, corporaliter autem ab eis omnino abstinere non potui. Dum enim venissem ad principem Francorum, cogente Ecclesiarum necessitate, non tales ibi reperi quales volui, sed tamen in sancta communione corporis Christi illis [508] non communicavi.

C. CV. *Excommunicatis non communicat qui eis animo non consentit*.

Item Zacharias Papa *Bonifacio Martyri in epistola, cujus initium est :* « Benedictus Deus [1] [509] . »

Quod prædecessor noster [510] beatæ memoriæ Gregorius, hujus ' sanctæ ' sedis apostolicæ præsul, dum ad prædicandum verbum evangelii [511] tuam misisset fraternitatem in Germaniæ partibus et gentibus illis paganis, verbo [512] pollicitationis illam [513] voluit ante esse munitam [514], ita ut orthodoxos episcopos, presbyteros, vel [515] quoscunque reperire potuisses in verbo exhortationis perfectos, amplius confirmares, et eis communicares (quod et factum est); si quos vero seductores episcopos aut pseudopresbyteros, ' vel quoque ' a recto fidei tramite

NOTATIONES CORRECTORUM.

C. CIV. [i] *Et pseudoepiscopis* : Hic in aliquod vetustis antea legebatur : *excommunicatis a pseudoepiscopis.*

[k] Epistola, in qua habetur capitulum hoc, edita est per Laurentium Surium in vita S. Bonifacii, legati Germaniæ et martyris. Emendatior autem exstat manuscripta Romæ in bibliotheca monasterii Dominicani.

C. CV. [1] In epistola præcedunt hæc verba : *Suggessit itaque sancta fraternitas tua in suis apicibus, quod prædecessor noster,* etc.

---

Quæst. III. C. CII. [486] desid. in Ed. Bas. — *de* : Edd. rell. [487] *et duobus* : Ed. Bas. [488] *strictius* : orig. — Ivo. — Edd. coll. o. [489] *districtione* : Edd. coll. o. [490] *per te* : desid. in Ed. Bas. [491] *nostis* : ib. [492] Psal. 35, v. 5. [493]-[94] *noluerunt quidem — agerent* : Edd. coll. o. pr. Bas. = C. CIII. [495] in conc. Rom. hab. A. 1078. — Ivo Pan. l. 5, c. 125. Decr. p. 14, c. 43. [496] *ex nec.* : Edd. coll. o. [497] *filios* : Edd. coll. o. — *liberos, filios* : Ivo Pan. [498] *et serv.* : Edd. coll. o. — Ivo. — orig. [499] *nec non omn.* : Edd. Arg. Par. — *nec non et omn.* : Edd. rell. [500] *in sustentationem non sup.* : Edd. coll. o. [501] *humilitatis* : Ed. Bas. = C. CIV. [502] scr. c. A. 751. — Ivo Decr. p. 2, c. 95. [503] *et facto* : Edd. coll. o. [504] *et cons.* : Edd. Bas. Lugdd. II, III, — Ivo — *in cons.* : Ed. Arg. — *et in cons.* : Edd. rell. [505] *hoc autem* : orig. — Ivo. — Edd. coll. o. [506] *implere* : eæd. pr. Bas. [507] *et in cons.* : Ed. Bas. [508] *eis* : Ed. Bas. = C. CV. [509] scr. A. 751. — Ivo Decr. p. 2, c. 96. [510] desid. in Edd. coll. o. pr. Bas. [511] *Dei* : Ed. Bas. [512] *et verbo* : Edd. coll. o. [513] desid. in Edd. Bas. [514] *commonitam* : orig. [515] *et* : Ed. Bas.

deviantes reperisses, nulla tibi cum eis esset communio, quod te, solatiante [516] Deo, usque ad praesens spiritualiter servasse confessus es, vel, si omnino propter principalem et humanum favorem gentis Francorum, dum ad eos accessisses, corporaliter abstinere non valuisti cogente ecclesiarum Dei necessitate, et tamen [517] in eorum consilio et consensu communionis anima tua non est coinquinata : itaque propter hoc, quod cum eis conversatus es, non consentiens iniquitati eorum, nullum tibi est detrimentum coram Deo.

IX. Pars. Gratian. *Excommunicationis autem forma et modus, atque reconciliationis hic est.*

C. CVI. *Modus et forma excommunicationis* [m].

Debent [518] duodecim sacerdotes episcopum circumstare, et lucernas ardentes in manibus tenere, quas in conclusione anathematis vel excommunicationis projicere debent in terram et conculcare pedibus; deinde epistola per parochias mittatur, continens excommunicatorum nomina et causam excommunicationis.

C. CVII. *De eodem.*

*Item ex Consilio Arausico* [519].

Canonica instituta et sanctorum Patrum exempla sequentes, ecclesiarum Dei violatores [n] auctoritate Dei et judicio sancti Spiritus a gremio sanctae matris Ecclesiae et a consortio totius Christianitatis eliminamus, quoadusque resipiscant et Ecclesiae Dei satisfaciant.

C. CVIII. *Modus reconciliationis excommunicatorum.*

*Item ex eodem* [520].

Quum aliquis, vel excommunicatus, vel anathematizatus, poenitentia ductus veniam postulat et emendationem promittit, episcopus [521], qui eum excommunicavit, ante januas ecclesiae venire debet, et duodecim presbyteri cum eo, qui eum hinc inde circumstare debent [o]. Et si ille terrae prostratus veniam postulat, et de futuris cautelam spondet, tunc episcopus apprehensa manu ejus dextera, in ecclesiam illum introducat, et communioni Christianae reddat, et septem psalmos poenitentiales decantet cum istis precibus : Kyrie eleison, Pater noster, salvum fac servum tuum. *Oratio* [522] : Praesta, quaesumus, Domine, huic famulo tuo dignum poenitentiae fructum, ut Ecclesiae tuae sanctae, a cujus integritate deviaverat peccando, admissorum veniam consequendo reddatur innoxius. Per, etc.

X. Pars. Gratian. *Presbyteris vero, qui excommunicati sacrum ministerium contingere praesumunt, quae poenitentia sit imponenda*, Joannes VIII. *Clero et ordini Salonitano scribens definit, dicens* [523] :

C. CIX. *Quae sit poenitentia sacerdotum, qui excommunicati sacrum ministerium contingere praesumunt.*

De illis presbyteris, qui tempore sanctissimi praedecessoris nostri domini Papae Nicolai excommunicati sacrum ministerium contingere praesumserunt, ipsi in se damnationis (sicut [t] sacri [*] canones statuerunt) sententiam intulerunt. Tamen, quia miseratio apostolica veniam solet praestare correctis, ob multitudinem misericordiae illis hanc indulgentiam exhibemus, ut sancta communione saginati studeant tribus continuis annis per hebdomadam omni secunda [p] et quarta et sexta feria a vino [q] et a carne penitus jejunare, et ultra lugenda nequaquam committere.

Gratian. *Qui autem excommunicatis communicant pro modo peccati poenitentiam accipiant.*

Unde Urbanus II *Genebaldo Const. Episc.* [524] :

C. CX. *Pro modo peccati puniantur qui excommunicatis communicant.*

Sanctis quippe canonibus cautum constat, ut qui excommunicatis communicaverit excommunicetur. Ipsius tamen poenitentiae atque absolutionis modos eo moderamine decernimus [525] ut quicunque seu ignorantia, seu timore, seu necessitate negotii cujusquam maximi et maxime necessarii, eorum se convictu, salutatione, oratione, osculatione [526] contaminaverit [527], cum minoris poenitentiae medicina societatis nostrae participationem [528] sortiantur [529]. Eos vero, qui aut spontanee, aut negligenter inciderint, sub eo volumus disciplinae coercitione suscipi, ut ceteris metus incutiatur.

## NOTATIONES CORRECTORUM.

C. CVI. [m] Apud Burchardum et Ivonem ea, quae in hoc capite continentur, et multa alia eodem pertinentia citantur ex concilio Rothomagensi [*]. In collectione vero canonum incerti auctoris manuscripta iisdem verbis, quibus hic, refertur ex Zacharia Papa.

C. CVII. [n] *Violatores* : In eadem collectione, et apud Burchardum, et in duobus vetustis Gratiani codicibus sequitur N. Ab aliis tamen Gratiani exemplaribus, et ab Ivone abest nota ista.

C. CVIII. [o] *Debent* : Apud Burchardum qui etiam ex concilio Arausico citat, haec sequuntur : *Ubi etiam adesse debent illi, quibus injuria vel damnum illatum est*, et multa alia, quae omnino perlegenda sunt.

C. CIX. [p] *Omni secunda* : Apud Ivonem, et in aliquot vetustis Gratiani exemplaribus legitur : *omni secunda et sexta feria*; in uno autem : *omni quarta et sexta feria* [**].

[q] *A vino* : In Panormia est : *aut a vino, aut a carne*; apud Ivonem : *a vino aut aceto* [***].

---

Quest. III. C. CV. [516] *adjuvante* : ib. [517] *attamen* : Edd. Lugdd. II, III. — Bohm. = C. CVI. [*] ita in Ed. Bas. [518] Caput incerti auctoris fortassis ab ipsius Reginonis l. 2, c. 409. — Burch. l. 11, c. 3. Ivo Decr. p. 14, c. 76. = C. CVII. [519] Cf. ad c. anteced. — Reg. l. 2, c. 413. — Burch. l. 11, c. 7. Ivo Decr. p. 3, c. 126. = C. CVIII. [520] cf. ad c. 106. — Reg. l. 2, c. 414. Burch. l. 11, c. 8. [521] *episcopo* : Ed. Bas. [522] desid. in Ed. Bas. = C. CIX. [523] In coll. epp. Joannis VIII, ep. 311, (ap. Mansi t. 17), et ap. Ivonem Dec.. p. 14, c. 35, directa esse dicitur *clero et ordini Salernitano*. — In Pan. l. 5, c. 104, legitur ut ap. Grat. [**] *et in orig.* [***] *a cibo* : orig. = C. CX. [524] Bertholdus Constantiensis refert hanc ep., Gebehardo Const. directam, ad A. 1089. XIV. cal. Maii. — Ivo Pan. l. 5, c. 107. Decr. p. 14, c. 45. [525] *discrevimus* : orig. — *decrevimus* : Ivo Decr. [526] *osculove* : orig. — Ivo. — Ed. Bas. [527] *contaminaverint* : Bohm. [528] *participinum* : orig. — Ivo. — *participatum* : Ed. Arg. [529] *sortiatur* : orig. — Ivo Decr. — Ed. Arg.

# CAUSA XII.

## GRATIANUS.

*Quidam clerici propria relinquere volunt ; de suis et ecclesiæ rebus testamentum conficiunt ; de rebus ecclesiæ nonnulla largiuntur.* (Qu. I.) *Modo primum quæritur : Utrum, liceat clericis proprium habere?* (Qu. II.) *Secundo, an res ecclesiæ, quæ ab eis datæ sunt ; possint constare aliqua firmitate eis, qui eas acceperunt?* (Qu. III.) *Tertio, si ante tempus ordinationis suæ, qui nihil habere videbantur et post ordinationem aliqua invenisse noscuntur, an possint ea relinquere quibus voluerint, an non?* (Qu. IV.) *Quarto, si de suis et ecclesiæ rebus aliqua acquisisse noscuntur, an utrique communiter, an singulariter ecclesiæ vel sacerdoti jure proveniant?* (Qu. V.) *Quinto, si testamenta liceat eis conficere?*

## QUÆSTIO I.

### GRATIANUS.

I. Pars. *Clericos nihil possidere multis auctoritatibus jubetur.*

Ait enim Toletanum Concilium IV, c. 23 [1]

C. I. *Impuberes et adolescentes, in uno conclavi manentes probatissimo seniori deputentur.*

Omnis ætas [2] ab adolescentia in [3] malum prona est. Nihil [*] enim [*] incertius quam vita adolescentium. Ob hoc constituere [4] oportuit [5], ut, si qui in clero impuberes [6], aut adolescentes existunt, omnes in uno conclavi atrii [7] commaneant [8], ut lubricæ ætatis annos non in luxuria, sed in disciplinis ecclesiasticis agant, deputati probatissimo seniori, quem et magistrum disciplinæ [9], et testem vitæ habeant. § 1. Quod si aliqui ex his pupilli existunt, sacerdotali tutela foveantur, ut et vita eorum a criminibus intacta sit, et res [10] ab injuria improborum [11]. Qui autem his præcentis resultaverint [12], monasteriis A deputentur, ut vagantes animi [13] et superbi severiori regula distringantur.

C. II. *Omnibus clericis communis est vita servanda.*
*Item* Clemens *epist.* V [14].

Dilectissimis fratribus et condiscipulis, Hierosolymis cum dilectissimo fratre Jacobo coepiscopo [15] habitantibus, Clemens episcopus. Communis vita, fratres, omnibus necessaria est, et maxime his, qui Deo irreprehensibiliter militare cupiunt, et vitam apostolorum eorumque discipulorum imitari volunt. § 1. Communis enim usus omnium, quæ sunt in hoc mundo, omnibus esse hominibus debuit. Sed per iniquitatem alius hoc suum esse dixit, et alius illud [16], et sic inter mortales facta divisio est. § 2. Denique, Græco-
B rum quidam sapientissimus, hæc ita sciens esse, ait : Communia debere esse amicorum [17] omnia. [In omnibus autem sunt sine dubio et conjuges ª.] Et, sicut non potest, inquit, dividi aer, neque splendor solis, ita nec reliqua, quæ communiter [*] in hoc mundo [*] omnibus data sunt ad habendum, dividi debere, sed habenda esse communia. Unde et Dominus per prophetam [18] loquitur, dicens : *Ecce quam bonum et quam jucundum*, etc. § 3. Istius enim consuetudinis more retento etiam apostoli eorumque discipuli, ut prædictum est, una nobiscum et vobiscum communem vitam duxere. Unde [19], ut bene nostis, erat multitudinis eorum cor unum et anima una, nec quisquam eorum aut nostrum de his, quæ possidebat, aliquid suum esse dicebat, sed omnia
C illis et nobis erant communia, nec quisquam egens erat inter nos. § 4. Omnes autem [20], qui domos vel agros possidebant, vendebant eos, et pretia eorum et reliquas res, quas habebant afferebant [21], ponentes ante pedes apostolorum (sicut nobiscum quidam vestrum cognoverunt et viderunt) et dividebantur [22]

---

### NOTATIONES CORRECTORUM.

CAUSA XII. QUÆST. I. C. II. ª *In omnibus autem sunt sine dubio et conjuges* : Verba hæc absunt ab originali in recentioribus conciliorum editionibus impresso, et duobus ipsius manuscriptis codicibus, uno Vaticano, altero bibliothecæ S. Marci Florentiæ, et ab Anselmo. Hanc vero sententiam a Platone acceptam hæretici quidam volebant in Christianam religionem invehere. Ita enim scribit Epiphanius hæresi 32 : *Primum quidem quod ipse Epiphanes cum patre suo et sectæ antistite Carpocrate ac sodalibus ejus communes esse hominum uxores sancivit, ex Platonis de republ. libris occasionem nactus, et propriam concupiscentiam perficiens.* Verum apud veteres etiam Christianos hanc uxorum communionem vehementer damnari solitam Tertullianus in Apologetico evidenter testatur his verbis : *Omnia indiscreta sunt apud nos, præter uxores. In illo loco consortium solvimus, in quo solo ceteri homines consortium
D exercent, qui non amicorum solummodo matrimonia usurpant, sed et sua amicis patientissime subministrant, ex illa credo majorum et sapientissimorum disciplina, Græci Socratis et Romani Catonis, qui uxores suas amicis communicaverunt*, etc.

---

CAUSA XII. QUÆST. I. C. I. [1] hab. A. 633. — Coll. tr. p. p. 2, t. 17, c. 4. Ans. l. 7, c. 1. [2] add. : *etiam* : Ed. Arg. [3] *ad* : Ed. Bas. [4] *constituendum* : Coll. Hisp. — Ans. [5] *oportet* : Ed. Bas. [6] *puberes* : Ans. [7] desid. in Edd. coll. o. pr. Bas. [8] *commorentur* : Coll. Hisp. [9] *doctrinæ* : ibid. — Ans. — Edd. coll. o. [10] add. : *eorum* : Edd. coll. [11] *impiorum* : eæd. [12] *reluctaverint* : Coll. Hisp. [13] *animæ — superbæ* : ibid. == C. II. [14] Caput Pseudoisidori, cf. Recogn. Clementis l. 10, c. 5. — Apud Ans. l. 7, c. 1, unde citant Corr., non est repertum. [15] *et coep.* : Edd. coll. o. [16] *istud* : eæd. [17] add. : *communia* : Edd. Nor. Ven. I, II. Lugdd. Par. [18] Psal. 132, v. 1. [19] *Ut enim bene* : Edd. coll. o. [20] *enim* : Ed. Bas. — *vero* : Edd. rell. [21] *offerebant* : Edd. coll. o. [22] *dividebant* : Ed. Bas. — *dividebatur* : Edd. rell. — cf. Act. Ap. c. 4.

singulis, prout cuique opus erat. § 5. Ananias autem vir austerus, et Sapphira uxor ejus, qui [23] mentiti sunt apostolis de pretio agrorum suorum, quos vendiderant, nobis praesentibus, in conspectu omnium circumstantium [24] a conspectu apostolorum [25] propter peccatum eorum et mendacium, quod fecerunt, mortui elati [26] sunt ambo. Cetera, quae de talibus cognovimus et vidimus, nec recordatione, nec demonstratione digna sunt. Quapropter haec vobis cavenda mandamus, et doctrinis et exemplis apostolorum obedire praecipimus, quia hi, qui mandata earum postponunt, non solum rei, sed [27] extorres fiunt. Quae non solum vobis cavenda, sed et omnibus praedicanda sunt. *Et infra* : § 6. Unde consilium dantes vestram prudentiam hortamur, ub ab apostolicis regulis non recedatis, sed communem vitam docentes, et scripturas sacras recte intelligentes, quae Domino [28] vovistis adimplere satagatis.

C. III. *Juxta ecclesiam clericorum claustra constituantur.*

*Item* Eugenius Papa II, et Leo IV, c. 7 b [29].

Necessaria etenim res exigit [30], ut juxta ecclesiam claustra constituantur, in quibus clerici disciplinis ecclesiasticis vacent. Itaque omnibus unum sit refectorium ac [31] dormitorium, seu ceterae officinae ad usus clericorum necessariae. Ministri vero post episcopum super eos [32] eligantur, quorum vita atque doctrina illos potius exornet [33] quam dehonestet.

Gratian. *Nec in atrio ecclesiae alia aedificia nisi clericorum ponantur*

Unde Nicolaus Papa c [34].

C. IV. *Nec in atrio ecclesiae nisi clericorum aedificia ponantur.*

Nulla aedificia [35] in atrio ecclesiae ponantur nisi tantum clericorum.

C. V. *Clericus nihil saeculare possideat.*

*Item* Hieronymus *ad Nepotianum* [36].

Clericus, qui Christi servit ecclesiae, interpretetur primo [37] vocabulum suum, et, nominis definitione prolata, nitatur esse quod dicitur. Si enim κλῆρος graece, sors latine appellatur, propterea vocantur [38] clerici, ' vel ' quia de sorte sunt Domini, vel quia [39] Dominus sors, id est pars, clericorum est. Qui [40] autem vel ipse pars Domini est, vel Dominum [41] partem habet, talem se exhibere debet, ut ' et ' ipse possideat Dominum, et [42] possideatur a Domino. Qui Dominum possidet et cum Propheta dicit [43] : *Pars mea Dominus,* nihil extra Dominum habere potest. Quod [44] si quidpiam aliud habuerit [45] praeter Dominum, pars ejus non erit Dominus; verbi gratia, si aurum, si argentum, si possessiones, si variam suppellectilem, cum istis partibus Dominus fieri pars ejus non dignatur. Si autem ego pars Domini sum, et funiculus hereditatis ejus, nec [46] accipio partem [47] inter ceteras tribus, sed quasi Levita et sacerdos vivo de decimis, et altari serviens [48] altaris oblatione sustentor. Habens [49] victum et vestitum, his contentus ero, et nudam crucem nudus sequar [50].

C. VI. *Nihil praeter Deum debet curare qui in ejus sortem eligitur.*

*Item* Ambrosius *de fuga saeculi, c. 2.*

Cui portio Deus est nihil debet curare nisi Deum, ne alterius impediatur necessitatis munere. Quod ad alia enim officia confertur, hoc religionis cultui atque huic [51] nostro officio decerpitur. Haec enim vera est sacerdotis fuga, abdicatio domesticorum, et quaedam alienatio carissimorum, ut suis se abneget qui servire Deo elegerit [52].

C. VII. *Clericis et Deo devotis nec causas agere, nec aliquid proprium habere licet.*

*Item* Hieronymus *ad quemdam suum levitam, de duobus generibus hominum* [53].

Duo sunt genera Christianorum. Est autem unum genus, quod mancipatum divino officio, et deditum contemplationi et orationi, ab omni strepitu temporalium [54] cessare convenit, ut sunt clerici, et Deo devoti, videlicet conversi. κλῆρος enim graece, latine sors. Inde hujusmodi homines vocantur clerici, id est sorte electi. Omnes enim Deus in suos eligit. Hi namque sunt reges, id est se et alios in [55] virtutibus regentes, et ita in Deo regnum habent, et hoc designat corona in capite [56]. Hanc coronam habent

## NOTATIONES CORRECTORUM.

C. III. b Est caput 7, concilii Romae ab Eugenio II, primum habiti, et postea a Leone IV, innovati. Antea citabatur Leo IX.

C. IV. c Fere eadem leguntur in concilio Salegunstadiensi c. 12, quod habetur in fine collectionis Burchardi, et refertur ab Ivone p. 15.

---

Quaest. I. C. II. [23] *quia* : Edd. coll. o. — cf. Act. Ap. c. 5. [24] *astantium* : Ed. Bas. [25] add. : *omnium* : ib. [26] *delati* : Edd. coll. o. [27] *sed etiam Dei extorres* : eaed. [28] *bene novistis* : eaed. = C. III. [29] in syn. Rom. hab. A. 826, et 853. — Ans. l. 7, c. 5, f. 4, c. 2, (l. 7, c. 3, et in fine lib. ejusd. [30] *exstitit* : Ed. Nor. — *exssistit* : orig. [31] *aut* : Ed. Bas. [32] add. : *tales* : orig. [33] *exornent* — *dehonestent* : ib. = C. IV. [34] c. 12, conc. Salegunstad. hab. A 1022. — Burch. in fine operis. Ivo Decr. p. 15, c. 178. [35] add. : *alia* : Ed. Bas. = C. V. [36] Ans. l. 7, c. 2 (4). Ivo Decr. p. 6, 1. [37] *primum* : Edd. coll. o. [38] *dicuntur* : eaed. [39] add. : *ipse* : eaed. — Ans. Ivo. *Et quia* : ib. [40] *domini* : Ivo. Edd. coll. o. pr. Ven. II. par. Lugdd. II, III. [41] *et ipse* : Edd. coll. o. — Ans. Ivo. [42] *dicat* : Ed. Bas. — Psal. 15, v. 5. [43] *Quod — Dom.* : desid. ap. Ans. [44] *habuit* : Ed. Bas. [45] *non* : Edd. coll. o. [46] *partes* : eaed. [47] *deserviens* : Ed. Bas. [48] 1 Tim. c. 6, v. 8. [49] *sequor* : Edd. Bas. Ven. II. Par. Lugdd. = C. VI. [50] *hinc* : Ed. Bas. [51] *gestit* : orig. = C. VII. [52] Caput incertum. [53] *temporalium rerum vacare* : Ed. Bas. [54] *suis* : ib. [55] *capitis* : ib.

ab institutione Romanae ecclesiae in signum regni, quod in Christo exspectatur. Ratio vero capitis est temporalium omnium depositio. Illi enim victu et vestitu contenti, nullam inter se proprietatem habentes, debent habere omnia communia. § 1. Aliud vero genus est Christianorum, ut sunt laici. Λαὸς enim graece est populus latine. His licet temporalia possidere, sed non nisi ad usum. Nihil enim miserius est quam propter nummum Deum contemnere. His concessum est uxorem ducere, terram colere, inter virum et virum judicare, causas agere, oblationes super altari [57] apponere [58], decimas reddere, et ita salvari poterunt, si vitia tamen benefaciendo evitaverint.

C. VIII. *Clerici nihil proprium possideant.*

Item Gregorius *Augustino Anglorum Episcopo, responsionum c. 1 et 2* [59].

Quia tua fraternitas monasterii regulis erudita seorsum non debet fieri [60] a clericis suis in ecclesia Anglorum, quae auctore Deo nuper ad fidem perducta est, hanc debet instituere conversationem, quae in initio 'nascentis ecclesiae' fuit Patribus nostris, in quibus nullus eorum ex iis, quae possidebat, aliquid [61] suum esse dicebat, sed erant illis omnia communia. § 1. Si [62] qui vero sunt clerici extra sacros ordines constituti, qui se non possunt continere, sortiri uxores debent, et stipendia sua exterius accipere, quia et de eisdem Patribus, 'de quibus praefati sumus', novimus scriptum : *quod dividebatur* [63] ' *singulis prout cuique opus erat.* De eorum ergo [64] stipendio cogitandum atque providendum est, et sub ecclesiastica regula sunt tenendi, ut bonis moribus vivant, et canendis psalmis invigilent, et ab omnibus illicitis cor, et linguam, et corpus Deo auctore conservent. § 2. Communiter [65] autem viventibus jam de faciendis portionibus, vel exhibenda hospitalitate, et adimplenda misericordia nobis [66] quid erit loquendum, quum omne, quod superest [67], in causis piis ac religiosis erogandum est ? Domino 'et' magistro omnibus dicente [68] : *Quod superest date eleemosynam, et 'ecce' omnia munda sunt vobis.*

C. IX. *Clericis omnia communia esse debent.*

Item Urbanus Papa *omnibus catholicis, epistola unica, c.* 1 [69].

Scimus vos non ignorare [70], quia hactenus vita communis inter omnes [71] Christianos viguit, et adhuc gratia Dei viget, et maxime inter eos, qui in sortem Domini sunt electi, id est clericos, sicut in Actibus legitur apostolorum [72] : *Multitudinis autem credentium erat cor unum, et anima una, nec quisquam eorum* [74] *quae* [75] *possidebat, aliquid suum esse dicebat, sed* [75] *erant illis omnia communia. Et infra:* § 1. Quicunque vestrum communem vitam susceptam habet, et vovit se nihil proprium habere, videat ne pollicitationem suam irritam faciat, sed hoc, quod Domino est pollicitus, fideliter custodiat, ne damnationem, sed praemium sibi acquirat, quoniam satius [76] est non vovere, quam votum, prout melius potest, non perficere. Gravius enim puniuntur qui votum fecerunt aut fidem perceperunt, et votum non perfecerunt aut in malis vitam finierunt, quam illi, qui 'vitam' sine voto 'finierunt, aut sine' fide mortui sunt, et tamen bona egerunt opera.

C. X. *De eodem.*

Item Augustinus *in sermone de communi vita clericorum* [d] [77].

Nolo, ut aliquis de vobis [78] inveniat male vivendi occasionem. Providemus enim bona, ut ait Apostolus, non solum coram Deo, sed etiam coram [79] omnibus [80] hominibus. Propter nos conscientia nostra sufficit [81] nobis, propter vos fama nostra non pollui, sed pollere debet in vobis [82]. 'Tenete [83] quod dixi, atque distinguite.' Duae res sunt, conscientia et fama. Conscientia necessaria est tibi, fama proximo tuo. Qui fidens [84] conscientiae 'suae' [85] negligit famam suam [86], crudelis est. *Et infra :* § 1. Nulli liceat [87] in societate nostra habere aliquid proprium ; sed [88] si forte aliqui [89] habent, nulli licet, et [90] qui habuerint faciunt quod non licet. *Et infra :* § 2. Enthecam 'nobis' [91] habere non licet. Non 'enim' episcopi [92] est servare aurum, et a se revocare mendicantis manum. Quotidie tam multi pe-

---

NOTATIONES CORRECTORUM.

C. X [d]. Initium hujusque capitis usque ad vers. *Qui habere voluerit*, legitur in serm. 2. de communi vita clericorum, seu 52 ad fratres in eremo ; caetera vero partim in serm. 55. ad fratres in eremo, sive serm. 3. de communi vita clericorum, partim in eodem 52. sive 2., de quibus sermonibus adnotatum est supra dist. 86. Partem hujus capitis refert Beda in comment. ad 2. Cor. c. 8. sub. hoc titulo : *Ex sermone de vita et moribus clericorum.*

---

Quaest. I. C. VII. [57] *altaria* : Edd. coll. o. — [58] *ponere* : Ed. Arg. — *imponere* : Ed. Bas. = C. VIII. [59] Ep. 65, (scr. A. 601), l. 14. Ed. Maur. — cf. ad c. 1. D: 5. — Ans. l. 7, c. 3 (5). [60] *vivere* : orig. [61] *al proprium habebat* : Edd. coll. o. — [62] cf. D. 32, c. 3. [63] *dividebant* : Edd. coll. o. — cf. Act. c. 4, v. 35. [64] *quoque* : Edd. coll. o. [65] *Communi — vita* : orig. — Ans. [66] *a nobis* : Edd. coll. o. [67] add. : *necessitatibus* : orig. — Edd. coll. o. [68] Luc. c. 11, v. 41. = C. IX. [69] Caput Pseudoisidori. — Ans. l. 7, c. 2 (6). Ivo Decr. p. 3, c. 139. [70] add. : *fratres* : Ed. Bas. [71] *bonos* : orig. — Ans. [72] Act. c. 4, v. 32. [73] add. : *aut nostrum* : Ed. Bas. [74] *de his, quae* : ib. [75] *et* : ib. [76] *sanctius* : ib. — *melius* : Edd. rell. = C. X. [77] Ans. l. 7, c. 6 (8). — cf. conc. Aquisgran. c. 112. [78] *nobis* : Ed. Bas. [79] desid. ib. — cf. 2 Cor. c. 8. [80] desid. in Edd. Ven. II. Par. Lugdd. [81] *necessaria est* : Ans. — Edd. coll. o. [82] *nobis* : Ed. Bas. [83] *ten. — dist.* : desid. ap. Ans. [84] *confidens* : Edd. coll. o. pr. Bas. [85] desid. ap. Ans. [86] desid. in Edd. coll. o. pr. Bas. [87] *licet* : Ed. Bas. [88] desid. ib. [89] *aliquid* : orig. [90] *sed qui* : Ed. Bas. — Ans. [91] desid. ap. Ans. [92] *episcoporum* : Ans. — Edd. coll. o.

tunt, tam multi gemunt, tam multi inopes nos interpellant, ut plures tristes relinquamus, quia quod possimus dare omnibus, non habemus. Nec habeamus ergo enthecam. *Et infra :* § 3. Qui [93] habere voluerit proprium, et de proprio vivere, et contra ista præcepta facere, parum est ut dicam, non mecum manebit, sed nec clericus erit. Dixeram enim, et scio me dixisse, quod [94] si nollent suscipere vitam [95] socialem mecum, non illis tollerem clericatum, sed [96] seorsum manerent, seorsum viverent * quomodo nossent Deo viverent, * et tamen ante oculos posui quantum mali † sit a proposito cadere *. Malui enim habere cæcos [97] vel claudos, quam plangere mortuos. Qui [98] enim hypocrita est mortuus est. Quomodo ergo, quicunque voluisset extra manere, et de suo vivere, non tollerem ei clericatum? ita modo, quia placuit illis Deo propitio socialis hæc vita, quisquis cum hypocrisi vixerit, quisquis inventus fuerit habens proprium, non illi permitto, ut inde faciat [99] testamentum, sed delebo eum de tabula clericorum. *Item supra :* § 4. Qui non vult ᵉ mecum manere et in communi vivere, habeat libertatem, sed videat, utrum habere possit felicitatis hereditatem [100].

**C. XI.** *Non licet habere proprium iis, qui suis renunciant et communiter vivere spondent.*

Idem ser. III. de communi vita clericorum ᶠ [101].

Non dicatis aliquid [102] proprium, sed sint vobis omnia communia. *Et infra :* § 1. Quicunque autem in tantum progressus [103] fuerit malum, ut occulte ab aliquo litteras vel quodlibet munus accipiat, si hoc ultro confitetur, parcatur illi, et oretur pro illo. Si autem deprehenditur atque convincitur, secundum arbitrium presbyteri [104] vel præpositi gravius emendetur. *Et infra :* § 2. Quum [105] hujus nostræ ᵍ congregationis fratres non solum facultatibus, sed voluntatibus propriis in ipsa ordinationis [106] susceptione renunciaverint, et se per promissam obedientiam penitus aliorum potestati [107], et imperiis in Christo et pro Christo subdiderint, certum ʰ est eos nihil habere, possidere, dare, vel accipere debere sine superioris licentia. § 3. Quod si pro-

pinquus, vel amicus, vel quilibet fratrum cuiquam aliquid offerre voluerit, primo quidem priori insinuetur, et sic suscipiatur, si ipse mandaverit. De quo tamen nihil fiat aliud, nisi quod priori placuerit.

**C. XII.** *De eodem.*
*Idem tractatu L. ad c. 12. Joannis.*

Exemplum Domini accipe [108] conversantis in terra. Quare habuit loculos cui angeli ministraverunt [109], nisi quia ecclesia ipsius loculos *suos* habitura erat? Quare furem admisit, nisi ut ejus ecclesia fures patienter [110] toleret?

**C. XIII.** *Ecclesiarum præpositi rerum dispensatores efficiuntur.*

*Item* Prosper *de vita contemplativa, lib. II.* 9 [111].

Expedit facultates ecclesiæ possideri, et propriæ perfectionis amore contemni. Non enim propriæ sunt, sed communes ecclesiæ facultates, et ideo quisquis omnibus, quæ habuit, dimissis aut venditis rei suæ contemptor, atque præpositus fuerit factus ecclesiæ, omnium, quæ habet ecclesia, efficitur dispensator. Denique S. Paulinus, ut ipsi melius nostis, ingentia prædia, quæ fuerunt sua, vendita pauperibus erogavit; sed, quum factus esset episcopus, non contemsit ecclesiæ facultates, sed fidelissime dispensavit. Quo facto satis ostendit [112], et propria debere propter perfectionem contemni, et sine impedimento perfectionis posse ecclesiæ facultates, quæ sunt profecto communes [113], possideri [114]. Quid S. Hilarius? nonne et [115] ipse omnia *bona* sua aut parentibus reliquit, aut vendita pauperibus erogavit? Is tamen, quum merito perfectionis suæ fieret ecclesiæ Arelatensis episcopus [116], quæ illa tunc habebat ecclesia non solum possedit [117], sed etiam acceptis fidelium numerosis hereditatibus ampliavit. Isti ergo tam perfecti pontifices factis evidenter clamant, posse et debere fieri quod fecerunt. Qui * utique [118] homines tam sæcularium quam divinarum rerum [119] sine ambiguitate doctissimi, si scirent res ecclesiæ debere contemni, nunquam eas debuerant, qui omnia * sua * reliquerant, retinere [120].

### NOTATIONES CORRECTORUM

ᵉ *Qui non vult :* In sermone ipso præcedit c. *Certe ego.* infr. eadem, et paucis interjectis sequitur : *qui hoc non vult habeat libertatem,* etc.
C. XI. ᶠ Caput hoc sumptum est ex sermone 3 de communi vita clericorum, in quo regula B. Augu-

stini continetur, ac repetitur epist. 109. Sed in ea ad monachas oratio convertitur.

ᵍ *Quum hujus nostræ :* Hæc usque ad vers. *Certum est,* non sunt inventa apud B. Augustinum.

ʰ *Certum :* Hæc habentur in prima regula c. 4.

QUÆST. I. C. X. [93] *Qui habuerit proprium vel habere voluerit :* Edd. coll. o. — cf. serm. 153. [94] *ut :* eæd. [95] add. *: etiam :* eæd. pr. Nor. Ven. I. [96] desid. in Edd. Arg. Bas. † *malum :* Edd. coll. o.—Bohm. [97] desid. in Ed. Bas. [98] *Quicunque :* Edd. coll. o. [99] *facere :* Ed. Bas. [100] *æternitatem :* orig. — C. XI. [101] ex epistola ad Seleucianam de sanctimonialibus. [102] *vos habere al. :* Edd. coll. o. [103] *ingressus :* Ed. Arg. [104] *episcopi vel presb. :* Ed. Bas. [105] Similia leguntur in regula ac servos Dei, Augustino perperam tributa. [106] *ordinis :* Edd. coll. o. [107] *voluntati :* Ed. Bas.—C. XII. [108] *accipit :* Edd. coll. o. [109] *ministrabant :* cæd. [110] *quum patitur :* eæd. —C. XIII. [111] Imo Julianus Pomerius, cujus hic liber est. — cf. conc. Aquisgr. c. 35. [112] *ostenditur :* Edd. Bas. Ven. II. Par. Lugdd. [113] *communia :* Ed. Bas. — orig. [114] *possidere :* Edd. coll. o. pr. Lugdd. II, III. [115] desid. in Edd. coll. o. pr. Bas. [116] *archiep. :* Edd. Bas. [117] *possidebat :* Edd. coll. o. pr. Bas. [118] *Itaque :* Edd. coll. o. [119] *scripturarum :* Ed. Bas. — litterarum :* Edd. rell. [120] *suscipere :* Edd. coll. o.

**C. XIV.** *Diaconi vel quælibet religiosæ personæ regularem vitam ducere cogantur.*

*Item* Gregorius *Felici Episcopo de Acrovoli, lib. II. ep.* 29 [121].

Quoniam Velina, Buxentina [122], et Blandana [123] ecclesiæ, 'quæ' tibi in vicino sunt constitutæ, ' sacerdotis noscuntur vacare regimine', propterea fraternitati tuæ earum solenniter operam [124] visitationis injunximus [125], illud præ [126] omnibus, commonentus ut, ubi [127] præfatarum ecclesiarum, sive diœceseos [128] earum' vel diaconi vel religiosæ personæ inventæ fuerint, districte canoniceque vivant.

**C. XV.** *Quare in primitiva ecclesia prædia vendebantur.*

*Item* Melchiades Papa i [130].

Futuram ecclesiam in gentibus apostoli prævidebant; idcirco prædia in Judæa minime sunt adepti, sed pretia tantummodo ad fovendos egentes. At vero, quum inter turbines et adversa mundi succresceret ecclesia, eousque [131] pervenit, ut non solum gentes, sed etiam Romani principes, qui 'pæne' totius orbis monarchiam tenebant, ad fidem Christi et baptismi sacramenta concurrerent. E quibus vir religiosissimus Constantinus, primus fidem veritatis patenter adeptus, licentiam dedit per universum orbem 'sub' [132] suo degentes [133] imperio non solum fieri Christianos, sed etiam fabricare [134] ecclesias, et prædia tribuere [135] posse constituit. Denique idem præfatus princeps donaria immensa contulit, et fabricam templi primæ sedis B. Petri 'principis apostolorum' instituit, adeo ut sedem imperialem, ' quam Romani principes possederant ', relinqueret et B. Petro successoribusque suis profuturam concederet. § 1. Idem vero præsidens [136] in sancta synodo, quæ apud Nicæam congregata, est quum querelam quorundam conspiceret [137] coram se delatam [138], ait: *Vos a nemine dijudicari potestis quia solius Dei judicio reservamini. Dii etenim vocati estis, et idcirco non potestis ab homiuibus judicari.* Ab illo etenim tempore, et deinceps, viri religiosissimi [139] non solum possessiones et prædia, quæ possederant [140], sed etiam semetipsos Domino consecrarunt, ædificantes basilicas in suis fundis in honorem [141] sanctorum martyrum per civitates, ac monasteria innumera, in quibus cœtus Domino servientium conveniret [142].

**C. XVI.** *Quare prædia fidelium hodie ab ecclesia non alienentur*

*Item* Urbanus papa, *epistola unica, c.* 1 [143].

Videntes autem summi sacerdotes, et alii, atque Levitæ, et reliqui fideles, plus utilitatis posse conferri, si hereditates et agros, quos vendebant, ecclesiis, quibus præsidebant episcopi, traderent, eo quod ex sumptibus eorum tam præsentibus quam futuris temporibus plura et elegantiora ministrare possent fidelibus communem |vitam [144] ducentibus [145], quam ex pretio ipsorum, cœperunt prædia et agros, quos vendere solebant, matricibus ecclesiis tradere, et ex sumtibus eorum vivere. § 1. Ipsæ vero res in ditione singularum parochiarum episcoporum(qui locum tenent apostolorum)erant, et sunt usque adhuc, et futuris semper debent esse temporibus. E quibus episcopi et fideles dispensatores eorum omnibus communem [146] vitam degere volentibus ministrare cuncta necessaria debent, prout melius potuerint ut nemo in eis egens inveniatur. § 2. Ipsæ enim res fidelium oblationes appellantur, quia [147] Domino offeruntur. *Et infra :* c. 3. : § 3. Memoratis ergo augmentationibus 'ac cultibus' in tantum ecclesiæ, quibus episcopi præsident, Domine adminiculante creverunt, et tantis [148] maxima pars earum abundat rebus, ut nullus sit in eis communem gerens [149] vitam indigens, sed omnia necessaria ab episcopo suisque ministris percipit [150] § 4. Ideo, si aliquis exstiterit modernis aut futuris temporibus qui hæc [151] avellere nitatur, jam dicta damnatione feriatur.

**C. XVII.** *De eodem.*

*Item* Augustinus *tractatu LXII in Joannem* [152].

Habebat Dominus loculos, 'et' a fidelibus oblata

---

### NOTATIONES CORRECTORUM.

**C. XV.** i Ceteri etiam collectores Melchiadem citant, quod constare non posse recte animadvertit auctor glossæ. Fit enim in hoc capite mentio Nicænæ synodi, quo tempore (ut ex ipsa synodo, Eusebio et ceteris historicis apparet) jam Melchiades obierat.

D Habetur autem integrum in scripto de primitiva Ecclesia et munificentia Constantini, quod in collectione Isidori, Lutetiæ bis impressa, sequitur statim post decreta Melchiadis, quemadmodum supra dist. 88. ad c. *Decrevit* annotatum est.

---

Quæst. I. C. XIV. [121] Ep. 43, (scr. A. 592), l. 2. Ed. Maur. — Ans. l. 7, c. 7 (9). [122] *Vicentina*: Edd. Lugdd. II, III. — *Vicentina* : Edd. rell. [123] *Blandina* : Edd. coll. o. [124] *opera* : Edd. Arg. Nor. Ven. I. [125] *injungimus* : orig. — Edd. coll. o. [126] desid. in Edd. Arg. Nor. Ven. I, II. Par. [127] *ubicunque* : Edd. coll. o. [128] *diœcesum* : eæd. [129] *inventi* : Ed. Lugd. I. = C. XV. [130] *Ex* (Pseudoisidoriano) *decreto de primitiva ecclesia.* — cf. gesta Silvestri et Rufini hist. eccl. l. 4, c. 2. — Burch. l. 3, c. 2, 5. — Ivo Pan. l. 2, c. 3. Decr. p. 3, c. 4, 7. Polyc. l. 4, t. 19. [131] *ad hoc usque* : Edd. coll. o. — *adeo usque* : Burch. Ivo Decr. [132] *in* : Ivo Pan. [133] *degentibus* : Edd. coll. o. [134] *fabricandi* : eæd. — *fabricandas* : Ivo Pan. [135] *tribuenda* : eæd. — Ivo Pan. [136] cf. sup. C. 14, q. 4, c. 9. [137] *prospiceret* : Ed. Bas. [138] *deferendam* : Edd. coll. o. [139] *religioso* : eæd. [140] *possidebant* : eæd. [141] *honore* : eæd. pr. Lugdd. II, III. [142] *convenirint* : Ed. Bas. = C. XVI. [143] Caput Pseudoisidori, cf. conc. Par. hab. A. 829, c. 15. — Ans. l. 7, c. 6. Burch. l. 3, c. 3. Ivo Decr. p. 3, c. 8. [144] *fidem* : orig. [145] *deducentibus* : Burch. — Ed. Bas. [146] *communi vita* : Edd. coll. o. [147] *quæ a fidelibus Dom. offer.* : eæd. [148] *in tantis* : eæd. [149] *eligens* : orig. — *communi vita degens* : Ed. Bas. [150] *percipiat* : Edd. coll. o. [151] *hoc* : Ed. Bas. = C. XVII. [152] Ans. l. 5, c. 32. Polyc. l. 5, t. 24.

conservans, et suorum necessitatibus, et aliis indigentibus tribuebat. Tunc primum ecclesiasticæ pecuniæ forma est instituta, ubi [153] intelligeremus quod præcepit, non cogitandum esse de crastino, non adhoc fuisse præceptum, ut nihil pecuniæ servetur a sanctis, sed ne Deo pro ista serviatur, et propter inopiæ timorem justitia deseratur.

II. Pars. Gratian. *His omnibus auctoritatibus claret, quod clericis nullo modo licet habere quid proprium; quod si habuerint, non clerici erunt, non tamen clericatus eis tollendus est.*

Unde Augustinus in serm. II. de communi vita clericorum [154] :

C. XVIII. *Clericatus non tollitur eis, qui volunt habere aliquid proprium.*

Certe ego sum qui statueram, * sicut nostis *, nullum ordinare clericum, nisi qui mecum vellet manere, aut [155] si vellet recedere a proposito, recte illi tollerem clericatum * quia desereret sanctæ societatis promissum cœptumque consortium* Ecce in conspectu Dei et vestro muto consilium. Qui volunt habere aliquid proprium, quibus non sufficit Deus et ecclesia sua [156], maneant ubi volunt et ubi possunt, non eis aufero clericatum, nolo habere hypocritas. Malum enim [157] esse quis nesciat? Malum est cadere a proposito, sed pejus est simulare propositum. *Et post pauca* : § 1. Si non [158] servat sanctitatem foris, dimidius cecidit : si vero [159] intus habuerit simulationem, totus cecedit. Nolo, ut habeat necessitatem simulandi. Scio, quomodo homines ament [160] clericatum. Nemini eum tollo nolenti mecum communiter vivere.

Gratian. *Econtra sunt aliæ auctoritates quibus conceditur propria habere, non solum aliis, sed etiam episcopis.*

Unde in Consilio Agathensi c. 48. legitur [161] .

C. XIX. *De rebus propriis vel acquisitis episcopi hæredibus suis derelinquant.*

Episcopi [162] de rebus propriis vel acquisitis, vel quidquid de proprio habent, heredibus suis, si voluerint, derelinquant [163]. Quidquid vero de provisione suæ ecclesiæ fuerit sive de agris, sive de fructibus [164], sive de oblationibus, omnia in jure ecclesiæ reservare [165] censuimus

C. XX. *De eodem.*

Item ex Concilio Martini Papæ, c. 15 [166].

Manifesta autem debent esse quæ ad ecclesiam pertinent his, qui circa ipsos [167] sunt, presbyteris et diaconis, ut, si episcopo contigerit inopinatus [168] transitus, res ecclesiæ nullo modo possint minui et perire; neque [169] res propriæ episcopi importunitatem patiantur pro rebus ecclesiæ, ut nec ecclesia incurrat damnum, nec episcopus in suis rebus pro rebus ecclesiæ proscribatur [170].

*Idem statutum est* in canonibus Apostolorum c. 4, ubi legitur [171] :

C. XXI. *De eodem.*

Sint manifestæ res propriæ episcopi (si tamen habet [172] proprias ), et manifestæ dominicæ, ut potestatem habeat de propriis moriens episcopus sicut voluerit et quibus voluerit derelinquere, nec sub occasione ecclesiasticarum rerum ea, quæ episcopi esse probantur, intercidant [173]. Fortassis enim aut uxorem habet, aut filios, aut propinquos, aut servos. Et justum est hoc apud Deum et homines, ut nec ecclesia detrimentum patiatur ignoratione [174] rerum pontificis, nec episcopus vel ejus propinqui sub obtentu ecclesiæ proscribantur, et in causas incidant qui ad eum pertinent, morsque k ejus injuriis *malæ famæ* subjiciatur

C. XXII. *Ex rebus ecclesiæ episcopus, si indiget, sibi et suis necessaria sumat.*

*Item* in eisdem canonibus, c. 41 [175].

Ex his autem, quibus episcopus indiget (si tamen indiget), ad [176] suas necessitates et peregrinorum fratrum usus et ipse percipiat, ut nihil ei possit l omnino deesse. Lex [177] enim Dei præcipit, ut qui altario deserviunt pascantur de [178] ipso.

C. XXIII. *Res ecclesiasticas episcopus dispenset.*

*Item* ex Concilio Antiocheno, c. 25 [179].

Episcopus ecclesiasticarum rerum habeat potestatem ad dispensandum erga omnes, qui indigent; cum summa reverentia et timore Dei. Participet autem et ipse quibus indiget (si tamen indiget), tam in [180] suis quam in [181] fratrum, qui ab eo suscipiuntur, necessariis usibus profuturis, ita ut *in* nullo [182] qualibet occasione fraudentur, juxta sanctum Apo-

NOTATIONES CORRECTORUM.

C. XXI. k *Morsque* : Ante legebatur : *mortisque* περιβάλλεσθαι ; id est : *et ejus mors maledictis undique appretatur.*
*ejus injuriis infamentur*. Restitutus est locus ex C. XXII. l *Ei possit:* Legit etiam : *eis possit*. Nam
prisca versione, cui totum reliquum caput convenit. Græce est : καὶ τὸν αὐτοῦ θάνατον δυσφημίαις et in Græcis cod. partim est αὐτοῦ, partim αὐτούς.

QUÆST. I. C. VII. [153] *ut* : Edd. Arg. Nor. Ven. I. — *et ut* : Edd. rell. — *uti* : Bohm. = C. XVIII. [154] Serm. 355. Ed. Maur. — Ans. l. 7, c. 8. [155] *ut* : Ed. Bas. [156] *ejus*: Ans. — Edd. coll. o. [157] desid. ap. Ans. — Edd. Arg. Bas. [158] desid. in Edd. Arg. Bas. [159] desid. in Edd. Arg. Bas. [160] *amant* : Edd. coll. o. = C. XIX. [161] hab. A. 506. — cf. tamen ad. c. 30. D. 23. — Coll. tr. p. p. 2, t. 25, c. 46. [162] *Quicquid Ep. de suo proprio habet, ad heredes*, etc.: Coll. Hisp. [163] *dimittant vel derel.* : Ed. Bas. [164] *frugibus*: ib. [165] *servare* : Edd. coll. o. pr. Bas. Lugdd. II, III. = C. XX. [166] c. 4, conc. Antioch. ex interpr. Martini Brac., mutatis verbis, sed salva sententia. — Ans. l. 7, c. 166, ex translatione prisca. [167] *episcopos* : Coll. Hisp. — Edd. coll. b. [168] desid. in Coll. Hisp. [169] *aid.* : *enim* : Ed. Bas. [170] *præscribatur* : Coll. Hisp. = C. XXI. [171] Ans. l. 6, c. 167 (166). [172] *habeat* : Edd. Bas. Lugdd. II, III. — *habent*. Edd. rell. [173] *interdicantur* : Edd. coll. o. — [174] *ignorantia* : eæd. — Ans. * ita in Edd. coll. o. = C. XXII. [175] Ans. l. 6, c. 164. [176] *in* : Edd. coll. o. * ita ap. Ans. [177] 1 Cor. c. 9. [178] *ex* : Ed. Bas. = C. XXIII. [179] hab. A. 332. — interpr. Dionysiana. — Ans. l. 6, c. 163 (167). [180] desid. in Ed. Bas. [181] desid.

stolum sic dicentem [183] : *Habentes victum et tegumentum, his contenti simus.* Quod si contentus istis minime fuerit, convertat autem res ecclesiæ in suos usus domesticos, et ejus commoda vel agrorum fructus non cum presbyterorum conscientia diaconorumque pertractet, sed horum potestatem domesticis suis, aut propinquis, aut fratribus filiisque committat, ut per hujusmodi personas occulte res lædantur ecclesiæ, synodo provinciæ pœnas iste persolvat. Si autem et aliter accusetur episcopus, aut presbyteri, qui cum ipso sunt, quod ea, quæ pertinent ad ecclesiam, vel ex agris vel ex alia qualibet ecclesiastica facultate sibimet usurpent, ita ut ex hoc affligantur *quidem* pauperes, criminationi [184] vero et blasphemiis tam sermo prædicationis, quam ii, qui dispensant, taliter exponantur, et hos [185] oportet corrigi, sancta synodo id quod concedet approbante [186].

C. XXIV. *Res ecclesiæ sint episcopi potestate.*
Item in canonibus Apostolorum, c. 41. [187].

Præcipimus, ut in potestate sua episcopus ecclesiæ res habeat. Si enim animæ hominum pretiosiores [188] illi sunt creditæ, multo magis oportet eum curam pecuniarum [189] gerere [190], ita ut potestate ejus indigentibus omnia dispensentur per presbyteros et diaconos, et cum Dei timore et omni sollicitudine ministrentur. Ex his autem, quibus indiget, etc. *ut supra* [191].

Gratian. Quum ergo in consilio Agathensi, et Martini, et canonibus Apostolorum dicatur : Sint manifestæ res propriæ episcopi, *quum in canonibus, et in concilio Antiocheno præcipiatur ut episcopus participet res ecclesiæ, si tamen indiget, nonne patenter ostenditur, quod episcopus habeat libere propria?* Dicendo enim : « si indiget rebus ecclesiæ, » notat eum habere propria, quæ fortasse suis necessitatibus non sufficiant. Quomodo ergo clericus, si proprium habere voluerit, non erit, et episcopus habens propria non solum non desinit esse episcopus, verum etiam cunctas ecclesiasticas facultates in sua jubetur habere potestate ? § 1. Sed notandum est, episcopos orientales uxores habere et filios, quosdam autem ex nostris partibus, quum in laicatu sive in minoribus ordinibus constituti habeant uxores et filios, sive morte uxoris interveniente sive continentia pari voto servata, ad sacros ordines accedere. His omnibus conceditur habere propria ad suos et suorum usus. Qui autem ab infantia sacræ militiæ traditi sunt, nullo modo eis permittitur habere propria, quia nulla est eis excusatio proprietatis, nisi fortasse retinendo sua a sumptibus ecclesiæ abstineant. Quod fieri posse Prosper [192] *de vita contemplativa, lib. II, cap. 12, testatur dicens :*

C. XXV. *De iis qui tam infirmi sunt ut suis rebus renunciare non possint.*

Illi autem, qui tam infirmi sunt, ut possessionibus suis renunciare non possint si ea, quæ accepturi erant, dispensatori relinquant, nihil habentibus conferenda, sine, peccato possident sua, quia et ipsi quodammodo sua relinquunt, quando propriis contenti rebus nihil eorum, quæ labori vel ordini suo deberi arbitrantur, accipiunt.

Gratian. *De rebus vero ecclesiæ quæritur, an liceat eas per præbendas dividi, ut annuos reditis quisque sibi specialiter vendicet? Hoc non posse fieri, argumento et auctoritate probatur.* Clerici successores eorum sunt, de quibus dicitur [193] : Multitudinis autem credentium erat cor unum et anima una. *Necesse est ergo, ut eorum sequantur vitam, quorum in ecclesia gradum administrant. Non ergo aliquid proprium sibi vendicabunt, sed erunt eis omnia communia.*

Item Urbanus Papa ait in epistola unica, c. 2. [194] :

C. XXVI. *Res ecclesiæ quasi communes episcopus dispenset.*

Res ecclesiæ non quasi propriæ, sed ut [195] communes et Domino oblatæ cum summo timore non in alios, quam in præfatos usus sunt fideliter dispensandæ.

C. XXVII. *Non liceat episcopo res ecclesiarum in proprios usus convertere.*
Item ex Synodo habita Romæ ab Eugenio Papa II. c. 16 [196].

Nulli episcoporum liceat res [197] mobiles aut immobiles de subjectis plebibus aliisque piis locis in proprio usu [198] habere, ne majores enormiter locupletentur et minores tali facto pauperes inveniantur. Contra agens canonica auctoritate coarctatus existat.

### NOTATIONES CORRECTORUM.

CXXIII. *Occulte res :* In versione Dionisii legitur : *ut per hujusmodi personas occulte ceteris *** lædantur fratres ecclesiæ,* et concordat cum alia antiqua versione, quæ et ipsa est in tomis conciliorum : *ut per eorum secretam diligentiam ecclesiastici lædi videantur.* Græce in codicibus, qui lecti sunt, habetur : Εἰς τὸ διὰ τῶν τοιούτων λεληθότως βλάπτεσθαι τοὺς λόγους τῆς ἐκκλησίας ; id est *ut ex his rationes ecclesiæ latenter lædantur.*

---

Quæst. I. C. XXIII. b. [182] *nulla* : Ans. — Edd. coll. o. [183] 1 Tim. c. 6, v. 8. [184] *ceteræ lædantur ecclesiæ* : Ans. — Dionys. [184] *criminacionibus* : Edd. coll. o. [185] *hoc* : eæd. [186] *comprobante* : eæd. cum Ans. = C. XXIV. [187] Ans. l. 6, c. 150 (164). [188] *pretiosæ* : orig. [189] *de pecuniis* : Ans. — Edd. coll. o, [190] *agere* : Edd. coll. o. [191] supra c. 22. = C. XXV. [192] Imo Julianus Pomerius. [193] Act. c. 4, v. 32. = C. XXVI. [194] Caput Pseudoisidori. — Ans. l. 5, c. 55 (36). Polyc. l. 6, t. 15. [195] *quasi* : Ed. Bas. = C. XXVII. [196] hab. A. 826. [197] *res mob. aut* : desid. in orig. [198] *proprios usus* : Edd. Bas. Lugdd.

Gratian. *Si ergo res ecclesiae non quasi propriae, sed quasi communes habendae sunt, quum de communi nullus dicat, hoc meum est, nec de rebus ecclesiae, haec est mea, potest aliquis dicere, ne videatur non imitari caritatem illorum, in qua nulli aliquid erat proprium, sed erant illis omnia communia.* § 1. *His ita respondetur : Sicut perfectione caritatis manente secundum discretionem ecclesiarum distributio fit ecclesiasticarum facultatum, dum aliis possessiones hujus ecclesiae ad dispensandum comittuntur, ex quibus, licet res ecclesiae omnibus debeant esse communes, primum tamen sibi et suae ecclesiae deservientibus necessaria subministret, reliqua, quae supersunt, fidelium usibus ministraturus, ita et praebendae ecclesiarum eadem caritate manente pie et religiose possunt distribui, nec tunc rebus ecclesiae, ut propriis, sed ut communibus utilitatibus deservituris, ut ex his, quae sibi assignata sunt, primum sibi necessaria percipiat; si qua vero suis necessitatibus supersunt, in communes usus ecclesiae expendat.*

*Unde* Augustinus *ad Bonifacium comitem ep. L.* [199] :

### C. XXVIII. *De eodem.*

Si [200] *privatum possidemus, quod nobis sufficiat, non illa nostra sunt,* 'sed pauperum', *quorum procurationem quodammodo gerimus, non proprietatem nobis usurpatione damnabili vendicamus.*

Gratian. *Ostensum est, quomodo liceat clericis habere proprium, et quomodo non. Item, quomodo res ecclesiae per praebendas dividi possint.*

## QUÆST. II.

### GRATIANUS.

I Pars. *Nunc quaeritur, si sacerdotes aliqua de rebus ecclesiae dedisse noscuntur, an his, qui eas acceperunt, aliqua firmitate constabunt ? Quod res ecclesiae nullo modo distrahi possint et distractae possideri, multis auctoritatibus probatur.*

Ait enim Stephanus Papa [a] [1] :

**C. I.** *Ecclesiae pecunias auferens velut homicida damnatur.*

Qui Christi pecunias et ecclesiae aufert, fraudat et rapit, ut homicida in conspectu judicis deputabitur.

**C. II.** *Quidquid de sacratis vasis vel ministeriis a quolibet clero usurpatum fuerit, ecclesiae restituatur.*

Item Pelagius *Hostilio Episcopo* [2].

Augustino [3] nostrae sedis notario suggerente didicimus, quod ei dilectio tua directis apicibus indicasset, quosdam de clero tuo, et maxime parochiarum ad te pertinentium, non pauca sacrata vasa vel ministeria distraxisse, et aliqua hujusmodi perpetrasse, quae a religioso aliena sunt proposito. Caritatem vero tuam, ut hoc competenti sollicitudine debeat insequi vel ulcisci, nostrae [4] praeceptionis auctoritate cupis communiri. Qua de re praesentibus mandamus affatibus, ut competentis [5] vivacitatis instantia quidquid de sacratis vasi vel ministeriis a quolibet clericorum usurpatum vel distractum fuisse [6] compereris, sine cujusquam morae interventu exigere non dimittas [7] et ecclesiasticis usibus reformare.

**C. III.** *Quidquid Domino consecratur ad jus pertinet sacerdotum.*

Item Bonifacius Papa [8].

Nulli liceat ignorare, omne, quod Domino consecratur, sive fuerit homo, sive animal, sive ager, vel quidquid semel fuerit consecratum, sanctum sanctorum Domino erit, et ad jus pertinebit [9] sacerdotum. Propter quod inexcusabilis erit omnis [10], qui a Domino et ecclesia, cui competunt [11], aufert, vastat, invadit vel eripit, et usque ad emendationem ecclesiaeque satisfactionem ut sacrilegus judicetur, et, si emendare noluerit, excommunicetur.

**C. IV.** *Excommunicationi subjaceat qui ecclesiastica praedia invadit.*

Item Gregorius VII, *lib. VI, Regesti, in concilio c. 1* [12].

Quicunque militum, vel cujuscunque ordinis vel professionis persona, praedia ecclesiastica a quocunque rege, seu saeculari principe, vel ab episcopis invitis, seu abbatibus, aut aliquibus ecclesiarum rectoribus susceperit [13], vel invaserit, vel de rectorum 'depravato seu vitioso' consensu tenuerit, nisi eadem praedia ecclesiis restituerit, excommunicationi subjaceat

**C. V.** *Sacrilegii crimen incurrit qui praedia ecclesiastica vexat.*

Item Pius Papa, *epist. II* [14].

Praedia divinis usibus tradita quidam humanis

---

**NOTATIONES CORRECTORUM.**

Quæst. II. C. 1. [a] In epist. Stephani I., quae exstant, caput hoc non habetur, sed in epist. 1. Anacleti, ex quo citatur a Burchardo et Ivone, et in conc. Triburiensi, et infr. ead. c. *Qui abstulerit*. Idem etiam legitur apud Lucium Papam

---

Quæst. I. C. XVIII. [199] Ep. 185. Ed. Maur. scr. A. 417. — cf. C. 23, q. 7, c. 3. [200] *privatim quae nobis sufficiant possidemus* : orig.
Quæst. II. C. I. [1] Caput Pseudoisidori, cf. Bonif. Mog. ep. 72. — Burch. l. 11, c. 18. Ans. l. 8, c. 43. Ivo Decr. p. 14, c. 88. = C. II. [2] Caput incerti temporis.— Coll. tr. p. p. 1, t. 52, c. 20. [3] *Augusto*: Ed. Bas. [4] *vestrae*: ib. [5] *competenti*: Edd. coll. o. [6] *esse*: Ed. Bas. [7] *dubites*: id. = C. III. [8] *ex Cap. reg. Franc.* l. 6, c. 405. — Burch. l. 11, c. 17. Ivo Pan. l. 5, c. 113. Decr. p. 14, c. 37. Polyc. l. 6, t. 15. [9] *pertinet*: orig. — Burch. Ivo. — Edd. coll. o. [10] add. : *homo* : Ed. Bas. [11] *competit* : ib. = C. IV. [12] c: 1, conc. Rom. hab. A. 1078. — Polyc. l. 6, t. 15. [13] *susceperit, vel suscepit vel invasit, vel etiam de* etc. : orig. = C. V. [14] Caput Pseudoisidori, cf. Brev. Alar. l. 16, t. 4, c. 40. — Ans. l. 5, c. 36 (35). Ivo Decr. p. 13, c. 39. Polyc. ib.

applicant usibus, et Domino [15], cui tradita sunt, ea subtrahunt, ut sibi [16] inserviant. Quapropter ab omnibus illius usurpationis contumelia depellenda est, ne prædia usibus [17] secretorum cœlestium dicata † a quibusdam irruentibus vexentur. Quod si quisquam [18] præsumpserit, ut sacrilegus habeatur [19].

### C. VI. *De eodem.*
*Item* Anacletus Papa, *epist. I* [20].

Qui abstulerit aliquid patri vel matri, dicitque [21] hoc peccatum non esse, homicidæ [22] particeps est. Pater noster sine dubio Deus est, qui nos creavit: mater vero nostra ecclesia, quæ nos in baptismo 'spiritualiter' regeneravit. Ergo, qui [23] Christi pecunias et ecclesiæ rapit, aufert [24], vel fraudat, homicida est.

### C. VII. *Quadruplum restituat qui res ecclesiæ invadit*
*Item* Joannes Papa I, *ad Zachariam Archiepisc.* [25].

In antiquis ecclesiæ statutis decretum est, ut qui aliena invadit non exeat impunitus, sed cum multiplicatione omnia restituat. Unde et in evangelio [26] scriptum est: *Quod si aliquid defraudavi, reddo quadruplum.* Et in legibus sæculi cautum habetur [27]: *Qui rem surripit alienam,* etc. (*ut infra in auctoritate Eusebii Papæ*).

### C. VIII. *Pro tenore sæcularium legum puniantur invasores rerum ecclesiasticarum.*
*Item* Gregorius *ad Constantiam Reginam Galliæ, lib. IV, epist.* 33 b [28].

Quum devotissimam [29] dominam sciam de cœlesti vita atque remedio animæ suæ sedulo cogitare, culpam me committere vehementer existimo [30], si ea, quæ pro timore omnipotentis Domini [31] sunt suggerenda, siluero, et te sanctissimam de ecclesiastica pace sedulo non commonuero [32]. Nimis me Juliani fratris et coepiscopi nostri proclamatio nuper contristavit, maxime quum villæ suæ, videlicet ecclesiæ, a nequissimis prædonibus sint deprædatæ, atque nocturnis incendiis more furum combustæ, et dum iidem maligni juxta nostri prædecessoris Bonifacii decreta pro violata e emunitate illud emendare noluerint, dum et sæculi leges hæc eadem ita se habere voluerint, lege vulgari teste, in qua sic scribitur [33]: *Si quis manu armata usque ad quatuor homines in vicum alterius ad malefaciendum venerit, ille, qui prior est, pro illicita præsumptione componat solidos nongentos, sequaces vero ejus unusquisque solidos octoginta. Si vero incendium fecerint* [34], *ibi novies* [35] *tantum componant: si prædam vero* [36], *in quadruplum restituant.*

### C. IX. *De eodem. Item* d [37].

Si sæculi leges talem justitiam habere voluerunt, lex divina cur inferior esse debebit, quum in ipsius veritatis præsentia a Zachæo [38] collaudatum sit, ut, si aliquem defraudaret [39], in quadruplum restitueriri [40]? Et quia summum in rebus [41] bonum est justitiam colere, ac sua cuique jura servare, et in subjectos non sinere quod potestatis est fieri, sed quod æquum est custodiri (quod et vos diligere, et omnino confidimus studere): ea [42] propter excellentiæ vestræ mense novembri præsentis anni, secunda indictione, Petrum fratrem et coepiscopum nostrum a gremio sanctæ Romanæ ecclesiæ transmittemus [43], ut, fratribus ejusdem provinciæ in unum congregatis, emunitas violata [44] et præsumtio, et sacrilegium canonica auctoritate et vestra regia dignitate talem terminum accipiant, ne post hac [45] membra diaboli, filii nequam, in sancta ecclesia, te etiam ibi regnante, talia præsumant.

### C. X. *Ecclesiæ res surripiens in decuplum restituat quod abstulit.*
*Item* Eusebii Papa, *epist. II* [46].

In legibus sæculi cautum habetur: *Qui rem surripit alienam*, *illi, cujus res direpta est, in undecuplum* [47] *quæ sublata sunt restituat* [48]. Et in lege divina †† legitur : *Maledictus omnis, qui transfert*

---

### NOTATIONES CORRECTORUM.

C. VIII. b Initium hujus capitis usque ad vers. *Siluero*, est acceptum ex epistola indicata. Reliqua non sunt inventa.
c *Violata*: Hæc dictio abest a plerisque vetustis et hic, et in sequenti capite, ubi in vulgatis est: *emunitas violata*.
C. IX. d In plerisque vetustis codicibus, et apud Burchardum et Ivonem caput hoc est conjunctum superiori.

---

QUÆST. II. C. V. [15] *Deo nostro*: Ans. — Edd. coll. o. [16] *suis usibus*: orig. — Ans. Ivo. [17] *sub secretis*. Ivo. † *dedicata*: Ed. Bas. — Ivo. — Edd. coll. o. [18] *judicetur*: orig. — Ivo. — Edd. coll. o. = C. VI. [19] *Caput Pseudoisidori*, cf. ad. c. 1. [21] *dicet*: Edd. coll. o. [22] *homicidi*: Edd. Bas. Lugdd. [23] *add*.: *sibi*: Ed. Bas. [24] *desid.* in Edd. Ven. I, II. Lugdd. Par. = C. VII. [25] *Caput Pseudoisidori*, cf. syn. Rom. V. Symmachi. — Ans. l. 2, c. 45. [26] Luc. c. 19, v. 8. [27] cf. infra c. 10. = C. VIII. [28] *Ep. Gregorii V, ad Constantiam reginam Galliæ* scr. A. 998. — Initium capitis Gregorius V, mutatus est ex ep. 41, l. 5. Gregor. M. *ad Constantiam Augustam*, unde apparet libri et capitis numerum, a Corr. inscriptioni adjectum, delendum esse. — Burch. l. 11, c. 26. Ivo Decr. p. 13, c. 36. [29] desid. ap. Iv. [30] *æstimo*: Ed. Arg. [31] *Dei*: Burch. Ivo. — Edd. coll. o. [32] *communiero*: Ed. Bas. * et orig., Burch. Iv., et Ed. Bas. [33] leg. Langob. l. 1, t. 18, c. 1. [34] *fecerit, — componat, restituet*: Ed. Bas. [35] *sibi nonam*: Burch. — *solidum novies*: Ed. Bas. — *sibi novies*: Edd. rell. — Ivo. [36] add.: *fecerit*: Edd. Lugdd. II, III. = C. IX. [37] ex eadem ep. Greg. V. — Burch. Ivo ib. [38] Luc. c. 19. [39] *defraudaretur*: Ed. Bas. [40] *restitueretur*: ib. — Ivo. [41] *regibus*: orig. — Coll. citt. [42] *quapropter*: Edd. coll. o. — Coll. citt. [43] *transmittimus*: orig. — Burch. — Ed. Bas. [44] desid. in orig. — Coll. citt. — Ed. Bas. [45] *hanc*: Edd. Arg. Bas. = C. X. [46] *Caput Pseudoisidori*, cf. Syn. Rom. V. Symmachi. — Ans. l. 5, c. 41 (42). Burch. l. 11, c. 27. Ivo Pan. l. 4, c. 47. Decr. p. 13, c. 37, p. 5, c. 249, p. 3, c. 149. Polyc. l. 8, t. 15. [47] *decuplum*: Edd. coll. o. pr. Bas. [48] *sibi restituantur*: Ed. Bas. †† Deut. c. 27, v. 17. ** et Ans. l. l. et in pœn. Rom. t. 4, c. 1.

*terminos proximi sui, 'et dicet omnis populus, amen'.* Talia ergo non praesumantur absque ultione, nec exerceantur absque sua damnatione. Proinde [e], si quis ecclesiasticas oblationes et quod Deo consecratum est rapuerit, vel consenserit facientibus, ut sacrilegus dijudicetur, et damnum in quadruplum restituat, et canonice poeniteat.

Gratian. *Contra Gregorius scribit cap. 4 responsionum ad Augustinum, Anglorum Episcopum, de his, qui furtim auferunt aliquid de ecclesia* [49].

C. XI. *Sine augmento sibi ablata ecclesiam recipere oportet.*

Fraternitas tua ex persona furis pensare potest, qualiter valeat corrigi. Sunt enim quidam, qui habentes subsidia furtum perpetrant: et sunt alii, qui hac in re ex inopia delinquunt. Unde necesse est, ut quidam damnis, quidam vero verberibus, 'et quidam districtius, quidam vero levius' corrigantur. Et quum paulo districtius agitur, ex caritate agendum est, et non ex furore, quia ipsi hoc praestatur, qui corrigitur, ne gehennae ignibus tradatur. *Et infra:* § 1. Addis etiam, quo augmento ea, quae furto de ecclesiis abstulerunt [50], reddere debeant. Sed absit, ut ecclesia cum augmento recipiat quod de terrenis rebus videtur amittere, et lucra damnis [51] quaerat.

Gratian. *Verum illud Eusebii de legum severitate, illud Gregorii de ecclesiastica mansuetudine dictum intelligitur.*

C. XII. *Non sunt alienanda in episcopatu acquisita.*
Idem Gregorius *lib. X, epist. 42. Deusdedit Episcopo Mediolanensi* [52].

Res in episcopatu acquisitas sacerdotibus nulla est alienandi licentia.

C. XIII. *Vasa sacra, nisi pro redemptione captivorum, non sunt alienanda.*

*Item ex VIII* [f]. Synodo universali, c. 15 [53].

Apostolicos et paternos canones renovans haec sancta et universalis synodus diffinivit, neminem prorsus episcopum vendere vel utcunque alienare cimelia et vasa sacrata, excepta causa olim ab antiquis canonibus ordinata, videlicet pro redemptione [g] captivorum; sed nec tradere salaria ecclesiarum in emphyteutica pacta, nec alias rusticas possessiones venundare [54], ac per hoc, ecclesiasticos reditus laedere, quos ad propriam utilitatem, et ob escam pauperum et peregrinorum sustentationem esse decernimus [h]. *Et paulo post:* § 1. Quisquis autem apparuerit [55] post hanc diffinitionem nostram contrarium quid huic sanctae ac universali synodo agere, deponatur ut praevaricator divinarum legum [56] et praeceptorum, cassata videlicet omnino quae facta est in scriptis vel sine scriptis ab episcopo venditione, vel emphyteutica traditione, vel alia qualibet alienatione, cimeliorum 'scilicet' et salariorum locorum. Qui vero emerit aut perceperit [57] aliquid ex praedictis cimeliis vel [58] salariis, et non restituerit ecclesiae iterum quae ecclesiae sunt, vel [59] non dederit [60] ad incidendum cartam venditionis vel emphyteuseos, sit anathema, usque dum fecerit quod ab hac sancta et universali synodo confirmatum est. § 2. Si autem episcopus convictus fuerit construxisse monasterium de redditibus ecclesiasticis, tradat ipsum eidem ecclesiae monasterium.

C. XIV. *Pro redemptione captivorum sacra vasa non prohibentur alienari.*
*Item* Gregorius *lib. VI, epist. 35. Domino Episcopo Messanensi* [61].

Et sacrorum canonum, et legalia statuta permittunt, ministeria [62] ecclesiae pro captivorum esse redemptione vendenda.

C. XV. *Res ecclesiae licite impenduntur pro redemptione captivorum.*
Idem *Demetrio et Valeriano Clericis Firmanis, lib. VII. Indict. 2, epist. 14* [63].

Sacrorum canonum statuta et legalis [64] permittit auctoritas, licite res ecclesiasticas in redemptionem [65] captivorum impendi. Et ideo, quia edocti a vobis sumus, ante annos fere XVIII 'virum reverentissimum quemdam' Fabium [66], episcopum ecclesiae

### NOTATIONES CORRECTORUM.

C. X. [e] *Proinde:* Hinc usque ad finem non sunt in epistola Eusebii, neque apud Joannem aut Symmachum. Habentur tamen apud Burchardum et Ivonem part. 13, c. 37 et in Polycarpo", interpositis, etiam aliquot verbis, quae in epistola habentur post vers. *Damnatione.*

C. XIII. [f] *Octava:* Sic est emendatum ex Anselmo, quum antea legeretur: *sexta.* Est autem canon 15 synodi VIII, habitae tempore Hadriani papae II contra Photium, ex versione Anastasii Bibliothecarii.

[g] *Videlicet pro redemptione:* In concilio ipso et apud Anselmum legitur: *quae accipiuntur in redemptionem captivorum.*

[h] *Decernimus:* In ipso canone sequuntur haec: *Omnem vero ecclesiasticarum rerum potestatem habentem, et has meliorare ac dilatare, prout oportuerit, ecclesiastica loca, quae per reditus fiunt, et insuper propriam rerum dispositionem distribuere, ac committere, seu conferre quibuscunque voluerit et judicaverit, juxta propriam potestatem ac dominatum. Quisquis autem apparuerit* etc.

---

Quaest. II. C. XI. [49] Ep. 65, (scr. A. 601), l. 11. Ed. Maur. — cf. ad D. 5, c. 1. — Ivo Decr. p. 13, c 5. Polyc. l. 6, t. 16. [50] *abstulerant*: Ed. Bas. [51] *de damnis*: ib. == C. XII. [52] Ep. 38, (scr. A. 602), .. 12. Ed. Maur. — cf. infr. qu. 5, c. 1. == C. XIII. [53] hab. A. 869. — Ans. 1, 6, c. 171 (176). [54] *venundari*: Edd. Arg. Bas. Ven. l, II. Nor. [55] *tentaverit*: Edd. coll. o. [56] *rerum*: exd. [57] *ceperit*: exd. pr. Bas. [58] *et*: Ed. Bas. [59] *et*: ib. [60] *reddiderit*: Edd. coll. o. == C. XIV. [61] Ep. 38, (scr. A. 697, ad Donum Mess.) l. 7. Ed. Maur. — Ans. l. 5, c. 48 (52). [62] *ministeriis*: Bohm. == C. XV. [63] Ep. 17, (scr. A. 599), l. 9. Ed. Maur. — Ivo Decr. p. 3, c. 145. [64] cf. Cod. Just. l. 1, t. 2, c. 21. [65] *redemtione*: Edd. coll. o. pr. Lugdd. II, III. [66] *Fanium*: Edd. B. Lugd. l. — *Favium*. Edd. rell.

Firmanæ, libras XI [67] argenti de eadem ecclesia pro redemptione vestra, ac patris vestri Passivi, fratris et coepiscopi nostri [68], tunc vero clerici, nec non matris [69] vestræ hostibus impendisse, atque ex hoc quandam formidinem vos habere, ne hoc, quod datum est, a vobis quolibet tempore repetatur, hujus præcepti auctoritate suspicionem vestram prævidimus auferendam, constituentes, nullam vos exinde heredesque vestros quolibet tempore repetitionis molestiam sustinere, nec a quoquam vobis aliquam [70] objici quæstionem.

C. XVI. *Res ecclesiæ desolatæ non præponantur captivis.*

Idem *lib. VI, epist. 35 ad Dominum Episcopum* [71].

Sicut omnino grave est frustra ecclesiastica ministeria venundare, sic iterum culpa est imminente hujusmodi necessitate res maxime desolatæ ecclesiæ captivis suis præponere, et in eorum redemtione cessare.

II. Pars. Gratian. *Quæ vero pœnitentia hujusmodi invasoribus atque prædonibus, qui vasa sacra et reliqua divino cultui dedicata arripiunt et quasi profana contrectant, sit indicenda*, Nicolaus Papa *definit, scribens Frontario Archiepiscopo Burdegalensi* i [72].

C. XVII. *Invasoribus rerum ecclesiasticarum quæ pœnitentia sit imponenda.*

De viro nefando, Burgando nomine, qui rabie insana commotus diabolicis se irretire laqueis non dubitavit, atque gentilium more per abrupta itinera et compita insidians, vobis in vestræ ecclesiæ villa una cum clericis vestris manentibus, et populum salubribus [73] instruere dogmatum monitis decertantibus, paneque spiritualis verbi vacua hominum corda reficientibus, atque laudabile propriæ salutis desiderium habentibus sancta apostolorum Petri et Pauli limina visitare, collectis malitiæ suæ sequacibus et iniquitatis complicibus, nefarias invasiones et deprædationes violentas inferre dæmoniaco ausu præsumsit [74], et, ut epistolæ vestræ textus eloquitur, sacrum altare sacraque dominici corporis et sanguinis vasa, insuper et sanctum chrisma pollutis arripere manibus quasi vilia et ad usum communem apta præsumsit [75], dilectio nos vestra consuluit, si ipse, vel qui cum eo in tam impio et iniquo scelere fuerunt, ad pœnitentiam quandoque gratia tracti [76] divina venire voluerint, quo eos pœnitentiæ vinculo constringatis, nostræ institutionis censuram exposcere curastis [77]. De quibus (si tamen ita est) jubemus, quum ad pœnitentiam reverti accelaverint, uno anno extra ecclesiam Dei consistere, cujus sacratissima vasa extra ritum fidei Christianæ diripiendo auferre non dubitaverunt. Secundo vero anno ante fores ecclesiæ sine communione maneant. Tertio vero anno ecclesiam Dei ingrediantur [78], et inter audientes adstent sine oblatione, non manducantes carnem neque bibentes vinum, præter natalis et resurrectionis dominicæ dies. Quarto præterea anno, si his prioribus tribus eorum fructuosus fuerit pœnitentiæ labor, communioni fidelium restituantur, totaque mentis intentione spondentes, talia se ulterius nunquam facturos, corpus et sanguinem Domini suscipere mereantur, et usque ad septimum annum tribus in hebdomada diebus sine esu carnium et vini potatione maneant pœnitentes.

C. XVIII. *Res ecclesiæ episcopus usurpare vel alienare non præsumat.*

*Item in Concilio Leonis Papæ IV* [79].

III Pars. Monemus et irrefragabiliter affirmamus, ut nullus episcoporum vel sacerdotum res tituli sui usurpare præsumat, sed neque salarium a Christianis sanctis locis oblatum causa amicitiæ, vel timoris, aut muneris pertentet auferre, ne ecclesia Dei ad nihilum redigatur. Quod qui [80] facere præsumserit [81] episcopus vel sacerdos, canonicam sine dubio subeat ultionem, et quod ecclesiæ injuste ablatum est reddere compellatur, ita ut deinceps nullas vires pro his ad litigandum vel possidendum habere possit.

C. XIX. *Episcopo vel abbati res ecclesiæ alienare non licet.*

*Item ex VII. Synodo, c. 12* k [82].

Quisquis episcopus vel abbas inventus [83] fuerit de salariis l episcopii vel monasterii transferre quicquam in principum manus, vel etiam alii per-

---

NOTATIONES CORRECTORUM.

C. XVII. i Caput hoc alibi non est inventum quam in collectione canonum incerti auctoris.

C. XIX. k Apud Gratianum, quemadmodum et apud Anselmum, citabatur *ex Hist. Eusebii episcopi Cæsariensis*. Ivo verum auctorem citavit. Versio autem est Anastasii bibliothecarii, ex cujus codicibus manuscriptis nonnulla sunt emendata.

l *Salariis*: Græce est : ἐκ τῶν αὐσσυογίων, pro qua voce in Parisiensi græcorum canonum editione legitur in rubrica : ἐκ τῶν προαστείων, id est : *ex suburbanis*, quasi suburbana vocentur auturgia, quod ipsius possessoris manibus colantur. Balsamon tamen eos agros interpretatur, qui per se ipsi sine magna cultura fructum ferre possunt, ut silvæ et alia hujusmodi.

---

QUÆST. II. C. XV. [67] *XII*: Ed. Bas. [68] add. : *nunc*: ib. [69] *et matr.*: ib. [70] desid. in Ed. Bas. == C. XVI. [71] Ex eadem ep. — Ivo Decr. p. 3, c. 176. — C. XVII. [72] Caput incerti temporis. — Coll. tr. p. p. 4. t. 62, c. 18. — cf. pœnit. Rom. t. 8, c. 19. [73] *salubrius*: Ed. Bas. [74] *præsumserit*: Edd. coll. θ. pr. Arg. Ven. I. [75] *præsumserit*: Edd. Ven. I, II. præsumserit : Edd. rell. pr. Arg. [76] *attracti*: Ed. Bas. — *tacti*: Edd. rell. [77] *curatis*: Ed. Bas. [78] *intrent*: ib. ==C. XVIII. [79] Summa hujus cap. legitur in breviario synodi Leonis IV, ex incerto scriptore de Vitis RR. PP., cui Luitprandi nomen falso tribuitur. (Mansi t. 14.) — Ans. l. 6, c. 170. Deusdedit p. 4. Polyc. l. 4, t. 19. [80] *si* Ed. Bas. [81] add. : *ille*: Ans. == C. XIX. [82] hab. A. 787. — Ans. l. 6, c. 184 (191). Ivo Decr. p. 5, c. 375. Polyc. l. 6, t. 15. [83] *voluerit*: Edd. coll. o.

sonæ conferre, irritum sit quod datum esse constiterit, secundum canonem sanctorum Apostolorum [81], qui dicit: *Omnium ecclesiasticarum rerum episcopus habeat sollicitudinem, et dispenset eas tanquam Deo contemplante. Non* [85] *liceat autem ei fraudare* [m] *quicquam ex illis, vel cognatis* [86] *propriis donare quæ Dei sunt. Quod si pauperes fuerint, ut pauperibus largiatur, sed non sub horum occasione quæ sunt ecclesiæ defraudentur.* § 1. *Quod si* [87] *excusationem prætenderit damnum facere* [88] *et nihil ad profectum agrum* [89] *exsistere, nec sic* [90] *principibus,* ' *qui per loca illa sunt* ', *tribuatur ager vel locus, sed clericis vel agricultoribus,* § 2. *Quod si calliditate usus fuerit, et a colono vel a clerico emerit princeps agrum, irrita* [91] *sit venditio, et restituatur episcopio* [92] *vel monasterio,* ' *et* ' *episcopus vel abbas hoc faciens abjiciatur,* ' *episcopus quidem ab episcopio, abbas autem a monasterio* ' [n], *tanquam qui dispergit quæ non collegit.*

C. XX. *Prædia ecclesiæ non liceat Papæ alienare.*
Item Symmachus Papa in Synodo III, c. 4, et seqq. usque ad c. 9 ° [93].

Non liceat Papæ prædium ecclesiæ alienare aliquo modo pro aliqua necessitate, nec in [94] usumfructum [p] [95] rura dare, nisi tantummodo domos, quæ in quibuslibet urbibus non modica impensa sustentantur. Qua lege omnes custodes adstringantur, ut donator, accensator, venditor honorem perdat. Et qui subscripserit anathema sit cum eo, qui dedit [96] vel qui recepit [97], nisi restituatur. Liceat etiam quibuslibet ecclesiasticis personis contradicere, et cum fructibus alienata reposcere. Quod non modo [q] in apostolica servandum est ecclesia, verum etiam universis ecclesiis per provincias quidem dicitur convenire.

C. XXI. *Qui res ecclesiasticas vendit ad altare non audeat accedere.*

Item in Synodo VI [98].

Indigne ad altare Dei properare permittitur, qui res ecclesiasticas audet invadere aut injuste [r] possidere, aut iniqua vel injusta defensione in eis perdurat [99]. *Et paulo post:* § 1. Debet tamen esse provisio, ut vindictam admonitio [s] præcedat, et res usurpatas injuste qui abstulit [100], aut injuste ablatas retinet [101], æquitate patrocinante legibus restituat. Quod si neglexerit, et necessitas compulerit, demum prædonem sacerdotalis districtio maturata percellat. *Et infra:* § 2. Valde iniquum ergo [102] et ingens sacrilegium est, ut quæcunque vel pro remedio peccatorum, vel salute [103], vel requie [104] animarum suarum unusquisque venerabili ecclesiæ contulerit aut certe reliquerit, ab iis, quibus ' hæc ' [105] maxime servari [106] convenit, id est Christianis et Deum timentibus hominibus [t] [107], ' et super omnia a principibus et primis regionum ', in aliud transferri vel converti permittatur. Propterea, qui hæc non præviderit, et aliter quam scriptum est prædia ecclesiis [108] tradita petierit, vel acceperit, aut possederit, ' vel injuste defenderit aut retinuerit [u], nisi cito se correxerit, quo iratus Deus animas percutit anathemate feriatur, sitque accipienti, et danti [109], et possidenti anathema, et institutæ pœnæ contubernium assiduum. Nec aliquo se ante tribunal Christi obstaculo muniat qui a religiosis animabus ad substantiam pauperum derelicta contra fas sine [110] aliqua pietatis consideratione dispergit.

## NOTATIONES CORRECTORUM.

[m] *Froudare:* σφετερίζεσθαι, id est: *sibi vindicare, et suum facere.*

[n] *Episcopus quidem ab episcopio, abbas autem a monasterio:* Hæc ad sententiæ integritatem addita sunt ex ipso canone '.

C. XX. ° Caput hoc collectum est ex pluribus capitulis synodi Romanæ III, sub Symmacho, in epitomen tamen redactis.

[p] *In Usumfructum:* In conciliorum editionibus partim legitur: *sed nec in usufructuario jure aliquibus dare liceat,* liceat, partim: *sed nec in usumfructum jura aliquibus,* etc. quemadmodum et in codice canonum impresso. Nam in vetusto manuscripto est: *sed nec usufructuario aliquibus dari liceat.* Idem vero significare usufruciarium et usumfructum scribit Smaragdus in expositione regulæ B. Benedicti, cap.

59, his verbis: *Usumfructum dicit quod nos dicimus usufructuarium.*

[q] *Quod non modo:* In ipsa synodo longe aliter habetur: *Hujus autem constitutionis legem in apostolica tantum volumus sede servari, universis ecclesiis per provincias secundum animarum considerationem, quem proposito religionis convenire rectores earum viderint, more servato.*

C. XXI. [r] *Aut injuste:* In synodo legitur: *aut injuste, id est sine licentia episcopi, possidere.*

[s] *Admonitio:* In synodo additur: *manifesta.*

[t] *Hominibus:* Quæ sequuntur usque ad vers. *In aliud.* addita sunt ex synodo.

[u] *Vel injuste defenderit, aut retinuerit:* Addita sunt et ista, sicque omnia, quæ in usurpatione hujusmodi rerum accidere solent, exponuntur.

---

QUÆST. II. C. XIX. [84] can. ap. 39. [85] *Non licere:* Ans. Ivo. [86] *propinquis:* Ed. Bas. [87] add.: *calliditate usus:* Edd. coll. o. [88] add.: *episcopus:* cæd. [89] add.: *vel locum:* exd. pr. Arg. [90] desid. in Edd. coll. o. pr. Bas. [91] *etiam sic irrita:* Ans. Ivo. [92] *episcopo:* Edd. coll. o. ' desid. ap. Ans. = C. XX. [93] hab. A. 502. — Coll. tr. p. p. 1, t. 48, c. 15—17. Ans. l. 4, c. 29, 30. [94] desid. in Ed. Bas. [95] *usufructu:* Edd. Arg. Nor. Ven. I, II. Par. [96] *dederit:* Ed. Bas. [97] *acceperit:* ib. — *recipit:* Ed. Ven. II. = C. XXI. [98] hab. A. 504. — Ivo Decr. p. 3, c. 182. [99] *perdurare, de quibus tanta:* Edd. coll. o. [100] *abstulerit:* Ed. Bas. [101] *qui ret.:* Edd. coll. o. [102] *enim:* Ivo. — Edd. coll. o. [103] *pro salute ac:* Edd. coll. o. [104] *vel requ.:* desid. ap. Iv. [105] desid. ib. [106] *servare:* Edd. Arg. Nor. Ven. I. Lugd. I. [107] desid. in Ed. Bas. [108] *ecclesiæ:* Edd. coll. o. [109] *donanti:* eæd. [110] *et sine:* Ed. Bas.

C. XXII. *Excommunicentur qui principum auctoritate res invadunt ecclesiæ.*

*Item* Nicolaus Papa *Adoni, Viennensi Archiepiscopo, in epistola, cujus initium :* « Quia sanctitatis vestræ [111]. »

De rebus, quæ semel Deo contributæ atque dicatæ sunt, et postea sub occasione concessionis, prinpum a quibusdam invaduntur atque diripiuntur, sancimus ut prius consultatis principem [112] ad resecandam tam præsumtivam factionem, et [113] cognoscendum, utrum illius sit concessio, an invasoris [114] præsumtio. Quod si principis inordinata fuerit largitio, ipse sit princeps pro emendatione redarguendus. Si autem invasoris declaratur præsumtio, usque ad emendationem excommunicationis sit vindicta coercendus.

C. XXIII. *De rebus ecclesiæ non est aliquid alienandum.*

*Item* Gelasius *Justino Archidiacono et Faustino Defensori* [115].

IV. Pars. Vobis enim et famæ vestræ consultum duximus, ut pontificis vestri loco vobiscum ab eodem aliquis subrogetur, qui ejus nomine pariter universa disponat, quatenus omnia prædia ad vestrum revocetis studium, nec cuiquam clerico pro portione sua aliquod solum ecclesiæ putetis esse deputandum, ne per incuriam et negligentiam minuatur, sed omnis [116] pensionis summam ex omnibus prædiis rusticis urbanisque collectam ad antistitem deferatis. Ex qua tamen collectione habeatur ratio, quid ad causas vel expensas accidentium [117] necessitatum opus esse perspicitur, ut de medio sequestretur, et quatuor portiones vel de fidelium oblatione, vel de hac fiant modis omnibus pensione, ita ut unam sibi tollat antistes, aliam clericis pro suo judicio et electione dispertiat, tertiam pauperibus sub omni [118] conscientia faciat erogari, fabricis vero quartam, quæ competit ad ordinationem pontificis, erogatione vestra decernimus esse pensandam. Si quid forte sub annua remanebit expensa, electo idoneo [119] ab utraque parte custode, tradetur [120]

enthecis, ut, si major emerserit fabrica, sit subsidio quod ex diversi [121] temporis diligentia potuerit [122] custodiri, aut certe ematur possessio, quæ utilitates respiciat communes.

C. XXIV. *Divini muneris participatione privetur qui ecclesiastica privilegia calcat.*

Idem *Majorico, Sereno et Joanni Episcopis* [123].

Qui [124] et divinis, et humanis legibus incivili damnatione calcatis, et reverentia religionis abjecta, vel ecclesiastica privilegia calcare contendunt, vel ubilibet in pauperum prosilire dispendium, nec hujusmodi saltem commoniti convicti nequitiam sopire consentiunt atque illata sacris rebus detrimenta sarcire [125], merito divini muneris participatione sunt privandi, ut [126] hujus [127] perceptione careant, quod sacrilegis ausibus habuere despectui. Cœlestinus vero presbyter fratris et coepiscopi nostri Sereni, qui contra pontificale judicium contraque apostolicæ sedis mandata prorumpens, supradictis communionem sacram ministrare præsumsit, quum non potuerit ignorare sententiam proprii sacerdotis, ab officio protinus ecclesiastico pellatur [128], ut nullus ecclesiæ ministrorum contra pontificalia instituta venire contendat.

C. XXV. *De eodem.*

Idem *eisdem Justino* [w] *Archidiacono et Faustino Defensori* [129].

Vulteranæ [130], ecclesiæ actus vel patrimonium, quod hactenus comperimus destitutum, post [131] damnationem Eucharisti, quo fuerat depravante dispersum, curæ vestræ decrevimus esse delegandum, ut diligentia (qua vos pro utilitatibus [132] ecclesiæ existimamus [133] esse vigilantes prædia culturæ restitutis antiquæ, et revocetis si qua sunt vendita aut donata mancipia. Possessiones etiam, quas ab Eumancio [134] et Opilione episcopis, vel cæteris quovis jure videritis teneri, quia contra constituta synodi ab episcopis prædia alienari nullo [135] potuerunt commento, nihilominus revocentur. Sit emtoribus ad eum recursus, qui præsumsit [136] aliquid de ec-

---

### NOTATIONES CORRECTORUM

C. XXII. [v] Exstat epistola hæc in libro sæpe citato bibliothecæ Dominicæ, in qua respondet Nicolaus ad nonnullas quæstiones ab Adone sibi propositas.

C. XXV. [vv] *Justino*, etc. : Antea legebatur : *Idem eisdem.* Emendatum est, et posita istorum virorum nomina ex Ivone, ad quos etiam scriptum est superius penultimum caput *Vobis enim.* Nec vero hæc, quæ nunc afferentur, pertinere posse ad episcopos, quibus proxime præcedens caput scribebatur, indicant non modo quæ a Gratiano hic referuntur, sed etiam apertius verba, quæ apud Ivonem post ultima hujus capitis sequuntur : *Si quis vero in ecclesiæ vestræ damnum, aut in his, quæ sunt præceptionis nostræ prohibita, pontificem vestrum videritis admittere, etc.*

---

QUÆST. II. C. XXII. [111] scr. c. A. 865. — Ivo Decr. p. 3, c. 152. [112] *consulto principe* : orig. — Ivo [113] *et est* : Ed. Bas. [114] addl. : *fuerit* : ib. = C. XXIII. [115] Cap. incerti temporis. — Coll. tr. p. p. 1, t. 46, c. 56. Deusdedit p. 3, c. 93. Eadem epistola, inscripta *Justino et Fausto*, legitur in collectaneis Anselmi Lucensis, editis a Canisio Lect. ant. t. 3. [116] *omnem* : Edd. coll. o. [117] *eccendentium* : eæd. [118] *omnium* : Ed. Bas. [119] *desid.* in Ed. Bas. [120] *credatur* : ib. [121] *diversi temporibus* : ib. [122] *poterit* : ib. = C. XXIV. [123] Ep. incerti temporis. — Ivo Decr. p. 3, c. 150, p. 4, c. 485. — ex coll. Deusdedit publici juris fecit Holstenius. [124] *Qui et humanis* : Deusd. Ivo. — Edd. coll. o. pr. Bas. Lugdd. II, III. [125] *resarcire* : Edd. coll. o. [126] *et* : eæd. [127] *hujusmodi* : eæd. pr. Lugdd. II, III. [128] *repellatur* : Edd. coll. o. = C. XXV. [129] Caput incerti temporis. — Coll. tr. p. p. 1, t. 46, c. 57. Ivo Decr. p. 3, c. 151. [130] *Volatoranæ* : Ivo. [131] *et post* : Edd. coll. o. — *vel post* : Ivo. [132] *utilitate* : Ed. Bas. [133] *æstimamus* : Edd. coll. o. pr. Lugdd. II, III. [134] *Eumatii* : Ivo. [135] add. : *modo* : Ed. Bas. [136] *præsumserit* : ib.

clesiæ rebus illicita venditione distrahere, ita ut pensiones annuas ad pontificem deferatis, cui privilegia sua integra convenit omni ratione servari, ut ejus dispensatione portiones proveniant consuetæ, ita ut portionem quartam, quæ ad eos pertinet, sua pontifex ordinatione distribuat, prout cujusque locum meritumque cognoscit. Pariter etiam ex fidelium oblatione faciendum est, ut clericis quartam [147] eroget pro consideratione suæ electionis antistes. Fabricarum etiam portio episcopo sciente et disponente vestra erogatione pendatur, quatenus nihil penitus in detrimentum alicujus rei patiamini generari.

### C. XXVI. *Redituum et oblationum duæ portiones clericis committantur.*

Idem *clero, et ordini, et plebi Brundusii* x [138].

Concesso vobis quem petistis antistite, fratre jam et coepiscopo meo [139] Juliano, necessarium fuit (eodem ad ecclesiam suam mox remisso) ad vos nostra scripta pariter destinari, quibus agnosceretis eidem fuisse præceptum, ne unquam ordinationes præsumat illicitas. *Et infra* : § 1. Reditus et oblationes fidelium in quatuor partes dividat, quarum unam sibi ipse [140] retineat, alteram clericis pro officiorum suorum sedulitate distribuat, fabricis tertiam, quartam pauperibus et peregrinis habeat fideliter erogandam, quarum rationem divino est redditurus examini.

### C. XXVII. *De oblationibus fidelium quod portiones fiant, et quæ cuique proveniat.*

Idem *in epistola ad episcopos per Lucaniam et Brutios, c. 29* [141].

Quatuor autem tam de reditu quam de oblatione fidelium, prout cujuslibet ecclesiæ facultas admittit, (sicut dudum rationabiliter est decretum), convenit fieri portiones, quarum sit una pontificis, altera clericorum, tertia pauperum, quarta fabricis [142] applicanda. De quibus sicut sacerdotis intererit integram ministris ecclesiæ memoratam dependere [143] quantitatem, sic clerus [144] ultra delegatam sibi summam nihil insolenter noverit expetendum. Ea vero, quæ ecclesiasticis ædificiis [145] attributa sunt, huic operi veraciter prærogata locorum doceat instauratio [146] manifesta sanctorum, quia nefas est, si sacris ædibus destitutis in lucrum suum præsul impendia his [147] deputata [148] convertat. Ipsam nihilominus adscriptam pauperibus portionem quamquam divinis rationibus se dispensasse monstraturus esse videatur, tamen juxta quod scriptum est [149] : *Ut videant opera vestra bona, et glorificent patrem vestrum, qui in cœlis est,* oportet etiam præsenti testificatione prædicari, et bonæ famæ præconiis non taceri. Quapropter [150] nec clericorum quispiam, etc.

### C. XXVIII. *De reditibus oblationum et redituum ecclesiæ quatuor portiones presbytero dispensandæ credantur.*

Item Simplicius Papa *Florentio, et Equitio, et Severo episcopis, epist. III.* y [151].

De reditibus ecclesiæ vel oblatione fidelium ' quid [152] deceat nescienti nihil licere permittat; sed ' sola episcopo ex his una portio remittatur, duæ ecclesiasticis fabricis, et erogationi ' peregrinorum [153] et ' pauperum profuturæ a ' Bonagro ' presbytero sub periculo sui ordinis ministrentur; ultima ' inter se' clericis pro singulorum meritis dividatur. *Et infra* : § 1. Cui (id [154] est *Gaudentio*), hoc specialiter [155] præcipimus, ut tres illas portiones, quas triennio dicitur sibi tantummodo vendicasse, restituat.

### C. XXIX. *De reditibus ecclesiæ etiam noviter quæsitis quarta pars clericis erogetur.*

Item Gregorius *Maximiano episcopo Syracusano lib. III, epist. 41* [156].

Cognovimus de reditibus ecclesiæ noviter acquisitis canonicam [157] dispositionem quartarum minime provenire, sed episcopos locorum distribuere tantummodo quartam antiquorum redituum, nunc vero quæsita suis usibus retinere. Quam rem [158] pravam subintroductamque consuetudinem fraternitas tua vivacifer emendare festinet, ut sive de præteritis reditibus sive de his, quæ obvenient [159], vel obvenientibus, quartæ secundum distributionem

---

### NOTATIONES CORRECTORUM.

**C. XXVI.** x Epistola Gelasii, in qua est hoc caput, missa est cum aliis ex Hispania. Eadem vero inter epistolas Gregorii II, impressas est tertia, clero et plebi Thuringiæ scripta. Talis quædam epistola, sed brevior, refertur in libro, qui inscribitur Ordo Romanus, et formata episcopo danda nuncupatur.

**C. XXVIII.** y Addita sunt in hoc capite aliquot verba ex originali, quæ ad sententiam facere aliquid videbantur.

---

QUÆST. II. C. XXV. [137] add. : *partem* : Edd. coll.o. = C. XXVI. [138] Eadem tanquam generalis formula leguntur in libro diurno Garnerii. — Ans. l. 6, c. 43 (47). [139] *nostro* : Ed. Bas. [140] *ipsi* : Edd. coll. o. = C. XXVII. [141] scr. A. 494. — Reg. l. 4, c. 35. Coll. tr. p. p. 1, t. 46, c. 19. Burch. l. 5, c. 137. Ans. l. 5, c. 68 (73). Ivo Pan. l. 2, c. 7. Decr. p. 3, c. 203. Polyc. l. 5, t. 11. Abbo Flor. ap. Mabill. Vet. anal. c. 35. [142] add., est : Ivo Decr. — Edd. coll. o. [143] *dispendere* : eæd. [144] *clericus* : eæd. — Ivo Decr. [145] add. : *restaurandis* : eisd. [146] *restauratio* : Ed. Bas. [147] add. : *sacris ædibus* : Edd. coll. o. [148] *designata* : Coll. Hisp. — Burch. Ans. Ivo. [149] Matth. c. 5, v. 16 [150] cf. C. 6. q. 7, c. 47. = C. XXVIII. [151] scr. A. 475. — Reg. l. 1, c. 34. Ans. l. 5, c. 66 (72). [152] *quid — sed* : desid. ap. Reg. et Ans. [153] *per et* : et verbum seqq. : *Bonagro* desid. ap. Ans. [154] *id est Gaud.* [155] *special. in hoc præc. imminere* : orig. — Ans. = C. XXIX. [156] Ep. 11, (scr. A. 594), l. 4. Ed. Maur. — Ans. l. 5, c. 70 (71). [157] *ad can.* : Edd. coll. o. [158] *obrem* : orig. — Ans. [159] *obvenerunt* : orig. — *obvenere* : Edd. Arg. Bas. Nor. Ven. I. — Ans.

canonicam dispensentur. Incongruum namque est unam eamdemque ecclesiæ substantiam duplici quodammodo jure censeri, *id est* [160] usurpationis et canonum :.

**C. XXX.** *De stipendio ecclesiæ quatuor debent fieri portiones.*

Idem *Augustino Episcopo Anglorum in respons. ad primam interrogationem* [161].

Mos est apostolicæ sedis ordinatis [162] episcopis præceptum tradere, ut de omni stipendio, quod accedit [163], quatuor fieri debeant portiones; una videlicet episcopo et familiæ ejus propter hospitalitatem et susceptionem, alia clero, tertia vero pauperibus, quarta ecclesiis reparandis.

**C. XXXI.** *De eodem.* PALEA.
*Item ex Concilio Toletano* z [164].

« Sancimus omnibus episcopis curam laicorum [165] instare, ut, si quos in fide Christi invenerint, nimio affectu diligant. Insuper [166] confirmamus, ut, si aliqua ab ipsis accipiant dona, statim in quatuor dividant partes, ita, ut prima [167] pars secundum apostolorum præcepta a titulorum, nec non cœmeteriorum restaurationibus diligenter attribuatur, secunda clericis, tertia cunctis pauperibus, quarta vero advenis. »

**C. XXXII.** *Omnes presbyteri secundum jussionem episcopi ecclesiæ dispensare studeant.*
*Item ex Concilio Agathensi, c. 22* [168].

V. Pars. Statuimus (quod omnes canones b jubent) ut civitatenses sive diœcesani presbyteri vel clerici, salvo jure ecclesiæ, rem ecclesiæ, sicut permiserunt [169] episcopi, teneant, vendere autem [170] aut donare penitus non præsumant. Quod si fecerint *vel fecerunt*, et facta venditio non valebit, et de facultatibus, si quas habent proprias, indemnem ecclesiam reddant, et communione priventur.

**C. XXXIII.** *De clericis, qui documenta ecclesiæ supprimunt, aut adversariis tradunt.*
*Item ex eodem Concilio, c. 26* [171].

Si quis de clericis documenta, quibus ecclesiæ possessio firmatur, aut supprimere, aut negare, aut adversariis fortasse tradere damnabili [172] et punienda obstinatione præsumpserit, quidquid per absentiam documentorum damni ecclesiæ illatum est de propriis facultatibus reddat, et communione privetur. Hi etiam [173] qui in damno [174] ecclesiæ impie sollicitati, a traditoribus aliquid acceperint [175], superiori sententia teneantur.

**C. XXXIV.** *Episcopus hæredes non habens non alium quam ecclesiam sibi heredem instituat.*
*Item ex eodem, c. 33* [176].

Episcopus, qui filios aut nepotes non habuerit e, alium quam ecclesiam non reliquat heredem. Si quid de ecclesia non in ecclesiæ causa aut necessitate præsumpserit [177], quod distraxit aut donavit irritum habeatur. Qui vero filios habet, de bonis, quæ reliquit [178], ab heredibus ejus indemnitatibus ecclesiæ consulatur.

**C. XXXV.** *Qui in clero constituti sunt de rebus ecclesiæ nihil alienare præsumant.*
*Item ex eodem, c. 49* [179].

Diaconi vel presbyteri in parochia constituti de rebus ecclesiæ sibi creditis nihil audeant commutare, vendere vel donare, quia res sacræ Deo esse noscuntur. Similiter et sacerdotes nihil de rebus ecclesiæ sibi commissæ [180] (ut superius comprehensum est) alienare [181] præsumant. Quod si fecerint [182], convicti in concilie, et ab honore depositi, de suo [183] aliud tantum restituant, quantum visi [184] sunt [185] præsumsisse d. *Et infra :* § 1. Libertos ta-

---

NOTATIONES CORRECTORUM.

**C. XXXI.** a Caput hoc (quod in omnibus vetustis exemplaribus, exceptis duobus, et sine Paleæ nomine habetur, et glossam habet) in nullo Toletano consilio aut impresso, aut manuscripto inventum est. In collectione canonum incerti auctoris, quæ asservatur in Vaticana bibliotheca, tribuitur Silvestro, quamvis in synodo Romana sub ipso habita, c. 4, paulo aliter hæ partes assignentur, id est ut in præcedentibus huic capitibus.

a *Secundum apostolorum præcepta :* In ea collectione non sunt hæc verba. In uno vetusto Gratiani codice est : *secundum Apostolorum præcepta*

**C. XXXII.** b *Canones* : Restituta est hæc vox ex originali. Antea legebatur : *episcopi*. In Policarpo autem tantum est : *quod omnes jubent*.

**C. XXXIV.** c *Non habuerit* : In originali impresso et manuscripto, et in Polycarpo legitur : *non habens, alium quam ecclesiam reliquit heredem, si quid, etc.*; et ad hanc lectionem propius accedunt verba Hispalensis concilii I, c. 1, sed ob glossam non est mutatum.

**C. XXXV.** d *Præsumsisse* : Si hic interponas c *Si quis qualibet.* infra eadem, habebis integrum canonem 49 ipsius concilii Agathensis.

---

QUÆST. II. C. XXIX. [160] *id — can.* : desid. Ap. Ans. = C. XXX. [161] Ep. 64, (scr. A. 601), l. 11. Ed. Maur. — Ans. l. 5, c. 54 (70). Ivo Pan. l. 2, c. 8. [162] *ordinato episcopo præcepta* : Edd. coll. o. [163] *accidit* : Ans. — Edd. coll. o. pr. Lugdd. II, III. = C. XXXI. [164] Caput incertum. [165] add. : *eis* : Edd. coll. o. pr. Lugdd. II, III. [166] *Et ins.* : Edd. coll. o. [167] *primum — attribuant, secundam —, tertiam —, quartam —* : Ed. Bas. = C. XXXII. [168] hab. A. 506. — Coll. tr. p. p. 2, t. 28, c. 20. Polyc. l. 3, t. 12. * ita in Edd. coll. o. ** ita in Coll. Hisp. [169] *permiserint* ; Edd. coll. o. — Coll. Hisp. [170] desid. in Coll. Hisp. = C. XXXIII. [171] Reg. l. 1, c. 353. Burch. l. 3, c. 183. Ivo Decr. p. 3, c. 156. — cf. infra c. 40. [172] *damnanda* : Edd. coll. o. [173] *autem* : eæd. [174] *qui in damnum ecclesiæ instrumenta ecclesiæ impie sollicitati a traditoribus, susceperint* : Coll. Hisp. [175] *susceperint* : Burch., qui ceterum aliquatenus discrepat ab orig., Ivo, Edd. coll. o. = C. XXXIV. [176] Coll. tr. p. p. 2, t. 28, c. 31. Polyc. l. 3, t. 12. *** ita in Coll. Hisp. [177] *præsumsit* : ib. [178] *relinquit* : Edd. Arg. Bas. = C. XXXV. [179] Ivo Decr. p. 3, c. 161. [180] *commissis* : Coll. Hisp. [181] *emutilare* : ib. — in varietate lectionis est : *emutare*. [182] *facere voluerint* : ib. [183] add. : *proprio* ; Coll. Hisp. — Ivo. — Edd. coll. o. [184] *nisi* : Edd. Arg. Nor. Ven. J. [185] *fuerint* : Edd. coll. o.

men [186], quos sacerdotes vel diaconos de ecclesia [187] sibi commissa facere voluerint [188], actus ecclesiæ prosequi jubemus. Quod si facere contemserint, placuit eos ad proprium reverti servitium.

**C. XXXVI.** *De possessione ecclesiastici juris quicquid a presbytero distrahitur, inane habeatur et vacuum.*

*Item ex eodem,* c. 53 [189].

Quicquid parochiarum presbyter de ecclesiastici juris possessione distraxerit [190], inane habeatur et vacuum vendicatione e comparantis et actione vendentis.

**C. XXXVII.** *Alienationes factæ ab intrusis et ordinationes sine consensu clericorum irritæ sunt.*

*Item* Urbanus Papa f [191].

Alienationes omnium per intrusionem, seu canonice electorum sub episcopi nomine, aut abbatis, qui secundum ecclesiæ suæ usum consecrandus est, alienationes dico quocunque modo factas, nec non et ordinationes personarum ab eisdem sine communi consensu clericorum ecclesiæ, sive per simoniam itidem factas, irritas judicamus. § 1. Illud etiam per omnia interdicimus, ut nullus clericus præbendam suam seu beneficium aliquod ecclesiarum [192] aliquo modo alienare præsumat. Quod si præsumtum olim fuit vel aliquando fuerit, irritum erit, et ultioni canonicæ subjacebit.

**C. XXXVIII.** *Episcopo defuncto, vel adhuc in supremis agente, de rebus ecclesiæ nihil est usurpandum.*

*Item ex Concilio Ilerdensi,* c. 16 [193].

Hæc hujus [194] placiti constitutione inter nos censura placuit custodiri, ut defuncto antistite, vel etiam adhuc in supremis agente, nullus clericorum, cujuslibet ordinis ' et ' officii gradusve sit, quicquam de domo [195] præsumat, vel [196] quod de utilitate instrumenti domus esse agnoscitur, id est mobilis et immobilis rei ecclesiasticæ conetur invadere, nihil

a furto g, nihil dolo supprimens, auferens atque abscondens; sed is, cui domus commissa est, subjunctis sibi h uno vel duobus fidelissimis clericis, omnia usque ad tempus pontificis substituendi debeat [197] conservare, et his, qui in domo inveniuntur, clericis consuetam alimoniam administrare. Substitutus autem antistes susceptæ sedis i commoda ordinabit velut Deus imperabit, ut eis uti cum his debeat, quos cognoverit disciplinæ et caritati prædecessoris sui fideliter paruisse. Quod si quisquam post hæc cujuslibet ordinis (ut superius dictum est) clericus quæcunque occasione [198] de omni facultate quippiam probatus fuerit abstulisse vel forsitan dolo aliquo suppressisse, reus sacrilegii prolixiori anathemate condemnetur, et vix 'quoque' peregrina ei communio [199] concedatur, quia durum est, ut hi, quos constat in servitio Domini cum primæ sedis antistite desudasse, ab his, qui suarum rerum incubatores vel utilitatibus servientes atque vacantes fuisse noscuntur, despecti [200] aliquatenus crucientur.

**C. XXXIX.** *Episcopi, qui nihil ecclesiæ conferunt, famulos ejus libertate non donent.*

*Item ex Concilio Toletano IV,* c. 66 [201].

Et si illi, qui nulla ex rebus suis pauperibus Christi distribuunt, æterni judicis voce in futuro condemnabuntur, quanto magis ii, qui auferunt pauperibus quod non dederunt? Quapropter episcopi †, qui nihil ex suo proprio ecclesiæ Christi compensaverunt, hanc divinam sententiam metuant, et liberos ex familia ecclesiæ ad condemnationem suam facere non præsumant. Impium enim est, ut qui res suas ecclesiæ Christi non contulerit damnum inferat, et jus ecclesiæ alienare contendat. Tales ergo liberos †† successor episcopus absque ulla oppositione ad jus ecclesiæ revocabit, quia eos non æquitas, sed [202] improbitas absolvit.

---

NOTATIONES CORRECTORUM.

**C. XXXVI.** e *Vendicatione:* Sic etiam in recentioribus conciliorum editionibus. In aliis, et duobus etiam Vaticanis codicibus legitur: *venditoris comparantis*'. Apud Ivonem: *venditione comparantis*. In Epaunensi, ubi hoc videtur repeti: *in venditorem comparantis actione vertenda.*

**C. XXXVII.** f *Post collectionem Anselmi in codice perantiquo habetur fragmentum cujusdam concilii Urbani II, in cujus initio hæc leguntur: Alienationes, quæ specialiter per Ottonem, Guidonem, Hieremiam, seu forte Philippum ubilibet de possessionibus Ravennatis exarchatus factæ sunt, damnamus. Generaliter autem omnium per instrusionem, seu ca-*

nonice electorum sub episcopi nomine vel abbatis... ecclesiæ suæ consecrandus est, alienationes quocunque modo factas, et cetera usque ad finem hujus capitis sine ulla varietate.

**C. XXXVIII.** g *Nihil furto:* In codice Lucensi regio sequitur: *nihil vi*".

h *Subjunctis sibi:* In conciliorum editionibus sequitur: *cum concilio;* et in codice regio additur: *clerici;* fortasse autem legendum: *cum consilio cleri*'''.

i *Susceptæ sedis:* In eodem regio codice est: *suscepta ea, prout decessor suus ordinavit, vel ut Deus imperavit*'.

---

Quæst. II. C. XXXV. [186] *etiam:* eæd. [187] add.: *Christi:* exd. [188] *volunt*': eæd. =C. XXXVI. [189] Ivo Decr. p. 3, c. 162. [190] *distraxit:* Ed. Bas. ' *venditori comparantis actione vertente:* Coll. Hisp. = C. XXXVII. [191] can. ultim. conc. Lat. I, hab. A. 1123. [192] *ecclesiasticum:* Edd. coll. o. — orig. = C. XXXVIII. [193] hab. A. 546. — Coll. tr. p. p. 2, t. 34, c. 14. [194] *hujusmodi:* Edd. Arg. Bas. [195] add.: *ejus:* Edd. coll. o. — add.: *aufferre:* Coll. Hisp. [196] *vel de ut, quæ instrumenti domus, etc.:* ib. = Edd. par Lugdd. — *vel de ut, quæ instrumentis dom.:* Edd. reil. " et Coll. Hisp. " ita in Coll. Hisp. — [197] *debet:* Edd. coll. o. ' ita in Coll. Hisp. [198] add.: *de domo ecclesiæ, vel:* ib. [199] add.: *animæ:* ib. [200] *despectibus:* ib. = C XXXIX. [201] hab. A. 653. — Burch. l. 3, c. 189. Ivo Decr. p 5, c. 219. † Reg. l. 1, c. 356. †† *libertos:* Coll. citt. [202] add.: *etiam:* Ed f. coll. o. pr. Lugdd. II, III.

**C. XL.** *De clericis, qui documenta ecclesiæ supprimunt, aut negant, aut aliis damnabiliter tradunt.*

Item ex Concilio Aurelianensi [k][203].

Si quis de clericis documenta, quibus ecclesiæ possessio firma tenetur, aut supprimere, aut negare, aut avertere, aut fortasse tradere damnabili et punienda obstinatione præsumserit, quicquid pro absentia documentorum damni ecclesiæ illatum est de propriis facultatibus reddat.

**C. XLI.** *Ministris ecclesiæ de rebus ejusdem ecclesiæ absque episcopi permissu nihil alienare licet.*

Item ex Concilio Aurelianensi III, c. 23 [204].

Abbatibus, presbyteris, ceterisque ministris de rebus ecclesiasticis vel sacro ministerio †††alienare vel [205] obligare absque permissu et subscriptione episcopi *sui* nihil liceat. Quod qui [206] præsumserit degradetur, communione concessa, et quod temere *præsumtum aut* alienatum [207] est ordinatione episcopi revocetur.

**C. XLII.** *Res ecclesiæ, quæ absente episcopo distrahuntur, ad jus ecclesiasticum revocentur.*

Item ex Synodo Acyrana, c. 15 [208].

Si qua de rebus ecclesiæ, quum episcopus non est [209], presbyteri vendiderint, placuit rescisso contractu ad jus ecclesiasticum revocari. In judicio autem erit episcopi constitutum [210], si pretium debeat recipi necne, propterea quod sæpe contingit [211] distractarum rerum reditus ampliorem summam pro accepto pretio reddi [l].

**C. XLIII.** *Post mortem episcopi res ad eum pertinentes clerici non rupiant.*

Item ex Concilio Chalcedonensi, c. 22 [211].

Non liceat clericis post mortem episcopi sui rapere res pertinentes ad eum, sicut jam præcedentibus

regulis constitutum habetur. Si vero hoc fecerint, periclitari se noverint in [212] proprio gradu.

**C. XLIV.** *Rescindantur precariæ et commutationes ab invasoribus factæ.*

Item ex Concilio Mediomatricis [m][214].

Præcariæ et commutationes tempore viduatarum ecclesiarum factæ ab his qui loca episcoporum occupaverant, rescindantur, et cum auctoritate ecclesiastica vel civili, si faciendæ sunt, fiant.

Unde Gregorius *Maximiano Syracusano Episcopo, lib. III, epist.* 11 [215] :

**C. LXV.** *Pro labore inventarii nihil accipiant œconomi de rebus ecclesiæ.*

Caritatem tuam commonere curavimus, ut, si quispiam episcoporum de hac luce migraverit, vel (quod absit) pro suis fuerit remotus excessibus, convenientibus œconomis [n][216] cunctisque clericis [217] prioribus, atque in sui præsentia inventarium ecclesiæ rerum facientibus, omnia quæ reperta fuerint, subtiliter describantur, nec (sicut antea fieri dicebatur) species quædam aut aliud quodlibet de rebus ecclesiæ quasi pro faciendi inventarii labore tollatur. *Et infra* : § 1. Visitatores ecclesiarum clericique eorum, qui cum ipsis per non suæ civitatis parochias fatigantur, aliquod [218] laboris sui capiant te disponente subsidium. Justum namque est, ut illi [219] consequantur stipendium, qui [220] pro tempore suum commodare reperiuntur obsequium.

**C. XLVI.** *Excommunicentur laici, qui morientium clericorum audent bona diripere.*

Item ex Concilio Urbani Papæ Alverniæ celebrato [o][221].

De laicis quæstio facta est, qui morientibus epi-

### NOTATIONES CORRECTORUM.

**C. XL.** [k] Hoc idem citatur supra ead. *Si quis de clericis*, ex concilio Agathensi, in quo habetur. Non est autem mutatus titulus, quia potuit in aliquo etiam Aurelianensi, quod non exstet, esse repetitum.

**C. XLI.** [l] *Reddi* : Sic in quibusdam exemplaribus priscæ versionis. In aliis vero est : *reddidisse*. Græce legitur : Διὰ τὸ πολλάκις τὴν εἴσοδον τῶν πεπραγμένων ἀποδεδωκέναι αὐτοῖς τούτοις πλείονα τὴν τιμήν; id est : *propterea quod sæpe rerum venditarum reditus majus pretium his ipsis reddiderit*. Sed ob glossam non est mutatum.

**C. XLIII.** [m] Quod hic ex concilio Mediomatricis citatur, in concilio Meldensi refertur ex concilio Belvacensi, ex quo etiam citant Burchardus et Ivo. Sed quia in conciliis Gallicis et Germanicis sæpe eadem repetuntur, non est mutata inscriptio. In adjectis Capitularibus, quæ ex Gallia sunt habita, inter cetera leguntur quædam capitula excerpta a domino rege Carolo et principibus suis ex his capitulis, quæ anno DCCCXLVI. ediderunt episcopi in synodis, etc., quorum capitulorum unum est hoc : *ut precariæ et commutationes tempore viduatarum ecclesiarum factæ ab his, qui loca episcoporum occupaverant, rescindantur, et cum auctoritate ecclesiastica vel civili denuo, si fienda, fiant.*

**C. XLV.** [n] *Œconomis* : Sic etiam in omnibus vetustis, sed in originali tam impresso quam manuscripto legitur : *hierarchicis*. Joannes Diaconus [l. 3, c. 23] habet : *hieraticis*.

**C. XLVI.** [o] In titulis capitulorum concilii Claromontensis (quod Alverniæ celebratum est) titulo penultimo, hæc leguntur ad caput hoc spectantia : *Ne aliquis clericus res episcoporum vel clericorum vel in vita, vel post mortem eorum diripiat, vel in usus proprios conferat. Quod si quis fecerit, anathema sit, et dictum est ab omnibus, fiat.*

---

Quæst. II. C. XL. [203] cf. supra c. 53. = C. XLI. [204] hab. A. 558. — Coll. p. tr. p. 2, t. 44, c. 1. Polyc. l. 3, t. 21. — Cap. l. 7, c. 275. ††† add. : *deditis* : Edd. coll. o. — Bohm. — *traditis* : Cap. [205] *et* : Edd. coll. o. [206] *si præsumserint, degradentur* : ead. [207] *ordinatum* : Edd. Arg. Nor. Ven. I, II. = C. XLII. [208] hab. A. 314. — Ans. l. 6, c. 172 (165). [209] *adest* : Edd. coll. o. [210] *constituti* : Ed Bas. [211] *contigit* : Bohm. " *reddidisse* : Coll. Hisp. — Ans. = C. XLIII. [212] hab. A. 451. — Ans. l. 7, c. 167. [213] *a* : Edd. coll. o. = C. XLIV. [214] c. 24, conc. Meldensis hab. A. 845. — Burch. l. 3, c. 166. Ivo Decr. p. 3, c. 227, ex conc. Belvacensi. = C. XLV. [215] Ep. 11, (scr. A. 594), l. 4. Ed. Maur. [216] fortasse leg. *hierarchis*. [217] *cleri* : orig. [218] *aliquid — subsidia* : Edd. coll. o. [219] *illic* : orig. [220] *quo* : ib. = C. XLVI. [221] hab. A. 1095.

scopis sive aliis clericis res defunctorum invasas ecclesiæ pauperibusque subripiunt. Contra quos commune totius concilii anathema prolatum est, ipso Papa hujusmodi sententiam promulgante : « Si quis post interdicti præsentis cognitionem episcoporum seu presbyterorum, aut aliorum clericorum res invaserit, usque ad satisfactionem excommunicetur. § 1. Episcoporum vero deficientium res per archipresbyterorum seu archidiaconorum manus, aut secundum mortuorum judicium pro ipsorum salute in eleemosynas dispensentur, aut successori, qui futurus est, reserventur. Id ipsum de presbyterorum seu clericorum aliorum rebus per episcopum, vel supradictas personas, aut cui deficientes commiserint, fiat. Si quis autem adversus ista præsumserit, anathema sit. »

C. XLVII. *De eodem.*

*Item* Innocentius Papa II, in *Concilio Laieranensi*, c. 4 [222].

Illud, quod in sacro Chalcedonensi concilio constitutum est [223], irrefragabiliter conservari [224] præcipimus, ut videlicet decedentium bona episcoporum a nullo omnino hominum diripiantur, sed ad opus ecclesiæ et successoris sui in libera œconomi et clericorum permaneant potestate. 'Cesset igitur de cetero illa detestabilis et sæva rapacitas'. Si quis autem amodo hoc attentare præsumserit, excommunicationi subjaceat. Qui vero morientium P presbyterorum vel clericorum bona rapuerunt, simili sententiæ subjaceant [225].

Gratian. *Hoc non solum de laicis, verum etiam de metropolitanis et quibuslibet aliis clericis intelligendum est : sicut* in sexta Synodo c. 35, *legitur* [226].

C. XLVIII. *Res episcopi morientis metropolitano non licet invadere.*

Non liceat † alicui metropolitano mortuo [227] episcopo, qui sub eo est, aut res ejus [228] aut ecclesiæ suæ auferre, sed sint sub custodia cleri [229] ecclesiæ defuncti episcopi, usque dum alius ordinetur episcopus. Si vero clerici in ecclesia non fuerint, tunc metropolitanus illibata omnia episcopo, qui ibi ordinabitur, reddat.

Gratian. *Sicut autem res ecclesiæ nulli usurpare licet, ita ecclesiæ aliena invadere non permittitur.*
*Unde* Gregorius *lib. 11, epist.* 43, *ad Bonifacium Episcopum* [230] :

C. XLIX. *Aliena ecclesiæ non licet invadere.*

Sicut ecclesia proprias res amittere non debet, ita etiam rapacitatis ardore invadere alienas [231] non oportet.

Gratian. *Ilis omnibus auctoritatibus perspicue monstratur, quod nulli sacerdotum res ecclesiasticus alicui tradere licet, et ille, qui de manu sacerdotis facultates ecclesiæ acceperit, nullo jure eas vendicare poterit, sed potius cogetur restituere quod illicite accepit.* § 1. *Sed notandum est, quod quibusdam causis exigentibus res ecclesiæ distrahi possunt. Causa enim necessitatis cum consilio clericorum, vel ut meliora prospiciant, res ecclesiæ a sacerdotibus distrahi possunt.*

*Unde* in Africano Concilio *legitur* ¶ [232] :

C. L. *Nisi causa necessitatis nec episcopo rem ecclesiæ suæ usurpare licet.*

Non habenti necessitatem nec episcopo licet [233] matricis ecclesiæ ʳ rem sui tituli usurpare [234].

C. LI. *Nec presbyteri ignorantibus episcopis, nec episcopi ignorante concilio rem ecclesiæ vendant.*

*Item ex* Concilio Carthaginensi unico, c. ult. [235].

Placuit, ut presbyteri non vendant rem ecclesiæ ubi sunt constituti, nescientibus episcopis suis, quomodo nec episcopis liceat vendere prædia ecclesiæ inconsulto concilio vel cuncto ˢ presbyterio sine ulla necessitate.

## NOTATIONES CORRECTORUM.

C XLVII. ᵛ *Morientium* : In vulgatis sequebatur: *episcoporum*·, quæ vox et a vetustis, et ab ipso concilio manuscripto abest, et frustra repeteretur. Sunt autem ex originali addita paulo superius aliquot verba.

C. L. ᑫ Gratianus citat hoc ex concilio Africano, et sequens ex Carthaginensi. Sed in unico Carthaginensi, inserto in codice canonum, hoc quidem est pars posterior, sequens vero prior capitis ejusdem, quod est ultimum, id est XXXIII, et Burchardus et Ivo integrum caput referunt ex Carthaginensi.

ʳ *Ecclesiæ* : In codice canonum, et apud Burchardum sequitur : *nec presbyterorum* ; apud Ivonem vero legitur . *nec episcopo liceat rem matris ecclesiæ ignorante concilio vel presbyteris suis titulis usurpare. Post sequens autem caput apponetur integer canon græce nova cum versione.*

C. LI. ˢ *Vel cuncto* : In canone unici Carthaginensis legitur : *vel presbyteris suis. Non habente ergo necessitatem*, etc., ut proximo superiore capite, quemadmodum apud Burchardum etiam et Ivonem, licet ipsi legant: *habenti*. Græce autem ita totus canon habet: Ὁμοίως ἤρεσεν, ὥστε τοὺς πρεσβυτέρους παρὰ γνώμην τῶν ἰδίων αὐτῶν ἐπισκόπων πρᾶγμα μὴ πιπράσκειν τῆς ἐκκλησίας, ἢ ᾗ καθιέρωνται. Ὃν τρόπον καὶ τοῖς ἐπισκόποις οὐκ ἔξεστι πιπράσκειν χωρία τῆς ἐκκλησίας, ἀγνοούντης τῆς συνόδου ἢ τῶν ἰδίων πρεσβυτέρων. Μὴ οὔσης τοίνυν ἀνάγκης, μηδὲ ἐπισκόπῳ ἐξεῖναι καταχρήσασθαι πράγματι ἐκ τοῦ τίτλου τῆς ἐκκλησιαστικῆς

QUÆST. II. C. XLVII. [222] hab. A. 1159. — cf. conc. Remens, (hab. A. 1131), c. 3. — Pan. l. 8, c. 141. [223] cf. supra c. 43. *institutum* : Edd. coll. o. [224] *observari* : eæd. * ta in Edd. coll. o. pr. Bas. [225] *subjiciantur* : orig. = C. XLVIII. [226] imo ex synodo quinisexta, hab. A. 692. — Coll. tr. p. p. 2, t. 11, c. 6. †*licet* : Bohm. [227] *moriente* : Edd. coll. o. [228] *suas* : eæd. [229] *clericorum* : eæd. = C. XLIX. [230] Ep. 44, (scr. A. 593), l. 3. Ed. Maur. — Ans. in fine l. 7. [231] acd. coll. o. — Ed. Bas. = C. L. [232] ex conc. Carth. hab. A. 409. — c. 33, apud Dionys. — Reg. l. 4, c. 347. Burch. l. 3, c. 178. Ans. l. 7, c. 158. Ivo Decr. p. 3, c. 239. [233] *liceat* : Edd. Arg. Bas. Nor. Ven. l, II. [234] *rapere vel usurp.* : Edd. coll. o. pr. Bas. [235] cf. ad c. antec. — Burch. Ans. Ivo ib.

C. LII. *Nisi ut meliora prospiciat, rem ecclesiæ non licet distrahere episcopo.*

*Item ex epistola Leonis Papæ, universis Episcopis per Siciliam constitutis* [236].

Sine exceptione decernimus, ne quis episcopus de rebus ecclesiæ suæ quicquam donare, vel commutare, vel vendere audeat, nisi forte aliquid horum faciat, ut meliora prospiciat [237], et cum totius cleri tractatu atque consensu id eligat, quod non sit dubium profuturum ecclesiæ. *Et infra* : § 1. Episcopus [238] rebus ecclesiæ tanquam commendatis, non tanquam propriis utatur. Irrita enim episcoporum venditio et commutatio rei ecclesiasticæ erit absque conniventia † et subscriptione clericorum.

Gratian. *Item domus urbium vel castrorum, quæ ecclesiæ plus incommodi quam utilitatis afferant, licet rectoribus ecclesiarum (sicut in superiori capitulo Symmachi : Non liceat Papæ, etc., continetur) vendere vel commutare.*

*Item sicut* in Agathensi Concilio, c. 45, *legitur* u [239].

C. LIII. *De eodem.*

VI Pars. Terrulas aut vineolas exiguas, et ecclesiæ minus utiles, aut longe positas *et* [240] parvas, episcopus sine consilio [241] fratrum (si necessitas fuerit) distrahendi habeat potestatem.

Gratian. *Servos quoque fugitivos, qui revocati retineri non possunt, similiter episcopis distrahere licet.*

*Unde* in eodem Concilio, c. 46 [242].

C. LIV. *Alienentur fugitivi, qui retineri non possunt.*

Fugitivi [243] domos suas aut familias deserentes, qui, etiamsi revocati fuerint, non possunt teneri, simili ratione ab episcopo [244], si voluerit [245], aut si 'ita' illi [246] meruerint, distrahantur.

C. LV. PALEA.

[*Item ex Concilio apud Tansiacum, c.* 2 v [247].]

« Injustum videtur et impium [248], ut mancipia, quæ fideles viri seu feminæ pro redemptione animæ suæ Deo et sanctis ejus consecraverint [249], cujuscunque muneris pretio vel commutationis commercio iterum in sæcularem servitutem redigantur, quum canonica auctoritas servos fugitivos tantummodi distrahi permittat. Et ideo omnes rectores ecclesiarum summopere caveant, ne unius eleemosyna alterius peccatum fiat, et est absurdum, ut ecclesiastica [250-251] dignitate servus decedens humanæ obnoxius sit servituti. »

VII Pars. Gratian. *Item si rectores ecclesiæ de rebus propriis tantumdem ecclesiæ restituere voluerint, ecclesiasticas facultates libere dare possunt, et constabunt his, quibus datæ fuerint, perpetua firmitate.*

*Unde* in Agathensi Concilio, c. 49. *legitur* [252] :

C. LVI. *Alienatio de rebus ecclesiæ quomodo rata esse poterit.*

Si quis qualibet [253] conditione de rebus ecclesiæ aliquid alienare præsumserit [254], si de suo proprio tantum ecclesiæ contulerit, quantum visus est abstulisse, tum demum illud stare licebit.

VIII Pars. Gratian. *Item si servos ecclesiæ libertate episcopus donaverit, ea, quæ in manumissione data illis fuerint, perpetua firmitate tenebunt, si tamen quantitatem canonibus præfixam data non excesserint.*

---

NOTATIONES CORRECTORUM.

μάτριχος. *Similiter placuit ut presbyteri, præter suorum episcoporum sententiam non vendant rem ecclesiæ, in qua consecrantur, quemadmodum neque episcopis licet prædia ecclesiæ vendere insciente synodo vel propriis presbyteris. Ergo, nisi adsit necessitas, neque episcopo liceat abuti re aliqua ex titulo ecclesiasticæ matricis.*

C. LII. † *Conniventia :* Antea legebatur : *absque omnium conniventia'*. Inducta vero est dictio : *omnium*, quia neque in vetustis exemplaribus, neque in Decretabilibus, cap. 1, de his, quæ fiunt a præl., neque apud ceteros collectores habetur. Apud Ivonem, qui citat concilium Carthaginens IV, et in Panormia, quæ Leonem ex concilio apud Valentias, loco istius vocis : *conniventia*, est : *collaudatione*.

C. LIII. u *Capitulum hoc in aliquot vetustis codicibus est conjunctum superiori.*

C. LV. v *A Burchardo et Ivone* citatur ex concilio apud Carisiacum, in Decretalibus vero tit. de rerum permut. ex concilio apud Silvanectum. Et habetur hæc Palea ut plerisque vetustis Gratiani exemplaribus.

---

Quæst. II. C. LII. [236] Ep. 17, scr. A. 447. Ed. Maur. — Ans. l. 6, c. 189 (177). [237] *prospiciant* : Ed. Bas. [238] hæc desumta sunt ex canonibus, qui concilii Carthag. IV, nomine Hispanicæ collectioni sunt inserti, c. 31, 32. (Statutt. eccl. ant. c. 15, 30.) — Burch. l. 3, c. 170 : *ex conc. apud Valentias*, quod ex coll. Ans. ded. (p. 40, c. 17, 43), a Burch. exscripta, venisse videtur, in qua Statuta eccl. ant. hoc nomine laudari solent.) — Ivo Pan. l. 2, c. 86. Decr. p. 3, c. 231. * ita in Edd. coll. o. = C. LIII. [239] hab. A. 506. — Reg. l. 4, c. 351. Coll. tr. p. p. 2, t. 28, c. 45. Ivo Decr. p. 6, c. 160. [240] desid. ap. Reg. lv. [241] *concilio* : Ivo. = C. LIV. [242] Reg. ib. c. 352. Coll. tr. p. ib. c. 44. [243] *Fugitivos* : Coll. Hisp. [244] *episcopis* : ead. — Edd. coll. o. [245] *noluerint* : Edd. Arg. Bas. Ven. I, II. Nor. — *voluerint* : Edd. rell. — Coll. Hisp. [246] desid. in Edd. Par. Lugdd. = C. LV. '' et Regin. — Böhm.: *ex conc. ap. Tarasium*. [247] Caput incertum. — Reg. l. 4. c. 570. Burch. l. 3, c. 174. Ivo Decr. p. 3, c. 255. [248] *ineptum* : Edd. coll. o. [249] *consecrarunt* : Coll. citt. — *consecrant* ' Edd. Arg. Bas. [250-251] *ab eccl.* : Edd. coll. o. exc. Ven. I, II. = C. LVI. [252] hab. A. 506. — cf. tamen ad D. 25, c. 70. — Ivo Decr. p. 3, c. 161. [253] *pro qual.* : Coll. Hisp. — Ivo. [254] *voluerit* : Coll. Hisp.

*Unde* in eodem Concilio c. 7, *legitur* [256].

### C. LVII. *De eodem.*

Si quos de servis ecclesiæ benemeritos sibi [vv] episcopus libertate [256] donaverit [257], collatam libertatem a successoribus placuit custodiri cum hoc, quod eis manumissor in libertatem contulerit. Quod tamen jubemus viginti solidorum numerum [258] et modum in terrula et [259] vineola vel hospitiolo tenere. Quod amplius datum fuerit post manumissoris mortem ecclesiæ revocetur [260].

Gratian. *Sed notandum est, quod servi ecclesiarum manumitti non possunt, non retento ecclesiastico patrocinio, nisi forte manumissor duos ejusdem meriti et ejusdem peculii ecclesiæ conferre voluerit.*

*Unde* in Concilio Toletano IV, c. 63, *legitur* [261].

### C. LVIII. *De episcopo, qui non retento patrocinio servos ecclesiæ manumittit.*

Episcopus, qui mancipium juris ecclesiæ, non retento ecclesiastico patrocinio, manumitti desiderat, duo [252] meriti ejusdem et peculii coram concilio ecclesiæ, cui præeminet, per commutationem [263] subscribentibus sacerdotibus offerat, ut rata et justa inveniatur diffinitio commutantis. Tunc etiam [264] liberam manumissionem sine patrocinio ecclesiæ concedere poterit, quia [265] eum, quem libertati tradere disponit [266], jam juri proprio acquisivit. § 1. Hujusmodi autem liberto adversus ecclesiam, cujus juris exstitit, accusandi vel testificandi denegetur licentia. Quod si præsumpserit, placet, ut stante commutatione in servitutem propriæ ecclesiæ revocetur, cui nocere conatur.

Gratian. *Libertus enim (nisi venia impetrata) patronum in jus vocare non permittitur. Unde in lib. 2 Digestorum, tit. De in jus vocando, l. fin.:* Si [267] sine venia edicti impetrata libertus patronum in jus vocaverit, ex querela patroni vel supradictam pœnam, id est quinquaginta aureos, dat, vel a præfecto urbis quasi inofficiosus castigatur, si inopia dignoscitur laborare. § 1. Si vero a collegio quis manumissus fuerit, non singulis, sed universitati reverentiam debet. *Unde in eodem libro, tit. eod. l. Sed si hac:* Qui [268] manumittitur a corpore aliquo, vel collegio,

A vel civitate, singulos in jus vocabit. Nam non est illorum libertus, sed reipublicæ honorem habere debet. Et si adversus rempublicam vel universitatem velit experiri, veniam edicti petere debet, quamvis actorem eorum constitutum in jus sit vocaturus. § 2. Si vero ingenuum *princeps facit, patrono reverentiam non debet.* § 3. *In* [269] *criminali vero causa, si libertus patronum in jus vocaverit, caput ejus et fortunas petiturus, ante litis exordium capite puniendus est.* Crimen vero læsæ majestatis excipitur, vel si patronam illicito servi concubitu uti deprehenderit, quo casu etiam servo cum munere libertatis dominum accusare permittitur, sicut Cod. lib. 9, tit. [270] de mulieribus, quæ se propriis servis junxerunt, l. unica, imperator Constantinus constituisse legitur : Si qua cum servo suo occulte rem habere detegitur, capitali sententiæ subjugetur, tradendo ignibus verberone. Sitque omnibus facultas crimen publicum arguendi, sit officio copia nunciandi, sit etiam servo licentia deferendi, cui probato crimine libertas dabitur. § 4. *In patronos etiam testificari non possunt, nisi in quibusdam casibus, in quibus etiam servi in dominos torqueri jubentur.*

*Unde* in libro eod. Codicis, *tit. de quæstionibus, l. prima Impp.* Antoninus et Verus [x] [271] :

### C. LIX. *De eodem.*

Quæstionem de servis contra dominos haberi non oportet, exceptis adulterii criminibus, item fraudati census accusationibus, et crimine majestatis, quod ad salutem principis pertinet. § 1. In ceteris autem, quanquam ea [272], quæ servus contra dominum duxit [273], judicaturi sententiam formare non debeant, tamen, si aliis quoque probationibus fides veritatis investigetur, præscriptionis invidia evanescit. § 2. In pecuniariis vero causis ex inopia [y] probationum servos contra dominum posse interrogari manifestum est.

### C. LX. *De eodem.*

*Item ibidem, l. secunda* [274].

Insolitum est et grave exemplo, audiri servos adversus tutores vel matrem dominorum suorum, nisi [275] tutelæ agatur.

### NOTATIONES CORRECTORUM.

C. LVII. [vv] *Sibi* : Sic etiam legitur in editionibus conciliorum, et duobus codicibus Vaticanis. Sed apud Ivonem et in uno vetusto Gratiani exemplari abest dictio : *sibi.*

C. LIX. [x] In aliquot vetustis codicibus caput hoc conjunctum est superiori.

[y] *Ex inopia* : In antiquis codicibus Gratiani legitur : *nec inopia*, et sic videtur etiam legisse auctor glossæ. In antiquiore etiam editione codicis Justi-

tiani, tit. de quæstionibus, l. *Quæstionem*, eodem modo habet, eandemque lectionem secutus est auctor illarum glossarum, et in Basil. tit. 50 de quæst. eadem est lectio. Sed quia in codice ab Haloandro edito legitur : *ex inopia*, et in l. *Divus*, ff. de quæstionibus, videtur statutum, ex inopia probationum etiam in causis pecuniariis posse torqueri servos, nihil est mutatum.

---

Quæst. II. C. LVII. [255] Ivo Decr. p. 16, c. 50. o. pr. Lugdd. II, III. [257] *donaverat* : Edd. Arg. Bas. [258] *num. et* : desid. ap. Iv. [259] *vel* : Edd. coll. o. [260] *ecclesia revocabit* : Coll. Hisp. = C. LVIII. [261] hab. A. 633. — Reg. l. 1, c. 357. Burch. l. 3, c. 176. Ivo Decr. p. 3, c. 237, p. 16, c. 65. Polyc. l. 3, t. 13. [262] *duos* : Ed. Bas. [263] *mutationem* : ib. [264] *enim* : Coll. Hisp. — Coll. citt. — Edd. coll. o. [265] *qui* : Coll. Hisp. [266] *disposuerit* : Edd. coll. o. [267] t. 4, fr. 25. [268] fr. 10. [269] conf. Cod. l. 9, t. 1, c. 20. [270] tit. 11, c. 1. = C. LX. [271] t. 41, c. 1. — scr. A. 197. [272] *secundum ea* : Edd. coll. o. [273] *dixerit* : cæd. = C. LX. [274] c. 2, ib. scr. A. 205. [275] add. : *ubi* : Edd. coll. o.

Gratian. *Si vero libertus sua auctoritate a patrocinio ecclesiæ recesserit, si admonitus redire contemserit, in servitutem revocabitur.*

Unde in eodem Concilio Toletano IV, c. 70, legitur [276]:

**C. LXI.** *De libertis ecclesiæ, qui ab ejus patrocinio discedunt.*

Liberti ecclesiæ, qui ab ejus patrocinio discedentes quibuslibet [277] personis adhæserunt [278], si admoniti redire contemserunt, manumissio eorum irrita sit, quia per inobedientiæ [279] contemptum ingrati actione tenentur.

**C. LXII.** *Revocentur in servitutem ecclesiarum liberti, qui contra ejus libertatem superbiunt.*

Item ex Concilio Hispalensi II, c. 8 [280].

Octava discussio agitata est de quodam Elisæo [281] ex familia Agabrensis [282] ecclesiæ, qui ab episcopo suo traditus libertati de libertate confestim ad contumaciæ morbum transilivit, sicque per superbiam non solum ejusdem episcopi veneficis [283] artibus salutem lædere voluit, sed etiam patronam ecclesiam libertatis immemor prædamnavit [284]. Adversus quem ingrati actio canonum et legum auctoritate juste dirigetur, scilicet, ut immeritæ libertatis damno mulctatus ad servitutis nexum revocetur [285]. Talium enim [286] status, qui contra episcopum suum vel patronam ecclesiam nituntur, decidi potius quam conservari convenit, ut quorum libertas perniciosa est sit salutifera servitus, et qui superbire noverunt [287] adepta libertate *z*, proditi discant obedire subjecti.

**C. LXIII.** *A patrocinio non discedant ecclesiæ liberti ad sacros ordines promoti.*

Item ex Concilio Toletano III, c. 6 [288].

De libertis autem hoc [289] præcipit sancta synodus, ut, si qui presbyteri vel diaconi *a* ab episcopis facti sunt secundum modum quo canones antiqui dant licentiam, sint liberi, et tamen a patrocinio ecclesiæ tam ipsi quam ab eis progeniti non recedant. § 1. Ab aliis quoque libertati traditi ecclesiis commendati patrocinio episcopi [290] colligantur [291], et ne cuiquam donentur a principe hoc episcopus postulet.

Gratian. *Non vero longinquitate temporis obscuretur conditio originis, tempore suæ manumissionis scribant liberti professionem qua se profiteantur de familia esse ecclesiæ, et ab ejus obsequio se nunquam recessuros.*

Unde in Concilio Toletano VI, c. 9, legitur [292]:

**C. LXIV.** *Professionem suæ conditionis liberti ecclesiæ faciant.*

Longinquitate sæpe fit temporis, ut non pateat conditio originis. Unde jam decretum est in anteriori *b* universalis concilii canone, ut professionem suam liberti ecclesiæ debeant facere, qua profiteantur se et de familiis ecclesiæ esse [293], et ejus [294] obsequium nunquam relicturos. Unde his [295] quoque nos adjicimus, ut quoties cursum vitæ sacerdos impleverit, et de hac vita migraverit, mox, quum successor ejus advenerit, omnes liberti ecclesiæ, vel ab eis progeniti chartulas suas in conspectu omnium debeant ipsi substituto [296] pontifici publicare, et professiones [297] 'suas' in conspectu ecclesiæ renovare, quatenus status eorum vigorem et illi obtineant et obedientia eorum ecclesia non careat. Si autem [298] aut [299] scripturas libertatis suæ intra annum ordinationis novi [300] pontificis manifestare contemserint, aut professiones renovare noluerint, vacuæ et inanes chartulæ ipsæ remaneant, et illi originali suæ redditi sint perpetuo servi.

**C. LXV.** *Nec liberti, nec eorum posteri a patrocinio discedant ecclesiæ.*

Item ex Concilio Toletano IV, c. 69 [301].

Liberti ecclesiæ, quia nunquam moritur eorum patrona, a patrocinio ejusdem [302] nunquam discedant, nec posteritas quidem eorum, sicut priores canones decreverunt. Ac ne forte libertas eorum in futura prole non pateat, ipsaque posteritas, 'naturali ingenuitate obnitens', sese ab ecclesiæ patroci-

### NOTATIONES CORRECTORUM.

**C. LXII.** *z Adepta libertate* : Magna hoc loco est varietas in vetustis Gratiani codicibus. Nam partim concordant cum hac vulgata, partim habent : *adempta libertate proditi*, partim : *adepta libertate præditi*, ut concilium ipsum impressum et manuscriptum, etiam in codice Lucensi regio. Apud Ivonem vero legitur : *adepta libertate elati perdita discant obedire subjecti*.

**C. LXIII.** *a Presbyteri vel diaconi* : In conciliis Coloniæ 4 tomis impressis, et in cod. Lucensi regio legitur : *De libertis autem id Dei præcipiunt sacerdotes, ut si qui ab episcopis, etc.*," nulla presbyterorum aut diaconorum mentione facta.

**C. LXIV.** *b In anteriori* : Significatur c. 69 concilii Toletani IV, qui proximo cap. refertur. Nam quartum illud Toletanum, quod fuit plenissimum, in sequentibus Toletanis vocari solet universale concilium, ut in V, c. 2 et 7, et in VI, concilio c. 1, 3, 7 et 18. Et in principio ipsius quarti concilii episcopi aiunt : *quoniam generale concilium agimus*.

---

Quæst. II. C. LXI. [276] hab. A. 633. — Burch. l. 3, c. 184. Ivo Decr. p. 3, c. 244. [277] *quibuscunque* : Edd. coll. o. [278] *adhæserint* : eæd. [279] *obedientiæ* : Burch. — C. LXII. [280] hab. A. 619. — Coll. tr. p. p. 2, t. 49, c. 5. [281] *Elisept* : Edd. coll. o. [282] *Egabrensis* Coll. Hisp. [283] *malis vel insidiosis* : Edd. coll. o. [284] *damnavit* : Coll. Hisp. [285] *coactus rev.* : Edd. coll. o. [286] 66. c. 7 Ivo Decr. p. 16, [287] *noverint* : Coll. Hisp. ita in Coll. Hisp. = C. LXIII. [288] hab. A. 589. — Coll. tr. p. p. 2, t. 36, c. 2. [289] *hæc* : Edd. coll. o. ita in Coll Hisp. [290] *episcopali* : Coll. Hisp. [291] *recolligantur* : Edd. Lugdd. II, III. = C. LXIV. [292] hab. A. 658. — Coll. tr. p. p. 2, t. 38, c. 4. [293] *manumissos* : Coll. Hisp. [294] *ecclesiæ* : ib. [295] *de his* : Ed. Bas. [296] *qui substituitur* : Edd. coll. o. [297] *professionem* : eæd. — add. : *ipsius* : Ed. Bas. [298] desid. in Edd. Nor. Ven. I, II. [299] desid. in Edd. coll. o. pr. Nor. Ven. I, II. [300] add. : *sui* : Edd. coll. o. = C. LXV. [301] hab. A. 633. — Burch. l. 3, c. 185. Ivo Decr. p. 3, c. 245. Polyc. l. 3, t. 12. [302] *ecclesiæ* : Edd. coll. o.

nio non subtrahat, necesse est, ut tam hi [303] liberti, quam ab eis geniti [304] professionem episcopo suo faciant, per quam ex familia ecclesiæ libertos effectos se esse fateantur, ejusque patrocinium non relinquant, sed juxta virtutem suam obsequium ei vel obedientiam præbeant.

Gratian. *Pro remuneratione etiam impensi obsequii res ecclesiasticæ utiliter possunt donari.*

Unde in Concilio Toletano IV, c. 36, legitur [305] :

C. LXVI. *Quæ de rebus ecclesiæ in remunerationem obsequii præstantur rata permanent.*

Quicunque 'episcopi' suffragio cujuslibet aliquid ecclesiasticæ utilitatis [306] providerint, et pro eo quodcunque commodum [307] in remunerationem [308] promiserint, promissi solutionem eos exsolvere [309] oportebit, ita ut 'id' ad concilium provinciale [310] deferatur [311], ut eorum conniventia [312] confirmaretur, quia (sicut Paulus [313] ait) dignus est operarius [314] mercede sua [315].

C. LXVII. *Servi ecclesiarum in eorum dominium transferri possunt, qui ecclesiasticis utilitatibus deserviunt.*

Item Gregorius *lib. II, Indict.* 11, *epist.* 18, *Theodoro Consiliario* [316].

Ecclesiasticis utilitatibus desudantes ecclesiastica dignum est remuneratione gaudere, ut qui se voluntariis obsequiorum necessitatibus sponte subjiciunt digne nostris provisionibus consolentur. Quia igitur 'te' Theodorum virum eloquentissimum, consiliarium nostrum, mancipiorum cognovimus ministerio destitutum, ideo puerum nomine Acosimum, natione Siculum, juri dominioque tuo [317] dari tradique præcipimus, quem quoniam traditum [318] ex nostra voluntate [319] jam possides [320], hujus 'te' necesse fuit scripti [321] pro futuri temporis testimonio ac robore largitatis auctoritate fulciri, quatenus Domino protegente secure eum semper et sine ullius

A retractationis suspicione, 'quippe' ut dominus, valeas [322] possidere [d].

Gratian. *Miserationis quoque intuitu servi ecclesiarum libertate donari possunt.*

Unde Gregorius *Montanæ et Thomæ lib.* 5, *epist.* 12 [323] :

C. LXVIII. *Miserationis et pietatis intuitu servi ecclesiarum possunt manumitti.*

Quum redemtor noster, totius conditor creaturæ, ad hoc propitiatus humanam voluerit [324] carnem assumere, ut divinitatis suæ gratia dirupto, quo tenebamur captivi, vinculo servitutis, pristinæ nos restitueret libertati, salubriter agitur, si homines, quos ab initio natura liberos protulit, et jus gentium jugo substituit servitutis, in ea, in qua nati fuerant, manumittentis beneficio libertate reddantur. Atque ideo pietatis intuitu, et hujus rei consideratione permoti [325], vos [326] Montanam atque Thomam, famulos sanctæ Romanæ ecclesiæ, cui, Deo adjutore [327] deservimus, liberos ex hac die civesque Romanos efficimus, omneque vestrum vobis relaxamus servitutis [328] peculium [e]. *Et infra* : § 1. Hanc autem manumissionis paginam Paterio notario scribendam dictavimus, et propria manu una cum tribus presbyteris prioribus et tribus diaconis pro plenissima firmitate subscripsimus, vobisque tradidimus [329]. Actum in urbe Romana

Gratian. *Item servi ecclesiarum publicis angariis non debent fatigari.*

Unde in Concilio Toletano III, c. 21, legitur [330]:

C. LXIX. *Servi ecclesiarum publicis angariis non fatigentur.*

Ecclesiarum [f] servos, et episcoporum [331], vel omnium clericorum, a judicibus vel actoribus [332] publicis in diversis angariis fatigari dolemus. Propter quod omne concilium a pietate gloriosissimi

## NOTATIONES CORRECTORUM.

C. LXVII. [c] Te : Addita est vox ista, et cetera sunt emendata ex originali, ut intelligatur eumdem esse cui scribitur, et cui fit donatio.

[d] *Possidere* : Apud B. Gregorium hæc sequuntur : *Neque enim quemquam fore credimus, qui tam parvam largitatem pro tua tibi devotione concessam desideret, vel tentet ullo modo revocare, quum uno eodemque tempore et verecundum sit a decessoribus bene gesta resolvere, et verecundum sit docere cæteros in sua quandoque resolutoriam proferre largitate sententiam.*

C. LXVIII. [e] *Peculium* : In vetusto codice epistolarum B. Gregorii bibliothecæ Vaticanæ legitur : *periculum.*

C. LXIX. [f] *Ecclesiarum* : In cæteris hujus concilii exemplaribus impressis et manuscriptis, quæ collata sunt, et apud Ivonem legitur quemadmodum apud Gratianum, præterquam in editione quatuor tomorum, et codice Lucensi regio', in quibus initium capitis 21, sic habet : *Quoniam cognovimus in multis civitatibus ecclesiarum servos, et episcoporum, vel o. c. a. i. v. a. p. in diversis angariis fatigari, omne concilium, etc.* Et hic quidem nulla facta est mutatio ; alia vero, in quibus omnes conciliorum codices concordant, sunt emendata

---

QUÆST. II. C. LXV. [303] *iidem* : Coll. Hisp. — Burch. Iv. — Edd. coll. o. [304] *progeniti* : Coll. Hisp. — Burch. Ivo. = C. LXVI. [305] Coll. tr. p. p. 2, t. 57, c. 14. Abbo Flor. ap. Mabill. Vet. an. c. 33. [306] *utilitati* : Coll. Hisp. — Abbo. [307] *modicum* : ib. [308] *remuneratione* : ib. — Edd. coll. o. [309] *absolvere* : Edd. coll. o. [310] *comprovinc.* : exd. — Coll. Hisp. — Abbo. [311] *deductum, eorum* : Coll. Hisp. — Abbo. [312] *conventu* : Ed. Bas. — *convenientia al. conniventia* : Ed. Arg. [313] 1 Tim. c. 5, v. 19. [314] *mercenarius* : Edd. coll. o. [315] *mercedem suam accipere* Coll. Hisp. = C. LXVII. [316] Ep. 18, (scr. A. 593), l. 3. Ed. Maur. — Polyc. l. 3. l. 13. [317] *suo* : Edd. coll. o. [318] *desid.* in Edd. coll. o. pr. Bas. [319] *auctoritate* : Edd. coll. o. [320] *possidet* : Edd. coll. o. [321] *desid.* in Ed. Bas. [322] *valeat* : Edd. coll. o. = C. LXVIII. [323] Ep. 12, (scr. A. 596), l. 6. Ed. Maur. [324] *voluit* : Edd. coll. o. [pr. Lugdd. II, III. [325] *permotus* : Ed. Bas. [326] *nos* : Edd. coll. o. pr. Bas. [327] *auctore* : Edd. coll. o. [328] *desid.* in orig. [329] *tradimus* : Edd. Coll. o. exc. Arg. = C. LXIX. [330] hab. A. 589. — Ivo Decr. p. 3, c. 138. * ita in Coll. Hisp. [331] *add.* : *vel presbyterum* : Edd. coll. o. et Böhm. invito fonte. [332] *exactoribus* : Edd. coll. o.

domini nostri poposcit, ut tales deinceps ausus [333] inhibeat, sed servi suprascriptorum officiorum in eorum usibus vel ecclesiæ laborent [334]. Si quis vero judicum aut actorum [335] clericum aut servum clerici vel ecclesiæ in publicis ac privatis negotiis occupare voluerit, a communione ecclesiastica, cui impedimentum facit, efficiatur extraneus.

Gratian. *Item pro alimonia pauperum, pro redemtione captivorum res sacras distrahi licet.*

Unde Ambrosius ait lib. *II de officiis, c.* 28 [336] : C. LXX. *Res sacræ quibus ex causis alienari debeant.*

Aurum ecclesia habet, non ut servet, sed ut eroget et subveniat in necessitatibus. Quid opus est custodire quod nihil adjuvat? An ignoramus, quantum auri atque argenti de templo Domini Assyrii sustulerunt? Nonne melius conflat sacerdos [337] propter alimoniam pauperum, si alia [338] subsidia desint, quam si sacrilegus contaminata [339] asportet hostis? Nonne dicturus est Dominus : Cur passus es tot inopes fame emori [340]? Et [341] certe habebas aurum, unde ministrasses alimoniam. Cur tot captivi deducti in commercium [342] sunt, nec redemti †, ab hoste occisi sunt? Melius fuerat, ut vasa viventium servares quam metallorum. His non posset [343] responsum referri. Quid enim diceres [344]? Timui, ne templo Dei ornatus deesset? Responderet [345] : Aurum sacramenta non quærunt, neque auro placent quæ auro non emuntur. Ornatus sacramentorum [346] redemtio captivorum est, et vere illa sunt vasa pretiosa, quæ redimunt animas a morte. Ille verus thesaurus est Domini, qui operatur quod sanguis ejus operatus est. *Et post pauca :* § 1. Nemo 'enim' potest dicere cur pauper vivit? Nemo potest queri quia captivi redemti sunt. Nemo potest accusare quia templum Dei ædificatum est. Nemo potest indignari quia humandis fidelium reliquiis spatia laxata sunt. Nemo potest dolere, quia in sepulcris [347] Christianorum requies defunctorum est. In his tribus generibus vasa ecclesiæ etiam initiata confringere, conflare, vendere licet. Opus est, ut de ecclesia mystici populi forma non exeat, ne ad usus [348] nefarios sacri calicis ministerium transferatur. Ideo intra ecclesiam primum quæsita sunt vasa, quæ initiata non essent, deinde [349] comminuta, postremo conflata, per minutas erogationes dispensata egentibus captivorum [350] quoque pretiis profecerunt. Quod si desunt nova et quæ nequaquam initiata videantur, in hujusmodi usus, quos supra diximus [351], arbitror omnia pie posse converti.

C. LXXI. *Non parietes templi ornare, sed pauperibus providere gloria episcopi est.*

Item Hieronymus ad *Nepotianum de vita clericorum.*

Gloria episcopi est pauperum inopiæ [352] providere; ignominia sacerdotis est propriis studere divitiis. Natus in paupere domo et in tugurio rusticano, qui vix milio et cibario pane rugientem saturare ventrem poteram, nunc similam et mella fastidio. *Item paulo inferius :* § 1. Multi ædificant parietes, et columnas ecclesiæ subtrahunt [353], marmora [354] nitent, auro splendent laquearia, gemmis altare distinguitur, et ministrorum Christi nulla electio [355] est. Neque vero mihi aliquis opponat dives in Judæa templum, mensam, lucernas, thuribula, patellas scyphos, mortariola, et cetera ex auro fabrefacta [356]. Tunc hæc probabantur [357] a Domino, quando sacerdotes hostias immolabant, et sanguis pecudum erat remissio [358] peccatorum, quanquam hæc omnia præcesserint in figura [359]; scripta autem sunt [360] propter nos, in quos fines sæculorum devenerunt. Nunc vero, quum paupertatem domus suæ pauper Dominus dedicarit [361], portemus [362] crucem, et divitias [363] lutum putabimus [364]. *Item ibidem in extremo :* § 2. Amico [365] quippiam rapere furtum est, ecclesiam fraudare sacrilegium est : accepisse 'quod' pauperibus erogandum 'sit' et esurientibus plurimis [366], vel cautum esse velle vel timidum, aut, quod apertissimi sceleris est, aliquid inde [367] subtrahere, omnium prædonum crudelitatem superat. *Item ejusdem ad Paulinum, de institutione monachi :* § 3. Crates [368] ille Thebanus, homo quondam ditissimus, quum ad philosophandum Athenas pergeret, magnum auri pondus abjecit, neque putavit, se simul posse et virtutes et divitias possidere. Nos suffarcinati auro Christum pauperem sequimur, et, sub prætextu eleemosynæ pristinis opibus [369] incubantes, quomodo possumus [370] aliena fideliter distribuere qui nostra timide reservamus? Plenus venter facile de jejuniis disputat. Non Hierosolymis fuisse, sed Hierosolymis bene vixisse laudandum est.

Gratian. *Item largitate etiam episcopi stipendium de rebus ecclesiæ clericis dare licet, cujus professio sub precariæ nomine fieri debet.*

---

QUÆST. II. C. LXIX. [333] *usus* : eæd. [334] *elaborent* : Coll. Hisp. [335] *auctorum* : Ed. Bas. = C. LXX. [336] Ans. l. 13, c. 28. Ivo Decr. p. 3, c. 150. Polyc. l. 6, t. 20. [337] desid. in Ed. Arg. [338] *aliqua* : Edd. coll. o. [339] *contaminat et asportat* : eæd. cont. atque asp. : Ivo. [340] *mori* : Ivo. — Edd. coll. o. [341] desid. in Edd. coll. o. pr. Bas. [342] *in captivitatem ducti* : Edd. coll. o. † *nec redemti? cur* : orig. [343] *potes — referre* : Edd. coll. o. [344] *dices* : eæd. [345] *Responderet* : eæd. [346] *sacrorum* : eæd. — Ivo. [347] *sepulcris* : eæd. [348] *adversus* : Edd. Arg. Nor. Ven. I, II. Par. [349] *denique* : Edd. coll. o. [350] *captivorumque* : eæd. [351] *dixit* : eæd. = C. LXXI. [352] *opibus* : Edd. coll. o. [353] *substruunt* : orig. [354] *marmore* : Ed. Böhm. [355] *dilectio* : Ed. Bas. [356] *fabricata* : Edd. coll. o. [357] *probantur* : Ed. Arg. [358] *redemtio* : orig. [359] *figuram* : Edd. Arg. Nor. Ven. I, II. Lugd. I. Par. [360] *sint* : Böhm. — *scriptum est* : Edd. coll. o. pr. Bas. [361] *dedicavit* : eæd. [362] *cogitemus* : orig. [363] *delicias* : Edd. coll. o. [364] *putemus* : eæd. — Böhm. [365] C. 13, q. 2, c. 10. [366] *reservare vel cautum vel timidum (timendum)* : Edd. Arg. Bas.), *est* : Edd. coll. o. [367] *exinde* : eæd. [368] *Socrates* : eæd. pr. Nor. Lugdd. II, II. [369] *operibus* : Ed. Bas. [370] *possimus* : ib.

*Unde* in Concilio Toletáno VI. c. 5 [371] :

**C. LXXII.** *Qui beneficium ab ecclesia accepit, ejus professionem nomine precariæ faciat.*

Sæpe fit, ut proprietati originis obsistat longinquitas temporis. Quapropter providentes decernimus, ut si quis clericorum [s] stipendium de rebus ecclesiæ cujusquam [372] episcopi percepit [373] largitate sub præcariæ nomine debeat professionem scribere, ut [374] nec per tentionem diuturnam præjudicium afferat ecclesiæ, et quæcunque in usu [375] perceperit [376] debeat [377] utiliter laborare, ut nec res divini juris videantur aliqua occasione negligi, et subsidium ab ecclesia, cui deserviunt, percipere possint clerici. Quod si quis eorum contemserit facere, ipse se stipendio suo videbitur [378] privare.

*Gratian.* Religionis quoque intuitu ea, in quibus ecclesia detrimentum non patitur, monasteriis tradi possunt.

*Unde* in Toletano Concilio III. c. 4. *legitur* [379] :

**C. LXXIII.** *Licet religionis intuitu res ecclesiæ alienare.*

Si episcopus unam de parochialis [380] ecclesiis suis monasterium dicare voluerit, ut in ea monachorum regulariter congregatio vivat, hoc de consensu concilii [381] sui habeat licentiam faciendi. Qui etiam, si de rebus ecclesiæ pro eorum substantia aliquid, quod detrimentum ecclesiæ non exhibeat, eidem loco donaverit, sit stabile. Rei enim bonæ [382] statuendæ sanctum concilium dat consensum [383].

**C. LXXIV.** *Non ultra quinquagesimam partem rerum ecclesiæ monasterio, quod constituit, episcopo licet conferre.*

*Item* ex Toletano IX. c. 5 [384].

Bonæ rei dare consultum et præsentis habetur vitæ subsidium, et æternæ remunerationis exspectare [385] cernitur præmium. Quisquis itaque episcoporum in parochia sua monasterium construere forte voluerit, et hoc ex [386] rebus ecclesiæ, cui præsidet, ditare decreverit, non amplius ibidem quam quinquagesimam partem dare debebit, ut, hac temperamenti æquitate servata, et cui [387] tribuit competens subsidium conferat, et cui tollit damna gravia non infligat. Ad [388] ecclesiam vero, quæ monasticis non informabitur regulis, aut quam pro suis magnifica-

A re [389] voluerit sepulturis, non amplius quam centesimam partem census ecclesiæ, cui præsidet, ibidem conferre licebit, ea tamen cautela servata, ut unum tantummodo, quæ placuerit, ex his duabus remunerationem [390] assumat.

**C. LXXV.** *Jure proprietatis res ecclesiæ monasteriorum ædificiis tradere licet.*

*Item* Gregorius *lib. II. Indict.* 11. *epist.* 17.
*Gratioso subdiacono* [391].

Religiosam vitam eligentibus congrua nos oportet consideratione prospicere, ne [392] cujusquam necessitatis occasio aut desides faciat, aut robur (quod absit) conversationis infringat. Idcirco præsenti tibi auctoritate præcipimus, quatenus domum positam in hac urbe, regione quarta, juxta locum, qui appellatur 'ad' gallinas albas, vel hortum juris sanctæ Romanæ ecclesiæ, cui auctore Deo præsidemus, in qua Campana quondam uxor [h] Patricii mansis dignoscitur, simul et hortum atque hospitia, quæ intra eamdem domum janua concludit [393], 'Floræ abbatissæ' debeas [394] tradere proprietatis jure procul dubio possidendam, in qua domo monasterium 'virginum' [395], ubi cum congregatione sua habitare possit, Christo, 'queat' adjuvante construere, et [396] tam ipsa quam quæ in ejus loco honoreque successerit prædictam domum et hortum cum omnibus ad se pertinentibus (sicut diximus) quieto inconcussoque jure a nobis pietatis consideratione concessa valeat possidere.

*Gratian.* Ecce ostensum est, quomodo res ecclesiæ sine culpa dari possunt, et constare his, quibus datæ fuerint.

## QUÆSTIO III.
### GRATIANUS.

1 Pars. *Nunc quæritur, si ante tempus suæ ordinationis nihil habere videbantur, quid de his fieri debeat, quæ post ordinationem suam invenisse noscuntur.*

*De his ita statutum est* in Concilio Carthaginensi III, c. 49. [1] :

**C. I.** *De his, qui, primum nihil habentes, tempore suæ administrationis aliqua acquirunt.*

Placuit, ut episcopi, presbyteri [2], diaconi, vel quicunque clerici, qui nihil habentes ordinantur, et

---

**NOTATIONES CORRECTORUM.**

C. LXXII. [s] *Clericorum :* In codice conciliorum Lucensi regio sequitur : *vel aliarum quarumlibet personarum* [*]

C. LXXV. [h] *Uxor :* In aliquot epistolarum editionibus et nonnullis Gratiani exemplaribus non est ita dictio '' ; in vetusto autem Vaticano epistolarum codice legitur : *quondam patricia*

---

Quæst. II. C. LXXII. [371] hab. A. 638. — Ivo Decr. p. 6, c. 372. * ita in Coll. Hisp. [372] *cujuscunque :* Edd. coll. o. — Coll. Hisp. — Ivo. [373] *percipiat :* Coll. Hisp. — *percipit :* Ivo. [374] *ne per retentionem :* Edd. coll. o. — *nec per ret. :* Ivo. [375] *usum :* Coll. Hisp. [376] *percepit :* Edd. coll. o. [377] *debet :* cæd. [378] *videtur :* Ed. Bas. = C. LXXIII. [379] hab. A. 589. — Ivo Decr. p. 3, c. 168. [380] *parochitanis :* Coll. Hisp. [381] *consilii :* Ed. Arg. [382] *bene :* Edd. coll. o. [383] *assensum :* Coll. Hisp. = C. LXXIV. [384] hab. A. 655. — Ivo Decr. p. 3, c. 170. [385] *exspectari :* Coll. Hisp. [386] *en :* desid. ap. IV. — Edd. col. o. [387] *etiam cui :* Edd. Arg Bas. [388] *desid.* in Coll. Hisp. [389] *munificare :* ib. [390] *remunerandam :* ib. = C. LXXV. [391] Ep. 17, (scr. A. 593), l. 3. Ed. Maur. — Ans. l. 5, c. 53. [392] *nec :* Ed. Bas. ** *desid.* in Edd. Arg. Nor. Ven. I. [393] *clausit :* Ed. Bas. — *conclusit :* Edd. rell. [394] *eidem debeas :* Edd. coll. o. — *Flor. Abb :* desid. ap. Ans. [395] *desid.* ap. Ans. [396] *ut :* orig. — Ans.

Quæst. III. C. I. [1] hab. A. 397. — Coll. tr. p. 2, t. 17, c. 50. Burch. l. 3, c. 120. Ans. l. 7, c. 157. vo Pan. l. 2, c. 52. Decr. p. 5, c. 96. [2] *vel presb., vel diac. :* Ed. Bas.

tempore episcopatus vel clericatus sui agros vel quaecunque praedia nomine suo comparant, tanquam rerum dominicarum invasionis crimine teneantur, nisi admoniti ecclesiae eadem 'ipsa' contulerint. Si autem ipsis proprie aliquid liberalitate alicujus vel successione cognationis obvenerit, faciant inde quod eorum proposito congruit. Quod si a suo proposito retrorsum exorbitaverint, honore ecclesiastico indigni tanquam reprobi judicentur.

C. II. *De ministris, qui nulla ecclesiae occasione, sed sui utilitate aliqua acquirunt.*

Item ex Concilio Toletano IX, c. 4.

Quicunque de sacerdotibus vel ministris pro sui utilitate atque amicitia, vel 'praestatione, aut' quocunque modo, aut per scripturae seriem aliquid meruerint a quolibet percipere, in rebus ecclesiae non poterit numerari, sed quod exinde voluerint facere ipsorum voluntatis arbitrio subjacebit. Quod si hoc post eorum mortem inordinatum fortasse remanserit, ecclesia, cui praefuit vel minister exstitit, hoc sibi in perpetuum vendicabit.

Gratian. *Ecce quod illa, quae non ex officio ecclesiastico, sed ex aliqua praestatione suae utilitatis lucratus est, potest dare quibus voluerit.*

II Pars. § 1. *Sed quaeritur de his, quae sibi communiter cum ecclesia vel sequestratim pro remedio animae offeruntur, vel de tertia parte, quam de rebus parochialium ecclesiarum sibi debitam accipit, si ea poterit dimittere quibus voluerit.*

*De his ita diffinitur in Concilio Agathensi c. 6:*

C. III. *De pontificibus, quibus ab extraneis vel cum ecclesia, vel sequestratim aliquid dimittitur.*

Pontifices, quibus in summo sacerdotio constitutis ab extraneis aliquid aut cum ecclesia, aut sequestratim 'aut' dimittitur, aut donatur (quia hoc ille, qui donat, pro redemptione animae suae, non pro commodo sacerdotis offerre probatur), non quasi suum proprium, sed quasi dimissum ecclesiae inter facultates ecclesiae computabunt, quia justum est ut sicut sacerdos habet quod ecclesiae dimissum est, ita et ecclesia habeat quod relinquitur sacerdoti.

§ 1. Sane quidquid per fideicommissum aut sacerdoti, aut ecclesiae fortasse dimittitur, cuicunque alii postmodum profuturum, id inter facultates suas ecclesia computare aut retinere non poterit.

C. IV. *Episcopus tertiam partem sibi debitam ecclesiae relinquere poterit.*

Item ex Concilio Toletano IX, c.

Episcopus, si tertiam partem, quam de rebus parochialium ecclesiarum 'sanctione paterna' sibi debitam novit, 'aut ipsi' ecclesiae, cujus res esse patebit, aut alteri ecclesiae, 'quam elegit' conferre decreverit, 'et' licitum maneat, et irrevocabile robur ejus sententia ferat.

## QUAESTIO IV.

### GRATIANUS.

*Quod autem quaeritur, si de suis et ecclesiae rebus aliqua acquisisse noscuntur, cui proveniant? ita diffinitur in eodem Concilio Toletano IX, c. 4:*

C. I. *De his, qui de suis et ecclesiae rebus aliqua acquisisse noscuntur.*

Sacerdotes, vel quicunque illi sunt, quibus ecclesiasticorum rerum cura commissa est, quaecunque administrationis suae tempore emerint, si de rebus propriis vel vile vel earum habuerint, ad ecclesiae nomen, cui praesunt, chartarum conficere instrumenta procurent, non enim convenit, ut ecclesia quem suscepit extraneum efficiat in alieno divitem, et in suo retineat fraudatorem. § 1. Hi vero, qui suarum rerum noscuntur habere compendium, ex omni re, quam post ordinationis suae diem visi sunt acquisisse, sive nulla sive aliqua sint instrumenta confecta, compensatione tam juris sui quam ecclesiasticorum rerum habita, si se utriusque rei quantitas exaequaverit, inter ecclesiam et decentis heredes aequo jure conquisitio pertinebit.

Gratian. *Si quis vero pro compendio suarum rerum ecclesiae rebus detrimentum intulerit, vel si occasione rerum ecclesiasticarum in rebus propriis detrimentum passus fuerit, vicissim qui lucrum sentiunt detrimentum patientibus resarcient.*

---

### NOTATIONES CORRECTORUM.

Quaest. IV. C. I. *Compensatione*: In consilio ipso cum vetustis exemplaribus collato legitur: compensata tam juris sui quam ecclesisticarum rerum habitudine.

---

C. I. invasores : ib. add. : obnoxii : Burch. Ivo. in ecclesiam : Coll. Hisp. — Ans. — ad eccl. : Burch. Ivo. venerit : Coll. Hisp. Burch. — evenerit : Edd. coll. o. — Ivo. quod velint : Burch. Ivo. congruerit : Edd. coll. o. = C. II. hab. A. 655. sua : Edd. coll. o. desid. in Coll. Hisp. meruit : Edd. Ven. I, II. Nor. — meruerit : Edd. rell. ab aliquo : Edd. coll. o. — add. : collata : Coll. Hisp. hoc sibi : desid. in Coll. Hisp. perpetuo : Coll. Hisp. = C. III. hab. A. 506. — Burch. l. 1, c. 217. Ivo Decr. p. 5, c. 351. ab extraneis duntaxat donatur aliquid : Coll. citt. add. : duntaxat : Coll. Hisp. a sacerdote : Coll. citt. = C. IV. hab. A. 655. — Coll. tr. p. p. 2, t. 40, c. 3. Ivo Decr. p. 5, c. 171. pariter : Ivo patescit : Coll. Hisp. cui elegerit : ib. sententiam : Ed. Bas.

Quaest. IV. C. I. hab. A. 655. — Coll. tr. p. p. 2, t. 40, c. 1. Ivo Decr. p. 5, c. 169. vel quilibet : Edd. coll. o. parum : Coll. Hisp. — Ivo. justum est : Edd. coll. o. quae : Coll. Hisp. — Ivo. — Edd. coll. o. pr. Lugdd. II, III. conquisisse : Edd. coll. o. — Coll. Hisp. compensata : Coll. Hisp. — add. : ambitione : eaed. desid. ib.

*Unde* in Concilio Bracarensi III. c. 8. *legitur* [19]:

**C. II.** *Resarciantur detrimenta sacerdoti vel ecclesiæ, quæ alterius occasione alter senserit.*

Quicunque sub hoc neglectu res divinas laborare distulerit, placito speciali distringendus est, qualiter si de rebus seu augmentis [11] ecclesiæ quæstum laboribus [12] suis proprie auxit, et ex hoc ecclesiasticis rebus aut neglectum laboris exhibuit, aut minorationem vel perditionem induxit, quicquid in rebus ecclesiæ minuit [13] illi [14] restituat, ex cujus rebus atque suffragiis suos convictus [15] fuerit ampliasse labores. Quod si aliquid pro utilitatibus ecclesiæ aut substantiæ expendit, aut dispendii vel perditionis quippiam pertulerit [16], si hoc comprobari [17] potuerit, totum illi a rebus ecclesiæ ejusdem reformabitur, pro cujus utilitate [18] id expendisse probatur.

*Gratian.* Si vero de rebus ecclesiæ tantummodo aliqua acquisisse noscuntur, et ad nomen ecclesiæ instrumenta debent componere, nec aliquibus poterunt illa donare.

*Unde* in Agathensi Concilio c. 54. *legitur* [b] [19] :

**C. III.** *De his, quæ sacerdotes emunt, ad ecclesiæ nomen scripturam faciant.*

Presbyter, dum [20] diœcesim tenet [21], de his, quæ emerit, ad ecclesiæ nomen scripturam faciat, aut ab ejus, quam tenet [22], ecclesiæ ordinatione discedat.

## QUÆSTIO V.

### GRATIANUS.

**I Pars.** *Testamenta vero non licet eis conficere, nisi rebus propriis.*

*Unde* Gregorius *scribit* Deusdedit [a] *Episcopo, lib. X. epist. 42* [1] :

**C. I.** *Quomodo de rebus ecclesiæ liceat testari sacerdobus.*

Nulli dubium est, quia sicut sacerdotibus res in episcopatu acquisitas nulla est alienandi licentia, ita de his, quas ante habuerint [2], quicquid judicare voluerint non vetantur [3]. Itaque fraternitatem tuam tempore, quo ad nos fuit, questam [4] esse recoli-

mus quædam mobilia [b], quæ Constantius decessor vester Luminosæ ancillæ Dei, filiæ [5] fratris sui, testamenti serie legati titulo reliquit [6], jam episcopus acquisisset, decrevisseque nos, ut, si hoc constaret [7], nullum ex his ecclesia vestra præjudicium pateretur. Quod et vos oportet recolere, et molestiam aliquam prædictæ ancillæ Dei non facere, nec ei sine cognitione de his, quæ possidet, quidquam auferre.

**C. II.** *De eodem.*

*Idem lib. IV. epist. 22. Cypriano diacono* [8].

Obitum Theodori episcopi dilectionem tuam jam credimus cognovisse. Sed quia ipse testamentum dicitur condidisse, subtiliter te ne quid de rebus ecclesiæ suæ [9] consumsisset oportet inquirere. Et siquidem cum exinde aliquid incongrue [10] minuisse didiceris, ita age, ut res *ipsæ* ab eo, cujus interest, modis omnibus reparentur.

**C. III.** *Quæ monasteriis ab episcopis conferentur revocari non debent.*

*Item Gregorius Mariniano Episcopo Ravennati, lib. V. epist* [11].

Quia Joannes quodam decessor tuus [c], dum viveret, sæpius a nobis expetiit, ut ea, quæ in monasterio illo [12] contulerat, quod juxta ecclesiam S. Apollinaris ipse construxerat, nostra debuissemus auctoritate firmare, et nos facturos hoc [13] esse promisimus, fraternitatem vestram [14] necessario duximus [15] adhortandam, ut nihil de his, quæ illic contulit atque constituit, aliquo modo patiatur imminui, sed omnia firma studeat stabilitate servari [16]. Hujus igitur monasterii et collatarum [17] illic rerum quia in testamento, quod condidit, fecisse noscitur mentionem, sciendum vobis est, non ea nos ideo confirmasse, quoniam ejus supremam sequimur voluntatem, sed quia ei hoc (sicut diximus) viventi promisimus. Hæc itaque [18] sic sollicite fraternitas vestra implere festinet, quatenus et quæ in [19] suprascripto monasterio constituit, et a nobis sunt firmata [20] serven-

### NOTATIONES CORRECTORUM.

**C. III.** [b] Caput hoc ab Ivone etiam et auctore Panormiæ citatur ex Agathensi, in quo exstat. In Decretalibus vero, tit. de pecul. cler., ex conc. Arelatensi, et apud Burchardum et in prima collectione decretalium ex conc. Arausicano.

**Quæst. V. C. I.** [a] *Deusdedit*: Antea legebatur: *Lucidio*. Restituta est inscriptio ex originali, quæ inscriptio integra est supra, cad. q. 2. Res in episcopatu. Illud enim caput in hoc continetur.

[b] *Mobilia*: In originali impresso et manuscripto est : *immobilia*; sed non est mutatum propter doctiorum scripta; nonulla vero alia sunt emendata.

**C. III.** [c] *Joannes quondam decessor tuus* : Hæc verba non sunt hoc loco apud B. Gregorium, sed ex superioribus huc comportata

---

**Quæst. IV. C. II.** [10] hab. A. 675. — Coll. tr. p. p. 2, t. 48, c. 3. [11] *argumentis* : Böhm. [12] *vel labores rei propriæ*: Coll. Hisp. [13] *minorationis exhibuit, totum de rebus propriis ecclesiæ*: ib. [14] *ille*: Edd. coll. o. [15] *convinctus* : Coll. Hisp. [16] *pertulit*: ib. [17] *comprobare* : Edd. coll. o. [18] *utilitatibus* : Coll. Hisp. = C. III. [19] hab. A. 506. — cf. ad c. 50. D. 23. — Burch. l. 5, c. 119, ( : *ex conc. Arausico*). Ivo Pan. l. 2, c. 51. Decr. p. 5, c. 95. — cf. e. 2. X, de pec. cler. [20] *cum* : Edd. coll. o. [21] *eccl. vel diœcesim habet* : Ed. Arg. [22] *tenuit* : Coll. Hisp.

**Quæst. V. C. I.** [1] , Ep. 38, (scr. A. 602), l. 2. Ed. Maur. — Ans. l. 6, c. 175. [2] *habuerunt* : Edd. coll. o. [3] *vereantur* : Edd. Nor. Ven. [4] *retentur* : Edd. rell. [5] *conquestam* : Edd. coll. o. [5] *et fratribus suis*: ead. [6] *dereliquit* : ead. — orig. [7] *constat* : ead. pr. Lugpd. II, III. = C. II. [8] Ep. 27, (scr. A. 595), l. 5. Ed. Maur. [9] *desid.* in Edd. Arg. Bas. [10] *incongruum* : Ed. Bas. = C. III. [11] Ep. 4, (scr. A. 596), l. 6. Ed. Maur. [12] *illi* : Ed. Bas. [13] *huc* : Edd. coll. o. [14] *tuam* : Ed. Bas. [15] *prævidimus* : orig. Edd. coll. o. [16] *servare* t eæd. [17] *collectarum* : eæd. — Böhm. [18] *add. : omnia* : Edd. coll. o. — orig. [19] *desid.* in Ed. Bas. [20] *confirmata* : Edd. coll. o.

tur, et illa, quæ in damnum dari vel fieri per testamentum suæ decrevit ecclesiæ, nullam, prohibente * nempe * lege obtineant firmitatem.

**C. IV.** *Quæ ante suam ordinationem, vel post, hereditaria successione acquisivit episcopus, cui vult derelinquat.*

Item d ex Concilio Hispalensi.

Fixum abhinc et perpetuo mansurum esse decrevimus, ut episcopus res sui juris, quas *aut* ante episcopatum, aut certe in episcopatu hereditaria successione acquisivit, secundum auctoritatem canonicam quidquid vult faciat, et cui vult conferat, Postquam autem episcopus factus est, quascunque res de facultatibus ecclesiæ aut suo, aut alterius nomine * qualibet conditione * comparavit, decrevimus, ut non in propinquorum suorum, sed * in * ecclesiæ, cui præest, jura deveniant.

Gratian. *De rebus vero ecclesiasticis testari licet episcopo, si tantundem de propriis restituat.*

Unde in Agathensi Concilio c. 51, *statutum est*:

**C. V.** *Quomodo possunt esse rata quæ de ecclesiæ proprietate testamento legantur.*

Si episcopus condito testamento aliquid de ecclesiastici juris proprietate legaverit, aliter non valebit, nisi tantumdem de juris proprii facultate suppleverit.

II Pars. Gratian. *Sed si episcopus vel quilibet ex gradu ecclesiastico intestatus defunctus fuerit, nec aliqui inventi fuerint, qui jure cognationis ei succedant, ecclesia sua ei succedat in integrum, nec licebit alicui aliqua ex rebus ejus præsumere.*

Unde in Tarraconensi Concilio c. 12 *statutum est*:

**C. VI.** *Episcopo intestato ecclesia succedat in integrum.*

Sicubi defunctus fuerit episcopus intestatus, post defunctionem ejus e a presbyteris et diaconis de rebus ipsius inventarium fideliter conscribatur a minimo usque ad maximum, id est de utensilibus vel *de* omni supellectile, ita tamen, ut si quis exinde vel præsumsisse aliquid, vel occulte fuerit tulisse convictus secundum furti tenorem restituat universa.

**C. VII.** *De eodem.*

Item ex Concilio Triburiensi.

Quicunque ex gradu ecclesiastico sine testamento et sine cognatione decesserit, hereditas ejus,ad ecclesiam, ubi deservivit, devolvatur. Similiter de sanctimonialibus.

# CAUSA XIII.

### GRATIANUS.

Diœcesani cujusdam baptismalis ecclesiæ, cladibus bellorum pressi, hostili metu compulsi, domicilia sua transtulerunt in aliam diœcesim, prædia tamen antiqua non desierunt colere; cœperunt persolvere decimas illi ecclesiæ, in cujus diœcesim transierunt, et apud eam sibi elegerunt sepulturas. Transactis quinquaginta annis clerici, quibus quondam persolverant decimas, cœperunt movere quæstionem in eos, qui ab istis accipiunt primitias et decimas; veniunt ad causam (Qu. I). Modo primum quæritur, si illi, quorum domicilia sunt in diœcesi hujus baptismalis ecclesiæ, debeant persolvere decimas illi ecclesiæ, et celebrare suas exsequias apud eam ecclesiam, in qua quondam hæc fiebant a parentibus eorum? (Qu. II.) Secundo, an præscriptione temporis jus percipiendi decimas et funerandi tollatur?

### QUÆSTIO I.
### GRATIANUS.

1 Pars. Quod priori ecclesiæ hæc omnia jure persolvenda sint, actores his argumentis probare contendunt. Constat unamquamque baptismalem ecclesiam habere diœcesim sibi legitime assignatam, sicut et parochiales ecclesiæ habent parochias sibi distributas.

### NOTATIONES CORRECTORUM.

**C. IV.** d *Item*: Sic etiam citant Buchardus et Ivo, et in Hispalensi l. habentur nonnulla ad hanc rem facientia. Sed integrum caput habetur in concilio Pariensi, l. 1. c. 14., et in Capitularibus l. 5. c. 175. refertur inter alia decreta concilii Parisiensis.

**C. VI.** e *Defunctionem ejus*: Antea legebatur: *hanc diffinitionem*. Emendatum est ex variis conciliorum editionibus, et duobus codicibus Vatic., quemadmodum et nonnulla alia. In codice autem Lucensi regio legitur: *post depositionem ejus*.

**C. VII.** f Burchardus etiam et Ivo citant capitulum hoc ex concilio Triburiensi, cui præfuit Arnulphus. Sed in eo, quod exstat, non habetur. Similima leguntur apud Julianum antecessorem Novella 131, cap. 18.

---

QUÆST. III. C. III. ²¹ *damna* : Edd. Lugdd. II, III. — *damno* : Edd. rell. ²² *nulla* : Edd. coll. o. pr. Lugdd. = C. IV. ²³ Imo ex conc. Paris. hab. A. 829. — Cap. l. 5, c. 327. — Burch. l. 1, c. 214. Ivo Decr. p. 5, c. 328. ²⁴ *permansurum* : Ed. Bas. ²⁵ *rebus* : Böhm. ²⁶ *cui vult conferat, et quidquid de eis vult faciat* : eæd. = C. V. ²⁷ hab. A. 506. — cf. ad. c. 30. D. 23. Reg. l. 1, c. 354. Burch. l. 1, c. 212. Ivo Decr. p. 5, c. 326. ²⁸ *tantum* : Coll. citt. — Coll. Hisp. ²⁹ *facultatibus* : Coll. citt. = C. VI. ³⁰ hab. A. 516. — Coll. tr. p.p. 2, t. 31, c. 9. * ita in Edd. coll. o. — *depositionem* : Coll. Hisp. ³¹ *breve* : ib. — *brevis* (*brevi* : Edd. Lugdd. II, III), *conscriptio fiat* : Edd. coll. o. = C. VII. ³² ex Nov. 131, c. 18. (Jul. Ep. nov. 119, c. 18.) — Burch. l. 1, c. 207. Ivo Decr. p. 6, c. 281. ³³ *evolvatur* : Edd. Arg. Bas. ³⁴ add.: *assignatur* : Edd. coll. o.

*Unde* Dionysius Papa [1] *Severo Episcopo, ep. 11.* † :

**C. I.** *Singuli sacerdotes proprias debent habere ecclesias.*

Ecclesias singulas singulis presbyteris dedimus; parochias et coemeteria eis divisimus, et unicuique jus proprium habere statuimus, ita videlicet, ut nullus alterius parochiae terminos aut jus invadat, sed sit unusquisque suis terminis contentus, et taliter ecclesiam et plebem sibi commissam custodiat, ut ante tribunal aeterni judicis ex omnibus sibi commissis rationem reddat, et non judicium, sed gloriam pro suis actibus accipiat [2].

Gratian. *In dioecesi autem designata, quaecunque praedia coluntur, proventus decimationum baptismali ecclesiae assignatus debet solvi. Quia ergo praedia haec intra terminos nostrae dioecesis continentur, et proventus decimationum nobis legitime assignatus, nostrae ecclesiae persolvendus est.*

II Pars. § 1. His ita respondetur : Decimae [3] a Deo constitutae sunt per Moysen, ut persolverentur a populo filiis Levi pro ministerio, in quo deserviebant ei in tabernaculo. Non accipiebant filii Levi decimas, nisi ab eis, pro quibus offerebant preces et sacrificia. Quia ergo nos servimus Domino in tabernaculo, offerendo pro istis preces et sacrificia, et ipsi debent nobis persolvere decimas et primitias. § 2. Item quum, decimae darentur filiis Levi, non electione offerentis persolvebantur, ut contemto Levita, qui secum erat, ipse eligeret cui vellet decimas dare. Nam dictum [4] est : Levita, qui tecum moratur et intra muros tuos habitat, comedet eas. Ideo ex singulis tribubus civitates ad habitandum acceperunt, ut unaquaeque tribus illis persolveret decimas, qui secum erant. Nam Moyses [5] praecepit filiis Israel, sicut legitur in Deuteronomio : In loco, quem elegerit dominus Deus vester, ut sit nomen ejus in eo, illuc omnia, quae praecipio, conferetis holocausta, et hostias, et decimas, ac primitias manuum vestrarum, et quidquid praecipuum est in muneribus vestris, quae vovistis Domino. Ibi epulabimini coram Domino Deo vestro vos et filii et filiae vestrae, famuli et famulae, atque Levita, qui in urbibus commoratur. Neque enim habet aliam partem atque possessionem inter vos. Et infra : § 3. Decimam frumenti, vini et olei, tui, primogenita armentorum et pecorum, et omnia, quae voveris, et sponte offerre volueris, et primitias manuum tuarum coram Domino Deo tuo comedes ea in loco, quem elegerit Dominus Deus tuus, tu, et filius tuus, et filia tua, servus et famula, atque Levita, qui manet in urbibus tuis. § 4. *Quia ergo nos intra muros urbis istorum sedemus, et eis habitatione juncti sumus, rite ab eis decimas accipimus.*

Item ait Propheta [6] : Producens foenum jumentis, et herbam servituti hominum. Foenum et herba ex terra producitur : sed quibus? jumentis irrigantibus eam, id est hominibus colentibus eam, et in hoc servientibus ipsi. Item Apostolus [7] : Communicet autem is, qui catechizatur verbo, ei qui se catechizat, in omnibus bonis. Hoc Galatis. Corinthiis [8] autem probat specialiter sibi deberi sumtus, qui eis spiritualia ministravit, dicens : Si nos vobis spiritualia seminavimus, magnum est si nos carnalia vestra metamus? Item [9] : Si alii potestatis vestrae participes sunt, quare non potius nos? Item : Quis plantat vineam, et de fructu ejus non edit? Nos plantavimus vineam, et vos vultis fructus ejus edere? Item praecepit [10] Dominus per Moysen, ut nemo mittat falcem in alienam messem. Haec messis nostra est, et vos vultis falcem in eam mittere? Item [11] : Non alligabis os bovi trituranti. Nos sumus boves triturantes : vos vultis, alligare os nostrum et de nostra tritura victum vobis quaeritis? Item Apostolus [12] : Qui altario serviunt de altario vivant. Sed numquid de eo, cui non serviunt? Item : Qui in sacrario operantur cum sacrario participant. Sed numquid cum illo, in quo non operantur? Nos servimus altario, vos ei participare vultis, nos vero vacuos et inanes dimittere quaeritis? Item : Apostolus [13] : Laborantem agricolam oportet primum accipere de fructibus suis : vos autem contra quaeritis? Nos sumus agricolae laborantes, vos primum vultis percipere de fructibus nostris? imo non primum, quia nec ultimum nobis relinquere vultis. A prioribus enim incipientes paulatim serpitis, et totum usurpare contenditis, ut pro vobis videatur dictum : frustatim lupus comedit agnum. Item : [14] Quis militat stipendiis suis unquam? quis pascit gregem, et de lacte ejus non edit? Nos militamus : et vos stipendia nostrae militiae vobis quaeritis? Nos gregem pascimus : et vos lac ejus et lanam accipere vobis vultis? Sapere est de alieno labore victum quaerere, si sapere est velle quod non possis. § 5. Item Dominus dixit [15] discipulis suis : In quacunque domum intraveritis, in eadem manete, edentes et bibentes quae apud illos sunt. Quum autem intraveritis, primum dicite : Pax huic domui. Nos domum hanc ingressi sumus, et ei pacem obtulimus : vos autem quasi otiosi alieno cibo pasci gaudetis? Videte, ne in vos vertatur illud : Vide [16] quid faciat otium et cibus alienus. § 6. Item Propheta [17] : Sumite psalmum et date tympanum. Isti a nobis sumunt psalmum : et vos ab eis quaeritis tympanum? § 7. Item Leo IV : De [18] decimis non tantum nobis, sed etiam majoribus nostris justo ordine visum est plebibus tantum, ubi sacrosancta baptismata dantur, debere dari. § 8.

---

CAUSA XIII. Quaest. I. C. I. [1] *Dion. episcopus* : Edd. coll. o. † Caput Pseudoisidori, cf. conc. Turon. I, c. 9, et Leonis M. ep. 89. — Burch. l. 3, c. 43. Ans. l. 5, c. 73 (74). Ivo Pan. l. 2, c. 42. Decr. p. 3, c. 47. [2] *percipiat* : Edd. coll, o. [3] Num. c. 18. [4] Deut. c. 14, c. 27, c. 16. v. 11. [5] ib. c. 12, v. 5, seqq. [6] Psalm. 103, v. 14. [7] Gal. c. 6, v. 6. [8] 1 Cor. c. 9, v. 11. [9] ib. v. 12. [10] Deut. c. 23, v. 25. [11] ib. c. 25, v. 4. [12] 1 Cor. c. 9, v. 13. [13] 2 Tim. c. 2, v. 6. [14] 1 Cor. c. 9, v. 7. [15] Luc. c. 10, c. 5. [16] Terent. Eunuch. A. 2, sc. 2, v. 34. [17] Psalm. 80, v. 13. [18] infra C. 16, q. 1, c. 43.

*Quibus autem plebibus debentur? illis, a quibus baptisma accipiunt, an aliis? Nos eos baptizamus, et vos ab eis decimas sumitis? Honesta ista interpretatio est: utinam inveniatis qui sic pro vobis intepretentur! Quia ergo nos rigamus populum hunc, imbrem doctrinæ ei ministrantes, quia colimus eum vomere prædicationis, corda ejus ad fidem aperientes, si non vultis sinere, vel patiamini nobis eum fructificare, et qualia vobis fieri non vultis nobis inferre cavete, ne, si pergitis dicere quæ vultis, audiatis quæ non vultis.*
— III Pars. § 9. *Ad hæc: Callida quidem et multiplici argumentatione jura nostra auferre contenditis, ita ut, si fides verbis adhiberetur, non verba pro verbis, sed res pro verbis reportaretis. Sed, Deo propitio, si verba dedistis, verba recipietis.* § 10. *Arguitis nos, quod ea, quæ vobis debentur, subripere quærimus, quia nostra persequimur. Sapienti quidem et philosophico ore prolata sententia; suum persequi est ne aliena rapere? Unde ad vos hæc sententia manavit, nisi quia tanto ardore nostra concupiscitis, ut vestra putetis vobis auferri, quum nos nostra consequimur? Unde, quum causa nostra debitum finem sortita fuerit, exclamabitis* [19]: *Ah miser, crucior tantum bolum esse ereptum ex faucibus. Sed videte, ne damnum effusi unguenti vobis recompensare quæratis. Constituistis vos plantatores vinearum, fossores agrorum, trituratores arearum, rigatores camporum, et multa alia hujusmodi officia vobis assumsistis, et debita vobis obsequia a nobis subtrahi conquesti estis. Sed nos non negamus quod vestrum est. Bovi trituranti paleæ et tegumenta servantur. Sint hæc vobis, et grana nobis relinquite. Pastinatores vinearum, fossores agrorum, rigatores camporum, frituratores arearum diurna mercede accepta, provenientes fructus dominis relinquunt. Vos ergo recepta mercede vestri operis in quotidianis oblationibus, et aliis obsequiis, quæ pro spiritualibus, quæ a vobis accipiunt, quotidie deferuntur, provenientes fructus decimationum et primitiarum nobis relinquite.* § 11. *Item præcepit Dominus discipulis suis, ut comederent et biberent ea, quæ apud auditores suos erant, sed non jussit eis, ut dominos de domibus suis ejicerent, et rebus suis spoliarent. Non facile invenietis qui tales hospites libenter suscipiant. Mus in pera, ignis in sinu, serpens in gremio male suos remunerant hospites. Unde in proverbiis dicitur: Qui serpentem in sinu nutrit, percutietur ab eo. Tales invenietis vobis hospites, quales nobis esse vultis. Non sufficit vobis edere et bibere quæ in domo nostra sunt, dum quotidianos fructus oblationum percipitis, ex quibus victum et vestitum habeatis, quibus cum Apostolo* [10] *debetis esse contenti; sed non vultis, quia imitatores ejus non estis, sed potius nos de domo nostra expellere, et rebus nostris nos penitus exspoliare contenditis, dum nec etiam eorum decimationes nobis relinquere vultis.* § 12. *Ut autem universaliter omnia colligantur, cuncta, quæ pro vobis inducta sunt, sive de laborante agricola, sive de eo, qui suis stipendiis non militat, ad hunc articulum deferimus, ut fructum vestri operis, quem adeo recipere contenditis, in oblationibus et quotidianis obsequiis istorum recipiatis, decimationes vero eorum, quæ nobis debentur, intactas nobis relinquite, ne, dum quæritis usurpare quod vestrum non est, justa animadversione etiam illud cogamini amittere, quod vobis aliquo modo videbatur competere.* § 13. *Quod autem hæc decimationes nullo jure vobis debeantur, facile probamus. Dicitur enim in quodam concilio: Si* [21] *quis laicus, vel clericus, sive utriusque sexu persona proprietatis suæ loca, etc. sicut in eodem capitulo in causa monachorum notata inveniuntur. Si ergo laicus, vel clericus, vel quælibet persona, loca suæ proprietatis vendens aut donans, proventum decimationum ab ecclesia, cui legitime assignatus est, nullo modo potest abstrahere, nec isti de diœcesi ad diœcesim transeuntes decimas suorum prædiorum, quæ intra terminos nostræ parochiæ continentur, nobis auferre possunt. Quantum enim ad jus percipiendarum decimarum attinet, idem est possessorem de diœcesi ad diœcesim transire, quod possessionem de diœcesano ad diœcesanum transferre.*

---

## QUÆSTIO II.
### GRATIANUS.

I. Pars. *Ad hæc: Decimationes istæ, etsi jure vobis debentur, ut asseritis, tamen tricennalis objectiu vobis silentium imponit. Omnis enim possessio tricennaria præscriptione tollitur, vel quadragenaria (sicut possessiones religiosarum domorum) vel centenaria, sicut prædicta sanctæ Romanæ Ecclesiæ*
Unde Gelasius Papa ait episcopis Siciliæ.
ep. II. c. 2 [1]:

C. I. *Quæ triginta annis ab episcopis possidentur jure ab eis vendicantur.*

Facultates ecclesiæ, nec non et diœceses, 'si' [2] quæ ab aliquibus [3] possidentur episcopis, jure sibi vendicent, quod tricennalis lex [4] conclusit, quia et filiorum nostrorum principum ita emanavit auctoritas, ut ultra XXX. annos nulli liceat pro eo appellare, quod legum tempus exlusit [5].

Gratian. *At illi econtra: Cujus auctoritate nobis silentium imponitis, ejusdem auctoritate vestra ora claudimus. Ait enim idem Gelasius: Nulla* [6] *præsumtione statum parochiarum, etc. Si ergo temporalis objectio diœcesim semel constitutam divellere non potest, patet, quod nec vobis patrocinabitur, ut, statutum parochiæ nostræ mutantes, decimationes nobis quondam legitime assignatas vindicabili usurpa-*

---

Quæst. I.P. III.C.I. [19] Terent. Heaut. A. 4, sc. 2, c. 6. [20] 1 Tim. c. 6, v. 8. [21] infra C. 16, q. 1, c. 42. Quæst. II. P. I. C. I. [1] Ep. scr. A. 494, (apocrypha ex sententia Berardi). — Burch. l. 3, c. 149. Ans. l. 5, c. 19 (20). Pan. I. 2, c. 65. — cf. C. 16, q. 3, c. 2. [2] desid. ap. Ans. [3] *aliis quibusque*: Burch. [4] cf. c. 4. Cod. de præscr. XXX, vel XL. ann. [5] *excludit*: Edd. coll. o. [6] infra C. 16, q. 3, c. 5.

*tione vobis vendicetis. Quomodo autem distinguendæ sint hæc auctoritates, in causa monachorum invenietur*[q].

**II Pars. § 1.** *Nunc autem quæritur de jure funerandi, quæ harum ecclesiarum habeat jus tumulandi istos? sicut* Hieronymus *scribit, conjugati in uno sepulcro videntur esse ponendi. Ait enim* [8]:

**C. II.** *In sepulcro parentum suorum filii sunt collacandi.*

Ebron dicitur esse civitas quatuor [a] virorum, quia in ea sepulti sunt tres patriarchæ, in spelunca duplici cum tribus uxoribus suis, id est Abraham et Sara, Isaac et Rebecca, Jacob et Lia, præter ipsum Adam et Evam uxorem suam. Tobias dicit ad filium suum [9]: *Quum acceperit Deus animam meam corpus meum sepelies, et honorem habebis matri tuæ omnibus diebus vitæ ejus* [10], *et quum ipsa compleverit tempus suum, sepelias* [11] *eam juxta me in uno sepulcro. Ibidem:* **§ 1.** Quos conjunxit unum conjugium conjungat unum sepulcrum, quia una caro sunt, et quos Deus conjunxit homo non separet [12].

**C. III.**

*Item* Augustinus [b] [13].

**III Pars.** Unaquæque mulier sequatur virum suum, sive in vita sive in morte. *Item* Gregorius: **§ 1.** Soror B. Benedicti sepulta est in sepulcro, quod ipse sibi præparaverat, ut quorum mens una fuit semper in Domino, eorum quoque corpora sepultura non separaret [14].

Gratian. *Item* Joseph [15], *moriens in Ægypto, rogavit fratres suos, ut tempore visitationis suæ ossa sua secum deferrent, et in sepulcro patrum suorum ea collocarent.* **§ 1.** *Item, dictum est Prophetæ* [16], *qui contra præceptum Domini comederat, in Bethel: Non inferetur cadaver tuum in sepulcrum patrum tuorum.* **§ 2.** *Item, De nonnullis legitur in libro Regum: Obiit et appositus est ad patres suos, hoc est in sepulcro patrum suorum.* **§ 3.** *Item. In Novo* [17] *Testamento B. Pilippus legitur ædificasse sibi sepulcrum, in quo ipse et filiæ ejus quieverunt.* **§ 4.** *Item. B. Severus Ravennatum archiepiscopus tumulum fieri jussit, in quo se, et uxorem, et filiam collocavit.* **§ 5.** *His omnibus exemplis colligitur, quod in sepulcris parentum corpora filiorum collocanda sunt. Quia ergo parentes istorum apud priores ecclesias sepulti sunt, et hi apud easdem debent tumulari.* **§ 6.** *Econtra Adam* [18] *ut asseritis, in civitate Arbæ tumulatus est. Sed nunquid omnes filii ejus sepulti sunt ibi? tanta multitudo humani generis tam brevi tumulo non tam facile potest includi.* **§ 7.** *Item Abraham* [19] *ibi sepultus est. Sed nunquid Ismael, et Madai, et alii, quos de Cethura genuit, ibi sepulti sunt?* **§ 8.** *Item Isaac ibi sepultus est. Sed nunquid Esau cum eo tumulatus est?* **§ 9.** *Item Jacob ibi collocatus est. Sed nunquid aliquis filiorum ejus præter Joseph ibi sepultus est? Rachel quoque non in Ebron, sed juxta Bethleem tumulata legitur. Exemplo igitur istorum liquet, quod liberum est filiis sepeliri in sepulcris patrum suorum, et liberum est eis alibi pro locorum et temporum opportunitate corpori suo hospitium invenire. Non ergo hoc exemplo isti coguntur sepeliri in sepulcris patrum suorum.* **§ 10.** *Item, quæ legibus definita sunt mutare non licet. Quæ autem legibus expressa non sunt arbitrium sequuntur humanæ voluntatis. At legibus definitum est, quibus decimæ sint persolvendæ, et ideo danti mutare non licet. Ubi autem quisque tumulandus sit, legibus expressum non est, et ideo in voluntate tumulandi consistit.*

Unde B. Gregorius ait [c] [20]:

**C. IV.** *Ultima voluntas defuncti servari debet.*

Ultima voluntas defuncti modis omnibus conservari [21] debet.

**IV Pars.** Gratian. *Quod de libero et non de servo intelligendum est. Servus enim testamenti paginam condere non potest.*

Unde Gelasius Papa *scribit Honorio Episcopo* [22]:

**C. V.** *Servus testamentum facere non potest.*

Illud etiam sinceritatem tuam volumus non latere, ad nos fuisse perlatum, quod Ampliatus conductor, quem non solum servum constat esse ecclesiæ, sed ita ejus rationibus a multis temporibus implicatum, ut, etiam, si esset ingenuus, donec ratiocinia cuncta deduceret, modis omnibus obnoxius haberetur, ausu temerario molitus fuerit condere paginam testamenti, cujus omne peculium ecclesiastico juri

---

**NOTATIONES CORRECTORUM.**

**Causa XIII. Quæst. II. C. II.** [a] *Quatuor :* Sic emendatum est, quum antea legeretur : *trium*. Sic enim legitur apud B. Hieronymum in quæstionibus Hebraicis in Genesim, de locis Hebraicis, et in epitaphio Paulæ. Ac dictio Hebraica significat quatuor, et quatuor patriarchæ hic numerantur qui ibi sepulti sunt : Abraham, Isaac, Jacob, et Adam cum uxoribus suis.

**C. III.** [b] In plerisque [vetustis caput conjunctum est superiori, nec ipsa prorsus auctorum verba afferuntur.

**C. IV.** [c] Sententia hujus capituli habetur lib. 3. ep. 9. in verbis, quæ referuntur infra 16. q. 1. Admonere. itemque lib. 9. epist. 20. *Necesse est*, inquit, *ut, si impletum hoc fuerit defuncti dispositio conservetur*. Sic enim in manuscriptis, licet in vulgatis sit : *depositio conservetur*.

---

Quæst. II. C. I. [7] infra C. 16, q. 4. = C. II. P. II. [8] in quæstionibus in Genesim.—Burch. l. 3, c. 160, 161. Ivo Decr. p. 3, c. 223, 224. Polyc. l. 8, t. 5. [9] ita in Edd. coll. o. et ap. Burch. et Iv. [10] Tob. c. 4, v. 3, c. 14, v. 12. [11] *vitæ tuæ* : Ed. Bas. — desid. in Edd. Arg. Nor. Ven. 1. [12] *sepelies* : Ed. Bas. [13] Matth. c. 19, v. 6. = C. III. [14] Prima cap. pars, apud Augustinum, quem citant Burch. l. 3, c. 100, et Ivo Decr. p. 3, c. 225, non est inventa. Altera, a Burch. l. l. c. 103, et Ivo l. l. c. 226, ex eodem Aug. allegata, legitur apud Gregor. Dial. l. 2, c. 34. P. III. [14] *separet* : Edd. coll. o. pr. Nor. Lugdd. I, III. [15] Gen. c. 50. [16] 3 Reg. c. 13, v. 22. [17] Rufin. Hist. eccl. l. 3, c. 31. [18] Gen. c. 25. [19] ib. c. 33, 49, 50. = C. IV. [20] cf. C. 16, q. 1, c. 14. [21] *servari* : Edd. coll. o. = P. IV. [22] Cap. incerti temporis. — Ivo Decr. p. 16, c. 111.

legibus non dubitetur obstrictum. Quapropter his praesumtionibus vice nostra tua fraternitas contradicat, nec fieri prorsus aliqua surreptione permittat. Ac si eidem quidquam humanitus forte contigerit, quia grandaevus esse memoratur [23], mox ejus sine dilatione substantiam praecipiat † humanitas [24] tua filiis ejus duntaxat, quibus patrimonium probatur esse commissum, sub fideli descriptione [25] contradi [26], donec universis temporibus, quibus hoc patrimonium gubernasse cognoscitur, partes dominicas reddere cogantur indemnes.

V. Pars. Gratian. *Quia ergo secundum Gregorium ultima voluntas defuncti conservanda est, pro istorum voluntate corpora eorum sunt tumulanda, non pro arbitrio vestrae dispositionis.*

Item in Triburiensi Concilio *legitur* d [27]:

C. VI. *Ubi quisque decimas persolverit, ibi sepulturam eligere debet.*

Ubicunque temporum vel locorum facultas tulerit, apud majorem ecclesiam, ubi sedes est episcopi, sepulturae celebrentur. Si autem propter temporis vel loci asperitatem hoc difficile fuerit visum, apud ecclesiam, 'in' qua [28] religiosorum canonicorum, vel monachorum, vel sanctimonialium religiosa congregatio communiter degerit, sepeliatur. Si autem et hoc ineptum visum fuerit, ubi quis decimas persolvebat vivus, ibi sepeliatur et mortuus.

Gratian. *Quia ergo decimam nobis persolvebat vivus, et apud nos sepeliendus est mortuus. Item, si quis de provincia ad provinciam transiret, et ibi domicilium sibi collocaret, liber factus a ditione prioris judicis, jurisdictioni illius judicis subjiceretur, in cujus provincia sedem sibi eligeret. Quia ergo isti a vestra dioecesi in nostram transierunt, liberi a vestra ditione nostro juri subjiciuntur. Nostrum est ergo jus funerandi eos.*

*Sed objicitur illud* Melchiadis Papae [29]:

C. VII. *Propria temeritate sepulturam parentum relinquere non licet.*

Placuit per omnia magno concilio, ut nullus proprii arbitrii temeritate aliam ecclesiam, nisi cui usus antiquorum parentum canonica institutione subjacere perhibetur, sepulturae causa adire procuret, nisi infirmitatis causa praepeditus in aliam fuerit regionem quolibet negotio progressus. Ad haec, si quis praelatus contra hoc agere sategerit, ecclesiastico vinculo se subdi cognoscat.

Gratian. *Sed aliud est ex temeritatis superbia usum antiquorum parentum non sequi, atque aliud rationabili occasione novam sibi sepulturam eligere. Contra Melchiadis Papae auctoritatem nititur qu[i] superbia vel odio ductus, sive vanis persuasionibus aut variis munusculis illectus, sepulturam parentum suorum sequi contemnit* [e]. *Secundum Gregorium autem liberam habet voluntatem qui certa rationis causa novum suo corpori quaerit hospitium.* § 1. *Vel, ut quidam distinguunt, libera est ultima voluntas cujusque, non in sepultura sibi eligenda, sed in testamento conficiendo. Unde et testamentum appellatur, quia eo quisque libere testatur quod post suum decessum de propriis rebus fieri velit.* § 2. *Sed non videtur libera testatoris voluntas, quum secundum Augustinum pro* [30] *numero filiorum debeat fieri testamentaria distributio facultatum, veluti, si quis habet unum filium, Christum putet alterum; si vero duos, Christum faciat tertium, et sic per ordinem. Et secundum Leonem quisque medietatem* [31] *eorum, quae Christo testatur, ecclesiae jubetur relinquere, apud quam fidei sacramenta suscepit. Sed illud Augustini non est jubentis, sed dehortantis, ne quis iratus filium suum exheredaret, atque totum Christo relinqueret.*

Ait enim in serm. II. de vita clericorum [32]:

C. VIII. *Pro numero filiorum pars hereditatis Deo offeratur.*

Si quis irascitur filio suo, et moriens exheredat eum, si viveret, non [33] eum placarem? non ei filium reconciliare deberem? Quomodo ergo cum filio suo volo ut habeat pacem, cujus appeto hereditatem? Sed plane sic faciat quod saepe hortatus sum. Unum [34] filium habet: putet Christum alterum; duos [35] habet: putet Christum tertium; decem habet: Christum undecimum faciat, et suscipio.

Gratian. *Hac nimirum auctoritate mensura testatori praefigitur, non quam cogatur exsolvere, sed quam prohibetur transcendere.*

VI. Pars. § 1. *Oblationes ergo defunctorum qui reddere noluerit excommunicetur.*

---

NOTATIONES CORRECTORUM.

C. VI. d In Triburiensi impresso, cap. 15, habetur eadem sententia, sed non iisdem omnino verbis expressa.

C. VII. e *Sequi contemnit*: In duobus exemplaribus Gratiani Vaticanis sequitur: *Ait Leo episcopus*, etc. et ponitur integrum caput *Relatum.* X. tit. de sepult. quod etiam refertur ab Ivone p. 7. c. 150. et ab Ans. l. 5. c. 55. et in Polyc. l. 4. tit. 34. ex Leone IX. Verum in aliis duobus vetustis et valde emendatis hoc idem caput ponitur post versic. *Sacramenta suscepit.* Et certe verba ista: *et secundum Leonem*, etc., indicant alicubi hanc Leonis auctoritatem a Gratiano esse relatam.

---

QUAEST. II. C. V. [23] *commemoratur*: Edd. coll. o. † *desid. ap.* Iv. [24] *unanimitas*: Ivo. [25] *conscriptione*: Edd. Arg. Bas. [26] *contradat*: Ivo. — P. V. [27] hab. A. 895. — Burch. l. 3, c. 237. Ivo Decr. p. 3, c. 278. — cf. infra C. 16, q. 1, c. 16. = C. VI. [28] *quo*: Edd. coll. o. pr. Bas. = C. VII. [29] Caput omnino incertum. [30] cf. cap. sequ. [31] cf. c. 4. Comp. I, et c. 2. X, de sepult. = C. VIII. [32] Serm. 355. Ed. Maur. — Ivo Decr. p. 3, c. 178. [33] *nonne — placaremus*, nonne — *deberemus*: Edd. coll. o. [34] *Qui unum*: eaed. [35] *si duos*: eaed.

*Unde* in Carthagiensi Concilio IV. c. 95. [36] :

### C. IX. *Excommunicentur qui defunctorum oblatione ecclesiis negant.*

Qui oblationes defunctorum aut negant ecclesiis, aut difficulter [37] reddunt, tanquam egentium necatores excommunicentur.

### C. X. *Ut infideles ejiciantur ab ecclesiis, qui defunctorum oblationes retinent.*

*Item ex Concilio Vasensi I.*, c. 4. [38]

Qui oblationes defunctorum retinent [39], et ecclesiis tradere demorantur, ut infideles sunt ab ecclesia abjiciendi, quia usque ad inanitionem [40] fidei pervenire certum est hanc pietatis divinæ exacerbationem, quia et fideles de corpore recedentes votorum *suorum* plenitudine, et pauperes consolatu alimoniæ et necessaria sustentatione fraudantur. Hi enim [41] tales quasi egentium necatores, nec credentes judicium Dei habendi sunt. Unde et quidam Patrum hoc scriptis suis inseruit, congruente sententia, qua ait [42] : *Amico quippiam rapere furtum est, ecclesiam vero fraudare sacrilegium.*

### C. XI. *Qui oblata ecclesiis aut testamento relicta retinere præsumserint excommunicentur.*

*Item ex Concilio Agathensi*, c. 4 [43].

Clerici vel sæculares, qui oblationes parentum aut donatas, aut testamento [44] relictas retinere perstiterint, aut id, quod ipsi donaverint ecclesiis [45] vel monasteriis, crediderint auferendum, sicut sancta synodus constituit, velut necatores pauperum quousque reddant excludantur ecclesiis [46]. § 1. Si quis autem clericus furtum ecclesiæ fecerit, peregrina ei communio tribuatur.

VII Pars. Gratian. *Item quæritur, an pro sepultura mortuorum aliquid sit exigendum?*

*De his ita scribit* Gregorius *lib. VII. Registi, Indict.*, 2, *epist.* 55. *Januario, Episcopo Sardiniæ* [47] :

### C. XII. *Pro sepultura nihil muneris exigendum est.*

Questa est nobis Nereida femina clarissima, quod ab ea centum [1] [48] solidos pro filiæ suæ sepultura fraternitas vestra velit [49] exigere. *Et infra:* Hoc autem vitium et nos, postquam, Deo auctore ad episcopatus honorem accessimus, de ecclesia nostra omnino vetuimus, et [50] pravam denuo consuetudinem nequaquam usurpari [51] permisimus, memores, quia dum Abraham [52] a filiis Ephron [5], hoc est a filiis Seor, sepulcri terram [53] pretio ad humandum [63] corpus conjugis postularet, præmium accipere renuit, ne commodum videretur de cadavere consecutus. Si ergo tantæ considerationis paganus vir fuit, quanto magis nos, qui sacerdotes dicimur, hoc facere non debemus? Unde ne hoc avaritiæ vitium [55] vel * in alienis denuo tentari præsumatur, admoneo. § 1. Sed, si quando aliquem in ecclesia vestra sepeliri conceditis, siquidem parentes ipsius, proximi vel heredes pro luminaribus sponte quid offerre voluerint, accipi [56] non vetamus. Peti vero aliquid aut exigi omnino prohibemus, ne (quod valde irreligiosum est) aut venalis fortasse [57] (quod absit!) dicatur ecclesia, aut vos de humanis videamini mortibus gratulari, si ex eorum cadaveribus studeatis [58] quærere quolibet modo compendium [b].

### C. XIII. *Etiam coacti de sepultura pretium non debemus accipere.*

*Item* Hieronymus *in Quæst. Hebr. ad c.* 23, *Gen.* [59].

Postquam pretio victus est Ephron, ut sepulcrum venderet [60] argento, licet cogente Abraham, vau litera, quæ apud illos pro o legitur, ablata de ejus nomine est, et pro Ephron appellatus est Ephran, significante scriptura, non eum fuisse consummatæ perfectæque virtutis, qui potuerit [61] memorias [62] vendere mortuorum. § 1. Sciant igitur qui sepulcra venditant [63], nec coguntur ut accipiant pretium, sed a nolentibus quoque [64] extorquent, immutari [65] nomen suum, et perire quid [66] de merito eorum,

---

### NOTATIONES CORRECTORUM.

C. XII. [1] *Centum* : Dictio ista abest a nonnullis exemplaribus Gratiani et epistolarum B. Gregorii. Sed quia in aliis earundem codicibus etiam manuscriptis legitur, non est inducta.

[5] *Ephron* : Locus hic variæ legitur. In epistola B. Gregorii magis recepta lectio hæc est : *a filiis Emor, hoc est Ephron, filio Seor.* et Gen. 23, habetur : *intercede pro me apud Ephron, filium Seor.*

[b] *Compendium* : Post hoc caput in duobus antiquis exemplaribus recitantur duo Urbani II, quæ placuit hic afferri, ne plane interirent, quod alibi non facile inveniuntur, et unum eorum citatur X, de sepult. c. *Certificari.* Urbanus II, Gothfredo, Magalonensi episcopo. *Mortuorum, qui in monasterii sepeliri desiderant, aut omnino juxta prædecessoris nostri Leonis decretum, partem eleemosynarum mediam, aut juxta dispensationem nostram in Lateranensi concilio promulgatam, partem tertiam parochialibus ecclesiis statuimus derelinquendam.*

*Idem eidem. Capellanos quoque monachorum, sicut reliquos parochiæ tuæ clericos, debitam tibi obedientiam persolvere volumus.*

---

Quæst. II. P. VI. C. VIII. [36] c. 86. Statutt. eccl. ant. (cf. ad c. 9. D. 18.)—Burch. l. 3, c. 142. Ivo Decr. p. 3, c. 208, uterque ex conc. apud Valentias, (vide ad C. 12, q. 2, c. 52.) = C. IX. [37] *cum difficultate* : orig. = C. X. [38] hab. A. 442.— Ivo Decr. p. 3, c. 155. Deusdedit p. 4. [39] *detinent* : orig. [40] *exinanitionem* : orig.— Ivo.— Edd. coll. o. [41] *ergo* : Edd. coll. o. [42] C. 12, q. 2, c. 71. = C. XI. [43] hab. A. 506. — Burch. l. 3, c. 140, (ex conc., ap. Valent.) Ivo Pan. l. 2, c. 5. Decr. p. 3, c. 206. [44] *testamentis* : orig. — Coll. citt. [45] *ecclesiæ* : Ed. Bas. [46] *ab eccl.* : orig.— Coll. citt.— Edd. coll. o. P. VII. [47] Ep. 3, (scr. A. 599), l. 9. Ed Maur.— Reg. 1. 4, c. 122. Ivo Decr. p. 3, c. 101. Polyc. l. 2, t. 5. = C. XII. [48] *desid. in Edd. coll. o.* pr. Lugdd. II, III. [49] *non erubescat* : orig. [50] *add. : per* : Edd. coll. o. Bohm. orig. [51] *usurpare* : Bohm. orig. [52] Genes. c. 23. [53] *sepulturam* : Ed. Bas. — *sepulcrum* : Edd. rell. — orig. [54] *humanum* : Ed. Lugdd. II. [55] *add. : hic* : Edd. Arg. Nor. Ven. I, II. [56] *accipere* : orig. — Coll. citt. — Edd. coll. o. pr. Lugdd. II, III. [57] desid. ib. [58] *studetis* : Edd. Arg. Nor. Ven. I. = C. XIII. [59] Ivo Pan. l. 2, c. 26. [60] *venderet, et acceperit argentum* : Ivo. — Edd. coll. o. [61] *potuit* : Ed. Bas. [62] *memoriam* : Edd. coll. o. — Ivo. — Bohm. [63] *vendunt voluntarie* : Ivo. — Edd. coll. o. [64] *quicquam* : Edd. coll. o. [65] *mutari* : eæd. [66] *quicquam* : Ed. Arg. — *quiddam* : Edd. rell.

quum etiam ille reprehendatur occulte, qui invitus acceperit [67].

### C. XIV. De eodem.

*Item ex Concilio Triburiensi, c. 16* [68].

In ecclesiastico namque libro scriptum est [69]: *Mortuo non prohibeas gratiam, sciens, quoniam omnes moriemur. Et idem* [70]: *Omnia, quæ de terra sunt* [71], *in terram {convertuntur. Quid* terra terram vendis? memento, quoniam terra es, et in terram ibis ⁱ, et quoniam mors tibi futura est, appropiat [72], et non [73] tardat. Recordare, quoniam non hominis est terra, sed, ut Psalmista commemorat [74]: *Domini est terra, et* [75] *qui habitant in ea*. Si terram vendis invasione alienæ [76] rei reus teneberis. Gratis accepisti [77] a Deo, gratis da pro eo. Quare interdictum sit omnibus omnino Christianis terram mortuis vendere, et debitam sepulturam denegare, nisi forte proximi et amici defuncti propter nomen [78] et redemitionem animæ viri [79] gratis aliquid dare velint.

### C. XV. De eodem.

*Item ex Concilio Varensi* ᵏ [80].

Præcipiendum est secundum canonum auctoritatem, ut de sepulcris et hominibus sepeliendis nihil muneris exigant, nisi forte qui sepelitur vivens jusserit ecclesiæ, in cujus atrio sepelitur, aliquid de suis rebus tribuere [81], aut etiam post mortem ipsius illi [82], quibus commissum est ejus eleemosynam facere, de rebus illius aliquid sponte dare voluerint; et tamen nullatenus a presbyteris [83] ecclesiæ illius aliquid exigatur, sive ab illis, qui locis et villis [84]

præsunt. § 1. Prohibendum est etiam secundum majorum instituta, ut in ecclesia nullatenus sepeliantur, sed in atrio, aut in porticu, aut in exedris ecclesiæ. Intra [85] ecclesiam [86] vero, et prope altare, ubi corpus et sanguis Domini conficitur, nullatenus sepeliantur.

### C. XVI. *A sacris locis non juvantur post mortem quibus peccata non sunt dimissa.*

*Item Augustinus* ˡ [87].

℟ VIII. Pars. Quibus peccata dimissa non sunt, a sacris locis post mortem adjuvari non possunt, quia nos peccata graviora deprimunt, si in sacris locis se sepeliri [88] faciunt, restat, ut de sua præsumtione judicentur, quia eos sacra loca non liberant, sed culpa temeritatis accusat.

### C. XVII. *Quibus prosit in ecclesia sepeliri.*

*Item Gregorius lib. IV. Dial. c. 50* [89].

Quum [90] gravia peccata [91] non deprimunt, hoc [92], prodest mortuis, si in ecclesia sepeliantur, quod eorum proximi, quoties ad eadem sacra loca veniunt, suorum [93], quorum sepulcra aspiciunt [94], recordantur, et pro eis Domino preces fundunt. Nam quos peccata gravia deprimunt, non [95] ad absolutionem potius, quam ad majorem damnationis cumulum eorum corpora in ecclesiis ponuntur.

### C. XVIII. *Qui sepeliantur in ecclesia.*

*Item ex concilio Maguntiaco I, c. 52*, [96].

Nullus mortuus intra [97] ecclesiam [98] sepeliatur, nisi episcopi, aut abbates, aut digni presbyteri, vel fideles laici.

### NOTATIONES CORRECTORUM.

C. XIV. ¹ *Ibis:* In codicibus vulgatis erat: *reverteris*, et sequebantur hæc: *et alibi de homine dictum est: terram teris, terram geris, et in terram converteris, qui de terra sumeris*, quæ sunt expuncta, quia absunt a plerisque vetustis \*, et ab originali.

C. XV. ᵏ Exstat in concilio Nannetensi, c. 6., ex quo citatur a Burchardo et Ivone. Sed, quia potuit esse repetitum in aliquo Varensi seu Vasensi, non est mutatum. In epitome quidem conciliorum est in Vasensi, c. 3.

C. XVI. ˡ Caput hoc a Burchardo etiam et Ivone citatur ex Augustino, et nonnihil ad hanc rem faciens habetur in libro de cura agenda pro mortuis, c. 1. Sed videtur confectum ex duobus locis lib. 4. Dialog. B. Gregorii; uno quidem in c. 51, altero autem in c. 53, quod refertur in concil. Tribur. c. 17. Nam capite quidem 51, quum narrasset, quandam sanctimonialem, quæ in ecclesia sepulta fuerat, visam fuisse ibi cremari, ex eo colligit: *Qua ex re aperte datur intelligi, quia hi, quibus peccata dimissa non fuerint, ad evitandum judicium sacris locis post mortem non valeant adjuvari*. In c. autem 53, quum memorasset, corpus cujusdam Valentini e sepulcro per dæmones fuisse extractum, et extra ecclesiam projectum, hæc subjungit: *Ex quo, Petre, collige, quia his, quos peccata gravia deprimunt, si in sacro loco sepeliri se faciant, restat ut etiam de sua præsumtione judicentur, quatenus eos sacra loca non liberent, sed etiam culpa temeritatis accuset.*

---

QUÆST. II. C. XIII. [67] *accipit:* Ed. Lugd. II. — *accepit:* Edd. rell. ═ C. XIV. [68] hab. A. 895. — Ivo Decr. p. 3, c. 215. [69] Eccl. c. 7, v. 27. [70] *Item:* orig. — Ivo. — Edd. coll. o. — cf. Eccl. c. 41, v. 13. [71] add.: *orta:* Ivo. — Edd. coll. o. \* desid. in Ed. Arg. et apud Iv. [72] *approperat:* Edd. Pith. Bohm. — *et appropinquat:* Edd. coll. o. pr. Arg. Bas. [73] *etiamsi:* Ed. Bas. — *et si:* Edd. rell. [74] Psalm. 23, v. 1. [75] *et plenitudo ejus:* Ivo. — Edd. coll. o. [76] *dominicæ:* Edd. Arg. Nor. Ven. I. — desid. in rell. [77] *accepistis — date:* Ed. Bas. [78] add.: *Domini:* orig. [79] add.: *defuncti:* Edd. coll. o. pr. Arg. Nor. Ven. I. ═ C. XV. [80] ex conc. Nannet. — cf. ad D. 24, c. 5. — Reg. l. 1, c. 125. Burch. l. 3, c. 159. Ivo Decr. p. 3, c. 222. [81] *tribui:* Edd. Bas. Lugd. II, III. [82] desid. in orig. et Coll. citt. — *illis:* Ed. Bas. [83] *presb. illis aliquid:* orig. — Reg. Burch. — *de rebus illius aliud exig.:* Ivo. — *re rebus tamen illius nihil exigatur:* Edd. Arg. Nor. Ven. I. [84] *vicis:* orig. — Coll. citt. [85] *Infra:* orig. — Reg. Burch. — Edd. coll. o. pr. Lugd. II, III. [86] *ecclesias:* Edd. coll. o. pr. Bas. ═ C. XVI. [87] Imo Gregorius. — cf. Corr. — Burch. l. 3, c. 152. Ivo Decr. p. 3, c. 214. Polyc. l. 8, t. 5. — cf. conc. Tribur. c. 17. — P. VIII. [88] *sepelire:* Edd. coll. o. pr. Lugd. II, III. — Ivo. Burch. ═ C. XVII. [89] Burch. l. 3, c. 153. Ivo Decr. p. 3, c. 216. [90] *Quos:* orig. — Ivo. [91] add.: *dimissa sunt et:* Ed. Bas. [92] *tunc:* Edd. coll. o. [93] *suorumque sepulturam:* Ivo. — Edd. coll. o. [94] *respiciunt:* Ed. Bas. [95] *ad mai. cumul. damn. potius, quam ad solutionem (absol.:* Ed. Bas.): Edd. coll. o. ═ C. XVIII. [96] hab. A. 803. — Burch. l. 3, c. 235. Ivo Decr. p. 3, c. 274. [97] *infra:* Burch. Ivo. — Edd. coll. o. pr. Lugd. II, III. [98] *ecclesias:* Edd. coll. o.

Gratian. *Quid vero mortuis prosit juxta ecclesiam sepeliri, quidve ad eos perveniat Augustinus in lib. de agenda cura pro mortuis, cap. ult., ostendit, dicens* [99]:

C. XIX. *Quare mortui juxta ecclesiam sepeliantur.*

Non æstimemus ad mortuos, pro quibus curam, gerimus, pervenire, nisi quod pro eis sive altaris, sive orationum, sive eleemosynarum sacrificiis solenniter supplicamus, quamvis [100] non pro quibus fiunt omnibus prosint, sed his tantum, quibus, dum vivunt, comparatur [101] ut prosint. Sed, quia non discernimus, qui sint, oportet ea pro regeneratis omnibus facere, ut nullus eorum prætermittatur, ad quos hæc beneficia possint et debeant pervenire. Melius enim supererunt ista eis, quibus nec obsunt, nec prosunt, quam eis deerunt, quibus prosunt. § 1. Diligentius tamen facit hoc quisque pro necessariis suis, quo [102] pro illo fiat similiter a suis. § 2. Corpori autem humano quicquid impenditur non est præsidium salutis, sed humanitatis officium, secundum affectum [103], nemo unquam carnem suam odio habet [104]. Unde oportet, ut quam [105] potest pro carne proximus curam gerat, cum ille [106] recesserit qui gerebat. Et si hæc faciunt qui carnis resurrectionem non credunt, quando magis debent facere qui credunt? ut corpori ˙mortuo˙, sed tamen [107] resurrecturo et in æternitate mansuro, impensum ejusmodi officium sit etiam quodammodo ejusdem [108] fidei testimonium. § 3. Quod vero quisque [109] apud memoriam [110] martyrum sepelitur, hoc tantum mihi videtur prodesse defuncto, ut commendans eum etiam martyrum patrocinio affectus pro illo supplicationis augeatur.

Gratian. *Econtra* Hieronymus *in epistola ad Galat. c. 6. ad ea verba:* Unusquisque onus suum [m].

C. XX. *Post mortem orationes viventium mortuis damnatis non prosunt.*

In præsenti sæculo scimus sive orationibus sive consiliis invicem posse nos coadjuvari [111]. Quum autem ante tribunal Christi venerimus, non [112] Job, non Daniel, nec Noe rogare posse pro quoquam, sed unumquemque portare onus suum.

Gratian. *Verum hoc de impœnitentibus accipiendum est, de quibus propheta* [113] *dicit:* Non dabit Deo placationem suam, nec pretium redemtionis animæ suæ, et ideo frater non redimet eum, sed laborabit in æternum, et vivet adhuc in finem. *De aliis autem intelligi non potest.*

Unde Gregorius Papa II. *Bonifacio Episcopo, epist. ultima* [114]:

C. XXI. *In pœnitentia defunctis bona prosunt viventium.*

Pro obeuntibus quippe consuluisse dignosceris [115], si liceat oblationes [116] offerre [117]. Sancta sic tenet ecclesia, ut quisque pro suis mortuis vere Christianis offerat oblationes, atque presbyter eorum memoriam faciat, et quamvis omnes peccatis subjaceamus [118], congruit, ut sacerdos pro mortuis catholicis memoriam faciat et intercedat; non tamen [119] pro impiis (quamvis Christiani fuerint) tale quid agere licebit.

C. XXII. *Animæ mortuorum quatuor modis solvuntur. Item.*

Animæ [n] defunctorum quatuor modis solvuntur, aut oblationibus sacerdotum, aut precibus sanctorum, aut carorum eleemosynis, aut jejunio cognatorum. § 1. Curatio [120] vero funeris, conditio sepulturæ, pompa exsequiarum, magis vivorum solatia sunt quam subsidia mortuorum. Si aliquid prodest impio sepultura pretiosa, oberit pio vilis aut nulla. *Et infra:* § 2. Nec [121] ideo tamen contemnenda et abjicienda sunt corpora defunctorum, maximeque justorum ˙ac fidelium˙. *Et infra:* § 3. Ubi et illud salubriter discitur, quanta possit esse remuneratio pro eleemosynis, quas viventibus et sentientibus exhibemus, si neque hoc apud Deum perit, quod examinis hominum membris officii diligentiaque [122] persolvitur[123].

C. XXIII. *Ante diem judicii sacrificiis et eleemosynis mortui juvantur.*

Item Augustinus *in Enchiridio, c.* 109, *et* 110 [124].

Tempus, quod inter hominis mortem et ultimam resurrectionem interpositum est, animas abditis receptaculis continet, sicut unaquæque [125] digna est vel requie, vel ærumna, pro eo quod sortita est in carne dum viveret. Neque negandum est, defunctorum animas pietate suorum viventium relevari, quum pro illis [126] sacrificium mediatoris [127] offertur, vel eleemosynæ in ecclesia fiunt. Sed hæc eis prosunt, qui, quum viverent, ut hæc sibi postea pos-

---

NOTATIONES CORRECTORUM.

C. XX. [m] Verba B. Hieronymi sunt hæc: *Obscure licet docemur per hanc sententiolam novum dogma, quod latitat, dum in præsenti sæculo sumus,* sive etc.

C. XXII. [n] Animæ horum verborum usque ad vers. *Curatio.* Nullus auctor inventus est. Ex Burchardus citat ex dictis Origenis˙. Ivo ex dictis Gregorii.

---

Quæst. II. C. XIX. [99] Ivo Decr. p. 2, c. 113. eæd. [102] *quod:* Ivo. [103] *effectum:* Edd. coll. o. Bas. [106] add.: *inde:* Ivo. — Edd. coll. o. [107] add.: *ut:* Edd. coll. o. [108] *evidens:* Ed. Bas. [109] *quis:* Edd. Nor. Ven. I, II. Lugdd. Par. [110] *memorias:* Ivo. — Edd. coll. o. =C. XX. [111] *adjuvari:* Edd. coll. o. [112] *nec — nec:* eæd. [113] Psalm. 48, v. 8.=C. XXI. [114] apud Ans. l. 7, c. 186, recte inscribitur: *Greg. III. Bonifacio Magunt. episc.* — Polyc. l. 8, t. 7. [115] *cognoveris:* Edd. Ven. II. Lugdd. Par. — *cognosceris:* Edd. rell. [116] add.: *pro eis:* Edd. coll. o. [117] *offerri:* eæd. — *offerre:* Bohm. Pro obeuntibus quoque consuluisti, si liceat offerre: orig. [118] *subjacemus:* Edd. Arg. Bas. [119] *enim:* orig. =C. XXII. [*] eodem modo laudatur in pœnitentiali ap. Mans. t. 12, p. 502. — Burch l. 19, c. 112. Ivo Decr. p. 15, c. 124. Polyc. l. 8, t. 6. [120] ex August. de cura gerenda pro mortuis ad Paulinum c. 1, 2. [121] *non:* Edd. coll. o. [122] *diligentia:* eæd. [123] *persolvit:* Edd. Arg. Nor. Ven. I.= C. XXIII. [124] Ans. l. 7, c. 170 (188). — Petr. Lomb. Sent. l. 4, dist. 45. [125] *quæque:* Edd. coll. o. [126] *ille:* Edd. Lugdd. II, III. [127] *mediatori:* Edd. Bas. Lugdd.

sent prodesse meruerunt. § 1. Est enim quidam vivendi modus, nec tam bonus, ut non requirat ista post mortem, nec tam malus, ut ei non prosint ista post mortem. Est vero talis in bono, ut ista [128] non requirat, et est rursus talis in malo, ut nec his valeat, quum hæc vita transierit, adjuvari. Quocirca hic omne meritum comparatur, quo possit post *hanc* vitam relevari quispiam vel gravari. *Et post pauca:* § 2. Quum sacrificia altaris sive quarumcumque eleemosynarum pro baptizatis defunctis omnibus offeruntur, pro valde bonis gratiarum actiones sunt, pro non valde malis propitiationes sunt, pro valde malis, etsi nulla sint adjumenta mortuorum, qualescunque [129] vivorum consolationes sunt. Quibus autem prosunt aut ad hoc prosunt, ut sit plena remissio, aut certe, ut tolerabilior fiat ipsa [130] damnatio.

IX Pars. Gratian. *De observatione autem tertii, septimi, tricesimi vel quadragesimi diei quæritur, unde exordium sumserit?*

Ambrosius in lib. de obitu Theodosii Imperatoris dicit fere in principio [131]:

C. XXIV. *Quare certi dies in mortuorum commemoratione serventur.*

Quia alii tertium diem, alii tricesimum, alii septimum, alii quadragesimum observare consueverunt [132], quid doceat lectio consideremus [133]. *Defuncto,* inquit, *Jacob, præcepit Joseph pueris suis sepultoribus* [134], *ut sepelirent eum, et sepelierunt sepultores Israel* †, *et repleti* [135] *sunt* *ei* *quadraginta dies. Sic enim dinumerantur* [136] *dies sepulturæ. Et luxit eum Israel septem* ᴾ *diebus.* Hæc ergo sequenda solennitas, quam præscribit lectio. Sic etiam in Deuteronomio [137] scriptum est: *Quia planxerunt filii Israel Moysen diebus triginta, et consummati sunt dies luctus.* Utraque ergo observatio habet auctoritatem, qua necessarium pietatis impletur officium.

X Pars. Gratian. *Lugere autem et tristari tam pro nostra quam pro aliorum morte Cyprianus prohibet, dicens in sermone de mortalitate:*

C. XXV. *Nec pro nostra, nec pro aliorum morte tristari debemus.*

Quam præposterum est quamque perversum, u.,

*C. XXIV. °Alii tertium:* Apud B. Ambrosium legitur: *Quia alii tertium diem et tricesimum, alii septimum et quadragesimum.* Verum in missalibus Romanis, tam antiquis quam recentioribus, et Ambrosianis nulla est mentio diei quadragesimi, neque in c. *Nullus* sup. dist. 44 et infra de consec. dist. 5 ex concilio Nannetensi. Est tamen frequens apud Græcos.

ᴾ *Israel septem:* Codices B. Ambrosii habent: *et*

A quum Dei voluntatem fieri postulemus [138], quando evocat [139] nos et accersit de hoc mundo Deus, non statim voluntatis ejus imperio pareamus, obnitimur et reluctamur, et, pervicacium more servorum, ad conspectum Domini cum tristitia et mœrore perducimur, exeuntes istinc necessitatis vinculo, non obsequio voluntatis, et volumus ab eo præmiis cœlestibus honorari, ad quem venimus inviti. *Idem paulo inferius:* § 1. Nobis quoque ipsis minimis et extremis quoties revelatum est, quam frequenter atque manifeste de Dei dignatione præceptum est, ut contestarer assidue et [140] publice prædicarem, fratres *nostros*, non esse lugendos accersione dominica de sæculo liberatos, quum sciamus non *eos* amitti, sed præmitti, recedentes præcedere, ut pro-

B ficiscentes et [141] navigantes solent.

C. XXVI. *Ex pusillanimitate mortuos lugere contingit.*
*Item* Joannes Chrysostomus, hom. *XXVI* in c. 11 epist. ad Hebræos [142]:

Ubicunque sepeliamur [143], Domini est terra et plenitudo ejus [144]. Omnino [145] fit quod oportet fieri. Lugere autem et deplorare et lamentari eos, qui de [146] hac vita decedunt, ex pusillanimitate contingit.
Gratian. *Hoc autem ex desperatione futuræ resurrectionis intelligitur. Unde et Apostolus non simpliciter ait* [147]: *Nolumus vos ignorare de dormientibus, ut non contristemini, sed addidit: sicut et ceteri, qui spem non habent. Pietatis namque affectu et humanitatis intuitu mortuos lugere non prohibemur,* sicut nonnullos sanctorum aliorum exsequiis pius lacrimas impendisse legimus.

*Hinc etiam* Anastasius Papa, *ep.* ᵌ *II ad Nerianum* [148]:

C. XXVII. *Qui spem futuræ resurrectionis habent de mortuis tristari non debent.*

Habent forsitan illi justam longi doloris excusationem, qui vitam alteram nesciunt, qui de hoc sæculo ad melius esse transitum non confidunt. Nos autem, *qui novimus* qui hoc credimus et docemus, contristari [149] nimium de obeuntibus non debemus, ne quod apud alios pietatis tenet speciem, hoc magis nobis in culpa [150] sit. Nam diffidentiæ

NOTATIONES CORRECTORUM.

B *luxit eum Ægyptus septuaginta diebus,* quemadmodum habet editio LXX et Vulgata. Sed tamen visa est ferri posse lectio hæc, quæ est in omnibus etiam Gratiani manuscriptis, quoniam paulo post in eodem, c. 50 Gen. hæc adduntur de Joseph et ceteris filiis Israel: *Veneruntque ad aream Adad, quæ sita est trans Jordanem, ubi, celebrantes exsequias, planctu magno atque vehementi impleverunt septem dies.*

QUÆST. II. C. XXIII. [128] *hæc:* Edd. coll. o. [129] *tamen:* eæd. [130] *sit pœna damn.:* Ans. — P. IX. [131] Ans. l. 7, c. 169 (187). =. C. XXIV. [132] add. : *in* (pro : Ed. Bas.), *officio mortuorum:* Edd. coll. o. [133] Gen. c. 50, v. 3. [134] add.: *Israel:* Ed. Bas. [135] *completi:* Edd. coll. o. pr. Arg. Nor. Ven. l. [136] *dinumerabantur:* Edd. coll. o. † desid. Ap. Ans. [137] Deut. c. 34, v. 8. =. P: X. C. XXV. [138] *postulamus:* Ed. Bas. [139] *vocat:* Edd. coll. o. pr. Lugdd. II, III. [140] *ut:* Ed. coll. o. — [141] *ut* Ed. Bas. =. C. XXVI. [142] *interprete* Muliano. [143] *sepeliamini:* Ed. Bas. [144] Psal. 3, c. 1. [145] *si scil. quod oportet fieri efficiatur:* Ed. Bas. — *scil. et quod op. fieri eff.:* Ed. Arg. — *secundum quod op. fieri eff.:* Edd. rell. [146] *ob:* Edd. coll. o. [147] 1 Thess. c. 4, v. 13. =. C. XXVII. [148] Ep. apocrypha, quæ ad verbum fere cum Greg. M. ep. 107, l. 9. (Ed. Maur.) concordat. — Burch. l. 19, c. 129. Ans. l. 7, c. 171 (189). Ivo Decr. p. 15, c. 159. [149] *tristari:* Edd. coll. o. [150] *culpæ:* Ed Bas.

quodammodo genus est contra hoc, quod quisque praedicat, torqueri q moestitia, dicente Apostolo [151]: *Nolumus* [152] *vos ignorare* [153] *de dormientibus, ut non contristemini, sicut et* [154] *ceteri, qui spem non habent.*

C. XXVIII. *De eodem.*

Item ex Concilio Toletano III, c. 22 [155].

Qui divina vocatione ab hac vita recedunt, cum psalmis tantummodo et psallentium vocibus debent ad sepulcra [156] deferri. ' Nam funebre r carmen, quod vulgo defunctis cantari solet, vel in pectoribus [157] se aut proximos, aut familias caedere omnino prohibemus '. Sufficiat autem, quod in spe resurrectionis Christianorum corporibus famulatus divinorum impenditur canticorum. Prohibet enim nos [158] Apostolus [159] ' *nostros* s *lugere defunctos, dicens* [160] : *De dormientibus autem nolo* [161] *vos contristari, sicut et* s *ceteri, qui spem non habent.* Et Dominus non flevit Lazarum mortuum, sed ad vitae hujus ploravit aerumnas resuscitandum. Si autem [162] potest hoc episcopus omnes [163] Christianos prohibere, agere non moretur. Religiosis tamen [164] omnino aliter fieri non debere censemus. Sic enim Christianorum per omnem mundum humari oportet corpora defunctorum.

XI Pars. Gratian. *De mortuis etiam quaeritur, utrum sciant ea, quae hic a vivis geruntur?* Esaias [165] *ex persona populi afflicti ait :* Abraham pater noster nescivit. Augustinus *quoque in libro de agenda cura pro mortuis illud idem testatur, dicens c.* 15 :

C. XXIX. *Mortui ex se nesciunt quid hic a vivis geratur.*

Fatendum est, nescire quidem mortuos quid hic agatur [166], ' sed ' dum hic agitur ; postea vero audire ab eis, qui hinc ad eos moriendo pergunt, non quidem omnia, sed quae sinuntur ' indicare qui sinuntur ' etiam ista [167] meminisse, et quae illos, quibus haec indicant [168], oportet audire. Possunt et ab angelis, qui rebus, quae aguntur hic, praesto sunt, audire aliquid mortui, quod unumquemque illorum audire debere judicat cui cuncta subjecta sunt. *Et infra :* § 1. Multi quoque u ad vivos aliquos ex mortuis venire credunt, sicut e contrario Paulum ex vivis in paradisum raptum esse divina Scriptura testatur.

XII. Pars. Gratian. *De his autem, qui in patibulis suspenduntur, quaeritur, an juxta ecclesias sint sepeliendi? De quibus in* Moguntinensi [169] Concilio II sub Rabano, c. 27, ita statutum est :

C. XXX. *Non est deneganda communio his, qui in patibulis suspenduntur.*

Quaesitum est ab aliquibus fratribus de his, qui in patibulis suspenduntur pro suis sceleribus post confessionem Deo peractam, utrum cadavera eorum ad ecclesias deferenda sint, et oblationes pro eis offerendae, et missae celebrandae, an non? Quibus respondimus [170], si omnibus de peccatis suis puram confessionem agentibus et digne poenitentibus communio in fine secundum canonicum [171] jussum danda est, cur [172] non eis t, qui pro peccatis suis poenam extremam persolvunt? Scriptum [172] est enim : *Non vindicat* [173] *Deus bis in id ipsum.*

C. XXXI. PALEA [175].

‹ Fures et latrones, si in furando aut depraedando occidantur, visum est [176] pro eis non orandum. Si comprehensi aut vulnerati presbytero vel diacono confessi fuerint, communionem u eis non negamus. ›

NOTATIONES CORRECTORUM.

C. XXVII. q *Torqueri* : Sic est emendatum ex epistola B. Gregorii, in qua hoc idem habetur. In epistola Anastasii legitur : *contra quod quisque praedicatur queritur* ', *justitiam amans, dicente*, etc. In codicibus autem Gratiani etiam manuscriptis videbatur mista esse lectio ex utraque hoc modo : *contra hoc, quod quisque praedicat quaerere* '', *justitiam amans, dicente*, etc.

C. XXVIII. r *Nam funebre* : Hinc usque ad vers. *Sufficiat* addita sunt ex originali, ut intelligatur, quae illa sunt, quae in hoc canone prohibentur.

C. XXIX. s *Multi quoque* : Apud B. Augustinum sic legitur : *Mitti quoque ad vivos aliquos ex mortuis, sicut e contrario Paulus ex vivis raptus est, divina Scriptura testatur.* Sed ob glossam non est emendatum. Veritatem vero suae sententiae confirmat B. Augustinus aliquot aliis exemplis Scripturae sacrae, quare ex textu depravato auctor glossae errandi occasionem sumsit.

C. XXX. t *Cur non eis* : Restitutus est hic locus ex ipso concilio Moguntino et Vornaciensi, inductis aliquot verbis, quae potius perturbabant quam illustrarent.

C. XXXI. u *Communionem* : Antea legebatur : *confessionem* '. Emendatum vero sic est ex Burchardo, Ivone et decretali, quibus locis hoc idem citatur ex concilio Triburiensi, et in eo, quod exstat, habetur sententia c. 31 copiosius exposita, ubi etiam diaconi nulla fit mentio, sed ita dicitur : *Deoque et sacerdoti.*

---

Quaest. II. C. XXVII. ' *quaerit* : Coll. citt. '' *quaere* : Edd. Arg. Bas. [151] 1 Thess. c. 4, v. 13. [152] add. : *autem* : Ed. Bas. [153] add. : *fratres* : ib. [154] desid. in eaed. = C. XXVIII. [155] hab. A. 559. — Coll. tr. p. p. 2, t. 36, c. 12. [156] *sepulcrum* : Edd. coll. o. [157] *peccatoribus* : Coll. Hisp. [158] *et nos* : eaed. pr. Bas. [159] add. : *sanctus* : Edd. coll. o. [160] 1 Thess. c. 4, v. 13. [161] *nolumus* : Edd. Bas. Lugdd. [162] *enim* : Coll. Hisp. [163] *omnibus Christianis* : Edd. coll. o. [164] *autem* : Edd. coll. o. — P. XI. [165] Esa. c. 63, v. 16. = C. XXIX. [166] *agitur* : Ed. Bas. [167] *isti* : Edd. coll. o. [168] *indicat* : Edd. Bas. — *dicantur* : Edd. Lugdd. II, III. — *indicantur* : Edd. rell. — P. XII. [169] hab. A. 847, et in Worm. hab. A. 868, c. 80. — Burch. l. 11, c. 76. Ivo Pan. l. 5, c. 122. Decr. p. 14, c. 124. = C. XXX. [170] *respondemus* : Coll. citt. — Edd. coll. o. [171] *canonum* : Ivo Pan. — Edd. coll. o. [172] *cur canones communionem et sepulturam eis interdicant, qui pro peccatis suis poenam extremam persolvunt, et confitentur, vel confiteri desiderant?* Edd. coll. o. — Ivo Pan. et eodem modo fere Burch. [173] Nahum c. 1, v. 12, sec. LXX. [174] *judicat* : Edd. coll. o. — Coll. citt. = C. XXXI. [175] excerpt. ex c. 31, conc. Tribur. hab. A. 895. — Reg. l. 2, c. 94. Burch. l. 11, c. 59. Ivo Decr. p. 13, c. 45. — cf. X, de furtis, c. 2. [176] *quod — non est or.* : Edd. coll. o. ' *ita* in Edd. coll. o.

### C. XXXII. *De eodem.* PALEA.
[*Item ex Concilio Aurelianensi* v [177].]

« Si fur aut latro captus *in praeda* absque [178] occisione [179] potest comprehendi, et tamen [180] interficitur, quia ad imaginem Dei creati et *in* nomine ejus baptizati sunt interfectores eorum quadraginta diebus [181] non intrent ecclesiam [182]. *Lanea* veste induti ab escis et potibus, *qui* interdicti sunt [183], a toro, a gladio, ab equitatu *se* abstineant. In tertia, quinta feria et sabbato aliquo genere leguminum vel [184] olerum, et pomis, parvisque pisciculis, cum mediocri cerevisia vicissim utantur et temperate. Sin autem a veridicis comprobatur [185] testibus [186], quod sine odii meditatione se suaque liberando diaboli membra interfecerint, et capi non poterant VV, poenitentiam pro homicidio eis non injungimus, nisi ipsi voluerint aliquid *quod* humanitatis *est* facere. At si presbyter est, non deponatur; cunctis tamen diebus vitae suae poenitentiam agat. »

## CAUSA XIV.

### GRATIANUS.

*Canonici cujusdam ecclesiae quaestionem movent de praediis; testes ex fratribus suis producunt; negotiatoribus pecuniam crediderunt, ut ex eorum mercibus emolumenta acciperent.* (Qu. I.) *Hic primum quaeritur, an liceat eis sua repetere?* (Qu. II.) *Secundo, an illi testes sint audiendi?* (Qu. III.) *Tertio, an illud sit usuras exigere?* (Qu. IV.) *Quarto, an liceat clericis vel laicis a quolibet usuras expetere?* (Qu. V.) *Quinto, an eleemosynae de usuris fieri possint?* (Qu. VI.) *Sexto, an usurarii poenitentiam agere valeant, nisi quod male acceperunt restituant.*

### QUAESTIO I.
### GRATIANUS.

*Quod autem sua repetere non possint, facile videtur posse probari.* Ait enim Dominus in evangelio [1] : Si vis perfectus esse, vade et vende omnia, quae habes, et da pauperibus. *Quia ergo isti iter perfectionis arripiunt, non licet eis sua habere. Multo ergo minus licet eis repetere, quia non debet repeti quod possideri non licet.* § 1. *Item* [2] : Si quis voluerit tunicam tuam tollere, et in judicio tecum contendere, dimitte ei et pallium. § 2. Item Apostolus in epist. ad Corinthios [3] : Saecularia igitur judicia si habueritis, omnino peccatum est in vobis. § 3. Item Gregorius [4] exponens : Omnia mihi licent, sed ego sub nullius redigar potestate, *inquit* : Quum mens concepta desideria subsequitur, servire rebus convincitur, quarum amore superatur.

### C. I. *Pro rebus transitoriis episcopus provocatus non litiget.*

*Item* ex Concilio Carthaginensi IV, c. 19 [5].

Episcopus nec provocatus pro rebus transitoriis litiget.

Gratian. *Quia ergo generaliter perfectis prohibetur in judicio contendere, patet, quod istis non licet stare coram judice.* § 1. *His ita respondetur : Prohibetur perfecto in judicio stare captando lucrum, sed non evitato damnum. Vel aliter : Aliud est sua possidere, aliud est communium procuratorem esse. Canonici non possident sua, quia res Deo ablatae non sunt alicujus. Utuntur enim rebus ecclesiae, non ut suis, sed tanquam ad dispensandum sibi crediti. Unde Prosper in lib. De vita contemplativa* : Sacerdos [6], *cui dispensationis cura commissa est, etc. require in causa ejus, a quo pro ingressu monasterii pecunia exigebatur. Sicut ergo isti non sua possident, ita nec sua repetunt, sed res ecclesiae, quarum procurationem gerunt. Similiter quod in judicio prohibentur contendere sic intelligendum est, videlicet, ut non sibi stent coram judice, sed aliis. Aliis autem coram judice adstitisse, et pro eis judicem interpellasse nonnullos sanctorum legimus. Hi autem non sibi stant, sed pauperibus, quorum necessitatibus profutura repetunt, et ita non prohibentur stare coram judice.* § 2. *Illud vero Evangelii : Si quis abstulerit tibi tunicam, etc., non est praecipientis, sed exhortantis.*

### NOTATIONES CORRECTORUM

C. XXXII. v *Sic in omnibus codicibus, in quibus est haec* Palea, *et apud* Burchardum, *et* Ivonem, *et in decretali, ex quibus sunt multa emendata et magni ponderis.*

VV *Et capi non poterant :* Loco istorum verborum in codicibus Gratiani erant haec : *et pariter poeniteant* ", *quae videntur pugnare cum proxime sequentibus :* poenitentiam pro homicidio eis non injungimus. *Restitutus autem est locus ex ceteris collectoribus.*

---

QUAEST. II. C.XXXII. [177] Imo ex poenit. Rom., ex quo recte allegatur c. 2, X, de homic.—Reg. l. 1, c. 44. Burch. l. 11, c. 60, l. 19, c. 5. Ivo Decr. p. 13, c. 46. [178] *et absque* : Edd. Nor. Ven. I, II. Lugdd. Par.— desid. in. Ed. Arg. [179] *occasione* : Ivo. — Ed. Bas. [180] add. : *si* : Edd. Arg. Bas. [181] add. : *poenitentiae subjaceant* : Edd. coll. o. [182] *in eccl.* : exd. [183] *sint* : Edd. Par. Lugdd. [184] *et* : Edd. coll. o. [185] *comprobantur* : Edd. Arg. Bas. Nor. Ven. I. [186] abest ab iisdem pr. Bas. " ita in Edd. coll. o.

CAUSA XIV. QUAEST. I. [1] Matth. c. 19, v. 21. [2] Matth. c. 5, v. 40. [3] 1 Cor. c. 6, v. 4. [4] Moral. l. 5, c. 3. = C. I. [5] Statutt. eccl. ant. c. 8. — cf. ad Dist. 12, c. 9. — Coll. tr. p. p. 2, l. 18, c. 18. [6] cf. C. 1, q. 2, c. 9.

*Unde* Augustinus *ait lib. XIX contra Faustum, c. 25* ᵃ :

**C. II** *Peccat, qui ultra debitum exigit, non qui sibi debita reposcit.*

Quod debetur, etsi benigne dimittitur ᵗ, non tamen inique repetitur. Peccat autem qui exigit ultra debitum, ideoque lex modum figens ᵘ poenam talionis instituit. Sed tu eo longe es a peccato injusti exactoris, quo omnino non exigis debitum, ideoque bonus magister ᵛ ait : *Qui te percutit in unam maxillam, praebe ei et alteram*, praesertim ne cogamur et ipsi reddere debitum ab eo, qui nullam habet debitum.

Gratian. *Sic et cetera accipias.*

**C. III.** *De eodem.*

*Item in lib. de sancta virginitate* ᵇ *c. 14 et 15.* ¹⁰
Quisquis praeceptis non obtemperat, reus est et debitor poenae. *Et paulo post*: § 1. Praecepto Domini non obedire peccatum est; consilio si uti nolueris, minus boni adipisceris, non mali aliquid perpetrabis. *Item Hieronymus* ¹¹ *lib. I. contra Jovinianum* : § 2. Quod praecipitur imperatur ; quod imperatur necesse est fieri ; si non fiat ¹², poenam habet. *Et infra* : § 3. Ubi consilium datur, offerentis arbitrium est ; ubi praeceptum, necessitas est servientis ᵉ.

## QUAESTIO II.
### GRATIANUS.

*De eo autem, quod quaeritur, an de suis fratribus estes producere possint, multis auctoritatibus videtur esse prohibitum. Leges enim tam sacrorum canonum quam saecularium principium prohibent adversus aliquem testem de sua domo produci. Contra se enim quisque testari potest, pro se vero minime. Quia ergo isti producuntur, ut pro se ipsis testimonium ferant, (non enim utilitatis suae ecclesiae se penitus immunes arbitrantur futuros), patet, quod eorum vox in talibus non est audienda. Sed distinctio haec et testium examinatio in criminalibus causis servanda est; in civilibus autem non usquequaque. In criminali enim causa non licet testem de propria domo produci, in civili autem praelatis Ecclesiae licet.*

*Unde* Paschalis II. *Guidoni, Archiepiscopo Viennensi, apostolicae sedis Legato scribit, dicens* ¹ :

**C. I.** *Clerici pro sua ecclesia testimonium ferre possunt.*

Super prudentia tua plurimum admiramur, quod in negotio B. Stephani clericorum ipsorum acceptare nolueris testimonium. Diversae namque sunt species causarum, nec in omnibus causis crimina ᵃ agitantur. In criminibus siquidem accusatorum et testium illa districtio ³ observanda est, quae in canonibus continetur, ne qui ad probationem domestici assumantur. Ceterum, in possessionum vel hujusmodi negotiis hi potissimum assumendi sunt, qui eadem negotia tractaverunt, de quorum auditu et visu haesitatio esse non debeat. Si ergo iidem clerici idonei sunt ad assertionem causae illius, nullatenus removeantur ⁴, sed, sicut aliis literis deliberatum est, inter S. Joannis et S. Stephani canonicos lis illa plenius decidatur.

Gratian. *Potest etiam intelligi aliter. Domestici ad probationem non admittantur, ut pro his videlicet, quorum sunt domestici, testimonium ferant. Hi autem (sicut supra de actoribus dictum est) non pro domesticis, sed pro Ecclesia, quae mater est omnium pauperum, testimonium dicant. In conficiendis autem instrumentis saecularium negotiorum presbyteri non vocentur ad testimonium, sed, si casu contractui eos interfuisse contigerit, jubente episcopo testimonium dicant.*

*Unde in Synodo habita Romae ab* Eugenio Papa II. *statutum est, cap.* 3 ᵃ :

**C. II.** *In conficiendis instrumentis sacerdotes ad testimonium non vocentur.*

Quanquam sacerdotum testimonium credibile ⁶ habeatur, tamen ipsi in ⁷ saecularibus negotiis pro testimonio ᵃ aut conficiendis instrumentis non rogentur, quia eos in talibus rebus ⁸ esse non convenit. Si autem ᵇ eventu ⁹ aliquo causae interfuerint, et aliquid viderint vel audierint, ubi nullae idoneae saecularium inveniantur personae, ne veritas occultetur, et malus ut bonus aestimetur in providentia proprii episcopi sit, ut aut coram se et competentibus judicibus, aut aliter honorifice veritatem attollant ¹⁰.

**NOTATIONES CORRECTORUM.**

Causa XIV. Quaest. I. C. II. ᵃ In aliquot vetustis exemplaribus capitulum hoc conjunctum est superiori, et confectum est ex verbis B. Augustini, lib. 19, contra Faustum, c. 25, hinc inde acceptis, et interdum etiam immutatis. Quare praestat integrum illud caput perlegere.
C. III. ᵇ *Virginitate*: Restituta est citatio ex Polycarpo. Antea citabatur : *ex sermone, Domini in monte*. Sic etiam § *Quod praecipitur*, restitutus est B. Hieronymo.

ᵉ *Servientis*: Sequebantur haec verba : *ut obediat, vel imperantis, ut ei obediatur* ᵃ, quae sunt expuncta auctorite codicum vetustorum et originalis.
Quaest. II. C. II. ᵃ *Pro testimonio*: Sic est emendatum ex conciliis Eugenii II. et Leonis IV. et Polycarpo. Antea enim legebatur : *pro conficiendis instrumentis ad testimonium non rogentur* ¹¹.
ᵇ *Si autem*: In conciliis ipsis et Polycarpo legetur : *Si enim eventa causae aliquid viderint*.

---

Quaest. I. C. II. ⁷ *remittitur*: Edd. coll. o. ⁸ *fingens*: Edd. Ven. II. Lugdd. II, III. ⁹ Matth. c. 5. v. 39. — C. III. ¹⁰ Polyc. l. 1, t. 24. ¹¹ *Gregorius in ep. ad Jovin.*: Edd. coll. o. ¹² *faciat*: Ed. Arg. ᵃ ita in Edd. coll. o. exc. Bas., in leg. : *serv. vel cooperantis*.
Quaest. II. C. I. ¹ Legitur haec ep. (data Trojae VI, cal. Sept. Ind. VIII), inter acta concilii Trenorciensis hab. A. 1115. ² desid. in Ed. Bas. ³ *distinctio*: Edd. coll. o. ⁴ *repellantur*: orig. = C. II. ⁵ hab. A. 826. ⁶ *credibile*: Edd. coll. o. ⁷ *in ipsis*: eæd. ⁸ ita in Edd. coll. o. ⁹ *tal. reb. interesse*: eæd. ᵃ *Si enim eventae causae aliquid viderint aut audierint*: orig. ¹⁰ *testificentur*: Edd. coll. o.

## QUÆSTIO III.
### GRATIANUS.

*Quod autem præter summam emolumenta sectari sit usuras exigere,* Augustini *auctoritate probatur, qui in Psalmum XXXVI. ad vers.* « Tota die » *scribit dicens* ¹:

**C. I.** *Qui plus quam dederit accipit, usuras expetit.*

Si fœneraveris homini ², id est mutuam ³ pecuniam tuam dederis, a quo *aliquid* plus quam dedisti exspectes *accipere*, non pecuniam solam sed, aliquid plus quam dedisti, sive illud triticum sit, sive vinum, sive oleum, sive quodlibet aliud, si plus quam dedisti exspectas accipere, fœnerator es, et in hoc improbandus, non laudandus.

**C. II.** *Quidquid supra datum exigitur, usura est.*
*Item* Hieronymus *super Ezechielem, lib. VI. ad c.* 18 ⁴.

Putant quidam usuram tantum esse in pecunia. Quod prævidens Scriptura divina omnia rei aufert superabundantiam, ut plus non recipias quam dedisti. *Item ibidem:* § 1. Alii pro pecunia fœnerata solent munuscula accipere diversi generis, et non intelligunt usuram appellari ⁵ et superabundantiam quidquid illud est, si ab eo, quod dederint, plus acceperint ⁶.

**C. III.** *Quidquid sorti accedit usura est.*
*Item* Ambrosius *in lib. de Tobia, c.* 14 ⁷.

Plerique refugientes præcepta legis quum dederint pecuniam negotiatoribus, non in pecunia usuras exigunt, sed de mercibus eorum tanquam usurarum emolumenta percipiunt. Ideo audiant quid lex ⁸ dicat: *Neque usuram,* inquit, *escarum accipies, neque omnium rerum.* (*Item paulo post*): § 1. 'Et' esca usura est, et vestis usura est, et quodcunque sorti accedit ⁹ usura est; quod ¹⁰ velis ei nomen imponas, usura est. *Item paucis interjectis:* § 2. Si quis instaurandum convivium putat ¹¹, ad negotiatorem mittit, ut absynthiaci ᵃ cupellam sibi gratis deferat, ad cauponem dirigit, ut Picenum vinum aut Tyriaca cum requirat; ad lanium, ut hilam ¹² sibi procuret ad alium, ut poma sibi adornet.

**C. IV.** *Quando amplius quam debetur exigitur, usura est.*

*Item ex* Concilio Agathensi ¹³.

Usura est, ubi amplius requiritur quam ¹⁴ datur. Verbi gratia, si dederis solidos decem, et amplius quæsieris, vel dederis frumenti modium unum, et super aliquid exegeris.

Gratian. *Ecce evidenter ostenditur, quod quicquid ultra sortem exigitur usura est.*

## QUÆSTIO IV.
### GRATIANUS.

*Quod vero nec clericis, nec laicis liceat usuras exigere, probatur auctoritate Gelasii et aliorum.*
Ait enim Gelasius Papa, *scribens episcopis per Lucaniam et Siciliam, c.* 17 ¹:

**[C. I.** *A quæstibus negotiationis clerici abstineant.*

Clerici 'aut' ab indignis quæstibus noverint abstinendum, et ab omni cujuslibet negotiationis ingenio vel cupiditate cessandum, 'aut', in quocunque ² gradu sint 'positi', si cessare noluerint ³, mox a ⁴ clericalibus officiis abstinere cogantur.

**C. II.** *Excommunicentur ministri, qui fœnerantur.*
*Item ex Concilio* Arelatensi I., *quod confirmavit Papa Silvester, c.* 12 ⁵.

Ministri ⁶, qui fœnerantur, placuit juxta formam divinitus datam eos a communione abstinere.

**C. III.** *Qui volunt esse in clero a studio negotiationis abstineant.*

*Item ex* Concilio Tarraconensi, *c.* 2 ⁶.

Canonum statutis firmatum est, ut quicunque in clero esse voluerit emendi vilius vel ⁷ vendendi carius studio non utatur. Quod 'certe' si voluerit exercere, cohibeatur a clero.

**C. IV.** *Alienetur a clero usuras aut superabundantiam exigens.*

*Item ex* Concilio Martini Papæ, *c.* 62 ⁸.

Si quis oblitus timorem Domini, et sanctam ⁹ Scripturam quæ dicit ¹⁰: *Pecuniam* ¹¹ *suam non*

---

### NOTATIONES CORRECTORUM.

Quæst. III. C. III. ᵃ *Absynthiaci*: De hoc vino, quod tardam coctionem accelerat, ideoque instaurandis conviviis aptum est, meminit Dioscorides, lib. 5. c. 49. Lampridius de Heliogabalo inquit: *et rosato atque absynthio vulgus ad bibendum invitavit.* De hoc Alciatus parer. lib. 7. cap. ult.

Quæst. IV. C. I. ᵃ *Si cessare noluerint*: Hæc non sunt in epistola ᵇ, neque referuntur supr. distinct. 88. c. *Consequens,* sed non sunt expuncta ob glossam.

---

Quæst. III. C. I. ¹ Ivo Decr. p. 13, c. 17. Petr. Lomb. Sent. l. 3, dist. 37. ² *hominem*: Edd. coll. o. pr. Lugdd. II, III. ³ *si mutuum*: Ivo. — *si mutuo*: Edd. coll. o. == C. II. ⁴ Ivo Pan. l. 3, c. 160. Decr. p. 13, c. 18. Petr. Lomb. ib. ⁵ *scripturam appellare*: Edd. coll. o. ⁶ *reacceperint*: eæd. — Ivo Decr. == C. III. ⁷ Ivo Decr. p. 13, c. 26. ⁸ Deut. c. 23, v. 19. ⁹ *accidit*: Ed. Arg. ¹⁰ *et quod*: Edd. coll. o. ¹¹ *putet*: eæd. pr. Lugdd. ¹² *vulvam*: Ivo. — Ed. Bas. == C. IV. ¹³ Imo ex Cap. Reg. Franc. l. 4, c. 119. — Reg. l. 4, c. 284. Burch. l. 2, c. 126. Ivo Pan. l. 3, c. 161. Decr. p. 6, c. 200. ¹⁴ *quam quod*: Edd. coll. o.

Quæst. IV. C. I. ¹ scr. A. 494. — Ivo Decr. p. 17, c. 28. — cf. c. 2. D. 88. ² add.: *vero*: Edd. coll. o. ³ *neque ap.* Iv. ⁴ desid. in Coll. Hisp. et ap. Iv. == C. II. ⁵ hab. A. 314. — Ivo Decr. p. 13, c. 10. ⁶ *De ministris*: Coll. Hisp. == C. III. ⁶ hab. A. 516. — Reg. l. 4, c. 226. Burch. l. 2, c. 122. Ivo Decr. p. 13, c. 13, p. 16, c. 197. ⁷ *et*: Edd. coll. o. == C. IV. ⁸ c. 17, conc. Nic. ex interpr. Martini Brac. ⁹ *sanctarum scripturarum dicunt*: Edd. o. ¹⁰ Psal. 19, v. 5. ¹¹ *Qui pecc.*: Coll. Hisp. — Edd. o.

dedit ad usuram, post hanc cognitionem magni concilii b fœneraverit et centesimas [12] exegerit, aut ex quolibet negotio [13] turpe lucrum [14] quæsierit, aut per diversas species vini, vel frugis, vel cujuslibet rei, emendo vel vendendo aliqua incrementa susceperit, de gradu suo dejectus [15] alienus habeatur a clero.

**C. V.** *Pro pecunia, quam clericus mutuo dedit, justo pretio species accipere potest.*

Item ex Concilio Tarraconensi, c. 3 [16].

Si quis clericus solidum in necessitate præstiterit, hoc de vino vel frumento accipiat, quod mercandi causa tempore statuto decretum fuerit venundari. Ceterum, si speciem non habuerit necessarium, ipsum, quod dedit, sine ullo augmento recipiat.

**C. VI.** *Clericus non accipiat plus quam commodavit.*

Item ex Concilio Carthaginensi III, c. 16 [17].

Nullus clericorum amplius recipiat [18] quam 'cuiquam' accommodaverit [19]; si pecuniam, pecuniam accipiat, speciem [20] eandem [21], quantam dederit [22], accipiat, et [23] quidquid aliud tantum, quantum dederit [24], accipiat.

**C. VII.** *Etiam laicis usura damnabilis est.*

Item Leo Papa, epist. c. 3 [25].

Nec hoc quoque prætereundum esse duximus, quosdam [26] lucri turpis cupiditate captos usurariam exercere pecuniam, et fœnore velle ditescere. Quod nos [27], non [28] dicamus [29], in eos, qui sunt in clericali officio [30] constituti, sed et in laicos cadere, qui [31] Christianos se dici cupiunt, condolemus. Quod vindicari acrius in eos, qui fuerint [32] confutati, decernimus, ut omnis peccandi opportunitas adimatur.

**C. VIII.** *Ejiciantur a clero turpia lucra sectantes.*

Item ex Nicæno Concilio, c. 17 e [33].

Quoniam multi clerici avaritiæ causa turpia lucra sectantes, obliti sunt divini præcepti, quo dictum est [34]: *Qui pecuniam suam non dedit ad usuram, 'fœnerantes centesimas exigunt',* statuit hoc [35] sanctum concilium, ut, si quis inventus fuerit post hanc definitionem usuras accipere, vel ex quolibet tali negotio turpia lucra sectari, vel etiam species [36] frumentorum ad sescuplum dare, omnis, qui tale aliquid conatus [37] fuerit ad quæstum, dejiciatur a clero, et alienus ab ecclesiastico habeatur gradu.

**C. IX.** *Turpe lucrum sequitur, qui minus emit, ut plus vendat.*

Item Julius Papa d [38].

Quicunque tempore messis vel vindemiæ non necessitate, sed propter cupiditatem comparat annonam vel vinum, verbi gratia de duobus denariis comparat modium unum, et servat usque dum venditur [39] denariis [40] quatuor, 'aut sex', aut amplius, hoc turpe lucrum dicimus.

**C. X.** *Rapinam facit qui usuram accipit.*

Item Ambrosius in *libro de bono mortis*, c. 12.

Si quis usuram acceperit, rapinam facit, vita non vivit.

**C. XI.** *Non minus crudelis est qui pauperem trucidat fœnore, quam qui diviti aliqua rapit.*

Item Augustinus ad *Macedoinum*, ep. LIV [41].

Quid dicam de usuris, quas etiam ipsæ leges et judices reddi jubent? An crudelior est qui subtrahit aliquid vel eripit diviti, quam qui trucidat pauperem fœnore? Hæc atque hujusmodi male utique possidentur, et vellem ut restituerentur, sed non est quo judice repetantur. Jam vero 'si' prudenter intuamur quod scriptum [42] est: *Fidelis* [43] *hominis totus mundus divitiæ sunt* [44]: *infidelis autem nec obolus*, nonne omnes, qui sibi videntur gaudere 'licite' conquisitis, eisque uti nesciunt, aliena [45] possidere convincimus? Hoc enim certe alienum non est, quod jure possidetur, hoc autem jure [46], quod juste, et hoc juste quod bene. Omne igitur, quod male possidetur, alienum est; male autem possidet qui male utitur.

## NOTATIONES CORRECTORUM.

**C. IV.** b *Magni concilii*: Sic loquitur Martinus Bracarensis, quoniam hanc sententiam accepit ex capite 17. concilii Nicæni, quod citatur infra ead. c. *Quoniam*, et in duobus vetustis Gratiani exemplaribus post hoc continuo illud subjungitur.

**C. VIII.** c Supra dist. 47. hic idem canon affertur ex versione Dionysii, qui nunc ex prisca, quæ est in collectione Isidori.

**C. IX.** d Caput hoc apud Burchardum et Ivonem p. 6. c. 201. et in Panormia citatur ex decretis Julii Papæ usurariis missis. Verum idem Ivo part. 13. cap. 21. citat ex Capitularibus, quorum lib. c. 131. habetur.

---

Quæst. IV. C. IV. [12] *vel centesimam*: eæd. [13] add. : *inhonesto* : Ed. Bas. [14] *turpia lucra* : Coll. Hisp.— *turpi lucri* : Edd. o. [15] *depositus* : Coll. Hisp. == C. V. [16] hab. A. 516. — Ivo Pan. l. 3, c. 159. Decr. p. 6, c. 369, p. 13, c. 14. — in Edd citatur : *ex eodem*, i. e. concilio Martini. == C. VI. [17] hab. A. 397. — Reg. l. 4, c. 230. Burch. l. 2, c. 424. Ivo Pan. l. 3, c. 138. Decr. p. 6, c. 198, p. 13, c. 9. [18] *accipiat* : Edd. o. [19] *commodavit* : eæd. [20] *si spec.* : eæd. — Coll. Hisp. Ivo Burch. [21] add. : *speciem* : Edd. Arg. Bas.‖— Coll. citt. [22] *dedit* : Edd. coll. o. [23] *quæ sequuntur omissa sunt* a Reg., Burch. et Iv. Decr. [24] *dedit* : Edd. coll. o. == C. VII. [25] Ep. 4, scr. A. 444. Ed. Baller. — Burch. l. 2, c. 123. Ivo Decr. p. 6, c.65. Polyc. l. 4, t. 31. [26] *esse quosdam, qui exercere* (*exercent* : Ed. Bas), *volunt* : Edd. coll. o. [27] *nos, ut non*: eæd. [28] add. : *tantum* : eæd. pr. Arg. Nor. Ven. l. [29] *dicemus* : Edd. coll. o. [30] *ordine* : eæd. [31] *et qui* : Ed. Bas. [32] *fuerint* : Edd. Bas. Ven. II. Lugd. Par. == C. VIII. [33] hab. A. 325. — supra D. 47, c. 2, et in Coll. ib. allegatis refertur ex Dion. [34] Psalm. 14, c.7. [35] desid. in Ed. Bas. [36] *in Græcis dimidias centesimas species frugum* : orig. in Cod. Quesn. ed. a Ball. [37] *commentus* : ib. — Coll. Hisp.== C. IX. [38] Imo ex Capit. Fr. l. 1, c. 125. — Reg. l. 4, c. 287. Burch. l. 2, c. 127. Ivo Pan. l. 3, c. 461. Decr. p. 6, c. 201, p. 13, c. 21. [39] *venundetur* : Coll. citt. — *venundare possit* : orig. [40] *contra denarios* : ib. ==C. XI. [41] scr. A. 414. — ep. 153. Ed. Maur. — Ans. l. 11, c. 112. Polyc. l. 6, t. 20. [42] Prov. c. 17, v. 6, ep. LXX. [43] *Fideli homini, — — infideli* : Edd. coll. o. [44] *divitiarum est*: Ed. Bas. [45] *alienum* : Edd. coll. o. [46] add. : *possidetur*: eæd. pr. Arg. Nor. Ven. l.

**Gratian.** Porro, a quo usuræ exigendæ sint Ambrosius *testatur, dicens in libro de Tobia, c. 15.*[47]:

**C. XII.** *Ab illo usuram exigere possumus, cui jure nocemus.*

Ab illo usuram exige, cui merito nocere desideras; cui jure inferuntur arma, huic legitime indicantur[48] usuræ; quem bello vincere 'facile' non potes, de hoc cito potes centesima vindicare te'. Ab hoc usuram exige, quem non sit crimen occidere. Sine ferro dimicat qui usuram[49] flagitat, sine gladio se de hoste ulciscitur qui fuerit usurarius exactor inimici. Ergo ubi jus belli, ibi 'etiam' jus usuræ.

## QUÆSTIO V.
### GRATIANUS.

**I. Pars.** *Quod vero eleemosynæ non sint faciendæ ex fœnore vel usuris, nec ex quolibet male acquisito, Augustinus testatur in libro de verbis Domini, serm. XXXV*[1]:

**C. I.** *De usuris eleemosynæ fieri non possunt.*

Nolite velle eleemosynas facere de fœnore et usuris.

**C. II.** *Oblatio de rapina reprobatur a Deo.*

*Item Ecclesiastici c. 34*[2].

Immolans[3] ex iniquo oblatio est maculata. *Et infra*: Dona iniquorum non probat altissimus, nec respicit in oblationes[4] iniquorum, nec in multitudine sacrificiorum eorum propitiabitur peccatis. Qui offert sacrificium de substantia pauperum[5], quasi[6] qui victimat filium in conspectu patris sui. Panis egentium vita pauperis est. Qui defraudat illum homo sanguinis est. Qui aufert in sudore panem, quasi qui occidit proximum. Qui effundit sanguinem, et qui fraudem facit mercenario[7], fratres sunt.

**C. III.** *Non est aliquid rapiendum divitibus, ut detur egenis.*

*Item Augustinus in lib. L. Homiliarum, hom. 7*[8].

Forte aliquis 'hoc secum' cogitat et dicit: Multi sunt Christiani divites, avari, cupidi; non habebo peccatum, si suum illis abstulero, et pauperibus dedero. Unde enim illi nihil boni agunt, mercedem habere potero, 'si ego eleemosynas dedero. Etiam in hac re parcat unusquisque animæ suæ', quia hujusmodi cogitatio ex[9] diaboli calliditate suggeritur. Nam 'etiam' si totum tribuat pauperibus, quod abstulerit[10], addit potius peccata[11] quam minuat.

**C. IV.** *De eodem.* PALEA[a].
[*Item Hieronimus*[12].]

« Nemo, qui rapit, moriens, si habet unde reddat, salvatur. Si eos, quorum fuit, invenire non poterit, ecclesiæ vel pauperibus tribuat. »

**C. V.** *De eodem.* PALEA.
[*Item Ambrosius*[13].]

« Rapinam emere non licet, nisi ea[14] intentione, ut cui est ablata reddatur. »

**C. VI.** *Furtum committit qui inventum non reddit.*

*Item Augustinus in lib. L. Homiliarum, hom. 9*[15].

Si quid invenisti, et non reddidisti, rapuisti, quantum potuisti fecisti. Quia plus non invenisti, ideo[16] non plus rapuisti. Qui alienum negat, si posset et tolleret. *Et paucis interjectis*: § 1. Deus cor interrogat, non manum.

**C. VII.** *Qui de rebus concessis et bene quæsitis eleemosynam impendit, illa placet Deo.*

*Item Gregorius lib. VII, epist. 110, ad Syagrium*[b] [17].

Eleemosyna redemptoris nostri oculis illa placet, quæ non ex illicitis 'rebus' et iniquitate congeritur, sed quæ de rebus concessis et bene acquisitis impenditur.

**C. VIII.** *Peccat qui rem inventam non reddit.*

*Item Hieronymus in lib. Levitici*[18].

Multi sine peccato putant esse, si alienum, quod invenerint, teneant, et dicunt: Deus mihi dedit, cui habeo reddere? Discant 'ergo' peccatum hoc esse simile rapinæ, si quis inventa non reddat.

**C. IX.** *Bonus usus non justificat injuste quæsita.*

*Item Augustinus lib. de bono conjugali, c. 14.*

Neque enim si agris inique[19] ac perperam invasis ita quisque[20] utatur, ut ex eorum fructibus largas eleemosynas faciat, ideo rapinam justificat. § 1. Neque[21] si alius[22] ruri paterno, vel juste quæsito

## NOTATIONES CORRECTORUM.

**Quæst. V. C. IV**[a]. Hæc et sequens Palea absunt a plerisque vetustis, etiam in quibus ceteræ esse solent. In una autem habentur supra, ead. q. 4, post c. *Si quis usuram.*

**C. VII.**[b] In epistola B. Gregorii verbis hujus capitis præponuntur verba capitis *Non est putandu,* supra 1, q. 1.

---

Quæst. IV. C. XI. [47] Ivo Decr. p. 13, c. 27. = C. XII. [48] *inferuntur*: Ivo.— *auferuntur*: Edd. coll. o. [49] *usuras*: eæd.
Quæst. V. P. I. C. I. [1] Ivo Decr. p. 13, c. 16. = C. II. [2] Eccl. c. 34, v. 21, 25—27. [3] *Immolantis*: orig. [4] *oblationibus*: Edd. coll. o. [5] *pauperis*: eæd. [6] *idem est quasi*: Edd. Arg. Bas. [7] *necessario*: Edd. coll. o. = C. III. [8] Imo incertus auctor, qui serm. 178. Augustini (Ed. Maur.) studuit imitari. [9] *ei*: Edd. Lugdd. II, III. — *a*: Edd. rell. [10] *abstulerat*: Edd. coll. o. [11] *peccatum*: eæd. = C. IV. [12] Caput incertum. = C. V. [13] Caput æque incertum. [14] desid. in Edd. Nor. Ven. I, II. = C. VI. [15] cf. ad. c. 3. — Polyc. l. 5, t. 16. [16] *ideo — rap.*: desid. in Edd. Arg. Bas. Nor. = C. VII. [17] Ep. 106, (scr. A. 599), l. 9. Ed. Maur. — Ans. l. 5, c. 31. Ivo Pan. l. 2, c. 191. Polyc. l. 2, t. 1. = C. VIII. [18] Imo ex Origenis hom. 4, in Levit. = C. IX. [19] add.: *injuste*: Ed. Bas. [20] *quisquam*: Edd. Lugdd. II, III. [21] add.: *enim*: Ed. Bas. [22] *aliquos*: ib. — *alias*: Edd. rell.

avarus incumbat, ideo culpanda est juris civilis regula, qua possessor legitimus factus est. § 2. Nec tyrannicæ [22] factionis perversitas laudabilis erit, si regia clementia tyrannus [24] subditos tractet. § 3. Nec vituperabilis [25] ordo regiæ potestatis, si rex crudelitate tyrannica sæviat. Aliud est namque injusta potestate juste velle uti, et aliud est justa potestate injuste velle uti [e].

C. X. *Cum alterius detrimento alteri subvenire non licet.*

Item Ambrosius *lib. III, de officiis, c. 9.*

Denique, si non potest subveniri alteri, nisi alter lædatur, commodius est neutrum juvari quam gravari alterum. Ideoque in causis pecuniariis intervenire non est sacerdotis [26], in quibus non potest fieri, quin frequenter lædatur alter, qui vincitur, quoniam intercessoris beneficio se victum arbitratur. Sacerdotis est igitur nulli nocere, prodesse velle omnibus; posse autem solius Dei est.

C. XI. *Eleemosynæ et sacrificia non placent Deo, quæ offeruntur ex scelere.*

Item Gregorius *in Regesto, lib. VII, Indict. 2, epist 126. Reccaredo Regi* [27].

Scriptum est [28] : *Victimæ impiorum abominabiles* [29] *Deo : vota justorum placabilia*; neque enim in omnipotentis Dei judicio quod [30] 'datur', sed a quo datur inspicitur. Hinc est enim quod scriptum est † : *Respexit Dominus* [31] *ad Abel, et ad munera ejus; ad Cain autem et* [32] *munera ejus non respexit.* Dicturus quippe, quia Dominus respexit ad munera, præmisit sollicite, quia respexit ad Abel. Ex qua re patenter ostenditur, quia non offerens a muneribus, sed munera ab offerente placuerunt [d], *Dona* [33] *quippe iniquorum non probat altissimus, nec respicit in oblationes* [34] *eorum, nec in multitudine sacrificiorum eorum propitiabitur peccatis.* Item : *Longe* [35] *est Dominus ab impiis, et orationes justorum exaudiet.*

II. Pars. Gratian. Contra in Exodo legitur, quod filii Israel, exituri de Ægypto, a vicinis suis acceperunt mutuo vasa aurea et argentea, ex quibus postea ædificaverunt tabernaculum Domino. His respondet Augustinus *in lib. quæst. Exod. quæst. 39* [36].

C. XII. *Non licet aliena rapere exemplo Israelitarum spoliantium Ægyptios.*

Dixit Dominus ad Moysen [37] : *Petat vir a proximo, et mulier a proxima, vasa aurea et argentea, et vestem.* Non hinc quisquam sumendum exemplum putare debet et exspoliandum isto modo proximum. Hoc enim Deus jussit, qui noverat quid quemque pati oporteret [38]. Nec Israelitæ furtum fecerunt, sed Deo jubenti ministerium præbuerunt.

III. Pars Gratian. *Item objicitur : Aliena rapere non est contra præceptum ; nullo siquidem Dei mandato rapina videtur prohibita. Sed nomine furti omnis illicita usurpatio rei alienæ intelligitur.*

Unde Augustinus *in eodem lib. quæst. 71* [39] :

C. XIII. *Majoris pœnæ est violenter aliquid eripere, quam furari.*

Pœnale est occulte auferre: multo majoris pœnæ est visibiliter eripere. Auferre ergo nolenti, sive occulte sive palam, habet præceptum suum. Furti enim [e] nomine bene intelligitur omnis illicita usurpatio rei alienæ. Non enim rapinam permisit qui furtum prohibuit, sed utique furti nomine in lege Veteris Testamenti et rapinam intelligi voluit. A parte enim totum significavit [40], quicquid illicite rerum proximi [41] aufertur [42].

Gratian. *His auctoritatibus probatur, quod neque ex rebus inventis, neque ex male conquisitis eleemosynam quisquam facere potest.*

IV. Pars, § 1. *Sed Augustinus contra testatur serm. XXXV, de verbis Domini dicens* [43] :

XIV. *De male acquisitis bonum fieri potest.*

Quid habetis [44] de malo, facite inde bonum. Qui non habetis de malo, nolite acquirere de malo. Esto bonus tu, qui bonum facis de malo, et quum cœperis aliquid boni facere de malo, noli remanere tu malus. Nummi tui convertuntur in bonum, tu [45] autem remanes [46] malus ?

Gratian. *Sed hoc multipliciter intelligitur. Facit enim de malo bonum qui reddit quod illicite abstulit. Nomine etiam mali cura et sollicitudo mortalium exprimitur. De malo ergo bonum facit qui pauperibus dispensat quod cum labore et sollicitudine acquisivit, juxta illud evangelii* [47] : *Facite vobis amicos*

## NOTATIONES CORRECTORUM.

C. IX. [c] *Velle uti* : Post hæc verba apud B. Augustinum sequitur cap. *Concubinæ*, infra, 32, q. 2.
C. XI. [d] *Placuerunt*: Hucusque B. Gregorius, sicut supra 3, q. 7, c. *In gravibus*, est notatum.
C. XIII. [e] *Furti enim* : Hæc sunt verba B. Augustini, licet mutato orationis ductu ; quæ autem antecedunt apud ipsum non sunt inventa. Integer locus B. Augustini de furto et mœchia habetur infra 32, q. 4, c. *Meretrices.*

---

QUÆST. V. C. IX. [22] *tyrannide*: Edd. Arg. Nor. Ven. I, II. [24] *tyrannos* : Edd. coll. o. pr. Par. Lugdd. [25] *vituperetur* : Edd. coll. o. = C. X. [26] *sacerdotale* : eæd. = C. XI. [27] Ep. 122, (scr. A. 599), l. 9. Ed. Maur. — cf. C. 3, q. 7, c. 5. [28] Prov. c. 15, v. 8. [29] *add. : sunt* : Edd. coll. o. [30] *quid,* : eæd. † Gen. c. 4, v. 4, 5. [31] *Deus* : Edd. coll. o. [32] *add. : ad* : eæd. [33] Eccl. c. 34, v. 23. [34] *oblationibus* : Edd. coll. o. [35] Prov. c. 15, v. 8. P. II. [36] Burch. l. 11, c. 53. Ans. l. 11, c. 107. Ivo Decr. p. 13, c. 2. = C. XII. [37] Exod. c. 11, v. 2. [38] *oporteat* : Edd. coll. o. — P. III. [39] Burch. ib. c. 54. Ivo ib. c. 3. Ans. ib. c. 9. Polyc. l. 6, t. 16. Petr. Lomb. Sent. l. 3, dist. 37. = C. XIII. [40] *significatæ quicquid unfertur* : Burch. [41] desid. in Edd. Arg. Bas. [42] *auferatur* : eæd. — P. IV. [43] Ivo Decr. p. 13, c. 16. = C. XIV. [44] *add. : aliquid* : Edd. coll. o. [45] *et tu* : eæd. [46] *remaneas* : Bohm. [47] Luc. c. 16, v. 9.

de mammona iniquitatis. *Vel ex malo acquiritur quod ex turpi causa possidetur, veluti quum mathematicus ex arte, quam docet, vel ex futuris, quæ prænunciat, nonnulla lucratur. Quæ vero de malo sic acquiruntur in bonum possunt converti. De peccato etiam aliqua nonnunquam acquiruntur, quæ pauperibus juste erogantur.*
Unde Augustinus ad *Macedonium*, epist. LIV [48]:

### C. XV. *Quæ male acquiruntur aliquando bene possunt expendi.*

Non sane quicquid ab invito sumitur injuriose aufertur. Nam plerique nec medico volunt reddere honorem suum, nec operario mercedem ; nec tamen hæc qui ab invito accipiunt [49], per injuriam accipiunt [50], quæ potius per injuriam non darentur. § 1. Sed [51] non ideo debet judex vendere justum judicium, aut testis verum testimonium, quia vendit advocatus justum patrocinium, jurisperitus verum consilium. Illi enim inter utramque partem ad examen adhibentur : isti ex una parte consistunt. Quum autem judicia et testimonia, quæ nec justa nec vera vendenda sunt, iniqua et falsa venduntur, multo sceleratius utique pecunia sumitur, quia scelerate etiam, quamvis a volentibus, datur. Ille tamen solet 'tanquam' male sibi ablatam pecuniam repetere, qui justum judicium emit, quoniam venale esse non debuit. Qui vero pro iniquo judicio dedit, vellet quidem repetere, nisi timeret vel puderet emisse. § 2. Sunt aliæ personæ inferioris loci, quæ ab utraque parte non insolenter accipiunt, sicut officialis, et qui amovetur, et cui admovetur officium. Ab his extorta per immoderatam improbitatem [51] repeti solent, 'data per tolerabilem consuetudinem non solent' † ; magisque reprehendimus qui talia inusitate repetiverunt, quam qui ea de more sumserunt, quoniam multæ necessariæ personæ rebus humanis vel invitantur hujusmodi commodis, vel tenentur. § 3. Isti, si viam vitæ mutaverint, aut excellentioris conscenderint sanctitatis gradum, facilius ea, quæ hoc modo acquisierunt, tanquam sua pauperibus largiuntur, quam eis, a quibus accepta sunt, tanquam aliena restituant. § 4. Qui vero contra jus societatis humanæ furtis, rapinis, calumniis, oppressionibus, invasionibus [52] abstulerit, reddenda potius quam donanda censemus Zachæi [54] publicani evangelico exemplo.

## QUÆSTIO VI.
### GRATIANUS.

I. Pars. *Quod vero pœnitentia agi non possit, nisi res aliena reddatur, testatur Augustinus ad Macedonium, epistola LIV* [1] :

### C. I. *Pœnitentia non agitur, si aliena res non restituatur.*

Si res aliena, propter quam peccatum est, quum reddi [2] possit non redditur, non agitur pœnitentia, sed fingitur [3]. Si autem veraciter agitur, non remittitur peccatum, nisi restituatur ablatum; sed [4], ut dixi, 'quum' restitui potest. Plerumque enim qui aufert amittit, sive 'alios' patiendo malos sive ipse male vivendo, nec aliud habet unde restituat. § 1. Huic certe non possumus dicere, redde quod abstulisti, nisi quum habere credimus et negare. Ubi [5] quidem [6] si aliquos sustinet cruciatus a repetente [a], dum existimatur habere quod reddat, nulla [7] est iniquitas, quia, etsi [8] non est unde reddat [9] ablatam pecuniam, 'merito' tamen dum eam per molestias corporales reddere [10] compellitur, peccati, quo male ablata est, pœnas luit. § 2. Sed inhumanum non est etiam pro talibus intercedere, 'tanquam pro reis criminum', non ad hoc, ut minime restituantur aliena, sed ne frustra homo in hominem sæviat. *Et paulo post :* § 3. Illud vero fidentissime dixerim, eum, qui pro homine ad hoc intervenit, ne male ablata restituat, et qui ad se confugientem (quantum honeste potest) ad restituendum non compellit, socium esse fraudis et criminis. Nam misericordius opem nostram talibus subtrahimus quam impendimus. Non enim opem fert qui ad peccandum adjuvat [b], ac non potius subvertit atque opprimit. § 4. Sed numquid ideo nos aut exigere aut ad exigendum tradere vel possumus vel debemus? Agimus, quantum episcopalis facultas dat [11], et humanum quidem nonnunquam, sed maxime ac semper divinum judicium comminantes. Nolentes autem reddere, quos novimus et male abstulisse, et unde reddant [12]

## NOTATIONES CORRECTORUM.

C. XV. † *Data per tolerabilem, non solent* : Addita sunt hæc ex originali, sine quibus sequentia non satis constabant.
QUÆST. VI. C. I. [a] *Repetente*: Sic emendatum ex codice epistolarum Vaticano, et editione Antverpiana, quum antea legeretur : *repente* [*].

[b] *Adjuvat*. Quæ sequuntur emendata sunt ex codicibus epistolarum impressis et manuscriptis. Antea legebatur : *qui ad peccandum adjuvat, ac* [**] *non potius adjuvat, sed obviat subvertendo atque opprimendo*. Glossa autem optime convenit in vocem : *adjuvat*, suo loco positam.

---

QUÆST. V. C. XV. [48] scr. A. 414. Ep. 153 Ed. Maur. — Ans. l. 11, c. 111. Polyc. l. 6, t. 20. [49] *accipiuntur* : Edd. Bas. Lugdd. II, III. [50] *accipiuntur* : eæd. [51] cf. C. 11, q. 3, c. 71. [52] *probitatem* : Edd. Arg. Bas. [53] add. : *aliqua* : Edd. coll. o. [54] Luc. c. 19.
QUÆST. VI. P. I. [1] scr. A. 414. — Ep. 153. Ed. Maur. — Ivo Decr. p. 13, c. 4, p. 15, c. 25. = C. I. [2] *reddi possit, et non redd.* : Edd. coll. o. [3] *simulacro* : eæd. [4] *si* : eæd. [5] *Verum* [6] *quidam* : Edd. Lugdd. II, III. [*] *ita* Edd. coll. o. [7] *non* : eæd. [8] *si* : Edd. Bas. Lugdd. II, III. — desid. in rell. [9] *luat* : orig. [10] *redhibere* : ib. [11] *at* : Edd. Nor. Ven. H. — *ac si* : Ed. Ven. l. — in Edd. Arg. Bas. legitur : *adjuvat, sed obviat subvertendo atque opprimendo*. [11] *datur* : orig. [12] *reddantur* : Ed. Bas.

habere, arguimus, increpamus, obtestamur[13], quosdam clam, quosdam palam, sicut diversitas personarum diversam videtur posse[14] recipere medicinam.

**II. Pars. Gratian.** *Si vero rem alienam quis consecraverit, non eandem, sed aestimationem ejus restituere debet.*
Unde Gregorius *lib. VII. Indict.* 2. *epist.* 58. *Fantino Defensori*[15].

**C. II. Qui rem alienam consecrat, ejus aestimationem restituat.**

Comperimus, nullam exstitisse causam, pro qua res Judaeorum[c] potuissent rationabiliter occupari, atque eas 'esse' inconsulte ac temere consecratas[16]. Idcirco experientiae tuae praecipimus, ut, quia quod semel consecratum est eis[17] non valet ultra restitui, studii tui sit ut ipse[18] episcopus debeat pretium dare.

**III. Pars. Gratian.** *Pro malis autem apud principes Ecclesia debet intercedere, non eos temerario ausu defendere.*
Unde Gregorius *Romano Defensori, lib. VII. Indict.* 2. *epist.* 24[d][19]:

**C. III. Ecclesia pro malis intercedat, non eos temerario ausu defendat.**

Hi, qui in furtis publicis implicati sunt, a nobis non videantur injuste defendi, ne opinionem male agentium ex indiscretae defensionis ausu in nos ullo modo transferamus; sed, quantum decet Ecclesiam admonendo et verbum intercessionis adhibendo quibus valetis succurrite, ut 'et' illis[20] opem feratis, et opinionem sanctae Ecclesiae non inquinetis.

**IV. Pars. Gratian.** *Furtum autem non tam in quantitate rei quam in affectu furantis consideratur.*
Unde Hieronymus *in epistolam ad Titum, ad c.* 2. c[21]:

**C. IV. Non solum in majoribus furtum committitur, sed etiam in minoribus.**

Fur autem non solum in majoribus, sed etiam in minoribus judicatur. Non enim 'id', quod furto ablatum est, sed mens furantis attenditur. Quomodo in fornicatione non idcirco diversa sit fornicatio, si mulier sit pulchra aut deformis, ancilla aut ingenua, paupercula[22] aut opulenta, sed qualiscunque illa fuerit, una est fornicatio: ita 'et' in furto, quantumcunque quis abstulerit, furti crimen incurrit.

# CAUSA XV.

## GRATIANUS.

Quidam sacerdos in crimen carnis lapsus esse perhibetur ante quam sacerdotalem benedictionem consequeretur. Postquam vero sacerdotium adeptus est, in furorem versus quendam interfecit. Recuperata vero sanitate apud episcopum accusatur ab ea, cum qua lapsus esse dicitur. Episcopus autem die Dominico causam examinat. Sacerdos inficiatur crimen sibi illatum; quorundam clericorum sibi patrocinia quaerit; illi vero non sine pretio sibi patrocinantur; tandem episcopus confessionem quaestionibus extorquet; demum solus et absque synodali audientia illum sententia ferit. (Qu. I.) Quaeritur autem an ea, quae mente alienata fiunt, sint imputanda? (Qu. II.) Secundo, an pro impensis patrociniis liceat clericis munera exigere? (Qu. III.) Tertio, an ex mulieris confessione iste sit condemnandus? (Qu. IV.) Quarto, an die dominico ejus causa sit ventilanda? (Qu. V.) Quinto, an sibi neganti purgatio sit deferenda? (Qu. VI.) Sexto, an ejus confessio cruciatibus sit extorquenda? (Qu. VII.) Septimo, an absque synodali audientia episcopus valeat sacerdotem damnare? (Qu. VIII.) Octavo, si sponte confessus aut ab aliis convictus fuerit, quod ante ordinationem peccaverit, an suscepti ordinis officium exsequi sibi liceat?

## QUAESTIO I.
### GRATIANUS.

**I. Pars.** *Quod autem ea, quae alienata mente fiunt, non sint imputanda, facile videtur posse probari.* Peccata namque alia penes voluntatem animi, alia circa naturae infirmitatem videntur consistere. Est autem voluntas (ut ait Augustinus *lib.* 1. *retractat. cap.* 15. animi motus cogente nullo'[a] ad aliquid vel non imi-

---

### NOTATIONES CORRECTORUM.

**C. II.** [c] *Judaeorum*: Reposita est haec dictio ex epist. B. Gregorii', ut intelligatur facilius, quo referantur ea, quae in hoc capite continentur, ac nonnulla etiam alia sunt emendata.

**C. III.** [d] *Infra* 23. q. 5. *Reos*, refertur summa hujus capitis, quum hic sint propria verba B. Gregorii.

**C. IV.** [e] Referuntur verba B. Hieronymi, nonnullis tamen omissis et mutatis, quemadmodum etiam apud Burchardum et Ivonem.

**Causa XV. Quaest. I. Pars. I.** [a] *Cogente nullo*: Haec sunt addita ex B. Augustino, ut verba sequentia melius intelligantur.

---

Quaest. VI. C. I. [13] *detestamur*: orig. [14] add.: *et velle*: Edd. Arg. Bas. — *vel velle*: Edd. rell. — P. II. [15] Ep. 55, (scr. A. 599), l. 9. Ed. Maur. ' *eorum*: Edd. coll. o. = C. II. [16] *consecrari*: eaed. [17] *Judaeis*: orig. [18] *praefatus frater et coepiscopus noster*: orig. = C. III. — P. III. [19] Ep. 27, (scr. A. 599), l. 9. Ed Maur. — Polyc. l. 6, t. 16. [20] *aliis* Edd. coll. o. — P. IV. [21] Reg. l. 2, c. 272. Burch. l. 11, c. 55. Ans. l. 11, c. 108. Ivo Decr. p. 16, c. 41. Polyc. ib. = C. IV. [22] *pauper*: Edd. Arg. Bas. — Reg. Burch. Ivo.

Causa XV. Quaest. I. P. I. [a] ita in Edd. coll. o. pr. Bas.

tardum ᵇ, vel adipiscendum. Quod propterea dictum est, ut hac definitione volens a nolente discerneretur.

§ 1. *Ex voluntate itaque peccata procedunt, quæ libero mentis arbitrio et delinquentis proposito committuntur.* § 2. *Porro infirmitas alia est animi, alia carnis. Infirmitas animi est ignorantia; carnis infirmitas est concupiscentia. Ex utraque autem infirmitate quæ procedunt imputantur ad pœnam. Unde de quibusdam ignorantibus dictum est*: Si quis ignorat, ignorabitur. *Tales illi erant, de quibus Christus ait* ᵃ *apostolis*: Extra synagogam facient vos, quia arbitrabuntur obsequium se præstare Deo. *De eisdem etiam Apostolus* ᵃ *scribit in epistola ad Romanos*: Testimonium illis perhibeo, quia zelum Dei habent, sed non secundum scientiam. *Nullum tamen eorum in sua perfidia perseverantem hæc ignorantia excusat. Ex carnis infirmitate procedunt quæ naturæ languore fiunt, quæ, nisi imputarentur ad pœnam, nequaquam Apostolus lege carnis gravatus diceret*: Infelix ᵇ ego homo, quis me liberabit de corpore mortis hujus? etc. *Sive ergo penes voluntatem, sive penes infirmitatem peccato consistant, semper imputantur ad pœnam.* § 3. *Cui sententiæ illud Augustini de vera religione c. 14. contrarium videtur*: Usque adeo peccatum voluntarium malum est, ut nullo modo peccatum sit, si non sit voluntarium, et hoc quidem adeo manifestum est, ut nulla hinc doctorum paucitas, nulla indoctorum turba dissentiat. *Quare aut negandum est peccatum committi, aut fatendum est voluntate committi.* § 4. *Sed hoc non generaliter de omnibus peccatis intelligendum esse, idem Augustinus in lib. 1 retract. cap. 13, ostendit, dicens*: Usque adeo peccatum voluntarium malum est, ut nullo modo peccatum sit, si non sit voluntarium. § 5. *Potest videri falsa hæc definitio; sed si diligenter discutiatur, invenietur* ᵉ *esse verissima. Peccatum quippe illud cogitandum est, quod tantummodo peccatum est, non quod est etiam pœna peccati. Quamvis et illa, quæ non immerito* ᶜ *non voluntaria peccata dicuntur, quia vel a nescientibus, vel a coactis perpetrantur, non omnino possint non voluntaria dici. Idem in eodem lib. c.* 15 : Definitio peccati, quam diximus : Peccatum est voluntas retinendi vel consequendi quod justitia vetat 'et' unde liberum est abstinere, propterea vera est, quia id definitum est, quod tantummodo peccatum est, non quod 'est' etiam' pœna peccati.

C. I. *Non sunt peccata nolentium, nisi nescientium.*

Idem *lib. IV quæstionum, qu. 24 ad c. 15 Numerorum* ᵉ.

„Merito quæritur quæ sint ⁷ 'ipsa' peccata nolentium? utrum quæ a nescientibus committuntur, an etiam quæ recte dici peccatum esse nolentis, quod facere compellitur? Nam et hoc contra voluntatem 'facere' dici solet ; sed utique vult ⁸ propter quod facit ; tanquam si pejerare nolit, quod tamen facit ᵈ, quum vult ⁹ vivere, si 'scilicet' quisquam, nisi fecerit, mortem minetur. Vult ergo facere, quia vult vivere, et ideo non per se ipsum appetendo ¹⁰, ut falsum juret, sed ut falsum jurando vivat. Quod si ita est, nescio utrum possint dici ista peccata nolentium, qualia hic dicuntur ¹¹ expianda. Nam si diligenter consideratur ¹², forte ipsum peccare nemo velit, sed propter aliud 'fit' quod vult 'qui' peccat. Omnes quippe homines, qui scientes faciunt quod non licet, vellent licere ¹³. Usque adeo ipsum peccare nemo appetit propter hoc ipsum, sed propter illud, quod ex eo consequitur. Hæc si ita se habent, non sunt peccata nolentium, nisi nescientium, quæ discernuntur a peccatis volentium.

C. II.

Dig. tit. de injuriis, *l. 3 e* ¹⁴.

Illud relatum peræque est, eos, qui injuriam pati possunt et facere posse. Sane sunt quidam, qui facere non possunt, utputa furiosus, et impubes, qui doli capax non est. Namque hi injuriam pati solent, non facere. Quum enim injuria ex affectu facientis consistat, consequens erit dicere, hoc, sive pulsent sive convicium dicant, injuriam fecisse non videri. Itaque pati quis injuriam, etiamsi non sentiat, potest : facere ¹⁵ nemo, nisi qui scit se injuriam facere, etsi nesciat cui faciat. Quare si quis per jocum ¹⁶ percutiat, aut dum certat, injuriarum non tenetur. Si quis hominem liberum cæciderit, dum putat servum suum, in ea causa est, ne injuriarum teneatur.

Gratian. *Itaque, ut ex præmissis apparet, sive ex*

---

NOTATIONES CORRECTORUM.

ᵇ *Imitandum*: Apud B. Augustinum in lib. de duabus animabus et in lib. 1. retractationum legitur : *amittendum* ; ob glossam tamen non est mutatum, sed sublata est priori loco vox : *imitandum*, quæ abest etiam a manuscriptis Gratiani codicibus. Nam in vulgatis erat : *ad aliquid imitandum, vel non imitandum* ⁎.

ᶜ *Non immerito* : In libris B. Augustini impressis

legitur : *immerito*.

C. I. ᵈ *Tanquam si pejerare nolit, quod tamen facit* : Hæc non sunt in vulgatis codicibus B. Augustini.

C. II. ᵉ In aliquot vetustis exemplaribus a capite *Merito* usque ad cap. *Mulier* nulla est distinctio capitulorum.

---

Quæst. I. ² Joan. c. 16, v. 2.  ³ Rom. c. 10, v. 2.  ⁴ Rom. c. 7, v. 24.  ⁵ *invenitur* : Edd. coll. o. — C. I.  ⁶ Ans. l. 11, c. 155.  ⁷ *sunt* : Edd. coll. o.  ⁸ add. : *idem* : Ed. Bas. — *id* : Edd. rell.  ⁹ add. : *eum* : Edd. coll. o. pr. Bas. Par. Lugdd.  ¹⁰ *appetit* : Edd. coll. o.  ¹¹ add. : *peccata* : exd.  ¹² *inspiciatur* : exd.  ¹³ add. : *facere* : exd. — C. II.  ¹⁴ fr. 3, l. 47, t. 10.  ¹⁵ add. : *vero* : Edd. coll. o.  ¹⁶ add. *alium* : exd.

voluntate sive ex infirmitate peccata procedant, palam est illa imputari. Sed carnis infirmitas dupliciter intelligitur. Est enim languor naturae, qui carnis concupiscentia appellatur, quae verius animae infirmitas dici potest, sed ideo carnis infirmitas dicitur, quia accidit animae ex corruptae carnis conjunctione. Porro alia est infirmitas, quae proprie carnis dicitur, qua (elementorum seu humorum concordia turbata) ipsa caro afficitur, et tandem dissolvitur. § 1. Similiter animi infirmitas duplex est: una, quae vitium appellatur, qua anima a Deo separatur, ut est ira, odium, et alia hujusmodi; alia infirmitas animi, quae, quum ipsa non sit peccatum, est tamen poena, et causa peccati, ut est oblivio et ignorantia. Furor autem, quum non sit peccatum, est tamen poena peccati, ut febris ceterae passiones, quas proprie carnis dicimus esse, quarum motus, id est ea, quae illis perturbantibus fiunt, nulli imputantur ad poenam. § 2. Sed objicitur de Lamech, qui, quum caecus esset, Cain interfecit, nec eum excusavit caecitatis infirmitas. Unde dictum est [17-18]: Septuplum ultio dabitur de Cain; de Lamech vero septuagies septies. Sed caecitas ignorantiae similis est. § 3. Ex utraque enim quaedam fiunt, quae imputantur, quaedam vero minime. Caecus namque, si debitum suae uxori se credens reddere alienam polluit, non est reus adulterii. Si autem ludo, vel exercitatione virium, vel venatione jaculum mittens aliquem perimat, quia ab eo penitus hoc debet esse alienum, homicidii reus habetur. Mens vero alienata furore, quum sui compos non sit, eorum, quae admittit, reatum non contrahit, quia facultatem deliberandi non habuit. Unde pupillo et furioso in maleficiis subvenitur, ut non eis imputentur ad poenam quae ex mentis deliberatione non processerunt f. Quod non solum humanis, sed etiam divinis legibus noscitur approbatum.

Ait enim Augustinus de parvulis, in lib. de fide ad Petrum Diaconum, cap. 30 [19]:

### C. III.

Firmissime tene et nullatenus dubites, exceptis illis, qui pro nomine Christi suo sanguine baptizantur, nullum hominem accepturum vitam aeternam, qui non hic a malis suis fuerit per poenitentiam fidemque conversus, et per sacramentum fidei et poenitentiae, id est per baptismum, liberatus; et majoribus quidem necessarium esse et poenitentiam de malis suis agere, et fidem catholicam secundum regulam veritatis tenere, et sacramentum baptismatis accipere: parvulis vero, qui [10] nec propria voluntate credere, nec poenitentiam pro peccato [21], quod originaliter trahunt, agere possunt, sacramentum fidei, quod est sanctum baptisma, quandiu rationis aetas eorum capax esse non potest, sufficere ad salutem.

Gratian. Ex eo autem, quod in fine hujus auctoritatis dicitur: Quamdiu scilicet rationis eorum aetas capax esse non potest, evidenter datur intelligi, nulli post baptismum peccata imputari, sive sit adultus sive impubes, nisi rationis sit capax. Unde etiam de brutis animalibus eadem ratio ab Augustino in eodem lib. c. 3, redditur, quare sua facta eis non imputentur: Animalia igitur, inquit, praesentis saeculi cursum atque ornatum secundum creatoris incomprehensibilem peragunt voluntatem, quae de suis factis nullam rationem redditura sunt, quia rationabilia non sunt. Numquid [22] enim de bobus cura est Deo? Homines vero, quia rationales facti sunt, et de se, et de omnibus rebus, quas in usum vitae praesentis acceperunt rationem redditori sunt Deo, et pro suorum actuum qualitate recipient aut poenam aut gloriam. Sacrae tamen legis auctoritate animalia jubentur interfici, non propter conscientiam peccati, sed quia refricant memoriam facti.

Unde Augustinus super Leviticum ad c. 20, quaest. 74 [23]:

C. IV. *Non propter culpam, sed propter memori facti pecus occiditur, ad quod mulier accesserit.*

Mulier [24] quae accesserit ad omne pecus † ascendi ab eo, interficietis mulierem et pecus; morte moriantur [25], rei sunt. § 1. Quaeritur quomodo sit reum pecus, quum sit irrationale, nec ullo modo legis capax [26]? Et infra: Pecora inde credendum est jussa interfici, quia tali flagitio contaminata indignam refricant facti memoriam.

II Pars. Gratian. De furiosis autem evidentissime scribit Augustinus in lib. quaestionum veteris et novi testamenti, qu. 2, in fine ita dicens [27]:

C. V. *Culpa non necessitate, sed voluntate reum constringit.*

Aliquos scimus subito dementes factos fuste, ferro, lapidibus, morsibus, multis [28] nocuisse, quosdam etiam occidisse, captos autem industria et judiciis oblatos minime reos factos, eo quod non voluntate, sed impellente vi nescio qua haec gesserint nescien-

---

### NOTATIONES CORRECTORUM.

f *Processerunt*: Hoc loco in vulgatis erant interjecta haec verba: *ff. tit. de injuriis, Illud relatum.*

*Require supra*, quae absunt a manuscriptis, ideoque inducta.

---

Quaest. I. C. II. [17-18] Genes. c. 4, v. 15. * ita in Edd. coll. o. pr. Bas. [19] Imo Fulgentius, cujus iste liber est. — Ivo Decr. p. 1, c. 30. = C. III. [20] *necdum*: Edd. coll. o. [21] add.: *suo*: Ed. Bas. [22] 1 Cor. c. 9, v. 9. [23] Ivo Decr. p. 9, c. 108. = C. IV. [24] Levit. c. 20, v. 15, 16. † add.: *et vult*: Edd. coll. o. — Bohm. [25] *moriatur, rei enim sunt*: Ivo. — Edd. coll. o. [26] add.: *est*: Edd. col. o. [27] Quaest. vet. et novi test. apocryphas esse, supra monuimus. — Ivo Decr. p. 13, c. 92. = C. V. [28] *multos*: Ed. Arg.

DECRETI PARS SECUNDA. CAUSA XV. QUÆST. I.

tes. Quomodo enim reus constitueretur qui nescit quid faciat.

**C. VI.** *Reus voluntate, non necessitate constringitur.*

*Item* Ambrosius *in Hexameron, in tractatu primi diei.*

Illa cavenda sunt, quæ ex nostra voluntate prodeunt delicta juventutis et irrationabiles passiones corporis. Quorum igitur nos sumus domini, horum principia extrinsecus non requiramus, nec derivemus in alios, sed agnoscamus ea, quæ proprie nostra sunt. Quod enim possumus non facere, si volumus, hujus electionem mali nobis potius debemus, quam aliis adscribere. Ideo etiam in judiciis istis voluntarios reos, non 'ex' necessitate compulsos, culpa stringit, pœna condemnat. Neque enim, si per furorem aliquis innocentem peremerit, obnoxius morti est, quin etiam ipsius divinæ legis oraculo, si quis per imprudentiam intulerit necem, accipit impunitatis spem, refugii facultatem, ut possit evadere. Hoc igitur de eo, quod proprie malum videtur, dictum sit. Mala enim non sunt, nisi quæ crimine mentem implicant, et conscientiam ligant. Ceterum pauperiem, ignobilitatem, ægritudinem, mortem, nemo sapiens mala dixerit, nec in malorum sorte numeraverit, quia nec contraria istis in bonis habentur maximis, quorum alia nobis ex natura, alia ex commoditate accidere videntur.

**C. VII.** *Veniam habent quæ ignorantes ebrii committunt.*

*Idem in libro de patriarchis, c. lib. de Abraham.*

Sane dicimus vitandam ebrietatem, per quam crimina cavere non possumus. Nam quæ sobrii cavemus per ebrietatem ignorantes committimus. Et paulo post : § 1. Nesciunt quid loquantur qui nimio vino indulgent, jacent sepulti, ideoque, si qua per vinum deliquerint, apud sapientes judices venia quidem facta donantur, sed levitatis damnantur auctores.

**C. VIII.** *Inobedientia vel concupiscentia non habet culpam in corpore non consentientis.*

*Item* Augustinus *lib. I de civitate Dei, c. 25.*

Si concupiscentia vel inobedientia, quæ adhuc in membris moribundis habitat, præter nostræ voluntatis legem quasi lege sua movetur, quanto magis absque culpa est in corpore non consentientis, si absque culpa est in corpore dormientis.

**C. IX.** *Loth non de incestis, sed de ebrietate culpatur.*

*Idem lib. XXII contra Faustum, c. 44.*

Inebriaverunt Loth filiæ ejus, et se nescienti miscuerunt. Quapropter culpandus est quidem, non tamen quantum ille incestus, sed quantum illa meretur ebrietas.

**C. X.** *Nemo trahitur ad culpam, nisi ductus propria voluntate.*

*Item* Ambrosius *lib. I de Jacob et vita beata, c. 3.*

Non est quod cuiquam nostram adscribamus ærumnam, nisi nostræ voluntati. Nemo tenetur ad culpam, nisi voluntate propria deflexerit. Non habent crimen quæ inferuntur reluctantibus. Voluntaria tantum commissa sequitur delictorum invidia, quam in alios derivamus. Voluntarium sibi militem legit Christus, voluntarium servum sibi diabolus auctionatur. Neminem jugo servitutis adstrictum possidet, nisi se prius peccatorum ære ei vendiderit.

**C. XI.** *Minister Dei est qui invitus homicidium facit.*

*Idem in lib. II de Cain et Abel, c. 4.*

Nec is, qui invitus aliquod fecerit homicidium, extra ministerium est. Siquidem lex ait de eo : *Quia Deus dedit eum in manus ejus.* Manus ergo ejus instrumenti modo divinæ ultioni ministerium præbuerunt. Levites igitur minister remissionis est, Percussor autem, qui 'tamen' non ex dispositione, sed præter voluntatem fecerit homicidium, divinæ minister est ultionis. § 1. Illud quoque specta, quia, quum interficitur impius, Christus infunditur, et, ubi abominatio aboletur, sanctificatio consecratur, quia Dominus dixit † : *In ea die, qua interfecero omne primogenitum Ægypti, sanctificabo mihi omne primogenitum Israel.* Quod non ad unum diem afflictionis Ægypti referes, sed ad omne tempus.

Gratian. *Quum itaque qui invitus hominem interfecerit minister Dei sit, quum innocentem furore perimens morti nequaquam obnoxius sit, quum subito*

---

**NOTATIONES CORRECTORUM.**

C. VI. *Nec contraria istis* : Emendatum est ex originali. Nam antea legebatur : *quis necessaria ista in bonis,* etc. In multis tamen antiquis finis hujus capituli est in verbo : *numeraverit.*

C. VIII. *Concupiscentia vel* : In originali legitur : *Quod si illa concupiscentialis inobebientia.*

C. X. *Ærumnam* : Apud B. Ambrosium legitur : *culpam;* sed ob glossam non est mutatum.

*Auctionatur* : In vulgatis codicibus sequebatur : *et acquirit juri suo,* quæ sunt expuncta, quoniam absunt a manuscriptis et originali.

C. XI. *Consecratur* : Apud B. Ambrosium legitur : *congregatur.*

*Omne tempus* : Post hæc in originali sequitur c. *Quum renunciatur,* infra 22, q. 1.

---

QUÆST. I. C. V. *constituitur—fecerit*: Ivo.—Edd. coll. o. = C. VI. lib. 1, c. 8. *propria*: Edd. coll. o. *nolumus* : orig. — *voluerimus* : Ed. Bas. *istiusmodi* : Edd. coll. o. *constringit* : Edd. coll. o. *condemnat* : Ed. Arg. *Deut.* c. 19. *quæ nec — nec* : Edd. Arg. Bas. *Unde* : eæd. *numeravit* : Edd. Nor. Ven. I, II. desid. in Edd. Arg. Bas. = C. VII. *diximus* : Edd. coll. o. *acta* : Ed. Bas. *notantur* : orig = C. VIII. *si absque culpa,* etc., *quanto magis,* etc. : Edd. coll. o. = C. IX. *Ivo Decr.* p. 9, c. 116.— cf. Genes. c. 19. add. : *in monte* : Ed. Bas. = C. X. *vel*: *nostrum* : Edd. coll. o. *se deft.* : Edd. Bas. Lugd. I. *quod in alios derivemus* : orig. *elegit* : Edd. Bas. Nor. — *eligit* : Edd. rell. Edd. coll. o. pr. Arg. Bas. Nor. = C. XI. *Ex libro de paradiso* : Edd. coll. o. *Exod.* c. 21, v. 13. † Num. c. 33, v. 15. *referre* : Ed. Ner. — *referetur* : Ed. Ven. I. — *refertur* : Edd. rell.

dementes eorum, qua faciunt, reatum minime gestent, patet hunc sacerdotem homicidii reum non esse, unde nec sacerdotio privari debet.

§ 1. *Objicitur autem illud, quod est* in pœnitentiali Theodori n 53:

C. XII. *In se reversus pœnitentiam agat qui insaniens aliquem occidit.*

Si quis insaniens aliquem occiderit, si ad sanam mentem pervenerit, levior ei pœnitentia imponenda est.

Gratian. *Sed hoc forte de eo intelligitur, quem propria culpa ad furorem perduxit.* § 1. *Item objicitur:* Sunt quædam, quæ, etsi non imputentur ad pœnam, tamen impediunt sacramenti signaculum. Ambitio namque parentum filio non imputatur ad pœnam, cui tamen obest ad ecclesiæ munus accipiendum. Sic quæ mente alienata fiunt, etsi non imputentur ad pœnam, tamen sacri muneris exsecutionem impediunt.

Unde Hieronymus ait ° 54:

C. XIII. *Innocens est qui non iratus, sed propter disciplinam casu aliquem interfecit.*

Si quis non iratus, sed propter disciplinam 55 palmam alicui dederit, et eventu 56 occiderit, sicut fieri solet, quantum ad gratiam, innocens est, quia voluntatem, non opus requirit. Quantum autem ad legem, reus est, quia opera 57 requirit 58. § 1. Item si in persecutione virgo fuerit oppressa, repellitur lege, quia opus inspicit, non voluntatem; in gratia autem quasi virgo suscipitur 59, quia non opera quærit, sed voluntatem.

Gratian. *Sicut ergo qui propter disciplinam casu homicidium facit, quantum ad legem, reus est, quantum ad gratiam, innocens, sic iste sacerdos, qui furore homicidium fecit, quantum ad culpam, innocens est, quantum ad suscepti muneris exsecutionem, reus probatur.* § 2. *His ita respondetur: Non omnia, quæ ordinandum impediunt, ordinatum dejiciunt; non enim potest ad sacerdotium provehi qui aliquando insanivit. Verumtamen, si post sacerdotium furere cœperit, non ideo sacerdotio carebit, nisi forte numquam ad sanæ mentis officium illum redire contingat. Sicut de quodam episcopo Gregorius* 60 *scribit in regesto ad Eleutherium Episcopum: Quamvis triste sit* A *nobis, etc., ut supra in causa:* Longa invaletudine gravatus.

## QUÆSTIO II.

### GRATIANUS.

*Pro impensis vero patrociniis* in Tarraconensi Concilio *clerici exigere munera prohibentur, in quo sic statutum legitur c.* 10 1:

C. I. *Pro patrociniis impensis clericus munera exigere non debet.*

Observandum quoque decrevimus, ne quis sacerdotum vel clericorum more sæcularium judicum pro impensis patrociniis munera audeat accipere 2, nisi forte in ecclesiis gratuito 3 oblata, quæ non B favore muneris videantur accepta, sed collatione devotionis illata. Quod si quis ista 4 probatur accipere, veluti exactor fœnoris aut usurarum possessor secundum statuta Patrum se noverit degradandum.

Gratian. *Hoc autem de illis intelligendum est, qui canonicam vitam professi regulariter se victuros proposuerunt. Generali namque ecclesiæ consuetudine receptum est et moribus approbatum, ut clerici more advocatorum patrocinia impendant, et pro impendendis munera exigant, et pro impensis suscipiant.*

## QUÆSTIO III.

### GRATIANUS.

C *Tertio quæritur, an ex mulieris confessione iste sit condemnandus? In quo primo videndum est, an mulier sacerdotem accusare valeat? Quod sacris canonibus omnino videtur esse prohibitum. Generaliter enim statutum est ex decretis Fabiani Papæ* 1, *ut sacerdotes Domini non accusent, nec in eo testificentur, qui sui ordinis non sunt, nec esse possunt. Mulier autem non solum ad sacerdotium, sed nec etiam ad diaconatum provehi possunt, unde nec sacerdotes accusare, nec in eos testificari valent. Legibus* 2 *quoque cautum est, ut ob verecundiam sui sexus mulier apud prætorem pro alio non intercedat, nisi forte suas vel suorum injurias persequi voluerit. Hæc autem, quæ nec suas, suorum injurias persequitur, ad hanc accusationem*

---

### NOTATIONES CORRECTORUM.

n In concilio Vormaciensi, et apud Burchardum et Ivonem hæc sequuntur : *quam ei, qui sana mente tale quid commiserit.*
C. XII. ° Verba hujus capitis usque ad versic. *Item si in persecutione,* leguntur in homil. 28. Operis D imperfecti, ad c. 11 Matthæi. Reliqua autem et fere eadem ibi leguntur, et simillima in comment. B. Hieronymi in idem 11. c. Matth. Ipsa autem prorsus B. Hieronymi verba referuntur infra 32. q. 5. *De pudicitia* vers. *Finge.*

---

Quæst. I. C. XI. 53 Reg. l. 2, c. 96, recte laudat ex conc. Worm. (hab. A. 867), c. 28. — Burch. l. 6, c. 25. Ivo Decr. p. 10, c. 154, (: *ex conc. Turon.*) = C. XII. 54 Imo auctor Operis imperfecti in Matth., hom. 28. = C. XIII. 55 add.: *aliquem verberaverit vel*: Edd. coll. o. pr. Bas. 56 *casu*: Edd. coll. o. 57 add.: *lex*: eæd. 58 *quærit*: eæd. pr. Bas. 59 *suspicitur*: Ed. Bas. 60 cf. C. 7, q. 1, c. 14.
Quæst. II. 1 hab. A. 516. — Coll. tr. p. p. 2, t. 31, c. 7. = C. I. 2 *incipere*: Ed. Lugd. II. 3 *gratuita*: Coll. Hisp. 4 *ita*: Edd. coll. o.
Quæst. III. 1 cf. C. 2, q. 7, c. 6. 2 cf. fr. 2 Dig. de reg. jur. et cap. seq.

admitti non debet. § 1. Econtra qui judicis personam gerere valet ab accusatoris officio non removetur. Mulieres autem in veteri testamento populum judicasse, quicunque librum Judicum [3] legerit ignorare non potest. Non itaque ab accusatione removeri possunt quas etiam judicis personam frequenter gessisse constat, nec ulla serie divinarum scripturarum ab accusatione prohibentur. § 2. His ita respondetur : In veteri lege multa permittebantur, quæ hodie perfectione gratiæ abolita sunt. Quum enim mulieribus permitteretur populum judicare, hodie pro peccato, quod mulier induxit, ab Apostolo [b] eis indicitur verecundari, viro subditas esse, in signum subjectionis velatum caput habere. Quæ ergo his omnibus viro subjecta esse ostenditur, cui pro alio postulare non conceditur, ad accusationem admittenda non videtur. § 3. Econtra, quanquam passim et indifferenter ad accusationem mulier non admittatur, sunt tamen quædam crimina, quorum accusationem mulier subire non prohibetur. Unde in libro Codicis IX, tit. 1, l. 12, Imp. Diocletianus scribit, dicens [a] :

### C. I.

De crimine, quod publicorum fuerit judiciorum, mulieri accusare non permittitur, nisi certis ex causis, id est si suam suorumque persequatur injuriam, secundum antiqui juris statuta tantum, de quibus specialiter eis concessum est, non exacta subscriptione. Unde aditus præses provinciæ in primis examinabit, an tale sit crimen, cujus accusationem mulier subire non prohibeatur.

### C. II.

Item in libro Digestorum, Paulus lib. II de adulteriis, tit. de testibus, l. 18.

Ex eo, quod prohibet lex Julia de adulteriis testimonium dicere condemnatam mulierem, colligitur etiam mulieres in judicio testimonium † dicendi jus habere. Item Digestis, titulo de accusationibus et inscriptionibus, l. 2 : § 1. Non est permissum mulieri publico judicio quemquam reum facere, nisi scilicet parentum liberorumque, et patroni et patronæ, et eorum filii filiæve, nepotis neptisve mortem exsequatur.

### C. III.

Papinianus [c], leg. 2, eod. tit.

Certis de causis concessa est mulieribus publica accusatio [7], veluti si mortem exsequantur eorum earumque in quos lege publicorum judiciorum testimonium invitæ non dicunt [a]. § 1. Idem et in lege Cornelia testamentaria senatus statuit ; sed et de testamento paterni liberti vel materni mulieribus publico [9] judicio dicere permissum est. § 2. Pupillis ex concilio [10] tutorum patris mortem, item pupillæ avi sui mortem exsequi, concessum est lege testamentaria. Nam 'et' de patris quidem testamento pupillis agere divus Vespasianus permisit. Sed iste non exhibeantur tabulæ, per interdictum possunt experiri. Codice de iis, qui accusare possunt vel non, lege 4 [11], Imp. Alexander Dionysio [12]: Uxor tua, si consobrini sui necem vindicandam existimat, adeat præsidem provinciæ. In Digestis ad legem Juliam majestatis, lege 8, Papinianus libro 2 Responsorum : § 3. In quæstionibus læsæ majestatis etiam mulieres audiuntur. § 4. Et conjurationem denique Lucii [13] Catilinæ Fulvia [14] mulier detexit, et M. Tullium consulem indicio suo [15] instruxit.

Gratian. Quæcunque vero persona ad accusationem publicorum judiciorum vel læsæ majestatis admittitur, eandem accusationem simoniæ subire non prohibetur.

Unde in primo lib. Codicis [16] Imp. Leo Armasio [17], Præfecto Præt., leg. 29 :

### C. IV.

Læsæ majestatis, et publicorum judiciorum, et simoniæ accusatio æqualiter proponatur.

Sane quisquis hanc sanctam et venerandam antistitis sedem pecuniæ interventu subiisse, aut si quis, ut alterum ordinaret vel eligeret, aliquid accepisse detegitur, ad instar publici criminis et læsæ majestatis accusatione proposita, a gradu sacerdotii [18] retrahatur. Nec solum hoc deinceps honore privari, sed perpetua quoque infamiæ damnari decernimus, ut eos, quos facinus par coinquinat et [19] æquat, utrosque similis [20] pœna comitetur.

Gratian. Quum autem sacris canonibus accusationes omnino submoveantur, quas leges sæculi non asciscunt, e diverso 'videntur admittendæ quæ legibus sæculi non prohibentur. Verum hoc non infertur. Quicunque enim clericorum sacris canonibus nuptias contrahere prohibentur, et legibus imperatorum. Non autem consequenter omnium copulam leges admittunt, quorum conjunctionem sacri canones non prohibent ; legibus enim [b] soli cantores et lectores, canonibus

---

**NOTATIONES CORRECTORUM.**

QUÆST. III. [a] In aliquot vetustis exemplaribus ab initio quæstionis usque ad cap. Sane, nulla est distinctio capitulorum.

C. IV. [b] Legibus enim : Discrepantia hæc legum et canonum vera non est. Sed fortasse in hanc opinionem venit Gratianus ex quibusdam verbis Novellæ 22, quæ in vulgatis authenticis habetur coll. 4. tit. de nuptiis. § Sed et si quis inter reverendissimos constitutus clericos (ultra lectorem aut cantorem dicimus) omnino contraxerit nuptias, hunc ex nostra constitutione cadere sacerdotio constituimus atque volumus. Julianus autem antecessor eadem Novella 22, num. 27, illud : supra lectorem et cantorem, exponit : veluti subdiaconus et diaconus. Hos autem canones etiam nuptiis prohibent. Et Leo in c. Lex continentiæ. sup. dist. 31, fere iisdem verbis usus est, quibus Justinianus in hac Novella, et nomine lectorum omnes minores ordines significavit.

QUÆST. III. [a] Jud. c. 4. [b] Eph. c. 5. [5] tamen : Edd. Bas. Ven. II. Lugd. I. Par. = C. II. † testimonii : orig. = C. III. [6] Paulus : Edd. coll. o. [7] advocatio : Edd. Arg. Bas. [8] dicant : Edd. coll. o. [9] in publ.: Edd. Bas. [10] concilio : Edd. Arg. Bas. Nor. Ven. I. [11] l. 9, t. 4, c. 4. — scr. A. 222. [12] Augustinus Dionysio : Ep. Ven. I. — Aug. Dionysii : Ed. Nor. — Augusto Dionysio : Edd. rell. exc. Lugdd. II, III. [13] Sergii : Edd. coll. o. — orig. [14] Julia : Edd. coll. o. pr. Lugdd. II, III. [15] in indicium ejus : Edd. Lugdd. II, III. — in judic. ejus : Edd. rell. — Bohm. [16] l. 29, t. 3. — scr. A. 496. [17] Emarsio : Ed. Nor. Lugd. I. — Ermasio : Edd. rell. pr. Lugdd. II, III. = C. IV. [18] sacerdotis : Edd. coll. o. [19] æque et : Edd Arg Nor. Ven. I. [20] simul : Ed. Arg.

*autem etiam aco'ythi uxores ducere possunt. Quamvis igitur sacris canonibus submoveantur accusationes, quas leges sæculi non asciscunt, non ideo consequenter recipiuntur quascunque principum leges admittunt.* § 1. *Sed (sicut circa hujus operis initium* [11] *præmissum est) toties legibus imperatorum in ecclesiasticis negotiis utendum est, quoties sacris canonibus obviare non inveniuntur. Unde aut specialiter sacris canonibus mulier ab accusatione læsæ majestatis et simoniæ ostendatur prohibita, aut præmissis rationibus ad hujusmodi accusationem admittenda probetur.* § 2. *Nec quisquam distinguere quærat, ad aliorum, non ad sacerdotum accusationem in hoc casu simoniæ mulieres esse admittendas. Quum enim generaliter legibus hoc eis permissum inveniatur, nisi quis specialiter aliqua lege hoc prohibitum ostenderit, ejus distinctio locum non habebit. Verum, quum contra generales regulas quædam crimina specialiter excepta sint, in quibus mulieri accusare permittitur, inter quæ fornicatio non numeratur, patet, quod hujus accusatio dupliciter infirmatur, et quia fornicationis crimen intendit, et quia, dum de se confitetur, super alienum crimen ei credi non oportet.*

*Unde Julius Papa scribit in decretis, c.* 18, *dicens* [12] :
C. V. *Rei professio adversus quemlibet admitti non debet.*

Nemini (præterquam de crimine læsæ majestatis) [e] de se confesso credi potest [13] super crimen alienum, quoniam ejus atque omnis rei professio periculosa est, et admitti adversus quemlibet non debet.

Gratian. *Quia ergo ista de se confitetur, super alienum crimen ei credi non oportet, sed contra eam sua confessio interpretanda est.*

## QUÆSTIO IV.
### GRATIANUS.

*Quod vero die dominico nec episcopo, nec presbytero causam aliquam ventilare liceat,* in Tarraconensi Concilio prohibetur, in quo sic statutum est, c. 4 [1] :

A C. I. *Ministri ecclesiæ die dominico causas ventilare non debent.*

Nullus episcoporum aut presbyterorum vel clericorum die dominico propositum cujuscunque causæ negotium audeat ventilare [2], nisi hoc tantum, ut Deo statuta solemnia peragant. Ceteris vero diebus, convenientibus † personis, illa, quæ justa sunt, habent licentiam judicandi, excepto [3] criminali.

C. II. *Solennibus diebus et legitimorum jejuniorum sæcularia placita non agantur.*

*Item ex Concilio apud Erphesfurt* [a], *habito præsente Rege Henrico* [b].

Placita sæcularia dominicis [5] diebus, vel aliis præcipuis festis, seu etiam in his diebus, in quibus legitima jejunia celebrantur, secundum canonicam constitutionem minime fieri decernimus [6]. Insuper [7] etiam sancta synodus decrevit, ut nulla judiciaria potestas licentiam habeat sua auctoritate Christianos ad placitum bannire in [8] supradictis diebus, id est septem dies [9] ante natalem Domini usque in octavas epiphaniæ, et a quinquagesima usque in [10] octavas paschæ, et septem dies [11] ante nativitatem sancti Joannis Baptistæ, quatenus adeundi ecclesiam orationibusque vacandi liberius habeatur facultas.

C. III. *De eodem.*

*Item Hadrianus Papa in capitulis, c.* 64 [12].

Nullus episcopus vel [13] infra positus die dominico causas judicare præsumat.

## QUÆSTIO V.
### GRATIANUS

C *Purgationem vero neganti esse præstandam,* Stephanus scribit Leoni, Episcopo Theanensi [a] [1] :

C. I. *Diaconus, si de crimine convinci non poterit, apud episcopum se ipsum secreto purificet.*

De crimine sibi illato diaconus tuus verissime fatebatur se esse immunem. Veruntamen si suscipio habetur, et accusatores idonei reperiuntur, et tales testes, quales sacri canones sanciunt, accito tecum certo episcoporum numero veniant [2] accusatores, vocetur et ipse Aldericus diaconus, et, si negaverit, ventiletur causa canonice, et, si vel sponte con-

### NOTATIONES CORRECTORUM.

C. V. [c] *Præterquam de crimine læsæ majestatis :* Hæc exceptio in nullo ex locis indicatis habetur, præterquam apud Anselmum [1].

Quæst. IV. C. II. [a] *Erphesfurt :* In vulgatis legebatur : *Ephesum,* quasi hoc esset decretum aliquod concilii Ephesini, habiti tempore Cœlestini Papæ, et Theodosii junioris. Hoc vero est Germanicum concilium, habitum præsente Henrico rege, prout

etiam apud Burchardum et Ivonem dicitur. Et codices Gratiani manuscripti habent quemadmodum est restitutum. In hoc autem oppido petiit Bonifacius a Zacharia Papa constitui episcopum, et impetravit. Quod apparet ex prima epistola Bonifacii ad Zachariam, et ultima Zachariæ ad Bonifacium.

Quæst. V. [1] Idem est titulus in c. *De manifesta.* sup. 2, q. 1.

---

Quæst. III. C. IV. [11] Dist. 10, c. 1. [12] Caput Pseudoisidori, cf. interpr. ad Theod. cod. l. 9, t. 1, c. 12. — Ans. l. 3, c. 75 (65). Ivo Pan. l. 4, c. 69. Decr. p. 5, c. 288. [e] non legitur in cod. Ans. coll. = C. V. [13] oportet : Edd. coll. o.
Quæst. IV. [1] hab. A. 516. — Reg. l. 1, c. 376. Burch. l. 2, c. 87. ( : *ex conc. ap. Medard.*) Ivo Decr. p. 4, c. 22. = C. I. [2] *judicare* : Coll. Hisp. — *vindicare* : Coll. citt. † *conniventibus* : Coll. Hisp. [3] *excepto criminalia negotia* : ib. = C. II. [a] hab. A. 952. — Burch. i. 13, c. 21. Ivo Decr. p. 4, c. 53. [5] *dom. vel al. fest. diebus, seu etiam in quibus,* etc. [c] orig. [6] *volumus* : ib. [7] *Ins. gloriosissimus rex augmentum Christ. religionis concessit* : ib. [8] *in — id est* : ibid. ib. [9] *diebus* : ib. — Edd. coll. o. [10] *ad* : Edd. coll. o. — Bohm. [11] *diebus* : Edd. coll. o. = C. III. [12] Burch. l. 1, c. 102, ( *ex conc. Spalensi.*) Ans. in fin. l. 3. Ivo Decr. p. 5 c. 204 ( : *ex conc. Spal.*) [13] *et* : Ed. Bas.
Quæst. V. [1] cf. ad C. 2, q. 1, c. 17. — Ivo Decr. p. 6, c. 430. = C. I. [2] *vocentur* : Ed. Arg.

fessus, vel legitimis testibus fuerit approbatus, canonica feriatur sententia. Qui si nec sponte confitetur, nec accusatores et testes legitimi reperti fuerint, et mala fama crebuerit², non publico ᵇ examine, sed coram te, et aliquantis reverendissimis presbyteris et diaconis tuæ ecclesiæ secreto juramento se purificet. Et *tu* deinceps boni testimonii eum annuncia, et compesce et commone ecclesiæ tuæ filios, ne sacerdotem Dei ulterius infamare præsumant, timentes, quod Cham ⁶ maledictus est, qui patris verenda ⁶ derisit.

**C. II.** *Non est spoliandus presbyter vel diaconus, nisi sponte confessus vel legitime convictus fuerit.*

*Item* Nicolaus ⁷ *Solomoni* ⁸ *Constantiensi episcopo.*

Presbyter aut diaconus, quem asseris crimina nolle publice confiteri, sed velle cum sacramento defendere se, et si tamen notum sit episcopo esse scelus ab ipso ⁹ perpetratum, non potest per aliquam pœnitentiam sacerdotali vel diaconali officio potiri. Sed mirandum est, si ipse confessus non fuerit, quomodo notum possit esse episcopo scelus ab ipso perpetratum, nisi accusatore forte idoneo per testes idoneos approbante. Unde si examinante episcopo causam presbyteri vel diaconi non ¹⁰ fuerit per testium approbationem presbyter ¹¹ vel diaconus forte convictus, non est scelus episcopo legitime manifestum, nisi sua sponte *scelus* ipse ¹² confiteatur. Quod nisi fecerit, interim non videmus suo debere presbyterum vel diaconum officio privari. Sola ergo spontanea confessio, et canonicus numerus, et ¹³ qualitas testium (decernentibus episcopis, et accusatore quod objecerat comprobante) clericum privat proprio gradu.

## QUÆSTIO VI.
### GRATIANUS.

I Pars. *Quod vero confessio cruciatibus extorquenda non sit*, Alexander Papa *testatur, scribens omnibus orthodoxis, epist. 1, c. 2* ¹:

**C. I.** *Ministrorum confessio non sit extorta, sed spontanea.*

Si quandoque ² a ³ sacerdotibus et ⁴ auctoribus ⁵ ecclesiæ quædam scripturæ quoque modo per metum aut fraudem, aut per vim extortæ fuerint, vel, ut se liberare possint, quocunque ab eis conscriptæ aut roboratæ fuerint ingenio, ad nullum eis præjudicium vel nocumentum valere ⁶ censemus, neque ullam eos infamiam vel calumniam, aut a suis sequestrationem bonis unquam, Deo auctore et sanctis apostolis eorumque successoribus, sustinere permittimus. Confessio vero in talibus non compulsa, sed spontanea fieri debet. *Et infra :* § 1. Omnis enim confessio, quæ fit ex necessitate, fides non est. *Et paulo post :* § 2. Confessio ergo in talibus non extorqueri debet, sed *potius* sponte profiteri; pessimum enim est de suspicione aut extorta confessione quemquam ⁸ judicare, quum magis sit inspector cordis Dominus, quam operis. *Et paucis interjectis :* § 3. Non ⁷ potest autem humano condemnari examine quem Dominus suo reservavit judicio: Si omnia namque in hoc sæculo vindicata essent, locum divina judicia non haberent. *Item multo superius :* § 4. Est etiam 'et' ad 'hanc' sanctam sedem perlatum (quod pudet ⁹ dicere, et non solum ⁹ sacerdotali, sed etiam omni Christiano nomini est inimicum), quod nonnulli episcopos vel sacerdotes aut metu compellunt, aut vi extorquent, aut fraude decipiunt, aliquas confessionis suæ in alteram partem, quam debeant, literas scribere ᵇ, aut pro suarum non requisitione causarum ¹⁰, aut (quod deterius est) *pro* alieni erroris secta ¹¹ scripturas facere, et propriis manibus roborare, et coram populis recitare atque confiteri. Aliquos ¹² dicunt carceribus et ergastulis retrudi ¹³, ut saltem his territi insidiis *devient* Domini sacerdotes, *et* suis faveant voluntatibus. *Item ubi supra :* § 5. Confessio vero in talibus non compulsa, sed spontanea fieri debet, ipso attestante ¹⁴, qui ait : *Ex corde 'enim' procedunt homicidia, adulteria, 'fornicationes, blasphemiæ'*, et cetera, quæ sunt ad hanc pertinentia. § 6. Nec tantum attendenda sunt quæ fiunt ¹⁵, quantum quo animo fiant. *Et paulo post :* § 7. Amplius autem ¹⁶ respicit Deus ad cogitationes et spontaneas voluntates, quam ad actus, qui per simplicitatem aut *per* necessitatem fiunt.

---

### NOTATIONES CORRECTORUM.

Quæst. VI. C. I. ª *Auctoribus :* Ivo habet : *Si sacerdotibus, vel actoribus ecclesiæ,* quemadmodum etiam in eadem epistola dicitur : *Si quis erga episcopum vel actorem ecclesiæ,* et refertur supr. 2, q. 7, *Si quis erga.* Hoc autem loco in epistola legitur : *Similiter si hujusmodi personis quædam scripturæ,*etc. Præcesserant autem cum multa alia, tum quæ referuntur in hoc eodem capite, in vers. *Est etiam et ad hanc.* Confectum enim est hoc caput ex locis epistolæ hinc inde sumtis, ordine non semper servato.

ᵇ *Literas scribere :* Hæc absunt ab originali. Sufficiunt enim illa, quæ sequuntur : *Scripturas facere.* Sed ob glossam non sunt expuncta.

---

Quæst. V. ⁵ crebrescit : Ivo. — Edd. Arg. Bas. — crebescerit : Edd. rell. = C. I. ⁴ in. publ. : Edd. coll. o. ⁵ Gen. c. 9. ⁶ pudenda : Edd. Arg. Bas. = C. II. ⁷ Ep. non satis certi temporis. — Ivo Decr. p. 6, c. 122. ⁸ Saloni : Ed. Bas. — Soloni : Edd. Lugdd. Par. ⁹ ipsius : Edd. coll. o. ¹⁰ nisi : exd. pr. Lugdd. II, III. ¹¹ ille : presb. : Ivo. ¹² ipsum : Edd. coll. o. ¹³ vel : exd. — Ivo. — Bohm.
Quæst. VI. C. I. ¹ Caput Pseudoisidori. — Ivo Pan. l. 4, c. 118. Decr. p. 5, c. 241. ² desid. in Edd. Arg. Bas. Nor. Ven. l. ³ desid. in iisdem exc. Bas. ⁴ vel : Ed. Bas. ⁵ provenire : orig. ⁶ quempiam : Bohm. ⁷ Ennodii apolog. ⁸ pudeo : Edd. coll. o. ⁹ tantum : exd. ¹⁰ rerum : orig. ¹¹ sectæ : Edd. coll. o. ¹² alios : exd. ¹³ recludi : orig. ¹⁴ testante : Edd. coll. o. — cf. Matth. c. 15, v. 19. ¹⁵ fiant : Edd. coll. o. pr. Lugd. II. ¹⁶ enim : Edd. coll. o.

**C. II.** *Apostolica auctoritas penitus illicita in irritum deducit juramenta.*

*Item* Nicolaus Papa *Episcopis Galliæ* [17].

Auctoritatem venerabilium prædecessorum nostrorum secuti, et nominatim beatissimi Papæ et martyris Alexandri [c] quinti a beato Petro, ab omnibus juramentis et cujuscunque modi obligationibus, quibus illi sese coacti violentia impiorum obligaverant, absolvimus, et ne illa serventur vetuimus tam præfatum archiepiscopum Treverensem, quam ejus præpositum, et omnes, qui tunc temporis capti se illis quoquo modo obligaverunt, neque ullam eos proinde infamiam vel calumniam, aut a suis bonis sequestrationem unquam, auctore Deo, et sanctis apostolis et nostris prædecessoribus, sustinere permittimus, sicut per Prophetam Dominus dicit [18]: *Dissolve colligationes impietatis.* Quinetiam præfato fratri nostro, filiisque Treverensis ecclesiæ, illiusque defensoribus hæc in mandatis damus, ut spirituali simul et materiali gladio tamdiu malignos illos eorumque fautores insequantur, quousque cum integritate possessiones, vel quæcunque res ecclesiasticæ hoc facto vel quocunque pacto distractæ seu direptæ sunt [19], revocentur.

II Pars. Gratian. *A fidelitatis etiam juramento Romanus Pontifex nonnullos absolvit, quum aliquos a sua dignitate deponit.*

Unde Gregorius Papa [d] [20]:

**C. III.** *Pontificalis auctoritas a juramento fidelitatis nonnullos absolvit.*

Alius item Romanus Pontifex, Zacharias scilicet, regem Francorum non tam pro suis iniquitatibus quam pro eo, quod tantæ potestati erat inutilis, a regno deposuit, et Pipinum, Caroli magni imperatoris patrem, in ejus locum substituit, omnesque Francigenas a juramento fidelitatis, 'quod illi fecerant' absolvit. Quod etiam ex auctoritate frequenti [21] agit sancta ecclesia, quum milites absolvit a vinculo juramenti, quod factum est his episcopis, qui apostolica auctoritate a pontificali gradu deponuntur.

**C. IV.** *Excommunicati vinculo fidelitatis non tenentur obnoxii.*

*Item* Gregorius VII *Romanæ Synodo præsidens dixit* [22].

Nos, sanctorum prædecessorum nostrorum statuta tenentes [23], eos, qui excommunicatis fidelitate aut sacramento constricti sunt, apostolica auctoritate a sacramento absolvimus, et ne eis [24] fidelitatem observent omnibus modis prohibemus, quousque [e] ipsi ad satisfactionem veniant.

**C. V.** *Ante quam reconcilientur, fidelitatem excommunicatis nullus servare cogitur.*

*Item* Urbanus II *Episcopo Vapicensi* [25].

Juratos milites Hugoni † Comiti, ne ipsi, quamdiu excommunicatus est, serviant, prohibeto [26]. Qui [27] si sacramenta prætenderint, moneantur, oportere Deo magis servire quam hominibus. Fidelitatem enim, quam Christiano principi jurarunt [28], Deo ejusque sanctis adversanti, et eorum præcepta calcanti, nulla cohibentur [29] auctoritate persolvere.

## QUÆSTIO VII.
### GRATIANUS.

I Pars. *Absque synodali vero audientia sacerdotem damnari, in Hispalensi Concilio, cui Isidorus interfuit, cap. 6. sic prohibetur* [1]:

**C. I.** *Sine concilii examinatione presbyter vel diaconus non dejiciatur.*

Sexta actione comperimus, Fragitanum [2] Cornubensis ecclesiæ presbyterum injuste olim a pontifice suo dejectum, et innocentem exsilio condemnatum. Quem rursus ordini suo restituentes [a], id denuo adversus præsumtionem nostram [b] decrevimus, ut juxta priscorum Patrum synodalem sententiam nullus nostrum sine concilii examine quemlibet presbyterum vel diaconum dejicere [3] audeat [4]. Nam,

---

**NOTATIONES CORRECTORUM.**

C. II. [c] *Alexandri*: Nicolaus citat epist. Alex. I, de qua re se notatum est supra, dist. 19, *Si Romanorum*.

C. III. [d] In manuscriptis est, ut in vulgatis: *Gelasius Papa Anastasio imperatori*. Cujus Gelasii esse non potest. Zacharias enim et Carolus M., quorum in hoc capite mentio fit, multo post Gelasium vixerunt. Habetur autem in regesto Gregor. VII, lib. 8, ep. 21, Herimanno, Metensi episcopo scripta, quam refert Ivo. In qua quidem epistola paulo ante multa ex epistola Gelasii Anastasio imperatori scripta afferuntur.

C. IV. [e] *Quousque*, etc.: Verba hæc non sunt in codice manuscripto Vaticano.

Quæst. VII. C. I. [a] *Restituentes*: Sic est emendatum ex codicibus conciliorum impressis et manuscriptis. Sic enim apertius declaratur illum canonice a concilio esse restitutum, quam ex lectione Gratiani vulgata: *restitutum esse comperimus*'".

[b] *Nostram*: Antea legebatur: *vestram*'". In recentioribus autem conciliorum editionibus est: *noram*. Emendatum est ex antiquioribus editionibus, et duobus codicibus Vaticanis, et Lucensi regio, quemadmodum et paulo post: *nullus nostrum*, quum antea esset: *nullus vestrum*. Modesti enim et religiosi episcopi sibi etiam metuunt. Alia vero quædam sunt ex iisdem codicibus emendata.

---

Quæst. VI. C. II. — [17] scr. A. 861, ex sent. Honthemii in hist. diœces. Trevir. — Non desunt, quibus cum Augustino supposititia esse videatur. — Polyc. l. 6, t. 11. — [18] Esa. c. 58, v. 6. — [19] *fuerint*: Ed. Bas. — [20] scr. A. 1080. — Ivo Pan. l. 5, c. 109. Decr. p. 5, c. ult. — C. III. * ita in Edd. coll. o. — [21] add. : *sæpe*: orig. = C. IV. — [22] hab. A. 1078. — Ivo Pan. l. 5, c. 110. — [23] *sequentes*: Ed. Bas. — Ivo. — [24] *sibi*: orig. — Edd. coll. o. = C. V. — [25] Ep. incerti temporis, scr. ad Ebredunensem, Vapincensem et Diensem Epp., ut ex Victorino Panormiæ codice l. 5, c. 111), protulit Baluzius. † *Wigoni*: Baluz. ex cod. Pau. mscr. — [26] *prohibete*: Ivo. — [27] *Quod*: ib. — [28] *juraverint*: ib. — [29] *cohibeantur*: Ed. Bas.

Quæst. VII. — [1] hab. A. 619. — Abbo Flor. apud Mabill. Vet. anal. c. 12. = C. I. — [2] *Flagitanum*: Edd. coll. o. — " *comp.*: desid. in Edd. Arg. Nor. Ven. I. — "' ita in Edd. coll. o. — [3] *dejiciendum*: Coll. Hisp. — Abbo. — Edd. coll. o. pr. Bas., in qua leg. : *damnandum*. — [4] *putet*: Edd. coll. o.

multi sunt, qui indiscussos potestate tyrannica, non auctoritate canonica damnant. Et sicut nonnullos gratia favoris [e] sublimant, ita quosdam odio invidiaque 'permoti' humiliant, et ad levem [f] opinionis auram condemnant quorum crimen non approbant. Episcopus [7] enim sacerdotibus [8] ac ministris solus honorem dare potest, solus auferre non potest. Si enim hi, qui in sæculo [9] a dominis suis honorem libertatis adepti sunt, in servitutis nexum [10] non revolvuntur [11], nisi publice apud [12] prætoris ac præsidis tribunal in foro fuerint accusati, quanto magis hi, qui divinis altaribus consecrati honore ecclesiastico decorantur? Qui profecto nec ab uno damnari [13], nec uno judicante poterunt honoris sui privilegiis [14] exui, sed, præsentati [15] synodali judicio, quod canon [16] de illis præceperit [17], definiri.

### C. II. *Causas clericorum episcopus non nisi cum senioribus ecclesiæ audiat.*

*Item* Gregorius *Joanni Episcopo Panormitano, lib. XI, epist.* 49.[18]

Si quid de quocunque clerico ad aures tuas pervenerit, quod te juste possit offendere, facile non credas, nec [19] ad † vindictam te res accendat incognita, sed præsentibus senioribus ecclesiæ tuæ diligenter est veritas perscrutanda, et tunc, si qualitas rei poposcerit, canonica districtio culpam feriat delinquentis.

### C. III. *A quot episcopis presbyteri vel diaconi sunt audiendi.*

*Item ex Concilio Carthaginensi* [c] I, c. 11 [20].

Si quis tumidus vel contumeliosus exstiterit in [21] majorem natu, vel aliquam causam habuerit, a tribus vicinis episcopis, si diaconus est [d], qui arguitur; si presbyter, a sex [22]; si episcopus, a duodecim consacerdotibus [23] audiatur. Universi episcopi dixerunt : Contemtus [24] debet contumaciæ et superbiæ in omnibus frangi. Causæ vero pro personis ab [25] his [26] statuto numero audiantur.

### C. IV. *De eodem.*

*Item ex Concilio Carthaginensi* II, c. 10 [27].

Felix episcopus Selemselitanus dixit : Etiam hoc [28] adjicio secundum statuta veterum conciliorum, ut, si quis episcopus (quod non optamus) [29] in reatum aliquem incurrerit [30], et [31] fuerit ei nimia necessitas non posse plurimos [32] congregare [33], ne in crimine remaneat [34], a duodecim episcopis audiatur, et a sex presbyter [e], et a tribus diaconus, cum proprio suo episcopo.

### C. V. *De eodem.*

*Item ex Concilio Carthaginensi* III, c. 8 [35].

Si autem presbyteri vel diaconi fuerint accusati, adjuncto sibi ex vicinis locis proprius episcopus legitimo numero collegarum [36], quos [37] ab eodem accusati petierint, id est una secum in presbyteri nomine sex [f], in diaconi tribus [38], ipsorum [39] causas discutiat [40] eadem dierum [41] et [42] dilationum [43] et a communione remotionum, et discussione personarum [44], inter accusatores et eos, qui accusantur, forma servata. Reliquorum autem clericorum causas etiam solus episcopus loci agnoscat et finiat.

II Pars. Gratian. *Solus autem ad exclusionem aliorum episcoporum, non suorum clericorum dicitur, sine quorum præsentia ejus sententia erit irrita.*

*Unde in Concilio Carthaginensi* IV, c. 23, *legitur* [45] :

### NOTATIONES CORRECTORUM.

C. III. [c] *Carthaginensi :* Sic est emendatum ex vetustis codicibus. Nam in vulgatis erat : *Agathensi I*, quum unicum duntaxat Agathense memoretur.

[d] *Si diaconus est :* In vulgatis conciliorum editionibus legitur : *si diaconus est, arguatur presbyter,* etc.

C. IV. [e] *Presbyter :* Sic legitur in concilii, quod est in codice canonum, c. 12, et græco, et duobus codicibus conciliorum Vaticanis, et uno alio perantiquo, et concordat cum sequenti capite. In editionibus autem conciliorum Parisiensibus ac Coloniensibus habetur : *et a sex presbyteris et tribus diaconis,* quemadmodum et in multis Gratiani manuscriptis.

C. V. [f] *Nomine sex :* Sic in ceteris codicibus impressis et manuscriptis, præterquam in editione Coloniensi quatuor tomorum, in qua habetur : *Presbyteri nomine quinque, in diaconi duobus.*

---

QUÆST. VII. C. I. [5] *gratiæ favore*: Coll. Hisp. — Abbo. — *in grat.*: Edd. coll. o. pr. Lugdd. II, III. [6] *levi aura*: Edd. coll. o. [7] cf. D. 67. c. 2. [8] *presbyteris*: Coll. Hisp. [9] *hoc sæc.*: Edd. coll. o. [10] *nexu*: Coll. Hisp. [11] *resolvuntur*: Ed. Bas. [12] *apud prætores tribunali foro*: Coll. Hisp. — Ed. Bas.— *ap. præt. ac. præs. tribunali* (*in trib.*: Edd. Lugdd. II, III), *foro*: Edd. rell. — *apud proceres trib. foro*: Abbo. [13] *nec uno damnante*: Edd. coll. o. [14] *privilegio*: exd. pr. Ven. II. [15] *præsenti*: exd. pr. Ven. II. [16] *add.*: *omnino*: Edd. coll. o. [17] *præcepit*: Edd. Arg. Bas. Nor. Ven. I. — *add.*: *oportet*: Edd. coll. o. — Böhm. = C. II. [18] Ep. 44. (scr. A. 603), i. 13. Ed. Maur. — Coll. tr. p. p. 1, t. 55, c. 11. — cf. D. 89, c. 23. [19] *ne*: Edd. coll. o. † *per*: Edd. Ven. I, II Nor. — Coll. III. "*ita in Edd. coll. o. exc. Bas.* [20] hab. A. 348. — Coll. tr. p. p. 2, t. 15, c. 3. [21] *et in*: Edd. coll. o. pr. Lugdd. [22] *VII*: Ed. Arg. [23] *sacerdotibus*: Edd. coll. o. pr. Bas. [24] *contundi debet contumacia, et superbia*: Coll. Hisp. — Edd. coll. o. — Böhm. [25] *a statuto*: Coll. Hisp. — Böhm. [26] *add.*: *episcopis*: Ed. Bas. = C. IV. [27] hab. A. 390. — Burch. l. 1, c. 149. Ans. l. 3, c. 121. Ivo Decr. p. 5, c. 262. [28] *hæc additio*: Edd. coll. o. — *add.*: *fieri*: exd. — Bohm. [29] *inciderit*: Ed. Bas. [30] *et si*: Edd. coll. o. [31] *add.*: *episcopos*: exd. — Bohm. [32] *congregari*: Coll. Hisp. [33] *maneat*: Edd. col. o. "*ita Edd. Arg. Nor. Ven. I.* = C. V. [34] hab. A. 397. — Burch. l. 2, c. 205. Ans. l. 3, c. 123 (122). Ivo Decr. p. 6, c. 280. [35] *episcoporum*: Ans. [36] *quos* — *id est*: desid. in Coll. Hisp. [37] *tres*: Coll. Hisp. — Ed. Bas. [38] *qui ipsi*: Edd. coll. o. [39] *discutiant*: exd. — Coll. Hisp. [40] *in dier.*: Edd. Par. Lugdd. [41] *desid.* in Edd. coll. o. pr. Arg. Nor. Ven. I. [42] *dilatione*: Coll. Hisp. — Edd. coll. o. [43] *causarum*: Edd. coll. o. [44] c. 14. Statutt. eccl. ant. — cf. ad. c. 9. D. 18. — Burch. l. 1, c. 114. Ivo Decr. p. 5, c. 214.

**C. VI.** *Absque praesentia clericorum nullius causam episcopus audiat.*

Episcopus nullius [14] causam audiat absque praesentia suorum clericorum; alioquin irrita erit sententia episcopi, nisi clericorum praesentia confirmetur [17].

**C. VII.** *Nisi in synodo canonice vocati sacerdotes damnari non possunt.*

Item ex Concilio Hispalensi II, c. 6 [48].

Episcopus sacerdotibus ac ministris solus honorem dare potest, auferre [49] solus non potest. Si enim hi, qui in saeculo [50] a dominis suis honorem libertatis adepti sunt, in servitutis jugum [51] non revocantur, nisi publice apud praetoris ac [52] praesidis tribunal [53] in foro fuerint accusati, quanto magis hi, qui divinis altaribus consecrati, honore ecclesiastico decorantur? Qui profecto nec ab uno damnari, nec uno judicante poterunt [54] honoris sui privilegiis [55] exui, sed praesentati [56] synodali judicio, quod canon de illis praeceperit definiri [57].

## QUAEST. VIII.

### GRATIANUS.

*De ultima vero quaestione sic statutum est* in Concilio Neocaesariensi, c. 9 et 10 [1].

**C. I.** *Presbyter qui ante ordinationem confitetur se corporaliter lapsum, postea non offerat.*

Qui admisit [2] corporale peccatum, et hic postea presbyter ordinatus est, si confessus fuerit quod ante ordinationem suam peccaverit, non quidem offerat, maneat autem in aliis officiis propter ejus studii utilitatem [a]. Nam cetera [3] peccata censuerunt plurimi etiam ordinatione privari [b] [4]. Quod si de his non fuerit confessus, nec ab aliquibus [5] potest manifeste convinci, huic ipsi de se potestas est committenda [6]. Similiter et diaconus, si in eodem A culpae genere fuerit involutus, sese a ministerio cohibebit.

**C. II.** *Deservientes altario si carnis fragilitate deliquerint, episcopi arbitrio subjaceant.*

Item ex Concilio Ilerdensi, c. 5 [7].

Hi, qui altario Dei deserviunt, si subito in fienda carnis fragilitate corruerint, et Domino [8] respiciente digne poenituerit, ita ut mortificato corpore cordis contriti sacrificium Deo offerant, maneat in potestate pontificis vel veraciter afflictos non diu suspendere, vel desidiosos prolixiore tempore ab ecclesiae corpore segregare; ita tamen, ut sic officiorum suorum loca recipiant, ne possint ad altiora officia ulterius promoveri. Quod si iterato velut canes ad vomitum reversi fuerint, 'et [9] veluti sues B in volutabris luti jacuerint', non solum dignitate officii careant, sed etiam sanctam communionem, nisi in exitu, non † percipiant.

**C. III.** *Ex ministris ecclesiae geniti in servitutem devocentur ejusdem.*

Item ex Concilio Toletano IX, c. 10 [10].

Quum multae super incontinentia [11] ordinis clericorum hactenus emanaverint sententiae Patrum, et nullatenus ipsorum reformari [12] quiverit correctio morum, usque adeo sententiam [13] judicantium protraxere commissa culparum, ut non tantum ferretur [14] ultio in auctores [15] scelerum, verum et in progenie [16] damnatorum. Ideoque quilibet ab episcopo usque ad subdiaconum deinceps, 'qui' vel ex ancillae vel ex ingenuae detestando connubio in honore constituti filios procreaverint, illi quidem, ex quibus geniti probabuntur, canonica censura damnentur; proles autem, aliena [17] pollutione nata, non solum hereditatem [18] nunquam accipiet, sed etiam in servitutem [19] ejus ecclesiae, de cujus sa-

---

### NOTATIONES CORRECTORUM.

QUAEST. VIII. C. I. [a] *Propter ejus studii utilitatem:* Graece est: διὰ τὴν ἄλλην σπουδήν, id est: *propter studium ac diligentiam, quam caeteroquin adhibet.*

[b] *Privari:* Graece legitur: τὴν χειροτεσίαν ἀφιέναι id est: *per manus impositionem dimitti,* quemadmodum fere vertit Dionysius, cujus versionem ce- D teri collectores attulerunt, hac tamen clausula omissa. Nam haec versio, quam Gratianus affert, est prisca, quae est in collectione Isidori. Ita ex his verbis longe alia elicitur sententia, atque auctor glossae putarit.

---

QUAEST. VII. C. VI. [14] *nullam:* orig. ap. Baller. [17] *firmetur:* Edd. coll. o. = C. VII. [48] hab. A. 619. — cf. supra c. 1. [49] *sed solus auferre:* Edd. coll. o. [50] *hoc saec.:* eaed. [51] *nexu — revoluntur:* Coll. Hisp. [52] *praetores:* ib. — *ac praes.:* desid. ib. — *praetores ac praesides:* Edd. coll. o. [53] *in tribunali foro:* Edd. Lugdd. II, III. — *tribunali foro:* Edd. rell. — Coll. Hisp. [54] *poterint:* Edd. Arg. Bas. [55] *privilegio:* Edd. coll. o. [56] *praesente:* Edd. Ven. I. Par. Lugdd. [57] *oportet def.:* Edd. coll. o.
QUAEST. VIII. [1] hab. A. 514. — Burch. l. 2, c. 49. Ivo Pan. l. 3, c. 151. Decr. p. 6, c. 150. omnes ex Dionysio. = C. I. [2] *admiserit:* Coll. Hisp. [3] *et cet.:* ib. — *cetera vero:* Edd. coll. o. [4] *privare:* Coll. Hisp. [5] *aliquo poterit:* Coll. Hisp. [6] *permitt.:* ib. = C. II. [7] hab. A. 546. — Burch. l. 19, c. 74. Ivo Decr. p. 15, c. 87. Raban. poenit. c. 1. [8] *Deo:* Edd. coll. o. [9] *et — jac.:* non leg. in Coll. Hisp. † desid. ib. = C. III. [10] hab. A. 655. — Ivo Decr. p. 6, c. 425. [11] *incontinentiam:* Coll. Hisp. — *innocentia:* Edd. Bas. Lugd. I. — *innocentiam:* Edd. rell. [12] *firmari:* Ivo. — Edd. coll. o. [13] *sententia:* Ed. Bas. [14] *inferretur:* Edd. coll. o. — *feriretur:* Ivo. [15] *actoribus:* Ivo. — *actores:* Edd. coll. o. pr. Bas. Lugdd. II, III. — Bohm. [16] *progenie:* Ivo. — Coll. Hisp. [17] *tali:* Coll. Hisp. — *ab hac:* Ivo. [18] add.: *parentum:* Coll. Hisp. — Ivo. [19] *servitute:* Edd. coll. o. pr. Ven. I, II. Lugd. I. — Bohm.

cerdotis vel ministri iguominia nati sunt, jure perenni manebunt.

C. IV. *Qui confitetur se ante ordinationem peccasse non sacrificet; convictus autem deponatur.*

Item ex Concilio Martini Papæ, c. 35.

Si quis presbyter ante ordinationem peccaverit, et post ordinationem confessus fuerit quod ante peccaverit, non offerat, sed tantum pro religione nomen presbyteri portet. Si autem non ipse confessus, sed ab alio publice fuerit convictus, nec hoc ipsum habeat, ut nomen presbyteri portet. Similiter et de diaconis observandum est, ut, si ipsi confessi fuerint, ordinem subdiaconi accipiant.

C. V. *De manu sacerdotis, qui ab ecclesia toleratur, licite sacramenta sumuntur.*

Item Nicolaus ad consulta Bulgarorum, c. 71.

Sciscitantibus vobis, si a sacerdote, qui sive deprehensus in adulterio, sive de hoc sola fama respersus est, debeatis communionem suscipere, necne? respondemus : Non potest aliquis, quantumcunque pollutus sit, sacramenta divina polluere, A quæ purgatoria cunctarum contagionum existunt, nec potest solis radius per cloacas et latrinas transiens aliquid exinde contaminationis attrahere. Proinde qualiscunque sacerdos sit, quæ sancta sunt coinquinare non potest. Idcirco ab eo, usquequo judicio episcoporum reprobetur, communio percipienda est, quoniam mali bona administrando se tantummodo lædunt, et cerea fax accensa sibi quidem detrimentum præstat, aliis vero lumen in tenebris administrat, et unde aliis commodum exhibet inde sibi dispendium præbet. § 1. Sumite ergo intrepidi ab omni sacerdote Christi mysteria, quia omnia fide Christi purgantur. Fides est enim, quæ hunc mundum vincit, et quia non dantis, sed accipientis fit, dicente B. Hieronymo d : *Ad credendum in* B *anima omni baptismus est perfectus, et in omni sacerdote corpus Christi est perfectum.* Qui rursus sacræ scripturæ concordans ait : *Prius quam audias, ne judicaveris quemquam*, atque ante probationem accusationis illatæ neminem a tua communione suspendas, quia non statim qui accusatur reus est, sed qui convincitur criminosus.

# CAUSA XVI.

### GRATIANUS.

Quidam abbas habebat parochialem ecclesiam; instituit ibi monachum, ut officium celebraret populo; possedit eam per quadraginta annos sine aliqua interpellatione; tandem querela adversus abbatem movetur a clericis baptismalis ecclesiæ, in cujus diœcesi prochiana ecclesia illa consistebat. (Qu. I.) Hic primum quæritur, utrum monachis liceat populis officia celebrare, pœnitentiam dare et baptizare? (Qu. II.) Secundo, si contigerit eos capellas habere episcopali beneficio, an ab eis sint instituendæ, an ab episcopis? (Q. III.) Tertio, an jura ecclesiarum præscriptione tollantur? (Qu. IV.) Quarto, si ecclesia adversus ecclesiam præscribat, an etiam monasterium adversus ecclesiam præscribere possit? (Qu. V.) Quinto, si capellam in suo territorio ædificatam jure territorii sibi vendicare valeat? (Qu. VI.) Sexto, si archipresbyter vel episcopus sua auctoritate, non judiciaria sententia capellam illam irrepserit, an cadat C a causa, ut ecclesia, cui præsidet, non ultra habeat jus repescendi quod suus pastor illicite usurpavit? (Qu. VII) Septimo quæritur, si laici capellam illam tenebant (ut quibusdam moris est) et in manibus abbatis eam refutaverint, et ordinandam tradiderint, an consensu episcopi et clericorum abbas possit eam tenere?

### QUÆSTIO I.
### GRATIANUS.

I Pars. Quod monachi officia populis celebrare non D possint, multis auctoritatibus probatur, quarum prima est illa sanctæ Nicænæ Synodi, qua dicitur :

### NOTATIONES CORRECTORUM.

C. V. c *Et cerea* : Ante legebatur, etc. Restitutum est ex originali, ex quo alia etiam sunt emendata et addita.

d *Hieronymo* : Est in epistola de septem gradibus, quemadmodum et quod sequitur : *priusquam audias*, etc., est ibidem superius.

CAUSA. XVI. QUÆST. I. C. I. a Caput hoc neque in prima Nicæna synodo, neque in secunda hodie habetur. Est autem aliquid simile in canonibus Nicænis versis ex Arabico, can. 76.

QUÆST. VIII. C. IV. c. 9 et 10, conc. Neocæs. ex interpr. Martini Brac. — Burch. l. 2, c. 48. Ivo Pan. l. 3, c. 150. Decr. p. 6, c. 149. erravit : Coll. Hisp. — erraverit : Burch. Ivo Decr. — erraverat : Pan. ad hoc ipsum habeat potestatem : Coll. Hisp. confessus fuerit — subdiaconatus accipiat : ib. retineat : Burch. Ivo Decr. — teneat : Ivo Pan. = C. V. c. n°. A. 866. — Ivo Pan. l. 5, c. 13. Decr. p. 2, c. 83. — cf. c. 7, X, de cohab. cler. et mul. fuerit comprehensus : Ivo Pan. — Edd. coll. o. recipere : Edd. coll. o. add. : remedia : orig. add. : enim : Edd. coll. o. coinquinari non possunt : eæd. — Ivo. ministrando : eæd. — id. ita Edd. coll. o. pr. Arg. Bas. Nor. Ven. F. in fide : Edd. coll. o. sit : Bohm. docente : orig. omni animæ : Edd. coll. o. Eccl. c. 11, v. 7.

CAUSA XVI. QUÆST. I. hoc non satis verum esse nobiscum judicabit quisquis cit. can. inspexerit. 1 Caput omnino incertum. — Ans. l. 6; c. 214 (omissa inscriptione). Polyc. l. 4, t. 34.

**C. I.** *Monachorum conversatio ab omnibus debet esse discreta.*

Placuit omnibus residentibus in sancta Nicæna synodo, ut monachorum conversatio et vita secundum etymologiam nominis ab omnibus discrepet. Monachus enim græce, latine singularis dicitur, unde monachum per omnia singulariter agere oportet. Quamobrem firmiter et insolubiliter [2] omnes [3] præcipimus, ut aliquis monachus pœnitentiam nemini tribuat, nisi sibi invicem, ut justum est; mortuum non sepeliat, nisi monachum in monasterio secum commorantem, vel si fortuito quemquam advenientium fratrum ibi mori contigerit.

**C. II.** *Monasterii districtionem et ecclesiasticum ministerium quilibet simul tenere non potest.*

*Item* Gregorius Joanni, Ravennati episcopo, lib. IV, epist. 1 [4].

Nemo potest et ecclesiasticis obsequiis deservire, et in monachica [5] regula ordinate persistere, ut ipse monasterii districtionem teneat, qui quotidie in ministerio [6] ecclesiastico cogitur permanere.

**C. III.** *Monachi, qui ad clericatum promoventur, a priori proposito discedere non debent.*

*Item* Innocentius ad Victricium, epist. II, c. 10 [7].

De monachis, qui diu morantes in monasteriis, si postea ad clericatus ordinem pervenerint, statuimus, non debere eos a priori proposito discedere [8].

*Gratian.* Si ergo, sicut Innocentius definit, a suo proposito eis discedere non licet, et, sicut Gregorius testatur, in monastica regula devote persistere et ecclesiasticis obsequiis simul deservire non possunt : patet, quod parochianis ecclesiis monachi præfici non possunt.

**C. IV.** *Monachus non habet officium docentis, sed plangentis.*

*Item* Hieronymus ad Riparium Presbyterum, adversus Vigilantium [9].

Monachus non docentis [10], sed plangentis, habet officium, qui vel se, vel mundum lugeat, et Domini pavidus præstoletur adventum.

**C. V.** *In populari frequentia monachi esse non debent.*

Idem *ad Paulinum de institutione monachi, epist. XIII* [11].

Si cupis esse quod diceris, monachus, id est solus, quid facis in urbibus, quæ utique non sunt solorum habitacula, sed multorum? *Et infra :* § 1. Habeto simplicitatem columbæ, ne cuiquam machineris dolos, et serpentis astutiam, ne aliorum supplanteris insidiis. Non multum distat in vitio vel decipere posse vel decipi [12]. Christianum, quem senseris tibi aut semper aut crebro de nummis [13] loquentem, excepta eleemosyna, quæ indifferenter omnibus patet, institorem potius habeto quam monachum. Præter victum, et vestitum [14], et manifestas necessitates nihil cuiquam tribuas, ne filiorum panem canes comedant.

**C. VI.** *Monachus pascitur, clerici pascunt.*

Idem *ad Heliodorum de laude vitæ, solitariæ epist. I* [15].

Alia causa est monachorum [16], alia clericorum. Clerici pascunt oves : ego pascor; illi de altario vivunt : mihi quasi infructuosæ arbori [17] securis ponitur ad radicem, si munus ad altare non defero. *Et infra :* § 1. Mihi ante presbyterum sedere non licet. Illi, si peccavero, licet me tradere satanæ in interitum carnis, ut spiritus salvus sit in die Domini [18] Jesu.

**C. VII.** *Non licet aliquid monachis agere sine presbyterorum consilio.*

Idem *ad Rusticum* b [19].

Ecclesia habet senatum [20] cœtum presbyterorum, sine quorum consilio [21] nihil monachis [22] agere licet. Roboam [23] filius Salomonis ideo perdidit regnum, quia noluit audire presbyteros suos. Senatum quoque Romani habebant, cujus [24] consilio [25] cuncta agebant, et nos habemus senatum nostrum cœtum presbyterorum.

**C. VIII.** *Secundum etymologiam nominis solitariam vitam ducat monachus.*

*Item* Eugenius Papa c [26].

Placuit communi nostro concilio, ut nullus monachorum pro lucro terreno de monasterio exire nefandissimo ausu præsumat, neque pœnitentiam [27] dare, neque filium de baptismo accipere, neque baptizare, neque infirmum visitare, neque mortuum sepelire, neque ad ecclesiam sæcularem transire, neque aliis qualibuscunque negotiis sese implicare; sit claustro suo contentus, quia sicut piscis sine aqua, sic monachus sine monasterio moritur.

## NOTATIONES CORRECTORUM.

**C. VII.** b Apud B. Hieronymum in commentariis ad c. 3 Esaiæ, unde hoc caput videtur acceptum, hæc leguntur : *Roboam filius Salomonis ideo perdidit regnum, quia noluit audire presbyteros.* Et paulo inferius : *Senatus quoque consulta dicuntur, et principes quondam Romani consules appellati sunt, vel a consulendo civibus, vel ab agendo cuncta consilio. Et nos habemus in ecclesia senatum nostrum, cœtum presbyterorum.*

**C. VIII.** c Anselmus etiam citat ex decretis Eugenii, et ex eodem habetur in vetusto Decretorum libro.

Quæst. I. C. I. [2] *indissolubiliter* : Edd. coll. o. [3] *omnibus* : Bohm. = C. II. [4] Ep. 1 (scr. A. 595), l. 5 Ed. Maur. — Ivo Decr. p. 5, c. 18. [5] *monastica* : Edd. coll. o. [6] *monasterio* ; Edd. Arg. Nor. Ven. f. II. = C. III. [7] scr. A. 404. — Ans. l. 5, c. 67. [8] *recedere* : Ed. Bas. — *deviare* : orig. = C. IV. [9] scr. A. 408. — Ans. in fine c. 17. Ivo Pan. l. 3, c. 176. Ivo Decr. p. 7, c. 3. Polyc. ib. [10] *doctoris* : orig. — Ivo. — Edd. Arg. Bas. = C. V. [11] scr. A. 394. — Ivo Pan. l. 3, c. 175. Decr. p. 7, c. 2. [12] *dec. Christianum. Quem* : orig. — Ed. Bas. — Ivo Decr. [13] *minimis* : Ed. Bas. [14] *vestimentum* : Edd. coll. o. — Ivo Decr. = C. VI. [15] scr. A. 372. — Ans. l. 7, c. 123 (135). [16] *monachi* — *clerici* : Edd. coll. o. [17] *arboris* : exd. [18] *judicii* : Ed. Arg. — cf. 1 Cor. c. 12. = C. VII. [19] in comm. ad c. 3. Esaiæ. — Deusdedit p. 5. [20] *add.* : *suum* : Ed. Bas. [21] *concilio* : Ed. Arg. [22] *monacho* : Ed. Bas. [23] 3 Reg. c. 14. [24] *quorum* : Ed. Bas. [25] *concilio* : Ed. Arg. = C. VIII. [26] Caput incertum. — Ans. l. 6, c. 213 (210). [27] *præsentiam* : Ed. Lugd. II.

aqua caret vita, ita sine monasterio monachus. Sedeat itaque solitarius, et taceat, quia mundo mortuus est, Deo autem vivit [28]. § 1. Agnoscat nomen suum, μόνος enim græce, latine est unus : ἄχος græce, latine tristis sonat [29]. Inde dicitur monachus, id est unus tristis. Sedeat ergo tristis, et officio suo vacet.

### C. IX. *Absque episcoporum consensu episcopalia jura monachi non usurpent.*

*Item* Paschalis II *Victori, Bononiensi Episcopo* [30].

Pervenit ad nos, unde valde miramur, quod quidam monachi et abbates in parochia vestra contra sanctorum Patrum decreta episcopalia jura et officia sibi arroganter vindicant, videlicet pœnitentiam, remissionem peccatorum, reconciliationem [31], decimas, et ecclesias, quum [32] absque proprii episcopi licentia vel apostolicæ sedis auctoritate hoc nullatenus præsumere debeant, sicut in Chalcedonensi concilio de hujusmodi a sanctis Patribus cautum est et sub anathematis vinculo monachis omnibus prohibitum. Mandamus itaque dilectioni tuæ, ut eos convenias, et ne talia deinceps præsumant omnino prohibeas.

### C. X. *De eodem.*

*Item* Calixtus Papa II [33].

Interdicimus etiam abbatibus et monachis publicas pœnitentias dare, infirmos visitare, et unctiones facere, et missas publicas cantare. Chrisma et oleum, consecrationes altarium, ordinationes clericorum ab episcopis accipiant, in quorum parochiis manent.

### C. XI. *Monachi intra claustra morantes clericorum officia exterius non ministrent.*

*Item* Alexander II [34].

Juxta Chalcedonensis tenorem optimi concilii monachis quamvis religiosis ad normam S. Benedicti intra claustrum morari præcipimus; vicos, castella, civitates peragrare prohibemus, et a populorum prædicatione omnino cessare censuimus, nisi forte quis, de suæ animæ salute solicitus, ut eorum habitum assumat eos intra claustrum consulere voluerit.

### C. XII. *Monachi, qui sunt in civitatibus, episcopo debent esse subjecti.*

*Item* ex Concilio Chalcedonensi, c. 4 [35].

Qui vere pureque solitariam eligunt vitam digni sunt convenienti honore [d]. *Et infra :* § 1. Eos vero, qui per civitates singulas seu possessiones in monasteriis sunt, placet nobis episcopo esse subjectos [36], et quieti [37] operam dare, atque observare jejunia et orationes, in locis, in quibus semel se Deo devoverunt [38], permanentes, et neque communicare [e] ecclesiasticas, neque sæculares aliquas attrectare [39] actiones, relinquentes propria monasteria, nisi forte jubeantur propter urgentes necessitates ab ipsius civitatis episcopo. Et neminem servorum suscipi in monasterium [40], ut sit cum eis monachus, nisi cum domini proprii licentia [41]. Prætereuntem [42] vero hæc decrevimus extra communionem esse, ne nomen Domini blasphemetur. § 2. Convenit vero civitatis episcopo curam sollicitudinemque necessariam monasteriis exhibere.

*Gratian. His ita respondetur : Auctoritas illa Nicænæ synodi prohibet monachos de monasteriis exire, et per capellas mortuorum sepulturas celebrare, confluere videlicet more clericorum ad cujuslibet exsequias celebrandas. Ceterum si apud monasterium aliquis semetipsum tumulari voluerit, non est prohibendus.*

Unde Gregorius *scribit Joanni, Episcopo de urbe veteri, lib. I, epist.* 12 [43].

### C. XIII. *Missæ celebrari, et mortui sepeliri in monasterio non prohibentur.*

Agapitus abbas monasterii S. Gregorii [44] insinuavit nobis, plurima se a vestra sanctitate gravamina sustinere, quod in eodem monasterio missas prohibeas [45] celebrari, mortuos etiam ibidem interdicas sepeliri. A qua inhumanitate vos hortamur suspendi, et sepeliri ibidem mortuos, missas celebrari [46], nulla ulterius habita contradictione permittas.

### C. XIV. *Non sunt cassandæ piæ voluntates defunctorum.*

Idem [47] *Januario* [48], *Caralitano Episcopo, lib. III, epist.* 9.

Admonere te volumus, ne piæ vivorum aut [49]

### NOTATIONES CORRECTORUM.

C. XII. [d] *Honore :* Sequitur continenter c. *Quidam monachorum* infra 18, q. 2, quod est ex eadem prisca versione, atque caput hoc.

[e] *Et neque communicare :* Græce est : μήτε δὲ ἐκκλησιαστικοῖς, μήτε βιωτικοῖς παρενοχλεῖν πράγμασιν, ἢ ἐπικοινωνεῖν, id est : *neque ecclesiastica, neque sæcularia negotia turbare, vel iis se immiscere.*

---

Quæst. I. C. VIII. [28] *vivus :* Ans. [29] desid. in Ed. Bas. — *est :* Edd. rell. = C. IX. [30] Cap. incertum. — ap. Ans. l. 5, c. ult., unde citant Corr., non est repertum. [31] add. : *pœnitentium :* Edd. coll. o. pr. Bas. [32] desid. in Ed. Bas. = C. X. [33] c. 17, conc. Later. I, hab. A. 1123. = C. XI. [34] ad clerum et plebem Florentinum. — Ivo Decr. p. 7, c. 151. = C. XII. [35] hab. A. 451. — Ivo Pan. l. 3, c. 174. Decr. p. 7, c. 1. — *ex Dionysio :* Ans. l. 5, c. 54 (60). [36] *ep. suo subditos esse :* Ed. Bas. [37] *quietos :* Coll. Hisp. [38] *devoverint :* ead. — Edd. coll. o. [39] *tractare :* Ed. Bas. [40] *monasteriis :* ib. [41] *conscientia :* Coll. Hisp. [42] *Prætereuntes :* Ed. Bas. [43] Ep. 12 (scr. A. 591), l. 1. Ed. Maur. = C. XIII. [44] *Georgii :* Ed. Arg. — orig. [45] *prohibeatis — interdicatis :* orig. [46] *celebrare :* Ed. Bas. = C. XIV. [47] Ep. 9 (scr. A. 514), l. 4. Ed. Maur. [48] *Venetio :* Ed. Bas. — *Venereo :* Edd. Lugd. I. — *Venerio :* Edd. rell. [49] *viv. aut :* des. in orig.

defunctorum voluntates tua (quod absit!) remissione cassentur.

**C. XV.** *Testatoris arbitrium servari oportet.*

*Item* Gelasius Papa [50].

Consideratio ecclesiasticæ utilitatis hoc postulat, ex justa dispositione [f] [51] testatoris [52] servandum arbitrium [53].

**C. XVI.** *De eodem.*

*Item* ex Concilio Triburiensi, c. 15 [g] [54].

Ubicunque facultas rerum et opportunitas temporum suppetit, etc., [*sicut in eodem capite supra legitur in causa eorum, qui de diœcesi ad diœcesim transierunt.*]

Gratian. *Ecce his auctoritatibus patet quod, si quis apud monasterium sepulturam sibi eligere voluerit, libere a monachis potest sepeliri. Unde liquido colligitur prohibitionem illam Nicænæ synodi propter improbitatem circumvagantium esse factam.*

*Unde* in Chalcedonensi Concilio c. 23 *legitur* [55] :

**C. XVII.** *Monachi, qui sine licentia episcopi vagantur, ad propria loca redire cogantur.*

Quidam monachi nihil habentes sibi injunctum a proprio episcopo, interdum vero [56] etiam illi, qui ab eo fuerant [57] excommunicati, veniunt ad 'regiam' civitatem Constantinopolitanam, et in ea [58] perturbationes tranquillitati ecclesiasticæ inferunt [59], et diversorum domos corrumpunt. Statuit igitur [60] sancta synodus hos [61] primum commoneri [h], ut exeant a [62] regia civitate; demum eos invitos dejici, ac inde [63] per defensorem compelli, ut ad sua loca redeant [64].

**C. XVIII.** *Monachi circumvagantes per defensores sunt compellendi.*

*Item* Pelagius [65] Papa *Paulino Solitario* [66].

Probinum Phariæ [i], et Milianum, atque Probinianum [67], vel [68] alios pseudomonachos Joanni defensori præcipimus ut eos debeat detinere, quatenus, si quam desiderant suæ contentionis rationem cognoscere, ad nos ut informentur debeant exhiberi. Certe si sola obstinatione ab ecclesiastico corpore sunt scissi, in Reatina (sicut petisti) insula ut exsulent, prædicto defensori duximus injungendum.

**C. XIX.** *Nullus monachus præter Domini sacerdotes audeat prædicare.*

*Item* Leo Papa *ad Theodoritum, Episcopum Cypri, epist.* LXI *al.* LXIII [69].

Adjicimus illud etiam, quod nobis propter improbitatem quorumdam monachorum religionis [70] vestræ verbo [71] mandastis per vicarios nostros [72], 'et' hoc specialiter statuentes ut præter Domini sacerdotes nullus audeat prædicare, sive monachus sive laicus ille sit, qui cujuslibet scientiæ nomine glorietur.

Gratian. *Ecce in hoc capite et vitium est expressum, et generali constitutione evacuatum. Quod vero pœnitentiam dare prohibentur, inde est, quia nulli sacerdotum licet alterius parochianum ligare vel solvere. Monachi autem, et si in dedicatione sui presbyteratus (sicut et ceteri sacerdotes) baptizandi, prædicandi, pœnitentiam dandi, peccata remittendi, beneficiis ecclesiasticis perfruendi rite potestatem accipiant, ut amplius et perfectius agant ea, quæ sacerdotalis officii esse sanctorum Patrum constitutionibus comprobantur : tamen exsecutionem suæ potestatis non habent, nisi a populo fuerint electi, et ab episcopo cum consensu abbatis ordinati. Ecclesiasticas vero atque sæculares actiones attrectare prohibentur, ut non præsumant sibi patrocinia causarum, nisi ab episcopo*

## NOTATIONES CORRECTORUM.

**C. XV.** [f] *Dispositione* : In vetustis exemplaribus legitur : *dispensatione.*

**C. XVI.** [g] In aliquot vetustis codicibus caput hoc conjunctum est superiori.

**C. XVII.** [h] *Commoneri* : In hac potissimum postrema parte videtur de industria versio prisca in epitomen redacta. Integer canon sic habet : Ἦλθεν τις ἀκοὰς τῆς ἁγίας συνόδου, ὡς κληρικοί τινες καὶ μονάζοντες μηδὲν ἐγκεχειρισμένοι ὑπὸ τοῦ ἰδίου ἐπισκόπου, ἔστι δὲ ὅτε καὶ ἀκοινώνητοι γενόμενοι παρ' αὐτοῦ, καταλαμβάνοντες τὴν βασιλεύουσαν Κωνσταντινούπολιν, ἐπὶ πολὺ ἐν αὐτῇ διατρίβουσι, ταραχὰς ἐμποιοῦντες, καὶ θορυβοῦντες τὴν ἐκκλησιαστικὴν κατάστασιν, ἀνατρέπουσί τε οἴκους τινῶν, ὥρισε τοίνυν ἡ ἁγία σύνοδος, τοὺς τοιούτους ὑπομιμνήσκεσθαι μὲν πρότερον διὰ τοῦ ἐκδίκου τῆς κατὰ Κωνσταντινούπολιν ἁγιωτάτης ἐκκλησίας ἐπὶ τὸ ἐξελθεῖν τῆς βασιλευούσης πόλεως, εἰ δὲ τοῖς αὐτοῖς πράγμασιν ἐπιμένοιεν ἀναισχυντοῦντες, καὶ ἄκοντας αὐτοὺς διὰ τοῦ αὐτοῦ ἐκδίκου ἐκβάλλεσθαι, καὶ τοὺς ἰδίους καταλαμβάνειν τόπους. Pervenit ad aures sanctæ synodi, nonnullos clericos et monachos, quibus nihil a proprio episcopo commissum est, quibusque interdum etiam ab eo communione est interdictum, ad regiam Constantinopolim se conferentes, diu in ea morari, tumultus excitantes, et statum ecclesiasticum perturbantes, ac domos nonnullorum subvertere. Statuit igitur sancta synodus, hujusmodi homines primum quidem per defensorem sanctissimæ Constantinopolitanæ ecclesiæ admoneri, ut ex regia civitate exeant ; deinde vero, si impudenter agentes iisdem negotiis hærere perseveraverint, ipsos etiam invitos per eundem defensorem ejici, et ad propria reverti loca.

**C. XVIII.** [i] *Phariæ* : Sic est emendatum ex Anselmo et Polycarpo, quum antea legeretur : *Samariæ*. Est autem Pharia civitas Dalmatiæ.

QUÆST. I. C. XV. [50] Cap. incertum. — Coll. tr. p. p. 1, t. 46, c. 45. [51] *dispensatione* : Ed. Bas. [52] *testatori* : ib. [53] add. : *esse* : Edd. coll. o. pr. Bas. = C. XVI. [54] hab. A. 895. — cf. C. 13, q. 2, c. 6. [55] hab. A. 451. = C. XVII. [56] desid. in Ed. Bas. [57] *fuerint* : Coll. Hisp. [58] *eadem* : Ed. Bas. [59] add. : *multis temporibus consistentes* : Coll. Hisp. [60] *inferant — corrumpant* : ib. [61] add. : *hæc* : Ed. Bas. [62] *hos quidem primum commonere per defensorem Const. ecclesiæ, ut, etc. Si autem in eodem proposito improbe perduraverint, etiam invitos eos ejici per eundem def., ut ad sua loca perveniant* : Coll. Hisp. [63] Ed. Bas. [64] desid. in ead. [65] *perveniant*. Edd. coll. o. pr. Par. Lugdd. = C. XVIII. [66] Caput incertum. — Ans. l. 7, c. 193 (196). Polyc. l. 4, t. 34. [67] *Solatino* : Ans. — *Solitano* : Ed. Bas. — *Sofatario* : Ed. Arg. * *Sabariæ* : Ed. Bas. [68] *Probianum* : Ans. — *Probanum* : Ed. Bas. [69] *atque* : ib. = C. XIX. [70] scr. A. 453. Ep. 120. Ed. Baller. — Burch. l. 2, c. 158. Ans. in fine c. 7. [71] *regionis* : orig. [72] *verbis* : Edd. coll. o. [73] *vestros* : eæd. pr. Bas.

*commoniti fuerint, nec saecularibus causis occupentur, ut resideant cognitores dirimendarum litium.*

*Unde* Pelagius *scribit Antoninae Patriciae, et Deciae* [73] :

### C. XX. *Monachus defensor fieri non debet.*

De praesentium portitore, quod defensor factus non est, nulla vobis [74] animi molestia sit, quia vere [75] satis amarissimum habeo de isto proposito ad illud [76] officium homines deduci, in quo nullo modo quae a monachis Deo promissa sunt valeant adimpleri. Omnimoda enim est illius habitus et istius officii diversitas. Illic enim quies, oratio, labor manuum : at hic causarum cognitio, conventiones, actus, publica litigia, et quaecunque vel ecclesiastica instituta, vel supplicantium necessitas poscit [77]. Faciat autem Deus, ut tales sint hi, qui vel a nobis in isto habitu nutriuntur, vel in monasteriis crescunt, ut provecta aetate et vita probata non ad litigiorum officia, sed ad sacerdotium valeant promoveri.

*Gratian. Gelasius tamen (sicut in tractatu de promotionibus clericorum invenitur, in capitulo illo* [78] : Monachus novitius, etc.) *permittit illos ex dispensatione fieri defensores.*

II Pars. *Quod vero sacerdotalium officiorum potestatem habeant, testatur* Ambrosius, *dicens* k [79] :

### C. XXI. *Clericorum officia celebrare monachi presbyteri non prohibeantur.*

Doctos ac [80] probos monachos, presbyterii [81] honore dedicatos, baptizare, praedicare, poenitentiam dare, debita miseris laxare [82], ᵃ et ᵃ decimarum, primitiarum, oblationum vivorum et mortuorum portione justa perfrui debere, moderata dispensatione commendamus, ut, juxta Apostolum [83] de altario, cui serviunt, viventes, per obsequium dominicae plebis panem et vinum immaculata benedictione transforment in corpus et sanguinem Domini nostri Jesu Christi.

### C. XXII. *Beneficiis ecclesiasticis monachus presbyter libere perfruatur.*

*Item* Innocentius Papa [84].

Si monachus ad clericatum promoveatur, benefi‑ cia ei plenitter, et annonae, et decimae donentur absque ulla minoratione et dilatione, ut, quanto melius possit [85] juxta possibilitatem suam, quando necessitas exstiterit, ad opera ecclesiastica et ipsam restaurandum ecclesiam adjutorium faciat.

### C. XXIII. *De eodem.*

*Item* Gregorius [86].

Moderamine apostolicae auctoritatis decernimus ut monachi, si presbyterii honore dedicati sunt, cum ligandi solvendique potestate decimarum, primitiarum, oblationum, donationum, quae fiunt pro vivis et pro [87] defunctis, portionem juxta [88] canonem ad suam proximorumque utilitatem merito perfectioris justitiae non minus quam ceteri sacerdotes laudabiliter sibi vindicent.

### C. XXIV. *Clericorum officia monachi presbyteri libere administrent.*

Idem [89].

Ex auctoritate hujus decreti (quod apostolico moderamine et pietatis officio a nobis est constitutum) sacerdotibus monachis apostolorum figuram tenentibus liceat praedicare, baptizare, communionem dare, pro peccatoribus orare, poenitentiam imponere, atque peccata solvere.

### C. XXV. *Monachi presbyterii honore decorati potestatem habent ligandi et solvendi.*

*Item ex* decreto Bonifacii Papae ᵈ [90].

Sunt [91] nonnulli nullo dogmate fulti, audacissime [92] quidem, zelo magis amaritudinis quam dilectionis inflammati, asserentes monachos, quia mundo mortui sunt et Deo vivunt, sacerdotalis officii potentia indignos, neque poenitentiam [93], neque Christianitatem largiri, neque absolvere posse per sacerdotalis officii divinitus sibi injunctam potestatem. Sed omnino labuntur. *Et infra :* § 1. Neque enim B. Benedictus, monachorum praeceptor almificus, hujus [94] rei aliquo modo fuit interdictor, sed eos saecularium negotiorum edixit experes fore tantummodo. Quod quidem apostolicis documentis, et omnium sanctorum Patrum institutis non solum monachis, sed etiam canonicis maximopere [95] imperatur. *Nemo* [96] *enim* ᵉ *militans Deo implicat se*

### NOTATIONES CORRECTORUM.

C. XX. ᵏ Apud B. Ambrosium nihil tale est inventum, et videtur auctoris alicujus longe recentioris.

C. XXV. ˡ Caput hoc cum nonnullis aliis missum est ex Hispania, descriptum ex vetusto codice Monasterii Populeti, cujus hic est titulus : *Ex concilio Bonifacii Papae, qui quartus a Gregorio, quomodo monachis liceat cum sacerdotali officio ubi et ubi ministrare.*

ᵐ *Nemo enim* : Haec scripturae sententia abest a codice Populeti, Polycarpo et Ivone.

---

QUAEST. I. C. XIX. [73] Cap. incerti temporis. — Ivo Decr. p. 7, c. 23. = C. XX. [74] desid. ap. Iv. [75] *valde :* Edd. coll. o. [76] *aliud :* eaed. pr. Bas. Lugdd. II, III. [77] *cogit :* Ed. Bas. [78] Dist. 77, cap. ult. [79] Cap. incertum. = C. XXI. [80] *aut :* Edd. Nor. Ven. I, II; Par Lugd. I. [81] *presbyteri :* Ed. Bas. [82] *relaxare :* Edd. coll. o. ᵃ 1 Cor. c. 9. = C. XXII. [84] Cap. incertum, fortassis Innocentii II. [85] *possis :* Ed. Rom. operarum vitio. = C. XXIII. [86] Cap. aeque incertum. [87] desid. in Ed. Bas. [88] *justo canone :* Edd. Arg. Bas. = C. XXIV. [89] Hoc cap. videtur excerptum esse ex c. 24 conc. Nemaus. hab. A. 1096. = C. XXV. [90] Ad Bonifacium IV, hoc decretum (quod Gratianeo canoni conforme Holstenius edidit) non pertinere convenit inter VV. DD., et videtur potius et ipsum compositum ad c. 2. cit. conc. Nemans. — Ivo Decr. p. 7, c. 22, non una vice tantum discrepat a Gratiano. Polyc. l. 4, t. 34. [91] add. : *tamen :* Edd. Arg. Nor. Ven. I. [92] *audacissimo :* Edd. Bas. Lugdd. [93] add. : *dare :* Edd. Bas. Lugdd. II, III. [94] *hujuscemodi rei :* orig. ap. Holst. Lugdd. II, III. — *hujusmodi :* Ed. Bas. [95] *magnopere :* Edd. coll. o. [96] 2 Tim. c. 2, v. 4. [97] *Tantorum ergo :* Ed. Bas. — *Tant. igitur :* orig. cit. — Edd. rell.

*negotiis saecularibus.* § 2. Nos vero tantorum [97] Patrum instituti exemplis (quibus periculosissimum est refragari) credimus a sacerdotibus monachis ligandi solvendique officium Deo operante digne administrari, si eos digne contigerit hoc ministerio sublimari. *Et infra* : § 3. Decertantes igitur monasticae professionis presbyteros sacerdotalis potentiae arcere officio, omnimodo [98] praecipimus, ut ab hujuscemodi nefandis ausibus reprimantur in posterum, quia quanto quisque est celsior [99], tanto [100] est et [101] in his potentior.

Gratian. *His omnibus auctoritatibus perspicue monstratur, monachos posse poenitentiam dare, baptizare, et cetera sacerdotalia officia licite administrare. Quod vero populi electione, episcoporum institutione, et abbatis consensu potestatem suam exsequi valeant, Hieronymi, Gelasii et Gregorii auctoritate probatur.*

Ait enim Hieronymus *ad Rusticum Monachum, epist. IV* [102] :

C. XXVI. *Digne in monasterio vivens per populi electionem ad clericatum poterit promoveri.*

Sic vive in monasterio, ut clericus esse merearis. *Et infra* : § 1. Multo tempore [n] disce quae postmodum doceas, et inter bonos semper sectare meliores. Quod si populus vel episcopus te in clericum elegerit, age ea quae clerici sunt.

C. XXVII. *Ad ordinem clericatus promoveri monachi possunt.*

Idem *ad eundem, eadem epistola superius* [103]

Si clericatus *te* titillat desiderium, discas quod possis [104] docere, et rationabilem Christo [105] hostiam offeras, ne [106] miles ante quam tiro, ne prius magister sis quam discipulus. § 1. Non est humilitatis meae neque mensurae judicare de clericis [107], et de ministris ecclesiarum sinistrum quippiam dicere. Habeant illi ordinem et gradum suum, quem si tenueris, quomodo tibi in eo vivendum sit editus ad Nepotianum liber docere te poterit. § 2. Nunc monachi incunabula [108] moresque discutimus, et ejus monachi, qui liberalibus studiis eruditus in adolescentia jugum Christi collo suo imposuit. Primumque tractandum est, utrum solus, an cum aliis in monasterio vivere debeas. Mihi *quidem*

placet, ut habeas sanctorum contubernium, nec ipse te doceas, et [109] absque doctore ingrediaris viam, quam nunquam ingressus es.

C. XXVIII. *In loco, quo abbas judicaverit, monachus eligatur, et ab episcopo sacerdos ordinetur.*

Item Gelasius Papa [110].

Si quis monachus fuerit, qui venerabilis vitae merito sacerdotio dignus videatur [111], et abbas, sub cujus imperio regi Christo militat [112], illum fieri presbyterum petierit, ab episcopo °debet eligi, et in loco, quo judicaverit, ordinari, omnia, quae ad sacerdotis [113] officium pertinent, vel populi vel episcopi electione provide ac juste acturus.

C. XXIX. *Tempore maturitatis ecclesiasticis monachi promoveantur ordinibus.*

Item Siricius Papa *ad Himerium, ep. I, c. 13* [114].

Monachos quoque, quos *tamen* morum gravitas et vitae ac fidei institutio sancta commendat [115], clericorum officiis aggregari et optamus [116] et volumus, ita, ut qui intra tricesimum [117] aetatis annum sunt digni in minoribus, per gradus singulos crescente [118] tempore [119] promoveantur ordinibus, et sic ad diaconatus vel presbyterii insignia maturae aetatis consecratione perveniant, nec [120] *statim* [121] saltu ad episcopatus culmen ascendant, nisi in his eadem, quae singulis dignitatibus superius praefiximus, tempora fuerint custodita.

C. XXX. *Ecclesiastica officia nec avida elatione monachi suscipiant, nec blandiente desidia respuant.*

Item Augustinus *ad Eudoxium, ep. LXXXI* [122].

Vos autem fratres exhortamur in Domino, ut propositum vestrum custodiatis, et usque ad [123] finem perseveretis, ac si quam operam vestram mater ecclesia desideraverit, nec elatione avida suscipiatis, nec blandiente desidia respuatis, sed miti corde obtemperetis Deo [124], cum mansuetudine portantes eum, qui vos [125] regit, qui [126] dirigit mites in judicio, qui docet mansuetos vias suas. Nec vestrum otium necessitatibus ecclesiae praeponatis, cui parturienti si nulli boni ministrare vellent, quomodo nasceremini non inveniretis.

C. XXXI. *Gelasius quendam Ruffinum monachum jubet sacerdotem fieri, et in quadam basilica ordinari.*

Item Pelagius Papa *Bono Episcopo Savinati* [128].

In parochia tua, basilica S. Saurentii, quae in

### NOTATIONES CORRECTORUM.

C. XXVI. [n] *Multo tempore* : Alia est verborum series et clarior apud B. Hieronymum : *Quum ad perfectam,* inquit, *aetatem veneris, si tamen vita comes fuerit, et te vel populus, vel pontifex civitatis in clericum elegerit, agito quae clerici sunt, et inter*

*ipsos sectare meliores.* Et infra : *Multo tempore disce quod doceas.*

C. XXVIII. ° *Episcopo* : In duobus vetustis codicibus legitur : *ipso* °.

Quaest. I. C. XXV. [98] *omnino* : Ed. Bas. [99] *excelsior* : Edd. Bas. Lugdd. II, III. [100] *tanto et illis erit* : Edd. coll. o. — *tanto potentior* : orig. cit. [101] desid. ap. Böhm. [102] scr. c. A. 400. = C. XXVII. [103] Ivo Decr. p. 7, c. 4. [104] *posses* : Ed. Bas. [105] *Deo* : Ivo. — Edid. coll. o. [106] *ne sis* : exd. [107] *ceteris* : Edd. coll. o. — Ivo. [108] *cunabula* : Ed. Bas. [109] *et non* : Ed. Bas. = C. XXVIII. [110] Cap. incertum. [111] *praevideatur* : Edd. Arg. Bas. Lugdd. II, III. [112] *ministrat* : Ed. Bas. — *ep. ipso* : ibid. [113] *sacerdotis* : Edd. Arg. Bas. Nor. Ven. I. = C. XXIX. [114] scr. A. 385. — Ivo Decr. p. 6, c. 53. Polyc. l. 2, t. 31. [115] *commendant* : Ed. Bas. [116] *exoptamus* : ib. [117] *XXX annos* : ib. [118] *crescentes* : Edd. desid. ib. [119] *ut nec* : Edd. Bas. Lugdd. II, III. [120] desid. in Coll. Hisp. = C. XXX. [122] Ep. 48. Ed. Maur. scr. c. A. 598. — Ivo Pan. l. 3, c. 179. [123] *in fin.* : orig. — *ad fin. vitae* : Ivo Pan. — Edd. Ven. I, II. Nor. Lugdd. Par. [124] *qua opera vestra* : Edd. coll. o — Ivo Pan. [125] *Domino* : Ed. Bas. [126] *nos* : Edd. coll. o. [127] *add.* : *nos* : Ed. Lugd. I. — cf. Psal. 24, v. 9. = C. XXXI. [128] Cap. incertum. — Ans. l. 7, c. 96 (114), ex Gelasio. Polyc. l. 2, t. 32.

possessione filii et consiliarii nostri viri magnifici Theodori [129] fundata est, officium presbyteri deesse cognovimus. Et quia præfatus filius noster nobis retulit, se invenisse Ruffinum quemdam monachum, olim sibi vita, religione [130] et moribus [131] comprobatum, et hunc postulat ibi presbyterum consecrari (quod subito fieri nos prorogata observantia non acquievimus), ideo [132] dilectio tua his litteris acceptis sabbato veniente faciat eum diaconum, et, si Deus voluerit et vixerimus, mediana hebdomada presbyterum faciemus, quatenus superveniente paschali festivitate sacra ministeria in memorata basilica a persona competenti valeant adimpleri.

**C. XXXII.** *Qui de clerico monachus efficitur proprio episcopo ordinante poterit eligi et consecrari.*

Item Gregorius l. I. Regesti, epist. 40 p [133].

Si quem [134] a clericatu in monasticam contigerit venire conversationem, si talis vitæ monachus fuerit, ut episcopus, cui antea militaverat, eum dignum sacerdotio prævideat, in loco, quo judicaverit, eligi poterit et ordinari.

**C. XXXIII.** *Sine testimonio abbatis ad clericatus officium monachi non eligantur.*

Item ex Concilio Agathensi, c. 27 [135].

Monachi vagantes ad officium clericatus (nisi eis [136] testimonium abbas suus dederit) nec in civitatibus, nec in parochiis ordinentur q. *Et infra:* § 1. Si enim [137] necesse fuerit clericum de monachis [138] ordinari, cum consensu et voluntate abbatis præsumat [139] episcopus.

**C. XXXIV.** *Cum abbatis voluntate monachi ordinentur, quos pro utilitate ecclesiæ episcopus ordinare voluerit.*

Item ex Concilio Ilerdensi, c. 3 [140].

Quum pro utilitate ecclesiæ aliquos [141] monachorum episcopus probaverit in clericatus officio † promovendos [142], cum abbatis voluntate debent ordinari. Ea vero, quæ in jure monasterii de facultatibus offeruntur, in nullo diœcesana lege ab episcopis contingantur.

**C. XXXV.** *Sine abbatis imperio ecclesiastica ministeria monachi celebrare non præsumant.*

Item ex Concilio Tarraconensi, c. 11 [143].

Monachi a monasterio foras egredientes ne aliquod ministerium ecclesiasticum præsumant agere prohibemus, nisi forte cum abbatis imperio. Similiter, ut nullus eorum, id est monachorum, forensis negotii susceptor vel exsecutor exsistat, nisi quod [144] monasterii exposcit utilitas, abbate sibi nihilominus imperante.

**C. XXXVI.** *Ad clericatus militiam non eligantur desertores monasteriorum.*

Item Augustinus ad Aurelium, ep. LXXVI [145].

Legi epistolam benignitatis tuæ de Donato et fratre ejus, et quid responderem diu fluctuavi. Sed tamen etiam atque etiam cogitanti quid sit utile saluti eorum, quibus in Christo nutriendis servimus [146], nihil mihi aliud occurrere potuit, nisi non esse 'istam' viam dandam servis Dei, ut se facilius putent eligi ad aliquid melius, si facti fuerint deteriores. Et ipsis [147] enim facilis [148] lapsus, et ordini clericorum fit indignissima injuria, si desertores monasteriorum ad militiam clericatus eligantur, quum [149] ex eis [150], qui in monasterio permanent, non tamen nisi probatiores atque meliores in clerum assumere soleamus, nisi forte (sicut vulgares dicunt) malus choraula [151] bonus symphoniacus est; ita iidem ipsi vulgares de nobis jocabuntur, dicentes: malus monachus bonus clericus est. Nimis dolendum, si ad tam ruinosam superbiam monachos surrigamus [152], et tam gravi contumelia clericos dignos putemus, in quorum numero sumus, quum aliquando etiam bonus monachus vix bonum clericum faciat, si adsit ei sufficiens continentia, et tamen desit instructio necessaria, aut personæ regularis integritas. Sed de istis credo arbitrata sit beatitudo tua, nostra [153] voluntate (ut suis potius corregionalibus utiles essent) de monasterio recessisse. Sed falsum est; sponte abierunt, sponte deseruerunt, nobis, quantum potuimus, pro eorum salute renitentibus.

## NOTATIONES CORRECTORUM.

**C. XXXII.** p Verba ipsa B. Gregorii hæc sunt : *Si quos autem a clericatu in monachicam conversationem venire contigerit, non liceat eis ad eamdem vel aliam ecclesiam, quatum pridem milites fuerant, sua voluntate denuo remeare, nisi talis vitæ monachus fuerit, ut episcopus, cui ante militaverat, sacerdotio dignum præviderit, ut ab eo debeat eligi, et in loco, quo judicaverit, ordinari.*

**C. XXXIII.** q *Ordinentur:* In concilio ipso sequitur c. fin. infra 20, q. 4.

**C. XXXV.** r *Sine abbatis:* Talis est rubrica in plerisque vetustis. Nam in vulgatis erat: *Sine abbatis imperio ad clericatus officium monachi non eligantur.*

---

Quæst. I. C. XXXI. [129] *Theodosii*: Ed. Bas. [130] *desid.* in Edd. Arg. Bas. Nor. et ap. Ans. [131] *et in omnibus*: Edd. Arg. Nor. Ven. I. [132] *Ideoque*: Edd. coll. o. pr. Lugdd. II, III. — C. XXXII. [133] Ep. 42, (scr. Anthemio A. 591), l. I. Ed. Maur. [134] *quos*: Edd. Bas. Lugdd. II, III. — C. XXXIII. [135] hab. A. 506. — Ivo Decr. p. 3, c. 157. [136] *desid.* in Coll. Hisp. [137] *desid.* in Ed. Bas. [138] *monacho*: Edd. Bas. Lugdd. II, III. [139] *hoc præs.*: eæd. = C. XXXIV. [140] hab. A. 546. — Coll. tr. p. p. 2, t. 34, c. 3. [141] *quos*: Coll. Hisp. † *officium*: ib. [142] *desid.* ib. = C. XXXV. [143] hab. A 516. — Coll. tr. p. p. 2, t. 31, c. 8. [144] *id, quod*: Coll. Hisp. — Edd. coll. o. — C. XXXVI. [145] Ep. 60, (scr. c. A. 401.) Ed. Maur. Ivo Decr. p. 7, c. 7. [146] *servivimus*: Ed. Bas. [147] *illis*: ib. [148] *facilior*: Edd. coll. o. [149] Ivo Pan. l. 3, c. 180. [150] *his*: Edd. coll. o. pr. Lugdd. II, III. [151] add.: *scilicet primus in choro*: Ed. Bas. [152] *erigimus*: Edd. Bas. Lugdd. II, III. — *Surriginus*: Ivo Decr. — *suberigimus*: Edd. Arg. Ven. II. Par. — *subegerimus*: Edd. Ven. I. Nor. — Ivo Pan. [153] *quod nostra — recessissent*: orig. — Edd. coll. o. — Bohm.

III. Pars. Gratian. *His omnibus auctoritatibus monstratur, quod monachi, qui sunt a populo electi, et ab episcopo cum consensu sui abbatis sunt ordinati, legitime potestatem suam exsequi valent. Illud vero Gregorii* [154] : *Nemo potest obsequiis 'ecclesiasticis deservire,* etc., *de illis intelligendum est, qui, in numero cardinalium vel episcoporum ordinati, monasterii sui dispensationem sibi reservare contendunt.*
Unde idem Gregorius scribit Mariniano Episcopo Ravennati, lib. VI. epist. 40. [155] :

## C. XXXVII. *Pro abbatis vel monachi promotione nullo modo graventur monasteria.*

Ne pro [156] cujuslibet monachi aut abbatis promotione onus fortasse aliquod monasteria sustineant, studendum vobis [157] est, ut si quispiam * abbatum aut * monachorum ex quocunque monasterio ad clericatus officium vel ordinem sacrum accesserit, non illic [158] aliquam habeat ulterius, * ut duximus *, potestatem.

## C. XXXVIII. *Qui ecclesiis quoquomodo militant abbates monasteriorum esse non possunt.*

Idem *Maximiano Syracusano Episcopo, lib. III. epist.* 11 [159].

Presbyteros, diaconos, ceterosque *cujuslibet ordinis* clericos *, qui ecclesiis quoquo modo s militant, abbates per monasteria esse non permittas; sed aut admissa t clericatus militia monasticis non provehantur [160] ordinibus, aut, si in abbatis loco permanere decreverint, clericatus nullatenus permittantur habere militiam. Satis enim incongruum est, si quum unum ex his præ [161] sui magnitudine diligenter quis non possit explere, ad utrumque judicetur [162] idoneus.

Gratian. *Hoc vel generaliter, vel speciali privilegio dictum potest intelligi, sicut et de quodam monasterio in regesto Gregorii legitur hoc modo* [163] :

## C. XXXIX u. *De quodam xenodochio, cujus abbas ad episcopatum eligi prohibetur.*

Hinc est etiam, quod xenodochium atque [164] monasterium, quod in eodem Francorum regno constitutum est, quia per ambitiones et contentiones quorundam non canonice tractabatur, a [165] perversitate malorum liberare cupiens præcepit; ut sine regali provisione [166], et monachorum electione nullus ibi abbas aliqua unquam subreptione introduceretur. Præcepit etiam, ut ejusdem monasterii abbas nunquam ad episcopatum eligeretur, ne forte occasione episcopatus abbatia aliquid detrimenti pateretur. Quod privilegium ita est illius ecclesiæ, ut communem legem regibus vel abbatibus omnino dare non possit. Non enim quod uni sigillatim conceditur statim omnibus convenit.

Gratian. *Superiori auctoritate non prohibentur abbates sacerdotes fieri, quum B. Benedictus jubeat abbatem fratribus egredientibus et regredientibus benedictionem dare, quod non nisi sacerdotum est. Lectionem quoque evangelii similiter abbati ad legendum tribuit, quam subsequenti oratione legere similiter sacerdotalis officii est. Sed tales sacerdotes vel diaconos fieri prohibet, qui in ecclesiastica militia cogantur jugiter permanere.* § 1. *Item illud Hieronymi ad Riparium presbyterum* : *Monachus* [167] *non docentis, sed plangentis habet officium, et ad Heliodorum* : *Alia* [168] *causa est monachi, alia clerici, et ad Rusticum* : *Sine* [169] *consilio presbyterorum monachis nihil agere licet, non ita generaliter intelligendum est, ut nulli monachorum liceat docendi officium assumere, ne B. Gregorium, aut Augustinum Anglorum episcopum, beatum quoque Martinum, innumeros etiam, quos de monachica conversatione ad summum sacerdotii gradum scriptura testatur esse promotos, cogamur negare officium docendi habuisse, aut in die consecrationis suæ asseramus eos a priori proposito discessisse, quod (ut Innocentius testatur,) nulli facere licet. Voluit ergo Hieronymus distinguere inter personam monachi et clerici, ostendens quid cuique ex proprio officio conveniat.* § 2. *Aliud enim convenit cuique ex eo, quod monachus est: aliud ex eo, quod clericus. Ex eo, quod monachus est, sua, et aliorum peccata deflendi habet officium : ex eo, quod clericus, docendi et pascendi populum.* § 3. *Monachos vero usque ad tempus Eusebii, Zosimi et Siricii, monachos simpliciter, et non clericos fuisse, ecclesiastica testatur historia. Idem etiam Hieronymus* v *refert, monachos Scythiæ convenisse in unum, ut sacerdotem sibi invenirent, qui eis missarum solemnia celebraret.*

## NOTATIONES CORRECTORUM.

C. XXXVIII. s *Quoquo modo* : Hæ voces absunt ab originali impresso et manuscripto.

t *Admissa* : Sic in vetustis quoque codicibus Gratiani, et epistolarum B. Gregorii, et ceteris earundem editionibus, præter antiquam Parisiensem, in qua et apud Anselmum legitur : *Aut omissa clericatus militia monachicis promoveantur ordinibus.*

C. XXXIX. u *Auctor hujus capitis refert constitutionem B. Gregorii de abbate xenodochii in civitate Augustodunensi, quæ habetur lib. 11 regesti, epist. 10.*

v *Hieronymus* : Io. Andreæ ait esse in epist. de oper. et humil. monachorum. In tomo autem secundo operum ipsius B. Hieronymi, in epist. 60, quæ est Epiphanii ad Joannem Hierosolymitanum, ab eo latine reddita, legitur Epiphanium ordinasse presbyterum monachis poscentibus, qui eis Domini sacramenta conficeret. Erat autem monasterium in diœcesi Joannis.

Quæst. I. C. XXXVI. [154] supra c. 2. = C. XXXVII. [155] Ep. 53, (scr. A. 597) l. 7. Ed. Maur. [156] *per — promotionem* : orig. [157] *nobis* : Edd. coll. o. [158] *ibi* : cæd. = C. XXXVIII. [159] Ep. 11, (scr. A. 594), l. 4. Ed. Maur. — Ans. l. 7, c. 165 (191). [160] *promoveantur* : Edd coll o. — Bohm. [161] *pro* : orig. — Ed. Bas. [162] *videatur* : Edd. coll. o. = C. XXXIX. [163] Cap. incerti auctoris, decretum Gregorii, quod refertur ep. 8, l. 13, ad Senatorem abbatem, referentis. [164] *seu* : Edd. coll. o. [165] *ac* : Ed. Bas. [166] *providentia* : ib. [167] supra c. 4. [168] supra c. 6. [169] supra c. 7.

**C. XL.** *Omnes clerici vel monachi tutelæ immunitatem habere debent.*

*Item* Leo Augustus *lib. I Codicis, de Episcopis et Clericis, lege* 51 [vv][170].

Generaliter sancimus, omnes viros reverendissimos episcopos, nec non presbyteros sive diaconos, et subdiaconos, et præcipue monachos, licet non sint clerici, immunitatem ipso jure omnes [171] habere tutelæ, sive testamentariæ, sive dativæ; sive legitimæ, non solum tutelæ esse eos expertes, sed etiam curæ, non solum pupillorum et adultorum, sed et furiosi, et surdi, et muti, et aliarum personarum, quibus tutores vel curatores a veteribus legibus dantur. § 1. Eos tamen clericos et monachos hujusmodi habere beneficium sancimus, qui apud [172] sacrosanctas ecclesias vel monasteria permanent; non divagantes, neque circa divina ministeria desides, quum propter hoc ipsum beneficium eis indulgemus [173], ut, aliis omnibus derelictis, Dei omnipotentis ministeriis inhæreant. § 2. Et hoc non solum in vetere Roma vel in hac regia civitate, sed in omni terra, ubicunque Christianorum nomen excolitur [174], obtinere sancimus. § 3. *Novarum etiam collationum et sordidorum munerum immunitatem acceperunt: Unde Constantinus*[175] *cunctis scribit clericis tit. eodem, lege prima* : Juxta sanctionem, quam dudum meruisse [x] perhibemini, fundos et mancipia vestra nullus collationibus obligabit, sed vacatione gaudebitis. *Item Imperator Honorius et Theodosius eodem libro, titulo de sacrosanctis ecclesiis, lege* 5 [176]. § 4. Placet, rationabilis concilii [177] tenore perpenso, districta moderatione præscribere a quibus specialiter necessitatibus singularum urbium ecclesiæ habeantur immunes. Prima quippe illius usurpationis contumelia depellenda est, ne prædia usibus cœlestium secretorum dedicata, sordidorum munerum fæce vexentur, nil extraordinarium abhinc superindictumve [178] flagitetur, nulla translationis [179] sollicitudo signetur, postremo nihil præter canonicam illationem [y], nisi quam adventitiæ necessitatis sarcina repentina poposcerit, ejus functionibus adscribatur. Si quis contra venerit, post debitæ ultionis acrimoniam, quæ erga sacri-

legos promenda [180] est, exsilio deportationis perpetuo [181] subdatur [182].

*Gratian. Hoc idem datur intelligi de verbis B. Silvestri, qui obedientiam minorum erga majores assignans ait* [183] : Abbas ostiario, monachus abbati sit subditus, *supra in tractatu ordinandorum. Ostendit ergo Hieronymus, quod simpliciter monachis nihil liceat agere sine consilio presbyterorum. Nec officium docendi sibi assumere liceat sine auctoritate clericorum, nisi forte sint divina gratia intus commoniti, sicut B. Gregorius* [184] *refert in dialogo de B. Benedicto, qui homines montis Cassini ad fidem adduxit, et aram Apollinis, quæ erat ibi erecta subvertit; et de quodam Equitio, cui angelus in somnis apparuit, et eum ad prædicandum misit, qui, cum de vitio linguæ conquereretur, angelus phlebotomo linguam ejus tetigit, et totum illud vitium curavit.* § 1. *Quod vero Hieronymus se ipsum talibus connumerat, tale est, quale illud Apostoli ad Philippenses* [185] : Quicunque imperfecti [186] sumus, hoc sentiamus, se ipsum imperfectis connumerans. *Hinc idem Hieronymus alibi ait* : Natus in paupere domo et tugurio rusticano. *Et infra* : Nos suffarcinati auro, *se famelicum fastidientibus mella, pauperem divitibus connumerans, supra ubi agitur de clericis, qui propria relinquere nolunt, cap.* Gloria episcopi [187]. § 2. *Ecce sufficienter monstratum est, quod monachis presbyterii honore decoratis, a populo electis, ab episcopo institutis, eadem liceant, quæ et aliis sacerdotibus. Probatur hoc etiam ex similitudine consecrationis. Non enim in consecratione eorum aliud dicitur, et aliud in consecratione aliorum. Utriusque enim in commune a Domino benedictionem illi fundi episcopus obnixe deposcit. Et dum consecrat, cunctis sacerdotibus sigillatim dicit* : Consecrentur et sanctificentur, Domine, manus istæ, ut quidquid consecraverint consecratum sit, et quæcunque benedixerint benedicta sint. *Ecce communis est benedictio. Unde igitur divortium? Sicut ergo in benedictione utrique communem nanciscuntur potestatem, ita in institutione communiter assequuntur potestatis exsecutionem.* § 3. *Ceterum absque episcoporum licentia non solum monachis, sed etiam omnibus generaliter clericis potestatis exsecutio interdicitur.*

### NOTATIONES CORRECTORUM.

**C. XL.** [vv] In codice Justiniani hæc lex ipsi Justiniano tribuitur, non Leoni.

[x] *Meruisse* : In codice Justiniani legitur : *meruistis et vos, et mancipia,* etc.; in Theodosiano : *meruisse perhibemini et vos, et mancipia,* etc.

[y] *Illationem* : In vulgatis codicibus sequebatur : *nisi quam si adventitiæ.* In codice Justiniani vulgato legitur : *et quam adventitiæ*; in manuscripto et Haloandri non est copula. In codice Theodosiano : *quod adventitiæ.* In plerisque vetustis Gratiani : *præterquam adventitiæ.* Dictio vero : *si,* abest ab omnibus, et ideo inducta.

Quæst. I. C. XL. [170] Imo Justinianus c. 51. C. de epp. et cler. — In Edd. Bas. Ven. I, adscribitur Leoni Papæ. [171] *omnis* Edd. coll. o. [172] *ad* : exd. [173] *indulgeamus* : orig. [174] *colitur* : Edd. coll. o. — orig. — Bohm. [175] Imo Constantius A. 343. — Theod. cod. l. 16, t. 2, c. 8. — Ans. l. 4, c. 15. [176] scr. A. 412. — Ans. l. 4, c. 21. [177] *consilii* : orig. — Edd. Lugd. II, III. [178] *superinductumve* : Edd. Arg. Nor. Ven. I, II. [179] *translationum* : orig. *neque ap.* Ans. [180] *jure prom.* : orig. — Edd. coll. o. — Bohm. [181] *perpetuæ* Edd. coll. o. [182] *uratur* : Ans. — Ed. Bas. — *mulctatur* : Edd. rell. [183] cf. D. 93, c. 5. [184] l. 2. Dial. c. 8, et l. 1, c. 4. [185] Philipp. c. 3, v. 15. [186] *apud Apost.* est : *perfecti.* [187] C. 12, q. 2, c. 71.

Unde Clemens epist. *III.* [188] :

### C. XLI. *Sacerdotalia sine permissu episcoporum non agant presbyteri.*

Cunctis fidelibus et summopere omnibus presbyteris, et diaconis, et reliquis clericis attendendum est, ut nihil absque episcopi proprii licentia agant; non utique missas sine jussu quispiam [189] presbyterorum in sua parochia agat, non baptizet, nec quicquam absque ejus permissu faciat.

IV. Pars. Gratian. *De his vero, qui intra monasterii claustra consistunt, quibus populus ad regendum non committitur, quæritur, utrum dare vel accipere decimas debeant? In quibus hæc discretio servanda est, ut de agris et vineis, quæ ad proprium stipendium coluntur, decimas sibi retineant. Si enim decimæ a populo filiis Levi reddebantur pro ministerio, quo Domino deserviebant in tabernaculo, offerendo sacrificia et holocausta pro populo, patet quod monachi de propriis prædiis non magis quam alii sacerdotes decimas solvere coguntur. § 1. Sed dicitur, quod prædia monachorum, sive pretio sint empta sive pro salute animarum oblata, antequam in jus eorum venirent, baptismalibus ecclesiis sive quibuslibet aliis primitias et decimas persolvebant, illæ autem ecclesiæ suo jure privari non possunt.*

Unde in Moguntinensi Concilio *statutum invenitur* [190].

### C. XLII. *Qui res suas alicui delegaverit, decimationum proventum priori ecclesiæ auferre non poterit.*

Si quis laicus, vel clericus, vel utriusque sexus persona, proprietatis suæ loca vel res alicui [191] dare [192] delegaverit, decimationum proventum priori ecclesiæ legitime assignatum inde abstrahere nullam habeat potestatem. Quod si facere tentaverit, talis traditio irrita prorsus ducatur [193], et ipse ad emendationem ecclesiastica coerceatur censura.

A C. XLIII. *Antiquiores ecclesiæ, nec decimis, nec ulla possessione priventur.*

Item ex Concilio Cabilonensi [194].

Ecclesiæ antiquitus constitutæ nec decimis, nec ulla possessione priventur, ita ut novis oratoriis tribuantur.

### C. XLIV. *Antiquiores ecclesiæ propter novas justitiam suam non perdant.*

Item ex Concilio Vormaciensi [195].

Quicunque voluerit in sua proprietate ecclesiam ædificare, et consensum et voluntatem episcopi habuerit, in cujus parochia est, licitum sit. Veruntamen omnino providendum est episcopo, ut aliæ ecclesiæ antiquiores propter [196] novam suam justitiam non perdant, sed semper ad antiquiores B ecclesias persolvatur [197].

Gratian. *Decimas autem baptismalibus ecclesiis persolvendas,* Leo Papa IV. *affirmat, dicens* [198] :

### C. XLV. *Baptismalibus ecclesiis decimæ dari debent.*

De decimis justo ordine non tantum nobis, sed etiam majoribus nostris visum est plebibus tantum, ubi sacrosancta baptismata dantur, debere dari.

Gratian. *Si ergo ulli licet decimationum proventum a priori ecclesia, cui assignatus fuerat, abstrahere; si jus antiquioris ecclesiæ novis tribuendum non est; si decimæ tantummodo baptismalibus ecclesiis dandæ sunt : patet, quod monachi ex propriis prædiis decimas dare coguntur. Sed et illa auctoritas Moguntinensis concilii de venditore vel donatore lo-* C *quitur, definiens, quod ille, qui vendit aut donat, non potest proventuum decimationem illi ecclesiæ detrahere, cui prius legitime fuerat assignatus. Monachi autem decimas et primitias non auctoritate vendentis vel donantis, sed auctoritate ejusdem concilii et Paschalis Papæ detinent, a quibus definitum, est ut monachi de propriis prædiis decimas non solvant.*

Sic enim in Moguntinensi Concilio *statutum est* [199]:

## NOTATIONES CORRECTORUM.

C. XLIV. [z] Burchardus etiam et Ivo citant ex concilio Vormaciensi c. 6, quo loco in eo, quod exstat, habetur aliquid ad hanc rem faciens.

C. XLV. [a] Ivo fere eadem citat ex Gelasio; sed Anselmus et Polycarpus ex Leone, ut Gratianus.

C. XLVI. [b] Caput hoc in nullo concilio Moguntino, quod exstet, habetur, sed in Cabilonensi, unde citant Burchardus et Ivo. In libro Vaticanæ bibliothecæ, in quo sunt duo concilia Urbani II, Placentinum et Melphiense, hæc etiam leguntur : Perlatum est ad sanctam synodum, quod sint quidam episcopi et abbates, qui colonos ad se pertinentes non sinant decimas dare ad ecclesias, ubi missas audiunt, et infantes eorum baptizantur. Proinde decrevit sacer iste conventus, ut episcopi et abbates de vineis, vel agris, ac frugibus, quæ ad suum vel fratrum usum laborant, decimas sibi pro benedictione vel hospitum susceptione habeant, familiæ vero ibi dent decimas suas, ubi per totum anni circulum missas audiunt, et infantes eorum bautizantur.

---

Quæst. I. C. XLI. [188] Caput Pseudoisidori. — Burch. l. 2, c. 93. Ivo Decr. p. 2, c. 125, p. 6, c. 90. [189] *quisquam* : Burch. Ivo p. 2. — Edd. coll. o. — *quisque* : Ivo p. 6. — C. XLII. [190] Imo ex conc. ap. Confluent. hab. A. 922, c. 8. — Burch. l. 3, c. 241. Ivo Decr. p. 3, c. ult. [191] *alicubi* : orig. — Edd. coll. o. — Coll. citt. [192] *donare* : orig. — Coll. citt. [193] *dicatur* : Edd. coll. o. pr. Arg. = C. XLIII. [194] Imo ex conc. Arel. VI, hab. A. 813. — cf. Cap. l. 2, c. 36. — Reg. l. 1, c. 29. Burch. l. 3, c. 9. Ivo Decr. p. 3, c. 12, (uterque ex conc. Meld.) Ans. in fine l. 7, ( : *ex conc. Mogunt., cui præfuit Rom. legatus Bonifacius martyr et episcopus*.) — cf. conc. Mog. hab. A. 813, c. 11. = C. XLIV. [195] Imo ex capitulari ad Saltz (A. 804), c. 3. — Reg. l. 1, c. 26. Burch. l. 3, c. 7. Ivo Decr. p. 3, c. 9. [196] *propter novos* : Burch. Ivo. — Edd. Bas. Lugd. 1. — *propter hanc occasionem* : orig. — Reg. [197] *persolvantur* : Edd. coll. o. = C. XLV. [198] ex epistola Leonis IV, ad Britannos laudat Paschalis II, ad Baldricum (ap. Mans. t. 20). — Ans. l. 5, c. 53 (54), et (ex reg. Leonis IV), in collectaneis apud Canisium t. 3. — Ivo Decr. p. 3, c. 151, (ex ep. ad Justinum et Faustum). [199] Imo ex Cabilonensi II, hab. A. 813, c. 19. — Burch. l. 3, c. 132. Ans. l. 3, c. 57 (58). Ivo Pan. l. 2, c. 59. Decr. p. 3, c. 193.

C. XLVI. *Non persolvunt de propriis prædiis abbates et episcopi decimas.*

Questi sunt præterea quidam fratres, quod essent aliqui episcopi et abbates, qui decimas non sinerent dari [200] ad ecclesiam [201], ubi illorum [202] coloni missas audiunt. Proinde decrevit sacer iste conventus, ut episcopi et abbates de agris et vineis, quæ [203] ad suum vel fratrum stipendium habent, decimas ad ecclesias suas [c] deferri faciant, familiæ vero eorum ibi dent [204] decimas suas, ubi infantes eorum baptizantur [205], et ubi per totum anni [206] circulum [207] missas [208] audiunt.

C. XLVII. *De propriis laboribus monachi et canonici decimas minime solvere cogantur.*

Item Paschalis II [209].

Decimas a populo [210] sacerdotibus ac Levitis esse reddendas, divinæ legis sanxit auctoritas. Ceterum a monachis sive clericis communiter viventibus nulla ratio sinit ut milites aut episcopi, aut personæ quælibet decimas de laboribus seu nutrimentis suis propriis extorquere debeant. Unde B. Gregorius sic ait [211] : *Communi vita viventibus jam de faciendis portionibus, vel exhibenda hospitalitate, et adimplenda misericordia nobis quid erit loquendum?* quum omne, quod superest, in causis piis ac religiosis erogandum sit; dicente [212] Domino : *Quod superest date eleemosynam, et ecce omnia munda sunt vobis.*

V. Pars. Gratian. Quod autem dicitur, quod antiquiores ecclesiæ propter novas, nec decimis, nec ulla possessione priventur, non ita intelligendum est, ut nullo modo credatur licere episcopo aliquam partem possessionum vel decimationum unius ecclesiæ alteri pro tempore tribuere. Sicut enim Papa duos episcopatus in unum potest redigere, ita et unus proprio consentiente episcopo in duos potest dividi, vel etiam metropolitano invito quælibet ecclesia ab ejus jurisdictione apostolica eximi auctoritate.

Unde Gregorius Papa *scribit Benenato Episcopo, lib. II. epist. 31* [213] :

C. XLVIII. *Duos episcopatus in unum redigere apostolica potest auctoritas.*

Et temporis qualitas, et vicinitas nos locorum invitat, ut Cumanam atque Misenatem [d] [214] unire debeamus ecclesias, quoniam nec longo [215] itineris spatio [216] a se sejunctæ sunt, nec (peccatis facientibus) tanta populi multitudo est, ut singulos [217], sicut olim fuit, habere debeant sacerdotes. Quia igitur Cumani castri sacerdos cursum vitæ hujus explevit, utrasque nos ecclesias præsentis auctoritatis pagina unisse tibique commisisse cognosce [218], propriumque utrarumque ecclesiarum scito te esse pontificem. Et ideo *te* quæcunque tibi de earum patrimonio vel cleri [219] ordinatione sive promotione juxta canonum statuta visa fuerint ordinare atque disponere, habebis ut proprius revera sacerdos liberam ex nostræ auctoritatis consensu atque permissione licentiam. Ubi vero commodius atque utilius esse perspexeris, ibi [220] habitato, ita sane, ut alteram ecclesiam, cui [221] corporaliter præsens non es, sollicita providentiæ cura disponas, quatenus divina illic [222] mysteria solenniter auxiliante [223] Domino peragantur.

C. XLIX. *Duos episcopatus in unum redigere apostolica valet auctoritas.*

Idem *Joanni Episcopo Veliterno, lib. II, epist 55* [224].

Postquam hostilis impietas diversarum civitatum ita (peccatis facientibus) desolavit ecclesias, ut reparandi eas spes nulla [225] populo deficiente remanserit, majori valde cura constringimur, ne defunctis earum sacerdotibus reliquiæ plebis nullo pastoris moderamine gubernatæ per invia fidei hostis callidi rapiantur (quod absit) insidiis. Hujus ergo rei sollicitudine sæpe commoti [226], hoc nostro sedit cordi consilium, ut vicinis eas mandaremus pontificibus gubernandas. Ideoque fraternitati tuæ curam gubernationemque Triumtabernensium [e] ecclesiæ providimus [227] committendam, quam tuæ ecclesiæ aggregari unirique necesse est, quatenus utrarumque ecclesiarum sacerdos recte Christo adjutore [228] possis exsistere, quæque tibi de ejus patrimonio, vel cleri [229] ordinatione seu promotione vigilanti ac canonica visa fuerint cura disponere, quippe ut pon-

NOTATIONES CORRECTORUM.

C. XLVI. [c] *Suas :* Vox ista abest ab ipso concilio et ceteris collectoribus; sunt etiam nonnullæ aliæ varietates, quæ indicatæ sunt in margine.

C. XLVIII. [d] *Misenatem :* Sic emendatum est ex vetusto codice B. Gregorii, quamvis in vulgatis, sicut etiam apud Gratianum, esset : *Musitanam.*

C. XLIX. [e] *Triumtabernensium :* In vulgatis legebatur : *Treverensium*. Emendatum est ex aliquot vetustis, et originali, et Joanne Diacono [l. 3, c. 15]. Nam, ut is testatur, hæc epistola scripta est Joanni Episcopo Veliterno. Oppidum autem Triumtabernarum Velitris vicinum est.

---

Quæst. I. C. XLVI. [200] *dare :* Edd. Arg. Nor. Ven. I. [201] *ecclesiis :* orig. [202] *illi :* Ans. Burch. [203] *quæ ad usum fratrum habent :* Arg. — *quæ ad usum vel stip. hab. :* Ivo Pan. [204] *ferant :* Ivo. [205] *baptizentur :* Edd. Arg. Nor. Ven. I. [206] *annum circuli :* Ed. Arg. [207] *add. : vel curriculum :* Ed. Bas. [208] *missam :* Ed. Lugd. I. = C. XLVII. [209] Caput incerti temporis.—Deusdedit p. 3. [210] *populis :* Ed. Bas. [211] resp. 2. ad Augustinum. — cf. C. 12, q. 1, c. 8. [212] Luc. c. 11, v. 41. = C. XLVIII. [213] Ep. 45, (scr. A. 592), l. 1. Ed. Maur. — Ans. l. 6, c. 108 (105). Polyc. l. 3, t. 30. [214] *Musitanam :* Ans. — Edd. coll. o. [215] *longe :* Edd. coll. o. [216] *intervallo :* cæd. — Ans. [217] *duos :* ib. [218] *cognoscas :* Edd. coll. o. [219] *clerici :* Edd. Arg. Bas. — Bohm. [220] desid. apud ipsum Greg., Ans. et Ed. Arg. [221] *a qua corp. ad præsens absens es :* orig. — Ans. Edd. Lugd. II, III. [222] *præstante :* Edd. coll. o. = C. XLIX. [224] Ep. 50, (scr. A. cod.) libr. ejusd. — Ans. l. 5, c. 24 (26). Polyc. l. 1, t. 9. [225] *nullo modo :* Ans. Edd. coll. o. [226] *commoniti :* orig. — Edd. coll. o. * ita Edd. coll. o. [227] *prævidimus :* Edd. Arg. Nor. Ven. I, II. — *prævidimus :* Edd. rell. [228] *adjuvante :* Edd. coll. o. [229] *clerici :* Edd. Arg. Nor. Ven. I, II.

tiſex proprius liberam habeas [230] ex praesenti nostra permissione licentiam.

**C. L.** *Non habeant episcopum dioeceses, quae nunquam habuerunt.*

Item ex Concilio Carthaginensi II, c. 5 [231].

Felix episcopus Selemselitanus dixit : Etiam si hoc placet, sanctitati vestrae insinuo, ut dioeceses, quae nunquam episcopos habuerunt, non habeant, et [232] illa dioecesis, quae aliquando habuit, habeat proprium f. Secundum autem hanc prosecutionem g sanctitas vestra aestimet quid fieri debeat. Ab universis dictum est : Placet.

**C. LI.** *Nisi cum voluntate episcopi dioeceses, quae ab eo retinentur, non recipiant proprios episcopos.*

Item ex Africano Concilio, c. 20 [233].

Multis conciliis hoc statutum est a coetu sacerdotali, ut plebes, quae in dioecesibus ab episcopis retinentur, quae episcopos nunquam habuerunt, non nisi cum voluntate ejus episcopi, a quo tenentur, proprios accipiant rectores h.

**C. LII.** *Apostolica auctoritas a jurisdictione archiepiscopi episcopos valet eximere.*

Item Gregorius [234] *Joanni episcopo Larissaeo* [235], *lib. II, Indict.* 11, *epist.* 7.

Frater noster Hadrianus Thebanae civitatis episcopus, ad Romanam urbem veniens, lacrimabiliter est conquestus de quibusdam capitulis se a fraternitate tua, nec non a Joanne', primae Justinianae [236] episcopo, non legitime neque canonice condemnatum. *Et infra* : § 1. De nequissimo autem damnandoque ejus judicio alias sumus juvante Domino tractaturi. Hadrianum vero episcopum reperimus et tuo contra sacerdotales mores odio laborasse, et nullo jure pecuniariis in causis eum fraternitatis tuae condemnatum fuisse sententia. § 2. Quia igitur et ab antefato Joanne primae Justinianae [237] episcopo contra jus canonesque depositus honoris sui gradu carere non potuit, in sua [238] eum reformari ecclesia atque in propriae dignitatis ordinem decrevimus revocari. Et quum oportuisset te ex eo dominici corporis communione privari, quod admonitione [239] sanctae memoriae decessoris [240] nostri contempta (per [241] quam eum ecclesiamque ejus de tuae jurisdictione potestatis exemit) rursus in eis aliquid tibi jurisdictionis servare praesumpseris, tamen nos humanius decernentes, communionisque tibi sacramentum interim conservantes decernimus, ut fraternitas tua ab eo ecclesiaque ejus omnem ante habitae suae potestatem jurisdictionis abstineat, et secundum scripta [242] decessoris [243] nostri, si qua causa vel fidei vel criminis, vel pecuniaria adversus praefatum Hadrianum consacerdotem nostrum potuerit [244] evenire, vel per eos, qui nostri sunt vel fuerint in urbe regia responsales, si mediocris est quaestio, cognoscatur, vel huc ad apostolicam sedem, si ardua est, deducatur, quatenus nostrae audientiae sententia decidatur. Quod si contra haec, quae statuimus, quolibet tempore ' seu ' qualibet occasione vel [245] surreptione venire tentaveris, sacra scias te communione privatum, nec eam te, excepto ultimo vitae tuae tempore, nisi concessa [246] Romani Pontificis decernimus jussione percipere i. *Et paulo post* : § 3. Res autem sive sacras, sive alias mobiles immobilesque [247] ejus ecclesiae, quas hactenus diceris retinere (quarum notitiam nobis oblatam praesentibus annectimus litteris), sine aliqua ei dilatione fraternitas tua restituat. De quibus si qua inter vos quaestio vertitur, volumus, ut apud responsalem nostrum in urbe regia ventiletur.

Gratian. *Si autem necdum in dioecesi alicujus episcopi illa loca assignata fuerint, ex vigore apostolicae sedis proprium episcopum accipiant.*

Unde Gregorius junior *scribit Bonifacio Episcopo, epist. ult.* [248] :

**C. LIII.** *Ubi multitudo fidelium excrevit, ibi episcopi sunt ordinandi.*

Praecipimus, ut juxta sacrorum canonum statuta, ubi multitudo excrevit fidelium, ex vigore apostolicae sedis debeas [249] ordinare episcopos, pia tamen contemplatione, ut non vilescat dignitas episcopatus.

Gratian. *Sicut duo episcopatus suprascripto modo in unum possunt redigi, et unus in duos valet dividi, sic etiam episcopus de baptismalibus et parochianis*

---

**NOTATIONES CORRECTORUM.**

**C. L.** f *Proprium :* In concilio ipso sequuntur haec : *Et si accedente tempore, crescente fide Dei, populus multiplicatus desideraverit proprium habere rectorem, ejus videlicet voluntate, in cujus potestate est dioecesis constituta, habeat episcopum.*

g *Prosecutionem :* Emendatus est hic locus ex originali impresso et manuscripto. Nam antea legebatur " : *Secundum nanc persecutionem sanctitatis vestrae est aestimare* ".

**C. LI.** h *Rectores :* In concilio Africano et Carthaginensi sequitur : *id est episcopos,* quod additur etiam in glossa.

**C. LII.** i *Percipere :* Hic in epistola interjicitur cap. *Hac consona,* infra 25, q. 1.

---

Quaest. I. C. XLIX. [230] *habebis* : Ans. = C. L. [231] hab. A. 390. — Burch. l. 1, c. 55. [232] *vel* : Coll. Hisp. " ita in ead. "' *existimare* : Edd. Bas. Lugdd. II, III. — *aestimari* : Edd. rell. = C. LI. [233] c. 53, apud Dionys. — c. 42, conc. Carth. 3, hab. A. 397. — Burch. ib. = C. LII. [234] Ep. 7, (scr. A. 593), l. 3. Ed. Maur. — Ans. l. 6, c, 125 (130). Polyc. l. 1, t. 7. [235] *Lanseo* : Edd. Bas. — *Lauseo* : Ed. rell. [236] *Just. urbis antistite injuste condemn.* : Edd. coll. o. [237] add. : *urbis* : caed. pr. Arg. [238] *suam — ecclesiam* : Ed. Bas. [239] *post — admon. contemtam* : Edd. coll. o. pr. Bas., a qua vox : *contemta* abest quemadmodum ap. Ans. [240] *praedecessoris* : Edd. Bass. Lugdd. II, III. [241] *postquam* : Ed. Bas. [242] *scriptum* : ib. [243] *praedecessoris* : ib. [244] *potuit* : ib. — Ivo Decr. p. 4, c. 205. [245] *et* : Ed. Bas. [246] *cum conc.* : Edd. coll. o. [247] *vel immob.* : Ed. Bas. = C. LIII. [248] Imo Gregorius III, c. A. 738. [249] *debeatis* : Ed. Pith.

ecclesiis facere potest cum consensu suorum clericorum. Quod quum factum fuerit, illa pars populi, quæ novis ecclesiis supponitur, a jure prioris ecclesiæ absolvitur. Hoc nisi fieri posset, multitudo ecclesiarum ad paucitatem redigeretur. Plures autem baptismales ecclesias in una terminatione facere non potest.

Unde in Toletano Concilio legitur k [150] :

C. LIV. *In una terminatione plures baptismales ecclesiæ esse non possunt.*

Plures baptismales ecclesiæ in una terminatione esse non possunt, sed una tantummodo cum suis [151] capellis. Et si contentio fuerit de terminatione duarum matricum, plebes utrarumque discernant [152], et si non convenerint [153], lis Dei judicio discernatur [154].

VI. Pars. Gratian. *Jus ergo ecclesiarum ita interpretandum est, ut, nisi episcopo disponente aliis ecclesiis fuerit assignatum, in nullo priorum reditum diminutionem patiantur.*

Unde Anastasius Papa [155] :

C. LV. *Communione privetur qui decimas vel oblationes extra episcopi conscientiam tenere voluerit.*

Statuimus, ut si quis oblationes ecclesiæ, vel decimas, quas populus dare debet, tenere contenderit, vel extra baptismalem ecclesiam dare voluerit, præter conscientiam episcopi, vel ejus, cui hujuscemodi officia commissa sunt, nec cum eorum voluerit agere consilio, bannum [156] nostrum componat, et communione privetur.

Gratian. *Quum addit :* extra conscientiam episcopi*, intelligendum relinquit, quod episcopo consentiente aliis ecclesiis dari possunt.*

C. LVI. *Juxta dispositionem episcopi decimæ distribuantur.*

Item [157].

In sacris canonibus præfixum est, ut decimæ juxta episcopi dispositionem distribuantur [158]. Quidam autem laici, qui vel in propriis, vel in beneficiis suas habent basilicas, contemta episcopi dispositione non ad ecclesias, ubi baptismum, et prædicationem, et manus impositionem, et alia Christi sacramenta percipiunt, decimas suas dant, sed vel propriis basilicis, vel aliis ecclesiis [1] pro suo libitu tribuunt, quod omnimodis divinæ legi et sacris canonibus constat esse contrarium. Unde vestram [m] potestatem ut eos corrigatis expetimus.

Gratian. *Quum autem reprehenduntur, quia contemta episcopi dispositione hoc faciunt, intelligitur, quod, si episcopo disponente hoc fecerint, irreprehensibiles inveniantur.*

C. LVII. *Anathema sit qui præter episcopi conscientiam decimas et oblationes dispensare voluerint.*

Item Symmachus *Episcopus Ecclesiæ catholicæ urbis Romæ dixit in Synodo sexta Romana* [159].

In canonibus, in Gangrensi ecclesia [160] apostolica auctoritate conditis, de fructuum oblationibus, quæ ministris ecclesiæ debentur, et de his, quæ in usus pauperum conferuntur, scriptum habetur [161] : *Si quis oblationes ecclesiæ [n] accipere vel dare voluerit præter episcopi conscientiam, vel ejus, cui hujuscemodi sunt officia commissa, nec cum ejus voluerit agere consilio, anathema sit.* Et iterum in eodem concilio Gangrensi [162] : *Si quis oblata [163] Deo dederit vel acceperit præter episcopum [164], vel eum [165], qui constitutus est ab eo, ad dispensandam misericordiam pauperibus, et qui dat, et qui accipit anathema sit.* § 1. Valde iniquum ergo et ingens sacrilegium est, quæcunque vel pro remedio peccatorum, vel salute, vel requie animarum suarum unusquisque venerabili ecclesiæ contulerit aut certe reliquerit, ab his, a quibus ' hæc ' maxime servari convenit, id [166] est Christianis et Deum timentibus hominibus, et super omnia a principibus et primis regionum, in aliud transferri vel converti. *Et infra :* § 2. Generaliter [167] vero quicunque res ecclesiæ confiscare, aut competere, aut pervadere periculosa sua infestatione præsumpserit, ' nisi se [o] citissime per ecclesiæ, de qua agitur, satisfactionem correxerit, perpetuo anathemate feriatur '. § 3. Similiter et hi, qui res ecclesiæ jussu vel largitione principum vel quorundam po-

---

NOTATIONES CORRECTORUM

C. LIV. k *Caput hoc in nullo Toletano est inventum.* Burchardus et Ivo citant ex concilio Aquisgranensi.

C. LVI. l *Aliis ecclesiis :* In concilio Ticinensi, unde hoc capitulum videtur acceptum, legitur : *suis clericis*; apud Anselmum vero : *suis ecclesiis.*

m *Unde vestram :* Verba hæc referuntur ad imperatorem Ludovicum II, qui illi synodo interfuit. Quare in ea sequitur : *Sacra docet*, etc.

C. LVII. n *Oblationes ecclesiæ :* In concilio ipso Gangrensi legitur : *Si quis oblationes ecclesiæ extra ecclesiam accipere*, etc.

o *Nisi se :* Hæc usque ad versic. *Similiter*, sunt addita ex Symmachi synodo '.

---

Quæst. I. C. LIV. [150] Caput incertum. — Burch. l. 3, c. 22. Ivo Decr. p. 3, c. 27. [151] *subditis* : Burch. Ivo. [152] *discernatur :* Ivo. [153] *conveniunt* : Ed. Bas. [154] *decernatur* : ib. =
C. LV. [155] Imo Cap. Reg. Fr. l. 7, c. 7, ex conc. Gangr. can. 7, quem Reg. l. 2, c. 286. Buroh. l. 3, c. 144, l. 11, c. 21. Ivo Decr. p. 3, c. 209, p. 14, c. 94, referunt. — Ipsa cap. inscriptio repetita est ex Ans. l. 5, c. 46 (45). [156] *bann.* — *comp.* : desid. ap. Ans. = C. LVI. [157] Imo ex conc. Ticinensi hab. A. 855. — Ans. l. 5, c. 46. [158] *tribuantur* : Ans. = C. LVII. [159] hab. A. 504. — Ans. l. 5, c. 44 (48). Deusdedit p. 4. [160] *concilio* : Edd. Bas. Lugdd. [161] cf. Coll. citt. ad c. 55. [162] Burch. l. 3, c. 145. Ivo Decr. p. 3, c. 210. [163] *oblationes* : Ans. [164] *episcopi* : Edd. Lugdd. II, III. [165] *vel ejus consensum* : Edd. Bas. Lugdd. II, III. — *vel ejus consilium* : Edd. rell. [166] *id est* : desid. in Edd. coll. o. pr. Bas. Lugdd. II, III. [167] Ivo Decr. p. 3, c. 148. * desid. ap. Ans.

tentum, aut quadam invasione aut tyrannica potestate retinuerint, et filiis vel heredibus suis (ut a quibusdam jam factum audivimus) quasi hæreditarias reliquerint, nisi cito res Dei, admoniti a pontifice agnita veritate reddiderint, perpetuo anathemate feriantur. Iniquum enim esse censemus, ut custodes potius chartarum quam defensores rerum creditarum (ut præceptum est) judicemur. *Et infra* : § 4. Ferro enim abscindenda sunt vulnera, quæ fomenta non sentiunt. § 5. Similiter et illi extorres debent fieri ab ecclesia, qui sacerdotali admonitione non corriguntur dicente Domino [268] : *Auferte malum ex vobis*. Universa synodus surgens acclamavit. Ut [162] ita fiat rogamus. Dictum est octies. *Ista serventur ?, precamur.* Dictum est decies. Ut in perpetuum maneant, et vestra auctoritate firmentur. Dictum est duodecies*. Exaudi Christe, Symmacho Papæ vita [270]. Dictum est duodecies.

C. LVIII. *Eadem plectuntur pœna qui ecclesiæ res et bona episcoporum invadunt.*

*Item* in eadem Synodo [271].

Similiter et hoc [272] ad omnium ecclesiarum notitiam vestra cunctorum exhortatione et judicio censemus pervenire, et ab omnibus firmiter teneri, quia episcoporum res ecclesiæ non dubitantur esse, si in eorum facultatibus simili fuerit crudelitate grassatum, pervasores rerum [273] memoratarum prædictæ † canonum districtionis feriantur vindicta, ut qui moribus propriis ac nulla conscientiæ castigatione corriguntur [274] saltem ecclesiasticæ et canonicæ vindictæ perfodiantur aculeis.

C. LIX. *Res ecclesiæ principum auctoritate distribui non possunt.*

*Item ex lib.* I Capitularium Caroli et Ludovici Imperatorum, c. 83 [275].

Quia juxta sanctorum Patrum traditionem novimus res ecclesiæ vota esse fidelium, pretia peccatorum, et patrimonia pauperum, cuique non solum habita conservare, verum etiam *multa*, Deo opitulante, conferre optamus. Ut autem ab ecclesiasticis q de dividendis r rebus ecclesiæ suspicionem dudum conceptam [276] amoveremus [277], statuimus, ut neque nostris, neque filiorum, et, Deo dispensante, successorum nostrorum temporibus, *qui nostram*

---

## NOTATIONES CORRECTORUM.

p *Ista serventur* : Item hæc usque ad versic. *Exaudi*.

C. LIX. q *Ecclesiasticis* : Sequebatur : *officiis* ", quæ vox neque in vetustis, neque in ipso Capitulari est. Refertur enim ad homines, non ad officia.

r *Dividendis* : In capitulari impresso legitur : *non dividendis* "'. In capitulis autem manuscriptis, quæ ab episcopis provinciarum Remensis ac Rothomagensis Ludovico regi missa fuerunt, hæc habentur ad hunc locum pertinentia : *Quia vero Carolus princeps, Pipini regis pater, qui primus inter omnes Francorum reges ac principes res ecclesiarum ab eis separavit atque divisit, pro hoc solo maxime est æternaliter perditus. Nam S. Eucherius Aurelianensis episcopus, qui in monasterio S. Trudonis requiescit, in oratione positus, ad alterum sæculum raptus, et inter cetera, quæ Domino sibi ostendente conspexit, vidit illum in inferno inferiori torqueri. Cui interroganti ab angelo ejus ductore responsum est, quia sanctorum judicatione qui in futuro judicio cum Domino judicabunt, quorumcunque res abstulit et divisit, ante illud judicium anima et corpore sempiternis pœnis est deputatus, et recepit simul cum peccatis suis pœnas propter peccata omnium, qui res suas et facultates in honore et amore Domini ad sanctorum loca in luminaribus divini cultus, et alimoniis servorum Christi ac pauperum pro animarum suarum redemptione tradiderant. Qui in se reversus S. Bonifacium, et Fuldradum, abbatem monasterii S. Dionysii et summum capellanum regis Pipini, ad se vocavit, eisque talia dicens in signum dedit, ut ad sepulcrum illius irent, et si corpus ejus ibidem non reperissent, ea, quæ dicebat, vera esse concrederent. Ipsi autem pergentes ad prædictum monasterium, ubi corpus ipsius Caroli humatum fuerat, sepulcrumque ipsius aperientes, visus est subito exiisse draco, et totum illud sepulcrum interius inventum est denigratum, ac si fuisset exustum. Nos autem illos vidimus, qui usque ad nostram ætatem duraverunt, qui huic rei interfuerunt, et nobis viva voce veraciter sunt testati quæ audierunt atque viderunt. Quod cognoscens filius ejus Pipinus, synodum apud Liptinas congregari fecit, cui præfuit cum S. Bonifacio legatus apostolicæ sedis Gregorius nomine. Nam et synodum ipsam habemus, et quantumcunque de rebus ecclesiasticis, quas pater tuus abstulerat, potuit, ecclesiis reddere procuravit. Et quoniam res ecclesiis, a quibus ablatæ erant, restituere propter concertationem, quam cum Waifaro Aquitanorum principe habebat, non prævaluit, precarias fieri ab episcopis exinde petiit, et nonas ac decimas ad restaurationes terrarum, et de unaquaque casata duodecim denarios ad ecclesiam, unde res erant beneficiatæ (sicut in libro capitulorum regum habetur), dari constituit, usque dum ipsæ res ad ecclesiam revenirent. Unde et dominus Carolus imperator, adhuc in regio nomine constitutus, edictum fecit; ut nec ipse, nec filii ejus, neque successores, hujusmodi res aliquæ attentarent. Quod manu sua firmavit, cui plenitudinem habemus, et de quo capitulum excerptum in libro capitulorum ejus, quicunque librum illum habet et legere voluerit, invenire valebit. Hanc etiam relationem et in scripturis habemus, et quidam nostrum etiam viva voce dominum Ludovicum imperatorem patrem vestrum referre audivimus. Hujus historiæ mentio etiam est in vita B. Eucherii, episcopi Aurelianensis, et B. Rigoberti, archiepiscopi Remensis. Qualis vero esset hujusmodi ecclesiasticorum bonorum divisio, quam Carolus Martellus induxit, Pipinus autem et Carolus imperator prohibuerunt, eodem libro* I *Capitularium, ante capitulum istud* 83, *sic exponitur : Tempore Hadriani Papæ, et Caroli M. imperatoris quando Paulinus episcopus tenuit vices apostolicæ sedis, in Aquis fuit factum istud capitulum, propter hoc, quia laici homines solebant dividere episcopia et monasteria ad illorum opus, et non remansisset ulli episcopo, nec abbati, nec abbatissæ, nisi tantum, ut velut canonici et monachi viverent.*

---

Quæst. I. C. LVII. [268] 1 Cor. c. 5, v. 13. [269] desid. in Ed. Bas. [270] add. : *sit* : Edd. coll. o.— Bohm.— C. LVIII. [271] Ivo Decr. p. 3, c. 448. [272] *hæc* : Ed. Bas. [273] add. : *ecclesiasticarum* : ib. † *prædicta can. districtione fer.* : Ivo. — et Edd. coll. o. omissa voce : *can*. [274] *corrigantur* : Ed. Bas. — C. LIX. [275] Cap. I. A. 803, c. 1. — l. 4, c. 77. — Ans. l. 5, c. 43 (37). — ita in Edd. coll. o. pr. Bas. " et ap. Ans. [276] add. : *penitus* : orig. — Edd. coll. o. [277] *amoveamus* : Edd. coll. o.

vel progenitorum nostrorum voluntatem vel exemplum imitari voluerint', ullam penitus divisionem aut jacturam patiatur [278].

Gratian. *Quum ergo præter conscientiam episcopi, vel ejus, cui officia hujusmodi commissa sunt, quilibet prohibetur oblationes ecclesiæ distribuere, liquido apparet, quod cum episcopi consensu quibuslibet ecclesiis possint distribui.*

§ 1. *Huic interpretationi videtur contraire auctoritas illa* Toletani Concilii IV, c. 32 [279]:

C. LX. *Nihil de jure diœcesis episcopi præsumant auferre.*

Constitutum est a præsenti concilio, episcopos diœceses suas ita regere, ut nihil ex [280] earum jure præsumant auferre, sed juxta priorum [281] auctoritatem conciliorum [282] tam de oblationibus quam de tributis [283] ac frugibus tertiam consequantur [284]. Quod si amplius quippiam [285] ab eis præsumptum exstiterit [286], per concilium restauretur, appellantibus ' aut ' ipsis conditoribus, aut certe propinquis eorum, si jam illi a sæculo discesserunt [287].

C. LXI. *Possessiones ecclesiæ derelictas nulli sit alienandi licentia.*

*Item* Symmachus Papa *ad Cæsarium fratrem*, c. 1 [288].

Possessiones, quas unusquisque ecclesiæ proprio [289] dedit aut reliquit arbitrio, alienari [290] quibuslibet titulis atque [291] distractionibus, vel sub quocunque argumento non patimur, nisi forte aut clericis honorum [292] meritorum, aut monasteriis religionis intuitu, aut certe peregrinis, si necessitas largiri suaserit: sic tamen, ut hæc ipsa non perpetuo, sed temporaliter perfruantur.

Gratian. *Sed illud Toletani concilii ita intelligendum est, ut episcopi præter quartam vel tertiam, quæ secundum locorum diversitates eis debetur, nihil contingant.*

*Unde* in Concilio Leonis Papæ IV, c. 26, *statutum est* [293]:

C. LXII. *A clericis et piis locis ultra statuta Patrum aliquid episcopus non exigat.*

Nulli episcoporum liceat a subjecto sacerdote, vel alio quolibet clerico, et piis locis dationes ultra statuta Patrum exigere, aut superposita [294] in angariis inferre. Sed quum optimus sit perspector [295], ita prospiciat [296], ut universæ sibi oves commissæ a se maxime alantur, atque in necessitatibus adjuventur, non illicitis exactionibus [297] opprimantur, quia Dominus pascere et docere nos docuit et omnibus ministrare, non terrenis lucris vel [298] avaritiis delectari.

C. LXIII. *De reditibus ecclesiæ quarta pars clericis est distribuenda.*

*Item* Gregorius *Leoni* [299] *Episcopo* Catanensium †, *lib. VII, epist.* 8.

Ad hoc locorum gradus rationis ordo distinxit [300] et judicia esse constituit, ut nec præpositi in opprimendos se frustra valeant occupare [301] subjectos, nec subjectis iterum contra suos præpositos effrenata sit resultandi licentia. *Et infra*: § 1. Volumus igitur, ut quidquid ecclesiæ tuæ ex [302] reditu vel quolibet alio titulo fortassis accesserit, quartam [303] exinde portionem sine diminutione aliqua debeas segregare, atque eam secundum Dei timorem presbyteris, diaconis ac clero (ut tibi visum fuerit) discrete dividere.

C. LXIV. *Episcopus turpis lucri gratia nihil a monachis vel clericis suis exigere debet.*

*Item ex* VII *Synodo*, c. 4 ª [304].

Prædicator veritatis [305] Paulus divinus apostolus, ac si canonem ponens Ephesiorum presbyteris, imo vero et omni sacratæ multitudini [306], ita fiducialiter perhibuit: Argentum et aurum, aut vestem nullius concupivi [307]. Omnia ostendi vobis, quoniam sic laborantes oportet suscipere infirmos, beatius existimans [308] dare quam accipere. Propter quod et nos edocti [309] ab eo definimus [310], episcopum nullatenus turpis lucri gratia excogitare ¹ ad excusandas excusa-

NOTATIONES CORRECTORUM.

C. LXIV. ª Caput hoc antea citabatur ex VI synodo. Est autem in VII ex versione Anastasii, ex qua nonnulla hic sunt addita, demta, emendata.

¹ *Excogitare*: Verba græca: ὁρίζομεν, μὴ ὅλως αἰσχροκερδῶς ἐπινοεῖσθαι ἐπίσκοπον προφασιζόμενον προφάσεις ἐν ἁμαρτίαις, ἀπαιτεῖν χρυσόν, sic clarius verterentur: *statuimus, ne ullo modo turpis lucri gratia in mentem veniat episcopo excusanti excusationes in peccatis poscere aurum*, etc.

QUÆST. I. C. LIX. [278] *patiantur*: orig— Edd. coll. o. = C. LX. [279] hab. A. 633. — Burch. l. 3, c. 203. Ivo Decr. p. 3, c. 255. Abbo Flor. ap. Mab. Vet. anal. c. 55. [280] desid. in Ed. Bas. C. LX. [281] *priorem*: Ed. Nor. [282] desid. in Edd. Arg. Nor. [283] *decimis et tributis*: Burch. Ivo. [284] *consequentur*: Ed. Bas. [285] desid. ib. [286] *fuerit*: ib.— Ivo. [287] *decesserunt*: Edd. coll. o. = C. LXI. [288] scr. A. 502. — Ans. l. 5, c. 47 (51). Polyc. l. 3, t. 12. [289] *de prop.*: Ed. Bas. [290] *alienare*: Coll. Hisp. — Edd. coll. o. pr. Lugdd. II, III. [291] *aut*: Edd. coll. o. [292] *honorum meritis*: Coll. Hisp. — *bon. pro meritis*: Edd. Arg. Nor. Ven. I, II. = C. LXII. [293] *in conc. Eugenii*II, hab. A. 826, et Leonis IV, hab. A. 853. — Ans. l. 6, c. 166 (171). Polyc. l. 4, t. 21. [294] *supposita*: Edd. coll. o. pr. Bas. [295] *prospector*: orig. [296] *perspiciat*: Edd. Coll. o. pr. Lugdd. II, III. [297] *exactis dationibus*: orig. — Ans. [298] *et*: Edd. coll. o. = C. LXIII. [299] Ep. 7, (scr. A. 598), l. 8. Ed. Maur. — Ans. l. 5, c. 67 (68). Abbo Flor. c. 35. . † *Ep. Carthaginensi*: Edd. coll. o. pr. Bas. [300] *distribuit*: Ed. Bas. [301] *loborare*: ed. — ib. [302] *vel ex*: Edd. Bas. Lugdd. II, III. [303] *ut quart.*: ib. = C. LXIV. [304] hab. A. 787. — interpr. Anastasiana. — Ans. l. 6, c. 167 (175). — in Ed. Bas. citatur ex syn. IX, in rell. ex VI. [305] *ecclesiæ*: Edd. coll. o. — cf. Act. c. 20. [306] *plenitudini* (in græco est: πληρώματι): Ans. — mult. ac. *plenitudini*; Edd. coll. o. [307] add.: *Ipsi scitis, quoniam ea, quæ mihi opus erant, et iis, qui mecum sunt, ministravit manus ista*: Edd. Ven. I, II. Par. Lugdd. [308] *existimantes*: orig. [309] *docti*: Edd. coll. o. [310] *diffinivimus*: exd. pr. Bas. Par. Lugdd.

tiones in peccatis expetere aurum vel argentum, aut aliam speciem ab episcopis [311], vel clericis, vel monachis, qui sub ipso sunt. Ait enim Apostolus [312]: ' *Iniqui regnum Dei non possidebunt* ', nec [313] *debent filii thesaurizare parentibus, sed parentes filiis. Et infra* : ' *Præcepit enim* ' et Petrus apostolorum summus [314]: *Pascite, qui in vobis est, gregem Dei, non coacte, sed spontanee* [315] *secundum Deum, non turpis lucri gratia,* ' *sed voluntarie* ', *neque ut dominantes in cleris* [316], *sed forma facti gregis* [317]. *Et quum apparuerit princeps pastorum, percipietis immarcescibilem* [318] *gloriæ coronam.*

Gratian. *Illud autem, quod in fine capituli Symmachi ponitur* : *Hæc ipsa non perpetuo, sed temporaliter perfruantur, ad personales tantum possessiones, clericorum videlicet et pauperum, non ad monasteriales referendum est.*

VII. Pars. § 1. *Quam vero sit grave apud Deum decimas, et oblationes, ac primitias sacerdotibus non solvere, auctoritate Hieronymi et Augustini apparet. Ait namque Hyeronymus in comment. ad c. 3 Malachiæ* :

C. LXV. *Reus apud Deum habetur qui decimas sacerdotibus non solverit.*

« Revertimini [319] ad me, et [320] revertar ad vos, dicit Dominus exercituum; et dixistis, in quo revertemur? Si affliget [321] homo Deum, quia vos configitis [322] me, et dixistis, in quo configimus [323] te? in decimis et primitiis. In [324] penuria vos maledicti estis, et me configitis [325] gens tota. » Nunc sequamur ordinem prophetiæ [326] : « Quia mihi non reddidistis decimas et primitias, idcirco in fame et penuria maledicti estis, et vos me supplantatis [327], sive fraudatis, ' atque privatis gens tota. » Pro gente [u], quæ in Hebraico scribitur הגבר, annum LXX transtulerunt, ἔτος pro ἔθνος, et est sensus '. Ecce annus expletus [328] est, et nihil in meos thesauros, sed in vestra horrea comportastis et pro decimis et primitiis, quæ parva erant, si [329] a vobis [330] darentur, ubertatem possessionum vestrarum et omnem frugum abundantiam perdidistis. Ut autem sciatis, me hoc [331] irascente perfectum, quia fraudastis [332] me parte mea, hortor vos atque commoneo, ut inferatis decimas in horrea [333], hoc est in thesauros templi, et habeant sacerdotes atque Levitæ, qui mihi ministrant [334], cibos, et probate me, si non tantas pluvias effudero, ut cataractæ cœli apertæ esse credantur, *et effundam vobis benedictionem usque ad abundantiam.* Verbum effusionis nomen largitatis ostendit. Sed fieri potest, ut agros irrigantibus pluviis sit quidem fertilitas, verum aut [335] locusta, aut bruchus, aut ærugo, aut eruca destruant, et labores hominum pereant [336]. Propterea jungit [337] et dicit : *Et increpabo pro vobis devorantem* [338], locustam videlicet, et reliqua, quæ diximus, *et non corrumpet fructum terræ vestræ.* (*Et infra* :) § 1. Si quando fames, et penuria, et rerum omnium egestas opprimunt [339] mundum, sciamus, hoc ex Dei ira descendere, qui in pauperibus, si non accipiant eleemosynam, fraudari se loquitur, et suas [v] possessiones possumus decimas et primitias interpretari. § 2. Si quis doctus et eruditus legem Dei potest ceteros [340] erudire, non debet suæ assignare prudentiæ ingenioque quod possidet, sed gratias agat primum Deo, qui cuncta largitur, deinde sacerdotibus ejus ac magistris [341], a quibus doctus est. Si enim non egerit gratias, sed sibi [342] scientiam vindicaverit, in penuria maledicetur. Quod si intelligens largitorem Deum, et agens his gratias, per quos a Deo eruditus est, humiliaverit se, et in horreum Dei [343] intulerit cibos, hoc est Scripturæ ' sanctæ ' alimenta in ecclesia populis ministraverit, statim aperientur super eum cataractæ cœli, et effundetur pluvia spiritalis, et mandabit ' Deus ' nubibus suis, ut pluant super eum imbrem, et abundantia rerum omnium perfruetur.

C. LXVI. *Quod decimæ sacerdotibus sunt tradendæ.*

Item Augustinus *serm. CCXIX, de tempore* [vv] [344].

Decimæ tributa sunt egentium animarum. Quod

NOTATIONES CORRECTORUM.

C. LXV. [u] *Pro gente* : Hæc usque ad vers. *Ecce annus*, addita sunt ex B. Hieronymo ad sententiæ integritatem.

[v] *Et suas* : In originali sic legitur : *fraudari se loquitur et sua portione privari. Possumus decimas et primitias etiam sic interpretari.* Sed ob glossam non est mutatum. Alia vero quædam emendata sunt.

C. LXVI. [vv] Caput hoc confectum est ex locis B. Augustini in serm. 219, (qui est primus dominicæ XII, post festum Trinitatis), et serie verborum, et verbis ipsis sæpe mutatis, eodemque modo apud Anselmum habetur.

Quæst. I. C. LXIV. [311] desid. ap. Ans. — *presbyteris* : Edd. coll. o. [312] 1 Cor. c. 6, v. 10, 2 Cor. c. 12, v. 14. [313] *Non* ; Ans, a quo verba proxime præcedentia pariter absunt. — Edd. coll. o. [314] *Et apostolus Petrus* : Aus. — Edd. coll. o. — cf. 1 Petr. c. 5, v. 2. [315] *spontanei* : Ed. Bas. — *sponte* : Edd. rell. [316] *clero* : Edd. coll. o. — Ans. [317] add. : *ex animo* : Edd. Bas. Lugdd. [318] *immarcessibilis* : Edd. coll. o. = C. LXV. [319] Malach. c. 3, v. 7, seqq. [320] add. : *ego* : Edd. coll. o. [321] *affliget* : Ed. Bas. — Bohm. — *affligit* : Edd. Par. Lugdd. II, III. — *affligeret* : Edd. rell. [322] *affligitis* : Ed. Bas. — *confligitis* : Edd. Lugdd. I. II. — *configitis* : Edd. rell. exc. Par. [323] *configimus* : Edd. coll. o. pr. Par. Lugd. III. [324] *Et in* : Ed. Arg. — *Et ideo in* : Edd. rell. [325] *configitis* : Edd. coll. o. pr. Par. Lugd. III. [326] *prophetæ* : Edd. coll. o. [327] *supplantastis, defraudastis* : eæd. [328] *transactus* : Ed. Bas. [329] *ut* : Edd. coll. o. [330] *nobis* : Ed. Bas. [331] *id* : Edd. Bas. Lugdd. [332] *fraudatis* : Ed. Bas. [333] add. : *mea* : Edd. coll. o. [334] *ministrent* : Edd. Arg. Bas. [335] *veniat* : Edd. Lugdd. II, III. — *veniet* : Edd. rell. [336] *vastabunt* : Edd. coll. o. [337] *subjungit* : Edd. Bas. Lugdd. II, III. — *adjungit* : Edd. rell. [338] *devorantes locustas* : Edd. coll. o. [339] *opprimit* : eæd. [340] *alios* : eæd. [341] *ministris* : eæd. [342] *Dei* : Ed. Bas. [343] *Domini* : ib. = C. LXVI. [344] Sermo non satis certæ auctoritatis ex sententia Maurinorum. — Ans. l. 5, c. 34.

si decimas dederis, non solum abundantiam fructuum recipies, sed etiam sanitatem corporis et animæ consequeris. Non igitur Dominus Deus præmium postulat, sed honorem. Deus enim noster, qui dignatus est totum dare, decimam a nobis dignatus est recipere, non sibi, sed nobis sine dubio profuturam. Sed si tardius dare peccatum est, quanto pejus est non dedisse? De militia, de negotio, de artificio redde decimas. Quum enim decimas dando et terrena et cœlestia possis præmia promereri, quare pro avaritia duplici benedictione fraudaris? Hæc est enim Dei justissima consuetudo, ut si tu illi decimam non dederis, tu ad decimam revoceris. Dabis impio militi quod non vis dare sacerdoti. Benefacere semper Deus paratus est, sed hominum malitia prohibetur. Decimæ enim ex debito requiruntur, et qui eas dare noluerit res alienas invasit. Et quanti pauperes in locis, ubi ipse habitat, illo decimas non dante fame mortui fuerint, tantorum homicidiorum reus ante tribunal æterni judicis apparebit, quia rem a Deo pauperibus delegatam suis usibus reservavit. Qui ergo sibi aut præmium comparare, aut peccatorum desiderat indulgentiam promereri, reddat decimam; etiam de novem partibus studeat eleemosynam dare pauperibus.

### C. LXVII. Se ipsum condemnat qui evangelizantibus necessaria subtrahit.

*Item* Hieronymus in comm. ad c. 3, epistolæ ad Titum, in fine.

Apostolicis viris et evangelizatoribus Christi in necessariis usibus nolle tribuere, ' sterilitatis' se ipsum condemnare.

*Quod autem decimæ episcoporum consensu monachis licite tribuantur B.* Hieronymus *Damaso Papæ scribit, dicens* x :

### C. LXVIII. Liberum est clericis decimas monachis concedere.

Quoniam quicquid habent clerici pauperum est, et domus illorum omnibus debent esse communes, susceptioni peregrinorum et hospitum invigilare debent, maxime curandum est illis, ut de decimis et oblationibus cœnobiis et xenodochiis qualem voluerint et potuerint sustentationem impendant. Liberum est enim monachis et spiritalibus viris Deum

A timentibus et colentibus decimas et oblationes cunctaque remedia concedere, et de jure suo in dominium illorum et usum transferre, nec tam in pauperibus paupertatem quam religionem attendere. § 1. Quod autem beatitudo tua quæsivit, utrum usus decimarum et oblationum sæcularibus provenire possit, novit vestra sanctitas omnino non licere, protestantibus hoc divinis auctoritatibus paternorum canonum. Quamobrem, si aliquando fuerint ab his male detenta, quæ divini juris esse noscuntur, et in usum transierint monachorum et servorum Dei, episcopo tamen loci illius præbente consensum, constabunt eis omnia perpetua firmitate et stabilitate subnixa. § 2. Clericos autem illos convenit ecclesiæ stipendiis sustentari, quibus pa-
B rentum et propinquorum nulla suffragantur. Qui autem bonis parentum et opibus sustentari possunt, si quod pauperum est accipiunt, sacrilegium profecto committunt, et per abusionem talium judicium sibi manducant et bibunt.

Gratian. *De prædiis autem, quæ a colonis eorum coluntur, sic definitum est in Moguntino concilio:* Questi sunt præterea *etc. supra ead.*

### QUÆSTIO II.
#### GRATIANUS.

1. Pars. *De capellis vero, quæ ab eis possidentur, quod per eorum institutionem a sacerdotibus sint gubernandæ,* Joannes Papa *probat, scribens Isaac*
C *Syracusano Episcopo* a 1:

### C. I. Presbyteri in monasteriorum ecclesiis per abbates instituantur.

Visis litteris caritatis vestræ, quibus satis perpenditur, quanto studio huic sanctæ sedi reverentiam exhibetis, non modice gavisi sumus. Nunc itaque super ea, quæ consuluistis, ut carissimo fratri benigne discretum consilium damus. Delegavit enim nobis pia mansuetudo vestra, utrum ecclesiæ pro ² quiete monachorum a sanctis conciliis catholicisque episcopis eis traditæ per sacerdotes ab eis ordinatos et investitos debeant institui. Addidit quoque fraternitas tua, litem et seditionem inter clericos monachosque ex hac causa non modicam

---

#### NOTATIONES CORRECTORUM.

C. LXVIII. x *Supra etiam* 1. q. 2. *Clericos*. pars
D hujus capitis citatur ex B. Hieronymo, in cujus, quæ exstant, scriptis nihil hujusmodi inventum est.

Quæst. II. C. I. ª Caput hoc est cum aliis, quæ ex antiquo codice monasterii Populeti sunt habita, ex cujus codicis exemplo et vetustis Gratiani aliqua sunt emendata.

---

Quæst. I. C. LXVI. *decimam* : Edd. coll. o. *salutem* : Ed. Bas. *accipere* : Ans. *quanto magis pejus — peccatum* : Ans. et Edd. coll. o. pr. Bas., in qua vox : *pejus* abest. desid. ap. Ans. et in Edd. Arg. Bas. *duplicem benedictionem fraudas* : Ans. — Ed. Bas. *Domini* : Ed. Bas. *exquiruntur* : ib. *noluerint — invadunt* : Ans. — Edd. coll. o. *facere* : Ed. Bas. ==
C. LXVIII. *Caput incertum.* *tua* : Ed. Bas. *add.* : *omnibus* : Edd. Bas. Lugdd. II, III. C. 1, q. 2, c. 6. *amicorum* : Edd. coll. o. pr. Bas. *add.* : *stipendia* : Edd. coll. o. pr. Arg. *incurrunt et committunt* : Edd. coll. o.
Quæst. II. C. I. ¹ Caput apocryphum ex omnium fere interpretum sententia. ² *quæ pro — traditæ sunt* : Edd. Bas. Lugdd. II, III.

esse ortam; quod instigatione versuti hostis esse factum [3] nemo ambigat. Habet enim mille nocendi modos, nec ignoramus astutias [4] ejus. Conatur namque a principio ruinæ suæ unitatem ecclesiæ rescindere, caritatem vulnerare, sanctorum operum dulcedinem invidiæ felle inficere, et omnibus modis humanum genus evertere [5] et perturbare. Dolet enim satis et erubescit caritatem, quam in cœlo nequivit habere, homines constantes ex lutea materia tenere in terra. Unde oportet (quantum fragilitati nostræ conceditur) ut omnes aditus nocendi ejus versutiæ diligentissime muniamus, ne mors ingrediatur per portas nostras. §1. Consilio [6] itaque multorum fratrum diligenter exquisito decrevimus [7], ut amodo ecclesiæ monachis traditæ per suos sacerdotes instituantur. Divinæ enim leges habent et sæculares, ut cujus est possessio ejus fiat institutio, et si in dando quod majus est facilis fuit caritas, sit facilior in concedendo quod minus est sancta largitas. Majus enim fuit possessionem dare quam sit investituram concedere. Quomodo possessoris jura cognoscentur [8], et suarum rerum sibi tributa reddentur, ubi quod suum est per alterum datur, et, quum voluerit, aufertur? Humani moris est illum vereri, cujus judicio et voluntate nunc erigitur, nunc deprimitur. Unde fit, ut in partem episcopi ad serviendum sacerdos proclivior fiat, et sic episcopus quod sancte et religiose dederat quadam simulata auctoritate ad se trahat. Sic itaque privatur mercede, quam consecuturus [9] fuerat, tum quia ficta caritate aufert quod dederat, tum quia pravorum sacerdotum discordias, et scissuras amantium, 'lites et dissensiones inter episcopos seminantium', verbis nimis factus credulus, quod prius fucate moliebatur lucrari post [10] detecta fraude conatur quadam usurpatione ex toto auferre. Quorum avertentes [11] calliditates et hostis versuti suasiones, deinceps omnibus [12] licentiam monachis damus suarum ecclesiarum investitores fieri, ita tamen ut A judicio [13] synodi, si contra sacerdotium agere præsumserint, mulctentur, et felici mucrone episcopi [14] sacerdotum piacula resecentur.

II. Pars. Gratian. *Hac auctoritate monachis conceditur investitura suarum ecclesiarum. Sed videtur contraire* Urbanus Papa II, *dicens* [b] [15]:

### C. II. PALEA.

« Admonemus atque præcipimus, ut decimas omnino dari [16] Deo non negligatur [17], quas ipse Deus dari [18] constituit, quia timendum est, ut quisquis [19] Deo debitum suum subtrahit [20], ne forte Deus per [21] peccatum suum auferat ei necessaria sua. »

### C. III. De eodem. PALEA.

*Item* Nicolaus Papa II, *epist. unica, c.* 5 [22].

« Præcipimus, ut decimæ [23] et primitiæ, seu oblationes [24] vivorum et mortuorum ecclesiis [25] Dei fideliter reddantur a laicis, et ut [26] in dispositione episcoporum sint [27]. Quas qui retinuerint [28], a sanctæ 'ecclesiæ' communione separentur. »

### C. IV. De eodem. PALEA.

*Item* Leo Papa [29].

« Nullus decimas ad alium pertinentes accipiat. »

### C. V. PALEA.

*Item* Ambrosius *sermone I, de Quadragesima* [c] [30].

« Nam qui Deo non vult reddere decimas, quas retinuit [31], et homini non studet reddere quod injuste 'ab eo' abstulit, non timet adhuc Deum, et ignorat quid [32] sit vera pœnitentia veraque confessio. Iste talis 'homo' non potest veram [33] facere eleemosynam. »

### C. VI. *Abbates absque episcopi consilio in parochialibus ecclesiis presbyteros non ordinent.*

*Item* Urbanus II [34].

Sane quia monachorum quidam episcopis jus suum auferre contendunt, statuimus, ne in parochialibus ecclesiis, quas tenent, absque episcoporum consilio [35] presbyteros collocent, sed episcopi

---

### NOTATIONES CORRECTORUM.

[b] Post hæc verba in exemplaribus, in quibus non sunt Paleæ, sequitur c. *Sane.* In quatuor autem his interpositis Paleis nihil de monachis agitur, et hæc prior est in concilio Moguntino l. c. 38, et sententia repetitur in l. c. 10, et in III c. 17.

C. V. [c] Habetur in sermone I. de Quadragesima, cujus initium *Ecce nunc*, qui cum aliis B. Ambrosii nomen non præferentibus servatur in bibliotheca Vaticana, ac monasterii Mediolanensis ejusdem D. B. Ambrosii.

---

QUÆST. II. C. I. [3] *fieri* : Edd. coll. o. [4] *astutiam* : exd. [5] *pervertere* : Ed. Bas. [6] *concilio* : Edd. Bas. Lugd. l. [7] *decernimus* : Edd. coll. o. pr. Arg. Bas. [8] *cognoscerentur — redderentur* : Edd. Arg. Nor. Ven. l. [9] *consecutus* : Edd. coll. o. [10] *postea* : Ed. Bas. [11] *advertentes* : Edd. coll. o. [12] *omnino* : exd. [13] *in jud.* : Ed. Bas. [14] *desid. ib.* = C. II. [15] c. 38, conc. Mog. hab. A. 813. — Cap. l. 5, c. 154. — Burch. l. 3, c. 131. Ivo Pan. l. 2, c. 57. Decr. p. 3, c. 197. [16] *dare* : Burch. Ivo Decr. — Edd. coll. o. [17] *negligant* : Edd. coll. o. [18] *dare* : Ivo Pan. — Edd. coll. o. pr. Lugdd. II, III. [19] *qui* : Edd. coll. o. pr. Bas. [20] *non reddidit* : Ed. Bas. — *subtraxerit* : Ivo Pan. [21] *propter debitum suum* : Edd. Bas. Lugdd. II, III. — in rell. simpliciter : *ne auferat ei necessaria.* — C. III. [22] hab. A. 1059. — Ans. in fine l. 8. — cf. D. 32, c. 6, § fin. [23] *et dec.* : Edd. coll. o. pr. Bas. Lugdd. II, III. [24] add. : *quæcunque* : Edd. coll. o. [25] *et eccl.* : Ed. Bas. [26] *non* : ib. [27] add. : *secundum canones distribuendæ* : Edd. coll. o. [28] *tenuerit, a sancta comm. privetur aut (vel* : Ed. Bas.) *separetur* : Edd. coll. o. — C. IV. [29] *qui leguntur in admonitione synodali, quæ Burchardo præmissa legitur, n. 45.* = C. V. [30] *Adjudicavere hunc serm. a S. Ambrosio Maurini.* [31] *tenuit* : Edd. coll. o. ' *quæ* : exd. [32] *bonam* : orig. — Ed. Arg. = C. VI. [34] c. 4, conc. Claromont. hab. A. 1095 Ans. in fine l. 8. [35] *concilio* : Ed. Bas.

parochiæ curam cum abbatum consensu sacerdoti committant, ut ejusmodi sacerdotes de populo quidem cura episcopis rationem reddant, abbati vero pro rebus temporalibus ad monasterium pertinentibus debitam subjectionem exhibeant, et sic sua cuique jura serventur. *Idem :* § 1. In parochialibus ecclesiis presbyteri per episcopos instituantur [36], qui eis respondeant de animarum cura, et his, quæ ad episcopum pertinent.

C. VII. *Quorumcunque monachorum ecclesiæ episcoporum subdantur regimini.*

Item ex Concilio apud Faventiam habito [37].

Statuendum nobis [38] est, quatenus ecclesiæ quorumcunque monachorum in singulis parochiis sitæ episcoporum, ut decet, divinitus subdantur regimini, eisque debita obsequia exhibeant.

Gratian. *Ecce Urbanus Papa prohibet investituras parochialium ecclesiarum per monachos fieri, quas Joannes Papa eis concessit. Sed illud Joannis Papæ intelligendum est de illis capellis, quæ cum omni jure suo ab episcopis monachis conceduntur. Istud autem Urbani intelligitur de illis, quas abbates in propriis prædiis ædificant in villis vel in castellis suis.*

## QUÆSTIO Vª.
### GRATIANUS.

*Tales, etsi jus territorii habeant, tamen potestatem gubernandi populum, et spiritualia ministrandi non habent. Quod etiam de episcopo intelligendum est.*

Unde Nicolaus Papa ait [b] [1]:

C. I. *Episcopus, qui in alterius diœcesi ecclesiam ædificat, ejus consecrationem sibi vindicare non valet.*

Si quis episcoporum in alienæ civitatis territorio pro quacunque suorum opportunitate ecclesiam ædificare disponit, non præsumat dedicationem facere, quæ illius est, in cujus territorio ecclesia assurgit. Ædificatori vero episcopo hæc gratia reservetur, ut quos desiderat clericos in re sua ordinari, ipsos ordinet is, cujus territorium est, vel si ordinati jam sunt, ipsos [2] habere acquiescat, et omnis ecclesiæ ipsius gubernatio ad eum, in cujus civitatis territorio ecclesia surrexit [3], pertinebit.

C. II. *Basilicæ noviter conditæ ad episcopum pertinent, cujus conventus esse constiterit.*

Item ex Concilio Toletano IV, c. 34 [c] [4].

Possessio territorii conventum non adimit, ideoque basilicæ, quæ nove [5] conditæ fuerint, ad eum proculdubio pertinebunt episcopum, cujus conventus esse constiterit.

C. III. *Ædificatori episcopo in diœcesi alterius ecclesiam consecrare non licet.*

Item Gregorius *lib. XI, epist.* 19, *ad Joannem Subdiaconum* [6].

Lator præsentium Joannes, frater et coepiscopus noster [d], indicavit nobis, quod quidam Exsuperantius episcopus ausu temerario in diœcesi ipsius oratorium construxerit, idque [7] sine præcepti auctoritate contra morem præsumpserit dedicare, missasque illic *publicas* [8] celebrare non metuit. Quam rem cum summa te [9] celeritate ac districtione convenit emendare, nec ulterius tale aliquid attentare permittas.

Gratian. *Quod de jure ordinandi, non possidendi intelligendum est. His auctoritatibus facile perpendi potest, quod sive abbates sive episcopi in suis castellis vel villis ecclesias ædificaverint, non ideo episcopo, in cujus diœcesi fuerint, conventus adimitur, et ideo sacerdotes, juxta illud Urbani et Nicolai, in eis non nisi per episcopos, cum consensu tamen et electione ædificantium, ordinari possunt.*

---

### NOTATIONES CORRECTORUM.

QUÆST. V. [a] Videtur contra ordinis rationem, ut inter secundam et tertiam quæstionem quinta sit posita. Et in omnibus antiquis exemplaribus, exceptis duobus pervetustis, in secunda quæstione sunt omnes hi canones, quibus constat quinta quæstio; deinceps sequitur tertia et quarta cum suis capitulis, ut in vulgatis codicibus; tum verba Gratiani, quæ in vulgatis habentur initio sextæ quæstionis, et c. *Consuetudo* faciunt quintam quæstionem, reliqua vero sextam. Verum hanc, quæ nunc tractatur, esse quintam quæstionem, ex propositione initio causæ facta perspicuum est. Et potuit Gratianus ideo ordinem nunc mutare, quia argumentum quintæ quæstionis valde conjunctum est iis, quæ in fine secundæ allata erant. Quam ob causam, ac præterea ob auctoritatem illorum duorum codicum, et receptum usum citandi hos canones sub quinta quæstione, visum est nihil esse mutandum.

C. I. [b] Anselmus citat ex Arausico, in cujus 10 cap. fere idem legitur.

C. II. [c] Canon 34, concilii IV Toletani sic habet : *Sicut diœcesim alienam tricennalis possessio tollit, ita territorii conventum non adimit,* etc. ut infr. ead. q. 3. *Sicut diœcessim.*

C. III. [d] *Noster :* Hoc loco in epistola ipsa interjiciuntur multa.

---

QUÆST. II C. VI. [36] *constituantur :* ib. = C. VII. [37] Caput incertum, ad conc. Placentinum, sub Urbano II, hab., fortassis referendum. [38] desid. in Ed. Bas.
QUÆST. V. C. I. [1] c. 10, conc. Araus. hab. A. 441, in compendium redactus. — ap. Ans. l. 5, c. 9, unde citant Corr., non est repertus. [2] *episcopos :* Ed. Bas. [3] *surrexerit :* ib. = C. II. [4] hab. A. 633. Burch. l. 3, c. 147. Ivo Decr. p. 3, c. 212. — cf. infra q. 5, c. 3. C. H. [5] *novæ :* Coll. Hisp. — Coll. citt. — Edd. coll. o. — Bohm. = C. III. [6] Ep. 17, (scr. A. 603), l. 13. Ed. Maur. — Ans. l. 5, c. 27 (28). Polyc. l. 1, t. 13. [7] *illudque :* Ed. Bas. — *ipsumque :* Edd. rell. [8] desid. ap. Ans. [9] desid. in Edd. coll. o. pr. Ven. II.

## QUÆSTIO III.
### GRATIANUS.

I. Pars. *Quod autem præscriptione temporis omnia jura tollantur, probatur auctoritate* Chalcedonensis Concilii, et Gelasii Papæ, et Toletani Concilii. Prima est hæc ᵃ ¹ :

C. I. *Rusticanæ parochiæ apud episcopos, qui eas possident, triginta annis sine violentia permaneant immobiles.*

Per singulas ecclesias ᵇ ² parochias rusticanas, ' sive in possessionibus' ᶜ, manere ³ immobiles apud eos, qui eas retinent ⁴, episcopos decernimus ⁵, et maxime si ⁶ sine violentia eas 'jam' per triginta annos 'tenentes' gubernaverunt. ⁷ Si vero ⁸ intra triginta annos facta fuerit 'aut fiat' de his dubitatio ⁹, liceat eis, qui se dixerint læsos propter eas ¹⁰, movere apud synodum provinciæ certamen.

C. II. *Triginta annis ab episcopis possessæ immobiles permaneant diœceses.*

*Item* Gelasius *epist. II ad Siculos,* c. 1 ¹¹ :

Præsulum nostrorum auctoritas emanavit, ut facultates ecclesiæ episcopi ad regendum habeant potestatem, ita tamen, ut viduarum, pupillorum atque pauperum, necnon et clericorum stipendia distribuere debeant. Hoc eis etiam ¹² statuimus dari, quod hactenus decretum est ; reliquum sibi episcopi vendicent, ut ¹³, sicut antea diximus, peregrinorum atque captivorum largitores esse possint. *Idem ibid.* c. 2. ¹⁴ : § Illud etiam annecti placuit, ut si, quod absit, facultates ecclesiæ, nec non diœceses ¹⁵ ab aliquibus possidentur episcopis, jure sibi vendicent quod tricennalis lex conclusit, quia et filiorum nostrorum principum ita emanavit auctoritas ¹⁶.

C. III. *Territorii possessio conventum non admitit.*

*Item ex Concilio Toletano IV, c.* 34 ¹⁷.

Sicut diœcesim alienam tricennalis possessio tollit, ita territorii ᵈ conventum non admitit ᵉ.

C. IV. *Tricennalis possessio intra unam provinciam servari debet.*

*Item ex eodem,* c. 35 ¹⁸.

Quicunque episcopus alterius episcopi diœcesim per triginta annos sine aliqua interpellatione possederit, quamvis ᶠ secundum jus legis ejus non videatur esse diœcesis, admittenda ¹⁹ non est contra eum actio reposcendi. Sed hoc intra unam provinciam ᵍ, extra vero nullo modo, ne, dum diœcesis defenditur, provinciarum termini confundantur.

II. Pars. Gratian. *Ecce his auctoritatibus probatur quod possessionis et gubernationis jura præscriptione tolluntur. Sed idem Gelasius contra testatur, scribens Maximo et Eusebio Episcopis* ²⁰ :

C. V. *Status parochiarum nec præsumtione, nec temporis præscriptione mutari potest.*

Licet in ²¹ regulis contineatur antiquis, parochias unicuique ecclesiæ pristina dispositione deputatas nulla posse ratione convelli, ne per consuetudinem pessimam, exempli mali temeritate crescente, universalis ²² confusio nasceretur : tamen etiam decretis nostris ante non multum temporis destinatis omnia jussimus, quæ taliter fuerant invasa, restitui.

### NOTATIONES CORRECTORUM.

Quæst. III. C. I. ᵃ Caput hoc est ex prisca versione, quæ est in collectione Isidori, atque ex ea, cum duabus Vaticanis ejusdem collectionis codicibus collata, est emendatum.

ᵇ *Ecclesias* : Apud Balsamonem in codicibus manuscriptis legitur : καθ' ἑκάστην ἐπαρχίαν, id est, *in unaquaque provincia.* Sed in græco canone vulgato : καθ' ἑκάστην ἐκκλησίαν.

ᶜ *Sive in possessionibus* : Græce est : ἀγροικικὰς παροικίας, ἢ τὰς ἐγχωρίους ; id est : *parochias, quæ in ruribus, aut quæ in vicis et pagis sunt.*

C. III. ᵈ *Territorii* : In vulgatis sequebatur *possessio*, quæ abest a vetustis, a Burchardo et Panormia, et codicibus conciliorum impressis et manuscriptis.

ᵉ *Non admitit* : Sic in editionibus conciliorum Coloniensibus, et codice regio, et vetustis Gratiani exemplaribus, et in Panormia. Verum in duabus editionibus conciliorum Parisiensibus, et apud Ivonem habetur : *non amittit*, et in duobus codicibus Vaticanis, et apud Burchardum : *non admittit*.

C. IV. ᶠ *Quamvis* : In concilio impresso cum manuscriptis collato legitur : *Quia secundum jus legis ejus videtur* esse *diœcesis admittenda non est,* etc. * Ivo autem in tertia parte etiam clarius post vers. *Possederit* sic habet : *eam teneat quia secundum jus legis ejus videtur* esse *diœcesis et admittenda non est,* ect. Burchardus autem : *quamvis secundum jus legis ejus videtur esse diœcesis.* In Panormia vero quemadmodum apud Gratianum.

ᵍ *Provinciam* : Auctor glossæ interpretatur [ : *id est diœcesim;* et in variis conciliorum editionibus, et duobus codicibus Vaticanis legitur : *parochiam* ***, qua voce sæpe diœcesis significatur, ut in canone Apostolorum 14 : *Episcopo non licet alienam parochiam propria relicta pervadere,* et in conc. Antiocheno c. 21 vocem παροικίας alii verterunt parochiam, alii diœcesim, omninoque in Toletanis hæ voces confunduntur, ut Toletano 3. c. 20., et Toletano 4. c. 32. et 35., et Bracarensi 2. c. 2. Et in hujus capitis initio vox *diœcesis,* partem quamdam, id est parochiam, significat. Verum in codice conciliorum Lucensi regio, et vetustis exemplaribus Gratiani, et Panormia, et apud Ivonem p. 5. in margine est : *provinciam.*

---

Quæst. III. C. I. ¹ hab. A. 451. — Ivo Pan. l. 2, c. 64. Decr. p. 3, c. 106. — Burch. l. 3, c. 148, (ex Dion.) Polyc. l. 3, t. 12. ² add. : *provinciarum* : Edd. Arg. Nor. ³ *permanere* : Coll. Hisp. — Edd. coll. o. ⁴ *tenent* : ead. — eæd. ⁵ *decrevimus* : Ivo Decr. — Edd. coll. o. pr. Lugdd. II, III. — desid. ap. Iv. Pan. ⁶ *qui* : Coll. Hisp. ⁷ *gubernaverint* : ib. ⁸ add. : *etiam* : ib. ⁹ *altercatio* : Ivo (ex Dion.). ¹⁰ *propterea* : Edd. coll. o. = C. II. ¹¹ scr. A. 494. — cf. tamen ad C. 13, q. 2, c. 1. — Ivo Decr. p. 5, c. 147. ¹² desid. in Coll. Hisp. et Iv. Decr. et Ed. Bas. ¹³ *ut non* : Ed. Bas. ¹⁴ *Gelasius II* : Edd. coll. o. pr. Bas. — cf. C. 13, q. 2, c. 1. ¹⁵ *et diœceses, quæ* : Coll. Hisp. ¹⁶ add. : *etc.* : Ed. Bas. = C. III. ¹⁷ hab. A. 633. — cf. supra q. 5, c. 2. = C. IV. ¹⁸ Burch. l. 1, c. 67. Ivo Pan. l. 2, c. 67. Decr. p. 3, c. 131, p. 5, c. 175. Polyc. l. 3, t. 12. ᵃ *quia — jam videtur* : Coll. Hisp. ¹⁹ *judicatur* : Ivo p. 5. ²⁰ add. : *tamen* : Edd. coll. o. — Bohm. *** ita Burch, Ivo. = C. V. ²⁰ Ep. non satis certæ epochæ. Ivo Decr. p. 5, c. 97. Antoni Collectan. apud Canisium t. 3. ²¹ desid. in Coll. citt. ²² *ubique univ.* : Coll. citt.

Sed quia temeritas pervadentium legem sibi posse putat generari, si sceleri suo pertinaciam retentionis adjungat, ea, quæ inter fratrem et coepiscopum nostrum Constantinum, Anuscanæ ʰ ²³ ecclesiæ sacerdotem, et inter nuntios ²⁴ directos ab Anconitano pontifice ²⁵ decrevimus, per vos impleri cupimus, tunc formam in ceteris ²⁶ cognitionibus, quæ sit sequenda, perscripsimus. Nulla † igitur præsumtione statum parochiarum, qui perpetuæ ætatis ²⁷ firmitate duravit ²⁸, patimur immutari, quia nec negligentia pontificis ²⁹, nec temporalis objectio ³⁰ (quæ per incuriam forte generatur), neque ignavia faciente consensus adhibitus, nec subrepente ³¹ supplicatione ³² præceptio divellere potest semel diœcesim constitutam, ex qua semper ad regenerationem atque consignationem ³³ plebs devota ³⁴ convenit ³⁵. Territorium ⁱ etiam non facere diœcesim, olim noscitur ordinatum.

Gratian. *Hoc multipliciter distinguitur. Sunt quædam diœceses, quæ certis limitibus distinctæ sunt; hæc nullo modo præscribi possunt. Aliæ vero, quæ non sunt certis limitibus distinctæ, et de quibus certa definitio non olim præcessit, prescriptione tolluntur.*

Unde Innocentius Papa ᵏ ³⁶ :

C. VI. *Limitis possessio præscribi non potest.*

Inter memoratos fratres nostros, Fulgentium Astigitanum ³⁷ et Honorium Cordubensem episcopos, discussio agitata est propter parochiam basilicæ cujusdam ³⁸, quam horum alter Cellanensem ˡ, alter Regiensem ³⁹ asseruit. Et quia inter utrasque partes hactenus limitis actio est ventilata ⁴⁰, cujus quamvis ⁴¹ vetusta retentio nullum juris præjudicium affert ⁴², ideo ⁴³, ne in dubium ultra inter eos nostra devocaretur ⁴⁴ sententia, prolatis canonibus synodalia decreta perlecta sunt. Quorum auctoritas præmonet, ita oportere inhiberi cupiditatem, ut ne quis terminos alienos usurpet ; ob hoc placuit inter alternas partes inspectores ⁴⁵ viros mittendos, ita ut diœcesis ᵐ possidentis (si tamen basilicam veris ⁴⁶ signis limes præfixus ⁴⁷ monstraverit) ecclesiæ, cujus est jus retentionis ⁴⁸, sit æternum dominium. Quod si limes legitimus eamdem basilicam non concludit ⁴⁹, et ⁵⁰ tam longi temporis probatur objecta præscriptio, appellatio præsentis ⁵¹ episcopi non valebit, quia illi tricennalis objectio silentium imponit ⁵². Hoc enim †† et sæcularium principum edicta præcipiunt, et præsulum Romanorum decrevit auctoritas. Sin vero intra metas tricennalis temporis extra alienos terminos basilicæ injusta retentio reperitur, repetentis episcopi juri sine mora restituetur ⁵³.

C. VII. *Spatia, quæ definita fuerint, tempore præscribi non possunt.*

Item Gelasius Papa *Justo Episcopo* ⁵⁴:

Dilectio tua studeat, quæsita omnium fideliter rerum veritate, ut si de spatiis, de quibus memoratur orta contentio, definitio dudum ⁵⁵ certa processerit, intemerata servetur; alioqui si nihil unquam constiterit terminatum, tunc de præscriptione temporum, si qua pars confidit ⁵⁶, præbeat sacramentum, ut ⁵⁷ tamen de iis, quæ hactenus possedisse probatur ⁵⁸, jusjurandum sinatur offerre.

III. Pars. Gratian. *Potest etiam aliter distingui. Quæ quisque sua auctoritate usurpat, quia nullo titulo possidere incipit, præscribere non potest, et in hoc casu intelligenda est illa auctoritas Gelasii : Temporalis objectio, quæ per incuriam forte generatur, non potest divellere diœcesim semel constitutam.*

#### NOTATIONES CORRECTORUM.

C. V. ʰ *Anuscanæ* : In vetustis codicibus varie legitur, id est : *Canuscanæ, Camuscanæ, Tamiscanæ.*

ⁱ *Territorium* : Hæc referuntur etiam ab Anselmo, licet non ab Ivone.

C. VI. ᵏ Caput hoc exstat in concilio Hispalensi 2. c. 2., et ex eo Burchardus citat.

ˡ *Cellanensem* : In concilio impresso ac manuscripto legitur : *Celticensem*, et Plinius l. 3. c. 1. inter oppida conventus Hispalensis numerat Celticam.

ᵐ *Ita ut diœcesis* : In conciliorum editionibus, et duobus codicibus Vaticanis legitur : *ita ut, si in diœcesi possidentis sitam basilicam veteribus signis limes prævisus* [al. *pervisus*] *monstraverit ecclesiæ, etc.* Itemque in codice Lucensi regio, nisi quod loco dictionis *prævisus* habetur *præfixus*.

---

QUÆST. III. C. V. ²³ *Camiscanæ* : ib. — Ed. Bas. — *Canustana* : Ed. Arg. — *Camisanæ* : Ed. Lugd. l. — *Canuscanæ* : Edd. rell. pr. Par. — legendum esse videtur cum Berardo : *Asculanæ*. ²⁴ *inter nunc.* : desid. in Coll. cit. ²⁵ *episcopo* : Ed. Bas. ²⁶ *certis* : ib. † Aus. l. 5, c. 15 (16). ²⁷ *perpetuitatis* : Ed. Bas. ²⁸ *duraverit* : Edd. Bas. Lugdd. II, III. ²⁹ *pontificum* : ead. ³⁰ *abjectio* : Ans. ³¹ *subripiente* : Ans. — Ed. Bas. ³² *replicatione* : Ed. Ven. II. ³³ add. : *episcopi* : Edd. coll. o. ³⁴ *devote* : Ed. Bas. ³⁵ *convenerit* : ib. — *consistit* : Ans. — C. VI. C. 2, conc. Hisp. hab. A. 619. — Burch. l. 4, c. 69. Ivo Decr. p. 3, c. 99. Polyc. l. 6, t. 10. ³⁷ *Astigianensem* : Ed. Bas. ³⁸ desid. in Coll. Hisp. * ita in Coll. Hisp. — *Cellacens.* : Ed. Bas. — *Callacens.* : Ed. Arg. ³⁹ *Reginensem* : Edd. coll. o. — Coll. Hisp. — Burch. Ivo. ⁴⁰ *vindicata* : Coll. Hisp. — Burch. Ivo. ⁴¹ *quamvis sit — nullum tamen* : Edd. col. o. — Bohm. ⁴² *afferet* : Ed. Bas. — Burch. — *afferret* : Ed. Arg. — Coll. Hisp. — Ivo. ⁴³ *ideoque* : Coll. Hisp. — Burch. Ivo. — Edd. coll. o. ⁴⁴ *revoc.* : Bohm. ⁴⁵ *inspectionis* : Coll. Hisp. — Burch. Ivo. — " ita in Coll. Hisp. ⁴⁶ *veteribus* : Burch. — *veri* : Ivo. ⁴⁷ *provisus* : Burch. Iv. — Edd. col. o. ⁴⁸ *justa retentio* : Coll.Hisp. ⁴⁹ *concludet* : ib. — *conclusit* : Ed. Arg. ⁵⁰ *sed* : Coll. His. ⁵¹ *repetentis* : ib. ⁵² *ponit* : ib. †† *etiam* : Burch. Ivo. — Edd. coll. o. ⁵³ *restituatur* : Ed. Bas. = C. VII. ⁵⁴ Ep. non satis certi temporis. — Ivo Pan. l. 2, c. 69. Decr. p. 3, c. 133, p. 6, c. 105. ⁵⁵ *jamdudum* : Edd. Bas. Lugdd. II, III. ⁵⁶ *dissidet* : Ivo p. 3. — *fidit* : p. 6. — *si qua pars fidei præb. sacr.* : Panorm. ⁵⁷ *ita tamen, ut* : Edd. Bas. Lugdd. II, III. — *ut tamen quæ* : Edd. rell. ⁵⁸ *perhibetur* : Ivo Pan. Decr. p. 3. — *probabitur* : Ivo Decr. p. 6. — Edd. coll. o.

tutam. *Intelligendum est, si nullo titulo, sed sola usurpatione eam possidere coepit. Si vero judicis auctoritate, et privilegiorum longa consuetudine possidere coeperit, tunc temporalis objectio actori silentium imponit.*

Unde Gelasius Papa ait [n][59] :

**C. VIII.** *Debent privilegia XXX. annis possessa immobiliter observari.*

Placuit huic sanctae magnaeque synodo, ut res et [60] privilegia, quae Dei ecclesiis ex longa consuetudine pertinent, et sive a divae recordationis imperatoribus, sive ab aliis Dei cultoribus in scriptis donata, et ab eis per annos XXX. possessa sunt, nequaquam a potestate praesulum eorum [61] quaecumque persona saecularis [62] per potestatem subtrahat, aut per argumenta quaelibet auferat; sed sint omnia in potestate ac jussu [63] praesulis ecclesiae, quaecumque intra XXX. annorum spatium ab ecclesiis possessa fuisse noscuntur. Quisquis ergo saecularium [o] contra praesentem definitionem egerit, tanquam sacrilegus judicetur, et donec se correxerit, et ecclesiae propria privilegia seu res restituerit, anathema sit.

Idem *Episcopis Dardaniae inter cetera inquiet* [p][64] :

**C. IX.** *Repeti non possunt quae XXX. annis quiete possidentur.*

Post quingentos annos constituta Christi quosdam audio velle subvertere, quum XXX. annorum lex hominum non possit abrumpi.

**IV Pars. Gratian.** *Item si de rebus ecclesiae controversia mota est, et definitio subsecuta, etsi injusta sit, tamen quia non sua, sed definientis auctoritate possidere coepit, tricennalis praescriptio petitori silentium imponit, ita tamen, ut supputatio praescriptionis non a tempore definitionis, sed a decessu definientis exordium sumat.*

Unde in Toletano Concilio IX. c. 8. *statutum est* [65] :

**C. X.** *Vita irrite disponentis non poterit pertinere ad tricennium temporis.*

Si sacerdotes [66] vel ministri, dum gubernacula ecclesiarum administrare videntur, contra Patrum sanctissimas sanctiones [67] de rebus ecclesiae definisse aliqua [68] dignoscuntur, non ex die, quo talia scribendo decreverunt, sed ex quo talia moriendo definita reliquerunt, supputationis ordo substabit. Nunquam enim [q] poterit ad tricennium temporis pertinere vita irrite 'hoc' [68] judicantis, quia status contractuum initia [69] non sumsit ab origine aequitatis [70].

**V Pars. Gratian.** *Item ea, quae beneficiis possidentur, sive quae metu hostilitatis interveniente diutius possessa fuerint, praescribi non possunt.*

Unde in Agathensi Concilio, c. 59, *definitum est* [71] :

**C. XI.** *Quae in beneficiis possidentur praescribi non possunt.*

Clerici quilibet [72] quantacunque diuturnitate temporis de ecclesiae remuneratione aliqua [73] possederint, in jus proprium praescriptione temporis non revocentur [74], dummodo pateat ecclesiae rem fuisse, ne videantur [r] etiam episcopi tempore [75] administrationis prolixae aut precarias [76], quum ordinati sint, facere non [77] debuisse, aut diu retentas facultates in jus [78] suae proprietatis [79] posse transscribere.

**C. XII.** *Quae humanitatis intuitu aliquibus praestantur praescribi non possunt.*

Item ex Concilio Aurelianensi I., c. 25 [80].

Si episcopus humanitatis intuitu mancipiola,

---

### NOTATIONES CORRECTORUM.

**C. VIII.** [n] Quod hic tribuitur Gelasio habetur in synodo VIII., habita ab Hadriano II., c. 18., et ex ea citatur apud Anselmum et Polycarpum. Sed manuscripti codices Gratiani concordant cum vulgatis.

[o] *Saecularium* : In vulgatis legebatur : *Quisquis clericorum vel saecularium.* Sed absunt illae duae voces : *clericorum vel,* ab aliquot vetustis, et ab ipso concilio manuscripto ***. In concilio impresso legitur : *Qui contra fecerit ut sacrilegus judicetur, et donec talia privilegia* etc.

**C. IX.** [p] Caput hoc non legitur in epistola Gelasii, quae exstat, ad episcopos per Dardaniam. Nicolaus I. in epistola ad episcopos Galliae, cujus initium est : *Quamvis singularum, nuper, ut dictum est,* impressa in appendice bibliothecae, citat ex epistola Gelasii ad orientales. Deusdedit Cardinalis et Anselmus absolute Gelasium citant.

**C. X.** [q] *Nunquam enim* : Sic in vetustis etiam codicibus Gratiani, et in codice conciliorum. Lucensi regio. In duobus Vaticanis est quidem dictio : *tricennium,* sed in ceteris verbis aliqua varietas. In conciliis vero impressis legitur : *Nunquam enim ad triennium temporis pertinebit potestas irritum* (al. irrite) *hoc judicantis,* et ab aliquibus editionibus abest vox : *potestas.*

**C. XI.** [r] *Ne videantur* : In concilio impresso et apud Ivonem legitur : *ne videantur episcopi administrationes prolixas aut precatorias, quum ordinati sunt, facere debuisse.* In Epaunensi autem locus manifesto corruptus est.

---

Quaest. III. C. VIII. [59] Imo ex synodo VIII, hab. A. 869.—Coll. tr. p. p. 1, t. 46, c. 23. Ans. l. 4, c. 20 (31). Polyc. l. 3,'t. 12. [60] *vel*: Edd. coll. o. [61] desid. in orig. [62] *singularis* : Ed. Bas. [63] *usu* : Ans. *** et Ans. = C. IX. [64] Imo Felix III. tractatu contra Acacium.—Ans. l. 4, c. 27. Deusded. p. 1. ††† *Gelasius Epp. Qui Dardaniam* : Ans. mscr. coll. = C. X. [65] hab. A. 655. [66] *sacerdotes vel minister, et sic deinceps* : Coll. Hisp. [67] *regulas* : Ed. Bas. [68] desid. in Coll. Hisp. [69] *origine* : Edd. Arg. Nor. Ven. l. — *initium* : Edd. rell. [70] *initium iniquitatis* : Edd. Arg. Nor. Ven. l. = C. XI. [71] hab. A. 506. — Ivo Decr. p. 3, c. 166. [72] *quodlibet etiam* : Coll. Hisp. [73] desid. ib. [74] *vocetur* : ib. — *vocentur* : Edd. Arg. Nor. Ven. l, ll. [75] desid. in Coll. Hisp. et Ed. Bas. — add. : *suae* : Ed. Bas. [76] *administrationes prolixas aut precatorias* : Coll. Hisp. [77] desid. ib. [78] *in jus* : desid. ib. [79] *proprietati* : ib. = C. XII. [80] hab. A. 511. — ap. Ans. l. 5, c. 87, unde allegant Corr., non exstat.

vineolas vel terrulas clericis aut monachis, vel quibuslibet [3] præstiterit excolendas vel 'pro' tempore tenen las, etiamsi longa transisse annorum spatia comprobentur, nullum ecclesia præjudicium patiatur, nec sæcularis legis [81] præscriptio, quæ ecclesiæ [82] aliquid impediat, opponatur.

C. XIII. *Temporalis præscriptio non objicitur, ubi hostilitatis metus intervenerit.*
Item ex Concilio Hispalensi II, *cui interfuit Isidorus, cap.* 1 [83].

VI. Pars. Prima actione Theodulphi Malacitanæ ecclesiæ antistitis ad nos oblata precatio est, asserentis antiquam ejusdem urbis parochiam militaris quondam hostilitatis discrimine fuisse decisam [84], et ex parte aliqua ab ecclesiis Astigitanæ [85], Eliberitanæ atque Egabrensis [86] urbium esse retentam. Pro qua re placuit, ut omnis parochia, quam [87] antiqua ditione [88] ante militarem hostilitatem retinuisse ecclesiam suam quisque comprobaret, ejus privilegio restitueretur. Sicut enim per legem mundialem iis, quos barbarica feritas [89] captiva necessitate transvexit, postliminio revertentibus redditur antiqua possessio, non aliter et ecclesia recepta est parochiam, quam ante tenuit cum rebus suis, sive ab aliis ecclesiis possideatur, sive in cujuslibet possessionem [90] transfusa sit. Non enim erit objicienda præscriptio temporis, ubi necessitas interest [91] hostilitatis.

C. XIV. *Temporis non currit præscriptio, ubi furor hostilitatis incumbit.*
Item Joannes Papa, VIII. *Paulo Episcopo, fungenti legatione in Germania et Pannonia* [92].

Porro, si de annorum numero forte quis causatur, sciat, quia inter Christianos et eos, qui unius fidei sunt, numerus certus affixus est. Ceterum, ubi paganorum et incredulorum furor in causa est, quantalibet præereant tempora, juri non præjudicant [93] ecclesiarum, quæ corporalia nescientes arma solum Dominum et propugnatorem suum, quando ei placuerit misereri, patienter exspectat. Verum, si annorum prolixitas in talibus impediat [94], Deus ipse reprehendendus est, qui post quadringentos et triginta annos filios Israel de durissima servitute Pharaonis et fornace ferrea liberavit; sed ipse [95] per se noster † redemtor fuit [96], qui [97] humanum genus post tot annorum millia de inferni claustris eripuit.

VII. Pars Gratian. *Tolluntur etiam præscriptione illæ diœceses, quas propriis episcopis negligentibus alii ab hæresi ad fidei integritatem revocaverunt.*
Unde in Africano Concilio c. 88, *legitur* [98]:

C. XV. *Si qui episcopi diœceses suas lucrari Deo negligunt, post triennium eis constabunt episcopis, quorum studio fidei sunt reconciliatæ.*

Placuit, ut quicunque episcopi [99] negligunt loca ad suam cathedram pertinentia in catholicam unitatem [100] lucrari, conveniantur a diligentibus [101] vicinis episcopis, ut id agere non morentur. Quod si intra [102] sex [103] menses a die conventionis [104] non effecerint, qui potuerit ea [105] lucrari, ad ipsum pertineant, ita sane [1], ut si ille, ad quem pertinuisse videbantur, probare potuerit, magis illius electam negligentiam ab hæreticis, ut impune ibi sint, et suam diligentiam fuisse præventam, ut eo modo ejus cura solicitior vitaretur [106], quum hoc judices episcopi cognoverint [107], suæ cathedræ loca restituantur [108].

Gratian. *Potest etiam aliter intelligi præscriptio illa longi temporis, qua Gelasius negat statum parochiarum posse mutari. Longum enim tempus, sicut ex legibus habetur, decennium vel vicennium intelligitur. Hujus ergo longi temporis præscriptio auctoritate Gelasii et sæcularium legum ecclesiis objici non potest.*

VIII. Pars. § 1. *Præscriptionum aliæ sunt introductæ odio petentis et favore possidentis: aliæ tantum odio petentis. Qui enim bona fide et justo titulo rem præsentis per decennium, absentis vero per vicennium tenuerit, perpetua exceptione tutus erit, non solum adversus alios, sed etiam adversus creditores; quibus res ipsa obligata fuerat, etiam adversus verum domi-*

## NOTATIONES CORRECTORUM.

C. XII. [5] *Vel quibuslibet*: Illæ voces sunt etiam apud Anselmum, sed absunt a concilio impresso et manuscripto.
C. XV. [1] *Ita sane*: Græcus canon in emendatis codicibus hoc loco sic habet: Οὕτως μέντοι, ἵνα ἐὰν ἐκεῖνος, πρὸς ὃν δείκνυνται ἀνήκειν οἱ τοιοῦτοι, ἐξεπίτηδες διά τινα οἰκονομίαν ἔδοξεν ἀμελεῖν, τοῦτο τῶν αἱρετικῶν ἐπιλεξαμένων, ὥστε ἀθορύβως αὐτοὺς παραδέξασθαι, καὶ ἐν τοσούτῳ ἡ αὐτοῦ ἐπιμέλεια ἀπὸ ἑτέρου προελήφθη, ἢ τινι εἰ κατεχρήσατο, τοὺς αὐτοὺς αἱρετικοὺς πλέον ἐκάκιζεν, τοῦτου μεταξὺ ἐπισκόπων κρινόντων διαγινωσκομένου. Id est: *Ita sane, ut si ille, ad quem hi pertinere ostenduntur, de industria ad rem commodius tractandam negligentior agere visus fuerit, id probantibus hæreticis, ut sine tumultu reciperentur, atque interea suam diligentiam alius occuparit, qua quidem si usus esset, ipsis hæreticis majus damnum attulisset, quum hoc judicantes episcopi cognoverint,* etc

---

Quæst. III. C. XII. [81] *sæculari lege*: Coll. Hisp. [82] *ecclesiam aliquam*: Edd. coll. o. pr. Bas., in qua omittitur: *aliquam*. = C. XIII. [83] hab. A. 619. — Coll. tr. p. p. 2, t. 49, c. 1. [84] *descissam*: Coll. Hisp. [85] *Astrigitanæ*: Ed. Bas. —*Astiganæ*: Edd. rell. pr. Lugdd. II, III. [86] *Egavensis*: Ed. Bas. —*Egabensis*: Ed. Arg. — *Egabensis*: Edd. rell. [87] *quæ* ab: ib. [88] *traditione*: Ed. Bas. [89] *severitas*: Edd. coll. o. [90] *possessione*: Ed. Bas. [91] *intererit*: Edd. coll. o. =C. XIV. [92] Cap. incerti temporis. -- Ans. l. 2, c. 75 (71). Deusdedit p. 1. Polyc. l. 1, t. 11. [93] *præjudicat*: Ed. Bas. — Ans. [94] *impedit, ergo*: Ans. [95] *et ipse*: ib. † desid. in Ed. Bas. [96] *fuit — qui*: desid. ap. Ans. et in Edd. Bas. Lugdd. II, III. [97] desid. in Ed. Arg. = C. XV. [98] in codice Hadriano ex conc. Carth. hab. A. 418. — Burch. l. 1, c. 68. Ivo Decr. p. 5, c. 176. [99] non est in orig., ap. Burch., et in Edd. Arg. Nor. Ven. I, II. Par. [100] *catholica unitate*: Edd. coll. o. [101] add.: *Deum*: Ivo. [102] *infra*: Edd. coll. o. pr. Lugdd. II, III. [103] *tres*: Ed. Bas. [104] *commonitionis* Ed. Arg. [105] *eas*: orig.— Burch. — Edd. coll. o. [106] *vetaretur*: Burch. Ivo. —*videretur*: Ed. Ven. [107] *noverint*: Ed. Bas. [108] *restituant*: orig. — Coll. citt. — Ed. Arg.

num. Si vero aliquo casu a possessione ceciderit, etiam adversus verum dominum utiliter rem vendicare poterit. Si autem nullo titulo, bona tamen fide, per tricennium rem alicujus possederit, simili gaudebit præsidio. Bona vero fides non ad tractum medii temporis, sed ad initium possessionis refertur. Sufficit enim in initio cuique bona fide possidere cœpisse, etiamsi medio tempore scientiam rei alienæ habuerit. § 2. Hæ præscriptiones introductæ sunt favore possidentis et odio petentis, quia lex favet his, qui bona fide et justo titulo, vel bona fide tantum possident. odit autem et punit circa rem suam negligentes et desides. §. 3. Quod si mala fide rem alienam quis possidere cœperit, post XXX annos adversus omnem petentem exceptione tutus erit. Si vero aliquo casu a possessione ceciderit, actionem non habebit, quia hæc præscriptio non favore malæ fidei possessoris, sed odio tantum rem suam persequi negligentis introducta est. Si autem res ad creditorem suum vel ad dominum pervenerit, detentionis commodum habebit; si vero ad alium, creditor vel alius dominus <sup>u</sup> adversus eum experiri poterit, nec sibi proderit exceptio medii temporis possessoris <sup>v</sup>, quia non ab eo habuit causam possidendi. Quod si violenter possessio ad eos pervenerit, malæ fidei possessor indistinctæ possessionis commodum recipiet. § 4. Hæc de præscriptionibus decennii, vel vicennii, vel tricennii intelligenda sunt, si sine interruptione possessa probentur. Quod si per naturalem detentionem possessio interrupta fuerit, a die recuperatæ possessionis novi triginta anni in omnibus præscriptionibus <sup>w</sup> numerabuntur. Si per litis contestationem, ab ultimo die litigii quadraginta anni computabuntur. Quod si ab eo, qui in causa præscribendi erat, possessionem aliquis nanciscatur, tempus præcedens cum suæ possessionis tempore continuare poterit. § 5. Is [109] autem, cujus res præscribitur, si litem contestari non poterit, vel propter adversarii absentiam, vel infantiam, vel furoris laborem, quum neminem tutorem vel curatorem habeat, vel quia in magna potestate constitutus est, intra constituta tempora præsidem adeat, libellum ei porrigat, et hoc in querimoniam deducat, et sic temporis interruptionem faciat. Si autem præsidem adire non poterit, saltem ad episcopum locorum vel defensorem civitatis eat, et suam manifestare voluntatem in scriptis deproperet. Quod si præses, vel episcopus, vel defensor abfuerit, liceat ei publice proponere, ubi domicilium habet possessor, seu cum tabulariorum subscriptione, vel, si civitas tabularios non habeat, cum trium testium subscriptione; et hoc sufficiat [110] ad omnem temporalem interruptionem sive triennii, sive longi temporis, sive triginta, vel quadraginta annorum sit. § 6. Hæc de præscriptionibus inter privatos. Ceterum adversus loca religiosa non nisi quadraginta annorum præscriptio currit. Unde in Authenticis [111]: Quas actiones tricennalis præscriptio excludit [112], si loco religioso competant, quadraginta annis excluduntur [113]. Et in Novellis [114]: Neque decennii, vel vicennii, etc. In canonibus vero ecclesia adversus ecclesiam triginta annis, monasterium adversus ecclesiam non nisi quadraginta annis præscribere permittitur. Quod si privatus primitias et decimas sive cum titulo sive sine titulo possederit, nulla temporis præscriptione tutus esse poterit. Quæ [115] enim ab initio de jure sortiri effectum non possunt tractu temporis non convalescunt. § 7. Unde, si liber homo longo tempore pro servo detineatur, etiamsi quadraginta annorum curricula excesserint, sola temporis longinquitate libertatis jura minime mutilabuntur. § 8. Ad hæc ecclesia reipublicæ <sup>x</sup>: primitiæ, decimationes civilium functionum instar obtinent. § 9. Porro publicæ functiones præscribi non possunt.

Unde in VII. lib. Codicis, tit. de triginta vel quadraginta annorum præscriptione, Imp. Anastasius <sup>y</sup> [116]:

### C. XVI.

Jubemus eos, qui rem aliquam per continuum annorum quadraginta curriculum sine quadam legitima interpellatione possederint [117], de possessione quidem rei seu dominio nequaquam removeri; functiones autem, seu civilem canonem, vel aliam quampiam [118] publicam collationem impositam eis dependere compelli, nec huic parti cujuscunque temporis præscriptionem oppositam admitti.

Gratian. Sic etiam prædia, sive sint privati sive ecclesiæ, possunt præscribi. Proventus primitiarum et decimationum præscriptione tolli non possunt, etiamsi a Romano Pontifice quilibet laicus super his re-

---

### NOTATIONES CORRECTORUM.

VIII. Pars. <sup>u</sup> Vel alius dominus: In duobus vetustis exemplaribus non est dictio: alius*; In uno autem legitur: vel alius, scilicet dominus.

<sup>v</sup> Medii temporis possessoris: A vetustis codicibus partim abest dictio: temporis**, partim dictio: possessoris.

<sup>w</sup> In omnibus præscriptionibus: Hæ voces in aliquot manuscriptis non sunt***.

<sup>x</sup> Ecclesia reipublicæ: Emendatum est ex manuscriptis. Nam antea legebatur, ecclesia, respublica ✝. Omittit autem interdum et mutat nonnulla verba Gratianus earum legum, quas refert.

<sup>y</sup> In plerisque vetustis exemplaribus caput hoc conjunctum est superiori.

---

Quæst. I. C. XV. Pars VIII. * ita in Edd. Arg. Bas. ** temp. vel poss.: Ed Bas. — temp.: desid. in Ed. Arg. *** leg. in Edd. coll. o. [109] cf. l. C. de annali exc. [110] sufficere: orig. [111] Cod. de SS. EE. Auth. Quas actiones. Nov. 131, c. 6. [112] secludit: Ed. Bas. — præcludit: Edd. rell. [113] clauduntur: Edd. coll. o. [114] Nov. 131, c. 6. — cf. infra q. 4, c. fin. [115] Dig. de R. I. fr. 29. ✝ adhuc ecclesia respublica: Ed. Arg. ⸺ C. XVI. [116] c. 6. C. l. 7, t. 39. [117] possederunt: Edd. coll. o. — orig. [118] quandam: Edd. Arg. Bas. — aliquam: Edd. rell.

*scriptum impetraverit.* § 1. *Rescripta*[119] *enim, quæ contra jus scriptum impetrata fuerint, nisi talia sint, quæ illis, quibus data fuerint, prosint, et nulli obsint, nullius momenti esse censentur.* § 2. *Item : Decimæ Deo mandante sacerdotibus et Levitis separatæ sunt, ut de sorte Domini viverent qui in ejus sorte connumerantur. Non ergo cujusquam privilegio laicis concedi possunt, ne divinis mandatis auctoritas humana præjudicium inferat.* § 3. *Unde Impp. Valentinianus et Theodosius*[120] : *Universas terras, quæ a colonis, seu*[121] *emphyteuticariis dominici juris, reipub. vel juris sacrorum templorum in qualibet provincia venditæ vel ullo alio pacto alienatæ sunt, ab his, qui perperam*[122] *atque contra leges eas detinent, nulla longi temporis præscriptione officiente, jubemus restitui, ita, ut nec pretium quidem iniquis comparatoribus reposcere liceat.*

IX. Pars. § 4. *De præscriptionibus vero longi temporis in Authenticis invenitur collatione VIII.... constitutione sexta*[123] : *Quas actiones alias tricennalis, decennalis, vicennalis præscriptio secludit, si loco religioso competunt, quadraginta annis clauduntur, usucapione et quadriennii præscriptione suum locum habentibus* z.

X. Pars. Gratian. *Sed sola præscriptio XXX annorum et deinceps, a qua tamen præscriptione privilegia Romanæ ecclesiæ sunt exclusa, quæ non nisi centum annorum spatio præscribi possunt.*

Unde Joannes VIII. *scribit Ludovico Regi*[124] :

C. XVII. *Privilegia Romanæ ecclesiæ non nisi centum annorum præscriptione tolluntur.*

Nemo de annorum numero resultandi sumat fomentum, quia sancta [125] Romana (cui Deo auctore servimus) ecclesia privilegia, quæ in firma Petri stabilitatis petra suscepit, nullis temporibus angustantur, nullis regnorum partitionibus præjudicantur. Sed et venerandæ Romanæ leges, divinitus per ora piorum principum promulgatæ, rerum ejus præscriptionem non nisi per centum annos admittunt.

## QUÆSTIO IV.

### GRATIANUS.

*Ostensum est, quando ecclesia adversus ecclesiam præscribere possit. Nunc videndum est, si monasterium adversus ecclesiam præscribere valeat? Quod Urbanus Papa II. prohibuit, dicens*[1] :

C. I. *Tricennio temporis aliquid præscribere abbates vel monachi non valent.*

Possessiones ecclesiarum et episcoporum tricennales abbates vel monachos habere omnimodis prohibemus.

Gratian. *Sed si eis tollitur tricennalis possessio, a B. Gregorio conceditur eis quadragenalis præscriptio. Ait enim Petro Subdiacono, l. I. c. 9*[2] :

C. II. *Quadraginta annorum præscriptio religiosis domibus conceditur.*

Volumus accedentem[3] te ad Panormitanam civitatem quæstionem ipsam tali ratione discutere (dominio rei apud possessorem, sicut hactenus possessum est, videlicet permanente), ut, si [4] monasterium præfatum S. Theodori fines, de quibus causatio mota est, inconcussos[5] quadraginta annis possedisse repereris, nullam deinceps (etiam si quid sanctæ Romanæ ecclesiæ competere potuit) patriarîs sustinere calumniam, sed [6] quietem eorum inconcussam omnibus modis procurare. Sin vero actores [7] ecclesiæ non eos possedisse quadraginta annis inconcusso jure monstraverint, sed aliquam intra tempora hæc motam aliquando fuisse quæstionem eorundem finium, electis arbitris tranquille et legaliter sopiatur.

C. III. *De eodem.*

Item ex Novellis Justiniani, *Novella CXXXI* a [8].

Neque decennii, neque vicennii, vel XXX. annorum præscriptio, sed sola XL. annorum curricula religiosis domibus opponantur, non solum in ceteris rebus, sed etiam in legatis et hereditatibus.

Gratian. *Sicut ergo religiosis domibus ex lege non nisi quadragenaria est objicienda præscriptio, ita et auctoritate Gregorii adversus alias ecclesias prescribere possunt eodem spatio temporis.*

---

### NOTATIONES CORRECTORUM.

IX. Pars. z *Habentibus :* In plerisque vetustis exemplaribus sequitur : *sed sola præscriptione XXX annorum,* etc. In uno autem hæc sequuntur : *Hujus ergo longi temporis præscriptio, auctoritate Gelasii et sæcularium legum, ecclesiis objici non potest ; sed sola præscriptio XXX annorum,* etc. Cod. autem de SS. EE. l. lin. locus Auth. ita habet : *Quas actiones alias decennalis, alias vicennalis, alias tricennalis præscriptio excludit, hæ, si loco religioso competant, quadraginta annis excluduntur, usucapione triennii vel quadriennii præscriptione in suo robore durantibus, sola Romana ecclesia gaudente centum annorum spatio vel privilegio.*

Quæst. IV. C. III. a Hic neque Novellæ, neque Juliani antecessoris, neque Capitularis propria omnino verba referuntur.

---

Quæst. I. C. XVI. [119] cf. C. 25, q. c. 2, 15. — Cod. de prec. imp. offer. c. 7. [120] c. 2, l. 7, t. 58. C. scr. A. 387. — Ans. l. 4, c. 58 (40). [121] *seu emph.* : desid. Ap. Ans. [122] *add.* : *atque perverse* : Ed. Bas. [123] Auth. *Quas act.* C. de SS. EE. — Nov. 131, c. 6. = C. XVII. [124] Cap. incerti temporis. — Ans. l. 4, c. 45 (47). Coll. tr. p. p. 1, t. 63, c. 4. [125] *sanctæ Rom. ecclesiæ* : Bohm.

Quæst. IV. C. I. [1] c. 19, conc. Lat. II, hab. A. 1125. = C. II. [2] Ep. 9, (scr. A. 591), l. 4. Ed. Maur. [3] *accedente* : Edd. coll. o. [4] Ans. l. 5, c. 75 (67). Ivo Pan. l. 2, c. 66. Decr. p. 3, c. 146. [5] *inconcussis annis* : orig. — Ivo. [6] *sed — proc.* : desid. Ap. Ans. [7] *auctores* : Edd. coll. o. pr. Lugdd. II, III. = C. III. [8] Nov. 131, c. 6. Jul. Ep. Nov. 119, c. 6. — Cap. l. 5, c. 389.

## QUÆSTIO VI.
### GRATIANUS.

I. Pars. *Quod autem ea, quæ ecclesiæ debentur, rectores ejusdem sua auctoritate judiciis prætermissis repetere non valeant*, B. Gregorius *testatur, lib. IV. c. 88. dicens* [a] [1]:

C. I. *Judicio, non manibus, res ecclesiæ defendantur.*

Consuetudo nova in ecclesia hac et valde reprehensibilis erupit, ut, quum rectores ejus patrimonii urbana vel rustica [2] prædia juri illius competere posse suspicantur, fiscali more titulos imprimant, atque hoc, quod competere [3] pauperibus existimant, non judicio, sed manibus defendant, et [4], quum per prædicatores suos veritas dicat: *Nihil* [5] *per contentionem, etiam ipsum litigiosæ contentionis malum transcenditur* [6], et [7] res quælibet, quum æstimatur [8] ecclesiæ posse competere, per vim tenetur [9]. Proinde, præsenti decreto constituto [10], ut, si quis ecclesiasticorum unquam titulos ponere sive in rustico [11] sive urbano prædio sua sponte præsumpserit, anathema sit. Et responderunt omnes: Anathema sit.

§ 1. Is autem, qui ecclesiæ præest, si hoc [12] vel ipse fieri præceperit, vel sine sua præceptione factum digna punire animadversione neglexerit, anathema sit. Et responderunt omnes: Anathema sit.

II. Pars. Gratian. *Quod autem quisquis sua auctoritate quod sibi deberi putat usurpat, nec per judicem reposcit, cadat a causa*, ex auctoritate Milevitani Concilii *habetur, in quo ita statutum legitur, c.* 21 [13]:

C. II. *Causæ suæ detrimentum patiatur episcopus qui ecclesias suas ab alio detentas propria auctoritate quærit adire.*

Placuit, ut quicunque episcopi *quascunque* ecclesias vel plebes, quas ad suam cathedram existimant [14] pertinere, non ita repetierint [15], ut causas suas episcopis judicantibus agant, sed alio retinente irruerint, sive volentibus sive nolentibus plebibus, causæ suæ detrimentum patiantur. Et quicunque hoc jam fecerint [16], si nondum est inter episcopos finita [17] contentio, sed adhuc inde contendunt, ille inde discedat, quem constiterit [18] prætermissis judicibus [19] ecclesiasticis irruisse. § 1. Nec sibi quisque blandiatur, si a primate [20] ut retineat, literas impetrarit, sed, sive habeat literas sive non habeat, conveniat cum qui tenet, et ejus literas accipiat, ut eum [21] appareat pacifice tenuisse ecclesiam ad se pertinentem. Si autem ille aliquam quæstionem retulerit, per episcopos judices causa finiatur, sive [22] quos eis primas [23] dederit, sive [24] quos ipsi vicinos [b] ex consultu primatis [c] delegerint [25].

III. Pars. Gratian. *E contra Gregorius Joanni Defensori, eunti in Hispaniam, scribit lib. XI. epist. 50., dicens* [26]:

C. III. *Delictum personæ in damnum ecclesiæ converti non potest.*

Si episcopum talem culpam admisisse [27] constiterit (quod absit), ut constet eum non irrationaliter fuisse [28] depositum, eadem ejus depositio confirmetur, et [29] ecclesiæ res suæ omnes restituantur, quæ ablatæ claruerint, quia delictum personæ in damnum ecclesiæ non est convertendum. Si [30] enim, ut dicunt, Comitiolus defunctus est, ab herede ejus quæ injuste ab illo [31] ablata [32] sunt sine excusatione reddantur.

C. IV. *In personam delinquentis, non in facultates ejus ultio procedat.*

Idem *Petro Subdiacono, lib. I. epist. 42.* [33]

Cognovimus, quod si quis ex familia culpam fecerit ecclesiæ [d], non in ipsum [34], sed in ejus sub-

---

### NOTATIONES CORRECTORUM.

Quæst. VI. C. I. [a] Capitulum hoc sumtum est ex concilio a B. Gregorio habito, quod in regesto ipsius bis habetur, semel lib. 4 post epist. 43., iterum post lib. 12. ejusdem regesti.

C. II. [b] *Vicinos*: Antea legebatur: *vicini*. Emendatum est ex editionibus conciliorum Coloniensibus, uno codice Vaticano, Soriensi regio, Burchardo et Ivone. In exemplari etiam antiquo concilii Carthaginensis græci, cap. 121., legitur: γειτνιῶντας, ubi in impresso est: γειτνιῶντες.

[c] *Ex consultu primatis*: Sic etiam legitur in editionibus conciliorum vetustioribus, codice Soriensi regio, et duobus Vaticanis. Sed in recentiore Coloniensi quatuor tomorum editione, et apud Burchardum et Ivonem est: *vicinos ex consensu delegerint*, itemque in concilio Africano in omnibus editionibus.

C. IV. [d] *Ecclesiæ*: Hæc vox abest a plerisque ve-

---

Quæst. VI. C. I. [1] in conc. Rom. hab. 595. — Polyc. l. 4, t. 8. [2] *rusticana*: Edd. coll. o, pr. Arg. [3] add.: *posse*: Edd. Bas. Lugdd. II, III. [4] *et quia* (desid. in Ed. Bas), *quum prædicatores suos veritas nihil per contentionem agere præcipiat*: Edd. coll. o. [5] *Philipp.* c. 2, v. 3. [6] *transscendit*: orig. [7] *et si*: Ed. Arg. [8] *existimatur*: Ed. Bas. [9] *tenentur*: Ed. Arg. [10] *instituo*: Ed. Bas. [11] *rusticano*: Edd. coll. o. pr. Arg. [12] *hic*: Ed. Bas. == C. II. [13] Imo ex conc. Carth. hab. A. 418, unde refert Dionys. c. 120, Cod. Hadr. c. 87. — Burch. l. 1, c. 70. Ivo Decr. p. 5, c. 177. Polyc. l. 3, c. 12. Coll. tr. p. p. 2, t. 22, c. 9. [14] *æstimant*: orig. ap. Dion. — Burch. Ivo. [15] *repetant*: ib. [16] *fecerunt*: Dionys. — Coll. Hisp. — Burch. Ivo. — Edd. Arg. Bas. [17] *diffinita*: Ed. Bas. [18] *constat*: Edd. coll. o. [19] *judiciis*: Dionys. — Burch. Ivo. [20] *primatu*: Coll. Hisp. [21] desid. ib. [22] add.: *per eos*: Edd. Bas. Lugdd. II, III. [23] *primatus*: Coll. Hisp. — *primates dederint*: Dionys. — Burch. (ap. Iv. verba: *sive — ded.* non leg.) [24] add.: *per eos*: Edd. Bas. Lugdd. Par. * *convicini*: Edd. coll. o. ** *et in orig. ap. Dion. — cum consultu*: Coll. Hisp. — Edd. coll. o. [25] *elegerint*: Edd. Arg. Bas. == C. III. [26] Ep. 45. (scr. A. 603), l. 13. Ed. Maur. — cf. C. 2, q. 1, c. 7. [27] *commisisse*: orig. — Edd. coll. o. [28] *esse*: Edd. coll. o. *omnes res, quæ suæ eccl. ablatæ fuerint*: Ed. Bas. — o. r. suæ (sive: Ed. Lugd. II), *eccl., quæ abl. fuerunt*: Edd. rell. [29] *Si autem, ut dicitur, quia*: Edd. Arg. Nor. Ven. I. II. Lugdd. II, III. Par. — codem modo Edd. Bas. Lugd. II, et Ans., omissa tamen voce: *ut*. [30] *alio*: Ed. Lugd. II. [31] *ablatæ*: Edd. Bas. Lugd. II. == C. IV. [32] Ep. 44. (scr. A. 591), l. 1. Ed. Maur. — Ivo Decr. p. 16, c. 81. * *non est in* Edd. Arg. Bas. ** nec tamen in Ed. Frontonis. [33] *ipsa*: Edd Ven. I, II. Nor. — *ipso*: Edd. rell. pr. Lugdd. II, III. — orig. — Ivo.

stantiam [35] vindicatur [36]. De qua re præcipimus, ut quisquis culpam fecerit, in ipsum [37] quidem, ut dignum est, vindicetur; a communione e autem ejus omnino abstineatur.

**C. V.** *Res eorum, qui ex clero labuntur, simul cum ipsis monasterio tradantur.*

Idem *in eadem epistola* [38].

De lapsis sacerdotibus, 'vel Levitis' [39], vel quolibet ex clero observare te volumus, ut in rebus eorum nulla contaminatione miscearis; sed pauperrima regularia [40] monasteria require, quæ secundum Deum vivere sciuntur [41], et in eisdem monasteriis ad pœnitentiam lapsos trade, ut [42] res lapsorum in eodem [43] loco proficiant, in quo agere pœnitentiam traduntur, quatenus ipsi ex rebus illorum subsidium habeant, qui de correctione eorum solicitudinem gerunt. Si vero parentes habent, res eorum legitimis parentibus dentur, ita tamen, ut eorum stipendium [44], qui in pœnitentiam dati fuerint, sufficienter debeat [45] procurari. § 1. Si qui vero ex familia ecclesiastica sacerdotes, vel Levitæ, vel monachi, vel clerici, vel quilibet alii lapsi fuerint, dari eos in pœnitentiam volumus, sed res eorum ecclesiastico juri non subtrahi. Ad usum tamen suum accipiant unde ad pœnitendum [46] subsistant, ne, si nudentur, locis, in quibus dati fuerint, onerosi sint.

**C. VI.** *Inutilis sacerdos ecclesiam suam dignitate non privat.*

Item Leo IV. *Caroli Regi* [47].

Si fortassis (quod non credimus) apud vos inutiles judicamur [48], ecclesia tamen, cui permittente Domino præsumus, non inutilis, sed caput principiumque omnium merito simul ab omnibus vocatur.

**C. VII.** *Possessiones monasterii pro peccato abbatis episcopo tollere non licet.*

Idem *in Moguntinensi Concilio* [49].

Episcopo non licet possessionem monasterii tollere, quamvis abbas peccaverit, sed subjiciat f eum potestati abbatis alterius monasterii.

**C. VIII.** *Quæ sacerdotes dederunt subsequentes pontifices nullatenus auferre præsumant.*

Item Gelasius [50].

Illud statuendum censuimus, ut quascunque munificentias clericis aut sibi servientibus de rebus ecclesiæ in usum, aut de propriis in proprietatem præcedentes dederint [51] sacerdotes, subsequentes pontifices nullatenus auferre præsumant. Si quid tamen culpæ exstiterit, pro qualitate personarum vel regula præcedentium canonum in persona habeatur, non in facultate districtum.

Gratian. *Si ergo dilectum personæ in damnum ecclesiæ converti non potest, quia procurator conditionem ecclesiæ potest facere meliorem, non deteriorem; si peccato abbatis possessiones monasterii auferri non licet: quomodo delictum episcopi vertetur in damnum ecclesiæ, ut inde detrimentum causæ suæ patiatur? Sed detrimentum causæ pati non sic est accipiendum, ut ecclesia suo jure privetur, sed potius, quia clericis coram suo judice stantibus episcopus tacebit, et pro injuria illata mulctabitur et propria habuerit.*

## QUÆSTIO VII.

### GRATIANUS.

I. Pars. *Quod autem ecclesias de manu laicorum nec abbati, nec alicui accipere liceat, omnium canonum testatur auctoritas. Generaliter enim tam ecclesiæ quam res ecclesiarum in episcoporum potestate consistunt. Laici autem nec sua, nec episcoporum auctoritate decimas vel ecclesias possidere possunt. Unde episcopi, sive beneficio sive pretio ecclesias vel decimas laicis dederint, domum orationis domum negotiationis et speluncam latronum faciunt. Unde post eversionem cathedræ a cœtu fidelium segregati æterno verbere a Domino flagellabuntur.*

Unde Gregorius VII. *ait in Concilio Lateranensi, cap. 7. lib. VI. Regesti* a [1]:

**C. I.** *Decimæ a laicis non possideantur.*

Decimas, quas in usum [2] pietatis concessas esse

---

### NOTATIONES CORRECTORUM.

tustis Gratiani codicibus', et duobus epistolarum B. Gregorii (quamvis sit in impressis, et Joanne Diacono et Ivone".

e *A communione:* Sic etiam legitur in Frobeniana editione operum B. Gregorii; sed in ceteris editionibus, et apud Diaconum et Ivonem : *a commodo*, quæ vox in epistola sæpe repetitur ad significandas facultates ipsas. Quare hæc statim subduntur : *nisi forte parum aliquid, quod in usu exsecutoris ; qui ad eum transmissus fuerit, proficere possit.*

C. VII. f *Subjiciat* : Apud Burchardum et Ivonem legitur : *mittat eum in aliud monasterium in potestatem alterius abbatis.*

Quæst. VII. C. I. a Est canon 7. concilii a Gregorio VII Romæ in Laterano habiti A. D. 1078., quod habetur lib. 6. regesti ejusdem Gregorii. Eumdem canonem repetivit Innocentius II. in concilio a se Romæ habito c. 9. Utrumque concilium exstat in bibliotheca Vaticana.

---

Quæst. VI. C. IV. [36] *substantia* : orig. — Ivo. — Edd. coll. o. pr. Lugdd. II, III. [36] *vindicetur* : Ivo. [37] *ipso* : orig. — Ivo. — Edd. coll. o. pr. Lugdd. II, III. = C. V. [38] Ans. l. 8, c. 1. Ivo Decr. p. 6, c. 389, p. 15, c. 20. [39] *vel Lev.* : desid. in orig. et ap. Iv. p. 15. [40] *et reg.* : Ed. Arg. [41] *sciunt* : orig. — Ivo p. 15. — Edd. coll. o. [42] *et* : ib. [43] *eo* : Ivo p. 15. — Edd. coll. o. [44] *eos debeant procurare* : Edd. coll. o. pr. Bas, quæ cum Iv. habet : *debeant procurari*. [45] *pœnitentiam* : Edd. coll. o. — Ivo. = C. VI. [47] *Caput incertum.* — Ivo Decr. p. 5, c. 21. [48] *judicemur* : Ed. Bas. = C. VII. [49] Cap. incertum. — Burch. l. 8, c. 88. Ivo Decr. p. 7, c. 106. = C. VIII. [50] Imo can. 17. conc. Aurel. III, hab. A. 538, in compendium redactus. — Ans. l. 6, c. 172 (180). [51] *dederunt* : Ed. Bas.

Quæst. VII. C. I. [1] c. 7, conc. Rom. hab. A. 1078. — Ans. l. 5, c. 55 (53). Ivo Pan. l. 5, c. 145. Polyc. l. 3, t. 11. [2] *usus* : Ed. Bas. *** et videntur quidem auctoris longe vetustioris esse. — Deusded. p. 3.

canonica auctoritas demonstrat, a laicis possideri apostolica auctoritate prohibemus. Sive enim ab episcopis, vel regibus, vel quibuslibet personis eas acceperint, nisi ecclesiæ reddiderint, sciant, se sacrilegii crimen committere, et æternæ damnationis periculum incurrere. § 1. Oportet autem [b] congruentius nos decimas et primitias, quas jure sacerdotum esse sancimus, ab omni populo accipere, quas fideles Domino præcipiente offerunt, juxta illud vaticinium Malachiæ [3] prophetæ: *Inferte omnem decimationem in horreum meum, ut sit cibus in domo mea.* § 2. Has vero decimas sub manu episcopi fore censemus, ut ille, qui ceteris [4] præest, omnibus juste distribuat, nec [5] cuiquam [6] personæ honorabilius exhibeat, unde alii scrupuloso corde moveantur, sed sint omnia communia, quia inhonestum videtur, ut alii sacerdotes habeant, alii vero detrimentum patiantur, sed, sicut una est fides catholica, ita necesse est, ut ille, qui provisor est loci, quamvis multæ sint ecclesiæ, omnibus tamen fideliter [7] distribuat.

*Unde* Urbanus II. [c 8]:

**C. II.** *De eodem* PALEA

‹ Congregato apud Claromontensem urbem multorum episcoporum [9] synodali conventu, proposita nobis est a quibusdam eorum quæstio de ecclesiis vel de ecclesiasticis possessionibus, a clericis vel monachis usque in præsentiarum inconsultis episcopis acquisitis. Nos autem, usi saniori consilio eorundem episcoporum, condescendentes [10] pro tempore providentesque ecclesiasticæ paci, vel quia aliter absque inevitabilis [11] scandali periculo hujusmodi quæstio non poterat procedere, apostolica auctoritate decrevimus, ut ea, quæ a clericis vel monachis, 'vel' a quibuscunque personis, prout potuerint [12], usque [13] hodie fuerint [14] acquisita, rata perenniter et inconcussa permaneant, hoc tamen tenore, ne in posterum inconsultis episcopis talia præsumant. ›

**C. III.** *De eodem.* PALEA.

*Item* Gregorius VII [d 16].

Pervenit ad nos fama sinistra, quod quidam episcoporum non [17] sacerdotibus propriæ diœcesis decimas atque Christianorum oblationes conferant, sed potius laicalibus personis, militum videlicet, sive servitorum, vel (quod gravius est) etiam consanguineis. Unde, si quis amodo episcopus inventus fuerit hujus divini præcepti transgressor, inter maximos hæreticos et antichristos non minimus habeatur, et, sicut Nicæna synodus de Simoniacis censuit, et qui dat episcopus, et qui recipiunt ab eo laici, sive pretio sive beneficio, æterni incendii ignibus deputentur.

**C. IV.** *Fideliter decimas dat qui omnium suorum decimas solvit.*

*Item* Ambrosius *in sermone Quadragesimæ, cujus initium:* Ecce nunc tempus [e 18].

Quicunque recognoverit in se, quod fideliter non dederit decimas suas, modo emendet quod minus fecit. Quid est fideliter decimas dare, nisi ut nec pejus, nec minus aliquando 'Deo' offerat, aut [19] de grano 'suo', aut de vino 'suo', aut de fructibus arborum, aut de pecoribus, aut de horto, aut de negotio, aut [20] de ipsa venatione sua?

**C. V.** *Excommunicentur qui sacerdotibus decimas dare nolunt.*

*Item ex* concilio Rothomagensi [f 21].

Omnes decimæ terræ, sive de frugibus sive de pomis arborum, Domini sunt, et illi sanctificantur boves [g], et oves, et capræ, quæ sub pastoris virga transeunt; quicquid decimum [22] venerit [23] sanctificabitur Domino. Non eligetur nec bonum, nec malum, nec altero [24] commutabitur. Si quis mutaverit [25], et quod [26] mutatum est, et pro quo mutatum est, sanctificabitur Domino, et non redimetur. Sed quia modo multi inveniuntur, decimas dare nolentes, statuimus, ut secundum Domini nostri præceptum admoneantur semel, et secundo, et tertio. Qui si non

---

**NOTATIONES CORRECTORUM.**

[b] *Oportet autem:* Quæ sequuntur usque ad finem in neutro concilio, nec in Polycarpo, aut Panormia, neque apud Anselmum habentur.

**C. II.** [c] Caput hoc in conciliis Urbani non est inventum. Habetur autem in prima collectione Decretalium Bernardi Papiensis, tit. de capellis monachorum, ex eodem Urbano citatum.

**C. III.** [d] In vulgatis codicibus huic capiti erat præpositum nomen Paleæ, sed habetur in omnibus manuscriptis. Refertur autem plane eisdem verbis 1, q. 3. *Pervenit.* et de eo ibi notatum est. In Polycarpo est longe copiosius, et citatur ex concilio Africano.

**C. IV.** [e] In sermonibus sæpe citatis, qui B. Ambrosio inscripti in bibliotheca Vaticana, et monasterii Mediolanensis servantur, sermone 1, de Quadragesima, habetur hoc capitulum.

**C. V.** [f] Hic etiam auctoritate veterum codicum inductum est nomen Paleæ.

[g] *Boves:* Hæc usque ad vers. *Sed quia,* in aliquot vetustis codicibus non habentur. Sunt tamen etiam apud ceteros collectores.

---

QUÆST. VII. C. I. [3] Malach. c. 3, v. 10. [4] *cunctis*: Ed. Bas. [5] *ne*: Ed. Arg. [6] *quicquam*: Edd. coll. o. pr. Arg. [7] desid. in Ed. Arg. — C. II. [8] Caput incertum, scr. post. A. 1095, quo habitum est conc. Clarom. [9] *coepiscoporum*: Edd. coll. o. [10] *et descendentes*: Ed. Arg. [11] *inevitabili*: Edd. coll. o. pr. Ven. II. Par. Lugdd. [12] *decernimus*: Edd. Arg. Nor. Ven. I. [13] *potuerunt*: Ed. Bas. [14] *vel usque*: Edd. coll. o. [15] *fuerunt*: exd. = C. III. [16] cf. ad. C. 1, q. 3, c. 13. [17] *nisi*: Ed. Bas. — C. IV. [18] Non videtur Ambrosii esse. [19] desid. in Edd. coll. o. pr. Bas. [20] *vel de propria ven.*: Ed. Bas. = C. V. [f] leg. in Edd. coll. o. pr. Arg. 'Bas. [21] hab. c. A 650. — Burch. 1. 10. Ivo Pan. l. 2, c. 58. Decr. p. 3, c. 196. — cf. Levit. c. 27, v. 28. [22] *decimæ*: Edd. coll. o. pr. Bas. Lugdd. [23] *evenerit*: Edd. coll. o. [24] *in alterum* Edd. Bas. Lugdd. II, III. — *alterum*: Edd. rell. [25] *commutaverit*: Edd. Bas. Lugdd. II, III. [26] *et quod mutat, et quod mutatum fuerit*: Edd. coll. o. — *et quod mut., et quod mutabitur*: Ivo Pan. — *et quod mut., et quod mutatum est*: Burch. Ivo Decr.

emendaverint, anathematis vinculo feriantur, usque ad satisfactionem et emendationem congruam.

C. VI. *Veterum exemplo decimæ solvantur.*

*Item ex Concilio Maguntinensi* [27].

Decimas Deo et sacerdotibus Dei dandas, Abraham factis, et Jacob promissis insinuat, * deinde lex statuit *, et omnes sancti doctores commemorant.

Gratian. *Non autem decimæ sunt redimendæ a populo, si aliter dare eas noluerint.*

*Unde* in eodem Concilio legitur [h] [28]:

C. VII. *Decimæ non sunt a populo redimendæ.*

Decimas, quas populus dare non vult, nisi quolibet munere ab eo redimantur, ab episcopis prohibendum est, ne fiat.

C. VIII. *Quia decimæ Deo non redduntur, indictio fisci accessit.*

*Item Augustinus lib. L. homiliarum, hom.* 48 [29].

Majores nostri ideo copiis omnibus abundabant, quia Deo decimas dabant, et cæsari censum reddebant. Modo autem, quia discessit devotio Dei, accessit indictio fisci. Noluimus [30] partiri cum Deo decimas, modo autem totum tollitur. Hoc tollit fiscus, quod non accipit Christus.

C. IX. *Columbas vendit qui ecclesiam indisciplinatis committit.*

*Item Origenes homil.* 15, *ad c.* 21. *Matthæi.*

Et hoc [31] diximus secundum simplicem intellectum. Juxta [32] moralem autem talia [33] dicemus, et primum quidem [34] de templo, de quo per Prophetam [35] dixit Deus : *Domus mea domus orationis vocabitur.* Ergo secundum corporalem circumcisionem carnis, et secundum corporales [36] legis festivitates et sacrificia [37], consequenter et templum Dei æstimabatur [38], quod ex [39] lapidibus insensatis erat constructum; primum quidem a Salomone, deinde reparatum ab Esdra, postea vero post Christi adventum a Romanis destructum, et [40] illa æstimabatur domus orationis; qua destructa necesse est ut Judæi, quasi non jam habentes domum orationis, jam non habeant privi-

[A] legium speculationis Dei [41], nec possint secundum legem Deo servire. § 1. Hoc ergo facto, omnia Christus ejecit in mysterio [42] spiritualium actuum suorum, et [43] tunc visibiliter fecit quod ' semper invisibiliter' agit, ejiciens vendentes et ementes de templo, et mensas nummulariorum evertens, et cathedras vendentium columbas [44] ad correptionem populi, ut non pro mundanis [i] festivitates in nomine Dei celebrent [45], nec emtionibus et venditionibus vacent in loco non competenti, in quo non debent emere et [46] vendere, sed orationibus [47] vacare, qui congregantur [48] quasi in domo orationis. § 2. Nunc autem arbitror templum Dei ex lapidibus vivis constructum esse ecclesiam Christi. Sunt autem multi in ea, non, sicut decet [49], viventes spiritualiter, sed secundum carnem militantes, qui et domum orationis de lapidibus vivis constructam faciunt speluncam esse latronum, actibus suis non ecclesia Dei dignis [50], sed spelunca latronum. Qui enim considerat in multis ecclesiis talium Christianorum peccata, qui arbitrantur quæstum esse pietatem, et quum deberent de evangelio vivere, secundum quod vivere decet servos Dei, hoc non faciunt, sed divitias et multas possessiones acquirunt, nonne dicet [51], speluncam latronum factam esse sub illis ecclesiam? ut recte dicat Christus ad eos propter dissipationem [52] ecclesiæ suæ : *Quæ* [53] *utilitas in sanguine meo, dum descendo in corruptionem?* Item ipse per Oseæ [54] tali modo : *Væ mihi, quoniam factus sum sicut qui colligit stipulam in messe, et sicut qui* [55] *racemum in vindemia, quum non sunt* [56] *botri ad manducandum primogenita* [57]. *Væ animæ meæ, quia periit timoratus a terra, et qui corrigit in hominibus* [58] *non est.* Et quum intellexeris Jesum dicentem talia, et lugentem peccata nostra, adspice simul et illud, quod in evangelio scribitur [59] : *Quum vidisset Hierusalem, flevit* [60] *super eam, et dixit, quia si cognovisses et tu.* Et si rationabiliter flevit super Hierusalem, ' et ' rationabilius flebit [61] super

## NOTATIONES CORRECTORUM.

C. VII. [h] Burchardus et Ivo citant ex concilio Mediomatricis. Habetur in Capitularibus lib. 5. cap. 46., et in legibus Longobardicis lib. 3. tit. de decimis.

C. IX. [i] *Pro mundanis:* Apud Origenem legitur :

[D] *ut non pro mundi festivitatibus in nomine Dei emtionibus et venditionibus vacent.* Et hoc quidem propter glossam mutatum non est; multa vero alia partim ex originali, partim ex vetustis codicibus sunt emendata et locupletata.

---

Quæst. VII. C. IV. [27] Caput incertum. — Burch. l. 3, c. 133. Ivo Pan. l. 2, c. 60. Decr. p. 3, c. 199. = C. VII. [28] Imo ex cap. reg. Fr. l. 5, c. 101. — Reg. l. 4, c. 49. Burch. l. 3, c. 134. Ivo Pan. l. 2, c. 62, (ex conc. Magunt.) Decr. p. 3,* c. 200, (uterque ex conc. Mediomatr.) = C. VIII. [29] Non est Augustini. [30] *nolumus :* Edd. coll. o. = C. IX. [31] *hæc :* Edd. Bas. Ven. l. Lugd. l. [32] *secundum :* Ed. Bas. [33] *alia :* Ed. Arg. [34] add. : *dicemus :* Ed. Bas. [35] Matth. c. 21, v. 13. [36] *corporalis :* Edd. coll. o. pr. Bas. [37] add. : *et alia corporalia :* Edd. coll. o. pr. Arg. [38] *existimabitur :* Ed. Bas. [39] *in :* Edd. coll. o. [40] *et illa domus est (esse dicitur :* Ed. Bas.) *dom.* o. : *eæd.* [41] add. : *veri :* Edd. Bas. Lugdd. II, III. [42] *ministerio :* Edd. coll. o. pr. Arg. Nor. [43] *quod fecit, vis egit :* Edd. coll. o. [44] add. : *dissipavit :* eæd. [45] *celebrarent :* Edd. Arg. Nor. Ven. l. [46] *vel :* Edd. Bas. Lugdd. II, III. [47] add. : *tantum :* Edd. coll. o. [48] *atque congregari :* eæd. [49] *condecet :* eæd. [50] *digni :* eæd. pr. Arg. [51] *dices :* Edd. coll. o. [52] *dispersionem :* Ed. Arg. [53] Ps. 29, v. 10. [54] add. : *Prophetam :* Edd. Bas. Lugdd. II, III. — legitur locus alleg. apud Michæam c. 7, v. 1, seqq. [55] desid. in Edd. Arg. Nor. Ven. l. [56] *sint :* Edd. coll. o. pr. Lugd. II. [57] *primogeniti :* Ed. Bas. — *et primogenita :* Edd. rell. [58] add. : *omnibus :* Edd. coll. o. [59] Luc. c. 19, v. 41. [60] *stetit et flevit :* Edd. coll. o. pr. Bas. [61] *flevit :* Edd. coll. o.

ecclesiam, ædificatam quidem, ut esset domus orationis, factam autem propter turpia lucra, 'et luxus quorundam (quod utinam non esset) principum populi', speluncam latronum. *Et infra* : § 3. Et arbitror convenire verbum [61] de venditoribus columbarum eis, qui tradunt ecclesias avaris, et tyrannicis [63], et indisciplinatis, et irreligiosis episcopis aut presbyteris. Propter quod [64] et cathedras tantummodo appellavit Evangelista eversas esse ab Jesu. Et utinam audirent hæc cum dicentis admonitione scripturæ qui gloriantur de cathedris Moysi, in quibus sedent, et vendunt omnes [65] ecclesias columbarum, et tradunt eas talibus præpositis, ad quos recte dicatur [66] a Domino per Hieremiam prophetam [67] : *Principes populi mei me non cognoverunt. Filii enim sunt insipientes, et non intelligentes : sapientes sunt ad male faciendum* [68], *bene autem facere nesciunt*.

Gratian. *Quum ergo ecclesiæ et oblationes earum non consistant, nisi in potestate episcoporum, patet profecto, quod non sunt ab alio recipiendæ, quam de manu eorum.*

*Unde in Aurelianensi Concilio I, c.* 19, *statutum est* [69] :

C. X. *Omnes basilicæ ad eum pertinent episcopum, in cujus territorio positæ sunt.*

Omnes basilicæ, quæ per diversa loca constructæ sunt 'vel quotidie construuntur, placuit secundum priorum canonum regulam, ut ' in ' ejus' episcopi potestate consistant [70], in cujus territorio positæ sunt.

C. XI. *Archidiaconus, archipresbyter, præpositus, vel decanus, nec officia, nec beneficia ecclesiastica sine consensu episcopi tribuat.*

*Item* Calixtus Papa [71].

Nullus omnino archidiaconus, aut archipresbyter, sive præpositus, vel decanus animarum curam vel præbendas ecclesiæ sine judicio vel consensu episcopi alicui tribuat; imo, sicut sanctis [72] canonibus constitutum [73] est, animarum cura et pecuniarum ecclesiasticarum dispensatio in episcopi judicio et potestate permaneat [74]. Si quis vero contra hoc facere, aut potestatem, quæ ad episcopum pertinet,

sibi vendicare præsumserit, ab ecclesiæ liminibus arceatur.

*Item* Gregorius VII, *in generali Synodo præsidens dixit, cap.* 1 *et* 2 [75] :

C. XII. *De manu laici episcopatus vel abbatia suscipi non debet.*

Si quis deinceps episcopatum vel abbatiam de manu alicujus laicæ personæ susceperit [76], nullatenus inter episcopos vel abbates habeatur, nec ulla ei ut episcopo seu abbati audientia concedatur. Insuper ei et gratiam B. Petri, et introitum ecclesiæ interdicimus, quousque locum, quem sub crimine [k] tam ambitionis quam inobedientiæ (quod est scelus idololatriæ) cepit, resipiscendo non deserit [77]. Similiter etiam de inferioribus ecclesiasticis dignitatibus constituimus. *Item c.* 2 : § 1. Si quis imperatorum, regum, ducum, marchionum, comitum, vel quilibet sæcularium potestatum aut personarum investituram episcopatuum [78] vel alicujus ecclesiasticæ dignitatis dare præsumserit, ejusdem sententiæ vinculo se esse sciat obstrictum [79].

C. XIII. *Excommunicationi subjaceat, nec investituræ sumat fructum, qui de manu laici ecclesiam susceperit.*

Idem *ibidem, cap.* 3 [80].

Quoniam investituras ecclesiarum contra statuta sanctorum Patrum a laicis 'personis' in multis partibus cognovimus fieri, et ex eo plurimas perturbationes in ecclesia, imo [81] ruinam sanctæ religionis oriri, ex quibus Christiana [82] religio conculcatur [83], decernimus, ut nullus clericorum investituram episcopatus, vel abbatiæ, vel ecclesiæ de manu imperatoris, vel regis, vel alicujus laicæ personæ, viri vel feminæ, suscipiat. Quod si præsumserit, recognoscat investituram illam apostolica auctoritate irritam esse, et se usque ad 'condignam [84] satisfactionem excommunicationi subjacere.

C. XIV, *De eodem.*

Idem *ex Canone Apostolorum* 31 [1] [85].

Si quis episcopus sæcularibus potestatibus usus ecclesiam per ipsos obtineat, deponatur et segregetur [86], omnesque, qui illi communicant.

NOTATIONES CORRECTORUM.

C. XII. [k] *Sub crimine* : Antea legebatur : *sub crimine tam inobedientiæ quam ambitionis, ex qua scelus idololatriæ cœpit*'. Emendatum est ex concilio ipso et Anselmo. Et [est locutio valde familiaris

Gregorio VII, ex I Reg. c. 15.

C. XIV. [l] *De hoc canone notatum est sup. Dist.* 63, c. *Omnis electio*, *in vers. Segregetur*

---

Quæst. VII. C IX. [62] add. : *Dei :* cæd. pr. Bas. [63] add. : *et tenacibus* : Ed. Bas. [64] *quæ* : Edd. Arg. Ven. II. [65] desid. in Edd. coll. o. pr. Bas. = C. X. [66] *dicitur* : Edd. coll. o. [67] Hier. c. 4, v. 22. [68] *ut faciant mala* : Edd. coll. o. pr. Bas. == C. X. [69] hab. A. 511. — Reg. l. 4, c. 15. Burch. l. 3, c. 8. Ivo Decr. p. 3, c. 10. [70] *constant* : Ed. Bas. — *consistunt* : Edd. rell. == C. XI. [71] c. 7, conc. Lat. I, hab. A. 1123. [72] *a sanctis* : Edd. coll. o. pr. Bas. [73] *institutum* : Ed. Bas. [74] *permaneant* : Edd. Lugdd. II, III. — *maneant* : Edd. rell. pr. Bas. == C. XII. [75] hab. A. 1080. — Ans. l. 6, c. 73, (70, 71.) Deusded. p. 1. [76] *acceperit* : Ed. Bas. * *in* Edd. coll. o. — *quem tenere* : Edd. coll. o. [77] *deseruerit* : Edd. Bas. Ven. II. Lugdd. Par. [78] *episcopatuum spiritualium* : Ed. Bas., — *episcopatus* : Edd. rell. [79] *adstrictum* : Ed. Bas. == C. XIII. [80] Polyc. l. 2, t. 4. — apud Ans., ex c jus l. 6, c. 73, laudant Corr., non est repertum. [81] *imo — rel.* : non sunt in ipso conc. [82] *Christianæ censuræ* : Edd. coll. o. [83] *conturbatur* : cæd. — *investituras* : cæd. [84] *dignum* : cæd. == C. XIV. [85] Burch. l. 3, c. 109. Ivo Decr. p. 3, c. 85, p. 5, c. 119. Deusded. p. 1. [86] *segregentur omnes* : Ed. Bas. — Ivo p. 5.

C. XV. *De eodem.*

*Item* ex Chronico Anastasii Bibliothecarii [m].

Sane Thessalonicensi [87] episcopo ' communicante' ob metum imperatoris Anastasii Timotheo Constantinopolitano episcopo [88], quem [89] concilium Chalcedonense anathematizaverat, quadraginta [90] episcopi Illyrici et Græciæ convenientes in unum, per professionem in scriptis factam, ut [91] a proprio metropolitano, discesserunt ' ab eo', et Romam mittentes Romano [92] communicare in scriptis professi sunt. *Et paulo post :* § 1. Quum Dioscorus [n] (junior) manus impositionem accepisset, recesserunt multitudines populorum [93], dicentes, quia [94] nisi secundum quod sanctorum continent Apostolorum canones fiat, non recipietur episcopus. Principes [95] enim inthronizaverant eum.

C. XVI. *Excommunicetur qui per laicos ecclesias obtinet.*

*Item* Paschalis Papa II ° [96].

Si quis clericus, abbas vel monachus [97] per laicos ecclesias obtinuerit, secundum sanctorum Apostolorum canones et Antiocheni [p] concilii capitulum excommunicationi subjaceat.

C. XVII. *Qui per laicos ecclesias obtinet, et qui manus imponit, communione privetur.*

Idem [98].

Constitutiones sanctorum canonum sequentes statuimus, ut quicunque clericorum ab hac hora 'in antea' investituram ecclesiæ vel ecclesiasticæ dignitatis de manu laica [99] acceperit, et ipse, et qui a ei manum imposuerit, gradus sui periculo subjaceat, et communione privetur.

C. XVIII. *De eodem.*

Idem [100].

Nullus laicorum ecclesias vel ecclesiarum bona occupet vel disponat. Qui vero secus egerit, juxta B. Alexandri [q] capitulum ab ecclesiæ liminibus arceatur.

C. XIX. *De eodem.*

Idem [101].

Sicut Domini vestimentum scissum non est, sed de eo sortiti sunt, ita nec ecclesia scindi debet, quia in unitate tota consistit. In potestatem ergo proprii episcopi ecclesiæ reducantur, et ab ipso (sicut sacris [102] canonibus cautum est) ordinentur. Alioquin et ecclesiæ ipsæ, et clerici earundem divinis destituantur officiis.

C. XX. *Nullus clericus per laicos ecclesiam obtineat.*

*Item* Alexander Papa II [r] [103].

Per laicos nullo modo quilibet clericus vel presbyter obtineat ecclesiam nec gratis, nec pretio. § 1. Nullus habitum monachi [104] suscipiat, spem aut promissionem habens, ut abbas fiat. § 2. Nullus presbyter duas habeat [105] ecclesias.

C. XXI. *Singuli episcopi suos habeant œconomos.*

*Item* ex Concilio Chalcedonensi, c. 26 [106].

Quoniam in quibusdam ecclesiis, ut rumore [107] comperimus, præter œconomos episcopi facultates ecclesiasticas tractant, placuit omnem ecclesiam

---

## NOTATIONES CORRECTORUM.

C. XV. [m] Caput hoc acceptum est ex Chronico Anastasii Bibliothecarii, in iis, quæ de Anastasio imperatore narrat, multaque ex ipso originali sunt emendata.

[n] *Quum Dioscorus :* Hæc est altera electio a priore, et ipsa facta non canonice, et potestate laica; nam prior est Timothei ad sedem Constantinopolitanam, hæc vero posterior Dioscori junioris ad Alexandrinam. Utraque vero a Bibliothecario copiose exponitur.

C. XVI. ° Capitis hujus et sequentis sensus est in fragmento manuscripto concilii apud Guardastallum, a Paschali habiti A. D. 1116, quod in bibliotheca Vaticana servatur. Nauclerus etiam Gen. 36, narrat, Paschalem apud Tuscas concilium habuisse, ubi inter multa sententiarum de libera pastorum electione, et de coercenda laicorum in ecclesiasticas dignitates præsumptione juxta prædecessorum suorum decreta promulgarit.

[p] *Antiocheni :* In concilio Antiocheno nihil expresse statuitur contra eos, qui per laicos obtinent dignitates ecclesiasticas. Verum, cap. 23, præcipitur, ut in episcopo eligendo servetur jus ecclesiasticum, nempe, ut non eligatur episcopus, nisi cum synodo et judicio episcoporum ; quibus verbis laici videntur excludi. In synodo autem Nicæna II, c. 3, repetitur et confirmatur canon Apostolorum.

C. XVIII. [q] *Alexandri :* In epistolis Alexandri Papæ I, nihil legitur, quod ad hanc rem pertineat. Verum in epistola Alexandri II, in qua synodum a se habitam repetit (quæ epistola ex vetusto codice descripta Romam ex Hispania missa est), hæc inter alia habentur : *Decimæ et primitiæ, seu vivorum et mortuorum oblationes ecclesiis Dei fideliter reddantur a laicis, et ut in dispositione episcoporum sint, quas qui retinuerint, a sancta ecclesiæ communione separentur,* quod fere est idem cum c. *Præcipimus.* sup. ead. q. 2, ex Nicolao II.

C. XX. [r] Habetur in eadem epistola Alexandri II, paulo superius in c. *Nullus laicorum* citata. Nam statim post vers. *Separentur,* sequitur : *et ut per laicos, etc.*

---

QUÆST. VII. C. XV. [87] *Thessalonicenses episcopi :* Edd. coll. o. — [88] add. : *consenserunt :* eæd. — [89] *quod :* Ed. Bas. — [90] add. : *vero :* Edd. coll. o. — [91] *et :* eæd. pr. Arg. Nor. Ven. I, II. — [92] add. : *episcopo :* Edd. coll. o. — [93] *rusticorum :* orig. — add. : *a rege :* Edd. coll. o. — [94] *quia sec. — fiat, non est facius episcopus, et ideo non recipietur :* eæd. — [95] *princeps inthronizavit :* Ed. Bas. = C. XVI. [96] Hoc caput pariter ac tria sequentia ad conc. Trecense hab. A. 1107, pertinere, chronicorum auctoritate nisi suspicantur Baluzius et Berardus. — [97] add. : *vel canonicus :* Edd. Bas. Lugdd. II, III. = C. XVII. [98] cf. ad c. 16. — [99] *laici :* Edd. coll. o. = C. XVIII. [100] cf. ad c. 16. — Polyc. l. 2, t. 4. = C. XIX. [101] cf. ad c. 16. [102] *in sacr. :* Edd. coll. o. = C. XX. [103] c. 6, 7, 11, conc. Rom. hab. A. 1063. [104] *monachalem :* orig. [105] *obtineat :* ib. = C. XXI. [106] hab. A. 451. — Ans. l. 6, c. 143 (140), ex translatione prisca. — supra D. 89, c. 4, ex Isidoro. [107] *ex rum. :* Edd. Bas. Lugdd. II, III.

habentem episcopum habere œconomum de clero proprio, qui dispenset res ecclesiasticas [108] secundum sententiam proprii episcopi, ita, ut ecclesiæ dispensatio præter testimonium [s] non sit, et ex hoc [109] dispergantur ecclesiasticæ facultates, et sacerdotio maledictionis [t] derogatio procuretur. Quod si hoc minime fecerit, divinis constitutionibus subjacebit.

C. XXII. *Laici non sunt constituendi œconomi, sed [110] ex proprio clero eligendi.*

*Item* ex Concilio Hispalensi II, *cui interfuit Isidorus, c. 9* [111].

In [112] nona [113] actione didicimus, quosdam ex nostro collegio contra mores ecclesiasticos laicos habere in rebus divinis constitutos œconomos. Proinde, pariter tractantes eligimus [114], ut unusquisque nostrum secundum Chalcedonensium Patrum decreta [115] ex proprio clero œconomum sibi constituat. Indecorum est enim laicum vicarium esse episcopi, et [116] sæculares in ecclesia judicare. In uno enim [117] eodemque officio non debet [118] dispar esse [119] professio. Quod etiam in lege divina prohibetur, dicente [120] Moyse : *Non arabis in bove simul et asino*, id est : homines diversæ professionis in officio uno [121] non sociabis. Unde *et* [122] oportet nos et divinis libris, et sanctorum Patrum obedire præceptis, constituentes, ut *hi*, qui in administrationibus *ecclesiæ* pontificiis sociantur, discrepare [123] non debeant nec professione, nec habitu. Nam cohærere et conjungi non possunt quibus et studia, et vota diversa sunt. § 1. Si quis autem episcopus posthac [124] ecclesiasticam rem aut per [125] laicalem procurationem administrandam elegerit, aut sine testimonio œconomi [g] gubernandam crediderit, vere ut contemtor canonum et fraudator ecclesiastica-

rum rerum non solum Christo [126] de rebus pauperum judicabitur reus, sed etiam concilio manebit obnoxius.

C. XXIII. *Non habeat laicus aliquid statuendi in ecclesia facultatem.*

*Item* in Synodo Romana III. Symmachi Papæ, c. 3 [127].

Non [128] placuit, laicum statuendi in ecclesia* præter Papam Romanum* habere aliquam potestatem, cui [129] obsequendi manet necessitas, non auctoritas imperandi.

*Item ibidem* Eulalius, *Episc. Syracusanæ ecclesiæ, dixit* [130] :

C. XXIV. *Ecclesiasticas facultates laici disponere non possunt.*

Laicis quamvis religiosis nulla de ecclesiasticis facultatibus [u] aliquid disponendi legitur attributa facultas.

C. XXV. *Laicus sacrilegus habetur qui dispositionem vel dominationem rerum ecclesiasticarum usurpat.*

*Item* Calixtus Papa II [v] [131].

Si quis principum vel aliorum laicorum dispositionem seu dominationem [132] rerum sive possessionum ecclesiasticarum sibi vendicaverit, ut sacrilegus judicetur.

C. XXVI. *In ecclesia, quam quis ædificat, nihil sibi præ cæteris vindicet.*

*Item* Gelasius Papa *Senecioni Episcopo* [133].

III. Pars. Piæ mentis amplectenda devotio est, qua se Julius nobis in re Juliana [134] sui juris fundasse perhibetur [135] ecclesiam, quam in honorem [136] S. Viti confessoris ejus nomine cupit consecrari. Hanc [137] igitur, frater carissime, si ad tuam diœcesim pertinere non ambigis, ex more convenit dedicari, collata primitus donatione solenni, quam ministris ecclesiæ destinasse *se* præfati muneris

## NOTATIONES CORRECTORUM.

C. XXI. [s] *Testimonium*: In vulgatis sequebatur : *episcopi*, quæ vox inducta est auctoritate manuscriptorum et originalis ex versione Dionysii, quæ concordat cum prisca et græcis verbis. Alia etiam nonnulla sunt emendata.

[t] *Maledictionis* : Græce est : καὶ λοιδορίαν τῇ ἱερωσύνῃ προστρίβεσθαι, quod in prisca versione est : *et sacerdotali dignitati obtrectatio generetur.*

C. XXIV. [u] *Facultatibus* : Antea legebatur : *dignitatibus*. Emendatum est ex originali, (ut supra dist. 96. *Bene quidem*.), epistola Stephani I, et decreto Paschalis II, manuscripto, quibus locis hoc idem repetitur.

C. XXV. [v] Inter decreta Calixti, ex quo citatur, non est inventum. Habetur in decretis Paschalis II, manuscriptis cap. 5, sed non est mutatum nomen Calixti, quia Pontifices isti, qui iisdem fere temporibus fuerunt, frequenter eadem decreta suorum antecessorum repetebant.

---

QUÆST. VII. C. XXI. [108] *ecclesiæ* : Edd. coll. o. * ita in Edd. coll. o. pr. Bas. [109] add.: *non*: Edd. Bas. Lugdd. II, III—*ne*: Edd. rell. = C. XXII. [110] *sed — el.*: desid. in Edd. coll. o. pr. Arg. Lugdd. II, III. [111] hab. A. 619. — Burch. l. 1, c. 89. Ivo Decr. p. 5, c. 195. [112] desid. in Edd. Arg. Bas. et ap. Burch. et Iv. [113] *nova* : Burch. Ivo. — Edd. Arg Bas. Nor. [114] *elegimus* : Ivo. — Edd. coll. o. pr. Arg. [115] *edicta* : Ed. Bas. [116] *et viros ecclesiasticos judicare* : Edd. coll. o. [117] desid. in Ed. Bas. et ap. Burch. [118] *decet* : Coll. Hisp. [119] desid. ib. [120] Deut. c. 22, v. 10. [121] add. : *simul* : Edd. coll. o. [122] desid. in Coll. Hisp. [123] *nec professione discrepent, nec habitu* : Edd. coll. o. [124] *post hæc* : Coll. Hisp. — Burch. — Edd. coll. o. — desid. ap. Iv. [125] desid. in Edd. Arg. Bas. — *ad laic. proc.* : Ivo Burch. — *laicali dispositione* : Coll. Hisp. [126] *a Christo* : Edd. coll. o = C. XXIII. [127] hab. A. 502. — Coll. tr. p. p. 1, l. 48, c. 43. Ans. l. 5, c. 9 (11). — cf. D. 96, c. 1. [128] *non licuit laicos*, etc.: orig. [129] *quos* : orig. = C. XXIV. [130] cf. D. 96, c. 1. — Coll. tr. p. p. 14. Ans. ib. Polyc. l. 6, t. 1. Deusded. p. 4. * ita Edd. coll. o. = C. XXV. [131] c. 8, conc. Lat. I, hab. A. 1123. [132] *donationem* : orig. — Edd. Arg. Bas. Ven. I. Nor. = C. XXVI. [133] Ep. incerti temporis. — Ans. l. 5, c. 9. Deusd. p. 4, c. 94, uterque adjecta subscr. : *Dat. XIII. Kal. Aug.* [134] *Juviana* : Baller. ex coll. Deusded. (Opp. Leonis M. t 3, p. CCCIV.) — V.viana : Ans. [135] *perhibeat* : Edd Arg. Nor. Ven. I, II. — *perhibet* : Edd. rell. [136] *honore* : Edd. coll. o. pr. Lugdd II, III. [137] add. : *rem* : Ed. Bas.

testatur oblator, sciturus sine dubio præter processionis aditum, qui omni Christiano debetur, nihil ibidem se proprii juris habiturum.

### C. XXVII. *De eodem.*
### Idem [138].

Frigentius [139] vero petitoria nobis insinuatione suggessit, in re sua, quod [140] Sextilianum vocatur, basilicam se sanctorum Michaelis archangeli, et Martini confessoris pro sua defensione fundasse. Et ideo, frater carissime, si ad tuam pertinet parochiam, benedictionem supra memoratæ basilicæ solenni veneratione [141] depende. Nihil tamen sibi fundator ex hac basilica noverit vendicandum, nisi processionis aditum, qui Christianis omnibus in commune [142] debetur.

### C. XXVIII. *De eodem.*
### Item Clemens epist. II, ad Jacobum [143].

Ecclesias per congrua et utilia facite loca, quas divinis precibus sacrare oportet, \* et in singulis vv sacerdotes divinis orationibus Deo dicatos poni, quos ab omnibus venerari oportet \*, et non ea quoquam gravari.

### C. XXIX. *Laici presbyteros de ecclesiis non ejiciant.*
### Item Leo IV. Carolo Regi [144].

Contra sanctorum Patrum censuras videtur exsistere, si sæcularis vel laicus presbyteros ab ecclesiis, in quibus tempore ordinationis eorum nominati x vel introducti fuerint, videtur [145] expellere. Si [146] vero fundatores ecclesiarum ad inopiam vergere cœperint, ab eisdem ecclesiis temporalis vitæ suffragia percipiant.

Unde in Concilio Toletano IV, c. 37, legitur [147]:

### C. XXX. *Fundatores ecclesiarum, si inopes cœperint esse, ab iisdem alimenta accipiant.*

Quicunque fidelium devotione propria de facultatibus suis ecclesiæ aliquid contulerint, si forte ipsi aut filii eorum redacti fuerint ad inopiam, ab eadem ecclesia suffragium vitæ pro temporis usu percipiant.

Gratian. *Si ergo ecclesiasticas facultates dispensandi potestatem non habent laici, multo minus ecclesias ipsas quibuslibet ad regendum committere vel aliis auferre valent.* § 1. Hic autem distinguendum est, quid juris fundatores ecclesiarum in eis habeant, vel quid non? Habent jus providendi, et consulendi, et sacerdotem inveniendi; sed non habent jus vendendi, vel donandi, vel utendi tanquam propriis.

Unde in Canonibus invenitur Concilio Toletano IX. c. 1 [148].

### C. XXXI. *Heredes ejus, qui ecclesiam construxit, et ipsi pro ea solicitudinem gerere debent.*

Filiis, vel nepotibus, ac honestioribus propinquis ejus, qui construxit vel ditavit ecclesiam, licitum sit hanc \*bonæ intentionis\* habere solertiam, ut, si sacerdotem \*seu ministrum\* aliquid ex collatis rebus præviderint defraudare, aut \*commonitionis\* honestæ [149] conventione compescant, aut episcopo vel judici corrigenda denuncient. Quod si talia episcopus agere tentet, metropolitano ejus hæc insinuare [150] procurent. Si autem metropolitanus talia gerat, regis hæc [151] auribus intimare non differant. § 1. Ipsis tamen heredibus in eisdem rebus non liceat quasi juris proprii potestatem præferre, non rapinam, non [152] fraudem ingerere, nec [153] violentiam quamcunque præsumere, sed hoc solum in salutarem solicitudinem adhibere, quod aut nullam [154] noxam operatio nocens attingat, aut multam [155] vel aliquam partem salutaris mercedis [156] assumat. § 2. Si quis vero deinceps hæc monita temerare præsumserit [157], et male rapta cum confusione restituet, et excommunicationis annuæ sententiam sustinebit.

### C. XXXII. *Fundatores ecclesiarum ordinandos in eis episcopo offerant.*
### Item ex Concilio Toletano IX, c. 2 [158].

Decernimus, ut quamdiu fundatores ecclesiarum in hac vita superstites exstiterint [159], pro eisdem locis curam permittantur [160] habere solicitam, atque rectores idoneos in eisdem basilicis iidem ipsi offerant episcopis [161] ordinandos y. \* Quod si tales forsitan non inveniantur ab eis, tunc quos episcopus loci probaverit Deo placitos sacris cultibus instituat cum eorum conniventia servituros. \* Quod si spretis z ejusdem [162] fundatoribus rectores ibidem præ-

---

### NOTATIONES CORRECTORUM.

C. XXVIII. vv *Et in singulis :* Addita sunt hæc usque ad vers. *Quos.* ex originali.

C. XXIX. x *Nominati :* In vetustis exemplaribus, et apud Ivonem legitur : *denominati* \*, ut significet recitationem nominis ejus, qui promovebatur, et ecclesiæ, ad quam ordinabatur; de qua dictum est supra dist. 70, c. *Neminem.* Erat autem hæc canonica adscriptio et institutio ad illam ecclesiam, et non simplex nominatio, prout auctor glossæ accepit.

C. XXXII. y *Ordinandos :* Quæ sequuntur usque ad vers. *Quod si spretis,* addita sunt ex ipso concilio.

z *Spretis :* Sic etiam legitur in codice Lucensi

---

QUÆST. VII. C. XXVII. [138] Caput incerti temporis.—Ans. l. 3, c. 11. Polyc. l. 3, t. 12. [139] *Trigetius :* Ans.—*Frigerius :* Ed. Arg. [140] *quæ Sextulianum :* Ed. Bas. [141] *devotione et ven.* : Edd. coll. o. [142] *communi* : exd. = C. XXVIII. [143] Caput Pseudoisidori.—cf. D. 1, de cons. c. 13. = C. XXIX. [144] Cap. incertum.—Ivo Decr. p. 3, c. 102. Deusded. p. 4. \* ita in Ed. Bas. [145] *nitetur :* Ivo. [146] Hæc usque ad finem videntur Gratiani verba esse, quum non legantur ap. Ivonem. = C. XXX. [147] hab. A. 633. — Coll. tr. p. p. 2, t. 37, c. 15. Abbo Flor. ap. Mabill. Vet. Anal. c. 34. = C. XXXI. [148] hab. A. 655. — Abbo Flor. ib. c. 32. [149] *honesta :* Coll. Hisp.—Abbo. [150] *insinuari :* Edd. coll. o. pr. Bas. [151] *hoc :* Edd. coll. o. pr. Lugdd. [152] *et :* Edd. coll. o. [153] *non :* eæd. — Abbo. [154] *in null.* : Coll. Hisp.—Abbo. [155] *invitam :* Ed. Bas.—*muletam :* Edd. rell. pr. Lugdd. II, III — *in multam :* Coll. Hisp.—Abbo. [156] *merces :* ib.—Abbo. [157] *voluerit :* ib.—Ed. Bas. = CXXXII. [158] hab. A. 655. — Abbo Flor. c. 52. [159] *fuerint :* Edd. coll. o. [160] *, habeant :* eæd. [161] *episcopo :* eæd. [162] *iisdem :* eæd. — Coll. Hisp.

sumserit episcopus ordinare, et ordinationem suam irritam noverit [163] *esse*, et ad verecundiam suam [164] alios in eorum loco (quod *iidem* ipsi fundatores condignos elegerint) ordinari.

C. XXXIII. *A dominio constructoris monasterium non est auferendum.*

Item ex Romana Synodo Eugenii II, et Leonis IV, c. 21 [165].

Monasterium vel oratorium canonice constructum a dominio constructoris eo [166] invito [167] non auferatur, liceatque illi presbytero, cui voluerit, pro sacro officio illius diœcesis cum consensu episcopi, ne malus exsistat [168], commendare.

XXXIV. *De eodem.*

Item Gregorius Papa *lib. VII. Indict.* 1. *Secundino Episcopo Tauromitano* a [169].

Rationis ordo non patitur, ut monasterium contra voluntatem fundatorum ab eorum dispositione [170] ad arbitrium suum quis debeat vendicare.

Gratian. *Providentia tamen et admonitione episcopi a fundatoribus ecclesiæ honorari debent.*

Unde Gregorius b [171] :

C. XXXV. *Episcoporum providentia a fundatoribus ecclesiæ honorentur.*

Considerandum est *de ecclesiis, quæ inter coheredes divisæ sunt*, quatenus, si secundum providentiam et admonitionem episcopi ipsi coheredes eas voluerint tenere, et honorare c faciant. Sin autem hoc contradixerint, in episcopi potestate maneat utrum eas consistere permittat, aut reliquias inde auferre [172] velit.

C. XXXVI. *Reliquiæ auferantur ecclesiis* [173], *si plures heredes de eis contenderint.*

Item ex Concilio Triburiensi, c. 32 [174].

Si plures heredes contenderint [175] de [176] communi ecclesia, auferri jubeat episcopus reliquias sacras, et ecclesiam claudi, donec communi consensu et consilio episcopi statuant ibi presbyterum, et unde vivat.

IV. Pars. Gratian. *Ut ergo ex his auctoritatibus colligitur, de manu laicorum ecclesiæ recipiendæ non sunt, nisi cum consensu episcoporum, juxta illud Concilii Moguntini I. sub Carolo, c. 29.* [177] :

C. XXXVII. *Non liceat laicis presbyteros de ecclesia ejicere.*

Laici presbyteros de ecclesiis non ejiciant, neque in eis [178] constituant sine consensu episcoporum [179] suorum.

C. XXXVIII. *Absque episcoporum consensu laici presbyteros de ecclesiis non ejiciant.*

Item ex Concilio Cabilonensi II. c. 42. [180]

Inventum est, quod multi [181] arbitrii sui temeritate [182], et (quod est gravius) ducti cupiditate, presbyteris quibuslibet absque consensu episcoporum [183] ecclesias dant vel auferunt. Unde oportet, ut canonica regula servata nullus absque consensu episcopi sui cuilibet presbytero ecclesiam det; quam si juste adeptus fuerit, hanc non nisi gravi culpa *sua* [184] et coram episcopo canonica severitate amittat.

Gratian. *Sicut ergo auctoritate Hieronymi decimas male possessas a laicis episcopo consentiente licet monachis de manu laicorum recipere, et eas perpetua stabilitate tenere, sic et ecclesias a laicis male detentas cum consensu episcoporum licet monachis ad ordinandum accipere, et eis in perpetuum providere.*

Unde Urbanus Papa II. [185] :

C. XXXIX. *Sine voluntate episcoporum decimas vel ecclesias a laicis monachi non suscipiant.*

Decimas et ecclesias a laicis [186] monachi non suscipiant absque consensu et voluntate episcoporum. Quod si aliter præsumtum fuerit, canonicæ ultioni subjaceant.

## NOTATIONES CORRECTORUM.

regio; sed in conciliorum editionibus, et duobus codicibus Vaticanis : *Quod si superstitibus.*

C. XXXIV. a Apud Anselmum et in Polycarpo hoc eodem modo habetur. In ipsa autem epistola pendet oratio ex superioribus, et sic legitur : *Quia rationis ordo non patitur, ut monasterium ipsum, et maxime contra voluntatem fundatorum, ab eorum dispositione ad arbitrium suum præsertim laica persona subducat, aut aliquod sibi in id jus debeat vendicare. Et quum inquit : ab eorum dispositione, significat monachos, de quibus supra dixerat.*

C. XXXV. b In Capitularibus, et legibus Longobardicis, et apud Burchardum et Ivonem, qui et ipsi citant ex decretis Gregorii Papæ, sic habetur : *De ecclesiis, quæ inter coheredes divisæ sunt, considerandum est, quatenus, etc. quæ, quoniam sententiam clariorem reddunt, visa sunt addenda, alio tamen ordine, ne vulgatum capituli initium mutaretur.* Antea legebatur : *Considerandum est, quatenus, etc.*

c *Honorare* : In vulgatis Longobardicis est : *honores faciant.*

---

Quæst. VII. C. XXXII. [143] *fecerit* : Ed. Bas. [154] *sui* : Edd. coll. o. — Coll. Hisp. = C. XXXIII. [165] hab. A. 826, et 854. — Abbo Flor. l. 1. c. 37. † *oratorium* : Edd. Arg. B s. — *or. vel. monast.* : Edd. Lugdd. II, III. [166] desid. ap. Abbonem. [167] *invite* : orig. [168] *sit* : Abbo. = C. XXXIV. [169] Ep. 31, (scr. A. 598), l. 8. Ed. Maur. Ans. l. 5, c. 8. Polyc. l. 3, t. 12. [170] add. : *vel dispensatione* : Ed. Bas. [171] Imo ex Cap. Reg. Fr. l. 5, c. 99. — Leg. Langob. l. 3, t. 1, c. 44. Reg. l. 1. 242. Burch. l. 3, c. 41. Ans. l. 5, p. 79. Ivo Decr. p. 3, c. 45. = C. XXXV. [172] *aufferri* : Ed. Bas. — *offerri* : Ed. Lugd. l. — *auferat* : orig. = C. XXXVI. [173] *de ecclesiis* : Ed. Bas. — *ecclesiæ* : Ed. Arg. — *ecclesiarum* : Edd. rell. [174] c. 32, conc. Trib. (hab. A. 895), in compendium redactus.—Reg. ib. Burch. l. 3, c. 40. Ivo Decr. ib. [175] *contendunt* : Ed. Bas. [176] *ul de* : Ed. Arg. = C. XXXVII. [177] hab. A. 813. — Reg. l. 1, c. 241, (ex Cap. Reg. Fr. l. 5, c. 87.) Burch. l. 3, c. 111. Ivo Decr. p. 3, c. 87. [178] *in eis* : desid. in Cap. et Coll. cit. [179] *episcopi sui* : Ed. Bas. = C. XXXVIII. [180] hab. A. 813. — Burch. l. 3, c. 112. Ivo Pan. l. 2, c. 46. Decr. p. 3, c. 88. — ex Chalcedonensi allegat Ed. Arg. [181] add. : *laici* : Edd. Bas. Lugdd. [182] add. : *ducti* : Ed. Bas. [183] add. : *suorum* : Edd. coll. o. — Ivo. [184] desid. ap. Iv. et Burch. † C. 46, q. 1, c. ult. = C. XXXIX. [185] Referendum fortassis hoc caput est ad c. 5, et 6, conc. Melphitani. hab. A. 1089. [186] add. : *possessas* : Edd. Bas. Lugdd. II, III.

C. XL. *Nulli liceat in jus suum monasterium convertere; alii tamen ad ordinandum tradere illud valet.*

Item ex decreto Silvestri Papæ [d] [187].

Nemini regum aut cuiquam hominum [188] in proprium jus [189] liceat monasterium tradere [190], nisi ad aliud monasterium, vel commutare, nisi cum alio monasterio, vel quocunque commercio [191] vendere [e]. Quod si factum fuerit, non valebit, sed ipsum monasterium in pristinum reformetur statum.

C. XLI. *Episcopi et fratrum consilio monasterium ad meliorandum alibi supponere nullus prohibeatur.*

Item ex decreto Bonifacii [192].

V. Pars. Si quis vult monasterium suum ad meliorandum in alium locum †† ponere, fiat cum consilio [193] episcopi et fratrum suorum, et dimittat presbyterum [194] in priori loco ad ministeria ecclesiæ.

C. XLII. *Publicæ pœnitentiæ subjiciantur qui circumveniendo aliquos tondere præsumunt.*

Item ex Concilio Moguntinensi [f] [195].

VI. Pars. Constituit sane [196] sacer iste conventus, ut episcopi sive abbates, qui, non in fructum [197] animarum, sed in avaritiam et turpe lucrum inhiantes, quoslibet homines circumveniendo totonderunt, et res eorum tali persuasione surripuerunt, pœnitentiæ canonicæ utpote turpis lucri sectatores subjaceant. Hi vero, qui illecti comam deposuerunt, in eo, quod cœperunt [198], perseverare cogantur, res vero eorum heredibus reddantur.

C. XLIII. *Sine voluntate fratrum aliquem de suis propinquis abbas substituere non valet.*

Item ex Concilio Toletano [199].

Congregatio debet sibi eligere abbatem post abbatis sui mortem, vel eo vivente, si ipse discesserit vel peccaverit. Episcopus enim non debet abbatem violenter retinere in loco suo [200]. Ipse autem non potest aliquem ordinare de suis propinquis vel amicis sine voluntate fratrum.

# CAUSA XVII.

## GRATIANUS.

*Quidam presbyter infirmitate gravatus se fieri velle monachum dixit; ecclesiam et beneficium in manu advocati renunciavit. Postquam convaluit, mox se futurum monachum negavit, et ecclesiam et beneficium reposcit. (Qu. I.) Hic primum quæritur, utrum reus voti teneatur, an liceat ei a proposito sui cordis discedere? (Qu. II.) Secundo, an ecclesia et beneficium ei reddenda sint, quæ prius-libera voluntate refutavit? (Qu. III.) Tertio, si contigisset eum se et sua monasterio tradidisse, an licentia abbatis liceret ei ad propria redire? (Qu. IV.) Quarto, si sine licentia abbatis retro abierit, an sua sibi abbate reddenda sint?*

## QUÆSTIO I.

### GRATIANUS.

I. Pars. *Quod a voto discedere non liceat, multis auctoritatibus probatur.* Ait enim Propheta: Vovete, et reddite Domino Deo vestro [1].

C. I. *Quæ Deo voventur necessario reddantur.*

Item Augustinus [a] [2].

Sunt quædam, quæ etiam non voventes debemus; quædam etiam, quæ nisi voverimus, non debemus, sed postquam ea Deo promittimus, necessario reddere constringimur.

C. II. *De eodem.* Item Hieronymus [3].

Voventibus virginitatem [4] non solum nubere, sed etiam velle damnabile est.

---

### NOTATIONES CORRECTORUM.

C. XL. [d] In Capitularibus sic habetur: *Nemini regum aut cuiquam hominum liceat monasterium tradere, vel commutare, vel quocunque commercio vendere.*

[e] *Vendere:* In locis indicatis hæc sequuntur: *Hoc etiam divina et apostolica atque canonica sub anathematis pœna sanxit auctoritas.*

C. XLII. [f] Caput hoc a Burchardo etiam et Ivone recitatur ex Maguntino, et multo plenius eodemque plane modo, quo nunc legitur in Cabilon. 2. c. 7.

CAUSA XVIII. QUÆST. I. C. I. [a] Hujus capituli ipsa omnino verba non sunt inventa apud B. Augustinum, sed fere eadem habentur apud Cassiodorum in Psal. 75, ad vers. *Vovete,* quem citat glossa ordinaria ad eum locum.

---

QUÆST. VII C. XL. [187] Imo ex Cap. Reg. Fr. l. 5, c. 586.—Burch. l. 3, c. 25. Ivo Decr. p. 3, c. 27. Polyc. l. 3, t. 12. [188] desid. ap. Iv. [189] desid. in orig. et ap. Burch. et Ivonem. [190] add.: *vel convertere:* Edd. coll. o. pr. Arg. Nor. Ven. I. [191] *commento:* orig. — Burch.—*commodo:* Ivo.=C. XLI. [192] ex eodem (i. e. *Silvestro*) citant Edd. Nor. Ven I, II. — *ex Maguntinensi:* Ed Arg., referendum tamen est ad pœnitentiale Theodori c. 6. — Burch. l. 5, c. 26. Ivo Decr. p. 3, c. 31. †† *alio loco*—*fiet:* Ed.Bas. [193] *concilio:* Edd. Ven. I. Lugd. I. [194] add.: *aliquem:* Ed. Bas. = C. XLII. [195] Imo ex conc. Cabilon. hab. A. 813, c. 7. — Burch. l. 8, c. 93. Ivo Decr. p. 7, c. 111. — cf. C. 20, q. 3, c. 5. [196] desid. in Ed. Bas. [197] *fructu:* Edd. coll. o. [198] *perceperunt:* Ed. Bas. — *ceperunt:* Edd. rell. pr. Lugdd. II, III. =C. XLIII. [199] Burch. l. 8, c. 86, et Ivo Decr. l. 7, c. 104, citant ex conc. Moguntino. — Ed. Bas.: *ex eodem, quod idem est.* — Legitur in pœnitentiali Theodori c. 6. [200] *locum suum:* Ed. Bas.

CAUSA XVII. QUÆST. I. Pars. I. [1] Psal. 75, v. 12. = C. I. [2] Imo Cassiodorus in Ps. cit. =C. II. [3] cf. ad c. 4. D. 27. [4] desid. in Edd. Arg. Nor. Ven. I, II. — add.: *Deo:* Edd. rell.

**C. III.** *Dignus est supplicio qui se ipsum Deo subtrahit a voto resiliens.*

*Item* Gregorius *in Regesto, lib. I. epist. 33. ad Venantium* ᵃ.

Ananias pecunias Deo voverat, quas post diabolica ᵇ victus persuasione subtraxit. Sed qua morte mulctatus est, scis. Si ergo ille mortis periculo dignus fuit, qui eos, quos dederat, nummos Deo abstulit, considera, quanto periculo in divino judicio dignus eris, qui non nummos, sed temetipsum Deo omnipotenti (cui te sub monachali ⁷ habitu devoveras) substraxisti.

**C. IV.** *Ante Dei oculos cadunt qui bona, quæ concipiunt, agere recusant.*

Idem *super Ezechielem, lib. I. homil. 3* ᵃ.

Qui bona agunt, si meliora agere deliberant, et post deliberata non faciunt, licet in bonis prioribus perseverent ⁹, in conspectu tamen Dei ceciderunt ex deliberatione. *Item paulo superius* : § 1. Sunt qui cuncta relinquere, et Dei servitio se subdere, et freno castitatis se restringere deliberant; sed, quum post castitatem alios cecidisse conspiciunt, se retrahendo meritum perdunt.

Gratian. *Si ergo post votum quisque necessario cogitur solvere quod vovit; si voventibus non solum nubere, sed etiam velle damnabile est, patet quod sacerdos iste ad exsecutionem sui voti cogendus est, et non solum non fieri, sed etiam velle monachum non fieri sibi damnabile est.* § 1. *Quod vero inter voventes iste computandus sit, patet ex verbis Augustini* ¹⁰ *dicentis* : Dixi, confitebor, etc. Magna pietas Dei est, ut ad solam promissionem peccata dimittat. Nondum enim pronunciat ore, et tamen Deus jam audit in corde; votum enim pro opere reputatur. *Sicut ergo Propheta inter voventes reputatur, quia dixit* : Ego confitebor; *sic iste inter eosdem computandus est, quia dixit* : Fiam monachus. *Illis ita respondetur* : Aliud est propositum corde concipere, et etiam ore enunciare; aliud est subsequenti obligatione se reum voti facere. § 2. *Quia ergo* ᵇ *iste propositum sui cordis ore simpliciter enunciavit, non autem monasterio aut abbati se tradidit, nec promissionem scripsit, nequaquam reus voti habetur.*

## QUÆSTIO II.

GRATIANUS.

*Unde* Alexander Papa II. *ait* ¹ :

**C. I.** *Non cogitur aliquis in monasterio manere, nisi professionem fecerit in manu abbatis.*

Consaldus presbyter, quondam in infirmitate fervore passionis pressus, monachum se fieri promisit, non tamen monasterio aut abbati se tradidit, nec promissionem scripsit, sed beneficium ecclesiæ in manu advocati refutavit. At, postquam convaluit, mox se monachum negavit fieri. Quapropter, quia et B. Benedicti regula, et præcipue patris et prædecessoris nostri S. Gregorii Papæ canonica institutio interdicit monachum ante unius anni probationem effici, judicamus et auctoritate apostolica præcipimus, ut præfatus presbyter beneficia ᵃ et altaria recipiat, habeat, et quiete retineat.

**C. II.** *Uxor post propositum continentiæ ducta dimitti non debet.*

*Item* Augustinus *ad Bonifacium Comitem, ep. LXX.* ᵇ ᵃ

Nos novimus, nos testes sumus, quod omnes actus publicos, quibus occupatus eras, relinquere cupiebas, et te in otium sanctum conferre, atque in ea vita vivere, in qua servi Dei monachi vivunt. Quum ergo te esse in hoc proposito gauderemus, navigasti, uxoremque ³ duxisti. Si conjugem non haberes, dicerem tibi quod et Tubunis ⁴ diximus, ut in sanctitate continentiæ ⁵ viveres. Sed ut te ad istam vitam non exhorter, impedimento conjunx est, sine cujus consensione continenter tibi non licet vivere, quia, et si tu post illa tua verba Tubunensia ⁶ ducere non debebas ⁷, illa tamen nihil eorum sciens innocenter tibi et simpliciter nupsit.

Gratian. *Ecce iste corde concepit se monachum fieri, et ore pronunciavit, se velle in otium sanctum conferre, non tamen postea coactus est suscipere quod corde concepit, et ore pronunciavit. Auctoritas illa Alexandri, secuta institutionem B. Gregorii et B. Benedicti, probandis annum indulget, sed notis; ignotis vero triennium conceditur.*

---

### NOTATIONES CORRECTORUM.

C. IV. ᵇ *Quia ergo* : In plerisque vetustis exemplaribus hic est initium quæstionis secundæ ᶜ.

Quæst. II. C. I. ᵃ *Beneficia* : In vetustis exemplaribus apud Ivonem (apud quem caput hoc copiosius habetur) legitur : *beneficium*ᵇᵇ, sed ob glossam non est mutatum.

C. II. ᵇ Confectum est hoc caput ex verbis B. Augustini in ep. 70, sed in epitomen redactis. Ivo autem integre refert.

---

Quæst. II. C. III. ⁵ Ep. 34, (scr. A. 591), l. 1. Ed. Maur. — Coll. tr. p. p. 1, t. 53, c. 21. ⁶ *diaboli* : Edd. coll. o. ⁷ *monachico* : orig. — Edd. Arg. Bas. — C. IV. ⁸ Sensus summatim redditus. ⁹ *perseverarent* : Ed. Bas. ¹⁰ cf. D. 1, de pœn. c. 5. ᵃ in Ed. Bas. finis quæstionis est in cap. seqq. *Gonsaldus*.

Quæst. II. C. I. ¹ Decr. p. 6, c. 428. (: *Alex. II. Udoni Trever. et Theodorico Virdunensi Epp.*) Ivo Pan. l. 3, c. 183. Ed. Lov. : *Calix III. Hugoni Trev. et Theorico*, etc., Ed. Bas. : *Calix III. Hugoni Trev. et Theorico Viriinensi Epp.* — Ep. temporis incerti. ᵇᵇ ita in Ed. Bas. = C. II. ² Ep. 220, (scr. A. 427.) Ed. Maur. — Ivo Decr. p. 7, c. 9, 10, p. 8, c. 16. ³ *i. e. uxorem* : Edd. coll. o. pr. Arg., in qua verba *id est* non leg. ⁴ *Tubanis* : Edd. coll. o. ⁵ *castitate continenter* : eæd. ⁶ *Tubanensia* : cæd. ⁷ *debueras* : cæd.

*Unde ex decreto Bonifacii* [c] [8] :

**C. III.** *Ante probationem triennii nullus in monasterio suscipiatur.*

Si quis incognitus monasterium ingredi voluerit, ante triennium monachi habitus 'ei' non præstetur. Et si intra [9] tres annos aut servus, aut libertus [d] colonus quæratur a domino suo; reddatur ei cum omnibus, quæ attulit, fide tamen accepta de impunitate. Si autem intra triennium non fuerit requisitus, postea quæri non potest, nisi sit tam longe, quod inveniri non possit. 'Sed tantum [e] ea, quæ in monasterium adduxit [10], dominus servi accipiat.'

## QUÆSTIO III.
### GRATIANUS.

*Quod autem quæritur, an post traditionem sit ei fas cum licentia abbatis ad propria redire? facile monstratur non posse fieri. Ipsum enim redire criminosum est. Qui autem manifesto facinori desinit obviare, quum potest, consentit. Hic autem non solum non obviat, sed etiam permittendo fautor exsistit. Non ergo licet abbati dare licentiam alicui retro abeundi, nec illi licet utique retrorsum abire, quia ex quo semel se abbati subjecit, absque ejus permissione nihil agere potest.*

## QUÆSTIO IV.
### GRATIANUS.

**I. Pars.** *Si autem sine licentia abbatis de monasterio discesserit, quæritur, utrum sua sint ei reddenda, an non? Sed possessiones et res ecclesiæ traditas quolibet modo alienare nec abbati, nec alicui licet.*

*Unde* Symmachus Papa : « Possessiones quas unusquisque, etc. » [1] *et iterum in synodo Romana III. c.* 6 [2].

**C. I.** *Honore privetur qui de jure ecclesiæ aliquid alienare præsumpsit.*

Quicunque episcoporum, presbyterorum, diaconorum oblitus Dei, et decreti hujus immemor [a] in constitutum 'præsens' committens, prædium [b] ecclesiæ magnum vel exiguum, vel quicquam de jure ecclesiæ alienare tentaverit et donator, et alienator, et venditor honoris sui amissione mulctetur.

**C. II. PALEA** [a].

[*Item* Gregorius *Anthemio subdiacono, lib.* XI, *epist.* 31.]

« Ratio nulla permittit, ut propriis cujusquam usibus applicetur quod pro communi utilitate datum esse cognoscitur. »

**C. III.** *Qui revocandum putat quod ecclesiæ contulit, sacrilegii crimen incurrit.*

*Item* Ambrosius *lib. II. de pœnitentia, c.* 9.

Sunt qui opes suas tumultuario mentis impulsu, non judicio perpetuo, ubi ecclesiæ contulerunt [4], postea revocandas putaverunt. Quibus nec prima merces rata [5] est, nec secunda, quia nec prima judicium habuit, et secunda habuit sacrilegium. Sunt quos pœnituerit [6] opes suas divisisse pauperibus. Sic eos [c], qui pœnitentiam agunt, hoc solum timere oportet, ne ipsius pœnitentiæ agant pœnitentiam.

**C. IV.** *Qui sacris locis derelicta retinere contenderit sacrilegium committit.*

*Item* Gregorius *Sabino Subdiacono, lib. VIII. epist.* 6 [7].

Sacrilegium et contra leges est, si quis quod venerabilibus locis relinquitur pravæ voluntatis studiis suis tentaverit compendiis retinere.

**C. V.** *Sacrilegi judicantur qui ecclesiæ facultates alienant.*

*Item* Lucius *Episcopus ad Galliæ et Hispaniæ Episcopos, epist.* I, *cap.* 6 [8].

Omnes ecclesiæ raptores atque suarum facultatum alienatores a liminibus sanctæ [9] matris ecclesiæ anathematizamus †, apostolica auctoritate pellimus 'et' damnamus, atque sacrilegos esse judicamus; et non solum eos, sed omnes consentientes eis, quia non solum qui faciunt rei judicantur, sed etiam qui consentiunt facientibus. Par enim pœna et [10] agentes [11] et consentientes comprehendit.

### NOTATIONES CORRECTORUM.

**C. III.** [c] Caput hoc etiam in Panormia citatur ex Bonifacio. A Burchardo autem et Ivone, et in plerisque vetustis exemplaribus Gratiani tribuitur concilio Toletano ***. Sed in nullo eorum, quæ impressa aut manuscripta habentur, inventum est; eadem tamen fere sunt in Capitularibus, et apud Julianum antecessorem Nov. 123, c. 52.
[d] *Libertus* : Sic emendatum est ex aliquot manuscriptis, et ex locis indicatis, quam lectionem habuit etiam auctor glossæ. Antea legebatur : *liber* †.
[e] *Sed tantum* : Hæc addita sunt ex locis indicatis.
QUÆST. IV. C. 1. [a] *Immemor* : In concilio ipso sequitur : *cujus Romanæ civitatis sacerdotes volumus religiosis nexibus devinciri.* Nam, ut supra 12, q. 2. *Non liceat,* dictum est, in ea synodo Romanam tantum ecclesiæ legem Symmachus præscripsit.
[b] *Prædium* : Hoc loco, omissis verbis sexti capitis, eorum loco referuntur hæc ex titulis ejusdem concilii, omninoque caput hoc ex verbis illius synodi suo modo collector aptavit.

**C. III.** [c] *Sic eos* : In originali legitur : *Sed eos, qui pœnitentiam agunt, hoc solum pœnitere non debet, ne ipsius, etc.* Sed ob glossam non est emendatum.

QUÆST. II. C. III. *** ita in Ed. Bas. [8] Imo c. 55. Nov. 115, apud Julianum.—Burch. l. 8, c. 20. Ivo Pan. l. 3, c. 184. Decr. p. 7, c. 41.—cf. Cap. Reg. Fr. l. 5, c. 380. [9] *infra* : Edd. coll. o. pr. Lugdd. II, III † *liber vel* : Edd. Bas. Lugdd. II, III. — *liber aut* : Edd. rell. *libertus vel* : Cap. — Coll. citt. [10] *adduxerit* : Bohm.
QUÆST. IV. C. 1. [1] *supra* C. 16, q. 1, c. 61. [2] hab. A. 502. — Ans. l. 4, c. 30. Polyc. l. 6, t. 15. = C. II. [3] Ep. 51, (scr. A. 599), l. 9. Ed. Maur. — Ans. l. 5, c. 58. Polyc. l. 3, t. 12. — cf. Comp. I, et X, de præb. c. 3. — vox : *Palea* desid. in Edd. Arg. Bas. = C. III. [4] *contulerint* : Edd. coll. o. pr. Bas. [5] *gratia* : Ed. Ven. II. — *grata* : Edd. rell. [6] *pœnituit* : Ed. Bas. — *pœnitet* : Edd. rell. = C. IV. [7] Ep. 5, (scr. A. 600), l. 10. Ed. Maur — Ans. l. 5, c. 39. Polyc. l. 3, t. 12. = C. V. [8] Caput Pseudo-isidori. — Reg. l. 2, c. 284. Ans. l. 12, c. 4 (5). Burch. l. 11, c. 19. Ivo Decr. p. 3, c. 140, p. 14, c. 89. [9] *ejusdem* : Edd. coll. o. † *anathematizatos* : orig. — Ans. Ivo p. 3. — *anathematizantes* : Reg. Burch. Ivo p. 14. [10] desid. in Ed. Bas. [11] *facientes* : ib.

**C. VI.** *Excommunicetur qui confinia ecclesiæ frangere tentaverit.*

*Item Nicolaus Papa omnibus Episcopis* [12].

II. Pars. Sicut antiquitus a sanctis Patribus statutum est, statuimus, ut major ecclesia per circuitum XL. [13] passus habeat, capellæ vero vel minores ecclesiæ XXX. § 1. Qui autem confinia [14] earum [15] confringere tentaverit, aut personam hominis, vel bona ejus inde subtraxerit, nisi publicus latro fuerit [16], quosque emendet, et quod rapuerit reddat, excommunicetur.

**C. VII.** *Solvatur altario quod pro emunitate emendatur ecclesiæ.*

*Item ex Concilio Triburiensi* [17].

Si quis in atrio ecclesiæ pugnam committit aut homicidium facit [18], quicquid pro emunitate d violata emendandum est altario solvatur, cujuscunque fuerit ecclesia illa.

**C. VIII.** *Non licet alicui hominem de ecclesia rapere.*

*Item Augustinus ad Bonifacium, ep. CLXXXVII* [19].

Miror, quomodo tam subito fidei murum aries ruperit inimici. Novi enim, qua religione semper sis ecclesiam ·Dei· veneratus. Quo [20] instigante facere ausus es? hominem de ecclesia rapuisti? Tuus si de tuo amico forte præsumeret fugitivus, posset procul dubio intercessoris causa veniam promereri. Ergo, si amicus intenditur [21], cur Deus offenditur? Sed, si [22] de potestate præsumitur, Nabuchodonosor regem intende, qui causa superbiæ in bovem est ex homine commutatus c. Non ut confundam te hæc scribo, sed ut filium [23] carissimum moneo. Ecclesiæ igitur illæsum revoca quem ut [24] irreligiosissimus [25] rapuisti. Oblatio vero domus tuæ a clericis ne suscipiatur indixi [26], communionemque tibi interdico, donec peracta pro ausibus vel errore a me definita tibimet pœnitentia, ·et· tempore ordinato [27] pro hoc facto corde [28] contrito et humiliato dignum offeras sacrificium Deo.

**C. IX.** *Fugientem ad ecclesiam nemo audeat abstrahere.*

*Item ex libro capitularium V. c.* 90 [29].

Reum ad ecclesiam confugientem [30] nemo abstrahere audeat, neque inde donare f ad pœnam vel ad mortem, ut honor [31] Dei et sanctorum ejus conservetur; sed rectores ecclesiarum pacem, et vitam, ac membra ejus obtinere studeant; tamen legitime componat quod inique fecit.

**C. X.** *Ab ecclesiæ arceatur ingressu qui aliquem de ecclesia violenter rapuerit.*

*Item Gelasius* [32] *Victori, Constantino, Martyrio* [33], *Felicissimo, Sereno et Timotheo Episcopis.*

Frater et coepiscopus noster Epiphanius sua nobis relatione suggessit, Benenatum et Maurum Beneventanæ municipes civitatis in contumeliam religionis acerba nimis et plectibili contumacia prosiluisse, qui confugientem ad ecclesiæ septa curialem suum ne [34] illic quidem tutum aut de injuria sua securum esse siverunt [35], ausi irruptione [36] temerariæ mentis admittere quod nec potestatibus quidem vel principibus unquam licuit perpetrare, ut hominem in sanctuariis constitutum (captata sacerdotis absentia) reluctantem reclamantemque violenter abstraherent. Quos, quantum sua nobis suggestione patefecit, merito indignos esse sacra communione judicavit. Et si revera tanti facinoris constat admissum, nostra etiam auctoritas in hac parte consentit. Nec enim jure ad supplicandum debet admitti qui [37] admittere sacrilegium non dubitavit. Nullus enim intra limina tantæ venerationi deputata utrumque sibi licere existimet pro suæ voluntatis arbitrio, ut et humilitatem [38] sibi vendicet et furorem. Et ideo, fratres carissimi, supradictos,

---

## NOTATIONES CORRECTORUM.

C. VII. a *Emunitate :* Sic etiam apud Burchardum. Ivo habet : *pro immunitate violata*. In aliquot vetustis Gratiani exemplaribus legitur : *pro emunitate ecclesiæ violatæ.* Summa autem hujus capitis fere habetur in Triburiensi, quod exstat, c. 4, et 6.

C. VIII. b *Commutatus :* Hoc loco ista erant interjecta : *atque a regno suo profugus recedens, non ante regnum recepit, quam conversus Deum prædicavit* . quæ a multis vetustis absunt, et originali, et Ivone.

Sunt autem inter verba Gratiani infra de pœnitentia, dist. 1, c. *Voluissent.*

C. IX. f *Donare :* Sic est emendatum (antea enim legebatur : *damnare* ..) ex Capit. Caroli, et concilio Moguntino, et plerisque vetustis Gratiani exemplaribus, et ceteris collectoribus, quanquam apud Burchardum ex concilio apud Theodonis villam, et in Panormia ex libro Capitulorum longe copiosius hoc caput referatur.

---

Quæst. IV. C. VI. [12] Imo ex ep. Nicolai II, ad Epp. Galliæ, Aquitaniæ et Vasconiæ, in qua refertur conc. Rom. hab. A. 1059. — Ivo Pan. l. 2, c. 81, (: *ex conc. Agathensi*) Decr. p. 3, c. 104. [13] *LX :* Ivo. [14] *confinium :* Ivo. — Edd. Arg. Nor. Ven. I, II. Par. [15] *eorum :* cæd. et Edd. Lugd. I Par. — Ivo Decr. — des. in Panorm. [16] *erit :* Edd. coll. o. = C. VII. [17] excerpt. ex c. 4. et 6, conc. Tribur. hab. A. 895. — Reg. l. 2, c. 37. Burch. l. 3, c. 196. Ivo Decr. p. 3, c. 115. [18] *fecerit :* Edd. coll. o. = C. VIII. [19] Ep. suppositia. — Ivo Decr. p. 3, c. 122. [20] *Quo instig. facinore hominem, etc. :* Ivo. — *Quo inst. furore hom., etc. :* orig. [21] *attenditur :* Ed. Bas. [22] *et si :* Edd. coll. o. ita Edd. coll. o. pr. Arg. Bas. [23] add. : *meum :* Bohm. [24] desid. in Edd. coll. o. [25] *irreligiosissime :* cæd. pr. Arg. [26] *interdixi :* Ivo. — Edd. coll. o. [27] *condonato :* Ivo. [28] *cum corde :* Ed. Arg. = C. IX. [29] c. 39, conc. Mog. hab. A. 813. — Cap. l. 5, c. 155. — Burch. l. 3, c. 194. Ivo Pan. l. 9, c. 75. Decr. p. 3, c. 123. [30] *fugientem :* Ivo. — Edd. coll. o. " ita in sola Ed. Lugd. I. [31] hon. ecclesiæ cons. : Ed. Bas. — hon. ecclesiarum cons. : Edd. rell. — Ivo. = C. X. [32] Ep. temporis incerti. — Ivo Decr. p. 3, c. 120. Polyc. l. 7, t. 1. [33] *Martino :* Edd. coll. o. [34] *nec :* cæd. — Bohm. [35] *sinuerunt :* Ed. Arg. — *dimiserunt :* Edd. rell. [36] *irreptione :* Edd. coll. o. pr. Bas. Lugdd. II, III. [37] *ubi :* Ed. Bas. — Ivo. [38] *humanitatem :* Edd. coll. o. pr. Bas.

si manifesta reos facit conquestio, ab omnibus parochiarum vestrarum ecclesiis nostræ præceptionis auctoritate prohibete, ut non solum hi, qui in injuriam sanctorum locorum prosiluisse probantur, merito consequantur pro facti sui qualitate vindictam, verum etiam ceteri a tali præsumtione ultionis istius timore revocentur.

C. XI. *Ecclesiarum non est dignus ingressu qui eas violat.*

Idem *Epiphanio Episcopo*.

Ad episcopos ceteros direximus jussionem, ut eos, qui ecclesias violasse perhibentur, accessu earum judicent esse indignos.

C. XII. *Qui ecclesiam Dei vastat, et ejus sacerdotem insequitur, sacrilegus judicatur.*

*Item* Pius Papa, *epist. II. Italicis.*

Sicut qui ecclesiam Dei vastat, et ejus prædia et donaria exspoliat et invadit, fit sacrilegus sic 'et' ille, qui ejus sacerdotes insequitur, 'sacrilegii reus exsistit, et' sacrilegus judicatur. *Et infra:* § 1. Non ergo gravius peccatum est fornicatio quam sacrilegium. Et sicut majus est peccatum, quod in Deum committitur, quam quod in hominem, sic gravius est sacrilegium agere quam fornicari.

C. XIII. *Qua pœna feriatur qui ecclesiæ usibus dedicata prædia vexare tentaverit.*

*Item* Urbanus *in epist. ad omnes episcopos, c. 2.*

Attendendum est omnibus, ne prædia usibus secretorum cœlestium dedicata a quibusdam irruentibus vexentur. Quod si quis fecerit, post debitæ ultionis acrimoniam (quæ erga sacrilegos jure promenda est) perpetua damnetur infamia, et carceri tradatur, aut exsilio perpetuæ deportationis uratur.

C. XIV. PALEA.

*Item* Hyginus Papa *†*.

« Si quis ecclesiam igne combusserit, quindecim annis pœniteat, et eam sedule restituat, et pretium suum ʰ pauperibus distribuat. »

C. XV. *Judæ similis probatur qui ornamenta surripuit ecclesiæ.*

*Item* Clemens, *epist. II. ad Jacobum.*

Si forte quispiam presbyter sive diaconus sacrarii sindonem vel velum subtractum vendiderit, Judæ Iscariotis similis æstimabitur. Qui propter cupiditatem fecerit hoc opus, noverit se supradicti Judæ suscepturum pœnam.

C. XVI. *De eodem.* PALEA.

*Item ex pœnitentiali Theodori.*

« Pecunia ecclesiastica furata vel rapta reddatur in quadruplum; populi vero duplicetur. Si quis aliquid de ministerio sanctæ ecclesiæ furatus fuerit, septem annis pœniteat, tres in pane et aqua. »

C. XVII. *De eodem.* PALEA.

*Item ex pœnitentiali Romano.*

« Si quis clericus furtum fecerit capitale, id est quadrupedem, vel domum fregerit, aut quamlibet rem melioris pretii furatus fuerit, septem annis pœniteat; laicus quinque. Si quis autem de minoribus semel aut bis furtum fecerit, reddat proximo suo, et uno anno pœniteat in pane et aqua, et si reddere non potuerit, tribus annis pœniteat. »

C. XVIII. *Sacrilegium facit qui pecuniam ecclesiæ rapit.*

*Item* Anacletus *epist. I, c. 2.*

Qui rapit pecuniam proximi sui, iniquitatem operatur; qui autem pecuniam vel res ecclesiæ abstulerit, sacrilegium facit.

C. XIX. *Segregetur ab ecclesia clericus, qui servum aut discipulum suum ad eam fugientem verberare præsumit.*

*Item ex Concilio Ilerdensi, c. 8.*

Nullus clericorum servum aut discipulum suum fugientem ad ecclesiam extrahere audeat, vel flagellare præsumat. Quod si fecerit, donec digne pœniteat, a loco, cui honorem non dedit, segregetur. § 1. Si qui clerici in mutuam cædem proruperint, prout dignitas officiorum in tali excessu contume-

---

NOTATIONES CORRECTORUM.

C. XIV. ᵉ Hæc Palea in uno tantum Vaticano codice habetur, in quo sicut in vulgatis et Panormia citatur ex Hygino; a Burchardo autem et Ivone ex decretis Julii.

ʰ *Pretium suum*: Apud Burchardum l. 19, c. de sacrilegio, sic legitur: *Incendisti ecclesiam, aut consensisti? si fecisti, ecclesiam restitue, et pretium tuum, id est wiregeldum tuum, pauperibus distribue, et quindecim annis per legitimas ferias pœniteas.*

C. XVII. ⁱ Similia horum leguntur apud Burchardum, lib. 11, c. 58; et Ivonem p. 13, c. 44.

---

QUÆST. IV. C. X. ³⁹ *ad*: Edd. Lugd. ⁴⁰ *probabuntur*: Ivo. = C. XI. ⁴¹ Caput incertum. — Ivo Decr. p. 5, c. 119. = C. XII. ⁴² Cap. Pseudoisidori. — Burch. l. 11, c. 29. Ans. l. 5, c. 50 (29). Ivo Decr. p. 5, c. 243, p. 13, c. 59. Polyc. l. 6, t. 15. ⁴³ *spoliat*: Edd. coll. o. ⁴⁴ *Deo*: eæd. ⁴⁵ *homine*: eæd. = C. XIII. ⁴⁶ Cap. Pseudoisidori, cf. Theod. cod. l. 16, t. 2, c. 40. — cf. Cap. Reg. Fr. l. 5, c. 539. ⁴⁷ *servetur*: Edd. coll. o. — C. XIV. † eodem modo legitur in pœnit. Romano ed. ab Ant. August. t. 4, c. 17. — Burch. l. 3, c. 204. Ans. l. 5, c. 18 (19). Ivo Pan. l. 2, c. 70. Decr. p. 3, c. 127. Polyc. l. 6, t. 15. ⁴⁸ *comburit*: Ans. Burch. Ivo. ⁴⁹ *XXV.*: Ed. Bas. ⁵⁰ *restituat*: Edd. coll. o. = C. XV. ⁵¹ Caput Pseudoisidori. cf. Clem. I, § 1, ap. Mans. — Ivo Decr. p. 6, c. 88. ⁵² *subtracta*: orig. — C. XVI. ⁵³ *existimabitur*: Ed. Bas. = C. XVI. ⁵⁴ c. 73, in capitulis apud D'Acherium t. 1, et c. 2, apud Bedant de remed. pecc. — Reg. l. 2, c. 266, (: *ex lege Rom.*) Ans. l. 11, c. 114. ⁵⁵ *popularia*: D'Ach. — Reg. ⁵⁶ *duplicatur*: Reg. — comburit: ed. pr. Bas. Lugdd. II, III. — C. XVII. ⁵⁷ cf. Cap. Theod. ed. Petit. p. 56, et pœn. Rom. Halitgarii, quod fertur, t. 4. — Reg. l. 2, c. 268. Burch. l. 11, c. 58. Ans. l. 11, c. 116. Ivo Decr. p. 13, c. 44. ⁵⁸ *præsidii vel pretii*: Edd. coll. o. = C. XVIII. ⁵⁹ Caput Pseudoisidori, cf. Bonifac. ep. 72, ed. Wurdtwein. — Coll. tr. p. p. 1, t. 2, c. 5. = C. XIX. ⁶⁰ hab. A. 546. — Ivo Pan. l. 2, c. 76. Decr. p. 3, c. 117. ⁶¹ c. 11, ib.

liam pertulerit, a pontifice districtius vindicetur [64]. 

**C. XX.** *Qui de atrio vel porticibus ecclesiæ fugientem abstrahit excommunicetur.*

*Item* ex Concilio Triburiensi, c. 20 [65].

Si quis contumax vel superbus timorem Dei vel reverentiam sanctarum ecclesiarum non habuerit, et fugientem servum suum, vel quem ipse persecutus fuerit de atrio k ecclesiæ, vel de porticibus quolibet modo ecclesiæ adhærentibus per vim abstraxerit, pro emunitate nongentos solidos episcopo [66] componat, et ipse publica pœnitentia justo [66] judicio episcopi mulctetur.

**Gratian.** *Sacrilegium ergo est, quoties quis sacrum violat, vel auferendo sacrum de sacro, vel sacrum de non sacro, vel non sacrum de sacro.* §1. *Dicitur etiam sacrilegium committere qui violentas et impias manus in clericum injecerit.* § 2. *Porro ipsum sacrilegium duplicem continet pœnam, pecuniariam videlicet et excommunicationis. Pecuniaria eis persolvenda est, ad quos querimonia sacrilegii pertinet.*

**Unde Joannes Papa VIII.** *scribit omnibus Episcopis* [1] [66]:

**C. XXI.** *De multiplici genere sacrilegii, et pœna ejusdem.*

Quisquis inventus fuerit reus sacrilegii, episcopis vel abbatibus, sive personis, ad quas querimonia sacrilegii juste pertinuerit, triginta libras examinati argenti purissimi [67] componat. § 1. Sacrilegium committitur, si quis infregerit ecclesiam, vel triginta ecclesiastios passus, qui [68] in circuitu ecclesiæ fuerint [69], vel domos, quæ intra prædictos passus fuerint, aliquid inde diripiendo [70] vel auferendo; seu qui injuriam [71] vel ablationem rerum intulerit clericis arma non ferentibus, vel monachis, sive Deo devotis, omnibusque ecclesiasticis m personis. Capellæ, quæ sunt intra [72] ambitum murorum castellorum, non ponuntur in hac triginta passuum observatione. § 2. Similiter sacrilegium committi-

tur auferendo sacrum de sacro, vel non sacrum de sacro, sive sacrum de non sacro. *Idem*: § 3. Si quis domum Dei violaverit, et aliqua sine licentia illius, cui commissa esse dignoscitur, inde abstulerit, vel ecclesiasticis personis injuriam fecerit, donec in conventu admonitus legitime satisfaciat, sciat se communione privatum. Si vero post secundam et tertiam conventionem coram episcopo satisfacere detrectaverit, sacrilegii periculo ab omnibus obnoxius teneatur, ita, ut secundum Apostolum † nemini fidelium misceatur. *Idem* [72] : § 4. Si [74] qui monasteria, et loca Deo dedicata, et ecclesias infringunt, et deposita vel alia quælibet exinde abstrahunt [75], damnum novies componant, et emunitatem tripliciter, et velut sacrilegi canonicæ sententiæ subigantur.

**C. XXII.** *Nisi canonice judicatum episcopum qui comprehenderit laicus, excommunicetur.*

*Item* Alexander Papa II [76].

Si quis deinceps priorum aut cujuscunque [77] dignitatis vel cujuscunque ordinis laicorum episcopum comprehenderit, percusserit, aut aliqua vi a propria sede expulerit, nisi forte judicatum canonice, auctores et cooperatores tanti sceleris anathematizentur, et bona eorum ecclesiæ ipsius juri perpetuo tradantur. § 1. Si vero in presbyterum vel in quemcunque inferiorum graduum clericum hæc eadem præsumpserit, canonicæ pœnitentiæ atque depositioni subjacebit. Si contumax fuerit, excommunicetur.

**C. XXIII.** *Flagellatores presbyterorum, post tertiam admonitionem si non resipuerint, excommunicentur.*

*Item* Nicolaus Papa *Thadoni Archiepiscopo Mediolanensi* [78].

De presbyterorum flagellatoribus, et occisoribus, 'et' prædonibus, scilicet qui sæculari brachio minime coercentur, juxta præceptum Domini placet [79] ut fraterno amore conveniantur secundo ac tertio.

---

### NOTATIONES CORRECTORUM.

**C. XX.** k *Atrio :* In duobus vetustis codicibus Gratiani legitur : *de altario* ", in Capitularibus vero : *de ecclesia.*

**C. XXI.** l In epistola manuscripta Joannis VIII, scripta episcopis et abbatibus per Narbonensem et Hispanicas provincias constitutis, præcipitur observari lex contra sacrilegos in concilio Trecasensi edita coram Ludovico imperatore et quinquaginta tribus episcopis. Diversa autem sunt istius epistolæ verba ab his, quæ recitantur et a Gratiano et a ceteris collectoribus, sed eadem sententia.

m *Omnibusque ecclesiasticis :* Apud Ivonem legitur : *devotis hominibus, ecclesiasticis personis. Non enim capellæ, quæ infra ambitum murorum castellorum sunt, mittuntur vel ponuntur in hac observatione.* Nec multo aliter apud alios collectores.

---

Quæst. IV. C. XIX. [64] *vendicentur :* Edd. coll. o. pr. Arg. Bas. Nor. — Bohm. = C. XX. [65] Imo ex Cap. Reg. Fr. l. 5, c. 337. [66] *episcopo.* Burch. l. 3, c. 197, et Ivo Decr. p. 5, e. 114, *ex conc. Mediomatricis* c. 2. " ita in Ed. Arg. = C. XX. [65] *juxta judicium :* ib. — Burch. Ivo. = C. XXI. [66] Prima pars capitis usque ad § 1. referenda est ad epist. Joannis VIII, quæ exstat inter acta conc. Trecassensis, hab. A. 878, (cf. Ivo Pan. l. 2, c. 80. Decr. p. 3, c. 98.) — Eorum quæ sequuntur, usque ad § 3, (ab Ivone Pan. ib. c. 79, proferuntur ex libro Goticæ legis) auctor non est inventus. — § 3. (Ans. l. 5, c. 50), desumta est ex conc. Ravenn. hab. A. 877. [67] *et pur.* : Ed. Bas. [68] *si quis* : Ed. Lugd. II. [69] desid. in Ed. Bas. — *sunt:* Edd. rell. [70] *rapiendo* : Ed. Arg. [71] add. : *facit* : Ed. Bas. [72] *infra* : Edd. coll. o. pr. Lugdd. II, III. † 1 Cor. c. 5. [73] Reg. l. 2, c. 288, recte citat ex Meldensi (hab. A. 845.) Burch. l. 11, c. 22. Ans. l. 5, c. 47 (40). Ivo Decr. p. 14, c. 92. Joannis nomen præferunt. [74] *Hi* : Edd. Bas. Ven. ll. [75] *abstraxerint* : Ed. Bas. = C. XXII. [76] Referendum esse videtur ad c. 3 synodi VIII, hab. sub Photio. — Coll. tr. p. p 2. t. 50, c. 20. [77] *cujuslibet* : Ed. Bas. = C. XXIII. [78] Cap. incerti temporis. — Ivo Decr. p. 10, c. 20. [79] *placuit* : Ed. Bas.

Qui si ⁸⁰ te non audierint, conveniente ecclesia eos
sacra communione privare ⁸¹, atque (si in sua obstinatione permanentes*⁸² sacerdotalia monita forte contemserint) ab ecclesiæ compage sub anathematis interdictione resecare ⁸³ licentiam tribuimus. § 1. Quos etiam resipiscentes tandem digna satisfactione præmissa in gremium ⁸⁴ sanctæ matris ecclesiæ ⁸⁵ revocari ⁸⁶ noveris posse.

### C. XXIV. PALEA.

[*Item ex Concilio Moguntino, sub Rabano c. 24 ⁿ ⁸⁷.*]

« Qui presbyterum occiderit, duodecim ᵒ annorum ⁸⁸ ‘ ei ’ pœnitentia secundum canones imponatur; aut ⁸⁹ si negaverit, si liber est, eum septuaginta duobus ᵖ juret : si autem servus, super duodecim vomeres ferventes se expurget. Convictus ‘ vero ’ noxæ ⁹⁰ usque ad ultimum vitæ tempus militiæ cingulo ᵠ careat, et absque spe conjugii maneat. »

### C. XXV. PALEA.

[*Item ex Concilio Triburiensi ⁹¹.*]

« Ut presbyteri non vadant, nisi stola aut orario induti. Et si in itinere spoliantur ⁹², aut vulnerantur, vel occiduntur non stola vestiti, simplici emendatione solvantur ⁹³, si autem cum stola, triplici. »

### C. XXVI. PALEA.

[*Item ex eodem, c. 5 ʳ ⁹⁴.*]

« Omnes presbyteri interfectores ˢ compositione episcopi, ad cujus parochiam pertinent, solvantur,

ita videlicet, ut medietatem ⁹⁵ Wirigeldi ᵗ ejus episcopus utilitatibus ecclesiæ, cui præfuit, tribuat, et alteram medietatem in eleemosynam illius ⁹⁶ juste dispertiat ⁹⁷, quia nullus nobis ejus heres proximior videtur, quam ille, qui ipsum Domino sociavit. »

### C. XXVII. *Pro graduum varietate mulctentur qui clericos occidunt.*

*Item ex lib.* III. *Capitularium, c.* 25 ⁹⁸.

Qui subdiaconum occiderit, CCC. solidos componat; qui diaconum, CCCC; qui presbyterum, DC; qui episcopum, DCCCC; qui monachum, CCCC.

### C. XXVIII. *De eodem.*

*Item ex lib.* VI. *Capitularium, c.* 90 ⁹⁹.

Qui occiderit monachum aut clericum, arma relinquat, et Deo in monasterio serviat cunctis diebus vitæ suæ, nunquam ad seculum reversurus, et septem annis ¹⁰⁰ publicam pœnitentiam agat ¹⁰¹.

### C. XXIX. *Qui clericum percusserit excommunicetur, et non nisi a Romano Pontifice absolvatur.*

*Item* Innocentius Papa II. *in Concilio Lateranensi, c.* 15 ¹⁰².

Si quis suadente diabolo hujus sacrilegii reatum ᵘ ¹⁰³ incurrerit, quod in clericum vel monachum violentas manus injecerit, anathematis vinculo subjaceat, et nullus episcoporum illum præsumat absolvere, nisi mortis urgente periculo, donec apostolico conspectui præsentetur, et ejus mandatum suscipiat.

III Pars. Gratian. *Qui autem de ecclesia vi ali-*

### NOTATIONES CORRECTORUM.

C. XXIV. ᵇ Hæc Palea in uno tantum Vaticano Gratiani codice habetur.

ᵒ *Duodecim :* Sic in codice Vaticano, et ceteris locis indicatis. In vulgatis Gratiani codicibus legebatur : *viginti annorum pœna.*

ᵖ *Cum septuaginta duobus :* In concilio ipso legitur : *cum duodecim;* Burchardus tamen, et Ivo, et codex Vaticanus concordant cum vulgata lectione.

ᵠ *Militiæ cingulo :* Sic etiam in Decretalibus, et apud Burchardum et Ivonem. In concilio autem legitur : *cingulum deponat et uxorem amittat.*

C. XXVI. ʳ Hæc quoque Palea in uno tantum Vaticano codice habetur. Est autem in Capitularibus, unde citatur in Panormia, l. 4, c. 15, et in Decretalibus, tit. de pœnis c. *Presbyteri.* In concilio etiam Triburiensi, quod exstat, c. 4, habetur quiddam simile.

ˢ *Interfectores :* Sic etiam in Panormia. Vaticanus codex habet : *interfecti*'. In Capitulari legitur :

*Presbyteri interfecti episcopo, ad cujus parochiam pertinent, solvantur secundum capitulare gloriosi Caroli genitoris nostri, ita videlicet, etc.* Verum in Decretalibus, et apud Burchardum et Ivonem hoc modo : *Presbyteri interfecti compositio episcopo, ad cujus parochiam pertinebat, solvatur, ita videlicet, etc.,* et similis locutio habetur in concilio Triburiensi, c. 4. Sed quoniam est initium capitis, nihil visum est hic mutandum; reliqua autem sunt emendata ex locis indicatis.

ᵗ *Wirigeldi :* Antea legebatur : *Renaldus.* Emendatum est ex ceteris locis indicatis, præterquam ex Decretalibus, unde abest utraque vox; legitur tamen in prima collectione.

C. XXIX. ᵘ *Reatum :* Sic est emendatum ex codicibus concilii manuscriptis, et concilii Eugenii III, c. 16, ubi hoc idem repetitur. Antea legebatur : *vitium vel crimen incurrerit.*

---

QUÆST. IV. C. XXIII. ⁸⁰ *Qui et si te :* Ed. Arg. — *Qui requisiti si :* Edd. rell. ⁸¹ *privari :* Edd. coll. o. pr. Lugdd. II, III. ⁸² *parvipendentes — permanentes :* Ivo. ⁸³ *resecari :* Ed. Bas. ⁸⁴ *gremio :* Edd. coll. o. pr. Lugdd. II, III. ⁸⁵ *non est ap.* Ivonem. ⁸⁶ *revocare :* Ed. Bas. = C. XXIV. ⁸⁷ hab. A. 847. — Reg. l. 2, c. 43. Burch. l. 6, c. 7. Ivo Decr. p. 10, c. 136. — cf. c. 2. Comp. I, de purg. vulg., c. 2. X, de pœn. et remiss. Totum caput omissum est in Ed. Bas. ⁸⁸ *XX, annorum pœna :* Edd. coll. o. ⁸⁹ *si autem :* eæd. — *at :* Bohm. ⁹⁰ *noxa :* eæd. = C. XXV. ⁹¹ non exstat in Triburiensi, ex quo Reg. l. 1, c. 133. Burch. l. 6, c. 10. Ivo Decr. p. 10, c. 139. laudant. ⁹² *spolientur, vulnerentur — occidantur :* Ed. Bas. ⁹³ *absolventur :* Edd. Ven. I, II. — *absolvantur :* Edd. rell. pr. Bas. = C. XXVI. ⁹⁴ Imo ex Cap. Reg. Fr. l. 5, c. 186. — Reg. l. 2, c. 44. Burch. l. 6, c. 11. Ivo Pan. l. 8, c. 6. Decr. p. 10, c. 140. — omissum est in Ed. Bas. — cf. c. 2. Comp. I, et X, de pœnis. * ita Coll. citt. omnes et Edd. Arg. Nor. Ven. I, II. ⁹⁵ med. *Renaldi episcopi ejus et utilitati eccles., cui præfuerit, tribuatur :* Edd. eæd. — med. *Renaldus episcopus ei. et utilitati eccl., qui præfuerit, tribuat :* Edd. rell. ⁹⁶ *ejus :* Coll. citt. — Edd. coll. o. ⁹⁷ *dispertiatur :* Edd. coll. o. = C. XXVII. ⁹⁸ et lib. 5, c. 261. (Cap. II. A. 803), cf. leg. Ripuar. tit. 56. — Burch. l. 6, c. 5. Ivo Pan. l. 8, c. 7. Decr. l. 10, c. 9. = C. XXVIII. ⁹⁹ Ivo Pan. l. 8, c. 8. Decr. p. 10, c. 10. ¹⁰⁰ *per 7, annos :* Ed. Bas. ¹⁰¹ *gerat :* Ivo Decr. — orig. = C. XXIX. ¹⁰² hab. A. 1139. — totum conc. habetur in fine Panormiæ adjectum. Eadem jam prius edita fuerant in conc. Rem. hab. A. 1131. ¹⁰³ *crimen :* Ed. Bas. — *vitium :* Ed. Arg. — *vitium vel crimen :* Edd. rell.

quem exemerit, vel in ipsa ecclesia, vel loco, vel cultui, sacerdotibus, et ministris aliquid injuriae importaverit, ad instar publici criminis et laesae majestatis accusabitur, et convictus, sive confessus, capitali sententia a rectoribus provinciae ferietur, sicut in primo libro Codicis legitur, titulo de episcopis et clericis, leg. Si quis in hoc genus sacrilegii proruperit *et in Digestis titul. Ad legem Juliam repetundarum* [104], *l. ultima.* § 1. *Committunt etiam sacrilegium qui contra divinae legis sanctitatem aut nesciendo committunt, aut negligendo violant et offendunt; aut qui de principali judicio disputant, dubitantes, an is dignus sit, quem princeps elegerit; vel qui intra provinciam, in qua provinciales et cives habentur, officium gerendae ac suscipiendae administrationis desiderant, ut Codicis lib. 9. titulo de crimine sacrilegii.* § 2. *Similiter de judicio summi Pontificis alicui disputare non licet.*

Unde Nicolaus Papa omnibus Episcopis v [105] :

C. XXX. *Nemini est permissum de eo, quod Papa statuit, judicare, vel ejus sententiam retractare.*

Nemini est de sedis apostolicae judicio judicare, aut illius sententiam retractare permissum, videlicet propter Romanae ecclesiae primatum, Christi munere in beato Petro apostolo divinitus collatum.

Gratian. *Sacrilegii quoque reatum incurrit qui Judaeis publica officia committit.*

Unde in Toletano Concilio IV, c. 64, legitur [106] :

C. XXXI. *Sacrilegium faciunt qui Judaeis publica officia committunt.*

Constituit sanctum concilium, ut Judaei, aut hi, qui ex Judaeis sunt, officia publica nullatenus appetant, quia sub hac occasione Christianis injuriam faciunt. Ideoque judices, provinciarum cum sacerdotibus eorum surreptiones fraudulenter elicitas w suspendant, et officia publica eos agere non permittant. Si quis autem *judicem* hoc permiserit, velut in sacrilegum [107] excommunicatio proferatur, et is, qui surrepserit, publicis caedibus [108] deputetur.

IV Pars. Gratian. *Verum ne reverentia religionis dominos suo jure fraudaret, si famuli ad ecclesiae septa confugientes inde nequaquam abstraherentur, sacris canonibus est institutum, ut, praestito a domino sacramento impunitatis, ei etiam reddantur inviti.*

Unde Gelasius Papa scribit Bonifacio Episcopo [109] :

C. XXXII. *Post praestitam securitatem servi restituantur, qui ad ecclesiam confugiunt.*

Metuentes dominos famuli, si ad ecclesiae septa confugerint, intercessiones debent quaerere, non latebras, ne haec ipsa praesumtio tarditatis temeritatem augeat renitendi. Filius etenim noster vir spectabilis Petrus queritur servum suum in ecclesia S. Clementis diutius commorari [110], cui quum deputasset sacramenta praestari, illum egredi nulla ratione voluisse. Et ideo directus [111] supradictus [112] homo de praesenti cum eo, quem elegeris esse mittendum, quum de impunitate ejus sacramenta praebuerit [113], cum statim facias [114] ad dominum suum modis omnibus remeare, aut [115], si in hac pertinacia [116] forte perstiterit [117], post sacramentum sibi praestitum reddatur invitus.

C. XXXIII. *Securitate recepta ad ratiocinia reddenda fugitivi ab ecclesia redire cogantur.*

Idem Joanni, Episcopo Viennensi [118].

Uxor Felicis et filiae Romam, quia sic oportuit, pervenerunt. Siquidem hunc ipsum primum se ad barbarorum basilicam conferentem [119], seque bonas causas habere jactantem, egredi sub hac conditione praecipimus, ut si actus suos fideliter et rationabiliter allegaret, nihil circa eum prorsus asperum fieri duramque pateremur. Alioqui si contra fidem et utilitatem dominicam venisse probaretur, ipse sibimet imputaret [120], atque domini [121] ordinationi congruae subjaceret [122]. Qui superveniente filio nostro, viro spectabili Orthasio, sic est ad singula quaeque convictus, ut os aperire non posset [123], et vera esse quae huic objicerentur, voce propria fateretur [124], ideoque tenetur [125] custodiae [126] mancipatus.

C. XXXIV. *Eripiatur in libertatem servus, cui Christiano Judaeus signaculum circumcisionis impressit; alioquin ab ecclesia domino suo reddatur invitus.*

Idem [127] Syracusano [128], et Constantino, et Laurentio Episcopis.

Judas, qui Judaicae professionis exsistit, mancipium sui juris, quod ante paucos annos se asserit comparasse, nunc ad ecclesiam Venafranam confugisse suggessit, sicut petitorii tenor annexus ostendit, eo quod dicat sibi ab infantia Christiano nuper

---

NOTATIONES CORRECTORUM.

C. XXX. ⱽ *Epistola*, ex qua hoc caput est sumtum, non exstat; aliquid tamen simile habetur in epistola 1, ad Michaelem imperatorem.

C. XXXI. ʷ *Elicitas* : Sic est emendatum ex codice Lucensi regio, quamvis in aliis codicibus conciliorum et Gratiani legatur : *relictas*.

---

Quaest. IV. P. III. C. XXIX. [104] *peculatus* : vera lectio. = C. XXX. [105] scr. A. 867. — Ans. l. 1, c. 21 (22). Ivo Pan. l. 4, c. 10 = C. XXXI. [106] hab. A. 633. — Ivo Decr. p. 13, c. 97. ita in Edd. coll. o. [107] *sacrilegium* : Ed. Bas. [108] *codicibus* : Ivo. = P. IV. C. XXXII. [109] Ivo Decr. p. 16, c. 68, tribuit Gregorio. p. 3, c. 115. Gelasio. Eundem laudat Pan., partem cap. referens. l. 3, c. 74. [110] *commoratum* : Ed. Arg. [111] *directos* : Ivo p. 3. [112] *supradicti hominis* : Ivo ib. — Ed. Arg. [113] *praebuerit* : Ivo ib. [114] *faciet* : ib. — desid. in Ed. Bas. [115] *quod* : Edd. Lugdd. II, III. [116] *pervicacia* : Ivo p. 16. [117] *exstiterit* : Edd. coll. o. = C. XXXIII. [118] Ivo p. 16, c. 77, tribuit Gelasio scribenti Joanni Ep. Vivanensi. — Caput incertum. [119] *transferentem* : Ed. Bas. [120] *imputet* : ib. [121] desid. ib. atque ap. Iv. [122] *subjaceat* : Edd. coll. o. pr. Arg. [123] *possit* : Ed. Bas. [124] *fatetur* : ib. [125] *teneatur* : Edd. Bas. Lugdd. II, III. [126] *custodia* : Ed. Arg. — *in cust.* : Edd. rell. = C. XXXIV. [127] Cap. incertum. — Ivo Decr. p. 13, p. 113. [128] *Siracusio* : Ivo

a praefato domino signaculum circumcisionis infixum. Quapropter vestra diligenter inter utrumque sollicita cura rerum fideliter examinet veritatem, quatenus nec religio temerata videatur, nec servus hac [129] objectione mentitus competentis jura domini declinare contendat.

C. XXXV. *De atrio ecclesiae, quod triginta passibus clauditur, nisi prius data securitate fugiens non abstrahatur.*

*Item ex Concilio Toletano XII, c. 10* [130].

Diffinivit sanctum concilium, ut nullus audeat confugientes ad ecclesiam vel residentes inde abstrahere, aut quodcunque [131] nocibilitatis, vel damni, seu spolii, residentibus in loco sancto inferre; sed esse potius his ipsis, qui ecclesias petunt, per omnia licitum, in [132] triginta passus [133] ab ecclesiae januis progredi, in quibus triginta passibus uniuscujusque ecclesiae in toto circuitu reverentia defendatur [134], sic tamen, ut hi, qui ad eam † confugiunt, in extraneis vel longe separatis ab ecclesia domibus nullo modo abscedant [135], sed in hoc triginta passuum numero absque domorum extranearum receptaculo [136] progrediendi [137] aditum obtinebunt; qualiter [138] ad [139] requisitae [140] naturae usum debitis exeant [141] locis, et nullo teneantur eventu necessitudinis qui dominicis se defendendos commiserint [142] claustris. § 1. Si quis autem hoc decretum tentaverit violare, et ecclesiasticae excommunicationi subjaceat, et severitatis regiae feriatur [143] sententia. § 2. Ipsos autem [144], qui ad ecclesiam confugium fecerunt [145], si juxta priscorum canonum instituta hi [146], qui eos repetunt [147], sacramenta reddiderint, et sacerdos ecclesiae ipsius ab ecclesia non abstraxerit foribus, aut fuga [148] talium, si evenerit [149] sacerdoti quaerenda est, aut damnorum sententia secundum electionem principis hujusmodi sacerdotibus irroganda [150].

A C. XXXVI. *Ante securitatem acceptam de atrio ecclesiae fugitivus non cogatur exire.*

*Item ex Concilio Aurelianensi I, c. 3 et 5* [151].

Id constituimus observandum, quod ecclesiastici canones decreverunt, et lex Romana constituit, ut ab ecclesiae atriis vel domo episcopi reos ˣ abstrahere omnino non liceat, sed nec alteri consignare [152], nisi ad evangelia datis sacramentis de morte, et debilitate, et omni poenarum genere sint securi, ita ut ei, cui reus fuerit criminosus, de satisfactione conveniat. Quod [153] si quis [154] sacramenta sua convictus fuerit violasse, reus perjurii non solum a communione ecclesiae vel omnium clericorum, verum etiam "et" [155] a [156] catholicorum convivio separetur. Quod si is [157], cui [158] reus est, noluerit sibi ʸ intentione faciente componi, et ipse reus de ecclesia actus timore discesserit, ab ecclesiae clericis non quaeratur [159]. § 1. Servus [160] etiam [161], qui ad ecclesiam confugerit pro qualibet culpa, si a domino pro [162] admissa [163] culpa sacramentum susceperit, statim ad servitium domini sui redire cogatur, et postquam [164] dato sacramento domino suo fuerit [165] consignatus, si aliquid poenae pro eadem culpa, qua [166] excusatur ᶻ, probatus fuerit pertulisse, pro contemtu ecclesiae et praevaricatione fidei a communione et convivio catholicorum extraneus habeatur. Si vero servus pro culpa sua ab ecclesia defensatus sacramenta [167], domini [168] clericis exigentibus de impunitate perceperit, exire nolentem a domino liceat occupari.

V Pars. Gratian. *Occasione namque religionis servus dominum suum contemnere, et ejus ministerium destituere non debet.*

Unde in Gangrensi Concilio c. 3, *legitur* [169]:

C. XXXVII. *Religionis occasione dominum suum non audeat servus contemnere.*

Si quis servum alienum occasione religionis docet

---

## NOTATIONES CORRECTORUM.

C. XXXVI. ˣ *Reos:* Sic est emendatum ex originali, Rabano, Burchardo et Ivone, quum in Gratiani codicibus etiam manuscriptis legeretur: *eos.*

ʸ *Noluerit sibi:* Antea legebatur: *voluerit.* Mutatum est ex concilii exemplaribus etiam manuscriptis, et nonnullis ipsius Gratiani et ceteris collectoribus, quamvis in recentiori Coloniensi editione absit dictio: *sibi.*

ᶻ *Excusatur:* Sic in omnibus Gratiani et conciliorum codicibus impressis et manuscriptis. Apud ceteros collectores est: *accusatur.*

---

Quaest. IV. C. XXXIV. [129] *ab:* Edd. Lugdd. II, III. = C. XXXV. [130] hab. A. 681. — Coll. tr. p. p. 2, t. 43. c. 3. Ivo Pan. l, 2, c. 78. Decr. p. 3, c. 121. [131] *quaecunque:* Ed. Arg. — *quascunque nocibilitates damni:* Ed. Bas. [132] *intra:* Ivo Pan. [133] *passibus:* Coll. Hisp. [134] *defendetur:* ib. — *defendantur:* Ivo. † *ecclesiam:* Ed. Bas. [135] *obcelentur:* Coll. Hisp. [136] *receptaculis:* ib. [137] *progredientes:* Ivo. — Edd. coll. o. [138] *ut:* Ivo. [139] *desid.* in Pan. — *et:* Coll. Hisp. [140] *acquis:* Ivo Pan. — *requis:* Decr. [141] *expleant:* Coll. Hisp. [142] *commiserunt:* ib. — *tvo* Pan. [143] *ferietur:* Coll. Hisp. [144] *tamen:* ib. — Ivo. [145] *fecerint:* Coll. Hisp. — *confugiunt:* Edd. Arg. Bas. [146] *his:* Coll. Hisp. [147] *competunt:* ib. [148] *cum fuga tal. sic:* Ivo Pan. [149] *venerit:* ib. — Coll. Hisp. [150] *add.:* *est:* Edd. coll. o. pr. Arg. = C. XXXVI. [151] hab. A. 511. — Rab. poen. c. 22. Burch. l. 3, c. 190, 192. Ivo Decr. p. 3, c. 107, 109. ˣ *ap. Burch. et Iv. legitur: eos, quemadmodum in Edd. coll. o.* [152] *consignari:* Coll. Hisp. — Burch. [153] *Qui si:* Edd. coll. o. [154] *desid.* in Edd. coll. o., Coll. Hisp. et Burch. [155] *desid. ap. Iv.* [156] *desid.* in Edd. Arg. Bas. Ven. I. Nor. [157] *desid.* in Coll. Hisp. et ap. Burch. [158] *add.:* *reatu:* Ed. Arg. \*\* *ita* in Edd. coll. o. [159] *requiratur:* Ivo. — Burch. [160] Pan. l. 2, c. 73. [161] *desid.* in Coll. Hisp. et Coll. cit. — *autem:* Edd. Bas. Lugdd. II, III. [162] *desid.* in Coll. Hisp. [163] *commissa:* ib. — Coll. citt. [164] *sed postquam:* Coll. Hisp. [165] *fuit:* Ed. Bas. [166] *qui:* Ivo. [167] *sacramentum:* ib. [168] *add.: sui: id.* = P. V. C. XXXVII. [169] hab. c. A. 355.

dominum suum contemnere, et ejus ministerium destituere, ac non potius docuerit eum [170] suo domino [171] bona fide et cum omni honorificentia deservire, anathema sit.

C. XXXVIII. *Corripiatur durissime qui causa religionis docet servum dominum suum contemnere.*

Item ex Concilio Martini Papæ, c. 47 [172].

Si quis servum alienum causa religionis doceat contemnere dominum suum, et recedere a servitio ejus, durissime in omnibus arguatur.

C. XXXIX. *Primati insinuetur necessitas, quæ res ecclesiæ distrahere compellit.*

Item ex Concilio Carthaginensi, c. 26 a [173].

Nullus res ecclesiæ distrahat. Quod si reditus b non habet, et aliqua nimia necessitas cogit, hanc insinuandam esse primati ipsius provinciæ censemus, ut cum statuto numero episcoporum utrum faciendum sit arbitretur. Quod [174] si tanta urget necessitas ecclesiæ, ut non possit ante primatem [175] consulere, saltem vicinos 'testes' c convocet episcopos, curans ad concilium [176] referre omnem ecclesiæ necessitatem. Quod si non fecerit, reus Deo et sancto concilio venditor honore amisso d teneatur.

C. XL. *Sine licentia episcopi quicquid abbas vendiderit, in irritum deducatur.*

Item ex Concilio Agathensi, c. 56 [177].

In venditionibus, quas abbates facere præsumunt, hæc forma servetur, ut quicquid sine episcopi licentia e venditum fuerit ad potestatem episcopi revocetur. § 1. Mancipia vero monachis donata ab abbate [178] non liceat [179] manumitti. Injustum enim putamus, ut, monachis quotidianum rurale opus facientibus, servi eorum libertatis otio potiantur [180].

VI Pars. Gratian. *Etiam si episcopo consentiente monasterii possessio ab abbate data fuerit, nullius momenti erit donatio, nisi forte in ecclesiæ fabricam erigendam donatio processerit. Quo casu tantum ei donare licet, quantum ecclesiæ parietes concludunt.*

Unde Gregorius scribit, lib. VII, Indict. 1, epist. 33, Joanni Episcopo Scyllacæno [181]:

C. XLI. *Nullo titulo res monasterii valent ab ejus jure segregari.*

Questi nobis sunt prædicti monasterii monachi, abbatem suum terram intra Scyllacænum f castrum, quæ in DC pedes extenditur, sub prætextu fabricandæ ecclesiæ fraternitati tuæ donationis titulo concessisse. 'Et' ideo volumus, quantum parietes possunt ædificatæ ecclesiæ circumdare, juri ecclesiæ vendicari [182]. Quicquid vero extra parietes ejusdem ecclesiæ esse poterit, ad jura [183] monasterii sine difficultate aliqua revertatur [184], quia nec mundanarum legum, nec sacrorum canonum statuta permittunt res monasterii de [185] jure ejus [186] quolibet titulo segregari. Eapropter donationem ejusdem terræ, quæ contra rationem facta est, sine aliqua dilatione restitue.

C. XLII. PALEA g [187].

‹ Hanc ergo scriptorum nostrorum [188] paginam omni in futuro tempore 'a te', ab omnibus episcopis firmam statuimus illibatamque servari, ut et suæ ecclesiæ juvante Domino tantummodo sint jure

## NOTATIONES CORRECTORUM.

C. XXXIX. a Hoc est cap. 26. Carthaginensis unici, inserti in codice canonum, itemque græci, quod sumtum est ex c. 4, concilii V. Carthaginensis. In neutro tamen sunt hæc omnia verba: *nullus res ecclesiæ distrahat*, sed: *Placuit, ut rem ecclesiæ nemo vendat*, quemadmodum et apud Ivonem.

b *Quod si reditus*: Græce est: ὅπερ πρᾶγμα ἐὰν προσόδους μὴ ἔχῃ, id est: *Quæ quidem res si reditus non habeat.*

c *Vicinos testes*: Sic in codice canonum, et fere in græco canone, et in margine recentiorum Coloniensium editionum. In contextu autem ipsarum, et vetustioribus editionibus, ac duobus Vaticanis codicibus, et apud Ivonem legitur: *Saltem post factam curiositatem habeat, et vicinis episcopis hoc ante indicare, et ad concilium, etc.* In Soriensi autem regio: *curet hoc statim agere, vel vicinis, etc.*

d *Honore amisso*: Verba hæc sunt in concilio inserto in codice canonum, in codice Soriensi regio et canone græco, absunt autem ab omnibus editionibus concilii V. Carthaginensis, et duobus Vaticanis exemplaribus et Ivone.

C. XL. e *Licentia*: Sic est adscriptum in margine in recentioribus Coloniensibus editionibus, sed in antiquioribus, et codicibus manuscriptis, et apud Ivonem est: *notitia*.

C. XLI. f *Intra Scyllacænum*: Sic est emendatum ex multis codicibus epistolarum, a qua lectione nonnulla Gratiani exemplaria parum discrepabant. In vulgatis erat: *in Tranquillianum* castrum.

C. XLII. g Hæc Palea abest a vetustis exemplaribus, uno excepto, et huc temere translata est, quum habeatur infr. 18, q. 2, c. *Quam sit*, § *hanc ergo*, ubi nonnulla notabuntur.

---

Quæst. IV. C. XXXVII. [170] *illum*: Ed. Bas. [171] *dominum suum*: ib. = C. XXXVIII. [172] idem cap. conc. Gangr. ex interpr. Martin. Brac. — Burch. l. 8, c. 25. = C. XXXIX. [173] hab. A. 409.—Aus. l. 5, c. 45 (49). Ivo Decr. p. 3, c. 153. [174] *Et*: Edd. coll. o. [175] desid. in orig. et ap. Ivonem. [176] *consilium*: Ed. Arg. = C. XL. [177] hab. A. 506.—Reg. l. 1, c. 355. Ivo Decr. p. 3, c. 165. — cf. Gratian. post c. 22. D. 54. * et in Coll. Hisp. [178] *abbatibus*: ib. [179] *licet*: Edd. coll. o. [180] *ponantur*: Ed. Arg. = P. VI. C. LXI. [181] Ep. 34, (scr. A. 598.) Ed. Maur.—in epitomen redactum leg. ap. Abbonem Flor. c. 25, ap. Mabill. Vet. anal. " ita Edd. Lugdd. Par. — *Transquillianum*: Edd. Ven. I, II. — *Quillianum*: Ed. Bas. — *Squillianum*: Ed. Nor. — *Scillainum*: Ed. Arg. — *Scillitanum*: orig. [182] *vendicare*: Edd. coll. o. [183] *in jure*: eæd. [184] *reportatur*: Ed. Bas. [185] *ab*: Edd. coll. o. [186] *ejusdem*: eæd. pr. Arg. Bas. = C. XLII. [187] cf. ad c. 5. C. 18, q. 2. — non leg. in Ed. Bas. [188] *scripturarum nostrarum*: Edd. coll. o.

contenti, et monasteria ecclesiasticis conditionibus, seu angariis, sive quibuslibet obsequiis saecularibus nullo modo subjaceant, nullis canonicis juribus deserviant, sed remotis vexationibus divinum opus cum summa devotione perficiant. »

VII Pars. Gratian. Sed notandum est, quod aliud est in suos vel propinquorum usus res ecclesiae convertere (quam perniciosam cupiditatem sacri canones ubique prohibent, et damnabilem ostendunt), aliud est quod ex dispensatione caritatis humanae infirmitati consulitur, ut quondam illi sua reddantur, qui in sacro proposito manere contemnit. Quod non tam jure fori quam jure poli nonnullos sanctorum fecisse legimus. Beatus enim Joannes evangelista duobus juvenibus, quos poenituerat omnia sua pro Christo reliquisse, et pauperibus erogasse, aurum et gemmas reddidit, ut cuncta, quae vendiderant, sibi redimerent. Sed objicitur: B. Joannes non oblata reddidit, quae pauperibus jam erogata fuerant, sed alia recompensavit, quae in pauperum vel ecclesiarum facultatibus nunquam computata fuerant. Similiter si abbas vel episcopus aliqua habuerit, quae in ecclesiasticis facultatibus nondum sunt annumerata, exemplo B. Joannis det illa recedenti, oblata vero ecclesiae retineat.

§ 2. Sequetur [189] ergo aliud exemplum, quo eadem, quae oblata sunt, laudabiliter reddenda monstrentur.

Ait enim Augustinus in sermone II, de vita clericorum [190]:

C. XLIII. *Non debet ecclesia suscipere quae filio exheredato sibi offeruntur.*

Quicunque vult exheredato filio heredem facere ecclesiam, quaerat alterum [191], qui suscipiat, non Augustinum: imo, Deo propitio, nullum [192] inveniet [193]. Quam laudabile factum sancti 'et venerandi' episcopi Aurelii Carthaginensis? 'quomodo implevit os omnium, qui sciunt, laudibus Dei'? Quidam enim, quum filios non haberet, neque speraret, res suas omnes (retento sibi usufructu) donavit ecclesiae. Nati sunt ei filii 'postea, et' reddidit episcopus nec 'etiam' opinanti illi [194] quae [195] donaverat. In potestate habebat [196] episcopus non reddere, sed jure fori, non jure poli [197].

Gratian. Ecce, quod aliquando oblata jure et laudabiliter redduntur. Verumtamen non hoc exemplo recedenti sua reddenda monstrantur. Aliud est enim in professione suae vitae persistere, aliud a proposito sui ordinis discedere. Si S. Aurelius degenti in laicali habitu oblata reddidit, quia post oblationem filios accepit, non ideo in apostasiam euntibus sua reddenda sunt, quibus utilius necessaria subtraherentur, ut coacti redirent ad ordinem, a quo recesserant. Sed sicut inimicis et persecutoribus jubemur necessaria subministrare, sicut ab Apostolo monemur tempus redimere, ut expeditius orationi vacemus: sic, ne ecclesia scandalum patiatur, ne discedens in deteriora praecipitetur, ne in perniciem monachorum aut incendium monasterii occasione suorum exardescat, laudabilius |sibi sua non dico reddantur, sed auferri sinantur, quam ab illo ista inferantur.

# CAUSA XVIII.

GRATIANUS.

Quidam abbas consecratus in episcopum prius monasterio multa contulit, postea in episcopatu plura acquisivit: cui dum fratres successorem quaererent, episcopus loci semet electioni volebat inserere, ut per ipsum abbas in monasterio ordinaretur; fratres renituntur. (Qu. I.) Quaeritur primo, an monasterium possit petere quae ab episcopo quaesita sunt? an episcopalis ecclesia possit sibi vendicare quae monasterio fuerunt tradita? (Qu. II.) Secundo, an per episcopum abbas sit eligendus et ordinandus, an tantummodo a propriis fratribus sit instituendus?

## QUAESTIO I.

GRATIANUS.

Prima quaestio terminatur in Concilio habito apud Altheum, in quo sic statutum legitur [a][1]:

### NOTATIONES CORRECTORUM.

CAUSA XVIII. QUAEST. I. [a] Burchardus lib. I, cap. 230, citat concilium apud Alth. praesente Conrado Rege, itemque Ivo part. 5, c. 343, sed exprimit: Altheim. Idem vero part. 14, c. 116, plura de hoc concilio refert his verbis: *Regno Conradi piissimi et Christianissimi regis quinto congregata est sancta generalis synodus apud Altheum (al. Altheim) in pago Rethia*** , praesente videlicet domini 'Joannis Papae apocrisario, sanctae Ostiensis ecclesiae Petro venerabili episcopo.*

QUAEST. IV. P. VII. C. XLII. [189] sequitur: Bohm. = C. XLIII. [190] Sermo 355. Ed. Maur. — Ivo Decr. p. 3, c. 177. [191] alium: Ed. Bas. [192] neminem: Ivo. — Edd. coll. o.—Bohm. [193] inveniat: Ivo. [194] desid. in Edd. coll. o. pr. Bas. [195] ea quae: Edd. coll. o. [196] habet: Edd. Arg. Nor. Ven. I. [197] coeli orig.

CAUSA XVIII. QUAEST. I. [1] Fortassis ex conc. ap. Altheim. hab. A. 916. — in Ed. Bas. citatur ex conc. ap. Altheum al. Lateran. — Burch. l. 1, c. 231. Ivo Decr. p. 5, c. 343. *** leg.: Rhaetiae.

**C. I.** *Qui de monacho episcopus ordinatur quod ante consecrationem habuit monasterio, quod vero post consecrationem acquisivit propriae ecclesiae relinquat.*

Statutum est et rationabiliter secundum sanctos Patres a synodo confirmatum, ut monachus, quem canonica electio a jugo regulae [2] monasticae professionis absolvit, et sacra ordinatio de monacho episcopum facit, velut legitimus heres paternam sibi hereditatem postea jure vendicandi potestatem habeat; sed quicquid acquisierat, vel habere visus [2] fuerat, monasterio relinquat, et abbatis sui, qui fuerat secundum Regulam S. Benedicti, arbitrio. Postquam enim episcopus ordinatur, ad altare, ad quod sanctificatur et titulatur [4], secundum sacros canones quod acquirere poterit restituat.

## QUÆST. II.

### GRATIANUS.

I Pars. Secundam vero quaestionem *terminat auctoritas* Toletani Concilii IV, c. 50, *dicens* [1] :

**C. I.** *Abbates et alia officia per episcopos debent institui.*

Hoc tantum sibi in monasterio [2] vendicent sacerdotes, quod praecipiunt canones, id est monachos ad conversationem sanctam praemonere, abbates aliaque officia instituere, atque extra regulam facta [3] corrigere. Quod si aliquid in monachos canonibus interdictum praesumserint, aut usurpare quippiam [4] de monasterii rebus tentaverint, non deerit ab illis [5] sententia excommunicationis.

II Pars. Gratian. Econtra Gregorius *scribit Castorio Ariminensi Episcopo* [a] :

**C. II.** *Congregatio monasterii, non episcopus aut aliquis extraneorum, abbatem instituat.*

Abbas in monasterio non per episcopum aut per aliquem extraneorum ordinetur, neque ab episcopo missa ibi celebretur, ut nulli ecclesiae subjiciatur.

**C. III.** *De eodem.*

*Idem eidem Castorio Episcopo, lib. IV, epist. 43* [6].

Abbatem cuilibet † monasterio non alium, sed quem dignum moribus atque actibus monasticae disciplinae communi consensu congregatio 'tota' poposcerit, ordinari [7] volumus. Missas autem publicas [8] per episcopum vel clericos [b] in monasterio [9] fieri omnimodo [10] prohibemus.

**C. IV.** *Ille debet abbas institui, quem sua congregatio et possessionis dominus ordinari poposcerit.*

*Item* Pelagius [11] Papa *Mellito* [12] *Subdiacono.*

Abbatem in monasterio illum volumus ordinari, quem sibi de sua congregatione et monachorum electio, et possessionis dominus, et, quod magis observandum est, ordo vitae ac meritum poposcerit ordinari.

**C. V.** *De libertate monachorum.*

*Item* Gregorius *omnibus Episcopis* [c] [13].

Quam sit necessarium monachorum [14] quieti prospicere, etc. *Et infra* : § 1. Interdicimus igitur in nomine Domini [15] Jesu Christi, et auctoritate B. Petri principis apostolorum 'prohibemus', (cujus vice huic [16] ecclesiae Romanae praesidemus), ut nullus episcoporum aut saecularium [d] ultra praesumat de reditibus, ' vel rebus', vel chartis [e] monasteriorum, vel de [17] cellulis [18] vel 'de' villulis [19], quae ad ea pertinent, quocunque modo vel qualibet occasione minuere, vel dolos [20], vel immissiones, ' aut violentias' aliquas [21] facere. *Et infra* [22] : § 2. Defuncto vero abbate cujusquam [23] congregationis non extraneus eligatur [24], nisi de eadem congregatione,

---

### NOTATIONES CORRECTORUM

QUÆST. II. C. II. [a]. Hujus capitis eadem est sententia ac sequentis, in quo sunt ipsa B. Gregorii verba. Itaque haec videtur summa quaedam sequentis, et propterea in aliquot vetustis exemplaribus non sunt distincta.

C. III. [b] *Vel clericos* : Verba haec non leguntur apud Gregorium ', omninoque nonnulla videntur consulto immutata a collectore.

C. V. [c] *Caput* hoc habetur in decreto concilii Lateranensis, edito a B. Gregorio pro quiete ac libertate monachorum, quod exstat secundo tomo conciliorum inter decreta Gregorii 1, ejusque magnam partem ipsemet refert lib. 7, reg. indict. prima, epist. 18. Mariniano episcopo Ravennati.

[d] *Aut saecularium* : Absunt ab aliquibus conciliorum editionibus et Gratiani manuscriptis exemplaribus".

[e] *Chartis* : In concilio legitur : *curtis*, sed in epistola et apud Ivonem : *chartis* '".

---

QUÆST. I. C. I. [2] *regulari* : Ivo. [3] *jussus* : id. [4] *intitulatur* : Edd. coll. o.
QUÆST. II. P. I. C. I. [1] hab. A. 653. — Abbo Flor. ap. Mabill. Vet. anal. c. 23. [2] *monasteriis* : Coll. Hisp. — Abbo. — Edd. coll. o. [3] *acta* : Coll. Hisp. — Edd. coll. o. [4] *quicquam* : Edd. coll. o. [5] *eis* : caed. = P. II. C. III. [6] Ep. 41, (scr. A. 592), l. 2. Ed. Maur. — Ans. l. 7, c. 174 (192). Polyc. l. 3, t. 45, l. 4, t. 53. † *eidem* : orig. [7] *te volumus ordinare* : Edd. coll. o. [8] add. : *illic* : orig. ' sunt tamen apud Ans. [9] *monasteriis* : Edd. coll. o. pr. Lugd. I. [10] *omnino celebrari* : Edd. coll. o. = C. IV. [11] Caput incertum. — Ans. l. 7, c. 195. Ivo Decr. p. 7, c. 24. [12] *Milleo* : Ans. — *Melleo* : ivo. = C. V. [13] hab. A. 601. — Eadem fere leguntur in ep. 45, l. 8, ad Marinianum, quam refert Abbo Flor. ap. Mab. c. 45. — Ans. l. 5, c. 58 (64). Ivo Decr. p. 7, c. 11. Polyc. l. 3, c. 15. [14] *monasteriorum* : orig. — Edd. coll. o. [15] add. : *nostri* : orig. — Ivo. — Edd. coll. o. [16] add. : *sanctae* : Ed. Bas. " neque tamen ab Ans. et Iv. "' in Ed. Maur. eodem modo. [17] desid. in Edd. coll. o. pr. Arg. Bas. Lugdd. II, III. [18] *cellis* : orig. — Coll. citt. — Ed. Arg. [19] *villis* : orig. — Coll. citt. — Edd. coll. o. [20] add. : *i. e. novas actiones* : Ed. Arg. [21] add. : *sibi* : Edd. Bas. Lugdd. II. III. [22] Ivo Pan. l. 3, c. 181. Polyc. l. 4. t. 53. [23] *cujuscunque* : Edd. coll. o. — Ivo Pan. — *cujusque* : orig. — Ivo Decr. [24] desid. ap. Iv.

quem $^{25}$ sibi propria voluntate concors fratrum societas elegerit, 'et qui electus fuerit sine dolo vel venalitate aliqua ordinetur'. Quod si aptam inter se personam invenire nequiverint, solerter sibi de aliis monasteriis 'similiter' eligant ordinandum. *Et infra*:
§ 3. Pariter autem custodiendum est, ut invito abbate ad ordinandum $^{26}$ alia monasteria, aut ad ordines sacros vel clericatus officium tolli exinde monachi non debeant. *Et infra*: § 4. Nullus monachus$^f$ $^{27}$ sine testimonio et concessione abbatis sui in ecclesia aliquem $^{28}$ locum teneat $^{29}$, vel ad aliquem promoveatur $^{30}$ honorem. §. 5 Hanc $^{31}$ ergo scriptorum nostrorum paginam omni in futuro tempore ab omnibus episcopis firmam statuimus illibatamque servari, ut et suæ ecclesiæ $^g$ juvante Domino tantummodo sint jure contenti, et monasteria ecclesiasticis conditionibus, seu angariis, vel quibuslibet obsequiis sæcularibus nullo modo subjaceant, nullis canonicis juribus $^h$ deserviant', sed remotis vexationibus ac cunctis gravaminibus divinum opus cum summa animi devotione perficiant.

**C. VI.** *Missas publicas in cœnobio episcopi non celebrent, ne aliquid eis gravamen inferant.*

Idem Castorio Episcopo Ariminensi $^i$.

Luminoso abbate referente plurimis in monasteriis multa a præsulibus præjudicia atque gravamina monachos pertulisse cognovimus. Oportet ergo, ut tuæ fraternitatis provisio de futura quiete eorum salubri disponat ordinatione, quatenus conversantes in illis in Dei servitio, gratia ipsius $^{32}$ suffragante, mente libera perseverent. Missas quoque publicas in $^{33}$ cœnobiis fieri omnimodo prohibemus, ne in servorum Dei recessibus, et 'in' eorum receptaculis ulla popularis conventus præbeatur occasio, 'vel mulierum fiat illis $^{34}$ introitus', quia non expedit animabus eorum. Nec audeat ibi cathedram collocare episcopus $^k$ $^{35}$, vel quamlibet potestatem exercere $^{36}$ imperandi, nec aliquam ordinationem, quamvis levissimam, faciendi, nisi ab abbate *loci* fuerit rogatus, quatenus monachi semper maneant in abbatum suorum potestate, ut $^{37}$ remotis vexationibus ac cunctis gravaminibus divinum opus cum summa devotione animi perficiant.

**C. VII.** *Baptisterium in monasterio non permittitur fieri.*

Item Gregorius Papa, *lib.* II, *Indict.* 11, *epist.* 56., Secundino Episcopo $^{38}$.

Pridem præcepimus, ut de monasterio S. Andreæ, quod est super Mascalas $^{39}$, baptisterium propter monachorum molestias $^{40}$ debuisset auferri, atque in eodem loco, quo fontes sunt, altare fundari, cujus rei perfectio hactenus est protracta. Admonemus igitur fraternitatem tuam, 'ut' nullam jam moram post susceptas præsentes literas nostras inserere $^{41}$ 'debeas', sed repleto loco ipsorum fontium altare * ad sacra celebranda mysteria', illic sine dilatione aliqua fundetur, quatenus et prædictis monachis opus Dei securius $^{42}$ liceat celebrare, et non de negligentia vestra $^{43}$ contra fraternitatem tuam noster animus excitetur.

**C. VIII.** *Cum permissione episcopi abbas locum suum deserere potest.*

Item ex Concilio Moguntino $^{44}$.

Abbas pro $^{45}$ humiliatione et cum permissione episcopi locum suum potest relinquere $^{46}$; tamen eligant sibi fratres abbatem de ipsis $^{47}$, sin autem, de extraneis.

III. Pars. Gratian. *Ecce in Toletano concilio dicitur, quod sacerdotes abbates et alia officia instituere debeant.* B. *Gregorius et Pelagius prohibent, dicentes, abbatem a fratribus suæ congregationis eligendum et ordinandum. Quomodo ergo hæc tanta diversitas ad concordiam revocabitur? Sed sciendum est, quosdam monachos esse indomitæ cervicis et effrena-*

---

**NOTATIONES CORRECTORUM.**

$^f$ *Nullus monachus*: Hinc usque ad finem non habentur in epistola, sed in concilio.
$^g$ *Ut et suæ ecclesiæ*: In concilio legitur: *Et sanctæ ecclesiæ, juvante Domino, suo termino sive jure contentæ,* etc. In epistola vero 43, l. 4, (ubi idem fere scribit Castorio Ariminensi episcopo) hoc modo: *Ut et tua ecclesia, juvante Domino, suo tantummodo sit jure contenta, et monasterium illud,* etc.
$^h$ *Juribus*: In concilio est: *curis*; in epistola: *canonicæve jurisdictioni*.

**C. VI.** $^i$ Libro quarto regesti est epist. 41. Luminoso abbati, et 43, Castorio Ariminensi episcopo scripta †, in quibus leguntur quæ ad hoc caput pertinent. Propria tamen verba usque ad vers. *Missas.* non habentur in epistolis illis, sed in concilio, de quo in proximo superiori capite dictum est, exceptis primis verbis: *Luminoso abbate referente,* et ex eo nonnulla sunt emendata et addita.
$^k$ *Episcopus*: In concilio sequitur: *seu quacunque alia dignitate præditus aut potestate, vel quamlibet potestatem imperandi,* etc.

---

QUÆST. II. C. V. $^{25}$ *et quem*: Ed. Bas. $^{26}$ *ordinanda*: orig. — Ivo Pan. $^{27}$ *monachum*: orig.—Ans.— Edd. coll. o. pr. Arg. $^{28}$ *ecclesia aliqua ten.*: orig. — Ans. — Edd. coll. o. $^{29}$ *teneatur*: Ed. Arg. $^{30}$ *promoveat*: Edd. coll. o. pr. Arg. $^{31}$ cf. C. 17. q. 4, c. 42. = C. VI. † Ep. 41, (scr. A. 592), l. 2. Ed. Maur. — Ivo Decr. p. 7, c. 12, 13. $^{32}$ *illis*: Edd. coll. o. $^{33}$ *ab eo in cœnobio*: orig. $^{34}$ *novus*: ib.—*illic*: Bohm. = C. VI. $^{35}$ desid. in orig. $^{36}$ *habere*: ib. $^{37}$ cf. supra c. 5. = C. VII. $^{38}$ Ep. 59, (scr. A. 593), l. 3. Ed. Maur. — Antea citabatur ex Gelasio. — Polyc. l. 4, t. 34. $^{39}$ *Maschalas*: Ed. Bas. $^{40}$ *insolentias*: orig. $^{41}$ *inferre*: Ed. Arg. $^{42}$ *secure*: Edd. coll. o. $^{43}$ desid. in Ed. Bas. — *tua*: Edd. rell. = C. VIII. $^{44}$ Simile aliquid habetur in conc. Mog. hab. A. 847. Eadem leguntur in pœnitentiali Theodori c. 6. — Burch. l. 8, c. 86. Ivo Decr. p. 7, c. 104. $^{45}$ *propter humiliationem*: Ed. Bas. $^{46}$ *deserere*: Ivo. $^{47}$ add. *si habeant*: Burch. — *si habent*: orig. ap. Theod. — Edd. coll. o. — Bohm.

tæ superbiæ, quos dum abbates ad religionem cogere voluerint, in eorum dejectionem conspirant, et alium moribus suis convenientem sibi præficere contendunt, quales erant illi, qui in necem B. Benedicti conspirasse leguntur. Pro hujuscemodi constitutum est, ut abbates et alia officia per sacerdotes instituantur.

Unde Pelagius Papa scribit Opilioni Defensori, dicens [48]:

**C. IX.** *Non licet monachis abbates pro suo arbitrio expellere, aut alios ordinare*

Nullam potestatem de cetero, nullam licentiam monachis relinquimus pro arbitrio suo aut abbates expellere, aut sibimet alios ordinare, (quia nulla auctoritas remanebit abbati, si monachorum potestati cœperit subjacere), ut de cetero fideliter et studiose universa, quæ vel ad divini cultus reverentiam, vel ad utilitatem ejusdem monasterii pertinent, abbatis sollicitudo, ad quem potestas tota pertinere convenit, debeat adimplere.

IV. Pars. Gratian. *Hinc etiam constitutum est, ut clerici singulorum monasteriorum sint in potestate episcoporum, nec alicui liceat extra eorum conscientiam monasteria ædificare.*

Unde in Chalcedonensi Concilio c. 4, legitur [49]:

**C. X.** *Sine conscientia episcopi monasterium nullus ædificet.*

Quidam monachorum habitu utentes indifferenter per civitates incedunt, necnon et [50] monasteria [51] et se ipsos præsumtione propria commendant. Placuit igitur neminem aut ædificare aut construere monasteria, aut oratorii domum sine conscientia ipsius civitatis episcopi : *Item c. 8. §. 1.* Clerici [52] in ptochiis [m], 'et in' monasteriis [53], aut martyriis constituti sub potestate sint ejus, qui in ea est civitate episcopus, secundum traditionem sanctorum Patrum, nec per præsumtionem recedant a suo episcopo. §. 2. Eos [54] vero, qui ausi fuerint rescindere hujusmodi institutionem [55] quocunque modo, vel si noluerint subjacere proprio episcopo, si quidem fuerint clerici, pro personarum ordinatione [n] subjaceant condemnationibus canonum [56], si vero laici vel monachi fuerint, communione priventur [57]. *Item* [58] : §. 3. Clerici [o], qui pauperum dispositioni [59], vel monasteriorum vel martyriorum præsunt, sub potestate singularum civitatum episcoporum secundum [60] canonum traditionem perdurent, neque per suam temeritatem episcopi sui moderationem declinent. Qui autem hujusmodi dispositionem quolibet modo subvertere ausi fuerint, et episcopo suo non obedierint, si quidem clerici fuerint, canonicæ damnationi subjaceant, si autem monachi vel laici sunt, a communione suspendantur.

**C. XI.** *Examinetur ab episcopo qui religiosis feminis præponendus est.*

Item ex Concilio Carthaginensi IV, c. 97 [61].

Qui [62] religiosis feminis præponendus est [63] ab episcopo [64] *loci* [65] comprobetur [66].

Gratian. *Monasterium quoque absque episcopi permissione nulli incipere aut fundare licet.*

Unde in Agathensi Concilio c. 27, legitur [67] :

**C. XII.** *Sine permissione episcopi nullus monasterium præsumat incipere aut fundare.*

De monachis [p] monasterium novum (nisi episcopo 'aut' permittente, aut probante) nullus incipere aut fundare præsumat.

## NOTATIONES CORRECTORUM.

**C. X.** [1] Quoniam versio hujus capitis usque ad §. 1. *Clerici* primo est alia ab iis, quæ circumferuntur in conciliorum codicibus, licet apud Ivonem et in Panormia idem fere sit sensus, placuit asserri verba græca, et novam interpretationem : Οἱ ἀληθῶς καὶ εἰλικρινῶς τὴν μονήρη μετιόντες βίον, τῆς προσηκούσης ἀξιούσθωσαν τιμῆς. Ἐπειδὴ δέ τινες τῷ μοναχικῷ κεχρημένοι προσχήματι, τάς τε ἐκκλησίας καὶ τὰ πολιτικὰ διαταράσσουσι πράγματα, περιιόντες ἀδιαφόρως ἐν ταῖς πόλεσιν, οὐ μὴν ἀλλὰ καὶ μοναστήρια ἑαυτοῖς συνιστᾶν ἐπιτηδεύοντες, ἔδοξεν μηδένα μὲν μηδαμοῦ οἰκοδομεῖν, μὴ δὲ συνιστᾶν μοναστήριον ἢ εὐκτήριον οἶκον παρὰ γνώμην τοῦ τῆς πόλεως ἐπισκόπου. Id est : *Qui vere et sincere monasticam vitam degunt convenienti honore afficiantur. Verum, quoniam nonnulli speciem monachicam præ se ferentes et ecclesias et civilia negotia perturbant, in civitatibus indifferenter vagantes, ac præterea monasteria sibi ipsi constituere aggredientes; placuit neminem quidem uspiam ædificare neque constituere monasterium* vel oratoriam domum præter sententiam episcopi civitatis.

[m] *Ptochiis* : Sic in nonnullis vetustis codicibus Gratiani, et Vaticano conciliorum, et in versione prisca, (ex qua videtur esse hic versiculus), et est vox canonis græci. In vulgatis autem Gratiani, et aliquot libris conciliorum est : *parochiis*.

[n] *Pro personarum ordinatione* : Sic in eadem prisca ; sed in canone græco, et in versione Dionysii Exigui nihil est quod his verbis respondeat.

[o] *Item clerici* : Est idem, quod in proximo superiore paragrapho, sed ex alia versione, quæ non exstat in conciliorum voluminibus ; atque hanc eamdem repetitionem licet animadvertere apud Ivonem p. 6; c. 358, et 359.

**C. XII.** [p] *De monachis* : Absunt istæ voces a recentioribus editionibus conciliorum, sed non a vetustioribus, et manuscriptis codicibus, aut Ivone.

---

Quæst. II. P. III. C. IX. [48] Cap. incertum.—Coll. tr. p. p. 1, t. 54, c. 17.]—Ans. l. 7, lc. 185 (194). = P IV. C. X. [49] Auctor interpretationis, quæ in proœmio can. profertur, non est inventus. § 1, et 2, desumtæ sunt ex Isidoriana. §3, ex prisca translatione. [50] add. : *per* : Edd. Bas. Lugd. I. [51] *monasterium* : Edd. Arg. Nor. Ven. I. Ivo Decr. p. 6, c. 358. ' et ap. lv. [52] *monasterii* : Ed. Arg. [53] Si : Coll. Hisp. [54] *ordinationem* : ib. [55] *secundum pers. ordinationem* : Edd. coll. o.—*paternorum ordinationem* : Coll. Hisp. [56] desid. ib. [57] *excommunicentur* : ib, [58] Ivo ib. c. 359. [59] *dispensationi* : orig. ap. Baller. [60] add. *sanctorum* : ib.— Iv. [61] C. XI. [62] 1. 39. Statutt. eccl. ant. — cf. ad c. 9. D. 18. — Burch. I. 8. c. 76. Ivo Dec. p. 7, c. 94. [63] *Vir*, ap. orig. [64] *sit* : Burch. Ivo. [65] *episcopus* : Edd. coll. o. [66] desid. in Coll. cit. [67] *probetur* : ib.—orig. C. XII. [68] hab. A. 506. — Ivo Decr. p 5, c. 157. [69] et Coll. Hisp.

C. XIII. *De eodem.*
*Item ex eodem, c. 58* [66].

Cellulas novas aut congregatiunculas a monachorum absque episcopi notitia prohibemus institui.

C. XIV. *Absque episcopi vel abbatis voluntate nullus monachorum cellulam construere praesumat.*

*Item ex Concilio Aurelianensi I, c. 24* [69].

Nullus monachus, congregatione monasterii derelicta, ambitionis et vanitatis [70] impulsu cellulam [71] construere sine episcopi permissione vel abbatis sui voluntate praesumat.

V Pars. Gratian. *Item sunt alii, qui pro exsecutione diversarum causarum quoslibet admittunt, qui districtionem eorum solvant, et quietem religionis perturbent.*

*De quibus* in Concilio Triburiensi *legitur* [72] :

C. XV. *Abbas, qui cautus in regimine non fuerit, a proprio episcopo et a vicinis abbatibus a suo arceatur honore.*

Si quis abbas cautus in regimine, humilis, castus, misericors, discretus sobriusque non fuerit, ac divina praecepta verbis et exemplis non ostenderit, ab episcopo, in cujus territorio consistit et a vicinis abbatibus et ceteris Deum timentibus a suo arceatur honore, etiamsi omnis congregatio, vitiis suis consentiens, eum abbatem habere voluerit.

C. XVI. *In episcoporum potestate abbates consistant.*

*Item ex Concilio Aurelianensi I, c. 21* [73].

VI Pars. Abbates pro humilitate [74] religionis in episcoporum potestate consistant et si quid extra regulam fecerint, ab episcopis corrigantur, qui semel in anno in loco, ubi episcopus elegerit, accepta vocatione conveniant. § 1. Monachi autem abbatibus omni obedientia et devotione subjaceant. Quod si quis per contumaciam exstiterit indevotus, aut [75] per loca aliqua vagari, aut [76] peculiare aliquid habere praesumpserit, omnia, quae acquisierit, ab abbatibus auferantur, secundum regulam monasterio profutura [77]. Ipsi autem, qui fuerant pervagati, ubi inventi fuerint cum auxilio episcopi tanquam fugaces sub custodia revocentur [78]. § 2. Et reum se ille abbas futurum esse cognoscat, qui in

A hujusmodi personas [79] non regulariter animadverterit [80], vel qui susceperit monachum alienum.

C. XVII. *De eodem.*

*Item ex Concilio Arelatensi* [81].

Monasteria vel monachorum disciplina ad eum pertineant episcopum, in cujus sunt territorio constituta.

C. XVIII. *Nullus ministret abbatibus episcopalia, qui alicui episcoporum nolunt subesse.*

*Item Paschalis Papa II* [82].

Abbatibus, qui neque sub episcopo, neque sub metropolitano, neque sub primate, neque sub patriarcha sunt, nullus prorsus episcoporum episcopalia quaelibet administret. Quum enim se nulli episcopo omnino subesse profiteantur, consequens est, B ut nullus episcoporum quae sua sunt eis tanquam extraneis largiatur.

Gratian. *Pro hujuscemodi ergo statutum est, ut causae et utilitates monasteriorum per episcopos disponantur.*

*Unde* Gregorius *scribit Vitali Defensori Sardiniae, lib. VII. epist. 65.* [83] :

C. XIX. *Utilitates monasterii a proprio episcopo debent disponi.*

Cognovimus, quod monasteria servorum Dei vel *etiam* feminarum pro suo quisque libitu et diversarum causarum exsecutione perturbat [84]. Quod omnino non grate suscipimus, tuamque experientiam ex hoc commonemus, ne [85] quemquam hoc usurpare [86] denuo accepta nostra auctoritate permittas, sed *ut* episcopo loci illius, sub cujus moderamine degunt, curae sit eorum [87] causas utilitatesque disponere. Valde enim est incongruum [88], ut omisso eo alius quilibet eorum se causis admisceat, sed ille eorum vitam competenti regularique debet moderamine disponere, qui pro commissis eorum animabus compellitur reddere [89] rationem.

VII Pars. Gratian. *Pro hujusmodi etiam prohibet B.* Gregorius *mulieres passim ad monasterium accedere, et monachorum commatres fieri, scribens Valentino Abbati, lib. III. epist. 40.* [90] :

## NOTATIONES CORRECTORUM.

C. XIII. ¶ *Congregatiunculas* : Antea legebatur : *congregantium* * *ecclesias*. Emendatum est ex plerisque manuscriptis, et locis indicatis.

C. XVI. ʳ *Semel* : Sic etiam legitur in conciliis impressis, et manuscriptis, et Capitularibus. Verum apud Burchardum et Ivonem post vers. *Corrigantur*, est insertum c. *Non semel*. infra ead.

---

Quaest. II. C. XIII. [68] Imo ex Epaonensi c. 10. — cf. ad c. 30. D. 23. — Burch. l. 8, c. 74. Ivo Decr. p. 3, c. 165, p. 7, c. 92. * *congregationum* : Ed. Bas. ═ C XIV. [69] hab. A. 511. — cf. Cap. l. 6, c. 140. [70] *varietatis* : Edd. coll. o. [71] *cellulas*]: Ed. Bas. — add. : *sibi* : Coll. Hisp. ═ P. V. C. XV. [72] Simile aliquid legitur in regula Benedicti c. 60, supra D. 61. c. 14. — Burch. l. 8, c. 96. Ivo Decr. p. 7, c. 114. ═ C. XVI. [73] hab. A. 511. — Burch. l. 8, c. 67. Ivo Decr. p. 7, c. 85. — cf. Cap. l. 6, c. 139. P. VI. [74] *utilitate* : Coll. Hisp.—est tamen *humil*. in varietate lectionum. [75] *ac* : Coll. Hisp. — Burch. Ivo. [76] *atque* : Ed. Bas. [77] *profuturam* : ib. [78] add. : *et constringantur* : Burch. Ivo. [79] *personis* : Edd. coll. o. pr. Lugdd. II, III. [80] *regulari animadversione distrinxerit* : Coll. Hisp. ═ C. XVII. [81] c. 2, conc. Arel. V. hab. A. 554. ═ C. XVIII. [82] Caput incertum. ═ C. XIX. [83] Ep. 64, (scr. A. 599), l. 9. Ed. Maur. — Ans. l. 7, c. 184 (202). [84] *perturbent* : orig. — Ans. — Ed. Arg. — *perturbet* : Edd. rell. [85] *ut nequaquam* : Edd. coll. o. [86] *usurpari* : Edd. Lugdd. II, III. [87] *desid.* in Edd. Arg. Bas. Nor. [88] *indecens* : Edd. coll. o. [89] add. : *Deo* : Edd. Bas. Lugdd. II, III. ═ P. VII. C. XX. [90] Ep. 42, (scr. A. 594), l. 4. Ed. Maur. — Ans. ib. c. 183 (201).

**C. XX.** *Neque commatres sibi facere, neque ad feminas accedere monachis licet.*

Pervenit ad nos, quod in monasterio tuo passim mulieres ascendant [91] et (quod 'adhuc' et gravius) monachos tuos sibi commatres facere, et ex hoc incautam cum eis communionem habere. Ne ergo hac occasione humani generis inimicus sua eos (quod absit) calliditate decipiat, ideo hujus te præcepti serie commonemus, ut neque mulieres in monasterio tuo deinceps qualibet occasione permittas ascendere [92], neque monachos tuos commatres sibi facere. Nam si hoc denuo ad aures nostras quocumque modo pervenerit, sic te severissime [93] noveris ultioni subdendum, ut emendationis tuæ qualitate ceteri sine dubio corrigantur.

VIII Pars. Gratian. *Non solum autem incauta familiaritas aliarum mulierum eis interdicitur, verum etiam a sanctimonialium habitatione prohibentur.*

Unde in VII. Synodo c. 20. *legitur* [94]:

**C. XXI.** *Cum sanctimonialibus monachis habitare non licet.*

Diffinimus minime duplex monasterium fieri, quia scandalum id et offendiculum multis efficitur. Si vero aliqui cum cognatis mundo abrenunciare et monasticam vitam sectari voluerint, debent quidem viri virorum adire cœnobium, feminæ vero mulierum ingredi monasterium, In [95] hoc enim [96] placatur Deus. § 1. Quæ autem hactenus fuerunt [97] dupla, secundum regulam sancti Patris nostri Basilii et secundum præceptionem ejus ita formentur. Non [98] habitent in uno monasterio monachi et monachæ. Adulterium enim intercipit cohabitationem *a*, si [99] habeat aditum [100] monachus ad monacham, vel monacha ad monachum secreto singulariter ad collocutionem. § 2. Non cubet monachus in muliebri monasterio, neque singulariter cum monacha convivetur, et quando necessaria vitæ a parte virorum ad regulares [101] deferuntur, extra portam hæc suscipiat abbatissa monasterii [102] feminarum cum aliqua [103] vetula monacha. § 3. Porro si contigerit, ut [104] aliquam propinquam suam videre voluerit monachus, in præsentia abbatissæ huic confabuletur per modica et compendiosa verba et in brevi *b* ab ea discedat.

**C. XXII.** *Monachi et monachæ in nullo simul cohabitent loco.*

Item in Regesto Gregorii *u* [105].

In nullo loco monachos et monachas permittimus unum [106] monasterium habitare [107], sed nec ea, quæ duplicia [108] vocant [109]. Et si quod tale est, religiosus episcopus mulieres quidem in suo loco manere studeat, monachos autem aliud monasterium ædificare [110] cogat. Si autem plurima [111] sint talia monasteria, separantur in aliis monasteriis monachæ, et in aliis monachi ; res autem, quas habent communes, secundum jura eis competentia distribuantur.

**C. XXIII.** *A monasterio monachorum longius construantur monasteria puellarum.*

Item ex Concilio Agathensi, c. 28. [112]

Monasteria puellarum longius [113] a monasteriis [114] monachorum aut propter insidias diaboli, aut propter obloculiones [115] hominum collocentur.

**C. XXIV.** *Puellarum monasteria monachorum præsidio et ministerio regantur.*

Item ex Concilio Hispalensi II., c. 11. [116]

In decima [117] actione communi consensu decrevimus, ut monasteria virginum in provincia Bœtica [118] monachorum administratione ac præsidio gubernentur. Tunc enim salubria Christo dicatis virginibus præbemus [119], quando eis patres spirituales eligimus [120], quorum non solum gubernaculis tueri, sed etiam doctrinis ædificari possint, ea tamen circa monachos cautela servata, ut remoti ab earum familiaritate [121] nec usque ad vestibulum habeant accedendi familiare [122] permissum. Sed neque abbatem, vel eum, qui præficitur, extra eam, quæ præest, loqui virginibus Christi aliquid, quod ad institutio-

---

**NOTATIONES CORRECTORUM.**

**C. XXI.** *a Cohabitationem*: Sic est emendatum ex plerisque manuscriptis Gratiani *t*, et duobus codicibus versionis Anastasii, cujus tamen hæc non est ipsa omnino versio. Antea legebatur : *cohabitatio* ; græce est : μοιχεία γὰρ μεσολαβεῖ τὴν συνοίκησιν.

*b Et in brevi:* Hæc non sunt in canonum græcorum vulgata editione, sed apud Balsamonem habentur.

**C. XXII.** *u* Burchardus etiam et Ivo Gregorium citant, apud quem nonnihil habetur ad hanc rem faciens lib. 1. reg. epist. 48., et lib. 7. indict. 2. epist. 39. Verba tamen ipsa leguntur apud Julianum antecess. Novella 123. cap. 54.

---

Quæst. II. C. XX. [91] *accedant* : Edd. Lugdd. Par. [92] *accedere* . eæd. [93] *severissimæ* : orig. — Edd. Lugdd. II, III. — Bohm. = P. VIII. C. XXI. [94] hab. A. 787.—Ivo Decr. p. 7, c. 25. [95] *inde* : Ed. Arg. [96] *ergo* : Ed. Bas. [97] *sunt* : Ivo. — Ed. Arg. — *fuerint* : Ed. Bas. [98] *ut non* : ib. [99] *ita in* Ed. Bas. et Ivo. [100] *Non* : orig. [101] *habet aditus* : Ed. Bas. [102] *reg.* — *monachas* : Ivo. — Edd. Bas. Lugdd. *sanctimoniales* : Ed. Arg. [103] *vel in monasterio* : Ed. Bas. — *in monasterium* : Edd. rell. [104] *quadam* : Ivo.—Edd. coll. o. [105] *quod* : Ed. Arg. — *et* : Edd. rell. pr. Lugdd. II, III. = C. XXII. [106] Imo Julian. Epit. nov. 115, c. 57. — Coll. cau. Ans. ded. l. 6, c. 119. Burch. l. 8, c. 65. Ivo Decr. p. 7, c. 85. Polyc. l. 4, t. 54. [107] *in unum* : Edd. coll. o. pr. Arg, in qua leg. : *in uno*. [108] *habere* : orig. — Burch. Ivo. — *cohabitare* : Ed. Bas. [109] *add.* : *monasteria* : Edd coll. o. pr. Arg. Bas. [110] *vocantur* : Edd. coll. o. [111] *add.* : *sibi* : orig. [112] *plura* : ib. = C. XXIII. [113] A. 506. — Ivo Decr. p. 3, c. 158. [114] *longe* : Ed. Bas. [115] *monasteria* : Ivo. — Edd. coll. o. [116] *oblocutionem* : eæd. = C. XXIV. [117] hab. A. 619. — Coll. tr. p. p. 2, t. 49, c. 6. [118] *Undecima* : Coll. Hisp. [119] *Bethelica* : Edd. Nor. Ven. I. *Bethilica* : Edd. rell. pr. Bas. Lugd. I. — *add.* : *condita* : Coll. Hisp. [120] *providemus* : eæd. — *probamus* : Edd. coll. o. pr. Bas. Lugd. I. [121] *elegimus* : Coll. Hisp. [122] *peculiaritate* : eæd. [123] *familiarem* : ead.

nem earum pertineat [123], licebit, neque cum ea [124] sola, quæ præest, frequenter eos [125] loqui oportet; sed sub testimonio duarum vel trium sororum, ita ut rara sit accessio, et brevis omnino locutio.

**IX Pars. Gratian.** *Prohibentur etiam sanctimoniales propria receptacula habere.*
*Unde* Innocentius II. *in Concilio Romæ habito, c. 26. et 27.* [126]:

**C. XXV.** *Sanctimonialibus receptacula seu domicilia privata habere non licet.*

Perniciosam et detestabilem consuetudinem quarundam mulierum (quæ licet neque secundum Regulam B. Benedicti, neque Basilii, aut Augustini vivant, sanctimoniales tamen vulgo censeri desiderant) aboleri decernimus. Quum enim, juxta regulam w degentes in cœnobiis, tam in ecclesia quam in refectorio atque dormitorio communiter esse debeant, propria sibi ædificant receptacula et privata domicilia, in quibus sub hospitalitatis velamine passim hospites 'et' minus [127] religiosos contra sacros canones [128] et bonos mores suscipere nullatenus erubescunt. Quia ergo omnis, qui male agit, odit lucem, ac per hoc ipsæ absconditæ in justorum tabernaculo se opinantur posse latere oculos judicis cuncta cernentis [129], hoc tam [130] inhonestum detestandumque flagitium ne ulterius fiat omnimodis prohibemus, et sub pœna anathematis interdicimus. § 1. Simili modo prohibemus, ne sanctimoniales simul cum canonicis vel monachis in ecclesia in uno choro conveniant ad psallendum.

**X Pars. Gratian.** *Item sunt alii, quos episcopi C prægravantes salutem ipsarum animarum negligunt, quibuslibet occasionibus bona monasteriorum distrahere cupiunt. Tales erant quidam clerici Ravennatis ecclesiæ, qui simulata religione monasteriis cupiebant præfici, non transeuntes ad monasticum habitum, neque renunciantes ecclesiasticæ militiæ.*
*De quibus* Gregorius *scribit Joanni Ravennati Episcopo lib. IV. epist. 1.* [131]:

**C. XXVI.** *Monasteria clericorum aut laicorum habitacula fieri non debent.*

Pervenit ad me, quod in ecclesia † fraternitatis tuæ aliqua loca dudum †† monasteriis consecrata nunc habitacula 'aut' clericorum, aut etiam laicorum facta sunt; dumque hi, qui sunt in ecclesiis, fingunt se religiose vivere, monasteriis præponi appetunt, et per eorum vitam monasteria destruuntur. Nemo enim potest ecclesiasticis officiis [132] etc.
*Et infra :* § 1. Proinde fraternitas tua hoc [133], quolibet in loco factum sit, emendare festinet, quia ego nullo modo patior [134], ut sacra loca per clericorum ambitum destruantur. .

**C. XXVII.** *Qui in sacro ordine sunt constituti in monasteriis nullam habeant potestatem.*
*Idem* Mariniano Episcopo Ravennati *, lib. VI. epist. 40.* [135]

Dudum ad nos multorum relatione pervenerat, monasteria in Ravennæ [136] partibus constituta omnino clericorum vestrorum dominio prægravari, ita ut occasione 'quasi' regiminis ea [137] (quod dici grave est) velut in proprietate possideant. Quibus non modicum condolentes decessori [138] vestro epistolas misimus, ut hoc 'per omnia' emendare debuisset. Sed quoniam vitæ est termino citius occupatus, ne hoc onus monasteriis remaneret [139], fraternitatis vestræ hæc [140] eadem nos [141] scripsisse recolimus. Et quia, ut comperimus, in hujus rei hactenus correctione cessatum est, hæc [142] ad vos iterum prævidimus scripta dirigere. Hortamur ergo, ut omni mora omnique excusatione submota ita monasteria ipsa ab hujusmodi studeatis gravamine relevare, quatenus nullam deinceps in eis clerici vel ii [143], qui sunt in sacro ordine constituti, ob aliud (nisi hortandi x tantummodo causa) accedendi habeant licentiam, aut si forte ad peragenda sacra missarum fuerint invitati mysteria [144]. Sed ne pro cujuslibet monachi aut abbatis promotione etc. [145]. *Et infra :* § 1. Nec illic ulterius habeat [146] potestatem aliquam, ne mo-

---

## NOTATIONES CORRECTORUM.

**C. XXIV.** v *Institutionem :* Sic legitur in vetustis Gratiani codicibus *, et in antiquioribus conciliorum editionibus, et duobus codicibus Vaticanis in recentioribus autem Coloniensibus : *quod ad institutionem morum non pertineat.*
**C. XXV.** w *Regulam :* In vulgatis sequebatur : *S. Benedicti* " ; quum tamen paulo superius aliarum etiam regularum sit facta mentio. Quare inductæ sunt istæ voces auctoritate vetustorum codicum, et ipsius concilii, ex quo etiam alia nonnulla sunt emendata.
**C. XXVII.** x *Hortandi :* In originali impresso et manuscripto *** legitur : *orandi.* Sed ob glossam et quia in sequenti capite est vox : *exhortandi,* non est mutatum. Alia vero sunt emendata.

---

QUÆST. II. C. XXIV. * *institutionem vel administrationem :* Edd. coll. o. pr. Bas. [123] *pertinet :* Coll. Hisp. — Edd. coll. o. [124] desid. in Coll. Hisp. [125] *eum :* Ed. Bas. = P. , IX. C. XXV. [126] conc. Lat. II, hab. A. 1139. " ita in Edd. coll. o. pr. Bas. [127] desid. in Edd. Lugd. II, III. [128] desid. in Edd. coll. o. pr. Lugd. II, III. [129] *conspicientis :* Edd. coll. o. [130] add. : *injustum :* Ed. Bas. = P. X. C. XXVI. [131] Ep. 1, (scr. A. 595), l. 5. Ed. Maur.—Ans. l. 5, c. 61 (65) Ivo Decr. p. 3, c. 18. Polyc. l. 3, c. 15. † *ecclesiis :* Edd. coll. o.—Ivo. †† desid. ap. Greg. et Iv. [132] C. 16, q. 1, c. 2. [133] *si hoc — faci. est :* Edd. coll. o. [134] *patiar :* orig.— Edd. coll. o. = C. XXVII. [135] Ep. 43, (scr. A. 597), l. 7. Ed. Maur.—Ans. l. 5, c. 65 (66). Polyc. ib. [136] *Ravennatibus :* orig.— Ans. — Ed. Arg. — *Ravennarum :* Edd. Lugd. l. Par. — *Ravennatum :* Edd. rell. [137] add. : *quidem :* Edd. coll. o. [138] *prædecessori—literas :* eæd. [139] *remaneat :* eæd. [140] desid. in eæd. pr. Arg. [141] *nunc :* Ed. Arg. [142] add. : *audientes :* Ans. — Edd. coll. o. [143] *ii — qui sunt :* desid. in Ed. Bas. "" et ap. Ans. [144] *ministeria :* Ed. Bas. [145] C. 16, q. 1, c. 37. [146] *habent :* Ed. Bas.

nasteria hujus occasionis velamine ea, quæ prohibemus 7, sustinere onera compellantur. Hæc itaque omnia vigilanti cura [147] emendare jam secundo commonita sanctitas vestra non differat; ne, si post hæc negligentes vos esse (quod non credimus) senserimus, aliter monasteriorum quieti prospicere compellamur. Nam notum vobis sit, quia tantæ necessitati servorum Dei congregationem 'amplius' subjacere non patimur [148].

C. XXVIII. *Causa visitandi et exhortandi monasterium episcopus adire potest.*

Item *eidem, lib. VII. Indict. 1. epist. 18.* [149]

XI Pars. Visitandi exhortandique gratia ad monasterium, quoties placuerit, ab antistite civitatis accedatur; sed sic caritatis officium illic episcopus impleat, ut gravamen aliquod monasterium non incurrat.

C. XXIX. *Frequenter episcopi monasteria visitent, et quæ corrigenda sunt corrigant.*

Item ex Concilio Aurelianensi ¹ [150].

Non semel, sed sæpius in anno episcopi visitent monasteria monachorum, et si aliquid corrigendum fuerit, corrigatur.

XII Pars. Gratian. *Pro talibus, qui animarum curam non habentes, bona tamen monasteriorum in suos usus convertere cupiebant, statutum est, ut monasteria cum suis rebus penitus sint libera a potestate et dominio episcoporum. Quod autem nullis canonicis juribus monasteria dicuntur esse subjecta, non ita intelligendum est, quin ipsi episcopo aliquid nomine eulogiæ, vel in die dedicationis, vel in natali sanctorum, quorum nomine ipsum monasterium dedicatum est, debeat offerri.*

*Unde Pelagius* ª *Papa ait* [151]:

C. XXX. *Non debet episcopus aliquid a monasterio exigere præter conditiones, quæ dedicationis tempore constitutæ sunt.*

Eleutherius frater et coepiscopus noster queritur, quod mater ejus in casa, quæ Castellum dicitur, oratorium construxerit ac dedicaverit, et in eodem loco monachos constituerit, ex quibus unus est presbyter. Hoc autem tempore dedicationis inter episcopum Cardellum (cujus ipsa diœcesis est) et matrem suam asserit convenisse, ut quicquid dedicationis vel natalis martyrum die, quorum in eodem monasterio reliquiæ sunt, per fidelium oblationes intraverit, medietatem quidem habeat ipsum monasterium, medietas autem episcopo offeratur. Contra quam conventionem Marium [152] presbyterum (sive sciente sive nesciente episcopo) monachis ipsis, vel presbytero, qui ex eis est, vim dicitur intulisse, et frequenter [153] molestias generare, ita ut memoratum presbyterum prope cæciderit, et missas eum facere nullo modo permittat, dicens, ut quasi pensionis nomine aliquid statuere debeat. Hæc igitur omnia diligenter te examinare jubemus, et, si apud te evidenti [154] ratione [155] constiterit, quia tempore, quo dedicatum est ipsum monasterium, conditiones superius positæ convenerint, servari eas ex nostra auctoritate præcipimus, nec [156] aliquid [157] amplius exinde ab aliquo exigatur [158]. Si vero nil tale constiterit [159], mediante te quid episcopo ipsi nomine eulogiæ offerri debeat inter ipsos monachos et presbyterum volumus definiri, salvo tamen eo, ut presbyter Gaudentius, qui etiam monachus est, missas in monasterio suo sicut consuevit facere a nullo ulterius debeat prohiberi.

C. XXXI. *Consueta servitia episcopis monasteria exhibeant.*

Item Urbanus II. [160].

Servitium, quod monasteria aut eorum ecclesiæ a tempore Gregorii VII. usque ad hoc tempus fecerunt, et nos concedimus.

Gratian. *Canonica ergo jura, quibus monasteria subjecta non sunt, synodales exactiones intelliguntur. Non* ⁶¹ *enim cogendus est abbas (sicut in concilio Turonico statuitur) ad synodum ire, nisi aliqua rationabilis causa exsistat. Sunt etiam quædam servitutis officia, ut angariæ operum, crebræ receptiones, annuæ exactiones, mulctationes peccantium, a quibus omnibus monasteria libera sunt.*

---

NOTATIONES CORRECTORUM.

⁷ *Prohibemus*: In vulgatis sequebatur: *simul cum canonicis et monachis in ecclesia* ⁴, quæ sublata sunt auctoritate orginalis, et duorum Gratiani exemplarium.

C. XXIX. ¹ Hoc caput apud Burchardum et Ivonem est insertum cap. *Abbates.* supra ead., ut ibi notatum est; simile quiddam habetur in Panormia ex Concilio Rothomagensi, lib. 3. c. 215.

C. XXX. ª *Pelagius*: Antea legebatur: *Gelasius*, Mutatum est ex Polycarpo, et quia supra dist. 91. c. *Eleutherius* alia pars hujusmet epistolæ citatur ex Pelagio, et Anselmus, qui hoc et illud caput conjunctæ affert, Pelagio tribuit.

---

Quæst. II. C. XXVII. ⁴ ita in Edd. coll. o. pr. Arg. [147] *studio*: Ed. Bas. [148] *patiemur*: Edd. coll. o. — Bohm =C. XXVIII. [149] Ep. 16, (scr. A. 598), l. 8. Ed. Maur. — Ivo Decr. p. 7, c. 14.=P. XI C. XXIX. ¹⁵⁰ c 10, conc. Rothomag. (hab. A. 650), in epitomen redactus. — Burch. l. 8, c. 67. Ivo Decr. p. 7, c. 85.=P. XII. C. XXX. [151] Cap. temporis incerti.—Ans. l. 7, c. 145 (169). Polyc. l. 4, t. 27. [152] *Marius presbyter*: Ed. Bas. — *Marianus presb.*: Ed. Arg. — nomen Marii desid. in Ed Nor. [153] *frequentes*: Ed. Bas. [154] *evidenter constiterit*: Ed. Arg. [155] *veritate*: Ans. [156] *ne*: Ed. Bas. [157] *alioquin*: Ed. Lugd. I. [158] *tentetur exigere*: Ans. [159] *add.. inter eos*: Edd. Ven. II. Par. Lugdd. = C. XXXI. [160] Imo c. 19, conc. Lat. I, hab. A. 1123. [161] cf. D. 18, c. 11.

# CAUSA XIX.

**GRATIANUS.**

*Duo clerici ad monasterium transire voluerunt; uterque licentiam ab episcopo suo petiit; unus relicta ecclesia propria eo invito, alter dimissa regulari canonia coenobio se contulit.* (Qu. I.) *Modo quaeritur, si episcopus debeat permittere, ut relicta propria ecclesia clericus monasterium ingrediatur?* (Qu. II.) *Secundo quaeritur, si episcopus licentiam dare noluerit, an eo invito monasterium possit adire?* (Qu. III,) *Tertio, si contigerit ipsos regulares canonicos fuisse, utrum concedendus esset eis monasterii ingressus?*

## QUÆSTIO I.

**GRATIANUS.**

*Quod episcopus licentiam clericis adeundi monasterium dare debeat,* in Toletano IV. Concilio praecipitur, in quo, c. 49, sic statutum legitur [1]:

**C. I.** *Non debet negari ingressus clericis, qui monachorum propositum appetunt.*

Clerici, qui monachorum propositum appetunt, (quia meliorem vitam sequi cupiunt), liberos eis ab episcopis [2] in monasteriis largiri oportet ingressus, nec interdici [a] propositum eorum, quid ad contemplationis desiderium transire nituntur.

## QUÆSTIO II.

**GRATIANUS.**

*Invito vero episcopo clericum ejus a nullo esse suscipiendum,* Leo Episcopus testatur, scribens Anastasio Thessalonicensi Episcopo, epist. LXXXII. al. LXXXIV. c. 9. [1]:

**C. I** *Invito episcopo ejus clerici nemo suscipiat.*

Alienum clericum invito episcopo ipsius nemo suscipiat.

Gratian. Sed subaudiendum est, nisi ad propositum melioris vitae transire voluerit. Tunc enim liberum est illi, etiam episcopo contradicente, monasterium ingredi.

Unde Urbanus Papa II. *in capitulo sancti Ruffini* [2]:

**C. II.** *Qui monachorum propositum appetit, etiam invito episcopo suscipiendus est.*

Duae sunt, inquit, leges: una publica, altera privata. Publica lex est, quae a sanctis Patribus scriptis est confirmata, ut est lex canonum, quae quidem propter transgressiones est tradita. Verbi gratia: Decretum est in canonibus, clericum non debere de suo episcopatu ad alium transire sine commendatitiis literis sui episcopi, quod propter criminosos constitutum est, ne videlicet infames ab aliquo episcopo suscipiantur personae. Solebant enim officia sua, quum non poterant in suo episcopatu, in alieno [3] celebrare, quod jure praeceptis et scriptis detestatum est. § 1. Lex vero privata est, quae instinctu S. Spiritus in corde scribitur, sicut de quibusdam dicit Apostolus [4]: *Qui habent legem Dei scriptam in cordibus suis,* et alibi [5]: *Quum gentes legem non habeant, si naturaliter ea, quae legis sunt, faciunt, ipsi sibi sunt lex.* Si quis horum in ecclesia sua sub episcopo populum [6] retinet, et saeculariter vivit, si afflatus Spiritu sancto in aliquo monasterio vel regulari canonia [7] salvare se voluerit, quia [8] lege [9] privata ducitur, nulla ratio exigit, ut a lege publica constringatur. Dignior est enim lex privata quam publica. Spiritu † quidem Dei lex est, et quid Spiritu Dei [10] aguntur lege Dei ducuntur; et quis est, qui Spiritui sancto possit digne resistere? Quisquis igitur hoc Spiritu ducitur, etiam episcopo suo contradicente, eat liber nostra auctoritate. Justo enim lex non est posita, sed ubi [11] Spiritus Dei, ibi libertas et si Spiritu Dei ducimini, non estis sub lege.

## QUÆSTIO III

**GRATIANUS.**

I. Pars. *Canonicos autem regulares ad monasterium transire multis auctoritatibus prohibetur.*

Unde in Concilio Educensi, congregato sub Gregorio VII., legitur [1]:

**C. I.** *Regulares canonici monachi fieri non debent.*

Nullus abbas vel monachus canonicos regulares a proposito professionis canonicae revocare, et ad monasticum habitum [2] trahendo suscipere audeat, ut monachi fiant, quamdiu ordinis sui ecclesiam

---

**NOTATIONES CORRECTORUM.**

**Causa XIX. Quæst. I. C. I.** [a] Nec interdici: Haec usque ad finem absunt a manuscriptis, sunt tamen in concilio [**].

---

**CAUSA XIX. Quæst. I. C. I.** [1] hab. A. 633. — Burch. l. 8, c. 21. Ans. l. 7, c. 197. Ivo Decr. p. 6, c. 371. Abbo Flor. ap. Mab. Vet. anal. c. 23. Polyc. l. 3, t. 15, l. 4, t. 34. [2] *episcopo*: Coll. Hisp.—Ivo. Ans. Abbo. [**] desid. in Edd. Arg. Bas. Nor.
**Quæst. II. C. I.** [1] Ep. 14, (scr. A. 446). Ed. Baller. — Antea citabatur ex ep. ad Rusticum Narb. — Ans. l. 7, c. 161 (175). Ivo Decr. p. 6, c. 60. = C. II. [2] Caput incertum et quod Urbano vix ducas congruere. — Ans. in fine l. 7. (*Domnus Urbanus P. duæ, inquit etc.*) [3] *alio* : Edd. Arg. Bas. [4] Rom. c. 2, v. 15. [5] ib. v. 14. [6] *proprium*: Corr. ex Polycarpo. [7] *canonica* : Edd. coll. o. pr. Lugdd. II, III. [8] *qui enim* : Edd. Bas. Lugdd. [9] *a lege* : Edd. Lugdd. II, III. † *Spiritus* : Edd. coll. o. — Bohm. [10] desid. in Ed. Bas. [11] 2 Cor. c. 3, v. 17.
**Quæst. III. P. I. C. I.** [1] Simile aliquid habetur in c. 10, conc. Heduensis hab. A. 670, sub Leodegario. [2] add.: *professionis*: Ed. Bas. ⸺

invenire quiverint, in qua canonice vivendo Deo servire, et animam suam salvare possint. Quod si temerario ausu id agere tentaverint, anathematis vinculo obligentur.

### C. II. De eodem.
*Item* Urbanus Papa II.:

Mandamus et universaliter interdicimus, ne quis canonicus regulariter professus, nisi (quod absit) publice lapsus fuerit, monachus efficiatur. Quod si decreto nostro contraire praesumens 'id' agere tentaverit, ad ordinem canonicum praecipimus ut redeat, et deinceps memorialem cucullam deferat, et ultimus in choro maneat.

Gratian. *Subaudiendum vero est, nisi cum patris sui licentia religionis propositum induerit. Unde Urbanus Papa II. scribit abbati sancti Ruffini* :

### C. III. *Patris sui concessione regulares canonici monachi fieri possunt.*

Statuimus, ne professionis canonicae quispiam postquam Dei vice supra caput sibi hominem imposuerit, alicujus levitatis instinctu vel districtioris religionis obtentu ex eodem claustro audeat sine patris et totius congregationis permissione recedere. Discedentem vero nullus abbatum vel episcoporum, nullus monachorum sine communi literarum cautione suscipiat.

II Pars. Gratian. *Quaeritur, si monasteria, quae semel dedicata sunt, possint transire in clericorum vel saecularium habitacula? Quod in Chalcedonensi Concilio omnibus modis prohibetur c. 24.* :

### C. IV. *Quae semel sunt dedicata monasterio, semper monasteria perseverent.*

Quae semel dedicata sunt monasteria cum consilio episcoporum, maneant perpetuo monasteria, et res, quae ad ea pertinent, monasteriis reservari oportet, nec posse ea ultra fieri saecularia habitacula. Qui vero permiserint hoc fieri, subjaceant his condemnationibus, quae per canones constitutae sunt.

### C. V. *Qui loca sacra communia diversoria fecerit, clericus deponatur, laicus excommunicetur.*
*Item* in Synodo VII., c. 13.:

Quoniam a quibusdam viris quaedam venerabiles domus surripiuntur, tam videlicet episcopia quam monasteria, et facta sunt communia diversoria, si quidem voluerint hi, qui haec retinent, reddere ea, ut secundum antiquitatem restaurentur, bene et optime est; alioqui, si de sacrato catalogo fuerint, hos deponi praecipimus, si vero monachi vel laici, excommunicari, quos nimirum constat condemnatos esse a Patre, et Filio, et Spiritu sancto, et deputentur ubi vermis eorum non moritur, et ignis non exstinguitur, quia voci Domini adversantur, qui dicit : *Nolite facere domum patris mei domum negotiationis.*

III Pars. Gratian. *Quaeritur de his, qui ad conversionem veniunt, quo tempore debeant tonsurari? De his ita scribit Gregorius Fortunato Episcopo Neapolitano, lib. VIII. epist. 23.* :

### C. VI. *Ante quam biennium in conversione compleverit, aliquis tonsurari non debet.*

Monasteriis omnibus fraternitas vestra districtius interdicat, ut eos, quos ad conversionem susceperint, prius quam biennium in conversatione compleant, nullo modo audeant tonsurare. Sed hoc spatio vita moresque eorum solicite comprobentur; ne quis eorum aut non sit contentus eo, quod voluit, aut ratum non habeat quod elegit. Nam dum grave sit inexpertos hominum sociari obsequiis, quis possit dicere, quam sit gravius ad Dei servitium improbatos applicari? Miles vero, si converti voluerit, prius, quam nobis renuncietur nullus eum sine nostro consensu qualicunque praesumat ratione suscipere.

### NOTATIONES CORRECTORUM.

Quaest. III. C. III. *Patris*, etc.: In tribus vetustis codicibus legitur : *patris totius congregationis;* apud Ivonem . *sine abbatis totiusque congregationis.*

C. IV. Haec versio parum discrepat a Dionysiana, quam afferunt Burchardus et Ivo, c. 22.

C. V. Initium hujus canonis in synodo VII. ab Anastasio versa sic habet : *Quoniam propter calamitatem, quae pro peccatis nostris in ecclesia facta est, subreptae sunt a quibusdam viris quaedam venerabiles domus, tam videlicet,* etc. Ex ejus autem versionis duobus manuscriptis exemplaribus nonnulla sunt in hoc capite emendata.

C. VI. *Improbatos applicari* : Antea legebatur : *improbos applicare*. Emendatum est ex originali impresso et manuscripto.

*Sine nostro* : Hoc praecepit eo tempore B. Gregorius, ne omnino videretur contemnere legem, quam Mauricius imperator tulerat, ne milites ante completum tempus militiae in monasteriis recipi possent, quam legem idem Gregorius lib. 11. indict. 11. epist. 61. ipsi Mauricio scribens, vehementer reprehendit, quod auctor glossae non videtur attendisse.

---

Quaest. III. C. II Auctor inventus est Anselmus Havelbergensis in libro de ordine canonicorum regularium (c. 5), edito in thesauro Pezii t. 4.—Ans. in f. l. 7. Polyc. l. 4, t. 31. regularis : Ed. Bas. *memoriale praesumtionis suae cucullam*: orig. — Corr. ex Polyc. = C. III. Ivo Decr. p. 6, c. 411, et Ans. in fine l. 7 : *Urbano II. Abbati S. Rufi*.—Integram epistolam edidit Petit in tom. 2, poen. Theod. p. 614. *et Ans.* *et nullus* : Ivo.—Ed. Bas.=P. II. C. IV. *hab. A. 451.— interpr. Dionysiana.* — Burch. l. 3, c. 19. Ans. l. 5, c. 60 (62). Ivo Decr. p. 3, c. 17. Polyc. l. 3, c. 15. desid. in orig., ap. Burch. et Iv., et in Edd. coll. o. pr. Bas. concilio : Edd. Arg. Nor. Ven. I. add. : *qui civitates tenent* : Burch. Ivo. *debere* : iid. = C. V. hab. A. 787. — interpr. Anastasii. — Ans. l. 7, c. 190. — in Edd. Arg. Nor. Ven. I, allegatur ex syn. VIII. *episcopalia*: Edd. Arg. Nor. Ven. I. Lugdd. II, III. *hic*: Ed. Bas. *et si*: Edd. coll. o. pr. Arg. Nor. Ven. I. *sacro*: Ans. *deputabuntur*: Edd. coll. o. *morietur*: exed.—Ans. (cf. Marc. c. 9, v. 16.) *exstinguetur*: exed.—id. *Deo adv.*: exed. *Joan.* c. 2, v. 16.=P. III. C. VI. *Ep. 24*, (scr. A. 600), l. 10. Ed. Maur.—Ans. l. 7, c. 197 (199). *convertendum*: orig. — *conversationem*: Edd. Nor. Ven. I. *conversione compleverint*: Edd. coll. o. desid. in orig. et Ed. Bas. *cum* Edd. Bas. Lugdd. II, III.—Bohm. *quanto*. orig. — Ans.—Edd. coll. o. *ita ap. Ans. et in Edd. coll. o.* *denunc.*: Ed. Bas. *qualibet*: Edd. coll. o.

IV Pars. Gratian. *Quæritur, si ingressis monasterium ultra relinquatur licentia testandi? Hoc Gregorius prohibet, ita scribens Januario Caralitano Episcopo, lib. VII. Indict. 2, epist. 7* [31]:

### C. VII. *Post monasterii ingressum nulli relinquitur licentia testandi.*

Quia ingredientibus monasterium convertendi gratia ulterius nulla sit testandi licentia, sed [32] res eorum ejusdem monasterii juris fiant [33], aperta legis definitione decretum [34] est.

### C. VIII. *Post monasterii ingressum eidem monasterio omnia sunt conferenda.*

Item Gregorius Papa *Cypriano Diacono, lib. I*, *epist. 6* [35].

Perlatum est ad nos Petronillam nomine, de provincia Lucania progenitam, per exhortationem Agnelli episcopi fuisse conversam, resque suas omnes, quas habere potuit, licet sibi jure potuissent competere, tamen [36] easdem [37] monasterio, quod [38] ingressa est, etiam specialiter donationis titulo contulisse.

Gratian. *Econtra Paulus primus eremita in testamento* [f] *colobium suum Athanasio Alexandrino episcopo reliquit, tunicam vero B. Antonio. Sed aliud est de his, qui in monasterium ingressi se et sua tradiderunt: aliud de his, qui solitariam vitam ducentes se nulli ecclesiæ tradiderunt* [g]. *Illi semel tradita nulli tradere possunt: isti nulli oblata libere testari possunt.*

### C. IX. *Item in Authenticis, constitutione 9* [39].

Si qua mulier aut vir monasticam elegerit vitam, et intraverit monasterium, liberis non exstantibus, monasterio, quod ingreditur, res ejus competere jubemus. § 1. Sed [40] si persona liberos habens ante, quam de rebus suis inter eos disponat, monasterium intret, liceat ei postea inter eos dividere, legitima [41] non diminuta [42], et quod eis non dedit [43] monasterio competet. § 2. Sed si omnem substantiam inter filios dividere voluerit, sua persona filiis connumerata partem sibi retineat, quæ monasterio competere debet [44]. § 3. Sed si post ingressum moriatur, ante, quam inter eos dividat, filii legitimam [45] percipiant [46], reliqua substantia monasterio competente. *In Authenticis* [47] *de monachis, constitut.* 5, in collat. 1, § 4. Nunc autem, quum monachus factus est [48], hoc ipso res suas [49] obtulisse videtur [50], si prius testatus non sit, 'et' exinde, judicio ejus cessante, lege disponitur, ut si liberos habeat [51], in quos aut nihil, aut minus legitima portione quoquo [52] donandi titulo contulerit, eatenus substantiæ monasterio destinatæ detrahatur, ne quid contingat circa liberos iniquum.

### C. X. *Item ex Novella CXXIII* [h] [53].

Non liceat parentibus liberos, vel liberis parentes ab hereditate [54] repellere monachos factos, quamvis, dum laici fuerant, in causam ingratitudinis inciderint. § 1. Item non liceat [55] parentibus liberos suos ad solitariam vitam transeuntes abstrahere de monasteriis [56].

---

# CAUSA XX.

### GRATIANUS.

Duo pueritiæ annos agentes a parentibus monasterio traditi sunt; unus invitus, alter spontaneus cucullam induit. Ad annos pubertatis venientes, invitus ad sæcularem militiam rediit, spontaneus monasterium districtius petit (Qu. I.) Nunc primum quæritur, si in pueritiæ annis traditi cogantur religionis propositum tenere? (Qu. II.) Secundo, si præter voluntatem parentum tonsuram vel religionis vestem quis in pueritia accipiat, an possit sibi detrahi, an non? (Qu. III.) Tertio, qui præter propriam voluntatem cucullam induerit, an cogatur eam retinere, an non? (Qu. IV.) Quarto, si ab uno monasterio in aliud districtius liceat alicui transire?

### NOTATIONES CORRECTORUM.

C. VIII [f]. *In testamento*: Longe aliter B. Hieronymus in vita Pauli; scribit enim B. Antonium pallio, quod ei donaverat Athanasius, Pauli corpus involvisse, et addit: *ne quid pius heres ex intestati bonis non possideret, tunicam ejus sibi vendicavit, quam in sportarum modum de palmæ foliis ipse sibi contexuerat.*

[g] *Tradiderunt*: Sic est emendatum ex plerisque manuscriptis. Antea legebatur: *tradere possunt.*

C. X. [h]. Hoc caput expresse habetur apud Julianum antecessorem, Novella 123, cap. 59. In quo aliqui Gratianum reprehenderunt, qui hanc Juliani epitomen videre minime potueran

---

Quæst. III. P. IV. C. VII. [31] Ep. 7, (scr. A. 599), l. 9. Ed. Maur. — Ans. l. 7, c. 182 (200). [32] add.: *ut*: Edd. coll. o. [33] *sint*: exd. [34] *definitum*: Ed. Bas. — C. VIII. [35] Ep. 6, (scr. A. 594), l. 4. Ed. Maur. — cf. c. 2. X, de test. [36] *non*: Ed. Bas. [37] *eidem*: orig. — *eos eidem*: Edd. Arg. Bas. Nor. [38] *in quod*: Edd. coll. o. — C. IX. [39] Nov. 125, c. 38. Auth. *Si qua mul.* C. de SS. EE. [40] *Et*: Ed. Bas. [41] *leg. nulli*: Auth. — add.: *portatione*: Ed. Lugd. I. — *portione*: Edd. rell. [42] add.: *triente vel semisse*: Edd. coll. o. pr. Bas. [43] *dederit*: Auth. — Edd. coll. o. — Bohm. [44] *debeat*: Edd. coll. o. [45] add.: *portionem*: exd. [46] *percipient*: Auth. [47] Auth. *Nunc autem* Cod. de epp. et cler. — Nov. 5, c. 5. [48] *esset*: Edd. coll. o. pr. Arg. [49] add.: *omnes*: Auth. — Edd. coll. o. [50] *videatur*: Edd. coll. o. [51] *habet*: Ed. Arg. — *haberet*: Edd. rell. pr. Bas. [52] add.: *modo*: Edd. Bas. Lugdd. II, III. — C. X. [53] Jul. Ep. Nov. 115, c. 62, 63. — Coll. Ans. ded. l. 6, c. 125, 126. [54] add.: *sua*: Edd. coll. o. [55] *lic* Ed. Bas. [56] *monasterio*: Edd. coll. o.

## QUÆSTIO I.
### GRATIANUS.

I Pars. *Quod intra annos pueritiæ traditi, quum adulti fuerint, liberum habeant arbitrium manendi vel discedendi, probatur auctoritate nonæ* a *Synodi* 1.

**C. I.** *Virginitatis professio quo tempore firma esse incipit.*

Firma autem tunc erit professio virginitatis, ex quo adulta jam ætas esse cœperit, et 'ea' quæ solet apta nuptiis deputari ac perfecta b.

Gratian. *Si virginitatis professio tunc incipit esse firma, quum ætas cœperit esse adulta, et religionis professio tunc demum debet esse firma, quum ad adultam ætatem perventum fuerit. Sed hic de illa professione agitur, quæ in annis pueritiæ proprio arbitrio Deo offertur, quam non confirmat parentum consensus. Ceterum, quæ a parentibus Deo offertur professio, inviolatam servari oportet.*

*Unde Gregorius scribit ad Augustinum Anglorum Episcopum* c 2 :

**C. II.** *Non licet ae monasterio egredi quem pater vel mater intra annos infantiæ fecerit ordinari.*

Addidistis adhuc, quod si pater vel mater filium filiamve intra septa monasterii in infantiæ annis sub regulari tradiderint disciplina, utrum liceat eis post, quam pubertatis 3 annos impleverint 4, egredi, et matrimonio copulari. Hoc omnino devitamus, quia nefas est ut oblatis a parentibus Deo filiis voluptatis 5 freno laxentur.

**C. III.** *Aut propria professio, aut paterna devotio monachum facit.*

*Item ex Concilio Toletano IV, c. 48* 6.

Monachum aut paterna devotio, aut propria professio facit. Quicquid horum fuerit, alligatum d tenebit. Proinde his ad mundum revertendi 7 intercludimus aditum, et omnes 8 ad sæculum interdicimus regressus.

**A C. IV.** *In monasterio perpetuo maneant qui a parentibus traditi sunt.*

*Item Isidorus* • 9.

Quicunque a parentibus propriis in monasterio fuerit delegatus, noverit se ibi perpetuo permansurum 10. Nam Anna Samuelem puerum 11 natum est ablactatum Deo 'cum' pietate obtulit, qui et in ministerio templi, quo a matre fuerat deputatus, permansit, et ubi constitutus est deservivit.

**C. V.** *De eodem.* [PALEA.]

*Item ex Regesto Gregorii, lib. I, epist. 48, ad Anthemium* 12.

« Quia autem dura est in insulis congregatio monachorum, etiam pueros in eisdem monasteriis ante XVIII 13 annorum tempora suscipi prohibemus, vel si qui 14 'nunc' sunt, tua eos providentia 15 auferat, et in urbem Romanam transmittat. Hoc et in Palmaria aliisque insulis te per omnia volumus custodire. »

**C. VI.** *Qui a progenitoribus monasterio traditus est, de eo egredi non licet.*

*Item ex Concilio Triburiensi* 16.

Quem primogenitores ad monasterium tradiderunt, et in ecclesia cœpit canere et legere, nec uxorem ducere, nec monasterium deserere poterit : sed si discesserit, reducatur; si tonsuram dimiserit, rursus tondeatur; uxorem si usurpaverit, dimittere compellatur.

**C. VII PALEA.**

[*Item ex Pœnitentiali Theodori* 17.]

« Infans pro infante potest dari in monasterio, quamvis alter vocatus 18 sit. Tamen melius est votum solvere. Similiter et pecora æquali pretio (si necesse est) sunt redimenda. »

II Pars. Gratian. *Ex his auctoritatibus colligitur, quod paterna professio pueros tenet obligatos, nec licebit eis a proposito discedere, quod paterna devotione in puerilibus annis susceperunt. Sed objicitur*

---

### NOTATIONES CORRECTORUM.

Causa XX. Quæst. I. C. I. a. *Nonæ*: In nonnullis vetustis exemplaribus est: *octavæ*. Verum in octava ab Hadriano II, habita non habetur, sed in libro B. Basilii de institutis monachorum, Rufino interprete, cap. 8. Similia etiam sunt apud eumdem B. Basilium in regulis fusius disputatis, cap. 15.

b. *Ac perfecta*: Hæc non sunt in eo B. Basilii loco.

C. II. c. Sic etiam citat Ivo. Exstat in epistola 4. Gregorii III, ad Bonifacium legatum Germaniæ, et simile habetur in concilio Wormaciensi, c. 22.

C. III. d *Alligatum*: In duobus Vaticanis conciliorum codicibus, et Lucensi regio legitur: *allegatum*.

C. IV e. Hoc non est inventum in libris B. Isidori, sed Smaragdus in expositione regulæ B. Benedicti, c. 59, hoc idem ex ipso Isidoro refert.

---

Causa XX. Quæst. I. P. I. C. I. 1 Imo ex reg. Basnii c. 8. — In Edd. coll. o. pr. Bas. citatur ex IX synodo. — Coll. tr. p. p, 2, t. 14, c. 17. = C. II. 2 Imo Gregorius II, in capitulis ad Bonifacium A. 726. — Ivo Decr. p. 7, c. 15. 3 *ad pub.* : Edd. coll. o. 4 *pervenerint* : Ed. Arg. — *involcerint* : Edd. rell. — Ivo 5 *voluntatis* : Edd. Lugdd. = C. III. 6 *hab.* A. 653. — Burch. l. 8, c. 6. Ivo Decr. p. 7, c. 50. Polyc. l. 4, t. 51. = C. III. 7 *reverti* ; Burch. — Ed. Bas. 8 *omnem regressum* : Coll. Hisp. = C. IV. 9 *Caput incertum*. — Coll. tr. p. p. 2, t. 50, c. 1. 10 *mansurum* : Edd. coll. o. 11 *add.* : *suum* : exd. = C. V. 12 Ep. 50, (scr. A. 591), l. 1. Ed. Maur. — cf. c. 1. Comp. II. et c. 6. X, de regular. — Nomen Paleæ legitur in Edd. coll. o. pr. Arg. Bas. 13 *XXVIII* : Ed. Bas. 14 *quidem* : Ed. Arg. 15 *experientia* : orig. — Ed. Bas. = C. VI. 16 c. 27, conc. Tribur. hab. A. 895, in compendium redactus. — Burch. l. 8. c. 97. Ivo Decr. p. 7, c. 115. = C. VII. 17 Eadem fere leguntur in capitulis Theodori (c, 57), apud d'Acherium t. 1. 18 *videtur legendum esse*: *votus*.

*illud* Leonis Papæ, *epist. XC, ad Rusticum Episcopum, cap.* 13, *et* 14 [19] :

### C. VIII. *Non licet puellis nuptias eligere, quæ spontanea voluntate virginitatis susceperunt propositum.*

Puellæ, quæ non coactæ parentum imperio, sed spontaneo [20] judicio virginitatis propositum atque habitum susceperunt [21], si postea nuptias eligunt [22], prævaricantur, etsi [23] consecratio [24] non accessit [25], cujus utique non fraudarentur munere, si in proposito permanerent. Ambigi [26] vero non potest crimen magnum admitti, ubi et [27] propositum deseritur, et consecratio violatur. Nam si humana pacta [28] non possunt impune calcari, quid eos [29] manebit, qui † corruperint fœdera divini sacramenti ?

Gratian. *Quum ergo in principio hujus capituli dicatur:* Puellæ, quæ non coactæ imperio parentum, *datur intelligi, quod si coactæ habitum virginitatis sumserint, sine prævaricatione ipsum deserere possunt. Sed puella hic nubilis intelligitur, cujus (ut in sequentibus demonstratur) post duodecimum annum est liberum arbitrium; nec in electione propositi cogitur sequi parentum imperium.*

*Sic et illud intelligendum est, quod est statutum in Synodo habita ab Eugenio Papa* II, *c.* 32 [30] :

### C. IX. *Extra voluntatem propriam retrusi in monasteriis non teneantur.*

Sicut qui monasteria elegerunt a monasteriis egredi non permittuntur, ita hi, qui inviti sine justæ offensionis causa sunt intromissi, nisi volentes non teneantur, quia quod non petunt non observant. Ideoque tales considerandi sunt magis [31] peccata committere quam plangere, sicut [32] in decreto sanctissimi Leonis Papæ manifestissime continetur [33].

[*Unde* Marcellus Papa f [34] :]
### C. X. PALEA.

« Illud autem statuendum esse censemus, ut, si in minori ætate filii monasterio oblati fuerint, et sacram tonsuram vel velamina susceperint, dignum quidem A duximus, ut XV anno a prælatis moniti [35] inquirantur, utrum in ipso habitu permanere cupiant, an non? Si vero permanere professi fuerint, ulterius pœnitendi locum minime amplecti possunt. Sin autem ad sæcularem habitum reverti voluerint, redeundi licentia nullo modo denegetur, quia satis inutile est, ut coacta servitia Domino [36] præstentur. »

III Pars. Gratian. *Velamen autem non licet imponere virginibus, nisi certis diebus.*

*Unde* Gelasius Papa *ad Episcopos per Lucaniam c.* 14, *et* 15 [37] :

### C. XI. *Non nisi certis diebus velamen imvonatur virginibus.*

Devotis `Deo` [38] virginibus, nisi aut epiphaniorum die [39], aut in albis paschalibus, aut in apostolorum B natalitiis [40] sacrum velamen minime imponatur [41], nisi forsan (sicut de baptismate dictum est) gravi languore correptis, ne [42] sine hoc munere de sæculo exeant, implorantibus non negetur. § 1. Viduas autem velare pontificum nullus attentet.

IV Pars. Gratian. *Tempus quoque consecrationis earum similiter observatur.*

*Unde* Gregorius *in Regeste, lib. III, ep.* 11 [43] :

### C. XII. *Ante sexagesimum ætatis suæ annum virgines non consecrentur.*

Juvenculas fieri abbatissas vehementissime prohibemus. Nullam igitur fraternitas tua nisi sexagenariam virginem, cujus vita [44] hoc atque mores exegerint, velari [45] permittat.

### C. XIII.

*Item ex Concilio Carthaginensi* III § [46].

Sanctimoniales ante annum quadragesimum non velentur.

### C. XIV. *Ante vigesimum quintum annum virgines non consecrentur.*

*Item ex Concilio Carthaginensi* III, *c.* 4 h [47].

Placuit ut ante XXV annos ætatis nec diaconi ordinentur, nec virgines consecrentur, et ut lectores [48] populum non salutent.

### NOTATIONES CORRECTORUM.

C. X. f Notatur nomine Paleæ etiam ab auctore glossæ; sed exstat fere in omnibus vetustis, et sine Paleæ nomine.

C. XIII g. Sic citatur etiam in omnibus vetustis, sed in nullo Carthaginensi est inventum. Idem vero nonnullis additis habetur in concilio Agathensi, cap. 19.

C. XIV. h Antea citabatur ex concil. Africano IV; D sed sup. dist. 77, c. *Placuit* citatur ex Carthaginensi III, ubi habetur.

---

QUÆST. I. C. VII. [19] Ep. 167, (scr. A. 458, vel 439.) Ed. Baller. — Burch. l. 8, c. 2. Ivo Decr. p. 7, c. 20. Polyc. l. 4, t. 35. = P. II. C. VIII. [20] *ex spont.* : Coll. Hisp. [21] *susceperint* : Edd. coll. o. pr. Arg. [22] *elegerint* : Edd. coll. o. [23] *add.*: *nondum eis* : Coll. Hisp. — Burch. Ivo. — Edd. coll. o. [24] *consecrationis gratia* : Burch. Ivo. [25] *accesserit* : Edd. coll. o. pr. Arg. Bas. [26] *Quæ sequuntur non habentur ap.* Dionys., Pseudoisidorum Merlini, orig. ap. Baller., Burch. et Iv. — sunt tamen in Coll. Hisp. [27] *desid.* in Edd. coll. o. pr. Bas. [28] *facta* : Edd. Nor. Ven. I, II. Par. [29] *ens* : Coll. Hisp. — *de his* : Edd. Arg. Nor. — *de eis* Edd. rell. † *quæ* : Coll. Hisp. = C. IX. [30] hab. A. 826. [31] *maxime* : orig. [32] *sicut—cont.* : absunt ab Edi. Arg. [33] *add.* : *libro VII* : Edd. Bas Lugdd. II, III. — *l. VI* : Edd. rell. = C. X. [34] Caput incertum. — Aliquid simile legitur in c. 25, conc. Mog. hab. A. 813. [35] *censuimus* : Ed. Bas. — *moniti et verbis* : ib. — *moniti verbis* : Edd. rell. [36] *Deo* : Ed. Arg. = P. III. C. XI. [37] scr. A. 494. — Burch. l. 8, c. 15. Ivo Pan. l. 5, c. 189. Decr. p. 7, c. 56. Polyc. l. 4, t. 55. [38] *quoque* : Coll. Hisp. — Burch. Ivo. [39] *in epiphania* : Burch. Ivo. — *in ep. die* : Coll. Hisp. — Edd. coll. o. [40] *natalibus* : ead. — cæd. [41] *imponant* : Coll. Hisp. [42] *add.* : *autem* : Edd. coll. o. pr. Arg. Nor. Ven. I. = P. IV. C. XII. [43] Ep. 11, (scr. A. 594), l. 4. Ed. Maur. — Coll. tr. p. 4, t. 55, c. 91. Polyc. l. 4, t. 55. [44] *ætas* : orig. [45] *velare* : Edd. col. o. pr. Lugdd. II, III. = C. XIII. [46] Imo c. 19, conc. Agath. hab. A. 506. = C. XIV. [47] hab. A. 597. — Burch. l. 2, c. 11, Ivo Pan. l. 3, c. 30. Polyc. l. 2, t. 27. [48] *lector — salutet* : Burch. Ivo.

### C. XV. PALEA.
*Item* Pius Papa [49].

Virgines non velentur ante XXV annos, nisi forte necessitate periclitantis pudicitiæ virginalis, et non sunt consecrandæ [50], nisi in epiphania, et in sabbato [k] paschæ, et in apostolorum natalitiis, nisi causa mortis urgente.

V Pars. Gratian. *Quamvis autem viduæ velari prohibeantur, viduitatis tamen professio in scriptis ab eis est facienda. Vestis quoque professioni conveniens est eis tradenda, qua ubique utantur.*

Unde in Concilio Toletano X, c. 4 [51]:

### C. XVI. *Professionem viduitatis faciant, et habitum sumant religionis, quæ castitatem servare proponunt.*

Vidua, quæ sanctæ religionis obtinere propositum voluerit, sacerdoti vel ministro, ad quem aut ipsa venerit, aut quem ad se venire contigerit, scriptis professionem faciat a se aut signo, aut subscriptione notatam, continentem [52], se et [53] religionis propositum velle, et hoc perenniter inviolate servare. Tunc [54] accepta a sacerdote vel ministro apta religionis professionis [55] veste, seu in lectulo quiescens sive in [56] quocumque loco consistens, constanter [57] ea [58] utatur, nec diversi coloris aut diversæ partis eadem sit notabilis vestis, sed [59] religiosa et non suspecta.

## QUÆSTIO II.

### GRATIANUS.

I Pars. *De his vero, qui præter voluntatem parentum tonsuram, vel religiosam vestem susceperint, sic definitur in Concilio Toletano X, c. 6* [1]:

### C. I. *Tonsura vel vestis religiosa in minori ætate suscepta a parentibus irrita fieri potest.*

Si in qualibet minori ætate vel religioni debitam vestem, vel religionis tonsuram in utroque sexu A filiis aut unus aut ambo parentes dederint forte [a], aut nolentibus aut nescientibus sese [1] susceptam non mox visam in filiis abdicaverint, sed vel coram se, vel coram ecclesia [2], palamque in conventu eosdem filios talia habere permiserint, ad sæcularem reverti habitum filiis ipsis quandoque penitus non licebit, sed convicti, quod tonsuram aut religiosam vestem aliquando habuerint, mox ad religionis cultum habitumque revocentur, et sub strenua [4] districtione [5] hujusmodi observantiæ inservire cogantur.
§ 1. Parentibus sane filios suos religioni contradere [6] non amplius quam usque ad quartum decimum [b] eorum ætatis annum licentia poterit esse; postea vero, an cum voluntate parentum, an suæ [7] devotionis sit solitarium votum, erit filiis licitum religionis assumere cultum. § 2. Quisquis autem vel abolitione tonsuræ, vel sæcularis vestis assumtione detectus fuerit attigisse transgressionem, et excommunicationis censuram accipiat, et religioni semper inhæreat.

### C. II. *Usque ad annos XII paternæ voluntatis puella subjacebit arbitrio.*

*Item ex Concilio Triburiensi*, c. 24 [8].

Puella, si ante XII annos ætatis sponte sua sacrum sibi velamen assumserit, possunt statim parentes ejus vel tutores id factum irritum facere, si voluerint. At si annum et diem [*id*] dissimulando consenserint, ulterius nec ipsi, nec ipsa mutare [*hoc*] poterunt [9]. § 1. Si [10] vero in fortiori ætate adolescentula vel adolescens servire Deo elegerit, non est potestas parentibus prohibendi.

II Pars. Gratian. *Velamen autem nulli sanctimoniali alteri imponere licet.*

Unde Eutychianus Papa ait [11]:

### C. III. *Abbatissa præsumens velare virginem vel viduam excommunicetur.*

Statuimus, ut si abbatissa aut quælibet sanctimonialis post hanc diffinitionem in tantam auda-

---

### NOTATIONES CORRECTORUM.

C. XV. [i] Caput hoc inter decreta Pii non est inventum, et abest a tribus vetustis Gratiani exemplaribus. De causis vero, ob quas ante XXV annos possint virgines velari, agitur in concilio Milevitano c. 26, et Africano, c. 93, ex quo Africano refertur Capit. l. 1, c. 46.
[k] *Sabbato* : In uno vetusto legitur : *in albis*, et apud ceteros collectores : *in albis paschalibus.*

Quæst. II. C. I. [a] *Dederint forte :* In conciliis etiam manuscriptis legitur : *dederint certe*, aut *nolentibus*, etc. In Panormia vero : *dederint, aut certe nolentibus*, etc.
[b] *Quartum decimum :* Sic etiam in Panormia; in uno autem vetusto Gratiani, et conciliorum codicibus etiam manuscriptis legitur : *usque ad decimum*, apud ceteros vero collectores : *ad duodecim*

---

Quæst. . C. XV. [49] Compositum est hoc caput ex c. 93, conc. Afr. (in codice Hadr.) et decreto Gelasii, quod supra c. 11, relatum est, quod aperte monuit Regino l. 2, c. 177. — Burch. l. 8, c. 18. Ivo Pan. l. 3, c. 190. Decr. p. 7, c. 39. Polyc. l. 4, t. 35. [50] *offerendæ:* Ed. Bas. = P. V. C. XVI. [51] hab. A. 656. — Coll. tr. p. p. 2, t. 41, c. 2. [52] *continere :* Ed. Bas. [53] desid. in Edd. coll. o. pr. Bas. [54] *Ac tunc :* Coll. Hisp. [55] *usui :* ib. — *et professionis :* Ed. Bas. [56] desid. in Coll. Hisp. [57] *incunctanter :* ib. [58] desid. ib. [59] *nisi :* ib.
Quæst. II. P. I. C. I. [1] hab. A. 656. — Burch. l. 8, c. 4. Ans. l. 11, c. 176. Coll. tr. p. p. 2, t. 41, c. 3. Ivo Pan. l. 3, c. 186. Decr. p. 7, c. 27. [*] ita in Coll. Hisp. et ap. Burch. et Ivo Decr. [3] desid. in Coll. Hisp. et ap. Ans. [2] *episcopo :* Ivo Pan. — Edd. coll. o. [4] *æterna :* Coll. Hisp. [5] *observatione :* ib. [6] *tradere :* Ivo Pan. — Edd. coll. o. pr. Arg. Nor. Ven. l. [**] ita in Coll. Hisp. et ap. Ans. [7] *si suæ :* Edd. coll. o. = C. II. [8] c. 24, conc. Tribur. (hab. A. 895), redactus in compendium. — Burch. l. 8, c. 98. Ivo Decr. p. 7, c. 116. [9] add. : *voluntatem :* Edd. Lugdd. II, III. [10] *Porro si :* Burch. Ivo. = P. II. C. III. [11] Imo c. 47, l. 1, conc. Paris. VI, hab. A. 829. — Burch. l. 8, c. 17. Ivo Pan. l. 3, c. 194. Decr. p. 7, c. 38.

eiam proruperit, ut aut viduam, aut puellam virginem velare praesumat, judicio canonico usque ad satisfactionem subdatur.

III Pars. Gratian. *Hac auctoritate praedicta et paterna professione docetur adstringi quilibet in puerilibus annis, et praeter voluntatem eorum proposito suscepto perhibetur teneri, nisi tonsuram vel religiosam vestem parentes mox visam abdicaverint. Parvuli vero, dum offeruntur, nonnisi sub multorum testimonio suscipiendi sunt.*

Unde in nona Synodo legitur • [15] :

C. IV. *Infantes oblati a parentibus sub plurimorum testimonio suscipiantur.*

Oportet infantes cum voluntate et consensu parentum, imo ab ipsis parentibus oblatos, sub plurimorum testimonio suscipi, ut omnis occasio maledicti gratia excludatur hominum pessimorum [d]

---

## QUÆST. III.

### GRATIANUS.

I Pars. *Quod autem qui invitus propositum religionis susceperit non sit cogendus ad inviti propositi observationem. testatur Leo Papa epist. XC. aliter XCII ad Rusticum Episcopum, c. 12 dicens* [1] :

C. I. *Non potest deseri propositum monachi sponte susceptum.*

Propositum monachi proprio arbitrio et voluntate susceptum deseri non potest absque peccato. Quod enim [2] vovit [3] Deo debet et reddere. Unde qui relicta singularitatis professione ad militiam vel ad nuptias devolutus est, publicae poenitentiae satisfactione purgandus est, quia, etsi innocens militia, et honestum potest esse conjugium, electionem tamen [4] meliorum [5] deseruisse transgressio est.

C. II. *Qui religiosum habitum sponte susceptum deserere voluerit ad ipsum redire cogatur.*

Item ex Concilio Toletano VI, c. 6 [6].

roclivis [7] cursus est ad voluptatem et imitatrix natura vitiorum. Quamobrem quisquis [8] virorum vel mulierum habitum semel induerit [9] spontaneae religiosum, aut si vir deditus ecclesiae •choro•, aut femina fuerit •aut fuit• [10] delegata [11] puellarum

monasterio, in utroque sexu praevaricator •ad propositum• invitus reverti cogatur, ut vir detondeatur et puella ad monasterium regrediatur [12]. Si autem quolibet patrocinio desertores permanere voluerint, sacerdotali sententia •ita• a [13] Christianorum coetu habeantur extorres, ut nec locus a eis ullus sit communionis. § 1. Viduae quoque (sicut universalis synodus [14] jamdudum statuit) professionis [15] vel habitus sui desertrices superiori sententia condemnentur.

C. III. *Semel in clero taxati, vel monasteriis deputati, ad militiam non redeant.*

Item ex Concilio Chalcedonensi, c. 7 [16].

Eos, qui semel in clero taxati fuerint, sive in monasterio [17] deputati [18], decrevimus neque ad militiam, neque ad honores saeculares venire. Eos autem [19], qui hoc ausi fuerint facere, et non ejus rei poenitere maluerint, ut ad hoc idem revertantur, quod ante [20] obtentu Dei sibi proposuerunt [21], convenit anathematizari [22].

II Pars. Gratian. *Quum dicitur, propositum monachi proprio arbitrio et voluntate susceptum, intelligitur, quod si propria voluntate susceptum non fuerit, observari non cogitur.*

Unde Nicolaus Papa *scribit omnibus Episcopis in Regno Ludovici* [23] :

C. IV. *Monasterialibus disciplinis nullus subjiciatur invitus.*

Praesens clericus, nomine Lambertus, una cum patre suo, nomine Attho, quondam videlicet comite, nunc autem clerico, ad limina apostolorum properans adiit praesentiam nostram, asserens qualiter idem pater ejus in laicali adhuc ordine [24] in praediis propriis aedificasset duo monasteria, voluntatem gerens, ut post suum decessum [25] praesens ejus filius Lambertus in locum ejus [26] succederet, quem, infra [27] teneram aetatem inter octavum et decimum [28] annum constitutum, memoratus pater proprio arbitrio absque regulari institutione extra omnem illius voluntatem cucullam [29] induit. Igitur post quoddam ipsius temporis spatium (ut ipse dicit) Salomon episcopus cum quibusdam aliis absque patris oblatione vel abbatis percepta [30] benedictione

---

## NOTATIONES CORRECTORUM.

C. IV. c Est in eodem libello B. Basilii, et eodem capite, in quo est cap. *Firma* supra ead. q. 1, et sequitur continenter post illud.
d *Pessimorum* : In eo libello est : *plurimorum*.
QUÆST. III. C. II. a *Ut nec locus* : In libro conciliorum Lucensi regio legitur : *ut nec locutio cum eis ulla sit communis•*. Reliqui vero codices concordant cum Gratiano. Apud Ivonem est : *Ut nec locus eis ullus sit communis.*

---

QUÆST. II. P. III. C. IV. [12] Imo ex regula Basilii. — in Ed. Bas. citatur ex syn. VII. — Coll. tr. p. p. 2, t. 14, c. 17.
QUÆST. III. P. I. C. I. [1] Ep. 167. Ed. Baller. scr. A. 458, vel 459.—Burch. l. 8, c. 8. Ivo Pan. l. 3, c. 182. Decr. p. 7, c. 19. Polyc. l. 4, t. 34. [2] add. : *quis* : orig.—Coll. citt. — Edd. coll. o. [3] *vovet* : Edd. coll. o. [4] desid. in orig. et ap. Burch. [5] *meliorem* : Burch. — Bohm. =C. II. [6] hab. A. 638. — Burch. l. 8, c. 14. Ivo Decr. p. 7, c. 25. [7] add. : *autem* : Edd. coll. o. [8] *quiqui* : Coll. Hisp. [9] add. : *vel induerunt* : ead. — Burch. [10] *aut fuit* : desid. in Ed. Bohm. [11] *deligata* : Coll. Hisp. [12] *monasterium ingrediatur* : Burch. Ivo. — *monasterium redintegretur* : Coll. Hisp. [13] *de* : ead. •ita in ead. [14] conc. Tol. IV, c. 55. [15] *professionum* : Edd. coll. o.=C. III. [16] hab. A. 451. — Burch. l. 8, c. 4. Ivo Decr. p. 7, c. 28, uterque ex Dionysio. [17] *monasteriis* : Coll. Hisp. — Ed. Bas. — Bohm. [18] desid. in Coll. Hisp. [19] *aut eos* : ib. [20] add. : *non* : Coll. Hisp. — Ed. Bas. [21] *proposuerant* : Coll. Hisp. — *proposuerint* : Ed. Bas. [22] *anathema esse* (missa voce : *conv.*) : Coll. Hisp.=P II. C. IV. [23] *Caput incertum*. — Ivo Decr. p. 6; c. 356. [24] *habitu* : Ivo. [25] *discessum* : ib. [26] *ei* : id. [27] *intra* : Edd. Lugdd. II, III. [28] *XI* j Ivo. [29] *cuculla* : Ed. Arg. [30] *recepta*. Ed. Bas.

eundem Lambertum monasticum habitum[31] induere fecit (ut ferunt)[32] invitum, et sub hac occasione paterna seu materna hereditate a fratribus suis privatum esse, atque contra omnem (ut dictum est) voluntatem suam quasi regularem illum monachum permanere volunt[33]. Super qua re diligenti cura investigantes, etiam sub adjuratione patrem ipsius, si verum diceret, interrogavimus; sed idem pater Attho respondit, se talem habuisse et habere voluntatem, ut[34] filius suus verus monachus fieret[35], et in locum ejus succederet[36]. Sub[37] testificatione autem[38] jurejurando firmavit[39], quod, quando primitus ei cucullam induit, idem Lambertus semper restitit, et nunquam se fieri monachum consensit; sed demum ab insequentibus monastico[40] habitu violenter est[41] indutus, asserens, quod nunquam regulam aliquam[42] promisit, neque ego, pater ejus, pallio[43] altaris indutum[44] illum obtuli, neque a quocunque sacerdote vel abbate (ut mos poscit)[45] benedictione percepta regulæ unquam se monachorum[46] subjectum futurum promisit. Super his omnibus 'etiam' protestatus est præfatus clericus Attho, quia, si eo tempore tam duræ observantiæ monasticam[47] intellexisset regulam, nunquam eundem filium[48] Lambertum coegisset portare cucullam. § 1. Quapropter consulte psalmographi[49] verba recolentes, quibus voluntarie se Deo sacrificare pronunciat, et voluntaria oris sui beneplacita fieri in conspectu Dei obsecrat, præsentem, ut dictum est, clericum nomine Lambertum minime debere existimavimus sub tali violentia fieri monachum. Quod enim quis non eligit, nec[50] optat, profecto non diligit; quod autem non diligit facile contemnit. Nullum quippe[51] bonum nisi voluntarium. Idcirco Dominus[52] non ferendam in via virgam, per quam violentia ulli inferatur, præcepit. Quapropter consultius agetur[53], si piis suasionibus contemtum mundi et amorem Dei prædicando, quam violentiam inferendo ad cœlestem amorem illum accenderitis. Unde omnium vestrum caritati hanc nostri apostolatus mandare decrevimus epistolam, monentes atque præcipientes, quatenus (si ita verum est, ut isti dicunt) nullus episcopus vel abbas, seu monachorum reliquorum conventus, monasticis illum regulis invitum subjacere compellat; neque ullo modo fratres ejus per hanc occasionem licentiam habeant paterna seu materna illum[54] hereditate privare; sed usque dum divina inspiratione compunctus propria voluntate regulæ[55] se subdat, liceat[56] eum a mundanis et laicalibus remotum vagationibus vel negotiis inter religiosos et ecclesiasticos viros in canonica degere vita. Non enim putamus (quod absit) canonicos religiosos a sanctorum monachorum 'vita et' consortio sejunctos, quia unusquisque secundum Apostolum[57] propriam mercedem accipiet secundum laborem suum.

III Pars. Gratian. *Si vero episcopi vel abbatis illecti promissionibus aliqui tonsuram vel religionis vestem susceperint, ipsi quidem in eo, quod cœperunt, permaneant, res vero eorum heredibus suis restituantur.*

Unde in Moguntino Concilio *legitur*[b] [58]:

C. V. *Restituantur heredibus res eorum, qui ab episcopis vel abbatibus decepti comam deposuerunt.*

Constituit sane sacer iste conventus, ut episcopi sive abbates, qui, non in fructum animarum, sed in avaritiam et turpe lucrum inhiantes, quoslibet homines circumveniendo totunderunt, et res eorum tali persuasione surripuerunt, pœnitentiæ canonicæ utpote turpis lucri sectatores subjaceant. Hi vero, qui illecti comam deposuerunt, in eo, quod cœperunt[59], perseverare cogantur, res vero eorum heredibus reddantur.

## QUÆSTIO IV.

### GRATIANUS.

I Pars. Quod vero ab uno monasterio in aliud districtius transire monachis liberum sit, ex Concilio Triburiensi *habetur, in quo sic statutum est*[1] :

C. I. *Non sunt prohibendæ virgines sacræ, quæ causa religionis aliud monasterium adire desiderant.*

Virgines sacræ si pro lucro animæ suæ propter districtiorem vitam ad aliud monasterium pergere disposuerint, ibidemque commanere decreverint, synodus concedit. Si vero fuga disciplinæ alium locum quæsierint, redire cogantur.

Gratian. *Quod autem de virginibus sacris hoc capitulo statuitur, de monachis etiam consequenter intelligitur, et de quolibet etiam clerico.*

---

NOTATIONES CORRECTORUM.

C. V. [b] De hac citatione dictum est supra 16, q. 7, c. penult.

---

Quæst. III. C. IV. [31] *monastico habitu* : Ib. [32] *fertur* : ib. — Ivo. [33] *voluit* : ib. — id. [34] *ut et* : Ed. Bas. [35] *fuisset* : Ivo. [36] *et successisset* : id. [37] *Sed sub* : id. [38] *desid.* in Ed. Bas. [39] *firmabat* : Ivo. [40] *monachico* : id. — Edd. Arg. Bas. [41] *fuerit* : Ivo. [42] *aliquando* : ib. [43] *palla* : id. — Ed. Arg. [44] *involutum* : Ivo. [45] *deposcit* : id. [46] *unquam subactum fuisse monachum* : ib. [47] *monachicam* : Ed. Bas. [48] add. : *suum* : Ib. — Ivo. [49] Ps. 53, 108, 118. [50] *vel* : Ed. Bas. [51] *ergo* : Edd. coll. o. [52] *et Dom.* : Ivo. — Edd. Arg. Bas. [53] *agitur* : Ivo. [54] Edd. coll. o. [55] add. : *quod absit* : Ivo. [56] *regulis* : id. [57] *licet* : Ed. Bas. [57] 1 Cor. c. 3, v. 8. = P. III. C. V. [58] cf. ad c. 42. C. 16, q. 7. [59] *acceperant* : Edd. coll. o. pr. Bas.

Quæst. IV. P. I. C. I. [1] c. 26, conc. Tribur. (hab. A. 895), redactus in compendium. — Reg. l. 1, c. 180. Burch. l. 8, c. 22. Ivo Decr. p. 7, c. 42.

II Pars. § 1. *Sed objicitur illud* Basilii ᵃ ᵃ :
C. II. *Vota monachi sine consensu abbatis sui irrita sunt.*

Monacho ³ non licet votum vovere sine consensu abbatis sui; si autem voverit ⁴, frangendum erit.

*Item illud* Agathensis Concilii, c. 27 ⁵ :
C. III. *Monachum nullus suscipiat aut ordinet absque abbatis sui permissu.*

Monachum, nisi abbatis sui aut permissu aut voluntate ad alterum monasterium commigrantem, nullus abbas suscipere aut retinere præsumat ; sed ubicunque fuerit, abbati suo auctoritate ⁶ canonum revocetur ⁷. § 1. Item ⁸ clericis sine commendatitiis litteris ⁹ episcopi ¹⁰ sui licentia non pateat evagandi. In monachis quoque præsentis sententiæ forma servetur, quos si verborum increpatio non emendaverit, etiam ¹¹ verberibus statuimus coerceri ¹². § 2. Servandum quoque de monachis, ne eis ad solitarias cellulas liceat a congregatione discedere,

A nisi forte probatis post emeritos labores, aut propter infirmitatis necessitatem asperior, abbatis licentia ᵇ, regula remittatur. Quod ita demum fiat ¹³, ut intra eadem monasterii septa manentes, tamen sub abbatis potestate, separatas habere cellulas permittantur. Abbati quoque ᶜ ¹³ singulas diversas ¹⁴ cellulas aut plura monasteria habere non liceat, nisi tantum propter incursum hostilitatis ¹⁵ intra muros receptacula collocare.

Gratian. *Verum hoc intelligendum est de monachis religiose viventibus, quibus vota specialis abstinentiæ vel alicujus districtionis, quæ generalem consuetudinem suorum fratrum excedat, sine abbatis consensu vovere non licet, ne super eos fratres scandalizentur.*
B *Causa etiam illorum statutum est hoc, qui regularem disciplinam subterfugientes peregrinationis vota sibi assumunt, quod nec monacho, nec alicui clerico licet, ne hac occasione ad sæcularem conversationem redeat.*

# CAUSA XXI.

GRATIANUS.

*Archipresbyter cujusdam ecclesiæ præposituram alterius accepit, nec priorem vult relinquere; sæcularium quoque negotiorum procurator efficitur; claris et fulgidis vestibus se exornans ab episcopo suo corripitur; relicto officio suo ad sæcularem judicem habet confugium.* (Qu. 1.) *Primum quæritur, an cle-*
C *ricus in duabus ecclesiis possit conscribi ?* (Qu. II.) *Secundo, si unam voluerit relinquere, an liceat ei ad aliam transire ?* (Qu. III.) *Tertio, an procurationes sæcularium negotiorum clericis liceat suscipere ?* (Qu. IV.) *Quarto, an claris et fulgidis vestibus eis ornari expediat ?* (Qu. V.) *Quinto, an ab episcopo correpti suum officium relinquere, et ad sæcularem judicem confugere valeant ?*

QUÆSTIO I.

GRATIANUS.

*In duabus ecclesiis aliquem connumerari posse, septima Synodus prohibet, dicens c.* 15 ¹.

C. I. *In duabus ecclesiis clericus conscribi nullo modo debet.*

Clericus ab instanti tempore non connumeretur in duabus ecclesiis. Negotiationis enim hoc est et turpis lucri ² proprium ³, et ab ecclesiastica consuetudine penitus alienum. Audivimus enim ex ipsa dominica ⁴ voce, quod nemo potest duobus dominis servire. Aut enim unum odio habebit, et alterum diliget : aut unum sustinebit, et alterum contemnet. Unusquisque enim secundum apostolicam ⁵ vocem in quo vocatus est, in hoc debet manere, et in una locari ecclesia. Quæ enim per turpe lucrum

---

NOTATIONES CORRECTORUM.

QUÆST. IV. C. II. ᵃ Sensus hujus capitis aliquo modo elici potest ex sermone 2 de institutione monachorum, et cap. 28 monasticarum constitutionum B. Basilii.

C. III. ᵇ *Licentia :* Hæc vox abest a vetustioribus conciliorum editionibus, et duobus codicibus Vaticanis, duobusque item Gratiani exemplaribus. In recentioribus autem Coloniensibus editionibus legitur : *asperior ab abbatibus regula permittatur*. Sed apud Julianum antecessorem Novella 123, num. 53, ubi simile habetur, *licentia abbatis requiritur*.

ᶜ *Abbati quoque :* Sic in aliquot conciliorum editionibus. In aliis autem, præcipue in Coloniensi quatuor tomorum legitur : *abbatibus quoque singulis di-*
D *versas cellulas*.

---

QUÆST. IV. P. M. C. II. ¹ Imo ex pœnit. Theodori c. 6. — Burch. l. 8, c. 9. Ivo Decr. p. 7, c. 32. Polyc. l. 4, t. 34. ² *Monachis :* Ed. Bas. ⁴ *voverit :* Edd. Bas. Ven. II. = C. III. ⁵ hab. A. 506. — § 1, refert Ivo Decr. p. 3, c. 157. ⁶ *sub auct. :* Ed. Bas. ⁷ *revocentur :* Coll. Hisp. ⁸ c. 28. ⁹ add. : *vel epistolis :* Ed. Bas. ¹⁰ *vel episcopi :* Ed. Lugd. II. ¹¹ *eos et :* Ed. Bas. * *ita* in Coll. Hisp. ¹² *fiet :* Coll. Hisp. — Edd. Bas. Nor. Ven. I. — Bohm. ¹³ *vero :* Ed. Bas. ** *ita* in Coll. Hisp. ¹⁴ *diversasque :* Edd. Bas. Lugdd. Ven. ¹⁵ *hospitalitatis :* Coll. Hisp.

CAUSA XXI. QUÆST. I. C. I. ¹ hab. A. 787. — Ans. l. 7, c. 98 (110). Ivo Decr. p. 6, c. 511. ² *commodi :* Ivo. ³ *commodum :* Ed. Bas. — *proprium commodum :* Edd. rell. — in græco est : αἰσχροκερδείας. ⁴ Matth. c. 6, v. 24. ⁵ cf. 1 Cor. c. 7.

in ecclesiasticis rebus efficiuntur aliena consistunt a Deo; ad vitæ vero hujus necessitatem studia sunt diversa. Ex his ergo, qui voluerit, acquirat corporis[e] opportuna. Ait enim Apostolus [7] : *Ad ea*, *quæ mihi opus erant*, *et his qui mecum sunt*, *ministraverunt manus istæ*. Et hæc quidem in hac ‘a Deo" servanda[a] urbe. Ceterum in villis [b], quæ foris sunt, propter inopiam hominum indulgeatur.

Gratian. *Sed duæ ecclesiæ intelliguntur ecclesiæ duarum civitatum*, *in quibus nullus debet conscribi*.

Unde in Chalcedonensi Concilio c. 10, *statutum est* [8]:

### C. II. *De eodem*.

Clericum in duarum ecclesiis civitatum [*] eodem tempore[*] [9] conscribi non oportet [10].

Gratian. *Sed econtra. nonnunquam episcopus civitatis unius efficitur archiepiscopus alterius civitatis*, *nec tamen priorem ecclesiam deserit ; sed prior ecclesia quasi commendata relinquitur*, *secunda quasi titulata habetur*.

Unde Leo IV *scribit* [11] :

### C. III. *In una ecclesia titulatus alteram sibi commendatam potest habere*.

Qui plures ecclesias retinet, unam quidem titulatam, aliam vero sub commendatione retinere[14] debet.

*Sic et illud* Agathensis Concilii *cap. 57*, *intelligendum est* [12]:

### C IV. *Duobus monasteriis unus abbas præeesse non potest*.

Unum abbatem duobus monasteriis præesse interdicimus.

Gratian. *Potest etiam utrique tanquam titulatæ præeesse*, *sed jure speciali*, *non communi*.

Unde Gregorius *lib. II*, *epist*. *13*, *ad Agnellum Episcopum* [c] [14]:

### C. V. *Unus episcopus duabus præficitur ecclesiis*.

Relatio cleri simul et populi Tarracinensis [d] nos valde lætificat, ob hoc, quod de tua fraternitate bona testatur. Et quia defuncto Petro pontifice suo sibi cardinalem postulant constitui te sacerdotem, eorum vota [15] necessario complenda esse prævidimus. *Et infra* : §1. Tota igitur mentis intentione ita lucrum animarum Deo [16] nostro facere festinato, ut digna te merces ante ejus conspectum in die retributionis inveniat. Quicquid vero de prædiciæ rebus ecclesiæ vel ejus patrimonio, seu cleri ordinatione promotioneve, et omnibus generaliter ad eum pertinentibus solerter atque canonice ordinare facereque provideris, liberam habebis, quippe ut sacerdos proprius, modis omnibus facultatem.

### C. VI • [17].

Illud quoque fraternitatem tuam scire necesse est, quoniam sic te prædictæ Tarracinensis ecclesiæ cardinalem esse constituimus sacerdotem, ut et Fundensis ecclesiæ pontifex esse non desinas, nec curam gubernationemque ejus prætereas, quia ita fraternitatem tuam [18] sæpe dictæ ‘Tarracinensi ecclesiæ, ‘sicut præfati sumus,’ præesse præcipimus, ut ‘antedictæ’ Fundensis ecclesiæ tibi jura potestatemve nullo modo subtrahamus.

Gratian. *Non enim potest utrique præsidere tanquam titulatæ*, *sed uni tanquam commendatæ*, *alteri vero tanquam titulatæ præesse volet*.

## QUÆSTIO II
### GRATIANUS.

1 Pars. *Qui vero relicta sua ecclesia ad aliam transire voluerit*, *nequaquam sine dimissoriis literis sui episcopi suscipiatur*,

Unde in sexta Synodo c. 17, *legitur* [1]:

### C. I. *Sine dimissoriis literis in aliena ecclesia clericus non ordinetur*.

Quoniam diversarum ecclesiarum clerici suas, in quibus ordinati sunt, ecclesias relinquentes, ad alios concurrunt episcopos, et ignorante [a] episcopo

---

### NOTATIONES CORRECTORUM.

Causa XXI. Quæst. I. C. I. [a] *Deo servanda :* Antea legebatur : *in hac urbe servandum*. Emendatum est ex Anastasii exemplaribus ; græce enim est : ἐν ταύτῃ τῇ θεοφυλάκτῳ πόλει. Apud Ivonem est : *in hac servanda urbe* [***].

[b] *Villis :* Græce est : χωρίοις, quod latius patet. Significat enim sæpe regiones.

C. V. [c] *Alia est sententia* B. Gregorii, ac Gratianus putare videtur. Hunc enim Agnellum, qui antea Fundorum erat episcopus, quod ea civitas ad hoste esset vastata, Tarracinæ cardinalem constituit sacerdotem, ut in sequenti capite. De qua re notatum est supra, dist. 71, cap. *Fraternitatem*.

[d] *Tarracinensis :* Sic est emendatum ex vetustis, quum in vulgatis esset : *Tarracinensis gentis*. In originali autem legitur : *Tarracina degentis* ✝.

C. VI. [e] In vetustis codicibus hoc est conjunctum superiori, quemadmodum in ipsa epistola, et apud Anselmum.

Quæst. II. C. I. [a] *Ignorante :* Græce est : Γνώμης δίχα τοῦ οἰκείου ἐπισκόπου ; id est : *sine sententia proprii episcopi*.

---

Quæst. I. C. I. [e] *corpori* : Edd. coll. o. — [7] Act. c. 20 v. 34. — [***] ita in Ed. Arg. — in Ed. Bas. male : *hoc — servanda sunt*. = C. II. [8] hab. A. 451. — interpr. Dionys., nonnullis immutatis. — Burch. l. 2, c. 96. Ans. l. 7, c. 108. Ivo Decr. p. 7, c. 173. [9] *eod. temp.* : desid. in orig. et Coll. citt. [10] *licere* : ib. = C. III. [11] Caput incertum. — Coll. tr. p. p. 2, t. 60, c. 6. [12] *tenere* : Edd. coll. o. = C. IV. [13] hab. A. 506. — cf. ad. c. 50. D. 23. — cf. conc. Epaon. c. 9. — Burch. l. 8, c. 81, (ex conc. Arausico.) Ivo Decr. p. 3, c. 164, p. 7, c. 99. = C. V. [14] Ep. 13, (scr. A. 593), l. 3. Ed. Maur. — Ans. l. 5, c. 28 (27). Polyc. l. 4, t. 8. ✝ et ap. Ans. — *Terraconensis* : Edd. Lugdd. [15] *desideria* : Ans. — Edd. coll. o. [16] *Domino* : orig. — Edd. coll. o. = C. VI. [17] Ans. ib. [18] *fraternitati tuæ — Terracinensis ecclesiæ curam injungimus* : Edd. coll. o.

Quæst. II. P. I. C. I. [1] Imo ex synodo Trullana, hab. A. 692. — Coll. tr. p. p. 2, t. 11, c. 7. — in Edd. coll. o. pr. Bas. citatur ex syn. VII.

proprio in alienis constituuntur ecclesiis, ubi contingit [b], eos sine sui examinatione permanere, præcipimus amodo, ut nullus clericorum omnino, in quocunque gradu sit, licentiam habeat sine dimissoriis literis sui episcopi in altera constitui ecclesia. Qui vero hoc amodo non observaverit [2], ad opprobrium ejus,[c] qui ordinaverit eum, deponatur tam ipse, quam qui eum sine ratione susceperit.

**C. II.** *Ad aliam ecclesiam transire clerico non licet, si propriis ministeriis sua fuerit destituta.*

Item ex Concilio Hispalensi II, c. 3 [3].

Placuit, ut si quis clericus ministeriis [4] ecclesiæ propriæ destitutis ad aliam transitum fecerit, compellente, ad quem fugerit [5], sacerdote, ad ecclesiam, quam prius incoluerat, remittatur [6]. Qui vero eum susceperit, nec statim sine ullo nisu exceptionis ad propriam ecclesiam remittendum elegerit, quamdiu eum restituat, communione se privatum agnoscat [7]. Desertorem autem clericum cingulo honoris atque ordinis sui exutum aliquo tempore monasterio relegari [8] convenit, sicque postea in ministerium [9] ecclesiastici ordinis revocari. Nam non poterit in talibus propagationis [d] aboleri licentia, nisi fuerit in eis propter [10] correptionem [11] disciplinæ subsecuta correctio.

*Gratian.* Objicitur autem illud Chalcedonensis Concilii c. 10 [12]:

**C. III.** *Nihil commune habeat cum ecclesia priori qui de una ad aliam translatus est.*

II Pars. Si quis jam [13] translatus est ab alia [14] ecclesia in aliam, nihil habeat [15] commune cum priore *ecclesia*, sive sub *hac* ecclesia constitutis martyriis [16], sive in parochiis [17], sive xenodochiis, aut eorum negotiis. Eos vero, qui ausi fuerint post ordinationem hujus magnæ et universalis synodi agere quæ prohibita sunt, statuit sancta synodus cadere de [18] proprio gradu.

*Gratian.* Sed aliud est transferri, aliud propria temeritate transire. Illud apostolica auctoritate fieri licet, hoc vero omnimodis prohibetur.

III Pars. § 1. Sicut autem duabus ecclesiis unus præponi non debet, ita nec una ecclesia inter plures dividi valet.

Unde in Remensi Concilio legitur [19]:

**C. IV.** *Una ecclesia duobus sacerdotibus dividi non potest.*

Sicut in unaquaque ecclesia unus presbyter debet esse, ita ipsa, quæ sponsa vel uxor ejus dicitur, non potest dividi inter plures presbyteros, sed unum tantummodo habebit sacerdotem, qui eam caste et sincere regat. Unde interdicimus, ut nullus præsumat ecclesiam inter duos vel plures dividere, quia ecclesia Christi uxor et sponsa debet esse, non scortum, sicut Calixtus Papa [20] testatur.

IV Pars. *Gratian.* Conductitiis quoque presbyteris ecclesia committi non debet.

Unde Innocentius II, in Synodo Romana, c. 10 [21]:

**C. V.** *Conductitiis presbyteris ecclesia non committatur.*

Præcipimus etiam, ne conductitiis presbyteris ecclesiæ committantur, et unaquæque ecclesia, cui facultas suppetit, proprium habeat sacerdotem.

## QUÆSTIO III.

### GRATIANUS.

Quod autem clerici sæcularium negotiorum procuratores esse non valeant, auctoritate Carthaginensis Concilii I [1] probatur, in quo Nicasius [a] Episcopus Culusitanus dixisse legitur cap. 6:

**C. I. PALEA** [b] [2].

[c] Pervenit in sanctam synodum, quia de eis, qui in clero connumerantur, quidam propter turpis lucri

---

**NOTATIONES CORRECTORUM.**

[b] *Ubi contingit:* Græce legitur: Ἐκ τούτου τε συνέβη ἀνυποτάκτους αὐτοὺς καταστῆναι; id est: atque hinc evenit, ut ipsi reddantur non subjecti.

[c] *Ad opprobrium ejus:* Græce est: Ἐπεὶ ὁ μὴ τοῦτο ἀπὸ τοῦ νῦν παραφυλαττόμενος, ἀλλὰ κατ' αἰσχύνην, τό γε ἐπ' αὐτῷ, τὸν τὴν χειροτονίαν αὐτῷ ἐπιτεθηκότα, καθαιρείσθω; id est: Nam qui a præsenti tempore hoc non observat, sed, quantum in se est, eum, qui ipsi manus imposuit, dedecorat, deponatur, etc.

**C. II.** [d] *Propagationis:* In conciliorum editionibus et codicibus Vaticanis partim est: *propagationibus,* partim *pervagationis.* In codice vero Lucensi regio legitur: *prævaricationis*.

**C. V.** [e] Hoc caput iisdem verbis repetit Eugenius III, in concilio Lateranensi, quod exstat in Vaticana bibliotheca.

QUÆST. III. C. I. [a] *Nicasius:* Emendata est hæc inscriptio ex ipso concilio, et vetustis Gratiani codicibus, quum antea mendose legeretur: *Nicolaus Papa Episcopis Castilianis* [22]. Pertinet autem hic titulus ad cap. *Credo,* proxime post Paleam interjectam sequens.

[b] Hic idem canon 3, concilii Chalcedonensis affertur supr. dist. 86, c. fin. ex alia versione. Abest autem hæc Palea a collatis exemplaribus, exceptis duobus.

---

QUÆST. II. C. I. [1] *observavit:* Ed. Bas. = C. II. [3] hab. A. 619. — Coll. tr. p. p. 2, t. 49, c. 2. [4] *ministris:* Edd. Arg. Nor. Ven. I. [5] *confugerit:* Edd. coll. o. [6] *revertatur:* eæd. [7] *cognoscat:* eæd. [8] *deligari:* Coll. Hisp. — *religari:* Ed. Bas. [9] *monasterio:* Ed. Ven. II. — *ministerio:* Edd. rell. [?] *pervagationibus:* Coll. Hisp. [10] *per:* Edd. coll. o. [11] *correctionem:* eæd. — Coll. Hisp. = C. III. [12] hab. A. 451. — P. II. [13] *autem:* Ed. Arg. [14] *una:* Edd. coll. o. [15] *habet:* Edd. Lugdd. II, III. [16] *matricibus:* Coll. Hisp. = Ed. Bas. — *martyribus:* Edd. rell. [17] *ptochiis:* Coll. Hisp. [18] *a suo:* Edd. Bas. Lugdd. II, III. = P. III. C. IV. [19] Cap. incertum. — Reg. l. 1, c. 243. Burch. l. 3, c. 45. Ivo Pan. l. 2, c. 44. Decr. p. 3, c. 49. [20] cf. C. 7, q. 1. c. 39. = P. IV. C. V. [21] conc. Lat. II, hab. A. 1139.

QUÆST. III. C. I. [1] A. 348, vel 349. — Burch. l. 2, c. 150. — cf. D. 54, c. 3. [22] *Custilianis:* Ed. Bas. — *Tulistanis:* Edd. Arg. Nor. Ven. I. — [2] c. 3, conc. Chalc. hab. A. 451. — supra D. 86, c. fin. profertur ex eadem Hisp. interpr. et ib. lectionis varietatem invenies notatam. — Burch. l. 2, c. 143. Ivo Decr. p. 6, c. 214, ex Dionysio. — desideratur in Ed. Bas. —

gratiam alienarum [3] possessionum conductiones et sæculares causas suscipiunt [4], et se ipsos quidem a ministeriis sanctis per desidiam separant, ad domos autem sæcularium concurrunt, et substantiarum eorum gubernationes avaritiæ causa suscipiunt. Decrevit igitur sancta 'et magna' synodus, neminem deinceps eorum, hoc est non episcopum, sive clericum, aut monachum, conducere possessiones, aut misceri sæcularibus procurationibus, nisi forte qui legibus ad minorum ætatum tutelas sive procurationes inexcusabiles attrahantur, aut cui ipsius civitatis episcopus ecclesiasticarum rerum commiserit gubernacula, vel orphanorum, aut viduarum, quæ indefensæ sunt, aut earum personarum, quæ maxime ecclesiastico indigent adminiculo propter timorem Dei. Si quis vero transgressus fuerit hæc statuta, correctioni ecclesiasticæ subjaceat. »

**C. II.** *Qui clero annexi sunt sæcularium possessionum procuratores non fiant.*

Credo placere suggestionem meam sanctitati vestræ, et displicere vobis, ut qui serviunt Deo, et annexi sunt [5] clero, accedant ad actiones, seu administrationes vel procurationes domorum [6]. Gratus [7] episcopus dixit : ' Et ' Apostolorum statuta sunt, quæ dicunt [8] : *Nemo militans Deo implicat se negotiis sæcularibus.* Proinde aut clerici sint sine actionibus domorum, aut actores sine officio clericorum. Universi dixerunt : Hoc observemus.

**C. III.** *De eodem.*

*Item* ex Concilio Carthaginensi III. c. 15. [9].

Placuit, ut episcopi, presbyteri, et diaconi, vel clerici non sint conductores, neque [10] procuratores [11], neque ullo turpi [12] vel inhonesto negotio victum quærant, quia respicere debent scriptum esse [13] : *Nemo militans Deo implicat se negotiis sæcularibus.*

**C. IV.** *Sæcularium negotiorum procurationem clerici non suscipiant.*

*Item* ex epistola [14] Cypriani *ad Presbyteros, et Diaconos, et plebem Furnitanorum* † lib. I. epist. 9.

Cyprianus presbyteris, et diaconis, et plebi Furnis [15] consistentibus salutem. Jampridem in concilio episcoporum est statutum, ne quis de clericis et Dei ministriis tutorem vel [16] curatorem testamento suo constituat [17], quando [18] singuli divino sacerdotio honorati et in clerico [19] ministerio constituti non nisi altari et sacrificiis deservire, et precibus atque orationibus vacare debeant [20]. Scriptum est enim [21] : *Nemo militans Deo obligat se negotiis sæcularibus, ut possit placere ei, qui* [22] *se probavit. Et infra :* § 1. Quod [23] episcopi et antecessores nostri religiose considerantes et salubriter providentes censuerunt, ne quis 'frater' excedens [24] ad tutelam vel curam clericum nominaret; ac [25] si quis hoc fecisset, non offerretur pro eo, nec sacrificium pro dormitione ejus celebraretur. Neque [26] enim apud [27] altare Dei meretur [28] nominari in sacerdotum prece qui ab altari sacerdotes et ministros voluit [29] avocare [30].

**C. V.** *Non licet clericis mollitiis et sæcularibus rebus obligari.*

*Item* ex eadem [31].

Mollitiis [c] [32] et laqueis [33] sæcularibus obligari [34] non debent qui divinis rebus et spiritualibus occupati [35] 'ab ecclesia recedere', et [36] ad terrenos et sæculares actus vacare 'non possunt'.

**C. VI.** *Sæcularibus negotiis clerici non alligentur.*

*Item* ex eadem [37].

Ii, qui in ecclesia Domini ad ordinationem clericam [d] promoventur, in nullo ab administratione divina avocentur [38], nec [39] molestiis et negotiis sæcularibus alligentur [a], 'sed [40] in honore sportulantium fratrum, tanquam decimas ex fructibus accipientes', ab [41] altari [42] et sacrificiis non recedant, sed die ac nocte cœlestibus rebus et spiritualibus serviant.

**C. VII.** *De eodem.*

*Item, ut supra,* Cyprianus *ibidem* [43].

Sacerdotium [44] decretum [45] religiose et necessarie factum servetur a nobis, simul et [46] ceteris fratribus detur exemplum [47], ne quis sacerdotes et ministros Dei altari ejus et ecclesiæ vacantes ad sæculares

NOTATIONES CORRECTORUM.

C. V. [c] *Mollitiis :* Vera lectio est : *molestiis.* Sed quia est initium capitis, non est mutatum; alia autem nonnulla et in hoc, et in antecedenti capite emendata sunt.

C. VI. [d] *Clericam :* Restituta est vera lectio Cypriani, quam manuscripti vetustissimi codices retinent'. Et l. 2. epist. 5. bis, et l. 3. epist. 21. prope finem in omnibus Cypriani codicibus legitur : *ordinatio clerica,* et : *epistolæ clericæ.*

[a] *Alligentur ;* Emendatus et locupletatus est hic locus ex originali impresso et manuscripto.

QUÆST. III. C. I. [3] *majorum :* Edd. coll. o. — [4] *suscipiant, — separent. — concurrant — suscipiant :* Edd. coll. o. = C. II. [5] *fuerint :* Ed. Bas. [6] add. : *sæcularium :* Edd. coll. o. [7] *Gratianus :* cæd. pr. Arg. [8] 2 Tim. c. 2, v. 4. = C. III. [9] hab. A. 397. — Burch. l. 2, c. 151. Ans. l. 7, c. 151 (161). Ivo Decr. p. 6, c. 142. [10] *aut :* Coll. Hisp. — Burch. Ivo. [11] add. : *privatorum :* Coll. Hisp. — Burch. Ivo. [12] add. : *lucro :* Ed. Bas. [13] 2 Tim. c. 2, v. 4. = C. IV. [14] scr. c. A. 249. — Ivo Decr. p. 6, c. 395. † *Furnensem :* Edd. coll. o. [15] *Furnensi :* cæd. [16] *et :* Ed. Bas. — *ac :* Edd. rell. [17] *nominaverit :* Ivo. — Edd. coll. o. [18] *quandoquidem :* Edd. Par. Lugd. — *quoniam :* Edd. rell. — Ivo. [19] *clericorum :* Edd. coll. o. [20] *debent :* Ed. Bas. [21] 2 Tim. c. 2, v. 4. [22] *cui :* Edd. coll. o. [23] add. : *enim :* Edd. Bas. Lugd. II, III. [24] *decedens :* Edd. coll. o. [25] *at :* Edd. Bas. Ven. II. Par. Lugd. I. [26] cf. D. 88. c. 14. [27] *ante :* Edd. coll. o. [28] *merentur :* cæd. [29] *volunt :* cæd. [30] *advocare :* Edd. Arg. = C. V. [31] Ivo Decr. p. 6, c. 594. [32] *Mollibus :* Ed. Arg. [33] *sæcularibus rebus laqueisque :* Ivo. — Edd. coll. o. [34] *se obligare :* Edd. coll. o. [35] add. : *sunt :* cæd. — Ivo. [36] *nec ad :* cæd. — Ivo, a quo verba asteriscis inclusa pariter absunt. = C. VI. [37] Ivo ib. c. 595. ' *clericalem :* Ivo. — *clericorum :* Edd. coll. o. [38] *advocentur :* Edd. Arg. Bas. [39] *ne :* Ivo. [40] *sed — acc. :* absunt ab Ivone. [41] *nec ab :* Ivo. — Edd. coll. o. [42] *altaris :* Ivo. = C. VII. [43] Ivo ib. c. 596. [44] *Sacerdotum :* orig. — Ivo. [45] *sacratum :* Ed. Bas. [46] *simul et fratr., ut ceteris :* Ed. Bas. — *simul cum fr. :* Edd. Arg. Nor. Ven. I. [47] add. : *bonum :* Ed. Bas.

molestias devocet. Observari 'enim' de cetero poterit, ne ultra hoc fiat circa personam clericorum, si quod 'nunc' factum est fuerit vindicatum.

## QUÆSTIO IV.
### GRATIANUS.

*Quod vero fulgidis et claris vestibus eis ornari non liceat*, in septima Synodo *jubetur, in qua sic statutum est c.* 16.:

C. I. *Corripiantur clerici, qui unguentis et claris vestibus et fulgidis lasciviunt.*

Omnis jactantia et ornatura corporalis a sacrato ordine aliena est. Eos ergo episcopos vel clericos, qui se fulgidis et claris vestibus ornant emendari oportet. Quod si in hoc permanserint, epitimio tradantur. Similiter et eos, qui unguentis inunguntur.

§ 1. Quoniam vero radice amaritudinis exorta contaminatio facta est in ecclesia catholica, Christianos calumniantium hæresis, 'et' hi, qui hanc receperunt, non solum imaginarias picturas abominati sunt, sed etiam omnem reverentiam repulerunt, eos, qui religiose ac pie vivunt, offendentes, ac per hoc completur in eis quod scriptum est: *Abominatio est peccatori Dei cultus*, igitur si inventi fuerint deridentes eos, qui vilibus et religiosis vestibus amicti sunt, per epitimium corrigantur. § 2. A priscis enim 'usque' temporibus omnis sacratus vir cum mediocri et vili veste conversabatur. Omne quippe, quod non propter necessitatem suam, sed propter venustatem accipitur, elationis habet calumniam, quemadmodum magnus ait Basilius. Sed neque ex sericis texturis vestem quis variatam induebat, neque apponebat variorum colorum ornamenta in summitate vestimentorum. Audierunt enim 'ex deisona lingua', quia † *qui mollibus vestiuntur in domibus regum sunt.*

A C. II. *Clerici sive in itinere ambulantes, sive alibi degentes, congruis sibi vestibus utantur.*

*Item* ex Synodo VI, c. 27.

Nullus eorum, qui connumerantur in clero, vestimentum indecens habeat, sive in civitate degens sive in itinere ambulans, sed stolis utatur, quæ concessæ sunt clericis. Si vero quis tale quid fecerit, per unam hebdomadam suspendatur.

C. III. *Non sæcularibus vestibus, sed ordini suo convenientibus clerici utantur.*

*Item* Zacharias Papa *in Synodo Romana*. c. 3.

Episcopi, presbyteri, diaconi, sæcularibus indumentis non utantur, nisi, ut condecet, tunica sacerdotali; sed neque dum ambulaverint in civitate, aut in via, aut in plateis, sine operimento præsumant ambulare, præter si in 'itinere longo' ambulaverint, quia sicut mulier orans in ecclesia non velato capite deturpat caput suum, juxta Apostoli vocem, ita sacerdos sine operimento deturpat sacerdotium suum. Quod si temere præsumserit contra statuta agere, communione privetur, donec quæ statuta sunt adimplere maturet.

C. IV. *Extra domum sine proprio ornatu sacerdotes non appareant.*

*Item* Leo Papa IV. *in Synodo Romana*. c. 12.

Sine ornatu sacerdotali extra domos sacerdotes apparere non convenit, ne, ut aliquis sæcularium, injurias patiantur; 'sed ea solummodo, quæ per Patres constituta videntur, observet'. Contrarius denique inventus aut desinat, aut canonicæ sub-
C jaceat disciplinæ.

C. V. *Careant beneficiis ecclesiasticis qui corrigi ab episcopis contemnunt.*

*Item* Innocentius Papa II. *in Concilio Lateranensi, cap.* 4. c.

Præcipimus, ut tam episcopi quam clerici in statu mentis, in habitu corporis, Deo et hominibus placere studeant, et nec in superfluitate, scissura, aut co-

### NOTATIONES CORRECTORUM.

QUÆST. IV. C. I. a *Hæresis:* Quum antea legeretur: *hæreticorum*, sic est emendatum ex Anastasio, et Ivone, et respondet græcæ voci: αἱρέσις; atque ex iisdem nonnulla alia sunt restituta.

C. III. b Hæc synodus a Zacharia Papa habita exstat in bibliotheca Vaticana et Regiensi.

C. V. c Hoc caput editum est ab Innocentio II. in D conc. Lateranensi, deinde ab Eugenio III. in concilio Romano est innovatum.

d *Scissura:* Hæc vox non est in concilio Innocentii; in synodo autem Eugenii, in exemplari gallico legitur: *fissura*. In Vaticano autem: *scissuræ*, et in nonnullis Gratiani vetustis exemplaribus: *fissuræ*.

---

QUÆST. III. C. VII. *et de*: Ed. Arg. *quis faciat:* Ivo. — Edd. coll. o. *quod si*; Ed. Arg. *fuerit est*: Edd. coll. o. pr. Bas. Lugdd. II, III.
QUÆST. IV. C. I. ¹ hab. A. 787. — interpretatio Anastasii. — Ans. l. 6, c. 195 (192). Ivo Decr. p. 5, c. 371. ² *jactura*: Edd. Ven. I, II. Lugdd. I, II. Par. ³ *sacro*: Ivo. — Ed. Arg. ⁴ *sit*; Ed. Arg. ⁵ *contradantur*: Edd. coll. o. ⁶ desid. in Ed. Arg. ⁷ ita in Edd. coll. o. ⁷ *scripturas*: Edd. coll. o. ⁸ Eccl. c. I, v. 26. ⁹ *corriguntur*: Edd. Arg. Nor. Ven. I, II. ¹⁰ A et *usque*: desid. ap. Iv. ¹¹ *sanctus*: Ed. Arg. ¹² *aut*: Edd. coll. o. pr. Arg. Bas. ¹³ in regulis brev. c. 49. ¹⁴ *summitatibus*: orig. — Ivo. † Matth. c. 11, v. 8. = C. II. ¹⁵ Imo ex quinisexta. hab. A. 692. — Coll. tr. p. p. 2, t. 11, c. 12. ¹⁶ in græco est: ἀφορίζέσθω, i, e: *segregetur*. — C. III. ¹⁷ hab. A. 743. — Ans. l. 8, c. 41. ¹⁸ *præterquam*: Edd. coll. o. ¹⁹ add. : *tempore*: eæd. pr. Arg. ²⁰ *Sicut enim*: Ed. Bas. ²¹ *ecclesiis*: Edd. coll. o. ²² *apostolicam*: eæd. — cf. 1 Cor. c. 11, v. 4. = C. IV. ²³ Imo ex synodo Eugenii II. hab. A. 826. — Ans. l. 7, c. 162 (116). ²⁴ *nullo modo*: Edd. coll. o. ²⁵ *aliqui*: Ed. Bas. ²⁶ *sed—obs.*: non sunt ap. Ans. ²⁷ add. : *deinceps*: orig. = C. V. ²⁸ hab. A. 1139. — Ivo Pan. in fine l. 8, c. 140. ' ita in Edd. Arg. Bas. — *scissuræ*: Edd. rell. — *scissura*: Ivo.

lore vestium, nec in tonsura intuentium (quorum forma et exemplum esse debent) offendant aspectum, sed potius quod eorum decet sanctitatem præ se ferant. Quod si moniti ab episcopis emendare noluerint, ecclesiasticis careant beneficiis.

## QUÆSTIO V.

### GRATIANUS.

*Suum vero episcopum relinquere, et ab officio suo discedere, atque ad sæcularem judicem confugere nulli licet.*

*Unde in Agathensi Concilio c. 8. legitur:*

**C. I.** *Clericus ad judicem sæcularem confugiens de communione ecclesiæ depellatur.*

Placuit, ut clericus, si relicto officio suo propter districtionem ad sæcularem judicem fortasse confugerit, et is, ad quem recurrit, solatium ei defensionis impenderit, cum eodem de ecclesiæ communione pellatur.

**C. II.** *Presbyter vel diaconus ab episcopo depositus imperatorem non adeat.*

*Item ex Concilio Antiocheno, c. 12.*

Si quis a proprio episcopo depositus presbyter vel diaconus, aut etiam si a synodo quilibet episcopus fuerit exauctoratus, molestiam imperialibus auribus inferre non præsumat, sed ad majorem episcoporum synodum sese convertat, et quæ se putat habere justa in eorum concilio alleget, atque ab his de se exspectet quæ fuerit depromta sententia. Quod si deficiens pusillanimitate hoc noluerit facere, sed importunus fuerit imperatori, hujusmodi nullam veniam habeat, neque locum ullius assertionis suæ, nec spem recipiendi gradus habeat in futurum.

**C. III.** *Non defensetur ab aliquo qui episcoporum judicio damnatur.*

*Item ex Concilio Carthaginensi V, c. 2.*

Si quis cujuslibet honoris clericus judicio episcoporum pro quocunque crimine fuerit damnatus, non liceat eum sive ab ecclesiis, quibus præfuit, sive a quolibet homine defensari; interposita pœna damni pecuniæ atque honoris, quo nec ætatem, nec sexum excusandum esse præcipimus.

**C. IV.** *Communione privetur qui ecclesiasticæ disciplinæ regulam fugientem dispensare præsumit.*

*Item ex Concilio Arelatensi, c. 4.*

Si forte aliquis clericorum regulam disciplinæ ecclesiasticæ subterfugiens fuerit evagatus, quicunque eum susceperit, et non solum pontifici suo non reconciliaverit, sed magis defensare præsumserit, ecclesiæ communione privetur.

**C. V.** *Spe reconciliationis careat qui ab episcopis condemnatus imperatorem adierit.*

*Item ex Concilio Martini Papæ, c. 35.*

Si quis episcopus, presbyter aut diaconus excommunicatus in concilio injuste se queritur condemnatum, ad majorem episcoporum synodum revertatur, et eorum inquisitionem et judicium exspectans, si quas se justas causas habere putat, illis exponat. Si autem contemserit, et importuns se palatio aures principum inquietare voluerit, hic ad nullam veniam poterit pervenire, neque spem futuræ reconciliationis habebit.

**C. VI.** *Episcoporum causæ coram principibus examinari non debent.*

*Item Gregorius Constantinæ Augustæ, lib. IV. epist. 34.*

Si episcoporum causæ mihi commissorum apud piissimos dominos aliorum patrociniis disponuntur, infelix ego in ecclesia ista quid facio? Sed ut episcopi mei me despiciant, et contra me refugium ad sæculares judices habeant, omnipotenti Deo gratias ago, peccatis meis deputo. Hoc tamen breviter suggero, quia aliquantulum exspecto, et si ad me diu venire distulerint, exercere in eos districtionem canonicam nullo modo cessabo.

---

### NOTATIONES CORRECTORUM.

Quæst. V. C. I. *Judicem*: Sic in recentioribus conciliorum Coloniensibus editionibus; sed a vetustioribus, et codicibus Vaticanis et Capitulari [l. 6. c. 143.] abest vox ista.

C. V. *Majorem*: Antea legebatur: *majorum episcoporum concilium*. Emendatum est ex codice Lucensi regio, quoniam concordat cum canone Antiocheno supr. ead. *Si quis proprio*, unde videtur sumtum.

C. VI. *Constantiæ*: In vulgatis et plerisque manuscriptis legitur: *Constantino Augusto*. Emendatum est ex uno vetusto Gratiani, et altero epistolarum B. Gregorii, licet in editionibus illarum sit: *Constantiæ Augustæ*. Nam uxorem Mauricii imperatoris, ad quam scribit B. Gregorius, Constantinam vocatam esse testantur Zonaras, Nicephorus, Cedrenus, et Anastasius, Bibliothecarius, et Joannes Diaconus, in vita B. Gregorii, l. 3, num. 51., referens epistolam, ex qua sumtum est hoc caput, Constantinæ Augustæ scriptam asserit.

---

Quæst. IV. C. V. *quæ eos decent*: orig. *decet*: Ed. Bas.
Quæst. V. C. I. hab. A. 506. — Coll. tr. p. p. 2, t. 28, c. 7. desid. in Coll. Hisp. = C. II. hab. A. 352. — Burch. l. 2, c 180. Ivo Decr. l. p. 6, c. 225, ex Dionysio. *vel uresb.*: Coll. Hisp. *habet*: Edd. Arg. Nor. Ven. 1. *habere*: Edd. rell. = C. III. hab. A. 401. — Coll. tr. p. p. 2, t. 19, c. 2. Deusd. p. 4. desid. in Coll. Hisp. *a quo*: ib. *qua*: Ed. Bas. = C. IV. conc. Arel. III, hab. 524. *quis*: Ed. Bas. = C. V. c. 12, conc. Antioch. ex interpr. Martini Brac. *consilium*: Ed. Arg. *concilium*: Coll. Hisp. *ut*: Edd. coll. o. desid. in Coll. Hisp. *importunans*: ib. *habere*: Ed. Bas. = C. VI. ita in Edd. coll. o. Ep. 21. (scr. A. 595), l. 5, Ed. Maur. — Ans. l. 6, c. 196. *patrocinio*: Edd. coll. o. desid. in Ed. Bas. *distulerit*: orig. *eo*: ibid.

# CAUSA XXII.

### GRATIANUS.

*Quidam episcopus juravit falsum quod putabat verum, quo comperto archidiaconus ejus juravit se nunquam præstaturum ei obedientiam. Compellitur archidiaconus ab episcopo ad exhibendam sibi consuetam reverentiam; accusatur episcopus de duplici perjurio, et de eo, quod falsum juravit, et quia archidiaconum ad pejerandum compellit.* (Qu. I.) *Primo quæritur, an juramentum sit præstandum, an non?* (Qu. II.) *Secundo, si sit perjurus qui jurat falsum quod putabat verum?* (Qu. III.) *Tertio, si licuit archidiacono denegare episcopo consuetam obedientiam?* (Qu. IV.) *Quarto, si constiterit esse illicitum quod juravit archidiaconus, an sit servandum?* (Qu. V.) *Quinto, si constiterit illud servandum esse, an episcopus sit reus perjurii, qui contra juramentum archidiaconum suum ire compellit?*

## QUÆSTIO I.
### GRATIANUS.

I Pars. *Quod juramentum præstandum non sit, auctoritate canonicæ scripturæ probatur.* Ait enim Christus in evangelio discipulis [1]: Sit sermo vester: Est est, non non; quod autem amplius est a malo est. Item Jacobus [2] in epistola: Ante omnia, fratres mei, nolite jurare omnino. Utraque auctoritate juramentum prohibetur præstare. Sed aliud est ad juramentum sponte accedere, aliud vel ad asserendam innocentiam suam, vel ad pacis fœdera confirmanda, vel ad persuadendum auditoribus, quando pigri sunt credere quod eis utile est, juramentum offerre. Primum prohibetur, secundum conceditur. Non enim jurare omnino peccatum est.

Unde in Concilio Toletano VIII. c. 2 legitur [3]:

**C. I.** *Juramentum pro fœdere pacis est faciendum.*

Omne, quod in pacis fœdera [4] venit, tunc solidius subsistit [5], quum juramenti hoc interpositio roborat. Sed et omne, quod amicorum animos conciliat, tunc fidelius [6] durat, quum eos sacramenti vincula ligant. Omne etiam [7], quod testibus [8] adstipulatur [9], tunc verius constat, quum id adjectio jurationis [10] affirmat. Quod si et [11] testis a deficiat, innocentis fidem sola jurisjurandi taxatio manifestat.

**C. II.** *Juratio non est prohibenda, nec tanquam bonum appetenda.*

*Item* Augustinus *super epistolam ad Galatas, cap. 1. in fine* [12].

Non est contra præceptum † juratio, quæ a malo est, non jurantis, sed incredulitatis [13] ejus, cui [14] jurare cogitur. Nam hinc [15] intelligitur, ita Dominum prohibuisse a jurando [16], ut, quantum in ipso est, quisque non juret; quod multi faciunt, in ore habentes jurationem tanquam magnum aut [17] suave aliquid. Nam utique Apostolus noverat [18] præceptum Domini, et juravit tamen. Non enim audiendi sunt qui has jurationes esse non putant. Quid enim facient [19] de illa [20]: Quotidie [21] morior, per vestram gloriam, fratres, quam habeo in Christo Jesu Domino nostro: quam græca exemplaria manifestissimam jurationem esse convincunt [22]. Prohibemur ergo b jurare cupiditate aut delectatione † jurandi. Quamvis enim juramentum amplius sit, quam est est, non [23] non, et, ideo a malo sit, non tamen a malo tuo, sed [24] infirmitatis aut incredulitatis eorum, qui non aliter moventur ad fidem.

**C. III.** *Pejerare peccatum est, non jurare.*

*Item* Augustinus *in epist.* CLIV, *ad Publicolam* [25].

In novo testamento [26] dictum est, ne omnino juremus. Quod quidem mihi propterea dictum videtur, non quia "verum" jurare peccatum est,

---

### NOTATIONES CORRECTORUM.

CAUSA XXII. QUÆST. I, C. I. a *Si et testis:* In vetustioribus conciliorum editionibus, et duobus codicibus Vaticanis, et uno monasterii Dominicanorum legitur: *Quod etsi gestis deficiat, nocentis fidem,* etc. Sed recentiores editiones Colonienses, et codex Lucensis regius habent ut Gratianus, et Ivo, et Panormia.

C. II. b *Prohibemur ergo:* Apud B. Augustinum et ceteros collectores hic locus ita habet: *Quantum ergo in ipso est, non jurat Apostolus; non enim appetit jurationem cupiditate aut delectatione jurandi. Amplius enim est, quam est est, non non, et ideo a malo est, sed infirmitatis,* etc.

---

CAUSA XXII. QUÆST. I. P. I. [1] Matth. c. 5, v. 37. [2] Jac. c. 5, v. 12. = C. I. [3] hab. A. 655. — Ivo Pan. l. 8, c. 83. Decr. p. 62, c. 2. [4] *fœdere:* Coll. Hisp. [5] *substat:* ib. [6] *fixius:* ib. [7] *enim:* Ivo. — Edd. coll. o. — [8] *testis:* Ivo. — Coll. Hisp. [9] *adstipulat:* Coll. Hisp. [10] *adjurationis:* Ed. Bas. [11] *et si:* Edd. coll. o. = C. II. [12] Ivo Pan. l. 8, c. 84. Decr. p. 12, c. 3. Petr. Lomb. Sent. l, 3, c. 39. Polyc. l. 5, t. 11. † add.: *Dei:* Ivo. — Edd. coll. o. [13] *increduli:* Ed. coll. o. [14 a quo: eæd. — Ivo. [15] *desid.* in Ed. Bas. — *hinc:* Ivo Decr. — Edd. Arg. Nor. Ven. I. — *hic:* Edd. rell. — Ivo Pan. [16] *jurejurando:* Edd. coll. o. [17] *et:* eæd. — Ivo Decr. [18] *novit:* Edd. coll. o. [19] *faciant:* Ivo Pon. — *faciunt:* Ed. Bas. [20] add.: *juratione:* Edd. coll. o. pr. Arg. Nor. [21] 1 Cor. c. 15, v. 31. [22] *ostendunt:* Edd. coll. o. †† *dilectione:* eæd. — Ivo Pan. [23] *vel non non:* eæd. [24] add.. *a malo:* Edd. Arg. Bas. Lugdd. II, III.=C. III. [25] Ep. 43. Ed. Maur. scr. A. 398. — Ivo Pan. l. 8, c. 85. Decr. p. 12, c. 4. [26] Matth. c. 5, v. 35.

sed quia pejerare immane peccatum est, a quo longe nos esse voluit qui omnino ne juremus admonuit [27].

**C. IV.** *In necessariis verum jurare peccatum non est.*
Idem *sermone* XXX, *de verbis Apostoli* [28].

Ut noveritis, verum jurare non esse peccatum, invenimus et apostolum Paulum jurasse [29]: *Quotidie morior, per vestram gloriam, fratres, quam habeo in Christo Jesu Domino nostro.* Per vestram gloriam juratio est; non enim sic ait, per vestram gloriam morior [30], quasi vestra gloria me facit [31] mori, quomodo, si diceretur per venenum c, per gladium, per bestiam, per inimicum mortuus est, intelligeretur faciente inimico, faciente gladio, faciente veneno mortuus est.

**C. V.** *Non tanquam bonum appetendum, nec tanquam malum jurumentum est vitandum.*
Idem *de sermone Domini, lib. I. c.* 30 [32].

Ita ergo praecepisse Dominum intelligitur, ne juretur [33], ne quisquam sicut bonum appetat jusjurandum, et assiduitate jurandi ad perjurium per consuetudinem delabatur. Quapropter qui intelligit non in bonis, sed in necessariis jurationem habendam, refrenet [34] se quantum potest, ut non ea utatur, nisi necessitas [35] cogat, videlicet, quum [36] videt pigros esse homines ad credendum quod eis utile est credere, nisi juratione firmetur [37]. Ad hoc itaque [38] pertinet quod sic dicitur [39]: *Sit autem sermo vester: Est est, non non.* Hoc bonum est et appetendum, *quod autem amplius est a malo est*; id est: si jurare cogeris, scias de necessitate venire infirmitatis eorum [40], quibus aliquid suades [41], quae infirmitas utique malum est, unde nos quotidie liberari deprecamur, quum dicimus [42]: *libera nos a malo.* Itaque non dixit, quod autem [43] amplius est malum est. Tu enim non malum facis, qui bene [44] uteris juratione.

**C. VI** *Jurare non est peccatum.*
Idem *ibidem continenter* [45].

Tu malum non facis, qui bene uteris juratione, quae, etsi d non bona, tamen necessaria est, ut alteri persuadeas quod utiliter persuades [46]. Sed a malo est illius, cujus infirmitate jurare cogeris.

**C. VII.** *Per Deum jurare permittitur, ne per idola juretur.*
Item Hieronymus *super Hieremiam, ad c.* 4. [47]

Et jurabunt e, vivit Dominus in veritate, et in judicio, et in justitia, et benedicent eum gentes [48], ipsumque laudabunt. Quomodo ergo evangelium jurare nos prohibet? Sed hic [49]: *jurabis* [50], pro confessione dicitur, et ad condemnationem idolorum, per quae jurabat Israel. Denique auferuntur offendicula, et juratur [51] per Dominum [52], quodque dicitur: *vivit Dominus,* in testamento veteri jusjurandum est ad [53] condemnationem mortuorum, per quos juret omnis idololatra.

**C. VIII.** *Infirmis jurare conceditur.*
Item Hieronymus *super Matthaeum lib. I., in c. 5.* [54]

Considera, quod "hic" [55] Sa vator non per Deum [56] jurare prohibuerit [57], sed per coelum, et terram, et Hierosolymam, et per caput tuum. Et hoc quasi parvulis fuerat lege concessum, ut quomodo victimas immolabant Deo, ne eas idolis immolarent, sic et jurare permitterentur in [58] Deum; non quod recte hoc facerent, sed quod melius esset [59] Deo id exhibere quam daemonibus [60].

**C. IX.** *Excommunicetur clericus per creaturas pertinaciter jurans.*
Item ex Concilio Carthaginensi IV., c. 61. et 62. [61]

Clericum per creaturas jurantem acerrime objurgandum; si perstiterit in vitio, excommunicandum. Inter epulas vero cantantem supradictae sententiae severitate coercendum decernimus.

### NOTATIONES CORRECTORUM.

C. IV. c *Per venenum*: Apud B. Augustinum et Bedam sic legitur: *quomodo si diceret, per venenum mortuus est, per gladium mortuus est, per bestiam mortuus est, per inimicum mortuus est, id est faciente inimico, faciente gladio, faciente veneno, et similia: Non sic dixit, per vestram gloriam.*

C. VI. d *Quae, etsi*: Apud B. Augustinum post ultima verba capitis praecedentis: *bene uteris juratione,* sequitur continenter: *quae etsi non bona, etc.*, quemadmodum et in uno pervetusto Gratiani codice, in quo haec duo capita non sunt distincta.

C. VII. e *Et jurabunt*: Apud Hieremiam cap. 4. legitur: *et jurabis;* verum quia est initium capitis, non est mutatum, sed paulo post repositum est *jurabis,* ubi antea legebatur: *juramentum.*

---

QUÆST. I. C. III. [27] *commovit*: Ed. Bas.—*commonuit*: Edd. rell.—Ivo. = C. IV. [28] Serm. 180. Ed. Maur.—Polyc. l. 6, t. 11. [29] 1 Cor. c. 15, v. 31. [30] add.: *ego*: Edd. Arg. Bas. [31] *faciat*: Ed. Lugd. III.—*fecit*: Edd. rell. pr. Lugd. II. = C. V. [32] Ans. l. 11, c. 76. [33] *juraretur*: Edd. coll. o. [34] *refrenat*: eæd. [35] *necessitate quum videt*: orig. [36] *ut*: Ed. Bas. [37] *firmentur*: ib. [38] *utique*: Edd. coll. o. [39] Matth. c. 5, v. 37. [40] *utique eorum*: Ed. Bas. [41] *snadeas*: ib. [42] Matth. c. 6, v. 14. [43] desid. in Ed. Bas. [44] desid. ib. = C. VI. [45] Ivo Pan. l. 8, c. 86 Decr. p. 12, c. 5. [46] *suades*: orig. — Ivo. — Edd. Arg. Bas. = C. VII. [47] Petr. Lomb. Sent. l. 3, dist. 39. — cf. Hierem. c. 4, v. 2. [48] add.: *omnes*: Edd. Bas. Lugd. II. III. [49] *hoc*: Ed. Arg. [50] *juramentum*: Edd. coll. o. [51] *jurat*: orig. [52] add.: *Deum*: Edd. coll. o. pr. Arg. [53] *et ad*: Edd. Arg. Bas. = C. VIII. [54] Ivo Pan. l. 8, c. 87. Decr. p. 12, c. 6. Petr. Lomb. Sent. l. 3, dist. 39. [55] desid. ap. Iv. [56] *Dominum*: Ed. Arg. [57] *prohibuit*: Edd. coll. o. [58] *per*: eæd. pr. Arg. [59] *est*: Edd. coll. o. [60] *daemoniis*: eæd. — Ivo. = C. IX. [61] c. 74, 75. Statutt. eccl. ant. — cf. ad c. 9. D. 18. — Reg. l. 1, c. 150, 155. Burch. l. 2, c. 170, 175. Ivo Decr. p. 6, c. 266, 261.

C. X. *Clericus deponatur, laicus anathematizetur, per capillum vel caput Dei jurans.*

### Item Pius papa [62].

Si quis per capillum Dei vel caput juraverit, vel alio modo blasphemia contra Deum usus fuerit, si in [63] ecclesiastico ordine est, deponatur; si laicus, anathematizetur. Et si quis per creaturam [64] juraverit, acerrime castigetur, et juxta id, quod synodus dijudicaverit, pœniteat. § 1. Si quis autem talem hominem non manifestaverit, non est dubium, quin divina condemnatione coerceatur. § 2. Sed si [65] episcopus ista emendare neglexerit, acerrime [66] corripiatur.

II Pars. Gratian. *Quæritur, quis magis teneatur, an ille, qui per Deum, an ille, qui super sacra evangelia jurat? Huic quæstioni* Joannes Chrysostomus *respondet, dicens* [67]:

C. XI. *Non est majus per evangelium, quam per Deum jurare.*

Si aliqua causa fuerit, modicum videtur facere qui jurat per Deum. Qui autem 'jurat' per evangelium, majus aliquid fecisse videtur. Quibus 'similiter' dicendum est [68]: Stulti, scripturæ sanctæ propter Deum sunt, non Deus propter scripturas.

C. XII. *Non solum in altari vel reliquiis, sed etiam in communi loquela perjurium caveatur.*

### Item Hieronymus [h] [69].

Habemus in lege Dei scriptum [70]: *Non pejerabis in nomine meo, nec pollues nomen Dei tui in vanum.* Ideo admonendi sunt omnes, ut diligenter caveant perjurium, non solum in altari seu sanctorum reliquiis, sed etiam in communi loquela.

C. XIII. *Non prohibet Deus jurare, sed pejerare.*

### Item Isidorus *Sententiarum lib. II., c. 31* [71].

Non est contra Dei præceptum jurare; sed dum jurandi usum facimus, perjurii crimen incurrimus.

C. XIV. *Juratio non est peccatum.*

### Item Augustinus *de verbis Apostoli, sermone 28. al. 30.* [72]

Si peccatum esset juratio, nec in vetere lege diceretur [73]: *Non pejerabis; reddas* † *autem* [74] *Domino juramenta tua.* Non enim peccatum præciperetur nobis.-*Item infra*: § 4. Non vobis dicimus, nos non jurare. Si enim hoc dicimus, mentimur. Quantum ad me pertinet, juro [75], sed quantum mihi videtur, magna necessitate compulsus, quum videro [76] non mihi credi [77], nisi faciam, et ei, qui mihi non credit, non expedire, quod non credit. Hac perpensa ratione et consideratione librata cum magno timore dico: *Coram Deo*, aut, *testis est* [78] *Deus*, aut, *scit Christus, sic esse* [79] *in animo meo*, et video, quia plus est, id est quia amplius est quam est est, non non. Sed quod [80] amplius est a [81] malo est, etsi non a malo jurantis, a malo est non credentis.

III Pars. Gratian. *Ex præmissis colligitur, quod jurare non est peccatum; non tamen tanquam bonum est appetendum, ne consuetudine jurandi labamur in perjurium. Sed quum dicatur procedere a malo non credentis, videtur, quod, etsi jurare peccatum non sit, juramentum tamen recipere malum sit. Sed nomine mali non malitia, sed peccati pœna intelligitur. Ex pœnali enim infirmitate incredulitas illa processit, qua ad jurandum compellimur. Ipsum autem jurare sicut peccatum non est, ita juramentum ab aliquo recipere malum non est.*

Unde Augustinus *scribit ad Publicolam epist. CLIV.* [82]

C. XV. *Juramentum accipere non prohibemur.*

Quamvis dictum sit, ne juremus, nusquam me in scripturis sanctis legisse memini [83], ne ab aliquo [84] jurationem accipiamus [85].

IV Pars. Gratian. *Sed quæritur, an sit utendum fide ejus, qui per dæmonia jurat? De his ita scribit* Augustinus *eadem epist. CLIV, ad Publicolam* [86] •

C. XVI. *Licet uti fide ejus, qui, ut eam servet, per dæmonia jurat.*

Movet te, utrum ejus fide utendum sit, qui, ut eam servet, per dæmonia juraverit. Ubi te volo prius considerare, utrum si quispiam per Deos falsos juraverit se fidem servaturum, et eam non servaverit, non tibi videatur [87] bis [88] peccasse? Si enim tali juratione promissam servaret [89] fidem, ideo tan-

---

### NOTATIONES CORRECTORUM.

C. X. [f] Simillima his habentur Novella 77, apud Julianum antecessorem, sed non prorsus eadem. Quare apud Ivonem Novellæ locus affertur p. 12. c. 52., hoc autem caput refertur c. 27, ex decretis Pii, quemadmodum et apud Burchardum.

C. XI. [g] *Sanctæ*: Sic est emendatum ex aliquot vetustis, et originali, et Polycarpo. Antea legebatur: *factæ*.

C. XII. [h] Burchardus et Ivo citant ex dictis Hieronymi, apud quem non est inventum, sed in capitularibus lib. 1. cap. 63.

---

Quæst. I. C. X. [a] cf. pœn. Rom. t. 2, c. 10. — Burch. l. 12, c. 15. Ans. l. 11, c. 72 (71). Ivo Decr. p. 12, c. 72. [63] *ex*: Coll. citt. [64] *creaturas*: Edd. coll. o. [65] *Et si*: Edd. Arg. Bas. [66] *a synodo*: Burch. = P. II. C. XI. [67] Imo auctor operis imperfecti hom. 44, in c. 23. Matth. — Petr. Lomb. Sent. l. 3, dist. 59. Polyc. l. 6, t. 11. [68] *est ita, a stulti*: Ed. Bas. * ita in Edd. Bas. Lugdd. II, III. = C. XII. [69] Imo ex Cap. Reg. Fr. l. 1, c. 61. — Reg. l. 2, c. 311. Burch. l. 12, c. 2. Ivo Decr. p. 12, c. 59. [70] Levit. c. 19, v. 12 = C. XIII. [71] Burch. l. 12, c. 40. Ivo Pan. l. 8, c. 88. Decr. p. 12, c. 7. Polyc. l. 6, t. 12. = C. XIV. [72] Serm. 180. E. Maur. — Ivo Pan. l. 8, c. 89. Decr. p. 12, c. 8. Polyc. l. 6, t. 11. [73] Levit. c. 10, v. 12. † *reddes*: Ivo. — Edd. coll. o. pr. Par Lugd. I. [74] *desid.* in Edd. coll. o. pr. Lugdd. II, III. [75] *non juro*: Edd. coll. o. [76] *video*: exd. — Ivo Pan. [77] *quod creditur*: Ed. Bas. [78] *est mihi*: Ivo Pan. — Edd. coll. o. [79] *quod sic est*: Edd. Coll o. — Ivo Decr. [80] *hoc quod*: Edd. coll. o. [81] *a m. est non jurantis, sed non credentis*: exd = P. III. C. XV. [82] Ep. 43. Ed. Maur. scr. A. 598. — Ivo Decr. p. 12, c. 4. [83] *legi meminerim*: orig. [84] *alio*: ib. — Ivo Decr. [85] *recipiamus*: Edd. coll. o. = P. IV. C. XVI. [86] Ans. l. 11, c. 75 (74). Ivo Pan. l. 8, c. 117. Decr. p. 12, c. 55. Polyc. l. 6, t. 11. Petr. Lomb. Sent. l. 3, dist. 59. [87] *videtur*: Edd. coll. o. pr. Lugdd. II, III. [88] *is*: Ed. Arg. [89] *custodiret*: orig.

tum peccasse judicaretur, quia per tales Deos juravit. Illud autem nemo reprehenderet, quia fidem servavit. Nunc vero, quia et juravit per quos non debuit, et contra pollicitam fidem fecit quod non debuit, bis utique peccavit, ac per hoc qui utitur fide illius, quem constat jurasse per Deos falsos, et utitur non ad malam rem, sed ad licitam et bonam, non peccato ejus se sociat, quo per dæmonia juravit, sed bono pacto ejus, quo fidem servavit. Neque enim hic eam fidem dico servari, qua fideles vocantur qui baptizantur in Christo. Illa enim longe alia est longeque discreta a fide humanorum placitorum atque pactorum. Veruntamen sine ulla dubitatione minus malum est per Deos falsos veraciter jurare, quam per Deum verum fallaciter. Quanto enim, per quod juratur magis est sanctum, tanto magis est pœnale perjurium. § 1. Alia 'ergo' quæstio est, utrum non peccet qui per falsos Deos sibi jurari facit? quia ille, qui ei jurat, jurat per Deos falsos, quos colit. Cui quæstioni possunt illa testimonia suffragari, quæ ipse commemorasti de Laban et Abimelech, si tamen Abimelech per Deos suos juravit, sicut Laban per Deum Nachor.

Gratian. Sic etiam, quum in libro Machabæorum Romani leguntur pacem firmasse cum Judæis, intelligendi sunt jurasse per falsos Deos, sicut et Judæi juraverant per Deum verum. Sic etiam et de juramento, quod fit per creaturas, intelligendum est, quod ipsum quidem jurare per creaturas malum est, quia a Deo prohibitum est; sed servare quod juratur, bonum est, ut evitetur peccatum mendacii et dolositatis. § 1. Sed objicitur, quod Joseph, vir sanctus, per creaturas juravit, dum dixit fratribus suis : Per salutem Pharaonis, non exibitis hinc. § 2. Sed sciendum est, quod sancti non tam per creaturas, quam per auctorem creaturarum jurabant, nec in creaturis aliud quam creatorem ipsarum venerabantur, sicut Joseph, qui per Pharaonem jurando hoc in eo veneratus est, quod Dei judicio positus erat in infimis. Unde Apostolus ait : Omnis potestas a Deo est. Item Christus Pilato : Non haberes in me potestatem nisi esset tibi datum desuper. Deus autem per creaturas jurare prohibuit, ne vel more gentilium aliquod numen deitatis creaturis inesse crederetur, vel ne creaturas contemptibiles judicando per eas promissa pro nihilo duceremus. § 3. Sed quæritur, quid gravius sit, an per creaturas, an per creatorem jurare fallaciter? Dupliciter enim reus est qui per creaturas jurat mendaciter, quia et contra prohibitionem jurat per quod sibi jurare non licet, (a quo peccato est immunis, qui non nisi per creatorem jurat,) et proximum dolo capit, quod facit etiam per creatorem mendaciter jurans. Sed si perjurium tanto magis pœnale est, quanto sanctius illud est, per quod juratur, apparet, quod, etsi per creaturas mendaciter jurans dupliciter peccet, graviori tamen se subjicit pœnæ qui per creatorem jurat mendaciter.

V Pars. § 4. Perjurii autem pœna gravissima est, quam si quis timens ad confessionem venire noluerit, a fidelium consortio est abjiciendus.

Unde Eutychianus Papa :

C. XVII. *Fidelium consortio careat qui pœnitentiam perjurii agere noluerit.*

Prædicandum est etiam, ut perjurium fideles caveant, et ab hoc summopere abstineant, scientes hoc grande scelus esse, et in lege, et in Prophetis, et in evangelio prohibitum. Audivimus enim quosdam parvipendere hoc scelus, et levem quodammodo perjuris pœnitentiæ modum imponere; qui nosse debent, talem perjurio pœnitentiam imponi debere, qualem et de adulterio, et de fornicatione, et de homicidio sponte commisso, et de cæteris criminalibus vitiis. § 1. Si quis vero perpetrato perjurio aut quolibet criminali peccato, timens pœnitentiam longam, ad confessionem venire noluerit, ab Ecclesia repellendus est, sive a communione et consortio fidelium, ut nullus cum eo comedat, neque bibat, 'neque oret', neque in domo sua eum recipiat.

## NOTATIONES CORRECTORUM.

C. XVI. *Quia ille* : In epistolis B. Augustini excusis legitur : *quam ille, qui ei jurat, falsos Deos colit;* in codice earumdem Vaticano: *quando ille, qui ei jurat, falsos Deos colit;* in editione Frobeniana, et apud Ivonem : *quia ille, qui ei jurat, falsos Deos colit.*

*Nachor* : Sic est emendatum ex loco ipso Genesis, Ivone, et uno vetusto Gratiani codice, in cujus quidem vulgatis erat : *per Deum Sochot* ; in B. Augustini autem : *per Deum Jacob.*

C. XVII. Burchardus etiam, Polycarpus, et Ivo citant ex Eutychiano. Inventum vero est inter quædam capitula Theodulphi episcopi Aurelianensis ad suos presbyteros scripta, c. 26, quæ in antiquo codice Romæ habentur.

*Neque oret* : Additum id est ex Theodulpho, Burchardo et Ivone.

## QUÆSTIO II.
### GRATIANUS.

1. Pars. *Quod autem perjurium sit falsum jurare, facile probatur. Ait enim* Augustinus *in libro Psalmorum super :* Domini est terra [a] :

C. I. *Pejerat qui aliter facturus est quam promittit.*

In dolo jurat qui aliter facturus est quam promittit, quum perjurium sit nequiter decipere credentem [1].

C. II. *Quos debeat habere comites jusjurandum.*

Item Hieronymus *super Hieremiam, lib. 1, ad c. 4* [2].

Animadvertendum est, quod jusjurandum hos habeat comites, veritatem, judicium atque justitiam. Si ista defuerint, nequaquam erit juramentum, sed perjurium.

Gratian. *Item, qui falsum jurat mentitur. Mentiendo autem jurare nihil aliud est quam pejerare.* § 1. *Quum ergo omnes, qui loquuntur mendacium, perdendi sint, juxta illud Psalmistæ* [3] : Perdes omnes, qui loquuntur mendacium, *multo magis damnabiles sunt, qui mentiendo pejerare convincuntur, quia nomen Dei sui in vanum assumunt.* § 2. *Sed aliud est falsum jurare, aliud jurare in dolo. Non enim omnis, qui aliter facturus est quam promittit, in dolo jurat. Licet enim Apostolus aliter facturus esset quam promitteret Corinthiis in prima epistola, quum ait* [4] : Veniam ad vos, non tamen in dolo juravit, aut mendaciter promisit. *Ille enim in dolo jurat, aut mendaciter promittit, in cujus mente est, non sic se facturum, ut promittit; ille autem, qui promittit falsum quod putat verum, nec in dolo jurat, nec mendaciter promittit.*

Unde Augustinus *de verbis Apostoli, serm. XXVIII, al. XXX.* [5] :

C. III. *De eo, qui jurat falsum quod putat verum.*

Homines falsum jurant, vel quum fallunt, vel quum falluntur. Aut [6] 'enim [7] putat homo verum esse quod falsum est, et temere jurat; aut scit vel putat falsum esse, et tamen pro vero jurat, et nihilominus cum scelere jurat. Distant autem ista perjuria, quæ duo commemoravi. Fac [8] [b] illum jurare, qui verum putat esse pro quo jurat; verum putat esse, et tamen falsum est; non [9] ex animo iste pejerat [10], fallitur : hoc [11] pro vero habet, quod falsum est, non pro re falsa sciens jurationem interponit. Da alium, qui scit falsum esse, et dicit verum esse, et jurat tanquam verum sit quod scit falsum esse. Videtis quam ista detestanda sit bellua, et de rebus humanis exterminanda? Quis enim hoc [12] fieri velit [12]? Omnes homines talia detestantur. Fac alium, 'qui [14] putat falsum esse, et jurat tanquam verum sit, et forte verum est. Verbi gratia (ut intelligatis) [15] pluit in illo loco; interrogas hominem, et putat [16] non pluisse, et ad negotium ejus competit, ut dicat, pluit, sed putat non pluisse. 'Dicitur ei, vere pluit ? vere', et jurat [c]; et tamen pluit ibi, sed ille nescit, et putat non pluisse' : perjurus est. Interest, quemadmodum verbum procedat ex animo. Ream linguam non facit nisi mens rea.

Gratian. *Quia ergo mens hujus non erat rea (nesciebat enim falsum esse quod juravit esse verum), nec temere vel negligenter, sed cum magna diligentia videbatur sibi deprehendisse verum quod juravit falsum, perjurii reus nequaquam est judicandus. Item, quod dicitur, qui falsum jurat mentitur, non universaliter hoc intelligi debet. Non enim omnis, qui falsum dicit, mentitur, sicut nec omnis, qui mentitur, falsum dicit.*

Unde Augustinus *in Enchiridio, c. 22* [17] :

C. IV. *Non est mentiri dicere falsum quod putat verum.*

Is [18] autem, qui [19] mentitur, contra id, quod animo sentit, loquitur voluntate fallendi. § 1. Et utique verba propterea instituta sunt, non [20] per quæ se invicem homines fallant, sed per quæ quisque in alterius notitiam cogitationes suas proferat [21]. Verbis ergo uti ad fallaciam, non ad quod instituta sunt, peccatum est. § 2. Nec ideo ullum [22] mendacium putandum est non esse peccatum, quia possumus aliquando alicui prodesse mentiendo. Possumus enim et furando, si pauper, cui palam datur, sentit commodum, et dives, cui clam tollitur, non sentit incommodum, nec ideo tale furtum quisquam dixerit [23] non esse peccatum. *Et supra c. 18.* [24] : § 3. Nemo mentiens judicandus est qui dicit [25] falsum quod putat verum, quoniam, quantum in ipso est, non fallit ipse, sed fallitur. Non itaque mendacii, sed aliquando temeritatis arguendus est qui falsa in-

---

### NOTATIONES CORRECTORUM.

QUÆST. II. C. I. [a] Quod hic citatur ex B. Augustino in glossa interlin. Ps. 23, in vers. *Nec juravit in dolo,* refertur ex Cassiodoro.

C. III. [b] *Fac illum :* Sic etiam apud Ivonem, et in uno Vaticano codice sermonum B. Augustini, et in Antuerp. editione. Nam in aliis est : *facilius jurat.*

[c] *Et jurat :* Addita hæc sunt ex originali et Ivone, ut locus sit integer. Necesse enim est præcedere juramentum, ut quis perjurus dicatur, cujus juramenti in codicibus Gratiani nulla erat mentio. Alia etiam nonnulla sunt emendata.

---

QUÆST. II. C. I. [1] *credentes :* Ed. Bas. — C. II. [2] Ivo Pan. l. 8, c. 123. Decr. p. 12, c. 22. Petr. Lomb. Sent. l. 3, dist. 39. [3] Ps. 5, v. 7. [4] 1 Cor. c. 16, v. 5. = C. III. [5] Sermo 180. Ed. Maur. — Ivo Pan. l. 8, c. 111. Decr. p. 12, c. 39. Petr. Lomb. ib. [6] desid. in Edd. coll. o. pr. Lugd. II, III. [7] abest ab Iv. Pan. [8] *facit :* ib. [9] *perjurat :* orig. — Ivo. — Edd. coll. o. pr. Lugd. Par. [11] *hic :* Ivo Pan. — Edd. coll. o. pr. Arg. Nor. Ven. l. [12] abest ab Iv. Pan. et Edd. coll. o. pr. Par. Lugd. [13] *voluit :* Ivo Pan. [14] desid. ap. Iv. — Ed. Ven. l. [15] *intelligas :* Edd. coll. o. pr. Bas. Lugd. II. [16] *et dicit pluisse :* Edd. coll. o. = C. IV. [17] Petr. Lomb. l. 3, dist. 38. [18] *Omnis :* orig. [19] *mentitur qui :* Edd. Bas. Lugd. II, III. [20] *non ut per ea se invicem homines fallant, sed ut eis :* Edd. coll. o. [21] *perferat :* orig. [22] add. : *tamen :* Ed. Bas. [23] *dixit :* Edd. coll. o. [24] Petr. Lomb. ib. Ivo Pan. l. 8, c. 135. Decr. p. 12, c. 51. [25] *dixit :* Ed. Bas.

cautus [16] credit ac pro veris habet, potiusque e contrario, quantum in ipso est, mentitur ille, qui dicit verum [17] quod putat falsum. Quantum enim ad animum ejus attinet, quia non quod sentit, hoc dicit, non verum dicit, quamvis verum inveniatur esse quod dicit. Nec ullo modo liber est a mendacio qui ore nesciens verum loquitur, sciens autem voluntate [18] mentitur. Non considerat is itaque rebus ipsis, de quibus aliquid dicitur, sed sola intentione dicentis, melior est qui nesciens falsum dicit, quoniam id verum putat, quam qui mentiendi animum sciens gerit, nesciens verum esse quod dicit.

C. V. *Non mentitur qui animum fallendi non habet.*
   *Item* Gelasius Papa [19].

Beatus Paulus apostolus non ideo (quod absit) fefellisse credendus est aut sibi exstitisse contrarius, quoniam, quum ad Hispanos [30] se promisisset iturum, dispositione divina majoribus occupatus ex causis implere non potuit quod promisit. Quantum enim ipsius voluntatis interfuit, hoc pronunciavit, quod revera voluisset efficere. Quantum enim ad divini secreta consilii [31], (quæ, ut homo, omnia non potuit, licet spiritu Dei plenus, agnoscere) superna prætermisit dispositione præventus. § 1. Nec quia B. Petrus apostolus pro affectu divinæ reverentiæ ipsi Domino respondit [32]: *Non lavabis mihi pedes in æternum*, fefellisse (quod absit) aut in sua putabitur minime constitisse sententia, quia mox eidem divinæ voluntati cesserit [33], et quod se dixerat non esse facturum, causis adstrictus [34] humanæ salutis, passus est prona voluntate faciendum.

II. Pars. Gratian. *Ille ergo falsum jurando mentitur, qui scit falsum esse quod jurat. Est enim mendacium (ut Augustinus [35] ait) falsa significatio vocis [36] cum voluntate fallendi. § 1. Sed quum fallere semper sit voluntatis, falli autem vel infirmitatis, vel temeritatis, gravius autem sit quod ex voluntate, quam quod ex temeritate vel infirmitate procedit: aliquando contingit falli vel nullum, vel minimum esse peccatum, aliquando ex ipsa rerum varia consideratione minus esse fallere quam falli.*

Unde Augustinus in *Enchiridio*, c. 21 [37]:

C. VI. *Falli in his, quæ ad fidem non pertinent, aut parvum, aut nullum est peccatum.*

In quibus [38] rebus nihil interest ad capescendum Dei regnum, utrum credantur, an non, et utrum vera 'sive sint, sive' putentur, an falsa; in his errare, id est [39] aliud pro alio putare, non arbitrandum est esse peccatum, aut si est, minimum esse atque levissimum.

C. VII. *In his quæ ad fidem pertinent, gravius est falli quam alios decipere.*
   Idem in *Enchiridio*, c. 18, [40]

In ipsarum [41] consideratione rerum, quæ dicuntur, tantum interest, quia, sive quis fallitur sive mentiatur, utcunque falli quam mentiri minus est malum, quantum pertinet ad hominis voluntatem; tamen [42] longe tolerabilius est in his, quæ a religione [43] sejuncta sunt, mentiri, quam in his, sine quorum fide vel notitia Deus coli [44] non potest, falli [45].

III Pars. Gratian. *Item, quod dicitur*: Perdes † omnes qui loquuntur mendacium, *non de omni mendacio intelligendum est. Sunt enim quædam mendacia, in quibus etsi sit aliqua culpa, non tamen damnabilia sunt, imo tanquam non mendacia habenda sunt. Sunt et alia mendacia, quæ sunt gravioris culpæ, de quibus intelligitur*: Perdes omnes, qui loquuntur mendacium. § 1. *Ut autem appareat, quæ mendacia sint venialia, et quæ damnabilia, distinguendum est, quot sint genera mendacii.*

De quibus Augustinus scribit in libro de Mendacio, c. 14 [46]:

C. VIII. *Quot sint genera mendacii?*

Primum [47] est capitale mendacium longeque fugiendum, quod fit in doctrina religionis, ad quod mendacium nulla conditione quisquam [48] debet adduci. Secundum autem, ut aliquem lædat injuste, quod 'et' † tale est, ut [49] 'et' nulli prosit, et obsit alicui. Tertium, quod ita prodest alteri, ut obsit alteri, quamvis non ad immunditiam obsit corporalem. Quartum, 'quod fit' sola mentiendi fallendique libidine, quod mirum [50] mendacium est. Quintum, quod

---

NOTATIONES CORRECTORUM.

C. VII. d Apud B. Augustinum, nec multo aliter apud Ivonem legitur*: *In ipsarum autem, quæ dicuntur, consideratione rerum tantum interest, quia in re quisque fallatur sive mentiatur, ut, quum falli quam mentiri minus sit malum, quantum pertinet ad hominis voluntatem, tamen longe tolerabilius sit in his, etc.* Verum ob glossam in versic. *Utcunque*. (al. *ubicunque*) non est mutatum.

---

Quæst. II. C. IV. [26] *incaute*: Edd. Bas. Par. Lugdd. II, III. — *incautius*: Ivo. — *incautius credita pro veris habet*: orig. — [27] *tanquam verum*: Edd. coll. o. pr. Arg. [28] *voluntatem*: Ed. Bas. = C. V. [29] Apud Ans. l. 13, c. 22, hoc caput, cujus auctor omnino non est repertus, multo longius profertur. [30] *Hispaniam*: Ed. Bas. [31] *concilii*: Edd. Arg. Bas. Ven. II. [32] Joan. c. 13, v. 8. [33] *cessit*: Ed. Bas. [34] *adstrictis*: ib. [35] *in libro ad Consentium de mendacio* c. 12. — Ivo Pan. l. 8, c. 125. Decr. p. 12, c. 45. [36] *desid*. in orig. et Iv. Decr. = C. VI. [37] Ivo Pan. l. 8, c. 152. Decr. p. 12, c. 45. Petr. Lomb. Sent. l. 3, dist. 39. [38] *quibusdam*: orig. [39] *et*: Edd. coll. o. pr. Bas. = C. VII. * eodem fere modo in Panormia. [40] Ivo Pan. ib. c. 153. Decr. ib. p. 51. [41] add.: *quoque*: Ed. Bas. [42] *et tamen*: Edd. Arg. Bas. [43] *regione*: Ed. Bas. — add.: *fidei*: Edd. Bas. Lugdd. [44] *cœli*: Ed. Bas. — *cogi*: Ed. Ven. II. Par. [45] *nec falli*: Edd. Lugdd. I. Par. — desid. in Ed. Arg. † Psal. 5, v. 7. = C. VIII. [46] Ivo Pan. l. 8, c. 124. Decr. p. 12, c. 1. Petr. Lomb. Sent ib. dist. 38. [47] *Primum est ad evitandum cap. mend.*: orig. — = C. VIII. [48] *quivis*: Edd. Arg. Ven. II. Lugdd. I. — *quis*: Edd. rell. † non est in orig. et ap. Iv. — neque ap. Bohm. [49] *quod*: Edd. Arg. Bas. [50] *me um*: orig. - Ivo Decr.

fit placendi cupiditate de suaviloquio [51]. His omnibus penitus evitatis atque rejectis, sequitur sextum genus, quod 'et' nulli obest, et prodest alicui, veluti si quispiam pecuniam alicujus injuste [e] tollendam, sciens ubi sit [53], nescire se mentiatur 'quocunque interrogante' [f]. Septimum [53], quod et nulli obest, et prodest alicui, veluti si nolit [54] hominem ad mortem quæsitum prodere, mentiatur. *Et infra ibidem:* Octavum est genus mendacii, quod et nulli obest, et ad hoc prodest, ut ab immunditia corporali aliquem tueatur. *Et infra c.* 21 : § 1. Non est igitur mentiendum in doctrina pietatis; magnum [55] 'enim' scelus est, et [56] primum genus detestabilis mendacii. Non est [57] mentiendum secundo genere, quia nulli facienda est injuria. Non est [58] mentiendum tertio genere, quia nulli cum alterius injuria consulendum est. Non est mentiendum quarto genere, propter mendacii libidinem, quæ per se ipsam vitiosa est. Non est mentiendum quinto genere, quia nec ipsa veritas fine [59] placendi hominibus enuncianda est; quanto minus mendacium, quod per se ipsum, quia mendacium est, utique turpe est? Non est mentiendum sexto genere, neque enim recte 'etiam' testimonii veritas pro cujusquam [60] temporali commodo ac salute corrumpitur; ad sempiternam vero salutem nullus ducendus est, opitulante mendacio. *Et infra:* Neque septimo genere mentiendum, non enim cujusquam commoditas aut salus temporalis perficiendæ fidei præferenda est, nec se quisquam [g] in recte factis nostris tam male moveri sentiat, ut fiat etiam animo deterior longeque a pietate remotior. *Et infra:* Nec octavo genere mentiendum est, quia et in bonis castitas animi pudicitiæ [h] corporis præfertur, et in malis 'id', quod ipsi facimus, eo quod fieri sinimus, nobis damnabilius est. § 2. In his autem [61] octo generibus tanto quisque minus peccat, quum

A mentitur, quanto magis [i] a primo recedit. Quisquis autem esse aliquod genus mendacii, quod peccatum non sit, putaverit, decipiet se ipsum turpiter, quum honestum se deceptorem arbitratur [62] aliorum.

C. IX. *Non licet alicui humilitatis causa mentiri.*
*Item* Augustinus *de verbis apostoli, sermone XXXI. al. XXIX.* [63]

Quum humilitatis causa mentiris, si [64] non eras peccator ante, quam mentireris [65], mentiendo efficeris quod evitaveras. Veritas [66] in te non est, nisi te ita dixeris peccatorem, ut etiam esse cognoscas. Veritas autem ipsa est, ut quod es [67] dicas. Nam quomodo est humilitas, ubi regnat falsitas?

C. X. *De eodem.*
*Item* Gregorius [68] *lib. XXVI, Moralium, c.* 2.

Incaute [69] sunt [k] humiles [70] qui se mendacio illaqueant.

C. XI. *Non licet mentiri, ut arrogantia vitetur.*
*Item* Augustinus *super Joannem, tractatu XLIII.*

Non ita caveatur arrogantia, ut veritas relinquatur.

C. XII. *Non omne mendacium æque peccatum est.*
Idem *in Enchiridio, c,* 18 [l] [71].

Mihi autem videtur ††peccatum esse quidem omne mendacium, sed multum interesse quo animo et quibus de rebus quisque mentiatur. Non enim sic peccat 'ille', qui consulendi, quomodo ille, qui nocendi voluntate mentitur, nec [72] tantum [73] nocet qui viatorem mentiendo in adversum[74] iter mittit, quantum is, qui viam vitæ mendacio fallente depravat.

C. XIII. *Non est aliquo modo quilibet decipiendus.*
*Item* Augustinus *in libro de conflictu vitiorum atque virtutum, c.* 19. [75]

Nec artificioso mendacio nec simplici verbo oportet decipere quemquam, quia quomodolibet [m] mentitur quis, occidit animam.

NOTATIONES CORRECTORUM.

C. VIII. [e] *Injuste:* Abest ab originali vox ista, pro qua in duobus Gratiani codicibus legitur : *juste.*

[f] *Quocunque interrogante;* Addita hæc sunt ex originali.

[g] *Se quisquam:* Apud B. Augustinum et Ivonem est : *Nec si quisquam in recte factis nostris tam male movetur, ut fiat etiam animo deterior longeque a pietate remotior, propterea recte facta deserenda sunt.* Sed ob glossam in vers. *recte factis* non est mutatum.

[h] *Pudicitiæ:* Apud eosdem habetur : *pudicitia corporis, et in malis id, quod ipsi facimus, eo quod fieri sinimus, majus est.* Sed eadem causa obstitit ne mutaretur.

[i] *Quanto magis:* In originali legitur : *quanto emergit ad octavum, tanto amplius, quanto devergit ad primum.* Sed erat glossa in vers. *Recedit.*

C. X. [k] *Incaute sunt:* Sic in plerisque manuscriptis. Vulgata lectio erat : *incauti sunt homines.* Integer autem B. Gregorii locus sic habet : *Incaute sunt humiles qui se mendacio illaqueant, dum arrogantiam vitant, imo mentiendo superbiunt, quia contra veritatem se erigunt, quam relinquunt.*

C. XII. [l] Nonnulla in hoc capite sunt inducta, et alia emendata ex B. Augustino et Ivone.

C. XIII. [m] *Quomodolibet:* In ipso libello legitur : *quolibet artis modo mentiatur, os, quod mentitur occidit animam.* Sed Ivo cum Gratiano concordat.

---

QUÆST. II. C. VIII. [51] *suavi eloquio* Ivo Pan. — Edd. coll. o. [52] *scit* : Edd. Arg. Bas. [53] add. : *genus mendacii est.* Edd. coll. o. pr. Arg. [54] *nolens* : orig. — Ivo. — Edd. coll. o. — Bohm. [55] *quod* : Ed. Arg. — *quia* : Edd. rell. (pr. Bas., a qua abest.) — Ivo. [56] desid. in Ed. Bas. [57] add. : *igitur* : Edd. coll. o. [58] add. : *igitur* : Ed. Bas. [59] *causa* : Edd. coll. o. — *cupiditate* : Ivo Pan. [60] *cujusque* : Ivo Pan. — *cujuscunque* : Ivo Deer. [61] *ergo* : Ed. Arg. Bas. [62] *arbitretur* : Edd. coll. o. = C. IX. [63] Sermo 181. Ed. Maur. — Ivo Pan. l. 8, c. 128. Decr. p. 12, c. 42. [64] abest ab Edd. Arg. Bas. [65] *mentieras* : Edd. Arg. Bas. — *mentieris* : Edd. Nor. Ven. I, II. [66] add. : *autem ipsa* : Edd. coll. o. pr. Arg. [67] *est* : Ivo Pan. — Edd. coll. o. — C. X. [68] Aug. al. Greg. : Ed. Arg. [69] *incauti* : Edd. coll. o. [70] *homines* : Ivo Pan. II. Lugdd. Par. = C. XII. [71] Ivo Decr. p. 12, c. 51. †† *non absurde videtur* : Edd. coll. o. [72] *aut vero* : orig. — Ivo. [73] add. : *ille* : Ed. Bas. [74] *diversum* : orig. — Ivo. = C. XIII. [75] Coll. tr. p. p. 3 t. 22, c. 26. Ivo Decr. p. 12, c. 44.

### C. XIV. *Pro temporali vita alicujus perfectus mentiri non debet.*

*Item* Augustinus *in quinto Psalmo ad versic.;* « Perdes omnes, qui loquuntur » [75]

Ne quis arbitretur perfectum et spiritalem hominem pro ista temporali vita, in [77] cujus morte non occiditur sive sua sive alterius anima, debere mentiri, quoniam [78] aliud est mentiri, aliud est verum occultare; siquidem aliud est falsum dicere, aliud verum tacere; ut si quis forte vel ad istam visibilem mortem non vult [79] hominem prodere, paratus esse debet verum occultare, non falsum dicere, ut neque prodat, neque mentiatur, ne occidat animam suam pro corpore alterius. *Et infra:* § 1. Duo [80] sunt omnino genera mendaciorum, in quibus non est magna culpa, sed tamen non sunt sine culpa; quum aut jocamur, aut [81], ut proximis prosimus, mentimur. Illud [82] primum in [83] jocando ideo non est perniciosissimum [84], quia non fallit. Novit enim ille, cui dicitur, joci [85] causa esse dictum. Secundum autem ideo minus [86] est, quia retinet nonnullam benevolentiam. § 2. Illud vero, quod non habet duplex cor, nec mendacium quidem dicendum est, tanquam, verbi gratia, si cui gladium commendetur, et promittat se redditurum, quum ille, qui commendavit [87] poposcerit; si forte gladium suum repetat furens, manifestum est, tunc non esse reddendum [88], ne vel se occidat, vel alios [89], donec ei sanitas restituatur. Hic ideo non habet duplex cor, quia ille, cui commendatus est gladius, quum promittebat se redditurum poscenti, non cogitabat furentem posse repetere. *Et infra:* § 3. Manifestum est non esse culpandum aliquando verum tacere, falsum autem dicere non invenitur concessum esse perfectis [90].

### C. XV. *Nostro peccato alterius saluti consulere non debemus.*

*Idem* in libro contra mendacium, c. 17. [91]

Faciat homo etiam pro temporali [92] hominum saluti quod potest. Quum autem ad hunc [93] articulum ventum fuerit, ut tali saluti consulere nisi peccando non possit, jam se existimet non habere quid faciat, quando id reliquum esse perspexerit, quod recte [94] faciat.

### C. XVI. *De eodem.*

*Item* Isidorus *in Synonymis, c. 10* [95].

Omne genus mendacii summopere fuge, nec casu, nec studio loquaris falsum, nec, ut praestes, mentiri studeas, nec qualibet fallacia vitam alicujus defendas. Cave mendacium in [96] omnibus.

### C. XVII. *De eodem.* [PALEA.]

*Item* Augustinus *in lib. de mendacio, c. 6* p [97].

« Si quis ad te confugiat [98], qui mendacio tuo possit a morte liberari, non es mentiturus. Os [99] enim quod mentitur, occidit animam. *Et infra:* § 1. Quum ergo mentiendo vita aeterna amittitur, nunquam pro cujusquam vita temporali [100] mentiendum est. »

### C. XVIII. *Non reputantur mendacia, quum ea, quae non sunt, joco dicuntur.*

*Item* Augustinus *in libro quaest. Gen. c. 44. quaest. 145* [101].

Quod autem [102] ait fratribus suis Joseph: *Nesciebatis, quia* [103] *augurio auguratur homo, qualis ego?* de hoc augurio etiam mandavit eis dicendum per hominem suum, quid sibi velit, quaeri solet. An [104] quia non serio, sed [105] joco dictum est, ut exitus docuit, non est habendum mendacium? Mendacia enim a mendacibus serio aguntur, non joco. Quum autem quae non sunt tanquam [106] joco dicuntur, non deputantur [107] mendacia.

*Gratian.* Sed in veteri testamento multa permittebantur, quorum exemplis hodie uti non licet.

*Unde* Gregorius *lib. XVIII. Moral. c. 3.* :

### C. XIX. *Veterum exemplo mentiri non licet.*

Si quis per vetus testamentum vult suum tueri mendacium, quia minus illic quibusdam fortasse nocuerit, dicat necesse est, rerum alienarum ra-

---

### NOTATIONES CORRECTORUM.

C. XIV. n *Manifestum* : Apud B. Augustinum haec antecedunt : *Verum autem occultavit et Dominus, quum discipulis nondum idoneis dixit* : *Multa* habeo vobis dicere, sed nunc non potestis portare illa ; *et apostolus Paulus, quum ait* : Non potui loqui vobis, quasi spiritualibus, sed quasi carnalibus.

*Unde manifestum est, etc.*

C. XV. o *Recte* : In originali legitur : *non recte,* sed est emendatum propter casum.

C. XVII. p Caput hoc abest a plerisque vetustis, et in duobus est cum nomine Paleae.

---

Quaest. II. C. XIV. [75] Ans. l. 11, c. 79 (78). Ivo Pan. l. 8, c. 130. Decr. p. 12. c. 46. [77] *morte cujus sua vel alterius occiditur anima* : Edd. coll. o. [78] *Sed quon.* : exd. — [79] *velit* : Edd. coll. o. [80] *add.* : *vero* : exd. pr. Arg. Nor. [81] *aut proximo mentimur* : Ivo Pan. — *aut pro prox. ment.* : Ivo Decr. — *aut proximo consulendo mentimur* : Edd. coll. o. [82] *add.* : *autem* : exd. [83] *desid. in* Edd. Arg. Bas. [84] *perniciosum* : Edd. coll. o. — Ivo. [85] *jocandi — fuisse* : Edd. coll. o. [86] *mitius* : orig. — Ed. Arg. [87] *commendaverit* : Edd. coll. o. [88] *credendum* : Ed. Bas. [89] *alium.* Edd. coll. o. — Joan. c. 16, v. 12. [90] *1 Cor. c. 3, v. 1.* [90] *sanctis* : Edd. coll. o. — Ivo. == C. XV. [91] Ivo Pan. l. 8, c. 125. Decr p. 12, v. 48. [92] *vita temp. vel sal.* : Ed. Bas. — *vita temp. et sal.* : Ed. Arg. [93] *ad hoc ventum* : Edd. coll. o. — Ivo Pan. [94] in Ed. Rom. textu leg. : *non recte*, sed mutatum est simul cum ipsa notatione in indice erratorum, quod editores posteriores omnes fugit. — *faciet* : Edd. coll. o. pr. Lugdd. II, III. == C. XVI. [95] l. 2, c. 10. — Ivo Pan. l. 8, c. 126. Decr. p. 12, c. 49. [96] *cum* : Ed. Bas. == C. XVII. [97] Ipsa Augustini verba non proferuntur. [98] *confugerit. qui de* : Edd. coll. o. [99] *Omnis — qui* : Edd. Arg. Bas. — cf. Sap. c. 1, v. 11. [100] *desid. in* Ed. Arg. == C. XVIII. [101] Ivo Pan. l. 8, c. 129. Decr. p. 12, c. 43. [102] *desid. ap.* Iv. Decr. et in Edd. coll. o. pr. Lugdd. Par. [103] *quia non est in augurio homo, qualis ego* : Edd. coll. o. — cf. Genes. c. 44, v. 15. [104] *aut* : Edd. Ven. I, II. Nor. Lugd. I. Par. [105] Ivo. Pan.—Edd. coll. o. pr. Lugdd. Par. [106] *add.* : *sint* : Edd. coll. o. pr. Arg. [107] *deputentur* : Edd. coll. o.

ptum et [108] retributionem injuriæ, quæ infirmis illic concessa sunt, sibi nocere non posse. Quæ omnia cunctis liquet quanta animadversione veritas insequitur [109], quæ nobis jam significationis suæ umbra postposita in vera carne declaratur.

### C. XX. *Obstetrices de pietate remuneratæ de mendacio sunt punitæ.*

*Idem eodem lib. cap. 2.* [110]

Si quælibet culpa sequenti solet pia operatione purgari, quanto magis hæc facillime [111] abstergitur, quam mater boni operis pietas ipsa comitatur? Nonnulli vero de [112] obstetricum fallacia conantur asserere, hoc mendacii genus non esse peccatum, maxime quod illis mentientibus scriptum est [113] : *quia ædificavit illis Dominus domos* [114] n. In qua magis recompensatione cognoscitur, quid mendacii culpa mereatur. Nam benignitatis earum merces, quæ eis in æterna potuit vita retribui, præmissa [115] culpa mendacii in terrenam [116] est recompensationem declinata.

*Gratian.* Abraham quoque loquens ad pueros suos ait [117] : Sedete hic cum asino; ego et puer illuc usque pertransibimus, et, quum adoraverimus, revertemur ad vos ; *licet aliud se facturum deliberaret, tamen excusatur a mendacio. Unde Ambrosius in libro de Patriarchis* [118] : Prophetavit Abraham [119], quod ignorabat. Ipse solus disponebat redire immolato filio. Sed Dominus per os ejus locutus est quod parabat. Captiose autem loquebatur cum servulis, ne cognito negotio aut impediret [120] aliquis, aut gemitu obstreperet aut fletu.

V. Pars. § 1. *Quandoque aliquid jubendo significamus velle fieri, quod tamen fieri nolumus, sed experimentum obedientiæ quærimus, sicut Abraham a Deo tentatus legitur* [121], *quum jussus est immolare filium, quem Dominus nolebat ab eo occidi. Unde in eodem libro idem Ambrosius* [122] : Non enim volebat Deus immolari a patre filium [123], nec impleri hoc munus volebat, qui ovem pro filio immolandam obtulit, sed tentabat affectum patris, si Dei præcepta præferret filio. Et *infra* : Non injicias, inquit, manum in puerum, neque facias ei [124] quidquam. *Et infra* : Affectum tuum inquisivi, non factum exegi; tentavi mentem tuam, si etiam filio dilectissimo non parceres propter me. Non aufero quod donavi ipse, nec hæredem invideo, quem largitus sum non habenti.

### C. XXI. *Simulatio utilis est et in tempore assumenda.*

*Item* Hieronymus *in epist. ad Galatas, c. 2.*

Utilem simulationem et in tempore assumendam, Jehu regis Israel nos doceat exemplum, qui, quum non potuisset interficere sacerdotes Baal, nisi se finxisset [125] velle idolum colere, dixit [126] : *Congregate mihi omnes sacerdotes Baal. 'Si enim' rex Achab servivit Baal.* [127] *in paucis, ego serviam ei* [128] *in multis.* Et David [129], quando mutavit faciem suam coram Abimelech, et dimisit eum, et abiit. Nec mirum quamvis justos homines tamen aliqua simulare pro tempore ob suam et aliorum salutem, quum et ipse Dominus noster [130], non habens peccatum, nec carnem peccati, simulationem peccatricis carnis assumserit [131], ut, condemnans in carne peccatum, nos in se faceret justitiam Dei.

*Gratian. Ecce, quæ mendacia sunt venialia, et quæ damnabilia.* § 1. *Sed quæritur, quare dicat Augustinus, non esse mentiendum pro temporali vita alicujus, quum Abraham descendens in Ægyptum rogaverit Saram, ut sororem ejus se esse mentiretur, dicens* † : Novi, quod pulchra sis mulier, et quod, quum viderint te Ægyptii, dicturi sunt, uxor illius est, et interficient me, et te reservabunt. Dic ergo, obsecro te, quod soror mea sis, ut bene sit mihi propter te, et vivat anima mea ob gratiam tui. *Sed Abraham non mendacium dici, sed verum taceri voluit. Unde idem* Augustinus *ait in quæstion. Genes. quæst. 26. q* [132] :

### C. XXII. *Quomodo Abraham excusetur a mendacio qui Saram sororem suam esse dixit.*

Quæritur, cur Patriarcha mentiri voluit, ut diceret Saram sororem suam, et non potius Deo commisit, qui, si vellet, ejus pudicitiam apud Pharaonem servare posset. Sed veritatem voluit celari, non mendacium dici. Soror enim dicitur, quia filia fratris erat. Et in hoc ostenditur, quod nemo debet tentare Deum suum, dum habet quod rationabili consilio faciat. Fecit quod potuit : quod non potuit Deo commisit, in quem speravit, nec eum fides aut spes fefellit. Si autem interrogatus illam 'feminam' indicasset [133] uxorem, duas res tuendas committeret Deo, et vitam suam, et uxoris pudicitiam.

*Gratian. Item opponitur, quod Jacob* [134] *mentiendo*

### NOTATIONES CORRECTORUM.

C. XXII. ¶ In quæstione ipsa 26. non sunt omnia verba hujus capituli : sed confectum est etiam ex lib. 22. contra Faustum, et contra Secundinum, et ex aliis locis.

---

QUÆST. II. C. XIX. [108] *dicat reributionem* : Ed. Bas. [109] *insequatur* : ead. = C. XX. [110] Prior cap. pars leg. ap. Iv. Decr. p. 12, c. 41. [111] *facile* : orig. — Ivo. — Edd. coll. o. [112] *ex* : Edd. Lugdd. II, III. — desid. in rell. [113] Exod. c. 1, v. 21. [114] *domum* : Edd. Ven. I. Nor. [115] *admissa* (al. : *admixta*) : orig. [116] *terrena recompensatione* : Edd. coll. o. pr. Lugdd. II, III. [117] Gen. c. 22, v. 5. [118] l. 1, de Patr. c. 8. [119] desid. in Ed. Arg. Bas. Nor. [120] *add.* : *eum* : Edd. coll. o. [121] Genes. c. 22. [122] *eod.* c. 8. [123] *add.* : *suum* : Edd. coll. o. pr. Arg. Nor. Ven. I. [124] *illi* : Edd. coll. o. = C. XXI. [125] *finxit* : missa voce : *nisi* : Edd. Bas. Lugdd. II, III. [126] *dicens* : Edd. coll. o. — cf. 4 Reg. c. 10, v. 18, 19. [127] *ei* : Edd. coll. o. [128] *sibi* : eæd. pr. Lugdd. II, III. [129] 1 Reg. c. 21. [130] *add.* : *Jesus Christus* : Edd. Bas. Lugdd. II, III. [131] *assumsit* : Edd. coll. o. pr. Lugdd. II, III. † Gen. c. 12. v. 11, sqq. = C. XXII. [132] Verba Augustini in hoc capite hinc inde sunt mutata. Similia leguntur in l. 22, contra Faustum c. 33. et 34. [133] *judicaret* : Edd. Arg. Bas. — *indicaret* : Edd. rell. [134] Genes. c. 22.

et sibi profuit, et alii nocuit, nec tamen reprehenditur, sed commendatur. Sed Jacob dicendo se esse Esau primogenitum, non est mentitus. Non enim dixit se esse primogenitum nascendo, sed jus primogeniturae, illo vendente, rite adeundo. Sic et Christus Joannem dixit [135] esse Heliam, non persona, sed imitatione virtutis. Erat ergo Jacob Esau, non nascendo, ut diximus, sed emptione primogeniturae, de non primogenito in primogenitum transeundo, sicut et ipse Esau primogenita vendendo de primogenito non primogenitus fieri meruit. Sic et Judaei, quum essent filii Abrahae carne, quia non fuerunt filii ejus imitatione, non deputantur inter filios Abrahae, sed dicuntur filii diaboli, cujus filii sunt, non nascendo, sed imitando. Unde a Domino audire meruerunt [136]: Si filii Abrahae estis, opera Abrahae facite; nunc autem quaeritis me interficere, hominem, qui veritatem locutus sum vobis. Hoc Abraham non fecit. Vos ex patre diabolo estis, et desideria patris vestri facere vultis. §. 1. Econtra gentiles, quum secundum originem carnis ab Abraham essent alieni, tamen imitatione fidei et justitiae successerunt in filios Abrahae. Unde ab Apostolo [137] dicitur eisdem: Si autem Christi, ergo Abrahae semen estis. Hinc idem Apostolus scribens Romanis ait [138]: O tu Judaee, si circumcidaris, nec legem observes, circumcisio tua praeputium facta est, quomodo et praeputium, si justitias legis custodiat, in circumcisionem reputatur. Praefertur ergo, ut ex praemissis colligitur, imitatio operis origini carnis. Veraciter ergo, non mendaciter, Jacob se dixit Esau esse; nec mentiendo, sed verum dicendo sibi profuit, alteri vero non nocuit, quia benedictionem sibi debitam accepit, non alienum surripuit. §. 2. Episcopus vero iste, de quo agitur, etsi falsum juravit, tamen quia, ut supra dictum est, ream [139] linguam non facit nisi rea mens, nequaquam reus perjurii habetur. Probatur hoc etiam exemplo Saulis, qui, quum esset pugnaturus contra Philistaeos, juravit se interfecturum quicunque ante solis occasum comederet. Jonathas [140] autem filius ejus, non audito regis juramento, quum pugnando magnam hostium stragem dedisset, et salutem fecisset in Israel, fame laborans vidit favum mellis, quem regia virga, quam gestabat in manibus, accepit et comedit statimque oculi, quos fere fames clauserat, aperti sunt, et facies ejus exhilarata est. Quo comperto Saul voluit eum dare neci; sed precibus et pia populi supplicatione placatus mortis revocavit sententiam, ne interficeretur ille, per quem salus data erat in Israel, et quo pugnante de manibus hostium populus ille liberatus fuerat. Ecce Saul falsum juravit, quia quod jurejurando se facturum decrevit, precibus populi revocatus non fecit. Nec tamen perjurii reus arguitur, quia, quantum in ipso fuit, quod juravit implevit, dum sententiam mortis in filium dedit, quam non carnali affectu, sed populi supplicatione revocavit.

## QUAESTIO III.

### GRATIANUS.

Quum ergo, ut ratione et exemplo monstratum est, episcopus reus perjurii non esset, consueta obedientia ab archidiacono sibi denegari non debuit, quum, etiamsi criminosum illum esse constaret, ante diffinitivam tamen sententiam, ut supra monstratum est, nulli clericorum suorum ab eo liceret discedere. Constat ergo illicitum esse quod archidiaconus juramento firmavit. Unde merito quaeritur, an debeat servari, vel non?

## QUAESTIO IV.

### GRATIANUS.

Pars. Quod autem illicita juramenta servari non debeant, in Toletano Concilio VIII. cap. 2. legitur, in quo sic statutum est [1]:

C. I. *Melius est vota stultae promissionis non implere quam crimen committere.*

Si publicis sacramentorum gestis (quod Deus avertat) a quibuslibet illicita vel non bona exstitisset conditio allegata [2], quae aut jugulare animam patris, aut agere [3] compelleret stuprum sacratissimae [4] virginis, nunquid non tolerabilius esset stultae promissionis vota rejicere, quam per inutilium promissorum custodiam exhorrendam criminum implere mensuram?

C. H. *Aliquando non expedit promissum servare sacramentum.*

Item Ambrosius de officiis, lib. I. cap. 50. [5]

Est etiam contra officium nonnunquam solvere promissum sacramentum 'custodire' [a], ut Herodes, qui juravit, quoniam quicquid petitum [6] esset, daret filiae Herodiadis, 'et' necem Joannis praestitit, ne promissum negaret.

Gratian. Item in sermone S. Augustini Episcopi de decollatione S. Joannis Baptistae, qui sic incipit:
« Quum sanctum evangelium legeretur [7]:

---

NOTATIONES CORRECTORUM.

Quaest. IV. C. II. [a] *Custodire*: Addita est vox ista ex originali, et concilio Toletano, in quo refertur.

---

Quaest. II. C. XXII. [135] Matth. c. 11. [136] Joan. c. 8, v. 59. [137] Gal. c. 3, v. 29. [138] Rom. c. 2, v. 25, 26. [139] supra ead. c. 3. [140] 1 Reg. c. 21.
Quaest. IV. C. I. [1] hab. A. 655. — Ivo Pan. l. 8, c. 90. Decr. p. 12, c. 9. [2] *alligata*: Coll. Hisp. — Ivo. — Edd. Lugdd. II, III. [3] *gerere*: Edd. coll. o. [4] *sanctissimae* : Ivo Pan. = C. II. [5] cf. conc. Tol. VIII. ib. — Ivo Pan. l. 8, c. 91. Decr. p. 12, c. 10. Petr. Lomb. Sent. l. 3, dist. 59. [6] *petitus* : Ivo Decr. — *petitura* : Pan. — Edd. coll. o. — cf. Matth. c. 14. [7] Ivo Pan. l. 8, c. 92. Decr. p. 12, c. 11. Petr. Lomb. ib.

**C. III.** *Pietas fuit, quod David Nabal, sicut juraverat, non occiderit.*

Quod David juramentum per sanguinis effusionem non implevit, major pietas fuit. Video [b] David pium hominem et sanctum in temerariam jurationem cecidisse, et maluisse non facere quod juraverat, quam jurationem suam fuso hominis sanguine implere [8].

**C. IV.** *De eodem. Idem ibidem* [9].

Juravit David temere, sed non implevit jurationem majori pietate. *Et infra*: §. 1. Ecce S. David non [10] quidem iratus sanguinem hominis fudit: sed eum falsum jurasse negare quis poterit [11]? De duobus peccatis elegit minus [12]; sed minus fuit illud in comparatione majoris [13]. Nam, per se ipsum appensum, magnum malum est falsa [14] juratio [15].

**C. V.** *Turpia vota servanda non sunt.*

*Item* Isidorus *in Synonymis, libro secundo* [c] [16].

In malis promissis rescinde fidem. In turpi voto muta decretum. Quod incaute vovisti ne [17] facias. Impia "enim" est promissio, quae scelere adimpletur.

**C. VI.** *Non est observandum juramentum, quo malum incaute promittitur.*

*Item* Beda *in homil. XLIV. in natali decollationis S. Joannis* [18].

Si aliquid forte nos incautius jurasse [19] contigerit, quod observatum pejorem vergat in exitum, libere illud consilio salubriore mutandum noverimus, ac magis instante necessitate pejerandum nobis, quam pro vitando perjurio in aliud crimen gravius esse divertendum. Denique juravit David [20] per Dominum [21] occidere Nabal virum stultum et impium, atque omnia, quae ad illum [22] pertinerent, demoliri. Sed ad primam intercessionem Abigail feminae prudentis mox remisit minas, revocavit ensem in vaginam, neque aliquid culpae se tali [23] perjurio contraxisse doluit.

**C. VII.** *De duobus malis minus eligi oportet.* Idem *ibidem* [24].

Non solum in [25] jurando, sed in omni [26], quod agimus, haec est moderatio solertius [27] observanda, ut, si in talem forte lapsum versuti hostis inciderimus insidiis, ex quo sine aliquo peccati contagio surgere non possimus [28], illum potius evadendi aditum petamus, in quo minus periculi nos perpessuros esse cernimus.

**C. VIII.** *Tolerabilius est juramentum non implere, quam turpe est facere.*

*Item* Ambrosius *de officiis lib. III, c. 12.* [29]

Unusquisque simplicem sermonem [30] proferat; vas suum in sanctificatione possideat, nec fratrem suum circumscriptione verborum inducat; nihil promittat inhonestum, aut, si promiserit, tolerabilius est promissum non facere, quam facere quod turpe sit. Saepe [31] plerique constringunt se ipsos jurisjurandi sacramento, et quum ipsi cognoverint promittendum non fuisse, sacramenti tamen contemplatione faciunt quod spoponderunt, sicut de Herode supra scripsimus, qui [32] saltatrici praemium [33] turpiter promisit, crudeliter solvit. Turpe [34], quod regnum pro saltatione promittitur; crudele [35], quod mors Prophetae pro jurisjurandi religione donatur [36]. Quanto tolerabilius tali fuisset perjurium sacramento † ? Si tamen perjurium possit dici quod ebrius inter vina juraverat, quod eviratus [d] inter saltantium choros promiserat. Infertur disco Prophetae caput, et hoc aestimatum est fidei esse, quod amentiae [37] fuit. *Et post pauca de Jephte* [38] *disserens*: §. 1. Miserabilis, inquit, necessitas, quae solvitur parricidio. Melius est non vovere, quam [39] vovere id, quod sibi is, cui promittitur, nolit exsolvi. *Et post paululum*: §. 2. Non [40] semper igitur promissa solvenda [41] omnia sunt. Denique ipse Dominus frequenter suam mutat sententiam, sicut Scriptura indicat.

### NOTATIONES CORRECTORUM.

**C. III.** [b] *Video*: Haec sunt verba B. Augustini in eo sermone. Antecedentia autem videntur summa quaedam, nec sunt apud Ivonem aut in Panormia.

**C. V.** [c] *Secundo*: Etiam B. Braulius in vita Isidori memorat duos Synonymorum libros. Et in Synonymis, quae nuper cum aliis Isidori operibus sunt Parisiis impressa, facile locum haberet divisio in duos libros. Nam ex posteriore parte videtur sumtus libellus de norma vivendi, qui in eodem Parisino codice habetur. Alter autem libellus de contemptu mundi, qui et ibidem, et antea Antuerpiae, et olim Venetiis sub hoc titulo: *Isidorus de homine et ratione deflente, et de homine et ratione consolante*, impressus est, videtur epitome quaedam Synonymorum.

**C. VIII.** [d] *Eviratus*: Emendatum est ex B. Ambrosio et Ivone. Antea enim legebatur: *et juratus*.

---

Quaest. IV. C. III. [8] *adimplere*: Edd. coll. o. = C. IV. [9] Ivo Decr., Petr. Lomb. ib. — Pan. ib. c. 95. [10] *juramento quidem adstrictus*: Ivo Pan. — Edd. coll. o. [11] *potuit*: Ed. Arg. [12] *minimum*: Ivo. — Edd. coll. o. [13] *prioris*: Ivo Pan. — *pejoris*: Edd. coll. o. [14] *falsum*: eæd. pr. Arg. Bas. [15] *jurare*: Ivo. — Edd. coll. o. = C. V. [16] Ivo Decr. p. 42, c. 12. — cf. conc. Tolet. VIII, c. 2, et Tribur. c. 21. [17] *non*: orig. — Ivo. Edd. Arg. Bas. = C. VI. [18] Ivo Pan. l. 8, c. 94. Decr. p. 12, c. 13. — cf. infra c. 16. [19] *jurare*: Edd. coll. o. [20] 1 Reg. c. 25. [21] *Deum*: Edd. coll. o. [22] *eum pertinebant*: eæd. [23] *pro tali*: eæd. = C. VII. [24] Ivo Pan. l. 8, c. 95. Decr. ib. [25] *desid.* in Edd. Arg. Bas. [26] *omne*: Ivo Pan. — Edd. coll. o. pr. Lugdd. II, III. [27] *sollicitius*: Edd. coll. o. [28] *possumus*: eæd. — Ivo P..n. = C. VIII. [29] Ivo Decr. p. 42, c. 17. — cf. conc. Tolet. VIII, c. 2. [30] add.: *suum*: Edd. Arg. Bas. Lugdd. II, III. [31] Ivo Pan. l. 8, c. 101. [32] Matth. c. 14. [33] add.: *quod*: Edd. coll. o. [34] add.: *est*: eæd. [35] add.: *est*: eæd. [36] *homicicio*: — Ivo Pan. † *homicicio*: Ivo Decr. * Nec tamen ita in omnibus Ambrosii codd. legitur; testantur enim opp. Ambros. Edd. Maurini in quibusdam legi: *dejeratus*; in aliis: *ejuratus* (quemadmodum in Panormia); in aliis: *iratus*. [37] *amicitiæ*: Ivo. — Edd. coll. o. pr. Lugdd. II, III. [38] Jud. c. 11. [39] *quam vov.*: absunt ab Edd. Arg. Bas. [40] cf. infra c. 12. [41] *solvendo*: Ed. Bas.

### C. IX. *Incommutabilis Deus quandoque sua mutat statuta.*

Item ex Concilio Toletano VIII. c. 2.

Incommutabilis eademque semper existens Dei natura 'parcens' sua sæpe in sacris literis legitur mutasse promissa, et pro misericordia temperasse sententiam. Unde quamlibet sit impassibilis atque immutabilis, 'ejusdemque deitatis licet sint dicta firmissima', crebro tamen ejus et juramenta leguntur, et pœnitentia, quæ sacris exstant mysteriis adoperta. Jurare namque Dei est a se ipso nullatenus ordinata convellere : pœnitere vero eadem ordinata, quum voluerit, immutare. Sic per Hieremiam dicit : *Repente loquar adversum gentem, et adversum regnum, ut eradicem et destruam et disperdam illud. Si pœnitentiam egerit gens illa super malo suo, 'quod locutus sum adversus eam', agam et ego pœnitentiam super malo, quod cogitavi, ut facerem ei.*

### C. X. *Sapientis est revocare quod male loquitur.*

Item Augustinus.

Magnæ sapientiæ est revocare hominem quod male locutus est.

### C. XI. *Qua pœna feriatur qui illicitum juramentum facit.*

Item ex Concilio Ilerdensi, c. 8.

Qui sacramento se obligaverit, ut litigans cum quolibet ad pacem nullo modo redeat, pro perjurio uno anno a communione corporis et sanguinis Domini segregatus, reatum suum eleemosynis, fletibus et quantis potuerit jejuniis absolvat. Ad caritatem vero, quæ operit multitudinem peccatorum, celeriter venire festinet.

### C. XII. *Non omnia promissa solvenda sunt.*

Item Ambrosius lib. III. Officiorum, c. 12.

Non semper promissa omnia solvenda sunt. Denique ipse Dominus frequenter suam mutat sententiam, sicut Scriptura indicat.

### C. XIII. *De eodem.*

Item Isidorus *Sententiarum lib. II., c. 31.*

Non est observandum juramentum, quo malum incaute promittitur, veluti si quispiam adulteræ perpetuam cum ea permanendi fidem polliceatur. Tolerabilius est enim non implere sacramentum, quam permanere in stupri flagitio.

### C. XIV. *Male jurans pœnitentiam agat.*

Item ex Concilio Toletano, c. 2.

Necesse est, ut male jurans dignam pœnitentiam agat, eo quod nomen Domini contra præceptum illius sumsit in vanum, quia in Exodo scriptum est : *Nec enim insontem habebit Dominus eum, qui assumserit nomen Domini Dei sui frustra.*

### C. XV. *[Item]* Et in Levitico.

*Non pejerabis in nomine meo, nec pollues nomen Dei tui, ego Dominus.* Malum tamen, quod facturum se sacramento devoverit, omnino non faciat, quia stulta vota frangenda sunt.

### C. XVI. *Juramentum, quo malum incaute promittitur, non est servandum.*

Item ex Decreto Soteris Papæ, c. 3.

Si aliquid forte incautius nos jurasse contigerit quod observatum pejorem vergat in exitum, illud consilio salubriore mutandum noverimus, et magis instante necessitate pejerandum nobis, quam pro facto juramento in aliud crimen majus esse divertendum.

## NOTATIONES CORRECTORUM.

C. IX. Initium hujus capituli emendatum est ex editionibus conciliorum Coloniensibus, et codice Lucensi regio. In vetustioribus autem editionibus, et duobus codicibus Vaticanis, duobusque monasterii Dominicani post versic. *Innectenda*, quod in ipso concilio antecedit huic capitulo, sequitur continenter : *Etenim immutabilis deitatis licet dicta sint firmissima, crebro tamen etc.* intermediis omissis.

C. XIV. Verba propria hujus et sequentis capitis non sunt in can. 2. conc. Toletani VIII, quo tamen citant Rabanus in lib. pœnit. c. 21., et Burchardus lib. 12. c. 29. Conjuncte enim hoc affert cum iis, quæ in secundo illo canone leguntur. Idem vero Burchardus c. 7. citat ex Toletano c. 9. Ivo autem absolute ex Toletano. Suntque apud ipsos hæc duo capita conjuncta, quemadmodum et in aliquot vetustis Gratiani exemplaribus, sine voce ista : *Item.*

C. XVI. Ita etiam cæteri collectores. Sed supra ead. c. Si aliquid, iisdem verbis affertur ex Beda, apud quem habetur, ut ibi est indicatum.

Pro facto : Apud Ivonem et in Panormia legitur : pro vitando perjurio, ut sup. ead. c. 6. In Polycarpo autem : profecto in aliud. Anselmus habet quemadmodum Gratianus.

---

QUÆST. IV. C. IX. hab. A. 655. *Incomm. idem semperque exs. Deus Deique svmma natura* : Edd. Arg. Bas. — *Incomm. Deus. idemque semper ex., Deique* (Dominique : Ed. Ven. I, *denique* : Ed. Nor.) *summa natura* : Edd. rell. *idemque* : Coll. Hisp. *add.* : *summi* : ib. *præcellens* : ib. *licet* : Edd. coll. o. *incommutabilis* : eæd. *idem quidem deitate firmissima* : Coll. Hisp. *exstat* : Ed. Bas. Ilier. c. 18, v. 7. *et disp.* : desid. in Ed. Arg.—*dispergam* : Ed. Bas. *a* : Coll. Hisp.— Edd. coll. o. desid. in Ed. Bas. *a* : Edd. coll. o. *eis* : eæd.=C. X. *Caput incertum.* = C. XI. hab. A. 546.— Reg. l. 2, c. 321. Burch. l. 12, c. 17. Coll. tr. p. 2, t. 34, c. 6. Ivo Decr. p. 12, c. 74. desid. in Ed. Bas. cf. 1 Petr. c. 4. v. 8.=C. XII. cf. supra c. 8. Ivo Pan. l. 8, c. 102. ( : *ex conc. Hilerdensi*). desid. in Ed. Arg. Bas. =C. XIII. Burch. l. 12, c. 10. Ivo Pan. l. 8, c. 112. Decr. p. 12, c. 36, et 67. Polyc. l. 6, t. 12. —cf. conc Tolet VIII, c. 2. *conservandum* : orig. — Burch. Ivo c. 67. *sacramentum* : orig. Burch. Ivo.—Edd. coll. o. =C. XIV. In conc. Tot. VIII, loci tantum Exodi (c. 20, v. 7), et Levitici (c. 19, v. 12), qui in hoc et sequ. cap. prostant, leguntur. — cf. Corr. — Burch. l. 12, c. 7, et 29. Ivo Decr. p. 12, c. 64. *sumsit* : Edd. coll. o. desid. in Ed. Arg. Bas. abest ab Ed. Bas. =C. XV. Levit. c. 19, v. 12. *enim* : Edd. Bas. Lugd. l. *devoverat* : Edd. coll. o. =C. XVI. cf. supra c. 6. — Reg. l. 2, c. 325. Burch. l. 12, c. 18. Ans. l. 11, c. 73 (75). Ivo Pan. l. 8, c. 118. Decr. p. 12, c. 75. Polyc. l. 6, t. 11. *perjurandum* : Edd. coll. o. pr. Lugdd. — Reg. Ivo. *perfecto* : Reg. Burch.

**C. XVII.** *Temeritas emendetur, quum incauta diffinitio solvitur.*

**Item ex Concilio Eliberitano, c. 1** [78].

Diffinitio incauta laudabiliter solvenda est, nec est prævaricatio, sed temeritatis emendatio.

**C. XVIII.** *Illicitum juramentum non est servandum.*

**Item** [77].

Actione quarta septimæ synodi [k] Joannes apocrisarius orientalium sedium dixit : Significat sermo patris nostri Sophronii, quod melius sit jurantem pejerare [76], quam servare sacramentum in fractione sacrarum imaginum. Hoc autem dicimus, quia sacramento quidam se excusant. Tarasius patriarcha dixit : Quia pater [1] Sophronius noverat bonitatem Dei, propterea transgredi voluit impium juramentum. *Item paulo post* : §. 1. Tarasius patriarcha dixit : Herodes servavit juramentum, et periit : Petrus vero negavit cum juramento, et conversus flevit, et salvatus est [79]. Omne enim peccatum bonus Deus indulget, si quis ex toto corde pœniteat. Sancta synodus dixit : Sic 'nos' docet [80] sancta Scriptura. Item Leontius [81] episcopus Phoceæ [82] dixit : Scriptum est [83] : *Juramentum mendax ne diligatis.* Qua de causa juramentum nostrum mendax dissolvatur, quasi nullam virtutem habens.

**C. XIX.** *Non observentur juramenta, quæ sunt contra divina mandata.*

**Item Isidorus** — [84].

Si quis præventus fuerit, ut definiat agere aliquid eorum, quæ non placent Deo, pœnitentiam agat, et quod contra mandatum Domini statutum est in irritum revocetur. *Item Hieronymus in libro † de natura* : § 1. Tribus siquidem modis juramenta contracta solvenda sunt. Primo, quum quis male jurat. Secundo, quum quis incaute jurat, non putans hoc esse peccatum. Tertio, si pueri vel puellæ in domo parentum se juramento constrinxerint, patribus postquam audierint, contradicentibus.

**II. Pars. Gratian.** *Ecce, quod juramenta illicita laudabiliter solvuntur, damnabiliter servantur. Quod tunc intelligendum est, quando juramentum illicitum deseritur, ut ad bonum redeatur.* §. 1. *Ceterum si propterea deseritur, ut in aliud malum transeatur, illicitum sacramentum damnabiliter servatur, sed damnabilius contemnitur.*

*Unde Augustinus de bono conjugali, c. 4.* [85] :

**C. XX.** *Non est appellanda fides, quæ ad peccatum faciendum adhibetur.*

Si [86] ad peccatum faciendum fides adhibetur [87], mirum, si fides appellanda est [88]. Verumtamen, quiscunque sit, si et contra ipsam fit, pejus fit [89], nisi quum propterea deseritur, ut ad veram fidem legitimamque redeatur, id est ut peccatum emendetur voluntatis pravitate correcta, tanquam si quis, quum hominem solus exspoliare non possit [90], inveniat socium iniquitatis, et cum eo pacisatur, ut simul id faciant, spoliumque partiantur, quo facinore commisso totum solus auferat. Dolet quidem ille, et fidem sibi non esse servatam conqueritur ; verum in ipsa sua querela cogitare debet, potius in bona vita ipsi humanæ societati fidem fuisse servandam [91], ne præda iniqua ex homine fieret, si sentit, quam inique sibi in peccati societate servata non fuerit. Ille quippe utrobique perfidus profecto sceleratior judicandus est.

**C. XXI.** *Si propterea fides non servatur, ut ad bonum redeatur, non ideo violari dicitur.*

*Idem ibidem* [92].

Mulier, si fide conjugali violata fidem servet adultero, utique mala est ; sed [93] si nec adultero, pejor 'est'. Porro si eam flagitii pœniteat, et ad castitatem rediens conjugalem pacta ac placita adulterina rescindat, miror, si eam fidei violatricem vel ipse adulter putabit.

**Gratian.** *Ex his itaque apparet, quod si quisquam,*

---

**NOTATIONES CORRECTORUM.**

**C. XVII.** [i] Ivo citat ut Gratianus. Burchardus autem ex concilio Hibernensi, et sic est in manuscripta collectione canonum incerti auctoris.

**C. XVIII.** [k] *Actione quarta septimæ synodi* : Hæc verba in uno vetusto Gratiani codice sunt titulus (quemadmodum et apud Ivonem), initium vero capitis est : *Joannes, etc.* et versio hæc non est Anastasii bibliothecarii.

[1] *Quia Pater* : Aliter habet locus ille synodi. Ibi enim ex Limonario, seu Horto spirituali, cujus auctor est Sophronius, refertur consilium abbatis Theodori Æliotæ datum incluso, ut juramentum diabolo præstitum de non adoranda imagine Virginis Mariæ, Jesum infantem gestantis, nullo modo servaret.

**C. XIX.** [m] In libro de Institutis monachorum B. Basilii, Rufino interprete, hæc leguntur : *Si quis præventus fuerit, ut diffiniat agere aliquid eorum, quæ non placent Deo.* In responsione vero subjicitur : *pœnitentiam debet agere,* et posteà : *oportet irrita revocare quæcunque ex præsumtione contra mandatum Dei statuuntur.*

---

QUÆST. IV. C. XVII. [76] Legitur in l. 34, collectionis canonum Hibernensium, quam in tomo I, Spicilegii edidit d'Acherius. — Burch. l. 12, c. 25. Ivo Decr. p. 12, c. 80. = C. XVIII. [77] hab. A. 787. — Ivo Pan. l. 8, c. 98—100. Decr. p. 12, c. 15. Petr. Lomb. l. 3, dist. 39. [78] *perjurare* : Ivo. — Edd. coll. o. pr. Lugdd. [79] *fuit* : Edd. Arg. Bas. [80] *doceat* : Ed. Bas. [81] *Leontinus* : Edd. Lugdd. [82] *Phoceæ* : Ed. Par. — *Phoceæ* : Edd. rell. cum Iv. [83] Zachar. c. 8, v. 17. = C. XIX. [84] Prior pars capitis est ap. Basilium in regulis brevioribus interr. 184; altera in pœn. Rom. edito ab Ant. Augustino t. 2, c. 15. — Coll. tr. p. p. 2, t. 14, c. 16. † *Hieronymi de natura rerum* nullus liber exstat. = C. XX. Ivo Pan. l. 8, c. 86. Decr. p. 12, c. 14. [86] *Quum vero ad pecc. admittendum* : orig. [87] *adhibeatur* : Edd. Arg. Bas. — *exhibeatur* : Edd. rell. [88] *appellatur* : Ivo. — *appelletur* : Edd. coll. o. [89] *est* : exd. [90] *posset* : Edd. Arg. Bas. [91] *observandam* : cæd. = C. XXI. [92] Ivo Pan. l. 8, c. 97. Decr. ib. [93] *desid.* in Edd. Arg. Bas.

ut diximus, illicitum juramentum non servaverit, ut in aliud malum perniciosum declinet, tanto gravius delinquit, quanto damnabilius accumulantur peccata peccatis. Si autem propterea deseritur, ut ad bonum redeatur, nihil culpæ pro tali perjurio contrahitur ; potius deflendum est, si in aliquo illius juramenti occasione nos deliquisse contigerit. Unde Augustinus scribit Severo Milevitano Episcopo, consulenti de quodam Hubaldo, qui a consanguineis cujusdam pellicis coactus fuerat jurare, se illam ducturum in conjugem, nec matri suæ vel fratribus ulterius necessaria subministraturum. Rescribit ergo B. Augustinus, ut diximus, Severo Milevitano episcopo, ita dicens [94]:

C. XXII. *De quodam Hubaldo, qui juravit se non ministraturum necessaria matri et fratribus.*

Inter cetera, ut rogaveras, a patre nostro Ambrosio quæsivi, quid tibi, carissime [95], agendum sit de Hubaldo parochiano tuo, qui captus et timore necis impulsus [96] suæ concubinæ juramento firmavit ipsam in conjugem suscipere, propriamque matrem cum fratribus de domo expellere, nihilque eis alimoniæ unquam impendere. Quia vero quam prius concubinam [97] habuerat non est peccatum in conjugem suscipere, matrimonium sit in Deo firmum et stabile. § 1. Porro juramentum non ob hoc fuisse institutum invenitur, ut esset vinculum iniquitatis, vel matricidii, vel fratricidii, seu cujuscunque criminis. Nec credo sacramentum ad hoc debere fieri, ut injusta juratio suorum bonorum sit injuste jurantibus exspoliatio, et accipienti [98] æterna damnatio. Perjurii namque percutitur pœna, et velut homicida in extremo examine a justo judice degrandinabitur, per quem sacrosanctum evangelium ad injustum et illicitum, et Deo minime amabile, quasi testimonium justæ et humanæ petitionis adducitur. § 2. Foveat itaque Hubaldus matrem et fratres, et lugeat, si coactione et timore juramenti aliquid defuit matri. Qui vero eum jurare coegerunt quod non debuit, reatu perjurii impliciti teneantur. Injuria quippe injuste irrogata ejus est infamia, qui facit. Nec enim ullo modo ad opprobrium coactæ voluntatis traditur quod illicita conditio necessitatis extorsit.

III. Pars. Gratian. Sed quum his omnibus illicita juramenta non servanda probentur, opponitur, quod Josue [99] Gabaonitas contra præceptum Domini non deleverit, quia seniores Israel juramento cum eis pacem firmaverant. Sed notandum est, quod seniores Israel, etsi scirent a Domino esse imperatum, ut delerent gentes terræ promissionis, decepti tamen a Gabaonitis nesciebant eos esse incolas terræ promissæ. Venerunt enim (ut historia refert) attritis calceamentis, et cum aridis panibus, dicentes : *Viri pacifici, venimus de terra longinqua, calceamenta sunt attrita in pedibus nostris; panis defecit in sitarciis nostris; audivimus Dominum esse vobiscum , et venimus componere pacem. Quod verbum placuit senioribus Israel, et fecerunt pacem cum eis. Post diem vero tertium, quum filii Israel appropinquarent Gabaonitis, occurrerunt eis, quibus juraverant seniores Israel. Illi autem videntes se esse deceptos , voluerunt delere eos, sed pepercit eis Josue propter juramentum seniorum Israel.*

Unde Ambrosius in lib. *Officiorum III.,* c. 10.
C. XXIII. *Quædam, licet a Deo prohibeantur, tamen juramento firmata non sunt evitanda* [100].

Innocens [101] credit omni verbo. Non [102] vituperanda facilitas, sed laudanda bonitas. Hoc est innocentem esse, ignorare quod noceat, et, si circumscribitur ab aliquo, de omnibus tamen 'bene' judicat qui fidem esse in omnibus arbitratur. Hac igitur mentis suæ devotione [103] inclinatus Josue [104], ut crederet Gabaonitis, testamentum [105] disposuit [106], pacem dedit, confirmavit societatem. Sed ubi in terras eorum ventum est, deprehensa fraude, quod, quum essent finitimi, advenas se [107] esse simulaverant, circumscriptum se populus patrum indignari cœpit. Josue [108] tamen pacem, quam dederat, revocandam non censuit, quia firmata erat sacramenti religione, ne, dum alienam perfidiam redargueret, suam fidem solveret. Mulctavit [109] tamen eos vilioris obsequio ministerii. Clementior [110] sententia, sed diuturnior.

Gratian. *Illicitum ergo juramentum, quod servari prohibetur, intelligendum est, quod scitur esse illicitum, dum juratur. Si autem nescitur illicitum esse, ipsa ignorantia excusat, si putetur licitum esse, non ex ignorantia juris, sed facti. Aliud enim est, si alicujus copula credatur esse licita, quia nescitur esse consanguinea, vel quia creditur esse vidua ; aliud, si ideo putatur licita, quia consanguineorum conjunctio vel relictarum copula nullo jure credatur esse prohibita. Hic enim est ignorantia juris, quæ neminem excusat, nisi cui permittitur jus ignorare; ibi vero ignorantia facti, qua quisque vere excusatur. Seniores autem Israel non ignorabant gentes terræ promissionis ex præcepto Domini esse delendas; sed ignorabant Gabaonitas esse incolas terræ promissionis. Ignorabant siquidem factum, sed non ignorabant jus facti, atque ideo, etsi illicitum esset quod juraverunt, tamen debuit quod juramento firmaverunt. § 1. Quod autem illicitum juramentum servari prohibetur, non est generaliter intelligendum. Juramentum namque (ut Hieronymus testatur super Hieremiam)* [111], *debet habere*

Quæst. IV. C. XXI. [94] Nihil hunc canonem cum Augustino commune habere censemus. = C. XXII. [95] desid. in Edd. Arg. Bas. [96] compulsus : cæd. [97] desid. in Edd. coll. o. pr. Bas. Lugdd. II, III. [98] add. : etiam sit : Edd. Bas. Lugdd. II, III. [99] Jos. c. = C. XXIII. [100] servanda : Edd. Ven. I, II. Lugdd. Par. [101] Prov. c. 14, v. 15. [102] add. : est : Edd. Bas. Lugdd. II, III. [103] devote : Ed. Lugd. I. — dote : Edd. rell. [104] non est ap. Ambros. — Jesus : Edd. coll. o. [105] testem Dei : Ed. Bas. — testamentum Dei : Edd. Arg. Nor. Ven. I. Lugdd. II, III. [106] imposuit : Ed. Ven. II. — posuit : Edd. Arg. Nor. Ven. I. [107] se simulaverint : Edd. Arg Brs. [108] Jesus : Edd. coll. o. [109] Mulctavit eos, meliori tamen obsequio ministerii : cæd. [110] add. ; enim : cæd. [111] supra qu. 2, c. 2.

tres comites, veritatem, judicium, et justitiam; ubi autem ista defuerint, non est juramentum, sed perjurium. Unde datur intelligi illicitum esse juramentum, cui aliquod istorum defuerit; non tamen cuicunque contigerit aliquod istorum deesse prohibetur servari. § 2. Aliquando namque juramento deest justitia; veluti, quum quispiam post votum castitatis ducit uxorem, juramento firmans, nunquam se ab ea discessurum, quod, quamvis illicitum sit, quia justitia sibi probatur deesse, tamen auctoritate Augustini servari præcipitur. Hoc autem si quis contendat prærogativa conjugii, non propter religionem jurisjurandi servari, animadvertat, Gabaonitas ob solam religionem contra Domini imperium reservatos. Quum ergo omne Domini præceptum justum sit, patet ei justitiam deesse, quod ejus præcepto contrarium invenitur. § 3. Judicium quoque aliquando juramento constat deesse, veluti, quum propria temeritate aliquis ductus jurat se manducaturum et bibiturum. Hoc quamvis levitate indiscreta illicitum probetur, non tamen ideo violari jubetur. § 4. Juramentum itaque multipliciter illicitum intelligitur. Est enim illicitum aliquando ex eo quod juratur, aliquando ex causa extra venienti, aliquando ex modo jurandi. Ex eo quod juratur, tunc est illicitum juramentum, quando id, quod juratur, in sui natura vitiosum est vel vitam adimens, ut adulterium, homicidium, et his similia; vel reparari non permittens, veluti cum inimico ad pacem non redire, indigenti misericorditer non subvenire. Ista, quia perspicuam in se habent injustitiam, etsi juramento firmentur, tamen servari non debent. Circa hæc utique juramenta intelligenda sunt quæ de illicitis juramentis non observandis supra statuta leguntur. Quisquis ergo se juramento firmaverit aliquid facturum, quo vel corporalis, vel spiritualis salus adimatur, vel sine quo utraque salus reparari vel confirmari non possit, fidem promissam servare prohibetur; quorum exempla præmissæ auctoritates subjiciunt, dum eum, qui homicidium facere, vel alimenta matri et fratribus non subministrare, in adulterio perseverare, vel ad pacem cum adversario non redire, juramentum præstando promiserit, salubriori consilio illicita vota observare non permittunt. § 5. Est etiam id, quod juratur, aliquando vitiosum, non natura sui, sed ex causis extra venientibus; veluti quum aliquis post votum castitatis jurat alicui se habiturum eam in conjugem. Conjugem namque habere in se ipso malum non est: tamen huic ex voto perniciosum est. Hoc autem juramentum, etiamsi illicitum sit, non tamen servari prohibetur, sed de violatione voti pœnitentia sibi jubetur indici. § 6. Ex modo jurandi tunc est illicitum juramentum, quando inconsiderate et incircumspecte aliquid juratur, quo nec corporalis, nec spiritualis salus adimitur, et sine quo utraque salus reparari et vita conservari valet: veluti dum aliquis a parentibus coactus, ut clericatus tonsuram vel religionis vestem suscipiat, se neutrum facturum juramento firmaverit. Hoc, quamvis aliquibus videatur reprehensibile, quia opus caritatis juramento se non facturum promisit, nulla tamen auctoritate servari prohibetur, quia, etsi nunquam clericatus tonsuram vel religionis vestem suscipiat, non tamen ideo minus salutem promereri valet, quum nonnulli in laicali habitu sanctissimi et Deo dilecti inveniantur. Quo exemplo evidenter datur intelligi, quoties aliquis jurat se non facturum aliquid, quo expeditior sibi via præparetur ad beatitudinem, dummodo sine eo valeat salutem invenire, quod juramentum non prohibetur servare. Unde, quum juramus, nos non daturos aliquid alicui, sine quo utraque salus ejus potest esse incolumis, etsi aliqua ex eo sibi commoditas præstaretur, nulla tamen auctoritate juramentum servare prohibemur, dummodo sit nobis alia via necessitatibus ejus subveniendi.

## QUÆSTIO V.

### GRATIANUS.

I Pars. Quod autem quinto loco quæritur, si licitum esset quod archidiaconus juraverat, an episcopus esset reus perjurii, qui ad pejerandum archidiaconum cogebat? facile potest discerni. Si enim consentiens pari pœna cum faciente puniendus est, multo magis ille, qui cogit, reus admissi criminis probatur. Unde Pius Papa ait [a]:

C. I. *Qui pejerare compellit, et qui compellitur, perjurus uterque probatur.*

Qui compulsus a domino sciens [2] perjurat [3], utrique sunt perjuri, et dominus, et miles: dominus, quia præcepit; miles, quia plus dominum quam animam dilexit. Si liber est, quadraginta dies in pane et aqua pœniteat, et septem sequentes annos; si [4] servus ejusdem, tres quadragesimas et legitimas ferias pœniteat.

C. II. *Pœnitentia ejus, qui in manu episcopi aut in cruce consecrata pejerat.*

Item [5].

Qui pejerat [6] se in manu episcopi, aut in cruce

---

NOTATIONES CORRECTORUM.

Quæst. V. C. I. [a] Anselmus hoc citat ex pœnitentiali Theodori, quemadmodum Buchardus et Ivo seq. capitulum.

Quæst. V. C. I. [1] ex pœn. Theod.: Ans. l. 11, c. 65 (62), ex pœn. simpliciter priorem partem citat. Reg. l. 2, c. 330. — ex Pio Burch. l. 12, c. 4. Ivo Decr. p. 12, c. 61 — cf. pœn. Rom. Ant. August. t. 2, c. 1. — Prior pars est etiam ap. Egbertum de rem. peccat. (Mansi t. 12.) [2] peri. se sciens: Burch. Ivo. — peri., si sciens: Reg. [3] pejerat: Edd. Lugdd. Par. [4] sed si: Edd. Arg. Bas. = C. II. [5] Eadem fere leguntur apud Egbertum l. 1, c. 9, unde allegat Rabanus in ep. ad Heribaldum c. 18. — Reg. l. 2, c. 331, 352. Burch. l. 12, c. 5. Ans. l. 11, c. 64 (63). Ivo Decr. p. 12, c. 62. Polyc. l. 6, t. 11. [6] perjurat: Reg. Ivo. — Edd. cull. o pr. Lugdd. I, II. Par.

consecrata, tres annos poeniteat; si vero in cruce non consecrata, annum unum poeniteat. Qui autem coactus fuerit et ignorans se pejeraverit[7], et postea cognoscit, tres quadragesimas poeniteat.

**C. III.** *Qua poena sit feriendus qui necessitate coactus perjurat.*

Item ex Poenitentiali Theodori[8].

Si quis coactus pro vita redimenda, vel pro qualibet causa vel necessitate perjurat[9], quia plus corpus quam animam dilexit, tres quadragesimas poeniteat. Alii vero judicant tres annos, unum ex his in pane et aqua.

**C. IV.** *Qui pejerat, et alios pejerare facit, qua poena sit feriendus.*

Item Gelasius Papa[b][10].

Si quis pejeravit[11], et alios sciens in perjurium duxerit[12], quadraginta dies poeniteat in pane et aqua, et septem sequentes annos, et nunquam sit sine poenitentia. Et alii, si conscii fuerint, similiter poeniteant.

**C. V.** *Homicidam vincit qui sciens ad perjurium hominem compellit.*

Item Augustinus in sermone de decollatione S. Joannis, [id est serm. XI, de sanctis][13].

Ille[14], qui hominem provocat ad jurationem, et scit eum falsum esse juraturum[15] vincit homicidam, quia homicida corpus occisurus est, ille animam, imo duas animas, et ejus, quem jurare provocavit, et suam. Scis, verum esse quod dicis, et falsum 'esse' quod ille dicit, et jurare compellis? Ecce[16] jurat, ecce pejerat[17], 'ecce perit'. Tu quid invenisti? imo et tu periisti, qui de illius morte 'te'[18] satiare[19] voluisti.

**C. VI.** *Non peccat qui juramentum exigit ab eo, quem nescit falsum jurare.*

Idem in sermone de perjuriis, [id est in sermone de verbis Apostoli, XXX, al. XXVIII][20].

Qui exigit jurationem, multum interest, si nescit illum falsum juraturum, an scit. Si enim nescit, et ideo dicit: Jura mihi, ut fides ei fiat[21], non est peccatum[e]: tamen humana tentatio est. Si autem scit, eum fecisse, novit 'fecisse, videt fecisse' et cogit[22] jurare, homicida est. Ille enim suo se perjurio perimit[23]: sed iste[24] manum interficientis et impressit[25], et pressit.

**C. VII.** *Usque ad exitum vitae non communicet qui alios ad perjuria trahit.*

Item ex Concilio Matisconensi I, c. 17[26].

Si quis convictus fuerit alios ad falsa[d] testimonia vel perjuria attraxisse, vel quacunque corruptione sollicitasse, ipse quidem usque ad exitum vitae non communicet; ii vero, qui ei in perjurio consensisse probantur, postea ab omni testimonio sunt removendi[27], et secundum legem infamia notabuntur.

**II. Pars. Gratian.** *Item, qui audit aliquem falsum jurare, et tacet, delinquit.*

Unde Augustinus ait in quaestionibus Levitici q. 1, ad c. 5 : « Anima, quae audierit vocem jurantis falsum, etc. »[28]:

**C. VIII.** *Cui sit judicandum falsum, quod ab aliquo juratur.*

Hoc videtur dicere, peccare hominem, quo[29] audiente jurat aliquis falsum, et scit eum falsum jurare, et tacet. Tunc autem scit, si ei[30] rei, de qua juratur, testis fuit, aut vidit[31], aut conscius fuit[32], id est aliquo modo cognovit, aut oculis suis conspexit, aut ipse[33], qui jurat, illi indicavit. Ita enim potuit esse conscius. § 1. Sed inter timorem hujus peccati, et[34] timorem proditionis hominum non parva existit plerumque tentatio. Possumus enim paratum ad perjurium admonendo vel prohibendo a tam gravi peccato revocare; sed si non audierit, et coram nobis de re, quam novimus, falsum juraverit, utrum prodendus sit, si[35] proditus etiam periculum mortis incurrat, difficillima quaestio est. Sed quia[36] non expressit, cui hoc judicandum sit, utrum illi, cui juratur, an sacerdoti cuipiam[37],

**NOTATIONES CORRECTORUM.**

C. IV. [b] Polycarpus tribuit hoc Pio, caeteri vero indicati collectores Pelagio.

C. VI. [c] *Non est peccatum:* In originali est: *non audeo dicere, non* 'esse peccatum. Sed ob casum non est mutatum.

C. VII. [d] *Falsa:* In concilio ipso Matisconensi (restituta enim est citatio ex manuscriptis, quum antea citaretur Moguntinense)[**] legitur: *falsum testimonium vel perjurium*[***].

---

Quaest. V. C. II. [7] *perjuraverit* : Edd. coll. o. pr. Lugdd. — Ivo. — *juravit*: Reg. = C. III. [8] Inventum est in eodem capite apud Egbertum. — Reg. l. 2, c. 332. Burch. l. 12, c. 6, et Ivo Decr. p. 12, c. 63, proferunt ex poen. Rom., Ans. l. 11, c. 64, ex Theodoro. — Polyc. l. 6, t. 11. [9] *se pejerat*: Burch. — *se perjurat*: Ivo. = C. IV. [10] Simile aliquid legitur in libro poenitentiali, quem Regino protulit l. 1, c. 300, Idem vero in poen. Rom. Ant. Augustini t. 2, c. 5. — Burch. l. 12, c. 9. Ans. l. 11, c. 67 (65). Ivo Decr. p. 12, r. 66. Polyc. ib. [11] *se perjuraverit*: Ans. Burch. — Edd. Arg. Bas. — *se perjeraverit*: Ivo *perjuraverit*: Edd. Nor. Ven. I, II. [12] *induxerit*: Edd. Arg. Bas. Lugdd. II, III. = C. V. [13] Ivo Pan. l. 8, c. 108. Decr. p. 12, c. 28. Petr. Lomb. l. 3, dist. 39. [14] *Ille homo, qui alium provocat*: Ivo. [15] *jurare*: Ivo Pan. [16] add. : *quod ille* : Edd. coll. o. [17] *perjurat* : Ivo. — Edd. coll. o. pr. Par. Lugdd. [18] *non est ap.* Iv. [19] *satiari*: Ivo. Edd. coll. o. pr. Arg. = C. VI. [20] Ivo Pan. l. 8, c. 110 Decr. p. 12, c. 30. Petr. Lomb. ib. [21] *sit*: Ivo. — Edd. coll. o. [22] *abest ab* Iv. Pan. [23] add. : *eum* : Edd. coll. o. [24] *interemit* : Edd. Arg. Bas. — Ivo Pan. — *interimit* : Edd. rell. — Ivo Decr. [25] *ille* : Edd. Arg. Bas. [26] *expressit*: orig. = C. VII. [27] hab. A. 581. — Burch. l. 16, c. 8. Ivo Decr. p. 12, c. 26. [28] ita Edd. coll. o. [29] ita Burch. [30] *prohibendi*: orig. = C. VIII. [31] Ivo Pan. l. 8, c. 109. Decr. p. 12, c. 29. [32] *quod* : Ed. Bas. [33] *ejus*: Edd. coll. o. — Ivo Pan. [34] *videns* : eaed. — Ivo. [35] *fuerit*: Edd. coll. o. [36] *ille ipse* : eaed. — Ivo [37] *inter timorem hujus* : Edd. coll. o. [38] *ita ut* : eaed. [39] add. : *hic* : eaed. — Ivo. [40] *vel cuipiam*: orig. — Ivo.

qui non solum eum persequi non potest irrogando supplicium, sed etiam orare pro illo potest : videtur mihi, quod se "homo" [38] solvat a [39] peccati vinculo, si indicet talibus, qui magis possunt prodesse quam obesse perjuro, sive ad [40] corrigendum eum, sive ad Deum pro illo placandum, si et ipse confessionis adhibeat disciplinam †.

Gratian. Si ergo iste, ut supra dictum est, qui audit falsum jurare, et tacet, delinquit, multo magis ille reus est, qui ad pejerandum aliquem compellit.

III. Pars. § 1. Quaeritur de eo, qui verbum calliditate se circumvenire putat illum, cui juramentum adfert, an sit reus perjurii, nisi servaverit quod jurasse creditur.

De hoc ita scr.bit Isidorus *Sententiarum lib. II*, c. 31 [41]:

### C. IX. De eo, qui calliditate verborum jurat.

Quacunque arte verborum quisque [42] juret [43], Deus tamen, qui conscientiae testis est, ita hoc accipit, sicut ille, cui juratur, intelligit. Dupliciter autem reus fit, quia [44] et Dei nomen in vanum assumit, et proximum dolo capit.

### C. X. Perjurus est qui super lapidem falsum jurat.

*Item ex sermone S. Augustini XXX, de verbis Apostoli* [45].

Ecce, dico caritati vestrae, et [46] qui super [47] lapidem falsum jurat perjurus est. Unde hoc dico? quia multi et [48] in hoc falluntur [49], et putant, quia nihil est per quod jurant, non se crimine teneri perjurii. Prorsus perjurus es, quia per id, quod [50] sanctum non putas ᵉ, falsum juras. Si tu illud ᶠ sanctum non putas, sanctum puta ᵍ cui juras. Non enim quando juras, tibi juras, aut lapidi 'juras', sed proximo [51] juras. Homini juras ante lapidem, sed numquid non [52] ante Deum? Non te audit lapis loquentem, sed punit te Deus fallentem.

*Sed objicitur illud Gregorii XXVI, libro Moralium, c. 7:*

### C. XI. Apud Deum verba nostra non ex ore, sed ex corde procedant.

Humanae aures verba nostra talia judicant, qualia foris sonant. Divina vero judicia talia ea [53] audiunt, qualia ex intimis proferuntur. § 1. Certe [54] noverit ille, qui intentionem et voluntatem alterius variis explicat verbis, quia non debet aliquis verba considerare, sed voluntatem et intentionem, quia non debet intentio verbis deservire, sed verba intentioni.

Gratian. Si ergo divina judicia verba nostra talia foris audiunt, qualia ex intimis proferuntur, si intentio non debet servire verbis, sed verba intentioni: patet, quod Deus non accipit sic juramentum, sicut ille, cui juratur, sed potius sicut qui jurat intelligit, quum recipienti non ex intimis, sed ex his quae proferuntur foris, verba nostra sonent. § 1. Item objicitur, qui jurat super lapidem, putans se jurare super sacrosancta Evangelia, perinde tenetur, ac si super Evangelia juraverit, licet ille, cui jurat, ideo super lapidem illum jurare fecerit, ne, non servando quod promittit, reatu perjurii teneantur. § 2. Item objicitur de civibus, qui credunt se jurare obedituros consulibus suis in omnibus, quae sibi imperata fuerint pro honore suae civitatis; ne vero, obedientiam recusantes, reatu perjurii illaqueentur, supponitur breve juraturis, in quo aliud continetur, quam se juraturos arbitrentur, videlicet ne Padum in Nilum convertant, vel aliquid hujusmodi faciant. Si ergo contra hoc, quod se jurasse crediderant, consulibus suis obedientiam denegarent, numquid secundum intentionem recipientis, an potius secundum intentionem jurantis juramentum Deus illud acciperet? § 3. Item, si innocens de adulterio vel furto impetitus innocentiam suam vellet asserere, juraret autem se ab objectis sic esse immunem, sicut in brevi illo continetur, quod manibus suis se scripsisse arbitratur, contineatur autem in illo, hunc reum esse objectorum, numquid a Domino perjurus reputabitur? aut numquid poterit argui, se jurasse, adulterii aut furti reatum incurrisse? Non.

*Hinc etiam Chromatius* ᵇ *in c. 5 Matthaei:*

### C. XII. Inter juramentum et locutionem fidelium nulla debet esse differentia.

Juramenti haec [55] causa est, quia omnis, qui jurat, ad hoc jurat, ut quod verum est eloquatur [56]. Et

---

## NOTATIONES CORRECTORUM.

C. X. ᵉ *Non putas*: Sic etiam Ivo. In originali est sine negatione, et forte legendum : *putat.*

ᶠ *Si tu illud*: In codicibus Augustini impressis, et uno Vaticano legitur: *sed ego illum sanctum non puto.* In altero vero etiam Vaticano, et apud Ivonem: *sed ego illud sanctum non puto.*

ᵍ *Puta*: Sic in codicibus impressis B. Augustini; sed in uno Vaticano, et apud Ivonem, et Panormiam, et in aliquot vetustis Gratiani exemplaribus : *putat* ʰ.

C. XII. ʰ *Chromatius* : Antea citabatur: *Chrysostomus* [55], cui errori occasionem dederat similitudo primarum litterarum.

---

QUAEST. V. C. VIII. [38] *abest ab* Iv. [39] *solv. in hoc a* : Ivo Pan. — *ab illo absolv.* : Edd.*Arg. Bas. — *ab hoc absolv.* : Edd. rell. — Ivo Decr. [40] *eo corrigendo, sive Deum pro eo placando* : Edd. coll. o. *† medicinam* : orig. — Ivo. — Edd. coll. o. — Bohm. = C. IX. [41] Burch. l. 12, c. 10. Ans. l. 11, c. 76 (75). Ivo Pan. l. 8, c. 112. Decr. p. 12, c 36, 67. Petr. Lomb. l. 3, dist. 39. [42] *quis* : Edd. coll. o. [43] *jurat* : Edd. Ven. I, II. Par. Lugdd. [44] *qui* : Edd. coll. o. pr. Lugdd. II, III. — Burch. Ivo Pan. = C. X. [45] Ivo Pan. l. 8, c. 116. Decr. p. 12, c. 34. [46] *quod* : Edd. Par. Lugdd. II, III. [47] *per*: orig. — Ivo. [48] *abest ab* Ed. Bas. [49] *fallunt* : Edd. Lugdd. II, III. [50] *in Panormia totus hic locus aperte corruptus est.* ' *ita in* Edd. coll. o. pr. Lugdd. II, III. [51] *add.* : *tuo* : Edd. coll. o. [52] *abest ab* Ed. Bas. = C. XI. [53] *foris* : Edd. coll. o. [54] *auctor eorum, quae sequuntur, non est inventus.* = C. XII. [55] *ita in* Edd coll. o. [55] *hujus.* : Edd. Arg. Bas. — *hujusmodi*: Edd. rell. [56] *loquatur* : Edd. coll. o.

ideo Dominus inter juramentum et loquelam nostram nullam vult esse distantiam, quia, sicut in juramento nullam convenit esse perfidiam, ita quoque in verbis nostris nullum [57] debet esse mendacium, quia utrumque, et perjurium et mendacium, divini judicii poena damnatur, dicente Scriptura [58]: *Os, quod mentitur, occidit animam.* Quisquis ergo verum [59] loquitur, jurat, quia scriptum est [60]: *Testis fidelis non mentitur.*

**C. XIII.** *Ante quam aliquis juret, pejerat, si contra conscientiam jurare parat.*

Idem [61].

Qui pejerare [62] paratus est, ante, quam juret [63], jam perjurus esse videtur, quia Deus non ex operibus [64] judicat, sed ex cogitationibus [65] et ex corde.

Gratian. Ex his omnibus colligitur, quod juramenta secundum intentionem praestantis, non recipientis, a Deo judicantur. Quomodo ergo, secundum Isidorum, quacunque arte verborum quis jurat, Deus sic accipit, sicut ille, cui juratur, intelligit? Sed sicut aliud est callida arte verborum jurare, aliud simpliciter intentionem suam jurando enunciare, sic aliud est simplici intentione juramentum factum recipere, aliud in recipiendo calliditate uti, quia, sicut quisquam apud Deum non valet aliquem laedere, sic nec praeter ejus intentionem valet quis alicui subvenire. Deus autem duplicitatis aspernator simplicem intentionem utriusque considerat, et tam ex parte recipientis quam ex parte praestantis verborum artem aspernatur et odit.

**IV. Pars. §. 1.** *De aetate vero jurantium quaeritur, qua aetate quisque ad jurandum debeat cogi?* De quo in primo libro Capitularium c. 63, sic invenitur definitum [66]:

**C. XIV.** *Ante rationabiles annos aliqui non cogantur jurare.*

Parvuli, qui sine rationabili aetate sunt, non cogantur jurare, 'sicut Gunebodigni faciunt' [1]. Et qui semel perjuratus fuerit, nec testis sit post hoc, nec [67] ad sacramentum accedat, nec in sua causa vel alterius jurator existat.

**C. XV.** *Ante quatuordecim annos nullus jurare cogatur.*

Item ex Concilio Eliberitano [k][68].

Pueri ante annos quatuordecim non cogantur jurare. Puella quoque, si in puerili aetate sita in domo patris, illo nesciente, juramento se constrinxerit, et pater ejus, ut audierit, statim contradixerit, vota ejus et juramenta irrita erunt, et facilius emendabitur.

**C. XVI.** *De eodem, et ut a jejuniis juramenta praestentur.*

Item Cornelius Papa [l][69].

Honestum etiam videtur, ut, qui in sanctis audet [70] jurare, hoc jejunus faciat cum omni honestate et timore Dei, et [71] ut [72] pueri ante annos quatuordecim non cogantur jurare.

Gratian. Praeterea sunt quaedam tempora, quibus jurare prohibemur.

Unde in Concilio apud S. Medardum habito [73]:

**C. XVII.** *Quibus temporibus jurare prohibemur.*

Decrevit sancta synodus, ut a septuagesima usque in octavam paschae, et ab adventu Domini usque in octavam Epiphaniae, nec non et in jejuniis quatuor temporum, et in litaniis majoribus, et in diebus dominicis, et in diebus rogationum (nisi de concordia et pacificatione) nullus super sacra Evangelia jurare praesumat.

**V Pars. Gratian.** *De forma vero fidelitatis, et quid quisque debeat domino, vel e converso, sic invenitur in epistola Fulberti Episcopi* [m][74].

**C. XVIII.** *Quae in fidelitate sunt observanda.*

De forma fidelitatis aliquid scribere monitus, haec vobis, quae sequuntur, breviter ex librorum auctoritate notavi. Qui domino suo fidelitatem jurat, ista sex semper in memoria debet habere: incolume,

---

**NOTATIONES CORRECTORUM.**

C. XIV. *i Sicut Gunebodigni faciunt*: Addita isthaec sunt ex originali '''.
C. XV. *k* Burchardus hoc citat ex concilio Hibernensi, ut alia, quae concilio Eliberitano tribuuntur.
C. XVI. *l* Caeteri etiam collectores citant ex decretis Cornelii Papae. Exstat autem lib. 1. Capitular. c. 63, nonnullis praeterea verbis interjectis. Et inde refert primam hujus capitis partem Ivo c. 33.
C. XVII. *m* Epistola haec Fulberti missa est e Gallia, descripta ex vetusto codice ecclesiae Bellovacensis, cujus hic est titulus: *Glorioso duci Aquitanorum W. Fulbertus Carnotensis episcopus orationis suffragium.*

---

QUAEST. V. C. XII. [57] *nulla debent — mendacia*: Edd. Arg. Bas. [58] Sap. c. 1, v. 11. [59] *vestrum*: Ed. Bas. [60] Prov. c. 14, v. 5. = C. XIII. [61] Non legitur apud Chromatium, et videtur excerptum esse ex hom. 12. ad c. 5. Matth. operis imperfecti. [62] *perjurare*: Edd. Arg. Nor. Ven. I, II. [63] *pejeret*: Edd. Lugd. I. Par. *perjurat*: Edd. Arg. Nor. Ven. I, II. [64] *add.: tantum*: Edd. Bas. Fuldd. II, III. [65] *cogitatione*: Ed. Bas. = C. XIV. [66] Cap. Aquisgr. Caroli M. A. 789. c. 62. — Reg. l. 2, c. 313. Ivo Pan. l. 8, c. 103. Decr. p. 12, c. 23. ''' asserit Pithoeus, in vetustissimis legum Langobard. codd. (quibus hoc cap. insertum est l. 2, t. 55, c. 22), legi: *Sicut Gundebadae lege viventes*. [67] *sed nec*: Edd. Bas. Lugdd. II, III. = C. XV. [68] Legendum erit: *Hibernensi*, cum Burchardo l. 12, c. 26; simile enim legitur in collectione canonum Hibernensium, quae publici juris facta est in spicilegio Dacheriano. — Ivo Pan. l. 8, c. 104, 105. Decr. p. 12, c. 81. = C. XVI. [69] cf. ad c. 14. — Reg. l. 2, c. 312. Burch. l. 12, c. 12. Ans. l. 11, c. 69. Ivo Pan. l. 8, c. 120. Dec. p. 12, c. 69, 55. [70] *habet*: Ivo Pan. et Burch. p. 53. [71] *desid.* in Edd. Arg. Nor. Ven. I. [72] *abest ab* Ed. Bas. = C. XVII. [73] Simile habetur in Cap. Caroli Calvi, in quo conc. ap. S. Medardum confirmavit, et ap. Reg. l. 2, c. 319, et ex eo Burchardus (l. 12, c. 20), caput suum confecisse videtur. = C. XVIII. [74] Epistola Fulberti Ep. Carnotensis ad Guilelmum Aquitanorum ducem, quae inter alias exstat impressa in t. 18. Bibl. Patr. — Ivo Pan. l. 8, c. 122 Decr. p. 12, c. 76. — cf. Feud. l. 2, t. 6.

tutum, honestum, utile, facile, possibile. Incolume videlicet, ne sit in damnum domino suo de corpore suo. Tutum, ne sit ei in damnum de secreto suo, vel de munitionibus, per quas tutus esse potest. Honestum, ne sit ei damnum de sua justitia, vel de aliis causis, quae ad honestatem ejus pertinere videntur. Utile, ne sit ei in damnum de suis possessionibus. Facile vel possibile, ne id bonum, quod dominus suus facere leviter poterat, faciat ei, difficile, neve id, quod possibile erat, reddat ei impossibile. Ut fidelis haec [75] nocumenta caveat, justum [76] est. § 1. Sed quia non sufficit [n] abstinere a malo, nisi fiat id, quod bonum est, restat, ut in eisdem sex supradictis consilium et auxilium domino suo fideliter [77] praestet, si beneficio dignus videri vult, et salvus esse de fidelitate, quam juravit. § 2. Dominus quoque fideli suo in his omnibus vicem reddere debet. Quod si non fecerit, merito censebitur maleficus [78], sicut ille, qui in eorum [o] praevaricatione vel faciendo, vel consentiendo deprehensus fuerit perfidus et perjurus.

C. XIX. *De eodem.* [PALEA] [79].
**Augustinus P.**

« Si quis laicus juramentum violando profanat, quod regi et domino suo jurat, et postea perverse et dolose ejus regnum tractaverit, et in mortem ipsius aliquo machinamento insidiatur, quia sacrilegium peragit, in Christum Domini [80] manum mittens, anathema sit, nisi per dignam poenitentiae satisfactionem emendaverit, sicut constitutum a sancta synodo est, id est saeculum relinquat, arma deponat, in monasterium eat, et poeniteat omnibus diebus vitae suae. Verumtamen communionem in exitu vitae suae cum eucharistia percipiat [81]. § 1. Episcopus vero, presbyter, diaconus, si hoc crimen commiserit, degradetur. »

VI Pars. Gratian. *Ut itaque ex praemissis apparet, mendacium nec simplici sermone debet proferri,* nec juramento firmari. *Mendacium autem non solum in verbis, sed etiam in simulatis operibus esse probatur.*

Unde Ambrosius *ait in sermone habito in dominica de Abraham* [q] [82] :

C. XX. *Mentitur qui professionem suam operibus non ostendit.*

Cavete, fratres [83], [mendacium, quia omnes, qui amant mendacium, filii sunt diaboli [r]. *Et infra* : § 1. Non solum in falsis verbis, sed etiam in simulatis operibus mendacium est. Mendacium namque est Christianum se dicere, et opera Christi non facere. Mendacium est episcopum, sacerdotem vel clericum se profiteri, et contraria huic ordini operari.

C. XXI. *Quoties sermo malus de ore nostro procedat.*

*Item* Hieronymus *in c. 4, epist. ad Ephesios* [84].

Quoties vero loquimur, aut non in tempore, aut importuno loco, aut non ut convenit audientibus, toties sermo malus procedit de ore nostro ad destructionem eorum qui audiunt. Consideremus itaque quid loquamur, quia pro omni otioso verbo redditur sumus rationem in die judicii.

VII Pars. Gratian. *Juramentum vero clericus laico praestare non debet.*

Unde in Remensi Concilio *legitur* [85] :
C. XXII. *Cuiquam laico clericus nihil jurare praesumat.*

Nullus ex ecclesiastico ordine cuiquam laico quidquam super [86] sacrosancta Evangelia jurare praesumat, sed simpliciter cum veritate et puritate dicat : est est, non non. Sed si est aliquid, quod sibi objiciatur [s], prout judicaverint qui ejusdem ordinis sunt, aut corrigatur, aut expurgetur.

[PALEA.]

« *Episcopo similiter clericus juramentum praestare non debet, nisi forte is, cui ecclesiae procurationem committitur.* »

---

### NOTATIONES CORRECTORUM.

C. XVIII. [n] *Sed quia non sufficit* : In ipsa epistola legitur : *Sed non ideo casamentum meretur; non ei sufficit.* Apud Ivonem vero : *Sed non ideo cassamentum meretur. Non enim sufficit,* etc.
[o] *Qui in eorum* : In epistola legitur : *si mox praevaricatione*; apud Ivonem : *si in earum praevaricatione.* In Panormia vero ut apud Gratianum.
C. XIX. [p] Caput hoc in melioribus Gratiani codicibus non habetur. Burchardus et Ivo citant ex dictis Augustini. Simile autem habetur in concilio Toletano 16, c. 8, ex Hispania misso.

C. XX. [q] Initium hujus sermonis est : *Scitote, fratres.*
[r] *Diaboli* : In codice Vaticano, ubi hic sermo habetur, sequuntur haec : *quia non solum mendax est, sed etiam et pater et inventor ipsius mendacii est. Omnia enim simulatio et omnis duplicitas mendacium est. Ergo non solum,* etc.
C. XXII. [s] *Objiciatur* : Apud Burchardum et Ivonem sequitur : *ad episcopum, in cujus territorio est, deferatur, et juxta id, quod illi, qui ejusdem sunt ordinis, dijudicaverint, aut corrigatur, aut expurgetur.*

---

Quaest. V. C. XVIII. [75] *hic documenta* : Ed. Bas.—*haec doc.*: Edd. rell. — [76] *justum et bonum* : Edd. Bas. Lugdd. I², III.—*bonum* : Edd. rell.  [77] *fidele* : Edd. Ven. II. Par. Lugdd. — *fidelis* : Edd. rell.  [78] *maleficus* : Ed. Bas. = C. XIX.  [79] Videtur canonis auctor paucis ea perstrinxisse, quae in conc. Tol. X, c. 2, XVI, c. 8, fusius tractantur.—Burch. l. 12, c. 21. Ans. l. 11, c. 74 (73). Ivo Decr. p, 12, c. 78. Polyc. l. 6, t. 11. — Comprehenditur etiam in poenit. Rom. Ant. Augustini t. 2, c. 7.  [80] *Dei* : Edd. Bas. Lugdd. II, III.—*Dominum* : Edd. rell.  [81] *accipiat* : Burch. Ivo.— Edd. coll. o. = C. XX.  [82] Non videtur Ambrosii esse. [83] add. : *carissimi* : Edd. Arg. Bas. = C. XXI.  [84] *non in opportuno tempore, aut non in opportuno loco* : Edd. coll. o. = C. XXII.  [85] Non legitur in conciliis Remensibus. Simile est in excerptionibus, quae dicuntur, Egberti c. 19, (ap. Mans. t. 12), et in Cap. Caroli M. a. 801, c. 20, et in c. 38, conc. Meld. —Burch. l. 2, c. 188. Ivo Pan. l. 5, c. 11. Decr. p. 6, c. 233.  [86] *supra* : Edd. coll. o. — *supra sacra et sacr. ev.* : Burch. — Ivo Pan.

*Unde* Urbanus II, ait [87]:
C. XXIII. *De eodem.*
« Nullus episcopus clericos suos, nisi forte quibus ecclesiasticarum rerum dispensatio commissa fuerit, sibi jurare compellat. »

# CAUSA XXIII.

### GRATIANUS.

*Quidam episcopi cum plebe sibi commissa in hæresim lapsi sunt; circumadjacentes catholicos minis et cruciatibus ad hæresim compellere cœperunt; quo comperto Apostolicus catholicis episcopis circumadjacentium regionum, qui ab imperatore civilem jurisdictionem acceperant, imperavit, ut catholicos ab hæreticis defenderent, et quibus modis possent eos ad fidei veritatem redire compellerent. Episcopi, hæc mandata Apostolici recipientes, convocatis militibus aperte et per insidias contra hæreticos pugnare cœperunt. Tandem nonnullis eorum neci traditis, aliis rebus suis vel ecclesiasticis exspoliatis, aliis carcere et ergastulo reclusis, ad unitatem catholicæ fidei coacti redierunt.* (Qu. I.) *Hic primum quæritur, an militare peccatum sit?* (Qu. II.) *Secundo, quod bellum sit justum, et quomodo a filiis Israel justa bella gerebantur?* (Qu. III.) *Tertio, an injuria sociorum armis sit propulsanda?* (Qu. IV.) *Quarto, an vindicta sit inferenda?* (Qu. V.) *Quinto, an sit peccatum judici vel ministro reos occidere?* (Qu. VI.) *Sexto, an mali sint cogendi ad bonum?* (Qu. VII.) *Septimo, an hæretici suis et ecclesiæ rebus sint exspoliandi, et qui possidet ab hæreticis ablata an dicatur possidere aliena?* (Qu. VIII.) *Octavo, an episcopis vel quibuslibet clericis sua liceat auctoritate, vel † Apostolici, vel imperatoris præcepto arma movere?*

## QUÆSTIO I.
### GRATIANUS.

*Quod militare alienum videatur ab evangelica disciplina, hinc videtur posse probari quia omnis militia vel ob injuriam propulsandam, vel propter vindictam inferendam est instituta, injuria autem vel a propria persona, vel a socio repellitur, quod utrumque evangelica lege prohibetur. Quum enim dicitur:* Si quis te percusserit in unam maxillam, præbe ei et alteram, *et iterum:* Qui angariaverit te mille passus, vade cum eo duo millia; *item quum Apostolus dicat* [1] : Non vos defendentes, carissimi, sed date locum iræ : *quid aliud prohibemur, quam propriæ personæ injurium repellere?* § 1. *Item, quum Petro, gladio magistrum defendente, Christus dixerit* [2] : Converte gladium tuum in vaginam; an putas, quod non possum rogare patrem meum, et exhibebit mihi plus quam duodecim legiones angelorum? *denique, sicut de B. Andrea legitur, quum fieret concursus populorum, ut de manibus iniqui judicis eum eriperent, et ab injuria mortis illum defenderent, ipse econtra et exemplo et verbo patientiam docens, rogabat eos, ne suum martyrium impedirent, quid aliud monemur, quam sicut proprias, ita et sociorum injurias patienter tolerare, nec ad arma concurrere, sed eorum exemplo ad similia ferenda animum præparare?* § 2. *Item, quum in Proverbiis* [a] *dicatur:* Mihi vindictam, et ego retribuam, dicit Dominus; *item, quum in evangelio dicatur* [3] : Nolite judicare, et non judicabimini; *item, quum paterfamilias dicat servis volentibus colligere zizania* [4] : Sinite utraque crescere usque ad messem, et tunc dicam messoribus, colligite zizania, et alligate in fasciculos ad comburendum; § 3. *Item, quum rex ille, qui nuptias fecerat filio suo, missis exercitibus suis, angelorum videlicet, dicatur perditurus homicidas prophetarum et apostolorum, qui vocati ad nuptias venire contempserunt credendo; item, quum Paulus apostolus dicat in epistola ad Romanos* [7] : Nolite judicare invicem; *item:* Tu quis es, qui judicas alienum servum? Suo domino stat, aut cadit. Sive ergo vivimus sive morimur, Domini sumus. In hoc enim Christus mortuus est, et resurrexit, ut et vivorum et mortuorum dominetur : *in his omnibus quid aliud præcipitur, quam ut vindicta delinquentium divino reservetur examini? Quum ergo, ut supra dictum est, militia videatur instituta vel ob injuriam propulsandam,*

### NOTATIONES CORRECTORUM.

C. XXIII. [1] In aliquot vetustis exemplaribus finis hujus causæ est in vers. *Expurgetur*. Absunt autem hæc verba, et sequens caput *Nullus*. In uno autem non modo ista habentur, sed etiam cap. 1, de juramento calumniæ, et constitutio nova Henrici.

Causa XXIII. Quæst. I. [a] *In Proverbiis* : Sententia illa solet quidem proverbii loco usurpari, sed non habetur in libro Proverbiorum. Affertur a B. Paulo ad Rom. c. 12 (conjuncte cum alia sententia ex c. 25. Proverb.), et ad Hebræos c. 10; Deut. c. 32, in cantic. sic scriptum est : Mea est ultio, et ego retribuam.

Quæst. V. C. XXIII. [87] Non reperitur in epistolis Urbani II. — Ans. l. 6, c. 172. — cf. c. 1. Comp. 1, et c. 5. X, de jurejur.
CAUSA XXIII. † *sine* : Edd. Ven. I. Nor. Lugdd. II, III. Par. — *sive* : Edd. Arg. Ven. II. Lugdd. I.
Quæst. I. [1] Matth. c. 5, v. 39. [2] Rom. c. 12, v. 19. [3] Matth. c. 26, v. 52. [4] Deut. c. 32, v. 35. [5] Matth. c. 7, v. 1. [6] Matth. c. 13, v. 30. [7] Rom. c. 14, v. 4.

vel ad vindictam inferendam, utrumque autem lege evangelica prohibeatur, apparet, quod militare peccatum est.

Hinc etiam Gregorius ait [a] :

**C. I. Bella carnalia bellorum spiritalium figuram gerunt.**

Nisi bella ista carnalia figuram bellorum spiritalium gererent, nunquam, ut opinor, Judaicarum historiarum libri discipulis Christi, qui venit pacem docere, legendi in ecclesiis fuissent ab Apostolis traditi. Quo enim eis bellorum proficeret ista descriptio, quibus dicitur ab Jesu [9] : *Pacem meam do vobis, pacem meam* [10] *relinquo vobis* ? et quibus per Apostolum jubetur et dicitur [11] : *Non vosmetipsos vindicantes, sed magis injuriam accipite, et magis fraudem patimini?* Unde denique sciens Apostolus [12] nulla [13] nobis jam ultra bella esse carnaliter peragenda, sed animæ certamina contra spiritales adversarios desudanda, velut magister militiæ præceptum dat militibus Christi, dicens [14] : *Induite vos armaturam Dei, ut possitis stare adversus astutias* [15] *diaboli?*

Gratian. His ita respondetur : Præcepta patientiæ non tam ostentatione corporis quam præparatione cordis sunt retinenda.

Unde Augustinus ait in sermone de puero centurionis [b] [16] :

**C. II. Præcepta patientiæ virtute animi, non ostentatione corporis servanda sunt.**

Paratus debet esse homo justus et pius patienter eorum malitiam sustinere, quos fieri bonos quærit, ut numerus potius crescat bonorum, non ut pari malitia se quoque [17] numero addat malorum. Denique ista præcepta magis [18] ad præparationem cordis, 'quæ [19] intus est, pertinere', quam ad opus, quod in aperto fit, ut teneatur in secreto animi patientia cum benevolentia, in manifesto autem id fiat, quod eis videtur prodesse posse, quibus bene velle debemus. § 1. Hinc liquido ostenditur, quod ipse Dominus Jesus, exemplum singulare patientiæ, quum percuteretur in faciem [20], respondit [21] : *Si male dixi* [22], *exprobra de malo; si autem bene, quid* [23] *me cædis ?* Nequaquam igitur præceptum suum, si verba intueamur, implevit. Neque enim præbuit percutienti alteram partem, sed potius prohibuit ne [24] qui fecerat injuriam augeret. Et tamen paratus venerat [25] non solum percuti in faciem, verum etiam pro his quoque, a quibus hæc [26] patiebatur, crucifixus occidi, pro quibus ait in cruce pendens : *Pater* [27], *ignosce illis, quia nesciunt quid faciunt.* § 2. Nec Paulus apostolus præceptum Domini et magistri sui videtur implesse, ubi etiam 'ipse' percussus in faciem [28], dixit principi sacerdotum : *Percutiet* [29] *te Deus, paries dealbate; sedes judicare me secundum legem, et contra legem jubes me percuti?* Et quum a circumstantibus diceretur : *Injuriam facis principi sacerdotum?* irridens [30] eos admonere voluit quid dixerit, ut qui saperent intelligerent jam destruendum esse adventu [31] Christi parietem dealbatum, hoc est hypocrisim sacerdotii Judæorum. Ait quippe : *Nescivi, fratres, quia princeps est. Scriptum est enim* [††] : *Principi populi tui non maledices*, quum procul dubio qui in eodem populo creverat, atque in [32] lege fuerat eruditus, illum principem sacerdotum nescire non posset, nec eos, quibus ita notus erat, ullo modo falleret, quod nesciret. Sunt ergo ista præcepta patientiæ semper in cordis præparatione retinenda, ipsaque [33] benevolentia, ne reddatur malum pro malo, semper in voluntate complenda 'est'. § 3. Agenda sunt autem multa etiam cum invitis benigna quadam asperitate plectendis, quorum potius utilitati consulendum est quam voluntati. Et infra : Nam in corripiendo filio [34] quamlibet [35] aspere, nunquam profecto amor paternus amittitur. Fit [36] tamen quod nolit, et dolea; qui etiam invitus videtur dolore sanandus. § 4. Ac per hoc, si terrena ista respublica præcepta Christiana custodiat, et ipsa bella sine benevolentia non gerentur, ut [37] ad pietatis justitiæque 'pacatam' societatem victis facilius consulatur. Nam cui licentia iniquitatis eripitur utiliter [38] vincitur, quoniam nihil est infelicius felicitate peccantium, qua pœnalis nutritur impunitas et mala volontas, velut hostis interior, roboratur. Et paulo post : § 5. Nam si Christiana disciplina omnia bella culparet, hoc potius 'militibus', consilium salutis petentibus, in evangelio diceretur, ut abjicerent arma, seque mi-

---

NOTATIONES CORRECTORUM.

C. II. [b] Sic etiam citat Anselmus*. Polyc. non affert auctorem. Habetur autem in ep. 5. Aug. ad Marcellum.

---

Quæst. 1. C. 1. [a] Imo Origenes hom. 15, in librum Josuæ. [9] Joan. c. 14, v. 27. [10] deest in Ed. Bas. [11] 1 Cor. c. 6, v. 6. [12] add. : *dicat ad Romanos* : Edd. Bas. Lugd. II. [13] loco verb. : *nulla — ultra*, leg. in Edd. coll. o. : *ultra non* [14] Eph. c. 6, v. 11. [15] *insidias* : Ed. Bas. cum Vulg. = C. II. * in cod. coll. citatur ex Aug. ad Marcellinum. [16] Ep. 158. Ed. Maur. scr. A. 412. — Ans. l. 13, c. 3. Polyc. l. 7, t. 7. [17] *quis* : Edd. coll. o. [18] *magis sunt* : exd. et Ans. [19] *quæ — pert.* : absunt ab Ans. [20] *facie* : Edd. Bas. Ven. I, II. Nor. [21] Joan. c. 18, v. 23. [22] *locutus sum* : Edd. coll. o. [23] *cur* : Ed. Bas. [24] *ne fecerit et ini. ageret* : Ed. Bas. — *ne fac. et ini. augeret* : Edd. rell. [25] *adveneret* : Edd. coll. o. [26] *desid.* in Ed. Bas. — *hoc.* : Edd. rell. [27] Luc. c. 23, v. 34. [28] *facie* : Edd. Nor. Ven. I, II. [29] *Percutiat* : Edd. coll. o. — cf. Act. c. 23, v. 3. [30] *irridenter* : orig. [31] *per adventum* : Ans. — *in adventu* : Edd. Bas. Lugd. II, III. — *in adventum* : Edd. rell. [††] Exod. c. 22, v. 28. [32] *ibi* : orig. — Ans. [33] *ipsa quoque* : Ans. — Edd. coll. o. [34] *filium* : Edd. coll. o. [35] *quemlibet* : Ed. Arg. Nor. Ven. I, II. Par. [36] *fiat* : Edd. coll. o. [37] *sed ut* : exd. — add. *potius* : Edd. Bas. Lugd. II, III. [38] *utilius* : Edd. coll. o.

litiæ omnino subtraherent. Dictum est autem eis : *Neminem concusseritis*, '*nulli* ᶜ *calumniam feceritis*'; *sufficiant vobis stipendia vestra*. Quibus proprium stipendium sufficere debet præcepit, militare utique non prohibuit.

C. III. *In bellicis armis milites Deo placere possunt.*

*Item* ejusdem *ad Bonifacium, epist.* CCVII [39].

Noli existimare neminem Deo placere posse, qui in [40] armis bellicis militat [41]. In his erat sanctus David, cui Dominus tam magnum perhibuit testimonium. In his etiam plurimi illius temporis justi. In his erat 'et' ille [42] centurio, qui Domino dixit [43] : *Non sum dignus, ut intres sub tectum meum*. Et infra : § 1. Hoc ergo primum cogita, quando armaris ad pugnam [44], quia virtus tua etiam ipsa corporalis donum Dei est. Sic enim cogitabis ᵈ de dono Dei non facere contra Deum. Fides enim, quando promittitur, etiam hosti servanda est, contra quem bellum geritur ; quanto magis amico, pro quo pugnatur? Pacem [45] habere debet voluntas, bellum necessitas, ut liberet Deus a necessitate, et conservet in pace. Non enim pax quæritur ut bellum excitetur [46], sed bellum geritur ut pax acquiratur. Esto ergo 'etiam' bellando pacificus, ut eos, quos expugnas, ad pacis utilitatem [47] vincendo perducas. *Beati enim pacifici* (ait Dominus) [48] *quia filii Dei vocabuntur*. Si autem pax humana tam dulcis est pro temporali salute mortalium, quanto est dulcior pax divina pro æterna salute angelorum? Itaque hostem pugnantem necessitas perimat [49], non voluntas. Sicut rebellanti [50] et resistenti violentia redditur, ita victo [51] vel capto misericordia jam debetur, maxime in quo pacis perturbatio non timetur.

*Item* ejusdem *contra Manichæos*, [id est, libro XXII contra Faustum, c. 74 et 75 [52]] :

C. IV. *Quæ sunt in bello jure reprehendenda.*

Quid culpatur in bello? An quia moriuntur quan- A doque morituri, ut dominentur in pace victuri? Hoc reprehendere [53] timidorum est [54], non religiosorum. Nocendi cupiditas, ulciscendi crudelitas, impacatus atque implacabilis animus, feritas rebellandi, libido dominandi, et si qua similia, hæc sunt quæ in bellis jure culpantur. Quæ plerumque ut etiam jure puniantur, adversus violentiam [55] resistentium (sive Deo, sive aliquo legitimo imperio jubente) gerenda ipsa bella suscipiuntur a [56] bonis, quum in eo humanarum rerum ordine inveniuntur, ubi eos vel jubere [57] tale aliquid, vel in talibus obedire juste [58] ordo ipse constringit. Unde neque ᵉ Joannes [59] ab armis jubet discedere milites, et Christus [60] tributa Cæsari monet reddi, quia propter bella necessario militi stipendium præbetur [61]. Ordo tamen [62] ille B naturalis mortalium paci accommodatus hoc poscit [63], ut suscipiendi belli auctoritas atque consilium apud [64] principes sit. Et infra : § 1. Sed, si humana cupiditate bellum geritur, non nocet sanctis, in [65] quos non habet quisquam potestatem, nisi desuper datam. Non [66] enim est potestas, nisi a Deo, sive jubente sive sinente. Ergo vir justus, si [67] forte sub rege, homine etiam sacrilego, militet, recte potest illo jubente bellare, si, vice [68] pacis ordinem servans, quod [69] sibi jubetur vel non esse contra Dei præceptum, certum est, vel utrum sit, certum non est, ita, ut fortasse reum faciat regem iniquitas imperandi, innocentem autem militem ostendat ordo serviendi.

C. V. *Militare non est peccatum.*

C *Item* ejusdem *in libro de verbis Domini, tractatu sive sermone* XIX [70].

Militare non est delictum, sed propter prædam militare peccatum est ; nec rempublicam gerere criminosum est, sed ideo gerere [71] rempublicam, ut rem familiarem potius augeas, videtur esse damnabile. Propterea enim providentia quadam militan-

**NOTATIONES CORRECTORUM.**

ᶜ *Nulli :* Repositus est integer locus evangelii, ut est in ipsa epistola *, et lib. 22 contra Faustum, c. 74. Antea erat : *Contenti estote stipendiis vestris* **.

C. III. ᵈ *Sic enim cogitabis :* Antea legebatur : *Sic*  *** *enim cogitabis* † *de dono Dei, non facies* †† *contra Dominum.* Emendatum est et hoc et multa D alia ex originali.

C. IV. ᵉ *Unde neque :* Hinc usque ad vers. *Ordo*, Gratianus summatim retulit sententiam B. Augustini †††, quæ ab eo copiosius et clarius exponitur, sicut etiam a vers. *Sed si humana*, usque ad vers. *Non enim.*

---

Quæst. I. C. II. * et apud Ans. — cf. Luc. c. 3, v. 14. ** ita Edd. coll. o. = C. III. [39] Ep. 189. Ed. Maur. scr. A. 417. — Ans. l. 13, c. 4. Ivo Decr. p. 10, c. 126. Polyc. l. 7, t. 13. [40] desid. in Edd. coll. o. [41] *ministrat* : eæd. — Ans. [42] *sanctus ille* : Edd. coll. o. [43] Matth. c. 8, v. 8. [44] *pugnandum* : Ed. Bas. *** *Si* : Edd. coll. o. † *add.* : *hoc* : Edd. Bas. Lugdd. II, III. †† *facias* : Ed. Bas. — Apud Ans. leg. quemadmodum a Corr. est indicatum. [45] *Pac. hab. voluntatis, bellum necessitatis* : Ans. — *pac. hab. voluntatis* (*voluntas* : Ed. Bas), *est* (*abest ab* Ed. Arg.), *bellum autem debet esse*, etc. : Edd. coll. o. [46] *exerceatur* : Edd. coll. o. [47] *unitatem* : Edd. Bas. Lugdd. II, III. [48] Matth. c. 5, v. 9. [49] *deprimat* : Ans. — Edd. coll. o. [50] *bellanti* : Edd. coll. o. [51] *victoris capto* : Ed. Arg. — *victoriis capto* : Edd. Lugdd. II, III. — *victori capto* : Edd. rell. = C. IV. [52] Ivo Pan. l. 8, c. 45. [53] *reprehendisse* : Edd. coll. o. [54] *tumidorum* : Ed. Bas. [55] *violentias* : Edd. coll. o. [56] *add.* : *omnibus* : Edd. Bas. Lugdd. II, III. [57] *jurare vel jubere* : Ed. Bas. ††† quæ integra vel ap. Ivonem. [58] Luc. c. 3. [59] Matth. c. 22. [60] *stipendia præbeantur* : Ed. Bas. [61] *autem* : Edd. coll. o. [62] *hæc possit* : Ed. Ven. 1. [63] *penes* : Edd. coll. o. [64] Joan. c. 19. [65] Rom. c. 13. [66] *si forte etiam sub reg.* (add. : *et* : Edd. Bas. Lugdd. II, III) *hom. sacr.* : Edd. coll. o. [67] *vitæ* : Ed. Arg. — *civicæ* : orig. [68] *cui quod jubetur* : orig. — Ivo. — asserunt tamen Maurini legi in codd. : *quum id, quod jub.* = C. V. [69] Non est Augustini ex sent. Maurinorum. — Ivo Pan. l. 8, c. 60. Decr. p. 10, c. 125. [70] *agere* : Ivo Decr. — Edd. coll. o. pr. Lugdd.

tibus sunt stipendia constituta, ne, dum sumtus quæritur, prædo [72] grassetur. *Item infra* : § 1. Dicit ipse Dominus [73] : *Reddite quæ Dei sunt Deo , et quæ Cæsaris Cæsari.* Igitur quod Cæsar præcipit[74] ferendum est, quod 'imperator' [75] indicit [76] tolerandum est; sed fit intolerabile, dum † prædam exactores accumulant. *Item infra* : § 2. *Interrogaverunt* ![77] *Joannem milites, dicentes* : *Quid faciemus et nos? Ait illis 'Joannes', neminem concutiatis, neque calumniam faciatis, sed contenti estote stipendiis vestris.* Hic [78] jam cognoscere se debet omnis homo qui militat. Non enim tantum de his militantibus scriptura loquitur, qui armata militia detinentur, sed quisquis militiæ suæ cingulo utitur, dignitatis suæ miles adscribitur, atque ideo hæc sententia potest dici (verbi gratia) militibus, protectoribus, cunctisque rectoribus. Quicunque sibi stipendia publice decreta consequitur, si amplius quærit, tanquam calumniator et concussor Joannis sententia condemnatur.

**C. VI.** *Pacata sunt bella, quæ geruntur, ut mali coerceantur bonique subleventur.*

*Item ejusdem de diversis Ecclesiæ observationibus!*[79]

Apud veros Dei cultores etiam ipsa bella pacata [80] sunt, quæ non cupiditate aut crudelitate, sed pacis studio geruntur, ut mali coerceantur et boni subleventur.

**C. VII.** *Summa est laus militiæ reipublicæ utilitatibus obedientiam exhibere.*

*tem* Gregorius *universis militibus Neapolitanis, lib. XII, epist.* 24 [81].

Summa militiæ laus inter alia bona merita hæc est, obedientiam reipublicæ [82] utilitatibus exhibere, quodque [83] sibi utiliter imperatum fuerit obtemperare [84], sicut etiam nunc devotionem vestram fecisse didicimus, quæ epistolis nostris, quibus magnificum virum Constantium [85] tribunum custodiæ civitatis deputavimus præesse, paruit, et congruam militaris devotionis obedientiam demonstravit. Unde scriptis vos præsentibus curavimus admonendos, uti prædicto viro magnifico tribuno, sicut et fecistis, omnem debeatis pro serenissimorum dominorum utilitate vel conservanda civitate obedientiam exhibere, quatenus quicquid a vobis hactenus bene gestum agnoscitur [86] per præsentis [87] temporis vigilantiam ac solicitudinem augmentetis.

Gratian. *Ex his omnibus colligitur, quod militare peccatum non est, et quod præcepta patientiæ in præparatione cordis, non in ostentatione corporis observanda sunt.*

## QUÆSTIO II.

### GRATIANUS.

*Quod autem quæritur, quod sit justum bellum,* Isidorus Etymol. *lib. XVIII, c.* 1, *inquit* [1] :

**C. I.** *Quod sit justum bellum.*

Justum est bellum, quod ex edicto [a] geritur de rebus repetendis [2], aut propulsandorum hostium [3] causa. *Et cap*. 15 : § 1. Judex dictus, quasi [4] jus dicens populo, sive quod jure disceptet. Jure autem disceptare est juste judicare. Non est autem [5] judex, si non est in eo justitia.

**C. II.** *Nihil ad justitiam interest, sive aperte sive ex insidiis aliquis pugnet.*

*Item* Augustinus *in libro quæstionum VI, quæst.* 10.

Dominus [6] noster [7] jubet ad Jesum Nave, ut constituat sibi retrorsus insidias, id est insidiantes bellatores ad insidiandum hostibus. Hinc admonemur, hoc [8] non injuste fieri ab his qui justum bellum gerunt, ut nihil homo justus præcipue cogitare debeat [9] in his rebus, nisi ut 'justum' bellum suscipiat cui bellare fas est. Non enim omnibus fas est. Quum autem justum bellum susceperit, utrum [10] aperta pugna, utrum insidiis 'vincat', nihil ad justitiam interest. Justa autem bella definiri solent, quæ ulciscuntur injurias, si [11] qua gens vel civitas, quæ bello petenda est, vel vindicare neglexerit quod a suis improbe factum est, vel reddere quod per injurias ablatum est. Sed etiam [12] hoc genus belli sine

### NOTATIONES CORRECTORUM.

**C. VI.** [f] Sic etiam citat Ivo, quod tamen apud B. Augustinum non est inventum, quamvis epistola ad Januarium talem fere habeat titulum. Simile habetur sup. ead. *Noli*. §. *Est ergo*, et de civitate Dei, lib. 19, c. 12.

Quæst. II. C. I. [a] *Edicto* : In codicibus Isidori etiam manuscriptis legitur : *ex prædicto*. Citat enim Ciceronem ex libris de republ., qui negat justum esse bellum, nisi denunciatum, nisi indictum, nisi de repetitis rebus.

---

Quæst. I. C. V. [72] *præda* : orig. — Ivo. [73] Matth. c. 22, v. 21. [74] *præcepit* : Edd. Ven. I, II. Nor. — Bohm. [75] abest ab Iv. Pan. [76] *imperat* : ead. — Edd. coll. o. † *dum illud præda exactionis accumulat* : orig. [77] Luc. c. 3, v. 14. [78] *Sic autem* : Ivo. — Edd. coll. o. =C. VI. [79] Nullus exstat Augustini de div. eccl. observ. liber. — Ivo Decr. p. 10, c. 105. [80] *peccata* : Ed. Bas. — C. VII. [81] Ep. 31, (scr. A. 592), l. 2. Ed. Maur. — Ans. l. 13, c. 9. [82] *sanctæ reip.* : orig. [83] *quicquid* : Edd. coll. o. [84] *obedire* : Ed. Bas. [85] *Constantinum* : Edd. coll. o. pr. Arg. [86] *ostenditur et cognoscitur* : Ed. Bas. — *cognoscitur* : Ed. Arg. [87] *præ-sentem* : Edd. coll. o.

Quæst. II. C. I. [1] Ivo Pan. l. 8, c. 54. Decr. p. 10, c. 116. [2] *repetitis* : orig. [3] *hominum* : Edd. coll. o [4] *quia jus dicat* : Ed. Ven. II. — *quia jus dicat* : Edd. rell. — Ivo. [5] *enim* : Edd. coll. o. = C. II. [6] *Quod Deus jubet, loquens ad Jesum* (Jos. c. 8), *ut constituat sibi prorsus insidias* : orig. [7] add. : *Jesus Christus* : Ed. Bas. [8] abest ab orig. [9] *cogitat* : Edd. coll. o. [10] *utrum aperte pugnet, an* (aut Ed. Bas), *ex insidiis*: Edd. coll. o. [11] *Sic gens et* (vel : Edd. Arg. Bas.) *civitas petenda est, quæ* : eæd. [12] abest ab iisd. pr. Bas. Lugdd. II, III.

dubitatione [13] justum est quod Deus imperat, 'apud quem non est iniquitas', et [14] novit quid cuique fieri debeat; in quo bello ductor exercitus vel ipse populus non tam auctor belli, quam minister judicandus est.

Gratian. Quum ergo justum bellum sit, quod ex edicto geritur, vel quo injuriæ ulciscuntur, quæritur, quomodo a filiis Israel justa bella gerebantur.

De his ita scribit Augustinus in quæstionibus Numerorum, quæst. 44, ad c. 20 [15]:

C. III. Innoxius transitus filiis Israel negabatur, atque ideo justa bella gerebant.

Notandum est sane, quemadmodum justa bella gerebantur [a [16] filiis Israel contra Amorrhæos]. Innoxius enim transitus denegabatur [17], qui jure humanæ societatis æquissimo patere debebat.

## QUÆSTIO III.

### GRATIANUS.

Quod vero injuria sociorum armis propulsanda non sit, exemplis et auctoritatibus probatur. Dominus [1] enim, quum ab Herode quæreretur ad interficiendum, non patrocinium sibi quæsivit armorum, quum occulto instinctu posset in eum convertisse manus Judæorum, sed fugiens in Ægyptum latuit ibi per septennium. Sic etiam, quum a Judæis [2] lapidibus peteretur, abscondit se, et exivit de templo. Sic etiam, quum duceretur ad crucem, noluit [3] commovere adversus seniores Judæorum turbam, quæ nuper ei obviam processerat, et cum palmis et laudibus eum receperat. Sic etiam interrogatus a Pilato an rex esset, ait [4]: Regnum meum non est de hoc mundo. Si enim esset de hoc mundo, ministri mei utique decertarent, ut ego non traderer Judæis, insinuans illos ad regnum hujus mundi pertinere, qui auxilio humanarum virium, non divino præsidio ab imminenti injuria se tueri contendunt. Item, quum discipulis suis ait [5]: Si vos persecuti fuerint in una civitate, fugite in aliam, non arma armis, sed fugam persequentibus docuit opponi. § 1. Item, sicut legitur in Esaia, Ægyptus a Nabuchodonosor devastata est, quia filiis Israel contra Assyrios et Chaldæos protectionis et defensionis auxilium promisit. Unde dictum

A est [6]: Baculus arundineus rex Ægypti, super quem si aliquis innixus fuerit, confringetur, et perforabit manum innitentis. Ipsi etiam Judæi captivi ducti sunt, quia spem suæ liberationis non in solo Deo, sed in homine posuerunt. Sic etiam de primis credentibus legitur [7], quod rapinam suorum bonorum cum gaudio suscipiebant, non quærentes sibi aliorum patrocinia, sed gaudentes, quoniam digni inveniebantur pro nomine Jesu contumeliam pati. Sic et Apostolus in prima epistola suadet Corinthiis [8], ut injuriam et fraudem patienter ferant potius quam repetendo fratres scandalizent. Sic ab idolothytis et a qualibet esca censet abstinendum potius quam cum scandalo fratrum edamus. Sic et a sumtibus abstinet, ne aliquod offendiculum evangelio Christi præstaret. Quum ergo ille
B qui ab injuria armis arcetur, non minus scandalizetur quam ille a quo ablata coram judice reposcuntur, patet quod ad propulsandam injuriam non sunt petenda armorum auxilia. Quod autem petendum non est, illud jure præstari non debet. § 2. Sed econtra multa rite præstantur, quæ tamen jure non petuntur. Bonus enim non rite injuriæ vindictam petit, quia malum pro malo redderet, quam tamen judex recte infligeret, nec nisi bonum pro malo redderet.

Unde Augustinus in expositione Psalmi CVIII ait [a]:

C. I. Quæ sint differentiæ retributionum.

Sex differentiæ sunt: reddere bona pro malis, non reddere mala pro malis; hæc 'duo' bonorum sunt, et [9] prius melius. Non reddere bona pro bonis, reddere mala pro bonis; hæc duo malorum sunt, et
C [10] posterius deterius. Reddere bona pro bonis, mala pro malis; hæc duo mediocrium sunt: prius propinquum bonis, convenit etiam malis [b], quod Christus non arguit, sed plus oportere dicit, quia et [11] ethnici hoc faciunt; posterius propinquum malis, convenit tamen etiam bonis. Unde et lex [12] modum ultionis statuit: Oculum pro oculo. Quæ, si dici potest, injustorum justitia est, non quia iniqua est ultio quam lex statuit, sed quia vitiosa est libido ulciscendi, magisque ad judicem pertinet hoc [13] inter homines decernere [14], quam bonum hominem sibi expetere. Hic enim redderet malum pro malo, judex vero [c] punit, non delectatione alienæ miseriæ,

### NOTATIONES CORRECTORUM.

Quæst. III. C. I. [a] B. Augustinus in explanatione D discedunt a verbis B. Augustini.
Ps. 108 has sex differentias aptissime explicavit, cujus sententiam auctor glossæ ordinariæ in eodem loco breviter retulit, ex qua glossa videtur acceptum hoc caput.
[b] Convenit etiam malis: Verba hæc non sunt in plerisque vetustis *, neque in glossa; sed non longe

* Judex vero: in glossa ordinaria et plerisque Gratiani manuscriptis legitur: judex vero non, sed dilectione justitiæ, quod est bonum pro malo, quod et Deus judex facit **. Non sunt tamen reliqua inducta, quoniam apud B. Augustinum in eadem explanatione aliquanto inferius eadem fere habentur.

Quæst. II. C. II. [13] dubio: Edd. coll. o. [14] qui: exd. = C. III. [15] Ivo Pan. l. 8, c. 57. Decr. Edd. coll. o. p. 40, c. 119. [16] a — Am.: non sunt in orig., sunt tamen ap. Iv. [17] negabatur: Quæst. III. [1] Matth. c. 2. [2] Matth. c. 21. [3] Joan. c. 18. [4] ib. v. 36. [5] Matth. c. 10, v. 23. [6] Esa. c. 36, v. 6. [7] Act. c. 5. [8] 1 Cor. c. 6, v. 7. = C. I. [9] sed: Edd. Bas. Lugdd. II, III. [10] sed: Edd. coll. o. pr. Bas. * non sunt in Edd. Arg. Nor. Ven. I, II. [11] desit in Edd. Bas. Lugdd. II, III. [12] Exod. c. 21, v. 24. [13] hic: Ed. Bas. [14] discernere: Edd. coll. o. pr. Arg. Bas. ** Jud. vero non, sed (si: Ed. Arg.) delectatione justitiæ justum pro injusto, quod, etc.: Edd. Arg. Nor. Ven. I, II. Par. — Jud. vero non, sed dilectione, etc. eodem modo: Ed. Lugd. I. — Eadem sunt in Ed. Bas., nisi quod omissum est voc.: pro. — In Edd. Lugdd. II, III, est ut in textu, omissa tamen voce: punit.

quod est malum pro malo, sed dilectione justitiæ, justum pro injusto, quod est bonum pro malo, quod etiam Deus judex facit.

Gratian. *Item ab aliquo capto injuste sua exiguntur, pro vita tamen redimenda juste offeruntur. Item vasa sacra ab aliquo barbaro injuste exiguntur, pro redemptione tamen captivorum juste præstantur. Sic et injuriæ propulsatio, licet injuste postuletur, tamen juste præstatur, quanquam et ipsa postulatio non usquequaque injusta probetur.* § 1. *Aliud enim est injuriam propellere, ut sibi liceat voluptuose vivere, aliud, ut aliorum utilitati libere possit vacare. Sicque aliud est suffragium ab homine tanquam a ministro justitiæ postulare, ut mala voluntas adversantium ejus ministerio careat effectu, et bonorum voluntas ejus suffragio sortiatur effectum; aliud spem suam a Deo in hominem transferre, ut adversa, quæ inferuntur a Deo ad vitæ correctionem, humano pellantur auxilio nulla præcedente correctione, sicut Israelitæ, qui captivitatem sibi imminentem Ægyptiorum suffragio se putabant posse evadere sine pœnitentia præteritæ vitæ, non revocantes ad memoriam : Da* [15] *nobis auxilium de tribulatione, quia vana salus hominis. Et idem* [16] *: Hi in curribus, et hi in equis, nos autem in nomine Dei nostri invocabimus. Petere ergo vel præstare in tribulatione subsidium, ut voluptuose quis in crimine vivat, damnabile est. Petere autem vel præstare solatium, ut malis facultas delinquendi adimatur, ut ecclesia pacem adipiscatur, ut aliquis multorum utilitati servetur, utile est et honestum; dissimulare vero est gravissimum. Hinc de Paulo legitur* [17], *quod, quum quidam Judæorum jurassent se non comesturos panem, nisi eum interficerent, petiit milites a prætore, quorum præsidio illæsus servaretur ab injuria Judæorum, non suæ voluptati, sed omnium utilitati victurus. Hinc in evangelio* [18] *mercenarius vocatur qui videt lupum venientem, et dimittit oves, et fugit.* § 2. *Hinc etiam ecclesia auxilium ab imperatore ad sui defensionem petere monetur.*

Unde Augustinus ad Bonifacium ait, epist. L. [19] :

C. II. *Ab imperatore ecclesia auxilium postulare debet.*

Maximianus episcopus Vagiensis auxilium petiit ab imperatore Christiano [contra [10] hostes ecclesiæ], non tam sui ulciscendi causa, quam tuendæ ecclesiæ sibi creditæ [21]. Quod si prætermisisset, non ejus fuisset laudanda patientia, sed negligentia merito culpanda. Neque enim *et* apostolus Paulus vitæ suæ transitoriæ consulebat [22], sed ecclesiæ Dei, quando contra illos qui eum occidere conspiraverant, consilium eorum tribuno ut proderetur effecit. Unde factum est ut eum ad locum quo fuerat perducendus, deduceret miles armatus, ne illorum pateretur [23] insidias.

C. III. *Catholici adversus hæreticos a potestatibus ordinatis defensionem possunt postulare.*

Item Augustinus ad *Emeritum, epist. CLXIV* [24].

Nostri adversus illicitas et privatas vestrorum violentias (quas et vos ibi, qui talia *non* facitis [d], doletis et gemitis) a potestatibus ordinatis tuitionem [25] petunt, non qua † vos [26] persequantur, sed qua [27] se defendant.

C. IV. *Quantum interest inter persecutionem catholicorum et hæreticorum.*

Item ejusdem *contra literas Petiliani, l. II, c* 88 [28].

Pro membris Christi adversus vos sæviunt, et vobis resistunt, quicunque in catholica [29] *parvæ* [30] adhuc fidei eo animo sunt quo tunc Petrus fuit, quum ferrum pro Christi nomine strinxit [31]. Sed multum interest inter vestram persecutionem, et istorum. Vos similes estis servo sacerdotis *Judæorum* [32], quia servientes principibus vestris adversus ecclesiam catholicam, id est adversus Christi corpus, armamini. Isti autem tales sunt, qualis tunc Petrus fuit, qui pro Christi corpore, id est pro ecclesia, etiam [33] corporaliter pugnavit.

C. V. *Justitiæ plenus est qui patriam bello tuetur a barbaris.*

Item Ambrosius *libro I pde officiis, c.* 27 [34].

Fortitudo, quæ *vel in* bello tuetur a barbaris patriam, vel domi defendit infirmos, vel a latronibus socios, plena justitiæ [35] est.

C. VI. *Prodest latroni vel piratæ qui membra ejus debilitat.*

Item Hieronymus super *Sophoniam, ad c.* 1 [36].

Si quis fortitudinem latronis, et [37] piratæ, *et* furis* [38] enervat [39], infirmosque *eos* [40] reddat [41], prodest [42] illis sua infirmitas. Debilitata enim mem-

### NOTATIONES CORRECTORUM.

C. III. [d] *Non facitis*: Addita est negatio ex originali et Ivone*, et alia etiam emendata. Refert autem ibi B. Augustinus id', quod decretum fuerat in sancto conc. Carthaginensi, ac repetitur in conc. Africano cap. 60, citatur autem infra eadem c. *Ab imperatorib*

---

Quæst. III. C. I. [15] Psal. 59. v. 13. [16] Psal. 19, v. 8. [17] Act. c. 23. [18] Joan. c. 10. = C. II. [19] scr. A. 417. — Ep. 185. Ed. Maur. — Ivo Decr. p. 10, c. 59. Polyc. l. 1, t. ult. [20] *contr.—eccl.*: non sunt in orig., sed tamen ap. Iv. [21] *traditæ*: Ed. Bas. [22] *consuluit*: Edd. coll. o. — Ivo. — cf. Act. c. 23. [23] *pateret insidiis*: Edd. coll. c. = C. III. [24] Ep. 87. Ed. Maur. scr. A. 405. — Ivo Pan. l. 8, c. 26. Decr. p. 10, c. 80. * non est in Pan. [25] *ultionem*: Ivo Pan. — Edd. coll. o. † *ut*: Ed. Bas. — *quod*: Edd. rell. — Ivo. [26] *hos*: Edd. coll. o. — Ivo. [27] *quia*: eæd. — id. = C. IV. [28] Ivo Decr. p. 10, c. 75. [29] *ecclesia*: Edd. coll. o. [30] *par.—fid.*: non sunt ap. Iv. [31] Joan. c. 18. [32] non est ap. Iv. [33] desid. in Ed. Bas. = C. V. [34] Ivo Pan. l. 8, c. 34. Decr. p. 10. c. 97. [35] *justitia*: Edd. coll. o. = C. VI. [36] Ivo Pan. l. 8, c. 50. Decr. p. 10, c. 113. [37] *vel*: Edd. coll. o. [38] *et fur.*: non sunt ap. Iv. [39] *diripiat*: orig. — Ivo. [40] non est ap. Iv. [41] *reddit*: Edd. coll. o. *etiam prod.*: Ed. Arg.

bra, quibus prius non bene utebantur, a malo opere cessabunt.

**C. VII.** *Qui socii non repellit injuriam similis est ei qui facit.*

Item Ambrosius, *libro I, de officiis, c. 36.*

Non [45] in inferenda, sed in depellenda injuria lex virtutis est. Qui enim non repellit [46] a socio injuriam, si potest, tam est in vitio quam ille qui facit. Unde S. Moyses hinc prius orsus est tentamenta bellicæ [a] fortitudinis. Nam quum vidisset Hebræum ab Ægyptio injuriam accipientem [45], defendit ita, ut Ægyptium prosterneret, atque in arena absconderet. Salomon quoque ait [47] : *Eripe eum qui ducitur ad mortem.*

**C. VIII.** *Malorum impietati favet qui eis obviare cessat.*

Item Anastasius et Damasus Papa [47].

Qui potest obviare et perturbare perversos, et non facit, nihil aliud est quam favere eorum impietati. Nec *enim* caret scrupulo societatis occultæ qui manifesto facinori desinit obviare.

**C. IX.** *Qui divina mandata contemnunt severis coerceantur vindictis.*

Item Calixtus, *epist. II, ad episcopos Galliæ* [48].

Justum est ut qui divina contemnunt mandata, et inobedientes Patrum [49] exsistunt jussionibus, severioribus corrigantur vindictis, quatenus ceteri talia committere timeant, et omnes gaudeant fraterna concordia, et cuncti sumant severitatis atque bonitatis [50] exemplum. Nam si (quod absit) ecclesiasticam solicitudinem vigoremque negligimus, perdit desidia disciplinam, et animabus fidelium profecto nocebitur.

**C. X.** *Imperatores cum episcoporum provisione ecclesiæ defensionem adversus divitum potentiam debent suscipere.*

Item ex concilio Carthaginensi V, c. 9 [51].

Ab imperatoribus [52] universis visum est [f] postulandum propter afflictionem pauperum, quorum A molestiis sine intermissione fatigatur Ecclesia, ut defensores eis adversus potentias divitum cum episcoporum provisione delegentur [53].

Gratian. *Ecce, quod nonnunquam est obviandum perversis, et injuria sociorum armis est propulsanda, ut et malis adempta facultas delinquendi prosit, et bonis optata facultas libere consulendi Ecclesiæ ministretur. Hoc qui non facit, consentit.*

Unde Augustinus ait in Psalm. LXXXI :

**C. XI.** *Non sunt immunes a scelere qui non liberant eos quos possunt a facto liberare.*

Ostendit [Propheta] nec illos immunes a scelere esse, qui permiserunt Christum principibus interficere [54], quum præ multitudine timerentur, et possent illos a facto, et se a consensu liberare. Qui desinit [g] obviare [55], quum potest, consentit.

## QUÆSTIO IV.

### GRATIANUS.

I. Pars. *Quod autem vindicta inferenda non sit, multis modis probatur. Mali enim tolerandi sunt, non abjiciendi; increpatione feriendi, non corporaliter expellendi.*

Unde Augustinus *ait in libro de verbis Domini, sermone XVIII* [a] † :

**C. I.** *Quomodo mali sunt tolerandi, et quomodo ab eis recedendum sit.*

Tolerandi sunt quidem mali pro pace, nec corporaliter ab eis recedatur ; sed spiritualiter [b] exire [a] est facere quod pertinet ad correctionem malorum, quantum licet pro gradu cujusque, salva pace; displicere est non tangere. Non enim prophetæ, qui hæc dicebant, populum suum dimiserunt, sed inter eos habitabant, quos increpabant, unum [a] templum cum eis intrabant, eadem sacramenta celebrabant. Hoc [a] est exire, ore non parcere, hoc est immundum non tangere, voluntate non consentire.

---

**NOTATIONES CORRECTORUM.**

C. VII. • *Bellicæ* : Sic emendatum est ex originali, quum etiam in manuscriptis Gratiani legeretur : *imbellis* [a].

C. X. [f] *Visum est* : Sic est emendatum ex codicibus concilii impressis et manuscriptis. Antea legebatur : *justum est auxilium postulandum* [a].

C. XI. [g] *Qui desinit* : Hæc in eadem glossa referuntur ex Cassiodoro, cujus verba sunt hæc : *Nam quum possis obviare perversis, si desinas adversari,*

*consensus erroris est.*

QUÆST. IV. C. I. [a] *Caput hoc est in glossa ordinaria, 2. Cor. 6.*, ad ea verba : *Exite de medio eorum.* Sententia vero est accepta ex sermone 18. Augustini *de verbis Domini*, ex quo infra ead. c. *Ecce* et c. *Recedite* ad idem pertinentia referuntur.

[b] *Spiritualiter* : Hic interpositæ erant duæ voces: *spiritualiter autem*, quæ sunt expunctæ, quia et a plerisque vetustis, et a glossa ordinaria absunt.

---

Quæst. III. C. VII. [45] *Non inferenda* : Edd. Arg. Nor. Ven. I, II. — *Non in ferenda* : Edd. rell. [46] *repellat* : Ed. Bas. [a] *imbecillis* : Edd. coll. o. [45] *patientem* : Ed. Bas. — cf. Exod. c. 2. [46] Prov. c. 24, v. 11. = C. VIII. [47] Legitur in Ep. (Pseudoisidor.) Damasi ad Stephanum. — Ans. l. 13, c. 19. Polyc. l. 7, t. 11. —cf. c. 3. D. 83, c. 3. D. 86. = C. IX. [48] *Caput Pseudoisidor.* — cf. Greg. M. ep. 41, l. 9. Ed. Maur. —{Ans. l. 13, c. 13. Ivo Decr. p. 6, c. 346. Polyc. ib. [49] *paternis* : Edd. coll. o. [50] *honestatis* : Ed. Bas. [51] hab. A. 401. — Coll. tr. p. p. 2, t. 19, c. 9. [52] *imperatore* : Coll. Hisp. [a] ita in Edd. coll. o. [54] *deligantur* : Coll. Hisp. = C. XI. [b] *crucifigere et interficere* : Edd. Bas. Lugdd. II, III. [55] *obv. perversis — et non facit, consentire videtur* : Ed. Bas. — eodem modo Edd. Lugdd. II. III., nisi quod in fine legitur : *consentit.*

Quæst. IV. C. I. † Sermo 88. Ed. Maur. [a] ita in Edd. coll. o. pr. Arg. Nor. [a] *hoc* : Edd. coll. o. [a] *sed unum* : Ed. Bas. [a] add. : *ergo* : Edd. coll. o.

### C. II. Quod mali sint tolerandi a bonis.
Idem c [5].

Tu bonus tolera malum. Nam et Christus Judam, quum sciret furem esse, toleravit et ad praedicandum misit, eique cum aliis eucharistiam dedit.

### C. III. Pro pace ecclesiae mali sunt tolerandi.
Idem super Joannem tractatu L., ad c. 12 d [6].

Quid ergo voluit Dominus noster Jesus Christus, fratres mei, admonere ecclesiam suam, quando unum perditum inter duodecim habere voluit, nisi ut malos toleremus, ne corpus Christi dividamus? Ecce inter sanctos est Judas, ecce fur est Judas, et, ne contemnas [6], fur sacrilegus [7], non qualiscunque fur [8], fur loculorum [8], sed dominicorum; loculorum, sed sacrorum. Si [9] crimina discernuntur in foro [10] qualiscunque furti et peculatus (peculatus enim furtum dicitur de re publica, et non sic judicatur furtum rei privatae, quomodo publicae), quanto vehementius judicandus est sacrilegus fur, qui ausus fuerit non undecunque tollere [11], sed de ecclesia tollere. Qui aliquid de ecclesia furatur Judae perdito [12] comparatur.

### C. IV. De eodem.
Idem serm. XVIII. de verbis Domini [13].

Ecce, inquiunt, dicit Propheta [14]: *Recedite, exite inde, et immundum ne tetigeritis.* Quomodo ergo [15] malos pro pace tolerabimus, a quibus exire et recedere jubemur, ne tangamus immundum? Nos istam recessionem spiritaliter intelligimus: illi corporaliter. Nam et ego clamo [16] cum Propheta: et qualiacunque sumus vasa, utitur nobis Deus in dispensatione vestra [17]. Clamamus et [18] nos, et dicimus vobis, recedite, exite inde, et immundum ne tetigeritis, sed contactu [19] cordis, non corporis. Quid est enim tangere immundum, nisi consentire peccatis? Quid est autem exire inde, nisi facere quod pertinet ad correctionem malorum, quantum pro uniuscujusque gradu atque persona, salva pace, fieri potest? Et paulo post: § 1. Ergo, fratres mei, quotquot habetis inter vos, qui adhuc amore saeculi praegravantur, avaros, perjuros, adulteros, inspectores [20] nugarum, consultores [21] mathematicorum, phanaticorum [22], augurum, aruspicum, ebriosos, luxuriosos, quicquid inter vos malorum esse nostis, quantum potestis, improbate, ut corde recedatis, et redarguite, ut exeatis inde, et nolite consentire, ut [23] immundum non tangatis.

### C. V. Pacificus est qui corrigit quod potest, vel excludit a se quod non potest.
Idem in secundo libro contra epistolam Parmeniani, c. 1.

Quisquis vel quod potest arguendo corrigit, vel quod corrigere non potest salvo pacis vinculo excludit, vel quod salvo pacis vinculo excludere non potest aequitate improbat, firmitate supportat, hic est pacificus, et ab isto [24] maledicto, de quo scriptura dicit [25]: *Vae his, qui dicunt quod nequam est bonum, et quod bonum est nequam*, et reliqua, omnino liber, prorsus securus, penitus alienus. Et infra: § 1. Quomodo, inquit Parmenianus, incorruptus poteris permanere, qui corruptis sociaris?

### C. VI. Quid sit malis sociari.
Idem in eodem capite continuo [26].

Ita plane, si sociatur quis malis, id est si mali [27] aliquid cum eis committit, aut committentibus favet. Si autem neutrum facit, nullo modo sociatur. Porro, si addit [28] tertium [29], ut non sit in vindicando [30] piger, sed vel corripiat justus in misericordia et arguat, vel etiam, si eam personam gerit, et ratio conservandae pacis admittit, coram [31] omnibus peccantes arguat, ut ceteri timeant, removeat [32] etiam vel ab aliquo gradu honoris, vel ab ipsa communione sacramentorum, et haec omnia cum dilectione corrigendi, non cum odio persequendi [33], plenissi-

---

### NOTATIONES CORRECTORUM.

**C. II.** c Initium hujus capitis est in tractatu 50. in Joannem. Reliqua vero videntur accepta ex glossa ordinaria in Psalmum 9. ad ea verba: *Dixit enim in corde suo*, et explanatione B. Augustini in Psalmum 10., cujus propria verba referuntur sup. 1. qu. 1. *Christus*. Ab eodem vero copiose haec eadem sententia exponitur in epistola 162.

**C. III.** d Multa in hoc capite emendata ex B. Augustino.

**C. IV.** e *Et qualiacunque*: Sic emendatum est ex B. Augustino et Beda. Antea legebatur: *aequalia* **.

**C. V.** f *Sociaris*: Apud B. Augustinum huic interrogationi Parmeniani sequitur continenter responsio, quae habetur in proxime sequenti capite *Ita plane*. Ac certe multo aptius interrogatio Parmeniani et B. Augustini responsio unico capitulo comprehenderentur.

---

Quaest. IV. C. II. [5] cf. Gratian. § 3, post. c. 48. C. 7, q. 1. = C. III. [6] Polyc. l. 7, t. 7. [6] contendas: Edd. coll. o. [7] fur est et sacr.: Edd. Bas. Nor. Lugdd. — fur et sacr.: Edd. rell. [8] fur, sed loc. dom. et sacr.: Edd. Bas. Nor. Lugdd. II, III. — fur, sed et dom. loc., sed sacr.: Ed. Arg. — fur, sed domin., loc., sed sacr.: Edd. rell. [9] sic: Edd. coll. o. pr. Bas. [10] fure, non qualiscunque furti, sed pec.: Ed. Bas. — fure, nec, etc. eodem modo: Edd. Lugdd. II, III. — fure, nec — sed et pec.: Edd. rell. [11] tollere hoc est sacrilegium committere (abest ab Ed. Arg.) sed de ecclesia: Edd. coll. o. [12] traditori: Ed. Bas. — proditori: Edd. rell. — Bohm. = C. IV. [13] Sermo 88. Ed. Maur. — Ans. l. 12, c. 65 (64). Polyc. ib. [14] Esa. c. 52, v. 11. [15] desid. in Ed. Bas. [16] clamabo: ead. [16] ita in Edd. coll. o. et ap. Ans. [17] nostra: Ed. Bas. [18] desid. in Edd. coll. o. pr. Lugdd. II, III. [19] tactu: Ed. Bas. [20] spectatores: Edd. Arg. Bas. — inspectatores: Edd. rell. pr. Par. Lugdd. II, III. [21] consulatores: Edd. coll. o. pr. Bas. Par. Lugdd. [22] non est in Edd. Arg. Nor. [23] ut — ne: Edd. coll. o. pr. Bas., in qua leg.: ne. = C. V. [24] illo: Edd. Lugdd. II, III. [25] Esa. c. 5, c. 20. = C. VI. [26] Polyc. ib. [27] abest ab Ed. Bas. [28] addat: Edd. coll. o. [29] iterum vel tert.: Ed. arg. [30] judicando: Ed. Bas. [31] et coram: Edd. coll. o. [32] removeantur: Ed. Par. — removeatur: Edd. rell. pr. Lugdd. [33] add.: faciat: Edd. coll. o.

mum officium non solum castissimae innocentiae, sed etiam diligentissimae severitatis implevit. Ubi autem [34] cetera impediuntur, illa duo semper retenta incorruptum castumque custodiunt, ut nec faciat malum, nec approbet factum.

C. VII. *Aliena peccata in ecclesia alicui non praejudicant.*

Idem *in epistola* 152, *contra Donatistas* [35].

Si quis a catholica ecclesia fuerit separatus, quantumlibet laudabiliter se vivere existimet, hoc solo scelere, quod a Christi unitate [g] disjunctus est, non habebit vitam, sed Dei ira manet super eum. Quisquis autem in hac [36] ecclesia bene vixerit, nihil ei praejudicant aliena peccata; quia in ea unusquisque proprium onus portabit, sicut Apostolus dicit [37]. *Et infra* : § 1. Ergo communio malorum non maculat aliquem participatione sacramentorum, sed consensione factorum. Nam si in malis factis non eis quisque [38] consentiat, portat malus causam suam 'et personam suam', nec praejudicat alteri, quem in consensione [39] mali operis socium non habet criminis.

C. VIII. *Non te maculat malus, si ei non consentis, sed ipsum redarguis.*

Idem *in sermone XVIII, de verbis Domini* [40].

A malis semper corde disjungimini : ad tempus caute corpore copulamini. *Et infra* : § 1. Duobus modis non te maculat malus : si ei [41] non consentias, et si redarguas. Hoc est non communicare, non consentire; communicatur quippe, quando facto ejus consortium voluntatis vel approbationis adjungitur. *Et infra* : § 2. Neque ergo consentientes sitis malis, ut approbetis; neque negligentes, ut non arguatis; neque superbientes, ut insultanter [44] arguatis.

C. IX. *Immundum tangere est peccatis consentire.*

Idem *ex eodem* [43].

Recedite †, exite [44] inde [45], et immundum ne tetigeritis. Sed contactu [46] cordis, non corporis. Quid est enim tangere immundum, nisi consentire peccatis? Quid est 'autem' [47] exire [48] inde, nisi facere quod pertinet ad correctionem malorum, quantum pro uniuscujusque gradu atque persona, salva pace, fieri potest? Displicuit tibi quod quisque [49] peccavit [50]? non tetigisti immundum. Redarguisti, corripuisti, monuisti, adhibuisti etiam, si res exigit, congruam, et quae unitatem [51] non violet [52] disciplinam? existi inde. *Et infra* : § 1. Clamavit ista Moyses [53], clamavit Esaias [54], clamavit Hieremias [55], clamavit Ezechiel [56]. Videamus, si dimiserunt populum Dei, et se ad alias gentes transtulerunt. Quam multa, et quam vehementer Hieremias increpavit in [57] peccatores et sceleratos populi sui [58]? Inter eos tamen erat, unum cum eis templum intrabat, eadem sacramenta celebrabat, in eadem sceleratorum hominum congregatione vivebat; sed clamando exibat inde. Hoc est exire inde, hoc est immundum non tangere, et voluntate [59] non consentire, et ore non parcere.

C. X. *Non maculant innocentes facta nocentium, quae ab eis credi non possunt.*

Idem *in epist. XLVIII, ad Vincentium* [60].

Quam magnum est crimen ab istorum innocentium communione separari? Nam et facta [61] nocentium, quae innocentibus demonstrari, vel ab innocentibus credi non possunt, non coinquinant quemquam, si propter innocentium [62] consortium etiam cognita sustinentur. Non enim propter malos boni deserendi, sed propter bonos mali tolerandi sunt, sicut toleraverunt [63] Prophetae, contra quos tanta dicebant, nec communionem sacramentorum illius populi relinquebant; sicut ipse Dominus nocentem Judam usque ad condignum ejus exitum toleravit, et eum sacram cum innocentibus communicare permisit, sicut toleraverunt Apostoli eos, qui [64] per invidiam (quod ipsius diaboli vitium est) Christum annunciabant.

C. XI. *Mali, quos ecclesia recipit, nec expellit, a bonis sunt tolerandi, non judicandi.*

Idem *in sermone XXIV, de verbis Apostoli* [h] [65].

Forte in populo Dei stat juxta te avarus, raptor, inhians rebus alienis, quem nosti talem, et fidelis est, vel potius fidelis vocatur. Non eum potes de ecclesia pellere, non habes aliquem aditum castigando et corripiendo [66] corrigere, accessurus est tecum ad altare. Noli timere : unusquisque [67] proprium [68] onus portabit. *Item infra* : § 1. Quomodo (inquis) ferrem quem novi malum? Nonne melius ipsum ferres, quam te foras efferres [69]? Ecce quo-

NOTATIONES CORRECTORUM.

C. VII. [g] *Christi unitate* : Antea legebatur :.*Christianitate*\*. Restitutum est ex originali et Beda, itemque alia nonnulla.

C. XI. [h] Antea citabatur ex libro primo de unico baptismo, ubi non habetur.

QUAEST. IV. C. VI. [34] add. : *etiam* : Ed. Bas. = C. VII. [35] Ep. 141. Ed. Maur. scr. A. 412. — Ivo Decr. p. 2, c. 101. ' ita ap. Iv. et in Edd. coll. o. [36] add. : *sancta* : Edd. coll. o. [37] *ait* : exd. — Ivo. — cf. Galat. c. 6, v. 5. [38] *quisquis* : Ed. Bas. — *quisquam* : Edd. Lugdd. II, III. [39] *concessime* : Ed. Bas. = C. VIII. [40] Sermo 88. Ed. Maur. — Ivo Decr. p. 2, c. 102. [41] desid. in Ed. Bas. [42] *insultantes* : Edd. Arg. Nor. Ven. I. — *insolenter* : Ivo. — Bohm. = C. IX. [43] Ivo Decr. p. 2, c. 103. — cf. supra c. 4. † Esa. c. 52, v. 11. [44] *et ex* : Edd. coll. o. [45] *exinde* : Ed. Bas. [46] *cum tactu* : Ivo. [47] abest ab eod. [48] *exite* : Ed. Arg. [49] *quisquam* : Edd. Lugdd. II, III. — Ivo. [50] *peccaverit* : Edd. coll. o. [51] *unitatis* : Edd. Lugd. I. Par. [52] *violat* : Edd. coll. o. pr. Par. Lugdd. [53] Num. c. 46. [54] Esa. c. 52. [55] Thren. c. 4. [56] Ezech. c. 14. [57] desid. in Edd. Bas. Lugdd. II, III. [58] *Dei* : Edd. exd. abest a rell. [59] *voluntati* : Ed. Bas. = C. X. [60] Ep. 93, (scr. A. 408.) Ed. Maur. [61] cf. infra c. 37. [62] *propter innocentes etiam* : Edd. coll. o. [63] add. : *eos* : exd. [64] cf. Philipp. c. 1. = C. XI. [65] Sermo 164. Ed. Maur. — Ivo Decr. p. 2, c. 94. [66] add. : *illum* : Edd. coll. o. [67] Gal. c. 6, v. 3. [68] *suum* : Edd. coll. o. [69] *afferres* : Ed. Lugd. II.

modo feres[70] : attende[71] Apostolum dicentem[72] ? *A* *lem persequitur, sed ignoscit ei, quasi rusticano*[90] *Unusquisque proprium*[73] *onus portabit.* Liberet te ista sententia. Non enim cum illo communicares avaritiam[74], sed communicares cum illo Christi mensam. Et quid tibi obesset, si eum illo communicares Christi mensam? Apostolus dicit[75] : *Qui enim manducat et bibit indigne, judicium sibi manducat et bibit*: sibi non tibi. Sane, si judex es, si judicandi potestatem accepisti, ecclesiastica regula, si apud te accusatur, si veris documentis testibusque convincitur, coerce, corripe, excommunica, degrada.

Gratian. *Est et alia distinctio tolerandorum et carendorum, quam ex verbis Augustini licet colligere, dicentis serm. XLIX, de verbis Domini*[76] :

### C. XII. *Pastor est diligendus, mercenarius tolerandus, latro cavendus.*

Tres personas dixit Dominus (et debemus illas investigare) in evangelio, pastoris, mercenarii[77], et furis. *Et paulo post* : Pastorem dixit[78] animam suam ponere pro ovibus suis, et intrare per januam. Furem dixit [et latronem i] ascendere per aliam partem. Mercenarium dixit, lupum vel[79] furem si videat, fugere, quia non est illi cura de ovibus: mercenarius est enim[80], non[81] pastor. Ille intrat per januam, quia[82] pastor est; ille ascendit per aliam partem, quia[83] fur est; ille videns eos qui volunt tollere oves, timet et fugit, quia mercenarius est, quia[84] non est illi cura de ovibus, mercenarius est enim. Si invenerimus tres istas personas, invenit sanctitas vestra 'et' quos diligatis, 'et' quos toleretis, 'et' quos caveatis. Diligendus est pastor, tolerandus est mercenarius, cavendus est latro.

Gratian. *Ecce, quod mali tolerandi sunt, nec corporali, sed spirituali vindicta sunt puniendi. Unde, quum discipuli non recepti a Samaritanis ignem cœlitus super eos deducere voluerunt, dicentes magistro*[85] : *Vis dicamus, descendat ignis de cœlo, et consumat eos? audierunt* : Nescitis cujus spiritus estis? *Item*[86] : Omnis qui gladium acceperit, gladio peribit.

### C. XIII. *Spiritalis nunquam carnalem persequitur, sed e converso.*

*Hinc etiam* Hieronymus *ait in comment. ep. ad Gal. c. 4.*

Qui[87] secundum carnem natus erat, persequebatur[88] spiritalem : nunquam enim[89] spiritalis carna-*lem persequitur, sed ignoscit ei, quasi rusticano*[90] fratri. Scit, eum posse proficere per tempus, et si quando Ægyptiæ filium viderit irascentem, recordatur[91] unius patris, qui boves k creavit, et culices, et[92] in magna domo non solum esse vasa aurea et argentea, sed et lignea et fictilia[93].

### C. XIV. *Boni a malis nunquam in hac vita penitus possunt separari.*

*Item* Augustinus *in libro IV. de baptismo, c. 12.*[1]

Quantus arrogantiæ tumor est, quanta humilitatis et lenitatis oblivio, arrogantiæ[94] quanta jactatio, ut quis 'aut audeat, aut' facere se posse credat, quod nec Apostolis concessit[95] Dominus, ut[96] zizania[97] a frumento putet se posse discernere?

### C. XV. *Præsens ecclesia simul recipit bonos et malos.*

*Item* Gregorius *homilia XXXVIII. Evang.*

Hæc autem vita, quæ inter cœlum et infernum sita est, sicut in medio subsistit, ita utrarumque partium cives communiter recipit : quos tamen sancta ecclesia et[98] 'nunc' indiscrete suscipit[99], et postmodum in egressione discernet. Si ergo boni estis, quamdiu in hac vita subsistitis, æquanimiter tolerare[100] malos 'debetis'. Nam quisquis malos non tolerat, ipse sibi per intolerantiam 'suam' testis est, quia bonus non est. Abel enim esse renuit, quem Cain malitia non exercet.

II. Pars. Gratian. *Ex his omnibus colligitur, quod malorum vindicta Deo reservanda est, nec sunt corporaliter puniendi, sed crebra admonitione, et caritatis beneficio ad correctionem invitandi. Unde Christus in evangelio*[101] *ait* : Audistis quia dictum est in lege [102] (quem modum ultionis lex statuit) : Oculum pro oculo, dentem pro dente. Ego autem hanc vicissitudinem tollens, et ad mansuetudinem et caritatis perfectionem vos invitans, dico vobis : Nolite[103] resistere malo, sed diligite inimicos vestros, benefacite iis qui oderunt vos, ut sitis filii patris vestri, qui solem suum oriri facit super bonos et malos, et pluit super justos et injustos. *Hinc Paulus ait*[104] : Si[105] esurierit inimicus tuus, ciba illum; si sitit, potum da illi. *Omnis enim iniquus bonorum est inimicus; omnis*[106] *autem amicus hujus sæculi etiam inimicus est Dei, Inimicus autem Dei bonitatis et justitiæ est inimicus, ac per hoc amatorem justitiæ et bonitatis diligere non*

### NOTATIONES CORRECTORUM.

C. XII. i *Et latronem* : Hæ duæ voces non sunt in originali : Anselmus tamen illas habet.

C. XIII. k *Boves* : In codicibus B. Hieronymi impressis legitur : *qui lucem boves*; verum in codice Vaticano horum commentariorum habetur : *qui lu-* *cam bovem.* Significat autem elephantem.

C. XIV. 1 Verba sunt Cypriani lib. 4. ep. 2. ad Antonianum*, citata ab Augustino lib. 4, c. 12. de baptismo contra Donatistas.

---

QUÆST. IV. C. XI. [70] ferres : orig. — Ivo. — Edd. Arg. Nor. Ven. I, II. [71] *si attenderes* : orig. — *attenderes* : Ivo — *attendens* : Ed. Arg. [72] Gal. c. 6, v. 5. [73] *suum* : Edd. coll. o. [74] *avaritia, sed si* : Ed. Bas. [75] 1 Cor. c. 11, v. 29. = C. XII. [76] Serm. 137. Ed. Maur. — Ans. l. 6, c. 148 (145). [77] *et merc.* : Ed. Bas. [78] Joan. c. 10. [79] *add.* : *etiam* : Edd. coll. o. [80] *autem* : exd. pr. Lugdd. II, III. [81] *et non* : Edd. coll. o. [82] *qui* : exd. [83] *qui* : exd. [84] *nec illi est* : exd. [85] Luc. c. 9, v. 54. [86] Matth. c. 26, v. 52. = C. XIII. [87] Gal. c. 4, v. 29. [88] *persequatur* : Ed. Bas. [89] *vero* : Edd. coll. o. [90] *rustico* : exd. pr. Bas. [91] *recordabitur* : Edd. coll. o. [92] 2 Tim. c. 2, v. 20. [93] *add.* : *voluit* : Edd. coll. o. = C. XIV. * Imo ad Maximum et rell., ep. 54, ed. Oxon. [94] *et arr.* : Edd. coll. o. [95] Matth. c. 13. [96] *add.* : *videlicet* : Edd. Bas. Lugdd. II, III. [97] *zizaniam* : Edd. coll. o. pr. Bas. [98] *desid. in* Ed. Bas. [99] *suscepit* : Ed. Arg. [100] *tolerate* : Edd. coll. o. [101] Matth. c. 5, v. 38. [102] Exod. c. 21, v. 24. [103] Matth. c. 5, v. 39. [104] Rom. c. 12, v. 20. [105] Prov. c. 25, v. 21. [106] Jac. c. 4, v. 4.

potest. Quum ergo inimicos diligere, vel illis benefacere, cibum et potum subministrare jubemur: inimicos persequi et punire prohibemur. § 1. In lege enim veteris testamenti corporalis poena statuta est: in lege vero evangelii omni peccanti per poenitentiam promittitur venia. Unde illa a terrore incepit, dicens [107]: Ego sum Dominus Deus zelotes, visitans peccata patrum in filios usque in tertiam et quartam generationem. Haec vero a lenitate mansuetudinis et misericordiae, ita inquiens [108]: Beati pauperes spiritu, beati mites, beati misericordes, quoniam ipsi misericordiam consequentur. In illa dicebatur [109]: Qui fecerit hoc vel illud, morte moriatur. In ista [110]: Gaudeo super uno peccatore poenitentiam agente, quam super nonaginta novem justis, qui non indigent poenitentia. Item [111]: Non veni vocare justos, sed peccatores ad poenitentiam. Estote [112] misericordes, sicut et pater vester misericors est. Initium quoque praedicationis salvatoris nostri et praeconis ejusdem, ad poenitentiam peccatores invitavit. Sic enim uterque exorsus est, dicens: Poenitentiam [113] agite, appropinquavit enim regnum coelorum. Sic in Actibus Apostolorum, quum Judaei, compuncti de scelere mortis Christi, dicerent Petro: Quid faciemus, viri fratres? legitur Petrus respondisse [114]: Poenitentiam agite, et baptizetur unusquisque vestrum. Et, ut universaliter dicatur, in lege [115] populus ille rudis servili timore poenarum cogebatur: unde et legem in paedagogum accepit. In evangelio autem populus gratiae liber et adultus filiali amore, et haereditatis certitudine ad cultum divinae servitutis invitatur. Unde, quum quidam legem, quasi coercentem, praedicarent esse tenendam simul cum gratia, ait [116] Apostolus: Non enim accepistis spiritum servitutis iterum in timore, sed accepistis spiritum adoptionis filiorum, in quo clamamus: Abba pater. § 2. Hinc etiam Gregorius ait in expositione evangelii: Simile factum est regnum coelorum homini regi, qui fecit nuptias filio suo.

C. XVI. *In lege cuique permittebatur diligere amicum, et odire inimicum.*

Quum [117] in lege scriptum sit: Diliges [118] amicum tuum, et odio habebis inimicum tuum, accepta tunc licentia justis fuerat, ut Dei 'inimicos' [119] suosque adversarios, quanta possent virtute, comprimerent, eosque in ore [m] gladii ferirent. Quod in novo pro-

culdubio testamento compescitur, quum per semetipsam veritas praedicat, dicens [120]: Diligite inimicos vestros, benefacite his, qui oderunt vos: Qui [121] ergo per tauros, nisi veteris testamenti patres signantur [122]? Nam, dum ex permissione legis acceperant quatenus adversarios suos odii retributione percuterent (ut ita dicam), quid aliud quem tauri erant, qui inimicos suos corporeae † virtutis cornu feriebant? Quid vero per altilia, nisi patres novi testamenti figurantur? qui dum gratiam internae pinguedinis percipiunt, aeternis [123] desideriis innitentes, ad [124] sublimia contemplationis suae pennis sublevantur.

Gratian. *His ita respondetur: Sunt quaedam, quae salubri duntaxat admonitione sunt corripienda, non corporalibus flagellis animadvertenda; sed eorum vindicta divino examini tantum est reservanda, quando in delinquentes videlicet disciplinam exercere non possumus, vel quia non sunt nostri juris, vel quia illorum crimina, etsi nobis nota sunt, tamen manifestis judiciis probari non possunt. § 1. De his, qui non sunt nostri juris, ait Apostolus in prima epistola ad Corinthios:* Quid enim mihi attinet de his, qui foris sunt, judicare? de his enim Dominus judicabit.

*Quod Augustinus exponens ait* [n][125]:

C. XVII. *Infidelium colloquia et convivia non sunt evitanda.*

Infideles non possumus Christo lucrari, si eorum colloquia vitamus et convivium. Unde et Dominus [126] cum publicanis et peccatoribus manducavit et bibit. In his vero, qui intus sunt, id est infidelibus, putredo resecanda est.

Gratian. *Hinc etiam, quum Propheta dicit* [127]: Facit Dominus judicium omnibus injuriam patientibus, *exponendo addit Augustinus: ab his, qui non sunt sui juris, in quos nequit disciplina exerceri.* § 1. *Item, quando multitudo est in scelere, nec salva pace ecclesiae mali puniri possunt, tolerandi sunt potius, quam violata pace ecclesiae puniendi.*

*Unde Augustinus ait in libro de fide et operibus, et c. 4., 5. †:*

C. XVIII. *Quaedam mala punienda sunt, et quaedam toleranda.*

Quidam * vero [128] e contrario periclitantes*, quum bonorum malorumque permixtionem in ecclesia demonstratam seu praedictam esse perspexerint, et patientiae praecepta didicerint, (quae * ita * nos firmissimos reddunt, ut etiamsi videntur [129]) in ecclesia

### NOTATIONES CORRECTORUM.

C. XVI. [m] *In ore:* In originali et quatuor Gratiani vetustis est: *jure gladii*".

C. XVII. [n] Sensus hujus capitis habetur apud B. Augustinum de poenitentiae medicina c. 3.; verba vero fere omnia sunt in gloss. ord. 1. Cor. 5. ad vers. *Alioquin.* et interlineari ad vers. *Intus.*

---

Quaest. IV. C. XV. [107] Exod. c. 20, v. 5. [108] Matth. c. 5, v. 3. [109] cf. Exod. c. 19. [110] Luc. c. 15, v. 7. [111] Matth. c. 9, v. 13. [112] Luc. c. 6, v. 36. [113] Matth. c. 3, v. 2. [114] Act. c. 2, v. 38. [115] cf. Exod. c. 1. et Gal. c. 5. [116] Rom. c. 8, v. 15. = C. XVI. [117] hom. 38, in Matth. c. 22. [118] Lev. c. 19, v. 18. [119] non est in orig. " ita in Edd. coll. o. per Par. Lugdd. [120] Luc. c. 6, v. 27. [121] *Quid* : Edd. coll. o. [122] *significantur* : orig. † *corpore* : Ed. Bas. [123] *a terrenis* : ead. — orig. [124] *quasi contempl. penna sese ad sublimia sublevant* : Edd. coll. o. — C. XVII. [125] cf. supra C. 2, q. 4, c. 18. [126] Luc. c. 5. [127] Psal. 145, v. 7. = C. VXIII. † Ans. l. 12, c. 63. Polyc. l. 7, t. 7. [128] *vero — ver.* : non sunt ap. Ans. [129] *videantur*; Ed. Bas. —*videatur* : Edd. rell. pr. Arg.

esse zizania, non tamen impediatur aut fides, aut caritas nostra, aut [130] quoniam zizania [131] in ecclesia esse cernimus, ipsi [132] de ecclesia recedamus, destituendam.° putent [133]. ecclesiæ disciplinam, quandam perversissimam securitatem præpositis tribuentes, ut ad eos non pertineat, nisi dicere quid cavendum, quidve faciendum sit; quodlibet autem quisque faciat non curare. Nos vero ad sanam [134] doctrinam pertinere arbitramur * ex * utrisque testimoniis tutam [135] sententiam moderari [136], ut et canes in ecclesia propter pacem ecclesiæ toleremus, et canibus sanctum, ubi pax ecclesiæ tuta est, non demus. Quum [137] ergo * seu per negligentiam præpositorum [138], sive per aliquam [139] excusabilem necessitatem, sive per occultas obreptiones [140] invenimus in ecclesia malos, quos ecclesiastica disciplina corrigere aut coercere non possumus, tunc, ne ascendat in cor nostrum impia et perniciosa præsumptio, qua existimemus [141] nos ab his esse separandos, ut peccatis eorum non inquinemur, atque ita post nos trahere conemur, veluti mundos atque sanctosque discipulos ab unitatis compage quasi a malorum consortio [142] segregatos [143], veniant in mentem illæ de scripturis similitudines, et divina oracula, vel certissima exempla, quibus demonstratum et prænunciatum [144] est, malos in ecclesia permixtos bonis usque in finem sæculi tempusque judicii futuros [145], et nihil bonis in unitate ac participatione sacramentorum, qui eorum factis non consenserint, obfuturos [146]. § 1. Quum vero eis, per quos ecclesia regitur, adest [147] salva pace potestas disciplinæ adversus improbos aut nefarios exercendæ [148], tunc rursus, ne [149] socordia segnitiaque dormiamus, * aliis * [150] aculeis præceptorum, quæ ad severitatem coercitionis [151] pertinent, excitandi sumus, ut gressus nostros in via [152] Domini ex utrisque testimoniis illo duce atque adjutore [153] dirigentes, nec patientiæ nomine torpescamus, nec obtentu diligentiæ sæviamus.

C. XIX. *Levius occulta, severius autem punienda sunt ab ecclesia delicta manifesta.*

Idem *contra epistolam Parmeniani, lib. III, c. 2* [154].

Quum quisque fratrum, id est [155] Christianorum intus in ecclesiæ societate constitutorum, in aliquo tali peccato fuerit deprehensus, ut anathemate dignus habeatur, fiat hoc, ubi periculum schismatis nullum est. *Et infra* : § 1. Quando * ita * [156] cujusque crimen notum est * omnibus * [157], et omnibus exsecrabile apparet [158], ut vel nullos prorsus, vel non tales habeat defensores, per quos possit schisma contingere, non dormiat severitas disciplinæ.

III. Pars. Gratian. *Est et alia causa, qua correptio verberum vel verborum videtur esse inutilis vel superflua. Prædestinati enim ad vitam sine correptione mutantur sicut Petrus* [159], *quem Dominus respiciens nemine corripiente commovit ad lacrimas. Præsciti ad mortem inter flagella deteriores fiunt. sicut Pharao. Bonis ergo superflua, damnandis hæc inveniuntur esse inutilia. His ita respondetur auctoritate Gregorii et Augustini.*

Augustinus *enim in libro de correptione et gratia c.* 5. sic ait :

C. XX. *Sicut ab oratione cessandum non est, sic nec a correptione.*

Sicut non est ab oratione cessandum pro eis quos corrigi volumus, etiamsi nullo hominum orante pro Petro Dominus respexit eum, et fecit cum suum peccatum flere : ita non est negligenda correptio [160], quamvis Deus, quos voluerit, * etiam* non correptos [161] faciat esse correctos. Tunc autem correptione [162] proficit homo, quum misereatur atque adjuvat qui facit, quos voluerit, etiam sine correptione [163] proficere.

Gregorius *vero in Dialogo, lib. I. c.* 8. [164] :

C. XXI. *Soli prædestinati salvantur, qui in postulando suo labore meruerunt.*

Obtineri nequaquam possunt quæ prædestinata non fuerunt [165]. Sed ea quæ sancti viri orando efficiunt, ita prædestinata sunt, ut precibus obtineantur. Nam ipsa quoque perennis regni prædestinatio ita est ab omnipotenti Deo disposita, ut ad hoc electi ex labore perveniant, quatenus postulando mereantur accipere quod eis omnipotens Deus ante sæcula disposuit donare.

C. XXII. *Occulto Dei judicio mali obdurantur flagellis, boni emendantur.*

*Item* Augustinus *in libro de prædestinatione et gratia, c.* 15. [166]

Nabuchodonosor [167] pœnitentiam meruit fructuo-

### NOTATIONES CORRECTORUM.

C. XVIII. °*Destituendam:* Apud B. Augustinum legitur : *instituendam putant ecclesiam et disciplinam;* sed ceteri collectores cum Gratiano concordant.

Multa vero alia ex illis, et originali in toto hoc capite sunt restituta.

Quæst. IV. C. XVIII. [130] *et* : Edd. coll. o. [131] *zizaniam* : Edd. Lugdd. II, III. [132] *non ideo ipsi* : Edd. coll. o. [133] *putant* : eæd. [134] *sacram* : Ed. Arg. [135] *vitam sententiamque* : Ans. — Edd. coll. o. [136] *moderare* : Ed. Bas. [137] *Quum vero per.* : Ans. — Edd. coll. o. [138] *prælatorum* : Ed. Arg. [139] *aliam* : Edd. Ven. I, II. Par. Lugdd. [140] *surreptiones* : Edd. coll. o. [141] *æstimemus* : eæd. pr. Bas. Lugdd. II. III. [142] *conjunctione* : Edd. coll. o. [143] *separatos* : Edd. Arg. Bas. — *segregandos* : Edd. rell. [144] *pronunciatum* : Edd. coll. o. [145] *futuri tolerandos* : eæd. [146] *abfuturos* : Edd. Lugdd. II, III. [147] *abest* : eæd. [148] *exercenda* : Ed. Bas. [149] *neque soc. neque segn. sed ac.* : Ed. coll. o. [150] *non est apud* Ans. [151] *correptionis* : Ed. Bas. [152] *vias* : eæd. [153] *actore adi.* : ead. = C. XIX. [154] Ivo in prologo et Decr. p. 2, c. 97. Polyc. l. 7, t. 7. [155] *et* : Edd. coll. o. — Ivo in prol. [156] *abest ab* Iv. prol. [157] *desid. ib.* [158] *appareat* : Edd. coll. o. pr. Arg. Nor. Ven. I. — Ivo in prol. [159] Luc. c. 22. = C. XX [160] *correctio* : Edd. coll. o. [161] *correcto* : eæd. [162] *ex correctione* : ead. [163] *correctione* : eæd. = C. XXI. [164] Burch. l. 20, c. 19. Ivo Decr. p. 17, c. 31. [165] *fuerint* : orig. — Coll. citt.— Edd. coll. o. = C. XXII. [166] Convenit inter VV. DD., hunc librum non esse Augustini. [167] Joan. c. 4.

sam. Nonne post innumeras impietates flagellatus pœnituit, et regnum, quod perdiderat, rursus accepit? Pharao [168] autem ipsis flagellis est deterior effectus et periit? Hic mihi rationem reddat qui divinum consilium nimium alto [169] sapientique corde dijudicat, cur medicamentum unius medici manu confectum alii ad interitum, alii valuerit ad salutem, nisi quia Christi [170] bonus odor aliis est odor vitæ in vitam, aliis odor mortis in mortem? Quantum ad naturam, ambo homines erant. Quantum ad dignitatem [171], ambo reges. Quantum ad causam, ambo captivum populum Dei possidebant. Quantum ad pœnam, ambo flagellis clementer admoniti. Quid ergo fines eorum fecit esse diversos, nisi quod unus manum Dei sentiens in recordatione propriæ iniquitatis ingemuit, alter libero contra Dei misericordissimam veritatem pugnavit arbitrio?

### C. XXIII. Idem p.

Vasis iræ nunquam Deus redderet interitum, si non spontaneum inveniretur homo habere peccatum, quia nec Deus peccanti homini juste inferret iram, si homo ex prædestinatione Dei cecidisset in culpam. *Idem* [172] : § 1. Prædestinationem Dei sive ad bonum sive ad malum in hominibus [173] operari ineptissime dicitur, ut ad utrumque homines quædam necessitas videatur impellere, quum in bonis voluntas sit intelligenda non sine gratia, in malis autem voluntas intelligenda [174] sine gratia. § 2. [175]. Quum vero aliquos a Deo aut traditos desideriis suis, aut obduratos legimus aut relictos, magnis [176] peccatis [177] suis hoc ipsos meruisse profitemur, quia talia eorum crimina præcesserunt, ut ipsi sibi [178] pœnas [179] debuerint, quæ [180] eis etiam supplicium verterent in reatum. Atque ita nec de judicio Dei querimur, quo deserit meritos deseri, et misericordiæ ejus gratias agimus, qua liberat non meritos liberari. § 3. Vires [181] itaque obedientiæ non ideo cuiquam subtraxit, quia eum non prædestinavit, sed [ideo [182] eum non prædestinavit], quia recessurum ab ipsa obedientia esse prævidit. § 4. Prædestinatio [183] igitur [184] Dei semper in bono est, quæ [185] peccatum sola hominis voluntate commissum aut remittendum † novit cum laude misericordiæ, aut plectendum cum laude justitiæ. In [186] malis autem operibus nostris sola præscientia Dei intelligenda est, quia, sicut præscivit et prædestinavit quæ ipse fecit, et ut faceremus dedit, ita præscivit tantum, non etiam prædestinavit, quæ nec ipse fecit, nec ut faceremus exegit. § 5. Ii [187] autem [188], de quibus [189] dicitur [190] : *Ex nobis exierunt, sed non fuerunt ex nobis. Si enim fuissent ex nobis, mansissent utique nobiscum*, voluntate exierunt, voluntate ceciderunt, et quia præsciti sunt casuri non sunt prædestinati; essent autem prædestinati, si essent reversuri, et in sanctitate ac veritate mansuri. Ac per hoc prædestinatio Dei multis est causa standi, nemini est causa labendi.

*Gratian. Non ergo necessitatem facit correctionis vel obdurationis divina prædestinatio seu præscientia, quum boni per gratiam corrigantur, et libero arbitrio mali pereant. Neque enim, quia prædestinatio seu præscientia Dei falli non potest, necessario eveniunt quæ prædestinantur vel præsciuntur sicut nec necessario prædestinantur vel præsciuntur quæ futura sunt : sed quia bona absque ejus gratia, mala præter ejus scientiam evenire non possunt. § 1. Quamvis ergo convenienter dicatur, si hæc prædestinata sunt vel præscita, necessario evenient : non tamen ideo absoluta rerum est, necessario evenient quæ prædestinata sunt vel præscita; quia hic necessitas refertur ad rerum eventum, ibi ad intuitum divinæ præscientiæ. Unde Augustinus* [191] : Duæ sunt q, *inquit*, necessitates, simplex una, veluti, 'qua' necesse est omnes homines esse mortales : altera conditionis, ut, si aliquem ambulare quis scit, eum ambulare necesse est. Quod enim quisque esse novit, id esse aliter, quam [192] notum est, nequit. Sed hæc minime secum illam simplicem trahit; hanc enim necessitatem non propria [193] facit natura, sed conditionis adjectio. Nulla enim necessitas cogit incedere voluntate gradientem, quamvis eum tunc, quum graditur [194], incedere necessarium sit. Eodem igitur modo, si quid provi-

---

### NOTATIONES CORRECTORUM.

C. XXIII. P In plerisque vetustis caput hoc conjunctum est superiori, et in titulo est : *Item* ·, non *Idem* ; est autem confectum ex locis indicatis Fulgentii, Prosperi et B. Augustini.

q *Duæ sunt:* Hæc a Burchardo et Ivone citantur ex B. Augustino in libro de prædestinatione. Et sententia habetur copiose explicata in libello de prædestinatione Dei inter opera B. Augustini, tomo 7.

Quæst. IV. C. XXIII. [168] Exod. c. 5 seqq. orig. [170] 2 Cor. c. 2, v. 15, 16. [169] *alie* : Edd. coll. o. — *altum sapienti corde :* [171] *dignitates* . Ed. Bas. — C. XXIII. * ita in Edd. Arg. Bas. — Initium cap. exstat in libro Fulgentii ad Monymum. et refertur ex August. ap. Burch. l. 20. c. 35, et Iv. Decr. p. 17, c. 46. [172] *ex Prosperi libro adversus capitula Gallorum* c. 6. [173] *omnibus:* Edd. coll. o. [174] add. : *est* : cæd. pr. Bas. [175] *ex ejusdem libri* c. 11. [176] *magis* : Edd coll. o. pr. Bas. [177] *in pecc.* : Edd. Lugdd. II, III. [178] *ipsi sibi pœna fieri debuerint* : orig. [179] *pœnam* : Edd. coll. o. [180] *qua — verteretur* : cæd. [181] c. 12, ejusdem. [182] *ideo — præd.* : non sunt in orig. [183] c. 15, ejusd. [184] *quoque* : Edd. coll. o. [185] *qui* : Ed. Bas. † in Ed. Rom. vitiose legitur : *emittendum*. [186] hæc sunt posteriora totius opusculi Prosp. verba. [187] hæc habentur in c. 12, responsionis ad objectiones Vincentianas pro Augustino, quæ Prospero tribui solet. [188] add. : *sunt* : Ed. Bas. [189] add. : *hic* : Edd. Lugdd. II, III. [190] Joan. c. 2, v. 19. [191] ex libro de prædestinatione. — cf. ad c. 22. — Burch. l. 20, c. 21. Ivo Decr. p. 17, c. 52. [192] *ac* : Burch. Ivo. — Ed. Bas. [193] *ipsa* : Ed. Bas. [194] *radiatur* : Edd. coll. o.

dentia praesens videt, id necesse est esse, tametsi nullam naturae habeat necessitatem. Atqui ¹⁹⁵ Deus ea futura, quae ex libertate arbitrii proveniunt, praesentia ¹⁹⁶ contuetur. Haec igitur, ad intuitum relata divinum, necessaria fiunt per dispositionem divinae notionis. Per se vero considerata absolutam * naturae suae libertatem non deserunt. Fient igitur procul dubio cuncta quae futura Deus esse praenoscit; sed eorum quaedam de libero proficiscuntur arbitrio, quae, quamvis eveniant ¹⁹⁷, exsistendo tamen naturam propriam non amittunt, qua prius quam fierent, etiam non evenire potuissent. § 2. His omnibus mala nostra libero adscribuntur arbitrio, quum alibi divinae adscribantur indignationi. Unde Gregorius ¹⁹⁸: Quum superna indignatio sese, ut ita dixerim, medullitus movet, hanc opinio vel oppositio ¹⁹⁹ humana non removet, nec se cuilibet ²⁰⁰ utiliter deprecatio objicit, quum semel Deus aliquid ab intimis irascendo disponit. Hinc est enim, quod Moyses ²⁰¹, qui reatum totius plebis apud Dominum ²⁰² suis precibus tersit, dumque se obicem obtulit, divinae iracundiae vim placavit, ad petram Oreb veniens, et pro aquae exhibitione diffidens, repromissionis terram ingredi Domino irascente non potuit. § 3. *Item Augustinus:* De Tyriis ˢ vero et Sidoniis quid aliud possumus dicere, quam non esse eis datum ²⁰³ ut crederent, quos ᶜ etiam ᶜ credituros fuisse ipsa veritas dicit ²⁰⁴, si talia, qualia apud non credentes facta sunt, virtutum signa vidissent? Quare autem hoc eis negatum fuerit, dicant, si possunt, qui calumniantur, et ostendant, cur apud eos Dominus mirabilia, quibus profutura non erant, fecerit, et apud eos, quibus profutura erant, non fecerit. Nos etenim, si rationem ²⁰⁵ facti ᵉ et ᵉ profunditatem judicii ejus penetrare non possumus, manifestissime tamen scimus, et verum esse quod dixit, et justum esse quod fecit, et non solum Tyrios et Sidonios, sed etiam Corozaim et Bethsaida potuisse converti, et fideles ex infidelibus fieri, si hoc in eis voluisset Dominus operari. Neque enim ulli falsum videri potest, quod veritas ait ²⁰⁶: *Nemo potest venire ad me, nisi fuerit ei datum a patre meo.* Item

qui per Prophetam Judaicae plebi promisit ²⁰⁷: *Ecce, ego sepiam vias tuas spinis, et muniam eas lapidibus quadris,* id est adimam tibi facultatem peccandi. Idem per Psalmistam de damnandis dixit ²⁰⁸: *Fiant viae illorum tenebrae et lubricum, et angelus Domini persequens eos.* « Sed in his omnibus vitia nostra humanae adscribuntur mentis arbitrio, quod divina clementia in electis misericorditer vertit ad bonum, in damnandis juste relinquit ad malum. Sicut ergo, quamvis certissime sciamus, neminem ultra terminum a Deo sibi praefixum esse victurum, omnibus tamen languentibus non incongrue medemur: sic, quamvis nemo salvetur, nisi praedestinatus ad vitam, omni tamen delinquenti est adhibenda correptio, nec malorum est negligenda disciplina.

*Unde* idem Augustinus ait epist. L. Bonifacio ²⁰⁹:
C. XXIV. *Non semper in eos, qui peccant, vindicta est exercenda.*

Ipsa pietas, veritas, caritas, nos non permittit contra Caecilianum eorum hominum accipere testimonium, quos in ecclesia non videmus, cui Deus ²¹⁰ perhibet testimonium. Qui ²¹¹ enim divina testimonia non sequuntur, pondus humani testimonii perdiderunt. *Item infra:* § 1. Molestus est medicus furenti phrenetico, et pater indisciplinato filio: ille ligando, iste ²¹² caedendo, sed ambo diligendo. Si autem illos negligant, et perire permittant, ista potius falsa mansuetudo crudelitas est. *Item infra:* § 2. Si ²¹³ per potestatem ²¹⁴, qua per ²¹⁵ religionem ac fidem ᶜ regum *, tempore quo debuit, divino munere accepit ecclesia, hi qui inveniuntur in viis et ᵉ in ᵇ sepibus, id est in haeresibus et schismatibus, coguntur intrare, non quia coguntur reprehendant, sed quare ²¹⁶ cogantur ²¹⁷ attendant. Convivium Domini unitas est corporis Christi non solum in sacramento altaris, sed etiam in vinculo pacis. *In eadem infra:* § 3. Theodosius ᵗ imperator legem ²¹⁸ generaliter in omnes haereticos promulgavit, ut quisquis eorum episcopus vel clericus ubilibet esset inventus, decem libris auri mulctaretur. *Item infra:* § 4. Si duo aliqui in una domo ²¹⁹ habitarent, quam certissime sciremus esse ruituram, nobisque id praenunciantibus

## NOTATIONES CORRECTORUM.

ʳ *Absolutam:* Apud Burchardum et Ivonem legitur: *ab absoluta libertate non desinunt.*

ˢ *De Tyriis:* Simillima his leguntur apud B. Augustinum in libro de bono perseverantiae c. 14. Eadem vero fere sunt apud Prosperum ab excepta Januensium, in respons. ad dubium 8. sive 9.

C. XXIV. ᵗ *Theodosius:* Anselmus habet ut Gratianus: sed propria verba B. Augustini, ubi de reprimenda rabie Donatistarum agit, sunt haec: *Quod eo modo fieri aliquatenus arbitramur, si legem piissimae memoriae Theodosii, quam generaliter in omnes haereticos promulgavit, ut quisquis eorum episcopus vel clericus ubilibet esset inventus, decem libris auri mulctaretur, expressius in Donatistas, qui se negabant haereticos, ita confirmarent, ut non omnes ea mulcta ferirentur, et cetera quae sequuntur.*

---

Quaest. IV. C. XXIII. ¹⁹⁵ *At quidem:* exd. ¹⁹⁶ *praescientia:* exd. ¹⁹⁷ *veniant:* Ed. Bas. —*eveniunt:* Edd. Lugdd. II, III. ¹⁹⁸ Moral. l. 9, c. 12. ¹⁹⁹ *vel opp.:* omissa sunt in Edd. Arg. Bas. ²⁰⁰ *cujuslibet:* Edd. coll. o. ²⁰¹ Exod. c. 32. ²⁰² *Deum:* Ed. Bas. ²⁰³ *add.: desuper:* Edd. coll. o. pr. Arg.—cf. Matth. c. 11, v. 21. ²⁰⁴ *docet:* Edd. coll. o. ²⁰⁵ *ratione:* exd. ²⁰⁶ Joan. c. 6, v. 44. ²⁰⁷ Os. c. 2, v. 6. ²⁰⁸ Psal. 34, v. 6. = C. XXIV. ²⁰⁹ Ep. 185. Ed. Maur. scr. A. 417. — Ans. l. 12, c, 61 (60). Polyc. l. 7, t. 5. ²¹⁰ *Dominus:* Edd. coll. o. ²¹¹ *quos:* exd. ²¹² *ille:* exd. pr. Lugdd. II, III. ²¹³ *Quapropter si:* orig. — Edd. Arg. Bas. Nor. ²¹⁴ *potestate:* orig. — Ans. — cf. infra qu. 6, c. 1. ²¹⁵ *propter:* Edd. coll. o. ²¹⁶ *quo:* orig. — Edd. Arg. Nor. Ven. I. ²¹⁷ *coguntur:* Edd. coll. o. ²¹⁸ cf. Theod. Cod. l, 16, t. 5, c. 21. ²¹⁹ *add.: simul:* Edd. coll. o.

bus nollent credere, atque in ea [220] manere persisterent, si eos inde possemus eruere vel invitos, quibus imminentem illam ruinam * postea * [221] demonstraremus [222]; ut redire ulterius sub ejus periculum [223] non auderent, puto, nisi faceremus, non immerito crudeles judicaremur. Porro, si unus illorum nobis diceret, quando intraveritis eruere nos, memetipsum continuo trucidabo [224]; alter autem nec exire quidem inde, nec erui vellet, sed neque necare se auderet; quid eligeremus, utrum ambos ruinæ opprimendos relinquere, an, uno saltem per * misericordiæ * nostram operam [225] liberato, alterum non nostra culpa, sed sua potius interire [226]? Nemo [227] est tam infelix, qui non quid fieri in talibus rebus oporteat facillime judicet. *Item post pauca* : § 5. Quod si plurimi essent in domo ruitura, et inde saltem unus liberari posset, atque, id quum facere conaremur, alii se ipsos præcipitio necarent, dolorem [228] de ceteris nostrum de unius saltem salute consolaremur; non tamen, ne se ipsos alii perderent, perire universos nullo liberato permitteremus. Quid igitur de opere misericordiæ, quod pro vita æterna adipiscenda et pœna æterna vitanda hominibus debemus impendere, judicandum est, si pro salute ista non solum temporali, sed etiam brevi ad [229] * ipsum * exiguum tempus liberanda sic nos subvenire hominibus [230] ratio vera et benigna compellit? *Item infro* : § 6. Si [231] (inquiunt Donatistæ) oportet, ut nos extra ecclesiam et adversus ecclesiam fuisse pœniteat, ut salvi esse possimus, quomodo post istam pœnitentiam apud vos clerici vel etiam episcopi permanemus? Hoc non fieret, quoniam revera [232] (quod fatendum est) fieri non deberet, nisi pacis [233] ipsius compensatione sanarentur. Sed sibi hoc dicant, et multo maxime humiliter doleant, qui in tanta morte præcisionis jaceant [234], ut isto quodam vulnere matris [235] catholicæ reviviscant. Quum enim præcisus ramus inseritur, fit aliud vulnus in arbore, quo possit recipi, ut vivat, qui sine vita radicis peribat; sed quum receptus recipienti coaluerit, et vigor consequetur [236] et fructus; si autem non coaluerit, ille quidem arescit [237], sed vita arboris permanebit. Est enim et [238] tale inserendi genus ut nullo præciso ramo, qui intus est, ille, qui foris est, inseratur:

non tamen nullo, sed vel [239] levissimo arboris vulnere. Ita ergo [240] et isti, quum ad radicem catholicam veniunt, nec eis, quamvis [241] post erroris sui pœnitentiam honor clericatus aut episcopatus aufertur, fit [242] quidem aliquid tanquam in cortice arboris matris contra integritatem severitatis; veruntamen, quia neque [243] qui plantat est aliquid, neque qui rigat, ad Dei misericordiam precibus fusis, coalescente insitorum [244] pace ramorum, caritas [245] cooperit multitudinem peccatorum. *Et paulo post*: § 7. Verum [246] in hujusmodi causis, ubi per graves dissensionum scissuras non hujus aut illius hominis est periculum, sed populorum [247] strages jacent [248], detrahendum est aliquid severitati, ut majoribus malis sanandis caritas sincera subveniat. Habeant ergo * isti * de præterito detestabili errore, sicut Petrus habuit de mendacii [249] timore, amarum dolorem, et veniant ad ecclesiam Christi veram, id est matrem catholicam: sint [250] in illa clerici, sint [251] episcopi utiliter, qui contra [252] illam [253] fuerunt hostiliter. Non invidemus, imo amplectimur, optamus, hortamur, et quos in viis [254] et [255] in sepibus invenimus intrare cogimus, et sic [256] nondum quibusdam persuademus, quia non res eorum, sed ipsos quærimus?

C. XXV. *Medicinali severitate mali cogantur ad bonum.*

Idem *Festo*, *epist*. *CLXVII*. [257]

Quid [258] faciet *hic* ecclesiæ medicina, salutem omnium materna caritate conquirens, tanquam inter phreneticos et lethargicos æstuans? Numquid contemnere, numquid desistere vel debet, vel potest? Utrisque sit [259] necesse est molesta [260], quia [261] neutris [262] est inimica. Nam et phrenetici nolunt ligari, et lethargici nolunt excitari, sed perseverat diligentia caritatis phreneticum castigare [263], lethargicum stimulare, ambos amare. Ambo offenduntur, sed ambo diliguntur. Ambo molestati [264], quamdiu ægri sunt, indignantur, sed ambo sanati [265] gratulantur, *Et infra in eadem* : § 1. Catholici esse non incipiunt, nisi hæretici esse destiterint. Neque enim sacramenta eorum nobis inimica sunt, quæ cum [266] illis nobis sunt communia, quia non humana sunt, sed divina. Proprius [267] error eorum est auferendus, quem male imbiberunt [269], non sacramenta, quæ similiter acceperunt, quæ ad pœnam suam portant et habent, quanto [270] indignius habent [271], sed tamen habent.

**IV. Pars. Gratian.** Ecce, quod crimina sunt punienda, quando salva pace ecclesiæ feriri possunt; in quo tamen discretio adhibenda est. Aliquando enim delinquentium multitudo diu per patientiam ad pœnitentiam est exspectanda; aliquando in paucis est punienda, ut eorum exemplo ceteri terreantur, et ad pœnitentiam provocentur. Hinc, quum discipuli [272] cœlesti igne Samaritanos vellent consumere, prohibiti sunt, et Samaritani ad pœnitentiam sunt exspectati, ut Christo prædicante converterentur ad fidem.

Unde Ambrosius ait lib. VII, commentariorum ad c. 9. Lucæ [v. 54.] [273] :

**C. XXVI.** *Non semper in eos, qui peccant, vindicta est exercenda.*

Quod Christus discipulos [274] increpavit, quia ignem super eos descendere [275] cupiebant [276], qui ipsum [277] non receperant, ostenditur nobis, non semper in eos, qui peccaverint [278], vindicandum, quia nonnunquam amplius prodest clementia, tibi ad patientiam [279], lapso [280] ad correctionem. Denique Samaritani citius crediderunt, a quibus hoc loco ignis arcetur; nec discipuli peccant, qui legem sequuntur. Sciebant enim et Phinees [281] reputatum ad justitiam, quia sacrilegos interemerat, et ad preces Heliæ [282] ignem descendisse de cœlo, 'ut Prophetæ u vindicaretur injuria '.

**Gratian.** *Potest in hac prohibitione Apostolorum illud intelligi. Apostoli non zelo justitiæ, sed amaritudinis odio ob injuriam suæ expulsionis vindicandam Samaritanos igne voluerunt consumere; Dominus autem volens eos injuriam propriæ personæ cum patientia et gaudio tolerare, injuriam vero servitutis divinæ non inultam relinquere, ait* [283] : Nescitis, cujus spiritus estis? Hinc etiam Petrus, qui cum aliis audierat : Beati [284] eritis, quum maledixerint vobis homines, et persecuti vos fuerint, et dixerint omne malum adversus vos; gaudete in illa die, et exsultate, quoniam merces vestra copiosa est in cœlis, *contumelias sibi illatas cum gaudio suscipiebat; peccata vero, quæ in Deum committebantur, acerrime puniebat. Unde Ananiam* [285] *et Sapphiram Spiritui sancto* mentientes mortis sententia perculit. Sic etiam Paulus, dum a suo contemtu pia admonitione et multimoda commendatione sui Corinthios revocaret, magum illum Elymam [286], qui credituros a fide retrahebat, cæcitate percussit, ut ceteri perterriti prædicationem ejus non impedirent, sed in Christum credentes animæ cæcitatem effugerent. Et Corinthium [287] illum fornicatorem, quia in Deum peccaverat, satanæ ad vexandum tradidit. Hinc etiam Gregorius scribit Januario Episcopo, reprehendens eum, quod ob injuriam propriæ personæ quemdam excommunicaverat, dicens l. II. Indict. 10, epist. 34. [288] :

**C. XXVII.** *Pro injuria propria episcopo aliquem excommunicare non licet.*

Inter querelas multiplices Isidorus vir clarissimus a fraternitate tua frustra se excommunicatum anathematizatumque conquestus est. Quod ob quam rem factum fuerit, dum a clerico tuo, qui præsens erat, voluissemus addiscere, pro nulla alia causa, nisi pro eo, quod te injuriaverat, factum innotuit. Quæ res nos vehementer affligit [289], quod [290], si ita est, nihil te ostendis de cœlestibus cogitare, sed terrenam te conversationem habere significas, dum pro vindicta propriæ injuriæ (quod sacris regulis prohibetur) maledictionem anathematis invexisti. Unde de cetero omnino esto circumspectus atque solicitus, et talia cuiquam pro defensione propriæ [291] injuriæ 'tuæ' inferre denuo non præsumas. Nam si tale aliquid feceris, in te scias postea vindicandum [292].

**Gratian.** *Hinc idem in homiliis, ostendens, quod peccata, quæ in Deum vel proximum committuntur, a nobis punienda sunt, ea vero, quibus in nos delinquitur, patienter vel toleranda, vel potius dissimulanda sunt, ait* :

**C. XXVIII.** *Valde offendit qui dominica debita impune dimittit* [293].

Si is, qui prælatus est, debitori dominico culpas impune dimittit, non mediocriter profecto offendit, qui debita cœlestis regis et Domini sua præsumtione resolvit. Ea namque, quæ in nos [294] committuntur, facile possumus dimittere; ea vero, quæ in Deum commissa sunt, cum magna discretione, nec [295] sine pœnitentia debemus [296] relaxare.

---

### NOTATIONES CORRECTORUM.

**C. XXVI.** u *Ut Prophetæ* : Hæc sunt addita, quoniam referuntur ab ipsomet Gratiano infra ead. cap. *Si illic.*

---

Quæst. IV. C. XXV. [269] *inierunt* : eæd. [270] *quamvis indigne* : eæd. pr. Arg. [271] abest ab Edd. Nor. Ven. I. [272] cf. Luc. c. 9, v. 54. = C. XXVI. [273] non est ap. Ambr. [274] add. : *suos* : Edd. coll. o. [275] add. : *de cœlo* : eæd. pr.Arg. Bas. [276] *gestiebant* : orig. — Edd. coll. o. [277] *Christum* : orig. [278] *peccant* : Edd. coll. o. [279] *pœnitentiam* : eæd. [280] *quam lapso*: eæd. — Bohin. [281] Num. c. 25. [282] 4 Reg. c. 1. [283] Luc. c. 9, v. 55. [284] Matth. c. 5, v. 11. [285] Act. c. 5. [286] Act. c. 13. [287] 1 Cor. c. 13. = C. XXVII. [288] Ep. 49, (scr. A. 592), l. 2. Ed. Maur. — Ans. l. 12, c. 25. Polyc. l. 7, t. 4. [289] *afflixit* : Edd. coll. o. [290] *quia* : orig. [291] abest ab edd. [292] *esse vind.* : Ed. coll. o. = C. XXVIII. [293] Non exstat apud Gregorium. [294] *quos* : Ed. Lugd. II. — *nos* : Ed. Lugd. III. — *nobis* : Edd rell. [295] *nec tamen* : Edd Arg. Bas. Nor. — *nec non* : Edd. Ven. I, II. [296] *possumus* : Edd. coll. o.

V. Pars. Gratian. *Semel vero culpa dimissa recidivo dolore iterum ad animum revocari non debet.*

Unde Gelasius *Geruntio, Joanni, Germano et Petro Episcopis* [297]

C. XXIX. *Injuria, quum semel remittitur, iterum revocari non debet.*

Si illic, ubi haec acta sunt, praesentibus utrisque constiterit, et satisfecisse Stephanum, et supplicatione suscepta eum, qui male tractatus est, ignovisse, semel in ablatione [298] remissa punitio recidivo [299] dolore non debet iterari, divinae scilicet [300] imitatione clementiae, quae dimissa peccata in ultionem redire non patitur [301]. Sin vero nihil vel de satisfactione probabitur, vel de remissione transactum dilectionis vestrae sermone monstretur, quatenus, sive nunc saltem poterit competens satisfactio provenire, illud potius exerceatur, ubi animum sanare [302] possit afflicti, sive [303] irremissibiliter [304] perstet [305] acerbitas, ibidem nihilominus vindicetur, ubi plectibilis est orta praesumtio.

VI. Pars. Gratian. *Sed objicitur illud Ambrosii* [306] : Ad preces Heliae ignis descendit de coelo, ut Prophetae vindicaretur injuria. *Quod tunc intelligitur factum, quando Achab* [307] *rex Israel post sterilitatem illam trium annorum et sex mensium, quae facta est, quando precibus Heliae clausum est coelum annis tribus et mensibus sex, misit duos quinquagenarios ad Heliam, qui dicerent ei* [308] : Homo Dei, rex Israel vocat te, qui ait : Si homo Dei sum, descendat ignis de coelo, et consumat vos, et statim ignis descendit de coelo, et consumsit eos. *Quo facto non cujus meriti apud Deum esset voluit ostendere, sed quod ille esset verus Deus, quem colebat, non ille, ad cujus culturam stupro proprii corporis Jezabel nonnullos provocabat, evidentissimis indiciis monstrare curavit. Injuria ergo Prophetae non alia, quam injuria Domini ipsius intelligitur, quae in paucis vindicanda est, ut ceteri terreantur.*

Item objicitur illud *Silverii Papae ad Amatorem Episcopum* [309] :

C. XXX. *Apostolicus anathematizavit eos, qui eum ceperunt, vel qui deinceps episcoporum aliquem ceperint.*

Guilisarius [v] patricius noster mandavit me ad se venire pacifice pro quibusdam ecclesiasticis dispositionibus in palatium principis, et ad primum et secundum velum retinuit omnem clerum et populum, qui mecum veniebat, et nullum permisit introire, nisi me solum, et Vigilium diaconum nostrum. Me vero vi retento, et ante praedictam patriciam [vv] deducto, miserunt in exsilium, in quo sustentor modo pane tribulationis et aqua angustia. Ego [310] tamen propterea non dimisi, nec dimitto officium meum, sed cum episcopis, quos congregare potui, eos, qui talia erga me egerunt, anathematizavi, et una cum illis apostolica 'et synodali' auctoritate statui, nullum unquam taliter decipiendum, sicut deceptus sum, et, si aliquis deinceps ullum unquam episcoporum taliter deceperit, anathema maranatha fieret in conspectu Dei et sanctorum angelorum. *Idem Vigilio* [311] : § 1. Habeto ergo cum his qui tibi consentiunt, plenae damnationis sententiam, sublatumque tibi nomen et munus ministerii sacerdotalis agnosce, Spiritus sancti judicio et apostolica a nobis auctoritate damnatus.

Gratian. *Sed et hic non suam, sed ecclesiae injuriam ultus est. Quod autem peccatum populi in paucis ulciscendum sit, Moyses* [312] *exemplo suo docuit, qui peccatum idololatriae in paucos cultores vituli vindicavit, morte paucorum expians peccata multorum, in praesens terrens, in posterum disciplinam sanciens. Sic et ipse peccata totius populi morte paucorum punivit, dum pro* [313] *fornicatione totius populi una die XXIV millia perierunt. Sic et pro peccato murmurationis* [314] *vel tentationis nonnulli puniti sunt, ut eorum exemplo ceteri ad poenitentiam cogerentur. Sic et quotidie nonnullos punit Deus, ut divina providentia etiam circa humana vigilare cognoscatur, et nonnullos etiam per longa tempora ad poenitentiam exspectat, ut patientiam suae benignitatis nobis ostendat. Sic etiam Helias* [315] *culturam Baal vindicavit, sacerdotes et prophetas ejus interficiendo, morte auctorum expians peccata imitantium populorum.* § 1. *Quod vero peccata, quae publicis indiciis deseruntur, punienda non sint, illo exemplo probatur, quo Christus* [316] *qui Judam solum furem noverat, non objecisse, sed patienter tolerasse asseritur.*

### NOTATIONES CORRECTORUM.

C. XXX. [v] *Guilisarius* : In tribus vetustis exemplaribus, ex quibus caput hoc restitutum est Silverio (antea enim tribuebatur Silvestro), legitur : *Belisarius*, sed quia est initium capitis, non est mutatum.

[vv] *Praedictam patriciam* : Sic mutatum est ex ipsa epistola, et vita Silverii, ubi haec patricia vocatur Antonina. Antea legebatur : *praedictum patricium* .

---

Quaest. IV. C. XXIX. [297] Cap. temporis incerti.—Coll. tr. p. p. 1, t. 46, c. 55. — cf. infra D. 4. de poen. c. 24. [298] *abolitione* : Edd. coll. o. [299] *videtur legi debere* : *redivivo*. [300] *secundum imitationem* : Edd. Arg. Bas. Nor. Ven. I, II. [301] *permittit* : Ed. Bas. [302] *servare* : ib. [303] *Si vero* : Edd. coll. o pr. Nor. Ven. I. [304] *irremisibilis* : Edd. coll. o. [305] *perstat* : eaed. ep. Par. Lugdd. [306] cf. supra c. 26. [307] imo Ochozias. — cf. 4 Reg. c. 1. [308] 4 Reg. c. 1, v. 9, 10. = C. XXX. [309] Epistola apocrypha. — Ans. l. 12, c. 8, 9. Polyc. l. 1, t. 7. * ita in Edd. coll. o. — ap. Ans. leg. quemadmodum est restitutum. [310] *Et* : Ed. Bas. [311] Epistola aeque apocrypha. [312] Exod. c. 32. [313] Num. c. 25. [314] Num. c. 11. [315] 3 Reg. c. 18. [316] Joan. c. 12.

Unde Ambrosius *super primam epistolam ad Corinthios cap. 5, ait* [317] :

### C. XXXI. *Judicis non est sine accusatore damnare.*

Si quis potestatem non habet quem scit reum abjicere, aut probare non valet, immunis est, et judicis non est sine accusatore damnare, quia et Dominus Judam, quum fur [x] esset, quia non est accusatus, minime abjecit.

Gratian. *Similiter non est ferenda sententia, quando multitudo est in causa, vel quando illa peccat, qui sociam habet multitudinem.*

Unde Augustinus *in lib. III, c. 2, contra epistolam Parmeniani* [318] :

### C. XXXII. *Quod a multitudine peccatur, vel ab eo, qui multitudinem habet sociam, ab ecclesia non punitur, sed defletur.*

Non potest esse salubris a multis correptio, nisi quum ille corripitur, qui non habet sociam multitudinem. Quum vero idem morbus plurimos occupaverit, nihil aliud bonis restat, quam dolor et gemitus, ut per illud signum, quod Ezechieli [319] sancto revelatur, illæsi [320] evadere ab illorum [321] vastatione mereantur. *Et infra* : § 1. Revera si [322] contagio peccandi multitudinem invaserit, divinæ disciplinæ severa misericordia necessaria est. Nam consilia separationis et inania sunt, et perniciosa atque sacrilega, quia impia et superba sunt [323], et plus perturbant infirmos bonos, quam corrigant animosos malos. *Et infra*: § 2. Turba autem iniquorum, quum facultas est in populis promerendi [324] sermonem, generali objurgatione ferienda est, et maxime, si occasionem atque opportunitatem præbuerit aliquod flagellum desuper Domini, quo eos appareat pro suis meritis vapulare.

Gratian. *Præcepta vero evangelica* [325] *de dilectione inimicorum, et misericordia impendenda proximis, exhortationes quoque apostoli* [326] *de cibandis vel potandis inimicis, non eatenus intelligenda sunt, ut peccandi relaxetur impunitas, sed ut delinquenti correctio et naturæ ministretur subsidium, donec per sententiam judicis, ademta spe correctionis, malorum tollatur exercitium. In hoc ergo jubemur diligere inimicos, et misereri eorum, ut de eorum perditione doleamus, eorum salutem desideremus, et pro eorum correctione quotidie laboremus et oremus, pœnitentibus solatia impendamus, alter alterius* [327] *onera portantes; non ut pertinaces et in malo persistentes impunitate donemus. Sicut enim erga pœnitentes non severi, sed misericordes esse monemur, juxta illud* [328] : Noli esse [y] nimis justus, quia est justus qui perit in justitia sua, *et iterum* [329] : Judicium sine misericordia erit ei, qui non fecit misericordiam; *et item illud Apostoli in secunda epistola ad Corinthios* [330] : Cui aliquid donastis, et ego. Nam et ego si quid donavi, propter vos donavi, ac si ipse Christus donaret, ut non circumveniamur a Satana. Non enim ignoramus cogitationes ejus, *qui quos nequit consentiendo decipere facit nimis asperos, sicut, inquam, pœnitentibus et obstinatis in malo misericordiam impendere prohibemur.*

Unde Ambrosius *sermone VIII, in psal.* 118, *v.* 2, [331] :

### C. XXXIII. *De justa et injusta misericordia.*

Est injusta misericordia. Denique in lege scriptum est de quodam [332] : *Non misereberis illius*, et in libris [333] Regnorum [334] legis [335], quia Saul postea contraxit offensam [336], quia miseratus est Agag hostium regem, quem prohibuerat sententia divina servari. Itaque [337], si quis latronem filiis deprecantibus motus, et lacrimis conjugis ejus inflexus absolvendum putet [338], cui adhuc latrocinandi aspiret affectus, nonne innocentes tradit [339] exitio qui liberat multorum exitia cogitantem? Certe si gladium reprimit, vincula dissolvit, cur laxat exsilio [340]? cur latrocinandi qua potest clementiori via non eripit facultatem, qui voluntatem extorquere non potuit? Deinde inter [341] duos, hoc est accusatorem et reum, pari periculo de capite decernentis [342], alterum, si non probasset, alterum, si esset ab accusatore convictus, non [343] id, quod justitiæ est, judex sequatur [344] : sed, dum misereatur rei [345], damnet [346] probantem aut dum accusatori favet, qui [347] probare [348] non possit [349], addicat [350] innoxium; non potest igitur hæc dici justa misericordia. In ipsa ecclesia, ubi maxime misereri [351] decet, teneri quam maxime debet forma justitiæ, ne quis a communionis con-

### NOTATIONES CORRECTORUM.

C. XXXI. [x] *Quum fur* : Addita hic sunt aliqua verba ex originali.

C. XXXII. [y] *Noli esse* : Gratianus non refert ipsa prorsus verba Ecclesiastis. Ea enim sic habent : *Hæc quoque vidi in diebus vanitatis meæ, justus perit in justitia sua, et impius multo vivit tempore in malitia sua. Noli esse justus multum, neque plus sapias quam necesse est, ne obstupescas.*

---

QUÆST. IV. C. XXXI. [317] Non est Ambrosii. — cf. C. 2, q. 1, c. 17. *antea legebatur : sicut nec Christus Judam abjecit.* = C. XXXII. [318] Ivo in prologo. [319] Ezech. c. 9. [320] *ille sic* : Ed. Arg. [321] *eorum* : Edd. coll. o. [322] *quum* : Ivo. — Edd. coll. o. [323] *fiunt* : Ivo. [324] *promovendi* : Bohm. [325] Luc. c. 6, v. 27. [326] Rom. c. 12, v. 20. [327] Gal. c. 6, v. 5. [328] Eccl. c. 7, v. 17. [329] Jac. c. 2, v. 13. [330] 2 Cor. c. 2, v. 10. = C. XXXIII. [331] Antea citabatur ex Ambrosii libro de officiis. — Polyc. l. 6. t. 21. [332] Deut. c. 19, v. 13. [333] *libro* : Edd. coll. o. pr. Bas. [334] *regum* : Edd. col. o. — cf. 1 Reg. c. 15. [335] *legitur* : eæd. [336] *add. : Dei* : Edd. Bas. Lugdd. II, III. [337] *Ita* : Ed. Arg. — *Atqui, si quis latronis* : orig. [338] *putat* : Edd. col. o. [339] *tradet* : eæd. [340] *laxat exsilium* : eæd. — vid. leg. esse *cum* Ambr. *exitio*. [341] *si inter* : Edd. Bas. Lugdd. II, III. [342] *decertantes* : Edd. col. o. [343] *si non* : eæd. [344] *exsequatur* : eæd. [345] *alterius* : eæd. [346] *aut damnabit probantem* : eæd. [347] *quod* : eæd. [348] *probari* : Edd. Arg. Ven. l. [349] *posset* : Edd. Bas. Ven. l. Par. Lugd. l. [350] *addicit* : Ed. Lugd. l. — *addicet* : Edd. Par. Lugdd. II, III. — *adjiciet* : Edd. rell. [351] *quis mis. debet* : Edd. coll. o.

sortio abstentus [z], brevi lacrimula atque ad tempus parata, vel etiam uberioribus [353] fletibus communionem, quam plurimis debet postulare temporibus, a [353] facilitate sacerdotis extorqueat. Nonne [354] quum uni indulget indigno, plurimos [355] facit ad prolapsionis contagium provocari? Facilitas enim veniae incentivum tribuit delinquendi.

### C. XXXIV. *Non debemus in mala causa pauperi misereri.*

*Item* Augustinus *in libro Psalmorum, Psal.* 32 a [356].

Ne amisso judicio sis pauperi in mala causa misericors, cujus si parcis saccello, percutis cor [357], et tanto nequiorem reddis, quanto justum sibi favere videt.

### C. XXXV. *Homini est miserendum, peccatori irascendum.*

Idem b [358].

Duo ista nomina quum dicimus, homo peccator, non utique frustra dicuntur. Quia peccator est, corripe: quia [359] homo 'est', miserere, nec omnino liberabis hominem, nisi eum persecutus fueris peccatorem. Huic officio nominis [360] invigilet disciplina, sicut cuique regenti apta et accommodata est, non solum episcopo regenti plebem suam, sed etiam pauperi regenti domum suam, diviti regenti familiam suam, marito regenti conjugem suam, patri regenti prolem suam, judici regenti provinciam suam, regi regenti gentem suam. *Et paulo post*: § 1. Ita nulli homini claudenda est misericordia, nulli [361] peccatori [362] impunitas relaxanda est. Hinc itaque 'maxime' intelligendum est, quam [363] non [364] sit contemnenda eleemosyna, quae quibusque pauperibus jure humanitatis impenditur, quandoquidem Dominus sublevabit [365] indigentiam pauperum etiam ex his loculis, quos 'ex' opibus [366] implebat aliorum. *Et paulo post*: § 2. Non ergo suscipiamus peccatores, propterea [367] quod sunt peccatores, sed tamen eos ipsos, quia et homines sunt, humana consideratione tractemus; persequamur in eis propriam iniquitatem, misereamur communem conditionem [368].

*Gratian.* Item illud evangelii, quod objiciebatur: Qui gladio usus fuerit gladio cadet, Augustinus *exponit in* 22 *lib. contra Faustum Manichaeum, cap.* 70, *ita dicens* [369]:

### C. XXXVI. *Quis dicatur gladium accipere.*

Ille gladium accipit, qui, nulla superiori ac legitime potestate vel jubente, vel concedente, in sanguinem [370] alicujus armatur.

VII. Pars. Gratian. *Porro illud Hieronymi †, quo ecclesia negatur aliquem persequi, non ita intelligendum est, ut generaliter ecclesia nullum persequatur, sed quod nullum injuste persequatur. Non enim omnis persecutio culpabilis est, sed rationabiliter haereticos persequimur, sicut et Christus corporaliter persecutus est eos, quos de templo expulit.*

*Unde* Augustinus *ait Vincentio, epist.* XLVIII [371]:

### C. XXXVII. *Potestatis officio utiliter inquieti corriguntur.*

Nimium sunt inquieti 'Donatistae' c, quos per ordinatas a Deos potestates d cohiberi atque corrigi mihi non videtur inutile. Nam de multorum jam correctione gaudemus. *Item infra*: § 1. Si enim quisquam inimicum suum periculosis febribus phreneticum factum currere videret in praecipitium [372], nonne tunc potius malum pro malo redderet, si eum sic currere [373] permitteret, quam si corripiendum [374] ligandumque curaret? Et tamen tunc ei molestissimus et adversissimus videretur, quando utilissimus et misericordissimus exstitisset. Sed plane salute reparata tanto ei uberius gratias ageret, quanto sibi eum minus pepercisse sensisset. *Et post pauca*: § 2. At 'enim' quibusdam ista non prosunt. Numquid ideo negligenda est medicina, quia nonnullorum est insanabilis pestilentia? *Item post aliqua*: § 3. Non [375] omnis, qui parcit, amicus est, nec omnis,

---

### NOTATIONES CORRECTORUM.

C. XXXIII. [z] *Abstentus*: Antea legebatur *a consortio communionis vel criminationis* ** *abstractus*. Emendatum est et hoc, et multa alia ex ipso originali.

C. XXXIV. [a] Fere eadem sunt in glossa ordinaria in Psal. 32, ad vers. *Diligit misericordiam*, ex B. Augustino collecta sententia.

C. XXXV. [b] Initium hujus capituli habetur in sermone 94 et 109, de tempore, et hom. 6, in lib. 50 homiliarum. Verum integrum est apud Bedam in comm. epistolae ad Galatas, c. 6.

C. XXXVII. [c] *Donatistae*: Apud Anselmum titulus est: *Augustinus Vincentio*. Initium vero capituli est: *Donatistae nimium*, et apud B. Augustinum: *Sed Donatistae nimium*. Propterea reposita est hoc loco dictio: *Donatistae*, inducta autem in titulo; ibi enim antea legebatur: *Augustinus ait Vincentio Donatistae*.

[d] *Potestates*: Sequebatur in vulgatis: *saeculares* **, quae vox abest a plerisque vetustis, et Anselmo, et originali. Multa vero alia ex ipso praesertim originali sunt emendata.

---

Quaest. IV. C. XXXIII. ** *vel crim.* : non leg. in Ed. Arg. — *commun. crim.* : Ed. Bas. [352] *in sub.* : ib. [353] *in* : Ed. Arg. [354] add. : *etiam* : Edd. coll. o. [355] *ad prolaps.* (*prolationis* : Edd. Arg. Nor. Ven. I.) *cont. vocat universos* : Edd. coll. o. = C. XXXIV. [356] Glossa ord. in Ps. 52, ex Augustino. [357] add. : *ejus* : Edd. Bas. Lugdd. II, III. = C. XXXV. [358] Imo Beda in Gal. c. 6, verbis ex Augustino hinc] inde collectis. — Ans. l. 13, c. 21. Polyc. l. 6, c. 21. [359] *et quia* : Edd. Bas. Lugdd. III, III. [360] *omnis* : vera lectio. — Ans. [361] *sicut nulli*: Edd. coll. o. pr. Arg. Nor. Ven. I. [362] *peccato* : Ans. [363] *quod* : Edd. coll. o. [364] *nunquam* : Ed. Bas. [365] *sublevavit* : Edd. coll. o. [366] *operibus* : eaed. pr. Arg. [367] *Propter quod* : Edd. Arg. Nor. Ven. I. — *propter hoc quod* : Edd. rell. [368] *naturam* : Edd. coll. o. = C. XXXVI. [369] Ivo Pan. l. 8, c. 44. Decr. p. 10, c. 110. [370] *sanguine* : Ed. Bas. † supra c. 13. = C. XXXVII. [371] Ep. 93. Ed. Maur. scr. c. A. 408. — Ans. l. 12, c. 55. * ita in Edd. coll. o. ** ita in eaed. pr. Arg. [372] *praeceps* : orig. — Ed. Arg. [373] *ire* : Edd. coll. o. [374] *corrigendum curandumque ligaret* : eaed. [375] supra C. 5, q. 5, c. 2.

qui verberat, inimicus. Meliora sunt vulnera amici, quam blanda [376] oscula inimici. Melius [377] est cum severitate diligere, quam cum lenitate decipere. Utilius esurienti panis tollitur, si de cibo securus justitiam negligebat [378], quam esurienti panis frangitur, ut injustitiæ seductus acquiescat. *Item post pauca*: § 4. Putas, neminem debere cogi ad justitiam, quum legas patremfamilias dixisse [379] servis: *Quoscunque inveneritis cogite intrare*; quum legas [380] etiam ipsum primo Saulum, postea Paulum, ad cognoscendam et tenendam veritatem magna violentia Christi cogentis esse compulsum. *Item post pauca*: § 5. Et noveris [381] aliquando furem avertendis pecoribus pabulum spargere, et aliquando pastorem flagello 'ad gregem' pecora errantia revocare. *Item infra*: § 6. Si semper esset culpabile persecutionem facere, non scriptum esset in sanctis libris [381]: *Detrahentem proximo suo occulte, hunc persequebar*. Aliquando ergo et qui eam patitur injustus est, et qui eam facit justus est. Sed plane semper [383] et mali persecuti sunt bonos, et boni 'persecuti sunt' malos; illi nocendo per injustitiam, isti [384] consulendo per disciplinam; illi immaniter, isti temperanter; illi servientes cupiditati [385], isti caritati. Nam qui trucidat non considerat quemadmodum [386] laniet; qui autem curat considerat quemadmodum secet. Ille 'enim' persequitur sanitatem, iste [387] putredinem. Occiderunt impii Prophetas: occiderunt impios et Prophetæ. Flagellaverunt Judæi Christum: Judæos flagellavit et Christus; traditi sunt Apostoli ab hominibus potestati humanæ: tradiderunt 'et' Apostoli homines potestati satanæ. In his omnibus quid attenditur, nisi quis eorum pro veritate, quis pro iniquitate, quis nocendi causa, quis emendandi? *Et paulo post*: § 7. Constantinus imperator 'primus' constituit, ut res convictorum et unitati pervicaciter resistentium fisco vendicarentur. *Et post pauca*: § 8. Certe [388] nullius crimen maculat nescientem. *Item infra*: § 9. Facta [389] nocentium [390], quæ innocentibus demonstrari vel ab innocentibus credi non possunt, non inquinant [391] quemquam, si propter innocentium consortium etiam cognita sustinentur. Non enim propter malos boni deserendi, sed propter bonos mali tolerandi sunt, sicut toleraverunt Prophetæ eos [392], contra quos tanta dicebant, nec communionem sacramentorum [393] illius populi relinquebant.

C. XXXVIII. *Hæretici ad salutem etiam inviti sunt trahendi.*

*Item Donato Presbytero, epist. CCIV* [394].

Displicet tibi, quia traheris ad salutem, quum tam [395] multos nostros ad perniciem traxeris? Quid enim volumus [396], nisi te comprehendi, et præsentari, et servari, ne pereas? Quod autem in corpore læsus es, ipse tibi fecisti, qui jumento tibi mox admoto uti noluisti, et te ad terram graviter collisisti. Nam utique alius, qui adductus est tecum, collega tuus illæsus [397] venit, qui talia sibi ipse non fecit. Sed neque hoc [398] putas tibi fieri debuisse, quia [399] neminem existimas cogendum 'esse' ad bonum. Attende quid dixerit [400] Apostolus: *Qui episcopatum desiderat bonum opus desiderat*. Et tamen tam multi ut episcopatum suscipiant tenentur inviti, perducuntur, includuntur, 'custodiuntur' patiuntur [401] quæ nolunt, donec eis adsit voluntas suscipiendi operis boni. Quanto magis vos ab errore pernicioso, in quo vobis inimici estis, trahendi estis et perducendi [402] ad veritatem vel cognoscendam, vel eligendam, non solum ut honorem salubriter habeatis, sed etiam ne pessime pereatis? § 1. Dicis, Deum dedisse liberum arbitrium, ideo non debere cogi hominem 'nec' ad bonum. Quare ergo illi, de quibus supra dixi [403], coguntur ad bonum? Attende ergo quod considerare non vis. Ideo voluntas bona misericorditer impenditur, ut mala voluntas hominis dirigatur [404]. Nam quis nesciat, nec damnari hominem, nisi merito malæ voluntatis, nec liberari, nisi bonam habuerit voluntatem? Non [405] tamen ideo qui diliguntur malæ suæ voluntati impune et crudeliter permittendi sunt, sed, ubi potestas datur, et a malo prohibendi, et ad bonum cogendi [406]. Nam, si voluntas mala semper suæ permittenda est libertati, quare Israelitæ recusantes et murmurantes tam duris flagellis a malo prohibebantur, et ad terram promissionis compellebantur? Si voluntas [407] mala semper [408] suæ per-

### NOTATIONES CORRECTORUM.

C. XXXVIII. e *Attende ergo*: Locus hic (quemadmodum et multa alia in hoc capite) emendatus est ex B. Augustino. Antea legebatur: *Attende ergo*, et considera, quod non ideo voluntas bona misericorditer impenditur, ut mala voluntas hominis diligatur [404].

---

QUÆST. IV. C. XXXVII. [376] abest ab Ed. Arg. — *voluntaria*: orig. [377] Prov. c. 27, v. 6. [378] *negligat*: orig. — Edd. coll. o. [379] Luc. 14, v. 23. [380] Act. c. 9. [381] *Et noveritis*: Edd. Arg. Nor. Ven. I. — *et quum noveritis*: Edd. rell. [382] Psal. 100, v. 5. [383] *sæpe*: Edd. coll. o. [384] in Ed. Bas. et ipsum August. et hic et infra pro *isti* leg.: *illi*. [385] *sævientes cupiditate*: Edd. coll. o. pr. Bas. Lugdd. II, III. [386] *quemadm. secet, qui vero sanare vult, considerat*: Ed. Bas. [387] *ille*: Ed. Bas. — orig. [388] cf. C. 1, q. 4, c. 1. [389] cf. supra c. 10. [390] *nocentem*: Ed. Bas. [391] *coinquinant*: Edd. coll. o. pr. Arg. [392] abest ab orig. et Edd. Arg. Bas. [393] *sacrorum*: Edd. Lugdd. II, III. = C. XXXVIII. [394] Ep. 175. Ed. Maur. scr. A. 416. — Ans. l. 12, c. 57 (56). Deusd. p. 2. [395] *tamen*: Edd. coll. o. — add.: *tu*: Ed. Bas. [396] *voluimus*: orig. [397] *et illæs.*: Edd. Bas. Lugdd. II, III. [398] *hæc*: Ed. Bas. [399] *qui*: Edd. coll. o. [400] *dicat*: Ed. Bas. — cf. 1 Tim. c. 3, v. 1. [401] add.: *tanta*: orig. — *mala*: Ed. Bas. — *mala inviti*: Edd. rell. [402] *producendi*: Ed. Bas. — *deduc.*: orig. [403] *diximus*: Edd. coll. o. '''ita in Edd. coll. o. [404] *diligatur*: eæd. [405] Ivo Pan. l. 8, c. 17. [406] add. *sunt*: Edd. coll. o. [407] add.: *vero*: eæd. p. Arg. Nor. Ven. I. [408] abest ab Edd. Arg. Nor. Ven. I.

mittenda est libertati, quare Paulus non est permissus uti pessima voluntate, qua persequebatur Ecclesiam, sed prostratus est, ut excæcaretur [409], excæcatus [410], ut mutaretur, mutatus [411], ut mitteretur, missus, ut qualia fecerat [412] in errore, talia pro veritate pateretur? Si voluntas mala semper suæ permittenda est libertati, quare monetur pater in scripturis sanctis [413] filium durum non solum verbis corripere, sed etiam latera ejus tundere, ut ad bonam disciplinam coactus ac domitus dirigatur? Unde idem [414] dicit: *Tu percutis eum virga, animam autem ejus liberas a morte.* Si [415] mala voluntas semper suæ permittenda est libertati, quare corripiuntur [416] negligentes pastores, et dicitur eis [417]: *Errantem* 'ovem' *non revocastis, perditam* [418] *non inquisistis* [419]. Et vos oves Christi estis; characterem [420] dominicum portatis [421] in sacramento, quod accepistis: sed erratis et peritis. Non ideo vobis displiceamus, quia revocamus errantes, et quærimus perditos. Melius enim facimus voluntatem Domini monentis, ut [422] vos ad ejus ovile redire cogamus, quam consentiamus [423] voluntati 'ovium' errantium, ut perire vos permittamus. § 2. Noli ergo jam dicere, quod te assidue audio dicere [424]: Sic volo errare, sic volo perire. Melius 'enim nos' hoc [425] omnino [426] non permittimus, quantum possumus. Modo, quod te in puteum, ut [427] morereris [428], misisti, utique libera voluntate fecisti. Sed quam crudeles essent servi Dei, si huic malæ voluntati tuæ te permitterent, et non te de illa morte liberarent? Quis eos non merito culparet? Quis non impios recte judicaret? Et tamen tu te volens in aquam misisti, ut morereris; illi te nolentem de aqua levaverunt, ne morereris. Tu fecisti secundum voluntatem tuam, sed in perniciem tuam; illi [429] contra voluntatem tuam, sed propter salutem tuam [430]. Si ergo salus ista corporalis sic custodienda est, ut etiam in nolentibus ab eis, qui eos diligunt, servetur: quanto magis [431] illa spiritalis, in cujus desertione mors æterna metuitur? Quanquam et in ista morte, quam tibi tu ipse inferre voluisti, non solum ad tempus, sed etiam in æternum morereris, quia, etsi non ad salutem, non [432] ad ecclesiæ pacem, non ad Christi corporis unitatem, non ad sanctam et individuam charitatem, sed ad mala aliqua cogereris, nec sic tibi ipse mortem inferre debuisti. Considera scripturas divinas, et discute quantum potes, et vide, utrum hoc [433] fecerit aliquis aliquando justorum atque fidelium, quum ab eis tanta mala perpessi sunt, qui eos ad 'æternum' interitum, non ad vitam 'æternam', quo 'tu' compelleris, adigebant. Et post pauca: § 3. Repetis, sicut audio, quod in evangelio scriptum est, recessisse a Domino LXX [434] discipulos, et arbitrio suæ malæ atque impiæ discessionis fuisse permissos; cæterisque duodecim, qui remanserant, fuisse responsum: *Numquid et vos vultis ire* [435]? Et non attendis, quia tunc primum ecclesia novello germine pullulabat, nondumque [436] 'in ea' fuerat completa illa prophetia [437]: *Et adorabunt eum omnes reges terræ, omnes gentes servient illi* [438]? Quod utique quanto magis impletur, tanto majore utitur ecclesia potestate, ut non solum invitet, sed etiam cogat ad bonum. Hoc [439] 'tunc' Dominus significare volebat, qui, quamvis haberet magnam potestatem, prius tamen elegit commendare humilitatem. Hoc [440] et in illa convivii similitudine satis evidenter ostendit [441], ubi misit ad invitatos, et venire noluerunt, et ait servo [442]: *Exi in plateas* ⸰ *et vicos civitatis, et pauperes ac debiles, cæcos et claudos introduc huc.* Et ait servus Domino: *Factum est, ut imperasti, et adhuc locus est.* Et ait Dominus servo: *Exi in vias et sepes, et compelle intrare, ut impleatur domus mea.* Vide nunc, quemadmodum de his, qui prius [443] venerunt, dictum est: introduc eos; nunc dictum est: compelle. Ita significata sunt ecclesiæ primordia adhuc crescentis, ut essent vires [444] etiam compellendi.

C. XXXIX. *Hæretici utiliter patiuntur quæ catholici utiliter inferunt.*

Idem super Joannem, tractatu XI, ad c. 3 [445].

Quando vult Deus concitare potestates adversus hæreticos, adversus schismaticos, adversus dissipatores ecclesiæ, adversus [446] exsufflatores Christi, adversus blasphematores baptismi, non mirentur.

### NOTATIONES CORRECTORUM.

⸰ *In plateas*: Sic emendatum est ex evangelio B. Lucæ, expunctis duabus vocibus. Antea enim legebatur: *exi cito in vias et plateas*'.

---

QUÆST. IV C. XXXVIII. [409] *cæcaretur*: Edd. coll. o. [410] *cæcatus est*: eæd. [411] *Mutatus est — missus est*: Edd. coll. o. [412] *fecerit*: eæd. pr. Bas. Lugdd. II, III. [413] cf. Eccl. c. 0, v. 12. [414] abest ab Ed. Arg. — add.: *Salomon*: Edd. coll. o. — cf. Prov. c. 23, v. 14. [415] *Si autem*: Edd. coll. o. [416] *corripiuntur*: Ed. Bas. [417] Ezech. c. 34, v. 4. [418] *perditum*: Edd. coll. o. — add.: *vero*: Edd. Lugdd. II, III. [419] *requisistis*: orig. — Ed. Bas. [420] add.: *enim*: Ed. Arg. [421] *portastis*: Ed. Bas. [422] *si*: Edd. Bas. Lugdd. II, III. [423] *consentimus*: Böhm. [424] *dixisse*: Edd. coll. o. pr. Arg. [425] *hic*: Ed. Bas. [426] add.: *perire*: Edd. coll. o. pr. Bas. [427] *quo*: Edd. coll. o. [428] *moreris*: Edd. Bas. Ven. I, II. Nor. Par. — *morieris*: Ed. Lugd. I. [429] *et illi*: Edd. coll. o. pr. Arg. Bas. [430] *contra mortem tuam*: Edd. coll. o. [431] add.: *non minus*: Ed. Bas. [432] *nec*: Edd. Bas. Lugdd. II, III. [433] *hic*: Ed. Bas. [434] add.: *al. LXXII*: Edd. Ven. I, II. Lugd. I. Par. — cf Joan. c. 6, v. 68. [435] *abire*: Edd. coll. o. [436] *nondum*: Edd. Bas. Lugdd. [437] Psal. 71, v. 11. [438] *ei*: Edd. coll. o. [439] *hic*: Ed. Bas. — add.: *tamen*: Ed. Arg. [440] *hic*: Ed. Bas. [441] *ostenditur*: Edd. coll. o. pr. Bas. [442] Luc. c. 14, v. 21. ⸰ ita in Edd. coll. o. pr. Arg. Bas. [443] *primum venerant*: Ed. Bas. — *primo venerant*: Edd. rell. [444] *per vires*: Edd. Lugdd. Par. — Böhm. = C. XXXIX. [445] Ans. l. 12, c. 54. Ivo Decr. p. 10, c. 99. Polyc. l. 7, t. 6. [446] *adv. blasph. et exsuffl. Christi baptismi non merentur*: Ed. Bas. — *adv. exsuffl. et blasph. Christi, non mirentur*: Edd. Lugdd. II, III. — *adv. exsuffl. Christi*, (add. ⸰ *et*: Ed. Arg.) *adv. blasph. Christi, non mir.*: Edd. rell.

Quia Deus concitat [447], ut a Sara verberetur Agar, cognosceret se Agar 'et' ponat [448] cervicem; quia [449], quum humiliata discederet a domina sua, occurrit ei angelus, et dixit [450]: *Quid [451] est Agar, ancilla Saræ?* Quum questa [452] esset de domina, quid audivit ab angelo? *Revertere ad dominam tuam.* Ad hoc [453] ergo affligitur, ut revertatur, atque [454] utinam revertatur, quia proles ejus, sicut filii [455] Jacob, cum fratribus hæreditatem tenebit. Mirantur autem, quia commoventur potestates † Christianæ adversus [456] detestandos dissipatores ecclesiæ. Si [457] non 'ergo' moverentur [458], quomodo redderent rationem de imperio suo Deo? Intendat caritas vestra quid dicam, quia hoc pertinet ad reges sæculi [459] Christianos, ut temporibus suis pacatam velint matrem suam Ecclesiam habere, unde spiritaliter nati sunt. *Et paulo post:* § 1. Nabuchodonosor rex decrevit, dicens [469]: *Quicunque dixerint blasphemiam in deum Sidrach, Misach et Abdenago, in interitum [461] erunt, et domus eorum in perditionem [462].* Ecce quomodo sævit rex alienigena, ne blasphemaretur [463] Deus Israel, qui potuit tres pueros de igne [464] liberare. Et [465] nolunt, ut sæviant reges Christiani, quia Christus exsufflatur, a quo non tres pueri, sed orbis terrarum cum ipsis regibus a gehennarum igne liberatur? *Et infra:* § 2. Quomodo ergo isti † reges non moveantur, qui non [466] tres pueros attendunt liberatos de flamma, sed se ipsos 'liberatos' de gehenna [467], quando vident Christum a quo liberati sunt, exsufflari in Christianis? quando audiunt dici Christiano: Dic te non esse Christianum? Talia facere volunt, et [468] saltem talia pati nolunt. Nam videte, qualia faciunt, et qualia patiuntur; occidunt animas, affliguntur in corpore; sempiternas mortes faciunt, et temporales se perpeti conqueruntur.

C. XL. *Ecclesia hæreticos ratione persequitur.*
Idem *contra literas Petiliani, lib. II, c. 79* [469].

Qui peccat, non peccat legis auctoritate, sed contra legis auctoritatem. Quia vero interrogas 'me', quæ sit ratio persequendi, vicissim te interrogo, cujus sit vox in Psalmo dicentis [470]: *Detrahentem secreto proximo suo, hunc persequebar.* Quare itaque persecutionis 'vel' causam, vel [471] modum, et noli tanta imperitia generaliter malorum persecutiones reprehendere. *Et infra, c.* 82: Non enim persequimur vos, nisi quemadmodum veritas persequitur falsitatem. *Item supra, c.* 10: § 2. Petilianus dixit, si Apostoli persecuti sunt aliquem, aut aliquem tradidit Christus? Augustinus respondit: Possem quidem dicere, ipsum satanam omnibus malis hominibus esse pejorem, cui tamen tradidit Apostolus hominem in interitum carnis, ut spiritus sit salvus in die Domini Jesu [472], itemque [473] alios, de quibus dicit [474]: *Quos tradidi satanæ, ut discant non blasphemare.* Et Dominus 'Christus' flagellatos [475] expulit de templo improbos mercatores, ubi etiam connexum est testimonium scripturæ dicentis [476]: *Zelus domus tuæ comedit me.* Ecce, invenimus Apostolum traditorem, Christum persecutorem. *Et infra, c.* 19: § 3. Postremo [477], quare per violentissimas turbas etiam ultro improbi estis ecclesiis catholicis, ubi poteritis [478] advertere quod innumerabilibus exemplis res ipsa indicat? Sed dicitis, vos loca vestra defendere, et resistitis [479] fustibus et cædibus [480], quibuscunque potueritis [481]. Quare ibi non audistis vocem Domini dicentis [482]: *Ego autem dico vobis, non* [483] *resistere malo?* Aut, si fieri potest, ut aliquando recte per vim corporalem [484] resistatur violentis [485], nec ideo præceptum violetur, quod audivimus a Domino: *Ego autem dico vobis, non* [486] *resistere malo:* cur non etiam hoc fieri potest, ut per ordinarias [487] et legitimas potestates de sedibus, quæ illicite usurpantur vel ad injuriam Dei retinentur, pius expellat impium, et justus injustum? Neque enim eo [488] modo persecutionem passi sunt pseudoprophetæ ab Helia [489], quomodo ipse Helias a rege nequissimo, aut, quia flagellatus est Dominus a persecutoribus, propterea [490] passionibus ejus comparandi sunt quos ipse de templo flagellatos ejecit. § 4. Restat ergo, ut nihil aliud requirendum [491] esse fateamini, nisi utrum juste, an impie vos [492] separaveritis a communione orbis terrarum. Nam si hoc inventum fuerit, quod impie feceritis, non [493] miremini, si non desunt ministri Deo [494], per quos flagellemini [495], quia persecutionem patimini [496] non a nobis, sed, sicut scriptum est, ab ipsis factis vestris. *Et in libro de unitate ecclesiæ, cap.* 17: § 5. De persecutione vestra querela sedabitur, si cogitetis et

---

Quæst. IV. C. XXXIX. [447] *vocat*: Ed. Arg. — *vociat*: Ed. Bas. [448] *suam ponat*: Ed. Bas. — *supponat*: Edd. rell. pr. Arg. [449] *quæ*: Edd. coll. o. [450] Genes. c. 21, v. 17. [451] *add.: tibi*: Edd. coll. o. [452] *conquesta*: eæd. — Bohm. [453] *hæc*: Ed. Bas. [454] *atque* — *rev.*: desid. ib. — *proles*: Edd. rell. † *pastores fidei Christianæ*: Ivo. [456] *contra*: Edd. coll. o. [457] *sed*: et Edd. Arg. Bas. Lugdd. II, III. [458] *commoverentur*: Edd. coll. o. pr. Arg. [459] *add.: scilicet*: eæd. Arg. Bas. [460] Dan.c. 3, v. 96. [461] *interitu*: Edd. coll. o. pr. Bas. [462] *dispersionem*: Ed. Bas. — *dispersione*: Edd. rell. [463] *blasphemetur*: Edd. coll. o. [464] *camino ignis*: Edd. Bas. Lugdd. II, III. [465] *et tamen*: eæd. † *et isti*: Ed. Bas. [466] *add.: tantum*: Edd. coll. o. [467] *flamma gehennæ*: eæd. [468] *sed tamen talia*: Ed. Bas. — *sed talia*: Edd. rell. = C. XL. [469] Ivo Decr. p. 10, c. 75. [470] Psal. 100, v. 5. [471] *et*: Edd. coll. o. [472] *Dom. nostri Jesu Christi*: Edd. coll. o. exc. Arg. — cf. 1 Cor. c. 5, v. 5. [473] *Item*: Ivo. — Edd. coll. o. [474] 1 Tim. c. 1, v. 20. [475] Joan. c. 2. [476] Psal. 68, v. 10. [477] abest ab Iv. et Edd. coll. o. pr. Lugdd. [478] *potueritis*: Ivo. — Edd. Bas. Lugd. I. [479] *resistere*: Ed. Bas. [480] *cæditis quoscunque*: Ed. Arg. [481] *poteritis*: Edd. coll. o. pr. Arg. Lugdd. II, III. [482] Matth. c. 5, v. 39. [483] *nolite*: Edd. Par. Lugdd. [484] *corporaliter*: Ed. Bas. [485] *violentis*: Ed. Arg. — Bohm. [486] *nolite*: Edd. Par. Lugdd. [487] *ordinatas*: Ivo. — Edd. coll. o. [488] *eodem*: Ed. Bas. [489] 3 Reg. c. 18, 19. [490] desid. in Edd. coll. o. pr. Lugdd. [491] *relinquendum*: Ed. Bas. [492] *verba: vos — impia*: desid. in Edd. coll. o. pr. Lugdd. [493] *nec*: Ed. Arg. [494] *Dei*: Edd. coll. o. [495] *flagellamini*: eæd. pr. Bas. Lugd. I. — Ivo. [496] *patiemini*: Ed. Lugd. II.

intelligatis prius, non omnem persecutionem esse culpabilem. Alioqui non laudabiliter diceretur [497] : *Detrahentem secreto proximo suo, hunc persequebar.* Nam quotidie videmus, et filium de patre tanquam de persecutore suo conqueri, et conjugem de marito, et servum de domino, et colonum de possessore, et reum de judice, et militem vel provincialem de duce vel rege; quum illi plerumque ordinatissima potestate homines sibi subditos per terrores leviorum [498] pœnarum a gravioribus malis prohibeant atque compescant, plerumque autem a bona vita, et a bonis factis minando et sæviendo deterreant. Sed quum a malo et illicito prohibent [499], correctores et consultores sunt; quum autem a bono et licito, persecutores et oppressores sunt. Culpantur etiam qui prohibent a malo, si modum peccati modus coercitionis [500] excedat.

C. XLI. *A regibus terræ contra inimicos suos auxilium petat ecclesia.*

Idem in epist. XLVIII, ad Vincentium [501].

Non invenitur exemplum in evangelicis et apostolicis literis, aliquid petitum a regibus terræ pro ecclesia 'et' contra inimicos ecclesiæ. Quis negat non inveniri ? Sed nondum implebatur illa prophetia [502] *Et nunc reges intelligite, erudimini* [503], *qui judicatis terram,* '*servite Domino in timore*'. Adhuc enim [504] implebatur illud, quod in eodem psalmo paulo superius dicitur [505] : *Quare fremuerunt gentes, et populi meditati sunt inania ? Adstiterunt reges terræ et principes convenerunt in unum* [506] '*adversus Dominum et adversus Christum ejus*'. Veruntamen si facta præterita in propheticis libris figuræ fuerunt futurorum, in rege illo, qui appellabatur Nabuchodonosor, utrumque tempus figuratum [507] est, et quod sub Apostolis habuit, et quod nunc habet Ecclesia. Temporibus itaque Apostolorum et martyrum illud implebatur, quod figuratum est, quando rex memoratus pios et justos cogebat adorare simulacrum, et recusantes in flammas [508] mittebat. Nunc 'autem' illud impletur, quod paulo post in eodem rege figuratum est, quum conversus [509] ad honorandum Deum verum decrevit in regno suo, ut, quicunque blasphemaret Deum Sidrach, Misach et Abdenago, pœnis debitis subjaceret. Prius ergo tempus illius regis significabat priora tempora regum infidelium, quos patiebantur Christiani pro impiis. Posterius vero tempus ejusdem [510] significabat tempora 'posteriorum' regum 'jam' fidelium, quos patiuntur impii pro Christianis. Sed plane in eis, qui sub nomine Christi erant seducti a perversis, ne forte oves Christi sint errantes, 'et' ad [511] gregem aliter [512] revocandæ sint [513], temperata [514] severitas, et magis [515] mansuetudo servatur [516], ut coercitione exsiliorum atque damnorum 'tribulatione' admoneantur considerare, quid et quare patiantur, et discant præponere rumoribus et calumniis hominum scripturas, quas legunt. Quis enim nostrum [517], quis vestrum non laudat leges ab imperatoribus [518] datas adversus sacrificia paganorum ? Et certe longe ibi pœna severior constituta est. Illius quippe impietatis capitale supplicium est [519]. De vobis autem corripiendis atque coercendis habita ratio est, qua potius admoneremini [520] ab errore discedere [521], quam pro scelere puniremini.

C. XLII. *Malos Ecclesia juste persequitur.*

Item ejusdem *ad Bonifacium comitem, ep. L.* [522].

Si Ecclesia vera [523] ipsa est, quæ persecutionem patitur, non [524] quæ facit [525], quærant [526] ab Apostolo, quam Ecclesiam significabat [527] Sara, quando persecutionem faciebat ancillæ. Liberam quippe matrem nostram [528], cœlestem Hierusalem, id est veram Dei ecclesiam, in illa muliere dicit fuisse figuratam, quæ affligebat ancillam. Si autem melius discutiamus, magis illa persequebatur Saram superbiendo, quam illam [529] Sara coercendo. Illa enim dominæ faciebat injuriam, ista imponebat superbiæ disciplinam. Deinde quæro, si boni et sancti [530] nemini faciunt persecutionem, sed tantummodo patiuntur, cujus putant esse in Psalmo vocem, ubi legitur [531] : *Persequar inimicos meos, et comprehendam illos, et non convertar, donec deficiant?* Ergo si verum dicere vel agnoscere [532] volumus, est persecutio injusta, quam faciunt impii Ecclesiæ Christi, 'et est justa' § persecutio, quam faciunt im-

---

NOTATIONES CORRECTORUM

C. XLII. § *Et est justa* : Addita sunt hæc usque ad vers. *Ista itaque,* et multa alia ex ipso originali emendata'.

---

Quæst. IV. C. XL. [497] Psal. 100, v. 5. — [498] *levium* : Ivo. — Edd. coll. o. — [499] *prohibeant* : Edd. coll. o. — [500] *correctionis* : exd. — Ivo. = C. XLI. [501] Ep. 93. Ed. Maur. scr. A. 408. — Coll. tr. p. p. 2, t. 50, c. 30. [502] Psal. 2, v. 10. [503] add. : *omnes* : Ed. Bas. [504] *non* : ib. [505] *legitur* : Edd. coll. o. [506] add. : *etc.* : Edd. Arg. Bas. Lugdd. II, III. [507] *præfiguratum est* : Edd. coll. o. [508] *ignem* : exd. [509] add. : *est* : Ed. Bas. [510] *illius regis* : orig.—*ejusd. regis* : Edd. coll. o. [511] *ideo ad* : Edd. Bas. Lugdd. II, III. [512] *aliæ* : Edd. Nor. Ven. l. — *aliarum* : Edd. rell. pr. Arg., in qua desid. [513] *sunt* : Edd. Bas. Par. Lugdd. [514] *et temp.* : Edd. coll. o. — *temperanda* : Ed. Arg. [515] *magna* : Ed. Bas. [516] *servetur* : Ed. Arg. [517] *nostrum vel quis* : Edd. Bas. Lugdd. II, III.—absunt ab Edd. rell. [518] *eis* : Ed. Bas. [519] *constitutum* : Edd. coll. o. [520] *ammonemini* : Edd. Arg. Nor. Ven. l. [521] *recedere* : Ed. Bas. = C. XLII. [522] Ep. 185. Ed. Maur. scr. A. 417. — Ans. l. 13, c. 14. Polyc. l. 7, t. 11. [523] add. : *est* : Edd. coll. o. pr. Arg. [524] *et non* : Edd. Bas. Lugdd. II, III. [525] *fecit* : Edd. coll. o. pr. Par. Lugdd. II, III. [526] *quæratur* : Edd. coll. o. [527] *significat* : Ed. Arg.—cf. Gal. c. 4, v. 26. [528] *veram* : Edd. coll. o. [529] *non est* in Ed. Bas. [530] add. : *viri* : Edd. coll. o. [531] Psal. 17, v. 38. [532] *cognoscere* : Ed. Bas. ' *non sunt* ap. Ans.

piis Ecclesiæ Christi'. Ista itaque [533] beata est, quæ persecutionem patitur propter justitiam; illi vero miseri, qui persecutionem patiuntur propter injustitiam. Proinde ista persequitur diligendo, illi [534] sæviendo: ista ut corrigat, illi [535] ut evertant: ista ut revocet ab errore, illi [536] ut præcipitent in errorem. *Et infra*: § 1. Quod autem [537] dicunt qui contra suas impietates leges justas institui nolunt, non petiisse a regibus terræ Apostolos talia, non considerant aliud fuisse tunc tempus, et omnia suis temporibus agi [538]. Quis enim tunc in Christum crediderat imperator, qui [539] ei pro pietate contra impietatem leges ferendo serviret [540], quando [541] adhuc illud propheticum implebatur [542]: *Quare* [543] *fremuerunt gentes, et populi meditati sunt inania? Adstiterunt reges terræ, et principes* [544] *convenerunt in unum adversus Dominum, et adversus Christum ejus*. Nondum autem [545] agebatur quod paulo post in eodem psalmo dicitur [546] *Et nunc reges intelligite, erudimini, qui judicatis terram. Servite Domino in timore, et exsultate ei cum tremore*. Quomodo ergo reges Domino serviunt in timore, nisi ea, quæ contra jussa Domini [547] fiunt [548], religiosa severitate prohibendo atque plectendo? Aliter enim servit, quia homo est, aliter, quia etiam [549] 'et' rex est. Quia homo est, 'ei' servit vivendo fideliter; quia 'vero etiam' rex est, servit [550] leges justa præcipientes et contraria prohibentes convenienti vigore sanciendo.

C. XLIII. *Exemplo Christi mali cogendi sunt ad bonum.*

Idem *in eadem epistola* [551].

Quis nos potest amplius amare, quam Christus, qui animam suam posuit pro ovibus suis? Et 'tamen,' quum Petrum et alios apostolos solo verbo vocasset [552], Paulum, 'prius Saulum', ecclesiæ suæ postea magnum ædificatorem, sed horrendum antea vastatorem, non solum voce compescuit, verum etiam potestate prostravit, atque in [553] infidelitatis tenebris [554] sævientem, ad desiderandum lumen cordis, ut surgeret, prius corporis cæcitate percussit. Si pœna illa non esset, non ab ea postmodum [555] sanaretur, et quando apertis oculis nihil videbat, si eos salvos [556] haberet, non ad impositionem manus Ananiæ, ut eorum aperiretur obtutus, tanquam squamas, quibus clausus fuerat, inde cecidisse Scriptura narraret. Ubi est quod isti clamare consueverunt, liberum est credere vel non credere? cui vim Christus intulit? quem coegit? Ecce [557] habent Paulum apostolum; agnoscant in eo prius cogentem Christum, et postea docentem, prius ferientem, et postea consolantem. Mirum est autem [558], quomodo ille, qui pœna corporis ad evangelium coactus intravit, plus illis omnibus, qui solo verbo vocati sunt, in evangelio laboravit, et quem major timor compulit ad caritatem, ejus perfecta caritas foras misit [559] timorem. Cur ergo non cogeret Ecclesia perditos filios, ut redirent, 'si perditi [h] filii coegerunt alios, ut perirent'?

C. XLIV. *Non crudelitate, sed dilectione Moyses populum flagellavit.*

Idem *contra Faustum, lib. XXII, c.* 79 [560].

Quid crudele Moyses 'aut' mandavit aut fecit, quum commissum sibi populum sancte zelans, et [561] uni [562] vero Deo subditum cupiens, posteaquam cognovit ad fabricandum et colendum idolum defluxisse, mentemque impudicam prostituisse [563] dæmonibus, in paucos eorum vindicans gladio, quos Deus ipse, quem offenderant, alto et secreto judicio feriendos voluisset mox feriri, et in præsenti salubriter terruit, et disciplinam in posterum sanxit? Nam eum nulla crudelitate, sed magna dilectione fecisse quod fecit, quis non in verbis ejus agnoscat, orantis' pro peccato [564] eorum, et dicentis [565]: *Si dimittis illis peccatum, dimitte: sin autem* [566], *dele me de libro tuo* [567]. *Et infra:* §. 1. Sic plane et Apostolus [568] non crudeliter, sed amabiliter tradidit hominem Satanæ in interitum carnis, ut spiritus ejus [569] salvus sit in die Domini [570] Jesu; tradidit et alios [571], ut discerent non blasphemare.

C. XLV. *Non imputatur fidelibus, qui ex officio aut tormenta exercent, aut capitalem sententiam ferunt.*

Item Innocentius Papa *epist. III, ad Exsuperium, Episcopum Tolosanum, c.* 3 [572].

Quæsitum est etiam super his, qui post baptismum administraverunt, et [573] aut tormenta sola [574] exer-

---

NOTATIONES CORRECTORUM.

C. XLIII. [h] *Si perditi:* Hæc usque in finem sunt addita ex originali', et alia emendata.

---

QUÆST. IV. C. XLII. [533] *namque*: Edd. coll. o. [534] *illa*: eæd. [535] *illa — evertat*: eæd. [536] *illa — præcipitet*: eæd. [537] *enim*: orig. [538] *Convenire*: Edd. coll. o. [539] *Quis enim*: eæd. [540] *saviret*: eæd. [541] *tunc enim*: eæd. [542] *non impl.*: Ed. Nor. [543] Psal. 2, v. 1. [544] *populi*: Ed. Bas. [545] *enim*: Edd. coll. o. [546] ib. v. 10. [547] *Deum*: Ed. Arg. [548] *fuerint*: Edd. coll. o. [549] *desid.* in Edd. Arg. Bas. Lugdd. II, III. [550] *servat*: Edd. Arg. Bas. Ven. I. Nor. == C. XLIII. [551] Ans. l. 13, c. 16. Polyc. ib. [552] *revocasset*: Edd. Nor. Ven. I. — *evocasset*: Edd. rell. pr. Arg. — cf. Act. c. 9. [553] *non leg.* in Edd. Arg. Nor. Ven. I, et ap. Bohm. [554] *tenebras sæviendum*: Ed. Bas. [555] *postea*: ib. [556] *sanos*: ib. [557] cf. *infra* qu. 6, c. 1. [558] *enim*: Edd. Arg. Nor. Ven. I. [559] *mittit*: Edd. coll. o. — cf. 1 Joan. c. 4, v. 8. [*] *non sunt* ap. Ans. ==C. XLIV. Ans. l. 13, c. 1. Polyc. ib. [561] *vivo et*: Edd. coll. o. [562] *unico*: eæd. pr. Arg. Bas. [563] *prostravisse*: Ed. Arg. [564] *peccati*: Edd. coll. o. [565] Exod. c. 32, v. 31, 32. [566] add.: *non*: Bohm. [567] *vitæ*: Edd. coll. o. pr. Arg. [568] 1 Cor. c. 5, v. 5. [569] *non est* in Edd. Arg. Bas. [570] *Dom. nostri Jesu Christi*: Edd. coll. o. pr. Arg. Bas. [571] 1 Tim. c. 1, v. 20. == C. XLV. [572] scr. A. 405. — Burch. l. 6, c. 44. Ans. l. 13, c. 32. Ivo Decr. p. 10, c. 94. [573] *desid.* in Edd. coll. o. pr. Arg. [574] *abest ab* Ed. Arg. — *sæva*: Edd. Bas. Lugdd.

cuerunt, aut etiam capitalem protulere sententiam. Nihil de his legimus a majoribus diffinitum. Meminerant enim a [575] Deo potestates has fuisse concessas, et propter vindictam [576] noxiorum gladium fuisse permissum, et Dei esse ministrum i vindicem in hujusmodi datum. Quomodo igitur reprehenderent factum, quod auctore Deo viderent esse concessum ? De his ergo, ut hactenus servatum est, sic habeamus, ne aut disciplinam evertere [577], aut contra auctoritatem Domini venire videamur [578]. Ipsis autem in reddenda ratione gesta sua omnia servabuntur [579].

**C. XLVI.** *Immunis est dictator a culpa, quum legum auctoritas in improbos exercetur.*

Idem [580] *in eadem epist., c. 5.*

Illud etiam sciscitari voluisti, an preces dictantibus liberum concedatur utique post baptismi regenerationem a principibus poscere mortem alicujus vel sanguinem de reatu. Quam rem principes nunquam sine cognitione concedunt, sed ad judices commissa ipsa vel crimina semper remittunt, ut causa [581] cognita vindicentur k; quae quum quaesitori fuerint delegata, aut absolutio aut damnatio pro negotii qualitate profertur. Et [582] dum legum auctoritas in improbos exercetur, erit dictator immanis.

**C. XLVII.** *In correctione malorum Deus omnipotens placatur.*

*Item* Gregorius *Brunichildae, Reginae Francorum, lib. VII, Indict. I, epist. 5* [583].

Si quos igitur violentos, si quos adulteros, si quos fures, vel aliis pravis actibus studere cognoscitis, Deum de eorum l correctione placare festinate, ut per vos m flagellum perfidarum gentium, quod (quantum videmus) ad multarum nationum vindictam excitatum est, non inducat; ne, si, quod non credimus, divinae ultionis iracundia sceleratorum fuerit actione commota, belli pestis interimat quos delinquentes ad rectitudinis viam Dei praecepta non revocant.

**C. XLVIII.** *Ecclesiasticae religionis inimici etiam bellis sunt coercendi.*

Idem *Gennadio, Patricio et Exarcho Africae, lib. I, epist.* 72 [584].

Sicut excellentiam vestram hostilibus [585] bellis in hac vita Dominus victoriarum fecit luce fulgere, ita oportet etiam inimicis ecclesiae ejus omni vivacitate mentis et corporis obviare, quatenus ejus ex utroque triumpho magis ac magis enitescat opinio, quoniam et forensibus bellis adversariis catholicae Ecclesiae pro Christiano populo vehementer obsistitis, et ecclesiastica praelia sicut bellatores Domini fortiter dimicatis. Notum est enim haereticae religionis viros, si eis, quod absit, suppetit nocendi licentia, 'contra catholicam fidem vehementer insurgere, quatenus haereseos suae venena ad tabefacienda, si valuerint, christiani corporis membra transfundant. Cognovimus enim eos contra catholicam ecclesiam, Domino eis, [586] adversante, colla surrigere [587], et fidem velle Christiani nominis inclinare; sed eminentia vestra conatus eorum comprimat, et superbas eorum cervices jugo rectitudinis premat. Concilium vero catholicorum episcoporum admoneri praecipite, ut primatem non ex ordine loci postpositis vitae meritis faciat, quoniam apud Deum non gradus elegantior, sed vitae melioris actio comprobatur. Ipse vero primas non passim (sicut moris est) per villas, sed in una juxta eorum electionem civitate resideat, quatenus adeptae dignitatis meliori ingenio resistendi Donatistis possibilitas disponatur. Ex concilio vero Numidiae si qui desideraverint [588] ad apostolicam sedem venire [589], permittite, et, si quilibet eorum viae contradicere voluerit [590], obviate. Magis [591] profecto excellentiae [592] vestrae apud Creatorem gloria proficit, si per eam dispersarum ecclesiarum potuerit societas restaurari. Quum enim largita munera ad nominis sui gloriam conspicit revocari, tanto largiora tribuit, quanto per eum [593] religionis suae dignitatem viderit ampliari. Persolventes prae-

## NOTATIONES CORRECTORUM.

**C. XLV.** i *Ministrum*: Sic emendatum est ex originali et Ivone ". Antea legebatur: *et Dei ministerio esse datum in hujusmodi vindices.* Glossa autem optime etiam convenit voci: *vindicem.*

**C. XLVI.** k *Vindicentur*: Emendatum est ex originali. Antea legebatur: *vindicent, qui, quum quaesituri fuerint delegata, etc.* †.

**C. XLVII.** l *De eorum*: Sic restitutum est ex variis codicibus epistolarum B. Gregorii. Antea erat: *Deorum* ††.

m *Per vos*: In originali est: *super vos*, sed ob glossam in vers. *Flagellum* non est mutatum †††.

---

Quaest. IV. C. XLV. [575] Rom. c. 13, v. 4. [576] *vindictas*: Ed. Bas. " ita etiam Burch. et Ans. *** *de Dei*: Ed. Bas. [577] *avertere*: Ivo. — Edd. coll. o. pr. Bas. Lugdd. [578] *videantur*: Bohm. [579] *reservabuntur*: Ed. Bas. ═ C. XLVI. [580] *Idem ad Toletanum episcopum*: Edd. Ven. II. Lugdd. Par. — *Id. ad Tolos. ep.*: Edd. rell. [581] add.: *ipsa*: Edd. coll. o. pr. Bas. † ita Edd. coll. o.. nisi quod in Ed. Bas. leg.: *judicent*. [582] Ivo Decr. p. 10, c. 94. ═ C. XLVII. [583] Ep. 11, (scr. A. 599), l. 9. Ed. Maur. — Ans. l. 13, c. 24. †† ita Edd. coll. o. pr. Bas. ††† ap. Ans. est: *per vos*. ═ C. XLVIII. [584] Ep. 74, (scr. A. 591), l. 1, Ed. Maur. — Ans. l. 13, c. 29. [585] *etiam ex host.*: Ed. Bas. — *ex host.*: Edd. Nor. Ven. I, II. Par. — *hostibus*: Ed. Arg. [586] *Ejus*: Ed. Bas. [587] *subigere*: Edd. Ven. II. Par. Lugdd. I. [588] *desiderat*: Ed. Lugdd. II. — *desiderant*: Edd. rell. [589] *pervenire, permitte*: Ed. Arg. [590] *putaverit*: ib. — Ans. — *putaverint*: Ed. Bas. — *voluerint vel putaverint*: Ed. Nor. — *voluerit vel putaverit*: Edd. rell. [591] *Magna*: Ans. — add.: *ergo*: Ed. Bas. — *igitur*: Edd. rell. — *Magno profectu*: orig. [592] *excellentia vestra*: Edd. coll. o. pr. Bas. Lugdd. II, III. [593] *ea*: orig. — Edd. coll. o. pr. Bas., in qua est: *eam*. Bohm.

terea paternæ caritatis affectum, Dominum petimus, quod [594] brachium vestrum ad comprimendos hostes forte efficiat, et mentem [595] vestram fidei zelo velut mucrone [596] gladii vibrantis exacuat.

**C. XLIX.** *Merito fidei bellorum paratur victoria.*
Idem ad eundem, lib. I, epist. 73 [597].

Si non ex fidei merito et Christianæ religionis gratia tanta excellentiæ vestræ bellicorum actuum prosperitas eveniret, non 'summopere' miranda fuerat [598], quum sciamus, hæc etiam antiquis bellorum ducibus fuisse concessa. Sed quum futuras, Deo largiente, victorias non carnali providentia, sed magis orationibus prævenitis, fit, ut hoc [599] in stuporem veniat, quod gloria vestra non terreno consilio [600], sed Deo desuper largiente descendat [601]. Ubi enim meritorum vestrorum loquax non discurrit opinio? quæ 'et' bella vos frequenter appetere non desiderio fundendi sanguinis, sed [602] dilatandæ [603] causa reipublicæ in qua Deum coli conspicimus; loquitur, quatenus Christi nomen per subditas gentes fidei prædicatione circumquaque discurrat [604]. Sicut enim exteriora vos virtutum opera eminentes in hac vita constituunt, ita et interna morum ornamenta ex corde mundo procedentia in futuram [n] vitam cœlestium gaudiorum participatione glorificant [605]. Plurima enim pro pascendis ovibus B. Petri apostolorum principis [606] excellentiam vestram præstitisse didicimus, ita, ut non parva loca patrimonii ejus propriis nudata cultoribus, largitis Dacorum [o] habitationibus [607], restauraverit [608]. Quæcunque igitur hic [609] illi Christianissima [610] mente confertis, horum retributionem per spem in futuro judicio sustinetis.

**VIII Pars. Gratian.** *Breviter monstratum est, quod boni laudabiliter persequuntur malos, et mali damnabiliter persequuntur bonos. Illud autem Apostoli* [611]:

A *Tu autem quis es, qui judicas alienum servum? de alieni cordis occultis intelligendum est. Quod vindicta inferri possit, monstratum est.* Nunc restat ostendere quod debet inferri, et quod magis diliguntur illi qui puniuntur, quam qui impuniti relinquuntur; quod utrumque multorum auctoritate probatur.

Ait enim Augustinus [612]:
**C. L.** *Ad iram Deus provocatur, quum mala puniri differuntur.*

Si ea [p], de quibus vehementer Deus offenditur, insequi vel ulcisci differimus, ad irascendum utique divinitatis patientiam provocamus. Nonne [613] Achor [614] filius Zare præteriit mandatum Domini, et super omnem populum Israel ira ejus incubuit? Et ille B erat unus homo, atque utinam solus periisset in scelere suo.

**C. LI.** *Vindicta, quæ ad correctionem valet, non est prohibenda.*
Item Augustinus *de sermone Domini in monte, lib. I, c. 57 et 38* [615].

Ea vindicta [q], quæ valet ad correctionem, non prohibetur, quæ etiam ad misericordiam pertinet, nec impedit illud propositum, quo quisque paratus est ab eo quem correctum esse vult, plura perferre. Sed huic vindictæ referendæ [616] non est idoneus, nisi qui odium, quo flagrare [617] solent qui se vindicare desiderant, dilectionis magnitudine [618] superaverit. Non enim metuendum est, ne odisse parvulum filium parentes videantur, quum ab eis C vapulat [619] peccans, ne peccet ulterius. Et certe [620] perfectio dilectionis ipsius Dei patris imitatione [621] nobis proponitur, quum in sequentibus dicitur [622]: *Diligite inimicos vestros, benefacite his qui oderunt vos, et orate pro eis qui vos persequuntur.* Et tamen de ipso dicitur per prophetam [623]: *Quem enim dili-*

---

NOTATIONES CORRECTORUM.

**C. XLIX.** [n] *Futuram:* In duobus codicibus epistolarum legitur: *in futurorum gaudiorum participatione*; in uno vero manuscripto: *in futura cœlestium gaudiorum participatione.* In codice Seuer. Vaticano legitur quemadmodum apud Gratianum.
— *Dacorum:* In libris epistolarum impressis, et duobus manuscriptis legitur: *Daditiorum*. In aliquot vero antiquis Gratiani exemplaribus est: *Dacorum, vel aliorum habitationibus.*

**C. L.** [p] *Si ea:* Usque ad vers. *Provocamus* sunt in regesto B. Gregorii lib. 2, Indict. 11, epist. 27, scripta Martino abbati, et Benenato notario. Reliqua D vero non ibi leguntur, sed sunt verba sacræ scripturæ cap. 22 Josuæ.
**C. LI.** [q] *Ea vindicta:* Apud B. Augustinum et Anselmum sic legitur: *Neque hic ea vindicta prohibetur, quæ ad correctionem valet etiam. Ipsa enim pertinet ad misericordiam, nec impedit, etc.*

---

Quæst. IV. C. XLVIII. [594] *qui*: orig. — Edd. Arg. Bas. Nor. Ven. I, II. [595] *ejus*. Edd. coll. o. [596] *mucronem*: orig. = C. XLIX. [597] Ep. 75, (scr. A. 591), l. 1, Ed. Maur. — Burch. l. 15, c. 18. Ans. l. 13, c. 30. Ivo Decr. p. 16, c. 19. [598] *fuerant*: orig. — Burch. Ivo. [599] *hic*: Ed. Bas. [600] *concilio*: Edd. Bas. Lugd. I. [601] *discedat*: Burch. [602] *add.: tantum*: Edd. coll. o. — Bohm. [603] *dilatandi causam*: Ed. Arg. [604] *discurreret*: Edd. coll. o. — Burch. * *futura rita*: Burch. Ivo. [605] *glorificent*: Ed. Arg. — *glorificabunt*: Ed. Bas. [606] *add.: utilitatibus*: orig. — Edd. coll. o. ** ita ap. Ans. — *antiquorum vel aliorum vel datorum*: Ed. Arg. — Maurinis ex Cluvero videtur legendum esse: *Daratitiis.* [607] *habitatoribus*: orig. — Ans. — Edd. coll. o. — Bohm. [608] *restaurasset*: orig. — Edd. coll. o. [609] *hoc est iu* orig. — *hic illis*: Ed. Arg. — *illic*: Edd. rell. [610] *Christiana*: orig. — P. VIII. [611] Rom. c. 14, v. 4. = C. L. [612] imo Gregorius ad Marinianum et Benenatum. l. 3, ep. 27, (scr. A. 593.) Ed. Maur. [613] Jos. c. 22, v. 20. [614] *Achan*: Burch. = C. LI. [615] Ans. l. 13, c. 2. Ivo Decr. p. 10, c. 60. [616] *inferendæ*: Edd. coll. o. [617] *add.: homines*: Edd. Bas. Lugd. [618] *mansuetudine*: Edd. coll. o. — Ivo. [619] *vapulet*: Ed. Bas. [620] *recte*: ib. [621] *initanda*: Edd. coll. o. [622] Matth. c. 5, v. 44. [623] Prov. c. 3, v. 12.

git Dominus corripit, flagellat autem omnem filium, quem recipit. Dicit etiam [624] Dominus [625]: *Servus [r], qui nescit voluntatem Domini sui, et facit digna [626] plagis, vapulabit paucis ; servus autem, qui scit voluntatem Domini sui, et facit digna [627] plagis, vapulabit multis.* Non ergo 'quæritur', nisi 'ut et' [628] ille [629] vindicet, cui rerum ordine potestas data est, et ea voluntate vindicet, qua pater [s] parvulum [630] filium flagellat, quem [631] per ætatem odisse nondum [632] potest. Hinc [633] enim [634] aptissimum [635] exemplum datur [636], quo satis apparet, posse peccatum amore potius vindicari, quam impunitum relinqui, ut illum, in quem [637] vindicat, non pœna miserum, sed correctione beatum [638] velit; paratus tamen [639], si opus sit [640], æquo animo plura tolerare ab eo illata [641], quem vult esse correctum, sive in eum [642] habeat potestatem coercendi, sive non habeat. § 1. Magni autem et sancti viri, quanquam [643] optime scirent mortem istam, quæ animam dissolvit a corpore, formidandam non esse, secundum eorum tamen animum, qui illam timerent, nonnulla peccata morte punierunt, quo et viventibus utilis [644] metus incuteretur, et illis, qui morte puniebantur, non ipsa mors noceret, sed peccatum, quod augeri posset, si viverent, diminueretur [645]. Non temere illi judicabant [646], quibus tale judicium donaverat [647] Deus. Inde est, quod Helias [648] morte multos affecit ' et ' propria manu, et igne divinitus impetrato, quum [649] et alii multi [650] et magni viri eodem spiritu consulendo [651] rebus humanis non temere fecerint. De quo Helia quum exemplum dedissent [652] discipuli 'Domino', commemorantes quid ab eo factum sit, ut etiam ipsis daret potestatem petendi de cœlo ignem ad consumendos [653] eos, qui sibi hospitium non præbuerant [654], reprehendit in eis Dominus non exemplum prophetæ sancti, sed ignorantiam vindicandi, quæ adhuc erat in rudibus, animadvertens eos non amore [655] correctionem, sed odio desiderare vindictam. Itaque postquam [656] eos docuit, quid esset diligere proximum tanquam se ipsum, infuso etiam Spiritu sancto, quem decem diebus completis post ascensionem suam desuper, ut promiserat, misit, non defuerunt tales vindictæ, quamvis multo rarius quam in veteri testamento. Ibi enim ex majori parte servientes timore premebantur; hic autem maxima [657] dilectione liberi nutriebantur. Nam et verbis apostoli Petri Ananias, et uxor ejus (sicut in Actibus Apostolorum [658] legimus exanimes ceciderunt, nec resuscitati sunt, sed sepulti [659].

C. LII. *Quæ veritati contraria sunt Christiani persequi debent.*

Item Augustinus *contra Cresconium Grammaticum, lib. III, c. 51* [660].

[t] Quisquis Christianum [t] (inquis) persequitur, Christi est inimicus. Verum dicis, si non [u] hoc in illo persequitur, quod Christo est inimicum. Neque enim dominus in servo, pater in filio, maritus in conjuge, quum sint utrique Christiani, non debent [661] persequi vitia Christianæ contraria veritati. An vero, si non persequantur [662], non rei negligentiæ merito tenebuntur?

C. LIII. *Quemadmodum homo debet diligere proximum sicut se ipsum.*

Item Augustinus *ad Macedonium, ep. LII* [663].

Debet homo diligere proximum tanquam se ipsum, ut quem potuerit hominem ' vel ' beneficentiæ [664] consolatione [665], vel informatione doctrinæ, vel disciplinæ coercitione, adducat ad colendum Deum.

C. LIV. *De eodem*

Item Augustinus *ad Donatum Presbyterum, ep. CCIV* [v][666].

Mali sunt prohibendi a malo, et cogendi ad bonum.

### NOTATIONES CORRECTORUM.

*Servus* : Totus hic locus restitutus est ex evangelio et B. Augustino, multaque alia emendata.

[s] *Qua pater* : In originali legitur : *qua pater in parvulum filium, quem*, etc.

C. LII. [t] *Christianum* : Antea legebatur : *Quisquis Christianus iniquum* [*] *non persequitur* ". Emendatum est ex originali. Sunt enim verba Cresconii, quod etiam auctor glossæ animadvertit.

[u] *Si non* : Apud B. Augustinum est : *sed hoc in illo*. Verum Ivo et Panormia cum Gratiano concordant.

C. LIV. [v] De hac re copiose disputat B. Augustinus in c. *Displicet*, sup. ead. Hic vero summa illius disputationis paucis verbis collecta est.

---

Quæst. IV. C. I.I. [624] *autem* : Bohm. [625] Luc. c. 12, v. 47 seq. [626] *non digna, plagis vap.* : Edd. coll. o. [627] *non digna, plagis vap.* : eæd. [628] non est ap. Bohm. [629] *ipse* : Edd. coll. o. — Ivo. [630] add. : *suum* : Ed. Bas. [631] add. : *tamen* : Edd. coll. o. [632] *non* : eæd. [633] *Hic* : Edd Lugdd. [634] *autem* : Edd. Lugdd. II, III. [635] *apertissimum* : Ivo. — Edd. coll. o. [636] *ducitur* : orig. — *dicitur* : Edd. Arg. Ven. II. [637] *quem* : Ivo. — Edd. coll. o. [638] add. : *esse* : Edd. coll. o. [639] add. : *sit* : eæd. [640] *fiat* : Edd. Nor. Ven. I, II. Par. Lugd. I. [641] *illicita* : Ivo. — Edd. coll. o. [642] *eo* : Ed. Bas. [643] *qui jam* : orig. — Ans. Ivo. [644] *utilibus* : Ed. Bas. [645] non est in orig., neque ap. Ans. et Iv. [646] *vindicabant* : Edd. Bas. Lugdd. II. III. [647] *paraverat* : Ed. Bas. [648] 3 Reg. c. 18. [649] *quod — fecerunt* : Edd. coll. o. — Ans. Ivo. [650] *magni et divini* : Ed. Bas. [651] *consulendi* : orig. [652] Luc. c. 9. [653] *consumendum* : Ivo. — Edd. coll. o. [654] *præberant* : orig. — Ans. Ivo. [655] *amare* : Ivo. — Edd. coll. o. [656] *posteaquam* : id. — eæd. — Bohm. [657] *maxime* : orig. — Ivo. — Edd. coll. o. [658] Act. c. 5. [659] add. : *sunt*. Edd. Arg. Nor. Ven. I. — Bohm. = C. LII. [660] Ivo Pan. l. 8, c. 15. Decr. p. 10, c. 61. [*] *qui iniqu.* : Ed. Bas. " ita etiam Iv. Pan. — in Decr. est : *Christianum iniquus persequitur*. [661] *deberet* : Ed. Arg. [662] *persequentur* : Ed. Bas. = C. LIII. [663] Ep. 155. Ed. Maur. scr. A. 414. — Ivo Pan. l. 8, c. 16. Decr. p. 10, c. 62. [664] *beneficentia* : Edd. Par Lugdd. [665] *consultatione* : Edd. Lugdd. II, III. = C. LIV. [666] cf. supra c. 38.

Gratian. *Ex his omnibus colligitur, quod vindicta est inferenda non amore ipsius vindictæ, sed zelo justitiæ; non ut odium exerceatur, sed ut pravitas corrigatur. Sed quum vindicta aliquando inferatur damnis rerum, aliquando flagellis, aliquando etiam morte: quæritur, an sit peccatum judici vel ministro reos morti tradere?*

## QUÆSTIO V.
### GRATIANUS.

I Pars. *Quod autem nulli liceat aliquem occidere, illo præcepto probatur, quo Dominus in lege homicidium prohibuit, dicens*[1]: Non occides. Item in evangelio[2]: Omnis, qui acceperit gladium, gladio peribit.

**C. I.** *Mali non sunt interficiendi, sed flagellis emendandi.*

Item Augustinus *ad Marcellinum Comitem, de Donatistis captis, epist. CLIX*[3].

Circumcelliones illos, et clericos partis Donati, quos de Hipponensi civitate[4] ad judicium pro factis eorum publicæ disciplinæ cura[5] deduxerat, a tua nobilitate[6] comperi auditos, et plurimos eorum de homicidio, quod in Restitutum catholicum presbyterum commiserunt, et de cæde Innocentii alterius catholici presbyteri, atque de oculo ejus effosso et de[7] digito præciso fuisse confessos. Unde mihi sollicitudo maxima incussa est, ne forte sublimitas tua censeat eos tanta legum severitate plectendos, ut qualia fecerunt talia patiantur. Ideoque his literis obtestor fidem tuam, quam habes in Christo, per ipsius Domini nostri misericordiam, ut hoc nec facias, nec omnino fieri permittas. Quamvis enim ab illorum interitu[8] dissimulare possemus, qui[9] non accusantibus nostris, sed illorum notariis[a], ad quos tuendæ publicæ pacis vigilantia pertinebat, præsentati videantur examini; nolumus tamen passiones servorum Dei, quasi[11] vice talionis, paribus suppliciis vindicari; non quo scelestis hominibus licentiam facinorum prohibeamus auferri, sed hoc magis sufficere volumus, ut vivi et nulla corporis[12] parte truncati vel ab inquietudine insana ad sanitatis otium legum coercitione dirigantur, vel a malignis operibus alicui utili operi deputentur. Vocatur quidem et ista damnatio; sed quis non intelligat magis beneficium quam supplicium nuncupandum, ubi nec sæviendi relaxatur audacia, nec pœnitendi medicina[13] subtrahitur? Imple, Christiane judex, pii patris officium; sic succense[b] iniquitati, ut consulere humanitati memineris, nec in peccatorum atrocitatibus exerceas ulciscendi libidinem, sed peccatorum vulneribus curandi adhibeas voluntatem. Noli perdere paternam diligentiam †, quam in ipsa inquisitione servasti, quando tantorum scelerum confessionem non extendente[14] equuleo[15], non sulcantibus ungulis, non urentibus flammis, sed virgarum verberibus eruisti, qui modus coercitionis et a magistris artium liberalium, et ab ipsis parentibus[16], et[17] sæpe[18] etiam in judiciis solet ab episcopis adhiberi[19]. Noli ergo atrocius vindicare quod lenius *invenisti*; inquirendi quam puniendi necessitas major est. Ad hoc enim et mitissimi homines facinus occultatum[20] diligenter atque instanter examinant[21], ut inveniant quibus parcant.

**C. II.** *Præter supplicium mortis rei sunt puniendi.*

Idem *Marcellino, epist. CLVIII*[22].

Pœna illorum, quamvis de tantis sceleribus confessorum, rogo te ut præter supplicium mortis sit, et propter conscientiam nostram, et propter catholicam mansuetudinem commendandam. Ipse enim fructus ad nos pervenit confessionis illorum[23], quia invenit catholica ecclesia, ubi "suam" erga atrocissimos inimicos servet atque exhibeat lenitatem. In tanta quippe crudelitate quæcunque præter sanguinem vindicta[24] processerit, magna lenitas apparebit. Quod etsi modo quibusdam nostris[25] illa atrocitate commotis videtur indignum, et quasi dissolutionis et negligentiæ simile, transactis tamen motibus animorum[26] (qui recentioribus factis solent turbulentius excitari) egregie luculenta bonitas apparebit.

## NOTATIONES CORRECTORUM.

Quæst. V. C. I. [a] *Notariis*: In libris B. Augustini excusis partim est: *notaria*, partim: *notoria*[***]. In codice Vaticano epistolarum ubique legitur: *notaria*, et epist. 160, in qua de eadem re agitur, in codicibus impressis ac manuscriptis legitur: *notaria*, itemque in Breviculo in collatione primi diei semel, et secundi bis. De notariis vero mentio est in l. *Ab accusatione*, § *Nunciatores* ff. ad SC. Turpill. et C. de accusat. l. *Ea quidem*. Apuleius etiam lib. 7, de asino aureo habet: *notoriam*, et in glossario legitur: *notoria*, ἀναφορά.

[b] *Succense*: Sic est emendatum, additis etiam nonnullis ex originali, Anselmo et Polycarpo. Antea erat: *Sic succensere iniquitati memineris, ut non in peccatorum*, etc. †.

Quæst. V. P. I. [1] Exod. c. 20, v. 13. [2] Matth. c. 26, v. 52. = C. I. [3] Ep. 133. Ed. Maur. scr. A. 412. — Ans. l. 13, c. 10. Polyc. l. 7, t. 11. [4] non est in orig. [5] *causa*: Edd. coll. o. [6] *voluntate*: Ed. Bas. [7] non leg. in Edd. Arg. Bas. [8] *non*: Edd. coll. o. — *ne*: Bohm. [9] *interitum*: Ed. Bas. [10] *quia*: Edd. coll. o. [***] etiam ap. Ans. est: *notariis*. [11] *quasi in alienæ partis supplicium*: Ans. — Edd. coll. o. [12] add.: *sui*: Ed. Bas. [13] add.: *salutaris*: Edd. coll. o. † ita etiam Ans. † *dilectionem vel diligentiam*: Ed. Bas. [14] *extendendo*: Ed. Arg. — *extento*: Edd. rell. [15] *aculeo*: Edd. coll. o. pr. Arg. Bas. [16] add.: *adhibetur*: Edd. coll. o. [17] *ut*: eæd. [18] *ipse*: Ed. Ven. Il. [19] *haberi*: Ed. Bas. [20] *admissum*: Edd. coll. o. [21] *examinare debent*: eæd. = C. II. [22] Ep. 139. Ed. Maur. scr. A. 412. — Ans. l. 13, c. 11. Polyc. l. 7, t. 12. [23] *eorum*: Ed. Bas. [24] add.: *eorum*: ead. [25] *ex nostris*: ead. — *vestris*: Edd. rell. [26] add.: *impiorum*: Ed. Bas.

**C. III.** *Mali prohibendi sunt a malo, et cogendi ad bonum.*

Idem Donato, epist. CXXVII [17].

Unum solum est, quod in tua justitia pertimescimus, ne forte (quoniam) [28] quidquid mali contra Christianam societatem ab hominibus impiis ingratisque committitur, profecto gravius est et atrocius, quam si in alios *talia* committantur [29], tu quoque pro immanitate facinorum, ac non potius pro lenitatis Christianæ consideratione censeas coercendum. Quod te per Jesum Christum ne facias obsecramus. *Et paulo post :* § 1. Ex occasione terribilium judicum ac legum, ne æterni judicii pœnas luant [30], corrigi eos cupimus, non necari; nec disciplinam circa eos negligi volumus, nec suppliciis, quibus digni sunt, coerceri [31]. Sic igitur eorum peccata compesce, ut sint quos pœniteat peccasse. *Et paulo post :* § 2. Proinde si occidendos in his sceleribus [32] homines [33] putaveritis, deterrebitis nos, ne per operam nostram ad vestrum judicium aliquid [34] tale perveniat. Quo comperto *illi* in nostram perniciem licentiori audacia grassabuntur, necessitate nobis impacta [35], ut etiam occidi ab eis eligamus potius, quam eos occidendos vestris judiciis ingeramus [36].

**C. IV.** *Quies ecclesiæ principum severitate juvatur.*

Idem Macedonio, epist. LIV [37].

Prodest *et* severitas vestra, cujus ministerio quies adjuvatur et nostra. Prodest *et* intercessio nostra, cujus ministerio severitas temperatur et vestra. Non vobis displiceat, quod rogamini a bonis, quia nec bonis displicet, quod timemini a malis. § 1. Nam hominum iniquitatem etiam apostolus Paulus non tantum *de* judicio futuro, verum etiam de præsentibus vestris sæcularibus* potestatibus terruit, asserens et ipsas ad dispensationem divinæ providentiæ pertinere. *Omnis* [38], inquit, *anima potestatibus sublimioribus subdita sit, etc.* Hæc verba apostoli utilitatem vestræ severitati ostendunt. Proinde sicut dilectionem jussi sunt terrentibus debere qui timent, ita dilectionem jussi sunt timentibus debere qui terrent. Nihil nocendi cupiditate fiat, sed omnia consulendi caritate, et nihil fiat immaniter, nihil inhumaniter. Ita formidetur ultio cognitoris, ut nec intercessoris religio contemnatur, quia et plectendo, et ignoscendo hoc solum bene agitur, ut vita hominum corrigatur. Quod si tanta est perversitas et impietas, ut ei corrigendæ [d] nec disciplina possit prodesse, nec venia, a bonis [39] tamen intentione atque conscientia, quam Deus cernit, sive severitate sive lenitate, non nisi officium dilectionis impleatur.

**C. V. PALEA** [e] [40].

‹ Hoc tamen intelligendum est de illis, quos præsentia supplicia in melius commutant, non de illis, qui obstinati sunt in malo, qui si semper viverent, semper peccarent, quorum pœna hic incipit, et in æternum durabit. ›

**C. VI.** *In præsentiarum nonnulli puniuntur, ne in æternum flagellentur.*

Item Hieronymus in *Nahum Prophetam*, ad c. 1 [41].

Quid ergo, ait, contra Dominum cogitatis? Ipse [42], qui creavit [43] mundum, et consummationem ejus faciet. Quod si vobis videtur crudelis, rigidus et cruentus [44], quod in diluvio [45] genus delevit humanum, super Sodomam et Gomorrham ignem et sulphur pluit, Ægyptios submersit fluctibus [46], Israelitarum cadavera prostravit in eremo, scitote, eum ideo ad præsens reddidisse supplicia, ne in æternum puniret. Certe aut vera sunt quæ Prophetæ loquuntur, aut falsa. Si vera sunt quæ de severitate ejus videntur dicere, ipsi dixerunt [47] : *Non vindicabit Dominus bis in id ipsum in tribulatione*; sin autem falsa sunt, et falsum est quod dicitur [48] : *Non consurget duplex tribulatio* : falsa est ergo et crudelitas, quæ in lege descripta [49] est. Quod si verum est, ut [50] negare non poterunt, dicente Propheta : *Non vindicabit* [51] *Dominus bis in id ipsum in tribulatione* : ergo qui puniti sunt postea non punientur. Si autem *illi* postea punientur, scriptura mentitur, quod dicere nefas est. Receperunt ergo et qui in diluvio perierunt, et Sodomitæ, et Ægyptii, et Israelitæ in solitudine mala sua in vita sua. § 1. Quærat [52] hic aliquis, si fidelis deprehensus in adulterio decolletur, quid de eo postea fiat? Aut enim punietur, et falsum est hoc, quod dicitur : *Non vindicabit* [53] *Dominus bis in id ipsum in tribu-*

**NOTATIONES CORRECTORUM.**

**C. IV.** [c] *Sæcularibus :* Antiquioribus editionibus epistolarum B. Augustini in margine est adscriptum : *de præsentibus vestris securibus terruit.* In Antverpiana vero est in textu hæc eadem lectio, sed sine dictione : *præsentibus.*

[d] *Ei corrigendæ :* Sic est emendatum ex originali.

Antea legebatur : *ut corrigendis reis* *nec disciplinæ nec veniæ remedia suffragentur, ab omni tamen in lentione*, etc.

[e] **C. V.** *Abest* hæc Palea a vetustis exemplaribus, quæ collata sunt, uno excepto, in quo est conjuncta capiti superiori.

---

Quæst. V. C. III [17] Ep. 100, Ed. Maur. scr. A. 408. — Ans. l. 13, c. 12. Polyc. ib. [28] non est in Ed. Bas. [29] *committatur :* Edd. coll. o. [30] *incidant :* orig. [31] *exerceri :* ib. [32] abest ab Edd. coll. o. exc. Bas. [33] *viros putatis :* Edd. coll. o. [34] *quidem :* exd. [35] *impacta et indicta :* orig. — Ed. Bas. [36] *inferamus :* Edd. coll. o. = C. IV. [37] Ep. 153. Ed. Maur. scr. A. 414. — Polyc. l. 4, t. ult. [38] Rom. c. 13, v. 1. *rei corrigendæ :* Edd. Arg. Bas. [39] *ab omni :* Edd. coll. o. = C. V. [40] Hæc sunt ipsius Gratiani verba, huc translata ex dicto, quod sequitur c. 43. D. 3, de pœn. — Omissa sunt in Ed. Bas.; capiti præced. annexa in Ed. Arg. — C. VI. [41] Polyc. l. 6, t. 12. [42] add. : *est :* Edd. coll. o. pr. Bas. Lugdd. II, III. [43] *creaverat :* Ed. Bas. [44] add. : *Deus :* ead. [45] cf. Gen. c. 7, et 19. [46] *in fluct. :* Edd. coll. o. pr. Lugdd. II, III. — cf. Exod. c. 15. [47] Nahum c. 1, v. 9, sec. LXX. [48] idem loc. sec. Vulg. [49] *scripta :* Edd. coll. o. pr. Lugdd. II, III. [50] *et :* exd. [51] *judicabit Deus :* Edd. coll. o. [52] add. : *ergo :* exd. pr. Arg. Lugdd. II, III. — cf. c. 44, D. 3, de pœn. [53] *judicabit Deus :* Edd. coll. o.

*latione*, aut non punietur, et optandum est adulteris, ut in præsentiarum brevi et cita pœna cruciatus frustrentur æternos. Ad quod respondebimus, Deum, ut omnium rerum, ita 'et' suppliciorum quoque scire mensuras [54], et non præveniri sententia judicis, nec illi in peccatorem exercendæ dehinc pœnæ auferri potestatem, et magnum peccatum magnis diuturnisque lui cruciatibus. Si quis autem punitus sit ut ille in lege [55], qui Israelitis maledixerat, et qui [56] in sabbato ligna collegerat, tales postea non puniri, quia culpa levis [57] præsenti supplicio [58] compensata sit.

C. VII. *Qui rei sunt sanguinis ab ecclesia defendi debent.*

*Item* Gregorius papa [59].

Reos sanguinis defendat ⸸ ecclesia, ne effusione [60] sanguinis particeps fiat.

II Pars. Gratian. *Hinc apparet, quod mali flagellis sunt coercendi, non membrorum truncatione vel temporali morte plectendi.* § 1. *Sed objicitur illud, quod Dominus ait ad Moysen* [61] : *Maleficos non patiêris vivere ; item* [62] : *Qui coierit cum jumento morte moriatur. Adulterio etiam vel blasphemiæ crimine notatus immisericorditer lapidari jubetur. Item Moyses, qui legem acceperat, cultores idoli morte punivit. Samuel etiam Agag pinguissimum regem in frusta concidit. Phinees quoque Judæum cum Madianita coeuntem gladio transfixit, quod est ei reputatum ad justitiam. Similiter nonnulli in veteri testamento inveniuntur malos trucidasse, nec tamen transgressores legis, sed defensores appellantur.* § 1. *Prohibetur ergo illo præcepto quisque sua auctoritate in necem alicujus armari, non legis imperio reos morti tradere. Qui enim, publica potestate functus, ipsius legis imperio malos perimit, nec illius præcepti transgressor, nec a cœlesti patria alienus habetur.*

*Unde* Augustinus *ad Publicolam, epist. CLIV.* [63] :

C. VIII. *Ex officio non est peccatum hominem occidere.*

De occidendis hominibus, ne ab eis quisquam [64] occidatur, non mihi placet consilium, nisi forte sit miles, aut publica functione teneatur, ut non pro se hoc faciat, sed pro aliis vel pro civitate, ubi etiam ipse est, accepta legitima potestate, si ejus congruit personæ. Qui vero repelluntur aliquo terrore, ne male [65] faciant, etiam ipsis aliquid fortasse præstatur [66]. Hinc autem dictum est [67] : *Non resistamus malo*, ne [68] nos [69] vindicta delectet, quæ alieno malo animum pascit, non ut correctionem hominum negligamus. Unde nec reus est mortis alienæ, qui, quum suæ possessioni ex lapidibus [5] murum circumduxerit, aliquis ex ipsorum usu [70] percussus intereat [71]. Neque enim reus est Christianus, si bos ejus aliquem feriendo, vel equus calcem jaciendo aliquem occidat, aut ideo non debent Christianorum boves habere cornua, aut equus ungulas, aut dentes canis [72]. An [73] vero, quoniam apostolus Paulus satis egit, ut in tribuni notitiam perferretur [74], insidias sibi a quibusdam perditis præparari [75], et ob hoc deductores accepit armatos, si in illa [76] 'arma' scelerati homines incidissent, Paulus in effusione sanguinis eorum suum crimen agnosceret? Absit, ut ea, quæ propter bonum ac licitum facimus aut habemus, si quid per [77] hæc [78] præter nostram voluntatem cuiquam [79] mali acciderit, nobis imputetur. Alioqui [80] nec ferramenta domestica et [81] agrestia sunt habenda, ne quis eis [82] vel se vel alterum interimat, nec arbor [83] 'aut restis', ne quis [84] se inde suspendat, nec fenestra facienda 'est', ne per hanc se quisquam [85] præcipitet. Quid [86] plura commemorem, quum ea commemorando finire non possem? Quid 'enim' est in usu hominum bono ac licito, unde non possit 'etiam' pernicies irrogari?

III Pars. Gratian. *Se ipsum etiam perimere nulla legis auctoritate alicui permittitur.*

## NOTATIONES CORRECTORUM.

C. VII. ⸸ *Defendat* : Apud Burchardum et Ivonem, qui hoc citant ex dictis Augustini, legitur : *non defendat.*

C. VIII. [5] *Ex lapidibus* · Sic est emendatum ex codice Vaticano epistolarum B. Augustini. Nam in impressis desunt istæ voces. Apud Gratianum vero erat : *suæ possessioni murorum ambitum circumduxit*.

---

QUÆST. V. C. VI. [54] *mensuram* : eæd. pr. Bas. Lugdd. II, III. [55] Levit. c. 24. [56] Num. c. 15. [57] add. : *et brevis* : Ed. Bas. — add. : *ejus* : Ed. Arg. [58] add. : *severitatis* : Edd. coll. o. pr. Arg. Nor. Ven. I. = C. VII. [59] Hæc est summa eorum, quæ supra C. 14, qu. 6, c. 3, ex Gregorio referuntur. Burch. l. 19, c. 109. Ivo Decr. p. 15, c. 121. [60] *effusionis* : Ivo. — P. II. [61] Exod. c. 22, v. 18. [62] Levit. c. 20, v. 15. = C. VIII. [63] Ep. 47. Ed. Maur. scr. A. 398. — Ans. l. 13, c. 18. Ivo Pan. l. 8, c. 1. Decr. p. 10, c. 1. Polyc. l. 7, t. 11. [64] *quisque* : orig. — Ivo Decr. [65] *mala* : Edd. coll. o. [66] *præstetur* : Edd. Bas. Lugdd. II, III. [67] Matth. c. 5, v. 39. [68] add. : *forte* : Edd. Bas. [69] *vos* : Edd. Lugdd. II, III. *eodem fere modo legitur ap. Iv. in Panorm.* — in Decreto est : *qui quum suæ possessioni muros circumduxerit*; apud Ans. vero : *qui quum suæ poss. murum circumdux*. [70] *ex ipsius ruinis* orig. — *ex ipsorum lapsu* : Bohm. [71] *interiit* : Edd. coll. o. [72] *canes* : eæd. — Ivo. [73] *At* : Ans. — Ed. Arg. — *Aut* : orig. — Ivo. — Edd. rell. o. pr. Lugdd. II, III. — cf. Act. c. 23. [74] *perferret* : Edd. coll. o. [75] *præparatus* : eæd. — Ivo Pan. [76] *si in illos* : eæd. — eod. [77] *propter* : Ed. Bas. [78] *hoc* : Edd. coll. o. pr. Bas. Lugdd. II, III. [79] *quicquam* : Ed. Bas. [80] *aliquando* : Edd. Par. Lugd. I. [81] *aut* : Edd. coll. o. pr. Arg. [82] *ex eis* : Edd. coll. o. [83] *nec arbores plantandæ* : eæd. — verba : *nec arb. — præcipitet*; omissa sunt in Iv. Pan. [84] add. : *ex eis* : Edd. coll. o. pr. Bas. Lugdd. II, III. [85] *quispiam* : Bohm. [86] *et quid* : Edd. coll. o.

*Unde* Augustinus *lib. I de civitate Dei, c.* 17 *et* 18. ⁸⁷.

**C. IX.** *Qui Deo auctore bella gesserunt, præcepta non occidendi nequaquam transgressi sunt.*

Si non licet privata potestate alicui hominem occidere 'vel' nocentem ⁸⁸, cujus occidendi licentiam lex nulla concedit, profecto etiam qui se ipsum occidit homicida est, et tanto fit nocentior, quum se occiderit, quanto innocentior in ea causa fuit ⁸⁹, qua se occidendum putavit. Nam si Judæ factum merito detestamur, eamque veritas judicat, quum laqueo se suspendit, sceleratæ illius traditionis auxisse potius, quam expiasse commissum, quoniam, de Dei misericordia desperando ⁹⁰ exitialiter pœnitens, nullum sibi salubris pœnitentiæ locum reliquit : quanto magis a sua nece ⁹¹ se abstinere debet qui tali supplicio quid in se puniat non habet ? Judas enim, quum se occidit, sceleratum hominem occidit, et tamen non solum Christi, verum etiam ⁹² suæ mortis reus finivit hanc vitam, quia, licet propter 'suum' scelus, alio tamen scelere suo ⁹³ occisus est. § 1. Cur autem homo, qui mali nihil fecit, sibi male faciat, et se ipsum interficiendo hominem interficiat innocentem, ne alium patiatur nocentem, atque in se perpetret peccatum proprium, ne in eo perpetretur alienum ? *Item c.* 20 : § 2. 'Neque ⁹⁴ enim frustra' in sanctis canonicisque libris nusquam nobis divinitus præceptum permissumve reperiri potest, ut vel ipsius adipiscendæ immortalitatis, vel ullius ⁹⁵ curandi ⁹⁶ cavendique mali ⁹⁷ causa nobismetipsis necem ⁹⁸ inferamus. Nam et prohibitos nos esse intelligendum est, ubi lex ait ⁹⁹ : *Non occides*, præsertim, quia non addidit, proximum tuum, sicut falsum testimonium quum vetaret : *Falsum* ¹⁰⁰, inquit, *testimonium non dices adversus* ¹⁰¹ *proximum tuum.* Nec ¹⁰² ideo tamen ¹⁰³, si adversus se ipsum quisquam ¹⁰⁴ falsum testimonium dixerit, ab hoc se crimine putaverit alienum, quoniam regulam diligendi proximum a semetipso 'dilector' ¹⁰⁵ accepit,

quandoquidem ¹⁰⁶ scriptum est ¹⁰⁷ : *Diliges proximum tuum sicut te ipsum.* Porro si falsi testimonii ¹⁰⁸ non minus reus est qui de se ipso falsum fatetur ¹⁰⁹, quam si adversus proximum hoc faceret, quum in eo præcepto, quo falsum testimonium prohibetur, adversus proximum prohibeatur, possitque non recte intelligentibus videri non esse prohibitum, ut adversus se ipsum quisque falsus testis exsistat ¹¹⁰ : quanto magis intelligendum est, non licere homini se ipsum occidere, quum in eo, quod scriptum est : *Non occides*, nihilo ¹¹¹ deinde addito, 'nullus', nec ipse utique, cui præcipitur, intelligitur ¹¹² exceptus ? *Item infra eod. capite :* § 3. *Non occides*, non ¹¹³ alterum : 'ergo' nec te. Neque enim qui se occidit aliud quam hominem occidit. § 4. Quasdam vero ¹¹⁴ exceptiones eadem ipsa divina fecit ¹¹⁵ auctoritas, ut ¹¹⁶ liceat hominem occidi ; sed his exceptis, quos Deus occidi jubet, sive data lege, 'sive' ¹¹⁷ ad personam pro tempore expressa jussione. Non ¹¹⁸ 'autem' ʰ ipse occidit, qui ministerium debet ¹¹⁹ jubenti, sicut adminiculum gladius est utenti. Et ideo nequaquam contra hoc præceptum fecerunt, quo dictum est : *Non occides*, qui Deo auctore bella gesserunt, aut personam gerentes publicæ potestatis secundum ejus ¹²⁰ leges, hoc est justissimæ rationis imperium, sceleratos morte punierunt. Et Abraham ¹²¹ non solum non est culpatus crudelitatis crimine, verum etiam laudatus est nomine pietatis, quod voluit filium nequaquam scelerate, sed obedienter occidere. Et merito quæritur, utrum pro jussu Dei sit habendum, quod Jephte ¹²² filiam, quæ patri occurrit, occidit, quum se ¹²³ immolaturum 'Deo' id vovisset ¹²⁴, quod ei redeunti de prælio victori † primitus occurrisset. Nec Samson ¹²⁵ aliter excusatur, quod se ipsum cum hostibus ruina domus oppressit, nisi quia Spiritus ¹²⁶ latenter hoc jusserat, qui per illum miracula faciebat. His igitur exceptis, quos vel lex justa ¹²⁷ generaliter, vel ipse fons justitiæ Deus specialiter occidi jubet, quisquis hominem vel se

### NOTATIONES CORRECTORUM.

**C. IX.** ʰ *Non autem* : Sic est emendatum ex originali, præsertim Antverpiano. Nam antea totus hic locus multo aliter se habebat. Sunt autem et alia multa restituta.

---

Quæst. V. C. IX. P. III. ⁸⁷ Ivo Decr. p. 10, c. 4. — in Panorm. leguntur init. capitis usque ad § 2, et §§ 3—5. ⁸⁸ *innocentem* : Edd. coll. o. — ' Ivo Pan. ⁸⁹ *fuerit* : Edd. Arg. Bas. ⁹⁰ *desperandum* : Ed. Bas. ⁹¹ *sui cæde* : Edd. Lugdd. II, III. — *sua cæde* : Edd. rell. — Ivo Decr. ⁹² desid. in Edd. coll. o. pr. Bas. Lugdd. II, III. ⁹³ abest ab Edd. Bas. Lugdd. II, III. ⁹⁴ *Neque — frustra* : non sunt in Decr. Iv. ⁹⁵ *ipsius* : Edd. coll. o. ⁹⁶ *carendi* : orig. — Ivo Decr. ⁹⁷ *criminis* : Ed. Bas. ⁹⁸ *necesse* : ib. ⁹⁹ Exod. c. 20, v. 3. ¹⁰⁰ ib. v. 16. ¹⁰¹ *apud* : Ed. Arg. ¹⁰² *Non* : Edd. Arg. Bas. ¹⁰³ abest ab Ed. Bas. ¹⁰⁴ 'desid. ib. ¹⁰⁵ non est ap. Iv. ¹⁰⁶ *quoniam quidem* : Edd. coll. o. ¹⁰⁷ Matth. c. 22, v. 39. ¹⁰⁸ *testimonio* : Ed. Bas. ¹⁰⁹ *fatetur* : ib. ¹¹⁰ *assistat* : orig. — Ivo. — Ed. Bas. ¹¹¹ *nihil* : Ivo. — Edd. coll. o. ¹¹² *intelligatur* : id. — exd. ¹¹³ *nec te, nec alterum* : id. — exd. ¹¹⁴ *tamen* : Edd. Arg. Nor. — *vero inde* : Edd. Bas. Lugdd. II, III. ¹¹⁵ *faciat* : Edd. Ven. H. Lugd. I. Par. — *facit* : Edd. Nor. Ven. I. ¹¹⁶ *ut — occ.* : omissa sunt in Pan. et Decr. Iv., et Edd. coll. o. pr. Lugdd. II, III. ; sunt tamen ap. August. ¹¹⁷ abest ab Iv. Pan. ¹¹⁸ *sive autem ipse, qui occidit* : Ivo Pan. — eodem modo, missa tamen voce : *autem* : Edd. coll. o. ¹¹⁹ *præbet,* : Edd. Lugdd. II, III. ¹²⁰ *jus legis* : Edd. coll. o. ¹²¹ Genes. c. 22. ¹²² Judic. c. 11. ¹²³ desid. in Edd. coll. o. pr. Bas. Lugdd. II, III. ¹²⁴ *advovisset* : Ivo Decr. † *victuro* : Ed. Bas. ¹²⁵ Judic. c. 16. ¹²⁶ add. : *sanctus* : Edd. Bas. Lugdd. ¹²⁷ *ista* : Ed. Bas.

ipsum vel quemlibet occiderit, homicidii crimine innectitur. *Item c.* 26 : § 5. Hoc dicimus, hoc asserimus, hoc modis omnibus approbamus, neminem spontaneam mortem sibi inferre debere, veluti fugiendo molestias temporales, ne incidat in perpetuas; neminem propter aliena peccata, ne hoc ipso incipiat habere gravissimum [128] proprium, quem [129] non polluebat alienum; neminem propter sua peccata præterita, *propter* quæ magis hac [130] vita opus est, ut possint [131] pœnitendo sanari; neminem velut desiderio vitæ melioris, quæ post mortem speratur, quia reos [132] suæ mortis melior [133] post mortem vita non suscipit.

### C. X. *Nemini licet sibi manus injicere.*

Idem *contra literas Petiliani, lib. II, c.* 49 [134].

Tu dixisti, laqueo traditor periit [135], laqueum talibus dereliquit. Hoc [136] ad nos omnino non pertinet. Neque enim veneramur nomine martyrum eos, qui sibi collum ligaverunt.

### C. XI. *De eodem.*

*Item* Hieronymus *in Jonam Prophetam, ad cap. I, non longe a fine* [137].

Non est nostrum mortem arripere, sed illatam ab aliis libenter excipere [138]. Unde et in persecutionibus [139] non licet [140] propria perire manu (absque eo, ubi castitas periclitatur), sed percutienti colla submittere.

### C. XII. *Nulla fiat oratio pro his qui se ipsos interficiunt.*

*Item* ex Concilio Bracarensi I, c, 34 [141].

Placuit, ut [142] qui sibi ipsis voluntarie [143] aut per ferrum, aut per venenum, aut per præcipitium, aut per suspendium, vel quolibet modo *violentam* inferunt mortem, nulla prorsus [144] pro [145] illis [146] in oblatione commemoratio fiat, neque cum psalmis ad sepulturam eorum cadavera deducantur. Multi enim sibi hoc per ignorantiam usurpant [147]. Similiter et de his placuit fieri, qui pro suis sceleribus puniuntur [148].

Gratian. *Impœnitentes subaudiatur.* Item Augustinus *in eodem lib. I de civitate Dei, c.* 26. [149].

### C. XIII. *Non est reus homicidii miles, qui potestati obediens hominem occidit.*

IV. Pars. Miles, quum obediens potestati, sub qua legitime constitutus est, hominem occidit, nulla civitatis suæ lege reus est homicidii; imo, nisi fecerit, reus est imperii deserti atque contemti. Quod si sua sponte atque auctoritate fecisset, in crimen effusi humani sanguinis incidisset. Itaque unde punitur, si fecerit injussus, inde punietur, nisi [150] fecerit jussus.

### C. XIV. *Homicida est qui sponte occidit quos judex jubet occidi.*

*Item* in *quæstionibus Exodi, quæst. XXXIX ad c.* 11 [151].

Quum minister judicis occidit eum, quem judex jussit occidi, profecto, si id sponte facit, homicida est, etiamsi eum occidat, quem scit a judice debuisse occidi.

### C. XV. *Sicut jure laudatur obedientia, ita reprehenditur qui sibi non concessa usurpat.*

Idem *lib. XXII, contra Faustum, c.* 75.

Lex æterna ita medio quodam loco posuit aliqua *hominibus*, ut in eis usurpandis merito reprehendatur audacia, in exsequendis *autem* jure obedientia laudetur. Abraham i, si spontaneus in occidendo filio motus fuisset, exsecrabilis haberetur: at jubenti Deo obsecundans famulatus est.

### C. XVI. *Bono animo officia vindictæ possunt impleri.*

Idem *in quæstionibus super evangelia, lib. I, qu.* 40 [152].

Officia vindictæ possunt impleri [153] bono animo, quomodo lex, quomodo judex.

### C. XVII. *Non est iniquus, sed humanus, qui crimen persequitur, ut hominem liberet.*

Idem *ad Macedonium, epist.* LIV [154].

Non est iniquitatis, sed potius humanitatis societate devinctus [155], qui propterea est criminis persecutor, ut sit hominis liberator

### C. XVIII. *Quare sint instituta regia potestas et legalia tormenta.*

Idem *in eadem epistola* [156].

Non frustra sunt instituta potestas regis, et cognitoris jus [157], ungulæ carnificis, arma militis, disci-

### NOTATIONES CORRECTORUM.

C. XV. i *Abraham :* Confectum est hoc caput ex verbis B. Augustini, sed collectoris arbitratu immutatis. Atque hæc quidem pars sic apud illum habet: *Quapropter si in occidendo filio spontaneus motus exsecrabilis, Deo autem jubente obsecundans famulatus non solum inculpabilis, verum etiam laudabilis invenitur, quia Moysen, Fauste, reprehendis, quod exspoliavit Ægyptios, etc.*

QUÆST. V. C. IX. [128] add.: *peccatum:* Edd. coll. o. pr. Arg. Nor. Ven. 1. [129] *proverbis: quem non poll. al.*, in Edd. Bas. Lugdd. II, III, legitur: *ne in eo perpetretur alienum.* — Ab Iv. et in Edd. rell. plane sunt omissa. [130] *in hac:* Edd. coll. o. [131] *possit:* Ed. Bas. [132] *reus:* Ed. Arg. — *reum:* Edd. rell. [133] *meliorem — vitam:* Ed. Arg. = C. X. [134] Ivo Decr. p. 2, c. 99, p. 10, c. 7. [135] *perit:* Ed. Bas. [136] *hic:* ib. = C. XI. [137] Ivo Pan. l. 8, c. 5. [138] *accipere:* Edd. coll. o. [139] *perfectionibus:* Ed. Ven. I. [140] add.: *mihi:* Edd. coll. o. pr. Bas. = C. XII. [141] hab. A. 561. — Reg. l. 2, c. 92. Burch. l. 19, c. 130. Ivo Decr. p. 10, c. 188, p. 15, c. 140. [142] add.: *iis:* Edd. Lugdd. II, III. — *hi :* Edd. rell. — Coll. Hisp. — Burch. Ivo. [143] abest a Coll. Hisp. et Reg. [144] abest ab ead., Reg. Burch. et Iv. [145] desid. in Coll. Hisp. [146] *eis :* Ed. Bas. [147] *usurparunt:* Coll. Hisp. — Reg. Burch. Iv. [148] *moriuntur:* Edd. coll. o. = C. XIII. [149] Ivo Pan. l. 8, c. 35. Decr. p. 10, c. 98. — P. IV. [150] *si non :* Edd. coll. o. = C. XIV. [151] Ivo Pan. l. 8, c. 39. Decr. p. 10, c. 103. = C. XVI. [152] Ivo Pan. l. 8, c. 40. Decr. p. 10, c. 106. [153] *implere boni:* orig. — Ivo. — Edd. coll. o. pr. Bas. Ven. I, in quibus est: *impleri boni.* = C. XVII. [154] Ep. 153. Ed. Maur. scr. A. 414. — Ivo Decr. p. 10, c. 107. [155] *devictus :* Edd. coll. o. — Ivo. = C. XVIII. [156] Ivo ib. c. 108. [157] add.; *gladii:* orig.

plina dominantis, severitas etiam boni patris; habent omnia ista modos suos, causas, rationes, utilitates. Hæc quum timentur, et mali coercentur, et quietius [158] inter malos vivunt boni.

C. XIX. *Nonnunquam potius peccat qui causam mortis præbet, quam ille, qui occidit.*

Idem *ibidem* [159].

Quum homo ab homine occiditur, multum distat, utrum fiat nocendi cupiditate, vel injuste aliquid auferendi (sicut fit ab inimico, sicut a latrone), an [160] ulciscendi vel obediendi ordine (sicut a judice, sicut a carnifice), an [161] evadendi vel subveniendi necessitate, sicut [162] interimitur latro a viatore, hostis a milite. §. 1. Et aliquando qui causa mortis fuit potius in culpa est, quam ille, qui occidit; velut si quispiam decipiat fidejussorem suum, atque ille pro ista legitimum supplicium luat. Nec tamen omnis, qui causa alienæ mortis est, reus est. Quid [163] si 'enim' quisquam [164] stuprum petat, seseque, si non impetraverit, interimat? Quid si filius timens patris pia verbera præcipitio pereat? Quid si alius homine liberato, vel ne alius liberetur, sibi ipse mortem inferat? Num propter istas alienarum mortium causas aut sceleri consentiendum est, aut vindicta peccati, quæ non fit nocendi, sed corrigendi studio, etiam [165] paterna [166] tollenda [167], aut opera misericordiæ cohibenda sunt? Hæc quum accidunt, debemus eis humanum dolorem, non propter illa, ne accidant [168], recte factorum reprimere [169] voluntatem [170].

C. XX. *Quod sacerdotes efficere docendo non valent; disciplinæ terrore potestas extorqueat.*

*Item* Isidorus *lib. III Sent. de summo bono, c.* 55 [171].

Principes sæculi nonnunquam intra ecclesiam potestatis adeptæ culmina tenent, ut per eamdem potestatem disciplinam ecclesiasticam muniant. Cæterum intra ecclesiam potestates necessariæ non essent, nisi ut quod non prævalet [172] sacerdos efficere per doctrinæ sermonem potestas hoc impleat [173] per disciplinæ terrorem. Sæpe per regnum terrenum cœleste regnum proficit, ut qui intra ecclesiam positi contra fidem et disciplinam 'ecclesiæ' agunt rigore principum conterantur, ipsamque disciplinam, quam ecclesiæ humilitas [174] exercere non prævalet, cervicibus superborum potestas principalis imponat, et, ut venerationem k mereatur, virtutem postestatis [175] impertiat [176]. Cognoscant principes sæculi Deo debere se rationem reddere [177] propter ecclesiam, quam a [178] Christo tuendam suscipiunt. Nam sive augeatur pax et disciplina ecclesiæ per fideles principes, sive solvatur, ille ab eis rationem exiget [179], qui eorum potestati suam ecclesiam credidit [180].

C. XXI. *Et regia potestas, et sacerdotalis defendat auctoritas quæ ad divinam confessionem pertinent.*

*Item* Leo Papa *epist. XXIX ad Pulcheriam Augustam* [181].

Res autem [182] humanæ [183] aliter tutæ esse non possunt, nisi quæ ad divinam confessionem pertinent, et regia et sacerdotalis defendat auctoritas.

C. XXII. *Sacerdotalis admonitio quos corrigere non valet sæcularis potentia corrigat.*

*Item* ex Concilio Turonensi III, c. 41 [184].

Incestuosi, parricidæ, homicidæ multi [185] apud nos reperiuntur; sed aliqui ex illis sacerdotum nolunt admonitionibus aurem accommodare, volentes in pristinis perdurare criminibus, quos oportet per sæcularis potentiæ [186] disciplinam a tam prava consuetudine coerceri, qui per salutifera sacerdotum monita noluerunt revocari [187].

C. XXIII. *Malos comprimere, et bonos sublevare regum officium est.*

*Item* Hieronymus *super Hierem.*, ad c. 22.

Regum [188] officium [189] est proprium, facere judicium et justitiam, et liberare de manu calumniatorum [190] vi oppresso, et peregrino, pupilloque, et viduæ, qui [191] facilius opprimuntur a potentibus [192],

---

NOTATIONES CORRECTORUM.

C. XX. k *Venerationem:* In variis editionibus hujus libri legitur: *et ut venerationem mereatur, virtute potestatis impartiat.* In conc. Parisiensi sub Ludovico et Lothario lib. 2. cap. 2, ubi hoc refertur, legitur: *et, ut venerationem mereatur, virtutem potestas impertiat.* Apud Ivonem vero (nam Burchardi codex manifestum habet mendum), hoc modo: *et sic venerationem meretur, ut virtutem potestatis impartiat.*

---

Quæst. V. C. XVIII. [158] quieti: Ivo. — Edd. o. — C. XIX. [159] Ivo ib. [160] aut: Ed. Bas. [161] vel: Edd. o. [162] add.: quando: [Edd. Bas. Lugdd. II, III. [163] velut si: Ivo. — Edd. o. [164] quisquis: Ed. Bas. — quispiam: Edd. rell. pr. Arg. [165] Aut etiam: Edd. coll. o. pr. Bas. [166] add.: verbera: Edd. coll. o. [167] toleranda: cæd. pr. Arg. Bas. [168] occidant: Ed. Bas. [169] reprimimus: Ivo. — reprimamus: Edd. coll. o. [170] veritatem vel voluntatem: Ed Arg. = C. XX. [171] Burch. l. 15, c. 43. Ivo Decr. p. 16, c. 44. Polyc. l. 6, t. 1. [172] prævalent sacerdotes: Edd coll. o. [173] impetret: Edd. Ven. I, II. Par. — imperat: Edd. rell. — orig. — Burch. Ivo. [174] utilitas: Burch. — Edd. coll. o. [175] prius: Ed. Bas. [176] impertiatur: Edd. Lugdd. II, III. — impartiatur: Edd. rell. [177] reddituros esse: Edd. coll. o. [178] abest ab eisd. pr. Lugdd. II, III. [179] exigit: Burch. — Edd. coll. o. [180] tradidit: eæd. exc. Bas. — add.: committendam: Edd. Bas. Lugdd. II, III. = C. XXI. [181] Ep. 69, (scr. A. 460.) Ed. Baller. — Coll. tr. p. p. 4, t. 43, c. 3. Ans. l. 1, c. 74. Polyc. l. 1, t. 27. [182] non est ap. Leon. et Ans., neque in Edd. Arg. Nor. Ven. I. [183] omnes: Edd. coll. o. — Ans. = C. XXII. [184] hab. A. 813. — Burch. l. 7, c. 29. Ivo Decr. p. 9, c. 65. — cf. Cap. Reg. Fr. l. 2, c. 43. [185] add.: proh dolor: orig. — Cap. — Coll. citt. [186] potentium disciplinæ: Ed. Bas. [187] converti: Ed. Arg. — reverti: Edd. rell. = C. XXIII. [188] Add.: autem: orig. — enim: Ed. Bas. [189] non est ap. Hieron. [190] calumniantium: Edd. coll. o. [191] quæ: Ed. Bas. [192] potestatibus: ib.

præbere auxilium. Et ut curam eis præceptorum Dei majorem injiceret [193], intulit : *Nolite contristare* [194], ut non solum non eripiatis, sed ne patiamini quidem per [195] vestram conniventiam ab aliis contristari, *et sanguinem innocentem non effundatis in loco isto.* Homicidas enim, sacrilegos etc. [196]. *Et post pauca :* Si, inquit, hæc [197] feceritis, o reges Juda, tenebitis pristinam potestatem.

V. Pars. Gratian. *Ipsis autem principibus et potestatibus fidem et reverentiam servari oportet, quam qui non exhibuerit apud Deum præmia invenire non poterit*

Unde idem Hieronymus *in epist. ad Titum c. 2. ad vers.* Servi dominis. :

C. XXIV. *Æterna mercede fraudatur qui fidem et reverentiam potestatibus servare contemnit.*

Si apud carnales dominos in minimo [198] fideles fuerint, incipient eis apud Deum majora [199] committi. Ornat autem doctrinam Domini, qui ea, quæ conditioni suæ apta sunt, facit, et [200] e diverso confundit [201] eam qui non est subjectus in omnibus, cui conditio sua displicet, qui contradictor atque fraudator in nullo fidem bonam ostendit. Quomodo enim potest fidelis esse in substantia Dei qui carnali domino fidem exhibere non potuit?

C. XXV. *Militaris disciplina regi omnia servat.*

Item Ambrosius *in lib. I. de Patriarchis, id est de Abraham, cap. 3.*

Dicat [202] aliquis, quum ipse vicerit, quomodo dicit [203] Abraham ad regem Sodomorum : *Nihil sumam abs te,* quum præda utique in potestate victoris fuerit? Docet [204] militarem disciplinam, ut regi serventur omnia. Sane his, qui secum fuissent in adjumentum fortasse sociati, partem emolumenti tribuendam as-erit tanquam mercedem laboris. Ideoque, quoniam sibi mercedem ab homine non quæsivit, a Deo accepit, sicut legimus scriptum, quia post hæc factum est verbum Domini ad Abraham in visu [205] dicens : *Noli timere, Abraham ; ego protegam te, merces tua multa* [206] *erit valde.*

VI. Pars. Gratian. *Præterea, sicut principibus et potestatibus fidem et reverentiam exhibere cogimur, ita sæcularium dignitatum administratoribus defendendarum ecclesiarum necessitas incumbit. Quod si facere contemserint, a communione sunt repellendi.*

Unde Joannes VIII [207] :

C. XXVI. *Querimonias ecclesiarum qui in dignitatibus agunt attentius debent audire.*

Administratores plane sæcularium dignitatum, qui ad ecclesiarum tuitionem, pupillorum ac viduarum protectionem, rapaciumque refrenationem constituti esse proculdubio debent, quoties ab episcopis et ecclesiasticis viris conventi fuerint, eorum querimonias attentius audiant, et secundum quod necessitas expetierit absque negligentia examinent et diligenti studio corrigant. Quod si Dei timorem præ oculis non habentes, negligere post secundam et tertiam admonitionem inventi fuerint, omni se noverint communione usque ad condignam satisfactionem privatos.

C. XXVII. *Non solum homines, sed et contrariæ fortitudines, sunt ultrices iræ Dei.*

*Item* Hieronymus *super Joelem, ad c.* 2 [208].

VII. Pars. Non solum homines ministri sunt et ultores iræ Dei 'in' [209] his, qui malum operantur (unde [210] non sine causa gladium portant), sed etiam contrariæ fortitudines, quæ appellantur furor et ira Dei.

C. XXVIII. *Qui crudeles jugulat non est talis, qualis patientibus videtur.*

Idem *super Esaiam, ad c.* 13 [211].

Non est crudelis qui crudeles jugulat : sed [crudelis [212] ideo vocatur], quod crudelis patientibus esse videtur [213]. Nam 'et' [214] latro suspensus patibulo crudelem judicem putat.

C. XXIX. *Minister est Dei qui malos percutit in eo, quod mali sunt.*

Idem *super Ezechielem lib. III., ad c.* 9 [215].

Qui malos percutit in eo, quod mali sunt, et habet vasa [216] interfectionis, ut occidat pessimos, minister est Domini [217].

C. XXX. *Non scelus admittit judex, qui homines vincit.*

Idem *super epist. ad Galatas lib. II., ad c.* 3 [218].

Judex non est auctor sceleris, 'nequam' homines [219] vinciendo [220].

C. XXXI. *Non effundit sanguinem qui homicidas et sacrilegos punit.*

Idem *super Hierem. lib. IV., ad c.* 22

Homicidas, et sacrilegos, et venenarios [221] pu-

---

QUÆST. V. C. XXIII. [193] add. : Propheta : Edd. Bas. Lugdd. II, III. — cf. Hierem. c. 7, v. 6. [194] *contristari* : Edd. coll. o. [195] *ut vestra conniventia eveniat eos ab aliis contristari* : exd. [196] cf. infra c. 31. [197] *huc* : Edd. coll. o. = C. XXIV. [198] *minimis* : exd. [199] add. : *præmia* : exd. [200] *ut* : Edd. Arg. Bas. Nor. [201] *confundat* : Edd Arg. Bas. = C. XXV. [202] *Ducet* : orig. [203] *dixit* : Edd. coll. o. pr. Arg. — cf. Gen. c. 14, v. 25. [204] *decet* : orig. — Edd. coll. o. pr. Bas. Lugdd. II, III. [205] *visione* : Ed. Arg. — cf. Gen. c. 15, v. 1. [206] *magna* : Edd. coll. o. = C. XXVI. [207] Imo c. 13, conc. Ravenn. hab. A. 877. — Ans. l. 5, c. 107 (110). = C. XXVII. [208] Ivo Pan. l. 8, c. 48. Decr. p. 10, c. 111. [209] abest ab lv. [210] *et* : orig. —Ivo Decr.=C. XXVIII. [211] Ivo Pan. l. 8, c. 49. Decr. p. 10, c. 112. [212] *crud. — voc.* : non sunt in orig., ap. Iv. et in Ed. Arg. [213] *videatur* : orig. — Ivo Decr. [214] abest ab Iv. = C. XXIX. [215] Burch. l. 6, c. 43. Ivo Pan. l. 8, c. 51. Decr. p. 10, c. 114. — cf. infra qu. 8, c. 33. [216] *causam* : Burch. — Ed. Bas. [217] *Dei* : Burch. — Edd. coll. o. = C. XXX. [218] Ivo Pan. l. 8, c. 52. Decr. p. 10, c. 115. [219] *hominem* : Ed. Arg. [220] *interimendo* : Ed. Bas. = C. XXXI. [221] Burch. l. 6, c. 43. Ivo Pan. l. 8, c. 53. Decr. ib. [222] *fenerarios* : Edd. Arg. Bas.

## C. XXXII. *Principes sæculi pessimis parcere non debent.*

**Item** Cyprianus *libro de exhortatione martyrii, c. 5.*

« Si [123] audieris in una ex civitatibus, quas Dominus Deus tuus dabit tibi inhabitare [124] 'te' illic, dicentes : Eamus, et serviamus Diis aliis [125], quos [126] non novisti [127], interficiens necabis [128] omnes, qui sunt in civitate, cæde gladii, et incendes civitatem igni, et erit sine habitaculo in æternum : non reædificabitur etiam nunc, ut avertatur Dominus [129] ab indignatione iræ suæ. Et dabit misericordiam tibi, et miserebitur tui, et multiplicabit te, si exaudieris vocem Domini Dei tui, et observaveris præcepta ejus. » Cujus præcepti et vigoris memor Matathias † interfecit eum, qui ad aram sacrificaturus accesserat. Quod si ante adventum Christi circa Deum colendum et idola spernenda hæc præcepta servata sunt, quanto magis post adventum Christi [130] servanda sunt, quando ille veniens non verbis tantum nos hortatus [131] est [132], sed et factis?

## C. XXXIII. *Tribulationum flagellis aliauanao perfidia castigatur.*

**Item** Augustinus *contra litteras Petiliani, lib. II. c. 83* [133].

Ad fidem nullus est cogendus invitus [134], sed per severitatem, imo et per misericordiam Dei tribulationum flagellis solet perfidia castigari. Nunquid, quia mores optimi libertate voluntatis eliguntur, ideo mores pessimi non legis integritate puniuntur ? Sed tamen male vivendi ultrix disciplina præpostera [135] est, nisi cura¹ præcedens bene vivendi doctrinam prætendat. Si [136] quæ igitur adversus vos leges constitutæ sunt, non eis benefacere cogimini, sed malefacere prohibemini. Nam benefacere nemo potest, nisi elegerit, nisi amaverit, quod est in libera voluntate. Et *infra c.* 84. : § 1. Quum aliquid [137] adversus vos reges [138] constituunt, admoneri vos credite, ut cogitetis, quare ista patiamini. Si propter justitiam, revera illi persecutores vestri sunt, vos autem beati [139], qui persecutionem passi [140] propter justitiam possidebitis [141] regnum cœlorum. Si autem propter iniquitatem schismatis vestri, quid [142] illi 'nisi' correctores vestri sunt ; vos autem [143], sicut ceteri diversorum scelerum rei, qui pœnas legibus pendunt [144], profecto infelices et in hoc, et in sæculo futuro [145].

## C. XXXIV. *Injuria sacramentorum Christi a regibus est vindicanda.*

**Idem** *in eodem lib., c. 92* [146].

Si propterea persecutor non fuit [147] Nabuchodonosor [148], quia scelus in sanctum Danielem commissum justissime vindicavit : quomodo vindicandum est a regibus, quod Christi sacramenta exsufflantur, si Prophetæ membra, quia in periculum missa sunt, sic vindicari meruerunt!

## C. XXXV. *Diligentissimi rectores sunt, qui malos, ut a malo fugiant, persequuntur.*

**Idem** *in libro de unitate ecclesiæ, c. 17* [149].

Si vos contra ecclesiam Christi altare [150] erexisse, et a christiana unitate, quæ toto orbe diffunditur, sacrilego schismate separatos esse, et corpori [151] Christi (quod est Ecclesia toto orbe diffusa), 'et' rebaptizando, et blasphemando, et quantum potestis oppugnando [152] adversari [153] sancta et canonica Scriptura [154] convincit, vos impii atque sacrilegi [155]: illi autem, qui vos pro tanto scelere tam leniter damnorum admonitionibus, vel locorum, vel honorum [156], vel pecuniæ privatione deterrendos coercendosque decernunt, ut cogitantes, quare ista patiamini, sacrilegium vestrum cognitum fugiatis, et ab æterna damnatione liberemini, 'et' rectores diligentissimi, et consultores piissimi deputantur.

## C. XXXVI. *Non amatur servus vel filius, quum non corripitur.*

**Idem** *super epistolam Joannis, tractatu VII* [157].

Non putes, tunc te amare servum tuum, quando eum non cædis, aut tunc 'te' [158] amare filium tuum, quando ei non das disciplinam, aut tunc 'te' [159] amare vicinum tuum, quando eum non corripis [160]. Non est ista charitas, sed languor. Ferveat charitas ad corrigendum, ad emendandum. Si sunt [161] boni mores, delectent [162] : si [163] sunt [164] mali, emendentur.

### NOTATIONES CORRECTORUM.

C. XXXIII. ¹ *Cura :* Apud B. Augustinum et Ivonem legitur : *nisi quum prædens bene vivendi doctrina contemnitur*, sed ob glossam in vers. *Cura non est mutatum*.

---

QUÆST. V. C. XXIII. [123] Deut. c. 13, v. 12 seqq. [124] abest ab Ed. Arg. [125] *alienis* : Edd. coll. o. [126] *add. : Deos* : exd. pr. Bas. [127] *noscis* : Ed. Arg. — *novistis* : Ed. Bas. [128] *interficies necabisque* : Edd. Arg. Bas. [129] *Deus* : Edd. coll. o. † cf. Macc. c. 2. [130] *add. : circa Deum colendum* : Edd. Bas. Lugdd. II, III. [131] *adhortatus* : Ed. Bas. [132] *sit* : Edd. coll. o. = C. XXXIII. [133] Ivo Decr. p. 10, c. 75. [134] abest ab Iv. — *ut dicitis* : Edd. coll. o. [135] *præposita* : Ed. Bas. [136] *Sic* : Edd. coll. o. [137] *aliqui* : Ed. Bas. [138] *leges* : Edd. coll. o. [139] *add. : estis* : Edd. Bas. Lugdd. II, III. [140] *add. : estis* : Edd. coll. o. pr. Arg. [141] *quia poss.* : exd. [142] *illi quidem* : Ivo. — Edd. coll. o. [143] *add. : estis* : Edd Bas. Lugdd. II, III. [144] *pendent* : Edd. coll. o. pr. Arg. Bas. [145] *add. : eritis* : Edd. coll. o. pr. Arg. Nor. Ven. I. = C. XXXIV. [146] Ivo ib. [147] *fuerit* : Ed. Bas. [148] *add. : rex* : Edd. coll. o. pr. Arg. — cf. Dan. c. 3. = C. XXXV. [149] Ivo ib. [150] *altaria* : Ivo. — Edd. coll. o. [151] *corpore* : Edd. Nor. Ven. I. [152] *expugnando* : Edd. coll. o. pr. Bas. Lugdd. II, III. [153] *adversarius* : Edd. coll. o. [154] *sepultura* : Edd. Nor. Ven. I, II. [155] *add. : estis* : Edd. coll. o. [156] *bonorum* : exd. pr. Arg. Nor. Ven. I. = C. XXXVI. [157] Ivo Pan. l. 8, c. 22. Decr. p. 10, c. 75. [158] non est ap. Iv. [159] abest ab eod. [160] *corrigis* : Edd. coll. o. — Ivo. [161] *sint* : Ed. Arg. [162] *delectentur* : Edd. Nor. Ven. I. [163] *add. : autem* : Edd. coll. o. pr. Arg. [164] *sint* : Edd. Bas. Lugdd. II, III. — abest a rell.

**C. XXXVII.** *Innocentis officium est nulli nocere, et peccantem punire.*

Idem in lib. XIX. de civitate Dei, c. 16.

Non est innocentiæ parcendo sinere, ut in malum gravius incidatur. Pertinet ergo ad innocentis officium non solum nemini malum inferre, verum etiam cohibere a peccato, vel punire peccatum, ut aut ipse, qui plectitur, corrigatur experimento, aut alii terreantur exemplo.

**C. XXXVIII.** *Non est misericors qui vitiis nutriendis parcit.*

Idem ad Lotharium.

Qui vitiis nutriendis parcit et favet, ne contristet peccantium voluntatem, tam non est misericors, quam qui non vult cultrum rapere puero, ne audiat plorantem, et non timet ne vulneratum doleat vel exstinctum.

**C. XXXIX.** *Enormia flagitia per sæculi judices corripiantur.*

Item Haymo super epistolam ad Romanos, c. 13.

Sunt quædam enormia flagitia, quæ potius per mundi judices, quam per antistites et rectores ecclesiarum vindicantur, sicut quum quis interficit Pontificem apostolicum, episcopum, presbyterum, sive diaconum. Hujusmodi reos reges et principes mundi damnant. Ergo non sine causa gladium portant, qui talia scelera dijudicant. Sunt enim maxime constituti propter 'latrones'†, homicidas, raptores, ut et illos damnent, et alios suo timore compescant.

**C. XL.** *Furta et crimina a rege sunt cohibenda.*

Item Cyprianus in nono genere abusionis p.

Rex debet furta cohibere, adulteria punire, impios de terra perdere, parricidas et pejerantes

vivere non sinere, filios suos non sinere impie agere.

**C. XLI.** *Non peccat qui ex officio nocentem interficit.*

Item Augustinus de libero arbitrio, lib. I, c. 4.

Si homicidium est hominem occidere, potest tamen occidere aliquando sine peccato. Nam et miles hostem, et judex vel minister ejus nocentem, et cui forte invito atque imprudenti telum manu fugit, non mihi videntur peccare, quum hominem occidunt. Evodius : Assentior q. Sed homicidæ isti appellari non solent. Idem in quæstionibus Levitici, quæst. 68, ad cap. 19 : § 1. Quum homo juste occiditur, lex eum occidit, non tu.

**C. XLII.** *Non qui ad bonum, sed qui ad malum cogit persequitur.*

Item Pelagius Papa.

Non vos hominum vaniloquia retardent dicentium, quia persecutionem Ecclesia faciat, dum vel ea, quæ committuntur, reprimit, vel animarum salutem requirit. Errant hujusmodi rumoris fabulatores. Non persequitur, nisi qui ad malum cogit. Qui vero malum vel factum jam punit, vel prohibet ne fiat, non persequitur iste, sed diligit. Nam si, ut illi putant, nemo nec reprimendus a malo, nec retrahendus a malo ad bonum est, humanas et divinas leges necesse est evacuari, quæ et malis pœnam, et bonis præmia justitia suadente constituunt. Malum autem schisma esse, et per exteras etiam potestates hujusmodi homines debere opprimi, et canonicæ Scripturæ auctoritas, et paternarum regularum nos veritas docet. Quisquis ergo ab apostolicis divisus est sedibus, in schismate eum esse non dubium est, et contra universalem Ecclesiam altare conatur erigere. § 1. Sed quid de

---

NOTATIONES CORRECTORUM.

**C. XXXVII.** *Non est :* Integer locus apud B. Augustinum sic habet : *Sicut enim non est beneficentiæ adjuvando efficere, ut bonum, quod majus est, amittatur, ita non est etc.*
*Plectitur :* Sic ex originali ; antea legebatur : *prius odio' habetur,* nec multo aliter Ivo.
**C. XXXIX.** ° In vulgatis citabatur ex Augustino, sed in vetustis tribuitur Haymoni, apud quem habetur.
**C. XL.** P Libellus hic de duodecim gradibus abusionum impressus est tomo nono operum B. Augustini, sed est etiam in uno codice Vaticano operum B. Cypriani, et in conc. Parisiensi, lib. 2, cap, 4, hoc idem nonum abusionis genus refertur ex Cypriano, quemadmodum et apud Ivonem et in Panormia.
**C. XLI.** q *Evodius : Assentior :* Hæc sunt addita ex originali et Ivone. Est enim liber ille scriptus in dialogo.

talibus insertus Chalcedonensi [287] synodo canon statuat [288]. gloria vestra consideret, ubi post alia sic dicit [289] : *Qui a communione se ipsum suspendit, et collectam facit, et altare constituit, et noluerit [290] vocanti episcopo consentire, et noluerit [291] eidem acquiescere, neque obedire primo [292] et secundo vocanti, hunc omnino damnari, nec unquam vel orationem* [ ] *mereri, nec recipere eum posse honorem. Si enim permanserit turbas faciens et seditiones ecclesiæ, per exteram [293] potestatem tanquam seditiosum comprimi.* § 2. Et B. Augustinus de talibus dicit [294]: *Multa etiam cum invitis benigna quadam asperitate plectendis agenda sunt, quorum potius utilitati consulendum est quam voluntati. Nam in corripiendo filio, quantumvis aspere, nunquam paternus amor amittitur; fit tamen quod nollet ut doleat qui etiam invitus videtur dolore sanandus.* Ecce videtis, quemadmodum tanti testimonio patris non persequatur coercendo talia, sed diligat emendando tales semper Ecclesia. Facite ergo etiam vos quod scientes intentionem christianitatis vestræ frequenter hortamur, et date operam, ut talia fieri ultra non liceat, sed etiam (quod vobis facillimum esse non dubito), hi, qui talia præsumpserint, ad piissimum principem sub digna custodia dirigantur. § 3. Recolere enim debet celsitudo vestra, quid per vos Deus fecerit tempore illo, quo †, Istriam et Venetias tyranno Totila possidente, Francis etiam cuncta vastantibus, non ante tamen Mediolanensem episcopum fieri permisistis, nisi ad clementissimum principem exinde retulissetis, et quid fieri debuisset ejus iterum scriptis recognovissetis; et, inter ubique ferventes hostes, Ravennam tamen et is, qui ordinabatur, et is, qui ordinaturus erat, providentia culminis vestri deducti sunt.

C. XLIII. *Schismaticos et hæreticos sæculi potestates coerceant.*

Idem *Narsæ, Patricio et Duci in Italia* [295].

De Liguribus, atque Veneticis, et Histriis episcopis quid dicam? quos idonea est excellentia vestra [296] et ratione et potestate reprimere, et dimittitis eos in contemtum apostolicarum sedium de sua rusticitate gloriari, quum, si quid [297] eos de judicio universalis synodi, quod Constantinopoli per primam nuper elapsam indictionem actum est, forte movebat, ad sedem apostolicam (quomodo semper factum est) electis aliquibus [298] de suis, qui dare et accipere rationem possent, dirigere debuerunt, et non clausis oculis corpus Christi Dei nostri, hoc est sanctam Ecclesiam, lacerare. Nolite ergo dubitare hujusmodi homines principali vel [299] judiciali auctoritate comprimere, quia regulæ Patrum [300] hoc [301] specialiter constituerunt, ut, si qua ecclesiastici officii persona cui subjectus est restiterit, vel seorsum collegerit, aut aliud altare erexerit, seu schisma fecerit, iste [302], excommunicetur atque damnetur. Quod si forte et hoc [303] contemserit, et permanserit divisiones et schisma [304]. faciendo, per potestates publicas opprimatur. Ecce [305], domine , quod animus vester forte timidus est, ne persequi videaris, de Patrum vobis [306] auctoritate hæc [307] breviter dirigenda curavi, quum mille alia exempla et constitutiones sint [308], quibus evidenter agnoscitur [309], ut facientes scissuras in sancta ecclesia non solum exsiliis, sed etiam proscriptione rerum et dura custodia per publicas potestates debeant coerceri.

C. XLIV. *Ab ecclesiæ unitate divisi a sæcularibus potestatibus coerceantur.*

Item Pelagius [310].

Quali nos de gloriæ vestræ studiis judicio gratulemur, non solum vestram, sed multorum ac pæne omnium credimus habere notitiam, et idcirco nunc de his, quæ vobis præsentibus ibi fieri stupemus, fiducialiter apud gloriam vestram duximus conquerendum. Thracius [311] siquidem atque Maximilianus, nomina tantum episcoporum habentes, et ecclesiasticam ibi unitatem perturbare dicuntur, et omnes ecclesiasticas res suis usibus applicare, in tantum, ut contra unum eorum, id est Maximilianum, usque ad nos per tam longum iter necessitate compellente quidam infatigabiliter venientes preces offerrent. Ob quam causam Petrum presbyterum sedis nostræ, sed et Projectum notarium ad eadem loca

## NOTATIONES CORRECTORUM.

C. XLII. [r] *Insertus Chalcedonensi*: Actione 4. conc. Chalcedonensis, in epistola Archimandritarum ad ipsum conc. pro rehabilitatione Dioscori, citatur can. 5, conc. Antiocheni, et eodem fere modo habetur in ea epistola, atque hic refertur. Cum neutra tamen antiqua versione ipsius conc. magnopere concordat.

[s] *Vel orationem* . In utroque concilio, id est Antiocheno priscæ versionis, et Chalcedonensi legitur : *curationem*. Græce enim est : καὶ μηκέτι θεραπείας τυγχάνειν

Quæst. V. C. XLII. [287] *in Chalc.*: Edd. coll. o. pr. Bas. [288] *statuit*: Ed. Bas. — *constituat*: Edd. rell. [289] recte monent Corr. hunc can. neque Hisp., neque Dion. interpr. esse; sed neque cum prisca concordat. [290] *noluit*: Edd. Arg. Bas. [291] *noluit*: eæd. Lugd. I. [292] *prius*: Ed. Arg. — *et prius*: Edd. rell. exc. Lugd. II, III. [293] *extraneam*: Ed. Bas. [294] *ait*: ib. — cf. D. 45, c. 11. [t] add. : *etiam*: id. [295] — C. XLIII. [296] Ans. l. 6, c. 196 (198). Polyc. l. 7, t. 5. [296] *excellentiæ vestræ*: Ans. [297] *sicut*: id. [298] *quibuslibet*: Ed. Bas. [299] *et*: Ed. Arg. [300] c.5, conc. Antioch. — cf. cap. antec. [301] *hic*: Ed. Bas. [302] abest ab Ed. Bas. [303] *hic*: ead. [304] *schismata*: ead. — Ans. [305] *Ecce de quo animo*: Edd. coll. o. [306] *nobis*: Edd. Arg. Bas. [307] *hic*: Ed. Bas. [308] *sunt*: Edd. Bas. Nor. Ven. I. [309] *ostenditur et agnoscitur*: Edd. Arg. Bas. Lugdd. II, III. = C. XLIV. [310] ad Narsetem ep. 1.—Ans. l. 12, c. 46. Polyc. l. 7, t. 5. [311] *Arsacius*: Ans. — *Tertius*: Ed. Arg.

duximus destinandos, ut ea, quæ canonicis statutis a prædictis pseudoepiscopis compererint commissa, vel digna debeant ibi ultione compescere, vel eosdem ad nos usque perducere. Et ideo salutantes paterno affectu gloriam vestram petimus, ut præfatis, qui a nostra sede directi sunt, in omnibus præbeatis auxilium, nec pateris alicujus esse peccati, si hujusmodi homines comprimuntur. Hoc enim [313] et divinæ et humanæ leges statuerunt, ut ab ecclesiæ unitate divisi, et ejus pacem iniquissime perturbantes, a sæcularibus etiam potestatibus comprimantur. Nec quidquam majus est, unde Deo sacrificium possitis offerre, quam si id ordinetis, ut hi, qui in suam et aliorum perniciem debacchantur, competenti debeant vigore compesci.

C. XLV. *Iniquitas pravorum, quamvis bonis proficiat, tamen punienda est.*

Item Pelagius Papa *Joanni patricio* [313].

Relegentes litteras excellentiæ vestræ, de injuria quidem, quam vobis iniquorum hominum præsumtio ingessit, valde doluimus. Sed quia scimus, occulto Dei judicio animam vestram, etsi per aliorum iniquitatem et superbiam, a contaminatione schismatis custoditam, egimus omnipotenti Deo gratias, qui etiam de malis hominum actibus bona operari consuevit. Nec enim sine illius providentia factum esse credendum est, ut insensati et perversi [314] homines ad hoc usque prosilirent, ut, suam divisionem catholicam esse credentes Ecclesiam, a sua vos pollutione prohiberent. Sic enim per misericordiam Dei etiam nescientibus illis hoc [315] factum est, ut a schismaticorum factione [316] eruti, catholicæ, quam diligitis, servari vos contigisset Ecclesiæ. Quamvis igitur vestra per illorum scelus utilitas facta sit, nolite tamen impunitam præsumtionem iniquorum hominum grassari permittere. Si enim hoc, quod in vestram gloriam præsumserunt, non fuerit iniquitas compressum, quod in minoribus [317] non valeant puniri, ambigi ultra non debet. Exercete igitur in talibus debitam auctoritatem, et, ne eis amplius talia committendi spiritus [318] crescat, vestris coercitionibus reprimantur. Ad hoc siquidem Dei nutu etiam contra vos talia præsumserunt, ut talia vobis corrigentibus ab eodem [319] scelere alios possitis [320], Deo propitiante, munire. Quales autem sint [321] qui Ecclesiam fugiunt, Eufrasii vos scelera (quæ amplius occulta Deus esse noluit) evidenter informant, qui in homicidio quidem nec hominis necessitudinem, nec fratris charitatem, nec sacerdotii reverentiam cogitavit. Incestuoso autem adulterio [322] etiam [323] ipsius [324] vindictæ abstulit modum, quia, si adulterium punias, non remanet in quo vindicetur incestus: Si incestuoso ingeras pœnam, inultum crimen adulterii remanebit. Ecce, de quo collegio sunt qui, quantum ad superbiam suam, injuriam vobis inferre moliti sunt, et, quantum ad providentiam Dei, impollutos vos Ecclesiæ servaverunt. Auferte tales ab ista provincia, utimini oblata vobis a Deo opprimendi perfidos occasione. Quod tunc plenius fieri poterit, si auctores scelerum ad clementissimum principem dirigantur, et maxime ecclesiæ Aquileiensis invasor, qui et in schismate, et in eo maledictus, nec honorem episcopi poterit retinere, nec meritum.

C. XLVI. *In certamine, quod contra infideles geritur, quisquis moritur, cœleste regnum meretur.*

Item Nicolaus *exercitui Francorum* v [325].

Omnium vestrum nosse volumus charitatem, quoniam quisquis (quod non optantes dicimus) in hoc belli certamine fideliter mortuus fuerit, regna illi cœlestia minime negabuntur.

C. XLVII. *Non sunt homicidæ qui adversus excommunicatos zelo matris Ecclesiæ armantur.*

Item Urbanus II, *Godefredo, Lucano episcopo* [326].

Excommunicatorum interfectoribus (prout [327] in ordine Ecclesiæ Romanæ didicistis [328] secundum intentionem vv modum congruæ satisfactionis injunge. Non [329] enim eos homicidas arbitramur, quos, adversus excommunicatos zelo catholicæ matris [330] ardentes, aliquos eorum trucidasse contigerit. Ne tamen ejusdem ecclesiæ matris disciplina deseratur [331], eo [332] tenore, quem diximus, pœniten-

---

NOTATIONES CORRECTORUM.

C. XLV. t *Quod in minoribus*: In aliquot vetustis, et apud Anselmum legitur: *quid in minoribus, valeant, ambigi,* etc*.

u *In eo*: Anselmus habet: *et a schismatico maledictus.*

C. XLVI. v Ivo part. 10, c. 87. vers. *Omnium vestrum,* hoc idem citat ex epistola Leonis IV, ad exercitum Francorum, ubi etiam affert id, quod infra ead. q. 8, c. *Omni timore,* ex eodem Leone refertur.

C. XLVII. vv *Intentionem*: Ivo et Panormia habent: *intentionem ipsorum;* sed ob glossam non est additum.

---

QUÆST. V. C. XLIV. [312] *etiam*: Ed. Bas. == C. XLV. [313] Eadem fere sunt in ep. 5. Pelagii ad Narsetem. — Ans. l. 12, c. 47. Polyc. ib. [314] *perversissimi*: Edd. coll. o. [315] non est in Ed. Bas. [316] *communione*: Edd. coll. o. * *in minoribus valeat puniri*: Ed. Bas. [317] add. : omnibus: Edd. Ven. I, II. Nor. Par. Lugd. I. [318] *spes* : Edd. coll. o. [319] *eorum*: Edd. Arg. Bas. [320] *possetis*: Edd. coll. o. [321] *sunt*: exd. [322] *in adult.*: Ed. Bas. [323] abest ab Edd. Arg. Nor. Ven. I. [324] *ipsi*: Edd. coll. o. pr. Lugdd. II, III. == C. XLVI. [325] Cap. incertum, quod ab Iv. Pan. l. 8, c. 50. Alexandro II, Decr. p. 40, c. 87. Leoni IV, adscribitur. == C. XLVII. [326] Cap. temporis incerti. — Ivo Decr. p. 10, c. 54. [327] *prout morem R. F. nosti*: Ivo. [328] *didicisti*; Edd. Arg. Nor. [329] Ivo Pan. l. 8, c. 11. [330] add. : *ecclesiæ*: Edd. coll. o. pr. Arg. [331] *deserviat*: Ivo. [332] non est ap. Iv. — *secundum tenorem* · Ed. Bas. — *tenorem, secundum quem* : Ed. Arg. — *eo ten., secundum quem* : Edd. rell.

tiam eis indicito congruentem, qua divinæ simplicitatis oculos adversus se complacare valeant [333], si forte quid duplicitatis pro humana fragilitate in eodem flagitio incurrerint [334].

**C. XLVIII.** *Pax ecclesiæ mæstitiam consolatur perditorum.*

*Item Augustinus epistola L. ad Bonifacium, de coercendis hæreticis* [335].

Quis enim nostrum [x] velit aliquem illorum [336] non solum perire, verum etiam aliquid perdere? Sed si aliter non meruit pacem habere domus David, nisi Absalon, filius ejus, in bello, quod gerebat contra patrem, fuisset extinctus, quamvis magna cura mandaverat suis, ut eum, quantum possent, vivum salvumque servarent, ut [337] esset cui pœnitenti paternus affectus ignosceret, quid ei restitit, nisi perditum flere, et sui regni pace acquisita suam mæstitiam consolari?

Gratian. Si ergo viri sancti et publicæ potestates bella gerentes non fuerunt transgressores illius mandati: Non occides, quamvis quosque flagitiosos digna morte perimerent; si miles suæ potestati obediens non est reus homicidii, si ejus imperio quemlibet flagitiosum interfecerit; si homicidas, et venenarios punire non est effusio sanguinis, sed legum ministerium; si pax ecclesiæ mæstitiam consolatur perditorum; si illi, qui zelo catholicæ matris accensi excommunicatos interficiunt, homicidæ non judicantur, patet, quod malos non solum flagellari, sed etiam interfici licet. § 1. Sed quæritur, si contingat aliquos malos puniri ab his, qui non habent legitimam potestatem, an sint rei effusi sanguinis hi, per quos puniuntur?

De his ita scribit Ambrosius *lib. II de Cain et Abel, cap. 4* [338].

**C. XLIX.** *Aliquando puniuntur peccata per populos jussu divino excitatos.*

Remittuntur peccata per Dei verbum, cujus Levites interpres et quidam [339] exsecutor est. Remittuntur 'etiam' per officium sacerdotis sacrumque ministerium. Puniuntur quoque [340] per homines, sicut per judices, qui potestate ad tempus utuntur. *Et infra:* § 1. Puniuntur peccata etiam per populos, sicut legimus, quia sæpe ab alienigenis, Dei jussu excitatis propter divinæ majestatis offensam, subactus est populus Judæorum.

Gratian. *Hinc notandum est, quod aliquando punit Deus peccata per nescientes, aliquando per scientes. Per nescientes peccata punit, sicut per Sennacherib* [341], *et per Nabuchodonosor, et per Antiochum* [342], *et per*

A principes Romanorum, et per nonnullos reges gentilium populum Israeliticum delinquentem aliquando afflixit, aliquando captivavit. § 1. Unde ipse Dominus ait per prophetam [343]: Virga furoris mei Assur: ipse autem non cognovit. Assur erat virga furoris Domini, quia per eum innumeras gentes divina justitia flagellare disposuit. Ipse vero non cognovit, quia in superbiam elatus victoriam, quam assecutus fuerat, non divinæ potentiæ, sed suis viribus attribuit. Unde contra ejus superbiam Dominus loquitur, dicens [344]: Nunquid gloriabitur serra contra eum, qui secat in ea? aut nunc exaltabitur securis contra eum, qui cædit in ea? Quibus similitudinibus satis perspicue ostenditur, quod sicut serra et securis nec secare, nec cædere ligna possunt, nisi ab alio regantur, ac ideo contra regentes

B se superbire non debent: sic illi, per quos Deus punit, absque nutu divinæ dispositionis nihil agere valent ac ideo contra regentem se superbire eis non licet. § 2. Tales in eo, quod puniunt, Deo servire dicuntur; in eo autem, quod ignorantes se esse ministros iræ Dei impia vanitate superbiunt, mercedem suæ servitutis a Deo non nisi temporalem inveniunt, pœnam vero suæ superbiæ non effugiunt. Unde, quum Dominus diceret ad Prophetam de Nabuchodonosor: Quid [345] dabo ei pro labore, quo servivit mihi apud Tyrum? statim subjunxit: Da, hoc est datam sibi pronuncia, Ægyptum et Æthiopiam. Quum autem in corde suo superbiens postea diceret [346]: Nonne hæc est Babylon, quam ego condidi in robore regni mei? etc. statim immutavit Deus rationabilem mentem ejus, et induit

C eum ferina bestialitate, ut ab hominibus fugiens cum bestiis viveret. §. 3. Per Antiochum [347] quoque, quum idololatriam Judaicæ plebis Dominus puniret, et pacem, quam ex lege Dei abjecta, et ex sacris nationum assumtis quærebant, illis in perniciem verteret, quia Dei dispositionem ignorans suæ facultati devastationem illius plebis attribuit, imprecatur in eum Propheta [348], dicens: Effunde iram tuam in gentes, quæ te non noverunt, et in regna, quæ non invocaverunt nomen tuum, ne forte dicant in gentibus: ubi est Deus eorum? §. 4. Similiter, quum per Romanos peccatum mortis Christi Deus punire decrevisset, urbis excidium et Judaicæ plebis miseram captivitatem suis viribus adscribere cœperunt, unde

D contra eos Propheta imprecatur, dicens [349]: Leva manus tuas in superbias eorum, qui te oderunt, et qui multa maligne operati monumenta suæ victoriæ posuerunt in medio atrio tuo. §. 5. Per scientes pec-

**NOTATIONES CORRECTORUM.**

C. XLVIII. [x] *Nostrum*: Emendatum et ex B. Augustino, a quo parum discordat Ivo. Antea apud Gratianum legebatur: *Quis enim vestrum* velit aliquem inimicorum suorum non solum etc.

---

QUÆST. V. C. XLVII. [333] *pervaleant*: Ivo. [334] *contraxerunt*: id. — *incurrerunt*: Ed. Arg. = C. XLVIII. [335] Ep. 185. Ed. Maur. ser. A. 417. — Ivo Decr. p. 10, c. 59. [x] *nostrum*: Edd. Arg. Nor. — add.: *non*: Ed. Bas. [336] *inimicorum*: Ivo. — Edd. coll. o. — add.: *suorum*: exd. pr. Arg. Bas. [337] *et*: Edd. coll. o. pr. Lugdd. II, III. = C. XLIX. [338] Non desunt, qui hunc librum abjudicent ab Ambrosio. [339] *quidem*: Edd. coll. o. pr. Bas. Lugdd. II, III. [340] add.: *peccata*: Edd. coll. o. — [341] 4 Reg. c. 25. [342] 2 Mach. c. 5. [343] Esa. c. 10, v. 5. [344] ib. v. 15. [345] Ezech. c. 29, v. 18, 19. [346] Dan. c. 4, v. 27. [347] 1 Mach. c. 1. [348] Psal. 78, v. 6, 10. [349] Psal. 73, v. 3.

cata puniuntur, sicut Deus per filios Israel voluit peccata punire Amorrhæorum [350], et Chananæorum et aliarum gentium, quarum terram Israelitis possidendam dedit, quibus etiam præripit [351], ut nemini eorum parcerent, sed omnes morti traderent. Quod propter peccata eorum illis contigisse ex verbis Domini apparet, qui, quum diceret ad Abraham: Semini [352] tuo dabo terram hanc, veluti quæreret, quare non modo eam das mihi? audivit: Nondum enim sunt peccata Amorrhæorum consummata. Quæ tunc intelliguntur fuisse consummata, quum populus ille, de Ægyptiaca servitute liberatus, terram eorum, sicut Abrahæ promissum fuerat, in hereditatem accepit. §. 6. Quum ergo sic divino jussu ad puniendum peccata populi excitantur, sicut populus ille Judaicus est excitatus ad occupandam terram promissionis, et ad delendas gentes peccatrices, sine culpa noxius sanguis effunditur, et quæ ab eis male possidentur in jus et dominium rite transeunt bonorum. §. 7. Quum vero occulto instinctu aliqui moventur ad persequendos malos, sicut Sennacherib, et ceteri, qui populum delinquentem persecuti sunt, licet occulto instinctu operante illorum meritis incitentur ad persequendum, tamen, quia prava intentione non peccata delinquentium punire, sed illorum bona rapere vel suæ ditioni subjicere quærunt, non sunt immunes a crimine. De quibus etiam notandum est, quod aliquando excitantur ad puniendum peccata bonorum, ut tandem per bonos correctos ipsi quoque puniantur, sicut in libro Judicum legitur [353] de Jabin, rege Chananæorum, et de Madianitis, quod propter idololatriam populi suscitavit eos Deus, ut Israel affligerent, et terram eorum occuparent. Quum autem populus Dei sub manibus eorum diutius afflictus peccatum suum recognosceret, et per pœnitentiam sibi Deum placaret, Dei præcepto et [354] Barach, comitatus Deboram prophetissam, uxorem Lapidoth, Jabin, regem Chananæorum, et Zizaram, ducem exercitus sui, contrivit, et Gedeon Zebee et Salamana, reges Madianitarum, et Oreb et Zeb, duces eorum, morti tradidit. §. 8. Apparet ergo, quod aliquando per legitimam potestatem gerentes, aliquando per populos divino jussu excitatos, mali pro peccatis suis non solum flagellantur, sed etiam rite perduntur. Nec est contrarium illud Augustini, quod ad Marcellinum pro circumcellionibus supplicans rogabat, ut verberibus eos coerceret, non morte perderet. Quamvis [355] enim supplicando spatium vitæ eis reservari poposcit, non tamen legum severitatem, qua tales morte plectuntur, non observandam docuit.

## QUÆSTIO VI.
### GRATIANUS.

Quod autem quæritur, an mali sint cogendi ad bonum? facile apparet. Antiquus namque populus ille metu pœnarum ad observationem legis cogebatur. In evangelio quoque Dominus ait discipulis suis [1]: Nolite timere eos, qui corpus occidunt, animam autem non possunt occidere, sed potius eum timete, id est ei in timore servite, qui potest animam et corpus perdere in gehennam. Paulus quoque, quum ecclesiam Dei persequeretur, in itinere cæcatus [2] ad Deum converti coactus est. Unde se abortivo similem testatus est, dicens [3]: Novissime autem omnium tanquam abortivo visus est et mihi.

Hinc Augustinus scribit epist. L. ad Bonifacium [4]:

**C. I. Ecclesia malos debet cogere ad bonum sicut Christus Paulum coegit**

Schismatici dicunt: cui vim Christus intulit, quem coegit? Ecce habent Paulum apostolum. Agnoscant in eo prius cogentem Christum, et postea docentem: prius ferientem, et postea consolantem. Mirum est autem, quomodo ille, qui pœna corporis ad Evangelium coactus intravit, plus illis omnibus, qui solo verbo vocati sunt, in Evangelio [5] laboravit, et quem major timor compulit ad charitatem, ejus perfecta [6] charitas foras misit [7] timorem. Cur ergo non cogeret ecclesia perditos filios, ut redirent, si perditi [8] filii coegerunt [9] alios, ut perirent? Quamvis et illos, quos non coegerunt, sed tantummodo seduxerunt, si per terribiles, sed [10] salubres leges in ejus gremium [11] revocentur, blandius pia mater amplectitur, et de illis multo amplius, quam de illis, quos nunquam perdiderat, gratulatur. §. 1. An non pertinet [12] ad diligentiam pastoralem etiam illas oves, quæ non violenter ereptæ, sed blande leniterque seductæ a grege aberraverint [13], et ab alienis possideri cœperint [14], inventas ad ovile dominicum, si resistere voluerint, flagellorum terroribus vel etiam doloribus revocare? Item infra: §. 2. A Christo

---

### NOTATIONES CORRECTORUM.

Quæst. VI. C. I. a Initium hujus capituli apud B. Augustinum, ibi de Donatistis agentem, sic habet: Ubi est, quod isti clamare consueverunt, liberum est credere, cui vim, etc. ut sup. ead. 4. Quis nos vers. Cui vim.

---

Quæst. V. C. XLIX. [350] Jos. c. 5, 6. [351] Deut. c. 7, v. 2. [352] Genes. c. 15, v. 18. [353] Jud. c. 4. [354] ib. c. 8. [355] cf. supra c. 1.
Quæst. VI. [1] Matth. c. 10, v. 28. [2] Act. c. 9. [3] 1 Cor. c. 15, v. 8. = C. I. [4] Ep. 185. Ed. Maur. ser. A. 417. — Ivo Decr. p. 10, c. 59. — cf. supra qu. 4, c. 43. [5] 1 Cor. c. 15, v. 10. [6] 1 Joan. c. 4, v. 18. [7] mittit: Edd. coll. o. [8] perfidi: Ed. Arg. [9] cogerent: Ed. Bas. [10] et: Edd. coll. o. [11] gremio: exd. pr. Lugdd. II, III. — Ivo. [12] hoc pert.: Edd. coll. o. [13] aberraverant: exd. [14] cœperant: cæd.

coactum ostendim*us* Paulum. Imitatur itaque Ecclesia in istis cogendis Dominum suum, quae prius, ut neminem cogeret, expectavit, ut de fide regum atque gentium praedictio prophetica compleretur. §. 3. Etiam hinc *enim* non absurde intelligitur illa apostolica sententia, ubi B. Paulus dixit: *Paratus ulcisci omnem inobedientiam, quum completa fuerit prior vestra obedientia.* §. 4. Unde et ipse Dominus ad magnam coenam suam prius adduci jubet convivas, postea cogi. Nam, quum ei servi *sui* respondissent: *Domine, factum est quod jussisti, et adhuc locus est; exile, inquit, in vias et sepes, et quoscunque inveneritis cogite intrare.* In illis ergo, qui primo leniter adducti sunt, completa est prior obedientia; in istis autem, qui coguntur, inobedientia coercetur. Item infra: §. 5. Si per potestatem, quam per religionem ac fidem regum, tempore quo debuit, divino munere accepit Ecclesia, ii, qui inveniuntur in viis et sepibus, id est in haeresibus et schismatibus, coguntur intrare, non quia coguntur, reprehendant, sed quo cogantur, attendant.

C. II. *Variis modis errantes corripiuntur a Deo.*
Idem ad Donatistas, epist. CLXVI.

*Quod erraverat*, inquit Dominus, *non revocatis, et quod perierat non requisistis.* Hoc vobis per nos ipse Deus facit, sive obsecrando, sive minando, sive corripiendo, sive damnis, sive laboribus, sive per suas occultas admonitiones vel visitationes, sive per potestatum temporalium leges.

C. III. *Non est considerandum, quod quisque cogitur, sed quale sit illud, quo cogitur.*
Idem in epist. XLVIII, ad Vincentium.

Vides, ut opinor, non esse considerandum, quod quisque cogitur, sed quale sit illud, quo cogitur, utrum bonum, an malum: non quod quisque bonus possit esse invitus, sed timendo quod non vult pati vel relinquit impedientem animositatem, vel ignoratam compellitur cognoscere veritatem, ut timens vel respuat falsum, de quo contendebat, vel quaerat verum quod nesciebat, et volens jam teneat quod nolebat. Item infra: §. 1. Mea primitus sententia erat neminem ad unitatem Christi esse cogendum verbo esse agendum, disputatione pugnandum, ratione vincendum, ne fictos catholicos haberemus quos apertos haereticos noveramus. Sed haec opinio mea non contradicentium verbis, sed demonstrantium superabatur exemplis. Nam primo mihi opponebatur civitas mea, quae, quum tota esset in partem Donati, ad unitatem catholicam timore legum imperialium conversa est, quam nunc videmus ita hujus vestrae animositatis perniciem detestari, ut in ea nunquam fuisse credatur. Ita aliae multae, quae mihi nominatim commemorabantur, ut ipsis rebus agnoscerem, etiam in hac causa recte intelligi posse quod scriptum est †: *Da sapienti occasionem, et sapientior erit.*

C. IV. *Onere pensionis rusticus ad Dominum converti cogatur.*
Item Gregorius Januario, Episcopo Caralitano, lib. III. epist. 26.

Jam vero, si rusticus tantae perfidiae et obstinationis fuerit inventus, ut ad Deum minime venire consentiat, tanto pensionis onere gravandus est, ut ipsa exactionis suae poena compellatur ad rectitudinem festinare.

Gratian. Ex his omnibus colligitur, quod mali sunt cogendi ad bonum. §. 1. Sed objicitur, quod nemo est cogendus ad id, ad quod inutiliter cogitur. Ad bonum autem quisque inutiliter cogitur, quum Deus aspernetur coacta servitia. Unde Apostolus, quum ad eleemosynas Corinthios hortaretur, ait: *Unusquisque, prout destinavit in corde suo, non ex tristitia, aut ex necessitate. Hilarem enim datorem diligit Deus.* Unde datur intelligi, quod qui invitus dat propter praesentem pudorem, et rem et meritum perdit. Item, quum redderet causam, quare sumtibus abstineret, ait: *Si ex necessitate evangelizavero, non erit mihi gloria.* §. 2. Item: *Si invitus evangelizavero, dispensatio mihi credita est. Si autem volens hoc ago, mercedem habeo apud Deum.* Item, quum Galatis scriberet, legalia non esse tenenda, ait: *Si Spiritu ducimini, non estis sub lege.* Ex quo apparet eum, qui sub lege est, id est qui timore poenae, non amore justitiae servit, non duci Spiritu sancto. Si autem Spiritu sancto non ducitur, Deo placere minime valet. §. 3. Item: *Non accepistis spiritum servitutis iterum in timore, sed* accepistis spiritum adoptionis filiorum, in quo clamamus : Abba pater. *Ex quibus verbis datur intelligi, quod, etsi in veteri Testamento timore pœnæ homines cogebantur ad bonum, tamen in novo Testamento sola libertate et dilectione justitiæ sunt invitandi ad fidem. Unde illi dicuntur* [58] *servi et filii ancillæ, pertinentes ad Ismael: isti dicuntur liberi et filii liberæ, pertinentes ad Isaac. §. 4. Item Joannes in sua epistola* [59] : Timor non est in charitate, sed perfecta caritas foras mittit timorem Qui autem cogitat, timore illo ducitur, qui non est in caritate; qui manus comprimit, non animum mutat, quo pœna timetur, non bonum diligitur. *Porro sine dilectione boni nullus Deo placere, vel in numero bonorum connumerari poterit. Unde, quum Propheta diceret* [60] : Animalia tua habitabunt in ea, *scilicet hereditate ostendens, quomodo ad ipsam habitationem perveniant* [61], *subdit :* In dulcedine tua, quam tu præparasti pauperi Deus, *dulcedinem vocans suavitatem boni operis, qua bonum fit non timore pœnæ, sed delectatione* [62] *justitiæ. Quum ergo sine hac dulcedine animalia in hereditate non habitent, patet, quod nemo, nisi inutiliter, ad bonum cogitur solo timore. Quicunque enim ad bonum cogitur, solo timore, non amore ducitur : non ergo sunt mali cogendi ad bonum. §. 5. His ita respondetur: Si bonum, ad quod mali coguntur, semper inviti tolerarent, et nunquam voluntarii servirent, inutiliter cogerentur ad illud. Sed quia humanæ naturæ est et ea, quæ in desuetudinem ducuntur, abhorrere et consueta magna custodia diligere, flagellis tribulationum mali sunt cohibendi a malo, et provocandi ad bonum, ut, dum timore pœnæ malum in desuetudinem ducitur, abhorreatur, bonum vero ex consuetudine dulcescat. Unde Augustinus in Psal.* 127 : Quum per timorem [b] gehennæ continet se homo a peccato, fit consuetudo justitiæ, et incipit quod durum erat amari, et incipit excludi timor a caritate, et succedit timor castus, de quo hic dicitur,

A quo timemus, ne tardet sponsus, ne discedat, ne eo careamus. Ille utilis est, sed non permanet in æternum ut iste.

## QUÆSTIO VII.
### GRATIANUS.

*Nunc autem quæritur, an hæretici suis et ecclesiæ rebus sint exspoliandi? et qui possident hæreticis ablata an dicantur possidere aliena?*
De his ita scribit Augustinus *ad Vincentium*, epist. XLVIII [1] :

C. I. *Res terrenæ non nisi divino vel humano jure tenentur.*

Quicunque vos ex occasione legis hujus imperialis, non dilectione corrigendi, sed inimicandi odio persequitur, displicet nobis. Et quamvis res quæque [a] terrena recte a quoquam possideri non possit, nisi vel jure divino, quo cuncta justorum sunt, vel jure humano, quod in potestate est regum terræ (ideoque falso res vestras appellatis, quas nec juste [2]), possidetis, et secundum leges regum terrenorum amittere jussi estis, frustraque dicistis, nos eis [4] congregandis laboravimus [5], quum scriptum legatis [6] : Labores impiorum [a] justi edunt [7] sed tamen, quisquis ex occasione hujus legis [b], quam reges terræ Christo servientes ad emendandam impietatem vestram promulgaverunt, res proprias vestras cupide appetit, displicet nobis. Quisquis denique res ipsas pauperum, vel basilicas congregationum, quas sub nomine Ecclesiæ tenebatis (quæ omnino non debentur nisi ei Ecclesiæ, quæ vera est Christi Ecclesia) non per justitiam, sed per avaritiam tenet, displicet nobis. Quisquis [8] pro aliquo flagitio vel facinore dejectum a vobis [c] ita suscipit [9], sicut suscipiuntur qui (excepto errore, quo a nobis separamini) sine crimine apud vos vixerunt, displicet nobis. Sed [10] nec facile ista monstratis, et, si monstratis [11], nonnullos toleramus, quos corrigere vel punire non possumus, neque propter paleam relinquimus aream

### NOTATIONES CORRECTORUM.

C. IV. [b] *Quum per timorem* : Locus hic potius convenit cum glossa ordinaria in eumdem Psalmum ; sunt tamen hic aliqua ex B. Augustino, quæ non sunt in glossa.

QUÆST. VII. C. I. [a] *Labores impiorum* : Huic sententiæ simile est quod scribitur Prov. 13 : θησαυρίζεται δὲ δικαίοις πλοῦτος, id est, ut infra, eadem c. *Quemadmodum* : *Thesaurizantur autem justis divitiæ impiorum*, Ubi vulgata habet : *custoditur justo substantia peccatoris*. Itemque Esaiæ 61 scriptum est : καὶ δώσω τὸν μόχθον αὐτῶν δικαίοις, quum ante dixisset : ἰσχὺν ἐθνῶν κατέδεσθαι. Sapientiæ 10 legitur : *Ideo justi tulerunt spolia impiorum* infra, ead. c. *Quemadmodum*.
[b] *Hujus legis* : In codice Theodosiano, lib. 16, tit.

5, sunt leges Honorii et Theodosii 43, 52 et 54, in quibus præcipitur ædificia, prædia et loca, quæ ad conventicula Donatistarum vel aliorum hæreticorum antea pertinuerant, ab ecclesiis catholicis vendicari, vel eisdem sociari debere. Et ad has leges videtur spectasse B. Augustinus, et hic, et in tractu 6 in Joannem (ut notatum est sup. distinct. 8. *Quo jure*) et contra litteras Petiliani (ut in proxime sequenti capite), et alibi.
[c] *Vobis* : Sic est emendatum ex vetustis codicibus et originali, quum in vulgatis, et hic, et infra 24, q. 1. *Quisquis legeretur : nobis* [*]. Vos autem : *dejectum*, non est mutata ob glossam. Nam in vetustis hic et infra cap. citato, et apud Ivonem et in originali est : *projectum*.

QUÆST. VI. C. IV. [58] Gal. c. 4, v. 22 seqq. [59] 1 Joan. c. 4, v. 18. [60] Psal. 67, v. 11. [61] *perveniat* : Bohm. [62] *dilectione* : ib.
QUÆST. VII. C. I. [1] Ep. 93. Ed. Maur. scr. A. 408. — Ivo Decr. p. 3, c. 179. Polyc. l. 7, t. 5. [2] *quæcunque* : Ivo. — Edd. coll. o. [3] *justi* : orig. [4] *in eis* : Edd. coll. o. [5] *laboramus* : eæd. pr. Lugdd. II, III. [6] Prov. c. 13, v. 22. [7] *edent* : orig. — [8] *cf.* C. 24, qu. 1, c. 38. [9] *ita* in Edd. Bas. Lugd. I. Par. et ap. Iv. [10] *suscepit* : Ed. Nor. [11] *add.* : *tamen* : Ed. Bas. [12] *et — monstr.* : absunt ab Edd. coll. o. pr. Lugdd II, III, in quibus tamen, sicut in orig. ap. Iv. et Bohm. leg. : *monstretis*.

Domini, neque propter pisces malos rumpimus retia Domini, neque [14] propter hoedos in fine segregandos [15] deserimus [16] gregem Domini, neque propter vasa facta in contumeliam migramus de domo Domini.

C. II. *Catholici non ideo aliena possident, quia ab haereticis ablata tenent.*

Idem *contra litteras Petiliani, lib. II, c. 43* [16].

Si de rebus vel locis ecclesiasticis, quae 'tenebatis, et' non tenetis, querimini, possunt et Judaei [16] se justos dicere, et iniquitatem nobis objicere, quia locum, in quo impie [17] regnaverunt, modo Christiani possident. Quid ergo indignum, si ea, quae tenebant haeretici, secundum parem Domini voluntatem catholici tenent? Ad omnes 'enim similes, id est ad omnes' impios et iniquos, illa vox Domini valet [18] : *Auferetur a vobis regnum Dei, et dabitur genti facienti justitiam*. An frustra scriptum est [19] : *Labores impiorum* [20] *justi* [21] *edent*? Quapropter magis mirari debetis, quod adhuc tenetis aliquid, quam quod aliquid amisistis. Item c. 59 : § 1. Si qua jam praecisi [22] possidere coepistis, quia vobis [23] ablata nobis Dominus [24] dedit, non ideo concupiscimus aliena, quia illius imperio, cujus sunt omnia, facta sunt nostra, et juste nostra sunt. Vos enim 'his' utebamini ad praecisionem, nos [25] ad unitatem. Alioquin et primo populo Dei possent illi subjicere alienae rei concupiscentiam, qui divina potestate ab eorum facie, quia [26] ea terra male utebantur, expulsi sunt, et ipsi Judaei, a quibus ablatum est regnum secundum verba [27] Domini, et datum est genti facienti justitiam, possunt objicere alienae rei concupiscentiam, quia Ecclesia Christi possidet ubi persecutores Christi [28] regnabant.

C. III. *Res ecclesiasticae ab haereticis injuste possidentur.*

Idem *epist. L. ad Bonifacium* [29].

Quod autem nobis objiciunt, quod res eorum concupiscamus et auferamus [30], utinam catholici fiant, et non solum quae dicunt sua, sed etiam nostra in pace nobiscum et caritate possideant : usque adeo autem calumniandi cupiditate caecantur, ut non attendant, quam sint inter se contraria quae loquuntur. Ipsi certe dicunt, et invidiosissime sibi conqueri videntur, quod eos in nostram [31] communionem violento legum imperio coarctamus. Hoc utique [32] nullo modo faceremus, si res eorum possidere vellemus. Quis [33] avarus quaerit compossessorem? Quis dominandi cupiditate inflammatus [34], vel fastu dominationis elatus, desiderat habere consortem? Ipsos certe attendant quondam suos, jam [35] nostros socios et fraterna nobis dilectione conjunctos, quemadmodum ea [36] teneant non solum, quae habebant, sed etiam nostra, quae non habebant, quae tamen, si pauperum compauperes [37] sumus, et nostra sunt, et illorum. Si [38] autem privatim quae nobis sufficiant possidemus, non sunt illa nostra, sed pauperum, quorum procurationem quodammodo gerimus, non proprietatem nobis usurpatione damnabili vendicamus. Quidquid ergo nomine ecclesiarum parti [39] Donati possidebatur, Christiani imperatores legibus religiosis cum ipsis ecclesiis ad catholicam [40] transire [41] jusserunt. Quum ergo nobiscum sint [42] plebes earumdem ecclesiarum, nobiscum [43] pauperes, qui de eisdem possessiunculis alebantur, ipsi potius foris positi desinant concupiscere aliena, sed intrent 'in' unitatis societatem, ut pariter gubernemus non illa tantum, quae dicunt sua, verum etiam quae dicuntur [44] et nostra. Scriptum est enim [45] : *Omnia vestra, vos autem Christi, Christus autem Dei*.

C. IV. *Qui a corpore Christi praeciditur spiritum justitiae tenere non potest.*

Idem *in eadem epist. L.* d †.

Quemadmodum membrum, si praecidatur ab hominis vivi corpore, non potest tenere spiritum vitae, sic homo, qui praeciditur de Christi justi corpore, nullo modo potest tenere spiritum justitiae, etiamsi figuram membri teneat, quam sumsit in corpore. In hujus ergo [46] compagem, corporis veniant et labores suos non dominandi cupiditate, sed bene utendi pietate possideant. Nos autem voluntatem nostram, ut jam dictum est, ab hujus cupiditatis sordibus quolibet inimico [47] judicante purgamus, quando eos ipsos, quorum labores dicuntur, ut nobiscum et illis, et nostris in societate catholica utantur, quantum valemus, inquirimus. § 1. Sed hoc est, inquiunt,

NOTATIONES CORRECTORUM.

C. IV. d Antea citabatur ex epistola ad Vincentium, in qua non habetur.

Quaest. VII. C. I. [12] add. : *enim* : Ed. Bas. [13] *congregandos* : ead. [14] *deseruimus* : Ed. Ven. I. = C. II. [15] Ivo Decr. p. 10, c. 75. [16] *videri* : Ed. Bas. [17] *impii* : Ivo. — Edd. coll. o. [18] Matth. c. 21, v. 43. [19] Prov. c. 13, v. 22. [20] *injustorum* : Edd. coll. o. pr. Arg. Bas. [21] *pii* : eaed. pr. Bas. [22] *concisi* : Ivo. — orig. [23] *a vobis* : Ed. Bas. [24] *Deus* : ead. — *Dominus Deus* : Edd. rell. [25] *non* : Bohm. [26] *qui* Edd. coll. o. [27] *verbum* : eaed. pr. Arg. Nor. Ven. I. — cf. Psal. 134. [28] add. : *prius* : Edd. coll. o. pr. Arg. Bas. = C. III. [29] Ep. 185. Ed Maur. scr. A. 417. — Ans. l. 12, c. 59 (57). Polyc. l. 7, t. 5. [30] add. : *non recte objicient* : Edd. coll. o. pr. Arg. Nor. Ven. I. [31] *nostra communione* : Edd. coll. o. pr. Lugdd. II, III. [32] *itaque* : Edd. coll. o. [33] add. : *enim* : eaed. pr. Arg. [34] *inflatus* : Ed. Bas. [35] *modo etiam* : Edd. coll. o. [36] *sua* : eaed. pr. Lugdd. I. — orig. [37] *compares* : Edd. coll. o. [38] cf. C. 12, q. 1, c fin. [39] *partis* : orig. — Bohm. — *partes Don. possidebant* : Edd. coll. o. [40] add. : *unitatem* : Ed. Bas. — *ecclesiae unitatem* : Edd. Lugdd. II, III. — *ecclesiam* : Edd. rell. [41] *transferri* : Edd. Lugdd. II, III. — *transferre* : Edd. rell. [42] *sunt* : Edd. coll. o. pr. Lugdd. II, III. [43] add. : *sint* : Edd. Lugdd. II, III. — *sunt* : Edd. rell. pr. Arg. [44] *dicunt* : Edd. coll. o. [45] 1 Cor. c. 3, v. 22 23. = C. IV. † Coll. tr. p. p. 2, t. 50, c. 56. [46] *vero* : Edd. coll. o. [47] *inimicorum* : eaed. pr. Arg. Bas.

quod nos movet : si injusti sumus, quare nos quæritis? Quibus respondemus : quærimus vos injustos, ne permaneatis injusti; quærimus perditos, ut de inventis gaudere possimus, dicentes [48] : *Mortuus erat frater* [49], *et revixit; perierat, et inventus est.* Quare ergo me, inquit, non baptizas, ut me abluas a peccatis? Respondeo, quia non facio injuriam characteris imperatoris, quum errorem corrigo desertoris. Quare, inquit, apud te vel [50] pœnitentiam non ago? Imo, nisi egeris, salvus esse non poteris. Quomodo enim [51] gaudebis te esse correctum, nisi doleas te fuisse perversum? Quid ergo, inquiunt, apud vos, quum ad vos transimus, accipimus? Respondeo, non quidem [52] accipitis baptismum, qui vobis extra compagem corporis Christi inesse potuit, prodesse non potuit : sed accipitis unitatem Spiritus in vinculo pacis (sine qua nemo poterit videre Deum) et charitatem, quæ, sicut scriptum est, cooperit [53] multitudinem peccatorum. *Et supra :* § 2. Si autem consideremus quod scriptum est in libro Sapientiæ [54] : *Ideo justi tulerunt spolia impiorum*; item, quod legitur in Proverbiis [55] : *Thesaurizantur autem justis divitiæ impiorum,* tunc videbimus, non esse quærendum, qui habeant res hæreticorum, sed qui sint [56] in societate justorum. *Item post aliqua :* § 3. Si corpus Christi tollit spolia impiorum, et corpori Christi thesaurizantur [57] divitiæ impiorum, non debent impii foris [58] remanere, ut calumnientur, sed intrare potius, ut [59] justificentur. *Item post aliqua :* § 4. In [60] Christi ergo compagem corporis veniant, et labores suos non dominandi cupiditate, sed bene utendi [61] pietate possideant. Nos autem voluntatem nostram, ut jam dictum est, ab hujus cupiditatis sordibus quolibet inimico judicante purgamus [62], quando eos ipsos, quorum labores dicuntur, ut nobiscum et illis, et nostri in societate catholica utantur, quantum valemus, inquirimus.

Gratian. *His igitur auctoritatibus liquido monstratur, quod ea, quæ ab hæreticis male possidentur, a catholicis juste auferuntur, nec ideo aliena possidere dicuntur.*

## QUÆSTIO VIII.
### GRATIANUS.

I. Pars. *De episcopis vero vel quibuslibet clericis, quod nec sua auctoritate, nec auctoritate Romani Pontificis arma arripere valeant, facile probatur. Quum enim Petrus, qui primus apostolorum a Domino fuerat electus, materialem gladium exerceret, ut magistrum a Judæorum injuria defensaret, audirit* [1] : Converte gladium tuum in vaginam, omnis enim qui gladium acceperit, gladio peribit, *ac si aperte ei diceretur : hactenus tibi tuisque prædecessoribus inimicos Dei gladio corporali licuit persequi; deinceps in exemplum patientiæ gladium tuum, id est tibi hactenus concessum, in vaginam converte, et tantum spiritualem gladium, quod est verbum Dei, in mactatione veteris vitæ exerce. Omnis enim præter illum, vel auctoritatem ejus, qui legitima potestate utitur, qui, ut ait Apostolus* [2], *non sine causa gladium portat, cui etiam omnis anima subdita et debet, omnis, inquam, qui præter auctoritatem hujusmodi gladium acceperit, gladio peribit.* § 1. *Item Ambrosius* [3] : *Arma episcopi lacrymæ sunt et orationes. Item illud Apostoli* [4] : *Non vosmetipsos defendentes, carissimi, quamvis omnibus generaliter dicatur, specialiter tamen prælatis dictum intelligitur.*

Unde Joannes Papa VIII. *Angebergæ Imperatrici, excusans Joannem episcopum removeri de militia, dicit* [a] [5] :

### C. I. De eodem. [PALEA.]

« Nimium certe veretur, et jure formidat contra professionem sui ordinis sæcularem militiam exercere; terram defendere, de præliis tractare, de armis, terrenæ potestatis est. »

### C. II. De eodem. [PALEA.]

*Item Innocentius Papa* [6].

« Quum a Judæis, inquit, Dominus caperetur, et Petrus cujusdam inobedientis aurem abscinderet, ferire prohibuit, et forma omnium sacerdotum (quorum prior erat) etiam pro se ipso capi arma carnalia prohibuit. »

### C. III. De eodem. PALEA.

*Item Ambrosius* [b] [7].

« Non pila quærunt ferrea, non arma Christi milites. Coactus repugnare non novi : sed dolor, fletus, orationes, lacrymæ fuerunt mihi arma adversus mi-

---

### NOTATIONES CORRECTORUM.

Quæst. VIII. C. I. [a] Huic capiti et sequenti non est in vulgatis præpositum nomen Paleæ. Utrumque tamen cum deinceps sequenti Palea abest a plerisque vetustis exemplaribus.

C. III. [b] Initium hujus capitis, quod constat duobus dimetris iambicis, non est inventum. Reliqua habentur in libro 5 epistolarum, in oratione contra Auxentium, quamvis hic verba aliqua sint immutata. Nam apud B. Ambrosium habent ut infra, ead. c. *Convenior.* § *Quid ergo turbamini.*

---

Quæst. VII. C. IV. [48] Luc. c. 15, v. 32. [49] add.: *noster*: Edd. Bas. Lugdd. [50] abest ab Ed. Bas. [51] *ergo* : ib. [52] *numquid* : ib. — *non equidem* : Edd. rell. [53] *operit* : Edd. coll. o. — 1 Petr. c. 4, v. 8. [54] Sap. c. 10, v. 19. [55] Prov. c. 13, v. 22. [56] *sunt* : Ed. Bas. [57] *thesaurizent* : Ed. Bas. — *thesaurizentur* : Edd. rell. pr. Lugdd. II, III. [58] *foras* : Edd. coll. o. [59] add.: *intus* : Ed. Bas. [60] cf. supra initium capitis. [61] *vivendi* : Edd. Bas. Lugd. I. [62] *purgavimus* : Edd. coll. o.

Quæst. VIII. [1] Matth. c. 26, v. 52. [2] Rom. c. 13, v. 4. [3] cf. c. 3. [4] Rom. c. 12, v. 19. = C. I. [5] Non exstat inter epistolas Joannis VIII. = C. II. [6] Caput omnino incertum. = C. III. [7] Polyc. l. 4, t. 15.

lites. Talia enim munimenta sunt sacerdotis. Aliter nec debeo, nec possum resistere; fugere autem, et relinquere ecclesiam non soleo *. Servum * Christi non custodia corporalis, sed Domini providentia sepire consuevit. »

Gratian. Hinc etiam de his, qui in bello aut rixa moriuntur, in Concilio Triburiensi sic statutum est [10]:

**C. IV.** *Pro clerico, qui in bello aut rixa moritur, oratio vel oblatio non offeratur.*

Quicunque clericus aut in bello, aut in rixa, aut in [11] gentilium ludis mortuus fuerit, neque in oblatione, neque in oratione pro eo postuletur, sed in manus incidat judicis; sepultura tamen non privetur.

**C. V.** *Gradu amisso tradantur in monasterio clerici voluntarie arma sumentes.*

Item ex Concilio Toletano IV, c. 44 *de clericis arma ferentibus* [12].

Clerici, qui in quacunque seditione [13] arma volentes sumserint 'aut sumserunt', reperti amisso ordinis sui gradu in monasterium [14] poenitentiae c tradantur [15].

**C. VI.** *Proprii gradus amissione mulctentur militaria arma clerici ferentes.*

Item ex Concilio Meldensi, c. 37 [16].

Quicunque ex clero esse videntur, arma militaria non sumant, nec armati incedant; sed professionis suae vocabulum religiosis moribus et religioso habitu praebeant. Quod si contemserint, tanquam sacrorum canonum contemtores et ecclesiasticae sanctitatis [17] profanatores proprii gradus amissione mulctentur, quia non possunt simul Deo et saeculo militare.

**II. Pars. Gratian.** *His ita respondetur: Sacerdotes propria manu arma arripere non debent; sed alios ad arripiendum ad oppressorum defensionem, atque ad inimicorum Dei oppugnationem eis licet hortari.*

Unde Leo IV scribit Ludovico Augusto d [18].

**C. VII.** *Pro Sarracenis Papa jubet populum congregari, et eis ad littus maris occurrere.*

Igitur quum saepe adversa a Sarracenorum partibus perveniant nuntia, quidam in Romanum portum Sarracenos clam furtiveque venturos esse dicebant. Pro quo nostrum congregari praecipimus populum, maritimumque ad littus descendere decrevimus, et egressi sumus Roma [19].

**C. VIII.** *Ultor sui gregis Papa debet esse et praecipuus adjutor.*

Item Leo [20].

Scire vos oportet, quod nunquam ab aliquibus nostris homines sinimus opprimi; sed, si necessitas ulla [21] occurrerit, praesentialiter vindicamus, quia nostri gregis in omnibus ultores esse debemus et praecipui adjutores.

**C. IX.** *Coeleste regnum a Deo consequitur qui pro Christianorum defensione moritur.*

Idem *exercitui Francorum* [22].

Omni timore ac terrore deposito, contra inimicos sanctae fidei et adversarios omnium religionum agere viriliter studete. Novit enim omnipotens [23], si quilibet vestrum morietur, quod pro veritate fidei, et salvatione patriae, ac defensione Christianorum

## NOTATIONES CORRECTORUM.

**C. V.** c *Poenitentiae*: Sic legitur apud Anselmum', et in codicibus conciliorum editis, et manuscriptis, quamvis in posterioribus editionibus Coloniensibus in margine sit adscriptum: *perenniter*, quemadmodum antea apud Gratianum legebatur.

**C. VII.** d Epistolae Leonis IV, ex quibus hoc, et duo sequentia capita sunt accepta, non exstant. In vetustis autem Pontificalibus, quod ad haec capita videtur facere, legitur, quum magna Agarenorum classis ex Africa ad vastandam Romam solvisse nuntiaretur, Neapolitanos, Amalphitanos, et Cajetanos navibus Ostiam venisse, ut contra Agarenos pro defensione sancti Petri, et Romana urbe dimicarent. Quorum principes Leo Papa ad se vocaverit, et cum ipsis multa tractarit. Atque ipsa prorsus verba, quae ad hoc caput pertinent, sunt haec: *Quos benigne in palatio Lateranensi suscipiens, causam, pro qua venerant, inquirit. Illi autem se ob aliud non venisse testati sunt, nisi ut superius legitur exaratum. Quorum pius Apostolicus credulus verbis, cum magno exercitu et armorum procinctu mox civitatem Hostiam properavit, omnesque cum gaudio suscepit, Illi autem videntes summum Pontificem, omnes osculari coeperunt pedes ejus. Summus autem Praesul missam in ecclesia B. Aureae celebravit, omnibusque corpus dominicum tradidit, atque orationem post perceptum corpus super eos donavit: « Deus, cujus dextera B. Petrum ambulantem in fluctibus, ne mergeretur, erexit, et coapostolum ejus Paulum tertio naufragantem de profundo pelagi liberavit, exaudi nos propitius, et concede, ut amborum meritis horum fidelium tuorum brachia contra inimicos sanctae tuae Ecclesiae dimicantia omnipotenti dexterae tua corroborentur et convalescant, ut de recepto triumpho nomen sanctum tuum in cunctis gentibus appareat gloriosum. » Die vero altera post, quam praedictus Pontifex reversus est a jam praedicta civitate, ipsi sceleratorum socii sive participes (scilicet Agareni) juxta litus maris Hostiensis multis cum navibus paruerunt. Praefati autem homines super illos facientes impetum, omnes superavere orationibus Apostolorum et sancti Praesulis.*

---

Quaest. VIII. C. III. * *valeo*: Edd. Bas. Lugdd. II, III. * *servus Christi non custodia temporali, sed Domini providentia perire consuevit*: Edd. coll. o. = C. IV. [10] Non est in Triburiensi. — similia sunt apud Herardum Turon. c. 50, 113, 134. — Burch. l. 2, c. 253. Ivo Decr. p. 6, c. 308. [11] abest a Burch., Iv. et Edd. coll. o. pr. Lugdd II, III. = C. V. [12] hab. A. 633. — Reg. l. 1, c. 167. [13] *factione*: Edd. coll. o. [14] *monasterio perenniter*: eaed. * citant Corr. l. 7, c. 187, quo loro tamen in cod. coll. no exstat. [15] *contradantur*: Coll. Hisp. = C. VI. [16] hab. A. 845. — Reg. l. 1, c. 175. Burch. l. 2, c. 211. Ivo Pan. l. 3, c. 168. Decr. p. 6, c. 128. [17] *auctoritatis*: Edd. coll. o. = C. VII. [18] Cap. hoc et sequentia non exstant inter epistolas Leonis IV. — Ivo Pan. l. 8, c. 27. Decr. p. 10, c. 83. [19] *Romani*: Ivo Pan. — Edit. coll. o. = C. VIII. [20] Ivo Pan. l. 8, c. 28. Decr. p. 10, c. 84. [21] *illis*: Ivo Decr. — *illa*: Ed. Bas. = C. IX. [22] Ivo Pan. l. 8, c. 30. [23] add.: *Deus*: Ed. Bas.

mortuus est, et ideo ab eo præmium cœleste consequetur.

### C. X. Contra Longobardos precibus Hadriani Papæ Carolus bellum suscepit.

*Item* Alcuinus.

Hortatu et precibus Hadriani Romanæ urbis episcopi exoratus Carolus rex bellum contra Longobardos suscepit, quod prius quidem et a patre ejus Pipino †, 'Stephano' Papa supplicante, eum magna difficultate susceptum est.

### C. XI. Judæos non debemus persequi, sed Saracenos.

*Item* Alexander Papa II, *omnibus Episcopis Hispaniæ*.

Dispar nimirum est Judæorum et Sarracenorum causa. In illos enim, qui Christianos persequuntur, et ex urbibus et propriis sedibus pellunt, juste pugnatur; hi vero ubique servire parati sunt.

### C. XII. Qui crimina, quæ potest emendare, non corrigit, ipse committit.

*Item* Joannes VIII. *Demago Duci glorioso.*

Præterea devotionis tuæ studium exhortamur, ut contra marinos latrunculos, qui sub prætextu tui nominis in Christicolas debacchantur, tanto vehementius accendaris, quanto illorum pravitate famam tui nominis obfuscatam fuisse cognoscis; quoniam, licet credi possit, quod te nolente illi navigantibus insidientur, tamen, quia a te comprimi posse dicuntur, nisi eos compescueris, innoxius non habeberis. Scriptum quippe est: *qui crimina quum potest emendare, non corrigit, ipse committit.*

### C. XIII. Crimen punire pro Deo non est crudelitas, sed pietas.

*Item* Hieronymus *ad Riparium contra Vigilantium.*

Legi syromasten † Phinees, austeritatem Heliæ, zelum Simonis Chananæi, Petri severitatem Ananiam et Sapphiram trucidantis, Paulique

constantiam, qui Elymam magum viis Domini resistentem æterna cæcitate damnavit. Non est crudelitas crimina pro Deo punire, sed pietas. Unde et in lege dicitur: *Si frater tuus, et amicus, et uxor, quæ est in sinu tuo, depravare te voluerit a veritate, sit manus tua super eos, et effunde sanguinem eorum.*

### C. XIV. Quædam in veteri testamento licebant, quæ in novo prohibentur.

*Item* Joannes Chrysostomus *super Matthæum, homilia XVII, ad. c. 5.*

Occidit Phinees hominem, et reputatum est illi ad justitiam. Abraham vero, non solum homicida, sed etiam parricida quod certe gravius est) effectus, magis Deo 'magisque' complacuit. Petrus geminum fecit homicidium: fuit tamen opus spiritale, quod factum est. Non sola igitur respiciamus opera, sed tempus, et causam, et voluntatem, et personarum differentiam, et quantacunque alia ipsis operibus acciderint, diligentissime inquiramus. Non enim possumus ad veritatem aliter pervenire.

### C. XV. Necessitate instante etiam in quadragesimalibus diebus bellum inire licet.

*Item* Nicolaus Papa *ad consulta Bulgarorum, c. 46.*

Si nulla urget necessitas, non solum 'in' quadragesimali tempore, sed omni est a præliis abstinendum. Si autem inevitabilis urget importunitas, nec quadragesimali tempore pro defensione tam sua quam patriæ, seu legum paternarum, est bellorum proculdubio præparationi parcendum, ne videlicet Deum videatur homo tentare, si habet quod faciat, et suæ ac aliorum saluti consulere non procurat, et sanctæ religionis detrimenta non præcavet.

---

### NOTATIONES CORRECTORUM.

C. X. * Quod hic refertur ex Alcuino habetur in vita et gestis Caroli M., per Eginardum scriptis. In quo libro, et apud Ivonem pro voce: *hortatu*, legitur: *rogatu.*

C. XIII. † *Syromasten*: B. Hieronymus Num. 25, et in c. 2. Malachiæ, σιρομάστην *pugionem* interpretatur; tertio autem libro Reg. cap. 18, et lib. 4, cap. 11, *hastam*, velut etiam Hesychius, qui ait, σιρομάστην esse εἶδος λόγχης.

§ *Non est crudelitas*: In editione Romana legitur: *non est crudelitas pro Deo pietas.* In Lugdunensi vero: *non est credulitas pro Deo, sed pietas;* lectio tamen Gratiani non videtur rejicienda.

QUÆST. VIII. C. IX. prætitulatum: lvb. consequitur: Edd. Arg. Nor. Ven. I, II. = C. X. Ivo Decr. p. 10, c. 91. Pan. l. 8, c. 32: *ex gestis Caroli M. juxta Alcuinum.* — Deusd. p. 5. — legitur ap. Eginhardum, vita Caroli M., c. 7. (Ed. Pertz.) † *non est* ap. Eginhardum. non est in Pan. = C. XI. Ivo Pan. l. 8, c. 29. Decr. p. 15, c. 114. — In margine Decreti hæc ep. directa esse dicitur: *Epp. Galliæ,* quod melius esse videtur. abest. ab lv. et Edd. Arg. Bas. Nor. = C. XII. Fragm. epistolæ deperditæ. *Domagol*: Ivo Decr. — *Domago*: Pan. abest ab. lv. Pan. et Ed. Bas. *compresseris*: Ivo Decr. *quæ*: Edd. coll. o. *poterit*: eæd. pr. Bas. Lugdd. II, III. = C. XIII. Ivo Pan. l. 8, c. 21. Decr. p. 10, c. 72. 1 Num. c. 25. *auctoritatem*: Ivo Pan. — Edd. coll. o. — cf. 4 Reg. c. 1. 1 Matth. c. 10. *trucidantem*: Edd. coll. o. — Ivo. — cf Act. c. 5. *severitate*: Ivo Pan. — Edd. coll. o. — cf. Act. c. 13. *Deut. c. 13, v. 6 seqq.* add: *tuus*: Ed. Bas. *dormit*: Edd. coll. o. — Ivo Pan. *depr. veritatem*: Edd. coll. o. pr. Lugdd. II, III. — Ivo Pan. *voluerint*: Ed. Lugd. l. *ipsorum*: Ivo. — Edd. coll. o. = C. XIV. Ivo Pan, l. 8, c. 18. Decr. p. 10, c. 65. cf. Num. c. 25. abest ab Ed. Arg. — cf. Gen. c. 22. *verum*: Ed. Bas. *filicida*: Ed. Arg. *placuit*: Ivo. — Edd. coll. o. *Sed et Petr.*: Ivq. — *Petr. quoque*: Ed. Bas. — *Petr. tamen*: Edd. rell. *solum*: Ivo Pan. — Edd. coll. o. *ad op.*: ib. *add. etiam*: Edd. Bas. Lugdd II, III. *ad tempus — ad causam*: Edd. coll. o. *ad vol*: eæd. pr. Nor. Ven. I. *pers. quoque*: Edd. coll. o. *acciderunt*: eæd. — Ivo Pan. *requiramus*: Ed. Bas. = C. XV. *scr.* A. 866. — Ivo Pan. l. 8, c. 37. Decr. p. 10, c. 93. *sed etiam omni tempore*: Edd. coll. o. *opportunitas*: orig. — Ivo. *necessitas vel import.*: Ed. Bas. *non tam*: ib.

C. XVI. *Petrus Ananiam et Sapphiram increpando morti tradidit.*

Item Gregorius *in Dialog. lib. II, c. 30* [67].

Petrus, qui Tabitham mortuam orando suscitavit, Ananiam et Sapphiram mentientes morti increpando tradidit. Neque enim orasse in eorum exstinctione legitur, sed solummodo, culpam quam perpetraverant [68], increpasse. Constat ergo, quod aliquando hæc [69] ex potestate, aliquando 'vero' [70] exhibentur [71] ex postulatione, dum et istis vitam increpando abstulit, et illi reddidit orando.

C. XVII. *B. Gregorius quosdam hortatur, ut milites congregent, et contra hostes arma viriliter parent.*

Idem *Veloci, Magistro militum, lib. XII, ep. 21* [72].

Ut [73] pridem expressimus [74] gloriæ vestræ, quia milites illuc erant parati venire; sed quoniam inimicos congregatos et huc discurrere epistola vestra significaverat, hæc eos hic causa retinuit. Nunc vero utile est visum, ut [75] aliquanti illuc milites transmittantur, quos gloria tua admonere [76] et hortari, ut parati sint ad laborem [77], studeat, et occasione inventa cum gloriosis filiis nostris Mauricio [78] et Vitaliano [79] loquere, et quæcunque vobis [80] Deo adjutore pro utilitate reipublicæ statuerint [81] facile; et si huc vel ad Ravennates [82] partes nec dicendum Ariulphum [83] cognoveritis excurrere [84], vos a dorso ejus ita [85], sicut viros decet [86] fortes, laborate, quatenus opinio vestra ex laboris vestri qualitate amplius in republica Deo auxiliante proficiat. Illud tamen præ omnibus admonemus, ut familiam Maloin [h], et Adobin, Vigildi, atque Grussingi, qui cum glorioso Mauricio magistro militum esse noscuntur,

sine aliqua mora vel excusatione relaxes, quatenus venientes illuc homines prædicti [87] viri cum eis sine aliquo impedimento debeant ambulare.

C. XVIII.

*Item* Ejusdem *Mauricio et Vitaliano, lib. XII, epist. 23* [88].

Suppliciter gloriæ vestræ per filium nostrum Vitalianum, cum quo 'et' [89] tractetis [90], et verbo et scripto mandavimus. Undecimo autem die mensis junii Ariulphus [91] hanc epistolam, quam vobis direximus, transmisit, et ideo relegentes eam videte, si in fide sua [92] Suanenses, quam reipublicæ promisere, perstiterunt [93], obsidesque dignos, de quibus possitis confidere, ab eis percipite [94], et insuper eos denuo [i] sacramentis obstringite [95], reddentes eis quod [96] loco pignoris sustulistis, 'et' † sermonibus vestris eos sanantes. Si autem manifestissime cognoveritis, eos [97] cum Ariulpho de sua subjectione [98] locutos fuisse, vel certe obsides ei dedisse, sicut nos Ariulphi epistola, quam vobis direximus, dubios reddidit, salubri consilio pertractantes, ne in aliquo anima vestra vel [k] nostra de sacramentis gravetur, quicquid utile reipublicæ judicaveritis peragite. Sed ita faciat gloria vestra, ut neque sit aliquid, unde possimus ab adversariis reprehendi, neque 'in quo' utilitas reipublicæ [99] (quod Dominus avertat) negligatur. Præterea, gloriosi filii, estote solliciti, quia, quantum comperi, hostis [l] multitudinem habet collectam, et in Marchia [m] dicitur residere; et [100] si huc cursum, Deo sibi irato, mittere voluerit, vos loca ipsius (quantum vos Dominus adjuverit) deprædamini [101], aut certe sculpas [n], quos

NOTATIONES CORRECTORUM.

C. XVII. [h] *Maloin* : Hæc nomina sunt reposita, quemadmodum habentur in codicibus epistolarum impressis et manuscriptis. Antiqua autem exemplaria Gratiani et a vulgatis, et inter se valde hoc loco discrepant '.

C. XVIII. [i] *Denuo* : Abest hæc dictio a codicibus epistolarum excusis et manuscriptis; est tamen in vetustis etiam Gratiani, et apud Anselmum.

[k] *Vestra vel* : Hæ duæ voces non sunt in codicibus epistolarum ''; sed apud Anselmum.

[l] *Hostis* : In epistolis B. Gregorii partim legitur :

*hostem collectum habet*; partim vero : *hostis collectam habet*. Apud Anselmum vero est : *hostem collectam habet.*

[m] *In Marchia* : In epistolis impressis est *Narinas*; in uno autem manuscripto codice : *Narnia* '''.

[n] *Sculpas* : In plerisque vetustis, sicut etiam in codicibus B. Gregorii impressis et manuscriptis legitur : *sculatas* ††, quæ vox etiam apud Paulum Diaconum et alios scriptores significat exploratores, quod vidit etiam auctor glossæ.

---

QUÆST. VIII. C. XVI. [67] Ivo Pan. 1. 8, c. 19. Decr. p. 10, c. 65. — cf. Act. c. 9, et 5. [68] *patraverant* : Ed. Bas. [69] *talia* : ivo. — Edd. coll. o. [70] *non est ap.* Iv. [71] *exhibent* : orig. = C. XVII. [72] Ep. 3, (scr. A. 592), l. 2. Ed. Maur. — Ans. l. 13, c. 6, (adjecta nota : dat. d. V, Kal. Oct. Indict. X.} — Partem refert Ivo Decr. p. 10, c. 90. — Polyc. l. 7, t. 13. [73] *Et* : orig. — Ans. — Ed. Nor. [74] *notificavimus* : Edd. coll. o. [75] *et* : Ed. Bas. — *aut* : Ed. Ven. II. [76] *et adm.* : Ed. Bas. [77] *justitiam et ad laborem* : Edd. coll. o. [78] *Marco* : Ed. Bas. [79] *Vitali* : Edd. Arg. Nor. Ven. I [80] abest ab Edd. coll. o. pr. Bas. Lugdd. II, III. [81] *persuaserint* : Edd. coll. o. pr. Lugdd. II, III. [82] *Ravennæ* : Edd. coll. o. [83] *Arnulphum* : eæd. [84] *occurrere* : Ed. Bas. [85] *non est in ead.* [86] *condecet* : Edd. coll. o. * *Alioni, Hoym, Lugidifrisim* : Ed. Arg. — *Alioin, Adhoniam, Lugidifrisim* : Edd. Nor. Ven. I. — *Aloym, Adoym, Lugidifrusym* : Ed. Bas. — *Alioim, Adhoniaim, Lugidifrusim* : Ed. Ven. II. — *Alioym, Adhoniaym, Lugidifrosim* : Ed. Lugd. I. — *Alioyn, Adhoniaym, Lugidifrusim* : Edd. Par. Lugdd. II, III. — *Aloin, Adobin atque Ingildi, Gnisgini* : Ans. [87] *et præd.* : Bohm. = C. XVIII. [88] Ep. 30, (scr. A. 592), l. 2. Ed. Maur. — Ans. l. 13, c. 8. Polyc. ib. [89] *ut* : orig. [90] *tractaretis* : orig. — Ans. — Edd. Lugdd. II, III. — *tractaveritis* : Edd. rell. [91] *et hic et infra in* Edd. coll. o. *est* : *Arnulphus*. [92] abest ab Edd. coll. o. pr. Lugdd. II, I.I. [93] *perstiterint* : Ed. Bas. [94] *accipite* : Edd. coll. o. pr. Arg. [95] *constringite* : Ed. Bas. — *ads ringite* : Edd. rell. [96] *quæ* : Ed. Bas. — *quos vel quod* : Ed. Arg. † abest a Bohm. [97] abest ab Ed. Bas. [98] *subditione* : orig. [99] *sunt tamen in* Ed. Maur. [100] *nostræ reipubl.* Edd. : coll. o. reipubl. *exigit* : orig. ''' *ita ap.* Ans. — *in* Ed. Arg. *est* : *Mardias* , in Ed. Bas. : *in ardius*. [101] *ut* : Edd. coll. o. [102] *deprædate* : Ans. †† *culpas vel scultas* : Edd. Arg. *Scultas* : Edd. rell. pr. Bas. Par. Lugdd. II, III. — legendum erit : *sculcas*, etenim σπούλκα ap. scriptores infimæ græcitatis excubias designat.

mittitis [102], solicite requirant, ne dolens factum ad nos [103] discurrat.

Gratian. *In regesto etiam legitur, quod B. Gregorius civibus Thusciæ, ut contra Longobardos arma pararent, mandavit, et militantibus stipendia decrevit. Hoc ergo exemplo et præmissis auctoritatibus claret, quod sacerdotes, etsi propria manu arma arripere non debeant, tamen vel his, quibus hujusmodi officia commissa sunt, persuadere, vel quibuslibet, ut ea arripiant, sua auctoritate valeant imperare.*

III. Pars. § 1. Sed objicitur illud Nicolai ad Ludovicum et Carolum Reges º [104]:

### C. XIX. Episcopi non debent militaribus occupari negotiis.

Reprehensibile valde constat esse quod subintulisti, dicenda, majorem partem omnium episcoporum diu noctuque cum aliis fidelibus tuis contra piratas maritimos invigilare, ob idque episcopi impediantur venire, quum militum [105] Christi sit Christo servire, militum [106] vero sæculi sæculo, secundum quod scriptum est [107]: *Nemo militans Deo implicat se negotiis sæcularibus.* Quod si sæculi milites 'sæculari' † militiæ student, quid ad episcopos et milites Christi, nisi ut vacent orationibus [108]?

### C. XX. In mortem cujuslibet hominis episcopi se miscere formident.

Item Gregorius Papa *lib. VII, epist. I, ad Sabinianum* [109].

Si in morte [110] Longobardorum me miscere voluissem, hodie Longobardorum gens [111] nec regem, nec duces, 'nec comites' haberet, 'atque in summa confusione esset divisa'. Sed quia Deum timeo, in mortem cujuslibet hominis me miscere formido.

Gratian. *Ecce quod Nicolaus Papa prohibet episcopos sæculari militia occupari, nec etiam contra maritimos piratas permittit eos ad pugnam accedere. Quomodo ergo Leo Papa adversus Sarracenos urbem egreditur, et, ut eos procul a littore arceat, populum undique convocat, et suorum injurias præsentialiter vindicat, atque cum Gregorio milites ad arma invitat? Sed notandum est, quosdam episcopos levitica tantum A portione esse contentos, qui, sicut in Dei sorte tantum numerantur, sic ipsum Deum solummodo in hereditatem accipiunt, dicentes* [112]: *Dominus pars hereditatis meæ. His nihil est commune cum principibus sæculi, quia temporalia penitus abjiciunt, ne eorum occasione legibus imperatorum obnoxii teneantur. Talibus nulla occasio relinquitur occupationis sæcularis militiæ, quia, quum de decimis et primitiis vivant, tanquam filii summi regis in omni regno a terrenis exactionibus liberi sunt ita, ut dicere valeant: Venit* [113] *princeps hujus mundi, et in gnobis non habet quidquam. Porro alii sunt, qui non contenti decimis et primitiis, prædia, villas, et castella, et civitates possident, ex quibus cæsari debent tributa, nisi imperiali benignitate immunitatem ab hujusmodi promeruerint. Quibus a Domino dicitur* [114]: *Reddite quæ sunt cæsaris cæsari; et quæ sunt Dei Deo. Quibus idem Apostolus* [115]: *Reddite omnibus debita, cui tributum, tributum; cui vectigal, vectigal.*

### Unde Ambrosius ad Marcellinam sororem epist. XXXIII p [116]:

### C. XXI. Ecclesiæ imperatoribus non sint obnoxiæ.

Convenior ipse a comitibus 'et tribunis', ut [117] basilicæ fieret matura traditio, dicentibus, imperatorem jure suo uti [118], eo quod in potestate ejus essent omnia. Respondi, si a me peteret quod meum esset, id est fundum meum, argentum meum, 'jus' hujusmodi [119] meum [120], me non refragaturum, quanquam omnia, quæ mea sunt, essent [121] pauperum; verum ea, quæ divina sunt, imperatoriæ potestati non esse [122] subjecta. Si patrimonium petitur [123], invadite; si corpus, occurram. Vultis in vincula rapere? vultis in mortem? voluptati [124] est mihi, non ergo me vallabo circumfusione populorum, nec altaria tenebo vitam obsecrans; sed pro altaribus gratius [125] inmolabor. Horrebam quippe animo, quum armatos ad basilicam ecclesiæ occupandam missos cognoscerem, ne, dum basilicam vendicant [126], aliqua strages fieret, quæ in perniciem totius vergeret [127] civitatis; orabam, ne tantæ urbis, vel potius totius Italiæ busto supervivorem. *Et infra:* § 1. Manda-

---

## NOTATIONES CORRECTORUM.

C. XIX. º Epistola, ex qua sumtum est hoc caput, exstat Romæ in monasterio Dominicanorum, scripta Ludovico et Carolo regibus, cujus initium est: *Credimus ea Dei dono,* in qua de Carolo, sermonem proprie ad ipsum convertens, queritur Pontifex ob quasdam excusationes, et hanc præcipue, quæ hoc capite continetur, nullos episcopos Romam ad synodum, quam ipse habere volebat, missos fuisse.

Propterea mutatus est titulus, qui antea erat: *Ad Carolum Imperatorem.*

C. XXI. ᵖ Caput hoc collectum est ex variis locis epistolæ ad Marcellinam, et orationis contra Auxentium de basilicis non tradendis, ut suis locis notatum est, inductis prioribus citationibus, quæ erant: *Et infra,* atque ex iisdem locis multa sunt emendata.

---

Quæst. VIII. C. XVIII. [102] *milites*: Edd. Arg. Nor. Ven. I. — *mittetis*: Edd. rell. pr. Bas. [103] *vos*: Ans. — Edd. Bas. Ven. II.=C. XIX. [104] scr. A. 863. — Ivo Decr. p. 5, c. 354. [105] *militibus*: Ivo. [106] *militibus*: id. — *milites vero sæc. serviant*: Edd. coll. o. [107] 2 Tim. c. 2, v. 4. † non est ap. lv. [108] *orationi*: orig. =C. XX. [109] Ep. 47, (scr. A. 594), l. 4. Ed. Maur. [110] *mortem*: Edd. Bas. Lugdd. II, III. [111] *gentes — haberent*: Ed. Bas. [112] Psal. 15, v. 5. [113] Joan. c. 14, v. 30. [114] Matth. c. 22, v. 21. [115] Rom. c. 13, v. 7. =C. XXI. [116] scr: A. 386. Ep. 20. Ed. Maur. [117] *add.: per me*: Edd. coll. o. [118] *jussisse tradi debere, utpote in cujus pot.*: eæd. [119] *et hui.*: eæd. pr. Arg. Bas. — *quidvis hui.*: orig. [120] *non est in Ed. Arg.* [121] *sint*: Edd. coll. o. [122] *suui*: eæd. pr. Bas. [123] *petit*: Edd. coll. o. [124] *voluntati*: Ed. Arg. — *voluntas*: Ed. Bas. [125] *gratis*: Edd. coll. o. [126] *populus vindicat*: eæd [127] *veniret*: eæd.

tur [128], trade basilicam, hoc est: *Dic* [129] *aliquod verbum in Deum, et morere*, nec solum dic adversus Deum, sed etiam fac adversus Deum. Mandatur, trade altaria Dei. Urgemur igitur praeceptis regalibus; sed confirmamur scripturae sermonibus, quae respondit: *Tanquam* [130] *una ex insipientibus locuta es.* (*Et in oratione contra Auxentium:* § 2. Quid [131] ergo turbamini? volens nunquam jus [132] deseram; coactus repugnare non novi; potero dolere, potero flere, potero gemere; adversus arma [133], milites Gothos quoque, lacrymae meae mea arma sunt. Talia enim sunt munimenta sacerdotis. Aliter nec debeo, nec possum resistere. *Et paulo inferius:* § 3. Utinam essem securus, quod Ecclesia haereticis minime traderetur; ad palatium imperatoris irem libenter, si hoc congruere sacerdotis officio, ut in palatio magis certarem, quam in ecclesia. Sed in consistorio non reus Christus solet esse, sed judex. Causam fidei agendam in ecclesia quis abnuat? Si quis confidit, huc veniat. *Et in eadem epistola ad Marcellinam:* § 4. Allegatur, imperatori licere omnia, ipsius esse universa. Respondeo: Noli te gravare, imperator, ut putes, te in ea, quae divina sunt, imperiale aliquod jus habere; noli te extollere, sed, si vis diutius imperare, esto Deo subditus [134]. Scriptum est [135]: *Quae* [136] *Dei Deo; quae caesaris caesari*. Ad imperatorem [137] palatia pertinent, ad sacerdotem [138] ecclesiae. Publicorum tibi moenium jus commissum est, non sacrorum. Iterum dicitur [139], mandasse imperatorem, debeo et ego unam basilicam habere. Respondi [140], non licet tibi illam [141] habere. Quid tibi cum adultera? Adultera est enim, quae non est legitimo Christi [142] conjugio copulata. *Et in eadem oratione contra Auxentium:* §§ 5. Nabuthe [143], sanctum virum, possessorem vineae suae scimus interpellatum petitione regia, ut vineam suam daret, ubi rex succisis vitibus olus vile] sereret, eumque respondisse: *Absit* [144], *ut ego Patrum meorum tradam hereditatem*. Regem contristatum esse, quod sibi esset alienum jus relatione justa negatum; sed muliebri consilio [145] deceptum q morte in agrum venisse. Sanctus enim Nabuthe vites suas vel pro-

prio cruore defendit. Si ille vineam non tradidit suam, nos trademus Ecclesiam Christi? Quid igitur a me responsum est contumaciter? Dixi enim conventus, absit a me, ut tradam Christi hereditatem. Si [146] ille Patrum hereditatem non tradidit, ego tradam Christi hereditatem? sed 'et' hoc [147] addidi: absit, ut tradam hereditatem 'Patrum, hoc est', Dionysii, qui in exsilio [148] causa [149] fidei defunctus est, hereditatem Eustorgii confessoris, hereditatem Myroclis [150], atque omnium retro fidelium episcoporum. Respondi ego quod sacerdotis est [151]. Quod imperatoris est faciat imperator. Prius est, ut animam mihi quam fidem auferat. *Et infra:* § 6. Tributum Caesaris est, non negatur. Ecclesia Dei est. Caesari utique non debet [152] adjici, quia jus Caesaris esse non potest templum Dei. Quod cum imperatoris honorificentia dictum nemo potest negare. Quid enim honorificentius, quam ut imperator ecclesiae filius lesse dicatur? Quod quum [153] dicitur [154], sine peccato dicitur [155], cum [156] gratia dicitur [157]. Imperator enim bonus intra Ecclesiam est, 'non supra Ecclesiam'. Bonus enim imperator quaerit auxilium ecclesiae, non refutat. *Et supra in eadem oratione:* § 7. Si de [158] meis' aliquid posceretur, aut fundus, aut domus [159], aut aurum, aut [160] argentum, id quod mei juris esset, 'respondi me' libenter offerre [161]: templo Dei [162] nihil posse [163] decerpere, nec tradere illud, quod custodiendum, non tradendum acceperim. Deinde consulere me [164] etiam imperatoris saluti [165], quia nec mihi expediret tradere, nec illi accipere. Accipiat 'enim' vocem liberi sacerdotis, si vult sibi esse consultum, recedat a Christi injuria. Haec plena humilitatis sunt, et, ut arbitror, plena affectus ejus, quem imperatori debet sacerdos.

C. XXII. *De suis exterioribus ecclesiae solvunt tributa.*

*Item* Urbanus Papa [166].

Tributum [167] in ore piscis piscante Petro inventum est, quia de exterioribus suis, quae palam cunctis apparent, Ecclesia tributum reddit. Non autem totum piscem jussus est dare, sed tantum staterem, qui in ore ejus inventus est, quia non

NOTATIONES CORRECTORUM.

q *Deceptum*: In originali statim post noc verbum sequitur: *Nabuthe vites suas.*

r *Si de meis*: Aptatus est nic locus, quantum licuit, ex originali.

---

QUAEST. VIII. C. XXI. [128] *Advertitis* quid jubeatur, quum mandatur: orig. [129] Job. c. 2, v. 9. [130] ib. v. 10. [131] Polyc. l. 4, t. 15. [132] *vos*: Edd. coll. o. [133] cf. supra c. 3. [134] *subjectus*: Edd. coll. o. [135] add.: *enim*: Edd. Lugdd. II, III. [136] *reddite quae*: eaed. — Ed. Bas. — add.: *sunt*: Ed. Bas. — cf. Matth. c. 22, v. 21. [137] *imperatores*: Edd. coll. o. [138] *sacerdotes*: eaed. [139] add.: *mihi*: eaed. [140] *Respondeo*: Edd. Bas. Lugdd. II, III. [141] *ullam*: Edd. coll. o. pr. Arg. Nor. Ven. I. [142] abest ab Ed. Bas. [143] *Meministi etiam, quod lectum est hodie, Nab.*: orig. [144] 3 Reg. c. 21, v. 3. [145] *concilio*: Ed. Bas. [146] totus hic versic. abest ab Ed. Arg.; in rell. est: *Non tradidit Nabuthe suam, et ego, etc.* [147] *adhuc*: Ed. Arg. [148] add.: *positus*: Edd. Bas. Lugdd. II, III. [149] *in causa*: Edd. Arg Nor. [150] *Mirocletis*: Edd. coll. o. [151] add.: *faciam*: eaed. [152] *debetur*: eaed. [153] *enim*: eaed. [154] add.: *filius*: Edd. Arg. Nor. [155] *dic. cum gloria*: Ed. Arg. — *dic. cum gratia*: Ed. Bas. [156] *et cum*: Edd. coll. o. pr. Arg. Bas. [157] non est in Edd. Arg. Bas. [158] *de me al. compellere tur et posc.*: Edd. coll. o. [159] add.: *aut ager*: Edd. coll. o. pr. Nor. Ven. I, II. Par. [160] *et*: Edd. Ven. II. Par. Lugd. I. [161] *offerrem*: Edd. coll. o. [162] *Domini*: eaed. pr. Bas. [163] *possum nec (aut: Ed. Bas), dec., nec (aut: Ed. Bas), trud., quum illud custod.*: Edd. coll. o. [164] *mihi*: Edd. Bas. [165] add.: *oportet*: Edd coll. o. pr. Bas. — C. XXII. [166] Non exstat inter epistolas Urbani II. [167] cf. Matth. c. 17.

ecclesia dari imperatori, non pontificalis apex, qui in ore capitis ecclesiæ præeminet, subjici potest regibus. Sed sane, ut diximus, quod in ore piscis invenitur pro Petro et Domino dari jubetur, quia de exterioribus ecclesiæ, quod constitutum antiquitus est, pro pace et quiete, qua nos tueri et defensare debent, imperatoribus persolvendum est.

IV. Pars. Gratian. *Quamvis etiam hujusmodi non videantur imperialibus exactionibus subjiciendi. Nam, quum tempore famis cunctorum Ægyptiorum terram sibi emeret Pharao, atque sub eadem fame suæ servituti cuncta subjiceret, sacerdotibus* [168] *ita necessaria subministravit, ut nec possessionibus, nec libertate nudarentur, Domino ex tunc pronunciante, sacerdotes in omni gente liberos esse oportere.*

*Unde* Constantius et Constans [169] *hanc immunitatem dederunt ecclesiæ, dicentes :*

C. XXIII.

In qualibet civitate, in quolibet oppido, vico [170], castello, municipio [171], quicunque voto Christianæ religionis [172] meritum eximiæ singularisque virtutis omnibus intimaverit, securitate perpetua potiatur [173]. Gaudere enim [174] et gloriari ex fide semper volumus, scientes, magis religionibus, quam officiis et labore [175] corporis vel sudore nostram rempublicam contineri. *Gratianus* [176] *quoque, Valentinianus et Theodosius decreverunt, dicentes :* § 1. Universos, quos constiterit custodes ecclesiarum [177], esse vel [178] sanctorum locorum, ac religiosis obsequiis deservire, nullius [179] attentionis molestiam sustinere decernimus [180]. *Imperator Justinianus* [181] : § 2. Sancimus res ad venerabiles ecclesias, vel xenones, vel [182] monasteria, vel ptochotrophia, vel brephotrophia, vel orphanotrophia, vel gerontocomia, vel [183] denique aliud tale consortium descendentes ex qualicunque curialis [184] liberalitate, sive inter vivos, sive mortis causa, sive in ultimis voluntatibus habita, a [185] lucrativorum inscriptionibus liberas esse et immunes; lege scilicet, quæ super hujusmodi inscriptionibus posita est, in aliis quidem personis suum robur obtinente, in parte autem ecclesiastica, vel aliarum domuum, quæ hujusmodi [186] piis consortiis deputatæ sunt, suum vigorem pietatis intuitu mitigante.

*Hinc etiam* in Parisiensi Concilio *legitur* s [187] :

C. XXIV. *De agro ecclesiastico presbyter non cogatur censum persolvere.*

Secundum canonicam auctoritatem et constitutionem domini imperatoris Ludovici, de ecclesiastico agro, et manso, et de mancipiis, quæ ipse suis capitulis t constituit, vel si quilibet pro loco sepulturæ aliquid largitus ecclesiæ fuerit, de decimis u etiam et oblationibus fidelium nullus quemquam presbyterorum aliquem censum persolvere cogat, nec quisquam cujuslibet ordinis vel dignitatis exinde quicquam subtrahat, aut redhibitionem [188] quamcunque exigat temporalem. Quod si fecerit, communione usque ad satisfactionem privetur, et regia potestate dare cogatur v.

C. XXV. [PALEA.]

*Item ex Concilio Wormaciensi,* c. 50 w [189].

« Sancitum est, ut unicuique ecclesiæ unus mansus integer absque ullo servitio attribuatur, et presbyteri in eis constituti non de decimis, neque de obligationibus fidelium, non de domibus, neque [190] de atriis, vel de hortis juxta ecclesiam positis, neque de præscripto manso aliquodservitium faciant præter ecclesiasticum. Et si aliquid amplius habuerint, inde majoribus [191] suis debitum servitium impendant. »

*Gratian. Hinc datur intelligi, quod de his, quæ imperiali beneficio, vel a quibuslibet pro beneficio sepulturæ ecclesia possidet, nullius juri, nisi episcopi, teneatur adstricta. De his vero, quæ a quibuslibet emerit vel vivorum donationibus acceperit, principibus consueta debet obsequia, ut et annua eis per-*

NOTATIONES CORRECTORUM.

C. XXIV. s Burchardus et Ivo p. 3, c. 56, simile quiddam citant ex conc. Meldensi c. 8. Verum idem Ivo eadem parte c. 175, hoc idem affert ex conc. Parisiensi, in quo videtur innovatum quod nunc exstat in conc. Meldensi c. 63.

t *Capitulis* : Videtur significari caput proxime sequens, quod est lib. 1. Capitularium, c. 91.

u *De decimis* : In dicto capite 63, conc. Meldensis, et apud Ivonem c. 175, legitur : *neque de decimis et oblationibus fidelium cuiquam presbytero aliquem censum,* etc. Ivo tamen c. 56, habet ut Gratianus.

v *Dare cogatur :* In conc. est : *hoc emendare legaliter cogatur.* Ivo tamen ut Gratianus; Burchardus vero habet tantum usque ad verb. *privetur.*

C. XXV. w Abest caput hoc a plerisque vetustis exemplaribus; habetur tamen locis indicatis

Quæst. VIII. C. XXII. [168] Genes. c. 47. = C. XXIII. [169] Imo Constantius solus. —Theod. cod. l. 16, t. 2, c. 16, (scr. A. 361.) —Aus. l. 4, c. 14. — In Edd. Arg. Ven. II. Par. Lugdd. pro *Constantius* est : *Constantinus* ; add. tamen in Arg. : *al. Constantius.* [170] *vel vic., vel cast.* : Edd. coll. o. [171] *et mun.* : Edd. Arg. Bas. *vel mun.* : Edd. rell. [172] *legis* : orig. [173] *patiatur* : Ed. Bas. [174] *eum* : Edd. coll. o. [175] *laboribus* : Ed. Bas. [176] In Edd. coll. o. assignatur Valentiniano atque Valenti Impp.—Aus. l. 4, c. 15.—cf. Theod. Cod. ib. c. 26. [177] *animarum vel eccl.* : Edd. Bas. Lugdd. II, III. [178] *et* : Edd. coll. o. [179] *nullam* : exd. pr. Arg. Bas., in quibus est : *non sustinere.* [180] *decrevimus* : Edd. coll. o. pr. Lugdd. II, III. [181] Cod. Just. de SS. EE. c. 22. — Aus. l. 4, c. 22. [182] abest ab Edd. coll. o. pr. Lugdd. II, III. [183] *vel si quod* (quid : Ed. Bas.), *tale aliud* (aliquod : Ed. Bas.) *consortium est* : Edd. Bas. Par. Lugdd. II, III. — *si quod ad tale aliquod consortium* : Edd. Arg. Nor. Ven. I, II, et addito in fine : *est* : Ed. Lugd. I. [184] *curiali* : Edd. coll. o. [185] abest ab iisd. pr. Lugdd. II, III.— [186] *his* : Edd. coll. o. pr. Lugdd. II, III. C. XXIV. [187] Imo c. 63, conc. Meldensis, hab. A. 845. — Burch. l. 3, c. 55. Ivo Decr. p. 3, c. 56, et 175. [188] *retributionem vel redh.* : Ed. Bas. = C. XXV. [189] c. 10. Cap. Ludov. Pii A. 816. — Cap. l. 1, c. 83. — cf. conc. Worm. hab. A. 858, c. 50. — Reg. l. 1, c. 24. Burch. l. 3, c. 52. Ivo Decr. p. 3, c. 55, p. 16, c. 262. — totum caput abest ab Ed. Arg. [190] *neque — pos.* : *non sunt* in conc. Worm.; leguntur tamen in Capit. Ludov. [191] *senioribus* : orig.

solvat tributa, et convocato exercitu cum eis profi- ciscatur ad castra. Quod tamen hoc ipsum non sine consensu Romani Pontificis fieri debet.

Unde Gelasius Papa *Elpidio Episcopo* [192] :

C. XXVI. *Absque auctoritate Romani Pontificis aa comitatum episcopi proficisci non audeant.*

Quo ausu, qua temeritate rescribis, Ravennam [193] te parare proficisci, quum canones evidenter præcipiant nullum omnino pontificum, nisi nobis ante visis atque consultis, ad comitatum debere contendere x ? Quemadmodum tibi putas licere quod non licet, nisi quod hoc officio carere festinas, quo his excessibus te ostendis indignum ?

C. XXVII. *Absque metropolitani consilio vel provincialium episcoporum ad imperatorem episcopi non pergant.*

Item ex Concilio Antiocheno, c. 11 [194].

Si quis episcopus, aut presbyter, vel omnis omnino, qui est sub ecclesiastica regula constitutus, præter consilium [195] vel litteras eorum episcoporum, qui sunt intra provinciam, et maxime [196] metropolitani, ad imperatorem perrexerit [197], hunc abdicari et ejici non solum de communione debere, sed etiam propria dignitate privari decernimus [198] tanquam molestum et importunum imperialibus auribus contra ecclesiastica constituta.

Gratian. *Reprehenduntur* [199] *ergo Gallicani episcopi a Nicolao, quoniam apostolica auctoritate contenta potius arma sequi elegerant, quam apostolico conspectui sese repræsentarent. Quanquam proficiscentes ad comitatum possunt intelligi non secuti imperatorem, ut armis sibi auxilientur, sed ipsum cum exercitu suo quotidianis orationibus Deo commendent. In quo casu auctoritas illa Sardicensis Concilii loqui videtur, in cujus octavo capite Osius Episcopus dixisse legitur* y [200] :

C. XXVIII. *Qui a religiosis imperatoribus vocati episcopi non fuerint ad comitatum non proficiscantur.*

Si vobis, fratres carissimi, placet, decernite, ne episcopi ad comitatum accedant, nisi forte hi, qui a religiosis imperatoribus z vel invitati vel vocati [201] fuerint. Sed quoniam sæpe contingit, ut ad misericordiam ecclesiæ confugiant qui injuriam patiuntur, et qui peccantes in exsilium vel in insulas damnantur, aut certe quamcunque [202] sententiam suscipiunt: ideo [203] subveniendum est his, et sine dubitatione eis est petenda per ecclesiam indulgentia.

Gratian. *Licet ergo prælatis ecclesiæ exemplo B. Gregorii* [204] *ab imperatoribus vel quibuslibet ducibus defensionem fidelibus postulare. Licet etiam cum B. Leone* [205] *quoslibet ad sui defensionem contra adversarios sanctæ fidei viriliter adhortari, atque ad vim infidelium procul arcendam quosque excitare. Effusionem vero sanguinis nulli episcoporum sua vel imperatorum auctoritate imperare licet.*

Unde in Toletano Concilio IV, c. 30, legitur [206] :

C. XXIX. *Sacerdotes ibi consentiant fieri judices ubi jurejurando indulgentia promittitur.*

Sæpe principes contra quoslibet majestatis obnoxios sacerdotibus negotia sua committunt. Quia [207] vero a Christo ad ministerium salutis electi sunt, ibi consentiant regibus fieri judices, ubi jurejurando supplicii [208] indulgentia promittitur, non ubi discriminis sententia præparatur. Si quis ergo sacerdotum contra hoc commune consultum discusser [209] in alienis periculis exstiterit, sit reus effusi sanguinis apud Christum, et apud ecclesiam perdat proprium gradum.

C. XXX. *Non debent agitare judicium sanguinis qui sacramenta Domini tractant.*

Item ex Concilio Toletano XI, c. 6 [210].

His a quibus Domini sacramenta tractanda sunt, judicium sanguinis agitare non licet. Et [211] ideo magnopere talibus [212] excessibus prohibendum est, ne indiscretæ præsumtionis motibus agitati, aut quod morte plectendum est sententia propria judicare præsumant, aut truncationes [213] quibuslibet [214] personis per [215] se inferant aut inferendas præcipiant. Quod si quisquam immemor horum præceptorum aut in

---

NOTATIONES CORRECTORUM.

C. XXVI. x *Contendere* : In Polycarpo hæc sequuntur: *Quod quum longævi vel ætate vel honore pontifices Pistoriensis, Lucensis et Fesulanus nuper monstrentur fecisse, tu, qui paucorum dierum fungi sacerdotio videris, quemadmodum*, etc.

C. XXVIII. y Hoc capitulum fere iisdem verbis habetur in collectione Isidori, et codice canonum, nec longe discrepat a sententia græci canonis.

z *A religiosis imperatoribus* : florum loco in collectione Isidori, et codice canonum legitur : *religiosi* imperatoris literis; itemque græce : Παρεχτὸς τούτων, οὓς ἂν ὁ εὐλαβέστατος βασιλεὺς ἡμῶν τοῖς ἑαυτοῦ γράμμασιν μεταβάλλοιτο.

---

Quæst. VIII. C. XXVI. [192] *Elpidio Volaterrano* : Baller. ex coll. Deusdedit, p. 1, c. 139. — Ans. l. c. 6, 118 (120). Polyc. l. 1, t. 17. [193] *ad Rav.* : Edd. coll. o. = C. XXVII. [194] hab. A. 332. — Ans. l. 6, c. 124 (121). Burch. l. 2, c. 77. Ivo Decr. p. 6, c. 268, omnes ex Dionysio. [195] *concilium* : Ed. Lugd. I. [196] add. : *consilio* : Ed. Bas. — *sine concilio* : Ed. Lugd. I. — *sine consilio* : Edd. rell. [197] *perrexit* : Ed. Arg. [198] *abest a Coll. Hisp.* — *decrevimus* : Edd. coll. o. pr. Lugdd. II, III. [199] supra c. 19. = C. XXVIII. [200] hab. A. 547. — Ans. l. 16, c. 120 (117), usque ad verb. : *fuerint*. — Polyc. l. 4, t. 17. * *religiosissimi* : Coll. Hisp. [201] *evocati* : ead. Ans. [202] *quicunque* — *excipiunt* : Coll. Hisp. [203] *ideoque* : ead. — Edd. coll. o. [204] supra c. 17. [205] supra c. 7.= C. XXIX. [206] hab. A. 633. — Burch. l. 2, c. 149. Ivo Decr. p. 6, c. 222. [207] add. : *sacerdotes* : Edd. coll. o. — *Et quia sac.* : Burch. Ivo. — *Sed quia sac.* Coll. Hisp. [208] *suppliciis* : Edd. coll. o. pr. Arg. Lugdd. II, III. [209] *discursor* : ead. pr. Bas. Lugdd. II, III. = C. XXX. [210] hab. A. 675. — Reg. l. 2, c. 55, ( *ex conc. Mog. c. 5.*) — Coll. tr. p. p. 2, t. 42, c. 6. Burch. l. 1, c. 201. Ivo Decr. p. 5, c. 315. [211] *abest a Coll. Hisp.* [212] *talium* : ead. — *talis excessus prohibendus est* : Burch. Ivo. [213] *membrorum trunc.* : Edd.coll. o. pr. Bas. [214] *quaslibet* : Coll. Hisp. [215] *aut per* : ead. — Burch. Ivo. - Ed. B s.

ecclesiæ suæ familiis [216], aut in quibuslibet personis tale aliquid fecerit concessi [217] ordinis honore privetur [218] et loco; sub perpetuo quoque [219] damnationis teneatur [220] ergastulo religatus [221]. Cui tamen communio exeunti ex [222] hac vita non est neganda propter Domini misericordiam, qui [223] non vult peccatoris mortem, sed ut convertatur et vivat.

Gratian. *Ceteri etiam absque judiciali auctoritate membrorum truncationes et domorum incendia facere prohibentur.*

Unde in Decretis Eutychiani Papæ [224]:

**C. XXXI.** *Membra detruncans, domos incendens absque judiciali auctoritate, excommunicetur.*

Si quis membrorum truncationes, domorum [225] incendia fecerit, sive [226] facere jusserit aut facienti consenserit, quousque de his unicuique legaliter et amicabiliter coram episcopo civitatis aliisque civibus non emendaverit, *ab ecclesia se privatum agnoscat*. Si vero post secundam et tertiam conventionem cuncta, in quibus arguitur, non emendaverit*, tanquam ethnicus et publicanus ab omni Christianorum collegio separetur.

**VI. Pars. Gratian.** *De incendiariis quoque* Innocentius II, *in universali Concilio c. 18, generaliter constituit, dicens* [227]:

**C. XXXII.** *Domos incendens gratia vel odio alicujus, excommunicetur.*

Pessimam siquidem, et depopulatricem, et horrendam incendiariorum malitiam auctoritate Dei et beatorum apostolorum Petri et Pauli omnino detestamur et interdicimus. *Et infra*: § 1. Si quis ergo post hujus nostræ prohibitionis promulgationem malo studio, sive pro odio, sive pro vindicta ignem apposuerit; vel apponi fecerit, aut appositoribus consilium vel auxilium scienter tribuerit, excommunicetur, et si mortuus fuerit incendiarius, Christianorum careat sepultura, nec absolvatur, nisi prius, damno cui intulit [228] secundum facultatem suam resarcito [229] juret [230] se ulterius ignem non appositurum. Pœnitentia autem ei detur, ut Hierosolymis aut in Hispania in servitio Dei per annum integrum permaneat. Si [231] quis autem archiepiscopus vel episcopus hoc relaxaverit, damnum restituat, et per annum ab officio episcopali abstineat. Sane [232] regibus et principibus faciendæ justitiæ facultatem consultis episcopis et archiepiscopis non negamus.

**C. XXXIII.** *Homicida est, qui, publicam functionem non habens, aliquem occidit vel debilitat.*

*Item* Augustinus *in libro de civitate Dei* [a] [233].

Quicunque percutit malos in eo, quod mali sunt, et habet causam [b] interfectionis, minister Dei est. Qui vero sine aliqua publica administratione maleficum, furem, sacrilegum, et adulterum, perjurum, vel [234] quemlibet criminosum interfecerit, aut truncaverit [235], vel membris debilitaverit, velut homicida judicabitur, et tanto acrius, quanto non sibi a Deo concessam potestatem abusive usurpare non timuit.

**VII. Pars. Gratian.** *De his autem, qui simul hominem vulnerant, quæritur, si ille mortuus fuerit, quis eorum homicidii reatum incurrat?*

*De his ita statutum est* in Concilio apud Vermerias [236]:

**C. XXXIV.** *Si plures contra unum rixentur, qua pœna quisque eorum feriatur.*

Si quatuor aut quinque homines, seu etiam plures, contra unum hominem rixati fuerint, et ab his vulneratus mortuus fuerit, quicunque eorum plagam ei imposuit, secundum statuta canonum ut homicida judicetur; reliqui autem, qui eum impugnabant, volentes eum interficere, similiter pœniteant. Qui *vero* nec eum impugnabant, nec vulnerabant, nec consilio nec auxilio cooperatores fuerunt, sed tantum adfuerunt, extra noxam sint.

---

## NOTATIONES CORRECTORUM.

C. XXXIII. [a] Prima pars hujus capituli usque ad vers. *Qui vero*, citatur supra, ead. q. 5. *Qui malos*. ex commentariis B. Hieronymi in Ezechielem, ubi etiam habetur.

[b] *Et habet causam* : Supra ead. q. 5. *Qui malos*. et apud B. Hieronymum, et in glossa ordinaria, Panormia, apud Ivonem part. 10, c. 114, legitur: *habet vasa*. Exponuntur enim illa Ezechielis verba: *Unusquisque vas interfectionis habet*, sed apud Burchardum et Ivonem eadem part. c. 171, legitur ut apud Gratianum.

---

Quæst. VIII. C. XXX. [216] *famulis*: Edd. coll. o. [217] *et conc.* : Coll. Hisp. [218] *privatus* : ead. [219] abest ab ead. [220] abest a Burch. et Iv. [221] *relegatus* : Edd. coll. o. pr. Arg. — *religetur* : Burch. Ivo. [222] *de*: Ed. Bas. [223] Ezech. c. 33, v. 11. = C. XXXI. [224] Imo c. 7, conc. Ravenn. hab. A. 877. — Burch. l. 11, c. 30. Ans. l. 11, c. 60. Ivo Decr. p. 13, c. 40. Polyc. l. 6, t. 15. [225] *aut dom.*: Bohm. — *et dom.*: Edd. coll. o. pr. Arg. Nor. Ven. I. [226] *vel* : Ans. = C. XXXII. [227] hab. A. 1139. — Ivo Pan. in fine. [228] *intulerit* : Ed. Bas. — [229] *resarcito* : Edd. coll. o. — orig. [230] *et juret* : Edd. coll. o. pr. Lugdd. II, III. [231] c. 19, ejusd. conc. [232] c. 20, ib. = C. XXXIII. [233] Ap. Coll. citt. ad c. 29. C. 3, q. 5, ubi priora cap. verba referuntur, ea, quæ hic habentur inde a verbis : *Qui vero*, non leguntur, et videntur quidem auctoris longe recentioris, fortassis ipsius Gratiani, esse. [234] abest ab Ed. Ven. II. — *et* : Edd. Arg. Nor. Ven. I. [235] *trucidaverit*: Edd. coll. o. = C. XXXIV. [236] Non est in Vermeriensi. — Regino l. 2, c. 97, priora verba ( usque ad : *judicetur*) allegat ex *Moguntiacensi*, in quo pariter non exstat. Originem repetimus ex legibus Rotharis c. 12. — Leg. Langob. l. 1, t. 9, c. 1. — Burch. l. 6, c. 42. Ivo Decr. p. 10, c. 170.

# CAUSA XXIV.

### GRATIANUS.

*Quidam episcopus in hæresim lapsus aliquos de sacerdotibus suis officio privavit, et sententia excommunicationis notavit. Post mortem de hæresi accusatus damnatur, et sequaces ejus cum omni familia sua.* (Qu. I.) *Hic primum quæritur, an lapsus in hæresim possit aliquos officio privare, vel sententia notare?* (Qu. II.) *Secundo, an post mortem aliquis possit excommunicari?* (Qu. III.) *Tertio, an pro peccato alicujus tota familia sit excommunicanda?*

## QUÆSTIO I.
### GRATIANUS.

Quod autem ab hæretico aliquis deponi aut excommunicari non possit, facile probatur. Omnis enim hæreticus aut jam damnatam hæresim sequitur, aut novam confingit. Qui vero hæresim jam damnatam sequitur, ejus damnationis se participem facit.

Unde, quum Achatius absque synodali auctoritate ab Apostolico se damnatum quereretur, contra Gelasius *a* [4] *scribit, dicens :*

C. I. *Qui in jam damnatam hæresim labitur ejus damnationis se participem facit.*

Achatius non est factus inventor novi erroris, sed veteris imitator, atque ideo non erat necessarium, ut adversus eum nova sententia [2] prodiret, sed antiqua tantummodo renovaretur [3]. Factus sum itaque exsecutor veteris constituti, non promulgator novi. Quicunque enim in hæresim semel damnatam labitur, ejus damnatione se ipsum involvit.

C. II. *Non est retractandum quod semel synodus statuit contra unamquamque hæresim.*

*Item* Gelasius *in epistola ad Episcopos Dardaniæ* [4].

Majores nostri divina inspiratione cernentes necessario [5] præcaverunt, ut quod contra unamquamque hæresim coacta semel synodus pro fidei communione et veritate catholica atque apostolica pro-

A mulgasset non sinerent novis posthæc [6] retractationibus mutilari, ne pravis occasio præberetur quæ medicinaliter fuerant statuta pulsandi, sed, auctore cujuslibet insaniæ, ac pariter errore damnato, sufficere judicaverunt, ut quisquis aliquando hujus erroris communicator exsisteret, principali sententia damnationis ejus esset obstrictus. *Et infra* : § 1. Sic Sabellium damnavit synodus, nec fuit necesse, ut ejus sectatores postea damnarentur, 'singulas viritim synodos celebrari'; sed pro tenore constitutionis antiquæ 'cunctos', qui vel [7] pravitatis illius vel communionis exstitere [8] participes, universalis ecclesia duxit esse refutandos. Sic Arium, Eunomium [9], Macedonium, Nestorium synodus semel B gesta condemnans, ulterius ad nova concilia venire non sivit †.

C. III. *Non ultra in eum procedere oportet, qui in hæresim damnatam recidit.*

*Item* Felix Papa [b] [10].

Achatius non fuit novi vel proprii inventor erroris, ut in eum nova scita prodirent [11]; sed alieno facinori sua [12] communione 'se' miscuit. Itaque necesse est, ut in illam recideret justa lance sententiam, quam cum suis successoribus per convenientiam *c* synodalem susceperat auctor erroris.

*Gratian.* Si ergo episcopus ille in hæresim jam damnatam lapsus est, antiqua excommunicatione damnatus alios damnare non poterat. Excommunicatus enim alios excommunicare non valet.

*Unde* Alexander II *scribit Valeriano Episcopo,* C      *Martyri* [d] [13].

C. IV. *Excommunicatus alium excommunicare ncn potest.*

Audivimus, quod Henricus [14], Ravennas dictus archiepiscopus, visus [15] sit te excommunicare. Verum, quia excommunicatus te excommunicare non potuit, apostolica auctoritate te tuosque absolvendo mandamus exinde nunquam curare.

---

### NOTATIONES CORRECTORUM.

CAUSA XXIV. QUÆST. I. *a* Sententia hujus capituli est eadem cum sententia capitis paulo post sequentis, id est *Achatius,* quamvis verba discrepent.
C. III. *b* Polycarpus lib. 1, tit. 16, citat ex Gelasio, apud quem habetur in commonitorio ad Faustum.
*c Convenientiam :* Sic in vetustis etiam Gratiani exemplaribus, et recentioribus editionibus conciliorum. In antiquioribus vero conciliorum et epistolarum Pontificum editionibus legitur : *convenientiam*.
C. IV. *d Martyri :* Apud Ivonem est : *Guillelmo Marcioni.* In vetustis Gratiani exemplaribus legitur : D *Martyr* seu *Martur,* ut videatur hoc nomine significari voluisse, cujus ecclesiæ esset episcopus. In quibusdam vero tantum est : *Valeriano Episcopo.*

---

CAUSA XXIV. QUÆST. I. C. I.  [1] In commonitorio ad Faustum (scr. A. 495); verbis hinc inde mutatis.  [2] *scita prodirent :* Ed. Bas.  [3] *renovarentur :* ib. — *revocaretur :* Ed. Ven. II. = C. II.  [4] scr. A. 495. — Coll. tr. p. p. 1, t. 46, c. 3. — Ans. l. 12, c. 68. Polyc. l. 7, t. 7.  [5] *necessari :* Ed. Bas.  [6] *post hoc :* cad.  [7] abest ab ead.  [8] *exstiterint :* Edd. coll. o. pr. Bas.  [9] *sic et Eun.* : Edd. Bas. Ven. II. Par. Lugdd.  † *sinit :* Edd. coll. o. = C. III.  [10] cf. ad c. 1. — Polyc. c. 1, t. 16.  [11] *procederent :* Ep. Arg.  [12] *suam communionem :* Edd. coll. o.  *continentiam :* Edd. Bas. — *conviventiam :* Edd. rell. = C. IV.  [13] Ap. Iv. Decr. p. 14, c. 57, legitur : *Guillielmo Marcioni;* in Victorino Panormiæ codice l. 5, c. 133. ut observat Baluzius, *Willermo Martinioni,* (in Ed. Bas. ut ap. Gratianum ). In gestis conc. Belvacensis ap. D'Acherium t. 1, p. 635 : *Guillelmo Marchioni.*  [14] *hæreticus :* Edd. coll. o.  [15] *nisus :* Ivo. — conc. Belvac. l. 1. — Edd. coll. o.

Gratian. *Sin autem* • *ex corde suo novam hæresim confinxerit, ex quo talia prædicare cœpit, neminem damnare potuit, quia nec potest dejicere quemquam jam prostratus. Ligandi namque vel solvendi potestas veris, non falsis sacerdotibus a Domino tradita est. Apostolis enim dicturus:* Quorum [16] remiseritis peccata, etc., *præmisit:* Accipite [17] Spiritum sanctum, *ut evidenter cunctis ostenderet, eum, qui Spiritum sanctum non habet, peccata non posse tenere vel remittere. Porro Spiritum sanctum nemo nisi intra ecclesiam accipit, quia et ipsam unitatem per gratiam facit.* § 1. *Unde non nisi congregatis in unum dictum est:* Accipite Spiritum sanctum, *nec nisi super congregatos in unum die pentecostes* [18] descendit Spiritus sanctus. *Sicut autem extra ecclesiam non accipitur, ita extra eam nihil operatur. Quum ergo, sicut et Apostolus ait, Spiritus* [19] *postulet* f, *Spiritus impetret, extra ecclesiam nec postulare facit, nec impetrare. Unde Dominus dicturus:* Quodcunque [20] petieritis, etc., *præmisit:* Si duo ex vobis consenserint super terram ex omni re, etc. *Et iterum:* Ubi duo vel tres congregati fuerint in nomine meo, ibi ego sum in medio eorum; *nimirum cunctis ostendens, se non habitare in cordibus eorum, qui superbiæ singularitatem secuti a corporis Christi compage semetipsos abrumpunt. In quibus autem Christus non habitat, in eis Spiritus sanctus mentium scissuras refugiens locum non habet. Quum ergo peccata dimittere vel tenere, excommunicare vel reconciliare opus sit Spiritus sancti et virtus Christi: apparet, quod hi, qui extra ecclesiam sunt, nec ligare possunt, nec solvere, nec reconciliando ecclesiasticæ communioni reddere, nec excommunicando ejus societate privare, qua ipsi, hæresi vel schismate polluti sive sententia notati, penitus carere probantur. Unde, quum omnibus discipulis parem ligandi atque solvendi potestatem Dominus daret, Petro pro omnibus et præ omnibus claves regni cœlorum se daturum promisit, dicens:* Tibi [21] dabo claves regni cœlorum. *Quicunque ergo ab unitate ecclesiæ (quæ per Petrum intelligitur) fuerit alienus, exsecrare* [22] *potest, consecrare non valet; excommunicationis vel reconciliationis potestatem non habet. Unde Apostolus, quum fornicatorem Corinthium excommunicandum scriberet, ait* [23]: Ego quidem absens corpore, præsens autem spiritu, jam judicavi ut præsens eum, qui sic operatus est, in nomine Domini nostri Jesu Christi, congregatis vobis, et meo spiritu, cum virtute Domini nostri Jesu Christi, tradere hujusmodi hominem Satanæ in interitum carnis. *In quo formam excommunicationis ostendens, docuit, non nisi fidelem et a fideli notandum. In nomine namque Domini atque ejus virtute cooperante non nisi fidelis aliquid operari valet, quum nemo possit dicere* [24]: Dominus Jesus, nisi in Spiritu sancto. *Item, quum Dominus prohibeat agnum comedi extra catholicam ecclesiam, qui professione fidei ab ea sunt alieni, ab ejus participatione, quam suo arbitrio reliquerunt, non repelluntur, sed abire permittuntur, sicut illi, qui audientes* [25]: Nisi manducaveritis carnem filii hominis, et biberitis ejus sanguinem, etc., *dixerunt:* Durus est hic sermo, et quis potest eum audire? *atque ita abierunt retrorsum, non repulsi, sed abire permissi. Hinc etiam Apostolus, quum de excommunicandis ageret, præmisit:* Si quis frater, etc., *de infidelibus autem supposuit, dicens* [26]: Eos, qui foris sunt, Dominus judicabit. De his autem, qui intus sunt, nobis judicium commisit. *Sicut autem ex eo, quod Apostolus ait:* Frater [27], *et ex his, quæ de fidelibus et infidelibus supposuit, apparet, non nisi fidelem excommunicandum, ita ex eo, quod fidelibus tantum hoc scribitur, vel potius, quia sicut ille, qui benedicit, major est eo, cui benedicitur, ita qui ex officio maledicit major est eo, cui maledicitur, liquido constat, eum, qui ab integritate catholicæ fidei recedit, maledicendi vel benedicendi potestatem minime habere. Catholicum namque, utpote se superiorem, maledicere non valet; in alienum a fide, tanquam in sibi æqualem, sententiam dare non potest. Hæc autem, quæ de hæreticis, atque schismaticis, vel excommunicatis dicta sunt, videlicet, quod ligandi vel solvendi potestatem non habeant, multorum auctoritatibus probantur.*

*Ait enim* Leo Papa *serm. III, in anniversario suæ assumptionis, et serm. II, de natali Apostolorum* [28]:

C. V. *Non solvitur vel ligatur nisi quod auctoritas B. Petri solverit vel ligaverit.*

Manet ergo Petri privilegium, ubicunque ex ipsius fertur æquitate judicium, nec nimia est [29] vel [30] severitas, vel remissio, ubi nihil erit ligatum,

### NOTATIONES CORRECTORUM.

• *Sin autem:* Non defuerunt qui crederent hæc quoque esse Alexandri. Sed apud Ivonem et in Panormia non habentur, et in vetustis Gratiani codicibus hic est ea nota, quæ solet apponi verbis Gratiani. Et est secundum membrum divisionis in ipso quæstionis principio a Gratiano propositæ, omninoque et stylus, et quæ dicuntur ad id confirmandum concurrunt.

f *Spiritus postulet:* Verba ipsa Apostoli sunt hæc: Similiter autem et Spiritus adjuvat infirmitatem nostram. Nam quid oremus, sicut oportet, nescimus, sed ipse Spiritus postulat pro nobis gemitibus inenarrabilibus. In glossa autem interlineari ad eum locum sunt verba sequentia: *Spiritus impetret.*

---

Quæst. I. C. IV. [16] Joan. c. 20, v. 23. [17] v. 22, ib. [18] Act. c. 2. [19] Rom. c. 8, v. 26. [20] Matth. c. 18, v. 19, 20. [21] ib. c. 16, v. 19. [22] *non exsecr.*: Bohm. [23] 1 Cor. c. 5, v. 3. [24] ib. c. 12, v. 3. [25] Joan. c. 6, v. 54. [26] 1 Cor. c. 5, v 13. [27] *Si quis frater*: Bohm. = C. V. [28] Serm. 4. Ed. Baller. — Polyc. l. 7, t. 2. [29] abest ab Edd. Arg. Nor. Ven. [30] abest ab Edd. Bas. Par. Lugdd.

nihil solutum, nisi quod B. Petrus aut solverit, aut ligaverit.

**C. VI.** *In persona Petri ligandi et solvendi ecclesia potestatem accepit.*

*Item* Augustinus *super Joannem, tract. L, ad c. 12* [31].

Quodcumque [32] ligaveris super terram, erit ligatum et in cœlo [33]. Si hoc Petro tantum dictum est, non hoc facit ecclesia. Si autem in ecclesia fit (uti [34]) quæ in [35] terra ligantur in [36] cœlo ligentur [37], et quæ solvuntur [38] in terra solvantur in cœlo, quia, quum excommunicat ecclesia [39], in cœlo ligatur excommunicatus; quum reconciliat ecclesia, in cœlo solvitur [40] reconciliatus, si ergo hoc in ecclesia fit, Petrus, quando claves accepit, ecclesiam sanctam significavit. Si in Petri persona significati sunt in ecclesia boni, in Judæ persona significati sunt in ecclesia mali.

**C. VII.** *Suis meritis firmus nonnunquam turbatur alienis.*

*Item* Ambrosius *ad c. 5, Lucæ* [a] [41].

Non turbatur navis, quæ Petrum habet : turbatur illa, quæ Judam habet. Etsi multa illic discipulorum merita navigabant, tamen eam adhuc perfidia proditoris agitabat. In utraque Petrus : sed qui suis meritis firmus est, turbatur alienis. Caveamus igitur perfidum, caveamus proditorem, ne per unum [42] fluctuemus plurimi. Ergo non turbatur hæc navis, in qua prudentia [43] navigat, abest perfidia, fides aspirat [44]. Quemadmodum [45] enim turbari poterat, cui præerat is, in quo est ecclesiæ firmamentum? Illic ergo turbatio, ubi modica [46] fides: hic [47] securitas, ubi perfecta dilectio. Denique etsi aliis imperatur, ut laxent retia sua [48], soli tamen Petro dicitur [49] : *Duc in altum*, hoc est in profundum disputationum. Quid enim tam altum quam altitudinem divitiarum videre, scire [50] Dei filium, et professionem divinæ generationis assumere? quam licet mens nequeat humana plene [51] ratione investigatione comprehendere, fidei tamen plenitudo complectitur

**C. VIII.** *Solus Petrus accepit mandatum, ut hamo piscem caperet.*

*Idem ibidem paulo inferius* [52].

Est aliud [53] apostolicum piscandi genus, quo genere solum Petrum piscari Dominus jubet, dicens [54] : *Mitte hamum, et eum piscem, qui primus* [55] *ascenderit, tolle.*

**C. IX.** *Nulla perturbatio a tramite apostolicæ sedis retrahat, quæ omnes hæreses semper destruxit.*

*Item* Lucius Papa *Episcopis Galliæ et Hispaniæ* [56].

A recta ergo fide et apostolico tramite propter ullam persecutionem [57] nolite recedere, scientes, quoniam juxta Salvatoris sententiam beati sunt [58] qui persecutionem patiuntur propter justitiam. Hæc est [59] Apostolorum viva [60] traditio; hæc [61] vera caritas, quæ prædicanda est, et præcipue diligenda ac fovenda, atque fiducialiter ab omnibus tenenda; hæc sancta et apostolica mater omnium ecclesiarum Christi ecclesia, quæ per Dei omnipotentis gratiam a tramite apostolicæ traditionis nunquam errasse probatur, nec hæreticis novitatibus depravata [62] succubuit, sed, ut in exordio normam fidei Christianæ percepit ab auctoribus suis Apostolorum Christi principibus, illibata finetenus [63] manet.

**C. X.** *Fides Romanæ ecclesiæ omnem hæresim destruit, nullam fovet.*

*Item* Sixtus Papa II, *ad Gratum Episcopum, ep. I* [64].

Memor sum, me sub illius nomine Ecclesiæ præsidere, cujus Domino Jesu Christo est confessio glorificata, et cujus [65] fides nullam hæresim unquam fovit [66], sed omnes quidem hæreses destruit. Intelligo autem mihi aliter non licere, quam ut omnes conatus meos ei causæ, in qua universalis ecclesiæ salus infestatur, impendam.

**C. XI.** *Nullis hæresibus Romana succubuit ecclesia.*

*Item* Eusebius Papa *Episcopis Thusciæ, epist. III* [67].

In sede apostolica extra maculam semper est catholica servata religio.

## NOTATIONES CORRECTORUM.

C. VII. [a] In plerisque vetustis est tantum : *Item Ambrosius.* In vulgatis autem addebatur : *super Marcum*.

Quæst. I. C. VI. [31] Ans. l. 12, c. 7. Polyc. l. 7, t. 2. [32] Matth. c. 16, v. 19. [33] *cœlis*: Edd. coll. o. [34] *utique quæ* : exd. — *utique qui* : Bohm. [35] *et in* Ed. Arg. [36] *et in* : Edd. coll. o. [37] *ligantur* : Ed. Bas. — abest a rell. [38] *soluta sunt et in* : Edd. coll. o. [39] add. : *in terra et* : Ed. Bas. — *in terra* : Edd. rell. pr. Arg. [40] *manet jam solutus* : Ed. Bas. — *et in cœlo solvitur* : Edd. rell. = C. VII. [41] Ans. l. 1, c. 37 (38). Polyc. l. 7, t. 3. [42] *unicum fluct. multi* : Ed. Bas. [43] *providentia* : ead. [44] *superat* : ead. [45] *quomodo* : Ed. Bas. [46] add. : *est* : ead. [47] *ubi* : Ed. Ven. II. — *ibi* : Edd. rell. [48] add. : *in capturam* : Edd. Bas. Lugdd. II, III. [49] Luc. c. 5, v. 4. [50] *i. e. scire* : Edd. coll. o. [51] *plenæ* : Edd. Lugdd. II, III. = C. VIII. [52] Polyc. ib. [53] *et al.* : orig. [54] Matth. c. 17, v. 26. [55] *primum* : Edd. coll. o = C. IX. [56] Caput Pseudoisidori. — cf. Agathonis ep. ad Constantin. Pogonatum. — Ans. l. 1, c. 35 (36). Polyc. l. 1, t. 3, [57] *perturbationem* : Edd. coll. o. — Ans. [58] Matth. c. 5, v. 10. [59] add. : *æterna* : Edd. Bas. Lugdd. II, III. [60] *vera* : Ed. Bas. [61] add. : *est* : ib. [62] *depravanda* : Ans. — Edd. coll. o. [63] *fide tenus* : exd. — Ed. Pith. = C. X. [64] Cap. Pseudoisidori. — Ans. l. 1, c. 56 (57). Polyc. l. 1, t. 3. [65] *cujus* Edd. *et* : coll. o. pr. Bas. [66] *fovet* : Edd. coll. o. — in orig. est. : *cui fides nullum unquam fallit, sed.* = C. XI. [67] Cap. Pseudoisidori.

C. XII. *Ad Romanam referatur ecclesiam, quoties ratio fidei ventilatur.*

Item Innocentius Papa *Episcopis Concilii Milevitani, epist. XXVI* [68].

Quoties fidei ratio ventilatur, arbitror omnes fratres et coepiscopos nostros non nisi ad Petrum, id est sui nominis et honoris auctorem [69], referre debere (veluti nunc retulit vestra dilectio) quod per totum mundum possit ecclesiis omnibus 'in commune' prodesse.

C. XIII. *Christianæ religionis zelum Romana ecclesia præ ceteris habuit.*

Item Julius Papa *ad Episcopos orientales, epist. I* [70].

Officii nostri consideratione non est nobis [71] dissimulare, non est tacere libertas, quibus major cunctis Christianæ religionis zelus incumbit [72].

C. XIV. *Aliorum ora non timet fides, quam Romana commendat ecclesia.*

Item Hieronymus *ad Damasum in expositione symboli* [73].

Hæc est fides, Papa beatissime, quam in ecclesia catholica didicimus, quamque semper tenuimus 'et tenemus'; in qua si minus perite aut parum caute forte aliquid positum est, emendari cupimus a te, qui Petri et fidem et sedem tenes. Sin autem hæc nostra confessio apostolatus [74] tui judicio comprobatur, quicunque me culpare [75] voluerit, se imperitum, vel malevolum, vel etiam non catholicum, non [76] 'me' hæreticum comprobabit. Item : § 1. Sancta [h] Romana [77] ecclesia, quæ semper immaculata mansit [78], 'et' Domino providente et B. Petro apostolo opem ferente in futuro [79] manebit, sine ulla hæreticorum insultatione firma [80] et immobilis omni tempore persistet.

C. XV. *Aliud quam Romana ecclesia neque sentire, neque docere permittitur.*

Item Marcellus Papa *universis Episcopis per Antiochiam constitutis, epist. I.* [i] [81].

Rogamus vos, fratres [81], ut non aliud doceatis neque sentiatis, quam quod a B. Petro apostolo et reliquis apostolis et Patribus accepistis. 'Ab [82] illo enim primo instructi estis. Ideo non oportet vos proprium derelinquere patrem, et alios sequi'. Ipse enim caput est totius ecclesiæ, cui ait Dominus [83] : *Tu es Petrus, et super hanc petram ædificabo ecclesiam meam, 'etc.'* Ejus enim sedes primitus apud vos fuit, quæ postea jubente Domino Romam translata est, cui adminiculante gratia divina hodierna præsidemus die. Nec [85] ab ejus dispositione vos deviare oportet, ad quam cuncta majora ecclesiastica negotia divina disponente gratia jussa sunt referri, ut ab ea regulariter disponantur, a qua sumsere principia. Si vero vestra Antiochena, quæ olim prima erat, Romanæ cessit sedi, nulla est, quæ ejus non sit subjecta dictioni.

C. XVI. *Alexandrinæ ecclesiæ a Romana dissentire non licet.*

Item Leo Papa *Dioscoro Episcopo Alexandrino, epist. LXXIX al. LXXXI* [86].

Quum beatissimus Petrus apostolicum [87] a Domino acceperit principatum, et Romana ecclesia in ejus permaneat institutis, nefas est credere, quod sanctus [88] discipulus ejus [89] Marcus, qui Alexandrinam primus ecclesiam gubernavit, aliis regulis traditionum [k] suarum decreta formaverit, quum sine dubio de eodem fonte gratiæ unus spiritus fuerit [90] et discipuli, et magistri, ne aliud ordinatus [91] tradere potuerit [92], quam quod ab ordinatore suscepit.

### NOTATIONES CORRECTORUM.

C. XIV. [b] *Sancta* : Hæc videntur sumta ex epistola Marci Papæ ad Athanasium, sed alio modo aptata. Nam apud illum post alia quædam sic legitur : *Non, ut nos aliquid sinistrum vestra ex parte arbitremur, sed nos et vos, illosque absque ulla in posterum titubatione unum sentire optaremus, et sancta Romana ecclesia, quæ semper immaculata mansit, et Domino providente et B. Petro apostolo opem ferente in futuro manebit, sine ulla hæreticorum insultatione firma et immobilis omni tempore persisteret.*

C. XV. [i] In hoc capite aliqua sunt et addita, et in suum locum restituta ex originali. Glossa autem ad verbum : *oportet*, facile transponi potest.

C. XVI. [k] *Traditionum* : Sic est emendatum ex duobus vetustis Gratiani codicibus, Anselmo, et originali ipso. Antea legebatur *aliis regulis* et *traditionibus sua decreta firmaverit.*

---

QUÆST. I. C. XII. [68] scr. A. 417.—Ans. l. 1, c. 27 (28), l. 2, c. 54 (53). [69] *auctoritatem* : Edd. coll. o.=C. XIII. [70] *Caput Pseudoisidori.*—Ans. l. 1, c. 38 (41), citat ex Siricio, cujus verba in proœmio ep. ad Himerium sua fecit quisquis est decretalium Pseudois. auctor.— Polyc., l. 4, t. 3. [71] *opus* : Ed. Bas. [72] *succumbit* : Merlin.= C. XIV. [73] Non est Hieronymi. — Polyc. ib. [74] *et ap.* : Ed. Bas. [75] *maculare* : orig. [76] *sed* : Edd. coll. o. [77] *ex Pseudoisidor.* ep. Marci ad Athanasium. [78] *permansit* : Edd. coll. o. [79] add. : *sæculo* : Edd. Bas. Lugdd. II, III. [80] *atque firma* : Edd. coll. o.= C. XV. [81] Caput Pseudoisidori. — cf. præfat. conc. Nic., quæ est in codice Quesnelli (ap. Baller. Opp. Leonis. M. t. 3), Innoc. I, ep. 2, et Greg. M. ep. 59, l. 9. Ed. Maur. — Ans. l. 1, c. 15 (16). Polyc. l. 1, c. 13. [82] add. : *dilectissimi* : Edd. coll. o. [83] Verba asteriscis inclusa non sunt ap. Ans. [84] Matth. c. 16, v. 18. [85] totus hic vers. (*Nec — princ.*) in Edd. coll. o. est in finem cap. rejectus. = C. XVI. [86] Ep. 9. Ed. Baller. scr. A. 445. — Ans. l. 1, c. 30 (31). [87] *apostolus* : Ans. — Edd. coll. o. [88] add. : *episcopus* : ib. [89] *ipsius* : Coll. Hisp. — Ans. — Ed. Bas. — *illius* : Edd. rell. * *ecclesiis* : Ed Ven. I. [90] *fuerint* : Ed. Bas. [91] *ordinatius* : Ed. Lugd. I. [92] *potuit* : Edd. coll. o.

C. XVII. *Professione suæ fidei aurem erroris Romana abscidit ecclesia.*

*Item* Ambrosius *in commentariis ad c. 22, Lucæ, lib. X, c. 12.* [1][93]

Si Petrus volens percussit aurem, docuit, quod aurem habere in specie [94] non deberent [95], quam in ministerio [96] non haberent [97]. Sed bonus Dominus et ipsi refundit auditum, secundum prophetica [98] dicta demonstrans, et ipsos, si convertantur, posse sanari, qui in passione Domini [99] vulnerati sunt, eo, quod omne peccatum fidei [100] mysteriis abluatur. Tollit ergo Petrus aurem. Quare Petrus? Quia ipse est, qui accepit claves regni coelorum. Ille enim condemnat, qui et absolvit, quoniam ligandi et solvendi idem adeptus est potestatem. Tollit autem [101] male audientis, tollit autem gladio spirituali aurem interioris male intelligentis. Caveamus, ne cui tollatur auricula, dum [102] legitur passio Domini. Si ad divinitatem ejus referimus infirmitatem corporeæ passionis, exciditur auricula, et exciditur a Petro, qui non passus est Christum prophetam æstimari, sed Dei filium docuit fideli confessione signari.

C. XVIII. *Extra unitatem sanctæ ecclesiæ Spiritus sanctus non accipitur.*

*Item* Cyprianus *in tractatu de unitate ecclesiæ* [103].

Loquitur Dominus ad Petrum [104]: *Ego dico tibi*, inquit, *quia tu es Petrus, et super istam* [105] *petram ædificabo ecclesiam meam*. Super unum ædificat ecclesiam, et quamvis Apostolis omnibus post resurrectionem suam parem potestatem tribuat, et dicat [106]: *Sicut misit me Pater, et ego mitto vos. Accipite Spiritum sanctum*, tamen ut unitatem manifestaret, unitatis ejusdem originem ab uno incipientem sua auctoritate disposuit. Hoc erant utique et ceteri Apostoli, quod fuit et Petrus, pari consortio præditi et honoris et potestatis. Sed exordium ab unitate proficiscitur, ut ecclesia [107] una monstretur, quam unam ecclesiam etiam in Cantico Canticorum [108] Spiritus sanctus ex persona Domini designat [109] et dicit: *Una est columba mea, perfecta mea; una* [110] *est matri* [111] *suæ, electa genitrici* [112] *suæ*. Hanc ecclesiæ unitatem m *qui non tenet tenere se fidem credit? Qui ecclesiæ renititur et resistit in ecclesia se esse confidit? Quando et B. apostolus Paulus hoc idem doceat* [113], et sacramentum unitatis ostendit, dicens [114]: *Unum corpus, et unus spiritus: una spes vocationis vestræ* [115]. *Unus Dominus, una fides, unum baptisma, unus Deus*. Quam unitatem tenere firmiter et vendicare debemus, maxime episcopi [116], qui in ecclesia [117] præsidemus, ut episcopatum [118] ipsum unum atque indivisum probemus. Nemo fraternitatem mendacio fallat, nemo fidei veritatem perfida prævaricatione corrumpat. § 1. Episcopatus unus est, cujus a singulis [119] in solidum pars tenetur. Ecclesia [120] una est, quæ in multitudinem latius incremento foecunditatis extenditur, quomodo solis multi radii [121], sed lumen unum, et rami arboris multi [122], sed robur unum tenaci radice fundatum, et quum [123] de fonte uno rivi plurimi defluunt, numerositas [124] licet diffusa videatur exundantis copiæ largitate, unitas tamen [125] servatur in origine. Avelle radium solis a corpore: divisionem lucis unitas non capit. Ab arbore frange ramum: fructus [126] germinare non poterit. A fonte præcide rivum: præcisus arescet [127]. Sic et ecclesia Domini [128] luce perfusa per orbum totum radios suos porrigit: unum tamen lumen † est, quod ubique diffunditur, nec unitas corporis separatur. Ramos suos in [129] universam terram copia ubertatis extendit [130], profluentes largiter [131] rivos latius pandit [132]: unum tamen caput est, et origo una, et [133] una mater est foecunditatis successibus copiosa [134]. Illius foetu nascimur, illius lacte nutrimur, spiritu ejus animamur. Adulterari non potest sponsa Christi: incorrupta est et pudica. Unam domum novit: unius cubiculi [135] sanctitatem casto [136] pudore custodit.

## NOTATIONES CORRECTORUM.

C. XVII. [1] Citabatur antea ex Gregorio, apud quem non est inventum.

C. XVIII. = *Unitatem:* Quæ sequuntur usque ad vers. *Quando* addita sunt ex originali, ex quo alia etiam et addita, et emendata sunt.

---

QUÆST. I. C. XVII. [93] cf. Joan. c. 18. [94] *in spem*: Edd. coll. o. [95] *debent*: Ed. Arg. [96] *mysterio*: orig. — *monasterio*: Ed. Ven. II. [97] *habebant*: Edd. coll. o. [98] Esa. c. 35. [99] *Christi*: exæd. [100] *ministerio fidei*: exæd. [101] *aurem*: Bohm. — *autem aurem*: Edd. coll. o. [102] *non est in orig*. == C. XVIII. [103] Ans. l. 4, c. 10 (11), l. 5, c. 1. Polyc. l. 7, t. 3. [104] Matth. c. 16, v. 18. [105] *hanc*: Edd. coll. o. [106] Joan. c. 20, v. 21. [107] *add.: Christi*: Ans. — Edd. coll. o. [108] Cant. c. 6, v. 8. [109] *designaverat*: Edd. coll. o. pr. Bas. Lugdd. II, III. [110] *et unt*: Edd. coll. o. pr. Lugdd. II, III. [111] *matris*: Edd. coll. o. [112] *genetricis*: exæd. * non sunt ap. Ans. [113] *docet*: Ans. — Edd. coll. o. [114] Ezech. c. 4, v. 4, 5. [115] *nostræ*: Edd. coll. o. pr. Bas. [116] *nos ep.*: Edd. coll. o. [117] *add.: Dei*: exæd. [118] *add.: quoque*: exæd. — orig. [119] *cui, singularis*: Edd. coll. o. — orig. [120] *et eccl.*: exæd. — *eccl. quoque*: orig. [121] *add.: sunt*: Edd. coll. o. [122] *sunt*: exæd. [123] *quomodo*: exæd. — Ans. l. 5. [124] *et num.*: Edd. coll. o. [125] *add.: integra*: exæd. [126] *fructus*: orig. [127] *arescit*: Edd. coll. o. [128] *Dei*: Ed. Bas. † non est ap. Ans. l. 5. [129] *per*: Edd. coll. o. [130] *ostendit*: Edd. Arg. Nor. Ven. I, II. [131] *largitur rivos, ramos*: Edd. coll. o. pr. Bas. [132] *expandit*: orig. — Edd. coll. o. pr. Bas. [133] *et un.*: absunt ab Edd. Nor. Ven. I. II. [134] *copiosæ*: Edd. coll. o. pr. Bas. [135] *cubilis*: Ed. Bas. [136] *in cast.*: Edd. coll. o. pr. Bas.

**C. XIX.** *Non habet Deum patrem universalis ecclesiæ reliquens unitatem.*

Idem ibidem paulo inferius [137].

Alienus est, profanus est, hostis est: habere 'jam' non potest Deum patrem qui Ecclesiam [138] non habet matrem. *Item infra*: § 1. Dominus * enim *, quum discipulis suis [139] unanimitatem suaderet et pacem: *Dico* [140], inquit, *vobis, quoniam si duobus ex vobis convenerit in terra, de omni re, quamcunque* [141] *petieritis, continget vobis a patre meo, qui in cælis est. Ubicunque enim fuerint duo aut tres collecti in nomine meo, ego cum eis* [142] *sum,* ostendens [143] non multitudini, sed unanimitati deprecantium plurimum tribui. *Si duobus*, inquit, *ex vobis convenerit in terra:* unanimitatem prius posuit, concordiam pacis ante præmisit, ut conveniat nobis fideliter et firmiter, docuit. Quomodo autem potest ei [144] cum aliquo [145] convenire, cui [146] cum corpore ipsius ecclesiæ, et cum universa fraternitate non convenit? Quomodo [147] possunt duo aut tres in nomine Christi colligi, quos [148] constat a Christo et ab ejus Evangelio separari?

**C. XX.** *Ligandi et solvendi non habet potestatem qui unitatem pacis catholicæ non habet.*

*Item* Augustinus *lib. VII. de baptismo, c.* 51 °.

Omnibus consideratis puto me non temere dicere, alios ita esse in domo Dei, ut ipsi etiam sint eadem domus Dei, quæ [149] dicitur ædificari super petram, quæ [150] unica columba appellatur, quæ [151] sponsa pulchra sine macula et ruga, et hortus conclusus, fons signatus, puteus [152] aquæ vivæ, paradisus cum fructu pomorum; quæ domus etiam claves accepit, ac potestatem solvendi et ligandi. Hanc domum si quis corripientem corrigentemque contemserit, *sit tibi,* [153] *sicut ethnicus et publicanus. De hac domo dicitur* [154]: *Domine, dilexi decorem domus tuæ, et locum habitationis gloriæ tuæ*; et: *Qui* [155] *habitare facit unanimes in domo*; et: *Jocundatus* [156] *sum in his, quæ dicta sunt mihi: in domum Domini ibimus*; et [157]: *Beati, qui habitant in domo tua, Domine: in sæcula sæculorum laudabunt te*.

**C. XXI.** *Varia crimina variis sunt pœnis afficienda.*

Idem *libro II, cap.* 6.

Non afferamus stateras [158] dolosas, ubi appendimus quod volumus * et quomodo volumus * pro arbitrio nostro, dicentes, hoc grave, hoc leve est: sed afferamus divinam stateram de scripturis sanctis, tanquam de thesauris dominicis, et in illa quid sit gravius appendamus: 'imo non appendamus, sed a Domino appensa recognoscamus '. Tempore 'illo', quo Dominus priora delicta recentibus pœnarum exemplis cavenda monstravit [159], et idolum fabricatum atque adoratum est, et propheticus liber ira regis contemtoris incensus, et schisma tentatum, et idololatria gladio punita est, exustio libri bellica cæde et peregrina captivitate, schisma hiatu terræ, sepultis auctoribus vivis, et ceteris cœlesti igne consumtis. Quis jam dubitaverit, hoc esse sceleratius commissum, quod est gravius vindicatum?

**C. XXII.** *Ex sola ecclesia sacrificium Dominus accipit.*

*Item* Gregorius in Moralibus, *lib. XXXV, c.* 6 [160].

Quia ex sola ecclesia catholica veritas conspicitur, apud se esse locum Dominus perhibet [161], de quo videatur. In petra Moyses ponitur, ut Dei speciem [162] contempletur, quia, nisi quis fidei soliditatem tenuerit, divinam præsentiam non cognoscit [163]. De qua soliditate Dominus dicit: *Super hanc petram ædificabo*, etc. [164]. *Et supra:* § 1. Sola quippe est, per quam sacrificium Dominus libenter accipiat; sola, quæ pro errantibus fiducialiter intercedat [165]. Unde etiam de agni hostia Dominus præcepit, dicens [166]: *In una domo comedetur* [167], *nec efferetis* [168] *de carnibus ejus foras* [169]. In una namque domo 'agnus ' [170] comeditur, quia in una catholica ecclesia vera hostia redemtoris [171] immolatur. De cujus carnibus divina lex efferri foras prohibet, quia sanctum [172] dari carnibus vetat. Sola [173] est, in qua bonum [174] fructuose peragitur, unde et mercedem [175] denarii non nisi qui intra vineam laboraverant acceperunt. Sola

---

**NOTATIONES CORRECTORUM.**

C. XIX. ⁿ *Si duobus*: Sic legitur in octo vetustis
B. Cypriani codicibus et hic, et aliis locis, ubi hæc evangelii sententia affertur. In vulgatis tamen est, ut antea apud Gratianum: *Si duo ex vobis convenerint* ⁰⁰.

C. XX. * Antea et hoc, et sequens caput tribuebantur Hieronymo ***, quemadmodum etiam apud Anselmum et in Polycarpo.

---

Quæst. I. C. XIX. [137] Ans. l. 5, c. 9 (3). Polyc. ib. [138] *qui universalis ecclesiæ non tenet unitatem*: Ans.— Edd. coll. o. [139] add.: *ait, ut*: Edd. coll. o. pr. Bas. [140] Matth. c. 18, v. 19, 20. * ita in Edd. coll. o. [141] *quacunque — contingent*: cæd. [142] *his*: cæd. pr. Arg. Bas. [143] *ostendit*: Edd. coll. o. [144] *ipse*: cæd. [145] *alio*: Ed. Bas. [146] *qui*: Edd. coll. o. [147] add.: *autem*: cæd. [148] *quod*: Ed. Lugd. II. = C. XX. *** ita in Edd. coll. o.— Ans. l. 5, c. 3 (4). Polyc. l. 7, t. 3. [149] Matth. c. 16, v. 18. [150] Cant. c. 6, v. 8. [151] Ephes. c. 5, v. 24. [152] *et put.*, — *et par.*: Edd. coll. o. [153] Matth. c. 18, v. 17. [154] Psal. 25, v. 8. [155] Psal. 67, v. 7. [156] *Lætatus*: Edd. coll. o. — cf. Psal. 121, v. 1. [157] Psal. 83, v. 5. = C. XXI. [158] cf. Prov. c. 11, v. 1. [159] cf. Exod. c. 32. Num. c. 16. Hierem. c. 36. — C. XXII. [160] Ans. l. 4, c. 56 (37). Polyc. l. 7, t. 3. [161] *prohibet*: Ed. Bas. [162] *faciem*: Ans. — Edd. coll. o. — (cf. Exod. c. 33) [163] *agnoscit*: ib. — cf. Matth. c. 16, v. 18. [164] *ecclesiam meam*: Edd. coll. o. [165] *intercedet*: Ed. Bas. [166] Exod. c. 12, v. 46. [167] *comeditis*: Edd. Nor. Ven. I. — *comedetis*: Edd. rell. — add.: *agnum*: Edd. Bas. Lugd. II, III. [168] *efferatis al. efferatur*: Ans. — *asseretis*: Edd. Ven. II. Par. Lugd. I. [169] *extra foras*: Edd. coll. o. [170] abest ab Ans. [171] *redemtori*: id. [172] Matth. c. 7, v. 6. [173] *totus hic vers.* abest ab Ans. [174] *opus bon.*: orig. [175] Matth. c. 20, v. 9.

est, quæ intra se positos valida caritatis compage custodit. Unde et aqua [176] diluvii arcam quidem ad sublimiora sustulit, omnes autem, quos extra arcam invenit, exstinxit [177].

### C. XXIII. *Non exhibet fidem Christo qui corpus ejus discerpit.*

*Item* Ambrosius *in oratione funebri de obitu fratris* [178].

Advocavit ad se Cyprianus p episcopum Satyrum, nec ullam veram putavit, nisi veræ fidei gratiam, percunctatusque ex eo [179] est utrumnam [180] de episcopis catholicis esset, hoc est si cum Romana ecclesia conveniret. Et forte ad id locorum in schismate regionis illius ecclesia erat. Lucifer enim se a nostra communione 'tunc temporis' diviserat, et quanquam pro fide exsulasset, et fidei suæ reliquisset hæredes, non putavit tamen fidem esse in schismate. Nam etsi fidem erga Deum tenerent, tamen erga Dei ecclesiam non tenebant, cujus patiebantur velut quosdam artus dividi et membra lacerari. Etenim, quum propter ecclesiam Christus passus sit, et corpus Christi ecclesia sit, non videtur ab his exhiberi Christo fides, a quibus evacuatur passio ejus, corpusque [181] distrahitur; itaque quamvis gratiæ fœnus q teneret, et metueret tanti nominis debitor navigare, tamen eo transire maluit, ubi tuto [182] posset [183] exsolvere [184]. Judicabat enim divinæ solutionis r gratiam in affectu ac fide esse, quam quia [185] statim, ubi [186] primum copia liberior ecclesiæ fuit, implere non distulit, Dei gratiam et accepit desideratam, et servavit acceptam.

### C. XXIV. *Etiam corpore ab eo recedendum, est, qui fidem Christi non habet.*

*Item* Beda *super epistolam Joannis secundam*, c. un.

« Omnis [187], qui recedit, et non permanet in doctrina [188] Christi, Deum [189] non habet. Qui permanet in doctrina [190] Christi, hic et Patrem, et Filium habet. Si quis venit [191] ad vos, et hanc doctrinam

non affert [192], nolite recipere eum in domum, neo Ave ei dixeritis. Qui enim dicit illi Ave, communicat ejus malignis [193] operibus. » Hæc [194] Joannes de schismaticis sive hæreticis detestandis [195] quæ verbis docuit etiam factis exhibuit. §1. Narrat enim de illo auditor illius [196] sanctissimus [197] et martyr fortissimus Polycarpus, Smyrnæorum antistes, quod [198] tempore quodam, quum apud Ephesum balneas lavandi gratia fuisset ingressus, et vidisset ibi Cerinthum, exsilierit [199] continuo, et [200] discesserit [201] non lotus, dicens : Fugiamus hinc, ne et [202] balneæ ipsæ corruant [203], in quibus Cerinthus lavat [204] inimicus veritatis. Idem etiam Polycarpus Marcioni aliquando quum occurrisset, dicenti sibi : Agnoscis [205] nos? respondit : Agnosco primogenitum satanæ.

### C. XXV. *Profanus est extra ecclesiam B. Petri agnum comedere tentans.*

*Item* Hieronymus *ad Damasum* [206].

Quoniam vetusto s oriens inter se populorum furore collisus indiscissam [207] Domini tunicam et desuper textam [208] per [209] frusta discerpit, et Christi vineam vulpes exterminant, 'ut' inter lacus contritos, qui non habent aquam, difficile [210] ubi fons signatus et hortus ille conclusus sit possit intelligi, ideo mihi cathedram Petri et fidem apostolico [211] ore laudatam censui consulendam, inde nunc meæ animæ postulans cibum, unde olim Christi vestimenta suscepi. Neque vero [212] tanta [213] vastitas [214] elementi liquentis, et interjacens longitudo [215] terrarum me a pretiosæ margaritæ potuit inquisitione prohibere. Ubicunque [216] fuerit corpus, illuc [217] congregantur [218] aquilæ [219]. Profligato a sobole mala patrimonio, apud vos solos incorrupta patrum [220] servatur hereditas [221]. Ibi cespite terra fœcundo [222] dominici [223] seminis puritatem centeno fructu refert, hic obruta [224] sulcis frumenta in [225] lolium avenasque degene-

## NOTATIONES CORRECTORUM.

C. XXIII. p *Cyprianus* : Apud B. Ambrosium et Anselmum legitur : *Advocavit ad se episcopum Satyrus*. Narrat enim Ambrosius Satyrum fratrem suum, quum in Sardiniam appulisset, ad se episcopum Sardum vocasse, ut sciret, Luciferianusne, an catholicus esset. Sed ob glossam, et eum, qui casum scripsit, non est mutatum.

q *Fœnus* : Antea legebatur: *fœdus*. Restitutum est ex aliquot vetustis exemplaribus, originali, et ceteris collectoribus.

r *Solutionis* : In aliquot manuscriptis, et apud B. Ambrosium, et ceteros collectores legitur : *divinæ solutionem gratiæ*. Sed ob glossam non est emendatum ; operæ pretium autem fuerit integrum Ambrosii locum perlegere.

C. XXV. s *Vetusto* : Antea legebatur *vetus*. Emendatum est ex originali, quoniam glossa nihilominus convenit.

Quæst. I. C. XXII. [176] Genes. c. 7. [177] *occidit* : Ans. = C. XXIII. [178] Ans. l. 12, c. 48. Polyc. l. 7. 1. 4. [179] *eodem* : Edd. coll. o. [180] *utrumne* : Ed. Bas. [181] *atque* : Edd. coll. o. * ita in exd. [182] *tute* : exd. [183] *possit* : Ed. Bas. [184] *tollere* : Ed. Arg. [185] *quidem* : orig. — Edd. coll. o. pr. Lugdd. II, III. [186] *ut* : Edd. coll. o. pr. Bas. = C. XXIV. [187] Coll. tr. p. p. 2, t. 50, c. 13, 14. ² Joan. c. 1. v. 9-11. [188] *add.* : *Jesu* : Ed. Bas. * [189] *hic Deum* : Edd. coll. o. [190] *add.* : *Jesu* : Ed. Bas. [191] *veneret* : Edd. coll. o. [192] *afferet* : Edd. Arg. Ven. I, II. [193] *malis* : Edd. coll. o. [194] *add.* : *enim* : exd. pr. Lugdd. II, III. [195] *vitandis* : Edd. coll. o. [196] *ejus* : exd. [197] *add.* : *vir* : exd. [198] *quia* : exd. [199] *exiit* : Ed. Bas. - *exire* : Edd. rell. [200] *abest ab* Edd. coll. o. pr. Bas. [201] *discessit* : Edd. coll. o. [202] *non est in* Ed. Bas. [203] *nos corrumpant* : Edd. coll. o. pr. Bas. [204] *lavantur* : Edd. coll. o. [205] *agnosce* : exd. — C. XXV. [206] Ep. temporis incerti, sed genuina, ut videtur. — Ans. l. 1, c. 64 (65). Polyc. l. 9, t. 4. — ita etiam Ans. [207] *indiscussa* : Ed. Arg. — cf. Joan. c. 19, v. 25. [208] *contextam* : Edd. Bas. Nor. Par. Lugdd. [209] *minutatim per frusta* : Ans. — Edd. coll. o. [210] *et diff.* : Edd. coll. o. [211] cf. Rom. c. 1. [212] *enim* : Edd. Bas. Lugdd. II, III. [213] *tanti* : exd. [214] *abest ab* Ans. [215] *latitudo* : Edd. coll. o. [216] Matth. c. 16, v. 28. [217] *illic* : Vulg. — Edd. coll. o. [218] *congregabuntur* : ib. — Ans. [219] *et aqu.* : Vulg. — Edd. coll. o. [220] *omnino* : Edd. coll. o. [221] *auctoritas* : exd. — Ans. [222] *fœcunda* : Ed. Bas. [223] cf. Matth. c. 13. [224] *obrupta* : Edd. Ven. I, II. [225] *abest ab* Ans. et Edd. Arg. Bas.

rant. Nunc in occidente sol justitiæ oritur, in oriente autem Lucifer ille, qui ceciderat, supra sidera posuit thronum suum. Vos ²²⁶ estis lux mundi, vos sal terræ, vos aurea vasa, et argentea: hic testacea † vasa *vel lignea*, virga ferrea † et æterno ²²⁷ operiuntur incendio. Quanquam igitur tui me terreat magnitudo, invitat tamen humanitas ²²⁸. A sacerdote victima ²²⁹ salutem, a pastore præsidium ovis flagito. Fatiscat ²³⁰ invidia Romani culminis, recedat ambitio. Cum successore piscatoris et discipulo ²³¹ crucis ²³² loquor. Ego nullum præmium ²³³ nisi Christum sequens, beatitudini tuæ, id est cathedræ Petri ²³⁴, communione consocior ²³⁵. Super ²³⁶ illam petram ædificatam ecclesiam scio. Quicunque ²³⁷ extra hanc domum agnum comederit, profanus est. Si quis in arca Noe ²³⁸ non fuerit, peribit regnante diluvio. Et quia pro meis facinoribus ad eam solitudinem commigravi, quæ Syriam juncto ²³⁹ Barbariæ fine determinat, nec ²⁴⁰ possum sanctum Domini, tot interjacentibus spatiis, a sanctimonia tua semper expetere, ideo ²⁴¹ 'hic' collegas tuos Ægyptios confessores ²⁴² sequor, et sub onerariis ²⁴³ *navibus* parva navicula delitesco. Non novi Vitalem, Meletium ²⁴⁴ respuo, ignoro Paulinum. Quicunque ²⁴⁵ tecum non colligit, spargit, hoc est, qui Christi non est antichristi est.

C. XXVI. *Hæreticorum consortia a catholicis sunt fugienda.*

*Item Ambrosius in commentariis ad c. 9 Lucæ* ²⁴⁶.

Quæ dignior domus apostolicæ prædicationis ingressu, quam sancta ecclesia? aut quis præferendus magis omnibus videtur, quam Christus ²⁴⁷, qui pedes suis lavare consuevit hospitibus, et quoscunque sua receperit domo, pollutis non patitur ²⁴⁸ habitare vestigiis, sed maculosos licet vitæ prioris, in reliquum tamen dignatur ²⁴⁹ mundare ²⁵⁰ processus? Hic est igitur solus, quem nemo deserere debet, nemo mutare, cui bene dicitur ²⁵¹ : *Domine, ad quem ibimus? verba vitæ æternæ habes, et nos credi-*

mus. Vides exsecutorem cœlestium præceptorum, qui, quoniam non mutavit hospitium, cœlestis ²⁵¹ consortium habitationis ²⁵³ emeruit? Fides igitur in primis Ecclesiæ quærenda mandatur, in qua, si Christus habitator sit, haud dubie sit legenda ²⁵⁴. Sin vero populus perfidus, aut præceptor hæreticus deformet habitaculum ²⁵⁵, vitanda hæreticorum communio, fugienda synagoga censetur, excutiendus pedum pulvis, ne fatiscentibus perfidiæ sterilis siccitatibus tanquam humi ²⁵⁶ arido ²⁵⁷ arenosoque mentis tuæ vestigium polluatur. Nam sicut corporeas infirmitates populi fidelis suscipere in se debet evangelii prædicator, 'et tanquam propriis inania gesta pulveri comparanda allevare atque abolere vestigiis', juxta quod scriptum est: *Quis ²⁵⁸ infirmatur, et ego non infirmor?* ita, si qua est ecclesia, quæ fidem respuat, nec apostolicæ prædicationis fundamenta possideat, ne quam labem perfidiæ possit aspergere, deserenda est. Quod Apostolus quoque evidenter asseruit, dicens ²⁵⁹ : *Hæreticum hominem post unam ²⁶⁰ et secundam ²⁶¹ correptionem* ²⁶² *devita.*

C. XXVII. *Nec peccatis solvi, nec cœleste regnum ingredi potest qui ab unitate ecclesiæ est divisus.*

*Item Beda super Matthæum in homilia de festo apostolorum Petri et Pauli, ad c. 16 Matthæi* ²⁶³.

Quicunque ab unitate fidei vel societatis Petri apostoli quolibet modo semetipsos segregant ²⁶⁴, tales nec vinculis peccatorum absolvi, nec januam possunt regni cœlestis ingredi.

C. XXVIII. *Non suscipiuntur eorum sacrificia, quorum fides reprobatur et vita.*

*Item Hieronymus in Amos Prophetam, ad c. 5* ²⁶⁵.

« Odi ²⁶⁶ et projeci festivitates vestras, et non capiam odorem cœtuum vestrorum. Quod si attuleritis mihi holocaustomata et munera vestra, non accipiam, et vota pinguium vestrorum non ²⁶⁷ respiciam. » § 1. Odit autem Deus, et non solum odit, sed et ²⁶⁸ projecit ²⁶⁹ festivitates eorum ᵘ, qui non

---

NOTATIONES CORRECTORUM.

ᵗ *Virga ferrea* : Apud B. Hieronymum legitur : *Virgam ferram et æternum operiuntur incendium* ²²⁷. Sed ob glossam non est emendatum, quæ etiam causa fuit, cur aliquot aliis locis satis visum fuerit indicare in margine lectionem ipsam originalis.

ᵘ *Eorum* : in commentariis B. Hieronymi hic, quemadmodum et aliis locis hujus capitis, sunt aliquot verba interposita. Sed Ivo hoc loco habet ut Gratianus.

Quæst. I. C. XXV. ²²⁶ Matth. c. 5, v. 14. † *testea* : Edd. coll. o. — 2 Tim. c. 2, v. 20. ²²⁷ *et* Ans. ²²⁷ *æternum — incendium* : Edd. coll. o. pr. Bas. Par. Lugdd. ²²⁸ *humilitas* : Edd. coll. o. ²²⁹ *victimam salutis* : orig.— Ans. ²³⁰ *Facessat* : ib. ²³¹ *discipulorum* : Ans.— *discipuli* : Ed. Bas. — *discipulum* : Ed. Arg. — *discipulo* : Edd. rell. ²³² *Christi* : Ans. — Edd. coll. o. ²³³ *primum* : orig. — Ans. ²³⁴ *Beati* P. : Edd. Arg. Bas. — *sanct.* P. : Edd. rell. ²³⁵ *consortior* : Edd. coll. o. ²³⁶ Matth. c. 16, v. 18. ²³⁷ Exod. c. 12, v. 46. ²³⁸ Gen. c. 7. ²³⁹ *conjuncto* : Edd. coll. o. ²⁴⁰ *non* : cæd. ²⁴¹ *Ideoque* : cæd. — sequ. : *hic* : neque ap. Ans. leg. ²⁴² *martyres et conf.* : Edd. coll. o. ²⁴³ *honorariis* : Ed. Bas. — *horariis* : Ed. Arg.— sequ. : *nav.* : abest ab Ans. ²⁴⁴ *Miletum* : Edd. coll. o. ²⁴⁵ Matth. c. 12, v. 30. — C. XXVI. Ans. l. 5, c. 25 (22). Polyc. l. 3, t. ult. ²⁴⁷ add. : *est* : Edd. coll. o pr. Lugd. I. — cf. Joan. c. 13. ²⁴⁸ *patiatur* : Ans. — Edd. coll. o. pr. Lugd. II. ²⁴⁹ *dignetur* : Edd. Arg. Bas. Lugd. II. ²⁵⁰ *mutare* : orig. ²⁵¹ Joan. c. 6, v. 69. ²⁵² *cælestinum* : Edd. coll. o. ²⁵³ *consecrationis* : Ans. ²⁵⁴ *legendum* : Edd. coll. o. ²⁵⁵ add. : *ecclesiæ* : cæd. pr. Arg. ²⁵⁶ *humo* : Bohm. ²⁵⁷ *aridæ arenosæque* : Edd. coll. o. pr. Bas. — *humidæ arenosæque* (missa voc. : *humi*) Ans ²⁵⁸ 2 Cor. c. 11, v. 29. ²⁵⁹ Tit. c. 3, v. 10. ²⁶⁰ *primam* : Ans. — Edd coll. o. pr. Bas. ²⁶¹ *et alteram* : Ed. Bas., absunt ab Edd. rell., in quibus est : *prim. scilicet.* ²⁶² *correctionem* : Edd. coll. o. pr. Arg. — C. XXVII. ²⁶³ Ivo Decr. p. 5, c. 25. ²⁶⁴ *segregaverint* : Edd. coll. o. — C. XXVII. ²⁶⁵ Ivo Decr. p. 2, c. 108. ²⁶⁶ Amos c. 5, v. 21, 22. ²⁶⁷ *respuam* : Edd. coll. o. ²⁶⁸ abest ab iisd. pr. Lugdd. II, III. ²⁶⁹ *projicit* : cæd. pr Lugd. II. — cf. C. 1, qu. 1, c. 61.

celebrant festivitates Dei, sed suas. *Et post pauca :*
§ 2. Odisse ˣ autem, et projicere, et non odorari, humana loquitur similitudine, ut nos affectum Dei nostris sermonibus cognoscamus²⁷⁰. Et²⁷¹ si obtulerint holocausta, ut videantur jejunare, dare eleemosynas, pudicitiam polliceri (quæ holocausta sunt vera), non ea suscipit Dominus, *nec ²⁷² dignatur aspicere pinguissimas hostias eorum*. Non enim ²⁷³ sacrificiorum magnitudinem, sed offerentium merita causasque dijudicat. § 3. Unde et vidua, quæ *in evangelio* ²⁷⁴ in corbonam duo minuta miserat, omnibus a Salvatore præfertur, quia Dominus non ea, quæ offeruntur, sed voluntatem respicit offerentium.

C. XXIX. *Ubi caritas non est, ibi fides vel justitia locum non habet.*

Item Augustinus *de sermone Domini in monte, lib. I, c. 9.*

Ubi sana fides non est, non potest esse justitia quia ²⁷⁵ justus ex fide vivit. Neque schismatici aliquid sibi ex ista mercede promittant, quia similiter, ubi caritas non est, non potest esse justitia. Dilectio ²⁷⁶ enim proximi malum non operatur, quam si haberent ²⁷⁷, non dilaniarent corpus Christi, quod est Ecclesia ²⁷⁸.

C. XXX. *A fide recedens Spiritus perfectionem amittit.*

Item Innocentius Papa *ad Alexandrum, epist. XVIII* ²⁷⁹.

Hæretici, quum a fide catholica desciverunt ²⁸⁰, perfectionem Spiritus, quam acceperant, amiserunt.

C. XXXI. *Sacri officii ʷ potestate penitus carent hæretici.*

Item Cyprianus *Magno filio salutem, lib. I, ep. 6* ²⁸¹.

Didicimus ²⁸² omnes omnino hæreticos et schismaticos nil habere potestatis ac juris. Propter quod Novatianus nec debet nec potest excipi, quominus ipse quoque extra ecclesiam consistens, et contra pacem ac dilectionem Christi faciens, inter adversarios et antichristos computetur. *Et paulo post :* § 1. Ecclesia una est, quæ una et intus esse et foris non potest. Si enim apud Novatianum est, apud Cornelium non fuit. Si vero apud Cornelium fuit, qui Fabiano episcopo legitima ordinatione successit, et quem præter ²⁸³ sacerdotii honorem martyrio quoque Dominus glorificavit, Novatianus in ecclesia non est, nec episcopus computari potest, qui ²⁸⁴, evangelica et apostolica traditione contemta, nemini succedens a se ipso ortus est. Habere namque aut tenere ecclesiam nullo modo potest qui ordinatus in ecclesia non est. *Et paulo post.* § 2. Quod ²⁸⁵ vero eundem, quem et nos, Deum Patrem, eundem Filium Christum, eundem Spiritum sanctum nosse dicuntur, nec hoc adjuvare tales potest. *Et infra :* § 3. Invenimus ²⁸⁶ in tali facinore non solum duces et auctores, sed etiam participes pœnis destinari, nisi a communione malorum se separaverint, præcipiente per Moysem Domino et dicente ²⁸⁷: *Separamini a tabernaculis hominum istorum durissimorum, et nolite tangere ab* ²⁸⁸ *omnibus, quæ sunt eis* ²⁸⁹, *ne simul pereatis in peccatis eorum*. Et quod comminatus per Moysem Dominus fuerat implevit, et quisquis ²⁹⁰ se a Core, *et* Dathan, et Abiron non separasset, pœnas statim pro impia communione ²⁹¹ persolveret. Quo exemplo ostenditur et probatur, obnoxios omnes *et* culpæ et pœnæ futuros, qui se schismaticis contra præpositos et sacerdotes irreligiosa temeritate miscuerint, sicut etiam per Osee prophetam Spiritus sanctus testatur et dicit ²⁹²: *Sacrificia eorum, tanquam panis luctus, omnes* ²⁹³, *qui manducant ea, contaminabuntur*, docens scilicet et ostendens, omnes omnino ²⁹⁴ cum auctoribus ²⁹⁵ supplicio conjungi ²⁹⁶, qui fuerint eorum peccato ²⁹⁷ contaminati. Quæ ergo apud eos merita esse circa Deum possunt, quibus supplicia divinitus irrogantur? *Et infra :* § 4. Si autem foris cuncti hæretici et schismatici non habent Spiritum sanctum, et ideo apud nos eis ²⁹⁸ manus imponitur, ut hic accipiatur quod illic nec ²⁹⁹ esse, nec dari potest : manifestum est, nec remissionem peccatorum dari per eos posse, quos constet ³⁰⁰ Spiritum sanctum non habere.

C. XXXII. *Proprio spolientur honore qui contra pacem ecclesiæ nituntur.*

Item Liberius Papa *in ep. ad Athanasium* ³⁰¹.

Qui contra ecclesiæ pacem sunt, si dignitatem

NOTATIONES CORRECTORUM.

ˣ *Odisse :* Ante hæc verba apud B. Hieronymum et Ivonem antecedit c. *Odit.* supra 1, q. 1.

C. XXX. ʷ *Officii :* Sic est emendatum ex plerisque vetustis. Antea legebatur: *sacrificii*.

---

Quæst. I. C. XXVIII. ²⁷⁰ *agnoscimus* Edd. coll. o. — Ivo. ²⁷¹ *Sed et :* Ed. Bas. ²⁷² *hæc — eorum :* ap. Iv. non leg. ²⁷³ abest ab eod. — *Nam non :* Edd. coll. o. ²⁷⁴ cf. Marc. c. 12. = C. XXIX. ²⁷⁵ Rom. c. 1, v. 17. ²⁷⁶ Rom. c. 13, v. 10. ²⁷⁷ add. : *hæretici :* Edd. coll. o. ²⁷⁸ add. : *catholica :* exd pr. Lugd. I. — C. XXX. ²⁷⁹ scr. A. 415. — Ans. l. 12, c. 52. Polyc. l. 7, t. 5. — cf. C. 1, q. 1, c. 75. ²⁸⁰ *desisterent :* Ans. — *discesserunt :* Ed. Bas. — *desitierint :* Edd. rell. = C. XXXI. *ita Edd. coll. o. ²⁸¹ scr. A. 255. — Ans. l. 12, c. 41. Polyc. l. 7, t. 8. ²⁸² *Dicimus :* orig. — Ed. Arg. ²⁸³ *post :* Edd. coll. o. ²⁸⁴ *ut qui :* exd. ²⁸⁵ cf. C. 7, qu. 1, c. 9. ²⁸⁶ cf. C. 1, qu. 1, c. 70. ²⁸⁷ Num. c. 16, v. 26. ²⁸⁸ *de :* Edd. coll. o. ²⁸⁹ *eorum :* eæd. ²⁹⁰ add. : *qui :* eæd. ²⁹¹ *pia comm. :* Ed. Bas. ²⁹² Os. c. 9, v. 4. ²⁹³ *et omn. :* Edd. coll. o. ²⁹⁴ *et omn. :* Ed. Bas. ²⁹⁵ add. : *suis :* Edd. coll. o. ²⁹⁶ *conjugii :* Edd. Nor. Ven. I, II. ²⁹⁷ *peccatis :* Edd. coll. o. ²⁹⁸ abest ab orig. ²⁹⁹ *non est :* Edd. coll. o. ³⁰⁰ *constat :* eæd. = C. XXXII. ³⁰¹ Caput Pseudoisidori, cf. conc. Later. sub Martino c. 4. — Ans l. 5, c. 65 (69).

aut cingulum militiæ [302] habeant [303], nudentur eis. Si autem sunt privati, siquidem nobiles existunt [304], suarum substantiarum proscriptionem patiantur; si autem ignobiles, non solum in corpore verberentur, sed exsilio perpetuo castigentur.

### C. XXXIII. *Non consecrat, nec consecratur in schismate constitutus episcopus.*

*Item* Pelagius Papa [305].

Pudenda, ut ita dicam, rapina in divisione est non consecratus, sed exsecratus episcopus. Si enim ipsum nomen consecrationis rationabili ac vivaci intellectu discutimus, is, qui cum universali detrectat consecrari ecclesia, consecratus dici vel esse nulla ratione poterit. Consecrare enim est simul sacrare. Sed ab ecclesiæ visceribus divisus et ab apostolicis sedibus separatus exsecrat ipse potius, et non consecrat. Jure ergo exsecratus tantum, non consecratus poterit dici, quem simul sacrare in unitate conjunctis membris non agnoscit ecclesia. Videamus tamen, utrum vel ipsarum consuetudinem partium in sua ordinatione [306] conservaverint [307]. Nempe is [308] mos antiquus fuit, ut, quia pro longinquitate vel difficultate itineris ad Apostolicum onerosum illis fuerat ordinari, ipsi se invicem Mediolanensis et Aquileiensis ordinare episcopi debuissent, ita tamen, ut in ea civitate, in qua erat ordinandus episcopus, alterius civitatis pontifex occurrere debuisset, ut 'et' ordinandi electio a præsenti ordinatore ex consensu universali, cui præficiendus erat, ecclesiæ melius ac facilius potuisset agnosci, et in sua qui ad episcopatum provehendus erat, nec tamen ordinatori suo subdendus fuerat, ordinaretur [309] ecclesia [310]. Etenim quum, sicut diximus ecclesia una est, cui in Canticis Canticorum dicitur [311]: *Una est columba mea*, nullam aliam esse constat, nisi quæ in apostolica est radice fundata, a quibus ipsam fidem 'in' universo propagatam [312] orbe [313] non potest dubitari. Quod vobis [314], licet notissimum omnino sit, beati tamen Augustini testimonio comprobemus. Audite, quid in quodam opere suo præclarissimus doctor dicat ecclesiæ. Ait enim [315]: *Quod si nullo modo recte dici potest ecclesia, in qua schisma est, restat, ut, quoniam ecclesia nulla esse non potest, ea sit, quam in* [316] *sedis apostolicæ per successiones episcoporum radice constitutam, nullo-*

rum hominum [317] malitia (etiamsi nota excludi non possit, sed pro temporis ratione toleranda judicetur, ullo [318]*modo, valent exstinguere.*

### C. XXXIV. *Unitati non communicat schismaticis consentiens.*

Idem [319].

Schisma siquidem ipsum, quod græcum nomen est, scissuram sonat. Sed in unitate scissura esse non potest. Non ergo unitati communicant [320] qui schismaticis communicant [321]. Partes sibi ipsi fecerunt, et ab eo, quod unum est, ut apostoli Judæ [322] jam verbis loquar, semetipsos segregantes, Spiritum non habent. Quibus omnibus illud efficitur, ut, quia in unitate unum non sunt, ut, quia in parte [323] esse voluerunt, ut, quia Spiritum non habent, corporis Christi sacrificium habere non possint. § 1. Non autem nobis nunc illa quæstio est, utrum tolerare malos, sed utrum debeamus schismaticis sociari. Si [324] 'enim' etiam ipsi [325], licet in suo sensu abundantes, intra materna tamen positi viscera quærerent veritatem, a nobis repellendi non erant, donec apud eos ratione duce rei veritas claruisset. Sed quia se ab universali ecclesia diviserunt, sicut B. Augustinus [326] ait, omnis catholicus securus eam partem detestatur, cui ecclesiam universalem apostolicis sedibus roboratam non communicare cognoscit. § 2. Nec enim levigat [327] crimen eorum, magis vero auget, quod eo diu restitisse dixistis, ne apostolicis communicantes sedibus in sua communione reciperent. In hoc enim dum et illi culpandi sunt, qui communicare talibus voluerunt [328], multo magis tamen illi exsecrandi sunt, qui non solum in sacerdotibus communionem apostolicarum sedium, verum etiam in ipsis laicis spreverunt. Sed nec illud eis prodest, quos eos in eisdem litteris vel ignorantia rationis, vel simplicitate intellectus sui a nostra se communione suspendisse perhibetis. Id ipsum enim magis [329] est, propter quod schismatici sunt, quia non eos diversa sentiendi judicium, sed quædam apud se delata, sibi tamen incognita metuentes contra apostolicam sedem temere credentes, pessima divisit opinio. § 3. Quod schisma specialiter esse beatus denunciat Augustinus, dicens de talibus †: *Adversus auctoritatem illarum ecclesiarum, quæ ab apostolica* × *sede epistolas accipere*

---

### NOTATIONES CORRECTORUM.

C. XXXIV. × *Ab apostolica:* Apud Anselmum et in Polycarpo legitur [: *quæ apostolicas sedes et epistolas accipere meruerunt.* Et convenit cum verbis B. Augustini libro secundo de doctrina Christiana cap. 8, prout notatum est supra dist. 19. *In canonicis.*

---

QUÆST. I. C. XXXII. [302] *aut militiam:* orig. [303] *habent:* Edd. coll. o. [304] *sunt:* ewd. — C. XXXIII. [305] *ad Joannem Patricium, temporis incerti.* — Ans. l. 12, c. 42. Polyc. l. 7, t. 5. [306] *exordinatione:* Ed. Bas. [307] *conservaverit:* Edd. coll. o. pr. Lugd. II. [308] *his:* Ed. Lugd. l. — *hic:* Edd. rell. [309] *ut ord.:* Edd. coll. o. [310] *ecclesiæ:* Edd. Nor. Ven. I, II. [311] Cant. c. 6, v. 8. [312] *add.: esse:* Edd. coll. o. [313] *orbi:* Edd. Lugd. II, III. [314] *nobis:* ead. — *ut nobis:* Edd. rell. [315] Simile est in c. 9, Dist. 11. [316] *abest ab* Ed. Bas. [317] *add.: malorum:* Edd. coll. o. Pr. Bas. [318] *nullo:* Ed. Bas. = C. XXXIV. [319] *ad Viatorem et Pancratium, sicut in coll. Rom. ex coll. Deusdedit edidit Holstenius.* — Ans. l. 12, c. 44. Polyc. l. 7, t. 5. [320] *communicat:* Edd. coll. o. [321] *eodem modo ewd.* [322] Jud. v. 19. [323] *partem:* Ed. Bas. [324] *Sed:* Edd. coll. o. pr. Lugdd. II, III. [325] *illi:* Edd. coll. o. [326] *supra ead. c. 33.* [327] *leviat:* Ed. Lugd. I. [328] *noluerint:* Ed. Arg. — *voluerint:* Ed. Bas. [329] *majus:* ib. † cf. Dist. 19, c. 6.

meruerunt, temere credendo, immanissimum schismatis crimen a se propulsare non poterit³³⁰. Ad summam, aut illos ecclesiam esse creditis (et, quum duæ ecclesiæ esse non possint³³¹, nos, quod absit, schismaticos judicabitis), aut, si veram in apostolicis sedibus esse constat ecclesiam, et illos ab unitate divisos cognoscite, et communionis quæstionem esse sublatam, quam veram nisi in unitate constat esse non posse. § 4. Noli ergo, quasi nulla schismaticorum atque ecclesiæ differentia sit, velle³³² indifferenter utrorumque sacrificiis sociari. Non est Christi corpus, quod schismaticus conficit, si veritate duce dirigimur. Nec enim divisum esse Christum poterit quisquam sine Apostoli³³³ reprobatione confingere. Unam, ut sæpe dictum est, quæ Christi corpus est, constat esse ecclesiam, quæ in duo vel in plura dividi non potest. Simul enim, quum ab ea quisque recesserit, esse desistit ecclesia.

C. XXXV. *Ex quo* y *episcopus*³³⁴ *fidei contraria docet, alium excommunicare non potest.*

*Item* Nicolaus Papa² *scribit Michaeli Augusto, epist. VII*³³⁵.

Ait Cœlestinus Papa ᶻ, orientalibus episcopis scribens : *Si quis ab episcopo Nestorio, aut ab aliis, qui eum sequuntur, ex quo talia prædicare cœperunt, vel excommunicatus, vel exutus est seu antistitis seu clerici dignitate, hunc in nostra communione* 'et' *durasse, et durare manifestum est, nec judicamus eum remotum* ³³⁶, *quia non poterat quemquam ejus removere sententia, qui se jam præbuerat ipse removendum.*

C. XXXVI. *Non habentur excommunicati qui ab hæreticis excommunicantur.*

*Item ad Clerum Constantinopolitanum* ᵃ ³³⁷.

*Aperte,* inquit, *sedis nostræ sanxit auctoritas, nullum sive episcopum, sive clericum, seu professione aliqua Christianum, qui a Nestorio, vel ejus similibus, ex quo talia prædicare cœperunt, vel loco suo vel communione dejecti sunt, vel dejectum*³³⁸ *vel excommunicatum videri : sed hi omnes in nostra communione* 'et fuerunt, et' *hucusque perdurant, quia neminem* 'vel' *dejicere vel removere poterat qui prædicans talia* ³³⁹ *titubabat*³⁴⁰. *Intellexistisne* ᵇ ³⁴¹, *imperator*³⁴², *ex superius* ³⁴³ *memoratis non potuisse, ut non dicamus prælatum suum, saltem* ³⁴⁴ *quemlibet removere, qui fuerant olim* 'ipsi' ³⁴⁵ *remoti, nec dejicere quemquam,* 'qui fuerant' ³⁴⁶ *jam ante prostrati?*

C. XXXVII. *Ad judicandum excommunicati non recipiantur.*

*Item* Nicolaus Papa *ibidem paulo inferius* ³⁴⁷.

Miramur, quomodo excommunicati ad judicandum recepti sint ³⁴⁸, quum secundum apostolicos canones sine commendatitiis literis in communione sola recipi prohibeantur. Absurdum enim est, ut, cui non licet etiam cum minimis juxta sacras regulas communicare, liceat ³⁴⁹ penes vos etiam de majoribus judicare.

Gratian. His auctoritatibus perspicue monstratur, quod, ex quo aliquis contra fidem cœperit aliquid docere, nec dejicere quemquam valet nec damnare. § 1. Objicitur tamen illud Augustini ³⁵⁰ : Recedentes a fide nec baptisma, nec baptizandi potestatem amittunt. Quum ergo sacerdotalem unctionem utraque potestas, videlicet baptizandi et excommunicandi, sequatur, a fide recedentes aut utramque retinebunt, aut utraque carebunt. Sed aliud est potestas officii, aliud exsecutio. Plerumque officii potestas vel accipitur, veluti a monachis in sacerdotali unctione, vel accepta, sine sui exsecutione retinetur, veluti a suspensis, quibus administratio interdicitur, potestas non aufertur. A fide itaque recedentibus potestas non adimitur, sicut redeuntibus non redditur, ne non homini, sed sacramento injuria fieri videatur. Unde ab hæreticis baptizati vel ordinati, quum ad unitatem catholicæ fidei redierint, si forte intuitu ecclesiasticæ pacis in suis recipiantur ordinibus, non iterabitur sacramentum, quod in forma ecclesiæ probabitur ministratum, sed per impositionem manus præstabitur virtus sacramenti, quæ extra ecclesiam nulli docetur esse collata. Quum ergo utraque potestas in hæreticis remaneat, si hæreticus catholicum vel alium hæreticum excommunicaverit, ut in communionem suæ hæresis illum deducat, quia iniqua est sententia, pondere caret. § 2. Quod si in catholicum prave viventem, vel in hæreticum flagitiis vel facinoribus deditum, ut alias ad recte vivendi normam uterque redeat, sententiam dederit, an uterque, an hæreticus tantum ejus

NOTATIONES CORRECTORUM.

C. XXXV. ʸ *Ex quo* : Emendata est hæc rubrica ex plerisque vetustis.

ᶻ *Papa* : Nicolaus hic citat epistolam Cœlestini Papæ, scriptam Joanni, Juvenali, et ceteris episcopis per orientem, prout est in conc. Ephesino Vaticanæ bibliothecæ, et Lutetiæ impresso.

C. XXXVI ᵃ Hic etiam citatur a Nicolao alia epistola ejusdem Cœlestini, quæ est inter acta ipsius, conc. Ephesini.

ᵇ *Intellexistisne* : Hic incipiunt propria Nicolai verba.

Quæst. I. C. XXXIV. ³³⁰ *poterint* : Edd. Arg. Bas. — *poterunt* : Edd. rell. ³³¹ *possunt* : Edd. coll. o. pr. Par. Lugdd. ³³² *add.* : *etiam* : Edd. Bas. Lugdd. II, III. ³³³ cf. 1 Cor. c. 1. = C. XXXV. ³³⁴ in Edd. Ven. I, II. Par. Lugd. I, leg. : *Ex quo ep. fidem eccl. docet, etiam excomm. potest.* ³³⁵ scr. A. 865. — Ivo Pan. l. 5, c. 134. Decr. p. 14, c. 58. ³³⁶ *rem. esse* : Ivo. — Edd. coll. o. = C. XXXVI. ³³⁷ ex ead. Nic. ep. ad Michaelem. — inscriptio cap. referanda est ad ep. Cœlestini a Corr. indicatam, cujus particulam profert Nicolaus. — Ivo Pan. l. 5. c. 155. Decr. p. 14, c. 59. ³³⁸ *ejectum* : Edd. coll. o. — Ivo. ³³⁹ *add.* : *in fide* : Edd. Bas. Lugdd. II, III. ³⁴⁰ *titubat* : Ed. Bas. ³⁴¹ hæc sunt ipsius Nicolai verba — *Intellexisti* : Ivo. — Edd. coll. o. ³⁴² *imperatorem* : Bohm. ³⁴³ *supra* : ib. ³⁴⁴ abest ab Edd. Bas. Lugd. I. ³⁴⁵ abest ab Iv. ³⁴⁶ *desid.* ib. = C XXXVII. ³⁴⁷ Coll. tr. p. p. 1, t. 62, c. 67. ³⁴⁸ *sunt* : Edd. coll. o. ³⁴⁹ *lic. etiam ci de suis væne* : cæd. ³⁵⁰ C. 1, qu. 1, c. 97.

sententia teneatur, merito quaerendum videtur? Potest autem dici, catholicum sententia haeretici minime teneri. Non enim potest oris gladio ferire quem accusare vel in quem testificari non valet. Si enim quos divina testimonia non sequuntur, quia extra ecclesiam sunt, pondus humani testimonii perdiderunt adversus eos, qui in ecclesia esse videntur, nec adversus eosdem ecclesiasticae auctoritatis pondus habere poterunt qui ab ejus fide discessisse probati sunt, atque ideo ab ecclesia sunt condemnati. In haereticum autem potestatem habere videtur haereticus, sicut et diabolus potest in malis, tanquam in pecore suo.

Unde scribit Augustinus *Vincentio Donatistae et Rogatistae, epist. XLVIII*, [351]:

C. XXXVIII. *Pro aliquo facinore ab haereticis excommunicatus a catholicis non est recipiendus.*

Quisquis pro aliquo flagitio vel facinore projectum a vobis ita suscipit, sicut suscipiuntur qui excepto errore, quo a nobis separamini, sine crimine apud vos vixerunt [352], displicet nobis. Sed nec facile ista monstratis, et, si monstretis, nonnullos toleramus, quos corrigere vel punire non possumus, neque propter paleam relinquimus aream Domini, neque propter hoedos in fine segregandos [353] deserimus gregem Domini, neque propter vasa facta in contumeliam migramus de domo Domini.

C. XXXIX. *Quisquis propter disciplinam ab haereticis excommunicatur, non est a catholicis recipiendus.*

Idem *ad Eusebium, epist. CLXIX.* [354].

Subdiaconus quondam Spaniensis [355] ecclesiae, vocabulo Primus, quum ab accessu [356] indisciplinato sanctimonialium prohiberetur, atque ordinata et sana praecepta contemneret, a clericatu remotus est. *Et infra:* § 1. Ego, si Domino placet, istum modum servo, ut quisquis apud eos propter disciplinam degradatus ad catholicam [357] transire voluerit, in humiliatione poenitentiae recipiatur, quo et ipsi eum forsitan cogerent, si apud eos manere voluisset.

Gratian. Sed illud Augustini [358] intelligitur dictum non propter sententiam, cujus potestas nulla est extra ecclesiam, sed in detestationem criminum, quae in haereticis, sicut in catholicis, aeque sunt punienda. Potest tamen illud Augustini [359] de potestate baptizandi intelligi, non ligandi, aut solvendi, vel cetera sacramenta ministrandi. Baptisma namque sive ab haeretico, sive a laico ministratum fuerit, dummodo in unitate catholicae fidei accipiatur, non carebit effectu. Alia vero sacramenta, ut sacri corporis et sanguinis Domini, excommunicationis vel reconciliationis, si ab haeretico vel catholico non sacerdote ministrentur, vel nullum, vel lethalem habebunt effectum. Unde et ab omnibus fidelibus nullatenus sunt recipienda.

Hinc Augustinus scribit in *I lib. de baptismo contra Donatistas, c. 2* [360]:

C. XL. *In extremo positus etiam ab haeretico poenitentiam accipere valet.*

Si quem forte coegerit extrema necessitas, ubi catholicum, per quem accipiat, non invenerit, et in animo pace [361] catholica custodita, per aliquem extra unitatem catholicam positum acceperit quod erat in ipsa catholica unitate percepturus, si statim etiam de hac vita migraverit, non eum nisi catholicum deputamus. Si autem fuerit a corporali morte liberatus, quum se catholicae congregationi etiam corporali praesentia reddiderit, unde nunquam corde discesserat, non solum non improbamus quod fecit, sed etiam securissime verissimeque laudamus, quia praesentem Deum credidit cordi suo, ubi unitatem servabat, et sine sancti baptismi sacramento (quod, ubicunque invenit, non hominum, sed Dei esse cognovit) noluit ex hac vita migrare. Si quis autem, quum posset [362] in ipsa \* catholica \* accipere, aliqua mentis perversitate elegerit in schismate baptizari, etiamsi postea ᶜ venerit ad catholicam ecclesiam, certum est ibi [363] prodesse sacramentum, quod alibi accipi \* quidem \* potest; perversus et iniquus est, et tanto perniciosus, quanto scientius.

C. XLI. *Per annum poeniteat qui de manu haeretici nesciens prohibitam communionem accepit.*

Item Julius Papa [364].

Si quis dederit aut acceperit communionem de manu haeretici, et nescit, quod catholica ecclesia contradicit, postea intelligens, annum integrum poeniteat. Si autem scit, et neglexerit, et postea poenitentiam egerit, decem annos poeniteat. Alii [365] judicant septem, et quidam [366] humanius, ut quinque annos poeniteat. § 1. Si quis permiserit haereticum missam suam celebrare in ecclesia catholica, et nescit, quadraginta dies poeniteat; si pro reve-

### NOTATIONES CORRECTORUM.

C. XL. ᵉ *Postea*: In originali legitur: *etiamsi postea venire ad catholicum cogitat, quia certus est ibi prodesse sacramentum, quod alibi accipi quidem potest, prodesse autem non potest, perversus*, etc. Sed ob glossam non est emendatum.

Quaest. I. C. XXXVIII. [351] cf. ad. c. 1. C. 23, q. 7. Edd. coll. o. = C. XXXIX. [352] *vixerint*: Edd. coll. o. pr. Bas. [353] *separandos*: Edd. coll. o. [354] Ep. 35. Ed. Maur. ser. A. 396. — Ivo Decr. p. 6, c. 390 seq. [355] *Hispalensis*: Ed. Bas. — Hispan. Edd. rell. [356] *excessu*: Ed. Bas. [357] add.: *ecclesiam*: Edd. coll. o. [358] supra c. 58, 59. [359] cf. C. 1, qu. 1, c. 97. = C. XL. [360] Ans. l. 9, c. 49 (51). Ivo Decr. p. 1, c. 170. Polyc. l. 7, t. 2. [361] *pacem cath. custodiens*: Ans. — Edd. coll. o. [362] *possit*: Ivo. — eadd. [363] in: Edd. coll. o. pr. Bas. = C. XLI. [364] In Ed. Arg. adscribitur Luciano P., quod sensu caret. — Burch. l. 19, c. 105. Ans. l. 11, c. 135. Ivo Decr. p. 15, c. 117, tribuunt Eutychiano P. Legitur in libro poenitentiali, qui Hieronymo tribui solet. [365] *Al. — poen.*: omissa sunt ab Ans. [366] *quidem*: Ed. Bas. — Bohm. — ap. Iv. et Burch. est: *et humanius V. annos poen.*

rentia ejus, annum integrum [367] pœniteat; si pro damnatione ecclesiæ catholicæ, et consuetudinis [368] Romanorum, projiciatur ab ecclesia, sicut hæreticus, nisi habeat pœnitentiam; si habuerit, decem annos pœniteat. Si recesserit ab ecclesia catholica in congregationem hæreticorum, et aliis persuaserit, et postea pœnitentiam egerit, duodecim annos pœniteat, tres extra [d] ecclesiam, septem inter audientes, et duos adhuc extra communionem [369]. De his [370] in canone dicitur, ut duodecimo [e] anno [371] communionem sine oblatione percipiant.

C. XLII. *Potius est mortem arripere quam de manu hæretici communionem accipere.*

Item Gregorius Papa *lib. III Dialog.*, cap. 31. [372]

Cœpit Ermenegildus [373] rex juvenis terrenum regnum despicere [374], et [375] forti desiderio cœleste quærens, in ciliciis vinculatus jacens [376] omnipotenti [377] Deo ad se confirmandum [378] preces effundere, tantoque sublimius gloriam transeuntis mundi despicere, quanto et religatus agnoverat nil fuisse, quod potuerit [379] auferri. Superveniente autem paschalis festivitatis die, intempestæ noctis silentio ad eum perfidus pater Arianum episcopum misit, ut de ejus manu sacrilegæ consecrationis communionem perciperet, atque per hoc ad patris gratiam redire mereretur. Sed vir Deo deditus Ariano episcopo venienti exprobravit ut debuit, ejusque a se perfidiam dignis increpationibus repulit, quia etsi exterius jacebat ligatus, apud se tamen in magno mentis culmine stabat securus. Ad se itaque reverso episcopo Ariano pater infremuit, statimque suos apparitores misit, qui constantissimum confessorem Dei illic, ubi jacebat, occiderent [380]. *Quod et factum est*.

## QUÆST. II.

### GRATIANUS.

I. Pars. *Quod autem post mortem nullus excommunicari valeat vel absolvi, ex verbis evangelii monstratur, quibus dicitur* [1] *: Quodcunque ligaveris super terram, etc. Super terram, inquit, non sub terra; ostendens, quod viventes pro varietate suorum meritorum solvere possumus vel ligare; de mortuis autem sententiam ferre non possumus.*

Unde Leo Papa *scribens Rustico, Narbonensi Episcopo, epist. XC, cap. 7, al. epist. XCII, c. 6.* [2] :

C. I. *Non possunt ab ecclesia absolvi post mortem qui in hac vita ab ea noluerunt absolvi.*

De communione privatis, et ita defunctis [a]. Horum [3] causa Dei judicio reservanda est, in cujus manu fuit, ut talium obitus non † usque ad communionis remedium differretur. Nos autem quibus viventibus non communicavimus mortuis communicare non possumus.

C. II. *Ecclesia viventes potest ligare vel solvere, non mortuos.*

Item Gelasius Papa *in commonitorio, Fausto magistro, fungenti legationis officio apud Constantinopolim* [b] [4].

Legatur, ex quo est religio Christiana, vel certe detur exemplum in ecclesia Dei a quibuslibet Pontificibus, ab ipsis Apostolis, ab ipso denique Salvatore veniam, nisi se corrigentibus, fuisse concessam. Auditum [5] enim [6] sub isto cœlo nec [7] legitur omnino, nec dicitur, quod eorum [8] voce depromitur: date veniam nobis, dum [9] tamen nos in errore duremus. Id [10] quoque pariter [11] ostendant qui nobis canones nituntur opponere, quibus hoc canonibus, quibus regulis, qua lectione, quove documento, sive a majoribus nostris, sive ab ipsis Apostolis (quos potiores merito fuisse non dubium est) seu ab ipso Domino Salvatore, qui judicaturus creditur [12] vivos et mortuos, sive factum est unquam, vel faciendum esse mandatur? Mortuos suscitasse Christum legimus; in errore mortuos absolvisse non legimus. Et qui certe [13] hoc faciendi solus habuit potestatem, B. Petro principaliter mandat [14] apostolo: *Quæ* [15] *ligaveris super terram ligata erunt et in cœlis, et quæ solveris super terram*

### NOTATIONES CORRECTORUM.

C. XLI. [d] *Tres extra*: Apud Burchardum et Ivonem[1] legitur: *quatuor extra ecclesiam, sex inter audientes*, etc.

[e] *Duodecimo*: Burchardus et Ivo habent: *decimo*.

Quæst. II. C. I. [a] *De communione privatis, et ita defunctis*: Verba hæc in codice canonum sunt titulus vigesimi decreti Leonis I, et ea Burch. non habet. Reliqua vero sunt ipsius Leonis verba.

C. II. [b] In commonitorio, ex quo sumtum est caput hoc, antea narratur, senatores Constantinopolitanos petiisse a Gelasio, ut sibi liceret communicare cum Achatio ab apostolica sede excommunicato, hancque sibi veniam concedi poposcisse. Quorum absurdam petitionem rejiciens Gelasius, hæc, quæ in hoc capite continentur, ipsi Fausto, quem Constantinopolim mittebat, in commonitorio suggessit.

---

Quæst. I. C. XLI. [367] abest ab Ed. Bas. — *unum*: Edd. rell. [368] *consuetudine*: Ed. Bas. * *nec tamen ap. Ans.* [369] *extr. comm. sine oblatione*: Ans., reliquis omissis. [370] add.: *ita*: Edd. coll. o. [371] *annis*: Edd. Bas. Lugdd. II, III. —C. XLII. [372] Polyc. l. 7, t. 6. — cf. C. 1, qu. 1, c. 72. [373] *Ermigildus*: Edd. coll. o. [374] *despiciens*: eæd. [375] *sed*: exd. pr. Bas. [376] *jacere*: orig. [377] *et omn.*: Ed. Bas. — *et ideo omn.*: Edd. rell. [378] *confortandum*: orig. [379] *poterat*: Edd. coll. o. [380] *occiderunt*: exd. pr. Arg. Bas.

Quæst. II. [1] Matth. c. 16, v. 19. = C. I. [2] Ep. 167. Ed. Baller. scr. A. 458, vel 459. — Reg. l. 1, c. 115. Burch. l. 11, c. 52. Ivo Pan. l. 5, c. 115. Decr. p. 14, c. 60. [3] *Eorum*: Edd. Bas. Lugdd. II, III. — abest a Coll. Hisp. et orig. ap. Baller. † hæc est cap. rubrica ap. Dionysium. — non est ap. Reg. et Burch. = C. II. [4] scr. A. 493. — Coll. tr. p. p. 1, t. 46, c. 2, et ex parte Ans. l. 11, c. 7. [5] *Auditam*: Edd. coll. o. pr. Bas. Lugdd. [6] *autem*: Edd. Bas. [7] *non*: Edd. coll. o. [8] *ex eor.*: exd. [9] *ut*: Ed. Bas. [10] *Idem*: ead. [11] *add.: etiam*: Edd. coll. o. [12] *est*: Ed. Bas. [13] *hoc tantum*: Edd. coll. o. [14] *mandaverat*: exd. — cf. Matth. c. 19, v. 19. [15] *Quodcunque solv., s. t., erit solutum et i. c., et quodcunque ligav. s. t., etc.*: Edd. coll. o.

*erunt soluta et in cœlis.* Super terram, inquit. Nam in 'hac' ligatione defunctum nusquam [16] dixit absolvi [17]

C. III. *Non oportet ab eorum eleemosynis post mortem abstinere, quibus in vita communicare non destitimus.*

Item Urbanus II. *Guilmundo Episcopo* [18].

Sane quod super Richardo, filio Borelli, vestra fraternitas se egisse innotuit pro zelo Dei et animarum caritate [19], laudamus. Sed non adeo [20] timendum, non adeo est vobis ab ejus eleemosynis abstinendum: Inter ceteros quippe nostræ fidei Patres B. Leo papa doctor egregius [21]: *Quibus vivis,* inquit, *non communicavimus* [22] *nec mortuis communicare debemus.* Constat ergo, quoniam, quibus vivis (ut ex opposito loquamur), communicavimus mortuos quoque communicare possumus. Nos plane inter duo oppugnantia positi, inter impios videlicet et schismaticos, schismaticis ullo modo communicare non possumus, aut licet: peccatoribus vero et prædonibus dispensative propterea [23] communicamus, quia et Ecclesiam hactenus sustentaverunt, et se fideles [24] in posterum pollicentur. Alioquin oportet nos de hujus mundi partibus exire. Sub qua etiam sponsione nos ejus † nuper in B. Petri natalitiis absolutionem indulsimus. Quia ergo prædictus vir neque nominative excommunicatus, neque communicans cum excommunicatis ex nomine exiit [25], sed [26] in Domini sui fide atque servitio permansit, licet nobis dispensative, id est quamdiu eos patimur, ejus [27] eleemosynis communicare, et defuncti animam Christianæ religionis [28] modis [29] omnibus adjuvare [30].

C. IV. *De eodem.*

Item Gelasius Papa *universis Episcopis per Dardaniam sive per Illyricum constitutis* c [31].

Nec quisquam omnino vobis persuadeat, Achatio prævaricationis suæ crimen fuisse laxatum, quia qui postquam in collegium recidens pravitatis jure meruit ab apostolica communione secludi, in hac eadem persistens damnatione defunctus est, absolutionem, quam superstes nec [32] quæsivit omnino, nec meruit, mortuus jam non potest impetrare. Siquidem ipsis apostolis Christi voce delegatum est [33]: *Quæ ligaveritis super terram,* etc. Ceterum 'jam' de eo, qui in divino est judicio constitutus, nobis fas non est aliud decernere præter id, in quo eum dies supremus invenit. Atque ideo, nisi ejus nomine refutato, ceterisque consortibus hujus erroris, cum nullo prorsus eorum participare debetis mensæ dominicæ puritatem, quam majores nostri semper ab hæretica magnopere servaverunt pollutione discretam.

C. V. *Incorrigibilis damnationis sententia relaxari non potest.*

Item Leo Papa epist. XIII. ad *Pulcheriam Augustam* d [34].

Damnationis sententiam quicunque meretur accipere, si in suo sensu voluerit permanere, nullus relaxare poterit.

II. Pars. Gratian. *His auctoritatibus probatur, quod viventes, non mortuos solvere possumus vel ligare. Verum hoc non de omni crimine intelligendum est. Sunt enim quædam crimina, de quibus etiam post mortem accusari potest quilibet vel damnari, velut hæresis.*

*Unde in prima actione* V *Synodi legitur* e [35]:

C. VI. *Hæretici etiam post mortem sunt excommunicandi.*

Sane f [36] profertur a quibusdam, qui dicunt oportere post mortem hæreticos anathematizari, et sequi in hoc doctrinam sanctorum Patrum, qui non solum viventes hæreticos condemnaverunt, sed [37] et 'post mortem, utpote in sua impietate' mortuos, sicut eos, qui injuste condemnati sunt, revocaverunt post mortem, et in sacris diptychis g [38] scripserunt. Quod factum est *et* [39] in Joanne, et in Flaviano

### NOTATIONES CORRECTORUM.

C. IV. c *Epistola,* ex qua hoc caput acceptum est, exstat inter alia scripta Gelasii in vetusto codice Vaticano, in quo etiam multæ aliorum pontificum epistolæ habentur.

C. V. d Verba Leonis de Eutyche agentis, sunt hæc: *Qui, dum videret insipientiæ suæ sensum catholicis auribus displicere, revocare se a sua opinione debuerat, nec ita ecclesiæ præsules commovere, ut damnationis sententiam mereretur, quam utique, si in sua sententia voluerit permanere, nullus poterit relaxare.*

C. VI. e Hoc caput sumtum est ex variis locis V. synodi, quemadmodum fere se habet in Coloniensi quatuor tomorum editione.

f *Sane*: In epistola imp. Justiniani, quæ refertur in prima consessione seu collatione ipsius V. synodi, hic locus sic habet: *Hortamur autem etiam illud disceptare, quod varie profertur ab his, qui dicunt non oportere,* etc. Sed sententia non valde diversa.

g *Diptychis*: Sic emendatum est ex ipso concilio, quum antea legeretur: *dicticis.* Diptycha vero duæ tabulæ erant, quarum altera vivorum, altera mortuorum ea nomina continebat, quæ in missa reci-

---

QUÆST. II. C. II. [16] *nunquam*: eard. pr. Bas. — Bohm. [17] *esse absolvendum*: Edd. coll. o. = C. III. [18] *Guimundo Aversano*: Ivo Decr. p. 14, c. 68. — *Julimundo*: Ivo Pan. l. 5, c. 123. — Edd. Arg. Nor. Ven. I, II. — *Guitmundo*: Ed. Bas. — *Guilimundo*: Edd. rell. [19] *salute et caritate*: Edd. coll. o. pr. Bas. [20] abest ab Ed. Bas. — add.: *est*: Edd. rell. — Ivo Pan. [21] cf. supra c. 1. [22] *communicamus*: Edd. coll. o. — Ivo Pan. [23] *pro tempore*: Ivo Decr. [24] *fideliores*: Ivo. † *eis*: Bohm. [25] *obiit*: id. Decr. — *exigit*: Pan. [26] *qui*: Ed. Bas. [27] *eorum*: Edd. coll. o. [28] *religioni*: Edd. Bas. Lugdd. I, III. [29] *moribus*: Ivo Decr., missa sequ. voce: *omni.* [30] *aduvare*: Edd. Bas. Lugd. I. = C. IV. [31] scr. A. 494. — Ans. l. 12, c. 50. Polyc. l. 7, t. 1. [32] *non*: Edd. coll. o. C. IV. [33] Matth. c. 16, v. 19. = C. V. [34] Ep. 31. Ed. Baller. scr. A. 449. = C. VI. [35] hab. A. 553. — Ivo Pan. l. 5, c. 115 seqq. Decr. p. 14, c. 62 seq. [36] *vane*: orig. [37] *sed — mort.*: non sunt ap. Iv. Pan. [38] *tipicis*: ib. — *scripturis*: Ed. Arg. — *dicticis* (quod a *dico* venire sentit glossa): Edd. rell. pr. Bas. [39] abest ab Iv.

religiosæ memoriæ episcopis Constantinopolitanis. *Item in actione V*, § 1. 'Augustinus ait [40]: *Si* [41] *forte isti libri ita designant traditorem suum, sicut Dominus designavit Judam, legatur* [42] *in eis nominatim et expresse vel Cæcilianum, vel ordinatores* [43] *eorumdem librorum fuisse traditores, et si non* [44] *eos anathematizavero, ipse cum* [45] *eis judicer tradidisse.* (*Et infra in eadem actione:*) § 2. Quæ modo recitata sunt Augustinus [46] sanctæ memoriæ consuluit, et conveniunt h statui tenenti ab initio in ecclesia. Impium vero [47] dogma jam inculpatum i et condemnatum est, et eos, qui tali dogmati obnoxii sunt, anathematizari vult [48] ecclesiæ traditio, licet etiam mortui essent. Ideo sanctæ memoriæ Augustinus dicit: 'Quod' [49] *si modo convinceretur Cæcilianus de his, quæ* [50] *inferuntur ei, etiam post mortem* [51] *eum* [52] *anathematizo.* (*Item supra in eadem actione:*) §. 3. Multi episcopi congregati [53], et quædam de diversis causis ad ecclesiasticum statum pertinentibus disponentes, statuerunt de episcopis [54] defunctis, qui hæreticis suas facultates reliquerunt [55], ut etiam post mortem anathemati subjiciantur. Sunt vero 'etiam' et Augustini sanctæ memoriæ epistolæ dicentes, quod si qui in vita sua non recte sapuerunt, licet non condemnati fuissent adhuc viventes, tamen demonstrato peccato isti etiam post mortem anathemati subjiciantur. *Item infra*: § 4. *Si* [56] *vera essent* [57] *quæ 'ab eis' objecta sunt Cæciliano, et nobis possent* † *aliquando monstrari, ipsum 'jam' mortuum anathematizaremus* [58]. (*Item infra*:) § 5. *Dicis* [59], *licere mihi etiam 'hodie' de mortuis judicare, quia judicium non tantum de vivis, sed etiam de* [60] *mortuis fieri potest* [61]. (*Et infra*: §. 6. Rambulas [62] sanctæ memoriæ, episcopus factus Edessenæ civitatis, qui in sacerdotibus exsplenduit [63], Theodorum 'istum' [64] Mopsuestenum [65] 'etiam' post mortem [66] in ecclesia anathematizavit. *Item infra*: § 7. Romanorum etiam ecclesia ante annos paucos Dioscorum k, qui fuit Papa ejusdem ecclesiæ, et post mortem anathematizavit [67], quum nec in fide peccasset. Et hoc sciunt omnes [68], qui degunt Romæ [69], et maxime qui in dignitatibus existunt, qui etiam eidem Dioscoro communicatores permanserunt usque ad ejus mortem. *Item infra*: § 8. Si ad tempora Theophili sanctæ memoriæ vel superius aliquis recurrerit, etiam Origenem inveniet [70] post mortem anathematizatum. Quod etiam 'nunc' [71] in isto [72] fecit et vestra sanctitas, et Vigilius [73] religiosissimus Papa antiquioris Romæ. *Item infra*: § 9. Sancta synodus dixit: Sufficiunt 'quidem' [74] quæ dicta et prolata sunt ecclesiasticam traditionem demonstrare, 'quod oportet hæreticos et post mortem anathematizari. *Item in eadem collatione VIII* [75]. § 10. Sancta synodus dixit: Augustini sanctæ memoriæ, qui inter Africanos episcopos splenduit, diversæ epistolæ recitatæ sunt, significantes, quod oportet hæreticos et post mortem anathematizari. Talem autem ecclesiasticam traditionem et alii Africani reverendissimi episcopi servaverunt; sed et Romana sancta ecclesia quosdam episcopos et post mortem anathematizavit, licet pro fide in vita sua non essent accusati, et utrumque apud nos habita gesta significant.

## QUÆSTIO III.
### GRATIANUS.

I. Pars. *Quod autem pro peccato alicujus tota fa-*

### NOTATIONES CORRECTORUM.

tabantur, translato vocabulo ab ostreorum diptycho, cujus mentionem facit B. Ambrosius Hexam. l. 5. c. 2. De hujusmodi autem ecclesiasticis diptychis partim vivorum, partim mortuorum, partim utrumque, mentio fit in epistola Innocentii I, ad Decentium cap. 2, et in epistola B. Augustini 137, clero et plebi ecclesiæ Hipponensis, supra 2, quæst. 1, cap. *Nomen* et 11 q. 3, cap. *Quid obest*., et in epistola Gelasii ad Anastasium Augustum, et in epistola episcoporum Ægyptiacæ diœcesis ad Anatolium, quæ habetur post conc. Chalcedonense, et alibi sæpe.

h *Et conveniunt:* Sic est emendatum ex ipsa synodo; antea legebatur : *et statuit teneri*.

i *Inculpatum:* In glossa interlineari duorum vetustorum Gratiani codicum habetur: *id est valde culpatum.*

k *Dioscorum:* In antiquis Pontificalibus in vita Bonifacii secundi hæc leguntur: *Hic* (scilicet Bonifacius) *cum Dioscoro ordinatus est sub contentione; Dioscorus in basilica Constantiniana, Bonifacius vero in basilica Julii. Fuit itaque dissensio in clero, et populo, et senatu dies viginti octo, donec defunctus est Dioscorus V. Idus Octobris. Ipsis diebus Bonifacius zelo ductus cum grandi amaritudine coacta synodo sub vinculo anathematis chirographo damnavit Dioscorum, et reconciliavit clerum, quem chirographum in ecclesiæ archivo reclusit.*

QUÆST. II. C. IV. [40] c. 3, de unit. eccl. [41] *Et si*: Edd. coll. o. pr. Bas. [42] *legant*: Edd. Arg. Bas. Par. — Ivo Decr. — orig. [43] add. : *ejus*: Ivo. — Edd. coll. o. [44] *nisi*: Pan. — ead. [45] abest ab orig. [46] *a Gelasio s. m.* (missis seqq. cons. et) : Ivo Decr. [47] 'ita Edd. Bas. Lugdd. II, III. — cons. statui et teneri : Edd. rell. — *convenienter statuit teneri* : Ivo Pan. [48] abest ab Iv. Decr. — *enim* : Ivo Pan. — Edd. coll. o. [49] *voluit*: Edd. coll. o. [50] abest ab Iv. [51] add. : *modo* : Ed. Bas. [52] add. : *ejus* : Edd. coll. o. [53] *illum* : ead. — Ivo. [54] add. : *sunt*: ead. — (cf. conc. Afric. c. 84, ap. Dionys.) [55] *ipsis* : ib. [56] *reliquunt* : orig. — Ivo. — Edd. Arg. Bas. [57] Augustin ad. Bonif. ep. 185. [58] *sunt* : Ivo. — Edd. coll. o. † *possunt* : ib. — Böhm. [59] *anathematisemus* : Ed. Arg. [60] l. 3, contra Cresconium c. 59. [61] abest ab Edd. coll. o. pr. Ven. II. Par. Lugdd. [62] *solet* : Edd. coll. o. [63] *Rabanus* : Edd. Bas. Par. Lugdd. — *Rabula* : Edd. rell. — Ivo Decr. [64] *resplenduit* : orig. — Ivo Pan. — Edd. coll. o. pr. Bas., in qua est : *resplenduisse dicitur*. [65] abest ab Iv. — *ipsum* : Bohm. [66] *Mosophenam* : Edd. Bas. Par. Lugdd. — *Mosothemum* : Edd. Arg. Ven. I, II. — *Mosothenum* : Ed. Nor., et add. voce : *venustum* : Ivo Pan. — Edd. coll. o. [67] *excommunicavit* : Ivo Pan. [68] add. : *homines* : ead. — Edd. coll. o. [69] *hic Romani* : Ivo. — *hic Romœ* : Edd. coll. o. [70] *invenit* : Edd. Arg. Bas. Lugdd. I. [71] abest ab Iv. Decr. [72] *ipso* : orig. [73] *Julius* : Edd. Ven. I, II. [74] abest ab Iv. Pan. [75] ex actione IV, citant Ivo et Edd. coll. o.

miliā excommunicanda sit, multorum exemplis probatur. Pro peccato namque Sodomitarum[1] parvuli eorum, qui beneficio ætatis paterna flagitia nesciebant, cœlesti igne sunt consumti. § 1. Item[2] pro peccato Amalechitarum non solum parvuli eorum, sed etiam bruta animalia usque ad mingentem ad parietem jussa sunt a Domino deleri. § 2. Item[3] Dathan et Abiron auctores schismatis fuerunt contra Moysen et Aaron, nec tantum ipsi soli, sed omnis substantia eorum cum ipsis descendit ad inferos. § 3. In novo etiam testamento nonnunquam peccatis exigentibus gravis pestilentia desævisse legitur, quæ etiam illos involvit, qui peccati conscientiam non habebant. Si ergo tam severissime pro peccatis parentum inveniuntur parvuli puniti, non dubium est, quin pro peccatis eorumdem sententia excommunicationis pariter feriri valeant. § 4. His ita respondetur: Pro peccatis parentum parvulos corporaliter flagellari, ex verbis evangelii apparet, ubi discipuli de cæco nato Christum interrogasse dicuntur[4]: Rabbi, quis peccavit, hic, aut parentes ejus, ut cæcus nasceretur? In quibus etiam illud completur, quod Dominus ait ad Moysen[5]: Ego sum Deus zelotes, visitans peccata patrum in filios usque in tertiam et quartam generationem. Spiritualiter autem peccatis parentum parvuli non tenentur, ex quo per sacramentum regenerationis ab originali peccato fuerint emundati. Unde per Ezechielem Dominus ait[6]: Anima, quæ peccaverit, ipsa morietur; filius non portabit iniquitatem patris, neque pater iniquitatem filii; justitia justi super eum erit, et impietas impii erit super eum. Quæcunque etiam peccata parentes commiserunt, ex quo filius personaliter ab eis separatus fuerit, ei non imputantur ad pœnam. Unde peccato Adæ ideo omnes posteri teneri dicuntur, quia nondum aliquis ex illo materialiter fuerat proseminatus. Quia vero apud Deum non sententia sacerdotum, sed vita eorum quæritur, patet, quod non est notandus sententia quem peccati macula non inficit. Hinc Paulus Corinthiis scribens ait[7]: Si quis frater nominatur fornicator, aut avarus, aut idolis serviens, cum hujusmodi nec cibum sumere debetis. Ex quibus verbis datur intelligi, quod nisi primum aliquis nominatus[a] fuerit de crimine, id est vel coram judice accusatus et convictus, vel in jure ipse de se fuerit confessus, quod nec sententia est feriendus, nec ab ejus communione abstinendum. Non ergo pro alicujus peccato tota familia excommunicanda est.

Unde Augustinus scribit ad Auxilium Episcopum epist. LXXV[8]:

C. I. *Pro peccatis patris non est filius anathematizandus.*

Si habes de hac re sententiam certis rationibus vel scripturarum testimoniis exploratam, nos quoque[9] docere digneris, quomodo recte anathematizetur pro patris peccato filius, aut pro mariti[10] uxor, aut pro domini[11] servus, aut quisquam etiam in domo nondum natus[12]. si eodem tempore, quo universa domus est anathemate obligata, nascatur, nec ei possit per lavacrum regenerationis in mortis periculo subveniri. Hæc enim fuit[b][13] corporalis pœna, qua legimus quosdam contemtores Dei cum suis omnibus, qui ejusdem impietatis participes fuerunt, pariter interfectos. Tunc quidem[14] ad terrorem viventium mortalia corpora perimebantur, quandoque utique[15] moritura. Spiritalis autem pœna, qua fit quod scriptum est†: *Quæ ligaveris in terra erunt ligata et in cœlo*, animas obligat, de quibus dictum est: *Anima*[16] *patris mea est, et anima filii mea est. Anima, quæ peccaverit, ipsa morietur.*

§. 1. Audisti[17] fortasse aliquos magni nominis sacerdotes cum domo sua quempiam anathematizasse peccantium. Sed forte, si essent interrogati, reperirentur idonei reddere inde rationem. Ego autem, 'quoniam'[18], si quis a[19] me quærat[20], utrum[21] recte fiat, quid ei respondeam non invenio, nunquam hoc facere ausus sum de quorundam[c] facinoribus unanimiter adversus ecclesiam perpetratis, nisi gravissime commoverer. Sed[22] si tibi quod[23] juste fiat Dominus revelavit, nequaquam juvenilem ætatem tuam, et honoris ecclesiastici rudimenta contemno. 'En[24] adsum'[*]: senex a juvene coepiscopo', et episcopus tot annorum a collega necdum anniculo paratus sum discere, quomodo vel Deo, vel hominibus

NOTATIONES CORRECTORUM.

Quæst III. Pars I. [a] *Nominatus*: Hæc explanatio loci B. Pauli ad Corinthios et hic, et supra 11, q. 3. Ad mensam. §. *Evidenter*, videtur accepta ex verbis B. Augustini in libro 50, homiliarum, hom. ultima, cap. 12, supra 2, quæst. 1, c. *Multi*.

C. I. [b] *Hæc enim fuit*: Sic etiam apud Ivonem, et in Panormia; in epistola autem ipsa legitur: *Neque* enim hæc corporalis est pœna, qua legimus quosdam contemtores Dei cum suis omnibus, qui ejusdem impietatis participes non fuerunt, pariter interfectos. Verum ob glossam et doctorum dicta nihil est mutatum.

[c] *De quorumdam*: Eadem glossa obstitit ne hoc mutaretur, itemque quoniam cum Ivone et Panormia concordat. In originali autem est: *quum de quorundam facinoribus, immaniter adversus ecclesiam perpetratis, gravissime permoverer.*

---

Quæst. III. Pars I. [1] Genes. c. 19. [2] 1 Reg. c. 15. [3] Num. c. 16. [4] Joan. c. 9, v. 2. [5] Exod. c. 20, v. 5. [6] Ezech. c. 18, v. 20. [7] 1 Cor. c. 5, v. 11. = C. I. [8] Ep. temporis incerti, 250. Ed. Maur. — Ans. l. 12, c. 67. Ivo Pan. l. 5, c. 126. Decr. p. 14, c. 44. [9] abest ab. Iv. [10] add. : *peccato* : Ivo Pan. — Edd. coll. o. [11] *domino*: Edd. coll. o. pr. Bas. Ven. l. Nor. [12] add. : *pro peccatis cujusquam* : Ed. Bas. * ita Ans. [13] *est* : Ivo. [14] *quippe* : id. — Ans. — Edd. coll. o. [15] *etiam* : ib. † Matth. c. 16, v. 19. [16] *Ut anima patr. ita et an. fil. mea est* : Edd. coll. o. — Vulg. — Ezech. c. 18, v. 5. [17] *Audistis* : Ivo Pan. — *Audistis* : Decr. — Edd. coll. o. [18] abest ab Iv. [19] *ex* : id. — orig. [20] *quæsierit* : Ivo. — Edd. coll. o. [21] add. : *id* : Edd. coll. o. [*] ita fere Ans. [22] *Sed* — *discere* : desid. ap. Iv. [23] *quoniam* : orig. — add. ; *id* : Edd. coll. o. [24] *En ads.* : absunt ab Ans.

justam possumus [15] reddere rationem, si animas innocentes pro scelere alieno (ex [26]) quo non trahunt [27], 'sicut' [28] ex Adam, in quo omnes peccaverunt, 'originale peccatum' spirituali supplicio punimus. Etenim Classiciani [29] filius, etsi traxit ex patre [30] primi hominis culpam [31], sacro fonte baptismatis expiandam, tamen quicquid postea [32], quam eum genuit, peccati pater ejus admisit, ibi [33] particeps ipse non fuit, ad eum non [34] pertinere quis ambigit? Quid dicam de conjuge [d]? Quid de tot animabus in universa familia [35]? Unde [36] si [37] una anima per istam severitatem [38], qua tota domus ista anathematizata est, sine baptismate de corpore exeundo perierit, innumerabilium mors corporum, si de ecclesia homines innocentes violenter abstrahantur et interficiantur, huic damno non potest comparari. Si ergo de hac re potes reddere rationem, utinam et nobis rescribendo præstes, ut possimus et nos. Si autem non potes, quid tibi est inconsulta commotione animi facere, unde, si interrogatus fueris, rectam rationem [39] non valeas invenire? Hæc autem dixi, etiamsi filius noster Classicianus [40] aliquid admisit, quod tibi anathemate plectendum justissime videretur.

II. Pars. Gratian. *Ut ergo ex hac auctoritate evidentissime monstratur, illicite excommunicatur quis pro peccato alterius, neque aliqua ratione nituntur qui pro peccato unius in totam familiam sententiam ferunt excommunicationis. Illicita autem excommunicatio notatum non lædit, sed excommunicantem.*

*Unde Gregorius scribit Magno, Mediolanensi Episcopo, lib. II, epist. 26* [41]:

**C. II. Qui illicite aliquem excommunicat, semetipsum, non illum condemnat.**

Comperimus, quod Laurentius quondam frater et coepiscopus noster nullis te culpis exigentibus [42] communione privaverit [43]. Ideoque hujus præcepti nostri auctoritate munitus officium tuum securus perage, et communionem sine aliqua sume formidine.

**C. III. Qui non corde, sed ore maledicunt labiorum immunditiam contrahunt.**

*Item Hieronymus in Leviticum* [44].

Qui negligunt oris maledici [45] consuetudinem resecare, etiamsi non 'ex' corde maledicant, 'etiamsi non voto et animo iniquo proferant maledicta', tamen immunditiam labiorum (secundum Esaiæ [46] verbum) et inquinamenta oris incurrunt.

**C. IV. Vita, non sententia quemlibet ligat vel solvit.**

*Item Hieronymus ubi supra* [47].

Si quis non recto judicio eorum, qui præsunt ecclesiæ, depellatur, et foras mittatur, si ipse non ante exiit, hoc est, si non ita egit, ut mereretur exire, nihil læditur in eo, quod non recto judicio ab hominibus videtur expulsus. Et ita fit, ut interdum ille, qui foras mittitur, intus sit, et ille foris, qui intus retineri videtur.

**C. V. De eodem**

*Item Rabanus de ecclesiasticis pressuris, lib. I* [48].

Non in perpetuum damnamur, quum injuste indicamur, dicente Psalmo [49].: *Nec damnabit illum* [50], quum indicabitur illi. Multi sacerdotum culpam zelo Dei se persequi profitentur, sed, dum indiscrete hoc [51] agitur [52], sacrilegii facinus incurrunt, et dum præcipites quasi ad emendandum ruunt [53], ipsi quoque multo magis deterius cadunt.

**C. VI. Qua pœna feriatur qui illicite aliquem excommunicat.**

*Item ex Consilio Parisiensi tempore Ludovici* [54].

De illicita excommunicatione lex Justiniani, imperatoris catholici, quam probat et servat catholica ecclesia, constitutione [55] CXXIII e cap. CCCLI decrevit, ut 'nemo episcopus' nemo presbyter excom-

---

### NOTATIONES CORRECTORUM.

d *Quid dicam de conjuge*: Verba hæc desunt in ceteris editionibus epistolarum, excepta Antuerpiana. Sunt autem in codice illarum Vaticano, et apud Ivonem et in Panormia.

C. VI. e *CXXIII*: Sic est in novellis Justiniani, et in Epitome Juliani antecessoris, et in aliquot Gratiani codicibus; licet in aliis sit: *CXXVIII* \*. Numerus autem capitis 'emendatus est ex vetustis exemplaribus. Olim enim novellæ per capita, non per libros divisæ citabantur.

---

QUÆST. III. C. I. [25] *possim*: Edd. coll. o. — *possimus*: Bohm. [26] *quod*: Ans. — Edd. coll. o. [27] *contrahunt*: Edd. Ven. I, II. Nor. Par. Lugd. I. [28] *abest ab Ans.* [29] *Classiani*: Edd. Lugdd. II, III. [30] *parente*: Edd. coll. o. [31] *noxam*; cæd. — Ans. [32] *post*: Edd. coll. o. [33] *ut*: cæd: [34] *abest ab Ans. et Edd. Bas. Ven. I, II. Par.* [35] *universæ familiæ*: Ans. — Edd. coll. o. [36] *Unde — ad finem*: non sunt ap. Iv. [37] *et si*: Edd. coll. o. [38] add.: *disciplina*: Edd. Ven. I, II. — *disciplinæ*: Edd. rell. [39] *responsionem non vales*: orig. — Edd. coll. o. [40] *Classianus*: Edd. Lugdd. II, III. = C. [41] Ep. 26, (scr. A. 593). l. 3. Ed. Maur. — Ivo Pan. l. 5, c. 129. Decr. p. 14, c. 17. Polyc. l. 1, t. 22. [42] *exstantibus*: orig. — Ivo. — Ed. Bas. [43] *privavit*: Edd. coll. o. = C III. [44] Hoc et sequ. caput pertinent ad Origenis hom. 14, ad c. 24. Levit. [45] *maledicti*: Edd. coll. o. pr. Lugdd. II, III. [46] Esa. c. 6, v. 5. = C. IV. [47] cf. infra c. 7. = C. V. [48] Imo Atto Vercellensis, cujus hic liber est. — Ivo Pan. l. 5, c. 132. Decr. p. 14, c. 20. [49] *Psalmista*: orig. — Ivo. — Edd. coll. o. [50] *eum*: orig. [51] *hic*: Ed. Bas. [52] *agunt*: orig. — Ivo. [53] *veniunt*: Ed. Bas. = C. VI. [54] Auctor sive collector capitis inventus est Hincmarus Remensis in op. LV. Cap. adv. Hincm. Laud. c. 10, et 28, et in libello expostulationis contra eundem c. 5, c. 35. — Ivo Pan. l. 5, c. 124. Decr. p. 14. c. 21. [55] Epit. Jul. Nov. 115, c. 15. — cf. C. 2, qu. 1, c. 12. \* ita in Edd. coll. e. et in Pan. Iv. *CCCLII*: Ed. Bas. —C. XXX. L. I.: Ed. Arg. — *cap. CCC. L. I.*: Edd. Ven. I. Lugdd. I. — *C. CCC. lib. I.*: Edd. Nor. Lugdd. II, III. Par. — Ivo Pan. — ap. ipsum Hincmarum recte est: *CCCCXLI*. — ap. Iv. Decr. : *CCCCLI*.

municet aliquem antequam causa probetur, propter quam ecclesiastici canones hoc fieri jubent. Si quis autem adversus eam [55] aliquem excommunicaverit, ille quidem, qui excommunicatus est, majoris sacerdotis auctoritate ad gratiam sanctæ communionis redeat : is autem, qui legitime non excommunicaverit, in tantum abstineat a sacra communione tempus, quantum majori sacerdoti visum fuerit, ut quod injuste fecerit [57] ipse juste patiatur. Et hinc S. Gregorius, ad Joannem episcopum injuste excommunicantem inter cetera scribit, dicens [58]: *Cassatis prius atque in nihilum redactis prædictæ sententiæ tuæ decretis, ex B. Petri principis apostolorum auctoritate decernimus* [59], *triginta dierum spatio te sacra communione privatum ab omnipotenti Deo 'nostro' tanti excessus veniam cum summa pœnitentia ac lacrymis exorare. Quod si hanc sententiam nostram te cognoverimus implesse* [60] *remissius, non jam tantum injustitiam, sed 'et' contumaciam fraternitatis tuæ cognoscas adjuvante* [61] *Domino* [62] *severius puniendam, quia nemo præpropere vel præpostere,* scilicet non commonitus neque conventus [63] est judicandus. § 1. De conventione autem hujusmodi patratoris [64] manifestorum criminum lex dicit [65] : *Quicunque tribus auctoritatibus judicis conventus, vel tribus edictis ad judicem fuerit provocatus, aut uno pro omnibus peremptorio, id est quod causam exstinguit, fuerit evocatus* [66], *et præsentiam] suam apud eum judicem, a quo ei denunciatum est, exhibere noluerit, adversus eum quasi in contumacem judicari potest. Quinimo nec retractari per appellationem negotia possunt, quoties in contumacem fuerit judicatum.* Et hanc sententiam de tribus auctoritatibus conventis ex evangelica auctoritate Cœlestinus † ad Nestorium dicens, et Ephesina ᵍ synodus de eodem decernens, et B. Gregorius ad Joannem scribens comprobant [67]. § 2 De peremptorio 'autem' [68] scripto Africanum [69] concilium [70] demonstrat de Cresconio, ut si conventus resipiscere detractaverit, suo contemtu et [71] sua [72] contumacia faciente, auctoritate judiciaria protinus [73] excludatur. Item B. Gregorius de sententia in contumacem, scribens ad Maximum præsumtorem Salonitanum episcopum, dixit [74] : *Hortamur, ut ad nos venire omni postposita excusatione festines, quatenus servata justitia hæc, de quibus accusaris, et cognoscere, et finire secundum canonica instituta Christo revelante possimus* [75]. *Ita autem fac, ut ad veniendum amplius jam moras non ingeras, ne* [76] *ipsa te magis absentia obnoxium his, quæ dicuntur assignet, et nos in te hæc res, non solum propter dicta* [77] *crimina, quæ purgare subterfugis, sed etiam propter inobedientiæ culpam, durius, scilicet ut in contumacem, cogat ex concilio* [78] *fere judicium.*

C. VII. *Vita non sententia ab ecclesia aliquem ejicit, vel ad eam reducit.*

Item Origenes super Leviticum, hom. XIV. ad. c. 24 ʰ [79].

Quum aliquis exit [80] a veritate, a timore Dei, a fide, a caritate, exit [81] de castris ecclesiæ, etiamsi per episcopi vocem minime abjiciatur; sicut e contrario dum [82] aliquis non recto judicio foras mittitur scilicet [83] si non ante exierit, id est si non egerit ut mereretur exire, nihil [84] læditur. Interdum enim qui foras mittitur intus est, et qui foris est intus retineri videtur.

C. VIII. *Et qui aperto sacrilegio, et qui perversa vita fidelibus non sociantur, ad ecclesiam non pertinere probantur.*

Item Augustinus serm. XI, de verbis Domini ⁱ [85], De illis, qui sunt ab ecclesia segregati, non di-

---

NOTATIONES CORRECTORUM.

† *Cœlestinus* : In conc. Ephesino bibliothecæ Vaticanæ, et Lutetiæ impresso, in epistola ipsa Cœlestini ad Nestorium hæc leguntur ad hoc caput pertinentia : *Scias volo post primam et secundam illius* (scilicet Cyrilli) *et hanc nostram correptionem, quam constat esse jam tertiam, ab universitate collegii et conventu Christianorum te prorsus esse sejunctum, nisi mox quæ male dicta sunt corrigantur.* In eodem vero concilio nuper Ingolstadii impresso epistola hæc est in tomo 4, cap. 16.

ᵍ *Ephesina* : In iisdem Vaticano et Parisiensi Ephesini conc. exemplaribus in epistola ipsius synodi ad Nestorium hæc habentur : *Ecce autem simul præsidente sancta synodo, quæ in magna Roma congregata est, sanctissimo et reverendissimo fratre et comministro nostro Cœlestino episcopo, et tertia te hæc contestamur scriptura,* etc. In sententia vero depositionis ipsius Nestorii post mentionem duarum citationum additur : *Canonibus autem præcipientibus evocari tertia vocatione inobedientem, dirigentes ab eum rursus alios sanctissimos episcopos, contumacem invenimus et renitentem,* etc. In conc. autem, Ingolstadii excuso, tomo 2. c. 2, sunt expressæ tres citationes ipsius Nestorii.

C. VII. ʰ Apud Origenem post c. Qui negligunt. sup. ead. citatum, sequitur: *Iste tamen, qui, licet matre Israelitide, Ægyptio tamen patre progenitus est, exiit, et nominans nomen maledixit. De quo ego puto, quod nisi exiisset, nec litigasset adversus verum Israelitam, nec nominans maledixisset. Exiit enim a veritate, exiit a timore Dei, a fide et caritate, sicut superius duximus, quomodo per hæc quis exeat a castris ecclesiæ,* etc.

C. VIII. ⁱ In sermone indicato B. Augustinus,

---

QUÆST. III. C. VI. [55] *ea* : Hincm. — Ivo. [57] *fecit* : Edd. Arg. Bas. [58] l. 3, ep. 6. Ed. Maur. [59] *decrevimus* : Ed. Bas. [60] *non impl.* : Ivo Pan. — Edd. coll. o. pr. Lugdd. I. [61] *juvante* : Hincm. — Ivo. — Edd. coll. o. [62] *Deo* : Edd. coll. o. [63] *convictus* : eæd. — Ivo Pan. [64] *hujus imperatoris* : Edd. coll. o. [65] Interpr. ad Paul. Sent. l. 5, t. 5. A. § 7. [66] *vocatus* : Ivo Pan. — Edd. coll. o. [67] *comprobavit* : eæd. — *comprobat* : Ivo Pan. [68] abest ab Iv. Pan. [69] c. 44. [70] *consilium* : Ed. Arg. [71] *etiam* : Edd. coll. o. pr. Lugdd. II, III. [72] abest ab Iv. [73] *jam prot.* : Edd. coll. o. [74] l. 6, ep 3. [75] *possumus* : Ed. Bas. [76] *nec* : Edd. coll. o. pr. Lugdd. II, III. — Ivo Pan. [77] *prædicta* : Edd. coll. o. [78] *consilio* : Edd. Arg. Nor. Ven. I, II. — C. VII. [79] cf. supra c. 4. — Petr. Lomb. Sent. l. 4, dist. 18. [80] *exiit* : Edd. Arg. Nor. Ven. I, II. [81] *exiit* : eæd. [82] abest ab Edd. coll. o. pr. Lugdd. II, III. [83] *sed · ib.* [84] *non* : Ed. Arg. — C. VIII. [85] Serm. 71. Ed. Maur.

## DECRETI PARS SECUNDA. CAUSA XX IV. QUÆST. III.

cit [86] : *Ea, quæ sunt Spiritus, non percipientes*, ne ad scientiæ perceptionem referrentur [87] : sed dictum est [88] : *Spiritum non habentes.* (*Et infra* :) § 1. Hoc [89] utique [k] nullo modo diceret [90] ab ecclesia segregatis, qui dicti sunt Spiritum non habentes. Sed nec ille dicendus est esse in ecclesia, et ad istam societatem Spiritus pertinere, qui ovibus Christi ficto corde misceatur. *Sanctus* [91] *enim Spiritus disciplinæ fugiet* [92] *fictum.* Neque enim solum l [93] ad ecclesiam non pertinent qui separationis aperto sacrilegio manifesti sunt, sed etiam illi, qui in ejus unitate corporaliter misti per pessimam vitam separantur.

C. IX. *A Deo separamus, quos impios demonstramus.*
   *Item ex* V. *Synodo, collatione* 5 [94].

Certum est, quod qui impius demonstratus [95] est omnimodo separatus est a Deo, sicut etiam ille, qui anathematizatus [96] tanquam impius separatus est. Nihil enim aliud significat anathema, nisi a Deo separationem [97].

III. Pars. Gratian. *Illicita ergo excommunicatio, ut ex præmissis apparet, non lædit eum, qui notatur, sed a quo notatur, ac per hoc qui innocentes sunt ex alterius crimine condemnari non possunt, sicut ab imprudentibus familiæ potentum pro peccatis dominorum solent notari. Sed adhuc objicitur, quod non solum innocentes, sed nec etiam criminosi sententia maledictionis sint feriendi. Ait enim Christus in evangelio* [98] : *Orate pro persequentibus et calumniantibus vos, benefacite his qui vos oderunt. Idem Apostolus* [99] : *Benedicite persequentibus vos : benedicite et nolite maledicere. Item* [100] : *Maledici regnum Dei non possidebunt.*

C. X. *Ab omni maledicto fideles immunes esse oportet.*
   *Item* Hieronymus *in epistolam ad Titum, initio cap.* 3.

Si igitur Michael non fuit ausus diabolo, et certe maledictione [101] dignissimo, judicium inferre blasphemiæ, quanto magis nos ab omni maledicto puri esse debemus? Merebatur diabolus maledictum, sed per os archangeli blasphemia exire non debuit. Relege veteres libros [102], et vide, quæ [103] tribus in monte Garizin constitutæ sint, ut benedicerent populo, et quæ in monte altero, ut maledicerent. Ruben, qui maculaverat torum parentis, et Zabulon novissimus Liæ filius, et ancillarum liberi in monte Heliel [104] ponuntur, ut maledicant his, qui maledictione sunt digni.

C. XI. *Quos significent illi, qui ad benedictionem, quive ad maledictionem de filiis Israel electi sunt.*
   *Item in libro Josue* [105].

Quum ergo in singulis quibusque fidelium talis sit propositi varietas, hoc mihi designari videtur in hoc loco, quod dimidii illi, qui juxta montem Garizin incedunt (illum, qui ad benedictiones [106] electus est), istos figuraliter [107] indicent, qui non metu pœnæ, sed benedictionum et repromissionum desiderio veniunt ad salutem; illi vero dimidii, qui juxta montem Gebal, [108] incedunt, in quo maledictiones prolatæ sunt, istos alios indicent [109], qui, malorum metu et suppliciorum timore complentes quæ in lege scripta sunt, perveniunt ad salutem.

Gratian. *Sed qui pro persecutoribus jussit orare, primos parentes pro transgressione mandati mortis maledicto percussit. Cain* [110] *quoque, quia primæ prævaricationi fratricidium adjunxit, sententiam maledictionis a Domino reportavit. Abrahæ quoque Dominus dixit* [111] : *Maledicam maledicentibus tibi, et benedicam benedicentibus tibi. In Evangelio* [112] *etiam, quum esuriens veniret ad ficum, non inveniens fructum in ea, sua maledictione perpetua sterilitate ipsam damnavit.* § 1. *Item Noe quum reverenda sua a Cham derisa cognosceret, filium ejus Chanaam maledicens dixit* [113] : *Maledictus Chanaam sit servus fratrum suorum. Item Isaac, avum benediceret Ja-*

---

**NOTATIONES CORRECTORUM.**

agens de iis, qui se omnino ab ecclesia separaverunt, ait, horum schisma longe diversum esse ab illo, quo aliqui in ecclesiæ unitate permanentes inter se dissentiunt, prout Corinthii faciebant, ad quos Paulus scribens ep. 1 carnales eos vocat quia dicerent : Ego sum Pauli, ego vero Apollo. De illis ergo (inquit B. Augustinus), qui plane sunt ab ecclesia separati, non est accipiendum, quod dicit Apostolus 1 Corinth. 2 : *Ea quæ sunt Spiritus non percipientes*, sed quod dicit in sua epistola Judas : *Qui segregant semetipsos, animales, Spiritum non habentes.*

   [k] *Hoc utique* : Repetendum est quod apud B. Augustinum antecedit de parvulis et carnalibus qui tamen sunt intra ecclesiæ unitatem. *Postremo* (ait) *ut certissime noverimus, quod parvuli in Christo, non percipientes quæ sunt Spiritus Dei, habent tamen Spiritum Dei, paulo post intueamur, quemadmodum eos ipsos increpans ait :* Nescitis, quia templum Dei estis, et Spiritus Dei habitat in vobis. *Hoc utique nulla modo diceret ab ecclesia segregatis,* etc.

   [l] *Neque enim solum* : Hinc usque ad finem non sunt inventa. Facit tamen ad hanc sententiam quod scribitur lib. 3 de baptismo contra Donatistas, cap. 17.

---

QUÆST. III. C. VIII. [86] 1 Cor. c. 2, v. 14. [87] *referetur* : Ed. Arg. Bas. — *referatur* : Edd. rell. [88] Jud. v. 19. [89] *Sed hoc* : Ed. Bas. [90] *diceretur, nisi de segr. ab eccl.* : Edd. coll. o. [91] Sap. c. 1, v. 5. [92] *effugiet* : Edd. coll. o. [93] add. : *illi* : Ed. Bas. Lugd. II, III. = C. IX. [94] hab. A. 553. — Ivo Pau. l. 5, c 89. Decr. p. 14, c. 49. [95] abest ab Ed. Bas. [96] add. : *est* : Edd. coll. o. [97] *separatio* : Ivo Decr. [98] Matth. c. 5, v. 44. [99] Rom. c. 12, v. 14. [100] Galat. c. 5, v. 9. = C. X. [101] *maledictionis* : Edd. coll. o. pr. Lugd. l. [102] Deut. c. 27. [103] *et quæ — sunt* : eaed. pr. Lugd. l. = C. XI. [105] Judicum : Edd. coll. o. pr. Lugd. l. — est hom. Origenis 9, ad c. 8. Jos. [106] *benedictionem* : Edd. coll. o. pr. Lugd. l. [107] *singulariter* : orig. [108] *Ebal* : ib. [109] *indicant* : Edd. coll. o. [110] Gen. c. 4. [111] Genes. c. 12, v. 3. [112] Matth. c. 21. [113] Genes. c. 9, v. 25.

*cob filio suo, ait* [114] : Qui maledixerit tibi, sit ille maledictus, et qui benedixerit tibi benedictionibus repleatur. § 2. *Item, sicut in libro Deuteronomii legitur* [115]*, Moyses ex praecepto Dei duodecim tribus filiorum Israel in duas partes divisit, et sex tribus jussit, et juxta montem Gebal* [116] *incedentes maledictionem transgredientium legem vociferarentur; aliis vero praecepit, ut juxta alium montem incedentes benedictiones observantium inclamarent*, § 3. *In novo etiam testamento Petrus apostolus legitur Simoni maledixisse, quum ait* [117] : *Pecunia tua tecum sit in perditionem, Paulus quoque, qui dixerat* [118] : *Benedicite, et nolite maledicere, fornicatorem* [119] *Corinthium jussit excommunicari. Item in eadem* ᵐ *epistola ait* [120] : *Si quis non fuerit secutus doctrinam Domini nostri Jesu Christi, sit anathema, maranatha. Item Galatis* [121] : *Si angelus de coelo veniens aliud vobis evangelizaverit, anathema sit.* § 4. *Distinguendum est ergo inter maledictum, quod prohibetur, et maledictum, quod a Domino et sanctissimis viris rationabiliter profertur. Maledictum, quod prohibetur, est illud quod procedit ex voto ultionis et odio persequentis, non ex amore justitiae. Maledictum vero, quo sancti maledicunt, est illud, quod procedit ex amore justitiae, non ex livore vindictae.*

*Unde Gregorius ait in Moral. lib. IV, cap. 6* [122] :

### C. XII. *Sancti viri non ex voto ultionis, sed amore justitiae aliquos maledicunt.*

Quum sancti viri maledictionis sententiam proferunt, non in [123] hanc ex voto ultionis, sed ex [124] justitiae examine prorumpunt [125]. Intus enim [126] subtile judicium [127] aspiciunt [128], et mala foris exsurgentia, [129] quia [130] maledicto debeant ferire cognoscunt, et 'eo' in [131] maledicto non peccant, in † quo ab interno [132] judicio [133] non discordant *Idem supra cap.* 5 : § 1. Scriptura sacra duobus modis maledictum memorat : aliud videlicet quod approbat, aliud quod damnat. Aliter enim maledictum profertur judicio justitiae ⁿ, ut in ipso primo peccante prolatum est, quum audivit [134] : *Maledicta terra in opere tuo*, etc. et sicut Abrahae dicitur [135] : *Maledicam maledicentibus tibi*. Aliter vero profertur maledictum, quod non judicio justitiae, sed livore vindictae promitur [136], a quo [137] voce Pauli apostoli praedicantis cessare admonemur, qui ait [138] : *Benedicite, et nolite maledicere*.

### C. XIII. *Errantes et in errorem mittentes excommunicentur.*

*Item Pelagius Papa Anglio Episcopo* [139].

Apostolicae auctoritatis exemplo didicimus, errantium et in errorem mittentium spiritus tradendos esse satanae, ut blasphemare dediscant.

### C. XIV. *Delinquentes corrigantur a sacerdotibus, incorrigibiles inventi excommunicentur.*

*Item Anacletus Papa, epist. III* [140].

Tam sacerdotes quam reliqui fideles omnes summam curam habere debent de his, qui pereunt, quatenus eorum redargutione aut corrigantur a peccatis, aut, si incorrigibiles apparuerint, ab ecclesia separentur.

### C. XV. *Secunda vel tertia admonitione interposita excommunicationis sententia procedat.*

*Item Gregorius Papa, lib. II, epist. 37, ad Natalem Episcopum* [141].

De excommunicationis articulo (quae tamen interposita conditione gradus °, secundo vel tertio jam, ut ita dicam, ex necessitate subjuncta [142] est) beatitudo vestra immerito queritur, quum Paulus apostolus dicat [143] : *In promtu habentes ulcisci omnem inobedientiam*.

### C. XVI. *Mali ab ecclesia sunt eliminandi.*

*Item Hieronymus in epistolam ad Galatas, c.* 5.

Resecandae ᵖ sunt putridae carnes, et scabiosa ovis a caulis repellenda, ne tota domus, massa, corpus et pecora ardeant, corrumpantur, putrescant, intereant. Arius in Alexandria una scintilla fuit, sed quia non statim oppressa [144] est, totum [145] orbem ejus flamma populata est.

## NOTATIONES CORRECTORUM.

C. XI. ᵐ *In eadem :* Antea legebatur, ut etiam in manuscriptis, *in alia*. Hujus vero loci ac sequentis sensum retulit Gratianus non ipsa prorsus Apostoli verba.

C. XII. ⁿ *Justitiae :* In his, quae sequuntur, non omnino refert Gratianus ipsa verba B. Gregorii, neque etiam ceterorum collectorum, licet propius ad eos accedat. Sententia tamen eadem manet.

C. XV. ° *Gradus :* In tribus vetustis exemplaribus epistolarum B. Gregorii et uno Gratiani legitur : *gradu*, *secundo*, etc.

XVI. ᵖ *Resecandae :* Apud B. Hieronymum legitur : *secandae putridae carnes, et scabiosum animal a caulis ovium repellendum*

## C. XVII. *Pro diversitate culparum subditi a præpositis corripiantur.*

*Item* Augustinus *in libro de correptione et gratia, c.* 15.

Corripiantur itaque a præpositis suis subditi fratres correptionibus de caritate venientibus pro culparum diversitate diversis, vel minoribus, vel amplioribus, quia et ipsa, quæ damnatio nominatur, quam facit episcopale judicium (qua pœna in ecclesia nulla major est), potest, si Deus voluerit, in correctionem [146] saluberrimam cedere atque proficere. Neque enim scimus quid contingat sequenti die. An [147] ante finem vitæ hujus de aliquo [148] desperandum est? Aut [149] contradici Deo potest, ne respiciat et det pœnitentiam, et, accepto sacrificio spiritus contribulati cordisque contriti, a reatu quamvis justæ damnationis absolvat [150], damnatumque q ipse non damnet? Pastoralis [151] tamen necessitas habet, ne per plures serpant dira contagia separare ab ovibus [152] sanis morbidam, ab illo, cui nihil est impossibile, ipsa forsitan separatione sanandam. Nescientes enim quis pertineat ad prædestinatorum numerum, quis non pertineat, sic affici debemus caritatis affectu, ut omnes velimus salvos fieri.

## C. XVIII. *Qui corrigi nolunt excommunicationis ferro debent abscindi.*

*Item* Prosper *libro de vita contemplativa, c.* 7 [153].

Ecce [154] autem crimina quorumlibet, si [155] ipsis criminosis confiteri nolentibus undecunque claruerint [156], quæcunque non fuerint patientiæ leni [157] medicamento sanata, veluti igne quodam piæ increpationis urenda sunt et curanda. Quod si ne [158] sic quidem æquanimiter sustinentis ac pie increpantis medela processerit [159] in [160] eis, qui diu portati et salubriter objurgati corrigi noluerint, tanquam putres [161] corporis partes debent ferro excommunicationis abscindi, ne, sicut caro morbis emortua, si abscissa non fuerit, salutem reliquæ carnis putredinis suæ contagione corrumpit, ita isti, qui emendari despiciunt, et in suo morbo persistunt, si moribus depravatis in sanctorum societate permanserint, eos exemplo suæ perditionis [162] inficiant r [163].

## C. XIX. *Excommunicandus est qui duas simul uxores habere præsumit.*

*Item* Nicolaus Papa *Lothario Regi* [164].

An non districta ultione feriendus est, qui in duabus uxoribus adulterium Lamech et flagitium imitatus esse dignosceris? Quod Dominus non nisi post septuaginta septem generationes suo salutifero adventu delevit, quum Cain fratricidium septima generatione aquis abolitum sit cataclysmi [165].

## C. XX. *Falsi testes et homicidæ communione priventur.*

*Item* ex Concilio Agathensi, *c.* 37 [166].

Itaque censuimus homicidas et [167] falsos testes a communione ecclesiastica submovendos [168], nisi pœnitentiæ satisfactione crimina admissa diluerint.

## C. XXI. *Excommunicetur potens, qui clericum pauperem vel religiosum spoliare præsumit.*

*Item* ex Concilio Toletano 1, *cap.* 11 [169].

Si quis de potentibus clericum, aut quemlibet pauperem s, aut religiosum exspoliaverit et mandaverit [170] eum ad se venire episcopus, ut audiatur [171], et contempserit, invicem mox scripta percurrant per omnes episcopos provinciæ, et quoscunque adire potuerint, ut excommunicatus habeatur ipse [172], donec obediat [173], et reddat aliena.

## C. XXII. *De eodem.* [PALEA].

*Ex dictis* Gregorii Papa t [174].

‹ Quisquis per dolum manum suam mittit in Christum Domini, id est episcopum [175] vel presbyterum, quia sacrilegium grave committit, et si quis ecclesiam [176] Dei vastat, aut impugnat, aut incendit, quia et hoc gravissimum est sacrilegium, placuit sanctæ synodo, ut imprimis u omnia bona ejus proscriptione publicentur; deinde in uno loco, id est

## NOTATIONES CORRECTORUM.

C. XVII. q *Damnatumque*: Sic emendatum est ex originali, nec glossa visa est impedire. Antea legebatur: *damnatum, quem ipse non damnat*.

C. XVIII. r *Inficiant*: Apud Prosperum continuo sequitur cap. *Porro*, infra de pœn. dist. 1.

C. XXI. s *Pauperem*: In plerisque vetustis, et apud Anselmum, et in codicibus concilii impressis et manuscriptis est: *pauperiorem*.

C. XXII. t Caput hoc abest a plerisque manuscriptis. Burchardus autem et Ivo citant ex conc. Gangrensi.

u *Ut inprimis*: Apud Burchardum et Ivonem legitur: *ut in uno loco*, etc. sine verbis illis, quæ hic sunt interjecta.

---

QUÆST. III. C. XVII. [146] *correptionem*: Edd. coll. o. pr. Par. Lugdd. [147] *Haud*: Ed. Bas. — *Aut*: Edd. rell. [148] *add.*: *tali*: Edd. coll. o. [149] *haud*: Ed. Bas. [150] *absolvit*: ib. * ita Edd. coll. o. [151] *Pastoris*: eæd. [152] *omnibus*: Ed. Bas. = C. XVIII. [153] Imo Julianus Pomerius. [154] *Ea*: orig. [155] *et si*: Ed. Bas. [156] *clamaverint*: Ed. Arg. [157] *levi*: Edd. coll. o. pr. Lugdd. II, III. [158] *nec*: Edd. coll. o. [159] *profecerit*: orig. [160] *ut*: Ed. Bas. [161] *putridæ*: orig. — Edd. coll. o. [162] *perversionis*: orig. [163] *inficiant*: Edd. coll. o. = C.XIX. [164] Non exstat hæc Nic. epistola; simillima tamen sunt in ep. ad Bulgaros c. 51. — Ivo Decr. p. 8, c. 227. [165] *add.*: *i. e. diluvii*: Edd. coll. o. pr. Bas. — cf. Genes. c. 4. = C. XX. [166] hab. A. 506. — Burch. l. 6, c. 29. Ivo Decr. p. 10, c. 58, 158. [167] *et f. test.*: absunt a Burch. et Iv. c. 158. [168] *esse subm.*: Edd. coll. o. = C. XXI. [169] hab. A. 400. — Reg. l. 2, c. 38. Ans. l. 7, c. 173 (178). * ita Coll. Hisp. [170] *mand ad ipsum ep.*: ib. [171] *audiat, et is*: ib. [172] *abest ab ead.* [173] *audiatur*: ib. Reg. = C. XXII. [174] Burch. l. 10, c. 65, et Ivo Decr. p. 12, c. 79, p. 13, c. 65, referunt ex conc. Tungrensi. Berardo ex conc. Troslei. (hab. A. 909), c. 5, videtur excerptum esse; nos tamen non minori jure nostro Burchardum ex cap. Car. M. (Cap. II, incerti anni ed. a Baluz. c, 8—12, suspicamur hausisse. — Totum cap. abest ab Ed. Arg. [175] *in ep.*. Böhm. [176] *eccl. devastat.*: Ed. Bas. — abest ab Edd. coll. o. pr. Nor.

in monasterio, inclusus pœniteat omnibus diebus vitæ suæ. »

**C. XXIII.** *Communione privetur qui Romipetas, vel peregrinos, vel mercatores molestare præsumit.*

Item Calixtus Papa [177].

Si quis Romipetas, et peregrinos, et Apostolorum limina, et aliorum sanctorum oratoria visitantes capere, seu rebus, quas ferunt, spoliare, et mercatores [178] novis teloneorum et pedagiorum [179] exactionibus molestare tentaverit, donec satisfecerit, communione careat Christiana.

**C. XXIV.** *Excommunicentur qui oratores et ecclesias, bonaque earum et personas ibi servientes infestare præsumunt.*

Item Urbanus Papa [180].

Paternarum traditionum exemplis commoniti, pastoralis officii debitum persolventes, ecclesias cum bonis suis, tam personis quam possessionibus [181], clericos videlicet ac monachos, eorumque conversos [v], oratores [182] quoque cum suis nihilominus rebus, quas ferunt, tutos et sine molestia esse statuimus. Si quis autem contra hoc facere præsumpserit, et postquam facinus suum recognoverit, intra [183] dierum triginta spatium competenter non emendaverit, a liminibus ecclesiæ arceatur, et anathematis gladio feriatur.

**C. XXV.** *Qui oratoribus, pauperibus non arma ferentibus in malum obviaverint, excommunicentur.*

Item Nicolaus Papa omnibus Episcopis [184].

Illi, qui peregrinos, vel oratores cujuscunque sancti, sive clericos, sive monachos, vel feminas, aut inermes pauperes deprædati fuerint, vel bona eorum rapuerint, vel in malum eis [185] obviaverint, anathematis vinculo feriantur, nisi digne emendaverint. § 1. Pax vero illa, quam treugam [186] dicimus, sic observetur, sicut ab archiepiscopis et [187] episcopis [188] uniuscujusque provinciæ constituta est. Qui autem eam infregerit excommunicationi subdatur.

IV. Pars. Gratian. *Quia vero sermo de hæreticis habetur, videndum est, quid intersit inter schisma et hæresim, et qui sint hæretici, et quot sint hæreticorum sectæ?*

*Differentiam autem inter schisma et hæresim Hieronymus in epist. ad Titum c. 3. assignat, dicens* [189]:

**C. XXVI.** *Schismatis et hæresis differentia.*

Inter hæresim et schisma hoc interesse [190] arbitrantur, quod hæresis perversum dogma habeat, schisma propter [191] episcopalem dissensionem [192] ab ecclesia [vv] pariter separat [193]. Quod quidem in principio aliqua ex parte intelligi potest [x]; ceterum nullum schisma non [194] aliquam sibi confingit [195] hæresim, ut recte ab ecclesia recessisse videatur.

*Unde autem hæresis dicatur, in epistolam ad Galatas c. 3. Hieronymus diffinit, ita dicens* [196]:

**C. XXVII.** *Unde hæresis dicatur?*

Hæresis græce ab electione dicitur, quod scilicet [197] eam sibi unusquisque eligat disciplinam, quam putat esse meliorem. Quicunque igitur aliter scripturam intelligit, quam sensus Spiritus sancti flagitat, quo [198] scripta est, licet de [199] ecclesia non recesserit, tamen hæreticus appellari potest, et de carnis operibus est, eligens quæ pejora sunt.

V. Pars. Gratian. *Qui vero proprie dicantur hæretici, Augustinus in lib. de utilitate credendi c. 1, ostendens, ait:*

**C. XXVIII.** *Qui proprie dicantur hæretici* [200].

Hæreticus est, qui alicujus temporalis commodi et maxime gloriæ principatusque sui gratia falsas ac novas opiniones vel gignit, vel sequitur. Ille autem, qui hujusmodi hominibus credit, homo est imaginatione 'quadam' veritatis 'ac pietatis' illusus.

**C. XXIX.** *Non sunt hæretici, qui non sua audacia, sed aliena seducuntur in errorem.*

Idem *Glorio, Eleusio, et aliis, epist. CLXII* [201].

Dixit Apostolus [202]: *Hæreticum hominem post primam et secundam correptionem* [203] *devita,* 'sciens',

---

### NOTATIONES CORRECTORUM.

**C. XXIV.** [v] *Conversos:* In codicibus impressis sequebatur: *vel commissos*', quæ sunt expuncta, quia absunt a plerisque manuscriptis Gratiani exemplaribus, et vetusto quodam codice, in quo quidem extremo et hic, et alii tres canones descripti sunt, tanquam fragmentum alicujus concilii.

**C. XXVI.** [vv] *Ab ecclesia:* In codicibus horum commentariorum in Germania, in Gallia, et Ferrariæ excusis, itemque duobus manuscriptis Vaticanis legitur: *ab ecclesia separatur.*

[x] *Potest:* Sequebatur: *diversum*, quæ vox abest a memoratis editionibus, et Vaticanis exemplaribus ".

---

Quæst. III. C. XXIII. [177] in conc. Lat. I. hab. A. 1123. [178] abest ab orig. [179] *pedaticorum*: Edd. Arg. Nor. Ven. I, II. = C. XXIV. [180] Imo idem Calixtus, c. 20, ejus d. conc. [181] add.: *suis*: Ed. Bas. Lugdd. II, III. *ita Edd. coll. o. pr. Bas. [182] *oratores*: orig. [183] *infra*: orig. — *et inf.*: Edd. coll. o. pr. Lugdd. II, III. = C. XXV. [184] Nicol. II, in conc. Rom. hab. A. 1059. Priorem partem cap. allegat idem Nicolaus in ep. ad Epp. Galliæ etc., alteram edidit ex vetusta canon. coll. Mausius (t. 19). — Ivo Pan. l. 5, c. 115. [185] *ejus*: Ed. Bas. [186] add.: *Dei*: Edd. coll. o. — orig. ap. Maus. [187] *ab est ab* Edd. coll. o. pr. Bas. Lugdd. II, III. [188] *et ep.*: absunt ab Iv. = C. XXVI. [189] Ans. l. 12, c. 49. Polyc. l. 7, t. 3. [190] *esse*: Edd. coll. o. pr. Bas. Lugdd. II, III. [191] *post*: Edd. coll. o. pr. Lugdd. II, III. [192] *discessionem*: Ed. Bas. — *decessionem*: Edd. rell. *vox: pariter neque ap. Ans. leg. [193] *separatur*: Edd. Ven. I, II. Par. — *separet*: Edd. Lugdd. II, III. ** et Ans. [194] *est nisi*: Edd. coll. o. [195] *confingat*: Edd. coll. o. pr. Arg. Lugdd. tr. = C. XXVII. [196] Ans. l. 12, c. 50. Polyc. ib. [197] *secundum*. Ed. Arg. [198] *a quo*: Edd. coll. o. [199] *ab ead*. = C. XXVIII. [200] Ans. l. 12, c. 53. Deusded. p. 2. Polyc. ib. = C. XXIX. [201] Ep. 43. Ed. Maur. ser. A. 397. — Ans. l. 12, c. 6. Polyc. ib. [202] Tit. c. 3, v. 10. [203] *correctionem*: Edd. coll. o.

*quia subversus est hujusmodi, et peccat, 'et est' a* [204] *semetipso damnatus.* Sed qui sententiam suam, quamvis falsam atque perversam, nulla pertinaci animositate defendunt, praesertim quam non audacia suae praesumtionis pepererunt [205], sed a seductis atque in errorem lapsis parentibus acceperunt, quaerunt autem cauta sollicitudine veritatem, corrigi parati, quum invenerint, nequaquam sunt inter haereticos deputandi.

**C. XXX.** *Magistri exsistunt erroris qui veritatis disciplinam contemnunt.*

*Item* Leo Papa *epist. X, ad Flavianum* [206].

Quid autem iniquius est quam impia sapere, et sapientioribus doctioribusque [207] non credere? Sed in hanc insipientiam cadunt, qui, quum [208] ad cognoscendam veritatem aliquo impediuntur obscuro [209], non ad propheticas voces, non ad [210] apostolicas litteras, nec ad evangelicas auctoritates, sed ad semetipsos recurrunt, et ideo magistri erroris exsistunt, quia veritatis discipuli non fuerunt.

**C. XXXI.** *Haeretici sunt qui quod prave sapiunt contumaciter defendunt.*

*Item* Augustinus *contra Manichaeos* [211].

Qui in ecclesia Christi morbidum aliquid pravumque [212] sapiunt, si correpti [213], ut sanum rectumque sapiant, resistunt contumaciter, suaque pestifera et mortifera dogmata emendare nolunt, sed defensare persistunt, haeretici fiunt.

**C. XXXII.** *Errante damnabilior est qui ejus defendit errorem.*

*Item* Urbanus Papa [214].

Qui aliorum defendit errorem multo amplius damnabilior est illis, qui errant, quia non solum [215] errat, sed etiam aliis offendicula erroris praeparat et confirmat. Unde quia magister erroris est, non tantum haereticus, sed etiam haeresiarcha dicendus est.

**C. XXXIII.** *Qui mendacio veritatem immutant patrum terminos transferre probantur.*

*Item* Hieronymus *lib. II. Comment. ad cap. 5. Oseae:*

Transferunt principes Juda [216] terminos, quos po-A suerunt patres eorum, quando immutant [217] mendacio [218] veritatem, et aliud praedicant quam ab Apostolis acceperunt. *Item infra, eodem capite.:* § 1. De haereticis manifestus est sensus, quod sophismatibus suis et arte dialectica saepe opprimant [219] ecclesiasticos. *Item ad cap. 9.* § 2. Veteres scrutans historias invenire non possum scidisse ecclesiam, et de domo Domini populos seduxisse, praeter eos, qui sacerdotes a Deo positi fuerant et prophetae, id est speculatores. Isti ergo vertuntur in laqueum tortuosum, in omnibus locis ponentes scandalum.

**C. XXXIV.** *Abjiciantur qui adversariorum conveniunt pravitati.*

*Item* Leo papa *epistola LXXIV. ad Anatolium* [220].

Illud sane plurimum mihi displicere significo, quod inter y dilectionis tuae clericos quidam esse dicuntur, qui adversariorum conveniant [221] pravitati, et vasa irae z vasis misericordiae misceantur. Quibus investigandis et severitate congrua coercendis debet diligentia tua vigilanter insistere ita, ut his, quibus prodesse non potuerit [222] correptio [223], non parcat abscissio. Oportet enim nos [224] evangelici meminisse mandati, quo [225] ab ipsa veritate praecipitur, ut, si nos oculus, aut pes, aut dextera scandalizaverit manus a compage corporis auferatur, quia melius sit his in ecclesia [226] carere membris, quam cum ipsis in aeterna ire supplicia. Nam superfluo extra ecclesiam positis resistimus, si ab his, qui intus sunt, in eis, quos dicipiunt, vulneramur. Abjicienda prorsus pestifera haec a sacerdotali vigore patientia C est, quae sibimet, peccatis aliorum parcendo, non parcit.

**C. XXXV.** *Et sodalitates et convivia haereticorum clerici vitare debent.*

*Item ex concilio Carthaginensi IV. c. 70, 71, 72,* [227]:

Clericus haereticorum et [228] schismaticorum tam convivia quam sodalitates evitet aequaliter [229]. Eorum conventicula non ecclesia, sed conciliabula [230] appellanda sunt. Cum eis neque orandum est, neque psallendum.

---

**NOTATIONES CORRECTORUM.**

C. XXXIV. y *Quod inter:* Sic est emendatum ex ipsa epistola, quum et in vulgatis, et in plerisque vetustis Gratiani exemplaribus esset: *quod jurisdictionis tuae clerici*. In duobus tamen quemadmodum et apud Ivonem est: *inter* " *ditionis tuae* D *clericos.*

z *Vasa irae.* Sic est emendatum ex originali. Alludit enim ad locum B. Pauli Roman. 9. Apud Gratianum erat, itemque apud Ivonem: *vesaniae* *** *vasis misericordiae vasa misceantur.*

---

QUAEST. III. C. XXIX. [204] *in:* eaed. [205] *pepererint:* eaed. pr. Arg. Bas. = C. XXX. [206] Ep. 28. Ed. Baller. scr. A. 449. [207] *doctoribusque:* Ed. Lugdd. I. Par. [208] *quicunque:* Edd. coll. o. pr. Arg. [209] *obstaculo:* Coll. Hisp. [210] abest pariter atque sequ.: *ad* ab Edd. coll. o. pr. Lugdd. Par. = C. XXXI. [211] ex libro 18. de civ. Dei c. 51. — Ans. I. 12, c. 57. Polyc. ib. Deusd. p. 2. [212] add.: *quid:* Edd. coll. o. [213] *correcti:* eaed. = C. XXXII. [214] Caput incertum. [215] *ille:* Edd. Arg. Bas. Lugdd. II, III. [216] abest ab Edd. Lugdd. II, III. — *inde:* Edd. rell. pr. Nor. [217] *immutent:* Ed. Bas. [218] *in mendacio:* Ed. Arg. — *in mendacium.* Ed. Bas. [219] *opprimunt:* Edd. Par. Lugdd. = C. XXXIV. [220] Ep. 415. Ed. Baller. scr. A. 457. — Ivo Decr. p. 6, c. 339. * ita Edd. Nor. Ven. I, II. Par. Lugdd. " ita Edd. Arg. Bas. [221] *conniveant:* orig. *** ita Edd. coll. o. — *vasis irae vasa:* orig. ap. Baller. [222] *poterit:* Edd. coll. o. [223] *correctio* eaed. — orig. — Ivo. — Böhm. [224] *vos:* Edd. coll. o. pr. Arg. Nor. — cf. Matth. c. 18, v. 8. [225] *quod:* Edd. coll. o. [226] *saeculo:* eaed. = C. XXXV. [227] c. 80—82. Statt. eccl. ant. — cf. ad c. 9. D. 18. [228] *aut:* Edd. coll. o. [229] *specialiter:* orig. ap. Baller. [230] *concilia diaboli:* ib.

C. XXXVI. *Canonum observatores cum hæreticis nullum debent inire certamen.*

*Item* Gelasius Papa *in epistola ad piscopos Dardaniæ* [231].

Cum quibus erat synodus ineunda ? Catholici pontifices fuerant undique jam depulsi, solique [232] remanserant socii perfidorum, cum quibus jam nec licebat habere conventum [233], dicente Psal [234]: *Non sedi in* [235] *concilio* [236] *vanitatis, et cum iniqua gerentibus non introibo.* Nec ecclesiastici moris est cum his, qui pollutam habent communionem permixtamque cum perfidis, miscere [237] concilium [238]. Recte igitur per Chalcedonensis synodi formam hujusmodi prævaricatio repulsa est potius quam ad a concilium vocata, quod nec opus erat post primam synodum, nec cum talibus habere licebat. *Idem in commonitoria ad Faustum* [239]: § 1. Canonum b magistris atque custodibus nobis nullum fas est inire certamen cum hominibus communionis alienæ.

C. XXXVII. *Non contradicit, sed potius obedit evangelio qui malos excommunicat.*

*Item ex epistola* Urbani Papæ [240].

Notandum est, quod quidam dicunt contra evangelicam parabolam nos facere, ubi de zizaniis non eradicandis Dominus præcepit [241], quum aliquos excommunicatione dignos excommunicationi subjicimus, et aiunt etiam S. Augustinum hoc contradicere in illo loco, ubi ait : *Quia non est præcidenda unitas, ferendi sunt mali, non abjiciendi.* Quibus hoc [242] primum respondendum est : Si [243] hæretici et mali homines excommunicandi non sunt, quare ipse [244] Augustinus cum legatis S. Romanæ ecclesiæ, et cum sanctis episcopis suis Pelagium et Cœlestium [245], novam hæresim in sanctam Dei ecclesiam introducentes, excommunicavit, et ab ecclesia Dei separavit ? Quare ipsos Donatistas, contra quos ista et multa his similia loquitur, tam ipse quam omnis ecclesia Dei excommunicatos habuit, et, nisi prius pœnituissent, et per manus impositionem reconciliati essent, eis nequaquam communicabat ? Idem ipse Dominus, qui hoc parabolice hic narrat [246],

aperte alibi excommunicationem fieri jubet, dicens [247]: *Frater, qui corripitur ab ecclesia, et non obedit, sit tibi sicut ethnicus et publicanus.* Unde apparet liquido, aliud esse excommunicationem, aliud [248] eradicationem. Qui enim excommunicatur (ut Apostolus [249] ait) ad hoc excommunicatur, ut spiritus ejus salvus fiat in die Domini. Disciplina enim est excommunicatio, non eradicatio.

Gratian. *Nisi* [250] *forte ex contemtu et superbia excommunicati proveniat.*

Unde Origenes e *in librum Numerorum, hom. XV. ad c. 23.:*

C. XXXVIII. *Divina maledictio meritum maledicti designant.*

Deus, quando [251] maledicit, meritum ejus designat, cui maledicitur, et sententiam [252] promit, utpote quem non fallit neque peccati qualitas, neque peccantis affectus. Homo *autem*, quia hæc [253] non potest scire (neque enim propositum mentemque alterius videre alius aut cognoscere [254] potest, idcirco etiam si judicantis vel sententiam promentis intuitu proferat maledictum, non potest esse *justa* maledicendi causa, ubi ignoratur peccantis affectus, maxime quum humanum vitium [255] tunc sciat [256] maledicta proferre, quum forte conviciis aut [257] injuriis provocatur. Quod vitium volens resecare Apostolus, ne maledictis maledicta et conviciis convicia provocemus [258], mandatum necessarium ponit, ut [259] benedicamus, *et non maledicamus*, quo conviciandi vitium resecetur non quo judicandi veritas, quæ homines latet, et pronunciandi auctoritas perimatur.

Gratian. *Sectæ vero hæreticorum quot sint, et unde nomina acceperint,* Isidorus *lib. VIII Etymologiarum c. 5. determinat, dicens* [260]:

C. XXXIX. *Quot sint sectæ hæreticorum.*

Quidam autem hæretici, qui de ecclesia recesserunt, ex nomine suorum auctorum nuncupantur; quidam vero ex causis, quas eligentes instituerunt. § 1. Simoniani dicti a Simone, magicæ artis [261] perito, cui Petrus in Actibus apostolorum [262] male-

NOTATIONES CORRECTORUM.

C. XXXVI. a *Quam ad:* In originali legitur: *quam per † concilium, quod nec opus*, etc.

b *Canonum:* Gelasius in commonitorio ad Faustum, objurgans Græcos illos, qui, quum maxime canones violarent, eorum tamen se observatores simulabant, in hæc prorumpit verba : *O canonum magistros atque custodes. Nobis nullum,* etc.

C. XXXVIII. c *Origenes:* Sic est restitutum, quum antea esset : *Augustinus.* Ei magnam hujus capitis partem glossa ordinaria ad eundem locum ex ipso Origene refert, indeque nonnulla sunt emendata.

---

QUÆST. III. C. XXXVI. [231] scr. A. 495. — Ans. I. 12. c. 63. [232] *soli :* Edd. coll. o. [233] *concilium conventumque :* Ed. Bas. [234] Psal. c. 25, v. 4. [235] *cum :* Edd. coll. o. — Vulg. [236] *consilio :* Edd. coll. o. pr. Bas. Lugdd. [237] *miscere :* Edd. Ven. I, II. Nor. Par. Lugdd. I. [238] *consilium :* Edd. Arg. Nor. Ven. I, II. † *ad :* orig. — Ans. [239] scr. A. 493. = C. XXXVII. [240] Cap. incertum. [241] Matth. c. 13, v. 29. [242] *hic :* Edd. coll. o. [243] *Quod si :* Ed. Bas. [244] *et ipse :* Edd. coll. o. pr. Lugdd. II, III. [245] Cœlestinum : Edd. coll. o. [246] *enarrat :* eæd. [247] Matth. c. 18, v. 17. [248] *et al.* : Edd. Arg. Bas. Lugdd. II, III. [249] 1 Cor. c. 5, v. 5. [250] Hæc in Edd. coll. o. tanquam ad cap. præc. pertinentia proferuntur. = C. XXXVIII. [251] *quibus :* Edd. Nor. Ven. I, II. [252] add. : *veram :* Edd. coll. o. pr. Arg. [253] *hoc :* Edd. coll. o. [254] *agnoscere :* Ed. Bas. [255] *judicium :* Edd. coll. o. — Bohm. [256] *scit :* Ed. Bas. [257] *atque :* Edd. Lugdd. III III. [258] *provocentur :* Ed. Bas. [259] Rom. c. 12, v. 14. [260] Ans. I. 15. c. ult. — Citant Corr. Pan. Ivonis I. 5, c. 3, 4, 5; in Brandtiana tamen ed. non exstat. = C. XXIX. [261] *disciplinæ ;* orig. — Ans. — Edd. coll. o. [262] cf. c. 8.

dixit pro eo, quod ab Apostolis Spiritus sancti gratiam pecunia emere voluisset. Ili dicunt, creaturam non a Deo, sed a virtute quadam superna creatam. § 2. Menandrini a Menandro mago, discipulo Simonis nuncupati, qui mundum non a Deo, sed ab angelis factum asseruit. § 3. Basilidiani a Basilide appellati, qui inter reliquas blasphemias Jesum passum abnegavit. § 4. Nicolaitae dicti a Nicolao diacono ecclesiae Hierosolymorum, qui cum Stephano et ceteris constitutus est a Petro ; qui, propter pulchritudinem relinquens uxorem, dixerat [263] ut qui vellet ea uteretur; versa est in stuprum talis consuetudo, ut invicem conjugia commutarentur. Quos Joannes in Apocalypsi improbat [264] dicens : *Sed hoc habes, quod odisti facta Nicolaitarum* [265]. § 5. Gnostici propter excellentiam scientiae se ita appellare voluerunt. Animam naturam Dei esse dicunt ; bonum et malum Deum [266] suis dogmatibus fingunt. § 6. Carpocratiani a Carpocrate quodam vocantur, qui dixit, Christum hominem fuisse tantum, et de utroque sexu progenitum. § 7. Cerinthiani a Cerintho quodam nuncupati. Hi inter cetera circumcisionem observant, mille annos post resurrectionem in voluptate carnis futuros praedicant. Unde et graece χιλιώσται, latine Millenarii [267] sunt appellati. § 8. Nazaraei dicti, qui dum Christum (qui a vico Nazaraeus est appellatus) filium Dei confiteantur [268], omnia tamen veteris legis custodiunt. § 9. Ophitae a colubro nominati sunt. Coluber enim graece ὄφις dicitur. Colunt enim serpentem, dicentes, ipsum in paradisum [269] induxisse virtutis cognitionem. § 10. Valentiniani a Valentino quodam Platonico [270] sectatore vocati, qui αἰῶνας, id est saecula [271] quaedam, in originem Dei creatoris induxit, Christum quoque de Virgine nihil corporis assumsisse, sed per eam quasi per fistulam transisse [272] asseruit. § 11. Appellitae, quorum auctor [273] Appelles fuit, qui creatorem angelum nescio quem gloriosum superioris Dei faciens, Deum legis [274] Israel illum igneum affirmans dixit [275]. 'et' Christum non in veritate Deum, sed hominem in phantasia apparuisse. § 12. Archontiaci a principibus [276] appellantur, qui [277] universitatem, quam Deus condidit, opera esse archangelorum [278] defendunt. § 13. Adamiani vocati [279], quod Adae imitentur nuditatem. Unde et nudi orant, et nudi inter se mares feminaeque conveniunt. § 14. Cainani d inde sunt appellati, quoniam Cain adorant. § 15. Sethani [280] nomen acceperunt a filio Adae, qui vocatus est Seth [281], dicentes, eundem [282] esse Christum. § 16. Melchisedechiani vocati pro eo, quod Melchisedech, sacerdotem Dei [283], non hominem fuisse, sed virtutem Dei esse arbitrantur. § 17. Angelici vocati, quia angelos colunt. § 18. Apostolici [284] hoc sibi nomen ideo sumserunt [285], quod nihil possidentes proprium nequaquam recipiant eos [286], qui aliquo [287] in hoc mundo utantur. § 19. Cerdoniani a Cerdone, 'quodam' nominati [288], qui duo contraria principia asseruit. § 20. Marcionistae a Marcione, Stoico philosopho, appellati, qui Cerdonis dogma secutus alterum bonum, alterum justum Deum [289] asseruit, tanquam duo principia creationis [290] et bonitatis. § 21. Artotyritae [291] ab oblatione vocati, panem enim et caseum offerunt, dicentes, a primis hominibus oblationem a fructibus terrae et a fructibus ovium fuisse celebratam. § 22. Aquarii appellati eo, quod aquam solam offerunt in calice sacramenti. § 23. Severiani a Severo exorti, vinum non bibunt; Vetus Testamentum et resurrectionem non recipiunt. § 24. Tatiani a Tatiano 'quodam' vocati, qui 'et' Encratitae [292] dicti, quia carnes abominantur. § 25 Alogii vocantur tanquam sine Verbo, Δόγος enim graece Verbum dicitur. Deum enim Verbum non credunt, respuentes Joannis Evangelium et Apocalypsim. § 26. Cataphrygis nomen provincia Phrygia dedit, quia ibi exstiterunt. Auctores eorum Montanus, Prisca et Maximilla fuerunt [293]. Hi adventum Spiritus sancti non in Apostolos [294], sed in se traditum asserunt. § 27. Cathari [295] propter munditiam ita se nominaverunt : gloriantes enim de suis meritis negant poenitentibus veniam peccatorum ; viduas, si nupserint, tan-

## NOTATIONES CORRECTORUM

C. XXXIX. d *Cainani* : Apud B. Augustinum in libro de haeresibus.(ex quo magnam partem hujus capitis accepit Isidorus) et in aliquot vetustis Gratiani exemplaribus legitur : *Cayani*. In uno autem ejusdem Gratiani : *Cayni*\*. De quibus quidem haereticis Tertullianus in libro de praescriptione adversus haereticos haec scribit : *Sunt et nunc alii Nicolaitae ; Caiana haeresis dicitur*. Et paulo inferius : *Nec non etiam arripit alia quoque haeresis, quae dicitur Cainaeorum. Et ipsi enim magnificant Cain, quasi ex quadam potenti virtute conceptum, quae operata sit in ipso.*

---

QUAEST. III. C. XXXIX. [263] *dixit* : Edd. coll. o. — abest ab orig. [264] c. 2, v. 6. [265] add. : *quae et ego odi*: Edd. coll. o. pr. Arg. Bas. [266] *Dominum* : Ed. Bas. [267] *Miliastae* : Ans. - Ed. Bas. — *Miciliastae* : Edd. coll. pr. Lugdd. II, III. [268] *licet conf.* : Edd. coll. o. [269] *paradiso* : exd. [270] *Platonicae* : orig. [271] *scelera* . Edd. coll. o. pr. Lugd. I. [272] *transire* : Ed. Bas. [273] *princeps* : orig. — anct. Ap. *princeps* : Edd. coll. o. —Ans. [274] add. : *et* : orig. [275] *qui dix.* : Edd. coll. o. [276] *Archontio* : Ed. Bas. [277] *quia* : Edd. coll. o. [278] *angelorum* : Ans. [279] *vocantur, quia* : Edd. coll. o. * *Gajani* : Ans. — Edd Arg. Ner. Ven. I, II. [280] *Sethiani* : orig. — Edd. coll. o. pr. Arg. Ven I, II, in quibus est : *Sechiani*. [281] *Sech* : Edd. Ven. I, II. [282] *eum* : Edd. coll. o. [283] *Domini* : exd. [284] add. : *vocati* : Ed. Bas. [285] *praesumserunt* : orig. — Ans. [286] *illos* : Edd. coll. o. [287] *aliquid* : Edd. coll. o. [288] *nuncupati* : Edd. coll. o. [289] *Dominum* : Ed. Bas. [290] *creatoris* : Ans. [291] *Artateritae* : Edd. Arg. Nor. Ven I, II. Aar. — *Artoter.* : Ed. Bas. — *Artatyr.* : Edd. Lugdd. II, III. [292] *Encratici* : Edd. coll. o. pr. Lugdd. [293] abest ab orig. [294] *apostolis* : ib. — Ed. Bas. [295] *Marthoree* : Edd Ven. I, II. — *Cathoree* : Ed. Arg.

quam adulteras damnant; mundiores se ceteris [296] praedicant. Qui nomen suum si cognoscere vellent, mundanos se potius quam mundos vocarent. § 28. Pauliani a Paulo Samosateno exorti sunt, qui dixit, non semper fuisse Christum, sed a Maria sumsisse initium. § 29. Hermogeniani ab Hermogene quodam vocati, qui materiam [297] non natam ᵉ introducens, Deo non nato eam comparavit matremque elementorum et deam [298] asseruit, quos Apostolus improbat elementis servientes. § 30. Manichæi a quodam Persa exstiterunt, qui vocatus est Manes. Hic duas naturas et [299] substantias introduxit, id est bonam et malam, et animas ex Deo quasi ex aliquo fonte manare asseruit; testamentum vetus respuit [300], novum ex parte recipit [301]. § 31. Anthropomorphitæ ᶠ dicti pro eo, quod simplicitate rustica Deum habere humana membra, quæ in divinis libris scripta sunt, arbitrantur; ἄνθρωπος enim græce latine homo interpretatur. Ignorantes vocem Domini, qui ait [302]: *Spiritus est Deus*. Incorporeus est enim, nec [303] membris distinguitur, nec corporis mole censetur. § 32. Hierachitæ ᵍ ab Hieracha auctore exorti, monachos tantum recipiunt, conjugia respuunt, regna cœlorum parvulos habere non credunt [304]. §. 33. Novatiani a Novatiano [305] Romæ urbis presbytero exorti, qui, adversus Cornelium cathedram sacerdotalem conatus invadere, hæresim instituit, nolens [306] apostatas suscipere [307], rebaptizans baptizatos. § 34. Montani ʰ hæretici dicti, quod tempore [308] persecutionis in montibus latuerunt, qua occasione se a catholicæ ecclesiæ corpore diviserunt. § 35. Ebionitæ ab Ebione dicti, sive a paupertate: 'Christum enim per profectum [309] solum virum justum putant effectum. Unde competenter Hebionitæ pro paupertate intelligentiæ appellati † sunt. Hi enim [310] semijudæi [311] sunt, et ita tenent

A evangelium, ut legem carnaliter servent; adversus quos Apostolus ad Galatas [312] scribens invehitur. § 36. Photiniani a Photino Gallogræciæ Syrmii episcopo nuncupati, qui, Ebionitarum hæresim suscitans, asseruit Christum a Maria per Joseph nuptiali coitu fuisse conceptum. § 37. Aeriani [313] ab Aerio quodam nuncupati sunt; hi [314] offerre [315] sacrificium pro defunctis spernunt. §. 38. Aetiani †† ab Aetio sunt vocati, iidemque Eunomiani ab Eunomio quodam dialectico, Aetii discipulo, ex cujus nomine magis innotuerunt, dissimilem Patri asserentes Filium, et Filio Spiritum sanctum. Dicunt etiam, nullum [316] imputari peccatum in fide manentium. § 39. Origeniani ab Origene auctore exorti sunt, dicentes, quod non possit videre Filius Patrem, nec Spiritus sanctus Filium. Animas quoque in mundi principio peccasse dicunt, et pro diversitate peccatorum e cœlis usque ad terras diversa corpora quasi vincula meruisse, eaque causa factum esse [317] mundum. § 40. Noetiani [318] a quodam Noeto vocati, qui dicebant Christum [319] eumdem esse et Patrem, et Spiritum sanctum, ipsamque Trinitatem in officiorum nominibus, non 'in' personis accipiunt. Unde et Patripassiani vocantur, quia [320] Patrem passum dicunt. § 41. Sabelliani ab eodem Noeto pullulasse dicuntur, cujus discipulum perhibent fuisse Sabellium, ex cujus nomine maxime innotuerunt, unde 'et' Sabelliani vocati sunt. Hi unam personam Patris, et Filii, et Spiritus sancti astruunt [321]. § 42. Ariani ab Ario Alexandrino presbytero orti [322] sunt, qui, coæternum Patri Filium non agnoscens, diversas in Trinitate substantias asseruit, contra illud, quod ait Dominus [323]: *Ego et Pater unum sumus*. §. 43. Macedoniani a Macedonio 'Constantinopolitano' episcopo dicti sunt, negantes Deum esse Spiritum sanctum. § 44. Apollinaristæ

### NOTATIONES CORRECTORUM.

ᵉ *Non natam*: Locus hic emendatus est ex plerisque vetustis et Isidoro. Antea enim legebatur: *Non naturam introducens, Deo, non naturæ eam comparavit* ··.

ᶠ *Anthropomorphitæ*: In codicibus Isidori vulgatis, et aliquot manuscriptis antecedunt hæc: *Anomiani latine sine lege dicuntur*, quæ tamen absunt a codice Isidori pervetusto et valde emendato monasterii B. Augustini in Carbonaria Neapolis.

ᵍ *Hierachitæ*: Ita mutatum est ex libello B. Augustini, quamvis in aliquot ipsius editionibus sit: *Hierarchitæ*. Hierachæ vero hæretici meminit B. Hilarius l. 4 et 6. de Trinitate. Antea legebatur: *Heraclitæ Heraclio* ···.

ʰ *Montani*: Horum nulla mentio est apud B. Augustinum, sed Montensium, quo nomine Donatistas Romæ vocari solitos tradit.

---

Quæst. III. C. XXXIX. [296] *cunctis*: Ed. Bas. [297] *Mariam*: Ans. " *ita* Edd. coll. o. [298] *et ideam*: Ed. Bas. — *ideam*: Edd. rell. [299] *add.*: *duas*: Edd. coll. o. [300] *respuunt*: orig. — Ans. — Edd. coll. o. pr. Ven. I, II. [301] *recipiunt*: orig. — Ans. — Edd. coll. o. — *recepit*: Bohm. [302] Joan. c, 4, v. 24. [303] *nec enim*: Edd. coll. o. " *ita eæd.* [304] *dicunt*: Ed. Bas. [305] *Novato*: Edd. coll. o. [306] *noluit*: Edd. Bas. Lugd. I. — *voluit*: Edd. rell. [307] *recipere*: Edd. Par. Lugd. [308] *in temp.*: Edd. coll. o. pr. Lugd. II, III. [309] *provectum*: Edd. coll. o. † *compellati*: orig. [310] *abest ab orig.* et Ans. [311] *Judæi*: Edd. coll. o. [312] Gal. c. 5. [313] *Sirmiæ*: orig. — Ed. Arg. — *Syriniæ*: Edd. Ven. I, II. Nor. — *Smirnæ*: Edd. rell. [314] *Heriani* — *Herio*: Ed. Bas. [315] *Sicut hi*: Edd. Arg. Nor. Ven. I, II. [316] *offerri*: Edd. coll. o. †† *Boetiani* — *Boecio*: Ed. Bas. [318] *nulli*: Edd. Bas. Lugd. I. [317] *fuisse*: orig. [318] *Noeticiani*: Edd. Ven. I, II. Nor. Par. Lugd. I. [319] *episcopum*: Ed. Bas. [320] *qui*: Edd. coll. o. pr. Lugd. II, III. [321] *asserunt*: Ans. [322] *exorti*: Edd. coll. o. [323] Joan. c. 10, v. 30.

ab Apollinare vocati sunt, dicentes Christum corpus tantummodo sine anima suscepisse [324]. § 45. Antidicomaritæ [325] appellati sunt pro eo, quod Mariæ virginitati contradicunt, asserentes eam post Christum natum viro suo fuisse commixtam. § 46. Metangismonitæ [i] [326] ideo tale nomen acceperunt, quia ἄγγος græce vas dicitur. Asserunt enim sic esse in Patre Filium, tanquam vas minus intra [327] vas majus. § 47. Patriciani [328] a quodam Patricio nuncupati sunt, qui substantiam humanæ carnis a diabolo conditam dicunt. § 48. Coluthiani [329] a quodam Colutho nominati, qui dicunt, Deum non facere [330] mala contra illud, quod scriptum est [331], *Ego Dominus creans mala*. § 49. Floriani a Floriano [332], qui e contrario dicunt Deum creasse mala, contra hoc, quod scriptum est [333] : *Fecit Deus omnia bona*. § 50. Donatistæ a Donato quodam Afro nuncupati [334], qui, de Numidia veniens, totam pene Africam sua persuasione decepit, asserens minorem Patre Filium, et minorem Filio Spiritum sanctum, et rebaptizans catholicos. § 51. Bonosiani [335] a Bonoso quodam episcopo, exorti produntur, qui Christum Dei Filium adoptivum, non proprium asserunt. § 52. Circumcelliones dicuntur eo, quod agrestes sint, quos Scotopicos [k] vocant, supradictæ hæresis habentes doctrinam. Hi amore martyrii semetipsos perimunt, ut violenter de hac vita discedentes martyres nominentur. § 53. Priscillianistæ a Priscilliano vocati, qui in Hispania ex errore Gnosticorum et Manichæorum permixtum dogma composuit. § 54. Luciferiani a Lucifero Sardiniæ [336] episcopo orti, qui episcopos catholicos, qui Constantii [337] persecutione perfidiæ Arianorum consentientes erant, et postea correcti in catholicam [338] redire delegerunt, damnantes sive [339] quod [340] crediderant [341] sive quod 'se' credidisse simulaverant, quos ecclesia catholica materno recepit sinu, tanquam Petrum post fletum negationis : hanc illi matris caritatem superbe accipientes eosque [342] recipere nolentes, ab ecclesiæ communione recesserunt, et cum ipso Lucifero auctore suo, qui mane oriebatur, cadere meruerunt. § 55. Jovinianistæ a Joviniano quodam monacho dicti, asserentes, nullam nuptarum et virginum esse distantiam, nullumque inter abstinentes et simpliciter epulantes esse discrimen. § 56. Helvidiani ab Helvidio nominati [343], qui dicunt post Christum natum alios Mariam filios de viro [344] suo [345] Joseph peperisse. § 57. Paterniani [346] a Paterno quodam exorti, inferiores [347] corporis partes a diabolo factas opinantur. § 58. Arabici nuncupati eo, quod in Arabia exorti sunt, dicentes animam cum corpore mori, atque in novissimo utrumque resurgere. § 59. Tertullianistæ dicti a Tertulliano, presbytero Africanæ provinciæ civitatis Carthaginensis, animam [348] immortalem esse, sed corpoream prædicantes, et animas peccatorum hominum post mortem in dæmones verti putantes. § 60. Tessarescædecatitæ [349] dicti, quod decimaquarta luna pascha seum Judæis observandum [350] contendunt. Nam τέσσαρες quatuor, δέκα decem significat. § 61. Nyctages [351] a somno nuncupati, quod vigilas noctis respuant, superstitionem esse dicentes, jura temerari [352] divina, qui noctem ad requiem tribuit. § 62. Pelagiani a Pelagio monacho exorti. Hi liberum arbitrium divinæ gratiæ anteponunt, dicentes, sufficere voluntatem ad implenda jussa divina. § 63. Nestoriani a Nestorio Constantinopolitano episcopo nuncupati, qui B. Mariam virginem non Dei, sed hominis tantummodo matrem [353] asseruit, ut aliam personam carnis, aliam faceret Deitatis, nec unum Christum in verbo Dei et carne credidit, sed separatim [354] atque sejunctim alterum Filium Dei, alterum hominis prædicavit [l]. § 64. Eutychiani dicti ab Eutyche Constantinopolitano abbate, qui Christum post humanam assumtionem negavit existere in [355] duabus naturis, sed solam in eo divinam asseruit esse naturam. § 65. Acephali [356] dicti, id est sine capite. Nullus enim eorum reperitur auctor, a [357] quo exorti sint. Hi, trium Chalcedonensium [m] capitulorum impugnatores, duarum in Christo sub-

NOTATIONES CORRECTORUM.

[i] *Metangismonitæ* : Sic emendatum est ex Isidoro et B. Augustino, quum antea legeretur : *Metangi nominati*.

[k] *Scotopicos* : Apud Isidorum, in Panormia, et in aliquot manuscriptis Gratiani est : *Cotopitas*. Quod vero ait : *supradictæ hæresis habentes doctrinam*, referendum est a Donatistas, non ad Bonosianos.

[l] *Prædicavit* : In eodem vetusto Isidori codice Neapolitano hic est finis capituli, et incipit novum caput : *De philosophis gentium*.

[m] *Chalcedonensium* : Tria capitula tractata et definita sunt in V. synodo sub Justiniano, ut notatum

QUÆST. III. C. XXXIX. [324] *assumsisse* : Edd. coll. o. [325] *Antidicomarianitæ* : Ed. Lugd. I. — *Anticomaritæ* : Edd. Ven. I, II. Par. '*Getangi* nom. : Edd. Ven. I, II. [326] *gangios* : Edd. Arg. Nor. Ven. I, II. [327] *infra* : eæd. et Par. — *inter* : Ed. Bas. [328] *Atriani* : Ed. Ven. II. — *Patriani* : Ed. Ven. I. [329] *Colliciani* — *Collicio* : Edd. coll. o. [330] *creasse* : Ed. Bas. [331] Esa. c. 45, v. 7. [332] *Florino* : orig. — Ans. [333] Genes. c. 1, v. 31. [334] add. : *sunt* : Edd. coll. o. [335] *Bonosiaci* : orig. " ita Isidorus et Aus. — *Scotopias* : Ed. Bas. — *Scotopicos* : Edd. rell. pr. Lugdd. II, III. [336] *Sirmiæ* : Ans. — *Smyrnæ* : Edd. coll. o. [337] *instanti*. eæd. [338] *cathedram* : eæd. [339] abest a iisd. exc. Lugdd. II, III. [340] add. : *prius* : Edd. coll. o. [341] *crediderunt — simulaverunt* : eæd. pr. Lugdd. II, III. [342] *eos* : Edd. coll. o. [343] a.d. : *vel nominati* : eæd. [344] abest ab Bohm. [345] abest ab orig. et Ans. et Edd. coll. o. pr. Lugdd. II, III. [346] add. : *itaque* : Edd. coll. o. pr. Arg. Nor. Ven. I, II. [347] *qui inf*. : Edd. coll. o. — *inferioris* : Edd. Bas. Ven. I, II. [348] *qui dicunt an*. : Edd. coll. o. [349] *Tesseresedecadæ* : Ed. Bas. — *Tessaresedecatæ* : Ed. Lugd. I. — *Tesseresedecatæ* : Edd. Arg. Nor. Ven. I, II. — *Tessaresedecatæ* : Ed. Par. — *Tessarescedatistæ* : Edd. Lugdd. II, III. [350] *observare* : Edd. coll. o. [351] *Ictages* : Edd. Ven. I, II. — *Victages* : Ed. Nor. [352] *temerare* : Ans. [353] *genitricem* : orig. — Ans. Ed. Bas. [354] *separatum atque sejunctum* : Edd. Arg. Nor. Ven. I, II. [355] *de* : orig. — Ans. — Edd. coll. o. [356] *Acephalitæ* : Edd. coll. o. [357] *ex quo orti* : eæd.

stantiarum proprietatem negant, et unam in ejus persona naturam praedicant. § 66. Theodosiani [n] et Gaianitae appellati a Theodosio et Gaiano, qui temporibus Justiniani principis in Alexandria [358] populi perversi electione [359] una die ordinati sunt episcopi. Hi errores Eutychetis et Dioscori sequentes Chalcedonense concilium respuunt, ex duabus unam in Christo naturam asserunt, quam Theodosiani corruptam, Gaianitae incorruptam contendunt. § 67. Agnoitae et Tritheitae [o] a Theodosianis exorti sunt, ex quibus Agnoitae ab ignorantia dicti, quia ad perversitatem [360] a qua exorti sunt, id adjiciunt, quod Christi divinitas ignoret futura, quae sunt scripta de die et hora novissima, non recordantes Christi personam in Esaia loquentis [361]: *Dies* [362] *judicii in corde meo*. § 68. Tritheitae vero vocati, quod sicut tres personas in Trinitate, ita quoque tres asserunt Deos esse, contra illud, quod scriptum est [363]: *Audi Israel, Dominus Deus tuus Deus unus est*. § 69. Sunt [364] et aliae haereses sine auctore et sine nominibus. Ex quibus aliae putant triformem [365] esse Deum; aliae [366] Christi divinitatem passibilem dicunt; aliae Christi de patre nativitati [367] initium temporis dant; aliae liberationem hominum apud Inferos factam Christi descensione [368] non credunt; aliae animam imaginem Dei negant; aliae animas converti in daemones et in quaecunque animalia existimant [369]; aliae de mundi statu dissentiunt; aliae innumerabiles mundos opinantur; aliae aquam Deo coaeternam faciunt; aliae nudis pedibus ambulant; aliae cum hominibus non manducant. Ilae sunt haereses adversus catholicam fidem exortae, et ab Apostolis, et a sanctis Patribus vel [370] conciliis praedamnatae, quae, dum in se multis erroribus divisae invicem sibi dissentiunt [371], communi tamen nomine adversus ecclesiam Dei conspirant. § 70. Sed et [372] quicunque aliter scripturam sanctam [373] intelligit, quam sensus Spiritus sancti flagitat, a quo conscripta est, licet de ecclesia non recesserit, tamen haereticus appellari potest.

C. XL. *Quare divina providentia multos errare permittat.*

Item Augustinus *de Genesi contra Manichaeos, lib. I, cap.* 1 [374].

VI. Pars. Ideo divina providentia multos diversi erroris haereticos esse permittit, ut, quum 'insultant nobis, et' interrogant nos ea, quae nescimus, 'vel' sic excutiamus [375] pigritiam, et divinas scripturas 'nosse' cupiamus. Propterea 'et' Apostolus ait [376]: *Oportet* [377] *haereses esse, ut probati manifesti fiant 'inter vos'*. Hi autem [378] Deo [379] probati sunt, qui bene possunt docere; 'sed manifesti [p] hominibus esse non possunt, nisi quum docent'.

---

# CAUSA XXV.

### GRATIANUS.

*Sancta Romana ecclesia quandam baptismalem ecclesiam suis munivit privilegiis, decimationes suae dioecesis ex integro sibi attribuens. Item quoddam monasterium similiter munivit privilegiis propriis, decernens, ut ex propriis praediis nulli decimas persolveret. Accidit itaque, ut intra dioecesim praemunitae baptismalis ecclesiae praefatum monasterium alia emtione, alia donatione praedia sibi inveniret. Oritur itaque contentio inter monachos et clericos de decimis.*

(Qu. I.) *Hic primum quaeritur, an clerici baptismalis ecclesiae auctoritate privilegii decimas suae dioecesis ex integro sibi valeant vendicare?* (Qu. II.) *Secundo, an subsequenti privilegio monachorum derogetur antiquioribus privilegiis baptismalium ecclesiarum.*

### QUAESTIO I.
### GRATIANUS.

I. Pars. *Quod vero auctoritate illius privilegii dedoto, ut etiam Philatrius et Damascenus.*

---

### NOTATIONES CORRECTORUM.

Qui vero occasione horum trium capitulorum ab ecclesia recesserant, non Chalcedonensem, sed V. synodum impugnabant.

[n] *Theodosiani*: Horum meminit Liberatus in Breviario, Nicephorus lib. 18, cap. 45, 49, et 50, ac Georgius Cedrenus anno 14, Justiniani imperatoris. B. Augustinus memorat Theodotianos a Theodotione; sed idem videtur qui Theodotus, de quo Epiphanius l. 2, t. 1. haeresi 54: *Theodotianos a Theo-*

*Agnoitae et Thritheitae*: Sic restitutum est, quamvis in codicibus Isidori et Gratiani legeretur: *Gnoitae* [o] *et Thriheitae*. De his meminit Nicephorus in locis proxime indicatis, eosque a Theodosianis profectos scribit. De Agnoitis vero multa dicit B. Gregorius lib. 8, epist. 53, et 42, ad Eulogium.

C. XL. [p] *Sed manifesti*: Haec addita sunt ex originali, itemque alia nonnulla et emendata.

---

Quaest. III. C. XXXIX. [358] add.: *provincia*: Edd. Bas. Lugdd. II, III. [359] *electionem*: Edd. Arg. Nor. Ven. I, II. — *per pop. elect.*: Edd. rell. * ita Ans. — *Tritonitae*: Edd. Arg. Nor. Ven. II. [360] *perversitati*: orig. — Ans. [361] *loquentem*: Edd. Lugdd. II, III. — *nesciam loqui*: Edd. rell. pr. Bas. [362] *Esa.* c. 63, v. 4. [363] *Dent.* c. 6, v. 4. [364] add.: *autem*: Edd. Ven. II. Par. Lugdd. [365] *trinum*: Edd. coll. o. pr. Lugdd. II, III. [366] add.: *etiam*: Edd. coll. o. [367] *nativitatem*: Ed. Nor. — *nativitatis*: Edd. rell. pr. Par. Lugdd. — add.: *in tempore*: Edd. coll. o. pr. Lugdd. II, III. [368] *descensionem*: Edd. Arg. Bas. [369] *estimant*: eaed. [370] *aut*: in Ed. Bas. [371] *dissentiant*: ib. [372] *abest ab ead.* — cf. supra c. 26. [373] *sacrosanctam*: Edd. coll. o. = C. XL. [374] *August. Papa*: Edd. Lugdd. II, III.' [375] *discutiamus*: Edd. coll. o. [376] I Cor. c. 11, v. 19. [377] *Op. h. esse*: absunt ab Edd. coll. o. pr. Lugdd. II, III. [378] *Illi enim*: orig. [379] *a Deo*: Edd. coll. o.

ci nas sibi ex integro clerici vendicare non valeant, hinc probatur, quia decimae juxta decreta sanctorum Patrum quadripertito dividuntur, quarum una pars episcopis, secunda clericis, tertia fabricis restaurandis, quarta vero pauperibus est assignata. Decreta vero sanctorum canonum neminem magis quam Apostolicum servare oportet.

Unde Gelasius Papa ait in epistola ad Episcopos Dardaniae [1]:

C. I. *Constitutum synodi, quod universalis ecclesiae probavit assensus, Romanam sedem servare oportet.*

Confidimus, quod nullus jam veraciter Christianus ignoret, uniuscujusque synodi constitutum, quod universalis ecclesiae probavit assensus, nullam magis exsequi sedem prae ceteris oportere, quam primam, quae et unamquamque synodum sua auctoritate confirmat [2] et continuata [3] moderatione custodit.

C. II. *Qui negligenter pascit dominicum gregem sibi commendatum convincitur summum non amare vastorem.*

Item Leo Papa epist. IV, Episcopis Siciliae [4].

Divinis praeceptis et apostolicis monitis incitamur ut pro omnium ecclesiarum statu impigro vigilemus affectu, ac, si quid usquam [5] reprehensioni inveniatur [6] obnoxium, celeri sollicitudine aut ab ignorantiae imperitia, aut a [7] praesumptionis usurpatione revocemus. Monente [8] enim dominicae [9] vocis imperio, quo beatissimus apostolus Petrus trina admonitione a [10] mysticis sanctionibus imbuitur, ut Christi oves qui Christum diligit pascat, ipsius sedis, cui per abundantiam gratiae divinae praesumus, reverentia [11] coarctamur [12], ut periculum desidiae, quantum possumus, declinemus, ne professio summi Apostoli, qua se amatorem Domini 'esse' testatus est, vana [13] inveniatur in nobis quia [14] negligenter pascens dominicum [15] gregem toties commendatum convincitur summum non amare pastorem.

C. III. *Non debent ullo modo variari quae ad perpetuam ordinantur quietem*

Idem Anatolio episcopo, epist. LI [16].

Quae ad perpetuam utilitatem generaliter instituta [17] sunt nulla commutatione varientur, nec ad privatum trahantur commodum quae ad bonum sunt commune praefixa, sed [18] manentibus terminis, quos constituerunt Patres, nemo injuste [b] usurpet alienum, sed intra fines proprios atque legitimos, prout [19] valuerit [20], in latitudine se exerceat caritatis.

C. IV. *Nulli divinas constitutiones et apostolicae sedis decreta temerare licet.*

Item Hilarius Papa in Synodo Romana, c. 1 [21].

Nulli fas sit sine status sui periculo vel divinas constitutiones, vel apostolicae sedis decreta temerare, quia nos, qui potentissimi [c] sacerdotis administramus officia, talium [22] transgressionum [23] culpa respiciet, si in causis [24] desides fuerimus inventi, quia [25] meminimus quod timere debemus, qualiter comminetur [26] Deus negligentiae sacerdotum. Siquidem reatu majori delinquit qui potiori honore perfruitur [27], et graviora facit vitia [28] peccatorum sublimitas peccantium [29].

C. V. *In Spiritum sanctum blasphemant qui sacros canones violant.*

Item Damasus Papa [30].

Violatores canonum voluntarii [31] graviter a sanctis Patribus judicantur, et a sancto Spiritu (instinctu cujus ac dono dictati [32] sunt damnantur, quoniam blasphemare Spiritum sanctum non incongrue videntur qui contra eosdem sacros canones non necessitate compulsi, sed libenter, ut praemissum est, aliquid aut proterve agunt, aut loqui praesumunt, aut facere volentibus sponte consentiunt. Talis enim

### NOTATIONES CORRECTORUM.

Causa XXV. Quaest. I. C. II. [a] *Admonitione*: In originali, et apud Anselmum legitur: *trina repetitione mysticae sanctionis*. Alia vero quaedam sunt emendata ex ipsa epistola.

C. III. [b] *Injuste*: Apud B. Leonem legitur: *nemo in jus tendat alienum*. Apud Ivonem et in Capitularibus legetur: *nemo damnet alienum:* apud Anselmum vero: *nemo injusta damnet*

C. IV. [c] *Potentissimi*: Sic apud Anselmum, et in ceteris vetustis Gratiani exemplaribus, praeter unum, in quo habetur, ut in concilio ipso: *potissimi*.

---

CAUSA XXV. Quaest. I. C. I. [1] scr. A. 495. — Ans. l. 1, c. 48 (50). Polyc. l. 1, t. 14. [2] *confirmavit*: Ed. Bas. — *formavit*: Edd. rell. [3] *continua*: Ed. Bas. = C. II. [4] Ep. 16. Ed. Baller. scr. A. 447. — Ans. l. 1, c. 43 (44). [5] *unquam*: Coll. Hisp. (nec tamen Baller.) — Edd. coll. o. [6] *invenitur*: Coll. Hisp. — eaed. [7] abest ab Ed. Bas. [8] *Manente*: Baller. — *Admonente*: Edd. coll. o. [9] *divinae*: eaed. [10] *repetitione*: Coll. Hisp. et Baller. — Ed. Bas. [11] *pro rev.*: Edd. Arg. Nor. Ven. l, II. [12] *cohortamur*: Coll. Hisp. [13] *non*: ib. — Baller. — Edd. coll. o. [14] *quia quoties quis negl. pasc. dom. greg.* (add.: *sibi*: Edd. Lugdd. II, III), *commend., toties convinc. etc.*: Coll. Hisp. abest a C. II. Hisp. et Baller. = C. III. [16] Ep. 106. Ed Baller. scr. A. 452. — Ans. l. 6, c. 121 (127). Ivo Decr. p. 16, c. 517. — Cap. Reg. Fr. l. 6, c. 328, l. 7, c. 227. [17] *ordinata*: Edd. coll. o. [18] *et*: orig. — Cap. — Ivo. Sed *et*: Ans. [19] *quisque*: Edd. coll. o. — Ivo. [20] *voluerit*: Ivo. = C. IV. [21] l. 6, A. 465. — Ans. l. 1, c. 46, 64. Ivo Decr. p. 5, c. 37. Polyc. l. 1, t. 7. [22] *abest ab Ed. Bas. — talis*: Edd. rell. [23] *transgressionis*: Ed. Bas. [24] add.: *Dei*: Edd. coll. o. [25] *qui*: Ed. Bas. [26] Ezech. c. 3, et 54. [27] *fruitur*: Edd. coll. o. [28] *judicia*: Ed. Bas. [29] *dignitatum*: orig. — Ans. = C. V. [30] Ad Aurelium Carthag., Cap. *Pseudoisidor.* — Ans. l. 3, c. 116 (112). Polyc. l. 4, t. ult. Deusd. p. 4. [31] *voluntarie*: orig. — Edd. coll. o. [32] *dicati*: Edd. coll. o. pr. Bas.

præsumptio manifeste unum genus est blasphemantium Spiritum sanctum, quia, ut jam prælibatum est, contra eum agit, cujus nutu [33] et gratia sancti canones editi sunt.

**C. VI.** *In quibus Romano Pontifici licet novas condere leges.*

*Item* Urbanus Papa. [34]

Sunt quidam dicentes, Romano Pontifici semper licuisse novas condere leges. Quod et nos non solum non negamus, sed etiam valde affirmamus. Sciendum vero summopere est, quia inde novas leges condere potest, unde Evangelistæ aliquid et Prophetæ [d] nequaquam dixerunt. Ubi vero aperte Dominus, vel ejus Apostoli, et eos sequentes sancti Patres sententialiter aliquid definierunt, ibi non novam legem Romanus Pontifex dare, sed potius quod prædicatum est usque ad animam et sanguinem confirmare debet. Si enim quod docuerunt Apostoli et Prophetæ destruere (quod absit!) niteretur, non sententiam dare, sed magis errare convinceretur. Sed hoc procul sit ab eis, qui semper Domini ecclesiam † contra luporum insidias optime custodierunt.

**C. VII.** *Apostolicæ sedis auctoritas contra sanctorum statuta aliquid condere non valet.*

*Item* Zosimus Papa [e][35].

Contra statuta Patrum condere aliquid vel mutare nec hujus quidem sedis potest auctoritas. Apud nos enim inconvulsis radicibus vivit [36] antiquitas, cui decreta Patrum sanxere reverentiam.

**C. VIII.** *Stare non valet quod contra evangelicam vel propheticam doctrinam seu constitutionem factum fuerit.*

*Item* Marcellinus [f] Papa, *epist. II.* [36]

Omne quod irreprehensibile est, catholica defendit ecclesia. *Et infra:* § 1. Injustum judicium et [37] diffinitio injusta, regio [38] metu vel jussu a judicibus ordinata, non valet. Nec quicquam [g][39] quod contra evangelicæ, vel propheticæ, aut apostolicæ doctrinæ constitutionem, 'successorumve' eorum sive sanctorum Patrum actum fuerit, stabit, et quod ab infidelibus vel hæreticis factum fuerit omnino cassabitur.

**C. IX.** *A statutis Patrum non deviare et fidei regulam custodire prima salus est.*

*Item* Hormisda Papa *Episcopis Hispaniæ*[40].

Prima salus est rectæ fidei regulam custodire, et a constitutis Patrum nullatenus deviare.

**C. X.** *Profitetur Pelagius Papa tomum sui decessoris per omnia servare.*

*Item* Pelagius Papa *Childeberto Regi* [41].

Satagendum est, ut pro auferendo suspicionis scandalo obsequium confessionis nostræ legibus †† ministremus, quibus nos etiam subditos esse sacræ scripturæ præcipiunt. Veniens etenim Rufinus vir magnificus, excellentiæ vestræ legatus, confidenter a nobis, ut decuit, postulavit, quatenus vobis aut beatæ recordationis Leonis Papæ tomum a nobis per omnia conservari significare [42] debuissemus, aut propriis verbis nostræ confessionem fidei destinare. Et primam quidem petitionis ejus partem, quia facilior fuit, mox, ut dixit, implevimus, nosque [43] in omnibus Præsulis tomum pro catholicæ fidei assertione conscriptum, Deo propitio, custodire manus nostræ ad vos professione significamus [44]. Ut autem nullius deinceps (quod absit!) suspicionis resideret occasio, illam etiam aliam partem, quam memoratus vir illustris admonuit, facere maturavi [45], scilicet propriis verbis confessionem fidei, quam tenemus, exposui [46].

**C. XI.** *Anathema apud Deum fiat qui censuram Romanorum Pontificum violat.*

*Item* Hadrianus Papa *in Capitulis, c. ult.* [47]

Generali decreto constituimus [48], ut exsecrandum [49] anathema sit [50], et veluti prævaricator catholicæ

---

**NOTATIONES CORRECTORUM.**

C. VI. [d] *Et Prophetæ*: Absunt hæ voces a multis manuscriptis*.

C. VII. [e] *Epistola*, unde sumtum est hoc caput, non est inventa; Ivo autem in loco indicato, et in epistola ad Hugonem archiepiscopum Lugdunensem affert hoc ex epistola Zosimi ad episcopos Narbonensis provinciæ, et ipse Zosimus in prima epistola ad Hesychium narrat, se scripsisse ad episcopos Galliæ et Hispaniæ.

C. VIII. [f] *Marcellinus*: Restitutum est ex vetustis exemplaribus. Nam in vulgatis erat: *Marcellus*.

[g] *Nec quicquam*: Emendatus est hic locus ex ipsa Marcellini epistola.

---

QUÆST. I. C. V. [33] *impulsu*: orig. — *nisu*: Ans. — *jussu*: Ed. Bas. = C. VI. [34] Non est inter epp. Urbani neque I. neque II. [†] et Ed. Bas. [‡] *ecclesias*: ead. = C. VII. [35] ex Ep. ad Epp. Vienn. et Narb. prov., quæ edita est post Baronium a Constantio. (scr. A. 417.) -- Ivo Decr. p. 4, c. 226. [36] *vivat*: Edd. coll. o. pr. Arg. Nor. Ven. I, II. = C. VIII. [36] Caput Pseudoisidori, cf. conc. Nic. c. 9. — cf. C. 11, qu. 3, c. 89. —Coll. tr. p. p. 1, t. 28, c. 2. Ans. l. 1, c. 39, l. 3, c. 87. Ivo Decr. p. 16, c. 9. [37] *vel*: Ed. Bas. — *etiam*: Ed. Arg. [38] *religio*: Ed. Lugd. I. [39] *Nequaquam — evangelicam, vel propheticam, vel ap. doctrinam constitutionemve eorum*: Edd. coll. o. = C. IX. [40] Imo ex libello (seu regula fidei), quem Hormisdas misit ad Joannem Ep. Nicopolitanum A. 516. — Inscriptionis causa hæc est, quod Hormisdas eundem libellum Epp. Hispaniæ transmiserit. — Coll. tr. p. p. 1, t. 49, c. 2. = C. X. [41] Ep. Pelagii I, temporis incerti. - Ivo Decr. p. 5, c. 338. †† *regibus*: Ivo. [42] *significari*: Edd. Arg. Bas. [43] *meque*: eæd. — *neque*: vitiose Ivo. [44] *signavimus*: Ivo. — *significavimus*: Edd. Arg. Bas. Lugdd. II, III. [45] abest ab Iv. [46] *exponens*: id. =C. XI. [47] Ans. l. 3, c. 82 (92), l. 12, c. 2 (3). Polyc. l. 4, t. ult. — cf. Cap. Reg. Fr. l. 6, c. 322. [48] *censemus et const.*: Edd. coll. o. pr. Bas. [49] *exsecrandum*: Ed. Bas. [50] *fiat*: Ed. Bas. — Ans.

fidei semper apud Deum reus exsistat, quicunque regum, seu episcoporum [h], vel potentum deinceps Romanorum [i] Pontificum decretorum censuram in quocunque † crediderit vel permiserit violandam.

C. XII. *Non licet alicui episcopo contra Romanorum Pontificum decreta aliquid agere.*

Item Damasus Papa, epist. IV Prospero [51] Episcopo.

Omnia decretalia 'et' cunctorum decessorum [52] nostrorum constituta, quae de ecclesiasticis ordinibus et canonum promulgata sunt disciplinis, ita 'a [53] vobis et' ab omnibus [54] episcopis, ac 'cunctis' generaliter sacerdotibus custodiri debere mandamus, ut si quis [55] in illa commiserit, veniam [56] sibi deinceps noverit denegari.

C. XIII. *Non communicet sacris altaribus qui nescit sacris obedire canonibus.*

Item Gregorius lib. II. ep. 7, ad Joannem Episcopum. [57]

Hac [58] consona sanctis Patribus diffinitione sancimus, ut qui sacris nescit obedire canonibus nec sacris administrare [59], nec communionem capere sit dignus altaribus. [60]

C. XIV. *Observandae sunt regulae a sanctis Patribus in synodo statutae.*

Item ex Concilio Chalcedonensi, c. 1 [61].

A sanctis Patribus in unaquaque synodo usque nunc prolatas regulas teneri [62] statuimus.

C. XV. *Voluntatem et statuta suorum decessorum custodiant qui sua servari volunt.*

Item Gregorius ad Montanum et Thomam, lib. V, epist. 12 [63].

Justitiae ac rationis ordo suadet, ut qui sua a successoribus desiderat [64] mandata servari decessoris sui procul dubio voluntatem et statuta custodiat.

C. XVI. *Contra statuta sanctorum Patrum agit qui ea non servat intacta.*

Item Leo Papa IV. [65]

Ideo permittente Domino pastores hominum sumus effecti, ut quod Patres nostri sive in sanctis canonibus sive in mundanis affixere legibus excedere minime debeamus. Contra eorum quippe saluberrima agimus instituta, si quod [66] ipsi divino statuerunt consulto intactum non conservamus.

II. Pars. Gratian. Si ergo primam sedem statuta conciliorum prae omnibus servare oportet, et si pro statu omnium ecclesiarum necesse est illam impigro vigilare affectu; si ea, quae a Romanis Pontificibus decreta sunt, ab omnibus observari convenit; si illi, qui nesciunt sacris obedire canonibus, altaribus ministrare non debent; patet, quod contra statuta sanctorum canonum, quibus status ecclesiarum vel confundantur vel perturbentur, privilegia ab Apostolico concedi non debent. § 1. His ita respondetur: Sacrosancta Romana ecclesia jus et auctoritatem sacris canonibus impertitur, sed non eis alligatur. Habet enim jus condendi canones, utpote quae caput est et cardo omnium ecclesiarum, a cujus regula nemini dissentire licet. Ita ergo canonibus auctoritatem praestat, ut se ipsam non subjiciat eis. Sed sicut Christus, qui legem carnaliter implevit, octava die circumcisus [67], quadragesimo die in templo cum hostiis praesentatus, ut in se ipso eam sanctificaret, postea vero, ut se dominum legis ostenderet, contra legis literam leprosum [68] tangendo mundavit, Apostolos [69] quoque contra literam sabbati per sata praetergredientes, spicas vellentes et confricantes manibus suis, probabili exemplo David, et circumcisionis, et templi excusavit, dicens: Non legistis, quid fecerit Abimelech, quando venit ad eum David, et dedit eis panes propositionis, de quibus non licebat edere, nisi solis sacerdotibus, et comedit ipse et pueri ejus? Item [70] octava die secundum legem puer circumciditur, et vos in sabbato circumciditis hominem. Item, quum juge holocaustum ex lege offeratur, quum masculus quadragesima, femina vero octuagesima die ab ortu suae nativitatis secundum legis imperium cum hostiis in templum praesentaretur, unde sacerdotes offerentes hostias in templo literam sabbati solvunt, et sine crimine sunt: tunc filius hominis multo magis valet solvere literam legis, qui est etiam dominus sabbati. Hinc etiam dicitur de eo [71]: Erat Jesus docens, tanquam potestatem habens, id est tanquam legis dominus, addens moralibus ea, quae deerant ad perfectionem, umbram figuralium in lucem spiritualis intelligentiae commutans, non tanquam scribae eorum, qui litera legis astricti non audebant aliquid addere vel commutare. Sic et summae sedis Pontifices canonibus sive a se sive ab aliis sua auctoritate conditis reverentiam exhibent, et eis se humi-

## NOTATIONES CORRECTORUM.

C. XI. [h] *Seu episcoporum*: Hae voces non leguntur in ipso capitulo, neque in Capitulari, sunt tamen apud Anselmum et in Polycarpo.

[i] *Romanorum*: In capitulo habetur: *deinceps canonum censuram*, nec multo aliter in Capitulari. Anselmus tamen et Polycarpus habent ut Gratianus.

Quaest. I. C. XII. * lib. 12, nec tamen tertio. † *quoquam*: Edd. coll. o. [51] In Edd. coll. o. leg.: *Stephano*; desumtum est ex ep. (Pseudoisidor.) Damasi de chorepiscopis et repetitum ex Leonis M. ep. ad Epp. Campaniae (ep. 4. Ed. Baller.) — Ans. I. 4, c. 47 (50). Polyc. l. 3, t. 22. [52] *praedecess.*: Edd. coll. o. [53] *a vob. et*: absunt ab Ans. [54] *in omnibus ab*: Ed. Bas — *omnibus ab*: Ed. Arg. [55] *quid — commiserint — noverint*: Edd. coll. o. [56] add.: *honoris*: eud. = C. XIII. [57] Ep. 7, (scr. A. 593), l. 3. Ed. Maur.—Coll. tr. p. p. 1, t. 55, c. 34. Ans. l. 6, c. 430. Polyc. l. 4, t. ult. [58] *Haec*: orig. [59] *ministrare altaribus*: Edd. coll. o. [60] abest ab iisd. = C. XIV. [61] hab. A. 451. — Interpr. Dionysii. [62] *tenere*: Edd. coll. o. = C. XV. [63] Ep. 12, (scr. A. 596), l. 6. Ed. Maur.—Coll. tr. p. p. 1, t. 55, c. 104. [64] *desiderant — custodiant*: Edd. coll. o. pr. Bas.=C. XVI. [65] Ivo Decr. p. 4, c. 186 : *Leo IV. Colorodo Archiepiscopo et Bertuso.* — Caput temp. incerti [66] *quae — consilio, intacta*: Ivo. — P. II. [67] Luc. c. 2. [68] Matth. c. 8. [69] Matth. c. 12, v. 3 seqq. — cf. 1 Reg. c. 21. [70] Levit. c. 12. [71] Matth. c. 7, v. 29.

*iando ipsos custodiunt, ut aliis observandos exhibeant.* Nonnunquam vero seu jubendo, seu definiendo, seu aliter agendo, se decretorum dominos et conditores esse ostendunt. In præmissis ergo capitulis aliis imponitur necessitas obsequendi; summis vero Pontificibus ostenditur inesse auctoritas observandi, ut a se tradita observando aliis non contemnenda demonstrent, exemplo Christi, qui sacramenta, quæ ecclesiæ servanda mandavit, primo in se ipso suscepit, ut ea in se ipso sanctificaret. Oportet ergo primam sedem, ut diximus, observare ea, quæ decernendo mandavit, non necessitate obsequendi, sed auctoritate impertiendi. Licet itaque sibi contra generalia decreta specialia privilegia indulgere, et speciali beneficio concedere quod generali prohibetur decreto. § 2. Quanquam si decretorum intentionem diligenter advertamus, nequaquam contra sanctorum canonum auctoritatem aliquid concedere invenietur. Sacri siquidem canones ita aliquid constituunt, ut interpretationis auctoritatem sanctæ Romanæ ecclesiæ reservent. Ipsi namque soli canones valent interpretari, qui jus condendi eos habent. Unde in nonnullis capitulis conciliorum, quum aliquid observandum decernitur, statim subinfertur: Nisi auctoritas Romanæ ecclesiæ aliter imperaverit, vel: salvo tamen in omnibus jure sanctæ Romanæ ecclesiæ, vel: salva tamen in omnibus apostolica auctoritate. Quæcunque ergo de decimis vel quibuslibet ecclesiasticis negotiis sacris canonibus diffiniuntur, intelligenda sunt necessario servari, nisi auctoritas Romanæ ecclesiæ aliter fieri mandaverit vel permiserit. Quum ergo aliqua privilegia ab Apostolico aliquibus conceduntur, etsi contra generalem legem aliquid sonare videantur, non tamen contra ipsam aliquid concedere intelliguntur, quum ipsius legis auctoritate privilegia singulorum penes matrem omnium ecclesiarum reserventur. Neque enim privilegia aliquibus concederentur, si præter generalem legem nulli aliquid speciale indulgeretur. Privilegia namque dicuntur tanquam privata legia, quod privatam legem singulis generent. Quam diffinitionem Gregorius innuens ait [73]: Si hoc neque consuetudine generali neque privilegio vendicas, restat te usurpasse quod fecisti. § 3. Item Hieronymus in expositione Jonæ ad c. 1.: Privilegia singulorum non possunt legem facere communem. § 4. Valet ergo, ut ex præmissis colligitur, sancta Romana ecclesia suis privilegiis quoslibet munire, et extra generalia decreta quædam speciali beneficio indulgere, considerata tamen rationis æquitate, ut quæ mater justitiæ est in nullo ab ea dissentire inveniatur, ut privilegia videlicet, quæ ob religionis, vel necessitatis, vel exhibiti obsequii gratiam conceduntur, neminem relevando ita divitem faciant, ut, multorum detrimenta non circumspiciendo, in paupertatis miseriam nonnullos dejiciant; illud vero Apostoli ad memoriam revocantes, quod ad Corinthios scribens ait [74]: Non enim volumus, ut aliis sit remissio, vobis autem tribulatio. Cui sacra lex principum concordans ait [75]: Rescripta contra jus elicita ab omnibus judicibus præcipimus refutari, nisi forte aliquid est, quod non lædat alium, et prosit petenti, vel crimen supplicantibus indulgeat. § 5. Item constitutio imperatoris ad populum [76]: Nec damnosa fisco, nec juri contraria postulari oportet. § 6. Clerici ergo hujus baptismalis ecclesiæ privilegii auctoritate muniti, suæ diœcesis decimas sibi ex integro vendicare valent, nisi forte summa necessitate episcopi cogantur ad quartam suam accipiendam, et illi superabundare monstrentur.

## QUÆSTIO II.
### GRATIÁNUS.

1. Pars. *Quod autem antiquioribus privilegiis subsequentibus derogari non possit auctoritate* Anacleti *probatur, qui, scribens omnibus Episcopis et reliquis Christi sacerdotibus, ait in epist. I, c. 3* [1]:

C. I. *Ecclesiarum privilegia cunctis temporibus intemerata serventur.*

Privilegia ecclesiarum et sacerdotum [a] intemerata et inviolata cunctis [2] decernimus [3] manere temporibus. Leges [4] ecclesiæ apostolica auctoritate firmamus, et peregrina judicia submovemus.

C. II. *Nec novitate mutari, nec improbitate convelli ecclesiarum privilegia debent.*

Item Leo Papa *Marciano Augusto, ep. LII, al. LIV* [5].

Privilegia ecclesiarum et monasteriorum [b], sanctorum Patrum auctoritate instituta, nulla possunt improbitate convelli, nulla novitate mutari. In quo opere auxiliante Christo fideliter exsequendo necesse est hujus sanctæ sedis Pontifices perseverantem exhibere famulatum. Dispensatio enim nobis credita

---

### NOTATIONES CORRECTORUM.

Quæst. II. C. I. [a] *Sacerdotum*: In originali est: *Sacerdotum S. Apostoli jussu Salvatoris intemerata et inviolata cunctis decreverunt*, etc.

C. II. [b] *Et monasteriorum*: Hæ voces non sunt in epistola, neque infra ead. *Privilegia,* sed sublatæ non sunt, quia ad eas spectatur infra ead. c. postea. vers. *Si ergo privilegia*, et Anselmus illas habet lib. 4, c. 2. Ceterum, quoniam de industria caput hoc a collectore in summam redactum est, et aliquot locis mutatum, visa sunt describenda verba ipsa Leonis [1]: *Privilegia enim ecclesiarum, sanctorum* Patrum canonibus instituta, et venerabilis Nicænæ synodi fixa decretis, nulla possunt improbitate convelli, nulla novitate mutari. In quo opere auxiliante Christo fideliter exsequendo necesse est me perseverantem exhibere famulatum, quoniam dispensatio mihi credita est, et ad meum tendit reatum, si paternarum regulæ sanctionum, quæ in synodo Nicæna ad totius ecclesiæ regimen, Spiritu Dei instruente, sunt conditæ, me (quod absit!) conniuente violentur, et major sit apud me unius fratris voluntas, quam universæ domus Domini communis utilitas.

---

Quæst. I. C. XVI. [72] D. 100, c. 8. [73] 2 Cor. c. 8, v. 13. [74] cf. infra qu. 2, c. 15. [75] ib. c. 14.
Quæst. II P. I. C. I. [1] Caput Pseudoisidori. — cf. Bonifacii Mog. ep. 72. (Ed. Wurdtwein.) — Ans. l. 4, c. 1. [2] *omnibus*: Ans. [3] *decrevimus*: Ans. — Edd. coll. o. pr. Bas. Lugdd. II, III. [4] *et leges*: Edd. coll. o. = C. II. [5] Ep. 104. Ed. Baller. scr. A. 452. — Ans. l. 4, c. 2. — cf. infra c. 17. [a] eodem modo habetur in Coll. Hisp.

est, et ad nostrum tendit reatum, si paternarum regulae sanctionum nobis consentientibus vel negligentibus violentur.

**C. III.** *Privilegio suae dignitatis aliquis ecclesiam exuere non debet.*

*Item* Gregorius *Augustino, Anglorum Episcopo, respons.* 9 [6].

In Galliarum episcopos [7] nullam tibi auctoritatem tribuimus, quia ab antiquis praedecessorum meorum [8] temporibus pallium Arelatensis episcopus accepit, quem nos privare auctoritate percepta minime debemus. Si ergo contingat, ut fraternitas tua ad Galliarum provincias transeat, et aliquid ex auctoritate agendum fuerit, cum praedicto Arelatensi [9] episcopo agatur, ne [10] praetermitti possit hoc, quod antiqua Patrum institutio invenit [11]. Britannorum vero omnes episcopos tuae fraternitati committimus, ut indocti [12] doceantur, infirmi [13] persuasione roborentur, ' perversi [c] auctoritate corrigantur '.

**C. IV.** *Statuta Apostolicorum praedecessorum Apostolicus destruere non debet.*

*Idem Felici Episcopo, lib. XII. epist.* 31 [14].

Si ea destruerem, quae antecessores nostri statuerunt, non constructor [15], sed eversor esse juste comprobarer, testante veritatis voce, quae ait [16] : *Omne regnum in se ipso* [17] *divisum non stabit,* et omnis scientia et lex adversum se divisa destruetur.

**C. V.** *Metropolitanus dignitatis sibi traditae antiquitus jus intemeratum obtineat.*

*Item* Leo Papa *epist. LXXXII. al. LXXXIV, ad Anastasium, c.* 2 [18].

Igitur secundum sanctorum Patrum canones, spiritu Dei conditos et totius mundi reverentia consecratos, metropolitanos singularum provinciarum episcopos, quibus ex delegatione nostra fraternitatis tuae cura praetenditur [19], jus traditae sibi antiquitus dignitatis intemeratum habere decrevimus [20] ita, ut a regulis praestitutis [21] nulla aut negligentia aut praesumtione discedant.

**C. VI.** *Privilegia metropolitanorum inconvulsa servari oportet.*

*Item* Hormisda Papa *in epistola ad Joannem Episc.* [22]

Servatis privilegiis metropolitanorum vices vobis apostolicae sedis ' eatenus ' delegamus, ut inspectis [23] istis ' sive ea, quae ad canones pertinent ' [24], sive ea, quae a nobis sunt nuper mandata, serventur, sive ea [25], quae de ecclesiasticis causis tuae revelationi [26] contigerint [27], sub tua nobis insinuatione pandantur. Erit hoc studii ac solicitudinis tuae, ut talem te in his, quae injunguntur, exhibeas, ut fidem integritatemque ejus, cujus curam suscipis, imiteris.

**C. VII.** *Decreta apostolica nulla praesumtione violentur.*

*Item* Gregorius *Bonifacio primo Defensori, lib. VII, epist.* 17 [28].

Institutionis [29] nostrae decreta, quae ' pro defensorum ' sunt privilegiis et ordinatione disposita, perpetua stabilitate et sine aliqua constituimus refragatione servari, sive quae scripto decrevimus, sive quae in nostra praesentia videntur [30] esse disposita, nec a quoquam pontificum in totum vel in partem ea qualibet occasione convelli decernimus [31] vel mutari [32]. Nam nimis est asperum, et praecipue bonis sacerdotum moribus inimicum, niti quempiam quacunque [33] rationis excusatione ' et ' quae bene sunt ordinata rescindere, et exemplo ' suo ' docere ceteros sua quandoque post se [34] constituta dissolvere [35].

**C. VIII.** *Privilegia ecclesiarum Apostolicus debet servare illaesa.*

*Idem Dominico, Carthaginensi Episcopo, lib. II, Indict.* 10*, epist.* 39 [36].

De ecclesiasticis privilegiis quod vestra fraternitas scribit, hoc postposita dubitatione teneat, quia, sicut nostra defendimus, ita singulis quibusque ecclesiis sua jura servamus, nec [37] cuilibet favente gratia ultra quam meretur impertior, nec ulli hoc, quod sui juris est, ambitu stimulante derogabo : sed fratres meos per omnia honorare cupio, sicque ' studeo ' honore singulos subvehi, dummodo non sit quod alteri jure ab altero possit opponi.

**C. IX.** *Quod rationabiliter diffinitum est in nullo debet violari.*

*Idem* [38] Virgilio [39], *Arelatensi Episc., lib. VII, ep.* 117.

Quum piae desiderium voluntatis, et laudandae devotionis [40] intentio sacerdotalibus sit semper studiis

### NOTATIONES CORRECTORUM.

**C. III.** [c] *Perversi* : Addita sunt haec ex originali [**].

---

QUAEST. II. C. III. [6] Ep. 64, (scr. A. 601), l. 11. Ed. Maur. — cf. ad c. 1. D. 5. — Ans. l. 6, c. 97 (94). [7] *episcopis :* Ans. — Edd. coll. o. pr. Lugdd. II, III. [8] *nostrorum :* Edd. coll. o. [9] *Arelatensium :* Ed. Bas. [10] *nec :* Edd. coll. o. pr. Bas. Par. Lugdd. [11] *invenerit :* Edd. coll. o. [12] *inducti :* Ed. Bas. [13] *et inf. :* Edd. Lugdd. II, III. [**] *non sunt ap.* Ans. = C. IV. [14] *Non desunt, qui hanc ep. suppositam esse dicant, in quorum partes nobis et ipsis videtur eundum esse.* — In Ed. Maur. est ep. 17, lib. 14, (A. 604.) — Coll. tr. p. p. 1, t. 55, c. 7. [15] *destructor :* Ed. Bas. [16] Luc. c. 11, v. 17. [17] *se ipsum div. desolabitur ;* Vulg. — Ed. Bas. = C. V. [18] Ep. 14. Ed. Baller. scr. A. 446. — Ivo Decr. p. 5, c. 346. [19] *protenditur — traditum :* Edd. coll. o. pr. Bas. [20] *decernimus :* Edd. Lugdd. II, III. [21] *praestitis :* Edd. coll. o. = C. VI. [22] scr. A. 517. — Coll. tr. p. p. 1, t. 49, c. 1. [23] *in speculis sitis et :* Coll. Hisp. [24] *pert., et a nob. :* ib. [25] *si quid :* ib. [26] *dignum relatione :* ib. [27] *contigerit :* ib. — Edd. coll. o. pr. Arg. Nor. — add. : *nunciari :* pr. Bas. = C. VII. [28] Ep. 14, (scr. A. 598), l. 8. Ed. Maur. — Ans. l. 4, c. 5. Polyc. l. 3, t. 15. [29] *Constitutionis :* orig. [30] *videantur :* Edd. Lugdd. II, III. [31] *decrevimus :* Edd. coll. o. pr. Bas. Lugdd. II, III. [32] *immutari :* Edd. coll. o. [33] *quantacunque :* eaed. [34] *posse :* eaed. — Ans. [35] *dissolvi :* Ans. = C. VIII. [36] Ep. 47, (scr. A. 592), l. 2. Ed. Maur. — Ans. l. 5, c. 6. Polyc. ib. [37] *add. : enim :* Ed. Bas = C. IX. [38] Ep. 111, (scr. A, 599),l. 9. Ed. Maur. — Ans. l. 4, c. 7. Polyc. ib. [39] *Vigilio :* Ans. — Edd. coll. o. [40] *diffinitionis :* Edd. coll. o.

adjuvanda, cura est solicitudinis adhibenda, ut ea, quæ pro quiete *monachorum* religiosæque conversationis fuerint ordinata, nec dissimulatio negligere, nec quædam valeat præsumtio perturbare: sed sicut hoc, quod ratio exigebat utilitatis, oportuit diffiniri, ita quod definitum est [nisi forte d ubi major est auctoritas] non debet violari.

### C. X. Sibi injuriam facit qui fratrum suorum jura perturbat.

Idem *ad Natalem Episcopum*, lib. II, epist. 37.

Quod vero dicitis, nostris temporibus debere servari quæ a meis quoque prædecessoribus tradita atque custodita sunt, absit a me, ut statuta majorum consacerdotibus meis in qualibet ecclesia infringam, quia mihi injuriam facio, si fratrum meorum jura perturbo.

### C. XI. Nulla præsumtione violentur quæ ab Apostolis et eorum successoribus sunt instituta.

*Item Julius Papa epist. I, ad Orientales*, c. 4.

Amputato totius usurpationis excessu nullus debet præsumere quæ sibi non videntur esse concessa. *Et infra*: § 1. Ea quæ sunt ab Apostolis eorumque successoribus instituta, nulla desidia negligantur, nulla dissensione violentur, nulla concertatione turbentur.

### C. XII. Quæ rationabiliter ordinata sunt nulla debent refragatione turbari.

*Item Gregorius Papa, lib. VII, Indict. 2, epist. 60, Præreecti Illustri*.

Ecclesiasticæ moderationi est omnino conveniens, ut quæ ordinata fuerint, vel rationabiliter e decisa, nulla in posterum debeant refragatione turbari.

### C. XIII. Quæ contra leges fiunt pro infectis habentur.

*Item in Regesto, lib. VII, Indict. 2, epist. 7, Januario Caralitano*.

Imperiali constitutione aperte sancitum est, ut ea, quæ contra leges fiunt, non solum inutilia, sed etiam pro infectis habenda sint.

### C. XIV.

*Cod. lib. I, tit. de precibus imperatori offerendis, Imperator Constantinus*.

Nec damnosa fisco, nec juri contraria postulari oportet.

### C. XV. Impp. Theodosius et Valentinianus.

Rescripta contra jus elicita ab omnibus judicibus præcipimus refutari, nisi forte aliquid est, quod non lædat alium, et prosit petenti, vel crimen supplicantibus indulgeat.

### C. XVI. Rescriptum meretur effectum, quod cum juris et legum ratione concordat.

*Item Pelagius Papa Joanni Comiti*.

Dicenti, sacras jussiones se habere præ manibus, respondimus scire illum oportere, quod ipse clementissimus princeps generalibus legibus constituerit, illa sacra uniuscujusque supplicantis desiderio concessa prævalere et effectui mancipari, quæ cum juris et legum ratione concordant; ea vero, quæ subreptione vel falsis precibus forsitan impetrantur, nullum supplicantibus ferre remedium.

Gratian. Rescripta, sive sint adnotationes sive pragmaticæ sanctiones, expressam debent in se habere conditionem : Si preces veritate nitantur. Mendax enim precator debet carere impetratis, et quibus scripta diriguntur sunt puniendi, si precum mendacia vetuerint argui. Unde Impp. Diocletianus, et Maximianus, et Constantius lib. I, Cod. tit. si contra jus vel utilitatem publicam: § 1. Præscriptione mendaciorum opposita, sive in juris narratione mendacium reperiatur, sive in facti, sive in tacendi fraude, pro tenore veritatis, non deprecantis affirmatione, de cum judicem cognoscere debere, et secundum hoc de causa convenit ferre sententiam. *Item Imp. Constantinus*: § 2. Puniri jubemus decem librarum auri mulcta judices, qui vetuerint precum argui falsitatem. *Item Impp. Theodosius et Valentinianus*: § 3. Et si legibus consentaneum sacrum oraculum mendax precator attulerit, *precator* careat penitus impetratis, et, si nimia mentientis inveniatur improbitas, etiam severitati subjaceat judicantis. *Item Imp. Constantinus*: § 4. Et si non cognitio, sed exsecutio mandatur, de veritate precum inquiri oportet, ut, si fraus intervenit, de omni negotio cognoscatur. *Item Imp. Anastasius*: § 5. Omnes cujuscunque majoris vel minoris administrationis

### NOTATIONES CORRECTORUM.

C. IX. d *Nisi forte*: Exceptio hæc abest à plerisque vetustis, et Anselmo et codicibus Gregorii impressis et manuscriptis. In uno autem Gratiani apposita est tanquam glossa, et legitur supra 6, q. 4.

C. XII. e *Rationabiliter*: Vox ista abest a plerisque manuscriptis, et a codicibus B. Gregorii nec reperitur infra 35, q. 9. *Omnibus modis*. Sed non est inducta, quia omnia Gratiani exemplaria habent istam vocem, etiam in rubrica.

---

QUÆST. II. C. IX. abest ab Ans. religiosæ: id.—Edd. coll. o. conversationi: Ed. Bas. sunt: Ans. — Edd. coll. o. add.: vel disposita: Edd. coll. o. quia: exd. pr. Arg. Bas. utiliter: orig. —Ans.—Edd. coll. o. obtinuit: exd. et Edd. Arg. Bas.= C. X. Ep. 52,(scr.A. 592), l. 2. Ed. Maur. dicis: Edd. Arg. Nor.Ven. I,II. decess.: Ed. Bas. vel: Edd. coll. o. add.: hoc: exd.—orig. cum sac.: Edd. coll. o. = C. XI. Cap. Pseudoisidori. —Ans. I. 6,c. 127 (132). Polyc. ib. præsumat: Edd. coll. o. Et: Edd. Lugdd. II, III. = C. XII. Ep. 57, (scr. A. 599). Præjecto Illustri, l. 9. Ed. Maur. — Ans. l. 4, c. 9.— cf. C. 35, qu. 9, c. 1. et Edd. Arg. Bas.=C. XIII. Ep. 7, (scr. A. 599), l. 9. Ed. Maur. — Deusdedit p. 1 et 3. constitutum — est sanctione: Edd. coll. o. pr. Bas. habeantur: Ed. Bas. =C. XIV. dat. A. 354. — Cod. Just. l. 1, t. 19, c. 3. = C. XV. dat. A. 426. — Cod. ib. c. 7. sit: Edd. coll. o. supplicanti: Ed. Bas. = C. XVI. Ivo Decr. p. 4, c. 191. — Ep. temporis incerti. constituit: Edd. coll. o. pr. Bas. Lugdd. II, III. effectum: exd. pr. Bas. Lugdd. mancipare: exd. coll. Lugdd. II, III. legis: Ed. Bas. Cod. ib. l. 1. t. 22, c. 3. c. 3, ib. debemus: Edd. Ven. I, II. vetuerunt: Edd. coll. o. pr. Lugdd. II, III. Cod. ib. c. 5. invenirtur: Edd. coll. o. Cod. ib. c. 4. intervenerit: orig. — Edd. coll. o. abest ab Ed. Bas. Cod. ib. c. 6.

universæ * nostræ * reip. judices monemus, ut nullum rescriptum, nullam pragmaticam sanctionem, nullam sacram adnotationem, quæ generali juri vel utilitati publicæ adversa esse videatur [81], in disceptationem [82] cujuslibet litigii patiantur proferri; sed generales sacras constitutiones modis omnibus non dubitent observandas. *Cod. tit. de divers. rescript.* *Impp. Diocletianus et Maximianus* [83] : § 6. Sancimus, ut authentica ipsa atque originalia rescripta, et [84] nostra etiam manu subscripta, non exempla eorum insinuentur. *Imp. Constantinus* [85] : § 7. Si qua beneficia personalia sine die et consule fuerint deprehensa, auctoritate careant. *Imp. Zeno* † : § 8. Universa rescripta, sive in personam precantium sive ad quemlibet judicem manaverint, quæ vel adnotatio, vel quævis [86] pragmatica sanctio nominetur [87], sub ea conditione proferri præcipimus, si preces veritate nitantur [88], nec aliquem fructum precator oraculi percipiat impetrati, licet in judicio asseveret [89] veritatem, nisi quæstio fidei precum imperiali beneficio monstretur inserta. Nam et vir magnificus quæstor, et viri spectabiles magistri scriniorum, qui sine præfata adjectione qualecunque divinum responsum dictaverint, et judices, qui susceperint, reprehensionem subibunt, et qui illicite dictata scribere ausi fuerint cujuscunque scrinii memoriales, seu pragmaticarii, vel adjutores primicerii, amissione cinguli feriantur [90].

C. XVII. *Privilegia ecclesiarum nulla debent improbitate convelli.*

*Item* Leo Papa *epist. LII, al. LIV, ad Marcianum Augustum* [91].

Privilegia ecclesiarum, sanctorum * Patrum * canonibus instituta, et venerabilis Nicænæ synodi fixa decretis, nulla possunt improbitate convelli, nulla [92] ovitate mutari.

*Item* Nicolaus Papa, *universali synodo præsidens, dixit in Concilio Romano, c. ult.* † [93] :

C. XVIII. *Anathema sit qui mandata vel decreta Romanorum Pontificum servare contemserit.*

Si quis dogmata, mandata, interdicta, sanctiones vel decreta pro catholicæ [94] fidei disciplina, pro correctione [95] * fidelium, pro emendatione sceleratorum, vel interdictione * imminentium vel futurorum malorum a sedis apostolicæ Præsule salubriter promulgata contemserit, anathema sit.

*Item* Gelasius *Cresconio et Joanni, Mesaliæ Episcopis, inter cetera* [96] :

C. XIX. *Statuta priorum successores servare oportet.*

Decessorum statuta sicut legitima et justa successorem custodire convenit, ita debet etiam male facta corrigere.

*Hinc etiam* Arcadius et Honorius *inquiunt* [97] :

C. XX.

Quæcunque a parentibus nostris diversis sunt statuta temporibus, manere inviolata atque incorrupta circa sacrosanctas ecclesias præcipimus. Nihil igitur a [98] privilegiis immutetur, omnibusque, qui ecclesiis deserviunt, tuitio deferatur, quia temporibus [99] nostris addi potius reverentiæ [100] cupimus, quam ex his, quæ olim præstita sunt, immutari. *Idem leg. 30* [101] : § 1. Non tam novum aliquid præsenti sanctione præcipimus, quam illa, quæ olim videntur indulta, firmamus. Privilegia igitur [102], quæ olim reverentia religionis [103] obtinuit, mutilari [104] sub pœnæ etiam interminatione prohibemus ita, ut hi quoque, qui ecclesiæ obtemperant, ipsius [105] beneficiis perfruantur. *Idem leg. 34* [106] : § 2. Si ecclesiæ venerabilis privilegia cujuscunque [107] fuerint vel temeritate violata, vel dissimulatione neglecta, commissum duodecim § librarum auri (sicut etiam prius constitutum est) condemnatione plectatur †. Ipsaque [b]

## NOTATIONES CORRECTORUM.

C. XVIII. ᶠ Caput hoc exstat in concilio Romæ habito, in quo Nicolaus Papa I. Thietgandum et Guntarium episcopos deposuit. Quod concilium impressum est Romæ post epistolas ipsius.

C. XX. § *Duodecim* : In lege ipsa tam codicis Theodosiani, quam Justiniani legitur : *quinque librarum auri.*

[b] *Ipsaque* : Hæc usque ad finem non sunt in lege illa, sed horum loco in Theodosiano habentur ista : *Si quid igitur contra ecclesias vel clericos per obreptionem, vel ab hæreticis, vel ab hujuscemodi hominibus fuerit contra leges impetratum, hujus sanctionis auctoritate vacuamus.*

---

Quæst. II. C. XVI. [81] *videantur*: Edd. coll. o. pr. Bas. [82] *disceptatione*: Edd. coll. o. [83] Co. l. 1, t. 25, c. 5. [84] abest ab Edd. Lugdd. II, III. — *ex* : Edd. rell. [85] Cod. ib, c. 4. † ib. c. 7. [86] abest ab Edd. coll. o. pr. Bas. Lugdd. II, III. [87] *nominentur* : Edd. Ven. I, II. Par. Lugdd. II, III.—Bohm. [88] *nituntur*: Edd. coll. o. pr. Lugdd. II, III. [89] *asserat* : orig. [90] *ferientur* : Edd. coll. o. = C. XVII. [91] cf. supra ad. c. 2.—Ans. l 4, c. 10. [92] *vel* : Edd. coll. o. = C. XVIII. [93] hab. A. 863. — Ans. l. 4, c. 26, l. 12, c. 3 (4). Deusded. p. 4. Ivo Decr. p. 5, c. 35. Polyc. l. 1, t. 17. [94] *pro cath. fide vel eccl. disciplina* : Edd. coll. o. — Aus. [95] *correptione* : Aus. — verba seqq., asteriscis signata, non sunt ap. Ans. l. 4. = C. XIX. [96] Capitis auctorem Berardus Callistum II esse censuit, in cujus ep. (14), ad Anserium eadem verba leguntur. In quo egregie erravit; reperitur enim cap. et in coll. Deusdedit, l. 2, c. 92, (cf. Ball. in Opp. Leonis M. t. 3, p. CCCIV), et in tract. Anselmi contra Wibertum (ap. Canis, t. 3). Apud utrumque leg. : *Cresc., Joanni et Messalæ Epp.* = C. XX. [97] Theod. Cod. l. 16, t. 2, c. 29, dat. A. 395. — Ans. l. 4, c. 16. [98] abest ab Ed Bas. [99] *add.* : *etiam* : Edd. coll. o. [100] *reverentiam*: eæd. [101] Theod. cod. eod. — Ans. ib. c. 17. [102] *sibi* : Ed. Bas. [103] *rel. et ordinis* : Edd. Nor. Ven. I. — *rel. vel ord.* : Edd. rell. pr. Arg. Bas. [104] *mutilare* : Edd. coll. o. pr. Lugdd. II, III. [105] *his, quibus ecclesia ben.* : orig. [106] Theod. cod. eod. — Cod. Just. l. 1, t. 3, c. 13. — Ans. l. 4, c. 18. [107] *cujusquam* : orig. — Ans. † *damnetur* : Ed. Theod. cod. Ed. Gothofred.

privilegia nihilominus plenissimum per omnia obtineant vigorem.

*Item* Pelagius *Armentario, Magistro militum inter cetera* [108]:

C. XXI. *Non licet Pontifici ab ecclesiæ jure discedere, quod documentorum auctoritate firmatur.*

Posteaquam ecclesiæ jura documentorum quoque intercedentium fuerint auctoritate firmata, nullatenus ab his discedendi liberam Pontifex, vel si vult [109], permittatur habere licentiam.

Gratian. *Si ergo privilegia monasteriorum vel quarumlibet ecclesiarum auctoritate Leonis, Gregorii, Gelasii et nonnullorum aliorum Pontificum sanctæ Romanæ ecclesiæ inviolata servantur; si ea, quæ contra leges fiunt, pro infectis habenda sunt; si Pontifex non habet licentiam discedendi a documentis, in quibus jura ecclesiæ firmantur : patet, quod posteriora privilegia antiquioribus derogare non possunt, nec eorum auctoritate eis aliqua objicietur exceptio, quum etiam, si contra illa specialiter fierent, pro infectis essent habenda.*

II. Pars. § 1. *His ita respondetur : Sancta Romana ecclesia sua auctoritate congregata valet disjungere, et disjuncta congregare; rationis tamen æquitate considerata. Unde vel pietatis, vel necessitatis intuitu semel a se concessa valet in totum vel in partem commutare. Pro necessitate namque corrigendorum vitiorum privilegia ecclesiarum multarum vel imminuuntur, vel penitus immutantur, sive personaliter sive generaliter.* § 2. *Personaliter juxta illud* [110] : Privilegium omnino meretur amittere qui permissa sibi abutitur potestate.

C. XXII. *Quod habet amittat qui quod non accepit usurpat.*

*Item* Silverius Papa *Vigilio Episcopo, ep. II* [111].

Sic decet fidem sanctorum Patrum in ecclesia servari catholica, ut quod habuit amittat qui improbabili temeritate quod non accepit assumserit.

C. XXIII. *Privilegium amittit qui sua potestate non legitime utitur.*

*Item* Simplicius Papa, *epist. II, Joanni, Episcopo Ravennatensi, post pauca, quibus ab illicita eum ordinatione prohibuit* [112].

Denunciamus autem, quod si posthac [113] quicquam tale præsumseris, et aliquem seu episcopum, seu presbyterum, seu diaconum invitum facere forte credideris, ordinationes tibi Ravennatis ecclesiæ vel Æmiliensis noveris auferendas.

C. XXIV. *Jus ordinandi amittunt qui immeritum consecrant.*

*Item* Leo Papa, *epist. LXXXV, al. LXXXVII, a. Episcopos Africanos* [114].

Si qui episcopi talem consecraverint sacerdotem, qualem esse non licet, etiamsi aliquo modo damnum proprii honoris evaserint, ordinationis tamen jus ulterius non habebunt, nec unquam ei [115] sacramento intererunt, quod, neglecto divino judicio, immerito præstiterunt.

Gratian. *Generaliter, veluti dum civitati episcopalis dignitas perpetuo subtrahitur, quæ suos episcopos interimere consuevit.*

Unde Gelasius Papa *scribit* i [116] :

C. XXV. *Episcopalis dignitas civitati subtrahitur, quæ suos præsules interemit.*

Ita nos Scyllacænorum [117]cædes geminata pontificum horrendi criminis atrocitate confudit ††, ut diu constitutio nostræ deliberationis hæsitaret, dum et ingerere quempiam [118] parricidalibus exemplis detestaremur [119] antistitem, et [120] ecclesiam utcunque destitutam non usque adeo judicaremus relinquendam. Quapropter jam velut usum consuetudinemque sacrilegam declinantes, eatenus religioni duximus consulendum, ut parochiæ vice [121] ab extrinsecus positis sacerdotibus gubernetur, quæ [122] ibidem commanentes ferro didicit [123] necare pastores, inauditoque facinore (quod etiam in illis provinciis nusquam prorsus legitur accidisse [124], quæ bellorum continuis diversisque incursionibus affliguntur) hæc [125] sit reperta civitas, quæ præsules ministrantes [126] sibi [127] fidei Christianæ sacramenta [128] sine persecutore prosternat [129]. Curandum est igitur, ut ' illic ' funesta pernicies cessatione propriorum sanetur antistitum, atque ita saltem furoris tanti materia subtrahatur, si [130] in quam [131] hæc possit acerbitas perpetrari consistens ibidem persona defuerit, eoque modo vel illa civitas [132], dum in quos desæviat non habebit, ab hujusmodi temeritate de-

---

NOTATIONES CORRECTORUM.

C. XXV. i In Polycarpo, et apud Anselmum et Ivonem continuo sequitur c. *Comperimus.* infra de cons. dist. 2.

---

QUÆST. II. C. XXI. [108] Cap. temporis incerti. — Deusded. p. 1. Ans. contra Wibertum ap. Canisium t. 5. [109] *velit* : Ans.—P.II. [110] cf. C. 11. qu. 1, c. 63. =C. XXII. [111] Cap. apocryphum.— Ans. l. 6, c. 155 (1 0). Ivo Decr. p. 6, c. 73 = C. XXIII. [112] cf. supra Dist. 74, c. 7. — Coll. tr. p. p. 1, t. 45, c. 2. [113] *post tale hic aliquid* : Ed. Bas. — *post hoc aliquid tale* : Edd. rell. = C. XXIV. [114] cf. ad c. 43. C. 1, qu. 1. [115] *eidem* : Edd. coll. o. = C. XXV. [116] Majorico et Joanni episcopis. — Deusded. p. 2, c. 92, (cf. Baller. Opp. Leonis M. t. 3, p. CCCIV.) Ans. l. 6, c. 148 (144). Ivo Decr. p. 10, c. 18. Polyc. l. 3, t. 50. [117] *Squillacinorum* : Baller. ex Deusd. — *quidem latinorum* : Ivo. — *Sillanorum* : Edd. Arg. Bas. — *Syllan.* : Edd. rell. †† *confudit* : Edd. Arg. Bas. Nor. [118] *quenquam* : Ivo. [119] *detestamur* : Ed. Bas. [120] *et — relinqu.* : non sunt ap. Iv. [121] *vices* : Ivo. — *vestiæ* : Edd. coll. o. [122] *quia* : Ivo. [123] *didicerunt* : id. [124] *prors. acciderit* : id. — Ans. [125] *ut aliqua* : Edd. coll. o. [126] *ministrando fidem Christ.* : Ivo. — *ministrandæ* : Edd. Arg. Nor. Ven. l, II. Par. [127] *abest ab iisd.* [128] *abest ab iisd. et Bas. Lugd. l.* [129] *prosterneret* : Edd. coll. o. pr. Bas. [130] *si in — def.* : omissa sunt ab Iv. [131] *qua* : Edd. coll. o. pr. Arg. Nor. Ven. l. — *quem* : Bohm. [132] abest ab Iv.

sistat, vel aliis imitandi [133] contagia dira [134] non praebeat Egeat ergo episcopalibus subsidiis sibimet aliunde pensandis [135], quae sacram in suo gremio collocatam fuso crudeliter maculat sanguine dignitatem, quia [136] in utroque hac est ultione plectenda, sive instinctu domestico sive furiis incitata ' nefas' hoc committit externis [137]. Praebeat ergo dilectio vestra in hoc statu positae ministerium visitationis ecclesiae, et aut conveniendo pariter, aut vicissim, prout qualitas rerum causaeque poposcerit, divina ministeria [138] repraesentet ingratis, ne, quum devitamus zizania [139], dominica videamur praeterire frumenta.

III. Pars. Gratian. *Hostilitatis quoque vel paupertatis necessitate episcopales sedes vel mutantur, vel duae in unam rediguntur, sicut sup. in tit. de mutatione episcoporum B. Gregorius [140] fecisse legitur. Non ergo privilegia ecclesiarum sic inviolata permanere censentur, ut quibusdam de causis intervenientibus apostolica auctoritate eis derogari non possit; alioquin multitudo ecclesiarum ad paucitatem redigeretur, quum innumerae ecclesiae in dioecesibus aliarum frequenter conditae inveniantur. Serventur ergo privilegia ecclesiarum cunctis inconcussa temporibus, ne videlicet praeter ejus auctoritatem, a quo data sunt, contra ea liceat ire alicui. § 1. Sed objicitur illud Symmachi Papae [141]: Possessiones, quas unusquisque ecclesiae suo relinquit arbitrio, etc., quae sup. in tit.* de alienatione rerum ecclesiasticarum *leguntur adscripta. Unde datur intelligi, quod ea, quae de jure uniuscujusque ecclesiae vel necessitatis, sicut peregrinis, vel pietatis intuitu, sicut religiosis domibus conferuntur, non perpetuo, sed temporaliter ab eis, quibus conferuntur, sunt possidenda. Quanquam illud Symmachi ad necessitatis intuitum, non ad pietatis prospectum possit referri, videlicet, ut ea, quae peregrinis vel captivis largiri necessitas suasit, non ea, quae religiosis domibus ob quietem religiosae conversationis concessa sunt, prohibeantur perpetuo possideri. Vel potius de utrisque intelligendum est, videlicet, ut sicut necessitatem patientes cessante necessitate beneficiis renunciare coguntur, quae eis miserationis indulsit intuitus, sic religiose viventes, quum a religione cessaverint, privilegiis exuantur, quae religiosa conversatio meruit. Privilegia ergo, quae religiosis domibus conferuntur, vel in eo casu accipienda sunt, in quo ita eis consulitur, quod nulli aliquid derogatur, videlicet ut ex novalibus, quorum decimationes nulli assignatae fuerant, privilegiorum auctoritate decimas aliquibus persolvere non cogantur, vel si propter instantem temporis necessitatem eis consuli non poterit, nisi aliis derogetur [142], ita privilegiorum auctoritas videatur esse servanda, ut eorum subveniatur inopiae, non ut suarum divitiarum augmento, et possessionum non modica extensione porrecta, baptismales seu parochiales ecclesiae penitus destruantur.*

# CAUSA XXVI.

## GRATIANUS.

*Quidam sacerdos sortilegus esse et divinus convincitur apud episcopum; correctus ab episcopo noluit cessare; excommunicatur; tandem agens in extremis reconciliatur a quodam sacerdote episcopo inconsulto; indicitur sibi poenitentia sub quantitate temporis canonibus praefixa.* (Qu. I.) Hic primum quaeritur, qui sint sortilegi? (Qu. II.) Secundo, an sit peccatum esse sortilegum? (Qu. III.) Tertio, a quibus genus divinationis sumsit exordium? (Qu. IV.) Quarto, quot sint genera divinationis? (Qu. V.) Quinto, an sortilegi vel divini sint excommunicandi, si cessare noluerint? (Qu. VI.) Sexto, an excommunicatus ab episcopo possit reconciliari a presbytero, illo inconsulto? (Qu. VII.) Septimo, si morientibus est indicenda poenitentia sub quantitate temporis?

## QUAESTIO I.

### GRATIANUS

Qui sint sortilegi, Isidorus *diffinit Etymologiarum lib. VIII, cap. 9, ita dicens* [1]:

C. UN. *Qui sint sortilegi?*

Sortilegi sunt qui sub nomine fictae religionis per quasdam, quas sanctorum [2] sortes vocant, divinationis scientiam profitentur, aut quarumcunque scripturarum inspectione futura promittunt.

## QUAESTIO II.

### GRATIANUS

I. Pars. *Quod autem sortes exquirere peccatum non sit, et exemplis et auctoritatibus probatur. Quum enim Achar* [1] *de anathemate furtim subripuisset, et ob ejus peccatum populus caesus apud Hay* † *hostibus terga dedisset, praecepit Dominus Josue, ut sor-*

---

QUAEST. II. C. XXV. [133] *imitantibus*: id. [134] *exemplum non praeb.*: Edd. coll. o. [135] *depensis*: Ans. Ivo. — *pensatis*: Ed. Bas. [136] *quae*: Edd. coll. o. [137] *exterius*: caed. — Ivo (apud quem hic capitis exitus est). [138] *mysteria*: Edd. Arg. Bas. Ven. | [139] *zizaniam*: Edd. coll. o. pr. Bas. P. III. [140] cf. C. 7, qu. 1, c. 42, 44. C. 16. qu. 1, c. 48. [141] cf. C. 16, qu. 1, c. 61. [142] *derogaretur*: Bohm.

CAUSA XXVI. QUAEST. I. C. I. [1] Ivo Decr. p. 11, c. 22. [2] add.: *seu apostolorum*: Edd. coll. o.

QUAEST. II. P. I. [1] *Achan*: Vulg. † *Nay*: Ed. Rom. operarum vitio. — cf. Jo c. 7.

tibus exquireret, quo peccante populus in manibus hostium cadere meruerat. Josue præceptum accipiens misit sortes, primum super tribus, deinde super familias, demum super personas, et ita cecidit sors super Achar. Saul² quoque, quum pugnans contra Philistæos jurasset, se interfecturum quicunque ante solis occasum de populo comederet, sorte deprehendit Jonatham filium suum mel comedisse, quod sceptro acceperat, quem quum morti tradere vellet, populo supplicante revocavit sententiam. Jonas³ quoque, quum a facie Domini fugeret, a nautis sorte deprehensus in mare dejectus, et a ceto est absorptus. De⁴ Zacharia etiam legitur, quod sorte exiit, ut incensum poneret. Matthias⁵ vero a B. Petro sorte in apostolatum et Judæ successor eligitur. Quod ergo tantorum exemplis probatur, patet malum non esse.

Unde etiam Augustinus ait in lib. Psalmorum, in Psal. XXX, concione 2, ad versic. In manibus tuis sortes⁶ :

### C. I.

Sors non aliquid mali est, sed res * est * in dubitatione humana divinam judicans voluntatem.

II Pars. Gratian. His ita respondetur: Antequam evangelium claresceret, multa permittebantur, quæ tempore perfectioris disciplinæ penitus sunt eliminata. Copula namque sacerdotalis vel consanguineorum nec legali, nec evangelica, vel apostolica auctoritate prohibetur, ecclesiastica tamen lege penitus interdicitur. Sic et sortibus nihil mali inesse monstratur, prohibetur tamen fidelibus, ne sub hac specie divinationis ad antiquos idololatriæ cultus redirent. Unde quibusdam constellationes et futurorum signa custodientibus Apostolus ait⁷ : Dies observatis, et menses, et tempora, et annos. Unde timeo, ne forte sine causa laboraverim in vobis. Sic et astronomia, seu et astrologia apud catholicos in desuetudinem abiit, quia, dum propria curiositate his nimis erant intenti, minus vacabant his, quæ saluti animarum erant accommodata.

Quod autem sortibus credi non oporteat, Hieronymus testatur, scribens super Jonam, c. 1⁸ :

### C. II. Exemplo Jonæ vel Matthiæ non oportet sortibus credi.

Non statim debemus sub exemplo Jonæ sortibus credere, vel illud de Actibus⁹ Apostolorum huic testimonio copulare, ubi sorte in apostolatum Matthias eligitur, * quum privilegia ᵃ singulorum non possint legem facere communem *.

### C. III. Ad sæcularia negotia divina oracula non sunt convertenda.

Item Augustinus ad inquisitiones Januarii, epist. CXIX¹⁰.

Hi¹¹, qui de paginis¹² evangelicis sortes legunt, etsi optandum est, ut id potius faciant, quam ad dæmonia consulenda concurrant, tamen etiam ista mihi displicet consuetudo, ad negotia sæcularia et ad vitæ hujus vanitatem¹³ * propter¹⁴ aliam vitam loquentia * oracula divina velle convertere.

### C. IV. Exemplo Matthiæ vel Jonæ non est indifferenter sortibus credendum.

Item Beda super Actus Apostolorum, ad c. 1¹⁵.

Non exemplo Matthiæ, vel quod Jonas propheta sorte deprehensus sit, indifferenter sortibus est credendum, quum privilegia singulorum (ut Hieronymus ait) communem legem facere omnino non possint¹⁶. Et infra : § 1. Si qui tamen necessitate aliqua compulsi Deum putant sortibus exemplo Apostolorum esse consulendum, videant hoc ipsos Apostolos non nisi collecto¹⁷ fratrum cœtu, et precibus ad Deum fusis egisse.

De divinis vero scribit Augustinus lib. V super Deuter. c. 19., ita dicens¹⁸ :

### C. V. Non sunt observanda quæ a divinis præcipiuntur, quamvis ea contingant, quæ ab eis prænunciantur.

Intelligi voluit Dominus etiam illa quæ a divinantibus non secundum Deum dicuntur, si acciderint quæ dicuntur, non accipienda sic, ut fiant quæ præcipiuntur ab eis, aut colantur quæ coluntur ab eis.

### C. VI. Institutiones hominum quæ sint superstitiosæ vel non.

Idem in l. II de doctrina Christiana, c. 19 et 20 et 21¹⁹.

Illud, quod est secundum institutiones hominum, partim superstitiosum est, partim superstitiosum non est. Superstitiosum est quicquid institutum est ab hominibus ad facienda et colenda idola pertinens, vel ad colendam sicut Deum²⁰ creaturam, partemve ullam creaturæ, vel ad consultationes et pacta quædam significationum cum dæmonibus placita atque fœderata, qualia sunt molimina²¹ magicarum artium, quæ quidem²² commemorare potius quam docere assolent²³ poetæ. Ex quo genere sunt, sed quasi licentiori vanitate, aruspicum et

---

### NOTATIONES CORRECTORUM.

Causa XXVI. Quæst. II. C. II. ᵃ Quum privilegia : Hæc usque ad finem sunt addita ex B. Hieronymo. Referuntur enim a Beda ex eodem infra ead. c. Non exemplo.

---

Quæst. II. ¹,¹ Reg. c. 14. ² Jon. c. 1. ³ Luc. c. 1. ⁴ Act. c. 1. ⁵ Ivo Pan. l. 8, c. 77. = P. II. C. I. ⁷ Gal. c. 4, v. 10. ⁸ Ivo Pan. l. 8, c. 73. Decr. p. 11, c. 21. = C. II. ⁹ Act. c. 1. = C. III. ¹⁰ Ep. 55 (scr. A. 400) Ed. Maur. ¹¹ Si : Edd. Lugdd. II, III. — Ii : Ed. Nor. — Ivo Pan. ¹² paganis : Edd. Ven. I, II. ¹³ necessitatem : Ed. Bas. ¹⁴ verba aster. signata non sunt ap. Iv. = C. IV. ¹⁵ Ivo Pan. l. 8, c. 78. — cf. supra c. 2. ¹⁶ possunt : Edd. Arg. Bas. ¹⁷ in collectione fratr. ¡fletu : Ivo Pan. ¹⁸ Ivo Decr. p. 11, c. 10. = C. VI. ¹⁹ Ivo Decr. p. 11, c. 13. ²⁰ Domini : Ed. Bas. ²¹ volumina : Edd. coll. q. pr. Bas. ²² quidam : eæd. pr. Bas. Lugdd. II, III. ²³ solent : eæd. pr. Lugdd. II, III. — Ivo.

augurum libri. § 1. Ad hoc genus pertinent omnes etiam ligaturæ atque remedia, quæ medicorum quoque disciplina condemnat, sive in præcantationibus, sive in quibusdam notis, quas characteres vocant, sive in quibusdam [24] rebus suspendendis atque ligandis, vel etiam saltandis quodammodo, non ad temperationem [25] corporum, sed ad quasdam significationes aut occultas, aut etiam [26] manifestas, quæ eminentiori [27] nomine physicum vocant, ut quasi non superstitionem [28] implicare, sed naturæ [29] prodesse videantur, sicut sunt inaures in summo aurium singularum, aut de struthiorum [30] ossibus ansulæ in digitis, aut quum tibi dicitur singultienti, ut dextera manu sinistrum [31] pollicem teneas. His adjunguntur millia inanissimarum [32] observationum, si membrum aliquod salierit, si junctim [33] ambulantibus amicis lapis * aut canis *, aut puer medius intervenerit. Et infra: § 2. Hinc sunt etiam illa, limen calcare, quum ante domum suam transit, redire ad lectum, si quis, dum se calceat sternutaverit; redire domum [34], si procedens [35] offenderit; quum [36] vestis a soricibus roditur [37], * plus timere suspicionem futuri mali, quam præsens damnum dolere *. § 3. Neque illi [38] ab hoc genere superstitionis perniciosæ segregandi sunt, qui olim genethliaci propter natalium [39] dierum considerationes, nunc autem vulgo [40] mathematici vocantur. Nam et ipsi, quamvis veram stellarum positionem, quum quisque nascitur, consectantur [41], et aliquando etiam pervestigent, tamen quod inde conantur vel actiones nostras, vel actionum eventa [42] prædicere [43], nimis errant, * et vendunt imperitis hominibus miserabilem servitutem *. Et infra c. 23: § 4. Hoc autem genus fornicationis animæ salubriter divina scriptura [44] non tacuit, neque ab ea [45] sic deterruit animam, ut propterea talia negaret esse sectanda quia falsa dicuntur a [46] professoribus eorum, sed [47] etiamsi dixerint vobis, inquit, et ita evenerit, ne credatis eis. Non enim quia imago Samuelis [48] u ortui Sauli * regi * [49] vera prænunciavit, propterea talia sacrilegia, quibus illa imago [50] præsentata est, minus exsecranda sunt, aut quia in Actibus Apostolorum [51] femina ventriloqua verum testimonium perhibuit Apostolis Domini, ideo Paulus apostolus pepercit illi spiritui, ac non potius feminam illius dæmonii correptione [52] atque exclusione mundavit. § 5. Omnes igitur artes hujusmodi vel nugatoriæ vel noxiæ superstitionis, ex quadam pestifera societate hominum et dæmonum quasi pacta infidelis et dolosæ amicitiæ constituta, penitus sunt repudianda [53] et fugienda Christiano.

C. VII. *Non est vita, sed mors inquisitio vel curatio, quæ a divinis vel magicis expetitur.*

Idem in lib. de civitate Dei [54].

Qui sine Salvatore salutem vult habere, et sine vera sapientia æstimat prudentem se fieri posse, non sanus, sed æger, non prudens, sed stultus in ægritudine assidua laborabit, et in cæcitate noxia stultus ac demens permanebit. Ac proinde omnis inquisitio, et omnis curatio, quæ a divinis et magis [55], vel ab ipsis dæmoniis in idolorum cultura expetitur, mors potius dicenda est quam vita, et qui ea sectantur [56], si se non correxerint, ad æternam perditionem tendunt, Psalmista dicente [57]: *Omnes dii gentium sunt dæmonia*, qui per deceptos homines alios decipere quotidie gestiunt, ut perditionis suæ faciant eos esse participes. Itaque [58] hæc vanitas magicarum artium ex traditione angelorum malorum in toto orbe terrarum plurimis sæculis invaluit per quandam scientiam futurorum et infernorum, et per inventiones [59] eorum inventa sunt aruspicia, et augurationes, et ipsa, quæ dicuntur, oracula, et necromantia.

C. VIII. *Christiana et vera pietas planetarios expellit et damnat.*

Idem *Confessionum lib. IV. c 3* [60].

Illos planetarios [61], quos mathematicos vocant, plane consulere non desistebam [62], quod quasi nullum esset [63] sacrificium, et nullæ preces ad aliquem spiritum ob divinationem dirigerentur. Quod tamen Christiana et vera pietas consequenter repellit [64] et damnat.

C. IX. *Cultura est idololatriæ auguria servare, et stellarum requirere cursus.*

Item Hieronymus [65].

Sed et illud adde, quoniam qui fornicatur in

corpus suum peccat, non istud [66] corpus solum, quod templum Dei effectum est, sed et illud, quod dicitur, quia omnis ecclesia corpus Christi est. Et in omnem ecclesiam videtur delinquere qui corpus suum maculaverit [67], quia per unum membrum macula in omne corpus diffunditur. § 1. Est et illud opprobrium Ægypti, quod, si neglexeris, etiam post Jordanis transitum, et post baptismi secundam circumcisionem vetustæ consuetudinis inustione suggeritur, observare auguria, requirere stellarum cursus, et eventus ex iis futurorum rimari, servare somnia ceterisque hujusmodi superstitionibus implicari [68]. Idololatriæ namque mater est Ægyptus, ex qua certum est hujusmodi opprobria pullulare, quæ, si transito jam Jordane susceperis, et his te rursus laqueis illigaveris [69], tecum sine dubio opprobria Ægypti trahis.

III. Pars. Gratian. *Hæc autem sortilegia non usque adeo sunt detestanda, ut, si aliquid de area vel torculari dæmonibus fuerit immolatum, quod reliquum est ideo credatur esse immundum, aut, si ipsum, quod oblatum fuerat, a nobis ignorantibus sumi contigerit, ideo credamus nos deliquisse.*

Unde Augustinus ad Publicolam, epist. CLIV [70]:

**C. X.** *Non ideo reliqua sunt immunda, quia ab area vel torculari aliquid ad dæmonum sacrificia tollitur.*

Si de area vel torculari tollatur [71] aliquid ad sacrificia dæmoniorum, sciente Christiano, ideo [72] peccat, quia [73] fieri permittit, ubi prohibendi potestas est. Quod si factum non comperit [74], aut prohibendi potestatem non habuit [75], utitur mundis reliquis fructibus, unde illa sublata sunt.

**C. XI.** *Immunis est a reatu qui emit quod nescit idolis immolatum.*

Item Ambrosius in primam epistolam ad Corinthios, ad c. 10 [76].

Licet aliquid pollutum sit per accidentiam [77], id est oblationem idoli, quum hoc tamen nescit qui emit, nullum patitur scrupulum, et apud Deum immunis est.

## QUÆSTIO III ET IV.

### GRATIANUS.

I Pars. *A quibus autem genus divinationis exordium sumserit, vel quot sint genera ejus,* Augustinus [1] *exponit in libro de natura dæmonum, ita dicens:*

**C. I.** *De multiplici genere divinationis.*

Igitur genus divinationis a Persis fertur allatum [2]. § 1. Varro autem dicit divinationis [3] quatuor esse genera, terram, aquam, aerem, et ignem: hinc geomantiam, hydromantiam, aeromantiam, pyromantiam dicta [4] autumnat [5]. § 2. Divini dicti sunt, quasi deo pleni. Divinitate enim plenos se esse simulant, et astuta [6] quædam fraudulentia hominibus futura conjectant. Duo autem sunt genera divinationis, ars et furor. Incantatores vero vocati [7] sunt qui artem verbis peragunt. § 3. Arioli vocati sunt propterea [8], quod circa aras idolorum nefarias preces emittunt, et funesta sacrificia offerunt, hisque celebritatibus dæmonum accipiunt responsa. § 4. Haruspices nuncupati [9] quasi horarum inspectores; dies enim et horas in agendis negotiis operibusque custodiunt, et quid per singula tempora observare debeat [10] homo intendunt; hi etiam exta pecudum inspiciunt, et ex eis futura prædicunt. § 5. Augures sunt qui volatus avium et voces intendunt, aliaque signa rerum vel observationes improvisas hominibus occurrentes ferunt. Iidem [11] sunt et auspices, nam auspicia [12] sunt, quæ iter facientes observant. Dicta autem sunt auspicia quasi avium spicia [13], et auguria [14] quasi avium garria, id est avium [15] voces et linguæ. Item augurium quasi avigerium, quod aves gerunt. Duo sunt autem genera auspiciorum, unum ad oculos, alterum ad aures pertinens: ad oculos scilicet volatus, ad aures vox avium. § 6. Pythones [16] a Pythio Apolline dicti [17], quod is auctor fuerit divinandi. Astrologi dicti eo quod in astris augurantur. Genethliaci appellati sunt propter natalitiorum considerationes dierum. Geneses enim hominum per duodecim cœli signa

### NOTATIONES CORRECTORUM.

QUÆST. III et IV. C. I. a *Persis*: B. Augustinus in libro 6 de civitate Dei cap. 35, de hydromantia loquens, sic scribit: *Quod genus divinationis idem Varro a Persis dicit allatum.* Reliqua vero hujus capitis sunt in libello Rabani de magorum præstigiis, quem ipse ex variis Augustini et Isidori locis collegit, et Gratianus sæpe citat sub Augustini nomine.

---

QUÆST. II. C. IX. [66] *illud*: Ed. Bas. [67] *commaculaverit*: Edd. coll. o. [68] *implicare*: Edd. Nor. Ven. II. [69] *alligaveris*: Edd. Arg. Bas. — P. III. [70] Ep. 47 Eo. Maur. scr. A. 597. — Ivo Decr. p. 11, c. 98. — C. X. [71] *tollitur*: Ivo. — Edd. coll. o. [72] *abest ad orig.* : si: orig. — Ivo. [73] *compererit*: Ed. Bas. [75] *habuerit*: ead. — *habet*: Edd. rell. — C. XI. [76] Ivo Decr. p. 11, c. 96. [77] *accidentia*: Edd. coll. o.

QUÆST. III et IV. P. I. [1] Imo Rabanus lib. de magorum præstigiis, qui quidem per omnia fere Isidori l. 8, c. 9, vestigia pressit. — Burch. l. 10, c. 43. Ivo Pan. l 8, c. 66. Decr. p 11, c. 68. = C. I. [2] *esse inventum vel all.*: Ed. Bas. — *esse all.*: Edd. rell. [3] *divinationum*: Edd. coll. o. [4] *dicens*. Ed. Lugd. III. — *dictam*: orig. — Burch. Iv. — Edd. coll. o. pr. Lugd. II. Par. [5] *autumnat*: Edd. coll. o. — Ivo Pan. [6] *astutia — et fraudulentia*: Ivo Pan. — Ed. Bas. — *astuta — fraudulentia*: Edd. coll. o. — Burch. Ivo. [7] *dicti*: orig. — Coll. citt. — Edd. coll. o. [8] *propter*: orig. — Ivo. — abest ab Ed. Bas. [9] *nuncupantur*: Ivo. — Edd. coll. o. [10] *debeant homines*: Ed. Bas. [11] *Sunt etiam et*: orig. — *Item et*: Ivo Pan. — *Idem et*: Burch. — Edd. coll. o. pr. Lugdd. II, III. Par. [12] *add.*: *et*: Burch. — Edd. coll. o. [13] *aspicia*: orig. — Burch. Ivo Decr. [14] *verba: auguria — augur*, absunt ab Ed. Arg. [15] *abest ab Ed. Bas.* [16] *Pythonissæ*: Burch. Iv. — Edd. Lugdd. II, III. — in Edd. rell. est vel: *Phitonissæ, Phitonio, vel: Phytonissa, Phytonio (Phiton*: Ed. Arg.) [17] *add.*: *sunt*: Edd. coll. o.

describunt, siderumque cursu [18] nascentium mores, actus, et eventus prædicere conantur, id est quis quali signo fuerit natus, aut quem effectum habeat vitæ qui nascitur [19]. Hi sunt, qui vulgo mathematici vocantur, cujus superstitionis genus constellationes Latini [20] vocant, id est notationes siderum, quomodo se habeant, quum quisque nascitur. § 7. Primum autem iidem [21] stellarum interpretes magi nuncupabantur, sicut de his legitur in [22] evangelio, qui natum Christum annunciaverunt. Postea hoc nomine soli mathematici dicti sunt. Cujus artis scientia usque ad evangelium [23] fuit concessa, ut Christo edito nemo exinde nativitatem alicujus de cœlo interpretaretur [24]. Horoscopi [25] dicti, quod horas nativitatis hominum speculentur dissimili et diverso fato. Sortilegi sunt qui sub nomine etc. †. *Ut supra*: § 8. Salitores [26] vocati sunt, quia [27] dum eis membrorum quæcunque partes salierint, aliquid sibi exinde prosperum seu triste significari prædicunt.

II Pars. Gratian. *Quæritur autem de natura dæmonum, cujus naturæ sint, an futura præscire valeant, vel quot modis futura prænoscant?*
*De his ita scribit* Augustinus *in eodem lib. de divinatione dæmonum, c. 3* [28].

C. II. *Quot modis dæmones futura prænoscant.*

Sciendum est, hanc esse naturam dæmonum, ut aerii corporis sensu terrenorum corporum sensum facile præcedant, celeritate etiam propter ejusdem aerii corporis superiorem mobilitatem non solum cursus quorumlibet [29] hominum vel ferarum, verum etiam volatus avium incomparabiliter vincant. Quibus duabus rebus, quantum ad aerium corpus attinet, præditi, hoc est acrimonia [30] sensus et celeritate motus, multo ante cognita [31] prænunciant [32], vel nunciant quæ homines pro sensus terreni tarditate mirentur. Accessit etiam dæmonibus per tam longum tempus, quo eorum vita protenditur, rerum longe major experientia, quam potest hominibus propter brevitatem vitæ provenire. Per has efficacias, quas aerii corporis natura sortita est, non solum multa futura prædicunt [33] dæmones, verum etiam multa *mira* faciunt, quæ quoniam homines dicere ac [34] facere non possunt, eos dignos A quidam, quibus serviant et quibus divinos honores deferant, arbitrantur, instigante [35] maxime vitio curiositatis, propter amorem felicitatis falsæ atque terrenæ, et excellentiæ temporalis. *Et infra c. 5:*

§ 1. Nunc igitur, quoniam de divinatione dæmonum quæstio est, primum sciendum est, illos ea plerumque [36] prænunciare, quæ ipsi facturi sunt. Accipiunt enim sæpe potestatem et [37] morbos immittere, et ipsum aerem vitiando morbidum reddere, et perversis et amatoribus terrenorum commodorum malefacta suadere, de quorum moribus certi sunt, quod sint eis talia suadentibus consensuri. Suadent autem [38] miris et invisibilibus modis, per illam subtilitatem *suorum corporum* corpora hominum non sentientium penetrando, seseque cogitationibus eorum per quædam imaginaria visa miscendo, sive vigilantium sive dormientium. § 2. Aliquando autem non quæ ipsi faciunt, sed quæ naturalibus signis futura prænoscunt (quæ signa in hominum sensus venire non possunt) ante prædicunt. Neque enim, quia prævidet medicus quod non prævidet [39] ejus [40] artis ignarus, ideo jam [41] divinus habendus est. Quid autem mirum, si, quemadmodum ille *in* [42] corporis humani perturbata [43] vel modificata [44] temperie seu bonas seu [45] malas futuras prævidet valetudines, sic dæmon [46] in aeris affectione sibi nota, nobis ignota, futuras prævidet tempestates? Aliquando et hominum dispositiones non solum voce prolatas, verum etiam cogitatione conceptas, quum signa quædam ex animo exprimuntur in corpore, tota facilitate perdiscunt, atque hinc etiam multa futura prænunciant, aliis videlicet mira, qui ista disposita non noverunt. *Et infra c.* 6: § 3. Fallunt et studio fallendi, et invida [47] voluntate, qua hominum errore lætantur. Sed ne apud cultores suos pondus auctoritatis amittant, id agunt, ut interpretibus suis signorumque suorum conjectoribus culpa tribuatur, quando, vel [48] decepti fuerint vel mentiti. § 4. Nonnunquam [49] vero ipsi maligni spiritus et illusores hominum atque salutis eorum invasores [50] solent prædicere delectum culturæ suæ et idolorum ruinam, quatenus præscii videantur quid in singulis regnis aut locis venturum *sit*, et quid adversi suæ factioni contingere possit; quod etiam

---

QUÆST. III et IV. C. I. [18] *cursus*: Burch. Ivo. — Edd. coll. o. pr. Lugdd. II, III. [19] *ad.: in tali tempore*: Ivo Pan. — *interpretantur*: Burch. Iv. — Edd. coll. o. [20] *latine*: Ed. Bas. [21] *id est*: Ivo. — Edd. coll. o. [22] Matth. c. 2. [23] *Christum* • Edd. coll. o. [24] *interpretetur*: cæd. — Coll. citt. [25] *Horospici*: Ed. Bas. ✝ supra qu. 1, c. m. [26] *Salisatores*: orig. — Isid. — Coll. citt. [27] *qui*: Edd. coll. o. — P. II. [28] Imo idem Rabanus l. 1, qui sua fecit quæ in libro de div. dæm. scripsit Augustinus. — Burch. l. 10, c. 45, 46. Ivo Pan. l. 8, c. 68 (usque ad § 4) Decr. p. 11, c. 70, 71. = C. II. [29] *rerum vel*: Ivo Pan. — Edd. col. o. [30] *acumine*: ib. [31] *cogitata*: Edd. coll. o. pr. Lugdd. II, III. [32] *cogn. nunc. quæ*: Edd. Nor. Ven. I. II. — *c. prænunc. quæ*: Edd. rell. pr. Arg. [33] *add.: hominibus*: Ed. Bas. [34] *aut*: Edd. coll. o. [35] *investigante*: Ed. Bas. [36] *plurimumque*: Ed. Arg. [37] abest ab Ed. Bas. [38] abest ab Ed. Bas. — *enim*: Edd. rell. — Ivo. — add. : *e. s*: Edd. coll. o. pr. Arg. Bas. Nor. [39] *prævidere nescit*: orig. — Burch. Ivo. — Edd. coll. o. [40] *hujus*: orig. — Coll. citt. — Edd. coll. o. pr. Lugdd. II, III. [41] *tamen*: Edd. eæd. [42] abest a Bohm. [43] *vel pert.*: orig. — Coll. citt. — Edd. Bas. Lugdd. II, III. [44] *mortificata*: Edd. coll. o. [45] *se*: Edd. Nor. Ven. I, II. [46] *dæmones — notas — ignotas — prævident*: Edd. coll. o. [47] *invidie*: Ed. Bas. [48] *ipsi mali*: Edd. Bas. Lugdd. II, III. — *ipsi*: Edd. rell. [49] hæc sunt ipsius Rabani verba, quæ per errorem in Augustini quasdam editiones Maurini priores sunt translata. [50] *invisores*: orig. — Coll. citt.

illi, qui gentilium historias legunt, non ignorant. Quid ergo mirum, si, jam imminente templorum et simulacrorum eversione, quam Prophetæ Dei summi tanto ante prædixerant, Serapis dæmon alicui cultorum suorum hoc de proximo prodidit, ut suam quasi divinitatem recedens vel fugiens commendaret?

III Pars. Gratian. *Quod autem hominum dispositiones cogitatione conceptas per exteriora signa diabolus deprehendat, non firma ratione videtur approbatum.*

Unde idem Augustinus ait in lib. *II retractationum*, c. 30:

**C. III.** *Quod ex corporeis motibus internas animi cogitationes diabolus deprehendat, occultissima res est.*

Quodam loco dixi, dæmones aliquando 'et' hominum dispositiones non solum voce prolatas, verum etiam cogitatione conceptas, quum signa quædam ex animo exprimuntur in corpore, tota facilitate perdiscere. Rem dixi occultissimam audaciori asseveratione quam debui. Nam pervenire ista ad notitiam dæmonum per nonnulla etiam experimenta compertum est. Sed utrum quædam signa dentur ex corpore cogitantium, illis sensibilia, nos autem latentia, an alia vi 'et ea' spiritali ista cognoscant, aut difficillime potest ab hominibus aut omnino non potest inveniri.

## QUÆSTIO V.
### GRATIANUS

I Pars. [*Quo autem sortilegi et divini, si cessare noluerint, excommunicandi sint, ratione et auctoritate probatur. Est enim quoddam genus culturæ idolorum, ex dæmonum consultationibus futura prædicere. Sicut enim avarus, quia cultum Deo debitum nummo impendit, idolorum cultor ab Apostolo nominatur, sic illi, qui futura, quæ ex Dei oraculo nonnunquam revelata inveniuntur, vel dæmonum consultatione, vel quibuslibet præstigiis invenire laborant, divinitatis jura creaturis attribuunt. Futura enim præscire solius Dei est, qui in sui contemplatione etiam angelos illa præscire facit. Unde Esaias* ait: Priora et novissima annunciate mihi, et dicam, quod Dii estis.

§ 1. *Cultores vero idolorum a fidelium communione separandi sunt. Unde in epist. ad Corinth. Apostolus ait*: Si quis frater nominatur fornicator, aut avarus, aut idolis serviens, cum ejusmodi nec cibum sumere. *Hinc etiam in decretis Gregorii junioris, in Concilio Romano præsidentis, c. 12 legitur*:

**C. I.** *Anathema sit qui ariolos vel incantatores observat.*

Si quis ariolos, aruspices vel incantatores observaverit, aut phylacteriis usus fuerit, anathema sit.

**C. II.** *Quinquennio pœniteat qui divinationes expetit.*
Item ex Concilio Ancyrano, c. 23, al. 24.

Qui divinationes expetunt, et morem gentilium subsequuntur, vel in domos suas hujusmodi homines introducunt, exquirendi aliquid arte malefica, aut expiandi causa, sub regula quinquennii jaceant secundum gradus pœnitentiæ definitos, 'etc.'

**C. III.** *Elementa colere, lunæ aut stellarum cursus in suis operibus Christianis servare non licet.*
Item ex Concilio Martini Papæ [*id est, ex Cap. Martini Bracarensi*,] c. 72.

Non liceat Christianis tenere traditiones gentilium, et observare vel colere elementa, aut lunæ aut stellarum cursus, aut inanem signorum fallaciam pro domo facienda, aut propter segetes vel arbores plantandas, vel conjugia socianda. Scriptum est enim: *Omnia, quæ facitis aut in verbo, aut in opere, omnia in nomine Domini nostri Jesu Christi facite, gratias agentes Deo.* § 1. Nec in collectionibus herbarum, quæ medicinales sunt, aliquas observationes aut incantationes liceat attendere, nisi tantum cum symbolo divino, aut oratione dominica, ut tantum Deus creator omnium et Dominus honoretur. § 2. Si quis autem †, paganorum consuetudinem sequens, divinos et sortilegos in domum suam introduxerit, quasi ut malum foras mittant, aut maleficia inveniant, vel lustrationes paganorum faciant, quinque annis pœnitentiam agant. § 3. Mulieribus quoque Christianis non

---

### NOTATIONES CORRECTORUM.

Quæst. V. C. II. *Gentilium*: In græco impresso est: χρόνων, sed in vetusto Vaticano et apud Balsamonem: ἰδνῶν

*Exquirendi*: Græce est: ἐπὶ ἀνευρέσει φαρμακειῶν id est: *ad invenienda medicamenta.*

Quæst. III et IV. C. II. *divinationem*: Edd. coll. o. — P. III. cf. cap. proxime superius. = C. III. *assertione*: Edd. coll. o. *speciali*: Ed. Arg.
Quæst. V. — P. I. *Ephes. c. 5.* *Col. c. 3.* *Esa. c. 45. v. 21.* *1 Cor. c. 5, v. 11.* *hab. A. 1721.* — Reg. l. 2, c. 349. Burch. l. 10, c. 23. Ans. l. 10, c. 50. Ivo Pan. l. 8, c. 61. Decr. p. 11, c. 1. Polyc. l. 6, t. 12. = C. I. *add.: eorum*: Edd. coll. o. pr. Arg. = C. II. *hab. A. 314.* — Interpr. Dionysiana. — Reg. l. 2, c. 347. Burch. l. 10, c. 3. Ivo Pan. l. 8, c. 62. Decr. p. 11, c. 2. Polyc. ib. *gentium*: Ed. Bas. *magica*: Edd. coll. o. — Ivo. = C. III. c. 72, 74, 71, 75. Cap. Martini Brac. — Reg. l. 2, c. 348, 566—68. Burch. l. 10, c. 15, 20, 6, 19. Ivo Decr. p. 11, c. 40, 47, 34, 46, p. 8, c. 330. *cursum*: Coll. Hisp. *Coloss. c. 3, v. 17.* *collectione*: Coll. Hisp. — Coll. citt. *medicinalium*: Coll. citt. *et*: eæd. † abest ab iisd. et Coll. Hisp. *domo sua*: Coll. Hisp. *pœniteat*: Burch. Ivo. *agat*: Coll. Hisp. *abest ab eod.

liceat in suis lanificiis vanitatem observare, sed Deum invocent adjutorem, qui eis sapientiam texendi [30] donavit.

**C. IV.** *Sacris officiis dediti magi vel incantatores non fiant.*

Item ex Concilio Laodicensi, c. 36 [31].

Non oportet sacris officiis deditos vel [32] clericos magos aut incantatores exsistere, aut facere phylacteria, quæ animarum suarum vincula comprobantur [33]. Eos [34] autem c, qui talibus rebus utuntur, projici ab ecclesia jussimus.

**C. V.** *Honore privetur episcopus vel presbyter, qui magos vel aruspices consulit.*

Item ex Concilio Toletano IV, c. 28 [35].

Si quis episcopus, aut presbyter, sive diaconus, vel quilibet ex [36] ordine clericorum magos, aut [37] aruspices, aut [38] incantatores, aut ariolos, aut certe augures vel sortilegos, vel qui profitentur artem magicam d, aut aliquos eorum similia exercentes consuluisse [39] fuerit deprehensus, ab honore dignitatis suæ suspensus e monasterii curam f suscipiat †, ibique pœnitentiæ perpetuæ deditus scelus admissum [40] sacrilegii solvat [31].

**C. VI.** *De his, qui auguriis et divinationibus student.*

Item ex Concilio Agathensi, c. 42 [32].

Aliquanti clerici sive laici student auguriis, et sub nomine fictæ religionis per eas, quas sanctorum [33] sortes vocant, divinationis scientiam profitentur, aut quarumcunque scripturarum inspectione futura promittunt. Hæc [34] quicunque clericus aut laicus detectus fuerit vel consulere vel docere, ab ecclesia habeatur extraneus.

A C. VII. *Sors nihil aliud quam divinatio et maleficium esse decernitur.*

Item Leo IV, *Episcopis Britanni.e*, c. 4 [g] [35].

Sortes, quibus cuncta vos 'in' vestris discriminatis judiciis [36] (quod Patres damnaverunt), nihil aliud quam divinationes et maleficia esse decernimus. Quamobrem volumus illas omnino damnari, et inter Christianos ultra nolumus nominari, et ne exerceantur †† 'sub' anathematis interdicto prohibemus [37].

**C. VIII.** *Incantatores et sortilegos velut Christi inimicos insequi oportet.*

Item Gregorius Hadriano Notario, lib. IX, ep. 47 [38].

Pervenit ad nos, quod quosdam incantatores atque B sortilegos fueris insecutus, et omnino nobis solicitudinem zelumque tuum gratum fuisse [39] cognoscas. Et infra: 'Et ideo' studii [40] tui sit solicite quærere, et, quoscunque hujusmodi Christi inimicos inveneris, districta ultione corrigere.

**C. IX.** *Excommunicetur clericus, monachus, laicus divinationes, vel auguria, vel sortes sectutus.*

Item ex Concilio Aurelianensi I, c. 32 [41].

Si quis clericus, monachus [42] vel sæcularis [43] divinationem vel auguria crediderit [44] observanda, vel sortes, quas mentiuntur esse sanctorum, quibuscunque putaverint intimandas, cum his, qui eis [45] crediderint, ab ecclesiæ communione pellantur.

**C. X.** *Contra sortilegos, idolorum cultores, custodia pastoralis invigilet.*

C Item Gregorius lib. VII, epist. 66, ad Januarium Episcopum h [46].

Contra idolorum cultores, vel aruspices [47] atque

## NOTATIONES CORRECTORUM.

**C. IV.** c *Eos autem:* Quæ antecedunt in hoc capite sunt ex versione Dionysii; quæ autem sequuntur sunt ex prisca versione', quæ est in collectione Isidori.

**C. V.** d *Magicam:* In antiquioribus conciliorum editionibus, duobus codicibus Vaticanis, et Lucensi regio, et Polycarpo legitur : *artem aliquam*.

e *Suspensus:* In omnibus conciliorum editionibus, et manuscriptis exemplaribus, quæ collata sunt, et Polycarpo est : *depositus* [10]. Sed ob glossam non est mutatum.

f *Curam:* Sic in vetustioribus conciliorum editionibus et duobus Vaticanis codicibus; sed in recentioribus Coloniensibus est : *censuram,* in 'codice autem regio : *pœnam*'''.

**C. VIII.** g In epistola Leonis IV (cujus pars exstat in vetusto codice) c. 4, hæc leguntur': *De expetentia autem divinationum vel maleficiorum scriptum quidem in sacris habemus canonibus, ut ipsa ponamus, ita: Qui divinationes,* etc. sup. ead ex concilio Ancyrano. Unde ad illorum similitudinem *sortes, quibus vos cuncta in vestris discriminatis judiciis, nil aliud, quam quod illi Patres damnarunt, divinationes et maleficium esse decernimus,* etc.

**C. X.** h Caput hoc locupletatum est ex epistola D Gregorii, cum vetustis exemplaribus collata.

---

Quæst. V. C. III. [20] *extendi*: Edd. Nor.Ven. I, II.— *texendi donaverit*: Edd. coll. o pr.Bas. = C. IV. [21] hab. inter A. 347 et 381.— Interpr. Dionysiana. — Ivo Pan. l. 8, c. 63 Decr. p. 11, c. 5. [22] abest ab Edd. Bas. Lugd. II. III. [23] *probantur*: Edd. coll. o. pr. Bas. [24] *Hos*: Edd. coll. o. * non sunt ap. Iv. = C. V. [25] hab. A. 633. — Burch. l. 10, c. 48. Ans. l. 11, c. 130. Ivo Pan. l. 3, c. 169, l. 8, c. 64. Decr. p. 11, c. 5, et 73. Polyc. l. 6, t. 12. [26] *de ordinibus*: Edd. coll. o. [27] *mag. aut*: absunt ab Iv. Burch. [28] *aut inc., aut — aug.*: et seqq. *vel — mag.*: absunt ab Ans. [29] *consulere*: Coll. Hisp. '' ita ead. — Burch. Ivo Decr. Ans. — *depulsus*: Pan. l. 3. ''' ita Coll. Hisp. — *censuram*: Ivo c. 75. — ap. Ans. et Burch. est : *monasterium ingressus ibique* etc. † *excipiat*: Coll. Hisp. — Ivo Pan. l. 8. Decr. [30] *admissi*: Ans. Ivo Pan. l. 8 Decr. [31] *luat*: Coll. Hisp. — Burch. Ans. Ivo Decr. c. 75. = C. VI. [32] hab. A. 506. — Burch. l. 10, c. 27. Ivo Pan. l. 8, c. 69. Decr. p. 11, c. 4. [33] *add.*: *patrum*: Ivo Pan. — Edd. coll. o. [34] *hoc*: Ivo. — *hic*: Edd. Arg. Nor. Ven. I, II = C. VII. [35] scr. A. 850. — Ivo Pan. l. 8, c. 70. Decr. p. 11, c. 8. [36] *provinciis*: Edd. coll. o. — Ivo. †† *ut abscindantur*: orig. — Ivo Decr. — *ut abscindatur*: Pan. [37] *præcipimus*: orig. = C. VIII. [38] Ep. 55 (scr. A. 601), l. 11 Ed. Maur. — Coll. tr. p. p. 1, t. 55, c. 84. Burch. l. 10, c. 4. Ivo Decr. p. 11, c. 55. [39] *esse*: Ed. Bas. [40] *add.*: *enim*: Edd. coll. o. = C. IX. [41] hab. A. 511. [42] *rel mon.*: Ed. Bas. [43] *regularis*: Ed. Arg. [44] abest a Coll. Hisp. [45] *cum eis*: Edd. Par. Lugdd. = C. X. [46] Ep. 65 (scr. A. 599), l. 9 Ed. Maur. — Burch. l. 10, c. 13. Ans. l. 11, c. 132, (apud quem omnia fere habentur quemadmodum ap. Gratian. ante corr.) Ivo Decr. p. 11, c. 52, et 35. [47] *aru-picum atque sortilegorum*: Burch. Ivo c. 52.

sortilegos, fraternitatem vestram [58] vehementius pastorali hortamur invigilare custodia, atque publice in populo contra hujus rei viros sermonem facere, eosque a tanti labe sacrilegii et divini intentione [49] judicii et praesentis vitae periculo adhortatione suasoria revocare'. Quos tamen, si emendare se a talibus 'atque corrigere' nolle repereris, 'ferventi comprehendere zelo te volumus, et 'si 'quidem' servi sunt, verberibus 'cruciatibusque, quibus ad emendationem pervenire valeant', castigare [50], si vero 'sunt' liberi, inclusione digna [51] districtaque [52] sunt in poenitentiam [53] redigendi [54], 'ut qui salubria et a mortis periculo revocantia audire verba contemnunt, cruciatus saltem eos corporis ad desideratam mentis valeat reducere sanitatem'.

**C. XI.** *Ab ecclesia separetur auguriis et incantationibus deserviens.*

Item ex Concilio Carthaginensi IV, c. 89 [55].

Auguriis vel incantationibus servientem [56], similiter et Judaicis superstitionibus vel feriis inhaerentem a conventu ecclesiae separandum [praecipimus [57]].

**C. XII.** *Sortilegam et magicam artem episcopi omnibus modis eliminare studeant.*

Item ex Concilio Anquirensi i, c. 1 [58].

Episcopi, eorumque ministri omnibus modis [59] elaborare studeant, ut perniciosam et a diabolo [60] inventam sortilegam et magicam [61] artem ex parochiis suis penitus eradicent [62], et si aliquem virum aut mulierem hujuscemodi sceleris sectatorem invenerint [63], turpiter dehonestatum de parochiis suis ejiciant. Ait enim Apostolus [64]: *Haereticum hominem post primam [65] et secundam correptionem [66] devita, sciens, quia subversus est qui hujusmodi est.* Subversi sunt et a diabolo captivi tenentur qui relicto creatore suo diaboli suffragia quaerunt, et ideo a tali peste debet mundari sancta ecclesia. § 1. Illud etiam non est omittendum, quod quaedam scelerata [k] mulieres retro post satanam conversae, daemonum illusionibus et phantasmatibus seductae, credunt et profitentur, se nocturnis horis cum Diana dea paganorum, vel cum Herodiade, et innumera multitudine mulierum equitare super quasdam bestias, et multarum terrarum spatia intempestae noctis silentio pertransire, ejusque jussionibus velut dominae obedire, et certis noctibus ad ejus servitium evocari. Sed utinam hae solae in perfidia sua periissent, et non multos secum ad infidelitatis interitum pertraxissent. Nam innumera [67] multitudo hac falsa opinione decepta haec vera esse credunt, et credendo a recta fide deviant, et errore paganorum involvuntur, quum aliquid divinitatis aut numinis extra unum Deum arbitrantur. Quapropter sacerdotes per ecclesias sibi commissas populo Dei omni instantia praedicare debent, ut noverint haec omnino [68] falsa esse, et non a divino, sed a maligno spiritu talia phantasmata mentibus fidelium [69] irrogari [70]. § 2. Siquidem ipse satanas, qui transfigurat se in angelum lucis, quum mentem cujuscumque mulierculae [71] ceperit, et hanc sibi per infidelitatem subjugaverit, illico transformat se in diversarum species personarum atque similitudines, et mentem, quam captivam tenet, in somnis† deludens, modo laeta, modo tristia, modo cognitas, modo incognitas personas ostendens, per devia quaeque deducit, et, quum solus spiritus hoc patitur, infidelis 'mens' hoc non in animo [72], sed in corpore invenire opinatur. Quis enim non in somniis et nocturnis visionibus extra se [73] educitur [74], et multa videt dormiendo, quae nunquam viderat vigilando? Quis vero tam stultus et hebes sit, qui haec omnia,

---

**NOTATIONES CORRECTORUM.**

C. XII. i *Anquirensi*: Sic etiam in vetustis. Burchardus et Ivo habent: *Ancyrensi*. Veruntamen in concilio Ancyrano graeco aut latino, neque impresso neque manuscripto, est inventum, licet qui tomos conciliorum ediderunt asserant haberi in quodam vetusto codice 16 librorum capitularium.

k *Sceleratae*: Fere eadem habentur apud B. Augustinum in libro de spiritu et anima, cap. 28, et in vita Damasi Papae I, quae exstat Romae in pervetusto de vitis sanctorum codice sanctae Mariae majoris, ubi postquam aliqua relata sunt ex synodo Romana, in qua Damasus Macedonium et Apollinarem damnavit, adjungitur, anathematizatos in ea synodo esse maleficiis, superstitionibus et incantationibus servientes. In quibus etiam mentio est harum mulierum, quae se putabant nocturno silentio cum Herodiade et innumera multitudine mulierum super bestias equitare, et multa terrarum spatia pertransire.

QUAEST. V. C. X. [48] *tuam*: Burch. Ivo. — Edd. Coll. o. [49] *intentatione*: Ed. Maur. [50] *castigari volumus*: Ans. — Edd. coll. o. [51] *digni*: ib. [52] *districtamque — poenam*: Edd. coll. o. — *districta — poenitentia*: Ans. — Edd. coll. o. [53] *in poenitentia*: Ivo c. 32. — *in poenitentia*: Burch. Ivo c. 95. [54] *dirigendi*: orig. — Ans. Burch. — Edd. coll. o. — *distringendi*: Ivo c. 32. — *religandi*: id. c. 95. = C. XI. [55] c. 83. Statt. eccl. ant. cf. ad c. 9, D. 18 — Burch. l. 10, c. 7. Ivo Pan. l. 8, c. 72. Decr. p. 11, c. 35. [56] *deservientem*: Ed. Bas. [57] *non* est in orig. et apud Burch. — *decernimus*: Ivo Decr. = C XII. [58] Sumtum esse videtur ex quodam Capitulari Regum Francorum inedito. — Profertur a Reg. l. 2, c. 384, inscriptione: *unde supra*, qua decepti Burch. l. 10, c. 1. Ivo Decr. p, 11, c. 30. Pan. l. 8, c. 75, conc. Ancyr., cujus apud Reg. caput praecedit, fontem esse putarunt. [59] *viribus*: Coll. citt. — Edd. coll. o. [60] *Zabulo*: Ivo Pan. [61] *maleficam*: Coll. citt. [62] *eradant*: Reg. [63] *inveniunt*: Edd. coll. o. [64] Tit. c. 3, v. 10. [65] *unam*: Reg. Burch. Ivo Decr. [66] *admonitionem*: iid. — *correctionem*: Ivo Pan. — Edd. coll. o. [67] *et inn.*: Edd. coll. o. [68] *omnimodis*: Reg. Burch. Ivo Decr. [69] *infidelium*: Reg. Burch. Ivo Pan. — *infidelibus*: Ed. Arg. [70] *add.*: *arbitrentur*: Edd. Nor. Lugd. I, II, III. — *arbitramur*: Edd. rell. [71] *mulieris*: Edd. coll. o. † *somnis*: Böhm. [72] *add.*: *esse*: Edd. Bas. Lugdd. II, III. [73] *se ipsum*: Coll. citt. — Edd. coll. o. [74] *deducitur*: Edd. Ven. I, II. Par. Lugdd.

quæ in solo spiritu nunt, etiam in corpore accidere arbitretur, quum Ezechiel propheta visiones Domini in spiritu, non in corpore vidit 'et Joannes apostolus Apocalypsis sacramentum in spiritu, non in corpore vidit' et audivit, sicut ipse dicit ⁷⁵ : *Statim*, inquit, *fui in spiritu?* Et Paulus ⁷⁶ non audet dicere se raptum in corpore. Omnibus itaque publice annunciandum est, quod qui talia et his similia credit fidem perdidit ⁷⁷, et qui fidem rectam in Domino non habet, hic non est ejus, sed illius, in quem credit, id est diaboli. Nam de Domino nostro scriptum est ⁷⁸ : *Omnia per ipsum facta sunt*, etc. Quisquis ergo 'aliquid' credit posse fieri, 'aut' aliquam creaturam in ⁷⁹ melius aut in deterius immutari, aut transformari in aliam speciem vel ⁸⁰ 'similitudinem, nisi ab ipso creatore, qui omnia fecit, et per quem omnia facta sunt, proculdubio infidelis est, et ⁸¹ pagano deterior.

II Pars. Gratian. *Nonnulli inveniuntur, qui interno livore permoti in perniciem suorum inimicorum altaria sacris vestibus exuunt, aut veste lugubri accingunt, vel consueta luminariorum obsequia ecclesiis Dei subtrahunt, vel missam pro requie defunctorum promulgatam pro vivis celebrant hominibus.*
*Quorum omnium maleficia nequissima* Toletanum Concilium XIII *condemnat, dicens c. 7* ¹ ⁸² :

**C. XIII.** *Abjiciatur sacerdos qui hujuscemodi maleficiis operam dederit.*

Quicunque sacerdotum vel ministrorum deinceps causa cujuslibet doloris 'vel amaritudinis' permotus aut altare 'divinum' vestibus sacris ⁸³ exuere præsumserit, aut qualibet alia lugubri veste accinxerit, seu etiam si ⁸⁴ consueta luminariorum 'sacrorum' obsequia de templo Dei subtraxerit, et ⁸⁵ exstingui præceperit, si eum antea veræ pœnitudinis coram metropolitano satisfactio non purgaverit ⁸⁶, 'ignobilitati perpetuæ mancipatus juxta superiorem sententiam domini', loci ⁸⁷ sui dignitate se noverit et honore privari; illis proculdubio personis ab hac ultionum sententia separatis, quæ aut contaminationem sacrorum ordinum, vel subversionem sanctæ fidei metuentes, aut hostilitatem vel obsidionem perferentes, seu etiam divinorum judiciorum sen-

tentiam metuentes talia ⁸⁸ fecisse contigerit, in quorum facto plus humilitas, qua Deus placatur ⁸⁹, quam interni livoris ⁹⁰ dolositas declaratur. § 1. Plerique ⁹¹ etiam sacerdotum sauciati inimicitiæ dolo missam pro requie defunctorum promulgatam fallaci voto pro vivis student celebrare hominibus, 'non ob aliud', nisi ut is, pro quo ipsum ⁹² offertur sacrificium, ipsius sacrosancti libaminis interventu mortis ⁹³ incurrat periculum. Proinde ⁹⁴ nostræ elegit unanimitatis conventus, ut, si quis ⁹⁵ deinceps talia perpetrasse fuerit detectus, a proprii deponatur ordinis gradu, et tam ipse sacerdos quam etiam ille, qui eum ad talia peragenda incitasse perpenditur, exsilii perpetui ergastulo religentur ⁹⁶.

III Pars. Gratian. *Ex præmissis auctoritatibus colligitur, quod arioli, aruspices, incantatores, et sortilegi, atque ceteri hujusmodi sectatores ab ecclesia sunt eliminandi, et, nisi resipuerint, perpetuo excommunicandi.* § 1. *Sed quod in ultimo Anquirensi* ⁹⁷ *capitulo ea, quæ fiunt per incantatores, non in corpore, sed in spiritu fieri dicuntur,* Augustinus *in libro de civitate Dei videtur asserere, ita dicens* ᵐ ⁹⁸ :

**C. XIV.** *Quæ magorum præstigiis fiunt non vera, sed phantastica esse probantur.*

Nec mirum de magorum præstigiis, quorum in tantum prodiere maleficiorum artes, ut etiam Moys' similimis ⁹⁹ signis resisterent, vertentes virgas in dracones, et ¹⁰⁰ aquas ¹⁰¹ in sanguinem ¹⁰². Fertur ¹⁰³ etiam in gentilium libris, quod quædam maga 'famosissima' Circe socios Ulyssis mutaverit in bestias. Legitur et de sacrificio ¹⁰⁴, quod Arcades deo suo Lycæo ¹⁰⁵ immolabant, ex quo quicunque sumerent in bestiarum formas convertebantur ¹⁰⁶. Sed hæc omnia magicis præstigiis potius fingebantur quam rerum veritate complerentur. Ut ergo ipsi errores ignorantibus manifesti fiant, de eorum proprietate atque inventoribus juxta traditionem majorum primum dicere congruum arbitramur. § 1 Magi sunt qui vulgo malefici ob facinorum magnitudinem nuncupantur. Illi ¹⁰⁷ permissu Dei elementa

---

**NOTATIONES CORRECTORUM.**

**C. XIII.** ¹ Principium hujus capituli usque ad vers. *Plerique*, est ex 13 conc. Toletano, c. 7. Reliqua vero sunt ex 17. Toletano, c. 5, quorum conciliorum duo exemplaria sunt habita ex Hispania, et inde nonnulla hic emendata et addita.

**C. XIV.** ᵐ Caput hoc integrum habetur in libello Rabani de magorum præstigiis, quem ipse ex variis locis Augustini et Isidori, ut antea dictum est, confecit. Burchardus citat ex dictis Augustini.

---

Quæst. V. C. XII. ⁷⁵ Apocal. c. 4, v. 2. ⁷⁶ 2 Cor. c. 12. ⁷⁷ *perdit* : Burch. Ivo. — Edd. coll. o. ⁷⁸ Joan. c. 1, v. 3. ⁷⁹ *aut in* : Edd. coll. o. ⁸⁰ *vel in aliam*: exd. ⁸¹ *et — dat.* : abest a Reg. — P. II. ⁸² hab. A. 683. = C. XIII. ⁸³ *sacratis* : Coll. Hisp. ⁸⁴ abest a Bohm. ⁸⁵ *vel* : Coll. Hisp. — Ed. Bas. ⁸⁶ *purgavit* : Ed. Bas. ⁸⁷ *et loc.* : Coll. Hisp. ⁸⁸ *hæc* : Edd. Lugdd. II, III. — abest a rell. ⁸⁹ *placetur* : Coll. Hisp. ⁹⁰ *laboris* : ib. ⁹¹ c. 5, conc. Tol. XVII, redactus in compendium. ⁹² *id ips.* : Coll. Hisp. ⁹³ add. : *ac perditionis* : ib. ⁹⁴ *Obinde* : ib. ⁹⁵ add.‡ *sacerdotum*: ib. ⁹⁶ *religati*: ib. — *relegentur*: Edd. coll. o. — P. III, cf. supra c. 12. = C. XIV. ⁹⁸ Imo Rabanus lib. de magorum præstigiis. — Burch. l. 10, c. 42, 44. Ivo Pan. l. 8, c. 65, 67. Decr. p. 11, c. 67, 69. ⁹⁹ *in illis* : Ivo. — Edd. coll. o. ¹⁰⁰ abest ab orig., Coll. citt. et Edd. coll. o. pr. Lugdd. II, III. ¹⁰¹ *aquam* : Edd. coll. o. Bas. add. : *dicantur* : exd. pr. Bas. Lugdd. II, III. ¹⁰² *Quum fertur* : Burch. — *Legitur* : Edd. coll. o. pr. Bas. ¹⁰⁴ *sacrificiis* : Ed. Bas. ¹⁰⁵ *Liceo* : Ivo Pan. — Edd. Arg. Nor. Ven. I, II. — *Lego* : Ed. Bas. ¹⁰⁶ *converterentur* : Coll. citt. — Edd. coll. o. ¹⁰⁷ *Ii sunt, qui* : Edd. Lugdd. II, III. — *Hi sunt, qui* : Edd. rell.

concutiunt, turbant mentes hominum minus confidentium in Deo, ac sine ullo veneni haustu violentia tantum carminis [108] interimunt. Unde Lucanus [109] : *Mens hausti nulla sanie polluta veneni, incantata* [110] *perit.* Dæmonibus enim accitis audent ventilare, ut quique [111] suos perimant [112] malis artibus inimicos. Ili etiam sanguine utuntur et victimis, 'et' sæpe contingunt mortuorum corpora. § 2. Necromantici sunt quorum præcantationibus videntur resuscitari mortui, divinare et ad interrogata respondere. Νεκρὸς [113] enim græce mortuus [114], μαντεία [115] divinatio nuncupatur, ad quos suscitandos cadaveri sanguis adjicitur. Nam amare sanguinem dæmones dicuntur, ideoque, quotiescunque necromantia fit, cruor aquæ miscetur, ut [116] colore sanguinis facilius provocentur. § 3. Hydromantici ab aqua dicti. Est enim hydromantia in aquæ [117] inspectione umbras dæmonum evocare, et imagineas [118] ludificationes eorum videre, ibique ab eis aliqua audire, ubi adhibito sanguine etiam inferos perhibentur suscitare ⁿ. *Et infra:* § 4. Ad hæc ᵒ omnia supradicta pertinent ligaturæ exsecrabilium remediorum, quæ ars medicorum condemnat [119], seu in præcantationibus, seu in characteribus 'vel in quibusque † rebus ' suspendendis atque ligandis, in quibus omnibus ars dæmonum est, ex quadam pestifera societate hominum et angelorum malorum exorta [120]. Unde cuncta [121] vitanda sunt christiano, et omni penitus exsecratione repudianda atque damnanda. § 5. Auguria [122] autem avium Phryges primi invenerunt. § 6. Præstigium vero Mercurius primus [123] dicitur invenisse. Dictum est autem præstigium quod præstringat aciem oculorum. § 7. Haruspicinam [124] autem [125] primus Hetruscis tradidisse dicitur quidam Tages. Hic ex [126] horis haruspicinam dictavit, et postea non apparuit. Nam dicitur fabulose arante quodam rustico subito ex glebis exsilivisse, et haruspicinam dictasse, qua die 'et' mortuus est. Quos libros Romani ex Hetrusca lingua in propriam mutaverunt. § 8. His ergo portentis per

A dæmonum fallaciam illuditur curiositas humana, quando id inpudenter appetunt [127] scire, quod nulla ratione eis competit investigare. Hæc potestas immundis spiritibus ideo datur, ut per [128] vasa sibi apta, hoc est pravos homines, seducant illos [129], qui spernunt veritatem, et credunt mendacio, et juxta Pauli sententiam sanam doctrinam non sustinebunt [130], sed ad sua desideria coacervabunt sibi magistros prurientes auribus, et a veritate quidem auditum avertent, ad fabulas autem convertentur, onerati peccatis ducentur variis desideriis, semper discentes, et nunquam ad scientiam [131] veritatis pervenientes. Quemadmodum autem Jamnes et Mambres restiterunt Moysi, ita et isti resistunt veritati, homines corrupti mente, reprobi circa fidem; sed ultra non proficient, insipientia 'enim' eorum manifesta erit omnibus, sicut et illorum fuit. § 9. Nec ideo ᴾ quisquam credere debet, quoslibet magicis artibus aliquid facere posse sine permissu Dei (qui omnia, quæ fiunt, aut justo judicio facit, aut permissu suo ita fieri sinit), quod prædicti magi leguntur similia fecisse Moysi, qui virgam suam projecit, et conversa est in draconem, projeceruntque 'ipsi' [132] singulas [133] virgas suas, quæ versæ sunt in dracones, sed devoravit virga 'Aaron [134] virgas eorum. Non enim fuerunt creatores draconum nec magi, nec angeli mali, quibus ministris illa operabantur. Insunt ᵍ enim rebus corporeis per omnia elementa 'mundi' quædam occultæ seminariæ rationes, quibus quum data fuerit opportunitas temporalis atque causalis, prorumpunt in species debitas suis modis et finibus : at sic non dicuntur angeli, qui ista faciunt, animalium creatores; sicut nec agricolæ segetum 'vel arborum', vel quorumcunque in terra gignentium creatores dicendi sunt, quamvis noverint præbere quasdam visibiles opportunitates et causas, ut illa nascantur. Quod autem isti faciunt visibiliter, hoc illi invisibiliter, Deus vero solus unus est creator, qui causas ipsas et rationes seminarias rebus inseruit. § 10. Præterea

## NOTATIONES CORRECTORUM.

ⁿ *Suscitare* : Apud Rabanum hic interponitur c. D *Legitur*, supra ead. q. 3 et 4.

ᵒ *Ad hæc* : Bona pars hujus versiculi habetur apud B. August. 1, 2, de doct. Christ. cap. 20.

ᴾ *Nec ideo* : Similia leguntur apud B. Augustinum lib. 3, de Trinitate, c. 7.

ᵍ *Insunt* : Usque ad vers. *Præterea*, sunt magnam partem verba B. Augustini in lib. quæstionum super Exod. cap. 21.

Quæst. V. C. XIV. [108] add. : *homines* : Ed. Bas. [109] *et Luc.* : ib. — orig. — Coll. citt. [110] *excantata perit* : cf. Luc. Phars. l. 6, v. 457, 458. [111] *quisque* : Ivo Decr. — *quisquis* : Burch. — *quosque* : Ed. Bas. — *quoscunque* : Edd. rell. — Ivo Pan. [112] *perimat* : orig. — Ivo Decr. Burch. [113] *nigro* : Ivo Pan. — Edd. Arg. Bas. — *nigron* : Edd. rell. pr. Lugdd. II, III. [114] add. : *latine* : Edd. coll. o. pr. Arg. — Ivo Pan. [115] *mantio* : Edd. Arg. Bas. Nor. Ven. I. — *mansio* : Ed. Ven. II. [116] *et — provocuntur* : orig. — Burch. — Ed. Bas. [117] *aquarum* : Ivo Pan. — Edd. coll. o. [118] *imagines ludificationis* : Coll. citt. — Ed. Bas. — *imagines ludificantes* : orig. [119] *commendat* : Ivo Decr. — *non commendat* : Burch. Ivo Pan. — Edd. coll. o. † *quibuscunque* : Böhm. [120] *orta* : Ed. Arg. [121] add. : *et* : Ivo Pan. — Ed. Bas. — *hæc* : Edd. rell. [122] *Aug. autem* (abest ab Ed. Bas.), *sunt av. Hæc autem Phr.* : Coll. citt. — Edd. coll. o. [123] *prius* : Ed. Bas. — *primo* : Edd. Ven. I. II. [124] *Auruspicii* : Ivo Pan. — *Aruspicinæ* : orig. — Ivo Decr. — Edd. coll. o. — *artem* : orig. — Coll. citt. — Edd. coll. o. [125] *exanimis* : Ivo Pan. — Edd. coll. o. pr. Lugdd. II, III. [127] *appetit* : Ed. Bas. [128] *perversos sibi captent* : Ivo Pan. — *pervers. s. appetent* : Ed. Bas. — *pervers. s. aptent* : Edd. rell. [129] add. : *scilicet* : Edd. coll. o. pr. Bas. [130] *ferunt* : Edd. coll. o. pr. Lugdd. II, III — cf. 2 Tim. c. 4, v. 3, 4, c. 2, v. 7. [131] *scientiæ veritatem* : Edd. coll. o. [132] abest ab Iv. Pan. [133] *singuli* : orig. — Coll. citt. — Edd. coll. o. — cf. Exod. c. 7. [134] *Moysi* : Ed. Bas

quidam quærendum putant, quomodo scriptura narret [135] Pythonissam [136] Samuelem prophetam suscitasse ad colloquium Saul impiissimi regis, si pythonica divinatio errori magicæ artis deputanda sit. Quibus ita responderi potest, indignum omnino facinus esse, si secundum verba historiæ commodetur [137] assensus. Quomodo enim fieri poterat [138], ut arte magica attraheretur vir et nativitate [139] sanctus, et vitæ operibus justus, aut [140], si non attractus est, consensit††? Quod utrumque de justo credere adversum est. 'Si enim [141] invitus adductus est', nullum suffragium habet justitia; si autem [142] voluntarius, amisit meritum spiritale, quod positus in carne quæsierat, quod valde absurdum est, quia qui hinc justus recedit permanet justus. 'Porro autem' hoc est præstigium [143] satanæ, quo, ut plurimos fallat, etiam bonos in potestate se habere confingit. Quod Apostolus inter cetera ostendit, dicens [144]: *Ipse satanas transfigurat se in angelum lucis.* Ut enim errorem faceret, in quo glorificaretur [145], in habitu viri justi et nomine se subornavit, ut nihil proficere spem, quam prædicabant Dei cultores [146], mentiretur, quando hinc exeuntes justos finxit in sua esse potestate. Sed hoc quosdam fallit, quod de morte Saul et filii ejus non sit mentitus, quasi magnum sit diabolo [147] ante occasum mortem corporis prævidere, quum signa quædam soleant apparere morituris, quippe a quibus Dei protectio amota videtur, quanto magis diabolo [148], quem angelica potestate sublimem prophetica oracula fuisse testantur, de cujus magnitudine Apostolus ait [149]: *An ignoratis altitudinem satanæ?* Quid mirum ergo, si imminentem prope mortem potuit prævidere, quum hoc sit, unde fallit et se in Dei potestate vult adorari? Nam tanta hebetudine demens effectus est Saul, ut ad Pythonissam confugeret. Depravatus enim causa peccati ad hæc [150] se contulit, quæ [151] damnaverat. Sed si quis propter historiam 'et' ea, quæ verbis expressa sunt, putet non prætermittenda, ne ratio historiæ inanis sit, recte faciet [152] quidem: si tamen minime istud ad veri rapiat [153] rationem, sed ad visum [154] et intellectum Saul. Neque enim reprobus factus poterat bonum intellectum habere.

Historicus enim mentem Saul et habitum [155] Samuelis descripsit, ea, quæ dicta [156] et visa sunt, exprimens, prætermittens, si [157] vera an falsa sint. Quid [158] 'enim' ait? *Audiens, in quo habitu esset excitatus, intellexit,* inquit, *hunc esse Samuelem.* Quid [159] intellexerit retulit, et, quia non bene intellexit, contra Scripturam alium adoravit quam Deum, et putans Samuelem adoravit diabolum, ut fructum fallaciæ suæ haberet satanas. Hoc [160] enim nititur [161], ut adoretur quasi Deus. Si enim illi vere Samuel apparuisset, non utique vir justus permisisset se adorari [162], qui prædicaverat Deum solum esse adorandum. Et quomodo homo Dei, qui cum Abraham in refrigerio erat, dicebat [163] ad virum pestilentiæ, dignum [164] ardore gehennæ: *Cras mecum eris?* His duobus titulis subtilitatem fallaciæ suæ prodidit [165] improvidus satanas, quia [166] et adorari se permisit sub habitu et nomine Samuelis contra legem, et virum peccatis pressum, quum magna distantia peccatorum et justorum sit, cum Samuele justissimo futurum mentitus est. Verum [137] potest videri, si de Samuelis nomen taceatur, quia Saul cum diabolo futurus erat; ad eum enim transmigravit, quem adoravit. Semper ergo diabolus sub velamine latens prodit se, dum ea confingit, quæ horreant [168] personis [169], per quas fallere nititur. § 11. Si autem aliquis [170] 'mihi' opponit, et dicit, quomodo eveniunt illa, quæ illi divini prædicunt futura? aut quomodo possunt ægris præbere medelam, aut sanis immittere ægritudinem, si aliquid propriæ virtutis ac potestatis non habent†? hoc a me [171] recipiat [172] responsum, quod ideo quisque non debet eis credere, quia aliquando eveniunt quæ prædicunt, aut sanare videntur languidos, aut lædere sanos, quia hoc permissu Dei fit, ut ipsi [173], qui hæc [174] audiunt vel vident, probentur, et appareat [175] qua [176] fide sint vel devotione erga Deum. Sicut in Deuteronomio legitur Moyses verbo [177] Domini populo Dei [178] præcepisse, ita dicens [179]: *Si surrexerit in medio tui propheta, aut qui somnium dicat se vidisse, et prædixerit signum atque [180] portentum, et evenerit quod locutus est, et dixerit tibi: Eamus, et sequamur deos alienos, quos ignoras, et serviamus eis: non audies verba prophetae 'illius' aut somniatoris, quia tentat vos Dominus Deus vester, ut palam fiat, utrum diligatis eum, an non. In toto corde* [181] *et in tota anima vestra. Dominum Deum vestrum sequimini, et ipsum timete, mandata ejus custodite, et audite vocem illius, ipsi servietis, et ipsi adhaerebitis, etc.* Ubi sane intelligi [182] voluit, etiam illa, quae a divinantibus non secundum Deum dicuntur, si acciderint ʳ quae dicuntur, non [183] accipienda sic, ut fiant quae praecipiuntur ab eis, aut [184] colantur quae coluntur ab eis. Nec praeter suam potestatem Deus ostendit esse, quod ista contingunt, sed quasi quaereretur, cur ea permittat, causam tentationis exposuit, ad cognoscendam [185] utique eorum dilectionem, utrum eam habeant erga Deum suum, cognoscendam vero ab ipsis potius, quam ab illo, qui scit omnia ante quam fiant.

## QUÆSTIO VI.
### GRATIANUS.

Quod autem ab episcopo excommunicatus eo inconsulto ab alio reconciliari non possit, nisi forte per ejus metropolitanum vel per summum Pontificem, ratione et auctoritate probatur. Presbyteri namque potestatem excommunicandi vel reconciliandi ab episcopis accipiunt, non episcopi a presbyteris, atque ideo excommunicatos a sacerdotibus reconciliare possunt, excommunicatos vero ab episcopis sacerdotes reconciliare non possunt. Reconciliatio namque poenitentium episcopalis officii est, non sacerdotalis.

Unde in Concilio Carthaginensi II, ¹, c. 3. Fortunatus ² Episcopus dixit :

**C. I.** *Poenitentium reconciliatio, chrismatis et puellarum consecratio a presbyteris non fiat.*

Si jubet sanctitas vestra, suggero. Nam memini, praeterito ³ concilio 'fuisse' statutum, ut chrisma, vel reconciliatio poenitentium, nec non et puellarum consecratio a presbyteris non fiat ⁴. Si quis autem ⁵ emerserit ⁶ hoc faciens ⁷, quid de eo statuendum sit? Aurelius ⁸ episcopus dixit: Audivit dignatio vestra suggestionem fratris et coepiscopi nostri Fortunati ⁹, quid ad haec dicitis? Ab universis episcopis dictum est: chrismatis confectio, et puellarum consecratio a presbyteris non fiat, 'vel' reconciliare quemquam in publica missa presbytero non licere [10]. Hoc omnibus placet.

Gratian. *Puellarum tamen consecratio episcopo consulto per presbyterum fieri valet.*

Unde in Carthaginensi Concilio III, c. 56 [11] :

**C. II.** *Permissione episcopi virgines consecrare presbyter valet.*

Presbyter inconsulto [12] episcopo virgines non consecret; chrisma vero nunquam conficiat.

**C. III.** *Nec diacono ministrare, nec poenitentem in ecclesia benedicere presbytero licet.*

Item ex Concilio Agathensi, c. 43 et 44 [13].

Ministrare diaconus, aut consecrare altare presbyter non praesumat. § 1. Benedictionem quoque super plebem in ecclesia fundere, aut poenitentem in ecclesia benedicere presbytero penitus non licebit.

Gratian. *Ecce, quod ab episcopo excommunicatus per sacerdotem reconciliari non potest. Sed notandum est, quod reconciliatio alia est publica, alia privata. Publica reconciliatio est, quando poenitentes ante ecclesiae ingressum publice repraesentantur, et per impositionem manus episcopalis ecclesiae publice reconciliantur. Haec sacerdotibus videtur esse prohibita. Unde circa finem illius capituli non simpliciter prohibentur poenitentes reconciliare, sed in publica missa. Privata vero reconciliatio est, quando de occultis peccatis poenitentes vel in extremis agentes ad gratiam reconciliationis accedunt. Haec reconciliatio potest fieri per sacerdotem.*

Unde Evaristus Papa ait [14] :

**C. IV.** *Jussione episcopi de occultis peccatis presbyteri poenitentes reconciliunt.*

Presbyteri de occultis peccatis jussione episcopi poenitentes reconcilient, et, sicut supra praemisimus, infirmantes absolvant et communicent.

**C. V.** *Si episcopus absens est, per presbyterum reconcilietur in periculo constitutus.*

Item ex Concilio Carthaginensi II, c. 4 [15].

Aurelius [16] episcopus dixit: Si quisquam in periculo fuerit constitutus, et se [17] reconciliari divinis altaribus petierit, si episcopus absens fuerit, debet utique presbyter consulere episcopum, et sic periclitantem ejus praecepto reconciliare. Quam

---

### NOTATIONES CORRECTORUM.

ʳ *Si acciderint:* Emendatus est hic locus ex B. Augustino, ut habetur sup. ead. q. 2. jc. *Intelligi.* Apud Rabanum vero legitur: *si acciderint quae dicuntur non accipienda, vel etiam si fiant quae praecipiuntur ab eis, vel colantur,* etc. ˢ.

---

QUÆST. V. C. XIV. [181] add.: *vestro*: Edd. Bas. Lugdd. II, III.   [182] cf. supra qu. 2, c. 5.   ˢ ita fere Burch. et Iv. Pan.   [183] *non sint* : Edd. coll. o. pr. Bas.   [184] *nec* : Edd. Ven. II. Par. Lugdd.   [185] *cognoscendum* : Ed. Bas.
QUÆST. VI. C. I.   ¹ hab. A. 390. — Coll. tr. p. p. 2, t. 16, c. 2.   ² *Numidius Maxulitanus*: Coll. Hisp.   ³ *praeteritis conciliis*: ib.   ⁴ *fiant* : Ed. Bas.   ⁵ abest ab ead.   ⁶ *emiserit*: Ed. Lugd. I.   ⁷ *facere*: Coll. Hisp.   ⁸ *Genechus*: ib.   ⁹ *Numidii*: ib.   [10] *liceat*: Edd. coll. o. = C. II.   [11] hab. A. 397.   [12] *non consulto* : Coll. Hisp.   = C. III.   [13] hab. A. 506. — Coll. tr. p. p. 2, t. 28, c. 41, 42. = C. IV.   [14] Imo Herardus Turonensis in Capp. c. 59. — Burch. l. 18, c. 16. Ans. l. 11, c. 10. Ivo Decr. p. 15, c. 38. — cf. Cap. Reg. Fr. l. 6, c. 206. = C. V.   [15] hab. A. 390. — Reg. l. 4, c. 109. Burch. l. 18, c. 75. Ans. l. 11, c. 12. Ivo Decr. p. 15, c. 2.   [16] *Genechus* : Coll. Hisp.   [17] *ipse* : Bohm.

rem debemus salubri consilio roborare. Ab universis [16] episcopis dictum est : Placet quod sanctitas vestra necessario nos instruere dignata est.

**C. VI.** *Qui metu mortis reconciliatur convalescens sine communione poenitentiae impleat tempus.*

Item ex Concilio Martini Bracarensis, c. 82 [19].

Si quis de corpore exiens novissimum et necessarium communionis viaticum expetit, non ei denegetur. Quod si in desperatione positus post acceptam communionem iterum sanus fuerit factus, tantum oratione [20] particeps sit, sacramentum [21] vero non accipiat, donec constitutum [22] poenitentiae impleat tempus. Qui ergo [23] in exitu mortis sunt, et desiderant accipere sacramentum, cum consideratione et probatione episcopi accipere debent.

**C. VII.** *Sine manus impositione poenitentes recedentes de corpore reconcilientur.*

Item ex Concilio Arausico, c. 3 [24].

Qui recedunt de corpore poenitentia accepta, placuit sine reconciliatoria manus impositione eos [25] communicare [26], quod morientis sufficit reconciliationi a secundum diffinitiones Patrum, qui hujusmodi communionem congrue [27] viaticum nominaverunt. Quod [28] si supervixerint, stent in ordine poenitentium, ut [29] ostensis necessariis poenitentiae fructibus legitimam communionem cum reconciliatoria manus impositione recipiant. § 1. Clericis quoque [30] desiderantibus poenitentia non est neganda. § 2. Similiter [31] subito obmutescens (prout statutum est) baptizari, aut poenitentiam accipere potest, si voluntatis praeteritae [32] testimonium aliorum verbis habet [33], aut praesentis in suo nutu. § 3. Amentibus etiam [34] quaecunque pietatis sunt conferenda [35] sunt.

**C. VIII.** *Aliorum testimonio moriturus reconcilietur, si obmutuit vel in phrenesim versus est.*

Item ex Concilio Carthaginensi IV, c. 76 [36].

Is [37] qui poenitentiam in infirmitate petit, si casu, A dum ad eum sacerdos invitatus venit, oppressus infirmitate obmutuerit vel in phrenesim versus [38] fuerit, dent testimonium qui eum audierunt, et accipiat poenitentiam, et, si continuo creditur moriturus, reconcilietur per manus impositionem, et infundatur ori ejus eucharistia. Si supervixerit, admoneatur a supradictis testibus petitioni suae satisfactum †, et subdatur statutis poenitentiae legibus, quamdiu sacerdos, qui poenitentiam dedit [39], probaverit. Item c. 78 : § 1. Poenitentes, qui in infirmitate viaticum eucharistiae acceperint [40], non se credant absolutos sine manus impositione, si supervixerint.

**C. IX.** *Cura et probatione episcopi morientes reconcilientur.*

Item ex Nicaeno concilio, c. 12 b [41].

De his vero qui recedunt ex corpore, antiquae legis regula observabitur etiam nunc ita, ut, si forte quis [42] recedit [43] ex [44] corpore, necessario vitae suae viatico non defraudetur. Quod si desperatus aliquis recepta communione supervixerit, sit inter eos, qui sola oratione communicant. De [45] omnibus enim his, qui a corpore recedunt, in tradendo [46] eis communionem cura et probatio sit episcopi.

**C. X.** *Non est neganda reconciliatio his, qui tempore necessitatis eam implorant.*

Item Leo Episcopus ad Theodorum, ep. LXXXIX, al. XCI [47].

Ilis, qui in tempore necessitatis, et in periculi urgentis instantia praesidium poenitentiae, et mox [48] reconciliationis implorant, nec satisfactio interdicenda est, nec reconciliatio deneganda, quia misericordiae Dei nec mensuras possumus ponere, nec tempora definire, apud quem nullas patitur veniae c moras conversio, dicente Dei spiritu per Prophetam [49] : *Quum conversus ingemueris, tunc salvus eris. Et infra.* § 1. Quod si aliqua aegritudine ita fuerit aggravati, ut quod paulo ante

### NOTATIONES CORRECTORUM.

Quaest. VI. C. VII. a *Reconciliationi* : In originali impresso ac manuscripto, et apud Burchardum et Ivonem legitur : *consolationi*, aut : *consolatione*.

C. IX. b Canon hic est ex prisca versione, quae est in collectione Isidori, et ibi est numero 12.; graece tamen et apud Dionysium est 13.

C. X. c *Veniae* : Sic in conciliorum editionibus, et apud Ivonem, et infra de poen. dist. 1, c. *Multiplex*. In codice autem epistolarum cum aliis D S. Leonis opusculis impressarum, et apud Burchardum, et in plerisque vetustis Gratiani legitur : *tenire moras*.

---

Quaest. VI. C. V. [18] omnibus : Edd. coll. o. = C. VI. [19] c. 12, conc. Nic. ex interpr. Martini Brac. — ex conc. Martini Papae : Edd. coll. o. [20] in or. : exed. pr. Bas. — Böhm. — orationis : Coll. Hisp. [21] nam non acc. sacr. : Coll. Hisp. [22] institutum : Edd. coll. o. [23] vero : Ed. Bas. = C. VII. [24] hab. A. 441. — Burch. l. 18, c. 17. Ivo Decr. p. 15, c. 39. [25] eis : Coll. Hisp. — Burch. Ivo. — Edd. coll. o. [26] communicari : Coll. Hisp. * ita ead. [27] congruenter : ib. — Ivo. — congruentem : Burch. [28] Ut : Coll. Hisp. — Burch. Ivo. [29] et ut : Edd. Bas. Lugdd. II, III. [30] ergo considerantibus : Ed. Bas. [31] abest a Coll. Hisp. [32] aut pr. : ib. [33] habeat : ib. [34] et, et sequ. : sunt : desid. ib. [35] reconcilianda vel conferenda : Ed. Bas. = C. VIII. [36] c. 20, 21. Statt. eccl. ant. — cf. ad c. 9. D. 18. — Burch. l. 18, c. 10, 23. Ans. l. 11, c. 18. Ivo Decr. p. 15, c. 8, 10. Polyc. l. 8, t. 4. [37] Si quis : Ed. Arg. [38] conversus : Edd. coll. o. — verba : vel — fuer. : absunt a Burch. et Ans. — † satisfacturum, et se subditurum : Burch. Ans. [39] dederit : Edd. coll. o. [40] accipiunt : exed. pr. Bas. — = C. IX. [41] hab. A. 525. — Reg. l. 4, c. 107. Burch. l. 18, c. 6. Ans. l. 11, c. 23. Ivo Decr. p. 15, c. 31, omnes ex Dionys. [42] abest a Coll. Hisp. [43] recedat : Edd. coll. o. [44] de : Ed. Bas. [45] de his omn. tamen : Coll. Hisp. [46] tradenda — communione : ead. = C. X. [47] Ep. 108, (scr. A. 452.) Ed. Baller. — Reg. l. 1, c. 108. Burch. l. 18, c. 4. Ans. l. 11, c. 13. Ivo Decr. p. 15, c. 29, (omnes usque ad § 1.) — Coll. tr. p. p. 2, t. 48, c. 38, 39. — cf. Dist. 4, de poen. c. 49. [48] modum : Edd. Arg. Nor. Ven. 1, II. Par. — munus : Edd. rell. " ita Reg. et Edd. Arg. Bas. Ven. I. [49] Ezechielem proph. : Edd. coll. o. pr. Arg. Bas. Nor. — cf. Ez. c. 30, v. 15, sec. LXX.

poscebant d sub præsentia 50 sacerdotis significare non valeant, testimonia eis fidelium et 51 circumstantium prodesse 52 debebunt, 'ut' simul 53 et pœnitentiæ, et reconciliationis beneficium consequantur 54, servata tamen regula canonum 55 paternorum 56 circa eorum personas, qui in Deum 57 a fide discedendo peccarunt.

**C. XI.** *Non respuatur ejus oblatio, qui festinans ad pœnitentiam sacerdotem invenire non potuit.*

Item ex Concilio Epaunensi 58.

Si aliquis 'excommunicatus' e fuerit mortuus, qui jam sit confessus, et testimonium habet bonum, et non poterat venire ad sacerdotem, sed præoccupavit eum mors in domo aut in via, faciant pro eo parentes ejus oblationem 59 ad altare, et dent redemtionem pro captivis.

Gratian. Ecce quod, episcopo præcipiente, pœnitentes de occultis peccatis, sive in periculo constituti per presbyterum possunt reconciliari. § 1. Sed si necessitate mortis peccator urgetur, et episcopus ita remotus est, quod presbyter eum consulere non possit, negabitur pœnitentia morienti? et beneficium reconciliationis non præstabitur pœnitenti, quem conversum Deus recipit ad veniam, juxta illud 60 : In quacunque hora peccator conversus fuerit etc., et item 61 : Convertimini ad me, et ego convertar ad vos, ecclesia sibi reconciliare negliget? quem Deus intus suscitavit ecclesia foris absolvere contemnet? damnabit absentia episcopi quem gratia divinæ præsentiæ illustrat per lavacrum regenerationis? Morituris succurritur etiam a laicis, si presbyteri desunt. Cur ergo beneficio reconciliationis per presbyterum ei subveniri non poterit, si contigerit episcopum deesse? si secundum Augustinum qui agens in extremis confi-

tetur socio turpitudinem criminis fit dignus venia ex desiderio sacerdotis, cur similiter non sit dignus reconciliatione ex desiderio episcopi qui sacerdoti non negat maculam sui reatus? Item morientibus pœnitentiam negare presbyteri non debent.

Unde Julius Papa ait 62 :

**C. XII.** *Reus est animarum presbyter, qui pœnitentiam morientibus abnegat.*

Si presbyter pœnitentiam morientibus abnegaverit, reus erit animarum, quia Dominus dicit 63 : Quacunque die conversus fuerit peccator, vita vivet, et non morietur. Vera enim confessio 64 in ultimo tempore esse potest, quia Dominus non solum temporis, sed etiam cordis inspector est, sicut latro 65 unius momenti pœnitentia meruit esse in paradiso in hora ultima confessionis.

Item Cœlestinus Papa ait in epist. II ad Episcopos Galliæ 66 :

**C. XIII.** *Pœnitentia morientibus non est deneganda.*

Agnovimus 67 pœnitentiam morientibus denegari, nec illorum desideriis annui, qui obitus sui tempore hoc animæ suæ cupiunt remedio subveniri. Horremus (fateor) tantæ impietatis aliquem inveniri 68, ut de Dei bonitate 69 desperet, quasi non possit ad se quovis tempore concurrenti succurrere, et periclitantem sub onere peccatorum hominem redimere f, quo se 70 expediri desiderat et liberari. Quid 71 hoc, rogo, aliud est quam morienti mortem addere, ejusque animam sua crudelitate, ne absoluta esse possit, occidere? quum Deus 72 ad subveniendum paratissimus 73, invitans 74 ad pœnitentiam, sic promittat 75 peccatori 76 'inquiens' : In quacunque die 77 'conversus fuerit, peccata ejus non imputabuntur ei ', et iterum 78 : Nolo mortem peccatoris, sed tantum 79 convertatur, et vivat. Salutem ergo homini 80 adimit

---

**NOTATIONES CORRECTORUM.**

d *Poscebant* : Quæ sequuntur emendata sunt ex aliquot manuscriptis Gratiani, et ipso originali, quum in vulgatis paulo aliter haberet.

C. XI. e *Excommunicatus* : Addita est vox ista ex cæteris collectoribus.

C. XIII. f *Redimere* : Sic etiam est in manuscriptis, et in vetustioribus conciliorum editionibus.

Verum in Codice canonum impresso et uno manuscripto inter decreta Cœlestini num. 15. legitur : *perdere*. In recentiori autem Coloniensi conciliorum editione, itemque apud Burchardum et Ivonem est : *pondere* ', *quo se ille expediri desiderat, liberare*.

---

Quæst. VI. C. X. ⁵⁰ *sub præsenti* — *testimonio* : Edd. coll. o. ⁵¹ abest ab orig. ap. Ball., Coll. Hisp. et Ed. Bas. ⁵² *testimonium prod. debebit* : Edd. coll. o. pr. Bas. ⁵³ add. : *tamen* : Coll. Hisp. — Ed. coll. o. — sequ. : *et* : abest ab Edd. coll. o. pr. Bas. ⁵⁴ *consequentur* : Ed. Bas. ⁵⁵ *sanctorum can.* : Edd. coll. o. pr. Arg. ⁵⁶ abest a Coll. Hisp. ⁵⁷ *Dominum* : ead. — *in dominica* : Ed. Bas. — *a dominica* : Edd. Lugd. II, III. — *a Domini* : Edd. rell. = C. XI. ⁵⁸ Imo ex pœn. Romano, quod est ap. Halitgarium, c. 40, l. 6. — Reg. l. 2, c. 436. Burch. l. 11, c. 51. Ivo Pan. l. 5, c. 120. Decr. p. 14, c. 114. — in Ed. Bas. allegatur ex Hispalensi. — in Pan. I. v. ex conc. Narbonensi. ⁵⁹ *oblationes* : Ed. Bas. ⁶⁰ Ezech. c. 18, v. 27. ⁶¹ Mal. c. 3, v. 7. = C. XII. ⁶² Hæc est rudis eorum summa, quæ ap. Cœlest. in ep. ad Epp. Galliæ leguntur, (cf. cap. sequ.) — Legitur in pœnit., quod tanquam sextum Halitgarii librum edid. Canisius in Lect. ant. t. 2. — Burch. l. 18, c. 21. Ivo Decr. p. 15, c. 43. Petr. Lomb. Sent. l. 4, dist. 20. ⁶³ Ezech. c. 18, v. 27. ⁶⁴ *conversio* : Pœn. cit. — Burch. Ivo. ⁶⁵ Luc. c. 23. — C. XIII. ⁶⁶ scr. A. 428. — Rab. pœn. c. 58. Ans. l. 11, c. 20. (omissis verss. : *Horremus* — *liberari* et *Vera* — *revelari*). Burch. l. 18, c. 22, et c. 1. Ivo Decr. p. 15, c. 44, et c. 26. ⁶⁷ *Cognovimus* : Ed. Bas. ⁶⁸ *reperiri* : Coll. Hisp. — Burch. Iv. — Ed. Bas. ⁶⁹ *pietate* : Coll. Hisp. — Burch. Iv. ' *ita* Coll. Hisp. — Burch. Iv ⁷⁰ *se velle* : Edd. coll. o. ⁷¹ add. : *ergo* : Ed. Bas. ⁷² *Dominus* : Edd. coll. o. ⁷³ *ut parati simus* : Ed. Bas. ⁷⁴ *invitet* : ead. — *invitat* : Edd. rell. ⁷⁵ *promittit* : Edd. rell. — *promittens* : Edd. rell. — *proclamat* : Burch. ⁷⁶ *Peccator, inquit* : Coll. Hisp. — cf. Ezech. c. 33, v. 15. ⁷⁷ *hora* : Edd. coll. o. ⁷⁸ Ezech. c. 18, v. 23. ⁷⁹ add. : *ut* : Coll. Hisp. — Burch. Ivo. — Bohm. — *ut magis* : Edd. coll. o. ⁸⁰ *hominum* : ead. pr. Bas.

quisquis mortis tempore 'speratam' [81] pœnitentiam [82] denegarit [83], et desperat [84] de misericordia [85] Dei, qui eum ad subveniendum morienti sufficere vel in momento posse non credit [86]. Perdidisset [87] latro in cruce præmium ad Christi dexteram pendens, si illum unius horæ pœnitentia non juvisset. Quum esset in pœna, pœnituit, et per [88] unius sermonis professionem habitaculum paradisi Deo [89] promittente promeruit. Vera ergo ad Deum conversio in ultimis positorum mente potius est æstimanda [90] quam [91] tempore, propheta hoc taliter asserente [92]: *Quum conversus ingemueris, tunc salvus eris*. Quum ergo sit Dominus cordis inspector, quovis tempore non est deneganda pœnitentia postulanti, quum ille [93] se obliget judici, cui occulta omnia noverit [94] revelari.

Gratian. *Cui autem pœnitentia non negatur, nec reconciliatio sibi deneganda est. Inconsulto ergo episcopo pœnitentem presbyter reconciliare non debet, nisi ultima necessitas cogat.*

Unde in Carthaginensi Concilio III, c. 32, legitur [95]:

C. XIV. *Inconsulto episcopo pœnitentem presbyter reconciliare, nisi ultima necessitas cogat, non debet.*

Presbyter, inconsulto episcopo, non reconciliet pœnitentem, nisi absente episcopo ultima [96] necessitas [97] cogat. Cujuscunque 'autem' pœnitentis publicum et vulgatissimum crimen est, quod universam commoverit ecclesiam [§], ante absidam [98] manus ei imponatur.

---

## QUÆSTIO VII.
### GRATIANUS.

I. Pars. *De tempore vero satisfactionis, an sit imponendum morituris*, Theodorus Cantuariensis archiepiscopus *in Pœnitentiali suo ita diffinit* [1]:

C. I. *In periculo constitutis pœnitentiæ quantitas non est imponenda, sed innotescenda.*

Ab infirmis in periculo mortis positis ' per presbyteros' pura inquirenda est confessio peccatorum, non tamen illis imponenda quantitas pœnitentiæ, sed innotescenda, et cum amicorum orationibus et eleemosynarum studiis pondus pœnitentiæ sublevandum, 'et' si forte migraverint, ne obligati a communione et consortio veniæ fiant alieni. A quo periculo si divinitus ereptus convaluerit, pœnitentiæ modum a sacerdote [2] sibi impositum diligenter observet, et ideo secundum auctoritatem canonicam, ne illis janua pietatis clausa videatur, orationibus et consolationibus ecclesiasticis, sacra unctione olei inuncti [3], secundum statuta [4] sanctorum Patrum communione viatici reficiantur.

II. Pars. Gratian. *Aliis vero pro qualitate peccati et præsidentium arbitrio tempora pœnitentiæ decernenda sunt.*

Unde Leo Papa ep. LXXVII, al. LXXIX, ad Nicetam Episcopum, c. 6 a [5]:

C. II. *Præsidentium arbitrio præfigantur tempora pœnitudinis.*

Tempora pœnitudinis habita moderatione constituenda sunt tuo judicio, prout conversorum animos perspexeris esse devotos, pariter etiam habens [6] ætatis senilis intuitum, et periculorum quorumcunque, aut ægritudinis [7] respiciens [8] necessitates. In quibus si quis ita graviter urgeatur, ut, dum adhuc pœnitet, de salute ipsius desperetur, oportet ei per sacerdotalem necessitudinem [9] communionis gratia subveniri.

C. III. *Et qualitas criminis, et contritio pœnitentium in satisfactione imponenda a sacerdote consideretur.*

Item Nicolaus Papa [10].

De his vero, qui pro criminibus pœnitentiam egerunt [11], et ad cingulum militiæ revertuntur, con-

---

### NOTATIONES CORRECTORUM.

C. XIV. [§] *Ecclesiam*: Antea erat: *urbem*''. Emendatum est ex plerisque conciliorum editionibus, et duobus codicibus Vaticanis, et Soriensi regio, et Burchardo et Ivone. In recentiore autem Coloniensi editione est: *quod universa ecclesia noverit*.

Quæst. VII. C. II. ª In epistola, et apud Burchard. et Ivonem hæc antecedunt: *His vero, de quibus dilectio tua nos credidit consulendos, qui ad iteran-*dum baptismum vel metu coacti sunt vel errore traducti, et nunc se contra catholicæ fidei sacramentum egisse agnoscunt, ea custodienda est moderatio, qua in societatem nostram non nisi per pœnitentiæ remedium et per impositionem episcopalis manus communionis recipiant unitatem, temporis pœnitudinis habita moderatione tuo constituenda judicio, prout, etc.

---

Quæst. VI. C. XIII. [81] abest a Coll. Hisp. et Burch. Iv. Bas. [82] add.: *sibi*: Edd. coll. o. [83] *denegat*: eæd. pr. Bas. [84] *desperavit*: Coll. Hisp. — *desperaverit*: Burch. Ivo. — Ed. Bas. — *desperet*: Edd. rell. [85] *clementia*: Coll. Hisp. — Burch. Ivo. [86] *credidit*, Burch. Ivo. — *crediderit*: Ed. Bas. [87] add.: *utique*: Edd. coll. o. pr. Arg. — cf. Luc. c. 23. [88] *pro — confessione*: Edd. coll. o. [89] *eo*: eæd. [90] *existimanda*: Edd. Arg. Bas. [91] *non*: Coll. Hisp. [92] Ezech. c. 18, v. 33. [93] *illi*: Coll. Hisp. — Burch. — Edd. Arg. Bas. [94] *noluerit*: Ed. Bas. = C. XIV. [95] hab. A. 597. — Burch. l. 19, c. 40. Ans. l. 11, c. 21. Ivo Decr. p. 15, c. 4. — Petr. Lomb. ib. [96] abest a Coll. Hisp. et Burch. Ans. Iv. [97] *necessitate cogente*; ib. '' ita Edd. coll. o. [98] add.: *i. e. atrium* (ante atr.: Ed. Bas), *ecclesiæ*: Edd. coll. o.

Quæst. VII. C. I, [1] Non est inter fragm. Theodori ap. Petit et D'Acherium. — Burch. l. 18, c. 14. Ivo Decr. p. 15, c. 36, Petr. Lomb. lib. 4, dist. 20. [2] *suo confessore*: Burch. Ivo. [3] *animati*: iid. [4] *canonica stat.*: Ed. Bas. — C. II. [5] Ep. 159, (scr. A. 458.) Ed. Baller. — Burch. l. 4, c. 48. Coll. tr. p. p. 1, t. 45, c. 32. Ivo Decr. p. 1, c. 242. Polyc. l. 3, t. 10. [6] *habentes*: Burch. Ivo. — Edd. coll. o. [7] *ægritudinum*: Coll. Hisp. (nec tamen Baller.) — Burch. Iv. — Edd. coll. o. [8] *respicientes*: Burch. — Edd. coll. o. — *dispiciuntur*: Ivo. [9] *sollicitudinem*: Coll. Hisp. et Baller. — Burch. Ivo. — Edd. coll. o. = C. III. [10] Ex ep. ad Rodulphum Bituricensem scr. A. 864. — Coll. tr. p. p. 1, t. 62, c. 52. [11] *gerunt*: orig. — Ed. Bas.

stat eos contra sacras regulas agere. Verum quia crimina non æqualia sunt, perhibesque alios horum propter nimiam hebetudinem in desperationem cecidisse, alios ob hoc ad paganos fugisse : tibi hoc committimus decernendum, nimirum, qui loca et tempora religionis ¹² illius, et modum culpæ, nec non et pœnitentiam, et gemitus hominum ad confessionem venientium præsens positus inspicere vales.

### C. IV. *De eodem.*

Item ex Concilio Laodicensi, c. 2. ¹³

His, qui diversorum peccatorum lapsus incurrunt, et oratione ᵇ, confessione ac pœnitentia malorum suorum perfectam conversionem ¹⁴ demonstrant pro qualitate peccati pœnitentiæ tempus attribuendum est propter misericordiam et bonitatem Dei. Qui ergo hujusmodi sunt revocandi et ad communionem sunt applicandi.

### C. V. *Episcopi arbitrio pro qualitate peccati pœnitentiæ tempora distribuantur.*

Item ex Concilio Carthaginensi III, c. 31 ¹⁵.

Pœnitentibus secundum differentiam peccatorum episcopi arbitrio pœnitentiæ tempora decernantur ¹⁶.

### C. VI. *Sine personarum acceptione imploranti pœnitentia detur.*

Item ex Concilio Carthaginensi IV, c. 74. [75, 80, 82, 81, 64, 79] ¹⁷.

Sacerdos pœnitentiam imploranti absque personarum ¹⁸ acceptatione ¹⁹ pœnitentiam ²⁰ secundum leges injungat. Negligentiores vero pœnitentes tardius reconcilientur ²¹. Omni autem ²² tempore jejunii manus pœnitentibus a sacerdotibus imponantur. Diebus autem remissionis pœnitentes genua flectant ²³, et mortuos in ecclesiam ᶜ afferant ²⁴, et sepeliant. Die autem dominico ᵈ non jejunent. Nam qui dominico die studiose jejunat non creditur esse catholicus. Pœnitentes vero, qui leges pœnitentiæ attente exsequuntur, si casu in itinere vel in mari fuerint mortui, ubi eis subveniri non potest ²⁵, memoria eorum et oblationibus et orationibus commendetur.

*Unde* in VIII Synodo *legitur* ᵉ ²⁶ :

### C. VII. *Tempus pœnitentiæ pro qualitate peccati impendatur.*

Pro qualitate delicti tempus pœnitentiæ impendatur.

### C. VIII. *Tempus et modus pœnitendi delinquentibus præsidentium imponatur judicio.*

Item ᶠ ²⁷.

Hoc sit in judicio positum eorum, qui præsunt, vel quanto tempore, vel quali modo pœnitere debeant qui delinquunt, quia ætas et ²⁸ eruditio multam haberi facit differentiam pœnæ.

III Pars. Gratian. *Quo affectu pœnitentem suscipere et impœnitentem abjicere debeamus, ex eadem Synodo evidenter ostenditur, quum dicitur* ᵍ ²⁹ :

### C. IX. *Intimo caritatis affectu pœnitentem debemus suscipere.*

Pœnitentem ex corde ita oportet suscipi, sicut Dominus ostendit, quum dicit, quia convocavit ³⁰

### NOTATIONES CORRECTORUM.

C. IV. ᵇ *Oratione* : Καὶ προσκαρτεροῦντας τῇ προσευχῇ τῆς ἐξομολογήσεως καὶ μετανοίας, quod Dionysius vertit : *et perseverantes in oratione confessionis et pœnitentiæ* ⁕, cujus versio propius accedit ad verba græca etiam in ceteris hujus capitis partibus, quam prisca, quamvis in hac etiam sententia constet.

C. VI. ᶜ *In ecclesiam* : in recentiore Coloniensi conciliorum editione legitur : *ecclesiæ afferant*. In antiquioribus vero editionibus, et duobus Vaticanis codicibus sic habet integer locus : *mortuos ecclesiæ pœnitentes efferant et sepeliant* ⁕⁕.

ᵈ *Die autem dominico* : Pro his usque ad vocem : *catholicus*, in can. 64. hæc leguntur : *Qui dominico die studiose jejunat non creditur catholicus* ⁕⁕⁕.

C. VII. ᵉ Videri potest suntum ex regulis brevioribus B. Basilii c. 106., quod notatum alibi est evenire in iis capitibus, quæ ex VIII. synodo citantur.

C. VIII. ᶠ Caput hoc habetur in libello B. Basilii de institutis monachorum, Ruffino interprete, c. 90. Ibi enim ultima interrogatio est hæc : *Qualibus correptionibus uti oportet inter fratres ad emendationem eorum qui delinquunt ?* Responsio : *Hoc sit in judicio positum eorum, qui præsunt, vel quanto*, etc. Itaque ex interrogatione et responsione confectum est hoc caput, sicut et duo sequentia, quæ apud eundem Ruffinum leguntur.

C. IX. ᵍ Burchardus et Ivo citant ex dictis Basilii episcopi, et in regulis illius brevioribus numero 8, est sententia hujus capitis, quod tamen acceptum videtur ex cap. 24. ejusdem libelli de institutis monachorum. Ubi secunda interrogatio sic habet : *Pœnitentes ex corde quomodo debent suscipi, pater ?* Responsio : *Sicut Dominus ostendit, quum dicit, qui convocavit*, etc.

---

Quæst. VII. C. III. ¹¹ *regionis* : ib. — Böhm. = C. IV. ¹² hab. inter A. 347, et 381.— Burch. l. 19, c. 41. Ivo Decr. p. 15, c. 56, ex Dionysio. ⁕ *orationi instant, confessioni et pœnitentiæ* — *demonstrantes* : Coll. Hisp. ¹⁴ *conversationem* : Edd. coll. o. = C. V. ¹⁵ hab. A. 397.— Reg. l. 1, c. 301. Burch. l. 19, c. 40. Coll. tr. p. p. 2, t. 17. c. 21. Ans. 11, c. 21. (*ex pœnit. Rom.*) Ivo Decr. p. 15, c. 3. ¹⁶ *decernentur* : Ed. Bas. = C. VI. ¹⁷ c. 18, 19, 63, 67, 66, 77, 22. Statt. eccl. ant. — cf. ad. c. 9. D. 18. — Reg. l. 1, c. 502, 308. Burch. l. 19, c. 35, 38, (uterque usque ad : *reconc.*) Ivo Decr. p. 15, c. 6, 7, 12, 13, 11, (omissis vers. : *Omni*, et *Die* — *cathol.*) ⁕⁕ *persone* : orig. — Coll. citt. — Edd. Arg. Bas. ¹⁸ *acceptione* : orig. — Coll. citt. — Edd. coll. o. — Böhm. ¹⁹ *pœnitentiæ leges* : orig. — Coll. citt. ²¹ *recipiantur* : orig. ²² abest ab cod. — *etiam* : Edd. coll. o. ²³ *reflectant* : Böhm. ⁕⁕ ita orig. ap. Baller., Coll. Hisp. et Ivo. — *ecclesia eff.* : Ed. Bas. ²⁴ *auferant* : Ed. Nor. ⁕⁕⁕ ita orig. ap. Baller. et Coll. Hisp. ²⁵ *potuit* : ib. — *possit* : Ivo. — Ed. Bas. — *verba* : *ubi* — *pot.* non sunt in Ed. Arg. = C. VII. ²⁶ Imo ex Basilio, cui seqq. etiam capita (usque ad c. 11), referuntur in acceptum. (cf. Corr.) — Coll. tr. p. p. 2, t. 14, c. 9. = C. VIII. ²⁷ Coll. tr. p. lib. c. 10. ²⁸ *ad eruditionem* : Edd. coll. o. = C. IX. ²⁹ Coll. tr. p. ib. c. 11. Reg. l. 1, c. 321. Burch. 19, c. 39. Ivo Decr. p. 15, c. 55. ³⁰ *convocavi* — *meos* : Edd. coll. o. — Luc. c. 15, v. 6.

amicos suos et vicinos, dicens: Congratulamini mihi, quia inveni ovem meam, quam perdideram.

**C. X.** *Pœnitentes legem Dei diligant, iniquitatem odio habeant.*

*Item* [b] [31].

Affectum illum in se recipiat pœnitens, quem gerebat ille, qui dixit [32]: *Iniquitatem odio habui, et abominatus sum;* sed [33] et ea quæ scripta sunt in sexto Psalmo atque in quamplurimis aliis; sed [34] et illa quæ Apostolus dixit ad eos, qui secundum Deum contristati sunt [35]: *Quantam* [36], inquit [37], *operatum* [38] *est hoc* [39] *ipsum in vobis* [40] *sollicitudinem, sed excusationem, sed indignationem, sed æmulationem, sed vindictam. In omnibus exhibuistis vos castos* [i] *esse negotio.* Sed et [41] in [42] *his* ipsis in quibus deliquit, agens multa contraria, sicut et Zachæus fecit.

**C. XI.** *Impœnitentes tanquam ethnici habeantur.*

*Item* [k] [43].

Erga eum, qui peccata sua non punit, tales esse debemus sicut Dominus præcepit, dicens [44]: *Sit tibi sicut ethnicus* [45] *et publicanus;* et sicut Apostolus docuit, dicens [46]: *Subtrahite vos ab omni fratre ambulante inordinate et non secundum traditionem, quam tradidimus vobis.*

**C. XII.** *Melius est errare in misericordia remittendi quam in severitate ulciscendi.*

*Item* Joannes Chrysostomus, [ *id est auctor operis imperfecti homilia* 43 *ad c.* 23 *Matthæi.*]

« Alligant autem [47] onera gravia et importabilia, etc. » Tales sunt nunc etiam sacerdotes, qui omnem justitiam populo mandant, et ipsi nec modice [48] servant, videlicet, non ut facientes [49] sint *justi*, sed ut dicentes [50] appareant justi. Tales sunt *et* qui [51] grave pondus venientibus ad pœnitentiam imponunt, qui dicunt, et non faciunt, et sic, dum pœna præsentis pœnitentiæ fugitur, contemnitur pœna peccati futura. Sicut enim, si fascem super humeros adolescentis, quem non potest bajulare, posueris, necesse habet ut aut fascem rejiciat, aut sub pondere confringatur: sic et homini [52], cui grave pondus pœnitentiæ imponis [53], *necesse est, ut* aut pœnitentiam *tuam* rejiciat [54], aut suscipiens, dum sufferre [55] non potest, scandalizatus amplius peccet [56]. Deinde, etsi erramus modicam pœnitentiam imponentes, nonne melius est propter misericordiam rationem reddere [57], quam propter crudelitatem [58]? Ubi enim paterfamilias largus est, dispensator non debet esse tenax. Si Deus benignus est, ut quid sacerdos ejus austerus? Vis apparere [1] *sanctus?* circa vitam tuam esto austerus, circa alienam benignus.

**C. XIII.** *Calendarum observationes agere non licet.*

*Item* Martinus Bracarensis, c. 74 [59].

IV. Pars. Non licet [60] iniquas observationes agere calendarum, et otiis [61] vacare *gentilibus* [62] neque lauro aut viriditate arborum cingere domos; omnis enim hæc observatio paganismi † est.

Unde Zacharias Papa *in Concilio Romano,* c. 9 [m] [63]:

**C. XIV.** *Anathema sit qui ritum paganorum et calendarum observat.*

Si quis calendas Januarias [64] *et brumam* [65] ritu

NOTATIONES CORRECTORUM.

**C. X.** [h] Sententia hujus capitis est in regulis brevioribus num. 5. Acceptum tamen videtur ex cap. 19 ejusdem commemorati libelli, in quo hæc est interrogatio: *Quomodo quis debet pœnitere in unoquoque delicto?* Responsio: *Affectum illum in se recipiens, quem gerebat ille, qui dixit : Iniquitatem,* etc.

[i] *Castos*: Antea legebatur: *cautos.* Emendatum est ex libello Ruffini; in Vulgata est: *incontaminatos;* græce: ἀγνούς.

**C. XI.** [k] Hoc etiam habetur in regulis brevioribus, numero 9. In eodem vero libello c. 24, ultima interrogatio est hæc: *Erga eum, qui non pœnitet pro peccato, qualiter esse debemus, pater?* Responsio: *Sicut præcepit Dominus dicens: Sit tibi,* etc. Apud Burchardum et Ivonem, qui hoc citant ex dictis Augustini, initium sic habet: *Erga eum, qui pro peccato commisso non pœnitet, tales,* etc., quod magis convenit cum prædicta interrogatione, quam quomodo est apud Gratianum.

**C. XII.** [l] *Vis apparere*: Locupletatus est hic locus ex indicata homilia, quum antea legeretur: *ut quid sacerdos ejus austerus vult apparere.*

**C. XIV.** [m] Hoc est cap. 9, in conc. Romæ a Zacharia habito, quod asservatur in Vaticana bibliotheca, et inde nonnulla sunt emendata et addita. De hac autem superstitione Bonifacius legatus Germaniæ ep. 2, quæ est in tomis conciliorum, ad ipsum Zachariam multa scribit, cui Zacharias ultima epistola respondens, mentionem hujus concilii videtur facere his verbis: *Et quia per instigationem diaboli iterum pullulabant, a die qua nos jussit divina clementia (quanquam immeriti existamus) Apostoli vicem gerere, illico omnia hæc amputavimus.* Idem prohibetur pluribus verbis in canonibus, qui VI synodo adscribuntur, c. 62. Et multa in hujusmodi su-

---

Quæst. VII. C. X. [31] Coll. tr. p. ib. c. 12. [32] *dicebat* : Edd. coll. o. — cf. Psal. 118, v. 163. [33] *secundum ea* : exd. [34] *vel secundum ea* : Edd. Lugdd. II. III. — *vel ea* : Edd. rell. [35] 2 Cor. c. 7, v. 11. [36] *quantum* : Edd. Arg. Bas. Ven. I, II. Par. [37] abest ab Edd. Arg. Bas. [38] *operatus* : Edd. Arg. Nor. Ven. I. II. Par. [39] *hoc ipsi* : absunt ab Edd. coll. o. pr. Lugdd. II, III. [40] *nobis* : Edd. Bas. Ven. I. II. Par Lugd. I. [41] abest ab Edd. coll. o. pr. Bas. [42] abest ab Ed. Bas. — C. XI. [43] Coll. tr. p. ib. c. 13. Reg. I. 1, c. 324. Burch. l. 19, c. 64. Ivo Decr. p. 15, c. 78. [44] Matth. c. 18, v. 17. [45] *gentilis* : Ed. Bas. [46] 2 Thess. c. 3, v. 6. — C. XII. [47] *enim* : Ed. Bas. [48] *modicam* : Edd. coll. o. [49] *faciendo* : exd. [50] *dicendo* : exd. — *docentes* : orig. [51] *quia* : Edd. coll. o. [52] *homo* : exd. [53] *imposueris* : Ed. Bas. [54] *rejiciet* : Edd. coll. o. [55] *sufficere* : Ed. Arg. [56] *peccet* : Edd. coll. o. pr. Arg. [57] *dare* : orig. — Edd. Arg. Bas. [58] *credulitatem* : Ed. Lugd. II. — C. XIII. [59] M. Papu : Edd. coll. o. — cf. conc. Laod. c. 39. Turon. II, c. 23. — Burch. l. 10, c. 15. Ivo Decr. p. 11, c. 42. Polyc. l. 6, t. 12. [60] *liceat* : Coll. Hisp. [61] *otiosis* : Ed. Arg. [62] abest ab Iv. et Burch. † *paganorum* : iid. — Edd. coll. o. — C. XIV. [63] hab. A. 743. — Burch. l. 10, c. 16. Ivo Decr. p. 11, c. 43. Polyc. ib. [64] *Januarii* : Ivo. — Edd. coll. o. [65] *et br.* : non sunt ap. Burch. et Iv. ‡‡ *lavidibus* : Burch. — *lampadibus* : Ivo. — Edd. coll. o.

paganorum colere, vel aliquid plus novi facere propter novum annum [n], aut mensas cum dapibus ┼┼ vel epulis, in domibus præparare, et per vicos et plateas cantiones [66] et choros ducere præsumserit, *quod magna iniquitas est coram Deo*, anathema sit.

C. XV. *Infirmitatibus hominum incantationes nihil remedii præstant.*

Item Augustinus ° [67].

Admoneant sacerdotes fideles populos [68], ut noverint magicas artes incantationesque quibuslibet infirmitatibus hominum nihil remedii posse conferre; non animalibus languentibus, claudicantibusve, vel etiam moribundis quicquam mederi; non ligaturas [p]: ossium vel herbarum cuiquam mortalium adhibitas prodesse*: sed hæc [69] esse laqueos et insidias antiqui hostis, quibus ille perfidus genus humanum decipere nititur. Et [70] si quis hæc [q] [71] exercuerit, clericus degradetur, laicus anathematizetur.

C. XVI. *Dies Ægyptiaci et Januarii calendæ non sunt observandæ.*

Item Augustinus [r] [72].

Non observetis dies, qui dicuntur Ægyptiaci, aut calendas Januarii, in quibus cantilenæ quædam, et comessationes, et ad invicem dona [73] donantur, quasi in principio anni boni fati augurio, aut aliquos [74] menses, aut tempora, aut dies, et [75] annos, aut lunæ [76] solisque cursum quia qui has [77], et quascunque divinationes, aut fata, aut auguria observat, aut attendit, aut consentit observantibus inutiliter et sine causa, magis [78] ad sui damnationem quam ad salutem tendit; sive qui [79] per quosdam numeros litterarum, et lunæ, et per Pythagoricam necromantiam ægrotantium vitam vel mortem, vel prospera vel adversa futura inquirunt, sive qui attendunt somnialia scripta, et falso [80] Danielis [81] nomine intitulata, et sortes, quæ dicuntur sanctorum Apostolorum, et auguria avium, aut aliqua pro domo facienda, aut propter conjugia copulanda, aut in collectionibus herbarum carmina dicunt, aut pyctaciola [82] pro quavis infirmitate scripta, super homines vel animalia ponunt, præter symbolum et orationem dominicam, aut magicis falsitatibus in grandinariis tempestatibus [83] credunt. Qui autem talibus credunt, aut ad eorum domum euntes, aut suis domibus introducunt, ut [84] interrogent [85], sciant, se fidem Christianam et baptismum prævaricasse, et ut [86] paganum et apostatam, id est retro abeuntem et Dei inimicum, iram Dei graviter in æternum incurrisse, nisi ecclesiastica pœnitentia emendatus Deo reconcilietur. Dicit enim Apostolus [87] : *Sive manducatis sive bibitis, sive aliquid aliud facitis, in nomine Domini nostri Jesu Christi facite, in quo vivimus, movemur et sumus.*

De temporum quoque observationibus scribit Augustinus in Enchiridio [s], c. 79 [88] :

C. XVII. *Grave peccatum est dies observare, vel menses et annos.*

Quis æstimaret [89], quam magnum peccatum sit dies observare, et menses, et annos, et tempora (sicut observant qui certis diebus, sive mensibus, sive annis volunt et [90] nolunt aliquid inchoare, eo quod secundum vanas doctrinas hominum fausta vel infausta existiment [91] tempora, nisi hujus mali magnitudinem ex timore Apostoli pensaremus, qui talibus ait [92] : *Timeo, ne forte sine causa laboraverim in vobis?* (Item super epistolam ad Galatas, ad c. 4 [93]:
§ 1. Intelligat [t] lector ad tantum periculum animæ pertinere superstitiosas temporum observationes,

**NOTATIONES CORRECTORUM.**

perstitionem scribit Tertull. in libro de idololatria, et alii graves auctores.

[n] *Vel aliquid plus novi facere propter noxum annum* : Hæc non sunt in codice istius concilii Vaticano.

C. XV. °*Caput hoc Burchardus et Ivo citant ex dictis Augustini*, apud quem similia reperiuntur in vocis allatis supra ead. qu. 5. *Nec mirum.* Sed eadem omnino verba præter ultimam clausulam leguntur in conc. Turonensi 3, c. 42, et in adjectis Capitularibus, c. 94.

[p] *Non ligaturas* : Hinc usque ad vers. *prodesse*, sunt addita ex concilii et Capitularibus.

[q] *Et si quis hæc* : Postrema hæc tota clausula non legitur in concilio, neque in Capitularibus, sed apud Burch. et Ivonem.

C. XVI [r] In plerisque vetustis exemplaribus est tantum : *Item*, et in Polyc. etiam refertur sine auctoris nomine.

C. XVII. [s] *Enchiridio* : Expunctæ sunt voces, quæ sequebantur : *id est manuali libro.* Absunt enim a vetustioribus.

[t] *Intelligat* : B. Augustinus explanans ea verba Apostoli ad Gal. 4 : *Dies observatis, et menses, et tempora, et annos*, ipsa tam ad gentiles quam ad Judæos referri posse demonstrat, tuncque subjungit : *Ergo eligat lector, utram volet sententiam, dummodo intelligat ad tantum*, etc.

---

QUÆST. VII. C. XIV. [66] *cantores* : Ivo. — *cantatores* : Burch. — Edd. coll. o. = C. XV. [67] c. 42, conc. Turon. III, hab. A. 813. — Cap Add. III, c. 93. — Burch. l. 10, c. 40. Ivo Decr. p. 11, c. 65. Polyc. ib. [68] *populum* : Ed. Bas. — add. : *suos* : Edd. rell. pr. Arg. [69] *hoc* : Ed. Bas. [70] abest ab ead. [71] *hoc* : Edd. coll. o. = C. XVI. [72] Certum est hæc non esse Augustini, et sunt quidem quoad bonam partem collecta ex Martini Brac. capitibus 71, 73, 75. — Polyc. l. 6, t. 12. [73] *donaria* : Ed. Bas. [74] *aliquot* : Edd. coll. o. pr. Lugdd. II, III. ᴺ [75] *aut* : Bohm. [76] add. : *et mensis* : Ed. Bas. [77] *eas* : Ed. Arg. — *et has* : Edd. reil. pr. Lugdd. II, III. [78] *et mag.* : Ed. Bas. [79] abest ab Edd. coll. o. pr. Lugdd. II, III. [80] *falsa* : Edd. Nor. Ven. I, II. Par. [81] *in Dan.* : Ed. Bas. [82] *pictaciolas — scriptas* : Edd. coll. o. pr. Bas. Lugdd. II, III. [83] *et temp.* : Edd. coll. o. pr. Lugdd. II, III. [84] *et* : Edd. coll. o. [85] *interrogant* : exd. [86] abest ab Edd. coll. o. pr. Lugdd. II, III. [87] 1 Cor. c. 10, v. 31. = C. XVII. [88] Ivo Pan. l. 8, c. 80. Decr. p. 11, c. 19. [89] *existimaret* : Edd. coll. o. [90] *vel* : Ivo. — Edd. coll. o. pr. Lugd. I. Par. [91] *existimant* : Ed. Bas. [92] Gal. c. 4, v. 11. [93] Ivo Decr. p. 11, c. 15.

ut huic loco subjecerit Apostolus [94]: *Timeo vos* [95], ne forte sine causa laboraverim in vobis. Quod quum [96] tanta celebritate atque [97] auctoritate per orbem terrarum in ecclesiis legatur, plena sunt tamen conventicula nostra hominibus, qui tempora rerum agendarum [98] a mathematicis accipiunt. Jam vero, ne aliquid inchoetur aut aedificiorum, aut hujusmodi quorumlibet operum, diebus, quos Aegyptiacos vocant, saepe etiam nos monere non dubitant.

C. XVIII. *Sine incantatione herbas vel petras licet habere.*

Item Hieronymus [u] [99].

Daemonium sustinenti licet petras vel herbas habere sine incantatione.

---

# CAUSA XXVII.

### GRATIANUS.

*Quidam votum castitatis habens desponsavit sibi uxorem; illa priori conditioni renuntians, transtulit se ad alium, et nupsit illi; ille, cui prius desponsata fuerat, repetit eam.* (Qu. I.) *Hic primum quaeritur, an conjugium possit esse inter voventes?* (Qu. II.) *Secundo, an liceat sponsae a sponso recedere, et alii nubere?*

---

## QUAESTIO I.

### GRATIANUS.

I. Pars. *Quod voventes matrimonia contrahere non possunt, multis auctoritatibus probatur.*

*In Concilio namque Carthaginensi IV, c. ult. statutum invenitur de viduis, quae professam continentiam praevaricatae sunt* [1]:

C. I. *Excommunicentur viduae, quae religioso habitu abjecto nuptias elegerint.*

Sicut bonum est castitatis praemium, ita et [2] majori observantia et praeceptione custodiendum [3] est, ut si quae viduae, quantumlibet [4] adhuc in minoribus annis positae, et immatura [a] aetate a viro relictae, se devoverint [5] Domino [6], et veste laicali [7] abjecta sub testimonio episcopi et ecclesiae in religioso habitu apparuerint, postea vero ad nuptias saeculares transierunt [8], secundum Apostolum [9] damnationem habebunt, quia fidem castitatis, quam Domino voverunt, irritam facere ausae [10] sunt. Tales ergo personae a Christianorum communione sequestrentur [11], neque convivio [b] [12] cum Christianis communicent. Nam si adulterae [c] conjuges reatu sunt viris suis obnoxiae, quanto magis viduae, quae religiositatem [13] mutaverunt [14], crimine adulterii notabuntur, si devotionem, quam Deo sponte [15], non coactae obtulerunt, libidinosa corruperint [16] voluptate [17], et ad secundas nuptias transitum fecerint? Quae etsi violentia irruente ab aliquo oppressae [18] fuerint, ac postea delectatione libidinis permanere in conjugio raptori vel violento viro consenserint, damnationi superius comprehensae teneantur obnoxiae. De talibus [19] ait Apostolus: *Quum* [20] *luxuriatae fuerint, nubere* [21] *volunt, habentes damnationem, quia primam fidem irritam fecerunt.*

C. II. *De viduis et virginibus, quae a religionis proposito discedunt.*

Item ex epistola Gregorii missa ad Bonifacium [d] [22].

Viduas a proposito discedentes viduitatis, super

---

### NOTATIONES CORRECTORUM.

C. XVIII. [u] Burchardus etiam et Ivo citant ex dictis Hieronymi, sed Polycarpus auctorem non nominat.

CAUSA XXVII. QUAEST. I. C. I. [a] *Immatura*: In variis conciliorum editionibus, et duobus Vaticanis codicibus, et Soriensi regio legitur: *matura*. Ivo habet: *in matura*.

[b] *Neque convivio*: Sic est emendatum ex manuscriptis Gratiani exemplaribus, expunctis verbis illis: *donec ad bonum, quod coeperant, revertantur*, quae ex capite sequenti videntur huc fuisse translata.

In conciliorum autem impressis et manuscriptis codicibus legitur: *Tales ergo personae sine Christianorum communione maneant, quae etiam nec in convivio cum Christinnis communicent*.

[c] *Adulterae*: Sic est emendatum ex memoratis Conciliorum exemplaribus. Nam antea legebatur: *Nam si adulterii conjuges reae sunt, si suis obnoxiae viris non fuerint, quanto, etc.*

C. II. [d] Sic etiam citant ceteri collectores. Habetur autem et paulo etiam copiosius in Capitularibus adjectis, cap. 215.

---

QUAEST. VII. C. XVII. [94] Gal. c. 4, v. 11. [95] abest ab Edd. Par. Lugdd. — Bohm. [96] *quamvis*: Edd. coll. o. — Bohm. [97] *vel*: Ed. Bas. [98] *augendarum*: ib. = C. XVIII. [99] Cap. incertum. — Burch. l. 10, c. 50. Aus. l. 11, c. 151. Ivo Decr. p. 11, c. 75. Polyc. l. 6, t. 12.

CAUSA XXVII. QUAEST. I. C. I. [1] Non est inter statuta eccl. apud Baller., licet in vulg. conc. Carth. IV, quod dicitur, edd. circumferatur. — Burch. l. 8, c. 39. Ivo Decr. p. 7, c. 58, et ex parte c. 147. [2] abest ab Edd. coll. o. pr. Bas. Lugdd. II, III. [3] *constituendum*: Coll. Hisp. — est tamen varietas lectionis. [4] *quamlibet*: Coll. Hisp. — Burch. Ivo. — Ed. Bas. — *quamvis*: Edd. rell. [5] nec tamen c. 147. — *et matura*: Burch. [5] *devoverunt*: Ed. Bas. [6] *Deo*: Coll. Hisp. — Burch. Ivo. — Edd. coll. o. [7] *laica*: Ed. Arg. [8] *transierint*: Coll. Hisp. — Edd. Arg. Bas. Nor. Ven. I. [9] 1 Tim. c. 5, v. 12. [10] *visae*: Edd. coll. o. [11] *sint alienae, quae etiam nec in*: Coll. Hisp. [12] ita Edd. coll. o. pr. Arg. Bas. Nor. [13] *communione vel conc.*: Edd. coll. o. pr. Bas. [14] ita Burch. Ivo, (missa tamen voce: *non*) et Edd. coll. o. [15] *Dei rel.*: iid. — *ead*. [16] *corruperint*: Coll. Hisp. — *mutaverint*: Ed. Bas. [16] *spontanee*: Coll. Hisp. [17] *corripuerint*: Ed. Bas. [17] *voluntate*: Burch. Ivo. [18] *praerepta*: Coll. Hisp. [19] add.: *enim sic*: ead. — cf. 1 Tim. c. 5, v. 11. [20] add.: *enim*: Burch. Ivo. — Edd. coll. o. [21] add.: *in Christo*: iid. — ead. = C. II. [22] Videtur Gregorii III esse ad Bonif. Mog. scripta. — Burch. l. 8, c. 45. Aus. l. 11, c. 177. Ivo Pan. l. 5, c. 204. Decr. p. 7, c. 65.

quibus nos consuiere voluit [23] dilectio tua, frater carissime, credo te nosse a S. Paulo [24] et a multis sanctis Patribus nisi convertantur, olim esse damnatas. Quas et nos apostolica auctoritate damnandas, et a communione fidelium atque a liminibus ecclesiæ arcendas [25] fore censemus, usquequo obediant episcopis suis, et ad bonum, quod cœperunt [26], invitæ aut voluntariæ revertantur. § 1. De virginibus autem non velatis, si deviaverint, a sanctæ memoriæ prædecessore nostro Papa Innocentio taliter decretum habemus [27]: *Hæ vero, quæ necdum sacro velamine tectæ* [28], *tamen in proposito virginali semper se simulaverunt* [29] *permanere, licet velatæ non fuerint* [30], *si nupserint* [31], *aliquanto tempore his agenda pœnitentia est, quia sponsio earum a Domino tenebatur. Si enim inter homines solent bonæ fidei contractus nulla ratione dissolvi, quanto magis ista pollicitatio, quam cum Deo pepigit, solvi sine vindicta non poterit*, etc. § 2. Si virgines nondum velatæ taliter pœnitentia publica puniuntur, et a cœtu fidelium usque ad satisfactionem excluduntur, quanto magis viduæ, quæ perfectioris ætatis et maturioris sapientiæ atque consilii existunt, virorumque consortio multoties usæ sunt, et habitum religionis assumpserunt, et demum [32] apostataverunt [33], atque ad priorem vomitum sunt reversæ, a nobis et ab omnibus fidelibus a liminibus ecclesiæ et a cœtu fidelium usque ad satisfactionem sunt eliminandæ, et carceribus tradendæ, qualiter juxta apostolum [34] Paulum tradentes hujusmodi hominem satanæ [35], ut spiritus ejus salvus sit in die Domini [36]. De talibus enim *et* Dominus per Moysen loquitur, dicens [37]: *Auferte malum de medio vestri*. De quibus *et* per Prophetam ait [38]: *Lætabitur justus, quum viderit vindictam* [39]: *manus suas lavabit in sanguine peccatoris* [40]. De talibus namque, et eorum [41] similibus, atque eisdem consentientibus dicitur [42]: *Quia non solum qui faciunt, sed etiam qui consentiunt facientibus rei sunt* [43].

C. III. *Transire non possunt viduæ et virgines post religionis propositum ad nuptias.*

Item ex Decreto Gelasii Papæ ad Sicilienses Episcopos misso, c. 9 [44].

Neque viduas ad nuptias transire patimur, quæ in religioso proposito diuturna observatione permanserunt. Similiter virgines nubere prohibemus, quas annis plurimis in monasteriis ætatem peregisse contigerit.

C. IV. *Ex quolibet sensu corporis mulier corrumpi potest.*

Item Cyprianus ad Pomponium, de virginibus [45].

Nec aliqua putet se posse hac excusatione defendi, quod inspici et probari possit, an virgo sit, quum et manus obstetricum et oculi [46] sæpe fallantur [47], et, si incorrupta inventa fuerit virgo ea parte, qua mulier potest esse, potuerit [48] tamen ex alia corporis parte peccasse, quæ corrumpi potest, et tamen inspici non potest. Certe ipse concubitus, ipse complexus, ipsa confabulatio, et osculatio, et conjacentium duorum turpis et fœda dormitio, quantum dedecoris et criminis confiteatur [49]? Si superveniens maritus sponsam suam jacentem cum altero videat [50], nonne indignatur et fremit, et per [51] zeli dolorem [52] fortassis et gladium in manum sumit [53]? Quid [54] Christus Dominus et judex noster, quum virginem suam sibi dicatam [55] et sanctitati suæ destinatam jacere cum altero [56] cernit, quam indignatur [57] et irascitur? et quas pœnas incestis [58] ejusmodi [59] conjunctionibus comminatur? Cujus ut gladium spiritalem et venturum judicii diem unusquisque fratrum possit evadere, omni consilio providere et laborare [60] debemus.

C. V. *De eodem.*

Idem *in eadem epistola.*

Quod si pœnitentiam hujus illiciti concubitus sui egerint [61], et a se invicem recesserint, inspiciantur iterum *e* virgines ab obstetricibus diligenter, et [62] si virgines inventæ fuerint, accepta communione ad ecclesiam admittantur; hac tamen interminatione, ut, si ad eosdem masculos postmodum reversæ fuerint, aut si cum eisdem in una domo et sub eodem [63]

---

NOTATIONES CORRECTORUM.

C. V. * *Iterum:* In codicibus Cypriani impressis, et octo manuscriptus, quæ Romæ ad operum ipsius emendationem collata fuerunt, legitur: *interim*, quæ varietas notatur etiam in glossa.

---

QUÆST. I. C. II. [23] *voluerit*: Ed. Bas. [24] 1 Tim. c. 3. [25] *esse arc. fore*: Ed. Bas. — *esse arc.*: Edd. rell. [26] *cœperant*: Edd. Lugdd. II, III. [27] cf. infra c. 9. [28] add.: *sunt*: Ivo Pan. [29] *simulaverint*: ead. [30] *sint*: Ed. Bas. [31] add.: *aliquando*: ead. [32] *deinde*: Ed. Bas. [33] *apostataverint*: Edd. Arg. Nor. Ven. I, II. [34] 1 Cor. c. 5, v. 5. [35] add. ex Vulg.: *in interitum carnis*: Edd. Bas. Lugdd. II, III. [36] *judicii*: Ed. Bas. [37] Deut. c. 13, v. 5. [38] Psal. 57, v. 11. [39] add.: *impiorum*: Edd. coll. o. — Ivo Pan. [40] *peccatorum*: Edd. coll. o. [41] *his*: Ed. Bas. [42] Rom. c. 1, v. 32. [43] *judicandi sunt*: Edd. coll. o. pr. Bas. — Ivo Decr. = C. III. [44] imo Symmachus ad Cæsarium (scr. A. 502.) — Burch. l. 8, c. 46, Ivo Pan. l. 3, c. 205. Decr. p. 7, c. 64, et (inscriptione: Gelasius P. Cæsario) c. 144. Polyc. l. 4, t. 35. = C. IV. [45] scr. A. 249. [46] *oculus*: orig. — Edd. coll. o. pr. Lugdd. II, III. [47] *fallitur*: Ed. Bas. — *fallatur*: Edd. rell. pr. Lugdd. II, III. — orig. [48] *poterit*: Edd. coll. o. pr. Lugdd. II, III. [49] *confitetur*: orig. — *confitentur*: Edd. coll. o. — Bohm. [50] *viderit*: Ed. Bas. [51] *præ — dolore*: ead. [52] *livorem*: orig. [53] *dol. portat gladium in manu sua*: Edd. coll. o. pr. Lugdd. II, III. [54] *Et quidem si*: Ed. Bas. — *Et quid. sic*: Edd. Lugdd. II, III. [55] *dedicatam*: Ed. Bas. [56] *adultero*: ib. — *ali. vel adultero*: Ed. Arg. [57] add.: *ei*: Edd. coll. o. pr. Bas. [58] *scelestis*: Ed. Bas. — *in scel.*: Edd. rell. [59] *hujusmodi*: Edd. coll. o. pr. Lugdd. II, III. [60] *elaborare*: Edd. coll. o. = C. V. [61] *egerunt — recesserunt*: Ed. Bas. [62] *quia*: ead. [63] *uno eodem*: Edd. coll. o. pr. Bas. Lugdd. II, III.

tecto simul habitaverint, graviore censura ejiciantur, nec in ecclesiam postmodum facile recipiantur. Si autem de eis aliquæ corruptæ fuerint et deprehensæ, agant pœnitentiam plenam, quia quæ hoc crimen admisit non mariti, sed Christi adultera est, et ideo æstimato justo tempore, postea exomologesi facta ad ecclesiam redeat. Quod si obstinate perseverant, nec se ab invicem separant, sciant se cum hac sua impudica obstinatione nunquam a nobis admitti in ecclesiam posse, ne exemplum ceteris ad ruinam delictis suis facere incipiant, nec putent sibi vitæ aut salutis constare rationem, si episcopis et sacerdotibus obtemperare noluerint.

### C. VI. *Clericus deponatur, laicus excommunicetur, qui cum sanctimoniali mœchatus fuerit.*

*Item ex VI Synodo in Trullo, c. 4.*

Si quis episcopus, presbyter, diaconus, aut subdiaconus, aut lector, aut psalmista, aut ostiarius cum muliere sanctificata Deo mœchatus fuerit, deponatur, quia sponsam Christi corrupit; si vero laicus, excommunicetur.

### C. VII. *Viduæ et puellæ, quæ post religionis habitum nubunt, a communione suspendantur.*

*Item ex Concilio Toletano IV, c. 8.*

De viduis et puellis, quæ habitum religionis in domibus propriis tam a parentibus, quam per se mutaverunt, si postea contra instituta patrum vel præcepta canonum conjugia crediderint copulanda, tam diu utræque habeantur a communione suspensæ, quousque quod illicite perpetraverunt emendent. Quod si emendare neglexerint, a communione et omnium Christianorum convivio perpetuo sint sequestratæ.

### C. VIII. *De eodem.*

*Item ex Concilio Martini Papæ. [PALEA.]*

« Viduas autem velare pontificum nullus attentet, prout statutum est in decretis Gelasii Papæ capitulo XIII, quod nec auctoritas divina, nec canonum forma præstituit. Quod si propria fuerit voluntate continentiam professa, in ejusdem Gelasii capitulo XXI legitur, ejus intentio pro se reddat rationem Deo, quia, sicut secundum Apostolum, si se continere non poterat, nullatenus nubere vetabatur, sic secum habita deliberatione promissam fidem pudicitiæ Deo debet custodire. Nos autem auctoritate Patrum suffulti in hoc sancto concilio sancimus et libere judicamus, si sponte velamen quamvis non consecratum sibi imposuerit, et in ecclesia inter velatas Deo oblationem obtulerit, velit nolit, sanctimoniæ habitum ulterius habere debet, licet sacramento confirmare velit, eo tenore et ratione sibi velamen imposuisse, ut iterum posset deponere.

### C. IX. *De his, quæ votum virginitatis habentes nubunt, necdum sacro velamine tectæ.*

*Item ex Decretis Innocentii Papæ, c. 20, in Codice canonum, et epist. 2 ad Victricium, c. 13.*

Hæ vero, quæ necdum sacro velamine tectæ, tamen in proposito virginali semper se permanere simulaverunt, licet velatæ non fuerint, si forte nupserint, his agenda aliquanto tempore pœnitentia est, quia sponsio earum a Domino tenebatur. Si enim inter homines solet bonæ fidei contractus nulla ratione dissolvi, quanto magis ista pollicitatio, quam cum Deo pepigit, solvi sine vindicta non debet? Nam si Apostolus illas, quæ a proposito viduitatis discesserant, dixit

## NOTATIONES CORRECTORUM.

C. VII. *in conciliis Toletanis non est inventum.* Est autem lib. 7. Capitular, c. 338.

C. VIII. *Abest caput hoc a nonnullis Gratiani exemplaribus.* Burchardus et Ivo citant ex conc. Maguntino, cap. 6. Habetur in conc. Triburiensi c. 23. In hoc autem capite, et duobus sequentibus citantur decreta Gelasii, quæ sunt in Codice canonum. 

*Capitulo XIII.* : Sic est in Codice canonum; in epistola vero ejusdem prima episcopis per Lucaniam est c. 15, sicut paulo post, quod est in capitulo, in eodem Codice, in epistola est c. 23.

*Nos autem*: In conc. Triburiensi legitur: *Qua auctoritate paternæ suffulti sententiæ in hoc sacro conventu, sancimus,* etc. Hæc vero eadem de vidua, quæ sibi sponte velamen non consecratum imposuit, habentur in Decretalibus, c. *Viduas,* tit. *De regul.,* quod in codicibus impressis citatur ex conc. Arelatensi, in prima autem collectione et vetustis codicibus ex Aurelianensi.

C. IX. *His agenda*: Sic est emendatum ex Codice canonum, epistola et conc. Turonico, et sic legitur supra ead. c. *Viduas.* Hoc enim loco etiam in manuscriptis erat: *ad agendam aliquanto tempore pœnitentiam sit liberum*.

---

Quæst. I. C. V. [64] *abjiciantur*: Ed. Bas. [65] *ecclesia*: Edd. coll. o. pr. Lugdd. II, III. [66] *aliqua corrupta fuerit — deprehensa — agat*: exd. [67] *abest ab iisd.* [68] *quæ non jam*: exd. [69] *exanieloyson sui*: Ed. Aug. — *exhomoloyso sui*: Ed. Bas. — *examęloyson sui*: Edd. rell. pr. Lugdd. II, III. — in iisd. (exc. Bas.), add.: *i. e. confessione vel pœnitentia*. = C. VI. [70] hab. A. 692. — Coll. tr. p. p. 2, t. 30, c. 5. = C. VII. [71] Imo ex conc. Paris. hab. A. 615, c. 13. — Burch. l. 8, c. 48. Ans. l. 11, c 96 Ivo Decr. p. 7, c. 66. [72] *mutaverint*: Ed. Bas. [73] *crediderint*: Edd. coll. o. pr. Bas. Lugdd. II, III. [74] *utrique — suspensi — sequestrati*: orig. — Burch. Ivo. — Ed. Bas. = C. VIII. [75] Imo ex conc. Trib. hab. A. 895. — Burch. l. 8, c. 56. Ivo Pan. l. 3, c. 197. Decr. p. 7, c. 55. ' *nec tamen Panorm.* " i. e. ap. Dionysium. [76] *præstitit*: Coll. cit. — Edd. coll. o. [77] *sacro conventu*: orig. — Coll. citt. — *sacro communi conc.*: Ed. Bas. = C. IX. [78] scr. A. 404. — cf. supra c. 2. — Burch. l. 8, c. 42. Ivo Decr. p. 7, c. 18. Polyc. l. 4, t. 35. [79] *nondum — sunt tect.*: Edd. coll. o. [80] *sint consecratæ*: Coll. Hisp. [81] *abest a Coll. Hisp. et orig. ap. Coustant.* [82] *simulaverint*: Ed. Bas. — *promiserant*: Coll. Hisp. et orig. cit. [83] *sint*: orig. cit. Ed. Bas. — *sunt*: Edd. rell. ' ita Coll. Hisp. et Edd. coll. o. — *revocandæ suscipi set et agenda pœnitentia illis est*: Burch. [84] *Deo*: orig. cit. — Edd. coll. o. pr. Bas. [85] *Nam si*: Coll. Hisp. — Edd. coll. o. — Totus versic. abest a Burch. [86] *solent*: Ed. Bas. [87] *ita*: Coll. Hisp. [88] *pepigerunt*: ead. et Dion. — Ivo. [89] *poterit*: Dion. Ivo. (apud quem hic capitis finis est.) [90] *Paulus*: orig. cit. — Coll. Hisp. — cf. 1 Tim. c. 5, v. 12. [91] *discesserint*: Coll. Hisp. — *discesserunt*: orig. citt. — Edd. o. [92] *dixerit*: Coll. Hisp. — Dion. — *dixerat*: Burch. — Ed. Bas. — add.: *eas*: orig. citt. — Dion. — Edd. o pr. Bas. Lugdd. Par.

habere condemnationem [93], quia primam fidem irritam fecerunt; quanto magis virgines, quæ pactionis [94] suæ fidem minime servaverunt?

**C. X.** *Non sunt admittendæ ad pœnitentiam virgines sacræ, si publice postea nupserint.*
*Item ex Decreto ejusdem, cap. 19, in Codice canonum, in epistola autem ad Victricium c. 12* [95].

Quæ Christo spiritualiter nubunt [1], et [96] a sacerdote velantur [97], si publice postea *m* nupserint, non eas admittendas esse ad pœnitentiam 'agendam' [98], nisi hi [99], quibus se junxerant, a [100] mundo recesserint [101]. Si enim de hominibus [102] hæc ratio custoditur, ut quæcunque vivente viro nupserit, adultera habeatur, nec ei agendæ pœnitentiæ licentia concedatur [103], nisi unus de [104] eis fuerit defunctus, quanto magis de illa tenenda est, quæ ante immortali se sponso conjunxerat, et postea ad humanas nuptias transmigravit [105 a b].

**C. XI.** *Ab ecclesia eliminandæ et ergastulis retrudendæ sunt monachorum vel monacharum impudicæ personæ.*
*Item ex Concilio Triburiensi, c. 6* [n] [106].

Impudicas detestabilesque personas monachorum [107] atque monacharum, quæ abjecto proposito sanctitatis illicita atque sacrilega contagione se miscuerunt, et in abruptum *o* conscientiæ desperatione perductæ, de illicitis complexibus libere filios procreaverint, a monasteriorum cœtu ecclesiarumque conventibus eliminandas esse mandamus, quatenus retrusæ [108] in suis ergastulis tantum facinus lamentatione continua deflentes [109] purificatorio possint igne pœnitudinis decoqui, ut eis vel ad mortem solius misericordiæ intuitu per communionis gratiam possit subveniri.

**C. XII.** *Monachus et virgo Domino consecrata si nupserint, excommunicentur.*
*Item ex eodem p* [110].

Virginem, quæ se Deo consecraverit [111], similiter et monachum decernimus non licere nuptialia jura contrahere. Quod si hoc [112] inventi fuerint perpetrantes, excommunicentur. Confitentibus autem decernimus [113], ut habeat auctoritatem ejusdem loci episcopus misericordiam humanitatemque largiri.

**C. XIII.** *Dum vivunt, lamentis pœnitentiæ se afficiant qui sanctimonialibus scienter copulantur.*
*Item ex eodem q* [114].

Hi ergo [115], qui sanctimonialibus [116] scientes [117] matrimonio [118] ad injuriam Christi copulati sunt, juxta censuram zeli Christiani separentur, et nunquam eis concedatur conjugali vinculo religari [119], sed in pœnitentiæ lamentis se vehementer, dum vivunt, alliciant.

**C. XIV.** *A sacra communione priventur qui sacris virginibus se sociant.*
*Item ex eodem r* [120].

Virginibus sacris se quosdam temere sociare cognovimus, et post dicatum Deo propositum incesta fœdera sacrilegaque miscere. Quos protinus æquum

---

**NOTATIONES CORRECTORUM.**

**C. X.** [1] *Nubunt* : In antiqua editione conciliorum et epistolarum, et Codice canonum impresso legitur: *nupserint*, sed in duobus ipsius manuscriptis : *nubunt*, post quod verbum in omnibus sequitur : *et a sacerdote velantur*, ideoque sunt addita.
*m Si publice postea* : In epistolis olim Coloniæ ac Luteliæ impressis legitur : *si postea nupserint, vel publice vel occulte corruptæ fuerint*. In editione conciliorum Coloniensi duobus et tribus tomis : *si postea vel nupserint publice, vel occulte corruptæ fuerint*. In postrema autem quatuor tomorum : *si postea vel publice nupserint, vel se clanculo corruperint* †.
**C. XI.** [n] Caput hoc habetur in epistola 1 Siricii, et in Codice canonum est c. 15, inter decreta ipsius, quem etiam citant Burchardus et Anselmus ††. Pars tamen aliqua hujus capitis est in c. *Si quis sacro*, infra eadem, quod quidem habetur in conc. Triburiensi, quod exstat.
*o Abruptum* : Sic est emendatum ex multis editionibus epistolarum Siricii, et Codice canonum. Antea enim legebatur : *in arbitrium conscientiæ propriæ* ††† *desperatione*.
**C. XII.** [p] Hoc est 16 caput conc. Chalcedonensis ex versione Dionysii, cujus pars citatur infra, c. *Si quis sacro*.
**C. XIII.** [q] Caput hoc a Burchardo et Ivone Paschali tribuitur.
**C. XIV.** [r] Caput hoc in epist. 4 Gelasii est num. 12, et in Codice canonum inter ipsius decreta cap. 20. Refertur quoque in Capitularibus l. 1, c. 106, et in Polycarpo Gelasii nomine.

---

QUÆST. I. C. IX. [93] *damnationem* : orig. cit. — Dion. — Burch. — Ed. Bas. [94] *priori promissioni fidem frangent* : orig. cit. — *prioris promiss. fidem frangere conatæ sunt* : Dion. — Burch. — *pact. suæ fid. frangere conantur* : Ed. Bas. — C. X. [95] Burch. l. 8, c. 13. Ans. l. 11, c. 94. Ivo Decr. p. 7, c. 17. Polyc. ib. et l. 6, t. 20. [96] *nupserunt* : orig. ap. Constant. — Dion. — Coll. Hisp. [96 bis] *add. ab Edd. coll. o. pr. Bas.* [97] *velari metuerunt* : orig. cit. — Coll. Hisp. [97 bis] *ita Coll. Hisp.* — Ans. Ivo. † *ita Dion.* — orig. cit. Burch. et Reg. [98] *add. : ut ad gradum restituantur pristinum* : Edd. Bas. Lugdd. II, III. [99] *is* . Dion. — orig. cit. — Reg. Burch. IV. — [100] *de sæculo* : orig. cit. — *de mundo* : Dion — Burch. — *de hac vita* : Coll. Hisp. — Iv. [101] *recesserit* : Dion. — orig. cit. — Reg. Burch. — *discesserit* : Coll. Hisp. — *discesserit* : Ivo. [102] *omnibus* : orig. cit. — Ans. — *hom. laicis* : Coll. Hisp. [103] *conceditur* : Edd. coll. o. pr. Lugdd. II, III. [104] *ex* : orig. cit. — Coll. Hisp. — Reg. Burch. Ivo. [105] *transmigraverit* : Ed. Bas. — *ut transiret elegit* : Ivo. Ans. — C. XI. †† citant Corr. l. 7, c. 188, sed non exstat in Cod. coll. [106] Hæc sunt excerpta ex Siricii ep. ad Himerium sc. A. 385), et ex parte referuntur in c. 23, 26, conc. Tribur. hab. A. 895. — Reg. l. 2, c. 164. Burch. l. 8, c. 29. Polyc. l. 4, t. 34. [107] *add. : scilicet* : ††† *abest ab Ed. Bas.* [108] *reclusæ* : ead. [109] *flentes* : ead. — C. XII. [110] conc. Chalc. hab. A. 451, interpr. Dionysio. — Burch. l. 8, c. 36. Ivo Decr. p. 7, c. 49. Polyc. ib. [111] *add. : post adultam ætatem* : Edd. Bas. Lugdd II, III. [112] *abest ab Ed. Arg.* — *hic* : Ed. Bas. — *hæc* :—Edd. rell. [113] *decrevimus* : Burch. Ivo. — Edd. Bas. Lugd. I. Par. — C. XIII. [114] *Cap. incertum.* — Burch. l. 8, c. 31. Ivo Decr. p. 7, c. 50. [115] *abest ab Iv. et Edd. Arg. Bas.* [116] *add.: feminis* : Burch. Ivo. [117] *scienter* : Edd. Bas. Lugdd. II, III. [118] *in matr.* : Burch. Ivo. — Edd. coll. o. pr. Lugdd. II, III. [119] *add., vel copulari* : Ed. Bas. — C. XIV. [120] ex ep. Gelasii ad. Epp. Lucan. scr. A. 494. — Reg. l. 2, c. 166. Burch. l. 8, c. 32. Ans. l. 11, c. 95. Ivo Decr. p. 7, c. 51.

est a sacra communione detrudi, et nisi per publicam probatamque poenitentiam omnino non recipi. Sed [121] tamen [122] his viaticum de saeculo transeuntibus, si digne [123] poenituerint, non negetur.

**C. XV.** *In monasterio revocetur ac recludatur quae a fornicatione recedere noluerit.*

*Item Gregorius* [s] [124].

Pervenit ad nos, quod quidam vir nequissimus diabolico instinctu de monasterio suaserit [125] exire quamdam Deo sacratam, atque [126] a quodam [127] viro, unde exierat, sit revocata, rursusque eam mulierem [128] vir ille nequissimus iniqua suasione de monasterio ejiciens, apud se [129] retineat impudice. Volumus autem [130], ut episcopatus tui auctoritate in monasterio revocetur atque recludatur [131].

**C. XVI.** *Non est viduis fas post susceptum velamen a sacro proposito discedere.*

*Item ex Concilio Aurelianensi, c. 3* [132].

Viduas, quae spontanea voluntate ab altari conversionis sacrae velamen suscipiunt [133], decrevit sancta synodus in eodem proposito [134] permanere. Non enim fas esse decernimus, postquam se Domino semel sub velo consecraverint [135], iterum eis concedi Spiritui sancto mentiri.

**C. XVII.** *Qui sacro velamine tectam in conjugium ducit anathema sit.*

*Item ex eodem* [t] [136].

Si quis sacro velamine consecratam in conjugium duxerit, et post dicatum Deo propositum incesta foedera sacrilegaque miscuerit, ut in constitutis Gelasii Papae [137] capitulo XX [138] legitur, protinus est aequum eos [139] a sacra communione detrudi, et nisi per publicam probatamque poenitentiam omnino non recipi. Si *tamen* poenituerint, transeuntibus de saeculo viaticum non negetur. § 1. In Chalcedonensi concilio cap. XVI [140]: *Hoc perpetrantes excommunicentur; confitentibus autem auctoritate episcopi misericordia largiatur.* § 2. Item in epistola Siricii Papae, cap. 6 [141]: *Velatae ei Deo consecratae, si abjecto proposito sanctitatis clanculo sacrilega se contagione miscuerint, et illicitis complexibus publice et libere filios procreaverint, has impudicas* [142] *detestabilesque personas a monasteriorum coetu ecclesiarumque conventibus eliminandas esse indicatum est, quatenus retrusae* [143] *ergastulis tantum facinus continua lamentatione defleant.* Unde et [144] verbo Domini, et canonica auctoritate in hac sancta synodo praecipimus, ut omnino separentur, et juramento colligentur, ut ulterius sub uno cohabitent tecto.

**C. XVIII.** *Ad habitum redire cogatur, et recludatur in monasterio, quae religiosam vestem abjecit.*

*Item Gregorius Vitaliano, Sipontino Episcopo, lib. VII, Indict. 1. epist. 9* [145] [1].

Si custos religiosi habitus [146], aut esse nosses [147] episcopus, filiam gloriosae memoriae Tulliani [148] magistri militiae, te illic posito nec projectis religiosis vestibus ad saecularem reverti habitum, nec ad nos licuisset [149] perversam epistolam destinare. Sed quia nimia desidia ac torpore deprimeris, in tuo dedecore res ad praesens illicita impune commissa est. Nam si [150], ut praefati sumus, sollicitus exstitisses, prius ad nos ultio mulieris pravissimae quam culpa debuit pervenire. Quia ergo tantum hebes tantumque es negligens, ut, nisi canonicam in te fueris coercitionem expertus, in aliis districtionem [151] et disciplinam nescias custodire, qualiter debeas esse sollicitus congruo tibi, si Domino [152] placuerit, tempore demonstrabimus. § 1. Praesentia igitur scripta suscipiens, evigila et excitatus saltem exsequere quod pressus usque nunc ignavia distulisti. Instantiae ergo tuae sic praedictam mulierem una cum Sergio defensore nostro comprehendere, et statim non solum ad male contemtum habitum sine excusatione aliqua revocare, sed etiam in monasterio, ubi omnino districte valeat custodiri, detrudere, et ita omnem circa illam sollicitudinem exhibere, ut quam sit nefarium quod commisit ex tua possit districtione cognoscere. § 2. Qua in re si quis (quod non credi-

### NOTATIONES CORRECTORUM.

**C. XV.** [s] De hac eadem re videtur scripta epistola Mariniano episcopo, l. 8 Regesti, epist. 9. Caput tamen hoc vel ex alia epistola est acceptum, vel in eo multa sunt immutata.

**C. XVIII.** [t] Burchardus etiam et Ivo citant ex conc. Aurelianensi. Habetur autem in Triburiensi c. 23.

---

Quaest. I. C. XIV. [121] *Et his certe* : Coll. Hisp.—Ans. [122] *tantum* : Edd. Arg. Nor. Ven. I, II. [123] *tamen* : Coll. Hisp. Reg. Ans.=C XV. [124] Haec ex ep. Greg. M. ad Marinianum Ravenn. (Ep. 42, l. 7, scr. A. 597), videtur excerpsisse Regino l. 2, c. 165. — Coll. tr. p. p. 1, t. 55, c. 84. [125] *suaserat* : Edd. coll. o. pr. Bas. Lugdd. II, III. [126] *at quae* : Böhm. [127] *bono viro* : Edd. Bas. Lugdd. [128] *abest a reg.* et Ed. Bas. [129] addl. : *nunc usque* : Reg. [130] *namque* : Ed. Bas. [131] *retrudatur* : Reg. = C. XVI. [132] In his Reg. l. 2, c. 179, concilii Trib. c. 25, videtur reddere voluisse. — Burch. l. 8, c. 35. Ivo Pan. l. 3, c. 198. Decr. p. 7, c. 54. [133] *accipiunt* : Ed. Bas. [134] add. : *eas* : Reg. Burch. Ivo Decr. [135] add. : *et inter velatas oblationem fecerint* : Coll. citt. = C. XVII. [136] c. 23, conc. Tribur. hab. A. 895. — Burch. l. 8, c. 58. Ivo Decr. p. 7, c. 57. [137] of. supra c. 13. [138] i. e. in cod. Dion.-Hadr. [139] abest ab Edd. Arg. Nor. Ven. I, II. [140] *Haec.—excommunicantur* : Ed. Bas. [141] cf. ad c. 11. [142] *has nuptias detestabiles a* : Burch. Ivo. — *has nuptias detestabilesque* (*detestabiles atque* : Ed. Arg.), pers. : Edd. coll. o. [143] *detrusae* : Burch. Iv. — Edd. coll. o. [144] abest ab orig. et Coll. citt. — *in* : Edd. Arg. Bas. = C. XVIII. [145] Ep. 8, (scr. A. 598), l. 8. Ed. Maur. — Burch. l. 8, c. 49. Ivo Decr. p. 7, c. 67. [146] add. : *fuisses* : Burch. Iv. — *esses* : Edd. Bas. Lugdd. Par. [147] *nosces* : Edd. Arg. Nor. Ven. I, II. [148] *Juliani* : Ed. Bas. [149] *licuisse* : Edd. Arg. Nor. Ven. I, II. [150] *sicut — si sol.* : orig. — Burch. Iv. — Edd. coll. o. [151] *districtiorem disc.* : Iv. [152] *Deo* : Edd. coll. o. pr. Bas.

mus) laicorum [153] aliquo tibi ingenio tentaverit obsistendum, a sacratissimæ [154] eum communionis participatione suspendere nobisque renunciare festina, ut quantum sit exsecrabile quod præsumperit, postquam consideratione propria non advertit, emendationis qualitate cognoscat. § 3. In his autem omnibus ita cautum stude te vigilantemque ostendere, ut culpam tuam non geminare neglectus [155], sed aliquantisper valeat sollicitudo [156] minuere.

C. XIX. *Districtæ custodiæ tradatur qui a religionis proposito ad sæcularem habitum rediit.*

Idem *Sergio Defensori, lib. VII, Indict. 2, ep. 10* [157].

Si homo esses, aut aliquam discretionem [158] habuisses, ita regularis disciplinæ debuisti custos exsistere, ut ea, quæ illicite committuntur, ante vindicta [159] corrigeret, quam ad nos eorum nuncius perveniret. Sed dum te facit [160] nimia stultitia negligentem, non solum de illis offendimur, sed etiam ad ulciscendam desidiam tuam nihilominus provocamur. Omni ergo dilatione omnique excusatione postposita filiam gloriosæ memoriæ Tulliani [161] magistri militiæ, quæ projectis, quas sponte assumserat [162], religiosis vestibus, indumentis se laicis deturpavit, una cum fratre et coepiscopo nostro Vitaliano festina comprehendere, atque ad religiosum rursus habitum revocare, ac in monasterium [163] mittere, ubi districte omnino valeat custodiri, nec ejus custodiam aliquatenus relevari permittas, quousque denuo nostra scripta susceperis. Nam si quolibet modo in hac re negligens vel lentus exstiteris, ita in te districtissime noveris vindicandum, ut quod ex te nescis pœna possis reserante [164] cognoscere, quia, si, ut dixi, nus, intellectum hominis habuisses, hæc, quæ modo facere præciperis, a te [165] debueramus etiam cum ultione ante [166] facta cognoscere.

C. XX. *Non tribuitur eis licentia nubendi, qui continentiam servare decreverunt.*

*Item* Augustinus *de conflictu vitiorum et virtutum, cap. 24* [167].

Nubendi licentia quibusdam tribuitur : illis videlicet, qui virginalem vel [168] vidualem castimoniam [169] nequaquam professi sunt. Quibusdam autem non tribuitur [170] : illis videlicet, qui virgines vel continentes esse decreverunt. Fornicatio autem nulli impune conceditur.

C. XXI. *Pejores sunt adulteris quæ continentiæ propositum violant.*

Idem *in libro de bono conjugii* v [171].

Meliore proposito lapsas, si nupserint, feminas a castitate sanctiori, quæ vovetur Deo, adulteris esse pejores manifestum est.

C. XXII. *Monachus et virgo, qui se Deo dedicant, nuptiis jungi non possunt.*

*Item ex Concilio Chalcedonensi, c. 16* v [172].

Si qua virgo se dedicaverit Deo, similiter monachus [173], non licet [174] eis nuptiis jungi [175]. Si vero inventi fuerint hoc [176] facientes, maneant excommunicati. Statuimus vero eis [177] posse fieri humanitatem, si ita probaverit episcopus loci.

C. XXIII. *Diaconissa, quæ post ordinationem nubit, anathema sit.*

*Item ex eodem, c. 15* [178].

Diaconissam non debere ante annos quadraginta ordinari statuimus [179], et hoc [180] cum diligenti probatione. Si vero ordinationem susceperit, et quantocunque tempore observaverit ministerium [181], et postea se nuptiis tradiderit, injuriam faciens gratiæ Dei, hæc [182] anathema sit cum [183] eo qui in nuptiis illius convenerit.

C. XXIV. *Inter bigamos reputantur qui virginitatem pollicitam prævaricantur.*

*Item ex Synodo Ancyrana, c. 18* [184].

Quotquot virginitatem pollicitam [185] prævaricatæ [186] sunt professione contempta, inter bigamos, id est qui ad secundas nuptias transierunt, haberi debebunt.

C. XXV. *Virginibus Deo dedicatis nec in fine danda est communio, si libidini servierint.*

*Item ex Concilio Eliberitano, c. 13* [187].

Virgines, quæ se Deo dedicaverunt [188], si pactum

---

NOTATIONES CORRECTORUM.

C. XXI. u Verba ipsa B. Augustini ex libro de bono viduitatis habentur infra ead. c. *Nuptiarum*, vers. *Quapropter non possum*. Apud Bedam vero, ad c. 7, I ad Corinthios, locus Augustini paulo aliter refertur.

C. XXII. v Hic est idem canon qui supra ead. c. *Virginem* allatus est. Sed illa est versio Dionysii, hæc vero prisca, ex qua etiam sunt duo sequentia capitula.

---

Quæst. I. C. XVIII. [153] *laic. vel clericorum* : Ed. Bas. — *cler. vel laic.* : Edd. rell. [154] *sanctissimæ* : Burch. Ivo. — Edd. coll. o. [155] *neglectu* — *valeus* : Edd. coll. o. [156] *et sol.* : Burch. Iv. = C. XIX. [157] Ep. 9, (scr. A. 598), l. 8. Ed. Maur. [158] *districtionem* : orig. [159] *vindicta corrigerentur* : Ed. Par. — *vindictam corrigerentur* : Edd. Arg. Nor. Ven. I, II. — *vindicta corrigeres* : Edd. coll. o. [160] *faciat* : Ed. Bas. [161] *Juliani* : ead. [162] *assumsit* : ead. [163] *monasterio* : Edd. Arg. Bas. [164] *resecante* : orig. — Edd. col. o. pr. Lugdd. [165] *ante debueras* : Edd. coll. o. [166] *a te* : eavd. = C. XX. [167] *Non est Augustini*. — Ivo Pan. l. 6, c. 4. Decr. p. 8, c. 72. [168] *et* : Böhm. [169] *castitatem* : Ed I. col. o. [170] *conceditur* : Ed. Bas. = C. XXI. [171] cf. infra c. 44. = C. XXII. [172] hab. A. 451. — supra c. 12, idem refertur ex Dionysio. [173] *et mon.* : Coll. Hisp. [174] *licere* : ib. [175] *conjugii* : Ed. Bas. [176] *hic* : ib. [177] *in eis p. facere* : Coll. Hisp. = C. XXIII. [178] Polyc. L. 4, 1. 36. [179] *abest* a Coll. Hisp. [180] *hunc* : ead. [181] *in min.* : ead. [182] *hic* : ead. — *hoc* : Edd. Arg. Nor. Ven. I, II. [183] *et cum* : Edd. coll. o. pr. Bas. Lugdd. II, III. = C. XXIV. [184] hab. A. 314. — Ivo Decr. p. 6, c. 351, ex Dion. [185] *polliciti* : Coll. Hisp. [186] *prævaricati* : ead. — Ed. Bas. = C. XXV. [187] hab. non serius A. 310. [188] *dicaverunt* : Coll. Hisp. — *dedicaverint* : Edd. Nor. Ven. I, II.

perdiderint virginitatis, atque eidem libidini servierint, non intelligentes quid amiserint [189], placuit nec in fine [190] eis dandam esse communionem. Quod si sibimet [x] persuaserint, quod infirmitate corporis lapsæ fuerint, et toto [y] tempore vitæ suæ [191] pœnitentiam egerint, et [192] a coitu se abstinuerint [z], placuit eas in fine [193] communionem accipere debere.

C. XXVI. *Cogatur ad pœnitentiam filia clerici, si devota maritum duxerit.*

Item ex Concilio Martini Bracarensis, c. 30 [194].

De [195] filia episcopi vel presbyteri, sive diaconi, si devota fuerit, et maritum duxerit, si eam pater vel mater in affectum receperint [196], a communione habeantur alieni. Pater vero in concilio causas se noverit præstaturum. Mulier vero non admittatur ad communionem, nisi marito defuncto egerit pœnitentiam. Si autem vivente eo secesserit, et pœnituerit [197], vel petierit communionem, in ultimo fine [198] vitæ [199] deficiens eam [200] accipiat.

C. XXVII. *Devota, nisi desierit peccare, non est in ecclesia recipienda.*

Item ex Concilio Toletano I, c. 16 [201].

Devotam peccantem non recipiendam [202] in ecclesia [203] censemus [204], nisi peccare desierit, et si desinens pœnitentiam egerit aptam annis [205] decem, recipiat communionem. Prius autem, quam in ecclesia [206] recipiatur [207] ad orationem, ad nullius convivium Christianæ mulieris accedat. Quod si admissa fuerit, etiam hæc, quæ eam receperit, habeatur abstenta [s]. Corruptorem etiam par pœna constringat. Quæ autem maritum acceperit non admittatur ad pœnitentiam, nisi aut [208] ' adhuc ipso ' vivente marito caste vivere cœperit, aut postquam ipse decesserit.

C. XXVIII. *De monacha, quæ ad lapsum adulterii deducitur.*

Item Gregorius Januario, Episcopo Caralitano, lib. III, epist. 9 [209].

Si qua monacharum vel per anteriorem [210] licentiam, vel per impunitatis pravam consuetudinem ad lapsum adulterii deducta fuerit, aut in stupri [211] fuerit perducta voraginem, hanc post competentis severitatem vindictæ in aliud districtius monasterium virginum in pœnitentia [212] volumus redigi, ut illic orationibus atque jejuniis [b] vacet, et sic pœnitendo proficiat, et metuendum ceteris arctioris disciplinæ præstet [213] exemplum. Is autem, qui cum hujusmodi feminis in aliqua fuerit iniquitate repertus, communione [214] privetur, si laicus est: si vero clericus [15], a suo quoque remotus officio pro suis continuo lugendis excessibus in monasterium detrudatur [216].

C. XXIX. *Post dignam pœnitentiam communionem recipiant qui in religiosas mulieres excedunt.*

Idem Januario Episcopo, lib. III, epist. 24 [217].

Eos autem, qui in prædictas [218] mulieres, quæ egressæ sunt de monasteriis, excesserunt, et nunc [219] dicuntur communione suspensi [c], si fraternitas tua de tali facinore digne pœnituisse præviderit, ad sacram communionem te volumus revocare.

## NOTATIONES CORRECTORUM.

C. XXV. [v] *Perdiderint*: Sic in omnibus hujus concilii codicibus impressis et manuscriptis, qui collati sunt, sed in conc. Moguntino III, sub Arnulpho c. 26. (ubi hoc refertur) est: *prodiderint*.

[x] *Sibimet*: In duobus Vaticanis conciliorum codicibus legitur: *Quod si semel persuaserint*. In conc. Moguntino: *Quod si semel persuasæ ad infirmi corporis vitia lapsæ*. In codice Lucensi regio': *Quod si semel persuasæ aut infirmi corporis lapsu vitiatæ fuerint*, sicut est in margine conc. Moguntini. In tribus autem conciliorum editionibus Coloniensibus, ac duabus Parisiensibus legitur: *Quod si semelivsas pœnituerit, quod infirmitate*, etc.

[y] *Toto*: Abest hæc dictio ab aliquot vetustis Gratiani, et vetere editione conciliorum Coloniensi, duabus Parisiensibus, et duobus codicibus Vaticanis ''.

[z] *Abstinuerint*: In omnibus conciliorum editionibus, et duobus codicibus Vaticanis ac Lucensi regio sequuntur hæc verba [''' ] · *eo quod lapsæ potius videantur*, quæ tamen absunt a conc. Moguntino.

C. XXVII. [a] *Abstenta*: Sic emendatum est ex recentioribus conciliorum editionibus, codice regio Lucensi, et Martino Bracarensi c. 31., qui caput hoc repetit, quamvis in vetere editione Coloniensi unius tomi, duabus Parisiensibus, et duobus codicibus Vaticanis sit: *in absentia* †, quemadmodum etiam in manuscriptis Gratiani exemplaribus.

C. XXVIII. [b] *Jejuniis*: In plerisque editionibus epistolarum legitur: *atque jejuniis, et sibi pœnitendo proficiat*, etc. Vetus tamen codex epistolarum Vaticanus et Ivo habent quemadmodum Gratianus.

C. XXIX. [c] *Communione suspensi*: Sic emendatum est ex plerisque vetustis Gratiani, et originali ipso, quum antea legeretur: *a communione suspendi* ††.

QUÆST. I. C. XXV. [189] *admiserint*: Ed. Arg. [190] *finem*: Coll. Hisp. ' ita ead., misso tamen voc.: *fuerint*. — *semel*: Edd. Arg. Bas. '' *omni*: Coll. Hisp. [191] add.: *hujusmodi feminæ*: cad. [192] *et — abst.*: non sunt in Ed. Bas. — *ut abstineant se a coitu*: Coll. Hisp. ''' ita ead. [193] *finem*: ead. = C. XXVI. [194] *Papæ*: Edd. coll. o. — cf. conc. Tol. I, c. 19. [195] verba: *De — diac.* sunt capitis rubrica ap. Martinum. [196] *receperit*: Edd. coll. o. [197] *egerit pœnitentiam*: Coll. Hisp. — Ed. Bas. [198] *abest a Coll. Hisp.* [199] add.: *suæ*: Edd. coll. o. [200] *communionem*: Coll. Hisp. == C. XXVII. [201] hab. A. 400. — Ans. l. 11, c. 100. [202] add.,: *esse*: Edd. coll. o. [203] *ecclesiam*: Coll. Hisp. [204] *abest ab ead.* [205] *i. e. annos X pœniteat*: Edd. coll. o. pr. Bas. [206] *ad ecclesiam*: Ans. [207] *admittatur*: id. — Ed. Bas. — *admittitur*: Coll. Hisp. † ita Edd. coll. o. [208] *abest a Coll. Hisp.* = C. XXVIII. [209] Ep. 9, (scr. A. 594), l. 4. Ed. Maur. — Ivo Decr. p. 7, c. 123. [210] *antiquiorem*: Edd. coll. o. [211] *futurum*: orig. [212] *pœnitentiam*: ib. — Iv. — Ed. Bas. [213] *præbeat*: Ed. Bas. [214] *omni comm.*: Edd. coll. o. [215] add.: *fuerit*: orig. — Ivo. [216] *retrudatur*: Ed. Bas. == C. XXIX. [217] Ep. 27 (scr. A. 594), l. 4. Ed. Maur. [218] *religiosas*: Edd. Bas. Lugdd. II, III. — *abest a rell.* [219] *non*: Edd. Nor. Ven. I, II. Par. †† ita Edd. coll. o. pr. Arg. Bas.

**C. XXX.** *De legibus imperatorum.*

*Item ex Novellis* Justiniani Imperatoris [229].

Si quis rapuerit, vel solicitaverit, vel corruperit assisteriam [d], vel diaconissam, vel monacham [221], vel aliam mulierem religiosam vitam vel habitum habentem, bona ipsius, et eorum, qui hujusmodi [222] sceleris communione contaminati sunt, a [223] religioso loco vendicentur, in quo talis mulier habitabat [224], per religiosos episcopos, et œconomos, et præsides provinciarum, et officiales eorum, ipsi autem capitali periculo subjiciantur. Mulier autem ubique investigetur, et cum suis rebus monasterio [225] cautiori tradatur [226]. Sin [227] autem diaconissa fuerit legitimos habens filios, pars legitima liberis ejus 'legitimis' præstetur.

**C. XXXI.** *Mulieres caste observent religiosum habitum, quæ religionis obtentu velantur.*

*Item ex Decreto* Eugenii Papæ II, *in Concilio Romano,* c. 29 [e] [228].

Mulieres obtentu religionis velatæ aut in monasterio regulariter vivant, aut in domibus suis susceptum habitum caste observent.

**C. XXXII.** *Monachus uxorem ducens nunquam sacri gradus sortiatur officium.*

*Item* ex Concilio Aurelianensi I., c. 22 et 23 [229].

Monacho [230] orarium in monasterio vel zonas [231] habere non liceat. Etsi postea [f] uxori fuerit sociatus, tantæ prævaricationis reus nunquam ecclesiastici gradus officium sortiatur.

**C. XXXIII.** *Ante professam continentiam nubant viduæ quibus volunt.*

*Item* Augustinus *de bono viduitatis,* c. 8 [232].

Viduæ, quæ se non continent, nubant ante quam professæ [g] continentiam Deo voveant. Quod nisi reddant, jure damnantur [233].

**C. XXXIV.** *Non permittatur viduæ post professionem continentiæ votum deserere.*

*Item* Nicolaus *Carolo Archiepiscopo, et ejus Suffraganeis* [234].

Vidua quidem [235], quæ capiti sacrum velamen imposuit [236], si inter ceteras velatas feminas in ecclesia oraverit, et oblationes [h] cum illis obtulerit, si professa est se in eodem habitu permanere, spondens nunquam religionis velamen deponere, a [237] religionis observantia discedere non præsumat.

**C. XXXV.** *Professionem viduitatis coram episcopo factam post habitum susceptum nulli violare permittitur.*

*Item ex Concilio Arausico,* c. 27 [238].

Viduitatis servandæ professionem coram episcopo in secretario habitam, imposita coram episcopo [i] veste viduali, non [239] esse violandam. Ipsam [k] talis professionis desertricem merito damnandam esse decernimus [240].

**C. XXXVI.** *Modus et solennitas faciendæ professionis hoc ordine servetur.*

*Item* ex Concilio Toletano X, c. 5, [l] [241].

Omnes feminæ venientes ad sacram [242] religionem pallio capita sua [243] contegant, conscriptam [244] ro-

---

**NOTATIONES CORRECTORUM.**

C. XXX. [d] *Assisteriam :* Omnino legendum est: ascetriam *, ex Novellis tam græcis quam latinis, Juliano Antecessore et Pylycarpo; sed ob glossam non est mutatum.

C. XXXI. [e] In concilio, quod exstat in bibliotheca Vaticana, hæc sunt ipsa decreti verba ** : *Feminæ vero, quæ habitum religiosum aut velamen obtentu religiositatis susceperunt, quum essent viripotentes, deinceps viro sociari non permittantur ; sed eligentes monasteria regulariter vivant, aut in domibus susceptum habitum caste observent.*

C. XXXII. [f] *Postea :* Sic in vetere editione conciliorum Coloniensi, duabus Parisiensibus, et in duobus codicibus Vaticanis. Sed in recentioribus Coloniensibus legitur : *Et si postea pellici vel uxori.*

C. XXXIII. [g] *Professæ :* Ita apud Ivonem quoque, et in Panormia. Sed apud B. Augustinum legitur : *ante, quam continentiam profiteantur, ante, quam Deo voveant.*

C. XXXIV. [h] *Oblationes :* In conc. Vormaciensi, apud Ivonem, et in Panormia legitur : *oblationem*; sed glossa magis fere convenit voci : *oblationes.*

C. XXXV. [i] *Coram episcopo :* Sic etiam apud ceteros collectores. Sed in omnibus editionibus conciliorum, et codicibus manuscriptis est : *a presbytero* ***.

[k] *Ipsam :* In vetere editione conciliorum Coloniensi, duabus Parisiensibus, et duobus codicibus Vaticanis legitur : *ejus vero repudiatorem, vel ipsam,* et in Coloniensi duorum ac trium tomorum in contextu est eadem lectio, in margine vero : *raptorem vero talium, vel ipsam* †, quæ lectio in postrema quatuor tomorum editione in contextu posita est. Ceteri collectores habent quemadmodum Gratianus.

C. XXXVI. [l] In 5. can. X, conc. Toletani primum statuitur, ut feminæ, quæ antea religiosa veste erant

---

Quæst. I. C. XXX. [220] Jul. Epit. Nov. 115, c. 67. — Ivo Decr. p. 7, c. 143. Polyc. l. 4, t. 38. * *assistriam :* Edd. Arg. Bas. — *matricuriam :* Ivo. [221] *monasteriam :* Ivo. — add. : *al. monastriam :* Ed. Bas. [222] *ejusmodi :* Böhm. — *hujus :* Ed. Bas. [223] *abest ab* Iv. et Ed. Bas. [224] *habitat :* Bohm. [225] *in mon :* Ed. Bas. — *monasterii cautioni :* Ivo. [226] *tradetur :* Ed. Bas. [227] *abest hic vers.* ab Iv. = C. XXXI. ** Secutus est Burch. collectionem Ans. dedic., quæ et hoc (l. 6, c. 41), et alia conc. Eug. capita contracta refert. [228] hab. A. 826. — Burch. l. 8, c. 54. Ivo Decr. p. 7, c. 72. Polyc. l. 4, t. 34. = C. XXXII. [229] hab. A. 511. [230] *Monachum :* Coll. Hisp. [231] leg. est cum ead. : *zancas,* quod est calceamentorum genus. = C. XXXIII. [232] cf. ad c. 2. D. 27. — Ivo Pan. l. 3, c. 200. Decr. p. 7, c. 146. [233] *damnentur :* Ivo Pan. = C. XXXIV. [234] Imo c. 21, conc. Worm. hab. A. 868. — Ivo Pan. l. 3, c. 199. Decr. p. 7, c. 145. [235] *abest ab* Ed. Bas. [236] *imposuerit :* ead. — *orig.* — Iv. [237] *et a :* Edd. Lugd. II, III. — Ivo Pan. = C. XXXV. [238] hab. A. 441. — Coll. tr. p. p. 2, t. 26, c. 11. Burch. l. 8, c. 43. Ivo Pan. l. 3, c. 201. Decr. p. 7, c. 61. *** *ab episcopo :* Coll. Hisp. [239] *dicimus non :* Ivo Pan. — Edd. coll. o. † *ejus vero raptorem vel ips :* Coll. Hisp. [240] *abest ab* ead. — *decrevimus :* Ivo Pan. — Edd. coll. o. pr. Bas. Lugdd. II, III. = C. XXXVI. [241] hab. A. 656. — Ivo Pan. l. 3, o. 202. [242] *primam :* Coll. Hisp. [243] abest ab ead., Pan. et Ed. Bas. [244] *scriptam :* Edd. Lugdd. II, III. — *et conscr. :* Edd. rell. pr. Lugd. I. — Coll. Hisp. — Pan.

boratamque professionem faciant, post³⁴⁵ quam scripturam ³⁴⁶ non sinatur relabi ad prævaricationis audaciam. § 1. Quæ vero ex his omnibus fuerint ³⁴⁷ repertæ animum ³⁴⁸ aut vestem in transgressionem ³⁴⁹ dedisse, excommunicationis ³⁵⁰ sententiam ferant, et rursus mutato habitu in monasteriis, donec diem ultimum claudant, sub ærumnis arduæ pœnitentiæ maneant ³⁵¹ religatæ.

### C. XXXVII. *Filii perditionis sunt qui violant corpora feminarum Deo sacratarum.*

*Item ex Concilio Arelatensi* ³⁵².

Sciendum est omnibus ³⁵³, quod Deo sacratarum feminarum corpora per votum propriæ sponsionis et verba sacerdotis Deo consecrata esse templa scripturarum testimoniis comprobantur, et ideo violatores earum sacrilegi, et juxta Apostolum ³⁵⁴ filii perditionis esse noscuntur.

### C. XXXVIII. *De eodem* PALEA.

[*Item* ³⁵⁵.]

« Viduæ, si prius, quam continentiam profiteantur ³⁵⁶, nubere elegerint ³⁵⁷, illis nubant, quos propria voluntate voluerint³⁵⁸ habere maritos. Similis ³⁵⁹ conditio et de virginibus habeatur ³⁶⁰, nec extra voluntatem parentum vel suam cogantur accipere maritos ³⁶¹. »

### C. XXXIX. *In monasterio recludantur monachi uxoribus sociati.*

*Item* Gregorius *Anthemio Subdiacono, in epist.* 40, lib. I ³⁶².

Et quia aliquos monachorum usque ad tantum nefas prosiluisse cognovimus, ut uxores publice sortiantur, sub ³⁶³ omni vigilantia "eos" requiras, et inventos digna ³⁶⁴ coercitione in monasteriis, quorum ³⁶⁵ monachi fuerant ³⁶⁶, retransmittas ³⁶⁷.

### C. XL. *Post professam continentiam quisquis uxorem duxerit, ab ea separetur.*

*Item* Innocentius Papa II, *in Concilio Romano, c.* 7.

§ Ut lex ³⁶⁸.

Ut lex continentiæ et Deo placens munditia in ecclesiasticis personis et sacris ordinibus dilatetur, statuimus, quatenus episcopi, presbyteri, diaconi, subdiaconi, regulares canonici, monachi atque conversi professi, qui sanctum ³⁶⁹ transgredientes propositum uxores sibi copulare præsumpserint, separentur. Hujusmodi namque copulationem, quam contra ecclesiasticam regulam constat esse contractam, matrimonium non esse censemus. Qui etiam ab invicem separati pro tantis excessibus condignam pœnitentiam agant. Id ipsum quoque de sanctimonialibus feminis, si (quod absit) nubere attentaverint, observari ³⁷⁰ decernimus ³⁷¹.

Gratian. *His omnibus auctoritatibus voventes prohibentur contrahere matrimonia, et quidam eorum, si contraxerint, separari jubentur.*

II. Pars. Augustinus *contra talium separationes peccatum esse asserit, ita dicens in libro de bono viduitatis, c.* 8 ³⁷².

### C. XLI. *Conjugia voventium non sunt dissolvenda.*

Nuptiarum bonum semper est quidem bonum, sed ³⁷³ in populo Dei fuit ³⁷⁴ aliquando legis obsequium, nunc est infirmitatis remedium, in quibusdam vero humanitatis solatium. Filiorum quippe procreationi operam dare, non canino more per usum promiscuum feminarum, sed honesto ordine conjugali, non ³⁷⁵ est in homine improbandus affectus: et ipsum tamen laudabilius transcendit et vincit cœlestia cogitans animus Christianus. Sed quoniam ³⁷⁶, sicut ait Dominus, non omnes capiunt verbum hoc, quæ ³⁷⁷ potest capere capiat, quæ se non continet nubat, quæ non cœpit deliberet, quæ aggressa ³⁷⁸ est perseveret; nulla adversario detur occasio, nulla Christo subtrahatur oblatio. § 1. In conjugali quippe vinculo, si pudicitia non conservatur ³⁷⁹, damnatio non timetur. Sed in virginali et viduali continentia excellentia muneris ³⁸⁰ amplioris expetitur, qua expetita et electa, et voti debito oblata, jam non solum capessere nuptias, sed, etiamsi non nubant, nubere³⁸¹ velle damnabile est. Nam ut hoc demon-

---

### NOTATIONES CORRECTORUM.

indutæ, moneantur, et, si parere noluerint, etiam vi cogantur in religiosa vita perseverare, et postea subjungitur : *Omnes tamen hæ, seu venientes ad primam religionem, seu post transgressum resumentes iteratam conversionem, sicut præmissum est, et pallio* capita contegant, et conscriptam roboratamque professionis faciant scripturam, per quam ulterius non sinantur relabi ad prævaricationis audaciam. Quæ vero, etc. Panormia cetera habet ut Gratianus, tantum post vers: *faciant* addit: *scripturamque.*

---

Quæst. I. C. XXXVI. ³⁴⁵ *per* : Coll. Hisp. — ³⁴⁶ add. : *ulterius* : ead. — Ivo. ³⁴⁷ *fuerunt* : Ed. Bas. ³⁴⁸ *annulum* : ead. ³⁴⁹ *transgressione* : Coll. Hisp. ³⁵⁰ *et exc.* : ead. ³⁵¹ *permaneant* : Pan. — Edd. coll. o. = C. XXXVII. ³⁵² Imo ex Cap. Reg. Fr. l. 6, c. 414. — Burch. l. 8, c. 51. Ivo Pan. l. 3. c. 207. Decr. p. 7, c. 69. ³⁵³ *ante omn.* : Ed Bas. ³⁵⁴ 2 Thess. c. 2, v. 3. = C. XXXVIII. ³⁵⁵ Imo ex conc. Tol. III. — Ivo Decr. p. 8, c. 18, 19. — cf. C. 32, qu. 2, c. 16. ³⁵⁶ *profitentur* : Edd. coll. o. ³⁵⁷ *elegerunt* : ead. pr. Lugdd. II, III. — Ivo ³⁵⁸ *volunt* : Edd. Bas. Lugdd. II, III. — *velint* : Edd, rell. ³⁵⁹ *Similiter hæc* : Edd. coll. o. ³⁶⁰ *habetur* : eæd. pr. Bas. ³⁶¹ *maritum* : Edd. coll. o. = C. XXXIX. ³⁶² Ep. 42, (scr. A. 591), l. 1. Ed. Maur. — Ivo Decr. p. 7, c. 122. ³⁶³ *præcipimus ut sub* : Edd. coll. o. ³⁶⁴ *debita* : Iv. — *habita* : Edd. coll. o. ³⁶⁵ *quibus* : eæd. ³⁶⁶ *fuerunt* : orig. ³⁶⁷ *remitti facias* : Edd. coll. o. = C. XL. ³⁶⁸ hab. A. 1159. — Ivo. Pan. in fine l. 8. ³⁶⁹ *sacrum* : Edd. coll. o. ³⁷⁰ *observare* : Edd. coll. o. pr. Bas. Lugdd. II, III. — abest ab Iv. — ³⁷¹ *decrevimus* : Edd. Ven. I, II. Par. Lugd. I. = C. XLI. ³⁷² cf. ad D. 27, c. 2. — Petr. Lomb. Sent. 1. 4. dist. 38. ³⁷³ *quod bonum* : Edd. coll. o. — add. *est* : Edd. Ven. I, II. ³⁷⁴ *sed at.* : Edd. coll. o. ³⁷⁵ *nunc — probandus* : eæd. ³⁷⁶ Matth. c. 19, v. 11. ³⁷⁷ *qui* : Edd. coll. o. ³⁷⁸ *egressa* : cæd. ³⁷⁹ *conserv.* : Ed. Bas. — *serv.* : Edd. rell. ³⁸⁰ *mulieris* : Ed. Lugd. II. ³⁸¹ cf. Dist. 27, c. 4.

straret Apostolus [282], non ait, quum in deliciis egerint [283], in Christo nubunt [m], sed : *nubere volunt, habentes* (inquit) *damnationem, quoniam primam fidem irritam fecerunt*, etsi non nubendo, tamen volendo ; non quia ipsae nuptiae vel [284] talium damnandae judicentur, sed damnatur propositi fraus, damnatur fracta [285] voti fides, damnatur non susceptio a bono inferiore, sed ruina ex [286] bono superiore. Postremo damnantur tales, non quia conjugalem fidem posterius inierunt, sed quia continentiae primam fidem irritam fecerunt. Quod ut breviter insinuaret Apostolus, noluit ea dicere habere damnationem, quae post amplioris sanctitatis propositum nubunt, non quia non damnentur [287], sed ne in eis ipsae nuptiae damnari putarentur ; sed quum dixisset [288] : *nubere volunt*, continuo addidit : *damnationem habentes*, et dixit quare : *quoniam primam fidem irritam fecerunt*, ut voluntas, quae a [289] proposito cecidit, appareat esse damnata [290], sive subsequantur nuptiae sive desint. § 2. Proinde, qui [291] dicunt talium nuptias non esse nuptias, sed potius adulteria, non mihi videntur satis [292] acute et diligenter considerare quid dicant. Fallit eos quippe similitudo veritatis. Quia enim Christi conjugium dicuntur eligere quae Christiana sanctitate nubunt [m], hinc argumentantur quidam, dicentes : Si viro suo vivo quae alteri nubit adultera est, sicut ipse Dominus in evangelio [293] diffinit [294], vivo [295] ergo Christo, cui mors ultra non dominatur [296], quae [297] conjugium ejus elegerit [298], si homini nubit, adultera est. § 3. Qui hoc dicunt acute quidem moventur, sed parum attendunt, hanc [299] argumentationem quanta rerum sequatur absurditas. Quum enim laudabiliter etiam vivente viro ex ejus consensu continentiam femina Christo voveat, jam [300] secundum istorum rationem nulla hoc facere debet [301], ne ipsum [302] Christum (quod sentire [303] nefas est) adulterum [304] faciat, cui vivente viro nubit. Deinde quum primae nuptiae melioris sint meriti quam secundae, absit, ut sanctarum viduarum iste sit sensus, ut Christus eis videatur quasi secundus maritus. Ipsum enim habebant et antea [305] (quando viris suis fideliter subditae serviebant) non carnaliter, sed spiritualiter virum, cui

ecclesia ipsa, cujus membra sunt, conjunx est, quae fidei, spei et caritatis integritate non [306] in solis virginibus sacris, sed etiam viduis [307] et conjugatis fidelibus tota virgo est. Universae quippe ecclesiae, cujus illae [308] membra sunt, Apostolus dicit : *Aptavi [309] vos uni viro virginem castam exhibere Christo.* Novit autem ille virginem conjugem sine corruptione foetare, quem in ipsa etiam carne potuit mater sine corruptione procreare. § 4. Fit autem per hanc minus consideratam opinionem, qua putant lapsarum a sancto proposito feminarum, si nupserint, non esse conjugia, non parvum malum, ut a maritis separentur uxores, quasi adulterae sint, non uxores ; et, quum volunt illas [310] separatas reddere continentiae faciunt maritos earum adulteros veros, quum suis uxoribus vivis alteras duxerint [311]. § 5. Quapropter non possum [312] quidem dicere, a proposito [313] meliore lapsas si nupserint feminas, adulteria esse, non conjugia : sed plane non dubitaverim dicere, lapsus et ruinas a castitate sanctiore, quae vovetur Deo, adulteriis esse pejores. Si enim (quod nullo modo dubitandum est) ad offensionem Christi pertinet, quum membrum ejus [314] fidem non servat [315] marito, quanto gravius offenditur, quum illi ipsi non servatur fides in eo, quod exigit oblatum qui [316] non exegerat offerendum ? Quum enim quisque non reddit quod non imperio compulsus, sed consilio commonitus vovit, tanto magis fraudati voti auget iniquitatem, quanto minus habuit vovendi necesssitatem.

C. XLII. *De viduis, quae primam fidem irritam fecerunt.*

*Item* Gelasius *in epistola ad Episcopos Lucaniae et Brutiorum, cap.* 23 [317].

De viduis sub nulla benedictione velandis superius late sufficienterque praediximus. Quae si propria voluntate professam pristini conjugii castitatem mutabili mente calcaverint [318], periculi earum intererit quali Deum debeant satisfactione placare, quia juxta Apostolum [319] primam fidem irritam fecerunt. Sicut enim, si se forsitan continere non poterant, secundum Apostolum [320] nubere nullatenus vetabantur, sic habita secum deliberatione promissam Deo pu-

### NOTATIONES CORRECTORUM.

C. XLI. ™ *Nubunt :* In aliquot vetustis, et originali legitur : *non nubunt* [*] et utraque lectio videtur ferri posse. Multa vero alia ex ipso B. Augustino sunt emendata.

---

Quaest. I. C. XLI. [282] *Ap. ait, non quum :* Edd. coll. o. pr. Bas. — cf. 1 Tim. c. 5, v. 11, 12. [283] *degerint :* Ed. Bas. — *degerint :* Edd. rell. [284] *vel quia :* Edd. Arg. Nor. Ven. I, II. [285] *fracti :* Edd. coll. o. [286] *a :* Ed. Bas. [287] *damnantur :* Edd. coll. o. [288] *dixissent :* Edd. Ven. I, II. [289] abest ab Ed. Bas. [290] *damnanda :* Edd. coll. o. [291] cf. Dist. 27, c. 2. [292] abest ab Ed. Bas. [*] ita Ed. Arg. [293] Marc. c. 10, v. 11. — Rom. c. 6, v. 9. [294] *diffinivit :* Edd. coll. o. [295] *vivit autem Chr. :* eaed. [296] *dominabitur :* eaed. — Bohm. [297] *quae ergo :* Edd. coll. o. [298] *elegerit :* Ed. Bas. — *elegit :* Edd. rell. [299] *hac argumentatione :* Edd. Lugdd. II, III. [300] abest ab Ed. Bas. [301] *debeat :* Ed. Arg. — *debebat :* Edd. rell. pr. Bas. [302] *ipse Christus :* Edd. coll. o. [303] *consentire :* eaed. pr. Bas. Lugdd. II, III. [304] *adulterium :* Edd. coll. o. [305] *ante :* Bohm. [306] *non solum in :* Edd. coll. o. [307] *vid. et :* non sunt in Edd. Arg. Bas. [308] *omnia illa :* Edd. coll. o. [309] *Optavi :* eaed. — cf. 2 Cor. c. 11, v. 2. [310] *eas — continentes :* Ed. Bas. [311] *ducunt :* Edd. coll. o. [312] *possunt :* Ed. Bas. [313] cf. supra c. 21. [314] abest ab Ed. Bas. [315] *servet :* ead. [316] *quod :* Edd. coll. o. = C. XLII. [317] scr. A. 494. — Burch. l. 8, c. 34. Ivo Decr. p. 7, c. 53. Polyc. l. 4, t. 34. — in Edd. Arg. Nor. Ven. I, II. Par. Lugd. I, adscribitur *Pelagio.* [318] *calcaverunt :* Ed. Bas. [319] 1 Tim. c. 5, v. 12. [320] 1 Cor. c. 7, v. 9.

dicitiæ fidem debent custodire. Nos autem nullum talibus laqueum debemus injicere, sed solum [321] adhortationes præmii sempiterni pœnasque proponere divini judicii, ut et nostra sit absoluta conscientia, et illarum pro se rationem Deo reddat intentio. Cavendum est quippe quod de earum moribus actibusque B. Paulus apostolus [322] testatur. Quod plenius exponere præterimus, ne sexus instabilis [323] non tam detineri [324], quam admoneri videatur.

C. XLIII. *De eodem.* Item Theodorus [325].

Si quis votum virginitatis habens, etc.

Gratian. *Quod autem voventes præmissis auctoritatibus jubentur ab invicem discedere, quorum vero conjugia auctoritatibus Augustini et Theodori* [326] *solvenda non sunt, in capitulo de ordinatione clericorum evidenter ostenditur.* § 1. *Illud autem Innocentii* [327], *quo virgines sacræ publice nubentes, illo vivente, cui se conjunxerant, prohibentur admitti ad pœnitentiam, non ita intelligendum est, ut aliquo tempore excludantur a pœnitentia quæ digne pœnitentiam agere voluerint; sed prohibentur admitti ad pœnitentiam quæ ab incesti copula discedere noluerint. Post propositum namque sacræ religionis non potest Deo per pœnitentiam reconciliari quæ ad habitum suæ professionis redire neglexerit. Tunc enim ille, cui se junxerat, ei defunctus erit, quum ab illius illicitis amplexibus hæc penitus recesserit, ut iste sit sensus capituli :* Quæ Christo spiritualiter nubunt, si postea publice nupserint, non eas admittendas esse ad pœnitentiam censemus, nisi hi, quibus se junxerant de mundo recesserint, *eis, subaudiendum est, nubentibus. Tunc enim viri de mundo recedunt, tunc, defunguntur, quum ab eorum concupiscentia ipsæ penitus se alienaverint, sicut mundus ei dicitur mortuus, quem suis illecebris non adstringit, et ille perhibetur mortuus mundo, qui nihil in mundo mundi concupiscit. Hoc autem sic intelligendum esse, ex subsequenti exemplo idem Innocentius ostendit, dicens* [328] : Quæcunque viro vivente alteri nupserit adultera habeatur, nec ei agendæ pœnitentiæ locus concedatur, nisi unus ex his fuerit defunctus. Hoc de derelicta intelligendum est, quæ, si vivente viro suo alteri nubit, adultera est, nec ad pœnitentiam admittitur, nisi vel primus revertatur in pulverem, *de quo sumtus est, vel secundus, ab ejus copula cessando, ei moriatur, ut dictum est supra. Quia ergo Christus, cui spiritualiter nubunt, jam non moritur, mors* [329] *illi ultra non dominabitur, restat, ut ille, cui secundo nubunt, ei moriatur. In utroque autem, nisi sic intelligeretur, esset contrarius Domino, dicenti per Prophetam* [330] : In quacunque hora peccator conversus fuerit. etc. *et cunctis interpretibus divinæ legis inveniretur adversus. Probatur illud idem auctoritate illius capituli* [331], *quo devota, quæ maritum acceperit, prohibetur ad pœnitentiam admitti, nisi vel uterque continentiam professus fuerit, vel ille, cui se junxerat, de hoc mundo decesserit.*

## QUÆSTIO II.
### GRATIANUS.

I. Pars. *Sequitur secunda quæstio, qua quæritur, an puellæ alteri desponsatæ possint renunciare priori conditioni, et transferre sua vota ad alium.* (Qu. I.) *Hic primum videndum est, an conjugium sit inter eos?* (Qu. II.) *Secundo, an possint ab invicem discedere?* § 1. *Eos autem conjuges esse, et ex definitione conjugii, et auctoritate multorum facile probatur. Sunt enim nuptiæ* [1] *sive matrimonium viri mulierisque conjunctio, individuam vitæ consuetudinem retinens. Inter hos autem fuit conjunctio, quæ individuam vitæ consuetudinem exigebat. Fuit enim inter eos consensus, qui est efficiens causa matrimonii, juxta illud Isidori,* [2] : Consensus facit matrimonium. Item Joannes Chrysostomus, [id est auctor operis imperfecti, homil. XXXII. in Matth.].

### C. I. [a]

Matrimonium quidem non facit coitus, sed voluntas, et ideo non solvit illud separatio corporis, sed separatio voluntatis. Ideo qui dimittit conjugem suam, et aliam non accipit, adhuc maritus est. Nam etsi jam corpore separatus est, tamen adhuc voluntate conjunctus est. Quum ergo aliam acceperit, tunc [4] plene dimittit. Non ergo qui dimittit mœchatur, sed qui alteram ducit,

### C. II.

Item Nicolaus Papa *ad consulta Bulgarorum, c. 3.* [a] [5].

Sufficiat secundum leges solus eorum consensus, de quorum [6] conjunctionibus [7] agitur. Qui [8] consensus si in nuptiis solus forte defuerit, cetera omnia etiam cum ipso coitu celebrata frustrantur.

Gratian. *Quum ergo inter istos consensus intercesserit, qui solus matrimonium facit, patet hos conjuges fuisse. Sed quæritur, quis consensus faciat*

---

### NOTATIONES CORRECTORUM.

Quæst. II. C. II. [a] Emendatum est caput hoc ex ipsis Nicolai responsis.

---

Quæst. I. C. XLII. [321] *solas* : Coll. Hisp.—Burch. Iv.  [322] 1 Tim. c. 5, v. 12.  [323] *fragilis atque inst.* : Edd. Bas. Lugdd. II, III.  [324] *deterreri* : Coll. Hisp. — Burch. Iv. — Edd. coll. o. = C. XLIII.  [325] cf. Dist. 27, c. 4.  [326] cf. cap. cit. 4. D. 27.  [327] supra ead. c. 10.  [328] cf. cap. 10, cit.  [329] Rom. c. 6, v. 9.  [330] Ezech. c. 33, v. 12.  [331] cf. supra c. 27.

Quæst. II. I P.  [1] c. 81, 1, de patr. pot. (1, 9.) Ivo Pan. l. 6, c. 1. Decr. p. 8, c. 1.  [2] cf. infra c. 6. = C. I.  [3] Ivo Decr. p. 8, c. 233. Petr. Lomb. Sent. l. 4, dist. 27.  [4] add. : *eam* : Edd. coll. o. pr. Bas. — Bohm. = C. II.  [5] scr. A. 866. Ans. l. 10, c. 30. Ivo Pan. l. 6, c. 107. Petr. Lomb. ib.  [6] add. : *quarumque* : Edd. coll. o.  [7] *consensu et conjunct* : eæd. pr. Bas.

matrimonium, an consensus cohabitationis, an carnalis copulae, an uterque? Si cohabitationis consensus matrimonium facit, tunc frater cum sorore matrimonium potest contrahere; si carnalis copulae, inter Mariam et Joseph non fuit conjugium. Voverat enim Maria se virginem perseveraturam. Unde ait angelo [a]: Quomodo fiet istud, quoniam virum non cognosco? id est, me non cognituram proposui. Neque enim quia tunc virum non cognoscebat, necesse erat inquiri, quomodo posset filium habere, sed quia nunquam se cognituram proposuerat. § 1. Si ergo contra suum propositum postea consensit in carnalem copulam, rea facta est voti virginalis mente, etsi non opere violati. Quod de ea sentire nefas est, sed, sicut Augustinus ait [b]:

### C. III.

Beata Maria [a] proposuit se servaturam [10] votum virginitatis in corde, sed ipsum votum virginitatis non expressit ore. Subjecit se divinae dispositioni, dum proposuit se perseveraturam virginem, nisi Deus aliter ei revelaret. Committens ergo virginitatem suam divinae dispositioni consensit in carnalem copulam, non illam appetendo, sed divinae inspirationi in utroque obediendo. Postea vero filium genuit, et quod corde conceperat simul cum viro labiis expressit, et uterque in virginitate permansit § 1. Consensus ergo cohabitandi et individuam vitae consuetudinem retinendi interveniens eos conjuges fecit. Individua vero vitae consuetudo est talem se in omnibus exhibere viro [11], qualis ipsa sibi est, et e converso. Ad individuam itaque consuetudinem pertinet absque legitimi consensu viri et [12] orationi [13] aliquando non posse vacare, nec continentiam profiteri. Quia ergo iste consensus fuit inter eos [14], patet eos conjuges fuisse.

### C. IV. PALEA.

Joannes Chrysostomus, [id est, auctor operis imperfecti, hom. XXXII. in Matth. [c] [15].]

« Omnis res, per quascunque causas nascitur, per easdem dissolvitur. Matrimonium enim non facit coitus, sed voluntas, et ideo non solvit illud separatio corporis, sed 'separatio' voluntatis. Ideo qui dimittit conjugem suam, et aliam non accipit, adhuc maritus est. Nam etsi corpore jam separatus est, tamen adhuc voluntate conjunctus est. Quum ergo aliam acceperit, tunc plane [16] dimittit. Non ergo qui dimittit moechatur, sed qui alteram ducit. »

Gratian. Item auctoritate probantur esse conjuges. Ait enim Ambrosius in libro de institutione virginis c. 6. [17]:

### C. V. Conjugalis pactio, non virginitatis defloratio conjugium facit.

Quum initiatur conjugium, 'tunc' conjugii nomen adsciscitur [18]. Non enim [19] defloratio virginitatis facit conjugium, sed pactio conjugalis. Denique quum jungitur [20] puella [21], conjugium est, non quum viri admixtione cognoscitur.

### C. VI. A prima fide desponsationis conjuges verius appellantur.

Item Isidorus Etymologiarum lib. IX., c. 7. [22]

Conjuges verius appellantur a prima desponsationis fide, quamvis adhuc ignoretur inter eos conjugalis concubitus.

### C. VII. PALEA [d].

« Quod conditio interposita non valeat, ex concilio Africano probatur. »

### C. VIII. De eodem. PALEA [e].

« Quicunque sub conditionis nomine aliquam desponsaverit, et eam postea relinquere voluerit, dicimus, quod conditio frangatur, et desponsatio irrefragabiliter teneatur.

### C. IX. De eodem.

Item Augustinus de nuptiis et concupiscentia lib. I c. 11 [f] [23].

Conjunx vocatur a prima fide desponsationis, quam concubitu non cognoverat [24] Joseph [25], nec fuerat cogniturus, nec perierat, nec mendax manserat conjugis appellatio, ubi nec fuerat, nec futura erat ulla

### NOTATIONES CORRECTORUM.

C. III. [b] Caput hoc in vetustis exemplaribus conjunctum est superiori, et videtur a collectore ex variis locis B. Augustini, potissimum ex libello de virginitate, confectum.

C. IV. [c] Palea haec est in multis vetustis codicibus initium vero usque ad vers. Matrimonium est regula prima de regulis juris, quae est in Decretalibus. Verba autem homiliae 32. sunt haec: Omnis res, per quas causas nascitur, per easdem absolvitur. Matrimonium, etc.

C. VII. [d] Palea haec abest ab omnibus collatis exemplaribus [*], duobus exceptis, in quorum altero emendatiore ponitur tanquam summa sequentis capitis. In neutro autem ad finem capitis praecedentis erant verba illa: Item ex concilio Africano, et ideo sublata sunt.

C. VIII. [e] Haec Palea etiam in Decretalibus titul. de conditionibus appositis c. Quicunque [**], et in collectione in quinquaginta partes divisa (quae in tomis conciliorum est post decreta Alexandri III) part. 6. c. 5. citatur ex conc. Africano. Sed in eo, quod exstat, non habetur.

C. IX. [f] Sic est restitutum ex Ivone, quum antea citaretur liber de bono conjugali.

Quæst. II. C. II. [a] Luc. c. 1, v. 34. = C. III. [a] Petr. Lomb. l. 4, dist. 30. [10] conservaturam: Edd. Arg. Bas. [11] marito: Ed. Bas. [12] abest ab ead. [13] add.: etiam: Edd. coll. o. pr. Bas. [14] istos: Ed Bas. = C. IV. [15] cf. ad c. 1. [16] plene: orig. — Iv. — Edd. coll. o., in quibus add.: eam. = C. V. [17] Ans. l. 10, c. 1. Ivo Pan. l. 6, c. 14. Decr. p. 8, c. 2. Petr. Lomb. ib. dist. 27. [18] assumitur: Ivo. — nanciscitur: Edd. Par. Lugdd. [19] abest ab Ed. Bas. — Nam — non: Edd. rell. [20] conjungitur: Ans. Ivo Pan. — Edd. coll. q. [21] mulier: Edd. coll. o. pr. Bas. add.: viro: Edd. coll. o. = C. VI. [22] Ivo Pan. l. 6. c. 15. Decr. p. 8, c. 3. Petr. Lomb. ib. = C. VII. [*] et Ed. Bas. — Haec est rubrica c. sequ. = C. VIII. [**] et in Comp. 1, h. t. c. 1. — Non est inter canones Africanos et videtur auctoris longe recentioris esse. = C. IX. [23] Ivo Pan. l. 6, c. 16. Decr. p. 8, c. 14. Petr. Lomb. ib. [24] agnoverat: Edd. coll. o. [25] abest ab orig. (repetitur enim ex antecedentibus) Iv. et Edd. Arg. Bas. Nor.

carnis [26] commixtio. *Et infra*: § 1. Propter quod fidele conjugium parentes Christi vocari ambo meruerunt, non solum illa mater, verum etiam ille pater ejus, sicut conjunx [27] matris ejus [28], utrumque [29] mente, non carne.

### C. X. *Triplex bonum conjugii fuit in parentibus Christi.*

*Item in eodem lib. et capite* [30].

Omne itaque nuptiarum bonum impletum est in illis parentibus Christi, proles, fides, sacramentum. Prolem cognoscimus ipsum Dominum [31] 'Jesum' [32]; fidem: quia nullum adulterium; sacramentum: quia nullum divortium; solus ibi nuptialis concubitus non fuit, quia in carne peccati fieri non poterat sine 'illa' [33] pudenda carnis concupiscentia [34], quæ accidit ex peccato, sine qua concipi voluit qui futurus erat sine peccato.

Gratian. *Item in Deuteronomio præcepit Dominus Moysi, dicens* [35]: Si quis sponsam alterius in agro oppresserit, morte moriatur, quia uxorem alterius violavit. § 1. *item in legibus principum sponsa jubetur lugere mortem sponsi tanquam viri sui.*

*Item in Canonibus invenitur* [36]:

### C. XI. *Frater sponsam fratris post ejus mortem ducere non potest.*

Si quis desponsaverit sibi aliquam, et præveniente mortis articulo eam cognoscere non potuerit, frater ejus non potest eam ducere in [37] uxorem.

### CXII.

*Item Gregorius Mauricio Imperatori, ob quendam comitem, qui nepotis sui mortui desponsatam duxit uxorem* § [38].

Qui desponsatam puellam proximi sui acceperit in conjugium, anathema sit ipse, et omnes consentientes ei, quia secundum legem Dei mori decernitur. § 1. Nam divinæ legis est mos, sponsas appellare conjuges, ut in Evangelio [39]: *Accipe Mariam conjugem tuam*, et illud in Deuteronomio [40]: *Si quis cujuslibet hominis desponsatam puellam in agro vel in quolibet loco oppresserit* [41], *vel abduxerit in domum suam* [42], *moriatur* [43], *quia uxorem proximi sui violavit;* non quæ jam uxor erat, sed quæ a parentibus uxor fieri debebat. *Et infra*: § 2. Sicut [44] nulli Christiano licet de sua consanguinitate vel quam cognatus suus [45] habuit [46] in matrimonium assumere, ita et de consanguinitate uxoris suæ.

### C. XIII. *Uxore mortua licet viro aliam ducere, sed non repudiatam vel desponsatam.*

*Item* Hieronymus [b] [47].

Additur aliud quartum conjugium legitimum. Dum mortua fuerit uxor cujuslibet, licet illi accipere aliam, sed non repudiatam, nec [48] desponsatam viro, sed liberam; similiter debet et mulier. Unde et Paulus ait [49]: *Mulier, quæ sub viro est ligata est sub lege viri, quandiu vivit vir ejus.* Viro igitur vivente vocatur adultera, si juncta fuerit alii [50] viro. Si autem mortuus fuerit vir ejus, liberata est a lege viri, ita ut non sit adultera, si conjuncta [51] fuerit cum altero viro.

### C. XIV. *Post mortem alicujus nullus de ejus consanguinitate sponsam accipiat.*

*Item* Gregorius [52].

Si quis uxorem desponsaverit, vel eam subarrhaverit, quanquam postmodum præveniente die mortis ejus nequiverit eam [53] ducere in uxorem, tamen nulli de consanguinitate ejus licet accipere eam in conjugio [54]. Quod si inventum fuerit factum, separetur omnino.

### C. XV. *De eodem.*

*Item* Julius Papa [i] [55].

Si quis desponsaverit uxorem vel subarrhaverit, et [56] sive præveniente die mortis, sive [57] irruentibus quibusdam aliis causis minime eam cognoverit, neque ejus superstes frater, neque ullus de consanguinitate ejus eandem sibi tollat in uxorem ullo unquam tempore [58].

---

## NOTATIONES CORRECTORUM.

C. XII. § Apud Anselmum ante hoc caput est hic titulus rubris litteris descriptus: *Capitula B. Gregorii doctoris, de linea consanguinitatis edita.* Postea vero est hic alius titulus nigris literis descriptus: *Mauricio imperatori ob delatum quendam comitem, qui nepotis sui mortui desponsatam virginem duxit uxorem.* Deinde sequitur: *Qui desponsatam*, etc.

C. XIII. [b] Ab Ivone ante hoc caput refertur c. *Tria*. infra 36. q. 2. Neutrum tamen apud B. Hieronymum est inventum.

C. XV. [i] Sic est emendatum ex manuscriptis et Magistro. Nam in vulgatis erat: *Julianus*. In Polycarpo autem citatur: *ex concilio Triburiensi a Julio Papa confirmato.* In quo titulo subest aliquod mendum.

---

QUÆST. II. C. IX. [26] *carnalis*: Edd. coll. o. [27] *et cont.*: exed. [28] add.: *fuit*: exed. pr. Arg. Bas. Nor. [29] *uterque*: Ed. Bas. = C. X. [30] Ivo Pan. l. 6, c. 30. Decr. p. 8, c. 15. Petr. Lomb. Sent. l. 4, dist. 30. [31] *Deum*: Ed. Bas. [32] abest ab Iv. [33] abest ab eod. [34] *conscientia*: Ed. Bas. [35] Deut. c. 22, v. 25.= C. XI. [36] Hoc est breviarium c. 41, concil. Tribur. — cf. infra c. 15. [37] abest ab Ed. Bas. = C. XII. [38] Sunt quædam similia in conc. Gregor. II, (hab. A. 721), c. 10, 11. — Ans. l. 11, c. 93 (92). Polyc. l. 6, t. 4. Petr. Lomb. lib. 4, dist. 27. [39] add.: *dicitur*: Edd. coll. o. — cf. Matth. c. 2, v. 13 [40] Deut. c. 22, v. 25. [41] *invenerit vel op.*: Ans. [42] add.: *maritali effectu, præcipiente Domino per Moysen*: id. [43] *morte mor.*: Edd. Bas. Lugdd. II, III. [44] cf. C. 35, q. 2, c. 7. [45] abest ab Ed. Bas. [46] *habuerit*: ib. = C. XIII. [47] Caput incertum. — Reg. l. 2, c. 107. Ivo Pan. l. 6, c. 34. Decr. p. 8, c. 41. [48] *vel*: Ed. Bas. [49] Rom. c. 7, v. 2. [50] *alteri*: Ed. Bas. [51] abest ab Iv. — *juncta fuer. alteri*: Ed. Bas. = C. XIV. [52] Ivo ib. loc. et in seq. capite videntur Collectores summam c. 41, conc. Tribur. (hab. A. 895), reddere voluisse. — Petr. Lomb. ib. [53] abest ab Ed. Bas. [54] *conjugem*: exed. = C. XV. [55] cf. c. 14. — Polyc. l. 6, t. 4. Petr. Lomb. ib. *** ita Edd. Ven. II. Par. Lugdd. [56] *si præv.*: Ed. Bas. [57] *suæ*: Ed. Bas. [58] *in temp.*: ib.

**II. Pars. Gratian.** *His omnibus auctoritatibus probantur isti esse conjuges. Sed* Augustinus *testatur contra, dicens* [k][89] :

### C. XVI. *Non est inter eos matrimonium, quos non copulat commixtio sexus.*

Non est dubium, illam mulierem non pertinere ad matrimonium, cum qua commixtio sexus non docetur fuisse.

### C. XVII. *Illa mulier non pertinet ad matrimonium, cum qua non celebratur nuptiale ministerium.*

*Item* Leo Papa [l][60].

Quum societas nuptiarum ita a principio sit instituta, ut præter commixtionem sexuum non habeant in se nuptiæ conjunctionis Christi et ecclesiæ sacramentum, non dubium est, illam mulierem non pertinere ad matrimonium, cum qua docetur non fuisse nuptiale ministerium.

### C. XVIII. PALEA.

[Benedictus *servus servorum Dei Grandensi Patriarchæ salutem,* etc. [m][61].]

« Lex divinæ constitutionis apostolicam cathedram totius posuit orbis terrarum magistram [62], ut quidquid ubique locorum dubitatur, ab ea ratio ejusdem requiratur. Affatus est autem nos suis literis ejusdem cathedræ sessorem, ac percunctatus est quidam vestras [63] nomine Joannes, pro connubio filiæ suæ superstitis, cujus soror defuncta cuidam juveni, Stephano nomine, simplicibus verbis fuerat desponsata, et ante, quam ad nuptias perveniret, morte præventa : utrum scilicet cum eodem juvene possit matrimonium celebrari superstitis filiæ, nec ne. Namque testatus est hujus rei rationem apud se haberi ambiguam. Quam Deo docente reddimus [64] his verbis certissimam. Protoplastus ille, radix et origo nostra, detractam sibi costam in mulierem [65] videns formatam, prophetico spiritu inter alia protulit [66] : *Propter hoc relinquet homo patrem et* matrem, *et* adhærebit uxori suæ, *et erunt duo in carne una.* Quibus verbis innotuit, non aliter virum et mulierem posse fieri unam carnem, nisi carnali copula sibi cohæreant. Qui ergo nequaquam mixtus est extraneæ mulieri fœdere nuptiali, quo pacto per nuda sponsionis verba possunt una caro fieri, nullatenus valemus intueri. Propinquitas enim sanguinis verbis [67] dicitur, non verbis efficitur. Sed neque osculum parit propinquitatem, quod [68] nullam facit sanguinis commixtionem. Quoniam vero ita prorsus sese habet res Joannis istius, ut velut [69] secundam filiam [70] illi nuptiis copulare, cui primam jam decreverat desponsare, censura apostolici [n] magistratus mandamus, hoc absque ullius [71] criminis vitio posse fieri, si utriusque partis sederit [72] voluntati [o]. Nam cur prohibeatur quod prohibendum nunquam sancta scriptura declarat? Sed neque mundanæ leges connumeratis personis, quæ [73] inter se nuptias non contrahunt [p], de hujusmodi [74] aliquid dicunt. Ne ergo abnegetis quod negandum nulla ratione docetis [75].

Gratian. *l'em Apostolus* [76] *præcepit, ut uxor reddat debitum viro, et vir uxori, nisi forte ex consensu ad tempus, ut expeditius vacent orationi. Unde datur intelligi, quod sine consensu alterius non licet alteri vacare orationi.* § 1. *Item propositum melioris vitæ vir sumere non potest sine consensu uxoris, et e converso.*

Unde Gregorius *scribit Theoctistæ Patriciæ, lib. IX*, epist. 39 [77] :

### C. XIX. *Causa religionis conjugia solvi non debent.*

Sunt [78] qui dicunt, religionis causa conjugia debere dissolvi. Verum sciendum est, "quia", etsi [79] hoc lex humana concessit, lex tamen divina prohibuit. Per se enim veritas dicit [80] : *Quod Deus conjunxit homo non separet.* Qui etiam ait : *Non licet dimittere uxorem, excepta causa fornicationis.* Quis [81]

### NOTATIONES CORRECTORUM.

C. XVI. [k] Caput hoc non est inventum apud B. Augustinum, et videtur summa seq. cap.

C. XVII. [l] In codicibus epistolarum Leonis impressis et manuscriptis in epist. 90, ad. 92, ad Rusticum c. 4, itemque apud Burchardum et Ivonem longe aliter habet hic locus. *Quum societas*, inquit, *nuptiarum ita ab initio constituta sit, ut præter sexuum conjunctionem haberet in se Christi et ecclesiæ sacramentum, dubium non est, eam mulierem non pertinere ad matrimonium, in qua non docetur nuptiale fuisse mysterium.* Verum, ut respondeat verbis Gratiani, qui manifeste utitur hoc loco depravato, itemque Magistri, et glossæ, et posteriorum doctorum, nihil est in textu mutatum.

C. XVIII. [m] Palea hæc habetur in plerisque manuscriptis. Est etiam in prima collectione Decretalium Bernardi Papiensis et in altera collectione in 50 partes divisa (quæ est inserta tomis conciliorum post decreta Alexandri III.) part. 6, c. 27.

[n] *Apostoli :* In tomis conciliorum est : *censura Apostolica.* In collectione prima Decretalium : *censura apostolici magisterii.*

[o] *Si utriusque parti sederit voluntati :* Hæc non sunt in collectione conciliis inserta.

[p] *Non contrahunt :* In aliquot vetustis, et in prima collectione Decretalium legitur : *nuptias contrahunt*; in altera autem collectione : *quibus inter se nuptias contrahere non licet.*

Quæst. II. C. XVI. [59] Hæc est summa cap. sequ. — Petr. Lomb. ib. = C. XVII. [60] In ep. Leonis ad Rusticum (Ep. 107, scr. A. 458, vel 459. Ed. Baller), hæc sane longe aliter habentur, et ita proferuntur a Burch. l. 9.. c. 1. Iv. Decr. p. 8, c. 74, et 139. In Pan. contra l. 6, c. 23, sunt ut ap. Grat. — cf. Cap. l. 7, c. 59, 105. = C. XVIII. [61] Apocrypha est. — cf. Comp. I, l. 2, t. 2, c. 1. [62] *magistratum* Ed. Bas. [63] *nostras* : Edd. Arg. Nor. Ven. I, II. [64] *reddemus* : Edd. Bas. Lugd. I. [65] *muliere* : Ed. Bas. [66] Gen. c. 2, v. 24. [67] *verb. dic. :* non sunt in Ed. Bas. [68] *quia* ead. [69] *vel, se filiam vel nuptiis :* mendose ead. [70] *abest* ap Ed. Arg. [71] *unius* : Ed. Bas. [72] *se dederit* : Ed. Ven. II. [73] *quibus* : Edd. coll. o. pr. Lugdd. II, III. *ita* Edd. coll. o. [74] *re hui.* : Ed. Bas. [75] *decernimus* : Edd. Lugdd. II, III. — *decrevimus* : Edd. rell. pr. Bas. [76] 1 Cor. c. 7, v. 3. = C. XIX. [77] Ep. 45, (scr. A. 601), l. 11. Ed. Maur. — Ans. l. 10, c. 18 (20). Ivo Pan. l. 6, c. 78. Decr. p. 8, c. 129. Petr. Lomb. l. 4, dist. 27. [78] *Si dicunt — sciendum est :* orig. — Ivo. [79] *si* : Edd. coll. o. pr. Pas. Lugdd. II, III. [80] Matth. c. 19, v. 6, 9. [81] *Quis — una :* non sunt ap. Iv.

ergo huic [83] *cœlesti* legislatori contradicat? Scimus, quia scriptum est [83] : *Erunt duo in carne una.* Si ergo vir et uxor una caro sunt [84], et religionis causa vir uxorem dimittit [85], vel mulier virum in hoc mundo remanentem, vel etiam [86] fortasse ad illicita vota [87] migrantem, quæ est ista conversio q, in qua una eademque caro ex parte transit ad continentiam, et ex parte remanet in pollutione? Si vero utrisque conveniat continentem vitam ducere, hoc quis audeat [88] accusare? quando [89] certum est, quod omnipotens Deus, minora concessit, majora non prohibuit. Et quidem r multos sanctorum novimus cum suis conjugibus et [90] prius continentem [91] vitam duxisse, et postmodum ad sanctæ ecclesiæ regimina migrasse. Duobus enim modis sancti viri etiam a licitis [92] solent abstinere : aliquando, ut merita sibi apud Deum omnipotentem augeant; aliquando, ut anteactæ vitæ culpas detergant. *Et infra* : § 1. Proinde quum boni conjuges aut meritum augere desiderant, aut anteactæ vitæ culpas delere, ut se 'ad continentiam' adstringant, et meliorem vitam appetant, licet. Si vero continentiam, quam vir appetit, uxor non sequitur, aut quam uxor appetit vir recusat, dividi conjugium non potest [93], quia scriptum est [94] : *Mulier potestatem sui corporis non habet, sed vir; similiter et vir potestatem sui corporis non habet sed mulier.*

C. XX. *Absque viri consensu monasterio mulier deputata ad ejus consortium non prohibetur redire.*

Idem *Leoni, Episcopo Catanensi, lib. III, ep. 34* [95].

Multorum relatione comperimus, hanc apud vos olim consuetudinem tenuisse [96], ut subdiaconi suis licite miscerentur conjugibus. Quod ne denuo quisquam præsumeret, a Servodei, sedis nostræ diacono, ex auctoritate nostri decessoris [97] isto est modo prohibitum, ut eodem tempore hi, qui jam uxoribus fuerant copulati, unum ex duobus eligerent, id est aut certe nulla ratione ministrare præsumerent, aut a suis uxoribus abstinerent. Et, quantum dicitur, Speciosus tunc subdiaconus pro hac re ab administrationis se suspendit officio, et usque in obitus sui tempus [98] notarii quidem gessit officium, et a ministerio, quod subdiaconum oportuerat exhibere, cessavit. Post cujus obitum, quia relicta ejus Honorata est marito sociata, a tua *eam* fraternitate in monasterio cognovimus destinatam [99]. Ideoque, si, ut fertur, ejus se maritus ab administratione suspendit [100], antedictæ mulieri non debet officere, quod ad secundam [101] conjugii copulationem migravit [102] : præsertim, si non tali mente subdiacono juncta est, ut a carnis voluptatibus abstineret. Si ergo ita se veritatem, quemadmodum edocti sumus, habere cognoscis, prædictam te mulierem de monasterio per omnia convenit relaxare, ut ad suum maritum sine aliqua possit formidine remeare.

C. XXI. *Ad uxorem redire cogatur qui sine ejus consensu religiosam vestem suscepit.*

Idem *Hadriano, Panormitano Notario, lib. IX, epist. 44*, [103].

Agathosa latrix præsentium questa est, maritum [104] suum contra voluntatem suam in monasterio Urbici abbatis esse conversum. Quod [105] *quia ad ejusdem abbatis culpam et invidiam non est dubium pertinere*, experientiæ tuæ præcipimus, ut diligenti inquisitione discutias, ne forte *cum* ejus voluntate conversus sit, vel ipsa se mutare promiserit. Et si hoc repererit, et illum in monasterio remanere [106] provideat, et hanc, sicut promisit, mutare compellat. Si vero nihil horum est, nec quondam [107] fornicationis crimen (propter quod *viro* [108] licet [109] dimittere [110] uxorem [111] prædictam mulierem comisisse cognoveris, ne illius conversio uxori relictæ in sæculo fieri possit perditionis occasio, volumus, ut maritum suum illi, etiamsi jam tonsuratus est [112], reddere debeas omni excusatione [113] cessante, quia [114], etsi mundana s lex præcipit [115] conversionis gratia utrolibet invito posse solvi conjugium, divina tamen lex fieri non permittit [116]. Nam, excepta [117] fornicationis causa, vir [118] uxorem dimittere nulla

NOTATIONES CORRECTORUM.

C. XIX. q *Conversio* : In originali est : *ista migratio vel conversio*".

r *Et quidem* : Hæc sunt restituta in suum locum, quæ antea transposita fuerant inter vers. *Licet*, et vers. *Si vero*"".

C. XXI. s *Mundana* : Habetur Nov. 123, c. 58, ut est divisa apud Julianum.

---

QUÆST. II. C. XIX. [83] *hujus latori legis* : Edd. coll. o. pr. Bas. [83] Gen. c. 2, v. 24. [84] add. : *et unum corpus* : Edd. Bas. Lugdd. II, III. [85] *dimittat* : Ed. Bas. [86] abest ab ead. et Iv. [87] abest ab orig. et Ivone. " nec tamen in. Ed. Maur. [88] *audet* : Ed. Bas. [89] *quum* : Edd. coll. o. —*Quando —Proinde* : non sunt ap. Iv. — Eadem et verba : *Proinde — licet* omissa sunt ab Ans. "" ita in Edd. coll. o., in quibus pro : *Et quidem est* : *Sic enim.* [90] abest ab Edd. Bas. Lugdd. II, III. [91] abest ab Ed. Arg. [92] *licito* : Bohm. [93] *licet* : Ivo. [94] 1 Cor. c. 7, v. 4. —C. XX. [95] Ep. 46, (scr. A. 594), l. 4. Ed. Maur.—Ans. l. 7, c. 148. Polyc. l. 4, t. 31.—cf. D. 52, c. 2. [96] *fuisse* : Edd. coll. o. [97] *prædecess.* : Edd. Bas. Lugdd. II, III. [98] *tempora* : Edd. Arg. Bas. Nor. [99] *deputatam* : orig. — Ed. Bas. [100] *suspenderit* : Ed. Bas. [101] *secunda — vota* : Edd. coll. o. [102] *migraverit* : Ed. Bas. —C. XXI. [103] Ep. 50, (scr. A. 601), l. 11. Ed. Maur. — Burch. l. 9, c. 48. Ans. l. 10, c. 19 (21). Ivo Pan. l. 6, c. 84. Decr. p. 8, c. 186. Polyc. l. 6, t. 5. Petr. Lomb. l. 4, dist. 27. [104] *virum* : Edd. coll. o. [105] *Quapropter* : eæd. — Ans., a quo verba seqq. pariter absunt. [106] *permanere* : Edd. coll. o. — orig. — Burch. Ans. Iv. [107] *quoddam* : orig. — Burch. Iv. [108] abest ab Ans. [109] add. : *etiam* : Ed. Bas. [110] *relinquere* : orig. — Burch. Ivo Decr. [111] *uxores* : Edd. Lugdd. II, III. [112] *Sit* : Ed. Bas. [113] *prorsus occasione* : ead. [114] *quia — permittit* : non sunt ap. Burch. et Iv. [115] *præcepit* : Ed. Bas. [116] *permisit* : ead. [117] *nisi* : Edd. coll. o. [118] *virum* : eæd. pr. Lugd. I. — B ch. Ivo Decr. — *viro* : Ivo Pan.

[119] ratione [120] conceditur [121], quia post, quam copulatione conjugii viri atque mulieris unum corpus efficitur, non potest ex parte converti, et ex parte in sæculo remanere [122].

**C. XXII.** *Sine consensu uxoris religionis propositum vir sumere non potest.*

*Item ex VIII. Synodo* [123].

Si quis conjugatus [t] vult converti ad monasterium, non est recipiendus, nisi prius a conjuge castimoniam profitente fuerit absolutus. Nam si illo vivente illa per incontinentiam alteri nupserit, procul dubio adultera erit. Nec recipitur apud Deum ejus [124] viri conversio, cujus sequitur conjugalis fœderis prostitutio. Tales igitur tunc sine culpa sequuntur Christum relicto [125] sæculo, si habeant ex pari voluntate castitatis consensum.

**C. XXIII.** *Sine conscientia episcopi viro et uxori causa religionis divertere non licet.*

*Item ex Synodo Eugenii Papæ II, in Synodo Romana c. 36* [126].

Si vir et uxor divertere pro sola religiosa inter se consenserint vita, nullatenus sine episcopi conscientia fiat, ut ab eo singulariter proviso constituantur loco. Nam uxore nolente [127], aut altero eorum, etiam pro tali re matrimonium non solvitur.

**C. XXIV.** *Sine uxoris voluntate viro continere non licet.*

*Item Joannes Chrysostomus hom. I. in Psal. 50* u [128].

Si tu abstines sine uxoris voluntate, tribuis ei fornicandi licentiam, et peccatum illius tuæ imputabitur abstinentiæ.

**C. XXV.** *Vir non est suscipiendus in monasterium, nisi uxor convertatur.*

*Item Gregorius Urbico Abbati, lib. V. ep. 49* [129].

Quia Agatho lator præsentium in monasterio dilectionis tuæ converti desiderat, hortamur, ut cum omni eum dulcedine dilectioneque [130] suscipias. *Et infra :* § 1. Quem tamen ita suscipiendum esse cognosce, si et [131] uxor illius similiter [132] converti voluerit. Nam dum unum utrorumque corpus conjugii copulatione sit factum, incongruum est partem converti, et partem in sæculo remanere.

**C. XXVI.** *Continentiæ vota non licet uxori suscipere, nisi eandem vitam vir ejus elegerit.*

*Item* Nicolaus Papa *Carolo Regi* [133].

Scripsit v nobis Thietberga [134] regina, se regia [135] dignitate vel maritali copula velle exui, et sola vita privata esse contentam desiderare. Cui [136] nos scripsimus, non aliter hoc fieri posse nisi eandem vitam conjunx ejus Lotharius elegerit. *Et in altera epistola* † *ad Lotharium regem.* 1. Nam licet w sit scriptum : *Quod* [137] *Deus conjunxit homo non separet,* Deus tamen, et non homo separat, quando divini amoris intuitu ex consensu utriusque conjugis matrimonia dissolvuntur. Aliter autem fieri mutuam separationem prohibemus.

*Gratian.* Ecce, quod conjugati sine licentia alterutrius continentiam profiteri non possunt. Sponsi vero, etiam inconsultis quas sibi desponsaverunt, exemplis et auctoritatibus probantur continentiam posse servare. Ut enim refert B. Hieronymus, Macharius, præcipuus inter Christi eremitas, celebrato nuptiarum convivio, quum vespere thalamum esset ingressurus, ex urbe egrediens transmarina petiit, et eremi solitudinem sibi elegit. § 1. Item B. Alexius, Euphemiani clarissimi filius, similiter ex nuptiis divina gratia vocatus, sponsam deseruit, et nudus Christo famulari cœpit. Horum exemplo patet, quod sponsi sponsarum suarum non exquisito consensu continentiam valent profiteri.

Probatur idem auctoritate Eusebii Papæ dicentis [138] :

**C. XXVII.** *Desponsata puella non prohibetur monasterium eligere.*

Desponsatam puellam non licet parentibus alii viro tradere; licet tamen illi monasterium sibi eligere.

### NOTATIONES CORRECTORUM.

C. XXII. t *Si quis conjugatus :* Hæc usque ad vers. *Nam si illo*, habentur apud B. Basilium in regulis fusius disputatis cap. 12. Burchardus quidem, Polycarpus et Ivo part. 8, c. 183, citant totum hoc caput ex dictis Basilii. Idem vero Ivo c. 220, et auctor Panormiæ [l. 6, c. 85.] citant epistolam Alexandri II. Landulpho scriptam, in qua hoc idem ex B. Basilio refertur. Et pars prior illius epistolæ refertur infra 33, q. 5. *Notificasti*.

C. XXIV. u Antea citabatur Augustinus de adulterinis conjugiis, apud quem l. 8, c. 4, habetur sententia, sed non verba, quare restitutus est titulus ex Ivone.

C. XXVI. v *Scripsit :* Usque ad vers. *Elegerit*, sunt ex epistola Nicolai I. Carolo regi scripta, cujus initium est : *Nunquam dolorem,* et exstat in codice monasterii Dominicanorum.

w *Nam licet :* Hæc usque ad finem sunt ex epistola ejusdem Nicolai scripta Lothario, cujus initium est : *Audito revertente misso nostro* et exstat in eodem codice.

QUÆST. II. C. XXI. [119] *nonnulla :* Edd. Ven. I, II. [120] *ratio :* Ed. Bas. [121] *concedit :* Edd. Arg. Bas. [122] *manere :* Edd. coll. o. = C. XXII. [123] Imo Basilius, cf. Corr. — Burch. l. 9, c. 45. Aus. l. 10, c. 20 (22). Coll. tr. p. p. 2, t. 14, c. 22. Ivo Decr. p. 8, c. 183. Petr. Lomb. et Polyc. ib. [124] *ejusdem :* Ed. Bas. [125] *derelicto :* Edd. coll. o. = C. XXIII. [126] Much. A. 826. — Ivo Pan. l. 6, c. 76. Decr. p. 8, c. 127. Petr. Lomb. ib. [127] *volente :* Ivo Pan. — Edd. Bas. Lugdd. II, III. = C. XXIV. [128] Apocrypha habetur. — Ivo Pan. l. 6, c. 79, (ex Aug. de adult. conjug.) Decr. p. 8, c. 130. Petr. Lemb. ib. = C. XXV. [129] Ep. 48, (scr. A 596), l. 6. Ed. Maur. [130] *devotioneque :* Ed. Bas. [131] *abest ab* Edd. Ven. II. Par. Lugd. I. [132] add. : *cum eo :* Edd. Bas. Lugdd. II, III. = C. XXVI. [133] scr. A. 867. — Reg. l. 2, c. 113. Burch. l. 9, c. 49, 53. Aus. l. 10, c. 21 (23). Ivo Pan. p. 6, c. 77, 83. Decr. p. 8, c. 128. 188. Petr. Lomb. ib. [134] *Theberga :* Edd. Bas. Par. Lugd. I. — *Theberga :* Edd. rell. — Ivo Pan. — *Theiberga :* Ivo Decr. [135] *abest ab* Aus. Burch. et Iv. [136] *Cui rescripsimus :* Ed Bas. † scr. A. eod. [137] Matth. c. 19, v. 6. = C. XXVII. [138] Est in libro pœn. Theodori Cant., qualis editus est a Petito c. 11. —Burch. l. 8, c. 19. Ivo Decr. p. 7, c. 40. Petr. Lomb. ib.

C. XXVIII. *Desponsata impune monasterium potest eligere.*

*Item* Gregorius *in Regesto, lib. VI, epist.* 20, *ad Fortunatum* [139].

Decreta legalia desponsatam, si converti voluerit, nullo omnino censuerunt damno mulctari.

Gratian. *Quum ergo conjugatorum continentia, nisi ex amborum consensu, Deo offerri non valeat; quum vir* [140] *sui corporis potestatem non habeat, sed mulier, sponsae autem monasterium possint eligere, et sponsi non exquisito consensu sponsarum propositum melioris vitae assumere valeant : patet, quod inter sponsum et sponsam conjugium non est.* § 1. *Item quum secundum Augustinum* [x] *illa mulier non pertineat ad matrimonium, cum qua docetur non fuisse commixtio sexus; item quum secundum Leonem* [141] *illa non pertineat ad matrimonium, cum qua non docetur fuisse nuptiale ministerium : apparet, quod inter sponsum et sponsam conjugium non est.* § 2. *Item Nicolaus Papa* [142] *praecepit, de his, qui ab adversariis excaecantur, et membris detruncantur, ut ob hanc infirmitatem conjugia talium non solvantur.* § 3. *De his autem, qui causa frigiditatis uxoribus debitum reddere non possunt, statuit Gregorius* [143] *Papa, ut uterque eorum septima manu propinquorum tactis sacro sanctis reliquiis jurejurando dicat, quod nunquam per commixtionem carnis conjuncti una caro effecti fuissent. Tunc mulier secundas nuptias poterit contrahere; vir autem, qui frigidae naturae est, maneat sine spe conjugii.*

*Unde idem* [y] *scribit Venerio, Caralitano Episcopo, ita dicens* [144] :

C. XXIX. *Si mulier probaverit, quod a viro suo nunquam cognita fuerit, separetur.*

Quod autem interrogasti [145] de his, qui matrimonio [146] juncti [147] sunt, et [148] nubere non possunt, si ille aliam, vel illa alium possit accipere, de [149] his [150] ita [151] scriptum [z] est [152] : Vir et mulier, si se conjunxerint, et postea dixerit [153] mulier de viro, quod non possit coire cum ea [154], si potest [per [155] verum judicium] probare, quod verum sit, accipiat alium.

Gratian. *Ecce, impossibilitas coeundi, si post carnalem copulam inventa fuerit in aliquo, non solvit conjugium. Si vero ante carnalem copulam deprehensa fuerit, liberum facit mulieri alium virum accipere. Unde apparet, illos non fuisse conjuges; alioqui non liceret eis ab invicem discedere, excepta causa fornicationis; et sic discedentes oportet manere innuptos, aut sibi invicem reconciliari.* § 1. *Item si sponsa conjunx esset, mortuo sponso remaneret vidua. Si autem vidua esset, vir ejus ad sacros ordines conscendere non posset. Maritus enim viduae, aeque sicut et bigamus, sacerdos fieri prohibetur. Ex hujus autem copula nullus prohibetur a sacris ordinibus. Ut enim ait Pelagius Papa* [156] : *Nihil est (quantum ad hunc articulum attinet) quod ei obviet de canonicis institutis. Apparet ergo, hos non fuisse conjuges.* § 2. *Item si conjuges essent, discessio ab invicem esset divortium. Sed horum separationem negat Ambrosius esse divortium, dicens de B. Maria, quam sibi Joseph desponsaverat, et in suam duxerat : Joseph* [a] *nunquam cognovit eam. Nam si vir justus eam cognovisset, nunquam a se discedere passus esset, nec Dominus, qui uxorem praeceperat a viro discedere, nisi causa fornicationis, commendans eam discipulo, auctor divortii fuisset. Ecce, commendatio Mariae Joanni, et detractio Joseph negatur fuisse divortium, quia Joseph non cognoverat eam. Unde apparet, eos non fuisse conjuges. Si autem B. Maria, quam sibi Joseph desponsaverat, et in suam duxerat, conjunx negatur fuisse, multo minus ista, quae simpliciter sponsa erat, conjunx est appellanda.*

### NOTATIONES CORRECTORUM.

C. XXVIII. [x] *Secundum Augustinum :* Gratianus hic repetit quae sup. c. *Non est dubium*, et c. *Quum societas*, ex Augustino et Leone attulit valde corrupta, ut ibi notatum est.

C. XXIX. [y] *Idem :* Hoc idem caput infra 33, quaest. 1, citatur ex Gregorio Joanni, Ravennati episcopo, itemque a Burchardo et Ivone p. 8, c. 178. In Panormia autem exprimitur : *Gregorius junior*. Sententia vero ipsa refertur ex Gregorio in Decretalibus tit. de frig. et malefic. cap. *Laudabilem*, et ab Ivone ead. part. cap. 80, ex Capitularibus, ubi habetur lib. 6, cap. 55.

[z] *Scriptum :* Auctor glossae hic ait : *in Lombarda*, et infra 33, q. 1, hoc eodem loco ait : *primo libro capitulari Caroli, scilicet in Lombarda*. Nunc habetur Capitul., lib. 6, c. 55, additis in extremo his verbis : *eo quod juxta Apostolum non potuit illi reddere suum debitum.*

[a] *Joseph :* Verba B. Ambrosii, lib. 1, comment. ad c. 1 Luc. (quae propius accedunt ad hunc locum, quam quae habentur lib. 10, ad cap. 23) sunt haec : *Utique, si convenissent, nunquam virum proprium reliquisset, nec vir eam justus passus esset a se discedere. Quomodo autem Dominus divortium praecepisset, quum ipsius sit sententia, quia nemo debet dimittere uxorem, excepta causa fornicationis?*

Quaest. II. C. XXVIII. [139] Ep. 23, (scr. A. 597), l. 7. Ed. Maur.—Ans. l. 10, c. 8. Petr. Lomb. ib. [140] 1 Cor. c. 7, v. 4. [141] cf. supra c. 17. [142] cf. C. 32, qu. 7, c. 25. [143] cf. C. 33, qu. 1, c. 2. = C. XXIX. * In Brandtiana ed. simpliciter laudatur ex Greg. ad Joan. Rav. [144] Imo Rabanus ep. ad Heribaldum c. 29, (scr. A. 853).— Reg. l. 2, c. 242. Burch. l. 9, c. 40. Ans. l. 10, c. 26. Ivo Pan. l. 6, c. 115. Decr. p. 8, c. 178. Polyc. l. 6, l. 4. Petr. Lomb. l. 4, dist. 54. — cf. infra C. 33, qu. 1, c. 4. [145] add. : *me :* Edd. coll. o. [146] *in matr.* : Ed. Bas. [147] *conjuncti :* Edd. coll. o. pr. Bas. [148] *sed :* Ed. Bas. [149] abest ab Iv. Burch. [150] *quibus :* Edd. coll. o. — Reg. Iv. Burch. [151] abest ab iisd. et Ed. Bas. [152] cf. Cap. l. 6, c. 55. — Ivo Decr. p. 8, c. 80. [153] *dicat :* Ed. Bas. [154] *illa :* ib. — *èo :* Bohm. [155] *p. v. jud.* : non sunt in Cap. et Iv. c. 80, sed ap. Rab. et Reg. Burch. Ans. Iv. II, III, quos tamen pro *verum :* leg. : *justum.* [156] cf. Dist. 34, c. ult.

**C. XXX.** *Sororem uxoris polluens neutram valet habere.*

Item ex Concilio Aurelianensi [b][157].

Qui dormierit cum duabus sororibus, et una ex illis antea uxor fuerit [158], neutram ex ipsis habeat, nec ipsi adulteri [159] unquam in conjugio copulentur [160].

Gratian. *Id est, nec propriae uxori sibi licet reddere debitum, quam sibi reddidit illicitam, sororem ejus cognoscendo. Nec etiam post mortem* [uxoris *licet ei, vel adultero* [161] *alicui copulari in conjugio. De sponsa vero econtra legitur in Concilio Triburiensi* [162] :

**C. XXXI.** *De eo, qui dormivit cum sponsa fratris sui.*

Quidam desponsavit uxorem, et dotavit eam, et cum ea coire non potuit; quam clanculo frater ejus corrupit et gravidam reddidit. Decretum est, ut, quamvis nupta esse non potuerit [163] legitimo viro, desponsatam tamen fratri frater habere non possit; sed mœchus et mœcha fornicationis quidem vindictam sustineant, licita vero conjugia eis non negentur.

**C. XXXII.** *Si quis sponsam filii sui oppresserit, simul cum ea sine spe conjugii maneat.*

Item ex eodem [164].

Si quis sponsam filii sui oppresserit, et postea filius ejus eam duxerit, pater postmodum non habeat uxorem, nec mulier virum. Filius, qui patris facinus ignoravit [165], aliam accipiat.

Gratian. *Si illa, quam vir sororis suae cognoverit, perpetuo copulari prohibetur, hic vero, qui sponsam fratris sui corrupit, peracta poenitentia matrimonium contrahere permittitur, apparet, hanc non fuisse conjugem fratris ejus. § 1. Item mulier causa fornicationis a viro suo dimissa aut ei reconciliabitur,* aut eo vivente innupta manebit. *De sponsa vero contra invenitur in I libro* Capitularium *c. 105* [166], *et l. VII, c. 183, quibus locis sic legitur :*

**C. XXXIII.** *Si sponsus raptam recipere noluerit, liceat sibi alii nubere.*

Raptor poenitentia publica mulctetur. Raptae [167] vero, si eam sponsus recipere noluerit, et ipsa eidem crimini consentiens non fuerit, licentia nubendi alii non negatur.

**C. XXXIV.** *De eodem.*

Item ex Concilio Toletano [c][168].

Statutum est a sacro conventu, ut si quis sponsam alterius rapuerit, publica poenitentia mulctetur, et sine spe conjugii maneat. Et si ipsa eidem crimini consentiens non fuerit, licentia nubendi alii non negetur. Quod si post haec [169] conjungere se praesumserint [170], utrique [171] usque ad satisfactionem [d] anathematizentur.

III Pars. Gratian. *Apparet ergo, hanc non fuisse conjugem, cui vivente sponso alteri nubendi licentia non negatur. Quomodo ergo secundum Ambrosium et reliquos Patres sponsae conjuges appellantur, et his omnibus argumentis conjuges non esse probantur? Sed sciendum est, quod conjugium desponsatione initiatur, commixtione perficitur. Unde inter sponsum et sponsam conjugium est, sed initiatum; inter copulatos est conjugium ratum.*

Unde Ambrosius [e][172] :

**C. XXXV.** *In desponsatione conjugium initiatur.*

Quum initiatur conjugium, conjugii nomen asciscitur, non [173] quum puella viri admixtione [174] cognoscitur.

Gratian. *Ecce, quod in desponsatione conjugium initiatur, non perficitur.*

---

**NOTATIONES CORRECTORUM.**

C. XXX. [b] *Aurelianensi :* Hoc idem infra 32, q. 7. *Qui dormierit ,* videtur citari ex conc. Moguntino. Sed in nullo Aurelianensi aut Moguntino est inventum, quemadmodum neque sequentia in Triburiensi.
C. XXXIV. [c] In nullo Toletano conc. inventum est. Sed fere eadem leguntur in conc. Remensi Trosleiano, et lib. 1, Capitul. cap. 105, et lib. 7, c. 183, in legibus Longobard., lib. 1, tit. de rapt.

[D] mul. l. 12.
[d] *Usque ad satisfactionem :* Haec verba non sunt in Trosleiano, neque in Capitularibus; sunt tamen apud Burchardum et Ivonem, qui etiam citant Toletanum *.
C. XXXV. [e] Integer textus affertur sub. ead. *Quum initiatur.*

---

Quaest. II. C. XXX. [157] Imo ex Vermeriensi hab. A. 752. — Reg. l. 2, c. 115. Burch. l. 17, c. 3. Ivo Decr. p. 9, c. 69. [158] *fuerat :* Edd. coll. o. — *fuit :* Burch. [159] *adultero :* Edd. coll. o. [160] *copuletur :* Edd. Par. Lugdn. [161] *adulterae :* Bohm. = C. XXXI. [162] Videntur Burch. l. 17, c. 49. Ivo Decr. p. 9, c. 100, c. 31, conc. Trib. paucis reddere voluisse, quod suo more ante ipsos fecerat Regino l. 2, c. 245. [163] *potuit :* Edd. coll. o. pr. Bas. = C. XXXII. [164] Imo ex Compendiensi c. 10, hab. A. 756. — Reg. l. 2, c. 217. Burch. l. 17, c. 18. Petr. Lomb. l. 4, dist. 27. [165] *ignoraverit :* Edd. Bas. Lugdn. II, III. = C. XXXIII. [166] c. 24. Cap. Aquisgr. dat. A. 816. — Cap. l. 1, c. 99. Ed. Baluz. — Ivo Decr. p. 8, c. 26. [167] *Raptam vero si spons. :* Ivo. — Edd. coll. o. = C. XXXIV. [168] Hoc est c. 24. Cap. Aquisgr. A. 816, relatum in l. 1, c. 99. Cap., et repetitum in Trosleiano c. 8. — Burch. l. 9, c. 37. Ans. l. 11, c. 98. Ivo Decr. p. 8, c. 175. Petr. Lomb. ib. [169] add. *: ipsi :* Cap. et conc. Trosl. — *et ipsi :* Burch. Iv. [170] *praesumserit :* Cap. et conc. Trosl. — Edd. Bas. Ven. I. [171] *uterque — anathematizetur :* Edd. coll. o. ' *et* Ans. = C. XXXV. [172] cf. supra c. 5. [173] *nisi tunc, quum :* Ed. Bas. [174] *commixtione :* ib.

**C. XXXVI.** *Conjunctorum commixtio matrimonium perficit.*

Item Ambrosius in *lib. I, de Patriarchis* [178].

In omni matrimonio conjunctio intelligitur spiritualis, quam confirmat et perficit conjunctorum commixtio corporalis.

**C. XXXVII.** *Matrimonium sponsali conventione initiatur, commixtione perficitur.*

Item Hieronymus super *Abdiam Prophetam* [176].

Quapropter [177] *in filiabus vestris fornicabuntur, et sponsæ vestræ adulteræ erunt.* Notandum est, quod in filiabus dicit fornicationem futuram, et in conjugibus [178] adulteria, quæ sponsali conventione [179] initiantur, et commixtione corporum perficiuntur.

**C. XXXVIII.** *Quum desponsata fuerit tradita et in usum deducta, recte conjunx appellatur.*

Item Ambrosius ad *Paternum, epist. LXVI* [180].

Si quis desponsata sibi et tradita utatur, rite conjugium vocatur.

Gratian. *Quare autem post nuptialia pacta non statim tradantur sponsæ*, Augustinus in *libro VIII. Confessionum c. 3 ostendit, dicens* [181]:

**C. XXXIX.** *Quare sponsæ post pactum non statim tradantur.*

Institutum est, ut jam pactæ sponsæ non statim tradantur, ne vilem habeat maritus datam, quam non [182] suspiraverit [183] sponsus dilatam.

Gratian. *Juxta hanc distinctionem intelligenda est illa auctoritas Augustini* [184]: Non dubium est illam mulierem non pertinere ad matrimonium, cum qua docetur non fuisse commixtio sexus. Ad matrimonium perfectum subintelligendum est, tale videlicet, quod habeat in se Christi et ecclesiæ sacramentum. Ita et illud Leonis Papæ [185] intelligendum est. § 1. Sed objicitur illud Augustini [186]: Inter Mariam et Joseph fuit perfectum conjugium. Sed perfectum intelligitur non ex officio, sed ex iis quæ comitantur officium conjugii, ex fide videlicet, prole et sacramento. Quæ omnia inter Christi parentes fuisse auctoritate Augustini probantur. Cuncta ergo, quæ de non separando conjugio inducta sunt, de perfecto intelliguntur, quod sponsali conventione est initiatum, et officio corporalis commixtionis est consummatum. Illa vero, quibus separabile conjugium ostenditur, de initiato intelliguntur, quod nondum officio sui perfectum est. § 2. Potest et aliter distingui. Sponsæ appellantur conjuges consuetudine scripturæ spe futurorum, non effectu præsentium. Unde Ambrosius, quum dixisset [187]: Quum initiatur conjugium, non addidit: *tunc res vel effectus,* sed : *tunc nomen conjugii asciscitur,* ostendens, tales conjugii nomen habere, non rem vel effectum. Item Augustinus, quum de parentibus Domini loqueretur, ait [188]: conjuges fuerunt mente, non carne, sicut et parentes. Ex quo datur intelligi, quod sicut Joseph, pater Domini dictus est non effectu geniturae, sed officio et cura providendi: sic et conjux matris ejus appellatur non conjugii effectu, sed subministratione necessariorum, et individuæ mentis affectu. Hinc Augustinus ait [189] : *Noli timere accipere Mariam conjugem tuam; conjugem nominavit, quia futura erat uxor.* Hinc et Beda super *Leviticum*: Si quis sponsam alterius violaverit, etc. *sponsam uxorem dixit, non quæ tunc erat, sed quæ futura erat uxor.* Hinc etiam Hieronymus super *Matthæum in Evangelio* [190]: Quum esset desponsata.

**C. XL.** *Consuetudine scripturæ sponsæ conjuges, et sponsi viri appellantur.*

*Genuit Joseph virum Mariæ* [191]. Quum virum audieris, suspicio tibi non subeat nuptiarum, sed recordare consuetudinis scripturarum, quod sponsi viri, et sponsæ vocentur uxores. *Et infra:* § 1. Non ab alio inventa est, nisi a Joseph, qui pæne licentia maritali futuræ uxoris omnia noverat. *Et infra:* § 2. *Joseph* [192] *filii* [193] *David,* etc. Jam [194] et [195] supra diximus, sponsas uxores appellari [196], quod plenius liber adversus Helvidium docet.

**C. XLI.** *De eodem.* Idem super *Genesim* [b].

*Egressus* [197] *itaque Loth locutus est ad generos suos, qui accepturi erant filias suas.* In sequentibus filiæ Loth virgines esse [198] dicuntur. Et ipse ad Sodomitas dixit: *Ecce duæ filiæ meæ, quæ non cognoverunt virum.* Nunc autem dicitur habuisse generos. Quidam [199] arbitrantur eas, quæ viros habuerunt, in Sodomis periisse, et quæ virgines erant, cum patre exiisse. Sed Hebraica veritas habet: *Egressus Loth locutus est ad sponsos* [i], *qui accepturi erant fi-*

**NOTATIONES CORRECTORUM.**

C. XXXVI. [f] Caput hoc non est inventum apud Ambrosium, neque sequens apud Hieronymum.

C. XXXVIII. [g] *Rite*: Apud B. Ambrosium legitur: *utatur, conjugium vocat*. Sicut etiam apud Ivonem. Et quæ antecedunt ac sequuntur ostendunt, aliam fuisse ipsius mentem, atque Gratianus putaverit et auctor Panormiæ.

C. XLI. [h] In hoc capite Gratianus retulit verba glossæ ordinariæ in cap. 19. Gen. ex Hieronymo.

[i] *Sponsos*. Sequebantur hæc: *suos, quod quidem magis verum esse videtur ex hoc, quod sequitur, qui accepturi* etc., quæ sunt expuncta, quia neque apud B. Hieronymum, neque in glossa ordinaria habentur. Ex iisdem vero addita sunt a vers. *Necdum*, usque in finem, quoniam inde colligitur id, quod vult Gratianus.

Quæst. II. C. XXXVI. [175] Cap. incertum. — Petr. Lomb. l. 4, dist. 30. = C. XXXVII. [176] Cap. incertum. [177] Os. c. 4, v. 13. [178] *conjugiis*: Ed. Bas. [179] *conjunctione*: Edd. coll. o. = C. XXXVIII. [180] scr. c. A. 390. — Ivo Pan. l. 6, c. 17, Decr. p. 6, c. 101. [*] *vocatur*: Pan. = C. XXXIX. [181] Ivo Pan. l. 6, c. 10. Decr. p. 8, c. 33. Petr. Lomb. l. 4, dist. 27. [182] abest ab lv. [183] *suspiraverat*: Ivo Decr. — *suspiravit*: Ed. Bas. [184] cf. supra c. 16. [185] cf. supra c. 17. [186] cf. supra c. 3. [187] cf. supra c. 5. [188] cf. supra c. 9. [189] cf. c. id. [190] ad c. 1, v. 18. = C. XL. [191] Matth. c. 1, v. 16. [192] ib. v. 20. [193] *filii*: Bohm. [194] *Jam vero sicut*: Ed. Bas. [195] *ut*: Edd. coll. o. pr. Bas. [196] add.: *constat*: exd. = C. XLI. [197] Gen. c. 19, v. 14. [198] *fuisse*: Edd. coll. o. pr. Arg. [199] *sed quid*.: Edd. coll.o. [*] ita Edd. coll. o.

lias ejus. * Necdum igitur virgines filiae matrimonio fuerant copulatae *.

Gratian. Unde datur intelligi, quod scriptura sponsos generos vocat.

C. XLII. *Maria conjunx dicitur more scripturae, quum simpliciter sponsa esset.*

Item Joannes Os aureum hom. IV, ad c. 1, Matth.

Prius, quam [200] convenirent. Non dixit, prius, quam in sponsi adduceretur domum. Hunc quippe [201] morem servabat antiquitas, ut sponsae in sponsorum domibus haberentur. * Quod nunc quoque fieri interdum videmus *. Ut enim [202] generi Loth apud socerum leguntur habitasse [203] cum sponsis nondum sibi copulatis lege conjugii, sic habitabat etiam Maria cum sponso. Et infra : § 1. Neque enim [204] eam voluit de domo expellere, sed dimittere. Et infra : § 2. Noli [205] timere accipere Mariam conjugem tuam : Quo sermone sponsam similiter [206] indicavit, sicut etiam eos, qui adhuc sponsi sunt, generos appellare scriptura consuevit. Quid enim est accipere [207] ? domi profecto retinere. Jam enim illam mente dimiserat. Et infra : § 3. Sicut enim postea illam commendavit [208] Christus ipse discipulo, sic et nunc angelus copulat sponso, non in foedus solenne conjugii, sed in consortium communis habitaculi.

C. XLIII. *Dominus non commendasset matrem discipulo, si eam Joseph cognovisset.*

Idem hom. V, ad idem c. 1, Matth.

Si enim cognovisset eam, et loco habuisset uxoris, quomodo illam Dominus quasi absque solatio, et nihil penitus habentem discipulo commendasset [209], jubens illi, ut eam reciperet [210] in suam?

C. XLIV. *Maria uxor Joseph appellatur, qui sic ab eo putabatur futura.*

Item Origenes in eodem, hom. I, Evang [211].

Inventa [212] est habens in utero. A. B. Joseph, qui, licet eam non contingeret, futurae [213] tamen, ut putabatur, uxoris omnia noverat [214]. Et infra : § 1. Si tibi uxor nominatur, si desponsata ᵏ tibi esse dicitur, non tamen tibi uxor est, sed Dei unigeniti electa [215] mater est. Et infra : § 2. Dico conjugem propterea, ut diabolo virginitatem ejus occultem [216], * et ut Judaeorum pravitatem excludam atque dejiciam, et * ut legis instituta non destruam. In consequentibus [217] demonstrabo, quod nec ista tua conjunx secundum consuetudinem conjugii habeatur, nec iste, qui [218] generatur, tuus filius esse credatur.

C. XLV. *Ad nuptias Mariae Joseph non pervenit.*

Item Gregorius in expositione Evang., hom. XVI.

Sic quippe [219] discipulum * Dominus * post resurrectionem suam dubitare permisit, nec tamen in dubitatione deseruit, sicut ante nativitatem suam habere Mariam sponsum voluit, qui tamen ad ejus nuptias non pervenit. Nam ita factus est discipulus dubitans et palpans testis verae resurrectionis, sicut sponsus [220] matris fuerat custos integerrimae virginitatis.

Gratian. *Ex his omnibus auctoritatibus apparet, sponsas conjuges appellari spe futurorum, non re praesentium. Quomodo ergo conjuges a prima fide desponsationis appellantur, si ista, quae asseritur sponsa, conjunx esse negatur? Sed a prima fide desponsationis conjunx dicitur appellari, non quod in ipsa desponsatione fiat conjunx, sed quia ex fide, quam ex desponsatione sibi invicem debent, postea efficiuntur conjuges, sicut per fidem dicuntur remitti peccata, non quod ante baptismum per fidem remittantur, sed quia fides est causa, quare in baptismo a peccatis emundamur. § 1. Illud autem Joannis Chrysostomi* [221] : *Matrimonium non facit coitus, sed voluntas; item illud Ambrosii* [222] : *Non defloratio virginitatis, sed pactio conjugalis matrimonium facit, ita intelligendum est : Coitus sine voluntate contrahendi matrimonium, et defloratio virginitatis sine pactione conjugali non facit matrimonium, sed praecedens voluntas contrahendi matrimonium, et conjugalis pactio facit, ut mulier in defloratione suae virginitatis vel in coitu dicatur nubere viro, vel nuptias celebrare. § 2. Item Siricius Papa* [223] *discessionem sponsae a sponso vocat conjugalem separationem. Sed talis discessio dicitur violatio non jam existentis, sed futuri, ut ex ipsa desponsatione sperabatur. Sic et diabolus dicitur cecidisse a beatitudine, non solum quam tunc habebat, sed etiam ad quam habendam creatus erat. Sic qui merito suae vitae vel scientiae in sacerdotem vel episcopum eligitur, si interim electionem sua cassari meruerit, dicitur amittere sacerdotalem vel episcopalem unctionem, non quam jam acceperat, sed ad quam accipiendam electus erat. Non ergo illa auctoritate sponsa conjunx potest probari. § 3. Sed concedatur, quod sponsa non sit conjunx, tamen quaeritur, utrum liceat ei renunciare priori conditioni?*

### NOTATIONES CORRECTORUM.

C. XLIV. ᵏ *Desponsata* : Sic est emendatum ex ipsa homilia. Antea legebatur : *etsi* [aa] *in desponsa-tione uxor* [aaa] *tibi esse dicitur.* Alia etiam nonnulla emendata et addita.

---

QUAEST. II. C. XLII. [200] Matth. c. 1, v. 18. [201] *enim* : Edd. coll. o. [202] *autem* : eaed. — cf. Gen. c. 1. [203] *habitare* : Edd. coll. o. [204] Matth. c. 1, v. 19. [205] ib. c. 20. [206] *simpliciter* : Ed. Bas. [207] *Quid autem est accipere Mariam conjugem tuam* : ead. [208] *commendat* : ead. = C. XLIII. [209] *commendaret* : Ed. Bas. [210] *acciperet* : ead. = C. XLIV. [211] Non est Origenis. [212] Matth. c. 1, v. 19. [213] *futura* : Ed. Bas. [214] *voverat* : Edd. Nor. Ven. I, II. [215] *si* : Ed. Bas. [216] *abest ab* ead. [217] *aeterni.* ead. — *aeterna* : Edd. rell. [218] *occultarem* : Ed. Bas. [219] *sequentibus* : Edd. coll. o. [220] *add.* : *etiam* : eaed. pr. Bas. = C. XLV. [221] cf. Joann. c. 20. [222] *sp. fuerat et matr.* : Edd. coll. o. pr. Bas. [223] cf. supra c. 1. [224] cf. supra c. 5. [225] cf. infra c. 50.

Hoc autem prohibetur auctoritate Ancyrani Concilii c. 11, *in quo statutum sic legitur* [224]:

**C. XLVI.** *Puellæ desponsatæ prioribus reddendæ sunt, si eis raptæ fuerint.*

Desponsatas puellas et post ab aliis raptas placuit erui, et eis reddi, quibus ante fuerant desponsatæ, etiam si eis a [225] raptoribus vis illata constiterit [226].

**C. XLVII.** *Communione privetur sponsa, nisi raptorem deserere, et ad sponsum suum redire voluerit.*

*Item* Joannes VIII [1], *Rostanno Archiepiscopo* [227].

Atho [228] præsentium lator, dum in nostro servitio fideliter excubaret, quendam virum feminam sibi desponsatam conqueritur rapuisse. Et ideo fraternitas tua nostra auctoritate suffulta suffraganeos suos episcopos præsentialiter convocet, et sic unanimi sententia, si sponsam huic raptor non reddiderit, tam idem quam rapta, si ad pristinum sponsum remeare noluerit [229], omni communione priventur [230].

IV. Pars. Gratian. *Sed aliud est priori conditioni renunciare, et de nuptiis cum alio agere; aliud est rapi, hoc est illicite constuprari.*

*Unde* Isidorus *Etymolog. lib.* V, c. 26, *ait* [231]:

**C. XLVIII.** *Quid sit raptus?*

Raptus est illicitus coitus, a corrumpendo dictus; unde qui rapta potitur stupro fruitur.

Gratian. *Hæc autem non ab alio rapta, sed alii desponsata monstratur. Raptam vero talem dici prohibet* Gelasius Papa, *dicens* [232]:

**C. XLIX.** *Ibi raptus admittitur, ubi puella abducitur, de cujus ante nuptiis nihil actum probatur.*

Lex illa præteritorum principum ibi raptum dixit [233] esse commissum, ubi puella, de cujus ante nuptiis nihil actum fuerit [234], videatur [235] abducta.

V. Pars. Gratian. *Quod autem in fine capituli subjungitur* [236]: *etiamsi eis a raptoribus vis illata constiterit, ideo additum est, quia raptarum aliæ se rapiendas exponunt, aliæ violenter abducuntur. Quolibet ergo modo rapiantur, priori reddendæ sunt. Hæc autem, ut supra dictum est, non inter raptas, sed in-*

*ter alias desponsatas connumeratur, et ideo non est huic auferenda, et priori reddenda.* § 1. Sequuntur aliæ auctoritates, quibus ista prohibetur nubere secundo, et jubetur redire ad priora vota.

*Ait enim* Siricius Papa *Himerio, Episcopo Tarraconensi, epist. I, c. 4* [237]:

**C. L.** *Puellam alii desponsatam alter accipere non valet.*

De conjugali violatione [238] requisisti, si puellam alteri desponsatam alter in matrimonium possit accipere. Tale ergo ᵐ connubium anathematizamus, et modis omnibus ne fiat prohibemus [239], quia illa benedictio, quam nupturæ sacerdos imponit, apud fideles cujusdam sacrilegii instar est, si ulla transgressione violetur.

Gratian. *Sed auctoritate hac* Siricii *illa prohibetur ad secunda vota transire, quæ in propriam domum est ducta, et cum sponso suo est velata et benedicta. Talium discessione violatur benedictio, quam nupturæ sacerdos imponit. Verum hanc necdum sponsus in suam duxerat, nec cum ea benedictionem acceperat. Non ergo hac auctoritate hujusmodi copula prohibetur.* § 1. *Item illud* Eusebii Papæ [240]: Desponsatam puellam non licet parentibus alii viro tradere, *similiter et de hujusmodi desponsata intelligitur, quæ videlicet cum sponso est velata et benedicta.* § 2. *Item objicitur illud* Gregorii [241]: Quæ propter frigiditatem a viro suo separata est, et alii nupta, si vir ejus aliam cognoverit, illa est detrahenda secundo, et reddenda primo. *Sed eodem modo solvitur, quia ista videlicet cum illo benedictionem acceperat.*

**C. LI.** *Si quis alicui mulieri consensus fidem fecerit, non licet illi aliam ducere.* PALEA.

[Augustinus *de fide pactionis, et consensu* ⁿ [242].]

« Duobus modis dicitur fides, pactionis et consensus. Si aliquis alicui mulieri fidem fecerit pactionis, non debet aliam ducere. Si [243] aliam duxerit, pœnitentiam debet [244] agere de fide mentita; maneat [245] tamen cum illa, quam duxit, non enim rescindi debet tantum sacramentum. Si autem fecerit fidem consensus, non licet aliam ducere. Si

---

NOTATIONES CORRECTORUM.

C. XLVII. [1] *Octavus :* Sic est restitutum ex plerisque vetustis et Ivone. In vulgatis erat : *Chrysostomus.* †

C. L. ᵐ *Tale ergo :* In epistolarum Siricii codicibus, et in Codice canonum, et apud ceteros collectores (præter Panormiam) ', et in Capitular. Caroli Basileæ impressis lib. 1. c. ult. legitur : *Hoc ne fiat modis omnibus inhibemus.* Sed quoniam in casu fit mentio anathematis, non est mutatum.

C. LI. ⁿ Etiam in Decretalibus tit. de sponsa duor. c. 1, citatur ex Augustino, apud quem non est inventum.

---

Quæst. II. C. XLVI. [224] hab. A. 314. — Interpr. Dionysii. — Reg. l. 2, c. 155. Burch. l. 9, c. 38. Ans. l. 10, c. 8 (10). Ivo Pan. l. 6, c. 19. Decr. p. 8, c. 170. [225] abest ab Edd. coll. o. pr. Bas. Par. Lugdd. [226] *fuerit :* Ed. Bas. = C. XLVII. † ita Edd. coll. o. pr. Bas. [227] Ep. temporis incerti, ad Rostannum Arelat. ep. scripta. — Ivo Decr. p. 14, c. 64. [228] *Otto :* Ed. Bas. [229] *noluerint :* Ed. Rom., quod aperte mendosum est. [230] *privetur :* Ed. Bas. = C. XLVIII. [231] Ivo Pan. l. 6, c. 53. Decr. p. 8, c. 26. — cf. Serv. ad Virg. Æn. l. 4, v. 217. — cf. C. 36, qu. 1, c. 1, et Corr. ib.= C. XLIX. [232] Cap. incertum. — Ans. l. 10, c. 11 (12). — cf. C. 36, qu. 1, c. 2, et c. 6. X, de rapt. [233] *dicit :* Edd. Par. Lugdd. [234] *fuerat :* Edd. coll. o. [235] *videtur :* Ed. Bas. — *videbatur :* Edd. rell. — add. : *per violentiam :* Ed. Bas. [236] cf. supra c. 46. = C. L. [237] scr. A. 385. — Reg. l. 2, c. 154. Burch. l. 9, c. 31. Ans. l. 10, c. 9. Ivo Pan. l. 6, c. 18. Decr. p. 8, c. 169. [238] *velatione :* Coll. Hisp. ' in Brandt. ed. leg. ut ap. cett. coll., quibus consonat Coll. Hisp. [239] *interdicimus :* Ed. Bas. [240] cf. supra c. 27. [241] cf. infra C. 33, qu. 1, c. 2. = C. LI. [242] Cap. incertum. — cf. c. 1, de sponsa duor. Comp. I, et c. 1. X, h. t. [243] *Mcx si :* Ed. Bas. [244] *agat :* Edd. coll. o. [245] *et man. cum :* Edd. Arg. Bas.

autem duxerit, dimittet [246] eam, et adhaerebit priori [247].

Est [248] autem fides pactionis, quando aliquis promittit fidem alicui, quod eam ducet, si permiserit ei rem secum habere, vel etiam pro consensu. Fides autem consensus est, quando, etiamsi non stringit manum, corde tamen et ore consentit ducere, et mutuo se concedunt unus alii, et mutuo se suscipiunt. »

# CAUSA XXVIII.

### GRATIANUS.

Quidam infidelis in conjugio positus ad fidem conversus est, uxor vero odio fidei Christianae ab eo discessit. Ille quandam fidelem in uxorem accepit, qua mortua clericus efficitur. Tandem vitae et scientiae merito in episcopum eligitur. (Qu. I.) Hic primum quaeritur, an conjugium sit inter infideles? (Qu. II.) Secundo, an liceat huic aliam ducere priore vivente? (Qu. III.) Tertio, an sit reputandus bigamus qui ante baptismum habuit unam, et post baptismum alteram?

## QUAESTIO I.
### GRATIANUS.

I. Pars. Quod autem inter infideles conjugium non sit, multis auctoritatibus probatur. Ait enim Paulus [1]: Omne, quod non est ex fide, peccatum est. Conjunctio autem infidelium non est ex fide, et ideo peccatum est. Non est ergo conjugium, quia nullum conjugium peccatum est. Item Augustinus [a]: Non est vera pudicitia hominis infidelis cum conjuge sua. Ubi autem vera pudicitia esse non potest, ibi nec verum conjugium est. Item Ambrosius [b]: Jussit Esdras dimitti uxores alienigenas, per quas ibant ad Deos alienos. Non est enim putandum matrimonium, quod extra Dei decretum est factum. Sed quum cognoscitur, est emendandum. Item Augustinus [c]: Non est ratum conjugium, quod sine Deo est. Ex his omnibus auctoritatibus probatur, conjugium non esse inter infideles. § 1. Sed econtra aliae inveniuntur auctoritates, quibus probatur conjugium esse inter infideles. Quarum prima est illud evangelii quod Christus ait [2]: Erunt quinque in una domo, duo in tres, et tres dividentur in duos. Deinde, quum personas illas enumerasset, uxorem in virum esse dividendam dixit, et e converso. Item: Qui [3] non odit patrem, aut matrem, aut uxorem, aut sororem propter me, non est me dignus; uxorem infidelem, non fidelem dixit odio habendam. Item: Omnis [4], qui reliquerit domum, aut patrem, aut sororem, vel uxorem propter me, centuplum accipiet, etc. Uxorem in hoc loco infidelem significat, quae propter Christum dimittitur, dum potius ipsa, quam Christi fides deseritur. Item Apostolus [5]: Si quis frater uxorem habet infidelem, et haec consenserit habitare cum illo, non dimittat illam, et si qua mulier habet virum infidelem, et hic consentit habitare cum illa, non dimittat virum. Sanctificatus est enim vir infidelis per mulierem fidelem, et sanctificata est mulier infidelis per virum fidelem. Item ad Titum [6]: Hortare adolescentulas, ut diligant viros suos. Hoc tam de fidelibus quam de infidelibus intelligendum est. Infidelibus namque viris mulieres propensius propter Deum debent obsequi, ut sic viros suos Christo lucrari valeant. Sicut in passione B. Clementis de Theodora et Sisinnio legitur mirabiliter contigisse.

C. I. Bigami probantur qui ante baptismum habuerunt unam, et post baptismum alteram.

*Item Innocentius Papa Rufo et Eusebio, Episcopis Macedonibus, epist. XXII, c. 2 [7].*

Numquid non erunt admittendi in hereditatis consortium, qui ex ea suscepti sunt, quae ante baptismum fuit [8] uxor? eruntque appellandi [9] vel [9] naturales, [9] vel spurii [9], quia non est matrimonium legitimum ut vobis [10] videtur nisi illud, quod post baptismum assumitur? Ipse Dominus, quum interrogaretur a Judaeis, si liceret dimittere uxorem, atque exponeret fieri non debere, addidit [11]: Quod [12] Deus conjunxit homo non separet. Ac ne de his putetur [13] esse locutus, qui [14] post baptismum uxores sortiuntur, meminerint hoc et a Judaeis interro-

### NOTATIONES CORRECTORUM.

CAUSA XXVIII. QUAEST. I. [a] *Augustinus*: Verba ipsa B. Augustini referuntur infra ead. Sic enim. vers. Nec vera.

[b] *Ambrosius*: Haec sunt potius accepta ex glossa ordinaria ad locum indicatum **.

[c] *Augustinus*: Hoc non est inventum apud B. Augustinum. Verum apud B. Ambrosium in idem c. 7, primae ad Corinthios haec leguntur: *Non enim ratum est matrimonium, quod sine Dei devotione est*, et similia in glossa ordinaria ibidem ex B. Ambrosio.

---

QUAEST. II. C. LI. [246] *dimitttat*: Ed. Bas. [247] *uxori priori*: ead. — *uxori primae*: Edd. rell. [248] Haec et ipsa in prima Decr. compil. tanquam pars capitis *Duobus* proferuntur.
CAUSA XXVIII. QUAEST. I. 1 P. [1] Rom. c. 14, v. 23. [**] ad 1 Cor. c. 7. [2] Luc. c. 12, v. 52. [3] Luc. c. 14, v. 26. [4] Matth. c. 19, v. 29. [5] 1 Cor. c. 7, v. 12. seqq. [6] Tit. c. 2, v. 4. = C. I. [7] scr. A. 414. — Burch. l. 4, c. 98. Ivo Pan. l. 6, c. 96. Decr. p. 1, c. 292, p. 8, c. 303. — cf. supra D. 26, c. 3. [8] *fuerit*: Ed. Bas. [9] *vel* et *vel spur.*: absunt ab Iv. Pan. et Decr. p. 8. [10] *nobis*: Edd. Par. Lugdd. — Ivo Pan. [11] Matth. c. 19, v. 6. [12] *Quos*: Edd. coll. o. [13] *credatur*: Coll. Hisp. — Coll. citt. [14] cf. Corr. ad c. 3. D. 26, not. f.

gatum, et Judæis esse responsum. Quæro, et solicitus quæro, si una et eadem sit uxor ejus, qui antea catechumenus, et postea fit fidelis, filiosque ex ea, quum esset catechumenus, susceperit, et postea alios filios, quum fidelis [15], utrum sint fratres appellandi, an non habeant postea defuncto patre cum ceteris herciscundæ [16] hereditatis consortium, quibus filiorum nomen regeneratio spiritualis creditur [17] abstulisse? Quod quum ita sentire atque judicare absurdum est, quæ [18] [malum] ratio est hoc defendi, et vacua magis opinione jactari, quam aliqua auctoritate roborari [19], quum non possit inter peccata deputari quod lex præcepit, et Deus junxit [20]?

**C. II.** *In fidelis potestate sit post baptismum uxorem recipere, quam ante dimiserat.*

Item ex Decreto Eutychiani Papæ [21].

II. Pars. Si quis gentilis gentilem uxorem dimiserit ante baptismum, post baptismum in potestate ejus erit eam habere vel non habere.

**C. III.** *Fidelis infidelem discedentem sequi non cogitur.*

Idem [22].

Simili modo, si unus ex conjugatis baptizatus est, et alter [23] gentilis, et sequi non vult, sicut dicit Apostolus [24], infidelis si discedit [25], discedat.

**C. IV.** *Sine culpa relinquitur uxor, quæ cum fideli habitare noluerit.*

Item Augustinus *de fide et operibus,* c. 16. [26]

Uxor [d] legitima societate conjuncta sine ulla culpa relinquitur, si cum viro Christiano permanere noluerit. Non attenditur, eo modo illam [27] rectissime dimitti, si viro suo dicat: Non ero uxor tua, nisi mihi de latrocinio [28] divitias congeras [29], aut nisi solita lenocinia, quibus nostram domum transigebas, etiam Christianus exerceas, aut si quid aliud vel facinorosum vel flagitiosum in viro noverat, quo delectata vel libidinem explebat, vel facilem victum habebat, vel etiam ornatior incedebat. Tunc enim ille, cui uxor hæc dicit [30], si veraciter egit [31] pœnitentiam ab operibus mortuis, quando ad baptismum

accessit, habetque in fundamento fidem, quæ [32] per dilectionem operatur, procul dubio plus tenebitur amore divinæ gratiæ, quam carnis luxuriæ [33], et membrum, quod eum scandalizat [34], fortiter amputabit.

**C. V.** *Licite dimittitur uxor, quæ virum suum cogere quærit ad malum.*

Idem *in sermone Domini in monte,* lib. *I.* c. 27, et 28.

Idololatria [35], quam sequuntur infideles, et quælibet noxia superstitio fornicatio est. Dominus autem permisit [36] causa fornicationis uxorem dimitti. Sed quia permisit, non [37] jussit, dedit locum Apostolo monendi, ut qui voluerit [38] non dimittat uxorem infidelem, quo [39] sic fortassis possit fidelis fieri. *Item c.* 28 : § 1. Si infidelitas fornicatio est, et idololatria infidelitas, et avaritia idololatria, non est dubitandum, et avaritiam fornicationem esse. Quis ergo jam quamlibet illicitam concupiscentiam potest recte a fornicationis genere separare, si avaritia fornicatio est? Ex quo intelligitur, quod propter illicitas concupiscentias non tantum quæ in stupris cum alienis viris aut feminis committuntur, sed omnino quaslibet [40], quæ animam corpore male utentem a lege Dei aberrare faciunt, et perniciose turpiterque corrumpunt, possit sine crimine et vir uxorem [41] dimittere, et uxor virum; quia exceptam facit Dominus causam fornicationis, quam fornicationem (sicut supra commemoratum [42] est) generalem et universalem intelligere cogimur. Quum autem ait: *Excepta causa fornicationis,* non dixit [43], cujus ipsorum, viri an [44] feminæ. Non enim tantum fornicantem uxorem dimittere conceditur, sed quisquis eam quoque uxorem dimittit, a qua ipse cogitur fornicari, causa utique fornicationis dimittit; velut si aliquem cogat uxor sacrificare idolis. Qui talem dimittit causa fornicationis dimittit, non tantum illius, sed et suæ; illius, quia fornicatur: suæ, ne fornicetur.

---

**NOTATIONES CORRECTORUM.**

C. IV. [d] *Uxor*: Locus Augustini 'sic habet : *Quamobrem et illud, quod dicunt, veluti probare cupientes, quantum valeat sola fides, ubi Apostolus dicit : Quod si infidelis discedit, discedat : non est enim servituti subjectus frater aut soror in hujusmodi, id est, ut propter fidem Christi etiam ipsa uxor legitima societate conjuncta sine ulla culpa relinquatur, si cum viro Christiano propter hoc, quod Christianus est, permanere noluerit, non attendunt eo modo,* etc. Verum ob glossas, potissimum in vers. *Non attenditur,* et quoniam Ivo et Panormia habent ut Gratianus, nihil est mutatum.

---

CAUSA XXVIII. QUÆST. I. C. I. [15] add. : *fuerit* : Ed. Bas. — *esset* : Edd. rell. [16] add.: *familiæ*: Edd. Bas. Lugdd. II, III. [17] *dicitur* : Ivo Pan. et Decr. p. 8. — Edd. coll. o. [18] *quæ rat. est h. malum defendi* : Edd. coll. o. — Coll. Hisp. — Ivo. [19] *probari* : Coll. Hisp. [20] *conjunxit* : Edd. coll. o. — Ivo p. 1. Pan. Burch. — *jungit* : Ivo p. 8. — *injunxit* : Böhm. = C. II. [21] Legitur ap. Theodorum Cant. (Ed. Petit), c. 11. — Burch. l. 9, c. 59. Ivo Pan. l. 6, c. 97. Decr. p. 8, c. 195. = C. III. [22] Leg. ap. Theodor. l. 1. — Burch. l. 9, c. 60. Ivo Pan. ib. Decr. p. 8, c. 196. [23] *et alt. gent. sequi eum non vult* : Ed. Bas. — *et all. gent. est, et qui sequi non vult* : Edd. rell. [24] abest ab Ed. Bas. — cf. 1 Cor. c. 7, v. 15. [25] *discesserit* : Ed. Bas. = C. IV. [26] Ivo Pan. l. 7, c. 32. Decr. p. 8, c. 251. [27] *eam* : Edd. coll. o. — Ivo. [28] add. : *tuo* : Ed. Bas. [29] *conferas* : Ivo Pan. — *congreges* . Edd. coll. o. [30] *dixit* : Ivo Pan. — Edd. coll. o. — *egerit* : Edd. coll. o. [32] Gal. c. 5, v. 6. [33] *luxuria* : Edd. coll. o. [34] *scandalizabat*: eæd. = C. V. [35] Ivo Pan. l. 7, c. 29, 30. Decr. p. 8, c. 248—50. [36] 1 Cor. c. 7, v. 15. [37] *et non* : Edd. coll. o. — Böhm. [38] *noluerit dimittere* : Ed. Bas. [39] *cum quo* : Edd. coll. o. pr. Arg. Bas. [40] *propter qu.* : Edd. coll. o. — add. : *concupiscentias* : Edd. Bas. Lugdd. II, III. [41] add. : *suam* : Edd coll. o. [42] *consideratum* : eæd. — Ivo. [43] abest ab Ed. Bas. — *ait* : Edd. rell. [44] *aut* : Edd. coll. o.

## C. VI. *Quæ simulacrum facit, nec resipiscit, dimittatur a viro suo.*

Idem *de adulterinis conjugiis, lib. II* e [45].

Non solum mœchatio est illius, quæ carnem suam coinquinat, sed etiam quæ [46] simulacrum facit mœchatur. Quod si in his factis perseverat, et pœnitentiam non agit [47], recede ab illa, et noli vivere cum illa. Sin autem, et tu particeps peccati illius [48] eris.

## C. VII. *Amore cujuslibet non est a fide recedendum.*

Item Ambrosius ad Hilarium f [49].

Si infidelis (dicit Apostolus) discedit [50], discedat; non est *enim* servituti subjectus frater aut soror in hujusmodi, id est : si infidelis noluerit esse cum conjuge [51] fideli, hic agnoscat [52] fidelis suam libertatem, ne ita se subjectum deputet [53] servituti, ut ipsam dimittat fidem, ne conjugem amittat infidelem. Hoc et de filiis [54] atque parentibus, hoc [55] de fratribus et sororibus intelligitur, propter Christum *omnes* esse dimittendos, quum proponitur ista conditio, ut Christum g dimittat, si illos [56] secum habere desiderat [57]. Hoc ergo et de domo atque agris, hoc [58] et de iis rebus, quæ jure pecuniario possidentur, *hoc loco* [59] accipiendum [60] est.

## C. VIII. *Quod etiam infideles sunt conjuges, et quod fideli licet dimittere infidelem.*

Item Augustinus ad *Pollentium, lib. I, de adulter. conjugiis, c. 13 et 14.* [61]

III. Pars. Jam nunc illud videamus [62], quod ait Apostolus [63] : *Ceteris autem ego dico, non Dominus,* ad imparia scilicet [64], *hoc est*, ubi non ambo Christiani fuerant, conjugia locuturus. Quod mihi visum est eum monendo dixisse. Quia enim conjunx fidelis relinquere conjugem licite potuit [65] infidelem, ideo fieri hoc non Dominus, sed Apostolus prohibet. Quod enim Dominus prohibet fieri omnino non licet. Monet ergo Apostolus, quo [66] possit esse multorum occasio lucrandorum, ut fideles conjuges in relinquendis infidelibus permissa licentia non utantur. Tibi autem videtur, infideles quoque dimitti a fidelibus non licere [67], quia hoc vetat Apostolus, quum ego dicam licere, quia hoc non vetat Dominus; non tamen expedire [68], quia hoc [69] ne fiat monet Apostolus, qui reddit etiam rationem, cur fieri non expediat, quamvis liceat. Quomodo [70] enim scis (inquit) mulier, si virum salvum facies? aut unde scis [71] vir, si salvam facies uxorem? quum et superius dixisset: Sanctificatus est *enim* vir infidelis in muliere fideli, et sanctificata est mulier infidelis in fratre [72] (hoc est in Christiano). Alioquin filii vestri, *inquit*, immundi essent : nunc autem sancti sunt. Sic ad lucrandos conjuges et filios Christo etiam exemplis, quæ jam [73] provenerant, videtur [74] hortatus. Cur ergo non expediat infideles [75] conjuges dimitti a fidelibus, causa evidenter expressa est. Non enim propter vinculum cum talibus conjugale [76] servandum, sed ut acquirantur [77] Christo, recedi ab infidelibus conjugibus Apostolus vetat. Multa sunt enim facienda non jubente lege, sed libera caritate, et ea sunt in nostris officiis gratiora, quæ, quum liceret nobis etiam non impendere, tamen causa dilectionis impendimus. Unde prior Dominus ipse, quum tributum se non debere [78] monstrasset, solvit tamen, ne scandalizaret eos, quibus ad æternam salutem gerens hominem [79] consulebat. Jam vero Apostolus, quemadmodum ista commendet, ejus verba testantur [80], ubi dicit [81] : *Quum* enim *sim liber ex omnibus, omnium me servum feci, ut plures lucrifacerem,* quum paulo superius dixisset : *Numquid non habemus* [82] *potestatem manducandi et bibendi ? numquid non habemus licentiam sororem mulierem circumducendi, sicut ceteri Apostoli, et fratres* [83] *Domini, et Cephas? An ego solus, et Barnabas non habemus potestatem*

---

### NOTATIONES CORRECTORUM.

C. VI. e In eo libro non exstat, sed apud Hermem in libro Pastoris, mandato 4, ex quo citat Ivo hoc una cum Palea *Ego dixi*, infra 34, qu. 1, et 2. Et quoniam in eo mandato tam de viro quam de muliere agitur, est aliqua verborum varietas, sed eadem sententia.

C. VII. f Sic etiam Ivo; sed habetur apud B. Augustinum epist. 89. Beda 1. Cor. 7, citat ex Augustino ad consulta Hilarii.

g *Christum* : Antea legebatur : *ut propter Christum dimittat, si eum secum,* etc." Emendatum est ex epistola B. Augustini. Reliqua vero partim ex ipsa, partim ex vetusti Gratiani codicibus.

---

Quæst. I. C.VI. [45] Ivo Pan. l. 7, c. 34. Decr. p. 8, c. 243. * nec tamen Pan. [46] qui : Ed. Bas. [47] egerit : Edd. Bas. Lugdd. II, III. [48] ejusdem : Ed. Bas. = C. VII. [49] Ex August. ep. ad Hilarium (ep. 157. Ed. Maur. scr. A. 414). — Ivo Pan. l. 7, c. 53. Decr. p. 8, c. 253. [50] abest ab Edd. Ven. II. Par. Lugd. I. — cf. 1 Cor. c. 7, v. 15. [51] add. : *sua* : Edd. coll. o. [52] *cognoscat* : eæd. [53] *putet* : eæd. [54] *fidelibus* : Ivo Pan. — *filiabus* : Ed. Bas. — *fil. et filiabus* : Ed. Arg. — *infidelibus fil. et filiabus* : Edd. rell. [55] add. : *et* : Edd. coll. o. — Iv. " *ita* Edd. coll. o. pr. Bas., a qua vox : *propter* abest. [56] *eum* : Iv. — Edd. coll. o. [57] *desideret* : Bohm. [58] *hoc est de his* : Iv. — *et de ceteris* : Edd. coll. o. [59] non sunt ap. Iv. [60] *intelligendum* : Edd. coll. o. — Ivo Pan. — abest a Decr. = C. VIII. [61] Ivo Pan. l. 6, c. 100. [62] *videmus* : Edd. Lugdd. II, III. [63] 1 Cor. c. 9, v. 12. [64] *videlicet* : Ed. Bas. [65] *potest* : Ivo. — Edd. coll. o. [66] *quod* : id. — eæd. [67] *hoc lic., quod non* : Ed. Bas. [68] *dico exp.* : Ivo. — Edd. coll. o. [69] *hæc ne fiant* : Edd. coll. o. pr. Bas. Lugdd II, III. [70] *Quid* : Ivo. — cf. 1 Cor. c. 7, v. 16. [71] *fideli* : inquit : Edd. coll. o. [72] add. : *Apostoli* : Edd. Bas. Lugdd II, III. [73] *abest ab Edd. coll. o. pr. Bas. Lugdd. II, III. [74] add. : *Apostolus* : Edd. Bas. Lugdd II, III. [75] *etiam inf.* : Iv. — Edd. coll. o. [76] *pactum conj.* : id. — eæd. [77] *quærantur in Christo* : id. — eæd. [78] add. : *solvere* : id. eæd. [79] *morem* : id. — eæd. [80] *testentur* : Ed. Bas. [81] 1 Cor. c. 9, v. 19, et 5—7. [82] et hic et infra in Edd. coll. o. pr. Bas. est : *habuimus.* [83] *frater* : Iv. — Edd. coll. o.

hoc [84] *operandi? Quis militat suis stipendiis unquam? A* suadere, quum et ipse Dominus sit, et inseparabilia *Quis plantat vineam, et de fructu ejus non edit? Quis* sint opera Trinitatis. Dicit tamen [105]: *De virginibus pascit gregem, et de lacte ejus* [85] *non comedit? Et paulo autem praeceptum Domini non habeo; consilium autem* post: *Si alii*, inquit, *potestatis vestrae* [86] *participant,* do, non ut hoc consilium alienum existimemus a *quare* [87] *non magis nos? sed non usi sumus hac pote-* Domino, quum continuo sequatur, et dicat: *tan-* *state, sed omnia toleramus, ne quod impedimentum* *quam misericordiam consecutus a Domino, ut fidelis demus evangelio Christi.* *essem.* Secundum Deum ergo dat fidele consilium in

**C. IX.** *Ab infidelibus conjugibus licet recedere, sed* eo [107] spiritu, de quo ait: *Puto autem, quod et ego* *non expedit.* *spiritum Dei habeam.* § 2. Veruntamen aliud est Do-

Idem *ibidem, c. 18, et sequentibus* [88]. mini jubentis imperium, aliud [108] conservi [109] secun-

Sic enim recedere [89] ab infidelibus uxoribus vel dum misericordiam caritatis, quae illi a Domino est maritis fideles viri vel feminae non prohibentur a inspirata atque donata, fidele consilium. Aliud [110] Domino, ut [90] neque jubeantur [91]. Nam si dimittere ibi facere non licet [111] hic autem licet, ita sane, ut tales conjuges juberentur, nullus locus esset con- ipsum licitum partim quidem expediat, partim vero silio monentis Apostoli, ne hoc fieret. Nullo enim non expediat. Expedit tunc, quando non solum per modo quod Dominus jubet servus bonus "fieri" pro- [112] justitiam, quae coram Domino [113] est, permitti-hiberet [92]. *Item paulo post:* Quum ergo coepisset [93] tur, sed etiam hominibus nullum ex hoc impedimen-gentibus [94] evangelium praedicari [95], jam [96] conjun- tum salutis infertur; velut quum dat consilium non ctos [97] gentiles gentilibus comperit [98] conjuges [99]. nubendi Apostolus virginibus (unde praeceptum Do-Ex quibus si non ambo crederent, sed unus aut una mini se non habere testatur), licet aliud facere, id infidelis [100] cum fideli consentiret habitare, nec pro- est nubere, et minus "quam" continentiae, bonum hiberi a Domino debuit fidelis infidelem dimittere, "tamen" tenere nuptiarum [114], ipsumque [115] licitum nec juberi: ideo scilicet non prohiberi, quia justitia etiam expedit, quoniam in vetita et illicita ruitu-permittit a fornicante discedere, et infidelis hominis ram carnis infirmitatem sic excipit [116] honestate [117] fornicatio est major in corde, nec vera ejus pudicitia nubendi, ut neminem impediat ad salutem, quamvis cum conjuge dici [101] potest, quia omne, quod non magis expediret magisque honestum esset, si virgo est ex fide, peccatum est, quamvis veram habeat consilium, quo praeceptum eam non compellit, arri-fidelis pudicitiam etiam cum infideli conjuge, quae peret. Tunc etiam [118] non expedit id, quod licitum non habet veram. Ideo autem nec juberi debuerunt est, quando permittitur quidem, sed usus ipsius fideles ab infidelibus separari, quia non contra jus- potestatis aliis affert impedimentum salutis, sicut sionem Domini gentiles fuerant [102] ambo conjuncti. est (unde jamdiu loquimur) discessio fidelis conjugis

§ 1. Quoniam ergo ab infideli fidelem discedere nec ab infideli, quam non prohibet Dominus praecepto [103] prohibet, nec jubet Dominus: ideo, ut non disce- legis, quia coram illo injusta non est, sed prohibet dat, Apostolus dicit [104], non Dominus, habens utique Apostolus consilio caritatis, quia infidelibus affert Spiritum sanctum, in quo dare possit utile et fidele impedimentum salutis non solum, quia perniciosis-consilium. Unde quum dixisset de muliere, cujus vir sime scandalizantur offensi, verum etiam, quia, mortuus fuerit [105]: *Beatior autem erit, si sic perman-* quum in alia conjugia ceciderint viventibus eis, a *serit, secundum consilium meum,* ne quis hoc con- quibus dimittuntur, adulterinis nexibus colligati silium tanquam humanum, non divinum, contem- difficillime resolvuntur [119]. §. 3. Ideo hic, ubi "id", nendum putaret, adjecit: *Puto autem, quod et ego* quod licet, non expedit, non potest dici, si dimiserit *spiritum Dei habeam.* Proinde intelligendum est, infidelem, bene faciet [120], si non dimiserit, melius etiam ipsa, quae non a Domino jubentur, sed a sancto facit, sicut dictum est [121]: *Qui dat nuptum* [122] *bene* ejus famulo utiliter suadentur, eodem Domino in- *facit, et qui non dat nuptum melius facit;* quoniam spirante suaderi. Absit enim, ut quisquam catholicus illud non solum utrumque [123] pariter licet (unde dixerit, quod suadet Spiritus sanctus non Dominum ad nihil horum praecepto Domini quisquam compel-

---

QUAEST. I. C. VIII. [84] *hoc*: Ed. Bas. [85] *gregis*: Edd. Bas. Lugdd. II, III. [86] *nostrae*: Edd. Arg. Nor. Ven. I, II. Par. Lugdd. II, III. — add.: *jure*: Edd. Bas. Ven. II. — *jura*: Edd. rell. — Bohm. [87] *nonne mag. et* (abest ab Ed. Bas.) *nos*: Edd. coll. o. = C. IX. [88] Ivo Pan. l. 6, c. 101. [89] *neque rec.*: Edd. coll. o. [90] abest ab. Edd. Bas. Lugd. I. [91] *jubentur*: Edd. Bas. Par. Lugdd. — *subeantur*: Edd. Ven. I, II. [92] *prohibet*: Edd. coll. o. [93] add.: *etiam*: Edd. Bas. Lugdd. II, III. [94] *gentilibus*: Edd. Lugdd. [95] *praedicare*: Iv. — Edd. coll. o. pr. Bas. [96] *et*: id.: eaed. [97] *junctos*: Edd. coll. o. [98] *comperisset*: Edd. Bas. Lugdd. II, III. [99] *conjugibus*: Iv. — Edd. coll. o. [100] *et inf.*: id. — eaed. [101] add.: *quidem*: eaed. [102] *fuerunt*: eaed. [103] *non*: eaed. — Iv. [104] 1 Cor. c. 7, v. 12. [105] *fuerat*: Edd. coll. o. — (cf. 1 Cor. ib. v. 40.) [106] *enim*: eaed. pr. Bas. — Ivo. — add.: *Apostolus*: Iv. — Edd. coll. o. — (cf. 1 Cor. c. 7, v. 25.) [107] *eodem*: Edd. coll. o. [108] add.: *vero*: eaed. pr. Bas. [109] *servi*: Edd. coll. o. [110] add.: *enim*: eaed. — Iv. [111] *liceret*: Edd. Nor. Ven. I, II. [112] *propter*: Ivo. — Edd. coll. o. pr. Lugdd. II, III. [113] *Deo*: Ivo. — Edd. coll. o. [114] *in nuptiis*: id. (omissis voc.: *quam et tamen*) eaed. [115] *ips. quoque*: eaed. [116] *excepit*: eaed. pr. Bas. Lugdd. II, III. [117] *honestas*: Edd. Lugdd. II, III. — *honestatem*: Edd. Bas. Par. Lugdd. [118] *autem*: Ivo. — Edd. coll. o. [119] *difficile*: id. — eaed. [120] *facit*: id. — eaed. [121] 1 Cor. c. 7, v. 38. [122] *et hic et infra in Edd. coll. o. et ap.* Iv. *est: nuptui.* [123] *sed ut*: eaed. — id.

litur), sed 'etiam' utrumque expedit, aliud minus, aliud amplius. Unde ad id, quod amplius expedit, consilio [124] Apostoli quicunque potest capere provocatur. Hic autem, ubi de dimittendo vel non dimittendo infidelis [125] conjugio quaeritur, utrumque quidem pariter licitum est per justitiam, quae coram Domino est et ideo nihil horum Dominus prohibet; sed non utrumque expedit propter infirmitates [126] hominum, et ideo id, quod non expedit, Apostolus prohibet, dante sibi Domino liberum prohibendi locum, quia neque id, quod monet Apostolus, prohibet Dominus, neque id, quod prohibet Apostolus, jubet Dominus. Quod nisi ita esset, neque contra prohibitionem Domini Apostolus aliquid moneret, neque contra jussionem ejus aliquid prohiberet. § 4. Proinde in his duabus causis; una de nubendo vel non nubendo, altera de infideli conjuge dimittendo [127] vel non dimittendo, aliquid simile invenitur in verbis Apostoli, et aliquid dissimile. Simile quidem [128], quod ibi [129] dicit [130] : *Praeceptum Domini non habeo, consilium autem do*, et hic dicit : *Ego dico, non Dominus.* Quale est enim : *praeceptum Domini non habeo*, tale est : *non dicit Dominus*, et quale est : *consilium* [131] *do*, tale est : *ego dico*. Illud autem dissimile est, quia de nubendo vel non nubendo dici potest, hoc bene fieri, illud melius, quoniam utrumque expedit, minus unum, magis aliud; at vero de conjuge infideli dimittendo vel non dimittendo, quoniam unum horum non expedit, aliud expedit, dici non oportet, qui dimittit bene facit, et qui non dimittit melius facit : sed dici oportet, non dimittat, quia, etsi [132] licet, non expedit. Sic ergo possumus dicere, melius esse infidelem conjugem non dimittere, quamvis liceat et dimittere, quemadmodum recte dicimus melius esse quod et [133] licet et expedit, quam id, quod licet et non expedit. § 5. His de causis factum est, ut [134] exponens Domini sermonem, quem prolixum in monte habuit, ubi ventum est ad quaestionem de conjugibus dimittendis vel non dimittendis, adhibitis † etiam apostolicis testimoniis dicerem, consilium esse Apostoli, non praeceptum Domini, ubi ait : *Ceteris autem ego dico, non Dominus*, monens eos, qui haberent [135] conjuges infideles, ut consentientes habitare secum non dimitterent. Quod utique ideo monendum, non jubendum fuit, quia non tanto pondere prohibendi [136] sunt homines facere licita, quamvis non expediant, quanto pondere prohibenda [137] illicita. Si autem alicubi Apostolus etiam illa, quae jubenda sunt, monere dignatus [138] est, hoc fecit parcendo infirmitati, non praejudicando jussioni. Unde ipse [139] dixit : *Non ut confundam vos, haec scribo, sed ut filios 'meos' carissimos moneo;* quid habet quaestionis, ubi ait : *Ego dico, non Dominus;* item, ubi ait [140] : *Ecce ego Paulus dico vobis, quia, si circumcidamini, Christus vobis nihil proderit?* Numquid etiam hic dixit : Ego [141] dico, non Dominus? Non sunt itaque ista similia, quia etiam illa, quae jubet Dominus, non est indignum neque [142] contrarium, si eadem monet Apostolus [143]. Monemus enim [144] quos caros habemus, ut faciant Domini praecepta vel jussa. Quum vero ait [145] : *Ego dico, non Dominus*, satis ostendit, Dominum non prohibere quod ipse prohibebat [146]. Prohibuisset autem Dominus, si esset illicitum. Ergo secundum ea, quae supra 'diu' diximus multumque versavimus, licitum [147] erat per justitiam; sed etiam licitum non erat faciendum propter liberam benevolentiam. § 6. Tu vero, cui placet ita non licere quod non vetat Dominus, sed Apostolus, quemadmodum non licet quod vetat Dominus, quum exponere voluisses, quid sibi vellet [148] quod ait : *Ego dico, non Dominus*, quum alloqueretur fideles, quibus essent conjuges infideles, dixisti, quia Dominus jussit, ne conjugia sibimet diversae religionis copularentur, et ipsum adhibuisti testimonium Domini dicentis [149] : *Non accipies uxorem filio tuo de filiabus alienigenarum, ne traducat eum post Deos suos, et pereat anima ejus.* Addidisti etiam verba Apostoli, ubi ait [150] : *Mulier alligata est, quamdiu vir ejus vivit; quod si mortuus fuerit vir ejus, liberata est; cui vult nubat: tantum in Domino.* Quod ita exposuisti, ut adjungeres [151] : id est Christiano. Deinde secutus es, et addidisti : Hoc est ergo Domini praeceptum tam in veteri quam in novo testamento, 'ut [152] non nisi unius religionis et fidei conjugia sibi maneant copulata. Si hoc ergo est Domini praeceptum tam in veteri testamento quam in novo', et hoc jubet Dominus, hoc docet Apostolus, ut non nisi unius [153] religionis et fidei maneant copulata conjugia : quare contra hoc [154] Domini 'jussum, contra doctrinam suam [155], contra prae-

---

QUAEST. I. C. IX. [124] add. : *uti* : Ed. Bas. (cf. Matth. c. 19, v. 12. [125] add. : *cum infideli* : ead. — *cum fideli* : Edd. rell. — Ivo. [126] *infirmitatem* : Edd. coll. o. [127] et hic et infra §. cad. in Edd. coll. o. est : *dimittenda*. [128] add. : *illud* : eaed. — Ivo. [129] *et ibi* : Ivo. — Edd. Bas. *tibi* : Edd. Arg. Nor. Ven. I, II. [130] *dicitur* : Ed. Bas. — (cf. 1 Cor. c. 7, v. 25. [131] add. : *autem* : Edd. coll. o. pr. Arg. [132] *si licet, tamen non* : Ed. Bas. — *scilicet* : Edd. rell. pr. Lugdd. II, III. — Iv. [133] abest ab Iv. et Edd. coll. o. pr. Lugdd. II, III. [134] *ubi* : Ed. Bas. — *ut ego* : Edd. rell. — Iv. † *adhibuerim consil. ab Ap. dictum* (abest ab Iv. et Ed. Bas), *non praec. Dom.* : Ivo. — Edd. coll. o. — (cf. 1 Cor. c. 7, v. 12.) [135] *habent* : Edd. coll. o. pr. Lugdd. II, III. [136] *prohibentur* : Edd. coll. o. [137] add. : *sunt* : eaed. [138] *dignatur* : eaed. — Iv. [139] *sic dicit* : eaed. — *sic dicit* : Iv. — (cf. 1 Cor. c. 4, v. 14.) [140] Gal. c. 5, v. 2. [141] *Ecce ego* : Iv. — Edd. coll. o. [142] *vel* : *id*. — eaed. [143] *et Ap.* : Ed. Bas. [144] add. : *eos* : Ivo. — Edd. coll. o. [145] *dixit* : Edd. Lugdd. II, III. — *dicit* : Edd. rell. [146] *prohibeat* : Edd. Ven. II. Par. — *prohibuerat* : Edd. Bas. Lugd. I. [147] *si lic.* : Ed. Bas. [148] *velit* : Edd. coll. o. pr. Lugdd. II, III. [149] Deut. c. 7, v. 3. [150] 1 Cor. c. 7, v. 39. [151] *jungeres* : Edd. coll. o. pr. Lugdd. II, III. — add. : *in Domino* : Ed. Bas. [152] *verba asteriscis incl. non sunt ap. Iv.* [153] *ejusdem* : Ivo. — Edd. coll. o. [154] abest ab Iv. et Edd. coll. o. pr. Lugdd. II, III. [155] *sanctam* : Iv. — Edd. coll. o. * *sunt tamen ap. Iv. et in Edd. coll. o.*

ceptum veteris et novi testamenti jubet Apostolus [b], ut diversæ fidei conjugia maneant copulata? Quia Paulus, inquis [156], gentium prædicator et apostolus, jam in conjugio positos non solum monet, sed etiam jubet, ut si unus [157] * aut una * e conjugibus credidisset, alterum *vel alteram* non credentem, secum tamen habitare consentientem, non dimitteret. His verbis tuis aliud hoc esse, aliud illud, satis [158] evidenter ostendis. Illud enim de his conjugiis agitur, quæ [159] sibi primitus copulantur, ne nubat femina non [160] suæ religionis viro, vel ne vir talem ducat uxorem; id enim (ut dicis) jubet Dominus, docet Apostolus, utrumque præcipit testamentum. Hoc autem diversum esse quis abnuat, ubi [161] agitur non de conjungendis, sed de conjunctis? Ambo quippe unius ejusdem [162] infidelitatis fuerunt, quando conjuncti sunt; sed evangelium quum venisset, alter sine altera, vel altera [163] sine altero credidit. Si ergo aliud est hoc (quod sine scrupulo ullius dubitationis apparet), cur fidelem [164] cum infideli [165] in conjugio permanere [166] non [167] et Dominus, sicut Apostolus jubet? Nisi forte loco isto vacat [168] quod tam fideliter [169] ipse [170] Apostolus [171] ait: *An [172] vultis experimentum accipere ejus, qui in me loquitur Christus? Et utique Dominus est Christus.* § 7. Intelligisne quid dicam? An in hoc explanando aliquanto diligentius immorabor? Attende, ut rem ipsam [173] tanquam in conspectu considerandam [174] planiore sermone ponamus. Ecce, conjuges duo unius infidelitatis fuerunt [175], quando conjuncti [176] sunt. Nulla de his quæstio est, quæ pertinet ad illam Domini jussionem, doctrinamque apostolicam, et præceptum veteris et novi testamenti, quo prohibetur fidelis cum infideli conjugium copulare. Jam sunt conjuges, et ambo adhuc sunt infideles; adhuc tales sunt, quales fuerunt ante, quam jungerentur [177], qualesque conjuncti sunt. Venit [178] evangelii prædicator, credidit [179] eorum unus ††, aut una; sed ita, ut infidelis cum fideli habitare consentiat. Jubet fideli A Dominus, ne [180] infidelem dimittat, an [181] non jubet? Si dixeris, jubet, reclamat Apostolus: *Ego dico, non Dominus.* Si dixeris, non jubet, causam requiro. Neque illam mihi responsurus es, quam tuis literis indidisti, quia Dominus [182] prohibet fideles infidelibus jungi. Hic enim nullo modo est ista causa; de [183] jam junctis [184] loquimur, non de jungendis [185]. Si ergo tu [186] causam non invenisti, cur non vetet Dominus quod vetat Apostolus: (cernis *enim* jam, ut existimo [187], non esse ipsam [188], quam esse putaveras) *vide, ne forte illa sit, quæ mihi visa est et tunc proferenda, et nunc defendenda*: ut scilicet illud intelligamus dicere Dominum, quod habet coram illo nullo modo transgredienda justitia, id est quod ita jubet aut vetat, ut aliud facere omnino non B liceat*.

IV. Pars. Gratian. *Contra invenitur* in Concilio Toletano IV, c. 62. [189]:

C. X. *Nisi ad fidem Judæus accesserit, separetur ab uxore fideli.*

Judæi, qui Christianas mulieres in conjugio habent, admoneantur ab episcopo civitatis ipsius [190], ut, si cum eis permanere cupiunt, Christiani efficiantur. Quod si admoniti noluerint, separentur, quia non potest infidelis in ejus permanere conjunctione, quæ jam in Christianam translata est fidem. Filii autem, qui ex talibus nati exsistunt [191], fidem atque conditionem matris sequantur. Similiter *et* C hi [192], qui procreati sunt de infidelibus mulieribus et fidelibus viris, Christianam sequantur religionem, non Judaicam superstitionem.

Gratian. *Verum hoc ideo statutum est, ne, dum fidelis salutem quærit infidelis, potius ipse cum ea infidelitatis perditionem inveniat. Unde* in eodem Concilio c. 59, *tam de filiis Judæorum quam ceteris ad fidem venientibus statutum est, ut infidelium consortia evitent* [193]:

---

### NOTATIONES CORRECTORUM.

C. IX. [b] *Jubet Apostolus*: Quæ sequuntur usque D Multa autem sunt emendata ex eodem originali, ad vers. *Jam in conjugio*, addita sunt ex B. Augustino*, quemadmodum et in extremo ad vers. *Vide, ne forte*, usque ad finem, ut sit perfecta sententia.

cum manuscriptis etiam exemplaribus et Beda collato.

---

Quæst. I. C. IX. [156] *inquit*: id. — eæd. [157] *alter*: id. — eæd. [158] *add.*: *quidem*: id. — eæd. pr. Arg. Bas. Lugdd. II, III. [159] *quæ non sunt prim. copulata*: Ivo. — Edd. coll. o. [160] *nisi*: eæd. [161] *ibi*: eæd. pr. Lugdd. II, III. — *add.*: *ergo*: Ed. Bas. [162] *et ejusd.*: Bohm. — *ejusdemque*: Ivo. — Edd. coll. o. [163] *alia sine alio*: Ed. Bas. [164] *virum fid.*: Ivo. — Edd. coll. o. pr. Bas. [165] *inf. conjuge*: Edd. coll. o. [166] *add.*: *non licet*: Ivo. — Edd. Arg. Nor. Ven. I, II. Par. Lugd. I. [167] *nonne et*: eæd. — *nam et*: Iv. [168] *add.*: *illud*: Ivo. — Edd. coll. o. [169] *fideliter*: id. — eæd. pr. Arg. Lugdd. II, III. [170] abest ab iisd. pr. Lugdd. II, III. [171] abest ab Ed. Arg. [172] 2 Cor. c. 13, v. 3. [173] *add.*: *explanandam*: Ivo. — Edd. coll. o. [174] *declarandam*: id. — eæd. pr. Lugdd. II, III. [175] *ita fuer.*: id. — Edd. Bas. Lugd. I. [176] *juncti*: Edd. coll. o. pr. Bas. Lugdd. II, III. [177] *conjungerentur*: Iv. — Edd. coll. o. [178] *Veniique*: eæd. pr. Lugdd. II, III. [179] *credit*: Edd. coll. o. pr. Arg. Bas. †† *aut un.*: Iv. — Edd. coll. o. [180] *ut non*: Ed. Bas. — Edd. rell. op. Lugdd. II, III. [181] *add.*: Ed. Bas. [182] *add.*: *videlicet*: Edd. coll. o. [183] *quia de*: Edd. Nor. Ven. I, II. Par. Lugdd. [184] *conjunctis*: Ivo. — Edd. Lugdd. II, III. [185] *conjungendis*: id. — Edd. coll. o. [186] *tuam*: id. — eæd. pr. Arg. Lugdd. II, III. [187] *æstimo*: id. — eæd. pr. Bas. Lugdd. II, III. [188] *add.*: *causam*: Id. — Edd. coll. o. = C. X. [189] hab. A. 633. [190] *illius*: Edd. coll. o. [191] *sunt*: eæd. [192] *illi*: eæd. [193] Burch. l. 4, c. 83. Ivo Pan. l. 1, c. 75. Decr. p. 1, c. 277.

C. XI. *A parentum infidelium separentur consortio fideles filii, ne eorum involvantur erroribus.*

Judæorum filios vel filias, ne parentum ultra involvantur erroribus, ab eorum consortio separari decernimus [194], deputatos [195] aut monasteriis, aut Christianis viris, aut mulieribus Deum timentibus, ut sub eorum conversatione cultum fidei discant, atque in [196] melius instituti tam in moribus quam in fide proficiant.

C. XII. *Judæis ad fidem venientibus cum infideli nulla sit communio.*

Item in eodem, c. 61 [197].

Sæpe malorum consortia etiam bonos corrumpunt; quanto magis eos, qui ad vitia proni sunt? Nulla igitur ultra communio sit Hebræis ad fidem christianam translatis cum his, qui adhuc in veteri ritu consistunt, ne forte eorum participatione [198] subvertantur. Quicunque ergo ex his, qui baptizati sunt, amodo infidelium consortia non vitaverint, et ni Christianis donentur, et illi [199] publicis cædibus deputentur.

C. XIII. *Cum Judæis nec manducandum, nec habitandum, nec ab eis medicamentum accipiendum est.*

Item ex VI. Synodo, c. 11 [200].

Nullus eorum, qui in sacro sunt ordine [201], aut laicus azyma Judæorum [202] manducet, aut cum eis habitet †, aut aliquem eorum in infirmitatibus suis vocet, aut medicinam ab eis percipiat, aut cum eis in balneo lavet. Si vero quisquam hoc fecerit, si clericus est, deponatur, si laicus [203], excommunicetur.

C. XIV. *Clerici sive laici vitent Judæorum convivia, nec eos ad sua consortia recipiant.*

Item ex Concilio Agathensi, c. 40 [204].

Omnes deinceps clerici sive laici Judæorum convivia evitent [205], nec eos ad convivium quisquam [206] accipiat [207], quia, quum apud Christianos communibus cibis non utantur, indignum atque sacrilegum est eorum cibos a Christianis sumi, quum ea, quæ Apostolo [208] permittente nos sumimus, ab illis judicentur immunda, ac sic inferiores incipiant esse Christiani, quam Judæi, si nos quæ ab illis apponuntur utamur, illi vero a nobis oblata contemnant.

V. Pars. Gratian. *Ex his itaque evidenter colligi-*
*tur, conjugium esse inter infideles. Illud vero Apostoli :* Omne [209], quod non est ex fide, peccatum est, *non ita intelligendum est, ut quicquid fit ab infidelibus credatur esse peccatum, sed omne, quod contra conscientiam fit, ædificat ad gehennam. Unde Ambrosius* i : Peccatum est, quod aliter fit quam probatum est. § 1. *Item Augustinus* k *super eundem locum :* Omne, quod aliter fit quam probatum est, peccatum est; non tamen omne, quod fit cum fide, bonum est. Ignorantia enim, quæ est ex culpa, nocet. *Hinc etiam Apostolus ait* [210] : Beatus, qui non judicat semetipsum in eo, quod probat, *id est qui non facit damnabilem* l *semetipsum, aliter faciendo quam probet esse faciendum. Vel omne, quod non est ex fide dicitur esse peccatum, quia quicquid ea fide non fit, ut ad æternam valeat salutem, inutile reputatur apud Dominum. Unde Augustinus ait :* Omnis infidelium vita peccatum est, nec valet esse bonum quod fit absque Deo m. Ubi enim deest agnitio æternæ et incommutabilis veritatis, falsa virtus est etiam in optimis moribus. § 2. *Item quum dicitur :* non est vera pudicitia hominis infidelis cum conjuge sua, *negatur pudicitia esse vera quantum ad effectum, ad præmium videlicet æternæ salutis. Sicut enim apud hæreticos sacramenta negantur esse vera, non quantum ad formam, sed quantum ad virtutem, sic et virtutes negantur esse veræ apud infideles, non quin veræ in eis sint, juxta illud Hieronymi :* Virtutibus n Romani promeruerunt imperium, sed quia effectu carent æternæ salutis. § 3. *Item illud Ambrosii* [211]. Non est putandum matrimonium, quod extra Dei decretum factum est; sed quum cognoscitur, est emendandum, *non ostendit conjugium non esse inter infideles. Nullo enim Domini præcepto gentiles prohibentur conjungi gentilibus. Nec ergo eorum conjugium extra Dei decretum fit. Illa itaque auctoritate jubentur separari ab invicem qui contra Dei vel ecclesiæ decretum copulati sunt, utpote infideles cum fidelibus, vel consanguinei cum consanguineis, vel affines cum affinibus. Hi omnes, si sibi invicem copulati fuerint, separandi sunt. Hinc etiam* idem Ambrosius *in libro de Patriarchis,* lib. I. de Abraham, c. 9. [212] :

## NOTATIONES CORRECTORUM.

C. XIV. i *Unde Ambrosius* : Referuntur verba glossæ ordinariæ in eum Pauli locum. Verba autem Ambrosii in eumdem locum sunt hæc : *Recte peccatum appellat quod aliter fit quam probatum est.*

k *Item Augustinus* : Hæc non sunt inventa apud B. Augustinum, sed a vers. *Non omne,* usque ad vers. *Nocet,* sunt ex eadem glossa ordinaria ibidem.

l *Damnabilem* : In glossa interlineari ibidem hæc leguntur : *qui non facit se damnabilem nocendo aliis de suo bono.*

m *Absque Deo* : Apud B. Augustinum et in glossa ordinaria legitur : *et nihil est bonum sine summo bono.* Reliqua vero ut apud Gratianum.

n *Virtutibus* : Hæc non sunt reperta apud B. Hieronymum. Sententia elici potest ex B. Augustino in quinto de civit. Dei. c. 12, usque ad 15.

---

QUÆST. I. C. XI. [194] *decrevimus* : Ed. Bas. [195] *deputandos* : Edd. coll. o. pr. Bas. — *tradique* : Ivo. [196] abest ab Ed. Bas. = C. XII. [197] Burch. l. 4, c. 84. Ivo Pan. l. 1, c. 74. Decr. p. 1, c. 278. [198] *participio* : Coll. Hisp. [199] *hi* : Ed. Bas. = C. XIII. [200] Imo ex Trullana, hab. A. 692. — Ivo Decr. p. 13, c. 116. [201] add. : *constituti* : Edd. Bas. Lugdd. II. III. [202] *eorum* : Edd. coll. o. †*communicet* : Ed. Bas. [203] *laic. vero* : ead. — *si laic. vero* : Ivo. = C. XIV. [204] hab. A. 506. — Ivo Decr. p. 13, c. 117. [205] *vitent* : Edd. coll. o. [206] *quisquis* : Coll. Hisp. [207] *excipiat* : ead. — Ed. Bas. [208] cf. 1 Tim. c. 4. [209] Rom. c. 14, v. 23. [210] ib. v. 22. [211] supra ead. in princ. [212] Petr. Lomb. l. 4, dist. 39.

**C. XV.** *Fideles infidelibus non sunt conjugio copulandi.*

Cave, Christiane, gentili aut Judaeo filiam tuam tradere. Cave, inquam †, gentilem, aut Judaeam atque alienigenam, hoc est haereticam, et omnem alienam a fide tua uxorem accersas ¹¹³ tibi. Prima conjugii fides castitatis gratia est. *Et infra:* § 1. Si Christiana sit, non est satis, nisi ambo initiati sitis sacramento baptismatis. Simul ad orationem nocte vobis surgendum est, et conjunctis precibus obsecrandus ¹¹⁴ Deus.

**C. XVI.** *Cum haereticis catholici non misceant conjugia.*

Item ex Concilio Agathensi, c. 67 ¹¹⁵.

Non oportet cum hominibus haereticis miscere connubia, et ¹¹⁶ vel filios vel filias dare, sed potius accipere, si tamen se profiteantur ¹¹⁷ Christianos esse futuros et ¹¹⁸ catholicos.

**C. XVII.** *Christiana communione careat qui Judaicae pravitati conjugali se vinculo sociat.*

Item ex Concilio Urbanensi º ¹¹⁹.

Si quis Judaicae pravitati conjugali ¹²⁰ societate jungitur, sive ¹²¹ Christiana Judaeo, sive Judaea Christiano mulier carnali consortio misceatur ¹²², quicunque eorum tantum nefas admisisse cognoscitur ¹²³, a Christiano coetu atque convivio, et a communione ecclesiae protinus segregetur ¹²⁴.

Gratian. *Item illud Augustini* ¹²⁵: Non est ratum conjugium, quod sine Deo est, *non negat conjugium esse inter infideles. Conjugium enim aliud est legitimum et non ratum, aliud ratum et non legitimum, aliud legitimum et ratum. Legitimum conjugium est, quod legali institutione vel provinciae moribus contrahitur. Hoc inter infideles ratum non est, quia non est firmum et inviolabile* ᵖ *conjugium eorum. Dato enim libello repudii licet eis recedere ab invicem, et aliis copulari lege fori, non lege poli, quam non sequuntur. Inter fideles vero ratum conjugium est, quia conjugia semel inita inter eos, ulterius solvi non possunt. Horum quaedam sunt legitima, veluti quum uxor a parentibus traditur,. a sponso dotatur, et a sacerdote benedicitur. Haec talia conjugia legitima et rata appellantur. Illorum vero conjugia, qui contemtis omnibus illis solemnitatibus solo affectu aliquam sibi in conjugem copulant, hujusmodi conjugium non legitimum, sed ratum tantummodo esse creditur*

## QUAESTIO II.
### GRATIANUS.

*Quod vero uxore vivente alteram ducere non possit* ᵃ, *testatur scriptura* ᵇ, *dicens*: Alioquin si disceditis ab invicem, et volentes cohabitare dimittitis, et aliis vos copulaveritis, adulteri eritis, et filii vestri, qui postea nascentur, erunt immundi, id est spurii.

**C. I.** *Non potest quis post baptismum alteram ducere vivente ea, quae ante baptismum sibi fuerit virgo copulata.*

Item ex Concilio Meldensi, c. 1 ¹.

Si quis habuerit uxorem virginem ante baptismum, vivente illa post baptismum alteram habere non potest. Crimina enim in baptismo solvuntur, non conjugia.

Gregorius *autem contra testatur, dicens* ᶜ ²:

**C. II.** *Licet fideli aliam ducere uxorem, quam* ᵈ *Christianae fidei odio infidelis dimittit.*

Si ᵃ *infidelis discedit* ᵇ *odio Christianae fidei, discedat. Non est enim frater aut soror* ᵇ *subjectus servituti in hujusmodi.*

Non est enim dimisso peccatum propter Deum, si

---

**NOTATIONES CORRECTORUM.**

C. XVII. ᵒ Eadem sententia quibusdam verbis mutatis habetur in conc. Arvernensi c. 6. Et similia sunt in Aurelianensi II, c. 19.

ᵖ *Inviolabile*: Sic in omnibus vetustis exemplaribus quae collata sunt. In vulgatis legebatur: *et ideo violabile*.

QUAEST. II. ᵃ *Non possit*: In vulgatis sequebantur haec: *qui infidelem dimisit*, quae in manuscr. exemplaribus non habentur.

ᵇ *Scriptura*: Haec non sunt verba ipsa scripturae, sed in glossa ordinaria ex Ambrosio ad ea verba 1 Cor. 7, *alioquin filii vestri*, etc., haec leguntur: *Si dimittitis, invicem nolentes cohabitare, et aliis vos copulatis, adulteri estis, et filii vestri spurii, et ideo immundi.*

C. II. ᶜ Haec non sunt inventa apud B. Gregorium, sed apud B. Ambrosium ad c. 7. 1. Corinthiorum eadem fere leguntur plenius atque aptius exposita.

ᵈ *Quam*: Sic etiam in vetustis; sed si legeretur: *quem*, magis videretur respondere verbis ipsius capitis.

---

QUAEST. I. C. XV. ¹¹² † *inquit*: Edd. coll. o. ¹¹³ *non acc.*: Edd. Arg. Bas. — *accipere*: Edd. rell. ¹¹⁴ *adorandus*: Ed. Bas.—*observandus*: Ed. Arg.=C.XVI. ¹¹⁵ hab. A. 506.—cf. tamen ad. c. 30. D. 23.—eadem fere sunt in conc. Laod. c. 31, Burch. l. 9, c. 78. Iv. Decr. p. 8, c. 204. ¹¹⁶ *vel et — et*: Edd. coll. o. pr. Bas. Lugdd. II, III. ¹¹⁷ *profitentur*: Edd. coll. o. pr. Par. Lugdd. — Coll. Hisp. ¹¹⁸ abest a Coll. Hisp. = C. XVII. ¹¹⁹ c. 4, conc. Arvern. hab. A. 535. — Petr. Lomb. l. 4, dist. 39. ¹²⁰ *jugali soc. conjung.*: Coll. Hisp. ¹²¹ *id est, si seu*: ead. ¹²² *misceantur*: Edd. Lugdd. II, III. ¹²³ *noscuntur*: Coll. Hisp. ¹²⁴ *segregentur*: ead. — *separetur*: Ed. Bas. ¹²⁵ *supra ead.* in princ. ᵖ ita Edd. coll. o. pr. Bas.

QUAEST. II. ᵃ Ita Edd. coll. o. pr. Bas. = C. I. ¹ Similia fere sunt in conc. Tribur. hab. A. 895, c. 39. — Burch. l. 9, c. 61. Ivo Pan. l. 6, c. 98. Decr. p. 8, c. 197. = C. II. ² *ex Comm. ad ep. Pauli ad Cor., qui Ambrosio tribui solent.* — Petr. Lomb. l. 4, dist. 39. ³ 1 Cor. c. 7, v. 15. ⁴ *discedat*: Ed. Bas. ⁵ add.: *fidelis*: Edd. Bas. Lugdd. II, III.

alii se copulaverit. Contumelia quippe creatoris solvit jus matrimonii circa eum, qui relinquitur. Infidelis autem discedens et in Deum peccat, et in matrimonium, nec est ei fides servanda conjugii, qui propterea discedit, ne audiret Christum Deum ᵃ esse Christianorum conjugiorum.

Gratian. *Hic distinguendum est, aliud esse dimittere volentem cohabitare, atque aliud discedentem non sequi. Volentem enim cohabitare licet quidem dimittere, sed non ea vivente aliam superducere; discedentem vero sequi non oportet, et ea vivente aliam ducere licet. Verum hoc non nisi de his intelligendum est, qui in infidelitate copulati sunt. Ceterum si ad fidem uterque conversus est, vel si uterque fidelis matrimonio junctus est, et procedente tempore alter eorum a fide discesserit, et odio fidei conjugem dereliquerit, derelictus discedentem non comitabitur; non tamen illa vivente alteram ducere poterit, quia ratum conjugium fuerat inter eos, quod nullo modo solvi potest.*

### QUÆSTIO III
### GRATIANUS.

*Utrum vero bigamus sit reputandus qui ante baptismum habuerit unam, et post baptismum alteram, auctoritate* Hieronymi *patet. Ait enim super epistolam Pauli ad Timotheum* ᵃ ¹:

**C. I.** *Non est bigamus qui ante baptismum habuerit unam, et post baptismum alteram.*

Oportet episcopum unius uxoris esse virum. Verum hoc post baptismum. Ceterum, si ante baptismum habuit unam, et post baptismum habuerit ² aliam ³, non est reputandus bigamus, cui prorsus innovato per baptismum omnia vetera sunt dimissa. *Augustinus vero contra testatur, et Innocentius. Ait enim* Augustinus *super epistolam Pauli ad Titum* ᵇ ⁴:

**C. II.** *Non debet fieri episcopus qui ante baptismum habuerit unam, et post baptismum alteram.*

Acutius vero intelligunt, qui nec eum ordinandum censuerunt, qui ante baptismum habuerit ⁵ unam, et post baptismum alteram. In baptismate enim crimina abolentur ⁶, non fœderatio conjugii dissolvitur. Sicut illa, quæ catechumena vitiata est, inter Dei virgines consecrari non potest, sic qui ⁷ ante baptismum habuit unam, et post baptismum alteram, non nisi bigamus est reputandus. Amisit enim quiddam non ad vitæ meritum, sed ad signaculi sacramentum.

Gratian. *Item* Innocentius ⁸ *Rufo et Eusebio episcopis Macedoniæ multis argumentis probat, talem bigamum reputari. Quia ergo iste, cujus causa in præsenti agitur, ante baptismum habuit unam, et post baptismum alteram, bigamus judicatur, et, licet vitæ merito et industriæ scientia polleat, tamen in episcopum ordinari non potest.*

---

# CAUSA XXIX.

### GRATIANUS.

*Cuidam mulieri nobili nunciatum est, quod a filio cujusdam nobilis petebatur in conjugem; præbuit illa assensum. Alius vero quidam ignobilis atque servilis conditionis nomine illius se ipsum obtulit, atque eam in conjugem accepit. Ille, qui prius sibi placuerat, tandem venit, eamque sibi in conjugem petit. Illa se delusam conqueritur, et ad prioris copulam aspirat. (Qu. I.) Hic primum quæritur, an sit conjugium inter eos?* (Qu. II.) *Secundo, si prius putabat, hunc esse liberum, et postea deprehendit, illum esse servum an liceat ei statim ab illo discedere?*

### QUÆSTIO I.
### GRATIANUS.

*Quod autem conjugium sit inter eos, probatur hoc modo. Conjugium sive matrimonium* ¹ *est viri et mulieris conjunctio, individuam vitæ consuetudinem retinens. Item consensus utriusque matrimonium facit. Quia ergo isti conjuncti sunt, ut individuam vitæ consuetudinem conservarent, quia uterque consensit in alterum, conjuges sunt appellandi.* § 1. *His ita respondetur: Consensus* ² *est duorum vel plurium sensus in idem. Qui autem errat non sentit, non ergo consentit, id est simul cum aliis sentit. Hæc autem erravit; non ergo consentiit: non itaque conjunx est*

---

### NOTATIONES CORRECTORUM.

ᵃ *Christum Deum*: In loco indicato est: *ne audiret auctorem esse Christianorum Deum conjugii.*

QUÆST. III. C. I. ᵃ Sententia hujus capitis habetur supr. dist. 26, c. *Unius*, ex glossa ordinaria ⁴ ad Timotheum c. 3. Beatus autem Hieronymus hanc rem et in epist. ad Tit. c. 1 attigit, et in epistola ad Oceanum copiose tractavit.

C. II. ᵇ Sententia hujus capitis habetur in collectaneis Bedæ et glossa ord. ad c. 1 epist ad Titum, ut supra 26, dist. c. *Acutius.*

---

QUÆST. III. C. I. ¹ cf. c. 1. Dist. 26. ² *habuit*: Edd. Lugd. II, III. ³ *alteram*: Edd. coll. o. = C. II. ⁴ cf. c. 2. Dist. 26. ⁵ *habuit*: Ed. Bas. ⁶ *absolvuntur*: ead. ⁷ *et qui*: ead. ⁸ cf. D. 26, c. 3, et supra qu. 1, c. 1.

CAUSA XXIX. QUÆST. I. ¹ cf. c. 1. 1, de patr. pot. ² cf. fr. 1 Dig. de pactis.

appellanda, quia non fuit ibi consensus utriusque, sine quo nullum matrimonium esse potest. Sicut enim qui ordinatur ab eo, quem putat esse episcopum, et adhuc est laicus, errat, nec vocatur ordinatus, imo ab episcopo adhuc est ordinandus: sic ista errans nulli est copulata conjugio, imo adhuc est copulanda. § 2. Ad haec, non omnis error consensum evacuat; qui enim accipit in uxorem corruptam, quam putat virginem, vel qui accipit meretricem, quam putat esse castam, uterque errat, quia ille corruptam existimat virginem, et iste meretricem reputat castam. Numquid ergo dicendi sunt non consensisse in eas? aut dabitur utrique facultas dimittendi utramque, et ducendi aliam? Verum est, quod non omnis error consensum excludit; sed error alius est personae, alius fortunae, alius conditionis, alius qualitatis. Error personae est, quando hic putatur esse Virgilius, et ipse est Plato. Error fortunae, quando hic putatur esse dives qui est pauper, vel e converso. Error conditionis, quando putatur esse liber qui servus est. Error qualitatis, quando putatur esse bonus qui malus est. Error fortunae et qualitatis conjugii consensum non excludit. Error vero personae et conditionis conjugii consensum non admittit. Si quis enim pacisceretur, se venditurum agrum Marcello, et postea veniret Paulus dicens se esse Marcellum, et emeret agrum ab illo, numquid cum Paulo convenit iste de pretio, aut dicendus est agrum sibi vendidisse? Item si quis promitteret, se venditurum mihi aurum, et pro auro offerret mihi orichalcum, et ita me deciperet, numquid dicerer consensisse in orichalcum? Nunquam volui emere orichalcum, nec ergo aliquando in illud consensi, quia consensus non est nisi voluntatis. Sicut ergo hic error materiae excludit consensum, sic et in conjugio error personae. Non enim consensit in hunc, sed in eum, quem putabat esse. § 3. Sed objicitur[3]: Jacob non consenserat in Liam, sed in Rachel: septem siquidem annis pro Rachel servierat. Quum ergo eo ignorante Lia esset sibi supposita, non fuit conjugium inter eos, si error personae consensum excludit, quia, ut dictum est, non in eam consenserat, sed in Rachel. His ita respondetur: Consensus alius est praecedens, alius subsequens. Praecedit consensus, quando ante carnalem copulam in individuam vitae consuetudinem uterque consentit; subsequitur, quando post concubinalem sive fornicarium coitum consentiunt in idem. Jacob ergo et Liam non fecit conjuges praecedens consensus, sed subsequens; nec tamen ex primo concubitu fornicarii judicantur, quum ille maritali affectu eam cognoverit, et illa uxorio affectu sibi debitum persolverit, putans lege primogenitarum et paternis imperiis se sibi jure copulatam. § 4. Quod autem error personae nonnullos excuset, auctoritate illa probatur, qua soror uxoris utroque inscio, sorore videlicet et marito, in lectum ejus ivisse, et a viro suae sororis cognita perhibetur, quae quum sine spe conjugii perpetuo manere censeatur, ille tamen, qui cognovit eam per ignorantiam, excusatur. Aliter etiam hoc probatur. Diabolus nonnunquam se in angelum lucis transformat, nec est periculosus error, si tunc creditur esse bonus, quum se bonum simulat. Si ergo tunc ab aliquo simplici quaereret, an suae beatitudinis vellet esse particeps, et ille responderet, se in ejus consortium velle transire, numquid dicendus est consensisse in consortium diabolicae damnationis, an non potius in participationem aeternae claritatis? Item, si quis haereticorum, nomine Augustini, vel Ambrosii, vel Hieronymi, alicui catholicorum se ipsum offerret, atque ad suae fidei eum imitationem provocaret, si ille praeberet assensum, in cujus fidei sententiam diceretur consensisse? non in haereticorum sectam, sed in integritatem catholicae fidei, quam ille haereticus se mentiebatur habere. Quia ergo haec persona decepta errore non in hunc, sed in eum, quem iste se mentiebatur esse, consensit, patet, quod ejus conjunx non fuerit. § 5. Error fortunae et qualitatis non excludit consensum, veluti si quis consentiret in praelaturam alicujus ecclesiae, quam putaret esse divitem, et illa esset minus copiosa, quamvis hic deciperetur errore fortunae, non tamen posset renunciare praelaturae acceptae. Similiter, quae nubit pauperi, putans illum esse divitem, non potest renunciare priori conditioni, quamvis erraverit. Error qualitatis non excludit similiter consensum; utpote si quis emerit agrum vel vineam, quam putabat esse uberrimam, quamvis iste erraret in qualitate rerum, rem minus fertilem emendo, non potest tamen venditionem rescindere. Similiter, qui ducit in uxorem meretricem vel corruptam, quam putat esse castam vel virginem, non potest eam dimittere, et aliam ducere.

## QUAEST. II.
### GRATIANUS.

I Pars. Secunda quaestio proposita est de conditione, an liceat mulieri dimittere eum, quem putabat liberum, si postea illum invenerit servum? Quod vero mulieri non liceat a servo discedere, multis rationibus videtur posse probari. In Christo enim Jesu nec est Judaeus, nec Graecus, nec servus, neque liber: ergo nec in conjugio Christianorum. Eadem enim lege in fide Christi uterque regitur. Indifferenter enim ab Apostolo dicitur omnibus[1]: Qui vult nubere nubat in Domino. Et iterum: Mulier nubat cui vult; tantum in Domino. Non praecipitur, ut ingenua nubat ingenuo, ancilla servo; sed quaelibet earum cui vult nubat, dummodo in Domino.

---

Quaest. I. [3] cf. Gen. c. 29.
Quaest. II [1] 1 Cor. c. 7, v. 39.

### C. I. *Licet servo matrimonia contrahere.*
#### Item Julius Papa c. 4 [a].

Omnibus nobis unus est pater in coelis, et unusquisque, dives et pauper, liber et servus, aequaliter pro se et pro animabus eorum rationem reddituri sunt. Quapropter omnes, cujuscunque conditionis sint, unam legem quantum ad Deum habere non dubitamus. Si autem omnes [b] unam legem habent, ergo sicut ingenuus dimitti non potest, sic nec servus semel conjugio copulatus ulterius dimitti poterit.

### C. II. *Ancillam in matrimonio susceptam utro dimittere non licet.*
#### Item Zacharias Papa [e].

Si quis liber ancillam in matrimonium acceperit, non habet licentiam dimittere eam, si consensu amborum conjuncti sunt, excepta [c] causa fornicationis; sed una lex deinceps [7] erit per omnia et viro et feminae.

### C. III. *Inter patronum et libertam constat esse matrimonium legitimum.*
#### Item Julius Papa [8].

Si quis ancillam suam libertate [9] donaverit, et in matrimonium sibi sociaverit, dubitatur [10] apud quosdam, utrum hujusmodi nuptiae legitimae esse videantur, an non. Nos itaque, vetustam ambiguitatem decidentes, talia connubia legitima esse censemus. Si enim ex affectu fiunt omnes nuptiae, et nihil impium et legibus contrarium in tali copulatione fieri potest, quare praedictas nuptias inhibendas [11] existimemus [12] ?

II. Pars. Gratian. *His ita respondetur :* Non negatur, ingenuam posse nubere servo, sed dicitur, quod si nescitur esse servilis conditionis, libere potest dimitti, quum servitus ejus fuerit deprehensa. Illud autem Apostoli et Julii Papae intelligendum est de his, quorum conditio utrique nota est. Hujus autem conditio mulieri incognita erat; non ergo praemissis auctoritatibus cogitur manere cum illo, sed liberum illi esse ostenditur vel manere, vel discedere.

Unde in Concilio apud Vermeriam, cui interfuit Rex Pipinus, statutum est c. 6. [d] [13] :

### C. IV. *De eo, qui ancillam duxit in uxorem quam putabat esse liberam.*

Si quis ingenuus homo uxorem ancillam alterius acceperit, et existimat, quod ingenua sit, si ipsa femina fuerit postea in servitute detecta [e], si eam a servitute redimere potest, faciat; si non potest, si voluerit, aliam accipiat. Si [14] autem ancillam eam scierat et collaudaverat, prout [f] legitimam eam habeat. Similiter et mulier ingenua de servo alterius facere debet.

### C. V. *Non licet mulieri dimittere quem sciens servum accepit in virum.*
#### Item ex eodem, c. 8 [15].

Si femina ingenua acceperit servum, sciens, quod servus esset, habeat eum, quia omnes unum patrem habemus in coelis [g]. Una lex erit viro et feminae.

### C. VI. *Servitutis occasione dimitti non valet quae post controversiam status se in libertatem asseruerit.*
#### Item Gregorius lib. VI. epist. 1. ad Fortunatum Episcopum [16] :

Cujus rei causa cum matre sua huc compulsa anno praeterito praesentium venerit [17] latrix, fraternitas tua cautius novit, quia [18] scilicet maritus suus vester clericus ob hoc, quod de servili fuerat [19] conditione pulsata, a suo noscitur eam [20] removisse consortio,

---

### NOTATIONES CORRECTORUM.

Causa XXIX. Quaest. II. C. I. [a] Caput hoc apud Burchardum et Ivonem sequitur post ultima verba capitis : *Si quis ancillam,* infra eadem.
[b] *Si autem omnes :* Haec usque ad finem habentur quidem in Panormia, sed non apud Burchardum et Ivonem, videnturque ipsius collectoris.
C. II. [c] *Excepta :* Hinc usque ad finem non sunt in Capitularibus, neque apud Ivonem, qui illa citat'. Magister vero sententiarum habet : *nisi ob fornicationem.*
C. IV. [d] Scriptum est nomine totius universitatis Lovaniensis ad S. D. N. Gregorium XIII., exstare in bibliotheca B. Trudonis librum manuscriptum sub hoc titulo : *Excerpta decretorum,* in quo inter alia capitula istius concilii apud Vermeriam habentur hoc et sequens caput.
[e] *Detecta :* Apud Magistrum legitur : *in servitutem dejecta;* apud Burchardum vero *inservita*", quod verbum hac eadem notione habetur l. 3. Capitularium c. 28.
[f] *Prout :* In aliquot vetustis codicibus est : *post ut,* itemque : *postea ut*"', quemadmodum et apud Burchardum et Ivonem.
C. V. [g] *Quia omnes unum patrem habemus in coelis :* Verba haec non sunt in Capitularibus, neque apud Ivonem p. 8. c. 52., ubi ipsa citat capitularia. Sunt tamen apud eundem c. 165., ubi refert ex conc. apud Vermeriam, quemadmodum nunc Gratianus.

---

Quaest. II. C. I. [2] Cap. incertum. — Burch. l. 9, c. 18. Ivo Pan. l. 6, c. 58. Decr. p. 8, 156. [3] *daturi :* Coll. citt. [4] *add. : pertinet :* Ivo Pan. — *pertinet :* Edd. coll. o. pr. Bas. [5] *Dominum :* Ed. Bas. = C. II. [6] *Legitur.* in Capp. Theodori Cant. ap. Petit. c. 12. et in excerptionibus, quae dicuntur, Egberti, c. 124. — Ivo Decr. p. 8, c. 53. Petr. Lomb. l. 4. dist. 36. — cf. Cap. l. 6, c. 95. [a] *neque in Poen. cit.* [7] *abest ab Ed. Bas.* = C. III. [8] haec est const. 26. Cod. Just. de nuptiis, nonnullis immutatis. — Burch. l. 9, c. 18. Ivo Pan. l. 6, c. 37. Decr. p. 8, c. 156. Polyc. l. 6, t. 4. — in Ed. Bas. adscribitur. Pio. P. [9] *libertati :* Ed. Bas. — *in libertatem :* Edd. rell. pr. Lugdd. II, III. [10] *dubitabatur :* Burch. Ivo Decr. [11] *non inh. :* Ed. Bas. [12] *existimavimus :* ead — *existimaverimus :* Edd. rell. pr. Lugdd. II, III. — Burch. Iv. = C. IV. [13] hab. A. 752. — Reg. l. 2, c. 419. Burch. l. 9, c. 26. Ivo Pan. l. 6, c. 41, 111. Decr. p. 8, c. 164. Petr. Lomb. l. 4, dist. 36. " ita in conc. Verm. et ap. Reg. [14] verb : *Si — hab. :* non sunt in Verm. et ap. Reg. "' *postea ut :* Ed. Bas. — *post ut :* Burch. Iv. Decr. et Pan. c. 41. = C. V. [15] c. 5, conc. Compend. hab. A. 757. — Burch. l. 9, c. 42, Ivo Pan. l. 6, c. 42, Decr. p. 8, c. 52, et 165. Petr. Lomb. ib. — Cap. Reg. Fr. l. 5, c. 20. = C. VI. [16] Ep. 1. (scr. A. 597.) I, 7. Ed. Maur. [17] *veneral :* Ed. Bas. [18] *Quam quia :* orig. [19] *fuerit :* Ed. Bas. [20] *abest ab orig.*

vosque [11] hic positos asserunt promisisse, ut, si probare se liberam adjuvante Domino valuisset, suo eam vos conjugio reformaretis. Fraternitas igitur [12] vestra cognoscat, quod revelante Deo libertatis auctore, approbata sit libera, nullaque in ea macula servilis inventa est. His ergo cognitis, sine mora aliqua suo *per vos* eam volumus marito restitui, nec ulterius idem vir ejus argumenta sibi occasionis exquirat, quibus eam possit abjicere. Nam si a vobis (quod non credimus) minime fuerit adimpletum, eamque recipere forte distulerit, nos [22] illud cognoscatis cum districta vindicta correcturos [25].

Gratian. *Quum dicitur* [25]: sciens illum servum, datur intelligi, quod si nesciret, illum servum esse, non igitur cum eo manere. Quia ergo haec et personae et conditionis dolum passa est, non cogitur adhaerere ei, cujus fraude decepta est; si vero liberum acceperit, et ille, ut causam praestet dissidii, se alicujus servum fecerit, nec ille uxorem dimittere, nec illa ob vinculum conjugii in servitutem redigi poterit.

Unde in Triburiensi Concilio [26]:

**C. VII.** *Occasione conditionis dolose mutatae vir non discedat ab ea, quam libertatis tempore acceperit.*

Perlatum est ad sanctam synodum, quod quidam ingenuus ingenuam accepit [17] uxorem, et post filiorum procreationem occasione divortii cujusdam servum se fecit [18], utrum necessario mulierem tenere debeat, et si tenuerit, utrum illa quoque secundum saecularem legem servituti subjici [19] debeat, quaesitum est [h]. Judicatum est, uxorem minime debere dimitti, non tamen ob Christi legem mulierem in servitutem redigi, dum ille non ex consensu conjugis se servum fecerit [20], quem liberum ipsa maritum acceperat [21].

Gratian. *Quaeritur etiam, si servus unius alterius ancillam acceperit, an sit conjugium inter eos?*

*De his ita statutum est* in Concilio Cabilonensi II. cap. 30. [22]:

**C. VIII.** *Legitima servorum conjugia sua auctoritate domini non dirimant.*

Dictum est nobis, quod quidam legitima servorum conjugia [23] potestativa quadam praesumtione dirimant, non attendentes illud evangelicum [24]: *Quod* [25] *Deus conjunxit homo non separet.* Unde nobis visum est, ut conjugia servorum non dirimantur, etiamsi diversos dominos habeant, sed in uno conjugio permanentes dominis serviant suis. Et hoc in illis observandum est, ubi legalis conjunctio fuit, et per [26] voluntatem dominorum.

---

# CAUSA XXX.

**GRATIANUS.**

*Quidam populorum frequentia impeditus filium suum de baptismate suscepit, dum crederet se alienum suscipere; uxor autem ejus, dum callide vellet suscipere proprium, suscepit alienum, quem vir adoptavit sibi in filium, et ex uxore sibi filia nascitur, quam filio suo adoptivo, spirituali uxoris, dum uterque esset in cunabulis, tradidit. Post triennium uxor moritur, et compater ejus relictam compatris uxoris suae vir clam sibi desponsavit; aliquantulum temporis effluxit, et alius eam publice duxit in uxorem. (Qu. I.) Quaeritur primum, an uxori suae debitum reddere valeat qui proprium filium de sacro baptismate suscepit? (Qu. II.) Secundo, an sponsalia contrahantur inter infantes? (Qu. III.) Tertio, an spirituales vel adoptivi filii naturalibus copulari valeant? (Qu. IV.) Quarto, an uxorem compatris uxoris suae alicui ducere liceat? (Qu. V.) Quinto, an clandestina desponsatio manifestae praejudicet?*

## QUAESTIO I.
**GRATIANUS.**

**I. Pars.** *Quod autem proprium filium in spiritualem sibi transferens uxori suae debitum reddere non valeat ratione et auctoritate probatur.* Nulla enim auctoritate permittitur, ut quis commatri suae carnaliter copuletur. Hic autem uxorem suam sibi commatrem effecit: non ergo illi ulterius carnaliter copulari poterit.

---

### NOTATIONES CORRECTORUM.

**C. VII.** [h] *Quaesitum est*: Hae duae voces absunt a ceteris collectoribus praeter Magistrum. Lex vero saecularis, cujus hic mentio fit, est inter leges Longobardorum, ut in glossa dicitur.

---

Quæst. II. C. VI. [11] *vos quoque*: Ed. Bas. [12] abest ab orig. [13] *vos*: Edd. Bas. Lugdd. II, III. [14] *corrigere*: Edd. coll. o. [15] cf. supra c. 5. = C. VII. [16] Non exstat in Triburiensi impresso. — Reg. l. 2, c. 203. Burch. l. 9, c. 75. Ivo Pan. l. 6, c. 99. Decr. p. 8, c. 212. Petr. Lomb. ib. [17] *accepit*: Burch. lv. [18] *fecerit*: iid. — Ed. Bas. [19] *subdit*: Ed. Bas. [20] *fecit*: Burch. lv. Pan. [21] *accepit*: Burch. lv. Decr. — *accepit*: Ivo Pan. — C. VIII. [22] hab. A. 813. — Burch. l. 9, c. 29. Ivo Pan. l. 6, c. 40. Decr. p. 8, c. 167, p. 16, c. 335. Petr. Lomb. ib. — cf. Cap. Add. III, c. 54. [23] *matrimonia*: orig. — Burch. lv. — Capp. — Ed. Bas. [24] Matth. c. 19. v. 6. [25] *Quos*: Ivo Pan. — Edd. coll. o. [26] *pro voluntate*: Ivo Pan.

*Hinc Deusdedit S. R. E. Episcopus, scribit Gordiano, Hispalensis* [a] *ecclesiæ Episcopo, et fratri carissimo* [1]:

**C. I.** *Separentur viri ab uxoribus, qui aliquo casu natos proprios coram episcopo tenent.*

Pervenit ad nos diaconus *vester* [2], sanctitatis vestræ epistolam deferens, quod quidam viri et mulieres, præterito sabbato paschali die, præ magno populorum incursu nescientes proprios filios suscepissent ex lavacro sancto. Cupis ergo scire, si [3] pro tali accidenti ratione debeant viri ac mulieres ad proprium suum redire, an non. Nos vero mœsti ex [4] hac et [5] inquisivimus priorum *Patrum* [6] nostrorum dicta. Invenimus *autem* in archivis *hujus* apostolicæ [7] sedis, jam talia contigisse in ecclesiis Isauriæ, Ephesiorum, simulque Hierosolymæ, aliarumque civitatum [b]. Episcopis etiam earum civitatum ab hac apostolica sede volentibus scire, utrum viri ac mulieres redirent ad proprium torum, beatæ memoriæ sanctissimi [8] Patres Julius, Innocentius, et Cœlestinus cum episcoporum plurimorum et sacerdotum consensu [9] in ecclesia Apostolorum principis prohibentes talia perscripserunt [10], et confirmaverunt, ut nullo modo se in conjugio reciperent mulieres ac viri, quicunque [11] aliqua ratione susceperint [12] natos proprios [13], sed separarent [14] se, ne suadente diabolo tale vitium inolescat. Scitis, quia quomodo sunt septem dona Spiritus sancti, ita sunt septem dona baptismi a [15] primo e pabulo sacrati salis et ingressu ecclesiæ usque ad confirmationem S. Spiritus per chrisma. Ab [16] hoc ergo primo *Spiritus sancti dono* usque ad septimum [17] nullus Christianus suam commatrem in conjugium suscipere [18] debet. Et qui præsumpserit tandiu vinculo anathematis religetur, donec pœnitentiam digne egerit [19].

**C. II.** *Ab uxore separetur qui filiastrum suum coram episcopo tenuit.*

*Item ex Concilio apud Vermerias, c.* 3 [d] [20].

Si quis filiastrum [21] vel filiastram suam ante episcopum tenuerit ad confirmationem, separetur ab uxore sua, et nunquam aliam accipiat [22].

**II. Pars. Gratian.** *E contra vero scribit* Nicolaus Saloniano Episcopo, dicens [23]:

**C. III.** *Non separetur a viro quæ filiastrum suum de sacro fonte levavit.*

Nosse desideras, utrum mulier, quæ viri filium ex alia femina genitum de sacro fonte levaverit, postmodum possit cum eodem viro copulari. Quos ideo jungi [24] posse decernimus [25], quia secundum sacros canones, nisi amborum consensu, nullius religionis obtentu debet conjunx dimittere conjugem. Pertinet autem ad ingens uxoris exitium, quæ habens odio virum, vel infirmitatem ejus non considerans, quasi causa pietatis operatur impietatem, maxime quum Apostolus præcipiat [26]: *Nolite*, inquiens, *fraudare invicem, nisi ex consensu ad tempus, ut* [27] *vacetis orationi; et iterum revertimini in id ipsum, ne tentet vos satanas propter* [28] *incontinentiam vestram.* Ergo si non ex consensu utriusque conjugis *hoc* factum esse probatur, non fraudentur invicem, sed revertantur in id ipsum, præsertim quum dicat Apostolus [29]: *Uxor sui corporis potestatem non habet, sed vir; et vir potestatem sui corporis non habet, sed mulier.*

**C. IV.** *Non separetur a viro, sed pœnitentiam agat quæ filium suum coram episcopo fraudulenter tenuit.*

*Item ex Concilio Cabilonensi II., c.* 31 [30].

Dictum est nobis, quasdam feminas desidiose, quasdam vero frudulenter, ut a viris suis separentur, proprios filios coram episcopis [31] ad confirmatio-

### NOTATIONES CORRECTORUM.

CAUSA XXX. QUÆST. I. C. I. [a] *Hispalensis*: In fragmento hujus epistolæ, quod est in tomis conciliorum, legitur: *Hispaniarum*; apud Anselmum vero ac Burchardum: *Hispaniensis*.

[b] *Civitatum*: Varie hic locus legitur in vetustis codicibus, et apud collectores; aptatus autem præcipue ex Anselmo est.

[c] *A primo*: Idem factum est in hoc loco ex eodem Anselmo, Burchardo, et fragmento epistolæ.

Similia etiam leguntur apud Petrum Damianum in invectione in episcopum, monachos ad sæculum revocantem.

C. II. [d] Burchardus et Ivo 9. c. 80. citant ex conc. apud Vermerias, et ab universitate Lovaniensi scriptum fuit, in excerptis decretorum bibliothecæ B. Trudonis citari ex eodem concilio. Idem autem Ivo part. 4. c. 302. et Magister sententiarum citant ex Capitularibus, ubi exstat lib. 5. c. 5.

---

CAUSA XXX. QUÆST. I. C. I. [1] Ep. apocrypha. — Burch. l. 17, c. 41. Ans. l. 10, c. 29 (36). Ivo Pan. l. 6, c. 127. Decr. p. 4, c. 305. Polyc. l. 6. t. 4. Petr. Lomb. l. 4, dist. 42. [2] abest ab Iv. [3] *utrum*: Edd. coll. o. [4] *in*: ead. [5] *tristitia*: Burch. [6] *patr. nostr.*: non sunt ap. Iv. — *patr.*: abest a Burch. [7] *ap. sed*: absunt ab Ed. Bas. [8] *al. ecclesiarum Epp., et earum civitatum*: Burch. Ans. Iv. — in Edd. coll. o. pro *civitatum* est: *ecclesiarum*. [8] *sancti*: Ivo Pan. — Edd. coll. o. [9] *conventu*: Burch. [10] *rescripserunt*: Ed. Bas. — *præscripserunt*: Bohm. [11] *qui per quamcunque rat.*: Burch. — *qui quacunque rat.*: Ivo Pan. [12] *susceperunt*: Burch. — *susceperunt*: Ivo Pan. — Ed. Bas. [13] *suos*: abest a Burch. — Ed. Bas. — Ivo Decr. [14] *separentur*: Ivo Pan. — *separent se*: Edd. coll. o. pr. Arg. [15] *A primo ergo*: Ivo Decr. — Edd. coll. o. [16] *hoc est a primo*: id. — eæd. [17] *septem*: Edd. coll. o. pr. Bas. Par. Lugdd. [18] *recipere*: Burch. — *sumere*: Ed. Bas. [19] *exegerit*: ead. — C. II. [20] c. 12, conc. Compend. hab. A. 757. — Reg. l. 2, c. 248. Burch. l. 17. c. 22. Ivo Pan. l. 6, c. 125. Decr. p. 4, c. 302. p. 9, c. 80. Petr. Lomb. ib. — cf. Cap. l. 5, c. 7. [21] add.: *suum*: Edd. Bas. Par. Lugdd. [22] add.: *similiter et mulier*: Cap. — Burch. Ivo Decr. p. 9. — Edd. coll. o. = C. III. [23] Non exstat inter editas Nicolai epp. — In Pan. lv. l. 6, c. 124, scripta esse dicitur: *Salomonitano*, in Decr. p. 4, c. 136. : *Salemonio episcopo*. [24] *conjungi*: Edd. coll. o. [25] *decrevimus*: Ed. Bas. [26] 1 Cor. c. 7, v. 5. [27] add.: *expeditius*: Edd. coll. Lugdd. II, III. [28] *hoc autem dico propter*: Ed. Bas. [29] 1 Cor. c. 7, v. 4. — C. IV. [30] hab. A. 813. — Burch. l. 47, c. 23. Ivo Pan. l. 7, c. 65. Decr. p. 9, c. 81. Petr. Lomb. ib. [31] *episcopo*: Ed. Bas.

dum tenuisse. Unde nos dignum duximus, ut, si qua mulier filium suum desidia aut fraude aliqua coram episcopo tenuerit ad confirmandum, propter fallaciam suam aut propter fraudem, quamdiu vivet [32], agat poenitentiam; a viro tamen suo [33] non separetur [34].

**C. V.** *Separentur et gravi poenitentia plectantur qui filiolam suam vel spiritualem matrem ducunt in uxorem.*

Item ex Concilio Moguntinensi c. 10., *in claustro Albani habito* [35].

De eo, quod interrogastis, si aliquis filiolam suam in uxorem duxit [36], et de eo, qui cum commatre [37] spirituali concubuit, et de eo, qui filium † suum baptizavit, et uxor [38] ejus cum de fonte suscepit, hac causa, ut dissidium [39] conjugii fieret, si postea in tali copulatione possint permanere: de talibus sin respondendum est. Si filiolam aut commatrem suam aliquis in conjugium [40] duxerit, separandos esse judicamus, et gravi poenitentia plectendos. Si autem conjuges legitimi, unus aut ambo, ex industria fecerint, ut filium suum de fonte susciperent [41], si innupti permanere voluerint, bonum est; sin autem, gravi poenitentia insidiatori injungatur, et simul maneant, et, si praevaricator conjugii supervixerit, acerrima poenitentia mulcetur, et sine spe conjugii maneat.

**C. VI.** *Non separentur ab uxoribus qui filiastros suos coram episcopo tenent.*

Item Nicolaus Papa *Rodulpho, Bituricensi Episc.* [42].

De his, qui filiastros suos ad confirmationem coram episcopis tenent, id est qui filios uxoris suae de viro priori, dum chrismantur ab episcopis, super se sustinent, si inscientia, sicut [43] asseris, fiat, licet sit peccatum, non tamen usque ad separationem conjugii puniendum est [44]; lugeant tamen, et digna poenitentia hoc diluentes [45] Domino dicant [46]: *Delecta ignorantiae nostrae ne memineris.*

**C. VII.** *Non separetur ab uxore qui necessitatis causa filium suum baptizavit.*

Item Joannes Papa VIII. [47] *Anselmo, Lemovicinae* [48] *ecclesiae Episcopo* ᵉ.

Ad limina beatorum [49] Petri et Pauli apostolorum principum hic praesens homo, nomine Stephanus, orationis causa veniens, nostro praesulatui suggerendo innotuit, quod filium suum in extremo vitae positum, necdum baptismatis unda lotum, absentia scilicet sacerdotum, necessitate [50] cogente baptizasset [51], eumque ipse propriis manibus retinendo suscepisset [52], atque pro hujus rei negotio notitiae tuae patefacto reverentia tua, quasi rectitudinis zelo flagrans, praefatum hominem a sua conjuge judicaverit [53] separandum. Quod fieri nullatenus debet, dicente scriptura [54], a Domino junctam esse viro uxorem, et: *Quod* [55] *Deus conjunxit homo non separet.* Unde et Dominus in evangelio [56] non dimittere posse uxorem suam, nisi causa fornicationis, apertissime jubet. °Quapropter° et nos, tantae auctoritatis jussione praecipue [57] freti, dicimus omittendum ᶠ esse, et inculpabile judicandum quod necessitas intulit. Nam hoc baptizandi opus laicis fidelibus juxta canonicam auctoritatem [58], si necesse fuerit facere, libere conceditur. Unde si supradictus genitor filium suum corpore morientem aspiciens, ne animam perpetua morte pereuntem dimitteret, sacri unda baptismatis lavit, ut eum de potestate auctoris mortis et tenebrarum eriperet, et in regnum Christi jam regnaturum [59] sine dubitatione transmitteret, bene fecisse laudatur; et idcirco suae uxori sibi jam legitime sociatae impune, quamdiu vixerit, judicamus manere conjunctum, nec ob hoc contra praefatas auctoritates divinas aliquatenus separari debere [60].

III. Pars. Gratian. *Filia dicitur spiritualis non solum ejus, qui accipit, sed etiam ejus, qui trinae mersionis vocabulo eam sacro baptismate tingit. Dicitur*

---

## NOTATIONES CORRECTORUM.

**C. VII.** ᵉ Epistola Joannis VIII., ex qua sumtum est hoc caput, exstat in bibliotheca Vaticana, scripta Anselmo Lemovicinae ecclesiae episcopo, et in conc. Ticinensi, tempore ejusdem Joannis cum legatis ipsius et magna parte episcoporum Italiae et Galliae habito, in subscriptionibus est: *Anselmus Lemovicensis ecclesiae episcopus.* Itaque emendatum est: *Lemovicinae*, quum antea legeretur: *Lemosinae.*

ᶠ *Omittendum*: Sic emendatum est ex aliquot vetustis, epistola ipsa, et Ivone. Infra etiam 34. quaest. 4 et 2. c. 4. Leo eisdem verbis utitur: *omittendum est, et inculpabile judicandum,* quem imitari videtur Joannes voluisse. In vulgatis erat: *dimittendam non esse*°.

---

Quaest. I. C. IV. [32] *vivit*: ead. — *rivat*: Ed. Arg. — Burch. Iv. [33] abest ab Edd. Nor. Ven. I, II. Par. Lugd. I. [34] *discedat*: Ed. Bas. = C. V. [35] Imo ex Rabani ep. ad Heribaldum, scr. A. 853., nonnullis immutatis, cf. Reg. l. 2, 196. — Burch. l. 17, c. 24. Ivo Pan. l. 7, c. 66. Decr. p. 9, c. 82. Petr. Lomb. ib. [36] *duxerit*: Edd. coll. o. pr. Par. Lugdd. [37] *matre*: Edd. Arg. Bas. † *filiolum*: Bohm. [38] *et cujus*: Burch. Iv. — Edd. Bas. Lugdd. II, III. [39] *discidium*: Burch. Iv. Pan. — Edd. coll. o. pr. Lugdd. II, III. [40] *conjugio*: Ivo. — Ed. Bas. [41] add.: *ut dissidium* (*discidium*: Ivo Decr.)*fiat*: Burch. Iv. = C. VI. [42] scr. A. 864. — Ivo Pan. l. 6, c. 126. Decr. p. 1, c. 304. Petr. Lomb. ib. [43] *ut asseritur*: Ivo Decr. [44] *puniendi sunt*: Edd. Bas. Lugdd. II, III. [45] *luentes*: Edd. Bas. — [46] Psal. 24, v. 7. = C. VII. [47] Ep. 188. ap. Mans. dat. VII die m. Jun., ind. XII., i. e. A. 879. — Ans. l. 10. c. 50 (37). Ivo Decr. p. 1, c. 306. Polyc. l. 6, t. 4. Petr. Lomb. ib. [48] *Lemozinae*: Ans. Iv. — *Lemosinae*: Edd. coll. o. [49] *B. Petr. App. principis*: Edd. coll. o. [50] *nimia nec.*: eaed. [51] *baptizavit*: eaed. [52] *suscepit*: eaed. [53] *judicavit*: eaed. [54] cf. Prov. c. 19, v. 14, sec. LXX. [55] *Quos*: Edd. coll. o. — cf. Matth. c. 19, v. 6. [56] *ev. ait: Nemo dimittere pot.*: Ivo. [57] *praecipua*: Edd. coll. o. ° *dimittendum esse*: Ans. — Edd. Arg. Nor. Ven. I, II. Par. — *dim. non esse*: Edd. Bas. Lugd. I. — *dimittendam non esse*: Edd. Lugdd. II, III. [58] *sanctionem*: orig. — Ivo. [59] *regeneratum*: orig. — Ivo. [60] *debuisset*: Iv.

*etiam spiritualis filia sacerdotis, quæ ei peccata sua confitetur. Harum omnium flagitiosa conjunctio est, et eadem pœna plectenda.*

Unde Symmachus Papa ait [61]:

**C. VIII.** *Par pœnitentia ei indicitur, qui spiritualem filiam, et pœnitentialem suam violare monstratur.*

Omnes, quos in pœnitentia suscipimus, ita nostri sunt spirituales filii, ut et ipsi, quos vel nobis suscipientibus, vel trinæ mersionis vocabulo mergentibus, unda sacri baptismatis regeneravit. Silvester quoque docens admonet unumquemque sacerdotem [62], ut nullus causa fornicationis ad suam pœnitentialem accedat, quia scriptum est: *Omnes, quos in pœnitentia accipimus* [63], *ita filii nostri sunt, ut in baptismate suscepti.* Quapropter hoc scelus si quis perpetraverit, non solum dignitatis honorem amittat, verum etiam usque ad exitum vitæ [64] suæ jugi pœnitentiæ se [65] subdat.

**C. IX.** *De eodem. Item* Cœlestinus [66].

Si quis sacerdos cum filia [67] spirituali fornicatus fuerit, sciat, se grave adulterium commisisse. Idcirco femina si laica est, omnia derelinquat et res suas pauperibus tradat [68], et conversa in monasterio [69] Deo usque ad mortem serviat. Sacerdos autem, qui malum exemplum dedit hominibus, ab omni officio deponatur, et peregrinando duodecim [70] annis pœniteat, postea vero ad monasterium vadat, ibique cunctis diebus vitæ suæ Deo serviat.

**C. X.** *De eodem. Item* [71].

Non debet episcopus aut presbyter commisceri cum mulieribus, quæ ei sua fuerint confessæ peccata. Si forte (quod absit) hoc contigerit [72], sic pœniteat, quomodo de filia spirituali, episcopus quindecim annos [73], presbyter duodecim, et deponatur; si [74] tamen in conscientiam populi devenerit.

Gratian. *His itaque auctoritatibus apparet, quod sive proprium, sive tantummodo viri filium mulier de sacro fonte susceperit, non ideo a viro suo est separanda. Quod et de viro similiter oportet intelligi.*

## QUÆSTIO II.
### GRATIANUS.

*Sponsalia ante septennium contrahi non possunt.* Solo enim consensu contrahuntur, qui intervenire non potest, nisi ab utraque [a] parte id intelligatur, quod inter eos agitur. Probatur ergo, sponsalia non posse contrahi inter pueros, quorum ætatis infirmitas consensum non admittit. Testatur hoc idem Nicolaus Papa. dicens [b] [1]:

**CAP. UN.** *Ante tempus consentiendi conjugium contrahi non potest.*

Ubi non est consensus utriusque, non [2] est conjugium. Ergo qui pueris dant puellas in cunabulis, et e converso, nihil faciunt, nisi uterque puerorum post, quam venerit ad annos discretionis, consentiat [c], etiamsi pater et mater hoc voluerint et fecerint.

## QUÆSTIO III.
### GRATIANUS.

I. Pars. *Quod autem spirituales vel adoptivi filii naturalibus copulari non possint,* Nicolaus Papa respondens ad consulta Bulgarorum cap. 2. testatur, ita dicens [1]:

**C. I.** *Qui de sacro fonte suscipitur filius est ejus, a quo suscipitur.*

Ita diligere debet homo eum, qui se [2] suscipit [3] de [4] sacro fonte, sicut patrem. *Item:* §. 1. Est inter fratres et filios spirituales gratuita et sancta communio, quæ non est dicenda consanguinitas, sed 'potius' habenda spiritualis proximitas. Unde inter eos non arbitramur [5] posse fieri quodlibet legale conjugium, quandoquidem nec inter eos, qui natura, et eos, qui adoptione filii sunt, venerandæ Romanæ leges matrimonia contrahi permittunt. *Item:* § 2. Si 'ergo' inter eos non contrahitur matrimonium, quos adoptio jungit[6], quanto potius a carnali oportet inter se contubernio cessare quos per cœleste sacramentum regeneratio sancti Spiritus vincit [7]? Longe igitur [8] congruentius filius patris mei vel frater meus

### NOTATIONES CORRECTORUM.

**Quæst. II.** [a] *Utraque*: Sic est emendatum ex plerisque vetustis, quum antea legeretur: *alterutra*; utriusque enim consensus necessarius est.

**C. UN.** [b] In Decretalibus tit. de desponsatione impub. c. 2. habetur initium hujus capitis, et adjiciuntur alia ex eo Nicolai rescripto.

[c] *Consentiat*: In vulgatis codicibus sequitur ''*** : *nec est conjugium, nisi consensus utriusque*, quæ verba absunt a plerisque manuscriptis.

---

**Quæst. I. C. VIII.** [61] Caput incertum. — In Ed. Bas. tribuitur Nicolao P. — Petr. Lomb. ib. — cf. Pœn. Rom. Ant. Aug. t. 8, c. 3. [62] *sacerdotum*: Edd. coll. o. pr. Par. Lugd. l. [63] *suscipimus*: Ed. Bas. [64] *vitæ suæ*: non sunt in Ed. Arg. — *suæ*: abest ab Ed. Bas. [65] *subdatur*: Ed. Bas. = C. IX. [66] Caput incertum. — Ans. l. 11, c. 30 (omissa tamen inscriptione, et verbis hic illic mutatis). — Polyc. l. 4, t. 39. — Pœn. Rom. ib. c. 4. [67] add.: *sua*: Ed. Bas. [68] *tribuat*: ead. [69] add.: *jugi pœnitentia*: Edd. Bas. Lugdd. II, III. [70] *XV*: Pœn. Rom. — *X*: Ed. Bas. — C. X. [71] Caput æque incertum. — Polyc. ib. [72] *acciderit*: Ed. Bas. [73] *annis*: ead. [74] *si* — *dev.*: non sunt in Ed. Arg.

**Quæst. II.** '' ita Edd. coll. o. pr. Bas. — **C. UN.** [1] Caput temporis incert. — cf. Comp. I, de desp. impub. c. 4, et c. 2, X. h. t. — Ivo Pan. t. 6, c. 122. [2] *ibi non*: Edd. Bas. Lugdd. II, III. *** ita Edd. coll. o. et Ivo.

**Quæst. III. C. I.** [1] scr. A. 866. — Ans. l. 10, c. 29. Ivo Pan. l. 6, c. 123. Decr. p. 1, c. 135, p. 9, c. 34. Petr. Lomb. l. 4, dist. 42. [2] *ipsum*: Edd. coll. o. pr. Bas. [3] *susceperit*: Ed. Nor. — *suscepit*: Edd. rell. — Ivo Decr. p. 1. [4] *ex*: orig. — Iv. Decr. — *a*: Pan. [5] *arbitror*: Edd. coll. o. [6] *conjungit*: Ed. Bas. [7] *junxit*: Ivo Decr. — *jungit*: Edd. Bas. Lugdd. II, III. [8] add.: *inquit*: Ivo Pan. — Edd. coll. o.

appellatur is, quem gratia divina potius, quam quem humana voluntas, ut filius patris mei vel frater meus esset, elegit; prudentiusque ab alterna corporis commixtione secernimur.

**C. II.** *Filia spiritualis carnali filio nullo modo nubere potest.*

*Item Zacharias Episcopus, servus servorum Dei, reverendissimo Theodoro, Episcopo ecclesiae Ticinensis* [9].

Pitacium nobis [10] tua veneranda fraternitas [11] obtulit, per quod sciscitari curasti [12], si liceat filio, cujus pater alterius filiam ex sacro baptismate [13] susceperit, susceptam, id est spiritualem ejus patris filiam (quod dici crudele est), in matrimonio accipere [14], quod apud te enormiter asseruisti contigisse.

§ 1. Sed bene tua sancta fraternitas compertum habet, quod Dominus praeceperit [15] per Moysem, dicens: *Turpitudinem* [a] *patris tui, vel matris, vel sororis non revelabis;* turpitudo enim tua est. Quum ergo [b] a propria consanguinitate jubemur abstinere, multo magis a spirituali nostri patris filia omni excusatione aut argumento seposito sub nimia districtione nos cavere convenit, ne in iram divini [16] examinis incidat, si quis tali facinore mixtus [17] minime restrinxerit frena luxuriae. Unde et omnes [c] *omnino* cavendi sunt a tali sceleris [18] commixtione, ne in perpetuum [19] pereant; sed hunc, qui hujus perniciosae temeritatis auctor [20], animae suae salutem despiciens, impiissimo [21] se miscuit [22] matrimonio, per omnia tua fraternitas studeat separare, et poenitentiae dignae submittere, quatenus ab aeterna erutam [23] damnatione animam ejus lucreris.

**C. III.** *Filio suo filiam, quam de sacro fonte suscepit, nullus tradere audeat.*

*Item Zacharias et Deusdedit* [24].

Non oportet filiam [25], quam de sacro fonte susceperit, aliquando filio suo in matrimonium tradere, quia in divina sententia germani esse inveniuntur. Si quis tali facinore commixtus minime restrinxerit frena luxuriae, ab ecclesia catholica abominabitur. Sed si conversus fuerit, post separationem septem annis poenitentiam gerat. Consciis simul cum auctore sit ista conditio, id est simul cum cooperatoribus et consentientibus poeniteat [26].

II. Pars. Gratian. *Filii vero, sive ante compaternitatem sive post nati fuerint, licite conjugi possunt.*

Unde Urbanus *scribit Vitali Presbytero Brixiensi, dicens* [27]:

**C. IV.** *Filii vel filiae, ante vel post compaternitatem genitae, legitime conjungi possunt.*

Super quibus [28] consulit [29] nos tua dilectio, hoc videtur nobis ex sententia respondendum, ut et [30] baptismus sit, si instante necessitate femina puerum in nomine Trinitatis baptizaverit, et quod spiritualium parentum filii vel filiae, ante vel post compaternitatem geniti [31], possunt legitime conjungi, praeter illam personam, per quam compatres sunt effecti.

Paschalis *vero secundus, post compaternitatem genitos copulari prohibens, scribit Regino Episcopo* [d] [32]:

**C. V.** *Qui ex compatre vel commatre post susceptos filios de fonte nati fuerint, conjungi non possunt.*

Post susceptum vero de fonte [33] filium vel filiam spiritualem, qui ex compatre vel commatre nati fuerint, matrimonio conjungi non possunt, quia leges saeculi non emancipatos adoptivis prohibent copulari.

**C. VI. PALEA** [e].

*Idem ex lib. XXIII. Digestorum, tit. de ritu nuptiarum, perpenditur, in quo ita legitur* [34].

[e] Per adoptionem quaesita fraternitas eousque impedit nuptias, donec manet adoptio, ideoque eam, quam pater meus adoptavit et emancipavit,

---

NOTATIONES CORRECTORUM.

QUAEST. III. C. II. [a] *Turpitudinem:* In decretis Zachariae (quae sunt in vetusto codice), et apud Anselmum et Ivonem habentur omnia, ut in c. 18. Levitici.

[b] *Quum ergo:* In eisdem decretis sic legitur: *Turpitudinem enim non revelare dicitur, dum a propria consanguinitate praecipimur abstinere. Multo magis,* etc.

[c] *Unde et omnes:* Apud Anselmum est: *Unde et omnes omnino cavenda sunt talis sceleris commixtiones.*

C. V. [d] Anselmus lib. 10. c. 34. refert fere integram hanc epistolam, itemque Polycarpus, cujus initium est in c. *Post uxoris.* infra ead. q. 4., et continenter post illud sequitur hoc caput, et deinceps c. *Porro duorum.* infra 32. q. 2 et 3. Ipsius vero epistolae auctorem et ipsi citant Paschalem II.

C. VI. [e] Haec Palea habetur in aliquot vetustis a quibus ceterae abesse solent, et non distinguitur a superiore capite.

---

QUAEST. III. C. II. [9] scr. c. A. 745. — Ans. l. 10, c. 27 (51). Ivo Pan. l. 6, c. 128. Decr. p. 1, c. 307. [10] *quod nobis obt.,* — — *suscepimus:* Ivo Pan. — Edd. coll. o. [11] *caritas:* Ed. Bas. [12] *voluisti:* Ivo Pan. — Edd. coll. o. [13] *fonte:* Ivo Decr. [14] *suscipere:* Edd. coll. o. [15] *Moysi praecepit:* eaed. — cf. Lev. c. 18, v. 8. [16] *divinae examinationis:* Edd. coll. o. — Ivo Pan. [17] *permixtus:* Ed. Bas. [18] *facinoris:* ead. [19] *aeternum:* orig. ap. Ans. — Ans. Iv. [20] *abest ab orig. ap. Mans., Iv. et Edd. Arg. Bas.* [21] *impio:* Edd. coll. o. — Ivo Pan. [22] *miscuerit:* Edd. Bas. Lugd. II, III. [23] *erutas damn. animas eorum:* orig. — Ans. — *eruti — animas eor.:* Iv. Decr. — *exui — animas eor.:* Pan. — C. III. [24] *Cap. incertum.* — Ans. l. 10, c. 28 (33). Polyc. ib. [25] *add.: suam:* Edd. coll. o. [26] *poeniteant:* Ed. Bas. C. IV. [27] *Cap. temporis incerti.* — Polyc. tr. p. p. 2, t. 50, c. 23. — Petr. Lomb. l. 4, dist. 42. — Testatur Baluzius in antiquis codicibus Vitalem illum minus recte *Brivensem* appellari. [28] *his, quibus:* Edd. coll. o. pr. Bas. Lugdd. II, III. [29] *consuluit:* Edd. coll. o. [30] *abest a Bohm.* [31] *genitae:* eaed. = C. V. [32] Non haberi in antiquissimo Anselmi codice mon. S. Germani de Pratis, testatur Baluzius. In cod. tamen collato exstat. l. 10, c. 35. adjecta cum aliis post mortem Anselmi, hac inscr.: *Ex ep. Paschalis P. II, ad Reginum bonum seniorem missa,* add. subscr.: *Dat. Lateranis, VI. Cal. Mai.* — Polyc. l. 6, t. 6. Petr. Lomb. ib. [33] *sacro fonte:* Edd. Bas. Lugd. II, III. = C. VI. [34] l. 2, fr. 17.

potero uxorem ducere. Æque ³⁵ et si me emancipato illam in potestate retinuerit, poterimus jungi matrimonio. Itaque volenti generum adoptare suadetur ³⁶, ut filiam emancipet. Similiter suadetur ei, qui velit nurum adoptare, ut ³⁷ emancipet filium. »

III. Pars. Gratian. *Si quis vero aliquo fortuito casu filiam suæ commatris uxorem acceperit, non cogitur eam dimittere.*

Unde in Triburiensi Concilio legitur c. 48. ³⁸ :
C. VII. *Non cogitur quis dimittere filiam suæ commatris, quam duxit in conjugium.*

Illud etiam nec canonica institutione definimus, nec interdictione aliqua refutamus, sed propter eos, qui diverse de eo sentiunt, hoc loco aliquid commemoramus. Si quis suæ spiritualis commatris filiam fortuito et ita contingente rerum casu in conjugium duxerit, consilio maturiori ³⁹ servato ⁺ eam ⁺ ⁴⁰ habeat atque honeste legitimo conjugio operam det.

---

## QUÆSTIO IV.
### GRATIANUS.

I. Pars. *Relictam vero compatris uxoris suæ nullus in conjugem ducere potest.*

Unde Nicolaus papa *scribit Constantiensi Episcopo Salomoni* ¹ :

C. I. *Duas commatres alicui habere non licet.*

Sciscitatur a nobis sanctitas vestra, si aliquis homo duas commatres habere valeat unam post alteram. In quo meminisse debet scriptum esse ² : Erunt duo in carne una. Itaque quum constet ³, quia vir et mulier una caro per connubium efficiuntur, restat nimirum virum compatrem constitui illi mulieri, cujus matrimonio assumta uxor commater esse videbatur, et idcirco liquet, virum illi feminæ non posse jungi ⁴ in copula ⁵, quæ commater ejus erat, cum ᴄ ua idem fuerat una caro effectus.

C. II. *Octo annis pœniteat qui duabus commatribus commisceatur.*

Item ex Concilio Chalcedonensi ᵃ ⁶.

Si pater et filius, aut duo fratres cum una muliere, aut si cum matre et filia, aut cum duabus sororibus, aut cum duabus commatribus aliquis concubuerit, secundum antiquam et humaniorem definitionem octo annis pœniteat.

C. III. *Nullus duabus commatribus commisceatur.*

Item Innocentius *Exsuperio Tolosano Episcopo* ⁷.

Si quis ex uno ᵇ conjugio filium aut filiam alterius de sacro fonte susceperit, aut ad chrisma tenuerit, vel Christianitatis ministerium ⁸ dederit, ambo, et vir et uxor, compatres exsistunt, parentibus infantis, quia vir et mulier caro una effecti sunt.

II. Pars. Gratian. *Econtrario invenitur* in Concilio Triburiensi, c. 47 ⁹ :

C. IV. *Uxorem compatris ducere potest, cujus ipsa commater non fuerat.*

Qui spiritualem habet compatrem, cujus filium de lavacro sacri fontis accepit, et ejus uxor commater non est, liceat ei defuncto compatre suo ejus viduam ducere in uxorem, si nullam habet consanguinitatis propinquitatem. Quid enim? Numquid non possunt conjungi quos nulla proximitas ¹⁰ carnalis, vel nulla ¹¹ generatio secernit spiritualis?

C. V. *De eodem.*

Item in epistola Paschalis Papæ II. ad *Reginum Episcopum* ¹².

Post uxoris obitum cum commatre uxoris viri superstitis conjugio copulari, nulla videtur auctoritas vel ratio prohibere. Neque enim cognationi carnis cognatio spiritus comparatur, neque per unionem carnis ad unionem spiritus pertransitur.

III. Pars. Gratian. *Notandum vero est, quod aliud est commatrem alicujus cognoscere, atque aliud derelictam ab aliquo commatrem alicujus fieri. Auctoritas illa Nicolai Papæ et Chalcedonensis synodi illum*

---

### NOTATIONES CORRECTORUM.

Quæst. IV. C. II. ᵃ In conc. Chalcedonensi nihil hujusmodi exstat tractatum aut definitum. Ex eo tamen refertur etiam in fragmento pœnitentiali incerti auctoris, eodemque modo citatur infra c. *Post uxoris*.

C. III. ᵇ *Ex uno* : In plerisque vetustis exemplaribus, et eadem collectione decretorum incerti auctoris legitur : *Si quis unus ex conjugio* ᶜ. In epistola vero Innocentii Exsuperio Tolosano episcopo scripta hoc non habetur.

---

Quæst. III. C. VI. ³⁵ abest ab Edd. coll. o. pr Lugdd. II, III. ³⁶ suadent : Bohm. ³⁷ quod : Edd. Arg. Bas. = C. VII. ³⁸ hab. A. 895. — Burch. l. 17. c. 46. Ivo Decr. p. 9, c. 97. Petr. Lomb. ib. ³⁹ majori : Ed. Bas. ⁴⁰ abest ab Iv. et Burch.
Quæst. IV. C. I. ¹ Cap. incerti temporis. — Ivo Pan. l. 7, 63. Decr. p. 1, c. 137, p. 9, c. 35. Petr. Lomb. l. 4, dist. 42. ² Gen. c. 2. v. 24. ³ *constat* : Edd. Nor. Ven. I, II. Par. Lugdd. II, III. ⁴ *conjungi* : Edd. coll. o. ⁵ *copulam* : Edd. Ven. I, II. Par. Lugdd. II, III. = C. II. ⁶ In extremo l. 11. Ans. legitur ignoti auctoris libellus de variis incestus speciebus, ex conc. Chalc. allegatus, ex quo Gratianus hoc caput suum fecit. = C. III. ⁷ In antiqua Herovalliana collectione, quam ex parte edidit Petit. post capp. Theodori, profertur post canonem ex Innocentio repetitum, (p. 233.) unde factum est ut et ipsum Innocentii esse putaretur, quod accidit Ans. l. 9, c. 23. = Polyc. l. 6, t. 6. ⁸ *ita Edd. coll. o. pr. Lugdd. II, III.; in Arg. tamen est : conjugibus.* — *Si unus ex conjugio* : Coll. Herov. ⁸ *mysterium* : ead. — Edd. Arg. Nor. Ven. I, II. = C. IV. ⁹ hab. A. 895. — Burch. l. 17, c. 45. Ivo Pan. l. 7, c. 67. Decr. p. 9, c. 96. Polyc. l. 6, t. 6. Petr. Lomb. l. 6, t. 42. ¹⁰ propinquitas : Edd. coll. o. ¹¹ in id : orig. — Burch. lv. = C. V. ¹² cf. ad c. 5, qu. 3, ead. — Ans. l. 10, c. 34 (35). — Polyc. Petr. Lomb. ib.

prohibet commatris suæ uxoris matrimonio copulari, qui uxori suæ debitum reddidit, postquam illius commater exstitit. Illa vero auctoritas Tribuniensis concilii illos permittit matrimonio copulari, cujus uxor postquam a viro suo derelinquitur, illius commater efficitur, nec post compaternitatem a viro suo cognoscitur. Quæritur autem, an uxor cum marito in baptismate simul debeat suscipere puerum?

De his ita scribit Urbanus II. *Vitali, Presbytero* [c] *Brixiæ* [13]:

**C. VI.** *Uxor simul cum viro filium alicujus in baptismate non suscipiat.*

Quod autem uxor cum marito in baptismate simul non debeat suscipere puerum, nulla auctoritate reperitur prohibitum. Sed ut puritas spiritualis paternitatis ab omni labe et infamia conservetur immunis, dignum esse decernimus [14], ut utrique [15] insimul ad hoc aspirare [16] minime præsumant. Quia vero piaculare flagitium commisit qui duabus commatribus velut duabus sororibus nupsit, magna juxta modum culpæ pœnitentia sibi debet injungi.

*Gratian.* Illud vero Tribuniensis concilii: Qui spiritualem habet compatrem, etc., *ante hanc prohibitionem dictum intelligitur, vel uxor commater accipiatur non ex eodem filio cum viro, sed ex alio.*

## QUÆSTIO V.

### GRATIANUS

I. Pars. *Quod autem clandestina conjugia fieri non debeant*, Evaristus Papa *testatur, scribens Episcopis Africæ, epist. I* [1]:

**C. I.** *Clandestina conjugia fieri non debent.*

Aliter legitimum [a] non fit [2] conjugium, nisi ab his qui super ipsam feminam dominationem habere videntur, et a quibus custoditur uxor petatur, et a parentibus et [3] propinquioribus sponsetur, et legibus dotetur, et suo tempore sacerdotaliter, ut mos est, cum precibus et oblationibus a sacerdote benedicatur, et a paranymphis, ut consuetudo docet,

custodita et sociata [4], a proximis congruo tempore petita legibus detur [b], ac solenniter accipiatur, et biduo vel triduo orationibus vacent, et castitatem custodiant. *Item* : § 1. Ita peracta legitima scitote esse connubia ; aliter vero præsumpta non conjugia, sed adulteria, vel contubernia, vel stupra, aut fornicationes potius, quam legitima conjugia esse non dubitate [5], nisi voluntas propria suffragaverit, et vota succurrerint legitima.

**C. II.** *Nuptias occultas celebrare non licet.*

*Item ex Decretis* Hormisdæ Papæ, c. 6 [c 6].

Nullus fidelis, cujuscunque conditionis sit, occulte nuptias faciat, sed benedictione accepta a sacerdote publice nubat in Domino.

**C. III.** *Nuptiæ publice celebrari debent.*

*Item* Nicolaus *ad consulta Bulgarorum*, c. 3 [7].

Nostrates, tam mares quam feminæ, non ligaturam auream, vel argenteam, aut ex quolibet metallo compositam, quando nuptialia fœdera contrahunt, in capitibus deferunt; sed post sponsalia [8], quæ futurarum sunt nuptiarum promissa [9], fœdera quoque consensu eorum, qui hæc contrahunt, et eorum, in quorum potestate sunt, celebrantur; et postquam arrhis sponsam sibi sponsus per digitum fidei annulo insignitum [10] desponderit, dotemque utrique placitam sponsus ei [11] cum scripto pactum hoc continente coram invitatis ab utraque parte tradiderit aut mox, aut apto tempore, ne videlicet ante tempus lege definitum tale quid fieri [12] præsumatur, ambo ad nuptialia fœdera perducuntur, et primum [\*] quidem [\*] in ecclesia Domini cum oblationibus, quas offerre debent Deo per sacerdotis manum, statuuntur, sicque demum benedictionem et velamen cœleste suscipiunt. *Item* : § 1. Hæc [13] sunt, præter alia, quæ ad memoriam non occurrunt, pacta conjugiorum [14] solennia. Peccatum autem esse, si hæc cuncta in nuptiali fœdere non interveniant, non dicimus, [\*] quemadmodum [15] Græcos vos adstruere dicitis [\*].

### NOTATIONES CORRECTORUM.

**C. VI.** [c] *Presbytero* : Antea legebatur : *Episcopo*. Emendatum est ex omnibus vetustis, quæ collata sunt. Et eadem citatio est supra hac eadem causa, q. 3. *Super quibus.*

**Quæst. V. C. I.** [a] *Legitimum* : in epistola ipsa interjiciuntur hæc : *sicut a patribus accepimus, et a sanctis apostolis, eorumque successoribus traditum invenimus.*

[b] *Detur*: Antea legebatur : *a legibus dotetur* [\*], quod jam superius dictum erat. Emendatum est ex vetustis editionibus conciliorum, Capitularibus, Anselmo et Ivone.

**C. II.** [c] Apud Burchardum, Ivonem, Polycarpum, et in collectione, quæ est tomo 3 conciliorum post decreta Alexandri III, part. 49, cap. 10, citatur similiter ex decretis Hormisdæ. Verum in secunda collectione Decretalium, tit. de clandest. despons. citatur ex Alexandro III, qui primus auctor hujus capitis esse non potest; quippe qui posterior fuit Gratiano.

Quæst. IV. C. VI. [13] cf. ad c. 4, qu. 3, ead. — Coll. tr. p. p. 2, t. 50, c. 24. Petr. Lomb. ib. [14] *decrevimus* : Ed. Bas. [15] *uterque* : Ed. Bas. [16] *spirare* : Edd. Arg. Nor. Ven. l, II.
Quæst. V. C. I. [1] Cap. Pseudoisidori. — cf. conc. Turon. II, c. 20., et Statt. eccl. ant. c. 101, (c. 5., infr.) — Ans. l. 10. c. 2, Ivo Pan. l. 6, c. 31. Decr. p. 8, c. 4, Polyc. l. 6, t. 4. Petr. Lomb. l. 4, dist. 28. — cf. Cap. l. 7, c. 463. [2] *sit*: Edd. coll. o. pr. Bas. [3] abest ab Iv. et Ed. Bas. [4] *consociata*: orig. Edd. coll. o. — *et soc.* : non sunt in Pan. [\*] *legibus dot.* : Edd. Arg. Bas. Nor. Ven. I. — in Pan. male : *docetur.* [5] *dubitatur* : Ivo Pan. — Edd. coll. o. = C. II. [\*] Videtur Burch. l. 9, c. 3. Herardi Tur. c. 150. reddere voluisse. — Ivo Pan. l. 6, c. 5, Decr. p. 8, c. 141. Polyc. ib. = C. III. [7] scr. A. 866. — Ivo Pan. l. 6, c. 9. Decr. p. 8, c. 6. [8] add. : *fœdera* : Edd. coll. o. [9] *promissio* : eæd. — Ivo Pan. — *promissa fœdera, quæque* : orig. — Ivo Decr. [10] *insignitam* : Iv. — Edd. coll. o. [11] *ejus* : Ivo Pan. — Edd. coll. o. [12] *facere præsumant* : id. — eæd. [13] *Sunt præter hæc alia* : Edd. coll. o. p. Bas. — Ivo Pan. l. 6, c. 52. [14] *conjugatorum* : Ed. Bas. [15] *quem. — dic.* : absunt ab Iv.

**C. IV.** *In contrahendo conjugio ista sunt observanda.*
*Item* Leo Papa d 16.

Qualis debeat uxor 17 esse, quæ habenda est secundum legem. Virgo casta, et desponsata in virginitate, et dotata legitime, et a parentibus tradita 18, ' et 19 a ' sponso et a paranymphis accipienda, et ita secundum legem et evangelium publicis nuptiis in conjugium liquide sumenda, et omnibus diebus vitæ (nisi ex consensu, et causa vacandi Deo) nunquam propter hominem separanda 20, et, si fornicata fuerit e, dimittenda, sed 21 illa vivente altera non 22 ducenda, quia 23 adulteri regnum Dei non possidebunt, et pœnitentia illius f per scripturam recipienda.

**C. V.** *Quomodo sponsus et sponsa ad benedictionem accedant.*
*Item* ex Concilio Carthaginensi IV, c. 13 24.

Sponsus et sponsa quum benedicendi sunt a sacerdote, a parentibus ' suis ' vel a paranymphis offerantur g, qui, quum acceperint benedictionem, eadem nocte pro reverentia ' ipsius ' benedictionis in virginitate permaneant.

**C. VI.** *Sine publicis nuptiis nullus ducat uxorem.*
*Item* ex Concilio Arelatensi, c. 6 25.

Nullum sine dote fiat conjugium ; juxta possibilitatem fiat dos, nec sine publicis nuptiis quisquam nubere vel uxorem ducere præsumat.

Gratian. His omnibus auctoritatibus occultæ nuptiæ prohibentur, atque ideo, quum contra auctoritatem sunt nuptiæ, pro infectis haberi debent.

II Pars. § 1. Sed quæritur, quid sibi velint illæ solemnitates velaminis et annuli, quæ in conjugiis observantur?

De his ita scribit Isidorus lib. II. de officiis, c. 19 26 :
**C. VII.** *Quare feminæ velantur, dum maritantur.*

Feminæ, dum maritantur, ideo velantur, ut noverint, se semper maritis 27 suis subditas 28 esse et humiles. § 1. Item, quod nubentes post benedictionem vitta h 29 invicem, quasi 30 uno vinculo copulantur, videlicet ideo fit, ne compagem conjugalis unitatis dirumpant. § 2. At vero, quod eadem vitta candido purpureoque colore permiscetur, candor quippe 31 ad munditiam vitæ, purpura ad sanguinis posteritatem adhibetur, ut hoc signo et continentiæ lex i tenenda ab utrisque ad tempus admoneatur, et posthæc 32 reddendum 33 debitum non negetur. § 3. Item, quod in primis negotiis annulus a sponso sponsæ datur, fit hoc nimirum vel propter mutuæ fidei 34 signum, vel propter id magis, ut eodem pignore eorum corda jungantur. Unde et quarto digito annulus * idem * inseritur, quod 35 in eo vena quædam, ut fertur, sanguinis ad cor usque pervenit.

**C. VIII.** *Nuptiæ dicuntur ab obnubendo, eo quod caput suum obnubere soleant.*
*Item* Ambrosius *in libro de Patriarchis* 36.

III Pars. Nec illud otiosum 37, quod quum veniret Rebecca, vidit Isaac ambulantem 38, et quum interrogasset quis esset, cognito 39, quod ipse esset, cui duceretur uxor, descendit, et caput suum obnubere cœpit, docens verecundiam nuptiis præire debere. Inde enim et 40 nuptiæ dictæ, quod pudoris gratia se puellæ obnuberent.

IV Pars. Gratian. Sed objicitur præmissis : Multa sunt, quæ prohibentur, quæ, si fiant, ex postfacto convalescunt. Prohibentur voventes matrimonia contrahere, quæ tamen si contraxerint, inviolata permanere oportet. Sic et clandestina conjugia contra leges quidem fiunt, tamen contracta dissolvi non possunt, quia ex legitimo voto subsequente corroborantur. Unde Evaristus, quum dixisset 41 : aliter præsumpta non sunt conjugia, sed adulteria ; addidit : nisi voluntas propria suffragaverit, et vota succurrerint legitima.

---

### NOTATIONES CORRECTORUM.

**C. IV.** d Burchardus etiam, Anselmus, Ivo et Panormia citant ex Leone. Sed fere idem in conc. Remensi Trosleiano c. 8, et lib. 7. Capitular. c. 179, refertur ex B. Augustino, et infra 36, q. 2, c. *Tria.* (quod citatur ex B. Hieronymo), in illis verbis : *et reliqua, quæ sequuntur in prædictis,* videntur indicari quæ in hoc capite continentur.

e *Fuerit* : In conc. Trosleiano et Capitularibus sequitur : *et vir ejus voluerit.*

f *Illius* : In iisdem legitur : *et pœnitentia illi recipienda.*

**C. V.** g *Offerantur* : Sequebatur : *in ecclesia sacerdoti* ', quæ absunt a conciliorum editionibus et codicibus manuscriptis, Burchardo et Ivone, nec habentur sup. dist. 23, c. fin., ubi hoc idem affertur.

**C. VII.** h *Vitta* : In editione Isidori Coloniensi legitur : *vittæ uno invicem vinculo copulantur, videlicet ne compagem* etc. In Vaticano autem codice: *post benedictionem a Levita uno invicem,* etc.

i *Continentiæ lex* : Sic emendatum est ex originali inpresso et manuscripto. Antea enim legebatur : *ut hoc signo et continentia, et lex continendi ab utrisque ad tempus admoneantur* ''.

---

QUÆST. V. C. IV. 16 cf. Corr. — Burch. l. 9, c. 2. Ans. l. 10, c. 3. Ivo Pan. l. 6, c. 30. Decr. p. 8, c. 140. Polyc. l. 6, t. 4. 17 *conjux* : Ed. Bas. 18 *trad. sponso* : Ans. 19 abest a Bohm. 20 est *separ.* : Edd. coll. o. 21 *sed nec* : Edd. Bas. Lugd. II. 22 abest ab Ed. Bas. 23 1 Cor. c. 6, v. 9. = C. V. 24 cf. ad D. 25, c. fin. * ita Edd. coll. o. = C. VI. 25 Imo ex Cap. Reg. Fr. l. 6, c. 133. — Burch. l. 9, c. 6. Ivo Pan. l. 6, c. 6. Decr. p. 8, c. 144. = C. VII. 26 Ivo Pan. l. 6, c. 8. Decr. p. 8, c. 7, 8. 27 *viris* : orig. — Ivo. — Ed. Bas. 28 *subjectas* : orig. — Iv. 29 ita Ivo Decr. 30 *vita* : Edd. Arg. (add. : *id est*) Nor. Lugd. II. 31 abest ab orig. Iv. Decr. et Edd. Arg. Bas. 32 *est munditia* : Ivo. Ed. Bas. — *est ad mund.* : Edd. rell. '' ita Edd. coll. o. 33 *post hoc* : Edd. coll. o. pr. Bas. 34 *reddendi* : Ed. Bas. 35 *dilectionis* : Ivo. — Edd. coll. o. 36 *id est quod* : Ivo Decr. — *ideo, quia* : Pen. — Edd. coll. o. = C. VIII. 37 i. e. l. 1, de Abraham, c. 9. 38 add. : *est* : Edd. Bas. Lugd. II. III. 39 *deumbulantem* : Edd. coll. o. 40 add. : *quidem* : Ed. Bas. 41 abest ab ead. 42 supra ead. c. 1.

*Hinc etiam* in Novellis [42]:

## C. IX.

Si quis divinis tactis scripturis juraverit mulieri, legitimam se eam uxorem [43] habiturum, vel si in oratorio tale sacramentum dederit, sit illa legitima uxor k, quamvis nulla dos, nulla scriptura alia interposita sit.

Gratian. *His ita respondetur: Conjugia, quæ clam contrahuntur, non negantur esse conjugia, nec jubentur dissolvi, si utriusque confessione probari poterunt: verumtamen prohibentur, quia mutata voluntate alterius eorum, alterius confessione fides judici fieri non potest. Unde publice, quum alterius vota in alteram partem se transtulerint, pro priori conjugio, quod judici incertum est, sententia ferri non poterit. Incerta enim (ut Sixtus* [44]) *Papa scribit episcopis per Hispaniam constitutis nemo pontificum judicare præsumat, et quamvis vera sint, tamen credenda non sunt nisi quæ certis indiciis comprobantur, nisi quæ manifesto judicio convincuntur, nisi quæ judiciario ordine publicantur. Hinc etiam Victor* [45] *Papa scribit Theophilo episcopo: Incerta, carissime, nullatenus judicemus, quousque veniat Dominus, qui latentia producet in lucem, et illuminabit abscondita tenebrarum, et manifestabit consilia cordium. Quamvis enim vera sint, non tamen credenda sunt nisi quæ manifestis indiciis comprobantur, nisi quæ manifesto judicio convincuntur, nisi quæ judiciario ordine publicantur.*

C. X. *Ante justam probationem nullus est judicandus aut damnandus.*

Item Evaristus Papa, *epist. II. omnibus Episcopis* [46].

Nullum ante veram justamque probationem judicare aut damnare debemus, teste Apostolo, qui ait [47]: *Tu quis es, qui judicas alienum servum? Domino suo stat aut cadit. Mala* [48] *itaque audita nullum moveant, nec passim dicta absque certa probatione quisquam unquam credat; sed ante audita diligenter inquirat, ne* [49] *præcipitando quicquam aliquis* [50] *agat.*

C. XI. *Non sunt aliqua judicanda prius, quam certis demonstrentur indiciis.*

Item Eleutherius Papa, *epistola ad Galliæ provincias* [51].

Judicantem oportet cuncta rimari, et ordinem rerum plena [52] inquisitione discutere [53], interrogandi, respondendi, objiciendique præbita patientia ab eo, ut ibi actio ambarum partium illuminata l sit pleniter, nec litigantibus judex prius velit sua sententia obviare, nisi quando 'ipsi' jam peractis omnibus nihil habeant in quæstione, quod proponant, et tamdiu actio ventiletur, quousque ad rei veritatem perveniatur. Frequenter [54] interrogare [55] oportet, ne aliquid prætermissum forte remaneat, quod annecti conveniat.

Gratian. *Ex præmissis manifeste colligitur quod pro incertis a certis recedendum non est, nec in re dubia certa danda est sententia. Quum autem fides dubiæ rei nisi testium approbatione vel legitima confessione judici fieri non valeat, testes autem auctoritate Calixti* [56] *Papæ de aliis causis vel negotiis testimonium dicere non valeant, nisi de his, quæ sub eorum præsentia facta noscuntur: apparet clandestina conjugia ideo esse prohibita, quia, quum alter eorum conjugalem affectum se ad alterum habuisse negare voluerit, legitimis probationibus convinci non poterit, quibus deficientibus, judicis sententia rite absolutus, reatum adulterii uterque incurrit, dum utroque eorum vivente aliis se copulaverint.*

---

## CAUSA XXXI.

### GRATIANUS.

*Uxorem cujusdam alius constupravit; eo mortuo, adulter adulteram sibi in uxorem accepit; filiam ex ea susceptam cuidam in conjugem se daturum juravit; illa assensum non præbuit; deinde pater alii eam tradidit; a primo reposcitur.* (Qu. I.) *Quæritur: an possit duci in conjugium quæ prius est polluta per adulterium?* (Qu. II.) *Secundo, an filia invita sit tradenda alicui?* (Qu. III.) *Tertio, an post patris sponsionem illa possit nubere alii*

---

### NOTATIONES CORRECTORUM.

C. IX. k *Uxor:* Apud Julianum Antecessorem, ex quo videtur sumptum hoc capitulum, sequitur: *si tamen conjuncta fuerit.*

C. XI. l *Illuminata:* In locis indicatis legitur: *limitata*. In plerisque autem vetustis Gratiani exemplaribus: *luminata.*

---

Quæst. V. C. IX. [42] Jul. Ep. Nov. 67, c. 4. — Ivo Pan. l. 6, c. 7. Decr. p. 8, c. 44, p. 16, c. 142. Petr. Lomb. l. 4, dist. 28. [43] abest ab Ed. Bas. [44] Ep. 2. [45] Ep. 1. = C. X. [46] Cap. *Pseudoisidori.* — cf. C. 2, qu. 1, c. 20. [47] Rom. c. 14, v. 4. [48] Multa : Ed. Bas. [49] nec : Edd. coll. o. pr. Lugd. II. [50] *aliquid:* Edd. Arg. Nor. Ven. I, II. — *alius* : Ed Bas. == C. XI. [51] Caput Pseudoisidori. — cf. Brev. Al. l. 2, t. 18, c. 1, cum interpr. — Ans. in fine l. 3. (inter Capp. Hadriani, in quibus exstat c. 26.). Ivo. Pan. l. 4, c. 119, 120, 104. Decr. p. 6, c. 316, 317. Polyc. l. 5, t. 1. [52] *plana* : Ed. Bas. [53] *discurrere* : ead. '*limitata* : Ivo Decr. — in Pan. est ut ap. Grat. [54] add. : *etiam* : Ed. Bas. [55] *interrogari* : Edd. coll. o. — Ivo Pan. [56] cf. C. 3, qu. 9, c. 15.

## QUÆSTIO I.
### GRATIANUS.

I Pars. *Adulterio polluta prohibetur duci in conjugium auctoritate* Leonis Papæ, *qua dicitur* [1] :

**C. I.** *Adulterio polluta non ducatur ab eodem in matrimonium.*

Nullus ducat in matrimonium quam prius polluit adulterio.

*Sed* Augustinus *econtra testatur, scribens ad Valerium de nuptiis et concupiscentia, lib.* I, *c.* 10 [2] :

**C. II.** *Licet alicui ducere in matrimonium quam prius polluit adulterio.*

Denique mortuo [3], cum quo verum connubium fuit, fieri potest conjugium [4], cum quo [5] præcessit adulterium. *Item in libro de bono conjugali c.* 14 [6] :

§ 1. Posse sane fieri nuptias [6] ex personis male [7] conjunctis, honesto placito postea consequente [8] manifestum est.

Gratian. *Hæc ultima auctoritas Augustini de concubinis loquitur, perhibens, concubinas posse transire ad honestum placitum nuptiarum. Prima auctoritas Augustini loquitur de repudiata, quam dum vivente viro suo quicunque ducit in conjugium, committit adulterium; cujus adulterii aliquam habet veniam, dum ejus copula creditur esse licita.* § 1. *Illud vero Leonis Papæ de ea intelligendum est, quæ a viro suo non erat repudiata, cujus vivebat vir, reddens ei conjugale debitum.*

*Unde* in Concilio apud Althæum *habito præsente* Conrado Rege *statutum est c.* 6 [9] :

**C. III.** *Nullus ducat in conjugium quam polluit prius per adulterium.*

Illud vero communi decreto secundum canonum instituta definimus et præjudicamus, ut, si quis cum uxore alterius eo vivente fornicatus fuerit, moriente marito synodali judicio aditus ei claudatur illicitus,

A ne [10] ulterius ei conjungatur matrimonio [11], quam prius polluit adulterio. Nolumus enim, nec Christianæ religioni convenit, ut ullus ducat in conjugium quam prius polluit per [12] adulterium.

Gratian. *Hic subaudiendum est, nisi prius peracta pœnitentia, et si nihil* in mortem *viri machinatus fuerit, vel si vivente viro fidem adulteræ non dedit, se sumturum eam sibi in conjugem, si viro ejus superviveret.*

*Unde* in Concilio Triburiensi *legitur* [b] [13] :

**C. IV.** *Post mortem viri non potest adulteram in conjugium ducere qui viro vivente juramentum sibi futurarum nuptiarum præbuit.*

Relatum est auribus sanctorum sacerdotum, quemdam alterius uxorem stupro violasse, et insuper mœchæ vivente viro suo juramentum dedisse, ut post legitimi mariti mortem, si supervixisset [14], duceret [15] uxorem, quod et factum est. Tale ergo connubium prohibemus et anathematizamus.

**C. V.** *Post peractam pœnitentiam poterit viduam in conjugem ducere, quam viro vivente per adulterium polluit.*

*Item* in eodem [c] [16]

Si [17] quis vivente marito conjugem illius adulterasse accusatur, et, eo in proximo defuncto, eamdem sumsisse dignoscitur, omnimodis publicæ pœnitentiæ subjiciatur [18]. De quo etiam post pœnitentiam præfatam [d], si expedierit, servabitur regula; nisi forte vir [19], aut mulier virum, qui mortuus fuerat, occidisse notetur, aut propinquitas, vel alia quælibet actio [20] criminalis impediat. Quod si probatum fuerit, sine ulla spe conjugii maneant perpetuo cum pœnitentia.

### C. VI. PALEA.

[*Item ex Concilio apud Vermerias* [e] [21].]

Si qua mulier in [22] mortem mariti sui cum aliis

---

### NOTATIONES CORRECTORUM.

Causa XXXI. Quæstio I. C. II. [a] Fieri potest conjugium : In editionibus operum B. Augustini, et uno Vaticano codice, unoque item Gratiani exemplari legitur : *fieri verum connubium non potest*. In duobus vero Vaticanis recentioribus ejusdem libri abest negatio.

C. IV. [b] Hujus capituli sententia quidem est in c. 40. conc. Triburiensis, quod exstat. Sed quum Burchardus hoc citet ex cap. 3, videtur alterius esse, quod desideratur.

C. V. [c] Burchardus et Ivo citant ex conc. Meldensi c. 69, ubi habetur. In Decretalibus vero tit. de eo, qui dux. in ux. quam poll. per adult, c. Quum haberet, Clemens III. hoc ipsum citat ex conc. Triburiensi, ut Gratianus et Panormia.

[d] *Præfatam* : In Meldensi legitur : *præfata*, ut indicetur regula jam ibi tradita c. 65, et citatur infra 36, q. 2. *Si autem*.

C. VI. [e] Hæc Palea est in multis vetustis exemplaribus, in quibus Paleæ esse non solent. Citatur

---

Causa XXXI. Quæst. I. C. I. [1] Imo ex Triburiensi, c. 51. — cf. infra c. 3. Petr. Lomb. l. 4, dist. 35. = C. II. [2] Petr. Lomb. ib. [3] *eo* : Edd. coll. o. [4] *qua* : eæd. [5] Ivo Pan. l. 6, c. 45. Decr. p. 8, c. 10. [6] *licitas nupt.* : Edd. coll. o. [7] *illicite* : eæd. [8] *subsequente* : eæd. = C. III. [9] Imo ex Triburiensi hab. A. 895, c. 51. — Burch. l. 9, c. 74. Ivo Pan. l. 7, c. 10. Decr. p. 8, c. 211. — In Ed. Bas. allegatur ex conc. ap. *Alphenum*, in rell. (cum Panorm.) ex conc. ap *Alphesum*. [10] *nec* : Ivo Pan. — Edd. coll. o. [11] *in matr.* : Ed. Bas. [12] *adulterio* : Edd. coll. o. pr. Bas. = C. IV. [13] c. 40, conc. Trib. (hab. an. 895.) redactus in compendium. — Burch. l. 9, c. 66. Ivo Pan. l. 7, c. 9. Decr. p. 8, c. 202. Petr. Lomb. ib. [14] *Superviveret* : Ed. Bas. [15] add. : *eam in* : Edd. coll. o. = C. V. [16] Imo ex Meldensi (hab. A. 845.) c. 69. — Burch. l. 9, c. 65. Ivo Pan. l. 7, c. 12. Decr. p. 8, c. 201. [17] *Is, qui* : orig. — Coll. citt. = C. V. [18] *subigatur* : orig. — Coll. citt. [19] *et ap.* Burch. [19] *idem* : orig. — Iv. — *id est* : Burch. — *idem vir* : Edd. Arg. Bas. Nor. Ven. l. Lugdd. II, III. [20] abest ab Iv. Pan. = C. VI. [21] hab. A. 752. — Reg. l. 2, c. 118. Burch. l. 6, c. 41. Ivo Decr. p. 10, c. 169. [*] Ita Edd. coll. o. pr. Bas., in qua simpliciter ex conc. Elib. laudatur. [22] abest ab orig. — Coll. citt. et Ed. Bas.

consiliata sit, et ipse vir aliquem illorum se defendendo occiderit, si [23] probare potest ille vir, eam ream esse consilii, potest (ut nobis videtur) ipsam uxorem dimittere, et, si voluerit, aliam ducere f [24]. Ipsa autem insidiatrix poenitentiae subjecta absque spe conjugii maneat. »

C. VII. *Post poenitentiam reconcilietur ad communionem vidua, quae moechum suum in virum accepit.*

*Item* ex Concilio Eliberitano, c. 72. [25]

Si qua fuerit vidua moechata, et postea eundem habuerit maritum, post quinquennii tempus acta [26] legitima poenitentia placuit eam ad communionem g reconciliari.

II Pars. Gratian. *Sed objicitur : David cum Bethsabee adulterium commisit, et mortem Uriae machinatus est, et tamen eamdem Bethsabee postea duxit in uxorem. Sed in veteri testamento multa permittebantur propter infirmitatem, quae in evangelii perfectione infirmata sunt : sicut permittebatur quibuslibet dare libellum repudii, ne per odium funderetur sanguis innoxius. Quod postea in evangelio Dominus prohibuit, dicens uxorem a viro non esse dimittendam, nisi causa fornicationis. Quaedam permittebantur causa infirmitatis, et sacramenti futurorum : sicut* [27] *Dominus permisit filiis Israel offerre animalia sibi in sacrificium, quae in Ægypto consueverant immolare daemonibus, malens ea sibi offerri quam idolis, et ut essent illis sacramenta futurorum. Sic et Bethsabee permissa est duci in uxorem, non magis causa suae infirmitatis, quam significatione futurorum. § 1. Sed est alia ratio, qua uxor defuncti huic nubere non possit. Generaliter enim prohibentur viri et mulieres frequenter matrimonia contrahere. Unde in convivio secundarum nuptiarum presbyteri interesse non debent, sicut* in Neocaesariensi Concilio c. 3 et 7, *legitur* [28].

C. VIII. *Fides et conversatio poenitentiam breviat eorum, qui frequenter ducunt uxores.*

De his, qui frequenter uxores ducunt, et de his, quae [29] saepius nubunt, tempus [30] quidem poenitentiae [31] his manifestum constitutum est, sed conversatio et fides eorum tempus abbreviat. § 1. Presbyterum [32] vero convivio h secundarum nuptiarum interesse non debere ; maxime quum i praecipiatur [33] secundis nuptiis poenitentiam tribuere : quis erit [34] presbyter, qui propter convivium illis consentiat nuptiis ?

C. IX. *Secundum veritatis rationem fornicari convincitur qui secundam duxit uxorem.*

*Item* Joannes Chrysostomus, *id est auctor operis* [35] *imperfecti in Matth., hom. XXXII.*

Hac ratione et Apostoli, praeceperant secundas adire nuptias propter incontinentiam hominum. Nam secundam quidem accipere secundum praeceptum Apostoli est [36], secundum veritatis autem rationem vere fornicatio k est. Sed dum [37] permittente Deo publice et licenter committitur, sit honesta fornicatio. Propterea bene dixit [38], quia Moyses hoc permisit, non praecepit. Aliud est enim praecipere, aliud permittere. Quod enim permittimus l nolentes praecipimus, quia malas hominum voluntates ad plenum prohibere non possumus.

## NOTATIONES CORRECTORUM.

autem ex concilio apud Vermerias etiam in excerptis decretorum monasterii B. Trudonis, et apud Burchardum et Ivonem, quamvis in Decr. tit. de divor. c. 1. corrupte in vulgatis codicibus sit : *Ex concilio apud Vormaciam.* Antea quidem in titulo hujus Paleae legebatur : *Ex concilio Eliberitano apud Vermerias* ". Inducta vero est dictio : *Eliberitano*, quae specta, ad sequens capitulum. Palearum enim interpositio saepenumero in titulis occasionem hujusmodi erroribus dedit.

f *Et si voluerit aliam ducere :* Absunt haec ab Ivone"'. In Decretalibus autem legitur : *potest ipse post mortem uxoris, si voluerit, aliam ducere.*

C. VII. g *Ad communionem :* In variis exemplaribus hujus concilii tam impressis quam manuscriptis legitur ; *communione † reconciliari.*

C. VIII. h *Convirio :* In vulgatis erat : *connubio ††.* Emendatum est ex vetustis, et originali ipso. Graece est : μὴ ἑστιᾶσθαι.

i *Maxime quum :* Locus hic Graece sic habet : Ἐπεὶ μετάνοιαν αἰτοῦντος τοῦ διγάμου, τίς ἔσται ὁ πρεσβύτερος ὁ διὰ τῆς ἑστιάσεως συγκατατιθέμενος τοῖς γάμοις ; id est : *Nam poenitentiam petente bigamo, quis erit presbyter, qui hoc ipso, quod interest convivio, nuptiis consentit ?*

C. IX. k *Vere fornicatio :* Longe cautius loquitur verus Joannes Chrysostomus cum alibi, tum potissimum in epistola ad viduam juniorem de non iterando conjugio, quae nuper Romae est impressa, negatque perspicue secundum matrimonium fornicationem esse.

l *Quod enim permittimus :* Sic est in glossa ordinaria ad c. 5. Matthaei, in vers. *Libellum repudii.* Sed in hom. citata hoc modo : *Quod enim praecipimus semper placet ; quod autem permittimus nolentes praecipimus.*

---

QUAEST. I. C. VI. [13] *et si :* Edd. coll. o. pr. Lugdd. II, III. — *et si hoc :* Burch. Iv. — *et hoc :* orig. — Reg. "" *et* Ed. Arg. — sunt tamen in orig. et ap. Burch. et Reg. [14] *accipere :* Burch. — *accipiat :* orig. — Reg. = C. VII. [15] hab. non serius A. 310. — Coll. tr. p. p. 2, t. 30, c. 13. [16] *peracta :* Edd. Bas. Lugdd. II, III. † *communioni :* Coll. Hisp. [17] cf. Levit. c. 9. = C. VIII. [18] hab. A. 314. — Burch. l. 9, c. 22. Ans. l. 10, c. 69. Ivo Decr. p. 8, c. 160, referunt ex Dionysio. — Petr. Lomb. l. 4, dist. 42. [19] *qui :* Coll. Hisp. — Edd. coll. o. [20] *tempus quidem, quod his constitutum est, manifestum est observari :* Coll. Hisp. [31] abest ab Ed. Bas. [32] Burch. l. 2, c. 133. Ivo Pan. l. 6, c. 67. Decr. p. 8, c. 48, itidem ex Dionysio. †† *in conn. :* Ed. Bas. [33] *petatur :* Coll. Hisp. [34] *ergo est :* ead. = C. IX. [35] Opus apocryphum. [36] *licitum est :* Edd. coll. o. [37] *quum :* eaed. [38] add. : *Deus :* Ed Bas. — *Christus in evangelio :* Edd. rell. — cf. Deut. c. 24. v. 1. Matth. c. 19, v. 8.

C. X. *Ut vitetur periculum fornicationis, secunda matrimonia conceduntur.*

Item Hieronymus *contra Jovinianum, lib. I.*[39]

Quomodo virginibus ob[40] fornicationis periculum concedit nuptias, et excusabile facit quod per se non appetitur, ita ob[41] eamdem fornicationem vitandam concedit viduis secunda matrimonia[42]. Melius est enim, licet alterum et tertium, unum virum nosse, quam plurimos, id est tolerabilius est uni homini[43] prostitutam esse, quam multis. Siquidem et illa in evangelio[44] 'Joannis' Samaritana, sextum se maritum habere dicens, arguitur a Domino, quod non sit vir ejus; ubi enim numerus maritorum est, ibi vir, qui proprie unus est, esse desiit[45]. Una costa a principio in unam uxorem versa est. Et erunt, inquit[46], *duo in carnem*[47] *unam*, non[48] tres, neque quatuor, alioqui 'jam' non duo, sed plures. Primus Lamech sanguinarius et homicida unam carnem in duas divisit uxores; fratricidium et bigamiam eadem cataclysmi delevit pœna: de altero septies, de altero septuagies septies vindicatum est. Quantum distat in numero, tantum et in crimine. § 1. Quam sancta sit digamia, hinc[49] ostenditur, quod bigamus in[50] clerum eligi non potest, et ideo[51] Apostolus ad Timotheum: *Vidua*, inquit, *eligatur non minor sexaginta annorum, quæ fuerit unius viri uxor.* Hoc[52] omne præceptum de his est viduis, quæ ecclesiæ pascuntur eleemosynis, et idcirco ætas præscribitur, ut illæ tantum accipiant pauperum cibos, quæ jam laborare non possunt. Simulque considera, quod quæ duos habuit viros, etiamsi anus est, et decrepita, et egens, ecclesiæ stipes non meretur accipere; si autem panis illi tollitur eleemosynæ, quanto magis ille[53] panis, qui de cœlo descendit, quem qui indigne comederit, reus erit violati corporis et sanguinis Christi[54]? Quanquam hæc testimonia, quæ supra posui, in quibus viduis conceditur ut, si velint, denuo nubant, quidam interpretantur super his viduis, quas amissis maritis sic invenerit[55] fides Christi.

III Pars. Gratian. *Verum hoc eum in exhortationem vidualis continentiæ, non in condemnationem secundarum et deinceps nuptiarum putamus dixisse, quas multorum auctoritatibus constat licitas esse, ut ex verbis ejusdem datur intelligi. Ait enim ad Pammachium in Apologetico contra Jovinianum*[56]:

C. XI. *Nec duæ, nec tres, nec deinceps nuptiæ sunt condemnandæ.*

Aperiant, quæso, aures obtrectatores mei[57], et videant, me secundas et tertias nuptias concessisse in Domino. Qui secundas et tertias non damnavi, primum potui damnare matrimonium? *Idem ibidem*: § 1. Non damno bigamos, imo nec trigamos, et si dici potest, octogamos. *Idem ibidem*: § 2. Ego 'etiam' nunc libera voce proclamo, non damnari in ecclesia digamiam, imo nec trigamiam, et ita licere quinto, et sexto, et ultra, quomodo et secundo marito nubere[58].

C. XII. *Secunda conjugia, sicut et prima, licita esse probantur.*

Item Augustinus *lib. II, contra adversarium legum et Prophetarum, c. 11*[59].

Deus masculum et feminam propagandi generis causa nuptiali castitate conjunxit, et secundas nuptias, quæ in utroque[60] testamento permittuntur, licitas esse monstravit.

C. XIII. *De eodem.*

Idem *super primam epistolam ad Corinthios*[n] [60].

*Quod*[61] *si dormierit vir ejus.* Non dicit, primus vel secundus, vel quotus[62], nec nobis definiendum est quod non definit Apostolus. Unde nec ullas debeo damnare nuptias, nec eis verecundiam numerositatis auferre. Dominus[63] autem septemviram non da-

### NOTATIONES CORRECTORUM.

C. XII. ᵐ *Utroque*: In originali est: *novo quoque*, cujus veræ lectionis sunt vestigia in aliquot Gratiani exemplaribus. Habent enim: *uno quoque*. Ac certe de veteri testamento nulla erat dubitatio. Sed non est mutatum, quoniam auctor glossæ videtur legisse: *utroque*.

C. XIII. ⁿ Gratianus retulit verba glossæ ordinariæ ad c. 7. primæ ad Corinthios ex Augustino, in libro de bono viduitatis, c. 12.

° *Auferre*: Antea erat: *inferre*. Emendatum est ex glossa et B. Augustino, cujus verba referunt ceteri collectores

---

Quæst. I. C. X. [39] *Hier. de virginibus contra Jov.*: Edd. Lugdd. II, III. — *Hier. de virginibus*: Edd. rell. exc. Lugd. I. [40] *forn. periculo*: Ed. Bas. [41] *ob idem forn. periculum*: Edd. Lugdd. II, III. — *eodem forn. periculo*: Edd. rell. [42] add.: *contrahere*: Edd. coll. o. pr. Bas. Lugdd. II, III. [43] *viro*: Ed. Bas. [44] Joan. c. 4. [45] *desistit*: Edd. coll. o. pr. Lugdd. II. III. [46] Gen. c. 2, v. 24. [47] *carne una*: Vulg. — Edd. coll. o. [48] add.: *dixit*: Edd. Ven. I, II. Nor. Par. Lugd. I. [49] add.: *etiam*: Edd. Bas. II, III. [50] *ad*: Edd. coll. o. pr. Lugdd. II, III. [51] *idem*: eæd. — cf. 1 Tim. c. 5, v. 9. [52] *Hoc commune*: Edd. Bas. Lugdd. II, III. — *Hinc commune*: Edd. rell. [53] *ille pan.*: desid. in Edd. coll. o. pr. Lugdd. II, III. [54] *Domini*: eæd. — Vulg. — (cf. 1 Cor. c. 11, v. 27.) [55] *invenerat*: eæd. == C. XI. [56] Ivo Pan. l. 6, c. 62. Decr. p. 8, c. 270. Petr. Lomb. l. 4, dist. 42. [57] *nostri*: Ed. Bas. [58] *recte nubere*: Edd. Bas. Par. Lugdd. — *non nub.*: Edd. Nor. Ven. I, II. — Ivo Pan. == C. XII. [59] Ivo Pan. l. 6, c. 22, 61. Decr. p. 8, c. 269. Petr. Lomb. ib. — *ita Ivo Decret. et Pan. c. 61.* [60] *ita Edd. Arg. Nor. Ven. I, II. et Ivo Pan. c. 61.* == C. XIII. [60] Ivo Pan. l. 6, c. 59. Decr. p. 8, c. 268, ipsa proferunt Aug. verba. — Polyc. l. 6, t. 4. Petr. Lomb. ib. [61] 1 Cor. c. 7, v. 39. [62] *tertius*: Ed. Bas. — *quartus*: Edd. rell. — *ita* Edd. coll. o. [63] cf. Matth. c. 22, v. 28. seqq.

mnavit, nec dicit in resurrectione non posse esse, sed tantum : *Neque nubent, neque nubentur.* Unde nec contra humanæ verecundiæ sensum audeo dicere, ut quoties [64] voluerint nubant, nec ex corde meo quotaslibet nuptias condemnare. Quod dicitur univiræ, hoc et [65] omni viduæ [66] : *Beatior autem erit, si sic permanserit.*

## QUÆSTIO II.
### GRATIANUS.

*Quod autem aliqua non sit cogenda nubere alicui,* Ambrosius testatur super epistolam primam ad Corinthios : « Nubat [1] cui vult : tantum in Domino ; *id est quem sibi aptum putaverit, illi nubat ; quia invitæ nuptiæ solent malos proventus habere.* Tantum autem in Domino : *Hoc est, ut sine suspicione turpitudinis nubat, et viro suæ religionis nubat.* »

**C. I.** *Juramento patris non cogitur puella nubere, cui nunquam assensum adhibuit.*

Item Judicium Urbani Papæ [2].

Si verum esse constiterit, quod nobis legati Jordanis [3] principis retulerunt, scilicet, quod ipse coactus et dolens filiam suam infantulam nolentem, flentem, et pro viribus renitentem, non assentientibus, sed valde dolentibus matre et parentela, Rainaldo Rodeli [4] filio desponsaverit, quoniam canonum [5] et legum auctoritas talia sponsalia (ut infra ostenditur) non approbat, nec ignorantibus leges et canones nimis durum quod dicimus videatur, ita sententiam temperamus, ut, si princeps cum filiæ, matris, et parentelæ assensu id, quod cœptum est perficere voluerit, concedamus. Sin autem, legatus noster utrasque partes audiat, et si nihil fuerit ex parte supradicti Rainaldi amplius, quod impediat, ab ipso Jordane sacramentum, quod ita constent hæc, ut dicta sunt, accipiat, et nos canonum ac legum scita sequentes deinceps non prohibemus, quin alii viro, si voluerit, prædicta filia ejus nubat : tantum in Domino.

**C. II. PALEA.**

[*Econtra* Hormisda Papa *scribit Eusebio Episcopo* a [6].]

« Tua sanctitas nos [7] requisivit, frater venerande, de filio adulto, quem pater matrimonium contrahere vult, si sine voluntate filii adulti facere potest. Ad quod dicimus, si aliquo modo non sentit filius, fieri non posse. Potest autem de filio nondum adulto, voluntas cujus nondum discerni potest, pater eum, cui vult, in matrimonium [8] tradere, et post, quam filius pervenerit ad perfectam ætatem, omnino observare et adimplere debet. Hoc [9] ab omnibus orthodoxæ fidei cultoribus sancitum a [10] nobis tenendum mandamus. »

**C. III.** *Quorum unum futurum est corpus unus debet esse et animus : atque ideo nulla est invita copulanda alicui.*

Item Urbanus II, Sanctio [b], Regi Aragonum [11].

De neptis tuæ conjugio, quam te cuidam militi daturum necessitatis instante articulo sub fidei pollicitatione firmasti, hoc æquitate dictante decernimus, ut, si illa virum illum omnino, ut dicitur, renuit, et in eadem voluntatis auctoritate persistit, ut viro illi prorsus se deneget [12] nuptiam, nequaquam eam invitam et renitentem ejusdem viri cogas conjugio sociari. Quorum enim unum corpus est, unus debet esse et animus, ne forte virgo, quum fuerit alicui invita copulata, contra Domini Apostolique præceptum aut reatum dissidii, aut crimen fornicationis incurrat. Cujus videlicet peccati malum in eum redundare constat, qui eam conjunxit invitam. Quod [13] pari tenore de viro etiam est sentiendum [14].

**C. IV.** *Non liceat deserere viro quam præmissis dotibus et publica attestatione duxit uxorem.*

Item Nicolaus [15] *Radoaldo* [16] *Portuensi, et Joanni Ficolensi* [17] *Episcopis.*

Lotharius rex (in commonitorio [c]) profitetur,

### NOTATIONES CORRECTORUM.

Quæst. II. C. II. [a] Palea hæc in Decretalibus est c. 1. tit. de despons. impub. et in vulgatis quidem citatur ex Honorio ; sed in prima Decretalium collectione ex Hormisda, ut hic.

C. III. [b] *Sanctio* : Sic est emendatum ex vetustis exemplaribus, Panormia et historiis regum Aragonum. Nam antea erat : *Sacratio* †.

C. IV. [c] *In commonitorio* : Hæc verba videntur accipienda quasi pro titulo, et sejuncta a ceteris, ut indicetur, caput hoc sumtum esse ex commonitorio, quod Nicolaus legatis suis Rodoaldo Portuensi, et Joanni Ficolensi episcopis dederit. Nam totius capituli verba sunt ipsius Nicolai legatos monentis, quomodo se in ea causa gerere debeant. Datum

---

Quæst. I. C. XIII. [64] *quotiescunque* : Ed. Bas. [65] abest ab ead. [66] 1 Cor. c. 7, v. ult.
Quæst. II. [1] 1 Cor. c. 7, v. 39 = C. I. [2] Non exstat inter impressas Urbani epp. — Ivo Pan. l. 6, c. 108. Decr. p. 8, c. 23. Petr. Lomb. l. 4, dist. 29. [3] *Jordani* : Ivo Decr. — Edd. Arg. Bas.. [4] *Ridelli* : Ivo Decr. — *Rigelli* : Pan. — *Radelli* : Ed. Bas. — *Rodelli* : Edd. rell. pr. Par. Lugdd. [5] *et can.* : Ed. Bas. = C. II. [6] Caput incertum — cf. c. 1, X, de desp. imp. et c. 2. Comp. I, h. t. [7] *a nobis* : Comp. I. [8] *in matrimonio* : Ed. Bas. — *in matrimonio copulare* : Comp. I. [9] *hæc omn. orthodoxæ fidei sancimus et vobis tenenda mandamus* : Comp. I. [10] *et a nobis* : Edd. Nor. Ven. I, II. — *et a vobis* : Ed. Arg. — *a vobis* : Edd. Bas. Lugdd. I, III. = C. III. † *Item ad eundem* : Ed. Arg. — *Sacratio* : Edd. rell. pr. Bas. [11] Hanc ep. Urbani II, esse, testatur Hildebertus Cenomanensis, Urbano coævus, ep. 42. — Ivo Pan. l. 6, c. 109. Decr. p. 8, c. 24. [12] *denegaret* : Edd. Bas. Lugdd. II, III. [13] Abest hæc ultima clausula ab orig. ap. Mans., et a cod. Panormiæ Victorino, quo Berardus usus est, et ab Hildeberto. [14] *sciendum* : Edd. coll. o. pr. : Bas. Lugdd. II, III. = C. IV. [15] scr. A. 863. — Ivo Decr. p. 8, c. 354. [16] *Rodoaldo* : Bohm. [17] *Siculensi* Ed. Bas. — *Sicoliensi* : Edd. rell.

Gualdradam se a patre [18] accepisse, et sororem postmodum admisisse Huberti [19]. Ubi primum diligenti investigatione inquirite, et si eundem gloriosum regem prædictam Gualdradam præmissis dotibus, coram testibus, secundum legem, et ritum, quo nuptiæ celebrari solent, per omnia inveneritis accepisse, et publica manifestatione eadem Gualdrada in matrimonium ipsius admissa est, restat, ut perscrutemini, cur illa repudiata sit, vel filia Bosonis admissa. Sed quia idem gloriosus rex metu Thiebergam [20] admisisse se dicit, metu unius hominis tantus rex non debuit [21] contra divinum præceptum in immane præcipitium mergi [22]. In hoc certe [23] se magis reprehensibilem ostendit, in quo amorem Dei amori mundi postposuit, quum nec etiam [d] occisores corporis sint timendi, contra justitiam hominem impellentes. Nihil itaque vobis aliud præcipimus, manifestatione sua eodem rege convicto, nisi ut secundum canonicam auctoritatem nostra vice freti causam illius definiatis. Si vero minime probatum fuerit Gualdradam fuisse uxorem legitimam, neque nuptiis secundum [24] morem celebratis, per benedictionem scilicet sacerdotis, filio nostro Lothario exstitisse conjunctam, suggerite illi, ut non moleste ferat legitimam sibi (si ipsa innocens appareruit) reconciliari uxorem. *Et infra*:

§ 1. Præterea vos scire volo, quia præfata Thieberga apostolicam sedem bis et ter apppellavit, et se a præfato glorioso rege questa [25] est injuste fuisse dejectam, et vi coactam falsum contra se composuisse piaculum. Nam eo tempore ad apostolicam sedem libellum appellationis suæ misit, in quo non quidem adhuc confessam, sed ut contra se falsum diceret crimen, cogi sese innotuit, insuper subjungens: *Quod si amplius compulsa fuero, scitote, non veritate, sed timore mortis et evadendi studio (quia aliter non possum) quod voluerint [26] dicam.* *Vos tamen memores estote mei, hæc vobis insinuantis*. Unde vobis præcipimus, ut quum eadem Thieberga ad condictam synodum, sicut statuimus, advenerit, causam ejus diligenti examinatione tractetis, et, si ei objicitur, quod illa se crimen aliquod admisisse [27] confessa fuisset, et econtra illa violentiam se pertulisse proclamaverit, vel si inimicos judices illos sibi fuisse testata fuerit, tunc illud renovetis judicium secundum æquitatis normam, ut injustitiæ mole non opprimatur.

Gratian. *His auctoritatibus evidenter ostenditur, quod nisi libera voluntate nulla est copulanda alicui.*

### QUÆSTIO III.

**GRATIANUS.**

*Quod autem post parentum sponsionem aliis nubere non valeant, auctoritate Eliberatini Concilii c. 54 monstratur, qua dicitur* [1]:

C. UN. *De parentibus, qui fidem frangunt sponsaliorum.*

Si qui parentes fidem fregerint sponsaliorum, triennii tempore abstineant [2] 'se' a communione. Si tamen [3] iisdem [4] sponsus vel sponsa illo gravi crimine non fuerint [a] deprehensi, excusati erunt parentes. Si [5] vero in eodem fuerint vitio, et polluerint se consentiendo [6], superior sententia servetur.

Gratian. *Ecce, quod non licet parentibus sponsalia filiorum suorum frangere. Verum hoc de illis intelligendum est, quæ illorum consensu contrahuntur.*

---

## CAUSA XXXII.

**GRATIANUS.**

*Quidam vir, quum non haberet uxorem, quamdam meretricem sibi coniugio copulavit quæ erat sterilis, neptis ingenui, filia originarii; quam quum pater alii vellet tradere, huic avus eam copulavit, causa solius incontinentiæ. Deinde hic, pœnitentia ductus, ex an-*

### NOTATIONES CORRECTORUM.

vero ab eo fuisse commonitorium his ipsis legatis, Nicolaus in epistola ad episcopos in Convicinum congregatos, in appendice bibliothecæ SS. Patrum, testatur his verbis: *Porro quid de Lotharii uxoribus censuerimus (quoniam et de hoc nostro scripsistis præsulatui) in epistolarum nostrarum, quas per fratres et coepiscopos nostros Rodoaldum et Joannem in Galliam misimus, poteritis exemplaribus reperire. Quæ videlicet exemplaria una cum commonitorio, quod præfatis fratribus nostris pro hac eadem causa ad Lotharium regem missis dedimus, per fratrem et coepiscopum nostrum Odonem vestræ sanctitati transmisimus.*

[d] *Quum nec etiam*: Hæc verba non sunt hoc loco apud Ivonem, sed paulo superius post illa verba: *admisisse se dicit*, multa interjiciuntur, in quibus et hæc continentur, licet alio ordine. Sed ob glossam non est mutatum.

QUÆST. III. C. UN. [a] *Non fuerint*: In originali legitur sine negatione, itemque apud Ivonem, a quo præterea abest dictio: *illo*, sicque habet: *in gravi crimine fuerint deprehensi*.

---

QUÆST. II. C. IV. [18] *promissis dotibus*: Edd. Bas. Lugdd. II, III. [19] *Huberti*: orig. ap. Mans. [20] *Tebergam*: Edd. coll. o. — *Thietbergam*: orig. — *Böhm.* [21] *debuerat*: Ed. Bas. [22] *immergi*: ead. [23] *ergo*: ead. [24] *more*: Edd. coll. o. [25] *conquesta*: Edd. Bas. Lugdd. II, III. [26] *voluerit*: Edd. coll. o. [27] *commisisse*: Ed. Bas.
QUÆST. III. C. UN. [1] *hab. non serius A. 310.* — Ivo Decr. p. 8, c. 46 [2] *abstineantur*: Coll. Hisp., omissis seqq.: *a comm.*: — [3] *vero*: Edd. coll. o. [4] *idem*: ead. — Iv. — Coll. Hisp. [5] *ita* Coll. Hisp. [6] *Si in eisdem fuerit vitium*: ead. — *Si — serv.*: absunt ab Iv. [6] *abest a* Coll. Hisp.

cilla propria filios sibi quærere cœpit. Postea de adulterio convictus et punitus quemdam rogavit, ut vi uxorem opprimeret suam, ut sic eam dimittere posset, quo facto quamdam infidelem sibi copulavit, ea tamen conditione, ut ad Christianam religionem transiret. (Qu. I.) Hic primum quæritur, an meretrix licite ducatur in uxorem? (Qu. II.) Secundo, an eâ, quæ causa incontinentiæ ducitur, sit conjux appellanda? (Qu. III.) Tertio, cujus arbitrium aliqua sequatur, an liberi avi, an originarii patris? (Qu. IV.) Quarto, si vivente uxore liceat alicui filios ex ancilla quærere? (Qu. V.) Quinto, si ea, quæ vim patitur, pudicitiam amittere comprobetur? (Qu. VI.) Sexto, si adulter adulteram possit dimittere? (Qu. VII.) Septimo, si vivente dimissa aliam possit accipere? (Qu. VIII.) Octavo, si infidelem sub præmissa conditione liceat alicui fideliùm in conjugem ducere?

## QUÆSTIO I.
### GRATIANUS.

I Pars. *Quod autem meretrix in conjugem duci non debeat, multis auctoritatibus et rationibus probatur. Illa enim, quæ, adulterii rea convincitur, nisi post peractam pœnitentiam in conjugii consortio retineri non debet.*

Unde Joannes Chrysostomus, id est auctor operis imperfecti hom. *XXXII*, ait super Matt. c. 19 [1]:

**C. I.** *Patronus turpitudinis est qui uxorem suam adulteram dimittere noluerit.*

Sicut crudelis est et iniquus qui castam dimittit, sic fatuus est et injustus [2] qui retinet meretricem. Nam patronus turpitudinis *ejus* est, qui crimen celat uxoris.

**C. II.** *Causa fornicationis vir dimittat uxorem, non tamen alteram ducat.*

Item Hieronymus in comm. ad c. 19. Matth. [3].

Dixit Dominus in evangelio [4]: *Quicunque dimiserit uxorem* [5], *nisi ob* [6] *fornicationem, et aliam duxerit, mœchatur, et qui dimissam duxerit, mœchatur.* Sola fornicatio est, quæ uxoris vincat [7] affectum; imo, quum illa unam carnem in aliam [8] diviserit, et se fornicatione separaverit a marito, non debet teneri, ne virum quoque sub maledicto faciat, dicente scriptura [9]: *Qui adulteram tenet stultus et impius est.* Ubicunque est igitur fornicatio vel fornicationis suspicio, libere uxor dimittitur. Et quia poterat accidere, ut aliquis calumniam faceret innocenti, et ob secundam copulam nuptiarum [10] veteri crimen impingeret, sic priorem dimittere jubetur uxorem, ut secundam prima vivente non habeat.

**C. III.** *Sola viri fornicatio uxorem maculat.*

Idem in epistola Pauli ad Corinthios 1, c. 6 [*in glossa ordinaria*] [11].

In conjugio quis positus quæcunque peccata fecerit, non propriam infuscant [12] conjugem; sed fornicatio [13] uxorem coinquinat, ut jam non sit viro suo licita, sed *quasi* adultera.

**C. IV.** *Qui uxorem suam dimittere adulteram noluerit, duobus annis pœniteat, si ei debitum reddiderit.*

Item Joannes Chrysostomus [14].

Si quis uxorem suam invenerit adulteram, et postea deinceps placuerit habere eam in matrimonio, duobus annis pœniteat ideo, quia cum adultera commixtus [15] sit, quæ adhuc crimine suo non est purgata, aut abstineat se a matrimonio ejus, donec expleatur satisfactio criminis pœnitentiæ suæ, ideo, quia post satisfactionem pœnitentiæ non meretur vocari adultera. Similiter, si virum suum uxor invenerit adulterum, non ad imparia judicatur.

II. Pars. Gratian. Subauditur, *nisi ab adulterio mulier recedere voluerit, quo casu uxorem suam vir recipere potest, nullum periculum ei illaturus.*

Unde Pelagius Papa Melleo subdiacono [16]:

**C. V.** *Post pœnitentiam adulterii uxorem vir potest recipere.*

De Benedicto quoque, quem uxorem alienam indicasti † facinoroso sustulisse spiritu, et in suum hactenus præsumere detinere consortium, si hoc rerum veritas habet, jubemus experientiæ tuæ, ut eum cum ipsa quoque adultera districte mactare non differas, et calvatos ab invicem separare, et illum quidem ad Lucium defensorem in Apuliæ provinciæ patrimonium sine dilatione *fac* migrare; illam vero, siquidem maritus suus sine dolo aliquo forte accipere [17] voluerit, tua ordinatione sub cautela recipiat, nullum ei *nihil* duntaxat de cetero simile committenti periculum illaturus. Si vero omnino eam recipere noluerit, in alium quendam locum, in quo ei non liceat male vivere, provida eam dispensatione [18] constitue.

---

### NOTATIONES CORRECTORUM.

Causa XXXII. Quæst. I. C. IV. a Caput hoc non est inventum apud B. Joannem Chrysostomum. Et videtur canon alicujus concilii aut pœnitentialis: Simile quiddam habetur in conc. Nannetensi c. 12.

---

causa XXXII. Quæst. I. C. I. [1] Opus apocryphum. — Ans. l. 10, c. 31. Ivo Pan. l. 7, c. 8. Petr. Lomb. l. 4, dist. 35. [2] iniquus: Ed. Bas. = C. II. [3] Ivo Pan. l. 7, c. 7. Decr. p. 8, s. 43. Petr. Lomb. ib. [4] Matth. c. 19, v. 9. [5] add.: suam: Ed. Bas. [6] nisi causa forn.: ead. [7] vincit: Ivo. — Edd. coll. o. — Bohm. [8] duas: Ed. Bas. [9] Prov. c. 18, v. 22. [10] nuptialem veteri copulæ: Edd. coll. o. = C. III. [11] Ivo Decr. p. 8, c. 42. [12] infuscat: Ed. Bas. [13] add.: etiam: ead. = C. IV. [14] Sunt sane similia in conc. Nannet., quod citant Corr., (cf. Reg. l. 2, c. 131.), ipsa tamen verba nullibi sunt inventa. [15] mixtus: Edd. coll. o. pr. Bas. = C. V. [16] Caput incerti temporis. — Ans. l. 11, c. 94 (93). (: Melito Subdiac.) † judicasti: Edd. coll. o. pr. Bas. [17] recipere: Edd. Arg. Bas. [18] dispositione. Ans. — Ed. Arg.

**C. VI.** *Qui adulteræ debitum reddit, tribus annis pœniteat.*

Item ex Pœnitentiali Theodori [19].

Si quis uxorem suam scit adulteram, et non vult dimittere eam, sed in matrimonio habere, tribus annis [20] pœniteat, et quandiu pœnitet [b], abstineat se ab illa.

**C. VII.** *Adulterio purgato per pœnitentiam potest fieri reconciliatio conjugii.*

Item Augustinus ad Pollentium de adulterinis conjugiis, lib. II, c. 6 [21].

Quod autem tibi durum videtur, ut post adulterium reconcilietur *conjugi* [22] conjux, si fides adsit, non erit durum. Cur enim adhuc deputamus adulteros, quos vel baptismate ablutos, vel pœnitentia credimus esse sanatos? Hæc crimina in veteri Dei lege nullis sacrificiis mundabantur, quæ in lege [c] novi testamenti sine mundatione legali mundantur, et ideo tunc omnino prohibitum erat [23] ab alio [24] contaminatam *viro* recipere uxorem, quamvis [25] David Saulis filiam, quam pater ejusdem mulieris ab eo separatam dederat alteri, tanquam novi testamenti præfigurator sine cunctatione ††receperit. Nunc autem, postquam Christus ait adulteræ [26]: *Nec ego te condemnabo; vade, deinceps noli peccare*: quis non intelligat debere maritum ignoscere quod videt ignovisse Dominum [27] amborum? nec jam se debere adulteram dicere, cujus pœnitentis crimen [28] divina credit miseratione deletum?

**C. VIII.** *De eodem.*

Idem *eodem libro, c. 9* [29].

Non erit turpis neque difficilis etiam post perpetrata [30] atque purgata adulteria reconciliatio conjugum [31], ubi per claves regni cœlorum non dubitatur fieri remissio peccatorum; non ut post viri divortium adultera revocetur, sed ut post Christi consortium adultera non vocetur.

**C. IX.** *Quum fornicationis vitium excluditur, castitatis virtus adsciscitur.*

Item Ambrosius, l. II, de Cain et Abel, c. 4.

Quum renunciatur improbitati, statim adsciscitur virtus. Egressus enim malitiæ virtutis operatur ingressum, eodemque [32] studio, quo crimen excluditur, innocentia copulatur.

**C. X.** *Non habetur fallax apud Deum qui ad veritatem pœnitendo revertitur.*

Item Gregorius, hom. XIX. Evangel.

Apud misericordem namque judicem nec ille fallax habetur, qui ad veritatem revertitur, etiam postquam mentitur, quia omnipotens Deus, dum libenter nostram pœnitentiam suscipit, ipse suo judicio hoc, quod erravimus, abscondit.

Gratian. *Quod si in adulterio perseverare elegerit, patronus turpitudinis et lenocinii reus maritus habebitur, nisi eam adulterii ream facere voluerit. Unde in IX libro Cod. de adult. et stupro impp. Severus et Antoninus* [33]: *Crimen lenocinii contrahunt qui deprehensam in adulterio uxorem in matrimonio retinuerunt* [34], *non qui suspectam habuerint* [35] *adulteram.* § 1. *Hoc in mulieribus non obtinet. Non enim eis permittitur maritos suos adulterii reos facere. Unde in libro eodem, et tit. eodem, iidem Impp.* [36]: *Publico judicio non habere* [37] *mulieres adulterii accusationem, quamvis de matrimonio suo violato queri velint, lex Julia declarat, quæ quum masculis jure mariti accusandi facultatem detulisset, non idem feminis privilegium detulit.* § 2. *Si ergo, ut ex his colligitur auctoritatibus, adulteram retinere nulli permittitur, multo minus in conjugium duci licebit cujus pudicitiæ nulla spes habetur. Debet enim inter conjuges servari fides et sacramentum, quæ quum defuerint, non conjuges, sed adulteri appellantur.*

Unde Augustinus *scribit contra Julianum, l. I* [d] [38]:

**C. XI.** *Veritas nuptiarum non consistit in commixtione maris et feminæ.*

Non enim in sola, ut deliras, commixtione maris et feminæ nuptiarum veritas est, quamvis sine illa commixtione nuptæ [39] filios procreare non possint. Sed alia sunt ad nuptias proprie pertinentia, quibus ab adulteriis nuptiæ discernuntur [40], sicuti [41] est tori conjugalis fides, et cura ordinate filios procreandi, et (quæ maxima est differentia) bonus usus mali, hoc est bonus usus concupiscentiæ carnis, quo bono [42] adulteri male utuntur.

### NOTATIONES CORRECTORUM.

C. VI. [b] *Et quamdiu pœnitet*; In plerisque vetustis est: *et quamdiu illa pœnitet*.

C. VII [c] *Quæ in lege*: Apud B. Augustinum legitur: *quæ novi testamenti, in sanguine Christi sine dubitatione mundantur*. Sed ob glossam non est emendatum.

C. XI. [d] *In* Panormia citatur eodem modo, itemque apud Ivonem, nisi quod habet: *libro secundo*. Sententia quidem sæpe habetur apud B. Augustinum, et contra Julianum, nuptias diffinientem corporum commixtionem, disputat potissimum, l. 5, c. ult.

---

Quæst. I. C. VI. [19] Non exstat inter fragmenta Theodori edito a Petito et D'Acherio. — Ans. l. 11, c. 83 (99). [20] *tres annos*: Ed. Bas. *ita Ans. et Ed. Bas. = C. VII. [21] Ans. l. 10, c. 60. Ivo Pan. l. 7, c. 35. Decr. p 8, c. 242. Polyc. l. 6, t. 4. Petr. Lomb. l. 4, dist. 35. [22] abest a Panorm. *quæ N. testamenti sanguine sine dub. mund.*: Ivo Decr. cum Ed. Aug. Maur. — *quæ in lege N. T. sanguine*, etc.: Panorm. [23] *est*: Ivo. — Edd. coll. o. [24] *aliquo*: eæd. pr. Arg. [25] 1 Reg. c. 18. †† *contaminatione*: orig. et Iv. [26] 1 Joan. c. 8, v. 11. [27] *Deum*: Edd. coll. o. [28] *crim. deletum est a Deo*: Edd. coll. o. = C. VIII. [29] Ivo Pan. l. 7, c. 57. Decr. ib. Petr. Lomb. ib. — In Edd. Arg. Nor. hoc c. isignitum est nomine Paleæ. [30] *parata*: Edd. Ven. I, II. — *patrata*: Edd. rell. — Iv. [31] *conjugii*: Edd. coll. o. = C. IX. [32] *eo quoque*: Ed. Bas. = C. X. [33] c. 2, l. 9, t. 9. [34] *detinuerunt*: Edd. coll. o. [35] *habuerint*: eæd. [36] ib. c. 1. [37] *habent*: Edd. coll. o. pr. Bas. Lugdd. II, III. = C. XI. [38] Ivo Pan. l. 6, c. 29. Decr. p. 8, c. 77. [39] *nuptiæ*: Iv. — Edd. coll. o. [40] *decern.*: Ivo. [41] *scilicet sic*: Edd. coll. o. [42] *malo*: Ivo Decr.

Gratian. *Hæc sunt bona, quibus commendantur nuptiæ, et ab illicito usu discernuntur.*

III Pars. *Econtra vero* Ambrosius *improbare nuptias videtur, dicens:*

C. XII. *Primæ vel secundæ nuptiæ hac auctoritate improbari videntur.*

Nuptiæ terram replent[43], virginitas paradisum. Sed et hoc intuendum est duntaxat juxta hebraicam veritatem, quod, *quum* scriptura in primo, et tertio, et quarto, et quinto, et sexto die expletis operibus singulorum[44] dixerit : *Et vidit Deus, quia bonum est;* in secundo[45] die hoc omnino subtraxit, nobis intelligentiam derelinquens, non esse bonum duplicem numerum, qui ab unione dividat, et præfiguret fœdera nuptiarum. Unde et in arca Noe[46] omnia animalia, quæcunque bina ingrediuntur, immunda sunt. Impar numerus est mundus, quanquam in duplici numero ostendatur[47] et aliud sacramentum, quod ne in bestiis quidem, et immundis avibus dignum comprobata sit : bina[48] enim ingrediuntur immunda, et septena[49], quæ munda sunt; ut haberet Noe post diluvium, quod *de* impari numero statim Deo posset offerre.

Gratian. *Verum hoc ad exhortationem, non ad necessitatem observandæ virginitatis refertur.* Unde Ambrosius *ait in libro exhortationis ad virgines*[50] :

C. XIII. *Virginitas ex consilio suadetur, non ex imperio præcipitur.*

Integritas corporis expetenda a vobis[51] est, quam ego pro consilio suadeo, non pro imperio præcipio. Sola est enim virginitas, quæ suaderi potest, imperari non potest : res magis[52] voti, quam præcepti[53].

IV Pars. Gratian. *Quum ergo in meretrice, ut diximus, nulla spes fidei, nulla sit certitudo pudicitiæ, patet, quod non est in conjugium ducenda.* § 1. *Sed objicitur* : Rhaab[54] Hiericuntina, *quamvis esset meretrix, tamen principi de tribu Juda est copulata conjugio, de qua Christus postea nasci dignatus est.* Osee[55] *quoque, duodecim Prophetarum primus, ex præcepto Domini coro hordei meretricem emit, quam sibi in conjugio sociavit. Sed aliud est meretricem ducere, vel adulteram retinere, quam tua consuetudine, castitate, et pudicitia exornes : atque aliud aliquam earum habere, quam nullo pacto a luxu carnis suæ revocare valeas. Hoc enim penitus prohibetur : illud laudabiliter factum legitur.*

*Unde* Hieronymus *super Osee, lib. I, ad c.* 1[56] :

C. XIV. *Non est peccatum meretricem ducere uxorem.*

Non est culpandus Osee propheta *(interim ut sequamur historiam)* si meretricem, quam duxit, ad pudicitiam converterit[57] : sed potius laudandus, quod ex mala bonam fecerit[58]. Non enim qui bonus permanet *ipse* polluitur, si societur malo : sed qui malus est in bonum vertitur[59], si boni exempla sectetur. Ex quo intelligimus, non prophetam perdidisse pudicitiam fornicariæ copulatum, sed fornicariam assumsisse[60] pudicitiam, quam antea non habebat.

## QUÆSTIO II.
### GRATIANUS.

I Pars. *Quod autem non sit uxor quæ sola causa incontinentiæ ducitur, hinc videtur probari posse, quia conjugium propagationis, non explendæ libidinis causa a Deo institutum est. Hæc namque fuit benedictio conjugii :* Crescite et multiplicamini.

*Unde* Ambrosius *super Lucam, l. I, ad c.* 1[1] :

C. I. *Partus feminarum est eis sola causa nubendi.*

Pudor est feminis nuptiarum præmia non habere, quibus hæc sola causa est nubendi. Idem lib. 2, in princip. : § 1. Dum[2] conjugii præmium et gratia nuptiarum partus sit feminarum, non mediocris *quoque* causa est, ut virginitas Mariæ falleret principem mundi.

Gratian. *Qui ergo non causa procreandæ sobolis, sed explendæ libidinis sibi invicem copulantur, non tam conjuges quam fornicarii videntur.*

*Hinc etiam* Hieronymus *ad c.* 5 *epistolæ ad Ephesios*[3] :

C. II. *Non conjuges, sed adulteri vocantur, qui non secundum præcepta Christi conjunguntur.*

Sicut non omnis congregatio hæreticorum Christi ecclesia dici potest, nec caput eorum Christus[4]; sic non omne matrimonium, quo non viro suo[5] secundum præcepta Christi uxor jungitur[6], rite conjugium appellari potest, sed magis adulterium.

II Pars. Gratian. *His ita respondetur : Prima institutio conjugii in paradiso facta est, ut esset immaculatus torus, et honorabiles nuptiæ, ex quibus sine ardore conciperent, sine dolore parerent. Secunda propter illicitum modum eliminandum extra paradi-*

---

### NOTATIONES CORRECTORUM.

C. XII. *Ambrosius* : Sic etiam in manuscriptis. Sed apud ipsum non est inventum. Habetur apud B. Hieronymum, lib. 1, contra Jovinianum.

---

Quæst. I. C. XII. [43] *implent* : Edd. coll. o. pr. Arg. Nor. Ven. I, II. [44] *sing. dierum dixit* : Edd. coll. o. — cf. Gen. c. 1, v. 10. [45] *add. : vero* : Edd. Bas. Lugdd. II, III. [46] *abest ab* Ed. Bas. — cf. Gen. c. 7. [47] *intelligatur* : Edd. coll. o. [48] *bin. enim et bina : eæd.* [49] *et septena* : Ed. Bas. = C. XIII. [50] Ivo Decr. p. 7, c. 120. [51] *nobis* : Ivo. — Edd. coll. o. [52] *add. : est* : Ed. Bas. [53] *add. : est* : Edd. rell. — Bohm. [54] Jos. c. 2, et 6. [55] Ose. c. 1, et 3. = C. XIV. [56] Ivo Pan. l. 6, c. 57. Decr. p. 8, c. 38. [57] *convertit* : Edd. coll. o. [58] *fecit* : eæd. [59] *convertitur* : eæd. — Ivo Pan. [60] *sumsisse* : Edd. coll. o. pr. Bas.

Quæst. II. C. I. [1] Ivo Pan. l. 6, c. 24, 25. Decr. p. 8, c. 75. 76. [2] *Quum* : orig. — Ivo Pan. = C. II. [3] Ivo Decr. p. 8, c. 277. [4] *add. : est* : Ivo. — Edd. coll. o. [5] *abest ab* Iv. [6] *conjungitur* : Iv.

*sum facta est* [7], *ut infirmitas, prona in ruinam turpitudinis, honestate exciperetur conjugii.* Unde Apostolus scribens ad Corinthios ait [8] : Propter fornicationem unusquisque suam uxorem, et unaquæque virum suum habeat. *Ex hac itaque causa fit, ut conjugati se sibi invicem debeant, nec se sibi negare possint.* Unde Apostolus [9] : Nolite fraudare invicem, nisi forte ex consensu, et ad tempus, ut expeditius vacetis orationi, et iterum revertimini in id ipsum, ne forte tentet vos satanas. Hoc autem dico propter incontinentiam vestram. *Qui ergo propter incontinentiam in naturalem redire usum monentur, patet, quod non propter filiorum procreationem tantum misceri jubentur.* § 1. *Non tamen ideo nuptiæ malæ judicantur. Quod enim præter intentionem generandi fit, non est nuptiarum malum, sed est veniale propter nuptiarum bonum, quod est tripertitum; fides videlicet, proles, et sacramentum.*

Unde Augustinus *de bono conjugali*, c, 6 [10]:

C. III. *Immoderatus usus conjugatorum non est nuptiarum malum, sed est veniale propter nuptiarum bonum.*

Quicquid inter se conjugati immodestum, inverecundum, sordidumve gerunt, vitium est hominum, non culpa nuptiarum. Jam in ipsa quoque immoderatiore [11] exactione debiti carnalis, quam eis non secundum imperium [12] præcipit [13], sed secundum veniam Apostolus [14], ut etiam præter causam procreandi sibi misceantur, etsi eos pravi mores ad talem concubitum impellunt, nuptiæ tamen ab adulterio seu fornicatione defendunt. Neque *enim* illud propter nuptias admittitur, sed propter nuptias ignoscitur. Debent [15] ergo sibi conjugati non solum ipsius sexus sui commiscendi fidem liberorum procreandorum causa (quæ prima est humani generis in ista mortalitate societas), verum etiam infirmitatis invicem excipiendæ, ad illicitos concubitus evitandos, mutuam quodammodo servitutem, ut, etsi alteri eorum perpetua continentia [16] placeat, nisi ex alterius consensu [17] non possit.

III Pars. Gratian. *Non autem datur præsentia S. Spiritus tempore, quo conjugales actus geruntur.*

Unde Hieronymus *super Matthæum* [18] :

C. IV. *Non datur præsentia S. Spiritus tempore, quo conjugales actus geruntur.*

Connubia legitima carent quidem peccato, non tamen tempore illo, quo conjugales actus geruntur, præsentia S. Spiritus dabitur, etiamsi propheta esse videatur qui officio generationis obsequitur. Sed et alia plura sunt, in quibus sufficit sola [19] vis humana, et neque res indiget, neque decet adesse præsentiam S. Spiritus.

Gratian. *Sicut ergo talis concubitus non est fornicarius, sed propter bonum conjugii licitus : sic etiam conjunctio illa, de qua quæritur, non est fornicaria, sed propter bonum conjugii licita.*

Item, sicut Augustinus ait *in libro de conjugali*, c. 14. [20] :

C. V.

Concubinæ ad tempus adhibitæ, nec etiamsi causa filiorum concumbant, justum faciunt concubinatum suum.

IV Pars. Gratian. *Sic e contrario intelligi de iis, qui conjugali affectu sibi copulantur, quod etiamsi non causa procreandorum filiorum, sed explendæ libidinis conveniunt, non ideo fornicarii, sed conjuges appellantur.*

Probatur hoc idem auctoritate Augustini *in libro de bono conjugali*, c. 5 [21] :

C. VI. *Conjuges sunt qui causa solius incontinentiæ sibimet invicem copulantur.*

Solet quæri, quum masculus et femina, nec ille maritus, nec illa uxor alterius, sibimet non filiorum procreandorum, sed pro incontinentia [22] solius concubitus causa copulantur, ea fide media, ut nec ille cum altera, nec illa cum altero id faciat utrum nuptiæ sint vocandæ? Et potest quidem fortasse non absurde hoc appellari connubium, si usque ad mortem alicujus eorum id inter eos placuerit, et prolis generationem, quamvis non ea causa conjuncti sint, non tamen vitaverint, ut vel nolint [23] sibi nasci filios, vel etiam opere aliquo malo agant ne nascantur. Ceterum, si vel utrumque, vel unum horum desit, non invenio, quemadmodum has nuptias appellare possimus [24]. Etenim si aliquam sibi 'vir' ad tempus adhibuerit, donec aliam dignam 'vel' honoribus, vel facultatibus suis inveniat, quam comparem [25] ducat, animo ipso adulter est, nec cum illa, quam cupit invenire, sed cum ista, cum qua sic cubat, ut cum ea non habeat maritale consortium.

---

NOTATIONES CORRECTORUM.

Quæst. II. C. IV. [a] Caput hoc habetur apud Origenem homil. 6. in Numeros, et ex ipso citatur in glossa ordinaria Num. 11.

---

Quæst. II. C. II. [7] cf. Gen. c. 2. [8] 1 Cor. c. 7, v. 2. [9] ib. v. 5. = C. III. [10] Ivo Decr. p. 8, c. 234. [11] *immoderata* : Ivo. — Edd. coll. o. [12] *nuptiarum imp.* : Edd. Bas. Lugdd. II, III. [13] *præcepit* : Ivo. — Edd. coll. o. [14] *concedit Ap.* : id. — eæd. — cf. 1 Cor. c. 7. [15] Ivo Pan. l. 6, c. 20. [16] *conscientia* : Ed. Bas. [17] *fieri non poss.* : Edd. coll. o. — Bohm. = C. IV. [18] Petr. Lomb. l. 4, dist. 32. [19] *sibi sola* : Edd. coll. o. = C. V. [20] Ans. l. 10, c. 13. Ivo Pan. l. 6, c. 45. Decr. p. 8, c. 10 Polyc. l. 6, t. 4. = C. VI. [21] Ans. l. 10, c. 12. Ivo Pan. l. 6, c. 27, et 44. Decr. p. 8, c. 65. Polyc. ib. [22] *propter incontinentiam* : orig. — *incontinentia* : Ed. Bas. — *incontinentiæ* : Edd. rell. pr. Lugdd II, III. [23] *noluerint* : Ed. Bas. [24] *possumus* Edd. Bas. Lugdd. II, III. [25] *in conjugium* : Ivo Pan. c. 27 — Edd. coll. o

**C. VII.** *Fornicarii sunt, non conjuges, qui sterilitatis venena procurant.*

Idem *de nuptiis et concupiscentia, lib. I. c. 15* [26].

Aliquando eo usque pervenit hæc libidinosa crudelitas, vel libido crudelis, ut etiam sterilitatis venena procuret, et, si nihil valuerit, conceptos fœtus aliquo modo intra viscera exstinguat [27] ac [28] fundat, volendo [29] suam prolem prius interire quam vivere : aut, si in utero jam vivebat, occidi ante, quam nascatur [30]. Prorsus, si ambo tales sunt, conjuges non sunt, et, si ab initio tales fuerunt, non sibi per connubium, sed per stuprum potius convenerunt. Si autem non ambo sunt tales, audeo dicere, aut illa est quodammodo meretrix, aut ille adulter uxoris.

**V Pars. Gratian.** *De his, qui abortum procurant, quæritur, an judicentur homicidæ, vel non?*
Augustinus *in libro quæstionum Exodi, quæst. LXXX*, ait [31] :

**C. VIII.** *Non est homicida qui abortum procurat ante, quam anima corpori sit infusa.*

Quod vero non formatum puerperium [b] noluit ad homicidium pertinere, profecto nec hominem deputavit [32], quod tale in utero geritur. Hic de anima quæstio solet agitari, utrum quod [33] formatum non est nec animatum quidem possit intelligi, et ideo non sit homicidium, quia nec exanimatum dici potest, si adhuc [34] animam non habebat. *Item* : § 1. Si *ergo* illud informe puerperium jam quidem fuerit [35], sed adhuc quodammodo informiter animatum (quoniam magna de anima quæstio [36] non est [37] præcipitanda indiscussa temeritate sententiæ [38]), ideo [39] lex noluit ad homicidium pertinere, quia nondum dici potest anima viva in eo corpore, quod sensu caret.

**C. IX.** *De eodem.*
Idem *in libro quæstionum Veteris et Novi Testamenti, c. 23* [40].

Moyses [41] tradidit : *Si quis percusserit mulierem in utero habentem, et abortiverit* [42], *si formatum fuerit, det animam pro anima ; si autem informatum fuerit, mulctetur pecunia*, ut probaret non esse animam ante formam [43]. Itaque si jam formato corpori [44] datur, non [45] in conceptu corporis nascitur cum semine derivata [46]. Nam si cum semine et anima exsistit ex [47] anima, multæ animæ quotidie pereunt, quum semen fluxu [48] quodam [49] non proficit nativitati; sed si propius [50] respiciamus, videbimus, quid sequi debeamus. Contemplemur facturam Adæ. In Adam enim exemplum datum est, ut ex eo intelligatur [51], quia jam formatum corpus accipit [52] animam. Nam potuerat [53] animam limo terræ admiscere, et sic formare corpus. Sed ratione infirmabatur [54], quia primum oportebat domum compaginari, et sic habitatorem induci. Anima certe, quia spiritus est, in sicco habitare non potest, ideo in sanguine fertur habitare [55]. Quum ergo corporis [56] lineamenta compacta non fuerint, ubi erit anima ?

**C. X.** *De eodem.*
Item Hieronymus *ad Algasiam, quæst. IV* [57].

Sicuti semina paulatim formantur in uteris, et tamdiu non reputatur homo [58], donec elementa confecta [59] suas imagines membraque suscipiant : ita sensus ratione conceptus, nisi in opera proruperit, adhuc in ventre retinetur, et cito perit ab hoste [c].

**VI. Pars. Gratian.** *Quum ergo qui aliquam sibi et tempus adhibet, cum ea adulter esse dicitur, nec ab ea discedens, nec filiam suam illi tradens peccat.*
Unde Leo Papa *ad Rusticum, Narbonensem Episcopum epist. XC. al. XCII., c. 5, et 6* [60] :

**C. XI.** *Profectus est honestatis fornicariam abjicere, et uxorem legitimam accipere.*

Ancillam a toro abjicere, et uxorem certæ ingenuitatis accipere, non duplicatio conjugii, sed profectus est honestatis. § 1. Culpanda est [61] sane talium negligentia, sed non penitus desperanda, ut crebris cohortationibus incitati quod necessario expetierunt [62] fideliter exsequantur. Nemo enim desperandus est, dum in hoc corpore constitui-

---

**NOTATIONES CORRECTORUM.**

**C. VIII.** [b] *Puerperium :* In vugatis sequebatur : *Moyses, vel lex*, quæ absunt a plerisque vetustis et originali. Alia etiam nonnulla ex iisdem sunt emendata.

**C. X.** [c] *Ab hoste :* Originale et Ivo [*] *et cito abortio perit*, quo abortii vocabulo et alibi, et in eadem quæstione usus est B. Hieronymus : *adversarii adventus*, inquit, *ea, quæ concepta sunt, facit perire abortio*; sed ob glossam non est mutatum.

---

Quæst. II C. VII. [26] Ivo Decr. p. 10, c. 55. Petr. Lomb. l. 4, dist. 31. [27] *exstinguant — fundant :* Ed. Arg. [28] *aut :* Edd. coll. o. [29] *volens :* Ed. Bas. [30] *nasci :* orig. — Ivo. — Edd. coll. o. = C. VIII. [31] Ivo Pan. l. 8, c. 12. Decr. p. 10, c. 56. Petr. Lomb. ib. *ita ap. Iv. Pan. et in Edd. coll. o. pr. Bas. [32] *deputaverit :* Ed. Bas. [33] *quicquid :* Ivo. — Edd. coll. o. [34] abest ab Edd. coll. o. pr. Lugdd. II, III. [35] *fuerat :* Ivo. — Edd. coll. o. [36] add. : *est :* Ivo Pan. — ead. [37] abest ab Ed. Arg. [38] *sententia :* Edd. coll. o. pr. Nor. Ven. I, II. [39] *sed ideo :* Ed. Bas. = C. IX. [40] *non est Augustini :* Ivo Pan. l. 8, c. 13. Decr. p. 10, c. 57. Petr. Lomb. ib. [41] Exod. c. 21, v. 22. [42] *abortivum fecerit :* Vulg. — Ivo Pan. — Edd. coll. o. [43] *formatum :* Ivo Pan. — *formatam :* Edd. Bas. Lugd. I. — Bohm. [44] *corpore tradatur :* Ed. Bas. [45] add. : *tamen :* Edd. coll. o. [46] *anima deriv. :* ead. [47] *de :* Ed. Bas. [48] *ex flux. :* Edd. coll. o. [49] *quodammodo :* Edd. Nor. Ven. I, II. [50] *prius :* Ivo. — Edd. coll. o. pr. Bas. Lugd. I. [51] *intelligamus :* Edd. coll. o. [52] *accepit :* ead. — orig. — Iv. [53] *poterat :* Ivo Pan. — Edd. coll. o. pr. Bas. — add. : *Deus :* Ivo Pan. — Edd. coll. o. [54] *informabatur :* orig. [55] abest ab orig. et Ivo Decr. [56] abest ab Ivo. et Edd. coll. o. pr. Lugdd. = C. X. [57] Ivo Pan. l. 8, c. 14. Decr. p. 10, c. 58. Petr. Lomb. ib. [58] *homicidium :* Ivo. — Edd. coll. o. [59] *confusa :* orig. * neque tamen Pan. = C. XI. [60] Ep. 167. (scr. A. 458, vel 459.) Ed. Baller. — cf. D. 7, de pœn. c. 1. [61] *sit :* Edd. coll. o. [62] *necessarie petiverunt :* eæd.

tur, quia nonnunquam quod diffidentia aetatis differtur consilio maturiore perficitur.

**C. XII.** *Legitimo matrimonio copulatur quae concubinam habenti traditur*

Idem ibidem, c. 4.

Non omnis mulier juncta viro uxor est viri, quia nec omnis filius est heres patris. Nuptiarum autem foedera inter ingenuos sunt legitima, et inter coaequales, multo prius hoc ipsum Domino constituente, quam initium Romani juris exsisteret. Itaque aliud est uxor, aliud concubina; sicut aliud ancilla, aliud libera. § 1 Propter quod etiam Apostolus ad manifestandam harum personarum discretionem testimonium ponit ex Genesi, ubi dicitur Abrahae: *Ejice ancillam et filium ejus; non enim erit heres filius ancillae cum filio meo Isaac.* (Et infra :) § 2. Igitur cujuslibet loci clericus d si filiam suam viro habenti concubinam in matrimonium dederit, non ita accipiendum est, quasi conjugato eam dederit, nisi forte illa mulier et ingenua facta, et dotata legitime, et publicis nuptiis honestata videatur. § 4. Paterno arbitrio viris junctae carent culpa, si mulieres, quae a viris habebantur, in matrimonio non fuerunt, quia aliud est uxor, aliud concubina.

**VII Pars. Gratian.** *Quum ergo dicitur :* paterno arbitrio junctae viris, *datur intelligi, quod paternus consensus desideratur in nuptiis, nec sine eo legitimae nuptiae habeantur, juxta illud Evaristi Papae* e : Aliter non fit legitimum conjugium, nisi a parentibus tradatur.

**C. XIII.**

*Item* Ambrosius *in lib. de Patriarchis,* [ *id est lib. I de Abraham, cap. ult.* ]

Honorantur parentes Rebeccae muneribus, consulitur puella non de sponsalibus (illa enim judicium exspectat parentum : non est enim virginalis pudoris eligere maritum), sed jam desponsata viro de profectionis consulitur die, nec immerito dilationem non attulit. Jure etenim properare debuit ad maritum. Unde illud Euripideum, quod mirantur plerique, unde translatum sit manifestum est. Ait enim in persona mulieris, quae tamen maritum volebat relinquere, et ad alias petebatur nuptias : * Νυμφευμάτων μὲν τῶν ἐμῶν πατὴρ ἐμός | Μέριμναν ἕξει, κοὐκ ἐμὸν κρίνειν τάδε. Hoc est. * *sponsaliorum meorum pater meus curam subibit. Hoc enim non est meum.* Ergo quod ipsi philosophi mirati sunt servatae virgines. Mulier etiam, si qua amisso cito marito adolescentula laqueum infirmitatis suae timet incidere, si vult, nubat, tantum in Domino; ut electionem mariti parentibus deferat, ne appetentiae procacioris existimetur auctor, si ipsa de nuptiis suis electionem sibi vendicet. Expetita enim magis debet videri a viro, quam virum ipsa expetisse. Verecundiam praemittat ante, quam nubat, quo ipsum conjugium plus commendet verecundia.

**C. XIV.**

*Item in libro Numerorum, c. XXX.* [v. 4. seqq.]

Mulier, si quippiam voverit, et se constrinxerit juramento, quae est in domo patris sui, et in aetate adhuc puellari, si cognoverit pater votum quod pollicita est, et juramentum, quo obligavit animam suam, et tacuerit, non rea erit f, sed quicquid pollicita est et juravit, opere complebit. Sin autem statim, ut audierit, contradixerit pater, et vota et juramenta ejus irrita erunt, nec obnoxia tenebitur sponsioni eo, quod contradixerit pater.

**C. XV.**

Augustinus *quaest. LVII. super Numeros* g.

Merito hic quaeritur etiam de voto virginitatis. Mulieres enim etiam virgines in scriptura solent

---

**NOTATIONES CORRECTORUM.**

C. XII. d *Cujuslibet loci clericus* : Sic quidem in epistolarum editionibus; sed in Codice canonum cap. 18. et apud indicatos collectores legitur : *cujuslibet loci laicus.* In conc. vero Triburiensi, ubi hoc refertur Si quis filiam suam, etc.

e *Tradatur* : Post hoc verbum in duobus vetustis codicibus citantur ex Codice Justiniani lib. 5., tit. de nuptiis, l. 12. *Nec filium*, et l. 20. *In conjunctione.* ex Digestis tit. de ritu nupt. l. 2.: *Nuptiae consistere*, et ex Instit. tit. de nuptiis, principium ad vers. : *praecedere debeat.*

C. XIV. f *Non rea erit* : In originali legitur : *voti rea erit, quidquid pollicita*, etc. Sed ob glossam non est emendatum.

C. XV. g Antea legebatur : *Item Augustinus.* Sublata est dictio *Item,* quae abest a plerisque vetustis. Nam verba B. Augustini, seu glossae ordinariae, quae hic referuntur, sunt explanatio loci Numerorum antea citati. In iisdem autem vetustis omnia haec capita, quibus non est apposita rubrica, uno capite comprehenduntur.

---

Quaest. II. C. XI. constitutus est : exd. — orig. = C. XII. Burch. l. 9, c. 1. Ivo Pan. l. 6, c. 35. Decr. p. 8, c. 139. Polyc. l. 6, t. 4. conjuncta : Edd. coll. o. aequales : Coll. Hisp. — Coll. citt. exstiterit : Edd. coll. o. est anc., et : exd. Gal. c. 4, v. 30. manifestandum : Edd. coll. o. pr. Arg. — Ivo Pan. posuit : Edd. coll. o. — cf. Gen. c. 21, v. 10. cum filio liberae : Coll. Hisp. — Edd. Leonis ante Quesnell. — Ed. Bas. add. : enim : Edd. Bas. Lugdd. II, III. add. : feminae : Edd. coll. o. injunctae : Coll. Hisp. — conjunctae : Burch. Iv. fuerint : Ivo Decr. — Edd. coll. o. nupta : Burch. Iv. cf. supra C. 3, qu. 5, c. 1. = C. XIII. Androm. v. 987. add. : sibi : Edd. coll. o. pr. Bas. Lugdd. II, III. subjicit : Ed. Nor. — subiit : Edd. coll. o. pr. Arg. Lugdd. II, III. et ipsi : Edd. coll. o. servatae : Edd. Lugdd. II, III. Sed etiam si qua mulier : Edd. coll. o. et al. : Edd. Nor. Ven. 1, II. Par. Lugd. I. in laqu. : Edd. Bas. Lugd. I. timens : Edd. coll. o. pr. Lugdd. II, III. add. : nubere : Edd. coll. o. abest ab iisd. pr. Lugdd. II, III. aestimetur : exd. pr. Lugdd. II, III. abest ab iisd. pr. Lugdd. II, III. = C. XIV. si : Ed. Bas. complevit : Edd. Arg. Bas. contradixit : Edd. Arg. Bas. Nor.

appellari, et videtur etiam Apostolus de patre loqui, quum dicit [95] : *Servet virginem suam*; et : *Det nuptui virginem suam.*

Econtra in Concilio Toletano III., c. 10 [96] :

**C. XVI.** *Viduæ et virgines voluntate sibi maritos eligant.*

Hoc sanctum affirmat [97] concilium, ut viduæ, quibus placuerit, teneant castitatem [h]. Quod si prius, quam profiteantur continentiam, nubere elegerint, illis nubant, quos propria voluntate voluerint habere maritos. Similis conditio et de virginibus habeatur, nec extra voluntatem parentum vel suam cogantur maritos accipere. Si quis vero propositum castitatis viduæ vel virginis impedierit, a sancta communione et a liminibus ecclesiæ habeatur extraneus.

Gratian. *Præmissis auctoritatibus evidenter asseritur, quod, quamvis aliqui non filiorum procreandorum, sed incontinentiæ causa conveniant, tamen conjuges appellantur.*

## QUÆSTIO III.
### GRATIANUS.

*De tertia vero quæstione* Pelagius *definit, scribens Potentio Defensori* [1] :

**C. UN.** *Arbitrium liberi avi, non originarii patris, puellam in nuptiis sequi oportet.*

Patrem puellæ ecclesiæ nostræ [2] famulam, avum vero ejus [3] liberis ortum constat esse natalibus, et ideo avi magis electionem de conjunctione neptis, quam patris ejus [4], cujus nullo modo liberum potest esse arbitrium, decernimus attendi.

Gratian. *Quia ergo electione avi huic ista nupsisse probatur, hanc constat legitime sibi copulatam.*

## QUÆSTIO IV.
### GRATIANUS.

*Quod autem ex ancilla propter uxoris sterilitatem filios quærere alicui liceat, exemplo probatur Abrahæ* [1], *qui propter sterilitatem uxoris suæ Saræ ingressus est ad Agar Ægyptiam, ut ex ea filios acciperet. Item Jacob* [2], *quum ex Rachele filios habere non posset, ex ancilla ejus filios sibi suscitavit, nec solum propter sterilitatem, verum etiam propter fœcunditatem cessantem legitur intrasse ad ancillam Liæ, et ex ea genuisse filios. Ex quibus omnibus colligitur, propter sterilitatem uxoris sive ex ancilla sive ex qualibet alia licite filios quæri; alioquin adulterii macula Abraham et Jacob notabuntur. Sed sicut post mortem Saræ* [3] *Abraham Cethuram duxit uxorem, ne secundum Augustinum Christiani* [a] *putarent esse peccatum post mortem uxoris aliam ducere : sic videtur vivente uxore sua filios ex ancilla suscepisse, ne ab aliquibus hoc reputaretur in crimen. Illud autem* Augustini *dicitur contra adversarium legum et Prophetarum, lib. II, c. 9 :*

**C. I.** *Quomodo Abraham excusetur a crimine fornicationis.*

Iste [b] Abrahæ etiam usque ad decrepitam senectutem [5] fornicationis objicit [6] crimen : profecto quia et post mortem Saræ alteram duxit. Ubi etsi nullum intelligeretur rei abditæ sacramentum, propter [7] hoc solum id facere debuit Abraham, ne putarent hæretici adversus Apostolum [8] (quibus etiam Tertullianus adstipulator existit [9] post uxoris mortem crimen esse ducere uxorem.

Gratian. *Sacramentum hujus rei est, quod per bonos mali et boni erant in fide generandi, et per malos boni et mali erant ad fidem accessuri.*

*Unde* Augustinus *ait super Joannem, tract. XI* [b] [10] *:*

**C. II.** *Sicut bonorum ministerio boni et mali, ita ministerio malorum boni et mali in fide generantur.*

Recurrat nunc animus vester ad Abraham, Isaac, et Jacob. Istis tribus invenimus parere liberas, parere 'et' ancillas. Invenimus ibi 'et' partus liberarum, invenimus ibi [11] et partus ancillarum. Ancilla nihil boni significat. *Ejice* [12] *ancillam* : inquit, *et filium ejus.* (*Et infra :*) § 1. Invenimus rem miram in istis generationibus liberarum et ancillarum : quatuor scilicet genera hominum, in quibus completur figura totius populi 'futuri' Christiani, ut non sit mirum quod in illis tribus dictum est : *Ego* [13] *sum Deus Abraham, 'et' Deus Isaac, et* [14] *Deus Jacob.* In omnibus enim Christianis [15] (fratres inten-

### NOTATIONES CORRECTORUM.

**C. XVI.** [h] *Castitatem* : In antiquioribus conciliorum editionibus, et duobus codicibus Vaticanis reliqua habent, ut apud Gratianum; sed post verbum istud adduntur hæc [¹] : *et nulla vidua ad nuptias iterandas vi venire cogatur. Quod si* etc. In recentioribus vero editionibus, et apud ceteros collectores variat aliquantulum structura verborum, sed eadem sententia.

**Quæst. IV.** [a] *Christiani* : In capite sequenti Augustinus ait : *ne putarent hæretici.*

**C. II.** [b] Caput hoc confectum est partim ex tractatu 11. in Joannem, partim ex lib. I. de baptismo contra Donat. c. 16. et 17., atque inde nonnulla sunt addita, et multa emendata.

Quæst. II. C. XV. [95] 1 Cor. c. 7, v. 37, 38. = C. XVI. [96] hab. A. 589. — Burch. l. 8, c. 44. Ivo Decr. p. 7, c. 62, p. 8, c. 18, 19. [97] *confirmat.* Iv. — Edd. coll. o. *tenere castitatem, nulla vi ad nuptias iterandas venire cogantur* : Coll. Hisp. — Burch. Iv.

ɑ Quæst. III. C. UN. [1] Ép. temp. incerti. — Ivo Decr. p. 8, c. 27. [2] *vestræ* : Ed. Bas. [3] abest ab Iv. [4] abest ab eod.

Quæst. IV. [1] Gen. c. 16. [2] ib. c. 30. [3] ib. c. 25. = C. I. [4] Ivo Pan. l. 6, c. 60. Decr. p. 8, c. 269. [5] *ætatem senectutis* : Edd. coll. o. [6] *objecit* : eæd. pr. Arg. Bas. [7] *et pr.* : Edd. Bas. Lugd. I. — *vel pr.* : Edd. Lugdd. II, III. [8] *populum Dei* : Ivo Pan. — Edd. coll. o. — cf. 1 Cor. c. 7. [9] *assistit* : Ivo. — Edd. coll. o. = C. II. [10] *noster* : Edd. coll. o. [11] *etiam ibi* : eæd. [12] Gen. c. 21, v. 10. — Apud Aug. hæc copiosius proferuntur. [13] Exod. c. 3, v. 6. [14] abest ab Edd. coll. o. pr. Bas. [15] *attendite* : Edd. coll. o.

dite) aut per malos nascuntur boni, aut per bonos nascuntur mali, aut per bonos boni, aut per malos mali. Amplius istis quatuor generibus non potestis [16] invenire. *Et infra* : § 2 Invenis ibi bonos filios Jacob natos de [17] ancillis, et bonos filios Jacob natos de liberis. Nihil 'illis' obfuit nativitas de uteris ancillarum, quando in patre cognoverunt semen suum, et consequenter regnum cum fratribus tenuerunt. Quomodo ergo in filiis Jacob non obfuit illis, qui nati sunt de ancillis, quo minus tenerent regnum, et terram repromissionis [18] cum fratribus 'ex æquo' acciperent, non illis obfuerunt natales ancillarum, sed prævaluit semen paternum : sic quicunque per malos baptizantur tanquam de ancillis videntur nati, sed tamen [19], quia ex semine verbi Dei [20], quod figuratur in Jacob, 'non contristentur', simul hereditatem cum fratribus possidebunt. Securus ergo sit qui de semine bono nascitur : tantum [21] non imitetur ancillam. Si de ancilla nascitur [22], ancillam malam superbientem non imitetur. Unde enim filii Jacob de ancillis nati possederunt terram promissionis cum fratribus, Ismael autem de ancilla [23] natus expulsus est de hereditate? Unde, nisi quia ille superbus erat, illi humiles? Erexit ille cervicem, et voluit seducere fratrem suum, ludens cum illo. Magnum ibi sacramentum. Ludebant simul Ismael et Isaac; vidit illos Sara ludentes, 'et ait Abrahæ [24] : *Ejice ancillam et filium ejus; non enim heres erit filius ancillæ cum filio meo Isaac*. Et quum contristatus esset Abraham, confirmavit ei a Domino angelus dictum uxoris ejus'. § 3. Quæ autem c [25] peperit Abel, et Enoch, et Noe, et Abraham, ipsa peperit Moysen [26] et Prophetas tempore posteriores ante adventum Domini, et quæ istos, ipsa et Apostolos, et martyres nostros, et omnes bonos Christianos. Omnes enim [27] diversis quidem temporibus nati apparuerunt, sed societate unius populi continentur et ejusdem civitatis cives labores hujus peregrinationis experti sunt, et quidam eorum nunc experiuntur, et usque in finem ceteri experientur. Item quæ peperit Cain, et Cham, et Ismaelem, et Esau, eadem ipsa peperit et Dathan, et alios in eodem populo similes, et quæ istos, eadem ipsa et Judam pseudoapostolum, et Simonem magum, et ceteros usque ad hæc tempora pseudochristianos, in affectione animali pertinaciter obduratos, sive in unitate permixti sint, sive aperta præcisione dissentiant. § 4. Sed quum tales a spiritalibus evangelizantur, et sacramentis imbuuntur, tanquam per se ipsam Rebecca [28] eos parit, sicut Esau ; quum autem per illos, qui non caste annuntiant evangelium, tales in Dei [29] populo generantur, Sara [30] quidem, sed per Agar. Item boni spiritales, quando [31] evangelizantibus d vel baptizantibus carnalibus generantur, Lia quidem vel Rachel jure [32] conjugali eos, sed [33] per ancillarum uterum parit. § 5. Quum vero per spiritales in evangelio generantur boni fideles, qui vel vadunt e in spiritalem affectum pietatis, vel eo tendere non desistunt, vel ideo non faciunt, quia non possunt, sicut [34] ex utero Saræ Isaac, vel Rebeccæ Jacob in novam vitam et novum testamentum nascuntur. Itaque sive intus versari videantur, sive aperte foris sint, quod caro est caro est; sive in area in sua sterilitate perseveret [35], sive occasione tentationis tanquam vento extra tollatur [36], quod palea est palea est, et semper ab illius ecclesiæ, quæ [37] est sine macula et ruga, unitate divisus est etiam qui congregationi sanctorum in carnali obduratione miscetur. De nullo tamen desperandum est, sive qui intus talis apparet [38], sive qui foris manifestius adversatur [39].

II Pars. Gratian. *His ita respondetur : Pro varietate temporum varia invenitur dispensatio conditoris. Promissum erat Abrahæ* [40], *quod in semine ejus benedicerentur omnes gentes; promiserat quoque se daturum semini ejus terram peregrinationis suæ* [41]. *Quum ergo, ceteris in idololatria relictis, Abraham et filios ejus in peculiarem populum sibi Dominus elegisset, rite multarum fœcunditate mulierum populi Dei multiplicatio quærebatur, quia in successione sanguinis erat successio fidei. Unde in lege dicebatur* : Maledicta f sterilis, quæ non reliquerit semen suum super terram. *Hinc etiam sacerdotibus conjugia decreta sunt, quia in successione familiæ successio constabat officii. Quia vero per incarnationem Christi gratia fidei ubique dilata est, nec jam dicitur* : Dic domui Judæ, et domui Israel; *sed* : Euntes [42] docete omnes gentes, et : In [43] omni gente quicunque

**NOTATIONES CORRECTORUM**

c *Quæ autem* : Hæc apud B. Augustinum sequuntur post vers. *Omnes scribentur*. in c. *Sicut in sacramentis*, de cons. dist. 4.

d *Quando evangelizantibus* : Sic emendatum est ex plerisque vetustis, et originali, in Eugyppo, tom. 2. p. 216. Antea legebatur : *quando evangelizantur, et sacramentis vel baptismatibus carnalibus generantur.*

e *Vel vadunt* : Apud B. Augustinum, et Eugyppum legitur : *vel evadunt in spiritalis ætatis affectum.*

II Pars. f *Maledicta* : Verba hæc non sunt in-

QUÆST. IV. C. II. [16] *potest inveniri* : eæd. [17] *ex* : eæd. [18] *promissionis, quam in fr. acceperunt* : eæd. [19] abest ab iisd. pr. Bas. [20] add.: *nati sunt* : Edd. coll. o. [21] *tamen* : eæd. [22] *nasceris — imiteris* : eæd. [23] *agar anc.* : eæd. [24] Gen. c. 21, v. 10. [25] Aug. de bapt. contra Donat. l. 1, c. 17. [26] *et Moys.* : Edd. coll. o. — Bohm. [27] *enim peperit, qui* : Edd. coll. o. [28] Gen. c. 23. [29] *eodem* : Edd. coll. o. [30] *non Sara quidem per se ipsam parit* — cf. Gen. c. 16. [31] *aliquando* : Bohm. * ita in Edd. coll. o. pr. Bas. in qua ita legitur : *evangelizantur, vel baptizantibus corn. generantur.* [32] *non jure* : Ed. Bas. [33] *scilicet* : Edd. coll. o. pr. Bas. [34] Gen. c. 17. [35] *perseverent* : Edd. coll. o. [36] *tollantur* · eæd. [37] Ephes. c. 5, v. 27. [38] *appareant* : Edd. coll. o. [39] *adversentur* : eæd. PARS. II. [40] Gen. c. 12. [41] ib. c. 14. [42] Matth. c. 28, v. 19. [43] Act. c. 10, v. 35

timet Deum, et operatur justiam, acceptus est illi mulierem præter uxorem; ideo conjugii tibi datum est jus, ne in laqueum [54] incidas, et cum aliena muliere delinquas. *Et post pauca:* § 2. Tolerabilior est, si lateat culpa, quam si culpæ usurpetur auctoritas. Nec hoc solum est adulterium, cum aliena peccare conjuge, sed omne, quod non habet potestatem conjugii. Tamen locus iste docet, gravius crimen esse, ubi celebrati conjugii jura temerantur, et uxoris pudor solvitur. Ideoque, quum prætenderet Abimelech, quod uxorem alienam esse ignoraverit, quam sororem esse vir ipse suam dixerit [55], respondit ei Dominus [56] : *Et [57] ego cognovi, quoniam puro corde fecisti hoc, et peperci tibi, ut non peccares in me; propter hoc non sum passus te tangere eam.* Cognoscimus velut præsulem custodemque conjugii esse Deum, qui non patiatur [58] alienum torum pollui, et si quis fecerit [59], eum peccare in Deum, cujus legem violat [60], et gratiam solvat. Et *ideo*, quia † in Deum peccat, sacramenti coelestis amittit [61] consortium.

nec electio muneris quæritur in successione generis, sed in perfectione vitæ et sinceritate scientiæ, et virginitas fœcunditati præfertur, et sacerdotibus continentiæ castitas imperatur. Non ergo Abraham aut Jacob deliquit, quia præter uxorem filios ex ancilla quæsierit, nec illorum exemplo, præter conjugale debitum, fœcunditatem in aliqua licet alicui quærere, quum illorum conjugia nostrorum æquentur vel præferantur virginitati, et immoderatus usus conjugii nostri temporis turpitudinem fere imitetur fornicationis illius temporis.

Unde Ambrosius *scribit in libro de Patriarchis, lib.I. de Abraham, c. 4* [44] :

C. III. *Abraham non est reus adulterii, qui vivente uxore filios ex ancilla suscepit.*

Dixit Sara ad Abraham [45] : *Ecce conclusit me Dominus, ut non pariam; intra ergo ad ancillam meam, ut filium facias ex illa* [46]. *Et ita factum est.* Sed consideremus [47] primum, quia Abraham ante legem Moysi, et ante evangelium fuit; nondum [48] interdictum adulterium videbatur. Pœna criminis ex tempore legis est, quæ crimen inhibuit, nec ante legem ulla rei damnatio est, sed ex lege. Non ergo in legem commisit Abraham, sed legem prævenit. Deus [49] in paradiso conjugium [50] laudaverat, non adulterium damnaverat. *Et infra:* § 1. Habes primam [51] Abrahæ defensionem. Secunda illa est, quod non ardore aliquo vagæ successus libidinis, non petulantis formæ captus decore, ancillæ contubernio conjugalem posthabuit torum, sed studio quærendæ posteritatis, et propagandæ sobolis. Adhuc post diluvium raritas erat generis humani; erat etiam religionis, ne quis non reddidisse debitum videretur naturæ. Denique et Loth et suæ filiæ hanc causam quærendæ posteritatis habuerunt, ne genus deficeret humanum, et ideo publici muneris gratia privatam culpam prætexuit.

C. V. *Nihil est fœdius quam uxorem amare quasi adulteram.*

Item Hieronymus *contra Jovinianum, lib. I* [62]

III Pars. Origo quidem amoris honesta erat, sed magnitudo deformis. § 1. Nihil autem interest quam ex [63] honesta causa quis insaniat. Unde et Xistus [64] in sententiis : *Adulter est,* inquit, *in suam uxorem amator ardentior.* In aliena quippe uxore omnis amor [65] turpis est, in sua nimius. Sapiens *vir* judicio debet amare conjugem, non affectu. Rege [66] impetus voluptatis, nec præceps feretur in coitum. Nihil est fœdius quam uxorem amare quasi adulteram. § 2. Certe, qui dicunt se causa reipublicæ et generis humani uxoribus jungi [67], et filios [68] procreare, imitentur saltem pecudes, et post, quam venter uxoris intumuerit, non perdant filios, nec amatores se uxoribus exhibeant [69], sed maritos.

C. IV. *Quod præter legitimam uxorem committitur adulterii crimine damnatur.*

Idem *in eodem libro et cap.* [52]

Nemo blandiatur sibi de legibus hominum. Omne stuprum adulterium est, nec viro licet quod mulieri non licet. Eadem a viro, quæ ab uxore, debetur castimonia. Quidquid in ea [53], quæ non sit legitima uxor, commissum fuerit, adulterii crimine damnatur. *Et in eodem lib. cap.* 7 : § 1. Nulli licet scire

C. VI. *Virginalis castitas non præfertur conjugio Abrahæ.*

Idem *libro II* [70].

Quis ignorat [71], sub altera dispensatione Dei omnes retro sanctos ejusdem fuisse meriti, cujus nunc sunt Christiani? Quomodo ante [72] Abraham placuit in conjugio, sic [73] nunc virgines placent in *perpetua* castitate. Servivit ille legi et tempori suo : serviamus et nos evangelio [74] et tempori nostro, in quos fines sæculorum decurrerunt [75].

### NOTATIONES CORRECTORUM.

venta in sacra scriptura, quamvis inde a multis sanctis et antiquis doctoribus tentur. Deuteronomii

7. hæc habentur : *Non erit apud te sterilis sexus, tam in hominibus quam in gregibus tuis.*

Quæst. IV. C. III. [44] Petr. Lomb. l. 4, dist 33. [45] Gen. c. 16, v. 2. [46] *ea* : Edd. coll. o. [47] *considera* : eæd. [48] add. : *ergo* : eæd. — *Non ergo* : Bohm. [49] add. : *autem* : Edd. coll. o. [50] *licet coni. laudaverat* : orig. [51] *unam* : ib. = C. IV. [52] Polyc. l. 6, t. 8. [53] *eaqu* : orig. [54] *diaboli* : Edd. Bas. Lugd. [55] *dixit* : Edd. o. — *dixerat* : Bohm. [56] Gen. c. 20, v. 7. [57] *Ecce* : orig. [58] *patitur* : Edd. o. [59] *fecit* : eæd. [60] *violat* : eæd. pr. Par. Lugdd. † *qui* : Edd. o. [61] *amittet* : Ed. Bas. = C. V. [62] Petr. Lomb. l. 4, dist. 31. [63] *ex qua* : Edd. o. [64] *Sextus* : eæd. p. Lugdd. II, III. — add. : *Pithagoricus* : Edd. coll. o. pr. Bas., at : Edd. coll. o. [65] *amator* : eæd. pr. Lugdd. II, III. [66] *Non regnet in eo voluptatis impetus, nec præc. feratur ad coitum* : Edd. coll. o. [67] *conjugi* : eæd. [68] *liberos tollere* : orig. [69] *præbeant* : Edd. coll. o. = C. VI. [70] Petr. Lomb. l. 4, dist. 33. [71] *ignoret* : Edd. coll. o. [72] *autem* : eæd. [73] *sicut* : eæd. pr. Bas. [74] *legi* : Edd. coll. o. [75] *devenerunt* : eæd.

**C. VII.** *Patriarchae non concupiscentia explendae libidinis, sed causa numerosae prolis plures habebant uxores.*

Item Augustinus lib. XXII contra Faustum, c. 47. et 48.

Objiciuntur Jacob quatuor uxores, quod, quando mos erat, crimen non erat. Sicut Patriarchae conjugibus excipientibus semen suum miscebantur, non concupiscentia percipiendae voluptatis, sed providentia propagandae successionis: sic Apostoli auditoribus admirantibus doctrinam suam condelectabantur, non aviditate consequendae laudis, sed caritate seminandae veritatis.

**C. VIII.** *Satius est absque liberis defungi, quam ex illicito concubitu stirpem quaerere.*

Item Augustinus de bono conjugali, c. 16.

**IV. Pars.** Sicut satius est mori fame, quam idolothytis vesci: ita satius est defungi sine liberis, quam ex illicito coitu stirpem quaerere. Undecunque autem nascantur homines, si parentum vitia non sectentur, et Deum recte colant, honesti et salvi erunt. Semen enim hominis ex qualicunque homine, Dei creatura est, et eo male utentibus male erit, non ipsum aliquando malum erit.

**C. IX.** *Ex ancilla filii non sunt quaerendi.*

Item Ambrosius in sermone de S. Joanne, qui sic incipit: « Diximus superiore Dominica, » num. LXV.

Dicat aliquis: uxorem non habeo, ideo ancillam mihi sociavi. Audi, quid dicat scriptura ad Abraham: *Ejice ancillam et filium ejus; non enim heres erit filius ancillae cum filio liberae.* Si igitur ancillae filius heres non est, ergo nec filius est. Cur autem quaeritur tale conjugium, de quo susceptus filius nec successionis possit heres esse nec sanguinis? Nec enim habere potest hereditatis consortium qui non habet originis privilegium. Cur, inquam, quaeritur tale contubernium, de quo nati non filii sint matrimonii, sed testes sint adulterii? Cur autem hujusmodi suscipiuntur adulterini, qui patri pudori sint, non honori? Dicit scriptura: *Adulterorum filii in consummatione erunt, et ab iniquo toro semen exterminabitur.* Mulier igitur tua, si talibus moribus praedita est, ut mereatur consortium, mereatur et nomen uxoris. Praesta concubinae tuae libertatem et nomen uxoris, ne 'tu' adulter sis potius quam maritus.

**C. X.** *Adulteria non sunt facienda etiam voluntate generandi filios.*

Item Augustinus ad Claudium contra Julianum, c. 8.

Sic non sunt facienda adulteria etiam voluntate generandi regenerandos, quemadmodum nec furta facienda sunt etiam voluntate pascendi pauperes sanctos; quod tamen faciendum est non perpetrando furta, sed bene utendo mammona iniquitatis.

**V. Pars. Gratian.** Ecce, quod nullo modo licet alicui vivente uxore sua, vel ex ancilla, vel ex alia qualibet filios quaerere, qui etiam suscepti filiorum nomine judicantur indigni. Simplex etiam fornicatio in sacra scriptura prohibetur.

Unde Augustinus in quaestionibus Deuteronom., quaest. XXXVII. ad c. 23.:

**C. XI.** *Illicitus concubitus et omnis non legitimus usus illorum membrorum nomine moechiae intelligitur.*

Meretrices esse, et ad meretrices accedere prohibet Dominus, quarum publice venalis est turpitudo. In Decalogo autem moechiae nomine non videtur hoc aperte prohibuisse, quoniam moechia non nisi adulterium intelligi solet. *Idem super Exodum, quaest. 71.*: § 1. Omnis moechia etiam fornicatio dicitur in scripturis. Sed utrum 'etiam' omnis fornicatio moechia dici possit, in eisdem scripturis non mihi interim occurrit locutionis exemplum; sed si non omnis fornicatio etiam moechia dici potest, ubi sit in Decalogo prohibita illa fornicatio, quam faciunt 'viri', qui uxores non habent, cum feminis, quae maritos non habent, utrum inveniri possit, ignoro. Sed si furti nomine bene intelligitur omnis illicita usurpatio rei alienae (non enim rapinam permisit qui furtum prohibuit, sed utique a parte totum intelligi voluit, quicquid illicite rerum proximi aufertur) profecto 'et' nomine moechiae omnis illicitus concubitus atque illorum membrorum non legitimus usus prohibitus debet intelligi.

**C. XII.** *Extraordinaria voluptas et inverecunda opera nuptiarum luxuria et immunditia appellantur.*

Item Hieronymus in c. 5. epist. ad Gal. ad vers.

Manifesta autem.

In eo fornicator majoris est criminis, quia tollit membra Christi, et facit ea membra meretricis;

---

**NOTATIONES CORRECTORUM.**

**C. VII.** *Augustinus*: Repositum est ex omnibus vetustis, quum in vulgatis legeretur: *Ambrosius*.

*Sicut Patriarchae*: Apud B. Augustinum diversus est verborum ordo: *Sicut Apostoli*, inquit, *auditoribus admirantibus doctrinam suam condelectabantur, non aviditate consequendae laudis, sed caritate seminandae veritatis: ita Patriarchae* etc.

**C. IX.** *Filii*: Reposita sunt reliqua verba scripturae ex B. Ambrosio, pro quibus in vetustis est: etc., in vulgatis autem: *abominatio sunt* Deo.

---

Quaest. IV. C. VII. Petr. Lomb. ib. *perficiendae*: Edd. coll. o. — C. VIII. Petr. Lemb. ib. in extr. — cf. Dist. 56, c. 3. *sanctius*: Edd. Bas. Lugd. l. *sanctius*: Edd. Bas. Par. Lugdd. *concubitu*: Edd. coll. o. *add.*: *sit*: Edd. coll. o. pr. Arg. Bas. = C. IX. Non est Ambrosii. — Ivo Decr. p. 8, c. 30. *et id. anc. mihi associavi*: Edd. coll. o. Gen. c. 21, v. 10. *ergo*: Edd. coll. o. *sunt*: eaed. — Ivo. *abest ab* Iv. et Ed. Bas. *sunt*: Edd. coll. o. — Iv. Sap. c. 3, v. 16. *est*: Edd. Arg. Nor. Ven. I, II. *add.*: *verius*: Ed. Ven. l. — *verus*: Edd. rell. pr. Bas. = C. X. Apud Aug. l. l. c. 16, similia quaedam, nec tamen eadem leguntur. — Ivo Pan. l. 7, c. 20. Decr. p. 8, c. 105. *filios* Ivo Pan. — Edd. co'l. o. = C. XI. Ivo Decr. p. 8, c. 314, 279. *viros*: Ivo. — Edd. coll. o. *a*: Edd. coll. o. cf. c. 13. C. 14. qu. 5. *intelligere*: Edd. coll. o. *voluerit*: Edd. Arg. Bas.

erunt quippe duo in carne una. Qui non est fidelis, nec credit in Christo, sua membra facit membra meretricis; qui credit, et fornicatur, Christi membra facit membra meretricis. E contrario infidelis in fornicatione sua utrum violet, an aedificet templum idolo, nescio. Per vitia quippe luxuriae vel maxime daemones coluntur. Hoc unum scio, quod qui post fidem Christi fornicatur violat templum Dei. Secundum opus carnis immunditia nuncupatur, et eam comes luxuria sequitur. Quomodo enim in veteri lege de nefandis criminibus, quae in occulto fiunt, et ea nominare turpissimum est, ne et dicentis os, et aures audientium polluerentur, generaliter scriptura complexa est, dicens: *Verecundos vel reverentes facite filios Israel ab omni immunditia*, sic in hoc loco ceteras extraordinarias voluptates, ipsarum quoque opera nuptiarum, si non verecunde et cum honestate quasi sub oculis Dei fiant, ut tantum liberis serviatur, immunditiam et luxuriam nominavit.

**C. XIII.** *Immoderatus usus mulierum Salomonem ad idololatriam traxit.*

Item Gregorius *in Moralibus lib. XII., c. 12.*

Salomon quippe immoderato usu atque assiduitate mulierum ad hoc usque perductus est, ut templum idolis fabricaret, et qui prius Deo templum construxerat; assiduitate libidinis etiam perfidiae substratus idolis construere templa non timuit.

**C. XIV.** *Liberorum procreatio in matrimonio laudatur; meretricia voluptas etiam in uxore damnatur.*

Item Hieronymus *in c. 5. epist. ad Ephesios, ad vers. Viri, diligite.*

Liberorum ergo, ut diximus, in matrimonio opera concessa sunt; voluptates autem, quae de meretricum capiuntur amplexibus, in uxore damnatae.

**VI. Pars. Gratian.** Quare autem tales non dicantur filii, vel quem suorum parentum sequantur, qui ex libero et ancilla nascuntur, Isidorus *Etymologiarum lib. IX. c. 5. determinat.*

**C. XV.** *Qui sint liberi, et quam conditionem sequantur.*

Liberi dicti, qui ex libero sunt matrimonio orti. Nam filii ex libero et ancilla servilis conditionis sunt. Semper enim qui nascitur deteriorem partem sumit. Naturales autem dicuntur ingenuarum concubinarum filii, quos sola natura genuit, non honestas conjugii. *Et infra:* § 1. Hi vero, qui non sunt de legitimo matrimonio, matrem potius quam patrem sequuntur.

## QUAESTIO V.

### GRATIANUS.

**I. Pars.** Quod autem pudicitia violenter eripi non possit, multorum auctoritatibus probatur. Est enim virtus animi, quae violentiam non sentit. Corpori namque vis infertur, non animo. Unde, quamvis corpus violenter corrumpatur, si pudicitia mentis servetur illaesa, tamen castitas duplicatur. Sicut B. Lucia fertur dixisse Paschasio: « Si invitam me feceris violari, castitas mihi duplicabitur ad coronam. » Non enim inquinatur corpus, nisi de consensu mentis. « Nam si in manu mea thura ponas, et per manum meam sacrificia facias, Deus haec attendit, et deridet. De sensibus enim et voluntatibus judicat Deus. »

Hinc Ambrosius *scribit in lib. II. de virginibus*:

**C. I.** *Melior est virginitas mentis quam carnis.*

Tolerabilius est mentem virginem, quam carnem habere. Utrumque bonum, si liceat; si non liceat, saltem non homini castae, sed Deo simus. *Et infra:* § 1. Virgo prostitui potest, adulterari non potest. Ubicunque Dei virgo est, templum Dei est; nec lupanaria infamant castitatem sed castitas etiam loci abolet infamiam.

**C. II.** *Mente incorrupta caro non corrumpitur.*

Idem *ad virginem lapsum, c. 4.*

Revera non potest caro corrumpi, nisi mens fuerit ante corrupta.

**C. III.** *Aliena libido neminem polluit.*

Item Augustinus *de civit. Dei, lib. 1, c. 18.*

Ita, ne aliquem polluat aliena libido, metuitur? Non polluit, si aliena erit, si autem polluet, aliena non erit. Sed quum pudicitia virtus sit animi, comi-

---

**NOTATIONES CORRECTORUM.**

C. XII. *Luxuriae*: Abest vox ista a plerisque vetustis et originali.

C. XV. *Deteriorem partem*: In codicibus Isidori etiam manuscriptis legitur: *deteriorem parentis statum sumit.*

Quaest. V. C. I. *Castae*: Antea legebatur: *casti*, sed B. Ambrosius ibi inducit Theodoram loquentem.

C. III. *Ita, ne*: Apud B. Augustinum: *At enim, ne vel aliena polluat.*

---

QUAEST. IV. C. XII. 1 Cor. c. 6. v. 16. verba: *qui — mer.*: absunt ab Edd. coll. o. pr. Lugdd. II, III. *vel*: Edd. coll. o. pr. Lugdd. II, III. exstat tantum in Edd. Bas. Par. Lugdd. abest ab Edd. Par. Lugdd. *quae non*: Edd. coll. o. pr. Lugdd. II, III. add.: *etiam*: Edd. coll. o. Lev. c. 15, v. 31. *verentes*: Edd. coll. o. pr. Lugdd. II, III. *cum verecundia et hon.*: Ed Bas. — *verecunde et honestate*: Ed. Arg. — *verecunde et honeste*: Edd. rell. = C. XIII. *et perfect. subtractus*: Edd. coll. o. = C. XIV. add.: *sunt*: eaed. = C. XV. Ivo. Decr. p. 8, c. 71. add.: *sunt*: Edd. coll. o. — Ivo. *quia*: orig. *et fil.*: Edd. coll. o. pr. Lugdd. II, III. *et ex*: Edd. coll. o. add.: *filii*: eaed. — Ivo. *conjugio*: eaed. —

QUAEST. V. PARS I. In martyrio B. Luciae. *non attendit, qui et*: Edd. coll. o. pr. Bas. *consensibus*: eaed. pr. Ven. I, II. — In Ed. Arg. verba: *Non enim — deridet*, sunt omissa. = C. I. Ivo Decr. p. 7, c. 137. Petr. Lomb. l. 4, dist. 33. *mente — carne*: Ed. Bas. ita Edd. coll. o. et Iv. = C. II. *Abjudicant hunc librum ab Ambrosio VV. DD.* — Ivo Decr. p. 7, c. 138. Petr. Lomb. ib. = C. III. Ivo Decr. p. 7, c. 139. *polluet*: Ivo. — Edd. coll. o.

temque habeat fortitudinem, *qua* potius quælibet mala tolerare, quam malo consentire decernat, nullus autem magnanimus et pudicus in potestate habeat [9] quid de sua carne fiat, sed tantum quid annuat mente vel renuat: quis tandem sana [10] mente putaverit, se perdere pudicitiam, si forte in [11] apprehensa et oppressa carne sua exerceatur et expleatur libido non sua?

### C. IV. De eodem. Idem ibidem [12].

Proposito animi permanente, per quod etiam corpus sanctificari meruit, nec [13] ipsi corpori aufert sanctitatem violentia libidinis alienæ, quam servat perseverantia continentiæ suæ. An vero, si aliqua femina mente corrupta, violatoque proposito, quod Deo voverat, pergat vitianda ad deceptorem suum, adhuc eam pergentem sanctam vel corpore dicimus, ea sanctitate animi, per quam corpus sanctificabatur [14], amissa atque destructa? Absit hic error! et hinc potius admoneamur, ita *non* amitti *corporis sanctitatem* manente animi sanctitate*, etiam corpore oppresso [15], *sicut amittitur corporis sanctitas violata animi sanctitate*. Idem c. 19.: § 1. Lucretiam *certe* [16], matronam nobilem veteremque Romanam, pudicitiæ magnis efferunt laudibus. Hujus corpore quum violenter [17] *oppresso* [18] Tarquinii regis filius libidinose potitus esset, illa scelus improbissimi juvenis marito Collatino, et propinquo Bruto, viris clarissimis et fortissimis, indicavit, eosque ad vindictam constrinxit. Deinde fœdi in se commissi [19] ægra atque impatiens se peremit. Quid dicemus [20]? adultera hæc, an casta judicanda [21] est? Quis in hac controversia judex [22] laborandum putaverit [23]? Egregie quidam [24] ex hoc veraciterque declamans ait: *Mirabile dictu; duo fuerunt, et adulterium unus admisit* [25]. Splendide [26] atque verissime. Intuens enim in duorum corporum commixtione unius inquinatissimam cupiditatem, alterius [27] castissimam voluntatem, et non quid [28] conjunctione membrorum [29], sed quid [30] animorum diversitate ageretur, attendens: *Duo*, inquit, *fuerunt, et unus adulterium admisit* [31].

### C. V. Idem in eodem libro, cap. 27.

Non fidelibus [d] Christi sit tædio vestra vita, si [32] ludibrio fuit hostibus castitas vestra. Habetis [33] magnam veramque consolationem, si fidam conscientiam retinetis, non consensisse peccatis eorum, qui in vos peccare permissi sunt *. Idem in libro de duabus animabus, c. 10.: § 1. Non nisi voluntate peccatur.

### C. VI. De eodem.

Idem in lib. I. de libero arbitrio, c. 5.

De [34] pudicitia quis dubitaverit [35], quin ea sit in animo constituta, quandoquidem virtus est? Unde a violento stupratore eripi nec ipsa potest. Item Hieronymus [e] *super epistolam ad Romanos* l. 1.: § 1. Non [36] potest fieri, ut, nisi quis mœchetur prius in corde, mœchari [37] possit in corpore. Idem super Lucam [f] in lib. 2. [38]: § 2. Finge [39] in persecutione aliquam virginem prostitutam; *hæc* apud evangelium, quia voluntate non peccat [40], virgo suscipitur, in lege quasi corrupta repudiatur. Idem in libro hebraicarum quæstionum in Genes. ad cap. 12.: § 3. Corpus mulieris non vis maculat, sed voluntas. Item Augustinus in libro de sancta virginitate cap. 8.: § 4. Sicut [41] nemo impudice utitur corpore, nisi spiritu prius concepta nequitia: ita nemo pudicitiam servat in corpore, nisi spiritu prius insita castitate.

### C. VII. In corpore pudicitia violari non potest, si mens inviolata servetur.

Idem Victoriano, epist. CXXII [42].

Ad Deum ingemiscentibus omnino suis aderit qui suis adesse consuevit, et aut nihil in earum castissimis membris libidine hostili perpetrari permittet [43], aut si permittit, quum earum animus nulla consensionis turpitudine maculatur [44], etiam carnem suam defendit [45] a crimine, et quicquid in ea nec commisit, nec permisit libido patientis, solius erit culpa facientis, omnisque illa violentia non pro corruptio-

---

### NOTATIONES CORRECTORUM.

C. IV. [c] *Ita non amitti:* Locupletatus est ex originali hic locus, qui etiam apud Ivonem erat paulo concisior.

C. V. [d] *Non fidelibus:* In originali legitur: *Non itaque vobis, o fideles Christi, sed quoniam erat initium capitis, non est mutatum. Reliqua vero sunt restituta et aucta.

C. VI. [e] *Item Hieronymus:* Apud B. Hieronymum nihil tale est inventum. Sed apud Origenem lib. 2. ad cap. 2. ep. ad Romanos hæc leguntur: *Neque enim fieri potest, ut, si ante quis non mœchetur in corde, mœchari possit in corpore.*

[f] *Idem super Lucam:* Hæc habentur in commentariis B. Hieronymi in Matthæum l. 2, c. 11, et inde est emendatum. In Lucam enim nihil exstat B. Hieronymi.

---

Quæst. V. C. III. [8] *habet*: eæd. [10] add.: *scilicet*: eæd. [11] *vi*: Edd. Bas. Lugdd. = C. IV. [12] Ivo. ib. [13] *ipsi corp. non auf.*: Ivo. — Edd. coll. o. [14] *sanctificatur*: eæd. [15] *intacto*: eæd. et Iv., a quo verba asteriscis signata pariter absunt. [16] abest ab Iv. [17] *violentus*: Edd. coll. o et Iv. [18] abest ab Iv. [19] add.: *sceleris*: Edd. coll. o. [20] *dicimus*: eæd. [21] *dicenda*: eæd. — Iv. [22] abest ab Iv. et Ed. Bas. [23] *laborabit*: eæd. — Edd. coll. o. [24] *quidem*: eæd. pr. Par. Lugd. I. [25] *commisit*: Ivo. — Edd. coll. o. [26] *Splendidissime*: eæd. [27] *unius*: eæd. [28] *quod*: eæd. [29] *corporum*: Ivo. — eæd. [30] *quod*: eæd. [31] *commisit*: eæd. = C. V. [32] *et si lud. sit*: Ed. Bas. — *sed lud. sit*: Edd. rell. [33] *habens*: Edd. coll. o. = C. VI. [34] Ivo Decr. p. 7, c. 140, p. 10, c. 101. [35] *dubitet*: Ed. Bas. — *dubitavit*: Edd. rell. [36] Ivo Decr. p. 7, c. 141. [37] *quod mœch.*: Edd. coll. o. pr. Lugdd. [38] cf. c. ult. C. 15, qu. 1. [39] *Finge, si quis in aliqua pers. al. virg. prostitutam cognoverit*: Edd. coll. o. [40] *peccavit*: eæd. [41] Ivo Decr. p. 8, c. 11. = C. VII. [42] Ep. 111, scr. A. 409. Ed. Maur. — Ans. l. 10, c. 52 (59). [43] *permittit*: Edd. coll. o. [44] *commaculatur*: eæd. [45] *defendunt*: Edd. Arg. Bas.

nis turpitudine, sed pro passionis vulnere deputabitur. Tantum enim in mente valet integritas castitatis, ut illa inviolata nec in corpore possit pudicitia violari, cujus membra potuerint [46] superari.

**C. VIII.** *Caro non peccat, si a contagione fuerit anima munda.*

*Item* Isidorus *in Synonymis, lib. II. [c. 1]* [47].

Non potest corpus corrumpi, nisi prius animus fuerit corruptus. Munda [48] a contagione anima [49] caro non peccat.

**C. IX.** *Non eripitur pudicitia carnis, si mente servatur.*
*Item* Augustinus *Honorato Episcopo, ep. CLXXX* [50].

Magis timeamus, ne sensu interiore corrupto pereat castitas fidei, quam ne feminae violenter constuprentur in carne, quia violentia non violatur pudicitia, si mente servatur, quoniam nec [51] in carne violatur, quando voluntas patientis "sua" turpiter carne non utitur, sed sine consensione tolerat [52] quod alius operatur.

**C. X.** *Non peccatum nec justitia ex opere sine voluntate perficitur.*

*Item* Joannes Chrysostomus *[id est auctor operis imperfecti* [53] *super Matthaeum, hom. XXXII, ad c. 19].*

Sicut enim peccatum sine voluntate opus non facit, ita et justitia ex opere non consummatur, nisi et voluntas affuerit. Multi enim corpore quidem castitati student, adulterium autem [54] voluntate committunt [55]. 'Nisi enim ex voluntate sola fornicatio consummaretur, nunquam Dominus diceret [56]: *Qui viderit mulierem ad concupiscendum eam, jam moechatus est eam in corde suo.* Ergo voluntas sine opere frequenter peccat. Illa [57] est gloriosa continentia, non quam transgredi non potest necessitas debilitati [58] corporis, sed quam complectitur voluntas sancti propositi.

**C. XI.** *Virginitas carnis non servatur mente corrupta.*

*Item* Hieronymus *in epistola ad Eustochium, de custodia virginitatis* [5].

II Pars. Si Paulus [59] apostolus vas electionis, et separatus [60] in evangelium [61] Christi, ob carnis aculeos et incentiva vitiorum reprimit corpus suum, et servituti [62] subjicit, ne aliis praedicans ipse reprobus inveniatur, et tamen [63] videt [64] aliam legem in membris suis, repugnantem legi mentis suae, et captivum [65] se in legem [66] "duci" peccati; si post [67] nuditatem, jejunia, famem [68], carceres, flagella, supplicia, in semet "ipsum" reversus exclamat [69] : *Infelix ego homo, quis me liberabit de corpore mortis hujus?* tu te putas securam [70] esse debere? Cave, quaeso, ne quando de [71] te dicat Deus [72]: *Virgo Israel cecidit, et* [73] *non est qui suscitet eam.* Audenter [74] loquar [75]: quum omnia possit Deus, suscitare virginem non potest post ruinam. Valet quidem liberare de poena, sed non vult [76] coronare corruptam. § 1. Timeamus illam prophetiam, ne in nobis etiam compleatur [77] : *Virgines* [78] *bonae deficient.* Observa quid dicat · *Virgines* [79] *bonae deficient* [80], quia sunt et virgines malae. Qui [81] *viderit,* inquit, *mulierem ad concupiscendum eam, jam moechatus est eam in corde suo.* Perit ergo et mente virginitas. Istae sunt virgines malae, virgines carne, non spiritu; virgines [82] stultae, quae oleum non habentes excluduntur a sponso. Si autem et illae, quae virgines sunt, ob alias tamen culpas virginitate corporum non salvantur, quid fiet illis, quae prostituerunt membra Christi, et mutaverunt templum sancti Spiritus in lupanar? Illico audierit [83] *Descende* [84], *sede in terra virgo filia Babylonis, sede in terra; non est filiae Chaldaeorum thronus* [85] ; *non vocaberis ultra mollis et delicata. Accipe molam, mole* [86] *farinam, discooperi velamen tuum, denuda crura* [87], *transi flumina, revelabitur ignominia tua, apparebunt opprobria tua.* Et hoc post thalamos [88] filii Dei, post oscula fratruelis et sponsi; illa, de qua quondam sermo propheticus concinebat [89] : *Adstitit regina a dextris tuis in vestitu deaurato, circumdata varietate, nudabitur, et posteriora ejus* [90] *ponentur in* [91] *faciem ipsius* [92]. *Sedebit ad aquas solitudinis, et posito vase divaricabit pedes suos omni transeunti* [93], *et usque ad verticem polluetur.* Rectius [94] fuerat hominum subiisse conjugium, ambu-

**NOTATIONES CORRECTORUM.**

C. XI. [5] Multis locis restitutum est hoc caput ex vetustis exemplaribus et originali.

---

QUAEST. V. C. VII. [46] *potuerunt* : Edd. coll. o. = C VIII. [47] Ivo Decr. p. 7, c. 142. Petr. Lomb. l. 4, dist. 35. [48] add. : *namque* : Edd. coll. o. [49] *Munda ergo a cogitatione animum* : orig. = C. IX. [50] Ep. 228, scr. A. 429. Ed. Maur. — Ans. l. 10, c. 54 (58). Polyc. l. 4, t. 35. [51] *nec quis* : Edd. coll. o. [52] *toleratur* : eaed. pr. Arg. = C. X. [53] *Opus apocryphum.* [54] *tamen* : Edd. Lugdd. II, III. — *quidem* : Edd. rell. [55] *committunt, quum Dominus dicat* : Edd. coll. o. [56] Matth. c. 5, v. 28. [57] add. : *ergo* : Edd. coll. o. [58] *debilitatis* : orig. = C. XI. [59] cf. Act. c. 9. [60] *praeparatus* : Edd. coll. o. [61] *evangelio* : eaed. pr. Lugdd. II, III. [62] 1 Cor. c. 9, v. 19. [63] Rom. c. 7, v. 23. [64] *vidit* : Edd. coll. o. [65] *captivantem* : Vulg. l. l. — Edd. coll. o. [66] *lege* : ead. — eaed. pr. Bas. Lugdd. [67] 2 Cor. c. 11, v. 27. [68] *fames* : Edd. coll. o. pr. Lugdd. II, III. [69] Rom. c. 7, v. 24. [70] *securum* : Edd. coll. o. pr. Lugd. l. [71] *et de* : Edd. coll. o. [72] Amos. c. 5, v. 2. [73] *abest a Bohm.* [74] *Audacter* : Edd. coll. o. pr. Lugdd. II, III. [75] *dicam* : Edd. coll. o. [76] *valet* : eaed. [77] Amos. c. 8, v. 13. [78] *Et virg.* : Edd. coll. o. [79] *Et virg.* : eaed. [80] abest ab iisd. pr. Bas. [81] Matth. c. 5, v. 28. [82] cf. Matth. c. 25. [83] *audi et* : Edd. o. pr. Lugdd. — *audient* : Edd. rell. — Bohm. add. : *Prophetam dic.* : id. — Edd. o. [84] Esa. c. 47, v. 1, seqq. [85] *solium* : Vulg. [86] *et mol.* : ead.— Edd. o. [87] add. : *tua* : Edd. o. [88] *thalamos* : eaed. [89] Psal. 44, v. 10. [90] *dorsi ejus* : Edd. o. [91] *ante fac.* : Ed. Bas. — *in facie* : Edd. rell. [92] *ejus* : Edd. o. [93] Ezech. c. 16, v. 15. [94] add. : *enim* : Edd. o.

lasse [95] per plana, quam ad altiora tendentem in profundum inferni cadere. Ne [96] flat, obsecro, civitas [97] meretrix fidelis [98] Sion, ne post Trinitatis hospitium ibi dæmones saltent, et Sirenæ [99] nidificent et hericii [100].

### C. XII. *Corpore intacto castitas nonnunquam amittitur.*

**Item** Augustinus serm. *III, de communi vita clericorum, et epist. CIX, ad monachas* [101].

III Pars. Nec solo tactu [102], sed affectu quoque et adspectu appetitur et appetit femina [103]. Nec dicatis vos animos habere pudicos, si habeatis oculos impudicos, quia impudicus oculus impudici cordis est nuncius, et, quum se invicem sibi, etiam tacente lingua, conspectu mutuo corda nunciant impudica, et secundum concupiscentiam carnis alterutro delectantur ardore, etiam intactis ab immunda violatione corporibus fugit castitas ipsa de moribus.

### C. XIII. *Adulterium perpetratur, quum vel innupta turpiter concupiscitur.*

**Item** Gregorius *in Moralibus, lib. XXI. c. 9.*

Qui [104] viderit mulierem ad concupiscendum eam, jam mœchatus est eam in corde suo. Quia enim græco vocabulo mœchus adulter dicitur, quum non aliena conjunx, sed mulier videri prohibetur, aperte veritas ostendit, quia etiam solo visu, quum turpiter vel innupta concupiscitur, adulterium perpetratur. Quod tamen plerumque ex loco [105] vel [106] ordine concupiscentium discernitur, quia 'scilicet' sic [107] hunc in sacro ordine studiosa concupiscentia, sicut [108] illum adulterii inquinat culpa, in personis tamen non dissimilibus idem luxuriæ distinguitur reatus.

IV Pars. Gratian. *Quamvis autem violenter oppressæ pudicitiam non amiserint, incontaminatis tamen se non audeant exæquare virginibus.*

**Unde** Leo Papa, *epist. LXXXV, al. LXXXVII, ad Episcopos Afric., c. 5* [109]

### C. XIV. *Quæ opprimuntur incontaminatis se virginibus comparare non audeant.*

Illæ autem famulæ Dei, quæ integritatem pudoris oppressione barbarica perdidere, laudabiliores erunt in humilitate ac verecundia 'sua' [110], si se incontaminatis non audeant comparare virginibus. Quam-

vis enim omne peccatum ex voluntate nascatur, et potuerit corruptione carnis mens invita non pollui, minus tamen eisdem [111] oberit, si quod potuerunt animo non amittere doleant se vel corpore perdidisse.

Gratian. *Quum ergo hæc, quæ violentiam passa est, pudicitiam amisisse probari non potest, nullo modo convincitur fornicationis vel adulterii crimen incurrisse.* Ut enim ait Augustinus in libro de bono conjugali, c. 4 : Adulterium [112] committitur, quum vel propriæ libidinis instinctu, vel alienæ consensu cum altero vel altera contra pactum conjugale concumbitur, atque ita frangitur fides, quæ in rebus etiam corporeis et abjectis magnum animi bonum est, et ideo ei [b] salutem quoque corporalem, qua etiam vita ista continetur, certum est debere postponi.

### C. XV. *Mœchatur qui alicui præter matrimonii fœdus miscetur.*

**Item** Isidorus *super Exodum, c. 29* [113] :

Non mœchaberis, id est, ne [114] quisquam præter matrimonii 'sui' [115] fœdera aliis feminis misceatur [116] ad explendam libidinem. Nam 'specialiter' [117] adulterium facit qui præter suam ad alteram accedit.

### C. XVI. *Qui vivente uxore sua alteram cognoscit adulterium committit.*

**Item** Augustinus *de adulterinis conjugiis, l. II, c. 13* [118].

Puto Christianum neminem reluctari, illum [119] adulterum esse, qui vel diu languente, vel diu absente, vel continenter vivere cupiente sua uxore [120], alteri commixtus est feminæ.

V Pars. Gratian. *Quum ergo nihil istorum in ista deprehendatur fuisse, quia nec propriæ libidinis instinctu, nec alienæ consensu, nec viro suo languente vel absente, vel continenter vivere cupiente adhæsit alii, sed violenter aliena libidine oppressa vim pertulit, apparet, quod nec adultera, nec fornicaria dici potest. Unde nec aliqua occasione valet dimitti. Quum enim Judæi* [121] *quæreret a Christo, utrum liceret homini uxorem suam dimittere quacunque ex causa, respondit eis : Non legistis, quia qui fecit eos ab initio masculum et fœminam creavit eos ? Quod ergo Deus conjunxit homo non separet. Deinde ser-*

### NOTATIONES CORRECTORUM.

C. XIV. [b] *Et ideo ei* : Apud B. Augustinum legitur' : *et ideo eam saluti quoque corporali, qua etiam vita ista continetur, certum est debere præponi.* Sed ob glossam, et quoniam idem est sensus, nihil mutatum est.

Quæst. V. C. XI. [95] *et amb.* : eæd. [96] *Non* : eæd. [97] Esa. c. 1, v. 21. [98] *filia* : Edd. coll. o. [99] *Sirenes* : duæ. [100] Esa. c. 54, v. 11. = C. XII. [101] Ep. 111, scr. A. 423. Ed. Maur. [102] *affectu et tactu, sed adspectu quoque* : Edd. coll. o. [103] *concupiscentia feminarum* : eæd. = C. XIII. [104] Matth. c. 5, v. 28. [105] add. : *et tempore* : Edd. Bas. Lugdd. II. III. [106] *vel ex* : Edd. coll. o. [107] *sicut* : eæd. [108] *sic* : eæd. = C. XIV. [109] Ep. 12, scr. A. 446. Ed. Baller. — Polyc. l. 4, t. 54. [110] abest a Coll. Hisp. [111] *hoc eis* : Baller. — *hoc illis* : Edd. coll. o. cum. Coll. Hisp. [112] *Hujus autem fidei violatio dicitur adult., quum* : orig. — Ivo Pan. l. 7, c. 22. Decr. p. 8, p. 102. * ita Ivo in Decr. et Pan., nisi quod in extremo in hac leg. : *non deb. præponi.* = C. XV. [113] Ivo Pan. l. 7, c. 23. Decr. p. 8, c. 107. — cf. Exod. c. 20, v. 14. [114] *nec* : Edd. Arg. Bas. [115] abest ab orig. et Iv. [116] *admisceatur* : Edd. o. [117] *spiritaliter* . Ivo. Pan. = C. XVI. [118] Ivo. Decr. p. 8, c. 242. [119] abest ab Iv. et Edd. Arg. Bas. [120] *relicta ux.* : Edd. eæd. [121] Matth. c. 19, v. 2. seq.

monem suum ita conclusit, ut diceret, neminem posse dimittere uxorem suam, excepta causa fornicationis. Hinc Apostolus ait in epistola ad Corinthios [121]: His, qui matrimonio conjuncti sunt, præcipio non ego, sed Dominus, uxorem a viro non discedere. Inde datur intelligi, quod qualescunque fuerint vir et uxor, ex quo conjugali affectu sibi adhæserint, ulterius ab invicem discedere non valent.

Unde Ambrosius in Hexameron, tit. diei quartæ, scribit [122]:

### C. XVII. Qualiscunque sit vir, ex quo semel placuit, non est dimittendus.

Horrendus [i] et incultus est vir [124]: semel placuit; numquid vir frequenter [125] est eligendus? Comparem [126] suum 'et bos requirit, et equus diligit, et, si mutetur alius, trahere jugum nescit compar alterius, et se non totum putat. Tu jugalem [127] tuum repudias, et putas sæpe mutandum [128]? et si uno defecerit die, superducis [129] rivalem, et statim, incognita causa, quasi cognitam [130] pudoris exsequeris [131] injuriam?

### C. XVIII. Similiter de uxore intelligatur.

Item Augustinus de sermone Domini in monte, lib. I, c. 32 [132].

Si uxorem quis [133] habeat sterilem, vel deformem corpore, sive debilem membris, vel cæcam, vel surdam, vel claudam, vel quid aliud, sive morbis, et doloribus [134], languoribusque confectam, et quicquid (excepta fornicatione [135]) cogitari potest vehementer horribile, pro fide et societate sustineat.

### C. XIX. Non licet viro uxorem dimittere nisi causa fornicationis.

Item Hieronymus ad Oceanum de morte Fabiolæ [136].

Præcepit [137] Dominus, uxorem non debere dimitti, excepta causa fornicationis, et, si dimissa fuerit, manere innuptam. Quicquid viris jubetur [138], hoc consequenter redundat in [139] fœminas. Neque enim adultera uxor dimittenda est, et vir mœchus retinendus [140].

### C. XX. De eodem. Idem ibidem [141].

Apud nos quod non licet feminis æque non licet viris, et eadem servitus pari conditione censetur.

### C. XXI. Communione privetur qui extra causam fornicationis uxorem suam dimittit.

Item ex Concilio Toletano XII, c. 8 [142].

VI Pars. Præceptum Domini est, ut excepta causa fornicationis uxor a viro dimitti non debeat, et ideo quicunque citra [143] culpam criminis supradicti uxorem suam quacunque occasione dimiserit [144], quia quod Deus conjunxit ille [145] separare disposuit, tamdiu ab ecclesiastica communione privatus, et a cœtu omnium Christianorum maneat alienus, quamdiu societatem [146] relictæ conjugis sinceriter amplectatur et foveat. Itaque [147] qui jam admoniti a sacerdote semel, bis terque, ut corrigerentur [148], ad torum [149] suæ conjugis noluerint redire, ipsi se suis meritis et a palatinæ dignitatis officio separabunt, et insuper generosæ dignitatis testimonium, quamdiu in culpa fuerint, amissuri sunt, quia carnem suam dissidii jugulo tradiderunt.

### C. XXII. De eodem.

Nicolaus Papa ad consulta Bulgarorum, c. 96 [150].

Quicquid mulier 'tua' contra te cogitaverit 'aut fecerit', vel si te accusaverit, non est, excepta causa fornicationis, rejicienda vel odio prorsus habenda, 'quæ est [k] Apostolo [151] præcipiente sicut ecclesia a Christo diligenda'.

VII Pars. Gratian. Sed quæritur, quum sit par utriusque conditio, cur communicantes viri cum adulteris uxoribus non conveniant, quum econtra uxores in consortio adulterorum virorum manere videantur.

De his ita scribit Innocentius Papa epist. III, ad Exsuperium Episcopum, c. 4 [152]:

### C. XXIII. In utroque sexu adulterium pari ratione punitur.

Christiana religio adulterium in utroque sexu pari ratione condemnat. Sed viros suos mulieres non facile de adulterio accusant, et non habent latentia peccata vindictam. Viri autem liberius uxo-

---

NOTATIONES CORRECTORUM.

C. XVII. [i] *Horrendus*: Apud B. Ambrosium legitur: *sed horridus et incultus est*: *semel placuit*, etc. Ante hoc autem capitulum est c. *Adam per Evam* infra 33, q. 5.

C. XXII. [k] *Quæ est*: Hæc usque ad finem addita sunt ex ipsis responsionibus.

---

Quæst. V. C. XVI. [121] 1 Cor. c. 7, v. 10. = C. XVII. [122] Lib. 5, c. 7. — Ivo Pan. l. 6, c. 105. Decr. p. 8, c. 252. [124] *vir, qui*: Ivo Pan. — Edd. coll. o. [125] *alius*: Iv. — eæd. [126] *Comp. suum equus*: Ivo Pan. — *C. s. et equ.* Decr. [127] *conjugalem*: Ivo Pan. — Edd. coll. o. [128] *add.*: *et mutas*: Ed. Bas. — *muta*: Edd. rell. cum Iv. Pan. [129] *superduc*: Edd. coll. o. — Ivo Pan. [130] *cognita*: Ivo Decr. [131] *exsequaris*: Edd. Lugdd. II, III. = C. XVIII. [132] Ivo Pan. l. 6, c. 104. Decr. p. 8, c. 238. Petr. Lomb. l. 4, dist. 34. [133] *quisque habet, sive ster., sive*: orig. [134] *laboribus doloribusque*: Edd. coll. o. — *dol. laboribusque*: Ivo. [135] *fornicationis causa*: Ivo Pan. — Edd. coll. o. = C. XIX. [136] Ivo Pan. l. 7, c. 5. Decr. p. 8, c. 240. Petr. Lomb. ib. dist. 35. [137] *Præcipit*: Ed. Lugd. II. [138] *præcipitur*: Edd. coll. o. — Ivo. [139] *ad*: Edd. coll. o. [140] *tenendus*: orig. — Iv. — add.: *est*: Edd. coll. o. = C. XX. [141] Ivo ib. = C. XXI. [142] hab. A. 681. — Ivo Pan. l. 7, c. 1. Decr. p. 8, c. 329. [143] *extra*: Ivo Pan. — Edd. coll. o. pr. Arg. [144] *reliquerit*: Coll. Hisp. — Ivo. — Edd. coll. o. [145] *homo*: Ed. Arg. Bas. — cf. Matth. c. 19, v. 6. [146] *et ad soc. rel. coni. redeat, et par em sui corporis honesta lege conjugi ampl.*: Coll. Hisp. — Ivo. — *Ita*: Ivo. — *Illi tamen*: Coll. Hisp. [148] *corrigantur*: Edd. coll. o. [149] *consortium*: coll. — *ad tori suæ coni. nol. red. consortium*: Ivo. — *ad earum s. c. nol. red. consortium*: Coll. Hisp. = C. XXII. [150] scr. A. 866. — Ivo Decr. p 8, c. 228. [151] Ephes. c. 5, v. 25. = C. XXIII. [152] scr. A. 405. — Reg. l. 2, c. 139 Ivo Decr. p. 8, c. 214. Petr. Lomb. l. 4, dist. 35.

res adulteras apud sacerdotes deferre consueverunt, et ideo mulieribus, prodito earum crimine, communio denegatur; virorum autem latente commisso non facile quisquam ex suspicionibus abstinetur [183]; qui utique submovebitur, si ejus flagitium detegatur. Quum ergo [184] par causa sit, interdum probatione cessante vindictæ ratio conquiescit.

## QUÆSTIO VI.
### GRATIANUS.

*Ecce, quod ista dimitti non valet, quum a fornicatione innocens inveniatur. Sed ponatur, quod ipsa sit adultera, quæritur, si adulter possit dimittere eam causa fornicationis? Non enim videtur, quod vari crimine infectus alium de eodem punire possit. Unde, quum Judæi adulteram accusarent æquitatis sententiam a Domino acceperunt* [1]: Quicunque vestrum sine peccato est primus lapidem in illam mittat. *Hinc etiam in evangelio præcipitur* [2]: Hypocrita, primum ejice trabem de oculo tuo, et postea educes festucam de oculo fratris tui.

*Hinc etiam Augustinus scribit in lib. I, de sermone Domini in monte, c. 28* [3].

**C. I. Qui fornicatur fornicationis causa uxorem suam dimittere non potest.**

Nihil iniquius [4] quam fornicationis causa dimittere uxorem, si et ipse convincitur fornicari. Occurrit enim illud [5]: *In quo enim alterum judicas temetipsum condemnas, eadem enim agis, quæ* [6] *judicas.* Quapropter quisquis fornicationis causa vult abjicere uxorem [7], prior debet esse a fornicatione purgatus [8]. Quod similiter etiam [9] de femina dixerim [10].

**C. II. Qualem quisque vult invenire uxorem, talem se servet eidem.**

*Idem de verbis Domini, tractatu sive serm. XLVI* [11].

Si ducturi estis uxores, servate vos uxoribus vestris. Quales vultis eas invenire [a], tales et ipsæ inveniant vos. Quis juvenis [12] est, qui non castam velit ducere uxorem? et si accepturus est virginem, quis non intactam desideret? Intactam quæris? intactus esto; puram quæris? noli [13] esse impurus. Non enim illa potest, et tu non potes.

**A C. III. Judicium de alio expetere non debet qui se judicari contemnit.**

*Idem in epistola ad Pascentium, Comitem Arianum, epist. CLXXIV,* [14].

Iniquum est, ut quisque [15] de alio judicare velit, et judicari de se nolit.

**C. IV. Viri gravius sunt puniendi de adulterio quam mulieres.**

*Idem de adulterinis conjugiis, lib. II, c. 8* [16].

Indignantur mariti, si audiant adulteros viros pendere similes adulteris feminis poenas, quum tanto gravius eos puniri oportuerit, quanto magis ad eos pertinet et virtute vincere, et exemplo regere feminas.

**C. V. Sicut vir caput est mulieris, sic adulterando gravius delinquit quam mulier.**

*Idem de decem chordis, c. 3* [17].

*Non* [18] *mœchaberis,* id est non ibis ad aliquam aliam præter uxorem tuam. Tu autem exigis hoc ab uxore, et non vis reddere hoc uxori? et quum debeas in virtute præcedere uxorem, (quoniam castitas virtus est) tu sub uno impetu libidinis cadis? et vis uxorem tuam victricem esse, tu [19] victus jaces? et quum tu caput sis uxoris *tuæ*, præcedet [20] te ad Deum cujus caput es? vis domum tuam capite deorsum pendere? Caput enim mulieris est vir. Ubi autem melius vivit mulier quam vir, capite deorsum pendet domus. Si caput est vir, melius debet vivere *vir* [21], et præcedere in omnibus bonis factis uxorem suam, *ut* [22] illa imitetur virum, et sequatur caput suum.

Gratian. *His auctoritatibus monstratur, quod adulter adulteram dimittere non valet.*

## QUÆSTIO VII.
### GRATIANUS.

**I. Pars.** Nunc autem quæritur, si ille, qui dimiserit uxorem suam causa fornicationis, illa vivente aliam ducere possit? Quod autem hoc fieri non possit, testatur Augustinus *in libro de bono conjugali c. 7, dicens* [1]:

**C. I. Vinculum conjugii fornicatione non potest dissolvi.**

Interveniente divortio non aboletur *illa* [2] confœderatio nuptialis, ita ut sibi conjuges sint etiam

---

### NOTATIONES CORRECTORUM.

Quæst. VI. C. II. [a] *Eas invenire* : In originali et apud Ivonem est : *Quales eas vultis ad vos venire, tales et vos debent ipsæ invenire.*

---

Quæst. V. C. XXIII. [183] *abstinet* : Edd. coll. o. [184] *enim* : eæd.
Quæst. VI. [1] Joa. c. 8, v. 7. [2] Luc. c. 6, v. 42. — C. I. [3] Ivo Pan. l. 7, c. 31. Decr. p. 8, c. 250. Petr. Lomb. l. 4, dist. 35. [4] *est, quam* : Edd. coll. o. [5] Rom. c. 2, v. 1. [6] *add.* : *tu* : Edd. coll. o. [7] *add.* : *suam* : eæd. [8] *add.* : *et immunis* : eæd. — Ivo Pan. [9] *est* : Ed. Arg. [10] abest ab Edd. Arg. Nor. Ven. I, II. Par. — C. II. [11] Serm. 132. Ed. Maur. — Ivo Decr. p. 8, c. 45. [12] *vivens* : Edd. coll. o. [13] *purus esto* : eæd. == C. III. [14] Ep. temporis incerti ep. 238. Ed. Maur. — Ivo Decr. p. 6, c. 392. [15] *quis* : Edd. Lugdd. II, III. == C. IV. [16] Ivo Pan. l. 7, c. 56. Decr. p. 8, c. 212. Petr. Lomb. l. 4, dist. 35. == C. V. [17] Ivo Decr. p. 8, c. 263. [18] Exod. c. 20, v. 14. [19] *et tu* : Ivo. — Edd. coll. o. [20] *præcedit* : id. — eæd. [21] *add.* : *quam mulier* : eæd. [22] *ut — suum* : absunt ab Iv.
Quæst. VII. C. I. [1] Ivo Pan. l. 7, c. 6. Decr. p. 8, c. 9, et 233. [2] abest ab Iv.

separati, quum illis autem [3] adulterium committant [4], quibus etiam fuerint post suum repudium copulati

**C. II.** *Nulla ratione dissolvitur conjugium, quod semel initum probatur.*

Idem *de adulterinis conjugiis, lib. II, c. 4, et 5* [5].

Licite dimittitur conjunx [6] ob causam fornicationis, sed manet vinculum prioris. Propter quod fit reus adulterii qui [7] dimissam duxerit etiam* ob causam fornicationis. Sicut enim [8], manente in se sacramento regenerationis, excommunicatus quis a * reus criminis nec illo sacramento caret, etiamsi nunquam reconcilietur Deo : ita, manente in se vinculo [10] fœderis conjugalis, uxor dimittitur ob causam fornicationis, nec carebit illo vinculo, etiamsi nunquam reconcilietur viro. Carebit autem, si mortuus fuerit vir ejus. Reus vero excommunicatus [11] ideo nunquam carebit regenerationis sacramento, etiam [12] non reconciliatus, quia nunquam moritur Deus [13].

**C. III.** *Sive vir ab uxore, sive uxor a viro causa fornicationis discesserit, alteram habere prohibetur.*

Idem *super epistolam Pauli ad Corinthios* b [14].

Apostolus [15] dicit c : *His, qui sunt in conjugio, præcipio, non ego, sed Dominus, uxorem a viro [16] non discedere; quod si discesserit, manere innuptam, aut reconciliari viro suo.* Potest enim fieri, ut discedat ea causa, qua [17] Dominus permisit. Aut [18], si feminæ licet virum dimittere 'etiam' præter [19] causam fornicationis, *et [20] non licet viro*, quid respondebimus de hoc, quod dixit [21] posterius : *Et vir uxorem [22] ne dimittat?* quare non addit [23] : *excepta causa fornicationis, quod Dominus permittit?* nisi quia similem formam vult intelligi, ut, si dimiserit, (quod causa fornicationis permittitur), maneat sine uxore, aut reconcilietur uxori? *Et post pauca :* § 1. Dominus autem permisit causa fornicationis uxorem dimitti [24]. Sed quia permisit, non jussit.

**C. IV.**

Idem *de sermone Domini in monte, lib. I, c. 25* [25].

Fieri potest [26], ut vir dimittat uxorem causa fornicationis, quam Dominus exceptam esse voluit. Jam vero si nec illi nubere conceditur vivo viro [27], a quo recessit, neque huic alteram ducere viva uxore [28], quam dimisit, multo minus fas est illicita cum quibuslibet stupra committere.

**C. V.** *Ab uxore dimissus, vel dimissa a viro, ad pœnitentiam redigantur, nisi aut continenter vivere, aut sibi reconciliari voluerint.*

*Item ex Concilio Milevitano, c. 17* [29].

Placuit, ut secundum evangelicam et apostolicam disciplinam neque dimissus ab uxore, neque dimissa a marito alteri conjungantur, sed ita maneant, aut sibimet reconcilientur. Quod si contemserint, ad pœnitentiam redigantur.

**C. VI.** *Mœchatur qui a viro dimissam ducere præsumit.*

*Item* Augustinus *l. I, de sermone Domini in monte, c. 25* [30].

Dominus ad illud confirmandum, ut non facile dimittatur uxor, solam causam fornicationis excepit, ceteras vero universas [31] molestias, si quæ 'forte' [32] exstiterint, jubet pro fide conjugali, pro [33] castitate fortiter sustineri. Et mœchum dixit etiam virum, qui eam duxerit, quæ soluta est a viro.

## NOTATIONES CORRECTORUM.

Quæst. VII. C. II. a *Excommunicatus quis* : Totus hic locus* est restitutus ex originali, et multa alia cum ex eodem, tum ex vetustis exemplaribus emendata.

C. III. b Est apud Bedam 1. Corinth. 7, ex lib. 1. B. Augustini *de sermone Domini in monte*, cap. 26.

c *Apostolus dicit* : Apud B. Augustinum in I libro *de sermone Domini in monte* c. 26, legitur sed consulamus Apostolum, ne quid temere dicamus. *His, qui sunt in conjugio, inquit, præcipio*, etc. Apud Bedam vero 1 Corinth. 7. *His, qui sunt in conjugio* d *præcepit per Apostolum Dominus, uxorem*. etc. Multa vero et in hoc et in sequentibus capitibus : *Fieri, et Dominus*, emendata sunt ex iisdem B. Augustino et Beda in locis indicatis.

**C. VII.** *Adultera probatur quæ vivente viro alteri nubit.*

Item Hieronymus [34] ad Amandum [d] Presbyterum.

Omnes [35] causationes Apostolus amputans apertissime definivit, vivente viro esse adulteram mulierem, si alteri nupserit. Nolo mihi proferas raptoris violentiam, matris præstationem [36], patris auctoritatem, propinquorum catervam, servorum insidias [37] atque contemptum, damna rei familiaris. Quamdiu vivit vir, licet adulter sit, licet sodomita, licet flagitiis omnibus coopertus, et ab uxore propter hæc scelera derelictus, maritus ejus reputatur [38], cui alterum virum accipere non licet. Nec [39] Apostolus hæc propria auctoritate decernit [40], sed Christo in se loquente Christi verba secutus est, qui ait in evangelio † : *Qui dimiserit uxorem suam, excepta causa fornicationis, facit eam mœchari, et qui dimissam acceperit adulter est*. Unde et Apostoli gravem conjugii sarcinam intelligentes [42] : *Si ita est*, inquiunt, *non expedit homini uxorem accipere*. Ad quos [43] Dominus, *qui potest*, inquit [44], *capere*, [45] *capiat*, statimque sub exemplo trium eunuchorum virginitatis infert beatitudinem, quæ nulla carnis lege tenetur • [46].

**C. VIII.** *Mulieri fideli, quæ virum adulterum dimittit, alii nubere non licet.*

Item ex Concilio Eliberitano, c. 9 [47].

Fidelis femina, quæ adulterum maritum reliquerit fidelem, et alterum [48] duxit [49], prohibeatur ne ducat. Si autem [50] duxerit, non prius accipiat communionem, quam [51] is, quem reliquit [52], de sæculo exierit, nisi [53] necessitas infirmitatis dare compulerit.

**C. IX.** *Ad pœnitentiam est cogendus qui multis nuptiis copulatur.*

Item ex Concilio Martini Papæ, [id est ex cap. Martini Bracarensis, c. 80 [54].]

Si quis fuerit multis nuptiis copulatus, pœnitentiam agat. Conversatio autem et fides pœnitentis [55] tempus comprehendat f.

**C. X.** *Qui ob fornicationem uxorem dimittit, et aliam ducit, mœchari probatur.*

Item Augustinus *de adulterinis conjugiis. lib. I, c. 9* [56].

Quemadmodum non recte dici potest : si *'ergo'* nesciat [57] homo, non peccat, (sunt enim etiam peccata ignorantium, quamvis minora quam scientium), ita [58] non recte dici potest : 'ergo' si causa fornicationis dimiserit vir uxorem, et aliam duxerit, non mœchatur. Est enim mœchatio etiam eorum, qui alias ducunt relictis propter fornicationem prioribus, sed utique minor, quam eorum, qui non propter fornicationem dimittunt, 'et alteras ducunt'.

**II. Pars. Gratian.** Sunt enim in fornicatione gradus, ut, sicut gravius peccat adulter quam fornicator, sic gravius delinquit qui nec sua dimissa aliam ducit, eo, qui suam dimittens aliam cognoscit; gravius quoque, qui uxorem habens ad conjugem proximi sui accedit, quam qui non habens uxorem torum alterius violat, vel uxoratus ad solutam accedens. Sed omnes hos incestuosi transcendunt, quos vincunt contra naturam delinquentes.

Unde Augustinus *de adulterinis conjugiis* [g] [59].

**C. XI.**

Adulterii malum vincit fornicationem, vincitur autem ab incestu. Pejus est enim cum matre, quam cum aliena uxore concumbere. Sed omnium horum est pessimum quod contra naturam fit, ut si vir membro mulieris non ad hoc concesso voluerit [60] uti. Usus enim naturalis si ultra modum prolabitur,

---

### NOTATIONES CORRECTORUM.

**C. VII.** [d] *Amandum* : Sic in plerisque vetustis. Nam in vulgatis erat : *Damasum*. Sunt autem aliqua in hoc capite emendata ex ipso originali, ubi glossa non obstitit.

• Post hæc verba apud B. Hieronymum sequitur c. *Non satis.* 54, quæst. 1 et 2.

**C. IX.** f *Comprehendat* : In originali, et apud Ivonem est : *compendiat tempus*•. Apud Burchardum corrupte : *convendit*. Et in conc. Neocæsariensi, c. 3, supra, 31, quæst. 1. *De his*, unde hoc sumtum est, legitur : *abbreviat*. Sed ob glossam non est mutatum.

**C. XI.** [g] In multis vetustis caput hoc conjunctum est superiori, atque in eo referuntur verba B. Augustini hinc inde collecta, potissimum ex libro de bono conjugali c. 8, 9 et 11, quem etiam librum citat Ivo et Magister.

---

Quæst. VII. C. VII. [34] Ivo Decr. p. 8, c. 259. (usque ad : *non licet*). Polyc. l. 6, t. 4. • ita in Edd. Nor. Lugdd.—*Damasium* : Ed. Bas.—*Damascum* : Edd. rell. [35] *accusationes* : Ed. Arg. [36] *persuasionem* : orig. [37] *ins. et parentum damna* : Ed. Nor. Par. — *ins., parentum damna* : Edd. Arg. Ven. I, II.— *ins. et parentum contumelias, damna* : Edd. Lugdd. I. — *ins., parentum contumelias, damna* : Edd. Bas. Lugdd. II, III. [38] *est reputatus* : Ivo. — *mar. tamen est reputandus, ejus scilicet*, cui : Edd. coll. o. [39] *Non* : cæd. [40] *decrevit* ; Edd. Arg. Bas. † cf. Matth. c. 19, v. 9. [41] *dimittit* : Edd. coll. o. [42] ib. v. 10, 12. [43] *quod* : Edd. coll. o. [44] *abest ab Edd. coll. o. pr. Bas. Lugdd. II, III. [45] *hoc capere* : Edd. ead. [46] *retinetur* : Edd. coll. o. = C. VIII. [47] hab. non serius A. 510. — Reg. l. 2, c. 103. Burch. l. 9, c. 63. Ans. l. 11, c. 97. Ivo Decr. p. 8, c. 199. [48] *adil.* : *maritum* : Edd. Par. Lugdd. — *adulterum* : Coll. citt. [49] *ducit* : cæd. — Ed. Bas. — Coll. Hisp. [50] *abest a Coll. Hisp.* [51] *nisi* : cæd. [52] *reliquerit* : Edd. coll. o. [53] *add.* : *forsitan* : Coll. Hisp. — *forte* : Coll. citt. — Edd. coll. o. = C. IX. [54] c. 3, conc. Neocæs. ex interpr. Martini Brac. — Burch. l. 9, c. 20. Ivo Decr. p. 8, c. 158, et 552. [55] *pœnitendi* : Ivo c. 552. " ita Coll. Hisp. = C. X. [56] Ivo Decr. p. 8, c. 255. [57] *nesciat* : Ed. Bas. [58] *add.* : *etiam* : Edd. coll. o. = C. XI. [59] Ivo Decr. p. 9, c. 110, magis ad ipsa Aug. verba accedit. Petr. Lomb. l. 4, dist. 38. [60] *velit* : Ed. Bas.

in uxore quidem veniale est, in meretrice damnabile. Sed iste, qui est contra naturam, exsecrabiliter fit in meretrice, sed exsecrabilius in uxore. Tantum valet ordinatio creatoris et ordo creaturæ, ut in rebus ad utendum concessis, etiam quum modus exceditur, longe sit tolerabilius, quam in eis, quæ concessa non sunt, vel unus vel rarus excessus.

C. XII. *Minus est secundum naturam coire, quam contra naturam delinquere.*

*Item* Ambrosius *in libro de Patriarchis, lib. I, de Abraham, c. 6.*

Offerebat sanctus Loth filiarum pudorem. Nam etsi illa quoque flagitiosa impuritas erat, tamen minus erat secundum naturam coire, quam adversus naturam delinquere. Præferebat domus suæ verecundiæ hospitalem gratiam, etiam apud barbaras gentes inviolabilem.

C. XIII. *Graviora sunt flagitia, quæ contra naturam probantur.*

*Item* Augustinus *Confessionum lib. III, c. 8.*

Flagitia, quæ sunt contra naturam, ubique et semper detestanda atque punienda sunt; qualia Sodomitarum fuerunt. Quæ si omnes gentes facerent, eodem criminis reatu divina lege tenerentur, quæ non sic fecit homines, ut se illo uterentur modo. Violatur quippe ipsa societas, quæ cum Deo nobis esse debet, quum eadem natura, cujus ipse auctor est, libidinis perversitate polluitur.

C. XIV. *Turpior et flagitiosior est usus contra naturam quam fornicationis vel adulterii.*

Idem *contra Jovinianum, lib. I.*

Usus naturalis et licitus est in conjugio, sicut illicitus in adulterio. Contra naturam vero semper illicitus, et procul dubio flagitiosior atque turpior, quem S. Apostolus et in feminis, et in masculis arguebat, damnabiliores volens intelligi, quam si in usu naturali vel adulterando vel fornicando peccarent.

C. XV. *Omnis immunda pollutio fornicatio est, licet varia sint peccata fornicationis.*

*Item* Isidorus *lib. II, de summo bono, c. 39.*

III Pars. Non solum de commissa fornicatione peccatum regnat in homine, sed, si adhuc delectetur, atque animum teneat, procul dubio regnat. Fornicatio carnis adulterium: fornicatio animæ idolorum est servitus. Est autem et spiritalis fornicatio, de qua Dominus ait: *Qui viderit mulierem ad concupiscendum eam, jam mœchatus est eam in corde suo.* Omnis immunda pollutio fornicatio dicitur, quamvis quisque diversa turpitudinis voluptate prostituatur. Ex delectatione enim fornicandi varia gignuntur flagitia, quibus et regnum Dei clauditur, et homo a Deo separatur.

§ 1. Inter cetera septem vitia vitium fornicationis maximum scelus est, quia per carnis immunditiam templum Dei violat, et tollens membrum Christi facit membrum meretricis. Sunt autem quædam, quæ sicut animalia absque ulla discretione indesinenter libidini serviunt, quas ego nec mutis pecoribus comparaverim. Pecora enim quum conceperint, ultra non indulgent maribus cœpiam sui.

C. XVI. *Adulterium secundum in pœnis obtinet locum.*

*Item* ex epistola I *Clementis ad Jacobum.*

Quid in omnibus peccatis adulterio est gravius? Secundum namque in pœnis obtinet locum, quoniam quidem primum illi habent, qui aberrant a Deo, etiamsi sobrie vixerint.

Gratian. *His auctoritatibus evidentissime monstratur quod quicunque causa fornicationis uxorem suam dimiserit, aliam illa vivente ducere non poterit, et, si duxerit, reus adulterii erit.*

IV. Pars. § 1. His ita respondetur. Hæ auctoritates de iis loquuntur, quorum continentiam carnalis infirmitas non impedit, vel de his, qui, præstantes causam diss.dii, aliorum conjunctione se reddiderint indignos.

## NOTATIONES CORRECTORUM.

C. XIV. h Caput hoc neque in libro de bono conjugali, (quem contra Jovinianum se scripsisse B. Augustinus lib. 2. Retractat. cap. 22 profitetur), neque in libris contra Julianum, quorum quintum citat Ivo, est inventum. De his tamen flagitiis agitur lib. 2, de nuptiis et concupiscentia, c. 19 et 20.

C. XV. i *Sunt autem:* Hæc non sunt inventa apud Isidorum, sed apud Origenem hom. 5, ad c. 19 Gen., et similia apud B. Hieronymum in c. 5 epistolæ ad Ephesios.

C. XVI. k Locum hunc ex epistola Clementis citat Nicolaus I, in epistola omnibus archiepiscopis et episcopis in regno Lotharii, quæ incipit: *Optaremus*, et exstat Romæ in bibliotheca monasterii Dominicanorum.

---

QUÆST. VII. C. XI. add.: *peccatum*: Edd. coll. o. *istud, quod*: exd. add.: *enim*: exd. = C. XII. Ivo Decr. p. 9, c. 115. (usque ad verb.: *delinquere*). cf. Gen. c. 19. = C. XIII. Ivo Decr. p. 9, c. 105. *repudianda*: Ivo Edd. coll. o. *uterentur*: id. — exd. = C. XIV. Caput incertum. — Ivo Decr. p, 9, c. 115. *sicut in conj., illicitus, sicut in ad.*: Edd. coll. o. Rom. c. 1, v. 26. = C. XV. *delectatur*: Edd. coll. o. pr. Par. Lugdd. add.: *est*: Edd. coll. o. — orig. *secundum quod*: orig. Matth. c. 5, v. 28. *voluntate*: Edd. coll. o. *ut — separetur*. exd. *fornicatio maximi est sceleris*: orig. *violatur*: Edd. coll. o. add.: *scil. mulieres*: Edd. Arg. Bas. Lugdd. II, III. = C. XVI. *ex priori ep. Clem. I, parte, quam edidit Rufinus.* — Ivo Pan. l. 7, c. 21. Decr. p. 8, c. 99. Petr. Lomb. l. 4, dist. 28. *quem*: Ivo Pan. — Edd. coll. o. *reddiderunt*: Bohm.

*Unde* Ambrosius *super* 1, e, ist. Pauli ad Corinthios, ad c. 7 ] [84] :

### C. XVII.

*Uxor* [85] *a viro non discedat, nisi causa fornicationis; quod si discesserit, aut maneat innupta, aut reconcilietur viro suo; et vir similiter non dimittat uxorem.* Ideo non subdit de viro quod de uxore praemisit, quia viro licet ducere aliam.

### C. XVIII. *Licet ducere aliam viro, cui sua ob infirmitatem corporis debitum reddere non valet.*

Item Gregorius III. *Bonifacio Episcopo, epist.* IV [m] [86].

Quod proposuisti, si mulier infirmitate correpta [87] non valuerit debitum viro reddere, quid ejus faciat jugalis : bonum esset, si sic permaneret, ut abstinentiae vacaret. Sed quia hoc magnorum est, ille, qui se non poterit continere, nubat magis; non tamen [88] subsidii opem subtrahat ab [89] illa, quam infirmitas praepedit, non [90] detestabilis culpa excludit.

V. Pars. Gratian. Sed illud Ambrosii a falsatoribus dicitur insertum. Illud Gregorii sacris canonibus, imo evangelicae et apostolicae doctrinae penitus invenitur adversum. Quidam vero, sententiam Ambrosii servare cupientes, non de qualibet fornicatione illud arbitrantur intelligi, ut ob quamlibet fornicationem vir licite dimittat uxorem, et vivente dimissa aliam ducat, sed de incestuosa tantum fornicatione intelligi, quum uxor videlicet alicujus, patri et filio, fratri et avunculo viri sui, vel alicui similium se constuprandam publice tradiderit. Haec autem, quia viro suo se illicitam reddidit in perpetuum, dum per copulam consanguinitatis in primum, vel secundum, vel tertium gradum transivit affinitas, licite dimittitur, et ea vivente superducitur alia. Hic si quis contendat, non magis viro, quam mulieri licitum esse, si vir alicujus eodem modo fornicetur, sciat, virum ab Ambrosio appellatum non sexu, sed animi virtute; mulierem quoque nominatam sentiat non sexu corporis, sed mollitia mentis. Sed quia nulla auctoritate permittitur, ut uxore vivente alia superducatur, intelligitur illud Ambrosii in supradicto genere fornicationis; non tamen, quod vivente dimissa aliam ducere possit, sed post mortem fornicarii vel fornicariae, (quorum uterque, ut supra dictum est, a corruptione luxuriae mulier appellatur), ille, qui a fornicatione mundus est, vir vel mulier aliis copulari possunt; adulteri autem, si supervixerint, nullo modo aliis copulari poterunt.

Sic et illud intelligitur, quod in Capitulo cujusdam Concilii legitur [n] [91] :

### C. XIX. *Licitum conjugium non negetur illi, cujus uxor cum suo fratre dormierit.*

Quaedam cum fratre viri sui dormivit : decretum est, ut adulteri nunquam conjugio [92] copulentur; illi vero, cujus uxor stuprata est, licita conjugia non negentur.

Sic et illud Moguntinensis Concilii *intelligitur* • [93] :

### C. XX. *Disjungantur, et nunquam conjugio copulentur, qui quodlibet infra subjectorum admiserint.*

Si quis viduam uxorem duxerit [94], et postea cum filiastra sua fornicatus fuerit, seu cum duabus sororibus [95], aut si qua cum duobus fratribus, seu cum patre et filio, si quis relictam fratris, si quis neptem, aut novercam, aut nurum, aut consobrinam, aut filiam avunculi, aut ejus relictam, aut privignam polluerit, eos disjungi, et ulterius nunquam in conjugio copulari praecipimus.

### C. XXI. *Sororem uxoris polluens neutram habere* Item [96]. *valet.*

Qui dormierit cum duabus sororibus, et una ex illis antea uxor fuerit, neutram ex ipsis habeat : nec ipsi adulteri unquam in conjugio copulentur.

### C. XXII. *Causa adulterii uxorem relinquens continentiam servet.*

Item illud Gregorii [97].

Hi [98] vero, qui uxores suas in adulterio depre-

---

### NOTATIONES CORRECTORUM.

C. XVII. [1] In eo Ambrosii loco pluribus verbis haec res exponitur; sed contrariam sententiam asserit B. Ambrosius lib. 1, de Abraham, cap. 4 et 7, quod refertur sup. ead. quaest. 4. *Nemo*, et in comment. ad cap. 16. Lucae, toto cap. 1, libri 8, cujus pars refertur infra 35, quaest. 2. *An quod*.

C. XVIII. [m] Epistola, ex qua capitulum hoc acceptum est, impressa exstat tomo 3. Conciliorum, et manuscripta in bibliotheca monasterii Dominica-

norum, et quae citatur infra 35, qu. 1. *Quod autem*, et e. seqn., videntur esse hujus Gregorii III.

C. XIX. [n] Simile legitur lib. 5. Capitularum, c. 19.

C. XX. [o] Sensus hujus capitis est in Concilio I. Moguntino c. 56, et II. sub Rabano c. 29, et lib. 5. Capitul. c. 101, ubi etiam pleraque eadem verba habentur.

---

QUAEST. VII. C. XVII. [84] Non est Ambrosii. — Petr. Lomb. l. 4, dist. 35. [85] 1 Cor. c. 7, v. 10, 11. = C. XVIII. [86] Imo Gregorius II. (A. 723.), quem Aus. in extr. l. 7, Ivo Pan. l. 6, c. 112. Decr. p. 8, c. 78, recte cap. auctorem laudant. [87] *corrupta* : Edd. Arg. Bas. [88] *tamen ei* : Ivo. — Edd. coll. o. [89] *ab ill.* : omissa sunt ab Iv. Pan. [90] *quum non* : Ivo Decr. — *non tamen* : Fan. — Edd. coll. o. = C. XIX. * *quae* : Bohm. [91] Simile aliquid habetur in conc. Compend. hab. A. 756, et in Cap. Reg. Fr., loco a Corr. cit. [92] *in conj.* : Ed Bas. = C. XX. [93] Eadem fere sunt in c. 56. conc. Mog. hab. A. 813, et in altero Mog. hab. A. 847, c. 19, et in Cap. l. 5, c. 101., et ap. Rabanum in ep. ad Heribaldum c. 20, ex qua referuntur a Reg. l. 2, c. 197. — Burch. l. 17, c. 9. Ivo Pan. l. 6, c. 121. Decr. p. 9, c. 71 et 77. [94] *ducit* : Edd. Par. Lugd. l. — *duxit* : Edd. rell. pr. Lugdd. II, III. [95] add. : *altera manente uxore* : Edd. coll. o. pr. Arg. Nor. = C. XXI. [96] Imo Vermeriensi hab. A. 752. — cf. ad c. 30. C. 27, qu. 2. = C. XXII. [97] Legitur aliquid simile in l 4, Cap. c. 43. — Polyc. l. 6, t. 4. Petr. Lomb. l. 4, dist. 34. [98] *Si* : Ed. Nor.

hendunt, non licebit nec eam, nec eam aliam uxorem accipere, vel alium virum, quamdiu ambo vivunt. Si autem adultera mortua fuerit, vir ejus, si vult, nubat, tantum in Domino; adultera vero nunquam, etiamsi mortuus fuerit vir ejus. Omnibus tamen diebus vitæ suæ acerrimæ pœnitentiæ lamenta persolvat.

C. XXIII. *Neutram habeat qui sororem uxoris polluit.*

*Item ex decreto* Zachariæ Papæ [99].

Concubuisti cum sorore uxoris tuæ? si fecisti, neutram habeas, et si illa, quæ uxor tua fuerit, conscia sceleris non fuit [100], si se [101] continere non vult, nubat in Domino cui velit. Tu autem et adultera sine spe conjugii permaneatis, et quamdiu vixeritis, juxta præceptum sacerdotis pœnitentiam agite.

C. XXIV. *Cum noverca, vel filiastra, vel sorore suæ uxoris dormiens ad conjugium pervenire non poterit; viris tamen earum legitima non negantur conjugia.*

*Item ex* Concilio Triburiensi [102].

Si quis cum noverca sua dormierit, neuter [103] ad conjugium potest pervenire; sed vir ejus potest, si vult, aliam accipere, si se continere non potest. § 1. Similiter si [104] quis cum filiastra sua, vel cum sorore uxoris suæ dormierit, observandum [105] est.

Gratian. *Quamvis illud, quod in fine Moguntinensis concilii ponitur, a nonnullis non de legitime conjunctis, sed de fornicariis dictum intelligatur, videlicet ut fornicarii discedant ab invicem, et sine spe conjugii permaneant; illud vero Gregorii ad Bonifacium Anglicis pro tempore permissum est, quibus B. Gregorius in quarta et quinta generatione conjugia contrahi permisit; alias autem inane esset, quum Augustinus dicat in libro de sermone Domini in monte* †: *Si uxorem quis habeat sterilem, etc.*

C. XXV. *Ob infirmitatem vel damna corporis conjugia solvi non licet.*

*Item* Nicolaus *ad* Carolum, *Moguntinensem Episcopum* [106].

VI. Pars. Hi [107], qui matrimonium sani contraxerint ††, et uni ex duobus amentia [108], aut furor, aut aliqua infirmitas accesserit, ob hanc infirmitatem [109] conjugia talium solvi non possunt. Similiter sentiendum [110] de his, qui ab adversariis excæcantur, aut membris truncantur [111], aut [112] a barbaris excecti fuerint.

C. XXVI. *Furiosus et furiosa matrimonium contrahere non possunt.*

*Item* Fabianus Papa [113].

Neque furiosus, neque furiosa matrimonium contrahere possunt; sed si contractum fuerit, non separentur [114].

VII. Pars. Gratian. *Ut ergo ex præmissis colligitur, non licet huic dimissa uxore aliam ducere. Manet enim inter eos quoddam vinculum conjugale, quod nec ipsa separatione dissolvitur.*

*Unde* Augustinus *ait in libro de bono conjugali, cap.* 7 [115].

C. XXVII. *Sterilem uxorem dimittere, et causa fœcunditatis aliam ducere alicui non licet.*

Tantum valet ' illud ' [116] sociale vinculum ' conjugum ', ut, quum causa procreandi colligetur [117], nec [118] ipsa causa procreandi solvatur [119]. Posset enim homo dimittere sterilem uxorem et aliam ducere, de qua filios habeat [120], et tamen non licet. *Item, c.* 15: § 1. Manet [121] vinculum nuptiarum, etsi proles, cujus causa initum est, manifesta sterilitate non subsequatur, ita, ut jam scientibus conjugibus non se filios habituros, separare se tamen vel ipsa causa filiorum, atque aliis copulare non liceat. Quod si fecerint, cum eis, quibus copulaverint, adulterium committunt, ipsi ††† autem conjuges manent. Plane uxoris voluntate adhibere aliam, unde communes filii nascantur unius commixtione ac semine, alterius autem jure ac pote-

## NOTATIONES CORRECTORUM.

C. XXIV. P *Anglicis*: Vere hic auctor glossæ animadvertit, Gratianum, quod Gregorius III scripsit ad Bonifacium legatum Germaniæ pro causis Germanorum, retulisse ad ea, quæ multo ante B. Gregorius I scripserat ad Augustinum, Anglorum episcopum, dispensando cum Anglis ad fidem nuper conversis super gradibus consanguinitatis et affinitatis, et habetur infra 35, qu. 2 et 3, c. *Quædam lex*, et qu. 5, c. *Ad sedem*.

---

QUÆST. VII. C. XXIII. [99] Imo ex libro pœnitentiali, qui insertus est l. 19. c. 5, collectarii Burch.—Petr. Lomb. ib. [100] *fuerit*: Edd. coll. o. pr. Par. Lugd. [101] abest ab Edd. Arg. Bas =C. XXIV. [102] Imo ex Vermeriensi, hab. A. 752, c. 10. — Reg. l. 2, c. 214 Burch. l. 17, c. 11. [103] *neutiquam*: Reg. [104] *qui*: Coll. citt. — Edd. coll. o. pr. Par. Lugd. [105] *stare potest*: conc. Verm. —Coll. citt. † supra ead. qu. 5, c. 18. =C. XXV. [106] Imo ex interpret. ad Pauli Sent. l. 2, t. 19, § 7. — Reg. l. 2, c. 130. (*ex lege Romana*). Burch. l. 9. c. 28. Ans. l. 10, c. 27. Ivo Pan. l. 6, c. 95. Decr. p. 8, c. 166. Polyc. l. 6, t. 4. Petr. Lomb. l. 4, dist. 34. [107] *Si qui*: Reg. Burch. Ivo Decr. †† *contraxerunt*: Edd. coll. o. [108] *dementia*: Edd. Ven I, II. Par. Lugd. l. [109] add.: *et causam*: Edd. coll. o. pr. Lugd. II, III. [110] *sciendum est*: Ivo Pan. — Edd. coll. o. [111] *detruncantur*: Reg. Burch. Ans. Iv. [112] *aut. — fuer.*: absunt ab iisdem. =C. XXVI. [113] Imo Paulus Sent. l. 2, t. 19, § 7. — Reg. l. 2, c. 129. (*ex lege Romana*). Burch. l. 9, c. 30. Ans. l. 10, c. 28. Ivo Pan. l. 6, c. 92. Decr. p. 8, c. 168. Polyc. Petr. Lomb. ib. [114] *separetur*: Reg. Burch. Ivo Pan. =C. XXVII. [115] Ivo Pan. l. 6, c. 28, et 105. Decr. p. 8, c. 254. [116] *verba: illud* et *conjugum*: absunt ab Iv. [117] *colligitur*: Edd. coll. o. — Ivo Pan. [118] *ut nec*: Edd. Bas. Ven. l. II. [119] *dissolvatur*: Edd. coll. o. pr. Bas. [120] *haberet*: Edd. coll. o. [121] add.: *autem*: Ed. Bas. ††† *ipsi autem conjugi manente*: Ivo Decr. — *ipsi aut. conjugio manente*: Pan. — *ipso autem manente conj.*: Edd. coll. o.

state, apud antiquos patres fas erat. Utrum et nunc fas sit, temere non dixerim.

### C. XXVIII. De eodem.

Idem *lib. I de nuptiis et concupiscentia*, c. 10 [123].

Usque adeo manent [123] inter viventes semel [124] inita jura nuptiarum, ut potius sint inter [125] se conjuges, qui ab alterutro separati sunt, quam cum his, quibus * aliis * adhæserunt. *Et paulo post* q :

§ 1. Manet inter viventes quoddam [126] vinculum [127] conjugale, quod nec separatio, nec cum altero [128] copulatio possit auferre; * manet [129] autem ad noxam criminis, non ad vinculum fœderis *, sicut apostata anima, velut de conjugio Christi recedens, etiam fide perdita sacramentum fidei non amittit, quod lavacro [130] regenerationis accepit. Redderetur enim procul dubio redeunti, si amisisset abscedens. Habet autem hoc, qui recessit, ad cumulum supplicii, non ad meritum præmii.

### QUÆSTIO VIII.
#### GRATIANUS.

*Quum itaque probatum sit, quod hic uxorem suam dimittere, et aliam ducere non potest, quæritur, si liceat ei hac conditione peccare, ut infidelem ad fidem adducat? Quod non posse fieri Augustinus affirmat,* in lib. I *de adulterinis conjugiis* c. 24, *ita dicens* [1] :

### C. UN. *Non debet aliquis a continentiæ voto recedere, etiamsi infidelis Christianam se fieri polliceatur.*

Non solum mœchandum non est, (quod facit 'non' [2]) quidam, sed omnis, qui dimittit uxorem suam, et ducit alteram, etsi propterea [3] duxerit, ut faciat Christianam), sed etiam quisquis non alligatus uxori continentiam Deo voverit [4], nullo modo debet ista compensatione peccare, ut ideo credat uxorem sibi esse ducendam, quia promisit quæ nuptias ejus appetit, futuram se esse Christianam. Quod enim cuiquam ante, quam vovisset, licebat, quum id se nunquam facturum voverit, non licebit : si tamen id voverit, quod vovendum fuit [5], sicuti est perpetua virginitas, vel post * experta connubia solutis a vinculo conjugali vidualis castitas [6], seu ex consensu voventibus et carnalia d-bita sibi invicem relaxantibus fidelibus castisque conjugibus (quod alterum sine altera, vel alteram sine altero vovere fas non est) jugis [7] continentia. Hæc ergo, et si qua alia sunt, quæ rectissime voventur, quum homines voverint, nulla conditione rumpenda sunt, quæ sine ulla conditione voverunt.

## CAUSA XXXIII.

### GRATIANUS.

*Quidam vir maleficiis impeditus uxori suæ debitum reddere non poterat. Alius interim clanculo eam corrupit; a viro suo separata corruptori suo publice nubit; crimen, quod admiserat, corde tantum Deo confitetur; redditur huic facultas cognoscendi eam : repetit uxorem suam; qua recepta, ut expeditius orationi vacaret, et ad carnes agni purius accederet, continentiam se servaturum promisit; uxor vero consensum non adhibuit.* (Qu. I.) *Hic primum quæritur, an propter impossibilitatem coeundi, a viro suo aliqua sit separanda?* (Qu. II.) *Secundo, an post separationem ei nubere valeat, cum quo prius fornicata est?* (Qu. III.) *Tertio, si sola confessione cordis crimen possit deleri?* (Qu. IV.) *Quarto, si tempore orationis quis valeat reddere conjugii debitum?* (Qu. V.) *Quinto, an vir sine consensu uxoris continentiam vovere possit, vel si minis vel terroribus licentiam vovendi ab ea extorquere valeat?*

### QUÆSTIO I.
#### GRATIANUS.

I. Pars. *Quod autem propter impossibilitatem reddendi debitum mulier a viro suo separari non possit, auctoritate evangelica et apostolica probatur.* Sic enim Christus ait in evangelio [1] : Nulli licet dimittere uxorem suam, nisi causa fornicationis, *vel qua alter eorum (sicut Augustinus exponit) fornicatus fuerit, vel ad quam alter alterum pertrahere voluerit.* Item Apostolus [2] : Mulier, quanto tempore vivit vir ejus, alligata est legi ipsius, *non legi sibi reddendi debitum, sed non transferendi se ad alium.* Item [3] : His, qui matrimonio juncti sunt, præcipio non ego, sed Dominus, uxorem a viro non discedere, nisi causa

---

### NOTATIONES CORRECTORUM.

C. XXVIII. q *Et paulo post* : Apud B. Augustinum hic interjicitur c. *Denique*, supra 31, qu. 1. Addita vero nonnulla sunt, et emendata in hoc capite ex ipso originali, quemadmodum et in præcedenti.

Quæst. VIII. C. un. a *Vel post* : Hic locus in vulgatis B. Augustini codicibus, et etiam apud Ivonem usque ad vers. *Hæc ergo*, paulo aliter habet.

---

Quæst. VII. C. XXVIII. [122] Ivo Pan. l. 6, c. 74. Decr. p. 8, c. 12. Petr. Lomb. l. 4, dist. 31. [123] *maneant* : Edd. coll. o. pr. Lugdd. II, III. [124] abest ab Edd. coll. o. pr. Bas. Lugdd. II, III. [125] *sunt inter se conjuges etiam separati* : Ivo. — Edd. coll. o. [126] *quiddam conjugale* : orig. [127] abest. ab. Iv. Decr. [128] *adultero* : id. — add. : *viro* : Edd. coll. o. [129] *verba : manet — fœd. : non sunt ap.* Iv. [130] *in lav.* : Edd. coll. o.

Quæst. VIII. C. un. [1] Ivo Decr. p. 8, c. 73. [2] abest ab Iv. [3] add. : *eam* : Edd. coll. o. [4] *vovit* : exd. [5] *sit* : exd. [6] *continentia* : Ivo. [7] *jug. cont.* : absunt ab Iv.

CAUSA XXXIII. Quæst. I. [1] Matth. c. 19, v. 9. [2] Rom. c. 7, v. 1, 2. [3] 1 Cor. c. 7, v. 10.

fornicationis. *Evangelica itaque et apostolica auctoritate prohibetur mulier a viro suo discedere, nisi ob causam illam cunctis notissimam, qua interveniente si discesserit, oportet eam manere innuptam, aut reconciliari viro suo. Unde datur intelligi, quod impossibilitas reddendi debitum non facit conjugii dissidium.* § 1. *Illis ita respondetur: Conjugium confirmatur officio, ut supra* a *probatum est; postquam vero officio confirmatum fuerit, nisi causa fornicationis non licet viro uxorem dimittere, vel uxori a viro discedere. Verum ante, quam confirmetur, impossibilitas officii solvit vinculum conjugii.*

Unde scribit Gregorius a Joanni, b Ravennati Episc. c:

**C. I.** *Licet mulieri alteri nubere, quam ob frigiditatem vir cognoscere non poterit.*

Quod autem interrogasti de his, qui matrimonio juncti sunt, et nubere non possunt, si ille aliam, vel illa alium ducere possit? De quibus scriptum est: *Vir et mulier, si se conjunxerint, et postea dixerit mulier de viro, quod non possit coire cum ea, si potest probare per justum judicium, quod verum sit, accipiat alium. Si autem ille aliam acceperit, separentur.*

**C. II.** Item ex epistola ejusdem e.

Requisisti f de his, qui ob causam frigidae naturae dicunt se non posse invicem operam carni g dantes commisceri. Iste vero si non potest ea uti pro uxore, habeat eam quasi sororem. Quod si retinaculum conjugale voluerint rescindere, maneant utrique innupti. Nam si huic non potuit concordare naturaliter, quomodo alteri conveniet 10? Si igitur vir aliam vult uxorem accipere, manifesta patet ratio 11, quia, suggerente 12 diabolo odii fomitem 13, exosam eam habuit, et idcirco eam dimittere mendacii falsitate molitur. Quod si mulier causatur, et dicit: Volo esse mater, et filios procreare, 'et' 14 uterque eorum septima manu propinquorum tactis sacrosanctis reliquiis jurejurando dicat, ut nunquam per commixtionem carnis conjuncti una caro effecti fuissent, tunc videtur mulierem secundas nuptias contrahere posse. Humanum 15 dico propter infirmitatem carnis eorum. Vir autem, qui frigidae naturae est, maneat sine conjuge.

Quod si et ille aliam copulam 16 acceperit, tunc hi qui juraverint 17, perjurii crimine rei teneantur, et poenitentia peracta priora cogantur recipere connubia.

II. Pars. Gratian. *Hoc autem servari praecipitur, quum uterque idem fatetur. Ceterum si vir asseruerit, se reddidisse debitum uxori, et illa diffitetur, cui potius fides habenda sit, merito quaeritur.*

De his in Concilio apud Compendium habito ita statutum est 18:

**C. III.** *In veritate viri consistat, si mulier negat se cognitam ab eo.*

Si quis accepit 19 uxorem, et habuit 20 eam aliquo tempore, et ipsa femina dicit, quod nunquam coisset cum ea, et ille vir dicit, quod sic fecit, in veritate viri consistat, quia vir caput est mulieris.

III. Pars. Gratian. *Ecce, quod impossibilitas reddendi debitum vinculum solvit conjugii. Sed hoc de naturali impossibilitate statutum est. Haec autem maleficii impedimento, non frigiditate naturali debitum conjugale prohibente, a viro suo separata est. Unde quaeritur, si liceat ei etiam in hoc casu a viro suo discedere, et alii se copulare.*

De his ita scribit Hincmarus Remensis Archiepiscopus 21:

**C. IV.** *Quid de his, qui maleficiis impediti coire non possunt.*

Si per sortiarias atque maleficas c occulto, sed nunquam 22 injusto Dei judicio permittente, et diabolo praeparante, concubitus non sequitur, hortandi sunt quibus ista eveniunt, ut corde contrito et spiritu humiliato Deo et sacerdoti de omnibus peccatis suis puram confessionem faciant, et profusis lacrimis, et largioribus eleemosynis, et orationibus atque jejuniis Domino satisfaciant, et per exorcismos ac cetera ecclesiasticae medicinae munia ministri ecclesiae tales, quantum Dominus annuerit, qui Abimelech 23 ac domum ejus Abrahae orationibus sanavit, sanare procurent. Quod si forte sanari 24 non potuerint 25, separari valebunt; sed post, quam alias nuptias expetierint, illis in carne viventibus, quibus juncti fuerant 26, prioribus, quos reliquerant, etiamsi possibilitas concumbendi eis reddita fuerit, reconciliari nequibunt.

## NOTATIONES CORRECTORUM.

Causa XXXIII. Quaest. I. Pars I. a *Ut supra*: Videtur judicari c. *Non dubium*, et c. *Quum societas*, supr. 27 qu. 1., de qua re ibi notatum est.

C. I. b *Joanni*: Repetenda sunt quae sunt notata in hoc idem caput supra 27, qu. 2.

C. IV. c *Maleficas*: In vulgatis sequebatur: *artes*, quae vox abest a plerisque vetustis codicibus ac ceteris collectoribus.

---

Quaest. I. C. I. a Imo Rabanus ad Heribaldum, cf. C. 27, qu. 2, c. 29, et Coll. ibi citt. b *archiepiscopi*: Edd. coll. o. pr. Arg. = C. II. c *Caput incertum.*—Burch. l. 9 c. 44. Ans. l. 10, c. 25. Ivo Pan. l. 6, c. 116. (*exempla Greg. II, ad Joannem Rav. archiep.*) Decr. p. 8, c. 182. Polyc. l. 6, t. 4. Petr. Lomb. l. 4, dist. 34. 7 *requisistis*: Burch. Ivo Pan. 8 *carnis*: Burch. Ans. Iv. 9 *poterit*: Edd. coll. o. 10 *conveniat*: Ed. Bas. 11 *ratione*: Ivo Pan. 12 *succedente*: Burch. Ans. Iv. Decr. 13 *fomite*: Iv. Pan.—Edd. coll. o. pr. Lugdd. II. 14 abest a Burch. Ans. Iv. 15 Rom. c. 6, v. 19. 16 abest ab Ed. Bas. 17 *juraverant*: Edd. Arg. Bas. Nor. Ven. I.—*juraverunt*: Edd. rell.—Ivo Pan. = C. III. 18 hab. A. 756.—Reg. l. 2, c. 244. Burch. l. 9, c. 42. Ivo Pan. l. 6, c. 119. Decr. p. 8, c. 180. Petr. Lomb. l. 4, dist. 34. 19 *acceperit*: Ivo Pan.—Edd. Bas. Ven. II. Par. Lugdd. 20 *habuerit*: Ivo Pan.—Ed. Bas. = C. IV. 21 ad Rodulphum et Frotarium, A. 860.—Ivo Pan. l. 6, c. 117. Decr. p. 8, c. 194. Petr. Lomb. ib. *ita* Edd. coll. o. 22 *nunquam vel nusquam*: orig. 23 cf. Genes. c. 20. 24 *sanare*: Edd. coll. o. 25 *poterant*: orig.—*poterint*: Edd. Nor. Ven. I, II. 26 *fuerint*: orig.

Gratian. *Sed in hoc videtur contrarius præmisso capitulo Gregorii. Ibi enim post possibilitatem redditam jubetur separari ab eo, cui secundo nupserat, et redire ad primum. Hic autem vivente eo, cui secundo copulata fuerat, primo reconciliari non poterit.*

## QUÆSTIO II.
### GRATIANUS.

I. Pars. *Quod autem ei, cum quo prius fornicata fuerat, post separationem nubere possit, superius probatum est. Mortuus est enim sibi vir ejus. Ex quo, judicia ecclesiæ ab eo separata, ab ejus lege soluta est. Unde juxta Apostolum* [1] *nubat cui vult, tantum in Domino. § 1. Sed quæritur, si sine ecclesiastico judicio nulla causa dissidii rationabiliter probata ab ea discessisset, an esset cogendus redire ad eam. De hoc ita statutum est in Concilio Carthaginensi, cui interfuit Augustinus, c. 30.* [a] [2]:

C. I. *Non licet alicui uxorem dimittere, nisi causa dissidii primum ecclesiæ probetur.*

Sæculares, qui conjugale consortium nulla [b] graviori culpa dimittunt vel etiam [3] dimiserunt, et, nullas causas dissidii probabiliter proponentes, propterea sua matrimonia dimittunt, ut aut [4] illicita aut aliena præsumant : si ante, quam apud episcopos comprovinciales dissidii causas dixerint, et prius, quam in [5] judicio damnentur, uxores suas [6] abjecerint, a communione sanctæ [7] ecclesiæ et [8] populi cœtu pro eo, quod fidem et conjugia maculant, excludantur.

C. II. *Lex divina prohibet virum uxorem dimittere, nisi causa fornicationis.*

*Item* Ambrosius *super. Lucam, ad c. 16.*

An quod in subditos nefas est in comparem fas est? dimittis ergo uxorem quasi jure [c], sine crimine, et putas, id [9] tibi licere, quia lex humana non prohibet? Sed divina [10] prohibet. Qui hominibus obsequeris, Deum verere ; audi legem Domini, cui obsequuntur etiam qui leges ferunt : *Quod Deus conjunxit homo non separet.*

C. III. *Absque causæ cognitione a viro suo dimissa ad omnia restituatur.*

*Item* Nicolaus [11] Papa *Carolo* [12] *Regi* [d].

Historia ecclesiastica, ab Eusebio Cæsariensi episcopo confecta, de muliere quadam, quæ pro [13] castitate a marito accusabatur, ait : *Præceptum est* [14] *ab imperatore lege lata, ut primo permitteretur ei rem familiarem libere diutius ordinare ; tunc demum responderet objectis. Hoc omnes leges tam ecclesiasticæ quam vulgares publicæque præcipiunt.* § 1. Si autem de mulieribus et sæcularibus viris [15] hæc constituta sunt, multo magis ecclesiasticis hominibus [16] et sacerdotibus sunt concessa.

C. IV. *Nisi post restitutionem, neque de conjugii fœdere, neque de adulterii crimine inter virum et uxorem judicium est agitandum.*

*Item* Nicolaus Papa *in epistola Carolo Regi* [e] [17].

II. Pars. *Sive de conjugii fœdere, sive de adulterii crimine judicium agitandum sit, nulla ratio* [18] *patitur,* Thietbergam [19] *cum Lothario posse inire* [20] *'conflictum' vel levissimum* [21] *controversiæ subire' certamen, nisi prius ad tempus fuerit reddita suæ potestati, et consanguineis propriis libere sociata. Itaque* [22] *etiam locus providendus est, in quo nulla sit vis multitudinis formidanda* [23] *, et* [24] *non sit difficile testes producere vel ceteras personas, quæ tam a sanctis canonibus, quam a venerandis Romanis legibus in hujusmodi controversiis requiruntur.*

III. Pars. Gratian. *In hoc capite quamvis videatur causa exposita, quare sua auctoritate non licet alicui uxorem dimittere, qua cessante ipsa quoque prohibi-*

### NOTATIONES CORRECTORUM.

Quæst. II. Pars I. [a] Etiam in codicibus manuscriptis et apud Ivonem part. 8. c. 328. citatur ex conc. Carthaginensi, in quo nullo inventum est, sed in Agathensi cap. 25. (ex quo citat Ivo eadem part. 8 capit. 231.), et Capitular. 7. c. 305.

C. I. [b] *Nulla:* In recentioribus conciliorum editionibus in conc. Agathensi legitur : *sine graviori;* in Capitularibus : *absque graviori;* sed in antiquis editionibus Parisiensibus conciliorum, et duobus codicibus Vaticanis : *consortium graviori*.

C. II. [c] *quasi jure :* Sic etiam in vulgatis B. Ambrosii codicibus. In tribus Gratiani manuscriptis est : *quam scis vivere sine crimine.*

C. III. [d] Hujus mulieris meminit Justinus in primo Apologetico pro Christianis, et Eusebius ecclesiasticæ historiæ l. 4. cap. 16. Verba quidem hujus capitis in epistolis Nicolai impressis aut manuscriptis non sunt inventa, sed habentur fere eadem in præfatione Isidori in suam canonum collectionem. Præstat tamen Justinum et Eusebium adire. Fortasse autem in hoc cap. translatus est titulus ex sequenti.

C. IV. [e] Epistola, ex qua acceptum est hoc caput, habetur Romæ in codice monasterii Dominicanorum, et ex ea aliqua sunt addita et emendata.

---

Quæst. II. Pars. I. [1] 1 Cor. c. 7, v. 39. C. I. [2] Imo Agathensi, hab. A. 506.—Ivo Pan. l. 6, c. 106. Decr. p. 8, c. 231 et 328. [3] ita Coll. Hisp. [4] add. : *si* : Ivo Pan. — Edd. coll. o. pr. Par. Lugdd. II, III. [5] *ut aut ad ill. accedere, aut al.* : Ed. Bas.— *ut aut accedere ad ill., aut ad al.* : Edd. Lugdd. II, III. [6] abest a Coll. Hisp. [7] abest ab ead. [8] abest ab Edd. coll. o. pr. Lugdd. II, III. [9] add. : *sancti* : Edd. Ven. I, II. — *sancto* : Edd. rell. p. Lugdd. II, III. — Coll. Hisp. — C. II. [10] *hoc* : Edd. coll. o. [11] *lex div.* : exd. — cf. Matth. c. 19, v. 6. — C. III. [12] Caput Pseudoisidori, cf. Corr. [13] Radulpho : Ed. Arg. — *imperatori* : Edd. coll. o. [14] *de* : exd. [15] add. : *et interdictum* : orig. [16] *hominibus* : ib. [17] *viris* : ib. — C. IV. [18] scr. A. 867. — Reg. l. 2, c. 116. Burch. l. 9, c. 52. Ivo Decr. p. 8, c. 116. Polyc. l. 6, t. 4. [19] *ratione patet* : Reg. — *ratio patet* : Burch. [20] *Tebergam* : Edd. coll. o. [21] *legalem inire* : orig. [22] *legitimum* : id. — Reg. Burch. Ivo. [23] *Inter quos* : id. — iid. [24] *formidetur* : Edd. coll. o. [25] *nec* : Edd. Lugdd. II, III. — *ne* : Edd. rell.

*tio cessare videtur: tamen quia ipsa separatio poena est, et poena nulli est inferenda nisi per judicem, generaliter hoc intelligendum est, ut sive ob causam praemissam, sive nulla causa existente, non liceat alicui sua auctoritate uxorem dimittere. Quod etiam de poena homicidii vel qualibet alia intelligendum est.*

Unde Nicolaus Papa *scribit Rodulpho, Bituricensi Archiepiscopo* [28]:

### C. V. Conjugia penitus interdicantur his, qui suas conjuges occidunt.

Interfectores suarum conjugum sine judicio, quum non addis, adulterarum, vel aliquid hujusmodi, quid aliud habendi sunt quam [25] homicidae, ac per hoc ad poenitentiam redigendi? Quibus penitus conjugium denegatur, exceptis adolescentibus, de quibus est B. Leonis Papae XXV. f regula decretalium, imo indulgentia observanda.

Gratian. *In hoc capite videtur Nicolaus permittere maritis causa adulterii, vel alterius hujusmodi criminis, uxores suas interficere. Sed ecclesiastica disciplina spirituali gladio, non materiali criminosos feriri jubet; illo videlicet gladio, quo Petrus* [27] *jubetur mactare et manducare. De quo etiam Christus ait in evangelio* [28]: Non veni pacem mittere in terram, sed gladium.

*Hinc idem Nicolaus scribit Albino Archiepiscopo* [29]:

### C. VI. Non licet alicui uxorem suam adulteram occidere.

Inter haec sanctitas vestra addere studuit, si [30] cujus uxor adulterium perpetravit, utrum marito illius liceat secundum mundanam legem eam interficere. Sed sancta Dei ecclesia mundanis nunquam constringitur legibus; gladium non habet, nisi spiritualem; non [31] occidit, sed vivificat.

### C. VII. Poenitentia ejus, qui propriam absque causa peremit uxorem.

*Item* Pius Papa [32].

Quicunque propriam uxorem absque lege, vel [33] sine causa et certa probatione interfecerit, aliamque duxerit uxorem, armis depositis publicam agat poenitentiam, et, si contumax fuerit, et episcopo suo inobediens exstiterit, anathematizetur, quousque consentiat. Eadem lex erit illi, qui seniorem suum interfecerit.

### C. VIII. Poenitentia Hastulphi, qui uxorem suam interfecit.

*Item* Stephanus [34] *Papa V. Hastulpho* [35].

Admonere te cum lacrimis et multo gemitu [36] cordis curamus, fili Hastulphe; sed non filius debes dici, qui tam crudeliter 'infelix' homicidium perpetrasti. Nam occidisti uxorem tuam, partem corporis tui, legitimo matrimonio tibi sociatam, sine causa mortis, non tibi resistentem, non insidiantem quoquo [37] modo vitae tuae. Non invenisti eam cum alio viro nefariam rem facientem, sed concitatus a diabolo, impio [38] furore inflammatus, latronum [39] more atrocius eam gladio tuo, crudelior omni bestia, interemisti, et nunc post mortem ejus addis iniquitatem super iniquitatem, filiorum tuorum improbe praedo. Qui matri non pepercisti, 'et' [40] filios tuos orphanos fecisti, inducere super eam vis mortis causam post mortem, per unum homicidam [41] et reprobum testem incusare vis mortuam. Quoniam [42] nec evangelium, nec ulla divina humanaque lex unius testimonio etiam idoneo quempiam condemnat vel justificat: quanto magis per istum flagitiosissimum [43] et scelestum nec illa viva debuit condemnari, nec a te g post ejus mortem accusari? Prius [44] causa criminis subtiliter erat investiganda, et tunc, si ita fuisset inventa, secundum legis tramitem debuit accipere [45] ultionis vindictam. Nam si verum (quod absit) fuisset, sicut ille adulter mentitus est, post septem annos poenitentia peracta dimittere eam per approbatam causam poteras, si voluisses; occidere tamen eam nullatenus debuisti. Non [46] enim vult Deus mortem peccatoris, sed ut convertatur ad poenitentiam et vivat. Idcirco placeat tibi consilium nostrum, et [47] hoc fac, quod melius tibi leviusque videri potest [48]: miserere animae tuae, ut non sis tu [49] tibimet ipsi homicida. Relinque quapropter, te rogamus, hoc malum [50]

---

### NOTATIONES CORRECTORUM.

C. V. f XXV: Hoc eodem numero habetur in Codice canonum inter decreta seu regulas Leonis".

C. VIII. g *Nec a te:* Apud Burchardum et Ivonem' legitur: *nec tu poteris post mortem ejus excusari.*

---

QUAEST. II. C. V. [25] scr. A. 864. — Ivo Pan. l. 7, c. 15. Decr. p. 8, c. 125. Petr. Lomb. l. 4. dist. 58. [26] *nisi:* orig. — Ivo. " i. e. apud Dionysium. — cf. infra c. 14. [27] cf. Act. c. 10. [28] Matth. c. 10, v. 34. = C. VI. [29] Exstat in ep. quae directa esse dicitur a Nicolao ad episcopos Germaniae, Carolum Moguntinum et alios. et adjecta est apud Mansium conc. Mog. hab. A. 857. — — De fide ejus multum, nec immerito, dubitat Berardus, quum ex variis Germ. conciliorum canonibus videatur rudi et inconcinno stylo esse composita. — Ivo Pan. l. 7, c. 145. Decr. p. 8, c. 124. (*Nic. Carolo archiep. et ejus suffraganeis*) et 333. Polyc. l. 6, t. 10. Petr. Lomb. ib. [30] *ut si:* Edd. coll. o. pr. Arg. quo non; [31] Ivo Pan. — Edd. coll. o. = C. VII. [32] Cf. Cap. Ludovici, A. 829, l. 3, c. 3. — Cap. Reg. Fr. l. 5. c. 300, et Reg. l. 2, c. 76. — Burch. l. 6, c. 57. Ans. l. 10. c. 56 (57), Ivo Decr. p. 10, c. 166. Petr. Lomb. ib. [33] *et:* Edd. coll. o. = C. VIII. [34] Imo Paullinus Forojuliensis ep. ad Heistulphum (A. 794.) ut recte inscribitur a Burchardo l. 6, c. 40, cujus textus celeroquin ab Ivo Pan. l. 7, c. 46. Decr. p. 8, c. 126. et qui hunc secutus est, Gratiano plurimum recedit. [35] *Astulpho.* Ivo Pan. — Edd. coll. o. [36] *gem. curo:* Burch. [37] *quocunque:* Ivo. — Edd. coll. o. pr. Lugdd. II, III. [38] *et imp.:* Edd. coll. o. — Ivo Pan. [39] *latrocinii:* Burch. [40] add.: *ideo:* id. [41] *hominem homic.:* Edd. coll. o. [42] *Hoc nec ulla — lex concedii:* Burch. [43] *tam flagitiosum:* id. ' nec tamen Pan. [44] add.: *enim:* Edd. coll. o. [45] *excipere:* Burch. Ivo Decr. [46] Ezech. c. 33, v. 11. [47] *ut facias hoc:* Edd. Arg. Bas. — *et facias hoc:* Ivo Decr. [48] *poterit:* Edd. coll. o. [49] *tuus:* Ed. Bas. — abest ab Edd. Par. Lugdd. II, III. [50] *malignum:* Burch.

sæculum, quod te traxit ad tam [51] immanissimum peccati facinus; ingredere monasterium, humiliare sub manu abbatis, et multorum fratrum precibus adjutus observa cuncta simplici [52] animo, quæ tibi fuerint imperata, si forte ignoscat infinita Dei bonitas peccatis tuis et refrigeret animam tuam prius, quam crucieris perpetuis flammis. Hoc levius et melius tibi esse certissime scias. Sin autem publicam pœnitentiam, permanens in domo tua vel in hoc mundo, vis agere (quod pejus tibi, et durius, et gravius esse non dubites) ita, ut agere debes [53], exhortamur, omnibus [54] diebus, quibus pœnitere debes, vinum et siceram [55] non bibas, carnem nullo [56] unquam tempore comedas, præterquam in Pascha, et in die Natalis Domini; in pane, et aqua, et sale pœnitentiam age; in jejuniis, et vigiliis, et orationibus, et eleemosynis omni tempore persevera; armis nunquam cingere, nec in quolibet loco litigare præsumas. Uxorem nunquam ducere, concubinam non [57] habere, nec adulterium committere audeas; in balneo nunquam laveris; in conviviis lætantium nunquam te misceas; in ecclesia segregatus ab aliis Christianis post ostium [58] et postes humiliter te repone; ingredientium et egredientium suppliciter orationibus commenda te [59], communione corporis et sanguinis Domini cunctis diebus vitæ tuæ indignum te existimes; in ultimo tamen exitus vitæ tuæ die, si merueris, pro viatico, si sit qui tribuat [60], tantummodo venialiter ut accipias tibi concedimus. Sunt et alia multa, quæ tibi nimis durius et satis acrius erant juxta magnum pondus peccati, infelix, adjicienda. Sed, si hæc omnia, quæ tibi misericorditer 'supra' dicta sunt, perfecto corde Domino auxiliante feceris et custodieris, confidimus de immensa Dei clementia, remissionem habiturum te tuorum peccatorum, et secundum dictum [61] justi bonique pastoris resolvet te sancta ecclesia ab hoc vinculo peccati in terris, ut per ipsius gratiam, qui eam suo sanguine acquisivit, solutus sis in cœlis. Sin autem aliter feceris, et sanctæ matris ecclesiæ tam salubrem admonitionem despexeris, ipse tibi sis judex, et in laqueo diaboli, quo irretitus teneris, permanebis, et sanguis tuus super caput tuum; nos alieni a consortio tuo pro aliorum filiorum [62] Dei salute, ipso opitulante, omni solicitudine nitimur desudare, et Domini misericordiam attentius quotidie implorare.

———

A C. IX. *Potius uxore vivente aliam ducat quis, quam humanum sanguinem fundat.*

*Item* Augustinus *de adulterinis conjugiis, lib. II, c.* 15 [63].

Si (quod verius dicitur) non licet homini Christiano adulteram conjugem occidere, sed tantum dimittere: quis est tam demens, qui dicat ei: fac quod non licet, ut liceat tibi quod non licet? Quum enim utrumque secundum legem Christi illicitum sit, sive adulteram occidere, sive illa [64] vivente alteram ducere, ab utroque abstinendum est, non illicitum pro illicito faciendum. Si enim facturus est quod non licet, jam faciat adulterium, et non faciat homicidium, ut vivente uxore sua alteram ducat, et non humanum sanguinem fundat. Quod si B [65] est utrumque nefarium, non debet alterum pro altero [66] perpetrare, sed utrumque vitare.

IV. Pars. Gratian. *In præmissis auctoritatibus quique prohibentur adulteras conjuges suas occidere; sed permittitur post septem annorum pœnitentiam eis illas dimittere. Si autem illas interfecerint, jubentur sine spe conjugii perpetuo manere, nisi forte propter lapsum juvenilis incontinentiæ ad matrimonia contrahenda eis misericordia impendatur. Clericis autem conceditur, si uxores eorum peccaverint, sine* mort s *acerbitate habere eas in custodia, et ad jejunia eas cogere, non tamen usque ad necem affligere.*

Unde in Toletano Concilio I. c. 7. *legitur* [67]:

C. X. *Clerici, si uxores eorum peccaverint, præter necem eas domi custodiant, et ad salutaria eas cogant jejunia.*

Placuit, ut, si quorumcunque [68] clericorum uxores peccaverint, ne forte licentiam peccandi plus habeant, accipiant mariti earum hanc potestatem, præter necem custodiendi ac [69] ligandi in demo sua, ad jejunia salutaria, non mortifera eas [70] cogentes, ita, ut invicem sibi clerici pauperes auxilium ferant, si servitia 'forte' [71] non habeant. Cum uxoribus autem ipsis, quæ peccaverint [72], non [73] cibum [74] sumant, nisi forte ad timorem Dei acta pœnitentia revertantur.

V. Pars. Gratian. *Nunc autem quæritur, quare sacris canonibus sit institutum, ut post septem annos pœnitentes in pristinum statum revocentur?*

De his ita scribit Isidorus ad Massonem [75] *Episcopum, in præfatione ad librum de summo bono:*

C. XI. *Quare sit institutum post septem annos in pristinum statum pœnitentes redire.*

Hoc ipsum, quod canonum censura post septem

———

Quæst. II. C. VIII. [51] abest a Bohm. [52] *supplici* : Ivo. [53] *debeas* : id. —Edd. coll. o. [54] *ut omn.* : Edd. coll. o. [55] *omnem sic.* : Ivo. — Edd. Nor. Ven. I, II. Par. Lugd. I. [56] *nunquam ullo* : Ivo. — Edd. coll. o. [57] *nunquam* : eæd. [58] *ostii postes* : Ed. Bas. [59] *commendare* : ead. — Ivo. [60] add. : *tibi* : Edd. coll. o. pr. Arg. Nor. [61] *imperium* : Burch. [62] *fidelium salute, Deo op.* : Edd. coll. o. = C. IX. [63] Ivo Pan. l. 7, c. 17. Decr. p. 8, c. 242. [64] *ea* : Edd. coll. o. [65] *Quod si etc.* : absunt ab Iv. Decr. [66] *per alterum* : Ivo Pan. — Edd. coll. o. = C. X. [67] hab. A. 400. — Ivo Decr. p. 8, c. 283. [68] *quæcunque* : Ivo. — *cuicunque* : Coll. Hisp. [69] abest ab ead. [70] abest ab ead. [71] abest ab Ivo. [72] *peccaverant* : Edd. coll. o. pr. Lugdd. II, III. [73] *nec* : Ivo. — Coll. Hisp. [74] *cibos* : Edd. coll. o. — Ivo. = C. XI. [75] cf. ad c. 28. D. 50. — Ans. l. 8, c. 37. Ivo Decr. p. 6, c. 398. Polyc. l. 4, t. 39.

annos remeare pœnitentem in pristinum statum præcipit, etc. ut in tractatu ordinandorum de lapsis ʰ, non hoc ⁷⁵ 'ex' electione proprii arbitrii sancti Patres, sed potius ex sententia divini judicii sanxerunt. Nam legitur, quod Maria ⁷⁷ soror Aaron prophetissa, dum detractionis ⁷⁸ adversus Moysen incurrisset delictum, illico stigmate lepræ perfusa ⁷⁹ est, quumque peteret Moyses, ut emundaretur, præcepit eam Deus ⁸⁰ extra castra septem diebus egredi, et post emundationem rursus eam in ⁸¹ castra admitti. Maria ergo soror Aaron caro intelligitur sacerdotis, quæ, dum superbiæ dedita sordidissimis cogitationum ⁸² maculatur contagiis ⁸³, extra castra septem diebus, hoc est extra collegium sanctæ ⁸⁴ ecclesiæ septem annis projicitur ⁸⁵, ut post emundationem ⁸⁶ vitiorum loci vel pristinæ dignitatis recipiat meritum. *Et post pauca:* § 1. In fine autem ⁱ epistolæ hoc adjiciendum putavi, ut, quotiescunque in gestis conciliorum discors sententia invenitur, illius sententia magis teneatur, cujus antiquior aut ⁸⁷ prior exstat auctoritas.

Gratian. *Hoc autem quanquam de sacerdotibus videatur specialiter dictum, generaliter tamen de omnibus pœnitentibus oportet intelligi. Ad imitationem namque illius dominicæ sententiæ David* ⁸⁸ *de adulterio et homicidio reprehensus unius hebdomadæ jejunium in satisfactionem admissi sceleris Deo legitur obtulisse. Hinc etiam ecclesiastica consuetudine est usurpatum, ut majorum criminum pœnitentia septem annorum spatio concludatur, nisi vel officii excellentia, vel criminum magnitudo vulgarem consuetudinem excedens (veluti dum contra naturam humanæ societatis parentibus, vel liberis, vel aliis ejusmodi personis impudice adhæremus, vel dum relicto naturali usu contra naturam more Sodomitico fornicamur, vel usque ad coitum brutorum animalium prolabimur), præmissum spatium transcendere cogat.*

VI. Pars. § 1. *De pœnitentibus quoque quæritur, an eis generaliter post pœnitentiam peractam conjugia concedantur? Generaliter enim canonica auctoritate prohibentur pœnitentes ad sæcularem militiam redire, vel matrimonia contrahere.*

*Unde* Siricius Papa *epist. 1, ad Himerium Episcopum, c. 5.* ⁸⁹ :

C. XII. *Pœnitentes matrimonia contrahere prohibentur.*

De his vero non incongrue dilectio tua apostolicam sedem credidit consulendam, qui acta ⁹⁰ pœnitentia tanquam canes ac sues ad vomitus pristinos et volutabra redeuntes, et militiæ cingulum, et ludicras voluptates, et nova conjugia, et inhibitos denuo appetivere concubitus, quorum ⁹¹ professam ⁹² continentiam generati post absolutionem filii prodiderunt. De quibus, quia jam suffugium ⁹³ non habent pœnitendi, id duximus decernendum, ut sola citra ⁹⁴ ecclesiam fidelibus oratione jungantur, sacris mysteriorum celebritatibus ⁹⁵ (quamvis non mereantur) intersint, a dominicæ autem mensæ convivio segregentur, ut hac saltem districtione correpti ⁹⁶ et ipsi in se sua errata castigent, et aliis exemplum tribuant, quatenus ab obscœnis cupiditatibus retrahantur ⁹⁷. Quibus ⁹⁸ tamen, quoniam carnali fragilitate ceciderunt, viatico munere, quum ad Dominum cœperint proficisci, per communionis gratiam volumus subveniri ⁹⁹, quam formam et circa mulieres, quæ se post pœnitentiam talibus pollutionibus devinxerunt, servandam esse censemus.

Gratian. *Sed, quia timore solvendi conjugii nonnulli ad pœnitentiam accedere differunt, vel propter lapsum adolescentiæ, quem formidant, pœnitentiæ remedium suscipere negligunt, ideo auctoritate canonica permittitur eis vel contracta matrimonia retinere, vel alia contrahere.*

*Unde* Leo Papa *Galerio Episcopo Tripolitano scribit* ¹⁰⁰ :

C. XIII. *Ex indulgentia conjugia post pœnitentiam legitimam non negentur.*

Audivimus a quibusdam, quod in vestris diœcesibus ac finibus Christianorum cœtus levi occasione se subtrahunt pœnitentiæ jugo, dicentes, quia, si pœnitentiam agimus, conjugii debemus relinquere copulam; in quo errant et de veritatis calle discedunt, quia pro omnibus illicitis pœnitentiam unusquisque Christi nominis cultor sustinere ac peragere summopere debet, dicente ¹⁰¹ Domino: Pœnitentiam agite, appropinquabit enim regnum cœlorum. Conjugium vero legitimum nulli orthodoxo-

---

NOTATIONES CORRECTORUM.

C. XI. ʰ *Ut in tractatu ordinandorum ae lapsis:* Absunt hæc a plerisque vetustis, sed non sunt expuncta, quia sic solet citare Gratianus, ut indicatur D c. Presbyter, supr. dist 82.
ⁱ *In fine autem:* Hæc usque ad finem absunt ab uno antiquo Gratiani exemplari.

Quæst. II. C. XI ⁷⁶ abest a Bohm. ⁷⁷ cf. Num. c. 12. ⁷⁸ *obtrectationis*: orig. ⁷⁹ *percussa*: Ivo.—Edd. coll. o. pr. Arg. ⁸⁰ *Dominus*: Edd. coll. o. ⁸¹ *intra*: Iv. ⁸² *corruptionum*: orig. ⁸³ *illecebris*: Ivo. ⁸⁴ abest ab Edd. coll. o. pr. Lugdd. II, III. ⁸⁵ *projiciatur*: Edd. coll. o. ⁸⁶ *emundationem*: ead. — orig. ⁸⁷ *et*: Edd. coll. o. — Ivo. ⁸⁸ cf. 2 Reg. c. 12. = C. XII. ⁸⁹ scr. A. 585. — Burch. l. 19, c. 57. Ans l. 11, c. 150. Ivo Decr. p. 15, c. 71. ⁹⁰ *peracta*: Burch. ⁹¹ add.: *profecto*: Ed. Bas. ⁹² *improfessam*: Edd. coll. o. ⁹³ *suffragium*: Coll. Hisp. ⁹⁴ *intra*: ead. — Coll. citt. — Edd. coll. o. ⁹⁵ *celebritati*: Burch. Ivo. — orig. ap. Coustant. — *solennitatibus*: Edd. Arg. Bas. ⁹⁶ *correcti*: Burch. Ivo. — Edd. coll. o. ⁹⁷ *extrahantur*: Coll. Hisp. ⁹⁸ *Quos*: ead. — orig. ap. Coustant. ⁹⁹ *sublevari*: ib. = C. XIII. ¹⁰⁰ Caput omnino incertum. — Coll. tr. p. p. 4, t. 60, c. 11, 12. ¹⁰¹ Matth. c. 3, v. 2.

rum pœnitentiam sustinenti solvere licet. *Et infra:* A domadam usque ad vesperam. A propria 'quidem'
§ 1. Sacris ¹⁰² eos vos expedit eloquiis ¹⁰³ edocere, ac legitima conjuge non separetur, ne in fornicatio-
ut ab erroris eripiantur caligine, et licitis copula- nis voraginem corruat, quod ne fiat optamus. Si
tionibus juncti de omnibus illicitis pœnitentiam agere autem ante annorum trium cursum finis vitæ illius
procurent ¹⁰⁴. appropinquaverit, corporis et sanguinis Domini
nostri Jesu Christi particeps fiat; sin autem, ut

### C. XIV. *Propter lapsum juvenilis incontinentiæ non negentur pœnitentibus licita conjugia.*

supra statuimus efficiatur. Tamen, si illius conversionem ¹¹¹ et lacrimarum fontem in omnibus vide-
*Item* Leo Papa *ad Rusticum, epist. XC. al. XCII,* ritis floridis actionibus et optimis operibus pul-
*c.* 11 ¹⁰⁵. lulare, humanius circa eum 'vestra' solicitudo
In adolescentia constitutus si urgente aut metu pervigil appareat, mitisque omnibus ¹¹² demon-
mortis, aut captivitatis periculo pœnitentiam gessit stretur.
¹⁰⁶, et postea timens lapsum incontinentiæjuvenilis
copulam uxoris elegit, ne crimen fornicationis in- ### C. XVI. *Post dignam pœnitentiam adolescentibus permittuntur licita conjugia.*
curreret, rem videtur fecisse venialem, si præter
conjugem nullam omnino cognoverit. In quo tamen *Item* ¹ ¹¹³.
non regulam constituimus, sed quid sit tolerabilius B VIII. Pars. Si quis cum duabus fuerit sororibus
æstimamus. fornicatus, aut cum his personis, de quibus sancta

### C. XV. *Hæc pœnitentia est imponenda ei, qui matrem occiderit.*

scriptura prohibet, si dignam egerit pœnitentiam, et
castitatis non valuerit continentiam sustinere, liceat
*Item* Nicolaus Papa *Rhatoldo, Episcopo sanctæ ec-* ei legitimam in conjugio uxorem accipere. Similiter
*clesiæ Argentoratensis* ᵏ ¹⁰⁷. et mulieri ¹¹⁴, quæ tali fuerit scelere lapsa, ut forni-
VII. Pars. Latorem præsentium matricidam esse cationis non perducatur ad chaos. Sed hoc de laicis
cognovimus. Cui præcipimus, ut sub pœnitentiæ viris ac mulieribus solummodo statuimus.
jugo permaneat ita, ut per annum integrum eccle- ### C. XVII. *Puniatur qui hæc crimina committit, non tamen legitimam dimittat uxorem.*
siam non ingrediatur, sed ante fores basilicæ orans
¹⁰⁸, et deprecans Deum perseveret, qualiter tanto *Item* ¹¹⁵.
eripiatur piaculo. Completo vero anni circulo in-
troeundi in ecclesiam licentiam habeat; tamen ¹⁰⁹ Si quis cum matre ᵐ fornicatus fuerit spirituali,
inter audientes stet, sed nondum communicet. anathematis (ut scitis) percutitur ictibus. Similiter
Completis autem trium annorum curriculis sacræ C autem et illum percutere promulgamus, qui cum
communionis ei gratia concedatur, oblationes vero ea, quam de sacro fonte baptismatis susceperit, aut
non offerat, nisi prius aliorum septem annorum cum illa, quam ante episcopum tenuerit, quum sacro
curricula expleantur. § 1. His autem omnibus annis chrismate fuerit uncta, fornicationis perpetraverit
atque temporibus carnem non manducet, nec vinum scelus; legitimam tamen, si habuit ¹¹⁶, non dimit-
bibere præsumat, exceptis festis diebus atque do- tat ¹¹⁷ uxorem.
minicis, et a Pascha usque ad Pentecosten. Et, quo- IX. Pars. § 1. Quos enim ⁿ Deus conjunxit judex †
cunque ire voluerit, nullo vehiculo deducatur, sed sua auctoritate separare non debet.
pedibus proficiscatur; arma non sumat, nisi contra
paganos; jejunet autem tribus ¹¹⁰ diebus per heb Quanquam Isidorus ¹¹⁸ hoc aliter intelligat, dicens:

### C. XVIII. *Non homo separat quos pœna condemnat.*

*Quos* ¹¹⁹ *Deus conjunxit homo non separat.* Quæris

### NOTATIONES CORRECTORUM.

C. XV. ᵏ Pœnitentia parricidarum, quæ *lapsa fornicationis, liceat*'.
hic præcipitur, habetur in conc. Wormaciensi C. XVII. ᵐ *Cum matre.* Sic in Panormia, et apud
c. 30. Ivonem part. 9, cap. 36; sed apud eumdem p. 1,
C. XVI. ¹ Ivo citat hoc, quemadmodum et se- D c. 138, legitur: *si quis cum commatre*, sicut etiam in
quens, ex Nicolao ad Carolum Archiepiscopum et ejus conc. Wormaciensi.
suffraganeos. Idem vero habetur in conc. Worma- ⁿ *Quos enim:* Hæc non sunt in Wormaciensi, ne-
ciensi cap. 33, nisi quod pro illis verbis: *lapsa, ut* que apud Ivonem, sed fere eadem in Panormia.
*fornicationis non perducatur ad chaos*, in eo legitur:

---

Quæst. II. C. XIII. ¹⁰² add.: *enim*: Edd. Arg. Bas. ¹⁰³ *alloquiis*: Ed. Bas. ¹⁰⁴ *curent*: Edd. Arg.
Bas. Nor.—*procurent*: Ven. I, II. = C. XIV. ¹⁰⁵ Ep. 167. Ed. Baller., scr. A. 458, vel 459. — Ans. l. 11.
c. 106. — In Edd. coll. o. adscribitur Leoni IV. ¹⁰⁶ *gesserit, — elegerit*: Edd. coll. o. = C. XV. ¹⁰⁷ Apud
Ivo Decr. p. 10, c. 173, et in Edd. coll. o. male dicitur esse directa ad Radulphum (*Rhotaldum*:
Bohm.); constat enim Rhadoldum, quem recte Burch. l. 6, c. 46. Ans. l. 11, c. 52 (51), nominant,
Argentinensi (*Argenteæ Retensi*: Coll. citt. — Edd. coll. o.) ecclesiæ præfuisse tempore Nicolai. —
Polyc. l. 6, t. 10. ¹⁰⁸ *stans orans*: Edd. coll. o. ¹⁰⁹ *tamen*: Edd. coll. o. ¹¹⁰ *tres dies*: Burch. lv.
¹¹¹ *conversationem*: Burch. lv. ¹¹² *in omn.*: Edd. coll. o. = C. XVI. * In orig. ap. Harzheim.
legitur ut ap. Gratianum, nisi quod add. post verb. *chaos: perficiatur*. ¹¹³ c. 53, conc. Wormat. hab.
A. 858. — Coll. tr. p. p. 1, t. 62, c. 22. ¹¹⁴ *mulier*: orig. — Edd. coll. o.. pr. Lugdd. II, III. = C.
XVII. ¹¹⁵ ib. c. 54. — Reg. l. 2, c. 228. Ivo Pan. l. 7, c. 64. Decr. p. 1, c. 138, p. 9, c. 36, allegant
ex ep. Nicolai ad Carolum archiep. — Coll. tr. p. ib. c. 23. ¹¹⁶ *habuerit*: orig. — Iv. ¹¹⁷ *cogatur
dimittere*: Iv. Decr. p. 9, et Pan. — *dimittit*: p. 1. † *homo sep. non debet*: Iv. Pan. = C. XVIII.
¹¹⁸ cf. Isid. de offic. l. 2, c. 19. ¹¹⁹ Matth. c. 19, v. 6.

quomodo? subaudi violenter, sine lege, absque ratione quos Deus conjunxit homo non separet. Non enim homo separat quos poena condemnat, quos reatus accusat, quos maleficium coarctat.

*Gratian. Verum hoc pro his dictum intelligitur, quos judices saeculi pro suis sceleribus legum severitate percellunt, quos vel morte puniunt, vel deportari jubent.*

### C. XIX. De eodem.
*Item ex Concilio Toletano VI c. 8* [120].

X. Pars. Antiqui et sanctissimi est [121] 'patris' sententia Papae Leonis, ut is, qui in aetatis adolescentia positus, dum mortis formidat casum, pervenerit [122] ad poenitentiae remedium, si conjugatus forte fuerit incontinens, ne postea adulterii lapsum incurrat, redeat ad pristinum conjugium, quousque possit adipisci temporis maturitate continentiae statum, quod nos sicut [123] de viris, ita [124] de feminis aequo modo censemus. Non quidem hoc [125] generaliter et canonice [126] est praeceptum, sed constat 'a' nobis [127] pro humana fragilitate indultum ea duntaxat ratione, ut si is, qui poenitentiae non est legibus deditus, ante ab hac vita decesserit, quam ex consensu [128] ad continentiam unus eorum º fuerit regressus, superstiti non liceat denuo ad uxoris [129] transire amplexus. Si autem illius vita exstiterit superstes, qui non accepit [130] absolutionem [131] poenitentis, nubat, si se continere non potest, et alterius consortio fruatur uxoris. Quod de [132] utroque sexu quomodo [133] a nobis [134] manifestum est esse decretum, ita videlicet, ut in omnibus [135] sacerdotis exspectetur ordinatio, ut, juxta quod aetatem aptam [136] perspexerit [137], poenitentiae [138] absolutionis, 'vel districtionis' tribuat legem.

# TRACTATUS DE POENITENTIA [a][1].

### QUAESTIO III
### GRATIANUS.

*His breviter decursis, in quibus extra negotii finem aliquantulum evagati sumus, ad propositae causae tertiam quaestionem pertractandam, qua quaeritur:*

### DISTINCTIO I.
### GRATIANUS.

I. Pars. *Utrum sola* [b] *cordis contritione, et secreta satisfactione, absque oris confessione quisque possit Deo satisfacere, redeamus. Sunt enim qui dicunt, quemlibet criminis veniam sine confessione facta ecclesiae et sacerdotali judicio posse promereri, juxta illud* Ambrosii *super* Lucam, *ad cap.* 22.

### C. I [2].

Petrus doluit et flevit, quia erravit, ut homo. Non invenio quid dixerit; invenio [3], quod fleverit. Lacrimas eius lego, satisfactionem non lego.

### C. II. Item ᶜ.

Lacrimae lavent [4] delictum, quod 'voce' pudor est confiteri.

### C. III. Item Propheta [5].

Sacrificium Deo spiritus contribulatus; cor contritum et humiliatum, Deus, non despicies.

### NOTATIONES CORRECTORUM.

C. XIX. º. *Unus eorum:* In antiquis conciliorum editionibus est: *eorum, unde;* in uno Vaticano codice: *alter eorundem;* in codice Lucensi regio: *ad continentiam eorum fuerit* ⁰⁰; in posterioribus autem Coloniensibus editionibus: *alter ad continentiam eat, unde fuerit regressus.* Itaque in tanta varietate retenta est vulgata lectio Gratiani, quae est in manuscriptis quoque ipsius exemplaribus.

Quaest. III. Dist. I. Pars. I ᵃ. Gratianus ad explicandam hanc tertiam quaestionem multa attulit. Quam perlongam tractationem qui eum secuti sunt in septem distinctiones diviserunt. In antiquioribus enim exemplaribus nulla est distinctionum separatio; in aliquibus vero in margine tantum est: *Distinctio prima, secunda,* etc.

ᵇ *Utrum sola:* Haec conjungenda sunt cum superioribus, quemadmodum in pervetustis sunt conjuncta; ab illis enim pendent.

C. II. ᶜ *Item:* Sequebatur: *Joannes Chrysostomus* ⁰⁰⁰, apud quem haec ipsa omnino verba non sunt inventa. Sed apud B. Ambrosium post ultima verba capitis praecedentis sequitur: *Sed quod defendi non potest ablui potest. Lavent lacrimae delictum,* etc. Nec multo aliter in serm. 46, de Petri poenitentia, et Ambrosium citat Magister sententiarum.

---

Quaest. II. C. XIX.    [120] hab.A. 638. — Coll. tr. p. p. 2, t. 38, c. 3.    [121] *haec est:* Edd. Ven. I, II. Par. Lugdd. — cf. supra c. 14.    [122] *si perv.:* Edd. coll. o.    [123] *ut :* exd.    [124] *ita et :* orig. — Edd. Par. Lugdd. — *et ita :* Edd. rell.    [125] abest a Coll. Hisp.    [126] *legitime praec. :* ead.    [127] *vobis :* Edd. coll. o. pr. Arg.    [128] *communi cons. :* Edd. Bas. Lugdd.    " ita Coll. Hisp.    [129] *uxorios :* ead.    [130] *acceperit :* Edd. coll. o.    [131] *benedictionem :* Coll. Hisp.    [132] *in :* Edd. coll. o.    [133] *pari modo :* exd. — Coll. Hisp.    [134] *nos — decrevisse :* Coll. Hisp.    [135] *his omn. :* ead. — Edd. coll. o. pr. Par. Lugdd.    [136] *actam :* Coll. Hisp.    [137] *prospexerit :* ead. — Ed. Bas.    [138] *continentiae, abs. :* Coll. Hisp.

Quaest. III.    [1] Rubrica : *Tr. de Poen. :* abest ab Edd. coll. o. pr. Par. Lugdd.

Dist. I. C. I.    [2] Petr. Lomb. l. 4, dist. 17. — cf. Luc. c. 22.    [3] *scio quod flevit :* Edd. coll. o. = C. II. ⁰⁰ ita Edd. coll. o. — Petr. Lomb. ib.    [4] *lavant :* Edd. coll. o. = C. III.    [5] Psal. 50, c. 19.

### C. IV. Item.

Dixi, confitebor adversum me injustitiam meam Domino, et tu remisisti impietatem peccati mei.

Quod Augustinus *exponens*, ait :

### C. V.

Magna pietas Dei, ut ad solam promissionem peccata dimiserit. § 1. Nondum pronunciat ore, et tamen Deus jam audit in corde, quia ipsum dicere quasi quoddam pronunciare est. Votum enim pro opere reputatur.

### C. VI. Cod. lib. I, de Episc. et Cler. Imp. Jovianus.

II. Pars. Si quis non dicam rapere, sed attentare tantummodo jungendi causa matrimonii sacratissimas virgines ausus fuerit, capitali poena feriatur.

### C. VII. Item lib. II, tit. de postulando Impp. Leo et Anthemius *Nicostrato P. P*.

Nemo vel in foro magnitudinis tuæ, vel in provinciali judicio, vel apud quemquam judicem accedat ad togatorum consortium, nisi sacrosanctis catholicæ religionis fuerit imbutus mysteriis. Sin autem aliquid quoquo modo vel quadam machinatione factum vel attentatum fuerit, officium quidem sublimitatis tuæ centum librarum auri jacturam pro condemnatione sustineat.

### C. VIII. Iidem AA. *ibidem continenter*.

Quicunque ausus fuerit contra providam nostræ serenitatis decretum officium advocationis per subreptionem arripere, et prohibitum patrocinium præstiterit, ab advocationis officio remotus stylum proscriptionis atque perpetui exsilii specialiter sustinebit; scituris etiam provinciarum rectoribus, quod is, sub cujus administratione aliquid hujusmodi fuerit attentatum, partis bonorum dimidiæ proscriptionem, et poenam exsilii per quinquennium sustinebit.

### C. IX. Item lib. IX, Codicis tit. ad legem Juliam majestatis, l. 5.

Quisquis cum militibus, etc. cogitaveri (eadem enim severitate voluntatem sceleris, qua effectum puniri jura voluerunt), "ipse quidem, etc.".

### C. X. Impp. Valentinianus, Valens, et Gratianus.

Si quis necandi infantis piaculum aggressus aggressave sit, sciat, se capitali supplicio esse puniendum.

### C. XI. Impp. Gratianus, Valentinianus, Theodosius, et Arcadius.

Si forte mulier marito mortis parasse insidias, vel quolibet alio genere voluntatem occidendi habuisse inveniatur, vel "si" forte maritus eodem modo insectetur uxorem, in eadem quæstione ab omni familia non solum mariti, sed etiam uxoris "suæ" (quæ tamen tunc temporis domi fuerit) quærendum est, sine cujusquam defensione.

### C. XII. Item ff. tit. de injuriis, l. Sed est quæstionis.

Si quis tam feminam quam masculum, sive ingenuos sive libertinos, impudicos facere attentaverit, injuriarum tenebitur. § 1. Sed et si servi pudicitia attentata fuerit, injuriarum locum habet. § 2. Attentari pudicitia dicitur, quum id igitur, ut ex pudico impudicus fiat. § 3. Non solum is injuriarum tenetur, qui fecit injuriam, hoc est qui percussit, verum ille quoque continetur, qui dolo fecit, vel qui curavit ut cui mala pugno percuteretur.

### C. XIII. Item lege Apud Labeonem.

Si quis pulsatus quidem non est, verum manus adversus eum levatæ, et sæpe territus "est", quasi vapulaturus, non tamen percussit, "utili" injuriarum actione tenetur.

### Gratian. Item ad legem Corneliam de sicariis:

Si quis cum telo ambulaverit hominis necandi causa, sicut is, qui hominem occiderit, vel cujus dolo malo factum erit commissum, legis Corneliæ de sicariis poena coercetur.

III. Pars. *Contra titulo* de poenis :

### CAP. XIV.

Cogitationis poenam nemo patitur.

### C. XV. Item titulo de extraordinariis criminibus.

Solicitatores alienarum nuptiarum, itemque matrimoniorum interpellatores, etsi effectu sceleris potiri non possunt, propter voluntatem "tamen" per-

---

### NOTATIONES CORRECTORUM.

C. V. *Initium* usque ad vers. *Nondum*, est Cassiodori, quem citant glossa ordinaria et Magister. Quæ vero sequuntur magnam partem sunt ex B. Augustino.

Dist. I. C. IV. Psal. 31, v. 5. = C. V. Gloss. ord. ad Ps. 31, v. 5. — Petr. Lomb. ib. — cf. C. 17, qu. 1, c. 4. *Domini* : Ed. Bas. *autem* : Ed. Arg. = C. VI. const. 5 Cod. l. 1, t. 3, dat. A. 364. — *Jovinianus* : Bohm. — *Justinianus* : Edd. coll. o. — cf. C. 36, qu. 2, c. 3. — Polyc. l. 4, t. 35. *ferietur* : Edd. coll. o. pr. Lugdd. = C. VII. const. ult. Cod. l. 2, t. 6, dat. A. 468. add. *aliud* : Ed. Bas. — *talium* : Edd. rell. = C. VIII. *Idem Augustinus* : Edd. coll. o. *idem vero quicunque* : orig. *eripere* : Ed. Bas. = C. IX. const. 5. Cod. l. 9, t. 8, dat. A. 397. — cf. C. 6, qu. 1. c. 21. *Si quis* : Ed. Arg. abest ab Edd. coll. o. pr. Par. Lugld. = const. 7, Cod. l. 9, t. 16. *Si quis, etc.* *fuerit* : Edd. coll. o. *coerceatur* : eæd. = C. X. const. 8. Cod. ib. dat. A. 374. — In Edd. coll. o. et hujus et sequ. cap. inscriptio mutila est et corrupta. *fuerit* : eæd. = C. XI. Imo Valent., Theod. et Arcad. Impp. const. 9. Cod. ib. dat. A. 385. *eo* : Edd. coll. o. *inæquitur* : eæd pr. Lugdd. II, III. = C. XII. L. 47. D. t. 10, fr. 9, § 4, fr. 10, 11. abest ab Edd. Arg. Bas. *sit, injuria* : Edd. coll. o. *Sed non* : Ed. Bas. abest ab Ed. Arg. — *tenetur* : Edd. rell. *ut maxilla* : Edd. coll. o. pr. Lugdd. II, III. = C. XIII. ib. fr. 15. add. : *sunt* : Edd. coll. o. pr. Arg. in qua leg. : *Si quis puls. quid. non est ausus manus adversus eum levare*. *percussus* : Edd. coll. o. = C. XIV. L. 48. D. t. 19, fr. 18. *patiatur* : Edd. coll. o. = C. XV. L. 47. D. t. 11, fr. 1.

niciosæ libidinis extra ordinem puniuntur. *Et infra :* § 1. Qui puero stuprum (abducto 'ab eo' vel corrupto comite) persuaserit, aut mulierem puellamve interpellaverit, quidve impudicitiæ gratia fecerit, domum e præbuerit pretiumve, quo is persuadeat, dederit, perfecto flagitio punitur capite, imperfecto in insulam deportatur. Corrupti⁵⁰ comites summo supplicio afficiuntur.

### C. XVI. *Item titulo* de furtis⁵¹.

Vulgaris est quæstio, an is, qui ex acervo frumenti modium sustulit, totius rei furtum faciat, an vero ejus tantum, quod abstulit. Ofilius totius acervi furem esse putat. Nam et qui aurem alicujus tetigit (inquit Trebatius) totum cum videtur tetigisse. Proinde et qui dolium aperuit, et inde parum vini abstulit, non tantum ejus, quod abstulit, verum totius furtum⁵² videtur fecisse. Sed verum est, in tantum eos⁵³ furti actione teneri, quantum abstulerunt⁵⁴. Nam et si quis armarium, quod tollere non poterat, aperuerit⁵⁵, et omnes res, quæ in eo erant, contrectaverit, atque ita discesserit, deinde reversus unam ex his abstulerit, et ante quam se reciperet quo destinaverat, deprehensus fuerit, ejusdem rei et manifestus, et nec manifestus fur erit. Sed et si quis segetem ante lucem f secat et contrectat, ejus⁵⁶, quod secat, manifestus⁵⁷ et nec manifestus fur est.

### C. XVII. *Item lib. II, tit.* Quod quisquis juris, l. 1⁵⁸.

Hæc autem verba : *Quod*⁵⁹ *statuerit qui jurisdictioni præest,* cum effectu accipimus, non verbotenus ; et ideo, si, quum vellet statuere, prohibitus sit, nec effectum decretum habuit⁶⁰, cessat edictum. Nam *statuit* verbum rem perfectam significat, et consummatam injuriam, non cœptam.

### C. XVIII.

Pœnæ (sicut in *ff. tit. de pœnis legitur*)⁵¹ legum interpretatione molliendæ sunt potius, quam exasperandæ⁵².

Gratian. Atque ideo proprium casum non excedunt ; sed quæ de raptu virginum, vel advocatis, seu de crimine majestatis, vel de sicariis dicta sunt, favore religionis et fidei, atque principali odio sicariorum introducta sunt. Injuriarum vero pro earum varietate multipliciter quis reus fieri potest. Varietas itaque criminum varietatem inducit pœnarum.

Unde in Digestis *tit. de pœnis* ⁵³ :

### C. XIX.

IV. Pars. Aut facta puniuntur, ut furta cædesque, aut dicta, ut convicia et infidæ⁵⁴ advocationes ; aut scripta, ut falsa⁵⁵ et famosi libelli ; aut consilia, ut conjurationes, et latronum conscientia, quosque alios suadendo juvisse⁵⁶ sceleris est instar. § 1. Sed hæc quatuor genera consideranda sunt septem modis : causa, persona, loco, tempore, qualitate, quantitate, eventu. § 2. Causa, ut in verberibus ; quæ impunita sunt a magistro illata vel parente, quoniam emendationis⁵⁷, non injuriæ gratia videntur adhiberi. Puniuntur⁵⁸, quum quis per iram ab extraneo pulsatus est⁵⁹. § 3. Persona dupliciter spectatur, ejus qui fecit, et ejus qui passus est. Aliter enim puniuntur ex eisdem facinoribus servi, quam liberi ; et aliter qui quicquam in dominum parentemve ausus est, quam qui in extraneum, in magistratum⁶⁰, vel in privatum. In hujusmodi⁶¹ consideratione ætatis quoque ratio habeatur⁶². § 4. Locus facit, ut idem vel furtum, vel sacrilegium sit, et capite luendum, vel minore supplicio. § 5. Tempus discernit emansorem a furtivo ᵍ, et effractorem vel furem diurnum a nocturno⁶³. § 6. Qualitate, quum⁶⁴ factum vel atrocius, vel levius est, ut furta manifesta a nec manifestis discerni solent, rixæ a grassaturis, expilationes a furtis, a violentia petulantia, de qua re maximus apud Græcos orator Demosthenes⁶⁵ sic ait : Οὐ γὰρ ἡ πληγὴ παρέστησε τὴν ὀργήν, ἀλλ' ἡ ἀτιμία, οὐδὲ τὸ τύπτεσθαι τοῖς ἐλευθέροις ἐστὶ δεινόν (καίπερ ὂν δεινόν) ἀλλὰ τὸ ἐφ' ὕβρει. πολλὰ γὰρ ἂν ποιήσειεν ὁ τύπτων, ὦ ἄνδρες Ἀθηναῖοι, ὧν ἔνια ὁ παθὼν οὐδ' ἂν ἀπαγγεῖλαι δύναιθ' ἑτέρῳ, τῷ σχήματι, τῷ βλέμματι,

### NOTATIONES CORRECTORUM.

C. XV. e *Domum.* Sic etiam in sententiis Pauli l. 5, t. 4, vers. *Qui puero ;* sed in Pandectis Florentinis legitur : *domum.*

C. XVI. f *Ante lucem :* In Pandectis Florentinis legitur : *sed et qui segetem luce secat.*

C. XIX. g *Furtivo :* In aliquot vetustis codicibus et originali est : *fugitivo.* Sed ob glossam non est emendatum.

---

Dist. I. C. XV. ⁵⁰ add. : *autem :* Ed. Bas. = C. XVI. ⁵¹ L. 47. D. t. 2, fr. 21. ⁵² *videtur fur esse :* orig. ⁵³ *eum :* Edd. coll. o. ⁵⁴ *abstulit :* Ed. Bas. — *abstulerunt :* Edd. rell. ⁵⁵ *aperuit :* Edd. coll. o. pr. Bas. ⁵⁶ *ejusdem rei quod :* Edd. Arg. — *ejus quam :* Edd. Par. Lugd. ⁵⁷ *man. fur est, nec man. :* Ed. Bas. — *man. est fur, nec man. fur. erit :* Ed. Arg. — *man. est fur et nec man. erit :* Edd. Nor. Ven. I, II. — *man. est fur, et nec man. :* Edd. Par. Lugd. = C. XVII. ⁵⁸ L. 2. D. t. 2, fr. 1. ⁵⁹ *Quæ stat. :* Edd. Nor. Bas. — *Statuit, qui :* Edd. Par. Ven. I, II. — *Quæ statuerunt qui jurisdictionibus præsunt :* Ed. Arg. ⁶⁰ *habuerit :* Edd. Bas. Lugd. = C. XVIII. ⁶¹ L. 48. D. t. 19. fr. 42. ⁵² *nimis exasp. :* Edd. coll. o. = C. XIX. ⁵³ fr. 16, ib. ⁵⁴ *perfidæ :* Ed. Bas. ⁵⁵ add. : *charta :* Edd. coll. o. pr. Bas. ⁵⁶ *innuisse :* Edd. Par. Lugd. I. — *monuisse :* Edd. rell. pr. Lugd. II, III. ⁵⁷ add. : *animo :* Edd. coll. o. ⁵⁸ add. : *autem :* Edd. Bas. Lugd. II. ⁵⁹ *pulsatur :* Edd. o. pr. Lugd. III. ⁶⁰ *et in mag. quam qui in :* Edd. o. ⁶¹ *hujus rei :* Ed. Bas. ⁶² *habetur :* Edd. Bas. Lugd. II, III. ⁶³ *ac nocturnum :* Ed. Bas. ⁶⁴ abest ab Edd. o. pr. Nor. ⁶⁵ *in oratione contra Mediam.* — Ipsa verba græca cum interpret. (quæ plane diversa est ab ea, quæ in Digest. circumfertur) et hic et infra ab editionibus aute Contium publici juris factis absunt. * ita Edd. coll. o.

τῆ φωνῆ, ὅταν ὡς ὑβρίζων, ὅταν ὡς ἐχθρὸς ὑπάρχων, ὅταν κονδύλοις, ὅταν ἐπὶ κόρρης. ταῦτα κινεῖ, ταῦτα ἐξίστησιν ἀνθρώπους ἀηθεῖς ὄντας τοῦ προπηλακίζεσθαι. Id est: *Non enim iram plaga concitavit, sed ipsa facti indignitas. Neque tam ingenuis grave est cædi (quanquam grave est) quam per contumeliam cædi. Siquidem multa is, qui alium cædit, admittere potest (quorum magnam partem is, qui verberibus affectus est, alteri renunciare* [g] *ac repræsentare nequit) habitu corporis, vultu, rociferatione, nunc ut contumeliam inferens, nunc ut inimicum se gerens, nunc pugnum ducens, nunc in malam cædens. Hæc movent, hæc de statu mentis deturbant homines propudii ac sugillationis non assuetos.* § 7. *Quantitas discernit furem ab abigeo. Nam, qui unum suem surripuerit, ut fur coercebitur: qui gregem, ut abigeus.* § 8. *Eventus spectatur, ut a clementissimo* [i] *quoque facta; quanquam lex non minus eum, qui occidendi hominis causa cum telo fuerit* [66], *quam eum, qui occiderit, puniat, et ideo apud Græcos exsilio voluntario fortuiti casus luebantur, ut apud præcipuum poetarum scriptum est* [67]:

Εὖτέ με τυτθὸν ἐόντα Μενοίτιος ἐξ Ὀπόεντος
Ἤγαγεν ὑμέτερον δ' ἀνδροκτασίης ὑπὸ λυγρῆς,
Ἤματι τῷ, ὅτε παῖδα κατέκτανον Ἀμφιδάμαντος,
Νήπιος, οὐκ ἐθέλων, ἀμφ' ἀστραγάλοισι χολωθείς. Id est:

*Quo puerum me tempore vestras duxit ad ædes,
Ex Opoente pater, dira pro cæde patrata,
Ob talos nempe ira percitus Amphidamantis,
Quum gnatum imprudens simul invitusque peremi.*

C. XX [k]

V. Pars. *Cogitatio non meretur pœnam lege civili, quum suis terminis contenta est. Discernuntur tamen a maleficiis ea, quæ de jure effectum desiderant. In his enim non nisi animi judicium consideratur.*

Unde in Digestis tit. de repudiis [66]:

C. XXI.

*Divortium non est verum, nisi quod animo per-petuam constituendi discessionem* † *fit. Itaque quicquid in calore iracundiæ vel fit, vel dicitur, non prius* [69] *ratum est, quam si perseverantia apparuit* [70]*, judicantis animi fuisse. Ideoque per* [71] *calorem misso repudio, si brevi* [72] *reversa est uxor, nec divertisse videtur.*

Hinc etiam in Canonibus [72].

C. XXII.

*Si quis iratus crimen alicui objecerit*, etc.

VI. Pars. Gratian. *Ex consilio autem velut ex facto aliquem teneri* Augustinus [74] *probat, ita dicens* [1]:

C. XXIII. *Non solum qui manibus occidunt, sed etiam quorum consilio et fraude alii occiduntur, homicidæ probantur.*

Perniciose [75] *se decipiunt* [76], *qui existimant, eos tantum homicidas esse, qui manibus hominem occidunt, et non potius eos, per quorum consilium, et fraudem, et exhortationem homines exstinguuntur. Nam Judæi Dominum nequaquam propriis manibus occiderunt* [77], *sicut scriptum* [78] *est: Nobis non licet interficere quemquam. Sed tamen illis Domini mors imputatur, quia ipsi lingua eum interfecerunt, dicentes: Crucifige, crucifige eum. Unde unus Evangelista dixit, Dominum crucifixum esse hora tertia* [79], *alius sexta* [80], *quia Judæi crucifixerunt eum hora tertia lingua, milites hora sexta manibus. Qui ergo hominem tradidit* [81], *ille interfecit* [82] *eum, Domino dicente* [83]: *Majus peccatum habet qui me tradidit tibi. Unde Psal.* [84]: *Filii hominum, dentes eorum arma et sagittæ, et lingua eorum gladius acutus. Subjiciant ergo se pœnitentiæ quorum consilio sanguis funditur, si veniam promereri voluerint* [85].

C. XXIV. *Interfectores fratrum, detractores eorum, eosque odientes, homicidæ habentur.*

Item ex epistola Clementis I. ad Jacobum [86].

*Homicidiorum* [87] *vero* [88] *tria genera esse dicebat B. Petrus, et pœnam eorum parilem fore* [89] *dicebat. Sicut enim homicidas interfectores fratrum, ita de sicariis.*

NOTATIONES CORRECTORUM.

[h] *Alteri renunciare:* Hæc in suum locum sunt restituta.
[i] *Clementissimo:* Sic emendatum est ex Pandectis Florentinis, quum antea legeretur; *dementissimo* *. Quod in Basilicis lib. 60. tit. 52, 1. 16, sic explicatur: *Vir clemens, nec seditiosus, si arma sumat, quasi occidendi causa, non punitur ut homicida, nisi ex eventu sequatur. In seditiosis autem etiam sine eventu animi propositum punitur, ob id solum, quod armati processerint.* ut l. 1. ad legem Corneliam de sicariis.
C. XX. [k] Huic, quod in vulgatis est distinctum caput, in plerisque vetustis est apposita nota illa, qua indicatur esse verba Gratiani **.
C. XXIII. [1] Caput hoc collectum est ex variis locis B. Augustini, videlicet ex lib. 3. de consensu Evangelistarum c. 13., explanatione Psalm. 56., et 63., et tractat. 114. et 115. in Joannem.

Dist. I. C. XIX. [66] add.: *inventus*: eæd. [67] add.: *græcum*: Edd. Bas. Lugd. II. — cf. Hom. II. l. 23, v. 85 — 88. = C. XX. [68] "quare alio ea charactere sunt expressa.. = C. XXI. [68] L. 24. D. t. 2, fr. 3. † *dissensionem*: orig. [69] *aliter*: Edd. coll. o. [70] *approbaverit*: Ed. Arg. — *apparuerit*: Edd. rell. — Bohm. [71] add.: *eam*: Edd. coll. o. [72] *in brevi*: Edd. coll. o. = C. XXII. [73] cf. C. 2, qu. 3, c. 5. = C. XXIII. [74] Reg. l. 2, c. 49. ( : *ex dictis Ferrandi Diaconi*) Burch. l. 6; c. 31. Ans. l. 11, c. 45. Ivo Decr. p. 10, c. 160. Polyc. l. 6, t. 10. [75] *Periculose*: Reg. Burch. Ans. Ivo. — Edd. coll. o. [76] *decipiuntur*: Edd. coll. o. pr. Bas. [77] *interfecerunt*: Ed. Bas. — Reg. Burch. Ans. Iv. [78] *scriptum est enim*: Ed. Bas. — cf. Joan. c. 18, v. 31. [79] Marc. c. 15, v. 25. [80] Luc. c. 23, v. 44. [81] *tradiderit*: Ed. Bas. — *tradit*: Edd. Lugdd. II, III. — Reg. Burch. Ans. Iv. [82] *interfecit*: Coll. citt. — Edd. coll. o. pr. Nor. Par. Lugd. I. [83] Joan. c. 19, v. 11. [84] Psal. 56, v. 5. [85] *volunt*: Edd. coll. o. pr. Bas. — Reg. = C. XXIV. [86] Cap. Pseudoisidorianum. — Burch. l. 6, c. 28. Ans. l. 11, c. 43 (42). Ivo Decr. p. 10, c. 137. Polyc. ib. [87] *Homicidarum*: Burch. Iv. [88] abest ab Edd. Arg. Bas. [89] *forte*: Edd. Nor. Ven. I, II.

'et' detractores eorum, eosque odientes, homicidas esse manifestabat, quia et qui occidit fratrem suum, et qui odit, et qui detrahit, ei pariter homicidæ esse monstrantur.

## C. XXV. *In maleficiis voluntas pro opere reputatur.*

*Item* Hieronymus *in Esaiam, c. 33.*

Omnis iniquitas, et oppressio, et injustitia, judicium sanguinis est: et, licet gladio non occidat, voluntate tamen interficit.

## C. XXVI. *De eodem.*

*Item* Cyprianus *tract. IV de mortalitate.*

Numquid Cain, quum Deo munus offerret, 'jam' peremerat fratrem? et tamen parricidium mente conceptum Deus providus ante damnavit. Ut illic cogitatio mala et perniciosa concepto Deo providente prospecta est, ita et in Dei servis, apud quos 'confessio' cogitatur, et martyrium mente concipitur, animus ad bonum deditus Deo judice coronatur. Aliud est 'enim' martyrio animum deesse, aliud animo defuisse martyrium. Qualem te invenit Dominus, quum vocat, talem pariter et judicat, quando ipse testetur et dicat: *Et scient omnes ecclesiæ, quia ego sum scrutator renis et cordis.*

## C. XXVII. *Homicida est qui fratri suo mala persuadet.*

*Item* Augustinus *tract. XLII ad c. 8. Joannis.*

Noli putare, te non esse homicidam, quando fratri tuo mala persuades. Si fratri tuo mala persuades, occidis. Et ut scias, quia occidis, audi Psalmum: *Filii hominum, dentes eorum arma et sagittæ, et lingua eorum machæra acuta.*

## C. XXVIII. *Occidit qui ad nocendum movetur.*

*Idem lib. XIX. contra Faustum, c. 23.*

Homicidium lege vetitum putabatur non aliud esse, nisi corporis peremtio. Aperuit ergo Dominus omnem iniquum motum ad nocendum fratri in homicidii genere deputari.

## C. XXIX. *Furti tenentur qui solo timore non furantur.*

*Item* Augustinus *lib. L. Hom., homil. 28.*

Si propterea non facis furtum, quia times ne videaris, 'et' detractores eorum, cosque odientes, A denariis, intus 'fecisti', in corde fecisti; furti teneris, et nihil tulisti.

## C. XXX. *Non ideo minus delinquit, cui sola deest facultas.*

*Idem de libero arbitrio, lib. I. c. 3.*

Si cui etiam non contingat facultas concumbendi cum * hac * conjuge aliena, planum tamen aliquo modo sit 'id' eum cupere, et, si potestas detur, facturum esse, non minus reus est, quam si in ipso facto deprehenderetur. *Item, sicut auctoritas testatur:*

§ 1. Voluntas remuneratur, non opus. Voluntas autem in cordis contritione est, opus vero in oris confessione.

Gratian. Luce clarius constat cordis contritione, non oris confessione peccata dimitti.

## B C. XXXI. *Item* Prosper *lib. II. de vita contemplativa, cap. 7.*

Porro illi, quorum peccata humanam notitiam latent, nec ab ipsis confessa, nec ab aliis publicata, si ea confiteri aut emendare noluerint, Deum, quem habent testem, ipsum habituri sunt et ultorem. Et quid eis prodest humanum vitare judicium, quum, si in malo suo permanserint, ituri sint † in æternum, Deo retribuente, supplicium? Quod si ipsi sibi judices fiant, et veluti suæ iniquitatis ultores, hic in se voluntariam pœnam severissimæ animadversionis exerceant, temporalibus pœnis mutabunt æterna supplicia, et lacrimis ex vera cordis compunctione fluentibus restinguent æterni ignis incendia.

## C C. XXXII. *Et infra ibidem*

Facilius Deum sibi placabunt illi, qui non humano convicti judicio, sed ultro crimen agnoscunt, qui aut propriis illud confessionibus produnt, aut nescientibus aliis (quales occulti sunt) ipsi in se voluntariæ excommunicationis sententiam ferunt, et ab altari, cui ministrabant, non animo, sed officio separati vitam suam tanquam mortuam plangunt, certi, quod reconciliato sibi efficacis pœnitentiæ fructibus Deo non solum amissa recipiant, sed etiam cives supernæ civitatis effecti ad gaudia sempiterna perveniant.

## NOTATIONES CORRECTORUM.

C. XXVIII. Verba propria B. Augustini sunt hæc: *Quia enim non intelligebant homicidium, nisi peremtionem corporis humani, per quam vita privaretur, aperuit Dominus*, etc.

C. XXX. *Voluntas:* Hæc usque ad finem sunt D ex homilia 26, operis imperfecti in Matthæum.

C. XXXII. In plerisque vetustis exemplaribus caput hoc conjunctum est superiori; in nonnullis autem reliqua etiam usque ad c. *Medicina*.

**VII. Pars. Gratian.** *Hoc idem probatur auctoritate illa prophetica* [116]: *In quacunque hora peccator fuerit conversus, et ingemuerit,* etc. *Non enim dicitur: ore confessus fuerit, sed tantum:* Conversus fuerit, et ingemuerit, vita vivet, et non morietur. *Hinc etiam Propheta ait* [119]:

### C. XXXIII.

Scindite corda vestra, et non vestimenta [120].

**Gratian.** *Ostendens in contritione cordis, quae in ejusdem scissione intelligitur, non in confessione oris, quae pars est exterioris satisfactionis, quam scissuram vestium nominavit, a parte totum intelligens, peccata dimitti.*

*Hinc etiam per eundem* Prophetam *Dominus ait* P [121]:

### C. XXXIV.

Convertimini ad me in toto corde vestro, et convertar ad vos.

**Gratian.** *Conversio autem dicitur quasi cordis undique versio. Si autem cor nostrum undique a malo ad Deum vertitur, mox suae conversionis fructum meretur, ut Deus ab ira sua ad misericordiam conversus peccati praestet indulgentiam, cujus primo praeparabat vindictam. Unde datur intelligi, quod etiam ore tacente veniam consequi possumus. Hinc etiam leprosi illi* [122], *quibus Dominus praecepit, ut ostenderent se sacerdotibus, in itinere, antequam ad sacerdotes venirent, mundati sunt. Ex quo facto nimirum datur intelligi, quod ante, quam sacerdotibus ora nostra ostendamus, id est peccata nostra confiteamur, a lepra peccati mundamur. Hinc etiam Lazarus* [123] *vivus de monumento prodiit; non prius de monumento est eductus, et postea a Domino suscitatus, sed lapide remoto, quo monumentum claudebatur, in sepulcro revixit, et foras vivus prodiit.* § 1. *Hinc etiam, ut Dominus ostenderet, quod non sacerdotali judicio, sed largitate divinae gratiae peccator emundatur, leprosum tangendo mundavit* [124], *et postea sacerdoti sacrificium ex lege offerre praecepit. Leprosus enim tangitur, quum respectu divinae pietatis mens peccatoris illustrata compungitur. Unde post trinam negationem Petrus* [125], *Domino eum respiciente, profudit amaras lacrimas, quibus culpam negationis suae diluit. Leprosus semetipsum sacerdoti repraesentat, dum peccatum suum sacerdoti poenitens confitetur. Sacrificium ex lege offert, dum satisfactionem ecclesiae judi-*

*cio sibi impositam factis exsequitur. Sed antequam ad sacerdotem perveniat, emundatur, dum per contritionem cordis ante confessionem oris peccati venia indulgetur. Hinc etiam medici negantur suscitare aliquem, ut resuscitatus confiteatur, dum per Prophetam dicitur* [126]: Numquid medici resuscitabunt, et confitebuntur tibi? *Item* [127]: A mortuo, ut auctoritas ait, perit confessio, velut ab eo, qui non est. *Unde poenitens ille, qui timore octavae territus exclamaverat* [128]: Domine, ne in furore tuo arguas me, neque in ira tua corripias me, *postea supplicans aiebat:* Salvum me fac propter misericordiam tuam, quoniam non est in morte qui memor sit tui; in inferno autem nullus tibi confitebitur. *Si ergo nullus confitebitur, nisi resuscitatus, nemo autem vivit aeternae gehennae filius, et perpetua damnatione dignus, patet, quod antequam quisque confiteatur peccatum, a reatu suae praevaricationis, quo aeterna sibi debebantur supplicia, per gratiam internae compunctionis absolvitur.* § 2. *Item: Si antequam quisque confiteatur, a Domino resuscitatur, vel resuscitatus vivit, dum confitetur, vel post resurrectionem iterum mortuus est, et confitetur. Sed, sicut antequam resuscitaretur mortuus, confiteri non poterat, sic post resurrectionem mortuus confiteri non valet. Restat ergo, ut resuscitatus vivat, dum peccatum confitetur* q. *Habet itaque suscitatorem suum sibi praesentem, seque inhabitantem.*

*Unde Augustinus ait in Psal. LXX* r :

### C. XXXV.

Resuscitatus corpore vivit absente suscitatore. Non autem sic resuscitatus in anima.

**Gratian.** *Quum enim Deus sit vita animae, anima vero vita corporis, sicut corpus vivere non potest absente anima, ita nonnisi Deo praesente anima vivere valet. Habet itaque anima sibi Deum praesentem per gratiam, qua vivens peccatum suum confitetur, eamque vita, quae Deus est, inhabitat, quam inhabitando vivere facit. Si autem illam inhabitat, ergo templum Spiritus sancti facta est, ergo illuminata est, ergo a tenebris peccatorum expiata est, ergo templum diaboli esse desiit, quae ad lucem venit, cujus respectus tenebras fugat. Nulla enim (ut ait Apostolus)* [129] *conventio Christi ad Belial, nulla participatio lucis ad tenebras, nulla communicatio justitiae et iniquitatis.*

---

### NOTATIONES CORRECTORUM.

**C. XXXIV.** P. Confecta est sententia ista ex verbis Joelis cap. 2., et Zachariae cap. 1.

q *Confitetur:* Hic in vulgatis interjiciebantur haec : *Ergo sola contritio, in qua fit resuscitatio, tollit peccatum*, quae absunt a plerisque et emendatioribus Gratiani codicibus.

**C. XXXV.** r In glossa ordinaria in Psal. 70. vers. D *Deus docuisti,* in vers. *Mirabilia,* ex Augustino haec afferuntur : *Quid mirabilius, quam mortuos suscitare? Suscitatus corpore vivit etiam absente suscitatore, non sic suscitata anima sine Deo,* quae sententia fusius exponitur apud B. Augustinum concione secunda in eundem Psalmum.

---

Dist. I. C. XXXII. [116] Ezech. c. 33, v. 12. = C. XXXIII. [119] Joel. c. 2, v. 13. [120] add. : *vestra*: Vulg. — Edd. Bas. Lugdd. II, III. = C. XXXIV. [121] Joel. ib. v. 12. Zachar. c. 1. v. 5. [122] cf. Luc. c. 17. [123] Joan. c. 11. [124] Matth. c. 8. [125] Luc. c. 22. [126] Psalm. c. 87, v. 11. [127] Eccles. c. 17, v. 26. [128] Psal. 6, v. 2, 5, 6. ' ita in Edd. coll. o. pr. Bas. = C. XXXV. [129] 2 Cor. c. 6, v. 15.

nullus consensus templo Dei cum idolis. Item, ut Christus ait [130]: Omnis, qui odit malum, in luce agit. Qui autem in luce agit, sicut Augustinus ait, in Christo operatur. Qui autem in Christo operatur, ejus filius probatur. Cujus enim opera quisque facit, ejus filius esse perhibetur. Unde quibusdam Dominus ait [131]: Si filii Abrahæ estis, opera Abrahæ facite. Item: Vos ex patre diabolo estis, quia opera patris vestri facere vultis. Nemo autem filius Dei et diaboli simul esse potest. Nemo [132] enim, ut ipse ait, duobus dominis servire potest. Item, ut Joannes ait in epistola sua I. cap. 3.:

### C. XXXVI.

Qui natus est ex Deo, non peccat [133].

Gratian. Ergo nec est filius diaboli. Solo enim peccato diaboli filii sumus. Ergo de ejus regno translati sumus in regnum caritatis filii Dei, et sumus erepti [134] de potestate tenebrarum, et facti filii lucis. Quum ergo ante confessionem, ut probatum est, sumus resuscitati per gratiam, et filii lucis facti, evidentissime apparet, quod sola cordis contritione sine confessione oris, peccatum remittitur.

### C. XXXVII. Item Joannes ibidem [135].

Omnis, qui non diligit [136], in morte manet.

Gratian. Si ergo vivit, et diligit; si diligit, dilectio in corde est; dilectio autem in malo non est. Est enim proprius fons bonorum, in quo non communicat alienus. Ergo bonus est iste factus per gratiam ante confessionem peccati: non itaque malus est; bonus enim et malus aliquis simul esse non potest. Quod si malus non est, membrum diaboli non esse probatur: nec ergo dignus est gehenna, quæ diabolo et membris ejus solummodo debetur, sicut æterna beatitudo solummodo Christi paratur. Non ergo in confessione peccatum remittitur, quod jam remissum esse probatur. Fit itaque confessio ad ostensionem pœnitentiæ, non ad impetrationem veniæ, et sicut circumcisio data est Abrahæ [137] in signum justitiæ, non in causam justificationis, sic confessio sacerdoti offertur in signum veniæ acceptæ, non in causam remissionis accipiendæ.

II. Pars. § 1. Aliis contrario testantur, dicentes sine confessione oris et satisfactione operis neminem a peccato posse mundari, si tempus satisfaciendi habuerit. Unde Dominus per Prophetam ait [138]: Dic tu iniquitates tuas, ut justificeris.

### C. XXXVIII. Item Ambrosius in lib. de Paradiso, cap. 14. [139].

Non potest quisquam justificari a peccato, nisi ante fuerit peccatum confessus.

### C. XXXIX. Idem in serm. I. Quadragesimæ [140].

Ecce nunc tempus acceptabile adest, in quo confessio a morte animam liberat, confessio aperit paradisum, confessio spem salvandi tribuit. Unde scriptura dicit [141]: Dic tu iniquitates tuas ut justificeris. His verbis ostenditur, quia non meretur justificari qui in vita sua peccata non [142] vult confiteri. Illa ergo [143] confessio nos [144] liberat, quæ fit [145] cum pœnitentia. § 1. Pœnitentia [146] vera est dolor cordis, et amaritudo animæ pro [147] malis, quæ quisque [148] commisit [149]. Pœnitentia est ‘et’ [150] mala præterita plangere, et plangenda iterum non committere.

### C. XL. Item Joannes Os aureum in hom. de pœnitentia, quæ incipit: « Provida mente » [151].

Perfecta pœnitentia cogit peccatorem omnia libenter sufferre. Et infra: § 1. In corde ejus contritio, in ore confessio, in opere tota [152] humilitas: hæc est fructifera pœnitentia.

### C. XLI. Idem [153].

Non potest quis gratiam doni [154] cœlestis accipere, nisi prius [155] purgatus fuerit ab omni sorde peccati per pœnitentiæ confessionem, per donum baptismi salutaris.

### C. XLII. Item Augustinus in lib. de continentia, cap. 6. [156].

Nullus debitæ gravioris pœnæ accipit veniam, nisi qualemcunque, etsi longe minorem quam debeat, solverit pœnam. Ita enim impertitur a Deo largitas misericordiæ, ut non relinquatur ‘etiam’ justitia disciplinæ.

### C. XLIII. Idem Vincentio, epist. XLVIII. [157].

Neminem [158] putes ab errore ad veritatem, vel [159] a quocunque seu magno seu parvo peccato ad correctionem [160] sine pœnitentia posse transire.

### C. XLIV. Idem in lib. L. Homil., hom. 49. de pœnitentia [161].

Agite pœnitentiam, qualis agitur in ecclesia, ut oret pro vobis ecclesia. Nemo dicat sibi: occulte ago, apud Deum ago, novit Deus, qui mihi ignoscit [162], quia [163] in corde ago. Ergo sine causa dictum est [164]: Quæ solveritis in terra soluta erunt et in

---

Dist. I. C. XXXV. [130] Joan. c. 3, v. 20. [131] Joan. c. 8, v. 39, seqq. [132] Matth. c. 6, v. 24. = C. XXXVI. [133] 1 Joan. c. 3, v. 9. [134] 1 Coloss. c. 1, v. 13. = C. XXXVII. [135] 1 Joan. c. 3, v. 14. [136] add.: Deum: Edd. Bas. Par. Lugdd. [137] cf. Gen. c. 17. [138] Esa. c. 43, v. 26. = C. XXXVIII. [139] Petr. Lomb. l. 4, dist. 17. = C. XXXIX. [140] Abjudicari hunc serm. ab Ambrosio VV. DD. — Petr. Lomb. ib. [141] Esa. c. 43, v. 26. [142] noluerit: Edd. Bas. — noluit: Edd. rell. [143] abest ab Ed. Bas. [144] vos: ead. — non: orig. [145] non fit: id. [146] cf. D. 3, de pœn. c. 1. [147] per mala: Ed. Bas. [148] add.: vel: ead. [149] add.: vel consensit: Edd. coll. o. [150] abest a Bohm. = C. XL. [151] Omissa est tanquam suppositia in Ed. Maur. — Petr. Lomb. l. 4, dist. 17. — cf. D. 3, de pœn. c. 8. [152] toto: Bohm. = C. XLI. [153] Imo Chromatius. — cf. c. 4, dist. 4, de cons. [154] Dei: Edd. coll. o. [155] abest ab Edd. Arg. Bas. Nor. = C. XLII. [156] Ans. l. 11, c. 142. Polyc. l. 6, t. 20. Petr. Lomb. l. 4, dist. 17. = C. XLIII. [157] Ep. 93. Ed. Maur. scr. A. 408. — Ans. l. 11, c. 168. Polyc. ib. — Petr. Lomb. Ed. Ven. I, II. adscribitur Innocentio. [158] nec quemquam: orig. [159] et: Edd. coll. o. [160] corruptionem: Ed. Ven. II. — correptionem: Edd. rell. pr. Par. Lugdd. = C. XLIV. [161] cf. ad. D. 54, c. 6. — Polyc. ib. Petr. Lomb. ib. [162] ignoscat: Edd. Ven. II. Par. Lugdd. [163] auæ: Edd. coll. o. [164] Matth. c. 16, v. 19.

cœlo. Ergo sine causa claves datæ sunt ecclesiæ Dei, frustramus evangelium † Dei, frustramus verba Christi, promittimus [165] vobis [166] quod ille negat: nonne vos decipimus? Job dicit [167]: *Si erubui in conspectu populi confiteri peccata mea.* Atque ideo ˢ, si non potuistis habere vel noluistis [168] pudicitiam conjugalem, seu continentiam, et deviastis a proposito, vel vinculo conjugali, vel devotione continentiæ, sit in vobis dolor et humilitas pœnitentiæ. Apertius dico: Nemo dicat, non intellexi. Qui [169] post uxores vestras illicito vos concubitu maculastis, si præter uxores vestras cum aliqua concubuistis, agite pœnitentiam, etc.

C. XLV. *Item* Hieronymus *super Exodum* ᵗ [170].

II. Pars. *Et* [171] *venit, inquit, Aaron, et omnes presbyteri de Israel, manducare panem cum socero Moysi in conspectu Dei* [172]. Omnia ergo, quæ faciunt sancti, in conspectu Dei [173] faciunt, peccatores [174] autem a conspectu Dei fugiunt. Denique scriptum est, quia Adam, postquam peccavit, fugit a conspectu Dei, et interrogatus respondit [175]: *Audivi* [176] *vocem tuam* [177], *et abscondi me, quia eram nudus.* Sed et Cain, 'postquam' pro parricidio [178] condemnatus 'est' a Deo: *Exiit* [179], inquit, *a facie Dei, et habitavit in terra Naim.* Exit [180] ergo a facie Dei qui indignus est Dei [181] conspectu. Sancti autem manducant et bibunt in conspectu Dei, et omnia, quæ agunt, in conspectu ejus [182] agunt. Ego amplius adhuc locum præsentem discutiens video, quia qui pleniorem scientiam Dei accipiunt, et plenius divinis imbuti sunt disciplinis, isti, etiamsi malum faciunt, coram Deo [183] faciunt, et in conspectu ejus faciunt, sicut ille qui dixit [184]: *Tibi soli peccavi, et malum coram te feci.* Quid [185] ergo plus habet qui malum coram Deo facit? Illud [186] profecto, quod continuo pœnitet, et dicit: Peccavi. Qui autem discedit a conspectu Dei, nescit converti, et peccatum pœnitendo purgare [187]. Hoc ergo interest, malum coram Deo [188] facere, et a Dei [189] conspectu discessisse peccantem.

C. XLVI. *Item* Ambrosius *lib. I] de pœnit. c. 4.* ᵘ.

Sed [190] continuo, qui dixerat [191]: *Sicut Adamæ faciam te, et sicut Seboim,* quæ duæ urbes ex vicinia Sodomorum parilis excidii traxere consortium. *Conversum est,* inquit, *cor meum* [192]: *in eo ipso turbata est pœnitentia mea; non faciam secundum iracundiam furoris mei.* Nonne [193] apparet, quod ideo nobis peccantibus indignetur Dominus Jesus, ut indignationis suæ nos terrore convertat? Indignatio ergo ejus non ultionis exsecutio, sed magis absolutionis operatio est.

C. XLVII. *Idem* Ambrosius *in lib. de Paradiso, cap. 14.* [194].

*Serpens* [195] *decepit me, et manducavi.* Venialis culpa, quam sequitur professio delictorum. Ideo non desperata mulier, quæ non reticuit Deo, sed magis confessa peccatum est, quam medicinalis [196] secuta sententia est. Bonum est condemnari in peccato, et flagellari in delicto, ut cum hominibus flagellemur. Denique [197] Cain, quia [198] voluit crimen negare, indignus judicatus est, qui puniretur in peccato, sed remissus est sine præscriptione [199] pœnæ, fortasse non tam reus [200] majore crimine parricidii (illud enim commisit [201] in fratrem) quam sacrilegii, quod [202] Deo credidit mentiendum, dicens [203]: *Nescio; numquid ego custos fratris mei sum?* Et ideo accusatori diabolo ejus accusatio reservata est, ut cum ejus [204] angelis flagelletur, qui cum hominibus noluit flagellari. *Et lib. I de pœn., c. 1.*: § 1. Nam [205] pastor ille evangelicus [206] lapsam ovem|vexisse legitur, non abjecisse, et Salomon ait [207]: *Noli esse nimium* [208] *justus.* Debet enim justitiam temperare moderatio. Nam quemadmodum 'se' tibi curandum [209] præbeat, quem fastidio habeas [210]? qui contemtui se, non compassioni medico suo putet futurum?

C. XLVIII. *Item* Ambrosius *eod. lib. I. de pœnit.*, *c. 11.*

Libenter ignosco, promte indulgeo, misericordiam [211] malo quam sacrificium, quia per [212] sacrificium justus commendatur, per misericordiam peccator redimitur. *Non* [213] *veni vocare justos, sed*

NOTATIONES CORRECTORUM.

C. XLIV. ˢ *Atque ideo :* Additæ sunt istæ duæ voces a collectore, quoniam mutatus ab ipso est ordo verborum B. Augustini. Nam apud B. Augustinum hæc, quæ hic sequuntur, antecedunt iis, quæ supra sunt posita.

C. XLV. ᵗ Hic etiam, ut sæpe alibi observatum est, homil. 11. Origenis ad c. 18. Exodi sub nomine B. Hieronymi citatur.

C. XLVI. ᵘ Caput hoc antea citabatur ex B. Augustino ˣ; restitutum est ex B. Ambrosio, et ex ipso locus scripturæ emendatus. Sequitur enim lectionem LXX.

Dist. I. C. XLIV. † *verbum* : Edd. coll. o. pr. Arg. [165] *si prom.* : Edd. Bas. Lugdd. [166] *verbis* : Edd. Bas. Lugd. II. [167] Job. c. 31, v. 33. [168] *voluistis* : Ed. Arg. [169] *quia* : Edd. coll. o. = C. XLV. [170] Imo Origenes hom. 11, in Exod. [171] Exod. c. 18, v. 12. [172] *Domini* : Ed. Bas. [173] *Domini* : ib. [174] *peccator — fugit* : orig. [175] Gen. c. 3, v. 10. [176] add. : *inquit* : Edd. coll. o. [177] add. : *et tuam* : Ed. Arg. [178] *fratricidio* : orig. — Edd. coll. o. [179] Gen. c. 4, v. 16. [180] *Exiit* : orig. — Edd. coll. o. pr. Arg. Par. Lugdd. II, III. [181] *ejus* : Edd. coll. o. [182] *Dei* : exd. [183] *Domino* : Ed. Bas. [184] *dicit* : Bohm. — cf. Psal. 50, v. 6. [185] Verba : *Quid — quod* : abs. ab Ed. Bas. [186] *Ill. — quod* : omissa sunt in Edd. coll. o. pr. Lugdd. [187] *purgari* : Ed. Bas. [188] *Domino* : ead. [189] *ejus* : ead. = C. XLVI. ˣ Ita Edd. coll. o. [190] *Sed et* : exd. [191] Os. c. 11, v. 8, sec. LXX. [192] *meum in memetipso, conturbata est anima mea* : Edd. coll. o. [193] add. : *ergo* : exd. = C. XLVII. [194] Petr. Lomb. Sent. l. 4, dist. 17. [195] Gen. c. 3, v. 13. [196] *medicabilis* : Edd. coll. o. pr. Par. Lugdd. [197] Gen. c. 4. [198] *qui* : Edd. coll. o. [199] *præscripto* : orig. [200] abest ab orig. et Ed. Bas. [201] *commissum* : Ed. Bas. [202] *qui Domino* : ead. [203] Gen. c. 4, v. 9. [204] *cum eo et ejus* : Edd. coll. o. pr. Arg. [205] Ambr. l. 1, de pœn. in princ. [206] Luc. c. 15. [207] Eccles. c. 7, v. 17. [208] *nimis* : Edd. coll. o. [209] *curandus præbeatur* : exd. [210] *habes* : exd. pr. Bas. = C. XLVIII. [211] Ose c. 6, v. 6. [212] *propter* : Ed. Bas. [213] Matth. c. 9, v. 13.

*peccatores.* In lege sacrificium, in evangelio misericordia est; lex [214] per Moysen data est, per me gratia.

**C. XLIX.** *Item* Leo *Episcopus Theodoro, Forojuliensi Episcopo, epist.* LXXXIX. *al.* XCI. v [215]

Multiplex misericordia Dei ita lapsibus subvenit humanis, ut non solum per baptismi gratiam, sed etiam [216] per pœnitentiæ medicinam spes vitæ reparetur æternæ, ut qui regenerationis donum [217] violassent, proprio se judicio condemnantes, ad remissionem criminum pervenirent, sic divinæ bonitatis [218] præsidiis ordinatis, ut indulgentia [219] Dei, nisi supplicationibus sacerdotum, nequeat obtineri. Mediator enim Dei et hominum homo [220] Jesus Christus hanc præpositis ecclesiæ tradidit potestatem, ut 'et' confitentibus pœnitentiæ satisfactionem [221] darent, et eadem salubri satisfactione purgatos ad communionem sacramentorum per januam reconciliationis admitterent. *Et post pauca :* § 1. Si autem aliquis eorum, pro quibus Domino supplicamus, quocunque interceptus obstaculo a munere indulgentiæ præsentis excesserit [222], et priusquam ad constituta remedia perveniat [223], temporalem vitam humana conditione finierit, quod manens in corpore non receperit [224], consequi exutus carne [225] non poterit. *Et post pauca :* § 2. His [226] autem, qui 'in' tempore necessitatis et 'in' periculi urgentis instantia præsidium pœnitentiæ, et mox reconciliationis implorant, nec satisfactio interdicenda est, nec reconciliatio deneganda, quia [227] misericordiæ Dei nec mensuras [228] possumus ponere [229], nec tempora definire, apud quem nullas patitur veniæ moras conversio. *Et infra :* § 3. Ita [230] ergo 'talium' necessitati auxiliandum est, ut nec actio illis pœnitentiæ, nec communionis gratia denegetur, si eam etiam amisso vocis officio per indicia integri sensus quærere comprobentur. Quod si ægritudine aliqua ita fuerint aggravati, ut quod paulo ante poscebant sub præsentia [231] 'sacerdotis' significare non valeant, testimonia eis fidelium circumstantium prodesse debebunt, ut simul et [232] pœnitentiæ, et reconciliationis beneficium [233] consequantur [234]. Servata tamen regula canonum paternorum [235] circa eorum personas, qui in Deum [236] a fide discedendo peccarunt [237].

**C. L.** *Item* Ambrosius *lib. I. de pœnit., c.* 1. [238]

III. Pars. Nemo potest bene agere pœnitentiam, nisi qui speraverit indulgentiam. Sed negant, his oportere reddi communionem, qui prævaricatione lapsi sunt. *Et infra :* § 1. Deus autem nullum [239] crimen excepit, qui peccata donavit omnia [240].

**C. LI.** *Item* Ambrosius *lib. II. de Cain et Abel, cap.* 4. w [241]

Verbum Dei dimittit peccata : sacerdos est judex ; sacerdos quidem [242] suum officium exhibet, et nullius potestatis jura exercet. *Et lib. I. de pœnit., c.* 2. [243] : § 1. Dominus par jus et solvendi esse voluit, et ligandi, qui utrumque pari conditione permisit. Ergo, qui solvendi jus non habet, nec ligandi habet [244]. *Et infra :* § 2. Certum est, quod ecclesiæ utrumque licet, hæresi [245] utrumque non licet. Jus enim hoc solis permissum est sacerdotibus. Recte igitur ecclesia [246] vendicat, quæ veros sacerdotes habet ; hæresis vendicare non potest, quæ sacerdotes Dei non habet.

**C. LII.** Idem *in eod. I lib. de pœnit. c.* 5. [247]

IV. Pars. Potest fieri, ut aliquis victus suppliciis sermone neget [248], et corde adoret. Numquid eadem causa est ejus, qui sponte neget [249], et ejus, quem tormenta inclinaverint [250] ad sacrilegium [251], non 'voluntas'? Quam indignum autem, quum apud homines valeat certaminis gratia, ut apud Deum non valere asseratur ? Nam sæpe in hoc athletarum sæculari certamine etiam victos, quorum fuerint [252] certamina probata, vulgus hominum cum victoribus coronare consuevit ; maxime quos viderit aut sorte [253], dolo aut fraude exclusos [254] victoria. Christus [255] 'ergo' athletas suos, quos viderit gravibus

### NOTATIONES CORRECTORUM.

**C. XLIX.** v Caput hoc, ut est apud Gratianum, magis convenit cum originali impresso inter opera B. Leonis, quam in tomis conciliorum.

**C. LI.** w Confectum est caput hoc ex B. Ambrosii verbis, collectoris tamen arbitratu dispositis.

---

DIST. I. C. XLVIII. [214] Joan. c. 1, v. 17. = C. XLIX. [215] Ep. 108. Ed. Baller. scr. A. 452. — Ans. l. 11, c. 13. Petr. Lomb. l. 4, dist. 17 [216] abest ab Edd. Lugdd. II, III. [217] *dona* : Ed. Baller. — Coll. Hisp. — Edd. coll. o. [218] *voluntatis* : Edd. coll. o. — *indulgentiam — nequeant obtineri* : exd. [220] add. : *Dominus* : exd. — Coll. Hisp. [221] *actionem* : Baller. — *sanctionem* : Coll. Hisp. [222] *exciderit* : iid. — ead. [223] *perveniret* : Coll. Hisp. [224] *recepit* : ead. — Baller. — Edd. Arg. Bas. [225] *ex carne* : Ed. Arg. [226] cf. c. 10, C. 26. qu. 6. [227] *qui* : Bohm. [228] *mensuram* : Edd. coll. o. pr. Bas. [229] *imponere* : Edd. Arg. Nor. Ven. I, II. Par. [230] *Verum, ut dixi, etiam talium* : Baller. [231] *præsenti* : Edd. coll. o. [232] add. : *tamen* : Coll. Hisp. — *simul tamen* : Edd. coll. o. [233] *remedium.* Ed. Bas. [234] *consequentur* : Ed. Nor. [235] abest a Coll. Hisp. [236] *Dominum* : ead. — *in dominica fide* : Edd. coll. o. [237] *peccaverint* : exd. coll. pr. Bas. = C. L. [238] Ans. l. 11, c. 171. [239] *nullius — excipit* : Edd. Bas. [240] *omnium* : Ed. Arg. = C. LI. [241] Petr. Lomb. l. 4, dist. 18. [242] *quid suum* : absunt ab Ed. Bas. [243] Ans. l. 11, c. 171. [244] abest ab Ed. Bas. [245] *hæresis utr. non habet* : Edd. coll. o. [246] add. : *hic* : Ed. Bas. — *hoc* : Edd. rell. = C. LII. [247] Ans. l. 11, c. 171, Polyc. l. 6, t. 42. [248] add. : *Deum* : Edd. coll. o. [249] *negat* : exd. [250] *inclinaverunt* : exd. pr. Arg. [251] *sacr.? Non* : Edd. coll. o. [252] *fuerunt* : exd. [253] *forte* : exd. — Bohm. [254] *excussos* : Edd. coll. o. [255] *Et Chr.* : exd. — add. : *ipse* : exd. pr. Bas.

psunsper cessisse suppliciis, sine venia patietur monere? Numquid [256] non habebit remunerationem laboris, qui etiam quos [257] projicit 'non in aeternum projicit'? *Et infra c.* 6. : § 1. Dicis [258] Petro excusanti, ne ejus pedes lavares [259] : *Nisi lavero tibi pedes, non habebis partem mecum.* Quod ergo isti possunt consortium tecum habere, qui claves regni non suscipiunt, negantes, quod dimittere peccata debeant? Quod recte quidem fatentur de se. Non enim habent Petri hereditatem qui Petri sedem [x] non habent, quam impia divisione discerpunt. *Et c.* 13. § 2. Aegritudo carnis peccatum repellit, luxuria autem carnis culpam adolet [260]. Illuditur ergo diabolus, ut se ipse [261] morsu suo vulneret, et contra se armet, quem debilitandum [262] putavit. *Et infra* : § 3. Quod nocet corpori juvat spiritum. *Et lib.* 2. *c.* 3, § 4. Sicut semel pro omnibus immolatus est Christus, ita, quotiescunque peccata donantur, corporis ejus sacramentum sumimus, ut per sanguinem ejus fiat [263] peccatorum remissio. Ergo evidentissime Domini praedicationis mandatum est etiam gravissimi criminis reis, si ex toto corde et manifesta confessione peccati poenitentiam agant [264], sacramenti coelestis gratiam refundendam [265].

C. LIII. Idem *lib. II. de poenit., c.* 7.

V. Pars. Quantuslibet ergo mortui foetor sit, aboletur omnis, ubi sacrum redoleverit unguentum, et surgit defunctus, et solvi jubentur [y] ejus vincula, qui adhuc in peccato est; tollitur velamen de [266] facie ejus, quod [267] veritatem gratiae, quam acceperat, obumbrabat. Sed, quia venia [268] donatus est, revelare faciem, aperire vultum jubetur. Non habet enim quod erubescat, cui peccatum dimissum est. In tanta vero [269] Domini gratia tantoque divini muneris miraculo quuin oporteret universos laetari [270], commovebantur impii, et adversus Christum concilium congregabant, Lazarum quoque interficere volebant. Nonne merito eorum successores vos fore cognoscitis, quorum duritiae heredes estis? Nam et vos indignamini, et contra ecclesiam congregatis concilium, quia videtis mortuos in ecclesia reviviscere, et peccatorum indulta venia [271] resuscitari. Itaque (quod in vobis est) per invidiam rursus [272] vultis interficere suscitatos [273]. Sed Jesus non revocat beneficia, imo cumulo [274] 'suae' liberalitatis [275] amplificat, revisit [276] sollicite suscitatum, et celebrata resurrectionis gratia laetus ad coenam venit, 'quam ei sua praeparavit ecclesia, in qua ille, qui fuerat mortuus, unus inter discumbentes cum Christo invenitur.

C. LIV. Idem *ibidem, c.* 4. [277].

Iis [278] potestatis suae gratiam negat, (quae in remissionem [279] peccatorum est) qui coelestem ejus potestatem diabolico [z] fultam suffragio vendicarent. Eosque asserit diabolico uti spiritu, qui separarent ecclesiam Dei, ut omnium temporum haereticos et schismaticos comprehenderet, quibus indulgentiam negat, quia omne peccatum circa singulos est ac universos [a]. *Et infra c.* 5. : § 1. Quid mirum, si salutem negatis aliis, qui vestram recusatis? licet et [280] illi [b] nihil a vobis differant, qui a vobis poenitentiam petunt. Arbitror enim, quod etiam Judas potuisset tanta Dei [281] miseratione non excludi a 'venia, si poenitentiam non [282] apud Judaeos, sed apud Christum gessisset. *Et paulo post* : § 2. Qui agit poenitentiam, non solum diluere lacrimis debet peccatum 'suum', sed etiam emendatoribus [283] 'factis' operire, et tegere delicta superiora, ut non imputetur ei peccatum.

C. LV. Idem *in eodem II. lib., c.* 9 [284].

VI. Pars. Nonnulli ideo poscunt poenitentiam, ut statim sibi reddi communionem velint. Ili non tam se solvere cupiunt, quam sacerdotem ligare. Suam [285] enim conscientiam non exuunt, sacerdotis induunt, cui praeceptum est [286] : *Nolite sanctum dare canibus, neque miseritis margaritas vestras ante porcos;* hoc est: immundis spiritibus sacrae communionis non [287] impendenda consortia.

### NOTATIONES CORRECTORUM.

C. LII. [x *Sedem :* Apud B. Ambrosium legitur *fidem*, quod ob glossam non est mutatum ; sed multa alia sunt emendata.

C. LIII. y *Solvi jubentur :* In originali impresso legitur [*] : *et solvere jubentur ejus vincula, quae adhuc in peccato sunt, tollere velamen,* etc. Alia vero ex eodem sunt emendata, et addita nonnulla.

C. LIV. z *Diabolico :* Addita hic sunt nonnulla ex B. Ambrosio, quae deesse videbantur. Antea enim legebatur [*] : *qui coelestem potestatem diabolico spiritu separant ab ecclesia Dei* [**], *ut omnium,* etc.

a *Ac universos :* In originali est : *hoc in universos.* Sed ob glossam non est mutatum.

b *Licet et illi :* In aliquot vetustis codicibus, et originali legitur : *licet illi nihil deferant.* Sed auctor glossae videtur habuisse, ut in vulgatis Gratiani.

Dist. I. C. LII. [256] cf. Psalm. 76, v. 8. [257] *aliquos* : Edd. coll. o. [258] *dicit* : Edd. Bas. Lugd. III. [259] *lavaret* : Edd. Bas Lugdd. II, III. — cf. Joan. c. 15, v. 8. [260] *accendit* : Ed. Arg. — *abolet* : Bohm. [261] *ipsum* : Edd. coll. o. [262] *add.* : *esse* : exd. [263] *detur* : exd. [264] *gerunt* : Ed. Bas. [265] *profundendam* : Edd. coll. o. = C. LIII. ' *nec tamen in Ed. Maur.* [266] *a* : Ed. Bas. Lugdd. II, III. [267] *qui — obumbravit* : Ed. Bas. [268] *reniae* : Edd. coll. o. [269] *enim* : exd. [270] cf. Joan. c. 12. [271] *indulgentia* : Edd. Bas. — *indulgentiae* : Edd. rell. [272] abest ab Ed. Bas. [273] *resusc.* : Edd. coll. o. [274] *cumulos* : exd. pr. Bas. [275] *libertatis* : Ed. Arg. Bas. [276] *reviviscit — suscitatus* : Edd. coll. o. = C. LIV. [277] Ans. l. 11, c. 171. [278] *His* : Edd. coll. o. pr. Bas. [279] *remissione* : Edd. coll. o. '' ita Edd. coll. o. '** *Domini* : Ed. Bas. [280] abest ab Edd. Arg. Bas. [281] *Domini* : Edd. coll. o. [282] *add.* : *solum* : exd. pr. Arg [283] *emendationibus* : Edd. coll. o. = C. LV. [284] Ans. ib. [285] *Sua enim consc. non tam se exuunt, quam sacerdotem induere (indui* : Ed. Bas.) *cupiunt* : Edd. coll. o. [286] Matth. c. 7, v. 6. [287] *non sunt facile tribuenda* : Edd. coll. o.

## C. LVI. Idem ibidem [288].

Sunt qui arbitrentur [289], hoc esse [290] pœnitentiam, si abstineant a sacramentis cœlestibus. Ili sæviores [291] in se judices sunt, qui pœnam præscribunt sibi [292], declinant remedium, quos 'vel' pœnam [293] 'suam' conveniebat dolere, quia cœlesti fraudarentur gratia. *Et c.* 10. : § 1. Facilius autem inveni [294] qui innocentiam servaverint [295], quam qui congrue egerint pœnitentiam [296]; ubi acquirendæ c ambitio dignitatis, ubi vini effusio, ubi ipsius copulæ conjugalis usus? Renunciandum sæculo est, somno ipsi minus indulgendum quam natura postulat [297], interpellandus [298] est gemitibus, interrumpendus [299] est suspiriis, sequestrandus [300] orationibus, vivendum ita, ut in tali vita d huic moriatur usui, se ipsum 'sibi' homo abneget, et totus mutetur [301]. *Et infra c.* 11. § 2. Nemo in peccatis positus arrogare sibi debet auctoritatem aut usurpationem sacramentorum, quia scriptum est [302]: *Peccasti? quiesce.* (Et paulo post:) § 3. Dicimus [303] ergo, 'et' agendam pœnitentiam, et eo agendam [304] tempore, quo culpæ [305] deferveseat luxuria, et in captivitate peccati positos reverentiores 'nos', non usurpatores esse debere. Nam si Moysi propius accedere gestienti, ut cognitionem mysterii cœlestis hauriret [306], dicitur: *Solve* [307] *calceamentum* [308] *pedum tuorum*: quanto magis 'nos' animæ nostræ pedes exuere vinculis corporalibus, et gressus omnes [309] mundi istius [310] nexu debemus absolvere? *Et paulo superius:* § 4. Nihil est, quod tam summo [311] dolori sit, quam si unusquisque positus sub captivitate peccati recordatur [312], unde lapsus sit, atque unde deciderit, et quod ad corporea atque terrena ab illa speciosa et pulcra divinæ cognitionis intentione deflexerit [313].

## C. LVII. Item Cyprianus Episcopus lib. IV. epist. 2. ad Antonianum [314].

Miror autem quosdam sic obstinatos esse, ut dandam non putent lapsis pœnitentiam, aut pœnitenti-A libus existiment veniam denegandam, quum scriptum sit [315]: *Memento, unde cecideris, et age pœnitentiam, et fac priora opera.* Quod utique ei dicitur, quem constat cecidisse, et quem Dominus hortatur per opera rursus exsurgere [316], quia scriptum est [317]: *Eleemosyna a morte liberat*, 'et' non utique ab illa morte, quam semel Christi sanguis exstinxit, et a qua nos salutaris baptismi et redemptoris nostri gratia liberavit, sed ab ea quæ per delicta postmodum serpit.

## C. LVIII. Item Hieronymus Damaso [318].

Importuna [319] in evangelio mulier tandem meruit audiri, et clauso cum seris [320] ostio, media licet nocte, ab amico panes [321] amicus accepit; Deus ipse, qui nullis [322] contra se viribus superari [323] potest, publicani precibus vincitur [324]. Ninive civitas [325], quæ peccato periit, fletibus stetit. Quorsum ista tam longo repetita principio? videlicet ut parvum magnus aspicias, ut dives pastor morbidam non contennas ovem. Christus in paradisum de cruce latronem [326] intulit, et, ne quis aliquando seram conversionem putaret, fecit homicidii pœnam martyrium. Christus [327], inquam, prodigum filium revertentem lætus amplectitur, et nonaginta novem pecudibus derelictis una ovicula, quæ remanserat [328], humeris boni pastoris advehitur. § 1. Ubi vero e peccator intelligens vulnus suum [329] tradidit [330] medico se curandum, ibi non est virga necessaria, sed spiritus lenitatis.

III. Pars. Gratian. *Quod autem omni peccanti auctoritate Ambrosii venia promittitur, falsum videtur. Quibusdam enim venia denegatur aut ex magnitudine peccati, aut ex gradu officii. Unde Joannes in epistola sua* [331]: *Est peccatum ad mortem: quis* [332] *orabit pro eo? Alibi quoque legitur* [333]: *Quis medebitur incantatori vulnerato a serpente?*

## C. LIX. Item f.

Si sacerdos peccaverit, quis orabit pro eo?

---

### NOTATIONES CORRECTORUM.

C. LVI. c *Ubi acquirendæ*: Locus integer B. Ambrosii hic est : *An quisquam illum pœnitentiam putat, ubi acquirendæ ambitio dignitatis, ubi vini effusio, ubi ipsius copulæ conjugalis usus?* Sed gloss. in vers. Acquirendæ obstitit, ne hic emendaretur. Multa autem alia sunt emendata.

d *Ut in tali vita*: In originali e est: *ut vitali huic moriatur usui.* Sed glossa obstitit, ne mutaretur.

C. LVIII. e *Ubi vero*: Hæc usque ad finem non sunt inventa apud B. Hieronymum.

C. LIX. f Primo Regnorum libro cap. 2 [v. 25.] legitur: *Si peccaverit vir in virum, placari ei potest*

---

Dist. I. C. LVI. [288] Ans. ib. [289] *arbitrantur, hanc*: Edd. coll. o. [290] abest ab Ed. Arg. — *etiam*: Edd. Nor. Ven. I, II. [291] *severiores*: Edd. coll. o. pr. Nor. Ven. I, II. [292] *præscr. si decl.*: Edd. coll. o. [293] *ob pœn.*: exd. [294] *inveniatur*: Ed. Bas. — *invenitur*: Edd. rell. [295] *servaverit, — egerit*: Edd. coll. o. [296] add.: *peccati*: exd. [297] *postulet*: exd. [298] *interpellandum*: exd. [299] *interrumpendum*: Ed. Bas. — *irrumpendum*: Edd. rell. [300] *sequestrandum*: Edd. coll. o. [301] ' et in Ed. Bas. [301] *immutetur*: Edd. coll. o. [302] Eccl. c. 21, v. 1. [303] *Didicimus*: orig. [304] abest ab Edd. coll. o. pr. Bas. [305] *culpa — luxuriæ*: Edd. coll. o. [306] *audiret*: exd. pr. Bas. [307] Exod. c. 3, v. 5. [308] *calceamenta*: Edd. Bas. Lugd. I. [309] *ejus*: Edd. coll. o. [310] *hujus*: Ed. Bas. [311] *summi doloris*: Edd. coll. o. [312] *recordetur*: exd. — Bohm. [313] *defluxerit*: Edd. coll. o. = C. LVII. [314] scr. A. 252. [315] Apoc. c. 2, v. 5. [316] *reverti*: Ed. Bas. [317] Tob. c. 4, v. 11. = C. LVIII. [318] Ep. temporis non satis certi. [319] cf. Luc. c. 18, v. 6, c. 11, v. 8. [320] *servis*: orig. [321] add.: *tres*: Edd. coll. o. pr. Bas. [322] *nullius intra*: Edd. coll. o. [323] *separari*: Edd. Ven. I, II. Nor. Par. Lugd. I. [324] *superatur*: Edd. Bas. — *superatur vel vinc.*: Edd. rell. pr. Arg. Lugdd. II, III. — cf. Luc. c. 18. [325] Jon. c. 3. [326] *etiam latr. tulit*: Edd. coll. o. — cf. Luc. c. 23. [327] Luc. c. 15. Matth. c. 18. [328] *remansit*: Edd. coll. o. pr. Bas. [329] add.: *omnipotenti*: Ed. Arg. [330] *tradit*: Bohm. — Edd. Lugdd. II, III. — *tradet*: Edd. rell. pr. Arg. [331] 1 Joan. c. 5, v. 16. [332] *non pro illo dico, ut roget quis*: Vulg. [333] Eccl. c. 12, v. 13.

*Gratian. Sed hujusmodi interrogationes non semper negationem inferunt; sed potius difficultatem vel raritatem notant, ut est illud evangelii* [334] : *Quis, putas, est fidelis servus et prudens, etc. Hinc etiam Ambrosius* [335] : *Deus, quis similis tibi* [336] *? non utique nullus; quia imago patris filius est. Similiter igitur accipiendum : Quis orabit pro eo? hoc est, singularis vitae aliquis debet orare pro eo, qui peccavit in Dominum. Et infra : Nam* [337] *quomodo Joannes diceret, non orandum pro delicto graviore, qui legisset, Moysen rogasse, et impetrasse, ubi erat praevaricatio voluntaria? qui sciret etiam Ilieremiam rogasse? § 1. Potest etiam secundum Augustinum* [338] *aliter intelligi illud Joannis* [339] *: Est peccatum ad mortem, etc., ut nulla sit ejus et superiorum contrarietas. Ait enim :* « *Est peccatum ad mortem, non pro illo dico, ut roget quis.* » *De quo peccato, quoniam non expressum est, possunt multa et diversa sentiri. Ego autem dico id esse peccatum, fidem, quae per dilectionem operatur, deserere usque ad mortem. Haec est etiam blasphemia in Spiritum sanctum, quam neque in hoc saeculo, neque in futuro remittendam Dominus in evangelio* [340] *asseruit. Sive autem delectatione peccati, sive desperatione veniae usque ad mortem quis in peccato perseveret, justum est, ut sine fine puniatur qui sine fine peccaverit.*

*Unde* Gregorius Papa, *lib. IV. Dial. c. 43.* [341] :

## C. LX.

Voluissent iniqui [342], si potuissent, sine fine vivere, ut potuissent sine fine peccare. Ostendunt 'enim', quia in peccato semper vivere cupiunt, qui nunquam desinunt [343] peccare, dum vivunt. Ad magnam ergo justitiam judicantis pertinet, ut nunquam careant supplicio qui in hac vita nunquam voluerunt carere peccato.

IV. Pars. Gratian. *Ex his itaque apparet, quod sine confessione oris et satisfactione operis peccatum non remittitur. Nam si necesse est, ut iniquitates nostras dicamus, ut postea justificemur; si nemo potest justificari a peccato, nisi antea confessus fueris peccatum; si confessio paradisum aperit, veniam acquirit; si illa solum confessio utilis est, quae fit cum poenitentia (in quo notatur aliud esse confessio, aliud poenitentia, sive interior sive exterior accipiatur); si ille, qui promittit veniam occulte apud Deum non apud ecclesiam poenitentiam agenti, frustratur evangelium et claves datas ecclesiae* [344] *, promittit etiam quod Deus negat delinquenti; si nemo potest consequi veniam, nisi quantulamcunque, etsi minorem quam debeat, peccati solverit poenam; si solis sacerdotibus ligandi solvendique potestas a Deo tradita est; si nullus veniam accipit, nisi ecclesiae supplicationibus ipsam impetrare contendat : concluditur ergo, quod nullus ante confessionem oris et satisfactionem operis peccati abolet culpam. § 1. Denique, ut perspicue appareat, neminem sine confessione a peccato mundari, ab ipsius humani generis principio sumamus exordium. Peccato transgressionis primi parentes corrupti a Domino sunt requisiti de culpa* [345] *, ut peccatum, quod transgrediendo commiserant, confitendo delerent. Serpens autem de culpa requisitus non est, quia per confessionem non revocabatur ad vitam. Cain quoque, quum primae praevaricationi fratricidium addidisset, similiter a Domino de culpa requisitus est, dum ei dicitur* [346] *: Ubi est Abel frater tuus? Sed quia superbus peccatum suum confiteri noluit, potius mendaciter negando Deum fallere conatus est, dicens: Numquid custos fratris mei sum ego? indignus venia judicatus est. Unde in desperationis profundum mersus est, dum ait* [347] *: Major est iniquitas mea, quam ut veniam merear. Vagus et profugus exiit a facie Domini, significans, eos qui peccata sua confiteri dissimulant, respectu divinae miserationis indignos haberi. Reges* [348] *quoque, qui ignorantia ducti in Abraham deliquerant, non nisi eodem orante sanari meruerunt. In quo figuratur, quod passiones morum non sanantur, nisi orationibus ecclesiae. Moysi* [349] *quoque praecepit Dominus, ut lepra, sive in cute, sive in domo, sive in veste, sive in crine appareret, sacerdoti ostenderetur, et juxta ejus arbitrium separata, ejus judicio contaminaretur, vel mundaretur. Saul* [350] *quoque, quum a spiritu maligno vexaretur, non poterat ad sanae mentis officium redire, nisi prius David psalterium arriperet, et coram eo psalleret, et ita ab ejus vexatione cessaret diabolus. In quo mystice ostenditur, quod quicunque diabolo propter peccata mancipatur, ab ejus dominio eripi non valet, nisi David, id est ecclesia, psalterium accipiat, et coram eo psallat, id est spiritualis gratiae eum participem faciat, et salubriter admonendo, et pie pro eo orando, et exempla boni operis sibi praebendo, diabolum ab invisibili ejus vexatione compescat. David quoque, quum adulterium commisisset et homicidium, non ante audivit a Propheta* [351] *: Transtulit a te peccatum tuum Dominus, quam ipsum peccatum confiteretur. Prius enim Prophetae peccatum redarguenti confessus est, et postea*

## NOTATIONES CORRECTORUM.

*Deus. Si autem in Dominum peccaverit, quis orabit pro eo?* et sic affertur a B. Ambrosio lib. 1. de poenitentia cap. 8., et aliis Patribus. B. tamen Gregorius in c. 2. primi Reg. c. 3. ex hac ipsa vulgata lectione elicit sententiam, quam nunc affert Gratianus, ut notatum est sup. dist. 50. c. *Alienum*

---

DIST. I. C. LIX. [334] Matth. c. 24, v. 45. [335] De poen. l. 1. c. 8. [336] Psal. 82, v. 1. [337] Ambr. ib. c. 9. [338] De corrept. et gratia c. 12. [339] 1 Joan. c. 5, v. 16. [340] Matth. c. 12, v. 32. = C. LX. [341] Ans. l. 11, c. 153. [342] *utique* : orig. [343] *desistunt* : Ed. Bas. [344] Matth. c. 16, v. 19. [345] cf. Gen. c. 3. [346] Gen. c. 4, v. 9. [347] ib. v. 13. [348] cf. Gen. c. 12, et 20. [349] cf. Levit. c. 13 14. [350] cf. 1 Reg. c. 16. [351] 2 Reg. c. 12, v. 13.

audivit: Transtulit Dominus peccatum tuum a te. Achab quoque, quum de innocentis sanguinis effusione sententiam comminantis Dei audiret, induit se ipsum cilicio, satisfaciens Deo per poenitentiam. Unde Dominus ad Heliam ait 352: Quoniam Achab reveritus est faciem meam, non inducam malum in diebus ejus. Ninivitae, quum audirent 353: Adhuc quadraginta dies, et Ninive subvertetur, ex edicto regis et principum poenitentiam egerunt, dicentes 354: Quis scit, si convertatur, et ignoscat Deus, et relinquat post se benedictionem? Hac humilitate satisfactionis imminentem subversionem evadere meruerunt. Quorum exemplis evidenter ostenditur, quod nullus a Deo consequatur veniam, nisi primum satisfecerit sibi per poenitentiam. Nabuchodonosor 355 quoque propter superbiam suam a rationabili mente in bestialem animum commutatus est, atque a regno suo profugus recedens, non ante regnum recepit, quam conversus Deum praedicavit. Denique plebs Israelitica ob culpam suae transgressionis captivitati tradita non ante liberari meruit, quam sua peccata confitens Danielis 356 et aliorum sanctorum precibus veniam accepit. § 2. In evangelio 357 quoque venientes ad Joannem, ut baptizarentur ab eo baptismo poenitentiae, primum confitebantur peccata sua, ostendentes, quod quisque debet peccata sua damnanda confiteri, et innovationem melioris vitae promittere, si regenerationis desiderat gratiam accipere. Christus quoque alios legitur suscitasse 358 a mortuis, alios a lepra 359 mundasse, alios illuminasse 360, aliorum membra paralysi 361 dissoluta consolidasse: omnium tamen sanitatem petitio propriae vocis vel amicorum legitur praecessisse. Luca 362 enim referente didicimus, quod pro socru Petri prius rogatus est, quam eam sanitati redderet. Leprosus vero ille, quem Dominus descendens de monte mundavit, prius clamavit ad eum 363: Domine, si vis, potes me mundare, quem postea tangendo mundavit. Caecus quoque dum clamaret ad eum 364: Miserere mei, fili David, interrogavit eum Jesus: Quid vis, ut faciam tibi? ait: Rabboni, ut videam lumen. Tres 365 quoque mortuos audivit, quos aliorum orationibus reddidit vitae. Quartum quoque discipulo nunciante audivit; sed quia defuerunt vivi, qui pro eo precarentur, resuscitari non meruit. § 3. Quibus nimirum exemplis evidentissime datur intelligi, quod ille, quem gravioris culpae macula inficit, nisi confessione proprii oris, vel ecclesiae intercessione suffragante, sanari non poterit. Hinc poenitens ille, qui prius tacendo peccata flagellari meruerat, postea correptus dicebat 366: Quoniam tacui, inveteraverunt ossa mea, dum clamarem tota die. Hinc Christus ex persona membrorum ait 367: Non absorbeat me profundum, neque urgeat super me puteus os suum. Quod Augustinus 368 exponit, dicens: Puteus est humanae iniquitatis profunditas, in quem si cecideris, non claudet super te os suum, si tu non clauseris os tuum; confitere ergo, et dic 369: De profundis clamavi ad te, Domine, et evades. Claudet super illum Dominus, qui in profundo contemnit, a quo mortuo, velut ab eo, qui non sit, perit confessio 370. Hinc idem Propheta ait 371: Introite portas ejus in confessione, ostendens ad portas misericordiae non nisi per confessionem peccati aliquem posse pertingere. § 4. Hinc etiam B. Joannes Baptista, et Salvator noster exordium praedicationis suae a poenitentia sumserunt, dicentes 372: Poenitentiam agite, appropinquabit enim regnum coelorum; ostendentes ad regna coelorum neminem posse pertingere, nisi primum per poenitentiam Deo curaverit satisfacere. Hinc etiam in Actibus 373 Apostolorum legitur, quod credentes veniebant ad Apostolos, annunciantes actus suos. § 5. Ex his omnibus facile monstratur, sine confessione nullam veniam posse promereri.

Hinc etiam Leo Papa ait epist. LXXVIII. al. LXXX. ad Episcopos Campaniae 374:

### C. LXI.

Sufficit 375 poenitenti illa confessio, quae primum Deo offertur, tum 376 etiam sacerdoti, qui pro delictis poenitentium precator accedit 377.

### C. LXII. Item ad Rusticum, Narbonensem Episcopum, epist. XC. al. XCII. c. 7 378.

Poenitentia, quae dilata est, quum studiosius petita fuerit, non negetur, ut quoquo 379 modo ad indulgentiae medicinam anima vulnerata perveniat.

### C. LXIII. Item Augustinus in sermone de poenitentia, al. lib. de poenitentiae medicina 380.

Non sufficit mores in melius commutare, et a praeteritis malis recedere, nisi etiam de his, quae facta sunt, satisfiat 381 Deo per poenitentiae dolorem per humilitatis gemitum, per contriti cordis sacrificium, cooperantibus eleemosynis et jejuniis 5.

### NOTATIONES CORRECTORUM.

C. LXIII. 5 Et jejuniis: Hoc non est apud B. Augustinum, neque Bedam'; neque Magistrum sententiarum, neque Polycarpum ".

---

Dist. I. C. LX. 352 3 Reg. c. 21, v. ult. 353 Jon. c. 3, v. 4. 354 ib v. 9. 355 Dan. c. 4. 356 ib. v. 9. 357 Matth. c. 3. 358 Joan. c. 11. 359 Luc. c. 17. 360 Matth. c. 9. 361 Matth. ib. Marc. c. 2. 362 Luc. c. 4. 363 Matth. c. 8, v. 2. 364 Marc. c. 10, v. 47. seqq. 365 Luc. c. 7. 366 Psal. 31. v. 3. 367 Psal. 68, c. 16. 368 Glossa ord. ib. 369 Psal. 129, v. 1. 370 Eccl. c. 17, v. 26. 371 Psal. 99, v. 3. 372 Matth. c. 3, v. 2. 373 Act. c. 19.=C. LXI. 374 Ep. 168. Ed Baller. scr. A. 459.—Ivo Decr. p. 15, c. 167. Polyc. l. 6, t. 20. — cf. infra c. 89. 375 Suff. enim illa: orig. — Sufficiat petenti: Ed. Bas. 376 deinde . Edd. coll. o. 377 accedat : Edd. Bas. Lugdd. II, III. — C. LXII. 378 Ep. 167. Ed. Baller. scr. A. 458. vel 459. — Burch. l. 19, c. 123. Ivo Decr. p. 15, c. 155. 379 eo: Edd. coll. o. =C. LXIII. 380 Serm. 351. Ed. Maur. — Ans. l. 11, c. 6. Polyc. l. 6, t. 20. Petr. Lomb. l. 4, dist. 16. 381 satisfaciat: Edd. Arg. Nor. Ven. I, II. ' in 2 Cor. c. 12. " neque ap. Ans.

**C. LXIV.** *Item* Ambrosius *in c. 1. Lucae.*

Novit Dominus mutare sententiam, si tu noveris emendare delictum.

**C. LXV.** *Item* Leo Papa, *epist. XC, al. XCII, ad Rusticum, c. 8.*

Aliud quidem est debita juste reposcere, aliud propria perfectionis amore contemnere. 'Sed' illicitorum veniam postulantem oportet multis etiam licitis abstinere, dicente Apostolo : *Omnia mihi licent, sed non omnia expediunt*. Unde si 'quis' poenitens habet causam, quam negligere forte non debeat, melius expetit ecclesiasticum, quam forense judicium.

**C. LXVI.** *Item* Hieronymus *in c. 1 Joelis.*

Qui sanctus sacerdos est, et comedit in Pascha Domini, accingatur balteo castitatis, et audiat cum Apostolis : *Sint lumbi vestri praecincti, et lucernae ardentes in manibus vestris*. Qui autem peccator est, et quem remordet propria conscientia, cilicio accingatur, et plangat vel propria delicta vel populi, et ingrediatur ecclesiam, de qua propter peccata fuerat egressus, et cubet vel dormiat in sacco, ut praeteritas delicias, per quas offenderat Deum, vitae austeritate compenset.

**C. LXVII.** Idem *in Amos Prophetam, ad c. 9.*

Si agamus poenitentiam, ipsum quoque suae poenitebit sententiae. Rursum juxta eumdem Hieremiam promittit prospera. Si negligentia dissolvamur, et illum poenitebit sponsionis 'suae', promissaque mutabit. Cujus rei exemplum Ninivitas et Hierusalem habere possumus, quorum alii de imminentibus suppliciis liberati sunt, alii quae patribus promissa fuerant perdiderunt.

**C. LXVIII.** Idem *super Danielem, ad c. 4.*

Quamobrem, 'rex', consilium meum placeat tibi, et peccata tua eleemosynis redime, et iniquitates tuas misericordiis pauperum : forsitan ignoscet

Deus delictis tuis. Si praedixit sententiam 'Dei', quae mutari non potest, quomodo hortatur ad eleemosynas et misericordias pauperum, ut Dei sententia commutetur ? Quod facile solvitur Ezechiae regis exemplo (quem Isaias dixerat esse moriturum) et Ninivitarum, quibus dictum est : *Adhuc quadraginta dies, et Ninive subvertetur*. Et tamen ad preces Ezechiae et Ninive Dei sententia commutata est, 'non vanitate judicii, sed eorum conversione, qui meruere indulgentiam'. Alioquin et in reverentiam loquitur Deus se mala minari super gentem, et, si bona fecerit, minas clementia commutare. Rursum bona agenti se asserit polliceri, et, si male fecerit, dicit 'se' suam mutare sententiam, non in homines, sed in opera, quae mutata sunt. Neque enim Deus hominibus, sed vitiis irascitur, quae quum in homine non fuerint, nequaquam punit quod mutatum est. Dicamus et aliter. Fecit quidem Nabuchodonosor juxta Danielis consilium misericordias in pauperes, et idcirco usque ad mensem duodecimum in eum est dilata sententia. Sed quia postea ambulans in aula Babylonis gloriatur, et dicit : *Nonne haec est Babylon magna, quam ego aedificavi in domum regni in robore fortitudinis meae, et in gloria nominis mei ?* bonum misericordiae perdidit malo superbiae. Forsitan ignoscet Deus delictis tuis. Quum B. Daniel praescius futurorum de sententia Dei dubitet, rem temerariam faciunt qui audacter peccatoribus indulgentiam pollicentur. Et tamen sciendum, quod 'si' Nabuchodonosor bona facienti venia repromittitur, 'multo magis aliis promittitur, qui leviora peccata commiserunt'.

**C. LXIX.** Idem.

Vide benignum Dominum misericordiam cum severitate miscentem, et ipsius poenae modum justa et clementi libratione pensantem. Non in per-

---

**NOTATIONES CORRECTORUM.**

C. LXVII. *Hieremiam* : Sic est emendatum ex ipsis commentariis B. Hieronymi, et uno vetusto exemplari Gratiani. Nam in ceteris est, quemadmodum in vulgatis : *juxta eumdem Hieronymum promittit prospera, si poenitentiam egerimus. Quod si negligentia,* etc.

C. LXVIII. *Commutata est* : Quae sequuntur, ut etiam multa alia, emendata et locupletata † sunt ex originali, praeter verbum : *reverentiam* (quod esse debet : *Hieremia*,) idque ob glossam.

C. LXIX. *Libratione* : Antea legebatur : *deliberatione*. Emendatum est ex homilia Origenis, quemadmodum et alia nonnulla

petuum [423] tradidit [424] pœnæ [425] delinquentes, sed quanto [1], inquit, tempore servierunt ' Baalim, tanto serviant' Chusarsaton [426], hoc est octo annis. Disce et hoc, o tu auditor, quisquis ille es, qui tibi conscius es alicujus erroris, et quanto tempore errasse te nosti, quanto tempore deliquisti, tanto nihilominus tempore humilia te ipsum Deo, et satisfacito ei in confessione pœnitentiæ; non exspectes, ut humiliet te Chusarsaton, et invito necessitas extorqueat pœnitentiam: sed ipse præveni tortoris istius duritiam [427], quia, si te ipse [428] emendaveris, si te ipse [429] correxeris, pius est Deus [430] et misericors, qui vindictam temperet ab eo, qui illam pœnitendo [431] prævenit [432]. Sed illud [433] consideremus, quia, donec servierunt Chusarsaton ii [434], qui traditi fuerant pro delictis suis, et non clamaverunt ad Dominum, nemo suscitatus est, qui salvare eos posset. Quum vero clamaverunt [435] ad Dominum, tunc suscitavit Dominus salvatorem Israel, et salvavit eos.

### C. LXX. Idem Hieronymus in c. 5 epistolæ ad Ephesios.

Ecclesia Christi 'gloriosa' est, non habens maculam neque rugam, aut aliquid istiusmodi. Qui ergo peccator est, et aliqua sorde maculatus, de ecclesia Christi non potest appellari, nec Christo subjectus dici. Possibile autem est, ut, quomodo ecclesia, quæ prius rugam habuit [435] et maculam m, 'in juventutem' et munditiam postea restituta est, ita et peccator currat ad medicum, quia [437] non habent opus sani medico, sed male habentes, ut curentur [438] vulnera ipsorum, et fiant de ecclesia, quæ est corpus Christi.

### C. LXXI. Idem in c. 1 Amos.

Super [439] tribus sceleribus Damasci, et super quatuor non convertam eam [440]. Juxta tropologiam hoc possumus dicere. Primum peccatum est cogitasse quæ mala sunt. Secundum, cogitationibus acquievisse perversis. Tertium, quod mente decreveris opere complevisse. Quartum, post peccatum non agere pœnitentiam, et 'in' suo sibi complacere delicto.

### C. LXXII. Idem epist. LXV, ad Pammachium et Oceanum [441].

Secunda post naufragium tabula est culpam simpliciter confiteri. Imitati estis errantem, imitamini et correctum. Erravimus juvenes, emendemur [442] senes; jungamus [443] gemitus, lacrymas coulemus.

### C. LXXIII. Idem n [444].

Quia divinitatis natura clemens est et pia, magisque ad indulgentiam quam ad vindictam prona, quia non vult mortem peccatoris, sed ut convertatur et vivat: si quis post lapsum peccatorum ad veram pœnitentiam se convertit [445], cito a misericorde [446] judice veniam impetrabit.

### C. LXXIV. Idem in c. 12 Oseæ°.

Ne forte peccati memores, tardius revertantur, adhuc, inquit [447], sedere vos faciam in tabernaculis, sicut in diebus festivitatis, ut , quod facit baptisma, hoc [448] faciat pœnitentia, et habitent in tabernaculis Salvatoris, hoc est in ecclesiis [449].

### C. LXXV. Idem in c. 9 Danielis.

Prædixerat [450] Hieremias septuaginta annos desolationis templi, post quos rursus veniret [451] populus in Judæam, et ædificaretur [452] templum et [453] Hierusalem. Quæ res Danielem non facit negligentem, sed magis provocat ad rogandum, ut quod Deus per suam promisit clementiam, per horum impleat preces, ne negligentia 'superbiam', et superbia pariat [454] offensam. § 1. Denique in Genesi legimus, centum viginti annos pœnitentiæ constitutos ante diluvium, 'qui', quia tanto tempore, hoc est centum annis, noluerunt [455] agere pœnitentiam, nequaquam exspectat, ut et viginti alii [456] compleantur, sed infert ante quod postea fuerat comminatus. Unde ad Hieremiam dicitur ob duritiam cordis populi Judæorum [457]: *Ne ores pro populo hoc, quia non audiam* [458] *te*. Et ad Samuel [459]: *Usquequo luges super Saul? Et ego abjeci eum*. In cinere igitur et sacco postulat im-

---

### NOTATIONES CORRECTORUM.

[1] *Quanto*: Hæc pars videtur potius sumta ex glossa ordinaria, quam ex ipso Origene.

C. LXX. m *Et maculam*: Restitutus est ex orginali. Antea legebatur: *et maculam, et immunditiam, et postea restituta est*...

C. LXXIII. n Caput hoc est in commentariis ad c. 3, lamentationum Hieremiæ, qui non sunt B. Hieronymi, sed Rabani.

C. LXXIV. ° Antea citabatur ex eodem in Malachiam.

---

Dist. I. C. LXIX. [423] add.: *interitum*: Edd. Bas. Lugdd. II, III. [424] *tradit*: orig. — Ed. Bas. [425] abest ab orig., et Edd. Bas. Lugdd. II, III. [426] *Chusan Rasathaim*: Gloss. ord. [427] *manus*: orig. [428] *ipsum*: Edd. coll. o. pr. Bas. [429] *ipsum*: Edd. coll. o. pr. Arg. [430] *Dominus* Edd. coll. o. [431] *petendo*: Edd. Bas. — *pœnitentiam*: orig. [432] *prævenerit*: Edd. Bas. Lugd. II. [433] *et ill.*: Ed. Bas. [434] *Chusarsatonii*: Ed. Lugd. III. — Bohm. — *Chusarsatonii*: Ed. Lugd. II. — *Chus. illi*: Ed. Bas. — *Chus. hi*: Edd. rell. [435] *clamaverint*: Edd. Bas. Lugd. II. == C. LXX. [436] *habuerat*: orig. *** ita Edd. coll. o. [437] Luc. c. 5, v. 31. [438] *curet vulnera ipsius et fiat*: Ed. Bas. == C. LXXI. [439] Am. c. 1, v. 3. [440] *eum*: Vulg. == C. LXXII. [441] scr. A. 390. — Petr. Lomb. l. 4, dist. 14 [442] *emendemus*: Edd. Bas. Lugdd. II. III. [443] *jung. lacr. et gem. cop.*: Edd. coll. o. pr. Bas. == C. LXXIII. [444] Imo Rabanus. — cf. Corr. [445] *converterit*: Edd. Bas. Lugdd. I. II. — Bohm. [446] *misericordiæ*: Edd. Bas. Ven. I, II. Par. Lugd. I. == C. LXXIV. [447] Ose. c. 12, v. 9. [448] *et hoc*: Ed. Bas. [449] *ecclesia* Edd. coll. o. — Bohm. — add.: *Salvatoris*: ead. pr. Bas. == C. LXXV. [450] cf. Ier. c. 29 et 52. [451] *venirent populi*: Ed. Bas. [452] *ædificarent*: ead. — *reædificaretur*: Ed. Arg. — *reædificarent*: Edd. rell. — add.: *ibi*: Ed. Arg. Bas. — *ibidem*: Edd. rell. [453] *in*: Edd. coll. o. pr. Arg. Bas. [454] *pariat*: ead. pr. Bas. — Bohm. [455] *voluerunt*: Edd. Ven. I, II. [456] add.: *anni*: Edd. coll. o. [457] *Hieremiæ*: ead. — cf. c. 7, v. 16. [458] *exaudiam*: Edd. coll. o. pr. Bas. [459] 1 Reg. c. 16, v. 1.

pleri quod promiserat Deus, non quo [460] esset incredulus futurorum, sed ne securitas negligentiam, et negligentia pareret [461] offensam.

### C. LXXVI. *Operibus misericordiae Deum non emimus, sed nosmetipsos redimimus.*

*Item* Ambrosius *in sermone in Dominica de Abraham* P.

Medicina [462] misericordiae tollit peccata magna. Habemus *etiam* [463] plura subsidia, quibus peccata nostra redimamus [464] : pecuniam habes, redime peccatum tuum. Non venalis est Dominus, sed tu ipse venalis es. Peccatis tuis venundatus es, redime te operibus tuis, redime te pecunia tua ; vilis [465] pecunia, sed pretiosa est misericordia. § 1. *Eleemosyna*, inquit [466] *a peccato liberat*. Crimina [467] ergo eleemosynis redimuntur.

### C. LXXVII. *Item* Joannes Os aureum, *homil. IX, ad c. 6, epist. ad Hebraeos* q.

Medicamentum fortius, quod maxime operatur in poenitentia, hoc est [468]. Sicut in praeceptis medicinae medicamentum multas quidem herbas accipit, unam autem dominantissimam : sic et in poenitentia dominantior ista herba et potentior est, et universum ipsa efficit. Audi enim quid dicit [469] divina Scriptura [470] : *Date eleemosynam, et ecce* [471] *omnia munda sunt vobis.*

### C. LXXVIII. *Item* Ambrosius *lib. I, de poenit., c. 2.*

Deus definitionem [472] non facit, qui misericordiam suam promisit omnibus, et relaxandi licentiam sacerdotibus suis sine ulla exceptione concessit. Sed qui culpam exaggeravit [473], exaggeret *etiam* poenitentiam. Majora enim crimina majoribus abluuntur fletibus.

### C. LXXIX. Idem *lib. II, de poenit., c. 10.*

Fleat pro te mater ecclesia, et culpam tuam lavet. Videat te Christus moerentem, ut dicat [474] : *Beati tristes, quia gaudebitis.* Amat. ut pro uno multi rogent. Denique in evangelio [475] motus viduae lacrimis, quia plurimi pro ea flebant, filium ejus resuscitavit.

### C. LXXX. Idem *eodem lib. II, c. 11.*

Adam post culpam statim de paradiso Deus ejecit. Non distulit ; sed statim separavit a deliciis, ut ageret poenitentiam ; statim tunicam [476] vestivit pelliceam, non sericam.

### C. LXXXI. *Item* Augustinus *lib. L Homil., homilia ult., c. 3* r [477].

V. Pars. Tres sunt [478] actiones poenitentiae, quas mecum vestra eruditio recognoscit. 'Sunt enim usitatae in ecclesia, et diligenter attendentibus notae'. Una est, quae novum hominem parturit, donec per baptisma salutare s omnium praeteritorum fiat ablutio peccatorum. *Et paulo post* : Omnis [479] enim, qui jam arbiter voluntatis suae constitutus est, quum accedit ad sacramenta [480] fidelium, nisi eum poeniteat vitae veteris, novam non potest inchoare. Ab hac poenitentia, quum baptizantur, soli parvuli sunt immunes. Nondum enim uti possunt libero arbitrio. Quibus tamen [481] ad consecrationem remissionemque originalis peccati prodest eorum fides, a quibus offeruntur. *Et infra c. 4*, § 1. Altera vero poenitentia est, cujus actio per totam istam vitam, qua in carne mortali degimus, perpetua supplicationis humilitate subeunda est. Primo, quia vitam aeternam, incorruptibilem immortalemque nullus [482] desiderat, nisi eum vitae hujus temporalis, corruptibilis mortalisque poeniteat. Non enim sic quisque in vitam novam per sanctificationem baptismi nascitur, ut, quemadmodum deponit ibi omnia peccata praeterita , ita etiam statim mortalitatem ipsam [483] carnis, corruptionemque [484] deponat. *Et infra c. 9*, § 2. Tertia [485]

---

### NOTATIONES CORRECTORUM.

C. LXXVI. P Caput hoc habetur in libro de Helia et jejunio, et ibi haec antecedunt : *Etsi gravia deliquimus, magnum medicum invenimus, magnum medicinam gratiae ejus accepimus.* Medicina enim tollit peccata magna. Abest autem vox : *misericordiae*, etiam a loco Ecclesiastici, c. 10.

C. LXXVII. q Graece sic habet : Τὸ γὰρ μάλιστα ἰσχυρὸν ἐργαζόμενον τὸ φάρμακον τῆς μετανοίας τοῦτό ἐστι. Καὶ καθάπερ ἐπὶ τῶν ἰατρικῶν βοηθημάτων ἐστὶ φάρμακον, πολλὰς μὲν λαμβάνον βοτάνας, μίαν δὲ τὴν κυριωτάτην, οὕτω καὶ ἐπὶ τῆς μετανοίας αὕτη ἡ βοτάνη κυριωτέρα, καὶ τὸ πᾶν αὐτὴ γίνοιτο ἄν. Id est : *Nam quod maxime validum reddit medicamentum poenitentiae, hoc est. Et sicut in medicinalibus auxiliis est medicamentum, quod multas quidem herbas recip't, sed unam praecipuam ac potentissimam : ita etiam in poenitentia haec ipsa est potentior herba, ipsaque omnino totum praestiterit.* Audi, etc.

C. LXXXI. r Caput hoc confectum est ex verbis B. Augustini in lib. 50. Homil., hom. ult. (quae etiam habentur fere eadem in libro de poenitentiae medicina, c. 2) et in epist. 108, ad Seleucianam.

s *Baptisma salutare* : In homilia legitur : *per baptismum salutare*; in libro autem de poenitentiae medicina : *quae novum hominem per baptismum parturit, donec salutaris omnium praeteritorum peccatorum fiat ablutio.*

---

Dist. I. C. LXXV. [460] *quod* : Edd. coll. o. — Bohm. [461] *praeparet* : Ed. Bas. — *pariat* : Edd. rell. = C. LXXVI. [462] Eccl. c. 10, v. 4, sec. LXX. [463] *enim* : Bohm. [464] *redimimus* : Edd. coll. o. [465] *nihil vilius est pec.* : Ed. Arg. — *vilis est pec.* : Edd. rell. — add. : *tua* : Ed. Bas. [466] Tob. c. 12, v. 9. [467] Haec postrema verba non sunt Ambrosii, sed Gratiani. = C. LXXVII. [468] add. : *eleemosyna* : Edd. Bas. Lugdd. II, III. [469] *dixit* : Ed. Bas. [470] Luc. c. 11, v. 41. [471] abest ab Edd. coll. o. pr. Bas. Lugdd. II, III. = C. LXXVIII. [472] *distinctionem* : orig. [473] *exaggeraverit* : Edd. coll. o. = C. LXXIX. [474] Matth. c. 5, v. 5. [475] cf. Luc. c. 7. = C. LXXX. [476] *tunica vestivit eum-pellicea, non serica* : Edd. coll. o. = C. LXXXI. [477] Sermo 351. Ed. Maur. — Petr. Lomb. l. 4, dist. 16. [478] add. : *autem* : Edd. coll. o. [479] cf. D. 4, de cons. c. 96. [480] *sacramentum* : Ed. Bas. [481] *tantum* : ead. [482] *nemo* : Edd. coll. o. [483] abest ab Ed. Bas. [484] add. : *vitae* : Edd. coll. o. pr. Arg. [485] add. : *vero* : Edd. Bas. Lugdd. II, III.

actio est pœnitentiæ, quæ pro illis peccatis subeunda est, quæ legis Decalogus continet, et de quibus Apostolus ait [486]: ' *Quoniam qui talia agunt regnum Dei non possidebunt.* In hac ergo pœnitentia majorem quisque in se severitatem debet exercere, ut, a se ipso judicatus, non judicetur a Deo, sicut idem Apostolus ait ' [487]: *Si enim nosmetipsos judicaremus, a Domino non utique* [488] *judicaremur.* Et infra ' : § 3. Est etiam ᵘ pœnitentia bonorum et humilium fidelium pœna quotidiana, in qua pectora tundimus, dicentes [489]: *Dimitte nobis debita nostra, 'sicut et nos dimittimus debitoribus nostris'.* Neque 'enim' ea nobis dimitti volumus, quæ dimissa non dubitamus in baptismo, sed illa utique, quæ humanæ fragilitati quamvis parva, tamen crebra subrepunt, quæ, si collecta contra nos fuerint, ita nos gravabunt et opprimunt, sicut unum aliquod [490] grande peccatum. Quid enim interest ad naufragium, utrum uno grandi fluctu navis operiatur et obruatur, aut paulatim subrepens aqua in sentinam, et per negligentiam derelicta atque contenta impleat navem atque submergat? Propter hæc jejunia, 'et' eleemosynæ, et orationes invigilant : in quibus quum dicimus : *Dimitte nobis debita nostra, sicut et nos dimittimus,* manifestamus habere nos quod nobis dimittatur, atque in his verbis humiliantes animas nostras quotidianam quodammodo agere pœnitentiam non cessamus.

C. LXXXII. *Item Gregorius* ᵛ [491].

VI. Pars. Si peccatum David tam detestabile Dominus transtulit, quid est, quod post omnia, quæ de eodem peccato per Prophetam ei a Domino dicta sunt, postmodum tanta toleravit ? Sed proculdubio Dominus delictum sine ultione non deserit. Aut enim ipse [492] hoc in se pœnitens [493] punit, aut hoc Deus cum homine vindicans percutit. Nequaquam igitur peccato parcitur, quia nullatenus sine vindicta laxatur. Sic [494] enim David audire post confessionem meruit [495]: *Dominus transtulit peccatum tuum,* et tamen post multis cruciatibus afflictus ac [496] fugiens reatum culpæ, quam perpetraverat, exsolvit. Sic nos [497] salutis unda a culpa primi hominis absolvimur. Sed tamen, reatum ejusdem culpæ diluentes, absoluti quoque adhuc carnaliter obimus ᵛᵛ [498], quia delicta nostra sive per nos, sive per semetipsum resecat etiam, quum relaxat [499]. Ab electis enim suis iniquitatum maculas studet temporali afflictione tergere, quas in perpetuum non vult in e's videre.

C. LXXXIII. *Item Augustinus de peccatorum meritis et remiss. lib. II, c.* 34 [500]. |

Sicut primi homines postea juste vivendo merito creduntur per Domini sanguinem ab extremo judicio liberati, non tamen in illa vita meruerunt ad paradisum revocari : sic et caro peccati, etiamsi remissis peccatis homo in ea juste vixerit, non continuo meretur eam mortem non perpeti, quam traxit [501] de propagine peccati. Tale aliquid nobis insinuatum est de patriarcha David in libro Regnorum [502], ad quem Propheta quum missus esset, eique propter peccatum, quod admiserat, eventura mala 'ex iracundia Dei' comminaretur, confessione peccati veniam meruit, respondente Propheta, quod illud ei flagitium facinusque remissum sit ; et tamen consecuta sunt quæ Deus fuerat comminatus, ut sic humiliaretur a filio. Quare et nunc ˣ dicitur, si Deus propter peccatum illud fuerat comminatus, cur dimisso peccato, quod erat [503] minatus, implevit ? nisi quia rectissime, si 'sic' dictum fuerit, respondebitur [504], remissionem illam peccati factam, ne homo a percipienda vita impediretur æterna ; subsecutum vero illius [505] comminationis effectum, ut pietas hominis in [506] illa humilitate exerceretur atque probaretur. Sic et mortem corporis propter 'hoc' peccatum Deus homini inflixit, et post peccatorum remissionem propter exercendam justitiam non ademit.

C. LXXXXIV. *Doloris mensura potius quam temporis in actione pœnitentiæ consideranda est.*

Idem *in homilia de pœnitentia* [507].

VII. Pars. In actione pœnitentiæ, ubi tale 'crimen' [508] commissum est, ut is, qui commisit, a

### NOTATIONES CORRECTORUM.

ᵗ *Et infra :* Quæ sequuntur integre habentur in epistola ad Seleucianam ; sententia tamen et aliqua verba leguntur etiam in eadem homilia c. 8, et in libro de pœnitentiæ medicina eodem c. 2, ubi de secunda actione pœnitentiæ agitur. Referuntur enim ad illa, quæ nunc subjiciuntur.

ᵘ *Est etiam :* Antea legebatur : *Est enim '.* Emendatum est ex loco indicato, et duobus vetustis Gratiani exemplaribus. Longe enim diversa est hæc pœnitentia a proxime commemorata.

C. LXXXII. ᵛ *Caput hoc integrum quidem habetur commentariis,* qui nomine Eucherii sunt editi l. 2 Reg. c. 8, sed magnam quoque partem apud B. Gregorium l. 9, Moralium c. 27.

ᵛᵛ *Obimus :* Apud B. Gregorium sequitur : *Bene ergo dicitur :* ‹ *sciens, quod non parceres delinquenti,* › *quia,* etc. ; repetit enim ipse verba illa Job sibi ad interpretandum proposita. Eucherius autem habet ut Gratianus.

C. LXXXIII. ˣ *Quare et nunc :* In originali legitur : *Quare et hic non dicitur.* Sed ob glossam non est mutatum. Alia vero multa ex eodem sunt emendata.

Dist. I. C. LXXXI. [486] Gal. c. 5, v. 21. [487] 1 Cor. c. 11, v. 31. [488] abest ab Ed. Arg. ' ita Edd. coll. o. [489] Matth. c. 6, v. 12. [490] abest ab Ed. Bas. *sic. aliqu. grave pesc.* : Ed. Arg. = C. LXXXII. [491] Apud Ans. affertur ex Augustino. — *Item Augustinus, al. Gregorius :* Ed. Arg. — Ans. l. 11, c. 157. [492] add. : *homo :* Ans. — Edd. coll. o. pr. Par. Lugdd. [493] *penitus :* Edd. coll. o. [494] *Sicut :* eæd. [495] 2 Reg. c. 12, v. 13. [496] *effugiens :* Ed. Bas. [497] *et nos :* ead. [498] *obimus et luimus :* Ed. Arg. ex glossa. [499] *laxat :* Edd. coll. o. = C. LXXXIII. [500] Ans. l. 11, c. 158. [501] *contraxit :* Edd. coll o. pr. Arg. Bas. [502] cf. 2 Reg. c. 12. [503] *erat ei comminatus :* Edd. coll. o. [504] *respondetur :* eæd. [505] *illud comm. exemplum :* eæd. [506] *etiam in :* eæd. = C. LXXXIV. [507] Ex Enchiridio c. 65. Ivo Decr. p. 11, c. 23. Polyc. l. 6, t. 20. Petr. Lomb. l. 4, dist. 20. [508] abest ab Iv.

Christi etiam corpore separetur [509], non tam consideranda est mensura temporis, quam doloris, [510]: *Cor enim contritum et humiliatum Deus non spernit.* Verum quia plerumque dolor alterius cordis occultus est alteri, neque in aliorum notitiam nisi per verba y vel quæcumque alia signa procedit, quum sit coram illo, cui dicitur [511]: *Gemitus meus a te non est absconditus*; recte constituuntur ab his, qui ecclesiæ [512] præsunt, tempora pœnitentiæ, ut satisfiat etiam ecclesiæ, in qua remittuntur ipsa peccata. Extra eam quippe non remittuntur. Ergo z quum [513] tanta [514] est placa peccati, atque impetus morbi, ut medicamenta corporis et sanguinis Domini differenda sint, auctoritate antistitis debet [515] ab altario removeri ad agendam pœnitentiam, et eadem auctoritate reconciliari.

C. LXXXV. Idem *in eadem hom. L. c. 11* [516].

Judicet se ipsum homo 'in istis' voluntate, dum potest, et mores convertat in melius, ne, quum jam non poterit, 'etiam' præter voluntatem a Domino judicetur. Et quum in se protulerit severissimæ medicinæ [517] sententiam, veniat ad antistites, per quos illi claves in ecclesia ministrantur, 'et' tanquam bonus incipiens jam esse filius, maternorum membrorum ordine custodito, a præpositis sacrorum [518] accipiat satisfactionis suæ modum, 'ut' in offerendo sacrificio contribulati cordis devotus et supplex, id tamen agat, quod non solum ipsi prosit ad recipiendam salutem, sed etiam cæteris ad exemplum, ut, si peccatum ejus non solum in gravi ejus malo, sed etiam in tanto scandalo est aliorum, atque hoc expedire utilitati ecclesiæ videtur antistiti, in notitia [519] multorum, vel etiam [520] totius plebis, agere pœnitentiam non recuset, non [521] resistat, non [522] lethali et mortiferæ plagæ per pudorem addat tumorem. *Et infra* [523], § 1. Multi enim corriguntur, ut Petrus; multi tolerantur, ut Judas, etc.

C. LXXXVI. *Mortificatio vitiorum magis quam abstinentia ciborum pœnitenti necessaria est.*

*Item* Hieronymus a [524].

Mensuram autem temporis in agenda pœnitentia idcirco non satis aperte præfigunt canones pro unoquoque crimine, ut de singulis dicant, qualiter unumquodque emendandum sit, sed magis in arbitrio sacerdotis intelligentis relinquendum statuunt, quia apud Deum non tam valet mensura temporis, quam doloris, nec abstinentia tantum ciborum, quam [525] mortificatio vitiorum. Propter quod ipsa tempora pœnitentiæ pro fide et conversatione pœnitentium abbrevianda præcipiunt, et pro negligentia protelanda [526]. Exstant [527] tamen pro quibusdam culpis pœnitentiæ modi impositi, 'juxta [528] quos ceteræ perpendendæ sunt culpæ, quum sit facile per eosdem modos vindictam et censuram canonum æstimare'.

C. LXXXVII. *Item* Joannes Chrysostomus [id est auctor Operis imperfecti in Matthæum, homil. 40] [529].

Quis aliquando vidit [530] clericum cito pœnitentiam agentem? 'Sed' et si deprehensus humiliaverit se, non ideo dolet, quia peccavit, sed confunditur, quia perdidit gloriam suam.

VIII. Pars. Gratian. *His auctoritatibus asseritur, neminem sine pœnitentia et confessione propriæ vocis a peccatis posse mundari. Unde præmissæ auctoritates, quibus videbatur probari, sola contritione cordis veniam præstari, aliter interpretandæ sunt, quam ab eis exponantur. Negationem* [531] *namque Petri secuta est satisfactio lacrimarum, et trina confessio dominicæ dilectionis, qua penitus delevit peccatum trinæ negationis. Non ergo necessaria sibi erat certa satisfactio peccati, cujus totum vitæ tempus obedientiæ impendebatur sui conditoris. Imitabatur enim illud propheticum* [532]: *Declina a malo, et fac bonum; et illud Isaiæ* [533]: *Derelinquat impius viam suam, et vir iniquus cogitationes suas*, etc. *Amplius horum*

---

NOTATIONES CORRECTORUM.

C. LXXXIV. y *Nisi per verba*: Ab originali [24] abest dictio: *nisi*, sed habita est ratio glossæ.

z *Ergo*: Hæc non sunt in Enchiridio, sed in epist. 118, ad Januarium, sub alterius persona. Ita enim loquitur: *Alius contra*: *imo, inquit, si tanta est plaga peccati*, etc.

C. LXXXVI. a *Caput hoc, quod Burchardus etiam* et Ivo citant ex dictis B. Hieronymi, Beatus Rhenanus in suis annotationibus in Tertullianum testatur se legisse in antiquo pœnitentiali. Et ex eo ac ceteris collectoribus nonnulla sunt emendata, et postrema clausula etiam aucta. Sententia autem habetur etiam 7, Cap. c. 21, et in epistola Basilii ad Amphilochium c. 2 et in synodo Metensi anni 859, cap. 10

---

DIST. I. C. LXXXIV. [509] *separaretur*: Ed. Bas. [510] Psal. 50, v. 19. [11] *et ab Iv.* [511] Psal. 37, v. 10. [512] *ecclesiis*: Ivo. — Ed. Bas. — *in ecclesiis*: Ed. Arg. [513] Ex ep. ad Januarium, ep. 54. Ed. Maur. [514] Petr. Lomb. l. 4, dist. 17. [515] *debet se quisque ab altario removere*: Ivo. — Edd. coll. o. = C. LXXXV. [516] Serm. 351. Ed. Maur. — Ivo Decr. p. 15, c. 24. Petr. Lomb. l. 4, dist. 17. [517] *medicinæ, sed tamen medicinæ sent.*: orig. — *med., sed tamen utilissimæ*: Edd. coll. o. [518] *sacramentorum*: cæd. — orig. — Ivo. [519] *notitiam*: Ed. Bas. [520] *vel coram totius plebis multitudine*: Edd. coll. o. [521] *nec*: cæd. [522] *ne*: Edd. Bas. — *nec*: Edd. rell. [523] cf. c. 18. C. 2, qu. 1. = C. LXXXVI. [524] Desumtum est hoc cap. ex præfatione. præmissa libro pœnitentiali, qui expressus exstat ap. d'Acherium t. I. — Burch. l. 19, c. 31. Ans. l. 11, c. 145. Ivo Decr. p. 15, c. 49 Polyc. l. 6, t. 20. Petr. Lomb. l. 4, dist. 20. [525] *quantum*: Edd. Bas. Lugdd. II, III. [526] add.: *existimant*: Burch. Ans. Iv. — Ed. Bas. Lugdd. II, III. — *æstim.*: Edd. rell. [527] *Tamen — sunt imp.*: Burch. Ans. Iv. — Edd. coll. o. [528] *verba*: *juxta — æstim.*: absunt ab Ans. = C. LXXXVII. [529] *Opus apocryphum*. [530] *videt*: Edd. coll. o. pr. Bas. [531] cf. Luc. c. 22. [532] Psal. 36, v. 27. [533] Esa. c. 55, v. 7.

nihil a peccatore exigitur. Non ergo illa auctoritate Leonis Papæ satisfactio pœnitentiæ negatur esse necessaria cuilibet delinquenti, sed ei tantum qui B. Petrum imitatus huic sæculo penitus abrenunciat, et cunctorum vitiorum fomitem in se funditus mortificat. § 1. *Item* illud Joannis Chrysostomi [b][534] : Lavent lacrimæ delictum, quod pudor est voce confiteri; *et illud aliud, quod scribitur in epistola ad Hebræos* [535] : Non tibi dico, ut te prodas in publicum, neque ut te apud alios accuses; sed obedire te volo Prophetæ dicenti [536] : Revela Domino viam tuam. Ante Deum ergo tua confitere peccata, apud verum judicem cum oratione delicta tua pronuncia, non lingua [c], sed conscientiæ tuæ memoria, et tunc demum spera, misericordiam te posse consequi, si habueris in mente peccata tua continue, malum nunquam adversus proximum tuum in corde retinebis, *non ita intelligendum est, ut sine confessione oris peccata dicantur dimitti, sed sine publica satisfactione*. Secreta namque peccata secreta confessione et occulta satisfactione purgantur, nec est necesse, ut quæ semel sacerdoti confessi fuerimus denuo confiteamur, sed lingua cordis, non carnis apud judicem verum ea jugiter confiteri debemus. Hinc etiam idem Joannes Chrysostomus ait [537] : Nunc autem si recorderis peccatorum tuorum, et frequenter [d] ea in conspectu Dei pronuncies, et pro eis clementiam ejus depreceris, citius illa delebis. Si autem nunc obliviscaris peccatorum tuorum, tunc eorum recordaberis, et nolens, quando in toto mundo publicabuntur, et in conspectu proferentur omnium tam amicorum tuorum quam inimicorum, et sanctorum angelorum, coelestiumque virtutum. Non enim ad David solum dicebat [538] : *Quæ tu secreto fecisti 'ego cunctis manifestabo;* sed etiam ad omnes nos hoc dicitur. § 2. Similiter et illud *Prosperi intelligitur* [539] : « Qui crimen suum ultro cognoscunt, et aut illud propriis confessionibus produnt, aut nescientibus aliis, quales occulti sunt, etc. Aliis nescientibus, *id est occulta confessione istis peccatum suum confitentibus, non publice illud manifestantibus*. » Item illud Prophetæ [540] : Dixi : confitebor, et tu remisisti, *id est remissibilem judicasti,* impietatem peccati mei. Ita et illud *Augustini intelligitur* [541] : Magna pietas Dei, ut ad solam promissionem peccata dimiserit, *id est remissibilia judicaverit*. Item ibidem : Votum pro opere reputatur, quum deest facultas operis. *Unde votum confessionis reputatur pro opere vocis, quum deest facultas confessionis. Item*[542]: Voluntas remuneratur, non opus, *ita intelligitur : voluntas facit opus remunerabile, non opus voluntatem.* Item illud [543] : In quacunque hora peccator conversus fuerit, etc., *converti dicitur qui omnino vertitur : omnino vertitur cujus opus, vox et cogitatio ita mortificationi desudat peccati, sicut prius servierat iniquitati. Ita intelligitur et illud* [544] : Convertimini ad me, etc. Item : Scindite corda vestra, et non vestimenta, *eis dicitur, qui nulla interiori satisfactione præcedente, sed sola exteriori se Deum posse placare confidunt. Item cuncta, quæ de leprosis mundatis vel de Lazaro resuscitato inducuntur, ad contritionem cordis, non ad veniam remissionis referenda sunt. Obstinatio enim animi, et confessionis contemtus, quædam mors est impietatis et lepra superbiæ, a qua quisque revivescit, dum sibi per gratiam dolor delicti et votum confessionis inspiratur.* § 3. Ad hunc etiam articulum pertinent ea, quæ de viventibus, vel in luce ambulantibus, vel dilectionem Dei habentibus, vel de habitaculis Spiritus sancti factis dicta sunt, ut hæc omnia quisque dicatur assecutus ex cordis contritione, quam habet, non ex plenaria peccati remissione, quam nondum invenit. Sicut enim in baptismo remittitur peccatum, et tamen ejus pœna reservatur, sic per contritionem cordis quisque a Deo resuscitari dicitur, licet adhuc reatu peccati teneatur. Non ergo præmissis auctoritatibus vel argumentis sine confessione oris et satisfactione operis aliquis probatur a peccato mundari.

II Pars. § 4. Econtra auctoritas illa Joannis Chrysostomi [545], et Prosperi [546] contra mentem auctoris extorta videtur. Non enim dicit : non dico tibi, ut te publice accuses, *sed :* non dico tibi, ut apud alios te accuses. Sic et Prosper non ait : omnibus, *sed simpliciter :* aliis nescientibus. *Unde evidentissime* [e] *datur intelligi, quod sine confessione oris pec-*

### NOTATIONES CORRECTORUM.

C. LXXXVII. [b] *Joannis Chrysostomi* : Supra ead. c. *Lacrimæ*, notatum est, hæc esse verba B. Ambrosii, quem citat Magister sententiarum.

[c] *Non lingua* : Græce est : Εὐχόμενος, εἰ καὶ μὴ τῇ γλώττῃ, ἀλλὰ τῇ μνήμῃ; id est : *preces fundens, si minus lingua, at saltem memoria*.

[d] *Et frequenter* : Συνεχῶς αὐτὰς προσφέρῃς τῷ Θεῷ, καὶ ὑπὲρ αὐτῶν δέῃ; id est : *assidue illa offeras Deo, et pro ipsis depreceris*.

[e] *Unde evidentissime* : Loquitur ex persona adversam partem sustinentis. Vere enim ex illis auctoritatibus non hoc colligitur. Qui enim sacerdoti tanquam Deo confitetur, is minime dicitur se apud alios accusare, sed potius nescientibus aliis se ipsum punire. Ac manifesto Chrysostomus dicit id, quod nunc negatur dicere : *Non dico,* inquit, *tibi, publica te ipsum, neque apud alios te accusa*. Hoc enim secundum membrum valet idem ac primum : ut apud alios se accusare sit idem, quod se ipsum publicare. Quare paulo post Gratianus ipse hæc, quæ nunc afferuntur, refellit : *Econtra ea, quæ in assertione*, etc.

DIST. I. C. LXXXVII. [534] Ambrosius, supra c. 2. [535] Chrysostom. hom. 31, in ep. ad Hebr. [536] Psal. 36, v. 5. [537] in ead. hom. 31. [538] 2 Reg. c. 12, v. 12. [539] supra c. 32. [540] Psal. 31, v. 5. [541] supra c. 5. [542] supra c. 30. [543] supra c. 32. [544] supra c. 34 et 35. [545] cf. hujus dicti § 1. [546] cf. supra c. 32.

cata possunt deleri. Ea vero, quæ ad exhortationem pœnitentiæ et confessionis dicta sunt, non huic sententiæ contraire videntur. Vel enim sunt verba exhortationis, non jussionis, sicut illud[547]: Confitemini alterutrum peccata vestra, etc., vel si qua jubendo sunt dicta, non ad oris confessionem, sed cordis, non ad exteriorem satisfactionem, sed interiorem referenda sunt. § 5. Est enim pœnitentia alia interior, alia exterior. Interior pœnitentia est illa, de qua Augustinus ait[548]: Omnis qui suæ voluntatis arbiter constitutus est, non potest inchoare novam vitam, nisi pœniteat eum veteris vitæ. Item de eadem Petrus in Actibus Apostolorum legitur dixisse[549]: Pœnitentiam agite, et baptizetur unusquisque vestrum. Quod de interiori pœnitentia, non exteriori dictum accipitur. De exteriori vero pœnitentia Ambrosius ait super epistolam ad Romanos[550]: Gratia Dei in baptismate non quærit gemitum vel planctum, non opus aliquod, sed solum contritionem cordis, et omnia gratis condonat. Quæcunque ergo de pœnitentia jubendo dicta sunt, non ad exteriorem, ut diximus, sed interiorem referenda sunt, sine qua nullus unquam Deo reconciliari poterit. § 6. Illud autem Augustini[551], quo quisque negatur veniam posse consequi nisi prius quantulamcunque peccati solverit pœnam, non huic sententiæ invenitur adversum. Nullus enim asseritur a peccato mundari, nisi peccati passus fuerit pœnam. Sed aliud est peccatum sacerdoti confiteri, et ejus arbitrio de peccato satisfacere: atque aliud Deo corde confiteri, et secreta satisfactione peccatum in se ipso punire. Est enim pœnitentia (ut ait Augustinus)[552] dolor cordis, quo quisque in se punit quod deliquit. De hac iterum satisfactione idem et in Psalm. L exponens: Quoniam iniquitatem[f] meam ego cognosco. Tu ne punias, quia ego punio: ignosce, quia ego agnosco[553]. Et infra: Sic Deus misericordiam dat, ut servet veritatem, ut non peccata ejus sint impunita, cui ignoscit. Ignoscit enim se ipsum punienti. Misericordia est, quod homo liberatur; veritas, quod peccatum punitur. Idem in Psalmum LXXXIV: Veritas de terra orta est, id est confessio ab homine, ut se accuset, et sic justitia de cœlo prospexit, ut publicanus[554] confitens rediit justificatus; justitia de cœlo prospexit, quasi Deus dicat: parcamus huic, quia non parcit sibi; ignoscamus, quia agnoscit. Et infra: De cœlo ergo justitia prospexit, id est, a Deo data est justificatio confitenti. § 7. Hæc ergo secreta satisfactio levium sive occultorum criminum Deo offerenda est, nec sine pœna relaxari probantur quæ sic expiari creduntur. Ea vero, quæ de publica satisfactione vel oris confessione dicuntur, in publicis et manifestis criminibus intelligenda sunt. Peccata namque Nabuchodonosor[555], quæ Prophetæ misericordiis et eleemosynis redimi suasit, peccata quoque Ninivitarum, quæ publica satisfactione expiata sunt, cunctis nota erant. Et publica noxa (ut Augustinus[556]) testatur, publico eget remedio. § 8. Præmissis itaque auctoritatibus pro manifestis criminibus manifesta probatur offerenda satisfactio et oris confessio. Latentia vero peccata non probantur sacerdoti necessario confitenda, et ejus arbitrio expianda.

III. Pars. § 9. Econtra ea, quæ in assertione hujus sententiæ dicta sunt, partim veritate nituntur, partim pondere carent. Sine contritione etenim cordis nullum peccatum posse dimitti, occulta vero peccata secreta satisfactione, publica quoque manifesta pœnitentia expiari debere, firmissima constat ratione subnixum. Porro sine confessione oris, si facultas confitendi non defuerit, aliquod grave delictum expiari auctoritati penitus probatur adversum. Quomodo enim secundum auctoritatem Leonis[557] Papæ sine supplicationibus sacerdotum indulgentia nequit obtineri, si sine oris confessione a peccato possumus emundari? Quis enim supplicabit pro peccato, quod nescit? § 10. Item, quomodo secundum Augustinum[558] frustra claves ecclesiæ qui sine arbitrio sacerdotis pœnitentiam agit, si sine oris confessione criminis indulgentiam impetrat? § 11. Item, quomodo secundum Ambrosium[559] jus ligandi et solvendi solis sacerdotibus a Domino creditur esse permissum, si quisque suo arbitrio se ipsum peccando ligat, vel secreta pœnitentia, secundum Prosperum, in se ipsum sententiam profert excommunicationis, atque post satisfactionem absque sacerdotali judicio se ipsum Deo vel altari ejus reconciliat? § 12. Non sunt hæc præmissis auctoritatibus consentanea: sed multorum exemplis probantur adversa. Filiam[560] namque archisynagogi turbis electis Dominus suscitavit: non tamen, nisi præsentibus patre et matre puellæ, Petro quoque, Jacobo et Joanne, vitæ reddita est. In quo moraliter instruimur, ut secreta peccata, quæ per mortem puellæ intelliguntur, non nisi supplicationibus ecclesiæ, quæ per patrem et matrem puellæ designantur, et sacerdotum ministerio, qui per Petrum et ceteros intelliguntur, a Domino existimentur dimitti. § 13. Item in Levitico[g]: Qui[561] domum suam vel agrum Domino voverit vel consecraverit,

NOTATIONES CORRECTORUM.

[f] *Quoniam iniquitatem*: Hic, et in aliis duobus sequentibus locis non refert ipsa omnino verba B. Augustini, sed sententiam.

[g] *Levitico*: Itidem et hoc loco refertur sententia Levitici in c. 27, non ipsa verba; idemque paulo post fit de Hesychio.

DIST. I. C. LXXXVII. [547] Jac. c. 5, v. 16. [548] supra c. 31, in pr. [549] Act. c. 2, v. 38. [550] cf. c. 99. D. 4, de cons. [551] cf. supra c. 42. [552] cf. infr. D. 3, de pœn. c. 4. [553] Bohm. add.: *et non dissimulo*: [554] cf. Luc. c. 18. [555] cf. Dan. c. 4, Jon. c. 3. [556] Glossa ord. ad. c. 5. Marci. [557] supra c. 49. [558] supra c. 44. [559] supra c. 51. [560] Matth. c. 9. [561] Levit. c. 27, v. 18.

non potest eam redimere, nisi siclo sanctuarii, sacerdote quoque (non ipso) supputante annorum numerum usque ad jubilæum. *In quo similiter docemur, quod quicunque domum conscientiæ vel agrum conversationis per pœnitentiam Domino offerre, atque pretio bonorum operum de vana vitæ suæ conversatione se ipsum redimere voluerit, non potest hoc facere, nsi siclo sanctuarii, id est operibus pœnitentiæ, sacra scriptura præfixis. Unde venientibus ad se turbis B. Joannes non ait simpliciter*[864]*: facite pœnitentiam, vel fructus pœnitentiæ, sed addit: dignos, ut pro qualitate videlicet peccatorum qualitas offeratur bonorum operum. Non enim par debet esse fructus boni operis ejus, qui nihil vel parum deliquit, atque ejus, qui grandia commisit. Ille tanquam nullius criminis sibi conscius usum sibi in rebus licitis præbet; hunc tanquam multis gravatum etiam a licitis temperare oportet. In*[863] *jubilæo plena remissio præstabatur. Unde per eum perfecta peccati remissio figuratur. Sacerdos ergo numerum annorum usque ad jubilæum supputat, quum ejus arbitrio pœnitentiæ tempora definiuntur, quibus quisque plenam peccati remissionem inveniat. Non enim (sicut Hesychius*[864] *ait super eumdem locum) statim post definitam pœnitentiam quisque a peccato plene mundatur. § 14. Quum ergo, ut ex præmissis colligitur, tempora pœnitentiæ arbitrio sacerdotis definiantur, evidentissime apparet, sine confessione propriæ vocis peccata non dimitti. Quis enim tempora pœnitentiæ alicui præfiget, nisi primum peccata sua sibi manifestare curaverit? § 15. Item: Taciturnitas peccati ex superbia nascitur cordis. Ideo enim peccatum suum quisque celare desiderat, ne iniquitas sua aliis manifesta fiat, ne talis reputetur apud homines foris, qualem se jamdudum exhibuit divino conspectui. Quod ex fonte superbiæ nasci nulli dubium est; species etenim superbiæ est, se velle videri justum, qui peccator est; atque hypocrita convincitur qui ad imitationem primorum parentum tergiversatione verborum peccata sua levigare contendit, vel, sicut Cain*[865]*, peccatum suum reticendo penitus supprimere quærit. Ubi autem superbia regnat, vel hypocrisis, humilitas locum habere non potest. Sine humilitate vero alicui veniam sperare non licet. Nec ergo, ubi est taciturnitas confessionis, venia est speranda criminis. Probatur hoc idem auctoritate Augustini, qui in libro de vera et falsa pœnitentia*[866] *c. 10 ait:*

### C. LXXXVIII.

Quem pœnitet omnino pœniteat, et dolorem lacrimis ostendat, repræsentet vitam suam Deo per sacerdotem[867], præveniat judicium Dei per confessionem. Præcepit[868] enim Dominus mundandis, ut ostenderent ora sacerdotibus, docens corporali præsentia confitenda peccata, non per nuncium, non per scriptum manifestanda. Dixit enim: *Ora monstrate*, et: *Omnes*, non unus pro omnibus; non alium statuatis nuncium, qui pro vobis offerat munus a Moyse[869] statutum, sed qui per vos peccastis per vos erubescatis. Erubescentia enim ipsa partem habet remissionis. Ex misericordia enim hoc præcepit Dominus, ut neminem pœniteret in occulto. In hoc enim quod per se ipsum dicit sacerdoti, et erubescentiam vincit timore offensi, fit venia criminis. Fit enim per confessionem veniale quod criminale erat in operatione, et, si non statim purgatur, fit tamen vitale[h] quod commiserat mortale. Multum enim satisfactionis obtulit qui erubescentiæ dominans nihil eorum, quæ commisit, nuncio Dei denegavit. Deus enim misericors[870] et justus est; sicut conservat misericordiam in justitia, ita et justitiam in misericordia. Opus enim est misericordiæ peccanti peccata dimittere: sed oportet, ut justus misereatur juste. Oportet enim, ut non solum quid, sed in quo doleat consideret, si dignus est, non dico justitia, sed misericordia. Justitia enim sola damnat; sed dignus misericordia est qui spirituali labore petit[871] gratiam. Laborat enim mens patiendo erubescentiam, et, quoniam verecundia magna est pœna, qui erubescit pro Christo fit dignus misericordia. Unde patet, quod quanto[872] pluribus confitebitur[873] in spe veniæ turpitudinem criminis, tanto facilius consequetur[874]. misericordiam remissionis. Ipsi enim sacerdotes plus jam possunt proficere, plus confitentibus parcere. Quibus enim remittunt remittit Dominus. Lazarum enim de monumento jam suscitatum obtulit Dominus discipulis solvendum, per hoc ostendens potestatem solvendi concessam sacerdotibus[875]. Dixit enim[876]: *Quodcunque solveritis super terram solvetur*[877] *et in cœlis*, hoc est: ego Deus, et omnes ordines cœlestis militiæ, et omnes sancti in gloria mea laudant vobiscum et confirmant quos ligatis et solvitis. Non dixit: quos putatis ligare aut solvere, sed in quos exercetis[878] opus justitiæ aut misericordiæ. Alia autem opera vestra in peccatoribus non agnosco[879]. § 1. Quare, qui[880] confiteri vult peccata, ut inveniat gratiam, quærat sacerdotem scientem ligare et solvere, ne, quum ne-

### NOTATIONES CORRECTORUM.

C. LXXXVIII. [h] *Vitale*: In originali est: *veniale*, sed aderat glossa.

Dist. I. C. LXXXVII. [562] Luc. c. 3, v. 8. [563] Levit. c. 25, v. 10. [564] cf. Gloss. ord. ad c. cit. Levit. [565] Gen. c. 4. = C. LXXXVIII. [566] non est Augustini. — Petr. Lomb. l. 4, dist. 17. [567] *sacerdotes*: Edd. coll. o. pr. Bas. [568] Luc. c. 17, v. 14. [569] Levit. c. 9, v. 7. [570] *qui mis.*: Edd. col. o. [571] *quærit*: Ed. Bas. [572] *quantum*: Edd. Ven. I, II. Par. — *quando*: Ed. Lugd. L. [573] *confitetur*: Edd. Bas. Lugdd. [574] *consequitur*: Edd. coll. o. — Bohm. [575] *sacerdoti*: Edd. Arg. Bas. [576] Matth. c. 16, v. 19. [577] *solutum erit*: Vulg. — Ed. Bas. [578] *exercueritis*: Edd. coll. o. pr. Bas. [579] *cognosco*: Edd. coll. o. [580] cf. D. 6, de pœn. c. 1.

gligens circa se exstiterit, negligatur ab illo, qui eum misericorditer monet et petit, ne ambo in foveam cadant, quam stultus evitare noluit. § 2. Tanta itaque vis confessionis est, ut, si deest sacerdos, confiteatur proximo. Saepe enim contingit, quod poenitens [581] non potest confiteri [582] coram sacerdote, quem desideranti nec locus, nec tempus offert. Et si ille, cui confitebitur, potestatem solvendi non habet [583], fit tamen dignus venia ex sacerdotis desiderio, qui socio confitetur turpitudinem criminis. Mundati enim sunt leprosi, dum irent [584] ostendere [585] ora sacerdotibus ante, quam ad eos pervenirent. Unde patet Dominum [586] ad cor respicere, dum ex necessitate prohibentur ad sacerdotes pervenire. Saepe quidem eos quaerunt sani et laeti; sed dum [587] quaerunt ante quam ad [588] eos perveniant [589], moriuntur. Sed Dei misericordia est ubique, qui et justis [i] novit parcere, etsi non tam cito, sicut [590] si solverentur a sacerdote. § 3. Qui ergo confitetur, omni no sacerdoti [591] meliori, quam potest, confiteatur, 'et', si peccatum occultum est, sufficiat referre in notitiam sacerdotis, ut grata sit oblatio muneris. Nam in resuscitatione [592] filiae principis pauci interfuerunt, qui viderent. Nondum enim erat sepulta, nondum [593] extra portam civitatis delata, nondum extra domum in notitiam deportata [594]. Intus [595] resuscitavit quam intus invenit, relictis solis Petro, et Joanne, et Jacobo, et patre et matre puellae, in quibus figuraliter continentur sacerdotes ecclesiae. Quos autem extra invenit, animadvertendum est, quomodo suscitavit. Flebat enim turba post filium viduae. Flevit [596] Martha et Maria, supplicantes [597]

A pro fratre. Flebat etiam turba, quae Mariam fuerat secuta, lacrimis Mariae admonita. In quo docemur publice peccantibus non proprium, sed ecclesiae sufficere meritum.

C. LXXXIX. *Sufficit illa confessio, quae primum Deo, deinde sacerdoti offertur.*

*Item* Leo Papa, *epist. LXXVIII, al. LXXX* [598].

IX. Pars. Quamvis plenitudo fidei videatur esse laudabilis, quae propter Dei timorem apud homines erubescere non veretur, tamen, quia non omnium hujusmodi sunt peccata, ut ea, qui [599] poenitentiam poscunt, non timeant publicare, removeatur 'tam' [600] improbabilis consuetudo, ne multi a poenitentiae remediis arceantur, dum aut erubescunt, aut metuunt [601] inimicis suis sua facta reserare [602], pro [603]
B quibus possunt [604] legum constitutione percelli. Sufficit [605] enim illa confessio, quae primum Deo offertur, tum etiam sacerdoti, qui pro delictis poenitentium precator accedit. Tunc enim ' demum' [606] plures ad poenitentiam poterunt provocari, si populi auribus non publicetur conscientia confitentis.

Gratian. *Quibus auctoritatibus, vel quibus rationum firmamentis utraque sententia satisfactionis et confessionis innitatur, in medium breviter exposuimus. Cui autem harum potius adhaerendum sit, lectoris judicio* [k] *reservatur. Utraque enim fautores habet sapientes et religiosos viros.*

*Unde Theodorus Cantuariensis Archiepiscopus ait in Poenitentiali suo* [l] [607] :

C. XC.

C Quidam Deo solummodo confiteri debere peccata dicunt, ut Graeci [m]. Quidam vero sacerdotibus con-

---

NOTATIONES CORRECTORUM.

[i] *Et justis :* Si consideretur tota traditionis series, videtur legendum : *et istis;* verumtamen omnes codices collati concordant cum lectione Gratiani.

C. LXXXIX. [k] *Lectoris judicio :* Certissimum est, et pro certissimo habendum, peccati mortalis necessariam esse confessionem sacramentalem, eo modo ac tempore adhibitam, quo in concilio Tridentino post alia concilia est constitutum.

C. XC. [l] Buchardus etiam et Ivo caput hoc citant ex Poenitentiali Theodori. In Capitularibus adjectis c. 58, haec leguntur : *Quidam Deo solummodo confiteri debere dicunt peccata ; quidam vero sacerdotibus confitenda esse percensent. Quod utrumque non sine D magno fructu intra sanctam fit ecclesiam, ita duntaxat, ut et Deo, a quo est remissio peccatorum, confiteamur peccata nostra, et cum David dicamus :* Delictum meum cognitum tibi feci, et injustitiam meam non abscondi. Dixi, confitebor adversum me injustitias meas Domino, et tu remisisti impietatem peccati mei, *et secundum Apostoli institutionem confiteamur alterutrum peccata nostra, et oremus pro invicem, ut salvemur. Confessio itaque, quae Deo fit, purgat peccata. Ea vero, quae sacerdoti fit, docet qualiter ipsa purgentur peccata. Deus namque salutis et sanitatis auctor et largitor est plerumque medicorum operatione.* In conc. Cabilonensi 2, c. 33, eadem fere habentur, addita ad initium voce : *quia,* et nonnullis in extrema clausula, quae notabuntur.

[m] *Ut Graeci :* Haec verba, itemque illa : *ut tota fere sancta ecclesia,* et illa : *et hoc perfectorum est,* et illa : *quod est justorum,* absunt quemadmodum a Capitulari, ita etiam a concilio.

---

DIST. I, C. LXXXVIII. [581] penitus : Ed. Bas. [584] verecundari : Edd. coll. o. [582] habeat : eaed. [583] ibant : eaed. [585] se ost. sac. : Edd. Bas. Lugdd. II, III. [586] Deum : Edd. coll. o. [587] dum quaer. : absunt ab Ed. Arg. [588] ad eos : non leg. in Ed. Bas. [589] pervenirent : Edd. Arg. Nor. Ven. I, II. [590] sic. et si : Edd. eaed. — sicut solvuntur : Ed. Bas. [591] et sac. : Edd. coll. o. [592] resurrectione : eaed. — cf. Luc. c. 18. [593] nond. — del. : absunt ab Ed. Bas. [594] portata : Edd. coll. o. [595] Luc. e. 7. [596] Joan. c. 11. [597] supplicans : orig. — C. LXXXIX. [598] Ep. 168. Ed. Baller. (scr. ad Epp. Campaniae, A. 459.) — Coll. tr. p. p. 1, t. 43, c. 42. Ivo Decr. p. 15, c. 167. Petr. Lomb. l. 4, dist. 17. [599] quae : Coll. Hisp. — Baller. [600] abest a Coll. Hisp. et Iv. [601] timent : Edd. coll. o. [602] reserari : Coll. Hisp. — Baller. Iv. [603] abest ab iisd., Iv. et Edd. coll. o, pr. Lugdd. II, III. [604] possit : Coll. Hisp. — possint : Baller. — Iv. — Ed. Bas. [605] cf. supra c. 61. — C. XC. [606] abest a Coll. Hisp. et Iv. — C. XC. [607] Non exstat inter Capp. Theodori, quae sunt expressa ap. d'Acherium et Petitium, legitur tamen in conc. Cabil. II, hab. 813, c. 33, ? in Capp. Theodulphi (quem nomen dedisse verisimile est) c. 30. — Burch. l. 19, c. 145, Ivo Decr. p. 15, c. 155.

fitenda esse perceusent, ut tota fere sancta ecclesia. Quod utrumque non sine magno fructu intra sanctam fit ecclesiam, ita duntaxat, ut Deo, qui remissor est peccatorum, peccata nostra confiteamur, et hoc perfectorum est, ut [608] cum David dicamus [609] : *Delictum meum cognitum tibi feci, et injustitiam meam non abscondi. Dixi, confitebor adversum me injustitias meas Domino, et tu remisisti impietatem peccati mei.* Sed tamen Apostoli [n] institutio nobis sequenda est, ut confiteamur alterutrum peccata nostra, et oremus pro invicem, ut salvemur. Confessio itaque, quæ soli Deo fit, quod est justorum, purgat peccata. Ea vero, quæ sacerdoti fit, docet, qualiter ipsa purgentur peccata. Deus namque, salutis et sanctitatis auctor et largitor, plerumque hanc præbet suæ pœnitentiæ medicinam [o] invisibili administratione, plerumque medicorum operatione.

## DISTINCTIO II.
### GRATIANUS.

**I. Pars.** *Quia vero de pœnitentia semel cœpit haberi sermo, aliquantulum altius repetendum videtur, diversorum sententias certis auctoritatibus munitas in medium proponentes.* Alii dicunt pœnitentiam semel tantum esse utilem. Unica est enim, nec reiterari potest. Si vero reiteratur, præcedens pœnitentia non fuit. Et si de sententia judicis ejus merito peccata videntur esse remissa, apud tamen ejus præsentiam, cui omnia futura præsentia sunt, nunquam habentur remissa : quia non est servata illa sententia veri sacerdotis [1] : *Vade, et amplius noli peccare. Item* [2] : *Ecce sanus factus es, jam amplius noli peccare, ne deterius aliquid tibi contingat. Item ex VIII Synodo* [a] :

**C. I.** *Primam vitii causam non penitus exstinguit qui in illam postea recidit.*

Si quis semel notatus fuerit invidiæ vel contentionis vitio, et rursus in hoc ipsum inciderit, sciat, se primam *illam* causam, *de qua superius dixi-*mus *, ex qua invidia vel contentio nascitur, in interioribus medullis habere reconditam. Oportet ergo eum per contraria atque adversa curari [4], id est per humilitatis exercitium. Exercitia vero humilitatis sunt, si se vilioribus officiis subdat, et ministeriis indignioribus tradat. Ita namque arrogantiæ et humanæ gloriæ vitium curari poterit, ut consuetudine [5] humilitatis affectus ultra jam non incidat in arrogantiæ et vanæ gloriæ delictum. Atque [6] in singulis hujusmodi vitiis cura similis adhibeatur [7].

*Gratian.* **Item sine caritate nulli adulto peccatum remittitur. Non autem habet caritatem qui aliquando peccaturus est criminaliter.**

*Unde* Augustinus *ad Julianum comitem* [b] [8] :

### C. II.
*Caritas, quæ deseri potest, nunquam vera fuit.*

**C. III.** Idem *super epistolam I. Joannis, tract.* 8 [9].

Radicata est caritas? securus esto; nihil mali procedere potest.

**C. IV.** Item Gregorius *lib. X. Moralium, c.* 22 [10].

Valida [11] est, ut mors, dilectio. Virtuti etenim mortis dilectio comparatur, quia nimirum mentem, quam semel cœperit [12], a delectatione [13] mundi funditus occidit.

**C. V.** Item Prosper *in lib. III, de vita contemplativa, c.* 13 [c] [14].

Caritas est, ut mihi videtur, recta voluntas, ab omnibus terrenis ac præsentibus prorsus aversa, juncta Deo [15] inseparabiliter et unita [16], igne [17] quodam S. Spiritus, a quo est et ad quem refertur, inquinamenti omnis extranea, corruptionis † nescia, nulli vitio mutabilitatis obnoxia, supra omnia, quæ carnaliter diliguntur, excelsa, affectionum omnium potentissima, divinæ contemplationis avida, in omnibus semper invicta, summa actionum bonarum, salus morum, finis cœlestium præceptorum, mors criminum, vita virtutum, virtus pugnantium, palma victorum, anima [18] sanctarum mentium, causa meritorum bonorum, præmium perfectorum; sine qua

---

### NOTATIONES CORRECTORUM.

[n] *Sed tamen Apostoli* : In Capitulari et concilio pendet adhuc oratio, et priori illi membro ; et *Deo,* etc.; redditur nunc alterum membrum his verbis : *et secundum Apostoli institutionem,* etc.

[o] *Suæ pœnitentiæ medicinam* : In concilio atque apud Burchardum et Ivonem legitur : *suæ potentiæ*. A Capitulari autem (prout ex ipsius lectione animadverti potest) totum istud primum abest periodi membrum.

Dist. II. C. I. [a] Habetur in libro de institutis monachorum, interprete Ruffino, c. 22, ex Basilio in regulis brevioribus num. 289.

C. II. [b] In antiquis editionibus epistolarum B. Augustini erat epistola 111 ad Julianum, in qua erat hoc caput. Nunc est in tomo 4, sub titulo de salutaribus documentis ad quemdam comitem c. 7. Apud Hieronymum vero in epistola ad Ruffinum simile quiddam legitur : *Amicitia,* inquit, *quæ desinere potest, vera nunquam fuit.*

C. V. [c] Caput hoc confectum est ex verbis Prosperi hinc inde collectis, et prior pars habetur etiam in tractatu de laudibus caritatis, inter opera B. Augustini tomo IX, eodem fere modo, quo apud Gratianum. Atque emendata quædam, et etiam addita nonnulla sunt ex ipso B. Prospero. Sed operæ pretium fuerit integrum locum apud ipsum legere; copiose enim et ornatissime explicatur.

---

Dist. I. C. XC. [608] *et* : conc. Cab. — Burch. Iv. — Edd. coll. o. p. Bas. [609] Psal. 31, v. 5, seq.
Dist. II. PARS I. [1] Joan. c. 8, v. 11. [2] id. c. 5, v. 14. [3] Imo Basilius, cf. Corr.—Coll. tr. p. p. 2, t. 14, c. 14. = C. I. [4] *evitari vel curari* : Edd. coll. o. pr. Bas. [5] *in cons.* : Edd. coll. o. [6] *Sed* : eæd. [7] *adhibetur* : Edd. [Arg. Bas. = C. II. [8] Non est Augustini, sed Paulini Aquileiensis. — Petr. Lomb. l. 3, dist. 31. = C. III. [9] Petr. Lomb. ib. = C. IV. [10] Petr. Lomb. ib. [11] Cant. c. 8, v. 6. [12] *ceperit* : orig. — Edd. coll. o. pr. Lugdd. II. — Bohm. [13] *dilectione* : orig. = C. V. [14] Imo Julianus Pomerius, cujus hic liber est. [15] *vero Deo* : Edd. coll. o. pr. Arg. [16] *ignita* : Edd. Bas. Par. Lugdd. [17] *igni* : Edd. Nor. Ven. I, II. † *corrumpi* : orig. [18] *arma* : Edd. Bas. Lugdd. II, III. — *arma vel anima* : Ed. Arg.

nullus Deo placuit, cum qua aliquis peccare nec potuit, nec poterit; fructuosa in pœnitentibus, læta in proficientibus, gloriosa in perseverantibus, victoriosa in martyribus, operosa in omnibus omnino fidelibus, ex qua quicquid est boni operis vivit [19]. *Item infra :* § 1. Hæc est caritas vera, germana, perfecta, quam excellentiorem viam nominat S. Apostolus [20], 'et vere ipsa est via, quæ ducit per se ambulantes ad patriam*, quia [21], sicut sine via pervenit nullus quo tendit, ita sine caritate, quæ dicta est via, non ambulare possunt homines, sed errare. *Item ibidem cap.* 15 : § 2. Ergo si caritatem Deo exhibeamus, et proximo de corde puro, et conscientia bona, et fide non ficta, facile peccato resistimus, bonis omnibus [22] abundamus, sæculi blandimenta contemnimus, et omnia, quæ difficilia sunt humanæ fragilitati, vel aspera etiam, cum delectatione [23] perficimus, si tamen Deum caritate perfecta, quæ nobis ex [24] illo est, ex toto corde, ex tota anima, et ex totis viribus diligamus. Ex ea enim parte quis peccat, ex qua minus diligit Deum; quem si ex toto corde diligamus, nihil erit in nobis, unde peccati desideriis serviamus. Et quid est diligere Deum, nisi illi copulari [25] animo, concipere fruendæ visionis ejus affectum, peccati odium, mundi fastidium, diligere etiam proximum, quem [26] in se censuit diligendum, in ipso amore servare legitimum modum, nec pervertere dilectionis ordinem constitutum? Ordinem dilectionis illi pervertunt, nec modum diligendi custodiunt, qui aut mundum, qui contemnendus est, diligunt, aut corpora sua minus diligenda plus diligunt, aut proximos non sicut se ipsos, aut Deum plus quam se ipsos forte non diligunt. *Item infra :* § 3. Corpus nostrum, quia pars nostri est, ad hoc nobis [27] diligendum est, ut saluti ejus ac fragilitati naturaliter consulamus et agamus, quatenus spiritui ordinate subjectum ad æternam salutem accepta immortalitate et incorruptione perveniat. *Item infra :* § 4. Proximos autem tunc diligimus sicut nos, si non propter aliquas utilitates nostras, non propter sperata [28] beneficia vel accepta, non propter affinitates vel consanguinitates, sed propter hoc tantum, quod sunt naturæ nostræ participes, diligamus. *Item infra :* § 5. Non illi tantum proximi nostri credendi sunt, quos nobis gradus sanguinis jungit, sed proximi nostri credendi sunt omnes homines naturæ nostræ, sicut dixi, participes. *Item infra :* § 6. Proinde, sicut [29] nos proximos omnes [30] diligimus, quando ad mores bonos et æternam vitam consequendam, sicut nobis, saluti eorum consulimus ; quando nos in eorum peccatis ac periculis cogitamus, et, sicut nobis subveniri optamus [31], ita eis* pro viribus* subvenimus [32], aut, si facultas defuerit, voluntatem subveniendi tenemus. Quapropter hæc est proximi d tota dilectio, ut bonum, quod tibi conferri [33] vis, velis et proximo, 'et malum, quod tibi nolis, accidere, nolis et proximo*. Illi vero plus quam se diligunt Deum, qui pro ejus amore suæ ad tempus saluti non parcunt, se ipsos tribulationibus ac periculis tradunt, nudari facultatibus propriis, patriæ suæ extorres fieri, parentibus, et uxoribus, ac filiis 'suis' renunciare parati sunt, et, ut totum dicam, ipsam [34] corporis mortem non solum non refugiunt, sed etiam libenter excipiunt, ambientes a corporis sui vita magis, quam a Deo vita [35] vitæ suæ discedere.

C. VI. *Item Beda super Joannem, ad c.* 1 [36].

Quærendum [37] est interea, quomodo speciale filium [38] Dei agnoscendi signum fuerit, quod super eum descenderit et manserit Spiritus [39]. *Et infra* · § 1. Quid magni est Filio Dei, quod in ipso manere Spiritus [40] adstruatur? Notandum ergo [41], quod semper in Domino manserit Spiritus sanctus ; in sanctis autem hominibus [42], quamdiu mortale corpus gestaverint [43], partim maneat [44] in æternum, partim rediturus secedat. Manet quippe apud eos, ut bonis insistant actibus, voluntariam paupertatem diligant, mansuetudinem sequantur †, pro æternorum [45] desiderio lugeant, esuriant et sitiant justitiam, misericordiam, munditiam cordis, et tranquillitatem pacis amplectantur : sed et pro observantia justitiæ persecutionem pati non vereantur [46], eleemosynis, orationibus, jejuniis, ceterisque fructibus Spiritus [47] insistere desiderent. Recedit autem ad tempus, ne semper infirmos curandi, mortuos suscitandi, dæmones ejiciendi, vel etiam prophetandi habeant [48] facultatem. Manet semper, ut [49] possint habere virtutes, et ut mirabiliter ipsi vivant. Veni,

---

NOTATIONES CORRECTORUM.

d *Hæc est proximi :* Ita legitur non modo in originali, sed etiam in vetustioribus Gratiani codicibus ; in vulgatis erat : *Quapropter, carissime, tota dilectione satage, ut bonum,* etc '.

---

DIST. II. C. V. [19] *viret vel vivet :* ead. — *vivet :* Edd. rell. [20] 1 Cor. c. 13, v. 10. [21] *sicut enim :* Edd. coll. o. [22] *operibus :* Ed. Arg. [23] *dilectione :* Edd. coll. o. [24] *ab :* eæd. [25] *occupare animum :* orig. — *eum occupare animo :* Ed. Bas. [26] *add. : ipse :* orig. [27] *a nobis :* Edd. Bas. Lugd. II, III. [28] *speranda :* Edd. coll. o. [29] *secundum :* Ed. Arg. [30] *nostros :* Edd. coll. o. pr. Arg. [31] *optaremus :* Edd. coll. o. [32] *subveniamus :* Edd. Arg. Nor. Ven. I, II. * ita Edd. coll. o. pr. Arg. [33] *fieri :* Edd. Bas. Lugd. — *abest a rell.* — [34] *et ips. :* Edd. Bas. [35] *qui est vita :* Edd. Bas. Lugd. II, III. — C. VI. [36] Petr. Lomb. l. 3, dist. 31. [37] *Prætereundum non est :* Ed. Arg. [38] *filii :* Edd. coll. o. [39] *add. : sanctus :* eæd. — cf. Joan. c. 1, v. 33. [40] *add. : sanctus :* eæd. [41] *abest ab Ed. Arg.* — *Not. itaque est :* Edd. Lugd. II, III. — *Not. quoque est :* Ed. Bas. — *Notandumque est :* Edd. Bas. [42] *omnibus :* Ed. Bas. [43] *gestaverit :* ead. — *gestaverint :* Edd. rell. [44] *manat — secedit :* Edd. Bas. Par. Lugd. † *consequantur :* Edd. coll. o. [45] *æterno :* eæd. [46] *revereantur :* Ed. Bas. [47] *add. : sancti :* Edd. Bas. Lugd. II, III. [48] *possint habere virtutem :* orig. [49] *ut — et :* absunt ab orig.

ad tempus, ut etiam aliis per miraculorum signa, usque ad finem vitae in virtute proficiunt, ad perfectum diem tunc veniunt [70], quando ad coelestia regna perducti, in ea luce, quam desiderant, jam minus aliquid non habebunt.

**C. VII.** *Item* Apostolus I, *Cor.* 13 [50].

Caritas nunquam excidit.

**C. VIII.** *Item* Augustinus *super ep. I. Joannis, tract.* 3 [51].

Unctio invisibilis Spiritus sanctus est, unctio invisibilis caritas est *, quae, in quocunque fuerit, tanquam radix illi erit, quae [52] quamvis ardente sole arescere non potest, nutritur calore solis, non arescit.

**C. IX.** *Item* Gregorius *super Ezechielem, tom. III.*

Pennata [53] animalia, videlicet praedicatores sancti, quum incedunt, minime revertuntur, quia sic a terrenis actibus ad spiritualia pertranseunt [54], ut ad ea, quae reliquerunt [55], ulterius nullatenus reflectantur. *Et paulo post* : *Nemo* [56] *mittens manum* [57] *in aratrum, et adspiciens retro, aptus est regno Dei*. Manum quippe in aratrum mittere est quasi per quendam compunctionis vomerem ad proferendos fructus terram sui cordis aperire. Sed retro post aratrum adspicit, qui post exordia boni operis ad mala revertitur, quae reliquit. Quod quia electis Dei minime contingit, recte nunc per Prophetam dicitur [58] : *Non revertebantur, quum incederent* [59]. (*Et paulo post* :) *Unde Paulus* [60] : *Unum* [61] *vero, quae retro sunt, oblitus* [62], *in ea, quae sunt anteriora, extendens me, sequor ad palmam supernae vocationis*. In anteriora etenim extentus, eorum, quae retro sunt, oblitus fuerat, quia temporalia despiciens sola quae sunt aeterna quaerebat.

**C. X.** Idem *in eundem, hom. V.*

Non [63] *revertebantur, quum incederent* [64], quia electi quique sic ad bona [65] tendunt, ut ad mala perpetranda non redeant. *Qui* [66] *enim perseveraverit usque in finem, hic salvus erit*. Et, sicut per Salomonem dicitur [67] : *Justorum semita quasi lux splendens* [68] *procedit, et crescit usque ad perfectum diem*. In eorum namque animis [69] bonum desiderium atque intellectus lucis intimae 'am pars diei est; sed quia

**C. XI.** Idem *ibidem* [71].

Potest discursus atque mobilitas Spiritus sic [72] intelligi. In sanctorum quippe cordibus juxta quasdam virtutes semper permanet [73] ; juxta quasdam vero recessurus venit, et venturus recedit. In fide etenim, spe atque caritate et in bonis aliis, sine quibus ad coelestem patriam non potest veniri (sicut est humilitas, castitas, justitia atque misericordia) perfectorum [74] corda non deserit. In prophetiae vero virtute, doctrinae [75] facundia, miraculorum exhibitione, electis 'suis' aliquando adest, aliquan lo se subtrahit. *Et paulo post* : § 1. In his itaque virtutibus, sine quibus ad vitam minime pervenitur, Spiritus sanctus in electorum suorum cordibus permanet, unde recte stabilis dicitur f. In his vero, per quas sanctitatis virtus ostenditur, aliquando misericorditer [76] praesto est, aliquando misericorditer recedit.

*Unde* Ambrosius *super epist. II, ad Corinthios, ad c.* 6 g :

**C. XII.**

Ficta caritas est, quae deserit in adversitate.

II. Pars. Gratian. Ex praemissis itaque apparet, quod caritas semel habita ulterius non amittitur. Qui enim caritatem semel habuerit criminaliter ulterius peccare non poterit, ut ad gratiam, non ad naturam impossibilitas referatur. Quod autem caritatem habens criminaliter peccare non possit, testatur Augustinus [77] *in lib. L Homiliarum, hom.* 8, *dicens* :

**C. XIII.**

Quia [78] radix omnium malorum est cupiditas, et radix omnium bonorum est caritas, et simul ambae esse non possunt, nisi una penitus [79] evulsa fuerit, alia plantari non poterit [80]. Sine causa aliquis conatur ramos incidere, si radicem non contendit evellere.

## NOTATIONES CORRECTORUM.

C. VIII. e *Unctio invisibilis caritas est* : Hinc usque ad finem eodem modo se habent apud Magistrum, atque apud Gratianum. Sed apud B. Augustinum aliter : *Unctio invisibilis*, inquit, *caritas illa est, quae, in quocunque fuerit, tanquam radix illi erit ; quamvis ardente sole arescere non potest. Omne quod radicatum est, nutritur calore solis, non arescit.* Ita non negat caritatem posse arescere, sed quod in caritate radicatum est.

C. XI. f *Unde recte stabilis dicitur* : Haec ex paulo superiore B. Gregorii disputatione aliis verbis huc sunt a collectore translata.

C. XII. g Referuntur verba glossae ordinariae, nam B. Ambrosii sunt haec : *Simulata caritas in his est, qui in necessitate deserunt fratres.*

Di.t. II. C. VII. [50] 1 Cor. c. 13, v. 4. — Petr. Lomb. l. 3, dist. 31. = C. VIII. [51] Petr. Lomb. ib. [52] abest ab Edd. Arg. Bas. = C. IX. [53] *Penn. an. minime revert., quum incedunt, quia praed. sancti*, etc. : Edd. coll. o. [54] *transeunt* : ead. [55] *reliquerant* : eaed. [56] Luc. c. 9, v. 62. [57] add. : *suam* : Edd. coll. o. [58] Ezech. c. 1, v. 17. [59] *ambularent* : Vulg. [60] Phil. c. 3, v. 13. [61] *unum vero, quod retro est oblitus* : Ed. Bas. [62] *obliviscens* : Vulg. — Edd. coll. o. pr. Bas. = C. X. [63] Ezech. c. 1, v. 17. [64] *ambularent* : orig. [65] *bonum* : Ed. Bas. [66] Matth. c. 10, v. 22. [67] Prov. c. 4, v. 18. [68] *splendens et cresceus* : Ed. Bas. [69] *animo* : Edd. coll. o. [70] *perveniunt* : Edd. Lugdd. II, III. = C. XI. [71] Petr. Lomb. l. 3, dist. 31. [72] *requisitione alterius considerationis* : orig. [73] *maneat* : Edd. Arg. Nor. Ven. I. II. — *manet* : Edd. rell. [74] *foecunda perf.* : Edd. coll. o. [75] *doctr. foecunda* : eaed. pr. Lugdd. II, III. [76] abest ab Ed. Bas. = C. XII. [77] Non est Augustini. — Petr. Lomb. l. 3, dist. 31. = C. XIII [78] 1 Tim. c. 6, v. 10. [79] *radicitus* : orig. — Ed. Bas. [80] *potest* : Edd. coll. o.

Gratian. *Quum ergo qui criminaliter peccat caritatem nunquam habuisse probatur, evidenter colligitur, pœnitentiam non agere, qui quandoque criminaliter peccat.*

Unde Augustinus [b] :
### C. XIV.

Caritas est aqua, de qua Dominus ait in evangelio [81] : *Qui biberit ex aqua, quam ego dabo ei, non sitiet in æternum.*

Gratian. *Reprobus ergo, quum in æternis mancipatus incendiis in æternum sitiat, quomodo bibet aquam vivam, aut quomodo potabit aquam salientem in vitam æternam, qui, quasi plumbeus demersus in ima, pœnas luit damnationis æternæ? Item : Sine caritate quomodo quis veram cordis contritionem habere poterit? quomodo ergo delictorum remissionem? quæ si non sunt dimissa, quomodo non omnia prorsus ad pœnam exigenda sunt? Item Dominus* [82] : Amen, amen dico vobis, qui credit in me habet vitam æternam. *Qui ergo non habet vitam æternam in Christum non credit. In Christum vero credit qui caritatem habet. In Christum quippe credere est amando in ipsum tendere. Hæc est fides, ut definit Apostolus, quæ per dilectionem operatur; huic duntaxat remissio delictorum promittitur. Quod si caritas a fide Christianorum sejungi nequit, cui scilicet soli venia promittitur, quomodo qui caritatem non habuerit, fidem Christianorum habuit, id est in Christum credidit? quomodo ergo veniam delictorum accepit? quam si non accepit, quomodo non omnia ororsus opera æternis sunt ferienda suppliciis? Item Dominus* [83] : *Ego sum panis vivus, qui de cœlo descendi; si quis manducaverit ex hoc pane, vivet in æternum. Qui ergo non vivit in æternum non manducavit panem vivum : sed qui non manducavit eum non credidit. Hoc est enim manducare panem vivum, quod credere in Christum, id est amando tendere in ipsum. Quum ergo reprobus in eum non crediderit, quem non manducavit, et ita fidem Christianorum (qua sola peccata relaxantur) non habuerit, quomodo, si vivit Dominus, cui omne judicium dedit Pater, judicium perpetuæ damnationis effugiet omnium non solum actualium, sed etiam originalium ?*

III. Pars. § 1. *Hæc, quæ de caritate dicuntur, de perfecta intelligi possunt, quæ semel habita nunquam amittitur. Exordia vero caritatis enutriuntur, ut crescant, et conculcantur, ut deficiant. Nemo enim repente fit summus, sed in bona conversatione, quæ sine caritate nulla est, a minimis quisque inchoat, ut ad magna perveniat. Sunt itaque gradus non solum inter virtutem et virtutem, sed et in eadem virtute.*

Unde Gregorius *super Ezechielem homil.* XV *scribit, dicens:*
### C. XV.

Quum [84] sanctam ecclesiam Dominus suscipit [85], in gradibus ejus dignoscitur, quia ejus gloria per illius incrementa declaratur. Quantum enim sancta ecclesia ascendendo proficit [86], tantum Deus hominibus ex ejus virtutibus [87] innotescit. De his quoque gradibus B. Job loquitur, dicens [88] : *Per singulos gradus meos pronunciabo illum.* Omnipotentem quippe Dominum [89] per singulos gradus suos pronunciat, qui per incrementa virtutum, quæ cepit [90], ei semper laudem suæ pietatis reddit. Si quidam [91] gradus in cordis ascensione non essent, Psalmista non diceret [92] : *Ambulabant de virtute in virtutem.* Nec mirum, si de virtute in virtutem gradus sunt, quando unaquæque [93] virtus quasi quibusdam gradibus agitur [94], et sic [95] per incrementa meritorum ad summa perducitur. § 1. Aliud [96] namque sunt virtutis exordia, aliud [97] profectus [98], aliud perfectio. Si enim et [99] ipsa fides ad perfectionem suam non quibusdam gradibus duceretur, sancti Apostoli minime dixissent [100] : *Adauge* [101] *nobis* [102] *fidem.* Et quidam venit ad Jesum [103] qui curari voluit filium suum; sed requisitus an crederet, respondit [104] : *Credo, Domine, adjuva incredulitatem meam.* Pensate, rogo, quod dicitur. Si credebat, cur incredulitatem dicebat? Si vero incredulitatem habere se noverat, quomodo credebat? Sed quia per occultam inspirationem gratiæ meritorum suorum gradibus fides crescit, uno eodemque tempore is [105], qui necdum perfecte crediderat, simul et credebat, et incredulus erat. § 2. Hos nimirum gradus Dominus sub messis nomine describit, dicens [106] : *Sic est regnum Dei, quemadmodum si jaciat* [107] *homo semen in terram, et dormiat, et exsurgat nocte a die, et semen germinet, et crescat, dum nescit ille. Ultro enim terra fructificat, primum herbam, deinde spicam, deinde plenum frumentum in spica; et quum ex se* [108] *produxerit fructus, statim mittit falcem, quoniam adest tempus messis.* Semen homo jactat in terram, quum cordi suo bonam intentionem inserit, et postquam

### NOTATIONES CORRECTORUM.

C. XIV. [b] Hæc sententia non est inventa apud B. Augustinum, licet in Psalm. 103, ad vers. *Qui tegis aquis*, caritatem velit aquis significari, quemadmodum et Prosper, et glossa ordinaria et interlinearis ad eundem locum.

---

Dist. II. C. XIV. [81] Joan. c. 4, v. 13. [82] Joan. c. 6, v. 47. [83] ib. v. 51. — C. XV. [84] *Dum* : Edd. Bas. Par. Lugd. I. [85] *suscepit* : Edd. Bas. Ven. I, II. Par. Lugd. I. [86] *profecerit* : orig. [87] *virtute* : Edd. coll. o. [88] Job. c. 31, v. 37. [89] *Deum* : Ed. Bas. [90] *accepit* : ead. — *accipit* : Edd. rell. [91] *quidem* : Edd. coll. o. pr. Arg. [92] Psal. 83, v. 8. [93] *ipsa un.* : Edd. coll. o. [94] *augetur* : ead. [95] abest ab Ed. Ven. II. — *si* : Ed. Bas. [96] *Alia* : Edd. coll. o. [97] *add.* : *virtutis* : eæd. pr. Bas. [98] *provectus* : Edd. Arg. Nor. Ven. I, II. [99] abest ab orig. — cf. Petr. Lomb. l. 3, dist. 31. [100] Luc. c. 17, v. 5. [101] *Auge* : Edd. coll. o. [102] *in nobis* : Ed. Bas. [103] *Deum* : ead. — *Dominum* : Edd. rell. [104] Marc. c. 9, v. 25. [105] abest ab Ed. Bas. [106] Marc. c. 4. v. 26. [107] *jactet* : Edd. coll. o. [108] *ex se* : absunt a Vulg. — *quum se prod.* : orig.

semen jactaverit, dormit, quia jam [109] in spe boni operis quiescit. Nocte vero exsurgit [110] ac die, quia inter adversa et prospera proficit, et semen germinat et crescit, dum nescit ille [111], quia, dum [112] adhuc metiri incrementa sua non valet, semel concepta virtus ad perfectum [113] ducitur, et ultro terra fructificat, quia præveniente se gratia mens hominis spontanee [114] ad profectum [115] boni operis assurgit [116]. Sed hæc eadem terra primum herbam, deinde spicam, deinde plenum frumentum producit in spica [117]. Herbam quippe producere est inchoationis bonæ [118] adhuc teneritudinem habere. Ad spicam vero herba pervenit [119], quum se virtus animo concepta ad profectum [120] boni operis pertrahit [121]. Plenum vero frumentum in spica fructificat, quando jam in tantum virtus proficit, ut esse robusti et perfecti operis possit. Sed [122] quum ex se produxerit fructus, statim mittit falcem, quoniam adest tempus messis. Omnipotens enim Deus producto fructu falcem mittit, et messem suam [123] desecat, quia, quum unumquemque ad opera perfecta produxerit, ejus temporalem vitam per emissam sententiam incidit, ut granum suum ad cœlestia horrea perducat. Quum igitur desideria bona concipimus, semen in terram mittimus. Quum vero operari recta incipimus, herba sumus. Quum autem ad profectum [124] boni operis crescimus, ad spicam pervenimus ⁱ, quumque in ejusdem operationis [125] perfectione solidamur, jam plenum frumentum in spica proferimus. § 3. Herba etenim Petrus fuerat, qui, passionis tempore per amorem Dominum sequens, hunc confiteri ante ancillæ vocem timebat. Erat enim jam viriditas in mente, quia credebat omnium [126] redemtorem; sed valde adhuc flexibilis pede conculcabatur timoris. Jam in spicam surrexerat, quando eum, quem moriturum confiteri timuerat, nunciante angelo in Galilæa viventem videbat. Sed ad [127] plenum granum in spica [128] pervenerat, quando veniente desuper Spiritu [129], et suam mentem in illius amore roborante, ita solidatus est, ut vires persequentium cæsus despiceret, et redemtorem suum libere inter flagella prædicaret. § 4. Nullus itaque, qui ad bonum propositum adhuc in mentis teneritudine esse conspicitur, despicitur, quia frumentum Dei ab herba incipit, ut granum fiat. Vir ergo 'vestitus lineis' venit [130] ad portam, quia Dominus ac redemtor noster membris suis intrantibus perducit ᵏ ad se, et ascendit per gradus ejus, quia nobis proficientibus eo nobis [131] amplius exaltatur [132], quanto [133] altus [134] et incomprehensibilis [135] esse cognoscitur. In virtute [136] quippe nostrarum 'mentium' [137] ipse ascendere dicitur, quia tanto ipse sublimior nobis [138] ostenditur, quantum noster animus a rebus infimis [139] separatur.

*Item* Augustinus *ait in libro de gratia et libero arbitrio, c.* 17 :

## C. XVI.

Qui vult facere Dei mandata [140], et non potest, jam quidem habet voluntatem bonam, sed adhuc parvam et invalidam. Poterit autem, quum magnam habuerit et robustam. Quando enim martyres magna illa mandata fecerunt, magna utique voluntate, id est magna caritate fecerunt, de qua 'caritate' ipse Dominus ait : *Majorem* 'hac' *caritatem nemo* [141], etc. (*Et paulo port* [142] :) § 1. Ipsam caritatem apostolus Petrus nondum habuit [143], quando timore Dominum ter negavit. 'Timor enim non est in caritate, sicut ait Joannes evangelista in epistola sua [144], sed perfecta caritas foras mittit timorem. Et tamen, quamvis parva et imperfecta, non deerat [145], quando dicebat [146] : *Domine, animam meam pro te ponam* [147]. (*Idem super primam epistolam Joannis, tract.* 5 : § 2. Si quis tantam habuerit caritatem, ut paratus sit pro fratribus etiam [148] mori, perfecta est in illo caritas; sed numquid mox, ut nascitur, jam prorsus perfecta est? ut perficiatur, nascitur; quum fuerit nata, nutritur; quum fuerit nutrita, roboratur; quum fuerit roborata, perficitur; quum ad perfectum venerit, quid dicit [149] ? *Mihi vivere Christus est, et mori lucrum.* \*Optabam ˡ *dissolvi, et esse cum Christo, multo magis optimum; manere in carne necessarium*

### NOTATIONES CORRECTORUM.

C. XV. ⁱ *Quum autem ad profectum boni operis crescimus, ad spicam pervenimus :* Hæc desiderantur in originali.

ᵏ *Perducit :* In plerisque vetustis, et apud B. Gregorium legitur : *perducitur;* sed ob glossam non est emendatum.

C. XVI. ˡ *Optabam :* Hinc usque ad finem sunt addita ex B. Augustino, quoniam faciunt ad sententiæ integritatem.

---

Dist. II. C. XV. [109] *abest ab orig. et Ed. Bas.* [110] *surgit* : Edd. coll. o. [111] *abest ab Ed. Bas.* [112] *et quum* : orig. — *quum* : Edd. coll. o. [113] *provectum* : orig. [114] *spontanea* : Edd. coll. o. [115] *fructum* : orig. [116] *surgit* : Edd. coll. o. pr. Bas. [117] *spicam* : Ed. Bas. [118] *boni ad hoc* : ead. [119] *venit* : Edd. coll. o. [120] *provectum* : Edd. Arg. Nor. [121] *protrahit* : Edd. Lugd. II, III. [122] *At quum se* : orig. [123] *abest ab Ed. Bas.* [124] *provectum* : Edd. Arg. Bas. [125] *boni operis* : orig. [126] *Dominum* : Ed. Bas. — *Dom. omnium* : Edd. rell. pr. Arg. [127] *Sed tunc* : orig. [128] *spicam* : Ed. Bas. [129] *add.* : *sancto* : Edd. Bas. Lugdd. II, III. [130] *veniat* : Lugdd. II, III. [131] *abest ab Edd. Arg. Bas.* [132] *exaltabitur* : Edd. coll. o. pr. Bas. Lugdd. II, III. [133] *quo* : orig. — Edd. coll. o. [134] *altius* : Edd. Bas. Lugdd. [135] *incomprehensibilius* : Edd. Lugdd. [136] *virtutum* : Edd. coll. o. pr. Ven. II. — orig. [137] *abest ab orig.* — *add.* : *gradibus* : id. [138] *nobis* : Edd. coll. o. — Bohm. [139] *abest ab Ed. Bas.* [140] *infirmis vel infimis* : Ed. Arg. — C. XVI. [141] *mandatum* : orig. [142] *add.* : *habet* : Edd. coll. o. Par. Lugdd. — cf. Joan. c. 15, v. 13. [143] Petr. Lomb. l. 3, dist. 29. [144] *habebat* : Edd. coll. o. [145] 1 Joan. c. 4, v. 18. [146] *add.* : *ei caritas* : Edd. coll. o. [147] *dic. Domino* : orig. — cf. Joan. c. 13, v. 37. [148] *pono* : Edd. coll. o. pr. Bas. Lugdd. II, III. [149] *abest ab Ed. Bas.* [150] *dicis* : Edd. coll. o. — cf. Phil. c. 1, v. 21.

*propter vos.* Propter eos volebat vivere, pro quibus paratus erat mori*

C. XVII. Idem *in eandem tract. IX* ᵐ ¹⁵⁰.

Sicut seta introducit linum ¹⁵¹, ita timor introducit ¹⁵² caritatem; crescit caritas, minuitur timor, et e converso.

C. XVIII. *Item tract. V, in eandem* ¹⁵³.

Forte nata est in te caritas, sed nondum perfecta 'est'; noli desperare, nutri eam, ne offocetur ¹⁵⁴.

C. XIX. Idem *ad Hieronymum, epist. XXIX* ⁿ ¹⁵⁵.

Caritas in quibusdam est ¹⁵⁶ perfecta, in quibusdam 'est' imperfecta: perfectissima autem in hac vita haberi non potest.

C. XX. Idem *in libro L Homiliarum, hom. 9* ¹⁵⁷.

Si sermo meus invenit ¹⁵⁸ in cordibus vestris aliquam scintillam gratuiti amoris Dei, ipsam nutrite ¹⁵⁹, ad hanc augendam vos advocate ¹⁶⁰. *Et paulo post:* Flete °, nutrite in vobis; ipsa ¹⁶¹ quum creverit, et flammam dignissimam fecerit, cupiditatum 'carnalium' ligna consumet.

*Gratian. E contrario etiam gradus in virtute esse probantur, quia et ipsius peccati gradus evidenter apparent. Sicut enim nemo repente fit summus, ita nemo repente fit turpissimus.*

*Hinc etiam Augustinus ait in lib. I, de sermone Domini in monte, c. 23* ¹⁶² :

C. XXI.

Sicut tribus gradibus ad peccatum pervenitur, suggestione, delectatione, consensione ¹⁶³ : ita ipsius peccati tres sunt differentiæ, in ¹⁶⁴ corde, in facto, in consuetudine, tanquam tres mortes; una, quasi in domo, id est quum in corde consentitur libidini; altera, quasi jam prolata extra portam, quum in factum procedit assensio; tertia, quum vi consuetudinis malæ tanquam mole terrena premitur animus, quasi in sepulcro jam putens. Quæ tria genera mortuorum Dominum resuscitasse, quisquis evangelium legit ¹⁶⁵ agnoscit.

C. XXII. *Item Gregorius lib. XXV Moralium, c. 16.*

Sciendum quippe est, quod peccatum tribus modis committitur ¹⁶⁶. Nam aut ignorantia, aut infirmitate, aut studio perpetratur, et gravius quidem infirmitate, quam ignorantia, sed multo gravius ¹⁶⁷ studio quam infirmitate peccatur.

C. XXIII. Idem *lib. XXI Moralium,* c. 3.

Inter hæc sciendum est, aliud esse, quod animus de tentatione carnis patitur, aliud vero, quum per consensum delectationis ¹⁶⁸ obligatur. Plerumque enim cogitatione prava pulsatur, sed renititur ¹⁶⁹. Plerumque autem, 'quum' perversum quid concipit ¹⁷⁰, 'hoc' intra semetipsum etiam ¹⁷¹ per desiderium voluit. Et nimirum mentem nequaquam cogitatio immunda ¹⁷² inquinat, quum pulsat, sed quum hanc sibi per delectationem subjugat. Hinc etenim prædicator egregius 'dicit' ¹⁷³ : *Tentatio vos non apprehendat, nisi humana.* Humana quippe tentatio est, qua plerumque in cogitatione tangimur etiam nolentes, quia, ut nonnunquam 'et' illicita ad animum veniant ¹⁷⁴, hoc utique in nobismetipsis ex humanitatis corruptibilis pondere habemus. Jam vero dæmoniaca est et non humana tentatio, quum ad hoc, quod carnis corruptibilitas suggerit, per consensum se animus adstringit

C. XXIV. *Item* Hieronymus ad c. 1. Amos.

Super tribus sceleribus Damasci, etc., *ut supra* ¹⁷⁵.

*Gratian. Non est mirum, si in virtute gradus esse dicuntur, quandoquidem et peccati gradus ita evidenter monstrantur. § 1. Hæc itaque caritas, quæ in Petro ante negationem herba fuit, et in singulis nascitur ante, quam roboretur, ante, sui perfectionem amittitur et reparatur. Unde Augustinus in libro de correptione et gratia, c. 7 :* Quicunque ab illa originali damnatione ista divinæ gratiæ largitate discreti sunt, non est dubium, quod et procuratur eis audiendum evangelium, et, quum audiunt, credunt, et in fide, quæ per dilectionem operatur, usque in finem perseverant, et, si quando exorbitant, correpti emendantur, et quidam eorum, etsi ab hominibus non corripiantur, in viam, quam reliquerant, redeunt.

NOTATIONES CORRECTORUM.

C. XVII. ᵐ Verba B. Augustini sunt hæc : *Sicut videmus per setam introduci linum, quando aliquid suitur, seta primum intrat, sed, nisi exeat, non succedit linum :* sic timor primo occupat mentem, *non autem ibi remanet timor, quia ideo intravit, ut introduceret caritatem.* Et paulo superius : *Major caritas, minor timor; minor caritas, major timor.* Ex his confectum est hoc caput.

C. XIX. ⁿ Caput hoc est summa quædam verborum Augustini in loco indicato.

C. XX. ° *Flete :* Non est emendatum ob glossam, nam in multis vetustis codicibus est : *flate*', et in originali legitur : *Hanc scintillam boni amoris, de qua Dominus dicit :* Ignem veni mittere in terram, et quid volo, nisi ut ardeat? *flate, in vobis nutrite,* etc.

---

Dist. II. C. XVII. ¹⁵⁰ Petr. Lomb. l. 3, dist. 34. ¹⁵¹ *filum :* Edd. coll. o. pr. Bas. ¹⁵² abest ab Ed. Bas. — C. XVIII. ¹⁵³ Transpositis verbis. ¹⁵⁴ *ne forte suffocetur :* Edd. coll. o. = C. XIX. ¹⁵⁵ Ep. 167. Ed. Maur. scr. A. 415. — Petr. Lomb. l. 3, dist. 36. ¹⁵⁶ abest ab Edd. coll. o. pr. Bas. Lugdd. II, III. = C. XX. ¹⁵⁷ Serm. 178. Ed. Maur. — (In Edd. coll. o. adscribitur Gregorio.) — Petr. Lomb. ib. ¹⁵⁸ *invenerit :* Edd. coll. o. ¹⁵⁹ *nutrire :* Edd. Nor. Ven. I, II. ¹⁶⁰ *adv. (avocare :* Edd. Lugdd. II, III.) *studere :* Edd. coll. o. * ita Edd. Arg. Bas. Nor. Ven. I, II. ¹⁶¹ *ut quum —, omnium cap. lig. consumat :* Edd. coll. o. — *fœna consumat :* orig. = C. XXI. ¹⁶² Petr. Lomb. l. 4, dist. 16. ¹⁶³ *consensu :* Edd. Bas. Lugdd. II, III. ¹⁶⁴ *et in c., et in f., et in cons.* Edd. coll. o. ¹⁶⁵ *legerit :* Edd. Bas. Lugdd. II, III. — cf. Matth. c. 9, Luc. c. 7. = C. XXII. ¹⁶⁶ *admittitur :* Edd. coll. o. ¹⁶⁷ *fortius :* Ed. Bas. = C. XXIII. ¹⁶⁸ *delectationibus :* Edd. Arg. Bas. ¹⁶⁹ *Remittitur :* exd. pr. Arg. Nor. ¹⁷⁰ *quod concipitur :* exd. pr. Bas., in qua est : *quod concipit.* ¹⁷¹ add. : *jam :* Edd. coll. o. pr. Arg. Bas. ¹⁷² *maligna :* Ed. Bas. ¹⁷³ 1 Cor. c. 10, v. 13. ¹⁷⁴ *veniunt :* Edd. coll. o. pr. Lugdd. II, III. = C. XXIV. ¹⁷⁵ c. 71. D. 1, *de pœn.*

## C. XXV. Idem ibidem.

Firmum [176] Dei fundamentum stat, immobile p habens signaculum hoc : Scit [177] Dominus [178] qui sunt ejus. Horum fides, quæ per dilectionem operatur, profecto aut omnino non deficit, aut, si qui sunt, quorum deficit, reparatur [179] antequam vita ista finiatur, et deleta, quæ intercucurrat, iniquitate, in [180] finem perseverantia deputatur [181].

## C. XXVI. Idem in eodem libro, c. 9 [182].

Nullus eorum ex bono in malum mutatus [183] finit hanc vitam.

## C. XXVII. Idem ibidem.

Talibus [184] Deus [185] diligentibus 'eum' omnia cooperantur [186] in bonum, usque adeo prorsus omnia, ut etiam, si qui eorum deviant et exorbitant, etiam hoc ipsum eis faciat [187] proficere in bonum.

## C. XXVIII. Item Apostolus ad Galatas, c. 5. [v. 6.]

Circumcisio non est aliquid, neque præputium, sed fides, quæ per dilectionem operatur. Et [188] hoc olim in vobis, quia currebatis bene per opera fidei ex [189] dilectione.

## C. XXIX. Idem ad Hebræos, c. 6. [v. 10.]

Non est tam injustus Deus, ut obliviscatur operis vestri, etc.

Gratian. Operis, quo omnia sua fecerant communia, et hoc ex dilectione, et hoc ad gloriam Dei. Ecce triplex bonum, quasi diceret : olim multa operati estis, pro quibus, si pœniteatis de malis, benefaciet vobis Deus. Romanos quoque et Galatas dum Apostolus redargueret, merito fidei probat assecutos remissionem peccatorum, et sanctificationem in Spiritu sancto, et justitiam bonæ operationis, quæ omnia aut sine caritate nunquam vere fuerunt in eis, aut veram caritatem habuerunt, a qua postea lapsi sunt qui de operibus legis gloriabantur.

Item de quolibet adulto Augustinus ait [190] :

## C. XXX.

Tolle caritatem, odium tenet. Item : § 1. Omnis, qui non diligit, odit. Item in evangelio [191] : § 2. Nemo potest duobus dominis servire; aut enim unum odio habebit, et alterum diliget, aut unum sustinebit, alterumque contemnet.

Gratian. Adam [192] vero, quum in virili ætate a Domino creatus sit, antequam a diabolo tentaretur, dum de latere ejus uxor formabatur, dum in ecstasi raptus angelicæ curiæ intererat, dum evigilans futura Christi et ecclesiæ sacramenta vaticinabatur, aut caritatem, aut odium habebat. Si autem odium habebat, non fuit diabolus auctor nostri peccati. Item, si sine caritate a Deo creatus est, ejus similitudinem in creatione sui nequaquam accepit. Item, si sine caritate creatus est, justus et innocens a Deo factus non est ; creatura namque, rationis capax et liberi arbitrii, justitiæ et innocentiæ sine caritate particeps esse non potest. Colligitur ergo, quod Adam antequam peccaret, caritatem habuit, sine qua justus et innocens esse non potuit.

Unde Augustinus in Genesim ad literam, lib. VI, c. 24 q :

## C. XXXI.

Quomodo renovari dicimur, si non 'hoc' recepimus [193], quod perdidit primus homo, 'in quo omnes moriuntur'? Hoc plane recepimus [194], quia justitiam, ex qua in [195] peccatum lapsus est. Et paulo post c. 7 † : § 1. Exspoliantes 'vos' veterem hominem 'cum actibus suis', induite [196] novum, qui renovatur in agnitionem [197] Dei [198] secundum imaginem ejus, qui creavit eum. Hanc imaginem in spiritu mortis [199] impressam perdidit Adam per peccatum. Et post pauca : § 2. Stola [200] illa prima justitia [201] est, unde lapsus est Adam.

## C. XXXII. Idem in homilia XI [201].

Princeps vitiorum omnium, dum vidit Adam ex limo terræ ad imaginem Dei factum, pudicitia ornatum, temperantia compositum, caritate circumdatum [202], primos parentes illis donis ac tantis bonis exspoliavit, insuper et [204] peremit. Namque quum homini abstulisset pudicitiam, continentiam, 'caritatem', immortalitatem', dominio suo eum obstrinxit [205]. Et paulo post : § 1. Adam amissa temperantia intemperans effectus [206] est ; perdita caritate malus inventus est.

## C. XXXIII. Item Ambrosius lib. VI, epist. 41, ad Sabinum [207].

Quando Adam solus erat, non est prævaricatus quia mens ejus adhærebat Deo.

### NOTATIONES CORRECTORUM.

C. XXV. p Immobile : Abest ab originali ; sed non est expuncta ob glossam.

C. XXXI. q In hoc et in sequenti capitulo addita sunt nonnulla ex originali, in quo tamen longe copiosius et clarius hæ sententiæ exponuntur.

---

Dist. II. C. XXV. [176] 2 Tim. c. 2, v. 19. [177] Cognovit : Vulg. — Scivit : Aug. [178] Deus : Ed. Bas. [179] reparantur : Edd. coll. o. [180] usque ad : eæd. [181] perseverantiæ deputantur : eæd. = C. XXVI. [182] cf. infra D. 4, c. 8. [183] commutatus : Edd. coll. o. = C. XXVII. [184] a id. : dicitur : Ed. Bas. [185] Deum : Edd. coll. o. [186] cooperantur : eæd. [187] faciet : eæd. = C. XXVIII. [188] Videntur vel glossa alicujus vel Gratiani verba esse. [189] et ex : Edd. coll. o. pr. Lugd. = C. XXX. [190] Sententia leg. in tract. 6, in ep. 1, Joan. c. 3, v. 6. [191] Matth. c. 6, v. 24. [192] Gen. c. 2 = C. XXXI. [193] recipimus : orig. — Edd. coll. o. [194] recipimus : id. — eæd. [195] per : orig. — Ed. Bas. † Coloss. c. 3, v. 9, 10. [196] et induentes : Vulg. [197] agnitione : Edd. Bas. — cognitionem Edd. rell. [198] fidei : Edd. coll. o. — abest a Vulg. [199] mentis : orig. — Edd. coll. o. [200] Luc. c. 15, v. 22. [201] ipsa just. : orig. — Edd. coll. o. = C. XXXII. [202] Ex serm. ad catechumenos de symbolo contra Judæos, (quem tanquam apocryphum rejecerunt Maurini) verbis hinc inde collectis. [203] splendidum : Edd. coll. o. [204] ac pariter : Ed. Bas. — par. ac : Edd. rell. [205] subjugavit : Edd. coll. o. [206] factus : eæd. = C. XXXIII. [207] Ep. 39. Ed. Maur.

C. XXXIV. *Item* ad eundem, *eodem lib., ep.* 42 [208].

Primus homo erat opus Dei recens, confabulator assiduus, civis [209] sanctorum, complantatus virtutibus.

C. XXXV. Idem *Hexameron, lib. VI, c.* 7.

Illa anima a Deo pingitur [210], quæ habet in se virtutum gratiam renitentem, splendoremque pietatis. Illa anima bene picta est, in qua elucet divinæ operationis effigies. Illa anima bene picta est, in qua est splendor gloriæ et paternæ imago substantiæ. Secundum hanc imaginem quæ refulget, pictura pretiosa est. Secundum hanc imaginem Adam ante peccatum depictus [211] fuit; sed ubi lapsus est deposuit 'imaginem cœlestis, sumsit terrestris effigiem'.

C. XXXVI. Idem *de fuga sæculi, c.* 4.

Similem Dei esse est habere justitiam, 'habere' sapientiam, et in virtute [212] esse perfectum.

C. XXXVII. Idem *lib. II, de Jacob et vita beata, c.* 5.

Sapiens nunquam inanis est, semper [213] in se amictum prudentiæ, qui potest dicere [214] : *Justitiam induebam, 'et' vestiebam judicium,* 'sicut dixit Job'. Namque hæc mentis sunt interna velamina, quæ nemo alius potest auferre, nisi quum aliquem sua culpa despoliat. Denique sic despoliatus [215] Adam nudus inventus est.

C. XXXVIII. Idem *in libro de Isaac et anima, c.* 5.

Sed nec Adam primus nudus erat, quando [216] eum innocentia vestiebat.

C. XXXIX. Idem *in libro de Paradiso, c.* 13.

Ut [217] cognoverunt, quod nudi essent. Et ante quidem nudi erant; sed non sine virtutum integumentis [218].

Gratian. Opponitur etiam illud, quod omnis clamat auctoritas : si sic permansisset, ut erat ante peccatum, esset translatus in gloriam, quam habituri sunt sancti; sed nemo adultus sine caritate intrat : caritatem ergo habebat. § 1. *Item* opponitur de Moyse, cujus fidem Apostolus in epistola sua ad Hebræos [219] commendans, dignis præconiis ejus merita prædicavit, dum se negavit esse filium filiæ Pharaonis [220], malens affligi cum fratribus, quam perfrui jucunditate temporalis palatii; dum fratri compatiens Ægyptium sabulo obruit ; dum veritus animositatem regis Ægyptium reliquit ; dum divino vallatus auxilio regis furorem contemsit, atque in virtute signorum populum de Ægypto eduxit. Quæ omnia quibus laudibus sunt efferenda, si tunc caritas in eo non erat, quum non habeat aliquid viriditatis in se ramus boni operis, nisi procedat ex radice caritatis ? Quomodo autem caritatem non habebat, cui Dominus facie ad faciem loquebatur [221], sicut homo solet loqui cum amico suo ? Quomodo caritatem non habeat, qui pro populo supplicans dicebat [222] : Aut dimitte eis noxam hanc, aut me dele de libro tuo ? An non proximum diligebat, qui pro populo se objiciens, illum ab interitu liberavit [223] ? An non diligebat Deum, qui [224] pro eo in vituli cultores desæviens, ipsius vituli caput in pulverem comminuit, atque, ut in secessus projiceretur, aqua mixtum Israelitis bibendum dedit, nonnullos ex ejus cultoribus gladio feriri præcipiens, ut populum, cujus erat interitus major futurus, reconciliaret Deo ? An non caritatem habebat, de cujus spiritu Dominus accepit, et super septuaginta seniores Israel proposuit [225] ? Qui tamen ad aquas contradictionis de Dei potentia, sive de ejus benignitate dubitans, quum cetera certa fide promisisset, producturus aquam de petra, diffidenter excrepuit, dicens [226] : Numquid de petra hac potero vobis educere aquam ? Quod nulli leve videatur, quum in pœnam delicti ejus sibi et Aaron a Domino dictum sit [227] : Quia non exaudistis vocem meam, ut glorificaretis me coram filiis israel, non introducetis populum hunc in terram, quam dedi eis. § 2. An [228] caritatem non habebat Aaron, quando fratri coadjutor datus est, ut esset os ejus ad populum, ut per eum signa fierent in Ægypto ? Qui [229] tamen in cultura vituli postea consensum populo adhibuit. An caritatem non habebat, quando ex omni multitudine filiorum Israel solus a Domino electus est [230], ut pontificatu ante eum fungeretur ? Si caritatem non habebat, bonus non erat ; si autem bonus non erat, cur præ ceteris a Domino in pontificem electus est ? An caritatem non habebat, quando pro populo cum thuribulo incendio se opposuit, et iram Dei placavit ? Et tamen ut præmissum est, ad aquas contradictionis iram Domini adversum se postea provocavit. § 3. Numquid etiam David caritatem non habuit, super quem spiritus Domini a die unctionis directus est [231] ? An forte dicetur esse directus super eum, ut ex tunc gratiam prophetandi haberet, non ut ex eo gratiam divinæ dilectio-

---

NOTATIONES CORRECTORUM.

C. XXXIV. *Complantatus* : In vulgatis erat : *Angelorum complantatus,* quæ vox abest a multis manusc. et ab originali.

C. XXXVIII. *Primus* : In originali est : *primo.*

Sed ob glossam non est mutatum. Vox autem : *homo,* quæ in vulgatis sequebatur, abest etiam a multis manuscriptis.

---

Dist. II. C. XXXIV. [208] Ep. 45, ib. [209] qui sanctorum angelorum (abest ab Ed. Bas.) complantatus erat, virtutibus : Edd. coll. o. = C. XXXV. [210] compingitur : ead. [211] dep. fuit : absunt ab orig. = C. XXXVI. [212] add. : Dei : Edd. coll. o. pr. Bas. = C. XXXVII. [213] sed semp. : Edd. coll. o. [214] Job. c. 29, v. 14. [215] spoliatus : Edd. coll. o. — C. XXXVIII. Edd. coll. o. pr. Bas. [216] quem : Edd. coll. o. = C. XXXIX. [217] Et : orig. — cf. Gen. c. 3, v. 7. [218] tegumento : Edd. Hebr. c. 11. [219] cf. Hebr. c. 11. [220] Exod. c. 2. [221] Exod. c. 33. [222] ib. c. 32, v. 31, seq. [223] Num. c. 16. [224] Exod. c. 33. [225] Num. c. 11. [226] ib. c. 20, v. 10. [227] ib. c. 12. [228] Exod. c. 4. [229] ib. c. 32. [230] Levit. c. 8. [231] 1 Reg. c. 16.

nis acciperet? *Quod absurdum plane videtur de eo sentire, de quo Dominus ait* [232]: *Inveni hominem secundum cor meum. Quomodo etiam caritatem non habebat, qui quærenti animam suam pepercit, qui oram chlamydis ejus præcidit, postea cor suum graviter percussit, clamans* [233]: *Quem persequeris rex Israel, canem mortuum et culicem unum? Quomodo caritatem non habebat, qui mortem inimici sui tam gravissime tulit* [234]? *Quomodo caritatem non habebat, qui aquam de cisterna Bethleem suorum periculo sibi oblatam non bibit, sed coram Domino libavit* [235]? *Quomodo caritatem non habebat, qui irrisus a Michol filia Saul, eo quod ante arcam Domini citharam et psalterium percutiens saltasset, ait* [236]: *Ludam, et vilior fiam in oculis meis. Si caritatem non habebat, qua conscientia securus imprecabatur sibi ipsi, dicens* [237]: *Si reddidi retribuentibus mihi mala, decidam merito ab inimicis meis inanis? Si caritatem non habebat, qua temeritate juste se judicari rogabat, dicens* [238]: *Judica me, Deus, secundum justitiam meam, et secundum innocentiam meam super me? Idem*: *Judica me, Domine, quoniam ego in innocentia mea ingressus sum? Et tamen post tot et innumera alia divinæ et supernæ dilectionis judicia quam graviter deliquerit nullus ignorat, qui Bethsabeæ adulterium et Uriæ homicidium audivit* [239]. *Cujus pœnitentiam si sine caritate Domino obtulit, veram cordis contritionem non habuit. Quomodo ergo sacrificium cordis contriti et spiritus contribulati Domino promittere audebat, dicens* [240]: *Si voluisses sacrificium, dedissem utique; holocaustis non delectaberis. Sacrificium Deo spiritus contribulatus, etc.? Denique, quum falsæ pœnitentiæ nulla a Deo promittatur remissio, quomodo a Propheta audire meruit* [241]: *Dimissum est tibi peccatum tuum, si veram cordis contritionem non habuit? Evidenter itaque apparet, eum tunc caritatem habuisse, et ex caritate sacrificium cordis contriti et spiritus contribulati Domino obtulisse; alioqui temerarie postulasset* [242]: *Averte faciem tuam a peccatis meis, et cetera, quæ in eodem Psalmo continentur, nisi odium mali et dilectio boni ad humilitatem pœnitentiæ illum provocasset. De quo etiam S. Ambrosius in libro de Isaac et anima c. 5, scribit, dicens* [243]: *Fugerat sanctus David odia* [244] *Saul regis, non relinquens terras sed declinans contagia regis immitis et superbi, quia mens ejus adhærebat Deo, cui sine caritate nullus adultus adhærere potest. Et tamen, quam graviter in populi dinumeratione postea deliquerit* [245], *ipsius delicti pœna indicavit.* § 4. *Item, secundum hanc sententiam qui criminaliter deliquerit veram peccatorum remissionem in baptismo consecutus non est, sive in annis infantiæ sive adultus ad baptismum accessit, quia Dei amorem non habuit, sine quo nemo unquam invenit gratiam, atque ita secundum hæresin Joviniani, si vere ex aqua et Spiritu sancto quis renatus fuerit, ulterius criminaliter peccare non potest, vel, si criminaliter peccat, aqua tantum, non Spiritu probatur esse renatus. Cui sententiæ illud epistolæ Joannis consentire videtur* [246]: *Omnis, qui natus est ex Deo, peccatum non facit, quoniam semen ipsius manet in eo; et non potest peccare, quia ex Deo natus est. In hoc etiam manifesti sunt filii Dei et filii diaboli. Et in fine epistolæ* [247]: *Omnis, qui natus est ex Deo, non peccat, sed generatio Dei conservat eum, et malignus non tangit eum. Verum hæc auctoritas Apostoli quantum illi sententiæ faveat, atque illa secta erroris quantum veritati sit adversa, Hieronymus ostendit, scribens contra Jovinianum, lib. II, in principio:*

## C. XL [t].

*Si enim, inquit, omnis qui natus est ex Deo non peccat, et a diabolo tentari non potest: quomodo præcipit* [248], *ut caveant, ne tententur, dicens* [249]: *Filioli, custodite vos a simulacris? Et in eadem rursus epistola* [250]: *Si dixerimus, quia peccatum non habemus, ipsi nos seducimus, et veritas in nobis non est. Si confiteamur peccata nostra, fidelis est* [251] *justus est, ut remittat nobis peccata nostra, et mundet* [252] *nos ab omni iniquitate. Si* [253] *dixerimus, quia non peccavimus, mendacem facimus eum, et verbum ejus non est in nobis. Existimo* [254], *quod Joannes* [255] *baptizatus ad baptizatos scripserit, et quod omne peccatum a* [256] *diabolo sit. Ille peccatorem se fitetur, et sperat remissionem post baptisma peccatorum. Et Jovinianus meus dicit: Ne tangas me, quoniam mundus sum. Quid ergo? Contraria sibi Apostolus loquitur? Minime. In eodem quippe loco, cur* [257] *hoc dixerit, statim edisserit* [258]: *Filioli* [259] *mei, hæc scribo vobis, ut non peccetis; sed* [260] *et si quis peccaverit, advocatum habemus apud Patrem Jesum Christum justum, et ipse est propitiatio pro peccatis*

### NOTATIONES CORRECTORUM.

C. XL. [t] Ut ea, quæ ad initium hujus longi capitis spectant, melius intelligantur necesse est antecedentia apud B. Hieronymum legere, in quibus objectio ex verbis S. Joannis deducta exprimitur. Omnino- que in toto hoc capite sæpe ad originale recurrendum est, quanquam ex eo multa sunt emendata, et nonnulla, quæ magis necessaria videbantur, addita.

Dist. II. C. XXXIX. [232] Act. c. 13, v. 22. — [233] 1 Reg. c. 24, v. 15. — [234] 2 Reg. c. 1. — [235] ib. c. 23. — [236] ib. c. 6, v. 22. — [237] Psal. 7, v. 5. — [238] Psal. 25, v. 1. — [239] 2 Reg. c. 11. — [240] Psal. 50, v. 18, seq. — [241] 2 Reg. c. 12, v. 13. — [242] Psal. 50, v. 11. — [243] Mutatis verbis, sed incolumi sententia. — [244] *odio*: Bohm. — [245] 1 Paral. c. 21. — [246] 1 Joan. c. 3, v. 9. — [247] ib. c. 5, v. 18. — C. XL. [248] *præcipit*: Edd. coll. o. pr. Arg. — [249] 1 Joan. c. 5, v. ult. — [250] ib. c. 1, v. 8. — [251] add.: *Deus*: Edd. coll. o. pr. Bas. — [252] *emundabit*: Ed. Bas. — *mundabit*: Edd. Lugdd. II, III. — *emundet*: Edd. rell. Vulg. — [253] add.: *autem*: Edd. coll. o. pr. Bas. — [254] *æstimo*: Edd. coll. o. pr. Lugdd. II, III. — [255] *beatus Io.*: Edd. coll. o. — [256] *ex* eæd. — [257] *ubi dixerat*: Ed. Bas. — [258] *edixit*: Edd. coll. o. pr. Lugdd. — [259] 1 Joan. c. 2, v. 1, seqq. — [260] *et si*: Ed. Bas. — *sed si*: Edd. rell.

nostris : non pro nostris autem tantum, sed etiam pro totius mundi. Et in hoc scimus, quod cognovimus eum, si mandata ejus observemus [261]. Qui dicit se nosse Deum, et mandata ejus non custodit, mendax est, et in eo veritas non est. Qui autem servat verbum ejus, vere in hoc caritas Dei perfecta est. In hoc scimus, quoniam in ipso sumus. Qui dicit, se in ipso manere, debet, sicut ille [262] ambulavit, et ipse ambulare. Propterea, inquit, scribo vobis, filioli mei, omnis, qui natus est ex Deo, non peccat, ut [263] non peccetis, et tamdiu sciatis vos, in generatione Domini permanere, quamdiu non peccaveritis; imo, qui in generatione Domini perseverant peccare non possunt. Quae [264] enim communicatio luci [265] et tenebris? Christo et Belial? Quomodo [266] dies et nox misceri non quaerunt [267], sic 'nec' justitia et iniquitas, peccatum et bona opera, Christus et antichristus. Si susceperimus Christum in hospitio nostri pectoris, illico fugamus [268] diabolum. Si peccaverimus, et per peccati januam ingressus fuerit diabolus, protinus Christus recedit. Unde et David post peccatum [269] : Redde mihi, ait, laetitiam salutaris tui, scilicet, quam peccando amiserat. Qui [270] dicit se nosse Deum, et mandata ejus non custodit, mendax est, et in eo veritas non est. Christus veritas appellatur [271] : Ego [272] sum, inquit, via et veritas, et [273] vita. Frustra nobis in eo plaudimus [274], cujus mandata non facimus. Scienti [275] bonum [276], et non facienti illud, peccatum est. Quomodo [277] corpus sine spiritu mortuum est, sic et fides sine operibus mortua est. Nec grande putemus [278] unum Deum nosse, quum et daemones [279] credant et contremiscant. Qui [280] dicit se in ipso manere, debet, sicut ille [281] ambulavit, et ipse ambulare.

IV. Pars. § 1. Eligat adversarius e duobus quod vult, optionem 'enim' damus ; manet in Christo, an non manet ? Si manet, ita ergo ambulet, ut Christus. Si autem temerarium est similitudinem virtutum Domini polliceri, non manet in Christo, quia non ingreditur, ut Christus. Ille [282] peccatum non fecit, neque inventus est dolus in ore ejus, qui, quum malediceretur, non remaledixit, et tanquam agnus coram tondente [283], sic non aperuit os suum; ad quem venit princeps [284] mundi istius, et invenit in eo nihil; qui quum peccatum non fecisset, pro nobis peccatum eum fecit Deus [285]. Nos autem juxta epistolam Jacobi [286] multa peccamus omnes, et nemo mundus a peccatis, nec infans [287], si unius quidem diei fuerit vita ejus. Quis [288] enim gloriabitur castum se habere cor? aut quis confidet mundum se esse a peccatis? tenemurque [289] rei in similitudinem praevaricationis Adae. Unde et David [290] : Ecce [291], ait [292], in iniquitatibus conceptus sum, et in delictis concepit [293] me mater mea. Et B. Job [294] : Si fuero justus, os meum impia loquetur, et si sine crimine, pravus inveniar, et si purificatus in nive, et lotus mundis manibus, satis me sorde tinxisti, et execratum est me vestimentum meum. Verum [295], ne penitus desperemus, arbitrantes, nos post peccata baptismi non posse salvari, statim hoc ipsum temperat. Et [296] si quis peccaverit, advocatum habemus apud Patrem Jesum Christum justum, et ipse est propitiatio pro peccatis nostris; non pro nostris autem tantum sed etiam pro totius mundi. Hoc ad credentes post baptisma loquitur, et advocatum pro dilectis eorum Dominum pollicetur. Nec dicit, si quid [297] peccaveritis, advocatum habetis apud Patrem Christum [298], et ipse est propitiatio pro peccatis vestris [299], ne eos diceres non plena fide baptisma consecutos; sed advocatum, inquit, habemus apud Patrem Jesum [300] Christum, et ipse est propitiatio pro peccatis nostris, et non solum pro Joannis [301] illorumque peccatis, sed etiam pro totius mundi. In toto autem mundo et Apostoli sunt, omnesque credentes. Ex quibus liquido comprobatur, post baptisma posse peccari [302]. Frustra enim habemus advocatum [303] Jesum Christum, si peccari non potest. Petrus apostolus, ad quem dictum fuerat [304] : Qui lotus est, non necesse habet, ut iterum lavet ; et [305] : Tu es Petrus, et super hanc petram aedificabo ecclesiam meam, ab ancilla perterritus negat. Et ipse Dominus [306] : Simon [307], Simon, ecce, inquit, satanas postulavit [308] vos, ut cribraret sicut triticum; ego autem rogavi pro te, ne deficeret [309] fides tua. Et infra : § 2. Si non peccamus [310] post baptisma, cur nobis poscimus peccata dimitti, quae in baptismate jam sunt dimissa? 'Quid [311] oramus, ne intremus in tentationem, et ut liberemur a malo, si diabolus

Dist. II. C. XL. [261] observaverimus : Edd. coll. o. pr. Bas. [262] ipse : Edd. coll. o. [263] et ideo dico vobis ut : Edd. coll. o. [264] cf. 2 Cor. c. 6, v. 14. [265] lucis (luci : Ed. Bas.) ad tenebr., Christi (Christo : Ed. Bas.) ad Belial : Edd. coll. o. [266] quoniam sicut : exd. pr. Bas. [267] nequeunt : exd. — non queunt : Bohm. [268] fugiamus : Ed. Bas. [269] Psal. 50, v. 14. [270] 1 Joan. c. 2, v. 4. [271] add. : imo est : Edd. coll. o. [272] Joan. c. 14, v. 6. [273] et vit. : absunt ab Hier. [274] applaudimus : Edd. coll. o. [275] Jac. c. 4, v. 17. [276] add. ex Vulg. : facere : Edd. Bas. Lugdd. II. III. [277] add. : enim : Edd. coll. o. [278] add. : esse : Edd. Bas. Lugdd. II. III. [279] Jac. c. 2, v. 19. [280] 1 Joan. c. 2, v. 6. [281] et ipse : Edd. coll. o. pr. Bas. [282] 1 Petr. c. 2, v. 22. [283] add. : se : Edd. coll. o. [284] Joan. c. 14, v. 30. [285] pecc. factus est : Ed. Bas. — pecc. se fecit Deus, i. e. poenam peccati pertulit : Edd. rell. — cf. 2 Cor. c. 5, v. 21. [286] Jac. c. 5, v. 16. [287] abest ab orig. [288] Prov. c. 20, v. 9. [289] Rom. c. 9, v. 14. [290] Psal. 50, v. 7. [291] add. : enim : Edd. Bas. Lugdd. [292] abest ab Edd. Bas. Lugdd. I. [293] peperit : Edd. coll. o. pr. Bas. [294] Job. c. 9, v. 20, seq. sec. LXX. [295] Verumtamen : Edd. coll. o. pr. Arg. [296] 1 Joan. c. 2, v. 1. [297] abest ab Edd. coll. o. pr. Bas. [298] Jesum Christum : Edd. coll. o. — add. : justum : Edd. Par. Lugdd. [299] nostris : Edd. Bas. Lugdd. II. III. [300] Jes. Chr. : absunt ab Edd. Arg. Nor. — Dominum nostrum Jes. Chr. : Edd. rell. pr. Bas. [301] nostris aliorumque : Edd. coll. o. [302] probare : Edd. Ven. I, II. — peccare : Edd. rell. pr. Lugdd. II, III. [303] add. : apud Patrem : Edd. coll. o. [304] Joan. c. 13, v. 10. [305] Matth. c. 16, v. 18. [306] Luc. c. 22, v. 31. [307] Simoni : Ed. Bas. — abest a rell. [308] expetivit : Vulg. — Ed. Bas. [309] deficiat : Ed. Bas. [310] peccavimus : ead. [311] Matth. c. 6, v. 13.

tentare non potest jam baptizatos?' Aliud autem est, si ad catechumenos hæc oratio pertinet [312], et non convenit fidelibus et Christianis. Paulus [313] electionis vas castigat corpus suum, et in servitutem redigit, ne aliis prædicans ipse reprobus inveniatur. Et infra : § 3. Ad Hebræos quoque scribens ait : [314] *Impossibile est enim, eos qui semel sunt illuminati et gustaverunt donum cœleste, et participes facti sunt Spiritus sancti, gustaveruntque nihilominus bonum Dei verbum, virtutesque sæculi futuri, et prolapsi sunt, renovari iterum ad pœnitentiam, rursus crucifigentes sibimetipsis Filium Dei, et ostentui habentes.* Certe eos, qui illuminati sunt et gustaverunt 'Dei' donum cœleste, et participes facti sunt Spiritus sancti, gustaveruntque bonum Dei verbum, negare non possumus baptizatos. Si autem baptizati peccare non possunt, quomodo nunc Apostolus dicit : *Et prolapsi sunt?* Verum ne [315] Montanus et Novatus hic [316] rideant [317], qui contendunt non posse renovari per pœnitentiam eos, qui crucifixerunt sibimet [318], Filium Dei, et ostentui habuerunt, consequenter hunc errorem solvit et ait [319] : *Confidimus autem de vobis, dilectissimi, meliora et viciniora salutis* [320], *tametsi ita loquimur. Non enim* [321] *injustus est Deus* [322], *ut obliviscatur operis vestri et dilectionis, quam ostendistis in nomine ipsius, qui ministrastis sanctis suis* [323], *et nunc ministratis.* Et revera grandis injustitia Dei, si tantum peccata puniret, et bona opera non susciperet. Ita locutus sum, inquit Apostolus, ut vos a peccatis retraherem, et desperationis metu facerem cautiores. Ceterum confido de vobis, dilectissimi, meliora et viciniora salutis [324]. Neque enim justitiæ Dei est, ut obliviscatur bonorum operum, et ministerii, quod propter nomen ejus exhibuistis et exhibetis in sanctos, et tantum meminerit peccatorum. *Et paulo post :* § 4. Liberi arbitrii nos condidit Deus, nec ad virtutes [325], nec ad vitia necessitate trahimur, alioquin, ubi necessitas est, nec [326] damnatio, nec corona est. Sicut in bonis operibus perfector † est Deus : (non [327] est enim volentis, neque currentis, sed miserentis et adjuvantis Dei, ut pervenire valeamus ad calcem,) sic in malis atque peccatis semina nostra sunt incentiva et perfectio diaboli. Quum viderit, nos super [328] fundamentum Christi ædificare fenum,

ligna, stipulam, tunc supponit incendium. Ædificemus ergo [329] aurum, argentum, lapides pretiosos, et tentare non audebit. Quanquam [330] et [331] in hoc non sit certa et secura possessio. Sedet quippe leo in insidiis, et [332] in occultis, ut interficiat innocentem; et vasa [333] figuli probat fornax, homines autem justos tentatio tribulationis. Et in alio loco scribitur [334] : *Fili, accedens* [335] *ad* [336] *servitutem Dei, præpara te ad tentationem.* Rursus idem Jacobus loquitur [337] : *Estote factores verbi, et non auditores tantum. Si quis auditor est verbi, et non factor, iste similis est viro, qui considerat vultum nativitatis suæ in speculo; consideravit illum, et statim recedens oblitus est qualis sit* [338]. Frustra monuit, ut jungerent opera fidei, si post baptisma peccare non poterant. Qui [339] *totam legem*, inquit, *servaverit et peccaverit in uno, factus est omnium reus. Quis nostrum* [340] *absque peccato* [341]*?* conclusit [342] Deus omnia sub delicto, ut omnibus misereatur. Petrus quoque [343] : *Novit*, inquit, *Dominus* [344] *pios de tentatione eruere* [345]. Et de falsis doctoribus [346] *Hi sunt fontes sine aqua, et nebulæ turbinibus exagitatæ, quibus caligo tenebrarum reservatur. Superbia* [347] *enim vanitatis loquentes pellicient* [348] *in desideriis carnis luxuriæ eos, qui paululum effugerant, et ad errorem reversi* [349] *sunt.* Nonne tibi videtur pinxisse sermo apostolicus novam imperitiæ factionem? Aperiunt enim quasi fontes scientiæ, qui, quum aquam non habeant [350] doctrinarum, promittunt imbrem, velut nubes propheticæ, ad quas perveniat veritas Dei, et turbinibus exagitantur dæmonum atque vitiorum. Loquuntur grandia, et totus eorum sermo superbia est (immundus est autem apud Deum omnis, qui exaltat cor suum), ut qui paululum refugerant a peccatis ad suum revertantur errorem, et suadent in luxuria ciborum carnisque delicias [351]. Quis enim non libenter audiat : Manducemus [352], et bibamus, et in æternum regnabimus? Sapientes et prudentes pravos vocant; eos vero, qui dulces sunt in sermonibus, plus audiunt. Joannes apostolus, imo in Joanne Salvator scribens Angelo Ephesi ecclesiæ [353] : *Scio*, inquit, *opera tua, et laborem, et patientiam tuam*, etc., *et quia sustinuisti propter nomen meum, et non defecisti; sed habeo adversum te* [354], *quod caritatem tuam primam reliquisti. Memor esto,*

---

DIST. II. C. XL. [312] post verb. *pertinet* in Edd. coll. o. *offertur* v. 12. Matth. c. 6. [313] 1 Cor. c. 9, v. ult. [314] Hebr. c. 6, v. 4, seqq. [315] *Nec* : Edd. Arg. Nor. Ven. I, II. [316] *hinc* : Edd. coll. o. [317] *redeant* : Bohm. [318] add. : *ipsis* : Edd. coll. o. pr. Bas. [319] Hebr. c. 6, v. 9. [320] *saluti* : Vulg. — Edd. coll. o. — Bohm. [321] *tam* : Ed. Bas. — *ita* : Edd. rell. pr. Lugdd. II, III. [322] *Dominus* : Edd. coll. o. [323] abest ab Ed. Bas. [324] *saluti* : Vulg. — Edd. coll. o. — Bohm. [325] *virtutem* : Edd. coll. o. pr. Lugdd. [326] *nec damn.* : absunt ab Edd. coll. o. pr. Lugdd. II, III. † *perfectior* : Edd. coll. o. [327] Rom. c. 9, v. 16. [328] 1 Cor. c. 3, v. 12. [329] abest ab Edd. coll. o. pr. Lugdd. [330] *quenquam* : Edd. Arg. Par. Lugdd. [331] *Sed* : Edd. Lugdd. II, III. [332] abest ab Edd. Bas. Lugdd. II, III. — cf. Psal. 9, v. 8. [333] Eccl. c. 27, v. 6. [334] ib. c. 2, v. 1. [335] *Accede* : Edd. Arg. Bas. [336] *in* : Ed. Bas. [337] *ait* : Edd. coll. o. — cf. Jac. c. 1, v. 22. [338] *fuerit* : Vulg. — Ed. Bas. Lugdd. II, III. — *fuit* : Edd. rell. [339] Jac. c. 2, v. 10. [340] *vestrum* : Edd. coll. o. — cf. Joan. c. 8, v. 7. [341] add. : *est* : Edd. coll. o. [342] Rom. c. 11, v. 32. [343] 2 Petr. c. 2, v. 9. [344] *Deus* : Edd. coll. o. [345] *eripere* : cæd. — Vulg. [346] 2 Petr. c. 2, v. 17. [347] *Superba* : Vulg. [348] *pellicunt* : ead. — Edd. coll. o. — Bohm. [349] *conversi* : Ed. Bas. [350] *habent* : Edd. coll. o. pr. Lugdd. II, III. [351] *deliciis* : Edd. coll. o. [352] Esa. c. 22, v. 13. 1 Cor. c. 15, v. 32. [353] Apoc. c. 2, v. 2. [354] add. : *pauca* : Edd. coll. o.

*unde cecideris, et age pœnitentiam, et prima opera fac.* Sin autem, veniam [355] tibi, et movebo candelabrum tuum de loco [356], nisi pœnitentiam egeris. Similiter 'et' ceteras ecclesias, Smyrnam, Pergamum, Thyatiram, Sardis, Philadelphiam, Laodiciam, ad pœnitentiam provocat, et, nisi revertantur ad opera pristina, comminatur, et in Sardis paucos habere se dicit, qui non coinquinaverunt vestimenta sua, et ambulaturi sunt cum eo in albis, quia digni sunt. Cui autem dicit [357]: *Memento* [358], *unde cecideris*, et: *Ecce* [359], *missurus est diabolus ex vobis in carcerem, ut tentemini*, et: *Scio* [360], *ubi habitas, ubi sedes est satanæ*, et: *In mente habe* [361], *qualiter acceperis et audieris*, et: *Serva, et pœnitentiam age*, et reliqua [362]? utique ei dicit, qui crediderit [363], et baptizatus est, et stans quondam corruit per delictum. § 5. Paulisper de veteri testamento exempla distulerim, quia solent, ubicunque contra eos facit [364], dicere: *Lex* [365] *et prophetæ usque ad Joannem.* Ceterum quis ignorat [366] sub alia dispensatione Dei omnes retro sanctos ejusdem fuisse meriti, cujus nunc Christiani sunt? Quomodo ante Abraham placuit in conjugio, sic nunc virgines placent in perpetua castitate. Servivit ille legi et tempori suo, serviamus et nos evangelio [367] et tempori nostro, in quos fines sæculorum decurrerunt [368]. David electus secundum cor Domini, qui omnes ejus fecerat voluntates, et qui in quodam Psalmo dixerat [369]: *Judica me, Domine, quoniam ego in innocentia mea ingressus sum*, et [370] *in Domino sperans non infirmabor. Proba me, Domine, et tenta me; ure renes meos, et cor meum*, postea tentatur a diabolo, et post peccatum pœnitens loquitur [371]: *Miserere mei, Deus, secundum magnam misericordiam tuam.* Magnum peccatum magna deleri vult misericordia. Salomon amabilis Domini [372], et cui bis Deus fuerat revelatus, quia amator mulierum fuit, a Dei amore discessit; Manassem impiissimum regem post captivitatem Babylonicam in pristinam dignitatem liber dierum restitutum refert. Et Josias, vir sanctus, in campo Mageddo ab Ægyptio rege confoditur. Jesus [373] quoque filius Josedech sacerdos magnus, quanquam in typo præcesserit Salvatoris, qui nostra peccata portavit, et alienigenam sibi ex gentibus ecclesiam copulavit, tamen secundum literam post sacerdotium sordidatus inducitur [374], et stat diabolus a dextris ejus [375], et candida illi vestimenta deinceps redduntur. Superfluum est de Moyse et Aaron scribere, quod [376] ad aquam contradictionis offenderint Deum, et terram repromissionis non intraverint, quum B. Job [377] angelos quoque et omnem creaturam peccare posse commemoret [378], dicens: *Quid enim? numquid homo coram Deo mundus est? aut in* [379] *operibus suis sine macula vir* [380]? *si contra servos suos non credit, et adversum angelos suos pravum quid reperit: quanto magis habitantes in domibus luteis, de quibus* [381] *et nos ex eodem luto sumus? Tentatio* [382] *est vita hominis super terram.* Et [383] cecidit lucifer, qui mittebat [384] ad universas nationes, et ille, qui in paradiso deliciarum inter duodecim nutritus est lapides, vulneratus a morte Domini ad inferna descendit. Unde et Salvator in evangelio [385]: *Videbam*, inquit, *satanam, quasi fulgur de cœlo cadentem.* Si altissima illa sublimitas cecidit, quis cadere non possit? Si in cœlo ruinæ, quanto magis in terra. Et tamen, quum ceciderit lucifer, imo post casum coluber antiquus, virtus [386] ejus in lumbis ejus, et potestas ejus super umbilicum ventris [387]. Obumbrantur in eo arbores magnæ, et dormit juxta juncum et calamum et caricem. Ipse est rex omnium, quæ in aquis sunt, ubi scilicet voluptas, et luxuria, et propago, et irrigatio [388] nuptiarum. *Et infra* [389]: § 6. Transivimus [390] ad secundam partitionem [391], in qua negat eos, qui tota fide baptisma consecuti sunt, deinde posse peccare, et docuimus, quod excepto Deo omnis creatura sub vitio sit, non quod universi peccaverint, sed quod peccare possint, et similium ruina stantium metus sit.

Gratian. Evidenter itaque ex præmissis apparet, nonnullos caritatem habere, quam postea criminaliter delinquendo amittunt. Quod si quis contendat non de virtute, sed de virtutis opere debere intelligi, deliberet quid respondeat de innocentia Adæ, de justitia Moysi, David et ceterorum, qui plena fide ad baptisma accedentes, licet postea prolapsuri sunt, tamen cœlestia dona degustant, et Spiritus sancti fiunt participes, ut non solum ante humanos, verum etiam ante Dei oculos ex aqua et Spiritu sancto inveniantur renati; qui, si caritatem Dei non haberent; aqua tantum regenerarentur, non Spiritu. Opera enim, seu sacramentorum participatio, nisi ex caritate procedant, apud Deum nec justitiam, nec innocentiam præstant. Si enim, inquit Apostolus [392], habuero omnem fidem,

ita ut montes transferam, et si distribuero omnes facultates meas in cibos pauperum, et si tradidero corpus meum ita ut ardeam, caritatem autem non habeam, nihil mihi prodest. § 1. *Sed quia de prædestinatis ad vitam a nonnullis conceditur, quod caritatem amittant, et amissam recuperent, de reprobis etiam videndum est, an ipsi caritatem habeant, qua amissa postea damnentur.*
*De his ita scribit* Augustinus *in lib. de correptione et gratia, c.* 9.

### C. XLI.

Apostolus, sciens, nonnullos diligere Deum, et in eo bono [393] usque in finem non permanere [394], mox addidit [395] : *his, qui secundum propositum vocati sunt* [396], etc. *Idem in eodem libro, cap.* 6, § 1. An adhuc et [397] iste nolens corripi poterit [398] dicere : Quid ego feci, qui [399] non accepi "? quem constat [400] accepisse, et sua culpa quod acceperat amisisse. Possum, inquit, possum omnino, quando me arguis [401], quod ex bona vita in malam mea voluntate relapsus sum, dicere adhuc : Quid ego feci, qui [402] non accepi? Accepi enim fidem, quæ per dilectionem operatur, sed in illa usque in finem perseverantiam non accepi. *In eodem c.* 9, § 2. In [403] bono illos volebat [404] procul dubio permanere; erant utique [405] in bono, sed in eo non permanserunt. *In eodem c.* 13, § 3. Propter hujus utilitatem secreti credendum est, quosdam de filiis perditionis, non accepto dono perseverandi usque in finem, in fide, quæ per dilectionem operatur, incipere vivere, 'et aliquamdiu fideliter et juste vivere', et postea cadere, etc.

Gratian. *Multa similia de reprobis in evangelio etiam* [406] : Qui perseveraverit usque in finem, etc. *In eodem* [407] : Iterum homo iste incipit, etc.

C. XLII. Idem Augustinus *in eodem lib. de corrept. et gratia, c.* 8 [408].

Mirandum est, quare Deus quibusdam filiis perditionis det fidem operantem per dilectionem, nec det in ea perseverantiam.

Gratian. *Item illud evangelii* [409] : Non qui cœperit, sed qui perseveraverit usque in finem, hic salvus erit.

C. XLIII. *Item* Gregorius *lib. VIII Moralium, cap.* 55 [410].

Multi bene incipiunt, qui in malo vitam finiunt. Gratian. *Non autem bene incipit qui nunquam ex caritate operatur. Quod si ex caritate aliquando aliquid agit, et caritatem aliquando in ipso necesse est esse.*

V. Pars. § 1. *Illud autem Gregorii* [411] : Qui seduci quandoque non reversuri possunt, etc., *non de omnibus generaliter reprobis, sed de hypocritis specialiter intelligendum est. Quod ex verbis ejusdem evidenter datur intelligi. Quum enim quæstionem proposuisset, cur misericors Deus ista fieri permittat, ut Leviathan* [412] *seu nunc per suggestiones callidas, sive tunc per damnatum illum, quem replet, hominem, vel solis sibi radios, id est doctos quosque sapientesque subjiciat, vel aurum, hoc est viros sanctitatis claritate fulgentes, quasi lutum sibi vitiis coinquinando substernat, mox in ejusdem quæstionis solutione supposuit, dicens* [413] :

### C. XLIV.

Citius ad hoc respondemus, quia aurum, quod pravis ejus persuasionibus quasi lutum sterni potuerit, aurum ante Dei oculos nunquam fuit. Qui enim seduci quandoque non reversuri possunt, quasi habitam sanctitatem ante oculos hominum videntur amittere, sed eam ante oculos Dei nunquam habuerunt. Sæpe namque homo multis occulte peccatis involvitur, et in una aliqua virtute magnus videtur, quæ ipsa quoque virtus inanescens deficit, quia, dum innotescit hominibus, procul dubio laudatur, ejusque laus [414] inhianter appetitur; unde fit, ut et ipsa virtus ante Dei oculos virtus non sit, dum abscondit quod displicet, prodit quod placet. Quæ itaque esse merita apud Deum possunt, quando et mala occulta sunt, et bona publica [415]? Plerumque enim, sicut diximus, latet superbia, et castitas innotescit. Atque ideo ostensa diu caritas [416] circa vitæ finem perditur, quia cooperta superbia usque ad [417] finem incorrecta [418] retinetur. Alius eleemosynis vacat, propria distribuit, sed tamen multis injustitiis servit, vel fortasse linguam in detractionibus exercet, et fit plerumque, ut is, qui misericors fuerat, juxta vitæ suæ terminum rapacitatis et crudelitatis stimulis inardescat. Quod valde justo [419] judicio agitur, ut perdat [420] ante homines unde hominibus placuit, qui hoc, unde Deo displicuit, corrigere nunquam curavit. Alius patientiæ studet, sed

---

### NOTATIONES CORRECTORUM.

C. XLI. " *Qui non accepi :* Restitutus est hic locus ex originali, nam antea valde erat depravatus. Ac tamen, quoniam hæ sententiæ valde mutilatæ referuntur, operæ pretium fuerit ad fontem adire.

---

Dist. II. C. XLI. [393] *modo* : Edd. coll. o. [394] *perseverare* : exd. [395] Rom. c. 8, v. 28. [396] add. ex Vulg. : *sancti* : Edd. coll. o. [397] abest ab iisd. pr. Bas. [398] *potest* : Ed. Bas. [399] *quod* : Edd. coll. o. [400] *non const.* : Edd. Par. Lugdd. [401] *arguit* : orig. [402] *quod* : Edd. coll. o. [403] cf. infr. D. 4, c. 8. [404] *volebam — manere* : Edd. coll. o. [405] add. : *illi* : Ed. Bas. [406] Matth. c. 10, v. 22. [407] Non est inventum. = C. XLII. [408] Summatim collecta sententia. [409] Matth. c. 10, v. 22. = C. XLIII. [410] Potius Glossa ord. in 2 Paral. c. 9, extr. [411] infra cap. prox. [412] Job. c. 41, v. 21. = C. XLIV. [413] Lib. 34, Moral. c. 13, ad c. 41 Job. [414] *favor* : Edd. coll. o. [415] *publicata* : Edd. Par. Lugd. I. [416] *castitas* : Ed. Bas. — abest ab Edd. Arg. Nor. [417] *in* : Edd. coll. o. [418] *incorrepta* : Ed. Bas. [419] add. : *Deo* : Edd. Bas. Lugdd. [420] add. : *etiam* : Edd. coll. o.

'dum' invidere aliis, et servare in corde malitiam non cavet, fit quandoque impatiens, quia ⁴²¹ diu latuit dolens. Hi itaque et per aliquid aurum sunt, et per aliquid lutum sunt. Atque hoc aurum quasi lutum sternitur, quando occultis peccatis exigentibus etiam virtus, quæ publice claruerat, dissipatur. § 1. Sed operæ pretium credimus, si in his virtutem superni ordinis subtilius perpendamus. Sæpe enim omnipotens Deus occulta quorundam ⁴²² mala diu ⁴²³ tolerat, ut ⁴²⁴ aperta eorum bona electorum suorum usibus profutura dispenset. Nam nonnulli, mundum nequaquam funditus deserentes, non perseveraturi angustum iter arripiunt, sed ad quærendam angustam viam exemplo suo eos, qui perseveraturi sunt, accendunt. Unde plerumque contingit, ut ipsum hoc, quod bene videntur vivere, non sibi, sed solis potius electis vivant, dum exemplis suis ad bene vivendi studia perseveraturos alios non perseveraturi provocant. Sæpe enim quosdam videmus viam ⁴²⁵ ingredi, ad locum propositum festinare, quos alii, quia euntes conspiciunt, sequuntur, eundemque locum pariter petunt; sed fit plerumque ut, irruente aliquo implicationis articulo post se redeant qui præibant, et hi ad locum perveniant, qui sequebantur. Ita nimirum sunt ⁴²⁶ qui non perseveraturi ⁴²⁷ viam sanctitatis arripiunt. Idcirco enim virtutis iter non perventuri ⁴²⁸ inchoant, ut eis, qui perventuri sunt, viam ⁴²⁹, qua gradiantur ⁴³⁰, ostendant, quorum etiam casus utilitate non modica electorum provectibus servit, quia illorum lapsum dum conspiciunt, de suo statu contremiscunt, et ruina, quæ illos damnat, istos humiliat. Discunt enim in superni adjutoris ⁴³¹ protectione confidere, dum plerosque conspiciunt de suis viribus ⁴³² præsumentes ⁴³³ cecidisse. Quando ergo bene agere videntur reprobi, quasi planum iter electis sequentibus monstrant. Quando vero in lapsum nequitiæ corruunt, electis post se pergentibus quasi cavendam superbiæ foveam ostendunt.

Gratian. Quod vero reprobi negantur comedere panem, qui de cœlo descendit, vel bibere aquam vivam ⁴³⁴, non sic accipiendum est, ut a caritate penitus credantur alieni, sed ut in caritate radicem figere non intelligantur. Aliud est enim bibere vel manducare, atque aliud degustare. Unde in evangelio de Christo legitur ⁴³⁵ : Et quum gustasset, noluit bibere. Bibit ergo aquam vivam, et manducat panem, qui de cœlo descendit, qui in caritate radicem figit; degustat, qui ea aliquatenus communicat, a qua postea delinquendo recedit. De quibus Apostolus dicit ⁴³⁶: Impossibile est, eos, qui semel illuminati sunt, et gustaverunt donum cœleste, et post hæc omnia prolapsi sunt, rursus renovari ad pœnitentiam. § 1. Hinc etiam diabolus in veritate stetisse, non in ea creatus esse negatur ⁴³⁷. Fuit enim in veritate conditus; sed, dum de se superbiendo præsumsit, alienus ab ea factus est. In veritate autem quomodo esse creatus perhibetur, si sine dilectione sui conditoris creatus esse probatur? Aut quomodo bonus a Deo conditus asseritur, si nihil divinæ dilectionis in sui conditione acceperit? Quomodo ante superbiæ motum sine vitio exstitit, si conditorem suum nullatenus dilexit? Aut quomodo par, sive excellentior ceteris creatus dicitur, si, nonnullis eorum in amore Dei conditis, hic ab ejus dilectione vacuus factus est? Unde autem hæc differentia inter bonos et malos angelos processit? Si ex creante, injustus videtur Deus, qui ante peccatum infert pœnam, vel qui hoc punit, quod creando infudit. Si autem non ex creante, quum non ex traduce, restat, ut ex propriæ libertatis arbitrio vitium superbiæ in angelicam naturam processerit. Bona ergo condita est, quæ suo vitio a bono in malum commutata est. Sed quomodo bona esse potuit, si dilectione penitus caruit? Neque enim angelus nobis similis factus est, quos usque ad certum tempus ætatis infirmitas gravat, ut neque virtus, neque vitium ullum locum in nobis obtineat. Accepit ergo dilectionem in sui creatione, sicut et ceteri, de quibus dicitur ⁴³⁸ : Angelicæ virtutes, quæ in Dei amore perstiterunt. Non ait, quæ diligere Deum cœperunt, sed : quæ in ejus amore perstiterunt, quæ ex creatione diligere cœperant, ut principium divinæ dilectionis omnibus credatur esse commune, perseverantia vero eorum tantummodo intelligatur, qui in retributione hoc accipere meruerunt, ut confirmati ulterius cadere non possent, et hoc de se certissime scirent. Unde bene apud Moysem prius cœlum, deinde firmamentum factum esse dicitur, quia nimirum angelica natura prius æqualiter subtilis in superioribus est condita, postea in persistentibus in amore sui conditoris mirabiliter confirmata. § 2. Hinc etiam Gregorius in Moralibus multa de perfectione angelicæ creationis replicans, caritate negat repletum, non ea penitus vacuum asserit, qua si penitus caruisset, nunquam ea, quæ de ejus excellentia dicuntur, convenienter de ea intelligi possent.

C. XLV. B. Gregorius lib. XXXII Moral., c. 24, al. 18.

Principium enim (inquit B. Gregorius) ⁴³⁹ viarum Dei Beemoth dicitur, quia nimirum, quum cuncta creans ageret, hunc primum condidit, quem reliquis angelis eminentiorem fecit. Hujus primatus eminentiam conspicit Propheta, quum dicit : Cedri ⁴⁴⁰ non fuerunt altiores in paradiso Dei; abietes non adæquaverunt summitatem ejus; platani non fue-

---

Dist. II. C. XLIV. ⁴²¹ qui : orig. ⁴²² eorum : Edd. coll. o. pr. Lugd. II, III. ⁴²³ abest ab orig. ⁴²⁴ et — dispensat : Edd. coll. o pr. Lugdd. II, III. ⁴²⁵ ad viam : eæd. ⁴²⁶ add. : illi : Edd. coll. o. pr. Bas. ⁴²⁷ qui non perseverant, et : Edd. coll. o. ⁴²⁸ perseveraturi : eæd. pr. Arg. ⁴²⁹ via : Ed. Lugd. II. — abest ab orig. et Ed. Lugd. III. ⁴³⁰ gradiuntur : Edd. coll. o. pr. Bas. Lugdd. II, III. ⁴³¹ adjutorii : orig. — Edd. coll. o. ⁴³² virtutibus : Edd. coll. o. pr. Bas. ⁴³³ abest ab Edd. Arg. Bas. Nor. ⁴³⁴ cf. supra c. 14. ⁴³⁵ Matth. c. 27, v. 34. ⁴³⁶ Hebr. c. 6, v. 4. ⁴³⁷ Joan. c. 8, v. 41. ⁴³⁸ Gloss. ord. in c. 1. Gen. v. 6. = C. XLV. ⁴³⁹ Verba : inqu. B. Greg. : omissa sunt a Bohm. — cf. Job. c. 40, v. 14. ⁴⁴⁰ Esa. c. 2, v. 13. Ezech. c. 31, v. 8.

runt æquales [441] *frondibus illius ; omne lignum* [442] *paradisi Dei non est assimilatum illi et pulchritudini ejus, quoniam speciosum fecit eum in multis condensisque* [443] *frondibus.* Qui [444] namque accipi in cedris et abietibus et platanis possunt, nisi illa virtutum cœlestium proceræ celsitudinis agmina in æternæ lætitiæ [445] viriditate plantata? Quæ quamvis excelsa sunt condita, huic tamen nec prælata sunt, nec æquata, qui speciosus factus in multis, condensisque frondibus esse dicitur, quia prælatum ceteris legionibus tanta illum species pulchriorem reddidit, quanta ei [446] supposita angelorum multitudo decoravit. Ista arbor in paradiso Dei tot quasi condensas frondes habuit, quot sub se positas supernorum spirituum legiones attendit. Qui idcirco [447] peccans sine venia damnatus est, quia magnus sine comparatione fuerat creatus. Hinc ei rursum per eundem Prophetam dicitur [448] : *Tu signaculum similitudinis ' Dei ', plenus sapientia et perfectus decore, in deliciis paradisi Dei fuisti.* Multa enim de ejus magnitudine locuturus, primo verbo cuncta complexus est. Quid namque boni non habuit qui [449] signaculum Dei similitudinis fuit? De sigillo quippe annuli talis similitudo imaginaliter exprimitur, qualis in sigillo eodem essentialiter habetur. Et licet homo ad similitudinem Dei creatus sit, angelo tamen quasi majus aliquid tribuens, non eum ad similitudinem Dei conditum, sed ipsum signaculum Dei similitudinis dicit, ut, quo subtilior est in natura, eo in illo [450] similitudo Dei plenius creditur expressa. § 1. Hinc est quod primatus ejus potentiam adhuc insinuans idem Propheta subjungit [451] : *Omnis lapis pretiosus operimentum tuum, sardius, et topazius, et jaspis, chrysolitus, onyx et berillus, sapphirus, et carbunculus, et smaragdus.* Novem dixit genera lapidum, quia nimirum novem sunt ordines angelorum. Nam quum per ' ipsa ' sacra eloquia angeli, archangeli, throni, dominationes, virtutes, principatus , potestates , Cherubim et Seraphim aperta narratione memorantur, quantæ sint supernorum civium distinctiones ostenditur; quibus tamen Beemoth iste opertus fuisse describitur, quia eos quasi vestem ad ornamentum [452] suum habuit, quorum dum claritatem transcenderet, ex eorum comparatione clarior fuit. § 2. De cujus ' illic ' adhuc descriptione subjungit [453] : *Aurum opus decoris tui, et foramina tua in die qua conditus es, præparata sunt.* Aurum opus decoris ejus exstitit, quia sapientiæ claritate canduit, quam bene creatus accepit. Foramina vero idcirco in lapidibus fiunt, ut vinculati auro in ornamenti compositione jungantur, et nequaquam a se dissideant, quos interfusum aurum repletis foraminibus ligat. Hujus ergo lapidis in die conditionis suæ foramina præparata sunt, quia videlicet capax caritatis est conditus, qua si repleri voluisset, stantibus angelis tanquam positis in regis ornamento lapidibus potuisset inhærere. Si enim caritatis auro sese penetrabilem præbuisset, sanctis angelis sociatus in ornamento, ut diximus, regio lapis fixus maneret. Habuit ergo lapis iste foramina ; sed superbiæ [454] vitio caritatis auro non sunt repleta. Nam quia [455] idcirco ligantur auro, ne cadant, idcirco iste cecidit, quia etiam perforatus manu artificis amoris vinculis ligari contemsit. Nunc autem ceteri lapides, qui huic [456] similiter fuerant perforati, penetranti [457] se invicem caritate ligati sunt, atque hoc in munere, isto cadente, meruerunt, ut nequaquam jam de ornamento regio cadendo solvantur. § 3. Hujus principatus celsitudinem adhuc idem Propheta intuens adjungit [458] : *Tu Cherub extensus* [459], *et protegens in monte sancto Dei, et in medio lapidum ignitorum perfectus ambulasti.* Cherub quippe plenitudo scientiæ interpretatur, et idcirco iste Cherub dicitur , quia transcendisse cunctos scientia non dubitatur, qui in medio ignitorum lapidum perfectus ambulavit, quia inter angelorum corda caritatis igne successa clarus gloria conditionis exstitit. Quem bene extentum ac protegentem dicit. Omne enim quod extenti [460] protegimus, ob umbramus, ' et ' quia comparatione claritatis suæ ceterorum claritatem obumbrasse creditur, ipse extentus et protegens fuisse reperitur [461]. Reliquos enim quasi obumbrando operuit, qui eorum magnitudinem excellentia majore transcendit. § 4. Quod ergo illic speciosus in multis frondibus, quod illic signaculum similitudinis, quod illic Cherub, quod illic protegens dicitur, hoc hic voce Dominica Beemoth, iste viarum Dei principium vocatur. De quo idcirco tam mira, in quibus fuit, et quæ amisit, insinuat, ut ' territo ' homini ostendat, quid ipse, si superbiat, de elationis suæ culpa passurus sit, si feriendo illi parcere noluit, quem creando in gloriam tantæ claritatis elevavit. Consideret ergo homo quid elatus in terra mereatur, si ' et ' prælatus angelis angelus [462] in cœlo de cœlo in terram [463] prosternitur.

VI. Pars. Gratian. *Caritas autem, quæ in adversitate deseritur, ficta, id est fictilis et fragilis, esse perhibetur, sicut fides, et qua caritas procedit, ficta, id est fragilis, apud Apostolum esse negatur. Similiter caritas, quæ in adversitate deseri potest, dicitur vera numquam fuisse. Sicut enim Hieronymus contra Jo-*

---

DIST. II. C. XLV. [441] *æquæ* : Vulg. — orig. — [442] add. : *pretiosum* : Edd. coll. o. [443] *condensis* : eæd. [444] *Quid* : eæd. [445] *celsitudinis* : Ed. Bas. [446] *et* : ead. — orig. [447] *et idcirco* : Edd. coll. o. [448] Ezech. c. 28, v. 12. [449] *si* : orig. [450] *illum* : Edd. coll. o. [451] Ezech. c. 28, v. 13. [452] *ornatum* : orig. [453] Ezech. ib. [454] *per superbiæ vitium* : orig. [455] *Namque* : Edd. coll. o. [456] *hic* : eæd. [457] *penetrantes* : eæd. [458] Ezech. c. 28, v. 14. [459] *extentus* : Vulg. — orig. — Edd. coll. o. [460] abest ab Ed. Par. — *extente* : Edd. Bas. Lugdd. — *extentum* : Edd. rell. [461] *perhibetur* : orig. [462] *pr. angelus* : Edd. Bas. — *pr. angelis* : Edd. rell. [463] *de cœl. in terr.* : absunt ab orig. et Edd. coll. o. pr. Bas. Lugdd.

*vinianum scribit* [464] : *Omnis creatura sub vitio est,* non quod omnis peccaverit, sed quia nulla est, quæ peccare non possit. Posse autem peccare, ut Augustinus [465] ait, non est aliquid posse, imo aliquid non posse. Unde ille solus vocatur omnipotens, qui hoc non potest, quia omnia potest, quæ posse est aliquid posse. Sicut ergo ejus comparatione, qui mutabilitatem nescit, omnis creatura vitiosa dicitur, quia mutabilitatis est capax, juxta illud [466] : Non justificabitur in conspectu tuo omnis vivens, et [467]: Astra non sunt munda in conspectu ejus : sic comparatione, ejus creaturæ quæ mutationem non recipit, omnis creatura, quæ permutatur, non vera, sed vana esse probatur. Unde [468] omnis homo mendax dicitur, et vanitati similis factus. § 1. Hinc etiam Ecclesiastes [469] : Cuncta quæ sub sole sunt, id est quæ temporum vicissitudinem recipiunt, non tantummodo vanitas, quæ omni creaturæ ratione mutabilitatis inest, sed etiam vanitas vanitatum, varietate permutationis, quam recipiunt, esse dicuntur. Sic ergo comparatione divinæ caritatis nulla virtus vera probatur, aut comparatione ejus, quæ non deseritur, illa, quæ amittitur, vera esse negatur. Sicut autem omnis creatura suo modo bona et vera esse dicitur, sic et caritas, quæ deseritur, suo modo bona et vera esse monstratur : alioquin a nullo desereretur, si nullo modo in eo esset. Quod enim nullo modo vere est nullo modo deseri potest. Quod si aliquo modo vere deseritur, et aliquo modo id vere esse oportet.

## DISTINCTIO III
### GRATIANUS.

**I. Pars.** *Hæc de caritate breviter scripsimus propter eos qui pœnitentiam negant reiterari posse, asserentes quod, sicut caritas semel habita nunquam amittitur, ita pœnitentia semel vere celebrata nulla sequenti culpa maculatur; si vero criminalis culpa illam aliquando sequitur, vera pœnitentia non fuit, nec veniam unquam a Domino impetravit. Quod ex definitione ipsius pœnitentiæ et multorum auctoritatibus probare contendunt.*

Ut enim Ambrosius ait in quodam serm. Quadragesimæ [1] :

### C. I.

Pœnitentia est et mala præterita plangere, et plangenda iterum non committere.

**C. II.** Idem *in lib. II de unica pœnit., c. 10* [2].

Reperiuntur [a] qui sæpius agendam pœnitentiam putant, qui luxuriantur in Christo. Nam si vere [3] agerent pœnitentiam, iterandam postea non putarent; quia, sicut unum baptisma, ita et [4] unica [b] pœnitentia. Verum præteriti semper nos debet pœnitere peccati: sed hoc [5] delictorum leviorum. At ego facilius inveni qui innocentiam servaverint [6], quam qui congrue egerint [7] pœnitentiam.

**C. III.** Item Augustinus *libro de dogmatibus ecclesiasticis, c. 54* [8] :

Satisfactio pœnitentiæ est peccatorum causas excidere, nec earum suggestionibus aditum indulgere.

**C. IV.** Idem *in lib. de vera et falsa pœnit., c. 8* [9].

Pœnitentia est quædam dolentis vindicta, puniens in se quod dolet commisisse. Et *infra, c. 19* : § 1. Continue dolendum est de peccato: quod declarat ipsa dictionis [10] virtus. Pœnitere [11] enim est pœnam tenere, ut semper puniat in se ulciscendo quod commisit peccando. Pœna enim proprie dicitur læsio, quæ punit et vindicat quod quisque commisit. Ille igitur pœnam tenet [12], qui semper punit quod commisisse [13] dolet.

*Gratian.* Pœnitentia itaque est vindicta semper puniens in se quod dolet commisisse.

**C. V.** *In eodem lib., c. 13*

Si Apostolus [14] etiam peccata per baptismum dimissa continue plorat, nobis etiam [15] super fundamentum apostolorum positis quid præter plorare restat? quid, nisi semper dolere in vita? Ubi enim dolor finitur, deficit et pœnitentia. Si autem pœnitentia finitur, quid relinquitur de venia? Tamdiu enim gaudeat et speret de gratia, quamdiu sustentatur a pœnitentia. Dixit [16] enim Dominus : *Vade, et amplius jam noli peccare*. Non dixit : non [17] pecces, sed : nec voluntas peccandi in te oriatur. Quod quomodo servabitur, nisi dolor continue in pœnitentia custodiatur? Hinc [18] semper doleat, et

### NOTATIONES CORRECTORUM.

Dist. III. C. II. [a] *Reperiuntur* : In originali est : *Merito reprehenduntur qui sæpius agendam pœnitentiam putant, quia luxuriantur*, etc., ut sup. dist. 50. *Si quis post.*
[b] *Ita et unica* : Locus hic, qui ob glossas incurrentes non est emendatus, apud B. Ambrosium sic habet : *Ita una pœnitentia, quæ tamen publice agitur. Nam quotidiani nos debet pœnitere peccati. Sed hæc delictorum leviorum, illa graviorum. Facilius autem inveni*, etc.

Dist. II. C. XLV. [464] supra c. 40. [465] lib. 15, de Trin., c. 15. [466] Psal. 142, v. 2. [467] Job. c. 15, v. 15. [468] Psal. 115, v. 11, et 143, v. 4. [469] Eccl. c. 1, v. 2.
Dist. III. C. I. [1] Serm. 9, de Quadragesima.—Ivo Decr. p. 15, c. 1. Petr. Lomb. l. 4, dist. 14. — cf. infra c. 6. = C. II. [2] cf. D. 50, post c. 61. — Petr. Lomb. ib. [3] add. *in Christo* : Edd. coll. o. [4] *est* : Ed. Bas. [5] *hic* : ead. [6] *recte servaverit* : Edd. coll. o. [7] *ageret* : Ed. Arg. — *egerit* : Edd. rell. = C. III. [8] Non est Augustini. = C. IV. [9] Non est Augustini. — Petr. Lomb. ib. [10] *dilectionis* : Ed. Bas. [11] *pœnitentiæ* : ead. [12] *vindicat* : orig. — Edd. coll. o. [13] *ipse* : orig. = C. V. [14] Rom. c. 6, v. 3. [15] abest ab Ed. Bas. [16] *Dicit* : Edd. coll. o. — cf. Joan. c. 8, v. 11. [17] *ne* : Edd. coll. o. [18] *Sic* : Ed. Arg. — *Hic* : Ed. Bas.

de dolore gaudeat, et de doloris pœnitentia, si contigerit, semper doleat, et non sit satis quod doleat, sed ex fide doleat, et non semper doluisse doleat.

**C. VI.** *Item* Gregorius *in æstivum tempus, [id est homil. XXXIV Evang.* [19].]

Pœnitentiam [20] agere digne non possumus, nisi modum quoque [21] ejusdem pœnitentiæ cognoscamus. Pœnitentiam quippe agere est et perpetrata [22] mala plangere, et plangenda non perpetrare. Nam qui sic alia deplorat, ut tamen [23] alia committat, adhuc pœnitentiam agere aut dissimulat, aut ignorat. Quid enim prodest, si peccata quis luxuriæ defleat, et tamen adhuc avaritiæ æstibus anhelat? *Item lib. IX, epist.* 39 *ad Theoctistam* [24]. § 1. Sunt [25] qui dicunt pauci temporis pœnitentiam contra peccatum debere sufficere [26], ut iterum liceat ad peccatum redire. Recte eos pastoris primi percutit sententia, qui ait [27] : '*Contigit illis illud veri proverbii* ' : *canis reversus ad suum vomitum, et sus lota in volutabro luti.* Magna est enim contra peccatum virtus pœnitentiæ, sed si quis in eadem pœnitentia perseveret. *Et infra*: § 2. Pœnitentiam vere agere est commissa plangere, et [28] iterum plangenda declinare.

**C. VII.** *Item* Augustinus *tract. CXXIV in c.* 21 *Joannis.*

Productior est enim pœna quam culpa, ne parva putaretur culpa, si cum illa finiretur et pœna. Ac per hoc vel ad demonstrationem debitæ miseriæ, vel ad emendationem labilis vitæ, vel ad exercitationem necessariæ patientiæ temporaliter hominem detinet pœna, 'etiam' quem jam ad damnationem sempiternam reum non detinet [29] culpa. *Et paulo post*: § 1. Ira Dei non est ut hominis, id est perturbatio concitati animi, sed tranquilla justi supplicii constitutio.

**C. VIII.** *Item* Joannes Os aureum *in homilia de pœnitentia* [30].

Perfecta pœnitentia cogit peccatorem omnia libenter sufferre. *Et infra*: In corde ejus contritio est, in ore ejus confessio, in opere tota humilitas. Hæc est 'perfecta et' fructifera pœnitentia.

**C. IX.** *Item* Smaragdus *in expositione regulæ S. Benedicti, c.* 4 [31].

Ille pœnitentiam digne agit, qui 'quæ commisit' [32]

sic præterita mala deplorat, ut futura iterum non committat. Nam qui plangit peccatum [33], et iterum admittit peccatum, quasi 'si' quis lavet laterem crudum : quia [34] quanto magis laverit, tanto magis lutum facit.

**C. X.** *Item* Augustinus *hom. XLI* [35].

Pœnitentes (si tamen estis pœnitentes, et non estis irridentes) mutate vitam, reconciliamini Deo, et vos [36] cum catena pascetis. Qua, inquis, catena? *Quæ* [37] *ligaveris in terra erunt ligata et in cœlo.* Audis ligaturam, et Deo putas facere imposturam? pœnitentiam agis, genua figis, et rides et subsannas patientiam Dei? Si [38] pœnitens es, pœnitet te; si non pœnitens, pœnitens non es. Si ergo pœnitet [39], cur facis quod male fecisti? si fecisse pœnitet [40], noli facere; si adhuc facis, certe non es pœnitens.

**C. XI.** *Item* Isidorus *lib. II de summo bono, c.* 16 [41].

Irrisor est, non pœnitens, qui adhuc agit quod pœnitet, nec videtur Deum poscere subditus, sed subsannare superbus ; canis reversus ad vomitum est pœnitens ad peccatum. Multi enim lacrimas indesinenter fundunt, et peccare non desinunt. Quosdam accipere lacrimas ad pœnitentiam, et affectum pœnitentiæ non habere constat [42], quia inconstantia mentis nunc [43] recordatione peccati lacrimas fundunt, nunc vero reviviscente usu ea, quæ fleverant [44] iterato committunt. Esaias peccatoribus [45] dicit : *Lavamini, mundi estote.* Lavatur 'itaque', et mundus est, qui et præterita plangit, et flenda iterum non committit [46]. Lavatur et non est mundus, qui plangit quæ gessit, nec 'tamen' [47] deserit, sed [48] post lacrimas, ea quæ fleverat repetit.

**C. XII.** *Item* Augustinus *in libro soliloquiorum* c [49].

Inanis est pœnitentia, quam sequens culpa coinquinat. Vulnus iteratum sanatur tardius ; frequenter [50] peccans et lugens vix veniam meretur. Nihil prosunt lamenta, si replicantur peccata. Nihil valet veniam a malis poscere, et mala denuo iterare. Persiste ergo in confessione ; esto in pœnitentia fortiter confirmatus ; vitam bonam, quam accepisti [51], tenere non desinas [52] ; propositum bonæ vitæ conserva jugiter

## NOTATIONES CORRECTORUM.

**C. XII.** c *Caput hoc non est inventum apud B. Augustinum ; habentur tamen apud Isidorum ( quem citat Magister) pene eadem in Dialogo, sive Synonymis, non longe ante cap. de castitate.*

---

Dist. III. C. VI. [19] Prior cap. pars est ap. Aus. l. 11, c. 4. [20] add. : *quippe* : Edd. coll. o. [21] abest ab Ed. Bas. [22] cf. supra c. 1. [23] *iterum* : Edd. coll. o. pr. Arg. [24] Ep. 45, (scr. A. 601.) l. 11, Ed. Maur. [25] *Si autem dicunt* : orig. [26] *recte suff.* : Ed. Bas. [27] 2 Petri c. 2, v. 22. [28] *sed* : orig. — *sed iterum non comm. plangenda* : Ed. Arg. == C. VII. [29] *retinet* : Edd. coll. o. Lugdd. II, III. == C. VIII. [30] cf. supr. Dist. I, c. 40. == C. IX. [31] cf. Isidor. de summo bono, l. 2, c. 13. [32] *quæ comm.* : absunt ab Isid. [33] add. : *suum* : Ed. Bas. Lugdd. II, III. [34] *quem* — *abluit* : Edd. coll. o. == C. X. [35] Non videtur Augustini esse. — Petr. Lomb. l. 4, dist. 15. [36] add. : *enim* : orig. [37] Matth. c. 16, v. 19. [38] *Si pœnitentiam (patientiam* : Ed. Bas.) *agis, pœnites, si non pœnites (pœnitet te* : Ed. Bas.) : Edd. coll. o. [39] *pœnites* : exd. [40] *pœnites* : exd. — *pœniteas* : Edd. rell. p. Bas. == C. XI. [41] Petr. Lomb. l. 4, dist. 14. [42] *cerno* : Edd. coll. o. [43] *non* : exd. pr. Bas. [44] *fleverunt* : Edd. col. o. [45] *de pecc.* : exd. — cf. Esa. c. 1, v. 16. [46] *admittit* : Edd. coll. o. — orig. [47] abest ab orig. [48] *et* : id. — Edd. coll. o. == C. XII. [49] Imo Isidorus, in extremo Synon, l. I. — Petr. Lomb. ib. [50] *frequens* : orig. [51] *cœpisti* : id. — Ed. Bas. [52] *deseras* : id. — ead.

C. XIII. *Item* Gregorius *in Pastorali part. III., admon.* 31 [53].

Qui admissa plangunt, nec tamen deserunt considerare solicite sciant, quia flendo inaniter se mundant qui vivendo se nequiter inquinant, quum idcirco se lacrimis lavant, ut mundi ad sordes redeant.

C. XIV. Idem *ibidem*.

Qui admissa plangit, nec tamen deserit, pene [54] graviori 'culpæ' se subjicit, quia [55] ipsam, quam flendo impetrare potuit veniam, contemnit [56].

C. XV. Idem *ibidem*.

*Lavamini* [57] *mundi estote*. Post lavacrum enim mundus esse negligit quisquis post lacrimas vitæ innocentiam non custodit. Lavantur ergo, et [58] nequaquam mundi sunt, qui commissa flere non desinunt, sed rursus flenda [59] committunt.

C. XVI. Idem *ibidem*.

Baptizatur [60] quippe a mortuo qui mundatur [61] fletibus a peccato ; sed post baptisma mortuum tangit [62] qui culpam [63] post lacrymas repetit.

C. XVII. Idem *in Moralibus, lib. I, c. ult.*

Incassum quippe bonum agitur, si ante terminum vitæ deseratur, quia et frustra velociter currit qui prius, quam ad metas veniat, deficit.

II. Pars. Gratian. *Sed verba diffinitionis non ad diversa tempora, sed ad idem tempus referuntur, videlicet, ut tempore, qno deflet mala, quæ commisit, non committat quod adhuc eum flere oporteat. Quod ex sequentibus verbis ejusdem auctoritatis datur intelligi, dum dicitur* [64] *. Nam qui sic alia deplorat, ut tamen alia committat, adhuc pœnitentiam agere aut dissimulat, aut ignorat.*

*Hinc* Augustinus *in Enchiridio, c.* 70. [65] :

C. XVIII.

Sane cavendum est, ne quisquam existimet infanda [66] illa crimina, qualia qui agunt regnum Dei non possidebunt [67], quotidie perpetranda, et eleemosynis quotidie redimenda. In melius quippe est vita mutanda, et per eleemosynas de peccatis præteritis est propitiandus Deus, non ad hoc emendus quodammodo, ut ea semper liceat impune committere. Nemini enim dedit laxamentum peccandi, quamvis miserando deleat jam facta peccata, si non satisfactio congrua negligatur.

C. XIX. Idem *ibidem, c.* 76 [68].

Qui vult eleemosynam ordinate dare, a se ipso debet incipere, et eam sibi primum dare. Est enim eleemosyna opus misericordiæ, verissimeque [69] dictum [70] est : *Miserere animæ tuæ placens Deo.* Propter hoc renascimur, ut Deo placeamus.

C. XX. Idem *ibidem, c.* 71 d [71].

De quotidianis, brevioribus [72], levibusque peccatis, sine quibus hæc vita non ducitur, quotidiana oratio fidelium satisfacit. Eorum est enim dicere [73] : *Pater noster, qui es in cœlis*, qui jam taliter [74] patri regenerati sunt ex aqua et Spiritu sancto. Delet omnino hæc oratio minima 'et' quotidiana peccata, delet et illa, a quibus vita fidelium scelerate etiam gesta, sed pœnitendo in melius mutata [75] discedit, si, quemadmodum veraciter dicitur [76] : *Dimitte nobis debita nostra*, quoniam non desunt quæ dimittantur, ita veraciter dicatur : *Sicut et nos dimittimus debitoribus nostris*, id est, 'si' [77] fiat quod dicitur, quia et ipsa eleemosyna est veniam petenti [78] homini [79] ignoscere.

C. XXI. *Item* Pius Papa, *epist. I* [80].

Nihil prodest homini jejunare et orare et alia religionis bona [81] agere, nisi mens ab iniquitate revocetur.

III. Pars. Gratian. *Ex persona hujuscemodi pœnitentis etiam illud Smaragdi intelligitur* [82] *: Ille pœnitentiam digne ag*ⁱ*t, etc., et illud Augustini* : *Pœnitentes, etc., illud Isidori* : Irrisor est, et non pœnitens, *et illud Isaiæ* : Lavamini et mundi estote. *Item et illud Soliloquiorum* : Inanis est pœnitentia, *etc. Similiter et illud Gregorii* : Qui admissa plangunt, *et* : Baptizatur a mortuo. *Illud autem Ambrosii* : Reperiuntur, *etc., non secundum generalem, sed secundum specialem consuetudinem ecclesiæ de solemni pœnitentia dictum intelligitur, quæ apud quosdam semel celebrata non iteratur.*

*Unde* Augustinus *scribit ad* Macedonium, *ep.* LIV [83].

C. XXII.

Quamvis caute et salubriter provisum sit, ut locus illius humillimæ pœnitentiæ semel in ecclesia concedatur, ne medicina vilis minus [84] utilis esset ægrotis, quæ tanto magis salubris est, quanto minus

NOTATIONES CORRECTORUM.

C. XX. a Antea caput hoc citabatur ex Joanne Chrysostomo. Restitutum est ex B. Augustino, quem citans Magister, et Ivo, et conc. Toletanum IV. c. 9.

Dist. III. C. XIII. [53] Ans. l. 11 , c. 143. Petr. Lomb. ib, = C. XIV. [54] *tanto* : orig. — *pœnæ* : Edd. coll. o. [55] *quanto* : orig. [56] *contemsit* : Ed. Bas. = C. XV. [57] Esa. c. 1, v. 16. [58] *nec mundi* : Edd. coll. o. [59] *flendo* : eæd. pr. Lugdd. III. = C. XVI. [60] *Baptizantur* : Edd. coll. o. [61] *mundant se* : eæd. [62] *tangunt* — *repetunt* : Ed. Bas. [63] *culpas* : Edd. coll. o. = C. XVII. [64] supra ead. c. 6. = C. XVIII. [65] Ans. l. 11, c. 32. Ivo Decr. p. 17, c. 121. Petr. Lomb. ib. [66] *et nefanda* : Ed. Bas. — *nefanda* : Edd. rell. pr. Arg. [67] 1 Cor. c. 6, v. 9. = C. XIX. [68] Ivo Decr. p. 17, c. 129. [69] *verisimile* : Ed. Bas. — *verissimæ* : Edd. rell. [70] *de qua dict. est* : Edd. coll. o. — cf. Eccl. c. 30, v. 54. = C. XX. [71] Ivo Decr. p. 17, c. 122. Petr. Lomb. l. 4, dist. 16. [72] *brevibus* : Ivo — Edd. coll. o. [73] Matth. c. 6, v. 9. [74] *tali* : orig. — Ivo. [75] *commutata* : Edd. coll. o. pr. Bas. [76] Matth. ib. v. 12. [77] abest ab Iv. [78] *poscentibus* : Ed. Arg. — *pœnitentibus* : Edd. rell. pr. Bas. [79] *omnino* : Edd. coll. o. = C. XXI. [80] Cap. Pseudoisidori, cf. Cæsarii (sive Eucherii) hom. 23. — Ans. l. 11, c. 8, Polyc. l. 3, t. 25. Petr. Lomb. l. 4, dist. 14. — cf. c. 25. D. 5, de cons. [81] *opera* : Edd. coll. o. [82] cf. supra c 9, 10, 11, 15, 12, 13, 14, 2. = C. XXII. [83] cf. supra c. 62. D. 50. [84] *et min.* : Edd. Bas. — *vel min.* : Edd. rell.

contemtibilis fuerit, quis tamen audeat dicere Deo: quare huic homini, qui post primam pœnitentiam rursus se laqueis iniquitatis obstringit [85], adhuc iterum parcis?

IV. Pars. Gratian. *Hac auctoritate et illud Ambrosii determinatur, et iterum peccatori per primam pœnitentiam venia duri monstratur; alioquin nequaquam iterum parceret Deus, qui nec dum pepercisset* [86]. Satisfactio quoque pœnitentiæ, et [87]: *Vade, et amplius noli peccare, eundem cum diffinitione intellectum habent. Illud autem, quod in libro* [88] *de pœnitentiæ dicitur, de perfecta est intelligendum. Sicut enim caritas alia est incipiens, alia est proficiens, alia est perfecta: sic et pœnitentia alia est incipientium, alia proficientium, alia perfectorum. Sicut autem caritati, licet nondum perfectæ, in baptismo datur venia peccatorum, ut quamvis postea graviter aliquis sit peccaturus, tunc tamen intelligatur esse renatus, non aqua tantum (sicut Jovinianus tradidit), sed aqua et spiritu (sicut Hieronymus contra eum scribit): sic et incipientium pœnitentiæ venia non negatur quæ quadam ratione perfecta potest dici, quia toto corde gemit et dolet, licet et alia ratione potest dici imperfecta, quia non usque in finem duratura.* § 1. *Secundum primum modum perfectionis intelligitur illud Joannis Oris aurei* [89]: *Perfecta pœnitentia, etc. Juxta secundum modum perfectionis illud Augustini intelligitur* [90]: *Pœnitentia est vindicta semper puniens in se quod dolet commisisse. Illud autem* [91]: *Si pœnitentia finitur, nihil de venia relinquitur, dupliciter intelligi potest. Si enim juxta quorundam sententiam peccata dimissa redeunt, facile est intelligere, nihil de venia relinqui, quoniam peccata, quæ prius erant dimissa, iterum replicantur. Sicut enim ille, qui ex justa servitute in libertatem manumittitur, iterum vere liber est, quamvis ob ingratitudinem in servitutem postea revocetur: sic et pœnitenti peccata vere remittuntur, quamvis ob ingratitudinem veniæ eisdem postea sit implicandus. Si autem peccata dimissa non redeunt, dicitur nihil relinqui de venia, quia nihil relinquitur sibi de vitæ munditia, et spe æternæ beatitudinis, quam cum venia assecutus est. Sicut enim argento perfecte purgato nihil sui decoris relinquitur, si sequenti ærugine fœdatur, non tamen prima, sed sequenti sordidatur: sic expiato per pœnitentiam nihil de venia dicitur relinqui, quum tamen jam non deletis, sed adhuc expiandis coinquinetur.*

V. Pars. § 2. *Quod autem per pœnitentiam non semel tantum, sed sæpissime peccata remittantur, multorum auctoritate probatur.*

Ait enim Hieronymus *in epistola ad Rusticum de pœnitentia:*

C. XXIII.

*Septies* [92] *cadit* [93] *justus, et resurgit. Si cadit, quomodo justus? si justus, quomodo cadit? sed justi vocabulum non amittit qui per pœnitentiam semper resurgit. Et non solum septies* [94], *sed septuagies septies delinquenti, si convertatur ad pœnitentiam, peccata donantur. Cui* [95] *plus dimittitur* [96], *plus diligit.*

Gratian. *David quoque per pœnitentiam adulterii simul et homicidii veniam impetravit.*

De cujus pœnitentia in eodem libro Hieronymus ait [97]:

C. XXIV.

*Totam pœnitentiam peccatoris ostendit Psalmus quinquagesimus, quando ingressus est David ad Bethsabee uxorem Uriæ Ethæi, et a Nathan prophetante* [98] *correptus* [99], *respondit dicens* [100]: *Peccavi, statimque meruit audire. et Dominus abs te abstulit peccatum. Adulterio enim junxerat homicidium, et tamen conversus ad lacrimas: Miserere, ait* [101], *mei Deus, secundum magnam misericordiam tuam, et secundum multitudinem miserationum tuarum dele iniquitatem meam. Magnum enim peccatum magna indigebat* [102] *misericordia. Unde jungit* [103] *et dicit: Multum lava me ab iniquitate mea, et a peccato meo munda me, quoniam iniquitatem meam ego agnosco* [104], *et delictum meum contra me est semper. Tibi soli peccavi (rex enim erat* [105], *alium non timebat), et malum coram te feci, ut justificeris in sermonibus tuis, et vincas, quum judicaris. Conclusit* [106] *enim Deus omnia sub peccato, ut omnibus misereatur. Tantumque profecit* [107], *ut dudum peccator et pœnitens transierit in magistrum, et dicat* [108]: *Docebo iniquos vias tuas, et impii ad te convertentur. Confessio enim et pulchritudo coram eo, ut qui* [109] *sua confessus fuerit peccata, et dixerit*: *Putruerunt* [111] *et corruptiæ sunt cicatrices meæ a facie insipientiæ meæ fœditatem vulnerum in sanitatis decorem commutet.*

C. XXV. Item Ambrosius *in Apologia David, c. 2.*

*Ille rex tantus ac potens ne exiguo quidem momento manere penes se delicti passus est conscientiam, sed præmatura confessione atque immenso dolore reddidit peccatum suum Domino. Et infra:* § 1. *Denique Dominum dolor intimi movit* [112] *affe-*

cius, ut Nathan diceret [113]: *Quoniam pœnituit te, et Dominus transtulit peccatum tuum.* Maturitas itaque veniæ profundam regis [114] fuisse pœnitentiam declaravit, quæ tanti erroris offensam transduxerit [115]. *Et infra*: § 2. Sancti, qui consummare pium certamen gestiunt, et currere cursum salutis, sicubi forte ut homines corruunt, naturæ magis fragilitate quam peccandi libidine, acriores ad currendum resurgunt, pudoris stimulo majora reparantes certamina, ut non solum nullum attulisse existimetur lapsus impedimentum, sed etiam velocitatis incentiva cumulasse. Ergo si currentium non solvitur cursus, quum aliqui forte ceciderint [116], non luctantium contentio, sed inoffensa manent certamina, quin et plerique post unum aut alterum lapsum gratia majore vicerunt : quanto magis agonem pietatis ingressi non debent unius prolapsionis offensione censeri, quum beatus sit qui se potuerit [117] reparare post lapsum? *Et infra; c. 4. § 3.* Quod peccavit, conditionis [118] est; quod supplicavit, correptionis [119]; lapsus communis, sed specialis confessio. Culpam itaque incidisse naturæ est, delesse [120] virtutis. *Et infra : c. 13. : § 4.* Peccatum aut donatur, aut deletur, aut tegitur. Donatur per gratiam, deletur per sanguinem crucis, tegitur per caritatem ; similiter et iniquitas, quæ [121] æstimatur habitudo mentis injustæ, licet Joannes in epistola eum, qui fecerit [122] peccatum ; et [123] iniquitatem fecisse dixerit; ‘sicut habemus scriptum [124] : *Omnis, qui facit peccatum, et iniquitatem facit.* Peccatum est iniquitas, quia in peccato ipso iniquitas est. Tamen ut nobis videtur, peccatum est° opus iniquitatis, iniquitas autem operatrix culpæ aut [125] delicti. Prius est ergo, ut ipsa iniquitas deleatur, excidatur radix, et seminarium peccatorum ; ‘mala tollatur radix, ne malos fructus ferat ; aboleatur erroris omnis affectus, universa iniquitatum genera tollantur'. Itaque quemadmodum intrans in animam sapientis disciplina imprudentiam tollit, et scientia ignorantiam : sic perfecta virtus iniquitatem, et remissio peccatorum delet omne peccatum.

**C. XXVI.** Idem *in eodem libro c. 7* [126].

Illud [127] vero quam mirabile [128] est, quod angelo ferienti plebem se obtulit David [129], dicens [130] : *Grex iste quid fecit? fiat manus tua in me, et in domum patris mei.* Quo facto statim dignus sacrificio indicatus est qui absolutione existimabatur [131] indignus. Nec mirum, si tali sua oblatione pro populo peccati sui adeptus est veniam, quum Moyses [132], offerendo se Domino pro plebis errore, ‘etiam plebis' [133] peccata deleverit [134]. Texit igitur peccata sua, an non? Sed [135] quis hoc neget, quum ‘hic' ipse docuerit Propheta [136], quod remittantur [137] iniquitates, tegantur peccata, non imputentur a Domino? Peccatum remissum sibi esse docuit, sicut scriptum est" [138] : *Delictum meum* [139] *cognosco* [140], *et injustitiam meam non operui. Dixi, pronunciabo adversum me injustitiam meam Domino, et tu remisisti impietatem* [141] *cordis* [142] *mei. Dixit* [143] *: pronunciabo,* et veniam meruit ante quam pronunciaret ; quanto magis, ubi de se pronunciavit, dicens : *iniquitatem ego* [144] *agnosco* [145], remissum est ei omne peccatum? licet specialiter de hoc ‘et' Nathan propheta respondit [146] : *Et Dominus transtulit peccatum tuum.* Ergo remissionem [147] meruit iniquitatis, et texit caritate atque operuit peccata sua, et texit operibus bonis, nec imputandum [148] est ei peccatum, quia non fuit in eo dolus malitiæ, sed lapsus erroris ; deinde [149], quia non fuit improbitatis æstus, sed umbra mysterii, et tamen confessus est delictum suum, agnovit iniquitatem, vidit lavacrum et vidit et credidit : dilexit multum, ut nimia caritate tegere quemvis posset errorem.

VI. Pars. **Gratian.** Ecce, cujus pœnitentia hic commendatur, cui etiam venia per Prophetam data monstratur, quam graviter postea deliquerit populi multitudo prostrata ostendit. Achab quoque (ut Hieronymus contra Jovinianum scribit) rex impiissimus, ut sententiam Dei subterfugeret, et eversio domus ejus differretur in posteros, jejunio impetravit et sacco.

*De quo ad eundem Rusticum scribit idem* Hieronymus, *dicens :*

**C. XXVII.**

Achab rex impiissimus vineam Nabuthæ cruore possedit, et, quum Jezabel, non tam conjugio sibi quam crudelitate conjuncta, Heliæ increpatione corripitur, hæc [150] dicit Dominus : *Occidisti et possedisti,* et iterum : *In loco, in quo linxerunt canes*

NOTATIONES CORRECTORUM.

**C. XXV.** ° *Peccatum est* : In originali vulgato legitur : *omne peccatum est iniquitas; iniquitas autem operatrix culpæ aut delicti. Plus est ergo* etc. ; sed melior visa est Gratiani lectio.

---

DIST. III. C. XXV. [113] 2 Reg. c. 12, v. 13. [114] *in rege* : Ed. Bas. Lugdd. II, III. [115] *transduxit* : Ed. Bas. [116] *ceciderunt* : orig. — Edd. coll. o. [117] *potuit* : Ed. Bas. — *potest* : Edd. reli. [118] *conditio corruptionis* : Ed. Bas. [119] *correctionis* : Edd. coll. o. [120] *diluisse* : eæd. — orig. [121] *abest* ab Edd. Ven. I, II. Par. Lugdd. [122] *fecit* : Ed. Bas. [123] abest ab Edd. Par. Lugdd. [124] 4 Joann. c. 5, v. 17. [125] *atque* : Edd. coll. o. = C. XXVI. [126] Petr. Lomb. l. 4, dist. 14. [127] *Quam vero illud etiam admirabile* : orig. [128] *admirabile* : Edd. coll. o. [129] abest ab Ed. Bas. [130] 1 Paral. c. 21, v. 17. [131] *æstimabatur* : Edd. coll. o. pr. Lugdd. II, III. [132] cf. Exod. c. 52. [133] *et pl.* : absunt ab orig. [134] *diluerit* : Edd. coll. o. pr. Lugdd. II, III. [135] *Si quis enim* : Ed. Bas. [136] Psal. 31, v. 1. [137] *remittatur iniquitas* : Ed. Bas. [138] Psal. 51, v. 5. [139] add. : *ego* : Edd. Bas. Lugdd. II, III. [140] *agnosco* : Ed. Bas. [141] *iniquitatem* : ead. [142] *peccati* : Vulg. — Edd. coll. o. [143] *Si dixi* : Ed. coll. o. [144] abest a Bohm. [145] *agnosco* : Ed. Bas. — add. : *et peccatum meum contra me est semper* : ex Psal. 50, v. 5. Edd. coll. o. [146] 2 Reg. c. 12, v. 13. [147] *et rem.* : Edd. coll. o. [148] *imputatum* : eæd. pr. Lugdd. [149] *Denique non* : orig. — Edd. coll. o. = C. XXVII. [150] *hoc* : Ed. Bas. — *ad eundem hæc* : Edd. reli. — cf. 3 Reg. c. 21, v. 19, seqq.

sanguinem *Nabuthæ, ibi lingent sanguinem tuum. Et Jezabel canes comedent ante muros Jezrahel. Quod quum audisset Achab, scidit vestimenta sua, et posuit saccum super carnem suam, jejunavitque et dormivit in cilicio. Factusque est sermo Domini ad Heliam, dicens: Quoniam reveritus est Achab faciem meam, non inducam malum in diebus ejus.* Unum scelus Achab et Jezabel; tamen [151] converso [152] ad pœnitentiam Achab pœna differtur in posteros, et Jezabel in scelere perseverans præsenti judicio condemnatur.

### C. XXVIII.

Item Joannes Chrysostomus *de reparatione lapsi*, (epist. V ad Theodorum lapsum) [f].

Talis, mihi crede, talis est erga homines pietas Dei, nunquam spernit pœnitentiam si ei sincere et simpliciter offeratur. Etiam si ad summum quis perveniat malorum, et inde tamen velit reverti ad virtutis viam, suscipit, et libenter amplectitur; facit omnia, quatenus ad priorem revocet statum, et, quod est adhuc præstantius et eminentius, etiamsi non potuerit [153] quis explere omnem satisfaciendi ordinem, quantulamcunque tamen et quamlibet brevi tempore gestam non respuit pœnitentiam; suscipit etiam ipsam, nec patitur quamvis exiguæ conversionis perdere mercedem. Hoc enim mihi indicat Esaias, ubi de populo Judæorum talia quædam dicit [154]: *Propter peccatum modice conturbavi eum, et percussi eum, et averti faciem meam ab eo; contristatus est, et ambulavit tristis, et sanavi eum, et consolatus sum eum.* Evidentius autem nobis testimonium dabit etiam rex ille impius [155], qui cupiditatis suæ quidem prædam uxoris nequitia quæsivit, sed perturbatus ipsius sceleris immanitate pœnituit, et cilicio circumdatus facinus suum flevit, atque ita erga se Domini misericordiam provocavit, ut a cunctis eum absolveret peccatis. Sic enim ait Deus ad Heliam [156]: *Vidisti quomodo compunctus est Achab a facie mea? quia* [157] *flevit in conspectu meo, non inducam mala in diebus ejus.*

### C. XXIX. Item Gregorius in hom. X super Ezechielem, in extremo.

Sicut [158] Achab rex iniquus a Propheta reprehensus, quum contra se divinam sententiam audisset, pertimuit, et magno [159] mœrore deprehensus [160] est, ita ut Prophetæ suo Dominus diceret [161]: *Nonne vidisti Achab humiliatum coram me? Quia igitur mei causa humiliatus est, non inducam malum in diebus ejus.* In quibus Domini verbis pensandum est, quomodo ei in electis suis mœror amaritudinis placeat [162], qui amittere timent Deum, si sic ei et reprobi [163] pœnitentia placuit, qui timebat perdere præsens sæculum; aut quomodo ei grata sit spontanea afflictio pro culpis in eis, qui placent, si hæc ad tempus placuit et [164] in eis, qui displicebant.

Gratian. Ninivitæ [165] quoque, quos Dominus in evangelio commendat, pœnitentiam egerunt in prædicatione Jonæ, et ex misericordia Domini indulgentiam consecuti subversionis interitum subterfugere meruerunt. Sed qualiter post acceptam veniam Achab vixerit, textus libri Regum declarat, de quo etiam scribit Ambrosius [166], quod Jezabel uxor ejus, cujus inflammabatur arbitrio, cor ejus convertit, et nimiis sacrilegiis exsecrabilem fecit, et hunc pœnitentiæ ejus revocavit affectum.

De Ninivitis autem in proœmio Jonæ scribit Hieronymus [167].

### C. XXX.

Sicut [168] ait Herodotus, Ninive a Rege Medorum subversa est, regnante apud Hebræos Josia. Unde patet, illam prædicante Jona ex pœnitentia meruisse veniam, sed, quia postea [169] ad vomitum rediit, ex ira Dei subversam fuisse.

### C. XXXI. Idem in prologo Naum [170].

Naum prophetam ante adventum regis Assyriorum, qui populum Israel captivum in suam [171] regionem transtulerat, fuisse, Hebræorum traditio confirmat. Siquidem in fine hujus lectionis prædicti regis adventum idem Propheta annunciare monstratur. Sed quum habitatores Ninivæ, Jona interitum civitatis prædicante, ne divina ira denunciatum interitum sustinerent, peccatorum et impietatis pœnitentiam egissent, accepta Dei misericordia gravioribus se criminibus implicuerunt. Qua de causa memoratus Propheta, Spiritu sancto plenus, judicium Dei annuncians, ita est locutus [172]: *Deus zelans et ulciscens Dominus 'est'*.

VII. Pars. Gratian. *Item, quod frequenter venia pœnitenti præstetur*, testatur Augustinus *in libro de pœnitentia* [173] scribens contra quosdam hæreticos, qui peccantibus post baptismum semel tantum dicebant utilem esse pœnitentiam.

### C. XXXII.

Adhuc instant perfidi, qui [174] sapiunt plus quam oporteat, non sobrii, sed excedentes mensuram. Dicunt enim: etsi semel peccantibus post bapti-

### NOTATIONES CORRECTORUM.

C. XXVIII. [f] Versio hæc, licet nonnihil discrepet ab ea, quæ inter latina Joannis Chrysostomi opera circumfertur, non tamen longe discedit a verbis græcis. Exstat enim hoc opusculum manuscriptum in bibliotheca Vaticana.

Dist. III. C. XXVII. [151] *Et tam.*: Ed Bas. — *Sed tam*: Edd. rell. [152] *conversus*: orig. = C. XXVIII. [153] *poterit*: Ed. Bas. [154] Esa. c. 57, v. 17, sec. LXX. [155] *impiissimus*: Ed. Bas. [156] 3 Reg. c. 21, v. ult. [157] *et quia*: Ed. Bas. — C. XXIX. [158] *Sic*: orig. [159] *in mag.*: Edd. coll. o. [160] *depressus*: orig. [161] 3 Reg. c. 21, v. ult. [162] *complaceat*: Ed. Bas. [163] *in reprobo*: orig. — Edd. coll. o. [164] *et in illo, qui displicebat*: id. — exd. [165] Jon. c. 5. [166] *in libro de Nabuthe*. = C. XXX. [167] Sensus, non ipsa Hieronymi verba. [168] *Illinc*: Ed. Arg. — *Sic. enim*: Ed. Bas. — *post*: Edd. Arg. Bas. = C. XXXI. [170] Neque hoc loco ipsa Hier. verba sunt relata. [171] *suas regiones* Edd. coll. o. [172] Nahum c. 1, v. 2. [173] c. 5, libri de vera et falsa pœn., qui August. perperam est tributus. — Petr. Lomb. l. 4 dist. 14. = C. XXXII. [174] *quoniam*: Edd. coll. o.

smum valeat poenitentia, non tamen saepe peccantibus proderit iterata; alioqui remissio ad peccatum esset incitatio. Dicunt enim : quis non semper peccaret, si redire semper posset? Dicunt enim Dominum [175] incitatorem mali, si semper poenitentibus subveniret [176], et etiam ei placere peccata, quibus semper praesto est gratia. Errant autem, imo constat ei multum peccata displicere, qui semper praesto est ea destruere. Si enim ea amaret, non ita semper destrueret, sed conservaret [177], atque ut sua munera foveret. Semper destruit peccata, quae invenit, ne solvatur quod creavit, ne corrumpatur quod amavit. Sumunt occasionem hypocritae isti ex factis Domini. Quem enim caecum [178] bis illuminavit? quem leprosum bis mundavit? quem mortuum bis suscitavit? non Lazarum, quem [179] dilexit; non filium viduae [180], quem misertus matri reddidit; non filium [181] dissipatorem legitur bis suscepisse; non filiam [182] Abrahae bis a daemonio liberasse. In nulla persona interavit factum, docens, ut aiunt, non saepe a Domino fieri remedium. Dixit mulieri [183] : Vade, et amplius noli peccare, ne deterius aliquid tibi contingat, promittens poenam, non amplius veniam. §. 1. Quod [184] autem multos caecos et diverso [185] tempore illuminaverit [186], et multos debiles confortaverit, ostendit in diversis illis eadem [187] saepe peccata dimitti, ut quem prius sanavit leprosum alio tempore illuminet [188] caecum. Ideo etiam tot sanavit [189] febricitantes, tot [190] languidos, tot claudos, caecos et aridos, ne desperet [191] de se peccator; ideo non scribitur [192] aliquis [193] nisi semel sanatus, ut quisque timeat mergi [194] peccato. Videmus adhuc quotidie in ecclesia saepe febricitantes, saepe languidos, saepe passionibus captos saepe liberari, ut appareat toties opus miserantis, quoties confessio fit poenitentis. Quomodo enim corpus, quod vilius est et ab ipso dissimilius, saepe sanaret, et animam digniorem et redemtam non toties liberaret? Medicum [195] se vocat, et non sanis, sed male habentibus opportunum. Sed qualis hic medicus, qui malum

A iteratum nesciret curare? Medicorum enim est centies infirmum 'visitare, centies' curare. Qui ceteris minor esset, si aliis possibilia ignoraret, memor est sui, qui dicit [196] : Nolo mortem peccatoris, sed ut convertatur et vivat. Quem enim peccatorem exclusit [197] ? Et [198] quod omnibus promisit indulgentiam, aliis quoque promissionibus declarat. Qui [199] me confessus fuerit coram hominibus, id est omnis quantumcunque [200] et quotiescunque peccator, cujuscunque ordinis, etiamsi fuerit sacerdos, confitebor et ego eum coram [201] patre meo. Nam qui [202] invocaverit nomen Domini (id est secundum quod nominatur Dominus, id est qui invocaverit [203] eum ad se serviendo, non [204] contradicendo, ut forsitan saepe fecit), omnis (id est quicunque sit ille peccator), 
B salvus erit. Omnem enim animam iste promissor saturavit bonis, etiam sedentem [205] in tenebris et umbra mortis, nullam excipiens animam. § 2. Hunc magistrum intellexerat [206] discipulus ille, qui Corinthios per epistolas suas voluit corrigere, et, ut ipse testatur, ter in literis 'suis' eos correxit. Oportebat enim, ut quoties videret [207] eos cadere, toties juvaret [208] eos resurgere. Memor enim erat illius, qui dixerat [209] : Quorum remiseritis peccata, remittuntur eis. Scimus autem [210], et primos patres, et in omni tempore ecclesiam Dei semper usque [211] septuagies septies (quod est semper) peccata remittere [212]. Quam potestatem isti ab ecclesia 'Dei' conantur auferre. Oportet enim sic ecclesiam [213] credere, quae 
C [214] confitetur se saepe [215] peccare. Negant enim veritatem seducti [5], qui se absque peccato audent jactare. In [216] multis enim offendimus omnes, nec [217] infans unius diei absque peccato super terram esse potest. Quapropter eliminandus est ab ecclesia 'iste error', qui unquam [218] poenitentibus negat indulgentiam. Non enim inquirit quid Apostolus senserit, qui dixit [219] : Nihil mihi conscius sum, sed non in hoc justificatus sum. Sciens [220] enim, et justis [221] peccata solere contingere, non se confirmabat absque peccato, qui se novit [222] indissolubili

### NOTATIONES CORRECTORUM.

C. XXXII. [5] Seducti : In originali est : in se esse, et videtur indicari locus in epist. Joan. 1, c. 1; sed ob glossam non est mutatum.

Dist. III. C. XXXII. [175] Deum : eaed. [176] subvenit : eaed. pr. Lugdd. [177] servaret : Ed. Bas. [178] abest ab Edd. coll. o. pr. Lugdd. [179] add. : prius · orig. [180] cf. Luc. c. 7. [181] Luc. c. 15. [182] cf. Matth. c. 15. [183] Joan. c. 8, v. 11. [184] Qui : orig. [185] in div. : Edd. coll. o. [186] illuminavit, — confortavit : Ed. Bas. [187] eidem : ead. [188] illuminavit : orig. — illuminaverit : Ed. Bas. [189] salvavit : orig. — seqq. : febr., tot lang., tot : absunt ab Edd. Arg. Nor. Ven. I, II. Par. [190] saepe lang., saepe cl. : Ed. Bas. [191] desperaret : orig. [192] describitur : Ed. Bas. [193] aliquem : sanatum : Edd. coll. o. [194] jungi : eaed. pr. Lugdd. II. III. — orig. [195] Marc. c. 2, v. 17. [196] promisit : Edd. coll. o.—orig.— cf. Ezech. c. 33, v. 11. [197] excludit : Ed. Bas. [198] qui omn. : Edd. coll. o. [199] Matth. c. 10, v. 32. [200] quantuscunque : Edd. coll. o. pr. Bas. [201] cor. p. meo : non leg. in Edd. Arg. Nor. [202] quicunque : Edd. coll. o. — cf. Joel. c. 2, v. ult. [203] vocaverit : Ed. Bas. [204] et non : Edd. coll. o. [205] sedentes : orig. — cf. Luc. c. 1, v. 79. [206] intellexit : Edd. coll. o. — cf. 1 Cor. c. 13. [207] videbat : eaed. [208] juv. surgere : Ed. Bas. [209] Joan. c. 20, v. 23. [210] quoque : Ed. Bas. [211] usque in : ead. [212] dimittere : Edd. coll. o. [213] add. : Dei : Edd. Bas. Lugdd. II, III. [214] qui confitentur : Edd. coll. o. pr. Bas. Lugdd. II, III. [215] abest ab iisd. pr. Lugdd. [216] Jac. c. 3, v. 2. [217] Job. c. 14, v. 1. [218] nunquam : Ed. Bas. [219] 1 Cor. c. 4, v. 4. [220] Sentiens autem : Ed. Arg. — Sent. etiam : Edd. Nor. Ven. I, II. Par. — sciens etiam : Edd. Lugdd. — sciens enim just. : Ed. Bas. [221] injustis : Ed. Arg. [222] cognovit : Edd. coll. o.

vinculo caritatis Christo conjunctum [223]. Nisi enim sciret, sæpe justos ad veniam venire, quomodo dubitaret, se peccare, qui se sciebat spiritum Dei habere, et intentione mundissima ei servire? Cur enim Dominus [224] Petri pedes lavisset, et ecclesiam hoc idem docuisset, nisi quia (quoniam quotidiana est offensio) oportet, ut quotidiana sit remissio? Cur docuisset orantes dicere [225]: *Dimitte nobis debita nostra*, nisi ipse misericors perseveraret [226], qui nos ab hac petitione non vult deficere?

C. XXXIII. *Item* Augustinus *ad Macedonium, epist.* LIV [227].

In tantum hominum iniquitas aliquando progreditur, ut etiam post actam pœnitentiam, post altaris reconciliationem, vel similia vel graviora committant. Et tamen Deus facit etiam [228] super tales oriri solem suum, nec minus tribuit, quam antea tribuerat, largissima munera vitæ et salutis; et quamvis eis in ecclesia locus humillimæ [229] pœnitentiæ non concedatur, Deus tamen super eos patientiæ suæ non obliviscitur. Ex quorum numero si [230] quis nobis [231] dicat: 'Aut date mihi eundem iterum pœnitendi locum, aut desperatum me permittite, ut faciam quicquid libuerit, quantum meis opibus adjuvor, et humanis legibus non prohibeor, in scortis, omnique luxuria, damnabili quidem apud Dominum, sed apud homines plerosque etiam laudabili; aut, si me ab hac nequitia revocatis', dicite, utrum mihi aliquid prosit ad vitam futuram, si in ista vita illecebrosissimæ voluptatis blandimenta contemsero, 'si libidinum incitamenta frenavero, si ad castigandum corpus meum multa mihi etiam licita et concessa subtraxero', si me pœnitendo vehementius quam prius excruciavero, si miserabilius ingemuero, si flevero uberius, si vixero melius, si pauperes sustentavero largius, si caritate, quæ operit multitudinem peccatorum, flagravero ardenuis: quis nostrum ita desipit, ut huic homini dicat: Nihil tibi ista proderunt in posterum; vade, saltem vitæ hujus suavitate perfruere [232]? Avertat Deus tam immanem [233] sacrilegii [234] dementiam i [235].

VIII. Pars. Gratian. *Sive autem quis dicat, primam tantum pœnitentiam post baptismum utilem esse, non sequentem; sive contendat quis, ultimæ tantum veniam dari, non præcedenti, semper tamen auctoritati* adversatur, *quæ sæpissime veniam pœnitenti repromittit. Quæ autem sit vera pœnitentia, cui venia nunquam negatur, et quæ sit falsa, cui nunquam indulgentia promittitur,* Adamantius *et* Isychius *super Leviticum testantur.*

C. XXXIV k.

*Inter* [236] *hæc hircum, qui oblatus fuerat, exustum*, etc. Non peccare solius Dei est: emendare sapientis. Sed raro invenias [237] qui se corrigat. Rara confessio peccati, rara pœnitentia. Repugnat, natura et verecundia, quia obnoxia est culpæ omnis caro, et quisque erubescit peccatum confiteri, dum magis præsentia cogitat quam futura. Vult [238] Moyses peccati vacuam reperire animam, ut exuvias erroris deponat, et culpæ [239] nuda sine sui pudore discedat. Sed [240] irrationabilis impetus prævenit, et flamma celerrimi motus animam depascitur [241], 'et' exurit ejus innocentiam. Præponderant enim futuris præsentia, seriis jucunda, et læta tristibus, et præpropera [242] tardioribus. Velox enim iniquitas, quæ ad nocendum occasionem suggerit; lenta virtus et cunctatrix ante judicat, quam incipit [243], quid decorum, quid honestum; iniquitas omnia præcipitat. Pigra vero [244] et verecunda pœnitentia, quæ [245] præsentium pudore premitur. Solis [246] enim intendit futuris, quorum spes sera, 'et' tardus [247] fructus. Interim præcurrit impudentia [248], et spe præsentium pœnitentia excluditur, et affectus ejus exuritur et aboletur. Quærit eam lex, et non invenit, exusta [249] est enim fervore [250] et fumo iniquitatis. Inde irascitur, et dicit, devorandam fuisse pœnitentiam in sancta [251] sanctorum; sacerdotes quasi segnes increpat. §1. Respondet Aaron, providum debere esse sacerdotale judicium, nec male sanæ conscientiæ facile esse credendum id muneris, ne fiat 'novissimus' error pejor [252] priore. Vase enim fetido vel oleum vel vinum facile corrumpitur. Quomodo autem poterat, ubi ignis alienus erat, peccatum exuri in [253] conspectu Domini, cui cuncta [254] aperta sunt? quasi dicat: non placet Deo qui injustitiam corde [255] inclusam [256] tenet, et se pœnitentiam agere perhibet. Ignis alienus libido, avaritia, et omnis prava cupiditas. Hic ignis exurit, non mundat. In quibus enim est, si offerant in conspectu Domini, ignis eos

NOTATIONES CORRECTORUM.

C. XXXIII. h Locupletatum est duobus locis caput hoc ex originali.
i *Dementiam*: Apud B. Augustinum sequitur cap. *Quamvis*, supr. ead. dist.

C. XXXIV. k In hoc et sequenti capite afferuntur verba ipsa glossæ ordinariæ, quamvis multa sint accepta ex Origene Adamantio, et Isychio.

Dist. III. C. XXXII. [223] *junctum*: eæd. pr. Bas. [224] cf. Joan. c. 13. [225] Matth. c. 6, v. 12. [226] *persuaderet*: Edd. Nor. Ven. I, II. Par. — *nobis persev.*: Ed. Bas. = C. XXXIII. [227] scr. A. 414. — Petr. Lomb. l. 4, dist. 14. [228] abest ab Ed. Bas. [229] *ille*: orig. [230] abest ab Ed. Bas. [231] *vobis* : Edd. Arg. Nor. [232] *fruere*: Edd. coll. o. [233] *inanem*: eæd. pr. Lugd. II, III. [234] *sacrilegamque*: Edd. coll. o. [235] *sententiam*: Ed. Bas. = C. XXXIV. [236] Levit. c. 10, v. 16. [237] *invenies*: Ed. Bas. [238] add.: *etiam*: Edd. rell. pr. Arg. [239] *culpa*: Ed. Bas. [240] add.: *ubi*: Edd. coll. o. [241] *exurit depascitur*: eæd. pr. Bas. [242] *properata*: eæd. pr. Bas. [243] *incipiat*: eæd. pr. Arg. [244] *ergo*: Edd. coll. o. [245] *quia*: Ed. Bas. [246] *Solum*: ead. [247] *tardior*: Edd. coll. o. [248] *impudicitia*: Ed. Arg. [249] *combusta*: Edd. coll. o. [250] *in ferv.*: eæd. pr. Bas. [251] *sanctis*: Ed. Bas. [252] *deterior*: Edd. coll. o. [253] *et in*: eæd. [254] *omnia*: eæd. pr. Bas. [255] *in cord.*: Ed. Bas. [256] *conclusam*: ead.

cœlestis absumit, sicut Nadab [257] et Abiu cum his, quæ pro peccato fuerant oblata. § 2. Qui ergo mundari vult ignem alienum removeat, et illi igni se offerat, qui culpam exurit, non hominem. Hic [258] ignis siccavit hæmorrhoissæ sanguinem profluentem; hic [259] siccavit culpam latronis. Ignis [260] enim consumens est; sanat [261] 'enim' simpliciter et pure confitentes. Judas inquit [262]: *Peccavi, tradens sanguinem justum;* sed in pectore habuit ignem alienum, quo inflammante cucurrit ad laqueum. Indignus autem remedio fuit, quia non pura mente pœnituit. Culpam vero [263] ejus non auferunt sacerdotes, qui dolose offert [264], nec in eo possunt epulari, quorum cibus est peccatorum remissio. Unde verus sacerdos ait [265]: *Meus cibus est, ut faciam voluntatem Patris* [266], id est ut peccatores, conversi et pœnitentes, salventur. Non est enim acceptum Deo sacrificium, nisi verum et sincerum.

C. XXXV. *Item Isychius, lib. II, ad c. 10 Levitici* [267].

*Inter hæc* [268] *hircum, qui* [269] *oblatus fuerat,* etc. Quia omne peccatum per pœnitentiam deletur, et qui prædictum peccatum alterius doctrinæ et blasphemiæ commiserunt salvati non sunt, causam mortis eorum Legislator exponit: *Inter hæc* [270] *hircum,* qui *oblatus fuerat,* etc. Quia scilicet non comederunt filii Aaron quod pro peccato erat in loco sancto, id est pœnitentiam commissi peccati in ecclesia peragi non fecerunt, quibus hoc præceptum est, quos Christus in ecclesia vicarios 'suos' constituit. Ipse enim [271] oblationis suæ sanguinem, quæ pro nostro sanguine oblata est, in sanctum, id est in cœlum, in conspectu Patris [272] obtulit. Debet autem comedi hoc sacrificium [273] in loco sancto, scilicet in ecclesia, in propitiationem peccatorum. Unde addit: *quemadmodum præceptum est mihi,* 'id est quemadmodum' præcepi [274] et mandavi. Moyses enim [275] gerit personam Christi. Exustum reperit, quia in Spiritum sanctum peccaverant; ab intelli-

gibili igne [276] Spiritus sancti oblatio pro pœnitentia ablata est. Voluntarie enim [277] peccantibus non relinquitur hostia pro peccato. Nam, sicut vera pœnitentia veniam promeretur, ita simulata Deum irritat, quia [278] Spiritus sanctus disciplinæ effugiet fictum. Hoc [279] autem sancti Patres irremissibile peccatum et blasphemiam in Spiritum sanctum dixerunt, in [280] sceleribus usque ad [281] finem vitæ perseverare, de salute sui [282] desperare; et de potentia et misericordia redemptoris [283] diffidere.

C. XXXVI. *Item Joannes Os aureum, hom. XXXI in c. 12 epistolæ ad Hebræos.*

Judas [284] pœnituit, sed male; laqueo namque se suspendit; pœnituit etiam Esau [285], sed male; magis 'autem' iste neque pœnituit. Lacrimæ quippe 'illæ' non erant pœnitentiæ, sed animi violenti [1], et indignationis internæ [286]. Quod 'ex' ejus operibus aperitur. *Et infra:* § 1. Non igitur negemus, 'obsecro', peccata nostra, neque nos impudentia duros efficiat. Sponte nostra peccata puniamus, ne pendamus non sponte supplicia. Audivit Cain a Deo [287]: *Ubi est Abel frater tuus?* et dixi: *Nescio, numquid 'nam' custos fratris mei sum ego?* Vides, quomodo ex hoc peccatum [288] reddiderit gravius? Verum non ita pater ejus audiens: *Adam, ubi es?* dixit: *Audivi vocem tuam, Domine, et timui, quoniam nudus sum, et abscondi me.* Magnum 'bonum' est, ut quis peccata sua agnoscat, et memoriam eorum perseveranter retineat. Nullum invenitur delictorum tale remedium, sicut eorum continuata memoria.

C. XXXVII. *Item Ambrosius in lib. II de pœnitentia, c. 11.*

*In* [289] *salicibus,* inquit, *in medio ejus suspendimus organa nostra. Quomodo cantabimus canticum Domini in terra aliena?* Si enim caro menti repugnat, nec subdita est animi gubernaculo et mentis imperio, aliena est terra, quæ non domatur exercitio cultoris, et [290] ideo non potest fructus [291] caritatis pœnitentiam pacis [m] afferre. Melius est ergo tunc quiescere, quum [292] exercere non queas [293] opera

NOTATIONES CORRECTORUM.

C. XXXVI. [1] *Animi violenti :* Græce est : ἀλλὰ ἐπηρείας καὶ θυμοῦ μᾶλλον, καὶ δείκνυσι τὰ ἑξῆς; id est: Sed potius contumeliosi impetus et iracundiæ, idque ostendunt quæ secuta sunt. Vetustus codex habet : πικρίας καὶ θυμοῦ, quæ duæ voces conjunguntur etiam a B. Paulo in epistola ad Ephesios, c. 4. Sunt autem nonnulla in hoc capite partim ex manuscriptis Gratiani codicibus, partim ex ipso originali emendata.

C. XXXVII. [m] *Pœnitentiam pacis:* in multis vetustis legitur: *pœnitentiæ et pacis*', in originali autem impresso: *patientiam pacis.*

---

DIST. III. C. XXXIV. [257] Levit. c. 10. [258] Marc. c. 5. [259] add.: *signis.* Ed. Bas. — cf. Luc. c. 23. [260] add.: *qui:* Edd. coll. o. pr. Arg. Bas. [261] *qui sani:* Ed. Bas. [262] Matth. c. 27, v. 4. [263] *ergo:* Edd. coll. o. [264] *se offert:* eæd. [265] Joann. c. 4, v. 34. [266] *patr. mei:* Edd. coll. o. — add.: *qui in cœlis est:* eæd. pr. Arg. Bas. Nor. — C. XXXV. [267] cf. Gloss. ord. in Levit. c. 10, v. 16. [268] *hoc:* Edd. Bas. [269] *offertur:* Edd. coll. o. pr. Bas. Lugdn. II, III. [270] *hoc:* Ed. Bas. [271] *autem:* Edd. coll. o. [272] add.: *sui:* Edd. Lugdn. II, III. [273] add. *vel sumi:* Edd. Bas. Lugdn. II, III. [274] *sic præc.:* Edd. coll. o. — seqq.: *et mand.:* in solis Edd. Lugdn. II, III leguntur. [275] *ergo:* Edd. coll. o. [276] add.: *videlicet:* Edd. Lugdn. II, III. [277] abest ab Edd. coll. o. pr. Lugdn. II, III. — cf. Hebr. c. 10, v. 26. [278] Sap. c. 1, v. 5. [279] *Hic:* Ed. Bas. [280] *et in:* Edd. coll. o. pr. Bas. [281] *in:* Ed. Bas. [282] *sua:* ead. — verba: *de sal. sui desp.:* omissa sunt in Edd. Arg. Nor.; in reliquis pr. Bas. rejecta sunt ad capitis exitum. [283] *Dei et red.:* Edd. Arg. Nor. Bas. Ven. I. — *Dei red.:* Edd. rell. — C. XXXVI. [284] Matth. c. 27. [285] Gen. c. 27. [286] add.: *al. internæ:* Ed. Arg. [287] Gen. c. 4, v. 9. [288] *peccata operatus est; nonne et pater ejus similiter? Audiens enim et* (abest ab Ed. Bas.) *ipse Adam,* etc.: Edd. coll. o. — cf. Gen. c. 3, v. 9. — C. XXXVII. [289] Psal. 136, v. 1, et 4. [290] *et id.:* abest ab Edd. coll. o. pr. Lugdn. II, III. [291] add.: *enim:* Ed. Bas. 'ita Edd. coll. o. [292] *quum exercere:* absunt ab Edd. Lugdn. II, III. — *quum ex.:* Edd. rell. [293] *non quæras:* Edd. coll. o.

pœnitentiæ, ne in ipsa pœnitentia fiat quod postea indigeat pœnitentia. Quæ si semel fuerit usurpata, nec jure celebrata, nec prioris fructum obtinet, et aufert usum posterioris. Sane et quum caro repugnat, mens ad Dominum [294] debet esse intenta, et, si opera non sequuntur, fides non deseratur [n]; et, si impugnant ' vel ' carnis illecebræ vel potestates adversariæ, maneat mens Deo dedita. Tunc enim maxime urgemur [o], quum caro cedit, et sunt qui vehementer incumbant, miseræ animæ quærentes omne auferre præsidium. Unde illud est [295] : *Exinanite, exinanite* [296] *usque ad fundamentum in ea.* Quam miseratus David ait : *Filia Babylonis misera, misera* [297] utique, quia Babylonis filia est [298], quæ Dei filia esse desivit, cui tamen medicum invitat, dicens : *Beatus, qui tenebit et allidet parvulos suos* [299] *ad petram;* hoc est qui infirmas et lubricas cogitationes allidat [300] ad Christum [301], qui omnes irrationabiles motus sui reverentia et disceptatione [302] comminuat.

**C. XXXVIII.** *Item Hieronymus super Matthæum, ad c.* 27 [303].

Nihil Judæ profuit egisse pœnitentiam [p], per quam scelus corrigere non potuit. Si [304] quando frater sic peccat in fratrem, ut emendare valeat quod peccavit, potest ei [305] dimitti; sin autem permanent opera, frustra voce assumitur pœnitentia. Hoc est quod ' in Psalmo ' de eodem [306] ' infelicissimo Juda ' dicitur [307] : *Et oratio ejus fiat in peccatum*, ut non solum emendare nequiverit proditionis nefas, sed proprii homicidii scelus addiderit.

**C. XXXIX.** *Item Leo Papa in sermone qui incipit :* Inter omnia, *id est tertio de passione Domini* [308].

Sceleratior omnibus, o Juda, et infelicior exstitisti; quem non pœnitentia revocavit ad Dominum, sed desperatio traxit ad laqueum. Exspectasses consummationem criminis tui, et donec sanguis Christi pro ' omnibus ' funderetur peccatoribus, informis lethi suspendium distulisses.

IX Pars. Gratian. *His auctoritatibus, quæ sit vera, quæ falsa ostenditur pœnitentia, et falsæ nulla indulgentia dari probatur; in quo illorum sententia destruitur, qua eum, qui pluribus irretitus fuerit peccatis, asseritur unius delicti pœnitentia ejusdem veniam consequi a Domino sine alterius criminis pœnitentia. Quod etiam multis auctoritatibus probare conantur. Quarum prima est illa Naum prophetæ* [309] : *Non judicabit Deus bis in idipsum. Sed quem sacerdos judicat Deus judicat, cujus personam in ecclesia gerit. Qui ergo a sacerdote semel pro peccato punitur, non iterum pro eodem peccato a Domino judicabitur.*

**C. XL.** *Item Gregorius super Ezechielem, hom. X* q [310].

Pluit [311] Dominus super unam civitatem, et super alteram non pluit, et eamdem civitatem ex parte compluit, et ex parte aridam relinquit [312]. Quum ille, qui proximum odit, ab aliis vitiis se corrigit, una eademque civitas ex parte compluitur, et ex parte arida manet, quia sunt, qui, quum quædam vitia resecant, in aliis graviter perdurant.

**C. XLI.** *Item Ambrosius in XVIII, octonario Psal.* 118 [313].

Prima consolatio est, quia non obliviscitur misereri Deus; secunda per punitionem [r], ubi, etsi fides [s] desit, pœna [314] satisfacit et relevat.

Gratian. *Item opponitur de Hieronymo, qui super Naum sentire videtur, quod, si fidelis* [t] *adulterando interficeretur, de adulterio non amplius a Deo puniretur. Item, si illa satisfactio non fuit, quam in adulterio vivens pro homicidio obtulit, quum adulterii eum pœnituerit, utriusque ei pœnitentia imponenda erit; quod a ratione alienum ecclesiastica probatur consuetudine, quæ pro eodem peccato (nisi reiteratum fuerit) nulli bis pœnitentiam imponit.* § 1. *Sed quod ei, qui crimen sibi reservat, de alio venia non præstetur, non solum præmissis probatur auctoritatibus Hesychii, Adamantii, Gregorii, Augustini, Smaragdi,*

## NOTATIONES CORRECTORUM.

C. XXXVII. [n] *Fides non deseratur :* In aliquot manuscriptis est : *fides non deserat*; in vetustioribus B. Ambrosii operum editionibus : *fides desideret*; in recentiori Parisiensi : *fides deserviat*.

[o] *Urgemur :* In nonnullis vetustis legitur : *urgetur, quum caro non credit* ''.

C. XXXVIII. [p] *Egisse pœnitentiam :* Sic in glossa, ex qua videtur sumtum caput hoc; sed apud B. Hieronymum et Magistrum : *sera pœnitentia* apud eundem vero Magistrum paulo post legitur depravate : *emendare non valeat*.

C. XL. [q] Similis summa verborum B. Gregorii est in glossa ordinaria ad c. 4 Amos, non tamen eadem omnino.

C. XLI. [r] *Punitionem :* Antea legebatur : *compunctionem* '. Emendatum est ex glossa ordinaria (cujus caput hoc est summa quædam) et magis convenit cum sententia B. Ambrosii, cujus tamen locum integrum præstat accurate legere.

[s] *Fides :* In glossa additur : *id est conscientia debiti*, et sic declarat Gratianus infra c. *Quærat*.

[t] *Fidelis :* Sic est emendatum ex aliquot vetustis, B. Hieronymo, et Magistro. Nam antea legebatur : *infidelis* '', quemadmodum etiam infra ead. c. *Quærat*, et c. *Ignis*.

---

DIST. III. C. XXXVII. [294] *Deum :* exd. '' *ceuit :* exd. pr. Lugdd. II, III. [295] Psal. 136, v. 7, seqq. [296] abest ab Edd. Bas. Ven. I, II. [297] *verba : mis.* et : *quia :* absunt ab Edd. coll. o. pr. Lugdd. II, III. [298] add. : *anima :* exd. pr. Bas. Lugdd. II, III. [299] *tuos :* Vulg. — Ed. Lugd. III. [300] *illidat :* Ed. Bas. *elidat :* Edd. rell. [301] *ad petram, i. e. ad Christum :* Edd. Bas. Lugdd. II, III. [302] *descriptione :* Ed. Par. — *discretione :* Edd. rell. == C. XXXVIII. [303] Petr. Lomb. I. 4, dist. 15. [304] *Sed :* Ed. Bas. [305] add. : *divinitus :* Edd. coll. o. [306] *eo :* exd. [307] Psal. 108, v. 7. == C. XXXIX. [308] Serm. 54. Ed. Baller. [309] Nahum. c. 1, v. 9. sec. LXX. == C. XL. [310] Sensus, nec tamen ipsa verba. — Petr. Lomb. ib. [311] Amos. c. 4, v. 7. [312] *reliquit :* Edd. coll. o. pr. Lugdd. II, III. == C. XLI. [313] cf. Gloss. ord. in Psal. 118. Sade (v. 137, seqq.) ' in Edd. coll. o. leg. : *punitionem*. [314] *pœnitentia vel pœna :* Edd. coll. o. pr. Bas. Lugd. I, II, III. '' *ita* Edd. coll. o.

Isidori, verum etiam alia auctoritate ejusdem Augustini in libro De pœnitentia [315]. Ait enim :

### C. XLII.

Sunt plures, quos pœnitet peccasse, sed non omnino, reservantes sibi quædam, in quibus delectantur; non animadvertentes [316], Dominum [317] simul surdum et mutum a dæmonio liberasse, per hoc docens [318], nos nunquam nisi de omnibus sanari. Si enim vellet ex parte peccata reservari, habenti [319] septem dæmonia *manente uno*, proficere potuerat [320] sex expulsis. Expulit autem septem, ut omnia crimina simul ejicienda doceret. Legionem autem ab alio ejiciens, neminem reliquit ex [321] omnibus, qui liberatum possideret, ostendens, quod, etiamsi peccata sint mille, oporteret [322] de omnibus pœnitere. Laudatus [323] est enim Dominus, quando [324] ejecto dæmonio locutus est mutus. Nunquam aliquem sanavit, quem omnino non liberavit [325]. Totum enim hominem sanavit in sabbato, quia et corpus ab infirmitate, et animam ab omni contagione liberavit, indicans pœnitentem [326] oportere simul dolere de omni crimine orto in anima et [327] corpore. Scio enim Deum [328] inimicum omni criminoso. Quomodo ergo qui crimen reservat de alio recipiet veniam ? Sine amore Dei consequeretur veniam, sine quo nemo unquam invenit gratiam. Hostis enim Dei est, dum offendit perseveranter. Quædam enim impietas infidelitatis est, ab illo, qui justus et justitia est, dimidiam sperare veniam. Jam [329] enim foret sine pœnitentia invenire gratiam. Pœnitentia enim vera ad baptismi puritatem confitentem conatur adducere. Recte enim pœnitens [330] quidquid sordium post purificationem contraxit oportet ut abluat, saltem lacrimis mentis. Sed satis durus est cujus mentis dolorem oculi carnis nequeunt declarare; sed sciat culpabiliter se durum, qui deflet damna temporis, vel mortem amici, et dolorem peccati lacrimis [331] non ostendit. Non itaque est, ut quis excuset se non habere fontem lacrimarum, qui nonnunquam lacrimis ostendit dolorem temporalium [332]. Quem ergo pœnitet [333] omnino pœniteat, etc.

**X Pars.** Gratian. *Auctoritas illa Naum prophetæ* [334] : Non judicabit Deus bis, etc., *non in istincte ostendit omnia, quæ temporaliter puniuntur, non ulterius a Deo punienda. Quamvis enim Sodomitas, Ægyptios, Israelitas in eremo super eundem locum dicat Hieronymus temporaliter a Deo punitos,* ne in æternum punirentur, non tamen de omnibus generaliter hoc intelligendum est; alioqui cuique sceleroso optandum esset, ut cælesti fulmine percussus, aut aquis submersus, aut a serpentibus vulneratus pro peccatis suis divinitus interiret, ut æternos cruciatus brevis et momentanea pœna terminaret. Illud etiam Apostoli falsum esset, quod de prostratis in deserto in epistola ad Hebræos scribens [335] ait : Propter incredulitatem suam non intraverunt in terram promissionis. Ubi probatur, quod sicut merito suæ infidelitatis requiem illam amiserunt, ita propter eandem infidelitatem veram requiem æternæ beatitudinis nullo modo intraverunt. § 1. Intelligitur ergo illud Hieronymi de his tantum, qui inter ipsa flagella pœnitentiam egerunt, quam, etsi brevem et momentaneam, tamen non respuit Deus; sicut et illud Prophetæ [336] : Non judicabit Deus bis in idipsum, de his tantum intelligi oportet, quos præsentia supplicia in melius commutant, super quos non consurget duplex tribulatio. Qui autem inter flagella duriores et deteriores fiunt, sicut Pharao, qui flagellatus a Domino durior factus est, præsentibus æterna connectunt, ut temporale supplicium sit eis æternæ damnationis initium.

*Unde Augustinus in Cantico Deuteronomii* [337] :

### C. XLIII.

*Ignis* [338] *succensus est*, etc. Hoc [339] est, vindicta hic incipiet [340], et ardebit usque ad extremam damnationem.

Gratian. *Hoc contra illos notandum est, qui dicunt* [341] : Non judicabit Deus bis in idipsum, ad omnia pertinere flagella, quia quidam hic flagellis emendantur, alii et hic et in æternum puniuntur, sicut Antiochus et Herodes. § 1. Quod autem super eundem locum de adultero fideli Hieronymus sentire videtur, ex ejusdem verbis falsum esse probatur. Exemplo enim illius, qui Israelitas maledixerat, et qui ligna in sabbato collegerat, ostendit parva peccata brevibus et temporalibus suppliciis purgari, magna vero diuturnis et æternis suppliciis reservari.

*Ait enim in primum caput Naum* [342] :

### C. XLIV.

Quærat hic aliquis, si fidelis [343] deprehensus in adulterio decolletur, quid de eo postea fiat [344]. Aut enim punietur, et falsum est hoc, quod dicitur [345] : Non vindicabit Dominus bis in idipsum in tribulatione; aut non punietur, et optandum est adulteris, ut in præsentiarum brevi *et cita* pœna [346] fru-

---

Dist. III. C. XLI. [315] Non est Augustini. — Petr. Lomb. ib. — Seqq. verba : Ait enim : omissa sunt a Bohm.= C. XLII. [316] *advertentes* : Ed. Bas. [317] *Deum* : Edd. coll. o. pr. Bas.—cf. Matth. c. 12. [318] *docet* : Edd. coll. o. [319] *habentem* : Ed. Bas. [320] *potuit* : Edd. coll. o. [321] *de* : exd. — Marc. c. 5. [322] *oportere* : Ed. Bas. Lugdd. — Böhm. [323] *laudandus* : Edd. Bas. Lugdd. II, III. — cf. Matth. c. 9. [324] *quoniam* : Ed. Bas. — *quod* : Edd. rell. [325] abest ab Ed. Bas. [326] *pœnitentes* : Edd. coll. o. pr. Bas. [327] *et in* : exd. [328] *Dominum* : Ed. Bas. [329] nam quomodo (abest ab Ed. Bas.) sine vera pœnitentia inveniret (invenit et : Lugdd. II, III.) gratiam : Edd. coll. o. [330] *pœnitentes, si quic.* — *contraxerint* — *abluant* : Ed. Bas. [331] *in lacr.* : Edd. coll. o. pr. Bas. [332] *amore temp.* : Edd. coll. o. [333] *supra* c. 88. D. 1. [334] c. 4, v. 9, sec. LXX. [335] Hebr. c. 3, v. 19. [336] Nahum. c. 1, v. 9, sec. LXX. [337] Sent. est ap. Gregor. Mor. l. 18, c. 12. = C. XLIII. [338] cf. Gloss. ord. in c. 52. Deuter. v. 22. [339] *Hæc* : Edd. Bas. Ven. l, II. Par. Lugd. I. [340] *incipit* : Edd. Bas. Par. [341] Nahum c. 1, v. 9, sec. LXX. = C. XLIV. [342] Petr. Lomb. l. 4, dist. 15. — cf. C. 23, qu. 5, c. 6. [343] *infidelis* : Edd. coll. o. [344] *fiat* : Ed. Bas. [345] *judicabit Deus* : Edd. coll. o. — ct. Nahum. c. 1, v. 9, sec. LXX. [346] *pœn. puniantur ut* : Edd. coll. o.

strentur cruciatus æternos. Ad quod respondebimus [347], Deum, ut omnium rerum, ita suppliciorum quoque scire mensuras, et non præveniri sententia judicis, nec illi in peccatorem exercendæ dehinc pœnæ auferri potestatem, et magnum peccatum magnis diuturnisque lui [348] cruciatibus; si quis autem punitus sit, ut ille in lege, qui Israeliticis [349] maledixerat, et qui in sabbato ligna collegerat, tales postea non puniri, quia culpa levis [350] præsenti supplicio compensata sit.

Gratian. *Illud autem Gregorii* [351]: Pluit Dominus super unam civitatem, etc., *non ad criminis veniam, sed ad ejus referendum est detestationem, ut ideo pars civitatis dicatur esse compluta, quia crimen, quod dilexerat, detestari incipit, non quod ejus veniam consequatur. Criminis autem detestatio pluvia vocatur, quia ex fonte divinæ gratiæ cordi nostro instillatur, ut vel sic quisque ad veram pœnitentiam perveniat, aut eo minus a Deo puniatur, quo diuturniore delectatione peccati majus sibi supplicium accumulasset. Si vero ad indulgentiam criminis pluvia referatur, evangelicæ sententiæ contraire videbitur. Si enim propter fraternum odium etiam quæ dimissa sunt replicantur ad pœnam: multo magis quæ non sunt dimissa ad vindictam reservari probantur. § 1. Item, si secundum Augustinum* [352] *arbiter suæ voluntatis non potest inchoare novam vitam, nisi pœniteat eum veteris vitæ, quomodo ad novitatem indulgentiæ perveniet qui odii vetustatem non deposuit? Ad detestationem ergo criminis, ut dictum est, non ad ejus indulgentiam pluvia illa pertinere probatur. § 2. Item illud Ambrosii* [353]: Et si fides desit, pœna satisfacit, *non de ea fide intelligitur, de qua dicitur* [354]: Fides sine operibus mortua est, *sed de ea, de qua Apostolus ait* [355]: Omne, quod non est ex fide, id est omne, quod fit contra conscientiam, peccatum est. *Deest ergo fides, quum non subest conscientia peccati. Sed quia delicta omnia nullus* [356] *intelligit, est aliquando peccatum in homine, cujus non habet conscientiam. Unde Apostolus ait* [357]: Nihil mihi conscius sum, sed non in hoc justificatus sum. *Cujus ergo peccati deest conscientia, illius pœna, si patienter feratur, satisfacit, et relevat gravatum. Quod autem in fine objicitur* [358]: Si satisfactio illa fuit, veniam impetravit; si autem veniam non impetravit, satisfactio non fuit; si autem satisfactio non fuit, adhuc sibi pœna imponenda est, *non procedit argumentatio; satisfactio namque est, dum ipsius causa peccati exciditur, et ejus suggestionibus aditus non indulgetur, sed ejus fructus non percipitur, impeditus peccato, quod non deseritur. Percipietur autem, quum ejus pœnitentia fuerit subsecuta, sicut ad lavacrum ficte accedens regenerationis sacramentum accipit, non tamen in Christo renascitur; renascetur autem virtute sacramenti, quod perceperat, quum fictio illa de corde ejus recesserit veraci pœnitentia.*

Sicut etiam Augustinus scribit in *loro de pœnitentia* [u] [359]:

### C. XLV.

Pium est credere, et nostra fides expostulat [360], ut, quum gratia Christi destruxerit mala priora in homine, etiam remuneret bona, et, quum destruxerit quod suum non invenit, amet [361] et diligat bonum, quod ' etiam ' in peccante plantavit.

*Ex hoc sensu illud etiam Hieronymi dictum videtur, ad c. 1 Aggæi* [362]:

### C. XLVI.

Si quando videris [363] inter multa mala [364] opera peccatorum [365] facere quempiam [366] nonnulla [367], quæ justa sunt, non est tam injustus Deus, ut propter mala multa paucorum obliviscatur bonorum

XI Pars. Gratian. *Quanquam memoria bonorum ad præsentem remunerationem possit referri, sicut Gregorius in* homilia de divite et Lazaro *scribit* [368]:

### C. XLVII.

Cavendum nobis est, ut, si forte aliquid [369] boni agimus, in præsenti sæculo remunerationem accipiamus [370] ne forte dicatur nobis [371]: Receperunt [372] mercedem suam. Nisi enim dives iste aliquid boni egisset, unde in præsenti sæculo remunerationem accepisset, nequaquam Abraham ei diceret [373]: Recepisti bona in vita tua.

C. XLVIII. *Item Joannes Chrysostomus* hom. LXVII, ad populum Antiochenum [374].

Quid ergo turbamur? nemo, videns malignos prosperitatem habere, turbetur. Non est hic retributio malignitatis, neque virtutis; ac, si aliquando [375] contingat, ut aliqua sit retributio vel malitiæ, vel virtutis, non tamen secundum quod dignum est sed simpliciter, veluti quidam gustus judicii [376], ut, qui resurrectionem non credunt, talibus doceantur. Quando itaque videmus malignum ditescere, non subruamur, et quando videmus bonum mala pati,

---

### NOTATIONES CORRECTORUM.

C. XLV. [u] Paulo aliter legitur in originali; sed Magister habet fere ut Gratianus.

Dist. III. C. XLIV. [347] *respondemus*: eæd. [348] *elui*: orig. [349] *Israelitæ*: Edd. coll. o. — cf. Num. c. 15. [350] *lenis*: Ed. Bas. [351] cf. supra c. 40. [352] cf. supra D. 1, c. 81. [353] cf. supra c. 41. [354] Jac. c. 2, v. 17. [355] Rom. c. 14, v. 23. [356] Psal. 18, v. 13. [357] 1 Cor. c. 4, v. 4. [358] supra c. 41. = C. XLV. [359] Non est Augustini. — Petr. Lomb. ib. — cf. infra D. 5, c. 1. [360] *hoc exp.*: Edd. coll. o. [361] *amat et diligit*: eæd. = C. XLVI. [362] Petr. Lomb. ib. [363] *vides*: Ed. Arg. [364] abest ab orig. et Ed. Bas. [365] *peccatorem*: Edd. coll. o. pr. Bas. [366] *quenquam*: Edd. coll. o. [367] abest ab Ed. Arg. — *aliqua*: Edd. rell. [368] Sententia habetur in Gregor. hom. 40, in c. 16. Lucæ. = C. XLVII. [369] *aliquod bonum*: Ed. Bas. [370] *non acc.*: Edd. Bas. Lugdd. II, III. [371] *de nob.*: Ed. Bas. [372] Matth. c. 6, v. 5. [373] Luc. c. 16, v. 25. = C. XLVIII. [374] Abjudicanda est a Chrysostomo, sec. Maurinorum sententiam. [375] *aliquo modo contingit*: Ed. Bas. [376] add.: *aut (vel* : Ed. Bas.) *justitiæ*: Edd. coll. o. pr. Arg. Nor.

non turbemur. Illic corona : illic supplicia. Est et alia ratio, quia non potest malus in omnibus malus esse, sed habet aliqua bona, neque bonus in omnibus esse bonus, sed habet aliqua peccata. Quum [377] ergo prosperitatem malus [378] habet, malo capitis sui est. Quum enim [379] pro illis paucis bonis retributionem hic accipit, illic jam plenius punietur.

Gratian. *Potest etiam referri memoria bonorum ad mitiorem pœnam habendam, ut bona, quæ inter mala fiunt, non proficiant ad præsentis vitæ vel futuræ præmium obtinendum, sed ad tolerabilius extremi judicii supplicium subeundum, sicut de fide, et ceteris, quæ sine caritate habentur* Augustinus *scribit in libro de patientia* [380], *c. 26* :

### C. XLIX.

Si quis autem non habens caritatem, quæ pertinet ad unitatem spiritus et vinculum pacis, quo catholica ecclesia congregata connectitur [381], in aliquo schismate constitutus, ne Christum neget, patitur tribulationes, angustias, famem, sitim [382], nuditatem, persecutionem, pericula, carceres, vincula, tormenta, gladium, vel flammas, vel bestias, vel ipsam crucem timore gehennæ [383] et ignis æterni, nullo modo ista culpanda sunt; imo vero hæc laudanda patientia est, non enim dicere poterimus, melius ei fuisset [384], ut Christum negando nihil eorum pateretur, quæ passus est confitendo, sed existimandum, fortasse tolerabilius ei futurum judicium, quam si Christum negando cuncta [385] illa vitaret. Unde et illud, quod ait Apostolus [386] : *Si tradidero corpus meum* [387], *ut ardeam, caritatem autem non habuero* [388], *nihil mihi prodest*, nihil prodesse intelligitur [389] ad regnum cœlorum obtinendum, non ad extremi judicii tolerabilius supplicium subeundum. *Et supra, c. 23* : § 1. Hæc propter caritatem dicta sint, sine qua in nobis non potest esse vera pœnitentia [390], quia in bonis caritas Dei est, quæ tolerat omnia.

XII Pars. Gratian. *Pœnitentia ergo, ut ex præmissis apparet, nulli in peccato perseveranti utilis est, non tamen alicui deneganda est, quia sentiet fructum ejus, quum alterius criminis pœnitentiam egerit. Sic itaque pœnitentiæ definitio, et ceteræ auctoritates sibi consonantes negant, eum agere pœnitentiam, qui perseverat in crimine, utilem videlicet sibi et fructuosam. § 1. Illud autem* Ambrosii [391] : *Pœnitentia semel usurpata, nec vere celebrata, et fructum prioris aufert, et usum sequentis amittit, de solenni intelligitur, quæ, quum non vere celebrata fuerit, et fructum prioris, id est sui ipsius secuturam præcedentis, amittit (quia veniam quam impetrare potuit, contemsit), et usum sequentis aufert, secundum consuetudinem quarundam ecclesiarum, apud quas pœnitentiæ solennitas non iteratur. De hac eadem pœnitentia illud etiam intelligitur* [392] : Non est secundus locus pœnitentiæ.

---

## DISTINCTIO IV.
### GRATIANUS.

I Pars. *Quia vero multorum auctoritatibus supra monstratum est, pœnitentiam vere celebrari, et peccata vere dimitti ei, qui aliquando in crimen recasurus est : quæritur, an peccata dimissa redeant?* Hujus quæstionis diversorum varia est sententia, aliis asserentibus, aliis contra negantibus, peccata semel dimissa ulterius replicari ad pœnam. § 1. Quod autem peccata semel dimissa redeant, multorum auctoritatibus probatur; quarum prima est illa prophetæ : In [1] memoriam redeat iniquitas patrum ejus, secunda illa evangelii [2] : Serve nequam, omne debitum dimisi tibi.
*Deinde in libro Psalmorum* Augustinus *ait ad Psalmum CVIII* :

### C. I.

Si Judas teneret [3] illud, ad quod vocatus est, nullo modo ad eum vel sua præterita, vel parentum iniquitas pertineret [4]. Sed [5], quia non tenuit adoptionem in familia Dei, sed iniquitatem vetusti generis potius elegit, rediit [6] iniquitas patrum ejus in conspectu Domini, ut in eo etiam ipsa [7] puniretur, et peccatum matris ejus non deleretur*. *Item* Rabanus [8] : § 1. Tradidit [9] *eum tortoribus*, etc. Considerandum est, quod dicit : *universum debitum*, quia non solum peccata, quæ post baptismum homo egit, reputabuntur ei ad pœnam, verum etiam peccata originalia, quæ in baptismo ei dimissa sunt.

### C. II. *Item* Gregorius *lib. IV Dialog. c. 60.* [10]

Constat ex dictis Evangelii quod, si hoc, quod [11] in nos delinquitur, ex corde non dimittimus, et illud rursus exigitur, quod nobis jam per pœnitentiam dimissum fuisse gaudebamus.

### C. III. *Item* Augustinus *in hom. XV de verbis Domini*.

Dixit [12] Dominus : *Dimitte et dimittuntur* [13] *tibi* : si ego [14] prior [15] dimisi, dimitte vel postea. Nam, si [16] non dimiseris, revocabo te, et quicquid tibi dimiseram replicabo tibi.

---

DIST. III. C. XLVIII. [377] *Quando* : Edd coll. o. pr. Par. Lugdd. [378] *homo malus* : Ed. Bas. [379] *ergo* : ead. [380] *pœnitentia* : Edd. coll. o. = C. XLIX. [381] *convertitur* : Ed. Bas. [382] abest ab orig. et Edd. Arg. Nor. [383] *gehennarum* : orig. — Ed. Bas. [384] *fuisse* : Edd. coll. o. [385] *nihil eorum pateretur* : eæd. [386] I Cor. c. 13, v. 3. [387] add. : *ita* : Vulg. — Edd. coll. o. [388] *habeam* : Ed. Bas. [389] *intelligatur* : Edd. coll. o. pr. Lugdd. II, III. [390] *patientia* : orig. [391] supra ead. c. 37. [392] cf. supra post c. 61. D. 50.
DIST. IV. P. I. [1] Psal. 118, v. 14. [2] Matth. c. 18, v. 32. = C. I. [3] *tenuisset* : Edd. coll. o. *perveniret* : eæd. pr. Arg. [4] *Quia ergo* : Edd. coll. o. [5] *et red.* : Edd. Arg. Nor. Ven. I, II. [7] *ipse* : orig. [8] Non sunt ipsa Rabani verba. — Petr. Lomb. l. 4, dist. 22. [9] Matth. c. 18, v. 34. = C. II. [10] Petr. Lomb. ib. [11] *quid* : Ed. Lugd. II. = C. III. [12] *Dicit* : Edd. coll. o. pr. Par. Lugdd. — orig. — cf. Luc. c. 6, v. 37. [13] *dimittitur* : Ed. Bas. — *dimittetur* : Edd. rell. — orig. — *dimittemini* : Vulg. [14] *ergo* : Ed. Bas. [15] *prius* : Edd. coll. o. [16] *etsi* : eæd. pr. Bas.

### C. IV. *Item ibidem* [17].

Qui divini beneficii oblitus suas vult vindicare injurias, non solum de futuris peccatis veniam non merebitur, sed etiam præterita, quæ jam sibi dimissa credebat, ad vindictam ei replicabuntur.

### C. V. *Item* Beda *super Lucam, lib. IV, c. 48* [18].

Revertar [19] *in domum meam, unde* [20] *exivi.* Timendus est iste versiculus, non exponendus, ne culpa, quam in nobis exstinctam credebamus, per incuriam nos vacantes opprimat.

### C. VI. *Idem ibidem* ·.

Quæcunque [22] enim post baptisma sive pravitas hæretica, seu mundana cupiditas arripuerit, mox omnium prosternet in ima vitiorum.

### C. VII. *Item* Augustinus *in libro quæstionum Deuteronomii, quæst. XLII.*

Peccatum, quod ex Adam contrahitur [23], temporaliter redditur, quia omnes propter hoc moriuntur, non autem in æternum eis, qui fuerint [24] per gratiam *spiritualiter* regenerati [25], in eaque [26] permanserint usque in finem.

II Pars. Gratian. *Eorum vero, qui hanc sententiam sequuntur, alii dicunt, quod peccata reditura dimittuntur secundum justitiam, sed non secundum præscientiam, sicut nomina discipulorum, qui retro abierunt, erant scripta in libro vitæ propter justitiam, cui deserviebant, non secundum præscientiam, quæ in numero salvandorum eos non habebat. Sic a latere* [27] *Dei dicuntur mille casuri, et decem millia a dextris ejus, quos tamen divina præscientia nunquam suis adnumeraverat. Hinc etiam Dominus ait Moysi* [28] : *Si quis peccaverit ante me, delebo eum de libro vitæ* [29] *, ut secundum justitiam judicis ille peccando dicatur deleri, qui secundum præscientiam nunquam fuerat adscriptus.* § 1. *Hinc Augustinus in epistola ad Corinthios* a [30] : « *Sed non in pluribus eorum beneplacitum est Deo, etsi in aliquibus. Communia omnibus sunt omnia sacramenta, sed non communis gratia ; ita et nunc baptismus est communis, sed non virtus baptismi.* »

III Pars. § 2. *Verum hoc de ficte accedentibus, vel de his, qui extra ecclesiam baptizantur, intelligitur, qui sacramenti quidem integritatem accipiunt, virtutem vero ejus minime assequuntur. Parvulis vero, vel adultis plena fide accedentibus omnia peccata remittuntur, etsi aliquando recessuri a bono in malum vitam sint finituri*

A *Inde* Augustinus *in libro de correptione et gratia, c. 8 et 9 :*

### C. VIII

Si [21] ex bono in malum deficiente [22] bona voluntate moriuntur, respondeant, si possunt [23], cur illos Deus, quum fideliter et pie viverent, non tunc de vitæ hujus periculis rapuit, ne malitia mutaret intellectum eorum [24], aut [25] ne fictio deciperet animas eorum ? Utrum hoc in potestate non habuit [26], an eorum mala futura nescivit ? Nempe nihil horum nisi perversissime atque insanissime dicitur. Cur ergo non fecit ? Respondeant qui nos irrident, quando in talibus rebus exclamamus [27] : *Quam inscrutabilia sunt judicia ejus, et investigabiles viæ ejus.* Neque enim hoc non donat Deus quibus voluerit, aut vero [28] scriptura illa mentitur, quæ de morte velut immatura hominis justi ait [29] : *Raptus est, ne malitia mutaret intellectum ejus, aut* [30] *ne fictio deciperet animam ejus.* Cur igitur hoc tam magnum beneficium aliis dat, aliis non dat Deus, apud quem non est iniquitas, neque acceptio personarum, et in cujus potestate est, quamdiu quisque in hac vita maneat, quæ tentatio dicta est super terram ? Sicut ergo coguntur fateri, donum Dei esse ut finiat homo [41] vitam istam ante quam ex bono mutetur in malum, cur autem aliis [42] donetur, aliis non donetur, ignorant [43] : ita [44] donum Dei esse in bono perseverantiam secundum scripturas (de quibus testimonia multa jam posui), fateantur nobiscum, et cur aliis detur, aliis non detur, sine murmure adversus Deum dignemur ignorare nobiscum. § 1. Nec nos moveat, quod filiis suis quibusdam Deus non dat istam perseverantiam. Absit enim [45], ut ita esset [46], si de illis prædestinatis essent, et secundum propositum vocatis [47], qui vere sunt filii promissionis. Nam isti, quum pie vivunt, dicuntur filii Dei ; sed, quoniam victuri sunt impie, et in eadem impietate morituri, non eos dicit filios Dei [48] præscientia Dei [49]. Sunt enim filii Dei, qui nondum sunt nobis, et sunt jam Deo, de quibus ait evangelista Joannes [50] : *quia Jesus erat moriturus pro gente, et non tantum pro gente, sed etiam, ut filios Dei dispersos congregaret in unum,* quod [51] utique credendo futuri erant per evangelii prædicationem, et tamen, ante quam esset factum, jam filii Dei erant in [52] memoriali patris sui inconcussa stabili-

#### NOTATIONES CORRECTORUM.

Dist. IV. C. VII. ª In epistola ad Corinthios — hæc sunt apud Bedam in comm. c. 10, epist. 1 ad

D Corinth., ex B. Augustino in Psal. 77, et copiosius apud illos exponuntur.

Dist. IV. C. IV. [17] Hæc non sunt ap. Augustinum. — Petr. Lomb. ib. = C. V. [18] Petr. Lomb. ib. [19] Matth. c. 11, v. 44. [20] *und. ex.* : absunt ab Ed. Bas. = C. VI. [21] Petr. Lomb. ib. [22] *Quemcunque* : orig. — Edd. Arg. Bas. = C. VII. [23] *trahitur* : Ed. Bas. [24] *fuerunt* : Edd. coll. o. pr. Bas. [25] *renati* : Ed. Arg. [26] *si in ea* : Ed. coll. o. [27] Psal. 90, v. 7. [28] Exod. c. 32, v. 32. [29] *tuo* : Vulg. [30] 1 Cor. c. 10, v. 5. = C. VIII. [31] *De iis enim disserimus, qui perseverantiam bonitatis non habent, sed ex bono, etc.* : orig. [32] *deficientes* : Edd. coll. o. [33] *possint* : Ed. Arg. [34] *illorum* : Ed. Bas. — cf. Sap. c. 4, v. 11. [35] *et* : Edd. coll. o. [36] *habuerit* : Ed. Bas. [37] Rom. c. 11, v. 33. [38] abest ab Ed. Arg. — *vera* : Edd. Ven. I, II. Lugd. I. Par. [39] Sap. c. 4, v. 11. [40] *et* : Edd. coll. o. [41] add : *Dei* : Edd. Arg. Nor. Ven. I, II. Lugd. I. Par. [42] *id al.* : Edd. coll. o. [43] *ignoratur* : exd. pr. Lugdd. II, III. [44] *id autem* : Ed. Bas. — *id tamen* : Edd. rell. pr. Arg. [45] add. : *hoc* : Ed. Bas. [46] *sit* : Edd. coll. o. [47] add. : *sanctis* : exd. [48] abest ab Ed. Arg. [49] *Præsc,* (*præsentia* : Edd. Ven. I, II. Lugdd. II, III.) *enim Dei* (abest ab Edd Bas. Lugdd. II, III.) *sunt filii Dei* : Edd. coll. exc. Arg. [50] Joan. c. 11, v. 51, seq. [51] *qui* : Edd. coll. o. pr. Lugdd. II, III. [52] *in memoria enim — conser. sunt* : exd.

tate conscripti. Et sunt rursus quidam, qui filii Dei propter susceptam vel temporaliter gratiam dicuntur a nobis, nec sunt tamen Deo [53], de quibus ait idem Joannes [54]: *Ex nobis exierunt, sed non erant ex nobis; quod* [55] *si fuissent ex nobis, permansissent* [56] *utique nobiscum.* Non ait: ex nobis [57] exierunt, sed quia non manserunt nobiscum, jam non sunt ex nobis; verum ait: *ex nobis exierunt, sed non erant ex nobis;* hoc est: et quando videbantur ex [58] nobis [59], non erant ex nobis. Et tanquam ei diceretur, unde id ostendis? *Quod si fuissent,* inquit, *ex nobis, permansissent utique nobiscum.* Filiorum Dei vox est: Joannes loquitur in filiis Dei praecipuo loco constitutus. Quum ergo filii Dei dicunt [60] de his, qui perseverantiam non habuerunt: *ex nobis exierunt, sed non erant ex nobis;* et addunt [61]: *quod* [62] *si fuissent ex nobis, permansissent utique nobiscum;* quid aliud dicunt [63], nisi non erant filii, etiam quando erant in professione et nomine filiorum? non quia justitiam simulaverunt, sed quia in ea non permanserunt. Neque enim ait: nam, si fuissent ex nobis, veram, non fictam, justitiam tenuissent utique nobiscum; sed: *si fuissent,* inquit, *ex nobis, permansissent utique nobiscum.* In bono illos volebat procul dubio permanere, erant itaque in bono, sed, quia in eo non permanserunt, id est non usque in finem perseveraverunt, non erant, inquit, ex nobis, et quando erant nobiscum; hoc est: non erant ex numero filiorum, et quando erant in fide filiorum, quoniam qui vere filii [64] sunt praesciti et praedestinati sunt conformes imaginis filii ejus [65], et secundum propositum vocati sunt [66], ut electi essent. Non enim perit filius promissionis, sed filius perditionis. Fuerunt ergo isti ex multitudine vocatorum; ex electorum autem paucitate non fuerunt. Non igitur filiis suis praedestinatis Deus perseverantiam non dedit. Haberent enim eam, si in eo filiorum numero essent, et quid haberent, quod non accepissent secundum apostolicam † veramque sententiam? Ac per hoc tales filii filio Christo dati essent, quemadmodum ad patrem dicit ipse [67]: *Ut omne, quod dedisti mihi, non pereat, sed habeat vitam aeternam.* Hi ergo Christo [68] intelliguntur dari, qui ordinati sunt in vitam aeternam. Ipsi sunt [69] illi praedestinati et secundum propositum vocati [70], quorum nullus [71] perit, ac per hoc nullus eorum ex bono in malum mutatus finit hanc vitam: quoniam sic est ordinatus, et ideo Christo datus, ut non pereat, sed habeat vitam aeternam. Et rursus, quos dicimus [72] inimicos ejus, vel parvulos filios inimicorum ejus, quoscunque, eorum sic regeneraturus [73] est, ut in ea fide, quae per dilectionem operatur, hanc vitam finiant, jam et ante, quam hoc fiat, in illa praedestinatione sunt filii ejus, et dati sunt Christo filio ejus, ut non pereant, sed habeant vitam aeternam. § 2. Denique ipse Salvator [74]: *Si manseritis,* inquit [75], *in verbo meo, vere discipuli mei estis* [76]. 'Numquid in his computandus est Judas, qui non mansit in verbo ejus?' Numquid in his computandi sunt illi, de quibus evangelium sic loquitur? ubi Dominus, quum commendasset manducandam carnem suam, et bibendum sanguinem suum, ait Evangelista [77]: *Haec* [78] *dixit in synagoga* [79] *docens in Capharnaum. Multi ergo audientes ex discipulis ejus, dixerunt: Durus est hic sermo, quis potest eum audire? Sciens autem Jesus apud semetipsum, quia murmurabant de hoc discipuli ejus, dixit eis: Hoc vos scandalizat? Si ergo videritis* [80] *Filium hominis ascendentem, ubi erat prius? Spiritus est qui vivificat: caro autem non prodest quicquam. Verba, quae ego locutus sum vobis, spiritus et vita sunt. Sed sunt quidam ex vobis, qui non credunt. Sciebat enim ab initio Jesus, qui essent credentes, et quis traditurus esset eum, et dicebat: Propterea dixi vobis, quia nemo venit ad me, nisi fuerit ei datum a Patre meo. Ex hoc multi discipulorum ejus abierunt retro, et jam non cum illo ambulabant.* Numquid non et isti discipuli appellati sunt, loquente evangelio? et tamen non erant vere discipuli, quia non manserunt [81] in verbo ejus, secundum id, quod ait [82]: *Si manseritis in verbo meo, vere discipuli mei estis* [83]. Quia [84] ergo [85] non habuerunt perseverantiam, sicut non vere discipuli Christi, ita nec vere filii Dei fuerunt, etiam quando esse videbantur, et ita vocabantur. Appellamus ergo nos [86] et electos Christi [87] discipulos, et Dei filios, quia sic [88] appellandi sunt quos regeneratos pie [89] vivere cernimus [90]. Sed tunc vere sunt quod appellantur, si manserint in eo, propter quod sic appellantur. Si [91] autem perseverantiam non habent, id est in eo, quod coeperunt esse, non manent, non vere appellantur quod [92] appellantur, et non sunt. Apud eum [93] enim hoc non sunt, cui notum est quod futuri sunt, id est ex bonis mali.

IV Pars. Gratian. *Finis hujus auctoritatis eorum sententiae concordat, qui peccata dicunt remitti secundum justitiam, et non secundum praescientiam. Alii vero, quamvis fateantur peccata redire, tamen seu ver-*

---

Dist. IV. C. VIII. [53] *filii Dei*: Edd. coll. o. [54] † Joan. c. 1, v. 19. [55] *qui*: Ed. Bas. [56] *mansissent*: Edd. coll. o. pr. Lugdd. [57] *non ex*: Ed. Bas. [58] *in*: ead. [59] add.: *nomine*: Edd. coll. o. Bas. Lugdd. II, III. [60] *dicuntur*: Edd. col. o. [61] *addit*: Ed. Bas. [62] abest ab Ed. Arg. — *quoniam*: Edd. rell. [63] *dicit*: Ed. Bas. [64] abest ab Ed. Arg. — add.: *Dei*: Edd. rell. pr. Nor. [65] *Dei* Edd. coll. o. [66] add.: *sancti*: eaed. † 1 Cor. c. 4, v. 7. [67] Joan. c. 6, v. 39. [68] *in Chr.*: Ed. Bas. [69] add.: *autem*: Edd. coll. o. pr. Bas. [70] *voc. sancti*: Edd. coll. o. [71] cf. supra D. 2, c. 26. [72] *diximus*: Ed. Bas. [73] *regnaturus*: ead. [74] add.: *ait*: Edd. coll. o. — cf. Joan. c. 8, v. 31. [75] abest ab Edd. coll. o. pr. Bas. [76] *eritis*: — Vulg.— Edd. Bas. Lugdd. II, III. [77] Joan. c. 6, v. 60, seqq. [78] *Hoc*: Edd. coll. o. pr. Bas. [79] *synagogis*: Ed. Bas. [80] *videbitis*: Edd. coll. o. Bas. Lugdd. II, III. [81] *remanserunt*: eaed. pr. Bas. [82] Joan. c. 8, v. 31. [83] *eritis*: Edd. coll. o. pr. Lugd. I. [84] *Qui*: Ed. Bas. [85] add.: *non manserunt*: Edd. Bas. Lugdd. [86] *hoc*: Edd. coll. o. pr. Lugdd. II, III. [87] *et Chr.*: Ed. Bas. [88] abest ab Ed. Bas. — *et*: Edd. Arg. Nor. Ven. I, II. Par. [89] *et pie*: Edd. coll. o. pr. Bas. Lugdd. II, III. [90] *decernimus*: Ed. Bas. [91] *Sed quum*: ead. [92] *propter quod*: Edd. coll. o. exc. Lugd. I. [93] *Deum*: eaed. pr. Bas.

baptisma, seu per pœnitentiam asserunt omnino peccata remitti, et plena fide accedentem ad lavacrum renasci non aqua tantum, sed etiam Spiritu sancto; et, si postea peccaturus sit, demum pœnitentem, etsi aliquando recasurus sit, tamen tempore suæ pœnitentiæ ita perfecte expiatum affirmant, ut, si tunc moreretur, salutem inveniret æternam. Quorum sententiæ ejusdem auctoritatis principium consentit. Quum enim quæstionem proponat, quare præscitos ad mortem, quum fideliter ac pie viverent, non tunc de vitæ hujus periculis Deus rapuit, ne malitia mutaret intellectum eorum, aut ne fictio deciperet animas eorum, quum de immatura morte prædestinati Scriptura dicat [94] : Raptus est, ne malitia mutaret intellectum ejus, aut ne fictio deciperet animam ejus, evidenter ostendit, illos tales fuisse, qui, si fatali necessitate hujus vitæ subducti essent periculis, profecto vitam consecuti essent æternam. Ut ergo finis principio conveniat, et ne sibi ipsi contraire videatur, definiendum est, quid sit scribi in libro vitæ, et de eo deleri secundum justitiam, quid secundum præscientiam. Secundum præscientiam scribi est ad vitam præordinari; quod ab æterno factum est.

Unde Apostolus in epistola ad Ephesios, c. 1 [95] :

### C. IX.

Benedictus Deus et pater Domini nostri Jesu Christi, qui benedixit nos in omni benedictione spirituali in cœlestibus in Christo Jesu, sicut elegit nos in ipso ante constitutionem mundi, et essemus sancti et immaculati in conspectu ejus in caritate; qui prædestinavit nos in adoptionem filiorum per Jesum Christum 'in ipsum'.

Gratian. Similiter secundum præscientiam deleri est ad mortem, non ad vitam præsciri, quod et ipsum ab æterno factum est. Unde Dominus in evangelio [96] : Qui credit in me, habet vitam æternam; qui autem non credit, jam judicatus est.

Hinc etiam Augustinus ait [b] :

### C. X.

Novit [97] Dominus qui sunt ejus. Ex his nemo seducitur. Nondum apparuit judicium, sed jam factum est.

Gratian. Porro secundum justitiam scribi est Deo auctore ea operari, quorum merito sit dignus æterna salute. Hunc duplicem modum scribendi in evangelio Dominus assignavit, dicens discipulis [98] : In domo Patris mei mansiones multæ sunt; si quo minus, dixissem vobis, quia vado parare vobis locum; et si abiero, et paravero [99] vobis locum, iterum venio, et accipiam vos ad me ipsum, ut ubi ego sum et vos sitis. Dicens : In domo Patris mei mansiones multæ sunt; si quo minus, dixissem vobis, quia vado parare vobis locum, ostendit, eos, quibus loquebatur, scriptos in libro vitæ prædestinatione. Subjiciens : si abiero, et paravero vobis locum, etc., ostendit, eos adhuc esse scribendos operatione.

Hinc etiam Augustinus in ejusdem loci explanatione ait [c] :

### C. XI.

In [100] Domo Patris mei mansiones multæ sunt. Domus Dei, templum Dei, regnum Dei*, regnum cœlorum sunt homines justi, in quibus sunt multæ differentiæ 'inter se', hæ sunt mansiones ipsius domus. Hæ autem jam paratæ sunt in prædestinatione, sicut ait apostolus [101] : Qui elegit nos [102] ante mundi constitutionem, prædestinando, parando [103] autem in operatione. Unde [104] : Quos prædestinavit, hos et vocavit, 'et justificavit, et magnificavit. Et' secundum hoc [105] dicitur [106] : Fecit Deus quæ futura sunt, id est quæ facturus est [107]. Et infra : § 1. Si [108] quo minus, confirmat esse, quia, si non essent, dixisset : ibo et parabo, id est prædestinabo. Sed, quia 'jam' ibi sunt, non est opus aliqua parare. Quia vero nondum sunt in operatione, addit : Et si abiero, et paravero [109]. Abiens, sed non relinquens [110], parat, quia subtrahit se et latet, ut sit fides, quæ non est de re visa, et inde est meritum fidei. § 2. Ex hac vivit justus, et mundatur ei cor, dum peregrinatur, et in ea desideratur quod nondum habetur. 'Et' hæc est præparatio mansionis [111], quia sic parat nos sibi, et se nobis, ut maneat in nobis, et nos in eo, quantum quisque erit particeps ejus plus [112] vel minus pro diversitate meritorum. Et hæc multitudo mansionum est [d].

Gratian. Secundum justitiam deletur qui gratia subtracta ea operari permittitur, quibus æternam damnationem meretur. Hinc Propheta loquens ex persona Christi ait [113] : Deleantur de libro viventium,

### NOTATIONES CORRECTORUM.

C. X. [b] Sententia est apud B. Augustinum, tract. 12 in Joannem, et in 20, de civitate Dei cap. 7, unde citat Beda in 2 Timoth. 2. Verba autem fere eadem sunt in glossa ordinaria ad eum ipsum Pauli locum.

C. XI. [c] Sententia quidem hujus capitis est in tract. 68, in Joannem, sed ipsa verba in glossa ordinaria ad cap. 14 Joannis, et ex ea sunt nonnulla emendata.

[d] *Mansionum est* : Sequebatur : *Item**, quasi hic citaretur alter locus B. Augustini, aut glossæ. Abest autem a plerisque manuscriptis. Nam quæ sequuntur videntur esse Gratiani.

---

Dist. IV. C. VIII. [94] Sap. c. 4, v. 11. = C. IX. [95] Ephes. c. 1, v. 3, seqq. [96] Joan. c. 3, v. 18. = C. X. [97] 2 Tim. c. 2, v. 19. — *Coguovit* : Vulg. [98] Joan. c. 14, v. 2, seqq. [99] *præparavero* : Vulg. = C. XI. [100] Joan. c. 14, v. 12. [101] Ephes. c. 1, v. 4. [102] vos : Edd. coll. o. [103] *parandæ* : Edd. Arg. Bas. [104] Rom. c. 8, v. 30. [105] *quod* : Ed. Bas. — *hoc quod* : Edd. rell. [106] cf. Esa. c. 43, v. 19. [107] *erat* : Edd. coll. o. [108] Joan. c. 14, v. 3. [109] *præparavero* : Vulg. — Edd. coll. o. — add. : *vobis* : Vulg. — Ed. Bas. [110] *delinquens* : Ed. Bas. [111] add. : *ejus* : Edd. coll. o. pr. Bas. [112] *vel plus* : Ed. Bas. * ita in Edd. coll. o. [113] Psal. 68, v. 29.

hoc est : *subtrahatur eis gratia, qua subtracta ii in profundum vitiorum, deinde in æternam damnationem præcipitentur*, et cum justis non scribantur, id est : *non apponatur eis gratia, qua fiant digni æterna salute.* Sic itaque peccata secundum præscientiam remittuntur, quum ab æterno gratia præparatur, quâ vocatus justificetur, justificatus tandem æternaliter glorificetur. Secundum justitiam vero peccata remittuntur, quum vel baptisma plena fide accipitur, vel pœnitentia toto corde celebratur, quæ remissio et ipsa secundum præscientiam non inconvenienter fieri dicitur. § 1. Ut enim ex præmissa auctoritate Apostoli datur intelligi, duæ sunt præordinationes ; una, qua quisque præordinatur hic ad justitiam et remissionem peccatorum percipiendam ; altera, qua aliquis prædestinatur ad vitam æternam in futuro obtinendam. Harum effectus sunt præsens justificatio, et futura glorificatio, quæ omnia in præmissa auctoritate convenienter distinguuntur. Prima enim prædestinatio, qua præordinantur ad præsentem justitiam, designatur, quum dicitur [114] : *Sicut elegit nos in ipso ante mundi constitutionem*, etc., *cujus effectus infra supponitur* [115] : *in qua gratificavit nos in dilecto filio suo*, etc. Secunda præordinatio ibi ostenditur [116] : *qui prædestinavit nos in adoptionem filiorum*, etc. Ejus effectus præmittitur, dum dicitur [117] : *qui benedixit nos in omni benedictione*, etc. § 2. Hæ duæ præordinationes earum effectus ita se habent, ut prima et ejus effectus natura præcedant, et lege consequendi inferantur. Si enim aliquis præordinatus est ad vitam, consequenter infertur, ergo prædestinatus est ad justitiam, et, si consequitur vitam æternam, ergo consecutus est justitiam ; sed non convertitur. Unde multi participes sunt primæ præordinationis et ejus effectus, ad quos secunda vel ejus effectus minime pertinere probantur. § 3. Juxta hanc distinctionem intelligenda est auctoritas illa Joannis [118] : Exierunt ex nobis ; sed non erant ex nobis. Nam, si fuissent ex nobis, mansissent utique nobiscum. Ex nobis, inquit, exierunt, *id est : a nostra societate recesserunt, qua primæ præordinationis et ejus effectus nobiscum participes erant*; sed non erant ex nobis, *id est secundæ præordinationis et ejus effectus societatem nobiscum non inierant*. *Quod ex eo videri potest, quia, si fuissent ex nobis, id est, si illius præordinationis nobiscum participes essent, mansissent utique nobiscum,* id est *a societate effectus ejus præordinationis, quam nobiscum contraxerant, non recessissent.* Si enim ad secundam præordinationem utrumque referretur, non convenienter illud inferretur : mansissent, imo cœpissent utique nobiscum esse. Si vero ad primam, falsa esset propositio : si fuissent ex nobis, etc. Multi enim præsentis justitiæ et sanctitatis participes fiunt, qui tamen in ea non perseverant. Unde Dominus ait in evangelio [119] : Non qui cœperit, sed qui perseveraverit usque in finem, hic salvus erit.

### C. XII [120].

Hanc societatem si quis solo nomine et professione, non autem rei veritate a damnandis dicat contrahi, ejusdem auctoritatis testimonio convincitur. De his enim, qui primæ, non secundæ præordinationis sunt participes, ait [121] : Nec vos moveat, quod filiis suis quibusdam Deus non dat istam perseverantiam. Absit enim, ut ita esset [122], si de "illis" prædestinatis [123] essent, et cetera, quæ in eadem auctoritate supra continentur. Oves namque, de quibus in evangelio Dominus ait [124] : Et alias oves habeo, quæ non sunt ex hoc ovili, et filii, de quibus Joannes ait [125] : ut filios Dei, qui erant dispersi, congregaret in unum, *ita præscientia erant oves et filii, ut qualitate præsentium, non specie tantum, sed etiam ante Dei oculos essent filii iræ et perditionis æternæ.* Unde Apostolus [126] non ait : videbamur esse, sed : eramus, inquit, et nos natura filii iræ. Nec ait : reputabimini ab hominibus, sed [127] : fuistis aliquando tenebræ, nunc autem lux in Domino. De se quoque scribens ad Timotheum non ait [128] : videbar, sed : fui persecutor, et blasphemus, et contumeliosus ; nunc autem sum misericordiam consecutus. Omnes [129] quoque, qui in Christo renascuntur, et qui ejus sanguine a diabolo redimuntur, prius ex Adam peccatores nascuntur, et diabolicæ servituti obnoxii. Sicut ergo isti quamvis sint futuri filii Dei, tamen prius sunt filii diaboli : sic hi, de quibus sermo habetur, quamvis recedendo a justitia sint futuri filii perditionis æternæ, quum tamen pie et fideliter vivunt, vere sunt filii Dei, et justi, et æterna beatitudine digni. Unde auctoritas non ait [130] : quum viderentur pie et fideliter vivere [131], sed : quum pie et fideliter viverent. Nec veraciter a bono in malum commutarentur qui nunquam veraciter boni fuerunt. Dominus quoque non ait per Ezechielem [132] : si averterit se

---

### NOTATIONES CORRECTORUM.

C. XII. *In vetustis codicibus caput hoc est conjunctum superiori. Sunt enim Gratiani verba qui more suo loca aliquot citat.

f *Specie* : Sic est emendatum ex codice pervetusto. Nam antea legebatur : *spe*, quæ vox valde sententiam turbabat.

---

Dist. IV. C. XI. [114] Ephes. c. 1, v. 4. [115] ib. v. 6. [116] ib. v, 8. [117] ib. v. 3. [118] 1 Joan. c. 2, v. 19. [119] Matth. c. 10, v. 22. = C. XII. [120] Hæc sunt verba Gratiani. [121] *Augustinus ait* : Edd. Bas. Lugdd. II, III. — cf. supra c. 8. [122] *sit* : Edd. coll. o. [123] *prædestinati* : Edd. Arg. Bas. [124] Joan. c. 10, v. 16. [125] ib. c. 11, v. 52. * ita Edd. coll. o. pr. Bas. [126] Ephes. c. 2, v. 3. [127] ib. c. 5, v. 8. [128] 1 Tim. c. 1, v. 13. [129] *Omn., quicumque in* : Edd. coll. o. pr. Bas. [130] cf. supra c. 8. [131] post : *viv.* repetuntur in Ed. Bas. verba proxime præcedentia : *vere sunt — digni.* [132] Ezech. c. 18, v. 24

*justus a justitia sua, quam videbatur habere, sed sua, scilicet quam veraciter habet* [133]. § 1. *Quod autem in eadem auctoritate sequitur* [134] *:* Non erant in numero filiorum, quando erant in professione filiorum, *ita intelligendum est : Filii Dei duobus modis appellantur* [s]. *Dicuntur filii Dei participatione hæreditatis æternæ, sicut Joannes ait in evangelio* [135] *:* Quotquot crediderunt in eum, dedit eis potestatem filios Dei fieri. *Et Apostolus in epistola ad Romanos* [136] *:* Exspectatio creaturæ revelationem filiorum Dei exspectat. *Et infra :* Ipsa creatura liberabitur a servitute corruptionis in libertatem gloriæ filiorum Dei. *Et infra :* Ipsi intra nos gemimus, adoptionem filiorum Dei exspectantes. *Hinc etiam Augustinus, eadem verba Apostoli exponens, ait :* Modo tantum creatura [h] [137], quum nondum filiorum forma perfecta. *Hoc ergo modo non sunt filii Dei, nisi participes æternæ beatitudinis.* § 2. *In præsenti etiam dicuntur filii tribus modis, vel prædestinatione tantum (sicut ii, de quibus Joannes ait* [138] *:* ut filios Dei, qui dispersi erant, etc. ; *vel prædestinatione, et spe æternæ beatitudinis (sicut illi, quibus Dominus ait* [139] *:* Filioli, adhuc modicum vobiscum sum), *vel merito fidei et præsentia* [140] *justitiæ, non autem prædestinatione, claritatis æternæ (sicut hi, de quibus Dominus ait* [141] *:* Si dereliquerint filii ejus legem meam, et in judiciis meis non ambulaverint, etc.). *Hi ergo, de quibus in præsenti agitur, filii sunt merito fidei et præsentis justitiæ, non sunt autem filii adoptionis æternæ. Qui ergo peccata dimissa fatentur redire, secundum justitiam, et non secundum præscientiam ea dimitti necesse est ut confiteantur, sicut salvandis peccata secundum justitiam ad æternam damnationem imputantur, non secundum præscientiam, quia et illis a bono in malum deficientibus singula replicabuntur ad supplicium, et his usque in finem in bono perseverantibus nulla imputabuntur ad pœnam æternam* [142].

V Pars. Gratian. *Qui autem dicunt, quod peccata dimissa non redeunt, auctoritate Gregorii et Prosperi sententiam suam confirmare conantur.*

A *Ait enim* Gregorius *in Moralibus, lib. XV, c.* 22 [i] *:*

C. XIII.

Quid est quod dicitur [142] *: Qui reddis* [144] *iniquitatem "patrum" filiis ac nepotibus ?* Peccatum [145] originale a patribus trahimus, et nisi per gratiam baptismi salvamur, etiam parentum culpam portamus, quia unum "adhuc" cum illis sumus. Reddit [146] iniquitatem patrum filiis [147], dum pro culpa parentis ex originali peccato anima polluitur prolis. Et rursum non reddit [148] iniquitatem .filiis [149], quia quum ab originali culpa per baptismum liberamur, non jam parentum culpas, sed quas ipsi committimus habemus.

*Item in responsionibus* Prosperi *ad secundam objectionem Gallorum :*

C. XIV.

B Qui recedit a Christo, et alienus a gratia finit hanc vitam, quid nisi in perditionem cadit [150] ? sed non in id, quod remissum est, recidit, nec in originali peccato damnabitur : qui tamen 'propter postrema crimina' [k] ea morte afficietur [151], quæ ei propter 'illa, quæ' dimissa [152] 'sunt', debebatur.

Gratian. *Finis hujus auctoritatis principio contraire videtur. Neque enim aliud est dimissa peccata redire, vel in originali peccato damnari, quam pœnam peccato debitam post ejusdem remissionem excipere. Auctoritates vero sibi contrarias assertores hujus sententiæ ita determinant : peccata dimissa redire dicuntur, quia quisquis post acceptam remissionem peccatorum ad vomitum redierit tanto gravius punietur, quanto magis benignitate Dei abusus singulorum remissionis acceptæ ingratus exstitit.*

VI Pars. § 1. *Verum illa sententia favorabilior videtur, quia pluribus roboratur auctoritatibus, et evidentiori ratione firmatur. Ut enim* Dominus *ait per Ezechielem, c.* 18 [153] *:*

C. XV.

Si averterit se justus a justitia sua, et fecerit iniquitatem secundum omnes abominationes, quas operari solet impius, numquid vivet ? omnes justitiæ ejus, quas fecerat, non recordabuntur ; in peccato

---

NOTATIONES CORRECTORUM.

[s] *Duobus modis appellantur :* In vulgatis sequebatur : *uno modo appellantur in futuro, altero in præsenti, qui triplex est* "; quæ absunt ab omnibus manuscriptis et antiquioribus etiam editionibus.

[h] *Modo tantum creatura :* In libro 83, quæstionum qu. 67, post alia habentur hæc : *Et ipsa itaque creatura, id est et ipsa, quæ nondum vocatur filiorum forma perfecta, sed tantum vocatur creatura, liberabitur,* etc., quæ referuntur a Beda in epist. ad

D Rom. c. 8. Sed apud glossam ibidem habentur eadem verba, quæ apud Gratianum.

C. XIII. [i] Verba ipsa hujus capitis sunt in glossa ordinaria ad c. 34. Exod. ex Gregor. in loco indicato, ex qua glossa sunt hic nonnulla emendata.

C. XIV. [k] *Propter postrema crimina :* Addita sunt hæc ex originali, quibus sententia valde illustratur.

---

Dist. IV. C. XII. [133] *habebat :* Ed. Bas. [134] cf. supra c. 8. " in Edd. coll. o. næc non leguntur. [135] Joan. c. 1, v. 12. [136] Rom. c. 8, v. 19, 21, 23. [137] *creat. est, nond. :* Edd. Bas. Lugdd. [138] Joan. c. 11, v. 52. [139] ib. c. 13, v. 33. [140] *præsentis ;* Edd. coll. o. — Böhm. [141] Psal. 88, v. 31. [142] abest ab Edd. Arg. Nor. = C. XIII. [143] cf. Exod. c. 10, v. 5. Job. c. 21, v. 19. [144] *reddit :* Ed. Arg. [145] *add : scilicet :* Edd. coll. o. [146] *reddet :* Edd. coll. o. pr. Lugdd. II, III. [147] *in fil. :* Edd. Arg. Nor. Ven. I, II. [148] *reddet :* Ed. Bas. [149] *in fil. :* Edd. Arg. Nor. Ven. I, II. = C. XiV. [150] *vadit :* Edd. coll. o. [151] *afficitur :* eæd. [152] *remissa :* orig. — add. : *peccata :* Edd. coll. o. pr. Arg. [153] Ezech. c. 18, v. 24. — Petr. Lomb. l. 4, dist. 15.

DE POENIT. DIST. IV.

suo morietur, et non erunt in memoria justitiae ejus [154], quas fecit [155].

**C. XVI.** *Item* Gregorius *in explanatione ejusdem loci* [156].

Hoc nobis maxime considerandum est, quia, quum mala committimus, sine causa 'ad memoriam' bona nostra transacta revocamus, quoniam in perpetratione malorum nulla debet esse fiducia bonorum praeteritorum.

**C. XVII.** Idem *in homil. IV, ad c. 1. Ezech.*

De pertuso quippe sacculo aliunde exit quod aliunde immittitur [157], quia indiscretae mentes mercedem, quae [158] ex bono opere acquiritur, non adspiciunt, quomodo ex malo opere perdatur [159].

**C. XVIII.** *Item* Petrus *in epist. II, c. 2* [160].

Si refugientes coinquinationes mundi in [161] cognitione Domini nostri et [162] salvatoris Jesu Christi, his rursus implicati superantur, facta sunt eis posteriora deteriora prioribus. Melius enim erat illis non cognoscere viam justitiae, quam post agnitionem [163] retrorsum converti ab ea, quod illis traditum est sancto mandato.

Paulus *quoque scribens ad Hebraeos ait, c. 6* [164]:

**C. XIX.**

Intermittentes inchoationis Christi sermonem ad perfectionem [165] feramur, non rursus jacientes fundamentum poenitentiae ab operibus mortuis.

Gratian. *Dicens opera mortua, priora bona significat Apostolus, quae per sequens peccatum erant mortua, quia hi peccando priora bona irrita fecerunt. Haec, sicut peccando fiunt irrita, ita per poenitentiam reviviscunt, et ad meritum aeternae beatitudinis singula prodesse incipiunt etiam illa, quae peccatis inveniuntur admixta. Unde Augustinus* [166]: *Pium est credere*, etc., *et Hieronymus: Non est injustus Deus*, etc. *Apostolus etiam scribens ad Hebraeos, quum fidem, et dilectionem, et bona opera eorum breviter commemorasset, horum omnium mercedem, quam amiserant peccando, post poenitentiam a Domino eos recepturos ostendit. Porro, qui per Prophetam dixit* [167]: *Si averterit se justus a justitia sua, ipse per eundem Prophetam promisit dicens: Si impius egerit poenitentiam ab omnibus peccatis suis, quae operatus est, et custodierit universa praecepta mea, et fecerit judicium et justitiam, vita vivet, et non morietur; omnium iniquitatum ejus, quas operatus est, non recordabor; in justitia sua, quam operatus est, vivet.*

*Filiis quoque Israel per Assyrios captivandis veteris idololatriae peccatum Dominus per Osee improperat, et peccatum, quod Moyse supplicante patribus fuerat dimissum, hoc in filiis revixisse ostendit, dicens:*

**C. XX** [168].

Vae eis, quoniam recesserunt a me; vastabuntur, quia praevaricati sunt in me. Et [169] ego redemi eos, et ipsi locuti sunt contra me mendacia, et non clamaverunt ad me in corde [170] suo, sed ululabunt in cubilibus suis; super triticum et vinum ruminabant, et recesserunt a me, et ego erudivi eos, et confortavi brachia eorum, et in me cogitaverunt malitiam; reversi sunt, ut essent absque jugo; facti sunt quasi arcus dolosus; cadent in gladio principes eorum a furore linguae suae.

VII Pars. Gratian. *Antiqua peccata parentum filiis improperat sermo divinus, et propterea principes eorum in gladio casuros praedicit. Sed per eundem Prophetam contra Dominus se facere ostendit, dicens:*

**C. XXI** [171].

Ne forte dicant in cordibus suis, omnem malitiam eorum me recordatum, nunc circumdederunt eos adinventiones suae; coram facie mea factae sunt.

**C. XXII.** *Item* Hieronymus *ad c. 7. Oseae* [1].

Quum ita puniantur, ne cogitent, quod pro veteribus peccatis patrum puniam eos, quia nunc, id est in praesenti, pro malitiis suis, quas invenerunt, circumdati sunt poena, et mala eorum sicut putant, non possunt me latere; sed potius ipsae adinventiones apertae sunt coram facie mea, quae omnia clare videt.

**C. XXIII.** Idem *ibidem* [m].

Haeretici non possunt vetera peccata contra Deum causari, quum antiquis operibus addant novam impietatem, et suis ligentur peccatis, et, quum Deum [172] celare se putant, [173] oculos ejus vitare non possunt, quia [174] vultus Domini super facientes mala.

**C. XXIV.** *Item* Gelasius Papa [175].

Divina clementia dimissa peccata in ultionem ulterius redire non patitur.

Gratian. *Sed his auctoritatibus docentur filii, ab originali peccato expiati, non ideo puniendi, quia patres peccaverunt, sed ideo peccata patrum in eos redire quia eorum culpam sequuntur. Sic et bona, quae peccato moriuntur, non proficiunt ad praemium, quia*

NOTATIONES CORRECTORUM.

C. XXII. [1] Sententia hujus capituli est quidem in commentariis B. Hieronymi in c. 7 Oseae, sed propria verba sunt in glossa interlineari ibidem ad ea verba: *Ne forte dicant in cordibus*.

C. XXIII. [m] Et hoc etiam capitulum est in glossa ordinaria in eundem locum ex B. Hieronymo.

DIST. IV. C. XV. [154] abest ab Ed. Bas. [155] *fecerat*: Ed. Arg. — *fecerit*: Edd. rell. pr. Bas. — C. XVI. [156] hom. 11, in Ezech. c. 5. — Petr. Lomb. ib. = C. XVII. [157] *mittitur*: Edd. coll. o. pr. Lugd. II. III. [158] *quam — acquirunt*: Ed. Bas. [159] *perdant*: ead. = C. XVIII. [160] 2 Petr. c. 2, v. 20. [161] abest ab Ed. Bas. [162] omitt. ab Edd. coll. o. pr. Bas. [163] *cognitionem*: Edd. coll. o. = C. XIX. [164] Hebr. c. 6, v. 1. [165] *perfectiora*: Vulg. — add.: *ejus*: Edd. coll. o. [166] cf. supra D. 3, c. 45, 46. [167] Ezech. c. 18, v. 24, 21, 22. = C. XX. [168] Ose. c. 7, v. 13, seqq. [169] *Ego tamen*: Edd. coll. o. [170] *toto corde*: Ed. Bas. = C. XXI. [171] Ose. ib. v. 2. = C. XXIII. [172] *Domino*: Ed. Bas. [173] *putent*: Edd. coll. o. pr. Bas. [174] Psal. 33, v. 17. = C. XXIV. [175] cf. C. 23, qu. 4, c. 29.

facta sunt, sed quia per poenitentiam reviviscunt. Tale est et illud Augustini [176] *in libro Psalmorum* : Si Judas teneret adoptionem, etc. Sic et illud Gregorii *in Moralibus intelligitur* [177] : Quid est quod dicitur : « Reddis iniquitatem patrum in filios, etc. » *Illis namque parentum iniquitas redditur, qui propterea puniuntur, quia in radice traxerunt amaritudinem peccati. Illis autem non redditur, in quibus merito suæ iniquitatis non reviviscunt peccata parentis. Sicut ergo bona, quæ peccato moriuntur, per pœnitentiam reviviscunt ad præmium : sic et mala, quæ per pœnitentiam delentur, reviviscunt ad supplicium.* Unde Propheta ex persona pœnitentis deplorat dicens [178] : Putruerunt et corruptæ sunt cicatrices meæ a facie insipientiæ meæ, *id est plagæ per baptismum sanatæ.* Hinc etiam idem Propheta, quamvis fide et sacramento circumcisionis ab originali peccato se mundatum cognosceret, tamen adulterio et homicidio, quod commiserat, illud revixisse intelligens, non sine causa inter cetera ipsum confitetur, et dicit [179] : Ecce enim in iniquitatibus conceptus sum, etc.

## DISTINCTIO V.

### GRATIANUS.

**1 Pars.** *In pœnitentia autem, quæ peccatorem considerare oportet*, Augustinus *in libro de pœnitentia docet, dicens* [1] :

### C. I.

Consideret [2] qualitatem criminis in loco, in tempore, in perseverantia, in varietate personæ, et quali hoc fecerit tentatione, et in ipsius vitii multiplici exsecutione. Oportet enim pœnitere fornicantem secundum excellentiam sui status aut officii, et [3] secundum modum [4] meretricis, et in modo [5] operis sui, et qualiter turpitudinem suam peregit [6], si in loco sacro [6], aut cui debuit [7] excellentiam fidei (ut sunt domus dominorum, et aliorum multorum), si in tempore orationi constituto, aut [8], in festivitate sanctorum et in tempore jejunii. Consideret, quantum perseveraverit, et defleat quod perseveranter A peccaverit [9], et quanta virtus [a] fuerit in pugnatione. Sunt *enim* [a] qui non solum non vincuntur, sed ultro se peccato offerunt, nec exspectant tentationem, sed præveniunt voluptatem, et pertractant [10] secum, quam multiplici actione vitii delectabiliter peccent [11]. Omnis ista varietas [12] confitenda est et deflenda, ut, quum cognoverit [13] quod peccatum est multum, cito inveniat [14] Deum propitium. § 1. In [15] cognoscendo augmentum peccati inveniat se, cujus ætatis fuerit, cujus sapientiæ, et ordinis, et statum omnem alterius non peccantis. Immoretur in singulis istis, et sentiat modum criminis, purgans lacrimis omnem qualitatem vitii. § 2. Defleat virtutem, qua interim caruit. Dolendum est enim, et dolore purgandum, non solum quia peccavit, sed *etiam* [a], quod se virtute privavit. Nam, licet speret se consecuturum veniam, dolere tamen potest, quia non promeruit unde remunerari confidat. § 3. Anxietur et doleat, quomodo effugiens de præteritis pœnam, miser [16] non inde exspectet [17] gloriam [18], cujus omne tempus [19], quoniam brevissimum est, debuit decertasse ad consequendum præmium. § 4. Defleat etiam, quoniam in uno offendens factus est omnium *per ingratitudinem* [a] reus. Ingratus enim exstitit qui plenus virtutibus Deum omnino non timuit. In hoc enim quisque peccator fit culpabilior, quo est Deo acceptior. Ideo enim Adam plus peccavit, quia omni bono abundavit. Etiam alio modo offendens in uno reus est omnium, quia omnis [20] virtus patitur detrimentum ab uno [21] vitio. Nam, si quis cadit in avaritiam, largitatem destruit, et etiam castitatem minoravit. Amore enim pecuniæ vel violaret castitatem, vel saltem minus amaret. Si enim propter Deum tanta adhuc castitas inest, ut nolit eam [22] perdere, tamen saltem minori gaudio, minori affectu [23] tuetur [24] eam, ubi videt [25] inde procedere damnum pecuniæ, sicque [26] et in aliis, quæ, etiamsi non expellantur, tamen per [27] conceptionem unius vitii vel satis vel parum minuuntur, vel intentione [28] deteriorantur. Unde omnis virtus [29] cuicunque [30] crimini est deflenda, et de omnibus indulgentia est petenda. § 5. Animadvertere etiam oportet, et ani-

---

### NOTATIONES CORRECTORUM.

Dist. V. C. I. [a] *Et quanta virtus* : In originali est : *et quanta victus fuerit impugnatione*. Sed ob glossam non est mutatum. Multa autem alia et magni ponderis emendata sunt (ubi per eandem licuit) et ex ipso originali, et ex vetustis Gratiani codicibus.

---

Dist. IV. C. XXIV. [176] cf. supra c. 1. [177] cf. ib. c. 13. [178] Psal. 37, v. 6. [179] Psal. 51, v. 7.
Dist. V. P. 1. [1] Falso tribuitur Augustino.— Petr. Lomb. l. 4, dist. 16.=C. I. [2] *Considerat*: Edd. Ven. 1, II. [3] *aut* : Edd. coll. o. [4] *secundum modum* : orig. [5] *egerit* : Ed. Bas. — *peregerit* : Edd. rell. [6] *sacrato* : Edd. coll. o. pr. Bas. [7] *debueit* : Ed. Bas. [8] *ut festivitates sanct.* (abest ab Ed. Arg.) *et tempora iei.* : Edd. coll. o. [9] *peccavit* : eæd. [a] *ita* Edd. Arg. Bas. [10] *pertractat* : Ed. Arg. [11] *peccavit* : ead. — *peccaverunt* : Ed. Bas. — *peccaverint* : Edd. rell. [12] *add.*: *ostendenda et* : Ed. Bas. [13] *agnoverit* : Edd. coll. o. pr. Bas. [14] *inveniet* : Edd. Arg. Nor. Ven. 1, II. [15] *id est* : Edd. Lugdd. II, III. [a] *add.*: *tamen* : Edd. coll. o. [17] *exspectat*: Ed. Bas. [18] *gratiam* : orig. [19] *opus et tempus* : Edd. Arg. Bas. [20] *omnes virtutes patiuntur* : Edd. coll. o. pr. Bas. [21] *unico* : Ed. Bas. [22] *eam tandem* : Ed. Arg. — *eandem* : Edd. rell. [23] *affectione* : Edd. coll. o. [24] *tueretur* : Ed. Bas. [25] *videret proc. in damn.* : ead. [26] *sic quoque* : Edd. Bas. Lugdd. II, III. [27] *perceptione* : Edd. coll. o. [28] *intensione* : orig. [29] *add.* : *omissa* : Edd. coll. o. pr. Arg. Bas. Nor. [30] *cujusc. criminis* : Ed. Bas.

madvertendo deflere animam proximi, quam fornicator Deo eripuit, vel ereptam in malo confirmavit; etiam quod exemplum exstitit mali in operatione sui criminis; cui magis profuisset, si aliis fuisset causa conversionis. Gemat itaque aliorum vitam in sua corruptam, vel incorruptam non conservatam, et commodum proximi, quod dedisset exemplo boni. Doleat de tristitia, quam peccando bonis intulit, et de lætitia, quam eis non adhibuit. Et non solum cogitet quid et qualiter fecerit [31], sed quam injuste Deum, ut diximus, peccando offenderit. Timeat illam veritatis sententiam [32] : *Non potestis duobus dominis servire.* Timeat ergo, ne omnia bona, quæ fecit, dum in uno peccato perseveraverit, ex contaminatione [33] mali perdiderit, ut qui servivit diabolo per crimen, Dei [34], quam obtulit, amiserit servitutem. Pium est tamen credere, ut recepta Dei gratia, quæ in eo destruit [35] mala [36] priora, etiam [37] remuneret bona, ut, quum destruxerit quod suum non invenit [38], amet et diligat bonum, quod etiam [39] in peccante plantavit. § 6. In his [40] omnibus dolens aut sæculum derelinquat [41], aut saltem illa, quæ sine admixtione mali non sunt administrata, ut mercatura, et militia, et alia, quæ utentibus sunt nociva, ut administrationes sæcularium potestatum, nisi his utatur ex obedientiæ licentia. Ponat se omnino in potestate judicis, in judicio sacerdotis, nihil sibi reservans sui, ut omnia eo jubente paratus sit facere pro reparanda animæ vita, quæcunque faceret pro vitanda corporis morte, et hoc cum desiderio, quia vitam recuperat infinitam, ut Deus. Cum gaudio enim debet facere immortalis futurus quæ faceret pro differenda morte moriturus. Semper deprecetur Deum, certus de venia, qui omnibus modis et sine [43] tædio dubius rogaret potestatem terrenam. Abstineat a multis licitis qui per [44] libertatem arbitrii commisit illicita. Semper offerat Deo mentem, et cordis contritionem, et deinde quod potest de possessione; tunc quod offert [45] securus offerat. Respexit [46] enim *Dominus ad Abel, et ad munera ejus.* Sed prius respexit [47] ad Abel, quam ad munera [48]. Sumens enim mentem, quam cognovit humilem et puram, remuneravit ejus largitatis munera. Ad Cain vero non respexit, nec ad ejus munera. Mentem enim ejus, quam viderat, quoniam non cognovit [49], ejus munera non recepit. In [50] judicio enim cordis consideranda est eleemosyna tribuentis, nec jam considerandum est quantum, sed qua mente, qua affectione dat quod potest. Vidua [51] enim duobus, quæ habuit, larga [52] minutis, plus omnibus misit. Qui ergo vult sua peccata redimere temporalium oblatione, caveat [53] *ut* offerat mentem prius. § 7. Cautus sit [54], ne verecundia ductus dividat apud se confessionem, ut diversa diversis velit sacerdotibus manifestare. Quidam enim uni celant quæ alii manifestanda reservant [55], quod est se laudare, et ad hypocrisim tendere, et semper venia carere, ad quam per frusta putat totam pervenire. § 8. Caveat [56] præterita † quem vera delectat pœnitentia; non [57] prius ad Domini corpus accedat, quam confortetur [58] bona conscientia. Sed in hac separatione tremendum *Dei* judicium cogitet, ubi et [59] majus [b] et terribilius impœnitentes separabit in ignem. Gemat [60], quod nondum audet [61] sumere, quem multum desiderat, cibum salutarem [62]. Isti sunt digni fructus pœnitentiæ, animam captivam elaqueantes et in libertate servantes. § 9. Cohibeat se præterea a ludis *et* a spectaculis sæculi, qui perfectam vult consequi gratiam remissionis. Nam Dina [63], si [64] se cohibuisset, si inter suos remansisset, ab extraneo raptore corrupta non fuisset [65]. Tanto igitur [66] magis sibi caveat et cohibeat se anima, quæ sæpe vel semel corrupta est et rapta; timeat jam docta experimento, quod ignoravit [67] virgo; eligat quem imitetur; non sequatur quem animus suus damnat. Se enim judicat qui fructus pœnitentiæ non habentem a se non elongat. Laudet enim et amet quos [68] digne fructificare non ignorat; quærat fructus dignos, etsi non dignos pœnitentiæ. Sunt enim fructus digni virtutum fructus, qui non sufficiunt pœnitentibus. Pœnitentia enim [69] graviores expostulat, ut sic pacetur [70] ecclesia, ut, pacata [71] dolore et gemitibus, mortuis impetret veniam [72].

---

## NOTATIONES CORRECTORUM.

[b] *Ubi et majus* : In originali legitur : *Ubi magis terribilis sententia peccantes separabit in ignem.*

---

Dist. V. C. I. [31] *fecit* : Ed. Arg. [32] Matth. c. 6, v. 24. [33] *excommunicatione mala* : Edd. coll. o. [34] *Deo quas obtulerit (obtulit* : Ed. Bas.) *amiserit virtutes* : exd. [35] *destruxit* : Ed. Bas. [36] *omnia mala* : Edd. coll. o. pr. Arg. [37] abest ab Edd. Arg. Nor. Ven. I. II. [38] *invenerit* : Edd. coll. o. pr. Bas. [39] abest ab Ed. Bas. [40] abest ab ead. [41] *relinquat* : Edd. coll. o. [42] *recuperanda* : Ed. Bas. — *recipienda* : Edd. rell. [43] add. : *omni* : Edd. coll. o. pr. Bas. [44] *in libertate* : Edd. coll. o. [45] *offerat Deo* : exd. pr. Bas. [46] Gen. c. 4, v. 4. [47] *dixit* : Ed. Bas. — *dicit* : Ed. rell. — orig. [48] add. : *ejus* : Edd. coll. o. [48] add. : *humilem* : orig. [50] *Jud. namque* : Ed. Arg. — *In jud. itaque* : Edd. rell. [51] cf. Matth. c. 12. [52] *largita* : Ed. Bas. [53] *careat* : ead. [54] add. : *pœnitens* : Edd. coll. o. [55] *conservant* : orig. — Ed. Bas. [56] *Paveat* : Edd. Bas. Par. Lugdd. — † *præterea* : Edd. coll. o. [57] *ut non* : Edd. Bas. Lugdd. [58] *confortet illum* : Edd. coll. o. [59] abest ab Edd. Arg. Bas. Nor. [60] *Doleat* : Edd. coll. o. [61] *audeat* : exd. pr. Bas. [62] *salvatorem* : Ed. Bas. [63] add. : *filia Jacob* : Edd. coll. o. pr. Arg. Nor. — cf. Gen. c. 34. [64] *et si* : Edd. Nor. Ven. I, II. [65] *esset* : Edd. coll. o. [66] *itaque* : exd. [67] *ignoraverit* : Edd. Arg. Nor. Ven. I. [68] *quod* : Ed. Bas. [69] *etiam* : ead. [70] *placetur* : ead. [71] *placata* : ead. — *peccata* : Edd. Lugdd. II, III. [72] *vitam* : orig. — Edd. coll. o. pr.

**C. II.** *Pœnitentes negotiationis lucra abjiciant.*
*Item* Leo Papa *epist. XC, al. XCII ad Rusticum Episcopum, c.* 9 [73].

II Pars. Qualitas lucri negotiantem aut excusat [e], aut arguit, quia est honestus quæstus, et turpis. Verumtamen pœnitenti utilius est 'etiam' dispendia pati, quam periculis negotiationis obstringi [74], quia difficile est inter ementis vendentisque commercium non intervenire peccatum.

**C. III.** *Post pœnitentiam ad militiam sæcularem redire non licet.*
Idem ibidem, c. 10 [75].

Contrarium [76] est omnino ecclesiasticis regulis, post pœnitentiæ actionem redire ad militiam sæcularem, quum Apostolus dicat [77] : *Nemo militans Deo implicat se negotiis sæcularibus.* Unde non est liber a laqueis diaboli qui se militiæ [78] mundanæ voluerit implicare [79].

**C. IV.** *Decennio pœniteant qui post pœnitentiam ad sæcularem militiam redeunt.*
*Item ex Nicæno Concilio, c.* 11 [d] [80].

Si qui vero per Dei [81] gratiam vocati primo quidem ostenderunt fidem suam deposito militiæ cingulo, post hæc [82] autem ad proprium vomitum sunt reversi, ut et pecunias darent, et ambirent 'redire' rursum ad militiam, isti decem annis sint inter pœnitentes post primum triennium, quo fuerint inter audientes. Ab omnibus vero præcipue illud observetur, ut animus eorum et fructus pœnitentiæ attendatur [83]. Quicumque enim cum omni timore, et lacrimis perseverantibus, et operibus bonis conversionem [84] suam non verbis solis, sed opere et veritate demonstrant, quum tempus statutum 'etiam' a his fuerit impletum, et orationibus jam cœperint communicare, licebit episcopo humanius etiam circa eos aliquid cogitare. Qui vero indifferenter [85] habuerint lapsum [86], et sufficere sibi, quod 'intra' [87]

A ecclesiam introierint, arbitrantur [88], isti omnimodo tempora statuta complebunt.

**C. V.** *A communione suspendantur qui post pœnitentiam ad sæcularia redeunt.*
*Item ex Concilio Aurelianensi I, c.* 15 [89].

De his, qui suscepta pœnitentia religionem suæ professionis obliti ad sæcularia relabuntur, placuit eos et a communione suspendi, et ab omnium catholicorum conviviis [90] separari. Quod si post interdictum cum eis [91] quisquam præsumpserit manducare, et ipse communione privetur.

**C. VI.** *Quid sit falsa pœnitentia.*
*Item* Gregorius VII *in Synodo Romana, celebrata anno* 1078, *c.* 6 [92].

III Pars. Falsas pœnitentias dicimus, quæ non secundum auctoritatem sanctorum Patrum pro qualitate criminum [93] imponuntur. Ideoque 'quicunque' miles, vel [94] negotiator, vel alicui officio deditus, quod sine peccato exerceri non possit, si culpis gravioribus irretitus ad pœnitentiam venerit [95], vel qui bona alterius injuste detinet, vel qui odium in corde gerit [96], recognoscat, se veram pœnitentiam non posse peragere, per quam ad æternam vitam valeat pervenire, nisi negotium derelinquat [97], vel officium deserat, et odium ex corde dimittat, bona [98], quæ injuste abstulit, restituat, arma [•] deponat, ulteriusque non ferat, nisi consilio religiosorum episcoporum pro defendenda justitia. Ne [99] tamen desperet, interim quidquid boni [100] facere poterit hortamur ut faciat, ut omnipotens Deus cor illius illustret ad pœnitentiam.

**C. VII.** *Post conversionem ad negotium redire non licet, quod sine peccato agi non potest.*
*Item* Gregorius *in hom. XXIV Evangel.* [101]

Negotium, quod ante conversionem sine peccato exstitit, hoc etiam post conversionem repetere culpa non fuit. *Et infra :* Sunt enim pleraque negotia quæ sine peccatis exhiberi aut vix, aut nulla tenus valent; ut enim de illis militibus, qui, impio Licinio vetante cingulum militiæ ab iis retineri, qui fidem Christo datam servare vellent, illam abjicere, quam fidem frangere maluerunt, ac tamen postea cupiditate terrena victi illum recuperare conati fuerant, quod argumento erat, ipsos a fide desciscere. In Codice vero canonum hæc est inscriptio hujus capitis : *De his, qui abrenunciaverunt, et iterum ad sæculum sunt regressi.*

**C. VI.** [e] *Arma :* Totum hoc membrum, quod pertinet ad arma, in originali, et Polycarpo est ante verba illa : *negotium derelinquat.* Sed ob glossam ordo non est restitutus.

---

NOTATIONES CORRECTORUM.

**C. II.** [c] *Excusat :* Sic ex orig. et Polycarpo, et Ivone, et Burchardo *; nam in Gratiani exemplaribus erat : *accusat* **.

**C. IV.** [d] Caput hoc est posterior pars capitis undecimi ex prisca * versione, quæ versio est omissa in postrema quatuor tomorum Coloniensi conciliorum editione, et ejus loco quatuor versiones positæ, ex quibus facile corrigi possunt quæ in hac interdum obscure et mutilate dicuntur. Quod vero ad sententiam canonis pertinet, legenda sunt quæ a Zonara ac Balsamone in ipsius explicatione, et a Ruffino lib. 10 historiæ ecclesiasticæ c. 6, et a Cardinali Varmiensi contra Brentium lib. 5 afferuntur. Agi-

---

Dist. V. C. II. [73] Ep. 167. Ed. Baller., ser. A. 458, vel 459. — Reg. l. 1, c. 313. Burch. l. 2. c. 123. l. 19. c. 95. Ans. l. 11, c. 159. Ivo Decr. p. 6, c. 202, p. 13, c. 25, p. 45, c. 107. Polyc. l. 4, t. 31. * et Ans. " ita Edd. coll. o. [74] *adstringi :* eæd. — Reg. Burg. l. 2. Ivo p. 6. = C. III, [75] Reg. l. 2, c. 514, Burch. l. 19, c. 66. Ans. l. 11, c. 147. Ivo Decr. p. 15, c. 80. [76] add. *vero :* Edd. coll. o. pr. Bas. [77] 2 Tim. c. 2. v. 4. [78] *militia mundana :* Coll. Hisp. — Baller. [79] *implicari :* Coll. Hisp. = C. IV. * i. e. Hispanica. [80] hab. A. 325. — Ans. l. 11, c. 148, ex Dionysio. [81] *fidei :* Coll. Hisp. [82] *hoc :* Ed. Bas. [83] *observetur vel præcipue attendatur :* ead. [84] *conversationem :* Coll. Hisp. — Edd. coll. o. [85] *indifferentem :* Ed. Bas. [86] *suum :* Coll. Hisp. [87] abest ab ead. [88] *arbitrentur :* Edd. Bas. Lugd. l = C. V. [89] hab. A. 514. [90] *convivio :* Coll. Hisp. [91] *eo quisquis :* ead. = C. VI. [92] hab. A. 1078. — Polyc. l. 6. t. 20. Petr. Lomb. l. 4, dist. 16. [93] *criminis :* Ed. Bas. [94] *et :* Edd. coll. o. pr. Bas. [95] *venit :* Ed. Bas. [96] *egerit :* Edd. Nor. Ven. I, II. [97] *relinquat :* Edd. coll. o. [98] add. *: quidem :* eæd. [99] *Nec. :* Ed. Bas. [100] add. : *fecerit vel :* ead. = C. VII. [101] Ans. l. 11, c. 140.

mus possunt. Quæ ergo ad peccatum implicant, ad hæc necesse est ut post conversionem animus non recurrat.

### C. VIII. *De eodem.*

*Item* Innocentius Papa II *in Concilio Romano*, c. 22 [102].

IV Pars. Fratres nostros episcopos et presbyteros admonemus, ne falsis pœnitentiis laicorum animas decipi et in infernum pertrahi patiantur. Falsam autem pœnitentiam esse constat, quum spretis pluribus de uno solo pœnitentia agitur, aut quum sic agitur de uno, ut non discedatur ab alio. Unde scriptum est [103]: *Qui totam legem observaverit, offendat* [104] *autem in uno, factus est omnium reus*; scilicet quantum ad vitam æternam; sicut enim si peccatis esset omnibus involutus, ita si uno tantum maneat, æternæ vitæ januam non intrabit. Falsa etiam [105] fit [106] pœnitentia, quum pœnitens ab officio vel curiali [107] vel negotiali non recedit, quod sine peccato [108] agi nulla ratione prævalet [109]; aut si odium in corde gestetur [110], aut si non offenso cuilibet satisfiat [111], aut si non indulgeat offendenti offensus, aut si arma quis contra justitiam [112] gerat [113].

## DISTINCTIO VI.
### GRATIANUS.

I Pars. *Cui autem debeat fieri confessio, vel qualem illum oporteat esse, qui aliorum crimina judicat, ex eodem libro de pœnitentia* [1] *c.* 10 *docetur, quum dicitur:*

### C. I.

Qui vult confiteri peccata [2], ut inveniat gratiam [3], quærat sacerdotem scientem ligare et solvere, ne, quum negligens circa se exstiterit, negligatur ab illo, qui eum misericorditer monet et petit, ne ambo in foveam cadant, quam stultus evitare noluit. Tanta itaque vis confessionis est, ut, si deest sacerdos, confiteatur proximo. Sæpe enim contingit, quod pœnitens non potest confiteri [4] coram sacerdote, quem desideranti nec locus, nec tempus offert, et, si ille, cui confitebitur, potestatem solvendi non habet, fit tamen dignus venia ex desiderio sacerdotis qui socio confitetur turpitudinem criminis. Mundati enim sunt leprosi, dum irent [5] ostendere ora sacerdotibus, ante quam ad eos pervenirent. Unde patet, Deum [6] ad cor respicere, dum ex necessitate prohibetur [7] ad sacerdotes pervenire. Sæpe quidem eos quærunt sani [8] et læti; sed, dum quærunt ante, quam perveniant ad [9] eos, moriuntur. Sed [10] Dei misericordia est ubique, qui [11] 'et' justis [12] novit parcere, etsi non tam cito, sicut 'si' solverentur a sacerdote. Qui igitur omnino [13] confitetur, sacerdoti [14] meliori, quam potest, confiteatur [15], et si peccatum occultum est, sufficiat referre in notitiam sacerdotis, ut grata sit oblatio muneris. *Et infra c.* 12: § 1. Laboret itaque pœnitens in ecclesia esse, et ad ecclesiæ unitatem tendere; nisi enim unitas ecclesiæ succurrat, nisi quod deest peccatori sua operatione [16] compleat, de manibus inimici non eripietur anima mortui. Credendum est enim, et pietas fidei expostulat credere, quod omnes eleemosynæ totius ecclesiæ, et orationes, et opera [17] justitiæ, et misericordiæ succurrant recognoscenti mortem suam ad conversionem 'suam'. Ideoque nemo digne pœnitere potest, quem non sustineat unitas ecclesiæ, ideoque non petat sacerdotes per aliquam culpam ab unitate ecclesiæ divisos. Judas enim pœnitens [18] ivit ad Pharisæos, reliquit Apostolos, nihil invenit auxilii, sed [19] augmentum desperationis. Dixerunt enim [20]: *Quid ad nos? tu videris;* si peccasti, tibi sit; non tibi succurrimus, non peccata tua caritative [21] suscipimus non comportanda promittimus, non qualiter deponas onus [22] docemus [23]. Quid enim nobis et misericordiæ, qui nec opera sequimur justitiæ? Isset ad fratres, isset ad illos, qui oraverant pro socru [24] Petri febricitante, qui Chananæam [25] improbam misericordiæ obtulerant. Interrogasset Petrum pro se lacrimas effundentem; non [26] fugisset Mariam et Martham, quæ vitam Lazaro impetraverant; non [27] turbam plorantem, quæ unicum filium acquisierat viduæ. Ivit ad divisos, et divisus periit. *Et infra c.* 20: § 2. Sacerdos itaque, cui omnis offertur [28] peccator, ante quem statuitur omnis languor, in nullo eorum sit judicandus [29], quæ [30] in alio judicare est promptus. Judicans enim alium, qui est judicandus, condemnat se ipsum. Cognoscat igitur se, et purget in se quod alios videt sibi offerre. Ca-

---

Dist. V. C. VIII. [102] conc. Lat. II, hab. A. 1139. — Petr. Lomb. l. 4, dist. 15. [103] Jac. c. 2, v. 10. [104] *offendet*: Edd. Arg. Nor. — *offendit*: Edd. Ven. I, II. Lugd. I. Par. — *et offendat*: Ed. Bas. [105] *enim*: Edd. coll. o. pr. Bas. [106] *est*: Edd. coll. o. [107] *vel curiali negotio*: cæd. pr. Bas. [108] *peccatis — nullatenus*: Edd. coll. o. [109] *valet*: Ed. Bas. [110] *gesserit*: Edd. coll. o. [111] *satisfecerit*: Ed. Bas. — *satisfaciat*: Edd. rell. [112] *instrumentum*: Ed. Bas. [113] *ferat*: Edd. coll. o. pr. Bas.

Dist. VI. C. I. [1] Falso tribuitur Augustino. — Petr. Lomb. l. 4, dist. 17, — cf. supra D. 1, c. 88. [2] add.: *sua*: Edd. coll. o. [3] *pœnitentiam*: Ed. Arg. [4] *verecundari*: Edd. coll. o. [5] *ibant ost. se*: cæd. — cf. Luc. c. 17. [6] *Dominum*: Ed. Bas. [7] *prohibentur*: Edd. coll. o. [8] *sed sani et læti, dum*: cæd. [9] *ad eos*: absunt ab Edd. coll o. pr. Bas. Lugdd. II, III. [10] *ad.: in his*: Ed. Bas. [11] *quæ*: cæd. [12] *videtur legendum: istis*. [13] *confitetur, omnino confiteatur*: Edd. coll. o. [14] *et si sac.*: Edd. Ven. I, II. Par. — *et sac.*: Edd. rell. [15] *ore conf.*: Ed. Arg. [16] *opitulatio*: orig. [17] *operatio*: Edd. Bas. Lugdd. II. III. [18] *qui pœnit., — relinquens*. Edd. coll. o. [19] *nisi* cæd. [20] Matth. c. 27, v. 4. [21] *caritate*: Ed. Bas. [22] *nos*: Edd. Lugdd. II. III. [23] *docebimus*: Ed. Arg. [24] Luc. c. 4. [25] Matth. c. 15. [26] Joan. c. 11. [27] Luc. c. 7. [28] *profertur*: orig. [29] *dijudicandus*: Ed. Bas. [30] *qui*: Edd. Ven. II. Lugd. I.

veat 'ergo', ut a se abjecerit [31] quidquid [32] in alio damnosum reperit; animadvertat [33] quod dicitur [34]: *Qui sine peccato est* [35] *primus in eam* [36] *lapidem mittat.* Ideo enim liberavit peccatricem, quia non erat [37] qui juste projiceret lapidem. Quomodo lapidaret qui se lapidandum cognosceret? Nullus enim erat sine peccato: in quo intelligitur, omnes crimine [38] fuisse reos. Nam venialia [39] semper remittebantur per ceremonias. Si quod igitur in eis peccatum erat, criminale erat. Deteriores itaque in hoc sunt sacerdotes, se prius non aedificantes, illis, qui Dominum observabant insidiis. In hoc itaque patentissimum [40] est crimen sacerdotum et ultra modum detestabile, qui non prius se judicant, et alios alligant. Deberent [41] enim in se timere crimen, quod in aliis timuerunt, et detestabile [42] senserunt [43]. Illi [44] quidem adeo caeci erant, quod summam sapientiam sperabant capere suis insidiis. Quod illis patuit, quod tunc quisque vitavit, vitet sacerdos, qui in hoc errore [45] pejor illis Judaeis exstiterit [46]. § 3. Caveat spiritualis judex, ut [47], sicut non commisit crimen nequitiae, ita non careat munere scientiae. Oportet 'enim', ut sciat cognoscere quicquid debet judicare. Judiciaria enim potestas hoc expostulat, ut quod debet judicare discernat. Diligens igitur inquisitor et [48] subtilis investigator sapienter et quasi astute interroget a peccatore quod forsitan ignorat [49], vel verecundia velit occultare. Cognito itaque crimine varietates ejus non dubitet investigare, et locum, et tempus, et cetera, quae supra diximus in exponendo [50] eorum qualitates. Quibus cognitis adsit [51] benevolus, paratus exigere, et secum onus portare; habeat dulcedinem in affectione, pietatem in alterius crimine, discretionem in varietate; adjuvet confitentem orando, eleemosynas dando [52], et cetera bona [53] pro eo faciendo; semper eum juvet leniendo, consolando, spem promittendo, et, quum opus fuerit, etiam increpando. Doleat [54] loquendo, instruat operando, sit particeps laboris qui particeps vult fieri gaudii; doceat perseverantiam; caveat, ne corruat, ne juste perdat potestatem judiciariam. Licet [55] enim poenitentia ei possit acquirere gratiam, non tamen mox restituit [56] in potestatem primam. Etsi enim Petrus post lapsum restitutus fuerit, et saepe lapsis sacerdotibus reddita sit dignitatis potestas, non est tamen necesse ut hoc omnibus concedatur quasi ex [57] auctoritate. Invenitur etiam [58] auctoritas, quae [59] concedit et quasi imperat; invenitur alia, quae minime concedit, sed vetat; quae Scripturae non repugnant, sed concordant, si locus, et tempus, et modus poenitentiae pacem adhibeant. Quum enim tot sunt qui labuntur, ut pristinam dignitatem ex auctoritate defendant, et quasi ausum [60] peccandi sibi faciant, rescindenda est spes ista. Si vero locus est, ubi ista non concurrant, restitui possunt qui peccant. Itaque pontifex justus atque discretus non cogitur sacerdotes suos semper abjicere, nec mox restituere, nisi statutum fuerit a Romano Pontifice.

II Pars. Gratian. *Caveat sacerdos, ne peccata poenitentium aliis manifestet. Quod si fecerit, deponatur.*

*Unde Gregorius* [61]:

C. II. *Deponatur sacerdos, qui peccata poenitentis publicare praesumit.*

Sacerdos ante omnia caveat, ne de Iis, qui ei confitentur peccata [62], alicui recitet [63], non propinquis [64], non extraneis, neque, quod absit, pro aliquo scandalo. Nam, si hoc fecerit, deponatur, et omnibus diebus vitae suae ignominiosus peregrinando pergat.

III Pars. Gratian. *Quod autem dicitur ut poenitens eligat sacerdotem scientem ligare et solvere, videtur esse contrarium ei, quod in canonibus invenitur, ut nemo videlicet parochianum alterius judicare praesumat. Sed aliud est favore vel odio proprium sacerdotem contemnere, quod sacris canonibus prohibetur; aliud caecum vitare, quod hac auctoritate quisque facere monetur, ne, si caecus caeco ducatum praestet, ambo in foveam cadant.*

*Unde* Urbanus Papa II [65]:

C. III. *Cuilibet sacerdoti commissum, nisi pro ejus ignorantia, alter sacerdos ad poenitentiam non suscipiat.*

Placuit ut deinceps nulli sacerdotum liceat quemlibet commissum alteri sacerdoti ad poenitentiam suscipere sine ejus consensu, cui prius se commisit, nisi pro ignorantia illius, cui poenitens prius confessus est. Qui vero contra haec statuta facere tentaverit gradus sui periculo subjacebit.

## DISTINCTIO VII.
### GRATIANUS.

I Pars. *Tempus vero paenitentiae est usque ad ultimum articulum vitae.*

---

DIST. VI. C. I. [31] *projecerit*: Ed. Bas.— *projiciat*: Edd. rell. [32] *quod*: Bohm. [33] add.: *quidem*: Ed. Bas. [34] Joan, c. 8, v. 7. [35] add.: *vestrum*: Vulg. — Edd. Bas. Lugdd. [36] *illam*: Vulg. — Edd. coll. o. [37] *erant*, — *projicerent*: Ed. Bas. [38] abest ab Edd. coll. o. pr. Lugdd. II, III. [39] add.: *omnia*: Ed. Bas. — *peccata*: Edd. Lugdd. II, III. [40] *potentissimum*: Edd. Bas. Lugdd. II, III. [41] *debent, en. tim. cr., quod tim.*: Edd. coll. o. pr. Lugdd. II, III. [42] add.: *caverunt et*: Edd. Lugdd. II, III. — *judicaverunt*: Edd. rell. [43] *censuerunt*: Edd. Bas. Lugdd. II, III. [44] *Ili, qui*: Edd. coll. o. pr. Lugdd. II, III. [45] abest ab Ed. Bas. [46] *exstitit*: Edd. coll o. pr. Bas. Lugdd. II, III. [47] *et*: Ed. Bas. — abest a rell. pr. Lugdd. II, III. [48] abest ab Edd. coll. o. pr. Lugdd. II, III. [49] *ignoret*: Edd. Arg. Bas. [50] *exponenda — qualitate*: Edd. coll. o. [51] *sit*: Ed. Bas. [52] *faciendo*: Edd. Arg. Bas.— abest a rell. [53] *bona opera*: Edd. Bas. Lugdd. II, III. [54] *Doceat*: vera lectio. [55] *Etsi*: Ed. Bas. — *et si vere poenitet, vel si*: Edd. rell. pr. Lugdd. II, III. [56] *restituat*: Ed. Bas. [57] *ex hac*: ead. [58] *enim*: Edd. coll. o. [59] *et quae*: Edd. Arg. Nor. Ven. I, II. [60] *usum*: Edd. coll. o. = C. II. [61] Caput incertum. — Polyc. I. 6, t. 20. Petr. Lomb. l. 4, dist. 2. [62] add.: *sua*: Edd. coll. o. [63] add.: *quod ea confessus est*: exd. [64] add.: *non amicis*: Edd. Bas. Lugdd. II, III. == C. III. [65] cf. C. 9, qu. 2, c. 2.

*Unde Leo Papa, XC, al. XCII. ad Rusticum, cap. 5* [1]:

### C. I. *De eodem.*

Nemo desperandus est, dum in hoc corpore constitutus est, quia nonnunquam quod diffidentia ætatis differtur consilio maturiore perficitur.

II. Pars. Gratian. *Quanquam de differentibus pœnitentiam Augustinus scribat in lib. L. Homil., hom. 41* [a] [2]:

### C. II.

Si quis positus in ultima necessitate ægritudinis suæ voluerit accipere pœnitentiam, et accipit, et mox reconciliatur [3], hinc vadit : fateor vobis, non illi negamus quod petit, sed non præsumimus, quod bene hinc exit [4]; si [5] securus hinc exierit, ego nescio; pœnitentiam dare possumus, securitatem autem dare non possumus. Numquid dico : damnabitur? Sed non [6] dico : liberabitur. Vis ergo [7] a dubio liberari? vis quod incertum est evadere? age pœnitentiam, dum sanus es. Si sic agis, dico tibi, quod securus es, quia pœnitentiam egisti eo tempore, quo 'et' peccare potuisti. Si autem vis agere pœnitentiam, quando jam peccare non potes, peccata te dimiserunt, non tu illa [8].

### C. III. Idem *in eadem homilia, paulo superius.*

Qui egerit veraciter pœnitentiam, et solutus fuerit a ligamento, quo erat adstrictus [9], et a Christi corpore separatus, et bene post pœnitentiam vixerit, sicut ante pœnitentiam vivere debuit [10], post reconciliationem quandocunque defunctus fuerit, ad Deum vadit, ad requiem vadit, regno Dei non privabitur, a populo diaboli separabitur.

### C. IV. Idem *ibidem.*

Si quis autem [b], etc. *Et infra :* Baptizatus ad horam securus hinc exit; fidelis bene vivens securus hinc exit; agens pœnitentiam, et reconciliatus, quum sanus est et postea bene vivens, securus hinc exit. Agens pœnitentiam ad ultimum, et reconciliatus, si securus hinc exit, ego non sum securus. Unde securus sum, dico, et securitatem do; unde non sum securus, pœnitentiam dare possum, securitatem dare non possum. *Et post pauca :* § 1. Sed unde scis [c], inquis [11], ne forte Deus dimittat mihi? verum [12] dicis : unde [13]? 'Nescio'; illud scio; hoc nescio. Nam ideo do tibi pœnitentiam, quia nescio; nam si scirem, tibi nihil prodesse, non tibi darem. Item si scirem, tibi prodesse, non te admonerem, non te terrerem. Duæ res sunt : aut ignoscitur tibi, aut non ignoscitur. Quod horum tibi futurum sit, nescio. Ergo tene certum, dimitte [14] incertum.

Gratian. *Hoc autem quare Augustinus dixerit,* Cyprianus *ostendit, lib. IV, epist. 2, ad Antonianum dicens* [15] :

### C. V.

Idcirco, frater carissime [16], pœnitentiam non agentes, nec dolorem [17] delictorum suorum toto corde et manifesta lamentationis suæ professione testantes, prohibendos omnino censuimus a spe communicationis [18] et pacis, si in infirmitate atque in periculo cœperint † deprecari, quia rogare illos non delicti pœnitentia, sed mortis urgentis admonitio compellit, nec dignus est in morte accipere solatium qui se non cogitavit 'esse' moriturum.

### C. VI. *Item* Augustinus *in libro de pœnitentia* [19], *cap. 17 et 18.*

Nullus exspectet, quando jam [20] non possit [21] peccare. Arbitrii enim quærat [22] libertatem, ut dolere [23] possit commissa, non necessitatem. Qui prius itaque a peccatis relinquitur, quam ipsa relinquat [24], ea non libere, sed quasi 'ex' necessitate condemnat. Licet enim latro veniam meruisset in [25] fine de omni 'suo' crimine, non tamen dedit baptizatis peccandi et perseverandi auctoritatem. Tunc enim baptizatus est [26] qui [27] tunc primum in cruce Christum confessus est. Pœnitentia enim, si in extremo hiatu vitæ advenerit, sanat et liberat in ablutione [28] baptismi ita, quod nec purgatorium sentiunt qui in fine baptizantur; sed [29] ipsi ditati bonis sanctæ matris ecclesiæ sunt recepturi multiplex bonum in vera [30] beatitudine. Illi [31] autem, qui, quum potuerunt,

---

### NOTATIONES CORRECTORUM.

Dist. VII. C. I. [a] Hæc et duo sequentia capitula accepta sunt ex homilia 41. B. Augustini, sed primum hoc ordine, multisque verbis mutatis. Atque ideo Burchardus et Ivo non ex Augustino, sed ex dictis Augustini citant. Quare nihil mutatum, sed præstat omnino homiliam ipsam legere. Eadem in bibliotheca SS. Patrum tom. 7, tribuuntur B. Cæsario, Arelatensi episcopo.

C. IV. [b] *Si quis autem :* Apud B. Augustinum sequuntur verba, quæ relata sunt paulo ante in cap. *Si quis positus,* usque ad vers. *Bene hinc exit.*

[c] *Sed unde scis :* Hæc apud B. August. sequuntur post ultima verba ejusdem cap. *Si quis positus.*

---

Dist. VII. C. I. [1] cf. C. 32, qu. 2, c. 11. = C. II. [2] Non videtur Augustini esse. — Burch. l. 18, c. 12. Ivo Decr. p. 15, c. 22, Polyc. l. 8, t. 1. Petr. Lomb. l. 4, dist. 2. [3] *reconciliabitur :* Edd. coll. o. pr. Lugdd. II. III. [4] *exeat :* Edd. Bas. Lugdd. II. III. [5] *Sed si :* eæd. [6] *nec :* Ed. Bas. [7] abest ab Edd. Arg. Bas. [8] *peccata :* Ed. Bas. — Burch. IV. = C. III. [9] *obstrictus :* Ed. Bas. [10] *debuerit :* ead. = C. IV. [11] *inquit :* Edd. coll. o. [12] abest ab Ed. Arg. [13] abest ab Edd. coll. o. pr. Arg., in qua est : *unde dicis*. [14] *et dim. :* Edd. coll. o. = C. V. [15] scr. A. 254. [16] *fratres carissimi :* Edd. coll. o. [17] *in dolore — corde manifesta lam. suæ professionem :* eæd. [18] *communionis :* eæd. [19] *cœperunt :* Edd. coll. o. pr. Bas. Lugdd. II. III. = C. VI. [19] Non est Augustini. — Petr. Lomb. ib. [20] abest ab Edd. coll. o. pr. Lugdd. II. III. [21] *potest :* eæd. [22] *quærit :* Ed. Arg [23] *delere :* Edd. coll. o. [24] *relinquit :* Ed. Bas. [25] *etiam in :* ead. — cf. Luc. c. 25. [26] add. *in fide :* Edd. Bas. Lugdd. II. III. [27] *quia :* Edd. Bas. [28] *abolitione :* ead. [29] add. : *potius :* Edd. Bas. Lugdd. II. III. [30] *æterna :* Ed. Bas. [31] *Qui autem :* Ed. Arg.

nunquam converti voluerunt, confitentes, quum jam peccare nequeunt, non [31] sic facile acquirunt [32] quod volunt. Oportet enim, ut poenitentia fructificet 'ad hoc', ut mortuo vitam impetret. Scriptum [34] est enim, sine caritate neminem salvum esse. Non itaque in solo timore vivit homo. Quem ergo sero poenitet, oportet non solum timere Deum judicem, sed et [35] justum diligere; non [36] timeatur pro poena, sed ametur pro gloria. Debet enim dolere de crimine, et de omni ejus praedicta varietate. Quod quoniam vix licet d, de ejus salute Augustinus potuit dubitare. § 1. Credo quidem illi, qui dixit [37] : *Quacunque hora peccator ingemuerit, et conversus fuerit, vita vivet* [38]. Dixit conversum, non tantum versum vita [39] vivere. Versum quidem puto [40] qui dolet de crimine; conversum, qui dolet de omni ejus, quam exposuimus, varietate. Vertitur a peccato qui jam vult dimittere peccatum; convertitur qui jam [41] totus et omnino vertitur, qui jam non ✝✝ tantum poenas non timet, sed ad bonum Domini [42] contendere [43] festinat. Quae conversio si contigerit alicui etiam in fine, desperandum non est de ejus remissione. Sed, quoniam vix vel raro est tam justa conversio, timendum est de poenitente sero. Quem enim morbus urget et poena terret, ad veram vix veniet [44] satisfactionem, maxime quum filii, quos illicite dilexerit [45], sint [46] praesentes, uxor et mundus ad se vocent [47]. Multos enim [48] solet serotina poenitentia decipere. Sed quoniam Deus semper potens est, semper etiam potest [49] in morte juvare quibus placet. Quum itaque opus sit non hominis, sed Dei fructifera poenitentia, inspirare eam potest, quandocunque vult, sua misericordia, et remunerare ex misericordia quos damnare [50] potest ex justitia. Sed, quoniam multa sunt, quae impediunt et languentem retrahunt, periculosissimum est, et interitui vicinum, ad mortem protrahere poenitentiae remedium. Sed magnum est, cui Deus tunc inspirat [51]. Si [52] quis est igitur, qui veram tunc quaerat poenitentiam, exspectet Dei clementiam, majorem sentiens Dei bonitatem sua nequitia. § 2. Sed, si etiam sic conversus evadat [53], vita [54] vivat [55] et non moriatur, non tamen [56] promittimus, quod evadat [57] omnem poenam. Nam prius purgandus est igne purgationis qui in aliud saeculum distulit fructum conversionis. Hic autem ignis, etsi aeternus non sit, miro tamen modo est gravis. Excellit enim omnem poenam, quam unquam passus est aliquis in hac vita. Nunquam in carne tanta inventa est poena, licet mirabilia passi sint martyres tormenta, et multi [58] nequiter 'iniqui' tanta [59] sustinuerunt [60] supplicia. Studeat ergo quilibet [61] sic delicta corrigere, ut post mortem non oporteat talem [62] poenam tolerare. § 3. Quaedam enim peccata sunt [63], 'quae sunt' mortalia, et [64] in poenitentia [65] fiunt [66] vitalia [67], non tamen statim sanata [68]. Saepe enim quidem [69] 'aegri' morerentur, nisi medicarentur. Non tamen statim sanantur; languet victurus qui prius erat moriturus. Qui autem impoenitens moritur omnino moritur, et aeternaliter cruciabitur [70]. Qui enim [71] impoenitens finitur, si semper viveret, semper peccaret. At Dei est miserentis, quod operatur finem peccantis [72]; ob hoc etiam sine fine torquebitur [73], quia nunquam ditabitur [74] virtute; semper plenus iniquitate, semper sine caritate, torquebitur [75] sine fine.

## QUAESTIO IV.
### GRATIANUS.

I. Pars. *Quod autem orationis tempore conjugali*

### NOTATIONES CORRECTORUM.

C. VI d *Quoniam vix licet* : Sic est emendatum ex editione Plantiniana. Nam antea legebatur : *Quod quamvis licet de ejus salute, Augustinus, etc.* Neque accusare sed interpretari voluit Augustinum hic auctor, sine dubio ipsius sectator. Multa vero alia in hoc capite partim ex vetustis Gratiani codicibus, partim ex ipso originali sunt emendata.

---

Dist. VII. C. VI. [31] *nec* : Edd. coll. o. pr. Lugdd. ' *acquiritur* : Edd. Arg. Nor. Ven. I. II. [33] 1 Cor. c. 13. v. 3. [34] abest ab Edd. coll. o. pr. Lugdd. II. III. [35] *non tantum poenam tim., sed anxietur* : Edd. coll o. ' ita Edd. Lugdd. et omissa voce : *licet* : Edd. Ven. I. II. Par. [37] Ezech. c. 33. v. 12. [38] add. : *et non morietur* : Edd. coll. o. [39] abest ab Edd. Bas. Nor. Ven. I. II. — *vita viv.* omitt. ab Ed. Arg. [40] *virere puto* : Edd. coll. o. [41] abest ab iisd. pr. Lugdd. II. III. ✝✝ *non tantum* : absunt ab Edd. Arg. Nor. Ven. I. II. Par. [42] *Deum* : Ed. Bas. [43] *tendere* : Edd. coll. o. [44] *perveniet* : Ed. Bas. — *venit* : Edd. rell. pr. Lugdd. I. [45] *dilexit* : Edd. coll. o. pr. Bas. [46] *sunt* :. eaed. pr. Bas. Lugdd. II. III. [47] *vocet* : eaed. pr. Lugdd. II. III. [48] abest ab iisd. [49] *valet* : Edd. coll. o. [50] *condemnare* : Ed. Bas. [51] add. : *veram poenitentiam* : Edd. Bas. Lugdd. II. III. [52] *Verba : si quis — poen.* : absunt ab Ed. Bas. — *qui exspectat, etc.* : ead. — *Si quis enim est, qui ver. poen. exspectat, quam Dei clementia majorem sentiens Dei* (probitate vel : Ed. Arg.) *bonitatem, etc.* : Edd. Arg. Nor. Ven. I. II. — *Si quis en. est, qui per ver. poen. exsp. Dei clementiam, maj. sentiet, etc.* : Edd. Par. Lugdd. [53] *fuerit* : Edd. coll. o. [54] *vitam* : Bohm. [55] *vivet — morietur* : Edd. coll. o. [56] abest ab Ed. Bas. [57] *evadat* : Edd coll. o pr. Bas. [58] *inviti* : Ed. Nor. [59] *quanta* : Edd. coll. o. [60] *saepe sustinuerunt* : eaed. pr. Bas. Lugdd. II. III. [61] *quisque* : Edd. coll. o. [62] *eum* : Ed. Bas. abest a rell. pr. Lugdd. II. III. [63] add. : *quidem* : Ed. Arg. [64] *quae in* : Edd. coll. o. [65] *poen. sua* : Edd. Arg. Bas. Ven. I. II. Par. [66] *sunt* : Edd. Bas. Nor. Ven. I. II. Par. [67] *venialia* : orig. [68] *sanantur* : Edd. coll. o. pr. Arg. [69] *sunt qui* : Edd. Bas. Lugd. I. — *est qui moreretur — medicaretur, — sanatur* : Edd. rell. [70] *cruciatur* : Edd. coll. o. [71] *autem* : eaed. pr. Arg. Nor. [72] *peccati* : Ed. Arg. — *peccandi* : Edd. rell. [73] *torquetur* : orig. — Ed. Bas. [74] *ditatur* : ead. [75] *torquetur* : ead.

operi vacare non liceat, B. Hieronymus in quodam sermone scribit [1], ita dicens [a]:

**C. I.** *Tempore, quo uxori debitum redditur, a carnibus agni abstinere oportet.*

Sciatis, fratres carissimi, quoniam quicunque uxori debitum reddit vacare non potest orationi, nec de carnibus agni comedere debet. *Item paulo post*: § 1. Si panes propositionis [2] non poterant ab iis, qui uxores suas tetigerant, comedi, quanto magis panis ille, qui de coelo descendit, non potest ab his, qui conjugalibus paulo ante hæsere complexibus, violari atque contingi? non quo [3] nuptias condemnemus '(hoc [4]) enim non dicimus', sed quod eo tempore, quo carnes agni manducaturi sumus, vacare operibus [5] carnis non debeamus.

**C. II.** *A conjugali concubitu in sanctorum solemnitatibus est abstinendum.*

*Item* Augustinus *serm. II, de tempore,* [*id est, de 2 dominica Adventus*] [6].

Quotiescunque aut dies natalis Domini, aut reliquæ festivitates adveniunt [7], 'sicut frequenter admoneti, ante plures dies' non solum ab infidelium [8] concubinarum consortio, sed etiam a propriis uxoribus abstinete [9].

**C. III.** *Diebus jejuniorum a propriis uxoribus abstinere oportet.*

*Item* Ambrosius *in sermone de Adventu Domini* [10].

Fratres, non solum debetis ab omni immunditia abstinere, sed etiam ab uxoribus propriis studiosissime contineatis. Nullus [b] omnino uxori suæ [11] jejuniorum diebus conjugatur.

**C. IV.**

Idem *super epist. I. ad Corinth.*, in c. 7, [12].

Si causa procreandorum filiorum ducitur uxor, non multum tempus concessum videtur ad ipsum usum, quia et dies festi, et dies processionis, et ipsa ratio conceptus et partus juxta legem cessari [13] temporibus his debere demonstrant.

**C. V.** *Uxoris usus certis diebus cessare jubetur.*

*Item* Augustinus *in libro quæstionum Veteris et Novi Testamenti, quæst. CXXVII* [14].

Christiano cum uxore sua convenire aliquando licet, aliquando 'vero' non licet. Propter dies enim processionis [15] aliquando non licet convenire, quia etiam a licitis abstinendum est, ut facilius impetrari possit quod postulatur. Unde Apostolus [16] ex consensu ait abstinendum ad [17] tempus, ut vacetur [18] orationi. Nam secundum [19] legem in jejunio cædere et jurgari non licet, postea [20] licet, 'quia [21] major reverentia debetur Dei causis'.

**C. VI.** *Non vere pœnitentiam agit qui continentiam non servat.*

*Item* Joannes Chrysostomus [c].

Qui in castigatione victus se dicit agere pœnitentiam, frustra hoc [22] sermone promittit, nisi egrediatur de cubili suo [23], et jejunio continentiam addat.

**C. VII.** *Ab ingressu ecclesiæ temperare se debet vir cum propria uxore dormiens.*

*Item* Gregorius *in responsione X, ad interrogationes Augustini* [24].

II. Pars. Vir cum propria conjuge dormiens, nisi lotus aqua, intrare ecclesiam non debet; 'sed neque lotus intrare statim debet'. *Et infra*: § 1. Quamvis 'enim' de hac re diversæ hominum nationes diversa sentiant, atque 'alii' alia custodire videantur, Romanorum tamen semper ab antiquioribus usus fuit, post admixtionem propriæ conjugis et lavacri purificationem quærere, et ab ingressu ecclesiæ paululum 'reverenter' abstinere [25]. Nec hæc [26] dicentes deputamus [27] culpam [28] esse conjugium; sed, quia ipsa licita admixtio conjugum [29] sine voluptate carnis fieri non potest, a [30] sacri loci ingressu abstinendum est, quia voluptas ipsa esse sine culpa nullatenus potest. Non enim de adulterio vel fornicatione, sed de legitimo matrimonio susceptus

## NOTATIONES CORRECTORUM.

QUÆST. IV. C. I. [a] Prior pars hujus capitis, usque ad vers. *Item*, de industria videtur in summam collecta; reliqua autem ex originali est emendata et aucta.

C. III. [b] *Nullus*: In hoc sermone, qui habetur manuscriptus in bibliotheca Vaticana, hinc usque ad finem non habentur. Sed in alio sermone manuscripto de Quadragesima hæc leguntur: *Nullus omnino uxori suæ jungatur ante octavam Paschæ.* In plerisque vetustis codicibus Gratiani hoc loco absunt ista verba: *jejuniorum diebus*, de quibus tamen B. Ambrosius loquebatur, et ideo sunt etiam in rubrica.

C. VI. [c] Caput hoc apud B. Joannem Chrysostomum, ex quo citatur, non est inventum. Sed eadem fere leguntur in commentariis B. Hieronymi ad c. 2. Joelis, et copiosius etiam exposita.

---

QUÆST. IV. C. I. [1] Serm. de esu agni, qui falso tribuitur Hieronymo. — Iv. Decr. p. 8, c. 87. Petr. Lomb. l. 4, dist. 32. [2] cf. 1, Reg. c. 21. [3] *quod*: Ivo. — Edd. coll. o. [4] *hoc — dic.*: absunt ab Iv. [5] *a carnalibus op.*: Edd. coll. o. — *a carnis op.*: Ivo. = C. II. [6] Non est Augustini. — Petr. Lomb. ib. [7] *advenerint*: Edd. coll. o. [8] *infelici*: orig. [9] *abstinere debeamus*: Edd. coll. o. — Bohm. = C. III. [10] Falso tribuitur Ambrosio. [11] *suæ jungatur*: Ed. Bas. = C. IV. [12] Ivo Pan. l. 6, c. 21. Decr. p. 8, c. 84, Petr. Lomb. ib. [13] *cessare usum carnis*: Edd. coll. o. = C. V. [14] Ivo Decr. p. 8, c. 89, Petr. Lomb. ib. [15] add.: *et jejuniorum*: Edd. coll. o. [16] 1 Cor. c. 7, v. 5. [17] *est ad*: Ivo. — Edd. coll. o. [18] *vacetis*: id. — Vulg. — *expeditius vacetis*: Edd. coll. o. [19] *et sec.*: Ivo. — Ed. Bas. — *etiam sec.*: Edd. rell. pr. Arg. — cf. Esa. c. 58, v. 4. [20] *post vero*: Edd. Arg. Bas. — *postea vero*: Edd. rell. [21] *quia — caus.*: absunt ab Iv. = C. VI. [22] *hic*: Ed. Bas. [23] Joel. c. 2, v. 16. = C. VII. [24] Ep. dubiæ fidei, ep. 64, l. 11, (scr. A. 601.) Ed. Maur. — Ivo Decr. p. 8, c. 88, Polyc. l. 6, t. 7, Petr. Lomb. l. 4, dist. 31. [25] *temperare*: Edd. coll. o. — [26] *hoc*: eæd. [27] *putamus*: eæd. exc. Arg. [28] *culpandum*: Edd. coll. o. [29] *conjugis*: eæd. [30] *ideo a*: eæd.

fuerat qui dicebat: *Ecce enim in iniquitatibus conceptus sum, et in delictis peperit me mater mea*. (*Et infra:*) § 2. Oportet itaque, legitima carnis copula ut causa prolis sit, non voluptatis, et carnis commixtio creandorum liberorum sit gratia, non satisfactio vitiorum. Si quis ergo sua conjuge, non cupidine voluptatis captus, sed solummodo liberorum creandorum gratia utitur, ipse profecto de ingressu ecclesiae, seu de sumendo corporis dominici sanguinisque mysterio, suo est relinquendus judicio, quia a nobis prohiberi non debet accipere qui in igne positus nescit ardere. Quum vero non amor procreandae sobolis, sed voluptas dominatur in opere commixtionis, habent conjuges etiam de sua commixtione quod defleant. *Et paulo post:* § 3. Tunc autem vir, qui post admixtionem conjugis aqua lotus fuerit, etiam sacrae communionis mysterium valet accipere, quum ei juxta praefinitam sententiam ecclesiam *etiam* licuerit intrare.

**III. Pars. Gratian.** Hinc etiam in diebus abstinentiae nuptiae celebrari prohibentur.

Unde in Laodicensi Concilio c. 52, legitur:

**C. VIII.** *In diebus Quadragesimae nuptiae celebrare non licet.*

Non oportet in Quadragesima aut nuptias vel quaelibet natalitia celebrare.

**C. IX.** *De eodem.*

Item ex Concilio Martini Bracarensis, c. 48.

Non licet in Quadragesima natalitia martyrum celebrare, sed tantum sabbato et dominica pro commemoratione eorum oblationes offerri. Sed nec natalitia, nec nuptias liceat in Quadragesima celebrare.

**C. X.** *De eodem.*

Item ex Concilio Ilerdensi.

Non oportet a Septuagesima usque in octavas Paschae, et tribus hebdomadibus ante festivitatem sancti Joannis Baptistae, et ab Adventu domini usque post Epiphaniam nuptias celebrare. Quod si factum fuerit, separentur.

**C. XI.** *De eodem.*

Item Nicolaus Papa *ad consulta Bulgarorum c. 48*.

Nec uxorem ducere, nec convivia facere in quadragesimali tempore convenire posse, nullatenus arbitramur.

**IV. Pars. Gratian.** Haec autem servanda sunt, si uxor consensum adhibere voluerit; ceterum sine ejus consensu nec causa orationis continentia servari debet.

Unde Augustinus in *lib. I, de adulterinis conjugiis, c. 2*.

**C. XII.** *Nisi ex consensu communi orationi conjuges vacare non possunt.*

Apostolus nec ad tempus, ut vacetur orationi, nisi ex consensu voluit conjuges carnali invicem fraudare debito.

Hinc etiam in II. Concilio Arelatensi c. 22 legitur:

**C. XIII.** *Nisi ex consensu communi conjugatis poenitentia non detur.*

Poenitentiam conjugatis non nisi ex consensu dandam.

---

## QUAESTIO V.

### GRATIANUS.

**I. Pars.** Quod autem sine consensu uxoris vir continentiam vovere non possit, multis auctoritatibus probatur. Ait enim Augustinus *super Psalmum CXLIX, in extremo*:

**C. I.** *Non potest vir continentiam servare, nisi uxoris teneat consensum.*

Si dicat vir: continere jam volo; nolo autem, uxor; non potest. Quod enim tu vis non vult illa. Numquid per continentiam tuam debes illam facere fornicariam? si alii nupserit te vivo, adultera erit. Non vult tali lucro Deus compensare tale

**NOTATIONES CORRECTORUM.**

**C. VII.** d *Legitima*: Ita emendatum est ex variis codicibus B. Gregorii. Antea legebatur: *oportet itaque legitimam carnis esse copulam*. Multa etiam alia sunt emendata.

Quaest. V. C. I. a *Continere*: Sic etiam apud Magistrum; sed B. Augustinus et Ivo habent: *continere jam volo, nolo jam uxorem*, non potest. Quid, si tu vis, et illa non vult?

---

Quaest. IV. C. VII. 31 erat: exd. 32 Psal. 50, v. 7. 33 add.: etc.: Edd. coll. o. * ita exd. 34 procreand.: Edd. Bas. Lugdd. II. III. 35 enim: Ed. Bas. — vero: Edd. rell. — Iv. 36 sive de: id. — Edd. coll. o. 37 ministerio: Ed. Bas. — sacra mysteria: ead. — sacram communionem, ministeriumque: Ed. Arg. 39 secundum: Edd. coll. o. 40 licuit: exd. pr. Bas. Lugdd. II. III. = C. VIII. 41 hab. inter A. 347, et 381. — Ivo Decr. p. 8, c. 49. 42 abest ab lv. 43 celebrari: Edd. Bas. = C. IX. 44 Martini Papae: Edd. coll. o. — c. 51, 52, conc. Laod. (cf. Burch. l. 15, c. 19, Ivo Decr. p. 4, c. 45,) ex interp. Martini Brac. 45 liceat: Coll. Hisp. 46 natales: ead. — Edd. coll. o. 47 in sab.: Edd. coll. o. 48 dominico: Coll. Hisp. 49 per commemorationem: Edd. coll. o. pr. Bas. 50 offerre: Edd. coll. o. 51 celebrari: Coll. Hisp. = C. X. 52 Simile est in conc. Salegunstadiensi (hab. A. 1022,) c. 3. — Burch. l. 9, c. 4, (et in extremo l. 20,) Ivo Pan. l. 6, c. 2, Decr. p. 8, c. 142, Polyc. l. 6, t. 5, Petr. Lomb. l. 4, dist. 32. 53 *Quod non oporteat*: Burch. Iv. 54 abest ab Ed. Bas. = C. XI. 55 scr. A. 866. — Ivo Pan. l. 6, c. 3, Decr. p. 8, c. 47, Petr. Lomb. ib. 56 *ullo* (nullo: Ed. Arg.) *modo arbitror*: Edd. coll. o. = C. XII. 57 Ivo Decr. p. 8, c. 133, Petr. Lomb. ib. 58 vacare: Ed. Bas. — vacent: Edd. rell. 59 voluerit: Ed. Arg. 60 fraudari: Edd. coll. o. = C. XIII. 61 hab. non serius A. 460. — Ivo Decr. p. 8, c. 280, p. 15, c. 14, et 125. 62 add.: *esse praecipimus*: Edd. coll. o.

Quaest. V. C. I. 1 Ivo Decr. p. 9, c. 127, Petr. Lomb. l. 4, dist. 32. — * ita Ed. Bas. 2 *debet illa fieri fornicaria*: Iv. — Edd. coll. o. 3 compensari: exd. — ** ita Edd. Arg. Bas.

damnum. Redde debitum, et, si non exigis, redde. Pro satisfactione [b] perfecta Deus tibi computabit, si non quod tibi debetur [4] exigis, sed reddis quod debetur uxori.

**C. II.** *Non debet extorqueri mulieris consensus ad continentiam Deo vovendam.*

*Item* Alexander Papa II. *Landulpho in Corsica* [5].

Notificasti, te morte tenus infirmatum, et peccatorum tuorum recordatione et terrore valde pavefactum anxie quæsiisse monachum fieri, et a tua uxore minis et terroribus eam occidendi ad hoc licentiam extorsisse, et sic te monasticam [6] vestem sine abbate sumsisse, et monasterium petiisse [;] postea vero, quum sanus factus esses, tuæ uxoris reclamationibus, ejulationibus [7] et planctibus, tuæque familiæ dispersionibus devictus [c], utpote pœnitens, domum remeasse, et post multos dies quorumdam sapientum consilio [8] ad jam dictæ mulieris cubile rediisse. Nunc autem, si 'tibi' tua uxore uti liceat, nostrum requiris consilium. Si ita denique est, ut tuus nuntius narrat, non videtur nobis rationabiliter neque sana mente [9] id factum, quoniam, quum omni homini ad monasticam tendenti vitam legaliter, sancte et juste sit peragendum, tu contra leges minaciter et violenter a tua uxore partim terrore mortis, partim tuæ infirmitatis doloribus exinanitus [10], devia secutus, nulla, ut dicitur, licentia accepta recessisti, et monasterium petiisti. Non enim violentia [11], sed ex pari voluntate et consensu (sicut sancti Patres dicunt) hoc fieri debet, neque vir [d] monasterium eligere, aut professa continentia habitum cum festinatione debet mutare.

**C. III.** *Vir potest abnuere vota continentiæ, quæ sine ejus consensu Deo uxor obtulerit.*

*Item* ex Concilio apud Compendium [12].

Mulier, si sine licentia [13] viri [14] sui velum in caput [15] miserit, si viro placuerit, recipiet eam iterum ad conjugium.

**C. IV.** *Non potest vir continentiæ vota rescindere, quæ ejus assensu mulier Deo promisit.*

*Item* Augustinus *ad Ecditiam*, ep. CXCIX [16]:

Quod Deo pari consensu 'ambo' voveratis perseveranter usque in finem reddere 'ambo' [17] debuistis. A quo proposito si lapsus est ille, tu saltem instantissime [18] persevera. Quod te non exhortarer, nisi quia tibi ad hoc ipse consenserat [19]. Nam, si nunquam tenuisses [20] ejus assensum, numerus te nullus defendisset annorum. *Et post pauca*: § 1. Non quia pariter temperabatis a commixtione carnis [21], ideo tuus maritus esse destiterat, imo vero tanto sanctius inter vos conjuges manebatis, quanto sanctiora concorditer [22] placita servabatis. Nihil ergo de tua veste, nihil de tuo auro, vel [23] argento, vel quacunque pecunia, aut [24] rebus ullis [25] terrenis tuis sine arbitrio ejus facere debuisti. *Et infra*: § 2. Est quidam pro modulo personæ habitus matronalis a viduali veste distinctus, qui potest fidelibus conjugatis salva religionis observantia [26] convenire. Hunc te maritus si deponere noluit [27], ne te [e] velut viduam illo vivente jactares, puto [28], qui non fuerat in hac re usque ad dissensionis scandalum perducendus, magis inobedientiæ malo, quam illius [29] abstinentiæ bono. Quid est enim absurdius, quam mulierem de humili veste 'viro' superbire, cui te [30] potius expediret obtemperare candidis moribus, quam in nigellis vestibus repugnare? quia, etsi te indumentum monachæ delectabat, etiam hoc gratius posset marito observato exoratoque sumi, quam illo inconsulto contemptoque præsumi. Quod si omnino non sineret, quid tuo proposito deperiret? Absit, ut hinc displiceres Deo, quod conjuge tuo nondum defuncto non indureris [31] sicut Anna, sed sicut Susanna.

### NOTATIONES CORRECTORUM.

[b] *Satisfactione*: In aliquot manuscriptis, et apud B. Augustinum, et Magistrum, et Ivonem est: *santificatione*[**]. Sed ob glossam non est mutatum.

**C. II.** [c] *Devictus*: Ivo habet: *utpote pœnitens devictus*; Panormia: *utpote penitus devictus domum remeasse.*

[d] *Neque vir*: Apud Ivonem et in Panormia legitur: *Neque vir in monasterium recipiendus est, nisi uxor illius femineum monasterium elegerit, aut professa continentiam habitum cum festinatione mutaverit.* Sed mutatum non est, quoniam glossa videtur magis convenire lectioni Gratiani.

**C. IV.** [e] *Ne te*: In vulgatis erat: *Ne te puta velut viduam jactare.* Emendatum est ex aliquot vetustis, originali et Beda, et aliis collectoribus, itemque alia multa.

---

QUÆST. V. C. I. [4] *debitum est*: Ed. Bas. = C. II. [5] scr. c. A. 1065. — Ivo Pan. l. 6, c. 85, Decr. p. 8, c. 220. [6] *monachi jam*: Ivo Pan. — *monachicam*: Decr. — Ed. Arg. [7] *ululatibus*: ead. — *ajusque ul.*: Edd. rell. [8] *de cons.*: Ed. Bas. [9] *neque juste*: Edd. coll. o. [10] *examinatus*: Ivo. Decr. — orig. — *examinatus*: Pan. — Ed. Bas. — *exin. vel examinatus*: Ed. Arg. [11] *violenta*: Edd. Lugdd. II. III. — *ex viol.*: Ed. Bas. = C. III. [12] hab. A. 756, — Reg. l. 2, c. 126, Burch. l. 9, c. 47. Ivo Decr. p. 8, c. 185, p. 9, c. 124. — cf. Cap. Reg. Fr. l. 5, c. 16. [13] *comiatu*: Cap. — *commeatu*: Ivo. p. 9. [14] *mariti*: Edd. coll. o. — Reg. Burch. [15] *capite*: Edd. coll. o. pr. Bas. = C. IV. [16] Ep. 262, Ed. Maur. — Ivo Pan. l. 6, c. 80, Decr. p. 8, c. 136. [17] abest ab Iv. [18] *constantissime*: orig. — Iv. [19] *consensit*: Edd. Bas. Lugdd. II. III. — *consenserit*: Edd. rell. [20] *tenuisset*: Ed. Bas. [21] *carnali*: orig. — Iv. — Edd. coll. o. — [22] *ac. conc.*: exd p. Bas. Lugdd. II. III. [23] *et nihil de arg.*: Ed. Bas. [24] *vel de*: Edd. Bas. Par. Lugdd. — abest a rell. [25] abest ab Edd. Par. Lugd. I. — *iis*: Edd. Lugd. II, III. — *nullis*: Edd. rell. pr. Bas. [26] *causa vel obs.*: Edd. o. [27] *voluit*: Ed. Bas. — *noluerit*: Ed. Arg. — *voluerit*: Edd. rell. — Ivo Pan. [28] *quia puta*: Edd. Arg. Nor. Par. Lugd. I. — *quia puto*: Edd. Ven. I, II. — *puta, quia*: Edd. Bas. Lugdd. II, III. [29] *ultius*: orig. — Iv. Decr. [20] abest ab Edd. Lugdd. II, III. [31] *vidueris*: exd. — *indueris*: Edd. rell. — cf. Luc. c. 2. Dan. c. 13.

## C. V. *Continentiæ meritum habet qui pro incontinentia uxoris debitum sibi reddere cogitur.*

Idem *in eadem epistola* [32].

Secundum verba apostolica, etiam si 'se' vir continere voluisset, et [33] tu noluisses [34], debitum tibi reddere cogeretur, et illi Deus imputaret ad [35] continentiam, si [36] non suæ, sed tuæ cederet infirmitati, ne in adulterium caderes. § 1. Quisquis [37] igitur compatiens infirmitati uxoris reddit [38], non exigit [39] debitum, aut si propter propriam infirmitatem ducit [40] uxorem, plangens potius, quia sine uxore esse non potuit, quam gaudens, quia duxit [41], quisquis vendit [42] quod novit [43], quia, etsi maneret, beatum non faceret; quisquis quod emit novit, quia transiet [44], et de his non præsumit, et facit [45] ex eo, 'quod habet', misericordiam cum non habentibus, securus exspectat diem novissimum.

## C. VI. *Vota continentiæ sine uxoris consensu reddi non possunt.*

Idem *ad Armentarium, et Riparium, et Paulinam, epist. XLV* [46].

Una sola causa esse posset, qua te ad id, quod vovisti, non solum non hortaremur, verum etiam prohiberemus implere, si forte tua conjux hoc tecum suscipere animi seu carnis infirmitate recusaret. Nam et vovenda talia non sunt a conjugatis, nisi ex consensu et voluntate communi, et, si præpropere [47] factum fuerit, magis est corrigenda temeritas, quam persolvenda promissio. Neque enim Deus exigit, si quis ex alieno aliquid voverit, sed potius usurpare vetat alienum.

## C. VII. *Absque ceteris operibus nec sola virginitas salvat, nec cetera absque virginitate proficiunt.*

Item Hieronymus *lib. I, adversus Jovinianum.*

II. Pars. Tunc salvabitur mulier, si illos genuerit filios, qui virgines permansuri sunt; si quod ipsa perdidit acquirat in liberis, et damnum radicis et cariem [48] flore [49] compensat et pomis.

## C. VIII. Idem *ibidem.*

Hoc solum nunc [50] dico, quod quomodo absque ceteris operibus virginitas sola non salvat, sic omnia opera absque virginitate [51], puritate, continentia, castitate imperfecta sunt.

## C. IX. Idem *ibidem.*

*Qui sitit* [52] *veniat et bibat; qui potest capere capiat.* Non dicit: velitis, nolitis, bibendum vobis est atque currendum; sed: qui voluerit, qui potuerit currere atque potare, ille vincet [53], ille satiabitur [54]. Et ideo plus amat virgines Christus, quia sponte tribuunt quod sibi non fuerat imperatum, majorisque gratiæ est offerre quod non debeas, quam reddere quod exigaris [55]. Apostoli [56] uxoris onera contemplati: *Si talis est,* inquiunt, *causa hominis cum uxore, non expedit nubere.* Quorum Dominus sententiam probans: recte quidem sentitis, ait, quod non expedit homini ad coelestia [57] regna tendenti accipere uxorem; sed difficilis res est, et non omnes capiunt verbum istud, verum quibus datum est. Alios [58] eunuchos natura facit, alios vis hominum; mihi illi eunuchi placent, quos castravit non necessitas, sed voluntas; libenter illos in meos [59] sinus recipio, qui se [60] castraverunt propter regna [61] coelorum, et ob mei [62] cultum noluerunt esse quod nati sunt. Simulque [63] tractanda sententia [64]: *Qui se,* inquit, *castraverunt propter regna* [65] *coelorum.* Si castrati mercedem habent regni [66] coelorum, ergo qui se non castraverunt locum non possunt accipere castratorum.

Gratian. Finis hujus auctoritatis et duæ præcedentes de virginitatis affectu intelliguntur, qui non in voluntate solum, sed in necessitate est; principium vero de effectu intelligitur, qui non in necessitate et ante votum, sed in voluntate est, nec exigitur, nisi repromittatur.

## C. X. *Non licet illi ducere uxorem, qui suam velare permiserit.*

Item *ex Concilio Remensi* [67].

III. Pars. Qui uxorem suam velare [68] permiserit, aliam non accipiat, sed [69] similiter convertatur.

---

### NOTATIONES CORRECTORUM.

C. V. *Caput hoc, quod eodem modo habetur in D indicatis locis, verbis nonnullis partim omissis, partim mutatis, salva tamen sententia.*

Quæst. V. C. V. [32] Polyc. l. 6. t. 4. Petr. Lomb. l. 4. dist. 32. [33] *si*: Ed. Arg. [34] *voluisses*: Edd. Nor. Ven. I, II. [35] abest ab orig.: Ed. Bas. [36] Aug. in Psal. 147. [37] *reddidit*: Edd. coll. o. pr. Bas. Par. [38] *exegit*: eæd. pr. Bas. [39] *duxit*: Edd. Lugdd. II, III. [40] *conduxit*: Edd. Arg. Nor. Ven. I, II. [41] *vendidit*: Edd. Bas. Lugdd. II, III. [42] *utile novit*: Edd. coll. o. pr. Bas. Lugdd. II, III. [43] *transiit*: eæd. pr. Arg. Bas. [44] *fecit*: Edd. coll. o. = C. VI. [45] Ep. 127. Ed. Maur., scr. A. 411. ad Armentarium et Paulinam. Nomen *Riparii* ex ipsius ep. initio, in quo *Ruferii* mentio fit, ab Ivone Decr. p. 8, c. 134, in inscriptionem est translatum. — Petr. Lomb. ib. [46] *propere*: Edd. coll. o. pr. Arg. Bas. Nor. = C. VII. [47] *carnem*: Ed. Bas. [48] *in flore*: Edd. Bas. Lugdd. II, III. = C. VIII. [49] *non*: Bohm. [50] *virginitatis*: Ed. Bas. = C. IX. [51] Joan. c. 7, v. 37. Matth. c. 19, v. 12. [52] *vincit*: Edd. coll. o. pr. Lugdd. II, III. [53] add.: *ab eo*: Ed. Bas. [54] *exigeris*: Edd. coll. o. [55] *Ap. enim, uxoris onere (honore*: Edd. Ven. I, II. Par.) *contemplato*: eæd. — cf. Matth. ib. v. 10. [56] *coelorum*: eæd. [57] add.: *homines*: Ed. Bas. — *hominum*: Edd. rell. [58] *meo sinu*: Edd. coll. o. [59] abest ab Ed. Bas. — *se ipsos*: Edd. rell. [60] *regnum*: Edd. coll. o. [61] *meum*: eæd. [62] add.: *hæc*: Edd. Bas. Lugdd. [63] *est sent.*: Edd. coll. o. — cf. Matth. ib. v. 12. [64] *regnum*: Edd. coll. o. [65] *regna*: Ed. Bas. = C. X. [66] c. 21, conc. Vermer. hab. A. 752. — Reg. l. 2, c. 125. Burch. l. 9, c. 46. Ivo Pan. l. 6, c. 82. Decr. p. 8, c. 184. Petr. Lomb. ib. [67] *velari*: Ivo Pan. [68] *sed — conv.*: absunt ab orig. et Reg.

C. XI. *Vota abstinentiæ, quæ mulier permittente viro promiserit, illo prohibente servare non cogitur.*

Item Augustinus *in Quæstionibus Numerorum*, qu. LIX [74].

IV. Pars. Manifestum est, ita voluisse legem feminam esse sub viro, ut nulla vota ejus, quæ abstinentiæ causa voverit, reddantur ab ea, nisi auctor vir [71] fuerit permittendo. Nam quum ad peccatum ejusdem viri pertinere voluerit [72], si prius permiserit, et postea prohibuerit, etiam [73] hic tamen non dixit, ut faciat mulier quod voverat, quia permissa jam prius a viro fuerat. Viri dixit esse peccatum, quia abnuit quod prius concesserat; non tamen mulieri 'vel' ex hoc permissum [74] dedit, ut [75] prius vir ei concesserat [76], postea si prohibuerit, contemnatur [77].

Gratian. *Ex præmissis auctoritatibus apparet, quod continentiæ vota nec mulier sine consensu viri, nec vir sine consensu mulieris Deo reddere potest. Si autem consensu alterius eorum ab altero promissa fuerit, et postmodum in irritum deducere voluerit qui permisit, non tamen valet, quia in debito conjugii æque mulier habet potestatem viri, sicut et vir mulieris; atque ideo, si quilibet eorum alterum a suo jure absolverit, ad præteritam servitutem ipsum revocare non poterit. Quia vero in ceteris vir est caput mulieris, et mulier corpus viri, ita vota abstinentiæ viro permittente mulier potest promittere, ut tamen eodem prohibente repromissa non valeat adimplere, et hoc, ut diximus, propter conditionem servitutis, qua viro in omnibus debet subesse.*

Unde Augustinus *in libro Quæstionum Genesis*, qu. CLIII [78]:

C. XII. *Mulieres viris suis debent subesse.*

Est ordo naturalis in hominibus, ut serviant feminæ viris, filii [79] parentibus, quia nulla [80] justitia est, ut major serviat minori.

C. XIII. *Vir est caput mulieris.*

Idem in *Quæstionibus Veteris et Novi Testamenti ex utroque mixtim*, c. 106 [81].

Hæc imago Dei est in homine [82], ut unus factus sit quasi Dominus, ex quo ceteri orirentur, habens imperium Dei, quasi vicarius ejus, quia omnis rex Dei habet imaginem, ideoque mulier non est facta ad imaginem Dei. Sic etenim dicit [83]: *Et fecit Deus hominem; ad imaginem Dei fecit illum.* Hinc [84] est, unde Apostolus: *Vir quidem,* ait, *non debet velare caput suum, quia imago et gloria Dei est ; mulier 'autem' ideo velet* [85], *quia non est gloria aut imago Dei*

C. XIV.

Idem *libro V Quæstionum super Deuteronomium*. qu. XXXIII [86].

Satis hinc apparet, quemadmodum subditas feminas viris, et pœne famulas lex esse voluerit [87] uxores, quod [88] dicens adversus uxorem vir testimonium, unde lapidaretur illa, si hoc verum esse demonstraretur, ipse tamen non vicissim lapidaretur, si hoc falsum esse constiterit; sed tantummodo castigatur, et damnificatur, eique perpetuo jubetur adhærere, qua carere voluerat. In aliis autem causis eum, qui testimonio falso cuiquam nocuerit, quod si probaretur, jus [89] sit occidi, eadem plecti jubetur [90] pœna, qua fuerit [91], si verum esset, iste [92] plectendus.

C. XV. *Item* Hieronymus *super epistolam ad Titum*, in c. 2 [93].

Quum caput mulieris vir sit, caput autem viri Christus, quæcunque uxor non subjicitur viro suo, hoc est capiti suo, ejusdem criminis rea est, cujus est vir, si non subjiciatur Christo [94] capiti suo. Verbum autem Domini blasphematur, vel dum [95] contemnitur Dei prima sententia, et pro nihilo ducitur, vel quum Christi infamatur evangelium, dum con-

NOTATIONES CORRECTORUM

C. XII. *Quia nulla*: In Panormia reliqua habentur ut apud Gratianum, nisi quod corrupte in ea legitur: *majori serviat minor*. Sed in originali, a quo non longe discedit Ivo: *quia et illic justitia est hæc, ut infirmior ratio serviat fortiori*; ob glossam autem non est emendatum.

C. XIII. *Factus sit*: Quæ sequuntur emendata sunt partim ex vetustis, partim ex ipso originali et Ivone. In vulgatis enim Gratiani recentioribus legebatur: *factus sit homo, ex quo ceteri oriantur, habent imperium Dei, quasi vicarius Dei, quia unius Dei habet vir imaginem.*

*Imaginem*: Sequebatur: *et similitudinem* quæ sunt expuncta, quia neque apud Augustinum, neque in vulgata græca, neque in latina vetustiore, neque apud ceteros collectores habentur. Pulchre vero de hac re disputat Basilius in hunc Genesis locum, et Origenes Periarchon lib. 3, c. 6.

C. XIV. *Eadem*: Eodem fere modo apud Ivonem, et in Panormia. In originali vero *eademque pœna plecti jubet*.

*Iste*: Sic est emendatum ex aliquot manuscriptis, et originali, et Ivone.

---

Quæst. V. C. XI. [70] Ivo Pan. l. 7, c. 48. Decr. p. 8, c. 98. Petr. Lomb. ib. [71] abest ab Ed. Bas. [72] add.: *lex*: Edd. coll. o. — Iv. Pan. [73] *hoc*: Ed. Bas. — *et hoc*: Edd. rell. — Iv. Pan. [74] *jussum*: Edd. coll. o. [75] *quum*: Ivo Decr. — Ed. Bas. [76] *concesserat*: Edd. Ven. II. Par. Lugdd. [77] *condemnetur*: orig. — *contemnat*: Ed. Arg. = C. XII. [78] Ivo Pan. l. 7, c. 43. Decr. p. 8, c. 94. [79] *et fil.*: Iv. — Edd. coll. o. [80] *quia in illis hæc just. est, ut majori serviat minor*: Edd. coll. o. — *quia et illi, etc. eodem modo*: Ivo Pan. *quia et illic hæc just. est, ut inferior servat majori*: Decr. = C. XIII. [81] Non sunt Augustini. — Ivo Pan. l. 7, c. 44. Decr. p. 8, c. 95. [82] add.: *facta*: Ed. Bas. [83] ita Edd. coll. o. [84] add.: *scriptura*: Edd. Bas. Lugdd. II, III. — cf. Gen. c. 1, v. 27. Sap. c. 2, v. 23. [85] ita Edd. coll. o. pr. Arg. Nor. [86] *Hinc etiam Ap.*: Iv. Pan. — Edd. coll. o. — Bohm. [87] *velat* Iv. — Ed. Bas. — Bohm. = C. XIV. [88] Ivo Pan. l. 7, c. 45. Decr. p. 8, c. 96. [89] *voluit*: Edd. coll. o. [90] *dum constituit, ut diceret*: Iv. Pan. — Edd. coll. o. [91] *jussit*: Iv. Decr. — Edd. Bas. Lugd. I. [92] *jubet*: Iv. [93] *fuerat*: id. [94] *ipse* Edd. coll. o. = C. XV. [95] Ivo Pan. l. 7, c. 46. Decr. p. 8, c. 97. [96] abest ab Edd. Arg. Bas. Nor. — *cap. suo, hoc est Christo*: Edd. rell. [97] *quum*: Iv. Decr. — Edd. Bas. Lugdd. — abest a rell. et. Iv. Pan.

tra legem fidemque naturæ ea, quæ Christiana est, et ex Dei lege subjecta, viro imperare desiderat, quum etiam gentiles feminæ viris suis serviant communi lege naturæ.

C. XVI. *Arbritrium viri mulierem sequi oportet in omnibus.*

Item Augustinus in *Quæstionibus Numerorum,* qu. LIX⁹⁶.

Noluit itaque lex mulierem aliquid vovere Deo adversus animam suam, ut non in aliqua ᵐ rerum licitarum atque concessarum abstinentia in eisdem votis feminæ valeat auctoritas, sed virilis. Ita, et ⁹⁷ si adhuc innuptæ ᵒ jam° concesserat pater persolvere, si ante, quam persolverit, nupserit, et viro ejus hoc cognitum non placuerit, non persolvat, et sit omnino sine peccato, quia mundavit ⁹⁸ eam, sicut dicit ⁹⁹, id est mundam judicavit. Neque hoc contra Deum fieri putandum est, quum ipse Deus hoc præceperit, hoc voluerit.

C. XVII. *Nulla est mulieris potestas, sed in omnibus viri dominio subjecta est.*

Item in libro *Quæstionum Veteris Testamenti,* qu. XLV ⁿ ¹⁰⁰.

Mulierem constat subjectam dominio viri ¹⁰¹ esse, et nullam auctoritatem habere; nec docere ˚enim˚ potest, nec testis esse, neque fidem dare ¹⁰², nec judicare; ˚quanto magis non potest imperare?˚

C. XVIII. Item Ambrosius in *Hexaemeron in tractatu diei quartæ* ¹⁰³.

Adam per Evam deceptus est, non Eva per Adam. Quem vocavit ad culpam mulier, justum est, ut eum gubernatorem ᵒ assumat, ne iterum feminea facilitate labatur.

A C. XIX. Item super primam epistolam ad Corinthios, in c. 2 ¹⁰⁴.

Mulier debet velare caput, quia non est imago Dei. Sed ut ¹⁰⁵ ostendatur subjecta, et quia prævaricatio per illam inchoata est, hoc signi ¹⁰⁶ debet habere, ˚ut˚ ¹⁰⁷ in ecclesia propter reverentiam episcopalem non habeat caput liberum, sed velamine tectum, nec ¹⁰⁸ habeat potestatem loquendi, quia episcopus personam habet Christi. Quasi ergo ante judicem ¹⁰⁹, sic ¹¹⁰ ante episcopum, quia vicarius Domini ¹¹¹ est, propter peccatum originale ᵖ subjecta debet videri.

C. XX. Idem in *libro de paradiso,* c. 10.

B V. Pars. Nec illud otiosum ¹¹², quod non de eadem terra, de qua plasmatus est Adam, sed de ipsius Adæ costa facta sit mulier, ut sciremus, unam in viro et muliere corporis esse naturam, unum fontem generis humani. Ideo non ¹¹³ duo a principio facti vir et mulier, neque duo viri, neque duæ mulieres; sed primum vir, deinde ex eo mulier. Unam enim naturam volens hominum constituere Deus, ab uno principio creaturæ hujus ¹¹⁴ incipiens, multarum et disparium naturarum eripuit facultatem.

Gratian. *Evidentissime itaque apparet, ita virum esse caput mulieris, ut nulla vota abstinentiæ vel religiosæ conversationis liceat sibi sine ejus licentia Deo offerre; etiamsi viro permittente repromissa fuerit, non licet ei votum opere complere, quum vir voluerit revocare permissum. Vota vero continentiæ ita alterius permissu ab altero valent offerri, quod post permissionem non valent in irritum deduci.*

## CAUSA XXXIV.

**GRATIANUS.**

Quidam vir in captivitatem ductus est; postea uxor ejus, audiens illum mortuum, nupsit alii; demum ille, de captivitate rediens, repetit uxorem suam; illa, posterioris amore capta, aspernatur torum prioris viri. (Qu. I.) Nunc primum quæritur, an sit ista rea adulterii, quæ vivente viro alteri nupsit? (Qu. II.) Secundo, an redeunte primo sit cogenda recedere a secundo, et redire ad primum?

### QUÆSTIO I et II.

**GRATIANUS.**

I. Pars. Utraque quæstio terminatur auctoritate Leonis Papæ, quibus scribens Nicetæ, Aquileiensi

**NOTATIONES CORRECTORUM.**

C. XVI. ᵐ *Ut non in aliqua:* Sic in Panormia ᵃᵃᵃ. Apud Ivonem vero: *ut in aliquarum rerum,* in glossa ordinaria: *id est in rerum.* Sed totus hic locus longe melius habet in originali: *feminam sub patre ante, quam nubat, et sub viro nuptam voluit lex vovere ita aliquid Deo adversus animam suam, id est in aliquarum rerum licitarum atque concessarum abstinentia, ut in eisdem votis feminea non prævaleat auctoritas, sed virilis.*

C. XVII. ⁿ Restitutum est hoc caput B. Augustino, et ex eo nonnulla addita. Nam antea citabatur

D ex B. Ambrosio.

C. XVIII ᵒ *Gubernatorem:* Antea legebatur: *ut eam in gubernationem † assumat.* Emendatum est ex B. Ambrosio. Glossa enim optime convenit voci *gubernatorem.*

C. XIX. ᵖ *Propter peccatum originale:* Apud B. Ambrosium et Ivonem legitur: *propter reatus originem;* in Panormia vero: *propter reatum originalem.* Sed ob glossam non est mutatum, reliqua vero sunt emendata.

---

Quæst. V. C. XVI. ⁹⁶ Ivo Pan. l. 7, c. 47. Decr. p. 8, c. 98. ᵃᵃᵃ nec tamen Ed. Brant. ⁹⁷ abest a Bohm. — *ut*: Iv. — Edd. coll. o. ⁹⁸ *Deus mund.*: id. — eæd. ⁹⁹ add.: *lex*: Iv. Decr. — Edd. Bas. Lugdd. — C. XVII. ¹⁰⁰ Ivo Pan. l. 7, c. 49. Decr. p. 8, c. 85. ¹⁰¹ add.: *sui*: Ed. Bas. ¹⁰² *dicere*: orig. — Iv. — C. XVIII. ¹⁰³ l. 5, in Gen. c. 7. — Ivo Pan. l. 7, c. 50. Decr. p. 8, c. 91. † ita Iv. Decr. *gubernat-one*: Pan. — *in gubernatione*: Edd. coll. o. pr. Bas. Lugdd. II, III. = C. XIX. ¹⁰⁴ Ivo Pan. l. 7, c. 51. Decr. p. 8, c. 92. ¹⁰⁵ add.: *viro*: Edd. coll. o. ¹⁰⁶ *signum*: eæd. — Bohm. ¹⁰⁷ abest ab Iv. ¹⁰⁸ *non*: Iv. Pan. — Edd. coll. o. ¹⁰⁹ add.: *Christum*: Iv. Pan. Edd. coll. o. — orig. — Bohm. ¹¹⁰ ita ante ep. sit: Edd. coll. o. ¹¹¹ *Dei*: Ed. Bas. = C. XX. ¹¹² add.: *est*: Edd. coll. o. ¹¹³ add.: *sunt*: Ed. Bas. Lugdd. II, III. ¹¹⁴ *hoc*: Edd. coll. o.

*Episcopo, epist. LXXVII, c. 1 et sequentibus ait* [1] :

### C. I. *Qui alii nupserit, putans virum suum mortuum esse, illo redeunte ad priorem redire cogitur.*

Quum per bellicam cladem, et per gravissimos hostilitatis incursus ita quædam dicatis divisa esse conjugia, ut, abductis in captivitatem viris, feminæ eorum remanserint destitutæ, quæ viros proprios aut interemtos putarint [2], aut nunquam a [3] dominatione [4] crederent liberandos, et ad [5] aliorum conjugium sollicitudine [6] cogente transierint [7] ; quumque 'nunc', statu rerum auxiliante Domino in meliora converso, nonnulli eorum, qui putabantur periisse, remeaverint [8] : merito caritas tua videtur ambigere, quid de mulieribus, quæ aliis conjunctæ sunt viris, a nobis debeat ordinari. Sed quia novimus scriptum [9], quod a Deo jungitur mulier viro [10], et iterum præceptum agnovimus, ut quod [11] Deus junxit homo non separet, necesse est, ut legitimarum fœdera nuptiarum redintegranda credamus, et remotis malis [12], quæ hostilitas intulit, unicuique hoc [13], quod legitime habuit, reformetur, omnique [14] studio procurandum est, ut recipiat unusquisque quod proprium est. § 1. Nec [15] tamen culpabilis judicetur et [16] tanquam alieni juris pervasor [17], qui personam ejus mariti, qui jam non esse existimabatur [18], as sumsit. Sic [19] enim multa, quæ ad eos, qui in captivitatem ducti sunt, pertinebant, in jus alienum transire potuerunt, et tamen plenum [20] justitiæ est, ut eisdem reversis propria reformentur. Quod si in mancipiis [21], vel in agris, aut etiam in domibus, ac possessionibus rite [22] servatur, quanto magis in conjugiorum redintegratione [23] faciendum est? ut sic [24] quod bellica necessitate [25] turbatum est pacis remedio reformetur [26]? Et ideo [27], si viri post longam captivitatem reversi ita in dilectione suarum conjugum perseverant, ut eas cupiant in suum re-

A dire consortium, omittendum est, et inculpabile judicandum est quod necessitas intulit, et restituendum quod fides poscit. *Et infra* c. 4 [28]. § 2. Sin autem aliquæ mulieris ita posteriorum virorum amore sunt captæ, ut malint [29] his cohærere, quam in legitimum [30] redire consortium, merito sunt notandæ, ita ut 'etiam' [31] ecclesiastica communione priventur [32], quæ [33] de re excusabili contaminationem criminis elegerunt [34], ostendentes, sibimet pro sua incontinentia placuisse quod justa remissio poterat [35] expiare. Redeant ergo in suum statum voluntaria redintegratione conjugia, neque ullo modo

B ad opprobrium malæ voluntatis trahatur quod conditio necessitatis extorsit, quia, sicut hæ mulieres, quæ reverti ad viros suos nolunt [36], impiæ habendæ sunt : ita illæ, quæ in affectum initum ex Deo redeunt, merito sunt laudandæ 'judicio' [37].

### C. II. *Viro vel uxore de captivitate redeuntibus propria redintegrantur conjugia.*

*Item* Innocentius Papa *Probo, in ep. IX* [38].

Quum in captivitate Ursa mulier teneretur, aliud conjugium cum Restituta Fontanus [39] commisisse cognovimus. Sed favore Domini reversa Ursa nos adiit, et nullo diffitente uxorem se memorati esse

C perdocuit. Qua de re, domine fili [40] merito illustris, statuimus, fide catholica suffragante, illud esse conjugium, quod primitus erat gratia divina fundatum, conventumque secundæ mulieris, priore superstite nec divortio [41] ejecta [42], nullo pacto 'posse' esse legitimum.

### C. III. *Quæ primo viro relicto secundo adhæserit, nisi secundum relinquens, primo reconciliari non potest.*

*Item.* Hieronymus *ad Amandum Presbyterum* a [43].

Non satis animadvertere potui, quid sit quod di-

### NOTATIONES CORRECTORUM.

Causa XXXIV. Quæst. I et II. C. III. a Verba

D hujus capitis in epistola B. Hieronymi, et in Polycarpo proxime sequuntur post ea, quæ referuntur sup. 32 qu. 7 c. *Omnes causationes.* Ideoque apud ipsos initium hoc ita habet : *Neque satis animadvertere.*

---

Causa XXXIV. Quæst. I. et II. C. I. [1] Ep. 159. Ed. Baller. ser. A. 458. — Ans. 1, 10, c. 22 (24). Ivo. Pan. l. 6, c. 87, 88. Decr. p. 8, c. 244 (usque ad verb: *priventur*). Polyc. l. 6 t. 4. Petr. Lomb. l. 4, dist. 38. [2] *putarent* : orig. — Iv. — Edd. coll. o. [3] *ab iniqua* : eæd. — Iv. Pan. [4] *damnatione* : Ed. Lugd. l. [5] *et in* : Edd. coll. o. — Iv. Pan. [6] *solitudine* : orig. [7] *transierunt* : Edd. coll. o. — Iv. Pan. [8] *remearunt* : Edd. coll. o. — verba seqq. : *merito — separet* : omissa sunt ab Ans. [9] *præceptum* : Edd. coll. o. pr. Bas. — Iv. Pan. — cf. Prov. c. 9, v. 14. [10] *add.* : *suo* : Edd. coll. o. [11] *quos — conjunxit* : eæd. — cf. Matth. c. 19, v. 6. [12] *his* : Iv. Edd. coll. o. [13] *id, quod leg. intulit* : Edd. coll. o. — Iv. Pan. [14] *ideoque studiose* : Ed. Bas. — *omni — propr. est* : absunt ab Ans. [15] Burch. l. 19, c. 56. Iv. Decr. p. 8, c. 191. [16] *non* : Ed. Arg. — *et non* : Ed. Bas. — verba : *et — pertinebant* : absunt ab Iv. c. 244. [17] ad l. : *habeantur* : Burch. Iv. Edd. coll. o. — Baller. [18] *æstimabatur* : coll. Hisp. — Edd. coll. o. pr. Lugd. II, III. [19] *Sic enim — poscit* : non sunt ap. Ans. [20] *plane* : Ed. Arg. — *lanæ* : Edd. rell. [21] *add.* : *mansis* : Edd. coll. o. pr. Bas. [22] *recte* : Iv. Decr. c. 244, et Pan. — Edd. coll. o. [23] *redintegrationem* : Coll. Hisp. — *integritate* : Ed. Arg. [24] abest a Baller., Burch. Iv. et Edd. Bas. Lugd. I. II, III. — *si quid* : Edd. rell. [25] *clade* : eæd. Ivo Decr. c. 244 et Pan. [26] *formetur* : Edd. Nor. Ven. I, II. [27] Burch. l. 9, c. 58. Ivo p. 8, c. 193. [28] Burch. ib. c. 57 Iv. ib. c. 192. [29] *maluerint* : Iv. Pan. — Edd. coll. o. [30] *legitima transire consortia* : Ed. Bas. [31] abest a Burch. Iv. [32] reliqua usque ad exitum absunt ab Ans. et Iv. c. 244. [33] *quod* : Edd. Lugd. II, III. — *quia inexcusabiliter cont.* : coll. Hisp. [34] *elegerent* : Ed. Lugd. I — *eligerint* : Edd. Lugd. II, III. [35] *potuit* : Ed. Bas. [36] *noluerunt* : ead. *noluerint* : Edd. rell. — Burch. Iv. [37] abest ab orig., Burch. et Iv. — C. II. [38] Ep. Innoc. I. incerti temporis. — Ivo Decr. p. 8, c. 245. — add. : *Episcopo* : — Ivo Pan. l. 6, c. 89. — Edd. Bas. Nor. Par Lugd. [39] *Fortunius iniisse cognoscitur* : orig. — *Fontan. iniisse cognoscimus* : Iv. Decr. [40] abest a Iv. Pan. — *fili carissime* : Edd. Coll. o. [41] *divortia* : Ed. Lugd. II. [42] *ejecto* : Ed. Lugd. II. = C. III. [43] Polyc. l. 6, t. 4. Petr. Lomb. l. 4, dist. 35.

cere voluit: *alio viro per vim accepto.* 'Quid est: *per vim accepto?'* congregata videlicet multitudine nolentem rapuit. Et quare postea raptorem rapta non dimisit? legat libros Moysi, et inveniet desponsatam viro, si in civitate fuerit oppressa, et non clamaverit, puniri quasi adulteram; si autem in agro oppressa sit, innoxiam esse a scelere, et violentum legibus subjacere. Ergo et ista soror, quæ, ut dicit, vim passa est, ut alteri jungeretur, si vult corpus Christi accipere, et non adultera reputari, agat pœnitentiam; ita duntaxat, ut secundo viro, qui non appellatur vir, sed adulter, a tempore pœnitentiæ non copuletur. Quod si durum ei videtur, et semel dilectum non potest derelinquere, nec præferre Dominum voluptati, audiat Apostolum conclamantem: *Non potestis calicem Domini bibere, et calicem dæmoniorum. Non potestis mensæ Domini communicare, et mensæ dæmoniorum*; et alio loco: *Quæ communicatio luci ac tenebris? qui concensus Christo et Belial?* Rem novam loquor, imo non novam, sed veterem, quæ veteris testamenti auctoritate firmatur. Si reliquerit secundum virum, et reconciliari priori voluerit, non potest. Scriptum est enim in Deuteronomio: *Si acceperit homo uxorem, et habuerit eam, et non invenerit gratiam in conspectu ejus propter aliquam fœditatem, scribet libellum repudii, et dabit in manus ejus, et dimittet eam de domo sua. Quumque egressa adultera maritum duxerit, et ille quoque oderit eam, dederitque ei libellum repudii, et dimiserit de domo sua, aut certe mortuus fuerit, non poterit prior maritus recipere eam uxorem, quia polluta est, et abominabilis facta est coram Domino, ne peccare facias terram 'tuam', quam Dominus Deus tuus tradidit tibi possidendam.*

III. **Pars Gratian.** Si autem inevitabili necessitate cogente vir in aliam provinciam fugerit, et uxor ejus eum sequi noluerit, illo vivente illa innupta permaneat.

Unde in Concilio apud Vermerias:

C. IV. *Quæ virum in captivitate ductum sequi noluerit, maneat innupta, quamdiu vir ejus vixerit.*

Si quis necessitate inevitabili cogente in alium ducatum seu provinciam fugerit, et ejus uxor, quum valet et potest, amore parentum et rerum suarum eum sequi noluerit, ipsa omni tempore, quamdiu vir ejus, quem secuta non fuit, vivit, semper innupta permaneat.

IV. **Pars. Gratian.** Quod autem de conjugatis auctoritate Leonis Papæ dicitur, hoc etiam de virginibus intelligendum est, ut, si præter conscientiam viro nupserint alieno, non teneantur.

Unde Augustinus *in libro de fide et operibus, c. 7*:

C. V. *Non est adultera virgo, quæ nesciens viro nupsit alieno.*

Si virgo nesciens viro nupserit alieno, hoc si semper nesciat, nunquam ex hoc erit adultera. Si autem sciat, jam ex hoc esse incipiet, ex quo cum alieno 'viro' sciens cubaverit, sicut in jure prædiorum tamdiu quisque bonæ fidei possessor rectissime dicitur, quamdiu se possidere ignorat alienum; quum vero scierit, nec ab aliena possessione recesserit, tunc malæ fidei possessor perhibebitur, tunc juste injustus vocabitur.

V. **Pars. Gratian.** Hinc etiam ignorantia excusat eum, qui nesciens dormivit cum sorore uxoris suæ.

Unde in Concilio Triburiensi:

C. VI. *Non cogatur legitimam dimittere uxorem qui nesciens dormivit cum ejus sorore.*

In lectum mariti absente uxore soror ivit uxoris, quam ille uxorem putans suam esse, dormivit cum ea. Super hoc visum est, si ipse per securitatem veram hoc probaverit, quod inscius fecerit hoc scelus, pœnitentiam quidem, quæ sibi indicta fuerit, agat, et legitimum suum conjugium habere permittatur. Illa vero vindicta digna affligatur, et in æternum conjugio privetur.

C. VII. **PALEA.**

[*Item Hermes in libro Pastoris, mandato I V*b.]

« Ego dixi pastori: Domine, si quis habuerit

**NOTATIONES CORRECTORUM.**

C. VII. b In hoc capite emendata et addita nonnulla sunt ex originali, et ceteris collectoribus.

Quæst. I et II. C. III. add.: *epistola tua*: Edd. Bas. Lugd. I. — *ep. vestra*: Edd. rell. per Par. *virum*: Edd. coll. o. *legas*: et Ed. Bas. *invenies*: ead — *inveniat*: Edd. rell. pr. Lugdd. II, III. *vi*: Edd. coll. o. *oppressam* eæd. abest ab Ed. Arg. add.: *vestra*: Edd. coll. o. pr. Bas. Lugd. II, III. *dixit*: eæd. *adultero*: Edd. coll. o. *clamantem*: eæd. — cf. 1 Cor. c. 10, v. 20. *in al.*: eæd. — cf. 2 Cor. c. 6, v. 14. *luci ad tenebr.*: ead. — Vulg. — Bohm. *Christi ad*: eædem — cod. — id. *confirm.*: Edd. Bas. Lugdd. II, III. Deut. c. 24, v. seqq. *scribat ei*: Edd. coll. o. pr. Lugdd. II, III. *et dabit ei*: Edd. coll. o. *dimittit*: Edd. Arg. *dimittat*: Edd. Nor. Ven. I, II. Par. *alterum*: orig. =C. IV. *hab.* A. 752, c. 9. — Reg. I. 2, c. 124. Burch. l. 9, c. 54. Ivo Pan. l. 6, c. 91, Decr. p. 8, c. 189. *aut*: orig. — Coll. cit. — Ed. Bas. *insecuta*: Edd coll. o. *fuerit*: eæd. pr. Arg. =C. V. Ans. l. 10, c. 63. abest a Bohm. *incipit*: Edd. coll. o. *perhibetur*: eæd. — Ans. Bohm. add.: *possessor*: Edd. coll. o. pr. Arg. Bas. Nor. — Bohm. =C. VI. c. 45, conc. Trib. (hab. A. 895) redactus in compendium Reg. l. 2, c. 286. Burch. l. 17, c. 4. — cf. pœn. Rom. Ant. Ang. t. 3, c. 5. *indicata*: Reg. Burch. — Edd. Bas. *leg. vero*: Ed. Bas *Illam* — *affligi*, — *privari*: Reg. Burch. =C. VII. Ivo Pan. l. 7, c. 58. Decr. p. 8, c. 243. Petr. Lomb. l. dist. 55. — cf. c. 3. Comp. I et X de adult. — In Ed. Arg. hæc Palea non est expressa.

uxorem [78] fidelem in Domino, et invenerit [79] hanc in adulterio, numquid peccat vir, si cum illa [80] concumbit [81]? 'Et dixit mihi:' Quamdiu nescit peccatum ejus, sine crimine est [82] vir vivens cum illa. Si autem scit vir uxorem 'suam' deliquisse, et non egerit poenitentiam mulier, sed permanet in fornicatione sua, et coierit [83] vir cum illa, reus erit peccati ejus, et participes moechationis [84] illius. Et dixi [85] illi: Quid ergo [86], si permanserit [87] in vitio suo mulier? et dixit: Dimittat illam vir, et 'vir' per se maneat. Quod si dimiserit mulierem suam, et aliam duxerit, et ipse moechatur. Et dixi illi:' Quid si mulier dimissa poenitentiam egerit, et voluerit ad virum suum reverti, nonne [88] recipietur a viro suo? Et dixit 'mihi': Imo, si non receperit [89] eam vir suus, peccat, 'et magnum peccatum sibi admittit, sed debet recipere peccatricem, quae poenitentiam egit'. Ergo non debet dimissa conjuge [90] sua 'vir' aliam ducere. Hic actus similis est in viro et muliere. ›

VI. Pars. Gratian. *De simpliciter vero fornicantibus, vel cum duabus sororibus, vel cum matre et filia, vel cum patre et filio, idem accipiendum, ut ignorantibus conjugia non negentur, scientibus perpetuo prohibeantur.*

*Unde* in eodem Concilio Triburiensi *legitur* [91]:

C. VIII. *Matrimonia non prohibentur contrahere quorum incestum ignorantia excusat.*

Si quis cum duabus sororibus fornicatus fuerit, et sororem soror ab eodem antea stupratam nescierit, vel si ipse [d] sororem ejus, quam antea stupraverat, non intellexerit [92], si digne poenituerint, et se continere non valuerint, post annos septem conjugia illis non negentur. Si autem non ignoraverint [93], usque ad mortem a conjugio abstineant.

C. IX. *De eodem. Item ex eodem* [e] [94].

Si quis cum matre et filia fornicatus est [95], ignorante matre de filia, et filia de matre, ille [96] nunquam accipiat uxorem; illae vero, si voluerint, accipiant maritos. Si autem hoc scierint ipsae feminae, absque maritis perpetuo [97] maneant.

C. X. *De eodem. Item* in eodem [98].

Quidam fornicatus est cum quadam muliere; postea [99] filius nesciens factum patris, stupravit eamdem. Quod quum pater resciret [100], de se filioque confessus est. Statuerunt, melius esse, ut taliter ipsis cum digna poenitentia legitima permittantur conjugia, quam forte deterius delinquant. Fornicaria [101] autem sine spe conjugii maneat.

---

# CAUSA XXXV.

### GRATIANUS.

*Quidam vir mortua uxore sua aliam sibi in matrimonio copulavit, quae uxori defunctae quarto gradu consanguinitatis, viro autem sexta linea adhaerebat. Post triennium vero, liberis ex ea susceptis, accusatur apud ecclesiam; iste praetendit ignorantiam.* (Qu. I.) *Hic primum quaeritur, si liceat aliquam ex propria cognatione duci in uxorem?* (Qu. II.) *Secundo, si ex consanguinitate uxoris aliqua possit in conjugem duci?* (Qu. III.) *Tertio, usque ad quem gradum debeat quisque abstinere sive a propriis, sive ab uxoris suae consanguineis?* (Qu. IV.) *Quarto, quare usque ad sextum gradum consanguinitas computatur, ita quod nec ultra protenditur, nec infra subsistit?* (Qu. V.) *Quinto, quomodo gradus consanguinitatis computandi sunt?* (Qu. VI.) *Sexto, qui jurejurando propinquitatem firmare debeant?* (Qu. VII.) *Septimo, an illi, qui de incestuosis nati sunt, filii reputentur?* (Qu. VIII.) *Octavo, si ignoranter de consanguinitate vel affinitate aliqua in uxorem ducta est, an ex dispensatione possit viro suo adhaerere?* (Qu. IX.) *Nono, si contigerit ecclesiam decipi, et causa consanguinitatis aliquam a viro suo separare, quae post quadriennium nuptiis hinc inde celebratis deprehenditur non fuisse consanguinea prioris, an secunda conjugia sint rescindenda, et priora sint redintegranda?* (Qu. X.) *Decimo, si relicta alicujus de propria cognatione ad secundas nuptias transierit, an proles ex eis suscepta possit pertingere ad consortium alicujus de cognatione prioris viri?*

### NOTATIONES CORRECTORUM.

C. VIII. [e] Burchardus etiam citat ex Triburiensi c 9. Et quiddam simile habetur in Triburiensi impresso c. 45, quemadmodum etiam in Wormaciensi c. 33.

[d] *Vel si ipse*: Sic restitutum est ex Burchardo.

Antea legebatur: *vel se sororem*'.

C. IX. [e] Gratianus hoc idem caput, quod hic citat ex Triburiensi, infra 35 qu. 2 refert ex conc. apud Vermerias, itemque Burchardus et Ivo. Sententia habetur in Wormaciensi c. 65.

---

QUÆST. I et II. C. VII. [78] *mulierem*: Iv. Pan. — Edd. coll. o. [79] *inveniet*: Ed. Bas. [80] *ea* Edd. coll. o. [81] *convivit*: orig. — Iv. Decr. [82] *est cum illa*: Iv. Pan. — *vivit cum ea*: Ed. Bas. Lugd. — (a rell. totus hic versiculus abest.) [83] *convivit*: orig. - Ivo Decr. [84] *fornicationis*: Edd. coll. o. [85] *dixit*: Iv. Pan. Ed Bas Nor. Ven. I, II. [86] *autem* Edd. coll. o. [87] *permanet*: ead. — Iv. [88] *non*: Iv. — Edd. Nor. Ven. I, II. Par. *numquid*: Edd. Bas. Lugd. [89] *recipit*: Edd. coll. o. pr. Bas. [90] *uxore*: Iv. - - Edd. coll. o. = C. VIII. [91] c. 45, conc. Trib. (hab. A. 895) in compendium redactus. Reg. l. 2, c. 208. Burch. l. 17, c. 5. — (*) ita Edd. coll. o. [92] *intellexit*: ead. pr. Par. Lugd. [93] *ignoraverunt*: Reg. Burch. = C. IX. [94] c. 14 conc. Compend. hab. A. 756. — Reg. l. 2, c. 2 19. Burch. l, 17, c. 12. Ivo Decr. p. 9, c. 72. [95] *fuerit*: Edd. coll. o. [96] add. : *vir*: Edd. Bas. Lugd. II, III. [97] *in perpetuum*: Burch. — *in perpetuo*: Reg. Iv. = C. X. [98] Sent. 45. conc. Trib. (hab. A. 895) breviter descripta. — Reg. l. 2, c. 207. Burch. l. 17, c. 16. Ivo Decr. p. 9, c. 76. [99] *et post.*: Edd. coll. o. [100] *rescisset*: Reg. — *resciceret*: Burch. Iv. — *nesciret*: Ed. Lugd. I. — *rem sciret*: Edd. rell. pr. Par. Lugd. II. III. [101] *cum forn. autem illa gravius agendum*: Reg.

## QUÆSTIO I.
### GRATIANUS.

*Quod autem consanguineas nostras sive uxoris nostræ in conjugium nobis ducere liceat, exemplis et auctoritatibus probatur.* Abraham [1] namque Sarai filiam fratris sui sororem videlicet Loth, in conjugem duxit. Isaac [2] Rebeccam in uxorem accepit, quæ erat filia consobrini matris suæ. Jacob [3] duas sorores, Liam videlicet et Rachel filias Laban avunculi sui, sibi matrimonio sociavit. § 1. *In lege* [4] *quoque præcepit Dominus Moysi, ut nullus duceret uxorem, nisi de propria tribu et familia.* Item [5], si aliquis absque liberis moreretur, præcepit Dominus, ut frater ejus uxorem defuncti sibi copularet, et ex ea semen fratri suo suscitaret. Porro, ad quoscunque lex ipsa pervenit, ejus præceptis probantur obnoxii, nisi quæ vel evangelicis mandatis vel apostolicis institutis evacuata monstrantur. Nullo autem evangelii præcepto vel apostolico instituto consanguineorum conjunctiones prohibitæ inveniuntur. Unde sicut ab initio, ita et nunc licitæ probantur. § 2. His ita respondetur: *Consanguineorum conjunctiones alias causa necessitatis permissæ, alias causa justæ rationis inveniuntur imperatæ.* Quum enim unus vir ab initio, atque una ex latere ejus mulier a Deo formaretur, necessario sorores fratribus copulabantur. Quod autem cogente necessitate fit cessante necessitate pariter cessare oportet. Tanto ergo nunc damnabilius usurpatur consanguineorum conjunctio, quanto minus necessaria probatur. Unde hujusmodi copula postea lege prohibita invenitur, Domino dicente per Moysen [6]: Turpitudinem sororis tuæ non revelabis.

Hinc Augustinus ait in libro *De civitate Dei* XV. c. 16. [7]:

### CAP. UN. *Quare constitutum sit, ne consanguineas ducamus uxores.*

Quum igitur genus humanum post primam copulam viri facti ex pulvere, et conjugis ejus ex viri latere, marium feminarumque conjunctione opus haberet, ut gignendo multiplicaretur, nec essent ulli homines nisi qui ex illis duobus nati fuissent, A viri sorores suas conjuges acceperunt. Quod profecto quanto est antiquius compellente necessitate, tanto postea factum est damnabilius religione prohibente. Habita est enim [8] ratio rectissima [9] caritatis, ut homines, quibus esset utilis atque honestissima [10] concordia, diversarum necessitudinum vinculis necterentur, nec unus in una [11] multas haberet [12], sed singulæ spargerentur in singulos, ac sic ad socialem vitam diligentius colligandam [13] plurimæ plurimos obtinerent. Pater quippe et socer duarum sunt necessitudinum nomina. Dum ergo habet a quis alium patrem, alium socerum, numerosius se caritas porrigit [14]. Utrumque autem unus Adam esse cogebatur et filiis et filiabus suis, quando fratres sororesque connubio [15] jungebatur [16]. Sic et [17] Eva uxor ejus utrique sexui filiorum fuit et socrus et mater; quæ si duæ feminæ fuissent, mater altera 'et' socrus altera, copiosius se socialis dilectio colligaret. *Et infra:* § 1. Sed hoc unde fieret, tunc non erat, quando nisi fratres et sorores ex duobus illis primis nulli homines erant. Fieri ergo debuit, quando [18] potuit, ut existente copia inde [19] ducerentur uxores, quæ non erant jam sorores, 'et' non solum istud [20] ut fieret nulla necessitas esset, verum etiam, si fieret, nefas esset. *Et infra:* § 2. Quod humano genere crescente 'et multiplicato' [21] etiam inter impios deorum multorum falsorumque cultores sic observari cernimus [22], ut etiamsi perversis legibus permittantur [23] fraterna conjugia, melior tamen consuetudo ipsam malit exhorrere licentiam, 'et' [24], quum sorores accipere in matrimonium primis humani generis temporibus omnino licuerit', sic [25] aversetur [26], quasi licere nunquam potuerit. *Et infra:* § 3. Copulatio ergo maris et feminæ, quantum attinet ad genus mortalium [27], quoddam seminarium b est caritatis; cœlestis vero civitas opus habet, ut noxam generationis evadat.

Gratian. *Hac itaque consuetudine, quæ ab ipso exordio humanæ propagationis originem habuit, quam nulla lex contra jubendo evacuaverat, excusantur Abraham, Isaac, et Jacob, et ceteri, qui de propria*

### NOTATIONES CORRECTORUM.

Causa XXXV. Quæst. I. C. UN. a *Dum ergo habet:* In codicibus B. Augustini impressis, et apud Ivonem, et in Panormia legitur: *Ut ergo alium quisque habeat patrem.* Sed visa est melior lectio Gratiani.

b *Seminarium:* Ivo et Panormia habent cetera ut Gratianus, tantum loco: *caritatis*, habent: *civitatis*. Integer vero locus B. Augustini hic est: *Copulatio ergo maris et feminæ, quantum attinet ad genus mortalium, quoddam seminarium est civitatis. Sed terrena civitas generatione tantummodo, cœlestis autem etiam regeneratione opus habet, ut generationis noxam evadat.* Verum ab glossam in versic. *civitas*, nihil est mutatum. Alia vero multa ex ipso potissimum originali sunt emendata.

---

Causa XXXV. Quæst. . [1] Gen. c. 11. [2] ib. c. 24. [3] ib. c. 29. [4] Num. c. 36 v. 6. [5] Deut. c. 25. 5. [6] Levit. c. 18. x. 9. = C. UN. [7] Ivo Pan. l. 7, c. 32. Decr. p. 8. c. 59. [8] add.: *illis*: Edd. coll. o. pr. Arg. [9] *certissima*: Edd. coll. o. [10] *honesta*: orig. — Iv. [11] *uno*: Edd. coll. o. [12] add.: *necessitudines*: cæd. — Iv. [13] abest ab iisd. pr. Lugdd. II. III. [14] *porriga*: Iv. [15] *conjugio*: id. — Edd. coll. o. [16] *conjungebantur*: Ed. Bas. [17] *Sicut*: Edd. coll. o. pr. Bas. [18] *quod*: Edd. coll. o. [19] *unde*: cæd. — Iv. Pan. [20] *illud non fieret, ubi*: Eed. cæd. [21] *et mult.*: absunt ab Iv. [22] *decernimus*: Ed. Bas. [23] *permittebantur*: Ed. Bas. [24] *d — lic.*: absunt ab Iv. [25] *sicque*: id. — Edd. coll. o. [26] *adversetur*: cæd. — Iv. Pan. [27] *humanum*: cæd. — Iv.

cognatione ducebant uxores. Quamvis etiam alia causa rectissimae rationis, qua id factum sit, possit intelligi. Ceteris idololatria foedatis, sola familia Heber [28] in cultu unius Dei remansit. Unde Abraham a Chaldaeis cum fratre suo Aram in ignem, quem adorare noluit, projectus est, ut numen suae divinitatis exurendo sentiret, quem venerando colere contemsit. Ne ergo ex conjunctione infidelium fideles ad idololatriam prolaberentur, et ita Deum offenderent, sicut quondam ante diluvium [29] filii Dei, commixti filiabus hominum, ipsum ad iracundiam provocaverant, rectissime cautum est, ut patriarchae viri sanctissimi nonnisi de propria cognatione, id est de familia fidelium, sibi uxores acciperent. Hinc etiam, quum filii Israel intraturi terram promissionis a Domino audirent, ne filias Chananaeorum sibi in uxores acciperent, nec suas eis nuptui traderent, statim subjunxit Dominus [30]: Ne faciant vos recedere a Deo vestro, et fornicari cum diis alienis. Hinc etiam Esdras [31] Idumaeas atque aliarum nationum mulieres, per quas filii Israel ibant ad deos alienos, ab eis separari jussit. § 1. Est etiam alia causa, quare consanguineorum conjunctiones in populo Dei primum permissae, vel potius imperatae fuerunt. Deus enim sic ab initio salutem humani generis dispensavit, ut primitivam ecclesiam in illo populo institueret, qui sibi carnis consanguinitate erat propinquus. Unde de plebe Judaica primum apostolos elegit, quos quasi fundamentum ecclesiae instituit, quorum praedicatione de eadem plebe multi ad Deum conversi, in se ipsis originem ecclesiae praestiterunt. Deinde in caecitate perfidiae suae Judaica plebe relicta ad gentes, quae tam fide quam cognatione carnis a Christo erant alienae, praedicatio evangelica translata est, et quasi consanguineae copulam Christus aspernatus, de aliena cognatione sibi uxorem elegit, adimplens illud, quod per Prophetam promiserat [32]: In peccatis vestris dimisi matrem vestram quasi adulteram et repudiatam. Et item per alium Prophetam [33]: Vocabo non plebem meam plebem meam. In hujus ergo rei sacramentum consanguineorum conjunctiones primum in Dei populo permissae sunt, nunc autem prohibitae. Et quia non in una familia tantum, sed in omni multitudine gentium populus fidelium invenitur, non de propria cognatione, sed de qualibet alia cuique uxorem ducere conceditur. § 2. Illud autem, quod praecepta legis servanda dicuntur, quae nec evangelicis, nec apostolicis institutis evacuata probantur, verum quidem est; sed quum omnia figuralia Apostolus [34] probet ad tempus esse data, atque ideo veniente veritate affirmet illa non ultra esse servanda, hoc autem, ut supra monstratum est, causa sacramenti a Deo institutum esse probetur: et hoc cum ceteris figuralibus evacuatum certissime constat; quanquam, sicut Apostolus quaedam [35] consulendo add dit, quae evangelicis praeceptis non inveniebantur definita, nec tamen ideo tanquam temeraria vel superflua ab aliis Apostolis sunt repudiata: sic et ecclesia post apostolica instituta quaedam consilia perfectionis addidit, utpote de continentia ministrorum, de confectione mysteriorum, de celebratione officiorum, quae nullatenus respuenda sunt, sed diligenti veneratione suscipienda. Consanguineorum ergo conjunctiones, quamvis evangelicis et apostolicis praeceptis non inveniantur prohibitae, sunt tamen fugiendae, quia ecclesiasticis institutionibus inveniuntur terminatae.

## QUAESTIO II et III.
### GRATIANUS.

Quia ergo a consanguineorum conjunctionibus, sicut probatum est, abstinere oportet, videndum est, usque ad quem gradum a consanguineis propriis abstinere oporteat, vel si ex cognatione propriae uxoris aliquam duci in uxorem liceat?

De his ita scribit Gregorius Papa in Concilio Meldensi [a][1]:

#### C. I. Usque ad septimam generationem nullus de sua cognatione ducat uxorem.

De affinitate consanguinitatis per gradus cognationis placuit usque ad septimam generationem observare [2]. Nam et hereditas rerum, per legales instrumentorum diffinitiones sancita, usque ad septimum gradum protendit heredum successionem. Non enim [3] succederent, nisi eis de propagine cognationis deberetur.

#### C. II. Infamia notentur qui consanguineas ducunt uxores.

Item Calixtus Papa, ep. II. ad episcopos Galliae [4].

Conjunctiones consanguineorum fieri prohibete [5], quando has et [6] divinae et [7] saeculi prohibent leges. Leges ergo divinae hoc agentes, et eos, qui ex eis

---

### NOTATIONES CORRECTORUM.

Quaest. II et III. C. I. [a] Concilio Meldensi: Burchardus, Ivo, auctor Panormiae citant tantum ex conc. Meldensi; Magister: Gregorium. Polycarpus ita habet: Gregorius in decretis. At fieri facile potuit, ut Gregorii decretum in aliquo Meldensi concilio referretur, unde orta sit ista Gratiani citatio.

---

Quaest. I. C. UN. [28] Gen. c. 11. [29] ib. c. 6. [30] Deut. c. 7. v. 4. [31] cf. Esdr. c. 10. [32] Esa. c. 50. v. 1. [33] Ose. c. 2 v. ult. [34] Rom. c. 8. v. 2. [35] cf. Gal. c. 5.
Quaest. II et III. C. 1. [1] Certissimum est, haec neque Gregorii I, neque concilii Meldensis esse. Et videtur quidem capitis auctor ad primam Greg. III. ep. ad Bonifacium respexisse. — Burch. l. 7. c. 16. Ivo Pan. l. 7. c. 84. Decr. p. 9. c. 51. Polyc. l. 6. t. 4. Petr. Lomb. l. 4. dist. 41. [2] observari: Edd. Bas. [3] add.: eis: Edd. Arg. Bas. Nor. Ven. I. = C. II. [4] Caput Pseudoisidori, cf. Conc. Aurel. III. — Burch. l. 7. c. 1. Ans. l. 11. c. 90. (usque ad verb.: repellunt.) Ivo Decr. p. 9. c. 22. [5] prohibentur: orig. — Iv. Decr. — Edd. coll. o. — add.: quare: Edd. exul. [6] et has: Edd. Bas. Lugdd. II. III. — abest a rell. [7] abest ab Edd. Nor. Ven. I. II. — saeculique: Edd. rell.

prodeunt, non solum ejiciunt, sed et maledictos appellant. Leges vero *saeculi infames tales vocant, et ab hereditate repellunt. Nos vero, sequentes patres nostros, *et *eorum vestigiis inhaerentes,* infamia eos notamus, et infames esse censemus, quia infamiae maculis sunt aspersi, nec eos viros, nec accusationes eorum, quos [10] leges saeculi rejiciunt, suscipere debemus. *Et infra:* § 1. Eos autem consanguineos dicimus, quos divinae, et imperatorum, ac Romanorum, atque Graecorum leges consanguineos appellant, et in hereditate suscipiunt, nec repellere possunt.

C. III. *Affines in quinta generatione copulari possunt; in quarta, si fuerint inventi, non separentur.*

*Item* Fabianus Papa [11].

De propinquis, qui ad affinitatem per virum et uxorem veniunt, defuncta uxore vel viro, in quinta generatione conjungantur; in quarta, si inventi fuerint, non separentur. In tertia vero [12] propinquitate non licet uxorem alterius accipere [13] post obitum ejus, Aequaliter vir conjungatur in matrimonio eis, quae [14] sibi consanguineae sunt, et uxoris suae consanguineis post mortem suae uxoris.

C. IV. *Idem* [15].

Qui propinquam sanguinis uxorem ducunt, et separantur, non licebit eis, quamdiu utrique vivunt, alias uxores sibi in conjugio sociare [*nisi* [16] *ignorantia excusentur*].

*Unde* in Concilio apud Vermerias [b] [17]:

C. V. *Non prohibetur ducere uxorem qui ignoranter incestum committit.*

Si quis cum matre et filia fornicatus est [18], ignorante matre de filia, et filia de matre, ille nunquam accipiat uxorem; illae vero, si voluerint, accipiant maritos. Si autem hoc scierint ipsae feminae, absque maritis perpetuo maneant.

C. VI. *Item* ex eodem [c] [19].

Si [20] homo fornicatus fuerit cum muliere, et frater ejus nesciens eamdem duxerit uxorem, frater, eo quod fratri crimen celaverit, septem annos [d] poeniteat, et post poenitentiam nubat. Mulier autem usque ad mortem poeniteat, et [21] sine spe conjugii maneat.

Gratian. *De his vero, qui ignoranter conjunguntur, ceterae auctoritates intelligendae sunt.*

*Unde* Julius Papa [e] [22]:

C. VII. *Ex propinquitate sui sanguinis vel uxoris usque in septimum gradum nullus ducat uxorem.*

Nullum in utroque sexu permittimus ex propinquitate sui sanguinis vel uxoris usque ad [23] septimum generis [24] gradum uxorem ducere, vel incesti macula copulari [25]. Praeterea quoque illud adjecimus, quoniam, sicut non [26] licet cuiquam [27] Christiano de sua consanguinitate, sic etiam nec licet de consanguinitate uxoris suae conjugem ducere propter carnis unitatem.

C. VIII. *Incestuosi nullo sunt digni nomine conjugii.*

*Item* ex Concilio Agathensi, c. 61 [28].

De incestis [29] conjunctionibus nihil prorsus veniae reservamus, nisi quum adulterium separatione sanaverint. Incestuosos [30] vero nullo conjugii nomine deputandos, quos etiam designare funestum est.

§ 1. Hos enim [f] censemus esse, si quis relictam fratris, (quae [31] paene prius soror exstiterat) carnali conjunctione polluerit [32]; si quis frater germanam uxorem acceperit [33]; si quis novercam duxerit;

NOTATIONES CORRECTORUM.

C. V. [b] De capite hoc dictum est sup. 34, qu. 1. et 2.

C. VI. [c] Burchardus etiam et Ivo citant ex concilio apud Vermerias c. 5.; sententia vero habetur in Triburiensi c. 44.

[d] *Septem annos:* Hae duae voces [absunt a Burchardo et Ivone *. Apud Burchardum tamen lib. 19. c. 5., ubi sacerdos de hoc peccato interrogat poenitentem, et consilium dat, haec leguntur: *Si fecisti, eo quod fratrem tuum crimen celasti, septem annos per legitimas ferias poeniteas.* In Triburiensi autem: *praedura arceatur poenitentia, et condigna castigatione.*

C. VII. [e] Caput hoc usque ad vers. *Praeterea.* Burchardus, Ivo, et Panormia (nam Magister ut Gratianus) citant ex conc. Aureliensi c. 10. multa leguntur ad hanc rem pertinentia. Reliqua vero hujus capitis pars in Panormia (nam ceteri collectores non habent) ex eodem concilio refertur; sed a Gratiano supp. 27, qu. 2, c. *Qui desponsatam,* tribuitur Gregorio.

C. VIII. [f] *Hos enim:* Ita est in Agathensi. In Arelatensi autem 3, c. 2, (ubi idem repetitur) et apud Ivonem haec conjunguntur cum superioribus, et legitur: *hos esse.* In Epaunensi c. 30, (in quo idem tractatur argumentum) ductus orationis longe diversus est. In secundo autem Turonico c. 22, (ubi refertur caput illud conc. Epaunensis) ita scribitur: *Incestus vero, nec ullo conjugii nomine praedicandos, praeter illos, quos dinumerare funestum est, hos esse censemus.* In Capitularibus adjectis c. 200, sunt nonnullae partes hujus capitis ex epistolis Gregorii Papae, B. Bonifacio archiepiscopo Moguntino missis.

Quaest. II et III. C. II. [a] *quoque:* Ed. Arg.—*ergo:* Edd. rell. [9] *et—inh.:* absunt a Burch. et Iv. [10] *quas:* Edd. coll. o. = C. III. [11] Imo ex Poen. Theodori apud Petitum c. 11. — Petr. Lomb. ib. — cf. infra c. 13. [12] *tamen:* Edd. coll. o. pr. Arg. [13] *ducere:* Ed. Bas. [14] *qui — consanguinei:* ead. = C. IV. [15] Cap. incertum. [16] *nisi — exc.:* videntur esse Gratiani. = C. V. [17] cf. supra C. 34. qu. 1. et 2. c. 9. [18] *fuerit:* Edd. coll. o. = C. VI. [19] Refertur sententia c. 24. conc. Trib. h. A. 895. — Reg. l. 2. c. 210. Burch. l. 17. c. 13. Ivo Decr. p. 9. c. 75. [20] add: *autem:* Ed. Arg. — *vero:* Ed. Bas. [a] *et* Reg. [21] *et—man.:* absunt a Reg. = C. VII. [22] c. 10. conc. Aurel. III. hab. A. 538. in compendium redactus. — Burch. l. 7. c. 14. Jvo Pan. l. 7. c. 79. Decr. p. 9. c. 49. Petr. Lomb. l. 4. dist. 41. [23] *in:* Burch. Iv.—Edd. coll. o. [24] *generationis:* Ed. Bas. [25] *commaculari:* Coll. citt. [26] cf. C. 27, qu. 2, c. 12. [27] *alicui:* Ed. Bas. = C. VIII. [28] hab. A. 506. — cf. tamen ad c. 30. D. 23. — cf. conc. Aurel. III, c. 2. Epaun. c. 30. Turon. II, c. 22. — Coll. tr. p. p. 2, t. 28, c. 59. — Ivo Decr. p. 9, c. 25. — Priorem particulam referunt Burch. l. 7, c. 4. Aus. l. 11, c. 88. Ivo Decr. ib. c. 40. [29] *incestuosis:* Ed. Arg. [30] *Incestos:* Coll. Hisp.—Iv.—Ed. Bas. [31] *quae — ex.:* absunt ab Iv. [32] *violaverit:* Coll. Hisp. [33] *accipiat:* ead.

si quis consobrinæ suæ[34] se sociaverit[35]; si quis relictæ vel filiæ avunculi misceatur, aut patrui[36] filiæ, aut privignæ suæ; aut[37] qui ex propria consanguinitate aliquam, aut quam consanguineus habuit[38] concubitu polluerit aut duxerit uxorem. Quos[39] omnes et olim, et nunc sub hac constitutione[40] incestos[41] esse non dubitamus, et inter catechumenos usque ad legitimam satisfactionem manere et orare præcipimus. Quod ita præsenti tempore prohibemus, ut ea, quæ sunt hactenus constituta, non dissolvamus. § 2. Sane quibus conjunctio illicita interdicitur, habebunt[5] ineundi melioris conjugii libertatem.

## C. IX. Incestuosi usque ad satisfactionem excommunicentur.

Item ex Concilio Ilerdensi, c. 4[42].

De his, qui incesti[43] pollutione se maculant[44], placuit, 'ut' quousque in ipso detestando et illicito carnis contubernio perseverant, usque ad missam tantum catechumenorum in ecclesia admittantur; cum quibus etiam nec cibum sumere ulli[45] Christianorum, sicut Apostolus[46] jussit, licebit[47].

## C. X. Nullus ducat in uxorem a consanguineo cognitam, vel aliqua pollutione maculatam.

Item Gregorius Papa ad Felicem, Messanæ civitatis Episcopum, lib. XII, epist. 31[48].

Nec eam, quam aliquis ex propria consanguinitate conjugem habuit[49], vel aliqua illicita pollutione maculavit, in conjugium ducere ulli 'profecto' licet[50] Christianorum aut licebit, quia incestuosus est talis coitus, et abominabilis Deo et cunctis hominibus. Incestuosos vero nullo[51] conjugii nomine deputandos a sanctis Patribus 'dudum' statutum esse legimus.

Gratian. Naturæ videlicet ordine; si vero extraordinarie, non sic.

Ait enim Urbanus Papa II. Hugoni, Gratianopolitano[h] episcopo[52].

## C. XI. Extraordinaria pollutio in naturalibus non impedit matrimonium.

Extraordinaria pollutio non nisi[i] naturalibus admissa, vel sæpius reiterata citra maritalem affectum[k], si præbitis sacramentis ita esse constiterit, quemadmodum nobis tuis significatum[53] est literis, non videtur matrimonium impedire, quamvis ipsa sit criminosa et damnabilis.

## C. XII. Nullus ducat in conjugem relictam consanguineorum uxoris suæ[l] usque in tertiam generationem.

### Item Julius Papa[54].

Et hoc quoque statutum est, ut relictam patris uxoris suæ, relictam fratris uxoris suæ, relictam filii uxoris suæ nemo sibi in matrimonium sumat; relictam consanguineorum uxoris suæ usque in tertiam progeniem nemo[55] in uxorem sumat; in quartam[56] autem et in quintam, si inventi fuerint, non separentur.

## C. XIII. A consanguineis propriis vel uxoris pariter cuique est abstinendum.

### Idem[57].

Æqualiter vir conjungatur consanguineis propriis, et consanguineis uxoris suæ.

## C. XIV. In parentela propria et conjugis eadem consanguinitas est observanda.

### Item Isidorus[58] ex Concilio Maciensi[m59].

Sane consanguinitas, quæ in proprio viro observanda[60] est, hæc nimirum in uxoris parentela de lege nuptiarum custodienda est. Quia 'enim' constat eos duos esse[61] in carne una, communis[62] illis ultra-

## NOTATIONES CORRECTORUM.

[5] *Habebunt*: Sic in Agathensi, et apud Ivonem. In Epaunensi legitur: *non habebunt*. Sed in Turonico, in quo citatur Epaunense: *habebunt*. Sic etiam infr. qu 8, c. *Hæc salubriter* ex Gregorio. In Capitulari autem indicato plenius hæc sententia exponitur: *Sed quibus illicita conjunctio interdicitur, nisi hi sunt, quos sanctorum Patrum decreta conjugio copulari prohibent, habebunt ineundi melioris conjugii libertatem.*

C. XI. [h] *Gratianopolitano*: Antea legebatur: *Urbanus II, Gratiano, Neapolitano Episcopo*. Emendatum est ex Polycarpo, et hujus Hugonis mentio est apud Sigebertum ann. 1084, et apud Tritemium in Guidone v. Carthusiæ abbate.

[i] *Non nisi*: In Polycarpo est: *nisi in naturalibus admissa.*

[k] *Affectum*: In eodem legitur: *effectum*.

C. XII. [l] *Uxoris suæ*: Sic emendatum est ex vetustis. Nam in vulgatis erat: *suorum*.

C. XIV. [m] In Panormia citatur, ut hic. Hugo autem: *ex concilio Maticensi*; Burchardus: *Maticensi*; Ivo: *Manticeno*, nulla Isidori mentione facta. In Polycarpo conjuncte ponitur cum c. *Conjunctiones*, sup. eadem, quod quidem est Calixti, Exstat autem in conc. Cabilonensi 2, c. 29, et in Wormaciensi est secunda pars canonis 78.

---

Quæst. II. et III. C. VIII. [34] *sobrinæve*: ead. — *sobrinæque*: Edd. coll. o. [35] *so ciet.*: Coll. Hisp. [36] *patris*: ead. [37] *aut qui — dissolv.*: absunt ab ead. [38] *habuerit*: Edd. coll. o. [39] *Quos — dissolv.*: omissa sunt ab Iv. [40] *institutione*: Edd. coll. o. pr. Bas. Lugdd. II, III. [41] *incestuosos*: Ed. Arg. = C. IX. [42] hab. A. 546. — Burch. l. 7, c. 3. Ivo Decr. p. 8, c. 29. [43] *incesta*: Burc. Iv. [44] *commaculant*: iid. — Coll. Hisp. — Ed. Bas. [45] *ullum*: Iv. [46] *ait Ap. vel jussit*: Coll. Hisp. [47] *oportet*: ead. Burch. Iv. — cf. 1 Cor. c. 5, v. 11. = C. X. [48] Ep. supposita. — Ans. l. 10, c. 41. Ivo Decr. p. 9, c. 26. [49] *habuerit — maculaverit*: Ed. Bas. [50] *verba: licet, et art*: absunt ab Edd. coll. o. pr. Bas. [51] *in null.*: Ed. Bas. — cf. supra c. 8. = C. XI. *ita Edd. coll. o. [52] Ep. temporis incerti. — cf. Iv. ep. 252, ad Hildebertum. — Polyc. l. 6, t. 1. [53] *designatum*: Edd. Arg. Bas. = C. XII. ita Edd. coll. o. pr. Arg. Bas. [54] Imo ex Theodori pœn. c. 11, apud Petitum. — Petr. Lomb. l. 4, dist. 41. [55] add.: *sibi*: Edd. Bas. Lugdd. II, III. [56] *quarta, — quinta*: Edd. coll. o. — Bohm. = C. XIII. [57] cf. supra c. 3. — Burch. l. 7, c. 6. Ivo Decr. p. 9, c. 45. Polyc. i. 6, t. 4. Petr. Lomb. ib. omnes ex *Julio*. = C. XIV. [58] cf. conc. Cabil. II, hab. A. 813, c. 29, et in Worm. hab. A. 868, c. 78. — Burch. l. 7, c. 8. Ivo Pan. l. 7, c. 69. Decr. p. 9, c. 44. Petr. Lomb. ib. — cf. Hug. a S. Vict. de sacr. l. 2, p. 11, c. 15. [59] *Maticensi*: Ed. Bas. [60] *conservanda*: ead. — *servanda*: Edd. rell. [61] *fuisse*: Burch. Iv. — Edd. coll. o. [62] *ideoque comm.*: Iv. Pan. — ead.

que parentela censenda est, sicut scriptum est: *Erunt duo in carne una.*

**C. XV.** *Nurus non est aliter deputanda quam filia.*
Item Augustinus *lib. XXII, contra Faustum, c.* 61.

Si vir et uxor non jam duo, sed una caro sunt, non aliter est nurus deputanda, quam filia.

**C. XVI.** *Usque ad septimam generationem progeniem suam unumquemque servare oportet.*

Item Gregorius Papa *Episcopis Galliæ*.

Progeniem suam unumquemque usque ad septimam decernimus observare generationem, et, quamdiu se agnoscant affinitate propinquos, ad conjugalem copulam accedere denegamus. Quod si fecerint, separentur.

**C. XVII.** *De eodem.*
Item Nicolaus Papa II. *Amalphitanæ Ecclesiæ Suffraganeis.*

De consanguinitate sua uxorem nullus ducat usque post generationem septimam, vel quousque parentela cognosci poterit. § 1. Laicus vero uxorem simul et concubinam habens non communicet ecclesiæ.

**C. XVIII.** *Quousque inter aliquos generatio recordatur aut in memoria retinetur, sibi invicem non copulentur.*

Item ex Concilio Wormaciensi, c. 32.

In copulatione fidelium generationis numerum non definimus, sed 'id' statuimus, ut nulli Christiano liceat de propria consanguinitate seu cognatione uxorem accipere, usque dum generatio recordatur, cognoscitur aut memoria retinetur.

**C. XIX.** *Ex propinquitate sui sanguinis usque ad septimum gradum nullus ducat uxorem.*

Item ex Concilio Lugdunensi.

Nulli ex propinquitate sui sanguinis usque ad septimum gradum uxores ducant, neque sine benedictione sacerdotis. Qui autem nupturi erant, a sacerdote benedicti nubere audeant, nec aliter præsumant.

Gratian. *Præmissis auctoritatibus quisque prohibetur a conjunctione consanguineorum usque ad septimam generationem. Sed objicitur illud* Gregorii *ad* Augustinum, Anglorum Episcopum, c. 6.

**C. XX.** *Anglis permittitur, ut in quarta vel in quinta generatione copulentur.*

Quædam lex 'terrena in' Romana 'republica permittit, ut sive fratris et sororis, seu duorum fratrum germanorum, seu duarum sororum filius et filia misceantur. Sed experimento didicimus, ex tali conjugio sobolem non posse succrescere, 'et' sacra lex prohibet cognationis turpitudinem revelare'.

## NOTATIONES CORRECTORUM.

**C. XVI.** Burchardus et citat et refert ut Gratianus; Hugo, auctor Polycarpi, et Magister citant absolute Gregorium. Anselmus et Ivo ex epistola B. Gregorii ad Felicem. In Panormia est conjuncta utraque inscriptio hoc modo: *Ex epistola Gregorii episcopis Galliæ missa, epistola 51, lib. 12.* Exstat vero caput hoc in Capit., l. 6, c. 80, et in a jectis est prior pars capitis 200, quod in indice tribuitur Gregorio Papæ ex epistolis B. Bonifacio, archiepiscopo Moguntiæ missis. Ac sane in ultima Gregorii II, epistola tomis conciliorum inserta legitur prior pars usque ad vers. *Generationem.*

* *Unumquenque:* Apud B. Gregorium, Anselmum, et Ivonem, hoc loco sunt interjecta: *de his, qui fideliter educti sunt, et jam firma radice plantati stant inconvulsi.*

P *Quod si fecerint, separentur:* Hæc non habentur, nisi apud Burchardum. Apud B. Gregorium, Anselmum, et Ivonem sequuntur conjuncte cum superioribus verba cap. *Nec eam,* supra eadem.

**C. XIX.** Ceteri etiam collectores citant ex Lugdunensi. In nonnullis Gratiani codicibus est: *ex Lugdensi.* B. Bonifacius in epistola ad Zachariam Papam mentionem facit synodi Lundunensis, habitæ a discipulis B. Gregorii, in qua de incestis actum fuerat. Simile habetur in Capitul. lib. 6, c. 128. In concilio etiam Remensi Trosleiano c. 8, inter alia multa leguntur hæc: *Et alibi in canonibus præceptum, ut nemo usque ad affinitatis lineam et propinquitatem sui sanguinis connubia ducat; neque virginitas sine benedictione sacerdotis quis nubere præsumat.*

**C. XX.** Verba hujus capitis usque ad versic. *Sed idem,* sunt apud B. Gregorium. Verum simul hæc et sequentia sunt apud Joannem Diaconum in vita B Gregorii lib. 2, c. 38, a 57. Hugo, Burchardus, Ivo et Panormia citant: *ex epistola Joannis Constantinopolitani episcopi ad Felicem episcopum Siciliæ.* Recitantur præterea hæc eadem B. Gregorii verba in duabus epistolis Alexandri II, una, quæ refertur ab Ivone part. 9, c. 6, et in Panormia lib. 7, c. 55 et 56, altera, quæ refertur infr. quæst. 5, c. *Ad sedem.* Multa autem in hoc capite restituta sunt ex B. Gregorio, et Joanne Diacono.

---

Quæst. II et III. C. XIV. utrimque : conc. Worm. credenda : id. — Burch. Iv. — Edd. Arg. Bas.— cedenda. Edd. Nor. Ven. I, II. Gen. c. 2, v. 24. = C. XVI. Prior cap. pars est in ep. 1. Greg. III (scr. A. 751.) ad Bonifacium c. 5; altera in 13. ep. (scr. A. 726.) Greg. II, ad eumdem, c. 1. — cf. tamen apocrypham Greg. epist. ad Felicem Mess. — Burch. l. 7, c. 11. Ans. l. 10, c. 40 (41). Ivo Pan. l. 7, c 76. Decr. p. 9, c. 26. Hug. ib. Petr. Lomb. l. 4, t. 40. Polyc. l. 6, t. 4. * hæc. leg. in apocr. ep. ad Felicem. *servare:* Ed. Bas. " et Iv. Pan. et Hug. = C. XVII. Legitur in conc. Rom. hab. A. 1059, c. 11, 12, et in ep. Nic. II, ad ep. suffr. Amalph. eccl. scr. A. eod. — Petr. Lomb. ib. *ad* : conc. Rom. = C. XVIII. hab. A. 868. — Reg. l. 2, c. 262. Burch. l. 7, c. 2. Ivo Decr. p. 9, c. 39. *aut cogn.* : Edd. coll. o. *in mem.* : cæd. — Bohm. = C. XIX. cf. Cap. Reg. Fr. l. 6, c. 130. — Burch. l. 7, c. 43. Ivo Pan. l. 7, c. 73. Decr. p. 9, c. 48. Petr. Lomb. ib. *ante innupti erant* : Burch. Iv. Decr. — *nupti erant* : Pan. = C. XX Sumtum est hoc cap. ex Joanne Diacono l. 2, c. 38. — cf. ep. ad Augustinum, ep. 64 (scr. A. 601.) l. 11. Ed. Maur., et apocrypham epist. ad Felicem ep. Messan. — Burch. l. 7, c. 19, 20. Ans. l. 10 c. 13, (38, 39). Ivo Pan. l. 7, c. 71, 72. Decr. p. 9, c. 55, 56. Polyc. l. 6, t. 4. — Hug. a S. Vict. l. 2, p. 11, c. 16. etr. Lomb. l. 4, t. 42. dist. 40. *lex in Rom. rep.* : Burch. Iv. Decr. Hug. *ut fratris sive sororis* : orig. — *ut sive, frater et soror* : Burch. Iv. Decr. Hug. — *ut sive fratris, sive sororis* : Edd. coll. o. pr. Bas. *et — rev.* : abest a Coll. citt.

Unde necesse est, ut in quarta vel quinta generatione fidelium licenter sibi conjungantur.

§ 1. Sed idem humillimus Pater Gregorius, post multum temporis a Felice Messanæ Siciliæ civitatis præsule requisitus, utrum Augustino scripserit, ut Anglorum in quarta generatione contracta matrimonia minime solverentur, inter cetera talem responsionem reddidit : Quod scripsi Augustino Anglorum gentis episcopo, alumno videlicet, ut recordaris, tuo, 'de sanguinis' conjunctione*, ipsi, et Anglorum genti, quæ nuper ad fidem venerat, ne a bono, quod cœperat, metuendo austeriora recederet, specialiter, et non generaliter ceteris me certissime scripsisse cognoscas. Unde et mihi omnis Romana civitas testis exsistit. Nec ea intentione hæc illis scriptis mandavi, ut post, quam firma radice in fide fuerint solidati, si infra propriam consanguinitatem inventi fuerint, non separentur, aut infra affinitatis lineam, id est usque ad septimam generationem, jungantur. Sed adhuc illos neophytos exsistentes, sæpissime eos prius illicita docere, et verbis ac exemplis instruere, 'et quæ post de talibus egerint rationabiliter et fideliter excludere' oportet. Nam juxta Apostolum, qui ait : *Lac dedi vobis potum, non escam, 'ista' illis modo, non posteris,* ut præfixum est, temporibus tenenda indulsimus, ne bonum, quod infirma 'adhuc' radice plantatum erat, erueretur, sed aliquantulum firmaretur, et usque ad perfectionem custodiretur.

C. XXI. *In quinta vel sexta generatione nullus amplius copuletur conjugio.*

Item objicitur illud Cabilonensis Concilii :
Contradicimus, ut in quarta, vel in quinta sextaque generatione nullus amplius conjugio copuletur. Ubi autem post interdictum factum fuerit inventum, separetur.

Gratian. *Hac auctoritate cum sexta generatione interdicitur conjugium, in septima permitti videtur. Sed gradus cognationis secundum quosdam varie com-* A putantur. *Alii namque patrem in primo gradu, filios in secundo ponunt. Alii primum gradum filios appellant, negantes, gradum cognationis inter patrem et filium esse, quum una caro probentur pater et filius. Auctoritates ergo, quæ consanguinitatis copulam usque in septimum gradum prohibent, patrem ponunt in primo gradu; illæ vero, quæ usque ad sextum gradum prohibent, primum gradum filios appellant, atque ita fit, ut eædem personæ secundum hanc diversitatem inveniantur in sexto vel septimo gradu.* § 1. Item illud Fabiani, *quo affines in quinta generatione copulari jubentur, videtur esse contrarium illi decreto Julii Papæ: Sicut non licet ulli Christiano de sua consanguinitate uxorem ducere, sic etiam non licet de consanguinitate uxoris suæ conjugem ducere propter carnis unitatem. Similiter etiam invenitur contrarium illi capiti Gregorii: Nec eam, quam ex propria consanguinitate conjugem habuit,* etc. *Sed illud Fabiani intelligendum est de duabus sororibus, vel personis inter se affinitate conjunctis, ut sunt uxores duorum fratrum; si contigerit unam earum alicui matrimonio copulari, post mortem ejus vir non poterit affinem superstitem in conjugem ducere, nisi in quinto gradu affinitatis inveniantur. Unde, qui novercam alicujus in uxorem duxerit, post mortem ejus uxorem privigni ducere non poterit. Hinc etiam idem Julius Papa alibi ait: Relictam consanguineorum uxoris suæ* (non ait consanguineam uxoris suæ, sed relictam consanguineorum uxoris suæ) *usque in quartam generationem nullus ducat in uxorem. Paschalis vero Papa II, scribens Regino Episcopo, tertium genus affinitatis assignat, cujus copula non ultra secundum gradum invenitur prohibita. Ait enim:*

C. XXII. *Duorum consobrinorum conjuges uni eidemque nubere non possunt.*

Porro duorum consobrinorum conjuges, quamvis diversis temporibus, viro uni alteram post alterius obitum nubere, ipsa præter auctoritatem canonicam

NOTATIONES CORRECTORUM.

*Inquarta*: Apud B. Gregorium, nec multo secus apud Joannem Diaconum est : *necesse est, ut jam tertia vel quarta generatio fidelium licenter sibi jungi debeat. Nam secunda, quam diximus, a se omnino debet abstinere,* et hoc modo recitatur in epistola Alexandri infr. quæst. 5, c. *Ad sedem,* § *Hanc computationem.* In altera tamen ejusdem Alexandri epistola, quæ proxima superiore notatione est indicata, legitur : *jam quarta vel quinta.* Et hanc lectionem secutus est ille, qui hoc loco casum apposuit.

C. XXI. Ex Cabilonensi citant ceteri etiam collectores, et Hugo. Exstat lib. 5. Capit. c. 99. Exceptis autem verbis illis : *vel in quinta sextaque,* reliqua fere eadem leguntur in concilio Moguntino sub Carolo c. 54, et altero Moguntino sub Rabano c. 30, et in Wormaciensi in priore parte canonis 78. Nam posterior pars est c. *Sane consanguinitas,* supra allatum.

Quæst. II et III. C. XX. [79] *jam* : eæd. — abest ab Edd. Arg. Bas. [80] *generatio* : orig. — Burch. Ans. Iv. Decr. — Edd. Arg. Bas. Nor. Ven. I. [81] *fideles* : Hug. [82] *jungantur* : Coll. citt. [83] *rationem* : eæd — Edd. Arg. Bas. Nor. Ven. I. [84] abest ab Ed. Bas. [85] *consanguinitatis* : orig. — Coll. citt. [86] *acceperat* : Edd. Arg. Bas. [87] abest ab Iv. Pan. [88] abest a Coll. citt. [89] abest ab orig. [90] *hæc ei* (*eis* : Ed. Bas. — *illis* : Coll. citt.) *scripsi mandata* : Edd. coll. o. — Coll. citt. [91] *conjung.* : Ed. Bas. [92] *Sed quod adhuc illis neophytis existentibus eis primum illicita consentire, et eos* : Edd. coll. o. et Coll. citt., a quibus verba asterisco signata pariter absunt. [94] *doc. vitare* : orig. 1 Cor. c. 3, v. 2. [95] *exureretur* : Edd. Bas. [96] *cæptum* : orig. = C. XXI. [97] Imo ex Mogunt., hab. A. 813., c. 54, quod recte allegat Reg. l. 2, c. 226. — Burch. l. 6, c.18. Ivo Pan. l. 7, c 70. Decr. p. 9, c. 54. Hug. ib. [98] *vel quint., vel in sext.* : Ed. Bas. — *vel sept.* : absunt a Reg. et orig. [99] *in coni.* : Ed. Bas. [100] *fuerit, separentur* : Reg. [101] supra c. 3. [102] ib. c. 7. [103] ib. c. 10. [104] ib. c. 12. [105] cf. ad C. 30, qu. 3, c. 5. — Ans. l. 10, c. 54 (53). Polyc. l. 6, t. 4.

publicæ honestatis justitia contradicit. Et novit prudentia tua, quia ita ab uxoris, sicut a viri consanguineis, abstinendum est.

Gratian. *Illud autem Gregorii et Julii Papæ intelligitur de consanguinitate viri vel uxoris, ut post mortem alicujus eorum nulli de cognatione defuncti superstes matrimonio copuletur. Demonstratum est, usque ad quem gradum quisque a propria consanguinitate vel cognatione suæ uxoris abstinere debeat.*

## QUÆSTIO IV.
### GRATIANUS.

*Modo quæritur, quare usque ad sextum gradum consanguinitatis, conjunctio prohibeatur? De his ita scribit Isidorus Etymologiarum lib. IX, c. 6* [a] [1]:

CAP. [UN. *Quare usque ad sextum gradum consanguinitas observetur.*

Consanguinitas dum se [2] paulatim propaginum [3] ordinibus dirimens usque ad ultimum gradum subtraxerit [4], et propinquitas esse desierit, eam [5] rursus lex matrimonii vinculo repetit, et quodammodo revocat fugientem [6]. Ideo autem usque ad sextum generationis [7] gradum consanguinitas constituta [8] est, ut sicut sex ætatibus mundi generatio [9], et hominis status finitur, ita propinquitas generis tot gradibus terminaretur [10].

## QUÆSTIO V.
### GRATIANUS.

*De gradibus vero consanguinitatis, quomodo computandi sint, Isidorus sic loquitur* [a] [1]:

C. I. *Quomodo dirimuntur gradus consanguinitatis.*

Series consanguinitatis sex gradibus hoc modo dirimitur: filius et filia, quod est frater et soror, sit ipse truncus; illis seorsum sejunctis ex radice illius trunci egrediuntur isti ramusculi: nepos, neptis: **primus**; pronepos, proneptis: **secundus**; abnepos, abneptis: **tertius**; atnepos, atneptis: **quartus**; trinepos, trineptis: **quintus**; trinepotis filius [2] et trinepotis [3] filia [4] : **sextus** [1].

C. II. *Quomodo sint computandi gradus consanguinitatis.*

*Item Alexander Papa II* [5], *omnibus Episcopis et Clericis, nec non Judicibus per Italiam constitutis* [b] [6].

Ad sedem apostolicam perlata est quæstio noviter exorta de gradibus consanguinitatis, quam quidam legum et canonum imperiti excitantes, eosdem propinquitatis gradus contra sacros canones et ecclesiasticum morem numerare nituntur, novo et inaudito errore affirmantes, quod germani fratres vel sorores inter se sint in secunda generatione, filii eorum vel [7] filiæ in quarta, nepotes vel neptes eorum in sexta. Talique [8] modo progeniem computantes, et in hujusmodi sexto eam gradu terminantes, dicunt, deinceps viros ac mulieres inter se posse nuptialia jura contrahere. Et ad hujusmodi profanum errorem confirmandum in argumentum assumunt sæculares leges, quas Justinianus imperator promulgavit de successionibus consanguineorum [9]. Quibus confisi ostendere moliuntur, fratres in secundo gradu esse numeratos [10] filios eorum in quarto, nepotes [11] in sexto. Sic seriem genealogiæ terminantes, numerationem sanctorum Patrum et antiquam ecclesiæ computationem ad nos usque perductam perversa quadam calliditate disturbare nituntur. Nos vero Deo annuente hanc quæstionem discutere curavimus in synodo habita in Lateranensi consistorio, convocatis ad hoc opus episcopis, et clericis, atque judicibus diversarum provinciarum. § 1. Denique diu ventilatis legibus et sacris canonibus distincte invenimus, ob aliam atque aliam causam alteram legum fieri, alteram canonum computationem. In legibus siquidem ob nihil aliud ipsorum [12] graduum mentio facta est, nisi ut hereditas vel successio ab una ad alteram personam inter consanguineos deferatur. In

### NOTATIONES CORRECTORUM.

Quæst. IV. C. un [a]. Caput hoc emendatum est ex B. Augustino, lib. 15. de civit. Dei c. 16, unde primo videtur sumtum.

Quæst. V. C. I. [a] Burchardus, et Ivo, et Panormia, qui citant partim Isidorum, partim ex dictis Isidori, ex hoc, et capite *Consanguinitas* supra qu. 4, unum caput faciunt, et habent : *Series consanguinitatis septem gradibus, etc.*

C. II [b]. Sic est emendatum ex Hugone, Anselmo et Polycarpo, qui hanc eandem epistolam recitant.

Ab Ivone autem et in Panormia referuntur duo capita alterius epistolæ ejusdem Alexandri eodem cum hac argumento scriptæ clericis Neapolitanis, sive, ut in Panormia, metropolitanis. Et apud Gratianum erat conjuncta utraque inscriptio, hoc modo: *Neapolitanis clericis, et omnibus episcopis atque judicibus per Italiam constitutis.* Ex iisdem vero Hugone, et Anselmo, et Polycarpo multa in toto hoc capite sunt emendata.

---

Quæst. IV. C. un. [1] cf. Aug. de civ. Dei l. 15, c. 16.— Burch. l. 7, c. 10. Ivo Pan. l. 7, c. 75. Decr. p. 9, c. 46. Hugo a S. Vict. l. 2, p. 11, c. 14. Petr. Lomb. l. 4, dist. 40. [2] *sæpe* : Edd. Arg. Bas. Nor. [3] *propaginem* : eæd. [4] *se subtr.* : Edd. coll. o. [5] *tunc primum lex in matrim. vinculum recipiet, et — revocabit* : eæd. [6] add. : *consanguinitatem* : Ed. Bas. [7] *generis* : Isid. — Burch. Iv. Decr. Hug. — Ed. Bas. [8] *statuta* : Edd. coll. o. [9] add. : *recordatur* : Ed. Bas. [10] *terminetur* : Coll. citt. — Edd. coll. o.

Quæst. V. C. I. [1] Non sunt hæc ap. Isidor. — cf. Coll. citt. ad. c. un. C. 35 qu. 4. [2] *nepos* : Coll. citt. [3] *trineptis sextus* : Iv. Decr. [4] *neptis* : Burch. Iv. Pan. Hug. — Ed. Bas.=C. II. [5] scr. A. 1065.— Ans. l. 14, c. 92 (91). Polyc. l. 6, t. 4.— Partem refert Hugo a S. Vict. l. 4. [6] *Al. II, Neapolitanis cler., et omn. Epp. atque jud., per It. const., scribit de hujusmodi ita dicens*: Edd. coll. o. [7] *et* : eæd. [8] *tali quoque* : Ed. Bas. [9] *Inst. l. 3, t. 5, et 6.* [10] *numerandos* : Edd. Bas. Lugdd. II. III. [11] add. : *et neptes* : Edd. coll. o: [12] *ipsa* : eæd.

canonibus vero ob hoc progenies computatur, ut aperte monstretur, usque ad quotam generationem a consanguineorum sit nuptiis abstinendum. Ibi præscribitur, ut hereditas propinquis modo legitimo conferatur; hic vero, ut rite et canonice inter fideles nuptiæ celebrentur. In legibus distincte non numerantur gradus, nisi usque ad sextum [13]; in canonibus autem usque ad septimam distinguuntur [14] generationem. Hac igitur de causa, quia hereditates nequeunt [15] deferri nisi de una ad alteram personam, idcirco curavit sæcularis imperator in singulis personis singulos præfigere [16] gradus. Quia vero nuptiæ sine duabus non valent [17] fieri personis, ideo sacri canones duas in uno gradu constituere personas. § 2. Utramque tamen computationem, si attente ac subtiliter perspecta fuerit, idem sensisse, et eandem [18] esse in eis sententiam, atque ad eundem terminum convenire, manifestissimum erit. Justinianus namque usque ad quem gradum consanguinitas ipsa perduret, in suis legibus non definivit. Canones vero ultra septimam nullam numeravere [19] generationem. Sexto quippe gradu determinato, in ipsis legibus subintulit imperator [20]: *Hactenus ostendisse sufficiat, quemadmodum gradus cognationis [21] numerentur. Namque ex his palam est [22] intelligere, quemadmodum ulteriores 'quoque' gradus numerare debeamus. Generata quippe persona 'semper' [23] gradum adjicit.* Ecce in his 'brevibus' [24] verbis aperte ostenditur, tales gradus, quales isti computant, non tantum usque ad sextum, verum etiam ultra numerari debere, quippe quum ultra sextum ulteriores gradus numerandos esse decernat. Ubi enim ulteriores nominat gradus, aperte indicat, non sex tantummodo esse gradus, sed sex finitis adhuc alios numerandos. Nec mirum, quum in præcedentibus ipse firmaverit imperator, decimo etiam gradu [25] 'consanguineos sibi inter se posse succedere. Quum decimum nominat non esse tantummodo sex, luce clarius confitetur. § 3. Hi ergo evigilent, et aciem mentis, si possunt, intendant, quos hactenus istiusmodi perculit [26] error. Enimvero, ubi secundum leges inter agnatos vel cognatos defertur successio, consanguineos esse non dubium est. Neque enim sibi succederent, nisi inter se 'parentelæ vinculo tenerentur. Succedunt autem inter se', teste Justiniano, in decimo gradu [27]; consanguinei igitur sibi sunt qui sibi [28] succedunt. Quod si in decimo gradu consanguinei sibi exsistunt, non est terminata consanguinitas (ut isti fatentur) in sexto tantummodo

A gradu. Quid igitur dicent [29]? Computatis namque gradibus, sicut isti numerant, aut finitur consanguinitas in sexto gradu, aut non. Si [30] finitur, fallaces erunt leges, quibus isti nituntur, quæ in decimo gradu sibi succedere consanguineos jubent. Quod si non finitur consanguinitas in isto [31] sexto gradu, falsidici erunt isti, qui ultra illum sextum gradum nolunt computare consanguinitatem. Igitur aut leges erunt falsæ, aut isti, qui sic finiunt generationem. § 4. Sed, ut veridicæ leges et veraces sint canones, dicamus hoc [32], quod veritas habet, scilicet, quod non terminatur consanguinitas in hujusmodi sexto gradu, sed terminatur secundum canones in septimo gradu. Utraque enim computatio, sicut superius diximus, uno fine concluditur. Namque

B duo gradus legales unum gradum [33] canonicum constituunt [34]. Fratres itaque, qui secundum sæculares leges dicuntur in secundo gradu, juxta canones numerantur in primo. Filii fratrum, qui illic numerantur in quarto, hic computantur in secundo; nepotes vero, qui in sexto ibi, istic numerantur in tertio; sic deinceps, qui 'in' legibus scribuntur [35] in octavo et decimo, in canonibus definiuntur in quarto et quinto. Atque hoc modo de reliquis sentiendum [36] est, ut qui secundum canones dicuntur in sexto vel septimo, secundum leges accipiantur [37] in duodecimo vel quarto decimo. § 5. Hanc computationem intelligens prudentissimus [38] Papa Gregorius, dum quæreretur, in quota generatione conjungi fideles debeant, ipsas sæculares leges in tes-

C timonium [39] adducens, Augustino Anglorum episcopo sic rescripsit [40]: *Quædam terrena lex in Romana republica permittit, ut sive fratris et sororis, sive duorum fratrum germanorum, seu duarum sororum filius et filia misceantur. Sed experimento didicimus, ex tali conjugio sobolem non posse succrescere. Unde necesse est, ut jam in tertia vel in quarta generatione copulatio fidelium licenter sibi conjungi debeat. Nam* [41] *a secunda, quam prædiximus, omnimodo* [42] *debent abstinere* [43]. Ecce hic aperte monstratur, filios et filias fratrum in secunda generatione numerari. Et [44] si fratrum filii et filiæ numerantur in secunda, fieri non potest, ut ipsi fratres non sint in prima. Quod si fratres computantur in prima, filii eorum in secunda,

D dubium non est, quin eorum nepotes sint in tertia, pronepotes in quarta, et sic de reliquis usque ad septimam [45]. § 6. Sed sunt quidam, qui ex his Gregorii [46] verbis, quibus ait, ut in tertia vel quarta generatione copulentur fideles, occasionem accipiunt

---

Quæst. V. C. II. [13] *sextam*: Edd. Lugdd. II. III. — add.: *gradum*: Ed. Bas. [14] *distinguitur*: Edd. coll. o. pr. Bas. [15] add.: *ultra*: Ed. Bas. Luggdd. II. III. [16] *præficere*: Ed. Bas.—*perficere*: Edd. rell. [17] *possunt*: Ed. Bas. [18] *eadem esse in sententia*: Ans. Hug. [19] *numerant*: Ans. — Edd. coll. o. [20] Tit. 6, l. 5. [21] *consanguinitatis*: Ed. Bas. [22] *erit*: ead. [23] *abest ab* Ans. et Hug. [24] *absunt ab* Ans. [25] *decimum etiam gradum, quod dicendo non esse,* etc.: Edd. coll. o. [26] *pertulit*: Edd. Arg. Bas. Par. Lugd. 1. [27] add.; *sibi attinerent*: Edd. coll. o. [28] *sic sibi*: exed. [29] *dicerent*: exed. pr. Bas. [30] add.: *autem*: Edd. coll. o. [31] *hujusmodi*: exed. [32] *id*: exed. [33] abest ab iisd. pr. Bas. [34] *efficiunt*: Ed. Bas. [35] *inscribuntur*: Edd. coll. o. pr. Bas. [36] *sciendum*: Ed. Bas. [37] *accipiuntur*: Edd. coll. o. pr. Bas. [38] add.: *pater noster*: Ed. Bas. [39] *testamentum*: ead. [40] cf. supra qu. 2. et 3, c. 20. [41] *nam secunda, quam dix., a se omnimodo debet abstinere*: Greg. [42] *omnino*: Ed. Bas. [43] *debet abstineri*: Ans. [44] *Sed*: Ed. Bas. [45] *sept. gradum*: ead. [46] *sancti Greg.*: ead.

illicita matrimonia contrahendi, dicentes, se hoc juste facere posse [47], quod prudentissimus doctor sua sententia diffinivit. Isti itaque, qui se hoc velamento defendere nituntur, advertant in ejusdem Patris sententiis, hoc non generaliter cunctis, sed specialiter Anglorum genti mandasse. Nam postmodum a Felice Messanæ [48] Siciliæ præsule requisitus, an [49] hoc, quod Augustino mandaverat, generaliter cunctæ ecclesiæ tenendum esset, apertissime firmavit [50], non aliis hoc, quam illi genti mandasse, ne bonum, quod cœperant [51], metuendo austeriora desererent; sed et illis, postquam in fide essent firma radice solidati, et universali ecclesiæ censuit semper esse tenendum, ut nullam de propria consanguinitate vel affinitate infra septimam generationem aliquis sibi audeat conjugio copulare. § 7. Ecce aperte monstratum est 'et' ex verbis ipsius legis et auctoritate prudentissimi papæ Gregorii, quid de gradibus consanguinitatis numerandis sentire debeamus. Quamvis alia quoque ratio pari modo ipsos revincat [52] adversarios. Nam si, ut ipsi fatentur, in illo sexto gradu consanguinitas finiretur, omnes personarum ramusculos, qui ultra illum gradum in pictura arboris continentur, velut superfluos oporteret detruncari. Sed quia omnes, qui in prædictæ arboris pictura numerantur [53], ex una parentela consistunt, nunquam sine diminutione consanguinitatis a se poterunt separari, veluti non sine damno cujusque personæ valent a proprio corpore manus, brachia et pedes truncari. § 8. Illa quoque sacrorum [54] præceptio canonum, quæ jubet a propria abstineri [55] consanguinitate, quamdiu generatio recordatur aut [56] memoria retinetur, nec a prædicta parentelæ discrepat computatione. Nam in [57] septem gradibus, si canonice et usualiter numerentur [58], omnia propinquitatum nomina 'continentur'. Ultra quos nec consanguinitas invenitur, nec nomina graduum reperiuntur, nec successio potest amplius prorogari, nec memoriter ab aliquo generatio recordari. § 9. Ne vero in hac consanguinitatis computatione aliqua dehinc valeat ambiguitas remanere, aliam, quam quidam faciunt, numerationem in hac etiam [59] disputatione [60] duximus finiendam [61]. Sunt enim quidam, qui non a fratribus, sed a filiis eorum, id est patruelibus vel consobrinis, genealogiam numerare incipiunt, dicentes, filios fratrum in prima generatione computari debere, quia fratres quasi quidam truncus, ex quo ceteri ramusculi oriuntur [62], exsistunt. Sed nec ista graduum computatio, si bene intellecta fuerit, ab ea, quam superius exposuimus, in sententia poterit esse diversa. Isti enim, qui numerandi initium sumunt a filiis fratrum, non progrediuntur ultra sextam generationem; sed [63] sicut totius mundi sex ætates exsistunt, et humanæ vitæ itidem sex, ita et in consanguinitate sex tantummodo autumant computandas esse generationes, quibus finitis novæ conjunctionis dicunt posse fieri initium, ut quasi fugientem possint revocare consanguinitatem. § 10. Hæc itaque computatio, quæ incipit a fratrum filiis, et numerat usque ad sextam 'generationem', tantundem valet, quantum ea, quæ incipit a fratribus, et computat [64] usque ad septimam. Nec ulla in sensu existit [65] diversitas, quamvis in numero graduum varietas videatur. Ultima enim generatio, si initium numerandi sumat a fratribus, septima invenitur; si a filiis fratrum, reperitur [66] sexta. Taliter igitur determinatis gradibus consanguinitatis, apostolica vos auctoritate monemus [67], fratres et filii, ut omnibus sic seriem genealogiæ computandam esse intimetis, quemadmodum sancti Patres numerandam esse sanxerunt, et antiquus mos sanctæ et universalis ecclesiæ per longa tempora olim computasse monstratur. Nam, si quis perversa et obstinata mente a recto tramite apostolicæ sedis deviare voluerit, et aliter, quam nos, in nuptiis celebrandis gradus parentelæ numerare contenderit, primum pro sua temeritate cœlesti pœna plectetur, postmodum vero gladio perpetui anathematis se noverit jugulandum. 'Data Romæ etc.

C. III. *Quare consanguinitas uxoris ad virum pertinere dicatur, et quomodo affinitas sit computanda.*

Item Gregorius Papa c [68].

Porro [69] de affinitate, quam dicis [70] parentelam esse, quæ ad virum ex parte uxoris, seu quæ ex parte viri ad uxorem pertinet, manifestissima ratio est, quia, si secundum divinam sententiam ego et uxor mea sumus una caro, profecto mihi et illi mea suaque parentela propinquitas una efficitur. Quocirca

### NOTATIONES CORRECTORUM.

C. III. c In Polycarpo caput hoc item ac sequens recitatur ex Zacharia. Ac sane Gratianus in extremis verbis sequentis capitis indicat caput hoc fuisse etiam Zachariæ.

---

Quæst. V. C. II. [47] *tam prud.*: Ans.— Edd. coll. o. [48] add. *civitatis*: Edd. Bas. Lugdd. II. III.—cf. supra c. 20, qu. 2, et 3. [49] *si*: Ans. — Ed. Bas. [50] *monstravit*: Edd. coll. o. [51] *inceperant*: Ed. Bas. [52] *devincat*: Edd. Bas. Lugdd. II, III. [53] *continentur*: Edd. coll. o. [54] *sanctorum*: Ed. Bas. [55] *abstinere*: Edd. coll. o. pr. Bas. [56] *aut in*: Ed. Bas. [57] *in his*: Edd. Bas. Lugdd. II. III.—sic in : Bohm. [58] *numeretur*: Edd. coll. o. pr. Bas. Lugdd. II, III, missis quæ sequuntur : *omn. pr. nom.* [59] add. : *alia*: Edd. coll. o. pr. Arg. [60] *computatione*: Ed. Bas. [61] *discutiendam*: Edd. coll. o. [62] *oriantur*: Ed. Bas. [63] cf. supra qu. 4, c. un. [64] *computatur*: Edd. coll. o.. [65] *consistit*: exd. [66] *invenitur*: Ed. Bas. [67] *admonemus*: Edd. coll. o. = C. III. [68] Hoc et seq. cap. desumta sunt ex ep., quam Gregorio I scribenti ad Venerium Caralitanum falso tribuunt. Zachariæ tribuit Mans. t. 42, p. 256.—Polyc., l. 6, t. 4. Petr. Lomb. l. 4, dist. 41. [69] add. : *autem* : orig. ap. Mans.— Ed. Bas. [70] *dicis*: Edd. Lugdd. II, III.

ego et soror uxoris meæ in uno et primo gradu erimus, filius vero ejus in secundo gradu erit [71] a me, neptis vero tértio [72]; idque [73] utrinque in ceteris agendum est successionibus. § 1. Uxorem vero propinqui* mei*, cujuscunque gradus sit, ita me oportet attendere, quemadmodum ipsius quoque gradus aliqua femina propriæ propinquitatis sit. Quod nimirum uxori [74] de propinquitate viri sui in [75] cunctis cognationis gradibus convenit observari. Qui vero aliorsum sentiunt Antichristi sunt, a [76] quibus tanto fortius [77] vos oportet cavere, quanto apertius deprehenditis illos divinis legibus repugnare [78].

C. IV. *Qualiter parentelæ gradus computantur.*
*Item* Zacharias Papa.[79]

Parentelæ gradus taliter computamus [80] : Siquidem ego et frater meus una generatio sumus, primumque gradum efficimus, nulloque gradu distamus. Rursus filius meus fratrisque mei filius secunda generatio sunt, ac gradum secundum faciunt, nec a se aliquo gradu separantur. Atque ad hunc modum ceteræ successiones numerandæ [81] sunt. Porro de affinitate, quam dicitis parentelam, etc., *ut superiore capite Gregorii.*

C. V. *Æquivocatio est, quum soror uxoris cognata vocatur.*
*Item* Alexander Papa II [d] [82].

Quod autem frater sororve uxoris tuæ cognati tui dicuntur, æquivocationis jure fit, et necessitate vulgaris appellationis potius quam ulla causa cognationis. Uxor enim fratris fratrissa potius quam cognata vocatur. Mariti frater levir dicitur. Duorum autem fratrum uxores vocantur janitrices *, quasi eandem januam terentes †, vel per eandem januam intrantes. Viri soror glos appellatur [83]. Sororis autem vir non habet speciale nomen, nec uxoris frater.

C. VI. *Nomina graduum superiorum, sive inferiorum, sive ex latere venientium.*
*Item* Isidorus [f] [84].

Primo gradu superiori linea continentur pater A mater : inferiori filius, filia ; quibus nullæ aliæ personæ junguntur. § 1. Secundo gradu continentur superiori linea avus, avia; inferiori nepos, neptis; transversa [85] frater, soror ; quæ personæ duplicantur. Avus enim [86] et avia tam ex patre quam ex matre accipiuntur. Quæ personæ sequentibus quoque [87] gradibus similiter pro substantia earum [88], in [89] quo gradu consistunt, ipso ordine duplicantur. (*Istæ personæ secundo* [90] *gradu ideo duplices appellantur, quia duo avi sunt, paternus* [91] *et maternus. Item duo genera nepotum sunt, sive ex filio sive ex filia procreati. Frater et soror ex adverso* [92] *veniunt, id est, aut frater* [g] *patris, aut frater matris, qui aut patruus, aut avunculus nominatur : qui et ipsi hoc ordine duplicantur.*) § 2. Tertio gradu veniunt supra B proavus, proavia ; infra pronepos, proneptis. Ex obliquo fratris sororisque filius, filia, patruus, amita, id est patris frater et soror, avunculus, matertera, id est frater matris et soror. § 3. Quarto gradu veniunt supra abavus, abavia ; infra abnepos, abneptis. Ex obliquo fratris et sororis nepos, neptis, frater patruelis, soror patruelis, id est patrui filius, filia; consobrinus, consobrina, id est avunculi et materteræ filius, filia ; amitinus, amitina, id est amitæ filius, filia ; itemque consobrini, qui ex duabus sororibus nascuntur; quibus accrescit [93] patruus magnus, amita magna, id est avi paterni frater et soror, avunculus magnus, matertera magna, id est aviæ tam paternæ quam maternæ frater et soror. § 4. Quinto gradu veniunt, supra quidem atavus, atavia, infra atnepos [94] atneptis. Ex obliquo fratris et sororis pronepos, proneptis, fratris patruelis, sororis patruelis, amitini, amitinæ, consobrini, consobrinæ filius, filia, propior [95] consobrinus [96], propior [97] consobrina [98], id est patrui magni, amitæ magnæ, avunculi magni, materteræ magnæ filius, filia ; his [99] accrescunt propatruus, proamita. Hi sunt proavi paterni frater et soror, proavunculus, promatertera. Hi sunt proaviæ paternæ, maternæque frater, et

NOTATIONES CORRECTORUM.

C. V. [d] In Polycarpo etiam refertur proxime post c. *Ad sedem*, ut ad eundem Alexandrum pertinere videatur. A verbo autem : *uxor*, usque ad finem habentur apud Isid., l. 9, c. fin.

* *Janitrices* : Ita etiam legebatur in l. *Non facile*, ff. de gradibus, ante, quam locus ab Alciato esset restitutus, lib. 2, disp. c. 23 Quamobrem nihil mirandum, si Isidorus, aut alius quispiam allatam hic D etymologiam excogitavit. Nunc autem in lege illa est εἰωτέρες.

C. VI. [f] Caput hoc recitatum etiam ab Hugone, et collectoribus, exstat in libro sententiarum Pauli, additis non uno in loco verbis Aniani interpretis. Pleraque tamen habentur etiam apud Isidorum, l. 9, c. 5.

[g] *Id est, aut frater* : Hoc usque ad vers. *Qui et ipsi*, non sunt loco indicato *, sed tantum apud collectores.

QUÆST. V. C. III. [71] *erit a me* : non sunt ap. Mans. [72] *in tert. gradu* : Ed Bas. [73] *eoque modo* ; Mans. [74] add. : *meæ* : id.— Edd. coll. o. [75] *et — observare* : id. [76] *a quib. etc.* : absunt a Maus, t. 12. [77] *sollicitius* ; Edd coll. o. pr. Lugd. I. [78] *oppugnare* : Ed. coll. o. = C. IV. [79] Polyc. ib. Petr. Lomb., l. 4, dist. 40. [80] *a nobis computatur* : Mans, l. 12 [81] *num. sunt* : absunt ab Edd. Arg. Nor. — *succ. sunt* : Ed. Bas. — *succ. sunt habendæ* : Edd. rell. = C. V. [82] Isid. Etym., l. 9, c. fin. — cf. Corr. — Polyc. ib. Petr. Lomb., l. 4, dist. 41. — † *tenentes* : Edd. coll. o. [83] *vocatur* : Ed. Bas. = C. VI. [84] Imo Paulus Sent. rec., l. 4, t. 11 juncta interpr., quæ in parenthesi a nobis est posita et diverso a rell. charactere expressa. — Burch, l. 7, c. 28, Ivo Pan., l. 7, c. 89, Decr., p. 9, c. 64. Hug. a S. Vict, l. 2, p. 11, c. 14. [85] *in trans.* : Edd. coll. o. — Burch Iv. Decr. — *interversa* : Iv. Pan. — *in transverso* . Hug [86] abest ab Ed. Bas. [87] *quibuscunque* : orig. [88] *eorum* : Edd. coll. o. — Iv. Pan. [89] *quæ in quoque* : orig. — *quæ in quo* : Coll. citt.— Isid. [90] *in sec.* : Coll. citt.— Edd. coll. o. [91] *et pat* : exd. [92] *transveis.* ? exd.—orig. * *sunt tamen in interpr.* [93] *accessit* : Iv. Decr. [94] *abnepos, abneptis* : Edd. Bas. [95] *proconsobrinus, proconsobrina* : Hug.— *proprius* : Burch. Iv. Pan. [96] *sobrinus* : orig. Ed. Bas. [97] abest a Coll. citt. [98] *sobrina* : orig.— Ed. Bas. [99] *quibus accrescit* : Iv. Pan. — *quib. accrescunt* : Coll. rell. — Edd. coll. o.

soror, proavique materni. (*Hæc species nec aliis gradibus, quam scripta est, nec aliis vocabulis declarari potest.*) § 5. Sexto gradu veniunt supra tritavus, tritavia; infra trinepos, trineptis. Ex obliquo fratris et sororis abnepos, abneptis, fratris patruelis, sororis patruelis amitini, amitinæ, consobrini, consobrinæ nepos [100], neptis [1], patrui magni, amitæ magnæ, avunculi magni, materteræ magnæ nepos, neptis, id est propioris sobrini [101] filius, filia, qui consobrini, appellantur. Quibus ex latere accrescunt propatrui, proamitæ, preavunculi, promaterteræ filius, filia, abpatruus, abamita. Ili sunt abavi paterni frater et soror; abavunculus, abmatertera. Ili sunt abaviæ paternæ maternæque frater et soror, abavique materni. (*Hæc [102] quoque explanari amplius non potest [103], quam ut auctor ipse disserrit.*) § 6. Septimo gradu qui sunt cognati recta linea supra infraque propriis nominibus non appellantur; sed ex transversa linea continentur fratris sororisque atnepos, atneptis, consobrini filii filiæque. § 7. Successionis ideirco gradus septem [104] constituti sunt, quia ulterius per rerum naturam nec nomina inveniri, nec vita [105] succedentibus prorogari [106] potest. (*In his [107] septem [108] gradibus omnia [109] propinquitatum nomina continentur, ultra quos nec affinitas inveniri, nec [110] successio [111] potest amplius propagari [112].*)

Gratian. *De gradibus consanguinitatis vel affinitatis, quot sint, quomodo computandi, quibus etiam appellentur nominibus, auctoritate Isidori, atque Gregorii, et Alexandri sufficienter monstratum est* [113].

## QUÆSTIO VI.
### GRATIANUS.

I. Pars. *Nunc quæritur, quibus accusantibus vel testificantibus consanguineorum conjunctio dirimenda sit?*

De his ita decrevit Fabianus Papa [1]:

C. I. *Consanguinei tantum, vel, si progenies defecerit, antiqui et veraces propinquitatem in synodo computent.*

Consanguineos extraneorum nullus accuset, vel consanguinitatem in synodo computet; sed propinqui, ad quorum notitiam [2] pertinet, id est pater, mater, frater, soror, patruus, avunculus, amita, matertera, et eorum procreatio. Si autem progenies tota defecerit, ab antiquioribus et veracioribus [3], quibus eadem propinquitas nota sit, episcopus canonice perquirat, et, si inventa fuerit propinquitas, separentur.

### C. II. PALEA.
[Cœlestini Papæ *Decretum Ecclesiæ Florentinæ missum* [a] [b].]

« Videtur nobis, quod secunda, quam contra prohibitionem ecclesiæ duxit, non sit uxor, etiamsi primam non haberet desponsatam. Nam quod contra interdictum et ordinem ecclesiæ factum est, tanquam inordinatum [4] ratum non haberi, tam divinæ quam humanæ legis proclamat auctoritas. Quia igitur ea, quam inordinate superduxit, prohibitione renitente uxor non est, cogendus est eam recipere, quam juravit et desponsavit, et ex ea prolem genuit, ut juramenti religio non vilipendatur, et fides ad invicem promissa servetur, et proles in cultu Dei nutriatur et educetur, et alii exinde occasionem pejerandi [5] et alios decipiendi assumere non valeant. § 1. Quod autem parentes, fratres et cognati utriusque sexus in testificationem [6] suorum ad matrimonium conjungendum vel dirimendum admittantur, tam antiqua consuetudine [7] quam legibus approbatur. Ideo enim maxime parentes [8], et, si defuerint parentes, proximiores admittuntur, quoniam unusquisque suam genealogiam cum testibus et chartis, tum etiam [9] ex recitatione [9] majorum scire laborat. Qui [10] enim melius recipi debent, quam illi, qui

---

### NOTATIONES CORRECTORUM.

Quæst. VI. C. II. [a] *Hæc Palea deest in plerisque vetustis exemplaribus. Habetur extra, qui matrimonium accus. poss. c. 3, ex Clemente III, al. Cœle-*stino, Florentino episcopo, al. ecclesiæ Florentinæ: indeque ex aliquot manuscriptis est emendata, verbis aliquot et additis, et sublatis.

---

Quæst. V. C. VI. [100] *nepos, neptis*: absunt a Coll. citt. [101] *consobrini*: eæd. Edd. coll. o. [102] *Hi*: Edd. coll. o. pr. Bas. [103] *possunt*: eaed. — Coll. citt. [104] *sex*: Edd. coll. o. [105] *ultra successio*: eæd. — Iv. Pan. [106] *propagari* Edd. eæd. [107] *add.*: *enim*: Ed. Par. Lugd. [108] *sex*: Edd coll. o. [109] *omnium prop. omnia nom.*: eæd. [110] *add.*: *ultra*: Ed. Bas. [111] *add.*: *consanguinitatis*: Edd. coll. o. pr. Bas. [112] *prorogari*: Edd. coll. o. Iv. Decr. [113] Arborem consang. et affinitatis, cum ipsa Io. Andreæ lectura, ne in singulis Decretalium collect. repeti debeat (quod in Ed. Rom. factum), est dabimus ad exitum editionis nostræ.
Quæst. VI. C. I. [1] cf. l. 2, t. 7, c. 9. Theod. cod. juncta interpr. — Burch., l. 7, c. 21. Ans., l. 10, c. 60 (67). Ivo Pan., l. 7, c. 84. Decr., p. 9, c. 57. Polyc., l. 6, t. 4. Petr. Lomb., l. 4, dist 41 [2] *notam*: Iv. Pan.— *ad quos tota progenies pertinet*: Ans. [3] *venerationibus*: Iv. Pan. Edd. Bas. = C. II. [4] De cretum Cœlestin. II, cf. c. 1, de matr. contra interd. eccl. in Comp. 1, et c. 3, X qui matrim. accus. possunt. [5] *peccandi*: Edd. coll. o. [6] *testificatione filii vel filiæ*: Comp. I. [7] *tam antiqu. cons. legibus approbata, quam* (et : Edd. coll. o.) *divinis et humanis legibus approbatur* (approbantur : Edd. Bas, Ven. I, II). *In dirimendo autem matr. ideo maxime parentes recipiuntur, sive si defuerint par., proxim. admitt.*: Edd. coll. o. [8] *par. recipiuntur, sive si*: Comp. I. [9] *exercitatione*: Comp. I. — *cum exercitatione et recitatione*: Edd. coll. o. Bas. [10] *Quia igitur aliis melius sciunt, ideo maxime admittuntur. Similiter recipiuntur et in testificatione matrimonii conjungendi*: Edd. coll. o.

melius sciunt, et quorum est interesse, ita ut, si non interfuerint, et consensum non adhibuerint, secundum leges nullum fiat matrimonium? §. 2. Quod vero legitur [11]: *Pater non recipiatur in causa filii, nec filius in causa patris*, in criminalibus causis et contractibus verum est; in matrimonio * vero * conjungendo [12] et disjungendo * ex * [13] ipsius conjugii prærogativa, et quia favorabilis res est, congrue recipiuntur. »

C. III. *Qui jurejurando propinquitatem firmare debeant.*

Item Urbanus Papa *Richardo* [14] *Genuensi Episcopo.*

Notificamus tibi, ut post, quam tres aut duo ex propinquioribus jam defunctæ uxoris ejus [15], qui accusatur, vel vivæ, hanc propinquitatem jurejurando firmaverint, vel [16] tres aut duo ex antiquioribus Genuensibus [17], quibus hæc propinquitas nota est [18], qui bonæ famæ et veracis testimonii sint, remoto amore, timore, pretio et omni malo studio, supradicto modo consanguinitatem firmaverint, sine omni mora conjugia dissolvantur. Quod si propinqui aut extranei verbis tantum propinquitatem testantur, et juramento probare * vel * [19] noluerint, vel nequiverint, conjugium nullatenus dissolvatur; sed competens eis pœnitentia propter infamiam vel peccati maculam (si forte in hac re [20] contraxerint aliquam) injungatur.

C. IV. *Suæ confessioni relinquuntur quorum incestum nullus jurejurando affirmat.*

Item ex Concilio Urbani Papæ *habito in Apulia* [21].

Si duo vel tres viri consanguinitatem jurejurando firmaverint, vel ipsimet [22] forte confessi fuerint, conjugia dissolvantur. Si vero neutrum contigerit, episcopi eos per baptismum [23], per fidem, per judicium Christi in vera obedientia obtestentur, quatenus palam faciant, utrum se (sicut est fama) consanguineos [24] recognoscant. Si negaverint, sibi ipsis relinquendi sunt; ita tamen, ut, si aliud [25] in conscientia habeant, se a liminibus ecclesiæ, a corpore et sanguine Domini, a fidelium communione noverint segregatos, atque infames effectos, donec ab incesti facinore desinant. Si se episcoporum judicio segregaverint, si [26] juvenes sunt, alia matrimonia contrahere non prohibeantur.

II. Pars. Gratian. *Ecce, quibus accusantibus vel testificantibus consanguineorum conjunctiones sunt dirimendæ. Cujusmodi vero juramentum ab accusatore sit exigendum,* ex Romano Ordine [b] *habetur. Est autem hujusmodi* [27] *:*

C. V. *Juramentum accusatoris.*

De parentela illa, quam dicunt esse inter illum N. [28] et istam ejus conjugem N., quicquid inde scis et [29] audisti a tuis vicinis, aut a tuis propinquis antiquioribus, *quod* tu per nullum ingenium, nec propter timorem, nec propter amorem, aut per [30] præmium, aut per [31] consanguinitatem celabis episcopum [32] tuum, aut ejus missum, cui hoc inquirere [33] jusserit, quandocunque te ex hoc interrogaverit. Sic te Deus adjuvet, et istæ [34] sanctorum reliquiæ.

C. VI. *Juramentum testium.* [35]

Illud [36] sacramentum, quod iste juravit de illa parentela, quæ inter illum N. et ejus conjugem N. computatur, quod tu illud observabis, in quantum sapis *aut audisti*. Sic te Deus adjuvet.

III. Pars. Gratian. *Hoc juramentum non est separationis, sed synodale, institutum ab* Eutychiano Papa. *Ait enim* [37] *:*

C. VII. *Synodale juramentum.*

Episcopus in synodo residens, post congruam allocutionem septem ex plebe ipsius [38] parochiæ, vel eo amplius, prout viderit expedire, maturiores, honestiores, atque veraciores viros in medium debet evocare [39], et allatis sanctorum pignoribus unumquemque illorum tali sacramento constringat [40]: Amodo [41] in antea quicquid nosti aut audisti, aut postmodum inquisiturus es, quod contra Dei voluntem, et rectam [42] Christianitatem in ista parochia

---

### NOTATIONES CORRECTORUM.

C. IV. [b] *Ordine*: Ceteri Collectores * citant non ex *Ordine*, sed ex conc. Romano sub Gregorio III. Ex quibus collectoribus, et vetustis Gratiani exemplaribus nonnulla sunt emendata in hoc, et in sequentibus capitibus.

QUÆST. VI. C. II. [11] cf. fr. 2. Dig. de test. (22, 5). — [12] *contrahendo*: Edd. coll. o. [13] *et ex*: Bohm. = C. III. [14] Legendum est cum Iv. Decr., p. 9, c. 33: *Cyriaco*: qui episcop. Januensis factus est, c. A. 1090. — Pan., l. 7, c. 85. [15] *vel vivæ ejus, qui acc.*: Edd. coll. o. [16] add.: *si*: eæd. — *vel per quatuor aut per duos*: Iv. Pan. [17] *Januens*: Edd. coll. o. Arg. [18] *sit*: Edd. coll. o. [19] abest ab Iv. Pan. [20] *in hoc*: Edd. coll. o. = C. IV. [21] conc. Troi. ab A. 1093. — Ivo Decr., p. 9, c. 53. Petr. Lomb. ib. [22] *ipsi*: Edd. coll. o. [23] *baptismi fidem*: Edd. Bas. [24] add.: *esse*: Edd. coll. o. [25] *quid*: Edd. Bas. [26] *qui*: Edd. coll. o. = C. V. * nec tamen Burch. et Iv Decr., qui omni inscr. carent. [27] Non est libro Rom. ordinis, et videtur pariter ac seqq. Reginoni (l. 2, c. 251 — 255) tribui debere. — Burch., l. 7, c. 25. Ivo Pan. l. 7, c. 87. Decr., p. 9, c. 61. Polyc., l. 6, t. 4. [28] *literæ: N. et N.*: omissæ sunt a Reg. Iv. Pan. et Edd. coll. o. pr. Bas. — *verba*: *illum et istam*: absunt ad Ed. Bas. — *inter istum et istam*: Edd. rell. — Iv. Pan. [29] *vel*: Reg. — *aut*: Burch. Iv. — Edd. coll. o. [30] *propter*: Edd. coll. o. [31] *propter*: eæd. [32] *ep. tuo aut ejus misso*: eæd. — Reg. [33] *requirere*: Edd. coll. o. [34] *istorum*: eæd. — *et — vel*: absunt a Reg. = C. VI. [35] cf. ad c. 5. — Reg., l. 2, c. 232. Burch., l. 7, c. 26. Ivo Pan., l. 7 c. 87. Decr., p. 9, c. 62. [36] *istud*: Reg. Burch. = C. VII. [37] cf. adc. 5. — Reg., l. 2, c. 2, seq. Burch., l. 1, c. 91—93. Ans., l. 6, c. 152 (157). [38] *ejus*: Edd. coll. o. [39] *advocare*: eæd. [40] *constringere*: eæd. [41] *ut am*: eæd. [42] *totam*: Edd. Bas. Lugd. l.

factum sit aut futurum erit, si in diebus tuis evenerit [43], tantum 'ut' ad tuam cognitionem quocunque modo perveniat, si scis, aut tibi fuerit indicatum synodalem causam esse, et ad ministerium episcopi pertinere, quod tu nec propter amorem, nec propter timorem, nec propter pretium, nec propter parentelam ullatenus celes [44] episcopum [45], aut ejus missum, cui hoc inquirere jusserit, quandocunque te ex hoc interrogaverit. Sic te Deus adjuvet, et istae [46] sanctorum reliquiae. Illud [c] sacramentum, quod iste juraverit [47] de synodali causa, quod tu illud ex te ita observabis, in quantum sapis, aut audisti, aut ab hac die in antea inquisiturus es. Sic te Deus adjuvet, etc.

IV. Pars. Gratian. *Ab hoc juramento illud sumtum est, principio paululum derivato. Porro de juramento separationis Innocentius Papa II scribit Othoni Lucensi Episcopo, dicens* [48]:

C. VIII. *Juramentum illorum, qui consanguinitatem probant.*

De parentela illa, unde nos consulere voluisti, pro qua etiam est ad nostram audientiam appellatum, aliorum fratrum scripta suscepimus, qui utique causam ipsam diverso modo narrabant. Et primo quidem tam in gradibus quam in nominibus personarum discordasse, postmodum vero in altero eorum computatores ejusdem parentelae dicuntur convenisse. Ceterum in hujusmodi casibus summopere consideranda est qualitas personarum, quae aliquid contra quoslibet adstruere velint, quae etiam jusjurandum praestare debent, quod neque gratia, neque pretio vel timore, vel odio alicujus hoc dicunt contra eos, de quibus agitur; sed potius, quia credant [49] ita verum esse, et ita se a suis antecessoribus audivisse. In quibus omnibus non debet aliqua varietas vel contrarietas inveniri.

V. Pars. Gratian. *Qui vero separantur ab invicem, hujusmodi juramentum praestabunt* [a]:

C. IX. *Juramentum separationis.*

Ab isto die in antea 'quod' tu per nullum ingenium te sociabis [51] huic tuae consanguineae [d] 'N., cum qua contra legem et rectam Christianitatem adulterium et incestum perpetrasti', nec in conjugio, nec in adulterio 'illam tibi sociabis', nec cum illa ad unam mensam manducabis et [52] bibes, aut sub uno tecto manebis, nisi 'forte' in [53] ecclesia, aut in alio publico loco, ubi nulla mala suspicio possit esse, et [54] ibi coram testibus idoneis pro certa necessitate pariter colloquamini; nec aliam conjugem accipies, nisi forte post peractam poenitentiam tibi licentia data fuerit ab episcopo tuo, aut ejus misso. Sic te Deus adjuvet, 'et istae sanctorum reliquiae'.

VI. Pars. Gratian. *Occasione vero consanguinitatis uxorem suam dimittere, et aliam ducere non licet alicui, nisi causa primum probata fuerit.*

*Unde Alexander Papa II* [55], *Guilielmo de Monstrolio* [56]:

C. X. *Nisi coram ecclesia consanguinitate probata uxorem dimittere non licet.*

Multorum relatione cognovimus, te propriam velle abjicere uxorem, et adhaerere alteri, praetendentem consanguinitatis occasionem. Unde apostolica auctoritate interdicendo mandamus tibi, ut hanc, quam nunc habes uxorem, nullatenus praesumas dimittere, vel aliam ducere, donec [57] episcoporum religiosorum concilium [58] causam istam examinaverit [59].

VII. Pars. Gratian. *Recepturus vero eam, quam injuste dimisit, hoc modo jurabit:*

C. XI. *Reconciliationis juramentum* [60].

Ab isto die in antea istam conjugem 'tuam' N., quam injuste dimiseras, ita tenebis, sicut 'per rectum' [61] maritus suam debet habere conjugem in dilectione et debita disciplina; nec eam per ullum malum ingenium a te separabis, nec ea vivente aliam accipies. Sic te Deus adjuvet, 'etc.'

Gratian. *Quod autem unius testimonio conjugia apud quosdam dirimuntur, nulla ratione ratum habetur. Quum enim Dominus dixerit* [62]: *Omne verbum stabit in ore duorum vel trium testium; item quum in Ilerdensi concilio, c. 20, dicatur* [63]: *Omnis controversia, quae de ecclesiasticis rebus fit, secundum divinam legem sub duobus vel tribus testibus terminetur, Domino dicente* [64]: *Non unus stet contra alium* [65], *sed in ore duorum vel trium testium stet*

### NOTATIONES CORRECTORUM.

C. VII. [c] *Illud:* Burchardus legit: *istud*, et ante haec verba praeponit hanc rubricam: *Juramentum ceterorum*.

C. IX. [d] *Consanguineae:* Quae sequuntur usque ad vers. *Perpetrasti*, addita sunt ex Burchardo et D Ivone, itemque alia nonnulla.

C. XI. [e] *Contra alium:* In Deuteronomio haec adduntur: *quicquid illud peccati et facinoris fuerit.* In evangelio autem sunt tantummodo sequentia: *ut in ore duorum,* etc.

QUÆST. VI. C. VII. [43] *evenit*: Edd. coll. o. pr. Bas. [44] *celare debeas*: Reg. [45] *episcopo de Treveris aut ejus misso*: Reg. — *episcopo* (add.: *tuo*: Ed. Bas. Lugdd. II, III) *aut ejus misso*: Edd. coll. o. [46] *illae*: eaed. — Bohm. [47] *ita* Reg. Ans. — "*Reliqui ita jurent*: Reg. [48] *juravit*: Reg. Burch. — Edd. coll. o. pr. Lugdd. = C. VIII. [49] scr. c. A. 1142. [50] *credunt*: Edd. Bas. = C. IX. [51] Auctor est ipse Regino, l. 2, c. 235. — Burch., l. 7, c. 27. Ivo Pan., l. 7, c. 88. Decr., p. 63. Polyc., l. 6, t. 4. [52] *consociabis*: Ed. Bas. [53] *aut*: Edd. Bas. Lugdd. II, III. [54] *in una*: Edd. coll. o. pr. Bas. [55] *ut*: Reg. Burch. Edd. coll. o. — Bohm. = C. X. [56] Ep. temporis incerti. [57] *Monasteriolo*: Iv. Decr. — *Monstreolo*: Ed. Bas. — *Monsterolo*: Ed. Arg. — *Monstrolico*: Edd. rell. — Iv. Pan. [57] *donec apud*: Edd. coll. o. — Iv. Pan. [58] *consilium*: Edd. Arg. Nor. Ven. I, II. [59] *justam examinaveris*: Edd. coll. o. — Iv. Pan. C. XI. [60] Imo ipse Regino, l. 2, c. 240. — Burch., l. 9, c. 81. Ivo Pan., l. 7, c. 217. Polyc. ib. [61] *per rect.*: absunt ab Iv. Pan. [62] Deut., c. 19, v. 15. [63] ab A. 546. Burch., l. 7, c. 17. Ivo Pan., l. 7, c. 83. Decr., p. 9, c. 52. [64] Deut., c. 19, v. 15. — Matth., c. 18, v. 16. [65] *aliquem*: Vulg.

omne verbum; » item quum alibi dicatur : Nullius personæ ¹ quantumlibet exercitatæ testimonio aliquid credatur : *evidentissime apparet*, *unius assertione conjugia non esse dirimenda.*

## QUÆSTIO VII.
### GRATIANUS.

Quod autem quæritur, si illi, qui de incestuosis nascuntur, *filii reputentur*, Augustinus in lib. quæstionum super *Leviticum* cap. *seu* qu. 76 determinat, ita dicens :

C. UN. *Non appellantur filii, qui de incestuosis nascuntur.*

Quid est ¹ : *Quicunque dormierit cum cognata sua* ª, *sine filiis morietur*, quum filii ex hujusmodi conjunctionibus et ante nati sint ², hodieque nascantur? An hoc intelligendum est lege Dei constitutum, ut quicunque ex eis nati fuerint non deputentur filii, id est ³, nullo parentibus jure succedant?

## QUÆSTIO VIII.
### GRATIANUS.

De his vero, qui ignoranter conjuncti sunt, in quo gradu consanguinitatis vel affinitatis *ex dispensatione ecclesiæ relinquantur*, Gregorius *in Regesto definit*, dicens ª ¹ :

C. I. *Non separentur qui infra septimam generationem ignoranter copulantur.*

De gradibus vero cognationum, qui infra septimam generationem in matrimonio sunt inventi, si nescientes ² fecerint, et ' jam ' multa curricula annorum sint ³ revoluta, ita ut filios habeant, in sexto qui inventi sunt, aut fortasse in quinto, hujusmodi non separentur, donec nos Domino permittente ore ad os loquamur. Hoc autem dico secundum indulgentiam, non secundum imperium. Qui vero de his duobus gradibus novas contraxisse nuptias videntur, id est

infra anni coronam, modis omnibus separentur. De cetero vero generalia per omnem provinciam statuta percurrentia taliter firmentur, ut nullus audeat deinceps tale scelus perpetrare, et qui fecerint sine retractionis misericordia acrioribus ⁴ puniti ultionibus separentur. Hi vero, qui propinquas sanguinis uxoris suæ in matrimonio sibi sociaverunt, sicut jamdudum vobis scripsimus, qui in eodem gradu inventi sunt, separentur, aut suspendatur eorum causa, usque dum nos insimul Domino auxiliante conveniamus. Idem : § 1. De his, qui ᵇ post ⁵ mortuas uxores secundas contrahere nuptias voluerint ⁶, juste et honeste et rationabiliter prospeximus, ab earum consanguineis usque ad quartum gradum genealogiæ abstinere ⁷. Hoc ⁸ nos secundum indulgentiam sanctæ matris ecclesiæ mitius prælibavimus. Ceterum juxta sæcularium ᶜ legum censuram dignis coercitionibus gravibusque disciplinæ inventionibus ⁹ hæc omnia mala et illicita modis omnibus resecanda ¹⁰ sunt, ut in futuro deinceps tempore cuncta quiescant.

C. II. *In quarto et quinto gradu qui conjuncti inventi fuerint separentur.*

Idem *Felici*, *Messanæ civitatis Episcopo* ᵈ ¹¹.

Hæc salubriter præcavenda sancimus, ne quis fidelium propinquam ¹² sanguinis sui, usquequo affinitatis lineamenta generis successione cognoscuntur ¹³, matrimonio sibi desideret copulare ¹⁴, sed, sicut ᵉ a majoribus nostris definitum est, ita modis omnibus observetur, quoniam usque ad septenarium numerum parentelæ nulli unquam copulam contrahere licentiam damus, his videlicet, qui ex patre et matre consanguinitatis parentela descendunt. Qui autem ¹⁵ et quæ in quarto vel in quinto gradu conjuncti inventi ¹⁵ fuerint, separentur, quoniam scriptum est ¹⁷ : *Omnis homo ad proximam sanguinis sui non accedet* ¹⁸, *ut revelet turpitudinem ejus*; et ite-

### NOTATIONES CORRECTORUM.

*Nullius personæ* : In codice Theodosiano, l. 11, tit. 14, leguntur hæc verba : *et nunc manifeste sancimus, ne unius omnino testis responsio audiatur, etiamsi præclaro curiæ honore præfulgeat*, quorum similia recitantur ab Ivone, p, 16, c. 204. Et Gratianus, supr. 6, qu. 2, in princ. hanc eamdem fere sententiam attulit.

QUÆST. VII. C. UN. ª *Quicunque dormierit cum cognata sua* : Hæc verba non sunt hic apud B. Augustinum, sed initio ipsius, quæst. 76.

QUÆST. VIII. C. I. ª In Polycarpo citatur ex Gregorio in Decretis.

ᵇ *De his, qui* : In Policarpo hæc verba sunt ex eod. Gregorio, sed habentur conjuncte cum c. *De*

*affinitate*, supr. qu. 2 et 3, et proxime antecedunt huic cap. *De gradibus.*

ᶜ *Juxta sæcularium* : De pœna incestorum est in novella 12, Justiniani, et in Capitul., l. 7, c. 432 et 435, et in adjectis, c. 124 et 127.

C. II. ᵈ Integrum cap. *Hæc salubriter*, ut est apud Gratianum, etiam ab Anselmo citatur ex Gregorio. In Polycarpo autem sequitur post c. *Pyctacium*, supr. 30, qu. 5, attributum Zachariæ. In conc. Tolet. II, c. 5, quod referunt Burchardus et Ivo, habentur cetera hujus c. verba, præter ea, quæ indicabuntur.

ᵉ *Sed, sicut* : Hæc usque ad vers. *Separentur*, absunt a concilio, Burchardo et Ivone.

---

QUÆST VII. C. UN. ¹ Levit., c. 20, v. 21. ² *sunt* : Edd. coll. o. pr. Lugdd. II, III. ³ *et nullo* : Edd. coll. o.

QUÆST. VIII. C. I. ¹ Caput incertum et a Gregorii M. temporibus plane alienum. Polyc., l. 6, t. 4. ² *nescienter* : Edd. coll. o. ³ *sunt* : eæd. ⁴ *acrius* : Edd. coll. o. pr. Arg. Lugdd. II, III. ⁵ *mortua uxore* : Edd. coll. o. ⁶ *volunt* : Edd. Bas. ⁷ *abstineri* : Edd. coll. o. ⁸ *hæc* : Edd. Arg. Bas. ⁹ *invectionibus* : E d. Arg. Bas. Nor. Ven. l. ¹⁰ *refutanda* : Edd. col. o. = C. II. ¹¹ Non exstat apud Greg.; est tamen ex parte in conc. Tol. II, hab. A. 531, ex quo referunt Burch., l. 7, c. 6. Ivo Decr., p. 9, c. 42. — Ans., l. 10, c. 39 (40). Polyc. l. 6, t. 4. ¹² *ad prop.* : Ed. Bas. Lugd. II, III. ¹³ *cognoscit, in* : Coll. Hisp. — Burch. Iv. ¹⁴ *copulari* : ead. — iid. — Ed. Bas. — ¹⁵ *etiam* : Edd. coll. o. pr. Bas. ¹⁶ abest ab Edd. Bas. ¹⁷ Levit., c. 18, v. 6. ¹⁸ *accedat* : Coll. Hisp. — Burch. Iv. Edd. coll. o.

rum [19] : *Anima, quæ fecerit quippiam ex istis* [20], *peribit de medio populi sui.* Sane quibus [f] conjunctio interdicitur illicita, habebunt incundi conjugii melioris libertatem.

*Nisi in eodem* [g] *crimine usque ad mortem alterius eorum contumaciter perseveraverint.*

Unde in Aureliancnsi Concilio [h] [21] :

C. III. *Non ducant uxores qui usque ad mortem alterius in incestu perseveraverint.*

Incestuosi [22], dum in ipso detestando atque nefando scelere manent, non inter fideles Christianos, sed inter gentiles aut catechumenos habeantur; id est, cum Christianis non sumant cibum nec potum, sed soli faciant hoc; non osculentur, nec salutentur ab eis. Et si suis sacerdotibus inobedientes exstiterint, et a tam nefando scelere se [23] segregare, atque ad publicam pœnitentiam redire noluerint, inter eos habeantur, qui spiritu periclitantur immundo, vel etiam inter eos, de quibus per se veritas ait [24] : *Si te non audierit, sit tibi sicut ethnicus et publicanus.* Et si alter eorum [i] morte præventus fuerit, alter, quamdiu vivit, graviter pœniteat, et sine spe conjugii maneat.

Gratian. *Hac auctoritate qui in quarto vel in quinto gradu consanguinitatis conjuncti inventi fuerint ab ecclesia separari jubentur.*

## QUÆSTIO IX.
### GRATIANUS.

I. Pars. *Unde quæritur, si ecclesia fraude testium aut ignorantia eorum decepta aliquos separaverit, qui post separationem alia conjugia contraxerint, si postea deprehensa fuerit calliditas vel falsa opinio testium, an priora conjugia sint redintegranda? Quod fieri non posse argumentis et auctoritate probatur. Sententia*

A *namque, nisi per appellationem intra terminum lege constitutum relevata fuerit, irrevocabile robur obtinebit.* Hinc etiam B. Gregorius scribit, dicens [a] [1] :

C. I. *Quæ rationaliter decisa sunt mutari non expedit.*

Omnibus modis ecclesiasticæ disciplinæ vel moderationi conveniens est, ut quæ rationabiliter ordinata fuerint vel decisa nulla in posterum debeant refragatione turbari

C. II. *Quæ utiliter decisa sunt a successoribus roborentur, a temerariis præsumta resecentur.*

Item Stephanus Papa V. *Paulo, Episcopo Placentino* [b] [2].

Loci nostri consideratio nos admonet rationis auctoritate, quæ a prædecessoribus nostris utiliter decisa fuerint roborare, et quæ a temerariis præsumta fuerint in promptu nihilominus ulcisci. Reum quippe ante conspectum divini judicis se noverit esse qui nititur utiliter finita rescindere, ac roborata quolibet ausu violare. Ecclesiastici quippe vigoris ordo confunditur, si aut temere illicita præsumantur, aut non concessa impune tententur. Proinde si negligenter ea, quæ male usurpantur, omittimus, excessus viam procul dubio aliis aperimus.

Gratian. *Quia ergo sententia hæc rationabiliter data est, nec per appellationem intra certum terminum relevata, apparet, quod nequaquam priora conjugia sunt* [r]*edintegranda.* His ita respondetur :| *Aliud est sententiam rescindere et rationabiliter decisa turbare, atque*

C *aliud quæ per subreptionem obveniunt deprehensa corrigere ; suum namque errorem cuique corrigere licet, atque ideo quæ a quolibet illicite committuntur, sive a prædecessoribus admissa inveniuntur, in melius revocari oportet. Porro illicite uxor a viro suo separata est, et illo vivente alii copulata, quum Dominus*

### NOTATIONES CORRECTORUM.

[f] *Sane quibus :* Hæc in conc. impresso non habentur, quamvis apud Burchardum et Ivonem ponantur conjuncte cum superioribus. Leguntur autem in Agathensi, et Epaunensi, Turonico 3, et in Capitularibus adjectis, sed aliqua cum varietate, ut est notatum supra ead. qu. 2 et 3 *De incestis.*

[g] *Nisi in eodem :* Hæc nusquam sunt inventa, et visi sunt Gratiani, quod indicat ille loquendi modus : *Unde in Aureliancnsi concilio.*

C. III. [h] Hoc Burchardus etiam et Anselmus citant ex Aureliancnsi, et aliquid ad hanc rem faciens habetur in Aureliancnsi 5, c. 10, sicut etiam in Agathensi, c. 61, ex quo videtur citare Ivo. Sed longe magis cum hoc capite concordat, c. 4, conc. Ilerdensis, relatum supra ead. quæst. 2 et 3 *De his, qui incesti.* Eadem autem plane verba leguntur, l. 7, Capit., c. 433, et in adjectis, c. 125, exceptis tamen iis, quæ indicabuntur.

[i] *Et si alter eorum :* Hæc non sunt in Capitularib. indicatis, sed horum loco habentur ista : *Nam cum fidelibus non debent orare, neque in ecclesiam intrare, sed ad januam ecclesiæ excubare, et intrantibus in*

D *eam, et exeuntibus ex ea, vultu in terram prostrato veniam postulare, et pro se orare non dedignentur flagitare, et lacrymis profusis, vultu contrito atque humiliato spiritu semper omnibus apparere, usque ad satisfactionem ecclesiæ, et proprii episcopi canonicam reconciliationem manere, et ad pristinum incestum nunquam redire, nec sæcularia negotia exercere, nec placitis, aut accusationibus, et testimoniis interesse, sed crebris sacerdotum precibus manusque pontificis proprii impositionibus, et eleemosynarum largitionibus, atque ceterorum bonorum hominum* exhibitionibus *expurgari sanarique oportet.*

Quæst. IX. C. I. [a] In vulgatis Gratiani cod. tribuebatur B. Augustino. Restitutum est B. Greg. ex aliquot vetustis exemplarib. et Anselmo. Ac supra 25. qu. 2. c. *Ecclesiasticæ,* hoc idem cit. ex Gregorio, apud quem legitur eisdem pene verbis l. 7. ind. 2. ep. 60.

C. II. [b] Sententia hujus capitis, et multa etiam verba sumta sunt ex B. Gregorio, lib. 7. indict. 1. ep. 13. et 28.

---

Quæst. VIII. C. II. [19] Lev. ib. v. 29. [20] *de abominationibus :* Coll. Hisp. — Vulg. = C. III. [21] Imo Cap. Reg. Fr., l. 7, c. 433. — Burch., l. 7, c. 5. Ans., l. 11, c. 89. Ivo Decr., p. 9, c. 41. [22] *Incesti :* Cap. [23] *segregari :* Edd. coll. o. — [24] Matth., c. 18, v. 17. [*] leg. : *operum.*
Quæst. IX. C. 1. [1] cf. c. 12. C. 25. qu. 2. = C. II. [2] cf. Gregor. M. ep. ad Candidum l. 8. ep. 11. et ad Joannem Syracus., eod. ep. 27. (Ed. Maur.) — Coll. tr. p.p. l. t. 64. c. 1.

*solius fornicationis causa a viro suo uxorem separari jubeat. Sicut ergo, si aliqua, cujus vir putaretur defunctus, alicui copularetur, et qualibet occasione interveniente ab ejus consortio discederet, quamvis judicio ecclesiæ cogatur redire ad eum, quem reliquerat, tamen si [3] post triennium virum, qui mortuus putabatur, redire contigerit, priora conjugia redintegrabuntur: sic, quum deprehenduntur non fuisse consanguinei qui causa consanguinitatis ab invicem separati sunt, prioris consortii fœdera sunt reperanda.*

II. Pars. § 1. *Quod autem quæ illicite admittuntur vel admissa inveniuntur, corrigenda sint, vel quod sententia etiam Romanæ sedis in melius commutari valeat, auctoritate Hilarii Papæ, et Nicolai monstratur.*

Ait namque Hilarius *Episcopus Urbis Romanæ Synodo præsidens*, c. 4 [4].

C. III. *Corrigendum est quod illicite admittitur, aut a prædecessoribus admissum invenitur.*

Quod quis commisit illicite, aut a prædecessoribus suis invenit admissum, si proprium periculum vult vitare, damnabit. Nos enim in nullo volumus severitatem ultionis exercere; sed qui in causis Dei vel contumacia, vel quo excessu deliquerit, aut ipse quod [5] perperam fecit abolere noluerit, in se quicquid in alio non resecaverit, inveniet. Quod ut deinceps possit tenacius custodiri*, si placet, sententias [6], causas, et subscriptiones proprias *omnes* commodate, ut synodali judicio aditus claudatur illicitis [7].

C. IV. *Secundum suæ conditionis tenorem apostolica valet mutari sententia.*

Item Gregorius c [8].

Apostolicæ sedis sententia tanta semper consilii moderatione concipitur, tanta patientiæ temeritate d'ecoquitur, tantaque deliberationis gravitate profertur, ut *retractatione non egeat*, nec immutari necessarium ducat, nisi forte sic [9] prolata sit, ut retractari possit, vel immutanda [10] secundum præmissæ tenorem conditionis existat,

A C. V. *A prædecessoribus damnatos aliorum supplicationibus in pristinum statum apostolica reformat ecclesia.*

Item Innocentius Papa, *epist. XXII. ad Episcopos Macedoniæ.*

Veniam nunc ad Maximum [d] Photinum, quasi ad quoddam thema, et (quod mihi anxium est ac difficillimum) majorum meorum revolvam sententias. Fuerat de illo quoquo pacto (ut ipsi etiam commeministis) [12] aliquid utique gravius constitutum. Verum, quoniam id per [13] rumorem falsum, ut asseritis, subreptum huic sedi et elicitum per insidias demonstratis [14], quia res ad salutem rediit, veniam [15] nos hanc in tantum vobis admittentibus post condemnationem more apostolico subrogamus, tantisque B vestris assertionibus, vobisque [16] tam bonis, tam caris non dare consensum, omnibus rebus duris durius arbitramur, Pro vestra ergo approbatione (fratres carissimi), et sententia, ac postulatione, episcopum Photinum habetote [17], (licitum est enim ita constituere, ut deprecamini), et nostram in melius conversam sententiam, labore vel testimonio vestro compotem, vobis e suscipite. Eustathium [18] vero a me sæpissime comprobatum nolite exspectare, ut diaconi [19] gradu [20] exspolietur. Sollicitos enim vos pro salute libenter audio: contra caput*, etiam si faciendum* sit [21], non libenter admitto. Cui manum porrigitis vobiscum porrigo, cui porrigo mecum porrigite.

C C. VI. *Sententiam Romanæ sedis in melius commutare licet.*

Item Nicolaus Papa *ad Michaelem Imp. in epist. VII.* [22]

Sententiam [23] Romanæ sedis non negamus posse in melius commutari, quum aut 'sibi' subreptum aliquid fuerit, aut ipsa pro [24] consideratione ætatum, vel temporum, seu gravium necessitatum dispensatorie [25] quiddam ordinare decreverit, (quoniam et egregium apostolum Paulum quædam fecisse dispensatorie legimus, quæ postea reprobasse digno-

---

NOTATIONES CORRECTORUM.

C. IV. [c] Apud Anselm. ei Polyc. citatur ex epi- D C. V. [d] *Maximum*: Lermana lectio est: *Veniam* stola Nicolai I. Papæ ad Regem Carolum. Exstat in *nunc ad maximum quasi quoddam thema Photinum*. codice sæpe memorato monasterii Dominicanorum Sed ob. glossam nihil est mutatum.
in epistola Nicolai, quæ inscribitur ad Ludovicum [e] *Compotem vobis*: Eadem causa fecit, ne mutaregem, et in altera ejusdem ad episcopos omnes in retur. Legendum est enim: *compotes voti* ".
regno Ludovici, quæ incipit: *Gaudemus*.

---

Quæst. IX. C. H. [3] cf. supra c. 1. C. 34. qu. 1. et 2. = C. III. [4] hab. A. 465. — Coll. tr. p. p. 1, t. 44. c. un. — Ans. l. 6, c. 157 (154). Deusded. p. 1, Polyc. l. 4, t. 20. [5] *quæ — facit*: Edd. coll. o. [6] *omnes sent.*: eæd. [7] *illicitus*: eæd. = C. IV. [8] Imo Nicolai I. ep. 58, ap. Mans. ser. A. 866. — Ans. l. 2, c. 69. Deusd. ib. Polyc. l. 5, t 6. — [9] *si*: Bohm. [10] *vel immutari: si*: Edd. coll. o. pr. Bas. = C. V. [11] scr. A. 414. — Polyc. ib. — * ita Coll. Hisp. — Ed. Bas. [12] *meministis*: Coll. Hisp. [13] *quod per*: Edd. coll. o. pr. Bas. [14] *demonstratur*: Edd. coll. o. [15] *et vel ven.*: Constant. — *et ven. huic tantummodo nobis admitt.*: Ed. Bas *veniam tantum vobis* (*nobis*: Ed. Arg.) *hinc admittit.*: Edd. rell. [16] *nobisque*: Edd. Arg. Bas. [17] *hab. lic. ita const.*: Coust. — " ita Coll. Hisp. — Constant. [18] *Eustasium*: Ed. Bas. — *Eustacium*: Ed. Arg. — *Evstachium*: Edd. rell. — *Atque Eust.*: Constant. — *Eust. æque*: Coll Hisp. [19] *diaconii*: Coust. — Edd. coll. o. pr. Arg. Ven. II [20] *gratia*: Coust. [21] *est*: Edd. coll. o. = C. VI. [22] ep. 8, ap. Mans. ser. A. 862. — Ans. l. 1, c. 75. Ino Decr. p. 5, c. 19. [23] *Pœnitentiam*: Ven. I, II. [24] abest ab Ed. Bas. [25] *disvensatione quædam*: Edd. coll. o. pr. Bas.

scitur)²⁶; quando ²⁷ tamen illa, Romana videlicet ecclesia, discretissima consideratione fieri delegerit, non quando ipsa quæ ²⁸ sunt diffinita retractare voluerit ᶠ.

**C. VII.** *Cujusque judicium apostolicæ sedis auctoritas retractare valet.*

Innocentius *Episcopis per Macedoniam constitutis, epist. VII.* ²⁹

Grave non oportuit ³⁰ videri piissimis mentibus vestris cujuscunque retra tari ³¹ judicium, quia veritas sæpius exagitata magis splendescit in luce ³², et pernicies revocata in judicium gravius et sine pœnitentia ³³ condemnatur. Nam fructus ³⁴ divinus est justitiam sæpius recenseri.

**C. VIII.** *A prædecessoribus depositi a successoribus restituuntur.*

*Item ex libro pontificali* ᵍ ³⁵.

Gregorius quartus Theodosium, quem Eugenius antecessor ejus presbyterii honore privaverat, ecclesiæ Signinæ ³⁶ consecravit episcopum. Leontius, dum esset presbyter, depositus fuit; sed ³⁷ postea in Antiocha patriarcha fuit. Misenum episcopum a Felice Papa damnatum Gelasius successor ejus et communioni reddidit, et ecclesiæ restituit suæ.

**C. IX.**

*Sicut ergo sententia Romanæ sedis in melius commutari valet, sic cujuslibet ecclesiæ sententia, quum per subreptionem data cognoscitur, rationabiliter revocari potest* ³⁸.

## QUÆSTIO X.

**GRATIANUS.**

*De ea vero, quæ ad secundas nuptias transit, utrum in eadem affinitate consanguineorum prioris viri remaneat, an soboles ex secundis nuptiis suscepta consanguineis prioris viri copulari possit, merito quæritur.*

*De his ita scribit* Gregorius Papa *Venerio, Caralitano Episcopo* ¹

**C. I.** *Affinitas in superstite non deletur.*

Fraternitatis vestræ ² studiosæ sagacitati, frater amande, quas debeo refero grates. Quoniam quæsisti quæ debuisti, jucundum me reddidisti. Unde placide ad inquisita respondeo. Sedem apostolicam consulere decrevisti, si mulier copula nuptiali extraneo viro conjuncta cognationi ejus pertineat, si eo defuncto cognatio maneat †, vel si sub altero ³ viro cognationis vocabula dissolvantur, vel si susceptæ soboles possint legitime ad prioris viri cognationis transire copulam. Est enim verbum Domini validum *et* forte, est ⁴ durabile, est immutabile, est perseverabile, non momentaneum, non transitorium. Ait enim per se ipsa ⁵ veritas, quæ Deus est et verbum Dei ⁶: *Cœlum et terra transibunt, verba autem mea non transibunt.* Ante, quam Deus in carne inter homines appareret, eo inspirante dixit Adam ⁷; *Quamobrem relinquet homo patrem suum,⁸ et matrem ⁹, et adhærebit uxori suæ, et erunt duo in carne una;* 'cui non contradixit Dominus'. Deinde quum veritas oriretur de terra in terram, et visibilis humanitate appareret, interrogatus est si licitum esset homini uxorem relinquere. Quod prohibens *fieri* vetuit, nisi forte fornicatio excluderet maritalem copulam. Unde protulit statim in medium eamdem ipsam sententiam, quam ante sæcula manens cum Patre verbum inspiraverat Adæ, ipse ¹⁰ confirmans ¹¹ quod ipse ¹² homo primus ¹³ protulit ¹⁴: *Quamobrem relinquet homo patrem suum et matrem ¹⁵, et adhærebit uxori suæ, et erunt duo in carne una.* Si una caro fiunt ¹⁶, quomodo potest aliquis eorum propinquus pertinere uni, nisi pertineat alteri? Hoc minime posse fieri credendum est. Porro ¹⁷ uno defuncto in superstite affinitas non deletur, nec alia copula conjug lis affininitatem prioris copulæ solvere ¹⁸ potest ¹⁹. Sed neque alterius conjunctionis soboles placet ad affinitatis prioris viri transire consortium, pro eo, quod verbum Domini validum est et forte, et, ut ²⁰ inquiens dixit ²¹ Propheta: *Verbum Domini manet ²² in æternum.* Et alius Propheta ²³::

### NOTATIONES CORRECTORUM.

C. VI. ᶠ *Voluerit*: Sic etiam in originali impresso sed Anselmus et Ivo habent: *renuerit*.

C. VIII. ᵍ Hæc eadem, ordine tantum mutato, habentur supra dist. 50. c. Joannes Chrysostomus § Mi- senum episcopum. Et caput hoc in plerisque vetustis Gratiani exemplaribus ponitur ante c. *Grave*, sine nomine Paleæ*.

---

QUÆST. IX. C. VI. ²⁶ *legitur*: Iv. — Edd. coll. o. ²⁷ *quod* (abest ab Ed. Par.) *tamen* (*tantum*: Ed. Arg.) *observandum est, quando illa Rom. videlicet* (abest a Ed. Bas.) *eccl. disertissima cons. hoc fieri etc.*: Edd. coll. o. ²⁸ *pœne*: orig. ap. Mans. = C. VII. ²⁹ scr. c. A. 415. — Ans. l. 2, c. 28 (29). Polyc. l. 5, t. 4. ³⁰ *oportet*: Edd. coll. o. pr. Bas, ³¹ *retractare*: exd. pr. Lugdd. II, III. ³² *lucem*: Edd. coll. o. ³³ *sententia*: Ed. Bas. ³⁴ *et fr.*: ead. = C. VIII. ʰ *ita* Ed Bas. — nomen Paleæ adscriptum est in Edd. coll. o. pr. Arg. Bas. ³⁵ cf. D. 50, c.13 . ³⁶ *Senguinæ*: Ed. Arg. — *sanguine*: Edd. Nor. Ven. I, II. — *Seguinæ*: Edd. rell. ³⁷ *et*: Edd. coll. o. = C. IX. ³⁸ hæc sunt verba Gratiani.

QUÆST. X. C. I. ¹ Ep. apocrypha. — Ans. l. 10, c.53 (54). Iv. Pan. l. 7, c. 68. Decr. p, 9, c. 38. Hug. a S. Vict. l. 2, p. 11, c. 15. ² *tuæ*: Iv. Decr. — Edd. Bas. Lugd. I. † *permaneat*: Edd. coll. o. ³ *alio*: Iv. ⁴ *et* —, *et* —, *et*: Edd. coll :o. — absunt ab Hug. ⁵ *ipsam*: Ed. Bas. ⁶ add.: *est*: Iv. Pan. Edd. coll. o. — cf. Luc. c. 21, v. 33. ⁷ Gen. c. 2, v. 24. ⁸ abest ab Iv. ⁹ add.: *suam*: id. — Hug.— Ed. Bas. ¹⁰ add. *idem*: Edd. Arg. Bas. ¹¹ *firmans*: Ed. Arg. ¹² *tempore*: ead. ¹³ *protinus*: Iv. Decr.— abest a Hug. ¹⁴ Matth. c. 19, v. 5. ¹⁵ add.: *suam*: Ed. Bas. ¹⁶ *fuerit*: Edd. coll. o. ¹⁷ *Nam*: Iv. Hug. ¹⁸ *absolvere*: Ed. Arg. ¹⁹ *valet*: Edd. coll. o. ²⁰ abest ab Edd. coll. o. pr. Bas ²¹ *dicit*: Ed. Bas. — cf. Esa. c. 40 v. 8. — verb. : *Verb.* — *Proph.*: absunt ab Iv. Pan. et Hug. ²² *stabit*: Edd. coll. o. ²³ Psal. 148. v. 5, seqq.

Quoniam ipse dixit, et facta sunt, ipse mandavit, et creata sunt; statuit ea in æternum, et in sæculum sæculi; præceptum posuit, et non præteribit. Nam potest per verbum "suum" atque præceptum efficere Deus duos carnem unam (id est masculum et feminam), qui innumeram multitudinem utriusque sexus non destitit secum facere unum, sicut per se veritas dixit: *Non pro his tantum rogo, sed etiam pro eis, qui credituri sunt per verbum eorum in me, ut omnes unum sint, sicut tu Pater in me, et ego in te, ut et ipsi in nobis unum sint*. Si quis ergo temerario et sacrilego ausu in defuncto quærit propinquitatem exstinguere, vel sub altero affinitatis vocabulo dissipare, vel susceptam sobolem alterius copulæ propinquitati prioris credit legitime sociari, hic negat Dei verbum validum esse et forte, et qui tam facile et tam velociter quærit dissolvere, hic non credit verbum Dei in æternum permanere. Confice terram ex quatuor locis magna intercapedine a se distantibus, "et" confectam et conglutinam finge cujuscunque figuræ vel immensitatis corpus volueris, numquid erit humanum ingenium, quod ipsas quatuor partes ab invicem valeat segregare, ut unaquæque per se possit agnosci? Sic a quatuor avis duo conficiuntur in unum, et de duobus fit una concreatio. Hanc similitudinem de quatuor elementis, unde concreatus est homo, colligere potes, si eorum unamquamque speciem, quæ in multis divisionibus partita est, per discretas inter se partes assignaveris.

Fit idem in metallis; hoc etiam in I quoribus; probat "etiam" in coloribus pictor, qui sequitur arte "naturam", colores admiscenda, ex visibilibus fucis corpora fingens.

C. II. *Soboles ex secundis nuptiis consanguineis prioris viri copulari non debet.*

*Item* Innocentius Papa.

Si cujus patruus vel avunculus uxoratus obierit, et illa virum alium postea duxerit, et filios filiasve ex illo genuerit, cum his omnibus modis commisceri prohibemus, quia vir et mulier una caro sunt.

C. III. *De eodem.*

*Item* ex Romana Synodo.

Si qua mulier ad secundas nuptias transierit, et ex eis sobolem genuerit, nullo modo potest ad consortium cognationis viri prioris pertingere.

C. IV. *De eodem.* [PALEA.]

*Item* Hyginus Papa.

« Si qua mulier transierit ad secundas nuptias, et ex eis prolem habuerit, ipsa proles non potest se copulare cognationi prioris viri usque ad quartam generationem. »

*Unde* Innocentius Papa :

C. V. *De eodem.* [PALEA.]

« Si qua mulier ad secundas transierit nuptias, et filios et filias ad secundum maritum genuerit, debere eas nepotibus prioris mariti conjungi, sancta Romana synodus prorsus inhibuit. »

# CAUSA XXXVI.

## GRATIANUS.

*Filiam cujusdam, ignorante patre, quidam muneribus illexit, et ad convivium invitavit; finito convivio juvenis virginem oppressit. Quo comperto a parentibus juveni traditur puella, ac more nubentium a juvene dotatur, et publice in uxorem ducitur.* (Qu. I.) *Quæritur primo, an ille raptum admiserit?* (Qu. II.) *Secundo, an rapta raptori nubere possit, patre assensum præstante?*

## QUÆSTIO I.

### GRATIANUS.

*Quod autem ille raptum admiserit, multorum auctoritate probatur.*

Ait enim Isidorus lib. V, Etymol. c. 26 I

C. I. *Quid sit raptus.*

Raptus quoque illicitus coitus a corrumpendo est dictus; unde qui raptu potitur stupro fruitur.

### NOTATIONES CORRECTORUM.

QUÆST. X. C. I. *Admiscendo*: In Polycarpo, et apud Anselmum, unde præcedentia verba sunt restituta, hoc loco sic legitur: *fucis miscendo colores, ex invisibilibus corpora fingens*. Sed ne Domini constitutio, etc., multa enim apud ipsos sequuntur.

CAUSA XXXVI. QUÆST. I. C. I. Ivo habet fere ut Gratianus hic, et supra 27, qu. 2, c. *Raptus*; nec multo aliter Panormia. In Codice Isidori impresso sic legitur: *Stuprum raptus proprie est illicitus coitus, a corrumpendo dictus. Unde Virgilius: rapto potimur, id est: stupro fruitur.*

QUÆST. X. C. I. post: Edd. coll. o. — Iv. effect: eæd.— id. abest ab Edd. Arg. Bas. Nor. etiam inn.: Ed. Bas. dicit: ead. — cf. Ioa. c. 17, v. 20. abest ab Iv. Hug. susceptas sobolem: Ed Bas. confecta et conglutinata: Edd. coll. o. pr. Bas. ap. Iv. et Hug. hic est exitus capitis. signaveris: Ed. Bas. probatur. In color. pictor prosequitur arte colores etc.: Edd. coll. o. figens: Edd. Ven. I, II.,= C. II. Cap. incertum. est: Ed. Bas. — C. III. Cap. incert.— Ed. Arg. et huic et seqq. capp. appositum est nomen Paleæ. = C. IV. Cap. incertum. — Petr. Lomb. l. 4, dist. 41. = C. V. Cap. incertum. — Ans. l. 10, c. 67 (68). aut: Edd. coll. o. p. Lugd. I. non ueb.: Edd. Arg. Bas.

CAUSA XXXVI. QUÆST. I. C. I. cf. C. 27, qu. 2, c. 48. — Ivo Pan. l. 6, c. 53. Decr. p. 8, c. 26.

*Unde* Gelasius Papa :

### C. II. *Ubi raptus admittitur.*

Lex illa præteritorum principum ibi raptum dixit commissum esse, ubi puella, de cujus ante nuptiis nihil actum fuerat, videatur abducta.

Gratian. *Quum ergo hæc illicito coitu sit corrupta, quumque ita sit abducta, id est a domo patris ducta, quod de ejus nuptiis nihil ante actum fuerit, raptam appellandam negari non potest. Sed non omnis illicitus coitus, nec cujuslibet illicita defloratio raptus appellatur. Aliud enim est fornicatio, aliud stuprum, aliud adulterium, aliud incestus, aliud raptus.* § 1. *Fornicatio autem, licet videatur esse genus cujuslibet illiciti coitus, qui fit extra uxorem legitimam, tamen specialiter intelligitur in usu viduarum, vel meretricum, vel concubinarum.* § 2. *Stuprum autem proprie virginum est illicita defloratio, quando videlicet non præcedente conjugali pactione utriusque voluntate virgo corrumpitur, patre injuriam ad animum statim post cognitionem non revocante.* § 3. *Adulterium vero est alieni tori violatio. Unde adulterium dicitur quasi ad alterius torum accessio.* § 4. *Incestus est consanguinearum vel affinium abusus. Unde incestuosi dicuntur qui consanguineis et affinibus abutuntur.* § 5. *Raptus admittitur, quum puella violenter a domo patris abducitur, ut corrupta in uxorem habeatur, sive puellæ solummodo, sive parentibus tantum, sive utrisque vis illata constiterit; hic morte multatur. Sed si ad ecclesiam cum rapta confugerit, privilegio ecclesiæ mortis impunitatem promeretur.*

*Unde* in Aurelianensi Concilio I, *c.* 4 *legitur* :

### C. III. *Si raptor cum rapta ad ecclesiam confugerit, quid fieri debeat?*

De raptoribus autem id constituendum esse censuimus, ut, si ad ecclesiam raptor cum rapta confugerit, et feminam ipsam violentiam pertulisse constiterit, statim liberetur de potestate raptoris, et raptor, mortis vel pœnarum impunitate concessa, aut ad serviendum subjectus sit, aut redimendi se liberam habeat facultatem. Si vero quæ rapitur patrem habere constiterit, et puella raptori consenserit, potestati patris excusata reddatur, et raptor patri superioris conditionis satisfactione teneatur obnoxius.

Gratian. *Ex hac auctoritate liquet, quod aliquando vis infertur parentibus, et non puellæ, quum dicitur: si puella raptori consenserit. Aliquando utrique violentiam perferunt, quum præmittitur : si raptor cum rapta perfugerit, et feminam ipsam violentiam pertulisse constiterit. Puellæ autem, non parentibus vis infertur, quum voluntate patris puella violenter abducitur, ut ejus patiatur concubitum, cujus copulæ nunquam consensum adhibuit. Hic autem neque parentibus, neque puellæ vim intulisse videtur, quum neque illis prohibentibus, neque illa renitente violenter sit abducta. Aliud est enim promissionibus aliquam seducere, aliud sibi vim inferre. Unde, quia neutri vis illata probatur, raptor hoc jure dici non debet. Sed rapina dupliciter fieri dicitur; aliquando enim res ipsa rapitur, aliquando ipsius rei usus tantummodo violenter eripitur. Res ipsa tunc rapitur quum violenter domino eripitur, ut in perpetuum teneatur; aliquando vero non res ipsa affectatur, sed usus ejus domino prohibente violenter usurpatur. Hic ergo raptum admisit, quia florem virginitatis puellæ renitenti violenter eripuit.*

---

### QUÆSTIO II.

### GRATIANUS.

I. Pars. *Nunc quæritur, an purgato vitio rapinæ raptor in uxorem possit raptam accipere? Quorum conjunctio auctoritate canonum sanctorum penitus prohibetur.*

Legitur namque in Concilio Chalcedonensi c. 27 :

### C. I. *Raptores puellarum et consentientes excommunicentur.*

Eos, qui rapiunt mulieres sub nomine simul habitandi, aut cooperantes, aut conniventes raptoribus, decrevit sancta synodus, ut, si quidem clerici sunt, decidant proprio gradu; si vero laici, anathematizentur.

### C. II. *Ob immanitatem sceleris abjiciantur raptores viduarum vel virginum.*

Item Symmachus Papa epistola ad Cæsarium, c. 3 .

Raptores igitur viduarum vel virginum ob immanitatem tanti facinoris detestamur; illos vehementius persequendo, qui sacras virgines, vel volentes vel invitas, matrimonio sociare tentaverint. Quos pro tam nefandissimi criminis atrocitate a communione suspendi præcipimus.

### C. III. *De codem.*

Item Codicis lib. I. tit. de Episcopis et Clericis .
Jovianus Imper.

Si quis non dicam rapere, sed attentare tantummodo matrimonii jungendi causa sacratissimas virgines ausus fuerit, capitali pœna feriatur.

---

Quæst. I. C. II. cf. C. 27, qu. 2, c. 49. *fuerit* : Edd. Arg. Nor. Ven. I, II. *videbatur* : Edd. Par. Lugdd. — *videbitur* : Bohm. = C. III. hab. A. 511. — Burch. l. 3, c. 191. Ans. l. 10, c. 57 (64). Ivo Pan. l. 2, c. 72. Decr. p. 3, c. 108. *convenerit* : Coll. Hisp. add. : *et parentibus reddatur* : Burch. Iv. — Edd. Bas. Lugdd. *immunitate* : Bohm. *concessa liberam habeat eundi facultatem* : Burch. Iv., qui etiam in seqq. a concilio plane recedunt. — *conc., ad serviendi conditionem, etc.* : Coll. Hisp. *a patre* : ead.

Quæst. II. C. I. hab. 451. — interpr. Dionys.— Burch. l. 9, c. 35. Ans. l. 10, c. 49 (56). Ivo Decr. p. 8, c. 173. Polyc. l. 6, t. 4. *puellas sive mul* : Edd. coll. o. *cohabitandi* : exd. pr. Bas. *qui* : Ed. Bas. *de pr.* : Burch. Iv. — *a pr.* : Edd. coll. = C. II. scr. A. 502. — Reg. l. 2, c. 162. Coll. tr. p. p. 1, t. 48, c. 2. Ans. l, 10, c. 58 (65). Polyc. l. 6, t. 8. *in matrim.* : Edd. coll. o. p. Bas. — add. : *suo* : Edd. coll. o. = C. III. cf. supra D. 1, de pœn. c. 6. *Justinianus* : Edd. coll. o.

## C. IV. *De eodem.*

*Item* ex Concilio Cabilonensi [10].

De puellis raptis, necdum [11] desponsatis, in Chalcedonensi concilio statutum est [12], eos, qui rapiunt puellas sub nomine simul habitandi [13], cooperantes et conniventes raptoribus, decrevit sancta synodus, ut, si quidem clerici sunt, decidant proprio [14] gradu; si vero laici, anathematizentur [15]. Quibus verbis datur intelligi, qualiter hujus mali auctores damnandi sint [16], quando participes consilii et conniventes tanto anathemate feriuntur, ut [17] juxta canonicam auctoritatem ad conjugia legitima raptas sibi jure vendicare nullatenus possint [18].

## C. V. *Excommunicentur raptores viduæ vel virginis, cum sibi faventibus.*

*Item* Gregorius Papa II, *in Synodo Romana* [a] [19].

Si quis virginem vel viduam, nisi desponsaverit, rapuerit, vel furatus fuerit in uxorem, cum sibi faventibus anathema sit.

## C. VI. *Excommunicetur qui viduam vel filiam alterius extra voluntatem parentum rapuit, aut regis beneficio postulat.*

*Item* ex Concilio Parisiensi I, c. 6 [20].

Nullus neque [21] viduam, neque filiam alterius extra voluntatem parentum aut rapere præsumat, aut regis beneficio æstimet postulandam. Quod si fecerit, ab ecclesiæ communione remotus anathematis gladio [22] feriatur.

II. Pars. Gratian. *His auctoritatibus evidenter datur intelligi, quod raptor in uxorem raptam ducere non valet. Sed raptor et rapta nomina sunt vitiorum, non personarum. Vitia autem quum per pœnitentiam purgata fuerint, nomina eorum abolentur.*

*Unde in quadam homilia Gregorius ait* [23]:

## C. VII.

Apud omnipotentem quippe Dominum [24] non illa fallax habetur, qui culpam mendacii per pœnitentiam delet [25].

Gratian. *Prohibetur ergo præmissis auctoritatibus rapta copulari raptori ante, quam vitium rapinæ abo-leatur, donec ille raptor, et illa rapta jure appellantur. Ceterum, quum illa patriæ potestati restituta fuerit, et raptor suæ rapinæ pœnitentiam egerit, quum voluntas parentum utriusque in unum convenerit, non prohibentur ad invicem copulari.*

*Unde* Hieronymus *ait* [b] [26]:

## C. VIII. *Quot sunt legitima conjugia, et quod voluntate patris rapta raptori nubere potest.*

Tria legitima conjugia in scripturis leguntur. Primum legitimum *conjugium* [27] est, virgo casta in virginitate viro data legitime, et $\frac{1}{1}$ reliqua, quæ sequuntur in prædictis. Secundum, virgo [28] in civitate deprehensa a viro, et illi per vim copulata. Si voluerit pater ejus, dotabit eam iste vir, quantum judicaverit pater, et dabit pretium pudicitiæ ejus [29]. Tertium, filia prædicta deprehensa. Si non fuerit voluntas patris, trahet [30] eam a prædicto viro, et tradet eam alii, et dotabit eam, et legitima erit ei. Sed primum his duobus præfertur.

## C. IX. *Cum voluntate parentum raptas in conjugium habere permittitur.*

*Item* Ambrosius *in Apologia David, c* 8 [31]:

Denique et puellæ pater illius, quæ vim concubitus nulli desponsata pertulerit [32], quinquaginta drachmas argenteas accipiet; ipsa autem in conjugio permanebit.

## C. X. *Post pœnitentiam raptori vel raptæ licite conjugia concedantur.*

*Item* ex Concilio Meldensi, c. 65 [33].

Si [34] autem necdum eas, quas rapuerant, cum voluntate parentum sub desponsionis [35] vel dotalitii nomine in conjugium duxerunt [36], quando [37] in omnium aures hæc fuerit constitutio promulgata, ab eorum conjunctione separentur, et publicæ pœnitentiæ subigantur [38], raptæ [39] autem parentibus legaliter restituantur. Peracta vero pœnitentia publica, si ætas et [40] incontinentia exegerit, legitimo et ex utrisque [41] partibus placito [42] conjugio socientur. Nam [43] in his regulam non constituimus, sed ut verbis magni Leonis utamur quid sit tolera-

---

## NOTATIONES CORRECTORUM.

QUÆST. II. C. V. [a] Factum est hoc caput ex 10 et 11. decreto Gregori II, qui in Codice canonum Junior appellatur.

C. VIII. [b] Post hoc caput apud Ivonem, et in Panormia sequitur c. *Additur aliud*, sup. 27, qu. 2, ex Hieronymo item citatum.

---

QUÆST. II. C. IV. [10] Imo ex Cap. Ludov. A. 816. — cf. Cap. l. 1, c. 104, l. 7, c. 183, et conc. Worm. hab. A. 868, c. 77. — Reg. l. 2, c. 158. Burch. l. 9, c. 36. Ivo Pan. l. 6, c. 55. Decr. p. 8. c. 174. [11] *nec* : Arg. — Ed. *nec non* : Ivo Pan. [12] cf. supr. c. 1. [13] *cohab.* : Ivo Pan. [14] *a pr.* : Reg. — Edd. o. — *de pr.* : Burch. Iv [15] *excommunicentur* : Edd. o. [16] *sunt* : Reg. Burch. Iv. Pan. Edd. coll. o. — Bohm. [17] *et* : Reg. Burch. — Ed. Bas. [18] *possunt* : Reg. Burch. Iv. — Edd. Bas. Ven. I, II. Par. Lugd. I. = C. V. [19] hab. A. 721. — Burch. l. 9, c, 11, 12. Ans l. 10, c. 49 (51). Ivo Pan. l. 6, c. 54. Decr. p. 8, c. 149, 150. = C. VI. [20] Conc. III. in conc. Coll., hab. A. 557. — Ivo Decr. p. 8, c. 25. [21] *aut* — aut : Iv. — Edd. coll. o. 22 *damnatione plectatur* : orig. = C. VII. [23] *Ipsa* Greg. verba habentur supra C. 32, qu. 2, c. 10. [24] *Deum* : Ep Bas. [25] *debet* : ead. = C. VIII. [26] Cap. incertum. — Reg. l. 2, c. 107. Ivo Pan. l. 6, c. 35. Decr. p. 8. c. 40. — cf. C. 27. qu. 2, c. 13. [27] *abest ab* Iv. Pan. $\dagger$ *et* — *præd.* : non sunt ap. Reg. [28] *add.* : *casta* : Edd. Bass. Lugdd, II, III. — cf. Deut. c. 22. [29] *suæ* : Ed. Bas. [30] *detrahet* : ead. — *retrahet* : Edd. Lugdd. II, III. = C. IX. [31] cf. Deut. c. 22, v. 29. [32] *pertulit* : Edd. coll. o. = C. X. [33] hab. A. 843. Reg. l. 2, c. 159. Burch. l. 9, c. 39. Ivo Pan. l. 6, c. 56. Decr. p. 9, c. 177. [34] *Hi* : orig. [35] *desponsationis* : Iv. Pan. — Edd. coll. o. — Bohm. [36] *duxerint* : Ed Bas. — *sumtas habent* : Coll. citt. [37] *quando hæc* : Ed. Arg. — *quando omnibus hominibus hæc* : Ed. Bas. — *quando omnibus hæc* : Ed. rell. [38] *subiiciantur* : Ed. Bas. [39] *et rapt.* : Edd. coll. o. pr. Bas. [40] *incontinentiam* : Iv. Pan. — Edd. coll. o. [41] *utriusque* : Edd. coll. o. pr. Arg. Bas. — Bohm. [42] *placita conjugia* : Ed. Arg. [43] *Non in his ergo* : Edd. coll. o.

bilius æstimamus. Quod si unus ex conjugatis obierit, et is, qui poenitentiam publicam egerit [44], superstes exstiterit, iterare conjngium non præsumat, nisi episcopus aliquam "forte" præviderit [45] concedere indulgentiam, ut graviorem possit amovere offensam.

Gratian. *Hac auctoritate Meldensis concilii non permittitur raptori raptæ post poenitentiam copulari, sed permittitur utrique post poenitentiam legitimo conjugio copulari, ut rapta videlicet non raptori, sed alii post poenitentiam nubat. Similiter raptor post poenitentiam non eam, quam rapuit, sed aliam permittitur habere uxorem. Quum enim raptor et rapta poenitentiæ subjici præcipiuntur, si utrisque copulam auctoritas illa permitteret, frustra circa finem capituli diceretur:* Quod si unus ex conjugatis obierit, et is, qui publicam poenitentiam egerit, superstes exstiterit, iterare conjugium non præsumat. *Eorum namque quolibet decedente, qui poenitentiam egit superstes remanebit,* Non ergo hac auctoritate raptor probatur in conjugium raptam posse accipere. *Potius invenitur in Concilio apud Aquisgranum* [46], *quod nec etiam voluntate parentem adinvicem possunt copulari. Sic enim in præfato concilio legitur* c :

C. XI. *Nec etiam voluntate parentis raptores raptas possunt habere conjuges.*

Placuit, ut hi, qui rapiunt feminas vel furantur, aut seducunt eas [47] nullatenus habeant uxores, quamvis eis postmodum conveniat [48], aut eas dotaverint, vel nuptialiter [49] cum consensu parentum suorum acceperint [50].

Gratian. *Hæc auctoritas non præjudicat auctoritati Hieronymi, maxime quum illa testimonio divinæ legis nitatur. Legitime igitur post poenitentiam peractam raptor poterit sibi copulare quam rapuit, nisi pater puellæ illam raptori detrahere voluerit* [51].

[PALEA.]

‹ *Item Cod. lib. 5, tit. de nuptiis* [52] : Nec filium quidem familias invitum ad ducendam uxorem cogi legum disciplina permittit. Igitur, sicut desideras, observatis juris præceptis, sociare conjugio tuo quam volueris, non impediris; ita tamen, ut in contrahendis nuptiis patris tui consensus accedat. *Item in eodem leg. 20* : In conjunctione filiarum in sacris positarum patris exspectetur [53] arbitrium. *Item Dig. de rit. nupt. leg. 2* [54] : Consistere non possunt nuptiæ, nisi consentiant omnes, id est qui coeunt, quorumque in potestate sunt. *Item Instit. lib. 1, tit. de nuptiis* [55] : Justas autem nuptias inter se cives Romani contrahunt, qui secundum præcepta legum coeunt; masculi quidem puberes, feminæ autem [56] viripotentes, sive patresfamilias sint sive filiifamilias, dum tamen filiifamilias consensum habeant parentum, quorum in potestate sunt. Nam hoc fieri debere et civilis et naturalis ratio [57] persuadet ' in tantum, ut jussus parentis præcedere debeat". ›

NOTATIONES CORRECTORUM.

C. XI. c Burchardus etiam et Ivo citant caput hoc ex Aquisgranensi c. 3. Habetur lib. Capit. 7. cap. 395, et inde refertur in conc. Remensi Trosleiano cap. 8

Quæst. II. C. X. [44] *exegerit* : cæd. — Bohm. [45] *concesserit* : Edd. coll. o. = C. XI [46] Imo]in Cap. Reg. Fr. l. 7, c. 395. —]Burch. l. 9, c. 33. Ivo Decr. p. 8, c. 171. [47] *ut eas* : orig. [48] *conveniant* : Edd. coll. o. [49] add. : *tamen* : Edd. Arg. Bas. [50] *susceperint* : cæd. [51] Quæ sequuntur absunt ab Ed. Bas. [52] Cod. Just. l. 5, t. 4, c. 12 [53] *expetitur* : Edd. coll. o. [54] Dig. l. 23. t. 2, fr. 2. [55] l. 10, in pr. [56] abest. a Bohm. [57] *ordo* : Edd. coll. o. pr. Lugdd.

---

# DECRETI PARS TERTIA.

## DE CONSECRATIONE [1]

### DISTINCTIO I

CAP. I a [2].

Consecrationem [3] ecclesiarum, et missarum celebrationes non alibi quam in sacratis Domino locis absque magna necessitate fieri debere, liquet omnibus, quibus sunt nota veteris et novi testamenti præcepta.

NOTATIONES CORRECTORUM.

Dist. I. C. I. a Verba capitis sequentis in vetustis Gratiani exemplaribus non sunt sejuncta a superioribus, quemadmodum neque in ipsa Felicis quarti epistola, neque apud ceteros collectores. Sed ob citationes Doctorum non est mutatum. Nonnulla autem emendata sunt.

[1] *De cons. eccl., et quod missæ sunt alibi celebrandæ, quam in locis Deo sacratis* : Ed. Arg. — *De cons. eccl., et quod nonnisi in locis Deo sacratis missæ celebrari debent* : Ed. Bas. — *De cons. eccl. et missarum celebratione* : Ed. Nor. = C. I. [2] Ex Pseudo-Felicis ep. 1. c. 1., cf. Conc. Paris. A. 829. l. 4. c. 47. — Burch. l. 3, c. 57. seq. Iv. Pan. l. 2, c. 33. Decr. p. 3. c. 60. [3] *De eccl. cons. et missarum celebrationibus* : orig. — Coll. citt. — Edd. coll. o. pr. Par. Lugdd.

## C. II.

Tabernaculum enim Moysem Domino præcipiente fecisse et sacrasse, cum mensa et altari ejus, et æreis vasis et utensilibus ad divinum cultum explendum legimus, et non solum divinis precibus ea sacrasse, sed etiam sancti olei unctione, Domino jubente, perlinisse novimus. Qualiter autem hæc facta sint, et 'quomodo' ipsa sacra non alii, quam sacerdotes sacra unctione delibuti, Dominoque cum vestibus sanctis sacrati, et Levitæ tractabant, ferebant, erigebant, et deponebant, in ipsis institutionibus, quæ jubente Domino conscriptæ sunt per Moysem, in lege Domini reperitur, Qualiter ergo David regum piissimus amplificaverit cultum Dei, et templum Domino ædificare voluerit, sed propter multum sanguinem, quem effuderat, prohibitus est, et ipse collegerat expensas; Salomon quoque filius ejus 'id ipsum', quod ipse facere optaverat, jubente et auxiliante Deo perfecit, et templum cum altari, et reliqua ad divinum cultum peragendum consecravit, in libro Regum legitur. *Et infra* : § 1. Fecit ergo Salomon in tempore illo festivitatem celebrem, et omnis Israel cum eo, multitudo magna ab introitu Emath usque ad rivum Ægypti coram Domino Deo nostro septem diebus et septem diebus, id est quatuordecim diebus, et in die octavo dimisit populos. § 2. Judæi ergo loca, in quibus sacrificabant Domino, divinis habebant supplicationibus consecrata, nec in aliis, quam Deo dicatis locis, munera Domino offerebant. Si enim Judæi, qui umbræ legis deserviebant, hæc faciebant, multo magis nos, quibus veritas patefacta 'est', et gratia per Jesum Christum data est, templa Domino ædificare, et, prout melius possumus, ornare, eaque divinis precibus, et sanctis unctionibus suis cum altaribus, et vasis, vestibus A quoque et reliquis ad divinum cultum explendum utensilibus devote et solenniter sacrare, et non in aliis locis, quam in Domino sacratis ab episcopis, et non a chorepiscopis (qui sæpe prohibiti sunt, nisi, ut prædictum est, summa exigente necessitate), missas celebrare, nec sacrificia offerre Domino debemus. Et hoc si summa necessitas agere compulerit, non in domibus ('quia in sacris canonibus sacrificia in domibus' offerri prohibita sunt), 'sed in tabernaculis, divinis precibus a pontificibus dicatis, et in mensis Domino sacratis, et sacra unctione a pontificibus delibutis, pro summa, ut præfixum est, necessitate, et non pro libito cujusquam et pigritia agatur'. *Et infra* : § 3. Si autem, ut legitur in concilio Laodicensi cap. 26, hi, qui non sunt ab B episcopis ordinati, tam in ecclesiis quam in domibus exorcizare non possunt, multo magis majoris gradus ministeria nisi ab eis, qui ad eos gradus sunt consecrati, quibus fungi debent, officia agi vel sacrificia offerri non licet. Quod autem, ut paulo superius prælibatum est, oblationes in domibus offerri non debeant, in eodem concilio c. 58 prohibitum habetur ita : *Non oportet in domibus oblationes celebrari ab episcopis et presbyteris*.

### C. III. *Ecclesiarum consecratio absque missa fieri non debet.*

### Item Hyginus Papa, c. 5.

II. Pars. Omnes basilicæ cum missa debent semper consecrari. § 1. Ut ecclesiæ destructæ, ubi aut plures sunt, quam necesse sit, aut majoris C magnitudinis, quam ut ex rebus ad eam pertinentibus restaurari possint, episcopi providentia modus inveniatur, qualiter consistere possint.

### C. IV. *Absque præcepto sedis apostolicæ nova non dedicetur ecclesia.*

### Item Gelasius Papa *Episcopis per Lucaniam*, c. 27.

III. Pars. De locorum consecratione sancto-

## NOTATIONES CORRECTORUM.

C. II. *Fecit ergo* : Ante hæc verba in epistola ipsa Felicis inseruntur omnia, quæ in cap. 8. tertii libri Regnorum his antecedunt. A Burchardo autem et Ivone etiam hæc omittuntur, et concludunt caput in vers. *Consecravit*.

*Si summa* : Burchardus habet : *nisi summa* :

*Non in domibus* : Hic locus usque ad vers. *Agatur*, et emendatus et locupletatus est ex originali, Burchardo et Ivone. Nam antea legebatur : *non in domibus offerri prohibita sunt*, longe a canonis sententia.

*Et infra* : Quæ hic in epistola inseruntur haben- D tur infra ead. cap. *Sicut*.

*Offerri non licet* : In originali est : *offerri licet*. Sed in eodem, paulo superius, ubi in textu est : *multo magis*, in margine est : *al. multo minus*. Burchardus quidem et Ivo habent ut Gratianus.

*Et presbyteris* : Conjuncte cum his in originali, et apud Burchardum habentur verba capitis *solemnitates dedicationum*, infra eadem.

C. III. Caput hoc usque ad vers. *Consecrari*, apud plerosque collectores citatur ex *Evaristo*, aut ex *decretis Evaris.i*. Reliqua autem verba alio capite relata ab eisdem tribuuntur Hygino.

rum* quamvis superius strictim [37] fuerit compre- hensum, nobis [38] quoque patefactum est, quod absque præcepto sedis apostolicæ nonnulli factas ecclesias vel oratoria facere [39] præsumant.

**C. V.** *Sine auctoritate summi Pontificis nova non dedicetur ecclesia.*

Idem [40].

Præcepta synodalia, quæ ante paucos menses de sede nostra ad provinciam sunt directa, et antiquis canonibus [i] consentiunt, et ea, quæ minus probantur esse, addidimus, et in utraque parte constat, sine summi Pontificis auctoritate ecclesiam noviter conditam non posse dedicari; teque ex hac basilica, quæ taliter ad cultum fuerat processionis adducta, suspendisse missas probabiliter computamus. Sed quia devotus locus non debet a ministeriorum gratia [41] diu vacuus permanere, frater carissime, eorum martyrum nomine, quos [42] relatio continet, auctoritatis nostræ suscepta serie consecrabis, ut populorum frequentatio, quam illic avide convenire mandasti, servatis regulis ecclesiasticis et canonibus, integrum habeat firmata religione conventum.

**C. VI.** *Non dedicentur basilicæ, quæ præter auctoritatem apostolicæ sedis fuerint ædificatæ.*

Idem *Episcopis per Lucaniam*, c. 6 [k] [43].

Basilicas noviter institutas, non petitis ex more præceptionibus, dedicare non [44] audeant, nec [45] ambiant sibimet episcopi vindicare clericos potestatis alienæ. *Et c.* 11.: § 1. Quum enim decreta venerabilium sanctionum nos quoque magnopere custodire nitamur, ac sine eorum dispendio etiam illa, quæ pro alicujus utilitatis compendio fortasse videantur, laxanda credamus [46], quumque nobis [47] contra salutarium reverentiam regularum cupiamus temere nihil licere [48], et quum sedes apostolica superior [49] his omnibus, favente Domino, quæ paternis canonibus sunt præfixa pio devotoque studeat tenere proposito: satis indignum est, quemquam vel pontificum vel ordinum subsequentium hanc observantiam refutare, quam B. Petri sedem et sequi videat et docere; satisque conveniens sit [50], ut totum A corpus ecclesiæ in hac sibimet observatione concordet quam illic vigere conspiciat, ubi Dominus ecclesiæ totius posuit principatum.

**C. VII.** *Publicæ processiones non fiant in oratoriis, quæ præter auctoritatem sedis apostolicæ consecrantur.*

Idem *Joanni, Episcopo Sorano* [51].

Certum [51] est quidem et nostris præceptionibus constitutum, ne quis in ecclesia aut in oratorio, quod sedis nostræ non legitur permissione dedicatum, processionem publicam putaret impendi, ne conditores furtivis subreptionibus contra regularum statuta prosilirent. Sed quia Megetia [53] spectabilis femina petitorii [54] nobis oblatione suggessit, in possessionibus propriis suorum corpuscula condidisse, frater carissime, humanitatis intuitu, quod priora statuta non maculent [55] funeribus et sepulcris, tantum in comprehensis petitorio locis ministeria noveris pro solemnitate præstanda, ut defunctorum nomine solummodo divina celebrentur officia, publica frequentatione et processione cessante.

**C. VIII.** *Sine nutu sedis apostolicæ ecclesia non debet institui.*

Item Nicolaus Papa *Electo et Clero Nonensis Ecclesiæ* [56].

Ecclesia, id est catholicorum collectio, quomodo sine apostolicæ sedis instituetur nutu, quando juxta sacra decreta nec ipsa debet absque præceptione Papæ basilica noviter construi, quæ ipsam catholicorum intra [57] semet [58] amplecti catervam dignoscitur?

**C. IX.** *Sine dignitate episcopi loci nova non dedicetur ecclesia.*

Item ex *Concilio Aurelianensi* [59].

IV. Pars. Nemo ecclesiam ædificet ante, quam episcopus civitatis veniat, et ibidem crucem figat, publice atrium designet, et ante præfiniat [60], qui [61] ædificare vult, quæ ad luminaria, et [62] ad custodiam, et ad stipendia custodum sufficiant, et ostensa donatione sic domum ædificet, et [63] post, quam consecrata [l] fuerit, atrium ejusdem ecclesiæ sancta aqua conspergat.

## NOTATIONES CORRECTORUM.

**C. V.** [i] *Antiquis canonibus*: Socrates in ecclesiastica historia l. 2. c. 8 et 17, refert tanquam antiquissimum canonem, sine Romani episcopi auctoritate nullam ecclesiam posse dedicari*.

**C. VI.** [k] Verba capitis hujus usque ad vers. *Alienæ*. habentur etiam in Wormaciensi c. 48.

**C. IX.** [l] *Et post, quam consecrata*: Plenius et aptius in Ordine Romano: *Postquam ergo episcopus crucem in loco, in quo altare fabricandum est, fixerit, tunc aspergat locum aqua benedicta, hanc canendo antiphonam, etc.*

---

Dist. I. C. IV. [37] *districtius*: Ed. Bas. — add.: *vel scripsi*: Ed. Arg. [38] *mihi*: Edd. coll. o. [39] *sacrare*: cæd—Ans.—Coll. Hisp. —C. V. [40] *Caput incertum*.—Ans. l. 5, c. 5 (7). Polyc. l. 1, t. 12. *Falsissimum est atque ab antiquæ ecclesiæ disciplina vel maxime alienum; asserit hoc tantum Socr. l. l., nihil præter R. P. sententiam ab ecclesiis decerni posse [41] add.: *divina*: Edd. coll. o. [42] *quorum*: eæd. — Ans.=C. VI. [43] scr. A. 494—Ans. l. 5, c. 4 (6). Polyc. l. 3, t. 3. [44] *nemo audiet*: Coll. Hisp.—Edd. coll. o. [45] *Non*: ead. [46] *cedamus*: Ans. — *condamus*: Ed. Bas. [47] *nos*: Edd. coll. o. [48] *dicere*: eæd. [49] *super*: Coll. Hisp. [50] *est*: ead. = C. VII. [51] Ans. l. 5, c. 8, add. subscr.: *Dat. Id. April.* Eandem ex Deusded. l. 2, c. 93, ediderunt Baller. Opp. Leonis M. t. 3, p. CCCIV. [52] *Verum*: Ed. Ven. II. [53] *Megentia*: Edd. coll. o. pr. Bas. [54] *petitionum*: Ed. Bas. — *petitoria*: Edd. rell. [55] *maculet*: vera lectio, = C. VIII. [56] Cap. temporis incerti — Ans. l. 5, c. 42 (44) — Nic. P. clero et plebi Viennensis (*Venensis*: Ed. Arg. — *Novensis*: Ed. Bas.) *ecclesiæ*: Edd. coll. o. [57] abest ab Edd. Nor. Ven. I, II. [58] add. *ipsum*: Ed. Bas — Bohm. = C. IX. [59] Imo Jul. Ep. Nov. const. 61, c. 1, — cf. Cap. l. 5, c. 382 — Burch. l. 3, c. 6. Ivo Pan. l. 2, c. 6. Decr. p. 3, c. 8. Polyc. l. 3, t. 2. [60] *diffiniat*: Ed. Bas. [61] *quæ*: Bohm. [62] *et — gust.*: absunt ab Ed. Bas. [63] *et — consp.*: non sunt ap. Jul. et in Cap.

C. X. *Non consecretur ecclesia, quæ pro quæstu cupiditatis ædificatur.*

Item ex Concilio Bracarensi II., c. 6 [64].

Si [65] quis basilicam non pro devotione fidei, sed pro quæstu cupiditatis ædificat, ut quidquid 'ibidem' de [66] oblatione populi colligitur medium cum clericis dividat, eo quod basilicam in terra sua [67] 'quæstus causa' condiderit [68] ('quod in aliquibus locis usque modo dicitur fieri'), hoc [69] de cetero observari debet, ut nullus episcoporum tam abominabili voto consentiat, nec basilicam, quæ non pro [70] sanctorum patrocinio, sed magis sub tributaria conditione est condita, audeat consecrare.

C. XI. *Sacrificia non nisi super altare et locis Deo consecratis offerantur.*

Item Felix Episcopus *omnibus orthodoxis, ep. I.* [m] [71].

V. Pars. Sicut non alii, quam sacrati Domino [72] sacerdotes debent missas cantare [73], nec sacrificia super altare offerre, sic nec in aliis, quam Domino sacratis [74] locis, id est in tabernaculis [n] divinis precibus a pontificibus [75] delibutis, missas cantare, aut sacrificia offerre licet nisi summa coegerit necessitas. Satius [76] ergo [77] est missam non cantare aut non audire quam in illis [78] locis ubi fieri non oportet; nisi pro summa contingat necessitate, quoniam necessitas legem non habet. Unde scriptum est [79] : *Vide, ne offeras holocausta tua in omni loco, quem videris, sed in omni loco, quem elegerit* [80] *Dominus Deus tuus.* In domibus tamen ab episcopis sive presbyteris oblationes celebrari nullatenus licet.

C. XII. *Non nisi in locis sacris missarum solennia celebrentur.*

Item Ex Concilio Triburiensi [o] [81].

Missarum solennia non ubique [82], sed in locis ab episcopo consecratis, vel ubi ipse permiserit, celebranda esse censemus.

C. XIII. *Precibus divinis consecrentur ecclesiæ.*

Item Clemens epist. II, ad Jacobum [83].

Ecclesias [84] per congrua et utilia facite loca, quæ divinis precibus sacrare [85] oportet, 'et in singulis [p] sacerdotes divinis orationibus Deo dicatos poni, quos ab omnibus venerari oportet', et non a quoquam gravari.

C. XIV. *Sacrificare et missas celebrare non licet, nisi in locis Deo sacratis.*

Item Clemens epist. III. [86].

Hic ergo, id est [87] in præsenti vita positos, oportet nos agnoscere voluntatem Dei, ubi et [88] agendi, et sacrificandi est locus, quoniam in aliis locis sacrificare [89] et missas celebrare non licet, nisi in his, in quibus episcopus 'proprius' jusserit, aut ab episcopo regulariter ordinato, tenente videlicet civitatem, consecrata [90] fuerint. Aliter enim non sunt hæc agenda, nec rite celebranda.

Item Silvester Papa *in generali residens Synodo dixit* [91] :

C. XV. *Abjiciantur sacerdotes, qui in locis non sacratis missas celebrare præsumunt,*

Nullus presbyter missas celebrare præsumat, nisi in sacratis ab episcopo locis, qui sui particeps de cetero voluerit esse sacerdotii.

C. XVI. *Singulis annis dedicationum solennitates celebrentur, et consecretur etiam ecclesia, de cujus consecratione dubitatur.*

Item Felix Papa *omnibus orthodoxis, ep. I, c. 1 et 2* [q] [92].

VI. Pars. Solennitates dedicationum ecclesiarum, episcoporum [r], et sacerdotum, per singulos annos solenniter sunt celebrandæ. § 1. De ecclesiarum

## NOTATIONES CORRECTORUM.

C. XI. m Caput hoc in Polycarpo et apud Anselmum habetur eodem modo atque apud Gratianum, collectum hinc inde ex verbis primæ illius epistolæ Felicis IV (cujus pars relata est supra ead. *Consecrationem* et c. *Tabernaculum*), longe aliter dispositis, sed incolumi sententia.

n *Id est in tabernaculis* : In epistola, et apud Ivonem hæc non habentur hoc loco, sed paulo superius; neque hoc eodem prorsus modo, sed quomodo sunt reposita sup. c. *Tabernaculum*.

C. XII. o In conc. Moguntino sub Arnulpho c. 9, habentur simul verba hujus cap. et cap. *Concedimus*, infra ead. Verum et Burchardus, et Ivo. qui item utrumque conjuncte ponunt, citant nt Gratianus, ex Triburiensi c. 4.

C. XIII. p *Et in singulis* : Hæc usque ad vers. *Oportet*, addita sunt ex originali et Polycarpo.

C. XVI. q Caput hoc confectum est ex verbis ejusdem epistolæ Felicis c. 1 et 2, omissis nonnullis, quæ in sequenti apud Gratianum capite reponuntur.

r *Episcoporum* : Abest vox ista ab originali, Burchardo, Ivone', et plerisque vetustis Gratiani exemplaribus; sed ob glossam non est inducta.

---

Dist. I. C. X. [64] hab. A 572. — Coll. tr. p. p. 2, t. 46, c. 6. [65] *Placuit, ut si* : Coll. Hisp. [66] abest ab ead. [67] *sua ipse cond.* : ead. [68] *condiderat* : Ed. Bas. — *condidit* : Edd. rell. [69] add. : ergo : Coll. Hisp. [70] abest ab Ed. Bas. = C. XI. [71] cf. supra c. 2, et Coll. ibi citt. — Ans. l. 7, c. 134 (138). Polyc. l. 3, t. 16. [72] *Deo* : Edd. coll. o. [73] *celebrare* : eæd. [74] *consecratis* : eæd [75] *a pont. dicatis, et in mensis Domino sacratis, et sacra unctione a pont. debutliis* : Ans. [76] Ivo Decr. p. 2, c. 76. — *Sanctius* : Edd. Bas. [77] abest ab Ed. Arg. [78] *his* : Edd. coll. o. [79] Deut. c. 12, v. 13. [80] *elegit* : Ed. Bas. = C. XII. [81] Imo ex conc. Mog. hab. A. 888. — Burch. l. 3, c. 56, Ivo Pan. l. 2, c. 30. Decr. p. 3, c. 59. [82] *ubicunque* : Iv. — Ed. Bas. = C. XIII. [83] Cap. Pseudoisidori. — Polyc. l. 3, t. 4. — cf. C. 16, qu. 7, c. 28. [84] add. : *divinas* : Ed. Bas. [85] *consecrari* : Edd. coll. o. = C. XIV. [86] Cap. Pseudoisidori. Coll. tr. p. q. 1, t. 1, c. 22, Burch. l. 3, c. 59, Ivo Decr. p. 3, c. 62. Polyc. l. 3, t. 16. [87] *id est* : absunt ab Edd. Arg. Nor. Ven. I. — *hoc est* : orig. Burch. Iv. [88] abest ab Iv. et Edd. coll. o. pr. Arg. Bas. [89] *sacrificari — celebrari* : Edd. coll. o. [90] *consecratus fuerit* : orig. — *consecrati fuer.* : Burch. Iv. = C. XV. [91] Cap. apocryphum. — Ans. l. 7, c. 135 (137). Polyc. l. 3, t. 4. = C. XVI. [92] Cap. Pseudoisidori. — cf. Pseudo-Gregorii ep. ad Felicem. — Burrh. l. 3, c. 58. Ans. l. 5, c. 24 (25). Ivo Pan. l. 2, c. 11. Decr. p. 3, c. 24. ' et Ans. et Edd. Nor. Ven. I. II. Par. Lugd. I.

consecratione quoties dubitatur, et nec certa scriptura, nec 'certi' testes exsistunt, a quibus consecratio sciatur, absque ulla dubitatione scitote eas esse consecrandas; nec talis trepidatio facit iterationem, quoniam non monstratur esse iteratum quod nescitur factum.

### C. XVII. *De eodem, et quod octo diebus dedicationum solennitas est celebranda.*

#### Item Gregorius Papa.

Solennitates dedicationum ecclesiarum et sacerdotum per singulos annos solenniter sunt celebrandæ, ipso Domino exemplum dante, qui ad festum dedicationis templi, omnibus id faciendi dans formam, cum reliquis populis eandem festivitatem celebraturus venit, sicut scriptum est: *Facta sunt encænia in Hierosolymis, et hiems erat, et ambulabat Jesus in templo in porticu Salomonis.* Quod autem octo diebus encænia sint celebranda, in libro Regum perlecta dedicatione templi reperietis.

### C. XVIII. *Consecrentur ecclesiæ, de quarum consecratione dubitatur.*

#### Item ex Concilio Meldensi, c. 8.

VII Pars. Ecclesiæ vel altaria, quæ ambigua sunt de consecratione, consecrentur, et superflua altaria destruantur.

### C. XIX. *Quando ecclesia est iterum consecranda, et saltibus tantum exorcizanda.*

#### Item Hyginus Papa.

Si motum fuerit altare, denuo consecretur ecclesia; si parietes mutantur, et non altare, salibus tantum exorcizetur. § 1. Si homicidio vel adulterio ecclesia violata fuerit, diligentissime expurgetur et denuo consecretur.

### C. XX. *Ecclesia semel Deo consecrata quando est iterum consecranda.*

#### Item ex Nicæno Concilio.

Ecclesiis semel Deo consecratis non debet iterum consecratio adhiberi, nisi aut ab igne exustæ, aut sanguinis effusione, aut cujuscunque semine pollutæ fuerint; quia sicut infans, a qualicunque sacerdote in nomine Patris, et Filii, et Spiritus sancti semel baptizatus, non debet iterum baptizari: ita nec locus Deo dicatus iterum consecrandus est, nisi propter eas causas, quas superius nominavimus: si tamen fidem sanctæ Trinitatis tenuerint qui eum consecraverunt.

### C. XXI. *De eodem.*

#### Item Joannes Papa *Episcopis Italiæ*.

Ecclesias Arianorum ubicunque inveneritis, catholicas eas divinis precibus et operibus absque ulla mora consecrate, quia et nos, quando fuimus Constantinopoli, tam pro religione catholica, quam pro Theodorici regis causa negotii, suadente atque hortante, Arianos exstirpante piissimo atque Christianissimo Justino orthodoxo imperatore, quascunque illis in partibus eorum ecclesias reperire potuimus, catholicas eas Domino opem ferente consecravimus.

### C. XXII. *De eodem.*

#### Item in Dialogo Gregorii, lib. III, c. 30.

Arianorum ecclesia in regione urbis illa, quæ Suburra dicitur, quum clausa usque ante biennium permansisset, placuit, ut in fide catholica (introductis illuc B. Sebastiani, et S. Agathæ virginis et martyris reliquiis) dedicari debuisset, quod et factum est.

---

### NOTATIONES CORRECTORUM.

*Nec talis*: Ivo et Panormia habent fere ut Gratianus: *nec talis trepidatio iterationem incurrit*; et huic lectioni convenit interpretatio glossæ. Sed in originali, et apud Burchardum legitur: *ne talis trepidatio faciat deteriorationem*. Atque huic lectioni respondent verba B. Gregorii l. 12, epist. 31, ad Felicem de hac eadem re loquentis: *ne talis*, inquit, *dubitatio ruina fidelium fiat*. Similis huic sententia infra dist. 4, c. *Placuit*, his verbis exprimitur: *ne ista trepidatio eos faciat sacramentorum purgatione privari*. Et est in conc. Carthaginensi V.

C. XVII. *Repetitur* in hoc cap. prior pars antecedentis usque ad vers. *Celebrandæ*; ac deinde subjiciuntur verba illa epist. Felicis, quæ ibi erant omissa. Gregorius autem, quem hic Gratianus citavit, l. 12, epist. 51, habet quidem nonnulla ad ecclesiarum dedicationes pertinentia. Sed ea magis videntur convenire cum superiore cap. in vers. *De ecclesiarum consecratione*.

*Et sacerdotum*: Hæ duæ voces in aliquot vetustis non leguntur.

C. XXI. *Pro religione*: Locupletatus est hic locus ex ipsa epistola, Burchardo et Ivone.

C. XXII. *Virginis et*: Absunt hæ duæ voces a plerisque manuscriptis et Polycarpo. In ipso dialogo legitur *B. Stephani, et S. Marthæ martyrum*. Sed in lib. 3. reg. epist. 19, ecclesia hæc vocatur ecclesia S. Agathæ. Apud Joannem vero Diaconum lib. 2, c. 51, est: *S. Sebastiani, et S. Agnetis martyrum*.

---

DIST. I. C. XVI. dedicatione: Ivo Pan. — consecrationibus: Edd. coll. o. ubi: Edd. Bas. Lugd. l. -- ut: Edd. coll. o. exsistant: Edd. coll. o. et Ans. add.: esse: Edd. coll. o. — Iv. = C. XVII. Imo Pseudo-Felix, cf. Corr. — Burch. ib. Ans. ib. Iv. Pan. l. 2, c. 10. Decr. ib. absunt ab Edd. Arg. Bas. faciendo: orig. — faciendum: Burch. Iv. Decr. cf. Joan. c. 10, v. 22, seq. cf. 3 Reg. c. 8; 2 Paral. c. 7. peracta: orig. — Burch. Iv. Decr. perfecta: Pan. reperies: Edd. coll. o. = C. XVIII. Imo Cap. Reg. Fr. l. 1, c. 144, 145. — Reg. l. 1, c. 30. Burch. l. 3, c. 40. Ivo Pan. l. 2, c. 48. Decr. p. 3, c. 11, (ex conc. Aurel. c. 45.) Polyc. l. 3, t. 16. = C. XIX. Cap. incertum. — In exceptionibus, quæ dicuntur, Egberti (Mans. t. 12.) c. 139, profertur nomine Vigilii. — Burch. l. 3, c. 11, 12. Ans. l. 5, c. 13, 14. Ivo Pan. l. 2, c. 20, 21. Decr. p. 3, c. 13, 14. Polyc. l. 3, c. 5. = C. XX. cf. D. 68. c. 3. dedicatus: Edd. Arg. Bas. consecraverint: Edd. Arg. Bas. Nor. Ven. I. II. = C. XXI. Cap. Pseudoisidori. Burch. l. 3, c. 32. Ans. l. 5, c. 22 (23) Ivo Decr. p. 3, c. 37. Polyc. l. 3, t. 4. in Edd. coll. o. et ap. Ans. hic est cap. exitus: *sicut nos fecimus, quum pro causa Theodorici regis Constantinopoli fuissemus*. = C. XXII. Ans. l. 5, c. 24. Polyc. ib. *hujus*: Edd. coll. o. Suburbana: Edd. Bas. ad. Edd. coll. o.

## C. XXIII. *Item* x [115].

Agapitus Papa vas catholicum, evangelii tuba, præco justitiæ, sacra altaris sedisque velamina, sacrilegis Anthimi [116] infecta fabulis, suis catholicis precibus delevit [116].

## C. XXIV. *De eodem.*

*Item* Vigilius Papa *ad Eutherium, epist. 1, c. 4* y [117].

De fabrica vero cujuslibet ecclesiæ, si diruta [118] fuerit, instauranda, et si in eo loco consecrationis solemnitas debeat iterari, in quo sanctuaria non fuerint, nihil judicamus officere, si per eam minime aqua exorcizata [119] jactetur, quia consecrationem [120] cujuslibet ecclesiæ, in qua Spiritus sancti arrha [121] non ponitur, celebritatem scimus tantum esse missarum. Et ideo, si qua sanctorum basilica a fundamentis etiam fuerit innovata sine altaris motione [z], sine aliqua dubitatione, quum in ea fuerit missarum solennitas celebrata, totius consecrationis [122] sanctificatio implebitur. Si vero sanctuaria, quæ habebat, ablata sunt, rursus eorum repositione [123], et missarum solennitate reverentiam sanctificationis accipiet.

## C. XXV. *Absque episcopi permissu in ecclesia consecrata non erigatur altare.*

*Item ex Decretis* Hormisdæ Papæ, c. 10 [124].

VIII Pars. Nullus presbyter in ecclesia consecrata aliud altare erigat, nisi quod ab episcopo loci sanctificatum a est [125] vel permissum, ut sit discretio inter sacrum et non sacrum; nec dedicationem fingat, nisi sit. Quod si fecerit, si clericus est, degradetur; si vero laicus, anathematizetur.

## C. XXVI. *Evertantur altaria, quæ sine sanctorum reliquiis eriguntur.*

*Item ex* Concilio Africano, c. 50 [126].

Placuit, ut altaria, quæ passim per agros et per villas [127] tanquam memoriæ martyrum construuntur, [128] in quibus nullum corpus aut reliquiæ martyrum [129] conditæ probantur, ab episcopis, qui locis eisdem præsunt, si fieri potest, evertantur. Si autem hoc propter [130] tumultus populares non sinitur, plebes tamen admoneantur, ne illa loca frequentent, ut qui recte sapiunt nulla ibi superstitione devicti teneantur. Et omnino nulla memoria martyrum probabiliter acceptetur [131], nisi ubi corpus aut reliquiæ certæ sunt, aut [132] origo alicujus habitationis, vel possessionis, vel passionis fidelissima origine traditur [133]. Nam quæ per somnia et per inanes quasi revelationes quorumlibet hominum ubicunque constituuntur altaria, omnino reprobentur [134].

## C. XXVII. *Non est consecranda ecclesia, in qua paganus sepultus invenitur.*

*Item ex* Consilio Aurelianensi, c. 3 [135].

Ecclesiam, in [136] qua paganus sepultus est, non liceat consecrare [137], neque missas in ea celebrare [138], sed jactari [139] foras, et mundari [140] oportet.

## C. XXVIII. *De ecclesia, in qua cadavera fidelium vel infidelium sepeliuntur.*

*Item ex* Concilio Agrippinensi [141]

Ecclesiam, in qua mortuorum cadavera infidelium [142] sepeliuntur, sanctificare non licet; sed si apta videtur ad consecrandam, inde evulsis corporibus, et rasis parietibus vel tignis [143] ejus loci, reædificetur. Sed si hæc consecrata ante [144] fuerit, missas in ea celebrare licet; si tamen fideles fuerint [145] qui in ea sepulti sunt.

## C. XXIX. *Super monumenta in campo non distribuantur mysteria.*

*Item* ex Concilio Martini Papæ [Bracarensis, c. 68 et 69, synod. græcarum] [146].

Non oportet clericos ignaros et præsumptores [147]

### NOTATIONES CORRECTORUM.

C. XXIII. x *Item* : Antea sequebatur : *Agapitus Papæ*, quæ voces temere ex capite ipso irrepserant in titulum, et absunt ab aliquot manuscriptis. Exstat autem caput hoc in antiquo codice regesti Gregorii I, in extremo, in scripto quodam : *de moribus, vita, et morte Agapiti primi Papæ*, in bibliotheca Vaticana.

C. XXIV. y Tribuebatur Juliano, sed ex vetustis exemplaribus restitutum est Vigilio, apud quem exstat, et ex ipso citant Burchardus etiam et Ivo.

z *Sine altaris motione* : Absunt hæc ab originali, Burchardo et Ivone. Sed exponuntur in glossa. Alia vero nonnulla sunt emendata.

C. XXV. a *Sanctificatum* : Ivo habet : *ab episcopo loci, vel ejus misso sanctificatum est, ut sit discretio*, etc. Polycarpus et Burchardus : *ab episcopo loci, vel ejus permissu sanctificatum est, ut sit*, etc.

---

Dist. I. C. XXIII. *Ita Edd. coll. o. pr. Bas. [114] Cap. dubiæ fidei. [115] *Arriani* : Ed. Arg.—*Anthemii* : Edd. Bas. Par. Lugdd. [116] *eluit* : Maur. in app. tom. 2. Opp. Greg.=C. XXIV. [117] Tribuitur *Juliano* in Edd. Par. Lugdd. *Julio* in rell. et Iv. Pan.—est in ep. Vigilii ad Profuturum scr. A. 558. Burch. l. 3, c. 62. Ans. l. 5, c. 81 (82). Ivo Pan. l. 2, c. 14. Decr. p. 3, c. 25. Polyc. l. 3, t. 6. [118] *dirupta* : Burch. Iv. Pan. [119] *benedicta* : orig. [120] *in consecratione* : Edd. coll. o. [121] *ara* : orig.— Burch. Ans. Iv.— Ed. Bas. " et Ans. [122] *consecratio sanctificationis* : Edd. coll. o. [123] *depositione* : eæd. —Ans. — *dispositione* : IvoPan.=C. XXV. [124] Imo Cap. Reg. Fr. l. 6, c. 202. — Burch. l. 3, c. 17. Ivo Decr. p. [3], c. 20. Polyc. l. 4, t. 31. [125] *fuerit* : Edd. coll. o. == C. XXVI. [126] c. 83, ap. Dionys. et 49, in cod. Hadr. — c. 14, conc. Carth. V. hab. A. 401. — Burch. l. 3, c. 54. Ivo Pan. l. 2, c. 28. Decr. p. 3, c. 57. — cf. Ans. l. 5, c. 14. [127] *vias* : orig. — Burch. Iv. Decr. [128] *constituuntur* : orig. — Burch. Iv. [129] *martyris* : Iv. — Edd. coll. o. pr. Bas. [130] *per* : orig. — Burch. Iv. [131] *accipiatur, nisi aut ubi* : Burch. Iv. — Edd. coll. o. [132] *aut nisi* : Ed. Bas. — *aut ubi* : Edd. rell. [133] *tradatur* : Ed. Bas. [134] *reprobantur* : Edd. Par. Lugdd. = C. XXVII. [135] Legitur in pœn. Theodori, ap. Petitum, c. 1. — Burch. l. 3, c. 13. Ivo Pan. l. 2, c. 13. Decr. p. 3, c. 43. [136] *ubi* : Ed. Bas. [137] *consecrari* : Edd. coll. o. pr. Lugdd. II III. — Iv. [138] *celebrari* : Iv. Decr. [139] *jactare* : Ivo Pan. — Edd. coll. o. pr. Bas. [140] *mundare* : Edd. Lugdd. II. III. == C. XXVIII. [141] Imo ex eodem Theodoro ib. — Burch. l. 3, c. 38. Ivo Pan. l. 2, c. 15 et 8. Decr. p. 3, c. 43. [142] *fidelium sive inf.* : Edd. coll. o. pr. Nor. Ven. l. II. [143] *vel totis lignis* : Burch. — Theod. l. I. [144] *prius* : Burch. Iv. — Theod. — Ed. Bas. [145] *fuerunt* : Edd. coll. o. pr. Bas. == C. XXIX. [146] Extremam particulam referunt Burch. l. 10, c. 53. Ivo Decr. p. 11, c. 65. [147] *præsumtuosos* : Edd. coll. o. pr. Arg. Bas. Nor.

super monumenta in campum [148] ministeria [149] portare, aut distribuere sacramenta; sed aut in ecclesia, aut in basilica, ubi martyrum reliquiæ sunt depositæ, ubi [150] pro defunctis oblationes [151] offerri. § 1. Nec [152] liceat Christianis prandia ad defunctorum sepulcra deferre, et [153] sacrificare mortuis.

**C. XXX.** *Quomodo in ecclesia combusta missa possit celebrari.*

*Item ex Concilio Triburiensi* [b] [154].

Concedimus etiam, ut sicubi (quod peccatis †) nostris exigentibus perplurimum est factum) a Normanis, et [155] Sclavis, ab Ungaris [156], et a malis Christianis, seu alio [157] qualicunque modo ecclesiæ fuerint incensæ et combustæ, in capellis cum tabula consecrata missas interim celebrari permittimus, donec ecclesiæ ipsæ restaurari queant. In itinere vero positis, si ecclesia defuerit, sub dio, seu in tentoriis, si [158] tabula altaris consecrata ceteraque sacra ministeria ad id officium pertinentia ibi affuerint [159], missarum solennia celebrari concedimus. 'Aliter omnino interdicimus' [160].

**C. XXXI.** *Chrismate non ungantur altaria, nisi fuerint lapidea.*

*Item ex Concilio Epaunensi, c. 26. et 27* [c] [161].

Altaria, si non fuerint [162] lapidea, chrismatis unctione [163] non consecrentur. Ad celebranda autem divina officia ordinem, quem metropolitani tenent, comprovinciales [164] observare [165] debebunt [166].

**C. XXXII.** *Chrismatis unctione et sacerdotali benedictione sacrentur altaria.*

*Item ex Concilio Agathensi, c. 14.* [167]

Altaria [168] placuit non solum unctione chrismatis, sed etiam sacerdotali benedictione sacrari.

**C. XXXIII.** *In privatis oratoriis licet orare, sed non missam celebrare.*

*Item Ex Concilio Aurelianensi, c. 3.* [d] [169].

Unicuique fidelium in domo sua oratorium licet habere, et ibi orare; missas autem ibi celebrare non licet.

**C. XXXIV.** *In privatis oratoriis absque consensu episcopi nullus ministrare præsumat.*

*Item ex VI. Synodo, c. 31* [170].

Clericos, qui ministrant 'vel baptizant' in oratoriis, quæ intra domos sunt, cum consensu episcopi [171] loci hoc facere præcipimus. Si quis vero hoc non observaverit, deponatur.

**C. XXXV.** *Qui extra parochias habent oratoria, his diebus ad parochias redire cogantur.*

*Item ex Concilio Agathensi, c. 21* [172].

Si quis etiam extra parochias, in quibus legitimus est ordinariusque conventus, oratorium 'in agro' habere voluerit, reliquis [173] festivitatibus, ut ibi missas audiat [174], propter fatigationem familiæ justa [175] ordinatione permittimus. Pascha vero, Natali [176] Domini, Epiphania [177] 'Domini' [178], Ascensione [179] Domini [180], Pentecoste [181], et Natali [182] S. Joannis Baptistæ, et [183] si qui maximi dies in festivitatibus habentur, non nisi in civitatibus aut in parochiis audiant [184]. Clerici vero, si qui [185] in festivitatibus [186], quas supra diximus [187] nisi jubente aut [188] permittente episcopo, missas [189] celebrare [190] voluerint [191], communione [192] priventur.

**C. XXXVI.** *Quibus ex causis loca sanctorum mutanda sint.*

*Item Augustinus* [193].

IX. Pars. Tribus ex [194] causis loca sanctorum transmutanda sunt. Prima, quum necessitas perse-

## NOTATIONES CORRECTORUM.

C. XXX. [b] De hoc capite notatum est supra ad cap. *Missarum solennia*.

C. XXXI. [c] Ivo citat, ut vulgata Gratiani exemplaria : *ex concilio Hypponensi*. Sed ex Burchardo et vetustis Gratiani codicibus restitutum est : *Epau-* *nensi*, ex cujus 26 et 27 capitibus confectum est.

C. XXXIII. [d] Burchardus etiam et Ivo citant ex conc. Aurelianensi. Ipsa quidem sententia habetur in Capit. l. 5. c. 230. et l. 6. c. 101, et Nov. 58 apud Julianum Antecessorem, in extremo.

---

DIST. I. C. XXIX. [148] *campo* : Coll. Hisp. — add. : *vel altaria* : Edd. coll. o. pr. Bas. [150] *ubi* — 'offerre solent' : Edd. coll o. [151] *oblationem offerre* : Coll. Hisp. [152] *Non* : ead. [153] *sacrificia reddere mortuorum Deo* : ead. C. XXX. [154] Imo Moguntir.o, hab. A. 888. — Burch. l. 3, c. 56. Ivo Pan. l. 2, c. 33. Decr. p, 3. c. 59. — † *culpis* : orig. [155] *et — Christ* : et seqq : *et combustæ*, et : *cum tabula consecrata* : non sunt in ipso conc. [156] *a Bulgaris* : Iv. — Ed. Bas. [157] *aliquo* : Edd. coll. o. [158] *item et* : Burch. Iv. — Edd. Bas. Lugdd. II. III. [159] *adsunt*: orig. [160] *contradicimus*: Ivo Pan. — Al. — *interd* : absunt ab orig. == C. XXXI. [161] hab. A. 517. — Burch. l. 3, c. 25. Ivo Pan. l. 2, c. 32. Decr. p. 3, c. 30. ' ita Edd. coll. o. [162] *sunt* : Burch. — *sint* : Iv. — In Coll. Hisp. canon ita habetur : *Altaria nisi lapidea chrismatis unguine non sacrentur ad celebr. div. officia Ordinem etc.* [163] *unguine* : Burch. Iv. [164] *provinciales* : ead — add. : *eorum* : ead. — Edd. coll. o. [165] *conservare* : Ed. Arg. [166] *debent* : Ed. Bas. == C. XXXII. [167] hab. A. 506. — Coll. tr. p. p, 2, t. 18. c. 12. Polyc. l. 3, t. 4, [168] add. : *vero* : Coll. Hisp. == C. XXXIII. [169] Imo ex Cap. Ludov. A. 824. — cf. Cap. l. 5. c. 383, l. 6. c. 102. — Burch. l. 3. c. 86. Ivo Pan. l. 2, c. 39. Decr. p. 3, c. 76. == C. XXXIV. [170] Imo ex Trullana, hab. A. 692. — Coll. tr. p. p. 2. t. 11. c. 14. [171] add. : *illius* : Edd. Arg. Bas. Nor. Lugdd. II III. == C. XXXV. [172] hab. A. 506. — Ivo Decr. p. 4, c. 9. [173] *in rel.* : Ed Bas. [174] *teneant* : Iv. [175] *juxta ordinem* : iid. — *justo ordine* : Edd. coll. o. [176] *natale* : Coll. Hisp. — Ed. Arg. — *natalem* : Iv. [177] *epiphaniam* ; ead. — id. [178] abest a Coll. Hisp. [172] *ascensionem* ; ead. — Iv. — Ed. Arg. [180] abest ab Iv. [181] *pentecosten* : Coll. Hisp. — Iv. — Ed Arg. [182] *natale* ; Coll. Hisp. — Ed. Arg. — *nativitatem* : Iv. [183] *vel* ; Coll. Hisp. [184] *teneant* ; ead. — Iv. [185] abest ab Edd. coll. o. pr. Aug. Bas. [186] *his'fest.* : Coll. Hisp. — Iv. — Edd. coll. o. [187] add. : *in oratoriis* : Iv. — Ed. Bas. — *in or. his* : Coll. Hisp. [188] *et* : Bohun. [189] *ibi miss.* : Edd. coll. o. [190] *facere aut tenere* ; Coll. Hisp. — Iv. [191] *præsumserint* : Edd. Arg. Bas. [192] *a comm. pellantur* : Coll. Hisp. — Iv. — Ed. Bas. — *a comm. priv.* : Edd. rell. == C. XXXVI. [193] Cap. incertum. — *Aug. Ignaro* : Edd. coll. o. — Burch. l. 3, c. 90. Ans. l. 5. c. 16 (17). Ivo Pan. l. 2, c. 38. Decr. p. 3, c. 80. [194] *de*. Iv. Pan.

cutorum loca eorum gravaverit. Secunda, quum difficultas locorum fuerit. Tertia, quum malorum societate gravantur.

**C. XXXVII.** *Quando alicui corpora sanctorum de loco ad locum transferre non licet.*

*Item* ex Concilio Moguntinensi I., c. 51 [195].

Corpora sanctorum de loco ad locum nullus transferre praesumat sine consilio [196] principis, vel episcoporum sanctaeque [197] synodi licentia.

**C. XXXVIII.** *In usus laicorum non converti licet ligna ecclesiae dedicatae.*

*Item* Hyginus Papa [198].

X Pars. Ligna ecclesiae dedicatae* non debent ad aliud opus jungi, nisi ad aliam ecclesiam, vel igni sunt comburenda, vel ad profectum in monasterio [199] fratribus; in laicorum vero [200] usum [201] non debent admitti.

**C. XXXIX.** *Vestimenta sacra et vasa prae vetustate consumta incendantur, et cineres in loca occulta projiciantur.*

*Item* Clemens Papa Jacobo, Hierosolymitano Episcopo, epist. II [202].

Altaris palla, cathedra [203], candelabrum, et velum, si fuerint vetustate consumta, incendio dentur, quia non licet ea, quae in sacrario [204] fuerint, male tractari, sed incendio universa tradantur. Cineres quoque eorum in baptisterium [205] inferantur, ubi nullus transitum [206] habeat; aut in pariete, aut in fossis pavimentorum jactentur, ne introeuntium pedibus inquinentur [207].

**C. XL.** *Mortui non obvolvantur vestimentis altaris.*
Idem *ibidem.*

Nemo per ignorantiam clericus [208] mortuum credat obvolvendum [209], aut diaconus [210] scapulas operire velit palla, quae fuit [211] in altari, aut certe quae diacono † data est in mensam [212] Domini. Qui haec [213] fecerit, vel leviter quasi nihil et negligenter habuerit [214] *divina mysteria*, diaconus triennio sexque mensibus a dominico erit alienus [215] altari, gravi percussus anathemate. Quod [216] si clericum presbyter non commonuerit [217], decem annis et sex [218] mensibus excommunicatus sit, propterea quod de dominicis sacramentis subjecta sibi non amoverit [219] ministeria; et postea cum grandi [220] humilitate matri reconcilietur ecclesiae. §. 1. Pallas [221] vero [221] et vela sanctuarii [223], si sordidata fuerint ministerio, diaconi cum humilibus ministris intra sanctuarium lavent, non ejicientes foras a sacrario [224], et velamina dominicae mensae abluant, ne forte pulvis dominici corporis male decidat[f]. Sindonem vero non foris abluant, et erit haec [225] operanti peccatum. Idcirco intra sacrarium ministris praecipimus *haec sancta* [226] cum diligentia custodire. Sane [227] pelvis nova comparetur, et praeter hoc nil aliud tangat. Sed nec ipsa pelvis [228] velis apponatur lavandis, nisi quae ad dominici altaris cultum pertinent; pallae [229] altaris solae in ea laventur, et in alia vela januarum. § 2. *De [230] velis autem januarum* cura [231] sit ostiariis ex admonitione majorum [232], ne quis negligens aut ignarus ad velum januae domus Domini manus incognitae [233] tergat; sed statim coercitus discat omnis homo, quia velum atrii domus Domini *sanctum* est.

**C. XLI.** *Sacra vasa non nisi a sacratis contrectentur hominibus.*

*Item* Sixtus Papa, epist. II [234].

In sancta *hac* apostolica sede statutum est, ut sacra vasa non ab aliis, quam a sacratis Dominoque

## NOTATIONES CORRECTORUM.

**C. XXXVIII.** e *Dedicatae*: Antea legebatur et hic, et in rubrica : *dedicata*"; emendatum est hoc, sicut et alia nonnulla ex vetustis exemplaribus, Burchardo et Ivone, qui etiam caput hoc citant ex decretis Hygini.

**C. XL.** f *Decidat*: In originali est : *decidat a sindone foris abluta*, Sed glossa obstitit, ne mutaretur. Multa autem alia non minimi ponderis sunt ex ipso originali emendata.

---

Dist. I. C. XXXVII. [195] hab. A. 813. — Burch. l. 3, c. 232. Ivo Pan. l. 2, c. 36. Decr. p. 3, c. 275. [196] *concilio*: Edd. Lugdd. II. III. [197] *sanctaque synodali*: Edd. coll. o. = C. XXXVIII. [198] Exstat in cap. Theodori, editis a D'Acherio t. 1. — Burch. l. 3, c. 59. Ans. l. 5. c. 17 (18). Ivo Pan. l. 2. c. 7. Decr. l. 3, c. 44. Polyc. l. 3, t. 16. *) ita Edd. coll. o. pr. Arg. Bas. [199] *monasterium*: Iv. [200] abest a Burch. Ans. et Edd. coll. o. pr. Bas. Lugdd. II. III. [201] *opera*: Burch. Ans. Iv. Decr. — Edd. coll. o. = C. XXXIX. [202] Leg. in ea parte ep. 2. Pseudo-Clementis, quae dudum ante Pseudoisidor. confecta nomine Praeceptorum S. Petri de sacramentis conservandis edita est a Baller. Opp. Leonis M. t. 3, p. 674. — cf. ad c. 4. D. 23 — Burch. l. 3, c, 216. Ivo Decr. p. 3, c. 266. et (usque ad : *dentur*) p. 2, c. 66. [203] *canthara*: Baller. [204] *sanctuario*: iid. [205] *baptisterio*: iid. — Edd. coll. o. [206] *transitus habeatur*: Burch. Iv. [207] *coinquinentur*: Edd. coll. o. = C. XL. [208] abest ab Ed. Arg. — add. : *palla*: Baller. [209] *advolvendum*: Edd. coll. o. pr. Lugdd. II. III. [210] *ejus*: Edd. coll. o. [211] *fuerit*: Edd. coll. o. pr. Bas. † abest a Baller. [212] *mensa*: Edd. coll. o. [213] *hoc*: eæd. [214] *hab. ministeria*: Baller. [215] *remotus*: Edd. coll. o. [216] *Eo, quod cler. non admonuerit, presb.* eæd. [217] *admonuerit*: Baller. [218] *quinque*: iid. [219] *admonuerit*: iid. — Edd. coll. o. pr. Par. Lugdd. [220] *gravi*: Baller. [221] Burch. l. 3, c. 216. Iv. Decr. p. 3, c. 226. (usque ad §. 2.) [222] add. : *ecclesiae*: Edd. Bas. Lugdd. II. III. [223] *quae in sanctuarii sordidata fuer. min.*: Baller. — Burch.—*quae in sanctuario sordidata fuer.*: Iv.— Ed. Bas.— *quae in sanct. sunt, si sordida (sordidata*: Ed. Arg) *fuerint*: Edd. rell.— add. : *ac ministeria*: Edd. coll. o. [224] *sanctuario vel sacrario*: Ed. Bas. * *syndone foris delata*: Burch. Iv. [225] *hoc*: iid. — Bohm. *hoc non*: Edd. coll. o. [226] *haec s.*: absunt a Burch. Iv. [227] *Sed*: Edd. coll. o. [228] add. : *extrinsecus*: Edd. Bas. Lugdd. II. III. [229] *Pallae in al. a (altera*: Ed. Arg.) *pelvi lav.*: Edd. coll. o. — Baller. [230] *De — jan.*: absunt a Baller. [231] *Etiam cura*: iid. — *Sit etiam*: Edd. coll. o. [232] *majoris*: eæd. [233] *incondite*: Baller. — *incognite*: Bohm. = C. XLI. [234] Cap. Pseudoisidori. — Burch. l. 3, c. 214. Ivo Decr. p. 2, c. 70, )usque ad : *suo*) et p. 3, c. 264. Polyc. l. 3, t. 9.

dicatis contrectentur hominibus. 'Indignum [6] enim valde est, ut sacra Domini vasa, quaecunque sint, humanis usibus serviant, aut ab aliis, quam a Domino famulantibus eique dicatis tractentur viris', ne pro talibus praesumtionibus iratus Dominus plagas imponat populo suo, et [235] hi etiam, qui non peccaverint [236], 'mala patiantur, aut' pereant, quia perit justus saepissime pro impio.

C. XLII. *Non nisi a sacratis hominibus vestimenta sacrata serventur.*

Item Stephanus Episcopus *familiari amico Hilario, epist. I. c.* 3 [237].

Vestimenta ecclesiastica [238], quibus Domino ministratur, et sacrata debent esse et honesta, quibus aliis in usibus non debent frui, quam 'in' ecclesiasticis et Deo dignis officiis ; quae nec ab aliis debent contingi aut ferri [239], nisi a sacratis hominibus, ne ultio, quae Balthasar regem [240] percussit, super haec [241] transgredientes 'et talia praesumentes' veniat, et corruere eos faciat ad ima.

C. XLIII. *Divina ministeria nuptiarum non praestententur ornatibus.*

Item ex Concilio Aurelianensi [242].

Ad nuptiarum ornatum divina ministeria [243] non praestentur, ne, dum improborum contactu [244] pompaque saecularis luxuriae polluuntur [245], ad officia sacri mysterii [246] videantur indigna.

C. XLIV. *In ligneis vasculis dominici corporis et sanguinis sacramenta non sunt celebranda.*

Item ex Concilio Triburiensi, 18 [247].

XI Pars. Vasa, in [248] quibus sacrosancta conficiuntur mysteria, calices sunt [249] et patenae, de quibus Bonifacius martyr et episcopus, interrogatus, si liceret in vasculis ligneis sacramenta conficere, respondit ; Quondam sacerdotes aurei [250] ligneis calicibus [251] utebantur ; 'nunc econtrario lignei sacerdotes aureis utuntur calicibus'. Zephyrinus XVI, Romanus episcopus, patenis vitreis missas celebrari [252] constituit. 'Tum' deinde Urbanus [253] Papa omnia ministeria sacra fecit argentea. In hoc enim, sicut et in reliquis cultibus, magis et magis per incrementa temporum decus succrevit ecclesiarum. Nostris enim [254] diebus, qui servi patrisfamilias sumus, ne decus matris ecclesiae imminuatur [255], sed magis cumuletur et amplificetur, statuimus, ut deinceps nullus sacerdos sacrum mysterium corporis et sanguinis Domini nostri Jesu Christi in ligneis vasculis ullo modo conficere praesumat, ne, unde placari debet, inde irascatur Deus.

C. XLV. *Ex qua materia calix cum patena fieri debeat.*

Item ex Concilio Remensi, c. 6 [256].

Ut calix Domini cum patena [257], si non ex auro [258], omnino [259] ex argento fiat. *Et infra :* § 1. Si quis autem tam pauper [260] est, saltem vel stanneum calicem habeat. § 2. De aere [261] aut orichalco [262] non fiat calix [263], quia ob vini virtutem aeruginem parit [264], quae vomitum provocat. § 3. Nullus autem in ligneo aut vitreo calice praesumat missam cantare.

C. XLVI. *Non in serico panno, sed puro linteo sacrificium consecretur altaris.*

Item ex epistola Eusebii Papae et Silvestri [265].

Consulto [266] omnium statuimus, ut sacrificium altaris non in serico panno aut tincto [267] quisquam celebrare [268] praesumat, sed in puro linteo [269] ab episcopo consecrato, terreno scilicet lino procreato atque contexto ; sicut corpus Domini nostri Jesu Christi in sindone linea munda sepultum fuit.

C. XLVII. *A quibus fuerit tradita missarum celebratio.*

Item ex VI Synodo, c. 32 [270].

XII. Pars. Jacobus frater Domini secundum carnem, cui primum credita est Hierosolymitana ecclesia, et Basilius, Caesariensis episcopus, cujus cla-

---

NOTATIONES CORRECTORUM.

C. XLI. [6] *Indignum :* Addita sunt haec usque ad vers. *Viris,* itemque alia nonnulla ex originali, Burchardo et Ivone.

Dist. I. C. XLI. [235] *ut :* Ed. Bas. [236] *peccaverunt ;* Burch. Iv. — Edd. coll. o. = C. XLII [237] Cap. Pseudoisidor., confect. ex libro Pont. — Ans. l. 5, c. 29 (30). Ivo Decr. p. 5, c. 72. Polyc. l. 3, t. 16. [238] *ecclesiae :* Edd. coll. o. [239] *offerri :* eaed. [240] abest ab Ans. Iv. — cf. Daniel. c. 5. [241] *super hoc transgredientibus et talia praesumentibus :* Ans. = C. XLIII. [242] Imo ex Arvernensi I., hab. A. 535. — Burch. l. 3, c. 108. Iv. Pan. l. 1, c. ult. Decr. p. 2, c. 443. Polyc. l. 3, t. 24. [243] *Ne praestentur :* Coll. Hisp. — Burch. — *Nec praest. :* Iv. Decr. [244] *tactu vel :* Coll. Hisp. — Burch. Iv. — Edd. coll: o. [245] *polluantur :* Burch. — Ed. Bas. [246] *ministerii :* coll. Hisp. — Iv. Decr. — Edd. coll. o. pr. Bas. = C. XLIV. [247] hab. A. 895. — Burch. l. 3, c. 223. Ivo Decr. p. 3, c. 282. [248] abest ab orig., Burch. Iv. et Ed. Arg. Bas. [249] abest ab Edd. coll. o. pr. Arg. [250] *non aureis sed :* Edd. coll. o. [251] *vasculis et cal. :* Edd. Bas. Lugdd. II. III. [252] *celebrare :* Edd. coll. o. — cf. librum Pontif. [253] add. : *XVIII :* orig., Burch. Iv. — *XVII. :* Ed. Bas. — X. : Edd. rell. [254] *etiam :* Ed. Bas. [255] *minuatur :* Edd. coll. o. = C. XLV. [256] Cap. incert. — Reg. l. 1, c. 67. Burch. l. 3, c. 96. Ivo Pan. l. 1, c. 161. Decr. l. 2, c. 131. [257] *cum pat. :* absunt ab Ed. Arg. [258] add. : *est :* Edd. Bas. Lugd. I. [259] *tamen :* eaed. — *omn. tamen :* Edd. Lugdd. II. III. — *omnimodo :* Iv. Pan. : *omnimodis :* Reg. Burch. [260] *pauperrimus :* Reg. [261] add. . *autem :* Edd. coll. o. pr. Lugdd. II. III. — Reg. Burch. Iv. [262] *aut ae :* iid. — Edd. coll. o. [263] abest ab Ed. Arg. [264] *facit pariterque :* Edd. coll. o. — *pariterque :* Iv. = C. XLVI. [265] Ex gestis Silvestri, Pontificali insertis. — Burch. l. 3, c. 99. Ans. l. 9, c. 2. Ivo Pan l. 1, c. 162. Decr. p. 2. c. 134. [266] *consultu :* Burch. — Ed. Bas. [267] *intincto :* Iv. — Edd. coll. o. [268] add. : *missam :* eaed. [269] *lineo :* Burch. Ivo Pan. — *lineo vel linteo :* Edd. coll. o. pr. Bas. = C. XLVII. [270] Imo ex quinisexta, hab. A. 692. — Coll. tr. p. p. 2, t. 11, c, 15.

ritas per totum orbem circumfulsit [271], in scripturis addiderunt [h] nobis missæ celebrationem.

### C. XLVIII. *Qua hora sunt missarum solennia celebranda.*

*Item* Telesphorus [t] apa VII *a Petro, in epistola ad omnes*, c. 2 [272].

XIII Pars. Nocte sancta Nativitatis Domini salvatoris missas celebrent presbyteri, et hymnum angelicum in illis solenniter decantent, quoniam et eadem nocte ab angelo pastoribus nunciatus est. *Et infra* : § 1. Et subito facta est cum angelo multitudo militiæ cœlestis laudantium Deum, et dicentium : *Gloria in excelsis* [273] *Deo, et in terra pax hominibus bonæ voluntatis.* Reliquis [274] vero temporibus missarum celebrationes ante horam diei tertiam minime sunt celebrandæ, quia et [275] eadem hora Dominus [276] crucifixus est, et super Apostolos Spiritus sanctus descendisse legitur.

### C. XLIX. *Non nisi a jejunis hominibus sacramenta celebrentur altaris.*

*Item* ex Concilio Africano, c. 8 [277].

XIV Pars. Sacramenta altaris non nisi a jejunis hominibus celebrentur, excepto uno die anniversario, quo cœna Domini celebratur. Nam si aliquorum pomeridiano tempore defunctorum, sive episcoporum sive ceterorum, commendatio facienda est, solis orationibus fiat, si illi, qui faciunt [278], jam pransi inveniantur [279].

### C. L. *Ante missarum solennia, circa horam nonam decantata, in Quadragesima comedere non licet.*

*Item* ex Concilio Cabilonensi [i] [280].

XV Pars. Solent plures, qui se jejunare putant in Quadragesima, mox ut signum audierint [281] ad horam nonam, comedere [282]. Qui nullatenus jejunare credendi sunt, si ante manducaverint, quam vespertinum celebretur officium. Concurrendum est enim ad missas, et auditis missarum solennibus et vespertinis officiis, et largitis eleemosynis ad cibum accedendum est. Si vero aliquis necessitate constrictus fuerit, ut ad missam venire non valeat, æstimata vespertina hora, completa oratione sua jejunium solvat [283].

XVI Pars. Gratian. *In jejuniis etiam quatuor temporum circa vespertinas horas, in sabbato vero sancto circa noctis initium missarum solennia sunt celebranda.* Unde Leo episcopus [284] : Quod a patribus nostris. *Item Gelasius* : Ordinationes presbyterorum. *Item Pelagius* [285] : Dilectionis tuæ rescripta. Require in tractatu ordinandorum. *In prima quoque parte diei missarum solennia non incongrue celebrantur.*

*Unde Leo Papa Dioscoro, Alexandrino Episcopo, epist. LXXIX al. LXXXI, c.* 2 [286] :

### C. LI. *Etiam prima parte diei missas celebrare licet.*

Necesse est autem, ut quædam populi pars sua devotione privetur, si unius tantum missæ more servato sacrificium offerre non possint [287], nisi 'qui' prima diei parte convenerint [288]. Studiose ergo dilectionem [289] tuam 'et' [290] familiariter admonemus, ut quod nostræ consuetudini ex forma paternæ traditionis insedit [291] tua quoque cura non negligat, ut per omnia nobis ' et ' [292] fide et actibus congruamus. Propter quod remeanti filio nostro Possidonio presbytero hanc ad fraternitatem [293] tuam epistolam dedimus perferendam, qui in [294] nostris processionibus atque actionibus [295] frequenter interfuit, et toties ad nos missus quid in omnibus apostolicæ sedis [k] auctoritas teneret agnovit.

### C. LII. *Missæ peculiares non sunt in publico cantandæ.*

*Item* Augustinus [296].

Et hoc attendendum est, ut missæ peculiares, quæ per dies solennes a sacerdotibus fiunt, non ita in publico fiant, ut propter [297] eas populus a publicis missarum solennibus, quæ hora tertia canonice fiunt, abstrahatur. *Et infra* : § 1. Sed sacerdotes,

### NOTATIONES CORRECTORUM.

C. XLVII. [h] *In scripturis addiderunt* : Græce est : εγγράφως τὴν μυστικὴν ἡμῖν ἱερουργίαν παραδεδωκότες, οὕτω τελειοῦν ἐν τῇ θείᾳ λειτουργίᾳ ἐξ ὕδατος, καὶ οἴνου τὸ ἱερὸν ποτήριον ἐκδεδώκασιν ; id est : *qui in scriptis tradiderunt nobis mysticum sacrificium, hoc modo in divina liturgia sacrum poculum ex aqua et vino conficiendum ediderunt.* Sed nihil mutatum est, tum de glossam, tum quoniam collector de industria videtur summatim retulisse. Abest autem hoc caput ab aliquot vetustis exemplaribus.

C. L. [i] Sic etiam citat Ivo et Panormia. Burchardus autem ex decretis Silverii Papæ.; Polycarpus ex Eusebio. Habetur in capitulis Theodulphi, Aurelianensis episcopi, cap. 39.

C. LI. [k] *Apostolicæ sedis* : in epistola ipsa legitur : *quid in omnibus apostolicæ auctoritatis teneremus*'. Sed omnes Gratiani codices et Ivo concordant.

---

Dist. I. C. XLVII. [271] *refulsit* : Edd. coll. o. = C. XLVIII. [272] Caput Pseudoisidori, confect. sec. libr. Pontif. — Ivo Decr. p. 2, c. 71. Polyc. l. 3, t. 25. [273] *altissimis* : orig., Iv. et Vulg. Luc. c. 2, v. 14. [274] Burch. l. 3, c. 63. Ivo Pan. l. 2, c. 40. Decr. p. 3, c. 65. [275] abest ab orig. — Burch. Iv. — Edd. Arg. Bas. Nor. — Bohm. [276] *et Dom.* : orig. — Burch. Iv. — Edd. coll. o — cf. Marc. c. 15. Act. c. 2. = C. XLIX. [277] *ex conc. Carth. III*, c. 8 : Ed. Bas. — *ex conc. Carth. c.* 8 : Edd. rell. — c. 8, in cod. Hadr., ut c. 41, ap. Dionys. — c. 29, conc. Carth. III, hab. A. 397. — Reg. l. 1, c. 188. Ans. l. 9, c. 5. [278] *faciant* : Edd. coll. o. pr. Bas. [279] *inveniantur* : Edd. Lugdd. II. III. — orig. = C. L. [280] Imo Theodulphus Aurel. c. 58 (ap. Mans. t. 13.) — Burch. l. 13, c. 12. Ivo Pan. l. 2, c. 184. Decr. p. 4, c. 45. Polyc. ib. [281] *audierint ad nonam* : orig. [282] *manducare* : id. — Burch. Iv. — Ed. Bas. [283] *absolvat* : Burch. — *absolvere debet* : orig. [284] cf. Dist. 75, c. 4, 7. [285] Dist. 76, c. 12. = C. LI. [286] Ep. 9 (Ed. Baller.) ser. A. 445. — Ivo Decr. p. 2, c. 87. — Prior. part. (usque ad : *conven.*) prof. Burch. l. 3, c. 228. Ivo Decr. p. 3, c. 268. [287] *possunt* : Iv. — Edd. coll. o. [288] *convenerit* : Edd. Ven. II. Par. Lugdd. [289] *fraternitatem* : Iv. — Edd. coll. o. [290] abest ab Iv. [291] *insederit* : Ed. Bas. [292] abest a Coll. Hisp. — Iv. [293] *dilectionem* : id. — Edd. coll. o. [294] abest a Baller. Coll. Hisp., Iv. et Edd. coll. o. pr. Par. Luggd. [295] *ordinationibus* : Baller. — Coll. Hisp. ' ita iid. — ead. = C. LII. [296] Burch. l. 2, c. 54. Ivo Decr. p. 2, c. 119, proferunt : *ex dictis Augustini*. Est inter cap. Theodulphi Aurel. (ap. Mans. t. 13) t. 45, 46. — Polyc. l. 3, t. 16. [297] *per* : orig.

qui in circuitu urbis, aut in eadem urbe sunt, et populus in unum ad missarum publicam celebrationem conveniant, 'exceptis[1] Deo sacratis feminis, quibus mos est ad publicum non egredi, sed claustris monasterii contineri'.

### C. LIII. *Quod missas in die sacerdoti celebrare licet.*

*Item* Alexander II[298].

XVII Pars. Sufficit sacerdoti unam missam in die una celebrare, quia Christus semel passus est[299], et totum mundum redemit. Non modica res est unam missam facere, et valde felix est[300] qui unam digne celebrare potest. Quidam tamen pro defunctis unam faciunt, et alteram de die, si necesse fuerit[301]. Qui vero pro pecuniis aut adulationibus saecularium una die praesumunt plures facere missas, non aestimo[302] evadere damnationem.

### C. LIV. *Ex Salvatoris et Apostolorum docemur exemplo hymnos cantare.*

*Item* ex Concilio Toletano IV, c. 12[303].

XVIII. Pars. De hymnis canendis et Salvatoris, et Apostolorum habemus exemplum. Nam et ipse Dominus hymnum dixisse perhibetur, Matthaeo evangelista attestante[304]: *Et hymno dicto exierunt in montem Oliveti*[305]. Et Paulus apostolus ad Ephesios scribit dicens[306]: *Implemini*[307] *Spiritu sancto* [308], *loquentes vobismetipsis*[309] *in psalmis*, *et hymnis*, *et canticis spiritualibus*. Et quia nonnulli hymni humano studio in laudem Dei, atque Apostolorum et martyrum triumphos compositi esse noscuntur, sicut hi, quos beatissimi doctores Hilarius atque Ambrosius ediderunt, quos tamen quidam specialiter reprobant pro eo, quod de scripturis sanctorum canonum vel apostolica traditione non exsistunt: respuant ergo et illum hymnum ab hominibus compositum, quem quotidie publico privatoque officio in fine omnium psalmorum dicimus: *Gloria in honor Patri, et Filio*, *et Spiritui sancto in saecula saeculorum. Amen.* Nam et ille[310] hymnus, quem nato in carne Christo angeli cecinerunt[311]: *Gloria in excelsis*[312] *Deo*, *et in terra pax hominibus bonae voluntatis*, et reliqua, quae ibi sequuntur, ecclesiastici doctores composuerunt. Ergo nec ipsi[313] in ecclesiis canendi sunt, quia in sanctarum scripturarum libris non inveniuntur? Componuntur[314] missae, sive preces, vel orationes, seu commendationes, seu manus impositiones, ex quibus, si nulla decantentur[315] in ecclesia[316], vacant officia omnia ecclesiastica. Admonet haec[317] fieri atque hortatur Timotheum Apostolus, dicens[318]: *Obsecro igitur primum* [319] *fieri obsecrationes*, *orationes*, *postulationes*, *gratiarum actiones pro omnibus hominibus*, *pro regibus*, *et pro omnibus*, *qui in sublimitate sunt*. Sicut ergo orationes, ita et[320] hymnos in laudem Dei compositos, nullus nostrum[321] ulterius improbet, 'sed pari modo in[322] Gallicia[323] Hispaniaque celebrent; excommunicatione plectendi, qui hymnum[324] rejicere fuerint ausi'.

### C. LV. *In novo testamento qui hymni ab angelis decantati inveniuntur.*

Leo IX †.

Hi duo solummodo hymni ab angelis in novo testamento inveniuntur decantati[325]: *Alleluia*, atque: *Gloria in excelsis Deo*. Quos pariter in Septuagesima intermittimus, quia peccato[326] hominis veteris a conventu angelicae jubilationis expulsi in hujus miserae vitae Babylonem[327], super flumina ejus sedemus, et flemus, dum recordamur[328] illius Sion, in qua Deum decet hymnus[329]. Quod novem hebdomadibus Alleluia intermittimus, non incongrue per novem hebdomadas novem ordines angelorum accipimus, quorum decimus ordo per superbiam corruens[330] angelicum numerum minuit, et a felicitate perturbavit. Qui condolentes suae[331] diminutionis[332], et parem ruinam sibi timentes, a perfecta laude creatoris fuere praepediti[333]. Quorum reparationi[334] et consolationi[335] consulens omnipotens Deus creator[336] primum hominem de limo terrae formavit, qui sui generis multiplicatione damna coelestis patriae resarciret, atque angelorum gaudia suppleret. Qua spe angelicus chorus non modicum[337] laetatus est. Nec mirum, si ex lapsu ipsius hominis fuit[338] perturbatus[339]. Unde novem ordinum con-

---

### NOTATIONES CORRECTORUM.

C. LII. [1] *Exceptis*: Haec usque ad finem addita sunt ex Theodulpho, Burchardo et Ivone, apud quos possunt etiam legi alia, quae post vers. *Abstrahatur* a Gratiano sunt omissa.

Dist. I. C. LIII. [298] Cap. incertum.—Simile aliqu. est in Excerptionibus, quas ferunt, Egberti c. 54.—Ivo Decr. p. 2, c. 81. [299] *est et*: absunt ab Ed. Arg.—*est, qui*: Ed. Bas. [300] abest ab Edd. Arg. Bas. [301] *sit*: Edd. Bas. [302] *existimo*: Iv.—Edd. coll. o. pr. Arg. Par. Lugd. I. = C. LIV. [303] hab. A. 633 —Coll. tr. p. 2, t. 37, c. 1. Polyc. l. 3, t. 22. [304] *testante*: Edd. coll. o. — cf. Math. c. 26, v. 30. [305] *Olivarum*: Edd. coll. o. [306] Ephes. c. 5, v. 18, 19. [307] *Implenmini*: Edd. coll. o. [308] abest a Coll. Hisp. [309] *vos*: ead. [310] add.: *tantum*: Ed. Bas. [311] Luc. c. 2, v. 14. [312] *altissimis*: Vulg. [313] *idem—canendus est*: Coll. Hisp. [314] *Componuntur ergo hymn., sicut comp.*: ead. [315] *decantantur*: Edd. Par. Lugdd. II. III.—*decantetur*: Edd. Bas. Lugd. I.—*dicantur*: Coll. Hisp. [316] *in eccl.*: absunt ab Ed. Arg. [317] *hic*: ead. — *hoc*: Edd. rell. [318] I Tim. c. 2, v. 1. 2. [319] add. ex Vulg.: *omnium*: Edd. Bas. Lugdd. [320] absunt ab Edd. coll. o. pr. Arg. Bas. [321] *vestrum*: Edd. Arg. Bas. Lugdd. II. III. [322] abest a Coll. Hisp. [323] *Gallia*: ead.—Bohm. [324] *hymnos*: ead. = C. LV. † Imo Humbertus contra Graecos ap. Canis l. 6. [325] Apoc. c. 19, v. 3. Luc. c. 2, v. 14. [326] *pro pecc.*: Edd. Bas. Lugdd. II. III. [327] cf. Psal. 136. [328] *recordaremur*: Edd. coll. o. pr. Lugdd. II. III. [329] Psal. 64, v. 1. [330] cf. Apoc. c. 12. [331] *sui*: Ed. Bas. [332] *deminutioni*: Edd. coll. o. [333] *impediti*: Ed. Bas. — *privati vel praep.*: Ed. Arg. [334] *recuperationi*: Edd. coll. o. [335] *et cons.*: absunt ab Ed. Arg. [336] abest ab Ed. Bas. [337] *admodum laetatus*: ead. [338] *fuerat*: Edd. coll. o. [339] *conturbatus*: Ed. Bas.

centus in laudem Dei creatoris permansit A imperfectus, donec in Christo resurgente resurrexit lapsus ille protoplastus. Ibi augmento sui collegii, et spe meliori angelicus exercitus gavisus, in novum Alleluia consurrexit totus, et in eo perstat devotus. Quem et nos pro modulo nostro imitantes, a Septuagesima, quando lapsus protoplasti in ecclesia recitatur, Alleluia novem hebdomadibus intermittimus, scilicet usque in Pascha, ubi Christus resurgens a mortuis tristitiam nostram in gaudium vertit, et Alleluia nobis reddit.

C. LVI. *In cœna Domini Gloria in excelsis decantetur.*
*Item* Nicolaus Papa *Rodulpho, Archiep. Bituricensi*.

Porro Gloria in excelsis Deo ab episcopis in cœna Domini inter missarum solennia more nostro dicenda est. Pallio vero apostolico eadem die uti est illis licitum, quibus est ab apostolica sede permissum.

C. LVII. *Cum baculo aut capite velato ad celebrandum missarum solennia clericus non ingrediatur.*

*Item* Zacharias Papa *in Synodo Romana, c. 13, et 14.*

XIX Pars. Nullus episcopus, presbyter, aut diaconus ad solennia missarum celebranda præsumat cum baculo introire, aut velato capite altari Dei assistere, quoniam et Apostolus probibet viros velato capite orare in ecclesia; et qui temere præsumpserit communione privetur. Quum vero ingressus fuerit episcopus aut presbyter ad missarum solennia celebranda, nisi passio aliqua intervenerit, nullo modo audeat data oratione recedere, ut ab alio episcopo vel presbytero missarum solennia suppleantur; sed qui initium ponit suppleat usque in finem, quia scriptum est: *Qui perseveraverit usque in finem, hic salvus erit*. Si quis vero præsumpserit, præter quod posuimus, agere, a sacro corpore et sanguine Domini nostri Jesu Christi sit suspensus.

C. LVIII. PALEA.
[*Item ex Decretis Soteris Papæ.*]

« Ut illud divini oraculi singuli præcaveant, quo scribitur: *Væ soli, quia, quum ceciderit, non habet sublevantem*, summopere verendum nobis est atque cavendum, ne horis illis atque temporibus, quibus Deo psallitur vel sacrificatur, unicuique divinis singulariter officiis insistenti perniciosa passio vel corporis quælibet invaletudo occurrat, quæ aut corpus subito subrui faciat, aut mentem alienatione vel terrore confundat. Pro hujusmodi ergo casibus præcaventes, necessarium duximus instituere, ut, ubi temporis, vel loci, sive cleri copia suffragatur, habeat quisque canens Deo atque sacrificans post se vicini solaminis adjutorem, ut, si aliquo casu ille, qui officia impleturus accedit, turbatus fuerit, vel ad terram elisus, a tergo semper habeat qui ejus vicem exsequatur intrepidus, et officium inceptum adimpleat. »

C. LIX. *Quot testes episcopus sacrificans secum habere debeat.*

*Item* Anacletus *Jesu Christi servus, omnibus Episcopis, epist. I*.

XX Pars. Episcopus Deo sacrificans testes secum habeat, et plures, quam alius sacerdos; sicut enim majoris honoris gradu fruitur, sic majoris testimonii incremento indiget. In solennioribus quippe diebus aut septem, aut quinque, aut tres diaconos, qui oculi ejus dicuntur, et subdiaconos, atque reliquos ministros secum habeat, qui sacris induti vestimentis a fronte et a tergo, et presbyteri e regione dextra lævaque, contrito corde et humiliato spiritu, ac prono stent vultu, custodientes eum a malevolis hominibus, et consensum ejus præbeant sacrificio. Peracta autem consecratione omnes communicent, qui noluerint ecclesiasticis carere liminibus.

---

### NOTATIONES CORRECTORUM.

C. LVI. ᵐ *Apostolico*: Vox ista abest ab aliquot Vaticanis codicibus; Ivo tamen habet.
C. LVII. ⁿ *Zacharias*: antea legebatur: *Macarius*. Emendatum est ex aliquot vetustis codicibus et ceteris collectoribus. Et caput ipsum habetur in concilio manuscripto Zachariæ.

---

Dist. I. C. LV. ³⁴⁰ *laude*: Edd. Arg. Nor. Ven. I. II. ³⁴¹ abest ab Ed. Bas. ³⁴² *remansit*: ead. ³⁴³ *prolapsus*: Edd. coll. o. ³⁴⁴ *reddidit*: Ed. Bas. = C. LVI. ³⁴⁵ scr. A. ³⁴⁷. — Ivo Decr. p. 5, c. 20. ³⁴⁶ add.: *solis*: orig.—C. LVII. ita Edd. coll. o. pr. Arg. ³⁴⁷ hab. A. 745. — Burch. l. 3, c. 230, seq. Iv. Decr. p. 3, c. 271. Polyc. l. 3, t. 46. ³⁴⁸ *aut pr.*: Edd. coll. o. ³⁴⁹ *celebrandum*: orig.—Burch.—Edd. Arg. Bas. Nor. ³⁵⁰ 1 Cor. c. 14, v. 4. ³⁵¹ *si*: orig. — Burch. Iv. — Edd. coll. o. ³⁵² *præsumserint — priventur*: ead. pr. Arg. Bas. ³⁵³ *aliquo*: Edd. coll. o. ³⁵⁴ Matth. c. 10, v. 22. ³⁵⁵ *exposuimus*: orig. — *disposuimus*: Edd. Bas. Lugdd. II. III. = C. LVIII. ³⁵⁶ Imo ex conc. Tolet. XI. — cf. C. 7, qu. 1, c. 15, et Coll. ibi citt. — Abest ab Ed. Arg. ³⁵⁷ *Et*: Edd. Nor. Ven. I. II. ³⁵⁸ Eccl. c. 4, v. 10. ³⁵⁹ add.: *eorum*: Ed. Bas. ³⁶⁰ *ausibus*: ead. ³⁶¹ add.: *quisque*: ead. — *et adimpl.*: non sunt in Coll. Hisp. — C. LIX. ³⁶² Caput Pseudosidori. — Ans. l. 6, c. 138 (157). Ivo Decr. p 2, c. 67. Polyc. l. 4, t. 12. ³⁶³ *incrementatione*: Iv. Ans. ³⁶⁴ *solennibus*: Ed. Bas. ³⁶⁵ *in*: Edd. coll. o. ³⁶⁶ *a*: Edd. Bas. Lugdd. II, III. ³⁶⁷ *malifluis*: Ed. Nor. ³⁶⁸ *præbentes*: Edd. coll. o. ³⁶⁹ *Peractaque*: Ed. Bas.

**C. LX.** *Episcopi sine religiosis testibus Domini sacramenta non conficiant.*

*Item* Lucius Papa *Episcopis Galliæ et Hispaniæ, c.* 1 [370].

Jubemus apostolica ° auctoritate, ut semper testes vobiscum sacerdotes et Levitas [371] habeatis. Et li cet conscientia propria sufficere possit, tamen propter malevolos juxta Apostolum [372] *etiam* testimonium vos [373] oportet habere bonum ab his, qui foris sunt, *quoniam* [374] et in hac sancta sede constitutum habemus, ut *duo* [375] presbyteri, et tres diaconi in omni loco episcopum non deserant, propter testimonium ecclesiasticum.

**C. LXI.** *Nisi duobus præsentibus presbyter missam celebrare non præsumat.*

*Item* Soter Papa p [376].

Hoc quoque statutum est, ut nullus presbyterorum missarum solennia celebrare præsumat, nisi duobus præsentibus sibique respondentibus ipse [377] tertius habeatur; quia, quum pluraliter ab eo dicitur: *Dominus vobiscum*, et illud in secretis: *Orate pro me*, aptissime convenit, ut ipsius [378] respondeatur salutationi.

**C. LXII.** *Communione priventur qui usque ad finem missarum solennia non audierint.*

*Item* ex Canone Apostolorum 10 [379].

XXI. Pars. Omnes fideles, qui [380] conveniant in solennitatibus [381] sacris q ad ecclesiam, et scripturas Apostolorum et evangelium audiant. Qui autem r non perseverant in oratione, usque dum missa peragatur, nec sanctam communionem percipiunt, velut inquietudines ecclesiæ commoventes convenit communione privari.

**C. LXIII.** *De eodem.*

*Item* ex Concilio Carthaginensi IV, c. 24 [382].

Sacerdote verbum in ecclesia faciente qui egressus de auditorio fuerit [383], excommunicetur.

**C. LXIV.** *Die dominico missas ex integro sæculares audire debent.*

*Item* ex Concilio Agathensi, c. 47 [384].

Missas die dominico sæcularibus totas audire [385] speciali ordine præcipimus ita, ut ante benedictionem sacerdotis egredi populus non præsumat. Quod si fecerint, ab episcopo publice confundantur.

**C. LXV.** *Populus non ante discedat, quam missa ex integro celebretur.*

*Item* ex Concilio Aurelianensi I, c. 28 [386].

Quum ad celebrandas missas in Dei nomine convenitur [387] populus non ante discedat, quam missæ solennitas compleatur, et ubi episcopus non [388] fuerit, benedictionem accipiat sacerdotis [389].

**C. LXVI.** *Excommunicetur qui prætermisso ecclesiæ conventu ad spectacula vadit.*

*Item* ex Concilio Carthaginensi IV, c. 88 [390].

Qui die solenni prætermisso solenni [391] ecclesiæ conventu ad spectacula vadit, excommunicetur.

**C. LXVII.** *Usque ad missam catechumenorum nullus ecclesiam ingredi prohibeatur.*

*Item* ex Concilio Carthaginensi IV, c. 84 [392].

XXII Pars. Episcopus nullum prohibeat ingredi ecclesiam, et [393] audire verbum Dei, sive gentilem, sive hæreticum, sive Judæum, usque ad missam catechumenorum.

## NOTATIONES CORRECTORUM.

**C. LX.** ° *Jubemus apostolica*: In epistola ipsa sic legitur: *Propter tales, fratres, hortamur vos, sicut in hac sancta ecclesia constitutum habemus, ut semper,* etc.

**C. LXI.** p Burchardus etiam et Ivo citant ex decretis Soteris Papæ. Et in Micrologo c. 7 scribitur fuisse id ab Anacleto et Sotere statutum. Similem sententiam Burchardus lib. 3, c. 68, refert ex conc. Nannetensi, c. 30. Fere autem idem habetur in Moguntino primo, c. 43.

**C. LXII.** q *In solennitatibus sacris.* In tomis conciliorum ad marginem priscæ versionis sunt hæc eadem verba, quæ hic apud Gratianum, et Burchardum, et Ivonem, et in Polycarpo. Græce est absolute: τοὺς εἰσιόντας, id est: *qui ingrediuntur*, et ita in Codice canonum, nimirum ex versione Dionysii.

r *Audiant. Qui autem:* Ita in eadem margine et in Polycarpo. Sed Burchardus et Ivo propius ad verba græca: *audiunt, non autem perseverant*.

---

Dist. I. C. LX. [370] Cap. Pseudoisidori. — Ans. 1, 6, c. 140 (138). Polyc. l. 4, t. 13. [371] *diaconos*: orig. [372] 1 Tim. c. 3, v. 7. [373] *nos*: Edd. coll. o. pr. Bas. [374] *quon. — ut*: absunt ab Ans. [375] *Iquinr duo*: Ans. — Edd. coll. o. = C. LXI. [376] Reg. l. 1, c. 191. simile aliquid profert *ex conc. Nannetensi*; e cum videtur Burch. l. 3, c. 74, secutus esse. — cf. Cap. Reg. Fr. l. 5, c. 159. — Ans. in extr. l. 7. Ivo Pan, l. 1, c. 159. Decr. p. 2, c. 127. Polyc. l. 4, t. 31. [377] *et ipse*: Edd. coll. o. [378] *et ipsi*: Burch. Iv. = C. LXII. [379] cf. conc. Antioch. c. 2. — Reg. l. 1, c. 193. Burch. l. 2, c. 67. Ivo Decr. p. 6, c. 163. Polyc. l. 3, t. 16. [380] *qui ingrediuntur ecclesiam, et scripturas audientes, non autem pers. in or., nec sanctam,* etc.: orig. [381] *solennibus*: Burch. = C. LXIII. [382] c. 31. Statutt. eccl. ant., cf. ad c. 9. D. 43. — Reg. l. 4, c. 197. Burch. l. 2, c. 66. Ivo Decr. p. 6, c. 162. [383] Burch. et Iv. add.: *sine gravi necessitate*. = C. LXIV. [384] hab. A. 506. — cf. tamen ad c. 30. D. 23. — Coll. tr. p. p. 2, t. 28, c. 45. [385] *tenere, spec. ordinatione*: Coll. Hisp. = C. LXV. [386] hab. A. 511. — Reg. l. 1, c. 196. Burch. l. 3, c. 29. Ivo Decr. p. 8, c. 54. [387] *convenit*: Burch. Iv. — *convenerit*: Ed. Bas. [388] *defuerit*: Coll. Hisp. — Burch. Iv. — *fuerit*: Iv. [389] *a sacerdote*: Edd. coll. o. = C. LXVI [390] c. 33. Statutt. eccl. ant. — cf. ad c. 9. D. 18. — Ivo Decr. p. 4, c. 8- [391] abest a Coll. Hisp., Baller et Iv. = C. LXVII. [392] c. 17. ib. — Burch. l. 3, c. 28. Ivo Pan. l. 2, c. 41. Dec. p. 3, c. 33. [393] abest a Baller.

C. LXVIII. *Evangelia non sedendo, sed stando audire debemus.*

*Item* Anastasius Episcopus *Episcopis Germaniæ et Burgundiæ, epist. I, c.* 1 [394].

XXIII Pars. Apostolica auctoritate mandamus, dum sancta evangelia in ecclesia recitantur [395], ut sacerdotes et ceteri omnes *praesentes* [396] non sedentes, sed venerabiliter curvi [a] in conspectu evangelii stantes dominica verba intente audiant, et fideliter adorent.

C. LXIX. *Ad missarum solennia semper aliquid est offerendum.*

*Item* Gregorius VII *in Synodo Romana habita anno Domini* 1078, *c.* 13 [397].

XXIV. Pars. Omnis Christianus procuret ad missarum solemnia aliquid Deo offerre, et ducere [398] ad memoriam, quod Deus per Moysen dixit [399]: *Non apparebis in conspectu meo vacuus.* *Etenim* in collectis sanctorum Patrum liquido apparet, quod omnes Christiani offerre aliquid Deo ex usu sanctorum Patrum debent. Ad ipsum [t] enim prius est confugiendum, qui nostræ curare possit animæ passiones. Verum homines præpostero ordine ante sibi opem ab hominibus accersunt. Ubi autem humana subsidia defecerint, tunc opinantur divini postulandam favoris gratiam.

C. LXX. *Quare* Sursum corda *in præfatione dicitur.*

*Item* Cyprianus [400] *sermone VI de oratione dominica.*

XXV. Pars. Quando autem stamus ad orationem, fratres dilectissimi, vigilare [401] et incumbere ad preces toto corde debemus; cogitatio omnis [402] carnalis et sæcularis abscedat, nec quicquam tunc animus [403] quam id solum cogitet, quod precatur. Ideo et [404] sacerdos ante orationem. præfatione præmissa, parat fratrum mentes, dicendo : *Sursum corda,* ut dum respondet plebs : *Habemus ad Dominum,* admoneatur, nihil se aliud quam Dominum cogitare debere. Claudatur contra adversarium pectus, et soli Deo pateat, nec ad se hostem Dei [405] tempore orationis adire [406] patiatur.

C. LXXI. *Quæ præfationes in missa sunt cantandæ.*

Pelagius II. *Romanæ ecclesiæ et apostolicæ sedis Episcopus universis Germaniarum atque Galliarum Episcopis* [407].

XXVI Pars. Invenimus has novem præfationes in sacro catalogo tantummodo recipiendas [408], quas longa retro vetustas in Romana ecclesia hactenus servavit [u]; id est : unam in Albis paschalibus, aliam de Ascensione [409] Domini, tertiam de [410] Pentecoste, quartam de [411] Natali Domini, quintam de Apparitione Domini [412], sextam de Apostolis, septimam de sancta Trinitate, octavam de Cruce, nonam de jejunio in Quadragesima tantummodo [413] dicendam. * Has præfationes tenet et custodit sancta Romana ecclesia, has tenendas vobis mandamus.

C. LXXII. *In omnibus missarum solennibus pro defunctis oratio fiat.*

*Item* ex Concilio Cabilonensi II, c. 39 [414]. *

XXVII. Pars. Visum præterea nobis est, ut in omnibus missarum solennibus pro defunctorum spiritibus loco competenti Dominus [415] deprecetur. Sicut enim nulla dies excipitur, qua non pro viventibus et pro quibuslibet necessitatibus Dominus [416] deprecetur : ita nimirum nulla dies excipi debet, quin pro animabus fidelium preces Domino in missarum solennibus fundantur. Antiquitus igitur hunc morem sancta tenet [417] ecclesia, ut [418] et in missarum solennibus, et in aliis precibus Domino spiritus quiescentium commendet [419], dicente B. Augustino [420] : *Non sunt prætermittendæ supplicationes pro spiritibus defunctorum* [421], *quas faciendas pro omnibus in Christiana et catholica societate laudamus* [u]. *Defunctorum etiam tacitis nominibus eorum, quos sub generali commemoratione suscepit ecclesia, ut quibus ad ista* [422] *desunt parentes, aut filii, aut quicunque cognati vel amici, ab una eis exhibeantur* [423] *pia matre communi.*

### NOTATIONES CORRECTORUM.

C. LXVIII. [s] *Curvi :* Sic in originali, et apud Ivonem part. 6, cap. 95; sed apud eumdem part. 2, cap. 138, et apud Burchardum * vox ista non habetur.

C. LXIX. [t] *Ad ipsum :* Hinc usque ad fin. cap. non habentur ibi apud Gregorium, neque apud Anselmum aut Polycarpum **.

C. LXXII. [u] *Laudamus :* Apud collectores sunt nonnullæ varietates. B. Augustinus (a quo parum variat et concilium, et Amalarius lib. 4, c. 42) sic habet : *Quas faciendas pro omnibus in Christiana et catholica societate defunctis, etiam tacitis nominibus quorumcunque, sub generali commemoratione suscepit ecclesia.* Ceterum glossa fecit, ne mutaretur.

---

Dist. I. C. LXVIII. [394] Caput Pseudoisidori. — Burch. l. 3, c. 105. Ivo Decr. p. 2, c. 138, p. 6, c. 93. [395] *leguntur* : Edd. coll. o. [396] abest a Burch. Iv. *et Ed. Arg. = C. LXIX. [397] Ans. l. 3, c. 40. (41). Polyc. l, 5, t. 16. [398] *ducat* : orig. — *reducere* : Ed. Bas. [399] Exod. c. 23, v. 15. ** et videntur esse ipsius Gratiani. = C. LXX. [400] Cyprian. Papa : Edd. coll. o. [401] *invigilare* : exd. [402] *hominis* : exd. [403] add. : *alius* : exd. [404] *autem* : Ed. Bas. [405] *omni* : ead. [406] *venire* : Edd. coll. o. = C. LXXI. [407] Cap. apocryphum. — In Edd. coll. o. pr. Bas. tribuitur *Gelasio.* — Burch. l. 3, c. 69. Ivo Pan. l. 4, c. 158, Decr. p. 2, c. 77. Polyc. l. 3, t. 20. [408] *receptus* : Iv. [409] *ascensionis* : Ed. Par. — *die ascensionis* : Edd. rell. [410] *dei pentecostes* : Edd. coll. o. [411] *die natalis* : Ed. Bas. [412] abest ab Ed. Arg. [413] *tant. dic.* : absunt ab ead. = C. LXXII. [414] hab. A. 813. — Burch. l. 3, c. 64. Ivo Decr. p. 3, c. 66. [415] *ecclesia Dominum* : Ed. Bas. — *in eccl. tad Dom.* : Edd. rell. [416] *Dominum* : Edd. coll. o. — abest ab Iv. [417] *tenebat* : Ed. Bas. [418] *ut in miss.* : Edd. Bas. Lugdd. — *et ut miss.* — Ed. Par. — *ut et miss.* : Edd. rell. *ut miss.* : Iv. [419] *commendarentur* : Ed. Bas. — *commendentur* : Edd. Par. Lugd. l. — Burch. Iv. — *commendantur* : Edd. rell. [420] in libro de cura pro mortuis facienda, c. 4. [421] *mortuorum* : orig. — Burch. Iv. — Edd. coll. o. [422] *istam* : Edd. Bas. [423] *exhibeatur* : Edd. coll. o.

**C. LXXIII.** *Ante preces non sunt a sacerdote nomina recitanda.*

*Item* Innocentius *Episcopus Urbis Romae Decentio Eugubino, epist. I,* !c. **2** [425].

De nominibus recitandis ante quam preces [426] sacerdos faciat, atque eorum oblationes, quorum nomina recitanda sunt, oratione sua commendet, quam superfluum sit, et [426] ipse pro tua prudentia recognoscis [427]; ut cujus hostiam necdum Deo offeras, ejus ante nomen insinues, quamvis illi [428] incognitum sit nihil.

## DISTINCTIO II.

### GRATIANUS.

**C. I.** *Panis, et vinum, et aqua in sacramentis sunt offerenda.*

*Item* Alexander, *Urbis Romanae Episcopus, orthodoxis omnibus, epist. I, c.* **4** ª¹ ¹⁽

1. Pars. In sacramentorum oblationibus, quae inter missarum solennia Domino offeruntur, *passio* [2] Domini miscenda est, ut ejus, cujus corpus et sanguis conficitur, passio celebretur ita, ut repulsis opinionibus !superstitionum* panis [3] tantum [4] et vinum aqua permixtum in sacrificium [5] offerantur. Non enim debet *(ut [6]) a Patribus accepimus, et ipsa ratio docet)* in calice Domini aut vinum solum, aut aqua sola offerri, sed utrumque permixtum, quia utrumque ex latere ejus in passione sua profluxisse legitur.

**C. II.** *Vinum sine aqua, vel e converso in sacramentis offerri non licet.*

*Item* Cyprianus *lib. II, epist. 2. Caecilio fratri salutem* [7].

Sic [8] in sanctificando calice [9] Domini offerri aqua sola non potest, quomodo nec vinum solum potest. Nam si vinum tantum quis offerat, sanguis Christi incipit esse sine Christo [b]. Quando autem [10] utrumque miscetur [11], et adunatione confusa sibi invicem copulatur [12], tunc sacramentum spiritale [13] et coeleste perficitur. Sic [14] vero [15] calix Domini non est aqua sola, aut [16] vinum solum, nisi utrumque *sibi* misceatur, quomodo nec corpus Domini [17] potest esse farina sola, *aut aqua sola*, nisi utrumque adunatum fuerit et copulatum, et panis unius compage solidatum.

**C. III.** *Idem in eadem epistola.*

Scriptura dicit: *Quotiescunque* [18] *enim ederitis panem* istum, et calicem istum biberitis, mortem Domini annunciabitis, quoadusque veniat. Quotiescunque* [19] *ergo calicem* in commemorationem [20] Domini et passioni ejus offerimus, id quod constat Dominum [21] fecisse, faciamus. Sed vide [22], frater carissime, si quis de antecessoribus nostris vel ignoranter vel simpliciter non hoc servavit [23] et tenuit [24], quod nos Dominus facere et [25] exemplo et magisterio *suo* docuit, potest simplicitati ejus de [26] indulgentia Domini venia concedi; nobis vero non poterit [27] ignosci, qui nunc a Domino admoniti [28] et instructi sumus, ut calicem Domini cum vino mixtum, secundum quod Dominus obtulit, offeramus.

**C. IV.** *Praeter panem, vinum et aquam in sacramento nihil debet offerri.*

*Item ex Concilio Martini* [29] *Bracarensis, c. 55.*

Non oportet aliquid aliud in sacramento [30] offerri praeter panem, vinum et aquam, quae in typo Christi benedicuntur, quia, dum in cruce penderet, de corpore ejus sanguis effluxit et aqua. Haec tria unum sunt in Christo Jesu; haec hostia et oblatio Dei in odorem [31] suavitatis.

**C. V.** *De eodem.*

*Item ex Concilio Carthaginensi III, c. 24* [32].

In sacramento [33] corporis et sanguinis Domini nihil amplius offeratur, quam [34] ipse Dominus tradidit, hoc est panis et vinum aquae [35] mixtum. *Et infra:* § 1 Nec amplius in sacrificiis [36] offeratur, quam de uvis et frumentis.

### NOTATIONES CORRECTORUM.

DIST. II. C. I. ª Locupletatum est caput hoc ex originali et ceteris collectoribus praeter Anselmum, qui habet, ut antea Gratianus habebat.

C. II. ᵇ *Sine Christo:* Apud B. Cyprianum sic legitur: *Sanguis Christi incipit esse sine nobis;* si vero aqua sit sola, plebs incipit esse sine Christo, qui verba referuntur etiam infra ead. c. *Quum omne.* Sed ob glossam non est mutatum. Multa vero alia, ubi illa non obstabat, ex ipsa epistola sunt emendata, itemque in sequenti capite.

DIST. I. C. LXXIII. [425] scr. A. 416. [426] precem: Coll. Hisp.—Constant. [426] abest ab Edd. Bas. Lugd. II, III. [427] recognosces: Coll. Hisp. — recognoscas: Edd. coll. o. pr. Lugdd. II, III. [428] ei: Ed. Bas. DIST. II. C. I. [1] Caput Pseudoisidori, conf. sec libr. Pont. — Burch. l. 5, c. 5. Ans l. 9, c. 1. Ivo Decr. p. 2, c. 15. Polyc. l. 3, t. 9. [2] *pass. superst.*: absunt ab Ans. [3] *quamvis*: Edd. Ven. I, II. [4] abest ab Edd. coll. o. pr. Bas. [5] *sacrificio*: orig. Burch. Iv. [6] *ut — doc.*: absunt ab Ans. = C. II. [7] scr. A. 234. — *Cyprian. Papa*: Edd. coll. o. — Ans. l. 9, c. 4. [8] *Sicut*: Edd. coll. o. [9] *calicem.* eaed. [10] *enim*: eaed. [11] *commiscetur*: Ed. Bas. [12] *copulantur*: Edd. coll. o. [13] *et spir. — efficitur.*: eaed. [14] *Si*: Edd. Bas. Ven, I, Par. Lugd. I. [15] *nec*: Ed. Arg. [16] *et*: Edd. coll. o. [17] *Christi*: Ed. Bas. = C. III. [18] l Cor. c. 11, v. 26. [19] *ut quot.*: Edd. coll. o. [20] *commemoratione*: Ed. Bas. [21] *et Dom.*: Ed. Arg. [22] *viderit*: orig. [23] *observavit*: Ed. Bas. — *observaverit*: Ed. Arg. — *servaverit*: Edd. rell. [24] *tenuerit*: Edd. Lugdd. II, III. [25] abest ab Edd. coll. o. pr. Lugdd. [26] *ejusdem*: eaed. pr. Bas. [27] *potest*: Edd. coll. o. [28] *moniti*: Ed. Bas. = C. IV. [29] *Mart. Papae*: Edd. coll. o. — cf. cap. seq. [30] *sanctuario*: Coll. Risp. — *sacrario*: Ed. Bas. [31] *add.*: *fil*: ead. = C. V. [32] hab. A. 597. — Burch. l. 5, c. 3. Ivo Decr. p. 2, c. 13. [33] *sacramentis*: Coll. Hisp. — Burch. IV. c. V. [34] *add.*: *quod*: Burch. Iv. — Edd. coll. o. [35] *aqua*: iid. — eaed. — [36] *primitiis*: iid. — Coll. Hisp.

**C. VI.** *Oblationis sacrificio uvas nemo conjungat.*
*Item ex VI Synodo, c. 28 c 37.*

Didicimus, quod in quibusdam ecclesiis sacerdotes sacrificio oblationis conjungant uvas, quæ secundum usum in altari offeruntur, et sic simul utraque populo dispensent. Præcipimus igitur, ut nullus sacerdos hoc ulterius faciat, sed in remissionem peccatorum populo oblationem solam distribuat, et uvas seorsum benedictas populus, qui petierit, accipiat, et fructuum d gratias agat.

**C. VII.** *De his, qui sacrificando varie errabant.*
*Item Julius papa Episcopis per Ægyptum e 38.*

Quum omne crimen atque peccatum oblatis Deo sacrificiis deleatur, quid de cetero pro delictorum expiatione Domino dabitur, quando in ipsa sacrificii oblatione erratur? Audivimus enim, quosdam schismatica ambitione detentos contra divinos ordines et apostolicas institutiones lac pro vino in divinis sacrificiis dedicare; alios quoque intinctam eucharistiam populis pro complemento communionis porrigere, quosdam etiam a° expressum vinum f in sacramento dominici calicis offerre, alios vero pannum g lineum musto intinctum per totum annum reservare, et in tempore sacrificii partem ejus aqua lavare, et sic offerre. Quod quam sit evangelicæ et apostolicæ doctrinæ contrarium, et consuetudini ecclesiasticæ adversum, non difficile ab ipso fonte veritatis probabitur 40, a quo ordinata ipsa sacramentorum mysteria processerunt. Quum enim magister veritatis verum salutis nostræ sacrificium suis commendaret discipulis, non illis 41 lac, sed panem tantum et calicem sub hoc sacramento cognovimus 42 dedisse. Legitur enim in evangelica veritate 43 *Accepit Jesus panem et calicem, et benedicens dedit discipulis suis.* Cesset ergo lac sacrificando 44 offerri, quia manifestum et evidens evangelicæ veritatis exemplum illuxit, quod præter panem et vinum aliud offerri 45 non licet 46. §. 1. Illud vero, quod pro complemento communionis intinctam tradunt eucharistiam populis, nec hoc prolatum ex evangelio testimonium recipit 47, ubi Apostolis corpus suum et sanguinem commendavit. Seorsum enim panis, et seorsum calicis commendatio memoratur. Nam intinctum panem aliis Christum præbuisse non legimus, excepto illo tantum discipulo, quem intincta buccella magistri 48 proditorem ostenderet, non quæ sacramenti hujus institutionem signaret. Nam quod de expresso botro, id est de uvarum granis, populus communicatur 49, valde est omnino confusum; sed si necesse sit, botrus in calice comprimatur, et aqua misceatur, quia calix dominicus juxta canonum h præcepta vino et aqua permixtus debet offerri, quia videmus in aqua populum intelligi, in vino vero ostendi sanguinem Christi. Ergo, quum in calice vino aqua miscetur, Christo populus adunatur, et credentium plebs ei, in quem credit, copulatur et jungitur. Quæ copulatio et conjunctio aquæ et vini sic miscetur in calice Domini, ut mixtio 50 illa non possit separari. Nam si vinum tantum quis offerat, sanguis Christi esse incipit sine nobis. Si vero aqua sit sola, plebs incipit esse sine Christo. Ergo, quando botrus solus offertur, in quo vini tantum efficientia designatur, sacramentum nostræ salutis negligitur, quod per aquam significatur. Non enim potest calix Domini esse aqua sola, aut vinum solum, nisi utrumque sibi 51 misceatur. § 2. Et ideo, quia jam 'ex hoc' plurima et multiplex majorum manavit sententia i, omnis deinceps talis error atque præsumtio cessare debet, ne perversorum inordinata 52 compago statum veritatis enervet. Et ideo nulli deinceps licitum sit 53 aliud in sacrificiis divinis offerre, nisi juxta antiquorum sententiam conciliorum panem tantum et calicem vino et aqua permixtum. De 54 cetero

### NOTATIONES CORRECTORUM.

C. VI. c *Est* quasi summa quædam canonis citati. Nam in eo p.ura aliquanto verba sunt, sed eodem fere sensu.

d *Et fructuum*: Græce est: πρὸς τὴν τοῦ δωτῆρος τῶν καρπῶν εὐχαριστίαν; id est: *ad reddendas gratias fructuum datori.*

C. VII. e *Per Ægyptum*: Apud ceteros collectores legitur: *per Ægyptum missis.* Sed in Micrologo c. 19, citatur ex eodem Julio episcopis Ægypti. Eadem fere habentur nunc in Bracarensi 3. c. 1., et sententia summatim collecta in Wormaciensi c. 4.

f *Expressum vinum.* Sic apud Ivonem, et in Panormia, et in Bracarensi. In aliquot tamen vetustis est: *expressum botrum*, ut paulo inferius in hoc eodem capite. Sed Burchardus habet: *non expressum vinum.*

g *Alios vero pannum*: Hæc usque ad vers. *Quod quam sit*, non sunt in Bracarensi; neque etiam illa: *sed si necesse sit*, usque ad vers. *Quia.*

h *Juxta canonum*: In Bracarensi est: *juxta quod quidam doctor edisserit.* Significatur autem B. Cyprianus citatus sup. ead. *In sanctificando.*

i *Sententia*: In Bracarensi sequitur: *quorum pietas in Deum religiosa sacramentorum horum et efficientias copiose disseruit, et institutiones verissime declaravit.*

---

Dist. II. C. VI. 37 Imo ex Trullana hab. A. 692. — Coll. tr. p. p. 2. t. 11. c. 13. = C. VII. 38 Imo ex conc. Brac. III. hab. A. 675 — Burch. l. 5. c. 1. Ivo Pan. l. 1. c. 147, Decr. p. 2. c. 11 et 85. Polyc. l. 3, t. 9. 39 *autem*: Ed. Arg. * ita Ed. Bas. 40 *probatur*: Edd. Arg. Bas. 41 *nulli lac*: Iv. — Edd. coll. o. 42 *cognoscimus*: Burch. Iv. 43 Matth. c. 26. v. 26. 44 *in sacr.*: Edd. coll. o. 45 *offerre*: Edd. Arg. Bas.. 46 *licet*: Burch. Iv. 47 *receperunt*: iid. — Edd. coll. o. 48 *magister*: Ed. Bas. 49 *communicat*: Iv. 50 *commixtio*: Burch.—Ed. Bas. 51 abest a Burch. Iv. 52 *et in*: Iv. Pan. — Edd. coll. o. 53 *erit*: Burch. Iv. — Edd. coll. o. 54 *Et se*: Edd. Bas.

aliter quam praeceptum est faciens tamdiu a sacrificando cessabit, quamdiu legitima poenitentiae satisfactione correctus [55] ad gradus sui officium [56] redeat, quod amisit.

### C. VIII. *Nulla oblatio corpori et sanguini Christi comparari valet.*

*Item* Alexander Papa V. *a Petro, epist. I* [57].

II Pars. Nihil in sacrificiis majus esse potest, quam corpus et sanguis Christi, nec ulla oblatio hac potior est, sed haec omnes praecellit, quae pura conscientia Domino offerenda est, et pura mente sumenda [58], atque ab omnibus [59] veneranda, et sicut potior est ceteris, ita potius excoli et venerari debet.

### C. IX. *Ante confecta mysteria pacem non debemus offerre.*

*Item* Innocentius Papa *Decentio, Eugubino, Episcopo salutem, epist. I, c.* 1 [60].

III Pars. Pacem igitur asseris ante confecta mysteria [61] quosdam populis impertiri [62], vel sibi inter sacerdotes tradere, quum post omnia (quae aperire non debeo) pax sit necessario [63] indicenda, per quam constet populum ad omnia, quae in [64] mysteriis [65] aguntur atque in ecclesia celebrantur, praebuisse consensum, ac finita esse pacis concludentis signaculo demonstrentur.

### C. X. *Ecclesiasticis liminibus careat minister, qui post consecrationem communicare contemnit.*

*Item* Anacletus Papa *epist. I* k [66].

Peracta consecratione omnes communicent, qui noluerint ecclesiasticis carere liminibus. Sic enim et Apostoli statuerunt, et sancta Romana tenet ecclesia.

### C. XI. *Quisque sacerdos, quoties missam celebrat, toties sacram communionem percipiat.*

*Item* ex concilio Toletano XII, c. 5 [67].

IV Pars. Relatum est nobis, quosdam de sacerdotibus non tot vicibus communionis sanctae gratiam sumere, quot sacrificia in uno die videntur offerre; sed si in uno die [68] plurima per se [69] offerant [70] sacrificia, in omnibus se oblationibus a communione [71] suspendant [72], et in sola tantum extrema [73] sacrificii oblatione communionis sanctae gratiam sumant [74], quasi non sit toties illi [75] vero et singulari sacrificio participandum, quoties corporis et sanguinis Domini nostri Jesu Christi immolatio facta constiterit. Nam ecce Apostolus dicit [76]: *Nonne qui edunt hostias participes sunt altaris?* Certum [77] est, quod hi, qui sacrificantes [78] non edunt, rei sunt dominici sacramenti. Quicunque ergo sacerdotum deinceps divino altario sacrificium oblaturus accesserit, et se a communione suspenderit, ab ipsa, qua se indecenter privavit [79], gratia communionis anno uno repulsum se noverit. Nam quale erit illud sacrificium, cui [80] nec ipse sacrificans particeps esse [81] cognoscitur [82]? Ergo modis omnibus est tenendum, ut, quotiescunque sacrificans corpus et sanguinem Jesu Christi Domini nostri in altario immolat, toties perceptionis [83] corporis et sanguinis Christi [84] participem se praebeat.

### C. XII. *Corpus Christi sine ejus sanguine sacerdos non debet accipere.*

*Item* Gelasius Papa *Majorico et Ioanni Episcopis* l [85].

Comperimus autem, quod quidam sumta tantummodo corporis sacri portione a calice sacri [86] cruoris abstineant. Qui procul dubio (quoniam nescio qua superstitione docentur obstringi) [87] aut integra sacramenta percipiant, aut ab integris arceantur, quia divisio unius ejusdemque mysterii sine grandi sacrilegio non potest provenire [88].

---

### NOTATIONES CORRECTORUM.

C. X. k Tribuebatur Calixto. Restitutum est Anacleto ex aliquot vetustis exemplaribus, et Burchardo, cui Anacleto tribuitur etiam supra de consecr. dist. 1. *Episcopus.*

C. XII. l De hoc capite notatum est sup. 25. quaest. 2. c. fin., apud Anselmum, et in Polycarpo tit. 30 (nam in novo titulo est caput per se) esse partem epistolae, quae ibi refertur.

---

Dist. II. C. VII. [55] *correptus*: Burch. Iv. [56] *officii*:. Ed. Bas. = C. VIII. [57] *Caput* Pseudoisidori. — Burch. l. 5, c. 5. Ivo Decr, p. 2, c. 15 et 68. [58] *consummanda*: Burch. Iv. c. 15. [59] *hominibus*: Edd. coll. o. pr. Bas. Nor. Ven II. = C. IX. [60] scr. A. 416 — Coll. tr. p. p. 1, t. 58, c. 1. [61] *ministeria*: Edd. Bas. [62] *imperare*: Coll. Hisp. — Constant. — Edd. Bas. [63] *necessaria*: Coll. Hisp. [64] *abest ab* Edd. coll. o. pr. Bas. [65] *ministeriis*: Edd. Arg. Bas. = C. X. [66] *Caput* Pseudoisidori, confect. ex can. Apost. 10. — cf. supra D. 1, c. 62. — Burch. l. 3, c. 77. Ans. l. 6, c. 137. ** *ita* Edd. coll. o. pr. Arg. = C. XI. [67] hab. A. 681. Ivo Decr. p. 2, c. 114. [68] *in un. die*: absunt ab Ed. Bas. [69] add. §: *Deo*: Coll. Hisp. — Iv. — Edd. coll. o. [70] *offerunt*: exd. pr. Bas. [71] *communicando*: Coll. Hisp. [72] *suspendunt*: Iv. — Edd. coll. o. [73] *extremi*: Coll. Hisp. — Iv. — Ed. Bas. [74] *sumunt*: Iv. — Edd. coll. o. [75] *illis*: Ed. Bas. — *illius veri et singularis sacr. quoties participator corporis.* — *Christi esse destiterit*: Coll. Hisp. [76] 1 Cor. c. 10, v. 18. [77] *Si ergo qui edunt hostias participes sunt altaris, certum*, etc.: Coll. Hisp. [78] *sacrificant, si*: Ed. Bas. [79] *privarit*: Iv. — *privabit*: Edd. coll. o. pr. Par. Lugdd. [80] *cujus*: Iv. — Ed. Bas. [81] *participasse*: Coll. Hisp. [82] *dignoscitur*: Edd. coll. o. [83] *perceptioni*: Coll. Hisp. [84] *Domini nostri Jesu Christi*: (abest ab Ed. Nor.): Edd. coll. o. = C. XII. [85] cf. C. 25, qu. 2, c. ult. — Ans. l. 6, c. 147. Ivo Decr. p. 2, c. 89. Polyc. l. 3, t. 9 et 30. [86] *sacrati*: Edd. coll. o. [87] *adstricti*: Ed. Bas. — *adstringi*: Edd. rell. [88] *pervenire*: Edd. coll. o.

**C. XIII.** *Eucharistiæ communionem qui quotidie accipit, nec reprehenditur, nec laudatur.*

*Item* Augustinus *de ecclesiasticis dogmatibus,*
c. 53 m [89].

V Pars. Quotidie eucharistiæ communionem [90] percipere [91] nec laudo, nec vitupero, omnibus tamen dominicis diebus communicandum *suadeo et* [92] hortor; si tamen [93] mens sine affectu peccandi sit. Nam [94] habentem adhuc [95] voluntatem peccandi gravari magis dico eucharistiæ perceptione, quam purificari. Et ideo, quamvis quis peccato mordeatur, peccandi [96] non habeat de cetero voluntatem, et communicaturus satisfaciat lacrimis et orationibus, et confidens de Domini miseratione, *qui* [97] peccata piæ confessioni donare consuevit*, accedat ad eucharistiam intrepidus et securus. Sed hoc de illo dico, quem *capitalia et* [98] mortalia peccata non gravant. *Idem epist. 118, c. 3,* [99]:

§ 1. Dixerit [100] quispiam, non quotidie accipiendam eucharistiam, alius affirmet [101] quotidie: faciat unusquisque quod secundum fidem suam pie credit esse faciendum. *Neuter* [102] enim eorum exhonorat corpus et sanguinem Domini, si saluberrimum sacramentum certatim honorare contendunt *. Neque enim litigaverunt inter se, aut quisquam eorum se alteri præposuit, Zachæus [103] et ille centurio, quum alter eorum gaudens in domum [104] suam suscepit [105] Dominum, alter dixit [106]: *Non* [107] *sum dignus, ut intres sub tectum meum. Ambo honorificantes Salvatorem diverso* [108] *et quasi contrario modo, ambo peccatis miseri, ambo misericordiam* [109] *consecuti. Ad hoc valet* n, quod manna secun-

dum propriam voluntatem in ore cujusque sapiebat.

**C. XIV.** *Qui semper peccat cœlestis sacramenti medicinam semper accipiat.*

*Item* Ambrosius *lib. IV, de sacramentis, c. ult.* [110].

Si quotiescunque effunditur sanguis Christi, in remissionem peccatorum effunditur, debeo illum † semper accipere, *ut* [111] semper mihi peccata dimittantur *. Qui semper pecco, semper debeo habere [112] medicinam.

**C. XV.** *Non abstineat a corpore Domini, nisi qui excommunicari meretur.*

*Item* Hilarius Episcopus o [113].

Si non sunt tanta peccata, ut excommunicetur quis, non se debet a medicina corporis et sanguinis Domini separare.

*Item* Fabianus Papa *ait* p [114].

**C. XVI.** *Ter in anno quisque fidelium communicet.*

Etsi [115] non frequentius, saltem in anno ter *laici* homines communicent, nisi forte quis majoribus quibuslibet criminibus impediatur; in Pascha videlicet, et Pentecoste, et Natali Domini.

*Item* Soter Papa *ait* [116].

**C. XVII.** *Etiam in cœna Domini sacram communionem debemus accipere.*

In cœna Domini a quibusdam perceptio eucharistiæ negligitur, quæ quoniam in eadem die ab omnibus fidelibus (exceptis iis, quibus pro gravibus criminibus inhibitum est) percipienda sit, ecclesiasticus usus demonstrat, quum etiam pœnitentes eadem die ad percipienda corporis et sanguinis dominici sacramenta reconcilientur.

## NOTATIONES CORRECTORUM.

**C. XIII.** m Caput hoc ex duobus B. Augustini locis confectum, et in summam redactum, ex iisdem, ubi opus esse visum est, et emendatum est et auctum. Algerus autem * et Valfridus Strabo ** citant usque ad vers. *Idem*, ex Gennadio Massiliensi presbytero, quem B. etiam Thomas quodlib. 12, art. 10, facit auctorem libri de ecclesiasticis dogmatibus. Et Platina in vita Symmachi, et Magister Sent. lib. 2. dist. 8.

n *Ad hoc valet*: Locus integer legendus est in originali.

**C. XV.** o Ceteri etiam collectores et Algerus citant ex Hilario. Apud B. Augustinum epistola 118 hæc habentur: *Si peccata tanta non sunt, ut ex communicandus quisquam homo judicetur, non se debet a medicina dominici corporis separare*, neu multo aliter apud Bedam, 1 Cor. 11.

**C. XVI.** p Apud eosdem collectores eodem modo citatur. Verum præter ultima verba: *In Pascha videlicet*, etc. habentur in conc. Turonensi III, c. 50, et Capit. l. 2. c. 45.

---

Dist. II. C. XIII. * in libro de veritate corp. et sanguinis dominici l. 1, c. 22. ** in libro de rebus eccles. c. 12. [89] Non est Augustini. — Reg. l. 1, c. 194. Burch. l. 5, c. 15. Ans. l. 9, c. 9. Ivo Pan. l. 1, c. 150. Decr p. 2, c. 25. — Petr. Lomb. l. 4, dist. 12. [90] *eucharistiam*: Edd. Arg. Bas. [91] *accipere*: Ivo. — Edd. coll. o. [92] *suad. et*: absunt a Reg. Ans. Burch. Iv. [93] *si tamen mens* (metus: Burch.) *in affectu pecc. est, gravari magis dico*: Reg., Burch. Ans. Iv. Decr. — *si tamen mens in aff. pecc. non sit*: Edd. coll. — Iv. Pan. — orig. [94] *nam si adhuc habet*: orig. — Iv. Pan. — Edd. coll. o. pr. Bas. [95] *abest ab* Ed. Bas. [96] *add.: tamen*: Iv. — Edd. coll. o. [97] *qui — cons.*: absunt a Coll. citt. [98] *cap. et*: absunt ab iisd. [99] Reg. ib. Burch. l. 5, c. 16. Iv, Decr. p. 2, c. 26. — Ep. 54, Ed. Maur. scr. A. 400. [100] *Si dix.*: Edd. coll. o. pr. Bas. [101] *affirmat*: Edd. coll. o. [102] verba asteriscis inclusa non sunt ap. Reg. Burch. et Iv. [103] cf. Luc. c. 19. [104] *domo sua*: Edd. coll. o. — Reg. Burch. Iv. [105] *susceperit*: eæd. — iid. — orig. [106] Matth. c. 8, v. 8. [107] *Domine, non*: Reg. Burch. Iv. — Edd. Bas. Lugdd. II, III.* — *O Dom., non*: Edd. rell. [108] *quamvis non uno modo*: Reg. Burch. Iv, — Edd. coll. o. [109] *add.: sunt*: Ed. Bas = C. XIV. [110] Non est Ambrosii. — Burch. l. 5, c. 18. Ivo Decr. p. 2, c. 28, Polyc, l. 3, t. 16. Petr. Lomb. ib. † abest a Burc. Iv. — *merito*: Edd. coll. o. [111] *ut — dim.*: absunt a Burch. Iv. [112] *uccidere*: Iv. —Edd. coll. o. = C. XV. *** *de verit. corp. et sang. Dom. l, 1.* c. 22. [113] Imo Augustinus ex ep. supra c. 13, n. 99, cit. — Burc Iv. Polyc. ib. = C. XVI. [114] Imo ex conc. Turon III, hab. A. 813. c. 50. — Verba : *in Pascha* etc. videntur desumta esse ex conc. Agath. c. 18. cf. infra c. 19. — Reg. l. 2, c. 45. Burch. l. 5, c. 17. Ivo Pan. l. 1, c. 151. Decr. p. 2, c. 27. Polyc. Petr. Lomb. ib. — [115] *Ut si*: Reg. Burch. Iv. Decr. = C. XVII. [116] ex 47. conc. Cabil. II, hab. A. 813. Burch. I, 5, c. 20. Ivo Decr. p. 2 c. 30, Polyc. ib.

C. XVIII. *Projiciatur ab ecclesia qui a communione sacramenti se pro luxuria sua avertit.*

Item ex Concilio Martini Bracarensis, c. 83 [117].

Si quis intrat 'in' [118] ecclesiam Dei, et sacras scripturas audit [119], et pro luxuria sua avertit se a communione sacramenti, et in observandis mysteriis [120] declinat constitutam regulam disciplinae, illum [121] talem projiciendum de ecclesia catholica esse decernimus, donec poenitentiam agat, et ostendat fructum poenitentiae suae, ut possit communione percepta q indulgentiam promereri.

C. XIX. *Non habeantur catholici qui his tribus temporibus communicare desinunt.*

Item ex Concilio Agathensi, c. 18 [122].

Saeculares, qui in [123] Natali Domini, Pascha, 'et' Pentecoste [124] non communicaverint, catholici non credantur, nec inter catholicos habeantur.

C. XX. *Corripiantur qui in ecclesia communicare contemnunt.*

In Concilio Toletano I, c. 13 [125].

Hi [126], qui intrant 'in' ecclesiam [127], et deprehenduntur nunquam communicare, admoneantur. Quod [128] si non communicant, ad poenitentiam accedant. Si communicant, non semper abstineant r; si non fecerint, abstineantur [129].

C. XXI. *Ante sanctam communionem a propria uxore quisque contineat.*

Item ex Concilio Eliberitano [130].

Omnis homo ante sacram communionem a propria uxore abstinere debet tribus [131], aut quatuor, aut octo diebus, nec inter * catholicos connumerabitur [132] qui in istis videlicet temporibus, Pascha, Pentecoste, et Natali Domini non communicaverit.

Item Sergius Papa ait [133].

C. XXII. *Quare tres partes fiant ex corpore Christi.*

VI Pars. Triforme est corpus Domini. Pars oblata t, in calicem missa, corpus Christi, quod jam resurrexit, monstrat [134]. Pars comesta, ambulans [135] adhuc super terram. Pars in altari usque ad missae finem remanens, corpus 'jacens' in sepulcro, quia usque ad finem saeculi corpora sanctorum in sepulcris erunt.

Item Clemens Papa epist. II ait [136]:

C. XXIII. *A quibus sunt contrectanda sacramenta dominica.*

VII Pars. Tribus gradibus commissa sunt sacramenta divinorum secretorum, id est presbytero, diacono, et ministro, qui cum timore et tremore clericorum reliquias fragmentorum corporis dominici [137] custodire debent. Item ibidem : § 1. Tanta [138] in altario certe holocausta offerantur, quanta populo sufficere debeant. Quod si remanserint, in crastinum non reserventur, sed cum timore et tremore clericorum diligentia [139] consumantur. Qui autem residua corporis Domini, quae in sacrario relicta sunt, consumunt, non statim ad communes accipiendos cibos conveniant, ne putent sanctae portioni miscere [140] cibum, qui per aqualiculos [141] digestus in secessum funditur [142]. Si igitur mane dominica portio editur, usque ad sextam jejunent ministri, qui eam consumserunt, et, si tertia vel quarta hora acceperint, jejunent usque ad vesperam [143]. Sic secreta sanctificatione aeterna custodienda sunt sacramenta. Et infra : § 2. Praecipimus [144] etiam, ne unquam [145] extero [146] clerico ecclesiae sive laico de

## NOTATIONES CORRECTORUM.

C. XVIII. q *Communione percepta*: In recentioribus conciliorum editionibus legitur : ut possint communione percepta indulgentiam promereri. Editiones vero antiquae et Vaticani codices habent ut Gratianus. Concilii Antiocheni c. 2. (unde hoc videtur sumtum) haec sunt verba : καὶ παρακαλέσαντες τυχεῖν δυνηθῶσι συγγνώμης ; id est : et implorantes consequi veniam possint.

C. XX. r *abstineant*: In originali legitur abstineantur, quemadmodum in fine capitis etiam in vetustis Gratiani. Sed hoc loco interpretatio glossae magis convenit verbo : abstineant.

C. XXI. s *Nec inter* : Haec usque ad finem absunt hoc loco a Burchardo et Ivone *, suntque summa quaedam cap. Saeculares, supra ead.

C. XXII. t *Oblatae* : Antea legebatur : oblata ". Emendatum est et hoc, et alia ex vetustis codicibus, glossa ordinaria, atque ex aliis scriptoribus indicatis.

---

Dist. II. C. XVIII. [117] c. 2. conc. Antioch. ex interpr. Martini Brac. ( Papae : Edd. coll. o. [118] intra eccl.: Coll. Hisp. — [119] fabulando non audit : ead. [120] ministeriis : Edd. coll. o. pr. Bas. [121] istum : Edd. coll. o. — Coll. Hisp. = C. XIX. [122] hab. A. 506. — Reg. l. 2. c. 387. Burch. l. 5. c. 25. Ivo Decr. p. 2. c. 33. [123] in eccl. Domini : Ed. Arg. [124] et natal. Domini : ead. = C. XX. [125] hab. A. 400 [126] De his : Coll. Hisp. [127] add. : Dei : Edd. coll. o. pr. Arg. Bas. [128] ut si : Coll. Hisp. [129] abstineat : ead. — Edd. coll. o. = C. XXI. [130] Simile aliquid est ap. Theodorum ex ed. Petit. c. 11. — Reg. l. 1. c. 531 (post can. ex conc. Helibernensi allegatum, quod Burchardo ad errandum ansam dedit). Burch. l. 5. c. 22. Ivo Pan. l. 4. c. 151. Decr. p. 2. 52. [131] VII. aut V. aut III. dies : Reg. — III. aut V. aut VII. dies]: Burch. — III. aut IV. aut VII. dies : Iv. — III, IV. aut V. aut VI. aut VII. : Ed Bas. * nec tamen Pan. [132] numerabitur : Ed. Arg. = C. XXII. [133] Idem fere est apud Amalarium de divinis officiis l. 3. c. 35., et videtur inscriptio pessima inde deducta esse, quod apud eumdem in his, quae praecedunt, de Sergio quaedam ex gestis pontificalibus desumta proferuntur. — Iv. Pan. l. 4. c. 141. " ita Edd. Par. Lugd. [134] demonstrat : Ed. Bas. [135] ambulantem : Edd. Bas. Lugd. II, III. — = C. XXIII. [136] cf. ad c. 39. D. 1. de cons. — Ivo Decr. p. 2. c. 54. Polyc. l. 3. t. 16. [137] Domini : Ivo. — Edd. coll. o. — Bohum. [138] Reg. l. 4. c. 195. Burch. l. 5. c. 11. Ivo Pan. l. 4. c. 149. Decr. p. 2. c. 21. [139] et dil.: Edd. coll. o. [140] commisceri : orig. — commiscere : Reg. Burch. Iv. [141] cuniculos : Reg. [142] emittitur : Reg. Burch. Iv. — diffunditur : Edd. coll. o. [143] vesperam : Ed. Bas. — vesperas : Edd. rell. [144] Ivo Decr. p. 2. c. 86. [145] ne aliquid clerico vel laico : Ed. Arg. [146] excommunicato ecclesia : orig.

fragmentis oblationum Christi ponatur ad mensam. Unde scis tu, qui passim sanctuarii [147] panes indignis impendis, unde nosti, si a mulieribus mundi sunt 'hi [148], quibus impendis'? Hinc et David ab Abimelech sacerdote interrogatus, quum panem [149] sibi [150] ad comedendum posceret, 'si mundus esset a muliere', quum se mundum ante triduum profiteretur, panes propositionis manducavit.

**C. XXIV.** *Inficiuntur, non mundantur scelerosi, qui communicare non desinunt.*

*Item* Isidorus *lib. I de summo bono c.* 24 [151].

VIII Pars. Qui scelerate vivunt in ecclesia, et communicare non desinunt, putantes se tali communione mundari, discant nil ad emundationem [152] sibi proficere, dicente Propheta [153] : *Quid est, quod dilectus meus fecit in domo mea scelera multa? Numquid carnes sanctæ auferent a te malitias tuas?* et Apostolus [154] : *Probet, inquit, se 'ipsum' homo, et sic de pane illo edat, et de calice bibat.*

*Item ex VIII.* Synodo *Basilius Episcopus dixit* u [155] :

**C. XXV.** *Damnationem, non salutem acquirunt qui indigne sacramentis Christi communicant.*

Timorem [156] docet nos Apostolus, dicens [157] : *Qui manducat et bibit indigne, judicium sibi manducat et bibit.* Fidem vero [158] edocet nos sermo Domini, dicens [159] : *Hoc est corpus meum, quod pro vobis* [160] *dabitur. Hoc facite in meam commemorationem. (Et infra :)* § 1. Et Apostolus de unigenito Dei filio [161] : *Humiliavit semetipsum factus obediens usque ad mortem, mortem autem crucis.* Quum ergo anima fidem habet his dictis, et considerat magnificentiam gloriæ ipsius, et admiratur nimietatem humilitatis, quomodo tantus ac talis obediens fuit patri usque ad mortem [162] pro nostra vita : puto, quia provocari possit ad [163] affectum [164], et dilectionem ipsius, et Dei patris, qui [165] unico filio non pepercit, sed pro nobis omnibus tradidit illum. *Et infra :* § 2. Talem ergo affectum et [166] fidem præparare debet in animo suo is, qui panem et calicem Domini percipit.

**C. XXVI.** *Non a quo, sed ante quem offeratur, considerandum est.*

*Item* Augustinus *in lib. quæstionum Numerorum, quæst.* XXX.

Et dixit Dominus ad Moysem, et ad Eleazarum filium Aaron sacerdotem [167] : *Tollite thuribula ærea* [168] *e medio exustorum, et ignem alienum hunc seminate* [169] *ibi, quia sanctificaverunt thuribula, peccatorum horum in animabus suis* v *; et fac ea* [170] *laminas ductiles, circumpositionem* [171] *altari* [172]*, quoniam oblata sunt ante Dominum, et sanctificata sunt, et facta* [173] *sunt in signum filiis Israel.* Sed notandum [174], novo modo dicta sanctificata pœna eorum, a quibus peccatum hoc fuerat perpetratum, quia per eos exemplum datum est ceteris, quo timerent. Circumpositionem [175] autem altari cur ex eis fieri voluit [176], addidit dicens : *quoniam oblata sunt ante Dominum, et sanctificata facta sunt in signum* [177] *filiis Israel.* Non ergo in eis reprobari voluit, quod a talibus oblata sunt, sed hoc potius attendi [178], ante quem oblata sint, id est, quia ante Dominum, ut plus in eis valeret [179] nomen Domini, ante quem oblata sunt, quam pessimum meritum eorum, a quibus oblata sunt.

**C. XXVII.** *Pœnitentia ejus, cujus negligentia de Christi sanguine aliquid stillat.*

*Item ex Decreto Papæ Pii* [180].

IX Pars. Si per negligentiam aliquid de sanguine C [181] 'Domini' [182] stillaverit in terram, lingua [183] lambetur, 'et' tabula radetur. Si non fuerit tabula, ut non conculcetur, locus corradetur [184], et igne consumetur, et cinis intra altare recondetur [185], et sacerdos XL diebus pœniteat. Si super altare stillaverit calix, sorbeat minister stillam, et III diebus pœniteat. Si [186] super [187] linteum altaris, et ad aliud

---

### NOTATIONES CORRECTORUM.

**C. XXV.** u Hoc Basilii caput est ex versione Ruffini c. 70, quibusdam tamen omissis. Ex hac autem citatione, quam nunc affert Gratianus, et aliis ejusdem locis, ut alibi dictum est, videtur posse colligi, regulas illas B. Basilii post VIII. synodum in codice, quo Gratianus usus est, fuisse collocatas'".

**C. XXVI.** v *In animabus suis* : Apud B. Augustinum legitur: *in manibus suis*: sed apud Septuaginta, quos ille sequi solet, est : ἐν ταῖς ψυχαῖς αὐτῶν.

---

DIST. II. C. XXIII. [147] *sacrarii*: orig. — Iv. [148] *hi — imp.*: absunt ab Iv. [149] *panes*: id. — Edd. Arg. Bas. [150] abest ab Edd. iisq. = C. XXIV. [151] cf. infr. D. 4. c.♦115. [152] *emendationem*: Ed. Bas. [153] Jerem. c. 11. v. 15. [154] 1 Cor. c. 11. v. 28. = C. XXV. [155] *"' in collectione, quæ trium partium coll. nomine a nobis præeunte Theinero sæpius est citata. [155] Imo Basilius, cf. Corr.—Coll. tr. p.|p. 2. t. 14. c. 8. [156] add. : *quidem*: Ed Bas. [157] 1 Cor. c. 11. v. 27. [158] add. : *Domine*: Edd. Bas. Lugdd. II, III. [159] Luc. c. 22. v. 19. [160] *multis datur*: Edd. coll. o. [161] Philipp. c. 2. v. 8. [162] add. : *mortem autem crucis*: Ed. Bas. [163] *usque ad*: Edd. coll. o. [164] *effectum*: Edd. Nor. Ven. I, II. Lugd. II. [165] Rom. c. 8. v. 32. = C. XXV. [166] *vel*: Ed Bas. = C. XXVI. [167] Num. c. 16. v. 37. seq. [168] *ænea*: Edd. Lugdd. — *aurea*: Edd. rell. pr. Bas. [169] *semina*: orig. [170] *facias*: Ed. Bas. — *facies*: Edd. rell, [171] *circumponens*: Edd. coll. o. pr. Bas. [172] *altaria*: Edd. Arg. Nor. Ven. I, II. [173] *facies*: Edd. coll. o. pr. Bas. [174] add.: *est*: Edd. Bas. Lugdd. II, III. [175] *circumponere*: Ed. Arg. — *circumpositiones*: Edd. rell. pr. Bas. [176] *noluit*: Ed. Arg. [177] abest ab Edd. coll. o. pr. Bas. Lugdd. II, III. [178] *cogitari et attendi*: Edd. coll. o. — orig. [179] *valeat*: Ed. Bas. = C. XXVII. [180] Imo ex Pœnitent. Theodori (ap. Petit). c. 51. — Burch. l. 5. c. 47. Ivo Pan. l. 1. c. 459. Decr. p. 2. c. 56. Polyc. l. 3. t. 16. [181] *calice*: orig. — Burch. Iv. [182] abest ab orig. et Burch. [183] *ling. lamb.*: non sunt ap. Theod. — *linguabitur*: Burch. [184] *corradatur*: Ed. Par. — *radatur tamen*: Edd. rell. pr. Lugdd. [185] *condatur,*: Ivo Decr. — Edd. coll. o. [186] *Si — pœn.*: non sunt ap. Theod. [187] *per*: Burch.

stilla pervenerit, IV diebus pœniteat. Si usque ad tertium [188]. IX diebus pœniteat [189]. Si usque ad quartum, XX diebus pœniteat [190], et linteamina, quæ tetigerit [191] stilla, tribus vicibus minister abluat calice supposito, et aqua ablutionis sumatur, et juxta altare recondatur.

### C. XXVIII. *Quæ pœnitentia sit imponenda ei, qui sacramentum evomit.*

*Item* ex Pœnitentiali Bedæ Presbyteri, *c. de ebrietate* vv [192].

Si per ebrietatem vel voracitatem eucharistiam evomuerit, XL. diebus pœniteat, si laicus est; clerici, vel monachi, seu diaconi [193], et presbyteri LXX. diebus pœniteant; episcopi XC. Si pro infirmitatis causa evomuerint [194], VII. diebus pœniteant.

### C. XXIX. *Sacerdotes non nisi per se divina sacramenta ministrent.*

*Item* ex Concilio Remensi, c. 2. [195]

X. Pars. Pervenit ad notitiam nostram, quod quidam presbyteri in tantum parvipendant [196] divina mysteria, ut laico vel feminæ sacrum corpus Domini tradant ad deferendum infirmis, et quibus prohibetur, ne sacrarium ingrediantur, nec ad altare appropinquent, illis sancta sanctorum committuntur. [197] Quod quam sit horribile quamque detestabile, omnium religiosorum animadvertit prudentia. Igitur interdicit per omnia synodus, ne talis temeraria præsumtio ulterius fiat; sed omnimodis [198] presbyter per semetipsum infirmum communicet. Quod si aliter fecerit, gradus sui periculo subjacebit.

### C. XXX. *Quando celebratur missa, presbyterium laicus ingredi non præsumat.*

*Item* Clemens Papa x [199].

XI. Pars. Sacerdotum aliorumque clericorum ecclesiis servientium honores a laicorum loco [200] discrete apparere convenit [201]. Quamobrem nulli laicorum liceat in eo loco, ubi sacerdotes et reliqui clerici consistunt (quod presbyterium nuncupatur), quando missa celebratur, consistere vel libere ac honorifice possint sacra officia exercere [202].

### C. XXXI. *Sicut in metropolitana ecclesia, ita ubique missarum solennia celebrentur.*

*Item* ex Concilio Gerundensi c. 1. [203]

XII. Pars. Institutio [204] missarum, sicut in metropolitana ecclesia agitur [205], ita in Dei nomine in omnibus provinciis y tam ipsius missæ ordo, quam psallendi vel ministrandi consuetudo servetur.

### C. XXXII. *Quid sit sacrificium, quid sit sacramentum.*

*Item* Augustinus *in lib* X. *de civit. Dei, c.* 5. [206]

XIII. Pars. Sacrificium z visibile est sacramentum, id est sacrum signum. *Item alibi*: § 1. Sacramentum a est invisibilis gratiæ visibilis forma.

### C. XXXIII. *Quid sit signum.*

Idem *in lib. II. de doctrina Christiana, c.*1. [207]

Signum est res præter speciem, quam ingerit sensibus, aliud aliquid ex se faciens 'ex se' [208] in cognitionem [209] venire.

*Item* Gregorius Papa *in homilia paschali ait* b [210]:

### C. XXXIV. *Post consecrationem non substantia, sed species remanet.*

Species et similitudo illarum rerum vocabula sunt,

### NOTATIONES CORRECTORUM.

C. XXVIII. vv Apud Bedam et collectores nonnihil varietatis est, potissimum in dierum numero, qui apud Bedam omnino distinctior est.

C. XXX. x Exstat caput hoc in synodo Eugenii II, (ex qua etiam citat Anselmus), itemque in synodo Leonis IV. c. 53., et in 7. lib. Capit. c. 278.

C. XXXI. y *Omnibus provinciis*: In concilio ipso legitur: *in Tarraconensi* provincia*; apud Burchardum vero et Ivonem: *in omnibus comprovincialibus ecclesiis.*

C. XXXII. z *Sacrificium*: In originali et apud Lanfrancum et Ivonem est: *Sacrificium ergo visibile invisibilis sacrificii sacramentum, id est sacrum signum est*; sed ob glossam non est mutatum.

a *Sacramentum*: In libro de catechizandis rudibus c. 26, hæc leguntur: *De sacramento sane, quod accepit, quum ei bene commendatum fuerit, signacula quidem rerum divinarum esse visibilia, sed res ipsas invisibiles in eis honorari.* In epistola autem 166, hæc: *Si autem malus est, operatur per illum Deus visibilem sacramenti formam; sine autem donat invisibilem gratiam.* Ex quibus locis videtur colligi potuisse vulgata ista sacramenti definitio.

C. XXXIV. b Ivo citat ex Lanfranco, apud quem habetur continenter post verba Gregorii allata ex homilia paschali, quemadmodum et multa alia sequentia, quæ a Gratiano ex aliis auctoribus citantur, apud eumdem Lanfrancum et Algerum* exstant, et interdum copiosius, quam apud Ivonem et Gratianum.

---

Dist. II. C. XXVII. [188] *tria*: Ed. Arg. [189] abest ab orig., Burch. et Ed. Bas. [190] abest ab orig. et Burch. — *Si — pœn.*: omissa sunt in Iv. Pan. [191] *tetigerat*: Edd. Bas. — *tetigerint stillam*: Ed. Arg. — *tetigerunt stillam*: orig. Burch.—C. XXVIII. [192] Reg. l. 1, c. 149. Burch. l. 5, c. 43. Ivo Pan. l. 1, c. 155. Decr. p. 2. c. 55. [193] *diaconi XL. dies pœniteant; presbyteri LXX. dies*: orig.— Reg. Burch. Iv. Pan. [194] *evomuerit, — pœniteat*: Reg. Burch. =C. XXIX. [195] Eadem fere sunt in conc. Rothomagensi, hab. A. 650. — Reg. l. 1, c. 120. Burch. l. 5. c. 30. Ivo Pan. l. 1, c. 154. Decr. p. 2. 39. [196] *parvipendebant*: Edd. coll. o. — *parvipendant*: Iv. Decr. [197] *committunt*: Ed. Bas. [198] *omnimode*: Reg. — *omnimodo*: Iv. Pan. — Edd. coll. o. = C. XXX. [199] ex Synod. Rom. Eugen. II. hab. A. 826. — Ans. l. 5, c. 78. [200] abest ab orig., Ans. et Ed. Bas. [201] *conveniunt*: Edd. Arg. Nor. Ven. I, II. [202] *celebrare*: Ed. Arg. — *celebrari*: Ed. Bas. = C. XXXI. [203] hab. A. 517. Burch. l. 3, c. 36. Ivo Decr. p. 3, c. 68. [204] *De instit. missarum, ut quomodo*: Coll. Hisp. [205] *fiunt*: ead. — Burch. Iv. — * *in omni Tarrac. prov.*: Coll. Hisp..= C. XXXII. [206] Ivo Pan. l. 2, c. 130. Decr. p. 2, c. 8. = C. XXXIII. [207] Ivo Pan. l. 1, c. 131. Decr. p. 2, c. 8. [208] *verba: ex se*: absunt a Bohm. et videntur omnino superflua esse. [209] *cogitationem*: orig. * i. e. in libro de verit. corp. et sangu. Dom. Sed Gratianus neque Lanfranco, neque Algero ipsis videtur usus esse. [210] Imo Lanfrancus contra Berengarium.— Iv. Pan. l. 1. c. 132. Decr. p. 2. c. 9.

quæ ante fuerunt, scilicet panis et vini. Unde in fine cujusdam missæ oratur et dicitur : *Perficiant in nobis, quæsumus Domine, tua sacramenta quod continent, ut quod [211] nunc specie gerimus rerum veritate capiamus.* Postulat quippe sacerdos, ut corpus Christi, quod sub specie panis et vini nunc geritur, manifesta visione, sicut revera est, quandoque capiatur. De qua visione, Dominus in evangelio secundum Joannem ait [212] : *Qui diligit me diligetur a Patre meo, et ego diligam eum, et manifestabo ei me ipsum.* Quamvis non improbabiliter quidam exponant [213] hoc loco carnis et sanguinis veritatem ipsam [214] eorumdem efficientiam, id est peccatorum remissionem.

### C. XXXV. *Visibiles creaturæ in Christi corpus et sanguinem invisibiliter ¡convertuntur.*

*Item Eusebius Emissenus* [215].

XIV. Pars. Quia corpus assumtum ablaturus erat ab oculis *nostris* [216], et sideribus illaturus, necessarium erat, ut die cœnæ sacramentum nobis corporis et sanguinis *sui* [217] consecraret, ut coleretur jugiter per mysterium, quod semel offerebatur in pretium, ut quia quotidiana, et indefessa currebat pro hominum [218] salute redemtio, perpetua esset *etiam* [219] redemtionis oblatio, et perennis victima illa viveret in memoria, et semper præsens esset in gratia vere [220] unica et perfecta hostia, fide æstimanda, non specie, nec exteriori censenda visu, sed interiori affectu. Unde *merito* [221] cœlestis confirmat auctoritas, quia *caro* [222] *mea vere est cibus, et sanguis meus vere est potus.* § 1. Recedat ergo [223] omne infidelitatis ambiguum, quandoquidem [224] qui auctor est muneris ipse etiam [225] testis est veritatis. Nam invisibilis [226] sacerdos visibiles creaturas in substantiam corporis et sanguinis sui verbo suo secreta potestate convertit, ita dicens [227] : *Accipite et comedite, hoc est* *enim* [228] *corpus meum;* et sanctificatione repetita [229] : *Accipite, et bibite, hic est sanguis meus.* Ergo sicut ad nutum præcipientis Domini repente ex nihilo substiterunt excelsa cœlorum, profunda fluctuum, vasta terrarum : ita pari potestate in spiritualibus sacramentis, ubi [230] præcipit virtus, servit effectus. § 2. Quanta itaque et quam celebranda beneficia vis divinæ benedictionis operetur, *attende* [231], et, ut [232] tibi novum et impossibile videri [233] non debeat, quod in Christi substantiam terrena et mortalia convertuntur, te ipsum, qui jam in Christo es regeneratus, interroga. Dudum alienus a vita, peregrinus a misericordia, a salutis via intrinsecus mortuus exsulabas; subito initiatus Christi legibus, et salutaribus mysteriis innovatus, in corpus ecclesiæ non videndo, sed credendo transsiluisti, et de filio perditionis adoptivus Dei filius fieri occulta puritate meruisti; in mensura visibili permanens major factus es te ipso invisibiliter sine quantitatis augmento; quum ipse atque idem esses, multo alter [234] fidei processibus exstitisti; in exteriori nihil additum est, et totum in interiori mutatum est, ac sic homo Christi filius effectus, et Christus in hominis mente formatus est. Sicut ergo sine corporali sensu, præterita vilitate deposita, subito novam indutus es dignitatem, et sicut hoc [235], quod in te Deus læsa curavit, infecta diluit, immaculata [236] detersit, non sunt oculis, nec [237] sensibus tuis credita : ita [238], quum reverendum [239] altare cœlestibus cibis satiandus ascendis, sacrum Dei tui corpus et sanguinem fide respice, honora, mirare, mente continge, cordis manu suscipe, et maxime haustu [240] interiore assume.

### C. XXXVI. *Quare in specie panis et vini sacramentum suum Christus nobis ministravit.*

*Item* Augustinus d [241].

Quia passus est Dominus pro nobis, commendavit nobis in isto sacramento corpus et sanguinem suum, quod etiam fecit et [242] nos ipsos. Nam et nos ipsius corpus facti sumus, et per misericordiam ejus quod accipimus [243] nos sumus. Recordamini : et vos

### NOTATIONES CORRECTORUM.

C. XXXV. ° *Ubi præcipit* : Sic apud Ivonem et in Panormia. Apud Paschasium legitur : *ubi præcipit virtus, rei servit effectus;* et fortasse loco dictionis : *ubi,* legendum est : *verbi.* In vetustiore editione homiliæ est : *verbis præbet virtus, et rei servit effectus.* In recentiore autem : *verbo præbetur virtus, et rei servit effectus.* Multa vero aliis locis sunt partim ex originali, partim ex Ivone emendata.

C. XXXVI. d Beda ad c. 10. primæ ad Corinthios citat ex sermone de sacramentis fidelium, feria 2. Paschæ, neque multo aliter Ivo.

---

Dist. II. C. XXXIV. [211] *quæ* : orig. — Ivo Pan. — Edd. coll. o. [212] abest ab Iv. Pan. et Ed. Bas. — *discipulis dicit* : orig. — cf. Joan. c. 14, v. 21. [213] *exponunt* : Iv. Pan. — Edd. coll. o. pr. Lugdd. II. III. [214] abest ab Ed. Bas. — C. XXXV. [215] Non est Eusebii, sed tribuunt alii Eucherio Lugd., alii Hilario vel Cæsario Arelatensibus, alii denique Rabano vel Bedæ. Ivo Decr. p. 2. c. 4. Petr. Lomb. l. 4. dist. 8. [216] abest ab Iv. — add. : *hominum* : Ed. Bas. [217] abest ab Iv. [218] *omnium* : Edd. coll. o. [219] abest ab Iv. [220] *vera* : Ed. Par Lugdd. [221] abest ab Iv. [222] Joa. c. 6. v. 56. [223] abest ab Ed. Arg. [224] *quoniam quid* : Edd coll. o. [225] abest ab Ed. Bas. [226] Ivo Pan. l. 1. c. 129. Petr. Lomb. l. 4. dist. 19. [227] cf. Matth. c. 26. v. 26. [228] abest ab Iv. et Vulg. [229] add. : *ait* : Ed. Bas., et post verb. : *bib.* : Edd. rell. [230] *ut* : Ed. Bas. [231] abest ab Iv. [232] *et quomodo* : Iv. — Edd. Arg. Bas Nor. — *quomodo* : Edd. rell. [233] *esse* : id. — Edd. coll. o. [234] *aliter* : Iv. — Ed. Arg. [235] *hic* : Edd. Nor. Ven. l. II. Par. [236] *maculata* : orig. — Iv. [237] *sed* : id. — Edd. coll. o. [238] *ita et quum* : Iv. — *et quum* : Edd. coll. o. [239] *ad rev.* : Edd. Bas. Lugdd. II. III. [240] *totum haustu interioris hominis* : Edd. coll. o. — Iv. — C. XXXVI. [241] Non exstat ap. Augustinum, et est fortasse ab ipso Beda ad 1 Cor. c. 10, collectum ex tract. 26. 27. August. in Joannem. — Ivo Decr. p. 2, c. 1. (*ex sermone de sacramentis*). — cf. infra ead. c. 62. [242] *nosmetipsos* : Iv. — Edd. coll. o. [243] *accipimus* : id. — eæd. pr. Lugd. II.

non fuistis, et creati estis; ad [244] aream dominicam comportati estis; laboribus boum, id est annuntiantium evangelium, triturati estis; quando catechumeni differebamini [245], in horreo servabamini, nomina vestra dedistis, cœpistis moli jejuniis *et* exorcismis; postea ad aquam venistis, et conspersi estis, et panis dominicus facti estis. Ecce, quod accepistis. Quomodo ergo videtis esse unum quod factum est, sic unum estote vos, diligendo [246] vos, tenendo unam fidem, unam spem, individuam caritatem. Hæretici, quando hoc accipiunt [247], testimonium contra se accipiunt, quia illi quærunt divisionem, quum panis iste indicet unitatem. Sic et vinum in multis racemis fuit, et modo unum est, unum est e in suavitate calicis post pressuram torcularis. Et vos post illa jejunia, post labores, post humilitatem et contritionem *cordis* [248], jam in nomine Christi tanquam ad calicem Domini [249] venistis, et ibi vos estis in mensa, et *ibi* [250] vos estis *in calice, nobiscum vos estis. Simul enim hoc sumimus, simul bibimus, quia simul vivimus. *Item in sermone de infantibus*: § 1. Ita Dominus [251] Jesus Christus nos significavit, nos ad se pertinere voluit, mysterium pacis et unitatis nostræ in *sua* mensa consecravit. Qui [252] accipit [253] mysterium unitatis, et non tenet vinculum pacis, non mysterium accipit pro se, sed testimonium contra se.] Nulli est f [254] aliquatenus ambigendum, tunc unumquemque fidelium corporis et sanguinis dominici fieri [255] participem, quando in baptismate membrum efficitur Christi, nec alienari ab illius panis calicisque consortio, etiamsi ante, quam panem illum comedat, et calicem bibat, de hoc sæculo in unitate corporis Christi constitutus abscedat [256]. Sacramenti quippe il-

lius participatione ac beneficio non privatur [257], quando in se hoc, quod illud sacramentum significat, invenit [258].

**C. XXXVII.** *Dum hostia frangitur, passio Christi ad memoriam redit.*

Item in libro sententiarum Prosperi g [259].

Quum [260] frangitur hostia, dum sanguis de calice in ora fidelium funditur, quid aliud, quam dominici corporis in cruce immolatio, ejusque sanguinis de latere effusio designatur?

*Item Leo Episcopus, et sancta synodus, quæ in urbe Romana convenit, Clero, honoratis, et plebi consistenti Constantinopoli, ita scribit* [261]:

**C. XXXVIII.** *De veritate corporis et sanguinis Christi ambigere non licet.*

XV. Pars. In quibus isti ignorantiæ tenebris, in quo hactenus desidiæ torpore jacuere, ut nec auditu discerent, vel lectione cognoscerent, quod in ecclesia Dei in [262] omnium ore tam consonum est, ut nec ab infantium linguis veritas corporis et sanguinis Christi inter comnunis [263] sacramenta *fidei* taceatur, quia in illa mystica distributione spiritalis alimoniæ hoc impertitur, hoc sumitur, ut accipientes virtutem cœlestis cibi in carnem ipsius, qui caro nostra factus est, transeamus? Idem est [264] cibus h refectionis, est [265] cibus sanguinis. Sicut enim caro Domini [266] vere est cibus, ita sanguis [267] vere *noster* est potus. Idem: § 1. Est *etiam* corpus, de quo [268] dictum est [269]: *Caro mea vere est cibus, et sanguis meus vere est potus.* Circa hoc corpus aquilæ sunt, quæ alis circumvolitant spiritalibus. *Idem*: § 2. Unde [270] et corpus Christi edimus, ut vitæ æternæ possimus esse participes. *Idem*: § 3. Cujus claret

NOTATIONES CORRECTORUM.

e *Unum est*: Ita emendatum est hoc ex Beda, quemadmodum et multa alia. Hujus vero lectionis vestigium erat in manuscriptis, et apud Ivonem. In vulgatis legebatur: *vinum in sua nativitate, calix post*, etc.".

f *Nulli est*: Hæc usque ad finem habentur infr. dist. 4. *Nulli*, et in Polycarpo citantur ex Innocentio.

C. XXXVII. g Apud Lanfrancum (apud quem fere habentur quæ a Gratiano citantur ex lib. sententiarum Prosperi, aut ex August. in lib. sententiarum Prosperi) hæc antecedunt: *Sacramenta enim illarum rerum, quarum sunt sacramenta, semper similitudinem gerunt, sicut in sacramento, de quo hæc quæstio ventilatur, dum frangitur hostia, etc.*

C. XXXVIII. h *Idem est cibus*: In aliquot vetustis codicibus: *Idem Leo Papa. Est cibus*, etc., eumdemque Leonem citat Anselmus. Ceterum apud B. Leonem non sunt inventa, sed apud B. Ambrosium, cujus etiam sunt sequentia variis ex locis collecta.

i *Cujus clare*: Gratianus infra c. *Revera*, sic refert ex Ambrosio: *sed quid argumentis utimur? suis utamur exemplis, incarnationis*, etc. Et ita etiam Algerus. Ivo reliqua eodem modo; tantummodo in hoc discrepat, quod habet: *incarnationisque novitate.* Sed retenta est Gratiani lectio, cum ob glossam, tum quoniam Lanfrancus fere concordat cum Gratiano, ubi expositam a se catholicam veritatem confirmat B. Ambrosii verbis.

---

Dist. II. C. XXXVI. [244] *et ad*: Edd. coll. o. [245] *deferebamini*: eæd. — Iv. [246] *diligentes*: eæd — id [247] add.: *sacramentum*: Edd. Bas. Lugdd. II. III. — ** *unum est in sua nativ.*: Iv. — Edd. Arg. Nor. Ven. I. II. — *vinum est in sua nativ., calix, est* etc.: Ed. Bas. [248] *abest ab* Iv. [249] *abest ab cod. et* Ed. Bas. — *Christi*: Edd. rell. [250] *ibi vos estis*: absunt ab Iv. [251] add.: *noster*: id. — Edd. coll. o. [252] Petr. Lomb. l. 4. dist. 8. [253] *accedit*: Ed. Bas. [254] cf. D. 4. de cons. c. 131. — Polyc. l. 3, t. 10. Petr, Lomb. ib. c. 9. [255] *esse*: Iv. — Edd. coll. o. [256] *migraverit*: Edd. coll. o. — Iv. [257] *privabitur*: Edd. coll. o. [258] *invenerit*: Ed. Bas. — *invenitur*: Edd. rell. — Iv. = C. XXXVII. [259] Imo Lanfrancus contra Berengar. — Ivo Pan. l. 1, c. 140. Decr. p. 2, c. 9. [260] *Dum*: orig. — Iv. Decr. — Ed. Bas. = C. XXXVIII. [261] *usque ad verb.*: *transeamus*, sumtum est ex ep. 59. Leonis M. scr. A 459. (Ed. Baller.) — Ans. l. 9, c. 6. — Reliqua sunt Ambrosii (inde a verbo: *circa*) comm. in Luc. c. 17. (l. 8, c. 7) et c. 22. (l. 10, c. 9.). — Ans. l. 6, c. 7. [262] *abest ab* Ed. Bas. [263] *communionis sacr. taceatur*: orig. — *communionis sacr. doceatur*: Edd. coll. o. [264] *abest ab* Ed. Arg. [265] *et*: Edd. coll. o. pr. Arg. Bas. — Böhm. [266] *Christi*: Ed. Bas. [267] *et sang.*: Ed. Lugd. I. — add.: *ejus*: Edd. Bas. Lugdd. II. III. [268] *unde*: Edd. Par. Lugd. I. [269] Joan. c. 6, v. 56. [270] *Unde et idem*: Edd. coll. o.

argumentis utimur, suis utamur exemplis, incarnationisque [272] exemplo adstruamus [273] mysterii veritatem. *Et infra* : § 4. Quid [274] hic [275] quæris naturæ ordinem in Christi corpore, quum præter naturam sit ipse * Dominus Jesus * Christus partus ex Virgine ?

C. XXXIX. *Non natura nascitur, sed consecratione nobis conficitur corpus et sanguis Christi.*

*Item* Ambrosius *in libro de catechizandis rudibus* k [276].

Panis et calix non qualibet, sed certa consecratione mysticus fit nobis, non nascitur. Proinde, quod ita fit nobis, quamvis sit panis et calix, alimentum est [277] resurrectionis, non sacramentum religionis; non [278] quod benedicimus, gratiasque agimus Domino in omni ejus munere, non tantum spiritali, verum etiam corporali.

C. XL. *Quod ante benedictionem panis et vinum est post benedictionem est corpus et sanguis Christi.*

*Idem* Ambrosius *in lib. de iis, qui mysteriis initiantur, c.* 9. [279].

Ante benedictionem * verborum [280] cœlestium * alia [281] species nominatur, post benedictionem corpus [282] significatur [283]. *Item ibidem* : § 1. In illo sacramento Christus est. *Item lib. 4. de sacramentis, c.* 5 : § 2. Qui manducaverit hoc corpus, fiet ei remissio peccatorum.

C. XLI. *Sub specie panis et vini invisibilem Christi carnem et sanguinem honoramus.*

*Item* Augustinus *in lib. sententiarum Prosperi* [284].

Nos autem in specie panis et vini, quam videmus, res invisibiles, id est * Christi * carnem et sanguinem, honoramus, nec similiter comprehendimus [285] has duas species, * ex [286] quibus consecratur dominicum corpus *, quemadmodum ante consecrationem comprehendebamus [287], quum fideliter fateamur, ante consecrationem esse panem et vinum [1], quod natura formavit; post consecrationem vero [288] Christi carnem et sanguinem [289], quod benedictio consecravit.

C. XLII. *Confessio Berengarii* m [290].

XVI. Pars. Ego Berengarius [291], indignus [292] S. Mauritii Andegavensis ecclesiæ diaconus, cognoscens veram, catholicam et apostolicam fidem, anathematizo omnem hæresim, præcipue eam, de qua hactenus infamatus sum, quæ adstruere conatur, panem et vinum, quæ in altari ponuntur, post consecrationem solummodo sacramentum, et non verum corpus et sanguinem Domini nostri Jesu Christi esse, nec [293] posse sensualiter, nisi in solo sacramento manibus sacerdotum tractari, vel frangi, aut fidelium dentibus atteri. Consentio autem sanctæ Romanæ [294] et apostolicæ sedi, et ore et corde profiteor [295], de sacramentis [296] dominicæ mensæ eamdem fidem me tenere, quam dominus et venerabilis Papa Nicolaus, et hæc sancta synodus auctoritate evangelica et apostolica tenendam tradidit mihique firmavit [297] : scilicet panem et vinum, quæ in altari ponuntur, post consecrationem non solum sacramentum, sed etiam verum corpus et sanguinem Domini nostri Jesu Christi esse, et sensualiter non solum sacramento [298], sed in veritate manibus sacerdotum tractari, frangi, et fidelium dentibus atteri; jurans per sanctam, et homoüsion Trinitatem, et per hæc sacrosancta Christi evangelia. Eos * vero * [299], qui contra hanc fidem venerint, cum dogmatibus et sectatoribus [300] suis æterno anathemate dignos esse pronuncio. Quod si ego ipse aliquando contra hæc [301] aliquid sentire aut prædicare præsumsero, subjaceam canonum severitati. Lecto et

NOTATIONES CORRECTORUM.

C. XXXIX. k Ivo citat ex Augustino in lib. de catechizandis rudibus. Beda ad c. 10 primæ ad Corinth. et Algerus citant ex B. August. contra Faustum, habeturque lib. 20. contra Faustum c. 13. Verum apud Algerum * et Ivonem est in summam redactum, apud Gratianum multis præterea locis depravatum, quæ ob glossam correcta non sunt. Verba Augustini sunt hæc : *Noster autem panis et calix non quilibet, quasi propter Christum in spicis et in sarmentis ligatum, sicut illi desipiunt, sed certa consecratione mysticus fit nobis, non nascitur. Proinde, quod non ita fit, quamvis sit panis et calix, alimentum est refectionis, non sacramentum religionis, nisi quod benedicimus, gratiasque agimus Domino in omni ejus munere, non solum spiritali, verum etiam corporali.*

C. XLI. l *Et vinum* : Apud Lanfrancum, dum verba Augustini in libro de catechizandis rudibus ab adversario sibi objecta interpretatur, sic legitur : *esse panem vinumque, id est eas res, quas natura formavit, inter sacrandum vero converti in Christi carnem et sanguinem, quas utrasque res benedictio consecravit.* Ivo autem habet fere ut Gratianus.

C. XLII. m In regesto Gregorii VII. lib. 3. et 6., in synodo A. D. 1079, habetur aliа ejusdem Berengarii abjuratio. Cui repetitioni quid causam dederit, exponitur in scholiis conciliorum, quæ Coloniæ quatuor tomis sunt impressa.

Dist. II. C. XXXVIII. [271] cf. infr. c. 69. [271a] *inc. quoque* : Edd coll, o. [273] *abstruamus* : Edd. Lugdd. II. III. — *adstruamur* : Edd. Ven. I. II. [274] Petr. Lomb. l. 4, dist. 10. [275] *igitur* : Ed. Bas. = C. XXXIX. * de verit. corp. et sangu. Dom. l. 1, c. 6. = C. XXXIX. [276] Imo Augustinus, cf. Corr. — Iv. Pan. l. 1, c. 123. Decr. p. 2, c. 1. [277] abest ab Ed. Arg. [278] *nisi* Iv. = C. XL. [279] cf. infra c. 69. — Ivo. Pan. l. 1, c. 124. Decr. p. 2, c. 7. Petr. Lomb. l. 4, t. 10. [280] *verb. coel.* : absunt ab Iv. [281] *illa* : Edd. coll. o. pr. Arg. Bas. Lugdd. II. III. [282] add. : *Christi* : Edd. Bas. Lugdd. [283] *signatur* : Ed. Arg. = C. XLI. [284] Imo Lanfrancus contra Berengarium. — Ivo Pan. l. 1, c. 125. Decr. p. 2, c. 9. Petr. Lomb. ib. [285] *vendimus* : Iv. — orig. [286] *ex* — *corp.* : absunt ab Iv. [287] *pendebamus* : Iv. — orig. [288] *vere* : Ed. Bas. [289] add. : *esse* : Iv. — Edd. Bas. Lugdd. II. III. = C. XLII. [290] ex conc. Rom. hab. A. 1059. — Ivo Pan. l. 1, 126. Decr. p. 2, c. 10. Petr. Lomb. l. 4, dist. 12. [291] *Berlengarius* : Edd. Ven. I. II. [292] add. : *ecclesiæ* : Edd. coll. o. [293] *non* : Iv. Pan. — Edd. Ven. I. II. Nor. [294] add.: *ecclesiæ* : Edd. coll. o. [295] *confiteor* : Edd. Arg. Bas. Lugdd. II. III. [296] *sacramento* : Ed. Bas. [297] *firmavit* : Iv. Pan. — Edd. Bas. [298] *in sacramento* : Ivo Pan. — *sacramentum* : Edd. coll. o. [299] abest ab Iv. Pan. [300] *consectatoribus* : Ed. Bas. — *consecrationibus* : Ed. Arg. — *consecratoribus* : Edd. rell. pr. Lugdd. II. III. [301] *hoc* : Iv. Decr. — Edd. coll. o.

perlecto sponte subscripsi. § 1. Hanc confessionem fidei de corpore et sanguine Domini nostri Jesu Christi a Berengario Romae coram CXIII. episcopis factam misit Papa Nicolaus per urbes Italiae, Germaniae, Galliae, et ad quaecunque loca fama pravitatis ejus pervenire ante potuit, ut ecclesiae, quae prius doluerant de averso atque perverso ⁿ, postea gauderent de reverso atque converso.

### C. XLIII. *Quare elementorum species reserventur, quum vere sit corpus Christi et sanguis.*

Item Ambrosius *in libro de officiis*.

Forte dicas, quomodo vera caro, quomodo verus sanguis, qui similitudinem non video ° carnis, non video sanguinis veritatem? Primo omnium dixi tibi de sermone Christi, qui operatur, ut possit mutare et convertere genera et instituta naturae. Deinde, ubi non tulerunt sermonem Christi discipuli ejus, sed audientes, quod carnem suam daret manducare, et sanguinem suum bibendum, recedebant, solus autem Petrus dixit : *Verba vitae aeternae habes, et ego a te quo recedam?* Ne igitur plures hoc dicerent, et veluti quidam esset horror cruoris, sed maneret gratia redemtoris, ideo in similitudine quidem accipis sacramentum, sed verae naturae gratiam virtutemque consequeris. *Ego sum*, inquit, *panis vivus, qui de coelo descendi*.

### C. XLIV. *Non carnaliter, sed spiritualiter Christi corpus et sanguinem debemus accipere.*

Item Augustinus *in expositione Psal. LIV.*

Prima quidem, inquit, haeresis in discipulis Christi, velut a duritia ejus sermonis facta est. Quum enim diceret : *Nisi quis manducaverit carnem meam, et biberit sanguinem meum, non habebit vitam aeternam*, illi non intelligentes dixerunt ad invicem : *Durus est hic sermo, quis potest eum audire* Dicentes, quia durus est hic sermo, separaverunt se ab illo ; remansit cum duodecim. Discedentibus illis instruxit eos, qui remanserunt. Spiritus est, inquit, qui vivificat ; caro nihil prodest. Verba, quae locutus sum ad vos, spiritus et vita sunt. Intellexistis spiritaliter? Spiritus et vita sunt. Intellexistis carnaliter? Etiam sic illa spiritus et vita sunt, sed tibi non sunt spiritus et vita, qui spiritaliter non intelligis. Spiritaliter intelligite quae locutus sum. Non hoc corpus, quod videtis, manducaturi estis, et bibituri illum sanguinem, quem fusuri sunt qui me crucifigent. Sacramentum aliquod vobis commendavi : spiritaliter intellectum vivificabit vos ; caro autem non prodest quidquam. Sed quomodo illi intellexerunt? Carnem quippe sic intellexerunt, quomodo in cadavere venditur ᵖ, aut in macello dilaniatur. *Sciens autem Jesus ait : hoc vos scandalizat, quia dixi : do vobis carnem meam manducare, et sanguinem meum bibere? Si ergo videritis filium hominis ascendentem, ubi prius erat?* Quid est hoc? Hinc solvit, quod illos moverat ; hinc aperit, unde fuerant scandalizati : hinc plane, si intelligerent. Illi enim putabant, eum erogaturum corpus suum. Ille *autem* dixit, se ascensurum in coelum, utique integrum. Quum videritis filium hominis ascendentem, ubi erat prius? certe vel tunc videbitis, quia non eo modo, quo putatis, erogat corpus suum, vel tunc intelligetis, quia gratia ejus non consumitur morsibus. Item tractatu 30, in Joannem : § 1. Donec saeculum finiatur, sursum est Dominus ; sed tamen hic etiam nobiscum est veritas Dominus. Corpus enim *Domini*, in quo resurrexit, uno loco esse oportet ; veritas autem ejus ubique diffusa est.

### NOTATIONES CORRECTORUM.

ⁿ *Perverso* : ta etiam Ivo. Lanfrancus habet : *adverso* °.

C. XLIII. ° *Non video* : Eodem fere modo est apud Ivonem. In originali autem, nec multo secus apud Lanfrancum, hic locus sic habet : *Forte dicas : quomodo vera? qui similitudinem video, non video sanguinis veritatem.*

C. XLIV. ᵖ *In cadavere venditur* : Ita etiam Algerus ⁎⁎ et Ivo, apud quem totum hoc caput eodem modo, atque apud Gratianum habetur, scilicet hinc inde collectum, verbis interdum transpositis, in summam redactis, mutatis. Beatus autem Augustinus et Lanfrancus hoc loco sic habent : *quomodo in cadavere dilaniatur, aut in macello venditur, non quomodo spiritu vegetatur.*

---

Dist. II. C. XLII. ex eod. Lanfranco. suae fid. : Iv. — Edd. coll. o — ⁎ adverso atque perv.: Ivo. Decr. — adverso atque diverso : Ed. Bas. gaudeant : Edd. coll. o. = C. XLIII. imo ex libris de sacramentis (l 6, c. 2), qui falso Ambrosio tribuuntur. — Ivo Pan. l. 4, c. 127. Decr. p. 2. c. 7· ad manducandum, ad bibendum : Ivo. — Edd. coll. o. tunc : Iv. Decr. — tantum : Pan. — tamen : Edd. coll. o. Joan. c, 6, v. 69. et ne : Iv. — Edd. coll. o. redemtionis : Lanfr. — Iv. — Edd. Arg. Bas. Nor. Joan. ib. v. 41. = C. XLIV. Collectum ex variis Augustini locis, ex interpr. Psalm. 54, et 98, et tract. 28, 27, 30, in Joan. — Ivo Pan. l. 1, c. 133. Decr. l. 2, c. 8. Petr. Lomb. l. 4, dist. 10. abest ab Iv. et Edd. Arg. Bas. Joan. c. 6, v. 54. add. : vero : Edd. coll. o.—cf. Joan. ib. v. 61. manducare : caed. et rem. : Iv. Pan.—Edd. coll. o. duobus : Edd. Ven. I. II. add. : discipulis : Edd. coll. o. Intell. spiritualiter, intellexistis et carnaliter. Spiritus et vita sunt, sed cibi non sunt, et vera sunt. Spiritaliter intellige : Ed. Arg. etiamsi : Bohm. spir. — intell. : non sunt ap. Iv. effusuri : Iv. Pan. — Edd. coll. o. add. : sic responderunt : Edd. coll. o. — ⁎⁎ de verit. corp. et sang. Dom. l. 1, c. 11. Joan. c. 6, v. 62. hic : Edd. coll. o. pr. Arg. Bas. hic : eaed pr. Arg. Bas. Nor. fuerant : caed. hic : eaed. pr. Arg. Bas. — abest ab Iv. Pan. sic : Edd. Arg. Nor. Ven. I. II. autem : Iv. — Edd. coll. o. abest ab eod. et iisd. pr. Arg. Bas. abest ab Iv. aegrotat : Ed. Arg. abest ab Iv.

## DECRETI PARS TERTIA. DE CONSECR. DIST. II.

**C. XLV.** *Quomodo Christi corpus, quod in cruce pependit, accipitur, et quomodo non.*

*Item* Augustinus *in epistola ad Irenæum* q [335].

Non hoc corpus, quod videtis, manducaturi estis, et Libituri illum sanguinem, quem fusuri [336] sunt illi, qui me crucifigent; ipsum quidem, et non ipsum, ipsum invisibiliter, et non ipsum visibiliter. Unde et [337] subditur : 'Et' [338] si necesse est, illud visibiliter celebrari, necesse est tamen [339], illud [340] invisibiliter intelligi.

**C. XLVI.** *Quid sit corpus Christi manducare, et sanguinem ejus bibere.*

*Item* Augustinus *in sermone de verbis evangelii* [341].

Quid est Christum manducare? non hoc solum est, in sacramento [342] corpus ejus accipere. Multi enim indigne accipiunt, de quibus ait Apostolus [343] : *Qui manducat 'panem'* [344], *et bibit calicem* [345] *Domini* [346] *indigne, judicium sibi manducat et bibit.* Sed quomodo manducandus est Christus? Quomodo ipse dicit [347] : *Qui manducat carnem meam, et bibit sanguinem meum* [348], *in me manet, et ego in eo.* Si itaque ' in me manet, et ego in illo, tunc manducat, tunc bibit. Qui autem non in me manet, nec ego in illo', etsi [349] accipit sacramentum, acquirit magnum tormentum.

**C. XLVII.** *Credere in Christum est manducare et bibere Christum.* t

*Item* Augustinus s [350].

Ut quid paras [351] dentes [352] et ventrem? Crede, et manducasti. Credere enim in eum, hoc est panem vivum t manducare. Qui credit in eum manducat eum; 'invisibiliter [353] saginatur', quia et invisibiliter renascitur'.

**C. XLVIII.** *Sacramentum, et res sacramenti sacrificium ecclesiæ conficiunt.*

*Item* Augustinus *in libro sententiarum Prosperi* u [354].

Hoc est, quod dicimus, hoc [355] modis omnibus approbare contendimus, sacrificium 'scilicet' [356] ecclesiæ duobus [357] confici, duobus constare : visibili elementorum specie, et invisibili Domini nostri Jesu Christi carne et sanguine; sacramento [358], et re sacramenti, id est corpore Christi, sicut Christi persona constat et conficitur Deo [359] et homine, quum ipse Christus verus sit Deus, et verus homo, quia omnis res illarum rerum naturam et veritatem in se continet, ex quibus conficitur. Conficitur autem sacrificium ecclesiæ [360] sacramento, et re sacramenti, id est corpore Christi. Est igitur sacramentum, et res sacramenti, id est corpus Christi. *Item* : § 1. Caro ejus est, quam forma panis opertam in sacramento accipimus, et sanguis ejus, quem sub vini specie et sapore potamus. Caro videlicet carnis, et sanguis sacramentum est sanguinis; carne et sanguine, utroque invisibili, intelligibili, spirituali, significatur [361] visibile Domini nostri Jesu Christi corpus, palpabile [362], plenum gratia omnium virtutum, et divina majestate. *Item* : § 2. Sicut ergo cœlestis panis, qui vere Christi caro est, suo modo vocatur corpus Christi, quum revera sit sacramentum corporis Christi, illius videlicet, quod visibile, palpabile [363], mortale [364] in cruce est suspensum [365], vocaturque ipsa immolatio carnis, quæ sacerdotis

---

## NOTATIONES CORRECTORUM.

C. XLV. q Eodem modo et bis citat et fere etiam refert Algerus ***, id est : ex Augustino ad Irenæum. Ivo p. 2, c. 9, refert eodem modo ; sed citat ex hom. in Psal. 98, (sic enim corrigendum est mendum ex c. 8), ex qua etiam Beda affert propria verba ad 11 cap. primæ ad Corinthios. Quæ Lanfrancus, quoniam a Berengario catholicis objiciebantur, plenius explicat, quam in hoc capite fiat; potissimum, ubi incipit exponere fidem sanctæ Ecclesiæ. Hoc idem fere habetur in epistola Ivonis, episcopi Carnotensis, ad Haymericum, eadem B. Augustini verba in Psal. 95, interpretantis, quæ epistola habetur impressa apud Joannem Garetium, et alibi.

C. XLVI. r *Si itaque* : Locupletatus est hic locus ex Beda', Magistro, et Ivone.

C. XLVII. s Citabatur ex libro de pœnitentiæ remedio, et apud Algerum ** ex 2, lib. de pœnitentia. Videtur autem confectum ex duobus B. Augustini locis in tractatu 25, et tract. 26, in Joannem, ex qua expositione citat Ivo, sed conjunctim cum iis, quæ attulerat ex libro de pœnitentiæ remedio.

t *Panem vivum* : In vulgatis legebatur : *panem et vinum* ***. Restituta est lectio ex plerisque vetustis, originali, et Ivone, quemadmodum et infra ead. c. Credere. Nonnulla præterea hic addita, quæ apud Ivonem quoque sunt.

C. XLVIII. u Hæc eadem habentur apud Lanfrancum (ex quo citat Ivo) et apud Algerum † (qui itidem ac Gratianus ex libro sententiarum Prosperi) non tamen eodem ordine collocata. Ex quibus quidem auctoribus nonnulla sunt emendata.

---

Dist. II. C. XLV. *** l. 1, c. 9. et 11. [325] ex enarr. Aug. in Psal. 98. — Ivo Decr. p. 2, c. 9. (*ex hom. in Ps. 28.*) Pan. l. 1, c. 134. Petr. Lomb. l. 4, dist. 10. — cf. supra c. 44. [336] *effusuri* : Edd. coll. o. [337] abest ab Iv. [338] abest a Pan. [339] abest ab Edd. coll. o. pr. Arg. Bas. [340] abest ab Iv. et Ed. Bas. = C. XLVI. [341] Similia sunt in tract. 26, in Joan. — Ivo Pan. l. 1, c. 135. Decr. p. 2, c. 8. (*in serm. de verb. ev. Tract. 26, in Joan.*) [342] *sacramentis* : Ed. Bas. [343] 1 Cor. c. 11, v. 29. [344] abest ab Iv. [345] *sanguinem, vel cal.* : Ed. Bas. [346] abest ab Edd. coll. o. pr. Bas. Lugdd. [347] *dixit* : Qui enim : Edd. coll. o. — cf. Joan. c. 6, v. 57. [348] add. : *digne* : Edd. Bas. Lugd. II. — ' in 1 Cor. c. 11. [349] add. : *indigne* : Ed I. coll. o. = C. XLVII. ** l. 1, c. 8. [350] ivo Pan. l. 1, c. 157. Decr. p. 2, c. 4. — cf. infra c. 59. [351] add. : *inquit B. Aug. in expositione evangelistæ* : Iv. [352] *dentem* : Edd. coll. o. — *** ita Ivo Pan. et Edd. coll. o. pr. Bas. [353] *invis. — renasc.* : absunt ab Iv. Pan. = C. XLVIII. † l. 1, c. 5, et 11. [354] Imo Lanfrancus contra Berengarium. — Ivo Pan. l. 1, c. 138. (*Aug. in libro sent. Prosperi.*) Decr. p. 2, c. 9. Petr. Lomb. l. 4, dist. 10. [355] *quod* : Iv. — Edd. coll. o. [356] abest ab Iv. [357] add. : *modis* : Pan. — Edd. coll. o. [358] *et sacr.* : Edd. coll. o. [359] *ex Deo* : eæd. — Ivo Pan. [360] add. : *duobus* : eæd. — Iv. [361] *signatur* : eæd. pr. Bas. [362] *et palp.* : Edd. coll. o. [363] *quod palp.* : eæd. [364] add. : *est* : Edd. Arg. Nor. Ven. l. II. [365] *positum* : Ivo.

manibus fit, Christi passio, mors, crucifixio, non rei veritate, sed significante [366] mysterio : sic sacramentum fidei, quod baptismus intelligitur, fides est.

### C. XLIX. *Quot modis caro Christi intelligatur.*

Hieronymus *in epist. ad Ephes. ad cap.* 1. [367]

Dupliciter [368] intelligitur caro Christi et sanguis : vel spiritalis illa atque divina, de qua ipse ait [369] : *Caro mea vere est cibus, et sanguis meus vere est potus,* et [370] : *Nisi manducaveritis carnem meam, et biberitis meum sanguinem, non habebitis vitam æternam;* vel caro [371], quæ crucifixa est, et sanguis, qui militis effusus est lancea.

### C. L. *De eodem.*

Item Ambrosius *ad c.* 11, *primæ ad Corinthios* v [372].

Quia morte Domini liberati sumus, hujus rei memores in edendo et potando carnem et sanguinem [373], quæ pro nobis oblata sunt, significamus [374].

### C. LI. *Quomodo Christus sit immolatus semel, et quomodo quotidie immoletur.*

*Item* Augustinus *in Psalmum XXI.* [375]

XVII. Pars. Semel [376] Christus mortuus est, justus pro injustis, et scimus, et certum habemus, et spe immobili retinemus, quia Christus resurgens a mortuis jam non moritur, 'et' mors illi ultra non dominabitur. Verba ista Apostoli [377] sunt; tamen, ne obliviscamini [378], quod factum est semel in memoria nostra omni anno fit [379]. Quoties Pascha celebratur, numquid toties Christus moritur [380]? sed [381] tamen anniversaria recordatio *quasi* repræsentat quod olim factum est, et sic nos facit moveri [382], tanquam videamus in cruce pendentem [383] Dominum, *non* [384] tamen irridentes, sed credentes*.

### C. LII. *Item in libro sententiarum* Prosperi vv [385].

Semel immolatus est Christus in semetipso, et tamen quotidie immolatur in sacramento. Quod ita intelligendum est, quia in manifestatione sui corporis, in distinctione [386] membrorum [387] omnium verus Deus et verus homo semel tantum in cruce pependit, offerens se ipsum patri hostiam vivam, passibilem, mortalem, vivorum et mortuorum redemtionis efficacem, eorum scilicet, quos divini consilii altitudo redimendos indicavit, præscivit, prædestinavit, vocavit, modis atque temporibus, quibus id fieri congruebat x.

### C. LIII. *Hostia, quæ semel oblata est in recordationem suæ mortis quotidie offertur.*

*Item* Ambrosius *in epist. ad Hebr. c.* 10. [388]

In Christo semel oblata est hostia ad salutem sempiternam potens. Quid ergo nos? nonne per singulos dies offerimus? Offerimus [389] *quidem* [390], sed ad recordationem mortis ejus, et una est hostia, non multæ. Quomodo una et non multæ? quia semel oblatus est Christus. Hoc autem sacrificium exemplum [391] est illius, id ipsum [392] et [393] semper y id ipsum. Proinde unum [394] est hoc sacrificium [395], alioquin [396], quoniam in multis locis offertur, multi sunt Christi? Nequaquam, sed unus ubique est Christus, et hic plenus exsistens, et illic plenus. Sicut enim z quod ubique offertur unum est corpus, et non multa corpora : ita et unum sacrificium. Pontifex autem ille est, qui hostiam obtulit nos mundantem.

## NOTATIONES CORRECTORUM.

C. L. v Citabatur ex Augustino in libro de Trinitate ad Corinthios ††. Algerus ††† etiam citat ex Augustino de Trinitate. Sed aliquot vetusta Gratiani exemplaria habent : *Ambrosius,* cujus vere est, et ipsum citat Ivo, quamvis statim, postquam citarat librum de Trinitate.

C. LII. vv Et hoc Ivo ex Lanfranco citat, verba B. Augustini et referente et exponente, quod facit etiam Algerus l. 1, c. 16, et 18. Verba autem B. Augustini in epistola ad Bonifacium, quam Algerus etiam citat, sunt hæc : *Nonne semel immolatus est Christus in se ipso? et tamen in sacramento non solum per omnes Paschæ solemnitates, sed omni die populis immolatur.*

x *Congruebat :* Apud Lanfrancum hæc sequuntur, quæ respondent alteri membro propositionis B. Augustini : *In sacramento tamen, quod in hujus rei memoriam frequentat ecclesia, caro Domini quotidie immolatur, dividitur, comeditur, et sanguis ejus de calice fidelium ore potatur.*

C. LIII. y *Et semper :* Apud B. Ambrosium et B. Joannem Chrysostomum hæc adduntur : *offerinus, nec nunc quidem alium agnum, cras alium, sed semper eumdem ipsum;* quæ græce in optimo exemplari manuscripto (nam in Veronensi desiderantur) sic habent : οὐ νῦν μὲν ἕτερον πρόβατον, αὔριον δὲ ἕτερον, ἀλλ' ἀεὶ τὸ αὐτό.

z *Sicut enim :* In excusis B. Ambrosii nomine commentariis legitur : *sicut enim qui ubique offert.* Sed non est visa mutanda Algeri*, Ivonis, et Gratiani lectio. Græce est: ὥσπερ οὖν πολλαχοῦ προσφερόμενος ἓν σῶμά ἐστι. Nonnulla vero alia sunt emendata.

---

Dist. II. C. XLVIII. — Edd. coll. o. [366] *significati :* Edd. Arg. Bas. = C. XLIX. [367] Ivo Pan. l. 1, c. 159. Decr. p. 2, c. 3. Petr. Lomb. l. 4, dist. 8. [368] *Multipliciter :* Ivo Pan. — Edd. Nor. Ven. l. II. — add. : *inquit :* Iv. — Ed. Bas. [369] Joan. c. 6, v. 56. [370] ib. v. 54. [371] add. : *mea :* Iv. Pan. — Edd. coll. o. = C. L. †† Ita Edd. coll. o. — ††† Alg. l. c, l. 1, c. 19. [372] Ivo Pan. l. 1, c. 142. Decr. p. 2, c 7. [373] add. : *ejus :* Edd. Bas. Lugdd. II. III. [374] add. : *vel sanctificamus :* Iv. Pan. = C. LI. [375] Ivo Pan. l. 1, c. 143. Decr. p. 2, c. 8. Petr. Lomb. l. 4, dist. 12. [376] 1 Petr. c. 3, v. 18. [377] Rom. c. 6, v. 9. [378] *obliviscamur :* orig. — Iv. Decr. — Edd. Bas. Lugdd. II. III. — *non obliviscuntur :* Iv. Pan. [379] *sit :* Edd. coll. o. pr. Bas. [380] *occiditur :* Iv. — Edd. coll. o. [381] *Non, sed :* cæd. pr. Arg. Bas [382] *moneri :* cæd. pr. Bas. [383] *præsentem :* Ivo. — Edd. coll. o. [384] *non — cred. :* absunt ab Iv. = C. LII. [385] Imo Lanfrancus contra Berengar. — Ivo Pan. l. 1, c. 144. Decr. p. 2, c. 9. [386] *indistincte :* Ed. Bas. — *in distinctionem :* Iv. Pan. [387] add.;*suorum :* Iv. — Edd. coll. o = C. LIII. [388] Non est Ambrosii — Ivo Pan. l. 1. c. 145. Decr. p. 2. c. 6. [389] abest ab Iv. Pan. et Edd. coll. o. pr. Arg. [390] abest ab Iv. [391] *exemplar :* orig. [392] *sed id. :* Iv. Pan. [393] abest ab Iv. et Edd. coll. o. pr. Bas Lugdd. [394] *idem :* Edd. coll. o. — abest ab Iv. Pan. [395] add. : *solum :* Ed. Bas. [396] add. : *dicetur :* Edd coll. o. — * l. c. !. 1. c. 15.

Ipsam 'vero' [397] offerimus etiam nunc, quae tunc oblata [398] consumi non potest. Quod nos facimus, in commemorationem fit ejus, quod factum est: *Hoc enim facite*, ait [399], *in meam commemorationem.*

C. LIV. *Sacramentum corporis Christi non nisi jejuni debemus accipere.*

*Item* Augustinus *in libro responsionum ad Januarium, c.* 6. [400]

XVIII. Pars. Liquido apparet, quando primo acceperunt discipuli corpus et sanguinem Domini, non eos accepisse jejunos. Numquid tamen propterea calumniandum est universae ecclesiae, quod a jejunis semper accipitur? Ex hoc enim placuit Spiritui sancto, ut in honorem [401] tanti sacramenti in os Christiani prius dominicum corpus intraret, quam ceteri [402] cibi. Nam ideo per universum orbem mos iste servatur. Neque enim, quia post cibos dedit Dominus, propterea pransi aut coenati fratres ad illud sacramentum accipiendum convenire debent, aut, sicut faciebant quos Apostolus arguit [403] et emendat, mensis suis ista miscere. Namque Salvator, quo vehementius commendaret mysterii illius altitudinem, ultimum hoc voluit infigere cordibus et memoriae discipulorum, a quibus ad passionem digressurus erat, et ideo non praecepit, quo deinceps ordine sumeretur, ut Apostolis, per quos ecclesias dispositurus erat, servaret hunc locum. Nam si hoc ille monuisset, ut post alios cibos semper acciperetur [404], credo, quod eum morem nemo mutasset [405]. Quum vero ait Apostolus, de hoc sacramento loquens [406]: *Propter quod, fratres, quum convenitis* [407] *ad manducandum, invicem exspectate, si quis esurit, domi manducet, ut non ad judicium conveniatis,* statim subtexuit [a]: *cetera autem, quum venero, ordinabo.* Unde [408] intelligi datur, quia multum erat, ut in [409]

epistola totum illum [410] agendi ordinem insinuaret, quem [411] universa per orbem servat ecclesia, ab ipso ordinatum esse, quod nulla orarum [412] diversitate variatur.

C. LV. *Ante consecrationem est panis, sed verbis Christi in ejus corpus mutatur.*

*Item* Ambrosius *in lib. IV de sacramentis, c.* 4. [413]

XIX. Pars. Panis est in altari usitatus ante verba sacramentorum; ubi accessit consecratio, de pane fit caro Christi. Hoc [414] igitur adstruamus. Quomodo [415] potest qui panis est corpus esse Christi? 'Consecratione'. Consecratio autem quibus verbis est, et cujus sermonibus? Domini Jesu. Nam per reliqua omnia, quae [416] dicuntur, laus Deo defertur [417], oratione petitur pro populo, pro regibus, pro ceteris. Ubi [418] venitur, ut conficiatur venerabile sacramentum, jam non suis sermonibus sacerdos, sed utitur sermonibus Christi. Ergo Christi sermo hoc conficit sacramentum. Quis sermo Christi? nempe [419] is [420], quo [421] facta sunt omnia. Jussit Dominus, et factum [422] est coelum; 'jussit Dominus, et facta est' terra; 'jussit Dominus', et facta sunt' maria; jussit [423] Dominus, et omnis creatura generata [424] est. Vides ergo, quam operatorius [425] sit sermo Christi. Si ergo tanta vis est in sermone Domini Jesu, ut inciperent esse [426] quae non erant: quanto magis operatorius est, ut sint quae erant [b], et in aliud commutentur [427]? Et sic quod erat panis ante consecrationem jam corpus Christi est post consecrationem, quia sermo Christi creaturam [428] mutat, et sic ex pane fit corpus Christi, et vinum cum aqua in calice [429] missum † fit sanguis consecratione verbi coelestis. § 1. Sed forte dicis: Speciem sanguinis non video; sed habet similitudinem. Sicut enim mortis similitudinem sumsisti, ita etiam [430] similitudinem 'pretiosi' sanguinis [431] bibis, ut nullus [432] horror cruoris sit

### NOTATIONES CORRECTORUM.

C. LIV. [a] *Subtexuit* : Sequebatur in vulgatis " : *quae ad ejusdem sacramenti ordinem pertinent, scilicet, quomodo jejuni,* etc., quae et a plerisque manuscriptis, et originali, et ceteris collectoribus absunt.

C. LV. [b] *Ut sint quae erant :* Haec B. Ambrosii verba quae Berengarius catholicis objiciebat, accurate explanantur a Guitmundo lib. 3. et ab Algero l. 1. c. 7. Lanfrancus autem non modo ea optime interpretatur, sed etiam addit in quibusdam codicibus sic legi : *Si igitur tanta vis est in sermone Domini Jesu, ut inciperent esse quae non erant, quanto magis operatorius est, ut quae erant in aliud commutentur ?*

---

Dist. II. C. LIII. [397] *Ipsam vero* : absunt ab Iv. Pan. — *Item ips.* : Edd. coll. o. pr. Bas. [398] add. : *est* : Edd. coll. o. [399] abest ab Edd. Arg. Bas. — cf. Luc. c. 22. v. 19. = C. LIV. [400] Ep. 54. Ed. Maur. scr. A. 400. — Ivo Pan. l. 1. c. 146. Decr. p. 2. c. 112. [401] *honore* : Iv. Pan. — Edd. coll. o. [402] *exteri* : Ed. Bas. [403] *redarguit* : Edd. coll. o. — cf. 1 Cor. c. 11. v. 20. sqqq. [404] *reciperetur* : Edd. coll. o. [405] *variasset* : orig. Iv. Decr. [406] 1 Cor. c. 11. v. 33. seq. [407] *conveneritis*: Edd. Bas. Lugdd. — *veneritis* : Edd. rell. — " ita Edd. coll. o. pr. Bas. [408] *Ubi* : Edd. coll. o. = *Ubi intelligitur* : Iv. Pan. [409] abest ab Edd. coll o. pr. Bas. [410] *illis* : Iv. — Edd. coll. o. [411] *quod* : Pan. — eaed. [412] *horarum* — Iv. : Ed. Arg. — *morum* : orig. = C. LV. [413] Non est Ambrosii. Petr. Lomb. l. 4. dist. 10. [414] *Hoc — adstr.*: absunt ab Ed. Bas. [415] add.: *autem* : Edd. coll. o. [416] add. : *in superioribus a socerdote* : eaed. pr. Bas. [417] *offertur*: Ed. Bas. — *refertur* : Edd. Par. Lugdd. [418] *Ubi autem sacrificium conficitur*: Edd. coll. o. [419] abest ab iisd. pr. Arg. Bas. Lugdd. II III. [420] *hic* : eaed pr. Arg. [421] *per quem* : Ed. Arg. [422] *facta sunt coelum et* (abest ab Edd. Arg. Bas. Nor.) *terra et mare* : Edd. coll. o. [423] *jussit—est*: absunt ab iisd. pr. Arg. Bas. [424] *creata* : Edd. Arg. [425] *operatoris* : Ed. Lugd. II. [426] *inciperet esse quod non erat* : Edd. coll. o. [427] *converterentur* : Ed. Bas. [428] *creaturas* : ead. [429] *calicem* : Edd. Lugdd. II, III. † *mistum* : Edd. coll. o. — Bohm. [430] *enim* : Edd. coll. o. pr. Arg. Bas. Lugdd. II, III. [431] add. *Christi* : Ed. Bas. [432] *nullius* : Bohm.

et pretium tamen redemtionis operetur. Didicisti 'ergo', quia 'quod' accipis corpus 'est' Christi. *Et c.* 5. : § 2. Vis scire, quia verbis coelestibus consecratur ? Accipe, quae sunt verba. Dicit sacerdos : *Fac nobis*, inquit, *hanc oblationem adscriptam, rationabilem, 'acceptabilem* c, *quod est figura corporis et sanguinis Domini nostri Jesu Christi qui pridie, quam pateretur, in sanctis manibus suis accepit panem, respexit ad coelum, ad te, sancte Pater, omnipotens, aeterne Deus, gratias agens benedixit, fregit, fractumque Apostolis suis, et discipulis suis tradidit, dicens : Accipite, et edite ex hoc omnes ; hoc enim est corpus meum, quod pro multis confringetur. Similiter et calicem postquam coenatum est, pridie, quam pateretur, accepit, respexit ad coelum, ad te, sancte Pater, omnipotens, aeterne Deus, gratias agens benedixit, Apostolis et discipulis suis tradidit, dicens : Accipite et bibite ex eo omnes ; hic est enim sanguis meus* \*. Vide : omnia ista 'verba' Evangelistae sunt usque ad *433 Accipite* sive corpus, sive sanguinem. Inde verba sunt Christi : Accipite, bibite *434* ex eo omnes ; hic est enim *435* sanguis meus. Vide singula. Qui pridie, inquit, quam pateretur, in sanctis manibus 'suis' accepit panem. Ante, quam consecretur *436*, panis est : ubi autem verba Christi accesserint *437*, corpus est Christi. Denique *438* audi dicentem · Accipite, et edite ex eo *439* omnes ; hoc est enim corpus meum. Et ante verba Christi calix est vini *440* et aquae plenus. Ubi verba Christi operata fuerint *441*, ibi sanguis efficitur, qui plebem redemit. § 3. Ergo videte, quantis *442* generibus potens est sermo Christi universa convertere. Deinde ipse 'Dominus' Jesus *443* testificatur 'nobis', quod corpus suum accipiamus, et sanguinem suum. Nunquid *444* debemus de ejus fide et testificatione dubitare ?

C. LVI. *Non corpus, sed animae substantiam fulcit panis vitae aeternae.*

Idem Ambrosius *lib. V. de sacramentis* *445*, *c.* 4.

Non iste panis est, qui vadit in corpus, sed 'ille' panis vitae aeternae, qui animae nostrae substantiam fulcit *446*. *Et paulo post :* § 1. Iste panis quotidianus est ; accipe quotidie quod quotidie tibi prosit ; sic vive, ut quotidie merearis accipere.

C. LVII. *Etiam secundum carnem Christus est panis vivus.*

Item Augustinus *in epistola ad Irenaeum* *447*.

Christus panis est, de quo qui manducat vivit in aeternum, de quo ipsemet dicit *448* : *Et panis, quem ego dabo, caro mea est, pro mundi vita*, etc. Determinat, quomodo sit panis, non solum secundum verbum, quo vivunt omnia, sed 'etiam' secundum carnem assumtam pro mundi vita. Humana enim caro, quae erat peccato 'obnoxia, et ideo' mortua, carni 'ejus' mundae unita, incorporata, unum cum illo *449* effecta, vivit *450* de spiritu ejus, sicut vivit corpus de suo spiritu *451*. Qui vero non est de corpore Christi, non vivit de spiritu Christi.

C. LVIII. *Quomodo Christus visibiliter in sacramentis spiritualiter manducatur et bibitur.*

Item Augustinus *serm. II. de verbis Apostoli* d *452*

Qui manducant et bibunt Christum, vitam manducant et bibunt. Illum *453* manducare est refici ; illum *454* bibere est vivere. Quod in sacramento visibiliter sumitur, in ipsa veritate spiritualiter manducatur et bibitur. Manducetur *455* Christus : vivit manducatus, quia resurrexit *456* occisus. Nec quando manducamus, partes de illo facimus. Et quidem in sacramento sic fit, et norunt fideles quemadmodum manducent carnem Christi ; unusquisque accipit partem suam, 'unde et *457* ipsa gratia partes vocantur. Per partes manducatur et 'manet integer totus, per partes manducatur in sacramento, et manet integer totus in coelo', manet integer totus in corde tuo. Totus erat apud Patrem, quando *458* venit in Virginem ; implevit illam, nec recessit ab illo. *Et infra :* § 1. Quod videtur *459* panis est et calix, quod etiam oculi renuntiant. Quod autem fides postulat instruenda, panis est corpus Christi, calix *460* sanguis. *Et infra :* § 2. Ista ideo dicuntur sacramenta, quia in eis aliud videtur, aliud *461* intelligitur. Quod videtur speciem habet corporalem ; quod intelligitur fructum habet spiritalem. *Et infra* *462* : § 3. Qui accipit mysterium unitatis, et non tenet vinculum

## NOTATIONES CORRECTORUM.

c *Acceptabilem :* In codicibus Gratiani erat : *rationabilem*, etc. Addita vero sunt omnia usque ad vers. *Vide*, (quod antea erat : *Inde* \*\*\*). Multum enim videntur facere ad ea, quae sequuntur intelligenda.

C. LVIII. d Sententia prioris partis hujus capitis est apud B. Augustinum in serm. 2. de verbis Apostoli, et fusius quidem explicata. Cetera autem a vers. *Manducatur Christus*, usque ad finem sunt apud Bedam \*, et pars refertur etiam infra c. *Invitat.*

DIST. II. C. LV. \*\*\* *ita* Edd. coll. o. *433* add.: *id* : eaed. *434* *et bib. ex hoc* : Edd. coll. o. *435* abest ab iisd. exc. Bas. *436 consecraretur* : Edd: coll. o. *437 accesserunt* : eaed. *438 Deinde* : eaed. *439 hoc* : eaed. *440 vino et aqua* : Ed. Bas. *441 fuerunt* : Edd. coll. o. pr. Bas. *442 quam potens* : Edd. coll. o. *443 Christus* : eaed. pr. Bas. *444 de cujus fide et testificatione dubitare non debemus* : Edd. coll. o. = C. LVI. *445 Non est Ambrosii*. — Ivo Decr. p. 2. c. 7. Petr. Lomb. ib. *446 fulsit* : Edd. Lugd. = C. LVII. *447 Desumtum videtur ex Aug. tr. 26. in c. 6. Joan.* — cf. Gloss. ord. ib. *448 dixit* : Edd. coll. o. — cf. Joan. c. 6. v. 52. *449 illa* : Edd. coll. o. pr Arg. *450 vivunt* : Edd Nor. Ven. I, II. Par. Lugd. I. *451 sp. ejus* : Ed Arg. = C. LVIII. \*1 Cor. c. 10. *452 cf. c. 70 et 75. infra* *453 illud* : Ed Bas. *454 illud* : eaed. — *illam* : Ed. Nor. *455 Manducatur* : Edd. coll. o. — Bohm. *456 surrexit* : Edd. Arg. Bas. *457 abest ab* Edd. coll. o. pr. Lugd. II, III. *458 add.: Christus* : Ed. Bas. *459 Ergo vidisti* : orig. *460 et cal. est sang.* : Ed. Bas. *461 et al.* : Edd. coll. o. *462 cf. supra c. 36.*

pacis, non mysterium accipit pro se, sed testimonium contra se.

**C. LIX.** *Quomodo spiritualiter corpus Christi sit accipiendum.*

Item Augustinus *super Joannem, ad c. 6. tract. XXVI et XXVII.* e [463]

Credere in Jesum Christum, hoc est manducare panem vivum. Qui credit 'in eum' manducat. Invisibiliter [464] saginatur, quia 'et' invisibiliter renascitur. *Et* [465] *qui manducat carnem meam, et bibit meum sanguinem, habet vitam æternam.* Participatione enim filii [466] (quod est per unitatem corporis Christi [467] et sanguinis) homo manducans vivit, non sumens tantum in sacramento (quod et mali faciunt), sed usque ad Spiritus participationem, ut in corpore Domini tanquam membrum maneat, et ejus Spiritu vegetetur, quod est, dum ejus mandata servat. [468]

§ 1. Ad [469] altare Dei invisibile (quo non accedit injustus) ille pervenit, qui ad hoc præsens justificatus accedit. Inveniet [470] illic vitam 'suam', qui hic discernit causam suam.

**C. LX.** *Spiritus sanctus invisibiliter corpus et sanguinem Christi sanctificat.*

Idem *in lib. III. de Trinitate, c. 4.*

Corpus f et sanguinem Christi dicimus illud, quod ex fructibus terræ acceptum, et prece mystica consecratum, rite [471] sumimus ad salutem spiritalem in memoriam 'pro nobis' dominicæ passionis. Quod quum per manus hominum [472] ad illam visibilem speciem perducitur [473], non sanctificatur, ut sit tam magnum [474] sacramentum, nisi operante invisibiliter spiritu Dei, quum hæc omnia, quæ per corporales motus in illo opere fiunt, Deus operetur.

**C. LXI.** *Per benedictionem panis efficitur corpus Christi.*

Item [475].

Non omnis panis, sed accipiens benedictionem Christi, fit corpus Christi.

**C. LXII.** *Dupliciter corpus Christi intelligitur.*

Idem [476].

Commendavit [477] nobis Christus [478] in isto [479] sacramento corpus et sanguinem suum, quod etiam fecit et nos ipsos. Nam et nos ipsius corpus facti sumus.

**C. LXIII.** *Sacrificium altaris sacramentum est unitatis.*

Idem *tractatu XXVI. ad c. 6. Joannis* [480]

Hoc sacramentum g pietatis est, signum unitatis, vinculum caritatis. Qui vult vivere, 'habet ubi vivat, habet unde vivat', accedat, credat, incorporetur [481], 'ut vivificetur'. *Et infra* : § 1. Hunc 'itaque' cibum et potum societatem vult intelligi corporis et membrorum suorum, quod est ecclesia [482] in prædestinatis.

**C. LXIV.** *Spiritaliter magis quam corporaliter corpus Christi debemus accipere.*

Idem *ibidem.* [483]

XX. Pars. Panem cœlestem h [484] spiritaliter manducare est innocentiam ad altare apportare [485]. Peccata etsi sunt [486] quotidiana, vel [487] non sint [488] mortifera. Ante, quam 'ad altare' accedatis, 'attendite, quod [489] dicatis [490] : *Dimitte nobis debita nostra, sicut et nos' dimittimus* [491] *debitoribus nostris.* Si dimittis, dimittetur tibi; securus accede, panis est, non [492] venenum. Sed vide, si dimittis. Nam [493] si non dimittis, mentiris, et ei mentiris, quem non fallis. Mentiri Deo potes : Deum [494] fallere non potes.

**C. LXV.** *Sacramentum, non veritatem Christi corporis accipit, qui ab eo discordat.*

Idem *in libro Sententiarum, c. 159.* [495]

Qui discordat a Christo, nec manducat carnem ejus, nec sanguinem bibit, etiamsi [496] tantæ rei sacramentum ad judicium suæ præsumtionis quotidie 'indifferenter' accipiat [497].

### NOTATIONES CORRECTORUM.

*O sacramentum pietatis, o signum unitatis, o vinculum caritatis.* Ex quo quidem originali reliqua sunt emendata et aucta.

**C. LIX.** e Caput hoc confectum est ex dictis B. Augustini in tract. 26 et 27. in Joannem, et in Psal. 42., et ex Prospero, ut suis locis est indicatum.

**C. LX.** f *Corpus* : Apud B. Augustinum hæc antecedunt : *Nec linguam quippe ejus* (de Paulo loquitur), *nec membranas, nec atramentum, nec significantes sonos lingua editos, nec signa literarum conscripta pelliculis corpus Christi et sanguinem dicimus, sed illud tantum, quod ex fructibus terræ,* etc. præstatque omnino locum illum integrum legere.

**C. LXIII.** g *Hoc sacramentum* : in originali est :

**C. LXIV.** h *Panem cœlestem* : In originali legitur * : *Panem cœlestem spiritaliter manducate; innocentiam ad altare apportate,* itemque apud indicatos collectores. Sed habita est ratio ejus, qui casum scripsit, et Gratiani lectionem secutus est etiam B. Thomas in catena ad eum Joannis locum. Reliqua vero sunt emendata et locupletata.

---

DIST. II. C. LIX. [463] cf. supra ead. c. 47. [464] *et inv.* : Edd. Bas. Par. Lugd. I. [465] Joan. c. 6. v. 55. [466] add. : *Dei* : Ed Bas. [467] *ejus* : ead. [468] *servantur* : ead. [469] in libro sent. Prosperi c. 189. et Aug. in Psal. 42. [470] *et inv.*: Ed Bas.=C. LX. [471] *recte* : Edd. coll. o. [472] *hominis* : ead. [473] *perducatur* : ead. [474] *dignum* : Ed Arg. = C. LXI. [475] cf. Beda ad 1 Cor. c. 10. v. 16. = C. LXII. [476] cf. c. 36 supra ead. in extr. [477] add.: *enim* : Edd. coll. o. [478] abest ab Ed. Arg. [479] *hoc* : Edd. coll. o. = C. LXIII. [480] cf. Beda ad 1 C. c. 10. v. 16. [481] *et inc.*: Bohm. — *incorporet hunc cib.*: Edd. coll. o. [482] *ecclesiæ* : ead. pr. Arg. Lugdd. II, III.=C. LXIV. [483] Ivo Decr. p. 2, c. 4. 'its' Iv. [484] *ad altare*: Edd. coll. o. [485] *portare* : ead. [486] *sint* : ead. [487] abest ab Iv. [488] *sunt* : Bohm. [489] *quid* : Iv. [490] Matth. c. 6, v. 12. [491] *dimittite deb. vestris* : Edd. coll. o. [492] *et non* : ead. exc. Bas. [493] *loco verb.* : *Nam — mentir.* ; in Edd. Arg. Bas. est.: *non mentiaris Deo*; in rell. : *ne ment. Deo.* [494] *ipsum* : Edd. coll. o. = C. LXV. [495] qui Prospero tribuitur. — Ivo Decr. p. 2, c. 8. [496] *et sic* : Ed. Lugdd. I. [497] *accipit* : Edd. coll. o.

**C. LXVI.** *Sancta nocent malis, et mala prosunt bonis.*

Idem. *tractatu VI, et LXII, in Joannem* [498].

Et sancta malis possunt obesse; bonis sunt ad salutem, malis ad judicium. Unde Apostolus [499]: *Qui manducat et bibit indigne, judicium sibi manducat et bibit,* non quia res illa mala est, sed quia malus male accipit quod bonum est. Non enim mala erat buccella, quae tradita [500] est Judae a Domino. Salutem [501] medicus dedit; sed quia ille [502], qui indignus erat, accepit, ad perniciem sui accepit. Et mala prosunt bonis, sicut angelus satanae profuit Paulo. Per malum enim fit bonum, quum bene accipitur malum.

**C. LXVII.** *Non prohibentur mali de mensa Domini manducare.*

Idem [503].

Non prohibeat dispensator manducare pingues terrae in [504] mensa Domini, sed exactorem moneat timere.

**C. LXVIII.** *Et qui indigne accipit corpus Christi accipit.*

Idem *in lib. V. de baptismo, c. 8,* [505].

Sicut Judas, cui [506] buccellam tradidit [507] Dominus, non malum accipiendo, sed male [508] accipiendo locum 'in se' diabolo praebuit, sic indigne [509] quisque [510] sumens dominicum [511] sacramentum, non [512] efficit, ut, quia 'ipse' malus est, malum sit, aut, quia non ad salutem accipit, nihil acceperit [513]. Corpus enim [514] 'Domini', et sanguis Domini nihilominus 'etiam' erat illis [515], quibus dicebat Apostolus [516]: *Qui manducat indigne, judicium sibi manducat et bibit.*

**C. LXIX.** *Quibus exemplis praeter naturam substantia panis et vini in corpus et sanguinem Christi converti probetur.*

Item Ambrosius *in libro de his, qui mysteriis initiantur, c. 8, et 9* [517].

XXI. Pars. Revera mirabile est, quod manna Deus pluit patribus et quotidiano coeli pascebantur alimento. Unde dictum est [518]: *Panem angelorum manducavit homo.* Sed tamen panem illum qui man-

A ducaverunt, omnes in deserto mortui sunt. Ista autem [519] esca, quam accipis [520], iste panis vivus, qui de coelo descendit, vitae aeternae substantiam subministrat [521], et quicunque panem hunc manducaverit, non morietur in aeternum, quia [522] corpus est Christi. Considera nunc, utrum praestantior sit panis angelorum, an caro Christi, quae utique corpus est vitae. Manna illud de coelo, hoc super [523] coelum; illud coeli, hoc Domini coelorum; illud corruptioni obnoxium, si in diem alterum servaretur, hoc alienum ab omni corruptione, 'quod' quicunque religiose gustaverit, corruptionem sentire non poterit. Illis aqua de petra fluxit, tibi sanguis e Christo; illos ad horam satiavit aqua, te sanguis diluit in

B aeternum. Judaeus bibit et sitit; tu, quum biberis, sitire non poteris; 'et' illud in umbra, hoc in veritate. Si illud, quod miraris, umbra est, quantum istud est [524], cujus 'et' umbram miraris? Audi, quia umbra est, quae apud patres [525] facta est: *Bibebant* [526], inquit, *de* [527] *consequente eos petra; petra autem erat Christus.* Sed non in pluribus eorum complacitum est Deo. Nam prostrati sunt in deserto. Haec autem in figuram [528] *facta sunt nostri.* Cognovisti [529] praestantiora [530]: potior etenim lux [531] quam umbra, veritas quam figura, corpus auctoris [532] quam manna de coelo. § 1. Forte dicas [533]: aliud video; quomodo tu mihi asseris, quod Christi corpus accipiam? Et hoc nobis adhuc superest ut pro-

C bemus. Quantis igitur utimur exemplis [534], ut probemus, non hoc esse, quod natura formavit, sed quod benedictio consecravit, majoremque vim esse benedictionis, quam naturae, quia benedictione etiam natura ipsa mutatur? Virgam [535] tenebat Moyses, projecit eam et facta est serpens. Rursus apprehendit caudam serpentis et in virgae naturam revertitur. Vides igitur [536], prophetica gratia bis mutatam esse naturam et serpentis et virgae. Currebant [537] Aegypti flumina puro aquarum meatu, subito de fontium venis sanguis coepit erumpere; non erat potus in fluviis; rursus ad Prophetae preces cruor cessavit fluminum, aquarum natura re-

---

**NOTATIONES CORRECTORUM.**

**C. LXVI.** Quae multo fusius apud B. Augustinum explicantur tract. 6, et 62, in Joan. hic in summam quandam sunt collecta.

---

Dist. II. C. LXVI. [498] cf. Beda ad 1 Cor. c. 11. [499] 1 Cor. c. 11, v. 27. [500] data: Edd. coll. o.—cf. Joan. c.13. [501] cf. Aug. in Joan. tr. 62. [502] sed quia ille digne dedit, ille, qui indignus erat, ad pern. etc.: Ed. Bas. = C. LXVII. [503] ex glossa ordin. Psal. 22, v. 50. [504] abest ab Ed. Bas. = C. LXVIII. [505] Ans. l. 9, c. 11. Ivo Decr. p, 2, c. 9. [506] quum: Ed. Bas. [507] tradendo: Edd. Ven. I, II., omissis seqq. usque ad verb.: sed. [508] add.: bonum: Edd. coll. o. [509] intellige: Edd. Ven. I, II. [510] quis: Ed. Arg. [511] corpus Christi: Edd. coll. o. [512] add.: id: Ed. Bas. [513] accipiat: Edd. Lugdd. II, III. — accipit: Edd. rell. [514] abest ab Ed. Arg. [515] in illis: Edd. coll. o. [516] 1 Cor. c. 11. v. 27. = C. LXIX. [517] Antea citabatur ex Ambrosio de sacramentis. — Ivo Decr. p, 2, c. 7. [518] Psal. 77, v. 25. [519] add.: est: Ed. Bas. [520] accipitis: Edd. coll. o. [521] ministrat: exed. [522] et: Iv. [523] supra: id. [524] abest ab Edd. coll. o. pr. Bas. [525] fratres: Ed. Bas. — veteres: Iv. [526] 1 Cor. c. 10, v. 4. [527] de spirituali: Vulg. — Edd. coll. o. [528] figura: ead. — eaed. — Iv. [529] Cognovistis: Bohm. [530] potiora: Edd. coll. o. [531] est lux: Iv. — Edd. Bas. Par. Lugdd. [532] creatoris: Edd. coll. o. [533] dicis: Edd. Bas. Lugdd. I. [534] exemplis? probemus: orig. [535] Exod. c. 7. [536] abest ab Iv. — quoque: Edd. Arg. Bas. [537] Exod. c. 7.

meavit. Circumclusus [338] erat undique populus Hebræorum, hinc Ægyptiis vallatus, inde mari clausus [339]. Virgam levavit Moyses; separavit se aqua [340], et in murorum speciem [341] congelavit [342], atque inter undas via pedestris apparuit. Jordanis [343] retrorsum conversus contra naturam in sui fontis revertitur exordium. Nonne claret, naturam vel maritimorum fluctuum, vel fluvialis cursus esse mutatam? Sitiebat populus patrum [344], tetigit Moyses petram, et aqua de petra fluxit. Numquid non præter naturam operata est gratia, ut aquam vomeret petra, quam non habebat natura? Marath [345] fluvius amarissimus erat, ut sitiens populus bibere non posset; misit Moyses lignum in aquam, et amaritudinem suam aquarum natura deposuit, quam infusa subito gratia temperavit. Sub Helisæo [346] propheta uni ex [347] filiis prophetarum excussum est ferrum de securi et statim mersum est; rogavit Helisæum qui amiserat ferrum; misit etiam Helisæeus lignum in aquam et enatavit [348] ferrum. Utique et hoc præter naturam factum esse cognoscimus [349]. Gravior est enim ferri species, quam aquarum liquor. § 2. Advertimus igitur, majoris [350] potentiæ esse Dei [351] gratiam quam naturam, et adhuc tamen propheticæ [352] benedictionis numeramus gratiam. Quod si tantum valuit humana benedictio, ut naturam converteret, quid dicimus de ipsa consecratione [353] divina, ubi verba ipsa [354] Domini salvatoris operantur? Nam sacramentum istud, quod accipis, Christi sermone conficitur. Quod si tantum valuit sermo Heliæ [355], ut ignem de cœlo deponeret [356], non valebit Christi sermo, ut species mutet elementorum? De totius mundi operibus legisti [357]: *quia ipse dixit et facta sunt: mandavit ipse et creata sunt.* Sermo igitur Christi, qui potuit ex nihilo facere quod non erat, non potest [358] ea, quæ sunt, in id mutare, quod non erant [359]? Non enim minus est novas rebus dare k, quam mutare naturas. § 3. Sed quid argumentis utimur? suis utamur exemplis, incarnationisque [360] 'exemplo' [361] adstruamus mysterii veritatem. Numquid naturæ usus præces-

sit [362], quum Dominus Jesus ex Maria nasceretur? Si ordinem quærimus, viro mixta femina generare consueverat. Liquet igitur, quod præter naturæ ordinem virgo generavit. Et hoc, quod conficimus, corpus ex Virgine est. Quid hic quæris naturæ ordinem in Christi corpore, quum præter naturam sit ipse Dominus Jesus partus ex Virgine? Vera [363], utique caro Christi [364], quæ crucifixa est, quæ sepulta est. Vere ergo carnis illius sacramentum est. Ipse clamat Dominus [365] Jesus: *Hoc est corpus meum.* Ante benedictionem verborum cœlestium alia species nominatur; post consecrationem corpus Christi significatur [366]. Ipse dicit sanguinem suum. Ante consecrationem aliud dicitur; post consecrationem sanguis [367] nuncupatur, 'et' tu dicis: Amen, hoc est: verum est. Quod [368] os loquitur mens [369] interna [370] fateatur [371], quod sermo sonat affectus sentiat.

C. LXX. *Quomodo per partes Christus manducatur, et integer permanet.*

*Item Augustinus in quodam sermone de verbis Evangelii* [372].

Invitat Dominus servos et [373] præparavit eis cibum se ipsum. Quis audeat manducare Dominum suum? et tamen ait [374]: *Qui manducat me, vivit propter me.* Quando 'Christus' manducatur, vita manducatur, nec occiditur, ut manducetur, sed mortuos vivificat. Quando manducatur, reficit [375], sed non deficit. 'Non ergo timeamus, fratres, manducare istum panem, ne forte finiamus illum et postea quid manducemus non inveniamus'. Manducatur Christus: vivit manducatus, quia surrexit [376] occisus, nec, quando manducamus, partes [377] de illo facimus. Et quidem in sacramento sic fit, 'et' norunt fideles, quemadmodum manducent carnem [378] Christi; unusquisque accipit partem suam, 'unde [379] et ipsa gratia partes vocantur'; per partes manducatur, et manet integer totus; per partes manducatur in sacramento, et [380] manet integer totus in cœlo, manet integer totus in corde tuo.

NOTATIONES CORRECTORUM.

C. LXIX. k *Novas rebus dare:* Antea legebatur: *Non enim minus dare, quam mutare novas naturas rebus.* Emendatum est ex originali. Apud Guitmundum*, Lanfrancum, Algerum, Ivonem legitur: *novas res dare, quam mutare naturas.*

---

DIST. II. C. LXIX. [338] Exod. c. 14. [339] *conclusus :* Iv. — Ed. Bas. [340] *et aqu.:* Bohm. [341] *specie:* Iv. — Edd. Arg. Nor. Ven. I, II. [342] *se cong.* : Ed. Bas. [343] Jos. c. 4. [344] Num. c. 20. [345] Exod. c. 15. [346] 4 Reg. c. 6. [347] *de:* Edd. coll. o. [348] *natavit : exd.* — Iv. [349] *agnoscimus :* Iv. — *cognovimus :* Edd. coll, o. *majorem esse gratiam :* Iv. [351] abest ab Iv. et Edd. Arg. Bas. Nor. [352] *ante proph.* : Edd. coll. o. pr. Bas. Lugdd. [353] *consideratione :* Iv. [354] abest ab Edd. Arg. Bas. [355] 4 Reg. c. 1. [356] *deprometer :* Iv. [357] Psal. 148, v. 5. [358] *potuit :* Ed. Bas. [359] *erat :* Edd. Bas. Lugdd. * ita Edd. coll. o. et iv. *' Guitmund. contra Bereng. l. 3.* — Lanfranc. adv. Bereng. — Alger. l. 1, c. 9. [360] *incarnationis :* Edd. Nor. Ven. I, II, Par. Lugd. I, [361] *novitate :* Iv. [362] *præcessit vel præsens fuit :* Ed. Arg. — *præsensit :* Edd. rell. [363] *Nam vera :* Ed. Bas. — *vere :* Edd. rell. pr. Nor. [364] add. : *est :* Ed. Bas. [365] add. : *noster :* ead. — cf. Luc. c. 22, v. 19. [366] *vere dicitur :* Edd. Lugdd. II, III. — *signatur :* Edd. rell. pr. Bas. — cf. supra c. 40. [367] add. : *Christi:* Edd. Bas. Lugdd. II, III. [368] *Quod — fat.:* absunt ab Edd. Nor. Ven. I, II, Par. Lugd. I. [369] *mens — fat.:* omissa sunt in Edd. Par. Lugd. I. [370] *intenta :* Edd. Arg. Bas. Lugdd. II, III. [371] *fateat :* Edd. Arg. = C. LXX. [372] cf. supra c. 58, et infr. c. 75. Ivo Decr. p. 2, c. 8. Petr. Lomb. l. 4, dist. 12. [373] *ut præpuret :* Edd. coll. o. — *et et eis :* absunt ab Iv. [374] Joan. c. 6, v. 58. [375] verba *reficit — vivit manducatus:* absunt ab Iv. [376] *resurrexit :* Iv. — Edd. Par. Lugdd. [377] abest ab Iv. [378] *corpus :* Ed. Bas. [379] *unde — voc.* : absunt ab Iv. [380] abest ab Iv. et Edd. coll. o. pr. Arg. Bas.

**C. LXXI.** *Quotidianum sacrificium non reiteratio est passionis Christi, sed commemoratio.*

Item Paschasius *in lib. de corpore et sanguine Christi, c. 9* [581].

**XXII. Pars.** Iteratur quotidie haec oblatio, licet Christus, semel passus in carne, per unam eamdemque mortis passionem salvaverit [582] mundum, ex qua morte idem [583] resurgens ad vitam, mors ei [584] ultra non dominabitur, quia [585] profecto sapientia Dei patris pro multis causis necessarium hoc providit. Primo quidem, quia quotidie peccamus, saltem in peccatis, sine quibus mortalis infirmitas vivere non potest, quia, licet omnia peccata donata sint in baptismo, infirmitas tamen peccati adhuc in carne manet [586]. Unde Psalmista [1] : *Benedic* [587] *anima mea Domino, qui propitiatur omnibus iniquitatibus tuis, qui sanat omnes infirmitates tuas.* Et ideo, quia quotidie labimur, quotidie Christus pro nobis mystice immolatur, et passio Christi in mysterio [588] traditur, ut qui semel moriendo mortem vicerat, quotidie recidiva delictorum per haec sacramenta corporis et sanguinis peccata relaxet. Unde oramus [589] : *Dimitte nobis debita nostra* [590], quia, si [591] dixerimus, quod peccatum non habemus, ipsi nos seducimus et veritas in nobis non est. *Item infra eodem cap.* : § 1. Iteratur hoc mysterium ob [592] commemorationem passionis Christi, sicut ipse ait [593] : *Hoc quotiescunque feceritis, in meam commemorationem facite. Quotiescunque ergo hunc panem sumitis, et bibitis hunc calicem* [594], *mortem Domini annunciabitis, donec veniat.* Non utique [595] sic est accipiendum, donec mors Christi veniat, quia jam ultra non moritur, sed donec ipse Dominus ad judicium veniat [596]. Interdum [597] autem semper mors Christi pro [598] saeculi vita posteris nuncianda [599] est, ut discant, qua charitate [600] dilexit suos, qui pro eis mori dignatus est, cui omnes vicem debemus [rependere charitatis, quia ad hoc nos prior dilexit, quum et essemus gehennae filii, ut diligeremus eum a morte jam liberati

**C. LXXII.** *Non solum sub figura, sed et in veritate dominici corporis et sanguinis sacramentum celebratur.*

Item Augustinus [601].

Utrum sub figura [m], an in [602] veritate hoc mysticum calicis sacramentum fiat. Veritas ait [603] : *Caro mea vere est cibus, et sanguis meus est vere potus.* Alioqui quomodo magnum [604] erit : *Panis, quem ego dabo, caro mea est pro mundi vita, nisi vera sit caro?* Sed quia Christum vorari dentibus fas non est, voluit Dominus [605] hunc panem et vinum in mysterio vere carnem suam et sanguinem suum [606] consecratione Spiritus sancti potentialiter creari, et quotidie pro mundi vita mystice immolari, ut [607], sicut de Virgine per Spiritum sanctum vera caro sine coitu creatur, ita per eumdem ex substantia panis et vini mystice idem corpus Christi consecretur. Corpus Christi et veritas et figura est : veritas, dum corpus Christi et sanguis virtute Spiritus sancti in virtute [608] ipsius ex panis et vini substantia efficitur ; figura vero est [609] id, quod exterius sentitur. §. 1. Iteratur [610] autem quotidie haec oblatio, licet Christus semel passus sit, quia quotidie peccamus, 'saltem' peccatis, sine quibus mortalis infirmitas vivere non potest. Et ideo, quia quotidie labimur, Christus 'quoque mystice pro nobis immolatur. §. 2. Intra [611] catholicam ecclesiam in mysterio [612] corporis Christi nihil a bono majus, nihil a malo minus perficitur sacerdote, quia non in merito consecrantis, sed in verbo efficitur Creatoris, et in virtute Spiritus sancti. Si enim in merito esset sacerdotis, nequaquam ad Christum pertineret. Nunc autem, sicut ipse [613] est, qui baptizat, ita ipse est, qui per Spiritum sanctum hanc suam efficit carnem, et transit [n] vinum [614] in sanguinem. Unde et [615] sacerdos : *Jube,* inquit, *haec* [616] *perferri* [617] *per*

### NOTATIONES CORRECTORUM.

C. LXXI. [1] *Unde Psalmista* : Haec Prophetae verba, et nonnulla alia, quae neque apud Paschasium, neque apud B. Thomam, qui in opusculo de sacramento altaris illum citat, leguntur, habentur tamen in eod. lib. edito Rabani nomine.

C. LXXII. [m] *Utrum sub figura* : Apud Paschasium, ex cujus locis videtur confectum hoc caput, haec habentur pro titulo quarti capitis. *Utrum sub figura, an in veritate hoc mysterium vera caro et verus sanguis Christi fiat.* Caput autem sic incipit :

*Quod in veritate corpus et sanguis fiat consecratione mysterii, nemo, qui verbis divinis credit, dubitat.* Unde veritas ait, etc. Algerus autem, qui c. 16, haec eadem fere habet, citat et ipse Augustinum ex libro de sacramento altaris et hoc facit initium : *Veritas ait, etc.*

[n] *Transit* : Paschasius et Polycarpus ex Paschasio ad Placidum habent : *transfundit sanguinem* ; sed ob glossam non est mutatum.

Dist. II. C. LXXI. [581] et Rabanus de sacram. eucharistiae c. 2. — cf. c. seq. § 1. [582] *salvavit* : Edd. Arg. Bas. [583] abest ab Ed. Arg. [584] *illi* : Edd. coll. o. [585] *qui* : Ed. Bas. [586] *remanet* : Ed. coll. o. [587] Psal. 102, v. 1. [588] *ministerio* : Bohm. [589] Matth. c. 6, v. 12. [590] add. : *etc.* : Edd. coll. o. [591] 1 Joan. c. 1, v. 6. [592] *et hoc ob* : Edd. coll. o. — *et ob* : orig. [593] 1 Cor. c. 11. v. 25. [594] *sanguinem* : Edd. coll. o. pr. Bas. [595] *itaque* : orig. [596] *veniet* : Edd. coll. o. pr. Lugdd. II, III. [597] *Interim* : vera lectio. — Ed. Bas. [598] *per saec. vitam* : Edd. coll. o. [599] *annunciando* : Ed. Lugd. II. — *annuncianda* : Edd. rell. [600] add : *Deus* : orig. == C. LXXII. [601] Imo Paschasius eodem libro. [602] *sub* : Edd. coll. o. [603] Joan. c. 6, v. 56. [604] *verum* : orig. — cf. Joan. ib. v. 52. [605] abest ab orig. et Ed. Bas. [606] abest ab eod. et Arg. Bas. [607] *et* : Edd. exed. [608] *verbo* : orig. [609] abest ab Ed. Bas. [610] cf. supra c. 71. [611] add. : *sanctam* : Edd. coll. o. — cf. C. 1, qu. 1, c. 77. — Polyc. l. 3, t. 9. [612] *ministerio* : Ed. Bas. [613] *Christus* : ead. [614] abest ab Ed. Arg. [615] abest ab Ed. Bas. [616] *hoc* : Edd. coll. o. [617] *fieri vel perferri* : Ed. Arg.

manus angeli tui sancti in sublime altare tuum in conspectu divinæ majestatis tuæ. Ut quid perferenda ⁶¹⁶ in lucem deposcit, nisi ut intelligatur, quod ista fiant in 'ejus' sacerdotio? Hanc igitur ᵃ oblationem benedictam, per quam 'nos' benedicamur ⁶¹⁹; adscriptam, per quam omnes ⁶²⁰ in cœlo adscribamur ⁶²¹; ratam, per quam in ⁶²² visceribus Christi esse ⁶²³ censeamur; rationabilem, per ⁶²⁴ quam a bestiali sensu exuamur ⁶²⁵; acceptabilem, ut qui nobis ipsis displicuimus ⁶²⁶ per hanc acceptabiles ejus unico filio simus. Nihil rationabilius, ut, quia nos jam similitudinem mortis ejus in baptismo accepimus, similitudinem quoque carnis ⁶²⁷ 'ejus' sumamus, 'et similitudine pretiosi sanguinis potemur' ita, ut et veritas non desit in sacramento, et ridiculum nullum fiat paganis ⁶²⁸, quod cruorem occisi hominis bibamus. Si enim discipuli patienter ferre nequiverunt ⁶²⁹, quod Dominus dixit ⁶³⁰: *Qui non manducat meam carnem, etc.*, sed ⁶³¹ dixerunt ⁶³²: *durus est hic sermo*; quomodo ergo ferrent ista increduli? Credendum est, quod in verbis Christi ⁶³³ sacramenta conficiantur. Cujus enim potentia creantur prius ⁶³⁴, ejus utique verbo ad melius procreantur ⁶³⁵. § 3. Reliqua omnia, quæ sacerdos dicit, aut clerus chori ⁶³⁶ cantat ⁶³⁷, nihil aliud quam laudes et gratiarum actiones sunt, aut certe obsecrationes et fidelium petitiones. Unde et sacerdos dicit prius Evangelistarum ⁶³⁸ verba assumens: *Qui pridie, quam pateretur* ⁶³⁹, *etc.* 'Porro deinceps ᵖ sunt verba Dei, potestate et omni efficientia plena: *Accipite, et manducate, hoc est corpus meum*'. In hoc ergo creatur illud corpus.

C. LXXIII. *In sanguine agni Christi sanguis, qui vere nunc sumitur, olim præfigurabatur.*

*Item Gregorius Papa in homilia Paschali, id est XXII, Evang.* ⁶⁴⁰.

Quid sit sanguis agni, non jam audiendo, sed bibendo didicistis. Qui sanguis super utrumque postem ⁶⁴¹ ponitur, quando non solum ore corporis, sed etiam ore cordis hauritur. *Item Dial. l. 4. c. 58.*: § 1. Hæc salutaris ⁶⁴² victima illam nobis mortem unigeniti per mysterium reparat, qui, licet resurgens a mortuis jam non moritur ⁶⁴³, 'et' mors ei ⁶⁴⁴ ultra non dominabitur, tamen in semetipso immortaliter et incorruptibiliter vivens, 'pro nobis' iterum in hoc mysterio moritur ᑫ. Ejus ⁶⁴⁵ quippe ⁶⁴⁶ ibi corpus sumitur, ejus caro in populi salutem patitur ⁶⁴⁷, ejus sanguis non jam in manus infidelium, sed in ora ⁶⁴⁸ fidelium funditur ⁶⁴⁹. Hinc ergo pensemus, quale sit 'pro nobis' hoc sacrificium ⁶⁵⁰, quod pro absolutione nostra passionem unigeniti filii semper imitatur. Quis enim fidelium habere dubium possit ⁶⁵¹, in ipsa immolationis hora ad sacerdotis vocem cœlos aperiri? in illo Jesu Christi mysterio ⁶⁵² angelorum choros adesse? summa ⁶⁵³ et ima sociari, 'terrena cœlestibus jungi', unumque ex invisibilibus atque visibilibus fieri? *Idem*: § 2. Uno, inquit ʳ eodemque tempore ac momento in cœlo rapitur ministerio angelorum corpori Christi consociandum ⁶⁵⁴, et ante oculos sacerdotis in altari videtur. *Et infra*: § 5. Tanta est ecclesiæ unitas in Christo, ut unus ubique sit panis corporis Christi, et unus sit calix sanguinis ejus. Calix enim, quem sacerdos catholicus sacrificat ⁶⁵⁵, non est alius, nisi ipse, quem Dominus Apostolis tradidit, quia, sicut divinitas verbi Dei una ⁶⁵⁶ est, quæ totum implet mundum, ita, licet multis ⁶⁵⁷ locis et innumerabilibus diebus illud consecretur ⁶⁵⁸ corpus, non sunt tamen multa corpora Christi, neque multi calices, sed unum corpus Christi, et unus sanguis cum illo, quod sumsit in utero Virginis, et quod dedit Apostolis. Divinitas enim verbi replet illud, quod ubique est, et conjungit, et facit, ut, sicut ipsa una ⁶⁵⁹ est, ita 'conjungatur' corpori ⁶⁶⁰

## NOTATIONES CORRECTORUM.

ᵃ *Hanc igitur*: Apud Paschasium et Rabanum (idem enim fere opus est hujus atque illius nomine inscriptum) integra est oratio: *Sed obsecrans per filium patrem, per quem ad eum accessum habemus: Rogamus hanc oblationem,* inquit, *benedictam, per quam nos benedicamur; adscriptam, per quam nos omnes in cœlo conscribamur; ratam, per quam in visceribus Christi censeamur, rationabilem per quam a bestiali sensu exuamur; acceptabilemque facere dignetur, qualenus et nos per hoc, quod in nobis displicuimus, acceptabiles in ejus unico filio simus.*

ᵖ *Porro deinceps*: Sunt hæc addita ex Paschasio c. 15, usque ad vers. *In hoc ergo,* ut sententia ipsa perciperetur.

C. LXXIII. ᑫ *Moritur:* In originali est: *sacræ oblationis immolatur.* Sed ob glossam non est mutatum.

ʳ *Uno, inquit:* Hæc habentur apud Alcuinum in lib. *De divinis officiis,* cap. *de celebratione missæ,* qui Gregorium citat.

Dist. II. C. LXXII. ⁶¹⁸ *deferenda*: Edd. coll. o. ⁶¹⁹ *benedicimur*: exd. ⁶²⁰ *homines*: Edd. Arg. Bas. ⁶²¹ *conscribuntur*: Ed. Arg. — *adscribimur*: Edd. rell. ⁶²² *de*: Edd. Bas. Lugdd. — abest a rell. ⁶²³ abest ab Edd. Arg. Nor. Ven. I, II. ⁶²⁴ *id est per*: Ed. Bas. ⁶²⁵ *eruamur*: Ed. Arg. *eruimur*: Edd. Lugdd. II, III. ⁶²⁶ *displicemus*: Edd. coll. o. ⁶²⁷ *carn. et sanguinis*: Edd. Bas. Lugdd. II, III.— *et sanguinis*: Edd. rell. ⁶²⁸ *a pag.*: Edd. coll. o. ⁶²⁹ *nequiverint*: Edd. Arg. Nor. Ven. I, II. Par. ⁶³⁰ *dixerat*: Ed. Bas. ⁶³¹ *Sed si*: ead. — *Si*: Ed. Nor. ⁶³² Joan. c. 6, v. 61. ⁶³³ *Domini vel Christi*: Ed. Bas. ⁶³⁴ abest ab Ed. Arg. ⁶³⁵ *recreantur*: orig. ⁶³⁶ *chori*: abest ab eod. ⁶³⁷ *canit*: id. — Edd. coll. o. ⁶³⁸ *evangeliorum*: Ed. Arg. ⁶³⁹ 1 Cor. c. 11, v. 23, seqq. = C. LXXIII. ⁶⁴⁰ Petr. Lomb. l. 4, dist. 11. ⁶⁴¹ cf. Exod. c. 12, v. 7. ⁶⁴² *singulariter*: orig. ⁶⁴³ Rom. c. 6, v. 9. ⁶⁴⁴ *illi*: Edd. coll. o. ⁶⁴⁵ Ivo Decr. p. 2, c. 8. ⁶⁴⁶ *quoque ubique*: Edd. coll. o. ⁶⁴⁷ *partitur*: orig. ⁶⁴⁸ *ore*: Ed. Par. Lugd. I. ⁶⁴⁹ *profunditur*: Edd. coll. o. ⁶⁵⁰ *sacramentum*: exd. ⁶⁵¹ *potuit*: Ed. Bas. ⁶⁵² *ministerio*: Edd. coll. o. pr. Par. Lugdd. ⁶⁵³ *summa imis*: orig. ⁶⁵⁴ *sociandus*: Ed. ⁶⁵⁵ *sanctificat*: Edd. Arg. Bas. ⁶⁵⁶ *vita*: Edd. coll. o. ⁶⁵⁷ *in mult.*: exd. pr. Par. Lugdd. ⁶⁵⁸ *consecratur*: Ed. Bas. ⁶⁵⁹ *vox*: Edd. Ven. I, II. ⁶⁶⁰ *et corp.*: exd. — *corp. Chr.*: absunt ab Edd. coll. o. pr. Arg. Ven. I, II.

Christi, et unum corpus ejus sit in veritate. Unde animadvertendum est, quia, sive plus sive minus quis inde percipiat, omnes aequaliter corpus Christi integerrime sumunt, et generaliter omnes, et specialiter unusquisque. *Item:* § 4. Mysterium fidei dicitur, quia credere debes, quod [664] ibi salus nostra consistit [662]. Providens enim nobis Dominus dedit hoc sacramentum salutis, ut, quia nos quotidie peccamus, et ille jam mori non potest, per istud sacramentum 'corporis sui' peccatorum remissionem consequamur. Quotidie enim ipse comeditur et bibitur in veritate, sed integer, et vivus, atque immaculatus manet \*, et ideo magnum et pavendum est mysterium, quia aliud videtur, et aliud intelligitur. Sed quum mysterium sit, unde corpus [et sanguis dicitur? Figuram panis et vini habet faciente Domino, quia non habemus in usu carnem crudam comedere, et bibere sanguinem.

**C. LXXIV.** *Post consecrationem licet figura panis et vini remaneat, tamen nihil est ibi, nisi corpus et sanguis Christi.*

*Item* Ambrosius [663].

*Omnia* [664] *quaecunque voluit, Dominus fecit in coelo et in terra.* Et quia voluit [665], licet figura panis et vini 'hic' sit [666], omnino nihil aliud quam caro Christi et sanguis post consecrationem credenda sunt [667]. Unde ipsa veritas [668] ad discipulos [669]: *Haec,* inquit, *caro mea est, pro mundi vita.* Et, ut mirabilius loquar, non alia plane, quam quae nata est de Maria, et passa in cruce, et resurrexit de sepulcro; haec, inquam, ipsa est. Et ideo Christi caro est, quae pro mundi vita adhuc hodie offertur, et, quum digne percipitur [670], vitam [671] utique aeternam in nobis operatur. Panem quidem † istum, quem sumimus in mysterio, illum utique intelligo panem, qui manu S. Spiritus formatus est in utero Virginis, et igne passionis decoctus in ara crucis. Panis [672] enim angelorum factus est cibus hominum, unde ipse ait [673]: *Ego sum panis vivus* [674], *qui de coelo descendi* [675] et item [676]: *Panis, quem ego dabo, caro mea est, pro mundi vita.* Ex his namque duabus sententiis aperte datur intelligi, quia panis iste et ille non duo, sed unus panis et una caro, proculdubio unum corpus efficitur; illud vere, illud sane, quod sumtum est de Virgine, quod passum est, et sepultum, quod [677] surrexit [678], et in coelum ascendit, et sedet ad dextram Dei patris, et quod est venturum judicare vivos et mortuos.

**C. LXXV.** *Quamvis quotidie manducatur Christus, integer tamen permanet vivus.*

*Item* Augustinus *ex sermone de verbis Domini* u [679].

*Qui* [680] *manducat me, vivit propter me.* Non ergo, fratres, timeamus manducare panem istum, ne forte [681] finiamus [682] illum, et postea quod manducemus non inveniamus. Manducetur Christus: vivit manducatus, quia surrexit occisus; nec, quando manducamus, partes de illo facimus. Et quidem in sacramento sic fit, et norunt fideles, quemadmodum manducent carnem [683] Christi. Unusquisque accipit partem suam, unde et ipsa gratia partes vocantur [684]. Per partes manducatur, et manet integer totus; per partes manducatur in sacramento, et manet integer totus in coelo; manet integer totus in corde tuo. Totus enim erat apud patrem, quando venit in Virginem; implevit illam, nec recessit ab illo: Veniebat in carnem [685], ut eum homines manducarent [686], et manebat integer apud patrem, ut angelos pasceret.

**C. LXXVI.** *Corpus et sanguinem Christi secundum se nulli edere licet.*

*Item* Hieronymus *in Leviticum* [687].

De hac quidem hostia, quae in Christi commemoratione mirabiliter fit, edere licet; de illa vero, quam Christus in ara crucis obtulit, secundum se nulli edere licet.

**C. LXXVII.** *Corpus Christi in singulis portionibus singuli totum accipiunt.*

*Item* [688] *in serm. dominicae V. post Epiphaniam* v [689].

Singuli [690] accipiunt Christum Dominum, et in

### NOTATIONES CORRECTORUM.

\* *Manet:* Quae post hoc verbum sequuntur apud Alcuinum, sic habent: *Mysterium est, quod aliud videtur, et aliud intelligitur. Quod videtur speciem habet corporalem; quod intelligitur fructum habet spiritualem. Sed quum mysterium sit, unde corpus et sanguis Christi dicitur? Consulens omnipotens Deus infirmitati nostrae, qui non habemus usum comedere carnem crudam, et sanguinem bibere, facit, ut in pristina remaneant forma illa duo munera, et est in veritate corpus Christi et sanguis, sicut ipse dicit.*

**C. LXXIV.** † *Panem quidem:* Haec usque ad finem, quae a Magistro etiam referuntur, non leguntur hoc loco apud Paschasium, aut Rabanum. Sed simile quiddam habetur apud Petrum Chrysologum serm. 67.

**C. LXXV.** u Haec eadem fere habentur sup. c. *Qui manducat,* et c. *Invitat.*

**C. LXXVII.** v Habetur in missali Ambrosiano in praefatione dominicae quintae post Epiphaniam, et in antiquis etiam praefationibus in praefatione ejusdem dominicae. Ex Ambrosio citant Algerus \* et Ivo, quamvis Magister ex Hieronymo. Guitmundus ait esse ex praefatione. quae per totum orbem latinum decantatur.

---

Dist. II. C. LXIII. [661] *et*: Ed. Arg. [662] *consistat*: Ed. Bas. == C. LXXIV. [663] Similia sunt in l. 4, de sacramentis, qui liber Ambrosio tribui solet; — cf. Paschas. in libr. de corp. et sang. Chr. c. 1. [664] Psal. 134, v. 6. [665] *vol., sic factum est*: Ed. Arg. Bas. — *vol. sic, fact. est ita*: Edd. rell. [666] *videatur, nihil tamen*: Edd. coll. o. [667] *credendum est*: exd. pr. Bas. [668] add.: *ait*: Edd. coll. o. [669] Joan. c. 6, v. 52. [670] *accipitur*: Edd. coll. o. [671] *vita aeterna — reparatur*: Ed. Bas. [672] Psal. 77, v. 25. [673] Joan. c. 6, v. 51, 52. [674] *vitae*: Edd. Bas. [675] *descendit*: Edd. Bas. Nor. Ven. I, II. [676] *iterum*: Ed. Bas. [677] *quodque*: ead. [678] *resurrexit*: Edd. coll. o. pr. Par Lugdd. == C. LXXV. [679] *cf.* supra c. 58, et 70. [680] Joan. c. 6, v. 58. [681] abest ab Edd. coll. o. pr. Arg. Bas. [682] *sumamus*: Edd. Arg. Bas. [683] *carnem vel corpus*: Edd. Bas. Lugdd. II, III. [684] add.: *in sacramento*: ead. [685] *carne*: Edd. coll. o. [686] *comederent vel manducareni*: Ed. Arg. == C. LXXVI. [687] Non est ap. Hieronymum. Simile exstat ap. Orig. hom. 7, in. c. 10, Levit.== C. LXXVII. [688] Ivo Decr. p. 2, c. 7. \* Alger. l. 1, c. 15. [689] *Theophaniam*: Iv. [690] add.: *autem*: Ed. Bas. — *autem totum*: Edd. rell.

singulis portionibus totus est, nec per singulos [691] minuitur, sed integrum se praebet in singulis.

### C. LXXVIII. *De eodem.*
*Item* Hilarius [692].

Ubi pars est corporis, est et totum. Eadem ratio est in corpore Domini, quae in manna, quod in ejus figura praecessit, de quo dicitur [693] : *Qui plus collegerat non habuit amplius, neque qui minus paraverat invenit* [694] *minus.* Non [695] est [696] 'omnino' quantitas visibilis in hoc aestimanda mysterio, sed virtus sacramenti spiritualis.

### C. LXXIX. *Corpus Christi, quod sumitur, et figura est in specie, et veritas in substantia. Idem* W [697].

Corpus Christi, quod sumitur de altari, figura est, dum panis et vinum extra videtur; veritas autem, dum corpus et sanguis Christi in veritate interius creditur.

### C. LXXX. *Carnem vivificatricem, et ipsius verbi propriam factam in altari accipimus.*
*Item* ex Symbolo Ephesino x [698].

Necessario igitur et hoc adjicimus. 'Annunciantes enim secundum carnem mortem unigeniti filii Dei, id est Jesu Christi, et resurrectionem ejus, et in coelos ascensionem pariter confitentes', incruentam celebramus in ecclesiis [699] sacrificii servitutem. 'Sic etiam ad mysticas benedictiones accedimus', et sanctificamur participes 'sancti' corporis et pretiosi sanguinis Christi 'omnium nostrum redemtoris effecti', non ut communem carnem percipientes '(quod absit)', nec 'ut' viri sanctificati, et verbo conjuncti secundum dignitatis unitatem, 'aut sicut divinam possidentis habitationem', sed vere vivificatricem [700], et ipsius verbi propriam factam.

### C. LXXXI. *Quomodo manna et aqua de petra fuit idem cum nostro cibo et potu.*
*Item* Augustinus *tractatu XXVI*, ad c. 6. Joannis y [701].

Inquit Apostolus [702] : *Omnes eandem escam spiritalem manducaverunt.* Spiritalem utique eandem · nam [703] corporalem aliam, quia illi manna [704], nos aliud. 'Et adjungit' [705] : *et omnes eundem potum spiritualem biberunt.* Aliud illi, aliud nos : sed specie visibili. Quod tamen idem est [706] virtute spiritali.

### C. LXXXII. *Quod veritatem dominici corporis et sanguinis sumimus.*
*Item* Hilarius *de Trinitate*, *lib. VIII* [707].

XXIII Pars. In Christo pater, et Christus in nobis unum in his esse nos faciunt. Si vere igitur [708] carnem corporis nostri Christus assumsit, et vere homo ille, qui ex Maria natus fuit [709], Christus est, nosque vere sub mysterio carnem corporis ejus [710] sumimus, et per hoc unum erimus, quia pater in eo est, et ille in nobis, quomodo [711] voluntatis unitas asseritur, quum naturalis per sacramentum proprietas perfectae [712] sacramentum sit unitatis! Non est humano aut [713] saeculi sensu in [714] Dei rebus loquendum, neque per violentiam [715] atque impudentem praedicationem [716] dictorum coelestium sanitati alienae atque impiae intelligentiae perversitas est extorquenda. ' Quae scripta z sunt legamus, et quae legerimus intelligamus, et tunc perfectae fidei officio fungemur'. De naturali enim in nobis Christi veritate quae dicimus [717] nisi ab eo discimus [718], stulte atque impie dicimus [719]. Ipse enim ait [720] : *Caro mea vere esca est, et sanguis meus vere est potus. Qui edit carnem meam, et bibit sanguinem meum, in me manet, et ego in eo.* De veritate carnis et sanguinis non est relictus ambigendi locus. Nunc enim et ipsius Domini professione et fide nostra vere caro est, et vere sanguis est, et haec accepta atque hausta *id* efficiunt, ut et nos in Christo, et Christus in nobis sit. Anne [721] hoc veritas non est? Contingat plane his verum non esse, qui Christum Jesum verum esse Deum negant. Est ergo in nobis ipse per carnem, et

---

### NOTATIONES CORRECTORUM.

C. LXXIX. vv Ivo etiam citat ex Hilario, et infra ead. c. *In Christo*, in extremo, refertur una cum verbis Hilarii, apud quem tamen non est inventum. Algerus citat Augustinum De sacramento altaris. Idem fere habetur apud Paschasium c. 4., et ceteros, qui hoc idem argumentum tractant.

C. LXXX. x Caput hoc, in nimias prope angustias conclusum, suae integritati restitutum est, potissimum ex originali.

C. LXXXI. y Plenius haec res a B. Augustino exponitur. Sed Ivo habet fere ut Gratianus.

C. LXXXII. z *Quae scripta* : Addita haec sunt usque ad vers. *De naturali*, ex ipso originali, itemque alia nonnulla, quae facere videbantur ad sententiae integritatem.

---

Dist. II. C. LXXVII. [691] *singulas* : Ivo.= C. LXXVIII. [692] *Hilarius Papa*: Edd. coll. o. — Est in hom. 5, post Pascha, quae Eusebio vel Eucherio vel Hilario tribuitur. [693] Exod. c. 16, v. 18. [694] *habuit* : Edd. coll. o. [695] add. : *enim* : eaed. pr. Bas. [696] abest ab iisd. pr. Bas. Par. Lugdd. = C. LXXIX. [697] Ivo Decr. p. 2, c. 7. — cf. infr. c. 82. = C. LXXX. [698] Imo ex ep. Cyrilli et synod. Alex. ad Nestorium, quae primum a Dionysio Ex. in latinum sermonem est translata. — Ivo Decr. p. 2, c. 4. [699] *ecclesiasticis sacrificiis* : Edd. Bas. [700] *vivificantem* : Edd. coll. o. pr. Bas. = C. LXXXI. [701] Ivo Decr. p. 2, c. 4. [702] 1 Cor. c. 10, v. 3. [703] abest ab Ed. Arg. [704] add. : *manducaverunt* : Edd. coll. o. [705] 1 Cor. ib. v. 4. [706] *in* : Bohm. = C. LXXXII. [707] Ivo Decr. p. 2, c. 4. [708] abest ab Edd. coll. o. pr. Lugdd. II, III. [709] *est* : Edd. Lugdd. II, III. — verba : *qui — fuit* : absunt a rell. [710] abest ab Iv.— *sui* : Edd. coll. o. [711] add. : *enim* Edd. Bas. Lugd. II. [712] *perfectum* : Edd. coll. o. [713] *autem* : Edd. Bas. Lugd. I. —abest a rell. exc. Lugdd. II, III. [714] *de his* : Edd. coll. o. [715] *violentiam* : eaed. pr. Lugdd. II, III. — Iv. [716] *praedicatorem* : Ed. Arg. [717] *dicim., nisi quae dixerimus, et ab eo didicimus* : Ed. Bas. [718] *didicimus* : Iv.— Edd. coll. o. pr. Lugdd. II, III, in quibus est : *didicerimus*. [719] *dicemus* : Iv.—Edd. coll. o. pr. Lugdd. II, III. [720] Joan. c. 6, v. 56. [721] Verba : *anne — negant*, et seqq. : *sumus — est* : absunt ab Edd. coll. o. pr. Lugdd. II, III.

sumus in eo, dum secundum [722] hoc, quod nos sumus, in Deo est †. § 1. Quod autem in eo per sacramentum communicatæ carnis et sanguinis simus, ipse testatur, dicens [723] : *Et* [724] *hic mundus jam me non videt ; vos autem me videbitis, quoniam ego vivo, et vos vivetis, quoniam ego in Patre meo* [725], *et vos in me, et ego in vobis.* Si voluntatis tantum unitatem intelligi vellet, cur gradum quemdam atque ordinem consummandæ unitatis exposuit, nisi , ut, quum [726] ille in patre per naturam divinitatis esset, nos contra in eo per corporalem ejus nativitatem , et ille rursus in nobis per sacramentorum inesse mysterium crederetur [727], ac sic perfecta per mediatorem unitas doceretur, quum nobis in se manentibus ipse maneret in Patre, et in patre manens, ipse [728] maneret in nobis, et ita ad unitatem patris [729] proficeremus [730], cum eo, qui naturaliter secundum nativitatem [731] inest, nos quoque in eo naturaliter inessemus, ipso in nobis naturaliter permanente? § 2. Quod autem in nobis naturalis [732] hæc unitas sit, ipse ita testatus est [733] : *Qui edit carnem meam , et bibit meum sanguinem, in me manet, et ego in eo.* Non enim quis [734] in eo erit, nisi in quo ipse fuerit, ejus tantum [735] in se assumtam habens carnem, qui suam sumserit [736]. "Perfectæ autem hujus unitatis sacramentum superius jam docuerat, dicens" : *Sicut* [737] *misit me vivens pater, et ego vivo per* [738] *patrem , et qui manducaverit meam carnem, et ipse vivet per* [739] *me.* 'Vivit ergo per patrem, et quomodo per patrem vivit , eodem modo 'nos per carnem ejus vivemus [740]. Omnis enim comparatio ad intelligentiæ formam præsumitur, ut id, de quo agitur, secundum propositum exemplum assequamur". § 3. Hæc ergo vitæ nostræ causa est, quod in nobis carnalibus [741] manentem [742] per carnem Christum habemus, victuris [743] 'nobis' per eum ea conditione, qua vivit ille per patrem. Si [744] ergo nos naturaliter secundum carnem per eum vivimus, id est, naturam suæ carnis adepti quomodo non naturaliter secundum spiritum in se patrem habeat, quum vivat ipse per patrem? *Item*

A *infra* [745] : § 4. Hæc autem idcirco commemorata a nobis sunt, quia, voluntatis tantum inter patrem et filium unitatem hæretici mentientes unitatis nostræ ad Deum [746] utebantur exemplo, tanquam nobis ad filium, et per filium ad patrem obsequio tantum ac voluntate religionis unitis , nulla per sacramentum carnis et [747] sanguinis naturalis [748] communionis proprietas indulgeretur, quum et per honorem nobis datum [749] Dei filii , et permanentem in nobis carnaliter filium [750], et [751] in eo nobis corporaliter et inseparabiliter unitis mysterium veræ ac naturalis unitatis sit prædicandum. *Idem* a [752] : § 1. Corpus Christi, quod sumitur de altari, figura est, dum panis et vinum extra videtur ; veritas autem, dum corpus et sanguis Christi in veritate interius creditur.

B C. LXXXIII. Quare in sacrificio aqua vino misceatur. *Item Ambrosius in libro V de sacramentis c.* 1 b [753].

XXIV Pars. In calicem [754] mittitur vinum , et 'quid' aliud ? aqua. Sed 'tu mihi' dicis [755] : quomodo ergo Melchisedech [756] panem et vinum obtulit ? Quid sibi vult admixtio aquæ? 'Rationem accipe. *Et paucis interjectis :* Jussit Deus Moysi ut tangeret petram, et petra undam maximam fudit, sicut Apostolus ait' [757] ; *Bibebant autem de consequenti eos petra: petra autem erat Christus.* Non immobilis petra, quæ populum sequebatur. Et tu bibe , ut te Christus sequatur. Vide mysterium. Moyses, hoc est Propheta; virga, hoc est verbum Dei. Sacerdos verbo Dei tangit petram, et fluit aqua, et bibit populus Dei. 'Tangit ergo sacerdos calicem', redundat aqua in calice,

C salit in vitam æternam, 'et bibit populus Dei , qui gratiam consecutus est. Didicisti ergo hoc? 'Accipe [758] et aliud [759]. *Et paucis interjectis :* § 2. De [760] latere ejus aqua fluxit [761] et sanguis [762]. 'Quare aqua ? quare sanguis'? Aqua, ut emundaret ; sanguis , ut redimeret. Quare de latere ? quia unde culpa , inde gratia ; culpa per feminam, gratia per 'Dominum Jesum Christum. *Item c.* 3 : § 3. Audi Psalmum. Vide, quemadmodum aptus sit cœlestibus sacramentis [763] *Dominus pascit me, et nihil mihi deerit, etc.*

### NOTATIONES CORRECTORUM.

a *Idem* : Antea legebatur : 'id est'. Emendatum est ex vetustis codicibus. De hoc autem loco notatum est supr. ead. c *Corpus*.

C. LXXXIII. b Caput hoc ex indicatis B. Ambrosii locis confectum, et in summam redactum, ex originali emendatum est et aliquot locis locupletatum.

---

Dist. II. C. LXXXII. [722] *secum* : orig. † § 1 et 2, omissæ sunt ab Iv. [723] Joan. c. 14, v. 19: [724] *et — rid.* : absunt ab Edd. coll. o. pr. Lugdd. II, III. [725] *maneo* : Edd. coll. o. [726] verb.: *quum et esset* : absunt ab iisd. exc. Lugdd. II, III. [727] *credatur* : Ed. Bas. [728] abest ab Edd. coll. o. pr. Lugdd. II, III. [729] abest ab iisd. [730] *proficisceremur* : eæd. [731] add. : *æternam* : Ed. Bas. [732] *naturaliter* : Edd. coll. o. pr. Lugdd. II, III. [733] Joan. c. 6, v. 57. [734] abest ab Edd. coll. o. pr. Lugdd. II, III. [735] *tamen* : Edd. coll. o. [736] *assumserat* : eæd. pr. Lugdd. II, III. [737] Item sicut : Edd. coll, o. — cf. Joan. c. 6, v. 58 [738] *propter* : Vulg. — Edd. coll. o. pr. Bas. [739] *propter* : ead. — eæd. [740] *vivimus* : orig. — Ed. Bas. [741] abest ab Edd. coll. o. pr. Lugdd. II, III. [742] *manere te Deum* : Ed. Arg. — *manentem Deum* : Ed. Bas. — *manere Deum* : Edd. Nor. Ven. I, II, Par. [743] *victuri* : Edd. coll. o. [744] *Si — patrem* : absunt ab Ed. Arg. [745] Sequentia usque ad exitum non sunt ap. Iv. [746] *Dominum* : Edd. coll. o. pr. Bas. Lugdd. II, III. [747] *vel* eæd. [748] *naturalium* : Ed. Bas. [749] *dat filium* : Ed. Arg. — *dat filii* : Edd. rell. pr. Lugdd. II, III. [750] abest ab Edd. coll. o. exc. Lugdd. II, III. [751] *et nos* : Edd. coll. o. * ita eæd. pr. Arg. Bas. [752] cf. supra c. 79. = C. LXXXIII. [753] Non est Ambrosii. [754] *calice* : Edd. coll. o. pr. Lugdd. II, III. [755] *dices*: eæd. pr. Bas. [756] cf. Gen. c. 14, v. 18. [757] 1 Cor. c. 10, v. 10. [758] *Accipite* : Edd. coll. o. pr. Bas. Par. [759] *illud* : Edd. coll. o. — add. : *et vide* : Ed. Bas. [760] *et de* : ead. — cf. Joan, c. 19, v. 34. [761] *effluxit* : Edd. coll. o. [762] *et sang., aqua* : absunt ab Edd. Ven. II. Par. [763] Psal. 22. v. 1. 4.

Virga tua, et baculus tuus [764], *ipsa me consolata sunt*. Virga imperium [765], baculus passio est, *hoc est* æterna divinitas [766] Christi, *sed etiam* passio corporalis. Illa creavit, hæc redemit [767]. Parasti in conspectu meo mensam, etc., et poculum [768] tuum [769] inebrians, quam præclarum est. (Et infra :) § 4. Quotiescunque bibis, remissionem accipis peccatorum, et inebriaris *in* spiritu [770]. Unde et Apostolus *ait* [771] : Nolite inebriari vino, sed implemini [772] Spiritu sancto.* Vino enim qui inebriatur vacillat et titubat. Spiritu qui inebriatur radicatus in Christo est. Et ideo* præclara [773] ebrietas [774], quæ sobrietatem [775] mentis operatur. Item c. 4. § 5. Fiat [776] voluntas tua, sicut in cœlo et in terra. Panem nostrum quotidianum da nobis hodie, etc. Sanguine Christi pacificata sunt omnia [777] vel in cœlo, vel in terra. Sanctificatum est cœlum, dejectus est diabolus, ubi [778] versatur homo, quem ille decepit. Et paulo post : § 6. Dixi vobis, quod ante verba Christi quod offertur panis dicatur [779]. Ubi Christi verba deprompta fuerint, jam non panis dicitur, sed corpus *appellatur*. Quare ergo in oratione dominica, *quæ postea sequitur*, ait [780] : Panem nostrum ? Panem quidem [781] dixit, sed ἐπιούσιον *dixit*, hoc est supersubstantialem.

C. LXXXIV. *Veram Christi carnem, et verum Christi sanguinem manducamus et bibimus.*

Idem in libro VI, de sacramentis, c. 1.

XXV Pars. Sicut verus est Dei filius Dominus noster Jesus Christus, non quemadmodum homines per gratiam, sed quasi filius ex substantia patris : ita vera caro [782], sicut ipse dixit, quam accipimus, et verus ejus sanguis est potus °. Item paulo post : § 1.*Ego* [783] sum, inquit, panis vivus, qui de cœlo descendi. Sed caro non descendit e [784] cœlo, *hoc est, carnem in terris assumsit ex Virgine*. Quomodo ergo descendit *panis* e [785] cœlo, *et* panis vivus ? quia Idem Dominus *noster* Jesus *Christus consors est *et* divinitatis, et corporis. Et tu, quia [786] accipis panem, divinæ ejus substantiæ in illa participaris [787] alimento.

C. LXXXV. *In sacrificio non corporalem, sed spiritalem escam accipimus.*

Item in lib. de his, qui mysteriis initiantur, cap. 9.

In illo sacramento Christus est, quia corpus est Christi. Non ergo corporalis esca, sed spiritalis *est*. Unde et Apostolus de typo ejus ait [788], quia patres nostri escam [789] spiritalem manducaverunt, *et potum spiritalem biberunt*. Corpus enim Dei corpus est spiritale : corpus Christi corpus est divini spiritus.

C. LXXXVI. *Carnem a Christo susceptam, et corpus transfiguratum in altari offerimus.*

Item in sermone de Abel et Cain, id est in lib. de incarnationis dominicæ sacramento, c. 4.

Si credas [790], a Christo carnem esse susceptam, et offeras transfigurandum [791] corpus in altaribus, nec distinguas [792] tamen naturam verbi et corporis [793] *et* tibi dicitur : Si [794] recte offeras, non recte autem dividas, peccasti.

C. LXXXVII. *In cœna Christus fuit conviva et convivium.*

Item Hieronymus ad Hedibiam, quæst. II [795].

Nec Moyses dedit nobis [796] panem verum [797], sed Dominus Jesus [798] ipse conviva [799] et convivium, ipse comedens et qui comeditur.

C. LXXXVIII. *In veritate sui corporis et sanguinis Christus suis discipulis præsentavit, quod Melchisedech sacramentaliter obtulit.*

Item Hieronymus super Matthæum, lib. IV, ad c. 26.

Accipite [800] et comedite. Hoc est corpus meum. Postquam typicum pascha fuerat [801] completum, et agni carnes cum Apostolis comederat, assumit [802] panem, qui confortat [803] cor hominis [804], et ad verum Paschæ transgreditur [805] sacramentum, ut, quomodo in præfiguratione ejus Melchisedech [806] *summi Dei sacerdos* panem et vinum offerens fecerat, ipse quoque in [807] veritate sui corporis et sanguinis repræsentaret.

## NOTATIONES CORRECTORUM.

C. LXXXIV. ° *Est potus* : post hæc verba in originali sequitur c. *Forte*, suora eadem.

---

Dist. II. C. LXXXIII. [764] add.: *etc.* Edd. coll. o. [765] *est imp.\divinitatis* : Edd. Bas. Par. Lugdd. [766] *Deitas*: Edd. coll. o. [767] Psal. ib., v. 5. [768] *calix ineb.. quam præclarus est* : Ed. Arg. sec. Vulg. [769] *meum*: Ed. Bas. [770] add. : *sancto* : Ed. Bas. Lugdd. II, III. [771] Ephes. c. 5, v. 18. [772] *implemini*: Vulg.— Edd. coll. o. pr. Bas. Par. Lugdd. II, III. [773] *Præcl.— op.* absunt ab Ed. Arg. [774] *est ebr.*: Edd. coll. o. pr. Bas. [775] *per sobr.*: Ed. Bas. [776] Matth. c. 6, v. 10. [777] *omn. in cœl. et terra* : Edd. Lugdd. II, III.— *omn. vel in cœl. et in terr.* : Edd. rell. [778] *ibi vers., ubi et hom.* : orig. [779] *dicitur*: Edd. Bas. Par. [780] Matth. c. 6, v. 11. [781] *quippe* : Edd. coll. o. = C. LXXXIV. [782] *ver. est Christi caro* : Edd. coll. o. — cf. Joan. 6, v. 56. [783] Joan. ib. v. 51. [784] *de* : Edd. coll. o. [785] *de* : eæd. [786] *qui eæd.* [787] *participas* eæd. = C. LXXXV. [788] 1 Cor. c. 10, v. 3. [789] *eamdem esc.* : Edd. coll. o. sec. Vulg. = C. LXXXVI. [790] *credis* : Edd. coll. o. [791] *transfiguratum corp. in altari* : eæd. [792] *distinguis* : eæd. [793] *corp. Christi* : eæd. pr. Arg. [794] Gen. c. 4, v. 7, sec. LXX. = C. LXXXVII. [795] Ivo Decr. p. 2, c. 5. [796] *vobis* : Edd. coll. o. [797] *vivum* : Ed. Bas. [798] add. *Christus* : eæd. [799] *est;conv.* : Edd. Arg. Bas. = C. LXXXVIII. [800] Matth. c, 26, v. 26. [801] *fuit* : Edd. coll. o. [802] *assumsit* : eæd. exc. Arg. [803] *confortator est* : eæd. exc. Bas. [804] Psal. 103, v. 15. [805] *transiit* : Edd. Lugdd. II, III. — *transit* : Edd. rell. [806] Gen. c. 14, v. 18. [807] *veritatem sui* : orig.

## DECRETI PARS TERTIA. DE CONSECR. DIST. II.

**C. LXXXIX.** *Christus idem est sacerdos et sacrificium.*
Idem in lib. de membris Domini, al. de his, quæ
Deo in scripturis attribuuntur [808].

Sacerdos Dei patris dictus [809] est filius Dei [810], non secundum divinitatem, sed' secundum humanitatem, in qua se pro nobis 'per passionem et mortem suam' acceptabile sacrificium Deo patri obtulit, ut ipse esset [811] sacerdos, qui et [812] sacrificium.

**C. XC.** *Judæi credentes biberunt sanguinem, quem in cruce fuderunt.*
Item Augustinus lib. L. hom. serm. 27, de utilitate agendæ pœnitentiæ [813].

Tunc eis Petrus [814] annunciavit eum colendum, quem crucifixerunt, ut ejus sanguinem biberent credentes, quem effuderunt [815] sitientes [816].

**C. XCI.** *Corpus, quod ex Virgine sumtum est, a fidelibus accipitur.*
Item Ambrosius epist. LXII, al. l. VIII, epist. 1 ad Irenæum [817].

Corporeum illud manna nunc est d tanti res miraculi, quia venit quod perfectum est; perfectum autem panis de cœlo corpus ex [818] Virgine, de quo satis evangelium te docet'.

**C. XCII.** *Verum Christi corpus, verumque ejus sanguinem quotidie manducamus et bibimus*
Item Augustinus in Psalm. XXXIII [819].

Accesserunt [820] ad Jesum Judæi, ut crucifigerent; nos 'ad eum' accedamus, ut corpus ejus et sanguinem accipiamus. *Item infra* : § 1. Vere magnus Dominus [821], et magna misericordia ejus 'vere', qui nobis dedit manducare corpus suum, in quo tanta perpessus est, et sanguinem [822] bibere. *Item in Psal.* 45 ad Judæos : § 2. Jam [823] et securi bibite sanguinem, quem fudistis. *Item in Psal.* 65 : § 3. Ipsum sanguinem, quem per insaniam fuderunt, per gratiam biberunt. *Item in Psal.* 98 : § 4. De carne Mariæ carnem accepit. 'Et quia in ipsa carne hic am- bulavit', et ipsam carnem 'nobis' manducandam [824] ad salutem dedit. Nemo autem illam carnem manducat, nisi prius adoraverit. *Item in Psal.* 33 [825] :
§ 5. David [826] ferebatur e manibus suis. Manibus suis nemo portatur. Quomodo intelligatur in ipso David, secundum litteram non invenimus : in Christo autem invenimus. Ferebatur enim Christus manibus suis, quando commendans ipsum corpus suum ait [827] : *Hoc est corpus meum.* Ferebatur [828] enim illud corpus in manibus suis. *Idem super Joannem tract.* 21 : § 6. Quousque biberent [829] sanguinem, quem fuderant [830], 'de sua salute' desperaverunt. *Item in Psal.* 54 [831] :
§ 7. Judæi pascebantur tanquam de pœna Domini. 'Nam' et nos de cruce Domini pascimur, quia corpus ipsius manducamus. *Et infra* : Habent ergo impii epulas suas, habent et pii suas. 'Audi epulas piorum' : *Beati* [832], *qui esuriunt et sitiunt justitiam.*

**C. XCIII.** *Pro infirmitatibus 'eucharistiam 'presbyter semper habeat paratam.*
Item ex Concilio Wormaciensi [833].

**XXVI Pars.** Presbyter eucharistiam semper habeat paratam, ut, quando [834] quis infirmatus fuerit f [835], statim eum communicet, ne sine communione moriatur.

**C. XCIV.** *Pœnitentia ejus, qui non bene sacrificium custodit.*
Item ex Concilio Arelatensi [836].

**XXVII Pars.** Qui bene non custodierit sacrificium, et mus vel aliquod aliud animal illud comederit, XL diebus [837] pœniteat. Qui autem perdiderit illud in ecclesia, aut pars ejus ceciderit, et non inventa fuerit, XXX [838] dies [839] pœniteat

**C. XCV.** *Histrionibus sacra non committantur mysteria*
Cyprianus *Eucratio fratri salutem, libr. I,* ep. 10 [840].

**XXVIII Pars.** Pro dilectione [841] tua 'et verecundia mutua' consulendum me existimasti, frater

---

**NOTATIONES CORRECTORUM.**

**C. XCI.** d *Nunc est* : Apud B. Ambrosium sic legitur : *Et corporeum quidem illud manna hodie plerisque in locis invenitur : sed nunc non est tanti res miraculi, [quia venit, etc.* Verum ob glossam non est emendatum.

**C. XCII.** e *Ferebatur* : In græca vulgata est : παρέφερετο, id est : *collabebatur.*

**C. XCIII.** f *Infirmatus fuerit* : Apud Burchardum et Ivonem (qui item citant conc. Wormatiense c. 5), et in Capitularibus l. 1, c. 161, ubi habetur, post ista verba interponuntur hæc' : *aut parvulus infirmus fuerit.*

---

DIST. II. C. LXXXIX. [808] Non est Hieronymi. [809] *dicitur* : Edd. coll. o. [810] abest ab Ed. Arg. [811] *sit* : Edd. coll. o. [812] *est*. exd. = C. XC. [813] Serm. 352. Ed. Maur. [814] Act. c. 2, v. 38. [815] *fuderant* : Edd. Lugdd, II, III. — *fuderunt* : Edd. rell. [816] *sævientes* : orig. — Edd. coll. o. = C. XCI. [817] scr. c. A. 380. — Ivo. Decr. p. 2, c. 9. [818] *est de* : Ed. Arg. -- est ex : Edd. Bas. Nor. — *est ex Virg. natum* : Edd. rell. = C. XCII. [819] Ivo Decr. p. 2, c. 9. [820] conc. 2, in Ps. 33. [821] *Deus* : Iv. — Edd. coll. o. [822] *add.* : *suum* : id. — exd. [823] *Jam — fud.* : non sunt ap. Iv., neque ea, quæ sequuntur post § 3. [824] *ad manducandum* : Edd. coll. o. [825] conc. 1. in Ps. 33. [826] 1. Reg. c. 21, v. 13. [827] Matth. c. 26, v. 26. [828] *ferebat* : orig. [829] *biberunt* : Ed. Bas. [830] *fuderunt* : Edd. coll. o. [831] videtur referendum esse ad Aug. in Psal. 100. [832] Matth. c. 5, v. 6. = C. XCIII. [833] Imo ex Cap. Reg. Fr. l. 1. c. 155. — Reg. l. 1, c. 69 (: *ex capitul. synodalibus*, cf. Walter. Aurel. Cap. c. 7). Burch. l. 5, c. 10. Ivo Pan. l. 1, c. 145. Decr. p. 2, c. 20. [834] *quum* : Ed. Arg. — *quandocunque* Ed. Bas. ' Ita Reg. [835] *infirmaverit* : Cap. — Reg. = C. XCIV. [836] Exstat inter cap. Theodori ap. Petit. c. 55. — Burch. l. 5, c. 51. Ivo Pan. l. 1, c. 157. Decr. p. 2, c. 60. — ex Aurelianensi referunt Burch. Iv. Pan et Edd. Arg. Bas. Nor. Lugdd. II, III. [837] *dies* : Theod. — Burch. Iv. [838] *viginti* : Theod. [839] *diebus* : Ed. Bas. = C. XCV. [840] scr. c. A. 256. — Burch. l. 5, c. 21. Ivo Pan. l. 1, c. 153. Decr. p. 2, c. 31, p. 11, c. 85. [841] *dil. mutua et ver. tua* : orig. — *pro dil. tua ver. mutua* : Iv. Decr. p. 2. — *dil. tua et ver.* : Pan. — *dil. tua et ver. ut ad* : Burch.

carissime, quid mihi videatur de histrione quodam, qui apud vos constitutus in 'ejusdem' adhuc artis suæ dedecore perseverat, et magister et doctor non erudiendorum, sed perdendorum puerorum, id, quod male didicit, ceteris quoque insinuat: an talis debeat communicare nobiscum? Quod ego puto nec majestati divinæ, nec evangelicæ disciplinæ congruere, ut pudor et honor ecclesiæ tam turpi et infami contagione fœdetur.

C. XCVI. *Post conversionem non est deneganda gratia communionis.*

Item ex Concilio Carthaginensi III, c. 35.

Scenicis atque histrionibus, cæterisque hujusmodi personis, vel apostaticis conversis, vel reversis ad Dominum, gratia vel reconciliatio non negetur.

C. XCVII. *Presbyter in altari missam non celebret, in quo eadem die episcopus celebravit.*

Item ex Concilio Urbico.

In altari, in quo episcopus missam cantavit, presbyter eodem die aliam celebrare non præsumat.

## DISTINCTIO III.

### GRATIANUS.

C. I. *Tempora feriandi in missa sunt laicis nuncianda.*

Item ex Concilio Lugdunensi.

I Pars. Pronunciandum est laicis, ut sciant tempora feriandi per annum, id est: omnem dominicam a vespera usque ad vesperam, ne Judaismo capiantur. Feriandi vero per annum isti sunt dies: Natalis Domini, S. Stephani, S. Joannis Evangelistæ, Innocentium, S. Silvestri, Octavæ Domini 'et' Theophaniæ, Purificatio S. Mariæ, sanctum Pascha cum tota hebdomada, Rogationes tribus diebus, Ascensio Domini, sancti dies Pentecostes, S. Joannis Baptistæ, duodecim Apostolorum, maxime 'tamen' sanctorum Petri et Pauli, qui mundum sua prædicatione illuminaverunt, S. Laurentii, Assumtio S. Mariæ, Nativitas S. Mariæ, Dedicatio ecclesiæ, S. Michaelis Archangeli, Dedicatio cujuscunque oratorii, et Omnium Sanctorum, et S. Martini, et illæ festivitates, quas singuli episcopi in suis episcopatibus cum populo collaudaverint, quæ vicinis tantum circummorantibus indicendæ sunt, non generaliter omnibus. Reliquas vero festivitates per annum non sunt cogendi ad feriandum, nec prohibendi. Indictum vero jejunium quando fuerit denunciatum, ab omnibus observetur.

C. II. *In sanctorum solemnitatibus divinis officiis, non saltationibus vel cantilenis, populi debent vacare:*

Item ex Concilio Toletano III, c. 23

Irreligiosa consuetudo est, quam vulgus per sanctorum solennitates agere consuevit. Populi, qui debent officia divina attendere, saltationibus 'et' turpibus invigilant canticis, non solum sibi nocentes, sed et religiosorum officiis perstrepentes. Hoc etenim, ut ab omnibus provinciis depellatur, sacerdotum et judicum a concilio sancto curæ committitur.

### NOTATIONES CORRECTORUM.

Dist. III. C. I. *Laicis:* Hæc vox abest a Vaticanis exemplaribus, Burchardo et Ivone.

*Octavæ Domini:* Ita in plerisque vetustis exemplaribus, et in Capitularibus, et apud Ivonem, et ceteros fere veteres scriptores, excepto Burcnardo. Ac nihilominus ipsa octava dies ipsius Natalis significatur. Cur autem numero multitudinis proferretur, declarat Alcuinus in c. *de Octava Domini*

---

Dist. II. C. XCV. illo: Iv. Decr. p. 2. — histr. et mago illo: Burch. Iv. Pan. — Edd. coll. o. in artis suæ adhuc: iid. eæd. decore: Edd. Ven. I, II. discit: Ed. Lugd. II. — dicit: Edd. Bas. Ven. II. abest ab Iv. Pan. — quibusque: Ed. Arg. an talibus sacra communio cum cæteris Christianis debeat dari, aut (haud: Iv. Pan.) vobiscum (nobiscum: Burch. — Ed. Bas.) debeat (abest a Burch et Pan.) communicare: Burch. Iv. Pan. — Edd. coll. o. abest a Burch. Iv. Pan. et Decr. p. 2. non est ap. Burch. et in Pan. = C. XCVI. hab. A. 397. — Coll. tr. p. p. 2, t. 17, c. 25. — cf. Burch. l. 4, c. 36. Iv. Decr. p. 1, c, 250. vel rer.: absunt ab Ed. Bas. Deum: ead. — Coll. Hisp. = C. XCVII. Sententia est in c. 10 conc. Antissiodor., hab. A. 578. — Burch. l. 3, c. 226. Iv. Pan. l. 2, c. 35. Decr. p. 3, c. 270.

Dist. III. C. 1. Exstat in cap. Ahytonis Bas. c. 8 (Harzhem. t. 2). — Burch. l. 2, c. 77. Iv. Decr. p. 4, c. 14. — cf. Cap. l. 1, c. 164, l. 2, c. 35 et conc. Mog. A. 813, c. 36. Pron. est, ut laici: Edd. Bas. Par. Lugd. I.—pron. est laicis: Edd. Lugdd. II, III. in jud.: Burch.—a jud.: Edd. coll. o. pr. Lugdd. II, III. octava: orig. — Edd. coll. o. — octava natalis Dom.: Burch. Theophania: orig. — Burch. Iv. ascensionis: Edd. Arg. Bas. et max.: Edd. Lugdd. abest ab Iv. Europam: orig. Nativitatis: Edd. Nor. Ven. I, II. Par.— Nat. — Mar.: absunt ab orig. — Nat. ejusdem: Iv. add.: Virginis: Burch. — Ed. Bas. basilicæ: orig.—Burch. Iv.—abest ab Ed. Bas. episcopiis: Burch. (Ap. Ahyt. hæc concisius referuntur.) reliquæ: orig. — Burch. Iv. — Ed. Bas. cogendæ: id. — iid. — ead. prohibendæ: iid. — ead. — prohibendum: orig. add.: a palatio vel a domo: orig. = C. II. hab. A. 589. — Iv. Decr. p. 4 c. 12. inv., cantica non solum mala canentes, sed (add.: etiam: Edd. Par. Lugdd. II, III.) rel.: Ivo. — Edd. coll. o. perstrepunt: Edd. coll. o. ab omni Hispania: Coll. Hisp. — Iv. consilio: Edd. Arg. Ven. I, II. curiæ: Ed. Arg.

**C. III.** *Ante ascensionem Domini tribus diebus litaniae celebrentur.*

Item ex Concilio Aurelianensi I, c. 29 [23].

Rogationes, id est litanias, ante Ascensionem Domini placuit celebrari ita, ut praemissum [24] triduanum jejunium in [25] dominicae Ascensionis solennitate solvatur. Per quod triduum servi et ancillae ab [26] opere relaxentur, quo magis plebs universa conveniat. Quo triduo omnes abstineant, et [27] quadragesimalibus cibis utantur.

**C. IV.** *Episcopus die dominico non desit ecclesiae.*

Item ex Concilio eodem, c. 33.

Episcopus, si infirmitate non fuerit impeditus, ecclesiae, cui proximus fuerit, die dominico deesse non debet.

**C. V.** *Hos dies civibus in villa celebrare non licet.*

Item ex eodem, c. 27 [28].

Nulli [29] civium Paschae, Natalis Domini, et [30] Quadragesimae [c] solennitatem in villa liceat [31] celebrare, nisi quem infirmitas probabitur tenuisse.

**C. VI.** *Ante solennitatem Paschae Quadragesima est celebranda.*

Item ex eodem Aurelianensi, c. 26.

Sacerdotibus omnibus est decretum, ut ante Paschae solennitatem non Quinquagesima, sed Quadragesima teneatur.

**C. VII.** *Quintae feriae ultimae septimanae Quadragesimae jejunium solvi non licet.*

Item ex Concilio Martini Papae Bracarensis, c. 50 [32].

Non liceat [33] quinta feria [34] novissimae septimanae jejunium solvere, et omnem exhonorare [35] Quadragesimam, sed [36] sincere abstinentes totam Quadragesimam peragere †.

**C. VIII.** *De eodem.*

Item ex Concilio Laodicensi, c. 50 [37].

Non oportet [38] in Quadragesima quinta feria ultimae hedomadae jejunium [39] dissolvi, et totam Quadragesimam inhonorari ; sed per totos "hos" dies [40] jejunare, et escis abstinentiae convenientibus, id est aridioribus, uti.

**C. IX.** *Exceptis diebus dominicis in Quadragesima non solvatur jejunium.*

Item ex Concilio Agathensi, c. 12 [41].

Placuit, ut omnes ecclesiae [42] *filii* [43], exceptis diebus dominicis, in Quadragesima etiam die [44] sabbati sacerdotali oratione [d] [45] et discretionis communione [46] jejunent.

**C. X.** *Nec in die dominico, nec in diebus Pentecostes in oratione genua flectantur*

Item ex Concilio Nicaeno, c. 20 [47].

Quoniam sunt in die dominica quidam ad orationem genua flectentes, et in diebus Pentecostes, statutum [48] est a sancta synodo, (quoniam consona et conveniens per omnes ecclesias custodienda consuetudo est), ut stantes ad orationem vota Domino reddamus.

**C. XI.** *Quo tempore ab esu carnium sit abstinendum.*

Item Leo Papa IV [49].

II Pars. De esu carnium apud vos [50] vetustissima, et non improbanda traditio semper est tenenda, ut a coenae termino, quae fit in principio noctis quartae feriae, quae lucescit in quarta feria, usque in diluculum quintae feriae, et similiter a coena noctis sextae feriae, quae lucescit in sexta feria, non imperite jejunatio usque ad sabbati lucem, quantum de diei parte aliquis jejunare maluerit vel debuerit, protendatur.

**C. XII.** *Nec die sabbati feriandum, nec die dominico lavacrum est prohibendum.*

Item Gregorius *dilectissimis civibus Romae, lib. XI, epist.* 3 [51].

III Pars. Pervenit ad me, quosdam perversi spiritus homines prava inter vos aliqua et sanctae fidei adversa seminasse, ita ut die sabbati aliquid operari [prohiberent. Quos quid aliud nisi antichristi praedicatores dixerim [52] ? qui veniens diem sabbatum atque dominicum ab omni faciet opere custodiri. Quia enim mori se et resurgere simulat, haberi in veneratione vult diem dominicum ; et quia judaizare populum compellit [53], ut exteriorem legis ritum revocet, et sibi Judaeorum perfidiam subdat,

---

NOTATIONES CORRECTORUM.

C. V. [c]. *Et Quadragesimae :* Sic etiam in originali impresso. Sed Ivo habet : *vel Quinquagesimae* [*]. Burchardus : *vel Pentecostes*, et ita est in concilio Agathensi c. 63, et in Arvernensi c. 14.

C. IX. [d] *Oratione :* In concilio legitur : *ordinatione, et districtionis comminatione jejunent* [**] ; sed ob glossam non est mutatum.

---

Dist. III. C. III. [23] hab. A. 511. — Ivo Decr. p. 4, c. 11. [24] *post missam :* Iv. [25] *post solennitatem :* Coll. Hisp. [26] add. : *omni :* ead. [27] add. : *etiam :* Edd. coll. o. = C. V. [28] Burch. l. 2, c. 75. Ivo Decr. p. 4, c. 12. [29] add. : *unquam :* Edd. coll. o. [30] *vel.* : Edd. Bas. * ita Coll. Hisp. [31] *licet :* Edd. coll. o. pr. Bas. = C. VII. [32] c. 50 conc. Laod. ex interpr. Martini Brac. [33] *licet :* Bohm. [34] add. : *fratres :* Edd. coll. o. [35] *exornare :* Edd. Ven. I, II. [36] *et :* Edd. Arg. Nor. Ven. I, II. † *perexire :* Edd. coll. o., et Coll. Hisp., in qua add. : *aridioribus cibis utentes.* = C. VIII. [37] hab. inter A. 347 et 381. — Burch. l. 13, c. 8. Ivo Decr. p. 4, c. 41 ; referunt ex Dionysio [38] op. *Quadragesimam :* Coll. Hisp. [39] abest ab ead. [40] add. *Quadragesimae :* Edd. Bas. Lugdd. II, III. = C. IX. [41] hab. A. 506, [42] *fideles :* Edd. Arg. Bas. [43] abest a Coll. Hisp. [44] *in die :* Edd. coll. o. pr. Arg. Bas. " ita Coll. Hisp. [45] add. : *completa :* Ed. Arg. [46] add. : *percepta :* ead. = C. X. [47] hab A. 325. – Ivo Decr. p. 4, c. 18, ex Dionysio refert Burch. l. 2, c. 88. [48] *propterea utique stat :* Iv. — Ed. Bas. — *propterea stat :* Edd. rell. = C. XI. [49] Cap. incerti temporis. — Coll. tr. p. p. 1, t. 60, c. 7. [50] *nos :* Edd. coll. o. = C. XII. [51] Ep. 1 (scr. A. 603) l. 13. Ed. Maur. — Ivo Decr. p. 2, c. 4, et usque ad : *sabbatum* Pan. l. 2, c. 169. [52] *dixerimus :* Iv. — Edd. coll. o. [53] *compellet :* Iv. Decr. — Ed. Bas.

coli vult sabbatum. *Et paulo post*: § 1. Aliud quoque ad me perlatum est, vobis a perversis hominibus esse praedicatum, ut dominico die nullus debeat lavari. Et quidem si pro luxuria [54] et pro voluptate quis lavari appetit, hoc fieri nec reliquo quolibet die concedimus. Si autem pro necessitate corporis, hoc nec die dominico [55] prohibemus.

### C. [X]III. *Ob reverentiam sepulturae dominicae sabbato jejunare debemus.*

*Item* Innocentius Papa, *ep. I ad Decentium, c. 4* [56].

IV Pars. Sabbato vero jejunandum esse. ratio evidentissima demonstrat. Nam, [si] diem dominicum ob venerabilem resurrectionem Domini nostri Jesu Christi non solum in Pascha celebramus, verum etiam per singulos [57] circulos hebdomadarum ipsius diei imaginem frequentamus, ac [58] sexta feria propter [passionem Domini jejunamus, sabbatum [59] praetermittere non debemus, quoniam [60] inter tristitiam et laetitiam temporis [61] illius videtur [62] inclusum. Nam utique constat, Apostolos biduo isto et in moerore fuisse, et propter metum Judaeorum se occuluisse [63]. Quod utique non dubium est in tantum eos jejunasse biduo memorato, ut traditio ecclesiae habeat isto biduo sacramenta [64] penitus non celebrari. Quae *utique* forma [65] per singulas tenenda est hebdomadas propter id, quod commemoratio diei illius semper est celebranda. Quod si putant semel atque uno sabbato jejunandum, ergo et dominica, et sexta feria semel in Pascha erit utique celebranda.

### C. XIV. *Die dominica et quinta feria non est celebrandum jejunium.*

*Item* Melchiades Papa *ad episcopos Hispaniarum, cap. 5* [66].

V Pars. Jejunium dominici diei, et quintae feriae nemo celebrare debet, ut inter jejunium Christianorum et gentilium, veraciter [67] credentium et infidelium atque haereticorum, vera et non falsa discretio habeatur.

### C. XV. *De eodem.*

*Item ex Concilio Caesaraugustano, c. 2* [68].

Ne quis jejunet die dominica causa timoris *, aut persuasionis, aut superstitionis, nec Quadragesimarum diebus [69] ab ecclesiis fideles [70] desint, nec habitent [71] in latibulis cubiculorum, ac montium, qui in suspicionibus perseverant; sed exemplum et praeceptum custodiant sacerdotum, et ad alienas villas agendorum conventuum causa non conveniant. Ab universis episcopis dictum est: Anathema sit qui haec [72] commiserit.

### C. XVI. *Quarta et sexta feria sunt servanda jejunia.*

*Item ex dictis S. Apolonii* f [73].

VI Pars. Jejunia sane legitima, id est quarta et sexta feria, non sunt solvenda, nisi grandis aliqua necessitas fuerit, quia quarta feria Judas de traditione [74] Domini cogitavit [75], et sexta feria crucifixus est Salvator. Videbitur ergo, qui in his diebus sine *aliqua* necessitate solverit statuta jejunia, vel cum tradente tradere Salvatorem, vel cum crucifigentibus crucifigere. Die autem dominica nihil aliud agendum est, nisi Deo vacandum. Nulla operatio in illa die sancta agatur, nisi tantum hymnis, et psalmis, et canticis spiritualibus dies illa transigatur.

### C. XVII. *Quinta feria ultimae hebdomadae quadragesimae poenitentes remissionem accipiant.*

*Item* Innocentius Papa, *ep. I. ad Decentium, c. 7* [76].

VII Pars. De poenitentibus vero, qui sive ex gravioribus commissis, sive ex levioribus poenitentiam gerunt, si nulla interveniat aegritudo, quinta feria ante Pascha eis remittendum [77], Romanae ecclesiae consuetudo demonstrat. § 1. Ceterum de pondere aestimando delictorum sacerdotis est judicare, ut attendat ad confessionem poenitentis, et ad fletus atque lacrimas corrigentis, *ac tunc jubere dimitti, quum viderit congruam satisfactionem*. § 2. Sane

---

### NOTATIONES CORRECTORUM.

C. XV. * *Timoris*: Hoc exponitur in glossa. Sed in concilio est: *causa temporis* ***, id est, quoniam dies dominicus sit. De qua re habetur supr. dist. 30, cap. *Si quis tanquam*, et cap. fin. Legitur etiam in Pontificali Damasi, ideo Miltiadem sanxisse, ne quis die dominico, aut feria quinta jejunaret, quia eos dies pagani quasi sacrum jejunium celebrabant. Et apud Burchardum l. 19 imponitur poenitentia ei, qui die dominica jejunet propter abstinentiam et religionem.

C. XVI. f Caput hoc habetur apud Palladium in vita Apoll. Abbatis.

---

Dist. III. C. XII. [54] *luxu animi*: orig. — Iv. Decr. [55] *dominicorum*. orig. = C. XIII. [56] scr. A. 416. — Ivo Pan. l. 2, c. 177. Decr. p. 4, c. 28 Polyc. l 3, t. 25. [57] *per singulas hebdomadas*: Edd. coll. o. [58] *at sicut*: Ed. Lugdd. III. — *ac sicut*: Edd. rell. — *ac si*: Coll. Hisp. [59] *sic sabb.*: Edd. Bas. Lugdd. [60] *quod*: Coll. Hisp. — Constant. [61] *tempore*: Coll. Hisp. [62] add.: *esse*: Ed. Bas. [63] *occultasse*: Edd. coll. o. [64] *sacramentum*: Ed. Bas. [65] add.: *etiam*: Edd. coll. o. = C. XIV. [66] Caput Pseudoisidori, confect. sec. libr. Pontifical. — Ivo Pan. l. 2, c. 176. Decr. p. 4, c. 27. Polyc. ib. [67] *et ver.*: Iv. Decr. — Ed. Bas. — *vel ver.*: Edd. Lugdd. II, III. — *et non ver. credentium atque haer.*: Iv. Pan. = C. XV. [68] hab. A. 380. — Coll. tr. p. p. 3, t. 33. c. 1. *** ita Coll. Hisp. [69] *die*: ead. [70] abest ab ead. [71] *hab. latibula*: ead. [72] *hoc*: Coll. Hisp. — Edd. coll. o. = C. XVI. [73] Imo ex libr. 2. Vitarum SS. Patrum Rufino interpr. c. 7. — Ivo Pan. l. 2, c. 179. Decr. p. 4. c. 32. — Verba: *Die autem etc.* sumta sunt ex Smaragdi expos. regulae S. Benedicti, et referuntur ab Iv. Decr. ib. c. 13.: *ex statutis Patrum*. [74] *traditionem*: Edd. coll. o. [75] *cognovit*: Edd. Ven. l. II. — *cogitaverat*: Iv. Pan. = C. XVII. [76] scr. A. 416. — Burch. l. 18. c. 18. Ans. l. 11. c. 27. Ivo Decr. p. 15. c. 40. [77] add.: *esse*: Edd. coll. o.

si quis ægritudinem [78] inciderit [79], atque usque ad desperationem [80] devenerit, ei est ante tempus Paschæ relaxandum, ne de sæculo absque communione discedat [81].

C. XVIII. *Singulis annis quinta feria ultimæ hebdomadæ quinquagesimæ novum chrisma conficiatur.*

*Item* Fabianus Papa *orientalibus Episcopis, epist. II* [6] [82].

VIII Pars. Litteris vestris inter cetera insertum invenimus, quosdam regionis [83] vestræ [84] episcopos a [85] vestro nostroque ordine discrepare, et non per singulos annos in coena Domini chrisma conficere. *Et infra :* Errant vero qui talia excogitant, et mente vesana potius quam recta sentientes hæc [86] audent. *Et infra :* § 1. Sicut enim ipsius diei solennitas per singulos annos est celebranda, ita ipsius sancti chrismatis confectio per singulos annos est agenda, et de anno in annum renovanda [87], et fidelibus [88], tradenda [89], quia novum sacramentum est per singulos annos, et [90] jam dicto die innovandum, et vetus in sanctis ecclesiis cremandum. Ista a sanctis Apostolis et successoribus eorum accepimus, et vobis tenenda mandamus.

C. XIX. *Servetur ab omnibus festivitas inventionis dominicæ crucis.*

*Item* Eusebius Papa, *epist. III* [91].

IX Pars. Crucis Domini nostri Jesu Christi, quæ nuper, nobis gubernacula sanctæ Romanæ ecclesiæ tenentibus, quinto nonas Maii inventa est, in prædicto Calendarum die inventionis festum vobis solenniter celebrare mandamus.

C. XX. *Quare sit institutum, ut aqua sale conspersa sanctificetur.*

*Item* Alexander Papa V *a Petro, epist. I, c. 5* [92].

X. Pars. Aquam sale conspersam populis benedicimus, ut ea cuncti aspersi sanctificentur et purificentur. Quod et omnibus sacerdotibus faciendum esse mandamus. Nam [93] si cinis vitulæ 'sanguine' aspersus populum sanctificabat atque mundabat : multo magis aqua sale aspersa, divinisque precibus sacrata, populum sanctificat atque mundat. Et, si sale asperso per Heliseum [94] prophetam sterilitas aquæ sanata est : quanto magis divinis precibus sacratus [95] sal sterilitatem rerum aufert humanarum, et coinquinatos sanctificat, 'atque mundat', et purgat, et cetera bona multiplicat, et insidias diaboli avertit, et a phantasmatum [96] versutiis homines defendit?

C. XXI. *Non nisi in die dominico sanctum Pascha celebretur.*

*Item* Pius Papa IX *a Petro Apostolo, in primo suorum decretalium* [97].

Nosse vos volumus, quod Pascha Domini [98] die dominico annuis temporibus [99] sit celebrandum. Istis enim temporibus Hermes doctor fidei et scripturarum [100] effulsit inter nos. Et licet nos idem Pascha prædicto die celebremus [101], quia [102] tamen quidam inde [103] dubitabant [104], ad corroborandas animas eorum eidem Hermæ angelus Domini apparuit in habitu pastoris, et præcepit ei, ut Pascha Domini die dominico ab omnibus celebraretur. Unde et vos [105] apostolica auctoritate instruimus, omnes eadem servare debere, quia et nos eadem servamus, nec debetis a capite quoquo modo dessidere [106].

C. XXII. *Non nisi in die dominica sanctum Pascha celebretur.*

*Item* Victor Papa XIII *a Petro, in primo decretali suo* [107].

Celebritatem sancti Paschæ die [108] dominico agi debere, et prædecessores nostri jam statuerunt, et nos illud 'vobis' [109] eadem die solenniter celebrari [110] mandamus, quia non decet ut membra a capite discrepent, nec [111] contraria gerant. A XIV vero luna primi mensis usque ad XXI diem ejusdem mensis eadem celebretur festivitas. § 1. Eodem [112] vero [113] tempore baptisma celebrandum est catholicum. Sed tamen, si necesse fuerit, aut mortis periculum ingruerit, gentiles ad fidem venientes quocunque loco vel momento, ubicunque evenerit, sive in flumine, sive in mari, sive in fontibus, tantum Christianæ confessione credulitatis clarificata [114] baptizentur. Ipsis quoque quod in baptismo polliciti sunt summopere est attendendum, ne infideles, sed fideles inveniantur. Ipsi vero, qui infidelitatis nota adsperguntur, infames efficiuntur, et inter fideles

**NOTATIONES CORRECTORUM.**

C. XVIII. [6] In originali res copiosius explicatur, quam aut Gratianus, aut Ivo faciunt.

DIST. III. C. XVII. [78] *in ægr. :* Burch. lv.— Edd. coll. o.—Bohm.? [79] *ceciderit :* Edd. coll. o. — *incurrerit :* Constant. [80] add. : *vitæ :* Edd. Bas. Lugdd. [81] *decedat :* Edd. coll. o. = CXVIII. [82] Cap. Pseudoisidori. — Iv. Decr. p. 2, c. 73. Polyc. l. 3, t. 16. [83] *religionis :* Edd. coll. o. pr. Bas. [84] *nostræ :* Edd. Arg. Bas. [85] *a nostro ord. :* Edd. Arg. [86] *hoc facere audent :* Edd. coll. o. [87] *renovandum :* Ed. Arg. [88] add. : *est :* Edd. coll. o. [89] *tradendum :* Edd. Arg. Nor. Ven. I. II. [90] *in :* Iv. — Edd. coll. o. = C. XIX. [91] Caput Pseudoisidori, confect. sec. libr. Pont. — Ivo Decr. p. 4, c. 5. = C. XX. [92] Caput Pseudoisidori, confect. sec. libr. Pont. — Reg. l. 1, c. 210. Burch. l. 2, c. 53. Ivo Decr. p. 2, c. 68 [93] Hebr. c. 9, v. 13. 14. [94] cf. 4 Reg. c. 2. [95] *sacrata aqua :* Reg. Burch. [96] *phantasmatis :* orig. — lv. — Edd. coll. o = C. XXI. [97] Caput Pseudoisidori, confect. sec. libr. Pontif., cujus locus refertur ap. lv. Decr. p. 4, c. 145. Ipsum cap. ap. eundem est ib. c. 3. [98] add. : *tantum :* Edd. Bas. Lugdd. II. III. [99] *solennitalibus :* orig. [100] *scripturæ :* Iv. — Edd. coll. o. [101] *celebraremus :* id. — eæd. [102] *et quidam inde dubitarent, ad corr. tamen :* id. [103] *abest ab Ed. Bas.* [104] *dubitant :* Edd. Arg. Nor. Ven. I. II. Par. [105] *et nos — instituimus :* Edd. coll. o. [106] *discedere :* eæd. = C. XXII [107] Caput Pseudoisidori, sumtum ex libro Pontif. — Coll. tr. p. p. 1. t. 12. c. 1. Ans. l. 9. c. 18. (usque ad: *inveniantur)* Ivo Decr. p. 4, c. 4, (usque ad : *gerant)* [108] *nonnisi die :* Edd. Bas. Lugdd. II. III. [109] *vos :* Iv. [110] *celebrare :* Edd. coll. o. pr. Par. lugdd. — Iv. [111] *aut aliter gerant :* Edd. coll. o. [112] Burch. l. 4, c. 3, Ivo Decr. p. 1, c. 198. [113] *quoque :* Edd. coll. o. [114] *clarificati :* eæd.

minime reputantur [115]. § 2. Haec [116] vero statuta nulla debent improbitate convelli, nulla novitate mutari, quia alia est ratio causarum saecularium, alia divinarum.

### C. XXIII. De eodem.

Item ex Concilio Carthaginensi IV, c. 65.[117].

Paschae solennitas uno die et tempore celebranda est.

### C. XXIV. Dies Paschae, concilii h formatarum subscriptione omnibus intimetur.

Item ex Concilio Carthaginensi [V], c. 7 †.

Placuit ut dies venerabilis Paschae formatarum [118] subscriptione omnibus intimetur; dies vero concilii [119] XI Cal. i Novembris servetur [120]. Scribendum [121] est etiam ad singularum quarumcunque provinciarum primates, ut, quandocunque [122] apud se concilium [123] congregant, istum diem non impediant.

### C. XXV. Quum in concilio omnia statuta fuerint, futurum Pascha annuncietur.

Item ex Concilio Bracarensi II, c. 9 [124].

Placuit, ut postquam omnia in concilio [125] sacerdotum fuerint ordinata, illud omnimodis observetur [126], ut superventurum [127] ipsius anni Pascha quoto [128] Calendarum die vel quota luna debeat suscipi, a metropolitano episcopo intimetur [129]. Quod caeteri episcopi vel clerus reliquus breviculo subnotantes, unusquisque in sua ecclesia, adveniente Natalis Domini die, adstante* [130] populo, post evangelicam lectionem annuncient [131].

### C. XXVI. Per orbem universum uno die, et uno tempore Pascha celebretur.

Item ex concilio Arelatensi I, quod confirmavit Papa Silvester, c. 4 [132].

De observatione Paschae Domini [133] statuimus, ut uno die et [134] tempore per omnem orbem observetur et juxta consuetudinem litterae [135] ad omnes dirigantur.

### C. XXVII. De imaginibus sanctorum non violandis.

Item Gregorius Severo, Episcopo Massiliensi, lib. IX. epist. 9 [136].

XII Pars. Perlatum ad nos fuerat, quod inconsiderato zelo successus sanctorum imagines sub hac quasi excusatione, ne adorari debuissent, confregeris. Et quidem, quia [137] eas adorari vetuisses [138], omnino laudavimus [139], fregisse vero reprehendimus. Dic, frater, a quo factum sacerdote aliquando auditum est quod fecisti? 'Si non k aliud, vel illud te non debuit revocare, ne [140] despectis aliis fratribus solum te sanctum esse crederes et sapientem'? Aliud est enim picturam adorare, aliud per picturae historiam quid sit adorandum addiscere. Nam quod legentibus scriptura, hoc idiotis [141] praestat pictura cernentibus, quia in ipsa *etiam* ignorantes vident quid sequi debeant, in ipsa legunt qui literas nesciunt. Unde et praecipue gentibus pro lectione pictura est.

### C. XXVIII. Imagines sanctorum memoria sunt et recordatio praeteritorum.

Item in VII Synodo, actione VI [142].

Venerabiles imagines Christiani non deos appellant, neque serviunt eis, ut diis, neque spem salutis ponunt in eis, neque ab eis exspectant futurum judicium: sed ad memoriam et recordationem primitivorum venerantur eas et adorant, sed non serviunt eis cultu divino, nec alicui creaturae.

### C. XXIX. Non in agni, sed in hominis specie Christus est figurandus.

Item Hadrianus Papa Tharasio Patriarchae, in actione II, ejusdem VII Synodi l [143].

XIII Pars. Sextam sanctam synodum recipio cum omnibus canonibus suis, in quibus dicitur: In quibus [144] picturis [145] sanctarum imaginum agnus praecursoris digito ostensus depingitur, qui in figuram gratiae transit m, verum nobis per legem Moysi de-

### NOTATIONES CORRECTORUM.

C. XXIV. h *Concilii*: In aliquot vetustis est: *et concilii*. In originali impresso haec est hujus capitis rubrica: *De tempore paschali, seu concilii*. In Codice canonum in indice capitis 40, conc. Africani: *diem Paschae et diem concilii nunciandum*. In graeco c. 64: περι του την ημέραν του Πάσχα εν τη ημέρα της συνόδου αγγέλλεσθαι; id est: *Ut dies Paschae in die synodi annuncietur.*

i *XI Cal.*: Sic in Carthaginensi V. In Africano autem (etiam in Codice canonum) et Carthaginensi graeco est: *X Cal. Septembris*.

C. XXVII. k *Si non*: Haec usque ad vers. *Aliud*, sunt addita ex originali.

C. XXIX. l De VI Synodo et canonibus ipsius notatum est sup. c. *Sexta synodus.*

m *Gratiae transit*: Et in epistola Hadriani, et apud Ivonem p. 4. c. 122. legitur: *in typum gratiae assumtus est*. Apud eundem Ivonem c. 126, ex Hadriano ad Carolum: *in signum relictus est gratiae*. Graece in canone VI synodi est: ὃς εἰς τύπον παρελήφθη τῆς χάριτος; id est: *qui in typum gratiae assumtus est*. Sed ob glossam non est mutatus.

---

Dist. III. C. XXII. ' [115] *reputentur*: eaed. pr. Par. Lugdd. [116] § 2. abest a Burch. et iv. = C. XXIII. [117] Statutt. eccl. ant. c. 65. — cf. Dist. 18. c. 9. = C. XXIV. † hab. A. 401. [118] add.: *terrarum*: Ed. Bas. [119] *consilii*: Ed. Arg. * ita coll. Hisp. [120] abest ab Edd. coll. o pr. Bas. Lugdd. II. III. [121] *et scrib. ad*: Coll. Hisp. [122] *quando*: ead. [123] *consilia*: Ed. Arg. — *concilia*: Edd. rell. = C. XXV. [124] hab. A. 572. — Coll. tr. p. p. 2, t. 46,-c. 9. [125] *consilio*: Ed. Arg. [126] *servetur*: Edd. coll. o. [127] *superventuri*: eaed. exc. Bas. [128] *quo*: Edd. coll. o. [129] *nuncietur*: Coll. Hisp. [130] *adstanti*: ead. [131] *nunciet*: ead. = C. XXVI. [132] hab. A. 314. — Ivo Decr. p. 4, c. 19. [133] *dominicae*: Coll. Hisp. — *dominicae diei*: Edd. Arg. Bas. [134] add.: *uno*: Coll. Hisp. [135] *literas ad omnes tu dirigas* (i. e. Silvester): ead. — Iv. = C. XXVII. [136] Ep. 13. (scr. A. 601). l. 4, Ed. Maur. — Recte inscribitur in Edd. coll. o.: *Sereno.* — Posteriorem partic. a verb.: *Aliud est*, ex Greg. ad Secundinum referunt Burch. l. 3, c. 56. Ivo Pan. l. 2, c. 56. Decr. p. 3, c. 41. [137] abest ab Edd. Lugdd. II, III. [138] *vetuisti*: Ed. Arg. — *vetuisse*: Edd. coll. o. pr. Bas. [139] *laudamus*: Edd. coll. o. pr. Bas. [140] *ut*: orig. [141] *et id.*: Edd. coll. o. = C. XXVIII. [142] Syn. Nic. II., hab. A. 787. — In Edd. coll. o. refertur: *ex sexta syn.* = C. XXIX. [143] cf. ad c. 5, D. 16. — Ivo Decr. p. 4, c. 122. [144] *quibusdam*: Ivo. [145] *scripturis*: Edd. coll. o.

monstrans agnum Jesum Christum Dominum nostrum. Antiquis ergo figuris et umbris, ad [146] veritatis praefigurationem sanctae ecclesiae traditis, vale dicentes [n], gratiam et veritatem praeferimus, et sic [147] plenitudinem legis recipimus. Verum igitur agnum Dominum [148] nostrum Jesum Christum secundum imaginem humanam amodo etiam [149] in [150] imaginibus pro veteri agno depingi jubemus.

**C. XXX.** *De fide Trinitatis et Unitatis inviolabiliter servanda.*

*Item* Augustinus *lib. I. de Trinitate, c. 4* [151].

Omnes, quos legere potui, qui ante me scripserunt de Trinitate, quae Deus est, divinorum librorum veterum et novorum catholici tractatores, hoc intenderunt secundum scripturas docere, quod Pater, et Filius, et Spiritus sanctus unius ejusdemque substantiae inseparabili aequalitate divinam insinuent [152] unitatem, ideoque [153] non sint [154] tres Dii, sed unus Deus, quamvis Pater Filium genuerit, et ideo Filius non sit qui Pater est, Filiusque a Patre sit genitus, et ideo non sit Pater qui Filius est, Spiritusque sanctus nec Pater sit, nec Filius, sed tantum [155] Patris et Filii Spiritus, Patri [156] et Filio etiam ipse coaequalis, et ad Trinitatis pertinens unitatem; non tamen eamdem Trinitatem natam de Maria Virgine, et sub Pontio Pilato crucifixam et sepultam tertia [157] die resurrexisse, et in coelum ascendisse, sed tantummodo Filium; nec eandem Trinitatem descendisse [158] in specie columbae super Jesum baptizatum, aut die Pentecostes [159] post ascensionem Domini sonitu facto de coelo [160], quasi ferretur flatus vehemens, et linguis divisis, velut ignis 'sedisse [161] super unumquemque eorum' : sed tantummodo Spiritum sanctum; nec eandem Trinitatem dixisse de coelo [162] : *Tu es filius meus*, sive quum baptizatus est [163] a Joanne, sive in monte, quando cum illo erant tres discipuli, aut quando sonuit vox dicens [164] : '*Et*' *clarificavi, et iterum clarificabo* : sed tantummodo Patris vocem fuisse ad Filium [165] factam, quamvis Pater, Filius, et Spiritus sanctus, sicut inseparabiles sunt, ita inseparabiliter operentur.

## DISTINCTIO IV.

### GRATIANUS.

**C. I.** *Sine sacramento visibili et fide invisibili nemo salvatur.*

Idem *super Joannem* [1]

I Pars. Necessarium est visibile sacramentum aquae ad ablutionem visibilis corporis, sicut necessaria est doctrina invisibilis fidei ad sanctificationem invisibilis animae. *Idem* : § 1. Renascitur homo ex aqua, visibili sacramento, et spiritu, invisibili [2] intellectu, ut symbolum baptismi visibiliter accipiat [3]. Vel ex aqua visibili et Spiritu sancto.

**C. II.** *In baptismate concupiscentia exstinguitur, non ut sit, sed ut non obsit.*

Idem *in lib. I. de peccatorum meritis et remissis, seu de baptismo parvulorum, c. 39* [a].

Per baptismum Christi id agitur, ut evacuetur caro peccati. Evacuatur [4] autem, non ut in 'ipsa vivente' carne concupiscentia 'conspersa et innata repente absumatur, et' non sit : sed ne obsit [5] mortuo, quae oberat [6] nato'. Nam si post baptismum 'vixerit, atque' ad aetatem [6] capacem praecepti pervenire potuerit, ibi habet [7] cum qua pugnet, eamque [8] adjuvante Deo superet, si non in vacuum gratiam 'ejus' susceperit, 'si reprobatus esse noluerit'. Nam nec grandibus [9] hoc praestatur in baptismo, nisi forte miraculo 'ineffabili omnipotentissimi' creatoris [10], ut lex peccati, 'quae inest in membris, 'repugnans legi mentis, penitus exstinguatur, et [11] non sit : sed, ut quicquid 'mali' ab homine factum, dictum, cogitatum [12] fuerit [13], quum eidem concupiscentiae subjecta mente serviret, totum aboleatur, et velut [14] factum non fuerit [15] habeatur.

**C. III.** *Qui ex viro et muliere concipitur, cum originali peccato nascitur, nec sine baptismate salvatur.*

Idem *ad Petrum Diaconum, c. 26* [16].

Firmissime tene, et nullatenus dubites, omnem hominem, qui per concubitum viri et mulieris conci-

### NOTATIONES CORRECTORUM.

[n] *Vale dicentes* : Sic Ivo. In epistola Hadriani est : *suscipientes*; graece : κατασπαζόμενοι.
Dist. IV. C. II. [a] Restitutum est caput hoc suae integritati, ut melius B. Augustini sententia perciperetur. Neque enim glossa impediebat.

---

Dist. III. C. XXIX. [146] *et ad* : eaed. [147] *sicut* : Iv. — Ed. Arg. — *et ipsam gratiam sicut* : Edd. Bas. Lugdd. II. III. [148] *qui Dom.* — *hum. im. effigiat* : Iv. [149] abest ab eod. [150] *et in* : absunt ab Ed. Arg. — *et in im.* : omissa sunt in Ed. Bas. — C. XXX. [151] Ivo Pan. l. 1, c. 7. Decr. p. 1, c. 2. [152] *insinuant* : Edd. coll. o. [153] *ideo* : Edd. Arg. Bas. [154] *sunt* : Iv. — Edd. coll. o. — Bohm. [155] *tantummodo* : id. — eaed. [156] *et Patr.* : id. — eaed. [157] *et tert.* : id. — Ed. Bas. [158] cf. Marc. c. 1. [159] cf. Act. c. 2. [160] *coelo, fieret fl.* : Ed. Arg. [161] *sed* — *eorum* : absunt a Pan. Iv. [162] Marc. c. 1, v. 11. [163] *fuerit* : Edd. coll. o. pr. Arg. Lugdd. II. III. [164] Joan. c. 12, v. 28. [165] *add.* : *Dei* : Ed. Bas.
Dist. IV. C. I. [1] Ex gloss. ord. ad Joan. c. 3, v. 5. [2] add. : *scilicet* : Edd. coll. o. [3] *percipiat* : eaed. = C. II. [4] *Non autem sic evacuatur* : eaed. [5] *inerat* : orig. [6] *aet. naturalem perveniunt* : Edd. coll. o. [7] *habent* — *pugnent*, — *superent*, — *susceperint* : eaed ; [8] *eaque* : Ed. Rom. mendose. [9] *adultis id* : Edd. coll. o. [10] *Dei* : eaed. [11] *ut* : eaed. [12] *et cog.* : Edd. Bas. par Lugdd. [13] *est* : Edd. coll. o. [14] *quasi* : eaed. [15] *sit* : eaed = C. III. [16] Imo Fulgentius Ruspensis in libro de fide ad Petrum. — Ivo. Pan. l. 1, c. 8. Decr. p. 1, c. 26.

pitur, cum peccato originali nasci, impietati subditum, mortique subactum, et ob hoc natura [17] iræ filium nasci, de qua dicit Apostolus [18] : *Eramus enim 'et nos' ?[19] natura filii iræ, sicut et ceteri*. A qua ira nullus liberatur [20], nisi per fidem mediatoris 'Dei et hominum 'hominis Jesu Christi. *Item c. 27* : § 1. Firmissime [21] tene, 'et nullatenus dubites', non solum homines 'jam ratione utentes, verum etiam parvulos, qui sive in uteris matrum vivere incipiunt, et ibi moriuntur, sive quum [22] de matribus nati sine [23] sacramento sancti baptismatis, quod datur in nomine Patris, et Filii, et Spiritus sancti, de hoc sæculo transeunt, sempiterno [24] igne puniendos; quia, etsi propriæ actionis peccatum nullum habuerunt [25], originalis tamen peccati damnationem carnali conceptione et [26] nativitate traxerunt [27].

### C. IV. *De eodem.*

*Item* Joannes Chrysostomus [28].

Non potest quis gratiam vitæ cœlestis accipere, nisi prius purgatus fuerit ab omni sorde peccati per pœnitentiæ confessionem, per domum baptismi salutaris Domini et salvatoris nostri Jesu Christi, qui est benedictus in sæcula sæculorum.

### C. V. *Sicut nunc in baptismate, ita olim in circumcisione remittebantur peccata.*

*Item* Gregorius *in Moralibus lib. IV, c. 2* [29].

Quod autem apud nos valet aqua baptismatis, hoc egit apud veteres vel pro parvulis sola fides, vel pro majoribus virtus sacrificii, vel pro his, qui de Abrahæ stirpe prodierunt [30], mysterium circumcisionis.

### C. VI. *Originale peccatum nunc in baptismate, olim in circumcisione remittebatur.*

*Item* Augustinus *ad Valerium contra Julianum, de nuptiis et concupiscentia lib. II, c.* 11 [31].

Ex quo instituta est circumcisio in populo Dei (quod [32] erat tunc signaculum justitiæ fidei) [33] ad significationem [34] purgationis valebat 'et' parvulis originalis veterisque peccati, sicut et baptismus ex illo [35] valere cœpit ad innovationem hominis, ex quo est institutus [36].

### C. VII. *Parvulis in baptismate offerentium prodest fides.*

Idem *de libero arbitrio, lib. III, c.* 23 [37].

Illud perscrutari homines solent, sacramentum baptismi Christi quid parvulis prosit, quum eo accepto plerumque moriuntur prius, quam ex eo [38] quidquam agnoscere [39] potuerunt. Qua in re satis pie recteque creditur prodesse parvulo fides eorum, a quibus consecrandus offertur. Et hoc ecclesiæ commendat 'saluberrima' auctoritas, ut ex eo quisque sentiat quid sibi prosit fides sua, quando in aliorum quoque beneficio [b], qui propriam nondum habent [40] potestatem, commoda sit.

### C. VIII. *Per fidem et baptisma justificamur a peccatis,*

Idem *de baptismo parvulorum, lib. I, c.* 32 *et* 33 [c].

Filius Dei carnem peccati [d] suscepit, et pœnam sine culpa, ut in carne peccati et culpa solveretur et pœna. Per fidem ergo et baptismum ejus a peccato homo per justificationem, et a morte liberatur per resurrectionem. § 1. Parvuli etiam baptizati inter credentes reputantur per sacramenti virtutem, et offerentium responsionem. Qui vero non sunt baptizati, inter non credentes judicantur ex evangelio Joannis [41] : *Nisi quis renatus fuerit ex aqua et Spiritu sancto, non potest introire in regnum Dei*.

### C. IX. *Per aquam baptismi de terreno fit homo cœlestis.*

*Item* Ambrosius *lib. I, de sacramentis. c.* 4 *et* 5.

Per aquam [42] baptismi transitus est a [43] terrenis ad cœlestia. Hoc [44] est enim Pascha, id est transitus ejus, transitus a peccato ad vitam, a [45] culpa ad gratiam, ab inquinamento ad sanctificationem. Qui per hunc [46] fontem transit, non moritur, sed resurgit. § 1 Non omnis aqua sanat, sed aqua [47] 'sanat', quæ habet gratiam Christi [48]. Aliud est elementum,

---

### NOTATIONES CORRECTORUM

C. VII. [b] *Beneficio :* Eadem lectio est apud Ivonem, in Panormia, ei in originali ad marginem. In textu autem est : *beneficium, qui propriam non habent, potest aliena commodari.*

C. VIII. [c] Caput hoc est summa verborum B. Augustini in locis indicatis.

[d] *Carnem peccati :* Apud B. Augustinum longe plenius et rectius. *Dominus autem*, inquit, *in carnem suam non peccatum transtulit tanquam venenum serpentis, sed tantum transtulit mortem, ut esset in similitudine carnis peccati pœna sine culpa, unde in carne peccati et culpa solveretur et pœna.* Multum igitur interest inter carnem peccati, et similitudinem carnis peccati. Quod explicans B. Augustinus, cum alibi sæpe, tum potissimum sermone 48, de verbis Domini, addebat tamen : *si ergo similitudo carnis erat peccati, non caro peccati, quomodo, ut de peccato damnaret peccatum in carne: solet et similitudo capere nomen ejus rei, cujus est similitudo.*

---

Dist. IV. C. III. [17] *naturaliter* : Edd. coll. o. [18] Ephes. c. 2, v. 3. [19] *et nos* : absunt ab Iv. Pan. [20] *liberabitur* : Edd. coll. o. [21] Iv. Pan. l. 1, c. 9. Decr. p. 1, c. 27. Petr. Lomb. l. 4, dist. 4 et 9. [22] *jam* : Iv. — Edd. coll. o. [23] *si sine* : Ed. Bas. [24] *ignis æterni sempiterno supplicio* : orig. — IV. [25] *habeant* : Ed. Bas. — *habent* : Edd. rell. [26] *ex* : Edd. coll. o. *et nat.* : absunt a Pan. [27] *contraxerunt* : Edd. Lugdd. II, III. == C. IV. [28] cf. supra de pœn. D. 1, c. 41. == C. V. [29] Ivo. Pan. l. 1, c. 10. Decr. p. 1, c. 49. [30] *prodierant* : Ivo == C. VI. [31] Ivo Pan. l. 1, c. 11. Decr. p. 1, c. 50. [32] *quæ* : Ed. Bas. [33] *fidei justit. Dei* : Iv. Pan. — Edd. coll. o. [34] *sanctificationem* : ead. — eæd. [35] add. : *tempore* : Edd. Bas. Lugdd. II, III. [36] *constitutus* : Edd. coll. o. == C. VII. [37] Ivo Pan. l. 1, c. 12. Decr. p. 1, c. 120. [38] *se* : Iv. Pan. — Edd. coll. o. [39] *cognoscere potuerint* : eæd. — Iv. [40] *habeat* : Ed. Romr. mendose. == C. VIII. [41] Joan. c. 3, v. 5. == C. IX. [42] *qui per hunc fontem transit, transit a terrenis* : orig. [43] *de* : Edd. coll. o. [44] *Ideo Pascha transitus dicitur; hic transitus est de pecc. etc.* : eæd. [45] *de culp.* —, *de inqu.* : eæd. [46] *hanc aquam* : Edd. coll. o. [47] *illa* : eæd. [48] *Dei* : Ed. Arg.

aliud consecratio; 'aliud opus, aliud operatio. Aqua opus est : operatio Spiritus sanctus est'. Non sanat aqua, nisi Spiritus sanctus descenderit [49], et aquam illam consecraverit [50], sicut legisti, quod, quum 'Dominus noster Jesus' Christus formam baptismatis daret, venit ad Joannem, et ait illi Joannes [51] : *Ego a te debeo baptizari, et tu venis ad me? respondit 'illi' Christus* [52] : *'Sine modo', sic 'enim' decet nos implere omnem justitiam*. Vide [53], quia omnis justitia in baptismate constituta est. Ergo quare [e] Christus descendit, nisi ut caro ista mundaretur, caro, quam suscepit de nostra conditione? Non enim ablutio peccatorum [54] 'suorum' Christo necessaria erat [55], qui peccatum non fecit: sed nobis erat necessaria, qui peccato manemus [56] obnoxii. *Et paulo post:* § 2. Descendit Christus : descendit et Spiritus sanctus. Quare [57] Christus prior descendit, postea Spiritus [58], quum forma et usus baptismi hoc habeat, ut ante fons consecretur, et tunc descendat 'qui' baptizandus 'est'? *Et paucis interjectis :* § 3. Christus autem ante descendit, secutus est Spiritus [59]; 'qua ratione'? ut nunquam [60] ipse egere 'Dominus Jesus' sanctificationis mysterio videretur, sed [61] sanctificaret ipse, sanctificaret et Spiritus [62].

**C. X.** *Aqua baptismi non purgaret peccata, nisi tactu dominici corporis esset sanctificata.*

*Item* Chromatius [f] *in Matthæum, c. 6.*

Nunquam aquæ [63] baptismi purgare peccata credentium potuissent, nisi tactu dominici corporis sanctificatæ fuissent.

**C. XI.** *Generale baptisma non nisi sabbato sancto Paschæ et Pentecostes celebretur.*

*Item* Siricius Papa *Himerio Tarraconensi, epist. I* [64].

II Pars. Non ratione auctoritatis alicujus, sed sola temeritate præsumitur, ut passim ac libere Natalitiis [65] Christi, seu Apparitione [66], nec non 'et' [67] Apostolorum seu martyrum festivitatibus, innumeræ, 'ut asseris', plebes baptismi [68] mysterium consequantur, quum hoc sibi privilegium et apud nos, et apud omnes ecclesias dominicum specialiter Pascha defendat cum sua [69] Pentecoste.

**C. XII.** *De eodem.*

*Item* Leo Papa *universis Episcopis per Siciliam constitutis, epist. IV, c. 5* [g] [70].

Duo tempora, id est Pascha et Pentecoste, ad baptizandum a Romano Pontifice legitime sunt præfixa. Unde, quia manifestissime patet [71], baptizandis in ecclesia electis hæc duo tempora [72], de quibus locuti sumus, esse legitima, dilectionem vestram monemus, ut nullos alios dies huic observantiæ misceatis.

**C. XIII.** *Quare in prædictis temporibus baptisma celebretur.*

Idem *in eadem epistola, c. 3* [73].

Proprie in morte crucifixi, et in resurrectione ex mortuis potentia baptismi novam creaturam condidit [74] ex veteri, ut in renascentibus et mors Christi operetur, et vita, dicente 'beato' apostolo 'Paulo' [75] : *An ignoratis quia quicunque bapizati sumus in Christo Jesu, in morte ipsius baptizati sumus? consepulti enim sumus cum illo per baptismum in mortem* [76]*, ut quomodo surrexit Christus a mortuis per gloriam patris, ita et nos in novitate vitæ ambulemus. Si enim complantati facti sumus similitudini mortis ejus, simul et resurrectionis erimus*, et cetera, quæ latius magister gentium ad commendandum sacramentum baptismatis disputavit, ut appareret, ex hujus doctrinæ spiritu regenerandis filiis hominum, et in Dei filios adoptandis illum diem 'esse' [77] et illud tempus electum, in quo per similitudinem formamque mysterii ea, quæ geruntur in membris, his, quæ in ipso [78] sunt capite gesta, congruerent [79], dum in baptismatis regula et mors intervenit interfectione [80] peccati, et sepultu-

---

**NOTATIONES CORRECTORUM.**

C. IX. [e] *Ergo quare :* Hæc usque ad vers. *Non enim*, emendata sunt ex B. Ambrosio. Antea legebatur : *Christus ad baptismum descendit, non ut caro mundaretur, quam suscepit de nostra conditione'*. Multis etiam aliis locis in capite hoc restituta est vera lectio.

C. X. [f] *Chromatius* · Antea citabatur Chrysostomus**, apud quem non est inventum, sed in fragmentis Chromatii.

C. XII. [g] Prior pars hujus capitis usque ad vers. *Unde quia*, non est iisdem omnino verbis in epistola. Sed in Codice canonum est rubricæ loco ad hoc caput, et refertur in conc. Moguntino I, c. 4.

---

DIST. IV. C. IX. [49] *descendat :* Edd. coll. o. — add. : *in eam :* Edd. Bas. Lugdd. II, III. [50] *consecret, sic legitur :* Edd. coll. o. [51] Matth. c. 3, v. 14. [52] *Jesus :* Edd. coll. o. [53] *Vide quæ* (quid : Edd. Lugdd.) *sit omnis justitia :* eæd. — ' ita eæd. [54] *peccati :* eæd. [55] *fuit :* eæd. [56] *eramus :* eæd. [57] add. : *autem :* eæd. [58] add. : *sanctus :* eæd. [59] ita eæd. [60] *non quasi :* Edd. Arg. Bas. [61] *sed ut :* Edd. coll. o. [62] add. : *sanctus :* eæd. = C. X. [63] ita eæd. — Petr. Lomb. l. 4, dist. 3. [64] *aqua-posset — fuisset :* Edd. coll. o. = C. XI. [65] scr. A. 385. — Burch. l. 4, c. 5 Ivo Pan. l. 1, c. 16. Decr. p. 1, c. 58, et 200. Petr. Lomb. ib. [66] *in nativitate* Edd. coll. o. — *natalitio :* Iv. Pan. et Decr. c. 58. [67] *apparitionis :* orig. [68] abest ab Iv. [69] *baptizantur :* Ed. Arg. — *baptizentur :* Edd. rell. [70] *suo :* Burch. — Ivo Decr. c. 58. — *Sancta :* Edd. Lugdd. II, III. — *sancto :* Edd. rell. — Ivo Pan. = C. XII. [71] Ep. 46. (Ed. Baller.) scr. A. 447. — Priora cap. verba sunt rubrica cap. in Coll. Hisp. et ap. Dionys., et referuntur ab Ans. l. 9, c. 13; reliqua sunt ap. Reg. l. 1, c. 264. Burch. l. 4, c. 2, et Iv. Decr. p. 1, c. 197. — Coll. tr. p. p. 1, t. 45, c. 4. [72] *apparet :* Edd. Arg. Bas. [73] add. : *i, e, Pascha et Pentecosten :* Reg. Burch. Iv. = C. XIII. [74] Iv. Decr. p. 1, c. 45. [75] *condit :* Coll. Hisp. — Ball. — Iv. — [76] *verba : beato et Ap. :* absunt ab Iv. — cf. Rom. c. 6, v. 4. seqq. [77] *morte :* Edd. coll. o. pr. Lugdd. II, III. [78] abest. a Coll. Hisp. [79] *Christo ·* Edd. Arg. Bas. [80] *congruere :* Edd. coll. o. [81] *interfectionem :* Edd. Arg. Bas.

ram triduanam imitatur trina demersio, et ab aquis elevatio resurgentis instar est de sepulcro. Ipsa igitur operis qualitas docet, celebrandæ [81] generaliter gratiæ eum esse legitimum diem, in quo orta [82] est et virtus muneris, et species actionis. § 1. Ad cujus rei confirmationem plurimum valet quod ipse Dominus Jesus Christus postea, quam resurrexit a mortuis, discipulis suis (in quibus omnes ecclesiarum præsules docebantur) et formam et potestatem tradidit baptizandi, dicens [83] : *Euntes* ergo nunc* [84] docete omnes gentes, baptizantes eos in nomine Patris, et Filii, et Spiritus sancti. De quo utique eos ante [85] passionem potuisset instruere, nisi proprie voluisset intelligi, regenerationis gratiam ex sua [86] resurrectione cœpisse. § 2. Additur sane huic observantiæ etiam Pentecostes ex adventu Spiritus sancti sacra [87] solennitas, quæ de paschalis festi pendet articulo, et, quum ad alios dies alia festa pertineant, hæc [88] semper ad eum [89] diem, qui resurrectione Domini est insignis, occurrit, porrigens quodammodo auxiliantis gratiæ manum, et [90] eos, quos a die Paschæ aut molestia infirmitatis, aut longinquitas itineris, aut navigationis difficultas interclusit [91], invitat [h], ut quibuslibet necessitatibus impediti desiderii sui effectum dono Spiritus sancti consequantur. *Et infra c. 4. § 3.* Hoc autem nos non ex nostra persuasione defendere, sed ex apostolica auctoritate servare, satis idoneo probamus exemplo, sequentes B. apostolum Petrum, qui in eo [92] die, quo omnium [93] credentium numerum promissus Spiritus sancti replevit adventus, trium millium populum sua prædicatione conversum lavacro baptismatis consecravit. Quod sancta scriptura, quæ Apostolorum actus continet, fideli historia docet, dicens [94] : *His auditis compuncti sunt corde, et dixerunt ad Petrum et *ad* reliquos Apostolos* [95] : *Quid faciemus, viri fratres? Petrus vero ad illos : Pœnitentiam, inquit, agite, et baptizetur unusquisque vestrum in nomine* [96] *Jesu Christi in remissionem peccatorum* [97] *et accipietis donum Spiritus sancti.*

### C. XIV. *De eodem.*
*Item in eadem epistola, c. 6* [98].

Si quis autem Epiphaniæ festivitatem (quæ in suo ordine debito honore veneranda est) ob hoc existimat [99] privilegium habere baptismatis, quia hoc quidam putant, quod in eadem die Dominus ad baptismum sancti [100] Joannis accesserit, sciat illius baptismi aliam gratiam, et [101] aliam fuisse rationem, nec ad eamdem pertinuisse virtutem, qua per Spiritum sanctum renascuntur de quibus dicitur [102] : *qui non ex sanguinibus* [103], *neque ex voluntate carnis, neque ex voluntate viri, sed ex Deo nati sunt.* Dominus enim nullius [104] indigens remissione peccati, nec quærens remedium renascendi, sic voluit baptizari, quomodo voluit [105] circumcidi, hostiamque pro [106] se emendationis offerri, ut qui factus erat ex muliere (sicut Apostolus [107] ait) fieret *et* sub lege, quam non venerat solvere, sed adimplere [108] et implendo finire, sicut *beatus* Apostolus prædicat, dicens [109] : *Finis autem legis Christus* [110] *ad justitiam omni credenti.* Baptismi autem sui in se condidit sacramentum, quia in omnibus primatum tenens se docuit esse principium, et tunc regenerationis potentiam sanxit, quando de latere ipsius [111] profluxerunt sanguis redemtionis et aqua baptismatis.

### C. XV. *In solennitate paschali et Pentecostes catechumeni baptizentur.*
*Item ex Concilio Gerundensi, c. 4 i* [112].

De catechumenis baptizandis id statutum [113] est, ut [114] in Paschæ [115] solennitate vel Pentecostes [116], quanto [117] majoris celebritatis major celebritas est, tanto magis* ad baptizandum veniant; ceteris solennitatibus infirmi tantummodo [118] debeant baptizari, *quibus [119] quocunque tempore convenit baptismum non negari*.

### NOTATIONES CORRECTORUM.

C. XIII. [h] *invitat* : Ivo habet : *invitans*. Sed in originali est : *interclusit invitos* †, *aut quibuslibet necessitatibus impeditos, desiderii* etc .
C. XV. [i] Restitutum caput est ex suo originali.

Dist. IV. C. XIII. [81] *celebrandum* : Ed. Bas. [82] *ornata* : Coll. Hisp. [83] Matth. c. 28, v. 19. [84] *ergo nunc* : apsunt ab Iv. [85] *et ante* : Iv. — Edd. coll. o. [86] abest a Bohm. [87] *sacrata* : Coll. Hisp. — Baller. — Iv. [88] *hoc* : Ed. Bas. [89] *eundem* : Coll. Hisp. [90] *ut ii* : ead. [91] *intercludit* : Edd. Arg. Bas. — *ita* Baller. — † ita Coll. Hisp. [92] *ipso* : Baller. — Iv. — Edd. coll. o. [93] *omnem* : iid. — id. — Coll. Hisp. [94] Act. c. 2, v. 37, seq. [95] *discipulos et apostolos* : Edd. Arg. Bas. [96] add. : *Domini nostri* : Edd. coll. o. [97] add. *omnium pecc. vestrorum* : eæd. — *pecc. vestrorum* : Baller. — Vulg. = C. XIV. [98] Ivo Pan. l. 1, c. 18. Decr. p. 1, c. 47. [99] *æstimat* : Baller. — Ivo Pan. — Edd. Arg. Bas. [100] abest ab Edd. iisd. [101] abest a Coll. Hisp., Baller., Iv. [102] Joan. c. 1, v. 13. [103] *sanguine* : Coll. Hisp. — Baller. [104] *illius* : Bohm. [105] *et vol.* : Coll. Hisp. — Baller. — Iv. — Ed. Bas. [106] *per emundatione* : Edd. coll. o. [107] Galat. c. IV, v, 4. [108] *implere* : Coll. Hisp. — Baller. — Iv. Decr. — Ed. Arg. — cf. Matth. c. 5, v. 17. [109] Rom. c. 10, v. 4. [110] add. : *est* : Edd. coll. o. [111] *ejus* : Edd. Arg. Bas. = C. XV. [112] hab. A. 517. — Ivo Pan. l. 1, c. 20. Decr. p. 1. c. 60. [113] *decretum* : Iv. — Edd. coll. o. [114] add. : *quia* : Coll. Hisp. [115] *paschali festivitate* : Edd. coll. o. [116] *natalis Domini* : Coll. Hisp. [117] *quanto — mag.* : absunt ab Iv. — *quando magis solennitatis major celebr. est, rariores ad baptizandum veniunt* : Coll. Hisp. [118] *tantum debent* : Iv. Pan. — Edd. coll. o. [119] *quibus — neg.* : absunt ab Iv.

## C. XVI. *Necessitate cogente quolibet tempore baptizare licet.*

*Item* Leo Papa, *epist. IV, c. 6* k [120].

Si [121] qui necessitate mortis, ægritudinis, obsidionis, persecutionis et naufragii urgeantur, omni tempore debent baptizari.

## C. XVII. *Nisi necessitate cogente inter Pascha et Pentecostem nullus baptizare præsumat.*

*Item* Gelasius Papa *Clero et Plebi Tarentino* l [122].

Venerabilis [123] baptismi sacramentum non nisi in festivitate paschali et Pentecostes tradere præsumat episcopus; exceptis iis [124], quibus urgente mortis periculo, talibus oportet, ne in æternum pereant, remediis subveniri.

## C. XVIII. *De eodem.*

Idem *Gelasius epistola ad Episcopos Lucaniæ, c. 12* [125].

Baptizandi sibi quispiam [126] passim quocunque tempore nullam credat inesse fiduciam, præter paschale festum, et Pentecostes venerabile sacramentum, excepto duntaxat gravissimi languoris incursu, in quo verendum est ne, morbi crescente periculo, sine remedio salutari fortassis ægrotans exitio præventus abscedat.

## C. XIX. *Non nisi sacerdos baptizare præsumat.*

*Item* Isidorus *de officiis, l. II, c. 24* [127].

Constat, baptisma solis sacerdotibus esse tractandum [128], ejusque mysterium nec ipsis diaconis explere est licitum absque episcopo vel presbytero, nisi his procul absentibus ultima languoris necessitas [129] cogat. Quod et laicis fidelibus plerumque permittitur, 'ne [130] quispiam sine remedio salutari de sæculo evocetur'. *Item Gelasius Papa* [131] : § 1. Diaconos quoque propriam, etc., *ut supra in tractatu ordinandorum, ubi de reverentia diaconorum erga sacerdotes agitur.*

## C. XX. *Non præsumat mulier baptizare.*

*Item* ex Concilio Carthaginensi IV, *c. 99, et 100* [132].

III Pars. Mulier, quamvis docta et sancta, viros in conventu docere, vel aliquos baptizare non præsumat [133].

Gratian. Nisi necessitate [134] cogente. Unde Urbanus Papa II [135] : Super quibus consuluit, etc., *ut supra in tractatu conjugii, ubi de compatribus agitur.*

## C. XXI. *Etiam laici necessitate cogente baptizare possunt.*

*Item* Augustinus *ad Fortunatum* [136].

In necessitate, quum episcopi, aut presbyteri, aut quilibet ministrorum non inveniuntur, et urget periculum ejus, qui petit [137], ne sine isto sacramento hanc vitam finiat, etiam laicos solere dare sacramentum, quod acceperunt, solemus audire.

## C. XXII. *De eodem.* [PALEA.]

*Item* ex *Decreto Martini Papæ* III [138].

« Quicunque presbyter in provincia propria, vel in alia, vel ubicunque inventus fuerit, commendatum sibi infirmum baptizare noluerit, vel pro intentione itineris, vel de alia aliqua excusatione, et sic sine baptismo moritur, deponatur. »

## C. XXIII. *Non reiteratur baptisma, quod a pagano ministratur.*

*Item* Isidorus m [139].

Romanus Pontifex non hominem judicat, qui baptizat, sed spiritum Dei subministrare gratiam baptismi, licet paganus sit, qui baptizat.

## C. XXIV. *De eodem.*

*Item* Nicolaus *ad consulta Bulgarorum, c. 104* [140].

A quodam Judæo n, nescitis utrum Christiano, an pagano, multos in patria vestra baptizatos asseritis, et quid de [141] iis sit agendum consulitis. Hi profecto, si in nomine S. Trinitatis, vel tantum in

---

## NOTATIONES CORRECTORUM.

C. XVI. k Apud B. Leonem sententia hujus capitis est post c. *Duo tempora*, et ante c. *Si quis autem*, sup. ead.

C. XVII. l In epistola Gregorii II, clero et plebi Thuringiæ, unde citat Ivo (quamvis et Gelasii esse potuerit), et in conc. Wormaciensi, unde Burchardus *, legitur : *Sacrosancti baptismi*, itemque apud Ivonem c. 202. In carite autem 63 est : *Generalis*,

et in margine : *Venerabilis*.

C. XXIII. m De hoc capite dictum]est sup. c. 1, qu. 1. *Si quis per ignorantiam.*

C. XXIV. n *Judæo* : Apud Algerum [n] est : *ut audio*. Verum in originali post hoc caput sequuntur verba hæc : *sed primum, utrum Christianus, an paganus ipse Judæus exstiterit, vel si postmodum factus fuerit Christianus, investigandum est*

---

Dist. IV. C. XVI. [120] Hæc est rubrica c. 5, ipsius ep. ( cf. supra c. 12.) apud Dionys. — Ans. l. 9, c. 13. — Ivo Pan. l. 1, c. 19. [121] *Hi* : Edd. Arg. Bas. = C. XVII. ' et Reg. l. 2, c. 269. [122] Non constat an sit Gelasii. Legitur in libro diurno RR. PP., et in capitulari, dato a Greg. II. Martiniano et Georgio, et in ejusd. ep. a Corr. cit. (Mans. t. 12.) — Burch. l. 4, c. 7. Ans. l. 6, c. 47 Ivo Pan. l. 1, c. 21. Decr. p. 1, c. 63. [123] *Generalis* : Ivo Decr. [124] *exceptis ægritudine laborantibus* : Ans Iv. — Edd. coll. o. = C. XVIII. [125] scr. A. 494. — Burch. l. 4, c. 4. Ans. l. 9, c. 12. Ivo Decr. p. 1, c. 199. [126] *quisquam* : Coll. Hisp. = C. XIX. [127] Ivo Pan. l. 1, c. 23. Decr. p. 1, c. 97. Petr. Lomb. l. 4, dist. 6. [128] *traditum* : orig. — Iv. — Ed. Bas. [129] *necessitudo* : Iv. [130] *nec evoc.* : absunt ab Iv. Pan. [131] cf. D. 93, c. 13. = C. XX. [132] Compositum est ex c. 37. (cf. c. 29, D. 25, et Coll. ibi citt.) et 41. Statutt. eccl. ant. — cf. ad c. 9. D. 18. (Ivo Pan. l. 1, c. 25. Decr. p. 1, c. 65.) [133] *præsumet* : Edd. Arg. Bas. [134] add. : *mortis* : Edd. Bas. Lugdd. II, III. [135] cf. C. 30, qu. 3, c. 4 = C. XXI. [136] Ipsum non est ap. Aug.; sunt tamen similia quædam in ep. ad Fortunatum (ep. 228. Ed. Maur.) — Ivo Pan. l. 1, c. 26. Decr. p. 1, c. 191. ( : *ex libro ad Fortunatum*). [137] *perit* : Bohm. = C. XXII. [138] In Ed. Arg. adscribitur Martino P. simpliciter; in Ed. Arg. : *Fabiano.* Non exstat ap. Martinum III., neque in Capp. Martini Brac., simile tamen est apud Theodulph. Aurel. c. 27. (Mansi t. 13.) — Burch. l. 4, c. 47. Ans. l. 9, c. 54. Ivo Decr. p. 1, c. 241. Polyc. l. 3, t. 10. = C. XXIII. [139] cf. ad c. 59. C. 1, qu. 1. = C. XXIV. [140] scr. A. 865. — Iv. Pan. l. 1, c. 29. " *de verit. corp. et sang.* Dom. t. 3, c. 6. [141] *inde* : Edd coll. o.

Christi nomine, sicut in Actibus Apostolorum legimus [142], baptizati sunt (unum quippe idemque est, ut sanctus exponit Ambrosius [143] constat [144], eos non esse denuo baptizandos.

### C. XXV. *Sicut per bonum, ita per malum ministrum æque baptisma ministratur.*

*Item* Augustinus *contra Cresconium Grammaticum, lib. III, c. 6* [145].

Si inter bonos ministros, quum sit alius alio melior, non est melior baptismus, qui [146] per meliorem datur, nullo modo est malus, qui etiam per malum datur, quando [147] idem baptismus datur, et ideo per ministros dispares Dei munus æquale est, quia non illorum, sed ejus est.

### C. XXVI. *Non merita ministrorum, sed virtus Christi in baptismate operatur.*

Idem *super Joannem in part. 1, tractat. V, ad c. 1* [148].

Baptismus talis est, qualis ille est, in cujus potestate datur, non qualis est ille, per cujus ministerium datur. *Item ibidem* : § 1. Quid noverat Joannes Baptista ? Dominum [149]. Quid non noverat ? potestatem Dominici baptismi in nullum hominem a Domino transituram; sed ministerium plane transiturum; potestatem a Domino in neminem *ministrorum* [150], ministerium [151] et [152] in bonos, et in malos. Non exhorreat columba ministerium malorum; respiciat [153] Domini potestatem. Quid [154] tibi faciat malus minister, ubi bonus est Dominus? Quid te impedit malitiosus præco, ubi benevolus [155] est judex? *Item infra* : § 2. Neque [156] qui plantat est aliquid, neque qui rigat, sed qui incrementum dat Deus. *Item ibidem* : § 3. Ego dico °, et nos dicimus omnes, quia justos oportet esse omnes [157], per quos baptizatur, justos [158] oportet esse tanti judicis ministros, si ministrare [159] juste voluerint. Si autem noluerint esse justi qui in cathedra Moysi sedent, securum me facit [160] magister meus, de quo spiri-

tus ejus dixit [161] : *Hic* [162] *est, qui baptizat.* (*Item infra* :) § 4. Non timeo adulterum, *non* ebriosum, non homicidam, quia columbam attendo, per quam mihi dicitur : *Hic est, qui baptizat.*

### C. XXVII. *De eodem.*

Idem *in tractatu VI, ad c. 1, Joannis.*

Quum [163] baptizat malus ex [164] aliqua vel [165] ignorantia ecclesiæ, vel tolerantia (aut enim ignorantur mali [166], aut tolerantur [167] *ut* palea, quousque in ultimo ventiletur area), illud, quod datum est, unum est, nec impar propter impares ministros, sed par et æquale propter [168] : *Hic est, qui baptizat.*

### C. XXVIII. *Non reiteratur baptisma, quod in nomine S. Trinitatis ministratur.*

Idem *de ecclesiasticis regulis, c. 52* [169].

Si [170] qui apud illos hæreticis baptizati sunt, qui [171] in S. Trinitatis confessione baptizant [172], et veniunt ad nos [173], recipiantur quidem [174] ut baptizati, ne S. Trinitatis invocatio vel confessio annulletur : sed doceantur integre et instruantur, quo sensu S. Trinitatis mysterium in ecclesia teneatur [175], et, si consentiunt credere, vel acquiescunt confiteri, purgati *jam* [176] fidei integritate confirmentur [177] manus impositione. Si vero parvuli sunt vel [178] hebetes, qui doctrinam non capiant, respondeant pro illis qui eos offerunt juxta morem baptizandi, et sic per manus impositionem P chrismate communicati eucharistiæ [179] mysteriis admittantur.

### C. XXIX. *De eodem.*

Idem *ad Orosium in lib. LXV. Quæstionum dialog. quæst. 59* [180].

Quamvis unum baptisma sit, et hæreticorum, eorum [181] scilicet, qui in nomine Patris, et Filii, et Spiritus sancti baptizantur [182], et ecclesiæ catholicæ : tamen quia [183] foris *et* [184] *extra* ecclesiam baptizantur, non sumunt baptismum [185] ad salutem, sed ad perniciem, habentes nimirum formam sacramenti q, virtutem autem ejus abnegantes. Et

NOTATIONES CORRECTORUM.

C. XXVI. ° *Ego dico* : Sic etiam Ivo ; sed in originali : *Et ego, et omnes dicimus, quia justos oportet esse tanti judicis ministros. Sint ministri justi, si volunt. Si autem noluerint,* etc. Sunt autem partes hujus capitis ex eodem tractatu quinto hinc inde collectæ.

C. XXVIII. P *Per manus impositionem* : In originali est : *Et sic manus impositione et chrismate communiti, eucharistiæ,* etc. Sed ob glossam non est mutatum.

C. XXIX. q *Formam sacramenti* : Ita etiam apud Ivonem. In originali est : *habentes quidem speciem*

---

Dist. IV. C. XXIV. [142] *legitur* : eæd. — cf. Act. c. 2, et 19. [143] *de Spir. sanct.* l. 1, c. 3. [144] *quia non illorum, sed ejus est, rebaptizari non debent* : Edd. coll. o. — et omissis verbis : *reb — deb.* : Ivo Pan. =. C. XXV. [145] Iv. Pan. l. 1, c. 30. Decr. p. 1, c. 160. [146] *quando idem bapt. datur* : Edd. coll. o. pr. Bas. [147] *quoniam* : Ed. Bas. =. C. XXVI. [148] Ivo Pan. l. 1, c. 31. Decr. p. 1, c. 156 — 159. Petr. Lomb. l. 4, dist. 5. [149] add.: *nostrum* : Edd. coll. o. [150] add. : *venire* : Ed. Bas. — *transituram* : Edd. rell. [151] *sed min.* : Edd. coll. o. [152] abest ab iisd. pr. Lugdd. II, III. [153] *sed recipiat* : Ed. Arg. — *sed resp.* : Edd. rell. [154] add. :. *igitur* : Edd. coll. o. pr. Arg. [155] *bonus* : Ed. Arg. [156] 1 Cor. c. 3, v. 7. [157] abest ab Ed. Bas. — Iv. — *omnes - - esse* : absunt a Bohm. [158] *quia just.* : Iv. — Ed. Bas. [159] *sint ministri justi, si volunt* : Iv. [160] *fecit* : Edd. coll. o. — Iv. [161] *dicit* : eæd. — id. [162] Joan. c. 1, v. 33. =. C. XXVII. [163] *Dum* : Ivo Decr. p. 1, c. 160. [164] *vel ex* : Edd. Bas. Par. Lugd. I. [165] abest ab Edd. Lugdd. II, III. [166] *mala* : Ed. Bas. [167] *toleratur palea* : Iv. — *toleratur paleæ* : Edd. coll. o. [168] *hoc* : *hic est* : Ed. Arg. — *hunc, qui* : Edd. rell. — Iv. =. C. XXVIII. [169] Ivo Decr. p. 1, c. 160. — Id. ib. c. 253, et Burch. l. 4, c. 39, ex *Rothomagensi*. [170] *Hi* : Iv. c. 160. — Edd. Arg. Bas. [171] add. : *sunt* : Edd. Arg. Ven. I, II. [172] *baptizantur* : Iv. c. 160. [173] *ad catholicam* : Iv. ib. — *ad cath. fidem* : Edd. coll. o. [174] *quidam* : Ed. Lugd. II. [175] *teneant* : Edd. coll. o. [176] abest ab Iv. ib. [177] *firmentur*. id. ib. [178] *et* : id. — eæd. pr. Arg. in qua omitt. : *et heb.* [179] *cum euch.* : Edd. coll. o. =. C. XXIX. [180] Non videtur esse Augustini. — Iv. Pan. l. 1, c. 28. (usque ad : *abnegantes*) Decr. p. 1, c. 165. [181] abest ab Ed. Arg. [182] *baptizant* : orig. — Iv. — Edd. coll. o. [183] *qui* : eæd. [184] *et ext* : absunt ab Iv. [185] add. : *salutarem et* :. Ed. Arg.

ideo eos ecclesia non rebaptizat, quia in nomine Trinitatis baptizati sunt. Ipsa [185] est profecto forma sacramenti. Ideo, quum reversi fuerint, accipiunt [187] virtutem Spiritus sancti, quem [188] ii, qui extra ecclesiam baptizantur, nondum habent.

**C. XXX.** *Baptizantur qui tantum in nomine Domini baptizati probantur.*

**Item** Pelagius Papa *Gaudentio episc.* [189].

Si revera hi de hæreticis, qui in locis tuæ dilectioni vicinis [190] commorari dicuntur, solummodo se in [191] nomine Domini baptizatos fuisse forsitan confitentur, sine cujusquam dubitationis ambiguo eos ad catholicam fidem venientes in S. Trinitatis nomine baptizabis. Sin vero apud dilectionem tuam eorum, qui converti volunt, manifesta confessione claruerit, quod in nomine Trinitatis fuerint baptizati, sola reconciliationis impensa gratia catholicæ sociare fidei maturabis, ut tali dispensatione servata nihil aliter, quam quod evangelica jubet auctoritas, temeritatis cujusquam spiritu videatur effectum.

**C. XXXI.** *An approbetur baptisma, quod a no baptizato præstatur.*

**Item** Augustinus *de unico baptismo, lib. VII c.* 53 [192].

IV Pars. Solet etiam quæri, utrum approbandum sit baptisma, quod ab eo, qui non accepit, accipitur, si forte hoc curiositate aliqua didicit, quemadmodum [193] dandum sit, et utrum nihil intersit, quo animo accipiat ille, cui datur, cum simulatione, an sine simulatione; si cum simulatione, utrum fallens, sicut in ecclesia, vel in ea, quæ putatur ecclesia, an [194] jocans, velut [195] in mimo *. Et infra*:

§ 1. Veruntamen, si quis forte me in eo concilio [196] constitutum, ubi talium rerum quæstio versaretur, non præcedentibus meritis *, quorum sententiam [197] sequi mallem, urgeret, ut dicerem quid ipse sentirem, si eo modo affectus essem, quo eram, quum ista [198] dictarem, nequaquam dubitarem, habere eos baptismum, qui ubicunque et a quibuscunque [199] illud verbis evangelicis consecratum sine sua [200] simulatione et cum aliqua fide accepissent, quanquam eis ad salutem spiritalem non prodesset, si [201] caritate caruissent, qua catholicæ insererentur [202] ecclesiæ. Si [203] *enim habeam,* "inquit", *fidem* [1], *ut montes transferam, caritatem autem non habeam, nihil sum*; sicut jam præteritis majorum statutis non dubito [204], etiam illos habere baptismum, qui quanquam fallaciter id accipiant, in ecclesia tamen accipiunt, vel ubi putatur esse ecclesia ab [205] eis, in quorum societate id accipitur; de quibus dictum est [206]: *Ex nobis exierunt.* Ubi autem neque societas ulla esset 'ita credentium, neque ille, qui ibi acciperet, ita' crederet [207], sed totum ludicre, et mimice, et jocularier ageretur, utrum approbandus esset baptismus, qui sic daretur, divinum judicium per alicujus revelationis oraculum, concordi oratione, 'et impensis supplici devotione' gemitibus implorandum esse censerem [208], ita sane, ut post me dicturos sententias, si quid jam exploratum et [209] cognitum afferrent [210], humiliter exspectarem [211].

**C. XXXII.** *Non reiteratur baptisma, quod in fide sanctæ Trinitatis ab hæreticis præstatur.*

**Item** *lib. I, contra Donatistas, c.* 1 [212].

V Pars. Ostenditur, illos impie facere, qui rebaptizare conantur orbis unitatem, et nos [213] recte facere, qui Dei sacramenta improbare nec in ipso schismate audemus. In quo enim nobiscum sentiunt, in [214] eo etiam nobiscum sunt. In eo autem [215] a nobis recesserunt, in quo a nobis dissentiunt. *Item paulo superius* [216]: § 1. Sacramentum baptismi est, quod habet [217] qui baptizatur, et sacramentum dandi baptismi [218] est, quod habet [219] qui ordinatur. Sicut autem [220] baptizatus, si ab unitate recesserit, sacramentum baptismi non amittit: sic etiam ordinatus, si ab unitate recesserit, sacramentum dandi baptismi non amittit. Nulli enim sacramento inju-

---

**NOTATIONES CORRECTORUM**

*pietatis, virtutem tamen ejus abnegantes.* Et rursum: *Animales, inquam, Spiritum non habentes.* Et idcirco *eos ecclesia,* etc. Utitur autem B. Pauli verbis 2. Tim. 3, et Judæ ap. c. 1.

C. XXXI. * *Velut in mimo*: Hic apud B. Augustinum et Ivonem multa sunt interjecta, quæ ad sequentia percipienda operæ pretium fuerit legere.

* *Meritis*: In originali et apud Ivonem est: *tali-bus.* Sed ob glossam non est mutatum. Multa vero alia emendata sunt.

* *Habeam, inquit, fidem*: Sine caritate potest haberi vera fides, sed non vera fidei virtus. Aliud est enim vera fides, aliud vera virtus: prout docuit B. Thomas 2, secundæ, quæst. 4, art. 5. Quod auctor glossæ videtur non satis percepisse.

---

DIST. IV. C. XXIX. [186] *et ips.*: Edd. coll. o. — [187] *accipient*: orig. — Iv. — *accipiant*: Ed. Arg. [188] *quam*: Iv. — *quam si foris eccl.*: Edd. coll. o. — C. XXX. [189] Videtur esse Pelagii II, scripta ad Gaudentium Nolanum. — Coll. tr. p. p. 1, t. 54, c. 3. — Iv. Pan. l. 1, c. 62. (usque ad : *baptizabis*) Decr. p. 1, c. 161. [190] *destinatis vicinis*: Iv. Decr. [191] abest ab Edd. coll. o. pr. Par. Lugd. = C. XXXI. [192] Ivo Decr. p. 1, c. 162. Petr. Lomb. l. 4, dist. 6. [193] *quomodo*: Edd. coll. o. — Iv. [194] *aut*: Ed. Arg. [195] *sicut*: Iv. — Edd. coll. o. [196] *consilio*: Edd. Arg. Bas. Par. Lugd. I. [197] *sententias*: Iv. — Edd. coll. o. — Edd. coll. a Lugd. II, III. — *eas*: Edd. Arg. Bas. — *in ea*: Ed. Lugd. I. — *ea*: Edd. rell. — Iv. [198] *quocunque*: Edd. o. pr. Bas. [200] *sui*: Ed. o. [201] *scil. si*: cæd. pr. Bas. [202] *inseruntur*: Edd. coll. o. [203] *1 Cor. c.* 13, v. 2. [204] *dubites*: Edd. coll. o. pr. Bas. [205] *ab eis*: absunt ab iisd. pr. Bas. Lugdd. II, III. [206] *4 Joan. c.* 2, v. 19. [207] *crederetur*: Edd. coll. o. [208] *censemus*: cæd. pr. Bas. [209] *et cogitatum vel cogn.*: Ed. Arg. [210] *assererent*: Ed. Bas. [211] *explorarent*: Ed. Arg. — *explorem*: Edd. Lugdd. II, III. — *explorarem*: Edd. rell. = C. XXXII. [212] Ivo Decr. ib. [213] *add.*: *ostendunt catholicos*: Edd. Bas. Lugdd. II, III. [214] *in eo*: absunt ab Edd. coll. o. exc. iisd. [215] *enim*: cæd. exc. iisd. [216] Ivo Pan. l. 1, c. 87. [217] *add. ille*: Edd. coll. o. [218] *baptismum*: cæd pr. Bas. [219] *suscipit*: Ed. Bas. [220] *enim*: Edd. coll. o. — Iv.

ria facienda est. Si discedit a malis, utrumque discedit; si permanet in malis, utrumque permanet. Sicut [221] ergo acceptatur baptismus, quem non potuit amittere qui ab unitate discesserat [222]: sic acceptandus est baptismus, quem dedit ille, qui sacramentum dandi, quum discederet, non amiserat. *Item eodem lib. c.* 12 : § 2. Si [223] ad baptismum fictus accessit [224], dimissa sunt ei peccata, an non sunt [225] dimissa? Eligant quod volunt : utrumlibet [226] elegerint, sufficiet [227] nobis. Si dimissa dixerint, quomodo [228] *ergo* Spiritus *sanctus* disciplinæ effugiet fictum, si in isto *ficto* remissionem operatus est peccatorum? Si dixerint non esse dimissa, quæro, si postea fictionem suam corde concusso [229] et vero dolore fateretur [230], an denuo baptizandus judicaretur? Quod si dementissimum est dicere, fateantur vero baptismo Christi baptizari posse hominem, et tamen cor ejus in malitia vel sacrilegio perseverans peccatorum abolitionem [231] non sincere fieri, atque *ita* intelligant, in communionibus [232] ab ecclesia separatis posse homines baptizari, ubi Christi baptismus eadem sacramenti celebratione datur et sumitur, qui tamen tunc prosit ad remissionem peccatorum, quum quis [233] reconciliatus unitati sacrilegio dissensionis [234] exuitur, quo ejus peccata tenebantur, et [235] dimitti non sinebantur.

C. XXXIII. *Valet ad salutem baptisma, etsi non ea fide parvuli offeruntur.*

Idem. *in epist. XXIII, ad Bonifacium* [236].

VI Pars. Non [237] illud te moveat, quod quidam non ea fide ad baptismum percipiendum parvulos ferunt, ut gratia spirituali [238] ad vitam regenerentur æternam : sed quod [239] eos putant hoc remedio temporalem retinere vel recipere sanitatem. Non enim propterea illi non regenerantur, quia non ab istis hac intentione offeruntur [240].

C. XXXIV. *Effusio sanguinis implet vicem baptismi.*

*Item de unico baptismo contra Donatistas, lib. IV, c.* 22 [241].

VII Pars. Baptismi vicem aliquando implere passionem, de latrone illo, cui non baptizato dictum est † : *Hodie mecum eris in paradiso*, non leve do-A cumentum *idem* B. Cyprianus assumit [242]. Quod etiam atque etiam considerans, invenio, non tantum passionem pro nomine Christi id, quod *ex* baptismo deerat, posse supplere, sed etiam fidem conversionemque [243] cordis, si forte ad celebrandum mysterium baptismi in angustiis temporum succurri non potest. Neque enim latro ille pro nomine Christi crucifixus est, sed pro meritis facinorum suorum, nec quia credidit, passus est, sed, dum patitur [244], credidit. Quantum itaque valeat etiam sine visibili sacramento baptismi quod ait Apostolus [245] : *Corde creditur ad justitiam, ore autem confessio fit ad salutem*, in illo latrone declaratum est. Sed tunc impletur invisibiliter, quum mysterium baptismi non contemtus religionis, sed articulus necessitatis excludit. *Et infra c.* 24. : § 1. Et sicut in illo latrone quod ex [246] baptismi sacramento defuerat complevit omnipotentis benignitas, quia non superbia vel [247] contemtu, sed necessitate defuerat, sic in infantibus, qui baptizati moriuntur [248], eadem gratia omnipotentis implere [249] credenda est, quod non ex impia voluntate, sed ex ætatis indigentia, nec corde credere ad justitiam possunt, nec ore confiteri ad salutem. Ideo quum [250] *alii* pro eis respondent [251], ut impleatur erga eos celebratio sacramenti, valet utique ad eorum consecrationem [252], quia ipsi respondere non possunt. *Item contra Julianum Pelagianum, lib.* 6, *c.* 4 : § 2. Alienum quippe opus est, quum credit † per alterum, sicut alienum opus fuit, quum peccavit in altero ††. *Item eodem lib.* 4, *contra Donatistas, c.* 23 : § 3. Sicut autem in latrone, quia per necessitatem corporaliter baptismus defuit, perfecta salus est, quia per pietatem spiritaliter [253] affuit : sic et quum ipsa præsto est, si per necessitatem desit quod latroni affuit [254], perficitur salus. Quod traditum tenet universitas ecclesiæ, quum parvuli infantes baptizantur, qui certe [255] nondum possunt corde [256] credere ad justitiam et ore confiteri ad salutem, quod latro potuit, quin [257] etiam flendo et vagiendo, quum *in* eis mysterium celebratur, mysticis ipsis [258] vocibus obstrepunt et *tamen* nullus Christianorum dixerit, eos inaniter baptizari. *Item c.* 23 : § 4. Qui-

---

DIST. IV. C. XXXII. [221] *Si* : Ivo Decr. [222] *discesserit* : Edd. Arg. Nor. Ven. I, II, Par. [223] Petr. Lomb. l. 4, dist. 4. [224] *accedit* : Edd. coll. o. [225] *add.* : *ei* : eæd. [226] *quodcunque* : eæd. [227] *sufficit* : eæd. [228] Sap. c. 1, v. 5. [229] *converso* : Edd. coll. o. [230] *fateretur* : Ed. Bas. — *fateatur* : Edd. rell. [231] *absolutionem* : lv. — Edd. Bas. Par. Lugdd. [232] *communicationibus* : Edd. coll. o. [233] *quisque* : Iv. — Ed. Bas. [234] *discessionis* : Ed. Bas. [235] *et* — *sin.* : absunt ab Ed. Arg. = C. XXXIII. [236] Ep. 98. (scr: A. 408.) Ed. Maur. — cf. infra c. 129. — Ivo Pan. l. 1, c. 95. Decr. l. c. 171. Polyc. l. 3, t. 10. Petr. Lomb. l. 4, dist. 6. [237] *Nec* : orig. [238] *speciali* : Ed. Arg. [239] abest ab Iv. [240] *offerantur* : Ed. Arg. ≡ C. XXXIV. [241] Ivo Pan. l. 1, c. 109. Decr. p. 1, c. 177. Petr. Lomb. l. 4, dist. 4. † Luc. c. 23, v. 43. [242] *assumsit* : Edd. coll. o. pr. Bas. — cf. Cypr. ad Jubaianum. [243] *conversationemque* : Ivo Pan. — *confessionemque* : Edd. Bas. [244] *pateretur* : Edd. coll. o. pr. Arg. [245] Rom. c. 10, v. 10. [246] *de* : Ivo Decr. — Edd. coll. o. — *quod bapt. sacramentum defuerat* : Pan. [247] *non* : Edd. coll. o. [248] *sine baptismo non mor.* : Ed. Arg. [249] *explere* : Edd. coll. o. — Iv. [250] abest ab Ed. Arg. [251] *pro eis oratur* : Ivo Decr. (in Pan. omnia sunt omissa a verb. : *ad sal.* : usque ad : *Et bapt.* in extr.) — Edd. coll. o. [252] *celebrationem* : Ivo. — Edd. coll. o. † add. : *vel scit.* : Edd. Bas. Lugdd. II, III. †† *alterum* : Edd. coll. o. [253] *specialiter* : Ed. Bas. [254] *non defuit* : Edd. coll. o. [255] abest ab iisd. pr. Bas. [256] abest ab Iv. et Ed. Bas. [257] *quando* : Edd. coll. o. [258] *ipsi* : eæd. pr. Bas.

bus rebus u omnibus ostenditur, aliud esse sacramentum baptismi, aliud conversionem cordis: sed salutem hominis ex utroque compleri. Nec si unum eorum defuerit, ideo putare debemus consequens esse, ut et alterum desit, quia et illud sine isto potest [259] esse in [260] infante, et hoc [261] sine illo potuit esse in [262] latrone, complente Deo, sive in illo sive in isto, quod non 'ex' [263] voluntate defuisset; quum vero [264] ex voluntate alterum horum defuerit, reatu hominem involvi. Et baptismus quidem potest inesse, ubi conversio [265] cordis defuerit. Conversio [266] autem cordis potest quidem inesse non percepto baptismo, sed contemto baptismo [267] non potest. Neque 'enim' [268] ullo modo dicenda est conversio cordis ad Deum [269], quum Dei sacramentum contemnitur.

**C. XXXV.** *Non baptizatur in homine, quicquid in eo est.*

Idem *contra Julianum, lib. IV, c. 6.* [270]

Si quicquid in homine est, quando baptizatur [271], baptizari et sanctificari [272] putandum [273] est, dicturus es, et ipsa in illo baptizari et sanctificari, quae in intestinis et vesica 'sunt' per digestionem [274] corporis [275] digerenda [276]; dicturus es, baptizari et sanctificari hominem in [277] matris utero constitutum, si ad hoc sacramentum accipiendum gravidam necessitas cogat, et ideo baptizari jam non debere qui nascitur; postremo dicturus es, 'et ipsas' [278] baptizari et sanctificari febres, quando baptizantur aegroti.

**C. XXXVI.** *Valet baptisma, etsi per laicos ministretur.*

Item ad Fortunatum [279].

Sanctum est baptisma per se ipsum, quod datum est in nomine Patris, et Filii, et Spiritus sancti, ita ut in eodem sacramento sit etiam auctoritas traditionis per Dominum nostrum ad Apostolos, per [280] illos autem ad [281] episcopos, et alios [282] sacerdotes,

A vel [283] 'etiam' laicos Christianos ab eadem origine et stirpe venientes. Et infra ▼: § 1. Nam quum illa historia narratur, omnes, qui audiunt, 'prope' ad lacrimas movet [284]. Quum in navi quadam fidelis nullus esset praeter unum poenitentem, coepit [285] imminere naufragium. Erat ibi quidam non immemor salutis suae et sacramenti [286] vehementissimus flagitator, nec erat aliquis, qui dare posset, nisi poenitens ille; acceperat enim, sed pro peccato, de quo agebat poenitentiam, amiserat sanctitatem, sed non amiserat sacramentum. Nam si hoc amittunt peccantes, quum reconciliantur post poenitentiam, quare non iterum baptizantur? Dedit ergo quod acceperat, et, ne periculose vitam finiret non reconciliatus, petiit ab eo [287] ipso, quem baptizaverat, ut eum reconciliaret et factum est: naufragium [288] evaserunt. Cognitum habes quod fecerunt. Nemo exstitit eorum, qui non pium animum ita crederet, ut consiliis eorum in illo periculo Dominum crederet affuisse. Motus enim animus religiosus et supplex ab homine exegit sacramentum, a Deo ipse [289] impetravit [290] sanctitatem. Quod si forte hoc, quod narravi de his, qui naufragio imminente periclitabantur, non vult aliquis credere, (non enim hoc scripturarum divinarum auctoritas, sed incerto
B auctore fama commendat), non repugnabo, sed interrogabo [291], si tale aliquid contingat, quid futurum est? Non enim potest quisquam dicere, relinquendum esse illum [292], qui morte imminente
C baptizari desiderat [293]. Quem baptizatum a poenitente quisquis non credit [294] contigisse, oportet, ut credat posse contingere.

**C. XXXVII.** *Quamvis recte vivat catechumenus, sine baptismo non potest salvari.*

Idem *ad eumdem* [295].

Catechumenum, quamvis in bonis operibus defunctum, vitam 'aeternam' [296] habere non credimus, excepto w martyrio, ubi tota baptismi sacra-

---

NOTATIONES CORRECTORUM.

C. XXXIV. u *Quibus rebus :* His verbis apud B. Augustinum antecedunt ea, quae leguntur infra ead. *Quum pro parvulis.*
C. XXXVI. v *Et infra :* Hic apud Ivonem inseruntur verba cap. *In necessitate,* sup. ead.
C. XXXVII. w *Excepto :* Emendatum est ex originali, et Magistro Antea legebatur : *excepto duntaxat* ', *nisi martyrii compleat sacramentum.*

---

Dist. IV. C. XXXIV. [259] *potuit* : Edd. Bas. Lugdd. [260] *ut in* : Edd. coll. o. [261] *istud* : caed. [262] *ut in* : exd. pr. Arg. — Iv. [263] abest ab Iv. [264] *enim* : Edd. coll. o. pr. Bas. Nor. [265] *confessio* : Edd. coll. o. [266] *confessio* : Ed. Bas. [267] abest ab Edd. coll. o. pr. Bas. [268] abest ab Iv. [269] *Dominum* : Edd. coll. o. pr. Bas. = C. XXXV. [270] Ivo Pan. l. 1, c. 112. Decr. p. 1, c. 184. [271] add. : *et sanctificatur* : Edd. coll. o. [272] add. : *cum homine* : exd. pr. Bas. [273] *credendum* : Edd. coll. o. [274] abest ab Iv. [275] *digestiones* : orig. — Edd. Arg. Bas. [276] *geruntur* : Ed. Arg. — *digeruntur* : Edd. rell. — Iv. — *egerenda* : orig. [277] *formatum in utero* : Ed. Arg. [278] *et ips.* : absunt ab Iv. = C. XXXVI. [279] Non exstat ap. Aug. — cf. c. 21. [280] *et per illos, aut per ep.* : Ed. Bas. [281] *in* : Iv. [282] abest ab Ed. Bas. [283] *et* : Edd. coll. o. [284] *moventur* : exd. [285] *et naufr. coep. imm.* : exd. pr. Lugdd. II, III. [286] *sacr. suae salutis honestissimus* : Ed. Arg. [287] abest ab Iv et Edd: Arg. Lugdd. II, III. [288] *et sic naufr.* : Edd. coll. o. pr. Bas. — *et naufr.* : Bohm. [289] abest ab Edd. Arg. Bas. et Iv. [290] *impetrat* : Iv. — Ed. Bas. [291] *interrogo* : id. — ead. [292] abest ab Ed. Arg. [293] *bapt. petit a poenitente. Quisquis* : Edd. coll. o. pr. Bas., in qua est : *quem baptizatum petiit a poenitente. Quisquis, etc.* [294] *credat* : Edd. coll. o. pr. Bas. = C. XXXVII. [295] In libro de eccles. dogmatibus, qui perperam tribuitur Augustino. — Burch. l. 4, c. 16. Ivo Pan l. 1, c. 107. seq. Decr. p. 1, c. 211, (omnes : *ex dic. is Aug.*). Polyc. l. 3, t. 10. Petr. Lomb. l. 4, dist. 4. [296] abest a Burch. Iv. ' ita Ed. coll. o. — *martyrio* : Ivo Pan. — *compleat sacramenta* : Burch.

menta complentur. Baptizandus [297] confitetur fidem suam coram sacerdote, et interrogatus respondet. Hoc et [298] martyr coram persecutore facit [299], qui et confitetur fidem *suam* [300], et interrogatus respondet. Ille [301] post confessionem *vel* [302] aspergitur aqua, *vel intingitur* [303]. Et [304] hic *vel* aspergitur sanguine, vel contingitur igne. Ille manus [305] impositione pontificis accipit Spiritum sanctum; hic habitaculum efficitur Spiritus sancti, dum non est ipse, qui loquitur, sed spiritus Patris [306], qui loquitur in illo. Ille communicat eucharistiæ in commemorationem [307] mortis Domini, hic ipsi Christo commoritur. Ille confitetur se mundi actibus renunciaturum [308], hic ipsi [309] renunciat [310] vitæ [311]. Illi peccata omnia remittuntur [312]; in isto exstinguuntur [313].

C. XXXVIII. *Non reiteratur baptisma, cujus formam constat integre collatam.*

*Item* Leo Papa. epist. *XC, al. XCII, ad Rusticum, c.* 16 [314].

VIII Pars. Hi, de quibus scripsisti, qui eos [315] baptizatos sciunt, sed cujus fidei fuerint qui eos baptizavere, se nescire profitentur, quolibet [316] modo formam baptismatis acceperint [317], rebaptizandi [318] non sunt; sed per manus impositionem *invocata* [319] virtute Spiritus sancti, quam ab hæreticis accipere non potuerunt, catholicis copulandi sunt.

C. XXXIX. *Et per bonos et malos ministros æque baptizat Christus.*

*Item* Augustinus *super Joan. tract.* V, *ad c.* 1 [320].

IX Pars. Aliud est baptizare per ministerium : aliud baptizare per potestatem ᶻ. *Item infra :* § 1. Ergo baptizabant discipuli ejus, et ibi adhuc erat Judas inter discipulos ejus. Si quos ergo [321] baptizabat Judas, non sunt iterum baptizati et quos baptizavit Joannes, iterum baptizati sunt? Plane iterum : sed non idem [322] erat baptismus. Quos enim baptizavit Joannes, baptizavit Joannes [323] : quos autem baptizavit Judas, Christus baptizavit. *Item tract.* 6 : § 2. Per hanc enim potestatem, quam Christus solus sibi tenuit et in neminem ministrorum transfudit, quamvis per ministros *suos* baptizare dignatus sit, per hanc [324] stat [325] unitas ecclesiæ, quæ significatur [326] per columbam, de qua dictum est [327] : *Una* [328] *columba mea, una est matris* [329] *suæ*. Si enim, ut jam dixi, fratres [330] mei, transferretur potestas a Domino ad ministrum, tot baptismata essent, quot ministri essent et jam non staret unitas baptismi. Intendite, fratres. Ante, quam veniret Dominus noster Jesus Christus ad baptismum, descendit [331] columba ʸ in aquam ; cognovit [332] Joannes quiddam proprium ei, cui hoc dictum est [333] : *Super quem videris Spiritum descendentem* *sicut columbam*, *et manentem super eum, ipse est qui baptizat in Spiritu sancto.* Noverat [334], quia ipse [335] baptizabat in Spiritu sancto; sed quia tali proprietate, ut potestas ab eo [336] non transiret in alterum, quamvis eo donante, *hoc* ibi didicit. *Item tract.* 80 : § 3. *Jam* [337] *vos mundi estis propter verbum* [338], *quod locutus sum vobis.* Quare non ait : mundi estis propter baptismum, quo loti [339] estis, sed ait : *propter verbum, quod locutus sum vobis,* nisi quia et [340] in aqua verbum mundat ˣ ? *Item tract.* 5 : § 4. Si [341] fuerit minister justus, computo illum [342] cum Paulo, *computo illum* cum Petro, cum istis computo justos ministros. Quia vero justi ministri gloriam suam non quærunt (mi-

NOTATIONES CORRECTORUM.

C. XXXIX. ˣ *Per potestatem :* Hic apud B. Augustinum sequitur c. *Baptismus,* supra ead. relatum.

ʸ *Descendit columba :* Tota hæc pars, quæ auctori glossæ difficultatem fecit, depravata est. Nam in originali sic legitur : *Ante quam venisset Dominus noster Jesus Christus ad baptismum, nam post ba-* *ptismum descendit columba, in qua cognovit Joannes quiddam proprium, quum ei dictum est : Super quem videris Spiritum descendentem sicut columbam, et manentem super eum, ipse est, qui baptizat in Spiritu sancto noverat, quia ipse,* etc.

ᶻ *Mundat :* Apud B. Augustinum post hæc verba sequitur c. *Detrahe,* sup. 1, qu. 1.

---

Dist. IV. C. XXXVII. [297] *baptizaturus :* Edd. Bas. Par. Lugd. I. — *baptizatus :* Edd. rell. — Burch. Iv. [298] *idem :* iid. — Edd. coll. o. [299] *fecit :* exd. pr. Lugdd. II, III. [300] abest a Burch. Iv. [301] *et ille :* Edd. coll. o. [302] abest ab Iv. — ap. Burch. locus corruptus est : *ille post conf. adsperg. martyrio, vel vero adsperg. sanguine vel ling. igne.* [303] *vel int.,* et seq. : *vel* absunt ab Iv. [304] *hic vero :* id. — Edd. coll. o. [305] *per man. impositionem* Ed. Bas. [306] abest a Burch. — *sanctus :* Iv. — Edd. coll. o. [307] *commemoratione :* exd. pr. Lugdd. II, III. — Burch. Iv. [308] *renunciare :* Iv. — Edd. coll. o. [309] *ipsis :* Edd. coll. o. — add. : *illecebris :* Edd. Bas. Lugdd. II, III. [310] *renunciavit :* Burch. [311] *et vitæ :* Iv. — Edd. coll. o. [312] *dimittuntur :* Iv. Pan. — Ed. Bas. [313] *isti :* Burch. Iv. — Edd. coll. o. = C. XXXVIII. [314] Ep. 167, (scr. A. 458. vel 459.) Ed. Baller. — Burch. l. 4, c. 42. Ans. l. 9, c. 6 (16). Ivo Pan. l. 1, c. 91. Decr. p. 4, c. 236. Polyc. ib. [315] *se :* Coll. Hisp. — Baller. — Burch. Ans. Iv. [316] *quoniam quot. :* Coll. Hisp. — Burch. Iv. — *unde quon. quot. :* Baller. — Ans. [317] *acceperunt :* Coll. Hisp. — Baller. — Ans. Burch. Iv. — Edd. coll. o. [318] *baptizandi :* Baller. — Burch. Ans. [319] abest a Coll. Hisp. et Burch. Ans. Iv. — *in virt. :* Ed. Bas *virtutem Sp. s. accipientes, quam :* Ivo. = C. XXXIX. [320] Petr. Lomb. l. 4, dist. 5. [321] *autem baptizavit :* Edd. coll. o. [322] *iterato baptismo :* Edd. coll. o. [323] *et Jo. :* Edd. Lugd. II, III. [324] add. : *inquit :* Ed. Arg. — *inquam :* Edd. rell. [325] *constat :* Ed. Bas. [326] *signatur :* Ed. Arg. [327] Cant. c. 6, v. 8. [328] add. : *est :* Edd. coll. o. [329] *matri (matris :* Ed. Lugdd. I.) *suæ electa :* exd. [330] *fr. mei :* absunt ab Edd. Arg. [331] add. : *Spir. s. in :* Edd. Arg. Bas. [332] *in aqua cogn. :* Edd. coll. o. [333] Joann. c. 1, v. 33. [334] add. : *autem :* Edd. coll. o. [335] abest a Bohm. [336] *Deo :* Edd. Arg. Bas. [337] Joan. c. 15, v. 3. [338] add. : *Dei :* Edd. Bas. Lugdd. II, III. [339] *abluti :* Edd. coll. o. [340] *jam et :* Ed. Bas. [341] cf. C. 1, qu. 1, c. 50. [342] *eum :* Edd. coll. o.

nistri enim sunt), pro ducibus haberi nolunt, spem in se poni erubescunt. Ergo computo cum Paulo justum ministrum. Quid enim dicit Paulus? *Ego plantavi, Apollo rigavit; sed Deus incrementum dedit.*

## C. XL. *Nec baptisma, nec baptizandi potestatem schismatici amittunt.*

**Idem** in lib. I, de baptismo contra Donatistas, c. 1.

Nullus autem *illorum* negat, habere baptismum etiam apostatas, quibus utique redeuntibus et per pœnitentiam conversis, *dum* non redditur, amitti non potuisse judicatur. Sic et illi, qui per sacrilegium schismatis ab ecclesiæ communione discedunt, habent utique baptismum, quem prius quam discederent, acceperunt. Nam et ipsi, si redeant, non eis iterum datur. Unde ostenditur, illud, quod acceperant in unitate positi, non potuisse amittere *ab unitate* separatos. Quod si haberi foris potest, etiam dari cur non potest? Si dicis: non recte foris datur, respondemus: sicut non recte foris habetur, et tamen habetur, sic non recte foris datur; sed tamen datur. Sicut autem per unitatis reconciliationem incipit utiliter haberi quod extra unitatem inutiliter habebatur: sic per eandem reconciliationem incipit utile esse quod extra eam inutiliter datum est. *Item* lib. 3, c. 19: § 1. Hæretici *sacramenta et scripturas habent ad spem, non ad salutem. Item lib. 4, c. 11 : § 2. Perfidus *et blasphemus*, si in perfidia *et blasphemia* permanserit, nec extra ecclesiam, *nec intra ecclesiam* remissionem accipit peccatorum; aut, si propter vim sacramenti ad punctum temporis accipit, et foris et intus eadem vis operatur, sicut vis nominis Christi expulsionem dæmonum foris etiam operabatur.

## C. XLI. *Mali non sua potestate, sed Christi virtute baptisma ministrant.*

**Item** ibidem lib. V, c. 20 b.

Quomodo exaudit Deus homicidam deprecantem, vel super aquam baptismi, vel super oleum, vel super eucharistiam, vel super capita eorum, quibus manus imponitur? Quæ tamen omnia et fiunt, et valent etiam per homicidas, id est per eos qui oderunt fratres. Etiam in ipsa intus ecclesia, quum dare nemo possit quod non habet, quomodo dat homicida Spiritum sanctum? et tamen ipse intus etiam baptizat. Deus ergo dat etiam ipso baptizante Spiritum sanctum. Quapropter sacramentum gratiæ dat Deus etiam per malos; ipsam vero gratiam non nisi per se ipsum, vel per sanctos suos et ideo remissionem peccatorum vel per se ipsum facit, vel per illius columbæ membra, quibus ait: *Si cui dimiseritis peccata, dimittentur, et si cui tenueritis, tenebuntur.* Manus autem impositio si non adhiberetur ab hæresi venienti, quanquam *extra omnem culpam esse judicaretur*, propter caritatis tamen copulationem (quod est maximum donum Spiritus sancti, sine quo non valent ad salutem quæcunque alia sancta in homine fuerint) manus hæreticis correctis imponitur. Induunt autem homines Christum aliquando usque ad sacramenti perceptionem, aliquando *et* usque ad vitæ sanctificationem; atque illud primum et bonis et malis potest esse commune: hoc autem *alterum* proprium est bonorum et piorum. § 2. Non ob aliud visum est quibusdam etiam egregiis viris antistitibus Christi, (inter quos præcipue B. Cyprianus eminebat), non esse posse apud hæreticos vel schismaticos baptismum Christi, nisi quia non distinguebatur sacramentum ab effectu vel usu sacramenti, et quia

---

## NOTATIONES CORRECTORUM.

**C. XL.** *Hæretici*: Sic etiam refertur in Polycarpo. Apud B. Augustinum loco indicato hæc sunt inventa: *Ut eorum error veritas appelletur, et scelus eorum justitia putetur propter sacramenta et scripturas, quas tenent ad speciem, non ad salutem.*

**C. XLI.** *Caput hoc confectum est ex verbis* B. Augustini, sed hinc inde collectis, et alio modo dispositis, interdumque in epitomen redactis.

*Quanquam*: In originali legitur: *Tanquam* *extra omnem culpam esse judicaretur. Propter caritatis autem copulationem*, etc. Sed ob glossam in versic. *Culpam*, non est emendatum.

---

Dist. IV. C. XXXIX. judicibus: orig. Apostolus: Edd. Arg. Bas. — cf. 1 Cor. c. 3, v. 6. = C. XL. Ans. l. 9, c. 27. (39, 26, 46.) Polyc. l. 3, t. 10. quia am.: Edd. coll. o. Sic ut: exd. pr. Lugdd. II, III. in: Edd. coll. o. accipiunt: Ed. Arg. — acceperant: Edd. Lugdd. II, III. redeunt: Edd. Arg. Bas. acceperunt: Edd. coll. o. Ivo Decr. p. 1, c. 165. remanserit: Edd. Arg. Bas. add.: per bapt. datum: Ed. Arg. — per bapt.: Edd. rell. accepit: Edd. Nor. Ven. I, Par. Lugd. I. per: Edd. Bas. Ven. Lugdd. II, III. excipit: Edd. coll. o. eam vim: ead. cf. Matth. c. 8. = C. XLI. Ans. l. 9, c. 38 (50). Polyc. ib. exundivit: Edd. Arg. Bas. Ven. II. aut: Edd. coll. o. pr. Arg. cf. 1 Joan. c. 3, v. 15. abest ab Edd. Arg. Bas. in ipso baptizante: Ed. Bas. — in ipso baptismate: Edd. rell. pr. Lugdd. II, III. Aug. l. 4, c. 21. ipsius: Edd. Arg. Bas. Lugdd. II, III. Joan. c. 20, v. 23. dimittuntur: Ed. Bas. retenta suut: ead. — rei. erunt: Edd. rell. pr. Arg., quæ cum Ans. omittit: et — ten. cf. Aug. l. 4, c. 24. adhibetur: Edd. Arg. Bas. *ita Ans. quæ: Edd. coll. o. Aug. l. c. 21. add.; ipsum: Edd. coll. o. pr. Bas. Lugdd. II, III. add.: etiam: Edd. Bas. Lugdd. II, III. Aug. l. c. l. 6, c. 1. et autist.: Edd. Bas. Lugdd. II, III. distinguebant: Edd. coll. o.

ejus [380] effectus atque usus in liberatione a peccatis et cordis rectitudine apud hæreticos non inveniebatur [381], ipsum quoque sacramentum non illic esse putabatur [382]. Sed convertentibus oculos ad interioris paleæ multitudinem (quum et hi, qui in ipsa unitate perversi sunt, et perdite vivunt, appareant remissionem peccatorum nec dare posse, nec habere, quia non malignis, sed bonis filiis dictum est : *Si cui dimiseritis peccata, dimittentur ei* [383]; *si* [384] *cui tenueritis, tenebuntur*, habere tamen, et dare, et accipere baptismi sacramentum) ; satis eluxit pastoribus ecclesiæ catholicæ, et ovem, quæ foris [385] errabat et dominicum characterem foris accipiebat, venientem ad Christianæ unitatis salutem ab errore corrigi, characterem tamen Dominicum in ea agnosci [386] potius, quam improbari, quandoquidem ipsum characterem multi et [387] lupi, et lupis insigunt, qui videntur *quidem* intus esse, veruntamen ad illam ovem, quæ *etiam* ex multis una est, non pertinent [388]. § 3. Quum [389] malus tradit baptismum bono, id est in unitatis vinculo, veraci conversione mutato, inter bonum sacramentum, quod traditur, et bonum fidelem, cui traditur, tradentis malitia [390] non separat, et, quum illi veraciter ad Deum converso peccata dimittuntur [391] ab eis, quibus ipsa [392] veraci confessione conjungitur, Spiritus sanctus ea dimittit, qui datus est omnibus sanctis sibi charitate cohærentibus, sive se noverint corporaliter, sive non noverint. Similiter, quum alicujus peccata tenentur, ab eis *utique* tenentur, a quibus ille cordis pravitate disjungitur, sive notis corporaliter, sive ignotis. § 4. Omnes [393] mali spiritaliter [394] a bonis sejuncti sunt. Si autem etiam [395] corporaliter aperta dissensione separentur, pejores fiunt [396]. Sed nihil interest ad baptismi sanctitatem, quanto quisque pejor id habeat, et quanto pejori tradat. Potest tamen [397] tradere separatus, sicut potest habere separatus. Sed quam perniciosum est habere, tam [398] perniciosum est tradere. Ille autem, cui traditur [399], potest salubriter accipere, si ipse non separatus acceperit urgente mortis necessitate. § 5. Cur [400] hæretici foris baptizare non possunt? an quia pejores sunt eo ipso, quod foris sunt? Sed nihil interest ad integritatem baptismi, quanto pejor

id tradat [401]. Neque enim tantum interest inter malum et pejorem, quantum *interest* inter bonum et malum, et tamen, quum baptizat malus, non aliud dat, quam bonus. Ergo et quum baptizat pejor, non aliud dat, quam ille, qui minus est malus. An forte non ad hominis meritum, sed ad ipsius baptismi sacramentum pertinet, ut foris dari non possit? Si hoc ita esset, nec haberi foris posset, et toties necesse esset baptizari, quoties recedens quisque ab ecclesia rursus ad ecclesiam remeasset. § 6. His [402], qui ficto [d] corde baptizantur, aut peccata nullatenus dimittuntur, quia spiritus [403] disciplinæ effugiet fictum, aut in ipso temporis puncto per vim sacramenti dimissa iterum per fictionem replicantur, ut et illud verum sit : *Quotquot* [404] *in Christo baptizati estis, Christum* [405] *induistis*, et illud : *Spiritus* [406] *enim* *sanctus* [407] *disciplinæ effugiet fictum :* id est, ut induat eum Christo [408] sanctitas baptismi, et exuat eum Christo [409] pernicies fictionis. Nam redire dimissa peccata, ubi fraterna charitas non est, apertissime Dominus in evangelio docet in illo servo, a quo Dominus dimissum debitum petivit, eo quod ille conservo suo debitum nollet dimittere. Sic [410] non impeditur baptismi gratia, quo minus omnia peccata dimittat, etiamsi odium fraternum in ejus, cui dimittuntur, animo perseverat. Solvitur enim hesternus dies, et quicquid superest solvitur etiam ipsa hora momentoque [411] ante baptismum, et in [412] baptismo; deinceps autem reus esse continuo incipit non solum consequentium, sed etiam præteritorum dierum, horarum, momentorum, redeuntibus omnibus, quæ dimissa sunt, peccatis †.

C. XLII. *Quando prosit baptismus ei, qui ficte illum accepit.*

Idem *eodem I lib. de baptismo, et eodem c. 12* [413].

X Pars. Tunc valere incipit ad salutem baptismus, quum illa fictio veraci confessione recesserit, quæ, corde in malitia vel sacrilegio perseverante, peccatorum abolitionem [414] non sinebat fieri.

C. XLIII. *Non reiterantur sacramenta, quæ extra ecclesiam conferuntur.*

Idem *ad Donatistas, epist. XLVIII* [415].

Non in vobis mutamus in quibus nobiscum estis.

### NOTATIONES CORRECTORUM.

[d] *His, qui ficto* : Hæc usque ad vers. *Nam redire,* sunt epitome quædam verborum B. Augustini partim ex Donatistarum, partim ex sua persona prolatorum.

Dist. IV. C. XLI. [380] *ejus sacramenti effectum atque usum* : exd. [381] *inveniebant* : exd. [382] *putabant* : exd. [384] *dimittuntur eis et rell.* : exd. [385] *verba : et — ten.* : absunt ab Ans. — cf. Joan. c. 20, v. 23. [385] abest a Bohm. [386] *cognosci* : Edd. coll. o. [387] abest ab Edd. Bas. Par. Lugdd. [388] *pertinet* : Edd. coll. o. pr. Bas. Lugdd. II, III. [389] Aug. l. 4, c. 4. [390] *mal. superatur* : vera lectio. — Ans. [391] *dimittantur* : Edd. Arg. Bas. Lugdd. II, III. [392] *ipse* : Edd. coll. o. [393] cf. Aug. l. 4, c. 5. [394] *specialiter* : Ed. Bas. [395] abest ab Ed. Arg. [396] *sunt* : Ed. Bas. [397] add. : *pejori* : Edd. Bas. Lugdd. II, III. [398] abest ab Ed. Bas. [399] *tradit* : orig. — *tradidit* : Edd. coll. o. pr. Lugdd. II, III. [400] Aug. l. l. c. 24. [401] *tradidit vel dat* : Ed. Arg. [402] Aug. l. c. l. 4, c. 12. [403] add. : *sanctus* : Edd. Arg. Bas. [404] Galat. c. 3, v. 27. [405] *Chr. ind.* : absunt ab Ed. Bas. [406] Sap. c. 1, v. 5. [407] abest ab Edd. Arg. Bas. [408] *Christum* : Edd. coll. o. [409] *Christum* : exd. [410] Ivo Decr. p. 1, c. 163. [411] *momentumque* : orig. — Ans. Iv. [412] *in ipso* : Edd. coll. o. pr. Arg. † abest ab Iv. — C. XLII. [413] cf. supra c. 52, ex or. [414] *absolutionem* : Edd. coll. o. — C. XLIII. [415] Ep. 113. (scr. A. 408.) Ed. Maur. — Polyc. l. 3, t. 10.

(in multis enim estis nobiscum), nam et de talibus dictum est [416] : *Quoniam in multis erant mecum ; sed ea corrigimus, in quibus : nobiscum* non estis, et ea vos hic accipere volumus, quæ non habetis illic, ubi estis. Nobiscum autem estis in baptismo, in symbolo, in ceteris dominicis sacramentis. In spiritu autem unitatis et vinculo pacis, in ipsa denique [417] catholica ecclesia nobiscum non estis. *Et in epistola 51, ad Bonifacium* [418] : § 1. Isti autem, cum quibus *agimus*, vel de quibus agimus, non sunt desperandi, adhuc enim sunt in corpore; sed non quærant [419] *Spiritum sanctum, nisi in Christi corpore, cujus habent foris sacramentum, sed rem ipsam non tenent intus, cujus est illud sacramentum, et ideo sibi judicium manducant et bibunt.*

C. XLIV. *Quomodo recipiantur ab ecclesia qui in nomine Trinitatis apud hæreticos baptizantur.*

*Item* Gregorius *Quirino Episcopo, et ceteris in Iberia* * *Episcopis, lib. IX, epist.* 61 [420].

Ab antiqua Patrum institutione didicimus, ut qui apud hæresim in Trinitatis nomine baptizantur, quum ad sanctam ecclesiam redeunt [421], aut unctione chrismatis, aut impositione manus, aut sola professione fidei ad sinum matris ecclesiæ revocentur. Unde Arianos per impositionem manus occidens, per unctionem vero sancti chrismatis ad ingressum sanctæ catholicæ ecclesiæ oriens reformat. Monothelitas f [422] vero, et alios ex sola *vera* confessione recipit, quia sanctum baptisma, quod [423] sunt apud hæreticos consecuti, tunc in eis vires emundationis [424] recipit [425], quum vel illi per impositionem manus Spiritum sanctum acceperint [426], vel isti propter professionem veræ fidei sanctæ et universalis ecclesiæ visceribus fuerint [427] uniti.

C. XLV. *Extra ecclesiam baptismus accipi potest, sed non prodest.*

*Item* Augustinus *de baptismo, c.* 1 g.

Ecclesia paradiso comparata indicat nobis, posse

A quidem ejus baptismum homines etiam foris recipere [428], sed salutem beatitudinis extra eam [429] neminem vel percipere, vel tenere. *Nam et flumina de fonte paradisi, sicut scriptura testatur [430], etiam foras largiter manaverunt. Nominatim quippe commemorantur et per quas terras fluant. Et quia extra paradisum constituta sunt, omnibus notum est*. Nec [431] tamen in Mesopotamia, vel *in* Ægypto, quo illa flumina pervenerunt [432], est felicitas vitæ, quæ in paradiso commemoratur. *Ita fit, ut, quum paradisi aqua sit extra paradisum, beatitudo tamen non sit extra paradisum*. Sic ergo baptismus ecclesiæ potest esse extra ecclesiam, munus autem beatæ [433] vitæ non nisi inter ecclesiam reperitur [434].

B C. XLVI. *Hæresis* h *et sacrilegium hæreticorum sunt non sacramenta.*

Idem *de unico baptismo contra Donatistas, lib. III*, *c.* 11 [435].

Nunc [436] autem non [437], sicut hæresis hæreticorum est, sicut error ipsorum est, sicut sacrilegium dissensionis [438] ipsorum [439] est, sic etiam baptisma, quod Christi est, dici debet [440] ipsorum.

C. XLVII. *De eodem.*

Idem *lib. V, c.* 13 [441].

Quum tantum valet baptismus per hominem contemtibilem, quantum per apostolum datus, ita nec illius [442], nec illius [443] esse cognoscitur, sed Christi. *Item c.* 14 : § 1. Invenimus dictum ab Apostolo [444], et gloriam meam, quamvis utique in Domino, et ministerium meum et prudentiam meam, et evangelium meum,
C quamvis utique a Domino impertitum [445] atque donatum ; baptismus [446] autem meus, nemo eorum dixit omnino. Non enim omnium æqualis est gratia [447], nec ministrant omnes æqualiter ; nec æquali prudentia [448] sunt omnes præditi et in evangelizando alius alio melius operatur. Et ideo dici potest alius alio doctior in ipsa doctrina salutari, Alius autem alio magis minusve baptizatus dici non potest, sive ab inferiore sive a majore baptizetur.

NOTATIONES CORRECTORUM.

C. XLIV. * *Iberia :* Sic emendatum est ex originali manuscripto Vaticano. Antea erat : *Hibernia*.

f *Monothelitas :* In originali, et Polycarpo, et apud Ivonem in textu est : *Monophysitas.* De qua hæresi scribit Joannes Damascenus in libro de duabus Christi voluntatibus, et Nicephorus, et alii. Sed ob glossam non est mutatum.

C. XLV. g Locupletatum est caput hoc ex originali, ut sententia melius percipiatur.

C. XLVI. h *Hæresis :* Sic emendatum est ex aliquot vetustis exemplaribus Antea legebatur : *baptismus et sacrilegium hæreticorum non sunt sacramenta.*

---

Dist. IV. C. XLIII. [416] Psal. 54, v. 19. [417] *Domini catholicaque :* Edd. Arg. Bas. [418] Ep. 185 ](scr. A. 417.) Ed. Maur. [419] *quærunt :* Ed. Bas. = C. XLIV. * *ita* Edd. coll. o. [420] Ep. 67, (scr. A. 604.) l. 11, Ed. Maur. — Ans. l. 8, c. 24. Ivo Pan. l. 1, c. 88. (usque ad : *reformat)* Decr. p. 4, c. 153. Polyc. ib. [421] *redierint :* Edd. Arg. Bas. [422] *Monuscelitas :* Ed. Nor. — *Monoscelitas :* Edd. Lugdd. II, III. — *Monoscelitas :* Edd. rell. [423] *quod est ap. hær., sunt :* Ed. Bas. [424] *emendationis :* ead. [425] *accipit :* Iv. - Ed. Arg. — *accepit :* Ed. Bas. [426] *acceperunt :* ead. [427] *sunt :* Edd. coll. o. pr. Bas. = C. XLV. [428] *accipere :* Edd. coll. o. [429] add. : *ecclesiam:* Edd. Bas. Lugdd. II, III. [430] cf. Gen. c. 2. [431] *Non enim :* Edd. coll. o. [432] *pervenerint :* Ed. Arg. [433] *bonæ :* Ed. Bas. [434] *invenitur :* Edd. coll. o. pr. Bas. = C. XLVI. [435] Ivo Pan. l. 4, c. 32. Decr. p. 1, c. 164. [436] *Non autem sicut :* orig. — Iv. [437] abest ab Ed. Bas. [438] *discessionis :* ead. [439] *eorum :* Edd. coll. o. [440] *non deb. :* exd. exc. Arg. = C. XLVII. [441] Ivo Pan. l. 4, c. 33. Decr. p. 1, c. 167. [442] *istius :* Edd. Lugdd. II, III. [443] *istius :* Iv. Pan. — *nec ill. :* absunt ab Edd. Nor. Ven. I, II. Par. Lugd. I. — Bohm. [444] *apostolis :* Iv. Pan. — Edd. coll. o. [445] add. : *sit :* Edd. Bas. Lugdd. II, III. [446] *baptismum — meum:* Ivo. — Edd. coll. o. [447] *gloria :* orig. — Ivo. — Edd. coll. o. pr. Bas. Lugdd. II, III. [448] add. : *scientia :* Ed. Par. — *vel sanctimonia vel scientia :* Ed. Arg. — *vel scientia :* Edd. rell.

## C. XLVIII. *De eodem.*
### Idem *lib. IV, c.* 15.

Satis ostendimus, ad baptismum, qui verbis evangelicis consecratur, non pertinere cujusquam vel dantis, vel accipientis errorem, sive de Patre, sive de Patre, sive de Filio, sive de Spiritu sancto aliter sentiat, quam coelestis doctrina insinuat.

## C. XLIX. *Quod bonis et malis sacramenta ecclesiæ communia sunt.*
### Idem *in libro de baptismo*.

Est unitas ecclesiæ, quæ late patet, in sacramentorum videlicet societate et communione, quæ complectitur cum granis etiam paleas, quando eas corporaliter mixtas ita patitur, ut neque illas justi vitent, neque ab illis justi vitentur. Sic sunt k in ecclesia homines mali, ut in corpore humano humores mali, qui interdum exeunt ex corpore.

## C. L. *Non transit ad aquam baptismi malitia benedicentis.*
### Idem *de unico baptismo contra Donatistas lib. III, c.* 10.

Non est aqua profana et adultera, super quam nomen Dei invocatur, etiamsi a profanis et adulteris invocetur, quia nec ipsa creatura, nec ipsum nomen adulterum est.

## C. LI. *Non est rebaptizandus qui ab hæreticis baptizatur.*
### Item Beda *homilia XXXVI, ad c. 3 Joannis.*

Sive hæreticus, sive schismaticus, sive facinorosus quisque in confessione sanctæ Trinitatis baptizet, non valet ille, qui "ita" baptizatus est, a bonis catholicis rebaptizari, ne confessio vel invocatio tanti nominis videatur annullari.

## C. LII. *Baptizati a paganis in nomine baptizentur Trinitatis.*
### Item Gregorius II *Bonifacio Episcopo, ep. ult.*

Quos a paganis baptizatos esse asseruisti, si ita habetur, ut denuo baptizes in nomine Trinitatis, mandamus.

## A C. LIII. *Sine exorcismis et exsufflationibus nullus baptizetur.*
### Item Coelestinus Papa *Episcopis Galliæ, epist. I, c.* 12.

XI Pars. Sive parvuli, sive juvenes ad regenerationis veniunt sacramentum, non prius fontem vitæ adeant, quam exorcismis et exsufflationibus clericorum Spiritus ab eis immundus abjiciatur.

## C. LIV. *Officium baptizandi catechumeni præveniant.*
### Item Rabanus *de institutione clericorum lib. I, c.* 25.

Ante baptismum catechizandi debet hominem prævenire officium, ut fidei primum catechumenus accipiat rudimentum. *Item ibidem* : § 1. Prius ipse Jesus cæci nati oculos luto ex sputo facto superlinivit, et sic ad aquas Siloe misit, quia prius debet baptizandus fide incarnationis Christi instrui, et sic ad baptismum jam credulus admitti, ut sciat, cujus gratiæ in eo est particeps, et cui jam debitor fiat deinceps.

## C. LV. *Quo tempore catechumeni ad exorcizandum sunt deferendi.*
### Item ex Concilio Bracarensi II, c. 1.

Ante viginti dies baptismi ad purgationem exorcismi catechumeni concurrant, in quibus viginti diebus omnino symbolum, quod est: Credo in Deum Patrem omnipotentem, spiritualiter doceantur.

## C. LVI. *Quo tempore competentibus symbolum est prædicandum.*
### Item ex Concilio Agathensi, c. 13.

Symbolum etiam placuit ab omnibus ecclesiis una die, id est ante octo dies dominicæ resurrectionis, publice in ecclesia competentibus prædicari.

## C. LVII. *In unaquaque ecclesia baptizandi catechizari possunt.*
### Item Nicolaus Papa.

Catechismi baptizandorum a sacerdotibus unius,

---

### NOTATIONES CORRECTORUM.

C XLIX. i Hujus capitis sententia usque ad vers. *Sic sunt*, habetur in libro de unico baptismo contra Petilianum c. 14, et 15.

k *Sic sunt*: Sententia sumta est ex B. Augustino in ep. 1 Joannis et Beda in eundem locum; glossa D autem ordinaria ibidem sic habet : *Sic sunt ficti in ecclesia, quomodo humores mali in corpore; quando evomuntur, relevatur corpus : sic quando exeunt mali, relevatur ecclesia.*

---

Dist. IV. C. XLVIII. Ivo Pan. l. 1, c. 34. Decr. p. 1, c. 165. = C. XLIX. cf. Matth. c. 3, v. 12 = C. L. Ivo Pan. l. 1, c. 54. Decr. p. 1, c. 116. *personis* : Ed. Lugd. II. *et ab* : Edd. Bas Lugd. II, III. add. : *adultera est* : Edd. coll. o. pr. Arg. = C. LI. Ivo Pan. l. 1, c. 85. Decr. p. 1, c. 173. Petr. Lomb. l. 4, dist. 6. *veris* : Ed. Bas. = C. LII. Imo Greg. III. A. 738. = Coll. tr. p. p. 1, t. 57, c. 3. — Ivo Decr. p. 11, c. 91. *bapt. eos mand.* : Ed. Arg. = C. LIII. scr. A. 431. — Burch. l. 4, c. 10. Ivo Decr. p. 1, c. 205. Polyc. l. 3, t. 20. *venerint* : Ed. Bas. *abigatur* : orig. — Burch. Iv. — Ed. Nor. — *abigatur vel abjiciatur* : Ed. Arg. = C. LIV. Ivo Pan. l. 1, c. 58. Decr. p. 1, c. 82, seq. Petr. Lomb. l. 4. dist. 6. *in hominem pervenire* : orig. — *in homine perv.* : Iv. Pan. cf. Joan. c. 9. *cujus* : Ed. Bas. = C. LV. hab. A. 572. — cf. C. 10, qu. 1, c. 12. — Iv. Pan. l. 1, c. 39. — cf. Burch. l. 4, c. 8. Decr. p. 1, c. 203. *purgationis exorcismum* : Ed. Bas. *currant* : Coll. Hisp. — Iv. — Edd. coll. o. *specialiter* : Coll. Hisp. — Ed. Bas. = C. LVI. hab. A. 506. — Burch. l. 4, c. 29. Ivo Decr. p. 1, c. 223. *abest ab Ed. Arg. *septem* : Ed. Bas. *tradi* : Coll. Hisp. — Burch. Iv. = C. LVII. Non exstat inter expressas Nic. epp. — Iv. Pan. l. 1, c. 40. Decr. p. 1, c. 87, tribuit Nic. scribenti *ad Joannem archiep. Ravenæ.*

cujusque ecclesiæ possunt fieri, sicut in sancta hac Romana ecclesia (cui, Deo auctore, ministerium famulatus nostri exhibemus), solenniter fieri comprobantur.

### C. LVIII. De eodem.

Item ex Concilio Laodicensi, c. 46 [475].

Baptizandos oportet fidei symbolum [1] discere, et quinta feria ultimæ septimanæ vel episcopo vel presbyteris [478] reddere.

### C. LIX. De eodem.

Item ex Concilio Martini Bracarensis, c. 49 [477].

Non liceat ante duas septimanas Paschæ, sed ante tres ad baptismum suscipere aliquem. Oportet autem, ut in his diebus 'hi', qui baptizandi sunt, symbolum discant, et [478] in [479] quinta [480] feria novissimæ septimanæ 'hoc' [481] episcopo vel presbytero reddant.

### C. LX. Ante, quam baptizentur, quilibet sunt examinandi.

Item ex Concilio Carthaginensi IV, c. 85 [482].

Baptizandi nomen suum dent [483], et diu [484] sub abstinentia vini et carnium, ac manus impositionis [485] crebra examinatione baptismum percipiant.

### C. LXI. Baptizandi quare exorcizantur et exsufflantur.

Item Rabanus de institutione clericorum, lib. I, c. 27 [486].

Postquam se baptizandus per confessionem veræ fidei in alterius commendaverit [487] dominium, et per abrenunciationem a [488] prioris possessoris se alienaverit servitio, exsufflatur ab eo sæva potestas, ut per pium [489] sacerdotis ministerium Spiritui sancto cedat fugiens spiritus malignus.

### C. LXII. De eodem.

Item Augustinus de symbolo, lib, I, c. 1 [490].

Sicut nostis, fratres [491] carissimi, 'et' parvuli exsufflantur et exorcizantur, ut pellatur ab eis diaboli potestas inimica, quæ decepit hominem, ut possideret homines. Non ergo creatura 'Dei' in in fantibus exorcizatur aut exsufflatur, sed ille, sub quo sunt 'omnes' [492], qui sub peccato nascuntur.

### C. LXIII. Quare signetur baptizandus in corde et fronte.

Item Rabanus de institutione clericorum, lib. I, c. 27 [493].

Postea signatur baptizandus signaculo sanctæ crucis tam in fronte quam in corde, ut ab eo tempore 'ipse' apostata diabolus in vase suo pristino, suæ interemtionis cognoscens signaculum [494], jam sibi deinceps illud sciat esse alienum.

### C. LXIV. Quare super eum orationes dicantur.

Idem ibidem continuo [495].

Exhinc jam dicuntur super eum orationes, ut fiat catechumenus. Tunc datur baptizando sal benedictum in os, ut per sal typicum, sapientiæ sale conditus, fœtore careat iniquitatis, et [496] nec a vermibus peccatorum ultra putreflat [497], sed magis illæsus servetur ad majorem gratiam percipiendam.

### C. LXV. Quare sale initiantur catechumeni.

Item Beda in Esdram, lib. II, c. 9 [m] [498].

Sal cœlestis sapientiæ, quo initiantur catechumeni, in cunctis operum nostrorum sacrificiis jubemur offerre [499].

### C. LXVI. Quare iterum exorcizentur.

Item Rabanus de institut. clericorum, lib. I, c. 27 [500],

Dehinc iterum exorcizatur [501] diabolus, ut suam nequitiam agnoscens et justum super se Dei judicium timens, recedat ab homine, nec jam [502] contendat [503] eum arte sua subvertere, ne baptismum consequatur; sed magis honorem Deo creatori suo exhibens reddat opus factori [504] suo.

### C. LXVII. Sacerdotes exorcizando dæmonia repellunt.

Item Gregorius Papa in hom. XXIX, Evangel. [505].

Sacerdotes [506], quum per exorcismi gratiam manum credentibus imponunt [507], et habitare mali

---

NOTATIONES CORRECTORUM.

C. LVIII. [1] Fidei symbolum : Est prisca versio*, D græce est : τήν πίστιν, et sententiam sat bene reddit. Hoc autem loco,

C. LXV. [m] Antea citabatur in libros Regum **.

---

Dist. IV. C. LVIII. [475] hab. inter A 347, et 381.—Burch. l. 4, c. 9. Ans. l. 9, c. 20. Ivo Decr. p. 1, c. 204, referunt ex Dionysio 'i. e. Hispan. [476] presbytero : Coll. Hisp. — Edd. coll. o. = C. LIX. [477] c. 45, 46, conc. Laod. ex interpr. Martini Brac. (Papæ : Edd. coll. o.) [478] et — redd. : absunt ab Ed. Arg. [479] abest a Coll. Hisp. [480] sextá : Edd. Ven. II. Par. Lugd. I. [481] abest a Coll. Hisp. = C. LX. [482] c. 23. Statutt. eccl. ant. — cf. ad c. 9. D. 18. — Burch. l. 4, c. 11. Ivo Decr. p. 1, c. 206. [483] add. : in scriptis : Ed. Arg. [484] dum : Coll. Hisp. — et diu : absunt a Burch. Iv. [485] impositione crebra examinati : Baller. — impos. crebro examinantur : Coll. Hisp. — impos. crebro examinent baptismum : Burch. Iv. = C. LXI. [486] Ivo Pan. l. 1, c. 41. Decr. p. 1, c. 90. [487] commendavit : Ed. Bas. [488] abest ab Edd. coll. o. pr. Bas. Lugdd. II, III. [489] purum : Edd. Arg. Bas. = C. LXII. [490] Ivo Pan. l. 1, c. 42. Decr. p. 1, c. 94. [491] fr. car. : absunt ab orig. et Iv. [492] abest ab Iv. = C. LXIII. [493] Ivo Pan. l. 1, c. 43. Decr. p. 1, c. 95. [494] signum : orig. — Iv. — Ed. Arg. = C. LXIV. [495] Ivo Pan. l. 1, c. 44. Decr. p. 1, c. 97, 99. [496] ne : Edd. coll. o. — ut nec : Iv. Pan. [497] putrescit : Ed. Arg. = C. LXV. " Ita Ivo et Edd. coll. o. [498] Ivo Pan. l. 1, c. 45. Decr. p. 1, c. 100. [499] jubetur offerri : Ed. Bas. = C. LXVI. [500] Ivo Pan. l. 1, c. 46. Decr. p. 1, c. 102. [501] exorcizatur ut : Edd. Nor. Ven. I, II. — exorcizantur ut : Edd. rell. pr. Arg. [502] abest ab Edd. [Nor. Ven. I, II. [503] præsumat : Ed. Bas. [504] Deo creatori : Ivo Pan. — Deo factori : Decr. — Edd. coll. o. = C. LXVII. [505] Ivo Pan. l. 1, c. 47. Decr. p 1, c 105. [506] Sacerdos : Ed. Arg. [507] imponit : Edd. Arg. Bas.

gnos spiritus in eorum mente [508] contradicunt [509], quid aliud faciunt, nisi [510] dæmonia ejiciunt [511]?

## C. LXVIII. Quare de saliva nares et aures tanguntur

*Item* Rabanus *de institut. clericorum, lib. I, c. 27* [512].

Postea tanguntur ei nares et aures cum [513] saliva, et dicitur ei verbum 'illud' evangelicum, quod Jesus [514], quando surdum et mutum sanavit, tangens cum sputo linguam ejus, et mittens digitos in auriculas [515] ejus, dixit [516]: *Effeta* [517], quod est adaperire. Hoc enim sacramentum hic agitur, ut per salivam typicam sacerdotis et tactum sapientia et virtus divina salutem ejusdem catechumeni operetur, ut aperiantur ei nares ad accipiendum [518] odorem notitiæ Dei, ut aperiantur illi aures ad audiendum mandata Dei, ut aperiantur ª ei sensus in intimo corde ad respondendum.

## C. LXIX. Quare nares, non ora baptizandorum episcopus tangit.

*Item* Ambrosius *de sacramentis, lib. I, c. 1* [519].

Propter gloriam [520] muneris et operis non os tangit episcopus, sed nares. Quare nares? ut bonum odorem accipias [521] pietatis æternæ.

## C. LXX. Quare a sacerdote inunguntur.

*Item* Rabanus *de instit. clericorum, lib. I, c. 27* [522].

Deinde a [523] sacerdote inungitur [524], ut sacrum baptisma cum fide accepta custodiatur. Ungitur [525] tunc illius pectus de oleo sanctificato cum invocatione S. Trinitatis, ut nullæ reliquiæ latentis inimici in eo resideant, sed in fide S. Trinitatis mens ejus confortetur. Ungitur [526] et [527] inter scapulas de eodem oleo, ut undique muniatur, et ad bona opera facienda per Dei gratiam [528] roboretur. *Item c. 28: § 1.* Consecratur [529] ' post hæc' et [530] ad ipsum baptismum catechumenus accedit.

## C. LXXI. Quomodo fontem baptismi Trinitatis præsentia consecrat.

*Item* Ambrosius *in lib. II, de sacramentis, c. 5* ○ [531].

Venit sacerdos ad [532] fontem, dicit precem, invocat Patris nomen, 'præsentiam' Filii et Spiritus sancti, utitur verbis cœlestibus. Cœlestia [533] verba, quæ Christi sunt. Præsentia Trinitatis adest; operatur sermo æternus; ubi [534] descendit Spiritus [535], primo [536] quasi columba descendit, ut increduli vocarentur ad fidem. In principio signum debuit esse: in posterioribus ' debet esse' perfectio. Apostolis enim Spiritus sanctus datus est in igneis linguis propter incredulos; nobis [537] jam [538] in plenitudine ecclesiæ non per signa, sed per fidem veritas est colligenda.

## C. LXXII. Verba erroris per imperitiam prolata non impediunt aquæ sanctificationem.

*Item* Augustinus *de unico baptismo, lib. VI, c. 25* [539].

XII Pars. Si non sanctificatur aqua, quum aliqua [540] erroris verba per imperitiam precator [541] effundit [542], multi non solum mali, sed etiam boni fratres in ipsa ecclesia non sanctificant aquam. Multorum enim preces emendantur quotidie, si doctioribus fuerint recitatæ, et multa in eis reperiuntur contra catholicam fidem. Numquid, si manifestetur [543] aliquos baptizatos, quum illæ preces dictæ super aquam fuissent, jubebuntur denuo baptizari? Quid ita [544]? quia plerumque precis vitium superat precantis affectus, et quia illa certa [545] evangelica verba, sine quibus non potest baptismus consecrari, tantum valent, ut per illa sic evacuentur quæcunque in prece vitiosa contra regulam fidei dicuntur, quemadmodum dæmonium Christi nomine excluditur. Nam utique hæreticus, si afferat precem vitiosam, nec habeat bonum charitatis affectum [546], quo possit illa imperitia superari (et ideo similis est ei, quicunque in ipsa catholica [547] invidus [548] et malevolus, quales arguit illic [549] Cyprianus), afferat etiam, ut fieri solet, aliquam precem, in qua loquatur contra regulam fidei, (multi quippe irruunt in preces non solum ab imperitis loquacibus, sed etiam ab hæreticis compositas, et, per ignorantiæ simplicitatem non eas [550] va-

## NOTATIONES CORRECTORUM.

C. LXVIII. ª *Ut aperiantur:* In originali et apud Ivonem legitur: *ad audiendum mandata Dei, sensuque intimo* *** *cordis reponendum.*

C. LXXI. ' Caput hoc aliquot locis in nimias prope angustias conclusum est. Quare præstat originale ipsum adire.

---

Dist. IV. C. LXVII. [508] *mentes:* Edd. coll. o. pr. Lugdd. II, III. [509] *contradicit:* Edd. Arg. Bas. [510] *nisi quod:* Edd. coll. o. [511] *ejicit:* Edd. Arg. Bas. = C. LXVIII. [512] Iv. Pan. l. 1, c. 48. Decr. p. 1, c. 104. [513] *de:* Edd. coll. o. [514] add.: *dixit:* exd. pr. Bas. — Ivo Pan. [515] *auriculam:* Edd. coll. o. — Ivo Pan. [516] Marc. c. 7, v. 34. [517] *Effata:* Bohm. [518] *capiendum:* Ivo Pan. — *percipiendum:* Edd. Arg. Bas. *** *in intimo cordis respondendum:* Ivo Pan. = C. LXIX. [519] Ivo Pan. l. 1, c. 49. Decr. p. 1, c. 106. [520] *gratiam operis et muneris:* orig. [521] *accipiat:* Edd. Bas. Lugdd. II, III. — *accipiat:* Edd. rell. = C. LXX. [522] Ivo Pan. l. 1, c. 50, 52. Decr. p. 1, c. 108, 110. [523] *benedictione sacerdotali munitur:* orig. [524] *inunguntur:* Edd. Bas. Par. Lugdd. [525] *Ungetur:* orig. [526] *Ungetur:* id. [527] abest ab Edd. Arg. Bas. [528] *gloriam:* orig. [529] *Consecratur:* Ivo Pan. [530] *ut — accedat:* Edd. coll. o. — *et — accedat:* Ivo Pan. = C. LXXI. [531] Priorem particulam refert Ivo Decr. p. 1, c. 111. [532] *precem dicit ad fontem:* orig. [533] add.: *sunt:* Edd. coll. o. [534] *et ibi:* Ed. Bas. [535] add.: *sanctus:* Edd. coll. o. [536] *sed prim.:* Ed. Bas. [537] add.: *autem* Edd. coll. o. [538] abest ab Ed. Arg. = C. LXXII. [539] Ivo Pan. l. 1, c. 52, 53. Decre. p. 1, c. 115. [540] abest ab Edd. Arg. Bas. [541] *præco:* Edd. Ven. I, II. — *precum:* Ed. Par. [542] *effudit:* Edd. Bas. Lugd. I. [543] *manifestent:* Ed. Bas. [544] *itaque:* ead. [545] *vel certe cuncta:* Ivo Pan. — *cetera:* Edd. Arg. Nor. Ven. I, II. [546] *effectum:* Ed. Arg. [547] add.: *ecclesia:* Edd. coll. o. — Bohm. [548] *immundus vel inv., vel malev.:* Ivo Pan. — *invid., immundus vel mal. est:* Edd. coll. o. [549] *hic:* ead. — Ivo Pan. [550] *ea:* Edd. coll. o. pr. Lugdd. II, III.

DECRETI PARS TERTIA. DE CONSECR. DIST. IV.

lentes discernere [551], utuntur eis arbitrantes quod bonæ sint), nec tamen quod in eis perversum est evacuat illa quæ ibi recta sunt, sed ab eis potius evacuatur.

**C. LXXIII.** *Quid significent mysteria, quæ in fonte baptismatis celebrantur.*

*Item* Augustinus *ad Neophytos*, hom. *III* [552].

XIII Pars. Prima igitur et [553] secunda prædicatione de his tantum locuti sumus, quæ vobis prius, quam ad fontem sanctum veniretis, juxta catholicæ ecclesiæ [554] instituta tradidimus. Et quid significaret unctio, quæ diversis corporis nostri [555] adhibita partibus diversum intellectum designat, prout Dominus donare dignatus est, interpretati sumus, quum ostenderemus, vos per oleum sanctificationis ad auditum [556] plenæ fidei præparatos, et ad bonum Christi odorem vocatos, ex [557] toto corde ad abrenunciandum diabolo [558] esse commonitos. Nunc vero de interioribus jam mysteriis locuturi sumus, quæ in ipso sacro [559] fonte celebrata sunt. Emissa enim [560] certissima cautione, qua vos abrenunciare omnibus pompis diaboli et omnibus operibus ejus et omni fornicationi diabolicæ spopondistis [561], descendistis [562] in fontem [563] sacrum, fontem redemtionis, fontem sanctificatum virtute cœlesti. In hoc ergo fonte ante, quam vos toto corpore tingeremus, interrogavimus : Credis in Deum Patrem omnipotentem? Respondistis : Credo. Rursus interrogavimus : Credis et in Jesum Christum filium ejus, qui [564] natus est de Spiritu sancto, ex Maria Virgine? Respondistis singuli : Credo. Iterum [565] interrogavimus : Credis et in Spiritum sanctum? Respondistis similiter : Credo. Hoc autem fecimus [566] juxta Domini nostri Jesu Christi salvatoris imperium, qui, quum ad patrem in cœlum ascenderet, discipulis suis, id est Apostolis, mandavit dicens [567] : *Euntes docete omnes gentes, baptizantes eos in nomine Patris, et Filii, et Spiritus sancti.*

A (*Item* :) § 1. Quod autem interrogavimus : Credis sanctam P ecclesiam, remissionem peccatorum, carnis resurrectionem? non eo modo interrogavimus, ut quomodo in Deum creditur, sic et [568] in ecclesiam sanctam catholicam, quæ [569] propterea sancta et catholica est, quia recte credit in Deum. Non ergo diximus, ut in ecclesiam quasi in Deum crederetis ; sed intelligite nos dicere et dixisse, ut in ecclesia sancta catholica conversantes in Deum crederetis, crederetis etiam resurrectionem carnis, quæ futura est.

**C. LXXIV.** *Aliorum fide et professione parvuli baptizantur.*

*Item* Isidorus *de officiis*, lib. *II*, c. 24 [570].

XIV Pars. Parvuli alio profitente baptizantur, B quia adhuc loqui vel credere nesciunt, sicut etiam ægri, muti, et surdi, quorum vice alius profitetur, ut pro eis, dum baptizantur, respondeat.

**C. LXXV.** *Aliorum testimonio ægrotantes sunt baptizandi.*

*Item* ex Concilio Carthaginensi *III*, c. 34 [571].

Ægrotantes, si pro se respondere non possunt, quum voluntas eorum q testimonium sui dixerit, baptizentur [572]. Similiter [573] et de pœnitentibus [574] agendum est.

**C. LXXVI.** *Sacramentum fidei, non ipsa fides parvulum facit fidelem.*

*Item* Augustinus *epist. XXIII, ad Bonifacium* [575].

Nihil est aliud credere quam fidem habere, ac per hoc, quum [576] respondetur parvulus credere, qui fidei nondum habet affectum [577], respondetur fidem habere propter fidei sacramentum, et convertere se C ad Deum propter conversionis sacramentum, quia et ipsa responsio ad celebrationem [578] pertinet sacramenti. *Item infra* [579] : § 1. Parvulum, etsi nondum fides illa, quæ fit in credentium voluntate consistit, jam tamen ipsius fidei sacramentum fidelem facit [580]. *Nam* sicut credere respondetur, ita etiam [581] fidelis vocatur, non rem ipsam mente

NOTATIONES CORRECTORUM

**C. LXXIII.** P *Credis sanctam* : Legebatur *in sanctam*. Inducta est particula : *in*, ex aliquot vetustis, et Ivone. Atque ita loquendum docet sæpe Augustinus.
**C. LXXV.** q *Voluntas eorum :* Nihil mutatum est ob glossam in verbo : *dixerit*. Sed in omnibus vetustis Gratiani exemplaribus, et in conc. Carthaginensi III, et in conc. Africano in corpore conciliorum tribus tomis impresso, et apud Ivonem, qui citat Isidorum legitur : *Quum voluntatis eorum testimonium sui dixerint*. In eodem autem Africano, in Codice canonum, et in Carthaginensi recentioris editionis conciliorum, et apud Burchardum est : *Quum voluntatis eorum testimonium hi, qui suis periculo proprio affuere, dixerint*. In Carthaginensi autem græco : ὅτε τῇ αὐτῶν προαιρέσει τὴν περὶ αὐτῶν μαρτυρίαν κινδύνῳ ἰδίῳ εἴπωσιν.

---

DIST. IV. C. LXXII. [551] *decernere* : Ed. Bas. = C. LXXIII. [552] Non est Augustini. — Ivo Pan. l. 1, c. 55. Decr. p. 1, c. 194. [553] *et sec.* : absunt ab orig. [554] *regulæ* : lv. [555] *vestri* : orig. — Ivo Pan. [556] *ad judicium vel ad aud.* : Ed. Arg. [557] *et ex* : Edd. coll o, pr. Bas. [558] *diabolum* : Ed. Bas. [559] *sancto* : Ivo Decr. — Ed. Bas. — abest a rell. [560] add. : *jam* : Edd. Bas. Lugdd. II, III. [561] *promisistis* : Ed. Bas. [562] *descendistis* : Ed. Arg. — *descendentes* : orig. — Ivo. [563] *fontem, fontem sacr.* : orig. — Iv. Decr. [564] *qui conceptus est de Spir. s., natus ex Maria* : Edd. Bas. Lugdd. II, III. [565] *Item* : Edd. coll. o. — Ivo Pan. [566] *factum* : Edd. Ven. II. Par. — *facimus* : Edd. Arg. Nor. Ven. I. [567] Matth. c. 28, v. 19. * abest ab Edd. Arg. Nor. [568] abest ab Edd. coll. o. pr. Lugdd. II, III. [569] abest ab iisd. pr. Bas. Lugdd. = C. LXXIV. [570] Iv. Pan. l. 1, c. 13. Petr. Lomb. l. 4, dist. 6. = C. LXXV. [571] hab. A. 397. — Burch. l. 4, c. 36. Ivo Pan. l. 4, c. 14. Decr. p. 1, c. 123. ** ita Coll. Hisp., et omisso verb. : *sui* : Ivo Pan. [572] *baptizantur* : Edd. Lugdd. II, III. [573] *Sim. — est* : non sunt in Coll. Hisp. [574] *pœnitentibus* : Ed. Arg. = C. LXXVI. [575] Ep. 98. (scr. A. 408.) Ed. Maur. — Ivo Pan. l. 1, c. 56. Decr. p. 1, c. 187. Petr. Lomb. ib. [576] *totiens eum* : Ed. Bas. — *totum* : Edd. coll. or. pr. Arg. No. [577] *effectum* : Iv. Pan. — Edd. coll. o. [578] *celebritatem* : Edd. coll. o. [579] cf. infra c. 120. [580] *faciat* : Edd. Lugdd. II, III. [581] *etenim fideles vocantur* : Edd. coll. o

annuendo [582], sed ipsius rei sacramentum percipiendo.

### C. LXXVII. *Alterius professio non valet ei, qui per se respondere potest.*

*Item in lib. IV, de baptismo, c. 24* [583].

Quum pro parvulis alii respondent, ut impleatur erga eos celebratio sacramenti, valet utique ad eorum consecrationem, quia ipsi respondere non possunt. At si pro eo, qui respondere potest, alius respondeat, non [584] itidem valet. Ex qua regula illud [585] in evangelio dictum est, quod omnes, quum legitur, naturaliter movet : *Ætatem habet; ipse pro se loquatur.*

### C. LXXVIII. *Quare trina mersio in baptismate celebretur.*

*Item Augustinus in hom. III* [586].

Postquam vos credere promisistis, tertio [587] capita vestra in sacro fonte demersimus. Qui ordo baptismatis duplici mysterii significatione [588] celebratur. Recte [589] enim tertio mersi estis, qui accepistis baptismum in nomine S. Trinitatis. Recte tertio mersi estis, qui accepistis baptismum in nomine Jesu Christi, qui die tertia resurrexit a mortuis. Illa enim tertio repetita demersio typum Dominicae exprimit sepulturae, per quam Christo consepulti estis in baptismo et cum Christo resurrexistis in fide, ut peccatis abluti [590] in sanctitate virtutum Christum imitando vivatis [591].

### C. LXXIX. *De his, qui semel, non tertio in baptismate merguntur.*

*Item ex Canonibus Apostolorum, c. 50* [592].

Si quis presbyter aut episcopus non trinam mersionem unius mysterii celebret [593], sed semel mergat in baptismate, (quod dari a quibusdam jubetur in morte Domini), deponatur. Non enim dixit nobis Dominus : in morte mea baptizate; sed [594] : *Euntes docete omnes gentes, baptizantes eos in nomine Patris, et Filii, et Spiritus sancti.*

### C. LXXX. *De eodem.*

*Item Gregorius Leandro, Episcopo Hispaniarum, lib. I, epist.* 41 [595].

XV Pars. De trina mersione baptismatis nihil responderi verius potest, quam quod ipsi sensistis, quia in una fide nihil officit sanctae ecclesiae consuetudo diversa. Nos autem, quod tertio mergimus, triduanae sepulturae sacramenta signamus [596], ut [597], dum tertio infans ab aquis educitur, resurrectio triduani temporis exprimatur [598]. Quod si quis forte etiam pro summae Trinitatis veneratione existimet [599] fieri, neque istud [600] aliquid obsistit, baptizandos semel in aquis mergere, quia, dum "in" tribus personis [601] una substantia est, reprehensibile esse nullatenus potest, infantem in baptismate vel ter, vel semel immergere, quando [602] et in tribus mersionibus personarum trinitas, et in una potest divinitatis [603] singularitas designari.

### C. LXXXI. *De eodem.*

*Item Hieronymus super Epistolam ad Ephesios, lib. II, ad c.* 4 [v. 5] [604].

Eodem modo "et" [605] in Patrem †, et "in" Filium, et "in" Spiritum sanctum baptizamur et ter mergimur, ut Trinitatis unum appareat sacramentum, "et non baptizamur in nominibus Patris et Filii, et Spiritus sancti, sed in uno nomine, quod intelligitur Deus. *Item infra* : § 1. Potest unum baptisma et ita dici, quod*, licet ter [606] baptizemur [607] propter mysterium Trinitatis, tamen unum baptisma reputetur.

### C. LXXXII. *De his, qui in nomine Christi semel tantum mergunt.*

*Item Pelagius Papa Gaudentio Episcopo* [608].

Multi sunt, qui in nomine solummodo Christi una etiam mersione se asserunt baptizare. Evangelicum vero praeceptum, ipso [609] Deo et Domino salvatore nostro Jesu Christo tradente [610], nos admonet, in nomine Trinitatis, trina etiam mersione

---

### NOTATIONES CORRECTORUM.

C. LXXIX. *Quod dari* : Prisca versio hoc tantum loco discrepat a Gratiano. Sic enim in ea legitur : *quod dari videtur in morte Domini*, eodemque modo apud Burchardum. Ivo habet : *quod dari jubetur in Domini mortem*. Graece autem est : ἀλλὰ ἐν βάπτισμα τὸ εἰς τὸν θάνατον τοῦ κυρίου διδόμενον; id est : *sed unicam mersionem, quae in mortem Domini datur.*

C. LXXXI. *Locupletatum et emendatum est caput hoc ex originali.*

---

Dist. IV. C. LXXVI. [582] *annuendo* : Edd. Bas. Lugdd. = C. LXXVII. [583] Ivo Pan. l. 1, c. 15. Decr. p. 1, c. 124. Petr. Lomb. ib. — cf. supra c. 34. — [584] *aliis non* : Ed. Bas. [585] *illud evangelii* : Edd. coll. o. — cf. Joan. c. 9, v. 21. = C. LXXVIII. [586] in serm. de mysterio baptism., qui falso tribuitur Augustino. — Ivo Pan. l. 1, c. 57. Decr. p. 1, c. 194. Petr. Lomb. l. 4, dist. 3. [587] *ter* : Ed. Arg. [588] *signatione* : Ed. Bas. [589] *Recte — Trin.* : absunt ab Ed. Arg. [590] *absoluti* : Edd. coll. o. [591] *induatis* : Ed. Arg. = C. LXXIX. [592] Burch. l. 4, c. 25. Ivo Pan. l. 1, c. 58. Decr. p. 1, c. 128. [593] *celebraverit, — mergit* : Burch. *dare* : Ivo Pan. [594] Matth. c. 28, v. 19. = C. LXXX. [595] Ep. 43. (scr. A. 591.) l. 1, Ed. Maur. — Ans. l. 9, c. 64 (21). Ivo Pan. l. 1, c. 60. Decr. p. 1, c. 130. Polyc. l. 3, t. 10. Petr. Lomb. ib. [596] *significamus* : Edd. coll. o. pr. Arg. Bas. [597] *et* : Edd. coll. o. [598] *exprimitur* : cæd. [599] *æstimet* : exd. pr. Bas. Lugdd. II, III. — orig. — Iv. [600] *ad hoc* : orig. — *hoc* : Iv. — Edd. coll. o. [601] *substantiis* : Edd. Lugdd. II. III. — *subsistentiis* : Edd. rell. — Ans. Iv. [602] *quomodo* : Ed. Bas. — *quoniam* : Ed. rell. [603] *divinitatis singulariter* : Ed. Arg. — *divinitatis singulariter* : Edd. Ven. I, II. = C. LXXXI. [604] Ivo Pan. l. 1, c. 61. Decr. p. 1, c. 131. [605] Verba Asteriscis inclusa neque ap. Iv. leguntur. † *Patre, — filio — Spir. sancto* : Edd. coll. o. pr. Bas. [606] add. *etiam* : Ed. Bas. [607] *bapt. æmus* : Ivo Decr. — *baptizetur* : Edd. coll. o. — Ivo Pan. = C. LXXXII. [608] cf. ad c. 30. — Ivo Pan. l. 1, c. 62. Decr. p. 1, c. 163. [609] *ipso Dom. et Salv.* : Edd. Arg. Bas. [610] *dicente et trad.* : Edd. Lugdd. II, III. — *dicente vel trad.* : Edd. rell. pr. Bas.

sanctum baptisma unicuique tribuere, dicente Domino discipulis suis : *Ite, baptizate omnes gentes in nomine Patris, et Filii, et Spiritus sancti*.

**C. LXXXIII.** *In invocatione Trinitatis tertio in baptismate mergere debemus.*

Item Zacharias Papa *Bonifacio Episcopo, in epist., cujus initium :* « Sacris liminibus »

XVI Pars. In synodo Anglorum decretum, et ' judicium firmissimum præceptum et diligenter demonstratum esse dignoscitur, ut quicunque sine invocatione Trinitatis mersus fuisset, sacramentum regenerationis non haberet. Quod omnino verum est, quia, si lotus in fonte baptismatis quis fuerit sine invocatione Trinitatis, perfectus Christianus non est, nisi in nomine Patris, et Filii, et Spiritus sancti fuerit baptizatus. § 1. Hoc quoque observari in prædicta synodo sacerdotes voluerunt, ut qui vel unam de Trinitate personam in baptismo non nominaret, illud, baptisma esse verum non posset. Quod pro certo verum est, quia, qui unam ex sancta Trinitate confessus non fuerit, perfectus Christianus esse non potest. Qui enim confitetur Patrem et Filium, si confessus non fuerit 'et' Spiritum sanctum, neque Patrem habet, neque Filium ; et qui confessus fuerit Patrem et Spiritum sanctum, et Filium non fuerit confessus, neque Patrem habet, neque Spiritum sanctum, sed vacuus est a divina gratia.

**C. LXXXIV.** *Rebaptizentur qui in nomine Trinitatis baptizati non fuerint.*

Item Gregorius *Quirino, Episcopo in Iberia, lib. IX, epist. 61.*

Hi vero hæretici, qui in Trinitatis nomine minime baptizantur, sicut sunt Bonosiani et Cataphryges (quia et illi Christum Dominum non credunt, et isti S. Spiritum perverso sensu esse quendam pravum hominem Montanum credunt, quorum similes multi sunt) et alii tales, quum ad sanctam ecclesiam veniunt, baptizantur, quia baptisma, non fuit, quod in errore positi 'in' S. Trinitatis nomine minime perceperunt.

**C. LXXXV.** *Semel in baptismate mergere licet.*

Item Ex Concilio Toletano IV, c. 5.

Propter vitandum schismatis scandalum, vel hæretici dogmatis usum, simplam teneamus baptismi mersionem.

**C. LXXXVI.** *De sacerdote, qui per ignorantiam linguæ latinæ in invocatione Trinitatis deliquit.*

Item Zacharias Papa *Bonifacio Episcopo, in epistola decretali.*

Retulerunt nuncii tui, quod fuerit in eadem provincia sacerdos, qui latinam linguam penitus ignorabat, et, dum baptizaret, nesciens latini eloquii, infringens linguam, diceret : Baptizo te in nomine Patria, et Filia, et Spiritu sancta. Ac per hoc tua reverenda fraternitas consideravit eos rebaptizare. Sed, sanctissime frater, si ille, qui baptizavit, non errorem introducens aut hæresim, sed pro sola ignorantia Romanæ locutionis infringendo linguam, ut supra fati sumus, baptizans dixisset, non possumus consentire ut denuo baptizentur.

**C. LXXXVII.** *Quare baptizati a sacerdote ungantur.*

Item Ambrosius *de sacramentis, tract. seu lib. I, c. 2.*

XVII Pars. Venisti ad fontem : ingressus es ; considera quid videris ; quid locutus sis 'considera', repete diligenter ; occurrit tibi Levita, occurrit presbyter ; unctus es quasi athleta Christi, ut ad baptismum ' catechumenus accedas.

**NOTATIONES CORRECTORUM.**

**C. LXXXII.** ' *Spiritus sancti :* Hic videtur sequi c. *Si revera*, sup. ead.

**C. LXXXVI.** " *Nuncii tui :* Hæ duæ voces additæ videntur a Gratiano ' (quanquam Virgilius et Sidonius, qui hoc retulerant, proprie nuncii Bonifacii non fuissent) ne ea, quæ in epistola antecedunt, referre cogeretur, quod tamen Burchardus et Ivo fecerunt.

**C. LXXXVII.** ▼ *Ut ad baptismum :* Ita etiam Ivo, et auctor glossæ ad vers. *Unctus,* videtur huc spectasse, sed tota hæc clausula abest ab originali, in quo hujus loco sunt verba hæc : *quasi luctamen hujus sæculi luctaturus, professus es luctaminis tui certamina.*

**C. LXXXVIII.** *Quare baptizatus a presbytero ungatur in cerebro.*

*Item* Rabanus *de institut. clericorum, lib. 1, c.* 28 [642].

Postquam ascenderit [643] baptizatus de fonte, statim signatur in cerebro a presbytero cum sacro chrismate, sequente simul et oratione, ut regni Christi particeps fiat et a Christo Christianus possit vocari.

**C. LXXXIX.** *Quid super baptizatum a sacerdote dicatur.*

*Item* Ambrosius *de sacramentis, tract. seu lib. 1., c.* 7 [644].

Emersisti [645] w : venisti ad sacerdotem. Quid tibi dixit? *Deus*, inquit [646], *Pater omnipotens, qui te regeneravit ex aqua et Spiritu sancto, concessitque tibi* [647] *peccata tua* [648], *ipse te ungat* [649] *in vitam aeternam*. Vide, ubi unctus [650] es : in vitam, inquit, æternam.

**C. XC.** *Quare unguentum super caput baptizati ponatur.*

*Item in lib. III, de sacramentis, c.* 1, *et* 2 †.

Accepisti [651] mysterium, hoc est unguentum supra caput. Quare supra caput? Quia sensus sapientis in capite ejus ††. *Et infra c.* 2 : § 1. Sequitur spiritale [652] signaculum, quod audisti hodie legi, quia post fontem [653] superest, ut [654] perfectio fiat, quando ad invocationem sacerdotis Spiritus sanctus infunditur.

**C. XCI.** *Quare candida vestis tradetur Christianis.*

*Item* Rabanus *de institut. clericorum lib. 1, c.* 29 [655].

Post baptismum traditur Christiano [656] vestis candida, designans [657] innocentiam et puritatem Christianam, quam post ablutas [658] veteres maculas studio sanctæ conversationis immaculatam servare debet repræsentandam [659] ante tribunal Christi. Cuncti vero renati albis induuntur vestibus ad mysterium [660] resurgentis ecclesiæ. *Item ibidem* : § 1. Utuntur *ergo* [661] baptizati albis vestibus, ut quorum primæ nativitatis faciem [662] vetusti erroris pannus fuscaverat, habitus secundæ generationis gloriæ præferat indumentum. Tegitur enim post sacram unctionem caput ejus mystico velamine, ut intelligat se diademate regni et sacerdotali dignitate potiri.

**C. XCII.** *De eodem.*

*Item* Ambrosius *in libro de iis, qui initiantur mysteriis, c.* 7 [663].

Accepisti post baptismum vestimenta candida, ut esset indicium, quod exueris involucrum [664] peccatorum, et indueris innocentiæ casta velamina.

**C. XCIII.** *Quot mensibus Judæi inter catechumenos habeantur.*

*Item ex Concilio* Agathensi, *c.* 84 [665].

XVIII Pars. Judæi, quorum perfidia frequenter ad vomitum redit, si ad legem [666] catholicam venire voluerint, octo menses [667] inter catechumenos ecclesiæ limen introeant, et, si pura fide noscuntur venire, tunc demum baptismatis gratiam mereantur [668]. Quod si casu aliquo periculo infirmitatis intra præscriptum tempus incurrerint [669], et desperati fuerint, baptizentur.

**C. XCIV.** *De Judæis plerisque frequenter ad Judaismum redeuntibus.*

*Item ex Concilio* Toletano IV, *c.* 58 [670].

Plerique ex Judæis, qui dudum ad Christianam fidem promoti sunt, nunc blasphemantes *in* Christum non solum Judaicos ritus perpetrasse noscuntur, sed etiam abominandas circumcisiones exercere *præsumserunt*. De quibus consultu [671] piissimi ac religiosissimi domini nostri Sisemundi [672] regis hoc sanctum decrevit concilium, ut hujusmodi transgressores pontificali auctoritate correcti ad cultum Christiani [673] dogmatis revocentur, ut quos propria voluntas non emendat, animadversio sacerdotalis coerceat. Eos autem, quos circumciderunt [674], si filii eorum [675] sunt [676], a parentum consortio separentur; si servi, pro injuria corporis sui libertati tradantur.

---

## NOTATIONES CORRECTORUM.

**C. LXXXIX.** — *Emersisti* : Sic apud Ivonem. In originali est : *Ergo mersisti*, eodem sensu, quem elicit auctor glossæ ex verbo : *Emersisti*. Frequens autem est apud B. Ambrosium istius vocabuli in hanc sententiam usus.

---

DIST. IV. C. LXXXVIII. [642] Ivo Pan. l. 1, c. 66. Decr. p. 1, c. 140. [643] *ascendit* : Edd. coll. o. = C. LXXXIX. [644] Non est Ambrosii. — Ivo Pan. l. 1, c. 67. Decr. p. 1, c. 141. [645] *Ter emersisti* : Ed. Arg. — *mersisti* : Ivo Pan. [646] add. : *tibi* : Edd. coll. o. [647] *abest ab* Edd. coll. o. pr. Bas. Lugdd. II, III. [648] *peccatorum tuorum veniam* : Ivo Pan. — Edd. coll. o. [649] *inungat* : Edd. coll. o. [650] *inunctus* : exd. pr. Bas. = C. XC. † Ivo Pan. l. 1, c. 68. Decr. p. 1, c. 142. [651] *Accipis* : Iv. — *ecce*. acc. : Ed. Arg. — *accepistis* : Bohm. — acc. *myrrhum* : orig. †† Eccl. c. 2, v. 14. [652] *speciale* : Ed. Bas. [653] *fontes* : Edd. coll. o. [654] *quo* : exd. — Iv. = C. XCI. [655] Ivo Pan. l. 1, c. 69. Decr. p. 1, c. 144. [656] *Christianis* : Edd. coll. o. [657] *quæ signat* : Ed. Arg. = *quæ significat* : Edd. rell. — Iv. [658] *ablatas* : Edd. Nor. Ven. I, II. Par. Lugdd. I. [659] *ad præsentandum* : orig. — Iv. Decr. — *ad repr.* : Pan. — Edd. coll. o. pr. Lugdd. II, III. [660] *ministerium* : Edd. Nor. Par. — *sanctæ* : Ed. Bas. Lugdd. II, III. [661] *abest ab* Iv. [662] *infantiam* : orig. = C. XCII. [663] Iv. Pan. l. 1, c. 70. Decr. p. 1, c. 144. [664] *voluptate* : Edd. Arg. Bas. Par. Lugd. I. — *voluptatem* : Edd. rell. — Ivo Pan. = C. XCIII. [665] hab. A. 506. — Burch. l. 4, c. 81. Ivo Pan. l. 1, c. 71. Decr. p. 1, c. 275. [666] *leges catholicas* : Edd. coll. o. [667] *mensibus* : Coll. Hisp. [668] *consequantur* : ead. est tamen var. lect. [669] *incurrerit, — desperatus fuerit, baptizetur* : ead. = C. XCIV. [670] hab. A. 653. Burch. l. 1, c. 85. Ivo Pan. l. 1, c. 75. Decr. p. 1, c. 279. [671] *consulto* : Coll. Hisp. — *consultum* : Ivo Decr. [672] *Sisenandi* : Coll. Hisp. — Burch. Ivo Pan. — *Sisemandi* : Ivo Decr. — Edd. coll. o. pr. Arg. [673] *Christianæ dignitatis* : Edd. coll. o. [674] *circumdederunt* : Ed. Bas. — *circumcidunt* : Edd. rell. pr. Arg. [675] *abest ab* Ed. Arg. [676] *sint* : Edd. coll. o. pr. Bas.

**C. XCV.** *Ante baptismum diabolo et ejus operibus renunciare debemus.*

*Item* Rabanus *de instit. clericorum, lib. I, c. 27* [677].

Primum interrogatur [678] paganus, si abrenunciat diabolo [679], et omnibus damnosis operibus ejus atque fallacibus pompis [680], ut primum respuat errorem, et sic appropinquet ad veritatem, possitque juxta Apostolum [681] deponere veterem hominem, secundum pristinam conversationem, qui corrumpitur secundum desideria erroris, abnegans impietatem et saecularia desideria.

**C. XCVI.** *Non transit in novam vitam quem non pœnitet veteris vitæ.*

*Item* Augustinus *in libro de pœnitentiæ medicina, c. 2* [682].

Omnis, qui jam suæ voluntatis factus est arbiter, quum accedit ad sacramenta fidelium, nisi eum [683] pœniteat vitæ veteris, novam non potest inchoare. Ab hac pœnitentia, quum baptizantur, soli parvuli immunes sunt. Nondum enim uti possunt [684] libero arbitrio.

**C. XCVII.** *Ante baptisma pœnitentiam agere debemus.*

Idem [685] *ad Seleucianam* [686], *epist. CVIII.*

Agunt homines ante baptismum pœnitentiam de 'suis' prioribus peccatis, ita tamen, ut etiam baptizentur, sicut scriptum est in Actibus Apostolorum, loquente Petro ad Judæos ac dicente [687]: *Agite pœnitentiam, et baptizetur unusquisque vestrum* [688] *in nomine* [689] *Domini Jesu Christi.*

**C. XCVIII.** *Quadraginta dierum abstinentia Judæis baptizandis indicatur.*

*Item* Gregorius [690] *Fantino* [691] *Defensori, lib. VII, epist. 24.*

Ne, quod absit, longa dilatio Judæorum retro possit animos revocare, cum fratre nostro episcopo loci ipsius [692] loquere, ut, pœnitentia ac abstinentia quadraginta dierum, indicta, aut die dominico,

aut si celeberrima festivitas 'fortassis' occurrerit, eos omnipotentis Dei misericordia protegente baptizes [693].

**C. XCIX.** *Pœnitentia non est necessaria baptizandis.*

*Item* Ambrosius *super epistolam ad Romanos, ad c. 11* [694].

Sine pœnitentia sunt dona et vocatio Dei, quia gratia Dei in baptismate non requirit gemitum, non requirit planctum, vel opus aliquod, sed solam fidem ᶻ, et omnia gratis condonat.

**C. C.** *Necessitate cogente in catechismo et confirmatione idem compater esse potest.*

*Item* Hyginus Papa [695].

XIX Pars. In catechismo [696], et in baptismo, et in confirmatione unus patrinus [697] fieri potest, si necessitas cogit. Non est tamen consuetudo Romana, sed per singulos singuli suscipiunt [698].

**C. CI.** *Non plures, sed unus parvulum in baptismate suscipiat.*

*Item ex Decreto* Leonis Papæ ʸ [699].

Non plures ad suscipiendum de baptismo infantem accedant, quam unus, sive vir sive mulier. In confirmatione quoque id ipsum fiat.

**C. CII.** *Qui non est baptizatus nec confirmatus, alium in chrismate vel baptismate tenere non debet.*

*Item ex Concilio Moguntino* [700].

In baptismate vel in chrismate non potest alium suscipere in filiolum [701] qui non est ipse baptizatus vel [702] confirmatus.

**C. CIII.** *Abbati vel monacho non licet commatres habere.*

[*Item ex Concilio Autissiodorensi, c. 25* [703].

Non licet abbati vel [704] monacho de baptismo suscipere filios nec commatres habere.

**C. CIV.** *De eodem.*

*Item ex libro Capitulorum* ˣ [705].

Monachi sibi compatres commatresve non faciant, nec osculentur feminas.

### NOTATIONES CORRECTORUM.

**C. XCIX.** ˣ *Sed solam fidem*: Sic in glossa ordinaria, unde potius videtur hoc loco sumsisse Gratianus, quam ex Ambrosio, apud quem legitur: *nisi solam ex corde professionem*, quemadmodum jam refertur supra de pœnitentia, dist. 1, c. *Quis aliquando*, in vers. *Gratia Dei.*

**C. CI.** ʸ Ceteri collectores citant ex decretis Leonis Papæ ad S. Medardum.

**C. CIV.** ᶻ In indice septimi libri Capitularium numero 494, (nam capita ipsa a 478, usque ad 558, in volumine, quod ex Gallia habitum est, desiderantur) ' hæc leguntur: *Ne sibi compatres et commatres monachi faciant.*

Dist. IV. C. XCV. [677] Ivo Pan. l. 1, c. 76. Decr. p. 1, c. 78. [678] *interrogetur*: Edd. coll. o.— Iv. [679] add.: *omnibus pompis*: Edd. Ven. I, II. Par. Lugd. I.— *et omn. pomp.*: Edd. Lugdd. II, III. [680] *cunctis*: Iv.— Edd. coll. o. [681] Eph. c. 4, v. 22. = C. XCVI. [682] cf. D. 4, de pœn. c. 81. — Ivo Pan. l. 1, c. 35. Decr. p. 1, c. 76. [683] *quum*: Bohm. [684] *possent*: Ivo Pan. = C. XCVII. [685] Ep. 265. Ed. Maur. (temp. inc.) — Ans. l. 11, c. 1. Ivo Pan. l. 4, c. 56. Decr. p. 4, c. 77. Petr. Lomb. l. 4, dist. 16. [686] *Salernitanum*: Ed. Bas. — *Salactitanum*: Edd. Lugdd. — *Salectitanum*: Edd. rell. [687] Act. c. 2, v. 38. [688] abest ab Ed. Bas. [689] add.: *nostri*: Ivo Pan. — Edd. coll. o. = C. XCVIII. [690] Ep. 23. (scr. A. 598.) l. 8. Ed. Maur. — Iv. Pan. l. 1, c. 37. Decr. p. 1, c. 61. [691] *Faustino*: Edd. coll. o. [692] *illius*: Iv. — Edd. coll. o. [693] *baptizet*: orig. — Ivo Decr. = C. XCIX. [694] Non est Ambrosii. — cf. Grat. post D. 4, de pœn. c. 87. = C. C. [695] Sumtum est ex cap. Theodori ap. Petit. c. 4. — Burch. l. 4, c. 24. Ans. l. 9, c. 25. Ivo Pan. l. 1, c. 77. Decr. p. 1, c. 218. [696] *catechumeno*: Burch. Ans. Iv. Pan. [697] *pater*: Burch. Ans. [698] *suscipiant*: Edd. coll. o. = C. CI. [699] In conc. Sussion. ap. Medard., quod innuere videtur inscr. Burch. l. 4, c. 25. Ans. l. 9, c. 49 (24). Ivo Pan. l. 1, c. 78. Decr. p. 1, c. 219, a Corr. indicata, non exstat. = C. CII. [700] Desumtum esse videtur ex Cap. Theodori ap. Petit. c. 4. — Burch. l. 4, c. 26. Ivo Pan. l. 1, c. 79. Decr. p. 1, c. 220. [701] *filium*: Burch. [702] *et*: Ivo Pan. = C. CIII. [703] hab. A. 578. — Ivo Pan. l. 1, c. 80. Decr. p. 1, c. 132. [704] *nec monachis*: Ivo Decr. — *vel monachis*: Pan. = C. CIV. * Recenseri nunc ea capita solent primæ additionis nomine, quæ, quum ipsum Cap. Aquisgran. antea seorsum editum exhibeat, consulto omissa est a Baluzio. [705] Cap. Aquisgr. A. 817, c. 16. — Ivo Pan. l. 1, c. 81. Decr. p. 1, c. 133.

## C. CV. Qui in baptismo parvulos suscipiunt, pro eis apud Deum fidejussores exsistunt.

*Item ex sermone S. Augustini post Pascha, qui sic incipit :* « Hodiernus dies » ᵃ [706].

Vos ante omnia, tam mulieres quam viros, qui filios in baptismo suscepistis, moneo, ut vos cognoscatis fidejussores apud Deum exstitisse pro illis, quos visi estis de sacro fonte suscipere. Ideoque semper eos admonete, ut castitatem custodiant, justitiam diligant, charitatem teneant. *Et paulo post :*

§ 1. Ante omnia symbolum et orationem dominicam et vos ipsi tenete, et illis, quos suscepistis [707] de sacro fonte, ostendite.

## C. CVI. Ad baptizandi officium et ad vestimenta altaris lavanda sacerdos propria debet habere vasa.

*Item ex Concilio Ilerdensi* ᵇ [708].

XX. Pars. Omnis presbyter, qui fontem lapideum habere nequiverit, vas conveniens [709] ad * hoc * solummodo baptizandi officium habeat, quod extra ecclesiam non deportetur. Similiter ad corporale lavandum et ad pallas altaris propria habeantur vasa, in quibus nihil aliud fiat.

## C. CVII. Neque rebaptizationes, neque reordinationes fieri licet.

*Item ex Concilio Carthaginensi III, c. 58.* [710]

XXI. Pars. Non licet fieri rebaptizationes, et [711] reordinationes [712], vel translationes [713] episcoporum.

## C. CVIII. De eodem.

*Item ex epistola Augustini CCIII, ad Maximinum* [714].

Rebaptizare haereticum hominem, qui haec sanctitatis [715] signa perceperit [716], quae Christiana tradidit [717] disciplina, omnino peccatum est; rebaptizare autem catholicum immanissimum scelus est.

## C. CIX. De Arianis, quando baptizentur, et quando non.

*Item ex Concilio Arelatensi I, c. 8* [718].

De Arianis, qui propria lege sua utuntur ᶜ, placuit, si ad ecclesiam aliqui de hac haeresi venerint interrogent eos nostrae [719] fidei sacerdotes symbolum, et, si perviderint eos in Patre, et Filio, et Spiritu sancto esse baptizatos, manus eis tantum imponatur [720], ut accipiant Spiritum sanctum. Qui si interrogati non responderint hanc Trinitatem, baptizentur [721].

## C. CX. Baptizentur, de quibus ignoratur an sint baptizati.

*Item Gregorius III Bonifacio, epist. IV* [722].

Parvulos, qui a [723] parentibus subtracti sunt, et an baptizati sint [724], ignorant [725], hos ut baptizare debeas secundum Patrum traditionem [726], si non fuerit qui testificetur, ratio poscit.

## C. CXI. De eodem.

*Item ex Concilio Carthaginensi V, c. 5* [727].

Placuit de infantibus, quoties non inveniuntur certissimi testes, qui eos baptizatos esse sine dubitatione testentur, neque ipsi sunt per aetatem idonei de traditis sibi sacramentis respondere, absque ullo scrupulo eos esse baptizandos, ne ista trepidatio eos faciat sacramentorum purgatione privari. Hinc [728] etiam legati Maurorum [729] fratres nostri [730] consuluerunt, quia multos tales a barbaris redimunt [731]. Similiter ᵈ et [732] de ecclesiis, quoties super earum consecratione haesitatur, agendum est, id est ut sine ulla trepidatione consecrentur.

## NOTATIONES CORRECTORUM.

C. CV. ᵃ Ivo etiam recitat ex dominica prima post Pascha. In sermone 163, de tempore, apud B. Augustinum haec leguntur : *Quicunque viri, quaecunque mulieres de sacro fonte filios spiritaliter susceperunt, cognoscant se pro ipsis fidejussores apud Deum exstitisse, et ideo semper illis sollicitudinem verae charitatis impendant.* Similia etiam habentur in sermone 215, qui est secundus dominicae X, post festum Trinitatis.

C. CVI. ᵇ Similia habentur in Ordine Romano de officiis divinis, p. 156.

C. CIX. ᶜ *Utuntur :* In concilio impresso sequitur : *ut rebaptizentur*. Ac solitos fuisse ab Arianis rebaptizari catholicos ac fortasse etiam non catholicos, narrat B. Augustinus in libro de haeresibus c. 49. Ceterum in quibusdam pervetustis hujus concilii codicibus sic legitur : *De Afris, quod propria lege sua utuntur, ut rebaptizent, placuit,* etc. De Afris autem habetur supr. dist. 98, c. *Afros*, quod est Gregorii I, et repetitur in epistola Gregorii II, ad universum clerum et plebem Turingiae, itemque in synodo Felicis III.

C. CXI. ᵈ *Similiter :* Haec usque ad finem absunt a codice regio hujus concilii, a 72 Carthaginensi canone graeco, a Wormaciensi, et Burchardo. In canone autem sextae synodi neque illa habentur quae praecedunt, id est : *Hinc etiam,* etc.

---

Dist. IV. C. CV. [706] Est Caesarii ex sent. Maur.—Ivo Pan. l. 4, c. 81. Decr. p. 1, c. 134, p.11, c.17. [707] *exceptistis :* Ivo Decr. — Edd. Arg. — *accepistis :* Pan. — Edd. rell. pr. Lugdd. — C. CVI. [708] Burch. l. 4, c. 15. Iv. Decr. p. 1, c. 208. refertur ex Meldensi ; est tamen inter Capp. Hincmari Remensis, c. 3. (Mansi t. 15.)—Reg. l. 1, c. 79. [709] *solumm. ad :* Edd. coll. o. = C. CVII. [710] hab. A. 397. — Ivo Pan. l. 1, c. 83. Decr. p. 1, c. 152. [711] abest ab Iv. — *neque :* Edd. coll. o. [712] *reordinationes :* Edd. Ven. II. [713] *retranslationes :* Edd. Arg. Bas. Lugdd. II, III. = C. CVIII. [714] Ep. 23. Ed. Maur. scr. A. 392. — Ivo Pan. l. 1, c. 84. Decr. p. 1, c. 172. Petr. Lomb. l. 4, dist. 6. [715] *sanctae Trinitatis :* Edd. coll. o. [716] *susceperit :* exd. [717] *tradit :* Bohm. C. CIX. [718] hab. A. 514. — Coll. tr. p, p. 2, t. 23, c. 3. *ita Coll. Hisp. [719] *nostrae — sac.* absunt ab ead. [720] *imponant :* Edd. coll. o. [721] *rebaptizentur :* Edd. Arg. Bas. Lugdd. II, III. = C. CX. [722] Imo Gregor. II, scr. A. 726. Iv. Pan. l. 1, c. 92. Decr. p. 1, c. 146. [723] abest ab Ed. Bas. [724] add. : *an non :* Iv. Decr. — Edd. coll. o. [725] *ignoratur :* Edd. coll. o. — Iv. [726] *traditiones :* Edd. coll. o. = C. CXI. [727] hab. A. 401. — Coll. tr. p. p. 2, t. 19, c. 6. Burch. l. 4. c. 45. Ans. l. 9, c. 56 (15). Ivo Pan. l. 1, c. 95. Decr. p. 1, c. 147, et 239. — cf. conc. Worm. hab. A. 868, c. 70, et can. 85, syn. sextae. [728] verb. : *hinc — red.* : absunt ab Ivo. Pan. et Decr. c. 147. [729] *vestros :* Ivo Decr. c. 259. [730] *carissimi :* Ed. Bas. Par. Lugdd. [731] *redeunt :* Edd. Arg. — *redemerunt :* Edd. coll. o. pr. Bas. ** et Coll. Hisp., Ans. et Ivo Decr. c. 259. [732] abest ab Edd. Par. Lugdd.

## C. CXII. *De eodem.*

*Item* Leo Papa [733] *Leoni* [734] *Ravennati Episcopo, epist. XXXV, c. 1.*

Quum itaque baptismi sui nihil recorderetur e qui regenerationis est cupidus, nec alter [735] attestari de eo possit, qui sciat [736] consecratum, nec ille, qui consecratur. Scimus quidem, inexpiabile esse facinus, quoties juxta hæreticorum damnata [737] a sanctis Patribus instituta cogitur aliquis lavacrum, quod regenerandis [738] semel tributum est, bis subire, apostolica reclamante sententia [739], quæ nobis unam prædicat in Trinitate deitatem, unam in fide confessionem, unum in baptismate sacramentum. Sed in hoc nihil simile formidatur, quoniam non potest in iterationis crimen venire quod omnino factum esse nescitur. Atque ideo, quoties persona talis inciderit, solicita primum examinatione discutiet longo tempore (nisi forte supremus finis immineat) [740] indagate, utrum nemo penitus sit, qui testimonio suo [741] juvare possit ignorantiam nescientis, et, quum constiterit, hunc, qui baptismatis indiget sacramento, sola inaniter suspicione prohiberi, accedat intrepidus ad consequendam gratiam, cujus in se nullum scit esse vestigium, nec vereamur huic salutis januam aperire, quam nunquam ante docetur ingressus.

## C. CXIII. *De eodem.*

Idem *epist. XC, al. XCII, ad Rusticum, c. 16* [742].

Si nulla exstant [743] indicia inter propinquos aut [744] familiares, nulla inter clericos aut vicinos, quibus hi, de quibus quæritur, baptizati fuisse doceantur, agendum est ut renascantur, ne manifeste pereant, in quibus, quod non ostenditur gestum, ratio non [745] sinit, ut [746] videatur iteratum. Qui autem possunt meminisse, quod ad ecclesiam veniebant cum parentibus suis, possunt recordari, an quod eorum parentibus dabatur acceperint. Sed, si hoc etiam ab eorum memoria alienum est, conferendum A eis videtur quod collatum esse nescitur, quia non temeritas intervenit præsumtionis, ubi est diligentia pietatis.

## C. CXIV. *Non baptizatur cum matre, quidquid in ejus corpore est.*

*Item* Augustinus *contra Julianum, lib. VI, c.* [747].

XXII. Pars. Si ad matris corpus id, quod in ea concipitur, pertineret [748] ita, ut ejus pars deputaretur, non baptizaretur infans, cujus mater baptizata est aliquo mortis urgente periculo, quum eum gestaret in utero. Nunc vero quum etiam ipse baptizatur [749], non utique [750] bis baptizatus habebitur [751]. Non itaque [752] ad maternum corpus, quum esset in utero, pertinebat.

## C. CXV. *Quare non baptizetur cum matre qui in ejus utero est.*

*Item* Isidorus, *lib. I de sentent. de summo bono, c. 21* [753].

Qui in maternis uteris sunt, ideo cum matre baptizari non possunt, quia qui natus adhuc secundum Adam non est, renasci [754] secundum Christum non potest. Neque enim dici regeneratio in [755] eo poterit, quem generatio non præcessit. *Et infra:*

§ 1. Qui [756] scelerate vivunt in ecclesia et communicare non desinunt, putantes, se tali communione mundari, discant, nihil ad emundationem proficere sibi.

## C. CXVI. *De eodem.*

*Item ex* Concilio Martini Bracarensis, c. 54 [757].

Si qua mulier prægnans desideraverit [758] gratiam baptismi percipere, quando voluerit, habeat potestatem. Nam nihil participat in hoc mater infanti, qui nascitur, propterea, quod uniuscujusque [759] propria [760] voluntas in confessione monstratur [761].

## C. CXVII. *De his qui ignoranter bis baptizantur.*

*Item ex* Pœnitentiali Theodori [762].

XXIII. Pars. Qui bis ignoranter baptizati sunt, non indigent pro eo pœnitere, nisi quod secundum

---

## NOTATIONES CORRECTORUM.

C. CXII. e *Nihil recorderetur:* Sic etiam Ivo, licet cetera plenius, quam Gratianus. Integer locus hic est *"": Quum itaque baptizatum se nec ille recorderetur, qui regenerationis est cupidus, nec alter attestari de eo possit, quod nesciat consecratum, nihil* est, in quo peccatum possit obrepere, quum in hac parte conscientiæ suæ nec ille reus sit, qui consecratur, nec ille, qui consecrat. Scimus quidem, etc. Verum ob glossam in vers. Nec ille, non est emendatum.

---

DIST. IV. C. CXII. [733] Ep. 166. (scr. A. 458.) Ed. Baller.—Ivo Decr. p. 1, c. 48. [734] *Neoni*: Baller. *** ita Coll. Hisp. et Baller. [735] *aliter*: Ed. Ven. I, II. Par. Lugdd. [736] add.: *eum*: Ed. Bas. — *se*: Edd. rell. pr. Arg. [737] *dogmata contra sanctorum Patrum instituta*: Edd. coll. o. [738] *regenerandum*: Ed. Bas. [739] *doctrina*: Coll. Hisp. — Baller. — cf. Ephes. c. 4, v. 5. [740] *imminet*: Coll. Hisp. [741] abest ab Ed. Bas. = C. CXIII. [742] Ep. 167. Ed. Baller. scr. A. 458, vel 459. — Burch. l. 4, c. 44. Ans. l. 9, c. 15 (14). Ivo Pan. l. 1, c. 94. Decr. p. 1, c. 238. Polyc. l. 5, t. 10. [743] *exsistant*: Baller. — Ivo Pan. [744] *et*: Iv. Decr. — Edd. coll. o. [745] *nulla*: Edd. coll. o. [746] *ut vid.*: absunt ab Ivo Decr. = C. CXIV. [747] Ivo Pan. l. 1, c. 111. Decr. p. 1, c. 184. [748] *pertinet*: Edd. coll. o. [749] *baptizaretur*: Ivo Decr. — Edd. Ven. I, II. Par. — *baptizetur*: Edd. rell. — Ivo Pan. [750] *ubique*: Ed. Lugd. I. — *verba: utique — ad*: absunt ab Ed. Arg. [751] *habetur*: Edd. coll. o. [752] *utique*: exd. — Iv. = C. CXV. [753] Ivo Pan. l. 1, c. 112. Decr. p. 1, c. 185. Petr. Lomb. l. 4, dist. 6. [754] *rebaptizari*: Ivo Pan. — *regenerari*: Edd. coll. o. [755] *in eum*: exd. — Iv. [756] cf. supra D. 2, de cons. c. 24. = C. CXVI. [757] c. 6, conc. Neocæs. ex interpr. Martini Brac. (*Papæ:* Edd. coll. o.) [758] *desideravit*: Ed. Bas. — Bohm. — *designaverit:* Edd. Nor. Ven. I, II. Par. Lugd. I. [759] *unicuique*: Coll. Hisp. — Edd. coll. o. [760] add.: *posse*: Coll. Hisp. [761] *monstretur*: ead. = C. CXVII. [762] Legitur inter Cap. Theodori ap. D'Acherium, c. 9. — Burch. l. 4, c. 51. Ivo Pan. l. 1, c. 122. Decr. p. 1, c. 245.

canones ordinari non possunt, nisi magna aliqua necessitas cogat. Qui autem non ignari iterum baptizati sunt, quasi [763] iterum crucifixerint † Christum, per septem annos pœniteant quarta et sexta feria, et tres [764] Quadragesimas jejunent [765]. Si pro vitio aliquo fecerint [766], similiter. Si [767] pro munditia putaverint, tribus [768] annis similiter pœniteant.

### C. CXVIII. *Dē his qui ex industria bis baptizantur.*

*Item* Felix Papa III, *epist. I, c. 2, et seqq.* [769].

Eos, quos episcopos, presbyteros vel diaconos fuisse constiterit, et seu optantes [770] forsitan, seu coactos lavacri illius unici *salutarisque* claruerit fecisse jacturam †, usque ad exitus sui diem in pœnitentia (si resipiscant) [771] jacere conveniet [772], nec orationi non modo fidelium, sed ne catechumenorum quidem omnimodis interesse; quibus laica tantum communio in morte est reddenda. § 1. De clericis autem, et monachis, aut [773] puellis Dei, aut sæcularibus, servari præcipimus hunc [774] tenorem, quem Nicæna synodus circa [775] eos, qui lapsi sunt vel fuerint [776], servandum esse constituit : ut scilicet, qui nulla necessitate, nullius rei timiore aut [777] periculo, se, ut rebaptizentur [778], hæreticis impie dediderunt [779], si tamen eos ex corde pœniteat, tribus annis inter audientes sint; septem autem *annis* subjaceant inter pœnitentes manibus sacerdotum; duobus *autem* [780] annis etiam [781] oblationes [782] modis omnibus non sinantur offerre, sed tantummodo sæcularibus [783] in oratione socientur, nec confundatur [784] Deo colla submittere qui eum non timuit [785] abnegare. § 2. Pueris autem, quibus, quod [786] adhuc impuberes [787] sunt, a pubertate [788] vocabulum est, seu clericis seu laicis, aut etiam similibus puellis, quibus ignorantia suffragatur ætatis, aliquandiu sub manus impositione detentis reddenda communio est, nec eorum est exspectanda pœnitentia, quos excipit [789] a coercitione [790] censura.

### C. CXIX. *Presbyteris baptizatos chrismate ungere licet.*

*Item* Innocentius Papa *Decentio Episcopo, epist. I, c. 3* [791].

XXIV. Pars. Presbyteris (seu extra episcopum seu præsente episcopo baptizant) [792] chrismate baptizatos [793] ungere licet [794], sed quod ab episcopo fuerit consecratum; non tamen frontem ex eodem oleo signare, quod solis debetur episcopis, quum tradunt *Spiritum* [795] paracletum.

### C. CXX. *Baptizatos in frontibus presbyteris ungere non licet.*

*Item ex* Regesto Gregorii *ad Januarium, Episcopum Caralitanum, lib. III, epist.* 9 [796].

Presbyteri baptizatos [797] infantes signare sacro in frontibus chrismate non præsumant. Sed presbyteri baptizatos ungant in pectore, ut episcopi postmodum ungere [798] debeant in fronte.

### C. CXXI. *Chrismatis pannum secundo linire, et super alium baptizatum mittere licet.*

*Item ex* Concilio apud Bellvacum [799].

Si quis voluerit chrismate [800] pannum iterum linire, et super alium baptizatum mittere, non est absurdum.

### C. CXXII. *De veteri chrismate baptisma consecrare non licet.*

*Item ex* Concilio Lugdunensi [801].

Si quis de alio chrismate, quam de illo novo, quod proprii [802] episcopi largitione vel concessione acceperit [803], baptizare, nisi præoccupante morte, tentaverit, pro temeritatis ausu ipse in se suæ damnationis protulisse sententiam manifestatur.

### C. CXXIII. *Non nisi a propriis episcopis presbyteri chrisma accipiant.*

*Item ex* Concilio apud Valentias [804].

Presbyteri, qui diœcesanas [805] regunt ecclesias, non a quibuslibet episcopis, sed a suo, nec per minorem [806] clericum, sed per se ipsos, aut per

---

### NOTATIONES CORRECTORUM.

C. CXVIII. † *Jacturam :* Post hæc verba in originali, et apud Burchardum et Ivonem multa inseruntur, quæ omnino sunt legenda.

Dist. IV. C. CXVII. [763] *quia quasi* : Edd. coll. o. pr. Arg. Nor. † *crucifixerunt* : Iv. Edd. coll. n. [764] *quatuor* : Ivo Pan. [765] *pœniteant* : Burch. Iv. Decr. — *Abstineant* : Pan. [766] *fuerit* : Burch. Iv. [767] *Sed si* : Edd. Arg. Bas. [768] *ter in anno* : Ed. Bas. = C. CXVIII. [769] scr. A. 488. — Burch. l. 4, c. 99. Ivo Decr. p. 1, c. 295. [770] *obstantes* : Ed. Arg. [771] *respuerint* : Ed. Bas. [772] *conveniat* : Edd. coll. o. — Bohm. [773] *et* : Edd. coll. o. — Iv. [774] *et hunc* : Edd. coll. o. pr. Arg. Bas. [775] *inter* : Edd. coll. o. [776] *fiunt* : Ed. Bas. [777] *atque* : Burch. Iv. — Edd. coll. o. [778] *rebaptizarentur* : Burch. Edd. Arg. Bas. [779] *dederunt* : Edd. coll. o. [780] *abest ab* Iv. — *duobus etiam* : Burch. [781] *abest ab orig.* [782] *ad obl.* : Burch., misso sequ. voc. *offerre* : [783] *popularibus* : Burch. Iv. — Edd. coll. o. [784] *confundantur* : Edd. coll. o. [785] *timuerint* : eæd. [786] *qui* : eæd. [787] *investes* : Burch. — *in veste* : Iv. — *imberbes* : Ed. Arg. [788] *puritate* : Burch. Iv. [789] *recipit* : Edd. Bas. — *excepit* : Edd. Nor. Ven. I, II. Par. Lugd. I. [790] *ad coercitionem* : Edd. coll. o. = C. CXIX. [791] scr. A. 416. — Burch. l. 4, c. 69. Ans. l. 9, c. 52. Ivo Pan. l. 4, c. 116. Decr. p. 1, c. 263. Polyc. l. 5, t. 10. Petr. Lomb. l. 4, dist. 7. [792] *quum bapt.* : Coll. Hisp. — Constant. = Burch. Ans. Iv. [793] abest ab Edd. Arg. Nor. [794] *non licet* : Ivo Pan. — *liceat* : Decr. — Edd. coll. o. [795] abest a. Burch. Ans. Iv. = C. CXX. [796] Ep. 9. (scr. A. 594.) l. 4, Ed. Maur. — Burch. l. 4, c. 70. Ivo Pan. l. 4, c. 117. Decr. p. 1, c. 264. Petr. Lomb. ib. [797] *rebaptizatos* : Ed. Bas. [798] *confirment* : Burch. Iv. — Edd. coll. o. = C. CXXI. [799] Imo ex pœn. Theodori ap. Petit. c. 4. — Burch. l. 4, c. 94. Ivo Pan. l. 4, c. 99. Decr. p. 1, c. 288. [800] *chrismatis* : Burch. Iv. = C. CXXII. [801] Cap. incertum. — cf. tamen Cap. Reg. Fr. Add. III, c. 7. [802] *propria* : Ed. Bas. — *pro* : Edd. rell. [803] *accipit* : Burch. Iv. = C. CXXIII. [804] Imo ex conc. Carth. IV, c. 36, seu Statuti. eccl. ant..c. 87. (cf. ad. c. 9, D. 18.) Inscriptio derivata est a Burch. l. 4, c. 76, et Ivo Decr. p. 1, c. 270. Pan. l. 4, c. 101, ex Coll. Ans. ded. l. 4, c. 115. [805] *per diœceses* : Baller. [806] *juniorem* : iid. — Burch. Iv. — Edd. Bas. Lugd. II, III.

illum [807], qui [808] ejusdem ordinis sit ante Paschæ domo sua recipere, ante chrismatis infusionem re- solennitatem chrisma petant. cipiat [820].

### C. CXXIV. *Conficere chrisma et per diœceses destinare omni tempore episcopo licet.*

*Item* Ex Concilio Martini Bracarensis, *c.* 51, *et seqq.* [809].

Omni tempore episcopo [810] liceat [811] chrisma conficere, et per suas dioeceses destinare [812] ita, ut ad accipiendum chrisma diaconus aut subdiaconus ante diem Paschæ de singulis ecclesiis ad episcopum destinetur. § 1. Presbyter [813] præsente episcopo non signet infantes, nisi forte ab episcopo fuerit illi præceptum. § 2. Non [814] liceat presbytero prius episcopo introire in baptisterium, sed cum episcopo, nisi forte aut absens fuerit, aut ægrotus.

### C. CXXV. *Qui baptizandi recipit officium sine chrismate proficisci non debet.*

*Item* ex Concilio Arausicano, c. 1 [815].

Nullus ministrorum, qui baptizandi recipit officium, sine chrismate usquam debet progredi, quia inter nos placuit semel in [816] baptismate chrismari. De eo autem, qui in baptismate, quacunque necessitate faciente, chrismatus non fuerit, in confirmatione sacerdos commonebitur [g] [817]. Nam inter nos chrismatis ipsius non nisi una benedictio est. Non præjudicantes cuiquam hoc dicimus, sed ut necessaria [h] habeatur chrismatio.

### C. CXXVI. *Antequam chrisma infundatur, ad aspergendum aquam de fonte accipere licet.*

*Item* Capitularium *lib. VI, c.* 77 [818].

In sabbato sancto Paschæ vel Pentecostes si quis [819] velit aquam consecratam ad aspersionem in

### C. CXXVII. *Unde aspersionis sanctificatio exordium sumserit.*

*Item* Cyprianus [821] *lib. IV, epist.* 7, *ad Magnum.*

Nec quenquam movere debet, quod aspergi vel perfundi jubentur ægri, quum gratiam dominicam consequuntur, quando [822] scriptura sancta per Ezechielem prophetam loquatur et dicat : '*Et* aspergam [823] *super vos aquam mundam, et mundabimini ab omnibus immunditiis* [824] *vestris et ab omnibus simulacris* [825] *vestris; et mundabo vos, et dabo vobis cor novum, et spiritum novum dabo in* [826] *vobis.* Item in Numeris [827] : § 1. *Qui tetigerit* [1] *cadaver hominis, et propter hoc septem diebus fuerit immundus, aspergatur de* [828] *hac aqua die tertio, et septimo, et sic mundabitur. Item :* § 2. *Si fide Trinitatis mundatus non fuerit, in resurrectione* [k] *apud sanctorum collegium immundus erit. Si die tertio aspersus non fuerit, septimo non poterit emundari. Omnis, qui tetigerit humanæ animæ morticinium, et aspersus ex hac commixtione non fuerit, polluet tabernaculum Domini, et peribit ex Israel, quia qui aqua aspersus non est expiationis immundus erit, et manebit* [829] *spurcitia ejus super eum. Et iterum* [830] : *Et locutus est Dominus ad Moysen, dicens : Accipe Levitas de medio filiorum Israel, et purificabis eos, et ita facies eis purificationem eorum : circumsperges eos aqua purificationis. Et iterum : Aqua aspersionis purificatio est.* Unde apparet, aspersionem quoque aquæ instar salutaris lavacri obtinere, et, quando hæc in ecclesia fiunt [831], ubi sit et accipientis et dantis fides, integra stare omnia, et consummari [832] ac perfici posse Domini majestate, et fidei veritate. *Et infra :* § 3. Spiritus vero sanctus non dimensu-

---

### NOTATIONES CORRECTORUM.

C. CXXV. [g] *Sacerdos commonebitur :* Apud Burchardum et Ivonem (qui hic caput concludunt, quod citant ex Vasensi c. 5) , sic legitur : *in confirmatione sacerdotis perficietur,* aut, ut Ivo : *perficiatur.*

[h] *Ut necessaria :* Varietas insignis est in editione conc. Coloniensi trium tomorum. Nam et isto modo legitur, et hoc : *non necessaria habeatur rechrismatio ;* et : *non necessaria habeatur chrismatio repetita ;* et : *necessaria habeatur chrismatio repetita*, quæ sola lectio retenta est in editione quatuor tomorum.

C. CXXVII. [i] *Qui tetigerit :* Hæc usque ad vers. *Et locutus est,* aliis verbis a B. Cypriano exponuntur, ex quo quidem in ceteris hujus capitis partibus multa sunt emendata.

[k] *In resurrectione :* Hujus sententiæ sunt quædam vestigia in gloss. interlineari ad istum Numerorum locum

---

DIST. IV. C. CXXIII. [807] *alium :* Ed. Bas. [808] *qui sacrarium tenet :* Baller. = C. CXXIV. [809] confectum est a Martino Brac. (*Papa :* Edd. coll. o.) ex c. 20, conc. Tol. I, et c. 56, conc. Laod. — cf. D. 95, c. 11. [810] *episcopis :* Coll. Hisp. [811] *licet :* Edd. coll. o. pr. Bas. [812] *dirigere :* Coll. Hisp. [813] add. : *vero :* Edd. coll. o. [814] *nec :* cæd. = C. CXXV. [815] hab. A. 441. — Reg. l. 1, c. 78. Coll. tr. p. p. 2, t. 21, c. 1. Burch. l. 4, c. 75. Ivo Decr. p. 4, c. 267. [816] *in bapt.* : absunt a Coll. Hisp. * cujus rei ansam Reginonis coll. dedit, in qua c. 3, conc. Vas. est præmissus. Exitus capitis in ea est in verbo : *commonebitur.* [817] *commovebitur :* Edd. Bas. * *non ut præjudicans quidquam, sed ut non necessaria repetita hab. chr. :* Coll. Hisp. = C. CXXVI. [818] Ivo Pan. l. 1, c. 103. Decr. p. 1, c. 112. [819] *qui :* orig. [820] *accipiant :* id. — *accipiat :* Ivo Decr. = C. CXXVII. [821] *Cypr. Papa :* Edd. coll. o. — scr. c. A. 256. [822] *quum scr. sacra :* Edd. coll. o. — cf. Ezech. c. 36, v. 25. [823] *aspergat super nos :* Ed. Arg. [824] *peccatis :* Ed. Bas. [825] *inquinamentis :* ead. [826] abest ab ead. [827] Num. c. 19, v. 11. [828] *ex :* Vulg. — Ed. Arg. Bas. [829] *manet :* Ed. Bas. [830] Num. c. 8, v. 6. [831] *fiunt, verissime scitur per acc. et dantis fidem,* etc. : Edd. coll. o. [832] add. . *vel confirmari :* Edd. Arg.

ratur [833], sed super credentem [834] totus infunditur. Nam si dies omnibus æqualiter nascitur, et si sol super omnes pari et æquali [835] luce diffunditur : quanto magis Christus [836] sol et dies verus in ecclesia sua lumen vitæ æternæ pari æqualitate largitur? Cujus æqualitatis sacramentum videmus in Exodo esse celebratum, quum de cœlo manna deflueret, et futurorum præfiguratione alimentum panis cœlestis, et cibum Christi venientis ostenderet. Illic enim sine discrimine [837] vel sexus vel ætatis gomor singulis [838] æqualiter colligebatur. Unde apparebat, Christi indulgentiam et cœlestem gratiam postmodum secuturam æqualiter omnibus dividi, sine sexus varietate, sine annorum discrimine [839], sine acceptione [840] personæ super omnem Dei populum spiritalis gratiæ [841] munus infundi. Plane eadem gratia spiritalis, quæ æqualiter in baptismo a credentibus sumitur, in [842] conversatione atque actu nostro postmodum vel minuitur, vel augetur, ut in evangelio [843] dominicum semen æqualiter seminatur; sed pro varietate terræ aliud [844] absumitur [845], aliud in multiformem copiam vel trigesimi, vel sexagesimi, vel centesimi numeri † fructu exuberante [846] cumulatur. *Et paulo post* : § 4. Quod si aliquis in illo movetur, quod quidam ex [847] his, qui ægri baptizantur, spiritibus adhuc immundis teneantur[1], sciat, diaboli nequitiam pertinacem usque ad aquam salutarem valere; in baptismo vero omnis [848] nequitiæ suæ virus †† amittere. Quod exemplum cernimus in rege [849] Pharaone, qui, diu [850] reluctatus et in sua [851] perfidia demoratus, tamdiu resistere potuit et prævalere, donec ad aquam veniret, quo quum venisset, et victus est et exstinctus. Mare ˙autem˙ illud sacramentum baptismi fuisse declarat B. ˙apostolus˙ Paulus, dicens [852] : *Nolo enim vos ignorare, fratres, quia patres nostri* [853] *omnes sub nube fuerunt, et omnes per* [854] *mare trans-*ierunt, *et omnes in Moyse baptizati sunt in* [855] *nube, et in mari,* et addidit, dicens : *Hæc autem omnia figuræ* [856] *nostræ fuerunt.* Quod hodie ˙etiam˙ geritur, ut ˙ per [857] exorcistas voce humana, et potestate divina flagelletur [858], et uratur, et torqueatur djabolus, et quum exire se et homines ˙Dei˙ dimittere sæpe dicat, in eo tamen, quod dixerit [859], fallat [860], et id, quod per Pharaonem prius gestum est, eodem modo obstinationis et fraudis exerceat. Quum tamen ad aquam Dei salutarem atque ˙ad˙ baptismi sanctificationem venitur, scire debemus et fidere [861], quia illic diabolus opprimitur, et homo Deo dicatus divina indulgentia liberatur.

C. CXXVIII. *De his qui usque ad exitum vitæ suscipere baptisma differunt.*

*Item* Joannes Chrysostomus *in epistolam ad Hebræos*, homil. *XIII, ad c.* 7.

XXV. Pars. Quando quis propterea peccat, ut sanctum baptisma in novissima sua exspiratione suscipiat, fortassis non adipiscitur. Et credite mihi, non terrens vos dico quod dicturus sum. Multos novi, qui hoc [862] passi sunt, qui spe baptismatis multa peccabant, circa diem autem mortis discesserunt [863] vacui; Deus enim propter hoc baptisma tribuit, ut solvat peccata, non ut addat [m]. Si vero quis ad hoc utitur baptismate, ut ampliora delinquat, ipsum fit negligentiæ causa.

C. CXXIX. *Parvulis baptizatis parentum non nocet perfidia.*

*Item* Augustinus *ad Bonifacium, epist. XXIII* [864].

XXVI. Pars. Quæris a me, utrum parentes [865] baptizatis parvulis suis noceant, quum eos dæmoniorum sacrificiis sanare conantur, ˙et, si non nocent˙, quomodo eis prosit, quum baptizantur, parentum fides, quorum eis non potest obesse perfidia? Ubi respondeo, tantam illius sacramenti, hoc est baptismi salutaris, esse virtutem in sancta compage corporis Christi, ut semel regeneratus [n] per alior

---

NOTATIONES CORRECTORUM.

[1] *Teneantur*. In originali impresso est : *tentantur*; sed in quinque manuscriptis : *tentabantur*. Hoc enim sibi vult B. Cyprianus, dum adhibentur solennitates præcedentes baptismum, tentari adhuc homines posse ab immundis spiritibus, desinere autem tentationem in absolutione baptismi, id est in aqua salutari. Sic enim ab ipso nunc usurpatur vox *baptizantur*, ac sæpe a philosophis usurpari solet vox *generari*, nimirum pro alteratione præcedente eductionem et proventum formæ.

C. CXXVIII. [m] *Non ut addat* : In editione Y nensi mendose est : ἴνα αὐξήσῃ; corrigendumque manuscriptis : οὐχ ἴνα αὐξήσῃ.

C. CXXIX. [n] *Semel regeneratus* : Plenius B. Augustinu ˙˙ ; *ut semel generatus per c voluptatem, quum semel regeneratus fuerit rum spiritalem voluntatem*, etc. Multa ver capite emendata sunt, ubi per glossam lic autem sententiæ ipsæ a collectore arbi transpositæ.

---

DIST. IV. C. CXXVII. [833] *de* ˙*mensura datur* : orig. [834] *credentes* : Edd. coll. o., liter : Ed. Bas. — *super omnes æqualiter funditur* : Ed. Arg. [836] *abest ab ead.* [837] *discr* [838] *singuli* (*singula* : Lugdd. I.) *æqu. colligebant* : Edd. coll. o. [839] *discretione* : Ed. Arg. Edd. Bas. [841] add. : *Dei* : Edd. coll. o. pr. Arg. [843] *similiter in* : Ed. Bas. Lugdd. II, III c. 13, c. 8. [844] *abest ab* Edd. coll. o. pr. Bas. — ab Ed. Arg. etiam quæ sequ. usque ad : *in sumitur* : Edd. coll. o. † *abest ab* Ed. Arg. [846] *exuberans* : Ed. Arg. Bas. — *exuberanti* [847] *de* : Ed. Arg. Bas. [848] *omnes* : Ed. Bas. — *omne* : orig. †† *vires* : Bohm. — Edd. coll. *ab iisd.* pr. Bas. — cf. Exod. c. 14. [850] *vi* : Edd. coll. o. pr. Bas. Lugdd. [851] *superbi* [852] 1 Cor. c. 30, v. 1. [853] *vestri* : Edd. coll. o. pr. Bas. Nor. Lugdd. II, III. [854] *abest a* Bas. Lugdd. II, III. [855] *et in* : Edd. coll. o. pr. Bas. [856] *in figuram nostri* : eæd. [857] *videl* coll. o. [858] *flagellatur, — uritur, — torquetur* : Ed. Bas. [859] *dixerat* : Edd. coll. o. [860] *f* pr. Lugdd. II, III. [861] *confidere* : Edd. coll. o. = C. CXXVIII. [862] *hic* : Edd. Bas. Edd. Arg. Bas. = C. CXXIX. [864] Ep. 98. Ed. Maur. scr. A. 408. — Ans. l. 9, c. 41 (t. 10. [865] add. : *verfidi* : Edd. Arg. Bas. Lugdd. II. III. ˙˙ *ita* Ans.

voluntatem deinceps non possit vinculo alienæ iniquitatis obstringi, cui nulla sua voluntate consensit[866]. '*Et*' *anima enim*[867] *patris mea est*, inquit[868], *et anima filii 'mea est'*, et iterum : *Anima quæ peccaverit, ipsa morietur*. Non autem[869] peccat ipsa, quum parentes ei[870] nescienti[871] vel quilibet alius adhibet sacrilegia dæmoniorum. Sed[872] ideo ex Adam traxit, quod sacramenti illius gratia solveretur, quia nondum erat anima separatim vivens, id est altera anima, de qua diceretur : *Et anima patris mea est, et anima filii 'mea est'*. Jam[873] itaque dicit, quod, quum[874] homo in se ipso est ab[875] eo, qui genuit, alter effectus, peccato alterius sine sua conscientia[876] non tenetur obnoxius. *Et infra :* § 1. Quomodo itaque[877] in parvulum majores peccant offerentes eum, atque obligare conantes dæmonum sacrilegis vinculis? Non est anima utrorumque communis, ut etiam culpam possint habere communem. Non enim sic communicatur culpa per alterius voluntatem, quemadmodum communicatur gratia per S. Spiritus unitatem. *Item paulo superius :* Regenerans 'ergo' Spiritus[878] in majoribus offerentibus et parvulo oblato renatoque communis est. Ideo[879] per hanc societatem unius ejusdemque Spiritus prodest offerentium voluntas parvulo oblato. *Et infra :* Potest enim et in hoc, et in illo homine esse unus Spiritus 'sanctus', etiamsi se invicem nesciant, per quem sit[880] utriusque[881] gratia communis; non autem potest spiritus unus esse hominis et hujus, et illius, per quem peccante[882] altero, et altero non peccante, sit tamen culpa communis. Ac per hoc potest parvulus semel ex parentum carne generatus Dei spiritu regenerari, ut ex illis obligatio contracta solvatur. Non potest autem, semel Dei spiritu regeneratus, ex parentum carne regenerari, ut obligatio, quæ soluta est, iterum contrahatur. Et ideo semel perceptam parvulus Christi gratiam non amittit, nisi propria impietate. *Et paulo post :* § 2. Veruntamen recte dicuntur parentes, vel quicunque majores, filios seu quoslibet parvulos baptizatos dæmoniorum sacrilegiis obligare conantes, spiritualiter[883] homicidæ. Nam in illis quidem interfectionem non faciunt, sed, quantum in ipsis est, interfectores fiunt, recteque[884] illis dicitur, quando ab hoc scelere prohibentur :

nolite occidere parvulos vestros. Dicit enim '*et*' Apostolus : *Spiritum*[885] *nolite exstinguere*, non quia ille exstingui potest, sed quantum in ipsis est, exstinctores ejus merito dicuntur, qui sic agunt, ut exstinctum[886] velint. § 3. Nec illud te moveat, etc. [887]. *Et infra :* Celebrantur enim per eos necessaria ministeria[888]. *Et infra :* Offeruntur quippe[889] parvuli ad percipiendam spiritalem[890] gratiam non tam ab eis, quorum gestantur manibus[891], (quamvis et ab ipsis, si et ipsi boni fideles sunt[892], quam ab universa societate sanctorum atque fidelium. Ab omnibus namque offerri recte intelliguntur, quibus placet, quod offeruntur, et quorum sancta atque individua charitate ad communicationem[893] S. Spiritus adjuvantur. Tota hoc[894] ergo mater Ecclesia, quæ in sanctis[895] est, facit, quia tota omnes, tota singulos parit. *Item infra :* § 4. Difficillimam sane quæstionem tibi proposuisse visus es in extremo inquisitionis tuæ, ea videlicet intentione, qua soles vehementer cavere mendacium. Si constituam, inquis, ante te parvulum, et interrogem, utrum, quum creverit[89], futurus sit castus, vel fur, vel non sit futurus? Sine dubio respondebis : nescio ; et utrum in eadem parvula ætate constitutus cogitet aliquid boni vel mali? Dices : nescio. Si itaque de moribus ejus futuris nihil audes certi[897] promittere, et de ejus præsenti cogitatione[898], quid est[899] aliud, quam, quando ad baptismum offeruntur, pro eis parentes tanquam fidei auctores[900] respondent, et dicunt illos facere quod illa[901] ætas cogitare non potest, aut, si potest, occultum est? Interrogamus enim eos, a quibus offeruntur, et dicimus : Credit in Deum? de illa ætate, quæ utrum sit Deus ignorat. Respondent : Credit; et ad cetera sic[903] respondetur singula, quæ quæruntur. Unde miror, parentes in istis rebus tam fidenter pro parvulo respondere, ut dicant, eum tanta bona facere, quæ ad horam, qua baptizatur, baptizator interrogat, tamen eadem hora, si subjiciam, erit castus qui baptizatur, aut[903] non erit fur? nescio, utrum audeat dicere aliquis, aliquid horum erit, aut non erit, sicut mihi sine dubitatione respondet, quod credat [904] in Deum, et[905] quod se convertat ad Deum[906]. *Et infra :* § 5. Ecce[907] facio, quantum possum. Dominus adjuvet, ut quod postulas possim. Nempe

---

Dist. IV. C. CXXIX. [865] *consentit :* orig. — Edd. coll. o. pr. Lugdd. II. III. [867] Ezech. c. 18, v. 4. [868] abest a Bohm. [869] *enim :* Edd. coll. o. [870] *ejus :* eæd. — add. : *omnino :* eæd. pr. Arg. — orig. [871] abest ab Edd. Arg. [872] *Sed omnino :* Ed. Arg. Bas. Lugdd. II. III. — *Si vero :* Edd. rell. [873] *Jam it., quum homo :* orig., Ans. et ita C. 1, qu. 4, c. 8. [874] abest ab Ed. Bas. [875] *et ab :* Edd. Bas. Lugdd. ıl. III. [876] *consensione :* orig. — Ed. Bas. [877] *ergo :* Ed. Bas. — *quando autem :* orig. [878] add. : *sanctus :* Edd. coll. o. [879] *Item :* Ed. Bas. Lugdd. — *Idem :* Edd. rell. [880] *fit :* Edd. Arg. [881] *utrisque :* Ed. Bas. [882] *peccat alter, ut :* Edd. coll. o. [883] *specialiter :* Edd. Bas. [884] *recte :* orig. — *recte ergo :* Edd. coll. o. [885] add. : *sanctum :* Edd. coll. o. pr. Bas — cf. 1 Thess. c. 5, v. 19. [886] *exstingui :* Edd. Bas. [887] cf. supra c. 33. [888] *mysteria :* Edd. Arg. Bas. [889] *quidem :* Edd. coll. o. [890] *specialem :* Ed. Bas. [891] in man. : Edd. Arg. Nor. Sen.-1, II. Par. [892] *sint* Edd. Bas. [893] *communionem :* Edd. coll. o. [894] *hæc :* eæd. [895] add. : *suis :* eæd. [896] *ad ætatem adultam venerit :* eæd. [897] *certo :* Bohm. [898] *cogn. et cogitatione :* eæd. abest ab Edd. Arg. [899] *quid est illud, quod quando :* orig. [900] *actores :* Ed. Arg. — *fideidictores :* orig. [901] abest ab Edd. Arg. Bas. [902] *quæ sing. quær., sic resp. :* Edd. coll. o. [903] *vel fur, aut non erit :* eæd. [904] *credit :* eæd. [905] *et — Deum :* absunt ab Ed. Arg. [906] *Dominum :* Edd. coll. o. pr. Bas. [907] Iv. Decr. p. 2, c. 1.

sæpe ita loquimur, ut, Pascha propinquante, ⁹⁰⁸ dicamus crastinam ⁹⁰⁹, vel perdissenam, vel perendissenam "esse" Domini passionem, quum ille ante "tam" ⁹¹⁰ multos annos passus sit, nec omnino, nisi semel, ipsa passio facta sit ⁹¹¹. Nempe ipso die dominico dicimus: hodie Dominus resurrexit, quum ex quo resurrexit tot anni transierunt. Cur ⁹¹² nemo tam ineptus est, ut nos ita loquentes arguat esse mentitos, nisi quia istos dies secundum illorum, quibus hæc gesta sunt, similitudinem nuncupamus, ut dicatur ipse dies, qui ⁹¹³ non est ipse, sed revolutione temporis similis ejus, et dicatur illo die fieri propter sacramenti celebrationem, quod non illo ⁹¹⁴, sed jam olim factum est ⁹¹⁵? *Et infra* †: § 6. Itaque parvulum, etc. *Et infra*: § 7. Quum autem homo sapere cœperit, non illud sacramentum repetit, sed intelligit, ejusque veritati consona "etiam" voluntate coaptabitur ⁹¹⁶. Hoc ⁹¹⁷ quamdiu non potest, valebit sacramentum ad ejus tutelam adversus contrarias potestates, et tantum valebit, ut, si ante rationis ⁹¹⁸ usum ⁹¹⁹ ex hac vita emigraverit, per ipsum sacramentum commendante ⁹²⁰ ecclesiæ caritate ab illa condemnatione, quæ per unum hominem intravit in mundum, Christiano adjutorio liberetur. Hoc qui non credit, et fieri non posse arbitratur, profecto infidelis est, etsi habeat fidei sacramentum, longeque melior est ille ⁹²¹ parvulus, qui, etiamsi fidem nondum habeat in cogitatione ⁹²², non ei tamen obicem contrariæ cogitationis ⁹²³ opponit, unde sacramentum ejus salubriter percipit.

C. CXXX. *Aliorum fides in baptismo parvulos salvat.*

*Item* Bonifacio *contra duas epistolas Pelagianorum, lib. 1, c.* 22 ⁹²⁴.

In ecclesia Salvatoris per alios parvuli credunt, A sicut ex ⁹²⁵ aliis "ea², qua "illis" in baptismo remittuntur, peccata traxerunt; nec illud cogitetis ⁰, eos vitam habere non posse, qui fuerint ⁹²⁶ expertes corporis et sanguinis Christi, dicente ipso ⁹²⁷: *Nisi manducaveritis carnem meam*, etc.

C. CXXXI. *Corpore et sanguine Christi participat qui per baptisma membrum ejus efficitur.*

Idem ⁹²⁸.

Nulli est aliquatenus ambigendum, tunc unumquemque fidelium ⁹²⁹ corporis sanguinisque dominici ⁹³⁰ participem fieri, quando in baptismate membrum Christi ⁹³¹ efficitur, nec alienari ab illius panis caliciscue consortio, etiamsi antequam panem illum comedat, et calicem bibat, de hoc sæculo in unitate corporis Christi constitutus abscedat.

B Sacramenti quippe illius participatione ac beneficio non privatur, quando ipse hoc, quod illud ⁹³² sacramentum est P, invenit.

C. CXXXII. *Quare sit baptizandus qui de baptizato nascitur.*

Idem *de peccatorum merito et remissione, et baptismo parvulorum, lib.* II, "*c.* 25, *et* 26 ᵠ.

XXVII. Pars. Si baptizata est caro Christi, quæ sine peccato erat, propter exemplum imitationis: quanto magis baptizanda est caro mortis propter evitandum judicium damnationis? Sicut vero in tempore circumcisionis qui de circumciso nascebatur fuit circumcidendus: sic nunc qui de baptizato nascitur erit baptizandus. § 1. Sacramentum enim baptismi sacramentum est regenerationis. Quare,

C sicut qui non vixerit mori non potest, ita qui natus non fuerit renasci non potest. Ex quo conficitur ⁹³³, neminem in suo parente renasci potuisse non natum ⁹³⁴. Et quamvis parenti post conversionem propria peccata non obsunt ⁹³⁵, tamen illis obsunt, qui ab eo generantur. Parenti ⁹³⁶ propter hoc non obsunt, quia renatus est; illis autem, qui de illo nati sunt, nisi eodem modo renascantur, quæ a pa-

NOTATIONES CORRECTORUM.

C. CXXX. ° *Cogitetis*: Non est mutatum ob glossam. Sed in vetustis codicibus et originali est: *cogitatis*, pendentque hæc omnia ex superioribus, quare integer locus perlegendus.

C. CXXXI. ᵖ *Sacramentum est*: Apud Bedam (nam originale non est inventum) legitur: *sacramentum significat, invenit*, ut supra dist. 2. *Quia passus*, vers. *Nulli*, et ita interpretatur nunc auctor glossæ verbum: *est*.

C. CXXXII. ᵠ Hoc etiam caput confectum est ex verbis B. Augustini, collectoris tamen arbitratu et immutatis, et transpositis, et in summam redactis. Quod in multis sequentibus capitibus ita fit, ut necessarium omnino sit ad ipsum adire auctorem.

D Quare pauca emendata sunt (et ea quidem ex vetustis fere Gratiani exemplaribus), quæ scilicet sensum valde obscurabant, nec glossa obstabat.

---

DIST. IV. C. XXIX. ⁹⁰⁸ *appropinquante*: Edd. coll. o. 'pr. Bas. ⁹⁰⁹ *crast. vel perendinam esse*: orig. ⁹¹⁰ *eam*: Bohm. ⁹¹¹ *est*: Ed. Bas. ⁹¹² *Quum — sit*: ead. ⁹¹³ *quæ non est ipsa revolutione (revolutio*: Ed. Bas.) *temp.*, sed (abest ab Ed. Arg.) *sim. ejus*: Edd. coll. o. ⁹¹⁴ *in illo*: Edd. Arg. Bas. Lugdd. II, III. ⁹¹⁵ *add.*: *in alio*: Edd. coll. o. pr. Arg. † cf. supra c. 76. ⁹¹⁶ *coarctabitur*: Edd. Ven. I, II. Par. ⁹¹⁷ *Sed hoc quamdiu puer intelligere*: Edd. Bas. Lugdd. ⁹¹⁸ *majoris ætatis*: Edd. coll. o. ⁹¹⁹ abest ab Ed. Arg. ⁹²⁰ *commendata*: Edd. coll. o. ⁹²¹ *iste*: eæd. — *illo*: orig. ⁹²² *cognitione*: Edd. coll. o. ⁹²³ *cogitationis*: Ed. Bas. Lugd. I. = C. CXXX. ⁹²⁴ scr. c. A. 420. — Ans. l. 9, c. 43 (55). ⁹²⁵ *et*: Edd. Lugdd. II, III. ita Ed. Bas. ⁹²⁶ *sunt*: Edd. coll. o. ⁹²⁷ *ipso Dom.*: Ed. Bas. Lugdd. II, III. — cf. Joan. c. 6, v. 54. = C. CXXXI. ⁹²⁸ cf. c. 56. D. 2, *de cons.*, in quo idem refertur.—Ans. l. 9, c. 25 (35). Ivə Decr. p. 2, c. 1. Polyc. l. 5, t. 10. Petr. Lomb. l. 4, dist. 9. ⁹²⁹ *fidelem*: Edd. coll. o. pr. Bas. Lugdd. II, III. ⁹³⁰ *Domini*: Edd. coll. o. ⁹³¹ *corporis*: Ed. Arg. — *Chr. corporis*: Edd. rell. — Ans. ⁹³² *ipsum*: Ans. — *quando ipse* (*in se*: Edd. Arg. Bas.) *hoc, quod ipsum sacr. est, invenitur*: Edd. coll. o. — (cf. D. 2, c. 56, extr.) = C. CXXXII. ⁹³³ *conspicitur*: Edd. coll. o. ⁹³⁴ *quum nondum sit natus*: eæd. ⁹³⁵ *obsint*: Edd. Arg. Bas. ⁹³⁶ *Parente*: eæd.

rente contracta sunt oberunt, quia etiam innovatus pater non de novitate, sed de reliquiis vetustatis carnaliter gignit, et filii ex parentum reliqua vetustate in peccati carne propagati damnationem sacramento regenerationis evadunt.

## C. CXXXIII. *In baptismate omnia peccata moriuntur.*

### Item in Enchiridio, c. 52.

Ut ostenderet Apostolus, nos mortuos esse peccato : *An ignoratis*, inquit, *quoniam quicunque baptizati sumus in Christo Jesu, in morte ipsius baptizati sumus?* Si ergo hinc ostendimur mortui esse peccato, quia in morte Christi baptizati sumus, profecto *et* parvuli, qui baptizantur in Christo, peccato moriuntur, quia in morte ipsius baptizantur. Nullo enim excepto dictum est : *Quicunque* *enim* *baptizati sumus in Christo* *Jesu*, *in* morte ipsius baptizati sumus, et ideo dictum est, ut probaretur mortuos nos esse peccato. Cui autem peccato parvuli renascendo moriuntur, nisi quod nascendo traxerunt? Ac per hoc *etiam* ad ipsos pertinet quod sequitur : *Consepulti enim sumus illi per baptismum in mortem*. Et infra : § 1. Baptizatis itaque in morte Christi, in qua non solum majores, verum etiam parvuli baptizantur, ait † : *Sic vos existimate mortuos quidem esse peccato, viventes autem Deo in Christo Jesu.*

## C. CXXXIV. *Sicut nulli baptismus negatur, ita nemo est, qui non peccato moriatur.*

### Item in eodem, c. 43.

A parvulo recens nato usque ad decrepitum senem sicut nullus prohibendus est a baptismo, ita nullus est qui non peccato moriatur in baptismo. Sed parvuli tantum originali, majores autem etiam omnibus *iis* moriuntur peccatis, quæ male vivendo addiderunt *ad illud, quod nascendo traxerunt*.

## C. CXXXV. *In baptismo Joannis non erat peccati remissio.*

### Item in eodem, c. 49.

Non regenerabantur qui baptismo Joannis baptizabantur. Sed quodam præcursorio illius ministerio, qui dicebat : *Parate viam Domino*, *huic uni*, in quo solo renasci poterant, parabantur. Hujus enim baptismus est non in aqua tantum, sicut fuit Joannis, verum etiam in Spiritu sancto, ut de illo *Spiritu* regeneretur quisquis in Christum credit, de quo Christus regeneratus regenerationem non cognovit. Et paulo infra : § 1. In aqua baptizari voluit *a Joanne*, non ut ejus iniquitas *ulla* dilueretur, sed *ut magna* commendaretur humanitas. Ita quippe nihil in eo baptismus habuit quod ablueret, sicut mors nihil quod puniret invenit.

## C. CXXXVI. *Non solum originale, sed etiam actualia peccata remittuntur in baptismate.*

### Idem *de baptismo parvulorum, sive de peccatorum meritis, lib. I, c.* 15, *et* 16.

Regenerante autem carne tantummodo contrahitur peccatum originale; regenerante autem Spiritu non solum originalium, sed etiam voluntariorum fit remissio peccatorum. Proinde recte potest dici, parvulos sine baptismo de corpore exeuntes in damnatione omnium mitissima futuros. *Multum* autem fallit et fallitur qui eos in damnatione prædicat non futuros, dicente Apostolo : *Per unius delicti* *in* *omnes homines ad* *condemnationem*, etc.

## C. CXXXVII. *Quicunque ex concupiscentia nascitur per baptismum regeneratur.*

### Idem *in eodem, c.* 16.

Quisquis ex concupiscentia carnis, et lege peccati et mortis carnaliter generatur, regenerari spiritaliter opus habet, ut non solum ad regnum Dei perducatur, verum etiam a peccati damnatione liberetur. Sicut enim ⁹⁷⁵ per primum hominem in peccato et morte nascuntur, sic etiam per Christum in justitia et vita æterna in ⁹⁷⁶ baptismo renascuntur.

### C. CXXXVIII. *Offerentium fides parvulos facit fideles.*
#### Idem *in eodem libro, c.* 19 ⁹⁷⁷.

Parvuli fideles recte vocantur, quia ⁹⁷⁸ fidem per verba gestantium quodammodo profitentur ⁹⁷⁹ et per eorundem verba diabolo et mundo abrenuntiant. Et hoc fit vi sacramenti et divinæ gratiæ, quam Dominus ⁹⁸⁰ donavit Ecclesiæ. Parvulus autem qui baptizatur, si ad annos rationales veniens non crediderit, nec ab illicitis abstinuerit, nihil ei prodest quod parvulus accepit.

### C. CXXXIX. *De eodem.*
#### Item Augustinus in *eodem lib. I, de meritis et remissione peccatorum, c.* 25, *et* 19.

Mater Ecclesia os maternum parvulis præstat ⁹⁸¹, ut sacris mysteriis imbuantur, quia nondum possunt corde proprio credere ad justitiam ⁹⁸², nec ore proprio confiteri ad salutem. Nec ideo tamen eos quisquam fidelium fideles ⁹⁸³ appellare cunctatur, quod ⁹⁸⁴ a credendo utique nomen est, quamvis hoc non ipsi, sed alii pro eis inter sacramenta responderint. Si autem propterea recte fideles vocantur, quoniam fidem per verba gestantium quodammodo profitentur, cur etiam non 'prius' pœnitentes habeantur, quum per eorundem verba ⁹⁸⁵ gestantium diabolo et huic sæculo renunciare monstrantur?

### C. CXL. *Caritas ecclesiæ peccata dimittit, vel tenet.*
#### Idem *in tract. CXXI, ad c.* 20, *Joannis* ⁹⁸⁶.

Ecclesiæ charitas, quæ per Spiritum sanctum diffunditur in cordibus eorum, qui participes ⁹⁸⁷ sunt, peccata dimittit; eorum, qui ⁹⁸⁸ non sunt, tenet.

### C. CXLI. *Solus Christus peccata dimittit.*
#### Idem *de peccatorum meritis et remissione, lib. I, c.* 25.

Nemo ⁹⁸⁹ tollit peccata, nisi solus Christus, qui est agnus tollens peccata mundi. *Et infra:* Tollit autem et dimittendo quæ facta sunt, (ubi et ⁹⁹⁰ originale ⁹⁹¹ continetur), et adjuvando ne fiant, et perducendo ad vitam, ubi fieri omnino non possunt ⁹⁹².

### C. CXLII. *Præter baptisma Christi parvulis nulla salus promittitur.*
#### Idem *ibidem, et c.* 25 ⁹⁹³.

Nulla præter baptismum 'Christi' salus promittitur infantibus, quia infantes, si per sacramentum, quod ad hoc est divinitus institutum, in credentium numerum non transeant ⁹⁹⁴, 'profecto' in tenebris manent.

### C. CXLIII. *Baptizati in Christo incorporantur, et ejus membra fiunt.*
#### Idem *ibidem, c.* 26 ⁹⁹⁵.

Ad hoc baptismus valet, ut baptizati Christo incorporentur, et ⁹⁹⁶ membra ejus habeantur ⁹⁹⁷, et consepeliantur, et oblati per sacramentum charitatemque fidelium reconcilientur Deo, ut in illo ⁹⁹⁸ vivi, salvi, liberati, redempti, illuminati fiant.

### C. CXLIV. Idem *ibidem, c.* 27.

Quis autem nesciat, credere esse infantibus baptizari? non credere autem non baptizari?

### C. CXLV. *Gratia non solum peccata dimittit sed etiam legem implere facit.*
#### Idem *de gratia et libero arbitrio, ad Valentinum, c.* 14 ⁹⁹⁹.

Gratia, quæ per Christum datur, non solum peccatorum remissionem facit, sed etiam ut lex impleatur, ut natura liberetur, ne ¹⁰⁰⁰ peccatum dominetur; Spiritus etiam gratiæ dat fidem, quæ etiam non petita a Deo conceditur, ut homini petenti et alia concedantur. Nam ¹ fides non est liberi arbitrii tantum, sed donum Dei.

### C. CXLVI. *Vetus infirmitas in baptismo non penitus absumitur, sed vires amittit.*
#### Idem *de baptismo parvulorum, sive de peccatorum meritis et remissione, lib. II, c.* 7 ᵗ.

XXVIII. Pars. Non ex quo quisque baptizatur omnis vetus infirmitas in eo absumitur, sed renovatio incipit a remissione ᵘ omnium peccatorum, et intelligentia, et operatione spiritalium. Cetera vero in spe 'facta' sunt, donec 'etiam' in re fiant ¹,

---

## NOTATIONES CORRECTORUM.

C. CXLVI. ᵗ Quod de multis capitibus jam significatum est, ex locis B. Augustini esse confecta, sed aliter dispositis, et in summam collectis, id in hoc potissimum capite apparet, in quo tamen non pauca sunt et emendata, et addita.

ᵘ *A remissione:* Antea legebatur: *remissionem*, etc. Emendatum est ex plerisque vetustis exemplaribus et originali.

---

Dist. IV. C. CXXXVII. ⁹⁷⁵ *etiam:* Edd. coll. o. pr. Lugdd. II, III. ⁹⁷⁶ abest ab Ed. Bas. = C. CXXXVIII. ⁹⁷⁷ Summa verborum Aug., quæ cap. prox. referuntur. ⁹⁷⁸ *qui:* Edd. coll. o. ⁹⁷⁹ *confitentur:* eæd. ⁹⁸⁰ *Deus dedit:* eæd. = C. CXXXIX. ⁹⁸¹ *præbet:* Edd. coll. o. ⁹⁸² cf. Rom. c. 10, v. 10. ⁹⁸³ *infideles dicere potest:* Edd. coll. o. ⁹⁸⁴ *eo quod:* eæd. pr. Bas. ⁹⁸⁵ add.: *fide:* Ed. Bas. — *fidem:* Ed. Lugdd. 1. = C. CXL ⁹⁸⁶ Petr. Lomb. l. 4, dist. 18. ⁹⁸⁷ add.: *sui:* Edd. coll. o. ⁹⁸⁸ add.: *sui:* eæd. pr. Arg. Bas. Nor. = C. CXLI. ⁹⁸⁹ cf. Joan. c. 1, v. 36, et Gloss. ord. ib. ⁹⁹⁰ abest ab Ed. Bas. et Bohm. ⁹⁹¹ add.: *peccatum:* Ed. Bas. ⁹⁹² *possint:* ead. = C. CXLII. ⁹⁹³ Summa verborum Aug.— Petr. Lomb. ib. ⁹⁹⁴ *transeunt:* Edd. coll. o. pr. Bas. = C. CXLIII. ⁹⁹⁵ Summa verborum Aug. ⁹⁹⁶ *ut:* Edd. coll. o. pr. Par. Lugdd. ⁹⁹⁷ *fiant:* Ed. Bas. ⁹⁹⁸ *eo:* Edd. coll. o. = C. CXLV. ⁹⁹⁹ Summa verborum Aug. ¹⁰⁰⁰ *nec:* Edd. coll. o. pr. Arg. Bas. ¹ Ephes. c. 2, v. 8. = C. CXLVI. ˢ ita Edd. coll. o. pr. Arg. ¹ *fiat:* Ed. Bas.

quod erit in resurrectione. Nam in baptismo, quamvis plena fiat remissio peccatorum, nondum tamen plena est novitas et perfecta mutatio, quia adhuc remanet corruptio non solum in corpore, sed etiam in animo, qui est homo interior; in quo si perfecta esset novitas, non diceret Apostolus, quod renovatur [3] de die in diem. *Item eodem libro, c.* 27 : § 1. Hoc meminisse debemus, "tantummodo" omnium peccatorum plenam perfectamque remissionem baptismo [4] fieri, hominem vero non totum commutari continuo; sed in bene proficientibus de die in diem novitate crescente commutari quod vetustum [5] et carnale est, donec ita renovetur [6], ut [7] animalis infirmitas corporis ad firmitatem spiritalem incorruptamque perveniat. *Et c.* 28. : § 2. Haec autem lex peccati, de qua dicit Apostolus [8] : *Non regnet peccatum in vestro mortali corpore,* non sic manet [9] in membris eorum qui renati sunt, tanquam non sit ejus [10] facta [11] remissio [12], ubi omnino plena et perfecta sit remissio peccatorum [13], omnibus inimicis interfectis, quibus separabamur a Deo : sed manet in vetustate carnis tanquam superatum [14] et peremtum, si non illicitis [15] consensionibus "quodammodo" reviviscat [16], et in regnum proprium "dominationemque" revocetur. Ab hac autem vetustate carnis [17] (in qua est lex ista peccati, vel peccatum jam remissum) usque adeo Spiritus vita decernitur, in cujus novitate baptizati "per Dei gratiam renascuntur", ut tales etiam [18] in praesenti non solum non [19] in peccato, sed etiam nec in carne esse dicantur, cujus desideria non sequuntur, sed [20] in Spiritu. Ipsa vero carne corruptibili bene utitur qui membra ejus ad bene operandum convertit, non secundum desideria carnis vivens lege peccati quod, licet jam remissum est, in vetustate tamen carnis manet; qua bene utuntur fideles conjugati, qui ex eo, quod sunt in Christi novitate, dominari sibi libidinem non patiuntur; ex eo autem, quod adhuc trahunt [21] Adae vetustatem, regenerandos "immortaliter" filios mortaliter generant cum "ea" propagine peccati, qua renati obnoxii non tenentur, et qui nascuntur [22] renascendo solvuntur. *Item paulo inferius* : § 3. Sicut facta, "et" dicta, et cogitata iniqua animae et corpori [23] pertinent, licet autem quantum ad motus jam praeterierunt, et non sunt [24], eis tamen praeteritis reatus eorum manet, nisi peccatum [25] per remissionem solvatur : sic "contra in hac" non "jam" praeterita, sed adhuc manente lege concupiscentiae, reatus ejus [26] solvitur, et non erit, quum fit [27] in baptismo plena remissio peccatorum [28].

C. CXLVII. *Discipuli Christi ejus baptismate creduntur abluti.*

Idem *in epistola* CVIII, *ad Seleucianam* [29].

XXIX. Pars. Quando ab Hierosolymis exiit Jesus cum discipulis suis in Judaeam terram, et illic [30] morabatur cum eis, baptizabat non per se ipsum, sed per discipulos suos, quos intelligimus jam fuisse baptizatos sive baptismo Joannis (sicut nonnulli arbitrantur) sive (quod magis credibile est) baptismo Christi. *Item ibidem* : § 1. Respondit Dominus Petro [31] : *Qui lotus est, non indiget, nisi ut pedes lavet, sed est mundus totus.* Ubi [32] intelligitur, quod jam Petrus [33] baptizatus fuerat [34].

C. CXLVIII. *Apostoli omnes Christi baptismate baptizati creduntur.*

*Item ad Vincentium et Victorem, lib. III, de anima et ejus origine, c.* 9 [35].

Si eos de quibus non scriptum [36] est, utrum fuerint baptizati [37], sine baptismo de hac vita recessisse contendimus, ipsis calumniamur Apostolis, qui, praeter apostolum Paulum, quando baptizati fuerint ignoramus. Sed ipsos baptizatos esse per hoc nobis innotescere potuit, quod B. Petro apostolo Dominus ait [38] : *Qui lotus est, non indiget, nisi ut pedes lavet.*

C. CXLIX. *Catechumenus catholicus haeretico baptizato praefertur.*

Idem *lib.* IV *de baptismo contra Donatistas, c.* 21.

XXX. Pars. Non dubito, catechumenum catholicum divina charitate flagrantem haeretico baptizato anteponere; sed etiam in ipsa intus catholica [39] "bonum" catechumenum malo [40] baptizato anteponimus. Nec ideo tamen sacramento baptismi,

## NOTATIONES CORRECTORUM.

*Animae et corpori* : In originali est : *quantum ad ipsos motus animi et corporis pertinet, jam praeterierunt, et non sunt; eis tamen praeteritis, et non jam exsistentibus, reatus eorum manet,* etc. Sed ob glossam non est emendatum.

---

Dist. IV. C. CXLVI. [3] *renovantur* : Ed. Arg. — cf. 2 Cor. c. 4, v. 16. [4] *in bapt.* : Edd. coll. o. add. — *est* : exd. pr. Par. Lugdd. [6] *removetur* : Edd. Ven. I, II. [7] *quod* : Edd. coll. o. [8] Rom. c. 6, v. 12. [9] *permanet* : Edd. Par. Lugdd. — *permaneat* : Edd. rell. [10] *eis* : Edd. coll. o. [11] abest ab Edd. Ven I, II. Par. [12] *plena rem.* : Edd. coll. o. pr. Arg. [13] *omnium pecc. nostrorum* : Edd. coll. o. [14] *separatum* : Ed. Bas. [15] *illicito sensu* : Ed. Arg. — *illicito cons.* : Edd. rell. [16] *revivificat* : Ed. Arg. [17] *carn. et peccati, quod jam remissum est* : Edd. coll. o. [18] abest ab Edd. Arg. Bas. [19] abest ab Edd. coll. o. pr. Bas. Lugdd. II, III. [20] *sed sunt* : Edd. Bas. Lugdd. II, III. [21] *trahuntur ad vet.* : Ed. Bas. — *trahunt ad vet.* : Edd. rell. [22] *renascuntur* : Ed. Bas. [23] *sint in eis* : Edd. Bas. [24] *peccati remissione* : Edd. Arg. Bas. [25] *ei* : Edd. coll. o. pr. Bas. [26] *fiat* : Edd. coll. o. — *sit* : Bohm. [27] *peccati* : Edd. coll. o. pr. Arg. Bas. = C. CXLVII. [28] Ep. 265. Ed. Maur. (temp. inc.) — Ivo Pan. l. 1, c. 104. Decr. p. 4, c. 509. — cf. Joan. c. 3. — [29] *ibi* : Iv. — Edd. coll. o. [30] Joan. c. 13, v. 10. [31] *unde* : Iv. — Edd. coll. o. [32] abest ab Edd. Arg. [33] *fuerit* : Ivo. = C. CXLVIII. [34] Iv. Pan. l. 1, c. 105. Decr. p. 4, c. 310. [35] *dubium est* : Ed. Arg. [36] add. : *sive non* : Ivo Pan. — Edd. coll. o. [37] Joan. c. 13, v. 10. = C. CXLIX. [38] *ecclesia* : Edd. coll. o. [39] *male* : Ed. Bas.

quo isto nondum, ille jam imbutus est, facimus injuriam. *Et paulo post :* § 1. Melior [40] enim centurio 'Cornelius' necdum baptizatus Simone [41] baptizato. Iste enim et ante baptismum S. Spiritu [42] repletus est : ille et post baptismum immundo spiritu inflatus est. Veruntamen Cornelius, si 'etiam' Spiritu sancto jam accepto baptizari noluisset, contemti [43] tanti sacramenti reus fieret. *Et infra :* § 2. Sicut autem bono catechumeno baptismus deest ad capessendum regnum coelorum, sic malo [44] baptizato vera conversio [45]. Qui 'enim' dixit [46] : *Nisi quis renatus fuerit ex aqua et Spiritu sancto, non* [47] *intrabit in regnum coelorum*, ipse [48] etiam dixit [49] : *Nisi abundaverit justitia vestra plus quam Scribarum et Pharisaeorum, non intrabitis in regnum coelorum.*

C. CL. *Non tam ablutione corporis, quam fide cordis baptisma constat.*

Item in libro sententiarum Prosperi [50].

Verus baptismus constat non tam ablutione [51] corporis, quam fide cordis, quemadmodum [52] apostolica doctrina tradidit, dicens [53] : *Fide mundans corda eorum*, et alibi [54] : *Salvos facit baptisma, non carnis depositio sordium, sed conscientiae bonae interrogatio in Deum.*

C. CLI. *Sicut in veteri testamento quidam spiritales, ita in novo quidam carnales inveniuntur.*

Item Augustinus *lib. I de baptismo, c. 15.*

Sicut in sacramentis veteris testamenti vivebant quidam spiritales, ad novum scilicet testamentum, quod tunc occultabatur [55], occulte pertinentes, sic et nunc in sacramentis novi testamenti, quod jam revelatum [56] est, plerique [57] vivunt animales, qui proficere si [58] nolunt ad percipienda quae sunt Spiritus Dei, quo eos [59] hortatur sermo apostolicus [60], ad [61] vetus testamentum pertinebunt [62]. Si autem proficiunt, et antequam capiant baptismum [63], ipso profectu et accessu ad novum pertinent, et, si priusquam spiritales fiant [64], ex hac vita rapiantur [65], custoditi per sacramenti sanctitatem in terra viventium computantur, 'ubi est spes nostra et portio Dominus'. Nec invenio quid verius intelli-

C. CLII. w *Eos baptizari* : Sic est emendatum ex aliquot vetustis et ipsis originalibus. Nam antea

gatur [66] in eo, quod scriptum est [67] : *Imperfectum meum viderunt oculi tui*, 'quandoquidem sequitur' : *Et in libro tuo omnes scribentur.* (*Item lib.* 3, *c.* 14.) § 1. Non interest, quum de sacramenti integritate et sanctitate tractatur, quid credat, et [68] quali fide imbutus sit ille, qui accipit [69] sacramentum. Interest quidem plurimum ad salutis viam, sed ad sacramenti quaestionem nihil interest. *Item infra :* § 2. Manifestum est fieri posse, ut fide non integra integrum in quoquam maneat sacramentum baptismi. *Item c.* 15 ; § 3. Si [70] possent singuli diligenter interrogari, tot diversitates opinionum fortassis [71], quot homines numerarentur [72]. Animalis [73] enim homo non percipit ea, quae sunt spiritus Dei. Numquid [74] tamen ideo non integrum sacramentum accipiunt? aut numquid ideo, si [75] profecerint, et opinionum carnalium vanitatem emendaverint, denuo quod acceperant repetendum est ? Accipit quisque secundum fidem suam, sed quantum capit, gubernante 'illa' misericordia Dei, 'de qua praesumens idem Apostolus dicit : *Si quid aliter sapitis, id quoque vobis Deus revelabit*'.

C. CLII. *Non naturae necessitate, sed merito peccati Adam moriturus erat.*

Item ex Concilio Milevitano [76], *cui interfuit Augustinus, et Anselmus* [77] *Romanae ecclesiae Legatus, contra Pelagianos, c.* 1.

XXXI. Pars. Placuit igitur omnibus episcopis, qui fuerunt in hac sancta synodo, constituere haec, quae in praesenti concilio diffinita sunt : ut quicunque dicit, Adam primum hominem mortalem factum ita, ut, sive peccaret sive non peccaret, moreretur in corpore, hoc est de corpore exiret, non peccati merito, sed necessitate naturae, anathema sit.

C. CLIII. *Parvuli non solum poenam, sed culpam a parentibus trahunt.*

Item ejusdem Concilii, c. 2 [78].

Placuit, ut quicunque parvulos recentes ab uteris matrum baptizandos negat, aut dicit [79], in remissionem [80] 'quidem' peccatorum eos baptizari w, sed nihil ex Adam trahere originalis peccati, quod lavacro regenerationis expietur (unde fit consequens,

NOTATIONES CORRECTORUM.

legebatur : *non baptizari* '.

---

Dist. IV. C. CXLIX. [40] *Merito* : Edd. coll. o.—cf. Act. c. 10. [41] *Simoni bapt. anteponitur* : Edd. coll. o. [42] add. : *accepto* : eaed. — acc. ante : Ed. Bas. [43] *contemtu* : Edd. coll. o. [44] *male* : Edd. Bas. Lugdd. II, III. [45] *confessio vel conversio* : Ed. Arg. — *confessio* : Edd. rell. [46] Joan. c. 3, v. 5. [47] in Edd. coll. o. pr. Arg. pro verb. : *non — coel.* leg. : etc. [48] *ipse qui* : Ed. Arg. [49] Matth. c. 5, v. 20. = C. CL. [50] Lanfranc. in libro de sacram. adv. Berengar. — Simile est ap. Aug. in tract. 80, ad c. 13. Joan. — Iv. Pan. l. 1, c. 110. Decr. p. 2, c. 9. [51] *abolitione* : Ed. Bas. [52] *sicut* : Edd. coll. o. [53] Act. c. 15, v. 9. [54] I Petr. c. 3, v. 21. = C. CLI. [55] *occultum erat* : Edd. coll. o. [56] *relatum* : Ed. Bas. — *relevatum* : Ed. Arg. [57] *quidam* : Edd. coll. o. [58] abest ab Edd. Arg. Bas. — *sibi* : Edd. rell. [59] *quod* : Edd. Arg. Bas.—*ad quod* : Edd. rell. [60] I Cor. c. 2, v. 14. [61] *et ad* : Edd. coll. o. pr. Ed. Arg. Bas. [62] *pertinebant* : Edd. Nor. Ven. I, II. Par. Lugd. I. [63] abest ab orig. [64] *fiunt* : Ed. Arg. [65] *rapiuntur* : Edd. coll. o. [66] *inveniatur* : eaed. [67] Psal. 138 v. 16. [68] *aut* : Edd. coll. o. [69] *accepit* : Ed. Bas. [70] *Si fieri posset (potest* : Edd. Bas.) *ut singuli diligenter interrogarentur* : Edd. coll. o. [71] add. : *invenirentur* : eaed. [72] *numerantur* : Ed. Arg. [73] I Cor. c. 2, v. 14. [74] *Numquo. ideo, si non profecerint, non sacr. int.* : Ed. Bas. [75] add. : *bene* : Ed. Bas. Lugdd. II, III. — C. CLII. [76] Imo conc. Carth. hab. A. 418. — Coll. tr. p. p. 2, t. 22, c. 1. [77] *legendum est* : Asellus. = C. CLIII. [78] Coll. tr. p. ib. c. 2. — Burch. l. 4, c. 34. Ivo Decr. p. 1, c. 128. [79] *dicat* : Fohm. [80] *remissione* : Ed. Bas.

ut in eis forma baptismatis in remissionem [81] peccatorum non vera, sed falsa intelligatur,) anathema sit, quoniam non aliter intelligendum est quod ait Apostolus [82] : *Per unum hominem peccatum intravit in mundum, et per peccatum mors, et ita in omnes homines pertransiit , in quo omnes* [83] *peccaverunt, nisi quemadmodum* Ecclesia catholica, ubique diffusa, semper intellexit. Propter hanc enim fidei regulam etiam parvuli, qui nihil peccatorum in semetipsis adhuc committere potuerunt, ideo in peccatorum remissionem veraciter baptizantur , ut in eis regeneratione mundetur quod generatione traxerunt.

C. CLIV. *Gratia et peccata remittit, et ne reiterentu adjuvat.*

Item ejusdem, c. 5 [84].

Placuit, ut quicunque dixerit, gratiam Dei, qua justificamur per Jesum Christum Dominum [85] nostrum, ad solam remissionem peccatorum valere, quæ jam commissa sunt non etiam ad adjutorium, ut non committantur, anathema sit.

C. CLV. *Quid sit peccatum gratia docet, et ut videtur facit.*

Item ejusdem, c. 4 [86].

Quiquis dixerit, eandem gratiam Dei per Jesum Christum Dominum nostrum propter hoc tantum nos adjuvare ad non peccandum, quia per ipsam nobis revelatur et aperitur intelligentia mandatorum, ut sciamus, quid appetere, quid vitare debeamus, non autem per illam nobis præstari, ut quod faciendum cognoverimus etiam facere diligamus [87] atque valeamus, anathema sit.

C. CLVI. *Sine gratia divina mandata impleri non possunt.*

Item ejusdem, c. 5 [88].

XXXII. Pars. Placuit, ut quicunque dixerit, ideo nobis gratiam justificationis dari, ut quod facere per liberum arbitrium jubemur facilius possimus implere per gratiam , tanquam etiam si gratia non daretur, non quidem facile, sed tamen possimus [89] etiam sine illa implere divina mandata, anathema sit.

## DISTINCTIO V.

### GRATIANUS.

C. I. *Post baptisma confirmationis sacramentum præstetur.*

Item Urbanus Papa *omnibus Christianis, ep. I,* c. 7 [1].

I. Pars. Omnes fideles per manus impositionem [2] episcoporum Spiritum sanctum post baptismum accipere debent, ut pleni [3] Christiani inveniantur, quia, quum Spiritus sanctus infunditur, cor fidele ad prudentiam et conscientiam dilatatur.

C. II. *Quid conferat Spiritus sanctus in baptismate, quid confirmatione.*

Item Melchiades Papa *in ep. ad Episc. Hisp.,* c. 2 [4].

Spiritus sanctus, qui super aquas baptismi salutifero descendit illapsu [5], in fonte plenitudinem tribuit ad innocentiam, in confirmatione augmentum præstat ad gratiam. Et quia in hoc mundo tota ætate victuris inter invisibiles hostes et pericula gradiendum est, in baptismo regeneramur ad vitam, post baptismum confirmamur ad pugnam ; in baptismo abluimur , post baptismum roboramur. Et [6] quamvis continuo transituris sufficiant regenerationis beneficia, victuris tamen necessaria sunt confirmationis auxilia. Regeneratio per se salvat mox in pace beati [a] sæculi recipiendos , confirmatio armat et instruit ad agones mundi hujus et prælia reservandos. Qui autem post baptismum cum acquisita innocentia immaculatus pervenit [7] ad mortem, confirmatur morte, quia non potest peccare post mortem.

C. III. *Manus impositionis sacramentum dignius est sacramento baptismi.*

Idem *ibidem* [8].

De his vero, super quibus rogastis [9] vos informari, id est : utrum majus esset [10] sacramentum manus impositio [11] episcoporum, aut baptismus? Scitote, utrumque magnum esse sacramentum, et,

## NOTATIONES CORRECTORUM.

Dist. V. C. II. [a] *Pace beati* : Sic est emendatum ex manuscriptis, originali et Polycarpo. Antea legebatur : *pace baptismi vel sæculi*".

---

Dist. IV. C. CLIII. [1] ita Burch. lv. et Ed. Bas. Lugdd. II. III. [81] add. : *quidem* : Coll. Hisp. [82] Rom. c. 5, v. 12. [83] add. : *homines* : Edd. Lugdd. II. III. = C. CLIV. [84] Coll. tr. p. ib. c. 3. — Ex Gregorio in Moral. referunt Burch. l. 20, c. 18. Ivo Decr. p. 17, c. 30. [85] *Dom. nostr.* : absunt ab Ed. Bas. = C. CLV. [86] Coll. tr. p. ib. c. 4. — Burch. lv. ib. [87] *debeamus aut* : Coll. Hisp. — Edd. coll. o. = C. CLVI. [88] Coll. tr. p. ib. — Burch. lv. ib. [89] *possumus* : Coll. Hisp.

Dist. V. C. I. [1] Caput Pseudoisidori, cf. Hieron. adv. Lucifer. c. 4. — Coll. tr. p. p. 1, t. 15, c. 5. Ans. l. 9, c. 23 (30). Burch. l. 4, c. 66. Iv. Pan. l. 1, c. 113. Decr. p. 1, c. 260, et 296. [2] *impositiones* : Edd. coll. o. pr. Par. Lugdd. [3] *plene* : orig. = C. II. [4] Cap. Pseudoisidori, cf. Euseb. (Eucherii) hom. in die Pentecostes. — Coll. tr. p. p. 1, t. 31, c. 2. Ans. l. 9, c. 31. Polyc. l. 3, t. 10. [5] *lapsu* : Edd. coll. o. [6] *Ac sic* : Ans. " ita Edd. coll. o. pr. Bas. [7] *pervenerint*, — *confirmantur* : exd. = C. III. [8] Cap. Pseudoisidori. — Burch. l. 4, c. 61. Ans. l. 9, c. 33. Ivo Pan. l. 1, c. 114. Polyc. ib. [9] *rogatistis* : orig. — Burch. — *rogatis* : Ivo Decr. [10] *est* : Pan. — *sit* : Edd. coll. o. — Ivo Decr. [11] *impositionis* : Edd. coll. o. — Burch. lv.

sicut unum a majoribus fit, id est a summis pontificibus, quod a minoribus fieri non potest, ita et majori veneratione venerandum et tenendum est. Sed ita conjuncta sunt hæc duo sacramenta, ut ab invicem, nisi, morte præveniente, nullatenus possint segregari, et unum sine altero rite perfici non potest.

C. IV. *Non ab aliis quam ab episcopis manus impositionis sacramentum perfici potest.*

*Item* Eusebius Papa *epist. III, ad Episcopos Tusciæ et Campaniæ*.

Manus quoque impositionis sacramentum magna veneratione tenendum est, quod ab aliis perfici non potest, nisi a summis sacerdotibus, nec tempore Apostolorum ab aliis quam ab ipsis Apostolis legitur aut scitur peractum esse, nec ab aliis, quam ab illis, qui eorum tenent locum, unquam perfici potest aut fieri debet. Nam, si aliter præsumptum fuerit, irritum habeatur et vacuum, et inter ecclesiastica nunquam reputabitur sacramenta.

C. V. *Quare confirmationis sacramentum baptizato tradatur.*

*Item* Rabanus *de institutione clericorum, lib. I, c. 20*.

Novissime a summo sacerdote per impositionem manus Paracletus traditur baptizato, ut roboretur per Spiritum sanctum ad prædicandum aliis idem donum, quod 'ipse' in baptismate consecutus est per gratiam vitæ donatus æternæ. Signatur enim baptizatus cum chrismate per sacerdotem in capitis summitate; per pontificem vero in fronte, ut in priore unctione significetur Spiritus sancti super ipsum descensio ad habitationem Deo consecrandam: in secunda quoque, ut ejusdem Spiritus sancti septiformis gratia cum omni plenitudine sanctitatis, et scientiæ, et virtutis venire in hominem declaretur.

C. VI. *Ad confirmationem non nisi jejuni veniant.*

*Item* ex Concilio Aurelianensi, c. 3.

Ut jejuni ad confirmationem veniant perfectæ ætatis, ut moneantur confessionem facere prius, ut mundi donum S. Spiritus valeant accipere, et quia nunquam erit Christianus, nisi confirmatione episcopali fuerit chrismatus.

C. VII. *Episcopi non nisi jejuni baptizatos confirment.*

*Item* ex Concilio Meldensi, c. 6.

Ut episcopi non nisi jejunii per impositionem manuum Spiritum sanctum tradant, exceptis infirmis et morte periclitantibus. Sicut autem duobus temporibus Pascha videlicet et Pentecoste, a jejunis celebrari debet baptismus, ita etiam traditionem Spiritus sancti a jejunis pontificibus convenit celebrari.

C. VIII. *Secundo vel tertio nullus confirmetur.*

*Item* ex Concilio Tarraconensi, c. 6 b.

Dictum est nobis, quod quidam de plebe bis, vel ter, vel eo amplius, episcopis ignorantibus tamen, ab eisdem episcopis confirmentur. Unde visum est nobis, eandem confirmationem, sicut nec baptisma, iterari minime debere, quia bis, vel ter, vel amplius baptizatos aut confirmatos non sæculo, sed soli Deo sub habitu regulari vel clericali religiosissime famulari decretum est.

C. IX. *De eodem.*

*Item* Gregorius III. *epist. IV ad Bonifacium*.

De homine, qui a pontifice confirmatus fuerit, denuo illi talis reiteratio prohibenda est.

C. X. *Omnia sacramenta crucis signaculo perficiuntur.*

*Item* Stephanus Papa V.

II. Pars. Nunquid non omnia chrismata sacerdotalis mysterii crucis figura perficiuntur? Numquid baptismatis unda nisi cruce sanctitate peccata relaxantur, et, ut cetera prætereamus, sine crucis signaculo quis sacerdotii gradus ascendit?

C. XI. *Energumeni omnibus diebus exorcizentur.*

*Item* ex Concilio Carthaginensi IV, c. 90 *et seqq*.

III. Pars. Omni die exorcistæ energumenis manûs

---

**NOTATIONES CORRECTORUM.**

C. VIII. b Burchardus etiam et Ivo citant ut Gratianus. Habetur autem in Cabilonensi 2, c. 27, usque ad vers. *Quia bis*, et in Capitularibus adjectis, c. 53.

DIST. V. C. III. *majoribus, i. e. summ. pont., est accommodatum* : Edd. coll. o. — Ivo Pan. *nisi a majoribus* : Edd. coll. o. *perfici* : eæd. — orig. — Burch. Iv. *possunt* : Edd. Arg. Bas. Nor. *abest ab Edd. Arg. Bas.* = C. IV. *Caput Pseudoisidori*, cf. Innocent. ep. ad Decentium Eugub. — Burch. l. 4, c. 63. Ivo Pan. l. 1, c. 115. Decr. p. 1, c. 257 et 297. *per illos* : Edd. Bas. Lugdd. II, III. — *ab ipsis* : Ivo Decr. c. 297. — *ab ill.* : absunt ab eod. c. 257. Pan. et Edd. coll. o. pr. Bas. Lugdd. II. III. *nec — unquam* : orig. — Burch. Ivo Decr. — Edd. Arg. Bas. = C. V. Ivo Pan. l. 1. c. 118. *manus impositione* : Ed. Arg. *tradatur* : Ed. Ven. II. *id est* : Edd. coll. o. *homine* : Ed. Bas. = C. VI. *Exstat apud Herardum Turon*. c. 75. — Burch. l. 4, c. 60. Ivo Pan. l. 1, c. 119. Decr. p. 1, c. 254. *Et* : Edd. Arg. Ven. I, II. Lugdd. I. *et* : Burch. *in conf.* : Edd. coll. o. *confirmatus* : Ed. Bas. = C. VII. Imo ex Parisiensi VI, hab. A. 829, c. 33. — cf. Add. III. Cap. c. 6. — Burch. l. 4, c. 67. Ivo Pan. l. 1, c. 120. Decr. p. 1, c. 261. Polyc. l. 3, t. 10. abest ab Edd. Arg. = C. VIII. Imo ex Cabilonensi hab. A. 813. — cf. Cap. Add. III, c. 52. — Burch. l. 4, c. 50. Ivo Pan. l. 1, c. 121. Decr. p. 1, c. 244. = C. IX. Imo Gregor. II. A. 726. — Coll. tr. p. p. 1, t. 57, c. 6. *add.* : *quia* : Edd. Ven. I, II. Par. Lugdd. II, III. *illa* : Edd. coll. o. *iteratio vel confirmatio* : eæd. pr. Arg. Bas. = C. X. *Refertur in extr. act. conc.* Constant. IV, data ad Stylianum Neocæsar. ep., ut recte inscrib. ab Iv. Decr. p. 1, c. 114, p. 2, c. 91. *charismata* : Iv. *ministerii* : id. *relaxat* : id. — *relaxet* : Edd. coll. o. pr. Bas. Lugdd. II, III. = C. XI. c. 62—64. Statt. eccl. aut. cf. ad c. 9. D. 18. — Priorem part. referunt Burch. l. 2, c. 225. Ivo Decr. p. 6, c. 298.

imponant, energumeni vero [44] pavimenta domorum Dei verrant [45]. Quibus [46] assidentibus in domo Dei victus quotidianus per exorcistas opportuno tempore ministretur.

C. XII. *A quibus neophyti abstinere debent.*

*Item* ex eodem, c. 86 [46].

Neophyti aliquandiu a [46] lautioribus epulis, et spectaculis, et [47] conjugibus abstineant.

C. XIII. *De ordine officiorum.*

*Item* ex Concilio Agathensi, c. 30 [48].

IV. Pars. Convenit ordinem ecclesiæ ab omnibus æqualiter custodiri. Unde studendum [49] est, sicut [50] ubique fit, ut post antiphonas collationes [51] 'per ordinem' ab episcopis vel presbyteris dicantur [52], et hymni [53] matutini vel vespertini diebus omnibus decantentur, et in conclusione [54] matutinarum vel vespertinarum missarum [55] post hymnos capitula [56] de psalmis dicantur, et plebs [57] collecta oratione ad vesperam ab episcopo cum benedictione mittatur [58].

C. XIV. *De eodem.*

*Item* ex Concilio Gerundensi, c. 10 [39].

Id semper [60] placuit observari, ut omnibus diebus post matutinas et vesperas oratio dominica a sacerdote proferatur.

*Item* Gregorius VII, *in generali Synodo residens* [61] *statuit* c :

C. XV. *De eodem.*

In die Resurrectionis usque in sabbatum in albis, et in die Pentecostes usque in sabbatum ejusdem [62] III psalmos tantum ad nocturnas [63], tresque lectiones antiquo more cantamus [64] et legimus. Omnibus diebus aliis per totum annum, si festivitas est, IX [65] psalmos, et IX lectiones dicimus. Aliis vero diebus XII psalmos, et III lectiones recitamus. In dominicis diebus XVIII psalmos (excepto [66] die Paschæ et Pentecostes) et IX lectiones dicimus [67]. Illi autem qui in quotidianis diebus tres tantummodo psalmos, et III lectiones celebrare [68] volunt, non ex regula

sanctorum Patrum, sed ex fastidio et negligentia probantur hoc facere. Romani [69] vero diverso modo agere coeperunt, maxime a tempore, quo Teutonicis concessum est regimen [70] nostræ ecclesiæ. Nos autem et ordinem Romanum investigantes et antiquum morem nostræ ecclesiæ, imitantes antiquos Patres, statuimus fieri sicut superius prænotavimus [71].

C. XVI. *De observatione Quadragesimæ.*

*Item* ex *homilia* Gregorii Papæ d [72].

V. Pars. Quadragesima summa observatione est observanda, ut jejunium [73] in ea (præter dies dominicos, qui de abstinentia subtracti sunt), nisi quem infirmitas impedierit, nullatenus solvatur [74], quia ipsi dies decimæ sunt anni. A prima igitur dominica Quadragesimæ usque in Pascha Domini sex hebdomadæ computantur, quarum videlicet dies quadraginta et duo fiunt [75], ex quibus dum sex dominici dies abstinentiæ subtrahuntur [76], non plus in abstinentia, quam triginta et sex dies remanent. Verbi gratia, si per CCCLXV dies annus volvitur [77], et [78] nos per XXXVI dies affligimur, quasi anni decimas Deo damus. Sed ut sacer numerus XL dierum adimpleatur, quem Salvator noster suo sacro jejunio consecravit, IV dies prioris hebdomadæ ad supplementum XL dierum tolluntur [79], id est quarta feria, quæ caput jejunii subnotatur, et quinta feria sequens, et sexta [80], et sabbatum. Nisi enim [81] istos dies IV superioribus XXXVI adjunxerimus, XL dies in abstinentia non habemus [82]. Jubemur etiam [83] ab omnipotenti Deo omnium bonorum nostrorum decimas dare, etc.'

C. XVII. *Jejunia legitima non solvantur absque necessitate probabili.*

*Item* Eusebius Papa [84].

Jejunia in ecclesia a sacerdotibus constituta sine necessitate rationabili non solvantur.

NOTATIONES CORRECTORUM.

C. XV. e Iisdem verbis hoc habetur apud Radulphum propositione 10, ex Gregorio VII, itemque magna ex parte in Micrologo, c. 54.

C. XVI. d Caput hoc, quomodo a collectoribus refertur, summum quidem aliqua ex parte videri potest ex homilia 16. B. Gregorii. Sed multa hic sunt, quæ ibi non leguntur, et vicissim multa ibi, quæ hic non sunt.

Dist. V. C. XI. [42] abest a Baller. et Coll. Hisp. — *non* : Ed. Bas. [43] *intrent* : Edd. Par. Lugd. l. — *intrant* : Edd. Arg. Bas. Nor. [44] *Energumenis* : Baller. — Coll. Hisp. = C. XII. [45] c. 24, eor. — Burch. l. 4, c. 12. Iv. Decr. p. 1, c. 207. [46] *et* : Coll. Hisp. — Baller. [47] *vel conjugalibus* : Coll. Hisp. = C. XIII. [48] hab. A. 506. — Coll. tr. p. p. 2, t. 28, c. 28. [49] *statuendum* : Edd. coll. o. [50] *ut, sicut ubique* : *post* : Ed. Arg. [51] *collectiones* : Coll. Hisp. [52] *decantantur* : Edd. Arg. [53] *hymnos matutinos vel vesp.* — *decantari* : Coll. Hisp. [54] *conclusionem* : ead. [55] *missarumque* : Ed. Arg. [56] *capitula — dici* : Coll. Hisp. [57] *plebem* : ead. [58] *dimitti* : ead. — *dimittatur* : Edd. coll. o. = C. XIV. [59] hab. A. 517. [60] *Id nobis placuit, ut* : Coll. Hisp. = C. XV. [61] Videtur habita fuisse A. 1074. (cf. Greg. VII, ep. 64, l. 1.) Ans. l. 6, c. 211 (208). Polyc. l. 3, c. 18. ' *de can. observantia*, in bibl. Patr. Ed. Col. t. 11. [62] add. : *hebdomadæ* : Ans. Rod. [63] *ad noctem* : Rod. — *nocturnos* : Edd. coll. o. [64] *canimus* : ead. [65] *IX psalm. et* : absunt ab Edd. coll. o. pr. Bas. Lugdd. [66] *exceptis* : Edd. Arg. Bas. — *exceptis diebus* : Rod. [67] *celebramus* : id. — Edd. coll. o. [68] *videntur agere* : Edd. coll. o. — *videntur legere* : Rod. [69] *Rom.* — *eccl.* : absunt ab Edd. coll. o. pr. Par. Lugdd. [70] *regnum* : Rod. [71] *notavimus* : id. — Ans. = C. XVI. [72] Caput incertum, cf. Corr. — Burch. l. 13, c. 1. Ivo Pan. l. 2, c. 182. Decr. p. 4, c. 34. Polyc. l. 3, t. 25. [73] *jejunia* : Ed. Arg. Bas. [74] *solvantur* : ead. [75] abest ab Iv. Decr. — *sunt* : Edd. coll. o. pr. Arg. [76] *subtrahantur* : Ed. Arg. [77] *dicitur* : Ivo Decr. — *ducitur* : Burch. Pan. [78] *nos autem* : Burch. — *deinde* : Edd. coll. o. [79] *addantur* : Ivo Pan. — *tollantur* : Burch. — Edd. coll. o. pr. Lugdd. ll, lll. [80] add. : *feria* : Edd. coll. o. [81] abest a Burch. Iv. et Edd. coll. o. pr. Lugdd. ll. lll. [82] *haberemus* : Ivo Pan. [83] *autem et* : Edd. coll. o. pr. Arg. Bas. = C. XVII. [84] Imo Cap. Car. M. A. 789, c. 47, et Cap. l. 4, c. 47. — Burch. l. 13, c. 47. Ivo Decr. p. 4, c. 49.

**C. XVIII.** *Quotidiana jejunia duplicatis vel triplicatis sunt præferenda.*

*Item* Hieronymus [85].

Non dico hebdomadas, non [86] duplicata, *non multiplicata* jejunia, sed vel [87] singulos dies absque ciborum luxuria transigamus.

**C. XIX.** *De eodem.*

*Item* Hieronymus *ad Eustochium de custodia virginitatis* [88].

Sint tibi quotidiana jejunia, et [89] refectio satietatem fugiens. Nihil [90] prodest biduo triduoque [91] transmisso vacuum portare ventrem, si post [92] pariter obstruatur [93].

**C. XX.** *De eodem* idem [e] [94].

Sint tibi jejunia pura, *et* continua, moderataque, id est quotidie esurire, et quotidie prandere. Apostolus inquit [95]: *Noli adhuc aquam bibere, sed modico utere vino propter infirmitates tuas.* Curat enim vulnera delinquentis, curatosque sanctificat jejunium.

**C. XXI.** *Medicinæ præcepta divinæ sunt cognitioni contraria.*

*Item* Ambrosius *in Psal. CXVIII, serm.* 22 *ad versic.* Concupivit salutare [96].

**VI. Pars.** Contraria *studiose* [97] sunt divinæ cognitioni [98] præcepta medicinæ. A [99] jejunio revocant, lucubrare non sinunt, ab omni intentione [100] meditationis abducunt. Itaque qui se medicis dederit, se ipsum sibi abnegat.

**C. XXII.** *Quot modis vitium gulæ nos tentat.*

*Item* Gregorius *in expositione B. Job, lib. XXX, c.* 27.

Quinque modis nos gulæ vitium tentat. Aliquando namque indigentiæ tempora prævenit; aliquando *vero* tempus [101] non prævenit, sed cibos lautiores quærit; aliquando quælibet [102] sumenda sint, præparari [103] accuratius petit; aliquando autem et qualitati [104] ciborum, et tempori [105] congruit, sed in ipsa quantitate sumendi mensuram *moderatæ* refectionis excedit. Nonnunquam *vero* et [106] abjectus est quod desiderat, et tamen ipso æstu immensi desiderii deterius peccat.

**C. XXIII.** *Absque puritate mentis jejunia et orationes non prosunt.*

*Item* Pius Papa, *epist. I* [107].

Nihil enim prodest homini jejunare, et orare, et alia religionis bona agere, nisi mens ab iniquitate *revocetur*, et ab obtrectationibus lingua cohibeatur.

**C. XXIV.** *Mediocre bonum non est magno præferendum.*

*Item* Hieronymus [108].

Non mediocriter errant [109] qui bono magno præferunt mediocre bonum. Nonne rationabilis [110] homo dignitatem amittit, qui vel jejunium charitati, aut vigilias præfert sensus integritati, ut propter abstinentiam [f] immoderatam, atque indiscretam psalmorum vel officiorum decantationem aut amentiæ, aut tristitiæ notam incurrat? Numquid verborum multitudine flecti Deus ut homo potest? Non enim verbis tantum, sed corde orandus est Deus. Melior [111] est quinque [112] psalmorum decantatio cum cordis puritate, et serenitate, et spiritali hilaritate, quam totius psalterii modulatio cum anxietate cordis et tristitia. Dum [113] igitur pro cunctis animabus psalmus vel missa dicitur, nihil minus, quam si pro uno quolibet ipsorum diceretur, accipitur. Audiant itaque, qui ea, quæ necessaria sunt, corpori subtrahunt, illud, quod per Prophetam Dominus loquitur [114]: *Ego Dominus odio habens rapinam holocaustorum.* De rapina vero holocaustum offert qui sive ciborum nimia egestate vel somni penuria corpus [115] immoderate affligit. Videat itaque quid Apostolus dicat [116]: *Carnis curam ne feceritis in* [117] *concupiscentiis*, etc.

---

### NOTATIONES CORRECTORUM.

**C. XX.** *Burchardus* citat ex dictis Pimenii Eremitæ, et habetur in vitis Patrum, p. 2, § 50, ex Pamenio. Apud B. Hieronymum de vita clericorum ad Nepotianum, hæc habentur: *Sint tibi pura, casta, simplicia, moderata, et non superstitiosa jejunia.*

**C. XXIV.** *f Abstinentiam*: Sic est emendatum ex manuscriptis et Polycarpo. Antea legebatur: *Innocentiam*.

---

Dist. V. C. XVIII. [85] Imo ex serm. 5, de Quadragesima, qui vulgo Augustino, in codd. vero mss. quibusdam Hieronymo tribuitur. — Burch. l. 13, c. 22. Ivo Decr. p. 4, c. 54. [86] *non dico duplicata jejunia*: Burch. — Edd. coll. o. [87] *saltem*: Edd. coll. o. — Burch. Iv. ═ C. XIX. [88] Burch. l. 13, c. 23. Ivo Pan. l. 2, c. 185. Decr. p. 4, c. 55, omnes: *ex dictis Pimenii Eremitæ.* [89] abest ab Ed. Arg. Bas. [90] *Nihil enim prodest tibi*: Burch. Iv. — Edd. o. [91] *aut trid.*: Ivo Pan. — *vel trid.*: Decr. — Edd. o. [92] abest ab orig., Burch. Iv. et Ed. Bas. [93] *obruatur*: orig. — Burch. Ivo Decr. ═ C. XX. *nec tamen.* Iv. [94] Collectum ex variis fragmentis libri ejusd. — Burch. l. 13, c. 24, 25. Ivo Decr. p. 4, c. 56, 57. Pan. l. 2, c. 186 (usque ad: *prandere*). [95] 1 Tim. c. 5, v. 23. ═ C. XXI. [96] Polyc. l. 3, t. 29. [97] *studiosis*: orig. [98] *conditioni*: Edd. coll. o. [99] *quæ a*: eæd. [100] *intentione*: orig. ═ C. XXII. [101] *tempora*: Edd. coll. o. [102] *quæ — sunt*: eæd. [103] *procurari — expetit*: eæd. [104] *qualitas*: eæd. [105] *tempus*: eæd. [106] abest ad Edd. Arg. Bas. ═ C. XXIII. [107] cf. supra D. 2. de pœ. c. 22. ═ C. XXIV. [108] In regula monachorum, ex Hieronymo collecta. — Polyc. l. 3. t. 25. [109] *errat, — præfert*: Ed. Bas. [110] *rationabiliter*: Edd. coll. o. [111] omiss. est in Arg. [111] *quapropter mel.*: Edd. coll. o. [112] *septem*: Ed. Arg. — cf. 1 Cor. c. 14, v. 19. [113] *Quum*: Edd. coll. o. [114] Esa. c. 64, v. 8. [115] add.: *suum*: Edd. coll. o. [116] Rom. c. 13. extr. [117] *in conc.*: absunt ab Ed. Bas.

C. XXV. *Non a cibis, sed ab iniquitatibus abstinere, est magnum et generale jejunium.*

Item Augustinus *super Joann. tract. XVII.*

Jejunium autem magnum et generale est abstinere ab iniquitatibus et [118] illicitis voluptatibus saeculi, quod est perfectum jejunium. *Et infra*: § 1. In hoc 'ergo' saeculo quasi Quadragesimam abstinentiae celebramus, quum bene vivimus, quum ab iniquitatibus et [119] illicitis voluptatibus abstinemus. Sed quia haec abstinentia sine mercede non erit, exspectamus beatam illam spem, et revelationem gloriae magni Dei, et Salvatoris [120] Jesu Christi. In illa spe, quum fuerit de spe facta res, accepturi sumus mercedem denarium. *Et infra*: § 2. Denarius ergo [121], qui accepit [122] nomen a numero decem, redditur [123], et conjunctus quadragenario fit quinquagenarius. Unde cum labore celebramus Quadragesimam ante Pascha, cum laetitia vero, tanquam accepta mercede. Quinquagesimam post Pascha. Nam huic tanquam salutari labori boni operis, qui pertinet ad quadragenarium numerum, additur quietis et felicitatis denarius, ut quinquagenarius fiat. Significavit hoc 'et' ipse Dominus 'Jesus' multo apertius, quando post [124] resurrectionem quadraginta diebus conversatus est in terra cum discipulis suis, quadragesimo [125] autem die, quum ascendisset in coelum, peractis decem diebus, misit mercedem Spiritus sancti.

C. XXVI. *Raptorem, vel furem non facit necessitas, sed voluntas.*

Item ex dictis Apollinii [126].

Discipulos, quum per segetes transeundo vellerent [127] spicas, et ederent, ipsius Christi vox innocentes vocat, quia coacti fame hoc fecerunt.

C. XXVII. *Non necessitas, sed voluntas facit perseverantiam.*

Item Hieronymus *in c. 7 Oseae.*

Quicquid enim necessitate fit cito solvitur; quod voluntate arripitur perseverat.

C. XXVIII. *Ciborum temperantia salutem, abundantia contrarium parit.*

Item Joannes *Os aureum, hom. XXIX, ad c. 12, ep. ad Hebr.*

Nihil enim sic jucundum est, sicut cibus bene digestus et [128] decoctus. Nihil sic [129] salutem, nihil sic sensuum acumen operatur, nihil sic aegritudinem fugat, sicut moderata refectio; sufficientia quippe cum nutrimento et sospitatem simul [130] procreat et voluptatem; abundantia vero morbum facit et molestias ingerit, et aegritudines generat [131]. Quod enim fames facit, hoc etiam plenitudo 'facit' ciborum, magis autem et multo pejora. Fames quippe in paucis diebus aufert hominem et liberat [132] de hac vita poenali [g]; excessus vero ciborum consumit et putrefacit [133] corpus humanum et [134] macerat aegritudine diuturna, et tunc cum [135] morte crudeli consumit.

C. XXIX. *Ciborum deliciae, si abundaverint, laedunt.*

Item Hieronymus *adversus Jovinianum, lib. II.*

Ne tales accipiamus cibos, quos aut difficulter digerere, aut comestos magno partos [136] et perditos [137] labore doleamus. Olerum, pomorum ac leguminum et facilior apparatus est, et arte impendiisque coquorum non indiget, et sine cura sustentat humanum corpus [138], moderateque [139] sumtus (qui nec avide devoratur quod irritamentum gulae non habet) leviori [140] digestione concoquitur. Nemo enim uno [141] aut duobus cibis hisque [142] vilibus usque ad inflationem [143] ventris oneratur, quae diversitate carnium et saporis delectatione percipitur. Quum [144] variis nidoribus fumant patinae, ad esum [145] sui expleta [146] esurie quasi captivos trahunt. Unde et morbi ex [147] saturitate nimia concitantur, multique impatientiam gulae vomitu remediantur, et quod turpius ingesserunt turpius egerunt. Hippocrates in aphorismis [148] docet, crassa [149] et obesa corpora [150], quae crescendi mensuram compleverint, nisi cito ablatione sanguinis imminuantur [151], in paralysim et pessima morborum genera erumpere, et idcirco esse necessariam demtionem [152], ut rursus habeant in quae possint crescere; non enim manere in uno statu [153] naturam corporum, sed aut crescere semper, aut decrescere, nec posse vivere animal, nisi crescendi capax sit. Unde et Galenus, vir doctissi-

---

NOTATIONES CORRECTORUM.

C. XXVIII. [g] *De hac vita poenali*: Absunt haec ab originali graeco; sed sunt in versione Scholastici, quam satis tolerabilem sequitur Gratianus.

---

Dist. V. C. XXV. [118] *et ab*: Edd. coll. o. [119] *et ab*: eaed. [120] add.: *nostri*: eaed. [121] *enim*: Ed. Bas. [122] *accipit*: Edd. Arg. Bas. Lugdd. II, III. [123] *additur*: Edd. Lugdd. [124] cf. Joann. c. 14. [125] cf. Act. c. 1. = C.XXVI. [126] Cap. incert. [127] *evellerent*: Edd. coll. o. — cf. Matth. c. 12. = C. XXVIII. [128] *aut bene*: Edd. Arg. Bas. Lugdd. II, III. — *aut*: Edd. rell. [129] abest ab Edd. coll. o. pr. Lugdd. II, III. [130] add.: *etiam*: Ed. Bas. [131] add.: *et facit*: Ed. Bas. [132] add.: *eum*: Edd. o. [133] *computrescere facit*: eaed. [134] add.: *carnem*: Edd. Bas. Lugdd. II, III. [135] *eum*: Edd. o. pr. Arg. = C. XXIX. [136] *paratos*: Edd. o. pr. Bas. Lugdd. II, III. [137] *et perd.*: absunt ab Ed. Bas. [138] *genus*: Edd. o. pr. Lugdd. II, III. [139] *moderate*: aed. [140] *et lev.*: aed. [141] *vino*: Edd. o. pr. Nor. Lugdd. II, III. [142] *bisque*: Ed. Lugdd. II. [143] *inflammationem*: Edd. Lugdd. II, III. — *instomachationem*: Edd. rell. pr. Arg. [144] *ut quum*: Ed. Arg. [145] *usum*: Edd. coll. o. pr. Lugdd. II, III. — *expienda*: Ed. Arg. — *pro expleta*: Edd. Lugdd. II, III. — *pro explenda*: Edd. rell. [147] abest ab Edd. coll. o. pr. Lugdd. II, III. [148] *epidemiis*: Ed. Arg. — *opinis*: Edd. rell. exc. Lugdd. II, III. [149] *et cr.*: Edd. Ven. I, II, Par. [150] abest ab Edd. coll. o. pr. Par. Lugdd. [151] *minuantur*: Edd. coll. o. pr. Arg. Bas. [152] *deprecationem*: Ed. Bas. — *necessaria est ea redemtio*: Ed. Arg. [153] add.: *posse*: Ed. Bas. — *stat. potuit corp. natura*: Edd. rell. pr. Lugdd. II, III.

mus, Hippocratis interpres, athletas, quorum vita et ars sagina est, dicit in exhortatione medicinæ, nec vivere posse diu, nec sanos esse, animasque eorum [154] ita nimio sanguine et adipibus quasi luto involutas, nihil tenue, nihil cœleste, sed semper de carnibus et ructu [155], et ventris ingluvie cogitare.

C. XXX. *Multorum infirmitates jejunia sanant.*
Idem ibidem paulo inferius.

Legimus quosdam, morbo articulari et podagræ humoribus laborantes, proscriptione bonorum ad simplicem mensam et pauperes cibos redactos convaluisse. Caruerant [156] enim sollicitudine dispensandæ domus et epularum [157] largitate, quæ et corpus frangunt et animam. Irridet Horatius [158] appetitum ciborum, qui consumti relinquunt pœnitentiam.

C. XXXI. *Dies sabbatorum a carnibus abstinere debemus.*

Item Gregorius VII in *Synodo celebrata Romæ anno sui Pontif. V.*, c. 8 [159].

VII. Pars. Quia dies sabbati apud sanctos Patres nostros in abstinentia celebris est habitus, nos eorundem auctoritatem sequentes salubriter admonemus, ut quicunque se Christianæ religionis participem esse desiderat, ab esu carnium eadem die (nisi majori festivitate interveniente, vel infirmitate impediente) abstineat.

C. XXXII. *Monacho carnem gustare non licet.*
Item Fructuosus Episcopus [160].

VIII. Pars. Carnem cuiquam monacho nec sumendi, nec gustandi est concessa licentia, non quod creaturam Dei judicemus indignam, sed quod carnis abstinentia utilis et apta monachis æstimetur, servato tamen moderamine pietatis erga ægrotos. *Et infra :* § 1. Quod si quis monachus violaverit, et contra sanctionem regulæ usumque veterum [161] vesci carnibus præsumpserit, sex [162] mensium spatio retrusioni et pœnitentiæ subjacebit.

C. XXXIII. *De quotidianis operibus monachorum.*
Item Hieronymus ad *Rusticum monachum de vivendi forma* [163].

Nunquam de manu tua et [164] oculis tuis recedat [165] liber; dicatur psalterium ad verbum, oratio sine intermissione. Vigil sensus sit, nec vagis [166] cogitationibus patens; corpus pariter et animus tendatur [167] ad Dominum [168]. Iram vince patientia. Ama scientiam [169] scripturarum, et carnis vitia non amabis. Nec vacet mens tua variis perturbationibus, quæ, si pectori insederint, dominabuntur tui, et te deducent ad delictum maximum. Facito aliquid operis, ut semper te diabolus inveniat occupatum. Si apostoli †, habentes potestatem de evangelio vivere, laborabant manibus suis, ne quem gravarent, et aliis tribuebant refrigeria, quorum pro spiritualibus debebant metere carnalia : cur tu in usus tuos cessura [170] non præpares [171]? Vel fiscellam texe junco, vel canistrum lentis plecte viminibus; sarriatur [172] humus, areolæ æquo limite dividantur, in quibus quum olerum jacta [173] fuerint semina, vel plantæ per ordinem positæ, aquæ ducantur irriguæ, ut [174] pulcherrimorum versuum spectator assistas [175] :

*Ecce supercilio clivosi tramitis undam
Elicit; illa cadens raucum per lævia* [176] *murmur
Saxa ciet, scatebrisque arentia temperat arva.*

§ 1. Inserantur infructuosæ [177] arbores vel gemmis, vel surculis, ut parvo post tempore laboris tui dulcia poma decerpas. Apum fabricare [178] alvearia, ad quas te mittunt Salomonis [179] proverbia, et monasteriorum ordinem ac regiam [180] disciplinam in parvis disce corporibus. Texantur et linea capiendis piscibus. Scribantur libri [181], ut et manus operetur cibum, et animus lectione saturetur. *In desideriis* [182] *est omnis otiosus.* Ægyptiorum monasteria hunc morem tenent, ut nullum absque operis [183] labore suscipiant, non tam propter victus necessitatem [184], quam propter animæ salutem, ne vagetur [185] perniciosis cogitationibus mens, et instar [186] fornicantis Hierusalem [187] omni transeunti divaricet pedes suos. *Et in sequentibus :* § 2. Quid? ergo omnes peribunt, qui in urbibus habitant? Ecce illi fruuntur suis rebus, ministrant ecclesiis, adeunt balnea, unguenta non spernunt, et in omnium flore versantur. Ad quod et ante respondi, et nunc breviter respondeo, me in præsenti opusculo non de clericis disputare, sed monachum instituere.

C. XXXIV. *Absque prælati sui licentia canonicis nihil agere licet.*
Item in libro V *Capitularium*, c. 115 [188].

IX. Pars. In omnibus igitur (quantum humana

---

Dist. V. C. XXIX. [154] abest ab Edd. coll. o. exc. Lugdd. II, III. [155] *eruptare* : Edd. Ven. I, II. — *eructare* : Edd. rell. = C. XXX. [156] *Corruerant* : Ed. Bas. [157] *puellarum* : Edd. coll. o. pr. Lugdd. II, III. [158] Ep. l. 1, ep. 2. v. 55. = C. XXXI. [159] hab. A. 1078. — Ans. in extr. l. 7. Polyc. l. 3, 1. 25. = C. XXXII. [160] Legitur in c. 5, prioris regulæ Fruct.. quæ edita est ab Holstenio. [161] *veterem* : Edd. coll. o. [162] *septem* : Ed. Arg. = C. XXXIII. [163] Ivo Decr. p. 7, c. 5. [164] *aut oc.* : Ed. Bas. — *vel oc.* : Edd. rell. [165] *liber psalterii discedat* (*descendat* · Iv.), *dicatur* (*discatur* : Iv.) *ad verb. or. sine interm. Vigilet sensus* : Iv. — Edd. coll. o. [166] *vanis* : orig. [167] *tendat* : Edd. coll. o. [168] *Deum* : Ed. Arg. [169] *sententiam* : Ed. Bas. † 1 Thess. c. 2, v. 9. [170] *successuras* : Ed. Arg. — *successura* : Edd. rell. pr. Lugdd. II, III. — Iv. [171] *præparas* : Lugdd. II, III. [172] *seratur* : Edd. coll. o. pr. Lugdd. II, III. [173] *jactata* : Iv. — Edd. coll. o. [174] *hic* : Edd. coll. o. — *hinc* : Iv. [175] *assiste* : Ed. Bas. — cf. Virg. Georg. l. 1, v. 108 seqq. [176] *devia* : Edd. Arg. Bas. [177] *fructuosæ* : Edd. coll. o. — Iv. [178] *fabricata* : Ed. Arg. — *fabrica* : Edd. Ven. I, II. Par. [179] Prov. c. 6, v. 6. [180] *regulæ* : Ed. Arg. — *regularum* : Ed. Bas. [181] *et libri* : Edd. coll. o. — Iv. [182] add. : *enim* : Edd. Lugdd. II, III. — *autem* : Edd. rell. exc. Bas. cf. Prov. c. 13, v. 4, sec. LXX. [183] *opere et labore* : Edd. coll. o. — Iv. [184] *necessaria* : Edd. coll. o. pr. Lugd. II, III. — Iv. [185] *vagentur* : (misso vocab. : *mens.*) ead. — id. [186] *ad instar* : Edd. coll. o. [187] *Israel* : ead. pr. Lugdd. — cf. Ezech. c. 16, v. 25. = C. XXXIV. [188] ex conc. Mog. hab. A. 813, c. 9. — Cap. l. 5, c. 185. — Iv. Decr. p. 6, c. 402.

permittit fragilitas) decrevimus [189], ut canonici clerici [190] canonice vivant, observantes divinae scripturae doctrinam, et documenta sanctorum Patrum, et nihil sine licentia episcopi sui vel magistri eorum incomposite agere praesumant; in unoquoque episcopatu 'ut' simul manducent et dormiant, ubi his facultas id faciendi suppetit; 'vel' qui de rebus ecclesiasticis stipendia accipiunt, in suo [191] claustro maneant; et singulis diebus mane primo [192] ad lectionem veniant, et audiant quid eis imperetur. Ad mensam vero similiter lectionem audiant, et obedientiam secundum canones suis ministris [h] exhibeant [193].

C. XXXV. *Presbyteri, qui simul conveniunt, ebrietatem et comessationes summopere vitent.*

Item ex Concilio Nannetensi, c. 10 [194].

X. Pars. Nullus presbyterorum, quando ad anniversarium diem trigesimum, vel septimum, vel tertium alicujus defuncti, aut quacunque vocatione ad collectam presbyteri convenerit [195], se inebriare ullatenus [196] praesumat; nec precatus in amore sanctorum vel alicujus [197] animae bibere, vel alios ad bibendum cogere, vel se aliena precatione ingurgitare; nec plausus [198] et [199] risus inconditos et fabulas inanes ibi referre aut cantare praesumat; vel turpia joca vel urso vel tornatricibus ante se fieri patiatur; nec larvas daemonum ante se ferri [200] consentiat, quia hoc diabolicum est, et a sacris canonibus prohibitum.

C. XXXVI. *Clericus vel laicus sine jussione episcopi non peregrinetur.*

Item ex Concilio Laodicensi, c. 41 et 42 [201].

XI. Pars. Non oportet ministros [202] altaris, vel quoslibet clericos praeter jussionem episcopi ad peregrinandum [203] proficisci. § 1. Laicum etiam [i] sine A canonicis literis, id est formata, similiter [204] non oportet alicubi [205] proficisci.

C. XXXVII. *Quibus spectaculis clericus interesse non debet.*

Item ex eodem, c. 54 [k] [206].

Non oportet ministros altaris vel quoslibet clericos spectaculis aliquibus, quae aut in nuptiis, aut scenis [207] exhibentur, interesse, sed ante quam thymelici ingrediantur, surgere eos de convivio, et abire [208].

C. XXXVIII. *Colorum fucis mulieres uti non debent.*

Item Augustinus *ad Possidium*, *et qui cum eo sunt fratres, epist. LXXIII* [209].

XII. Pars. Fucare [210] pigmentis, quo vel rubicundior, vel candidior [211] appareat, adulterina fallacia B est, qua non dubito etiam ipsos [212] maritos se nolle decipi, quibus solis permittendae sunt feminae ornari secundum veniam, non secundum imperium. Nam verus ornatus, maxime Christianorum et Christianarum, non [213] tantum nullus fucus mendax, verum ne auri quidem vestisque pompa, sed mores boni sunt. § 1. Exsecranda autem superstitio [214] ligaturarum in quibus etiam in aures virorum in summis ex una parte auriculis [215] suspensae deputentur [216] non [217] ad placendum hominibus, sed ad serviendum daemonibus adhibetur [218].

C. XXXIX. *Quod Spiritus sanctus procedit a Patre et Filio.*

Item ex Symbolo Ephesini Concilii CC. Episcoporum, *quod habitum est contra Nestorium* [219].

C XIII. Pars. De Spiritu [220] dicit Dominus in evangelio [221]: *Ille me clarificabit* [222]. Hoc rectissime sentientes, unum Christum 'Dominum' [223] et Filium, non velut alterius egentem [224] gloria, confitemur a Spiritu sancto gloriam consecutum, quia ejus spi-

## NOTATIONES CORRECTORUM.

C. XXXIV. [h] *Ministris*: In originali et apud Ivonem est: *magistris*'. Sed ob glossam non est emendatum.

C. XXXVI. [i] *Laicum etiam*: In codice graeco hic est canon 41, quemadmodum superior hujus capitis pars est canon 42. Sed in neutro canone fit mentio laici, sicuti neque in versione Dionysii, quam afferunt Burchardus et Ivo; sed utrobique est: ἱερατικὸν ἢ κληρικόν, id est: *sacerdotalem vel clericum*. In prisca tamen versione canon 41, sic habet: *Non oportet ministrum altaris, vel etiam laicum*'.

C. XXXVII. [k] Hoc caput non est in canonum volumine graeco Parisiis anno 1540, impresso ". Habetur tamen apud Balsamonem, et videtur indicari c. 42, sextae synodi. Gratianus autem recitat ex prisca versione.

---

Dist. V. C. XXXIV. [189] *decernimus*: Edd. coll. o. coll. o. [190] *vel cler.*: Edd. Bas. Lugdd. [191] *uno*: Edd. coll. o. [192] *prima hora*: caed. — *prima*: orig. — Iv. * ita Ed. Bas. [193] *faciant*: Edd coll. o. — orig. — Iv. = C. XXXV. [194] cf. ad c. 7, D. 44. [195] *convenerint, et ita numero plur. deinceps*: Edd. coll. o. [196] *nullatenus*: eaed. [197] *ipsius*: Ed. Bas. [198] *planctus vel plausus*: Edd. coll. o. pr. Bas. Lugd. II, III. [199] *nec*: Ed. Bas. [200] *fieri*: Edd. coll. o. = C. XXXVI. [201] hab. inter A. 347 et 381. — Burch. l. 2, c. 45. Iv. Decr. p. 6, c. 146, ex Dionysio. [202] *ministrum alt. vel quemlib. clericum*: Coll. Hisp. [203] *peregrina*: ead. * ita ead. [204] abest ab ead. [205] *aliquo*: ead. = C. XXXVII. " exstat tamen in recentioribus [206] Iv. Decr. p. 11, c. 78. [207] *coenis*: Coll. Hisp. — Iv. [208] add.: *debere*: ead. — id. — Edd. coll. o. = C. XXXVIII. [209] Ep. 245. (incert. temp.) Ed. Maur. — Coll. tr. p. p. 2, t. 50, c. 39. [210] *Fucari*: orig. [211] add.: *vel verecundior*: Edd. coll. o. [212] abest ab Ed. Bas. [213] *non tam est ullus fucus factus mendax*: Ed. Arg. — *non tantum non est ullus fuc. mendax*: Edd. rell. — add.: *figmentum*: Ed. Bas. [214] *est sup.*: Edd. Bas. Lugdd. II, III. [215] *articuli*: Ed. Arg. — *articulis*: Ed. Nor. [216] *deputantur*: orig. — Edd. Bas. Lugdd. II, III. [217] *quia non*: Edd. Bas. Lugdd. II, III. [218] *exhibentur*: Ed. Arg. — *adhibentur*: Edd. rell. = C. XXXIX. [219] Imo ex ep. Cyrilli et synod. Alexandr. ad Nestorium. — Coll. tr. p. p. 2, t. 9, c. un. Ivo Decr. p. 1, c. 3. [220] *De Sp. quoque quum dicit*: Coll. Hisp. — Iv. [221] Joan. c. 16, v. 14 [222] *glorificabit*: Coll. Hisp. [223] abest ab Iv. et Coll. Hisp. [224] *egere*: Ed. Arg.

ritus nec melior, nec superior ipso est, sed quia infra [225] opera faciens ad demonstrationem suæ deitatis virtute proprii spiritus utebatur, ab ipso dicitur clarificari [226], quod [227] virtus sua vel disciplina quælibet unumquemque clarificet [228]. Quamvis enim in sua sit substantia spiritus ejus [229], et intelligatur in persona proprietas, juxta id quod Spiritus est, et non Filius : attamen ab illo alienus non est. Nam spiritus appellatus est veritatis [230], et veritas Christus est. Unde et ab isto similiter sicut ex Deo Patre procedit. Denique hic [231] ipse Spiritus etiam per manus sanctorum apostolorum miracula gloriosa perficiens Dominum glorificavit Jesum Christum, postquam ascendit in [232] cœlum. Nam creditus [233] est Christus natura Deus existere [234] per suum spiritum virtutes efficiens, ideoque dicebat [235] : *De meo accipiet, et annunciabit vobis.*

### C. XL. *De eodem.*

*Item* Didymus *in lib. II de Spiritu sancto, contra errores græcorum* [236].

Salvator[1], qui et veritas [237], ait [238] : *Non enim loquetur* [239] *a semetipso*, hoc est : non sine me, et sine meo et [240] Patris arbitrio, quia inseparabilis a mea et Patris est voluntate. *Et amplius :* § 1. Quia non ex se est, sed ex [241] Patre et [242] me est. Hoc enim ipsum, quod [243] subsistit, et loquitur, a Patre et me [244] illi est [245] : *Ego veritatem loquor,* id est inspiro quæ loquitur, siquidem spiritus veritatis est. Dicere autem [246] et loqui in Trinitate, non secundum consuetudinem [247] nostram, qua ad [248] nos invicem [249] sermocinamur et loquimur, accipiendum [250], sed juxta formam incorporalium naturarum [251], et maxime Trinitatis, quæ voluntatem suam inserit [252] in corde credentium, et [253] eorum, qui eam audire sunt digni, hoc [254] est dicere et loqui. *Et infra :* § 2. Loqui ergo Patrem et audire Filium, vel e contrario Filio [255] loquente audire Patrem, ejusdem naturæ in Patre et Filio, consensusque significatio est. Spiritus quoque sanctus, qui est spiritus veritatis, et spiritus sapientiæ, non potest Filio [256] loquente audire quæ nescit, quum hoc ipsum sit, quod profertur a Filio, id est [257] procedens a veritate, consolator manans de consolatore [258], Deus de Deo spiritus veritatis procedens. Denique, ne quis illum a Patris et Filii voluntate et societate discerneret, scriptum est [259] : *Non enim a semetipso loquetur* [260] *: sed sicut audiet loquetur.* Cui etiam simile de se ipso Salvator ait [261] : *Sicut audio, et judico,* et alibi [262] : *Non potest* [263] *Filius facere quicquam, nisi quod viderit Patrem facientem.*

---

### NOTATIONES CORRECTORUM.

C. XL. [1] *Salvator:* In originali hæc antecedunt: *Dehinc in consequentibus de spiritu veritatis, qui a Patre mittatur, et sit paracletus, Salvator,* etc.

---

Dist. V. C. XXXIX. [225] *humana* : Iv. — Edd. coll. o. [226] *glorificari* : Iv. — Coll. Hisp. — *clarificatus*: Edd. coll. o. [227] *eo quod* : eæd. [228] *clarificat* : eæd. pr. Bas. [229] *et ejus int.* : Coll. Hisp. [230] Joan. c. 16, v. 13. [231] *hinc* : Edd. coll. o. pr. Arg. Bas. Nor. [232] *ad* : Ed. Bas. [233] *creditur* : Edd. coll. o. [234] *exsistens* : Coll. Hisp. — Iv. [235] Joan. c. 16, v. 14. = C. XL. [236] Coll. tr. p. p. 2, t. 14, c. 31. [237] *add. : est* : Edd. coll. o. [238] Joan. c. 16. v. 13. [239] *loquitur* : Edd. Bas. Nor. Ven. I, II. Par [240] *add. : sine* : Ed. Bas. [241] *a* : Ed. Nor. [242] *a me ille est* : Ed. Bas. — *ex me ille est* : Edd. Lugdd. II, III. — *a me est* : Edd. rell. [243] *quod est, et quod consistit, et loqu.* : Edd. coll, o. [244] *a me illi est* : Edd. Arg. Par. Lugd. II, III. — *a me ille est* : Edd. rell. [245] Joan. c. 16, v. 7 [246] *enim* : Edd. coll. o. pr. Bas. [247] *abest ab* Ed. Arg. [248] *et nos* : Edd. Arg. Nor. Ven. I, II. Lugd. I. [249] *abest ab* Edd. coll. o. pr. Lugdd. II, III. [250] *add. : est* : Edd. coll. o. [251] *add. : sive naturalium* : eæd. exc. Lugdd. II, III. [252] *ingerit in corda* : eæd. [253] *et eor. cordibus inserit* : Edd. Lugdd. II, III. — *eor. cord. inserit* : Edd. rell. [254] *Liquidum ergo est dicere patr. et audire fil.* : Edd. coll. o. [255] *filium loquentem et* (abest ab Edd. Lugdd. II, III) *audire patrem, ejusdem* (ejusdemque : Ed. Bas.) *naturæ esse patrem et filium, et in patre et in filio consensus* (consensuque : Edd. Lugdd. II, III ; *connexio et communio* : Ed. Arg.) *Spiritus sancti, qui est.* etc. : Edd. coll. o. [256] *filium loquentem* : eæd. exc. Lugd. II, III. [257] *i. e. procedens Deus de Deo, Spir. ver. proc. a ver.,* etc. : Edd. coll. o. [258] *add. : Deo* : eæd. exc. Arg. Bas. [259] Joan. c. 16, v. 13. [260] *loquitur, — audit et loquitur* : Edd. coll. o. pr. Lugdd. II, III. [261] *loquitur* : Edd. Arg. Bas. — cf. Joan. c. 5, v. 30. [262] Joan. ib. c. 19. [263] *add. : a se* : Vulg. — Edd. coll. o.

# 1.

# INDEX CANONUM DECRETI

## EMENDATIOR (*)

### A

Ab antiqua, c. 44. D. IV de cons.
Abbas in monasterio, c. 2. C. XVIII. qu. 2.
Abbas pro humiliatione, c. 8. C. XVIII. qu. 2.
Abbatem cuilibet, c. 3. C. XVIII. qu. 2.
Abbatem in monasterio, c. 4. C. XVIII. qu. 2.
Abbates, c. 16. C. XVIII. qu. 2.
Abbati, c. 22. D. LIV.
Abbatibus, presbyteris, c. 41. C. XII. qu. 2.
Abbatibus, qui neque, c. 18. C. XVIII. qu. 2.
Ab eo, c. 24. C. II. qu 6.
Ab excommunicatis, c. 4. C. IX. qu. 1.
Ab exordio, c. 2. C. XXXV.
Abiit Judas, c. 83. C. XI. qu. 3.
Ab illo, c. 12. fin. C. XIV. qu. 4.
Ab imperatoribus, c. 10. C. XXIII. qu. 3.
Ab infirmis, c. 1. C. XVI. qu. 7.
Ab isto die, c. 9. C. XXXV. qu. 6.
Ab isto die, c. II. fin. C. XXXV. qu. 6.
Absens per alium, c. 18. C. III. qu. 9.
Absens vero nemo, c. 13. C. III. qu. 9.
Absente adversario, c. 11. C. III. qu. 9.
Absente eo, c. 3. C. III. qu. 9.
Absit a Rom., c. 26. D. L.
Absit, ut quicquam, c. 14. C. XI. qu. 3.
Accedens, c. 10. D. L.
Accepisti, c. 92. D. IV. de cons.
Accepistis, c. 90. D. IV de cons.
Accesserunt, c. 92. D. II. de cons.
Accipite, c. 88. D. I. de cons.
Accusatio episcoporum, c. 19. C. II. qu. 7.
Accusatio quoque, c. 15. C. II. qu. 7.
Accusationes, c. 7. C. III. qu. 5.
Accusator, c. 2. fin. C. VI. qu. 5.
Accusatores episcoporum, c. 1. C. III. qu. 8.
Accusatores et accusationes, c. 8. C. III. qu. 5.
Accusatores et testes, c. 2. C. III. qu. 5.
Accusatores fratrum, c. 4. D. XLVI.
Accusatores vel testes, c. 12. C. III. qu. 5.
Accusatori, c. 1. C. III. qu. 9.
Accusatoribus, c. 3. C. III. qu. 5.
Accusatorum, c. 1. C. II. qu. 8.
Accusatum, c. 14. C. II qu. 5.
Accusatus, c. 5. C. III. qu. 6.
Achab rex, c. 27. D. III. de pœn.
Achatius non est, c. 1. C. XXIV. qu. 1.
Achatius non fuit, c. 3. C. XXIV. qu. 1.
Acolythus, c. 16. D. XXIII.
Actione, e. 18. C. XXII. qu. 4.
Acutius intelligunt, c. 2. D. XXVI.
Acutius vero, c. 2. fin. C. XXVIII. qu. 3.
Adam per Evam, c. 18. C. XXXIII. qu. 5.
Adam post culpam, c. 80. D. I. de pœn.
Adam primus, c. 11. D. XL.
Ad Deum, c. 7. C. XXXII. qu. 5.
Addidistis, c. 2. C. XX. qu. 1.
Additur, c. 13. C. XXVII. qu. 2.
* Ad ejus vero, c. 4. fin. D. V.
Ad episcopos, c. 11. C. XVII. qu. 4.
Ad fidem, c. 33. C. XXIII. qu. 5.
Ad hoc baptismus, c. 143. D. IV. de cons.
Ad hoc dispensationis, c. 7. fin D. LXXXIX.
Ad hoc locorum, c. 63. C. XVI. qu. 1.
Adhuc instant. c. 32. D. III. de pœn.
Adjicimus, c. 19. C. XVI. qu. 1.
Ad imina, c. 7 C. XXX. qu. 1.
Ad mensam, c. 24. C. XI. qu. 3.
Administratores, c. 26. C. XXIII. qu. 5.
Admittuntur, c. 21. D. LIV.
Admoneant, c. 15. C. XXVI. qu. 7.
Admonemus, c 2. C. XVI. qu. 2.
Admonendi, c. 57. C. II. qu. 7.
Admonere te cum lacrym., c. 8. C. XXXIII. qu. 2.
Admonere te volumus, c. 14. C. XVI. qu. 1.
Ad nuptiarum, c. 43. D. I. de cons.
Ad reatum, c. 33. D. LXXXI.
Adrianus, vid. Hadrianus.
Ad Romanam, c. 6. C. II. qu. 6.
Ad Romanam, c. 8. C. II. qu. 6.
Ad sedem apostolicam, c. 2. C. XXXV. qu. 5.
Adulterii, c. 11. C. XXXII. qu. 7.
Adversitas, c. 48. C. VII. qu. 1.
Advocavit, c. 23. C. XXIV. qu. 1.
Ægrotantes, c. 75. D. IV. de cons.
Æqualiter, c. 13. C. XXXV. qu. 2 et 3.
Affectum, c. 10. C. XXVI. qu. 7.
Afros, c. 3. D. XCVIII.
Agapitus, c. 13. C. XVI. qu. 1.
Agapitus, c. 23. D. I. de cons.
Agatho, c. 21. D. LXIII.
Agathosa, c. 21. C. XXVII. qu. 2.
Agite, c. 44. D. I. de pœn.
Agnovimus, c. 13. C. XXVI. qu. 6.
Agunt homines, c. 97. D. IV. de cons.
Ait Cœlestinus, c. 55. C. XXIV. qu. 1.
A judicibus, c. 53. C. II. qu. 6.
Alia causa, c. 6. C. XVI. qu. 1.
Alienationes, c. 37. C. XII. qu. 2.
Alieni, c. 23. C. II. qu. 7.
Alieni, c. 1. C. III. qu. 4.
Alienum clericum, c. 1. C. XIX. qu. 2.
Alienum est, c. 67. D. L.
Alienus est, c. 19. C. XXIV. qu. 1
Alienus sit, c. 4. D. XC.
Aliorum hominum, c. 14. C. IX. qu. 3.
Aliquando, c. 7. C. XXXII. qu. 2.
Aliquanti, c. 6. C. XXVI. qu. 5.
Aliquantos, c. 1. D. LI.
Aliquos, c. 5. C. XV. qu. 1.
Aliter legitimum. c. 1. C. XXX. qu. 5.
Aliter se Orientalium, c. 14. fin. D. XXXI.
Aliud est, c. 39. D. IV. de cons.
Aliud quidem, c. 54. C. XI. qu. 1.
Aliud quidem, c. 65. D. I. de pœn.
Alius item, c. 3. C. XV. qu. 6.
Alligant, c. 12 C. XXVI. qu. 7.
Altare, c. 14. C. I. qu. 3.
Altaria si non, c. 31. D. I. de cons.
Altaria vero, c. 32. D. I. de cons.
Altaris palla, c. 39. D. I. de cons.
A malis, c. 8. C. XXIII. qu. 4.
Amputato, c. 11. C. XXV. qu. 2.
Ananias, c. 3. C. XVII. qu. 1.
Anastasius, c. 9. D. XIX.
Ancillam, c. 11. C. XXXII. qu. 2.
Animadvertendum, c. 2. C. XXII. qu. 2.

---

(*) Restituti sunt canones a prioribus editoribus omissi, et sublata est ingens, qua hic capitum index antea scatebat, mendorum moles. In capitibus ab eodem vocabulo incipientibus adjecta sunt plura cujusque verba, ut melius inter se distinguerentur. Paleæ denique italico, quem dicunt, charactere sunt expressæ, asterico in istis captibus adjecto, quæ in hac demum editione præeunte III Bickell Palearum nomine sunt insignita. Rejectæ vero sunt, quoniam harum nullus videbatur usus esse, et Gratiani sententiæ, et inscriptiones, inde a correctorum tempore repeti solitæ, exiles eæ, et a vero haud ita raro aberrantes.

# I. — INDEX CANONUM DECRETI.

Animæ defunctorum, c. 22. C. XIII. qu. 2.
*Annis singulis, c* 16. D. *XVIII.*
An non districta, c. 19 C. XXIV. qu. 3.
An putatis, c. 13. D. LXXXVI.
An quod in subditos, c. 2. C. XXXIII. qu. 2.
Ante baptismum, c. 54. D. IV. de cons.
Ante benedictionem, c. 40. D. II. de cons.
Antecessor, c. 104. C. XI. qu. 3.
Ante omnia clericis, c. 9. fin. D. XXXV.
Ante omnia peto, c. 7. D. XL.
Anteriorum, c. 28. C. II. qu. 6.
Ante triennium, c. 1. D. XXXI.
Ante viginti, c. 55. D. IV. de cons.
Antiqui, c. 19. fin. C. XXXIII. qu. 2.
Antiquis, c. 12. C. IX. qu. 3.
Antiquitus, c. 1. C. II. qu. 2.
Antiques, c. 8. C. X. qu. 1.
A parvulo, c. 154. D. IV. de cons.
Aperiant, c. 11. C. XXXI. qu. 1.
Aperte inquit, c. 56. C. XXIV. qu. 1.
Apostolica auct. mand., c. 68. D. I de cons.
Apostolica auct. præcip., c. 12. D. LVI.
Apostolica auct. prohib., c. 7. C. VIII. qu. 1.
Apostolicæ auctoritatis, c. 13. C. XXIV. qu. 3.
Apostolicæ sedis, c. 4. C. XXXV. qu. 9.
Apostolicis, c. 67. C. XVI. qu. 1.
Apostolicos, c. 13. C. XII. qu. 2.
Apostolus dicit, c. 3. XXXII. qu. 7.
Apostolus nec ad temp, c. 12. C. XXXIII. qu. 4.
Apostolus Paulus, c. 1. D. LXXXI.
Apostolus sciens, c. 41. D. H. de pœn.
*Appellantem, c* 2. *C. II.* qu. 6.
Apud misericordem, c. 10. C. XXXII. qu. 1.
Apud nos, c. 20. C. XXXII qu. 3.
Apud omnipotentem, c. 7. C. XXXVI. qu 2.
Apud veros, c. 6. C. XXIII. qu. 1.
Aquam sale, c. 20. D. III. de cons.
A quodam Judæo, c. 24. D. IV. de cons.
Archidiaconum Florentinum, c. un. D. LXXXV.
Archidiaconum tuum, c. 29. D. LXXXI.
Archiepiscopus ab omnibus, c. 1. D. LXVI.
Archiepiscopus nihil, c. 5. C. IX. qu. 3.
A recta ergo, c. 9. C. XXIV. qu. 1.
Arguta, c. 13. C. II. qu. 6.
Arianorum, c. 22. D. I. de cons.
Arianos, c. 75. C. I. qu. 1.
Artaldus, c. 2. fin. C. VIII. qu. 3.
A sanctis Patribus, c. 14. C. XXV. qu. 1.
Assumi aliquem, c. 6. D. XXVIII.
A subdiacono, c. 3. D. XCIII.
Atho, c. 47. C. XXVII. qu. 2.
Attendendum, c. 13. C. XVII. qu. 4.
Auctoritatem, c. 2. C. XV. qu. 6.
Audacter, c. 18. C. VIII. qu. 1.
Audi denique, c. 21. C. XI. qu. 3.
Audire episcopum, c. 2. D. XXV.
*Audite, charissimi, c.* 6. *D. XXXIV.*
Auditum est, c. 18. C. II. qu. 5.
Audivimus, dilectissimi, c. 1. C. I. qu. 3.
Audivimus, quibusdam, c. 13. C. XXXIII. qu. 2.
Audivimus, quod, c. 4. C. XXIV. qu. 1.
Audivimus, quosdam, c. 4. C. III. qu. 2.
Auguriis, c. 11. C. XXVI. qu. 5.
Augustino, c. 2. C. XII qu. 2.
Aurelius, c. 5. C. XXVI. qu. 6.

Aurum ecclesia, c. 70. C. XII. qu. 2.
Aut facta, c. 19. D. I. de pœn.

## B

Baptismi vicem, c. 54. D. IV. de cons.
Baptismus, c 26. D. IV. de cons.
Baptizandi nomen, c. 60. D. IV. de cons.
Baptizandi sibi, c. 18. D. IV. de cons.
Baptizandis, c. 99. C. I. qu. 1.
Baptizandos, c. 58. D. IV. de cons.
Baptizari, c. 3. D. V.
Baptizatur, c. 16. D. III. de pœn.
Basilicas, c. 6 D. I. de cons.
Beata Maria, c. 3. C. XXVII. qu. 2.
Beati Petrus et Paulus, c. 37. C. II. qu. 7.
Beatus Paulus, c. 5. C. XXII. qu. 2.
Beatus Petrus, c. 5. C. VI. qu. 1.
Beatus prædecessor, c. 2. C. III. qu. 4.
Benedictio, c. 4. C. I. qu. 1.
Benedictus, c. 9. D. IV. de pœn.
Bene novit, c. 18. D. LXI.
Bene quidem, c. 1. D. XCVI.
*Bene valet,* c. 23. *D. L.*
Biduum, c. 29. C. II. qu. 6.
Bonæ rei, c. 74. C. XII. qu. 2.
Boni principis, c. 16. fin. D. XCVI.
Bonorum auctori, c. 7. D. XLVII.

## C

Calumniator, c. 2. C. II. qu. 3.
Canon, c. 1. D. III.
Canones apud Nicæam, c. 60. D. L.
Canones generalium, c. 1. D. XV.
Canones, qui dicuntur, c. 1. D. XVI.
Canonica instituta, c. 107. C. XI. qu. 3.
Canonica sanctorum, c. 6. C. III. qu. 5.
Canonum statutis, c. 3. C. XIV. qu. 4.
Cantantes, c. 1. D. XCII.
Caritas est aqua, c. 14. D. II. de pœn.
Caritas est, ut, c. 5. D. II. de pœn.
Caritas in quibusdam, c. 19. D. II. de pœn.
Caritas nunquam, c. 7. D. II. de pœn.
Caritas, quæ, c. 2. D. II. de pœn.
Caritatem tuam, c. 45. C XII. qu. 2.
Carnem, c. 52. D. V. de cons.
Casellas, c. 1. C. X. qu. 2.
Catechismi, c. 57. D. IV. de cons.
Catechumenum, c. 37. D. IV. de cons.
Catholica ecclesia, c. 8. D. XI.
Catholicus, c. 32. C. II. qu. 6.
Catinensis, c. 17. D. LXI.
Cave, c. 15. C. XXVIII qu. 1.
Caveant judices, c. 2. C. III. qu. 9.
*Cavendum est et summop., c.* 3. *C. I. qu.* 7.
Cavendum est, ne, c. 7. C. X. qu. 3.
Cavendum nobis, c. 47. D. III. de pœn.
Cavete, c. 20. C. XXII. qu. 5.
Celebritatem, c. 22. D. III. de cons.
Cellulas, c. 13. C. XVIII. qu. 2.
Certe ego, c. 18. C. XII. qu. 1.
Certis de causis, c. 3. C. XV. qu. 3.
Certum est hoc, c. 3. D. X.
Certum est, magnificentiam, c. 12. D. X.
Certum est, pro his, c. 45. C. XI. qu. 3.
Certum est quidem, c. 7. D. I. de cons.
Certum est, quod, c. 9. C. XXIV. qu. 3.
Ceterum Dei traditio, c. 20. D. LXXXVI.
Chartæ, quas dedit, c. 19. C. III. qu. 9.
Chorepiscopi, c. 5. D. LXVIII.
Christiana, c. 23. fin. C. XXXII. qu. 5.
Christianis, c. 12. C. XI. qu. 1.
Christiano cum uxore, c. 5. C. XXXIII. qu. 4.

Christiano non dicam, c. 5. D. XXXIV.
Christus panis, c. 57. D. II. de cons.
Christus quid fecit, c. 88. C. I. qu. 1.
Circumcelliones, c. 1. C. XXIII. qu. 5.
Circumcisio, c. 28. D. II. de pœn.
Citius ad hoc, c. 44. D. II. de pœn.
Cito turpem, c. 16. C. I. qu. 1.
Clemens, c. 13. C. VIII. qu. 1.
Clementis librum, c. 3. D. XVI.
Clerici aut ab indig., c. 1. C. XIV. qu. 4.
Clerici, edendi, c. 4. D. XLIV.
Clerici omnes, c. 10. fin. C. I. qu. 2.
Clerici, qui comam, c. 22. D. XXIII.
Clerici, qui in adol., c. 4. D. XXXIII
Clerici, qui in quac., c. 5. C. XXIII. qu. 8.
Clerici quilibet, c. 11. C. XVI. qu. 3.
Clerici, qui monachor., c. un. C. XIX. qu. 1.
Clerici vel continentes, c. 52. D. LXXXI.
Clerici vel sæcular., c 11. C. XIII. qu. 2.
Clerici vero, c. 5. fin. D. XCI.
Clerico jaciente, c. 37. D. L.
Clericos autem, c. 6. C. I. qu. 2.
Clericos aut laicos, c. 49. C. II. qu. 7.
Clericos in suis, c. 4 D. LXXI.
Clericos, qui, c. 34. D. I. de cons.
Clericum alienum, c. 2. D. LXXII.
Clericum cujuslibet, c. 3. C. XI. qu. 1.
Clericum in duarum, c. 2. C. XXI.
Clericum nullus, c. 17. C. I. qu. 1.
*Clericum nullus, c.* 47. *C. XI. qu.* 1
Clericum per creaturas, c. 9. C. XXII. qu. 1.
Clericum, qui, c. 5. D. L.
Clericum scurrilem, c. 6. D. XLVI.
Clericus ab instanti, c. 1. C. XXI. qu. 1.
Clericus adversus, c. 10 C. II. qu. 7.
Clericus hæreticorum, c. 35. C. XXIV. qu. 3.
Clericus invidens, c. 7. D. XLVI.
Clericus maledicus, c. 5. D. XLVI.
Clericus professionem. c. 8. fin. D. XLI.
Clericus quantumlibet, c. 4. D. XCI.
Clericus, qui adulat., c. 3. D. XLVI.
Clericus, qui Christi, c. 5. C. XII. qu. 1.
Clericus, qui episcopi, c. 30. C. XI. qu. 3.
Clericus, sive laicus, c. 48. C. XI. qu. 1.
Clericus solus, c. 20. D. LXXXI.
Clericus vero, c. 8. C. III. qu. 4.
Clericus victum, c. 5. D. XCI.
Cleri, plebis, et, c. 26. D. LXIII.
Cleros et clericos, c. 1. D. XXI.
Cœnomanensem, c. 13. D. LVI.
Cœpisti habere, c. 48. C. XI. qu. 5.
Cœpit Ermenegildus, c. 42. fin. C. XXIV. qu. 1.
Cogitatio, c. 20. D. I. de pœn.
Cogitationis, c. 14. D. I. de pœn.
Cognoscamus, c. 14. D. XXXIV. qu. 2.
Cognovimus, de reditib., c. 29, C. XII. qu. 2.
Cognovimus, quod monast., c. 29. C. XVIII. qu. 2.
Cognovimus, quod si, c. 4. C. XVI. qu. 6.
Commendavit, c. 62. D. II. de cons.
Commessationes, c. 1. D. XLIV.
Communis filius, c. 10 D. XXIII.
Communiter diffinimus, c. 3. D. XXXIII.
Comperimus autem, c. 12. D. II. de cons.
Comperimus, nullam, c. 2. c. XIV. qu. 6.
Comperimus, quod, c. 2. C. XXIV. qu. 1.
Comprovinciales, c. 4. D. LXIV.
Concedimus, c. 30. D. I. de cons.
Concesso, c. 26. C. XII. qu. 2.
Concilia sacerdotum, c. 6. D. XVII.

# I. — INDEX CANONUM DECRETI.

Concubinæ, c. 5. C. XXXII. qu. 2.
Concubuisti, c. 25. C. XXXII. qu. 7.
Concussionis, c. 128. C. I. qu. 1.
Confidimus, c. 1. C. XXV. qu. 1.
Confirmandum est, c. 65. D. L.
Congregato, c. 43. fin. C. XVI. qu. 7.
*Congregato*, c. 2. *C XVI. qu.* 7.
Conjuges, c. 6. C. XXVII. qu. 2.
Conjunctiones, c. 2. C. XXXV. qu. 2 et 3.
Conjunx, c. 9. C. XXVII. qu. 2.
Conjurationum, c. 21. C. XI. qu. 1.
Counubia, c. 4. C. XXXII. qu. 2.
Conquestus est, c. 8. C. IX. qu. 5.
Consanguinei, c. 1. C. III. qu. 5.
Consanguineorum, c. 4. C. III. qu. 4.
Consanguineos, c. 1. C. XXXV. qu. 6.
Consanguinitas, c. un. C. XXXV. qu. 4.
Consecrationem, c. 1. D I. de cons.
Consentire, c. 5. D. LXXXIII.
Consequens est, ut illa, c. 2. D. LXXXVIII.
Consequens est, ut quod, c. 2. D. XI.
Consideranda, c. 17. D. LXXXVI.
Considera, c. 8. XXII. qu. 1.
Considerandum de ecclesiis, c. 35. C. XVI. qu. 7.
Considerandum nobis, e. 5. D. L.
Consideratio, c. 15. C. XVI. qu. 1.
Consideret, c. 1. D. V. De pœn.
Conspiratores, c. 5. C. III. qu. 4.
Conspirationum, c. 22. C. XI. qu. 1.
Constantinopolitanæ, c. 3. D. XXII.
*Constantinus*, c. 13. *D. XCVI.*
*Constantinus*, c. 14. *D. XCVI.*
Constat, baptisma, c. 19. D. IV. de cons.
Constat, multos, c. 111. C. I. qu. 1.
Constat ex dictis, c. 2. D. IV. de pœn.
Constituimus iterum, c. 9. C. III. qu. 5.
Constituimus, ut, c. 2. D. LXXVI.
Constituit sanctum, c. 31. C. XVII. qu. 4.
Constituit sane, c. 42. C. XVI. qu. 7.
Constituit sane, c. 5. fin. C. XX. qu. 5.
*Constitutio primi*, c. 52. *D. LXIII.*
Constitutio vel edict., c. 4. D. II.
Constitutiones contra, c. 4. D. X.
Constitutiones sanctorum, c. 17. C. XVI. qu. 7.
Constitutum est a præsenti, c. 60. C. XVI. qu. 1.
Constitutum est, ut nulli, c. 22. C. VII. qu. 1.
Consuetudinem, c. 6. D. XI.
Consuetudinis, c. 4. D. XI.
Consuetudo autem, c. 5. D. I.
Consuetudo nova, c. 1. C. XVI. qu. 6.
Consuetudo præcedens, c. 7. D. XII.
Consuetudo, quæ, c. 8. D. VIII.
Consulendum, c. 17. D. XXVIII.
Consulto omnium, c. 46 D. I. de cons.
Consuluisti, c. 20. C. II. qu. 5.
Consuluit, c. 9. fin. D. LXXIV.
Continua, c. 5. C. XI. qu. 1.
Contradicimus, c. 21. C. XXXV. qu. 2 et 3.
Contra idolorum, c. 10. C. XXVI. qu. 5.
Contra morem, c. 8. D. C.
Contraria, c. 21. D. V. de cons.
Contra ritum, c. 3. fin. C. IV. qu. 4.
Contrarium est, c. 5. D. V. de pœn.
Contra sanctorum, c. 29. C. XVI. qu. 7.
Contra statuta, c. 7. C. XXV. qu. 1.
Contumaces, c. 21. D. I.
Convenientibus, c. 4. C. I. qu. 7.
Convenior, c. 21. C. XXIII. qu. 8.
Convenit, c. 13. D. V. de cons.
Convertimini, c. 34. D. I. de pœn.
Convivia, c. 6. D. XLIV.
Corporalia, c. 49. C. I. qu. 1.
Corpora sanctorum, c. 37. D. I. de cons.

Corporeum, c. 91. D. II. de cons.
Corpus Christi, c. 79. D. II. de cons.
Corpus et sanguinem, c. 60. D. II. de cons.
Corripiantur, c. 17. C. XXIV. qu. 3.
Credere in Jesum, c. 59. D. II. de cons.
Credo, c. 2. C. XXI. qu. 3.
* *Crimen vel pœna*, c. 6. *C. I. qu.* 4.
Criminationes, c. 52. C. II. qu. 7.
Crucis Domini, c. 19. D. III. de cons
Cui est illata, c. 46, C. XI. qu. 3.
Cui portio, c. 6. C. XII. qu. 1.
Cujus rei, c. 6. C. XXIX. qu. 2.
Cum *vide* Quum.
Cum excommunicato, c. 18. C. XI. qu. 3.
Cum omnibus, c. 27. D. LXXXI.
Cum quibus, c. 36. C. XXIV. qu. 3.
Cuncta per mundum, c. 17. C. IX. qu. 3.
Cuncta per mundum, c. 18. C. IX. qu. 3.
Cunctis fidelibus, c. 41. C. XVI. qu. 1.
Curæ sit omnibus, c. 20. C. XI qu. 3.
Curandum ergo, c. 9. D. XXXIV.
Custodi intus, c. 54. C. XI. qu. 5.
Cyprianus, c. 4. C. XXI. qu. 3.

## D

Dæmonium, c. 18. fin. C. XXVI. qu. 7.
Damnationis, c. 3. C. XXIV. qu. 2.
*De abjectione*, c. 5. *D. LXIV*.
De accusationibus, c. 5. C. III. qu. 5.
De affinitate, c. 1. C. XXXV. qu. 2 et 3.
Daibertum, c. 24. C. I. qu. 7.
De aliena, c. 2. D. LXXI.
De Arianis, c. 109. D. IV. de cons.
De Benedicto, c. 5. C. XXXII. qu. 1.
Debent duodecim, c. 106. C. XI. qu. 3.
Debet homo, c. 53. C. XXIII, qu. 4.
De capitulis, c. 9. D. X.
De catechumenis, c. 15. D. IV. de cons.
Decenter omnibus, c. 6. D. LXXXIX.
Decernimus, ut, dum, c. 17. fin. D. XVIII.
Decernimus, ut ii, c. 2. D. XXVIII.
Decernimus, ut quamdiu, c. 32. C. XVI. qu. 7.
Decernimus, vestram, c. 10. C. III. qu. 9.
Decessorum. c. 19. C. XXV. qu. 2.
De cetero, c. 109. C. I. qu. 1.
Decimæ, c. 66. C. XVI. qu. 1.
Decimas a populo, c. 47. C. XVI. qu. 1.
Decimas Deo, c. 6. C. XVI. qu. 7.
Decimas et ecclesias, c. 39. C. XVI. qu. 7.
Decimas, quas in us., c. 1. C. XVI. qu. 7.
Decimas, quas pop., c. 7. C. XVI. qu. 7.
De communione, c. 1. C. XXIV. qu. 2.
De conciliis, c. 2. D. XXVIII.
De conjugali, c. 50. C. XXVII. qu. 2.
De consanguinitate, c. 17. C. XXXV. qu. 2. et 3.
De Constantinopolitana, c. 4. D. XXII.
Decreta, c. 28. C XXVII. qu. 2.
Decreto nostro, c. 11. C. II. qu. 6.
Decretum est, ut omnes, c. 3. C. X. qu. 1.
* *Decretum est, ut presb.*, c. 7. *C. II, qu.* 7.
Decrevimus, c. 10. C. X. qu. 1.
Decrevit, c. 1. D. LXXXVIII.
Decrevit, c. 17. C. XXII. qu 5.
De crimine, quod, c. 1. C. XV. qu. 3.
De crimine, sibi, c. 1. C. XV. qu. 5.
De decimis, c. 45. C. XVI. qu. 1.
Dedit baptismum, c. 46. C. 1. qu. 1.
De diversis, c 44. C. XI. qu. 1.
De ecclesiasticis, c. 8. C. XXV. qu. 2
De eo autem, c. 55. D. I.
De eo, quod, c. 5. C. XXX. qu. 1.
De esu carnium, c. 11 D. III. de cons.
De eulogiis, c. 8. D. XVIII.

De excommunicationis, c. 15. C. XXIV. qu 3.
De fabrica, c. 24. D. I. de cons.
Defensionis, c. 2. D. LXXXVII.
De filia, c. 26. C. XXVII. qu. 1.
De forma, c. 18. C. XXII. qu. 5.
De gradibus vero, c. 1. C. XXXV, qu. 8.
De hac quidem, c. 76. D. II. de cons.
Dehinc iterum, c. 66. D. IV. de cons.
De his clericis, pro quib., c. 6. D. L.
De his clericis, qui, c. 36. D. L.
De his, quæ, c. 7. C. X. qu. 1.
De his, qui fil., c. 6. C. XXX. qu. 1.
De his, qui frequenter, c. 8. C. XXXI, qu. 1.
De his qui incesti, c. 9. C. XXXV. qu. 2 et 3.
De his, qui suscepta, c. 5. D. V. de pœn.
De his vero non, c. 12. C. XXXIII. qu. 2.
De his vero, qui pro, c. 5. C. XXVI. qu. 7.
De his vero, qui reced , c. 9. C. XXVI. qu. 6.
De his vero visum, c. 34. D. L.
De his vero, super, c. 3. D. V. de cons.
De homine, c. 9. D. V. de cons.
De hymnis, c. 54. D. I. de cons.
De jejunio, c. 3. D. LXXVI.
De iis, qui contra, c. 13. D. XII.
De iis, quos, c. 5. D. XXVIII.
De illicita, c. 6. XXIV. qu. 5.
*De illis autem*, c. 5. *fin. C. VI. qu.* 5.
De illis presbyteris, c. 109. C. XI. qu. 3.
De illis, qui, c. 8. C. XXIV. qu. 3.
De illo clerico, c. 4. D. XXXII.
De incestis, c. 8. C. XXXV. qu. 2 et 3.
Deinde a sacerdote, c. 70. D. IV.
Deinde ponitur, c. 5. D. XXVI.
De induciis, c. 2. C. III. qu. 5
De Judæis, c. 5. D. XLV.
De laicis, c. 46. C. XII. qu. 2.
De lapsis, c. 5. C. XVI. qu. 6.
*Delator*, c. 6. *C. V. qu.* 6.
Delatori, c. 5. C. V. qu. 6.
De libellis, c. 1. D. XX.
De libertis, c. 63. C. XII. qu. 2.
Deliciæ quælibet, c. 2. D. XI.
De Ligurobus, c. 43. C. XXIII. qu. 5.
De locorum, c. 4. D. I. de cons.
De manifesta, c. 17. C. II. qu. 1.
De monachis, monast., c. 12. C. XVIII. qu. 2.
De monachis, qui diu, c. 3. C. XVI. qu. 1.
De neptis, c. 3. C. XXXI. qu. 2.
Denique et puellæ, c. 9. C. XXXVI. qu. 2.
Denique hi, c. 5. D. XCVI.
Denique mortuo, c. 2. XXXI, qu. 1.
Denique quam sit, c. 9. C. VII. qu. 1.
Denique sacerdotes, c. 6. fin. D. IV.
Denique si in epist., c. 6. D. XXI.
Denique si non, c. 10. C. XIV. qu. 5.
Denique Suffredus, c. 5. C. VI. qu. 3.
De nominibus, c. 73. fin. D. I. de cons.
Denunciamus, c. 23. C. XXV. qu. 2.
De observatione, c. 26. D. III. de cons
De occidendis, c. 8. C. XXIII. qu. 5.
De ordinationibus, c. 116. C. I. qu. 1.
De parentela, c. 5. C. XXXV. qu. 6.
De parentela, c. 8. C. XXXV. qu. 6.
De persona autem, c. 4. D. LXV
De persona presbyteri, c. 38. C. XI. qu. 1.
De pertuso, c. 17. D. IV. de pœn.
De Petro, c. 4. D. XLVII.
De pœnitentibus, c. 17. D. III. de pœn.
De præsentium, c. 20. C. XVI. qu. 1.
*De precariis*, c. 6. *C. X. qu.* 2.
De presbyterorum c. 23. C. XVII. qu. 4.

# I. — INDEX CANONUM DECRETI.

De propinquis, c. 3. C. XXXV. qu 2 et 3.
De pudicitia, c. 6. C. XXXII. qu. 5.
De puellis, c. 4. C. XXVI. qu. 2.
De quibus, c. 3. D. XX.
De quibusdam, c. 12. D. XXXVII.
De quotidianis, c. 20. D. III. de pœn.
De raptoribus, c. 3. fin. C. XXXVI. qu. 1.
De rebus, quæ, c. 22. C. XII. qu. 2.
*De rebus vero, c. 8. D. LIV*.
De reditibus, c. 28. C. XII. qu. 2.
*De servorum, c. 6. D. LIV*.
Designata sunt, c. 2. D. LI.
De Spiritu, c. 39. D. V. de cons.
Desponsatam, c. 27. C. XXVII. qu. 2.
Desponsatas, c. 46. C. XXVII. qu. 2.
De Syacusanæ, c. 13. D. XXVIII.
Deteriores, c. 15. C. VI. qu. 1.
Detractores, c. 10. C. III. qu. 4.
Detrahe verbum, c. 54. C. I. qu. 1.
De trina mersione, c. 80. D. IV. de cons.
De viduis et puellis. c. 7. C. XXVII. qu. 1.
De viduis sub nulla, c. 42 C. XXVII. qu. 1.
De viro nefando, c. 17. C. XII. qu. 2.
Devotam, c. 27. C. XXVII. qu. 1.
Devotis, c. 11. C. XX. qu. 1.
Deus definitionem, c. 78. D. I. de pœn.
Deus ergo, c. 6. fin. C. III. qu. 1.
Deus masculum, c. 12. C. XXXI. qu. 1.
Deus omnipotens, c. 20. C. 11. qu. 1.
Deus quando, c. 38. C. XXIV. qu. 3.
Diaconi ecclesiæ, c. 6. D. XCIII.
Diaconi ita, c. 17. D. XCIII.
Diaconi, qui, c. 11. D. XCIII.
Diaconi quicunque, c. 8. D. XXVIII.
Diaconi septem, c. 13. D. XCIII.
Diaconissam, c. 23. C. XXVII. qu. 1.
Diaconi sunt, c. 23. D. XCIII.
Diaconi vel presbyteri, c. 33. C. XII. qu. 2.
Diaconos propriam, c. 13. D. XCIII.
Diaconum vero, c. 3. D. LXXXIX.
Diaconus, dum ord., c. 11. D. XXIII.
Diaconus, qui elig., c. 1. D. XXVII.
Diaconus sedeat, c. 19. D. XCIII.
Dicat aliquis quum, c. 25. C. XXIII. qu. 5.
Dicat aliquis uxorem, c. 9. C. XXXII. qu. 4.
Dicenti, c. 16. C. XXV. qu. 2.
Dictum est a Deo, c. 96. C. I. qu. 1.
Dictum est nobis, presb., c. 8. D. LXXXI.
Dictum est nobis, quasd., c. 4. C. XXX. qu. 1.
Dictum est nobis, quod, c. 8. fin. C. XXIX. qu. 2.
Dictum est nobis, quod quid., c. 8 D. V. de cons.
Dictum est, quod, c. 3. fin. D. XCIV.
Dictum est solere, c. 105. C I. qu. 1.
Didici a diligendo, c. 15. C. I. qu. 7.
Didicimus omnes, c 31. C. XXIV. qu. 1.
Didicimus, quod, c. 6. D. II. de cons.
Diffinimus, eum, c. 1. C. IV. qu. 4.
Diffinimus, minime, c. 21. C. XVIII. qu. 2.
Diffinimus, neminem, c. 7. fin. D. XXII.
Diffinitio, c. 17. C. XXII. qu. 4.
Diffinivit, c. 33. C. XVIII. qu. 4
Dignum est, c. 9. C. III. qu. 9.
Dilectionis tuæ, c. 12. fin. D. LXXVI.
Dilectio tua, c. 7. C. XVI. qu. 3.
Dilectissimi, c. 2. fin. C. VIII. qu. 2.
Dilectissimis, c. 2. C. XII. qu. 1.
Disciplina, c. 9. D. XLV.
Discipulos, c. 26. D. V. de cons.
Discordantes, c. 1. D. XC.
*Disculere, c. 6. C. III. qu. 8*.
Dispar, c. 11. C. XXIII. qu. 8.
Dispensatio, c. 5. fin. D. XLIII.
Dispensationes, c. 16. C. I. qu. 7.

Displicet, c. 38. C. XXIII. qu. 4.
Dissidentes episcopos, c. 6. D. XC.
Divina clementia, c. 24. fin. D. IV. de pœn.
Divinæ retributionis, c 4. D. LXXXVII.
Divinis præceptis, c. 2. C. XXV. qu. 1.
Divortium, c. 21. D. I. de pœn.
Diuturni mores, c. 6. D. XII.
Dixi, confitebor, c. 4. D. I. de pœn.
Dixit apostolus, 29. C. XXIV, qu. 3.
Dixit Dominus ad Moys., c. 12. C. XIV. qu. 5.
Dixit Dominus : dimitte, c. 3. D. IV. de pœn.
Dixit Dominus in ev., c. 2. C. XXXII. qu. 1.
Dixit Sara, c. 3. C. XXXII. qu. 4.
Docendus est, c. 2. D. LXII.
Doctos, c. 21. C. XVI qu. 1.
Domino sancto, c. 28. D. L.
Dominus ad illud, c. 6. C. XXXII. qu. 7.
Dominus declaravit, c. 87. C. I. qu. 1.
Dominus non vult, c. 13. D. LXXXVI.
Dominus noster Jesus, c. 8. D. LVI.
Dominus noster ipse, c. 25. D. XCIII.
Dominus noster jubet, c. 2. C. XXIII. qu. 2.
Donare res suas, c. 7. D. LXXXVI.
Donatum autem, c. 20. C. I. qu. 7.
Duæ sunt eleemosynæ, c. 13. D. XLV.
Duæ sunt, inquit, c. 2. C. XIX. qu. 2.
Dudum a sanctis, c. 9. C. III. qu. 6.
Dudum ad nos, c. 27. C. XVIII. qu. 2.
*Duobus modis, c. 31. fin. C. XXVII. qu. 2*.
Duodecim, c. 2. C. V. qu. 4.
Duo ista, c. 33. C. XXIII. qu. 4.
Duo mala, c. 1. D. XIII.
Duo sunt genera, c. 7. C. XII. qu. 1.
Duo sunt quippe, c. 10. D. XCVI.
Duo tempora, c. 12. D. IV. de cons.
Dupliciter, c. 49. D. II. de cons.

# E

Eadem lege, c. 130. fin. C. I. qu. 1.
Ea enim, c. 2. C. X. qu. 2.
Ea quæ a sanctis, c. 5. C. I. qu. 3.
Ea vindicta, c. 51. C. XXIII. qu. 4.
Ebron, c. 2. C. XIII. qu. 2.
Ecce autem, c. 8. C. XXIV. qu. 3.
Ecce dico, c. 10. C. XXII. qu. 5.
Ecce ego dico, c. 6. D. XCV.
Ecce in præfatione, c. 5. D. XCIX.
Ecce inquiunt, c. 4 C. XXII. qu. 4.
Ecce nunc tempus, c. 59. D. I. de pœn.
Ecclesia Christi, c. 70. D. I. de pœn.
Ecclesia habet, c. 7 C. XVI. qu. 1.
Ecclesia, id est, c. 8. D. I. de cons.
Ecclesia paradiso, c. 45. D. IV. de cons.
Ecclesia, quæ, c. 11. C. I. qu. 4.
Ecclesiæ antiquitus, c. 43. C. XVI. qu. 1.
Ecclesiæ caritas, c. 140. D. IV. de cons.
Ecclesiæ meæ, c. 1. D. XCVII.
Ecclesiæ principes, c. 4. D. XXXV.
Ecclesiæ vel altaria, c. 18. D. I. de cons.
Ecclesiam, in qua mort., c. 28. D. I. de cons.
Ecclesiam, in qua pag., c. 27. D. I. de cons.
Ecclesiarum servos, c. 69. C. XII. qu. 2.
Ecclesias Arianorum, c. 21. D. I. de cons.
Ecclesias per congrua, c. 28. C. XVI. qu. 7.
Ecclesias per congrua, c. 13. D. I. de cens.
Ecclesias singulas, c. un. C. XIII. qu. 1.
Ecclesiastica et antiq., c. 9. D. XXIII.
*Ecclesiastica interpret., c. 13. D. XXXVIII*.

Ecclesiasticæ, c. 12. C. XXV. qu. 2.
Ecclesiasticarum, c 5. D. XI.
Ecclesiasticis, c. 67. C. XII. qu. 2.
Ecclesiis semel, c. 3. D. LXVIII.
Ecclesiis semel, c. 20. D. I. de con..
Ego autem, c. 2. C. I. qu. 6.
Ego Berengarius, c. 42. D. II. de cons.
*Ego dixi, c. 7. C. XXXIV. qu. 1 et 2*.
Ego Ludovicus, c. 20. D. LXIII.
Ego solis, c. 5. D. IX.
Egressus itaque, c. 41. C. XXVII qu. 2
Ejectionem vero, c. 11. fin. D. LXXIX.
Ejectis, c. 5. C. III. qu. 2.
*Eliciens Dominus, c. 11. D. LXXXVIII*.
Ei, qui appellat, c. 41. C. II. qu. 6.
Eleemosyna, c. 7. C. XIV. qu. 5.
Eleutherius, c. 1. D. XCI.
Eleutherius, c. 30. C. XVIII. qu. 2.
Emendari, c, 104. C. I. qu. 1.
Emersisti, c. 89. D. IV. de cons.
Engeltrudam, c. 12. fin. C. III. qu. 4.
Enimvero, c. 4. D. XIX.
Eodem modo, c. 81. D. IV. de cons.
Eorum, qui accusantur, c. 76. C. XI. qu. 3.
Eorum, qui pauperes, c. 8. D. XC.
Eos ad sacrificia, c. 6. D. XXXI.
Eos autem, c. 29. C. XVII. qu. 1.
Eos etiam, c. 18. D. LXXXI.
Eos, qui ad eccl., c. 6. D. LXXXVII.
Eos, qui eccl., c. 2. C. I. qu. 5.
Eos, qui falsa, c. 2. C. III. qu. 10.
Eos, qui per pecun., c. 21. C. I. qu. 1
Eos, qui post, c. 10. D. XXXI.
Eos, qui rapiunt, c. 1. C. XXXVI. qu. 2.
Eos, qui semel, c. 3. C. XX. qu. 3.
Eos quos, c. 118. D. IV. de cons.
Eos sacerdotes, c. 43. C. VII. qu. 1
Eos vero, c. 42. D. L.
Ephesiis, c. 4. D. XLIII.
Epiphanium, c. 4. C. V. qu. 6.
Episcopi ab omnibus, c. 1. D. LXIV
Episcopi de judicio, c. 4. D. XXIV.
Episcopi de rebus, c. 19. C. XII. qu. 1.
Episcopi eorumque, c. 12. C. XXVI. qu. 5.
Episcopi lectioni, c. 60. C. II. qu. 7.
Episcopi non in castellis, c. 3. D. LXXX.
Episcopi, presbyteri, c. 3. C. XXI. qu. 4.
Episcopi, qui extra, c. 8. C. IX. qu. 2.
Episcopi si a propriis, c. 2. C. III. qu. 1.
Episcopi si sacerdotali, c. 8. C. XI. qu. 3.
Episcopi vel presbyteri, c. 58. C. VII. qu. 1.
Episcopis suis, c. 1. C III. qu. 1.
Episcopo non liceat, c 4. C. VIII qu. 1.
Episcopo non licere, c. 3. C. VIII. qu. 1.
Episcopo non licet, c. 7. C. XVI. qu. 6.
Episcopo scribit, c. 9. C. IX. qu. 3.
Episcoporum etiam, c. 5. D. LXXIV
Episcopos per Æmiliam, c. 13. D. LXIII.
Episcopos, presbyteros, c. 5. D. XXXI.
Episcopos secundum, c. 7. fin. D. XVII.
Episcopum aut presbyterum, c. 7. D. XLV.
Episcopum de diœcesi, c. 25. C. VII. qu. 1.
Episcopum non debere, c. 7. C. IX. qu. 2.
Episcopum non oportet, c. 6. D. LXI.
Episcopum oportet, c. 7. D. LXIV.
Episcopum per cunctas, c. 11. C. X. qu. 1.
*Episcopum, presbyterum, c. 2. D XXXIV*.
Episcopus ad synodum, c. 9. D. XVIII.
Episcopus aut presbyter, c. I. D. XXXV.
Episcopus aut presbyter, c. 1. D XLVII.

# I. — INDEX CANONUM DECRETI.

Episcopus aut presbyter, c. 3. D. LXXXVIII.
Episcopus benedictionem, c. 6. D. LXXVII.
Episcopus de loco, c. 57. C. VII. qu. 1.
Episcopus Deo, c. 59. D. I. de cons.
Episcopus dum fuerit, c. 11. D. I. XI.
Episcopus ecclesiasticarum, c. 23. C. XII. qu. 1.
Episcopus gentilium, c. 1. D. XXXVII.
Episcopus gubernationem, c. 7. D. LXXXVIII.
Episcopus habeat, c. 7. C. X. qu. 2
Episcopus in diœcesim, c. 28. C. VII. qu. 1.
Episcopus in ecclesia, c. 1. 10. D. XCV.
Episcopus in quolibet, c. 9. D. XCV.
Episcopus in synodo, c. 7. C. XXXV. qu. 6.
Episcopus nec, c. 1. C. XIV. qu. 1.
*Episcopus non debet*, c. 11. *D. XVIII*.
Episcopus non est, c. 3. D. LXV.
Episcopus nullam, c. 6. D. LXXXVIII.
Episcopus nullius, c. 6. C. XV. qu. 7.
Episcopus nullum, c. 67. D. 1. de cons.
Episcopus pauperibus, c. 1. D. LXXXII.
Episcopus, presbyter, c. 65. C. XI. qu. 3.
Episcopus, qui filios, c. 54. C. XII. qu. 2.
Episcopus, qui invitum, c. 1. D. LXXIV.
Episcopus, qui mancipium, c. 58. C. XII. qu. 2.
Episcopus, quum ordinatur, c. 7. D. XXIII.
Episcopus sacerdotibus, c. 2. fin. D. LXVII.
Episcopus sacerdotibus, c. 7. fin. C. XV. qu. 7.
Episcopus si clerico, c. 1. C. VI. qu. 2.
Episcopus si infirmitate, c. 4. D. III. de cons.
Episcopus sine concilio, c. 6. D. XXIV.
Episcopus si tertiam, c. 4. fin. C. XII. qu. 3.
Episcopus subjecto, c. 1. D. LXXII.
Episcopus tuitionem, c. 5. D. LXXXVIII.
Episcopus vilem, c. 7. D. XLI.
Erga eum, c. 11, C. XXVI. qu. 7.
Erga simoniacos, c. 110. C. 1. qu. 1.
Erit autem, c. 2. D. IV.
Error, cui non resistitur, c. 3. D. LXXXIII.
Erubescant, c. 11. D. XXXII.
Esau venator, c. 11. D. LXXXVI.
Est aliud, c. 8. C. XXIV. qu. 1.
Est etiam contra, c. 2. C. XXII. qu. 4.
Est injusta, c. 33. C. XXIII. qu. 4.
Est ordo, c. 12. C. XXXIII. qu. 5.
Esto subjectus, c. 7. D. XCV.
Estote ergo, c. 119. C. I. qu. 1
Est probanda, c. 16. D. LXXXVI.
Est unitas, c. 49. D. IV. de cons.
Et dixit Dominus, c. 26. D. II. de cons.
Et hoc attendendum, c. 52. D. I. de cons.
Et hoc diximus, c. 9. C. XVI. qu. 7.
Et hoc quoque, c. 12. C. XXXV. qu. 2 et 3.
Etiam corde, c. 48. C. I. qu. 1.
Et jurabunt, c. 7. C. XXII. qu. 1.
Et purgabit, c. 15. D. L.
Et quia aliquos, c. 39. C. XXVII. q. 1.
Et qui emendat, c. II. D. XLV.
Et sacrorum, c. 14. C. XII. qu. 2.
Et sancta, c. 66. D. II. de cons.
Etsi ad tempus, c. 53. C. XI. qu. 3.
Etsi illa, c. 23. C. I. qu. 7.
Etsi illi, c. 39. C. XII. qu. 2.
*Etsi Judæorum*, c. 17. *D. LIV*.
Etsi non frequentius, c. 16. D. II. de cons.

Et temporis, c. 48. C. XVI. qu. I.
Et venit, c. 45. D. I. de pœn.
Eum, qui asseverat, c. 46. D. L.
Eum, qui contra, c. 40. C. VII. qu. 1.
Eunuchus, c. 8. D. LV.
Euphemium, c. 7. C. II. qu. 3.
Ex antiquis, c. 9. D. LIV.
Ex auctoritate, c. 24. C. XVI. qu. 1.
Ex catholica, c. 31. C. I. qu. 1.
Excellentissimus, c. 102. C. XI. qu. 3.
*Excommunicati*, c. 2. *C. IX. qu* 1.
Excommunicatorum, c. 47. C. XXIII. qu. 5.
Excommunicatos, c. 17. C. XI. qu. 3.
Exemplum Domini, c. 12. C. XII. qu. 1.
Ex eo, quod prohibet, c. 2. C. XV. qu. 3.
*Ex epistola*, c. 13. *D. XXIII*.
Ex hinc jam, c. 64. D. IV. de cons.
Ex his autem, c. 22. C. XII. qu. 1.
Exigunt causæ, c. 18. C. 1. qu. 7.
Existimant quidam, c. 84. C. XI. qu. 3.
Ex merito, c. 13. C. VI. qu. 1.
Ex multis temporibus, c. 9. C. I. qu. 3.
Exorcista, c. 17. D. XXIII.
Expedit, c. 15. C. XII. qu. 1.
Experientiæ, c. 15. C. XI. qu. 1.
Ex pœnitentibus, c. 55. D. L.
Ex quo instituta, c. 7. D. IV. de cons.
Extra catholicam, c. 71. C. I. qu. 1.
Extra conscientiam, c. 5. D. LXIV.
Extraneo clerico, c. 7. D. LXXI.
Extraordinaria, c. 11. C. XXXV. qu. 2 et 3.

## F

Faciat homo, c. 15. C. XXII. qu. 2.
Facientis, c. 3. D. LXXXVI.
Facilius, c. 52. D. I. de pœn.
Factæ sunt, c. 1. D. IV.
Facta subditorum, c. 15. C. IX. qu. 3.
Factus est, c. 5. C. VII. qu. 1.
Facultates, c. 1. C. XIII. qu. 2.
Falsas pœnitentias, c. 6. D. V. de pœn.
Fatendum est, c. 29. C. XIII. qu. 2.
Felix episcopus, c. 4. C. XV. qu. 7.
Felix episcopus, c. 50. C. XVI. qu. 1.
Feminæ, c. 7. C. XXX. qu. 5.
Feminas, c. 31. D. LXXXI.
Ferrum de terra, c. 18. D. L.
Fertur simoniaca, c. 28. C. I. qu. 1.
Ficta caritas, c. 12. D. II. de pœn.
Fidelior factus, c. 54. D. L.
Fidelis femina, c. 8. C. XXXII qu. 7.
Fieri potest, c. 4. C. XXXII. qu. 7.
Filiis vel nepotibus, c. 31. C. XVI. qu. 7.
Filium vestrum, c. 122. C. I. qu. 1.
Filius Dei, c. 8. D. IV. de cons.
Firma autem, c. 1. C. XX. qu. 1.
Firmissime, c. 55. C. I. qu. 1.
Firmissime, c. 3. C. XV. qu. 1.
Firmissime, c. 3. D. IV. de cons.
Firmum Dei, c. 25. D. II. de pœn.
Fixum abhinc, c. 4. C. XII. qu. 5.
Flagitia, c. 13. C. XXXII. qu. 7.
Fleat pro te, c. 79. D. I. de pœn.
Fornicari omnibus, c. 10. D. LXXXVIII.
Forte aliquis, c. 3. C. XIV. qu. 5.
Forte dicas, c. 43. D. II. de cons.
Forte in populo, c. 11. C. XXIII. qu. 4.
Forte nata, c. 18. D. II. de pœn.
Fortitudo, c. 5. C. XXIII. qu. 5.
Frater et coepiscopus, c. 10. C. XVII. qu. 4.
Fraternitas, c. 11. C. XII. qu. 2.
Fraternitatem tuam a nob., c. 5. D. LXXI.
Fraternitatem tuam ita, c. 8. fin. D. LXXX.
Fraternitatem vestram, c. 15 D. LIV.
Fraternitatis tuæ, c. 7. D. XXXIV.
Fraternitatis vestræ, c. 1. C. XXXV. qu. 10.
Frater noster, c. 52. C. XVI. qu. 1.

Frater vester, c. 47. D. L.
Fratrem nostrum, c. 6. D. LXXXVI.
Fratres non solum, c. 3. C. XXXIII. qu. 4.
Fratres nostros, c. 8. fin. D. V. de pœn.
Fratres, quos, c. 19. C. IX. qu. 3.
Fratris et coepiscopi, c. 40. C. XI. qu. 1.
Frequens, c. 10. D. LIV.
Frigentius, c. 27. C. XVI. qu. 7.
Frustra, c. 7. D. VIII.
Fucare, c. 58. D. V. de cons.
Fuerunt autem, c. 2. fin. D. VII.
Fugitivi, c. 54. C. XII. qu. 2.
Fuit semper, c. 11. C. IX. qu. 3.
Fur autem, c. 4. fin. C. XIV. qu. 6.
*Fures*, c. 51. *C. XIII, qu.* 2.
Futuram, c. 15. C. XII. qu. 1.

## G

Generali, c. 11. C. XXV. qu. 1.
Generalis, c. 12. D. LIV.
Generaliter sancimus, c. 40. C. XVI. qu. 1.
Genuit Joseph, c. 40. C. XXVII. qu. 2.
Gesta, quæ nobis, c. 2. D. LXXIV.
Gloria episcopi, c. 71. C. XII. qu. 2.
Gonsaldus, c. 1. C. XVII. qu. 2.
Gratia, quæ, c. 145. D. IV. de cons.
Gratia, si non gratis, c. 1. C. I. qu. 1.
Gratiam, c. 15. C. I. qu. 1.
Grave non, c. 7. C. XXXV. qu. 9.
Grave satis, c. 74. C. XI qu. 3.
Gregorius, c. 8. C. XXXV. qu. 9.
Guilisarius, c. 50. C. XXIII. qu. 4.

## H

Habeatur, c. 3. D. XVIII.
Habebat Dominus, c. 17. C. XII. qu 1.
Habeo librum, c. 6. D. XVI.
Habet hoc proprium, c. 6. C. II. qu. 5.
Habemus, c. 12. C. XII. qu. 1.
Habent forsitan, c. 27. C. XIII. qu. 2.
Habetur, c. 6. C. III. qu. 9.
Habita dinumeratione, c. 23. C. II. qu. 6.
Habuisse te, c. 7. fin. D. XXXIII.
Hac consona, c. 13. C. XXV. qu. 1.
Hac ratione, c. 9. C. XXXI. qu. 1.
Hadrianus, c. 2. D. LXIII.
Hadrianus, c. 22. D. LXIII.
Hæc autem scripsimus, c. 16. D. XXX.
Hæc autem verba, c. 17. D. I. de pœn.
Hæc autem vita, c. 15. C. XXIII. qu. 4.
Hæc est fides, c. 14. C. XXIV. qu. 1.
Hæc hujus placiti, c. 58. C. XII. qu. 2.
Hæc imago, c. 15. C. XXXIII. qu. 5.
Hæc quippe, c. 10. C. III. qu. 6.
Hæc salubriter, c. 2. C. XXXV. qu. 8.
Hæresis, c. 27 C. XXIV. qu. 3.
Hæretici non, c. 23. D. IV. de pœn.
Hæretici quum, c. 50. C. XXIV. qu. 1.
Hæreticus, c. 28. C. XXIV. qu. 3.
Hæ vero, c. 9. C. XXVII. qu. 1.
Hanc consuetudinem, c. 15. fin. C. X. qu. 1.
*Hanc ergo*, c. 42. *C. XVII. qu.* 4.
Hanc regulam, c. 57. C. I. qu. 1.
Hanc societatem, c. 12. D. IV de pœn.
Hic ergo, c. 14. D. I. de cons.
Hi, de quibus, c. 58. D. IV. de cons.
Hi duo solummodo, c. 55. D. I. de cons.
Hi ergo, c. 15. C. XXVII. qu. 1.
Hinc est etiam, c. 39. C. XVI. qu. 1.
Hinc etenim, c. 1. D. XLIX.
*Hi, qui altario*, c. 52. *D. L.*
Hi, qui altario, c. 2. C. XV. qu. 8.
Hi, qui arbores, c. 49. D. I.
Hi, qui baptism., c. 51. C. I. qu. 1.
Hi, qui de paginis, c. 3. C. XXVI. qu. 2.
Hi, qui episcopos, c. 9. C. III. qu. 6.
Hi, qui in eccl., c. 6. C. XXI. qu. 3.
Hi, qui in furtis, c. 5. C. XIV. qu. 6.
Hi, qui intrant, c. 20. D. II de cons.

# I. — INDEX CANONUM DECRETI.

Hi, qui matrimon., c. 25. C. XXXII. qu. 7.
Hi, qui post, c. 69. fin. D. L.
Hi, qui se, c. 5. D. LV.
Hi, quoscunque, c. 44. C. I. qu. 1.
His, a quibus, c. 30. C. XXIII. qu. 8.
His igitur, c. 3. D. XXXIII.
His qui diversorum, c. 4. C. XXVI. qu. 6.
His, qui in tempore, c. 10. C. XXVI. qu. 7.
Historia, c. 3. C. XXXIII. qu. 2.
Hi vero hæretici, c. 84. D. IV. de cons.
Hi vero, qui ux., c. 22. C. XXXII. qu. 7.
Hoc ad nos, c. 3. D. LIX.
Hoc est, quod dicimus, c. 48. D. II. de cons.
Hoc etiam placuit, c. 37. c. II. qu. 6.
Hoc habet, c. 1. D. XLVI.
Hoc ipsum, c. 11. C. XXXII. qu. 2.
Hoc nequaquam, c. 45. C. VII. qu. 1.
Hoc nobis, c. 16. D. IV. de pœn.
Hoc sacramentum, c. 63. D. II. de cons.
Hoc quoque, c. 61. D. I. de cons.
Hoc sanctum, c. 16. fin. C. XXXII. qu. 3.
Hoc sit in judicio, c. 8. C. XXVI. qu. 7.
Hoc solum, c. 8. C. XXXIII. qu. 5.
*Hoc lumen c.* 5. *C. XXIII. qu.* 5.
Hoc tantum, c. 1, C. XVIII. qu. 2.
Hoc vestræ, c. 10. D. XI.
Hoc videtur, c. 8. C. XXII. qu. 5.
Homicidas, c. 31. C. XXIII. qu. 5.
Homicidiorum, c. 24. D. I. de pœn.
Homicidium, c. 28. D. I. de pœn.
Homines, c. 3. C. XXII. qu. 2.
Homini, c. 9. C. I. qu. 4.
Homo Christianus, c. 5. D. X...
Honestum, c. 16. C. XXII. qu. 5.
Honorantur, c. 13. C. XXXII. qu. 2.
Honoratus, c. 8. D. LXXIV.
Horrendus, c. 17. C. XXXII. qu. 5.
Hortamur Christianit. c. 8. D. LXXI.
Hortamur, ut sub, c. 20. C. III. qu. 9
Hortatu, c. 10. C. XXIII. qu. 8.
*Hospitiolum*, c. 17. *D. XXXII*.
Huic soli, c. 5. D. XVII.
*Hujusmodi beneficii*, c. 3. *C. X. qu.* 2.
Hujus observantiæ, c. 6. D. LXXVI.
Humanæ, c. 11. C. XXII. qu. 5.

## I

Ibi adunati, c. 49. fin. C. VII. qu. 1.
Ibi semper, c. 1. C. III. qu. 6.
Idcirco frater, c. 5. D. VII. de pœn.
Id constituimus, c. 36. C. XVII. qu. 4.
Ideo divina, c. 40. fin. C. XXIV. qu. 5.
Ideo huic sanctæ, c. 10. C. II. qu. 6.
*Ideo huic sanctæ, c. 17. C. II. qu. 6.
Ideo permittente, c. 16. fin. XXV. qu. 1.
ideo prohibetur, c. 15. D. XXXVII.
Idololatria, c. 5. C. XXVIII. qu. 1.
Id semper, c. 14. D. V. de cons.
Igitur genus, c. I. C. XXVI. qu. 3 et 4.
Igitur post, c. 5. D. LXXVI.
Igitur quum, c. 7. C. XXIII. qu 8.
Igitur secundum, c. 5. C. XXV. qu. 2.
Ignis successus, c. 43. D. III. de pœn.
Ignorantia, c. 1. D. XXXVIII.
Iis potestatis, c. 54. D. I. de pœn.
Illa anima, c. 35. D. II. de pœn.
Illa autem, c. 11. D. XII.
Illa cavenda, c. 6. C. XV. qu. 1.
Illa præpositorum, c. 67. C. XI. qu. 3.
Illæ autem, c. 14. C. XXXII. qu. 5.
Ille gladium, c. 36. C. XXIII. qu. 4.
Ille pœnitentiam, c. 9. D. III de pœn.
Ille procul dubio, c. 10. D. XCIII.

Ille, qui, c. 5. C. XXII. qu. 5.
Ille rex, c. 23. D III. de pœn.
Illi autem, c. 25. C VII. qu. 1.
Illi offerunt, c. 63. C. I. qu. 1
Illi, qui aut, c. 4. C. V. qu. 5.
Illi, qui illa, c. 5. C. VI. qu. 1.
Illi, qui peregrinos, c. 25. C. XXIV. qu. 3.
Illiteratos, c. 1. D. XXXVI.
Illos planetarios, c. 8. c. XXVI. qu. 2.
Illud autem animadv. c. 9. D. XL.
Illud autem, quod, c. 22. D. XCIII.
*Illud autem statuend.* c. 10. *C. XX.* qu. 1.
Illud breviter, c. 4. D. XII
Illud divini, c. 15. C. VII. qu. 1.
Illud etiam nec, c. 7. fin. C. XXX. qu. 5.
Illud etiam sciscitari, c. 46. C. XXIII. qu. 4.
Illud etiam sincerit., c. 5. C. XIII. qu. 2.
Illud generaliter, c. 8. fin. D. LXIV.
Illud inferendum, c. 20. C. VIII. qu. 1.
Illud magnitudinem, c. 10. fin. C. X. qu. 3.
Illud nos, c. 1. D. LXXVII.
Illud pe scrutari, c 7. D. IV. de cons.
Illud plane, c. 87. C. XI qu. 3.
Illud quidem, c. 1. C. VIII. qu. 2.
Illud, quod est, c. 6. C. XXVI. qu. 2.
Illud, quod in sacr., c. 47. C. XII. qu. 2.
Illud quoque fratern., c. 6. fin. C. XXI. qu. 1.
Illud quoque nos, c. 66. D. L.
Illud quoque sanctitas, c. 1. D. LXXI.
Illud relatum, c. 2. C. XV. qu. 1.
Illud sacramentum, c. 6. C. XXXV. qu. 6.
Illud sane plurim., c. 34. C. XXIV. qu. 3.
Illud sane, quod, c. 4. D. LXXX.
Illud statuendum cens., c. 8. fin. C. VII. qu. 6.
Illud statuendum est, c. 5. D. XXIII.
Illud superfluum, c. 3. D. XCV.
Illud te volumus, c. 4. C. X. qu. 3.
Illud vero communi, c. 3 C. XXXI. qu. 1.
Illud vero placuit, c. 1. C. IV. qu. 6.
Illud vero, quam, c. 26. D. III. de pœn.
Imitare Petrum, c. 10. C. VI. qu. 1.
Immolans, c. 2. C. XIV. qu. 5.
*Imperatores, quando, c.* 1. *D. IX.*
Imperatores, si in, c. 98. C. XI. qu. 3.
Imperiali, c. 13. C. XXV. qu. 2.
Imperium vestrum, c. 5. D. X.
Importuna, c. 58. D. LI.
Imprimis, c. 7. C. II. qu. 1.
Impudicas, c. 11. C. XXVII. qu. 1.
In actione, c. 84. D. I. de pœn.
In adolescentia, c. 14. C. XXXIII. qu. 2.
In altari, c. 97. fin. D. II. de cons.
Inanis est, c. 12. D. III. de pœn.
In antiquis, c. 7. C. XII. qu. 2.
In apibus, c. 41. C. VII. qu. 1.
In baptismate, c. 102. D. IV de cons.
In calicem, c. 83. D. II. de cons.
In canonibus, c. 57. C. VII. qu. 1.
In canonicis, c. 6. D. XIX.
In capite quadragesimæ, c. 64. D. I.
Incassum, c. 17. D. III. de pœn.
In catechismo, c. 100. D. IV de cons.
Incaute sunt, c. 10. C. XXII. qu. 2.
Incestuosi, dum, c. 3. fin. C. XXXV. qu. 8.
Incestuosi, parricid., c. 22. C. XXIII. qu. 5.
In Christo Pater. c. 82. D. II. de cons.
In Christo semel, c. 53. D. II. de cons.

In clericorum, c. 49. C. XI. qu. 1.
In cœna Domini, c. 17. D. II. de cons.
Incommutabilis, c. 9. C. XXII. qu. 4.
In conjugio, c. 3. C. XXXII. qu. 1.
In copulatione, c. 18. C. XXXV. qu. 2 et 3.
In criminalibus, c. 7. C. V. qu. 5.
In cunctis, c. 52. C. XI. qu. 3.
In decima actione, c. 24. C. XVIII. qu. 2.
Indicas, c. 14. C III. qu. 9.
Indicatum est, c. 5. D. LXXXIX.
In die, c. 15, D. V. de cons.
Indignantur, c. 4. C. XXXII. qu. 6.
Indigne, c. 21. C. XII. qu. 2.
*Indignum*, c. 13. *D. XXXVIII*.
In dolo, c. 1. C. XXII. qu. 2.
*In dominicis*, c. 4. *C. IX. qu.* 2.
In domo patris, c. 11. D. IV. de pœn.
Induciæ, c. 3. C. III. qu. 3.
*Induciæ*, c. 4. *C. III. qu.* 3.
In ea synodo, c. 5. D. C.
Inebriaverunt Loth, c. 9. C. XV. qu. 1.
In ecclesia Dei c. 68. C. I. qu. 1.
In ecclesia Salvat., c. 150. D. IV. de cons.
In ecclesiastico, c. 14. C. XIII. qu. 2.
In eo, c. 12. C. XXXII qu. 4.
In eum, qui, c. 127. C. I. qu. 1.
Infames esse, c. 17. C. VI. qu. 1.
Infames non, c. 2. C. III. qu. 7.
Infamis persona, c. 1. C III. qu. 7.
*Infans*, c. 7. *C. XX. qu.* 1.
Inferior sedes, c. 4. D. XXI.
Inferiorum, c. 1. D. LXXXVI.
Infideles, c. 17. C. XXIII. qu. 4.
In Galliarum, c. 3. C. XXV. qu. 2.
In gravibus, c. 5. C. III. qu. 7.
In his rebus, c. 7. D. XI.
In illis vero, c. 2. D. LXXX.
In illo sacramento, c. 85. D. II, de cons.
In ipsarum, c. 7. C. XXII. qu. 2.
Iniquum est, c. 5. C. XXXII. qu. 6.
In istis temporalibus, c. 3 D. IV.
Injustum judicium, c. 89. C. XI. qu. 3.
*Injustum videtur*, c. 55. *C. XII. qu.* 2.
In lectum, c. 6. C. XXXIV. qu. 1 et 2.
In legibus, c. 10. C. XII. qu. 2.
In libro, c. 21. C. II. qu. 5.
In loco, c. 3. fin. C. V. qu. 4.
In malis, c. 3. C. XXII. qu. 4.
In mandatis, c. 2. D. XLIII.
In memoriam, c. 3. D. XIX.
In necessitate, c. 21. D. IV. de cons.
Innocens, c. 23. fin. C. XXII. qu. 4.
In nomine Domini, c. 1. D. XXIII.
In nomine Patris, c. 1. D. LXXIII.
In nona actione, c. 22 C. XVI. qu. 7.
Innovamus, c. 3. D. LX.
In novo testam. dictum, c. 3. C. XXII. qu. 1.
In novo testam. post, c. 2. D. XXI.
In nullo loco, c. 22. C. XVIII. qu. 2.
Inolita, c. 42 C. XI. qu. 1.
In omni, c. 36. C XXVII. qu. 2.
In omnibus igitur, c. 34. D. V. de cons.
In omnibus observare, c. 26. D. LXXXI.
*'In oratorio*, c. 75. *fin. D. XLII.*
*In ordinatione*, c. 14. *D LXI.*
In parochia, c. 31. C. XVI. qu. 1.
In præsenti, c. 20. C. XIII. qu. 2.
In qualibet civitate, c. 23. C. XXIII. qu. 8.
In quibus isti, c. 58. D. II. de cons.
In quibus rebus, c. 6. C. XXII. qu. 2.
Inquit apostolus, c. 81. D. II. de cons.
In sabbato, c. 126. D. IV. de cons.
In sacerdotibus, c. 2. D LXI.
In sacramento, c. 5. D. II. de cons.
In sacramentorum, c 1 D II. de cons.

# I. — INDEX CANONUM DECRETI.

In sacris, c. 56 C. XVI. qu. 1.
In salicibus, c. 37. D. III. de pœn.
In sancta hac, c. 41. D. I. de cons.
In sancta Nicæna, c. 4. C. II. qu. 7.
In sancta Romana, c. 2. D. XCII.
In scripturis narratur, c. 8. D. XCVI.
In Scripturis vestris, c. 4. C. II. qu. 2.
In scripturis vestris, c. 9. C. VIII. qu. 1.
In sede, c. 11. C. XXIV. qu. 1.
In singulis gradibus, c. 2. D. LXXVII.
In singulis quoque, c. 19. D. LXXXVI.
Insolitum est, c. 60. C. XII. qu. 2.
Institutio missarum, c. 31. D. II. de cons.
Institutionis, c. 7. C. XXV. qu. 2.
Institutum est, c. 39. C. XXVII. qu. 2.
In synodo Anglorum, c. 83. D. IV. de cons.
In synodo congregata, c. 23. D. LXIII.
In tantum hanc, c. 7. fin. D. XXI.
In tantum hominum, c. 33. D. III. de pœn.
Integritas, c. 13. C. XXXII. qu. 1.
Intelligi, c. 5. C. XXVI. qu. 2.
Inter cetera denique, c. 8. C. X. qu. 3.
Inter cetera, ut rog., c. 22. C. XXII. qu. 4.
Interdicimus, c. 10. C. XVI. qu. 1.
Interdixit, c. 16. D. XXXII.
Interfectores, c. 5. C. XXXIII. qu. 2.
Inter hæc hircum, c. 34. D. III. de pœn.
Inter hæc hircum, c. 35. D. III. de pœn.
Inter hæc sanctitas, c. 6. C. XXXIII. qu. 2.
Inter hæc sciendum, c. 23. D. II. de pœn.
Inter hæresim, c. 26. C. XXIV. qu. 3.
Inter memoratos, c. 6. C. XVI. qu. 3.
Intermittentes, c. 19. D. IV. de pœn.
*Inter nos*, c. 31. *D. LXIII*.
Inter querelas, c. 27. C. XXIII. qu. 4.
Interrogatum est, c. 24. C. II. qu. 3.
Interrogo, c. 94. C. I. qu. 1.
Interveniente, c. 1. C. XXXII. qu. 7.
Inter verba, c. 55. C. XI. qu. 3.
Intra catholicam, c. 77. C. I. qu. 1.
In tuis litteris, c. 1. C. VII. qu. 2.
In venditionibus, c. 40. C. XVII. qu. 4.
Invenimus, c. 71. D. I. de cons.
Inventa est, c. 44. C. XXVII. qu. 2.
Inventum est, c. 38. C. XVI. qu. 7.
In veteri lege, c. 7. D. LXXVII.
Invitat Dominus, c. 70. D. II. de cons.
Inutile, c. 8. D. LXXXVIII.
Ipsa pietas, c. 21. C. XXIII. qu. 4.
Ipse ligandi, c. 60. C. XI. qu. 3.
Ipsi apostoli, c. 38. C. II. qu. 7.
Ipsi sacerdotes, c. 91. C. I. qu. 1.
Ipsi sunt canones, c. 16. C. IX. qu. 3.
Ira sæpe, c. 68. C. XI. qu. 3.
Irreligiosa, c. 2. D. III. de cons.
Irreligiosum, c. 5. D. LXXXVII.
Irrisor est, c. 11. D. III. de pœn.
Irritam esse censemus, c. 11. C. III. qu. 6.
Irritam esse injustam, c. 55. C. XI. qu. 3.
Is autem, c. 4. C. XXII. qu. 2.
Ismaël, c. 9. D. LVI.
Is, qui non habet, c. 4. D. XXXIV.
Is, qui pœnitentiam, c. 8. C. XXVI. qu. 6.
Iste Abrahæ, c. 1. C. XXXII. qu. 4.
Istud est, c. 20. C. XI. qu. 1.
Ita corporis, c. 96. C. XI. qu. 3.
Ita diligere, c. 1. C. XXX. qu. 3.
Ita Dominus, c. 7. D. XIX.
Ita ergo, c. 5. C. XXII. qu. 1.
Ita fit verbum, c. 81. C. I. qu. 1.
Ita ne, c. 3. C. XXXII. qu. 5.
Ita nos Scyllacenorum, c. 25. fin. C. XXV. qu. 2.
Ita plane, c. 6. C. XXIII. qu. 4.
Itaque censuimus, c. 20. C. XXIV. qu. 3.
Iteratur quotidie, c. 71. D. II. de cons.

## J

Jacobus frater, c. 47. D. I. de cons.
Jam itaque, c. 8. C. I. qu. 4.
Jam nunc, c. 8. C. XXVIII. qu. 1.
Jam vero, c. 4. fin. C. XXIII. qu. 6.
Jejunia in eccl., c. 17. D. V. de cons.
Jejunia sane, c. 16. D. III. de cons.
Jejunium autem, c. 25. D. V. de cons.
Jejunium Dominici, c. 14 D. III. de cons.
Jejunium quarti, c. 7. D. LXXVI.
Jejunium, quod ter, c. 1. D. LXXVI.
Jesus, c. 20. D. L.
*Joannes Chrysostomus*, c. 13. *D. L.*
Jubemus apostolica, c. 60. D. I. de cons.
Jubemus eos, c. 16. C. XVI. qu. 3.
Jubemus et hortamur, c. 126. C. I. qu. 1.
Judæi baptizati, c. 7. C. I. qu. 4.
Judæi, qui Christ., c. 10. C. XXVIII. qu. 1.
Judæi, quorum, c. 93. D. IV. de cons.
Judæorum, c. 11. C. XXVIII. qu. 1.
Judas, qui, c. 54. C. XVII. qu. 4.
Judas pœnituit, c. 36. D. III. de pœn.
Judex criminosum, c. 2. C. II. qu. 1.
Judex non est, c. 50. C. XXIII. qu. 5.
Judicantem, c. 11. C. XXX. qu. 5.
Judicare, c. 61. C. XI. qu. 3.
Judices autem, c. 4. C. XI. qu. 1.
Judices, inquit, c. 23. C. I. qu. 1.
Judicet se ipsum, c. 85. D. I. de pœn.
Julianus, c. 94. C. XI. qu. 3.
Juramenti, c. 12. C. XXII. qu. 5.
Juratos, c. 5 fin. C. XV. qu. 6.
Juravit David, c. 4. C. XXII qu. 4.
Jus autem, c. 6. D. I.
Jus civile, c. 8. D. I.
Jus generale, c. 2. D. I.
Jus gentium, c. 9. D. I.
Jus militare, c. 10. D. I.
Jus naturale, c. 7. D. I.
Jus publicum, c. 11. D. I.
Jus Quiritum, c. 12. fin. D. I.
Justitiæ, c. 15. C. XXV. qu. 1.
Justum est bellum, c. I. C. XXIII. qu. 2.
*Justum est, principem*, c. 2. *D. IX.*
Justum est, ut qui, c. 9. C. XXIII. qu. 3.
Juvenculas, c. 12. C. XX. qu. 1.
Juxta Chalcedonensis, c. 11. C. XVI. qu. 1.
Juxta sanctorum, c. 4. D. XCIII.

## L

Lacrymæ, c. 2. D. I. de pœn.
Laici in accusatione, c. 14. C. II. qu. 7.
Laici presbyteros, c. 37. C. XVI. qu. 7.
Laici, qui, c. 6. D. XXXIII.
Laici quamvis, c. 24. C. XVI. qu. 7.
Laico non licet, c. 3. C. II. qu. 7.
Laicos non accusare, c. 5. C. II. qu. 7.
Latorem præsentium, c. 121. C. I. qu. 1.
Latorem præsentium, c. 15. C. XXXIII. qu. 2.
Lator Nemesion, c. 44. C. II. qu. 7.
Lator præsent. Flavius, c. 2. D. LV.
Lator præs. Joannes, c. 3. fin. C. XVI. qu. 5.
Lavamini. c. 15. D. III. de pœn.
Lectis sagacitatis, c. 18. D. LXIII.
Lector quum ordinatur, c. 18. D. XXIII.
Lectores quum ad annos, c. 8. D. XXXII.
Lector si viduam, c. 18. D. XXXIV.
Legant episcopi, c. 5. D. XXXVII.
Legatur, c. 2. C. XXIV. qu. 2.
Lege imperatorum, c. 1. D. X.
Lege Julia, c. 129. C. I. qu. 1.
Legem, quam piissimus, c. uu. D. LIII.
Leges ecclesiæ, c. 13. C. III. qu. 6
Legi epistolam, c. 36. C. XVI. qu. 1.
Legimus aliqua, c. 9. D. XXXVII.
Legimus de beato, c. 7. D. XXXVII.
Legimus in Esaia, c. 24. D. XCIII.
Legimus quosdam, c. 30. D. V. de cons.
Legi Syromasten, c. 13 C. XXIII. qu. 8.
Legitur, quod beatus, c. 25. D. LXXXI.
* *Legum ecclesiasticarum*, c. 9 *C. II. qu. 1*.
Lex æterna, c. 15. C. XXIII. qu. 5.
Lex continentiæ, c. 10. D. XXXI.
*Lex divinæ*, c. 18. *C. XXVII. qu. 2.*
Lex est, c. 3. D. I.
Lex est, c. 1. D. II.
Lex illa, c. 49. C. XXVII. qu. 2.
Lex illa, c. 2. C. XXVI. qu. 1.
Libenter ignosco, c. 48. D. I. de pœn.
Liberi dicti, c. 15. fin. C. XXXII. qu 4.
Liberorum, c. 14. C. XXXII. qu. 4.
Liberti ecclesiæ, qui, c. 61. C. XII. qu. 2.
Liberti ecclesiæ, quia, c. 65. C. XII. qu. 2.
Liberti, qui, c. 8. D. LXXXVII.
Libertos, c. 7. D. LXXXVII.
Liceat appellatori, c. 1. C. II. qu. 6.
Liceat etiam, c. 20. C. II. qu. 6.
Licet aliquid, c. 11. fin. C. XXVI. qu. 2.
Licet ergo, c. 15. C. VIII. qu. 1.
Licet in regulis, c. 5. C. XVI. qu. 3.
Licet nonnunquam, c. 6. D. XLV.
Licet omnibus, c. 1. D. LXXXVII.
Licet plerumque, c. 4. D. XLV.
Licite dimittitur, c. 2. C. XXXII. qu. 7.
Ligna ecclesiæ, c. 38. D. I. de cons.
Liquido, c. 54. D. II. de cons.
Litteras caritatis, c. 14. D. LXIII.
Litteris vestris, c. 18. D. III. de cons.
Loci nostri, c. 2. C. XXXV. qu. 9.
*Locutio divinarum*, c. 14. *D. XXXVIII*.
Longinquitate, c. 64. C. XII. qu. 2.
Loquitur Dominus, c. 68. C. XXIV. qu. 1.
Lotharius, c. 4. fin. C. XXXI. qu. 2.
Lugdunensis, c. 10. fin. C. IX. qu. 3.
Luminoso, c. 6. D. XVIII. qu. 2.
* *Luxuriam facit*, c. 7. *D. XXXV.*
Luxuriosa res, c. 3. D. XXXV.

## M

Magis, c. 9. C. XXXII. qu. 5.
Magna pietas, c. 5. D. I. de pœn.
Magnæ sapientiæ, c. 10. C. XXII. qu. 4.
Magnum quidem, c. 28. C. XI. qu. 1.
*Magnus episcopus*, c. 3. *D. LIV*
Majores nostri divina, c. 2. C. XXIV. qu. 1.
Majores nostri ideo, c. 8. C. XVI. qu. 7.
Majorum quispiam, c. 11. C. II. qu. 7.
Mala consuetudo, c. 3. D. VIII.
Maledicam, c. 76. C. I. qu. 1.
Mali sunt, c. 54. fin. C. XXIII. qu. 4.
Mancipia christiana, c. 13. D. LIV.
Mandamus, c. 2. C. XIX. qu. 3.
Mandastis, c. 10. C. II. qu. 5.
Manet ergo, c. 5. C. XXIV. qu. 1.
Manifesta accusatione, c 15 C. II.

# I. — INDEX CANONUM DECRETI.

Manifesta autem, c. 20. C. XII. qu. 1.
Manifestum est, ita, c. 11. C. XXXIII. qu. 5.
Manifestum est, per crud., c. 69. C. I qu. 1.
Manus impositio, c. 74. C. I. qu. 1.
Manus quoque, c. 4. D. V. de cons.
Marcion et Basilides, c. 64. C. I. qu. 1.
Maritum duarum, c. 2. D. XXXIII.
Mater ecclesia, c. 139. D. IV. de cons.
Matrimonium, c. 1. C. XXVII. qu. 2.
Maximianus episcopus, c. 2. C. XXIII. qu. 5.
Maximianus filius, c. 6. D. LXXXI.
Maximum quoque, c. 19. C. I. qu. 7.
Medicamentum. c. 77. D. I. de pœn.
Medicina, c. 76. D. I. de pœn.
Meliore, c. 21. C. XXVII. qu. 1.
Memor sum, c. 10. C. XXIV. qu. 1.
Mennam, c. 7. C. II. qu. 5.
Mensuram autem, c. 86. D. I. de pœn.
Meretrices esse, c. 11. C. XXXII. qu. 4.
Merito, c. 1. C. XV. qu. 1.
Merito, c. 15. C. XXXII. qu. 2.
Metropolitano, c. 19. D. LXIII.
Metropolitanum, c. 45. C. II. qu. 7.
Metuentes, c. 32. C. XVII. qu. 4.
Mihi autem, c. 12. C. XXII. qu. 2.
Miles, c. 13. C. XXIII. qu. 5.
Militare, c. 5. C. XXIII. qu. 1.
Ministrare, c. 3. C. XXVI. qu. 6.
Ministri altaris, c. 19. D. LXXXI.
Ministri, qui, c. 2. C. XIV. qu. 4.
Ministrum, c. 27. D. XXIII.
Miramur, quomodo, c. 37. C. XXIV. qu. 1.
Miramur tantum, c. 5. D. LXI.
Mirandum est, c. 43. D. II. de pœn.
Miratus valde, c. 2. D. XCIII.
Miror autem, c. 57. D. I. de pœn.
Miror minus, c. 4. D. L.
Miror quomodo, c. 8. C. XVII. qu. 4.
Miserum est, c. 4. D. LXI.
Missarum solemnia, c. 12. D. I. de cons.
Missas die, c. 64. D. I. de cons.
Moderamine, c. 23. C. XVI. qu. 1.
Mollitiis, c. 5. C. XXI. qu. 3.
Monachi a monasterio, c. 35. C. XVI. qu. 1.
Monachi sibi, c. 104. D. IV. de cons.
Monachi vagantes, c. 33. C. XVI. qu. 1.
Monacho non licet, c. 2. C. XX. qu. 4.
Monacho orarium, c. 32. C. XXVII. qu. 1.
Monachos quoque, c. 29. C. XVI. qu. 1.
Monachum aut paternа, c 3. C. XX. qu. 1.
Monachum, nisi, c. 3. C. XX. qu. 4.
Monachus non, c. 4. C. XVI. qu. 1.
Monachus vero, c. 9. D. LXXVII.
Monasteria puellarum, c. 23. C. XVIII. qu. 2.
Monasteria vel mon., c. 17. C. XVIII. qu. 2.
Monasteriis, c. 6. C. XIX. qu. 3.
Monasterium, c. 33. C. XVI. qu. 7.
Monemus, c. 18. C. XII. qu. 2.
Monomachiam, c. 22. C. II. qu. 5.
Mos antiquus, c. 6. D. LXV.
Mos est apostolicæ, c 30. C. XII. qu. 3.
Mos et longa, c. 4. D. I.
Movet te, c. 16. C. XXII. qu. 1.
Moyses amicus, c. 6. C. VIII. qu. 1.
Moyses genti, c. 1. D. VII.
Moyses tradidit, c. 9. C. XXXII. qu. 2.
Mulier debet, c. 19. C. XXXIII. qu. 5.
Mulier, quæ, c. 4. C. XV. qu. 1.
Mulier quamvis, c. 29. D. XXIII.
Mulier quamvis, c. 20. D. IV. de cons.
Mulier si fide, c. 21. C. XXII. qu. 4.

Mulier si quippiam, c. 14. C. XXXII. qu. 2.
Mulier si sine, c. 3. C. XXXIII. qu. 5.
Mulierem constat, c. 17. C. XXXIII. qu. 5.
Mulieres obtentu, c. 31. C. XXVII. qu. 1.
Mulieres, quæ, c. 19. fin. D. XXXII.
Multæ autem, c. 38. C. I. qu. 1.
Multi bene, c. 43. D. II. de pœn.
Multi corriguntur, c. 18. C. II. qu. 1.
Multiplex, c. 49. D. I. de pœn.
Multis ab-urbe, c. 5. D. XLIV.
Multi sacerdotes, c. 12. D. XL.
Multis concillis, c. 51. C. XVI. qu. 1.
Multis denuo, c. 5. D. XVII.
Multi sæcularium, c. 84. C. I. qu. 1.
Multi sine, c. 8. C. XIV. qu. 5.
Multi sunt, c. 82. D. IV. de cons.
Multorum relatione cogn., c. 10. C. XXXV. qu. 6.
*Multorum relatione comperim., c. 2. D. XXXII.*
Multorum relatione comp., c. 20. C. XXVII. qu. 2.
Multos de ecclesiastica, c. 23. D. LIV.
Multum stupeo, c. 8. C. III. qu. 6.
Mutationes, c. 34. C. VII. qu. 1.

## N

Nabuchodonosor, c. 22. C. XXIII. qu. 4.
*Nam qui Deo, c. 3. C. XVI. qu. 2.*
*Nam si consenserimus, c 7. D. XXVII.*
*Nam sicut, c. 5. D. XXXI.*
Nasci de adulterio, c. 5. D. I. VI.
Naum prophetam, c. 31. D. III. de pœn.
Ne amisso, c. 34. C. XXIII. qu. 4.
Nec aliqua, c. 4. C. XXVII. qu. 1.
Nec artificioso, c. 13. C. XXII. qu. 2.
Nec damnosa, c. 14. C. XXV. qu. 2.
Nec eam, quam, c. 10. C. XXXV. qu. 2 et 3.
Nec emeritis, c. 12. D. LXI.
Necessaria etenim, c. 3. C. XII. qu. 1.
Necessaria rerum, c. 6. C. I. qu. 7.
Necessario, c. 80. D. II. de cons.
Necessarium est, c. 1. D. IV. de cons.
Necesse est autem, c. 51. D. I. de cons.
Necesse est, secundum, c. 21. fin. D. III. qu. 9.
Necesse est, ut esse, c. 93. C. I. qu. 1.
Necesse est, ut juxta, c. 3. fin. D. XXIX.
Necesse est, ut male, c. 14. C. XXII. qu. 4.
*Nec extra, c. 7. C. III. qu. 9.*
Nec foris, c. 33. C. I. qu. 1.
Nec hoc quoque, c. 7. C. XVI. qu. 4.
Nec illud, c. 8. C. XXX. qu. 5.
Nec illud, c. 20. fin. C. XXXIII. qu. 5.
Nec is, qui invitus, c. 11. C. XV. qu. 1.
Nec licuit, c. 4. D. XVII.
Nec mirum, c. 14. C. XXVI. qu. 5.
Nec Moyses, c. 87. D. II. de cons.
Nec novum, c. 17. C. VIII. qu. 1.
Nec numerus, c. 5. C. X. qu. 3.
Nec quemquam, c. 127. D. IV. de cons.
Nec quisquam, c. 4. C. XXIV. qu. 2.
Nec solo, c. 12. C. XXXII. qu. 5.
Nec sufficere, c. 24. fin. C. VIII. qu. 1.
Nec uxorem, c. 11. C. XXXIII. qu. 4.
Nec forte, c. 74. D. I. de pœn.
Ne forte, c. 21. D. IV. de pœn.
Neganda, c. 1. C. III. qu. 11.
Neganda, c. 2. C. III. qu. 11.
Negare non possum, c. 4. D. IX.
Negligere, c. 53. C. II. qu. 7.
Negotiatorem clericum, c. 9. D. LXXXVIII.
Negotium, c. 7. D. V. de pœn.
Neminem absolute, c. 1. D. LXX.
Neminem exhiberi, c. 16. C. III. qu. 6.
Neminem putes, c. 43. D. I. de pœn.
Nemiuem quisquam, c. 2. D XLV.

Nemini est, c. 30. C. XVII. qu. 4.
Nemini præterquam, c. 5. fin. C. XV. qu. 3.
Nemini regum, c. 40. C XVI. qu. 7.
Nemo ad sacrum, c. 12. D. XXXII.
Nemo contemnat, c. 31. C. XI. qu. 3.
Nemo blandiatur, c. 4. C. XXXII. qu. 4.
Nemo de annorum, c. 17. fin. C. XVI. qu. 3.
Nemo desperandus, c. 1. D. VII. de pœn.
Nemo ecclesiam, c. 9. D. I. de cons.
Nemo episcoporum, c. 41. C. XI. qu. 3.
Nemo episcopus, c. 11. C. II. qu. 1.
Nemo indicabit, c. 13. C. IX. qu. 3.
Nemo per ignorantiam, c. 40. D. I. de cons.
Nemo peritorum, c. 81. C. XI. qu. 3.
Nemo potest bene, c. 50. D. I. de pœn.
Nemo potest et eccl., c. 2. C. XVI. qu. 1.
*Nemo presbyter, c. 2. D. LXXVIII.*
Nemo quippe, c. 2. D. LXXXIII.
*Nemo, qui rapit, c. 4. C. XIV. qu. 5.*
Nemo recte, c. 2. D. LXXXI.
Nemo tollit, c. 141. D. IV. de cons.
Nemo vel in foro, c. 7. D. I. de pœn.
Nemo unquam, c. 1. C. XI. qu. 1.
Neophyti, c. 12. D. V. de cons.
Neophytus, c. 9. D. LXI.
Ne pro cujuslibet, c. 37. C. XVI. qu. 1.
Neque ad Cain, c. 3. D. XC.
Neque apud altare, c. 14. fin. D. LXXXVIII.
Neque decennii, c. 3. fin. C. XVI. qu. 4.
Neque enim, c. 9. C. XIV. qu. 5.
Neque furiosus, c. 26. C. XXXII. qu. 7.
Neque in homine, c. 36. C. I. qu. 1.
Neque potest, c. 93. C. I. qu. 1.
Neque quorumlibet, c. 10. D. IX.
Neque viduas, c. 3. C. XXVII. qu. 1.
Ne quis arbitretur, c. 14. C. XXII. qu. 2.
Ne quis jejunet, c. 13. D. III. de cons.
Ne quod absit, c. 98. D. IV. de cons.
Nervi testiculorum, c. 2. fin. D. XIII.
Ne tales, c. 29. D. V. de cons.
Nicæna synodus, c. 12. D. XXXI.
Nihil contra ordinis, c. 16. C. VII. qu. 1.
Nihil contra quemlib., c. 4. C. II. qu 1.
Nihil enim prodest, c. 23. D. V. de cons.
Nihil enim sic, c. 28. D. V. de cons.
Nihil est aliud, c. 76. D. IV. de cons.
Nihil illo, c. 6. fin. D. LXXXIII.
Nihil iniquius, c. 1. C. XXXII. qu. 6.
Nihil in sacrificiis, c. 8. D. II. de cons.
Nihil Judæ, c. 58. D. III. de pœn
Nihilominus quoque, c. 16. C. III. qu. 9.
Nihil prodest, c. 21. D. III. de pœn.
Nihil sic debet, c. 33. C. XI. qu. 3.
*Nimium certe, c. 1. C. XXIII. qu. 8.*
Nimium sunt, c. 37. C. XXIII qu. 4.
Nisi aut in cœnobiis, c. 9. D. LVI.
Nisi bella, c. 1. C. XXIII. qu. 1.
*Nobilis homo, c. 13. C. II. qu. 5.*
Nobilissimus vir, c. 3. fin. D. XCVII.
Nobis Dominus, c. 17. D. LXIII.
Nocte sancta, c. 48. D. I. de cons.
Noli existimare, c. 3. C. XXIII qu. 1.
Noli frater, c. 9. D. IX.
Noli meis litteris, c. 3. D. IX
Noli putare, c. 27. D. I. de pœn.
Nolite errare, c. 3. D. XI.
Nolite nos existimare, c. 5. D. XXI.
Nolite recedere, c. 22. C. XI. qu. 3.
Nolite timere, c. 86. C. XI. qu. 3.
Nolite velle, c. 1. C. XIV. qu. 5.
Nolo ut aliquis, c. 10. C. XII. qu. 1.
Noluit itaque, c. 16. C. XXXIII. qu. 3.
Nomen presbyteri, c. 12. C. II. qu. 1.
Non æstimemus, c. 19. C. XIII. qu. 2.
Non afferamus, c. 21. C. XXIV qu. 1.

Non autem, c. 12. C. VII. qu. 1.
Non cogantur, c. 3. D. XLI.
Non confidat, c. 59. D. L
Non debere, c. 5. D. LXXX.
Non debet episc., c. 10. fin. C. XXX. qu. 1.
Non debet is, c. 64. C. XI. qu. 3.
Non debet ordinari, c. 2. D. LXV.
Non decet, c. 1. D. XII.
Non dicatis, c. 11. C. XII. qu. 1.
Non dico, c. 18. D. V. de cons.
Non dubito, c. 149. D. IV. de cons.
Non enim, c. 11. C. XXXII. qu. 1.
Non erit turpis, c. 8. C. XXXII. qu. 1.
Non est a plebe, c. 1. C. II. qu. 7.
Non est aqua, c. 50. D. IV. de cons.
Non est contra Dei, c. 13. C. XXII. qu. 1.
Non est contra præcept., c. 2. C. XXII. qu. 1.
Non est credendum, c. 3. C. III. qu. 11.
Non est crudelis, c. 28. C. XXIII. qu. 5.
Non est culpandus, c. 14. fin. C. XXXII. qu. 1.
Non est dubium, c. 16. C. XXVII. qu. 2.
Non est facile, c. 2. D. XI.
Non est iniquitatis, c. 17. C. XXIII. qu. 2.
Non est innocentiæ, c. 37. C. XXIII. qu. 5.
Non est nostrum, c. 11. C. XXIII. qu. 5.
Non est observandum, c. 13. c. XXII qu. 4.
Non est peccatum, c. 3 fin. D VI.
Non est permittendum, c. 6. D. LXIII
Non est putanda, c. 27 C. I. qu. 1.
Non est quod cuiquam, c. 10. C. XV, qu. 1.
Non est tam injustus, c. 29. D. II. de pœn.
Non exemplo, c. 4. C. XXVI. qu. 2.
Non ex quo, c. 116. D. IV. de cons.
Non fidelibus, c. 5. C. XXXII. qu. 5.
Non frustra, c. 18. C. XXIII. qu. 3.
Non furem, c. 10. C. VII. qu. 1.
Non habenti, c. 50. C. XII. qu. 2.
Non hoc corpus, c. 45. D. II. de cons.
Non illud, c. 33. D. IV. de cons.
Non imputantur, c. 10. C. I. qu. 4.
Non in inferenda, c. 7. C. XXIII. qu. 3.
Non in perpetuum, c. 5. C. XXIV. qu. 3.
Non invenitur, c. 41. C. XXIII. qu. 4.
Non invitati, c. 9. C. IX. qu. 2.
Non in vobis, c. 43. D. IV. de cons.
Non iste panis, c. 56. D. II. de cons.
Non ita caveatur, c. 11. C. XXII. qu. 2.
Non ita in eccl., c. 18. C. II. qu. 6.
Non liceat alicui, c. 48. C. XII. qu. 2.
Non liceat ante, c. 59. D. IV. de cons.
Non liceat Christianis, c. 3. C. XXVI. qu. 5.
Non liceat clericis, c. 67. C. I. qu. 1.
Non liceat clericis, c. 43. C. XII. qu. 2.
Non liceat cuilib. ex lect., c. 31. D. XXIII.
Non liceat cuilib. min., c. 52. D. XXIII.
Non liceat cuiquam. c. 14. C. III. qu. 6.
Non liceat in pulpito, c. 3. D. XCII.
Non liceat Papæ, c. 20. C. XII. qu. 2.
Non liceat parent., c. 10. fin. C. XIX. qu. 3.
Non liceat quinta, c. 7. D. III. de cons.
Non liceat sacerdotes, c. 12. fin. D. XLIV.
Non licet abbati, c. 103. D. IV. de cons.
Non licet episcopo, c. 23. D. LXXXVI.
Non licet fieri, c. 107. D. IV. de cons.
Non licet fœnerari, c. 9. D. XLVI.
Non licet imperatori, c. 2. D. X.

Non licet iniquas, c. 13. C. XXVI. qu. 7.
Non licet in quadrag., c. 9. C. XXXIII. qu. 4.
Non licet judici, c. 71. C. XI. qu. 3.
Non licet populo, c. 8. D. LXIII.
Non loca, c. 4. D. XL.
Non mediocriter, c. 24. D. V de cons.
Non mœchaberis, c. 15. C. XXXII. qu. 5.
Non mœchaberis, c. 5. fin. C. XXXII. qu. 6.
Non multum, c. 7. D. C.
Nonne directo, c. un. C. VIII. qu. 4.
Non negamus, c. 3. D. LXI.
Nonne Sodomitæ, c. 37. C. I. qu. 1.
Nonne vobis, c. 3. D. XXXVII.
Non nocet, c. 89. C. I. qu. 1.
Non nos beatum, c. 1. D. XI.
Nonnulli diaconi, c. 20. D. XCIII.
Nonnulli ideo, c. 55. D. I. de pœn.
Non observetis, c. 16. C. XXVI. qu. 7.
Non omnes, c. 29. C. II. qu. 7.
Non omnis ignorans, c. 16. fin. D. XXXVII.
Non omnis mulier, c. 12. C. XXXII. qu. 2.
Non omnis panis, c. 61. D. II. de cons.
Non omnis, qui dicit, c. 30. C. II. qu. 7.
Non omnis, qui parcit, c. 2. C. V. qu. 5.
Non oportet aliquid, c. 4. D. II. de cons.
Non oportet a septuag., c. 10. C. XXXIII. qu. 4.
Non oportet clericos, c. 2. D. XLIV.
Non oportet clericos, c. 29. D. I. de cons.
Non oportet cum hom., c. 16. C. XXVIII. qu. 1.
Non oportet diaconos, c. 16. D. XCIII.
Non oportet diaconum, c. 15. D. XCIII.
Non oportet episcopum, c. 19. C. VII. qu. 1.
Non oportet exorciz. c. 2. fin. D. LXIX.
Non oportet filiam, c. 3. C. XXX. qu. 5.
Non oportet hæreticor., c. 66. C. I. qu. 1.
Non oportet in basilicis, c. 4. D. XLII.
Non oportet in quadrag., c. 8. C. XXXIII. qu. 4.
Non oportet in quadr., c. 8. D. III. de cons.
Non oportet insacratos, c. 30. D. XXIII.
Non oportet lectores, c. 28. D. XXIII.
Non oportet ministros, c. 3. D. XLII.
Non oportet ministros, c. 10. D. XLIV.
Non oportet ministros, c. 28. D. LXXXI.
Non oportet ministros, c. 36. D. V. de cons.
Non oportet ministros, c. 37. D. V. de cons.
Non oportet presbyteros, c. 8. D. XCV.
Non oportet quemquam, c. 5. C. III. qu. 9.
Non oportet sacris, c. 4. C. XXVI. qu. 5.
Non oportet subdiac., c. 26. D. XXIII.
Non oportet vocatos, c. 5. D. XVIII.
Non osculatur, c. 3. C. V. qu. 5.
Non pejerabis, c. 15. C. XXII. qu. 4.
Non pila, c. 3. C. XXIII. qu. 8.
Non placuit, c. 23. C. XVI. qu. 7.
Non plures, c. 101. D. IV de cons.

Non potest corpus, c. 8. C. XXXII. qu. 5.
Non potest erga, c. 24. C. II. qu. 7.
Non potest esse, c. 32. C. XXIII. qu. 4.
Non potest quis, c. 41. D. I. de pœn.
Non potest quis, c. 4. D. IV. de cons.
Non potest quisquam, c. 38. D. I. de pœn.
Non prohibeat, c. 67. D. II. de cons.
Non putes, c. 36. C. XXIII. qu. 5.
Non quales, c. 86. C. I. qu. 1.
Non ratione, c. 11. D. IV. de cons.
Non regenerabantur, c. 135. D. IV. de cons.
Non revertebantur. c. 10. D. II. de pœn.
Non sanat, c. 50. C. I. qu. 1.
Non sane, c. 15. fin. C. XIV. qu. 5.
Non satis animadv., c. 5. C. XXXIV. qu. 1 et 2.
Non satis est, c. 14. D. LXXXVI.
Non semel, c. 29. C. XVIII. qu. 2.
Non semper malum, c. 92. C. XI. qu. 3.
Non semper promissa, c. 12. C. XXII. qu. 4.
Non solent, c. 30. C. II. qu. 6.
Non solum abnegat, c. 83. C. XI. qu. 3.
Non solum de commissa, c. 53. C. XXXII. qu. 7.
Non solum homines, c. 27. C. XXIII. qu. 5.
Non solum ille, c. 77. C. XI. qu. 3.
Non solum in jurando, c. 7. C. XXII. qu. 4.
Non solum mœchandum, c. un. C. XXXII. qu. 8.
Non solum mæchatio, c. 6. C. XXVIII. qu. 1.
Non solum venditores, c. 11. C. I. qu. 5.
Non statim, c. 2. C. XXVI. qu. 2.
Non sufficit, c. 63. D. I. de pœn.
Non sunt audien li, c. 56. C. XI. qu. 3.
Non turbatur, c. 7. C. XXIV. qu. 1.
Non vos hominum, c. 42. C. XXIII. qu. 5.
Non vos indicetis, c. 1. C. V. qu. 5.
Nos ad fidem, c. 2. D. XCVI.
Nos autem, c. 41. D. II. de cons.
Nos consecrationem, c. 1. C. IX. qu. 1.
Nos consuetudinem, c. 8. D. XII.
Nos in hominem, c. 6. fin. C. IX qu. 1.
Nos in quemquam, c. 1. C. II. qu. 1.
Nos novimus, c. 2. C. XVI. qu. 2.
Nos, qui præsumus, c. 3. D. XL.
Nos sacramentum, c. 3. C. II. qu. 5.
Nos sanctorum exempl., c. 2. C. II. qu. 5.
Nos sanctorum prædecess., c. 4. C. XV. qu. 6.
Nosse credo, c. 9. D. LXXVI.
Nosse desideras, c. 3. C. XXX. qu. 1.
Nos sequentes, c. 19. C. VI. qu. 1.
Nosse tuam, c. 12. C. LXIII.
Nosse vos, c. 21. D. III. de cons.
Nos si incompetenter, c. 41 C. II. qu. 7.
Nostrates, c. 3. C. XXX. qu. 5.
Nostri, c. 3. C. XXIII. qu. 3.
Notandum est, quod, c. 37. C. XXIV qu. 3.
Notandum est sane, c. 3. fin. C. XXIII qu. 2.
Notificamus, c. 3. C. XXXV. qu. 6.
Notificasti, c. 2. C. XXXII. qu. 3.
Notum sit, c. 10. C. II. qu. 1.
Novatianus, c. 6. C. VII. qu. 1.
Noverint, c. 6. C. X. qu. 1.
Novissime, c. 5. D. V. de cons.
Novit Dominus mutare, c. 64. D. I. de pœn.

I. — INDEX CANONUM DECRETI.

Novit Dominus, qui, c. 10. D. IV. de pœn.
Novit fraternitas, c. 10. D. XII.
*Novit sanctitas, c. 3. D. C.*
Nubendi, c. 20. C. XXXVII. qu. 1.
Nulla ædificia, c. 4. C. XII. qu. 1.
Nullam damnationem, c. 3. fin. C. II. qu. 4.
Nullam potestatem, c. 9. C. XVIII. qu. 2.
Nulla officia, c. 14. D. LIV.
Nulla præter, c. 142. D. IV. de cons.
Nulla ratio, c. 1. D. LXII.
Nulla ratione, c. 8. D. XCIII.
Nulli archiepiscopi, c. 2. D. XCIX.
Nulli civium, c. 5. D. III. de cons.
Nulli clerico, c. 3. D. XLIV.
Nulli de servili, c. 2. D. LIV.
Nulli dubium, c. 5. C. III. qu. 1.
Nulli dubium, c. 1. C. XII. qu. 5.
Nulli episcopi, c. 5. D. XLII.
*Nulli episcopor. ab accus., c. 14. fin. C. III. qu. 5.*
Nulli episcopor. liceat, c. 27. C. XII. qu. 1.
Nulli episcopor. liceat, c. 62. C. XVI. qu. 1.
Nulli est, c. 131. D. IV. de cons.
Nulli ex prop., c. 19. C. XXXV. qu. 2 et 3.
Nulli fas est, c. 5. D. XIX.
Nulli fas sit, c. 4. C. XXV. qu. 1.
Nulli liceat, c. 3. C. XII. qu. 2.
Nulli sacerdotum, c. 4. D. XXXVIII.
Nulli unquam, c. 11. C. III. qu. 4.
Nullius crimen, c. 1. C. I. qu. 4.
Nullum absque formata, c. 9. fin. D. LXXI.
Nullum ante, c. 10. C. XXX. qu. 5.
Nullum episcoporum, c. 6. C. IX. qu. 2.
Nullum facere, c. 1. D. XXVIII.
Nullum in utroque, c. 7. C. XXXV. qu. 2.
Nulum sine dote, c. 6. C. XXX. qu. 6.
*Nullus abbas pretium, c. 3. C. I. qu. 2.*
Nullus abbas vel mon., c. 1. C. XIX. qu. 3.
*Nullus acolythorum, c. 1. D. XXIV.*
Nullus ad ecclesiasticum, c. 1. D. LVIII.
Nullus aliqua, c. 1. D. XCVIII.
Nullus alterius, c. 1. C. IX. qu. 2.
Nullus anathematizatorum, c. 6. C. III. qu. 4.
Nullus autem, c. 40. D. IV. de cons.
Nullus clericor. amplius. c. 6. C. XIV. qu. 4.
Nullus clericor. servum, c. 19. C. XVII qu. 4.
*Nullus clericus alium, c. 6. C. XI. qu. 1.*
Nullus clericus vel diac., c. 33. C. XI. qu. 1.
Nullus debitæ, c. 42. D. I. de pœn.
*Nullus decimas, c. 4. C. XVI qu. 2.*
Nullus ducat, c. 1. C. XXXI. qu. 1.
Nullus eorum ex bono, c. 26. D. II. de pœn.
Nullus eorum, qui conn., c. 2. C. XXII. qu. 4.
Nullus eorum, qui in c. 13. C. XXVII. qu. 1.
Nullus episcopor. aut presb., c. 1. C. XV. qu. 4.
Nullus episcopor., dum, c. 3. C. II. qu. 2.
Nullus episcopor. servum, c. 1. D. LIV.
Nullus episcopus aut presb., c. 100. C. I. qu. 1.
Nullus episcopus aut presb., c. 1. C. V. qu. 4.
*Nullus episcopus cler., c. 23. fin. C. XXII. qu. 5.*
Nullus episcopus gravamen, c. 124. C. I. qu. 1.

Nullus episcopus in eccl., c. 1. D IX.
Nullus episcopus neque, c. 8. C. XI. qu. 1.
Nullus episcopus, presb., c. 57. D. I. de cons.
Nullus episcopus propter, c. 16. fin. D. XXXVIII.
Nullus episcopus vel, c. 3. fin. C. XV. qu. 4.
Nullus ex ecclesiastico, c. 22. C. XXII. qu. 5.
Nullus exspectet, c. 6. fin. D. VII. de pœn.
Nullus fidelis, c. 2. C. XXX. qu. 5.
Nullus in episc. elig., c. 4. fin. D. LX.
Nullus in episc. nisi, c. 3. D. LXII.
Nullus in præpositum, c. 2. D. LX.
Nullus introducatur, c. 2. C. IV. qu. 4.
Nullus invitis, c. 13. D. LXI.
Nullus itaque, c. 118. C. 1. qu. 1.
*Nullus judicum, c. 2. C. XI. qu. 1.*
Nullus laicor. ecclesias, c. 18. C. XVI. qu. 7.
Nullus laicor. principum, c. 1. D. LXIII.
Nullus laicus, c. 2. C. II. qu. 7.
Nullus ministrorum, c. 125. D. IV. de cons.
Nullus missam, c. 5. D. XXXII.
Nullus monachus congr., c. 14. C. XVIII. qu. 2.
Nullus monachus talia, c. 34. C. II. qu. 7.
Nullus mortuus, c. 18. C. XIII. qu. 2.
Nullus neque, c. 6. C. XXXVI. qu. 2.
Nullus omnino archidiac., c. 11. C. XVI. qu. 7.
Nullus omnino, qui, c. 23. fin. C. VI qu. 1.
Nullus ordinetur, c. 2. D. XXIV.
Nullus patriarcharum, c. 4. D. XCIX.
Nullus pœnitentem, c. 2. D. LV.
Nullus pontifice, c. 7. D. LXXIX.
Nullus potest, c. 5. C. II. qu. 2.
*Nullus presbyter aut diac., c. 5. C. IX qu. 2.*
Nullus presbyter in eccl., c. 15. D. I. de cons.
Nullus presbyter missas, c. 23. D. I. de cons.
*Nullus presbyterorum, c. 7. D. XLIV.*
Nullus presbyterorum, c. 35. D. V. de cons.
Nullus primas, nullus, c. 3. C. IX. qu. 2.
Nullus primas vel metrop., c. 7. C. IX. qu. 3.
Nullus res ecclesiæ, c. 39. C. XVII. qu. 4.
Nullus sacerdotum, c. 42. C. XI. qu. 5.
Nullus servus, c. 11. C. III. qu. 5.
Nullus unquam laicor., c. 4. D. LXXIX.
Nullus un juam præsum., c. 1. C. IV. qu. 4.
Numquid Cain, c. 26. D. I. de pœn.
Numquid non erunt, c. 1. C. XXVIII. qu. 1.
Numquid non omnia, c. 10. D. V. de cons.
Nunc autem divina, c. 7. D. XXI.
Nunc autem non, c. 46. D. IV. de cons.
Nunc vero, c. 20. C. IX. qu. 5.
Nunciatum est, c. 2. D. LXXXIV.
Nunquam aquæ, c. 10. D IV. de cons.
Nunquam de manu, c. 33. D. V. de cons.
Nunquam de pontificibus, c. 12. D. XCVI.
Nunquam de vitiis, c. 4. D. LVI.
Nunquam divinatio, c. 24. C. I. qu. 1.
Nuper Foropopulensis, c. 2. fin. C. VII. qu. 2.
Nuptiæ terram replent, c. 12. C. XXXII. qu. 1.
Nuptiarum bonum, c. 41 C. XXVII. qu. 1.

O

Obeuntibus, c. 35. D. LXIII.
Objiciuntur, c. 7. C. XXXII. qu. 4.
Obitum Theodori, c. 2. C. XII. qu. 5.
Obitum Victoris, c. 16. D. LXI.
Oblationes dissidentium, c. 2. D. XC.
Observandum quoque, c. un. C. XV. qu. 2.
Obtineri, c. 21. C. XXIII. qu. 4.
Occidit Phinees, c. 14. C. XXIII. qu. 8.
Octava discussio, c. 62. C. XII. qu. 2.
Odi et projeci, c. 28. C. XXIV. qu. 1.
Odio habeantur, c. 2. D. LXXXVI.
Odit Deus, c. 62. C. I. qu. 1.
Offerebat, c. 12. C. XXXII. qu. 7.
Officia, c. 16. C. XXIII. qu. 5.
Officii nostri, c. 13. C. XXIV. qu. 1.
Olim idem erat, c. 5. D. XCV.
Olim jussus, c. 8. C. VIII. qu. 1.
Omne genus, c. 16. C. XXII. qu. 2.
Omne itaque, c. 10. C. XXVII. qu. 2.
*Omnem vim, c. 6. D. XXXVII.*
Omne, quod in pacis, c. 1. C. XXII qu. 1.
Omne, quod irreprehens., c. 8. C. XXV. qu. 1.
Omnes basilicæ cum miss., c. 3. D. I. de cons.
Omnes basilicæ, quæ, c. 10. C. XVI. qu. 7.
Omnes causationes, c. 7. C. XXXII qu. 7.
Omnes decimæ, c. 5. C. XVI. qu. 7.
Omnes deinceps, c. 14. C. XXVIII. qu. 1.
Omnes ecclesiæ, c. 5. C. XVII. qu. 4.
Omnes episcopi, c. 3. C. II qu. 6.
Omnes fideles per man., c. 1. D. V. de cons.
Omnes fideles, qui conv., c. 62. D. I. de cons.
Omnes hujus, c. 5. D. XLVII.
Omnes illi, c. 4. C. VI. qu. 1.
Omnes itaque, c. 36. C. XI. qu. 1.
Omnes leges aut div., c. 1. D. I.
Omnes leges tam eccl., c. 2. C. II. qu. 2.
*Omnes presbyteri, c. 26. C. XVII. qu. 4.*
Omnes psallentes, c. 6. D. XXXVIII.
Omnes, qui adversus, c. 13. C. III. qu. 3.
Omnes, qui peregre, c. 4. fin. D. XCVIII.
Omnes, quos in pœn., c. 8. C. XXX. qu. 1.
Omnes, quos legere, c. 50. fin. D. III. de cons.
Omnes, quos sanct., c. 7. C. III. qu. 4.
Omnes, sive patriarchii, c. 1. D. XXII.
Omnes vero, c. 2. C. VI. qu. 1.
Omnia decretalia, c. 12. C. XXV. qu. 1.
Omnia, quæ adversus, c. 4. C. III qu. 9.
Omnia, quæcunque, c. 74. D. II. de cons.
Omnia sacramenta, c. 78. C. I. qu. 1.
Omnia talia, c. 12. D. XII.
Omnibus consideratis, c. 20. C. XXIV. qu. 1.
Omnibus modis, c. 1. C. XXXV. qu. 9.
Omnibus nobis, c. 1. C. XXIX. qu. 2.
Omnibus quibus, c. 2. C. IV. qu. 6.
*Omnibus servis, c. 3. D. XXXIV.*
Omnibus vobis, c. 19. C. II. qu. 5.
Omni die, c. 11. D. V. de cons.
Omnino confitemur, c. 11. D. XXXI.
Omnino puniendus est, c. 27. C. II. qu. 6.
Omnis ætas, c. 1. C. XII. qu. 1.
Omnis autem, c. 4. fin. D. III.
Omnis Christianus, c. 32. C. XI. qu. 3.
Omnis Christianus, c. 69. D. I. de cons.
Omnis cujuslibet, c 112. C. I. qu. 1.

Omnis electio, c. 7 D. LXIII.
Omnis homo, c. 21. D. II. de cons.
Omnis iniquitas, c. 25. D. I. de pœn.
Omnis jactantia, c. 1. C. XXI. qu. 4.
Omnis oppressus, c. 5. C. II. qu. 6.
Omnis presbyter, c. 106. D. IV. de cons.
Omnis, qui aliis, c. 1. C. V. qu. 6.
Omnis, qui gemebat, c. 36. C. VII. qu. 1.
Omnis, qui jam, c. 96. D. IV. de cons.
Omnis, qui juste, c. 10. D. XLV.
Omnis, qui non diligit, c. 37. D. I. de pœn.
Omnis, qui recedit, c. 24. C. XXIV. qu. 1.
*Omnis res*, c. 4. C. *XXVII*. qu. 2.
Omni tempore, c. 124. D. IV. de cons.
Omni timore, c. 9. C. XXIII. qu. 8.
Omnium sacerdotum, c. 1. D. XXXII.
Omnium vestrum, c. 46. C. XXIII. qu. 5.
Oportebat, c. 3. D. LXXIX.
Oportet episcopum, c. 1. C. XXVIII. qu. 3.
Oportet eum, c. 12. C. VIII. qu. 1.
Oportet infantes, c. 4. fin. C. XX. qu. 2.
Oportet sacerdotes, c. 25. D. LXXXI.
Oportet ut primum, c. 5. C. III. qu. 2.
O propheta, c. 80. C. I. qu 1.
Optatum tibi, c. 4. D. C.
*Oratorium*, c. 6. *D. XLII*.
Ordinationes episcopor., c. 2. D. LXIV.
Ordinationes episcopor., c. 1. D. LXXV.
Ordinationes presbyt., c. 5. D. LXXV.
Ordinationes presbyt., c. 7. D. LXXV.
Ordinationes, quæ ab hær., c. 5. C. IX. qu. 1.
Ordinationes, quæ interv., c. 113 C. I. qu. 1.
Ordinatos, c. 4. fin. D. LIX.
Origo, c. 5. C. XXXII. qu. 4.
Osius episcopus, c. 10. D. LXI.
Osius episcopus, c. 7. fin. C. VI. qu. 4.
* *Osius papa*, c. *D. LVI*.
Ostendit propheta, c. II. fin. C. XXIII. qu. 3.
Ostenditur illos, c. 32. D. IV. de cons.
Ostiarius, c. 19. D. XXIII.
Oves pastorem, c. 9. C. VI. qu. 1.
Oves, quæ, c. 13. C. II. qu. 7.

**P**
Pacem igitur, c. 9. D. II. de cons.
Pagani, c. 25. C. II. qu. 7.
Palam est, c. 9. D. XI.
Pallium tibi, c. 6. D. C.
Pallium vobis, c. 10. D. C.
Panem cœlestem, c. 64. D. II. de cons.
Panis est, c. 55. D. II. de cons.
Panis et calix, c. 39. D. II. de cons.
Paratus, c. 2. C. XXIII. qu. 1.
Parentelæ, c. 4. C. XXXV. qu. 5.
Parsimoniam, c. 5. D. XLI.
Parvuli alio, c. 74. D. IV. de cons.
Parvuli fideles, c. 158. D. IV. de cons.
Parvuli, qui sine, c. 14. C. XXII. qu. 5.
Parvulos, c. 110. D. IV. de cons.
Pasce fame, c. 21. D. LXXXVI.
Paschæ solennitas, c. 23. D. III. de cons.
Pastoralis officii, c. 42. C. VII. qu. 1.
Pastor ecclesiæ, c. 7. C. I. qu. 2.
Paternarum, c. 24 C. XXIV. qu. 3
Patet profecto, c. 10. C. IX. qu. 3.
Patet simoniacos, c. 27. fin. C. I. qu. 7.
Patrem, c. un. C. XXXII. qu. 3.
Paulianistæ, c. 53. C. I. qu. 1.
* *Paulum itaque*, c. 6. *C. II. qu.* 3.
Paulus dicit, c. 28. C. II. qu. 1.
Paulus Dyaclinæ, c. 43. C. II. qu. 7.
Paulus Petrum, c. 33. C. II. qu. 7.
Pauper, c. 72. C. XI. qu. 3.
Peccatum, c. 7. D. IV. de pœn.

*Pecunia*, c. 16. *C. XVII*. qu. 4.
Pennata, c. 9. D. II. de pœn.
Peracta, c. 10. D. II. de cons.
*Per adoptionem*, c. 6. *C. XXX*. qu. 5.
Per aquam, c. 9. D. IV. de cons.
Per baptismum, c. 2. D. IV. de cons.
Peregrina judicia, c. 12. C. III. qu. 6.
Per Esaiam, c. 98. C. I. qu. 1.
Perfecta pœnitentia, c. 40. D. I. de pœn.
Perfecta pœnitentia, c. 8. D. II.. de pœn.
Per illicitam, c. 25. C. I. qu. 7.
*Per illicitam*, c. 3. *C. IX. qu.* 1.
Per laicos, c. 20. C. XVI. qu. 7.
Perlatum ad nos, c. 27. D. III. de cons.
Perlatum est ad nos, c. 4. D. LXXXVIII.
Perlatum est ad nos, c. 8. C. XIX. qu. 5.
Perlatum est ad sanct., c. 7. C. XXIX. qu. 2.
Perlatum est ad sed., c. 12. fin. D XC.
Perlectis, c. 1. D. XXV.
Perniciosam, c. 25. C. XVIII. qu. 2.
Perniciose, c. 23. D. I. de pœn.
Per principalem, c. 125. C. I. qu. 1.
Per principalem, c. 21. fin. C. IX. qu. 3.
Per scripta, c. 5. fin. C. II. qu. 8.
Per singulas eccl., c. 1. C. XVI. qu. 3.
Per singulas prov. episc., c. 2. C. IX.
Per singulas prov. oport., c. 1. C. IX. qu. 3.
Pervenit ad me, quod, c. 26. C. XXIII. qu. 2.
Pervenit ad me, quosd., c. 12. D. III. de cons.
Pervenit ad nos diac., c. 21. D. XCIII.
Pervenit ad nos diac., c. 1. C. XXX. qu. 1.
Pervenit ad nos fama, c. 13. C. I. qu. 3.
* *Pervenit ad nos fama*, c. 3. *C. XVI*. qu. 7.
Pervenit ad nos, fratr., c. 1. D. LXXXIV.
Pervenit ad nos, fratr., c. 59. C. II. qu. 7.
Pervenit ad nos, Pigmen., c. 20. C. VII. qu. 1.
Pervenit ad nos, quod in, c. 20. C. XVIII. qu. 2.
Pervenit ad nos, quod quid., c. un. D. CI.
Pervenit ad nos, quod quid., c. 15. C. XXVII. qu. 1.
Pervenit ad nos, quod quosd., c. 8. C. XXVI. qu. 5.
Pervenit ad nos, quod si, c. 59. C. XI. qu. 1.
Pervenit ad nos quosd., c. 9. D. L.
Pervenit ad nos, unde, c. 9. C. XVI. qu. 1.
Pervenit ad nostras, c. 6 D. XVIII.
Pervenit ad notitiam, c. 29. D. II. de cons.
Pervenit ad sanctam, c. 26. fin. D. LXXXVI.
Pervenit ad sanctum, c. 14. D. XCIII.
*Pervenit in sanctum*, c. 2. *C. XXI*. qu. 3.
Pervenit quoque, c. 1. D. XCV.
Pessimam, c. 52. C. XXIII. qu. 8.
Petiisti, c. 17. C. VII. qu. 1.
Petimus, c. 19. C. XI. qu. 1.
Petrus diaconus, c. un. D. XXXIX.
Petrus doluit, c. 1. D. I. de pœn.
Petrus potestatem, c. 40, C. II. qu. 7.
Petrus, qui Thabitam, c. 16. C. XXIII. qu. 8.
Petrus Simoni, c. 19. C. I. qu. 1.
Piæ mentis, c. 26. C. XVI. qu. 7.
Pitacium, c. 2. C. XXX. qu. 5.
Pium est, c. 45. D. III. de pœn.

Placet omnibus, c. 5. D. LXV.
Placita sæcularia, c. 2. C. XV. qu. 4.
Placuit communi, c. 8. C. XVI. qu. 1.
Placuit de infantibus, c. 3. C. I. qu.
Placuit de infantibus, c. 3. D. IV. de cons.
Placuit eorum, c. 53. C. II. qu. 7.
Placuit episcopos, c. 13. D. XXXII.
Placuit etiam, c. 9. D. XC.
Placuit huic sanct. magnæque, c. 8. C. XVI. qu. 3.
Placuit huic sanct. syn., c. 4. D. XVI.
Placuit igitur, c. 152. D. IV. de cons.
Placuit omnib. communi, c. 14. fin. D. XII.
Placuit omnib. episc., c. 12. C. X. qu. 1.
Placuit omnib. resident., c. 1. C. XVI. qu. 1.
Placuit per omnia, c. 7. C. XIII. qu. 2.
Placuit pro communi, c. 4. C. VI. qu. 3.
*Placuit sancto conventui*, c. 2. *C. IV. qu. 2 et 3*.
Placuit universo, c. 9. C. XI. qu. 3.
Placuit ut altaria, c. 26. D. I. de cons.
Placuit ut ante, c. 5. D. LXXVII.
Placuit ut ante, c. 14. C. XX. qu. 1.
Placuit ut a nullo, c. 27. C. VII. qu. 1.
Placuit ut a quibuscunque, c. 9. C. II. qu. 6.
Placuit ut clericus, c. 1. C. XXI. qu. 5.
*Placuit ut conservato*, c. 1. *D. XVIII*.
*Placuit ut deinceps*, c. 2. *C. IX. qu.* 2.
Placuit ut deinceps, c. 3. fin. D. VI. de pœn.
Placuit ut de ordinatione, c. 22. C. I. qu. 1.
Placuit ut dies, c. 24. D. III. de cons.
Placuit ut episcopi, c. 1. C. XII. qu. 3.
Placuit ut episcopi, c. 5. C. XXI. qu. 5.
Placuit ut hi, c. 11. fin. C. XXXVI. qu. 2.
Placuit ut nemini, c. 21. C. VII. qu. 1.
Placuit ut nullus, c. 102. C. I. qu. 1.
Placuit ut nullus, c. 1. C. X. qu. 3.
Placuit ut omnes, c. 9. D. III. de cons.
Placuit ut ordinandis, c. 7. D. XXXVIII.
Placuit ut pœnitentes, c. 68. D. L.
Placuit ut postquam, c. 25. D. III. de cons.
Placuit ut presbyteri, diac., c. 35. C. II. qu. 6.
Placuit ut presbyteri non, c. 51. C. XII. qu. 2.
Placuit ut qui, c. 12. C. XXIII. qu. 5.
Placuit ut quicunqu. ab imp., c. 11. C. XI. qu. 1.
Placuit ut quicunqu. cler., c. 4. D. LXXIV.
Placuit ut quicunqu. dix., c. 154. D. IV. de cons.
Placuit ut quicunqu. dix., c. 156. D. de cons.
Placuit ut quicunqu. episc., c. 15. C. XVI. qu. 3.
Placuit ut quicunqu. episc., c. 2. C. XVI. qu. 6.
Placuit ut quicunqu. in un., c. 3. D. LXXII.
Placuit ut quicunqu. parv., c. 155. D IV. de cons.
Placuit ut quisquis, c. 43. C. XI. qu. 1.
Placuit ut quoties, c. 1. C. I. qu. 2.
Placuit, ut quotiescunqu. cler., c. 1. C. III. qu. 10.
Placuit, ut quotiescunqu. congr., c. 10. D. XVIII.
Placuit ut secundum, c. 5. C. XXXII. qu. 7.
Placuit ut si quando, c. 3. fin. C. VI. qu. 2.
Placuit ut si quis aliqu., c. 1. C. II. qu. 4.
Placuit ut si quis cler., c. 2. C. XXI. qu. 2.

# I. — INDEX CANONUM DECRETI.

Placuit ut si quorumcunq., c. 10. C. XXXIII. qu. 2.
Placuit ut unusquisque, c. 103. C. I. qu. 1.
Plebiscita, c. 2. D. II.
Plebs Diolrensis, c. 11. D. LXIII.
Plerique ex jud., c. 94. D. IV. de cons.
Plerique refugientes, c. 3. C. XIV. qu. 3.
Plerique sacerdotes, c. 5. C. VIII. qu. 1.
Plerumque boni, c. 27. C. II. qu. 7.
Plerumque contingit, c. 88. C. XI. qu. 3.
Pluit Dominus, c. 40. D. III. de pœn.
Plures, c. 84. C. XVI. qu. 1.
Plurimos sacerdotes, c. 3. D. LXXXII.
Pœnæ sicut, c. 18. D. I. de pœn.
Pœna illorum, c. 2. C. XXIII. qu. 5.
Pœnaie, c. 13. C. XIV. qu. 5.
Pœnitentem, c. 9. C. XXVI. qu. 7.
Pœnitentes si, c. 10. D. III. de pœn.
Pœnitentes tempore, c. 63. D. L.
Pœnitentes vel inscii, c. 3. D. LV.
Pœnitentia est, c. 1. D. III. de pœn.
Pœnitentia est quæd., c. 4. D. III. de pœn.
Pœnitentia, quæ, c. 62. D. I. de pœn.
Pœnitentiam agere, c. 6. D. III. de pœn.
Pœnitentiam conjug., c. 13. fin. C. XXXIII. qu. 4.
Pœnitentibus, c. 5. C. XXVI. qu. 7.
Ponderet, c. 14. D. L.
Pontifices, qui, c. 4 C. VII. qu. 1.
Pontifices, quibus, c. 3. C. XII. qu. 3.
Porro de affinitate, c. 3. C. XXXV. qu. 5.
Porro duorum, c. 22. fin. C. XXXV. qu. 2 et 3.
Porro et Hierosolymitarum, c. 2. fin. D. LXVI.
Porro gloria, c. 56. D. I. de cons.
Porro illi, c. 31. D. I. de pœn.
Porro Moysi, c. 6. fin. D. LXXXIV.
Porro scias, c. 4. D. LXIII.
Porro si, c. 14. C. XVI. qu. 3.
Possessio, c. 2. C. XVI. qu. 5.
Possessiones ecclesiar. c. 1. C. XVI qu. 4.
Possessiones, quas, c. 61. C. XXI. qu. 1.
Post appellationem, c. 31. C. II. qu. 6.
Post baptismum, c. 91. D. IV. de cons.
Postea quam, c. 21. C. XXV. qu. 2.
Postea signatur, c. 63. D. IV. de cons.
Postea tanguntur, c. 68. D. IV. de cons.
Post pascha, c. 10. D. LXXVI.
Postquam ascenderit, c. 88. D. IV. de cons.
Postquam hostilis, c. 49. C. XVI. qu. 1.
Postquam pretio, c. 13. C. XIII. qu. 2.
Postquam quemquam, c. 11. D. L.
Postquam se, c. 61. D. IV. de cons.
Postquam vos credere, c. 78. D. IV. de cons.
Post quingentos, c. 9. C. XVI. qu. 3.
Post susceptum, c. 5. C. XXX. qu. 3.
Postulatus, c. 6. C. III. qu. 7.
Post uxoris, c. 5. C. XXX. qu. 4.
Potest discursus, c. 11. D. II. de pœn.
Potest fieri, c. 52. D. I de pœn.
Præcepit, c. 19. C. XXXII, qu. 5.
Præcepta canonum, c. 12. D. LV.
Præcepta synodalia, c. 5. D. I. de cons.
Præceptis apostolicis, c. 2. D. XII.
Præceptum est Domini, c. 21. C. XXXII. qu. 3.
Præceptum est ergo, c. 6. fin. C. II. qu. 2.

Præcipiendum est, c. 15. C. XIII. qu. 2.
Præcipimus etiam, c. 5, fin. C. CXXI. qu. 3.
Præcipimus, ne diac., c. 26. fin. D. XCIII.
Præcipimus, ne unqu., c. 10. D. XXXIV.
*Præcipimus, ut decim.,* c. 3. C. XVI. qu. 2.
Præcipimus, ut episc., c. 11. D. XC.
Præcipimus, ut in, c. 24. C. XII. qu. 1.
Præcipimus, ut juxt. c. 53. C. XVI. qu. 1.
Præcipimus, ut tam, c. 5. fin. C. XXI. qu. 4.
Præcipue, c. 3. C. XI. qu. 3.
Prædia, c. 3. C. XII. qu. 2.
Prædicandum est, c. 17, fin. C. XXII. qu. 1.
Prædicator, c. 64. C. XVI. qu. 1.
Prædixerat, c. 75. D. I de pœn.
Præsens, c. 4. C. XX. qu. 3.
Præsente presbytero, c. 18. D. XCIII.
*Præsenti concilio,* c. 18. *D. LIV.*
Præsenti decreto, c. 2. C. V. qu. 2.
Præsentium latoris, c. 3. C. VII. qu. 1.
Præsentium portitorem, c. 3. fin. C. I. qu. 5.
Præsul non damnabitur, c. 2. C. II. qu. 4.
Præsulum, c. 2. C. XVI. qu. 3.
Præsumunt, c. 22. C. II. qu. 7.
Præterea devotionis, c. 12. C. XXIII. qu. 8.
Præterea frequenter, c. 3. D. LI.
Præterea placuit, c. 7. D. XXVII.
Præterea sciscitaris, c. 12. D. XXIII.
Præter hoc, c. 6. D. XXXII.
Precariæ a nem., c. 4. C. X. qu. 2.
*Precariæ de quinqu.*, c. 5. *C. X. qu.* 2
Precariæ et commutat., c. 44 C. XII. qu. 2.
Presbyter ante, c. 4. D. LXXVIII.
Presbyter aut diac., quem, c. 2. fin. C. XV. qu. 5.
Presbyter aut diac., qui, c. 12. D. LXXXI.
Presbyter dum diœcesim, c. 3. fin. C. XII. qu. 4.
Presbyter eucharistiam, c. 93. D. II. de cons.
Presbyteri baptizatos, c. 120. D. IV. de cons.
Presbyteri de occultis, c. 4. C. XXVI. qu. 6.
Presbyteri, diaconi, et univ., c. 3. D. XXIV.
Presbyteri, diaconi, subdiac., c. 19. D. XXXIV.
Presbyteri, diaconi, vel cet., c. 34. C. XI. qu. 3.
Presbyter inconsulto, c. 2. C. XXVI. qu 6.
Presbyter inconsulto, c. 14. fin. C. XXVI. qu. 6.
Presbyteri, qui diœcesanas, c. 123. D. IV. de cons.
Presbyteri, qui per diœceses, c. 4. D. XCV.
Presbyteri, quos, c. 2. D. LXVIII.
*Presbyteri ruris, in ecclesia,* c. 12, *fin. D. XCV.*
Presbyteris, diaconis, c. 8. D. XXVII.
Presbyteris seu, c. 119. D. IV. de cons.
*Presbyter mane,* c. 2. *D. XCI.*
Presbyter præsente, c. 11. D. XCV.
Presbyter quum ordinatur, c. 8. D. XXIII.
Presbyterorum filios, c. 1. D. LIV.
Presbyteros, diac., c. 38. C. XVI. qu. 1.
Presbyteros, qui immol., c. 32. D. L.
Presbyteros ultra, c. 2. D. XCV
Presbyter quidam, c. 18. D. XXXII.
Presbyter si a plebe, c. 13. C. II. qu. 5.
Presbyter si fornicationem, c. 3. D. LXXXII.

Presbyter si per pecuniam, c. 3. C. I. qu. 1.
Presbyter si uxorem, c. 9. D. XXVIII.
Presbyter vel quilibet, c. 5. C. II. qu. 5.
Presbyterum, de quo, c. 3. D. L.
Presbyterum per ignor., c. 16. D. XXVIII.
Pridem præcepimus, c. 7. C. XVIII. qu. 2.
Prima actione, c. 13. C. XVI qu. 3.
Prima annotatio, c. 11. D. XVI.
Prima autem, c. 10. D. XVI.
Prima consolatio, c. 41. D. III. de pœn.
Primæ sedis, c. 3. D. XCIX.
Prima igitur, c. 73. D. IV. de cons.
Prima quidem, c. 44. D. II. de cons.
Prima salus, c. 9. C. XXV. qu. 1.
Primates, c. 5. C. II. qu. 1.
Primatus episcopus, c. 6. D. LXXI.
Primo gradu, c. 6. C. XXXV. qu. 5.
Primo semper, c. 13. C. II. qu. 1.
Primum est, c. 8. C. XXII. qu. 2.
Primum interrogatur, c. 95. D. IV. de cons.
Primum itaque, c. 6 fin. D. XXV.
Primus homo, c. 34. D. II. de pœn.
Princeps vitiorum, c. 32. D. II. de pœn.
Principali, c. 15. D. LXIII.
Principatus, c. 25. C. I. qu. 1.
Principes sæculi, c. 20. C. XXIII. qu. 5.
Principium, c. 45. fin. D. II. de pœn.
Prisca consuetudo, c. 2. D. C.
Priscis igitur, c. 1. D. LV.
Priscis quidem, c. 2. C. X. qu. 3.
Privilegia ecclesiar., c. 1. C. XXV. qu. 2.
Privilegia ecclesiar., c. 2. C. XXV. qu. 2.
Privilegia ecclesiar., c. 17. C. XXV. qu. 2.
Privilegia sunt leges, c. 3. D. III.
Privilegium, c. 63. C. XI. qu. 3.
Prius ergo, c. 6. C. III. qu. 2.
Prius est, c. 4. fin. C. III. qu. 11.
Priusquam ad nos, c. 4. D. XXVIII.
Priusquam convenirent, c. 42. C. XXVII. qu. 2.
Probinum, c. 18. C. XVI. qu. 1.
Proclivis, c. 2. C. XX. qu. 3.
Prodest, c. 4. C. XXIII. qu. 5.
Pro dilectione, c. 95. D. II. de cons.
Productor est, c. 7. D. III. de pœn.
Progeniem suam, c. 16. C. XXXV. qu. 2 et 3.
Prohibendum, c. 24. fin. D. LIV.
Prohibentur, c. 14. C. II. qu. 1.
Prohibete, c. 21. D. XXIII.
Pro membris, c. 4. C. XXIII. qu. 3.
Pronunciandum, c. 1. D. III. de cons.
Pro obeuntibus, c. 21. C. XIII. qu. 3.
Prophetavit, c. 79. C. 1. qu. 1.
Proposito, c. 4. C. XXXII. qu. 5.
Propositum, c. 1. C. XX. qu. 3.
Proposuisti, c. 2. D. LXXXII.
Proprie, c. 13. D. IV. de cons.
Propter ecclesiasticas, c. 15. D. XVIII.
Propter ecclesiasticas, c. 4. D. XVIII.
Propter eos, c. 26. c. VII. qu. 1.
Propter gloriam, c. 69. D. IV. de cons.
Propter superfluam, c. 22. C. II. qu. 6.
Propter totius, c. 10. D. XIX.
Propter vitandum, c. 85. D. IV. de cons.
Pro qualitate, c. 7. C. XXVI. qu. 7.
Pro reverentia, c. 11. D. XLIV.
Provinciæ, c. 1. C. XCIX.
Psalmista, c. 20. D. XXIII.
Pudenda, c. 33. C. XXIV. qu. 1.
Pudor est, c. 1. C. XXXII. qu. 2.

I. — INDEX CANONUM DECRETI.

Puella, c. 2. C. XX. qu. 2.
Puellæ, c. 8. C. XX. qu. 1.
Pueri a sacros. c. 120. C. I. qu. 1.
Pueri ante annos, c. 15. C. XXII. qu. 1.
Pulchra etiam, c. 18. D. LXXXVI.
Pulsatus, c. 3. C. III. qu. 6
Pura et simplex, c. 17. C. III. qu. 9.
Puto Christianum, c. 16. C. XXXII. qu. 5.
Puto, quod sine, c. 33. C. II. qu. 7.
Putant quidam, c. 2. C. XIV. qu. 3.

## Q

Quacunque arte, c. 9 C. XXII. qu. 5.
Quadragesima sex, c. 5. D. IV.
Quadragesima summa, c. 16. D. V. de cons.
Quæ ad perpetuam, c. 3. C. XXV. qu. 1.
Quæ Christo, c. 10. C. XXVII. qu. 1.
Quæ contra mores, c. 2. D. VIII.
Quæcunque a parentibus, c. 20. C. XXV. qu. 2.
*Quæcunque contentiones*, c. 7. C. XI. qu. 1.
Quæcunque enim, c. 6. D. IV. de pœn.
Quæcunque mulier, c. 2. D. XXX.
Quæcunque res, c. 5. C. X. qu. 1.
Quædam capitula, c. 3. D. XCVI.
Quædam cum fratre, c. 19. C. XXXII. qu. 7.
Quædam etiam, c. 6. D. II.
Quædam lex terr., c. 20. C. XXXV. qu. 2 et 3.
Quæ de causa, c. 9. C. II. qu. 5.
Quæ dignior, c. 26. C. XXIV. qu. 1.
Quæ ipsis sacerdotibus, c. 5. D. XXXVIII.
Quælibet occulta, c. 10. D. XL.
Quæ Lotharius, c. 16. C. II. qu. 1.
Quærat hic aliquis, c. 44. D. III. de pœn.
Quærendum est in indic., c. 18. C. II. qu. 7.
Quærendum est interea, c. 6. D. II. de pœn.
Quæris a me, c. 129. D. IV. de cons.
Quæritur, c. 22. fin. C. XXII. qu. 2.
Quæro ergo, c. 21. C. VI. qu. 1.
Quæ semel, c. 4. C. XIX. qu. 3.
Quæsitum est ab aliquib., c. 50. C. XIII. qu. 2.
Quæsitum est de episc., c. 4. C. I. qu. 3.
Quæsitum est etiam, c. 43. C. XXIII. qu. 4.
Quæstionem, c. 39. C. XII. qu. 2.
Quali nos, c. 44. C. XXIII. qu. 5.
Qualis condemnatio, c. 9. C. II. qu. 7.
Qualis debeat, c. 4. C. XXX. qu. 5.
Qualis enim, c. 21. C. VIII. qu. 1.
Qualis hinc, c. 4 D. XXV.
Qualitas lucri, c. 2. D. V. de pœn.
Qualiter ordinati, c. 13. C. VII. qu. 1.
Quam magnum, c. 10. C. XXIII. qu. 4.
Quamobrem, c. 68. D. I. de pœn.
Quam periculosum, c. 8. C. VII. qu. 1
Quam pio mentis, c. 2. C. I. qu. 2.
Quam præposterum, c. 25. C. XIII. qu. 2.
Quam sit necessarium, c. 5. C. XVIII. qu. 2.
Quamvis caute, c. 62. D. L.
Quamvis caute, c. 22. D. III. de pœn.
*Quamvis chorepiscopi*, c. 4. D. LXVIII.
Quamvis dictum, c. 15. C. XXII. qu. 1.
Quamvis errare, c. 11. D. XXXVIII.
Quamvis liceat, c. 7. C. III. qu. 6.
Quamvis plenitudo, c. 89. D. I. de pœn.
Quamvis triste, c. 14. c. VII. qu. 1.
Quamvis vera, c. 75. C. XI. qu. 3.

Quamvis universæ, c. 3. D. XXI.
Quamvis unum, c. 29. D. IV. de cons.
Quando ab Hierosolymis, c. 147. D. IV. de cons.
Quando Adam, c. 33. D. II. de pœn.
*Quando autem convener.*, c. 8. D. XLIV.
Quando autem stamus, c. 70. D. I. de cons.
Quando episcopus, c. 5. D. XXIV.
Quando ergo, c. 23. C. XI. qu. 3.
*Quando et ubi*, c. 6. D. LXAV.
Quando necessitas, c. 4. D. LXXXVI.
Quando presbyteri aut diac, c. 3. D. XXVIII.
Quando presbyteri in paroch., c. 2. D. XXXVIII.
*Quando presbyteri per kal.*, c. 9. D. XLIV.
Quando quis, c. 128. D. IV. de cons.
Quando vult Deus, c. 39. C. XXIII. qu. 4.
Quanquam omnes, c. 6. D. XXIII.
Quanquam sacerdotum, c. 2. C. XIV. qu. 2.
Quanquam secundum hon., c. 34. C. II. qu. 7.
Quanto a nobis, c. 8. C. II. qu. 5.
Quanto apostolica, c. 10. D. LXIII.
Quanto tempore, c. 1. C. III. qu. 2.
Quantum dicit, c. 48. D. L.
Quantumlibet, c. 9. D. XI.VII.
Quantus, c. 14. C. XXIII. qu. 4.
Quantuslibet, c. 73. D. I. de pœn.
Quapropter nec cler., c. 47. C. II. qu. 7.
Quapropter in filiab., c. 37 C. XXVII. qu. 2.
Qua traditione, c. 5. D. XXII.
Quatuor autem, c. 27. C. XII. qu. 2.
Quatuor modis, c. 78. C. XI. qu. 3.
Quemadmodum illicita, c. 9. D. XII.
Quemadmodum membr., c. 4. fin. C. XXIII. qu. 7.
Quemadmodum non rect., c. 10. C. XXXII. qu. 7.
Quem pœnitet, c. 88. D. I. de pœn.
Quem primogenitores, c. 6. C. XX. qu. 1.
Queritur pater, c. 36. C. II. qu. 7.
Questa est nobis, c. 12. C. XIII. qu. 2
Questi nobis sunt, c. 14. C. XVII. qu. 4.
Questi sunt, c. 46. C. XVI. qu. 1.
Quia Agatho, c. 25. C. XXVII. qu. 2.
Quia alii, c. 24. C. XIII. qu. 2.
Quia aliquanti, c. 4. D. LXXXII.
*Quia autem*, c. 5. C. XX. qu. 1.
Qui abstulerit, c. 6. C. XII. qu. 2.
Qui accusare, c. 8. C. III. qu. 9.
Quia cognovimus, c. 6. C. X. qu. 3.
Quia corpus, c. 33. D. II. de cons.
Quia dies, c. 31. D. V. de cons.
Qui admisit, c. 1. C. XV. qu. 8.
Qui admissa plangit, c. 14. D. III. de pœn.
Qui admissa plangunt, c. 13. D. III. de pœn.
Quia divinitatis, c. 73. D. I. de pœn.
Quia ea, c. 9. fin. C. III. qu. 2.
Quia episcopus, c. 3. fin. C. V. qu. 5.
Quia ex sola, c. 22. C. XXIV. qu. 1.
Quia frater, c. 18. C. VII. qu. 1.
Quia igitur, c. 9. D. LXIII.
Quia ingredientibus, c. 7. C. XIX qu. 3.
Quia in quibusdam, c. 4. D. LXXXIX.
Quia Joannes, c. 3. C. XII. qu. 5.
Quia juxta canonicas, c. 3. C. V. qu. 6.
Quia juxta sanctor., c. 59. C. XVI. qu. 1.
Qui aliorum, c. 32. C. XXIV. qu. 3.
Qui ambulat, c. 5. fin. C. V. qu. 5.
Quia morte, c. 50. D. II. de cons.
Quia passus est, c. 56. D. II. de cons.
Quia per ambitiones, c. 6 D. LXIV.

Quia præsulatus, c. 5. C. I. qu. 4
Quia apud, c. 4. C. I. qu. 4.
Quia radix, c. 13. D. II. de pœn.
Quia res, c. 50. fin. C. XI. qu. 1.
Quia sacerdotes, c. 13. C. X. qu. 1.
Quia sancta, c. 28. D. LXIII.
Quia sanctitas, c. 16. D. L.
Quia simpliciter, c. 14. 6n. D. LVI.
Quia sunt, c. 10. D. XXVIII.
Quia te quasi, c. 38. D. L.
Quia tua fraternitas, c. 8. C. XII. qu. 1.
Qui bene, c, 94. D. II. de cons.
Qui bis ignoranter, c. 117. D. IV. de cons.
Qui bona agunt, c. 4. fin. C. XVII. qu. 1.
Quibusdam narrantibus, c. 117. C. 1. qu. 1.
Quibus episcopi, c. 27. C. XI. qu. 3.
Quibus peccata, c. 16. C. XIII. qu. 2.
Qui calumniam, c. 2. C. V. qu. 6.
Qui cathedram, c. 3. C. XCIII.
Qui Christi, c. 1. C. XI. qu. 2.
Qui clementiam, c. 22. D. LXXXVI.
Qui communicaverit, c. 19. C. XI. qu. 3.
Qui compulsus, c. 1. C. XXII. qu. 5.
Qui consentit, c. 100. C. XI. qu. 3.
Qui contempta, c. 6. D. VIII.
Qui contra, c. 52. C. XXIV. qu. 1.
Quicquid enim, c. 26. D. V. de cons.
Quicquid inter, c. 3. C. XXXII. qu. 2.
Quicquid invisibilis, c. 101. C. I. qu. 4.
Quicquid mulier, c. 22. C. XXXII. qu. 2.
Quicquid parochiar., c. 36. C. XII. qu. 2.
Qui crimen intendit, c. 6. C. VI. qu. 1.
Qui crimen objicit, c. 4. C. II. qu. 8.
Qui crimen objicit, c. 18. fin. C. III. qu. 6.
Quicunque ab unit., c. 27. C. XXIV. qu. 1.
Quicunque ausus, c. 8. D. 1. de pœn.
Quicunque aut, c. 79. C. XI. qu. 3.
Quicunque clericus, c. 4. C. XXXIII. qu. 8.
Quicunque contristaverit, c. 12. C. XL. qu. 3.
Quicunque de sacerd., c. 2. C. XII. qu. 3.
Quicunque dignitatem, c. 30. D. I.
Quicunque episcopi, c. 66. C. XII qu. 2.
Quicunque episcopor., c. 1. C. XVII. qu. 4.
Quicunque episcopus, c. 4. C. XVI qu. 5.
Quicunque ex clero, c. 6. C. XXXIII qu. 5.
Quicunque ex gradu, c. 7. fin. C. XII. qu. 5.
Quicunque ex his, c. 5. D. LXXXI.
Quicunque fidelium, c. 30. C. XVI qu. 7.
Quicunque intra, c. 57. C. XI. qu. 3.
Quicunque itaque, c. 3. D. LXXXVI.
Quicunque libertatem, c. 5. D. LIV.
Quicunque litem, c. 33. C. XI. qu. 1.
Quicunque militum, c. 4. C. XII. qu. 2.
Quicunque non, c. 25. C. II. qu. 6.
Quicunque parentib., c. 4. C. XX. qu. 1.
Quicunque percutit, c. 53. C. XXXIII. qu. 8.
Quicunque pœnitens, c. 56. D. L.
*Quicunque presbyter*, c. 22. D. IV. de cons.
Quicunque propriam, c. 7. C. XXXIII. qu. 2.
Quicunque recognoverit, c. 4. C. XVI. qu. 7.
Quicunque sacerdotum, c. 13. C. XXVI. qu. 5.
Quicunque sacros, c. 12. C. I. qu. 1.

Quicunque sane, c. 1. C. I. qu. 5.
Quicunque sciens, c. 18. C. VI. qu. 1.
Quicunque studet, c. 2. C. I. qu. 1.
*Quicunque sub condit., c. 8. C. XXVII. qu. 2.*
Quicunque sub hoc, c. 2. C. XII. qu. 4.
Quicunque tempora, c. 9. C. XIV. qu. 4.
Quicunque virginit., c. 9. D. XXXI.
Quicunque voluerit, c. 44. C. XVI. qu. 1.
Quicunque vos, c. 1. C. XXIII. qu. 7.
Quicunque vult, c. 43. fin. C. XVII. qu. 4.
Quidam autem haeretici, c. 39. C. XXIV. qu. 3.
Quidam clerici, c. 30. D. LXXXI.
Quidam Deo, c. 90. fin. D. I. de pœn.
Quidam desponsavit, c. 31. C. XXVII. qu. 2.
Quidam fornicatus, c. 10. fin. C. XXXIV. qu. 1.
Quidam maligni, c. 2. C. V. qu. 1.
Quidam monachi, c. 17. C. XVI. qu. 1.
Quidam monachorum, c. 10. C. XVIII. qu. 2.
Quidam nubentes, c. 2. D. XXVII.
Quidam vero e contrario, c. 18. C. XXIII. qu. 4.
Quid autem de episc., c. 1. D. XLV.
Quid autem ego, c. 23. C. VIII. qu. 1.
Quid autem iniquius, c. 30. C. XXIV. qu. 3.
Quid crudele, c. 44. C. XXIII. qu. 4.
Quid culpatur, c. 4. C. XXIII. qu. 1.
Quid dicam, c. 11. C. XIV. qu. 4.
Quid de mensa, c. 11. D. XXXVII.
Quid enim prodest, c. 4. D. LXXXIII.
Quid ergo ait, c. 6. C. XXIII. qu. 5.
Quid ergo mirum, c. 99. C. XI. qu. 3.
Quid ergo turbamur, c. 48. D. II. de pœn.
Quid ergo voluit, c. 3. C. XXIII. qu. 4.
Qui desponsatam, c. 12. C. XXVII. qu. 2.
*Quid est aliud, c. 13. D. LXXXVIII.*
Quid est Christum, c. 46. D. II. de cons.
Quid est hoc, c. 17. D. L.
Quid est manus, c. 3. D. LXXVIII.
Quid est quicunque, c. un. C. XXXV. qu. 7.
Quid est, quod dicitur, c. 13. D. IV. de pœn.
Quid faciet, c. 25. C. XXIII. qu. 4.
Qui die solemni, c. 66. D. I. de cons.
Quid in omnibus, c. 16. C. XXXII. qu. 7.
Qui discordat, c. 65. D. II. de cons.
Qui divina, c. 28. C. XIII. qu. 2.
Qui divinationes, c. 2. C. XXVI. qu. 5.
Qui divini, c. 4. D. IV. de pœn.
Quid obest, c. 50. C. XI. qu. 3.
Qui dormierit, c. 30. C. XXVII. qu. 2.
Qui dormierit, c. 21. C. XXXII. qu. 7
Quid proderit, c. 7. D. LXI.
Quid prodest jejunate, c. 12. D. LXXXVI.
Quid sit sanguis, c. 73. D. II. de cons.
Qui ea, quae Dei sunt, c. 10. D. XXXVIII.
Qui ecclesiasticis, c. 2. D. XXXVI.
Qui ecclesiasticis, c. 1. D. LIX.
Qui egerit veraciter, c. 3. D. VII. de pœn.
Qui episcopatum, c. 11. c. VIII. qu. 1.
Qui episcopus, c. 2. D. XXIII.
Quiescamus, c. 2. D. XLII.
Quiescite, c. 12. C. IV. qu. 1.
Qui et divinis, c. 24. C. XII. qu. 2.
Qui ex familiis, c. 4. D. LIV.
Qui exigit, c. 6. C. XXII. qu. 5.
Qui habetis, c. 14. C. XIV. qu. 5.
Qui lo aliquo, c. 5. fin. D. LI.
*Qui in aliud, c. 5. D. XXV.*
Qui in alterius, c. 1. C. V. qu. 1.
Qui in castigatione, c. 6. C. XXXIII. qu. 4.

Qui in ecclesia, c. 31. C. XXIV. qu. 3.
Qui in maternis, c. 115. D. IV. de cons.
Qui in qualibet, c. 10. C. I. qu. 7.
Qui jubente, c. 39. C. XI. qu. 3.
Qui justus est, c. 90. C. XI. qu. 3.
Quilibet fratrum, c. un. C. VIII. qu. 3.
Qui malos, c. 29. C. XXIII. qu. 5.
Qui manducant, c. 58. D. II. de cons.
Qui manducat, c. 75. D. II. de cons.
Qui merito, c. 29. C. XI. qu. 3.
Qui natus est, c. 36. D. I. de pœn.
Qui nec regiminis, c. 32. C. II. qu. 7.
Qui negligunt, c. 3. C. XXIV. qu. 3.
Qui non probaverit, c. 3. C. II. qu. 3.
Quinque modis, c. 22. D. V. de cons.
Qui oblationes defunct. aut, c. 9. C. XIII. qu. 2.
Qui oblationes defunct. ret., c. 10. C. XIII. qu. 2.
Qui occiderit, c. 28. C. XVII. qu. 4.
Qui omnipotentem, c. 95. C. XI. qu. 3.
Qui partem, c. 6. D. LV.
Qui peccat, c. 40. C. XXIII. qu. 4.
Qui pejerare, c. 13. C. XXII. qu. 5.
Qui pejerat, c. 2. C. XXII. qu. 5.
Qui per pecunias, c. 9. C. I. qu. 1.
Qui perfectionem, c. 17. C. I. qu. 1.
Qui plures, c. 3. C. XXI. qu. 1.
Qui potest, c. 8. C. XXIII. qu. 3.
*Qui presbyterum, c. 24. C. XVII. qu. 4.*
Qui propinquam, c. 4. C. XXXV. qu. 2 et 3.
Qui rapit, c. 18. C. XVII. qu. 4.
Qui recedit, c. 14. D. IV. de pœn.
Qui recedunt, c. 7. C. XXVI. qu. 6.
Qui recte judicat, c. 66. C. XI. qu. 3.
Qui religiosis, c. 11. C. XVIII. qu. 2.
Qui resistit, c. 97. C. XI. qu. 3.
Qui sacramento, c. 11. C. XXII. qu. 4.
Qui saccum, c. 43. D. L.
Quis aestimaret, c. 17. C. XXVI. qu. 7.
Quis aliquando, c. 87. D. I. de pœn.
Qui sanctus, c. 66. D. I. de pœn.
Quis autem leges, c. 11. D. X.
Quis autem nesciat, c. 144. D. IV. de cons.
Quis aut leges, c. 11. D. LIV.
Qui scelerate, c. 24. D. II. de cons.
Qui scit, se, c. 14. C. II. qu. 6.
Quis dubitet, c. 9. D. XCVI.
Qui secundum carnem, c. 13. C. XXIII. qu. 4.
Qui semel, c. 2. D. L.
Quis enim nostrum, c. 48. C. XXIII. qu. 5.
Qui se scit c. 12. C. II. qu. 6.
Quis ignorat, c. 6. C. XXII. qu. 4.
Qui sincera, c. 3. D. x LV.
Qui sine crimine, c. 5. fin. D. XXVI.
Qui sine peccato est, c. 3. C. III. qu. 7.
Qui sine Salvatore, c. 7. C. XXVI. qu. 2.
Qui sitit, c. 9. C. XXXIII. qu. 5.
Quis locus, c. 2. C. I. qu. 4.
Quis nesciat, aut, c. II. fin. D. XI
Quis nesciat sanctam, c. 8. D. XI.
Quis nos, c. 43. C. XXIII. qu. 4.
Qui spiritualem, c. 4. C. XXX. qu. 4.
Quisquis Christianum, c. 52. C. XXIII. qu. 4.
Quisquis clericus, c. 5. D. LXXXIV.
Quisquis cum militibus, c. 9. D. I. de pœn.
Quisquis dixerit, c. 155. D. IV. de cons.
Quisquis episcoporum, c. un. C. IV. qu. 5.
Quisquis episcopus, c. 19. C. XII. qu. 2.

Quisquis ex concupisc., c. 137. D. IV de cons.
Quisquis ille, c. 3. C. II. qu. 8.
Quisquis in negotiis, c. 3. D. LXXXVII.
Quisquis inventus, c. 21. C. XVII. qu. 4.
Quisquis metu, c. 80. C. XI. qu. 3.
Quisquis per dolum, c. 22. C. XXIV. qu. 3.
Quisquis per pecuniam, c. 5. C. I. qu. 1.
Quisquis praeceptis, c. 3. fin. C. XIV. qu. 1.
Quisquis pro aliquo, c. 38. C. XXIV. qu. 1.
Quisquis probatus, c. 19. C. II. qu. 6.
Quisquis rebus, c. 1. D. XLI.
Quisquis vel quod, c. 3. C. XXIII. qu. 4.
Qui studet, c. 11. C. I. qu. 1.
Qui subdiaconum, c. 27. C. XVII. qu. 4.
Qui sub gradu, c. 31. D. L.
Qui suis episcopis, c. 9. D. XCIII.
Qui venatoribus, c. 8. D. LXXXVI.
Qui venatoribus, c. 9. D. LXXXVI.
Qui vere, c. 12. C. XVI. qu. 1.
*Qui vero excommunicato, c. 38. C. XI. qu. 3.*
*Qui vero odii, c. 40. D. L.*
Qui viderit, c. 13, C. XXXII. qu. 5.
Qui vitiis, c. 58. C. XXIII. qu. 5.
Qui vos spernit, c. 14. C. VIII. qu. 1.
Qui vult confiteri, c. 1. D. VI. de pœn.
Qui vult eleemosynam, c. 19. D. III. de pœn.
Qui vult facere, c. 16. D. II. de pœn.
Qui uxorem suam, c. 10. C. XXXIII. qu. 5.
Quo ausu, c. 26. C. XXIII. qu. 8.
Quod ad nos, c. 10. fin. D. XLVII.
Quod ait Sodomitis, c. 1. D. XIV.
Quodam loco, c. 3. fin. C. XXVI. qu. 3 et 4.
Quod a patribus, c. 4. D. LXXV.
Quod autem ait, c. 18. C. XXII. qu. 2.
Quod autem apud, c. 5. D. IV. de cons.
Quod autem hi, c. 2. C. IV. qu. 1.
Quod autem frater, c. 5. C. XXXV. qu. 5.
Quod autem interrogasti, c. 29. C. XXVII. qu. 2.
Quod autem interrogasti, c. 1. C. XXXIII. qu. 1.
Quod autem nobis, c. 3. C. XXIII. qu. 7.
Quod autem postulas, c. 1. C. VI. qu. 5.
Quod autem tibi, c. 7. C. XXXII. qu. 1.
Quod autem uxor, c. 6. fin. C. XXX. qu. 4.
Quod bene, c. 6. C. VI. qu. 4.
Quod Christus, c. 26. C. XXIII. qu. 4.
*Quod conditio, c. 7. C. XXVII. qu. 2.*
Quodcunque, c. 6. C. XXIV. qu. 1.
Quod David, c. 5. c. XXII. qu. 4.
Quod debetur, c. 2. C. XIV. qu. 1.
Quod Deo, c. 4. C. XXXIII. qu. 5.
Quod dicit Dominus, c. 4. D. XLI.
Quod dicitis, c. 14. fin. D. XVI.
Quod die dominico, c. 5. D. LXXV.
Quod erraverat, c. 2. C. XXIII. qu. 6.
Quod interrogasti, c. 6. D. XXVII.
Quod praedecessor, c. 105. C. XI. qu. 3.
Quod pro necessitate, c. 41. C. I. qu. 1.
Quod proposuisti, c. 18. C. XXXII. qu. 7.
Quod pro remedio, c. 7. C. I. qu. 7.
Quod quidam, c. 97. C. I. qu. 1.

Quod quis commisit, c. 3. C. XXXV. qu. 9.
Quod si accusatorum, c. 4. fin. C. IV. qu. 6.
Quod si dormierit, c. 13. fin. C. XXXI. qu. 1.
Quod si pœnitentiam, c. 5. C. XXVII. qu. 1.
Quod suspecti, c. 15. fin. C. III. qu. 5.
Quod vero dicitis, c. 10. C. XXV. qu. 2.
Quod vero non, c. 8. C. XXXII. qu. 2.
Quo jure, c. 1. D. VIII.
Quomodo exaudit, c. 41. D. IV. de cons.
Quomodo renovari, c. 31. D. H. de pœn.
Quomodo sacerdos, c. 44. C. XI. qu. 3.
Quomodo virginibus, c. 10. C. XXXI. qu. 1.
Quoniam a quibusdam, c. 5. C. XIX. qu. 3.
Quoniam diversarum, c. 1. C. XXI. qu. 2.
Quoniam Festus, c. 19. fin. D. LXI.
Quoniam idem, c. 8. D. X.
Quoniam in quibusd. eccl., c. 21. C. XVI. qu. 7.
Quoniam in quibusd. prov., c. 15. D. XXXII.
Quoniam in Romani, c. 13. D. XXXI.
Quoniam investituras, c. 13. C. XVI. qu. 7.
Quoniam mos, c. 7. D. LXV.
Quoniam multa, c. 1. D. XLVIII.
Quoniam multi cleric., c. 8. C. XIV. qu. 4.
Quoniam multi sub, c. 2. D. XLVII.
Quoniam multos, c. 103. C. XI. qu. 3.
*Quoniam non cognovi*, c. 12. D. LXXVIII.
Quoniam quicquid ab alt., c. 13. C. I. qu. 7.
Quoniam quicqu. habent, c. 68. fin. C. XVI. qu. 1.
Quoniam quidam metrop., c. 2. D. LXXV.
Quoniam quidam metrop., c. 1. D. C.
Quoniam quidem, c. 7. D. XVIII.
Quoniam sanctæ, c. 7. D. XVI.
Quoniam sunt, c. 10. D. III. de cons.
Quoniam Velina, c. 14. C. XII. qu. 1.
Quoniam vetusto, c. 25. C. XXIV. qu. 1.
Quoniam videmus, c. 1. D. LXIX.
Quorum vices, c. 6. fin. D. LXVIII.
Quorundam ad nos, c. 6. D. LXXIV.
Quorundam cleric., c. 14. D. XXIII.
Quorundam relatione, c. 1. D. XXXIV.
Quos a paginis, c. 52. D. IV. de cons.
Quos constiterit, c. 5. D. I. qu. 1.
Quos Deus conjunxit, c. 18. C. XXXIII. qu. 2.
Quotidie, c. 13. D. II. de cons.
Quoties a populis, c. 14. C. I. qu. 7.
Quoties cordis, c. 9. C. I. qu. 7.
Quotiescunque, c. 2. C. XXXIII. qu. 4.
Quoties episcopi, c. 16. C. II. qu. 6.
Quoties fidei, c. 12. C. XXIV. qu. 1.
*Quoties frater*, c. 17. C. II. qu. 5.
Quoties post, c. 26. C. II. qu. 6.
Quoties vero, c. 24. C. XXII. qu. 5.
Quotquot, c. 24. C. XXVII. qu. 1.
Quum accusatus, c. 1. C. III. qu. 3.
Quum ad celebrandas, c. 63. D. I. de cons.
Quum ad verum, c. 6. D. XCVI.
*Quum a Judæis*, c. 2. C. XXIII. qu. 8.
Quum aliquis, c. 108. C. XI. qu. 3.
Quum aliquis, c. 7. C. XXIV. qu. 3.
Quum apud Thessalonicam, c. 69. C. XI. qu. 3.
Quum baptizat, c. 27. D. IV. de cons.

Quum beatissimus, c. 16. C. XXIV. qu. 1.
Quum beatus, c. 8. D. XLV.
Quum caput, c. 13. C. XXXIII. qu. 5.
Quum de quorundam, c. 4. D. LXXXIV.
Quum devotissimam, c. 8. C. XII. qu. 2.
Quum ecclesiæ, c. 2. C. III. qu. 2.
*Quum enixa*, c. 1. D. V.
Quum ergo, c. 11. C. XXIV. qu. 3.
Quum exaudiero, c. 10. D. L.
Quum frangitur, c. 37. D. II. de cons.
Quum gravia, c. 17. C. XIII. qu. 2.
Quum Hadrianus, c. 29. D. LXIII.
Quum homo, c. 19. C. XXIII. qu. 5.
Quum humilitatis, c. 9. C. XXII. qu. 2.
Quum igitur, c. un. C. XXXV. qu. 1.
Quum in captivitate, c. 2. C. XXXIV. qu. 1 et 2.
Quum initiatur, c. 5. C. XXVII. qu. 2
Quum initiatur, c. 35. C. XXVII. qu. 5.
Quum in lege, c. 16. C. XXIII. qu. 4.
Quum in præterito, c. 5. D. LXXXIV.
Quum ita puniantur, c. 22. D. IV. de pœn.
Quum itaque, c. 112. D. IV. de cons.
Quum liqueat, c. 15. C. I. qu. 1.
Quum longe, c. 25. D. LXIII.
Quum majores, c. 20. C. VI. qu. 1.
Quum minister, c. 14. C. XXIII. qu. 5.
Quum multa, c. 5. D. LXXXVI.
Quum multæ, c. 3. C. XV. qu. 8.
Quum omne crimen, c. 7. D. II. de cons.
Quum omnis avaritia, c. 20. C. I. qu. 1.
Quum ordinaretur, c. 11. C. I. qu. 1.
Quum pastoris, c. 58. C. II. qu. 7.
Quum Paulus, c. 26. C. I. qu. 1.
Quum per bellicam, c. 1. C. XXXIV. qu. 1 et 2.
Quum percussio, c. 2. C. VII. qu. 1.
Quum piæ, c. 9. C. XXV. qu. 2.
Quum pro parvulis, c. 77. D. IV. de cons.
Quum pro utilitate, c. 34. C. XVI. qu. 4.
Quum quisque, c. 19. C. XXIII. qu. 4
Quum Redemptor, c. 68. C. XII. qu. 2.
Quum renunciatur, c. 9. C. XXXII. qu. 1.
Quum sanctam, c. 15. D. II. de pœn.
Quum sancti, c. 12. C. XXIV. qu. 3.
Quum scriptura, c. 83. C. I. qu. 1.
Quum simus, c. 5. C. IX. qu. 3.
Quum societas, c. 17. C. XXVII. qu. 2.
Quum tantum, c. 47. D. IV. de cons

**R**

Radicata est, c. 3. D. II. de pœn.
*Rapinam emere*, c. 5. C. XIV. qu. 5.
Raptor, c. 35. C. XXVII. qu. 2.
Raptores igitur, c. 2. C. XXXVI. qu. 2.
Raptus est, c. 48. C. XXVII. qu. 2.
Raptus quoque, c. 1. C. XXXVI. qu. 1.
Rationis ordo non, c. 34. C. XVI. qu. 7.
Rationis ordo omnino, c. 9. D. C.
*Ratio nulla*, c. 2. C. XVII. qu. 4.
Reatina ecclesia, c. 16. D. LXIII.
Rebaptizare, c. 108. D. IV. de cons.
Recedite, exite, c. 9. C. XXIII. qu. 4.
Recedite, inquiunt, c. 16. D. XLV.
Recurrat, c. 2. C. XXXII. qu. 4.
Redintegranda, c. 3. C. III. qu. 1.
Redintegranda, c. 4. C. III. qu. 1.
Regenda est, c. 4 C. X. qu. 1.
Regenerante, c. 156. D. IV. de cons
Regula, c. 2. D. III.
Regulæ sanctorum, c. 2. D. XXIX.
Regula vestra, c. 2. D. XVII.

Regum officium, c. 23. C. XXIII. qu. 5.
Relata est, c. 9. C. X. qu. 1.
Relatio, c. 3. C. XXI. qu. 1.
Relatum est ad hui., c. 14. C. XI. qu. 1.
Relatum est ad sed., c. 3. C. V. qu. 2.
Relatum est auribus, c. 4. C. XXXI. qu. 1.
Relatum est nobis, quod, c. 14. D. XXXVII.
Relatum est nobis, quosd., c. 11. D. II. de cons.
Relatum est nobis, sanctæ, c. 9. C. X. qu. 3.
Relegentes, c. 45. C. XXIII. qu. 5.
Religiosam, c. 75. fin. C. XII. qu. 2.
Reliqui sacerdotes, c. 1. D. LXVII.
Remissionem, c. 39. C. I. qu. 1.
Remittuntur, c. 49. fin. C. XXIII. qu. 5.
Remoto, c. 30. C. VII. qu. 1.
Renovantes, c. 6. D. XXII.
Reos sanguinis, c. 7. C. XXIII. qu. 5.
Reperiuntur quam plurimi, c. 7. C. I. qu. 1.
Reperiuntur qui, c. 2. D. III. de pœn.
Reprehensibile, c. 19. C. XXIII. qu. 8.
Requiritis, c. 5. C. I. qu. 7.
Requisisti, c. 2. C. XXXIII. qu. 1.
Res autem, c. 21. C. XXIII. qu. 5.
Rescripta, c. 15. C. XXV. qu. 2.
Resecandæ, c. 16. C. XXIV. qu. 3.
Res ecclesiæ non, c. 26. C. XII. qu. 1.
Res ecclesiæ, quæ, c. 12. C. I. qu. 3
Res in episcopatu, c. 12. C. XII. qu. 2.
Responsa, c. 5. D. II.
Resuscitatus, c. 35. D. I. de pœn
Retulerunt, c. 86. D. IV. de cons.
Revera justus, c. 12. C. III. qu. 9.
Revera mirabile, c. 69. D. II. de cons.
Revera non, c. 2. C. XXXII. qu. 5.
Revertar, c. 5. D. IV. de pœn.
Revertimini, c. 68. C. XVI. qu. 1.
Reum ad ecclesiam, c. 9. C. XVII. qu. 4.
Rex debet, c. 40. C. XXIII. qu. 5.
Rhodiæ, c. 8. fin. D. II.
Ridiculum est et sat., c. 5. D. XII.
*Ridiculum est, ut,* c. 45. C. XI. qu. 3.
Rogamus vos, c. 15. C. XXIV. qu. 1.
Rogationes, c. 3. D. III. de cons.
Rogo, hortor et moneo, c. 25. C. XI. qu. 3.
Romanus, c. 11. D. LXXXI.
Romanus Pontifex, c. 23. D. IV. de cons.
Rursus, c. 36. C. XI. qu. 3.

**S**

Sabbato, c. 13. D. III. de cons.
Sacerdos ante, c. 7. D. VI. de pœn.
Sacerdos aut, c. 7. D. LXXXI.
Sacerdos, cui, c. 9. C. I. qu. 2.
Sacerdos Dei, c. 89. D. II. de cons.
Sacerdos pœnitentiam, c. 6. C. XXVI. qu. 7.
*Sacerdos quidem,* c. 24. D. L.
Sacerdos, ut, c. 7. fin. C. III. qu. 7.
Sacerdotale officium, c. 1. D. LXI.
Sacerdote, c. 63. D. I de cons.
Sacerdotes Dei, c. 2. D. XXXVII.
Sacerdotes et rel., c. 8. 6. II. qu. 7.
Sacerdotes nomen, c. 2. fin. D. XCIX.
Sacerdotes, qui euchar., c. 90. C. I. qu. 1.
Sacerdotes, qui propr., c. 8. C. VI. qu. 1.
Sacerdotes, quum, c. 67. D. IV. de cons.
Sacerdotes si, c. 35. D. I.
Sacerdotes ut, c. 31. C. II. qu. 7.
Sacerdotes vel, c. 1. C. XII. qu. 4.

# I. — INDEX CANONUM DECRETI.

Sacerdotes vero, c. 7. D. XCIII.
Sacerdotibus autem, c. 41. C. XI. qu. 1.
Sacerdotibus omnib., c. 6. D. III. de cons.
Sacerdotibus ut, c. 2. D. XXXI.
Sacerdotium, c. 7. fin. C. XXI. qu. 3.
Sacerdotum. c. 30. D. II. de cons.
Sacramenta altaris, c. 49. D. I. de cons.
Sacramenta, quæ, c. 34. C. I. qu. 1.
Sacramentum hactenus, c. 1. C. II. qu. 5.
Sacratas, c. 25. D. XXIII.
Sacrificium Deo, c. 3. D. I. de pœn.
Sacrificium visib., c. 32. D. II. de cons.
Sacrilegium, c. 4. C. XVII. qu. 4.
Sacrorum canonum non, c. 34. D. LXIII.
Sacrorum canonum statuta, c. 15. C. XII. qu. 2.
Sacrosancta religio, c. 92. C. I. qu. 1.
Sacrosancta Romana, c. 2. D. XXII.
Sæculares, qui conj., c. 1. C. XXXIII. qu. 2.
Sæculares, qui in, c. 19. D. II. de cons.
Sæpe contingit, dum, c. 50. D. L.
Sæpe contingit, ut, c. 23. C. II. qu. 5.
Sæpe fit, c. 72. C. XII. qu. 2.
Sæpe malorum, c. 12. C. XXVIII. qu. 1.
Sæpe principes, c. 29. C. XXIII. qu. 8.
Sæpe se vitia, c. 6. D. XLI.
Sal cœlestis, c. 65. D. IV. de cons.
Salomon, c. 15. C. XXXII. qu. 4.
Salonitanæ, c. 24. D. LXIII.
Salvator prædicit, c. 8. C. I. qu. 5.
Salvator, qui, c. 40. fin. D. V. de cons.
Saluberrimum, c. 21. C. I. qu. 7.
Salvo in omnibus, c. 4. C. IX. qu. 3.
Sana quippe, c. 11. fin. D. IX.
Sancimus ejusmodi, c. 26. C. I. qu. 7.
*Sancimus omnibus*, c. 31. C. XII. qu. 2.
Sancitum est atque, c. 33. C. VII. qu. 1.
Sancitum est, ut, c. 25. C. XXIII. qu. 8.
Sancta octo, c. 8. D. XVI.
Sancta quippe, c. 55. C. II. qu. 7.
Sancta Romana, c. 3. fin. D. XV.
Sanctimoniales, c. 13. C. XX. qu. 1.
Sanctimonialis, c. 24. D. XXIII.
Sanctis quippe, c. 110. fin. C. XI. qu. 3.
Sanctissimo in Christo, c. 2. fin. D. LXXXIII.
Sanctorum canonum, c. 2. fin. D.LXX.
Sanctorum patrum canonib., c. 14. C. X. qu. 1.
Sanctorum patrum exempla, c. 10. C. I. qu. 1.
Sanctum est, c. 36. D. IV de cons.
Sane cavendum, c. 18. D. III. de pœn.
Sane consang., c. 14. C. XXXV. qu. 2 et 3.
Sane discimus, c. 7. C. XV. qu. 1.
Sane percussor, c. 18. fin. C. XLV. qu. 2.
Sane profertur, c. 6. fin. C. XXIV. qu. 2.
Sane quia, c. 6 C. XVI. qu. 2.
Sane quisquis, c. 4. C. XV qu. 3.
Sane quod super, c. 5. C. XXIV. qu. 2.
Sane si communi, c. 1. D. LXV.
Sane si ex consensu, c. 34. C. II. qu. 6.
Sane Thessalonicenses, c. 15. C. XVI. qu. 7.
Sapiens non est, c. 14. C. VI. qu. 1.
Sapiens nunquam, c. 37. D. II. de pœn.
Satagendum, c. 10. C. XXV. qu. 1.
Satis evidenter, c. 7. D. XCVI.

Satisfactio pœnitentiæ, c. 3. D. III. de pœn.
Satis hinc apparet, c. 14. C. XXXIII. qu. 5.
Satis ostendimus, c. 48. D. IV. de cons.
Satis perversum, c. 7. D. LVI.
Satyra, c. 7. D. H.
Sceleratior omnibus, c. 39. D. III. de pœn.
Scelus, c. 21. fin. C. II. qu. 1.
Scenicis, c. 96. D. II. de cons.
Schisma, c. 34. C. XXIV. qu. 1.
Schismatici, c. 1. C. XXIII. qu. 6.
Sciant cuncti, c. 2. C. II. qu. 8.
Scias, frater, c. 35. C. VII. qu. 1.
Sciatis, fratres, c. 1. C. XXXIII. qu. 4.
Sciendum est, hanc, c. 2. C. XXVI. qu. 3. et 4.
Sciendum est omnib, c. 57. C. XXVII. qu. 1.
Sciendum est, quod, c. 1. D. XXIX.
Sciendum quippe, c. 22. D. 11. de pœn.
Sciendum summopere, c. 10. C. VIII. qu. 1.
Scimus autem, c. 3. D. XLIII.
Scimus vos, c. 9. C. XII. qu. 1.
Scindite corda, c. 33. D. 1. de pœn.
Scire debes, c. 7. C. VII. qu. 1.
Scire debet, c. 8. D. LXXVI.
Scire vos oportet, c. 8. C. XXIII. qu. 8.
Sciscitantibus, c. 5. fin. C. XV. qu. 8.
Sciscitaris, c. 47. C. VII qu. 1.
Sciscitatur, c. 1. C. XXX. qu. 4.
Scitote, c. 2. C. VI. qu. 3.
Scit sancta, c. 3. D. XII.
Scripsit mihi, c. 1. C. VII. qu. 1.
Scripsit nobis, e. 26. C. XXVII. qu. 2.
Scriptorum vestrorum, c. 11. fin. D. C.
Scriptum est in lege, c. 1. C. VI. qu. 3.
Scriptum est : victimæ, c. 11. C. XIV. qu. 5.
Scriptura dicit, c. 3. D. II. de cons.
Secunda, e. 72 D. I. de pœn.
Secundum canonicam, c. 24. C. XXIII. qu. 8.
Secundum catholicam, c. 47. C. XI. qu. 3.
Secundum ecclesiæ, c. 8. D. XIX.
Secundum verba, c. 5. C. XXXIII. qu. 5.
Secuti sunt, c. 31. C. II. qu. 7.
Sed continuo, c. 46. D. I. de pœn.
Sed et illud, c. 9. C. XXVI. qu. 2.
Sed illud, c. 17. D XLV.
Seditionarios, c. 8. D. XLVI.
Sed nec Adam, c. 38. D. II. de pœn.
*Sed pensandum*, c. 2. D. VI.
*Sed si forte*, c. 21. D. LXXXI.
Sedulo monendi, c. 12. D XXXVIII.
Semel Christus, c. 51. D. II. de cons.
Semel immolatus, c. 52. D. II. de cons.
Senatusconsultum, c. 3. D. II.
Sententia Cham, c. 12. C. II. qu. 7.
Sententiam Romanæ, c. 6. C. XXXV. qu. 9.
Sententia pastoris, c. 1. C. XI. qu. 3.
Senti, c. 51. C. XI. qu. 5.
Septies cadit, c. 25. D. III. de pœn.
Septuaginta, c. 12. D. XVI.
Seriatim, c. 14. D. XXXII.
Series consanguinitatis, c. 1. C. XXXV. qu. 5.
Serpens decepit, c. 47. D. I. de pœn.
Servatis privilegiis, c. 6. C. XXV. qu. 2.
Servetur, c. 75. C. XI. qu. 3.
Servitium, c. 31. fin. C. XVIII. qu. 2.
Sexaginta, c. 2. D. XVI
Sex differentiæ, c. 1. C XXIII. qu. 3.
Sexta actione, c. C. XV. qu. 7.
Sextam sanctam, c. 29. D. III. de cons,
Sextam synodum, c. 5. D. XVI.

Sexta synodus, c. 9. D. XVI.
Sexto die, c. 8. D. XXXV
Si accusatorum, c. 3. C. IV. qu. 6.
Si accusatorum, c. 3. fin. C. III. q. 10.
Si ad matris, c. 114. D. IV. de cons.
Si ad peccatum, c. 20. C. XXII. qu. 4.
Si ad scripturas, c. 7. D. IX.
Si ægrotans, c. 1. C. V. qu. 5.
Si agamus, c. 67. D. I. de pœn.
Si aliqua causa, c. 11. C. XXII. qu. 1.
Si aliquid, c. 6. C. XXII. qu. 4.
Si aliquid, c. 16. C. XXII. qu. 4.
Si aliquis, c. 11. C. XXVI. qu. 6.
Si Apostolus, c. 5. D. III. de pœn.
Si apud, c. 24. C. XXIII. qu. 5.
Si audieris, c. 62. C. XXIII. qu. 5.
Si averterit, c. 15. D. IV. de pœn.
Si autem aliquis, c. 6. C. IX. qu. 3.
Si autem necdum, c. 10. C. XXXVI. qu. 2.
Si autem presbyteri, c. 3. C. XV. qu. 7.
Si autem provocatum, c. 39. C. II. qu. 6.
Si autem vobis, c. 11. C. XI. qu. 3.
Si baptizata est, c. 152. D. IV. de cons.
Si causa, c. 4. C. XXXIII. qu. 4.
Sic autem, c. 32. C. I. qu. 1.
Si clericatus, c. 27. C. XVI. qu. 2.
Si clerici, c. 24. C. XI. qu. 1.
Si clericus, c. 46. C. XI. qu. 1.
Sic decet, c. 22. C. XXV qu. 2.
Sic enim. c. 9. C. XXVIII. qu. 1.
Sic in sanctificando, c. 2. D. II. de cons.
Sic non sunt, c. 10. C. XXXII. qu. 4.
Sic omnes, c. 2. D. XIX.
Si concupiscentia, c. 8. C. XV. qu. 1.
Si consuetudinem, c. 5 D. VIII.
Sic populus, c. 61. C. I. qu. 1.
Sic quidam, c. 2. C. X. qu. 1.
Sic quippe, c. 43. C. XXVII. qu. 2.
Si credas, c. 86. D. II. de cons.
Sicubi, c. 6. C. XII. qu. 5.
Si cui etiam, c. 30. D. I. de pœn.
Sic vive, c. 26, C. XVI. qu. 1.
Si cujus patruus, c. 2. C. XXXV. qu 10.
Si cujus uxorem, c. 11. D. XXXIV
Si cupis, c. 5. C. XVI. qu. 1.
Si custos, c. 18. C. XXVII. qu. 1.
Sicut Achab, c. 29. D. III. de pœn.
Sicut ait, c. 30. D. III. de pœn.
Sicut alterius, c. 39. C. VII. qu. 1.
Sicut antiquitus, c. 6. C. XVII. qu. 4
Sicut Apostoli, c. 16 C. XI. qu. 3.
Sicut bonum, c. 1. C. XXVII. qu. 1.
Sicut Christus, c. 75. C. I. qu. 1.
Sicut crudelis, c. 1. C. XXXII. qu. 1.
Sicut diœcesim, c. 3. C. XVI. qu. 5.
Sicut Domini, c. 19. C. XVI. qu. 7.
Sicut ecclesia, c. 49. C. XII. qu. 2.
Sicut enim peccat., c. 10. C. XXXII. qu. 5.
Sicut enim tibi, c. 30. C. XI. qu. 1.
Sicut episcopum, c. 4. C. I. qu. 2.
Sicut ergo, c. 9. fin. C. XXXV. qu. 9.
Sicut eunuchus, c. 29. C. L. qu. 1.
Sicut excellentiam, c. 48. C. XXIII. qu. 4.
Sicut ficti, c. 35. C. I. qu. 1.
Sicut ii, qui, c. 8. D. XLVII.
Sicut inquit., c. 46. C. II. qu. 7.
Sicut in sacramentis, c. 151. D. IV. de cons.
Sicut in unaquaque, c. 4. C. XXI.
Sicut is, c. 3. fin C. I. qu. 6.
Sicut Judas, c. 68. D. II. de cons.
Sicut neophytus, c. 2. fin. D. XLVIII.
Sicut non alii, c. 11. D. I. de cons.
Sicut non est, c. 20. C. XXIII qu. 4
Sicut non omnis, c. 2. C. XXXII. qu. 2.
Sicut non suo, c. 10. fin. D. XLVI.
Sicut nostis, c. 62. D. IV. de cons.
Sicut omnino, c. 16 C. XI. qu. 2.
Sicut primi, c. 83. D. I. de pœn.
Sicut quædam, c. 2. fin. D. XIV.

Sicut quamvis, c. 15. D. XCVI.
Sicut qui ecclesiam, c. 12. C. XVII. qu. 4.
Sicut qui monasteria, c. 9. C. XX. qu. 1.
Sicut sacerdotes, c. 6. C. II. qu. 7.
Sicut sancti, c. 2. D. XV.
Sicut satius, c. 8. C. XXXII. qu. 4.
Sicut semel, c. 1. D. LXVIII.
Sicut semina, c. 10. C. XXXII. qu. 2.
Sicut seta, c. 17. D. II. de pœn.
Sicut stellas, c. 8. D. XXXVIII.
Sicut sine, c. 3. C. II. qu. 1.
Sicut tribus. c. 21. D. I. de pœn.
Sicut verus est, c. 81. D. II. de cons.
Sicut vir, c. 11. C. VII. qu. 1.
Sicut viri, c. 8. D. XL.
Sicut urgeri, c. 47. C. I. qu. 1.
Si de area, c. 10. C. XXVI. qu. 2.
Si decreta, c. 2. D. XX.
Si de rebus, c. 2. C. XXIII. qu. 7.
Si diaconus, c. 14. D. LXXXI.
Si dicat vir, c. 1 C. XXXIII. qu. 5.
Si dominus, c. 93. C. XI. qu. 3.
Si ducturi, c. 2. C. XXXII. qu. 6.
Si duo forte, c. 8. D. LXXIX.
Si duo fratres, c. 51. D. L.
Si duo vel, c. 4. C. XXXV. qu. 6.
Si ea, de quibus, c. 50. C. XXIII. qu. 4.
Si ea destruerem, c. 4. C. XXV. qu. 2.
Si ecclesia, c. 42. C. XXIII. qu. 4.
Si enim cognovisset, c. 43. C. XXVII. qu. 2.
Si enim, inquit, c. 40. D. II. de pœn.
Si eos, de quibus, c. 148. D. IV. de cons.
Si episcopo, c. 26. fin. C. II. qu. 5.
Si episcoporum, c. 6. fin. C. XXI. qu. 5.
Si episcopum, c. 5. C. XVI. qu. 6.
Si episcopus ante, c. 40. C. XI. qu. 3.
Si episcopus condito, c. 5. C. XII. qu. 5.
Si episcopus humanitatis, c. 12. C. XVI. qu. 3.
Si episcopus metropol. , c. 13. D. XVIII.
Si episcopus, presb., c. 7. D. L.
Si episcopus quis, c. 4. C. XI. qu. 3.
Si episcopus suis, c. 8. C. III. qu. 2.
Si episcopus unam, c. 75. C. XII. qu. 2.
Si ergo, c. 16. C. VIII. qu. 1.
Si evangelica, c. 15. fin. D. LV.
Si ex bono, c. 8. D. IV. de pœn.
Si ex laicis, c. 1. C. X. qu. 1.
Si expositus, c. 9. fin. D. LXXXVII.
Si femina, c. 5. C. XXIX. qu. 2.
Si fœneraveris, c. 1. C. XIV. qu. 3.
Si fortassis, c. 6. C. XVI. qu. 6.
Si forte aliquis, c. 4. C. XXI. qu. 5.
Si forte in, c. 9. D. LXV.
Si forte mulier, c. 11. D. I. de pœn.
Si forte quispiam, c. 15. C. XVII. qu. 4.
Si forte quod, c. 36. fin. D. LXIII.
Si fur aut latro, c. 32. fin. C. XIII. qu. 2.
Si gens Anglorum, c. 10. D. LVI.
Significastis, c. 85. C. 1. qu. 1.
Signum est, c. 55. D. II. de cons.
Si habes, c. 1. C. XXIV. qu. 3.
Si hæreticus, c. 26. C. II. qu. 7.
Si homicidium, c. 41. C. XXIII. qu. 5.
Si homo esses, c. 19. C. XXVII. qu. 1.
Si homo fornicatus, c. 6. C. XXXV. qu. 2 et 3.
Si igitur, c. 10. C. XXIV. qu. 3
Si lile, qui, c. 58. D. I.
Si illic, c. 29. C. XXIII. qu. 4.
Si imperator, c. 11. D. XCVI.
Si in adjutorium, c. 7. D. X.
Si infidelis, d'cit, c. 7. C. XXVIII. qu. 1.

Si infidelis discedit, c. 2. fin. C. XXVIII. qu. 2.
Si inimicus, c. 1. D. XCIII.
Si inimicus, c. 15. C. XI. qu. 3.
Si in laicis, c. 3. D. XXXVIII.
Si in morte, c. 20. C. XXIII. qu. 8.
Si in plebibus, c. 20. D. LXIII.
Si in qualibet, c. 1. C. XX. qu. 2.
Si inter bonos, c. 25. D. IV. de cons.
Si inter episcopos, c. 3. C. VI qu. 4.
Si is, qui præest, c. 101. C. XI. qu. 5.
Si is, qui prælatus, c. 28. C. XXIII. qu. 4.
Si jubet, c. 1. C. XXVI. qu. 6.
Si Judas, c. 1. D. IV. de pœn.
Si justus, c. 30. C. I. qu. 1.
Si juxta Apostolum, c. 9. D. XXXVIII.
Si laici uxor, c. 12. D. XXXIV.
Si laicus, c. 7. D. XXXI.
Si lapsus, c. 1. D. L.
Si legitimi, c. 12. C. II. qu. 5.
Silvester, c. 15. C. XI. qu. 1.
Si mala fama, c. 16. C. II. qu. 5.
Si metropolitanus, c. 4 C V I. qu. 4.
Similem Dei, c. 36. D. II. de pœn.
Simili modo, c. 3. C. XXVIII. qu. 1.
Similiter et hoc, c. 58. C. XVI. qu. 1.
Similiter in, c. 10. C. III. qu. 5.
Si monachus, c. 22 C. XVI qu. 1.
Si motum fuerit, c. 19. D. I. de cons.
Si mulier, c. 2. D. V.
Sine exceptione, c. 52. C. XII. qu. 2.
Sine ornatu, c. 4. C. XXI. qu. 4.
Sine pœnitentia, c. 99. D. IV. de cons.
Singula ecclesiastici, c. 1. D. LXXXIX.
Singuli accipiant, c. 77. D. II. de cons.
Si non ex fidei, c. 49. C. XXIII. qu. 4.
Si non licet, c. 9. C. XXIII. qu. 5.
Si non sanctificatur, c. 72. D. IV. de cons.
Si non sunt, c. 13. D. II. de cons.
Sint manifestæ, c. 21. C. XII. qu. 1.
Sint tibi jejunia, c. 20. D. V. de cons.
Sint tibi quotidiana, c. 19. D. V. de cons.
Si nulla exstant, c. 113. D. IV. de cons.
Si nulla urget, c. 15. C. XXIII. qu. 8.
Si nupserit, c. 3. D. XXVII.
Si officia, c. 2. D. LIX.
Si omnia, c. 7. C. VI. qu. 1.
Si Papa, c. 6. D. XL.
Si pater, c. 2. C. XXX. qu. 4.
Si Paulus, c. 2. C. XXXII. qu. 7.
Si peccatum David, c. 82. D. I. de pœn.
Si peccatum esset, c. 14. C. XXII. qu. 1.
Si peccaverit, c. 19. C. II. qu. 1.
Si per ebrietatem, c. 28 D. II. de cons.
Si per negligentiam, c. 27. D. II. de cons.
Si per ordinationem, c. 5. D. LXIII.
Si per sortiarias, c. 4. C. XXXIII. qu. 1.
Si Petrus princeps, c. 1. C. VIII. qu. 1.
Si Petrus volens, c. 17. C. XXIV. qu. 1.
Si plures, c. 36. C. XVI. qu. 7.
Si post ordinationem, c. 12 P, L.
Si presbyter ordinatus, c. 60 C I. qu.
Si presbyter pœnitentiam, c. 12. C. XXVI. qu. 6.
Si primates, c. 4. fin. C. V. qu. 2.
Si privatum, c. 28. fin. C. XII. qu. 1
Si propterea non, c. 29. D. I. de pœn.
Si propterea persecutor, c. 54. C. XXIII. qu. 5.
Si publicis, c. 1. C. XVII. qu. 4.
Si qua de rebus, c. 42. C. XII. qu. 2
Si quæ causæ, c. 26. C. XI. qu. 1.
Si quælibet, c. 20. C. XXII. qu. 2.

Si qua femina, c. 43. D. L.
Si qua fuerit, c. 7. C. XXXI. qu. 1.
Si qua monacharum, c. 28. C. XXVII. qu. 1.
Si qua mulier ad secund., c. 3. C. XXXV. qu. 10.
Si qua mulier ad secund., c. 5. C. XXXV. qu. 10.
Si qua mulier aut, c. 9. C. XIX. qu. 3.
Si qua mulier derelicto, c. 3. D. XXX.
Si qua mulier in, c. 6. C. XXXI. qu. 1.
Si qua mulier prægnans, c. 116. D. IV. de cons.
Si qua mulier suo, c. 6. D. XXX.
Si qua mulier transierit, c. 4. C. XXXV. qu. 10.
Si quando in, c. 40. C. II. qu. 6.
Si quando videris, c. 46. D. III. de pœn.
Si quandoque, c. 1. C. XV. qu. 6.
Si quatuor, c. 34. fin. C. XXIII. qu. 8.
Si qua vidua, c. 12. D. XXVIII.
Si qua virgo, c. 22. C. XXVII. qu. 1.
Si quem a clericatu, c. 32. C. XVI. qu. 1.
Si quem forte, c. 40. C. XXIV. qu. 1.
Si quem pœnituerit, c. 8. fin. C. II. qu. 5.
Si qui apud, c. 28. D. IV. de cons.
Si qui a simoniacis, c. 108. C. I. qu. 1.
Si qui clerici ab episc., c. 3. D. LXXIV.
Si qui clerici ab istis, c. 40. C. I. qu. 1.
Si qui clerici aut, c. 23. C. XI. qu. 1.
Si qui clericorum, c. 25. C. XI. qu. 1.
Si quicquid, c. 33. D. IV. de cons.
Si quid de quocunque, c. 2. C. XV. qu. 7.
Si quid in ecclesia, c. 48. C. II. qu. 7.
Si quid invenisti, c. 6. C. XIV. qu. 5
Si quid veri, c. 13. D. XXXVII.
Si quid vero, c. 23. D. LXXXVI.
Si qui episcopi ordinati, c. 6. D. XCII.
Si qui episcopi talem, c. 43. C. I. qu 1.
Si qui episcopi talem, c. 24. C. XXV. qu. 2.
Si qui ex fratribus, c 32. C. XI. qu. 1
Si qui filii, c. 1. D. XXX.
Si qui inventi, c. 3. fin. C. V. qu. 1.
Si quilibet, c. 16. D. LIV.
Si qui necessitate, c. 16. D. IV. de cons.
Si qui parentes, c. un. C. XXXI. qu. 3.
Si qui presbyteri, c. 1. C. I. qu. 7.
Si qui sine, c. 4. D. LXXXI.
Si qui sunt presbyteri, c. 15. D. LXXXI.
Si qui sunt vituperatores, c. 16. C. II. qu. 7.
Si qui vel temeritate, c. 12. C. I. qu. 7.
Si qui vero per, c. 4. D. V. de pœn.
Si qui vero sine, c. 23. C. VII. qu. 1.
Si qui vero sunt, c. 5. D. XXXII.
Si qui voluerint, c. 8. C. I. qu. 7.
Si quis abbas, c. 15. C. XVIII. qu. 2.
Si quis ab episcopo, c. 20. C. II. qu. 7.
Si quis abscidit, c. 4. D. LV.
Si quis a catholica, c. 7. C. XXIII. qu 4.
Si quis accepit, c. 3. C. XXXIII. qu 4.
Si quis ad te, c. 17. C. XXII. qu. 2.
Si quis a medicis, c. 7. D. LV.
Si quis amodo, c. 16. D. LXXXI
Si quis ancillam, c. 3. C. XXIX. qu. 2.
Si quis apostolicæ, c. 1. D. LXXIX.
Si quis a proprio, c. C. XI. qu. 3.
Si quis a proprio, c. 2. C. XXI. qu. 5.
Si quis ariolos, c. 1. C. XXVI. qu. 5.
Si quis artem, c. 10. D XXXVII.
Si quis ausus, c. 3. D. LXXI.

## I. — INDEX CANONUM DECRETI.

Si quis autem Epiphaniæ, c. 14. D. IV. de cons.
Si quis autem episcopatum, c. 1. C. I. qu. 6.
Si quis autem, etc., c. 4. D. VII. de pœn.
Si quis autem legationem, c. 2. D. XCIV.
Si quis autem non, c. 49. fin. D. III. de pœn.
Si quis autem synodo, c. 12. D. XVIII.
Si quis basilicam, c. 10. D. I. de cons.
Si quis caleudas, c. 14. C. XXVI. qu. 7.
Si quis carnem, c. 13. D. XXX.
Si quis circa, c. 1. C. II. qu. 3.
Si quis clericorum, c. 5. D. XLVII.
Si quis clericus, abbas, c. 16. C. XVI. qu. 7.
Si quis clericus accusans, c. 10. C. XI. qu. 1.
Si quis clericus adulterasse, c. 10. D. LXXXI.
*Si quis clericus furtum*, c. 17. C. XVII. qu. 4.
Si quis clericus, monachus, c. 9. C. XXVI. qu. 5.
Si quis clericus solidum, c. 5. C. XIV. qu. 4.
Si quis clericus super, c. 17. C. III. qu. 6.
Si quis coactus, c. 5. C. XXII. qu. 5.
Si quis confugerit, c. 52. C. I. qu. 1.
Si quis conjugatus, c. 22. C. XXVII. qu. 2.
Si quis contristatus, c. 10. D. XC.
Si quis contumax, c. 20. C. XVII. qu. 4.
Si quis convictus, c. 7. C. XXII. qu. 5.
Si quis cujuslibet, c. 5. C. XXI. qu. 5.
Si quis cum clerico, c. 45. C. XI. qu. 1.
Si quis cum duabus fuerit, c. 16. C. XXXIII. qu. 2.
Si quis cum duab. sor., c. 8. C. XXXIV. qu. 1 et 2.
Si quis cum matre et fil., c. 9. C. XXXIV. qu. 1 et 2.
Si quis cum matre et fil., c. 5. C. XXXV. qu. 2.
Si quis cum matre forn., c. 17. C. XXXIII. qu. 2.
Si quis cum militibus, c. 22. C. VI. qu. 1.
Si quis cum noverca, c. 24. C XXXII. qu. 7.
Si quis dator, c. 2. C. I. qu. 3.
Si quis de alio, c. 122. D. IV. de cons.
Si quis de alterius, c. 2 fin. D. LVIII.
Si quis de c.ericis, c. 33. C. XII. qu. 2.
Si quis de clericis, c. 40. C. XII. qu. 2.
Si quis de corpore, c. 6. C. XXVI. qu. 6.
Si quis dederit, c. 41. C. XXIV. qu. 1.
Si quis deinceps episc., c. 12. C. XVI. qu. 7.
Si quis deinceps priorum, c. 22. C. CXVII. qu. 4.
Si quis de laicis, c. 8. D. XXXIV.
Si quis de ordine, c. 32. C. VII. qu. 1.
Si quis de potentibus, c. 21. C. XXIV. qu. 3.
Si quis de religioso, c. 8. fin. D. LXXVII.
Si quis dereliquerit, c. 14. D. XXX.
Si quis despicit, c. 1. D. XLII.
Si quis desponsata, c. 38. C. XXVII. qu. 2.
Si quis desponsaverit sibi, c. 11. C. XXVII. qu. 2.
Si quis desponsaverit ux., c. 15. C. XXVII. qu. 2.
Si quis diaconus, c. 29. D. L.
Si quis discernit, c. 13. D. XXVIII.

Si quis divinis, c. 9. C. XXX. qu. 5.
Si quis dixerit, c. 57. C. XI. qu. 3.
Si quis docet, c. 10. D. XXX.
Si quis docuerit, c. 11. D. XXVIII.
Si quis dogmata, c. 18. C. XXV. qu. 2.
*Si quis ecclesiam*, c. 14. C. XVII. qu. 4.
Si quis eorum, qui ad, c. 7. D. XXXII.
Si quis eorum, qui in, c. 8. D. XXX.
Si quis episcopor. commonitus, c. 14. D. XVIII.
Si quis episcopor. in, c. 1. C. XVI. qu. 5.
Si quis episcopor. super, c. 2. C. III. qu. 6.
Si quis episcopum, c. 4. C. II. qu. 5.
Si quis episcopus accusatus, c. 36. C. II. qu. 6.
Si quis episcopus aut abbas, c. 91. C. XI. qu. 3.
Si quis episcopus aut presb., c. 13. D. LXXXI.
Si quis episcopus aut presb., c. 27. C. XXIII. qu. 8.
Si quis episcopus aut presb., c. 5. C. XXVI. qu. 5.
Si quis episcopus criminalit., c. 1. C. VI. qu. 4.
Si quis episcopus criminalit. c. 5. C. VI. qu. 4.
Si quis episcopus damnatus, c. 6. C. XI. qu. 3.
Si quis episcopus fornicat., c. 1. C. LXXXIII.
Si quis episcopus in aliquib., c. 2. C. VI. qu. 4.
Si quis episcopus in concil., c. 7. C. XI. qu. 3.
Si quis episcopus mediocr., c. 31. C. VII. qu. 1.
Si quis episcopus nulla, c. 8. fin. C. X. qu. 2.
Si quis episcopus ordinatus, c. 5. D. XCII.
Si quis episcopus per manus, c. 7. D. XCII.
Si quis episcopus per pecun., c. 8. C. I. qu. 1.
Si quis episcopus præbendas, c. 3. C. I. qu. 3.
Si quis episcopus, presb., c. 50. C. II. qu. 7.
Si quis episcopus, presb., c. 5. C. XXI. qu. 5.
Si quis episcopus, presb., c. 6. C. XXVII. qu. 1.
Si quis episcopus sæcular., c. 14. C. XVI. qu. 7.
Si quis episcopus sive, c. 22. C. I. qu. 7.
Si quis episcopus vacans, c. 8. D. XCII.
Si quis erga, c. 16. C. II. qu. 7.
Si quis etiam, c. 35. D. I. de cons.
Si quis ex clericis, c. 23. D. XXIII.
Si quis ex episcopis, c. 5. D. LXXIX.
Si quis ex sacerdotibus, c. 6. D. LXXIX.
Si quis extra ecclesiam, c. 11. D. XXX.
Si quis ex uno, c. 3. C. XXX. qu. 4.
Si quis falsum, c. 7. C. V. qu. 6.
Si quis filiastrum, c. 2. C. XXX. qu. 1.
Si quis fortitudinem, c. 6. C. XXIII. qu. 5.
Si quis frater, c. 28. C. XI. qu. 3.
Si quis fuerit, c. 9. C. XXXII. qu. 7.
Si quis gentilis, c. 2. C. XXVIII. qu. 1.
Si quis habuerit, c. 1. C. XXVIII. qu. 2.
Si quis hæreticæ, c. 42. C. I. qu. 1.
Si quis hominem, c. 58. C. XI. qu. 3.
*Si quis homicidium*, c. 11. D. L.

Si quis jam, c. 5. C. XXI. qu. 2.
Si quis in ægritudine, c. un. D. LVII.
Si quis in atrio, c. 7. C. XVII. qu. 4.
Si quis in clero, c. 29. C. VII. qu. 1.
Si quis incognitus, c. 5. fin. C. XVII. qu. 2.
Si qui sine, c. 4. D. LXXXI.
Si quis ingenuus, c. 4. C. XXIX. qu. 2.
Si quis in infirmitate, c. 10. D. LV.
Si quis in metropolitana, c. 8. D. LXV.
Si quis inquit, c. 70. C. 1. qu. 1.
Si quis insaniens, c. 12. C. XV. qu. 1.
*Si quis in tantam*, c. 13. fin. C. I. qu. 4.
Si quis intrat, c. 18. D. II. de cons.
Si quis irascitur, c. 8. C. XIII. qu. 2.
Si quis iratus, c. 5. C. II. qu. 5.
Si quis iratus, c. 22. D. I. de pœn.
Si quis judaicæ, c. 17. fin. C. XXVIII. qu. 1.
Si quis judicem, c. 21. C. II. qu. 6.
Si quis laicus abstinetur, c. 26. C. XI. qu. 3.
Si quis laicus jurament., c. 19. C. XXII. qu. 5.
Si quis laicus vel, c. 42. C. XVI. qu. 1.
Si quis liber, c. 2. C. XXIX. qu. 2.
Si quis membrorum, c. 31. C. XXIII. qu. 8.
Si quis monachus contentiones, c. 5. D. XC.
Si quis monachus fuerit, c. 28. C. XVI. qu. 1.
Si quis necandi, c. 10. D. I. de pœn.
Si quis necessitate, c. 4. C. XXXIV. qu. 1. et 2.
Si quis neque, c. 115. C. I. qu. 1.
Si quis, non dicam, c. 6. D. I. de pœn.
Si quis, non dicam, c. 5. C. XXXVI. qu. 2.
Si quis non iratus, c. 13. C. XV. qu. 1.
Si quis non recto, c. 4. C. XXIV. qu. 3.
Si quis nuptias, c. 12. D. XXX.
Si quis objecerit, c. 7. C. I qu. 3.
Si quis obligatus, c. 7. D. LIV.
Si quis oblitus, c. 4. C. XIV. qu. 4.
Si quis omnem, c. 2. C. I. qu. 7.
Si quis ordinatus, c. 4. D. XCII.
Si quis Papa, c. 2. D. LXXIX.
Si quis pecunia, c. 9. D. LXXIX.
Si quis pejeraverit, c. 4. C. XXII. qu. 5.
Si quis per capillum, c. 10. C. XXII. qu. 1.
Si quis per ignorantiam, c. 59. C. 1. qu. 1.
Si quis per superbiam, c. 9. D. XXX.
Si quis per vetus, c. 19. C. XXII. qu. 2.
*Si quispiam*, c. 22. D. LXXXI.
Si quis positus, c. 2. D. VII. de pœn.
Si quis post acceptum, c. 1. D. XXXIII.
Si quis post baptismum, c. 4. D. LI.
Si quis post remissionem, c. 61. D. L.
Si quis potestatem, c. 31. C. XXIII. qu. 4.
Si quis præbendas, c. 15. fin. C. I. qu. 3.
Si quis præpropera, c. 27. D. L.
Si quis præventus, c. 19. C. XXII. qu. 4.
Si quis presbyter, ab episc., c. 5. C. XI. qu. 3.
Si quis presb. ante, c. 4. C. XV. qu. 8.
Si quis presb. aut diac., c. 7. fin. D. XXIV.
Si quis presb. aut. diac., c. 22. D. L.

# I. — INDEX CANONUM DECRETI.

Si quis presb. aut diac., c. 9. fin. D. XCII.
Si quis presb. aut episc., c. 79. D. IV. de cons.
Si quis presb. contra, c. 4. C. II. qu. 5.
Si quis presb. propter, c. 17. fin. D. XXX.
Si quis presb. vel diac., c. 24. C. VII. qu. 1.
Si quis principum, c. 23. C. XVI. qu. 7.
Si quis pro ægritudine, c. 9. D. LV.
Si quis propter Deum, c. 4. D. XXX.
Si quis propter hoc, c. 8. C. I. qu. 2.
Si quis pulsatus, c. 13. D. I. de cons.
Si quis putaverit, c. 7. C. II. qu. 6.
Si quis putaverit, c. 15. C. II. qu. 6.
Si quis qualibet, c. 56. C. XII. qu. 2.
Si quisquam, c. 16. C. XI. qu. 1.
Si quis rapuerit, c. 30. C. XXVII. qu. 1.
Si quis Romipetas, c. 23. C. XXIV. qu. 3.
Si quis sacerdos, c. 9. C. XXX. qu. 1.
Si quis sacerdotum vel diac., c. 17. D. LXXXI.
Si quis sacerdotum vel rel., c. 18. C. XI. qu. 1.
Si quis sacro, c. 17. C. XXVII. qu. 1.
Si quis semel, c. 1. D. II. de pœn.
Si quis servum, c. 37. C. XVII. qu. 4.
Si quis servum, c. 38. C. XVII. qu. 4.
Si quis sponsam, c. 32. C. XXVII. qu. 2.
Si quis suadente, c. 29. C. XVII. qu. 4.
Si quis super, c. 42. C. II. qu. 7.
Si quis tam feminam, c. 12. D. I. de pœn.
Si quis tanquam, c. 7. D. XXX.
Si quis triginta, c. 1. D. LXXVIII.
Si quis tumidus, c. 3. C. XV. qu. 7.
Si quis usuram, c. 10. C. XV. qu. 4.
Si quis uxorem despons., c. 14. C. XXVII. qu. 2.
Si quis uxorem suam, c. 4. C. XXXII. qu. 1.
Si quis uxorem suam, c. 6. C. XXXII. qu. 1.
Si quis vel virginitatem, c. 5. D. XXX.
Si quis vero a suo, c. 5. C. III. qu. 4.
Si quis vero non, c. 13. C. XI. qu. 3.
Si quis vero sæcular., c. 8. fin. C. V. qu. 6.
Si quis vestrum, c. 4. C. II. qu. 6.
Si quis viduam aut ab, c. 18. D. I.
Si quis viduam aut eject., c. 15. D. XXXIV.
Si quis viduam, licet, c. 13. D. XXXIV.
Si quis viduam uxorem, c. 20. C. XXXII. qu. 7.
Si quis virginem, c. 5. C. XXXVI. qu. 2.
Si quis virorum, c. 15. D. XXX.
Si quis vituperat, c. 8. D. XXXI.
Si quis vivente, c. 5. C. XXXI. qu. 1.
Si quis sunt presbyteri, c. 15. D. LXXXI.
Si qui sunt vituperatores, c. 17. C. II. qu. 7.
Si qui voluerit, c. 121. D. IV. de cons.
Si quis voluntarie, c. 44. D. L.
Si quis votum, c. 43. fin. C. XXVII. qu. 1.
Si quis vult monaster., c. 41. C. XVI. qu. 7.
Si quis vult pontif., c. 5. fin. D. XXXVI.
Si qui vel temeritate, c. 12. C. I. qu. 7.
Si qui vero per, c. 4. D. V. de pœn.
Si qui vero sine, c. 25. C. VII. qu. 1.
Si qui vero sunt, c. 3. D. XXXII.
Si qui voluerint, c. 8. C. I. qu. 7.
Si quod verius, c. 9. C. XXXIII. qu. 2.

Si quos de servis, c. 57. C. XII. qu. 2.
Si quos igitur, c. 47. C. XXXIII. qu. 4.
Si quotiescunque, c. 14. D. II. de cons.
Si refugientes, c. 18. D. IV. de pœn.
Si res aliena, c. 1. C. XIV. qu. 6.
Si revera, c. 30. D. IV. de cons.
*Si Romanorum*, c. 1. D. XIX.
Si sacerdos peccaverit, c. 59. D. I. de pœn.
Si sacerdos sine, c. 1. C. VI. qu. 1.
Si sacerdotes, c. 10. C. XVI. qu. 3.
Si sæculi, c. 9. C. XII. qu. 2.
Si se cuiquam, c. 11. D. XXVIII.
Si sermo meus, c. 20. D. II. de pœn.
Si servus absente, c. 19. D. LIV.
Si servus scienter, c. 20. D. LIV.
Si solus, c. 9. fin. D. VIII.
Si subdiaconus, c. 17. D. XXXIV.
Si tantum episcopus, c. 2. C. VI. qu. 2.
Si testes omnes, c. 3. fin. C. IV. qu. 2 et 3.
Si transitus, c. 10. D. LXXIX.
Sit rector discretus, c. 1. D. XLIII.
Si tributum, c. 27. C. XI. qu. 1.
Si triginta, c. 5. fin. D. LXXVIII.
Si tu abstines, c. 24. C. XXVII. qu. 2.
Si uxorem, c. 18. C. XXXII. qu. 5.
Sive de conjugii, c. 4. C. XXXIII qu. 2.
Sive hæreticus, c. 51. D. IV. de cons.
Sive parvuli, c. 55. D. IV. de cons.
Si vero qui, c. 57. D. I.
Si verum, c. 1. C. XXXI. qu. 2.
Si vir et uxor divertere, c. 23. C. XXVII. qu. 2.
Si vir et uxor non, c. 15. C. XXXV. qu. 2. et 3.
Si virgo, c. 5. C. XXXIV. qu. 1 et 2.
Si vir simplex, c. 5. D. XXXVII.
Si vobis fratres, c. 28. C. XXIII. qu. 8.
Si vos contra, c 35. C. XXIII. qu. 5.
Solennitates, c. 16. D. I. de cons.
Solennitates, c. 17. D. I. de cons.
Solent plures, c. 50. D. I. de cons.
Solet etiam, c. 51. D. IV. de cons.
Solet quæri, c. 6. C. XXXII. qu. 2.
Sol·icitator s, c. 15. D. I. de pœn.
Sollicitudo, c. 1. D. LII.
Sors non aliquid, c. 1. C. XXVI. qu. 2.
Sortes, c. 7. C. XXVI. qu. 5.
Sortilegi, c. un. C. XXVI. qu. 1.
Species, c. 54. D. II. de cons.
Spiritus sanctus in sancta, c. 58. C. I.
Spiritus sanctus, qui, c. 2. D. V. de cons.
Sponsus et sponsa, c. 53. D. XXIII.
Sponsus et sponsa, c. 5. C. XXX. qu. 5.
Sponsus ille, c. 6. D. LVI.
Statuendum nobis, c. 7. fin. C. XVI. qu. 2.
Statuimus decretum, c. 107. C. 1. qu. 1.
Statuimus etiam, c. 4. D. LXXVI.
Statuimus ne in al., c. 8. D. LXI.
Statuimus ne profess., c. 3. C. XIX. qu. 3.
Statuimus quod, c. 32. C. XII. qu. 2.
Statuimus ut septem, c. 4. D. IV.
Statuimus ut si abbas, c. 3. C. XX. qu. 2.
Statuimus ut sicut, c. 106. C. I. qu. 1.
Statuimus ut si quis, c. 31. C. XI. qu. 1.
Statuimus ut si quis, c. 53. C. XVI. qu. 1.
Statuit quoque, c. 25. C. II. qu. 5.
*Statutis*, c. 8. C. II. qu. 1.
Statutum est a sacro, c. 54. C. XXVII. qu. 2.
Statutum est et ration., c. un. C. XVIII. qu. 1.
Statutum est, ut qui, c. 58. C. II qu. 6.

Studeat sanctitas, c. 39. D. L.
Studendum est, c. 7. D. XC.
Studii vestri, c. 15. D. LXI.
Subdiaconis tuis, c. 9. D. XXXII.
Subdiaconus non, c. 4. D. LXXVII.
Subdiaconus quondam, c. 39. C. XXIV. qu. 1.
Subdiaconus quum, c. 15. D. XXIII.
Submittitur, c. 8. D. XXI.
Sufficiat, c. 2. C. XXVII. qu. 2.
Sufficit pœnitenti, c. 61. D. I. de pœn.
Sufficit sacerdoti, c. 53. D. I. de cons.
Suggero, c. 2. fin. C. III. qu. 8.
Suggestum nobis est, c. 46. C. VII. qu. 1.
Summa iniquitas, c. 16. C. VI. qu. 1.
Summa militiæ, c. 7. fin. C. XXIII. qu. 1.
Summopere, c. 70. C. XI. qu. 3.
Sunt in ecclesia, c. 19. C. VIII. qu. 1.
Sunt namque, c. 14. D. XLV.
Sunt nonnulli nulla, c. 23. C. XVI. qu. 1.
Sunt nonnulli, qui dum, c. 2. D. XLVI.
Sunt nonnulli, qui quidem, c. 114. C. I. qu. 1.
Sunt nonnulli, qui præpos., c. 21. C. II. qu. 7.
Sunt plures, c. 42. D. III. de pœn.
Sunt plurimi, c. 11. C. VI. qu. 1.
Sunt quædam enormia, c. 59. C. XXIII. qu. 5.
Sunt quædam quæ, c. 1. C. XVII. qu. 1.
Sunt, qui arbitrentur, c. 56. D. I. de pœn.
Sunt quidam dicentes, c. 6. C. XXV. qu. 1.
Sunt quidam, qui vel, c. 125. C. I. qu. 1.
Sunt, qui dicunt, c. 19. C. XXVII. qu. 2.
Sunt, qui opes, c. 3. C. XVII. qu. 4.
Super causa, c. 11. C. II. qu. 5.
Super prudentia, c. 1. C. XIV. qu. 2.
Super quibus, c. 4. C. XXX. qu. 3.
Super tribus, c. 71. D. I. de pœn.
Super tribus, c. 24. D. II. de pœn.
Superveniente, c. 72. C. I. qu. 1.
Suppliciter, c. 18. C. XVII. qu. 8.
Suscipitisne, c. 6. D. X.
Suspectos, c. 4. C. III. qu. 5.
Symbolum, c. 56. D. IV. de cons.
*Synodum*, c. 1. D. XVII.

## T

Tabernaculum, c. 2. D. I. de cons.
Tales, c. 4. D. XXIII.
Talia quidem, c. 1. C. VIII. qu. 3.
Talibus Deus, c. 27. D. II. de pœn.
Tali conjugio, c. 17. C. I. qu. 7.
Talis mihi, c. 28. D. 5. de pœn.
Tamdiu, c. 7. C. III. qu. 2.
Tam sacerdotes, c. 15. C. XXIV. qu. 3.
Tanta nequitia, c. 24. D. LXXXVI.
Tanta nequitia, c. 11. C. I. qu. 7.
Tantis Daniel, c. 3. D. LXXXI.
Tantum valet, c. 27. C. XXXII. qu. 7.
Temerarium, c. 49. C. XI. qu. 3.
Tempora pœnitudinis, c. 2. C. XXVI. qu. 7.
Temporis qualitas, c. 44. C. VII. qu. 1.
Tempus, quod, c. 25. C. XIII. qu. 2.
Teneamus, c 56. C. I. qu. 1.
Tenere debet, c. 4. D. XXXI.
Te quidem, c. 29. C. XI. qu. 1.
Terrulas, c. 53. D. XII. qu. 2.
Testamentum, c. 1. D. VI.
Testes absque, c. 59. C. II. qu. 7.
Testes autem, c. 1 C. IV. qu. 2 et 3.
Testes per quamcunque, c. 15. C. III. qu. 9.
Testimonium, c. 9. C. XI. qu. 1.
Teugualdum, c. 10. C. XI. qu. 3.
Tibi domino, c. 35. D. LXIII.
Timorem, c. 25. D. II. de cons.

## II.

# INDEX

### SUMMORUM PONTIFICUM, SS. PATRUM ET SCRIPTORUM ECCLESIASTICORUM QUORUM NOMINE A GRATIANO CANONES REFERUNTUR.

## A. SUMMI PONTIFICES

### A
Agatho. A. 679-682.
Alexander I. A. 109-119.
Alexander II. A. 1061-1073.
Anacletus. A. 78-91.
Anastasius I. A. 389-401.
Anastasius II. A. 496-498.
Anicetus (Anilius). A. 157-168.
Anterus. A. 235-236.

### B
Benedictus I. A. 574-578.
Bonifacius I. A. 418-422.
Bonifacius II. A. 530-532.

### C
Caius. A. 283-296.
Callistus I. A. 219-222.
Clemens I. A. 91-100.
Cœlestinus I. A. 422-432.
Cornelius. A. 251-252.

### D
Damasus I. A. 366-384.
Deusdedit. A. 615-618.
Dionysius. A. 259-269.

### E
Eleutherius. A. 177-192.
Eugenius II. A. 824-827.
Eusebius. A. 310.
Eutychianus. A. 275-283.
Evaristus. A. 100-109.

### F
Fabianus. A. 236-250.
Felix I. A. 269-274.
Felix II. A. 355-365.
Felix III. (II.) A. 483-492.
Felix IV. (III.) A. 526-530.

### G
Gelasius I. A. 492-496.
Gregorius I. A. 590-604.
Gregorius II. A. 715-731.
Gregorius III. A. 731-741.
Gregorius IV. A. 827-844.
Gregorius VII. A. 1073-1085.

### H
Hadrianus I. A. 772-795.
Hilarius. A. 461-468.
Hormisdas. A. 514-523.
Hyginus. A. 139-142.

### I
Innocentius I. A. 401-417.
Innocentius II. A. 1130-1145.

### J
Joannes I. A. 523-526.
Joannes III. A. 560-573.
Joannes VIII. A. 872-882.
Julius I. A. 337-352.

### L
Leo I. A. 440-461.
Leo III A. 795-816.
Leo IV. A. 849-852.
Leo VIII. A. 863-865.
Leo IX. A. 1048-1054.
Liberius. A. 352-366.
Lucius I. A. 252-253.

### M
Marcellinus. A. 296-304.
Marcellus I. A. 308-310.
Martinus I. A. 649-654.
Miltiades (Melchiades). A. 311-314.

### N
Nicolaus I. A. 858-867.

Nicolaus II. A. 1058-1061.

### P
Paschalis I. A. 817-824.
Paschalis II. A. 1099-1118.
Pelagius I. A. 555-560.
Pelagius II. A. 578-590.
Pius I. A. 142-157.
Pontianus. A. 230-235.

### S
Silverius. A. 536-537.
Silvester I. A. 314-335.
Simplicius. A. 468-483.
Siricius. A. 384-398.
Sixtus I. A. 119-127.
Sixtus II. A. 257-258.
Sixtus III. A. 432-440.
Soter. A. 168-177.
Stephanus I. A. 253-257.
Stephanus III. (IV.) A. 768-772.
Stephanus V. (VI.) A. 885-891.
Symmachus. A. 498-514.

### T
Telesphorus. A. 127-139.

### U
Urbanus I. A. 223-230.
Urbanus II. A. 1088-1091.

### V
Victor I. A. 193-202.
Vigilius. A. 537-555.

### Z
Zacharias. A. 741-752.
Zephyrinus. A. 202-218.
Zosimus. A. 417-418.

## B. SS. PATRES ET SCRIPTORES ECCLESIASTICI.

### A
Alcuinus, † A. 804.
Ambrosius, † A. 397.
Anastasius Bibl., † c. A. 887.
Athanasius, † A. 371.
Atticus, † A. 427.
Augustinus, † A. 430.

### B
Basilius, † A. 378.
Beda, † c. A. 735.
Benedictus abb., † A. 542 vel 543.

### C
Cassiodorus, † c. A. 570.
Chromatius, † c. A. 410.
Cyprianus, † A. 258.
Cyrillus, † A. 444.

### D
Didymus, † c. A. 392.

### E
Eusebius, † c. A. 360.

### F
Fructuosus, † c. A. 675.
Fulbertus, † c. A. 1028.

### G
Gregorius M., † A. 604.
Gregorius Naz., † A. 389.

### H
Haymo, † A. 853.
Hermas, sæc. I.
Hesychius, ut vid., Hierosol , † A. 609.
Hieronymus, † A. 420.
Hilarius Pict., † c. A. 370.
Hincmarus Rem., † A. 882

### I
Isidorus Hispal., † A. 636.

### J
Joannes Chrysostom. † A. 407.

### L
Leo M., † A. 461.

### O
Origenes, † A. 254.

### P
Paschasius, † A. 851.
Paulinus Nol., † A. 431.
Prosper Aquit., † c. A. 460.

### R
Rabanus, † A. 856.
Rufinus, † A. 410.

### T
Theodorus Cantuar., † A. 600.

FINIS TOMI CENTESIMI OCTOGESIMI SEPTIMI.

Imprimerie de MIGNE, au Petit-Montrouge.

Tolerabilius, c. 1. C. XXXII. qu. 5.
Tolerandi sunt, c. 1. C. XXIII. qu. 4.
Tolle caritatem, c. 50. D. II. de pœn.
Totam pœnitentiam, c. 24. D. III. de pœn.
Totum, c. 6, C. I. qu. 5.
Transferunt, c. 35. C. XXIV. qu. 3.
Transmarinos, c. 2. D. XCVIII.
Tres personas, c. 12. C. XXIII. qu. 4.
Tres sunt actiones, c. 81. D. I. de pœn.
Tria legitima, c. 8. C. XXXVI. qu. 2.
Tria sunt genera, c. 12. D. XLV.
Tribus ex causis, c. 36. D. I. de cons.
Tribus gradibus, c. 23. D. II. de cons.
Tributum, c. 22. C. XXIII. qu. 8.
Triforme est, c. 22. D. II. de cons.
*Tua sanctitas*, c. 2. *C. XXXI. qu. 2.*
Tu bonus, c. 2. C. XXIII. qu. 4.
Tu dixisti, c. 10. C. XXIII. qu. 5.
Tu malum, c. 6. C. XXII. qu. 1.
Tunc eis, c. 90. D. II. de cons.
Tunc salvabitur, c. 7. C. XXXIII. qu. 5.
Tunc valere, c. 42. D. IV. de cons.
Tunc vera, c. 62. C. XI. qu. 3.
Turbat acumen, c. 8. D. XXXVII.
Turbatur navicula, c. 12. C. I. qu. 4.

## U

Ubicunque facultas, c. 16. C. XVI. qu. 1.
Ubicunque sepeliamur, c. 26. C. XIII. qu. 2.
Ubicunque temporum, c. 6. C. XIII. qu. 2.
Ubi ista didicisti, c. 7. D. LXXIV.
Ubinam legistis, c. 4. D. XCVI.
Ubi non est, c. un. C. XXX. qu. 2.
Ubi pars est, c. 78. D. II. de cons.
Ubi sana, c. 29. C. XXIV. qu. 1.
Ultima voluntas, c. 4. C. XIII. qu. 2.
Ultra provinciarum, c. 4. C. III. qu. 6.
Unaquæque mulier, c. 3. C. XIII. qu. 2.
Unaquæque provincia, c. 15. C. III. qu. 6.
Una sola, c. 6. C. XXXIII. qu. 5.
Una tantum, c. 4. D. XXVI.
Unctio invisibilis, c. 8. D. II. de pœn.
Undecunque, c. 3. D. LVI.
*Unde ipse*, c. 2. *C. VIII. qu. 1.*
Unicuique fidelium, c. 33. D. I. de cons.
Unicuique providendum, c. 82. C. XI. qu. 3.
Unio nostræ, c. 3. C. X. qu. 3.
Unius uxoris, c. 1. D. XXVI.
Unum abbatem, c. 4. C. XXI. qu. 1.
Unum orarium, c. 3. D. XXV.
Unum solum, c. 3. C. XXIII. qu. 5.

Unus ex vobis, c. 6. C. II. qu. 1.
Unusquisque, c. 8. C. XXII. qu. 4.
Urbes et loca, c. 1. D. LXXX.
Usque adeo manent, c. 28. fin. C. XXXII. qu. 7.
Usque adeo sane, c. 5. D. XXXIII.
Usura est, c. 4. fin. C. XIV. qu. 3.
Usus auctoritati, c. 1. D. XI.
Usus naturalis, c. 14. C. XXXII. qu. 7.
Ut calix domini, c. 43. D. I. de cons.
Ut cognoverunt, c. 39. D. II. de pœn.
Ut constitueretur, c. 25. D. L.
Ut episcopi, c. 7. D. V. de cons.
Ut evidenter, c. 82. C. I. qu. 1.
Ut jejuni, c. 6. D. V. de cons.
Utilem, c. 21. C. XXII. qu. 2.
*Ut illud*, c. 58. *D. I. de cons.*
Utinam omni, c. 11. D. LXXVI.
Ut lex, c. 40. C. XXVII. qu. 1.
Ut noveritis, c. 40. C. XXII. qu. 1.
Ut ostenderet, c. 133. D. IV. de cons.
*Ut presbyteri*, c. 25. *C. XVII. qu. 4.*
Ut pridem, c. 17. C. XXIII. qu. 8.
Ut quid paras, c. 47. D. II. de cons.
Utrum sub figura, c. 72. D. II. de cons.
Ut veterum, c. 6. D. IX.
Uxor a viro, c. 17. C. XXXII. qu. 7.
Uxor Felicis, c. 33. C. XVII. qu. 4.
Uxor legitima, c. 4. C. XXVIII. qu. 1.

## V

Væ eis, c. 20. D. IV. de pœn.
Væ, qui dicitis, c. 39. C. XI. qu. 3.
Valde necessarium, c. 1. D. XCIV.
Valentinianus, c. 3. D. LXIII.
Valentino clerico, c. 20. fin. D. XXXIV.
Valet interdum, c. 9. D. LXXXI.
Valida est, c. 4. D. II. de pœn.
Vasa in quibus, c. 44. D. I. de cons.
Vasis iræ, c. 23. C. XXIII. qu. 4.
Vendentes, c. 10. C. I. qu. 3.
Venerabiles, c. 28. D. III. de cons.
Venerabilis, c. 17. D. IV. de cons.
Veniam nunc, c. 5. C. XXXV. qu. 9.
Venisti ad fontem, c. 87. D. IV. de cons.
Venit sacerdos, c. 71. D. IV. de cons.
*Venter mero*, c. 5. *D. XXXV.*
Ventum est, c. 18. C. I. qu. 1.
Vera justitia, c. 15. D. XLV.
Verbum Dei, c. 51. D. I. de pœn.
Vereor, c. 22. C. VIII. qu. 1.
Veritate, c. 4. D. VIII.
Verus baptismus, c. 130. D. IV. de cons.
Vestimenta ecclesiæ, c. 42. D. I. de cons.

Vestram flagitamus, c. 13. fin. D. X.
Victor Honorius, c. 2. D. XCVII.
Vide benignum, c. 69. D. I. de pœn.
Videntes autem, c. 16. C. XII qu. 1.
Vident homines, c. 10. D. LXXXVI.
Vide quantum, c. 65. C. I. qu. 1.
Vides, tibi, c. 10. D. X.
Vides, ut opinor, c. 3. C. XXIII. qu. 6.
*Videtur nobis*, c. 2. *C. XXXV. qu. 6.*
Vidua est, cujus, c. 16. D. XXXIV.
Vidua, quæ sanctæ, c. 16. fin. C. XX. qu. 1.
Vidua, quidem, c. 34. C. XXVII. qu. 1.
Viduæ, quæ se, c. 33. C. XXVII. qu. 1.
Viduæ, quæ stipend., c. 54. fin. D. LXXXV.
*Viduæ, si*, c. 38. *C. XXVII. qu. 1.*
Viduas a propos., c. 2. C. XXVII. qu. 1.
*Viduas autem*, c. 8. *C. XXVII. qu. 1.*
Viduas honora, c. 5. C. I qu. 2.
Viduas, quæ, c. 16. C. XXVII. qu. 1
Viduitatis, c. 33. C. XXVII. qu. 1.
Viginti tantum, c. 13. D. XVI.
Vilissimus, c. 45. C. I. qu. 1.
Vino inebriantur, c. 4. D. XXXVII.
*Vinolentum*, c. 6. *D. XXXV.*
Violatores, c. 5. C. XXV. qu. 1.
Vir cum propria, c. 7. C. XXXIII. qu. 4.
Virginem, c. 12. C. XXVII. qu. 1.
*Virgines non*, c. 13. *C. XX. qu. 1.*
Virgines, quæ post, c. 9. fin. D. XXVII.
Virgines quæ se, c. 25. C. XXVII. qu. 1.
Virgines sacræ, c. 1. C. XX. qu. 4.
Virginibus, c. 14. C. XXVII. qu. 1.
Virum catholicum, c. 6. D. XLVII.
Visis litteris, c. 1. C. XVI. qu. 2.
Visitandi, c. 28. C. XVIII. qu. 2.
Visum præterea, c. 72. D. I. de cons.
Vobis enim, c. 23. C. XII. qu. 2.
Vocatio ad synodum, c. 1. C. V. qu. 2.
Voluissent, c. 60. D. I. de pœn.
Volumus accedentem, c. 2. C. XVI. qu. 4.
Volumus atque, c. 37. C. XI. qu. 1.
Volumus ut frater, c. 2. D. LXXXIX.
Volumus ut sacerdotes, c. 24. D. LXXXI.
Vos ante omnia, c. 103. D. IV. de cons.
Vos autem, c. 30. C. XVI. qu. 1.
Vota civium, c. 27. D. LXIII.
Voventibus, c. 4. D. XXVII.
Voventibus, c. 2. C. XVII. qu. 1.
Vulgaris, c. 16. D. I. de pœn.
Vulteranæ, c. 23. C. XII. qu. 2.

www.ingramcontent.com/pod-product-compliance
Lightning Source LLC
Chambersburg PA
CBHW071225300426
44116CB00008B/917